D1753299

Magdeburger Biographisches Lexikon

Guido Heinrich · Gunter Schandera

MAGDEBURGER BIOGRAPHISCHES LEXIKON

19. UND 20. JAHRHUNDERT

Biographisches Lexikon für die Landeshauptstadt Magdeburg und die Landkreise Bördekreis, Jerichower Land, Ohrekreis und Schönebeck

Scriptum Verlag Magdeburg

Die Deutsche Bibliothek – CIP-Einheitsaufnahme

Magdeburger Biographisches Lexikon : 19. und 20. Jahrhundert /
hrsg. von Guido Heinrich ; Gunter Schandera. – Magdeburg : Scriptum-Verl.; 2002
Nebent. : Biographisches Lexikon für die Landeshauptstadt Magdeburg
und die Landkreise Bördekreis, Jerichower Land, Ohrekreis und Schönebeck
ISBN 3-933046-49-1

Für die Förderung wird besonders gedankt:
der Bundesanstalt für Arbeit
dem Land Sachsen-Anhalt
dem Kultusministerium Sachsen-Anhalt
dem Magistrat der Stadt Magdeburg
der Lotto-Toto-GmbH Sachsen-Anhalt
und der Deuregio e. V.

Redaktion: Guido Heinrich M.A. (Leitung)
Margrit Friedrich, Dipl. oec., Horst-Günther Heinicke, Dipl.-Ing. (FH), Werner Hohaus, Dr.-Ing.
Bildredaktion: Ralf Kersten, Dipl. paed., unter Mitarbeit von Horst-Günther Heinicke
Organisation und Herstellung: Alexander Herz, Halberstadt
Umschlaggestaltung: Jochen Baltzer, Berlin
Druckvorstufe: dtf, Berlin
Druck und Bindung: Halberstädter Druckhaus

© 2002 by Scriptum Verlag Magdeburg GmbH
Scriptum Verlag Magdeburg GmbH, PF 320220, 39041 Magdeburg,
Fon: (03941) 44 52 81, Fax: 44 52 82,
E-mail: info@scriptumverlag.de www.scriptumverlag.de

Das Werk einschließlich aller seiner Teile ist urheberrechtlich geschützt.
Jede Verwertung außerhalb der engen Grenzen des Urheberrechtsgesetzes ist ohne Zustimmung des Verlages
unzulässig und strafbar. Das gilt insbesondere für Vervielfältigungen, Übersetzungen, Mikroverfilmungen
und die Einspeicherung und Verarbeitung in elektronischen Systemen.
Herausgegeben von: Scriptum Verlag Magdeburg

Gedruckt auf chlorfrei gebleichtem Papier.
Das eingesetzte Papier entspricht der amerikanischen Norm ANSI Z.39.48 – 1984
bzw. der europäischen Norm ISO TC 46.
ISBN: 3-933046-49-1

Inhalt

Zum Geleit VII

Vorwort IX

Autorenverzeichnis XI

Benutzungshinweise XVII

Abkürzungen und Siglen XX

Artikel von A bis Z 1

Sachgebietsregister 838

Ortsregister 850

Personenregister 859

Bildnachweis 894

Zum Geleit

Menschen aus Sachsen-Anhalt haben seit jeher die Welt verändert. Berühmte Persönlichkeiten haben hier gelebt und gewirkt. Von Sachsen-Anhalt gingen viele kulturelle und gesellschaftliche Impulse aus. Ein Blick auf die reiche Vergangenheit unseres noch jungen Bundeslandes belegt eindrucksvoll seine bedeutende Rolle in der Geschichte. Die heutige Landeshauptstadt Magdeburg war ein wichtiges Herrschaftszentrum Ottos des Großen. Der erste deutsche Kaiser erkor die Stadt zu seinem Lieblingsort, machte sie zum Sitz eines Erzbistums und wurde im Magdeburger Dom begraben. Die Stadt an der Elbe war Aufenthaltsort und Wirkungsstätte zahlreicher Berühmtheiten. Einige von ihnen haben Weltgeschichte geschrieben, wie der große Reformator Martin Luther. Andere, wie Otto von Guericke oder Werner von Siemens, waren Wegbereiter der modernen Naturwissenschaften und Technik oder, wie Georg Philipp Telemann und Carl Leberecht Immermann, großartige Musiker oder Literaten.

In Magdeburg und Umgebung lebten und wirkten aber auch Menschen, die eine besondere Bedeutung für die Region hatten, ohne jemals berühmt zu werden. Deshalb ist es erfreulich, daß das vorliegende „Magdeburger Biographische Lexikon" auch diese Menschen erfaßt. Das Nachschlagewerk stellt uns 1 800 Personen aus Magdeburg und seiner Umgebung vor, die im 19. und 20. Jahrhundert wesentlichen Einfluß auf die kulturellen, politischen und wirtschaftlichen Entwicklungen in ihrem gesellschaftlichen Umfeld genommen haben. Wissenschaftlich fundierte Lebensbilder von Unternehmern, Handwerkern, Künstlern, Literaten, Musikern, Sportlern, Technikern, Architekten, Wissenschaftlern, Politikern, Pädagogen und vielen anderen sind hier versammelt. Die Darstellung der Vita und der besonderen Leistungen dieser Personen wird ergänzt durch exakte Quellen- und Literaturangaben, oft sogar mit Bild und Hinweisen zum Verbleib des Nachlasses. Wissenschaftler der Magdeburger Universität haben in enger Zusammenarbeit mit Partnern aus ganz Deutschland dieses umfangreiche Nachschlagewerk erarbeitet. Allein das Autorenverzeichnis zeigt, wie viele Experten an diesem Buch mitgewirkt haben. Daher ist es mir ein Bedürfnis, allen Beteiligten für ihre außerordentliche Arbeit herzlich zu danken. Mit diesem Band werden nicht nur das Handeln und das Lebenswerk vieler Persönlichkeiten aus Sachsen-Anhalt gewürdigt, sondern über ihre Biographien auch die Wurzeln unserer Geschichte nachvollziehbar und erlebbar gemacht.

Ich denke, für unser neu gegründetes, östliches Bundesland kann aus der Kenntnis und Beschäftigung mit unseren Vorfahren ein Stück Landesidentität und kulturelles Selbstverständnis erwachsen. Die Verwurzelung in der Region ist ein Teil des Fundaments, auf dem wir die Zukunft Sachsen-Anhalts gestalten. Ich wünsche mir, daß das „Magdeburger Biographische Lexikon" viele interessierte Leserinnen und Leser aus Sachsen-Anhalt, aber auch aus den anderen Teilen Deutschlands findet und die hier so erfolgreich begonnene biographische Arbeit fortgesetzt wird.

Dr. Reinhard Höppner
Ministerpräsident des Landes Sachsen-Anhalt

Vorwort

Mit seinen fast 1800 Biographien aus der Landeshauptstadt Magdeburg und den vier umliegenden Landkreisen ist das Lexikon ein biographisches Gedächtnis der Region. Neben den Sachzeugnissen der Geschichte erinnern vor allem die Menschen vorausgehender Generationen an unsere Herkunft und unsere Wurzeln. Eine Bestandsaufnahme ist daher Basis für regionale Identität und für deren nationale und internationale Repräsentation. Diesem Ziel ist das Buch verpflichtet. Es verbindet moderne Methoden wissenschaftlicher Erarbeitung, neuesten Quellen- und Sachstand, der im Anhang jedes einzelnen Artikels dokumentiert ist, mit allgemeinverständlicher Darstellung und wendet sich damit an alle interessierten Nutzer und Leser.

Aufgenommen wurden Personen, deren Sterbedatum zwischen den Jahren 1800 und 2001 liegt, so daß das Lexikon von der zweiten Hälfte des 18. Jahrhunderts bis in die unmittelbare Gegenwart reicht und erstmals auch die Zeit des Nationalsozialismus und die DDR-Geschichte erfaßt. Voraussetzung war, daß sie das politische, gesellschaftliche, wirtschaftliche oder kulturelle Leben in der Region oder als hier Gebürtige an anderen Orten maßgeblich beeinflußt haben. Unternehmer, Techniker und Ingenieure, Erfinder, Arbeiter und Handwerker, Kaufleute, Landwirte sind ebenso berücksichtigt wie Politiker, Sportler, Mediziner, Wissenschaftler, Theologen, Pädagogen, Künstler, Juristen, Publizisten, Militärs, regionale „Originale" und andere. Naturgemäß stellt die getroffene Auswahl keine Wertung dar; sie war auch von dem abhängig, was in den einzelnen Bereichen und Landkreisen als überlieferungswürdig genannt wurde, und ist durchaus erweiterungsfähig. Gleiches gilt für die räumliche Begrenzung des Bearbeitungsgebietes, der ausschließlich pragmatische Erwägungen zugrundelagen.

Nach fast 70jähriger Vernachlässigung der biographischen Forschung in der Region, für die es mancherlei Ursachen gibt, lagen kaum Vorarbeiten für das Buch vor, ebensowenig gab es – anders als in fast allen gleichgelagerten Fällen in Deutschland – einen institutionellen Auftrag. Es verdankt seine Entstehung einer Initiative, die sehr bald auf ein breites öffentliches Interesse und die Förderung und Unterstützung durch zahlreiche Institutionen, Behörden, Archive, Bibliotheken, Museen, Verbände, Vereinigungen und Einzelpersonen stieß, insbesondere auch auf die Bereitschaft ausgewiesener Autoren der verschiedensten Fachrichtungen zu engagierter und freiwilliger Mitarbeit. Allen Beteiligten und Förderern, die im Buch an anderer Stelle genannt werden, sei ausdrücklich und herzlich gedankt; ohne sie wäre das Lexikon nicht zustandegekommen. Zugleich ermutigt das Ergebnis zur Fortsetzung: zur Ergänzung und Erweiterung der hier vorgelegten Daten und Namen, für die die Herausgeber ihre Leser um Hinweise und Anregungen bitten, und zum Weiterführen des biographischen Unternehmens über den jetzigen räumlichen und zeitlichen Rahmen hinaus.

Die Herausgeber wünschen den Nutzern Lesevergnügen und Wissenszuwachs und dem Buch eine gute Resonanz.

Guido Heinrich
Gunter Schandera

Autorenverzeichnis

(die Angaben folgen den Selbstauskünften der Autoren)

Albrecht, Katharina, Dipl.-Pharmazeutin, Apothekerin, Querfurt
Altenbach, Johannes, Prof. Dr.-Ing. habil., Hochschullehrer, Magdeburg
Arlt, Fritz, Oberst a.D., Magdeburg
Artelt, Karl, Dipl.-Gesellschaftswissenschaftler, Magdeburg
Asmus, Helmut, Prof. Dr. sc. phil., Dipl.-Historiker, Hochschullehrer i.R., Magdeburg

Ballerstedt, Maren, Dr. phil., Mitarbeiterin Stadtarchiv Magdeburg, Magdeburg
Bandoly, Sieglinde, Dipl.-Ethnologin, Museumsleiterin i.R., Haldensleben
Becker, Hans Günter, Dr.-Ing., selbständig, Magdeburg
Beckert, Manfred, Prof. em. Dr.-Ing. habil., Metallurge, Hochschullehrer i.R., Magdeburg
Behn, Claudia, Musikstudentin, Eversdorf
Behns, Bettina, Dipl.-Ing., Ebendorf
Beran, Antonia, Dipl.-Ethnographin, Museumsleiterin, Scharteucke
Beran, Jonas, Dr. phil., Archäologe, Scharteucke
Berendt, Peter, Dipl.-Dirigent, Orgel- und Klavierpädagoge, Darlingerode
Berg, Hans-Walter, Prof. Dr. phil., Musikwissenschaftler, Hochschullehrer, Trossingen
Bergner, Reinhard, Dr. phil., Magdeburg
Beyer, Klaus, Dipl.-Ing., Referent, Magdeburg
Birken-Bertsch, Hanno, M. A., Doktorand, Berlin
Blumenfeld, Gabriele, Mitarbeiterin Künstlerisches Betriebsbüro am Theater der Landeshauptstadt Magdeburg, Magdeburg
Bollmann, Dieter, Dipl.-Historiker, Lehrer i.R., Haldensleben
Borchardt, Heiko, M. A., Literaturwissenschaftler, Geschäftsführer, Magdeburg
Bork, Wilhelm, Lehrer i.R., Haldensleben
Bornemann, August, Dipl.-Ing., leitender Sicherheits-Ing. i.R., Helmstedt
Börner, Klaus, Dipl.-Historiker, Museumsleiter i.R., Genthin
Borns, Richard, Dr.-Ing., Haupttechnologe i.R., Ortschronist, Biederitz
Bossert, Harald-Uwe, Major der Bundeswehr, Havelberg
Böttcher, Ingrid, Museologin i.R., Magdeburg
Brämer, Andreas, Dr. phil., Hamburg
Bremer, Dagmar, M. A., Theaterwissenschaftlerin, Magdeburg
Briesemeister, Erwin, Mitglied des wiss. Beirates des Ornithologenverbandes Sachsen-Anhalt e.V., Magdeburg
Brodkorb, Clemens, Archivleiter der norddeutschen Provinz SJ, München
Bruns, Jörg-Heiko, Kunstwissenschaftler/Publizist, Erfurt-Molsdorf
Brüser, Wolfgang, PD Dr. rer. nat. habil., Magdeburg
Buchholz, Dietmar, Oberlehrer i.R., Gunsleben
Buchholz, Ingelore, Dipl.-Historikerin, Stadtarchivarin i.R., Magdeburg
Buchholz, Jürgen, Dr.-Ing., Magdeburg
Buchholz, Konstanze, Mitarbeiterin Stadtarchiv Magdeburg, Osterweddingen
Buchmann, Kurt, Versicherungsfachmann, Beauftragter für Bodendenkmalpflege, Flechtingen
Buchmann, Lutz, Dr. phil., Kulturamtsleiter der Landeshauptstadt Magdeburg, Möser
Burkhardt, Armin, Prof. Dr. phil. habil., Hochschullehrer in Magdeburg, Braunschweig
Busch, Karl-Heinz, Dipl.-Ing., Ingenieur für chemische Verfahrenstechnik, Magdeburg
Busse, Ursula, Dr. med., Ärztin, Leipzig/Magdeburg
Bust, Günter, Musikschuldirektor i.R., Schönebeck

Canzler, Eberhard, Prof. Dr. med., Chefarzt, Magdeburg
Cassebaum, Thomas, Dipl.-Mathematiker, Berufsschullehrer, Magdeburg
Cepl-Kaufmann, Gertrude, PD Dr., Köln
Christopeit, Gerald, Dipl.-Lehrer, Redakteur Abt. Publikation und Öffentlichkeitsarbeit, Niederndodeleben
Conrad, Joachim, Prof. em. Dr. theol., Jena
Czech, Gabriele, Dr. paed., wiss. Mitarbeiterin, Haldensleben
Czubatynski, Ralf, Gymnasiallehrer am Landesmusikgymnasium Wernigerode, Osterwieck

Autorenverzeichnis

Dachwitz, Curt, Orchesterleiter, Biederitz
Dassuy, Heinz, Dipl.-Historiker, Fachschuldozent, Ebendorf
Daum, Janusch, Dr. phil., wiss. Mitarbeiter, Magdeburg
Dertinger, Antje, Schriftstellerin, Journalistin, Bonn
Deutschmann, Gabriele, Bibliothekarin, Brettin
Dick, Jutta, Literaturwissenschaftlerin, Leiterin der Moses-Mendelssohn-Akademie, Halberstadt
Dietze, Burkart von, Barby
Dietzel, Kerstin, Dr. phil., Historikerin, Erziehungswissenschaftlerin, Magdeburg
Dippelhofer-Stiem, Barbara, Prof. Dr. rer. soc. habil., Hochschullehrerin, Magdeburg
Drebber, Lothar, Dipl.-Landwirt, Havelberg
Drechsler, Ingrun, Dr. phil., Referentin, Berlin
Dubslaff, Henner, Dipl.-Geologe, Magdeburg
Dünnhaupt, Kerstin, Ortschronistin, Barleben

Eckardt, Heinz, OMR Dr. med., Chirurg, Sportarzt, Magdeburg
Eisold, Norbert, Dipl.-Kunsthistoriker, Autor, Blankenburg
Elsner, Tobias von, Dr. phil., Historiker, Magdeburg
Ende, Dagmar, PD Dr. phil. habil., Magdeburg
Engelmann, Jürgen, Dr. phil., Referent im Kultusministerium Sachsen-Anhalt, Gerwisch

Farenholtz, Christian, Prof. Dr.-Ing., Stadtplaner, Hamburg
Feldmann, Claus-Dieter, Dipl.-Ing., Magdeburg
Fischer, Johannes, Kirchenmusiker i.R., Magdeburg
Fischer, Udo, Prof. Dr.-Ing. habil., Maschinenbauing., Magdeburg
Fleischer, Gerd, Prof. Dr.-Ing. habil, Hochschullehrer i.R., Magdeburg
Föllner, Ursula, Dr. phil., wiss. Mitarbeiterin, Magdeburg
Förster, Uwe, Dr. paed., Mitarbeiter für Öffentlichkeitsarbeit/Museumspädagogik, Magdeburg
Freigang, Bernd, Prof. Dr. med., Direktor der Universitäts-HNO-Klinik, Magdeburg
Friedrich, Margrit, Dipl.-Ökonomin, wiss. Mitarbeiterin, Havelberg
Friesecke, Thomas, BWL-Student, Berlin
Fröhlich, Joachim, MR Prof. Dr. med. habil., Hochschullehrer, Prorektor, Magdeburg
Frommhagen, Manfred, Dipl.-Ing., Bauingenieur, Magdeburg
Fuhlrott, Otto, Prof. Dr. phil., Hochschullehrer i.R., Magdeburg
Funke, Mandy, M. A., Referentin für Presse- und Öffentlichkeitsarbeit, Staatskanzlei des Landes Sachsen-Anhalt, Magdeburg

Gatz, Sabine, Musikstudentin, Egeln
Geffert, Hans-Joachim, Dr. paed., Studiendirektor i.R., Schönebeck

Geistlinger, Ines, M. A., Referentin für Presse und Werbung, Magdeburg
Gellner, Uwe Jens, wiss. Mitarbeiter, Magdeburg
Gerdes, Gerd, Prof. em. Dr. agr. habil., Hochschullehrer i.R., Wanzleben
Gerlich, Wolfgang, Diakon, Magdeburg
Gießmann, Ernst-Joachim, Prof. Dr. rer. nat. Dr. h.c., Physiker, Hochschullehrer i.R., Minister a.D., Berlin
Gödeke, Gerald, Dipl.-Lehrer, Verwaltungsangestellter, Großmühlingen
Goes, Gudrun, Prof. Dr. phil. habil., Hochschullehrerin, Magdeburg
Gottschalck, Bernd, Dipl.-Journalist, Redakteur i.R., Magdeburg
Gottschalk, Hans, Dipl.-Ing., Stadtplaner i.R., Magdeburg
Grau, Günter, Dipl.-Verwaltungswirt, Sandbeiendorf
Greulich, Hartmut, Ing. für Brandschutz, Magdeburg
Greven, Wolfgang, Geschäftsführer Sängerkreis Hildesheim, Giesen/Emmerke
Gröschner, Nadja, Magdeburg
Grünzel, Hermann, Dr. rer. nat., Biologe, Magdeburg
Guericke, Wilhelm, Prof. Dr.-Ing. habil., Hochschullehrer i.R., Magdeburg
Gumpert, Lothar, Dr. rer. nat., Geograph, Magdeburg
Gutsche, Klaus Dieter, Dipl.-Lehrer, Landesgeschäftsführer, Colbitz

Hagedorn, Renate, Dr. phil., Kunsthistorikerin, Museumsleiterin i.R., Magdeburg
Hagen, Hans-Dietrich Graf vom, Land- und Forstwirt, Möckern
Hannig, Iris, Mitarbeiterin Stadtsportbund Magdeburg e.V., Magdeburg
Hansen, Sigrid, Dr. phil., Musikwissenschaftlerin, Musikpädagogin, Magdeburg
Hansen, Kerstin, Musikwissenschaftlerin, Organistin, Magdeburg
Harnack, Klaus, Prof. Dr. med., Berlin
Hartmann, Josef, Dr. phil., Archivdirektor a.D., Ochtmersleben
Hasubek, Peter, Prof. Dr. phil., Hochschullehrer i.R., Göttingen
Hauer, Ulrich, Leiter Heimatmuseum Haldensleben, Haldensleben
Hebig, Christel, Bibliothekleiterin, Dresden
Heine, Günter, Lehrer, Wust
Heinecke, Uwe, Dr. paed., Lehrer, Loitsche
Heinicke, Horst-Günther, Dipl.-Ing. (FH), wiss. Mitarbeiter, Magdeburg
Heinrich, Guido, M. A., Kulturwissenschaftler, Magdeburg
Heinrich, Peter, Prof. Dr. med. habil., Klinikdirektor i.R., Magdeburg
Heinz, Daniel, Ph.D., Archivleiter, Friedensau

Autorenverzeichnis

Heise, Norbert, Prof. Dr. phil. habil., Hochschullehrer i.R., Magdeburg
Hengstmann, Frank, Kabarettist, Egeln
Henßge, Margarethe, Dr. med., Augenärztin, Magdeburg
Hercke, Heinz, Ingenieur, Magdeburg
Herfurth, Antje, wiss. Archivarin, Magdeburg
Herlemann, Beatrix, Dr. phil., Historikerin, Hannover
Herrmann, Gabriele, Dipl.-Kulturwissenschaftlerin, Leiterin, Genthin
Hertzfeld, Michael, Dipl.-Gesellschaftswissenschaftler, Magdeburg
Hetz, Brigitte, Lehrerin, Magdeburg
Heußner, Bärbel, Dr. phil., Dipl.-Prähistorikerin, Petershagen
Heyne, Bruno, Dr.-Ing., Dipl.-Physiker, Abt.-Leiter, Gommern
Hildebrand, Ines, Archivarin, Dessau
Hilprecht, Uwe, Komponist, Berlin
Hinze, Lieselotte, Dr. med. habil., Hochschullehrerin, Magdeburg
Hobohm, Wolf, Dr. phil., Dipl.-Musikwissenschaftler, Musikpädagoge, Leiter Zentrum für Telemannpflege und -forschung, Magdeburg
Hoffmann, Joachim, Dr. oec., Wirtschaftswissenschaftler, Berlin-Lichtenberg
Hofmann, Siegward, Dipl.-Designer, Magdeburg
Höfs, Till, Dr. med. habil., Chefarzt, Biederitz
Hohaus, Werner, Doz. Dr.-Ing., Maschinenbauingenieur, Magdeburg
Holz, Rüdiger, Dipl.-Biologe, wiss. Mitarbeiter, Halberstadt
Hönicke, Karin, Dipl.-Ing. (FH), Berufsschullehrerin i.R., Burg bei Magdeburg
Hoppe, Klaus, Prof. Dr.-Ing., Vizepräsident der Bundesingenieurkammer, Präsident der Ingenieurkammer Sachsen-Anhalt, Magdeburg
Hubbe, Jürgen, Dr. rer. nat., Dipl.-Geophysiker, Magdeburg
Hüllmann, Dietrich, Pfarrer i.R., Magdeburg

Jahn, Bernhard, Dr. phil., wiss. Mitarbeiter in Magdeburg, München
Jahn, Erhard, Dipl.-Ing., Ingenieurbüro für Denkmalpflege, Wolmirstedt
Jahn, Volker, Dr. rer. nat., Leiter Arzneimittelprüfung, Beyendorf
Jakob, Otto, Ortschronist, Remkersleben
Jakobs, Friedrich, Dipl.-Ing., Architekt, Magdeburg
Jordan, Kurt, Dipl.-Jurist, Chronist, Hadmersleben
Jörn, Andreas, Dipl.-Ing., Magdeburg
Jumar, Alfred, Dr. rer. nat. habil., Chemiker, Magdeburg
Junghans, Erhard, Dr. agr., Dipl.-Ing., Laborleiter, Blumenberg

Kärgling, Karlheinz, Dr., Leiter Öffentlichkeitsarbeit und Museumspädagogik, Magdeburg
Kersten, Ralf, Dipl. paed., wiss. Mitarbeiter, Magdeburg

Kiel, Wilfried, Lehrer für Kunsterziehung, Magdeburg
Kison, Hans-Ulrich, Dr. rer. nat., Biologe, Quedlinburg
Kitzel, Marina, Dolle
Klaeger, Siegfried, Prof. Dr.-Ing. habil., Hochschullehrer, Magdeburg
Kley, Gerd, Dr.-Ing., Werkstoffwissenschaftler, Berlin
Klitzschmüller, Elke, Dipl. paed., Fachlehrerin, Gommern
Kluge, Rüdiger, Dr.-Ing., Dozent, Magdeburg
Kluger, Thomas, Richter, Magdeburg
Kniebusch, Günter, Gütekontrolleur i.R., Magdeburg
Knorre, Ingeborg, Krankenschwester i.R., Oschersleben
Knüpfer, Jürgen, Dr. rer. nat., Dipl.-Geologe, Gommern
Kober, Rainhard, Dr. phil., Fachlehrer für Schulmusikerziehung, Magdeburg
Koch, Petra, Dipl.-Historikerin, Schönebeck
Koggelmann, Christa, Kreisarchivarin, Oschersleben
Köppe, Manfred, Lehrer, Leiter Regionalbüro Nord des Landesheimatbundes Sachsen-Anhalt e.V., Schönebeck
Korn, Dagmar, Dipl.-Ethnographin, Magdeburg
Koß, Klaus, Bauingenieur, Magdeburg
Kramer, Martin, Pfarrer i.R., Magdeburg
Krampitz, Reinhold, Prof. em. Dr.-Ing., Magdeburg
Krause, Friedrich, Prof. Dr.-Ing. habil., Hochschullehrer, Magdeburg
Krauss, Rolf, Dr. phil. habil., Ägyptisches Museum, Berlin
Krayl, Bruno, Obering., Bauingenieur, Magdeburg
Krebs, Rudolf, Lehrer, Barby
Kreschel, Katharina, Dipl.-Ethnographin, Museumsleiterin i.R., Brandenburg
Kreutzmann, John, Dipl.-Archivar, Leiter Stadtarchiv Genthin, Parey/Elbe
Kriebitzsch, Anke, Musikstudentin, Magdeburg
Kriewald, Heike, Dipl.-Kulturwissenschaftlerin, Texterin, PR-Beraterin, Magdeburg
Kruschel, Heinz, Schriftsteller, Magdeburg
Kruse, Rolf, Elektroniker, Wulferstedt
Kühling, Karlheinz, Dr. paed., Bezirkssportlehrer, Magdeburg
Kuhs, Klaus-Joachim, Dipl.-Jurist, Wust
Kuntze, Günter, Dr. rer. oec., Bezirksdirektor i.R., Jägerhof/Post Katzow
Kupey, Peter, Dr. med. vet., Tierarzt, Magdeburg

Lachhein, Lotar, Prof. Dr. med. habil., Hochschullehrer i.R., Magdeburg
Laue, Günter, Dipl.-Ing., Magdeburg
Lehmann, Carola, Dr. phil., Referentin, Wolmirstedt
Lehnert, Klaus, Dr. rer. nat., Geophysiker, Gommern
Leubauer, Ildikó, Dipl.-Ing., wiss. Mitarbeiterin, Magdeburg
Lichtenberg, Horst, Prof. Dr.-Ing. habil., Hochschullehrer, Magdeburg
Liebscher, Sabine, Dipl.-Kunstwissenschaftler, wiss. Mitarbeiterin, Glindenberg

Autorenverzeichnis

Lilie, Klaus, Dipl.-Jurist, Rechtsanwalt, Magdeburg
Lindner, Ernst, Dr. paed., Oberstudienrat i.R., Schönebeck
Linzer, Norbert, Lehrer, Oschersleben
Lorek, Daniel, Dipl. Theol. Lic. iur. can., Leiter Zentralarchiv des Bischöflichen Ordinariates Magdeburg
Ludwig, Konrad, Dr. paed. habil., Dozent, Magdeburg
Luthe, Sandra, Leiterin Kreis- und Stadtarchiv Haldensleben, Haldensleben
Luther, Saskia, Dr. phil., Referentin für Mundartpflege, Gerwisch
Lutze, Brigitta, Dr. med., Augenärztin, Magdeburg
Lux, Thomas, Dr. phil., Archivar Landeshauptarchiv Magdeburg

Mahlke, Regina, Dr. phil., Bibliothekarin, Berlin
Mai, Bernhard, Dr.-Ing., Ministerialrat, Magdeburg
Mai, Christiane, Magdeburg
Manteuffel, Karl, Prof. Dr., Emeritus, Magdeburg
Markner, Reinhard, M. A., Historiker, Halle
Mayrhofer, Wolfgang, Dr. paed., wiss. Mitarbeiter, Magdeburg
Mehmel, Astrid, Dipl.-Geograph, Geographin, Bonn
Meldau, Britta, Dipl.-Bibliothekarin, Leiterin, Schönebeck
Merfert, Walter, Dr. sc. agr., Abteilungsleiter i.R., Hadmersleben
Michael, Manfred, Künstlerischer Betriebsdirektor Theater der Landeshauptstadt, Magdeburg
Miersch, Siegfried, Dipl.-Ing., Architekt, Magdeburg
Milenz, Renate, Dipl.-Kauffrau, Hamburg
Miller, Thomas, Dr. phil., freiberuflicher Dozent, Magdeburg
Mrazek, Fritz, Leiter der Oberförsterei i.R., Genthin
Müller, Günter, Dr.-Ing. habil., wiss. Mitarbeiter, Magdeburg
Müller, Helmut, Dipl.-Agraring., Leiter Naturparkverwaltung Drömling, Rätzlingen
Müller, Herbert Hans, Ing.-Ök., Aschersleben
Müller, Margit, Dr. phil., Archivleiterin, Magdeburg
Münch, Joachim, Apothekenleiter, Biederitz
Myrrhe, Ramona, Doktorandin, Egeln

Naumann, Rolf, Dipl.-Kunstwissenschaftler, Leiter Klostermuseum Jerichow, Jerichow
Nehrkorn, Manfred, Dipl.-Ing., Restaurator, Magdeburg
Neugebauer, Matthias, Dr. theol., Theologe/Assistent des Bischofs, Halle/Saale
Nielebock, Ernst, Dipl.-Forstwirt, Colbitz
Nowak, Heinz, Dipl.-Ethnologe, Museumsdirektor i.R., Klein Wanzleben
Nüchterlein, Paul, Fachlehrer, Heimatautor, Burg
Otto, Hans-Jürgen, Prof. Dr. med., Direktor der Universitätsklinik für Nuklearmedizin, Magdeburg

Pape, Ursula, Oberin, Magdeburg

Pasch, Eberhard, Lehrer i.R., Weferlingen
Paulke, Günter, Dr.-Ing., Geschäftsführender Gesellschafter, Magdeburg
Peisker, Rudolf, Studienrat i.R., Erxleben
Petz, Raimund, Prof. Dr. med. habil. Dr. med. dent., Klinikdirektor i.R., Berater der Zahnärztekammer Sachsen-Anhalt, Möser
Pierau, Ralf, Journalist, Magdeburg
Pilz, Anette, Dipl.-Museologin, Museumsleiterin, Rogätz
Piotrowski, Thomas, Studienreferendar, Berlin
Porsche, Wolfgang, Prof. em. Dr. agr., Weizenzüchter, Hadmersleben
Pusch, Konrad, Dr.-Ing., wiss. Mitarbeiter i.R., Magdeburg
Puschke, Jürgen, Magdeburg

Radespiel, Andreas, M. A., Historiker, Magdeburg
Reipsch, Brit, Musikwissenschaftlerin, Magdeburg
Reipsch, Ralph-J., Musikwissenschaftler, Magdeburg
Reso, Günter, Dipl.-Ing. (FH), Landschaftsarchitekt i.R., Magdeburg
Ribbert, Friedhelm, Dr.-Ing., Architekt, Magdeburg
Richter, Johannes, Dipl.-Ing., Mitarbeiter im Umweltamt, Magdeburg
Richter, Hans-Ulrich, Prof. Dr.-Ing., Werkstoff-Physiker, Teltow
Richter, Ellen, M. A., Mitarbeiterin Marketing MDFI, Magdeburg
Riebau, Herbert, Dipl.-Ing., Zielitz
Riegg, Manfred, Dipl.-Ing., Patentingenieur und Leiter des Patentbüros, Magdeburg
Rieke, Werner, Lehrer i.R., Haldensleben
Riemekasten, Klaus, Dr.-Ing., wiss. Mitarbeiter, Magdeburg
Roeßiger, Susanne, Dipl.-Archivarin, Dresden
Rohr, Rudolf, Dipl.-Ing., Harbke
Rönnecke, Udo, Dr. med. vet., Bürgermeister, Möckern
Rörig, P. Werner, OMI (Congregatio Oblatorum Missionariorum Beatae Mariae Virgines Imaculatae), Redakteur, Mainz
Röse, Wolfgang, Prof. Dr. med. habil., Arzt, Anästhesist, Magdeburg
Roth, Ernst, Dipl.-Ing., Magdeburg
Rummert, Werner, Dr. oec. habil., Dozent, Barleben

Sachs-Hombach, Klaus, Dr. phil., wiss. Mitarbeiter, Magdeburg
Schade, Dieter, Dr. phil., wiss. Mitarbeiter, Ebendorf
Schäfer, Carmen, Dipl.-Archivarin, Magdeburg
Schandera, Gunter, HS-Doz. Dr. phil. habil., Hochschullehrer, Magdeburg
Schellbach-Kopra, Ingrid, Prof. Dr., München
Schiller, Mathias, Archivar, Magdeburg
Schirrmeister, Isa, Dr. phil., Archivarin, Magdeburg
Schladebach, Ingeborg, MR Dr. med., Zahnärztin, Magdeburg

Autorenverzeichnis

Schlimme, Karl, Privatarchivleiter, Hundisburg
Schlimme, Liselotte, Landwirtin, Wanzleben
Schmidt, Hanns H.-F., Schriftsteller, Magdeburg
Schmidt, Siegfried, Dipl. paed., Lehrer/Oberstudienrat i.R., Wolmirstedt
Schmidt, Uwe, Museumsmitarbeiter, Oschersleben
Schmiedgen, Ursula, Neinstedt
Schmitz, Ernst, Prof. Dr. rer. nat. habil., Chemiker, Berlin-Adlershof
Schneider, Elke, Dipl.-Theaterwissenschaftlerin, Freiberuflerin, Kallinchen
Schneider, Michael, Ing. für Brandschutz, Brandamtsrat, Stendal
Schöttker, Detlev, Prof. Dr. phil. habil., Berlin
Schreyer, Robert, Restaurator, Magdeburg
Schulenburg, Günter, Dipl. paed., Lehrer/Studienrat i.R., Ortschronist, Parchen
Schülke, Marianne, Dipl.-Medizinerin, Zahnärztin, Magdeburg
Schultze, Harald, Prof. Dr., Oberkirchenrat i.R., Magdeburg
Schulz, Nathanael, Dipl.-Theologe, Vikar, Magdeburg
Schulz, Wolfgang, Dipl.- Staatswissenschaftler, Journalist, Magdeburg
Schumann, Ursula, Dr. med., Chirurgin, Magdeburg
Schur, Gustav-Adolf, Dipl. paed., Politiker, Heyrothsberge
Schuster, Hans P. H., Dipl.-Ing., Geschäftsführer, Magdeburg
Schwachenwalde, Hanns, Lehrer i.R., Calbe/Saale
Seehase, Hans, Dr. iur., Kirchenrechtler/Historiker, Magdeburg
Seibold, Ilse, Dr. rer. nat., freie Geologin, Freiburg im Breisgau
Selber, Martin, Schriftsteller, Domersleben
Sika, Hans-Eberhard, Dr. paed., Hochschullehrer, Halle
Skupin, Anita, Dipl.-Bibliothekarin, Leiterin Stadtbibliothek Burg, Burg
Sommer, Christine, Musiklehrerin, Magdeburg
Sonntag, Friedrich-Karl, Lehrer i.R., Oebisfelde
Sperling, Lutz, Prof. Dr.-Ing. habil., Maschinenbauingenieur, Magdeburg
Stegl, Ludwig, Pfarrer, Magdeburg
Steimer, Hans-Victor, Hamburg
Steinhorst, Heike, Dr. phil., wiss. Mitarbeiter, Wolmirstedt
Steinicke, Hans-Joachim, Dipl.-Ing., Zielitz
Stephan, Karlheinz, Pfarrer i.R., Großwulkow
Steuben, Hasso Liborius von, Schauspieler, Regisseur, Magdeburg (†)
Stieger, Manfred, Bauingenieur, Barleben
Stollberg, Alfred, Dr. rer. nat., Fachschuldozent i.R., Magdeburg
Stroppe, Heribert, Prof. Dr.-Ing. habil., Physiker/Ordinarius i.R., Möser
Stumpe, Bernd, Dipl. paed., Rudertrainer, Magdeburg

Thal, Wilhelm, Prof. Dr. med. habil., Klinikdirektor i.R., Zerbst
Thiem, Axel, Angestellter, Burg
Thieß, Günter, Prof. Dr. sc. paed., Hochschullehrer, Schönebeck (†)
Thomas, Michael, Dr. phil., wiss. Mitarbeiter, Magdeburg
Thüm, Heinz, Dipl.-Ing., Magdeburg (†)
Tullner, Mathias, Prof. Dr. phil. habil., Historiker, Hochschullehrer, Irxleben

Uber, Annette, Dipl.-Musikwissenschaftlerin, Leiterin der Musikbibliothek der Stadtbibliothek Magdeburg, Magdeburg
Ullrich, Sabine, Kunsthistorikerin, Magdeburg

Vinz, Hans, Dipl.-Ing., Hochschulmitarbeiter i.R., Magdeburg
Vögel, Bernhild, Dipl.-sozialpaed., freie Autorin, Braunschweig
Vogt, Eberhard, Prof. Dr. sc. techn., Hauptgeschäftsführer, Magdeburg
Vorsatz, Mareike, Studentin, Berlin/Brettin

Wachter, Ernst-Ulrich, Dipl.-Theologe, Mitarbeiter, Haldensleben
Wagner, Christiane, Dipl.-Landwirtin, Parey/Elbe
Wahl, Friedrich, Dr.-Ing., wiss. Mitarbeiter, Magdeburg
Wahnschaffe, Horst, Dipl.-Ing., Bergassessor a.D., Essen
Wahrendorf, Ulrich, Lehrer, Erxleben
Washausen, Klaus, Doz.. Dr. sc. phil., Hochschullehrer i.R., Magdeburg
Weber, Horst, Polizeibeamter i.R., Gladau
Wedekind, Lothar, Chorleiter, Hildesheim
Wehner, Norbert, Dr., Archivrat, Magdeburg
Weien, Manfred, Prof. Dr. sc. phil., Magdeburg
Weise, Wolfgang, MR Prof. Dr. med. habil., Direktor der Universitätsfrauenklinik, Magdeburg
Wende, Hans Jürgen, Bau-Ingenieur, Magdeburg
Weninger, Gabriele, Maschinenbauingenieurin, Magdeburg
Wenzel, Mechthild, Kantorin i.R., Magdeburg
Werchan, Hans, Dr., Chemiker, Magdeburg
Wiehle, Martin, Dipl.-Historiker, Oberbibliotheksrat i.R., Magdeburg
Wiele, Herbert, Prof. Dr.-Ing. habil., Maschinenbauingenieur, Magdeburg
Wille, Manfred, Prof. Dr. sc. phil., Historiker, Hochschullehrer i.R., Magdeburg
Willenius, Roswitha, Dr. phil., wiss. Mitarbeiterin, Magdeburg
Williger, Gerhard, Lehrer, Oschersleben
Willmann, Willi, Meteorologe, Niederndodeleben
Wingert, Günter, Lehrer i.R., Gommern
Winkelvoß, Jörn, Dipl.-Ing., Magdeburg

Autorenverzeichnis

Wißner, Petra, Dipl.-Ing., Bereichsleiterin/Landschaftsarchitektin, Magdeburg
Wöhlert, Walter, Dr. agr., Dipl.-Chemiker, Abteilungsleiter i.R., Klein Wanzleben
Wolff, Horst-Peter, Dr. paed., Dipl.-Med.-Päd., Institut für Pflegegeschichte, Qualzow
Wolff, Martin, Kaufhausleiter i.R., Magdeburg
Wrobel, Johannes, Leiter Geschichtsarchiv, Selters/Taunus

Zaborowski, Giesela, Archivmitarbeiterin, Wanzleben
Zachhuber, Gerhard, Dipl.-Theologe, Oberkonsistorialrat i.R., Magdeburg

Zähle, Elisabeth, Rogätz
Zander, Gisela, Dr. phil., Leiterin Literaturhaus Magdeburg, Magdeburg
Zaremba, Michael, Dr. phil, Literaturwissenschaftler, Berlin
Zeitke, Otto, Wolmirstedt
Ziegler, Kristina, Dipl.-Wirtschaftsingenieur (FH), Magdeburg
Ziems, Dietrich, Prof. Dr.-Ing., Maschinenbauingenieur, Magdeburg
Zimmermann, Alfred, Pfarrer/Bibliothekar, Stendal
Zülicke, Peter, Pfarrer, Staßfurt

Benutzungshinweise

I. Allgemeine Festlegungen

a) Das *Magdeburger Biographische Lexikon (MBL)* folgt der noch bis 2005 gesetzlich geltenden bisherigen Rechtschreibung.

b) Das *MBL* folgt in der Artikelgestaltung dem Vorbild großer biographischer Nachschlagewerke und Speziallexika (z. B. NDB, Killy Literaturlexikon etc.). Der Artikel gliedert sich in drei Teile: Artikelkopf, Artikeltext, Apparat.

II. Artikelkopf
1. Namen- und Namenszusätze

a) Grundsätzlich wurden, sofern ermittelbar, der Nachname sowie alle Vornamen der Person in der Reihenfolge und Schreibung laut Geburtsurkunde oder anderen urkundlichen oder amtlichen Eintragungen angegeben.

b) Sofern die Überlieferung wiederkehrende Schreibvarianten oder Veränderungen der Schreibweise des Vor- oder Nachnamens aufweist, sind diese in Klammern angefügt, jedoch nicht fett gesetzt.

c) Bei mehreren Vornamen wurden der Rufname oder die Rufnamen kursiv gesetzt. Gebräuchliche Abwandlungen des Rufnamens (z. B. Fritz für Friedrich, Willi für Wilhelm, Max für Maximilian) wurden als Varianten in Klammern angefügt.

d) Bei Frauen wurde grundsätzlich derjenige Nachname zuerst angegeben, unter dem sie allgemein bekannt geworden sind. War dies nicht der Geburtsname, so ist dieser hinter dem vollständigen Vornamen mit dem Zusatz „geb." angefügt. Anschließend sind ggf. weitere Änderungen des Nachnamens (etwa bei späterer Heirat) mit dem Zusatz „verh." verzeichnet.

e) Bei zu Lebzeiten nobilitierten Personen erfolgt die Angabe des Jahres der Nobilitierung in Klammern direkt hinter dem jeweils verliehenen Titel mit dem Zusatz „seit". Personen ohne diesen Zusatz besaßen den erblichen Adel.

f) Pseudonyme bzw. Künstlernamen wurden in Klammern hinter dem vollständig aufgeführten Namen mit dem Zusatz „Ps.:" aufgeführt, ggf. auch der Zeitraum, in dem die Person ein Pseudonym/einen Künsternamen führte.

g) Akademische Titel und Ehrentitel sind mit Angabe der jeweiligen Spezifikation dem Namen angefügt. Dies wurde auch für den Professorentitel festgelegt, obgleich dieser nach notariellem Recht kein Bestandteil des Namens ist.

Beispiel: Raabe, *Wilhelm* Karl (Ps.: Jakob Corvinus, 1856–61), Dr. phil., Dr. med. h.c.

2. Lebensdaten, Berufe, Tätigkeitsfelder

a) Grundsätzlich wurden nach dem Zusatz „geb." das vollständige Geburtsdatum (Tag, Monat, Jahr) sowie der genaue Geburtsort bzw. nach dem Zusatz „gest." das vollständige Sterbedatum (Tag, Monat, Jahr) sowie der genaue Geburtsort angegeben.

b) Konnte ein Geburtsdatum aus dem Todesdatum und Lebensalter errechnet werden (oder umgekehrt), sind die beiden in Frage kommenden Jahre mit einem Schrägstrich verbunden (z. B. 1828/29).

c) Geschätzte Geburts- bzw. Sterbedaten sind mit dem Zusatz „ca." versehen (z. B. geb. ca. 1825).

d) Bei allen Ortsangaben, die Geburts- und Sterbeorte betreffen, wurden die historische Schreibung und der Status des Ortes zum Zeitpunkt der Geburt bzw. des Todes der betreffenden Person als verbindlich beibehalten. Dies gilt auch für den Artikeltext, wenn der Ort in einem Zitat oder einem Eigennamen vorkommt.

e) Neben dem erlernten wurde hauptsächlich der zuletzt ausgeübte Beruf der Person genannt (z. B. Jurist, Verwal-

Benutzungshinweise

tungsbeamter). Ergänzend dazu sind wichtige Funktionen innerhalb der ausgeübten beruflichen Tätigkeit nur bei hochrangigen Personen angeführt (z. B. Oberbürgermeister, Bischof, Oberpräsident der Provinz Sachsen o.ä.).

f) Zudem wurden auch solche Tätigkeiten genannt, die für das Lebenswerk der Person bedeutsam sind und von ihr nebenbei oder ehrenamtlich ausgeübt worden sind. Dies betrifft vor allem das gesellschaftliche Engagement (z. B. Heimatforscher, Chorleiter etc.) oder wichtige nähere Kennzeichnungen einer Person (z. B. Rittergutsbesitzer etc.). Ggf. können hier auch mehrere Angaben stehen.

g) Alle Titel einer Person, die nicht notarieller Bestandteil des Namens sind, wurden grundsätzlich im Anschluß an die betreffende Berufsbezeichnung (z. B. Obermedizinalrat, Oberstudienrat, Amtmann etc.) angefügt.

III. Artikeltext
1. Hervorhebungen im Text

a) Anführungszeichen
   Zitate aus gedruckten und ungedruckten Quellen, Buchtitel, Titel von Publikationen und Kunstwerken, Namen von Gegenständen (z. B. Grubennamen, Schiffsnamen etc.) bzw. nicht-notarielle Beinamen von Personen (z. B. „Bibervater") wurden in Anführungszeichen gesetzt.

b) Kursivschreibung
   Namen von Firmen, Vereinen, Gesellschaften, Institutionen sowie von Zeitungen und Zeitschriften etc. wurden zur Strukturierung des Artikeltextes kursiv gesetzt (außer c)

c) ohne Hervorhebung
   Namen von Schulen, Universitäten, Museen, Bibliotheken und Archiven sowie von Parteien und kirchlichen Vereinigungen wurden im Text nicht gesondert hervorgehoben, auch dann nicht, wenn die betreffende Institution einen Beinamen trägt.
   Dies gilt auch für die Nennung von Auszeichnungen, insofern deutlich ist, daß es sich um Orden, Medaillen, Ehrennamen etc. handelt.

2. Abkürzungen

a) Grundlage für alle Abkürzungen im Artikeltext ist das Abkürzungs- bzw. das Siglenverzeichnis (siehe dort).

b) Im Artikeltext wird der Name der im Artikel behandelten Person grundsätzlich mit dem Anfangsbuchstaben des Nachnamen abgekürzt. Dies gilt auch für Personen, die einen Adelstitel im Namen führen, oder Personen mit mehrteiligem Namen.

c) Die Nachnamen von im Artikeltext aufgeführten Personen, deren Nachname mit dem Nachnamen der im Artikel behandelten Person identisch sind, wurden ebenfalls abgekürzt wiedergegeben.

3. Historische Schreibung

Die historische Schreibung von Ortsnamen oder anderen Bezeichnungen im Artikeltext wurde nur dann beibehalten, wenn

a) es sich um den Bestandteil eines Eigennamens handelt (z. B. *Albrecht Friedmann & Sohn, Cöthen*)

b) oder das betreffende Wort in einem Zitat oder Titel vorkommt (z. B. „Die Entwickelung der landwirthschaftlichen Production im Landkreise Neuhaldensleben").

IV. Apparat
1. Allgemeine Festlegungen

a) Aufbau des Apparates
   Der wissenschaftliche Apparat beschließt den Artikel und ist in folgende Abschnitte gegliedert:

   1. Werke (W.)
   2. Nachlaß (N:)
   3. Literatur (L:)
   4. Bildquelle (B:)

b) historische Schreibung
   Bei allen Angaben im Apparat wurde grundsätzlich die historische Schreibung der Titel beibehalten.

c) Abkürzungen
   Grundlage für alle Abkürzungen im Apparat ist das Abkürzungs- bzw. das Siglenverzeichnis (siehe dort). Zudem gelten die Festlegungen für den Artikeltext (siehe vorhergehenden Abschnitt III.)
   Alle Abkürzungen des Apparates wahren die historische Schreibung der jeweiligen Titel.
   Der Name der im Artikel behandelten Person wurden grundsätzlich auch im Apparat abgekürzt. Dies betrifft ebenso die Abkürzung des Vornamens bzw. der Vornamen der behandelten Person innerhalb eines Titels.

d) Hervorhebungen
   Im Apparat wurden lediglich Zitate und Eigennamen durch Anführungszeichen hervorgehoben.
   Zur Vermeidung von Irrtümern sind alle Angaben von Seiten- oder Spaltenzahlen kursiv gesetzt (z. B. Die Dt. Zuckerindustrie 54, 1929, *881*).

Benutzungshinweise

2. Zitierweise
Quellen- und Literaturangaben sind nach folgendem Schema aufgeführt:

a) Bei Einzelpublikationen ist nach dem vollständigen Titel ggf. die Anzahl der Bände (in Klammern) und das Erscheinungsjahr (ggf. auch weitere Auflagen und Nachdrucke) genannt, Erscheinungsort und Verlag dagegen nicht.
z. B. Lehrbuch der pharmaceutischen Chemie (2 Bde), 1879–1883, ⁷1943 (Repr. 1986)

b) Bei Beiträgen in Sammelbänden wird jeweils der Titel des Aufsatzes angegeben. Nach dem Zusatz „in:" folgt der Titel der Hauptpublikation, die Bandzahl, ggf. die Heftzahl, das Erscheinungsjahr sowie die genaue Seitenzahl.
z. B. Ueber die pharmaceutische Verwendung der Hippursäure, in: Hermann Kremt/Peter Baggensen (Hg.), Hdb. der organischen Chemie, Bd. 2, 1895, *256–308*

c) Bei Beiträgen in Periodika (Zeitschriften, Journalen etc.) gilt die vorherige Regelung. Der Jahrgang wird ohne Zusatz direkt hinter dem Titel des Periodikums genannt, ggf. auch die Angabe des Einzelheftes.
z. B. Perspektiven der organischen Chemie, in: Der Chemiker 46, H. 7, 1899, *26–40*

3. Werke (W:)

a) Dieser Abschnitt umfaßt die wichtigsten Werke in Auswahl, für die die behandelte Person als Autor oder Mitautor verantwortlich zeichnete.

b) Die Werke wurden – unabhängig davon, ob es sich um Einzelpublikationen oder Beiträge handelt – chronologisch gelistet.

4. Nachlaß (N:)

a) Unter diesem Stichwort wird der Verbleib eines Nachlasses bzw. eines Teilnachlasses der beschriebenen Person nachgewiesen.

b) Die dabei genannten Institutionen und Orte zeigen nur der Standort des Nachlasses bzw. Teilnachlasses, berühren jedoch den Nachweis von Eigentums- oder Besitzverhältnissen nicht.

5. Literatur (L:)

a) Inhalt der Literaturangaben
Unter diesem Stichwort werden die wichtigsten Veröffentlichungen zur jeweiligen Person in Auswahl aufgeführt, wobei insbesondere die weiterführende Literatur den Vorrang erhielt.

b) Ordnung der Literaturangaben
An erster Stelle werden allgemeine Nachschlagewerke, sodann speziellere Nachschlagewerke aufgeführt (Abkürzungen s. Siglenverzeichnis), jeweils mit der Nummer des Bandes und ggf. den genauen Seitenzahlen (kursiv). Anschließend werden bedeutende Einzelpublikationen mit dem vollen Vor- und Nachnamen des Autors genannt. Die Literatur ist (außer mit Siglen zitierte Nachschlagewerke) grundsätzlich chronologisch geordnet.

c) Ist der Autor einer Literaturangabe im Apparat mit dem Autor des betreffenden Artikels für das *MBL* identisch, wird der Literaturangabe nur die Abkürzung „Vf." (Verfasser) vorangesetzt. Dies gilt auch dann, wenn eine Publikation mehrere Autoren hat.

d) Zusätze zu Literaturangaben
Literatur, die umfassende Bibliographien der Werke, Bibliographien der Literatur und/oder ein Bild enthält, wurde am Ende mit dem Zusatz „(*W*)", „(*L*)" und/oder „(*B*)" in der vorstehend angegebenen Weise versehen.

e) Aktenmaterial
Sofern Aktenmaterialien nachgewiesen werden, sind diese stets am Ende des Abschnittes „L:" nach Möglichkeit mit Angabe der Institution und der Signatur angegeben. Die verwendeten Abkürzungen für einschlägige Institutionen sind im Abkürzungsverzeichnis festgehalten. Wurde die Angabe von Aktenmaterialien mit dem Zusatz „priv." in Klammern versehen, so gilt dies lediglich als Hinweis, daß diese Materialien nicht allgemein öffentlich zugänglich sind.

f) Die Angabe einer Institution bzw. der Zusatz „priv." in Klammern hinter einem als Literatur aufgeführten Manuskript verweist lediglich auf dessen Standort.

6. Bilder

a) Unter diesem Stichwort wird nach Möglichkeit der Standort oder die Quelle eines Bildes der behandelten Person (in der Regel Porträt) nachgewiesen. Der Nachweis des Standortes bzw. der Quelle des Bildes sagt nichts über deren Eigentums- oder Besitzverhältnisse aus.

b) Befindet sich vor dem Nachweis eines Standortes bzw. vor der Bildquelle ein Stern (*), so handelt es sich um das im Lexikon reproduzierte Bild.

Abkürzungen und Siglen

Abkürzungen

I. WK	I. Weltkrieg
II. WK	II. Weltkrieg
Abb.	Abbildung(en)
Abh.	Abhandlung(en)
Abt.	Abteilung
ADGB	Allgemeiner Deutscher Gewerkschaftsbund
AdsD	Archiv der sozialen Demokratie der Friedrich-Ebert-Stiftung, Bonn
Akad.	Akademie
AKPS	Archiv der Kirchenprovinz Sachsen Magdeburg
allg.	allgemein
ao.	außerordentlich
Bd., Bde	Band, Bände
Bearb., bearb.	Bearbeitung/Bearbeiter, bearbeitet
Bez.	Bezirk
Bibl.	Bibliothek
Bibliogr., bibliogr.	Bibliographie, bibliographisch
Biogr., biogr.	Biographie, biographisch
Bl., Bll.	Blatt, Blätter
dass.	dasselbe
DDP	Deutsche Demokratische Partei
DEFA	Deutsche Film-Aktiengesellschaft
ders.	derselbe
DFD	Demokratischer Frauenbund Deutschlands
DGB	Deutscher Gewerkschafts-Bund
d. h.	das heißt
dies.	dieselbe/dieselben
Dipl.-	Diplom-
Dir.	Direktor
Diss.	Dissertation
DKP	Deutsche Kommunistische Partei
DLA Marbach	Schiller-Nationalmuseum/Deutsches Literaturarchiv Marbach
DLG	Deutsche Landwirtschafts-Gesellschaft
DNVP	Deutschnationale Volkspartei
Doz.	Dozent
dt.	deutsch
Dtl., Dtls	Deutschland, Deutschlands
DVP	Deutsche Volkspartei
ebd.	ebenda
E.h.	Ehren halber
eig.	eigentlich
EK	Eisernes Kreuz
Erg.-	Ergänzungs-
ev.	evangelisch
f., ff.	folgende Seite, folgende Seiten
Fa.	Firma
Fam.	Familie
FDGB	Freier Deutscher Gewerkschaftsbund
FDJ	Freie Deutsche Jugend
franz.	französisch
Fs., Fss.	Festschrift, Festschriften
geb.	geboren, gebürtig
Geb.	Geburtstag
gedr.	gedruckt
geh.	geheim
gen.	genannt
Gesch., gesch.	Geschichte, geschichtlich
Ges.	Gesellschaft
get.	getauft
ggf.	gegebenenfalls
Gymn.	Gymnasium, Gymnasial-
H.	Heft
Habil., habil.	Habilitation, habilitiert
h.c.	honoris causa (ehrenhalber)
Hdb.	Handbuch
Hg., hg.	Herausgeber, herausgegeben
hist.	historisch
Hzt., Hzts	Herzogtum, Herzogtums
hzgl.	herzoglich
IHK	Industrie- und Handelskammer
Ing., Ing.-	Ingenieur, Ingenieur-

XX

Abkürzungen und Siglen

Inst.	Institut	N. F.	Neue Folge
Int., int.	International, international	NKWD	Narodny Komissariat Wnutrennich Del (Volkskommissariat des Innern), sowjetische politische Geheimpolizei 1934–1946
i.R.	im Ruhestand		
Jb., Jbb.	Jahrbuch, Jahrbücher		
Jg., Jgg.	Jahrgang, Jahrgänge	N. N.	nomen nescio (unbekannten Namens)
Jh., Jhs	Jahrhundert, Jahrhunderts		
Js., Jss.	Jahresschrift, Jahresschriften	Nr.	Nummer
jüd.	jüdisch	Ns., ns.	Nationalsozialismus, nationalsozialistisch
jun.	junior		
jur.	juristisch	NVA	Nationale Volksarmee der DDR
Kal.	Kalender	o.	ordentlicher
Kat.	Katalog	OdF	Opfer des Faschismus
kath.	katholisch	o.g.	oben genannt
kgl.	königlich	o.J.	ohne Jahr
KHMus. Magdeburg	Kulturhistorisches Museum Magdeburg	OLG	Oberlandesgericht
Kl.	Klasse	PA	Personalakte
klass.	klassisch	PGH	Produktionsgenossenschaft des Handwerks
Kloster U. L. F.	Kloster Unser Lieben Frauen Magdeburg		
		PH	Pädagogische Hochschule
KPD	Kommunistische Partei Deutschlands	Phil., phil.	Philosophie, philosophisch
KPS	Kirchenprovinz Sachsen	Pkt.	Punkt(e)
Kr.	Kreis	preuß.	preußisch
KrA	Kreisarchiv	priv.	privat
KrMus.	Kreismuseum	Prof.	Professor
KW	Kilowatt	Prom., prom.	Promotion, promoviert
KZ	Konzentrationslager	Ps.	Pseudonym/Künstlername
		PS	Pferdestärke(n)
LHASA	Landeshauptarchiv Sachsen-Anhalt Magdeburg	Reg.	Regierung/Regierungs-
Lex.	Lexikon	Repr.	Reprint
Lit., lit.	Literatur, literarisch	RGW	Rat für gegenseitige Wirtschaftshilfe
LPG	Landwirtschaftliche Produktionsgenossenschaft		
		s.	siehe
m	Meter	SA	Sturmabteilung
MdB	Mitglied des Bundestages	Sa.-Anh.	Sachsen-Anhalt
MdL	Mitglied des Landtages	SAG	Sowjetische Aktiengesellschaft
MdR	Mitglied des Reichstages	SBZ	Sowjetische Besatzungszone
Med., med.	Medizin, medizinisch	SED	Sozialistische Einheitspartei Deutschlands
Med. Akad.	Medizinische Akademie		
MfS	Ministerium für Staatssicherheit	sen.	senior
min.	Minute(n)	Slg., Slgg.	Sammlung, Sammlungen
Mio.	Millionen	SMAD	Sowjetische Militäradministration in Deutschland
Mitarb.	Mitarbeiter		
Mittlg., Mittlgg.	Mitteilung, Mitteilungen	s.o.	siehe oben
Mrd.	Milliarden	sog.	sogenannt, sogenannte
Ms., Mss.	Manuskript, Manuskripte	Sp.	Spalte(n)
Mus.	Museum	SS	Schutzstaffel
		StA	Staatsarchiv
n.e.	nicht ermittelbar	staatl.	staatlich
Nekr.	Nekrolog	StadtA	Stadtarchiv

Abkürzungen und Siglen

St/KrA	Stadt- und Kreisarchiv
s.u.	siehe unten
t	Tonne(n)
Tb.	Taschenbuch
Tf.	Tafel(n)
TH	Technische Hochschule
Theol., theol.	Theologie, theologisch
Tl.	Teil(e)
tm	Tonnenmeter
TU	Technische Universität
UA	Uraufführung
u. a.	unter anderem, und andere
u. a. m.	und anderes mehr
UB	Universitätsbibliothek
Üb.	Übersetzer, Übersetzung
u.k.	unabkömmlich
Univ.	Universität(en)
UnivA	Universitätsarchiv
u.ö.	und öfter
USPD	Unabhängige Sozialdemokratische Partei Deutschlands
VBK	Verband Bildender Künstler
VDE	Verband der Elektrotechnik
VDI	Verein Deutscher Ingenieure
VEB	Volkseigener Betrieb
verh.	verheiratet
Verz., Verzz.	Verzeichnis, Verzeichnisse
Vf.	Verfasser
vgl.	vergleiche
Vors.	Vorsitzender
VVB	Vereinigung Volkseigener Betriebe
VVO	Vaterländischer Verdienstorden (der DDR)
wirtsch.	wirtschaftlich
Wiss., wiss.	Wissenschaft(en), wissenschaftlich
z. B.	zum Beispiel
ZBOM	Zentralarchiv des Bischöflichen Ordinariates Magdeburg
ZK	Zentralkomitee
Zs., Zss.	Zeitschrift, Zeitschriften
z.T.	zum Teil
Ztg., Ztgg.	Zeitung, Zeitungen
z.Z.	zur Zeit

Siglen

ADB — **Allgemeine Deutsche Biographie,** hg. von der Historischen Kommission bei der Bayerischen Akademie der Wissenschaften (56 Bde), Leipzig 1875–1928.

BBKL — **Biographisch-bibliographisches Kirchenlexikon,** bearb. und hg. von Friedrich Wilhelm Bautz, später von Traugott Bautz (z.Z. 16 Bände), Hamm 1975ff.

Bio Hdb Emigr — **Biographisches Handbuch der deutschsprachigen Emigration,** hg. von Werner Röder und Herbert A. Strauss (3 Bde), München 1980–83.

BioApo — **Deutsche Apotheker – Biographie,** hg. von W. H. Hein, Stuttgart 1975–78, Ergänzungsbände 1986 (Veröffentlichungen der Internationalen Gesellschaft der Pharmazie e.V., N. F., Bde. 43, 46 und 55.

BioJb — **Biographisches Jahrbuch und deutscher Nekrolog.** Unter ständiger Mitwirkung von F. von Bezold, Alois Brandl, August Fournier, Adolf Frey, Heinrich Friedjung, Ludwig Geiger, Karl Glossy, Sigmund Günther, Eugen Guglia, Ottokar Lorenz, Jacob Minor, Friedrich Ratzel, Paul Schlenther, Erich Schmidt, Anton E. Schönbach u. a. Jg. 1–5, hg. von Anton Bettelheim (für die Toten der Jahre 1896–1900), Berlin 1897–1903; Jg. 6–18, hg. von Bruno Bettelheim, Berlin 1901–17.

Bll. für HGusL — **Blätter für Handel, Gewerbe und sociales Leben.** Beiblatt zur Magdeburgischen Zeitung; Magdeburg 1849–1905.

DBE — **Deutsche Biographische Enzyklopädie,** hg. von Walther Killy (12 Bde), München/London u. a. 1995ff.

DBJ — **Deutsches Biographisches Jahrbuch,** hg. vom Verbande der deutschen Akademien, Bd. 1–5 (für 1914–23) u. 10–11 (für 1928/29), Berlin/Leipzig, sp. Stuttgart/Berlin 1925–32; Register zum DBJ, zusammengestellt von Heinrich Ihme, München/Paris etc. 1986.

GeschBll — **Geschichts-Blätter für Stadt und Land Magdeburg.** Mitteilungen des Vereins für Geschichte und Alterthumskunde des Herzogtums und Erzstifts Magdeburg, Magdeburg 1866 ff.

Hamberger/Meusel	**Das gelehrte Teutschland oder Lexikon der jetzt lebenden teutschen Schriftsteller.** Angefangen von Georg Christoph Hamberger, fortgesetzt von Johann Georg Meusel (11 Bde mit Register-Bd.), Lemgo ^{5}1796–1826; (12 Supplement-Bde), Lemgo 1808–1834.		hg. von Friedrich Blume, Bd. 1–17, Kassel u. a. 1949–1986.
		Mitteldt Leb	**Mitteldeutsche Lebensbilder,** hg. von der Historischen Kommission für die Provinz Sachsen und für Anhalt (5 Bde), Magdeburg 1926–1930.
Hdb SBZ/DDR	**Biographisches Handbuch der SBZ/DDR 1945–1990,** hg. von Gabriele Baumgartner, Dieter Hebig u. a. (2 Bde), München 1997.	**MonBl**	**Montagsblatt. Wissenschaftliche Wochenbeilage der Magdeburgischen Zeitung.** Organ für Heimatkunde, Magdeburg 1905–1942.
Hobohm	**Wolf Hobohm,** Beiträge zur Musikgesch. Magdeburgs im 19. Jahrhundert (2 Bde), Diss. Halle 1983.	**NDB**	**Neue Deutsche Biographie,** hg. von der Historischen Kommission bei der Bayerischen Akademie der Wissenschaften (z.Z. 19 Bde), Berlin 1953ff.
KGL	**Kürschners Deutscher Gelehrten-Kalender,** Bio-bibliographisches Verzeichnis deutschsprachiger Wissenschaftler der Gegenwart, hg. von Gerhard Lüdtke, Ausgabe 1–7, Berlin, 1925–50, fortgesetzt von Schuder, W., Berlin 1951ff.	**Neuer Nekr**	**Neuer Nekrolog der Deutschen,** hg. von Friedrich August Schmidt, Bd. 1–10 (1823–33), Ilmenau 1824–1834; Bd. 11–30 (1835–1856) u. 2 Bde Reg., Weimar 1835ff.
Killy	**Literaturlexikon,** hg. von Walther Killy (15 Bde), Gütersloh/München 1993.	**Priesdorff**	**Kurt Priesdorff,** Soldatisches Führertum (10 Bde), Hamburg 1937–1942.
KLK	**Kürschner Deutscher Literaturkalender,** Jgg. 29–52, Berlin 1907–52, [nebst] Nekrolog 1901–35 und 1936–70.	**RE**	**Real-Encyclopädie für protestantische Theologie und Kirche,** hg. von Albert Hauck, Bd. 1–24, Leipzig ^{3}1896–1913.
Kosch LL	**Wilhelm Kosch,** Deutsches Literatur-Lexikon. Biographisch-Bibliographisches Handbuch (z.Z. 22 Bde.), 3. völlig neu bearb. Auflage, hg. von Bruno Berger und Heinz Rupp, Bern/München 1968ff.	**Reichshdb**	**Reichshandbuch der deutschen Gesellschaft.** Handbuch der Persönlichkeiten in Wort und Bild (2 Bde), Berlin 1930–31.
		Reichstags Hdb	**Reichstags-Handbuch,** (teil.: Amtliches …), Legislatur (Wahl)-Periode 1890–1933, Berlin 1890–1933.
Kosch TL	**Wilhelm Kosch,** Deutsches Theater-Lexikon. Biographisches und Bibliographisches Handbuch (2 Bde), Klagenfurt/Wien 1953–1960.	**RGG**	**Die Religion in Geschichte und Gegenwart,** Handwörterbuch für Theologie u. Religionswissenschaft hg. von Kurt Galling (6 Bde), Tübingen ^{3}1957–65.
Leesch	**Wolfgang Leesch,** Die deutschen Archivare 1500–1945, Bd. 2: Biographisches Lexikon, München/New York u. a. 1992.	**Riemann**	**Hugo Riemann,** Musiklexikon, hg. von Alfred Einstein, Berlin ^{11}1929 Musiklexikon, hg. und bearb. von Wilibald Gurlitt (3 Bde) Mainz ^{12}1959–1975.
MGG	**Die Musik in Geschichte und Gegenwart.** Allgemeine Enzyklopädie der Musik,		

Abkürzungen und Siglen

Saur AKL   Saur allgemeines Künstler-Lexikon. Die bildenden Künstler aller Zeiten und Völker, hg. von Günter Meißner, München 1992ff.

SkBK   Studien zur katholischen Bistums- und Klostergeschichte, Leipzig 1961ff.

Thieme/Becker   Allgemeines Lexikon der bildenden Künstler von der Antike bis zur Gegenwart, hg. von U. Thieme/F. Becker (37 Bde), Leipzig 1907–1950.

Vollmer   Hans Vollmer, Allgemeines Lexikon der bildenden Künstler des 20. Jahrhunderts (6 Bde), Leipzig 1953–1962.

Wer ist's   Wer ist's? Unsere Zeitgenossen (11–12: Wer ist wer?) hg. von Herrmann A. L. Degener (Ausgabe 1–12), Leipzig 1905–55.

Achard, François Charles (Franz Carl), Prof.
geb. 28.04.1753 Berlin, gest. 20.04.1821 Cunern/Schlesien, Chemiker, Akademiedir., Förderer und Pionier der Rübenzuckerindustrie.

A. war Sohn des Predigers an der Werderschen Kirche in Berlin, Guillaume (Wilhelm) A. 1776 wurde er zunächst als Kollaborator des namhaften Chemikers Andreas Sigismund Marggraf an die Physikalische Klasse der Akad. der Wiss. in Berlin berufen. Bereits 1782 folgte er Marggraf im Amt und übernahm das Direktorat der Physikalischen Klasse. 1784 begann er in Kaulsdorf bei Berlin mit Anbau- und Verarbeitungsexperimenten mit Runkelrüben, stellte 1799 König Friedrich Wilhelm III. die Ergebnisse seiner Experimente vor und empfahl, die Rübenzuckerfabrikation en gros aufzunehmen. Im gleichen Jahr reiste A. nach Magdeburg zum Kammerpräsidenten → Ludolph von Angern und informierte ihn über seine Erfindung. Dem Besuch folgte ein umfangreicher Schriftwechsel, der für die Förderung und künftige bedeutende Entwicklung der Rübenzuckerfabrikation im Magdeburger Raum von großer Wichtigkeit war. Die *Magdeburgische Ztg.* informierte ihre Leser ausführlich über die Erfindung A.s; der Rübenzucker wurde zeitweise zum wichtigsten Gesprächsthema in Magdeburg. 1801/02 errichtete und betrieb A. in Cunern/Schlesien, unterstützt durch erhebliche finanzielle Zuwendungen des Königshauses, die weltweit erste Rübenzuckerfabrik. Unter dem Schutz der Kontinentalsperre entstanden in Preußen schnell weitere Rübenzuckerfabriken. Allein im Stadtgebiet von Magdeburg arbeiteten 1812 acht Fabriken. Erfolgreichster Rübenzuckerfabrikant war → Johann Wilhelm Placke, welcher bereits 1800/01 in Neustadt bei Magdeburg mit der Errichtung entsprechender Produktionsanlagen begonnen hatte. Er konsultierte A. persönlich in Cunern und bezog später von ihm selektiertes Rübensaatgut. 1812/13 erreichte Placke mit 80.000 Zentnern verarbeiteter Zuckerrüben eine europäische Rekordleistung. 1807 brannte die Fabrik in Cunern ab, und A. errichtete dort eine Lehranstalt für die Rübenzuckerfabrikation. Nach Aufhebung der englischen Seesperre stellten die Rübenzuckerfabriken unter dem Konkurrenzdruck des Rohrzuckers nahezu vollständig ihren Betrieb wieder ein. A. starb 1821 in Cunern und erlebte die zweite Blüteperiode des von ihm begründeten neuen Industriezweiges, die um 1830 einsetzte, nicht mehr. Er gilt als Begründer der Rübenzuckerfabrikation und Schöpfer der Kulturpflanze Zuckerrübe.

W: Vorlesungen über die Experimentalphysik, 1791; Ausführliche Beschreibung der Methode nach welcher bei der Kultur der Runkelrübe verfahren werden muß, 1799; Die europäische Rübenzuckerfabrikation, 1809. – **L:** ADB 1, *27f.*; NDB 1, *27f.*; Alwin Rümpler, Die Rübenzuckerindustrie in Schlesien vor hundert Jahren, in: Die Dt. Zuckerindustrie 26, 1901, *1693–1697, 1735–1739* u. ö.; ders., Archivalische Studien über die Anfänge der Rübenzuckerindustrie in Schlesien, in: ebd. 27, 1902, *1638–1642, 1711–1714* u. ö.; ebd. 28, 1903, *63–67, 113f.* u. ö.; Carl Scheibler, Actenstücke zur Gesch. der Rübenzuckerfabrikation in Dtl. während ihrer ersten Entwicklung, in: Zs. des Vereins der Dt. Zuckerindustrie 65, 1915, *447–513*; → Rudolf Grotkaß, Die Zuckerfabrikation im Magdeburgischen, ihre Gesch. vor und während der Kontinentalsperre sowie weiter bis zum Jahre 1827, dem Beginn der neuen Periode, in: Wilhelm Stieda/→ Hans Leonhard (Hg.), Magdeburger Wirtschaftsleben in der Vergangenheit, Bd. 2, 1927; ders., F. C. A.s Beziehungen zum Auslande, seine Anhänger, seine Gegner, in: Centralbl. für die Zuckerindustrie 37, 1929, *585–593, 1381f.* u. ö.; ebd. 38, 1930, *45f., 78–80* u. ö.; Wilhelm Stieda, F. K. A. und die Frühzeit der dt. Zuckerindustrie, 1928; Vf., F. C. A. Zum 175jährigen Jubiläum der Rübenzuckerfabrikation, in: Lebensmittelindustrie 24, 1977, *173–178*. – **B:** *Archiv Klein Wanzlebener Saatzucht AG; Zucker-Mus. Berlin.

Erhard Junghans

Adam, *Helmut* **Alfred**
geb. 05.04.1901 Görlitz, gest. 02.11.1970 Hadmersleben, Gartenbauing., Gärtner, Pflanzenzüchter.

A. besuchte die Oberrealschule mit Abschluß Mittlere Reife, danach folgte eine Gärtnerlehre in der Saatzuchtfa. *Heinemann* in Erfurt. Während seiner anschließenden Tätigkeit bei *Saatzucht Mohrenweiser* in Altenweddingen und als Obergärtner bei *Saatzucht Haubner* in Eisleben erwarb er umfangreiche Fachkenntnisse. 1930 konnte er in der Saatzuchtfa. *Terra* in Aschersleben die Stelle des Saatzuchtleiters in der Gemüsezuchtstation Hadmersleben übernehmen, die er kontinuierlich auch nach 1945 als staatl. Saatzuchtstation und spätere Zweigstelle des Inst. für Pflanzenzüchtung Quedlinburg bis 1968 leitete. A. war in seiner langjährigen Tätigkeit sehr vielseitig. Er hat neun gärtnerische und zwei landwirtsch. Kulturpflanzen züchterisch bearbeitet und dabei 33 Sorten, darunter die über 45 Jahre angebaute Freilandgurke „Eva" und die über 30 Jahre angebaute Markerbse „Bördi/Bördewunder", geschaffen. Für seine Leistungen erhielt er staatl. Auszeichnungen und den Titel Gartenbauing. ehrenhalber.

W: Entwicklung eines experimentellen Gurkenkrätze-Serieninfektionsverfahrens für die Anwendung in der Gurkenzüchtung, 1939 (mit L. Behr); Die Toxinbildung des Clostridium titani in verschiedenen Nährböden, 1949; Frühteste in der Spargelzüchtung, in: Der Züchter

34, 1964, *97–102* (mit Kurt Skiebe). – **L:** Friedrich Kampe, Gesch. der Gemüsezüchtung, Amt Hadmersleben (Ms. o. J.); Archiv der Heimatstube Hadmersleben. – **B:** *Erika Kalbe, Hadmersleben (priv.).

Wolfgang Porsche

Adamik, *Karl* Johann, Prof. Dr.-Ing. E. h.
geb. 05.06.1901 Villach/Kärnten (Österreich), gest. 07.09.1965 Graz (Österreich), Ing., Hochschullehrer.

A. absolvierte das Gymn. seiner Heimatstadt, studierte anschließend an der TH Graz und schloß das Studium als Dipl.-Ing. ab 1928 trat er als Betriebsing. in die *Zellulosefabrik Villach* ein und arbeitete in gleicher Eigenschaft 1940–44 bei den *Dt. Hydrierwerken* Rodleben und in Dessau-Roßlau, die er als Spezialist für Dampf- und Kraftanlagen in der chemischen Industrie und Fachmann für Wasserversorgung und Werksplanung entscheidend ausbaute. Nach dem Ende des II. WK kehrte er nach Österreich zurück und war ab dem Wintersemester 1945/1946 als Lehrbeauftragter in der Abt. für Papier- und Zellstofftechnik der TH Graz tätig. Nach seiner Berufung zum ao. Prof. für Papier- und Zellstofftechnik 1947 gründete A. in dieser Abt. ein Holzforschungsinst. und Papierprüfungslabor, das er später zur Zentralen Prüfungsanstalt an der TH Graz ausbaute und zu einer führenden Forschungs- und Unterrichtsstätte entwickelte. Wissenschaftlich trat A. besonders durch seine Untersuchungen über die Verwendung von Holzabfällen zur Holzverzuckerung sowie durch wichtige Beiträge auf dem Gebiete der Papierfabrikation und Papierprüfung hervor. Im Wintersemester 1957 hielt A. seine erste Gastvorlesung an der Hochschule für Schwermaschinenbau Magdeburg. Er hatte neben → Carl Justus Heckmann bedeutenden Anteil am Aufbau der Fachrichtung Chemischer Apparatebau und Verfahrenstechnik. Für seine geleistete Arbeit wurde ihm 1959 die Ehrenprom. der Magdeburger Hochschule verliehen.

W: Verwertung der Holzabfälle durch Holzverzuckerung, 1953; Tagung über neuzeitliche Erkenntnisse auf dem Gebiet der Holzverzuckerung. 15. und 16. Oktober 1954 in Graz. Kurzberichte und Kalkulationen, 1954; Tree of heaven as a pulpwood, 1957 (mit Friedrich Brauns); Reforms in the curriculum of pulp and paper engineering at the Graz Institute of Technology, in: Wochenbl. Papierfabrik 91, 1963, *717f.* – **L:** Österreicher der Gegenwart, 1951; Who's who in Austria, 1955, *12*; Kurt Reichl, Lex. der Persönlichkeiten und Unternehmungen, 1955; KGL 1966, *8*. – **B:** *Audiovisuelles Zentrum der Univ. Magdeburg.

Carmen Schäfer

Ahland, *Kurt* Willy
geb. 12.10.1925 Genthin, gest. 27.09.2000 Stendal, Lehrer, Heimatforscher.

A. entstammte einer Genthiner Arbeiterfam. Er wurde nach dem Volksschulbesuch und einer kurzzeitigen Lehre als Heizer auf einem Schleppdampfer schon als 18jähriger zum Kriegsdienst einberufen und war nach seiner Rückkehr aus der Gefangenschaft und Heirat (1947) zunächst in Genthiner Betrieben tätig, ehe er sich mit Beginn der 1950er Jahre als Lehramtsanwärter im Rahmen eines Fernstudiums vom Heimatkunde-Unterstufenlehrer (1955–58 und 1975–77) zum Oberstufenlehrer für Gesch., Geographie und Astronomie qualifizierte. Der seit 1950 an der Albrecht-Dürer-Grundschule und 1971 bis 1990 an der Sekundarschule Genthin-Süd tätige A. war auch gesellschaftlich-kulturell in seiner Heimatstadt engagiert und u. a. langjähriger ehrenamtlicher Mitarbeiter des Kreisheimatmus. Genthin, womit sein heimatgesch. Interesse geweckt und gefördert wurde. Mit seinem fundierten Geschichtswissen sowie seinem Engagement als Stadtgeschichtsforscher war A. an allen seit 1960 zur Genthiner Stadtgesch. hg. Publikationen mit Forschungsbeiträgen beteiligt. Insbesondere durch seine quellenkritischen Auseinandersetzungen mit alten (falschen) überlieferten Darstellungen sowie durch zahlreiche Einzeldarstellungen zur Genthiner Stadtgesch., die er hauptsächlich in der Presse publizierte, erwarb A. sich anerkannte Verdienste. So hat A. eine Reihe neuer siedlungsgesch. Sachverhalte, wie die Begründung der Plothoschen Burgherren als dt. Vasallen oder die Lokalisierung bestimmter Ansiedlungsgruppen im Genthiner Stadtgebiet, darunter die Krakauer und die jüd. Bevölkerung, erstmals erforscht und mit seinen Erkenntnissen die Genthiner Stadtgeschichtsschreibung entscheidend bereichert. Trotz der umfangreichen Sammlungs-, Forschungs- und Publikationstätigkeit vermochte es A. allerdings nicht, eine neue Chronik der Stadt Genthin selbst zu schreiben. Das kurz vor seinem Tode dem Genthiner Stadtarchiv 1999 überlassene, umfangreiche und heute intensiv genutzte stadtgesch. Lebenswerk des populären Heimatforschers mit seinen zahlreichen unveröffentlichen Forschungsprojekten und gesammelten stadtgesch. Materialien dokumentiert das verdienstvolle Schaffen A.s, das, wie bei vielen anderen Heimatforschern seiner Zeit, durch die Bedingungen der DDR-Ges. geprägt wurde.

W: Daten zur Chronik der Stadt Genthin, Tl. 1, vom 7. Jh. bis 1945, 1971, *9–74*; Juden zwischen Elbe und Havel – Dokumentation, Ms. 1987/88; Die letzten Tage des II. WK zwischen Elbe und Havel, Ms. o. J. – **N:** StadtA Genthin: Teilnachlaß. – **L:** Vf., K. A. – ein Leben für die Genthiner Stadtgesch., in: Volksstimme Genthiner Rundblick vom 28.10.2000 (*B*). – **B:** *Familienunterlagen Hans-Jürgen Schulz, Stendal (priv.).

Klaus Börner

Ahner, Gustav Eduard
geb. 06.10.1812 Delitzsch, gest. 27.03.1874 Genthin, ev. Pfarrer, Dichter.

A., Sohn eines Lehrers und Kantors, besuchte 1825–31 die Landesschule Pforta bei Naumburg, studierte in Leipzig klass. Philologie, wechselte jedoch 1832 zum Theologiestudium an die Univ. Halle, wo er im letzten Studienjahr bei August Tholuck Vorlesungen hörte und auch später Anhänger seiner Lehre blieb. Nach dem Studium ab 1837 als Hauslehrer tätig, u. a. mehrere Jahre bei → Eduard von Flottwell in Posen, war er Divisionspfarrer und Feldprediger, bis er im Frühjahr 1852 die Pfarrstelle in Genthin und im benachbarten Roßdorf übernahm, die er bis zu seinem Tode inne hatte. Neben seiner Arbeit beim Auf- und Ausbau des Gemeindelebens führte er die Chronik des Pfarramtes in Hinblick auf lokale und weltliche, kirchliche und politische Begebenheiten in großer Ausführlichkeit. Sein Sohn, Alfred A. (geb. 10.05.1861 in Genthin, Redakteur und Schriftsteller), bezeichnete A.s christliche Lieder als weitergeführte Predigt ohne Talar und außerhalb der Kanzel. An einem Halsleiden erkrankt, starb der einst wortgewaltige A. noch vor seiner Pensionierung.

W: Christliche Dichtungen, 1845; Christliche Lieder und Sonette, 1848, Liebesgabe in christlichen Liedern, 1871. – L: Kosch LL 1, Sp. *41*; Alfred A., G. E. A. als geistlicher Liedersänger. Ein Gedenkbl. zu seinem 100. Geb., 1912 (*B*); Hermann Krause, G. E. A. Aus dem Leben eines Feldgeistlichen und Heimatpfarrers, 1912; Karl Demmel, Dichter- und Musikerköpfe aus den Kreisen Jerichow, in: Jerichower Land und Leute, H. 10, 1926, *3*.

Margrit Friedrich

Ahrbeck, Hans, Prof. Dr. phil.
geb. 19.05.1890 Linden bei Hannover, gest. 01.04.1981 Halle, Lehrer, Pädagoge, Hochschullehrer.

A. entstammte einer Apothekerfam. Nach dem Besuch des humanistischen Gymn. in Hannover studierte er ab 1910 in Leipzig, Gießen und Göttingen Germanistik, Gesch., ev. Theol. und Phil. Die Kriegsteilnahme 1914–18 als Artillerist und Offizier an der Westfront unterbrach sein Studium, das er von 1919 bis 1920 weiterführte. Nach dem Staatsexamen arbeitete er 1920–21 als Studienreferendar in Magdeburg an der Bismarckschule, dann 1921–25 als Studienassessor am priv. Rosenthal-Lyzeum und schließlich 1926–29 als Studienrat an der Lessingschule. 1926 prom. er in Göttingen mit einer literarhist. Arbeit über → Wilhelm Raabe. Das Interesse für diesen Schriftsteller spielte auch bei A.s erster Heirat eine Rolle. Er ehelichte 1915 eine Tochter → Edmund Sträters, Elisabeth S. (1891–1961), die Patenkind von Raabe war. Über die Fam. seines Schwiegervaters kam A. mit den schulreformerischen Ideen Berthold Ottos in Kontakt und führte auch selbst Gesamtunterricht im Sinne Ottos durch. 1929 erhielt A. eine Berufung zunächst als Doz., ab Juli 1930 als Prof. an die Pädagogische Akad. in Breslau und ab 1932 an die Pädagogische Akad. Halle. Ab 1933 war A. wieder Studienrat in Magdeburg, zunächst kurze Zeit an der Berthold-Otto-Schule, dann an der Luisenschule und ab 1935 an der Wilhelm-Raabe-Schule, einem städtischen Real- und Reformgymn. Ab 1937 arbeitete er zunächst nebenamtlich und wahrscheinlich ab 1941 hauptamtlich am Studienseminar in Magdeburg. Seine Gegnerschaft zum Hitlerregime – er weigerte sich ausdrücklich, der NSDAP beizutreten, war Mitglied der Bekennenden Kirche (BK), und in seinem Haus fanden illegale Verslgg. von Pfarrern der BK statt; darüber hinaus hielt er Kontakt zu → Martin Schwantes, auch nachdem dieser bereits zum ersten Mal im KZ war – führten zur Überwachung durch die Gestapo. Der Unterstützung eines Oberschulrates im Provinzialschulkollegium verdankte er es, daß er weiter beruflich tätig sein konnte. Nach dem Ende des II. WK wurde A. zum Oberschulrat beim Oberpräsidium der vormaligen preuß. Provinz Sachsen in Magdeburg berufen. Er richtete am 01.10.1945 den ersten Neulehrerkurs am Kloster U. L. F. in Magdeburg ein, leitete ihn und hielt dort Vorlesungen. Ostern 1946 erfolgte seine Berufung als o. Prof. für Gesch. der Pädagogik an die neuerrichtete Pädagogische Fakultät der Martin-Luther-Univ. Halle. Dort war er mit kurzen Unterbrechungen bis 1955 Dekan der Pädagogischen Fak. und bis 1958 Dir. des Inst. für Pädagogik und fungierte zugleich in der Nachfolge Peter Petersens als Dir. der Franckeschen Stiftungen in Halle. In dieser Zeit widmete sich A. vorwiegend hist.-pädagogischen Forschungen, als deren Ergebnis zahlreiche Publikationen erschienen. A. war 1955 Mitbegründer und bis zu seinem Tode Mitglied der *Kommission für dt. Erziehungs- und Schulgesch. der Dt. Akad. der Wiss.* (seit 1970 Akad. der Pädagogischen Wiss. der DDR) in Berlin und übte zugleich weitere hochrangige Funktionen, u. a. als Wiss. Beirat für Pädagogik beim Staatssekretariat für das Hoch- und Fachschulwesen, aus. Er war Mithg. der Gesamtausgabe der Werke Friedrich Adolph Wilhelm Diesterwegs, des *Jb. für Erziehungs- und Schulgesch.* und der *Monumenta Paedagogica*.

W: Über die Erziehungs- und Unterrichtsreform A. H. Franckes und ihre Grundlagen, in: 450 Jahre Martin-Luther-Univ. Halle-Wittenberg, Bd. 2, 1952, *77–93*; Melanchthon als Praeceptor Germaniae, in: Philipp Melanchthon. Forschungsbeiträge zur 400. Wiederkehr seines Todestages, 1960, *133–148*. – N: Archiv der ehemaligen Akad. der Pädagogischen Wiss. der DDR, Berlin. – L: Karl-Heinz Günther, Über H. A. – ein Beitrag zur Biogr. des Dekans der Pädagogischen Fak. der Martin-Luther-Univ. Halle-Wittenberg, in: Pädagogik 23, H. 3, 1988, *241–253*

(*W*); Reinhard Golz, Ein beliebter Lehrer und aufrechter Demokrat, in: Volksstimme Magdeburg vom 18.05.1990, Beilage, *2*; Jürgen Gebhardt/Karl-Heinz Günther/Dora Melzer, H. A. (1890–1981). Lehrer, Hochschullehrer, Lehrerbildner, Pädagogischer Wissenschaftler, in: Jb. für Erziehungs- und Schulgesch. 30, 1990, *87–96*; Reinhard Bergner, Die Berthold-Otto-Schulen in Magdeburg, 1999. – **B**: *Vf., Magdeburg (priv.).

Wolfgang Mayrhofer

Albertini, Johann Baptist von
geb. 17.02.1769 Neuwied am Rhein, gest. 06.12.1831 Berthelsdorf bei Herrnhut, ev. Theologe, Liederdichter, Botaniker.

A.s Eltern, einem italienischen Adelsgeschlecht entstammend, waren Angehörige der Herrnhuter Brüdergemeine. Deren Grundsatz folgend, Kinder so früh als möglich in Anstalten für den Herrn und die Gemeine zu erziehen, wurde A. mit vier Jahren in die Neuwieder Erziehungsanstalt gegeben und kam 1782 ins Pädagogium der Gemeine nach Niesky. Dort entwickelte sich eine innige Freundschaft zu seinem Mitschüler Friedrich Adam Schleiermacher. Sie profitierten vom Aufkommen philanthropischer Ideen und einem freien Wissenschaftsbetrieb, gegen den sich das Pädagogium nicht sperrte, und erreichten vorzeitig die geforderte Reife. Infolgedessen kamen sie im August 1785 zur weiteren Qualifizierung ins Herrnhuter theol. Seminar nach Barby, das zum entscheidenden Einschnitt für ihr weiteres Leben wurde. Die Verhältnisse in Barby waren denen in Niesky in jeder Hinsicht entgegengesetzt. Das Seminar konnte sich zwar der Aufklärung nicht verschließen, wehrte sich aber vor allem durch Autorität und Vermittlung wie Duldung orthodoxer Lektüre und Bildungsinhalte sowie durch die ständige erzieherische Aufsicht der Studenten. Diese Situation führte zur Aufsässigkeit, in der Schleiermacher einen Club initiierte, der sich gegen Orthodoxie wandte und dem neben A. auch Johann Jacob Beyer und der Engländer Samuel Okley angehörten. Sie lasen nicht geduldete Lektüre, führten phil. Streitgespräche und erlangten deshalb Meinungen, die ihre Situation im Seminar noch unerträglicher werden lassen mußten. Darum verließen 1787 zunächst Okley und Beyer, dann Schleiermacher das Seminar. A. dagegen blieb, führte die Gepflogenheiten des Clubs fort und beendete sein Studium 1788. Sein innerer Kampf zwischen Glaube und Rationalismus dauerte noch etwa zwei Jahre an, wobei er sich letztlich durch ein eingehendes Bibel- und Theologiestudium für den Christen und Bruder entschied. A.s Einsicht, daß Religion ein Gegenstand von Gefühl und Glauben, nicht von Verstand und Wissen sei, daß Liebe der Quell der Seeligkeit und christliche Liebe Kern des Christentums ist, charakterisierte seine Laufbahn: 1788 Lehrer im Pädagogium in Niesky und Barby, 1796 Diakon und Lehrer im Seminar Niesky, 1814 Prediger in Gnadenfrei und Ordination zum Bischof, 1821 Mitglied und 1824 Präsident der Unitäts-Ältesten-Konferenz. A.s Lieder sind Zeugen der Einsicht, die ihn an die Seite Novalis' stellten und zu einem der berühmtesten Liederdichter seiner Zeit machten. Sein Streben nach Rationalem verwirklichte er in einer klass. Herrnhuter Disziplin: der Botanik. Der Frage nach den Ursachen seines Widerstreites hat er sich öffentlich nicht gestellt.

W: Geistliche Lieder. Für Mitglieder und Freunde der Brüdergemeine, 1821, ²1835; Dreißig Predigten. Für Mitglieder und Freunde der Brüdergemeine, 1805, ²1825, ³1829; 36 Reden an die Gemeine in Herrnhut in den Jahren 1818–1824 gehalten, 1832; 36 Reden an die Gemeine in Herrnhut in den Jahren 1825–1831 gehalten, ²1833. – **L**: ADB 1, *216f.*; NDB 1, *142f.*; Paul Lorenz, J. B. v.A., 1894; Kurt Nowak, Schleiermacher und die Frühromantik, 1986; Wilhelm Dilthey, Gesammelte Schriften, Bd. 13 (1. Halbband 1768–1802), ³1991.

Andreas Radespiel

Albrecht, Paul
geb. 07.02.1902 Erfurt, gest. 22.05.1985 Halle, Werkzeugmacher, Bürgermeister in Genthin, Landrat, Politiker.

Der Sohn eines Arbeiters erlernte nach dem Besuch der Volksschule bis 1919 den Beruf eines Werkzeugschlossers und trat nach Beendigung der Lehre dem *Dt. Metallarbeiterverband* bei. Er arbeitete in verschiedenen Betrieben in Erfurt und Berlin. Seit 1918 in der politischen Jugendbewegung aktiv und seit 1919 politisch und gewerkschaftlich organisiert, beteiligte er sich 1920 in Gotha an den Kämpfen im Rahmen des Kapp-Putsches. 1925–30 war A. in einer Berliner Fa. im Betriebsrat tätig. Als Mitglied der 4. Arbeiterdelegation der KPD reiste er 1929 in die Sowjetunion und trat daraufhin in die KPD ein. Zu den Wahlen 1932 als Abgeordneter der KPD Berlins in den Reichstag gewählt, wurde A. im Dezember des gleichen Jahres Mitglied der KPD-Fraktion im preuß. Landtag. Nach der Machtübernahme der Nationalsozialisten wegen illegaler Tätigkeit 1933 ein Jahr im KZ Sonnenburg und 1937 sechs Monate im KZ Sachsenhausen inhaftiert, stand er danach jeweils unter Polizeiaufsicht. Nach der Zerstörung seiner Berliner Wohnung durch einen Luftangriff übersiedelte seine Fam. 1943 nach Genthin, während A. in Berlin, ab 1945 in Genthin, im Widerstand arbeitete. Die sowjetische Militäradministration setzte A. im Mai 1945 als Bürgermeister in Genthin ein und betraute ihn Mitte August 1945 auch mit der Funktion des Landrats für den Kr. Jerichow II. Das Bürgermeisteramt gab A. Anfang September 1945 ab. Als Landrat war er maßgeblich an der Durchführung der Bodenreform im Kreis sowie an der Gründung der ersten Jugendtraktorenbrigade beteiligt. 1949 erfolgte seine Berufung als Ministerialdir. in das Innenministerium der Landesreg. Sa.-Anh. nach Halle. Einige Jahre später übernahm er eine Tätigkeit im Bezirksvorstand des FDGB in Halle, wobei die Gründe für sein Ausscheiden aus der Landesreg. dunkel blieben. Viele seiner späteren Schilderungen sind mit Widersprüchen behaftet und halten einer tieferen Prüfung nicht stand, das trifft besonders auf die Zeit nach 1945 zu.

W: Biogr. und Eigenbericht, Ms. 1982 (Kreismus. Genthin); Auf dem Wege zur revolutionären Arbeitereinheit, 1984, ²1986. – **L:** Cuno Horkenbach (Hg.), Das Dt. Reich, 1932, *514*; Harri Eisenächer, Jugend auf die Traktoren. Gesch. der 1. Jugendtraktorenbrigade nach 1945, 1977, *111* (*B*); Eckhart Melzer, Gewerkschafter zu sein, ist mir stets Verpflichtung, in: Freiheit Halle, Beilage vom 16.04.1982, *9*.

John Kreutzmann

Alemann, Friedrich *Adolph* von
geb. 16.05.1797 Gut Benneckenbeck bei Magdeburg, gest. 27.03.1884 Genthin, Forstmann.

Der Sohn des preuß. Offiziers und Landrats des Kr. Wanzleben, Christoph Christian v. A., besuchte 1806–14 das Domgymn. in Magdeburg. Auf dem elterlichen Gut schon als Knabe im Obstbau tätig und sich der Jagd widmend, absolvierte er bis 1817 die Forstlehre, einschließlich einer Kohlenbrennerausbildung, beim Kgl. Hannoverschen Oberförster Julius Heinrich von Uslar in Lauterberg, 1815 durch Teilnahme am Befreiungskrieg gegen Napoleon als Freiwilliger im Jägerkorps unterbrochen. 1817–19 studierte A. Naturwiss. an der Univ. Berlin und belegte Privatvorlesungen bei Oberlandforstmeister Georg Ludwig Hartig in Neustadt-Eberswalde. Er war dort an der Normal-Forsttaxation des Reviers Biesenthal beteiligt, ein Umstand, der ihm später zustatten kommen sollte. Nach dem 1819 mit gut bestandenem Oberförsterexamen schlossen sich zehn Jahre Forsttaxationen an. 1829 wurde ihm die 4.375 ha große „Kgl. Preuß. Oberförsterei Altenplathow, im II. Jerichowschen Kreise belegen," übertragen, deren Leitung ihm bis 1872 oblag. A. war einer der bedeutendsten praktischen Forstleute seiner Zeit, ein Fachmann mit Weitblick, der die seltene Gabe besaß, theoretische Erkenntnisse unkompliziert in die Tat umzusetzen. Sein besonderes Interesse galt der Erhöhung des Eichenanteiles in „seinem" Wald. Der Anbau von 659 ha Eichen (507 ha Saat, 152 ha Pflanzung) – annähernd 23 % bei über 3.000 ha Neukulturen in 43 Dienstjahren – brachte ihm den Ehrennamen „Eichenvater" ein. Seine vielseitigen Erfahrungen legte er in dem heute noch lesenswerten Buch „Ueber Forst-Culturwesen" (1851, ³1884) nieder, z. B. Vermeiden jedes Wurzelschnittes bei der Verpflanzung, Vorrang der Saat vor der Pflanzung, Stummelpflanzung bei Großpflanzen u. a. m. Er entwickelte Forstkulturpflüge, die bis nach Rußland exportiert wurden, Untergrundlockerer und Vorstecheisen. Als Musterbeispiel, der Natur ihre Gesetze abzulauschen, gilt der „A.'sche Schuppen" zur verlustarmen Überwinterung von Eicheln und Bucheckern, alles unter dem Blickwinkel der „Wohlfeilheit", also Wirtschaftlichkeit, gesehen. Viele Forstleute aus allen Teilen Europas besuchten die Oberförsterei Altenplathow als forstliches Mekka. A.s Leistungen fanden Anerkennung durch die Verleihung mehrerer Auszeichnungen. Noch im Ruhestand war er als forstlicher Berater von Reichskanzler → Otto von Bismarck hoch geschätzt. Als Vater von neun Kindern, drei verstarben frühzeitig, war er in seinen persönlichen Ansprüchen bescheiden. Mehrere verlockende Versetzungsangebote, so als Forstmeister zur Bezirksreg. Magdeburg, lehnte er im „Interesse des Schaffens im Walde" ab.

W: s.o.; Autobiogr., in: Julius Theodor Christian Ratzeburg (Hg.), Forstwiss. Schriftsteller-Lex., 1872, *4–8*. – **L:** NDB 1, *190f*.; F. Grunert, Nekr. für F. A. v. A., in: Forstliche Bll. 21, H. 6, 1884, *221f*; Vf., Zum 100. Todestag von F. A. v. A., in: Beiträge für die Forstwirtschaft 20, 1986, *94f*.; Stefan Loboda, Eichenpionier im Jerichower Land, in: Allg. Forstzs./Der Wald, H. 52, 1997, *938f*; Vf., Aus dem Lebenswerk des Kgl. Preuß. Oberförsters F. A. v. A., in: Arbeitsgemeinschaft für Naturgemäße Waldwirtschaft Sa.-Anh., 1997; N. N., Aus der Familiengesch. derer v. A., Ms. o. J., *339–343* (Familienarchiv Hans-Heine v. A., Düsseldorf). – **B:** *Slg. Vf., Genthin (priv.).

Fritz Mrazek

Allendorff, *Otto* Augustin Wilhelm, Dr. phil.
geb. 24.06.1868 Groß Salze, gest. 19.07.1922 Klepzig bei Köthen, Fabrikbesitzer, Domänenpächter, Rittmeister.

A. übernahm 1912 nach mehrjähriger Mitarbeit im Betrieb seines Vaters → Otto A. von diesem das kleine Wirtschaftsimperium der Fam. A. Durch familiäre Probleme (Scheidung) beeinflußt, mußte er allerdings bereits 1913 die *Sprengstoff- und Patronenfabrik A. & W. A.* an die *Lignose GmbH Schönebeck*, einen Zweigbetrieb des späteren Sprengstoffkonzerns *Lignose AG Berlin*, verkaufen. Aber schon wenig später erwarb er vier Brauereien im weiteren Umfeld und vergrößerte den landwirtsch. Betrieb, der nun über 2.260 ha eigenes Land und über 3.900 ha Pachtland bewirtschaftete. Des weiteren übernahm er die *Portland-Zementfabrik* in Schönebeck. 1920 wurde die Fa. in *Gebrüder A. GmbH* umgewandelt. A. war Mitglied des Aufsichtsrates der *Lignose GmbH* Berlin, der Zuckerfabrik Glanzig, der *IDUNA-Allg. Versicherungs AG* Berlin und Ratsherr in Schönebeck. Nach dem Tod A.s übernahm sein Bruder Willy A. das Unternehmen. Durch die Wirtschaftskrise beeinflußt und von wirtsch. Fehlschlägen begleitet, wurde das Unternehmen auf die Schönebecker Betriebsteile (Brauerei, Ziegelei und Landwirtschaft) reduziert und 1945 enteignet.

L: Reichshdb 1, *17*; Wer ist's, 6*1912*; Alfred Köhler, Chronik der Fa. A. Schönebeck, Ms. 1946.

Hans-Joachim Geffert

Allendorff, *Otto* **Moritz**
geb. 20.02.1841 Schönebeck, gest. 19.09.1912 Groß Salze, Fabrikbesitzer, Domänenpächter, Geh. Kommerzienrat.

A. übernahm 1870 zusammen mit seinem Bruder Paul A. (1838–1901), Oberleutnant a.D. und Stadtrat, die von seinem Großvater Ludwig August Wilhelm A. 1810 in Schönebeck gegründete und von seinem Vater Wilhelm und dessen Bruder August A. weitergeführte Brauerei, die er 1872 als *Kaiserbrauerei* (aus Anlaß der Reichsgründung) in einen Neubau auf das Gelände am Hummelberg verlagerte. Sie war eine der größten Brauereien in der Provinz Sachsen. Auch ließ er eine Dampfziegelei und eine Zichoriendarre in Schönebeck und Zuckerfabriken in Groß Salze, Gottesgnaden, Groß Paschleben und Klepzig bei Köthen errichten. Um 1900 erbaute er einen neuen Gutshof an der Magdeburger Straße. Mit dem Landwirtschaftsbetrieb bewirtschaftete er in den Kr. Calbe und Köthen rund 1.100 ha eigenes Land und über 1.700 ha Pachtland. 1904 gründete er in Schönebeck unter altem Familiennamen die *Sprengstoff- und Patronenfabrik A. & W. A.* 1893 richtete er in Groß Salze eine Kinderbewahranstalt ein. Schon vor 1905 hatte A. Stiftungen von insgesamt 500.000 Reichsmark geschaffen, die an die Waisenhäuser in Schönebeck und Groß Salze, die Kinderbewahranstalt in Groß Salze, die Kaiserin-Augusta-Heilanstalt Groß Salze sowie an die Kirchen in Groß Salze, Schönebeck und Frohse nach spätestens 15 Jahren bei vierprozentiger Verzinsung gehen sollten, wovon allerdings während der Inflation 1923 viel verloren ging (1946 erlosch die Stiftung nach der Enteignung). Er entwickelte die Fa. in seiner Vielseitigkeit zu einem der bedeutendsten Unternehmen im Landkr. Calbe. A., Ritter hoher Orden, war seit 1889 Vorstandsmitglied und von 1895 bis 1901 Präsident der *Handelskammer Halberstadt*, Vors. des *Kaufmännischen Vereins* sowie Stadtrat in Groß Salze.

L: Alfred Köhler, Chronik der Fa. A. Schönebeck, Ms. 1946.

Hans-Joachim Geffert

Altenkirch, Otto, Prof.
geb. 02.01.1875 Ziesar/Kr. Jerichow I, gest. 20.07.1945 Siebenlehn/Sachsen, Landschaftsmaler.

A. wurde als sechstes Kind des Sattlermeisters Friedrich A. geb. Nach dem Besuch der Volksschule lernte er bei einem Berliner Dekorationsmaler, ging anschließend mehrere Jahre auf Wanderschaft und studierte ab 1899 an der Berliner Kunstakad. bei Eugen Bracht, Paul Vorgang und Emanuel Hegenbarth. Mit Brachts Übernahme einer Professur in Dresden folgte ihm A. als sein Meisterschüler und Assistent und schloß an der dortigen Kunstakad. 1906 sein Studium ab. Von 1904 bis 1906 stellte er auf großen Berliner und Dresdner Kunstausstellungen aus. 1909 übernahm A. die Leitung des Malsaales der Dresdner Hoftheater. Studienreisen führten ihn nach Süddtl., in die Schweiz, nach Norwegen und Italien. 1917 wurde A. zum Prof. ernannt und war seitdem bis zu seinem Tode freiberuflich tätig. Als Theatermaler erlangte A. durch stimmungsvolle landschaftliche und architektonische Szenerien in enger Anlehnung an die Gefühlswelt von Musik und Dichtung Bedeutung. Sein Hauptwerk schuf er jedoch nach 1917 in produktiver freiberuflicher Tätigkeit als spätimpressionistischer Landschaftsmaler. Die meisterhafte Darstellung von Natur und Landschaft in ihrer jahreszeitlichen und momentanen Stimmung kennzeichnete A.s Schaffen der 1920er und 1930er Jahre. Dabei bevorzugte er einfache, immer wiederkehrende Motive aus der Umgebung seiner Heimat Ziesar, Dresdens oder seiner Wahlheimat, dem Muldental bei Siebenlehn.

N: Staatl. Kunstslgg. Dresden, Galerie Neue Meister; Heimatmus. Nossen und Siebenlehn. – L: NDB 1, *215*; Thieme/Becker 1, *349*; Vollmer 1, 1953, *34*; Adolf Grafe, O. A. – ein Maler dt. Landschaft, 1934. – B: *Kreismus. Genthin.

Rolf Naumann

Althans, *Ernst* **Friedrich**
geb. 22.11.1828 Saynerhütte bei Koblenz, gest. 30.11.1899 Berlin, Bergmann, Salinendir., Geh. Bergrat.

Als preuß. Bergassessor begann er seine berufliche Laufbahn 1860 beim Oberbergamt (OBA) in Bonn. Schon 1861 wechselte er zum preuß. Ministerium für Handel, Gewerbe und öffentliche Arbeiten Berlin. In der Funktion eines Hilfsarbeiters erfolgte 1866 eine einjährige Tätigkeit beim OBA Halle. 1867 wurde A. als Bergrevierbeamter in Goslar eingesetzt. Mit der Ernennung zum Bergrat im Jahre 1868 erfolgte die Übertragung eines Salinendirektorats in Schönebeck und die Ernennung zum Dir. des dortigen Salzamtes. A. hatte schon 1865 in einem Gutachten mit entsprechender Kostenrechnung darauf verwiesen, daß es vorteilhafter sei, in Schönebeck einen Salzschacht abzuteufen und die Sole durch künstliche unterirdische Berieselung zu gewinnen.

1873 konnte mit den Abteufarbeiten begonnen werden. Es dauerte dann noch bis 1889, bis ein abbauwürdiges Steinsalzlager angefahren wurde. A., inzwischen Oberbergrat, ging 1872 nach Breslau und war bis zu seiner Versetzung in den Ruhestand 1895 Mitglied des dortigen OBA. Als Fachschriftsteller publizierte er auf den Gebieten der Mechanik, Maschinenkunde, Geognosie, Geologie und Astronomie. Den Titel eines Geh. Bergrates erhielt er schon 1882 auf Grund seiner besonderen Verdienste.

W: Technologisches Wörterbuch in dt., franz. und englischer Sprache, 1868, ⁵1902–04; Die Entwicklung der mechanischen Aufbereitung in den letzten 100 Jahren, 1878; Physikalische Untersuchungen an einem Gasometer der Städtischen Gasanstalten zu Breslau, 1887. – **L:** Walter Serlo, Die Preuß. Bergassessoren, ⁵1938, *22*; Ruth Goebel, Das Schönebecker Salz, 1997, *104*.

August Bornemann

Alvensleben, Albrecht Graf von
geb. 23.03.1794 Halberstadt, gest. 02.05.1858 Berlin, Jurist, Gutsbesitzer, preuß. Minister, Geh. Justizrat.

A. nahm 1811 ein Jurastudium an der neu gegründeten Berliner Univ. auf. 1813/15 zählte er zur christlichen Tischges. („Maikäferei") um den Kronprinzen und die Brüder Gerlach, 1813 folgte er dem Aufruf zum Freiwilligendienst. Am Berliner Stadt- bzw. Kammergericht war A. zwischen 1817 und 1827 u. a. mit der „Demagogenverfolgung" beschäftigt, bevor er sich bis 1833 der Verwaltung der Familiengüter in der Börde und Altmark widmete. Von König Friedrich Wilhelm III. wurde er 1833 in den preuß. Staatsrat berufen. Im folgenden Jahr vertrat er Preußen bei der Wiener Ministerkonferenz, in deren antiliberalen Beschlüssen die Restauration der Adelsmacht ihren Höhepunkt erreichte. Seit 1835 förderte A. als preuß. Finanzminister den Dt. Zollverein. Den neuen (scheinliberalen) Kurs Friedrich Wilhelms IV. lehnte A. ab und schied 1842 aus dem Ministeramt, 1844 aus dem Staatsdienst. Von Gut Erxleben aus blieb A. intimer Berater der Krone. Zusammen mit → Ludwig von Gerlach, → Otto von Bismarck und anderen adligen Gutsherren aus der Börde, der Altmark und dem Jerichower Land bildete er in Magdeburg ein hochkonservatives Zentrum, das im Kontakt zur Hofkamarilla um Gerlachs Bruder Leopold 1847 den Vereinigten Landtag und 1848 die „revolutionäre Tyrannei" bekämpfte. Nach dem von ihm aktiv unterstützten Novemberstaatsstreich von 1849 wurde A. Abgeordneter des Kr. Neuhaldensleben in der preuß. Ersten Kammer. 1850 nahm er als preuß. Bevollmächtigter an den Dresdener Konferenzen teil und näherte Preußen im Interesse der „Ausmerzung der Revolution" wieder Österreich an. 1854 ernannte ihn der König zum lebenslänglichen Mitglied des Herrenhauses.

L: ADB 1, *376*; NDB 1, *231f.*; Heinrich von Petersdorff, A. v. A.-Erxleben, in: Hist. Zs. 100, 1908, *263–315*. – **B:** *Familienarchiv v. A., Hamburg (priv.).

Helmut Asmus

Alvensleben, Burghardt *Alkmar* Martin Traugott von, Dr. med.
geb. 07.10.1874 Schollene, gest. 29.08.1946 Wernigerode, Arzt, Obermedizinalrat.

A., Sohn des Rittergutsbesitzers Udo v. A. und seiner Ehefrau Agnes, geb. von Pritzelwitz, besuchte das Gymn. zu Wernigerode und studierte zunächst seit 1894 an den Univ. Göttingen, München und Berlin Jurisprudenz, schied aber 1898 als Referendar am Amtsgericht Gardelegen aus dem Justizdienst aus, um in Kiel und Freiburg/Breisgau Med. zu studieren. 1902 erlangte er die Approbation als Arzt, arbeitete als Assistent am Städtischen Krankenhaus in Konstanz und prom. 1903 in Freiburg mit einer Diss. über ein urologisches Thema. Nach frauenärztlicher Ausbildung unter Ernst Bumm leitete A. von 1907 bis 1945 die Provinzial-Hebammen-Lehranstalt in Magdeburg, die 1914 in Landesfrauenklinik umbenannt wurde, zuletzt mit dem Titel eines Provinzial-Obermedizinalrates. Zugleich war er ab 1909 auch Klinikdir. Unter seiner Leitung vollzog sich die Weiterentwicklung der Einrichtung von einer vorwiegend geburtshilflichen zur gynäkologisch-geburtshilflichen mit zunehmend chirurgischem Profil. 1936 richtete die Landesfrauenklinik die 1919 erstmals in Dtl. von → Marie-Elise Kayser im Altstädtischen Krankenhaus Magdeburg gegründete Frauenmilchsammelstelle wieder ein, die infolge der wirtsch. Situation 1923 schließen mußte.

L: UnivA Freiburg/Breisgau, Med. Fakultät: B 54/23. – **B:** Slg. Vf., Qualzow (priv.).

Horst-Peter Wolff

Alvensleben, Ferdinand Gebhard Karl *Eduard* von
geb. 01.08.1787 Magdeburg, gest. 05.07.1876 Redekin, Gutsbesitzer, Landrat, Kammerherr.

Innerhalb der im heutigen Sa.-Anh. weit verzweigten Fam. gehörte A. dem Zweig an, der in Redekin (Jerichower Land) begütert war. Allerdings begründete A. später (1858) noch den Zweig Erxleben II. Früh bereits in der Umgebung des Hofes zu finden, leistete er zunächst Dienst als Page und Standartenjunker im Leib-Karabinier-Regiment in Havelberg. A. war Teilnehmer an der für Preußen vernichtenden Schlacht bei Auerstedt gegen die Armeen Napoleons. Gegenüber den Stein-Hardenbergschen Reformen in Preußen blieb er distanziert. Im Jahre 1813 nahm er am Krieg gegen Napoleon als Reiteroffizier teil. 1819 erhielt er die Kammerherrenwürde und wurde 1828 zum 1. Kreis- und Landtagsdeputierten in seinem Kreis (Jerichow) gewählt. In der Folgezeit verwaltete er wiederholt das Landratsamt für den Kr. Jerichow II und wurde 1845 zum Landrat des Kreises Jerichow II (Genthin) mit Sitz in Redekin gewählt. Damit wurde er vom landsässigen Adel des Kreises mit Unterstützung der Krone dem jungen → Otto von Bismarck vorgezogen. Eine seiner ersten Amtshandlungen war es, im Jahre 1846 Bismarck als Deichhauptmann eines Abschnittes am rechten Elbufer einzusetzen. Während der Revolution von 1848/49 war das Jerichower Land von erheblichen revolutionären Erschütterungen der Bauern erfaßt worden. Eine der gewaltsamen Aktionen richtete sich direkt gegen den Sitz des Landrates in Redekin, der allerdings vergeblich in Magdeburg um militärischen Schutz bat. Der Versuch, eine berittene Eingreiftruppe der Reaktion gegen die Revolution im Kreis zu bilden, schlug fehl. A. blieb im Amt des Landrates, da in Preußen und im Dt. Bund die Revolution scheiterte, und übte es bis 1862 aus.

L: Hellmut Kretschmar, Gesch. Nachrichten von dem Geschlechte v.A. seit 1800, 1930, *161–165.* – B: Walter Hubatsch (Hg.), Grundriß der dt. Verwaltungsgesch. 1815–1945, Reihe A: Preußen, Bd. 6, Provinz Sachsen, 1975, Bildtl.; *Familienarchiv v. A., Hamburg (priv.).

Mathias Tullner

Alvensleben, Friedrich Joachim von
geb. 10.11.1833 Erxleben, gest. 26.12.1912 Nizza (Frankreich), Jurist, Landrat, Gutsbesitzer, Geh. Regierungsrat.

Der Sohn des Gutsbesitzers Ludolf Friedrich Ferdinand Graf v.A. und ältere Bruder des → Friedrich Johann Graf v.A. erhielt Privatunterricht im Hause seines Vaters, bezog 1847 die Ritterakad. in Brandenburg sowie bis 1852 das Pädagogium in Halle. Danach absolvierte er seinen Dienst als Einjährig-Freiwilliger beim 7. Husaren-Regiment in Bonn (1852/53), studierte 1853–55 Rechtswiss. in Bonn und Berlin und wurde Ende 1855 als Auskultator beim Stadt- und Kreisgericht in Magdeburg vereidigt. 1856 erhielt er ein Patent zum Sekundarleutnant im 26. Landwehrregiment. Zum April 1858 schied A. aus den Justizdiensten aus und erhielt, nachdem er die Prüfung zum Regierungsreferendar bestanden hatte, ab Juni 1858 eine Anstellung bei der Reg. in Merseburg. 1863 kam er als Regierungsassessor nach Magdeburg zurück, verwaltete ab August 1863 kommissarisch das Landratsamt des Kr. Neuhaldensleben und wurde wenig später zum Landrat bestallt. A. übte dieses Amt bis zu seiner Pensionierung und Entlassung aus dem Staatsdienst 1900 aus. 1890 erfolgte seine Ernennung zum Geh. Regierungsrat. Seit 1893 hielt er sich wegen seiner angegriffenen Gesundheit mehrfach längere Zeit zur Erholung in Südfrankreich auf. A. erwarb sich Verdienste beim Ausbau der regionalen Infrastruktur, der Verbesserung der Landwirtschaft seines Kreises sowie bei der Durchführung der Einkommensteuer-, Krankenkassen-, Alters- und Invalidenversicherungsgesetze. Ein Bericht vermerkt, daß A. sich „dem Wohle des ihm anvertrauten Kreises mit voller Hingebung gewidmet und das Vertrauen und die Achtung der Kreiseingesessenen, sowie die Zufriedenheit der Vorgesetzten erworben" hat. A. war Träger mehrerer Auszeichnungen sowie Dir. der Feuersozietätsdir. des Kreises Neuhaldensleben. Seit 1910 fungierte er als geschäftsführender Senior der Gesamtfam. v.A.

L: Wer ist's? Unsere Zeitgenossen, ²1906; Hellmut Kretzschmar, Gesch. Nachrichten von dem Geschlechte v.A. seit 1800, 1930, *9f*; Walther Hubatsch (Hg.), Grundriß zur dt. Verwaltungsgesch., Reihe A, Bd. 6, 1975, *66* (**B**); Geh. StA Berlin: Rep. 77, Nr. 318 (PA) und Nr. 5095. – B: Familienarchiv v. A., Hamburg (priv.).

Carola Lehmann

Alvensleben, Friedrich Johann Graf von
geb. 09.04.1836 in Erxleben, gest. 16.09.1913 Erxleben, Jurist, Diplomat.

Der Sohn des Ludolf Friedrich Ferdinand Graf v.A. bezog nach anfänglichem Privatunterricht im Hause seines Vaters bis 1854 das Pädagogium in Halle, studierte bis 1858 Jura an den Univ. Bonn und Berlin und trat danach als Auskultator in den Staatsdienst ein. 1861 wechselte er in den diplomatischen Dienst und war zunächst als Attaché in Brüssel und ab 1863 als Legationssekretär bei den Gesandtschaften in München, Stuttgart und Dresden tätig. Die Jahre 1872–75 fanden ihn als Botschaftsrat am Zarenhof in St. Petersburg. 1876 wurde er Generalkonsul in Bukarest, danach preuß. Gesandter in Darmstadt (1879), Den Haag (1882), Washington (1884) und Brüssel (1886–1900). Kaiser Friedrich III. ernannte ihn zum Wirklichen Geh. Rat mit dem Titel Exzellenz. Schon 1873 war er Kgl. Preuß. Kammerherr geworden. Nach dem Urteil des Reichskanzlers → Otto von Bismarck war er einer seiner fähigsten Mitarbeiter. 1890 schlug ihn deshalb der aus dem Amt scheidende Bismarck mit Einwilligung des Kaisers zum Staatssekretär im Auswärtigen Amt vor. Diese Berufung lehnte A. jedoch mit Rücksicht auf seine angegriffene Gesundheit ab. Höhepunkt seiner diplomatischen Laufbahn wurde 1900–05 seine Tätigkeit als Botschafter in St. Petersburg. Im Oktober 1905 wurde er unter Verleihung des Schwarzen Adler-Ordens und des Großkreuzes des Roten Adler-Ordens, der höchsten Auszeichnungen der Monarchie, auf seinen Wunsch hin aus dem Staatsdienst entlassen und widmete sich danach ganz der Bewirtschaftung seiner Güter Erxleben I und Eimersleben, die ihm durch Los zugefallen waren. 1906 wurde A. als lebenslängliches Mitglied ins Preuß. Herrenhaus berufen.

L: NDB 1, *232 (L)*; Hellmut Kretzschmar, Gesch. Nachrichten von dem Geschlechte v. A. seit 1800, 1930, *10–12*; Werner Frauendienst, F.-J. Graf v. A.-Erxleben der Dt. Botschafter in Petersburg während des Russisch-Japanischen Krieges. Eine biogr. Skizze zum Gedenken an seinen 100. Geb., 1936 (*B*). – **B:** *Familienarchiv v. A., Hamburg (priv.).

Rudolf Peisker

Alvensleben, Gustav von

geb. 30.09.1803 Eichenbarleben, gest. 30.06.1881 Gernrode/Harz, General der Infanterie.

A. war Sohn des Oberstleutnants Gebhard Johann und Bruder der Generale Werner und → Constantin v. A. Aus dem Kadettenkorps wurde A. 1821 dem Kaiser-Alexander-Grenadierregiment als Leutnant überwiesen. 1833 wurde er Bataillonsadjutant und 1835 Premierleutnant. Von 1836 bis 1844 war A. Erzieher und Begleiter fürstlicher Persönlichkeiten. Zwischen 1844 und 1847 versah er seinen Dienst als Kompaniechef wiederum im Kaiser-Alexander-Grenadierregiment. Ab Frühjahr 1847 kam A. als Major in den Generalstab, dem er bis 1858 angehörte. 1859 wurde A. durch den Prinzen Friedrich Wilhelm von Preußen, den späteren Kaiser Wilhelm I., zum Generalmajor ernannt. Nach dessen endgültiger Regierungsübernahme wurde A. sein Generaladjutant. Im Jahre 1863 schloß er im Sinne Wilhelms I. und → Otto von Bismarcks die nach ihm benannte Konvention mit Rußland, die zu einer vorübergehenden int. Spannung führte, aber dazu verhalf, eine russisch-preuß. Zusammenarbeit auf Jahre hinaus zu begründen. Bei Beginn des Feldzuges von 1866 leitete A. die Unterhandlungen mit dem König Georg V. von Hannover, die zur Kapitulation der Hannoveraner bei Langensalza führte. Im Feldzug von 1870 führte er das in Magdeburg stationierte IV. Armeekorps, an dessen Spitze er nach dem Friedensschluß von 1866 gestellt worden war. In der Schlacht bei Beaumont zeichnete sich A. besonders aus. Seine Verdienste wurden durch die Verleihung des Ordens Pour le Mérite anerkannt. Aus gesundheitlichen Gründen wurde A. Anfang Oktober 1871 von seiner Stellung als Kommandierender General des IV. Armeekorps entbunden, blieb aber diensttuender Generaladjutant des Kaisers. Ein Jahr später wurde er mit Pension zur Disposition gestellt und in den Listen weiter als Generaladjutant sowie als Chef des Magdeburger Infanterieregiments Nr. 66 geführt. Als besondere Würdigung seiner Leistungen erhielt am 02.09.1873 das Fort III bei Magdeburg den Namen „Fort G. A.".

L: ADB 45, *758–761*; Priesdorff 7, *169–172* (*B*); Ludwig Friedrich Leopold von Gerlach, Denkwürdigkeiten (2 Bde), 1891/92; Albrecht von Roon, Denkwürdigkeiten, 1905; Egmont Zechlin, Staatsstreichpläne Bismarcks und Wilhelm I., 1929; ders., Bismarck und die Grundlegung der dt. Großmacht, 1930; Rudolf Schmidt-Bückeburg, Das Militärkabinett der preuß. Könige und dt. Kaiser, 1933; Hellmuth Scheidt, Konvention A. und Interventionspolitik der Mächte in der polnischen Frage 1863, 1937. – **B:** Familienarchiv v. A., Hamburg (priv.).

Jörn Winkelvoß

Alvensleben, Johann August Ernst Graf (seit 1798) **von**

geb. 06.08.1758 Erxleben, gest. 27.09.1827 Erxleben, Rittergutsbesitzer, Domdechant zu Halberstadt, Staatsminister.

Der Sohn des Oberstleutnants Johann August v. A. auf Erxleben wurde bis zum 17. Lebensjahr durch Privatlehrer auf dem väterlichen Familiengut unterrichtet, bezog im Herbst 1774 für drei Jahre die Univ. Helmstedt, um Jura und Staatswiss., aber auch Gesch. und Phil. zu studieren, und trat danach als Referendar bei der Kriegs- und Domänenkammer in Magdeburg in den Staatsdienst ein. A., einziger Erbe der ausgedehnten väterlichen Besitzungen, übernahm auf Wunsch seines Vaters bereits 1782 die Verwaltung des Gutes Erxleben, 1783 auch des Gutes Uhrsleben. 1784 gehörte er als Deputierter dem engeren Ausschuß zur Revision des kur- und neumärkischen ritterschaftlichen Kreditreglements in Berlin an und arbeitete 1793–96 am märkischen Provinzialgesetzbuch mit. Schon früh durch angestammtes Recht in die Kandidatenliste des Domstiftes zu Halberstadt eingetragen, versah A. ab 1788 dort eine Domherrenstelle, verlegte seinen Wohnsitz dauerhaft nach Halberstadt, ohne dabei die Verwaltung seiner Güter zu vernachlässigen, und konnte sich bald das Vertrauen des Domkapitels erwerben. Nachdem Christian Friedrich Graf zu Stolberg-Wernigerode aufgrund von Zwistigkeiten 1796 seine Stelle als Dechant des hohen Domstiftes zu Halberstadt niedergelegt hatte,

Alvensleben

wurde A. zu dessen Nachfolger gewählt und übte dieses Amt – eines der einflußreichsten im Fürstentum Halberstadt – mit großer Sorgfalt und Umsicht bis zur Auflösung des Stiftes durch die franz. Verwaltungsbehörden 1810 aus. A. repräsentierte und vertrat die geistlichen Stiftungen, verwaltete die Halberstädter Dom-Domänen, den Grundbesitz, den Zehnten, die Justiz, die Polizei, das Kirchen- und Schulwesen sowie die frommen Stiftungen und nahm bedeutende Regierungs- und Patronatsrechte wahr. Der König erhob ihn und seine Nachkommen 1798 in den Grafenstand. Als Kenner und Verehrer der Kunst und Wiss. schätzte und unterstützte A. den Domsekretär Gleim und den Domoffizianten und Dichter Klamer Schmidt, dem er mit einem großzügigen Zuschuß eine Pfründe verschaffte, die sein Auskommen sicherte. Nach dem Frieden von Tilsit erwarb er sich durch Reisen als Provinzabgeordneter nach Paris (1807) und als Reichsdeputierter zur Huldigung Jérôme Bonapartes nach Kassel (1808), als Präsident des Wahlkollegiums für die Reichstagsdeputierten des Elbdepartements bei Berufung der westfälischen Reichsstände sowie als Abgeordneter des Kasseler Reichstags (1808 und 1810) hohes Ansehen bei der franz. Reg. Ab 1810 lebte A. zurückgezogen auf seinem Stammgut in Erxleben, verwaltete die Besitzungen und widmete sich verstärkt dem Studium der Gesch. und dt. Lit. 1816 durch Friedrich Wilhelm III. für seine Verdienste während der franz. Besetzungszeit mit dem Roten Adler-Ordens I. Kl. geehrt und zum Ritter des Johanniter-Ordens gewählt, trat A. 1820 in braunschweigische Dienste. Als Vormundschaftsvertreter König Georg IV. von England übernahm er mit Genehmigung des preuß. Königs das Amt des ersten Staatsministers der Reg. des Hzts Braunschweig und führte es – als Repräsentant des noch minorennen Landesherrn – verdienstvoll bis zur formellen Mündigkeitserklärung des neuen Herzogs Karl II. am 30.10.1823. Eine bedeutende, ihm bei seinem Ausscheiden angetragene Pension lehnte er ab. 1824 bestimmte Friedrich Wilhelm III. ihn infolge der Verhandlungen der preuß. Provinzial-Stände zum Landtagsmaschall der Prov. Brandenburg und der Nieder-Lausitz und ernannte ihn Ende 1824 auch zum Wirklichen Mitglied des Staatsrates. A.s staatsrechtliches Denken und Wirken war auch von freimaurerischen Anschauungen geprägt. 1778 in die Braunschweiger Loge aufgenommen, gehörte er von 1781 bis 1797 der Loge „Ferdinand zur Glückseligkeit" in Magdeburg an und führte von Oktober 1808 bis 1812 als deputierter Meister vom Stuhl die Loge „Zu den 3 Hammern" in Halberstadt.

L: ADB 1, *377f.*; Neuer Nekr 5, 1829; N. N., Biogr. J. A. E., Graf v. A., in: Der Harz-Bothe (Halberstadt), Bd. 1, 1827, *67–80*; Siegmund Wilhelm Wohlbrück, Gesch. Nachrichten von dem Geschlechte v. A. und dessen Gütern, Bd. 3, 1829, *389*; G. Miehe, Gesch. der Freimaurerei in Halberstadt, 1896. – **B**: *Familienarchiv v. A., Hamburg (priv.).

Guido Heinrich

Alvensleben, Reimar *Constantin* von

geb. 26.08.1809 Eichenbarleben/Kr. Wolmirstedt, gest. 28.03.1892 Berlin, General der Infanterie.

A., Sohn des Oberstleutnants Gebhard Johann v. A. und Bruder des → Gustav v. A., trat nach dem Besuch des Pädagogiums des Klosters U. L. F. in Magdeburg in das Kadettenkorps in Berlin ein und wurde 1827 Sekondelieutenant. Als Hauptmann und Kompaniechef nahm er 1848/49 an den Straßenkämpfen in Berlin und Dresden teil. Von 1853 bis 1856 wirkte er als Major im Generalstab des IV. Armeekorps in Magdeburg. Der Generalmajor (seit 1864) und Kommandeur der 2. Garde-Infanteriebrigade trug 1866 durch sein selbständiges Handeln zum Sieg der preuß. Truppen in der Schlacht bei Königgrätz bei. Im dt.-franz. Krieg war sein energisches Eingreifen als Kommandeur des III. preuß. Armeekorps in den Grenzschlachten von Spichern, Vionville und Mars-la-Tour von strategischer Bedeutung. Dadurch konnte der Abzug der Franzosen von Metz nach Westen verhindert werden. Erfolgreich operierte er auch an der Loire in den Schlachten bei Orleans und Le Mans. 1873 schied er auf eigenen Wunsch als General der Infanterie aus der Armee aus. Ein Fort der Festung Metz wurde nach ihm benannt. A., mit höchsten Orden ausgezeichnet, war ein bewährter Truppenführer, der sich als Feldherr durch Selbständigkeit, Kühnheit und Entschlußfreudigkeit auszeichnete.

L: ADB 45, *756–758*; Mitteldt Leb 2, *291–306* (**B**); Priesdorff 7, *263–269* (**B**); Thilo Krieg, C. v. A, General der Infanterie. Ein Militärisches Lebensbild, 1903 (***B***); Hellmut Kretzschmar, Gesch. Nachrichten von dem Geschlechte v. A. seit 1800, 1930, *134–138*.

Martin Wiehle

Alvensleben, *Udo* Gebhard Ferdinand von

geb. 14.03.1814 Berlin, gest. 20.12.1879 Erxleben, Gutsbesitzer, Landwirt.

Der Sohn des → Eduard v. A. auf Redekin absolvierte die Ritterakad. in Brandenburg und trat 1832 beim 11. Husarenregiment in Münster und Hameln in den militärischen Dienst. Während dieser Zeit knüpfte er im westfälischen Adel eine Reihe von wichtigen Beziehungen an, u. a. mit dem einflußreichen späteren Mainzer Bischof Wilhelm Emmanuel von Ketteler, mit dem er als Mitglied des preuß. Herrenhauses auch späterhin in Kontakt blieb. Nach der Heirat mit Elise Freiin von Plettenberg lebte er zunächst auf dem väterlichen Gut in Redekin, kaufte 1841 vom Grafen Friedrich Wilhelm v.A.-Weteritz das Rittergut Wittenmoor im Kr. Stendal. Dort widmete er sich ganz der Landwirtschaft, verbesserte den Besitz durch Bauten und Meliorationen und setzte u. a. die Aufforstung des zum Gut gehörenden, an den Letzlinger Forst grenzenden Bockelberges ins Werk. Nach dem frühen Tod seiner ersten Frau Ende 1842 vermählte er sich mit Ehrengard von Kröcher im benachbarten Vinzelberg, deren Mutter die Enkelin des → Johann August Ernst v.A. und Nichte des letzten Grafen → Albrecht v.A. war. Als mit dem Tod des letzteren 1858 die jüngere Erxleber Linie der Fam. v.A. erlosch und die Lehnsnachfolge auf seinen Vater überging, ergriff A. in dessen Namen Besitz vom A.schen Gut in Erxleben. Durch seine zweite Frau, die das zum Allodium gehörende Erxleber Schloßinventar erbte, wurden seine Kinder Nachkommen der gräflichen Linie, auf die später auch große Teile des beträchtlichen von Kröcherschen Grundbesitzes übergingen. A. trat in der Folge nicht nur energisch für die Befestigung und Vermehrung familiären Grundbesitzes (Einrichtung von Fideikommissen) ein, sondern erwarb sich große Verdienste um die Pflege der mit seinem Geschlecht in Zusammenhang stehenden geistigen und hist. Überlieferungen sowie die Rettung gefährdeter Denkmale. Er gründete einen Familienverband derer v.A. und rief einen Familientag ins Leben, auf dem bis 1918 eines der in Preußen ansässigen Mitglieder seines Geschlechts für das Herrenhaus präsentiert wurde. A. trat zudem als Förderer der Geschichtsforschung hervor. Auf seine Veranlassung stellte der Magdeburger Archivar → George Adalbert von Mülverstedt den „Codex diplomaticus Alvenslebianus" (4 Bde, 1879–1888) zusammen; er selbst gab die „Stammtafeln des v.A.schen Geschlechts" (1868) sowie eine „Gesch. der v.A.schen Frauen aus dem Hause Erxleben-Redekin" heraus. In Erxleben ließ er die Schloßkapelle und eine große Anzahl von Ahnenbildern restaurieren. Im Zuge seines Wirkens wurde A. in das preuß. Herrenhaus berufen und erhielt die Kammerherrenwürde. Er war Erbtruchseß des Fürstentums Halberstadt sowie Rittmeister und Ritter des Johanniter-Ordens.

W: s o. – **L:** Hellmuth Kretzschmar, Gesch. Nachrichten von dem Geschlechte v.A. seit 1800, 1930, *183–187*. – **B:** Familienarchiv v. A., Hamburg (priv.).

Guido Heinrich

Andreae, *Abraham* (*Brami*) **Maria**
geb. 09. 11. 1819 Frankfurt/Main, gest. 06.05.1875 Buckau bei Magdeburg, Ing.

A. war Sohn eines wohlhabenden Frankfurter Großkaufmanns. Er zeigte sich frühzeitig technisch begabt, studierte nach Absolvierung einer technischen Bildungsanstalt in Weinheim von 1837 bis 1840 Maschinenbau am Polytechnikum in Karlsruhe. Anschließend lernte er als Ing. die Praxis seines Fachs in der Gutehoffnungshütte in Sterkrade kennen. Durch längere Reisen in Dtl. und England vervollkommnete er seine allg. und technische Bildung. 1843 trat A. als Chefkonstrukteur in die Maschinenfabrik der *Magdeburger Dampfschiffahrts-Compagnie* in Buckau ein. Er widmete sich verschiedenen Zweigen des Maschinenbaus. Sein besonderes Interesse galt der Entwicklung von Dampfmaschinen als Antriebsaggregate für Flußschiffe. Er führte zu diesem Zweck in den Buckauer Schiffbau die Pennsche Dampfmaschine mit Röhrenkessel und oszillierenden Zylindern sowie eine Reihe weiterer technischer Verbesserungen ein. Neben dem Schiffbau befaßte sich A. mit der Konstruktion von Werkzeugmaschinen, einer großen Walzwerksanlage, hydraulischen Pressen, Wasserpumpen u.a.m. Sein Wirken trug entscheidend zum guten Ruf der Erzeugnisse der Maschinenfabrik Buckau im ersten Jahrzehnt ihres Bestehens bei. Im Krisenjahr 1848 schied A. aus seiner Stellung aus und trat eine längere Studienreise durch Nordamerika an. Anschließend war er mehrere Jahre in der Zuckerindustrie von Mexiko tätig. Von 1854 an arbeitete er als Zivil-Ing. auf Kuba in Havanna und in den USA in St. Louis. 1858 wurde A. unter sehr günstigen Bedingungen technischer Dir. der *Vereinigten Hamburg-Magdeburger Dampfschiffahrts-Compagnie* in Buckau bei Magdeburg. Mit ihm setzte für das Unternehmen ein neuer wirtsch. Aufschwung ein. Unter seiner Leitung wurden die Fabrikanlagen durch An- und Neubauten bedeutend vergrößert und die Werkstätten mit neuen Werkzeugmaschinen ausgestattet. Der Bau von Dampfmaschinen erfuhr durch die Einführung von Neuerungen, wie der Corliss-Steuerung, neue Impulse. A. nahm auch den Bau von Lokomobilen in stehender und liegender Konstruktion auf und wandte bereits 1862 die Verbundwirkung mit Überhitzung des Dampfes beim Übergang vom Hochdruck- in den Niederdruckzylinder an. Er entwarf eine große Dampfpumpe mit einer Leistung von 140 PS für das Magdeburger städtische Wasserwerk, die ohne jede Reparatur von 1858 bis 1882 ununterbrochen im Einsatz war, und konstruierte zudem Heißluftmaschinen, von denen eine im Jahre 1860 gebaute heute im Dt. Mus. in München ausgestellt ist. A. setzte sich erfolgreich für die Einführung der Kettenschiffahrt auf der Elbe ein. Unter seiner Leitung entwickelte sich die Maschinenfabrik Buckau zu einem führenden Unternehmen in Dtl., dessen Erzeugnisse weltweit einen guten Ruf hatten.

L: NDB 1, *283*; Conrad Matschoss, Männer der Technik, 1925, *5*; Karl Regenauer, Die Maschinenfabrik Buckau, ihre Entstehung und Entwicklung bis 1888, 1925; Karl Ehebrecht (Bearb.), Maschinenfabrik Buckau R. Wolf. Die Gesch. unseres Hauses von 1838 bis 1938, 1938 (*B).

Manfred Beckert

Andreae, *August* **Wilhelm,** Dr. med.
geb. 27.05.1794 Neuhaldensleben, gest. 07.03.1867 Magdeburg, Arzt, Reg.-Medizinalrat, Geheimrat.

Der Sohn des Arztes Johann Friedrich A. studierte nach dem Besuch der Bürgerschule in Neuhaldensleben und des Gymn. zum Grauen Kloster in Berlin dort ab 1810 Med. 1814 prom. er über Kretinismus und nahm anschließend als Freiwilliger am Befreiungskrieg im Hauptfeldlazarett des 8. preuß. Gardegrenadierkorps als Arzt teil. A. bildete sich in Paris und Wien in Augenheilkunde fort und ließ sich 1817 in Magdeburg als Augenarzt nieder. Er war mit Laura A., geb. Rhades verheiratet und hatte drei Töchter, die jüngste wurde die Ehefrau des Chirurgen → Karl Fock. Gefördert von → Friedrich Trüstedt erfolgte 1820 A.s Berufung in das Medizinalkollegium der Provinz Sachsen, zunächst als Assessor für Chirurgie, 1825 als Medizinalrat. Nach Eröffnung der Med.-chirurgischen Lehranstalt in Magdeburg war A. dort 1828–49 Doz. der Augenheilkunde, 1831–49 dann auch Dir. ders., anfangs in einem Direktorium gemeinsam mit Carl Scheibler und → August Fritze. Als Nachfolger von Trüstedt amtierte A. von 1831 bis 1867 als Reg.-Medizinalrat, 1844 erfolgte seine Ernennung zum Geheimrat. A. machte sich besonders um die Fortbildung der niedergelassenen Ärzte durch den Aufbau der Fachbibl. des Medizinalkollegiums verdient, die bei seinem Tode auf ca. 6.000 Bände angewachsen war. Darüber hinaus tat er sich in der Augenheilkunde und der Biographik als Medizinhistoriker hervor. Er förderte auch den Ausbau des Solbades Salzelmen. A. war Mitglied der *Erfurter Akad. gemeinnütziger Wiss.*, zahlreicher Ärzteges. und Mitglied des Dom-Kirchenvorstandes in Magdeburg. A. soll die vornehme Würde und die feinen Manieren, aber auch das strenge Pflichtgefühl und die Arbeitslust besessen haben, die der älteren Schule hochstehender Preuß. Medizinalbeamter nachgerühmt wird.

W: Die Erkenntnis und Behandlung der asiatischen Cholera, 1831; Zur Gesch. der Augenheilkunde, 1843; Grundriß der gesamten Augenheilkunde (2 Bde), 1834–1837, ³1846; Chronik der Aerzte des Regierungsbez. Magdeburg mit Ausschluß der Halberstädter, Quedlinburger und Wernigeroder Landestheile, 1860; Zweiter Theil, die Halberstädter, Quedlinburger und Wernigeroder Landestheile enthaltend. Nebst Nachträgen zum ersten Theil, 1862. – **L:** ADB 1, *436;* NDB 1, *282;* Amtlicher Anzeiger 1867, Nr. 57, *4;* ebd. Nr. 60, *4;* August Hirsch (Hg.), Biogr. Lex. der hervorragenden Ärzte aller Zeiten und Völker (vor 1880), Bd. 1, 1884, *134f.;* → Hermann Rosenthal (Hg.), Fs. für die Teilnehmer der 57. Verslg. Dt. Naturforscher und Aerzte, 1884, *40;* → Walter Friedensburg, Die Med.-chirurgische Lehranstalt in Magdeburg (1827 bis 1849), in: GeschBll. 53/54, 1918/1919, *8* u. ö.; Vf., Magdeburger Medizinalchronik. Quellen und Studien zur Gesch. des Gesundheits- und Sozialwesens von 1631–1848/49, Ms. 1977, *128–134* (StadtA Magdeburg).

Horst-Peter Wolff

Andreae, Johann *Friedrich*
geb. 29.10.1785 Magdeburg, gest. 24.05.1856 Magdeburg, Großreeder.

Als Enkelsohn des besoldeten Magdeburger Stadtrates Johann Martin Ziemer und Sohn des Schiffsprokureurs beim Magdeburger Kaufhof und selbständigen Reeders Johann Friedrich A. war der berufliche Werdegang von A. frühzeitig vorgezeichnet, denn als er nach dem Tod des Vaters 1826 die Fa. übernahm, gehörte diese schon zu den bedeutendsten Großreedereien in der Stadt. Der wirtsch. Aufstieg setzte sich unter A. fort. 1838 zählte die Reederei A.s schon 50 Elbkähne. A. gehörte als Mitbegründer der *Magdeburger Dampfschiffahrts-Compagnie*, die das erste eigene Dampfschiff, die „Kronprinz von Preußen", in Magdeburg – das war zugleich die Geburtsstunde der Maschinenfabrik → Rudolf Wolf in Buckau – bauen ließ, zu den Pionieren der Dampfschiffahrt auf der Elbe. Auch nach deren Durchsetzung widmete A. seine ganze unternehmerische und technische Aufmerksamkeit der Dampfschiffahrt. Dafür – vor allem aber für die Einführung seiner Verdeckelbkähne – erhielt er den preuß. Roten Adlerorden IV. Kl. Geschäftlich sehr eng verbunden war der zu den Honoratioren der Stadt aufgestiegene A., der in den 1840er Jahren auch Mitglied der Stadtverordnetenverslg. war, mit der Kaufmannsfam. → Gustav Hubbe. Dieser war mit A.s Tochter Ida verheiratet und erfuhr bei seiner Firmengründung in den 1840er Jahren die tatkräftige Unterstützung A.s. Als A. 1856 starb, übernahmen zwei seiner Söhne die Reederei, die mit über 100 Schiffen zu einer der größten jener Zeit auf der Elbe zählte.

L: 100 Jahre Buckau-Wolf. Die Gesch. unseres Hauses von 1838 bis 1938, 1938 (*B); Gustav Hubbe – Hundert Jahre Magdeburger Kaufmannsfam., hg. von den Vereinigten Ölfabriken Hubbe & Farenholtz, 1940, *17–19* (*B*).

Jürgen Engelmann

Angern, Ferdinand *Ludolph* Friedrich von
geb. 12.02.1757 Magdeburg, gest. 08.02.1826 Sülldorf bei Magdeburg, Kammerpräsident, Minister.

Der Sohn des Landrates des ersten Holzkreises im Hzt.

Magdeburg, Gebhard Rudolf Friedrich Ludolf v.A., trat nach seinem Studium der Rechtswiss. 1777 als Referendar bei der Magdeburger Kriegs- und Domänenkammer in den Staatsdienst ein, wurde hier 1782 zunächst zum Assessor und 1785 zum Dir. des Haupt-Brennholzcomtoirs in Berlin befördert. 1794 erfolgte seine Ernennung zum Geh. Oberfinanzrat und 1796 zum Kammerpräsidenten von Magdeburg. 1803 erhielt er den Titel eines Wirklichen Geh. Staats-, Kriegs- und dirigierenden Ministers im Berliner Generaldirektorium. Mitte 1807 entband ihn auf seine Bitte hin Friedrich Wilhelm III. von der „Eidespflicht" als Minister und dankte ihm für seine „Mühewaltung". Im Familienkreis blieben ihm harte Schicksalsschläge nicht erspart. Obwohl mit elf Kindern reich gesegnet, starb die Sülldorfer Linie mit dem Kammerpräsidenten A. aus. Bis auf zwei unvermählte Töchter überlebte keines der Kinder den Vater. Der Träger der Auszeichnung „Ritter des großen Roten-Adlerordens" erwarb sich bedeutende Verdienste um die Förderung der Ende des 18. Jhs aufkommenden Rübenzuckerherstellung im Magdeburger Raum. Ausführlich informierte er nach Anforderung das Generaldirektorium in Berlin über die Erfahrungen im Rübenanbau in Halberstadt, Wolmirstedt, Staßfurt und der Magdeburger Möllenvogtei. 1799 empfing er den Akademiedir. → François Charles Achard zweimal in Magdeburg zu Gesprächen über dessen Zuckerexperimente, war ihm bei der Beschaffung von Rüben und Saatgut behilflich, korrespondierte danach noch mehrfach mit ihm und förderte das Entstehen der ersten Zuckerfabriken im Stadtgebiet von Magdeburg.

L: ADB 1, *459*; DBE 1, *138*; Christian August Ludwig Klaproth, Der Kgl. Preuß. und Churfürstlich Brandenburgische Wirkliche Geh. Staatsrath, 1805, *548f.*; → Rudolf Grotkaß, Die Zuckerfabrikation im Magdeburgischen, ihre Gesch. vor und während der Kontinentalsperre sowie weiter bis zum Jahre 1827, dem Beginn der neuen Periode, 1927; L. Runze, Die Gesch. Sülldorfs, 1930.

Erhard Junghans

Appuhn, August *Wilhelm*
geb. 04.10.1804 Gröningen, gest. 06.06.1882 Wernigerode, ev. Theologe.

A., Sohn des Organisten und Lehrers Johann David Christoph A., wuchs in Gröningen und Magdeburg auf und besuchte 1819–24 das Domgymn. Halberstadt. Nach dem Abitur studierte er an der Univ. Halle ev. Theol., u. a. bei August Tholuck. 1827–30 fand er Anstellung in Altenhausen als Privatlehrer beim Grafen → Karl von der Schulenberg. In dieser Zeit verfestigte sich im Kontakt mit adeligen Kreisen seine politisch-konservative Haltung. Seit 1830 stand A. zuerst als Adjunkt, ab 1834 als Pfarrer in Altenhausen und Ivenrode im Pfarrdienst. 1848 strebte das Konsistorium erstmals seine Berufung als Konsistorialrat an, die aber nach dem Sturz von Minister Eichhorn und Konsistorialpräsident → Karl Friedrich Göschel nicht durchsetzbar war. Erst nach der politischen Niederlage der Liberalen wurde er durch die Fürspache Göschels beim König gegen den Widerstand des Oberpräsidenten → Hartmann Erasmus von Witzleben 1852 zum Konsistorialrat und zum Domprediger am Magdeburger Dom ernannt. Im Konsistorium war er zuständig für Personalangelegenheiten, Kirchenvisitationen und das Konfirmationswesen. 1871 wurde A. emeritiert. Seine letzten Lebensjahre verbrachte er überwiegend in Naumburg. A. galt als bedeutender Prediger und veröffentlichte zahlreiche Predigten und theol. Abh. Er war ein überzeugter Anhänger der Union der lutherischen und reformierten Kirchen in Preußen. Schon als junger Pfarrer nahm er aktiv am öffentlichen Leben teil und wirkte in zahlreichen Vereinen (Mäßigkeits- bzw. Enthaltsamkeitsverein, Verein zum Gedenken an den Missionar Ludgerus, Missionsverein, Lutherischer Verein usw.). Vor allem trat er frühzeitig in den Gnadauer Konferenzen auf, in denen sich die konservativ ausgerichtete Pfarrerschaft der Provinz Sachsen versammelte. Seinem Ruf als überzeugter Konservativer ist er als Konsistorialrat nur bedingt gerecht geworden. Vielmehr hat er in der Magdeburger Pfarrerschaft ausgleichend gewirkt und das kirchliche Leben in der Domgemeinde zu neuer Blüte geführt.

W: Gedichte von → Heinrich Möwes, nebst einem Abrisse seines Lebens, 1836, ⁵1849; Die heilige Passion, gefeiert in Liedern, Betrachtungen und Gebeten, 1841, ¹⁴1883; Mose, der Knecht, 1845; Festpredigten, 1857; Casual-Reden (2 Bde), 1872; Das heilige Vater Unser, 1873, ²1880; Entwürfe zu Predigten an den Festen und in den Festzeiten, 1876; Das Lebensbild des Grafen Karl Ludwig von der Schulenburg-Altenhausen, 1882. – L: L. Walther, Erinnerungen aus W. A.s Leben. Aus seinen Aufzeichnungen zusammengestellt, 1885 (*B); AKPS: Rep. A, Spec. P, A 40 (PA); Rep. A, Spec. G, Nr. A 688.

Margit Müller

Aquila, Herbert
geb. 13.03.1912 Bismarckhütte/Schlesien, gest. 25.05.1999 Magdeburg, Sportler, Sportlehrer, Trainer, Kampfrichter.

A. erlernte in Gera den Beruf eines Kochs und arbeitete dort anschließend in einem Restaurant. Ende der 1920er Jahre begann er beim *Arbeiter-Athletenbund Gera* mit dem Ringen und Gewichtheben. In den 1930er Jahren gehörte er der 1. Männermannschaft des Vereins an und nahm im Leichtgewicht bis 67 kg erfolgreich an Meisterschaften im Ringen und Gewichtheben teil. Im II. WK baute A. in Paris eine *Zentrale Reichsbahn-Sportgruppe* mit auf. Nach Kriegsende arbeitete er zunächst als Kraftfahrer in Gera, wurde

1949 in einem Lehrgang pädagogisch ausgebildet und danach vom *Dt. Sportausschuß* als Trainer im Ringen eingesetzt. Ab 1951 war A. als Ausbilder an der Schwerathletik-Sportschule Calbe und ab 1956 als Lehrer an der Kinder- und Jugendsportschule Magdeburg tätig und hier für die turnerische Ausbildung der Jungen verantwortlich. Nach seinem Studium an der PH Potsdam arbeitete A. ab 1962 als Sportlehrer an der Wilhelm-Weitling-Oberschule Magdeburg und baute an dieser Schule eine Arbeitsgemeinschaft Ringen auf. A. wurde bei vielen nationalen und int. Ringer-Wettkämpfen als Kampfrichter eingesetzt und fungierte bis 1985 als Vors. des Bez.-Fachausschusses Ringen Magdeburg. A. war selbst sportlich aktiv. Zu seinen Erfolgen zählen u. a. 1951 der Dt. Meistertitel im einarmigen Reißen im Halbschwergewicht sowie mehrere Meistertitel bei Bestenermittlungen der Altersklassen im Mittel- und Schwergewicht zwischen 1957 und 1975. Auch im Ringen war A. besonders in den 1970er Jahren erfolgreich. 1973 errang er z. B. in der Klasse A III einen ersten Platz im Freien Ringkampf und einen zweiten Platz im Klass. Ringkampf beim Gewichtsklassenturnier des *Dt. Ringerverbandes der DDR*.

W: Ein Leben für den Ringkampfsport, Ms. o. J. (KHMus. Magdeburg).

Iris Hannig

Ardenne, Elisabeth Baronin von, geb. Freiin von Plotho
geb. 26.10.1853 Zerben bei Burg, gest. 04.02.1952 Lindau/Bodensee.

A. entstammte einer preuß. Adelsfam. Ihr Vater, der Edle Freiherr Felix von Plotho, war Rittergutsbesitzer und Kgl.-Preuß. Deichhauptmann, die Mutter Marie, geb. von Welling, Sängerin. Wohlbehütet und naturverbunden wuchs A. mit ihren drei Schwestern und einem Bruder in Zerben auf und erhielt Privatunterricht. Vor allem die Mutter strebte frühzeitig an, ihre Tochter standesgemäß zu verheiraten. A. lernte den Fähnrich Armand Léon v.A. (geb. 1848) kennen, der als Zieten-Husar in der Garnison Rathenow diente. Er entstammte einer belgischen Fam., sein Vater war als Kgl. Belgischer Generalkonsul für das Königreich Sachsen in Leipzig verpflichtet. Der Verlobung 1871 in Stechow bei Rathenow folgte 1873 in Zerben die Hochzeit. Danach lebte das junge Ehepaar in Berlin. Hier kamen 1873 die Tochter Margot und 1877 der Sohn Egmont zur Welt. A. führte eine zwar standesgemäße, aber unglückliche Ehe. Sie pflegte Kontakte zur Berliner Ges., dabei begegnete sie sicherlich auch → Theodor Fontane. Infolge der Militärlaufbahn des Ehemannes wechselte die Fam. einige Male den Wohnsitz. 1881 wurde v.A. als Rittmeister und Eskadronchef der Zietenschen Husaren nach Düsseldorf versetzt. Die Fam. lebte nunmehr im Schloß Benrath. A. begann hier 1884 eine riskante Liaison und heimliche Korrespondenz mit dem Amtsrichter Emil Ferdinand Hartwich, die 1886 von ihrem Ehemann entdeckt wurde. Dieser forderten den Liebhaber seiner Frau zum Duell auf, bei dem Hartwich schwer verletzt wurde und kurz darauf an den Folgen der Verwundung verstarb. A.s Ehemann wurde zu einer zweijährigen Festungshaft verurteilt, die er jedoch nur für vier Wochen antreten mußte. Nach der Scheidung 1887 lebten A.s Kinder bei deren Vater in Berlin, später bei den Großeltern in Leipzig. Sie selbst fand als Verstoßene Zuflucht bei ihrer Schwester in Berlin. A. wurde Krankenschwester und war u. a. von 1889 bis 1890 als Hilfsoberin in Berlin und im I. WK als Pflegerin in Lazaretten tätig. Erst nach 16 Jahren konnte sie wieder persönlichen Kontakt zu ihren Kindern aufnehmen. Von dieser tragischen Liebesgesch. und dem Duell erfuhr Fontane, der diesen Stoff in seinem Roman „Effi Briest" (1895) lit. verarbeitete und zeittypische Moralwerte und Ausschnitte einer zeitgenössischen Wirklichkeit aufzeigte. Das Schloß in Zerben bildete im Roman die Vorlage für das Elternhaus der Effi Briest. Im Familienarchiv des Physikers Manfred v.A. (1907–1997), Enkel von A., werden die Liebesbriefe und Fotos seiner Großmutter aufbewahrt.

L: Helene Herrmann (vgl. → Ruth Mövius), Theodor Fontanes Effi Briest. Die Gesch. eines Romans, in: Zs. Die Frau 19, 1912; Dietmar Grieser, Piroschka, Sorbas und Co., Schicksale der Weltlit., 1980; Manfred Franke, Leben und Roman der E. v.A., Fontanes Effi Briest, 1994; Rolf Hochhuth, Effis Nacht. Monolog, 1996; Uta Baier/Thomas Chojnacki, Effi Briest war Manfred v.A.s Großmutter und wuchs in Zerben auf, in: Volksstimme, Burger Rundschau vom 14.04.1996; Reinhard Schwarz, Der Stahnsdorfer Südwest-Kirchhof, ²2000, 11; Effi Briest – ein Kind Zerbens, hg. vom Fremdenverkehrsverein Genthin e.V., o. J.; Marianne Schünecke/Andrea Plünnecke, Die Edle Fam. von Plotho. Ein Stück Gesch. von Zerben, o. J, 1–12. – **B:** *Familienarchiv Manfred v.A., Dresden (priv.).

Katharina Kreschel

Arens, Eugen *Alfred* **Oskar**
geb. 23.01.1877 Schönebeck, gest. 01.12.1947 Halberstadt, Lehrer, Schulrat.

A., Sohn eines Bauunternehmers, absolvierte 1894–97 das Lehrerseminar in Barby. Im April 1897 trat er an der Schönebecker Knabenschule in den Schuldienst ein, hier war er auch nach der zweiten Volksschullehrer- sowie der Mittelschullehrerprüfung tätig. Im April 1903 übernahm er eine Lehrerstelle am Seminar in Genthin und arbeitete von 1905 bis 1920 als Rektor der Genthiner Volksschule. Nach Aufhebung der geistlichen Schulinspektion übte A. von 1920 bis 1937 die Funktion eines Schulrates für den II. Jerichower Kreis aus. In dieser Eigenschaft unterstanden 94 Schulen seiner Kontrolle. Besondere Verdienste erwarb er sich mit der Organisierung jährlicher Wandertage zu Sehenswürdigkeiten im Kreis für die oberen Klassen dieser Schulen mit dem Ziel, daß die Schüler ihre Region kennen und lieben lernen. Als Begründer dieser Veranstaltungen hielt A. 1932 im Dtl.-Sender einen Vortrag zu diesem Thema. In die Genthiner Zeit fiel auch sein Wirken als Heimatschriftsteller. In seinen Werken schildert A. die Menschen und die Landschaft des Jerichower Landes. Da er Mitglied einer Loge war, wurde er von den Nationalsozialisten seines Amtes enthoben und nach Halberstadt versetzt, wo er von 1937 bis zu seinem Ruhestand im August 1943 als Dir. der Hans-Schemm-Knabenschule tätig war.

W: (Hg.) Johann Karl Hechel. Aus dem Tagebuche des Kriegsveteranen von anno 1813, in: Heimatgesch. Volksbücher für das Land Jerichow, H. 5/6, 1913; Gesch. der Stadt Genthin, 1931. – **B:** Kreismus. Genthin.

John Kreutzmann

Arnim, *Carl* **Friedrich Heinrich von,** Dr. jur.
geb. 11.06.1831 Wolckow, gest. 22.11.1905 Berlin, Jurist, Verwaltungsbeamter.

A. stammte aus einer alten Landwirts-, Offiziers- und Beamtenfam. Nach dem Studium der Rechtswiss. in Halle war A. als Regierungsassessor 1859 in Stralsund beschäftigt. Es folgten von 1859 bis 1872 Tätigkeiten als Amts- und Kreishauptmann in Gifhorn und ab 1873 in Celle. Vom 30.01.1879 bis 1887 war A. Polizeipräsident von Magdeburg und zugleich Landrat des Stadtkreises. Seine konservative Geisteshaltung zeigt der von ihm in seiner Magdeburger Amtszeit 1884 überlieferte Ausspruch „Lieber zehn Sozialdemokraten als einen Freisinnigen …!". Von 1888 bis 1899 hatte A. das Amt des Regierungspräsidenten in Stralsund inne.

L: Familienunterlagen v.A., Meckenheim (priv.). – **B:** *ebd.

Thomas Kluger

Arnim, Ludwig Heinrich *Wilhelm* von
geb. 11.10.1771 Brandenstein, gest. 08.11.1848 Genthin, Landrat.

Der Sohn des Johann August v.A. auf Brandenstein, Hohenseeden, Landrat des II. Jerichower Kreises von 1765 bis 1797, bekam seine Vorbildung im Gymn. Kloster U. L. F. Magdeburg, studierte in Halle Jura und war anschließend Referendar bei der Kriegs- und Domänenkammer in Magdeburg. Von hier aus bat er den König Friedrich Wilhelm III. um eine Präbende. Nach der väterlichen Testamentsbestimmung übernahm er 1799 Gut Brandenstein und Dürremark in der Nähe Genthins und heiratete im gleichen Jahr Caroline Friederike Christiane von Stechow aus dem Hause Kotzen. Während der Freiheitskriege war er von 1813 bis 1815 als Kreisdeputierter in Burg Etappendir., dann Landtagsabgeordneter für Jerichow II in Merseburg. Von 1821 bis 1845 wirkte A. langjährig als Landrat des Kr. Jerichow II und zugleich als Kr.-Feuer-Sozietäts-Dir. Nachdem der erste Sohn starb, setzte Friedrich Wilhelm August Carl v.A., der spätere kgl.-preuß. Regierungsrat, den Stamm Brandenstein fort.

L: Werner Konstantin von Arnswaldt, Das Geschlecht v.A., Tl. 2, Gesch. der Fam., Bd. 1, 1923, *402f.*; Geh. StA Berlin: Rep. 89.10., B. 2.

Horst Weber

Arning, Marie
geb. 19.04.1887 Bramsche/Kr. Bersenbrück, gest. 12.09.1957 Magdeburg, Textilarbeiterin, Parteisekretärin.

A. war seit 1908 Gewerkschaftsmitglied und 1914–18 in Duisburg ehrenamtlich als Parteisekretärin der SPD tätig. Seit 1920 als Frauensekretärin im Bez. Niederrhein angestellt, wurde sie 1922 in den größeren Bez. Magdeburg berufen, wo sie als Bezirkssekretärin der SPD für Frauenagitation und Bezirksleiterin der Arbeiterwohlfahrt wirkte. 1924–30 war sie MdR. 1933 nach Belgien emigriert, beteiligte sie sich hier im sozialdemokratischen Grenzsekretariat am Widerstand gegen das ns. Dtl. 1936 wurde sie ausgebürgert. Mit dem dt. Überfall auf die Niederlande und Belgien von der belgischen Fremdenpolizei verhaftet und im franz. Lager Gurs interniert, kam A. mit einem Flüchtlingstransport im Herbst 1940 nach Brüssel zurück und fiel hier in die Hände der Gestapo, die sie in das Magdeburger Gefängnis überstellte. Schwer herzkrank wurde sie im Juli 1941 wegen Haftunfähigkeit entlassen. Sie hielt trotz dauernder Polizeiaufsicht bis 1945 Kontakt mit den alten SPD-Genossen. Nach Kriegsende zunächst mit einer leitenden Stellung im Arbeitsamt Magdeburg betraut, verbrachte sie 1946 ein halbes Jahr in sowjetischer Haft in Quedlinburg. Nach eigenen Angaben „von gemeinen Denunziationen vollständig rehabilitiert", wirkte sie bis 1951 weiter im Arbeitsamt Magdeburg sowie in verschiedenen ges. Organisationen, war als Opfer des Faschismus anerkannt und wurde mehrfach ausgezeichnet. 1999 wurde das Haus der Arbeiterwohlfahrt in Magdeburg-Buckau, Thiemstraße, nach ihr benannt.

L: Bio Hdb Emigr 1, *20*; LHASA: VdN Magdeburg, *3581*; Slg. Vf., Hannover (priv.). – **B:** Reichstags Hdb, 1928, *477*.

Beatrix Herlemann

Arnold, Heinrich *Otto*
geb. 02.10.1836 Bad Sulza, gest. 17.05.1918 Magdeburg, Kaufmann, Kgl. Geh. Kommerzienrat.

Der Sohn eines Landwirts wuchs nach dem frühen Tod seines Vaters bei nahen Verwandten auf, erst bei seinem Onkel in Ziesar (dortiger Bürgermeister), dann in Berlin. Dort besuchte er bis 1853 das Kgl. Realgymn. und absolvierte anschließend bis zum Frühjahr 1856 eine kaufmännische Lehre bei der Fa. *J. C. F. Neumann & Sohn* (Drogengeschäft). Seine Zeit als Einjährig-Freiwilliger beim Infanterieregiment 26 führte ihn 1857/58 nach Magdeburg. Nach Anstellungen bei der Fa. *Eichel & Schmidt* (1858/59) sowie anschließend (1859/60) bei *Neubauer & Porse* (→ August Neubauer) arbeitete A. als Buchhalter bei der *Zuckerfabrik Richter* in Irxleben. Zur weiteren Vervollkommnung seiner Kenntnisse, vornehmlich zum Erlernen des englischen Geschäfts und der englischen Sprache, ging A. im Sommer 1862 nach London zur Fa. *S. van der Willgen*. 1864 kehrte er nach Magdeburg zurück und richtete in der Regierungsstraße ein Agentur- und Kommissionsgeschäftes ein. Als Schwiegersohn von → Christian Friedrich Budenberg trat er Anfang 1873 in die Fa. *Schaeffer & Budenberg* ein und wurde Teilhaber einer der ersten dt. Armaturenfabriken. Im Zuge der von Budenberg eingeleiteten weltweiten Ausdehnung des Unternehmens baute A. u. a. 1878 die New Yorker Niederlassung auf. Nach dem Tod der Firmengründer wurde er gemeinsam mit Fritz Dresel alleiniger Geschäftsführer und nach der Umwandlung in eine GmbH Vors. des Aufsichtsrates. Es folgte der stetige Ausbau der Fa., der weitere Ankauf benachbarter Grundstücke bzw. ehemaliger Fabrikanlagen und in den 1890er Jahren zur Rationalisierung der Produktion die räumliche Trennung der Hauptbetriebe Manometerbau und Schwerer Armaturenbau. Der 1897 zum Kgl. Kommerzienrat ernannte A. forcierte den weltweiten Export der Erzeugnisse und festigte den Weltruf des Unternehmens. Neben seiner beruflichen Tätigkeit war A. auch kommunalpolitisch tätig, so ab 1874 als Stadtverordneter und später bis 1877 als Stadtrat in Buckau. 1893 wurde der später zum Stadtältesten ernannte A. Stadtrat in Magdeburg; auf diesen Posten hatte er bei der Eingemeindung Buckaus 1887 aus beruflichen Gründen zunächst freiwillig verzichtet. Neben der Ausübung zahlreicher Ehrenämter im Dienste der städtischen Verwaltung engagierte sich A. für die Interessen der Magdeburger Kaufleute. Seit 1873 Mitglied der *Magdeburger Korporation der Kaufmannschaft* bzw. der *Magdeburger Handelskammer* (1899), war A. zunächst (1901/02) deren Dritter und von 1904 bis 1915 unter → Wilhelm Zuckschwerdt zweiter Vorsteher. Im Sommer 1907 erhielt er den Titel eines Geh. Kommerzienrates.

L: → Martin Behrend, Magdeburger Großkaufleute, 1906, *11, 106–108, 160* (***B***); → Hans Leonhard, Denkschrift zum hundertjährigen Jubiläum der IHK Magdeburg, 1925, *63, 80–82*. – **B:** *LHASA.

Horst-Günther Heinicke

Artelt, Karl
geb. 31.12.1890 Magdeburg, gest. 28.09.1981 Halle, Maschinenschlosser, Parteifunktionär, Kaufmann.

Der Sohn eines Maschinisten in Magdeburg-Salbke erlernte 1904–08 bei der Fa. *Wolf* in Magdeburg-Buckau den Beruf eines Maschinenschlossers. 1908 trat er der SPD bei. Als Matrose des dt. Ostasiengeschwaders von 1911–13 wurde A. Augenzeuge der bürgerlichen Revolution in China. Bei Ausbruch des I. WK wurde er nach Kiel als Maschinenbauer in die *Germania-Werft* abkommandiert. An der Spitze einer Streikleitung forderte er 1917 vor vierzigtausend Menschen auf dem Kieler Wilhelmsplatz eine bessere Versorgung. Nach Erfüllung der Forderungen wurde A. von einem ao. Kriegsgericht zu sechs Monaten Festungshaft (bis Ende 1917) in Groß-Strehlitz/Oberschlesien verurteilt. Dort schloß er sich sehr eng einer Gruppe belgischer und franz. Journalisten und Politiker an. Am 03.11.1918 rief A. in Kiel vor achtzigtausend Menschen zur Beendigung aller Kriegshandlungen auf. Am Morgen des 04.11.1918 wurde A. in der Kaserne der Torpedobootdivision zu Kiel zum Vors. des ersten Arbeiter- und Soldatenrates in Dtl. gewählt. In dieser Funktion überbrachte er in einem Pkw mit roter Fahne dem kaiserlichen Gouverneur von Kiel, Admiral Wilhelm Souchon, die revolutionären Forderungen. Am 05.11.1918 erfolgte seine Wahl zum ersten Vors. des Obersten Soldatenrates der Ostseestation Kiel. Schon bald aber geriet er mit Gustav Noske in Konflikt über die weitere politische Entwicklung in Kiel und im Reich (Räterepublik oder parlamentarische Demokratie). So stellte er die Vertrauensfrage, die er mit wenigen Stimmen gegen den neuen Gouverneur von Kiel und späteren Reichswehrminister Noske verlor. Nach seiner Rückkehr nach Magdeburg gehörte A. im Februar 1919 zu den Mitbegründern des Ortsverbandes der KPD. Beim Einmarsch General Georg Maerckers in Magdeburg im April 1919 hielt A. auf dem Domplatz eine Rede zur Sicherung der demokratischen Rechte. Nach diesen Ereignissen floh A. und tauchte, anfangs unter falschem Namen, in Nebra/Unstrut unter. Zwischen 1920 und 1923 nahm er u. a. an der Abwehr des Kapp-Putsches sowie an den Märzkämpfen 1921 in Mitteldtl. teil. Auf Empfehlung Wilhelm Piecks, den A. 1919 in Leipzig kennenlernte, fungierte er als Bez.-Sekretär der KPD in Bielefeld, Zwickau und Kassel. Mitte der 1920er Jahre erfolgte dann sein Rückzug aus dem politischen Leben. Er wurde Handelsvertreter und arbeitete später bis 1945 als Kaufmann in Nebra. Als einer der Initiatoren der Vereinigung von KPD und SPD zur SED im Kreis Querfurt wurde A. dort 1. Sekretär. In den 1960/70er Jahren referierte der inzwischen hoch dekorierte A. in Betrieben, Schulen etc. über seine bewegte revolutionäre Vergangenheit in Kiel und Mitteldtl.

W: Lothar Popp, Ursprung und Entwicklung der November-Revolution 1918. Wie die dt. Republik entstand, 1918 (mit K. A.). – **L:** Familienunterlagen Karl A., Magdeburg (priv.). – **B:** *ebd.

Karl Artelt

Ascherson, *Paul* Friedrich August, Prof. Dr. med., Dr. phil. h.c.
geb. 04.06.1834 Berlin, gest. 06.03.1913 Berlin, Botaniker.

Der Sohn des Geh. Sanitätsrates Ferdinand Moritz A. studierte an der Univ. Berlin ab 1850 Med., interessierte sich aber zunehmend für Botanik und wurde 1855 mit einer Diss. über die Pflanzengeographie der Mark Brandenburg zum Dr. med. prom. Er war ab 1860 Assistent am Berliner Botanischen Garten, ab 1865 auch am dortigen Kgl. Herbarium, habil. sich 1863 für spezielle Botanik und Pflanzengeographie und wurde 1873 zum ao. Prof. an der Berliner Univ. ernannt. 1873–74 begleitete er Gerhard Rohlfs auf der Expedition in die Libysche Wüste. Nach 1876 führte er weitere Expeditionen nach Afrika durch und veröffentlichte grundlegende Werke über die Flora Afrikas und anderer Länder. Seit Ende der 1850er Jahre botanisierte A. auch des öfteren im Gebiet der Provinz Sachsen. Gemeinsam mit den hier tätigen Botanikern → Ludwig Schneider und → Gustav Maass, mit denen er eng befreundet war, unternahm er mehrfach ausgedehnte Exkursionen zur Erkundung der regionalen Flora, insbesondere des Mittelelbegebietes und des Flechtinger Höhenzuges. Mit den Genannten nahm er auch an der Gründungsveranstaltung des *Aller-Vereins* in Walbeck am 03.11.1866 teil. A. würdigte in einem umfangreichen Nachruf das Lebenswerk Schneiders (s.u.) und veröffentlichte anläßlich des 25jährigen Stiftungsfestes des *Naturwiss. Vereins Magdeburg* 1894 seinen „Nachtrag zu L. Schneiders Flora von Magdeburg". In den 1890er Jahren botanisierte A. u. a. im Jerichower Land und im Vorharzgebiet gemeinsam mit Paul Graebner, mit dem er auch seine grundlegenden Werke über die mitteleuropäische Flora herausgab. A.s Bedeutung liegt u. a. darin, daß er vorhandene „Lokalfloren-Werke" (Beschreibungen der Pflanzenarten bzw. -gesellschaften eines begrenzten Gebietes) unter Einbeziehung eigener Feldbeobachtungen zu systematisch neu geordneten Darstellungen der Pflanzenwelt eines größeren Territoriums zusammenfaßte. Seine entsprechenden Veröffentlichungen sind auch im Kulturraum Magdeburg noch heute ein wichtiger Bezugspunkt der botanisch-floristischen Forschung. A. war nicht nur Botaniker, sondern auch Historiker, Ethnograph und Sprachforscher. Die Univ. Rostock verlieh ihm die phil. Ehrendoktorwürde.

W: Studiorum phytogeographicorum de Marchia Brandenburgensis specimen, Diss. Berlin 1855; Verz. der Phanerogamen und Gefäßkryptogamen, welche im Umkreis von fünf Meilen um Magdeburg bisher beobachtet worden sind, 1859; Flora der Provinz Brandenburg, der Altmark und des Hzths Magdeburg, 1864; Ludwig Schneider, in: Verhandlungen des Botanischen Vereins der Provinz Brandenburg 31, 1890, *XLIII-L*; Flora des nordostdt. Flachlandes, ²1899 (mit Paul Graebner); Synopsis der mitteleuropäischen Flora, 1894ff. (mit Paul Graebner). – **L:** NDB 1, *412*; Fs. zur Feier des 25jährigen Stiftungsfestes des Naturwiss. Vereins Magdeburg, 1894; Ignatz Urban/Paul Graebner (Hg.), Fs. zur Feier des 70. Geb. des Herrn Prof. Dr. P.A., verfaßt von Freunden und Schülern, 1904 (*W, B*).

Hermann Grünzel

Aßmann, Richard, Prof. Dr. med., Dr. phil.
geb. 13.04.1845 Magdeburg, gest. 28.05.1918 Gießen, Mediziner, Meteorologe.

Trotz großen Interesses für die Wetterkunde während seiner Schulzeit am Magdeburger Domgymn. studierte A., Sohn eines Lederfabrikanten, ab 1865 zunächst Med. an der Berliner Univ., wo er 1868 prom. Nach seinem med. Staatsexamen war A. von 1870 bis 1879 als praktischer Arzt in Freienwalde/Oder tätig, widmete sich dort weiterhin der Meteorologie und richtete ein Privat-Observatorium ein. 1879 wechselte A. als praktischer Arzt nach Magdeburg. Dort fand er in dem Druckereibesitzer und Zeitungsverleger → Alexander Faber einen Förderer seiner wiss. Interessen und gründete mit diesem am 29.10.1880 das Meteorologische Inst. der *Magdeburgischen Ztg.*, dessen erster Vorsteher er wurde. Bereits am 12.12.1880 veröffentlichte A. in der *Magdeburgischen Ztg.* die erste Zeitungswetterkarte Dtls. In Magdeburg gründete er 1881 einen *Verein für landwirtsch. Wetterkunde*, 1882 die *Monatszs. für praktische Wetterkunde* und 1884 die populärmeteorologische Monatszs. *Das Wetter*, die er bis 1918 herausgab. 1885 schloß A. ein Zweitstudium an der phil. Fakultät der Univ. Halle mit der Prom. ab, war hier zunächst als Privatdoz. tätig und wurde 1886 als wiss. Oberbeamter am Kgl. Meteorologischen Inst.

in Berlin-Grünau angestellt. Ab 1888 hielt er Vorlesungen über Klimatologie an der Univ. Berlin. Zur Erforschung der Atmosphäre wurde auf sein Drängen hin 1889 das Aeronautische Observatorium Reinickendorf bei Berlin, später Lindenberg bei Beeskow, errichtet, das er bis 1914 leitete. Dort entwickelte er 1892 das nach ihm benannte Aspirationspsychrometer, ein Instrument zur Messung der Temperatur und der Feuchte der Luft unter Ausschluß der Strahlung. Mit Hilfe eines Gummiballons, den er mit Instrumenten bestückte, entdeckte er 1902 zeitgleich mit Léon Teisserenc de Bort die Temperaturkonstanz oberhalb 11 km (Stratosphäre). A. schied als Geh. Regierungsrat 1914 aus dem Amt und lehrte bis zu seinem Tode als Honorarprof. an der Univ. Gießen. Er wirkte für die Popularisierung der Wetterkunde, förderte die wiss. Aeronautik und gilt als Mitbegründer der Aerologie.

W: Aufruf zur Bildung eines Vereins für landwirtsch. Wetterkunde, 1881; Das Klima von Magdeburg, in: Fs. Dt. Naturforscher und Ärzte, 1884; Die Gewitter in Mitteldtl., Diss. Halle 1885; Wiss. Luftfahrten (3 Bde), 1899–1900 (mit Arthur Berson); Die Winde in Dtl., 1910. – **L:** NDB 1, *420*; Richard Wrede (Hg.), Das geistige Berlin, Bd. 3, 1898; Johann C. Poggendorff, Biogr.-lit. Handwörterbuch, Bd. IV/1, 1904 und V/1, 1925 (*W*); A. Peppler, Nachruf, in: Das Wetter 35, *70–79*; K. Keil, Zum 25. Todestage R. A.s, in: Zs. für Angewandte Meteorologie/Das Wetter 60, H. 6, 1943, *182ff.*; Handwörterbuch der Meteorologie, 1950, *43*; Lothar Rassow, 75 Jahre Wetterstation Magdeburg, in: Zs. für Meteorologie, Bd. 9, H. 11/12, 1955, *322ff.* – **B:** *StadtA Magdeburg.

Willi Willmann

Aston, *Louise* **Franziska,** geb. Hoche, verh. Meier
geb. 26.11.1814 Gröningen, gest. 21.12.1871 Wangen/Allgäu,
Frauenrechtlerin, Schriftstellerin.

Die jüngste Tochter des Gröninger Superintendenten → Johann Gottfried Hoche wurde im Elternhaus durch den Vater und Privatlehrer sorgfältig erzogen und besonders durch die Mutter in ihren musikalischen und lit. Interessen befördert. 1835 heiratete sie den mehr als 20 Jahre älteren englischen Maschinenfabrikanten → Samuel A., mit dem sie in Magdeburg und Burg lebte. Die problematische Ehe wurde Ende 1838 geschieden. A. hielt sich danach mit ihrer Tochter im Harz, in kleineren Orten Anhalts und in Berlin auf. Im September 1841 zur erneuten Eheschließung mit Samuel A. überredet, führten unüberbrückbare Gegensätze 1844 zur endgültigen Trennung. Nach kurzem Aufenthalt in Magdeburg siedelte A. 1845 mit ihrer zweiten Tochter Jenny Louise nach Berlin über, um dort den „litterarischen Beruf" zu ergreifen. Dort schloß sie sich der Vereinigung revolutionärer Demokraten *Die Freien* um die Junghegelianer Bruno und Edgar Bauer sowie Max Stirner an, die bald zum engeren Freundeskreis A.s zählten, diese mit ihren programmatischen Vorstellungen der absoluten Emanzipation des Individuums wesentlich beeinflußten und auch mit den Ideen des Saint-Simonismus bekannt machten. Nach dem Vorbild der franz. Schriftstellerin George Sand trat A. in ihren zwischen 1846 und 1849 entstandenen Romanen und Gedichten entschieden für die geistige, emotionale und soziale Emanzipation der Frau ein. Ihre zentrale Forderung nach einem auf der „Freiheit des Gefühls" fußenden „Recht der freien Persönlichkeit", das sie, durch eigene Erfahrungen motiviert, auch und besonders als Gleichberechtigung in Liebe und Ehe einforderte, verknüpfte sie mit sozialutopischen Vorstellungen und unterstützte in Berlin revolutionäre Bestrebungen. Durch ihren unkonventionellen Lebensstil und ihre freimütig geäußerten gesellschaftskritischen Ansichten geriet sie bereits Mitte 1846 in Konflikt mit den Regierungsbehörden, in dessen Folge sie aus der Stadt verwiesen wurde. Ihre Schrift „Meine Emanzipation, Verweisung und Rechtfertigung" (1846), in der sie ihre eigene gesellschaftliche Stellung präzise reflektiert, gilt als „der erste dt. feministische Beitrag zur Verteidigung der Frauenrechte" (Möhrmann, 1977). Nach der Ausweisung aus Berlin lebte sie zunächst in Köpenick, den größten Teil des Jahres 1847 in der Schweiz. Im März 1848 nahm sie an den Berliner Straßenkämpfen teil und zog danach mit den Berliner Freiwilligen als Krankenpflegerin nach Schleswig in den dt.-dänischen Krieg. Ende 1848 nach Berlin zurückgekehrt, gab sie im November/Dezember 1848 die politisch-satirische Zs. *Der Freischärler. Für Kunst und sociales Leben* heraus, nach deren Verbot sie erneut ausgewiesen wurde. Versuche, in Hamburg, Leipzig, Breslau und anderen Orten Fuß zu fassen, schlugen ebenfalls fehl. Nach einem Kuraufenthalt im franz. Seebad Trouville zog A. nach Bremen, wo sie 1850 den Arzt Daniel Eduard Meier heiratete und das Bürgerrecht erwarb. Obgleich ständig überwacht, stand A. auch in Bremen dem *Demokratischen Verein* und dessen Ehrenmitglied → Rudolph Dulon nahe und hielt Kontakt zu Mitgliedern des *Central-Comité für europäische Demokratie* (ab 1851 illegal). Nachdem ihr Ehemann aufgrund seiner Verbindung mit A. 1855 seine Stellung am Städtischen Krankenhaus verloren hatte und in russische Dienste getreten war, folgte A. ihm auf seinen beruflichen Wegen u. a. nach Sigarowa bei Charkow (1855), Kronstadt/Siebenbürgen (1858), Unter-Waltersdorf bei Wien (1862), Klagenfurt (1864) und Wangen im Allgäu (1871), trat jedoch nicht mehr als Schriftstellerin hervor.

W: Wilde Rosen. Zwölf Gedichte, 1846; Aus dem Leben einer Frau, 1847; Lydia, 1848; Freischärler-Reminiscenzen. Zwölf Gedichte, 1849; Revolution und Contrerevolution (2 Bde), 1849. – **L:** ADB 52, *294–296*; NDB 1, *423*; Franz Brümmer, Dt. Dichterlex., Bd. 2, 1877; Simone

Barck u. a. (Hg.), Lex. der soz. Lit., 1994, *40f.* (*B*); Marilyn Eschinger Carico, The Life and Works of L. A.-Meier, Diss. Tennessee 1977; Renate Möhrmann, Die andere Frau. Emanzipationsansätze dt. Schriftstellerinnen im Vorfeld der Achtundvierziger-Revolution, 1977; Germaine Goetzinger (Hg.), Für die Selbstverwirklichung der Frau. L. A. in Selbstzeugnissen und Dokumenten, 1983; Barbara Wimmer, Die Vormärzschriftstellerin L. A. Selbst- und Zeiterfahrung, Diss. Düsseldorf 1993 (*L*). – **B**: *Literaturhaus Magdeburg.

Guido Heinrich

Aston, Samuel
geb. 14.(18.?).02.1792 Pennydarren/Süd-Wales (oder Newport), gest. 29.10.1848 Burg, Mechaniker, Maschinenbauer, Unternehmer.

A. erlernte in Pennydarren den Beruf eines Mechanikers. Nach 1815 wanderte er mit seinem Bruder Georg und seiner Schwester Fanny von Wales nach Magdeburg aus. Dazu soll ihn → Gottlob Nathusius während einer Englandreise 1815/16 bewogen haben, bei der Nathusius englische Fachleute für seine Maschinenfabrik und Eisengießerei in Hundisburg bei Althaldensleben anwarb. Im Zeitraum 1818/23 war A. in den Fabriken von Nathusius tätig und vertrat hier anfänglich englische Unternehmen, die Maschinen für Zuckerfabriken herstellten. 1818 war A. in Magdeburg als Mechaniker und Erbauer einer Dampfmaschine, der „Wasserkunst Magdeburg", bekannt geworden, erhielt 1823 das Bürgerrecht in Magdeburg und wurde Mitglied der hiesigen Kaufmannschaft. Im gleichen Jahr eröffneten die Brüder A. in Magdeburg eine mechanische Werkstatt am Knochenhauerufer 19, die sich 1829 am Trönsberg (Thränsberg) 48 zur *Maschinenfabrik und Eisengießerei Gebr. A. & Co.* entwickelte, nachdem A.s Bruder Georg, Gießereifachmann, als Teilhaber in die Fa. eingetreten war. Zuvor hatte dieser in Zorge/Harz, zeitweilig mit A., nach Eisenerz geschürft. Das Unternehmen war eine der ersten Maschinenfabriken in Magdeburg und stellte Betriebs-Dampfmaschinen (Export bis nach Böhmen), hydraulische Pressen, Pumpen sowie Maschinen und Apparate für die Zuckerindustrie her. 1834 starb der Bruder. A. heiratete 1835 die spätere Schriftstellerin und Frauenrechtlerin → Louise A., diese Ehe wurde 1838 wieder geschieden. 1840 verkaufte A. das Magdeburger Unternehmen an die Gräfliche Fam. Heinrich von Stolberg-Wernigerode, die → Lorenz Schöttler mit dessen technischer Leitung beauftragte, und siedelte sich in Burg an, wo er seit 1836 Grundbesitz hatte. An Stelle der alten Ölmühle am Vogelgesang errichtete er eine moderne Maschinenfabrik mit einer in Burg erstmalig aufgestellten Dampfmaschine von 27 PS, die auch mit dem Wasserrad der ehemaligen Mühle zu betreiben war. Nach anfänglich hölzernen Maschinen wurden in eigener Gießerei eiserne Maschinen hergestellt. 1844 wurde zusätzlich die Produktion von Orleans und anderen Stoffen in seiner in Preußen erstmals mit eisernen mechanischen Webstühlen ausgerüsteten und dampfbetriebenen Weberei aufgenommen. A. wurde 1846 als Besitzer der *Maschinen- und Orleansfabrik* genannt. Er starb an Cholera. Seine Schwester Fanny und sein Sohn Georg führten die Fa. weiter, die nach dem Verkauf noch bis ins 20. Jh. als *A.sche Maschinenfabrik* firmierte. Die *Schadsmühle* in Drewitz bei Burg produziert noch heute mit einem 1897 hergestellten, wasserradgetriebenen Horizontal-Sägegatter der Fa. *S. A. Burg*.

L: Gerhard Mittendorf, Einer der erfolgreichsten Burger Unternehmer stammte aus Südwales, in: Volksstimme Burg vom 14.08.1996; Martin Wiehle, Altmark-Persönlichkeiten, 1999, *16f.*; Magdeburger Adreßbücher 1826–1909; Slg. Manfred Beckert, Magdeburg (priv.); Slg. Walter Wehner, Iserlohn (priv.); Slg. Axel Thiem, Burg (priv.); Slg. Konrad Pusch, Magdeburg (priv.).

Konrad Pusch/Axel Thiem

Aufderbeck, Hugo
geb. 23.03.1909 Hellefeld/Westfalen, gest. 17.01.1981 Erfurt, kath. Theologe, Bischof.

A. studierte in Paderborn, Wien und München. Nach der Priesterweihe 1936 in Paderborn begann er als Religionslehrer am Lyzeum Aloysianum zu Gelsenkirchen ein Lehramtsstudium an der Univ. Münster. Als das Aloysianum 1938 unter dem Druck ns. Stellen schließen mußte, kam A. als Vikar (Propstei) und Studentenseelsorger nach Halle. Lange vor der Liturgiereform des II. Vatikanischen Konzils machte er sich hier um die Erneuerung des Gottesdienstes verdient. Den geistigen Herausforderungen des Ns. begegnete er durch eine entsprechende Bildungsarbeit mit Jugendlichen und Studenten sowie durch einen aktiven (illegalen) Soldatenkreis am Garnisonsstandort Halle, was ihm mehrfach Haussuchungen und Verhöre der Gestapo einbrachte. A. unterhielt Kontakte zum Widerstandskreis um die Prof. Theodor Lieser und Walter Hülse. Als Lieser 1945 unter der amerikanischen Besatzung Oberbürgermeister von Halle wurde, war A. in die demokratischen Aufbrüche – u. a. beim Beirat für die öffentliche Jugendhilfe und bei der Verbindungsstelle FDJ/kirchliche Jugendarbeit – eingebunden. Nach Verhaftung Liesers durch die russische Besatzung verhalf A. ihm 1946 zur Flucht. 1948 wurde A. durch → Wilhelm Weskamm mit Aufbau und Leitung des Seelsorgeamtes für das Erzbischöfliche Kommissariat Magdeburg betraut. Angesichts der sich schnell verfestigenden staatl. Teilung Dtls bemühte er sich in enger

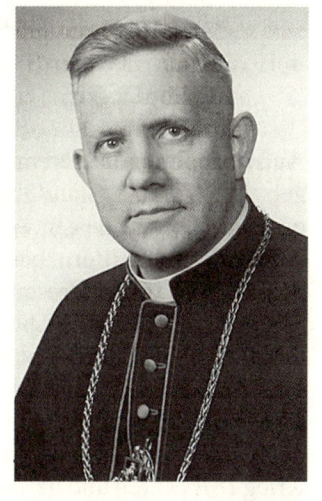

Zusammenarbeit mit Weskamm und dessen Nachfolger → Friedrich Maria Rintelen um eigene kirchliche Strukturen und pastorale Konzepte (vgl. → Martin Fritz) und gewann so über seinen engeren Amtsbereich hinaus Bedeutung für die kath. Kirche in der DDR. Er entfaltete vor allem im Konrad-Martin-Bildungshaus in Bad Kösen eine intensive Bildungsarbeit für Priester und Laien und stellte umfangreiche Materialien für die Seelsorgearbeit zur Verfügung. Die von A. geleitete Arbeitsgemeinschaft der Seelsorgeamtsleiter für das Gebiet der SBZ/DDR war ein wichtiges Instrument der Berliner Ordinarienkonferenz. Aus pastoraltheol. Sicht sind A.s Bemühungen um die liturgische Erneuerung, um die priesterlosen Gottesdienste auf den Außenstationen und um die „Zurüstung" von Priestern und Gläubigen für die Auseinandersetzung mit dem Dialektischen und Hist. Materialismus hervorzuheben. 1962 wurde A. Weihbischof in Erfurt.

W: Diasporaseelsorge, in: Lex. für Theol. und Kirche, Bd. 3, ²1959, *347f.*; Die Stunde der Kirche, o. J. (1961); Walter Hentrich (Hg.), Das gemeinsame Werk, 1969; Elfriede Kiel u. a. (Hg.), Volk Gottes auf dem Weg, 1979, ²1981 (***B***); Predigten, in: Josef Pilvousek (Hg.), Kirchliches Leben im totalitären Staat, 1994, *271–372*. – **N:** Bistums-Archiv Erfurt; Familienarchiv A., Hellefeld (priv.). – **L:** Helga Mondschein, Bischof H. A. Lebenszeugnis, 1996 (***B***); Vf., H. A. (1909–81), in: Theol. und Glaube 88, 1998, *145–169*. – **B:** *ZBOM; Bistums-Archiv Erfurt.

Clemens Brodkorb

Aufrecht, Emanuel, Dr. med.
geb. 13.03.1844 Loslau/Oberschlesien, gest. 20.02.1933 Leobschütz/Oberschlesien, Arzt.

A., Sohn jüd. Eltern, besuchte das Gymn. in Ratibor und studierte anfangs in Breslau, dann in Berlin Med. Hier prom. er 1866 bei Rudolf Virchow über Eingeweidesyphilis und erwarb 1867 die Approbation als Arzt. Unterbrochen von seiner Militärdienstzeit war er anschließend bis 1870 Assistent von → Karl Gottlieb Ludwig Schneider in Magdeburg am Krankenhaus Altstadt, nahm mit EK-Auszeichnung am Krieg 1870/71 teil und ließ sich in Magdeburg in eigener Praxis nieder. 1879 wurde er zum Leitenden Arzt der Med. Klinik des Krankenhauses Altstadt gewählt und blieb in dieser Stellung bis Ende 1905, seit 1893 auch als Ärztlicher Dir. des Krankenhauses. Danach praktizierte A. wieder privat bis 1914 in Magdeburg, bis 1918 in Berlin und seit 1919 in Leobschütz. Als Facharzt für Innere Med. galt A. als Spezialist für Nierenkrankheiten, befaßte sich aber auch, z.T. experimentell, mit der Behandlung der Lungentuberkulose und förderte vor allem die Heilstättenbewegung, z. B. die Gründung der Heilstätten Lostau und Vogelsang. A. nahm großen Einfluß auf die bauliche Ausgestaltung des Krankenhauses Altstadt und auf die Planung des Sudenburger Krankenhauses. Er bemühte sich aber auch sehr um die Anhebung des Niveaus der Krankenpflege, so als Lehrbuchautor und als Lehrer, u. a. am Rotkreuzmutterhaus Kahlenbergstiftung, sowie 1903 als Gründer des *Vereins Magdeburger Schwestern.* Seit 1869 Mitglied der *Med. Ges. zu Magdeburg,* wählte ihn diese 1914 zum Ehrenmitglied.

W: Ueber das Magdeburger Krankenhaus, in: → Hermann Rosenthal (Hg.), Fs. für die Mitglieder und Theilnehmer der 57. Verslg. Dt. Naturforscher und Aerzte, 1884, *305–318*; Die Lungenentzündungen, 1897; Zur Verhütung und Heilung der chronischen Lungentuberkulose, 1898; Anleitung zur Krankenpflege, 1898. – **L:** August Hirsch (Hg.), Biogr. Lex. der hervorragenden Ärzte aller Zeiten und Völker (vor 1880), Bd. 1, 1884, *244*; Julius Pagel (Hg.), Biogr. Lex. hervorragender Ärzte des 19. Jhs, 1901, *60*; → Rudolf Habs, Gesch. der Med. Ges. in Magdeburg, gegründet am 29. März 1848. Eine Festgabe zu ihrem 80jährigen Bestehen, 1928, *15–22*; Manfred Bäse, Die Tuberkulose und ihre Bekämpfung in Magdeburg, Diss. Magdeburg 1963; Vf., A., E., in: Biogr. Lex. zur Pflegegesch., 1997, *7*. – **B:** Slg. Vf., Qualzow (priv.).

Horst-Peter Wolff

August, Otto *Oskar*, Dr. rer. nat.
geb. 21.08.1911 Dobrzyca/Posen, gest. 24.07.1985 Elsterwerda, Geograph.

Der Sohn des Postschaffners Albert A. besuchte nach der Mittelschule in Nordhausen die Dt. Aufbauschule in Sondershausen (Abitur 1931), studierte 1931–35 Geographie, Geologie, Physik und Chemie in Halle und prom. dort 1941. Von 1937 bis 1947 war er, mit kriegsbedingten Unterbrechungen, Hilfsassistent am Geographischen Seminar der Univ. Halle. Darauf folgten Assistenten- bzw. Oberassistentenstellen in Halle (1948–54), am Geographischen Inst. der Univ. Leipzig (1954–60) und am Inst. für Vor- und Frühgesch. an der Dt. Akad. der Wiss. zu Berlin (1960–72). Wesentlichen Einfluß auf die wiss. Entwicklung A.s übte der Nestor der Siedlungsgeographie Otto Schlüter in Halle aus. Neben seiner Lehrtätigkeit beschäftigte sich A. vorzugsweise mit siedlungs- und hist.-geographischen Themen. Besonders wichtig für den Raum Magdeburg wurde der „Atlas des Saale- und mittleren Elbegebietes" (3 Teile, 1958–61), den A. gemeinsam mit Schlüter herausgab und in dem er mehrere Bll. selbst bearbeitete, u. a. das Bl. 29 Magdeburg (zusammen mit Hans-Joachim Mrusek und Friedrich Schlette). Dieser Atlas ist eine der wichtigsten Grundlagen für die gesch. Landeskunde unseres Gebietes.

W: s o. – **N:** Kreismus. Bad Liebenwerda; Heimatmus. Luckau; Landesamt für Archäologie Sa.-Anh. in Halle. – **L:** Nachruf, in: Informationen Nr. 26 – Arbeitskreis für genetische Siedlungsforschung in Mitteleuropa (28.11.1985); Geographische Berichte 122, H. 1, 1987, *66f.* – **B:** *Ruth A., Döllingen (priv.).

Lothar Gumpert

Ausfeld, Heinrich *Eduard*, Dr. phil.
geb. 27.05.1850 Schnepfenthal bei Gotha, gest. 04.04.1906 Magdeburg, Archivar.

Nach dem Abitur in Neubrandenburg studierte A. Gesch. und dt. Sprache in Berlin, Bonn, Freiburg/Breisgau und Marburg. Hier prom. er 1880 zum Dr. phil. und begann wenig später zunächst für drei Monate probeweise und ohne Gehalt als Hilfsarbeiter bei dem StA zu Idstein in der Provinz Hessen-Nassau seine Laufbahn in der preuß. Archivverwaltung. Dort nahm er 1881 an der Verlegung des Archivs nach Wiesbaden teil. Ende 1881 wurde er zum Archivassistenten und 1885 zum Archivar zweiter Klasse befördert. Seit 1892 war er im StA in Koblenz tätig. 1897 wurde er an das StA in Magdeburg versetzt und zum Archivar ernannt. 1898 bestellte der König von Preußen ihn zum Staatsarchivar und übertrug ihm als Nachfolger von → George Adalbert von Mülverstedt die Archivvorsteherstelle. Nach dem Umbau des seit 1823 als StA genutzten Remters bzw. Sepulturs am Dom oblag ihm ab Juli 1898 die Einrichtung und Unterbringung des Archivs in den neuen Räumen des Remters. A. war ein moderner, dem Fortschritt zugewandter Archivar. Über das herkömmliche Interesse an Urkunden und Akten der weiter zurück liegenden Zeiten hinaus besaß er einen Blick für das Industriezeitalter und erkannte die Bedeutung der Gesch. des Handwerks, der Land- und Forstwirtschaft sowie des Mühlen- und Fabrikwesens für die umfassende Überlieferungsbildung. Ihm ging es nicht nur um die Archivierung und Erforschung der großen und bedeutenden Ereignisse, sondern auch der kleinen bürgerlichen Verhältnisse. Um das Geschichtsbewußtsein in der Öffentlichkeit zu stärken und einem Überlieferungsverlust entgegenzuwirken, setzte er sich besonders für die Erfassung, Bestandsinventarisierung und Benutzbarmachung der nichtstaatl. Archive in der Provinz Sachsen ein. Er warb bei den Stadtverwaltungen für die Einstellung von hauptamtlichen Archivaren und beseitigte die Raumnot des StA, indem unter seiner maßgeblichen Beteiligung die Entscheidung für den Neubau in der Augusta- bzw. Hegelstraße zustande kam. Nebenbei betätigte sich A. als Sachverständiger für Urkundenfälschung beim Landgericht Koblenz, für Lehens- und Patronatsrecht beim Landgericht Naumburg sowie als Schöffe des Magdeburger Schöffengerichtes. Er gehörte der *Hist. Kommission für die Provinz Sachsen und das Hzt. Anhalt,* dem Magdeburger *Geschichtsverein* und dem *Verein für Nassauische Altertumskunde und Gesch.* an.

W: Lambert von Hersfeld und der Zehntstreit zwischen Mainz, Hersfeld und Thüringen, 1880; Regesten zur Gesch. des Klosters Anrode bei Mühlhausen i. Th., 1906; Übersicht über die Bestände des StA zu Koblenz, 1903; Das Stadtarchiv zu Erfurt und seine neuesten Erwerbungen, 1905. – **B:** *LHASA.

Norbert Wehner

Autsch, Carl
geb. 15.02.1807 Magdeburg, gest. 05.02.1872 Magdeburg, Zinngießer.

Bereits zum Ende des 18. Jh. wurde es für die Zinngießer immer schwieriger, ihre Waren abzusetzen, da andere Materialien wie Porzellan, Fayence und Steingut das Zinn vom Markt verdrängten. Diese Tendenz setzte sich im 19. Jh. weiter fort. Während 1817 in Magdeburg noch sechs Zinngießer tätig waren, werden um die Mitte des 19. Jh. nur noch zwei genannt. Zu ihnen gehörte A., der seine Werkstatt mehrmals innerhalb der Altstadt Magdeburgs verlegte: 1840 Fettehennenstraße 2, 1841 Königshofstraße 6, 1846 Dreienbrezelstraße 4 und 1863 Tischlerbrücke 14. 1850 war A. wie → Simon Gottfried Schotte Gründungsmitglied der vereinigten Innung der Gelbgießer, Zinngießer, Gürtler, Nadler und Siebmacher zu Magdeburg, Sudenburg und Neustadt. Er arbeitete vielfach für die Maurerinnung, wovon Zunft- und Walzenkrüge Zeugnis ablegen.

W: Zunftkrug der Rade- u. Stellmacher, Zinn, dat. 1843; Walzenkrug, Zinn, dat. 1845; Zunftkrug der Magdeburger Maurerinnung, Zinn, dat. 1865 (alle KHMus. Magdeburg). – **L:** Vf., Magdeburger Zinngießer (Magdeburger Museumshefte 6), 1997, *55.*

Manfred Nehrkorn

Baade, *Friedrich* (*Fritz*) **Wilhelm Conrad,** Prof. Dr. rer. pol. geb. 23.01.1893 Neuruppin, gest. 15.05.1974 Kiel, Wirtschaftswissenschaftler, Politiker, Landwirt.

Nach dem Besuch des Gymn. in Schulpforta studierte B. klass. Philologie, Kunstgesch., Theol., Med. und Volkswirtschaft in Göttingen, Berlin, Heidelberg und Münster. Als Soldat 1914–18 im Felde, war er 1918/19 Vors. des Arbeiter- und Soldatenrates in Essen. Während seiner Tätigkeit als praktischer Landwirt 1919–25 prom. er. 1925–29 leitete er die Forschungsstelle für Wirtschaftspolitik von SPD und ADGB in Berlin, war 1927 Mitverfasser des Agrarprogramms der SPD. Ab 1929 versah er einflußreiche Aufgaben im Reichsernährungsministerium. 1930–33 vertrat B. den Wahlkreis Magdeburg-Anhalt im Reichstag. 1933 aus allen Ämtern entlassen, experimentierte er als Landwirt auf einer Havelinsel bei Kirchmöser und stand mit der Widerstandsgruppe Bruschke-Lehmann in Magdeburg in Verbindung. Auf Vermittlung der Notgemeinschaft dt. Wissenschaftler im Ausland fand er 1935 im türkischen Wirtschaftministerium eine Anstellung. 1946 versuchte B. in den USA die US-Dtl.-Politik und Demontageabsichten zu beeinflussen. Anfang 1948 ging er auf Wunsch Kurt Schumachers als Ordinarius für Wirtschafts- und Staatswiss. sowie als Dir. des Inst. für Weltwirtschaft nach Kiel. B. veröffentlichte über 200 wirtschaftswiss. Schriften. Seine Emeritierung erfolgte 1961. Dem Bundestag gehörte er 1949–65 an.

W: Weltwirtschaft, 1956; Weltenergiewirtschaft, 1958; Die dt. Landwirtschaft im Gemeinsamen Markt, 1958; (Hg.) Gegenwartsprobleme der Agrarökonomie. Fs. für F. B. zum 65. Geb., 1958 (*W*) (mit Anton Zottmann); Der Wettlauf zum Jahr 2000, 1960; ...denn sie wollen satt werden. Strategie des Weltkampfes gegen den Hunger, 1964; Dynamische Weltwirtschaft, 1969; Weltweiter Wohlstand, 1970. – **L:** Bio Hdb Emigr 1, *29*. – **B:** Reichstags Hdb, 1930, *527*.

Beatrix Herlemann

Bachmann, Hanns-Joachim
geb. 01.04.1934 Weferlingen, gest. 28.03.1999 Magdeburg, Maurer, Berufsfeuerwehrmann, Landesbranddir., Ministerialrat.

B. war ein Feuerwehrmann mit Leib und Seele. Mit dem Eintritt in die Freiwillige Feuerwehr Weferlingen 1948 hat er sich bereits sehr jung für eine ehrenamtliche Tätigkeit entschieden, die anderen Menschen Hilfe in Notsituationen brachte. Bald wurde daraus ein Beruf, der ihm zum Lebensinhalt wurde. Ob 1952 in seiner Tätigkeit in der Berufsfeuerwehr Magdeburg, ab 1960 in den Ausbildungseinrichtungen für Feuerwehrführungskräfte der DDR oder bei der Wahrnehmung verschiedenster Aufgaben im Brandschutz des Bez. Magdeburg (1975) – überall setzte er sich für den Aufbau und den Erhalt der freiwilligen Feuerwehren ein. Im wiedervereinten Dtl. hatte B. maßgeblichen Anteil an der Neuorganisation des Brand- und Katastrophenschutzes im Land Sa.-Anh. und an der Neugründung des *Landesfeuerwehrverbandes Sa.-Anh. e.V.*, der 1938 unter politischem Druck zwangsaufgelöst worden war und am 15.12.1990 in der Feuerwehrschule Heyrothsberge unter Mitwirkung von → Gerhard Beyer neu konstituiert wurde. Als Referatsleiter im Ministerium des Innern (1991) und Landesbranddir. (1992) engagierte sich B. für die Durchsetzung der Aufgaben im vorbeugenden und abwehrenden Brandschutz. Besondere Verdienste erwarb er sich bei der Neuorganisation der Brand- und Katastrophenschutzschule und des Inst. der Feuerwehren Sa.-Anh. in Heyrothsberge, die heute bundesweit etabliert und int. anerkannt sind. B. wurde für seine Verdienste mit dem Ehrenzeichen für hervorragende Leistungen im Brandschutz der DDR, dem Goldenen Brandschutzehrenzeichen als Steckkreuz des Landes Sa.-Anh. und dem Ehrenkreuz des *Dt. Feuerwehrverbandes* geehrt.

N: Landesfeuerwehrmus. Sa.-Anh., Stendal. – **L:** Nachruf, in: Zs. Feuerwehren in Sa.-Anh., Nr. 4, 1999, *1–3, 24f.* – **B:** *Ursula B., Magdeburg (priv.).

Michael Schneider

Bader, Paul (Ps.: Konrad Terbin)
geb. 13.02.1865 Altenkirchen/Rügen, gest. 04.04.1945 Greifswald, Journalist, Schriftsteller.

Nach dem Studium der Mathematik, Gesch., Lit. und Volkswirtschaft 1883–87 in Greifswald arbeitete B. als Redakteur in Frankfurt/Main, Neustadt a.d.H. und in Marburg. 1899 begann seine Tätigkeit an der Magdeburger *Volksstimme*, die er bis 1925 als Chefredakteur leitete und zu einer der führenden sozialdemokratischen Tagesztgg. in Dtl. machte. 1919 wurde er in die Nationalverslg. gewählt und vom Parteivorstand als Nachfolger Friedrich Stampfers an den *Vorwärts* geholt. Er kehrte jedoch nach kurzer Zeit an die *Volksstimme* zurück. 1924–33 gehörte B. dem Reichstag als Abgeordneter des Wahlkreises 10, Magdeburg, an. Er schrieb 1914 unter Ps. die auch auf großen Bühnen viel gespielte Tragödie aus der Zeit des Sozialistengesetzes „Das Gesetz", die 1921 am Magdeburger Wilhelmtheater uraufgeführt wurde. Nach 1933 weiter in Berlin lebend, hielt er Kontakt zu seinen Magdeburger und Berliner Genossen. Vor den Bombenangriffen flüchtete er nach Greifswald.

W: weitere Bühnenwerke: Astra, 1922; Strandräuber, o. J. (vermißt); Die versunkene Welt, o. J. (vermißt). – **L:** Reichstags Hdb, 1928, *278*; Cuno Horkenbach (Hg.), Das Dt. Reich, 1930, *635*; → Ernst Thape, Von Rot zu Schwarz-Rot-Gold, 1969, *351*. Simone Barck/Silvia Schlenstedt u. a. (Hg.), Lex. sozialistischer Lit., 1994, *43f.*; – **B:** Reichstags Hdb, 1928, *477*.

Beatrix Herlemann

Badewitz, Hermann
geb. 1830 Wolmirstedt, gest. 28.08.1907 Wolmirstedt, Privatier.

Über B.' Leben und Schaffen ist nichts bekannt. Es existiert ein Testament des Privatmanns, in dem er verfügt, daß sein Vermögen nach Abzug von Schenkungen und Überlassungen in eine zu gründende B.-Stiftung einfließen soll. Die Zinserträge des Stiftungskapitals wurden zweimal jährlich, am 23. Juli und 23. Dezember, an hiesige Ortsarme mit besonderer Berücksichtigung verschämter Armer verteilt. Es wurden Beträge zwischen 20 und 30 Mark gezahlt. Die Stiftung, die durch die Stadt Wolmirstedt ins Leben gerufen und betreut wurde, bestand von 1908 bis 1921.

L: Allg. Anzeiger für die Kreise Wolmirstedt und Neuhaldensleben, 1907; StadtA Wolmirstedt: Altbestand 121.

Otto Zeitke

Bährmann, Udo, Dr. rer. nat. h.c.
geb. 30.12.1893 Jerichow, gest. 02.04.1979 Lauchhammer, Ing., Ornithologe.

B. verlebte seine Schulzeit in Jerichow, ab 1908 absolvierte er eine Ausbildung zum Elektro- und Maschinenbauing. in Magdeburg. B. war ab 1915 bis zu seinem Ruhestand 1959 im Kohlerevier Lauchhammer tätig, zuletzt als Betriebsleiter der dortigen Brikettfabriken und Kraftwerke. Schon früh beschäftigte er sich mit der Ornithologie und der Präparation von Vogelbälgen unter Anleitung von → Johannes Lange, Jerichow, und Otto Kleinschmidt, Eichsfeld. Waren es zuerst faunistische Beobachtungen aus Jerichow und Umgebung, widmete er sich seit den 1930er Jahren Untersuchungen der Mauser und der individuellen und geographischen Variation bei Vögeln. Die Studien zur geographischen Rassenbildung der Vögel verkörpern noch heute hervorragende Traditionen dt. Ornithologie. Die Kenntnisse der mitteleuropäischen Vogelwelt führten B. zu morphologischen und taxonomischen Fragestellungen. Von 1913 bis 1979 publizierte er 97 ornithologische Arbeiten. Seine langjährige wiss. Tätigkeit wurde 1974 durch die Humboldt-Univ. Berlin mit der Verleihung des Dr. h.c. gewürdigt. Von 1915 bis 1979 war B. Mitglied der *Dt. Ornithologischen Ges.*

W: Ankunftsdaten einiger Vögel bei Jerichow (Prov. Sachsen) 1912, in: Ornithologische Monatsschrift H. 38, 1913; Ornithologische Beobachtungen aus der Umgebung von Jerichow, in: Ornithologisches Jb. XXV, H. 5 und 6, 1914, *170–182*; Ein Beitrag zur Biologie der Elster, in: Bonner Zoologische Beiträge, H. 3, 1952, *289–304*; Über die Mauser des europäischen Stars, in: Zoologische Abh. des Staatl. Mus. für Tierkunde Dresden, Bd. 27, 1964; Die Elster, 1968, ²1995. – **N:** Staatl. Mus. für Tierkunde Dresden. – **L:** Burchard Stephan, Verleihung der Ehrendoktorwürde an Ing. U. B., in: Der Falke, H. 3, 1975, *100–102* (**B**); Siegfried Eck, U. B. zum Gedenken, in: ebd., H. 10, 1979, *355* (**B**); Journal für Ornithologie 121, Sonderh. 4, 1980, *10f.*; Siegfried Eck, Kat. der ornithologischen Slg. Dr. U. B.s, in: Zoologische Abh. des Staatl. Mus. für Tierkunde Dresden, Bde 38–41, 1982–85; Die Vogelwelt von B. bis zur Gegenwart, hg. von der Lausitzer Bergbauverwaltungsges. Brieske, o. J.

Klaus-Joachim Kuhs

Baensch, Friedrich August *Emil*
geb. 08.09.1817 Magdeburg, gest. 12.06.1887 Magdeburg, Buchhändler, Zeitungsverleger.

B., Sohn des Kaufmannes und Druckereibesitzers → Heinrich Theodor Emanuel B., erlernte nach dem Schulbesuch den Buchhandel in der seit 1817 in Magdeburg ansässigen Fa. von Ferdinand Rubach und konditionierte danach bei → Eugen Fabricius in Magdeburg sowie bei Buchhandlungen in Ulm und München. Anfang 1841 gründete B. in Magdeburg eine Buch-, Kunst-, Musikalien- und Landkartenhandlung im Hause Breiter Weg 9. 1844 und 1847 verlegte er die Buchhandlung in größere Räumlichkeiten, zuletzt in das Haus Breiter Weg 180/Ecke Himmelreichstraße, und stattete die Einrichtung in einem für die damalige Zeit prächtigen, nicht unumstrittenen Rokokostil aus. Hier begann die eigentliche Blüte des Geschäftes, das Mitte der 1840er Jahre auch eine Zweigstelle in Aschersleben unterhielt. Neben dem Sortimentsbuchhandel entfaltete B. in den folgenden Jahren eine rege Verlagstätigkeit, die vor allem theol., militär- und naturwiss. sowie landwirtsch. Schriften von zumeist lokaler Bedeutung umfaßte. Bemerkenswert war auch der heimatkundliche Verlag mit topographisch-statistischen Übersichtswerken und der Stadtgesch. von → Friedrich Wilhelm Hoffmann. B. gab zudem zahlreiche Periodika heraus, von denen die *Zs. des Landwirthsch. Central-Vereins der Provinz Sachsen* (1844–95), der *Amtliche Magdeburger Anzeiger* (ab 1863) sowie die von konservativen Kreisen genutzte Tagesztg. *Magdeburger Correspondent* (1849–74) herausragen. Mit B.s Ernennung zum Preuß. Hofbuchhändler 1856 rückte die Fa. in die erste Reihe des Magdeburger Buchhandels auf. B. verkaufte die Buch- und Kunsthandlung 1873 an G. A. Glöckner, von dem sie 1875 → Carl Klotz erwarb, dessen Unternehmen zunächst weiter unter *E. B. Nachf.* firmierte. Ein Teil des Verlagsprogramms ging 1879 auf den Bruder → Wilhelm v. B. in Dresden über, während der Rest 1881 von Heinrich Bredow in Leipzig angekauft wurde. Der Zeitungsverlag wurde z.T. von seinem Neffen → Friedrich Robert Emanuel B. fortgeführt.

L: ADB 46, *205*; Wilhelm Stieda, Die Entwicklung des Buchhandels in Magdeburg, in: Magdeburgs Wirtschaftsleben in der Vergangenheit, Bd. 3, 1928, *423*; Georg Müller (Hg.), Der Sächsisch-Thüringische Buchhändler-Verband 1883–1933, 1933, *89*; Werner Wahle, 1841–1941. 100 Jahre Buchhandlung → Fritz Wahle Magdeburg, 1941.

Guido Heinrich

Baensch, Friedrich Robert *Emanuel*
geb. 13.03.1857 Magdeburg, gest. 11.09.1928 Magdeburg, Verleger, Druckereibesitzer, Kaufmann, Kommerzienrat.

Der Sohn des Druckereibesitzers Robert B. (→ Heinrich Theodor Emanuel B.) legte 1876 am Domgymn. in Magdeburg das Abitur ab, studierte kurzzeitig Rechts- und Staatswiss. in Bonn und Heidelberg und erlernte 1876/1877 das Buchdruckergeschäft in Hannover. Er bereiste zahlreiche Länder und verfügte über gute englische, franz. und holländische Sprachkenntnisse. Im März 1878 übernahm B. von der früh verwitweten Mutter die väterliche Druckerei *E. B. jun.* und gliederte ihr einen Verlag mit zumeist geschichtlichen und genealogischen Übersichtswerken sowie Urkundenbüchern (→ George Adalbert von Mülverstedt) an. In der Folgezeit baute er die Buch- und Kunstdruckerei in Magdeburg (Breiter Weg 19) zu einem modernen graphischen Großbetrieb aus, die 1878 durch eine Verlagsbuchhandlung, 1879 durch eine mechanisierte Buchbinderei und 1883 durch eine Schriftgießerei sowie ein Plakatinst. erweitert wurde. B. war technischen Neuerungen gegenüber aufgeschlossen und führte 1882 den Druck von Autotypien, 1890 den Dreifarbendruck und 1900 erste Setzmaschinen ein. Es folgten die Galvanoplastik, gegen 1900 der Rotations- und Lichtdruck, der Musikaliendruck und 1914 das Tiefdruck- und Offsetdruckverfahren. Wegen der Ausdehnung des Geschäftes wurde das Grundstück Bärstraße 8/9 hinzugekauft. Nach einem Neubau 1888 wurde hierher das Kontor verlegt. 1890 waren im Druckereibetrieb 180 Arbeiter und Angestellte beschäftigt. Die Fa. führte Arbeiten für Behörden, Gesellschaften, Unternehmen und Privatkunden aus, druckte und verlegte den *Magdeburger Anzeiger*, mehrere Amtsblätter, verschiedene Monats- und Wochenschriften sowie Fachpublikationen. 1910 wurde sein Sohn Robert Emanuel B. Teilhaber der väterlichen Fa. Weil dieser wie auch B.s Schwiegersohn im I. WK fielen, wurde die Fa. 1924 in eine Familien-Aktienges. umgewandelt. B. selbst übernahm den Vorsitz des Aufsichtsrates. Als Mitglied der Magdeburger *Handelskammer* und Vorstandsmitglied der *Innung der Buchdrucker* galt seine Fürsorge dem heimischen Gewerbe. Er vertrat zudem die Interessen des *Dt. Buchdruckervereins* in Magdeburg. B., der in Berufskreisen hohes Ansehen genoß, stand über Jahrzehnte im Mittelpunkt des sozialen, kommunalen und kulturellen Lebens Magdeburgs. 1888 begründete die Fa. für ihre Mitarbeiter eine Zuschußkasse für Kranken- und Sterbegelder, später eine Witwenkasse, und errichtete als eine der ersten in Dtl. 1903 ein Erholungsheim für die Belegschaft im Solebad Salzelmen bei Magdeburg. B. war Mitbegründer der Lungenheilstätte Lostau bei Magdeburg, Vors. des Kuratoriums von Bethanien und Vors. des *Provinzialvereins des Preuß.-Sächsischen Roten Kreuzes*. In dieser Eigenschaft gehörte er auch zu den maßgeblichen Förderern der freiwilligen Sanitätskolonnen dieser Vereinigung, der er seit seiner Jugend seine besondere Aufmerksamkeit und Arbeitskraft widmete. Als langjähriger Vors. des *Kreis-Krieger-Verbandes* (Amtsnachfolger von → Oskar von Hasselbach bis 1910) hatte B. maßgebenden Anteil am weiteren Ausbau des Kriegervereinswesens in der Region. Der politisch begabte und wegen seines Verhandlungsgeschicks und seiner Unparteilichkeit geschätzte B. war von 1894 bis 1919 Stadtverordneter, von 1907 bis 1919 Stadtverordnetenvorsteher in Magdeburg und von 1894 bis 1919 Abgeordneter im Landtag der Provinz Sachsen. Der Träger zahlreicher hoher Auszeichnungen wurde 1905 zum Kgl. Preuß. Kommerzienrat ernannt.

L: NDB 1, *521*; Georg Wenzel (Hg.), Dt. Wirtschaftsführer, 1929; Ruth Tamms, Erinnerungen an E. B., Privatdruck 1928 (*B*).

Guido Heinrich

Baensch, Heinrich Theodor *Emanuel*
geb. 30.10.1789 Quedlinburg, gest. 22.06.1864 Magdeburg, Kaufmann, Druckereibesitzer.

Ein Jahr nach dem frühen Verlust des Vaters, des Pastors und Kantors Heinrich B., begann B. 1802 eine Nadlerlehre in Quedlinburg, erhielt nach deren Abschluß 1807 eine erste Anstellung in Blankenburg und begab sich 1808–11 auf die Wanderschaft durch Dtl. und die Schweiz. Nachdem er dabei in den von franz. Truppen besetzten Gebieten mehrfach militärischen Rekrutierungsversuchen entgangen war, siedelte er sich Ende 1811 in Magdeburg an, wo sein älterer Bruder August B. seit 1808 ein eigenes Geschäft betrieb. B. eröffnete im April 1812 ein Bijouteriewarengeschäft auf dem Breiten Weg 37, das er bald zu Ansehen brachte. 1813 erhielt B. das Bürgerrecht der Stadt Magdeburg und erwarb 1820, nach umfangreicher Ausdehnung seiner Geschäftsbeziehungen, mit dem Haus Breiter Weg 40 größere Räumlichkeiten. Hier eröffnete er noch im selben Jahr ein Garn- und Tapisseriegeschäft en gros und en detail. 1826 wurde dem florierenden Unternehmen eine mit zwei Holzpressen arbeitende Buchdruckerei, die B. von seinem kinderlos verstorbenen Schwager Carl Strube übernahm, sowie ein kleiner Verlag angegliedert. 1833 veräußerte er seinen bisherigen Besitz, trennte sich von seinem Bijouterie- und dem Detail-Garn- und Tapisseriegeschäft und erwarb vom Großschiffer Friedrich Steger das Haus der ehemals Gräflich-Asseburgschen Fam. Breiter Weg 19 („Das weiße Roß"). 1839 richtete B. hier auch eine Steindruckerei ein, die sich auf die Herstellung von Behördendrucksachen spezialisierte und zudem einige Periodika wie die Tagesztg. *Magdeburger Correspondent* (ab 1849) druckte. B.s Unternehmungen wurden sehr erfolgreich von seinen Söhnen weitergeführt, die den Ruf der Fam. B. als einer Kaufmanns-, Buchdrucker- und Verlegerfam. von überregionalem Rang begründeten. Die Artikel seines Verlages gingen 1841 auf die von seinem Sohn → Emil B. im Breiten Weg 9 gegründete Verlagsbuchhandlung über, die bald zu den führenden Buchhandlungen der Stadt gehörte. 1848 erwarb B. den seit 1817 in Magdeburg bestehenden und nach 1835 in Berlin ansässigen Verlag des mit ihm befreundeten Ferdinand Rubach für seinen Sohn → Wilhelm B. und übergab die Geschäftsführung der eigenen Druckerei 1855 an seinen Sohn Robert B. (geb. 05.11.1829 Magdeburg, gest. 21.06.1863 Magdeburg), der die Fa. bis zu seinem frühen Tod leitete und als erster in einer Magdeburger Druckerei den Dampfbetrieb einführte. Nach 1863 wurde das Unternehmen von dessen Witwe Elise B. weitergeführt, bis sein Sohn → Friedrich Robert Emanuel B. 1878 diese übernahm und zu überregionaler Bedeutung ausbaute. Schließlich übergab B. das Garn- und Tapseriegeschäft en gros 1841 Jahre seinem Sohn Eduard B. (geb. 11.04.1816 Magdeburg, gest. 16.07.1895 Magdeburg), der es unter eigenem Namen seit 1844 als Fa. für Garne und Manufakturwaren zu weiterem Ansehen brachte. B., der seit 1837 der *Korporation der Kaufmannschaft* in Magdeburg angehörte, galt als einer der angesehensten Kaufleute der Stadt und versah zugleich mannigfaltige Ehrenämter. Er war seit 1816 als Klingeherr und seit 1823 als Vorsteher (Kirchenvater) bei der Heiligen Geist-Kiche gewählt und wirkte später als Administrator der Kirche und Subsenior des Kirchen-Kollegiums. In seine Amtszeit fielen der gesamte Umbau des Kircheninneren sowie der sehr vorteilhafte Verkauf der alten Predigerhäuser und die dadurch ermöglichten Neubauten derselben. Eine enge Freundschaft verband ihn mit den Predigern → Wilhelm Franz Sintenis und → August Klusemann, mit denen er auch durch sein bürgerliches Engagement in der Magdeburger Loge verbunden war. 1823 in die Loge „Friedrich zur Tugend" in Brandenburg/Havel aufgenommen, wurde B. Ende 1832 in der Loge „Ferdinand zur Glückseligkeit" in Magdeburg affiliiert und trat 1848 auch der Alt-Schottischen Loge „Friedrich zur grünenden Linde" bei, in der er den höchsten Grad erreichte. Neben der Erziehung von zwölf leiblichen Kindern widmete sich B. von 1823 bis 1845 als Waisen-Vormund und Berater verwitweter Frauen der Unterstützung in Not geratener Familien und förderte die Ausbildung von Kindern mittelloser Eltern.

L: ADB 46, *204*; NDB 1, *521*; Wilhelm v. B., Von der Fam. B., 1878; ders., Zur Gesch. der Fa. Wilhelm B., 1898; → Oskar Friese, Ein Rückblick. Anläßlich des 25jährigen Bestehens der Innung des Buchdruckergewerbes zu Magdeburg am 1. Februar 1925. Mit einem Anhang: Die Magdeburger Buchdrucker von 1483 bis 1924, 1925, *22*. – **B:** Dt. Geschlechterbuch. Genealogisches Hdb. bürgerlicher Familien, Bd. 39, 1923.

Guido Heinrich

Baensch, Johann Emil *Hugo*
geb. 09.12.1861 Magdeburg, gest. 26.02.1932 Magdeburg, Kaufmann.

Der Sohn des Kaufmanns August B. und Enkel von → Heinrich Theodor Emanuel B., dem Gründer des Familienunternehmens, verließ 1879 mit dem Reifezeugnis der Oberprima das Realgymn. in Magdeburg. Nach einer kaufmännischen Lehre bei der Magdeburger Großhandelsfa. *Jacoby & Meier* war er zunächst Angestellter im väterlichen Geschäft und wurde 1886 Mitinhaber der Fa. *Eduard B.* Als Schwiegersohn des Stadtrats Hermann Schwarz trat er 1894 als Teilhaber in dessen 1861 gegründete Lackfabrik ein und führte diese bis zu seinem Tod. Nach seiner 1912 erfolgten Wahl zum Kgl. Handelsrichter wurde er ein Jahr später Mitglied der Magdeburger *Handelskammer*, wo er sich insbesondere als Vors. verschiedener Schiedsgerichte sowie als Vors. der Industriekommission große Verdienste erwarb. B. bekleidete zahlreiche Ehrenämter in industriellen Vereinigungen, im Bankwesen und in kirchlichen Verbänden. Als Vors. der Magdeburger *Harmoniges.* (1905–1928), deren Ehrenvors. er bis zu seinem Ableben war, genoß er in seiner Heimatstadt großes Ansehen.

L: Georg Wenzel (Hg.), Dt. Wirtschaftsführer, 1929, Sp. *75*; Magdeburgische Ztg., Nr. 113 vom 27.05.1932, 1. Beilage. – **B:** Bernhard Koerner (Hg.), Dt. Geschlechterbuch. Genealogisches Hdb. Bürgerlicher Familien, Bd. 39, 1923; *LHASA.

Horst-Günther Heinicke

Baensch, Johann *Wilhelm* Emanuel von (seit 1871)
geb. 25.01.1828 Magdeburg, gest. 27.11.1899 Dresden, Verlagsbuchhändler, Druckereibesitzer, Geh. Kommerzienrat.

Der Sohn des Buch- und Zeitungsdruckers → Heinrich Theodor Emanuel B. erlernte ab 1842 den Buchhandel bei seinem Bruder → Emil B. in Magdeburg und übernahm 1848 das von seinem Vater für ihn erworbene Berliner Verlagsgeschäft des früheren Magdeburger Verlagsbuchhändlers Ferdinand Rubach. Im gleichen Jahr übersiedelte er damit von Berlin nach Leipzig und machte sich dort Ende 1848 selbständig. Seit 1851 führte B. den Verlag, dem er ein umfangreiches buchhändlerisches Kommissionsgeschäft mit bis zu 100 Vertretungen angliederte, unter eigenem Namen. Er erweiterte in der Folge auch das eigene, um 1890 bereits ca. 1.000 Titel umfassende Verlagsprogramm durch Übernahme von Artikeln zahlreicher kleinerer dt. sowie Einzelwerken franz. Verlage und pflegte insbesondere die naturwiss. und militärpolitische Richtung. Der 1862 von J. S. Wassermann erworbenen Buchdruckerei fügte er in den darauffolgenden Jahren eine Schriftgießerei, eine Stereotypie, Galvanoplastik und Xylographie sowie eine Buchbinderei hinzu. Das Kommissionsgeschäft ging 1867 an Hermann Fries über. Im März 1878 verlegte B. das gesamte Geschäft nach Dresden. Hier trat 1880 sein Sohn Henry v. B. als Teilhaber in das Unternehmen ein. Wegen der Ausdehnung des Druckereigeschäftes, mit veranlaßt durch umfangreiche Aufträge für die preuß. und sächsische Reg. (Druck von Formularen für Post und Eisenbahn), gründeten beide 1880 in Berlin ein weiteres selbständiges Geschäft unter gleicher Firmierung, dessen Leitung Henry v. B. übernahm und ab 1888 ganz für eigene Rechnung führte. In diesem Jahr trat B.s zweiter Sohn William als neuer Teilhaber in das Dresdener Geschäft ein. B., der in seinem Berufsstand wie in der Öffentlichkeit hohes Ansehen genoß, wurde für seine Verdienste und Leistungen hoch geehrt. Seit 1859 fungierte B. als Kgl.-Württembergischer Konsul für Leipzig, seit 1879 als Konsul für das Königreich Sachsen mit Amtssitz in Dresden. 1865 wurde er zum Geh. Kommerzienrat ernannt, 1871 in den erblichen württembergischen Adel erhoben und erhielt zahlreiche Orden und Ehrenzeichen. Zudem arbeitete er auch in Berufsfachverbänden in führenden Positionen, u. a. als Vors. und ab 1886 als Ehrenvors. des *Vereins Dresdener Buchhändler*. Er gründete in Dresden die erste Buchdruckerinnung Dtls, führte über Jahre deren Vorsitz und wurde auch hier 1896 deren Ehrenvors.

L: ADB 46, *203–205*; BioJb 4, 1900; Karl Friedrich Pfau (Hg.), Biogr. Lex. des dt. Buchhandels der Gegenwart, 1890; Börsenbl. für den dt. Buchhandel, Nr. 278, 1899; W. v.B., Zur Gesch. der Fa. W. B., 1898 (***B***).

Werner Rummert

Baensch, Paul
geb. 12.01.1893 Oels, gest. um 1943 n.e., Lehrer, Schriftsteller.

B. erhielt nach seiner Ausbildung seine erste Lehrerstelle 1913 in Oels und legte später Prüfungen als Mittelschullehrer und Rektor ab. Nach dem Weggang → Gerhard Kahlos übernahm B. 1926/27 die städtische höhere Schule in Wanzleben und wirkte hier bis um 1933. B. gab in Wanzleben das „Heimatbuch des Kreises Wanzleben" (1928) heraus – ein Sammelwerk, in dem verschiedene Autoren eine umfassende Darstellung der Gesch. der Natur und Gesellschaft des damaligen Kr. Wanzleben lieferten. B. veröffentlichte um diese Zeit auch eine Reihe von Jugendschriften.

W: Welschland. Reiseschilderung (nach Joachim Heinrich Campe), 1927; Mein Tierbuch. Tiergeschichten, 1928; Sylva. Abenteuer einer Ameisenkönigin. Tiererzählungen, 1929; Im Fabelland. Tierfabeln, 1930; Tiere hinter Glas, 1931; Märchenwald. Tiermärchen. 1936; Zauberland, Tiermärchen. o. J. – **L**: KLK, Nekr 1936–1970, 1973.

Heinz Nowak

Baensch-Drugulin, Egbert *Johannes*, Dr. phil. h.c.
geb. 24.06.1858 Magdeburg, gest. 10.09.1945 Leipzig, Buchdruckerei- und Schriftgießereibesitzer, Sächsischer Hofrat.

Der Sohn des Magdeburger Verlagsbuchhändlers → Emil B. besuchte Domgymn. und Realschule in Magdeburg, erlernte 1876–79 den Buchhandel in der *Hofbuchhandlung Friedrich Wagner* in Braunschweig und den Buchdruck in *C. Gröningers Hofdruckerei* in Stuttgart und Metz. 1879, nach dem Tode des Onkels und Druckereibesitzers Wilhelm Eduard Drugulin in Leipzig, übernahm B. auf Wunsch der Witwe die Leitung der dortigen Fa. *Offizin W. Drugulin* und wurde, nach einer kurzen Ausbildung in der *Krebsschen Schriftgießerei* in Frankfurt/Main, 1880 deren Geschäftsführer. B. heiratete 1881 eine Tochter Drugulins, wurde 1882 Teilhaber des Unternehmens und nannte sich fortan B.-Drugulin. Die Fa. prosperierte und konnte den int. guten Ruf, den sie unter der Leitung seiner Vorgänger als Spezialdruckerei für wiss. Werke in nahezu allen orientalischen und okzidentalischen Sprachen errungen hatte, weiter ausbauen – vor allem wegen der um 1895 begonnenen Hinwendung zum buchkünstlerischen Qualitätsdruck. B. gehörte der Münchner Renaissance-Bewegung der 1870er und 1880er Jahre an und erwarb sich große Verdienste durch die Hg. des Monumentalwerkes „Marksteine aus der Weltlit. in Originalschriften" im Jahre 1902. In der Druckerei wurden in hoher Qualität orientalische Schriften geschnitten und fremdsprachige Texte gesetzt, die selbst das Niveau der großen Staatsdruckereien übertrafen. B. spürte zudem alte Matrizen verschollener Druckschriften auf und brachte sie wieder zur Anwendung. Als erste Offizin der um 1895 erwachten Buchkunstbestrebungen in Dtl. druckte B. von 1895 bis 1900 die Zs. *Pan*, von 1899 bis 1902 die Zs. *Die Insel* und ab 1897 die Zs. *für Bücherfreunde*, die von 1909 bis 1914 auch in den *Verlag W. Drugulin* kam. Er führte frühe

Ausgaben des *Insel-Verlages*, der Verlage *Schuster & Löffler*, *Eugen Diederichs*, *S. Fischer*, *Ernst Rowohlt* (Drugulin-Drucke), *Kurt Wolff* u. a. aus. 1906 trat B.s Sohn Wilhelm B. in die Fa. ein, wurde mit der Prokura betraut und später Verlagsleiter. Nach dem I. WK geriet die Fa. wegen der abgerissenen Auslandsverbindungen in wirtsch. Not und ging als *W. Drugulin GmbH* für kurze Zeit in den Besitz von Kurt Wolff und Erich Noether über. 1919 übernahm die *D. Stempel AG* mit Sitz in Frankfurt/Main die Schriftgießerei, während die Druckerei im gleichen Jahr von Peter Reinhold, dem Verleger des *Leipziger Tageblatts*, übernommen wurde. Auf Veranlassung Reinholds verschmolzen die Fa. *W. Drugulin GmbH* und die Leipziger Druckerei von F. E. Haag 1928 zur *Haag-Drugulin AG*. 1930 ging diese in den Besitz von *Koehler & Volckmer* über. 1933–43 leitete Ernst Kellner, Gründer der *Drugulin-Presse*, das Unternehmen, das 1949 durch Enteignung in staatl. Besitz überführt (*VEB*) wurde. B., der um 1918 aus der Fa. ausschied, engagierte sich bis zu seinem Tode weiter intensiv für das Buchgewerbe. Er war elf Jahre Vors. des *Dt. Buchdrucker-Vereins*, schuf dessen Unterstützungskasse und begründete 1898 die Leipziger Buchdrucker-Lehranstalt mit. Ab 1898 erschien unter seiner Mitwirkung die *Zs. für Dtls Buchdrucker und verwandte Gewerbe*. Die Univ. Heidelberg verlieh ihm 1903 den Ehrendoktortitel. B. war Vorstandsvors. der Weimarer *Ges. der Bibliophilen* und 1911 Gründungsmitglied der *Maximilian-Ges.*

L: NDB 1, *522f.*; Reichshdb 1, *53* (***B***); Georg Wenzel (Hg.), Dt. Wirtschaftsführer, 1929; Wer ist's ¹⁰1935; Wilhelm Eduard B., Offizin W. Drugulin, Leipzig, in: Die Bücherstube 2, 1922/23, *100–102*; Hermann Barge, Gesch. der Buchdruckerkunst, 1940, *432f.*; Ariane Rieker u. a. (Hg.), Offizin Andersen Nexö. Die Firmengesch., 1995. – **B:** *Inst. für Publizistik der Freien Univ. Berlin-Dahlem.

Werner Rummert

Baer, Otto
geb. 01.02.1881 Jerichow, gest. 23.04.1966 Magdeburg, Weißgerber, Kommunalpolitiker, Oberbürgermeister in Magdeburg.

Der Sohn eines Arbeiters engagierte sich seit 1898 in der Gewerkschaft der Lederarbeiter, in der er vom Hauskassierer zum Bezirksleiter aufstieg. Als Mitbegründer der *Volksfürsorge*, einer gewerkschaftlichen Versicherung, wurde er 1914 ihr Geschäftsführer. Seit 1900 in der SPD, wählte ihn 1917 der Ortsverein Magdeburg zum Vors. Als Vertreter der stärksten Fraktion im Stadtparlament versah er 1920–33 das Amt des Stadtverordnetenvorstehers. 1930–33 fungierte er als Verwaltungsdir. des Magdeburg-Sudenburger Krankenhauses. Der souveräne Verwaltungsfachmann wurde 1928 Präsident des Provinziallandtages. Auch dem Dt. Städtetag und dem Provinzial-Städtetag stand er vor. Von den Nationalsozialisten gesucht, tauchte er zunächst unter. Im Mai 1933 geriet er zum erstenmal für zwei Wochen in sog. Schutzhaft. Die nächsten zwölf Jahre unterlag er einer wöchentlichen polizeilichen Meldepflicht. Die Fam. erlebte zahlreiche Hausdurchsuchungen. Arbeitslos bis 1935, übernahm er dann eine Versicherungsvertretung, die er unter Hinzuziehung ebenfalls arbeitsloser Sozialdemokraten stark ausbaute. Die Gestapo vermutete eine getarnte Widerstands-Organisation und nahm ihn 1936 für fünf Monate in Untersuchungshaft. Erst 1938 konnte er wieder eine Versicherungsagentur übernehmen. Im November 1939 wurde er infolge des kriegsbedingten Arbeitskräftemangels vom Finanzamt dienstverpflichtet. Im August 1944 im Zuge der „Aktion Gitter" erneut inhaftiert, überstand der 63jährige sechs Wochen im KZ Sachsenhausen. Am 19.04.1945 von dem kurzzeitigen amerikanischen Stadtkommandanten zum Oberbürgermeister von Magdeburg ernannt, von den nachfolgenden Engländern abgesetzt, von der russischen Besatzungsmacht wieder eingesetzt und zusätzlich zum Regierungspräsidenten der Bezirksreg. zu Magdeburg bestimmt, amtierte B. nur zehn Monate. Nach zehn Wochen in NKWD-Haft arbeitete er später bis zu seiner Pensionierung als Abt.-Leiter im Finanzministerium in Halle. Die Anerkennung als OdF wurde ihm verweigert. Ein Freund der Zwangsvereinigung von SPD und KPD im April 1946 war er nicht, doch dem Wunsch seines Sohnes Hermann (geb. 1904), nach 1945 erfolgreicher Kaufmann in Hannover und späterer Kurdir. von Fallingbostel, zu ihm zu ziehen, widerstand er, da er seine sozialdemokratischen Freunde in Magdeburg nicht in Stich lassen wollte.

L: Slg. Vf., Hannover (priv.). – **B:** Mathias Tullner, 180 Jahre Regierungsbez. Magdeburg, ²1998, *78*; *Jörg-Heiko Bruns, Erfurt-Molsdorf (priv.): Lithographie von → Bruno Beye.

Beatrix Herlemann

Baerensprung, *Horst* **Wolfgang Sigmund,** Dr. jur.
geb. 27.03.1893 Torgau, gest. 29.11.1952 Braunschweig, Rechtsanwalt, Polizeipräsident.

Der Kavallerist und Flieger wandte sich unter dem Eindruck seiner Kriegserlebnisse dem Sozialismus zu. Er wurde Mitglied im Soldatenrat Halle. 1917–20 studierte B. Jura und ließ sich 1923 in Magdeburg als Rechtsanwalt nieder. Hier gehörte er 1923 zu den Mitbegründern der *Republikanischen Notwehr* und 1924 der Republikschutzorganisation *Reichsbanner Schwarz Rot Gold*, deren erster Geschäftsführer er wurde. In zahlreichen Prozessen verteidigte er vor reaktionären Gerichten Reichsbannermänner. 1927–29 war er Landrat von Nordhausen, ab 1930 Polizeipräsident von Magdeburg. Nach dem „Preußen-Schlag" der Papen-Reg., gegen den er mit dem Reichsbannervors. → Karl Höltermann und dem Oberbürgermeister → Ernst Reuter durch die Entsendung von Polizeitruppen und Reichsbanner nach Berlin angehen wollte, wurde er seines Postens enthoben. Im April 1933 verhaftet, im Mai aus der Anwaltschaft ausgeschlossen, emigrierte er Ende Juni 1933 zunächst nach Warschau. Nachdem B. in den USA auf einem int. Polizeikongreß als Dolmetscher tätig war (er beherrschte englisch, franz. und russisch), wurde er auf Vermittlung des Völkerbundes Anfang 1934 Berater der chinesischen Reg. Auf diplomatischen Druck Dtls 1935 entlassen, schlug er sich zunächst als Sprachlehrer und Hotelpächter durch, erhielt dann eine Professur für Kriminologie an der Shanghai Law School und betätigte sich 1938/39 als Organisator und Ausbilder der chinesischen Feldpolizei. 1939 ging er in die USA, wo er bis Kriegsende eine Dozentur für dt. Verwaltung und Gesch. an der Harvard University in Cambridge innehatte. Er engagierte sich in zahlreichen dt. Emigrantenorganisationen und als Kommentator im amerikanischen Rundfunk gegen Hitler-Dtl. Ende 1946 folgte er einem Ruf nach Braunschweig, wo er bis zu seinem Tode das Amt des Polizeipräsidenten versah.

L: Bio Hdb Emigr 1, *32*; Karl Rohe, Das Reichsbanner Schwarz Rot Gold, 1966; Slg. Vf., Hannover (priv.). – **B**: Foto Bundesvorstand Reichsbanner, in: Illustrierte Reichsbanner Ztg. 1, Nov. 1924.

Beatrix Herlemann

Bäumer, Gertrud, Dr. phil.
geb. 12.09.1873 Hohenlimburg/Westfalen, gest. 25.03.1954 Bethel bei Bielefeld, Pädagogin, Frauenrechtlerin, Sozialpolitikerin, Schriftstellerin, Ministerialrätin.

B., Tochter eines Pfarrers und älteste von drei Geschwistern, zog nach dem frühen Tod des Vaters mit der Fam. nach Halle. Hier verbrachte sie im Haus der Großmutter die Kindheit. Die Fam. verzog später nach Magdeburg. Dort besuchte B. die höhere Töchterschule, die mit einem Lehrerinnenseminar verbunden war, an dem sie als Volksschullehrerin ausgebildet wurde. B. trat ihre erste Stelle 1892 in Kamen/Westfalen an. 1894 wurde sie, nach einer kurzen Tätigkeit an einer Magdeburger städtischen Mädchenschule, Lehrerin für Gesch., Religion und Gesang an der von → Elisabeth Rosenthal gegründeten höheren Töchterschule. In Magdeburg stand sie durch Kontakte zum 1890 von Helene Lange gegründeten *Allg. Dt. Lehrerinnenverband* erstmals den Problemen der Kinder und Eltern des neuen Industrieproletariats gegenüber. B. wurde aktives Mitglied dieses Verbandes, der sich als Teil der Frauenbewegung verstand. 1896 hatte sie ihre erste Begegnung mit Lange. Ab 1898 studierte B. Germanistik, ev. Theol., Sozialwiss. und Phil. an der Univ. Berlin, 1904 prom. sie als eine der ersten Frauen in Dtl. zum Dr. phil. Die enge Zusammenarbeit mit Lange prägte ihr Leben. Gemeinsam gaben sie ab 1901 das fünfbändige Werk „Hdb. der Frauenbewegung" heraus. 1910 wurde B. Nachfolgerin von Lange im Vorsitz des *Bundes dt. Frauenvereine* und als Hg. der Zs. *Die Frau*. Sie war Doz. an der sozialen Frauenschule und an der Humboldt-Akad. Berlin und gründete und leitete 1916–20 das sozialpädagogische Inst. in Hamburg. B. trat der von Friedrich Naumann gegründeten Dt. Demokratischen Partei (DDP) bei, für die sie mit der Erreichung des Frauenstimmrechts 1919 als eine der ersten Frauen zum MdR gewählt wurde. 1920 wurde sie erste Ministerialrätin im Reichsministerium des Innern Berlin. Die Nationalsozialisten enthoben sie 1933 aller Ämter. In Schlesien, wo B. ab 1933 lebte, gab sie bis 1944 weiter die Zs. *Die Frau* heraus. Dort entstanden auch viele, u. a. hist. Bücher. Ihr bekanntestes lit. Werk war der Roman „Adelheid, Mutter der Königreiche" (1936/37). Nach dem II. WK kehrte B. nach Bad Godesberg zurück. Der Versuch, in der neuen Frauenbewegung wieder aktiv zu werden, scheiterte am Vorwurf einiger Frauen, in der Zeit des Ns. angepaßt gewesen zu sein. B. veröffentlichte rege zu sozialen und politischen Fragen sowie gesch. und biogr. Werke.

W: Die Frau und das geistige Leben, 1911; Die Frau in Volkswirtschaft und Staatsleben der Gegenwart, 1914; Lebensweg durch eine Zeitenwende, Autobiogr., 1934. – **L**: DBE 1, *265*; Cuno Horkenbach (Hg.), Das Dt. Reich, 1930, *635*; Lex. der Frau, Bd. 1, 1953, Sp. *349* (**B*); Die Stadtführerin, hg. vom Amt für Gleichstellungsfragen der Stadt Magdeburg, o.J., *54f*; Werner Huber, G. B. – eine politische Biogr., Inaugural-Diss. München 1970 (*W, L*).

Gabriele Weninger

Balk, Jutta
geb. 09.07.1902 Riga, gest. 09.08.1987 Magdeburg, Malerin, Puppengestalterin, Autorin, Übersetzerin, Mitbegründerin des Magdeburger Puppentheaters.

B. studierte Malerei und Kunstgesch. in den Ateliers von Sonja Plawneck, Susa Walter und an der Akad. Kramareff in Riga. Nach einigen Arbeiten in der freien Malerei (eines ihrer Gemälde wurde vom Kunstmus. in Riga angekauft) machte sie zwecks Broterwerb einen Abstecher in kunstgewerbliche Tätigkeiten und entwarf in einer Schwammfabrik Tierfiguren für die Gestaltung von Badespielzeug. 1941 wurde sie mit ihrem Mann, dem Holzkaufmann Herbert B., nach Magdeburg ausgesiedelt. Dort absolvierte sie an der Volkshochschule einen Marionettenbau-Kursus bei → Xaver Schichtl, arbeitete zunächst freiberuflich als Puppengestalterin, fertigte Porträtpuppen von Magdeburger Theaterkünstlern an und begann schon 1945, direkt nach Ende des II. WK, mit ihren selbstgebauten Marionetten, deren größter Teil sich im Besitz des Magdeburger Puppentheaters befindet, in ihrer Wohnung Puppenrevuen aufzuführen. Sie erfand für die Gestaltung von Puppenköpfen einen eigenen, gut formbaren und nachweislich sehr haltbaren Werkstoff. Seit Beginn der 1950er Jahre verfolgte sie hartnäckig und zielstrebig den Plan, in Magdeburg ein professionelles Puppentheater zu etablieren, was nach ständigen Interventionen beim Rat der Stadt 1958 auch gelang. Am Städtischen Puppentheater Magdeburg arbeitete sie bis zu ihrer Pensionierung 1967 unter der Intendanz von → Gustav Möller, nebenher war sie mit kleinen Geschichten und Glossen journalistisch tätig und arbeitete als Russisch-Übersetzerin. Ihre bedeutendste Arbeit auf diesem Gebiet war die Übersetzung des Buches „Mein Beruf" von Sergej Obraszow, dem Nestor des sowjetischen Puppentheaters. Dieses Buch gehörte jahrzehntelang zur Standardlit. für alle, die sich professionell oder als Amateure mit Puppenspiel befaßten. Als Ehrenmitglied blieb sie dem Puppentheater auch nach ihrem Ausscheiden verbunden.

L: Archiv Puppentheater Magdeburg; Vf., Kallinchen (priv.). – **B:** *Puppentheaterarchiv Johannes Richter, Magdeburg (priv.).

Elke Schneider

Ballauff, Theodor, Prof. Dr. phil.
geb. 14.01.1911 Magdeburg, gest. 10.12.1995 Mainz, Philosoph, Pädagoge.

B., als Sohn eines 1914 im I. WK gefallenen Oberlehrers geb., siedelte mit der Fam. bereits 1915 nach Kassel über, wo er seine Schulzeit verbrachte. Er studierte verschiedene Fächer zunächst in Göttingen und Wien, danach insbesondere Phil. bei Nicolai Hartmann in Berlin und prom. 1937 über Kant. 1938 wurde er Bibliotheksreferendar in Halle, 1940 Bibliotheksassistent. Nach seiner Habil. 1943 in Berlin und seiner Ernennung zum Privatdoz. in Halle 1944 ging er 1946 nach Köln und arbeitete dort als Bibliotheksassistent. 1952 wurde er apl. Prof., 1955 ao. und 1956 o. Prof. in Mainz, 1979 trat er in den Ruhestand. B. war phil. besonders von Nicolai Hartmann, Martin Heidegger und Arnold Gehlen, pädagogisch von Johann Heinrich Pestalozzi geprägt. Er schuf eine Synthese von Phil. und Pädagogik, die die Verbindung von antiker griechischer Phil. mit den Leistungen der Neuzeit (Kant und Fichte) anstrebt. Viele seiner Arbeiten sind Standardwerke geworden.

W: Das Problem des Lebendigen, 1949; Die Idee der Paideia, 1952; Erwachsenenbildung, 1958; Pädagogik als Bildungslehre, 1986, ²1989. – **N:** UnivA Mainz. – **L:** Wilhelm Pfänder, Erziehungsphil. Entwürfe in ihrer erziehungs- und unterrichtstheoretischen Entfaltung. Analyse, Systematisierung und Vergleich an Hand der Werke von T. B., Fritz Schulze und Alfred Petzelt, Diss. München 1975; Gerhard Cosack, Marxistisch-leninistische Analyse und Kritik der „Heideggerschen Wende" in der Pädagogik von T. B., Diss. Leipzig 1983; Farsin Banki, Der Weg ins Denken. Platon, Martin Heidegger, T. B., 1986; Jörg Ruhloff/Klaus Schaller (Hg.), Pädagogische Einsätze 1991. Fs. für T. B. zum 80. Geb., 1991 (*W*). – **B:** UnivA Mainz.

Thomas Miller

Ballerstedt, Gottfried *Christian*
geb. 22.01.1843 Pretzien, gest. 08.04.1909 Pretzien, Steinbruchbesitzer.

B. entstammte einer Kossatenfam. und war zunächst selbst Kossat. In den 1880er Jahren begann er mit dem Abbau und Verkauf von Steinen. Wegen ihrer Härte waren Steine aus dem Quarzitgebiet um Gommern und Pretzien sehr gefragt. Sie fanden u. a. Verwendung als Pflastersteine im Chausseebau und in vielen Städten Norddtls sowie im Wasserstraßenbau, zum Beispiel beim Bau des Nord-Ostsee-Kanals und der großen Schleusen bei Brunsbüttel. 1886–88 hatten die Steinbruchbesitzer aus der Gegend um Gommern/ Pretzien eine schmalspurige Eisenbahn von den Steinbrüchen bis zur Elbe bei Pretzien und bald darauf bis Gommern errichtet. Ende der 1890er Jahre betrug die Zahl der in Pretzien alljährlich befrachteten Kähne über 1.000. Daneben gingen Transporte vom Bahnhof Gommern ab. 1904 wurde das Kraftwerk Pretzien eröffnet, das die Elektroenergie für die Steinbrüche lieferte. Von den Steinbruchunternehmen, die damals dort bestanden (1897 mindestens elf; 1910 waren es 21 mit zusammen etwa 1.100 Arbeitern), hat sich die Fa. *Christian B.* am längsten behauptet. Nach dem Tod von B. führten dessen Söhne Otto und Gustav B. den Betrieb weiter. 1963, in der dritten Generation, wurde der Steinbruchbetrieb wegen Silikosegefahr eingestellt und von nun an nur noch Sand gefördert. 1972 erfolgte die Verstaatlichung.

L: Emil Meyer, Chronik der Stadt Gommern und Umgegend, 1897, *97*, 208*f.*; Der Steinarbeiter, Nr. 11 vom 12.03.1910; Adolf Herwig, Magdeburger Heimatkunde, 1918, *92*; Klaus Lehnert, In besten Zeiten jährlich 400.000 Tonnen transportiert. Erinnerungen an die Gommern-Pretziener Kleinbahn, in: Volksstimme Burg vom 16.11.1996. – **B:** Vf., Magdeburg (priv.).

Maren Ballerstedt

Balzereit, *Paul* Johannes Gerhard (Ps.: P. B. Gotthilf, 1924; Paul Gehrhard, 1923–33)
geb. 02.11.1885 Kiel, gest. 06.07.1959 Magdeburg, Schriftsteller, Redakteur, Verlagsdir.

Nach der Volksschule erlernte B. den Beruf eines Kaufmannes und arbeitete in dieser Branche, bis er sich den „Ernsten Bibelforschern" (Jehovas Zeugen, 1931) anschloß. Er wurde 1910 Kolporteur der „Ernsten Bibelforscher" und war ab 1913 als Pilgerbruder (reisender Vortragsredner) der Int. Bibelforscher-Vereinigung (IBV) und Wachtturm-Ges. (Verlag der Religionsgemeinschaft) tätig. Er leitete 1916/17 das Landesbüro in Barmen und war für die aus dem Englischen übersetzte Zs. *Der Wachtturm* verantwortlich, 1920–36 diente B. erneut in dieser Funktion, in der er für alle übergeordneten organisatorischen und personellen Entscheidungen verantwortlich war, die das Evangelisierungswerk der Zeugen Jehovas in Dtl. betrafen. Nach dem Umzug der IBV 1923 von Barmen nach Magdeburg entstand dort unter B.s Leitung eine moderne Druckerei und Buchbinderei, die monatlich Millionen ihrer Veröffentlichungen (Traktate, Broschüren, die Zs. *Der Wachtturm*, später auch Bücher) herstellte. Die Liegenschaften in Magdeburg befanden sich innerhalb eines Rechtecks, das durch die Wachtturmstraße (Straßenname von 1931–1933 und 1946–1951, heute Emanuel-Larisch-Weg), Am Fuchsberg, Leipziger Straße und Warschauer Straße gebildet wurde. Bis 1933 gab es dort mehr als 180 hauptamtlich Beschäftigte. 1923 begann im „Bibelhaus Magdeburg" die Produktion der Zs. *Das Goldene Zeitalter* als eigenständige Magdeburger Ausgabe von *The Golden Age* (Watch Tower Society, Brooklyn/New York), deren Inhalt Hauptschriftleiter B. mitbestimmte und durch Lyrik und Artikel (unter dem Ps. Paul Gehrhard) bereicherte. Die moderne Druckerei in Magdeburg, die neben Dtl. auch Nord- und Osteuropa mit IBV-Lit. versorgte, produzierte täglich etwa 6–10.000 Bücher (Schließung durch die Nationalsozialisten am 28.03.1933). Die gelungenen Illustrationen des *Goldenen Zeitalters*, für die → Wilhelm Schumann zuständig war, trugen zur Beliebtheit der Zs. in Dtl. bei. Gegner maßen den Einfluß der Zeugen Jehovas an ihrer Auflagenstärke (1930: 345.000 Exemplare, kurz vor dem ns. Verbot, Mitte 1933: 430.000 Exemplare). 1924 und 1926 veröffentlichte B. auch eigene Aufklärungsmanuskripte. Das 1924/25 reichsweit verbreitete Flugbl. „Anklage gegen die Geistlichkeit" erregte kirchliche Kreise derart, daß das Konsistorium am 16.05.1925 Strafantrag gegen B. als verantwortlichen Schriftleiter stellte. Das Magdeburger Schöffengericht sprach ihn jedoch frei, und der Angeklagte wurde „von einer großen Menschenmenge vor dem Justizpalast begrüßt und beglückwünscht" (*Volksstimme* Magdeburg vom 07.02.1926). Vor und nach dem nationalsozialistischen Verbot der Zeugen Jehovas vom 24.06.1933 (Preußen) bemühte sich B. vergeblich, die Behörden, die ihm zunächst die Herstellung „unbedenklicher Schriften" (Kalender und Bibeln) gewährten, über den unpolitischen, rein religiösen Charakter der IBV aufzuklären. Vor allem ab 1934 neigte B. zu Kompromissen, die die Brooklyner Leitung nicht akzeptierte, so daß sie sich von dem inzwischen am 10.05.1935 verhafteten und im Oktober vor dem Sondergericht Halle abgeurteilten B. distanzierte. Auf dem Luzerner Kongreß (04.-07.09.1936) setzte Watch Tower-Präsident Joseph Franklin Rutherford (1869–1942) → Erich Frost als neuen Landesleiter ein. Im KZ Sachsenhausen schwor B. seinem Glauben ab und ging auch nach 1945 eigene Wege (Gründung der Allg. Bibel-Lehrvereinigung; 1958 Umbenennung in Vereinigung freistehender Christen, die mit Unterstützung des MfS gegen die IBV, nunmehr Zeugen Jehovas, agierte). Während B. vor 1933 ein geachteter Redner war, ist er heute unter Jehovas Zeugen nahezu unbekannt.

W: Zum Geleit, in: Das Goldene Zeitalter vom 01.04.1923, *3*; Die größte Geheimmacht der Welt, 1924; Kulturfragen. Aus autorisierter Quelle, 1926. – **L:** Detlef Garbe, Zwischen Widerstand und Martyrium. Die Zeugen Jehovas im „Dritten Reich", ⁴1999, *76ff*, *135*; Jb. der Zeugen Jehovas 1974, *82*, *88*, *107*, *148f*. Waldemar Hirch, Ehemalige Zeugen Jehovas im Dienste des MfS. Der Fall P. B., in: Gabriele Yonan (Hg.), Im Visier der Stasi. Jehovas Zeugen in der DDR, 2000, *33–52*. – **B:** *Geschichtsarchiv der Zeugen Jehovas, Wachtturm-Ges. Selters/Taunus.

Johannes Wrobel

Barlach, *Ernst* Heinrich
geb. 02.01.1870 Wedel/Holstein, gest. 24.10.1938 Rostock, Bildhauer, Zeichner, Graphiker, Schriftsteller.

Nach dem Besuch der Allg. Gewerbeschule in Hamburg studierte B. ab 1891 Bildhauerei an der Kgl. Akad. der bildenden Künste zu Dresden, war Meisterschüler bei Robert Diez und studierte 1897/98 zeitweilig an der Académie Julian in Paris. Danach lebte B. überwiegend in Berlin. Nach einer Rußlandreise 1906 überwand B. Einflüsse von Jugendstil und Symbolismus und fand zum Stil seiner expressiven, oft blockhaft geschlossenen Volumen. B. war ab 1907 Mitglied der *Berliner Secession* und erhielt 1909 das Villa-Romana-Stipendium, Florenz. Ab 1910 lebte B. in Güstrow. Er wurde von Paul Cassirer und August Gaul gefördert und war mit Theodor Däubler bekannt. Seit 1919 war er Mitglied der Preuß. Akad. der Künste, bis er 1937, als „entartet" verfemt, austrat. B. war ein bedeutender Vertreter des dt. Expressionismus. Neben freiplastischen Werken, Kleinplastik und baugebundener Plastik entstanden Denkmäler, daneben Zeichnungen und Lithographien sowie lit. Werke. Das Magdeburger Mal von 1929 für die Gefallenen des I. WK im Magdeburger Dom zählt zu den Hauptwerken B.s, es wurde 1934 entfernt und 1956 wieder aufgestellt. Zu seinen Magdeburger Förderern und Verehrern gehörte u. a. auch der Redakteur und Schriftsteller → Wolf von Niebelschütz.

W: Güstrower Ehrenmal, 1927; Hamburger Ehrenmal, 1931. – **N:** E.-B.-Gedenkstätte, Güstrow; E.-B.-Haus, Hamburg. – **L:** NDB 1, *591–593*; Kat. E. B., Ausstellung Dezember 1951-Februar 1952, Berlin/O., 1951; E. B.s Magdeburger Mal wieder im Dom, Gedenkschrift (Hg. B.kuratorium Güstrow), 1957; E. B., Werke und Werkentwürfe aus fünf Jahrzehnten, I-III, Kat. Berlin 1981; E. B., Denkzeichen, Kat. Rostock 1988.

Uwe Jens Gellner

Barnick, Erna (Ps.: Trude Richter, seit 1932), Dr. phil.
geb. 19.11.1899 Magdeburg, gest. 20.01.1989 Berlin, Pädagogin, Literaturwissenschaftlerin, Publizistin.

B., Tochter eines Oberpostrates in Magdeburg, besuchte Lyzeum und Oberlyzeum in Dresden und Danzig. In Frankfurt/Main begann sie 1919 mit der Lehrtätigkeit an einer Hilfsschule ihre Lehrerausbildung, studierte 1920–24 Germanistik, Gesch. und Kunstgesch. in Berlin und Frankfurt/Main und erwarb 1926 in Berlin die Lehrbefähigung zur Gymnasiallehrerin für Germanistik und Gesch. Sie schloß sich hier der zuvor gebildeten kommunistischen Studentengruppe an. In den nächsten Jahren konnte sie jedoch keine schulische Festanstellung erlangen, war arbeitslos bzw. leistete zeitweilige Vertretungs- und Aushilfstätigkeiten u. a. als Religions- und als Sportlehrerin. Sie nutzte diese Zwischenzeiten zu zahlreichen Auslandaufenthalten. Seit 1926/27 lebte sie in Lebensgemeinschaft mit dem Nationalökonomen Dr. Hans Günther. Beide traten 1930 der KPD bei und kamen in engeren Kontakt mit führenden linken Intellektuellen wie Johannes R. Becher, Berta Lask, Georg Lukács, Ludwig Renn und Friedrich Wolf. Seit 1931 fest in Berlin ansässig, wurde B. 1932 zum 1. Sekretär des ab 1933 verbotenen *Bundes proletarisch-revolutionärer Schriftsteller* (*BPRS*) gewählt. Seit Januar 1933 nahm sie am beginnenden Widerstand gegen die ns. Diktatur teil, leistete Kurierdienste zwischen Berlin und Prag, sammelte Material für illegale Publikationen und verbarg Verfolgte. Im Frühjahr 1934 war sie gezwungen, in die Sowjetunion zu emigrieren. Dort traf sie wieder mit ihrem seit 1932 dort wiss. arbeitenden Lebensgefährten zusammen. Sie konnte am Moskauer pädagogischen Inst. für neuere Sprachen Vorlesungen und Seminare übernehmen und an einer eigenen Habil. arbeiten. Ende 1937 wurden beide in Moskau unter letztlich unbegründetem Verdacht „konterrevolutionärer Tätigkeit" verhaftet. Während ihr Lebensgefährte 1938 in einem Arbeitslager in Sibirien verstarb, wurde B. zu fünf Jahren „Besserungslager" verurteilt. Sie verbrachte im sowjetischen Fernen Osten, zuletzt in Magadan am Ochotskischen Meer, über 19 Jahre als Zwangsarbeiterin und „freie Verbannte". Erst nach dem XX. Parteitag der KPdSU 1956 konnte sie u. a. durch Vermittlung von Anna Seghers und offiziell rehabilitiert in die DDR zurückkehren. Ab 1957 übte sie in Leipzig, dem „Ithaka meiner Odyssee", bis zu ihrem Ausscheiden aus Altersgründen 1966 eine Lehrtätigkeit am Literaturinst. „Johannes R. Becher" aus. Sie wirkte dort vor allem als Mentorin später bekannter Schriftsteller wie Hans Weber, Horst Salomon, Max Walter Schulz und Günter Görlich. Als Schriftstellerin avancierte sie zur Chronistin der sozialistischen Literaturbewegung. B. blieb bis zu ihrem Lebensende eine überzeugte Kommunistin.

W: Volksbuch von Barbarossa, 1925; Der Kaiser Barbarossa, 1926; Die bildende Kunst im Rahmen der Deutschkunde, 1927; Das Glück des Bitteren. Reise durch die Lit., 1969; Die Plakette. Vom großen und kleinen Werden (Erinnerungen, 1. Tl.) 1972; Totgesagt – Erinnerungen (2. Tl.), 1990. – **L:** Hdb SBZ/DDR, *714*; Simone Barck/Sylvia Schlenstedt u. a. (Hg.), Lex. sozialistischer Lit., 1994, *391*; Kosch LL 12, Sp. *1169*; Elisabeth Schulz-Semrau, „Sie sind vergüteter Stahl", in: T. R., Totgesagt – Erinnerungen, 1990, *458ff*.

Joachim Hoffmann

Bartels, *Franz Jan* **Adolf Heinrich**
geb. 30.07.1894 Magdeburg; gest. 09.07.1947 Magdeburg, Maler, Graphiker.

Über seine Vita ist wenig bekannt. In Magdeburg besuchte er die Kunstgewerbeschule, zu seinen Lehrern gehörte → Franz Fiebiger. Zusammen mit → Max Dungert und → Bruno Beye war er 1919 Initiator zur Gründung der Künstlervereinigung *Die Kugel* in Magdeburg. Sein Vater war Besitzer einer Gaststätte „Goldene Kugel", von der dieser Begriff stammen könnte. Seine Graphiken der frühen 1920er Jahre sind von expressionistischem Gestus geprägt (Abb. in Zss. der *Kugel*, 1919/20). Für die späteren Arbeiten ist dagegen ein schlichter Realismus charakteristisch. Beye und B. bestritten die letzte *Kugel*-Ausstellung 1929. Seine wesentlichen Sujets sind Porträts, Landschaften und Stilleben. Kriegsverluste haben das Werk reduziert.

W: Konvolut von Zeichnungen im KHMus. Magdeburg. – **L:** Kat. Magdeburger Kunstausstellung 1948; Vf., „Die Kugel" – eine Künstlervereinigung der 20er Jahre, Kat. Magdeburg 1993/94.

Renate Hagedorn

Bartels, Otto Richard
geb. 14.02.1876 Ummendorf, gest. 21.05.1946 Althaldensleben, Zimmermann, Heimatdichter.

Der Sohn des Stellmachermeisters Heinrich B. in Ummendorf lebte nach dem frühen Tode der Mutter bei den Großeltern. B. lernte Zimmermann (nach einer abgebrochenen Fleischerlehre), war danach in vielen verschiedenen Arbeitsstellen seiner engeren Heimat tätig und ging schließlich 1906 nach Althaldensleben, wo er seßhaft wurde, als Zimmerer in einer Steingutfabrik arbeitete und sich 1909 verheiratete. Seine Frau starb 1925. B. heiratete nicht wieder und zog drei Kinder allein groß. 1936 invalidisiert, lebte er bis zu seinem Tode in bescheidenen Verhältnissen. Der schlichte Handwerker drückte sein starkes Heimatgefühl schon früh in naivgemütvollen hochdt. und niederdt. Dichtungen aus, Anregungen aus →Waldemar Uhdes Werk nicht verleugnend. Die anspruchslosen Dichtungen und Erzählungen sind sowohl Reflexionen des Alltags, den der Autor erleben mußte, wie auch wehmütige Erinnerungen an Vergangenes aus seinem Heimatort – Denken und Sprache schlichter Menschen dokumentierend. B. veröffentlichte in Lokalztgg. und -beilagen; vieles blieb unveröffentlicht und ist z.T. verloren.

W: Miene Heimat, in: Heimatbilder des Stadt- und Landboten Neuhaldensleben, Nr. 13, 1929; Dat Friescheiten vor 50 Jahr in Ummendörp, in: ebd., Nr. 8, 1932; Kurz ist die Zeit, da ihr beisammen seid. Vom 25. Oktober 1945 (Gedichte, Archiv des Börde-Mus. Ummendorf). – **N:** Börde-Mus. Ummendorf und Bördebibl. Nr. 1760 (Briefe und Dichtungen). – **L:** Vf., O. B., Werke – nach seinen Briefen u. a. Quellen, Ms. 1990 (Börde-Mus. Ummendorf). – **B:** *ebd.

Heinz Nowak

Barth, Johann *Wilhelm* Gottfried

geb. 01.01.1779 Magdeburg, gest. 04.01.1852 Rheinsberg/Mark, Architektur- und Landschaftsmaler.

B.s Vater war Schullehrer an der Nicolaikirche in Neustadt bei Magdeburg. Seine erste Ausbildung erhielt er in der Fayence- und Steingutfabrik der Unternehmerfam. Guischard in Magdeburg. 1796 trat er als Malerlehrling bei Johann Hubert Anton Forst in die Berliner Porzellanmanufaktur ein und absolvierte vermutlich als Schüler von Peter Ludwig Lütke eine Ausbildung an der Zeichenschule der Akad. der Künste. 1804 stellte der freischaffende Landschaftsmaler zum ersten Mal in Berlin aus. 1809–22 unternahm B. Reisen im Auftrage König Friedrich Wilhelms III. nach Königsberg, Memel, Riga und St. Petersburg und war längere Zeit in Rußland tätig. Er schuf während dieser Zeit zahlreiche Landschafts- und Architekturansichten in Gouache und Aquarell. Nach seiner Rückkehr wirkte er wieder in Potsdam und Berlin, wurde 1825 zum Kgl.-preuß. Hofmaler ernannt und war seit 1841 in Rheinsberg ansässig. B. widmete sich ab Mitte der 1820er Jahre verstärkt der Ölmalerei und trat als repräsentativer Gestalter von Landschafts- und Städtebildern der Schinkelzeit, u. a. von Sankt Petersburg, Charlottenburg, Berlin, Rheinsberg, Potsdam, Havelberg, Tangermünde, Stendal, Salzwedel und Werben, hervor. 1826 stellte er auf der Berliner Akademieausstellung als Prof. aus. Anläßlich des 200jährigen Gedenktags der Zerstörung seiner Heimatstadt Magdeburg im Jahre 1631 schuf er ein dreiteiliges Panorama der Stadt, von welchem nur der Mittelteil erhalten blieb (Schloß Charlottenburg, Neuer Pavillon); die Seitenflügel sind seit 1945 verschollen. Seine Gemälde befanden sich zumeist in kgl. Besitz und waren der Öffentlichkeit wenig zugänglich, was seinen Bekanntheitsgrad einschränkte.

W: 22 Gemälde, Gouachen, Aquarelle, Schloß Sanssouci, Potsdam. – **L:** Saur AKL 7, *226f.*; Renate Kroll (Bearb.), W. B. 1779–1852 – ein Architekturmaler der Schinkelzeit. Generaldirektion der Staatl. Galerien und Schlösser Potsdam-Sanssouci 1981; dies., Der Landschaftsmaler W. B., ein gebürtiger Magdeburger, in: Magdeburger Bll., 1985, *47–54*.

Gerald Christopeit

Barth, Richard, Prof. Dr. phil. h.c.

geb. 05.06.1850 Groß-Wanzleben, gest. 25.12.1923 Marburg, Violinist (Linksgeiger), Dirigent.

B. war Sohn des Porzellanfabrikanten Johann Lorenz B. Nach Violinstudien bei Conrad Beck (Magdeburg) und Joseph Joachim (1863–1867 Hannover) ging er als Konzertmeister nach Münster und 1882 nach Krefeld. Als Univ.-Musikdir. in Marburg (1887–1894), wo er 1889 zum Prof. berufen wurde, kam er mit dem Kreis um Johannes Brahms in Fühlung, dessen Werken seine besondere Liebe galt. Theodor Birt sagte in einem Nachruf von 1924: „B. wuchs heran mit dem Heranwachsen der Brahmskunst und er verwuchs mit ihr. Er hat mit als einer der Träger der Brahms-Periode in der neueren Musikgesch. zu gelten." Mit Rücktritt seines Vorgängers Julius von Bernuth leitete B. von 1895 bis 1904 als Dirigent in Hamburg die Philharmonischen Konzerte und die Singakad. 1908 übernahm er die Direktion des Konservatoriums und unternahm mit dem Hamburger Lehrergesangsverein erfolgreiche Konzertreisen. Zu seinen musikalischen Werken gehören Motetten, weltliche Chorkompositionen, Klavierlieder und Kammermusikwerke (Violinsonaten, Klaviertrio, Streichquartett). Die Marburger Univ. ernannte B. 1905 zum Dr. phil. h.c.

W: fünf Violinsonaten, 1898, 1905, 1911, 1914, 1915; Sololieder mit Klavierbegleitung: op. 5, 1879; op. 17, 1906; op. 18, 1907; dritter Psalm für vierstimmigen gemischten Chor mit Blasorchester, 1902; Johannes Brahms und seine Musik (Aufsätze), 1904; Johannes Brahms im Briefwechsel mit Julius Otto Grimm, in: Brahms-Ges., Bd. 4, 1908; Meine Lebensgesch., Ms. 1916. – **L:** NDB 1, *606*; Riemann 1,[12]1959, *103f.*; Eleonore Deggeller-Engelke, R. B.: 1850–1923. Leben, Wirken und Werke, Diss. Marburg 1949 (*W*).

Rainhardt Kober

Basan, Walter
geb. 10.08.1920 Beyendorf bei Magdeburg, gest. 14.02.1999 Magdeburg, Schriftsteller, Hörspielautor.

Der Sohn eines Schriftsetzers besuchte von 1926 bis 1936 die Schule und erwarb die Mittlere Reife. Ab 1937 absolvierte er in Magdeburg eine Kaufmännische Lehre in einer chemischen Fabrik und war danach bis 1945 dort als Buchhalter, Korrespondenzführer und Prokurist beschäftigt. Von 1945 bis 1999 arbeitete B. als freischaffender Schriftsteller in Magdeburg. Er war 1946 in Halle Mitbegründer des *Kulturbundes* und dessen *Arbeitskreises Lit.* (Vorläufer des *Schriftstellerverbandes Sa.-Anh.*), dessen Vorstand er auch angehörte. 1951–52 war er Mitglied des Vorstandes des *Arbeitskreises Lit.* in Magdeburg und ab Oktober 1952 Vorstandsmitglied des *Schriftstellerverbandes im Bez. Magdeburg*. 1953, nach dem Arbeiteraufstand, trat B. aus der SED aus. 1955–59 und ab 1973 war er Mitglied des Bezirksvorstandes des *Schriftstellerverbandes im Bez. Magdeburg*. B. wurde Nachwuchsbeauftragter des Bezirksverbandes und Interessenvertreter beim UNESCO-Lit.-Inst. Wien. Seit 1962 wurde er durch das MfS observiert. 1966 entzog ihm der Sekretär des Schriftstellerverbandes der DDR seiner Kontakte zu Friedrich Bödecker wegen für mehr als zehn Jahre das Recht zur Teilnahme an int. Konferenzen und Lesungen im „nichtsozialistischen Ausland". 16 Jahre leitete B. einen 1961 gegründeten „Zirkel schreibender Arbeiter" in Magdeburg und den daraus hervorgegangenen Literaturzirkel im Klubhaus des *VEB Schwermaschinenbau „Georgi Dimitroff"* in Magdeburg-Buckau. Er wurde mit der Johannes-R.-Becher-Medaille des *Kulturbundes* und der Verdienstmedaille der DDR ausgezeichnet. B. verfaßte neben hist. und Zeit-Romanen, Erzählungen und populärwiss. Jugendbüchern auch Hörspiele, Hörbilder, Funkfeuilletons und Features. Seit den 1970er Jahren widmete er sich, auch publizistisch, verstärkt der Umweltproblematik, u. a. in „Brisebraus und das grüne Wunder" (1972), „Komm zurück, Hadschi-Laklak. Eine Oberwallmenacher Storchengesch." (1985). B.s Stärke war die kleine Form.

W: Das Geheimnis der Magdeburger Halbkugeln, 1954; Falken über der Stadt (Biogr. Roman über Otto von Guericke), 1956; Geliebte Feindin, 1957; Adieu Danielle, 1960; Die Frauen meines Sommers, 1961; Der enträtselte Himmel, 1973. – **N:** Margarete B., Magdeburg (Priv.). – **L:** Kosch LL 1, Sp. *287*; KLK 1967, *38*; Günter Albrecht u. a. (Hg.), Lex. deutschsprachiger Schriftsteller, Bd. 1, 1974, *45f.* (*W*); Lit. im Bez. Magdeburg, hg. vom Rat des Bez. Magdeburg, o. J. [1981], *6* (*B*); Archiv Literaturhaus Magdeburg. – **B:** *Archiv Literaturhaus Magdeburg: Zeichnung von → Bruno Beye; Margarete B., Magdeburg; Jörg-Heiko Bruns, Erfurt-Molsdorf (priv.): Zeichnung von → Bruno Beye.

Dieter Schade

Bathe, Max, Dr. phil. (Ps.: Karl Richard Bathe)
geb. 08.10.1904 Großmangelsdorf, gest. 04.01.1978 Berlin, Lehrer, Museumsleiter, Sprachwissenschaftler.

B., ältester Sohn eines Kleinbauern, absolvierte nach der Volksschulzeit das Lehrerseminar in Genthin und legte 1925 die erste Lehrerprüfung ab. Von 1927 bis 1931 studierte er in Halle Germanistik, Gesch., Archäologie und dt. Volkskunde und prom. 1931 über ein sprachwiss. Thema. Ab 1932 war B. als Volksschullehrer in Grabow bei Burg und Üplingen/Kr. Haldensleben tätig, wurde 1937 bei der Landesstelle für Flurnamenforschung der Provinz Sachsen in Merseburg nebenberuflicher Sachbearbeiter für die Slg. und Dokumentation von Flurnamen und 1939 bis zur Einberufung zum Kriegsdienst 1940 Leiter der Landesstelle. Ab 1946 war B. in Derben wieder als Lehrer tätig, übernahm 1949 bis 1957 als Nachfolger von → Otto Vogeler die Leitung des Kreismus. Genthin und wurde anschließend bis zu seiner Emeritierung 1969 wiss. Mitarbeiter der Arbeitsgruppe „Namenforschung" am ehemaligen Inst. für Slawistik der Akad. der Wiss. in Berlin. B. spezialisierte Anfang der 1950er Jahre das Mus. Genthin zur Forschungsstätte für Ur- und Frühgesch. Als Sprachforscher erwarb er sich durch zahlreiche fachspezifische Publikationen und Vorträge z.T. int. Anerkennung. So legte er territoriale Abgrenzungen bestimmter Siedlergruppen fest, untersuchte zahlreiche Orts- und Flurnamen nach ihrer Aussprache und Herkunft und versuchte nachzuweisen, daß Rückschlüsse aus mundartlichen Besonderheiten auf die Herkunft der Siedler und den Verlauf der Besiedlung zu ziehen sind. Daneben verdienen seine umfangreichen Forschungsarbeiten zur Regionalgesch. des Jerichower Landes und zur Siedlungsgesch. des mitteldt. Raumes Beachtung.

W: Die Herkunft der Siedler in den Landen Jerichow, erschlossen aus der Laut-, Wort- und Flurnamen-Geographie, Diss. Halle 1931; (Hg.) → Albert Hansen, Die Namenlandschaft zwischen Ober-Aller und

Sarre (Bode), 1965; Genthin. Von der Gründung bis 1700 (2 Bde), 1974–1976. – **L:** KGL 7, 1950. – **B:** *Klostermus. Jerichow.

Rolf Naumann

Baudissin, *Traugott* **Adalbert Ernst Graf von**
geb. 16.06.1831 Pojensdorf bei Kiel, gest. 02.05.1905 Eberswalde, Jurist, Reg.-Präsident der Reg. zu Magdeburg.

Unter den kaiserlichen Reg.-Präsidenten von Magdeburg war B. neben → Karl Miesitschek von Wischkau am längsten im Amt. B. hatte seine jur. Ausbildung an der Univ. Berlin absolviert. Danach war er in Berlin, Frankfurt/Oder und Guben im jur. Dienst tätig. 1865 aber wechselte er in den Verwaltungsdienst und wurde Amtmann in Flensburg, noch im gleichen Jahr Landrat in Eckernförde. 1871 war B. Mitarbeiter bei der Reg. in Koblenz und stieg 1875 zum Reg.-Präsidenten in Düsseldorf auf. Seit 1878 war er bei der Reg. in Magdeburg tätig. Warum er in Magdeburg zunächst in eine untergeordnete Dienststellung kam, ist unklar. Im Jahre 1889 wurde B. jedoch hier zum Reg.-Präsidenten ernannt und folgte damit → Wilhelm von Wedell, der zum Minister des Kgl. Hauses avancierte. B. übte dieses Amt bis 1897 erfolgreich aus. Sein Nachfolger war Friedrich Wilhelm Oskar von Arnstedt.

L: Walter Hubatsch (Hg.), Grundriß der dt. Verwaltungsgesch. 1815–1945, Reihe A: Preußen, Bd. 6, Provinz Sachsen, bearb. von Thomas Klein, 1975, *35*; Stefan Karnop/Lars-Henrik Rode/Vf., Der Regierungsbez. Magdeburg und seine Gesch., 1998, *100*.

Mathias Tullner

Bauer, Georg
geb. 18.01.1905 Magdeburg, gest. 24.08.1990 Magdeburg, Angestellter, Radsportler, Radsportfunktionär.

B. schloß sich 1919 14jährig dem Magdeburger Radsport-Club *RC Endspurt 09* an. Auf der Radrennbahn an der Berliner Chaussee entwickelte er sich auf Grund seiner Spurtstärke zum geachteten Gegner und war bald einer der stärksten Amateure Mitteldtls. B. gewann 1926–28 jeweils die Gau- und Landesverbandsmeisterschaften. Mit Abriß der Radrennbahn 1929 wechselte er zum Straßenradsport. Herausragend waren seine Erfolge bei „Rund um die Dresdener Heide", „Rund um Leipzig", im 19. Rennen „Magdeburg-Quedlinburg-Magdeburg" und der Gewinn der Dt. Meisterschaft der *Dt. Rad-Union* (*DRU*) im Mannschaftsfahren 1932 in Bremen mit der Mannschaft des *RC Brennabor Magdeburg*. An diesem Sieg des Straßen-Sechser waren u. a. auch Paul Brummert (vgl. → Gustav Brummert), Otto Michaelis jun. (vgl. → Otto Michaelis) und → Otto Weckerling beteiligt. 1933 beendete ein schwerer Sturz seine aktive Laufbahn. Danach war er für den Nachwuchssport tätig und organisierte u. a. Sichtungslehrgänge. Nach 1945 baute B. den Amateurradsport in Magdeburg mit auf. Er zählte zu den Gründungsmitgliedern des Amateurvereins *Kommunalwirtschaftliches Unternehmen* (*KWU*), später *Turbine*. Stets in Magdeburg wohnend, führte B. verschiedene Leitungsfunktionen aus und wechselte bald nach Berlin zum *Dt. Radsport-Verband der DDR* (*DRSV*), wo er als Jugendobmann, Leiter des zentralen Organisationsbüros und Vize-Präsident tätig war. Es gab kaum eine Friedens- oder DDR-Rundfahrt, die er nicht entscheidend mitgestaltete. 1960 trug er die Verantwortung für die Vorbereitung und Durchführung der Radsport-Weltmeisterschaften in Leipzig, Karl-Marx-Stadt (Chemnitz) und auf dem Sachsenring, wofür er vier Jahre zuvor im geh. Auftrag des *DRSV* die Tour de France begleitete, um Erfahrungen der größten Berufs-Radsportveranstaltung der Welt auf die Amateur-Rundfahrten in der DDR zu übertragen. Als Altersrentner beschäftigte sich B. mit der Radsportchronik und organisierte bis zu seinem Tod den Radsportstammtisch, der sich aus ehemaligen Aktiven der 1920/30er Jahre zusammensetzte. B. war Mitglied der westdt. Bundesehrengilde des *Bundes Dt. Radfahrer*.

L: Zs. Illustrierter Radrenn-Sport, Jgg. 1925–32; Adolf Klimanschewsky, G. B., in: Zs. Illustrierter Radsport, Nr. 2, 1953; Programmheft der Weltmeisterschaft 1960, *9*; Slg. Günter Grau, Sandbeiendorf (priv.). – **B:** *ebd.

Gustav-Adolf Schur

Bauer, Hans Joachim, Dr. rer. nat.
geb. 29.10.1926 Magdeburg, gest. 01.11.1996 Magdeburg, Apotheker, Lebensmittelchemiker, Oberpharmazierat.

B., Sohn eines Prokuristen, besuchte in Magdeburg die Grund- und Oberschule, war ab 1943 Luftwaffenhelfer und wurde 1944 zum Kriegsdienst eingezogen. 1945–47 arbeitete er als Apotheker-Praktikant in Magdeburg, legte 1947 das Vorexamen und 1948 die Reifeprüfung ab, studierte 1949–52 an der Univ. Halle Pharmazie und schloß das Studium mit dem pharmazeutischen Staatsexamen ab. B. war 1953–55 zunächst als Praktikant der Lebensmittelchemie und – nach Ablegung der Nahrungsmittelchemiker-Hauptprüfung im Jahre 1955 – bis 1964 als Lebensmittelchemiker am Bezirks-Hygiene-Inst. Magdeburg tätig. 1953 richtete B.

die Toxikologisch-chemische Untersuchungsstelle des Inst. ein und leitete diese bis 1964. Er prom. 1963 an der Humboldt-Univ. Berlin. Von 1964 bis 1973 war B. Chefapotheker, seit 1970 Dir. der Zentralen Apotheke der Med. Akad. Magdeburg. Von 1973 arbeitete er im Versorgungszentrum für Pharmazie und Med.-Technik Stendal und war 1977 bis 1984 dessen Dir. Aus gesundheitlichen Gründen trat er 1986 in den Ruhestand. B. war ein vielseitig tätiger Pharmazeut. Neben seinen Arbeiten auf toxikologisch-chemischem Gebiet, die er auch an der Med. Akad. fortsetzte, hat er sich Verdienste um die Entwicklung der Zentralen Apotheke der Med. Akad. zu einer leistungsfähigen pharmazeutischen Hochschul-Einrichtung erworben. Sein besonderes Interesse galt der Pharmaziegesch., was in zahlreichen Veröffentlichungen (z.T. unter dem Ps. J. Hauber) zum Ausdruck kam.

W: Die ersten Apotheken Magdeburgs und die Apothekenordnung der Stadt Magdeburg aus dem Jahre 1577, in: Pharmazie 15, H. 2, 1960, *90–92*; Entwicklung und Tradition der Krankenhaus-Pharmazie in Magdeburg (mit → Karl-Heinz Zschiesche), in: Die Krankenhaus-Apotheke 16, 1966, *19–21*; → Karl Samuel Leberecht Hermann (1765–1846). Versuch einer biogr. Skizze, in: Pharmazeutische Ztg. 122, H. 41, 1977, *1791–1795*. – **L:** BioApo, Erg.-Bd. 2, 1997, *9f*.

Volker Jahn

Bauer, Kurt, Dr. jur.
geb. 23.10.1900 Berlin-Oberschöneweide, gest. 14.11.1945 Ketschendorf/Fürstenwalde, Jurist, Kommunalpolitiker.

B. studierte nach Abitur und Militärdienst ab 1919 Rechtswiss. in Greifswald und Berlin und prom. 1922 in Greifswald. 1923 wurde er zum Bürgermeister in Penkun/Vorpommern gewählt und war damals Dtls jüngster Verwaltungschef. 1925 bewarb er sich als Bürgermeister in der Kreisstadt Winsen/Luhe bei Lüneburg und wurde dort für 12 Jahre gewählt. Bei den Wahlen 1933 trat er als Kandidat für den Nationalen Mittelstand an, was ihm Konflikte mit der NSDAP einbrachte. Er bewarb sich deshalb für die vakante Stelle eines Bürgermeisters in Schönebeck, zu dem ihn 1934 der Regierungspräsident berief. Während seiner Amtszeit entstanden das Bahnbrückental und die sog. Junkerssiedlungen im Zusammenhang mit dem Aufbau des Junkers-Zweigbetriebes. 1937 wurde er Mitglied der NSDAP. B. rettete am 12.04.1945 als Bürgermeister durch sein Handeln die Stadt Schönebeck vor einer Bombardierung durch die Amerikaner, konnte aber Kämpfe in der Stadt an diesem Tage nicht verhindern. Er blieb trotz seiner Mitgliedschaft in der NSDAP weiter im Amt. Am 10.07.1945 wurde B. in der sowjetischen Kommandantur wegen seines Einspruchs gegen Verhaftungen durch die Rote Armee selbst verhaftet. Er verstarb an Diphtherie in einem NKWD-Sonderlager.

N: StadtA Schönebeck: PA 102 und 102a, Bl. 1501. – **L:** Günter Hagen, Dr. K. B. – Bürgermeister in Winsen/Luhe 1925–1933, 1996.

Hans-Joachim Geffert

Bauereisen, Johann Adam, Prof. Dr. med. habil.
geb. 27.10.1875 Heilsbronn/Mittelfranken, gest. 11.02.1961 Bad Sachsa/Harz, Arzt.

B. besuchte die Gymn. in Öttingen und Ansbach, studierte Med. in Tübingen und Erlangen und war nach seiner Prom. 1900 in Erlangen bis 1906 dort Assistent, zuletzt bei Karl Menge an der Univ.-Frauenklinik. 1907–08 erweiterte er seine praktischen Erfahrungen als Schiffsarzt beim *Norddt. Lloyd* und begleitete dann von 1909 bis 1921 Walter Stoeckel als Oberarzt von Marburg nach Kiel. In Marburg habil. sich B. 1910 und erhielt 1915 in Kiel den Prof.-Titel. Im I. WK war B. 1914–18 als Stabsarzt an der Westfront eingesetzt. Von 1921 bis 1953 leitete er die Frauenklinik im Sudenburger Krankenhaus Magdeburg als Dir. und ging dann in den Ruhestand. In der Geburtshilfe setzte sich B. vor allem für die Spekulum-Entbindung an Stelle der Zange ein und unterstützte die Bemühungen von → Johannes Brennecke um die Einführung der Klinikentbindung aus sozialer Indikation. Die Gynäkologie verdankt ihm insbesondere die Klärung aufsteigender Tuberkulose-Infektionen der Gestationsorgane.

W: Zur Frage der spontan entstandenen Bauchdeckenhämatome, in: Zentralbl. für Gynäkologie 45, 1921, *394–400*; Über unsere Erfahrungen mit der Behandlung puerperaler Allgemeininfektionen durch kolloidale Silberpräparate, Trypaflavin und Yatren, in: ebd. 45, 1921, *1205–1218*. – **L:** Ernst Walter Schwedt, In memoriam A. B., in: ebd. 83, 1961, *1441–1443*; Familienunterlagen Erich B., Würzburg (priv.). – **B:** *Slg. Vf., Qualzow (priv.).

Horst-Peter Wolff

Baumgarten, Günther Theodor Reinhold, Dr. phil.
geb. 26.09.1906 Magdeburg, gest. 22.03.1989 Wernigerode, Apotheker, Chemiker.

B., Sohn eines Lehrers, besuchte 1916–17 das König Wilhelms-Gymn. in Magdeburg und nach dem Tode der Eltern das Realgymn. der Staatl. Waisenhaus- und Schulanstalt zu Bunzlau. Nach der Reifeprüfung im Jahre 1925 und Arbeit als Apotheker-Praktikant in der Stadt-Apotheke in Coswig legte er 1927 in Dessau das pharmazeutische Vorexamen ab, studierte dann an der Univ. Berlin, bestand 1930 das pharmazeutische Staatsexamen sowie nach anschließendem Studium der Chemie 1931 das chemische Verbandsexamen. 1930–35 war B. als Hochschul-Assistent an den Univ. Berlin und Hannover tätig. 1933 prom. er an der Univ. Berlin, bestand 1935 das Lebensmittelchemikerexamen und wirkte dann als Apotheker und Chemiker in der pharmazeutischen Industrie. 1936–73 war B. bei der *Ysatfabrik* (später *VEB Ysat Wernigerode*) tätig, von 1945 an als Leiter der Wiss. Abt. Hier wurden die herzwirksamen Glykoside zu seinem Hauptarbeitsgebiet. Diese Tätigkeit war sehr erfolgreich und hatte 1963 die Einführung eines neuen Präparates (Pentaacetylgitoxin, Pentagit®) zur Folge. B. war Gründungsmitglied und 1954–67 Vors. der Gruppe Magdeburg der *Pharmazeutischen Ges. der DDR*. Er organisierte eine Vielzahl von Tagungen, an denen er selbst häufig als Referent beteiligt war. Seine musische Begabung kam u. a. im Rahmenprogramm dieser Tagungen mit eigenen Kompositionen zur Geltung (z. B. als Mitautor der Komödie „Der Weinberg von Venturia").

W: Über intramolekulare Ringschlüsse γ-halogenierter Amine mit endständigem Halogen, Diss. Berlin 1933; Die herzwirksamen Glykoside. Herkunft, Chemie und Grundlagen ihrer pharmazeutischen und klinischen Wirkung, 1963. – L: BioApo, Erg.-Bd. 2, 1997, *10f.*

Volker Jahn

Baumgarten, *Johann* **Christoph Friedrich**
geb. 08.09.1773 Magdeburg, gest. 16.07.1847 Magdeburg, Lehrer, Rektor, Schulbuchautor.

Der Sohn eines Gastwirts – sein Vater betrieb eine Schankwirtschaft im damaligen Domherrenkeller – besuchte das Magdeburger Domgymn. und absolvierte dann das Landschullehrerseminar am Kloster Berge bei Magdeburg unter → Christian Friedrich Schewe und → Friedrich Gabriel Resewitz. Ab 1797 war er Lehrer und Rektor in Dodendorf und legte bereits hier erste praktische, die Methodik der Land- und Volksschulen betreffende Abh. vor, die ihm fachliche und behördliche Anerkennung eintrugen. 1803 wurde B. zum Lehrer an der Erwerbsschule in Magdeburg berufen. Nach der im Zuge der Neuorganisation des städtischen Schulwesens durch → Karl Zerrenner erfolgten Umwandlung der Erwerbsschule in eine Volkstöchterschule, zu der auch eine Sonntagsschule gehörte, die von über 1.100 Schülerinnen besucht wurde, war B. dort zunächst Oberlehrer und von 1823 bis zu seiner Pensionierung 1846 Rektor. 1823–35 bekleidete er zudem das Amt eines Lehrers am Schullehrerseminar. Neben seinen hervorragenden Leistungen für die Entwicklung des Mädchenschulwesens in Magdeburg fanden eine Vielzahl von B.s pädagogischen Schriften, Übungs- und Erbauungsbüchern sowie schulischen Hilfsmitteln („Vorlegeblätter") weite Verbreitung und nahmen wesentlichen Einfluß auf die Unterrichtsmethodik insbesondere des ländlichen Schullehrerstandes.

W: Die Katechisirkunst (3 Bde), 1801–1805; Liederslg. für Landschulen zur Verbesserung und Beförderung des ländlichen Volksgesanges, 1807; Hdb. für Volksschullehrer, welche die neuesten und zweckmäßigsten Lehrmethoden kennenlernen wollen (3 Bde), 1817–1828; Hdb. für Lehrer, welche zu gleicher Zeit zwei oder drei Schülerabt. nach verschiedenen Abstufungen im Kopfrechnen üben wollen (2 Bde), 1827; Anleitung zur Anfertigung schriftlicher Aufsätze in geordneter Stufenfolge. Ein Hand- und Hilfsbuch für Lehrer in Volks- und Bürgerschulen, 1830. – L: Neuer Nekr 25, 1849; Hamberger/Meusel, Bde 13, 17, 22/1 (*W*); Friedrich Adolph Wilhelm Diesterweg, Sämtliche Werke, Bd. 3, 1959, *591.*

Wolfgang Mayrhofer

Beck, Paul *Walther,* **Dr. jur.** (Ps.: Otto Spiegelberg)
geb. 02.08.1857 Magdeburg, gest. 08.10.1896 Halle, Beamter, Schriftsteller.

Der Sohn eines Bauunternehmers studierte Rechtswiss. und prom. zum Dr. jur. Nach seinem Examen bekleidete er das Amt eines kaiserlichen Auditors. Später wurde er Beamter des Sultans von Sansibar. Er nahm an einer Expedition zum Nordpol teil, seine Reisen führten ihn außerdem nach Ungarn, Rußland, Serbien, in die Türkei und nach Afrika. 1888 heiratete B. und ließ sich als Schriftsteller in Elmen-Salze bei Schönebeck nieder, zog 1895 nach Bernburg und ein Jahr später nach Halle. B. war nicht nur Mitarbeiter großer ausländischer Ztgg. sowie Ehrenmitglied und Beirat bedeutender jur. Körperschaften, sondern gab als Verleger seit 1886 auch die 1872 gegründete und in wirtsch. und jur. Kreisen bekannte Wochenschrift *Der Rechtsbeistand* heraus. Außerdem fungierte er seit 1892 als Vors. des *Volkswirtschaftlichen Verbandes*. Als Schriftsteller veröffentlichte B. phil., jur. und belletristische Schriften sowie eine Reihe von Reiseschilderungen und Städtebildern.

W: Im Seebade. Roman, 1882; Gedichte, 1883; Novellen, 1883; Legenden, 1888. – L: Kosch LL 1, Sp. *345*; Franz Brümmer, Lex. der dt. Dichter und Prosaisten, Bd. 1, ⁶1913, *159f.*

Gabriele Czech

Beck, Peter *Walther* **(Walter) August, Dr.**
geb. 10.06.1890 Magdeburg, gest. 29.06.1966 Kassel, Generalmusikdir., Dirigent.

B. erhielt zunächst von 1900 bis 1909 eine Ausbildung in der Hauptschule Franckesche Stiftungen in Halle. Parallel dazu besuchte er dort von 1906 bis 1909 das Compes de la Porte-Konservatorium in Halle, wo er Germanistik, Kunstwiss., Musikwiss. und Phil. studierte. Von 1910 bis 1914 arbeitete B. als Repetitor am Nationaltheater in München. Während des I. WK als Soldat eingezogen, bekleidete er nach dem Krieg Anstellungen als Kapellmeister am Stadttheater Regensburg (1918–20), Würzburg (1920/21) und am Landestheater in Darmstadt (1920–23).

1924 übernahm er als Nachfolger von → Walter Rabl das erstmals von der Stadt Magdeburg ausgeschriebene Amt des Generalmusikdir. der Städtischen Bühnen in Magdeburg, welches er bis zu seiner Beurlaubung durch die Nationalsozialisten 1933 bekleidete. Es folgten Engagements als Generalmusikdir. in Bremen (1934–41), Kaiserslautern (1943/44) und Hannover, die durch ein interessenbedingtes Studium der Phil. bei Eduard Spranger und Nicolai Hartmann an der Univ. Berlin (1941–43) unterbrochen wurden. Er unternahm zahlreiche Studienreisen in die Türkei, nach Griechenland, Italien und später in nordische Länder. B. profilierte mit seinem Programm, das konsequent der dt. und europäischen zeitgenössischen Musik verpflichtet war, das Magdeburger Theater zu einer modernen dt. Bühne. Mit weitreichenden Vollmachten bei der Gestaltung der Sinfoniekonzerte, des Opernspielplanes und der Besetzung ausgestattet, brachte er bei zahlreichen Erstaufführungen (allein bis 1929 88 Konzerte und 43 Opern) u. a. Werke von Strawinsky, Hindemith, Pfitzner, Tschaikowsky, Prokofjew, Mussorgski und Kurt Weill sowie die Spätwerke von Richard Strauss und Verdi zu Gehör. Mit dem von Fachkritikern als ausgezeichnet bewerteten Magdeburger Orchester arbeiteten und konzertierten in den 1920er Jahren zahlreiche namhafte Gastdirigenten und Solisten (u. a. Richard Strauss, Otto Klemperer und Felix Weingartner sowie die Pianisten Paul Wittgenstein, Franz Dorfmüller und Edwin Fischer). B. versuchte auch, das Magdeburger Publikum immer wieder durch Experimente, wie z. B. mehrmaliges Vorspielen eines Stückes, an die „Neue Musik" heranzuführen, und schuf dadurch einen Weg, diese Musik im Kulturleben Magdeburgs zu etablieren. 1933 wurde B. von den Nationalsozialisten beurlaubt und später → Erich Böhlke als Nachfolger eingesetzt.

L: Reichshdb 1, *83* (***B***); Kürschners Biogr. Theater-Hdb., 1956; → Friedemann Krusche, Theater in Magdeburg, Bd. 2, 1995, *28* u. ö.; Dagmar Bremer, „Weit über Provinzniveau", in: 100 Jahre Städtisches Orchester Magdeburg, hg. von der Magdeburgischen Philharmonie, 1998, *24f.* (***B***). – **B:** *Jörg-Heiko Bruns, Erfurt-Molsdorf (priv.): Zeichnung von → Bruno Beye; Telemann-Zentrum Magdeburg.

Sabine Gatz

Becker, Adolf

geb. 04.02.1871 Buckau bei Magdeburg, gest. 09.04.1952 Staßfurt, Lehrer, Geologe.

Als Sohn eines Maschinisten geb., besuchte B. die Volksschulen in Buckau und Neuhaldensleben, 1886–91 Präparande und Lehrerseminar in Halberstadt und erhielt eine Lehrerstelle in Löderburg/Kr. Calbe. 1899 absolvierte B. die Mittelschullehrerprüfung in Mathematik und Naturwiss. und ging 1900/01 an die gehobene Schule zu Staßfurt, die 1910 in ein Reform-Gymn. umgewandelt wurde. Hier wirkte B. bis zu seiner ungewollten Pensionierung im Jahre 1933. Er war danach längere Zeit Hauslehrer der Fam. Bennecke in Staßfurt. Seit ca. 1900 beschäftigte sich B. intensiv mit den geologischen Verhältnissen der Gegend seines Wirkungsortes, studierte die Herkunft der pleistozänen Geschiebe auf längeren Studienreisen in Norwegen und Lappland, wurde Mitglied der *Dt. Geologischen Ges.* und veröffentlichte eine Vielzahl von Beobachtungen. B. wandte sich seit 1911 auch der archäologischen Feldforschung zu, wurde Mitglied der *Ges. für dt. Vorgesch.* und veröffentlichte mehrfach Ergebnisse von Fundbergungen und Grabungen. Als Ergebnis seiner um 1927 erstellten Aufnahme der heimischen Pflanzenvorkommen erschien 1934 „Die Flora von Staßfurt und seiner Umgebung" (1001 Arten, hektographiert). Gestützt auf jahrzehntelange Sammeltätigkeit gründete B. 1927 das Heimatmus. in Staßfurt, nachdem er schon 1919 einen Heimatverein ins Leben gerufen hatte.

W: Die geologischen Beziehungen unserer Heimat zum Norden, in: Wiss. Beilage zum Jahresbericht des Reform-Gymn. zu Staßfurt, 1911; Rhombenporphyr bei Staßfurt, in: Zs. für Geschiebeforschung 8, 1932, *121f.*; Ausgrabung am Hahneklint, Gemarkung Athensleben/Kr. Calbe, in: Js. für die Vorgesch. der sächsisch-thüringischen Länder 15, 1927, *43f.*; Die Bandkeramik im Gebiet der Wipper und Bode, in: Mannus 21, 1929, *124–142*; Geographisch-geologischer Bilder-Atlas mit Aufnahmen aus der engeren und weiteren Heimat, 1933. – **N:** Börde-Mus. Ummendorf, aus der Slg. → Hugo Hölzer. – **L:** Peter Schmidt, Zur Gesch. der Geologie, Geophysik, Mineralogie und Paläontologie. Bibliogr. der DDR, in: Veröffentlichungen der Bibl. der Bergakad. Freiberg 40, 1970, Nr. 671; Hans-Jürgen Mülleroth, 50 Jahre Mus. Egeln. 4. Informationsbl., Einblattdruck 1984; Vf., Über den Fund des Homo westeregelniensis, Ms. 1992 (Börde-Mus. Ummendorf); ders., Bibliogr. A. B., Ms. o. J.

Heinz Nowak

Becker, Bernhard

geb. 26.03.1879 Beendorf/Kr. Neuhaldensleben, gest. 05.07.1961 Haldensleben, Lehrer, Heimat- und Goetheforscher.

B. war der Sohn eines Barbiers aus Beendorf. Nach dem Besuch der Volksschule (1886–94), der Präparandenanstalt Quedlinburg (1894–97) und des Lehrerseminars in Halberstadt (1897–1900) wurde B. zunächst als Lehrer in Eimersleben (1900–05) angestellt. Danach war er zwei Jahre als Lehrer in einem dt. Waisenhaus in London tätig. Hier heiratete er die Tochter eines Magdeburger Kaufmanns, die in London als Erzieherin arbeitete. 1907 kam B. nach Dtl. zurück und übernahm eine Lehrerstelle an der Volksschule in Egeln/Kr. Wanzleben. Von 1909 bis zu seiner Versetzung in den Ruhestand im Jahr 1952 leitete B. die Schule in Beendorf. Von großer Bedeutung für seine erzieherische Tätigkeit war sein persönlicher Kontakt mit dem Schulreformer und Sozialpolitiker Berthold Otto in Berlin. B. übernahm u. a. die Anwendung der „Altersmundart" bei der Erziehung der Kinder. Er pflegte auch seine lit. Interessen. Durch die Beziehungen zum Berthold-Otto-Kreis wurde er auch mit der lit. „Charon-Schule" und ihren Vertretern bekannt. Auch das Plattdt. blieb ihm immer vertraut, so daß er zur Erforschung des heimatlichen Dialektes seinen Beitrag leisten konnte. B. war zudem als „Landlehrer im Dienste der Vorgeschichtsforschung" tätig. Die Ausgrabungen in den Gemarkungen seiner engeren Heimat führten zu bedeutenden Ergebnissen, die in Fachkreisen hoch bewertet wurden. Auch seine Goetheforschungen und seine Goethe-Beireis-Ausstellung 1930 in Helmstedt fanden in der Fachwelt Anerkennung. Als Theaterhistoriker lieferte B. einen wichtigen Beitrag über die Anfänge der Kur- und Bade-Theater in Dtl. Neben seiner vielfältigen wiss. Tätigkeit, deren Erträge B. zumeist in Heimatbll. publizierte, war er lange Jahre Vors. des Lehrervereins *An der oberen Aller*. Zu seinen Ehren erhielt die Schule in Beendorf 1994 den Namen „B.-B.-Schule".

W: Goethes Reise nach Harbke und Helmstedt, 1925; Gesch. des Amalienbades und des ersten Badetheaters in Preußen, 1927; Der Landlehrer im Dienste der Vorgeschichtsforschung, in: Mannus. Zs. für Vorgesch., 7. Erg.-Bd., 1929, *183–188*; → Albert Niemann, in: Mitteldt Leb 5, *460–471*. – **L:** N. N. B. B., Beendorf zum 60. Geb., in: Heimatbl. für das Magdeburgische Holzland, für Börde und Heide 4, 1939, *1f.* (**W, B**); → Willi Koch, Drei bodenständige Lehrer! Drei Heimatforscher!, in: Roland, Kulturspiegel für den Kr. Haldensleben, H. 6, 1956, *107*. – **B:** *B.-B.-Schule Beendorf.

August Bornemann

Becker, *Eduard* **Otto Franz Carl**
geb. 13.08.1853 Colbitz, gest. 22.05.1931 Zeitz, Architekt, Regierungsbaurat.

Der Sohn des Landwirtes Carl Simon B. studierte nach dem Schulbesuch in den Jahren 1885–90 Bauwesen. Nach dem Studium wurde Magdeburg sein erster Wohn- und Arbeitsort. Dort entstanden als bekannte Werke die Entwürfe des zweiten Dompredigerhauses mit Sakristei (Am Dom 4) 1897 und die Pläne des 1902–04 erbauten und im II. WK teilweise zerstörten Justizpalastes einschließlich des Gefängnisses. B.s späterer Wohnsitz war Stallupönen/Ostpreußen. Hier wurde von ihm der Um- und Teilneubau des bekannten Gestütes Trakehnen geplant und geleitet. Nach 1918 wirkte er in Zeitz und Naumburg. B. wurde nach seinem Tod in Colbitz in der vom ihm entworfenen Grabstätte der Fam. beigesetzt.

Ernst Nielebock

Becker, Ewald
geb. 07.08.1902 Grabow bei Burg, gest. 09.04.1974 Magdeburg, Unternehmer.

Der Sohn des Landwirts Andreas B. gründete nach der Ausbildung zum Motoren- und Autoschlosser in Berlin und Lauterbach und zum Maschinenbaumeister (1935) in Oberursel und Frankfurt/Main 1937 die *Fa. E. B. Kompressoren und Werkstatteinrichtungen* in Magdeburg. 1938 wurde B. Generalvertreter des weltbekannten Kompressorenherstellers *Heinrich Leo Metallwarenfabrik und Gießerei* (*LEO*) *Gera*. Innovativ war er in seiner Fa. vor allem bis 1945 in der Herstellung von Luftkompressorenanlagen als komplette Einheit einschließlich der Filtertechnik tätig, die deutschlandweit vertrieben wurden. Am 16.01.1945 wurde der Betrieb bei der Bombardierung der Stadt zerstört. 1946 begann wieder der Handel auf dem Gebiet der Kompressoren. Ab 1959 produzierte die *E. B. KG* im industriellen Maßstab Kolbenkompressoren, stellte das erste entwickelte tragbare Reifenluftdruck-Prüfgerät in der DDR her und blieb auch bis 1972 der Alleinhersteller. Damit erbrachte B. einen Beitrag zur Weiterentwicklung auf dem Gebiet der Drucklufttechnik. B. war ein weitblickender Unternehmer, der durch ein Firmen- und Entwicklungskonzept weit über Magdeburg hinaus bekannt wurde. Die Arbeit des Betriebes wurde 1972 durch die Verstaatlichung beendet.

L: Familienunterlagen Hans-Günter B., Magdeburg (priv.). – **B:** ebd.

Hans-Günter Becker

Becker, Hans, Prof. Dr. Ing.
geb. 28.06.1933 Bunzlau/Schlesien, gest. 12.09.1996 Magdeburg, Maschinenbauing., Hochschullehrer.

B., Sohn einer Lehrerfam., erlernte nach dem Abitur den Beruf Maschinenschlosser und absolvierte 1954–59 ein Ingenieurstudium an der Hochschule für Schwermaschinenbau Magdeburg. 1959–65 war er wiss. Assistent und Oberassistent am Inst. für Walzwerks- und Hüttenmaschinen bei → Otto Wilhelm und Gustav Zouhar. B. wurde 1966 an der Fakultät für Technische Wiss. der TH Magdeburg mit einer Arbeit über das Walzen von Aluminiumfolie zum Dr.-Ing. prom., arbeitete 1965–68 als Projekt- und Entwicklungsleiter für Kaltwalzwerke im *VEB Schwermaschinenkombinat „Ernst Thälmann"* Magdeburg (*SKET*), wurde anschließend zum o. Prof. für „Anlagen und Automatisierung der Schwerindustrie" an die TH Magdeburg berufen und als Dir. des Inst. für Walzwerks- und Hüttenmaschinen eingesetzt. Seine Lehre und Forschung beinhaltete Technologie, Projektierung und Automatisierung von Walzwerken. B. pflegte den intensiven wiss. Austausch mit Hochschullehrern, Wissenschaftlern im In- und Ausland sowie Fachkollegen aus der Industrie und nahm zudem Gastlehrtätigkeiten in Donezk/Ukraine wahr. B. betreute und prom. mehr als 30 Assistenten und Aspiranten zum Dr.-Ing. Die erfolgreiche wiss. Arbeit spiegeln zahlreiche Veröffentlichungen in Fachzss. wider. Sein Lehr- und Handbuch „Walzwerke, Maschinen und Anlagen" (1979) fand int. Beachtung. Die langjährige erfolgreich in Magdeburg durchgeführte Fachtagung „Ausrüstungen für die Metallurgie" wurde durch B. maßgeblich mit geprägt. Er engagierte sich für die Entwicklung des Wissenschaftsbereiches „Ausrüstungen der Metallurgie" und der Sektion Maschinenbau an der TH Magdeburg, insbesondere durch den Aufbau einer Kaltwalz-Versuchsanlage in Zusammenarbeit mit dem *SKET* 1969–1973, und erhielt 1973 den Nationalpreis II. Kl. für Wiss. und Technik im Kollektiv. B. war Mitglied des Fachausschusses Metallformung der *Montanwiss. Ges.* in der *Kammer der Technik*, im Beirat für Weiterbildung beim Rektor der TH Magdeburg (ab 1976 Vors.), in der Arbeitsgruppe Weiterbildung des wiss. Beirates Maschineningenieurwesen beim Ministerium für Hoch- und Fachschulwesen der DDR, im Lektorratsbeirat des *VEB Dt. Verlag für Grundstoffindustrie* Leipzig und des Forschungsrates des *SKET* Magdeburg. 1989–94 leitete B. das Inst. für Walzwerksmaschinen und Anlagen bzw. für Maschinen und Antriebstechnik und war zeitweilig Dekan der Fakultät für Maschinenbau der Univ. Magdeburg. 1994 schied B. auf eigenen Wunsch aus dem Hochschuldienst aus.

W: s. o. – **L:** UnivA Magdeburg. – **B:** *UnivA Magdeburg).

Wilhelm Guericke

Becker, Johann Philipp
geb. 07.02.1711 Borken, gest. um 1800 Magdeburg, Apotheker.

B. besuchte kurze Zeit die höhere Schule in Homburg. In Borken und Potsdam arbeitete er in der väterlichen Apotheke. 1727 ging B. nach Berlin. Er hörte Vorlesungen des Berliner Hofapothekers Prof. Caspar Neumann. 1735 erhielt B. ein Privilegium in Neustadt bei Magdeburg, wurde dort Ratsmann und 1764 Assessor des *Collegium medicum provincialis*. 1764 erhielt B. die Erlaubnis, in der Altstadt Magdeburg eine Apotheke zu eröffnen, die aber 1784 in Konkurs geriet. Bis ins hohe Alter arbeitete er wiss., veröffentlichte einige Bücher und ging als Entdecker der Salpetersäure in tierischen Ausscheidungen in die pharmazeutische Lit. ein.

W: Supplement zu der Abh. über den Salpeter, 1784; Abh. über den roten Arsenik, 1784; Das Leben und die Gesundheit der Kreaturen und deren Erhaltung durch die Pflanze, 1785; Chemische Untersuchungen der Pflanzen und deren Salze, nebst andern dahin gehörigen Materien, 1786. – **L:** BioApo 1, 1975, *33f*; Alfred Adlung/Georg Urdang, Grundriß der Gesch. der dt. Pharmazie, 1935, *422f*; Johannes Kaspar Philipp Elwert, Autobiogr. J. P. B., in: Nachrichten von dem Leben und den Schriften jetztlebender teutscher Ärzte, Wundärzte, Thierärzte, Apotheker und Naturforscher, Bd. 1, 1799, *26–71*; → Hans Joachim Bauer, J. P. B., Beitrag zur Selbstbiogr. eines praktischen Apothekers des 18. Jhs, in: Zs. Pharmazie, H. 2, 1963, *158–163*.

Katharina Albrecht

Becker, Marie, geb. Eggeling
geb. 17.03.1872 Tundersleben/Kr. Neuhaldensleben, gest. 18.08.1959 Berlin-Grunewald, Unternehmerin.

B. wurde als die „Berliner Droschkenkönigin" bekannt. Das Landarbeiterkind aus dem Kr. Neuwaldensleben besuchte die Volksschule, verließ nach ihrer Heirat ihren Heimatort und gründete mit ihrem Mann im Frühjahr 1900 in Berlin ein bald florierendes Pferdedroschken-Unternehmen. Die resolute und selbstbewußte B. wurde Sprecherin der Innung und scheute in deren Interesse auch nicht den Streit mit dem Berliner Polizeipräsidenten. 1912 stieg sie gegen den Widerstand ihres Mannes auf Autotaxen um und gehörte dabei in Berlin zu den Pionieren des Gewerbes. In den 1930er Jahren ließ sie eine Villa in Berlin-Grunewald bauen, erwarb Besitz in Brandenburg und auf Rügen, verlor aber im Bombenkrieg 1945 das Haus und den gesamten Fuhrpark. 1949 nahm sie den Taxibetrieb erneut auf und wurde bis zu ihrem Tode in der Berliner Gewerberolle geführt. 1911 schenkte sie ihrem Heimatort Tundersleben eine Schule.

L: Fachzs. für das dt. Kraftdroschkengewerbe, 10/1955; N. N., „Ich war mal Millionärin", in: Constanze, H. 7, 1958.

Karl Schlimme

Becker, Wilhelm
geb. 16.09.1863 Hoym/Anhalt, gest. 01.12.1931 Magdeburg, Kaufmann, Unternehmer.

B., geb. als siebentes Kind des Gastwirts Christoph B., besuchte die Volksschule. Nach einer kaufmännischen Lehre in Oschersleben gründete er dort Ende der 1880er Jahre als Jungunternehmer gemeinsam mit dem älteren Bruder Karl B. und seinem Vetter Wilhelm Schmidt die kleine Schokoladenfabrik *B. & Schmidt*. Vor allem durch die geschickte Nutzung des Standortvorteils im Zuckerrübenanbau-Gebiet der Börde entwickelte sich diese unter seiner Geschäftsführung in den folgenden Jahrzehnten zu einem führenden Betrieb der mitteldt. Süßwarenindustrie. 1922 wurde das Unternehmen zwischen den Inhabern geteilt. In Oschersleben verblieb die *Schokoladenfabrik Schmidt*

Söhne (seit 1936 unter dem Firmennamen *Bodeta*; 1946 als „Ns.-Musterbetrieb" enteignet, dann *VEB Bodeta*, seit 1991 *Bodeta Süsswaren GmbH*), während B. in Magdeburg (Rogätzer Straße). noch im selben Jahr das eigenständige Unternehmen *B. Kakao- und Schokoladen-Werke K. G.* mit der Hauptproduktion Industrie- und Konditorei-Schokoladen und Füllmassen gründete, das neben *Portola* der größte Betrieb dieser Art in Magdeburg und Umgebung war. Nach seinem altersbedingten Ausscheiden 1924 leitete sein ältester Sohn Wilhelm B. jun. das Unternehmen bis zur völligen Zerstörung des Betriebes durch den Bombenangriff am 16.01.1945. Dieser fand den Tod infolge dabei erlittener schwerster Verletzung am 02.02.1945.

B: *Vf., Berlin (priv.).

Joachim Hoffmann

Beckers, Paul

geb. 01.11.1878 Magdeburg, gest. 27.04.1965 Leipzig, Schauspieler, Varietékünstler.

Der Sohn eines Elbeschiffers erlernte den Beruf eines Orchestermusikers (Flöte/Oboe), spielte in einer kleinen Kapelle, war ab 1899 Chargendarsteller am Magdeburger Theater und wurde später Mitglied der sächsischen Herrensängerges. *Thymian*. Im Magdeburger Fürstenhofkeller spielte er in kleinen Volksstücken und Dramen unter der Leitung seines Lehrers Gustav Gluck, der das komische Talent B.s entdeckte und förderte. Der bekannte Artistenagent Robert Wilschke nahm B. in seine Datei auf und ebnete ihm den Weg zum bekannten Varietékünstler. Von 1927 bis 1930 trat er unter „B.s bunte Bühne" und im Rundfunk auf. Ab 1945 absolvierte er nur noch Soloauftritte und gastierte mit seinem Programm in nahezu allen bekannten dt. Varietéhäusern, u. a. 25 mal im Berliner Wintergarten. Den Abschied von den „Brettern" gab er im Dezember 1961 im Magdeburger Kristall-Palast in der Revue „Mein Magdeburg am Elbestrand", zusammengestellt vom damaligen künstlerischen Dir. Helmut Sauer.

W: Sketche: u. a. Fliegentütenheinrich, Das Plättbräät, Die Sommerfrische. – **L:** Hdb SBZ/DDR, *41*; Ernst Günther, Gesch. des Varietés, ²1981; Helmut Müller-Enbergs (Hg.), Wer war wer in der DDR? Ein biogr. Lex., 2000, *54*.

Nadja Gröschner

Beckmann, Christoph

geb. 10.03.1810 Siemerode/Eichsfeld, gest. 07.05.1873 Magdeburg, kath. Theologe.

B. legte sein Abitur in Heiligenstadt ab. Er studierte in Münster, Bonn und dann in Paderborn, wo er sich 1838 zum kath. Priester weihen ließ. Nach einer kurzen Tätigkeit als Kaplan in Beuren und Dingelstädt trat er 1838 eine Kaplanstelle in Heiligenstadt an, ab 1841 war er zudem als Sekretär in der dortigen Kommissariatsverwaltung tätig. 1846 übertrug ihm Bischof Franz Drepper die Pfarrstelle der Mariengemeinde an der Klosterkirche U. L. F. in Magdeburg und das Amt des Bischöflichen Kommissars des Bischöflichen Kommissariates Magdeburg, nachdem sein Vorgänger → Johannes Ernst nach Paderborn berufen worden war. Bischof Konrad Martin ernannte B. im Januar 1859 zum Paderborner Ehrendomherrn, im Mai 1859 – im Zuge der Erhebung der Mariengemeinde zur Propstei – zum Propst und im Juli 1871 zum Geistlichen Rat. Unter ihm wurde 1862 eine private kath. höhere Mädchenschule errichtet, die von den „Schwestern der Christlichen Liebe" geleitet wurde. Während des Kulturkampfes mußte die Schule 1876 schließen. 1901/03 konnte sie zwar im eigens dafür errichteten Schulgebäude in der Prälatenstraße 35 wieder eröffnet werden (ab 1911 Lyzeum), wurde aber unter → Heinrich Winkelmann von den Nationalsozialisten 1939 endgültig aufgelöst. In das Ende der Amts- und Lebenszeit von B. fiel die Auseinandersetzung um das Eigentum des Klosters U. L. F. Magdeburg. Dorthin war die einzige kath. Gemeinde der Stadt Magdeburg eingewiesen worden, nachdem Napoleon 1812 beim Abbruch der Magdeburger Neustadt auch deren Gottesdienstraum, das St. Agnes-Kloster, abreißen ließ, um ein freies Schußfeld zu bekommen. Erst kurz nach B.s Tod bekam die Propsteigemeinde unter seinem Nachfolger → Christian Loeffler im November 1873 die heruntergekommene St. Sebastianskirche übertragen.

L: Wilhelm Liese, Necrologium Paderbornense, 1934; Eduard Quiter, Die Propstei Magdeburg, 1959, *35*; Rudolf Joppen, Das Erzbischöfliche Kommissariat Magdeburg, in: SkBK, Bd. 10, 1978, *182ff.*

Daniel Lorek

Beer, *Max* Johann Karl

geb. 17.01.1880 Magdeburg, gest. 24.01.1952 Magdeburg, Dipl.-Ing., Regierungsbaumeister.

1901 legte der Sohn des Kgl. Baurates und Stadtbauinspektors Reinhard B. die Reifeprüfung am Realgymn. in Quakenbrück ab, leistete 1903 als Einjährig-Freiwilliger seinen Militärdienst in Magdeburg und nahm danach ein Bauing.-Studium an der TH Berlin auf (1904–06), das er 1908 an der TH Aachen mit der Hauptprüfung abschloß. B. arbeitete anschließend im Baufach und war u. a. bei *Philipp Holzmann* am Bau des Teltow-Kanals und der Klein-Machnower Schleuse beteiligt. In der Kaiserlichen Schiffswerft Wilhelmshaven vertiefte er seine Kenntnisse im Wasserbau unter der Leitung von Marine-Baurat Zennig und Reg.-Baumeister Hafner. Als Regierungsbauführer wurde er 1908 in der Elbstromverwaltung Magdeburg tätig, entwarf hier u. a. das Trennungswerk zwischen Elbe und Alter Elbe im Bereich Handelshafen und schrieb die Entwicklungsgesch. der Schiffswerft am Winterhafen nieder. 1910 übertrug ihm der Magdeburger Stadtbaurat Carl Henneking die

Leitung der Kanalbauten im Industriegebiet Magdeburg-Rothensee. Im November 1912 wurde B. zum Kgl. Regierungsbaumeister ernannt. Ab Anfang der 1920er Jahre übernahm B. eine Lehrtätigkeit, avancierte um 1924 zum Studienrat und erteilte als Regierungsbaurat bis Anfang der 1940er Jahre Fachunterricht in Magdeburg. Nach Kriegsende verbrachte er auch seinen Lebensabend in Magdeburg.

L: LHASA: Rep. C 20 IV, PA 312.

Hans Gottschalk

Behmer, Rudolf
geb. 13.11.1831 Merzin bei Köthen, gest. 12.02.1907 Berlin-Charlottenburg, Schafzüchter.

B. wurde als Sohn des Domänenpächters, Schafzüchters und Oberamtmannes B. und seiner Frau Elise, geb. Engelhard, geb. Er hatte acht Geschwister, sein Zwillingsbruder war der Maler Hermann B. in Weimar. Der Vater war passionierter Schafzüchter und hatte in Merzin eine berühmte Stammherde. B. erlernte die Landwirtschaft in Sachsen mit dem Vorsatz, Schafzüchter zu werden. Schäfereidir. Friedrich Steiger in Querfurt war einer seiner wichtigsten Lehrer. In der Wirtschaft seines Schwagers → Heinrich von Nathusius auf Althaldensleben züchtete B., in Übereinstimmung mit → Hermann von Nathusius auf Hundisburg, seit etwa 1860 eine Auslese der väterlichen Stammherde. B. wurde Leiter einer großen Zahl von Schäfereien in Dtl. und Russland und bereiste auch mehrfach Österreich-Ungarn, Frankreich, Spanien und England, um dortige Züchter und Züchtungen kennenzulernen. Er war einer der ersten, der die Bedeutung der großen tiefwolligen franz. Merinos für dt. Verhältnisse erkannte und sie als Zuchttiere einführte. Die Zucht des Merino-Fleischschafes seit 1860 war sein großes Verdienst. Seit 1877 lebte B. als Schäfereidir. in Berlin. Als Mitglied der *Dt. Ackerbauges.* wurde er dort zum lebenslangen Mitglied der *DLG* berufen und gehörte deren Gesamtausschuß sowie dem Sonderausschuß für Merinozucht an.

W: Dt. Schäferei-Zustände und Zuchtziele. Ein kritischer Versuch, in: Zs. des landwirthsch. Central-Vereins der Provinz Sachsen 23, Nr. 11/12, 1866, *241–254* und ebd. 24, Nr 1, 1867, *7ff.*; Das landwirtschaftliche Prämierungswesen von Thieren und Maschinen. Acht Briefe über die bisherigen Systeme in Bezug auf ihr mathematisches Prinzip und ihre technische Einrichtung und Aufstellung eines neuen Point-Systems, 1877; Aus dem Landes-Oekonomie-Collegium, in: Zs. des landwirthsch. Central-Vereins der Provinz Sachsen 45, Nr. 1, 1888, *12–16*; Briefe über Schafzucht, in: Fühlings landwirtsch. Ztg. 48, 1899, *456–462*. – L: Aus der DLG, in: Mittlgg. der DLG 22, St. 7, 1907, *86*; DLG-Anerkennung von Schafstammzuchten. 7. Merino-Stammzucht Münchenlohra (Merino-Fleischschafe), in: ebd. 23, St. 2, 1908, *14f.*; von Graevenitz, Über die Schafzucht der Provinz Sachsen, in: ebd. 43, St. 22, 1928, *508f.*; Arthur Golf, Hdb. der Schafzucht und Schafhaltung I, 1939; Fritz Dinkhauser, Tierzucht, in: Otto Keune (Hg.), Männer, die Nahrung schufen, 1952, *319–322*.

Heinz Nowak

Behne, Adolf, Prof. Dr. phil.
geb. 13.07.1885 Magdeburg, gest. 22.08.1948 Berlin, Architekt, Architekturtheoretiker, Kunstkritiker.

B. studierte Architektur, später Kunstgesch. in Berlin. Er war Mitglied des *Dt. Werkbundes* und Mitbegründer des *Arbeitsrates für Kunst* in Berlin (1918), der eine lockere Vereinigung fortschrittlicher dt. Künstler und Kunstschriftsteller nach der *Novembergruppe* von → Bruno Taut und B. begründete. Dieser Rat stellte sich die Schaffung einer neuen volksnahen Kunst und Architektur zum Ziel, wobei B. die Architektur des Expressionismus begrüßte und sich für das „Neue Bauen" einsetzte. Der Magdeburger Künstlervereinigung *Die Kugel* und deren Mitgliedern stand er nahe. Bis 1933 nahm er eine Lehrtätigkeit an der Univ. in Berlin wahr. Von 1945–48 war er Prof. an der Staatl. Hochschule für Bildende Kunst Berlin und Mitglied der Architektenvereinigung *der ring*, die 1925 gegründet wurde und der führende Berliner Architekten angehörten. Ziel dieser Vereinigung war der Kampf gegen die offizielle konservative Kulturpolitik. Als Architekt trat B. wenig in Erscheinung. Während der Weimarer Republik machte er sich zum wichtigen Wortführer der Avantgarde. Neben Fachschriften publizierte er auch populäre Kunstbücher.

W: Bauten: Barmen, Empfangsgebäude des Hauptbahnhofes 1912/13 (mit Ziermann);, Empfangsgebäude des Hauptbahnhofes Düsseldorf, 1932/36 (mit Krüger). – Schriften: Zur neuen Kunst, 1915 (Reprint 1974); Der moderne Zweckbau, 1926 (Repr. 1998); Architekturkritik in der Zeit und über die Zeit hinaus. Texte 1913–46, 1994; Entartete Kunst, 1947; Die Wiederkehr der Kunst, 1923/25 (Repr. 1998). – L: Reichshdb 1, *93* (*B*); KGL 4, 1931; Wer ist's 10, 1935; Saur AKL 8, *305*; Paul Raabe, Die Autoren und Bücher des lit. Expressionismus, ²1992, *52–54*.

Renate Hagedorn

Behr, Max
geb. 11.01.1857 Köthen, gest. 08.05.1934 Steckby/Elbe, Amtmann, Landwirt, Ornithologe.

B. erwarb in Steckby einen Landwirtschaftsbetrieb und beschäftigte sich nebenbei als Autodidakt mit der Ornithologie und dem Biberschutz in der Elbauenlandschaft. Bereits 1868 beobachtete er erstmals Biber. 1908 gelangen ihm die ersten von etwa 2.000 photographischen Biberaufnahmen. Seit 1919 widmete er sich ganz der Vogel- und Biberforschung. Er entwickelte die sog. „B.'schen Nistkästen" sowie Biber-Kunstbaue und Rettungshügel und erreichte, daß 1929 auf seinem Grundstück eine Biologische Station eingerichtet, Teile der Elbauenlandschaft zwischen Lödderitz und Schönebeck unter Schutz gestellt, Weichholzanpflanzungen durchgeführt und Rettungshügel angelegt wurden. Dadurch stabilisierte sich der Biberbestand in der Region und erlangte seine optimale Population wieder. Seine Verdienste um die Biberforschung brachten ihm den Titel „Bibervater" ein. Viele der hier vorkommenden etwa

130 Brut- und etwa 100 Gastvogelarten wurden von ihm genauestens beobachtet. Die meisten seiner photographischen Aufnahmen wurden durch den Bombenangriff auf Zerbst 1945 vernichtet.

W: Biber im Kr. Calbe, in: Heimatjb. des Kr. Calbe, 1930, *41*. – **L:** → Otto Held, Amtmann B. zum Gedächtnis, in: Heimat-Echo des Kr. Schönebeck 2, H. 4, 1955, *55f.* – **B:** *KrMus. Schönebeck.

Hans-Joachim Geffert

Behrend, *Martin* Eduard Theodor, Prof. Dr. phil.
geb. 31.10.1865 Rittergut Maternhof bei Königsberg, gest. 05.08.1926 Mannheim, Wirtschaftswissenschaftler, Syndikus, Rektor.

Der Sohn des Walter B. besuchte die Gymn. in Königsberg, Schwerin und Weimar. 1888 begann er in Göttingen eine Buchhandelslehre und nebenher ein Studium an der dortigen Univ. Im Folgejahr brach er die Lehre zugunsten eines Studiums in Heidelberg ab, das er 1891 mit seiner Prom. „Die Verstaatlichung von Grund und Boden" abschloß. Nach Tätigkeiten als Statistiker in Dresden (1891), bei der *Metallges.* in Frankfurt/Main sowie als Sekretär der *Zwickauer Handelskammer* wurde B. 1896 Syndikus der *Magdeburger Korporation der Kaufmannschaft* bzw. der *Magdeburger Handelskammer.* Gemeinsam mit dem Präsidenten der Korporation → Otto Hubbe setzte er sich vehement für die Umwandlung in eine Handelskammer (1899) ein. Er hatte großen Anteil an der im selben Jahr erfolgten Gründung des *Verbandes mitteldt. Handelskammern.* Als Wirtschaftswissenschaftler zeigte B. besonderes Interesse an der Ausbildung der kaufmännischen Jugend. In zahlreichen Publikationen, u. a. „Die obligatorische kaufmännische Fortbildungsschule zu Magdeburg" (1904), „Gründung, Einrichtung und Verwaltung von obligatorischen kaufmännischen Fortbildungsschulen" (1907), widmete er sich der Förderung und Gestaltung der Kaufmannsbildung. B., der als Stadtverordneter kommunalpolitisch aktiv war, engagierte sich für die Verbesserung der Verkehrsverhältnisse in Magdeburg, besonders bei den Arbeiten für den Mittellandkanal, an denen er auch nach seinem Weggang aus Magdeburg intensiv beteiligt war. Im Oktober 1909 folgte er einem Ruf als Studiendir. an die neu gegründete Handelshochschule in Mannheim. Ab dem Sommersemester 1913 war er, von der Hochschule für zwei Jahre beurlaubt, volkswirtsch. Ratgeber der *Südmandschurischen Eisenbahnges.* in Japan. Im I. WK als Offizier im Truppen- und Stabsdienst eingesetzt, nahm er anschließend seine Lehrtätigkeit wieder auf und war als o. Prof. von 1923 bis 1925 Rektor der Handelshochschule Mannheim. Dort führte er u. a. neue Prüfungsordnungen zur Gleichstellung des Diploms mit dem der Univ. sowie int. Studienreisen für Doz., Wirtschaftler und Studenten ein.

W: s. o.; Handelsgebräuche im Großhandel und Schiffahrtsverkehre Magdeburgs, 1905; Magdeburger Großkaufleute, 1906; Die Corporation der Kaufmannschaft zu Magdeburg und die Handelskammer. 1876–1906, Fs. 1906; Der Mittellandkanal, 1920. – **L:** UnivA Mannheim: Rep. A1, 3/11.

Horst-Günther Heinicke

Behrends, Peter Wilhelm
geb. 27.06.1773 Neuhaldensleben, gest. 27.10.1854 Alvensleben, ev. Pfarrer, Pädagoge, Geschichtsforscher.

Der Sohn des Brauers Albert Peter B. besuchte in Neuhaldensleben die Schule mit Unterricht in Latein, Griechisch und Hebräisch. 1792–94 studierte er ev. Theol. an der Univ. Halle und legte 1795 die erste theol. Prüfung ab. Danach erteilte er in Neuhaldensleben Privatunterricht und wurde dort Adjunkt des Schulkollegiums, ehe er 1796 zum Rektor der Stadtschule in Oebisfelde gewählt wurde. 1800 übernahm er nach der zweiten theol. Prüfung die Pfarrstellen in Volkmarsdorf und Nordsteimke, ab 1807 die Stiftspatronatsstelle in Nordgermersleben, in der ihm nach fast 40jähriger Amtstätigkeit ab 1846 sein Sohn Franz Eduard als Pfarradjunkt zur Seite gestellt wurde. Seine letzten Lebensjahre verbrachte er bei seiner ältesten Tochter Theodore in Alvensleben. In seinem Amt als Pfarrer bemühte er sich sowohl um die Instandsetzung der Kirchen als auch um die Ordnung der Pfarr-Registraturen. Neben dieser praktisch-organisatorischen Arbeit wirkte B. vor allem für die Verbesserung des Schulwesens und die Wiedereinführung der altchristlichen Liturgie und Agende. Umfangreiche Forschungen galten dem Kloster Ludgeri in Helmstedt. Im von ihm gegründeten *Ludgeri-Verein* arbeiteten Protestanten und Katholiken zusammen. Über seine Amtstätigkeit für Schule und Kirche hinaus leistete B. umfangreiches regionalgesch. Quellenstudium und chronistische Arbeit, die durch seine zahlreichen Publikationen belegt und bis in die heutige Zeit Grundlage für weitere Forschungen sind. Hierbei ist insbesondere seine „Neuhaldensleber Kreis-Chronik" (2 Bde, 1824–26) hervorzuheben, die mehrfach neu aufgelegt wurde (→ Theodor Sorgenfrey). Seine Verdienste auf kirchengesch. Gebiet und um die hist. Erforschung seiner Heimat wurden durch ein Ehrengeschenk König Friedrich Wilhelm III., durch Verleihung des Kgl. Preuß. Roten Adler-

Ordens und durch seine Ernennung zum Ehrenbürger von Neuhaldensleben gewürdigt.

W: Beschreibung und Gesch. des Amtsbezirks von Oebisfelde mit Inbegriff mehrerer die umliegende Gegend betreffende Nachrichten, 1798; Gesch. der Stadt Neuhaldensleben, 1802; Beschreibung und Gesch. der Kirchenkantone Alvensleben, Eichenbarleben und Erxleben, Calvörde, Oebisfelde, Mieste und Walbeck, Neuhaldensleben und Groß Ammensleben, 1811–13; Ueber den Ursprung, den Inhalt und die allg. Einführung der neuen Kirchenagende für die Hof- und Domkirche in Berlin, 1823; Allg. altchristlich-ev. Kirchen-Agende für Pfarrgeistliche, 1832; Leben des heiligen Ludgerus, 1843; Gesch. der aus Kalvörde stammenden Fam. B., 1846; Kurze Lebensgesch. des Jubilar-Pfarrers P. W. B. zu Nordgermersleben, von ihm selbst aufgesetzt in seinem 76. Lebensjahr, 1848; P. W. B. und Hermann Seeländer, Schulchronik von Nordgermersleben, 1586–1932, 1932. – **L:** ADB 46, *338–340*; Feier des fünfzigjähr. Amtsjubiläums des ev. Pfarrers P. W. B., 1846 (*W*); → Max Pahncke, Zur Erinnerung an P. W. B., den Chronisten der Stadt und des Kr. Neuhaldensleben, in: Heimatkal. für das Land um Aller und Ohre, 1925, *33–35*. – **B:** Mus. Haldensleben.

Sieglinde Bandoly

Behrendsen, Friedrich Wilhelm
geb. 05.02.1763 Magdeburg, gest. 03.12.1829 Magdeburg, Stuhlmacher, Maler, Zeichner, Graphiker.

Der Sohn des englischen Stuhlmachermeisters Thue Christian B. übte selbst das Handwerk des Stuhlmachers aus, war aber nebenbei auch künstlerisch tätig. Er besuchte die Kgl. Magdeburgische Provinzial-Kunstschule. Seine hier verfertigten Zeichnungen wurden auf der Berliner Ausstellung der Kgl. Akad. der bildenden Künste 1799 mit einer silbernen Medaille ausgezeichnet. An Ausstellungen in Magdeburg beteiligte er sich in den Jahren 1800, 1801, 1823, 1825. B. war zudem als Zeichenlehrer tätig. Zu seinen Sujets von Gemälden, Zeichnungen und Graphiken gehörten Porträts, Ansichten Magdeburgs, Landschaften, die auch als kolorierte Kupferstiche Verbreitung fanden, sowie Theaterdekorationen, u. a. zu Verdis Oper „Fidelio", die er „auf dem Boden des Doms" (Schliephack) verfertigte.

W: Radierungen von Magdeburg-Ansichten: Die Strombrücke, 1823; Alter Markt, 1823; Domplatz, 1823 (alle KHMus. Magdeburg). – **L:** Ilse Schliephack, Lebensdaten zur Künstlergesch. Magdeburgs in der Zeit von 1790–1840, in: GeschBll 74/75, 1939/41, *213–219*; Kunst um 1800, Kat. Magdeburg 1989; Vf., Malerei und Graphik um 1800 in Magdeburg, in: Magdeburger Bll., 1990, *41*.

Renate Hagedorn

Behrendt, Christian
geb. 10.03.1819 Wanzleben, gest. 22.06.1902 Drosedow bei Kolberg, Schmiedemeister.

B. war der Sohn des 1852 verstorbenen Fahnenschmiedes Christoph B., der aus Potsdam nach Wanzleben eingewandert war. Nach Lehre und eigener Wanderschaft machte sich B. um 1848 in Wanzleben selbständig und spezialisierte sich später auf den Pflugbau. 1852 führte B. auf einer Veranstaltung des *Landwirtsch. Vereins Halberstadt* von ihm entwickelte Tiefkulturpflüge vor, die alsbald als „Wanzleber Pflüge" in den Rübenbaugebieten Mittel- und Osteuropas bekannt und berühmt wurden. Diese Pflüge verkörperten die maximal mögliche Entwicklung eines Gespannpfluges zur Erzielung der tiefen Bodenkultur. Die Konstruktion beruhte im Grundsatz auf dem schon in den 1830er Jahren von den Gebrüdern Wewerka in Böhmen eingeführten „Ruchadlo", der die längst betriebene manuelle Spatenkultur der Zichorien- und Rübenböden rationalisieren sollte. Nach Verbesserungen, z. B. durch Otto in Mertschütz/Schlesien, der 1850 während der 13. Verslg. der dt. Land- und Forstwirte in Magdeburg damit Erfolge feierte, übertraf der auf diesen Vorleistungen basierende „Wanzleber Pflug" alle Vorgänger. Auf Schwarzerdeböden (nur auf solchen!) bewirkte der neue Pflug die höchstmögliche Krümelung des Bodens bis in große Tiefe. Dieses Ergebnis entsprach um die Mitte des 19. Jhs weitgehend den Erwartungen mitteldt. Landwirte, die bis dahin in der manuellen „Magdeburger Spatenkultur" das „Ideal vollkommener Bodenkultur" erreicht sahen. Auf landwirtsch. Ausstellungen in Mitteleuropa sind die „Wanzleber Pflüge" B.s vielfach und vor anderen prämiert und ausgezeichnet worden. Auf der Weltausstellung 1873 in Wien erhielt B. dafür die höchstmögliche Auszeichnung. „Wanzleber Pflüge" waren in den Rübenanbaugebieten bis Ende des 19. Jhs bevorzugte Bodenbearbeitungsgeräte, die erst durch die Einführung der Dampfpflüge an Bedeutung verloren. 1889 gab B. seine Werkstatt auf und verließ Wanzleben. Der Schmiedemeister → Friedrich Refert erwarb 1890 den Firmennamen und die Referenzen B.s und betrieb nun seine Werkstatt als *Pflugfabrik C. B., Nachfolger Friedrich Refert*. Die früheste Abb. des „Wanzleber Pfluges" befindet sich auf einem Pastell von → Werner Nolopp von 1864 (im Börde-Mus. Ummendorf). Den Herstellern der Pflüge ist in Wanzleben 1987 ein Denkstein errichtet worden.

L: Emil Perels, in: Fühlings landwirtsch. Ztg. 25, 1876, *308*; Vf., Der sog. „Wanzleber Pflug" als kennzeichnende Erscheinung in der agrarischen Gesamtentwicklung der Magdeburger Börde, Ms. 1969 (Börde-Mus. Ummendorf); ders., Wanzleben – Dorf, Amt und Stadt. Ein Abriß, Ms. 1988 (Börde-Mus. Ummendorf); Börde-Mus. Ummendorf: Materialslg. und Forschungskartei.

Heinz Nowak

Behrendt, Friedrich
geb. 26.06.1822 Wanzleben, gest. 04.02.1905 Wanzleben, Schmiedemeister.

Der jüngere Bruder des → Christian B. übernahm nach Lehre und europaweiter Wanderschaft die Werkstatt des 1852 verstorbenen Vaters Christoph B. in Wanzleben und wandte sich ebenfalls der Herstellung von „Wanzleber Pflügen" zu. Der Betrieb B.s überflügelte den des älteren Bruders und beschäftigte ca. 20 Personen (Christian B. bis zu acht und die Werkstatt der → Referts nur kurzzeitig mehr als drei). B. kooperierte zudem mit den Stellmachermeistern der Umgebung, von denen die hölzernen Pfluggestelle geliefert wurden. Die Konstruktion der Pflüge aus den Werkstätten der Brüder B. unterschieden sich nicht. B. erhielt für seine Pflüge ebenfalls viele Auszeichnungen, darunter auch auf der Weltausstellung 1873 in Wien. Er lieferte um 1870 auch erste Firmenprospekte mit der ältesten präzisen Abb. des „Wanzleber Pfluges" (Holzstich). Der Handwerksbetrieb stellte über 20 000 Pflüge her. 1886/87 gab B. die Werkstatt auf und zog sich in Wanzleben ins Privatleben zurück. Der Versuch des Ing. Carl Schabon, den Pflugbau weiterzuführen, scheiterte an der durch die Einführung von Dampfpflügen völlig veränderten Marktlage. 1893 endete die Pflugproduktion in dieser Werkstatt.

L: Richard Braungart, Die Ackerbaugeräte in ihren practischen Beziehungen wie nach ihrer gesch. und ethnographischen Bedeutung, 1881, *124*; Pflugprüfung in Weihenstephan 1875 (ausführlicher Prüfbericht über Pflug von F. B.); Vf., Der sog. „Wanzleber Pflug" als kennzeichnende Erscheinung in der agrarischen Gesamtentwicklung der Magdeburger Börde, Ms. 1969 (Börde-Mus. Ummendorf); ders., Wanzleben – Dorf, Amt und Stadt. Ein Abriß, Ms. 1988 (Börde-Mus. Ummendorf); Börde-Mus. Ummendorf: Materialslg. und Forschungskartei. – **B:** *ebd.

Heinz Nowak

Behrens, *Carl* (*Karl*) **Friedrich**
geb. 20.08.1790 Jerichow, gest. 21.03.1866 Jerichow, Bäckermeister.

Der aus einer alten Jerichower Bürgerfam. hervorgegangene B. führte die väterliche Bäckerei in Jerichow zu besonderem Ansehen, förderte das gewerbliche Leben in der Stadt und trat für soziale Belange ein. B. gehörte 1812 als Second-Leutnant der neugegründeten Bürgerwehr in Jerichow an. Er war 1842 auch Mitbegründer eines Vereins zur Beschaffung einer neuen Orgel für die Stadtkirche. Mit seinem Sohn Ernst Friedrich B., der eine Bäckerei in Genthin betrieb, entwickelte er als Spezialität die „B.'schen Honigkuchen", die im Jerichower Land, in der Altmark und Prignitz sowie im Westhavelland bekannt waren. 1860 wurde B. aufgrund seiner Verdienste um Stadt und Bürgerschaft zum Ehrenbürger der Stadt Jerichow ernannt. Im gleichen Jahr gründete er mit einer Schenkung von 100 Talern die B.'sche Stiftung für verarmte alte Bürger der Stadt.

L: 100 Jahre B. Genthin. Jubiläums-Schrift des Hauses K. B., Genthin 1938. – **B:** Klostermus. Jerichow.

Rolf Naumann

Behrens, Heinrich
geb. 17.07.1914 Bochum, gest. 02.12.1998 Bochum, kath. Theologe.

Aus Krieg und Gefangenschaft heimgekehrt und geprägt durch das Erleben der menschlichen Nöte, ließ sich B. 1946 in Paderborn zum kath. Priester weihen. Auf Bitten des Erzbischofs Lorenz Jaeger stellte er sich für die Seelsorge im Ostteil des Erzbistums dem Erzbischöflichen Kommissariat Magdeburg zur Verfügung. So kam B. als Vikar 1946 nach Magdeburg-Sudenburg und 1950 nach Naumburg; 1952 wurde er Pfarrer in Loburg. 1962 kehrte er wieder nach Magdeburg zurück, diesmal nach Neustadt an St. Agnes, wo er bis 1989 als Pfarrer wirkte. 1967 wurde B. von Weihbischof → Friedrich Maria Rintelen zum Diözesanpräses des Kolpingverbandes ernannt. Der ursprünglich vom Kölner Domvikar Adolph Kolping (1813–1865) als Hilfe für in Not geratene Handwerksgesellen gegründete Verein entwickelte sich mit der Zeit zu einem kath. Sozialverband. Dieser wird nach ihrem Gründer auch Kolpingwerk genannt, dessen Mitglieder sich in sog. Kolpingfamilien sammeln. Als kath. Sozialverband möchte das Kolpingwerk seine Mitglieder befähigen, sich als Christen in der Welt und damit in Beruf, in Ehe und Fam., in Kirche, Gesellschaft und Staat zu bewähren, um dadurch das Gemeinwohl und die Humanisierung der Gesellschaft zu fördern. B. baute zielstrebig das Werk seines Vorgängers → Theodor Schmidt weiter aus, wovon zahlreiche Neugründungen von Kolpingsfamilien Zeugnis geben. Unter seiner Leitung fand 1974 der erste Kolping-Bildungskurs im Diözesanverband Magdeburg statt. In Anerkennung seiner Leistungen wurde B. 1975 zum Päpstlichen Ehrenkaplan ernannt. Er prägte die Atmosphäre des Kolpingverbandes wesentlich mit und war ein allseits beliebter Diözesanpräses, dem seit 1969 ein Diözesan-Familien-Rat zur Seite stand. Allen voran wirkte dort der aus der

Kolpingfam. Magdeburg-Sudenburg stammende Diözesansenior Heinrich Felski (geb. 30.12.1914 Magdeburg, gest. 20.11.1975 Magdeburg), der einen wesentlichen Anteil an der Erarbeitung der Richtlinien für die kirchliche Kolpingsarbeit im Bischöflichen Amt Magdeburg hatte. Aus gesundheitlichen Gründen mußte B. 1985 das Amt als Diözesanpräses zur Verfügung stellen. Schwer krank bat er um Pensionierung und kehrte im Juni 1989 in seine alte Heimat zurück.

L: Tag des Herrn 1986, *167*; ZBOM. – **B:** *ebd.

Daniel Lorek

Behrens, Kurt
geb. 26.11.1884 Magdeburg, gest. 05.02.1928 Berlin, Schwimmsportler.

B. gehörte zunächst zum *Magdeburger Schwimmclub von 1896* (*MSC 96*), gründete am 03.08.1904 mit den Brüdern → Waldemar und Walter Riemann sowie mit → Max Ritter den *Magdeburger Schwimmverein Hellas 1904*. Offenbar aus Verärgerung hintertrieb der Vorstand des *MSC 96* zunächst die Aufnahme von *Hellas 1904* in den *Dt. Schwimmverband* (*DSV*), denn erst ein Jahr später, also 1905, wurde *Hellas 1904* in den *DSV* aufgenommen. B. gehörte zu den Leistungsträgern von *Hellas 1904*. Bereits 1908 wurde er in die dt. Olympia-Mannschaft berufen und konnte zu den IV. Olympischen Sommerspielen in London 1908 die Olympische Silbermedaille im Kunstspringen mit 85,3 Punkten gewinnen. 1910–21 arbeitete B. als Trainer in New York/USA, startete aber 1912 bei den V. Olympischen Sommerspielen in Stockholm für Dtl. Er errang im Kunstspringen eine Bronzemedaille mit 73,73 Punkten. 1915 wurde er, trotz seiner Abwesenheit, in der Liste „Beste Schwimmer von Hellas" geführt. Nach seiner Rückkehr 1921 war B. von 1922 bis 1928 sportlicher Leiter des Vereins. Wegen seiner Verdienste für *Hellas 1904* und seines tragischen Unfalls mit Todesfolge (nach einem Herzschlag) wurde in der Folgezeit in Magdeburg ein „K.-B.-Gedächtnisschwimmen" durchgeführt.

L: Beckmanns Sportlex. A-Z, 1933, Sp. *326* (***B***); Zur Erinnerung an K. B., in: Hellas Nachrichten, Nr. 1, 1978; Wolfgang Pahnke/Vf., Schwimmen in Vergangenheit und Gegenwart, Bd. 1, 1979, *79*, *212f*.; Volker Kluge, Die Olympischen Spiele von 1896–1980 – Namen, Zahlen, Fakten, 1981, *42*, *59*; Hellas Nachrichten, Sonderdruck 1994; Aufzeichnungen Arbeitsgruppe Sport, Mss. 1998/99 (KHMus. Magdeburg); Slg. Wolfram Weigert, Holzkirchen (priv.).

Norbert Heise

Behrens, Margarete
geb. 10.10.1888 Smolice, gest. 22.02.1961 Magdeburg, Reformpädagogin, Schulrätin.

B. unterrichtete an verschiedenen Schulen in Magdeburg, bevor sie 1919/20 zu den Initiatoren der Grundschulreform gehörte und 1922 Mitglied der Wilhelmstädter Versuchsschule (→ Fritz Rauch) wurde. Mit ihrer Berufung 1924 zur Rektorin der 3. Volks-Mädchenschule war sie eine der ersten Frauen Magdeburgs in diesem Amt. Von den Reformideen Berthold Ottos beeinflußt, praktizierte sie eine kindzentrierte Arbeitsschulpädagogik, offen auch für andere Reformansätze. Die emanzipierte SPD-Schulpolitikerin setzte wichtige Akzente insbesondere für städtische Reformprojekte und war einflußreiches Mitglied städtischer Gremien wie der Schuldeputation und des Schulausschusses unter → Hans Löscher. Im März 1933 wieder gewählt, wurde ihr aus politischen Gründen das Mandat entzogen, es folgte die Entlassung aus dem Schuldienst. 1946 von → Oskar Linke zur städtischen Schulrätin für Magdeburg I/Schönebeck berufen, arrangierte sie sich mit den neuen politischen Bedingungen. Nach dem plötzlichen Tod von Stadtschulrat Linke leitete B. ab März 1949 dieses Amt kommissarisch. Politische Polarisierung und pädagogische Paradigmenwechsel ließen ab 1948 kaum Spielraum für Vermittlung mit reformpädagogischer Tradition. B. schied 1949 aus dem Amt und arbeitete bis zur Pensionierung 1953 wieder als Lehrerin. Amtsnachfolger wurden → Heinrich Germer sowie die städtischen Schulräte Franz Grassel und → Willi Hillenhagen.

W: Die Magdeburger Versuchsschule, in: → Fritz Karsen (Hg.), Die neuen Schulen in Dtl., 1924, *105–114*. – **L:** Vf., Die Berthold-Otto-Schulen in Magdeburg, 1999, *437*. – **B:** StadtA Magdeburg: PA.

Reinhard Bergner

Beims, Hermann
geb. 26.04.1863 Havelah/Kr. Goslar, gest. 20.12.1931 Magdeburg, Partei-Funktionär, Kommunalpolitiker, Oberbürgermeister in Magdeburg.

Der Sohn eines Webers erlernte nach dem Abschluß der Volksschule 1878–81 in Goslar das Tischlerhandwerk, durchwanderte anschließend Dtl. und ließ sich nach der Meisterprüfung 1892 in Goslar nieder. B. gab 1896 die Tischlerei auf, arbeitete als Rendant und Hilfskraft, ehe er 1899–1902 in Osterode ein Gartenrestaurant betrieb. B. fühlte sich als Mitglied des *Holzarbeiterverbandes* und der SPD (seit 1887)

den sozialen Belangen der Arbeiter verpflichtet. Er wurde 1902 Arbeitersekretär in Magdeburg und seit 1906 Sekretär des Bezirksverbandes der SPD. B. gehörte von 1905 bis 1917 der Stadtverordnetenverslg. an, war von 1917 bis 1919 der erste sozialdemokratische Stadtrat (unbesoldet) des Magistrats. Er hatte als anerkannter Führer der Magdeburger SPD entscheidenden Anteil daran, daß Magdeburg Ende 1918 aus den revolutionären Erschütterungen herausgehalten wurde. Am 24.04.1919 erfolgte ohne Gegenstimme seine Wahl zum Oberbürgermeister. B. war in der Amtsführung stets um Konsens und Kompromiß bemüht. Er verstand es, zu den bürgerlichen Stadträten kompetente und kreative Fachleute in den Magistrat zu holen, die Magdeburgs Ruf als ein Zentrum des „Neuen Bauwillens", „Neuen Gestaltens", „Neuen Lernens" geprägt haben. Er konnte, anknüpfend an Pläne und Vorarbeiten aus der Kaiserzeit, beachtliche kommunalpolitische Leistungen erreichen. Herausragend waren die modernen Wohnviertel in den Vorstädten, das Ausstellungszentrum im Rotehornpark und Kommunalbauten (Halle „Land und Stadt", Stadthalle, Fernmeldeamt). Als Abgeordneter des Provinzialsächsischen Landtags machte B. 1926 in einer Rede die sog. „Mitteldeutschlandfrage" zu einem öffentlichen Thema. Ihm ging es dabei auch um eine bessere Stellung Magdeburgs in der Region. Er verfolgte dabei die Vision, Magdeburg zur Hauptstadt Mitteldtls auszubauen. Am Ende seiner Amtszeit 1931 mußte er nicht nur auf diesem Gebiet herbe Rückschläge hinnehmen. Besorgt machten ihn die ausufernden sozialen Probleme. B. hat in schwerer Zeit mit Umsicht die Stadtgeschäfte geführt, Beachtliches erreicht und sich um Magdeburg verdient gemacht.

L: StadtA Magdeburg: Archivalien und Dokumente. – **B:** *→ Franz Osterroth, Biogr. Lex. des Sozialismus, 1960 (Skizze von → Bruno Beye); StadtA Magdeburg.

Manfred Wille

Bendix, Bernhard, Prof. Dr. med.
geb. 29.05.1863 Großmühlingen, gest. 1943 Kairo (Ägypten), Kinderarzt.

Der Sohn einer seit 1776 in Großmühlingen bei Schönebeck ortsansässigen jüd. Fam. absolvierte, nachdem er seine erste Bildung an der Schule seines Heimatortes erhalten hatte, von 1874 bis 1883 das Gymn. des Klosters U. L. F. in Magdeburg bis zum Abitur. Anschließend studierte B. von 1883 bis 1888 Med. an den Univ. Berlin, Leipzig und Freiburg/Breisgau, wo er auch prom. B. entwickelte sich zu einem bedeutenden Kinderarzt. 1901 habil. er sich zum Privatdoz. und wurde 1907 zum ao. Prof. an die Berliner Charité berufen. B. verfaßte zahlreiche Artikel und Beiträge zur Pädiatrie, darunter auch sein „Lehrbuch für Kinderheilkunde", das wiederholt aufgelegt und in mehrere Sprachen übersetzt wurde. B. war Mitglied des *Vereins für innere Med.*, des *Vereins für Kinderheilkunde*, der *Dt. Ges. für Kinderheilkunde*, der *Dt. Ges. für Säuglingsschutz* sowie Mitbegründer der Charlottenburger Waldschule. 1933 wurde ihm wegen seiner jüd. Herkunft die Lehrbefähigung entzogen. B. ging ins Exil nach Ägypten, wo er 1943 verstarb.

W: Lehrbuch der Kinderheilkunde für Ärzte und Studierende, ²1899, ⁸1923; Die Charlottenburger Waldschule, 1906; Die Charlottenburger Säuglingsfürsorgestellen, 1906; Die Tuberkulose im Kindsalter, 1911. – **L:** Reichshdb 1, *102* (**B**).

Gerald Gödeke

Bendix, Hans, Dr.-Ing.
geb. 14.04.1909 Breslau, gest. 13.05.1988 Staßfurt, Dipl.-Chemiker, Dir.

B. legte 1929 am Johannes-Gymn. in Breslau die Reifeprüfung ab und studierte zunächst 1929–31 an der Schlesischen Friedrich-Wilhelm-Univ. in Breslau Chemie und setzte dieses Studium 1931–36 an der TH Breslau, lediglich 1934/35 durch Wehrdienst unterbrochen, fort. Nach der Dipl.-Prüfung an der Fakultät für Allg. Wiss./Fachbereich Chemie der TH Breslau prom. er dort 1939 zu einem organisch-synthetischen Thema. Von 1938 bis zum Ende des II. WK bei der Fa. *Ergethan* in Staßfurt als Chemiker beschäftigt, leitete er 1945–53 in unternehmerischer Selbständigkeit in Staßfurt einen Betrieb, in dem Haushaltschemikalien und Spezialitäten der Lebensmittelbranche hergestellt wurden. Unter den herrschenden wirtsch. Verhältnissen fand diese Tätigkeit 1953 ihr Ende mit dem Eintritt in den *VEB Fahlberg-List* in Magdeburg, wo B. in den Folgejahren als Produktionsdir. (1953–58), Technischer Dir. (1958–67), Forschungsdir. (1967–70), Dir. des Zweigbetriebes *Hermania* in Schönebeck (1970–72) und als Bereichsleiter für chemische Erzeugnisse (1972–74) tätig war. Als Chemiker und als Ing. gleichermaßen hoch begabt und tüchtig, leistete er einen bedeutenden Beitrag zur Entwicklung des *VEB Fahlberg-List* zu einem zentralen wiss. Faktor auf dem Gebiet der Pflanzenschutz- und Schädlingsbekämpfungsmittelchemie sowie in einigen profilbestimmenden Sektoren der Pharmaproduktion zu einem Alleinversorger des DDR-Gesundheitswesens mit Arzneimitteln, so u. a. bei Röntgenkontrastmitteln, Amphetaminen und Hustenmitteln. Wesentlichen Anteil hatte B. an der sehr kurzfristigen Entwicklung und dem Bau einer Großanlage zur Herstellung des Kontakt-Insektizides Hexachlorzyklohexan. Hochchlorierte organische Verbindungen zur weltweiten Bekämpfung von Schadinsekten, deren Entwicklung seit 1948 durch Nobelpreisträger Paul Müller mit der Erfindung des inzwischen berüchtigten und geächteten DDT eingeleitet wurde, machten damals einen sehr hohen Anteil der Bemühungen zur Steigerung der Effizienz landwirtsch. Anbauverfahren aus und fanden insbesondere im Bereich der Kartoffelkäferbekämpfung und der chemischen Bekämpfung von Schädlingen in Ölsaaten und im Getreide Anwendung. Produktionsrationalisierungen bei vielen chemischtechnischen Erzeugnissen und bei Düngemitteln runden das Erfolgsprofil dieses Fachmannes der chemischen Industrie im Bez. Magdeburg ab.

L: Versuch zur Synthese des Isochinuclidins, Diss. 1938. – **B:** *Vf., Magdeburg (priv.).

Karl-Heinz Busch

Benecke, Emil
geb. 04.10.1898 Magdeburg, gest. 12.08.1945 Riga, Kaufmann, Schwimmsportler.

B. war aktiver Schwimmer und Wasserballspieler im Magdeburger Schwimmverein *Hellas 1904*. Im Jahre 1915 wurde er in der Liste „Beste Schwimmer von Hellas" geführt. Er beteiligte sich 1916 an mehreren Wohltätigkeitsschwimmfesten in Magdeburg, Berlin und Frankfurt/Main zugunsten notleidender Kinder. 1917 und 1918 wurde B. mehrfacher Dt. Kriegsmeister im Schwimmen, erkämpfte 1919 den Titel Dt. Meister im 100 m Seitenschwimmen und 1920 in 400 m Freistil. In den Jahren 1921, 1922 und 1926 gelangen ihm erneut Siege in 100 m Seitenschwimmen bei den Dt. Meisterschaften. 1922 und 1924 gehörte er zur Dt. Meister-Mannschaft im Wasserball. In der dt. Olympia-Wasserballmannschaft vermochte B. bei den IX. Olympischen Sommerspielen 1928 in Amsterdam die Goldmedaille und bei den X. Olympischen Sommerspielen 1932 in Los Angeles die Silbermedaille mit zu erringen. B. starb in einem russischen Kriegsgefangenenlager.

L: Beckmanns Sportlex. A–Z, 1933, Sp. *311*; Alfred Petermann (Hg.), Sportlex., 1969, *72*; Wolfgang Pahnke/Vf., Schwimmen in Vergangenheit und Gegenwart, Bd. 1, 1979, *188, 199, 203, 213*; Volker Kluge, Die Olympischen Spiele von 1896–1980 – Namen, Zahlen, Fakten, 1981, *116, 134*; Hellas Nachrichten, Sonderdruck 1994; Aufzeichnungen Arbeitsgruppe Sport, Mss. 1998/99 (KHMus. Magdeburg); Slg. Wolfram Weigert, Holzkirchen (priv.). – **B:** Fritz Merk (Hg.), Dt. Sport, Bd. 1, ca. 1925, *294*.

Norbert Heise

Benühr, Hermann *Heinrich* Carl (auch: Heinrich B. Nühr)
geb. 22.10.1883 Ludwigslust, gest. 07.08.1939 Hamburg, Schriftsteller.

Der Sohn eines Stellmachers und Böttchers wuchs in Göhlen bei Ludwigslust auf, wollte nicht den vom Vater vorgegebenen Beruf erlernen, sondern weg aus dem engen Dorf und schreiben. Er stand unter dem Einfluß eines Bauern aus dem Nachbardorf, der fließend Latein sprach. Bis 1924 arbeitete B. in Hamburg als Versicherungsmathematiker, anschließend in Magdeburg bei der *Allianz-Versicherung*. Er war ein Autodidakt, aber nach → Bruno Beye „ungeheuer belesen", bescheiden und zurückhaltend. Den Cervantes kannte er auswendig, obwohl er nur die Volksschule besucht hatte. Für B. war es ein Glück, in Magdeburg auf die avantgardistische Künstlervereinigung *Die Kugel* zu treffen, der Maler wie Beye, → Max Dungert, → Franz Jan Bartels, die Dichter → Robert Seitz, → Maximilian Rosenberg und Wilhelm Stolzenburg, der Komponist → Hans Heinz Stuckenschmidt u. a. angehörten. B. machte sich in den 1920er Jahren einen Namen als Lyriker und Erzähler und veröffentlichte seine ersten Gedichte im Selbstverlag; später erschienen sie in zahlreichen großen dt. Ztgg. Sein „Dichter Mäuseklee", eine Slg. von ironisch-sarkastischen Gedichten, erschien 1924 im legendären *Leon-Hirsch-Verlag* in Berlin, der die Gesch. der dt. Lit. in der Weimarer Republik mit beeinflußt hat. Gedichte, wie „Lu Tino", „Mondschein-Ballade" und „Mäuseklee im Nachtstuhl" wurden oft in Kabaretts zitiert. B. blieb ein Leben lang zeitkritisch. Schwer erkrankt, in Armut lebend und ohne Pensionsanspruch, wurde er von einigen Freunden unterstützt; seine Frau ernährte die Fam. Beye portätierte B. mehrmals. Krank kehrte der Dichter in das Obotritendorf Göhlen bei Ludwigslust zurück, aus dem er Ende des 19. Jhs ausgezogen war. Er plante mehrere Bücher über seine Heimat („Das rote Dorf", „Das braune Dorf", „Das grüne Dorf"), aber leider sind alle Roman-Mss. verschollen, nur Auszüge blieben erhalten (vgl. Anthologie „Saat in die Zukunft", 1947). B. schilderte seine Heimat auf empfindsame Weise, ohne volkstümelnd zu wirken.

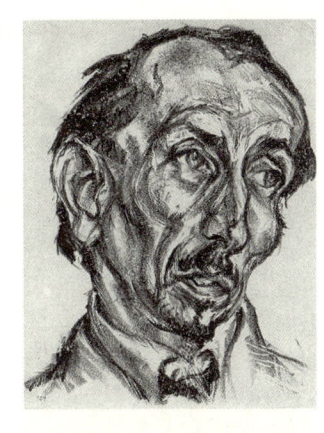

B: *Jörg-Heiko Bruns, Erfurt-Molsdorf (priv.): Lithographie von → Bruno Beye.

Heinz Kruschel

Beradt, Martin, Dr. jur.
geb. 26.08.1881 Magdeburg, gest. 26.11.1949 New York (USA), Rechtsanwalt, Schriftsteller.

B., Kind des jüd.-orthodoxen Ehepaares Otto und Clara B., geb. Weyl, das einen bescheidenen Lederhandel in Magdeburg betrieb, lebte bis zum elften Lebensjahr im Elternhaus und besuchte 1888–92 das Magdeburger Domgymn. Danach verzog die Fam. nach Berlin, wo B. Schüler des Gymn. zum Grauen Kloster wurde, das er 1899 mit dem Abitur verließ. Anschließend studierte er in Berlin, München und Heidelberg Jura, bestand Anfang 1901 sein Referendarexamen und wurde noch im selben Jahr in Freiburg/Breisgau zum Dr. jur. prom. Nach seiner Referendarzeit in Bitterfeld und Berlin arbeitete B. ab 1909 als Assessor und Rechtsanwalt am Kammergericht in Berlin. In Charlottenburg eröffnete er eine Anwaltspraxis. Der überraschende Erfolg seines ersten Romans „Go" (1909) machte ihn zu einem Prominenten im kulturellen Leben der Reichshauptstadt. So gehörte er auch 1910 zu den Gründern eines lit. Stammtischs (ab 1914 unter dem Namen *Donnerstagsges.*), dem bedeutende Künstler, Gelehrte und Politiker angehörten, u. a. Richard Dehmel, Moritz Heimann, Oskar Loerke, Martin Buber, Micha Josef Bin-Gorion, Emil Orlik, Eduard Stucken und Walter Rathenau. Eine besonders enge Freundschaft auf der Basis gleicher Anschauungen verband ihn mit dem Verleger Samuel Fischer. 1914 wurde B. als Pionier zum Kriegsdienst eingezogen. Nach dem Krieg widmete sich B. verstärkt seiner Anwaltspraxis. Seit Anfang der 1930er Jahre unternahm er Reisen nach Polen, um das Leben der Juden zu studieren. 1933 zwangen ihn die Nationalsozialisten zur Aufgabe seines Berufs, 1938 wurde ihm die Zulassung als Rechtsanwalt entzogen. In letzter Minute gelang ihm 1939 die Emigration – zunächst nach England, dann in die USA. Seine Hoffnung, dort ungehindert sein lit. Schaffen fortsetzen zu können, erfüllte sich nicht. Der aus Dtl. als Ms. gerettete Roman „Die Straße der kleinen Ewigkeit" fand keinen Verleger und wurde erst 1965 postum veröffentlicht. In ihm erzählt B. vom beengten Leben jüd. Einwanderer aus Polen in der einzigen Berliner Judengasse, der Grenadierstraße, und setzt sich mit der Situation dieser Menschen im Dtl. der 1930er Jahre auseinander. Eine in New York geschriebene Slg. von Novellen mit dem Titel „The Sons of the House", die alle das Exilthema behandeln, ist bislang nicht erschienen. B.s wichtigstes Werk ist der Roman „Erdarbeiter. Aufzeichnungen eines Schanzsoldaten", eine realistische, simplizianisch gestaltete Auseinandersetzung mit dem Krieg. Ein Vorabdruck des bereits 1916 verfaßten Romans in einer großen Ztg. wurde verboten. „Erdarbeiter" ist einer der ersten dt. Antikriegsromane nach dem I. WK. Der kleinen Auflage von 1919 im *S. Fischer Verlag* folgte 1929 eine größere unter dem Titel „Schipper an der Front". Das Buch, dessen Protagonist ein Anti-Held ist, wurde 1935 von den Nationalsozialisten erneut auf den Index verbotener Schriften gesetzt.

W: s. o.; Der (dt.) Richter, 1909, ²1930 (Repr. 1979); Eheleute, 1910, ⁵1911; Das Kind, 1910; Die Verfolgten. Novellen, 1919; Leidenschaft und List, 1928. – **N:** DLA Marbach. – **L:** Killy 1, *431f.*; Charlotte B., M. B. – sein Kreis und sein Werk, in: Bulletin der Leo Baeck Institute 8, Nr. 29–32, 1965; Vf., Ein Vergessener. Zur Erinnerung an den Schriftsteller M. B., in: Magdeburger Bll. 1985, *55–61*; Kirsten Steffen (Hg.), „Haben sie mich gehaßt?" Antworten für M. B. (1881–1949). Schriftsteller, Rechtsanwalt, Berliner jüd. Glaubens. Mit Abdruck einer unveröffentlichten Erzählung des Autors sowie einer umfassenden Bibliogr., 1999 (*W*); Lovis Maxim Wambach, Grenzgänger zwischen Jurisprudenz und Lit. Werner Krauss, Kurt Tucholsky, Friedrich Georg Jünger und M. B., 2000. – **B:** DLA Marbach; *Hanno Kühnert, Schallstadt-Mengen (priv.).

Klaus Washausen

Berger, Gustav *Oscar*, Prof. Dr. phil.
geb. 10.04.1862 Torgau, gest. 18.09.1934 Mühlhausen, Turner, Gymnasial- und Turnlehrer, Oberstudiendir., Funktionär der dt. Turnbewegung.

Schon als Schüler war B. eifriger Turner, Schwimmer und seit 1877 Vorturner am Gymn. in Sangerhausen. Mit 18 Jahren bezog er die Univ. Leipzig, um Mathematik und Physik zu studieren. Als Student (bis 1885) war er Mitglied des *Allg. Turnvereins zu Leipzig*, zugleich auch Mitglied und im Winter 1881/82 Vors. des *Akad. Turnvereins*. B. gehörte zu den Leipziger Studenten, die ihre Begeisterung für das Turnen Justus Carl Lion, einem der großen sächsischen Turnpioniere, verdanken. Auf Lions Veranlassung legte B. 1884 an der Turnlehrer-Bildungsanstalt in Dresden die Turnlehrerprüfung ab. Nach dem beendeten Lehrerstudium und der Prom. zum Dr. phil. begann er Ostern 1885 seine Lehrertätigkeit als Probekandidat am Gymn. in Mühlhausen. Hier heiratete er später die Tochter des Bürgermeisters. Nach seinem Probejahr fand er 1887 eine feste Anstellung am neugegründeten König Wilhelms-Gymn. in Magdeburg. Seit 1888 Oberlehrer, spätestens seit 1893 Hauptturnlehrer und auch langjähriger Vors. des *Magdeburger Lehrerturnvereins*, war B. der Turnführer Magdeburgs. Nach zweijähriger Mitgliedschaft im Magdeburger *Männer-Turnverein von 1848* wurde er zuerst Turnwart, später Oberturnwart und führte 1897–1912 den Turnverein als 1. Vors. Ebenfalls bis 1912 leitete er als Obmann die bekannte *Vorturner-Vereinigung von 1877*, der die Turnvereine der großen Städte Nord- und Mitteldtls angehörten. B. zählte zu den Initiatoren der Spielbewegung in Magdeburg (→ Christian Kohlrausch, → Carl Dankworth). 1888 verbesserte er das Schulturnen seines Gymn., indem er Volks- und Jugendspiele im Freien einführte. Als erster regte er 1891 die Einrichtung öffentlicher Volksspiele für Schülerinnen und Schüler sowie für interessierte Erwachsene an. 1892 war er Gründungsmitglied des Magdeburger Volksspielausschusses. Auf Grund seiner mathematischen und physikalischen Kenntnisse vervollkommnete er durch theoretisch fundierte Veröffentlichungen die Hilfeleistungen beim Gerätturnen. Der lose Zusammenschluß aller (bürgerlichen) Turnvereine der Stadt 1904 zur *Magdeburger Turnvereinigung* war das Ergebnis seiner Bemühungen. Als Vorstandsvors. der Vereinigung gehörte B. zu den Interessenvertretern der Turner gegenüber Staat und Kommune. Zudem organisierte die Vereinigung jährlich Lehrgänge zur Ausbildung von Turnwarten. 1908 wählten die Vereine des Kreises IIIc (Provinz Sachsen und Anhalt) B. zu ihrem Kreisvertreter bei der *Dt. Turnerschaft* (*D. T.*), der er bis 1920 war. 1909 übernahm er das Amt eines „Pflegers gesunder Leibesübungen" für den mittleren Teil des Regierungsbez. Magdeburg. Ebenso engagierte sich B. für das Magdeburger Frauenturnen. Daneben fand er noch Zeit, sich eifrig für die Flottenrüstungsbestrebungen des 1898 gegründeten *Dt. Flottenvereins* einzusetzen. Nachdem B. 1912 zum Dir. des Realgymn. in Aschersleben berufen worden war, verließ er (als Ehrenturnwart) Magdeburg für immer. Seine führende Stellung in der Magdeburger Turnbewegung übernahm Dankworth. In Aschersleben erteilte B. nicht nur den Turnunterricht in den Oberklassen selbst, sondern turnte zwölf Jahre lang (als Turnwart seit 1916) aktiv im dortigen *Männer-Turnverein von 1877*. Als Offizier nahm er am I. WK drei Jahre lang als Bataillonsführer teil. Auf dem 1. Dt. Turntag im Oktober 1919 in Erfurt wurde B. zum 1. Vors. der *D. T.* gewählt. Unter seiner Leitung entwickelte sich das Vereinsturnen in Dtl. zu einer modern strukturierten und demokratisch geführten Turn- und Sportbewegung. Erfolgreich setzte er sich dafür ein, daß die Turnvereine damals nicht in die Sportfachverbände aufgegangen sind. So ist mit B.s Namen die 1922 beschlossene „reinliche Scheidung", d. h. die organisatorische Trennung von Turnen und Sport, verbunden. Die *D. T.* als Millionen-Mitglieder-Verband hatte sportpolitisch an ihren traditionellen vaterländischen, bisweilen nationalistischen Erziehungszielen festgehalten und durchweg bis 1931 eigene nationale Meisterschaften in den Sportarten organisiert. 1924 war B.s leitende Tätigkeit im Verband ehrenamtlich nicht mehr zu bewältigen. Er ließ sich von seinem Amt als Oberstudiendir. in Aschersleben befreien, um nach Berlin-Charlottenburg zu ziehen, wo die Geschäftsstelle der *D. T.* ihren Sitz hatte. B. vertrat diese in zahlreichen Verbänden und Behörden, z. B. als Mitglied des Reichsbeirates für Leibesübungen, als 2. Vors. des Reichsausschusses für Leibesübungen seit 1926 und als Beirat des Preuß. Ministeriums für Wiss., Kunst und Volksbildung. Auf dem 20. Dt. Turntag in Berlin 1929 kandidierte der nationalliberal gesinnte, stets freundliche, hilfsbereite und volkstümliche B. nicht mehr für den Vorsitz. Er wählte Mühlhausen, den Heimatort seiner Frau, als Ruhesitz. Hier trat er der *Turngemeinde 1849* bei, um regelmäßig in einer Männerabt. zu turnen.

W: Die Hilfestellung beim Gerätturnen. Versuch einer Theorie, 1897/98; Zur Entwicklung des Turnens in Magdeburg. Fs. zum 50. Stiftungsfeste des Männer-Turnvereins zu Magdeburg, 1898. – **L:** Willy Grozny (Hg.), Dt. Biogr. Index, Bd. 1, ²1998, *251*; Rudolf Gasch (Hg.), Hdb. des gesamten Turnwesens, Bd. 1, ²1928, *65f.*; Dr. B. zum Abschied, in: Dt. Turn-Ztg. 74, Nr. 43, 1929, *853* (***B***); Arno Kunath, Zu O. B.s 70. Geb.!, in: ebd. 77, Nr. 14, 1932, *313f.*; Edmund Neuendorff, Die dt. Turnerschaft 1860–1936, 1936, *174–228*. – **B:** Franz-Paul Wiedemann (Hg.), Jb. der Turnkunst. Jb. der Dt. Turnerschaft 24, 1930, *5*; *Fritz Merk (Hg.), Dt. Sport, Bd. 1, 1926, *56/57*.

Michael Thomas

Berger, Paul, Dr. med.
geb. 20.02.1890 Magdeburg, gest. 13.05.1947 Magdeburg, Arzt.

B., Sohn des Magdeburger Baumeisters Theodor B., erhielt 1919 die Approbation als Arzt, prom. im gleichen Jahr und ließ sich in Magdeburg-Neustadt als praktischer Arzt nieder, wobei die Behandlung Tuberkulöser den Schwerpunkt der Praxis bildete. Nach fachärztlicher Fortbildung war B. von 1927 bis 1933 Leiter der Sportärztlichen Beratungsstelle des Städtischen Gesundheitsamtes in Magdeburg. Während des II. WK wurde er Mitte 1943 für die Leitung des Hilfskrankenhauses III in der Umfassungsstraße dienstverpflichtet, nach dessen Zerstörung im Februar 1945 leitete B. ein Typhuskrankenhaus. Er starb an Tuberkulose.

L: StadtA Magdeburg: PA-Bestand Nr. 393.

Horst-Peter Wolff

Berger, Wilhelm, Dr. phil.
geb. 26.08.1801 Aderstedt, gest. 19.09.1882 Braunschweig, ev. Pfarrer.

B. absolvierte das Pädagogium in Helmstedt und das Domgymn. in Halberstadt. 1820–24 studierte er ev. Theol. in Halle und nahm danach eine Tätigkeit als Seminar- und Gymnasiallehrer am Domgymn. in Magdeburg auf. 1825 prom. er zum Dr. phil. B. war ab 1827 zunächst als Divisionsprediger im 26. Infanterieregiment Magdeburg tätig, wurde 1832 zum zweiten Prediger der Dt.-Reformierten Gemeinde Magdeburgs berufen und hatte dort von 1843 bis zu seiner Emeritierung 1876 die ersten Predigerstelle inne. Danach verzog er nach Braunschweig. B. erwarb sich große

Berghauer

Verdienste um die Dt.-Reformierte Gemeinde Magdeburgs. Erstmals stellte er eine Gemeindegesch. zusammen und erfaßte die Namen aller Gemeindemitglieder. 1834 erarbeitete er für die reformierte Töchterschule in Magdeburg einen detaillierten Schulplan, der Grundlage für die Reorganisation dieser und der reformierten Friedrichsschule wurde, und sicherte damit den weiteren Bestand beider Konfessionsschulen bis zu ihrer Auflösung 1876.

W: Predigt zur Weihe der Stadtverordnetenwahl am 07.09.1834, 1834; Die Dt.-Reformierte Gemeinde in Magdeburg. Verz. ihrer Mitglieder und Nachrichten über das Kirchen-, Schul- und Armenwesen ders., 1842; Leichenpredigt für Herrn Schäffer, Inspektor und Ritter zu Magdeburg, 1842. – **L:** → Ralph Meyer, Gesch. der Dt.-Reformierten Gemeinde zu Magdeburg von den Anfängen bis auf die Gegenwart, Bd. 2, 1914, *31ff.* (*B*); *AKPS: Rep. A, Spec. P, B 268 (PA).

Henner Dubslaff

Berghauer, Johann Christian Friedrich
geb. 01.03.1769 Magdeburg, gest. 27.03.1831 Biere, Lehrer, ev. Pfarrer.

B., Sohn des 1779 in Magdeburg verstorbenen Kgl. Preuß. Land-Baumeisters Johann Christian Friedrich B., war bis Ostern 1787 Schüler der Domschule zu Magdeburg. Dann besuchte er bis 1790 die Univ. Halle, um ev. Theol. zu studieren. 1791 bis 1809 wirkte er als Lehrer (Kollaborator) an der Domschule seiner Heimatstadt und war nach seiner Ordinierung 1809 bis zu seinem Tod als Pastor in Biere bei Magdeburg tätig. Während seiner Zeit an der Domschule verfaßte er mit dem zweibändigen „Magdeburg und die umliegende Gegend" (1800/01) ein grundlegendes Werk zur Magdeburger Topographie – für Stadt und Region das erste seiner Art. Er beschreibt im Bd. 1 u. a. alle Straßen, Plätze und wichtigen Gebäude der Stadt und der später eingemeindeten Orte Neustadt und Sudenburg sowie die Gegend um Magdeburg. Zudem gibt B. statistische Auskünfte über die Einwohner und die Behördenstruktur. Bd. 2 dieses Werkes enthält u. a. Angaben zum Handel der Kaufmannschaft, zur Schifferbrüderschaft sowie zu einzelnen Fabriken, Innungen und Gewerken, zu Stiftungen, Schulen, Bibliotheken und Slgg. sowie über benachbarte Orte. B., der von 1790–1831 Mitglied der Loge „Ferdinand zur Glückseligkeit" in Magdeburg war, verfaßte zudem einige Lehrbücher.

W: Versuch einer Formenlehre des griechischen Declinirens und Conjugirens in Tabellen, 1794; Leitfaden zum Unterricht im Franz. nebst Lesebuch, 1804. – **L:** Pfarrerbuch der Kinderprovinz Sachsen seit der Reformation, unpag.; → Hugo Holstein, Gesch. des Kgl. Domgymn. zu Magdeburg. Fs., 1875, *93*.

Maren Ballerstedt

Bergmeier, *Karl* **Albert**
geb. 28.02.1856 Berlin, gest. 28.02.1897 Berlin, Bildhauer, Kunsthandwerker.

B. studierte ab 1873 an der Kgl. Akad. zu Berlin als Schüler von Albert Wolff und Fritz Schaper und war 1876/77 Meisterschüler bei Reinhold Begas. 1881 erhielt er den Preuß. Staatspreis mit Romaufenthalt. Ab 1882 war B. Lehrer am Kgl. Kunstgewerbe-Mus. in Berlin. B. stand stilistisch dem Neubarock von Begas nahe. Sein Denkmal für den Magdeburger Oberbürgermeister → Gustav Hasselbach 1884–88, für welches → Emil Hundrieser das Reliefporträt schuf, stand bis 1927 auf dem Magdeburger Hasselbachplatz und befindet sich seither auf dem Haydnplatz.

W: zwei Kolossalbüsten im Berliner Zeughaus; Figuren Kaiserpalast Strasburg. – **L:** Saur AKL 9, *414*; Thieme/Becker 3, *411*; Brigitte Hüfler, Beiträge mit Kurzbiogr. Berliner Bildhauer, in: Peter Bloch u. a. (Hg.), Ethos und Pathos. Die Berliner Bildhauerschule 1786–1914, Kat. Berlin 1990, *414f.*; Ingelore Buchholz/Maren Ballerstedt, Man setzte ihnen ein Denkmal, 1997, *28–35*.

Uwe Jens Gellner

Bernardelli, Paul, Prof.
geb. 27.04.1870 Schwerin/Mecklenburg, gest. 08.11.1953 Wiesbaden, Maler, Kunstgewerbelehrer.

1893–1911 war B. Lehrer an der Kunstgewerbe- und Handwerkerschule Magdeburg. Er unterrichtete zunächst als Hilfslehrer u. a. die Fächer Modellieren, Zeichnen nach Modellen, Anatomie und Freihandzeichnen, ab 1905 auch Schattieren sowie Pflanzen- und Tierzeichnen. 1896 bekam B. eine hauptamtliche Lehrerstelle, wurde aber z.T. aus dem „Fonds für Hilfslehrer" der Kunstgewerbe- und Handwerkerschule weiterbezahlt. B. unterrichtete auf der Basis des von Moritz Meurer (Kunstgewerbemus. Berlin) entwickelten „Meurerschen Prinzips". Es ging von einer sehr abstrahierenden zeichnerischen Erfassung einer Pflanze bzw. ihres Aufbaus aus, um sie aus dieser Sicht künstlerisch zu erfassen. Aus dieser Betrachtungsweise ließen sich Elemente für die Entwicklung von floralen Ornamenten abheben, die gerade um die Jahrhundertwende große Bedeutung (Jugendstil) erlangten. B. übertrug das Meurersche Prinzip auch auf das Tierzeichnen, damit auf die ornamentale Verarbeitung von Tiermotiven und bezog in stärkerem Maße auch die Farbe als Gestaltungsmerkmal ein. Hinsichtlich des Tier- und Pflanzenzeichnens galt B. als einer der besten Kunstpädagogen in Preußen. Bis 1903 organisierte er mehrere Kurse von Meurer an der Magdeburger Kunstgewerbe- und Handwerkerschule, hielt selbst Kurse zu dieser Thematik ab und entwickelte den Meurerschen Ansatz produktiv weiter. B., der 1904 auf der Weltausstellung in St. Louis für den Entwurf eines Kronleuchters für die Magdeburger Pauluskirche den Grand Prix erhielt, wurde 1910 im Zusammenhang mit der Erweiterung und dem Neubau der Magdeburger Kunstgewerbe- und Handwerkerschule zum Prof. ernannt. Er kündigte 1911 sein Amt in Magdeburg, um seinem Freund und Kollegen → Emil Thormählen an die Kunstgewerbe- und Handwerkerschule Köln zu folgen, wo er 1911–32 als Lehrer tätig war und die Entwurfsklasse für Malerei, Graphik und ihre Anwendung, plastische Anatomie, Modezeichnen und Zeichnen für wiss. Zwecke leitete. Mit Thormälen und seinem Freund → Ferdinand Nigg baute er hier einen Schulbetrieb nach Magdeburger Vorbild auf und gehörte in der Kölner Werkschule zu den Hauptvertretern der naturalistischen Zeichenrichtung. Nach seiner Pensionierung im September 1932 zog er sich nach Wiesbaden zurück.

L: Saur AKL 14, *491*; Rüdiger Joppien, Die Kölner Werkschulen 1920–1933 unter besonderer Berücksichtigung der Ära Richard Riemerschmid (1926–1931), in: Wallraf-Richartz-Jb./Westdt. Jb. für Kunstgesch. 43, 1982, *247–346*; Norbert Eisold, Die Kunstgewerbe- und Handwerkerschule Magdeburg, 1793–1963, 1993; Jahresberichte der Kunstgewerbe- und Handwerkerschule Magdeburg 1893ff.; Geh. StA Berlin: Akten der Kunstgewerbe-und Handwerkerschule Magdeburg, Rep. 120, Abt. X, Fach 2, Nr. 18, Bde 4–12; Hist. Archiv Köln: Versorgungsakte P. B., Acc. 269/184.

Gerd Kley

Bernoth, *Egon* **Georg Horst,** Prof. Dr. med. habil.
geb. 08.07.1920 Halle, gest. 10.05.1991 Magdeburg, Arzt, Medizinalrat.

Der Sohn des kaufmännischen Angestellten Carl B. besuchte in Halle die Schule und bestand 1940 am Reformrealgymn. das Abitur. Nach dem Medizinstudium an den Univ. Halle und Greifswald und der Pflichtassistenz 1948–50 an den Hallenser Univ.-Kliniken prom. B. 1950 und arbeitete zunächst als Assistenzarzt am dortigen Physiologischen Inst. 1951–64 war er an der Univ.-Frauenklinik unter den Professoren Helmut Kraatz, Gustav Mestwerdt und Karl Heinz Sommer tätig. 1955 wurde er Facharzt für Frauenheilkunde und Geburtshilfe. 1958 habil. er sich, wurde Oberarzt und Doz. und ab 1960 stellvertretender Dir. der Univ.-Frauenklinik, 1963 Prof. mit Lehrauftrag und 1964 Prof. mit vollem Lehrauftrag an der Univ. Halle. Im Dezember 1964 wurde B. in Nachfolge von → Josef Emmrich zum Dir. der Landesfrauenklinik Magdeburg und Mitglied des Lehrkörpers der Med. Akad. Magdeburg berufen, ab September 1969 zum Prof. mit Lehrstuhl. Schwerpunkte seiner wiss. Arbeit galten biophysikalischen Untersuchungen zur radiologischen Therapie des weiblichen Genitalkarzinoms und der komplexen Erforschung der Ursachen von Fertilität und Sterilität, zudem widmete er sich den Problemen der Perinatologie. Die Landesfrauenklinik entwickelte sich unter B.s Leitung zu einem Zentrum der Sterilitätsbehandlung. Das Lehrbuch „Gynäkologie" (s.u.) und die Monographie „Die Sterilität der Frau" (s.u.) waren für viele Jahre, neben anderen, Standardwerke des Fachgebietes. B. war Autor und Mitautor von zahlreichen wiss. Publikationen. In der Zeit seines Direktorats avancierte die Klinik zu einer überregional anerkannten und beliebten Einrichtung. Er förderte intensiv den Ausbau wiss. Verbindungen zu anderen Fachdisziplinen und die Kooperation mit Einrichtungen im Ausland. Der Entwicklung von Forschungslaboratorien in der Landesfrauenklinik galt seine besondere Aufmerksamkeit. Nach seiner Emeritierung im August 1985 nahm er 1986 eine einjährige Gastprofessur an der Frauenklinik der Univ. Zürich wahr. B. war Mitglied der *Ges. für Gynäkologie und Geburtshilfe der DDR*, Vors. der *Ges. für Gynäkologie und Geburtshilfe Sa.-Anh.*, Mitglied der *Dt. Akad. der Naturforscher Leopoldina* und Redaktionsmitglied des *Zentralbl. für Gynäkologie*. 1978 wurde er mit dem Titel eines Medizinalrates geehrt. 1981 erhielt B. die Hufelandmedaille in Gold und 1983 den Stoeckel-Preis der *Ges. für Gynäkologie und Geburtshilfe der DDR*.

W: Die Sterilität der Frau, 1973, ²1978 (mit Bärbel B.); Gynäkologie. Differentialdiagnose und Klinik, 1984 (mit Martin Link/Vf.); Die Landesfrauenklinik, in: Fs. 20 Jahre Med. Akad. Magdeburg 1974, *38–40*. – L: Vf., E. B. zum 60. Geb., in: Zentralbl. für Gynäkologie, H. 14, 1980. – B: *Frauenklinik der Univ. Magdeburg.

Wolfgang Weise

Bertram, *Heinrich* **Walter,** Dr. phil.
geb. 01.05.1826 Magdeburg, gest. 05.11.1904 Berlin, Pädagoge, Schulpolitiker.

B., Sohn eines Magdeburger Regierungsrates, besuchte bis 1845 das Domgymn. in Magdeburg, studierte zunächst ev. Theol. und später Philologie in Halle und Berlin. Aus Gewissensgründen wandte er sich dort jedoch dem Studium der Mathematik und Naturwiss. zu. 1853 Lehrer an der Königstädtischen Realschule, ab 1855 am Friedrichs-Werderschen Gymn. (ab 1856 Rektor), wirkte er seit 1868 als Rektor an der neugegründeten Berliner Sophien-Realschule. 1874–1901 stand er als Stadtschulrat an der Spitze des Gemeindeschulwesens von Berlin. Die von ihm durchgeführten Reformen (Schaffung städtischer Schulinspektoren, Einführung konfessionsloser Schulen, Ausbau der Realschule, Organisation des Fortbildungswesens) hatten beispielhafte Bedeutung für ganz Preußen. B. war ein sehr praxisverbundener Pädagoge, was sich in seinem unmittelbaren Einfluß auf die verbesserte und weiterentwickelte Gestaltung der Lehrpläne für alle Unterrichtsfächer zeigte. Als politisch und religiös freimütiger Mann waren für ihn Freiheit und Individualität höchste Ideale. 1900 wurde er als bis heute einziger Pädogoge Ehrenbürger der Stadt Berlin. In der

Bethge, Otto

geb. 17.06.1855 Wanzleben, gest. 13.08.1935 Wanzleben, Abdecker, Heilpraktiker.

Begründung hierfür heißt es, er habe „durch Gründung und Ausgestaltung der Berliner Realschule dem im Gewerbekampf ringenden Bürgerthum eine scharfe Waffe gediegener, den Erfordernissen bürgerlichen Wettbewerbs wohl angepaßter Geisteshaltung in die Hand gelegt und dadurch die sozialen Zustände unserer Stadt segensreich und nachhaltig beeinflußt".

L: Eberhard Fromm/Hans-Jürgen Mende (Hg.), Die Ehrenbürger von Berlin, 1993, *125ff.* – **B:** ebd.

Joachim Hoffmann

Bethge, Otto

geb. 17.06.1855 Wanzleben, gest. 13.08.1935 Wanzleben, Abdecker, Heilpraktiker.

B.s Mutter (1824–1907) war als „weise Frau" und als sog. „Frau Gevatterin" bekannt, die mit „Wunderkuren" vielen geholfen hatte. Auch B. schien diese Fähigkeiten zu besitzen. Er übernahm 1890 die väterliche Abdeckerei und führte nebenbei bis 1907 gemeinsam mit seiner Mutter die Tätigkeit als Heilpraktiker durch. Die Patienten mußten ihren Urin in Flaschen mitbringen, den B. begutachtete. In Wanzleben und Umgebung erwarb er sich als „Wunderdoktor" einen Namen, auch „Wasserdoktor" genannt, wegen der auf dem Wege zur Abdeckerei liegenden Wasserflaschen (für Urin). Neben der Vermarktung der Abdeckereiprodukte konnte es B. – stets unauffällig mit einer grauen Joppe und einer farblosen Schirmmütze gekleidet – durch seine Rezepturen von Heilkräutern zu einem beachtlichem Vermögen bringen. Den Patienten diktierte er seine Verordnung zum Mitschreiben, wie z. B. „Fünferlei-Blutreinigungstee", „Bittergallen-Magentropfen" oder „Mutterkrampftropfen". Die Frage des Honorars wurde mit einem Blick auf eine Schale mit Geld beantwortet, da er weder Rezepte schreiben noch ein Honorar fordern durfte. Dafür würzte er die Konsultationen wie die Stammtischrunden mit Geschichten. So entstanden Anekdoten, die B. zum Wanzleber Original machten. Die Ratsapotheke Wanzleben hielt 28 Rezepturen von B. bereit. Die älteste Tochter B.s sollte diese Tätigkeit fortsetzen, verunglückte aber tödlich.

L: → Kuno Wolff, Zur Gesch. der Apotheke in Wanzleben, Ms. 1980 (StadtA Wanzleben); Allg. Wanzlebener Kreisbl. Nr. 45, 1907; Nr. 96, 1935; Volksstimme vom 28.04.1992.

Gerd Gerdes

Bethmann, Heinrich Eduard

geb. 1774 Rosenthal bei Hildesheim, gest. 08.04.1857 Halle, Schauspieler, Theaterdir.

B. debütierte im Mai 1792 bei der Theatergesellschaft des späteren Dessauer Theaterdir. Friedrich Wilhelm Bosann in Kreuznach, mit der er anschließend auch die Rheingegend bereiste. Nach einem kurzen Engagement in Schwerin war er ab 1794 an der Berliner Bühne tätig. Dort lernte er die überaus erfolgreiche Hofschauspielerin Friedrike Unzelmann kennen, die er 1803 heiratete. Mit ihr trat er häufig in ersten Rollen (jugendlicher Liebhaber) auf und konnte sein Spiel vervollkommnen. Nach dem Tode seiner Gattin 1815 nahm B. als darstellender Künstler seinen Abschied von der Bühne und wurde pensioniert. 1824 kehrte er jedoch als Regisseur am neugegründeten Königstädtischen Theater in Berlin in den Theaterbetrieb zurück, übernahm 1828/29 Theaterdirektionen in Aachen und Leipzig und führte ab 1829 als Prinzipal eine Wandertruppe durch kleinere Städte der Provinz Sachsen und die angrenzenden Gebiete. Im November 1833 erhielt B. durch das „Theater-Comitee" um Oberbürgermeister → August Wilhelm Francke einen Fünf-Jahres-Vertrag am Stadttheater in Magdeburg mit der Auflage, die kurz zuvor geschlossene Bühne mit neuem Repertoire in Schauspiel und Oper wiederzubeleben. B.s Versuch, nach dem Vorbild des Königstädtischen Theaters auch in Magdeburg eine Volksbühne zu installieren, die „Belehrung im Zuckerguß der Unterhaltung" (Wöhlert) bieten sollte, schlug fehl. Allein die Oper erlebte einen Aufschwung durch B.s verdienstvolles Engagement des jungen → Richard Wagner, der 1834–36 als Musikdir. in Magdeburg arbeitete und neben Aufführungen von Werken Mozarts, Herolds, Aubers, → Heinrich Marschners, Bellinis und Rossinis auch seine eigene Oper „Das Liebesverbot" zur Uraufführung brachte. B.s Direktion in Magdeburg endete, durch Mißwirtschaft und vielfältige Konkurrenz aus dem Bereich der leichten Unterhaltung beschleunigt, bereits im Mai 1836. Er führte danach erneut eine Wandertruppe, zog sich aber bald ganz ins Private zurück und lebte unter dürftigen Verhältnissen bis zu seinem Tode als Pensionär in Halle.

W: Mein Weihnachtsgeschenk an das Königstädtische Theater, 1826. – **L:** ADB 2, *573*; Friedrich Johann von Reden-Esbeck, Dt. Bühnen-Lex., 1879; Ludwig Eisenberg, Großes biogr. Lex. der dt. Bühne im 19. Jh., 1903, *90f.*; Wilhelm Widmann, Gesch. des Magdeburger Theaterwesens, in: MonBl 1925, *236–238*; Wolfgang Wöhlert, Das Magdeburger Stadttheater von 1833 bis 1869, Diss. Berlin 1957, *8–28*. – **B:** *Philipp Stein (Hg.), Dt. Schauspieler, Bd. 1, 1907.

Guido Heinrich

Bette, Johann *Franz*, Dr. med.
geb. 23.11.1821 Hannoversch-Münden, gest. 11.02.1900 Magdeburg, Arzt, Kommunalpolitiker.

B. studierte in Heidelberg und Halle Med., prom. 1844 mit einer Diss. über Lungengangrän und unternahm anschließend Studienreisen, u. a. zu Vinzenz Prießnitz nach Gräfenberg/Schlesien. 1847 ließ er sich als praktischer Arzt mit Vorliebe für die Physiotherapie in Magdeburg nieder, wo er 1848 Mitbegründer der *Med. Ges. zu Magdeburg* wurde, deren Vorsitz er von 1876 bis 1893 ununterbrochen innehatte. Mit → Felix Niemeyer, → Karl Gottlieb Ludwig Schneider und → Theodor Sendler gehörte B. in Magdeburg zu den ersten Vertretern der neuen naturwiss. Schule der Med. Zwei Jahrzehnte lang beeinflußte er als Stadtverordneter in Magdeburg vor allem die Erweiterungsbauten am Krankenhaus Altstadt. B., der 1887 in die neugegründete Ärztekammer der Provinz Sachsen gewählt wurde, hatte einen scharfen Blick für gesundheitspolitische Probleme und engagierte sich für die Professionalisierung des Arztberufes. Er wurde 1878 zum Vors. des Magdeburger Zweigvereins im *Allg. Dt. Ärztebund* gewählt.

L: → August Andreae, Chronik der Aerzte des Regierungsbez. Magdeburg mit Ausschluß der Halberstädter, Quedlinburger und Wernigeroder Landestheile, 1860, *19*; → Hermann Rosenthal (Hg.), Magdeburger Fs. für die Teilnehmer der 57. Verslg. Dt. Naturforscher und Aerzte, 1884, *51*; → Rudolf Habs, Gesch. der Med. Ges. in Magdeburg, gegründet am 29. März 1848. Eine Festgabe zu ihrem 80jährigen Bestehen, 1928, *12*.

Horst-Peter Wolff

Beuchel, Julius *Wilhelm*
geb. September 1791 Braunschweig, 03.11.1875 Magdeburg, Industrieller.

Gemeinsam mit → Ludwig Zuckschwerdt gründete B. Mitte 1818 das Kommissions-, Speditions- und Warengeschäft *Zuckschwerdt & B.* in der Knochenhaueruferstraße in Magdeburg. Damit gehörte B. zu den Pionieren einer Branche, die den Aufstieg Magdeburgs zu einem der bedeutendsten Industriestandorte Dtls im 19./20. Jh. einleitete, nämlich der Zuckerindustrie, die den der Stadt später das wirtsch. Gepräge gebenden Maschinenbau initiierte. Zuvor hatte er bei den Firmen *Morgenstern & Co.* bzw. *Robrahn & Hildebrandt* in Magdeburg gelernt und gearbeitet. Noch Ende 1818 eröffnete B. zusammen mit Zuckschwerdt und Georg Ludwig Dommerich aus Braunschweig deren erste Zichorienfabrik *Dommerich & Co.* in Buckau bei Magdeburg. Im März 1822 heiratete B. Louise Kapherr, die Schwester von Therese Kapherr, die im folgenden Jahr seinen Partner Zuckschwerdt heiratete. Ende 1826 eröffnete B. wiederum zusammen mit L. Zuckschwerdt und Dommerichs Sohn Wilhelm die erste Zuckerfabrik in Sudenburg, die so gut lief, daß schon 1827 der Bau der sog. „Neuen Fabrik" möglich wurde. Eine wirtsch. Krise Ende der 1820er Jahre überstanden er und seine Partner dank der Hilfe von August Morgenstern, dessen Sohn Mitte der 1830er Jahre bei *Zuckschwerdt & B.* in die Lehre ging. In den 1830er/40er Jahren kamen weitere, vor allem Zucker-, aber auch Kohlegeschäftsgründungen hinzu. 1852 trennte sich der Sohn seines ehemaligen Partners, Hermann Zuckschwerdt, von B. und führte die Fa. unter altem Namen fort, während B. allein die Kohle- und Zuckerfabriken übernahm.

L: → Martin Behrend (Hg.), Magdeburger Großkaufleute, 1906, *11* u.ö.; – **B:** *ebd., 91*.

Jürgen Engelmann

Beye, Bruno
geb. 04.04.1895 Magdeburg, gest. 04.06.1976 Magdeburg, Maler, Graphiker.

Der Sohn eines Klempners studierte 1911–14 an der Kunstgewerbeschule in Magdeburg. In dieser Zeit führten ihn Studienwanderungen nach Basel, Prag und Amsterdam. 1914–18 Soldat im I. WK, nahm er 1916 an der ersten Expressionisten-Ausstellung in Magdeburg teil, für deren Kat. → Kurt Pinthus ein Vorwort schrieb. Seit 1917 veröffentlichte die progressive linke Zs. *Die Aktion* Arbeiten von B., der 1919 zu den Mitbegründern der der Berliner *Novembergruppe* nahestehenden Künstlervereinigung *Die Kugel* gehörte, die auch die gleichnamige Zs. in Magdeburg herausgab (nur zwei Nummern). B. prägte wesentlich den Habitus und Duktus der Künstlervereinigung und arbeitete bis 1921 hier u. a. mit → Max Dungert, → Hans Heinz Stuckenschmidt, → Franz Jan Bartels, → Erich Weinert, → Robert Seitz, Kurt Pinthus, Johannes R. Becher, Heinrich Schaefer, Theodor Däubler und Wilhelm Stolzenburg zusammen. Ab 1921 hielt er sich in Berlin auf, war zeitweilig Kabarettist im Brettl „Schall und Rauch" bei Käte Hyan und vertiefte dort auch seine Freundschaft mit → Eberhard Viegener. 1922–24 war er im Rheinland und Westfalen tätig, stellte in mehreren Städten aus und arbeitete zeitweilig auch als Anstreicher und Hilfsarbeiter. 1925–28 lebte B. in Paris, besuchte hier die Académie Colarossi und arbeitete als Pressezeichner für franz. und dt. Ztgg. Es entstanden zahlreiche bemerkenswerte Porträts aus der damaligen Pariser Szene. 1929–33 wieder in Magdeburg, veröffentlichte er als Mitarbeiter der sozialistischen Presse wesentliche antifaschistische Zeichnungen. Im Magdeburger Stadtparlament und im Landtag entstanden zahlreiche Porträtzeichnungen von Lokal- und Regionalpolitikern. Nach einer Hausdurchsuchung durch die Nationalsozialisten 1933 war B. zwischen 1934 und 1944 als Ausweichmanöver vor den ns. Machthabern ständig auf Reisen, u. a. in Spanien (Ausstellung in Barcelona), Marokko, Italien, Mecklenburg, Tirol und auf dem Balkan. Im Auftrag des untergehenden Dritten Reiches zeichnete er 1944/45 u. a. das von Bomben bedrohte Quedlinburg. 1945 kehrte er erneut nach Magdeburg zurück, wo in der Bombennacht vom 16.01.1945 große Teile seines Gesamtwerkes vernichtet worden waren. Nach Kriegsende war er mit → Wilhelm Höpfner und → Hermann Bruse an der Entnazifizierungsaktion im Kunstbereich beteiligt, gehörte zu den Mitbegründern des *Kulturbundes zur demokratischen Erneuerung Dtls* in Magdeburg und arbeitete als Lehrer für den künstlerischen Nachwuchs. Mit der aufkeimenden Formalismusdiskussion wich B. erneut 1950–53 als Pressezeichner nach Berlin aus und arbeitete ab 1954 wieder in seiner Heimatstadt, wo er 1960 seine erste große Personalausstellung hatte. 1963 erhielt B. den Erich-Weinert-Kunstpreis der Stadt und 1975 den Kunstpreis des Bez. Magdeburg. B. gilt als herausragender Porträtist und kritischer Zeitgeist und hat vor allem mit seinen spätexpressionistischen Arbeiten Eingang in die Kunstgesch. gefunden.

W: Kranker Soldat, Ölgemälde, 1918; Triumph des Todes, Holzschnitte, 1918; Krieg und Frieden, Holzschnitte, 1918; Handzeichnungen, Aquarelle und Graphiken (KHMus. Magdeburg); Porträts von prominenten Künstlern und Teilnehmern des Weltfriedenskongresses in Berlin (Vf., Erfurt-Molsdorf; Heinz Kruschel, Magdeburg). – **N:** KHMus. Magdeburg; Vf., Erfurt-Molsdorf; Sächsische Landesbibl. Dresden. – **L:** Saur AKL 10, *328*; Vollmer 1, 1953, *202*; Vf., Versuch einer Monogr., Diplomarbeit Univ. Leipzig, 1981 (*W*); Heinz Kruschel, B. B. oder: Müssen Nutzen und Schönheit die ewigen Feinde sein?, 1981; Vf., B. B., Zeichnungen, Kat. Galerie erph, Erfurt 1983; Thomas Rietzschel (Hg.), Die Aktion 1911–18. Eine Auswahl, 1986; Die Aktion. Sprachrohr der Expressionisten. Slg. Dr. Kurt Hirche, Kat. Bonn, 1984/85; Stephanie Barron (Hg.), Expressionismus – Die zweite Generation, 1915–25, 1989; Vf., B. B., 1990; Gerhart Söhn, Hdb. der Original-Graphik in dt. Zss., Mappenwerken, Kunstbüchern und Katalogen, 1890–1933, 1992 (alle Holzschnitte B.s in „Aktion" und „Sichel" mit Titelei abgebildet); Renate Hagedorn, Die Kugel. Eine spätexpressionistische Künstlervereinigung der 20er Jahre, Kat. Magdeburg 1993; Rainer Zimmermann, Expressiver Realismus – Malerei der verschollenen Generation, 1994. – **B:** *Slg. und Archiv Vf., Erfurt-Molsdorf (priv.).

Jörg-Heiko Bruns

Beyer, Gerhard
geb. 01.03.1934 Laucha, gest. 24.11.1995 Heyrothsberge, Kreisbrandmeister, Vors. des Landesfeuerwehrverbandes Sa.-Anh. e.V.

B., bäuerlicher Herkunft, war als Meister der Landwirtschaft und später als Ing.-Ökonom, 1975–91 als Vors. einer LPG und ab 1991 als Vors. einer Agrargenossenschaft im Süden Sa.-Anh. tätig. 1948 erfolgte der Eintritt in die Freiwillige Feuerwehr (FF). 1951/52 gehörte B. zur Kreislöschbereitschaft der Berufsfeuerwehr in Kölleda, übernahm 1957–59 die FF Billroda als Wehrleiter und war 1961–92 zum Wirkungsbereichsleiter des Bereiches Bad Bibra im Kr. Nebra berufen. Von 1979 bis zur Auflösung 1990 stand er als Kommandeur einer Brandschutzabt. Freiwilliger Feuerwehren in Verantwortung. Als Mitinitiator der Aktivierung von Feuerwehrverbänden wurde er 1990 zum Vors. des *Kreisfeuerwehrverbandes Nebra* gewählt und zum Sprecher der Feuerwehren des damaligen Bez. Halle für einen wiederzugründenden *Landesfeuerwehrverband* (*LFV*) in Sa.-Anh. bestimmt. In der Gründungsverslg. des *LFV* am 15.12.1990 in der Feuerwehrschule Heyrothsberge erfolgte seine Wahl zum Landesvors. Seine Vorstandsschaft wurde 1995 erneut bestätigt. Er gehörte zum Verbandsausschuß und zum Präsidium des *Dt. Feuerwehrverbandes* und war Vorstandsmitglied der Feuerwehrunfallkasse Sa.-Anh. B. hat sich um das Feuerwehrwesen als Mitinitiator der Feuerwehrverbandsarbeit in Sa.-Anh. verdient gemacht. Er hat Einfluß genommen auf den Neuaufbau des Brand- und Katastrophenschutzes des Bundeslandes Sa.-Anh. Er trat für die Interessen der Feuerwehrleute zur Verbesserung der sozialen Bedingungen, der inhaltlichen Umgestaltung der Ausbildung, der zeitgemäßen Anpassung der persönlichen und technischen Ausrüstungen in den Feuerwehren und für die Förderung der Jugendarbeit in den Feuerwehren ein.

L: Nach dem letzten Alarm. Bewegender Abschied von G. B., in Zs. Feuerwehr in Sa.-Anh., H. 10, 1995, *2f.*; Nachrufe, ebd., 3. Umschlagseite; Feuerwehrverbandsarbeit in Sa.-Anh., Ein hist. Abriß zum Feuerwehrwesen, 1999, *25* u.ö. (*B*). – B: *LFV Sa.-Anh.

Klaus Dieter Gutsche

Beyer, Karl

geb. 18.12.1915 Droyßig bei Zeitz, gest. 25.11.1995 Schönebeck, Apotheker, Oberpharmazierat.

B. legte als ältester Sohn eines Lehrers nach dem Besuch der Volks- und Oberrealschule in Droyßig (1922–35) sein Abitur ab. Nach einem Pharmaziestudium in Jena (1936/37) und Prag (1942–44), unterbrochen durch seinen Dienst bei der Luftwaffe, führte B. nach seiner anschließenden Einberufung eine Lazarettapotheke in Wien. Nach kurzer Kriegsgefangenschaft und Tätigkeit in der Einhorn-Apotheke in Zeitz kam B. 1951 nach Schönebeck, wo er die Aufgabe übernommen hatte, die pharmazeutische Versorgung des Landkr. aufzubauen. Er errichtete buchstäblich aus dem Nichts die Krankenhausapotheke und machte diese nach dem Umzug in die neu errichtete Poliklinik der Öffentlichkeit und der ambulanten Versorgung zugänglich. Die sich bald als zu klein erweisenden Räumlichkeiten führten 1955 zur Eröffnung der neu gebauten Paracelsus-Apotheke und zu einer angemessenen pharmazeutischen Versorgung der Kreisstadt Schönebeck. 1961 wurde B. als einem der ersten Apotheker der DDR der Titel eines Oberpharmazierates verliehen. In den Jahren seiner Leitung der Paracelsus-Apotheke und der Tätigkeit als Kreisapotheker arbeitete B. in einer Projektgruppe des Gesundheitsministeriums der DDR am Aufbau des staatl. Gesundheitswesens und des Rentenversorgungssystems der Apotheker und Ärzte mit. Von 1963 bis 1977 war B. Dir. für Apothekenwesen in den vereinigten Gesundheitseinrichtungen des Kr. Schönebeck. Sein Engagement bei der Ausbildung pharmazeutischer Fachkräfte bewirkte, daß fünf neu ausgebildete Apotheker mit der Leitung von Apotheken betraut wurden. Die dadurch geschaffene Infrastruktur in den ländlichen Gebieten des Kreises führte zu einem dichten Netz der med.-pharmazeutischen Betreuung, dessen Organisation und Ausbau B. viele Jahre als Kreisapotheker leitete. Kurz vor seinem altersbedingten Ausscheiden aus dem Beruf und der Niederlegung der Leitung der Paracelsus-Apotheke 1986 begann B., mit viel Liebe zum Detail die von ihm maßgeblich mitgestaltete Entwicklung des Apothekenwesens von den Anfängen bis zur Gegenwart im Kr. Schönebeck niederzuschreiben.

W: Die Gesch. der Apotheken und des Apothekenwesens im Kr. Schönebeck, 1987. – L: Hans-Joachim Brunner, Oberpharmazierat K. B., in: Dt. Apotheker Ztg. 136, Nr. 1, 1996, *66*. – B: *Christiane Große, Schönebeck (priv.).

Britta Meldau

Beyse, Ludwig August Gustav *Walter,* Lic. theol.

geb. 11.08.1898 Bochum, gest. 27.12.1974 Magdeburg, ev. Theologe, Hymnologe.

B. absolvierte das Bochumer Gymn. und studierte, nach Teilnahme am I. WK (1916–18), von 1919 bis 1922 ev. Theol. in Halle und Tübingen. Er prom. 1925 an der Theol. Fakultät in Halle. Nach seinem Lehrvikariat in Wernigerode wurde B. im selben Jahr ordiniert. Er bekleidete zunächst eine Hilfspredigerstelle und von 1927 bis 1959 die erste Pfarrstelle an der Magdeburger Martinskirche. Von 1959 bis zu seiner Pensionierung im Januar 1969 war er Pfarrer der Markusgemeinde in Magdeburg. In der Zeit des Ns. brachte ihm seine Mitgliedschaft im Pfarrer-Notbund und in der Bekennenden Kirche erhebliche Anfeindungen, sowohl von seiten des Staates als auch innerhalb der Kirche von seiten der Dt. Christen (Untersuchungshaft Oktober 1937). Als Wissenschaftler arbeitete B. auf dem Gebiet der Kirchengesch. und Hymnologie und leistete mit seiner Diss. über Wernigeröder Gesangbücher einen wichtigen Beitrag zur Erforschung des Pietismus. Weit über die eigene Gemeinde hinaus erlangte er Bedeutung in der Kindergottesdienst-Arbeit, wobei er zum Thema „Kindergottesdienst" während seiner gesamten Amtszeit zahlreiche Artikel in einschlägigen Fachzss. veröffentlichte. Auf landeskirchlicher Ebene war er für die Weiterbildung der Kindergottesdienst-Helfer und -Helferinnen zuständig.

W: Die Wernigeröder Gesangbücher von 1712 und 1735. Ein Beitrag zur Gesangbuchbewegung des Pietismus, Ms. Diss. Halle 1925; Kindergottesdienst und Gemeindegottesdienst, in: Monatsschrift für Pastoraltheol. 28, 1932, *325–329*; Das Alte Testament in der Apostelgesch., 1938. – N: Ruth B., Magdeburg (priv.). – L: Unterlagen Ruth B., Magdeburg (priv.); AKPS: PA. – B: Ruth B., Magdeburg (priv.).

Mechthild Wenzel

Beyte, *Friedrich* **Heinrich Wilhelm,** Prof. Dr. phil.
geb. 28.12.1861 Gröningen, gest. 26.12.1935 Hannover, Lehrer, Sprachwissenschaftler, Historiker.

B., Sohn des Landwirts Friedrich B., besuchte die allg. Schule, eine Privatschule und das Domgymn. in Halberstadt. Ab 1880 studierte er in Leipzig, Berlin und Halle Philologie und Lit. Nach der Prom. 1888 an der Univ. Halle auf dem Gebiet der Philologie wirkte er bis 1924 als Lehrer an höheren Schulen, zuletzt an einem Gymn. in Hannover. 1917–27 war B. ehrenamtlicher Mitarbeiter der *Harzer Ztg.* Umfangreiche sprachwiss. und hist. Forschungen führten zu zahlreichen beachtenswerten Publikationen zur Heimatgesch., zum Schulwesen und zur Philologie. Von besonderem regionalgesch. Wert sind seine Forschungsergebnisse über Gröningen unter kurfürstlich-brandenburgischer und preuß. Herrschaft sowie seine thematischen Untersuchungen zur industriellen Entwicklung Gröningens, zu den ältesten Kirchenbüchern, zu Gewohnheitsrechten der Handwerker, zum Post-, Brau-, Schank- und Schulwesen, zur Gesch. der Adelsgüter und des Schlosses. 1934 wurde B. Ehrenbürger der Stadt Gröningen.

W: Apuleius, Metamorphosen I-III, in: Philologische Wochenschrift, 1925; Gesch. der Landsmannschaft Hercynia 1880–1930, 1930; Gesch. Streifzüge durch die Stadt Gröningen und ihre Umgebung, 1933; Gesch. der Stadt Gröningen 934–1934, 1934; Wo lag die alte Burg in Gröningen? in: MonBl 77, 1935, *46*. – **L:** F. B., Quaestiones Appuleianae, Diss. Göttingen 1888; N. N., Der Schöpfer der Gesch. der Stadt Gröningen, in: Gröninger Ztg. vom 30.06.1934. – **B:** Mus. Gröningen.

Gerhard Williger

Bicknese, Martin
geb. 15.11.1899 Flechtingen/Kr. Neuhaldensleben, gest. 08.11.1986 Flechtingen, Landwirt, Arbeiter, Heimatforscher.

Als Sohn eines Landwirts erlernte er nach dem Besuch der Grundschule den Beruf seines Vaters. Durch seine landwirtsch. Tätigkeit kam er schon früh mit der Gesch. der näheren Region in Verbindung, so etwa 1927 beim Anschnitt eines Urnengräberfeldes an der Streenriete. Er selbst sammelte Scherben, auf die er beim Pflügen der Felder stieß. Ab 1953 war B. als Arbeiter in der Kiesgrube der Flechtinger Fa. *Heinecke* tätig. Bei seiner Arbeit fand er die einstige Siedlung am Galgenberg, die zum Urnengräberfeld an der Streenriete gehörte. Durch den Bodendenkmalpfleger Bruno Rahmlow aus Haldensleben wurde sein Interesse an der Wüstungsforschung geweckt. In seiner Freizeit war der langjährige ehrenamtliche Bodendenkmalpfleger B. mit Fahrrad und Spaten unterwegs, um auf den Feldern oder im Wald neue Wüstungen um Flechtingen, von denen oftmals nur der Name bekannt war, aufzufinden, und leistete auf diese Weise in der Heimatforschung Bedeutendes.

L: Wilhelm Stern, Nachruf auf M. B., in: Js. des KrMus. Haldensleben 29, 1989 (*B*); Unterlagen Herbert B., Flechtingen (priv.) – **B:** ebd.

Kurt Buchmann

Bieberstein, Arno
geb. 17.10.1886 Magdeburg, gest. 07.07.1918 Magdeburg (verunglückt), Bankkaufmann, Schwimmsportler.

Der gelernte Bankkaufmann B. entwickelte sich im *Magdeburger Schwimmverein Hellas 1904* zu einem sehr leistungsfähigen Schwimmer. Im Jahre 1907 erkämpfte er in Hannover die Titel Dt. Meister im 200 m Rückenschwimmen und im 4×100 m Lagenschwimmen. Bei den IV. Olympischen Sommerspielen 1908 in London wurde er Olympiasieger im 100 m Rückenschwimmen mit einer Zeit von 1:24,6 min. In den 1920er Jahren lag die Siegerzeit um 1:08,10 min., in den 1930er und 1940er Jahren um 1:05,90, in den 1950er und 1960er Jahren um 1:01,90 min., erst 1968 wurde die Minutengrenze durch den Erfurter Roland Matthes mit 0:58,70 und 1972 mit 0:56,58 min. unterboten. Infolge eines schweren Unfalls in der Kindheit litt B. an Epilepsie. Während eines Sonnenbades auf dem Sprungturm im Hellas-Bad erlitt er einen Anfall und fand einen tragischen Erstickungstod.

L: Beckmanns Sportlex. A-Z, 1933, Sp. *411*; Alfred Petermann (Hg.), Sportlex., 1969, *82*; Wolfgang Pahnke/Vf., Schwimmen in Vergangenheit und Gegenwart, Bd. 1, 1979, *79, 82, 93, 186, 212*; Volker Kluge, Die Olympischen Spiele von 1896–1980 – Namen, Zahlen, Fakten, 1981, *42*; Hellas Nachrichten, Sonderdruck 1994; Aufzeichnungen Arbeitsgruppe Sport, Mss. 1998/99 (KHMus. Magdeburg); Slg. Wolfram Weigert, Holzkirchen (priv.). – **B:** Fritz Merk (Hg.), Dt. Sport, Bd. 1, ca. 1925, *294*.

Norbert Heise

Biebl, Max, Prof. Dr. med. habil.
geb. 22.08.1893 Etsdorf/Oberpfalz, gest. 08.08.1968 Magdeburg, Arzt.

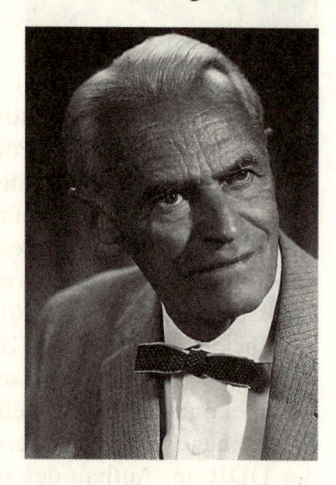

Der Sohn des Volksschullehrers Johann B. besuchte das humanistische Gymn. in Amberg, begann 1913 das Studium der Med. in Erlangen, das er, mit Unterbrechung durch den Einsatz in einer fliegenden Division während des I. WK, der ihm hohe Auszeichnungen einbrachte, in Würzburg und München fortsetzte und 1920 mit dem Staatsexamen abschloß. B. war 1920/21 Assistent an der Med. Klinik München-Schwabing bei Moritz Heinrich von Romberg, prom. 1921, ging 1922/23 an die Chirurgische Univ.-Klinik Kiel zu Wilhelm Anschütz und 1924/25 an das pathologische Inst. in Göttingen zu Eduard Kaufmann. 1926/28 zunächst Assistent an der Chirurgischen Klinik in Marburg bei Arthur Läwen, folgte er seinem Lehrer 1929 nach Königsberg, habil. sich und wurde 1934 Oberarzt und ao. Prof. Dort blieb er bis 1937. Ein Studienaufenthalt 1928 in Moskau und Leningrad machte ihn mit Fjodoroff und Gijolow bekannt, und ein Stipendium als Rockefeller-Fellow führte ihn für ein Jahr 1929/30 nach Rochester/USA in die Mayo-Klinik zu Prof. Frank C. Mann. Im Oktober 1937 übernahm B. in Nachfolge von → Wilhelm Löhr die Leitung der Chirurgischen Klinik des Krankenhauses Magdeburg-Altstadt, wurde jedoch bei Ausbruch des II. WK zum Wehrdienst eingezogen. Ab 1942 war er beratender Chirurg der 16. Armee am Ilmensee, später in Mähren. Im August 1945 aus amerikanischer Gefangenschaft entlassen, kehrte er nach Magdeburg zurück, wurde zunächst als Assistent und 1947 wieder als Chef der Klinik eingesetzt. B. leitete diese bis zu seiner Emeritierung 1962, war zugleich von 1954 bis 1961 Prof. mit vollem Lehrauftrag an der Med. Akad. Magdeburg. B. entwickelte eine umfassende chirurgische Tätigkeit vor allem auf dem Gebiet der Struma- und Magenchirurgie (Interposition Billroth I, Fragen der Technik zur Gastrektomie), was später auch im Ausland Beachtung fand. Es liegen ca. 100 wiss. Veröffentlichungen vor. B. war seit 1927 Mitglied der *Dt. Ges. für Chirurgie* und seit 1953 Mitglied in deren Aufnahmekommission, seit 1955 Mitglied der *Société Internationale de Chirurgie Bruxelles* und seit 1951 Mitglied der *Dt. Akad. der Wiss. der DDR*.

W: Interposition-Billroth I mittels ausgeschalteter Dünndarmschlinge, ein neues plastisches Anastomosierungsverfahren bei der Magenresektion, mit Gültigkeit nur für den Ulkus, in: Zentralbl. für Chirurgie, H. 12a, 1947, *1568–1593*; Transkortikale Rippenbolzung mit körpereigener Rippe zur blutigen Behandlung von Frakturen und Pseudarthrosen, in: ebd., H. 3, 1950, *179–189*; Das Strumarecidiv – ein Problem der Natur oder der Operation?, in: Der Chirurg 34, H. 1, 1963, *5–8*. – **L:** → Kurt August Koelsch, Laudatio nach dem Ausscheiden von Prof. B., Ms. 03.10.1962 (Archiv Krankenhaus Magdeburg-Altstadt); Fs. 10 Jahre Med. Akad. Magdeburg 1964, *105*; Kurt August Koelsch, Das Krankenhaus Magdeburg-Altstadt. Fs. zu seinem 150jährigen Bestehen 1967, *44f.* – **B:** *Vf., Magdeburg (priv.).

Ursula Schumann

Biemüller, Wilhelm, Dr. phil.
geb. 24.09.1899 Köln-Ehrenfeld, gest. 06.06.1955 Köln, Lehrer, Oberreg.- und Schulrat.

Nach dem Besuch der Oberrealschule in Köln nahm B. 1917/18 am I. WK teil, besuchte 1918/19 das Lehrerseminar in Moers, war 1919/20 Schulamtsbewerber in Rheinhausen und hielt sich 1922/23 zu Studienzwecken in Köln auf. Bereits 1919 gründete B. die Ortsgruppe des *Bundes der freien Schulgesellschaften* in Rheinhausen und stand ihr bis 1922 vor. 1923 initiierte er die Gründung von weltlichen Sammelschulen in den Kreisen Moers und Linker Niederrhein, fungierte als Gemeindeverordneter, gehörte der örtlichen Schuldeputation an und war als Leiter der Sammelschule Rheinhausen-Friemersheim tätig. Nachdem ihm 1924 wegen kommunistischer Betätigung die Rückkehr in das belgische Besatzungsgebiet verwehrt wurde, prom. B. 1924–27 an der Univ. Leipzig. 1927–29 war er Konrektor der Sammelschule Solingen und trat 1928 wegen Ablehnung der Sammelschule durch die KPD zur SPD über. Ab 1929 war B. in Magdeburg als Rektor der Neustädter II. Sammelschule und Mitglied verschiedener pädagogischer und politischer Institutionen tätig und wurde im September 1933 wegen kommunistischer Agitation entlassen. B. schlug sich zunächst als Privatlehrer und Straßenhändler, später als Wehrmachtsdolmetscher durch. 1944/45 wurde er Gefreiter der Sicherheitspolizei. Im August 1945 rehabilitiert, war B. als Vorgänger von → Margarete Behrens kurzzeitig Städtischer Schulrat, dann Oberreg.- und Schulrat und Leiter der Neulehrerausbildung in Magdeburg. Er siedelte vermutlich 1950 nach Köln über.

L: StadtA Magdeburg: Rep. 41, Sign. 228. – **B:** StadtA Magdeburg: PA.

Reinhard Bergner

Bierstedt, *Jacob* Johann Heinrich
geb. 31.10.1839 Colbitz, gest. 20.10.1905 Colbitz, Unternehmer, Architekt, Kgl. Hofbaumeister.

Das Zwillingskind (sein am 01.11. geb. Bruder starb bei der Geburt) des Grundsitzers, Bäckers und Holzhändlers Johann Jakob B. war als Unternehmer in Colbitz (Ziegelei, Sägewerk und Baubetrieb) sowie als Baumeister in Colbitz und Umgebung tätig. 1869–70 war er maßgeblich am Bau der Kirche in Colbitz beteiligt. Für seine Bauarbeiten am Jagdschloß und im Ort Letzlingen erhielt er wahrscheinlich den Titel eines Kgl. Hofbaumeisters. Ein Teil der in Colbitz noch vorhandenen Scheunen und Ställe in kombinierter Bruchstein-/Ziegelbauweise ist durch ihn errichtet. B. zeigte gegenüber den bei ihm beschäftigten Arbeitern eine recht soziale Einstellung. Auf einem großen, ihm gehörenden Grundstück konnten sie sich Häuser zu begünstigten Konditionen errichten. Die dabei entstandene Straße heißt noch heute Jacobstraße. Einer seiner Söhne, der am 18.03.1872 in Colbitz geb. Gustav B., war ein bekannter Architekt in der Region. Von ihm stammen zahlreiche Jugendstilgebäude in Colbitz sowie in Letzlingen. In Colbitz sind dies u. a. die zwischen 1895 und 1900 errichtete Jugendstilvilla des Brauereibesitzers → Friedrich Christoph Ritter und das Haus Schneider.

Ernst Nielebock

Binder, Eberhard
geb. 02.05.1924 Staßfurt, gest. 09.03.1998 Magdeburg, Graphiker, Maler, Buchgestalter.

B. absolvierte 1941–42 ein Studium der Gebrauchsgraphik an der Meisterschule des Dt. Handwerks in Hildesheim, unterbrochen durch Militärdienst und Kriegsgefangenschaft. 1948 bis 1952 setzte er seine Ausbildung an der Fachschule für Angewandte Kunst in Magdeburg bei Felix

Bartl und → Wilhelm Paulke fort und war hier auch als Assistent tätig. Anschließend arbeitete er als Werbegraphiker in Magdeburg. 1954 entstanden erste Buchillustrationen zu Mark Twains „Tom Sawyer". In den folgenden Jahren gestaltete und illustrierte B. mehr als 800 Bücher, teilweise gemeinsam mit seiner Ehefrau Elfriede B. Er arbeitete u. a. ständig für den *Kinderbuchverlag* Berlin, den *Verlag Neues Leben* Berlin und den *Altberliner Verlag*, nahm erfolgreich an mehreren Ausstellungen teil (u. a. 1953 1. Bezirks-Kunstausstellung Magdeburg, seit 1958 mehrmals Kunstausstellungen der DDR in Dresden), publizierte im *Börsenbl. für den dt. Buchhandel*, speziell zur Kinder- und Jugendlit., und wurde für seine Tätigkeit durch zahlreiche Auszeichnungen im In- und Ausland gewürdigt, u. a. mit dem Int. Graphik-Preis (Bologna 1973), dem Hans-Christian-Andersen-Preis der UNESCO (Rio de Janeiro 1974), dem Nationalpreis der DDR (1985), mehreren Medaillen der Int. Buchkunstausstellung in Leipzig und mehr als 30 Auszeichnungen „Schönste Bücher des Jahres". Die Illustrationen B.s passen sich in Komposition, Inhalt und Ausführung auf subtile Weise dem jeweiligen lit. Werk an und zeugen von seinem ausgeprägten Einfühlungsvermögen und seiner künstlerischen Ausdrucksfähigkeit. Dennoch ist in den unterschiedlichen Arbeitstechniken stets die für ihn charakteristische Darstellungsweise unverkennbar.

W: Buchillustrationen u. a. zu Grimmelshausen, Goethe, Melville, Swift und zu Jugend- und Sachbüchern. – Schriften: Wie Kinder sehen, in: Beiträge zur Kinder- und Jugendlit. 37, 1975, *33–45*. – **L:** Saur AKL 11, *76f.*; Klaus Doderer (Hg.), Lex. der Kinder- und Jugendlit., Bd. 1, ³1983 (*W*); Für Kinder gemalt. Buchillustratoren der DDR, 1975; Die Buchillustration in der DDR 1949–1979. Ausstellungskat. Berlin 1979; Heinz Kruschel, Nachruf E. B., in: Volksstimme Magdeburg vom 20.03.1998 (*B*); Wilhelm Paulke, handschriftliche Aufzeichnungen, Ms. um 1960 (Vf., Magdeburg). – **B:** *Elfriede B., Magdeburg (priv.).

Günter Paulke

Birk, *Walter* **Adolf Christian,** Prof. Dr. med. habil.
geb. 14.10.1880 Groß-Wanzleben, gest. 28.12.1954 Tübingen, Arzt.

B., Sohn des Kaufmanns Otto B. aus der Magdeburger Börde, studierte nach dem Besuch des Gymn. Med. in Halle, Berlin und Leipzig. 1905 prom. und approbierte er an der Univ. Halle-Wittenberg und war anschließend med. Assistent an der Kinderklinik in Breslau bei Adalbert Czerny sowie am Kaiserin-Augusta-Viktoria-Haus in Charlottenburg bei → Arthur Keller. 1911–18 arbeitete B. am Prinzessin-Heinrich-Hospital in Kiel und habil. sich dort 1912. Als Kriegsfreiwilliger wurde er bereits zu Beginn des I. WK schwer verwundet. Bis 1918 leitete er die Kinderklinik in Kiel kommissarisch. Danach übernahm er in Tübingen die Leitung des Kinderkrankenhauses und einen Lehrstuhl an der Univ. bis 1947. Forschungsschwerpunkte setzte er bei Stoffwechsel, Ernährung, Säuglingssterblichkeit, Epilepsie und kindlichen Krampfleiden.

W: Kinderpflege-Lehrbuch, 1911 (mit Arthur Keller); Leitfaden der Säuglingskrankheiten, 1914, Strahlenbehandlung bei Kinderkrankheiten, 1924 (mit Ludwig Schall); Lehrbuch für Wöchnerinnen, Säuglings- und Kleinkinderpflege für Pflegerinnen, Schwestern und Mütter, 1928; Erkrankungen des Bauchfells, 1931; Vermeidbare Kinderkrankheiten, 1936; Kinderkrämpfe, 1939; Leitfaden der Kinderkrankheiten, 1941; Leitfaden der Kinderheilkunde für Studenten und Ärzte, ¹⁰1948. – **L:** Josef Neumann/ Eduard Seidler, Kinderheilkunde, 1984, 58–68 (*B*).

Norbert Linzer

Birnbaum, Moritz
geb. 10.11.1821 Oberritzko, gest. 15.09.1894 Genthin, Kaufmann, Kommunalpolitiker.

B. war das zweite von drei Kindern der jüd. Fam. B. und kam mit dieser 1835 nach Genthin. Über die Eltern ist nichts überliefert, die Geschwister lebten im Haushalt des 1807 geb. älteren Bruders Simon, der als Kaufmann tätig war. Bis zur Ablegung der kaufmännischen Prüfung war B. im Geschäft des Bruders als Handlungsdiener tätig. Nach dessen Tod erwarb er 1872 von seiner Schwägerin das Wohnhaus in der Brandenburger Straße 33, das bis 1895 im Besitz der Fam. blieb. Im Garten des Grundstücks wurde 1860/61 die erste Genthiner Synagoge errichtet. Die Brüder Simon und Moritz B. hatten wesentlichen Anteil an der Realisierung des Baues der Synagoge. 1925 wurde die Synagoge abgebrochen, da das Grundstück von einem neuen Eigentümer für den Eigenbedarf benötigt wurde. B. war als Stadtverordneten-Vorsteher aktiv in der Kommunalpolitik tätig. In dieser Eigenschaft zeichnete er die Anordnungen des Bürgermeisters, die das städtische Leben betrafen, gegen. Daneben war er Mitglied in der Direktion der städtischen Sparkasse. Als Vorstandsmitglied des *Vereins zur Unterstützung der wandernden Handwerksgesellen* setzte er sich für deren soziale Belange ein.

L: → Kurt Ahland, Juden zwischen Elbe und Havel, eine Dokumentation, 1988, *31f.*

John Kreutzmann

Bischof, Walter
geb. 1910 in Böhmen, gest. nach 1954 Magdeburg, Glasgestalter, Bildhauer.

B. entstammte einer böhmischen Glasgestalter-Fam., erhielt in seiner Heimat eine entsprechende Ausbildung und siedelte sich 1945 in Magdeburg an. Seit 1946 war er als Lehrer an der Fachschule für Angewandte Kunst in Magdeburg tätig, wo er die Abt. Glasgestaltung aufbaute und deren Leitung übernahm. 1952 wurde B. auf Betreiben des Dir. Otto Leretz durch den Leipziger Glasgestalter Walter Gluch abgelöst. 1953 gründete er eine Genossenschaft von Kunsthandwerkern verschiedener Gewerke in Magdeburg. B. schuf mit dem Aufbau der Abt. Glasgestaltung an der Fachschule die Grundlage für die Entwicklung der Glaskunst in Magdeburg. Schwerpunkte seines Schaffens waren Gravuren sowie geschliffene und geschnittene Glasreliefs. Abgesehen von einer ausgestellten Arbeit war seine Beschäftigung mit der Plastik von untergeordneter Bedeutung.

W: Pokale und bildliche Glasreliefs: u. a. farbige Glasfenster für die Poliklinik Schönebeck und ein Altersheim in Berlin-Dahlem 1950; Glasfenster in der sowjetischen Botschaft Berlin, 1953; figürliches, mehrteiliges Glasfenster im Krankenhaus Haldensleben, 1953; Fenster mit transparenter Emailmalerei in den Wohnhäusern Magdeburg, Alter Markt 14–15; figürliches Glasfenster im Schulgebäude Magdeburg, Brandenburger Straße. – **L:** Saur AKL 11, *194*; Norbert Eisold, Die Kunstgewerbe- und Handwerkerschule Magdeburg 1793–1963, 1993, *46*.

Günter Paulke

Bischoff, Karl, Prof. Dr. phil. habil.
geb. 19.05.1905 Aken, gest. 25.11.1983 Mainz, Germanist, Hochschullehrer.

Als einziges Kind einer Handwerkerfam. – sein Vater Karl B. war Schmiedemeister in Aken – geb., besuchte B. dort die Volksschule und später in Köthen das Gymn. Nach dem Studium der Germanistik, Gesch. und Volkskunde in Leipzig, Tübingen und Marburg begann B. seine berufliche Tätigkeit im Oktober 1930 als Kandidat des höheren Lehramtes. Im gleichen Jahr legte er die Doktorprüfung bei Ferdinand Wrede, dem Leiter des Dt. Sprachatlasses, in Marburg ab. Seit Oktober 1932 arbeitete B. als Studienassessor an verschiedenen Schulen in Halberstadt, u. a. am Martineum und der Oberrealschule, und war zeitweise auch an der Höheren Privatschule in Elbingerode tätig. 1936 wurde B. nach Magdeburg versetzt und zog zu diesem Zeitpunkt auch in die Stadt um. Er unterrichtete an der Wilhelm-Raabe-Schule sowie an der Luisenschule und wurde 1939 zum Studienrat ernannt. 1943 habil. er bei Georg Baesecke in Halle zur Sprache von Eike von Repgows „Sachsenspiegel". Seit dieser Zeit war er nebenamtlich als Doz. in Halle tätig und wurde dort 1948 zum Prof. mit Lehrauftrag ernannt. 1951 übernahm B. in der Nachfolge seines Lehrers Baesecke den Lehrstuhl für Dt. Philologie an der Univ. Halle, zog jedoch erst 1953 dorthin um. In der Nacht vom 29. zum 30.12.1958 flüchtete B. mit seiner Frau und vier Kindern in den Westen Dtls, da er sich mit den politischen Entwicklungen in seinem Arbeits- und Lebensumfeld nicht mehr arrangieren konnte. Seine wiss. Tätigkeit setzte er nach einem kurzen Zwischenaufenthalt in München ab 1959 in der Nachfolge von Kurt Wagner als Ordinarius für Dt. Philologie und Volkskunde an der Univ. Mainz und als Mitglied der Mainzer Akad. der Wiss. und der Lit. bis zur Emeritierung fort. Neben der Arbeit als Gymnasiallehrer besaß für B. die germanistische Forschung immer einen hohen Stellenwert. Insbesondere die Verbindung von sprachhist. – vor allem wortgesch. – Fragestellungen mit kulturhist. und sozialgesch. Wandlungen spiegelt sich in seinen zahlreichen verdienstvollen Veröffentlichungen wider. Seine Arbeiten verdeutlichen eine ao. wiss. Präzision und eine tiefe Verbundenheit mit der Region der Mittleren Elbe. Insofern brachte seine Flucht 1958 außer den Brüchen im privaten Bereich auch einen erheblichen Einschnitt in das wiss. Werk mit sich. Unter großem persönlichen Einsatz hatte B. in den 1930er Jahren die Arbeit an dem großlandschaftlichen „Mittelelbischen Wörterbuch" begonnen und diese über die Kriegswirren (Evakuierung nach Barby, Vertreibung aus der Wohnung durch die sowjetische Besatzung) hinweg mit der Hilfe der ganzen Fam. und unter einigen Entbehrungen vorangetrieben. Bei der Flucht mußten nun 165 Wörterbuchkästen zurückgelassen werden, wichtigster Ertrag und gleichzeitig Grundlage seiner wiss. Arbeit. Erst nach der politischen Wende 1990 wurde diese Arbeit des herausragenden Sprachhistorikers, Dialektologen und Namenkundlers B. wieder aufgegriffen und wird nun in Halle zu Ende geführt.

W: Studien zur Dialektgeographie des Elbe-Saale-Gebietes in den Kreisen Calbe und Zerbst (2 Bde), Diss. Marburg 1935; Die Volkssprache in Stadt und Land Magdeburg, 1938; Zur Sprache des Sachsenspiegels von Eike von Repgow. Habil. Halle 1944; Magdeburg. Zur Gesch. eines Ortsnamens, in: Thomas Frings (Hg.), Beiträge zur Gesch. der dt. Sprache 72, 1950, *392–420*; (Hg.) Sendbrief vom Dolmetschen. Martin Luther, 1951; (Hg.) Mitteldt. Studien, Bde 13–23, 1953–1961 (mit Thomas Frings); Elbostfälische Studien, 1954; Mittelalterliche Überlieferung und Sprach- und Siedlungsgesch. im Ostniederdt., 1966; Sprache und Gesch. an der mittleren Elbe und der unteren Saale, 1967; Die 14. Aventiure des Nibelungenliedes. Zur Frage des Dichters und der dichterischen Gestaltung, 1970; Akener Wörterbuch, 1977; Das

Mittelelbische Wörterbuch, 1984. – **N:** Univ. Halle: K.-B.-Archiv am Germanistischen Inst. – **L:** Günter Bellmann, Fs. für K. B. zum 70. Geb., 1975 (*B*); K. B. 1905–1983. Reden bei der Akad. Trauerfeier des Fachbereichs 13 – Philologie I der Johannes Gutenberg-Univ. Mainz am 29. Juni 1984, 1984.

Ursula Föllner

Bisky, Friedrich *Ludwig*

geb. 18.10.1817 Genthin, gest. 02.05.1863 Chancellorsville (USA), Gold- und Silberschmied, Arbeiterfunktionär, Hauptmann im amerikanischen Bürgerkrieg.

B. wuchs als Sohn eines Gendarmerieleutnants in bürgerlichen Verhältnissen auf, weit entfernt von seinen späteren Ideen. Nach Beendigung seiner Lehre ging er 1842 nach Berlin, wo er 1844 der ersten legalen Arbeiterorganisation beitrat – dem *Berliner Handwerkerverein*. In dessen Dichterzirkel schrieb er politische Lieder und Gedichte. 1846 wurde B. Mitglied im *Bund der Gerechten*. An den bewaffneten Märzkämpfen 1848 in Berlin nahm er aktiv teil. Er wurde, im 2. Berliner Wahlbez. gewählt, als einziger Berliner Arbeiter Abgeordneten-Stellvertreter der Preuß. Konstituierenden Verslg. B. übernahm den Vorsitz des Berliner Bezirkskomitees der *Allg. Dt. Arbeiterverbrüderung*. Nach dem Scheitern der Märzrevolution erfolgten die Verhaftung und Ausweisung aus Berlin. Daraufhin entschloß er sich zur Auswanderung in die USA. Im Juli 1850 verließ er von Hamburg aus Dtl. mit dem Ziel New York. Sein Schwager, der Justizamtmann Heinrich Theodor Lindenberg, wählte bereits 1849 diesen Weg, nachdem er die Bewohner von Genthin 1848 zur Steuerverweigerung aufgerufen und daraufhin Berufsverbot erhalten hatte. Nach Ausbruch des Sezessionskrieges in den USA trat B. als Leutnant freiwillig in das 45. New Yorker Regiment ein. Er fiel als Hauptmann und Kompaniechef in der Schlacht von Chancellorsville.

L: Simone Barck/Sylvia Schlenstedt u. a. (Hg.), Lex. sozialistischer Lit., 1994, *63f*; Kurt Wernicke, Gesch. der revolutionären Berliner Arbeiterbewegung 1830–1849, 1973, *79–99*; Vf., Stadt Genthin – Ein nichtalltägliches Geschichtsbuch, 1995, *102f.* – **B:** *StadtA Genthin.

John Kreutzmann

Bismarck, *Levin* Friedrich Christoph August von

geb. 19.02.1771 Birkholz, gest. 26.08.1847 Potsdam, Reg.-Präsident der Reg. zu Magdeburg.

B. war Erbherr auf Briest, Welle und kurze Zeit auf Grävenitz sowie Mitbesitzer von Crevese. Alle Güter waren im Regierungsbez. Magdeburg gelegen. Nach einer verwaltungsjur. Ausbildung geriet er auf seinem weiteren Lebensweg bzw. seiner beruflichen Laufbahn in den Strudel der Katastrophe des preuß. Staates nach dessen Niederlage im Krieg gegen Napoleon 1806. Neben den durch die Zeitereignisse hervorgerufenen beruflichen Verunsicherungen war sein Gut bei Tangerhütte von den Franzosen geplündert worden. Dennoch trat B. nach Errichtung des Königreichs Westfalen in den westfälischen Staatsdienst. 1809 war er Kantonspräfekt und Maire in Stendal. Nach einem Überprüfungsverfahren von 1816 an wieder im preuß. Staatsdienst, wurde B. von diesem Jahr ab bis 1824 Landrat in Stendal. Seit 1821 stand er an der Spitze der Generalkommission in Stendal. Deren Aufgabe bestand in der Regulierung der bäuerlichen und gutsherrlichen Verhältnisse auf dem Lande mit der Zuständigkeit für die Provinz Sachsen. 1825 wurde er zum Reg.-Vizepräsidenten der Reg. in Magdeburg ernannt. Von 1825 bis 1838 war er hier Reg.-Präsident. Der Vorgang war deshalb bemerkenswert, weil B. neben dem Oberpräsidenten der Provinz Sachsen, → Wilhelm Anton von Klewiz, der in Personalunion auch Reg.-Präsident in Magdeburg war, zum Reg.-Präsidenten ernannt worden war. Dies deutet auf das in Preußen stets nicht ganz klare Verhältnis von Ober- und Reg.-Präsident hin. Mit seinem Ausscheiden aus dem Amt wurde ihm das Ehrenbürgerrecht der Stadt Magdeburg zuerkannt. Sein Nachfolger war → Graf Anton zu Stolberg-Wernigerode, der wiederum in Personalunion sowohl Oberpräsident der Provinz Sachsen wie auch Magdeburger Reg.-Präsident war.

L: Stefan Karnop/Lars-Henrik Rode/Vf., Der Regierungsbez. Magdeburg und seine Gesch., 1998, *71* (*B*).

Mathias Tullner

Bismarck-Schönhausen, *Otto* Eduard Leopold, Graf von (seit 1865), Fürst (seit 1871)

geb. 01.04.1815 Schönhausen/Kr. Jerichow II, gest. 30.07.1898 Friedrichsruh, Deichhauptmann, Reichskanzler.

B. entstammte einem Geschlecht, das in der Altmark und in Hinterpommern seine Wurzeln hat. Die Fam. zog ein Jahr nach seiner Geburt nach Pommern. Er besuchte seit 1821 die Plamann'sche Erziehungsanstalt und das Gymn. zum Grauen Kloster in Berlin, begann 1832 das Studium der Rechtswiss. an den Univ. Göttingen und Berlin, dem sich 1835 das Referendariat in der preuß. Verwaltung in Berlin anschloß. B. verließ 1839 den Verwaltungsdienst und übernahm als Landjunker das väterliche Gut Kniephof in Pommern. 1845 erbte er nach dem Tod des Vaters die Güter Kniephof und Schönhausen, verlegte seinen Wohnsitz nach Schönhausen, da er sich hier einen Einstieg ins öffentliche Leben erhoffte. „Ich soll hier mit der gewichtigen Charge eines Deichhauptmanns bekleidet werden, auch habe ich ziemlich sichere Aussicht, in den sächsischen Landtag [gemeint war der provinzialsächsische in Merseburg, Vf.] gewählt zu werden", wie er seiner Schwester im Februar 1846 schrieb. Das traf auch ein. Er ließ sich als Abgeordneter des Jerichower Kreises in den provinzialsächsischen Landtag wählen und übernahm 1846 das Amt des Deichhauptmanns an der mittleren Elbe. Ein entscheidender Grund für die Veränderungen im Lebensweg B.s war, daß er sich nun dem politischen Kreis um den Magdeburger Oberappellationspräsidenten → Ernst Ludwig von Gerlach näherte. B. nahm bereits 1847 in Vertretung eines erkrankten Abgeordneten am Ersten Vereinigten Landtag Preußens in Berlin teil und rückte durch eine vielbeachtete Rede in die erste Reihe der konservativen Politiker auf. Während der Revolution von 1848/49 scheiterte zwar sein Versuch, die preuß. Monarchie durch die Entsendung bewaffneter königstreuer Anhänger zu unterstützen, aber seine Treue blieb bei Hofe nicht ohne Eindruck. 1849 wurde der Schönhauser Gutsnachbar Ernst August Gaertner Vertreter für das Amt des Deichhauptmanns, da B. durch zunehmende politische Verpflichtungen an der Ausübung dieses Amtes gehindert war. Mit der Wahl B.s in das Erfurter Unionsparlament und seiner Entsendung 1851 als preuß. Gesandter, die eine Übersiedlung seiner Fam. nach Frankfurt zur Folge hatte, überließ er Gaertner voll die Aufgaben als Deichhauptmann. B. vertrat von 1851 bis 1859 die preuß. Interessen auf dem Bundestag in Frankfurt/Main. Zeitweilig als Gesandter Preußens in Petersburg und Paris tätig, wurde er 1862 nach Berlin geholt, um im sog. Heeres- und Verfassungskonflikt zu vermitteln. Sein energisches Agieren zugunsten der Krone brachte vollends den politischen Durchbruch. Am 08.10.1862 wurde er zum preuß. Ministerpräsidenten und Minister für auswärtige Angelegenheiten ernannt. Er erreichte den Höhepunkt seines politischen Wirkens mit der Gründung des Dt. Reiches am 18.01.1871 und der Übernahme der Reichskanzlerschaft. Bis zu seinem Ausscheiden 1890 setzte er die entscheidenden Akzente in der dt. Innen- und Außenpolitik.

L: NDB 2, *268–277*; Lothar Gall, B. Der weiße Revolutionär, 1980; Ernst Engelberg, B. Urpreuße und Reichsgründer, 1985; ders., B. Das Reich in der Mitte Europas, 1990. – **B:** *Arthur Mennel/Bruno Garlepp, B.-Denkmal für das dt. Volk, 1895, *267*.

Roswitha Willenius

Bitterlich, Hermann
geb. 03.08.1900 Groß-Germersleben, gest. 27.08.1977 Berlin, Maurer, Parteifunktionär, Landrat.

Nach der Volksschule 1906–14 erlernte B. von 1914 bis 1917 den Beruf des Maurers. Von 1919 bis 1931 war er mit zwischenzeitlich mehrmaliger Arbeitslosigkeit als Maurer tätig. 1918 trat B. in die SPD ein und kam über die USPD 1920 zur KPD. B. nahm 1921 am mitteldt. Märzaufstand teil und organisierte 1922 einen Landarbeiterstreik. Er war Mitglied des *Bauarbeiterverbandes* und des *Arbeiter-Radfahrerbundes*. Als Kreistagsabgeordneter fungierte B. von 1925 bis 1933. Als die KPD 1929 die Wahl in Groß-Germersleben mit absoluter Mehrheit gewann, wurde B. zum Bürgermeister nominiert, sein Amtsantritt aber verhindert. 1931/32 besuchte B. die Leninschule in Moskau. Nach seiner Verhaftung 1933 tauchte er zunächst unter, war 1934–39 in Wanzleben als Maurer und danach bis 1943 in Magdeburg als Bahnbauarbeiter tätig. 1944 wurde er erneut verhaftet und im KZ Sachsenhausen interniert. Nach dem Kriegsende fungierte B. zunächst als Kreissekretär der KPD und war von 1945 bis 1949 erster Landrat nach dem Krieg im Kr. Wanzleben. Mit → Gustav Dietz (SPD) vollzog B. in Wanzleben 1945 die Vereinigung von SPD und KPD. 1950 folgte er dem Ruf zur Dt. Wirtschaftskommission der SBZ und arbeitete 1951–55 im Staatssekretariat für Erfassung und Aufkauf in Berlin. Seit 1957 war B. als Sektorenleiter im ZK der SED tätig. Als Auszeichnungen erhielt B. den VVO in Silber und Bronze.

L: H. B., Ich arbeite für den Wohlstand der Bevölkerung, in: Volksstimme Wanzleben vom 16.02.1959; Wanzleben. Porträt eines Bördekreises, 1969, *14* (*B*); Ein Kämpferleben hat sich erfüllt (Nachruf), in: Volksstimme Wanzleben vom 06.09.1977; LHASA: Rep. P 24 V/5/327.

Gerd Gerdes

Blaeser, *Gustav* Hermann, Prof.
geb. 09.05.1813 Düsseldorf, gest. 20.04.1874 Bad Cannstatt, Bildhauer.

Nach einer Bildhauerlehre bei dem Neogotiker Christoph Stephan in Köln und bei Joseph Franz Scholl in Mainz fand B. 1834 als Schüler und Assistent Aufnahme in die Werkstatt von → Christian Daniel Rauch in Berlin. Daneben studierte er an der Kgl. Kunstakad. Nach einer Italienreise 1845 betrieb B. ab 1846 ein eigenes Atelier in Berlin, wurde 1855 Mitglied der Preuß. Akad. der Künste und übernahm ab 1860 eine Akad.-Professur. Zur Berliner Schule gehörig, erlangte B.s bürgerlich-realistischer Spätklassizismus in der Nachfolge Rauchs auch int. Anerkennung. B. schuf besonders Porträtstatuetten und Standbilder. Sein Denkmal für den Magdeburger Oberbürgermeister → August Wilhelm Francke wurde 1857 in Magdeburg, Bei der Hauptwache, aufgestellt und befindet sich seit 1907 im Nordpark Magdeburg.

Blankenburg

W: Zarin Alexandra Feodorowna zu Pferde, Statuette, 1835; Reiterstandbild Friedrich Wilhelm IV., Köln, 1866. – L: ADB 2, *693f.*; Thieme/Becker 4, *82*; Saur AKL 11, *333f.* (*W*, *L*); Peter Bloch u. a. (Hg.), Ethos und Pathos. Die Berliner Bildhauerschule 1786–1914, Kat. Berlin 1990, *42*; Peter Bloch/→ Waldemar Grzimek, Die Berliner Bildhauerschule im 19. Jh. – Das Klass. Berlin, 1994, *146–149*; Ingelore Buchholz/Maren Ballerstedt, Man setzte ihnen ein Denkmal, StadtA Magdeburg 1997, *25–28*.

Uwe Jens Gellner

Blankenburg, Ewald
geb. 16.12.1920 Schönerlinde bei Berlin, gest. 08.05.2000 Bremerhaven, Maler, Zeichner.

Der Sohn eines Töpfers verlebte nach dem Tod seines Vaters seine frühe Kindheit bei einer Tante in Polen, besuchte bis 1936 die Grundschule in Schönerlinde, begann danach eine Ausbildung im Malerhandwerk und studierte 1938–40 als Stipendiat der Stadt Berlin an der Kunstgewerbeschule Berlin-Charlottenburg, u. a. in der neu geschaffenen Klasse für Bühnenbild. 1940 wurde er zum Kriegsdienst eingezogen, flüchtete bei Kriegsende über die Elbe in amerikanische Kriegsgefangenschaft, ließ sich 1946 als Künstler in Schönebeck nieder und arbeitete zunächst als Bühnenmaler und Atelierleiter am Magdeburger Theater. Ab 1947 war B. als freischaffender Künstler tätig, gründete im gleichen Jahr u. a. mit → Katharina Heise und → Hans Oldenburger die Magdeburger Künstlergruppe *dalbe*, mit der er in den folgenden Jahren zahlreiche Ausstellungen gestaltete. 1949–60 unterrichtete B. als Kunsterzieher an einer Schönebecker Ober- bzw. Mittelschule und leitete nebenher Mal- und Zeichenkurse an der Volkshochschule. Gleichzeitig fungierte er als Fachberater für Kunsterziehung im Bez. Magdeburg. Seit 1952 gehörte er dem *VBK Dtls* an. B. schuf in Gouache, Aquarell und Öl „farbintensive Landschaften, Stadtansichten und Stilleben in einer betont flächig-konstruktiven, z. T. auch in nach-expressionistisch bestimmter Bildauffassung" (Saur). Er unterwarf das in der Natur vorgefundene Motiv einer strengen Komposition, in der er Eindrücke vereinfacht und geordnet, in übersichtlichen Farbflächen mit fast geradliniger Begrenzung wiedergab. Durch seine Kunstauffassung stand er oft im Mittelpunkt der Formalismus-Debatte in Magdeburg („substanzlose Formenspielerei"), so daß trotz seines beruflichen Engagements seine Anerkennung als Künstler unbefriedigend blieb. B. siedelte deshalb 1960 nach Bremerhaven über und war hier bis 1980 wieder als Kunsterzieher tätig. Danach wohnte er kurzzeitig in Mainz, bevor er 1989 nach Bremerhaven zurückkehrte.

N: Staatl. Galerie Moritzburg Halle. – L: Vollmer 1, 1955, *228*; Saur AKL 13, *425f.*; Elke Grapenthin, Künstler und Künstlerinnen in Bremerhaven und Umgebung, 1827–1990, 1992 (**B*).

Gerd Kley

Blell, Eduard, Dr. phil.
geb. 27.03.1877 Magdeburg, gest. 13.09.1948 Magdeburg, Apotheker, Unternehmer.

B. stammte aus einer angesehenen Apothekerfam. Sein Vater, Carl B. (1840–1920), aus Berlin kommend, kaufte nach seinem pharmazeutischen Staatsexamen (1866) zunächst die Löwen-Apotheke in Magdeburg und zehn Jahre später die 1377 gegründete Rats-Apotheke am Alten Markt, die er 1883 an den Scharnhorstplatz/Breiter Weg 261 verlegte. Carl B. wurde sofort nach dem Erwerb der Löwen-Apotheke Mitglied der *Magdeburger Apotheker-Konferenz* und „als einer der Eifrigsten" folgerichtig 1906 zu deren Ehrenmitglied ernannt. Er war weiterhin auch als Vors. der Apothekerkammer der Provinz tätig. Eduard B. war zunächst Apotheker-Praktikant in der Alten Apotheke in Magdeburg-Sudenburg. Nach dem Vorexamen arbeitete er als Apotheker-Assistent in Frankfurt/Main, Genf, Mentone und Hannover. An der Univ. Leipzig studierte B. Pharmazie, legte 1903 das pharmazeutische Staatsexamen ab und prom. nach weiteren Studien in Berlin und Bern 1906. Er übernahm 1907 die väterliche Apotheke, die er bis zu ihrer Zerstörung im II. WK (1945) besaß. Da der Wiederaufbau seiner Apotheke nicht möglich war, widmete er sich der von ihm 1920 in Magdeburg gegründeten pharmazeutisch-chemischen Fabrik *Dr. E. B. AG*. Die von B. hergestellten Präparate waren einst über Dtls Grenzen hinaus bekannt. Einige der Chlorophyll- und Bienengift-Präparate, z. B. die Apisarthron-Bienengiftsalbe, sind heute noch im Verkehr. B., der zu den bekanntesten Apothekern Magdeburgs gehörte, erwarb sich große Verdienste auf dem Gebiet der Arzneimittelversorgung in der Nachkriegszeit. Er war in vielen Funktionen standespolitisch tätig, u. a. als Apothekenrevisor, Mitglied der *Apothekerkammer* und Vorstandsmitglied des *Midephako* (*Mitteldt. Pharmazie-Konzern*), ab 1934 *Minoda* (*Mittel- und norddt. Apotheken-Genossenschaft m.b.H.*). 1924–32 fungierte B. als erster Vors. der *Magdeburger Apotheker-Konferenz*. 1928 gab er die erweiterte zweite Auflage der Fs. „Die Magdeburger Apotheker-Konferenz 1798–1928" heraus. Seine Fa. führte seine Tochter Ursula B. weiter, ab 1972 auch als Betriebsleiterin im verstaatlichten *VEB Pharmazeutisches Werk Magdeburg*, der Anfang 1979 in den *VEB Esparma Magdeburg* überführt wurde.

W: Experimentelles über die Immunisierung mit Cholera-Nucleoproteiden, Diss. Leipzig 1906. – L: BioApo, Erg.-Bd. 2, 1997, *21f.*; Holm-Dietmar Schwarz, 50. Todestag von E. B., in: Dt. Apotheker-Ztg. 138, H. 37, 1998, *69*.

Volker Jahn

Blencke, August, Prof. Dr. med.
geb. 07.11.1868 Calbe, gest. 19.01.1937 Magdeburg, Arzt.

B. beendete das Studium der Med. 1893 mit der Prom. in Würzburg und bildete sich anschließend unter Albert Hoffa in Würzburg und Hermann Kümmel in Hamburg zum Orthopäden aus. 1896 eröffnete er am Kaiser-Wilhelm-Platz 12 nach Dr. Gustav Blick eine zweite Spezialklinik seines Faches in Magdeburg. Für die Stadt arbeitete er nebenamtlich als orthopädischer Schularzt. B. erwarb sich über Magdeburg hinaus große Verdienste um die Entwicklung der Fürsorge für Behinderte. 1918 wurde ihm der Professorentitel verliehen. B. leitete 1923 in Magdeburg einen Kongreß der *Dt. Orthopädischen Ges.* Sein Sohn, Dr. med. Bernhard B. (geb. 11.05.1903 Magdeburg, gest. 22.10.1979 Magdeburg), folgte dem Vater als Inhaber der zur Königstraße 68 und später Oststraße 10 verlegten Privatklinik. Er habil. sich 1959 an der Med. Akad. Magdeburg für Orthopädie und leitete als Ordinarius seines Faches von 1963 bis 1968 ihre Orthopädische Klinik.

W: Die orthopädische Lit., 1905; Die orthopädischen Sonderturnkurse, 1913; Orthopädie des praktischen Arztes, 1921 (auch ins Spanische und Russische übersetzt); (Hg.) Die orthopädische Weltlit. 1903–1930 (2 Bde), 1936 (mit Hermann Gocht). – **L:** August Borchard/Walter von Brunn (Hg.), Dt. Chirurgenkal., 1926, *23f.*; Isidor Fischer (Hg.), Biogr. Lex. der hervorragenden Ärzte der letzten fünfzig Jahre, Bd. 1, 1932, *129*; Bernhard B., Die orthopädische Klinik, in: Fs. 10 Jahre Med. Akad. Magdeburg 1964, *92f.*

Horst-Peter Wolff

Blencke, *Erna* **Elisabeth**
geb. 25.07.1896 Magdeburg, gest. 21.06.1991 Bad Soden am Taunus, Pädagogin, Parteifunktionärin.

Die Tochter des Prokuristen Gustav Adolf B. erwarb nach dem Abitur und einem Pädagogik-Studium 1917 die Lehrbefähigung für Volks- und höhere Schulen. Als Lehrerin in einer Magdeburg-Neustädter Volksschule lernte sie die Armut der Arbeiterfamilien kennen, suchte Kontakt zu jungen Sozialisten und wurde Mitglied des von dem Göttinger Phil.-Prof. Leonard Nelson gegründeten *Int. Jugend-Bundes (IJB).* 1919–23 studierte sie in Göttingen Mathematik, Physik, Phil. und Pädagogik und engagierte sich im *Int. Sozialistischen Kampf-Bund (ISK),* der nach dem Unvereinbarkeitsbeschluß der SPD 1925 aus dem *IJB* hervorgegangen war. In Frankfurt/Main wurde sie 1928 als Studienrätin angestellt. Gemäß den Statuten des *ISK* war sie in mehreren Arbeiterorganisationen tätig, lehrte auch an der Walkemühle, der Ausbildungsstätte des *ISK.* 1929 bis Mai 1933 unterrichtete sie an einer reformpädagogischen Sammelschule in Hannover. Nach ihrer Entlassung betrieb sie zur Tarnung ihrer Untergrundaktivitäten einen Brothandel. Als die illegale Reichsleitung des *ISK* emigrieren mußte, übernahm sie dessen Leitung bis zur ihrer eigenen Flucht nach Paris im Februar 1938. Bei Kriegsbeginn interniert, gelangte sie im August 1940 auf Umwegen in die USA. In New York wirkte sie in verschiedenen Arbeiterorganisationen. Nach Aufforderung des *DGB* Hannover kehrte B. im März 1951 nach Dtl. zurück und übernahm die Leitung der Heimvolkshochschule Springe am Deister. Mit dem Ruhestand im Herbst 1954 übersiedelte sie nach Frankfurt/Main. Hier war sie weiter in der Erwachsenenbildung und in der SPD aktiv.

L: Bio Hdb Emigr, *69*; Peter Steinbach/Johannes Tuchel, Lex. des Widerstandes 1933–1945, 1994, *26*; Vf., Video-Interview. – **B:** Archiv der sozialen Demokratie der Friedrich-Ebert-Stiftung, Bonn.

Beatrix Herlemann

Blühdorn, Johann Ernst Christian, Dr. theol. h.c.
geb. 26.12.1767 Jähnsdorf bei Crossen/Oder, gest. 22.03.1842 Zerbst, ev. Theologe, Superintendent, Konsistorialrat.

B. erhielt zunächst Privatunterricht von seinem Vater, einem ev. Pfarrer, besuchte ab 1775 die Schule in Crossen und ab Ostern 1779 das Lyzeum in Guben. Von 1785 bis 1788 studierte er ev. Theol. an der Univ. Halle und schloß sich dort besonders an Friedrich August Wolf an, der ihn in das 1787 gestiftete phil. Seminar aufnahm. Während seiner Studienzeit erteilte der sprachlich begabte B. zur Übung und zum Vergnügen in den beiden ersten Klassen der Hauptschule des Waisenhauses in Halle Unterricht im Lateinischen und Griechischen. Ende 1788 als Lehrer an das Werdersche Gymn. nach Berlin berufen, avancierte B. bereits Ostern 1791 zum Rektor der Salderischen Schule in Brandenburg (Altstadt) sowie Anfang 1795 als Nachfolger von Johann Peter Willenbucher zum Rektor der namhaften Gelehrtenschule in Brandenburg (Neustadt). Anfang 1796 erhielt er einen Ruf als zweiter Prediger an die Heilige-Geist-Kirche in Magdeburg, trat dieses Amt im Mai dess. Jahres an und wurde hier 1805 als Nachfolger → Conrad Gottlieb Ribbecks erster Prediger. Die Tätigkeit B.s wie des neben ihm als zweiten Prediger agierenden → Karl Zerrenner erlangte insbesondere während der Zeit der franz. Besetzung eine große Bedeutung für die städische Bevölkerung, insofern die Heilige-Geist-Kirche als einzige Kirche Magdeburgs von der militärischen Nutzung durch franz. Truppen ausgenommen war. B. kam mehrfach wegen vaterländisch gesonnener Predigten mit der franz. Polizei in Konflikt und wurde 1812 aufgrund einer politisch anstößigen Bußtagspredigt aus dem Amt entfernt. Seiner Versetzung ins Westfälische kam ein Ruf nach Burg zuvor, wo er zunächst als Diakon an der St. Nicolai-Kirche, später der Kirche U. L. F. und ab 1816 als Superintendent und Oberprediger wirkte. Ostern 1822 trat B. als Konsistorialrat die Superintendentur und das erste Predigeramt an der Hof- und Stiftskirche St. Bartholomaei in Zerbst an und wirkte hier bis zu seinem Tode. Ende 1841 verlieh ihm die theol. Fakultät der Univ. Halle die Ehrendoktorwürde. B., der schon während seines Studiums mit Übersetzungen lateinischer Klassiker auf sich aufmerksam gemacht hatte, galt als gründlicher, in den alten Sprachen ao. bewanderter Gelehrter. Er trat nicht nur mit fundierten Überlegungen zur Verbesserung der Spracherziehung an Gelehrtenschulen (praktische Einrichtung des Sprachunterrichtes, Redeübungen) hervor, sondern wandte die hier entwickelten Grundsätze auf Predigten an und lieferte wertvolle kritische Beiträge zur rationalistisch-philologischen Diskussion der Beredsamkeit vor dem Hintergrund der Ästhetik Kants.

W: Einige Gedanken über den Vortrag der Gesch. auf gelehrten Schulen, 1792; Von der Uebung im Lateinschreiben auf gelehrten Schulen (Programm), 1794; Religionsvorträge, nebst einer Abhandlung über die Simplicität des Ausdrucks in Predigten, 1801, ²1808; Religionsvorträge, meistens über Episteltexte. Nebst einer Untersuchung über das Wesen der Beredtsamkeit, 1803, ²1808; Religionsvorträge, meistens über Episteltexte. Nebst einigen Gedanken über die Bestimmung des Menschen zur Glückseligkeit, 1805; Einige Gedanken über gewisse Lehrgegenstände in unsern höhern Bürgerschulen (Programm), 1813; zahlreiche gedruckte Predigttexte. – **L:** Neuer Nekr 20, 1844; Hamberger/Meusel, Bde 9, 13, 17, 22/1; Andreas Gottfried Schmidt, Anhalt'sches Schriftsteller-Lex., 1830, *40–42*.

Guido Heinrich

Blum, Karl
geb. 15.04.1878 Pehlitz/Kr. Angermünde, gest. 29.03.1945 Jessnitz, Schlosser, Kommunalpolitiker.

B. besuchte nach Abendkursen die Staatl. Maschinenbauschule in Magdeburg. Von 1920 bis 1928 war er Amtsvorsteher in Biederitz, Mitglied des Kreistages und Kreisausschusses in Jerichow I sowie des Bezirksausschusses im Regierungsbez. Magdeburg. Als Unterbezirkssekretär der SPD für Jerichow I und II war er von 1928 bis 1933 Mitglied des Preuß. Landtages, außerdem stellvertretender Landrat von Jerichow I. Auf zahlreichen Veranstaltungen trat er als mutiger Redner gegen den Ns. auf. Während sein Sohn Robert (geb. 1907 in Magdeburg) nach einer ersten Inhaftierung als sozialdemokratischer Leiter eines Erziehungsheimes im August 1933 nach Dänemark emigrierte, dort im April 1940 auf Druck der dt. Besatzung ergriffen wurde und 1942–45 im KZ Sachsenhausen verbrachte, wurde B. auf Betreiben des ns. Landrats in das KZ Lichtenburg eingewiesen. Nach seiner Entlassung Weihnachten 1933 versuchte er, sich den fortwährenden Schikanen durch einen Umzug in das anhaltinische Jessnitz zu entziehen.

L: Hdb. des Preuß. Landtags, 1933, *309*. – **B:** ebd., *429*.

Beatrix Herlemann

Blume, Carl *Hans*
geb. 18.10.1847 Schönebeck, gest. 15.02.1919 Magdeburg, Unternehmer.

B. war Sohn eines Lehrers. Nach Besuch der Bürgerschule in Schönebeck nahm er 1862 eine dreijährige kaufmännische Lehre in einem Einzelhandelsgeschäft in Genthin auf und war dann in verschiedenen Firmen als Kontorist, Lagerist und Buchhalter tätig. 1873 machte er sich selbständig und betrieb bis 1875 mit einem Teilhaber in Schönebeck eine Großhandlung für Farben und Lacke. 1875 gründete B. in Magdeburg eine Lackfabrik, die sich unter seiner zielstrebigen Leitung rasch zu einem in Dtl. führenden Unternehmen für die Herstellung von erstklassigen Spezialllacken entwickelte. Der Export stieg ständig, und 1893 konnte in England eine Zweigfabrik eröffnet werden.

L: Chronik der Fam. B., Ms. o.J.; Unterlagen Fam. B., Hamburg (priv.). – **B:** ebd.

Manfred Beckert

Blume, *Ernst* Friedrich Otto, Dr. phil.
geb. 29.03.1882 Magdeburg, gest. 21.09.1957 Magdeburg, Lehrer, Studienrat.

Der Sohn des Versicherungsbeamten Otto B. besuchte das Realgymn. seiner Geburtsstadt, studierte 1903–08 Geographie, Gesch. und Germanistik an der Univ. Halle und prom. 1908 mit einer Arbeit zur Siedlungskunde der Magdeburger Börde. Von 1915–45 arbeitete B. als Lehrer an Magdeburger Gymnasien und erwarb sich über seine Tätigkeit hinaus bleibende Verdienste in der geographischen Forschung für Magdeburg und die Region sowie bei der Verbreitung geographischer Kenntnisse. 1927 gründete er die *Geographische Ges. zu Magdeburg*. Höhepunkt seiner Arbeit war seine maßgebliche Beteiligung an der Ausrichtung des 23. Dt. Geographentages 1929 in Magdeburg. Zusammen mit Otto Schlüter, Halle, gab er die Fs. „Beiträge zur Landeskunde Mitteldtls" heraus. Auch nach dem Ende des II. WK rief er eine *Geographische Arbeitsgemeinschaft Magdeburg* ins Leben, aus der 1954 die Sektion Magdeburg der *Geographischen Ges. der DDR* hervorging. B. blieb bis 1957 ihr Vors.

W: Sächsisches Heimatbuch, Provinz Sachsen und Anhalt, 1926; Magdeburg und der Magdeburger Raum, 1939; Magdeburg. Unser Kleines Wanderheft, H. 67, 1957. – **N:** Inst. für Länderkunde Leipzig: Archiv für Geographie. – **L:** Nachruf, in: Geographische Berichte, H. 5, 1957, *137f*. – **B:** Inst. für Länderkunde, Leipzig.

Lothar Gumpert

Blumenfeld, Emanuel
geb. 01.11.1811 Bremecke bei Göttingen, gest. 25.05.1885 Tilsit, Artist, Zirkusdir.

B. entstammte einer jüd. Künstler- und Artistenfam., über die bereits im 17. Jh. als reisende Künstler in Stadtchroniken berichtet wurde. Mitte des 18. Jhs trafen die Künstlertruppen Cerf und B. aufeinander und vereinigten beide Unternehmen. Mit Moritz B. und seiner Frau, einer geb. Cerf, begann die Gesch. der jüd. Zirkusdynastie. Das Unternehmen bot ein abwechslungsreiches Programm, das 1811 mit der Anschaffung von Pferden komplettiert wurde. Von nun an bereiste man Dtl. unter dem Namen *Circus B.*, dessen Markenzeichen Pferdedressuren der Spitzenklasse (Hohe Schule) waren. Der 1811 geb. B. wurde 1834 von seinem Vater als Nachfolger bestimmt, während die anderen Geschwister eigene Unternehmen gründeten. B. setzte in der technischen Ausrüstung und in der Programmgestaltung neue Maßstäbe für die künftige Entwicklung des Zirkuswesens in Dtl. Neben den bisher in den Programmen weitgehend vorherrschenden Darbietungen der Akrobatik und der Tierdressur legte B. großen Wert auf hochqualifizierte Reitdarbietungen („Schulreiten"). Der Name des *Circus B.* stand von nun an für erlesenes Pferdematerial und hochkarätige Reitkunst. Nach dem Tod seiner ersten Frau heiratete er 1854 Jeanette Stein, die Tochter eines Zirkusunternehmers, die das elterlichen Unternehmen mit in die Ehe brachte. Durch diesen Zusammenschluß entstand eines der größten dt. Zirkusunternehmen dieser Zeit. Das wirtsch. solide und erfolgreiche Unternehmen zerfiel durch die Wirren der Kriege von 1866 und 1870/71, da B. und viele seiner Mitarbeiter zum Kriegsdienst eingezogen waren. 1871 wurde ein Neuanfang notwendig, den B. zunächst gemeinsam mit der ebenfalls traditionsreichen Zirkusfam. Straßburger wagte. Schon bald trennten sich beide Familien wieder und führten eigenständige Unternehmen weiter. Der *Circus B.* konnte seine ursprüngliche Größe und Bedeutung vorerst nicht erreichen. 1874 erwarb B. ein ehemaliges Kasernengelände in Guhrau/Schlesien. Hier plante er, ein neues modernes Standquartier zu schaffen, starb jedoch kurz vor dessen Vollendung. Seine Witwe übernahm gemeinsam mit ihren Söhnen die Leitung des Zirkus, der jetzt als *Circus E. B. Witwe* firmierte, und nutzte das Gelände in Guhrau als Winter-Quartier. 1896 gastierte der Zirkus mit 28 Wagen und vier Zelten in Magdeburg. Dort fand der *Circus E. B. Witwe* das geeignete Areal für einen neuen Stammsitz in der Königstraße 62/63 (heute Walther-Rathenau-Straße). Das Zirkusunternehmen bewirtschaftete mit großem Erfolg den ersten festen und größten Zirkusbau Dtls, errichtet von einer *Magdeburger Circus-Varieté Actienges.*, mit einer großen Arena, 2.890 Sitzplätzen, Stallungen, einem Kino, Gaststätten und Geschäften. Die Söhne B.s konnten ein florierendes übernehmen, das über einen großen Tierbestand (allein 80 Pferde) verfügte. B.s Enkeln Alfred, Alex, Alfons und Arthur gelang es insbesondere nach dem I. WK, das Unternehmen zu neuem Glanz zu führen. Bis 1920 gab es zahlreiche umjubelte Premieren in Magdeburg, 1922 startete der Zirkus zu einer ersten Auslandstournee. Weltwirtschaftskrise und Arbeitslosigkeit führten zum Besucherschwund, der letztlich 1928 den Konkurs des Unternehmens bewirkte. Das Zirkusgebäude wurde vermietet; es fanden u. a. zahlreiche Zirkus-Gastspiele und verstärkt Ringkampfveranstaltungen (diese bereits ab 1922) statt. Im Herbst 1944 wurde der Stammsitz bei einem Tagesangriff westalliierter Bomber beschädigt und brannte am 16.01.1945 bei einem Nachtangriff auf Magdeburg endgültig aus. Bis auf wenige emigrierte Mitglieder der Fam. fiel die jüd. Zirkusdynastie B. dem Rassenwahn Hitlers zum Opfer.

L: Kulturhist. Ges. für Circus- und Varietekunst e.V. Marburg, 1991; Unterlagen Vf., Magdeburg (priv.). – **B:** ebd.

Gabriele Blumenfeld

Blumenthal, Karl Konstantin Lebrecht *Leonhard* Graf (seit 1883) **von**
geb. 30.07.1810 Schwedt/Oder, gest. 22.12.1900 Quellendorf bei Köthen, Generalfeldmarschall.

Der Sohn des Rittmeisters Ludwig v. B. wurde, im Kadettenkorps ausgebildet, mit 17 Jahren im Gardereserveregiment in Berlin Leutnant. Er nahm dort an den Straßenkämpfen während der Märzrevolution 1848 und an den Feldzügen gegen Dänemark 1849 und 1864 teil. 1866 war B. Generalstabschef der Armee des Kronprinzen bei Königgrätz und 1870/71 Oberbefehlshaber der Truppen, welche die Stadt Paris belagerten. Er verweigerte aber die von → Otto von Bismarck und Albrecht von Roon erhobene Forderung, Paris zu beschießen. 1871 erfolgte seine Ernennung zum kommandierenden General des IV. Armeekorps in Magdeburg. Kaiser Wilhelm I. bezeichnete B. als einen um die Krone und das Vaterland hoch verdienten und von ihm hoch geschätzten Mann. Für seine Verdienste als hervorragender Stratege in den Kriegen von 1866 und 1870/71 sowie für die Erfolge bei der Führung des IV. Armeekorps, welches er in einen ausgezeichneten Zustand versetzte, wurde B. 1883 vom Kaiser in den Grafenstand erhoben. Er verknüpfte damit die Zuversicht, daß das Korps, der Tradition folgend, auch zukünftig seinen hohen Stellenwert in der Armee einnehmen würde. Im März 1888 wurde B. Generalfeldmarschall und einen Monat später unter Entbindung von seiner Stellung als Kommandierender General des IV. Armeekorps Generalinspekteur der 4. Armeeinspektion. Damit verließ er nach 17jähriger Tätigkeit, von der Bürgerschaft hoch verehrt und geschätzt, die Stadt Magdeburg. Von allen in Magdeburg stationierten kommandierenden Generalen bekleidete B. diese Stellung am längsten. 1898 reichte er seinen Abschied ein und starb kurz nach seinem 90. Geb. auf seinem Gut in Quellendorf bei Köthen. Am selben Tag verfügte Kaiser Wilhelm II., daß das Füsilier-Regiment 36 (Halle/Bernburg), dessen Chef B. jahrelang gewesen war, den Namen „Füsilier-Regiment Generalfeldmarschall Graf B. (magdeburgisches) Nr. 36" erhielt. Anläßlich seines 50jährigen Dienstjubiläums wurde B. 1877 Ehrenbür-

Blumenthal

ger der Stadt Magdeburg. Die Univ. Halle verlieh ihm die phil. Ehrendoktorwürde. In seiner mehr als 70jährigen Dienstzeit wurde er Inhaber zahlreicher in- und ausländischer hoher und höchster Orden.

L: NDB 2, *331*; Priesdorff 8, *59–68* (**B**); Militärisches Wochenbl. 1901, Sp. *7–14*. – **B**: *Moritz Klinkicht/Karl Siebert, Dreihundert berühmte Deutsche, 1912, *223*.

Hasso von Steuben

Blumenthal, Walter
geb. 28.08.1908 Schönebeck, gest. 19.10.1977 Hafen von Batumi/Schwarzes Meer, Kaufmann, Polizist, Widerstandkämpfer.

Sein Vater war Lehrer an der ersten „weltlichen" Schule Schönebecks. Er erlernte den Beruf eines Kaufmannes und arbeitete in der Magdeburger Fa. *Frostensohn Tiefbau AG*. Die Weltwirtschaftskrise bewirkte sein politisches Engagement, das ihn in die Schönebecker Ortsgruppe der KPD führte. Auch nach der Machtergreifung der Nationalsozialisten setzte er seine politische Arbeit illegal fort. Unter der Bühne der Gastwirtschaft „Heide" – heute „Haus des Handwerks" –, die im Besitz seines Schwiegervaters war, verbarg er den Vervielfältigungsapparat zum Druck illegaler Schriften. 1937 wurde die Widerstandsgruppe, zu der sich 1935 Mitglieder der verbotenen KPD und SPD zusammengeschlossen hatten, zerschlagen und er selbst am 27.07.1937 verhaftet. 52 Angeklagte aus Barby, Calbe, Schönebeck und Brumby wurden in sechs Verfahren vor dem „Volksgerichtshof" zu langjährigen Freiheitsstrafen verurteilt. B. verbrachte viereinhalb Jahre im Zuchthaus Coswig und wurde später in das KZ Sachsenhausen/Oranienburg verschleppt. Er gehörte zu den Häftlingen, die am 18.04.1945 den Todesmarsch in Richtung Lübecker Bucht antreten mußten, und zu den Überlebenden, die am 02.05.1945 von der US-Armee befreit wurden. Über Hamburg kehrte er im Sommer zur Fam. zurück. Als Kommunist und Widerstandskämpfer wurde ihm von der sowjetischen Kommandantur die Leitung des Kreisamtes der Volkspolizei übertragen. Er hatte den Rang eines Polizeirates bzw. Majors der Volkspolizei inne. Als solcher war er auch von 1948 bis 1951 in Quedlinburg und anschließend bei der Landesbehörde in Halle tätig. Seines angegriffenen Gesundheitszustandes wegen wurde er 1959 in den Ruhestand versetzt. B. organisierte die Erforschung der Gesch. der örtlichen Arbeiterbewegung im Kr. Schönebeck und war aktiv in der 1947 gegründeten *Vereinigung der Verfolgten des Naziregimes* tätig. Deren Auflösung und Umwandlung in *Komitees der Antifaschistischen Widerstandskämpfer* traf ihn schwer. Wiederholt setzte er sich für ehemalige Mitkämpfer und Leidensgenossen ein. Seine zerrüttete Gesundheit führte zu seinem Tod durch Herzinfarkt, der ihn 1977 bei einer Fahrt für Parteiveteranen im Beisein seiner Frau im Hafen von Batumi im Schwarzen Meer ereilte.

L: Familienarchiv Reinhard B., Schönebeck (priv.). – **B**: ebd.

Ernst Lindner

Bock, Franz
geb. 11.08.1879 Ilsenburg/Harz, gest. 05.11.1951 Emden/Kr. Haldensleben, Lehrer, Heimatforscher.

Nach Besuch und Abschluß des Lehrerseminars 1894–1900 in Halberstadt erhielt B. 1900–03 seine erste Anstellung als Lehrer in Vahldorf/Kr. Neuhaldensleben. Von 1904 bis 1945 war er Lehrer in Emden und wurde als „Kantor B." zum Begriff, zumal er seine Anstellung als „Lehrer, Kantor, Küster und Organist" erhalten hatte. Mit peinlicher Gewissenhaftigkeit und wiss. Strenge verfaßte er vielfältige Arbeiten zur Heimatgesch., insbesondere auch zur Nutzung für den Schulunterricht. Seit 1908 war B. Mitglied im *Aller-Verein* und redigierte mehr als zehn Jahre das *Heimatblatt für das Land um obere Aller und Ohre*. Im Verein fand er Gleichgesinnte und Freunde wie z. B. → Bernhard Becker, den Lehrer aus Beendorf, der wie er besonders auf dem Gebiet der Ur- und Frühgesch. forschte und sammelte. B.s wesentliche Mitarbeit an der Heimatausstellung 1925 in Neuhaldensleben erbrachte wertvolle Sammlungsstücke für das Mus., an dessen ständiger Förderung er langjährig mitwirkte. Durch seine Arbeiten konnte er die vorgesch. Vergangenheit seiner Wahlheimat Emden, das gilt insbesondere für die Periode der Jungsteinzeit, fast lückenlos klären und damit der Forschung im Kr. Haldensleben und im Lande Sa.-Anh. wertvolle Dienste leisten. Seine rege Tätigkeit erbrachte eine umfangreiche urgesch. Slg. mit allein 164 jungsteinzeitlichen Geräten, ca. 30 Tongefäßen, einer großen Anzahl Scherben sowie zahlreichen Bronzen und eisenzeitlichen Fundstücken, darunter einmalige Objekte. Seine Slg. befindet sich heute in der Heimatstube Weferlingen, dem KrMus. Haldensleben und dem Landesmus. in Halle. Ebenso stellte er 1920 eine Sagenslg. aus dem Holzland zusammen.

W: Heimatkunde des Kr. Neuhaldensleben, 1920; Gesch. des Bergbaus im Kr. Neuhaldensleben, in: Heimatkal. für das Land zwischen Aller und Ohre, 1924, *37–42*; Emden und das Geschlecht derer von der Schulenburg, in: ebd. 1925, *49–54*; Hausbuch des adeligen Rittergutes Emden, Anno 1671, 1929; Die altmärkischen Dörfer des Kr. Neuhaldensleben, in: Heimatbl. für das Land um obere Aller und Ohre, Nr. 22/23, 1933; Althaldensleben und Hundisburg, in: ebd., Nr. 1, 1933; Zum 100. Todestage → Johann Gottlob Nathusius', in: ebd., Nr. 8/9, 1935; Vom Aberglauben in unseren Häusern, in: ebd., Nr. 15/16, 1935; Bauernhöfe in Emden, in: ebd., Nr. 1–15, 1936 und 1–6, 1937; Emmode. Gesch. des Dorfes Emden im Kr. Haldensleben, 1938; → Maximilian Wahnschaffe, in: Heimatbl. für das Land um obere Aller und Ohre, Nr. 1, 1939; Von der Separation in Emden, in: ebd., Nr. 1/2, 1941. – L: → Hans Wieprecht, Kantor B. 60 Jahre alt, in: Heimatbl. für das Magdeburgische Holzland, für Börde und Heide 7, 1939; Vf., F. B., Emden (1879–1951), in: Js. des KrMus. Haldensleben 21, 1980, *91*.

Sieglinde Bandoly

Bock, *Wilhelm* **Friedrich Louis**
geb. 28.04.1846 Großbreitenbach/Thüringen, gest. 22.06.1931 Bad Sulzbach/Württemberg, Schuhmacher, Politiker.

B., Sohn einer Tagelöhnerin, ging nach Volksschule und Schuhmacherlehre auf Wanderschaft. Er schloß sich der Arbeiterbewegung an und wurde Mitglied des *Arbeiterbildungsvereins*. Seit 1873 Präsident der *Int. Gewerkschaftsgenossenschaft* der Schuhmacher und Redakteur der Verbandsztg., wurde B. 1875 Mitglied der Gothaer Programmkommission und einer der Präsidenten des Gothaer Vereinigungsparteitages der Sozialistischen Arbeiterpartei Dtls. 1884 wurde B. für Sachsen/Coburg/Gotha in den Reichstag gewählt. Ihm gehörte er mit Unterbrechung bis 1930 an. 1924–28 war er Alterspräsident des Reichstages. B.s Verdienst für die Magdeburger Arbeiterbewegung bestand in seiner Bereitschaft, 1890 für die Magdeburger Sozialdemokraten für den Reichstag zu kandidieren. Nach dem Geheimbundprozeß mit seinen Verurteilungen brach 1889 die illegale Arbeit in Magdeburg zusammen. B. war in dieser für die Magdeburger Sozialdemokratie äußerst schwierigen Situation bereit, das Mandat zu übernehmen. Sein Wahlsieg 1890 legte den Grundstein für Jahrzehnte erfolgreicher sozialdemokratischer Politik in Magdeburg.

L: Wilhelm Heinz Schröder, Sozialdemokratische Parlamentarier in Dt. Reichs- und Landtagen 1867–1933, 1995, *375f.*; Munzinger Archiv/Int. Biogr. Archiv, Ravensburg.

Ingrun Drechsler

Bode, Arnold *Wilhelm* **von** (seit 1914)
geb. 10.12.1845 Calvörde, gest. 01.03.1929 Berlin, Kunsthistoriker, Museumsleiter.

B. gilt auch gegenwärtig als die legendärste und bedeutendste Gestalt des dt. Museumswesens des 19. und frühen 20. Jhs. 57 Jahre lang widmete er sich den Berliner Museen, deren Entwicklung zu einem der berühmtesten Museumskomplexe der Welt er durch seine Tätigkeit als Kunsthistoriker und Museumsleiter nachhaltig und entscheidend prägte. Der im nördlich von Magdeburg gelegenen Calvörde, einer braunschweigischen Enklave, geb. Juristensohn verlebte seine Kindheit ab 1847 in Schlewecke, einem Ortsteil von Bad Harzburg, besuchte die Dorfschule und ab 1854 das Gymn. in Braunschweig, studierte 1864–67, der Familientradition folgend, Rechtswiss. in Göttingen und Berlin und legte 1867 das jur. Staatsexamen in Braunschweig ab. Die Auditorenzeit nutzte er konsequent, um einen Berufswechsel vorzubereiten, studierte ab 1869 Kunstgesch. in Berlin und Wien, prom. 1870 und trat 1872 eine Stellung als Assistent an der Skulpturen-Abt. der Berliner Museen an. 1883 wurde er Dir. dieser Abt., 1890 auch Dir. der Gemäldegalerie und avancierte 1905 zum Generaldir. 1920 trat er formell von seinen Ämtern zurück, betreute jedoch bis kurz vor seinem Tode die von ihm geleiteten Ressorts kommisarisch weiter. Auf der Basis eines genialen Kunstverständnisses schuf er mit Unterstützung des preuß. Herrscherhauses durch zielgerichtete und umfangreiche Ankäufe in nahezu allen künstlerischen Bereichen Slgg. von Weltruf, für deren Unterbringung er große Neubauten durchsetzte (Kaiser-Friedrich-Mus., Pergamon-Mus., Museumsbau in Dahlem). Der streitfähige B., oft selbst Mittelpunkt heftiger Auseinandersetzungen, erbrachte mit seiner umfangreichen Publikationstätigkeit zudem einen maßgeblichen Beitrag zur Entwicklung der dt. Kunstwiss. und bestimmte durch persönlichen Rat bei Erwerbungen, Schenkungen und Leihgaben, Mitarbeit bei Katalogen u.v.m. die dt. Museumspolitik seiner Zeit wie kein anderer. Seine Anregungen zur Gestaltung einer modernen Museumslandschaft wurden auch in Magdeburg aufgenommen. B., der sich mehrfach in Magdeburg aufhielt, stand seit 1892 mit dem späteren Dir. des 1906 in Magdeburg eröffneten Kaiser-Friedrich-Mus., → Theodor Volbehr, mehr als eineinhalb Jahrzehnte in engem brieflichen Kontakt und beriet diesen bei der Erweiterung der städtischen Slgg. durch Ankäufe auf dem int. Kunstmarkt. Zahlreiche auserlesene kunstgewerbliche Gegenstände und Möbel des 15. und 16. Jhs sowie bedeutende Privatslgg. aus Goslar und Konstantinopel kamen durch B.s Hilfe und Vermittlung nach Magdeburg. Auch das von B. in Berlin neu entwickelte Prinzip der Einrichtung von Stilräumen zur umfassenden musealen Veranschaulichung einer Epoche wurde bereits früh in dem von Volbehr ausgearbeiteten Magdeburger Museumskonzept umgesetzt, ausgehend von und in Ergänzung zur Lokalgesch. auch „die Kultur jeder bedeutsamen Epoche in einem geschlossenen, eindrucksvollen Bilde zu zeigen: in Wohnräumen vom Mittelalter bis zur Gegenwart" (Museumsführer Magdeburg, 1906).

W: Studien zur Gesch. der holländischen Malerei, 1883; Hdb. der italienischen Plastik, 1891, ⁷1922; Denkmäler der Renaissance-Skulptur Toskanas, 1892–1905; Rembrandt-Werk (8 Bde), 1897–1905; Rembrandt und seine Zeitgenossen, 1906; Italienische Bronzestatuetten (3 Bde), 1906–1912; Mein Leben (2 Bde), 1930; zahlreiche wiss. Abh. in Fachzss. – **N:** Zentralarchiv Museumsinsel Berlin. – **L:** NDB 2, *347f.*; Theodor Volbehr, Führer durch das Kaiser Friedrich-Mus. der Stadt Magdeburg, 1906; W. v.B. Museumsdir. und Mäzen. W. v.B. zum 150. Geb., 1995 (***B***); W. v.B. als Zeitzeuge der Kunst. Ausstellungskat. Berlin 1995 (***B***); Manfred Ohlsen, Zwischen Kaisermacht und Kunsttempel. Biogr., 1995; Karlheinz Kärgling, Ein neuer Zugang zur int. Museumsszene, in: Magdeburg. Porträt einer Stadt, 2000, *531ff*.

Guido Heinrich

Bode, *Karl* **Heinrich**
geb. 28.01.1820 Quedlinburg, gest. 13.11.1905 Magdeburg, ev. Theologe, Lehrer.

B. war Sohn des Schneidermeisters und Partikuliers Friedrich Carl Jacob B. Er absolvierte 1830–38 das Gymn. Quedlinburg, studierte 1838–41 ev. Theol. in Halle und legte 1841–42 beide theol. Examen sowie das Rektor-Examen ab. 1841–44 war B. als Hauslehrer in Frose/Anhalt und 1845–47 als Lehrer an der höheren Privattöchterschule in Quedlinburg beschäftigt. Ab 1847 nahm B. die Stelle des Konrektors, ab 1853 des Rektor der Schule in Hornburg, in der Magdeburger Börde ein. Nach seiner Ordinierung 1853 war B. bis zu seiner Emeritierung 1888 Prediger der Wallonisch-Reformierten Gemeinde Magdeburg. Von 1845 bis 1873 übte er zudem ein Lehramt an der Magdeburger Dt.-Reformierten Töchterschule aus. B. erwarb sich große Verdienste um das Gemeindeleben. Er begründete 1878 den „Wallonisch-Reformierten Kirchenkal.", den er bis zu seiner Emeritierung herausgab. In diesen Kalendern stellte er nach umfangreichem Quellenstudium erstmals die Gesch. der Wallonisch-Reformierten Gemeinde Magdeburgs dar. Da durch Kriegseinwirkungen die meisten Originalunterlagen vernichtet wurden, bilden die Aufzeichnungen B.s das einzige urkundlich fundierte Werk über diese Gemeinde.

W: Urkundliche Nachrichten über die Wallonisch-Reformierte Kirchen-Gemeinde zu Magdeburg, 1889; Gesch. der Wallonisch Reformierten Kirchen-Gemeinde zu Magdeburg, in: Geschichts-Bll. des Dt. Hugenotten-Vereins 1, H. 5, 1892. – **L:** K. B., Urkundliche Nachrichten … (s. o.), *123*; Wallonisch-Reformierter Kirchenkal. 1906, *7–11*; AKPS: Rep. A, Spec. P, B 566 (PA). – **B:** → Johannes Maresch, Die Wallonisch-Reformierte Gemeinde zu Magdeburg, 1939, *113*.

Henner Dubslaff

Bode, *Wilhelm* **Friedrich,** Dr. phil.
geb. 30.03.1862 Hornhausen/Kr. Oschersleben, gest. 24.10.1922 Weimar, Schriftsteller, Goethebiograph.

B. stammte aus kleinbäuerlichen Verhältnissen, besuchte das Realschule in Halberstadt, studierte an den Univ. Freiburg/Breisgau, Berlin und Straßburg Germanistik und Romanistik und prom. 1884 zum Dr. phil. Anschließend war er Lehrer in London und am Technikum Mittweida. In London mit dem Problem des Alkoholismus konfrontiert, widmete er sich in Wort und Schrift der Bekämpfung dieser Suchtkrankheit, gründete 1889 einen Alkoholgegnerbund und war 1892–99 Geschäftsführer des *Dt. Vereins gegen Missbrauch der geistigen Getränke* in Hildesheim. 1902–06 arbeitete B. als Anwalt des von ihm mitgegründeten *Vereins für Gasthausreformen*. In Auseinandersetzung mit philanthropischen Ideen wandte sich B. auch den Werken Leo Tolstois zu, begann aber später, seiner alten Zuneigung für Goethe folgend, Leben und Werk dieses Dichters intensiv zu studieren. 1899 ließ sich B. in Weimar nieder und widmete sich der wiss. Bearbeitung des Quellenmaterials aus dem 1885 freigegebenen Archiv der Fam. Goethe. B. schrieb Bücher mit Einfühlungsvermögen und in verständlicher sprachlicher Darstellung und trug damit zu einem neuen und umfassenderen Verständnis von Goethes Leben und Werk bei. Er veröffentlichte zahlreiche Einzelstudien über ihn, gab ab 1904 die Vierteljahresschrift *Stunden mit Goethe* heraus und beeinflußte damit eine ganze Generation von Goethe-Forschern. Seit 1920 erschien B.s auf zwölf Bände angelegtes Hauptwerk „Goethes Leben", von dem er nur noch sieben Bände vollenden konnte. Eines seiner lit. wertvollen und wiederholt aufgelegten Werke war „Goethe in vertraulichen Briefen" (3 Bde). B., der zeit seines Lebens mit seinem Geburtsort und der Region eng verbunden blieb und häufig in Hornhausen zu Gast war, schrieb zudem heimatbezogene Erzählungen, Verse, Lieder, Reime und Rätsel und den utopischen Roman „Indivi" (1892). Seine schönsten Heimatwerke entstanden u. a. in seiner plattdt. Muttersprache.

W: Goethes Lebenskunst, 1905; Goethes Gedanken (2 Bde), 1907; Goethes Leben im Garten am Stern, 1909; Die Tonkunst in Goethes Leben (2 Bde), 1912; Goethes Liebesleben, 1914; Weib und Sittlichkeit in Goethes Leben und Denken, 1916; Goethe in vertraulichen Briefen seiner Zeitgenossen (3 Bde), 1918–1923; Goethes Schweizer Reisen, 1922. – **L:** DBE 1, *600*; DBJ 4, 1922; Mitteldt Leb 5, *555–568* (*W*); → Albert Hansen, W. B., der Goethebiograph, und die Heimat, in: GeschBll 64, 1929, *94–105*, → Erhard Rohlandt, W. B., in: Zwischen Nordharz und Ohre. Niederdt. Mundartdichtung, 1990, *6–21*; Vf., Auf die Wahrheit kam es ihm an. W. B. – ein Hornhäuser, in: Börde, Bode, Lappwald. Heimatschrift 1996, *63f*. – **B:** *Mitteldt Leb 5.

Hans-Eberhard Sika

Bodenstab, *Emil*
geb. 20.07.1856 Calvörde, gest. 23.08.1924 Braunschweig, Apotheker, Heimatforscher.

B. wurde als Sohn eines Apothekers in Calvörde geb. und besuchte nach der Volksschule in Calvörde die Gymn. in Helmstedt und Clausthal. Seit 1875 erlernte B. den Apothekerberuf in Calvörde und Hildesheim. Nach der Gehilfenprüfung arbeitete er an verschiedenen Orten und studierte schließlich von 1881–83 an der TH Braunschweig. Nach seiner Approbation war B. u. a. in Göppingen tätig, heiratete hier 1885 und übernahm nun die väterliche Apotheke in Calvörde. 1895 wechselte B. nach Neuhaldensleben, erwarb hier die Ratsapotheke und leitete diese, bis er 1902 aus gesundheitlichen Rücksichten seinen Beruf aufgab. B. verwandte seine gesamte freie Zeit zum Studium der landschaftlichen Verhältnisse seines Wirkungskreises und gehörte sehr bald zu den besten Kennern der Pflanzenwelt um Neuhaldensleben. Er befaßte sich eingehend mit den geologischen Formationen der Gegend und war als Korrespondent der geologischen Landesanstalt tätig. B. erstellte um 1900 eine Liste von Naturdenkmalen und sicherte als Pfleger archäologischer Bodendenkmale Bodenfunde u. a. in der Parkkiesgrube Hundisburg. Schließlich beschäftigte er sich gründlich mit der lokalen Gesch. und Volkskunde. Auf allen diesen Gebieten hat B. eine bemerkenswerte Sammeltätigkeit entfaltet und u. a. die Slgg. des *Aller-Vereins* in Neuhaldensleben, dessen Vorstand er angehörte, erheblich bereichert. Dem Mus. für Natur- und Heimatkunde in Magdeburg überließ er eine umfangreiche Drogenslg. sowie eine wertvolle Slg. zur Apotheken-Gesch. In Vorträgen im *Aller-Verein* und vor der *Apotheker-Konferenz*, im *Verein für Erdkunde* und im *Naturwiss. Verein* in Magdeburg teilte B. die Ergebnisse seiner vielfältigen Bemühungen freudig mit. 1913 verlegte B. seinen Wohnsitz nach Braunschweig. Die von ihm angelegten Slgg. in Magdeburg und Braunschweig wurden im II. WK weitgehend vernichtet. Eine ansehnliche Zahl von Veröffentlichungen im *Neuhaldensleber Wochenbl.* und in verschiedenen Fachzss. bewahrt den Ertrag seiner vielseitigen Bemühungen.

W: Alte und merkwürdige Bäume der Umgebung von Neuhaldensleben, in: Jb. des Aller-Vereins für das Jahr 1902; Megalithe und Tumuli aus der Umgebung von Neuhaldensleben, in: Mittlgg. des Sächsisch-Thüringischen Vereins für Erdkunde, 1903, *169*; Die vulkanischen Gesteine in der Umgebung Neuhaldenslebens, in: Aus dem Aller-Verein, 1905. – **L:** → August Mertens, E. B. (†), in: Abh. und Berichte aus dem Naturwiss. Verein Magdeburg 4, H. 1, 1925, *1–3* (*B*); Gustaf Kossinna, E. B. (†), in: Mannus 17, 1925, *156*; Hans Gummel, Forschungsgesch. in Dtl., Bd. 1, 1938, *396*; → Otto Held, Apotheker E. B., in: Roland. Kulturspiegel für den Kr. Haldensleben, 1957, *37f.* – **B:** *Mus. Haldensleben.

Heinz Nowak

Bodenstein, *Max* **Ernst August,** Prof. Dr. phil. habil.
geb. 15.07.1871 Magdeburg, gest. 03.09.1942 Berlin, Chemiker.

B., Sohn des Magdeburger Kaufmanns und Brauereibesitzers → Franz B., studierte seit 1889 Chemie an der Univ. Heidelberg (zudem bei Fresenius in Wiesbaden) und prom. dort 1893. Nach einem Zwischenaufenthalt in Charlottenburg und bei Walter Nernst in Göttingen habil. er sich 1899 in Heidelberg, ging 1900 nach Leipzig und arbeitete beim späteren Nobelpreisträger Wilhelm Ostwald. 1906 wurde er zum ao. Prof. und Abteilungsleiter unter Nernst an die Univ. Berlin berufen und wechselte 1908 als o. Prof. und Leiter des Physikalisch-Chemischen Inst. an die TH Hannover. 1923 erhielt er den Lehrstuhl für Physikalische Chemie an der Univ. Berlin, den er bis zu seiner Emeritierung 1936 innehatte. B. gilt als Mitbegründer der modernen Reaktionskinetik. Er schuf den Begriff „Kettenreaktion" und erbrachte grundlegende Arbeiten über Gasreaktionen (speziell Chlorknallgas und Explosionstheorie), Photochemie und Katalyse. In Anerkennung seiner Leistungen stiftete die *Dt. Bunsen-Ges. für physikalische Chemie e.V.* 1953 den „Nernst-Haber-B.-Preis zur Anerkennung hervorragender wiss. Leistungen in der physikalischen Chemie durch jüngere Wissenschaftler".

W: Die Geschwindigkeit chemischer Reaktionen, 1924; Hdb. der Katalyse, Bd. 1: Allgemeines und Gaskatalyse, 1941; Die Entstehung des latenten Bildes und die Entwicklung dess. in der Photographie, 1942. – **L:** NDB 2, *357f.*; H. J. Schumacher, B. und die chemische Kinetik, in: Zs. für Elektrochemie 47, 1941, *469–475* (*W, B*); Johann C. Poggendorff, Biogr.-lit. Handwörterbuch, Bd. 4/1, 1904; Bd. 5/1, 1925; Bd. 6/1, 1936 (*W*). – **B:** Zs. für physikalische Chemie, B.-Festband, 1931.

Hans Werchan

Bodenstein, *Paul* **Peter**
geb. 01.12.1881 Friedland/Ostpreußen, gest. nach 1945 n.e., Bergassessor, Konstruktionsdir.

Der Sohn des Proviantamt-Dir. Theodor B. besuchte 1888–1901 die Vorschule in Brieg, Allenstein und die Gymn. Allenstein, Brandenburg, Kassel und Mainz. Nach seinem Praktischen Dienstjahr 1901/02 studierte er von 1902 bis 1906 an den Univ. München, Berlin sowie der Bergakad. Berlin und wurde 1906 Bergreferendar. 1910 zum Bergassessor mit Patent ernannt, übernahm er als Abt.-Vorsteher bei der *Maschinenbau-Anstalt Humboldt* Berlin die Entwicklung und Konstruktion der Ausrüstungen zur Erzaufbereitung einschließlich Versuchsstation. 1902–03 leistete er seinen Militärdienst beim Fußartillerieregiment Nr. 3 in Mainz ab und wurde später Hauptmann der Reserve. 1922 trat er bei der *Friedr. Krupp Grusonwerk A. G.* Magdeburg als Vorsteher der Erzaufbereitungsabt. ein. Er erhielt Prokura und wurde 1927 Konstruktionsdir. des erweiterten Bereiches Erzaufbereitung und Hüttenwesen. → Hermann Gruson hatte bereits mit seinen Goldaufbereitungsanlagen, die um 1880 in einer Zweigniederlassung im südafrikanischen Johannesburg vertrieben wurden, guten Erfolg. Aufbauend auf diesen Erkenntnissen und dem bereits durch seinen Vorgänger, den Obering. Bitter, erreichten hohen Stand bei der vorwiegend angewandten naßmechanischen Aufbereitung, wandte sich B. der wirtsch. Aufbereitung von zunehmend im Erzgehalt nachlassenden Erzen zu. So entwickelte er Magnetscheider der Bauart Ullrich, die schwachmagnetische Erze, wie z. B. Magneteisenstein, Magnesit, Monazitsand und Zinn-Wolframerz, aber auch die Wiedergewinnung von Kohle und Koks aus Feuerungsrückständen ermöglichten. Die Anlagentechnik für die Schwimmaufbereitungsverfahren erweiterte er so, daß sie sich zu einem Hauptverfahren der Aufbereitung entwickelten und damit ebenfalls Oxyde, Karbonate und Sulfate vieler Metalle aufbereitet wurden. Besonders hervorzuheben waren die Entwicklung des Wälzverfahrens, angewandt zur Aufbereitung verflüchtungsfähiger Metalle und Metallverbindungen, und das Rennverfahren (1931) für die Verarbeitung armer Eisenerze (Niederschachtofenwerk Calbe). Zur verstärkten wiss. Durchdringung des Gebietes der Aufbereitungs- und Hüttentechnik und zur weiteren systematischen Ableitung und Erprobung neuer Verfahren und Ausrüstungen nahm B. 1923 auf den Auf- und den weiteren Ausbau einer umfangreichen Versuchsanstalt im Grusonwerk gezielt Einfluß. Im Ergebnis weiterer wiss.-technischen Untersuchungen entwickelte und konstruierte er Rechen-Klassierapparate zum Abtrennen der sandigen Bestandteile aus schlammigen Erztrüben, maschenbewegliche Klassierroste zum Absieben von Erzen, Gestein, Koks u. a., Rohrmühlen mit Stabfüllung für die nasse Feinmahlung von Erzen sowie Wälzanlagen zur Verarbeitung von Zinkerzen. B. war ein kreativer Ing. und praktizierender Wegbereiter der Aufbereitungstechnik, der wesentlich zur weltweiten Vorrangstellung der *Friedr. Krupp Grusonwerk A. G.* Magdeburg auf diesem Gebiet beitrug.

W: 75 Jahre Grusonwerk 1855–1930, 1930, *21–27*; Friedr. Krupp Grusonwerk A. G. Magdeburg, Untersuchung der Rohstoffe zum Herstellen und Verarbeiten von Zement, Kalk, Gips, Ton und dgl. (Archiv der Friedr. Krupp AG Essen: S2 Gru 1/3, 12/1922). – **L:** LHASA: SA Rep. I 28, Nr. 582; Archiv der Friedr. Krupp AG Essen: WA XVI 1 33a.

Werner Hohaus

Bodenstein, Theodor *Franz* Julius
geb. 06.12.1834 Neustadt bei Magdeburg, gest. 20.10.1885 Neustadt bei Magdeburg, Kaufmann, Brauereibesitzer.

B. war der Sohn von August Leberecht B. (1798–1877), einem Kaufmann und Gutsbesitzer in der Neustadt bei Magdeburg. Über die näheren Lebensumstände B.s ist wenig dokumentiert. Bereits als junger Mann arbeitete er im Betrieb des Vaters. Dieser besaß eine kleine Brennerei, ehe er 1823 auf seinem Gutshof die anfänglich bescheidene *Brauerei B.* einrichtete. Im Handbetrieb wurden zunächst obergäriges Braunbier, Weizenlagerbier und Erntebier hergestellt. Mit der Einführung des Lagerbieres erweiterte sich auch der Kundenkreis der Brauerei. Der Firmengründer, der Neuerungen gegenüber stets offen war, gehörte im Zuge der einsetzenden Industrialisierung zu den Unternehmern, die ihre Produktion mit dem Einsatz einer Dampfmaschine rationalisierten. Er war der erste, der in Magdeburg eine Eismaschine für einen geregelten Kühlbetrieb in einer Brauerei zum Einsatz brachte. B., der sich bereits als junger Mitarbeiter einen geachteten Namen unter den Bierbrauern erworben hatte, übernahm nach dem Tod des Vaters das Unternehmen, erweiterte es und verhalf ihm zu einem raschen Aufschwung. Zur Verbesserung der Qualität seiner Biere studierte er das Brauverfahren in Bayern, besonders in Kulmbach, und führte dieses im eigenen Betrieb ein. Das „Bodensteiner Kulmbacher" war ein sehr beliebtes Bier zu jener Zeit in Magdeburg. Nach seinem Tod (Typhus) wurde die Brauerei durch den Familienrat in eine AG umgewandelt. Emil Grünwald führte als Vors. des Aufsichtsrates das Unternehmen erfolgreich weiter.

L: → Hans Leonhard, Dtls Jubiläumsfirmen. Industrie- und Handelskammerbez. Magdeburg, 1926, *24–28*.

Horst-Günther Heinicke

Böckelmann, *Gottfried* Andreas
geb. 19.04.1802 Salbke bei Magdeburg, gest. 13.09.1870 Kleinottersleben, Ritterguts- und Fabrikbesitzer.

B. war der Sohn des Landwirts Johann Sebastian B. und dessen Frau Elisabeth, geb. Cuno, der sich nach der Hochzeit 1799, seiner Frau folgend, in Kleinottersleben ansiedelte und sehr erfolgreich Zukkerrübenanbau betrieb. Nach der Errichtung eines eigenen Hauses auf dem B.schen Hof Lüttgenottersleben Nr. 8, dessen Anker am Giebel er stolz mit dem Kürzel seiner Anfangsbuchstaben „GAB 1830" schmückte, und weiterer Mitarbeit auf dem väterlichen Gut gründete B. 1835 mit seinem Schwager Johann Christian Köhne und dessen Bruder Wilhelm Julius die siebente Zuckerfabrik in Dtl. Zum Kochen des Rübensafts zu Zucker wurde das dafür benötigte Buchenholz mit Pferdegespannen aus der Letzlinger Heide herangeschafft. Auf die gleiche Weise ließ B. Zuckerrüben aus Frankreich holen, um damit die zwar größere, aber zuckerärmere dt. Rübe zu veredeln. Später wurden die Rüben-Zuchtstämme wegen Rübenmüdigkeit der Felder an → Matthias Christian Rabbethge und → Adolf Julius Giesecke verkauft, die damit die Kleinwanzleber Saatzucht aufbauten. B.s zweite Frau Sophie, geb. Schliephake, aus Etgersleben, eine sehr praktisch denkende Frau, entdeckte den Futterwert der ausgepreßten Rübenschnitzel für das Vieh. Gegen die Skepsis ihres Mannes begann sie, selbst zwei Reihen Kühe mit den im Garten eingesäuerten Schnitzeln zu füttern. Die damit erzielten Ergebnisse in der Viehwirtschaft, ein höherer Milchertrag und eine bessere Fleischqualität, veranlaßten B. schließlich zum Bau großer Silos auf dem Fabrikhof. Als während der weiteren Industrialisierung der Region die Eisenbahn fern von Ottersleben projektiert wurde, ließ das Unternehmen *Gebr. Köhne & B.* die Zuckerfabrik schließen (1875). Aus dem späteren Abbruch der Fabrik wurden bei Magdeburg die ersten Häuser der „Lindenhofsiedlung" errichtet. B., der einen beispielhaften und erfolgreichen Lebensweg vom „Ackergutsbesitzer und Schöppen" (Hochzeitsurkunde) zum Ritterguts- und Fabrikbesitzer beschritt, war stets Vorbild für die nachfolgenden Generationen erfolgreicher Landwirte, deren Tradition durch Vertreibung auf Grund des Bodenreformgesetzes der Provinz Sa.-Anh. zu Silvester 1945 beendet wurde. Große Teile des Hofes sind noch heute erhalten und werden gegenwärtig vom *Dt. Kraftfahrzeug-Überwachungs-Verein* (*DEKRA*) genutzt.

B: *Gottfried B., Hildesheim (priv.).

Horst-Günther Heinicke

Boecklen, Eberhard

geb. 18.01.1853 Eßlingen am Neckar, gest. 27.09.1928 Gräfelfing, Obering., Lafettenkonstrukteur.

Der Sohn des Apothekers Eberhard B. wählte nach Abschluß des Gymn. eine technische Laufbahn, trat nach einem Studium 1878 in die *Friedr. Krupp AG* in Essen als Konstrukteur in das Kanonenressort, Lafettenkonstruktion, ein und übernahm später dessen Leitung. Mit der Übernahme des *Grusonwerkes* Magdeburg durch die *Friedr. Krupp AG* wechselte B. nach Magdeburg, leitete hier von 1897 bis 1918 das Kanonenressort I (Lafetten) als Abteilungsvorsteher unter → Joseph Lenné und schied nach 40jähriger Tätigkeit bei den *Kruppwerken* aus. B. wirkte in einer Zeit des Umbruchs der Waffentechnik, der vor allem die Einführung von rauchschwachen brisanteren Sprengstoffen, kleinkalibrigen Handfeuerwaffen und Mantelgeschossen, nahtlosen Rohres für große und kleine Kaliber sowie die ersten Versuche zum Rohrrücklaufgeschütz betraf. Beim Abfeuern der Feldgeschütze versuchte man bisher, die Reaktion der „lebendigen Kraft" (Rückstoß) durch eine Bewegung auf oder mit der Lafette, einen sich eingrabenden Lafettenschwanz oder mittels Federspornlafetten abzufangen. Diese Geschütze vollführten jedoch nach dem Schuß teilweise unkontrollierte Sprünge und mußten neu eingerichtet werden, wobei ihre Feuergeschwindigkeit erheblich sank. Conrad Hausner war bereits im *Kruppwerk* Essen unter B. als Geschützkonstrukteur tätig und verfaßte 1888 in B.s Abt. Lafettenbau eine Denkschrift zum Bremsen des Rohres beim Geschütz. Diese Idee setze Hausner als Ziviling. konstruktiv um und baute und erprobte 1892 beim für technische Neuerungen aufgeschlossenen → Hermann Gruson im Grusonwerk Magdeburg das erste Rohrrücklaufgeschütz (Modell im Zeughaus Berlin). Die ersten Versuche schlugen erwartungsgemäß fehl, die neuen wiss.-technischen Zusammenhänge waren den militärtechnischen Entscheidungsträgern unklar, und nicht zuletzt der Standpunkt Krupps zum massiven Blockgeschütz beendete mit seiner Übernahme des Grusonwerkes Magdeburg 1893 diese Entwicklung. Nach langen kostenintensiven Versuchen konnte der Maschinenbauing. Heinrich Erhardt, der ein Geschütz als Explosionsmotor abstrahierte, in Dtl. dieses Problem 1896 lösen; er lieferte 1900 die ersten Geschütze dieser Art nach England. Trotz der komplizierten Umbruchsituation innerhalb der Rüstungsindustrie erwarb sich B. in der *Friedr. Krupp Grusonwerk A. G.* Magdeburg bleibende Verdienste und bestimmte maßgeblich die Entwicklung der Lafetten, insbesondere schwerer Küstenlafetten und auch Küstenhebezeuge, sowie von Eisenbahntransportwagen und schweren Geschützrohren mit.

L: Grusonwerk Magdeburg Buckau, Telegramm-Schlüssel, Theil I für Kriegsmaterial, Pulvermaschinen und Ausrüstungen, Mai 1892 (Archiv der Friedr. Krupp AG Essen: S2 Gru 16/1); Friedr. Krupp AG Magdeburg-Buckau. Als Erinnerungsschrift gewidmet, 1903 (Archiv der Friedr. Krupp AG Essen: S2 Gru 1/2); Heinrich Erhardt, Hammerschläge. 70 Jahre dt. Arbeiter und Erfinder, 1922 (Repr. 1997); Ehrung der Jubilare des KGW zur 75 Jahrfeier des Krupp/Grusonwerks Magdeburg, in: Nach der Schicht, Juli 1930; Eckart Kehr, Der Primat der Innenpolitik. Gesammelte Aufsätze zur preuß.-dt. Sozialgesch. im 19. und 20. Jh., 1965; LHASA: SA Rep. I 409; Archiv der Friedr. Krupp AG Essen: WA Xa 3,117, 42.

Werner Hohaus

Böhlke, Erich

geb. 09.09.1895 Stettin, gest. 19.04.1979 Delmenhorst, Dirigent, Komponist, Pianist.

Der Sohn eines Kunsthändlers trat 1906 im Alter von elf Jahren erstmals als Pianist auf. Er studierte in Berlin, Wien und Mailand bei Humperdinck, Busoni, Schönberg und Toscanini. Einer umfangreichen Konzerttätigkeit, mit Rundfunkkonzerten u. a. in Rudolstadt (1924) und in Koblenz (1926), schlossen sich ab 1927 Anstellungen als Generalmusikdir. in Koblenz und Wiesbaden an. Dort wurde er auf Lebenszeit zum preuß. Generalmusikdir. ernannt. Von 1933 bis 1946 war B. als Nachfolger von → Walter Beck Generalmusikdir. der Stadt Magdeburg, wo er von 1934 bis 1939 auch gleichzeitig als Intendant fungierte. Im Gegensatz zu seinem

Vorgänger, einem konsequenten Verfechter der sog. „Neutöner", war B. in seinen Programmen verstärkt bestrebt, das gesamte Konzertrepertoire von Bach bis zu zeitgenössischen Kompositionen zur Aufführung zu bringen. Der als künstlerischer Perfektionist geltende B. führte Linien der in Magdeburg gepflegten Operntradition fort: 1934–36 wurde beispielsweise das gesamte musikalische Oeuvre → Richard Wagners gespielt – eine Leistung, die kein zweites Stadttheater erreichte –, und auch Richard Strauss' Opern nahmen weiter einen hervorragenden Platz ein (Neuinszenierung von Standardwerken, Magdeburger Uraufführungen neuerer Kompositionen). Unter den erschwerten Bedingungen einer sich mehr und mehr verengenden ns. Kulturpolitik vermochte B. jedoch kaum Impulse bei Neu- und Uraufführungen zu setzen. Mit seinem überragenden fachlichen Können – die Leistungen der Solisten und des Orchesters bewegten sich durchweg auf hohem und höchstem Niveau und wurden oft stürmisch gefeiert – gelang es B. dennoch, Magdeburg zu einem bedeutenden Musikzentrum Dtls zu entwickeln – nicht zuletzt durch die Aufführung anspruchsvoller Chorwerke (etwa Beethovens „Missa Solemnis" und Pfitzners „Von dt. Seele", jeweils 1934), die er mit dem neugegründeten *Städtischen Chor*, dem *Magdeburger Lehrergesangverein* und großen Gastsolisten realisierte, oder durch das zu einem besonderen musikalischen Ereignis gewordene Magdeburger Musikfest 1935, das Bach, Händel, Schütz und Telemann gewidmet war. Als Nicht-Parteigenosse und ehemaliges Mitglied einer Freimaurerloge wurde B. 1939 von seinem Posten als Intendant entbunden und durch den linientreuen → Kurt Erlich ersetzt, konnte aber als Generalmusikdir. bis zur verfügten Schließung der Magdeburger Spielstätten zum September 1944 weiterarbeiten. Seinem Magdeburger Engagement folgten nach dem Ende des II. WK eine Anstellung als Generalmusikdir. und musikalischer Oberleiter des Staatstheaters in Oldenburg und 1963 eine Berufung an die Ueno University of Arts in Tokio. Er widmete sich neben seiner Tätigkeit als Komponist verstärkt der Musikpädagogik und trat als Gastdirigent u. a. in Ungarn, Dänemark, England, Irland, Holland, der Schweiz, Frankreich, der Tschechoslowakei und Japan auf. B., der Ehrenmitglied der *Rheinischen Philharmonie* Koblenz (1969), des *Dt. Kulturwerkes* (1970), des Musikinst. Koblenz (1970) und der *Pommerschen Landsmannschaft* (1975) war, erhielt neben zahlreichen Auszeichnungen 1979 auch das Bundesverdienstkreuz I. Kl.

W: Kompositionen: Vier Klavierstücke: 1. Zwischenklang, 2. Andenken, 3. Einsames Wandern, 4. Scherzo, op. 10, 1918; Ballade g-moll für Klavier, op. 20, 1919; Sonate für Violine und Klavier A-Dur, op. 35, 1954; Am Rande des Lebens, op. 39, Liederzyklus nach Gedichten von Hesse, Hölderlin, Storm, Hebbel und Münchhausen für Alt und Bariton, 1959; Partita für Streichorchester in D, op. 43 a, 1963 (UA Tokio 1963); Instrumentation und Bearbeitung: Richard Strauss, Drei Gesänge, op. 87 nach Texten von Friedrich Rückert, 1967 (UA Karlsruhe 1967); Symphonische Vision, op. 51, 1971 (UA Delmenhorst 1971); Irisches Klavierkonzert, op. 56, 1975 (UA Dublin 1977); Sursum Corda in E, op. 58, 1976 (UA Wilhelmshaven 1977). – **L:** Riemann [11]1929; → Friedemann Krusche, Theater in Magdeburg, Bd. 2, 1995 (***B***); Dagmar Bremer, Seit 1933 ausverkauft, seit 1934 ausabonniert ..., in: 100 Jahre Städtisches Orchester Magdeburg, hg. von der Magdeburgischen Philharmonie, 1998, *26f.* (***B***). – **B:** *Archiv des Theaters der Landeshauptstadt Magdeburg.

Sabine Gatz

Böhlmann, Ernst
geb. 15.01.1920 Soest, gest. 07.05.1987 Magdeburg, Komponist, Musiklehrer.

Der Sohn eines Stadtinspektors wuchs in einem durch Hausmusik geprägten Umfeld auf. Neben dem Klavierspiel der Eltern, wo er von seiner Mutter auch den ersten und einzigen Klavierunterricht erhielt, spielte der Vater noch Klarinette und Geige. Nachdem B. mit zehn Jahren Geigenunterricht durch eine jüd. Lehrerin erhalten hatte, schrieb er bereits mit 13 Jahren seine ersten Kompositionen, vorwiegend Streichquartette für das Schulorchester. 1937 legte er am Gymn. in Soest sein Abitur ab und wurde anschließend als Soldat eingezogen. Nach Kriegsende kam B. nach Schönebeck und begann dort 1949 seine Tätigkeit als Tanzpianist. Ein Jahr später wechselte er als Solorepetitor an die Städtischen Bühnen Magdeburg, wo er in der Spielzeit 1956/57 als Leiter der Schauspielmusik eingesetzt war. Hier schrieb er u. a. Kompositionen für Unterhaltungsorchester. Seine erste Komposition dieser Art, „Erster Kuß", wurde vom *Orchester Erich Donnerhack* – Leipziger Rundfunk – aufgenommen. Von ihm entstanden Bühnenmusiken zu „Lysistrata" von Aristophanes und zu „Die Verschwörung des Fiesco zu Genua" von Schiller. 1958 wurde B. künstlerischer Leiter im *Karl-Marx-Werk* in Magdeburg. Er leitete ein Blasorchester, führte musikalische Veranstaltungen durch und widmete sich vielen kompositorischen Aufgaben, zu denen auch Stücke für Kinder gehörten. Mit dem in Leipzig 1963 an der Hochschule für Musik Felix Mendelssohn Bartholdy extern abgelegten Staatsexamen begann seine Lehrertätigkeit für Klavier und Tanzmusik an der Bezirksmusikschule Georg Philipp Telemann in Magdeburg. Die von ihm komponierten Werke für Blasorchester widmete er dem *Rundfunkblasorchester Leipzig*, für das er eine Reihe von Arrangements, auch für Stücke anderer Komponisten, schrieb. 1975 beendete er seine Tätigkeit als Lehrer aus gesundheitlichen Gründen.

W: Der Song von der Unteilbarkeit des Gewissens, 1959; Klassiker der Operette, 1987. – **N:** Musikbibl. Magdeburg. – **L:** Astrid Eberlein, Biogr. E. B., Ms. o. J.

Sabine Gatz

Böhme, Ernst
geb. 23.01.1892 Magdeburg, gest. 21.07.1968 Braunschweig, Rechtsanwalt, Kommunalpolitiker.

Als Sohn eines sozialdemokratischen Gastwirts besuchte B. unter großen finanziellen Opfern das Gymn. und schloß sich bereits als Abiturient 1912 der SPD an. In Göttingen, München, Berlin und Halle studierte er Volkswirtschaft, Rechts- und Staatswiss. Als Kriegsfreiwilliger 1914–18 an der Front eingesetzt, wurde er gegen Kriegsende schwer verwundet. In Neustrelitz 1919/20 als Arbeitersekretär tätig, leitete er dort den Generalstreik gegen den Kapp-Putsch. Nach bestandenem 2. Staatsexamen begann er 1923 in Magdeburg zunächst als Magistratsassistent, stieg zum Dezernenten für Finanzen, Bauwesen, Wohlfahrt, Fürsorge und Jugend auf und führte u. a. beim Arbeitsamt die produktive Erwerbslosenfürsorge ein. In zahlreichen kommunalen und regionalen Verbänden fungierte er als Geschäftsführer, Vors., Aufsichtsrats- oder Vorstandsmitglied. 1924 gehörte er zu den Gründern des *Reichsbanners Schwarz Rot Gold* und zu dessen Vorstand. 1929 wählte ihn die Stadt Braunschweig unter 161 Bewerbern zum Oberbürgermeister, dem damals jüngsten Stadtoberhaupt in der Weimarer Republik. 1930–33 gehörte er dem Braunschweigischen Landtag an. Im März 1933 schwer mißhandelt und inhaftiert, verbrachte er nach der Freilassung über ein Jahr im Sanatorium. Als Rechtsanwalt nicht wieder zugelassen, studierte B. in Berlin noch einmal einige Semester Volks- und Betriebswirtschaft, um als vereidigter Buchprüfer zu arbeiten. 1945–48 bekleidete er erneut das Amt des Oberbürgermeisters in Braunschweig. 1946–55 war er Mitglied des niedersächsischen Landtages.

L: Reichshdb 1, *169f.* (*B*); Horst-Rüdiger Jarck/Günter Scheel (Hg.), Braunschweigisches Biogr. Lex., 1996, *76* (*B*); Slg. Vf., Hannover (priv.). – **B:** Foto Bundesvorstand Reichsbanner, in: Illustrierte Reichsbanner Ztg. 1, Nov. 1924.

Beatrix Herlemann

Bölsche, *Franz* Johannes Eduard, Prof.
geb. 20.08.1869 Wegenstedt bei Haldensleben, gest. 23.10.1935 Bad Oeynhausen, Komponist, Musikpädagoge, Musiktheoretiker, Musikwissenschaftler.

Der aus einem kleinen Ort zwischen Oebisfelde und Haldensleben stammende B. war der Sohn des Organisten und Lehrers Eduard B. Nachdem er das Gymn. in Neuhaldensleben absolviert hatte, studierte er von 1889 bis 1894 an der Berliner Hochschule für Musik bei Woldemar Bargiel, Carl August Heymann und Max Stange. Daneben studierte B. an der Univ. Musikwiss. Hier waren Philipp Spitta und Heinrich Bellermann seine Lehrer. 1896 wurde B. von Franz Wüllner als Lehrer für Harmonielehre, Kontrapunkt und Komposition an das Kölner Konservatorium berufen, wo er 1911 zum Prof. ernannt wurde. Bis zu seinem Tode war B. am Kölner Konservatorium tätig. Seine Kompositionen, die in der klass. und romantischen Tradition stehen, umfassen Chorwerke, Streichquartette, Sinfonien, Motetten und die 1896 in Köln uraufgeführte Ouvertüre „Hero und Leander". B. war Verfasser der vielfach aufgelegten „Übungen und Aufgaben zum Studium der Harmonielehre" (1911, [40]1983) und Hg. der Werke von Melchior Franck und Valentin Haussmann.

W: 10 Bagatellen für Pianoforte, op.1, 1895; Streichquartett Nr. 2, op. 27, 1904; Darüber danke ich dir. Motette für achtstimmigen Chor und Soloquartett, op. 29 (UA Köln 1899); Sinfonie f-moll, op. 30 (UA Köln 1901); Siehe, wir preisen selig, die erduldet haben. Für sechsstimmigen Chor, op. 35, 1913. – **L:** NDB 2, *399f.*; DBE 1, *627f.*; Riemann, [11]1929; Erich H. Müller (Hg.), Dt. Musiker-Lex., 1929, Sp. *128f.*

Claudia Behn

Bösche, Max
geb. 15.12.1902 Hohenwarsleben, gest. 07.01.1990 Hohenwarsleben, Landwirt.

B. war wie seine Vorfahren Landwirt im elterlichen Hof. Der Vater Matthias B. starb bereits 1912. Nach Besuch der Dorfschule trat B. 1916 in das Gymn. Haldensleben ein, ging aber 1920 auf eigenen Wunsch von der Schule ab, um Landwirt zu werden. 1933 heiratete er in Berlin, übernahm 1934 die elterliche Wirtschaft und erwarb an sein Grundstück angrenzendes, quellreiches, versumpftes Teichgelände. Nach der Urbarmachung begründete er hier eine Fischzuchtanlage. Obwohl er nach dem II. WK und der Gefangenschaft seine gesamte Wirtschaft mit der Teichanlage in die 1953 gegründete *LPG* einbrachte, betrieb er die Teichwirtschaft allein bis kurz vor seinem Tode. Als Kind der Börde war er sehr eng mit seiner Heimatregion verbunden. Seine Interessengebiete erstreckten sich von archäologischen Ausgrabungen und Untersuchungen (Autobahnbau 1936) über die Erforschung des Brauchtums der Heimat bis zur Malerei. In vielen Zeichnungen und Aquarellen dokumentierte er das Leben in der Magdeburger Börde. Er illustrierte u. a. Sagen der Umgegend und verfaßte vielerlei Heimatgedichte. Zu seinem großen Bekanntenkreis zählten u. a. die Maler → Adolf Rettelbusch und → Georg Speck sowie Heimatdichter wie → Wilhelm Rauch und der Mundartforscher → Albert Hansen. Bedeutende Verdienste erwarb er im Naturschutz. Über Jahrzehnte hinweg beobachtete er die Umweltprobleme in der Bördelandschaft und dokumentierte vom Aussterben bedrohte Pflanzen, Vögel und Insekten. Diese Veränderungen hielt er in seiner umfangreichen Foto- und Diaslg. sowie in seinen Tagebuchaufzeichnungen fest. B. leistete auch Zuarbeiten zu einer in den 1970er Jahren erschienenen Buchreihe der Akad. der Wiss. der DDR unter dem Titel „Landwirtschaft und Kapitalismus in der Magdeburger Börde". Die Teichwirtschaft sowie sein künstlerischer und wiss. Nachlaß befindet sich im Familienbesitz.

L: Ludwig Schumann, Mühlberg – Die Hohe Schule meines Lebens, in: Der Pannemann – Ein Bördemagazin, Nr. 7, 1990, 6–8; ebd., Nr. 8, 1990, 14–16. – **N:** Fam. B., Hohenwarsleben. – **B:** Vf., Hohenwarsleben (priv.); *Mus. Wolmirstedt.

Jürgen Puschke

Böttcher, *Karl* Friedrich Wilhelm

geb. 03.11.1820 Stendal, gest. 18.05.1883 Neustadt bei Magdeburg, Orgelbauer.

B. war Angehöriger der Dt.-Reformierten Kirche und arbeitete zunächst als Gehilfe des Orgelbaumeister Johann Heinrich Schäfer in Heilbronn, wo er alte Orgeln von Johann Carl Sigmund Haussdörffer mit Kegelladen kennenlernte, die, nachdem die Fachleute auf diese aufmerksam wurden, ab 1840 in der Bauart wieder aufgegriffen und rekonstruiert wurden. 1855 gründete B. eine Orgelwerkstatt und Musikalienhandlung in Magdeburg. 1857 baute er in Berlin (Brüdergemeinde, Wilhelmsstraße) eine Orgel, welche nach dem Vorbild von Eberhard Friedrich Walcker mit einem nach innen gehenden Röhrchen versehen war. Das Werk hatte als Neuerung (für Berlin) einen freistehenden Spieltisch. Die vier tiefsten Pfeifen erzeugten den Ton auf akustischem Wege über eine achte Pfeife. Da diese hoch angebracht war, erklangen die Töne jedoch gleichzeitig. Die durch B. in der Region Magdeburg errichteten Orgeln stellen z. T. bedeutende Orgelbauwerke dar. B., der 1872 eine größere Restaurierung der Orgel in der Dt.-Reformierten Kirche am Breiten Weg durchführte, wohnte von 1855 bis 1883 in Magdeburg, zunächst in der Altstadt und später überwiegend in der Neustadt. Im Adreßbuch von 1883 ist B. als einziger Orgelbaumeister aufgeführt. Er war der letzte bedeutende Orgelbauer Magdeburgs.

W: Zionskapelle Berlin, 1858; Petrikirche Magdeburg, um 1860; Umbau St. Nicolai Neustadt bei Magdeburg, 1862; Welsleben, 1870; Eimersleben, 1874; Neubau Heiliggeistkirche Magdeburg, 1876; Hillersleben, 1881. – **L:** Telemann-Zentrum Magdeburg.

Sabine Gatz

Böttger, Friedrich *Rudolf*

geb. 05.11.1869 Olvenstedt bei Magdeburg, gest. 02.07.1933 Olvenstedt bei Magdeburg, Bauunternehmer, Maurerpolier, Landrat.

Der Sohn des Schafmeisters Simon B. beendete 1883 die Gemeindeschule Olvenstedt und erlernte anschließend in Magdeburg das Maurerhandwerk. 1902 übernahm er das Anwesen der Eltern in Olvenstedt, blieb aber weiterhin als Maurer in Magdeburg beim Maurermeister → Gustav Stieger beschäftigt. Von 1900 bis 1919 war B. Mitglied der Gemeindevertretung Olvenstedt und als solcher in verschiedenen Kommissionen tätig (Bau- bzw. Fluchtlinienkommission, Armenkommission, Rechtsprüfungskommission u. a.). Ende 1918 wurde er im Zuge der Novemberrevolution in den Arbeiterrat für den Kr. Wolmirstedt gewählt. Im Mai 1919 wurde B. SPD-Kreistagsabgeordneter in Wolmirstedt und Vors. der Sozialdemokratischen Fraktion. Im Juli 1919 wurde B. auf Beschluß des Innenministers die kommissarische Verwaltung des zuletzt nur provisorisch durch → Friedrich Wilhelm Christoph Daniel Graf von der Schulenburg verwalteten Landratsamtes in Wolmirstedt übertragen. Im März 1920 erfolgte seine Berufung zum Landrat des Kr. Wolmirstedt. B., der die Wertschätzung und das Vertrauen von → Hermann Beims besaß („ein zuverlässiger Mensch mit vielen Fähigkeiten"), bat in einer Bekanntmachung „... als erster Mann aus dem Volke, als ein Mann aus dem Arbeiterstand ... die Bevölkerung des Kreises aller Stände und Parteien, ihm Vertrauen entgegenzubringen. Das Beamtentum tut der Parteitreue keinen Abbruch. Ziel sei es, mit meinem Amte über den Partein zu stehen, ehrliches Bestreben: Recht und Gerechtigkeit zu üben ohne Ansehen der Person und des Standes gegenüber jedermann." Ende 1920 nahm B. seinen ständigen Wohnsitz in Wolmirstedt und wurde im März 1921 zum unparteiischen Vors. des Einigungsamtes der Kreisarbeitsgemeinschaft der landwirtsch. Arbeitgeber und Arbeitnehmer des Kr. Wolmirstedt gewählt. Er nahm an den Sitzungen des Provinziallandtages in Merseburg teil. Ein Höhepunkt seines Wirkens war die Einweihung des Sportplatzes „Küchenhorn" in Wolmirstedt am 07./08.10.1922. Während seiner Amtszeit erwarb sich B. Verdienste bei der Bewältigung der Folgen des I. WK und der sich anschließenden Währungs- und Wirtschaftskrise im Kr. Wolmirstedt. Er ließ sich aus gesundheitlichen Gründen und auf eigenen Wunsch Ende 1932 in den Ruhestand versetzten und verstarb kurz darauf.

L: Walther Hubatsch (Hg.), Grundriß zur dt. Verwaltungsgesch., Reihe A, Bd. 6, 1975, *93*; Geh. StA Berlin: Rep. 77, Nr. 5122; LHASA: Rep. C 28 Ia Nr. 706a; Rep. C 30 Wolmirstedt Nr. 460 A.

Carola Lehmann

Bötticher, *Friedrich* **Heinrich Julius**
geb. 24.01.1826 Magdeburg, gest. 19.01.1895 Berlin, Jurist, Kommunalpolitiker, Oberbürgermeister in Magdeburg, Geh. Regierungsrat.

B. verbrachte in Magdeburg seine Kindheit und Jugend. Nach dem am Domgymn. abgelegten Abitur studierte er Jura. Zurückgekehrt in die Vaterstadt, arbeitete er als Auskultant und Referendar am Stadt- und Kreisgericht. 1853 zum Stadtrat gewählt und in das Amt eingeführt, schied B. nach Abschluß seiner jur. Ausbildung aus dem Gerichtsdienst aus und widmete sich ausschließlich der Arbeit in der städtischen Verwaltung. Seit 1864 auch mit dem Dezernat für Armen- und Wohlfahrtspflege betraut, erwarb sich der Stadtrat auf diesem Gebiet besonderes Ansehen. Er gehörte als Vors. oder Vorstandsmitglied entsprechenden kirchlichen Einrichtungen und sich der Wohltätigkeit und Armenpflege widmenden Vereinen an. 1871 wurde B. zum 2. Bürgermeister gewählt. Als zehn Jahre später der bisherige 1. Bürgermeister → Gustav Hasselbach krankheitshalber zurücktrat, war der Weg für den zweiten Mann an die Magistratsspitze frei. Nicht unumstritten fand er letztlich ein Mehrheitsvotum in der Stadtverordnetenverslg. Im Februar 1882 trat er sein Amt an. Ab September 1883 durfte er den Titel Oberbürgermeister führen. B. genoß in der Bürgerschaft hohes Ansehen. Auch als Vizepräsident des Preuß. Herrenhauses sowie des Provinzialsächsischen Landtages erwarb er sich Anerkennung. So wurde ihm der Titel Geh. Regierungsrat verliehen. Die Amtszeit B.s fiel in die Jahrzehnte der Entwicklung Magdeburgs zur Großstadt. Die Beseitigung des gesamten inneren Festungsgürtels (1888), die Aufhebung von Rayonbeschränkungen sowie Eingemeindungen (Neustadt, Buckau 1886/87) weiteten das städtische Terrain bedeutend aus und führten zu einer bisher nicht gekannten Bautätigkeit (Wohnhäuser, Schulen, Straßen, Kanalisation). Die sprunghaft angestiegene Bevölkerungszahl – 1889 wohnten in Magdeburg 192.500 Einwohner – stellte an den Magistrat vielseitige Anforderungen. Kommunale Versorgungseinrichtungen entstanden (Schlacht- und Viehhof) oder wurden erweitert (Krankenhaus). Mit dem Ankauf der Rieselfelder in Körbelitz wurde die Abwasserfrage gelöst. Das Fürstenufer, die Vollendung der Zoll- und der Langen Brücke, Straßenverbreiterungen und -neuanlagen sowie die Einrichtung weiterer Straßenbahnlinien verbesserten die Verkehrsverhältnisse. Wichtige Bereiche der Stadtverwaltung wurden verselbständigt (Bibl., Archiv) oder neu geschaffen (Amt für Statistik). Seit 1854 Mitglied der Magdeburger Freimaurerloge „Ferdinand zur Glückseligkeit", war B. 1887–95 deren hammerführender Meister. Er blieb bis zu seinem Tod im Amt und fand auf dem Südfriedhof seine letzte Ruhestätte.

L: StadtA Magdeburg: Archivalien und Dokumente. – **B:** → Ferdinand Albert Wolter, Gesch. der Stadt Magdeburg, 1901, *287*; *StadtA Magdeburg.

Manfred Wille

Bogen, Alfred
geb. 18.06.1885 Eckmannsdorf/Kr. Elsterwerda, gest. 14.03.1944 Magdeburg, Lehrer, Schulrat, Museumsdir.

B. war nach Absolvierung der Präparande und des Lehrerseminars in Elsterwerda als Lehrer in Gröben (1905–09) und Keutschen/Kr. Weißenfels (1909–11) tätig und engagierte sich in örtlichen Lehrervereinen. 1911 siedelte er mit seiner Fam. nach Berlin über, arbeitete dort an der 107. und 181. Gemeindeschule im Osten der Stadt und betrieb nebenher an der Univ. botanische und vorgesch. Studien. B. setzte sich in Junglehrerkursen und auf pädagogischen Tagungen für die Reformbewegungen im Schulunterricht ein, die unter dem Begriff „Arbeitsschule" bekannt geworden sind. Er führte bereits Anfang der 1920er Jahre in Berlin reformpädagogische Versuche zur „freien geistigtechnischen Organisierung" des Unterrichts in „Zellenarbeit" – d. h. auf eine Klasse innerhalb einer normalen Schule beschränkt – durch, wobei er über didaktische Stoffanalyse sowie schülerseitige Ausbildung von Arbeits- bzw. Lerntechniken zwischen Unterrichtsstoff und schülerzentrierter Lehransätzen zu vermitteln suchte. Als Vors. der *Arbeits-*

gruppe für praktische Pädagogik erwarb er sich besondere Verdienste bei der Durchsetzung der neuen reformpädagogische Bestrebungen, zu denen er Vorträge und Lehrproben in allen Teilen Dtls und im Ausland hielt. 1923 wechselte er als kommissarischer Schulrat nach Stendal, wurde 1924 zum Magdeburger Magistratsschulrat gewählt, trat in dieser Eigenschaft als Vermittler zwischen Schule und Verwaltung auf und beförderte insbesondere die Arbeit Magdeburger Reformschulen wie der Berthold-Otto-Schule und der Buckauer Versuchsschule (→ Richard Rötscher). Gemeinsam mit Rötscher organisierte er 1928 die nationale Versuchsschultagung an der weltlichen Versuchsschule Buckau und beteiligte sich zudem als Mitarbeiter an → Otto Karstädts richtungsweisendem Werk „Methodische Strömungen der Gegenwart" ([14]1926, [16]1927). Ende 1931 übernahm B. als Nachfolger von → August Mertens die Direktion des Mus. für Naturkunde und Vorgesch. in Magdeburg. Unter seiner Leitung erfolgte eine grundlegende Umstrukturierung der Museumsbestände nach pädagogischen Gesichtspunkten, wobei er eine Trennung zwischen wiss. Slg. und didaktisch gestalteten Ausstellungen vornahm. Zum Aufbau eines modernen Museumsbetriebs wurden für die wiss. Slgg. umfangreiche Magazine angelegt und ein 216 Bände umfassender Kat. geschaffen. Die Zentrale im Mus. erhielt eine vorbildliche Kartothek, Lichtbild- und Kartenslg. sowie wiss. Unterlagen für Schutz- und Konservierungsmaßnahmen. B. führte auch die Arbeit seines Amtsvorgängers im Naturschutz weiter, warb auf Vortragsreisen und mit Wanderausstellungen für den Naturschutzgedanken und schuf Strukturen in der Provinz, die örtliche ehrenamtliche Helfer in die Arbeit einbezogen.

W: Arbeitsbuch für den Sachunterricht in den Berliner Schulen, 1925; Magdeburger Rechenbuch, 1927; Leben und Streben. Ein Bericht über das 6. und 7. Schuljahr einer Volksschule, 1928; Der Storch im Regierungsbez. Magdeburg, 1934; Die Vorgesch. des Magdeburger Landes, 1937; Naturschutz in der Provinz Sachsen, 1939. – **L:** Nachruf A. B., in: Abh. und Berichte des Mus. für Naturkunde und Vorgesch. Magdeburg 8, 1948, *1–5* (***W**, ***B***); Reinhard Bergner, Die Berthold-Otto-Schulen in Magdeburg, 1999, *123–125* u.ö. (***B***).

Ingrid Böttcher

Bohley, Reiner
geb. 14.05.1941 Halle, gest. 31.12.1988 Magdeburg, ev. Pfarrer.

B. besuchte von 1947 an in Halle die Schule bis zum Abitur 1959. Nach einer Ausbildung zum Fahrdienstleiter bei der *Dt. Reichsbahn* begann er ein Studium an der Verkehrshochschule Dresden; er wurde jedoch nach kurzer Zeit wieder exmatrikuliert. 1961 konnte er das Studium erneut aufnehmen, 1962 erfolgte die endgültige Exmatrikulation, weil er den Wehrdienst verweigerte. Daraufhin war er 1962–63 als Rangierleiter bei der *Dt. Reichsbahn* tätig. Von 1963 an studierte B. ev. Theol. an den Kirchlichen Hochschule in Naumburg (Katechetisches Oberseminar) und Berlin (Sprachenkonvikt). 1969–70 unterbrach er das Studium, um die Stelle eines Studieninspektors am Kirchlichen Proseminar, einer zum (staatl. allerdings nicht anerkannten) Abitur führenden Schule in kirchlicher Trägerschaft, wahrzunehmen. 1970 legte er die erste theol. Prüfung ab, danach war er bis 1971 Vikar in Erfurt. 1971 kehrte er als Assistent für Praktische Theol. an die Naumburger Hochschule zurück. Während dieser Zeit bestand er 1972 die zweite theol. Prüfung in Magdeburg. 1974 reichte er eine Promotionsarbeit über Schulpforte zur Zeit Friedrich Nietzsches ein und bestand die zugehörige Prüfung vor einer kirchlichen Kommission, durfte allerdings den Doktortitel nicht führen. Von 1975 bis 1982 war B. Rektor des Kirchlichen Proseminars. 1982 wurde er zum Pfarrer der Martinsgemeinde Magdeburg berufen. Er starb 1988 nach kurzer, schwerer Krankheit. B. war Mitglied der Synode und der Kirchenleitung der Ev. Kirchen der Kirchenprovinz Sachsen und arbeitete u. a. in der Ev. Forschungsakad. der Ev. Kirche der Union (EKU) und im wissenschaftsethischen Arbeitskreis des Kirchlichen Forschungsheims Wittenberg. Neben weiterer Beschäftigung mit Fragen der Nietzsche-Forschung (s.u.) nahm er an der friedensethischen Diskussion der Ev. Kirche und an Bemühungen um gesellschaftliche Gerechtigkeit in der DDR teil, wobei er sich auch für einzelne Opfer staatl. Restriktionen mit Mut und Geschick einsetzte. Als Mitglied der Ökumenischen Verslg. für Gerechtigkeit, Frieden und Bewahrung der Schöpfung der Kirchen in der DDR 1988/89 leistete er auf zwei Sessionen wichtige Beiträge.

W: Über die Landesschule zur Pforte, in: Nietzsche-Studien 5, 1976, *298–320*; Nietzsches christliche Erziehung, in: Nietzsche-Studien 16, 1987, *164–196*; Die Deutschen und der Sündenfall des Christentums, in: Rüdiger Lux (Hg.), „ … und Friede auf Erden". Fs. für → Christoph Hinz zum 60. Geb., 1988, *181–188*. – **N:** Annette B., Bitterfeld (priv.). – **L:** Gott gibt noch Zeit zur Umkehr. Zum Gedenken an R. B., in: Die Kirche Nr. 4, 1989.

Gerhard Zachhuber

Bohne, Walter
geb. 09.01.1903 Burg, gest. 05.01.1944 Hamburg (erschossen), Sportler, Widerstandskämpfer.

Aufgewachsen in der Fam. eines Schneidermeisters, von Beruf Maschinenschlosser, arbeitete B. als Schiffbauer auf einer Werft in Rogätz an der Elbe. Er schloß sich 1921 dem Kommunistischen Jugendverband Dtls, kurze Zeit später der KPD an. Als begeisterter Sportler war er in der Arbeitersportbewegung aktiv, vor allem widmete er sich dem Langstreckenlauf. 1928 zog er nach Hamburg und baute die *Rote Sportbewegung* auf. 1933 arbeitete er zunächst illegal, wurde 1934 verhaftet und zu zwei Jahren Zuchthaus verurteilt. Danach sammelte er bis 1939 einen Kreis kommunistischer Sportler um sich. 1941 schloß er sich der Widerstandsgruppe Bernhard Bästlein an und leitete die Industriegruppe Werften. Am 05.01.1944 versuchten drei Gestapobeamte, ihn auf offener Straße zu verhaften. B. leistete Widerstand und wurde erschossen.

L: Peter Steinbach/Johannes Tuchel (Hg.), Lex. des Widerstandes 1933–1945, 1994, 29. – B: *DDR-Briefmarke W. B., 27.05.1963, in: Michel-Kat. DDR Nr. 958 (→ Gerhard Stauf), Maximumkarte der Dt. Post.

Paul Nüchterlein

Bohner, Theodor Paul, Dr. phil.
geb. 06.07.1882 Abokobi (Goldküste/Westafrika), gest. 04.02.1963 Berlin-Zehlendorf, Pädagoge, Schriftsteller.

Als Sohn des Präses der Basler Heidenmission Goldküste und Kamerun Heinrich B. geb., verlebte er seine frühe Kindheit in Afrika, wurde 1889–95 im Baseler Missionshaus sowie am Baseler Gymn. erzogen und studierte anschließend Philologie, Dt. und Gesch. an den Univ. Freiburg/Breisgau, Zürich, Basel, Heidelberg und Leipzig. Nach dem Staatsexamen und der Prom. 1904 trat B. als Lehrer für Philologie und Gesch. zunächst in den badischen Schuldienst, war ab 1907 im höheren Schuldienst in Berlin beschäftigt und übernahm 1908 die Direktion der Dt. Schule in Rom, wo er ab 1909 auch als Lektor an der Univ. wirkte. 1915 kehrte B. nach Dtl. zurück, arbeitete zunächst als Studienrat in Saarbrücken und Berlin und kam 1917 als Oberstudienrat und Dir. der Viktoriaschule nach Magdeburg. B. war hier ab 1919 Stadtverordneter und unterstützte als Mitglied der DDP, den landespolitischen Grundsätzen der Schulpolitik verpflichtet, gemeinsam mit dem Reg.- und Schulrat Hermann Kolrep eine eher konservativ-liberale Schulpolitik, die der Umsetzung der reformerischen Bemühungen → Hans Löschers und der städtische Selbstverwaltung des Magdeburger Schulwesens längere Zeit entgegenstand. Von 1924 bis 1932 vertrat B. die bildungs- und schulpolitischen Interessen der DDP im preuß. Landtag. 1929 wurde er als Oberschulrat in das Provinzial-Schulkollegium nach Berlin berufen, jedoch nach der Machtübernahme der Nationalsozialisten aus dem Amt entlassen. Bis 1945 war der eng mit Gustav Frenssen befreundete B. vorwiegend als Schriftsteller tätig und publizierte zahlreiche Erzählungen, Romane, Biographien, Reiseberichte und Dokumentationen. Von seinen autobiogr. motivierten Arbeiten sind insbesondere der in Magdeburg entstandene zweiteilige Roman „Auf allen Straßen" (1919–22) sowie die Bände „Aé Ntonga" (1935) und „Unser Leben in Kamerun" (1935) hervorzuheben, die

afrikanische Erinnerungen verarbeiten. B. war 1946–48 als Mitarbeiter des War Office London in dt. Gefangenenlagern tätig, lehrte 1948–49 als Doz. an der South Western University in Georgetown (USA) und kehrte anschließend nach Berlin zurück. Er gehörte 1932/33 dem Vorstand des *Schutzverbandes Dt. Schriftsteller* an, war erster Vors. der Ortsgruppe Berlin und fungierte 1951/52 auch als Vors. des Verbandes.

W: Die Negation bei Goethe. Beiträge zu einem Goethe-Wörterbuch, Diss. 1904; Das Licht und sein Schatten. Roman, 1937; Freundschaft mit Gustav Frenssen. Erlebnisse und Briefe, 1938; Schiller, 1946. – L: Reichshdb 1, *171* (*B*); Waldemar Oehlke, Dt. Lit. der Gegenwart, 1942; Wer ist wer, [12]1955; KLK, Nekr. 1936–70, 1973.

Guido Heinrich

Bolek, Andreas
geb. 03.05.1894 Weinbergen/Galizien, gest. 05.(?).05.1945 bei Magdeburg (Suizid), Gauleiter des Gaues Oberösterreich, Polizeipräsident von Magdeburg, SS-Gruppenführer.

Der Sohn eines Oberlehrers und protestantischen Geistlichen, aufgewachsen in einer dt. Sprachinsel bei Lemberg, besuchte das Untergymn. und die Handelsschule. 1914 als Einjährig-Freiwilliger in das k.u.k. Infanterie-Regiment Nr. 30 eingetreten, nahm er 1915 an Kämpfen der Isonzofront teil und wurde wegen Tapferkeit zum Fähnrich befördert. Als Leutnant der Reserve entlassen, arbeitete er als Angestellter in Linz. 1923 trat B. in die österreichische Dt. Nationalsozialistische Arbeiterpartei (DNSDAP), die 1926 der NSDAP unterstellt wurde, ein und avancierte zum Leiter der Stadtparteileitung Linz und zum Landeskommandanten der SA Oberösterreichs. Der als eindrucksvoller Redner bezeichnete B. war 1927–33 Gemeinderat in Linz, ab 1928 Mitglied der NSDAP und 1932 Hg. und ständiger Mitarbeiter der ns. Gauztg. *Die Volksstimme*. 1927–34 wurde er, von Adolf Hitler berufen, Gauleiter der NSDAP für Oberösterreich. In Linz arbeitete er mit später schwer belasteten Nationalsozialisten, wie Ernst Kaltenbrunner und Adolf Eichmann, zusammen. Letzteren delegierte B. in seiner Eigenschaft als Gauleiter im März 1933 zur Ausbildung bei der SS-Verfügungstruppe nach Dtl. Nach mehreren Verhaftungen und dem Verbot der österreichischen NSDAP flüchtete B. 1933 nach Dtl. und setzte seine Tätigkeit von Passau und München aus fort. Wegen staatsfeindlicher Umtriebe war ihm am 31.08.1933 die Landesbürgerschaft Oberösterreichs entzogen worden. Bei Auflösung der österreichischen Landes- und Gauleitungen der NSDAP durch Hitler zum 01.08.1934 erhielt B. die Erlaubnis, weiter Titel und Uniform eines Gauleiters zu tragen, und wurde als Gauleiter a.D. bezeichnet. Mit seiner Einbürgerung 1936 in Dtl. wurde B. für die NSDAP-Fraktion MdR für den Wahlkr. 33/Hessen. 1937 als SS-Mitglied registriert, erhielt er den Titel eines Brigadeführers. Nachdem der Magdeburger Polizeipräsident Carl Christiansen am 03.09.1936 wegen verschwiegener Mitgliedschaft in einer Freimaurerloge durch ein NSDAP-Gerichtsverfahren in den Wartestand versetzt wurde, beauftragte man B. am 07.12.1937 mit der Verwaltung der Stelle des Polizeipräsidenten. Seine Berufung zum Magdeburger Polizeipräsidenten erfolgte am 18.11.1938. Im gleichen Jahr wurde B. Führer des Sicherheitsdienstes der SS im Hauptamt, 1939 Ehrenmitglied des Volksgerichtshofes und 1942 SS-Gruppenführer. Als Polizeipräsident war B. in Magdeburg seit 1937 Führer des für den zivilen Luftschutz zuständigen Sicherheits- und Hilfsdienstes sowie seit 1938 der Feuerschutzpolizei. 1944 erhielt er die Berechtigung zum Tragen der Uniform eines Generalmajors der Polizei. B. bildete am 07.04.1945 zur Verteidigung der Stadt aus Angehörigen der Magdeburger Polizei das Polizeiregiment „B." und wies am 12.04.1945 für die Stadt Magdeburg das Übergabeangebot der 9. US-Armee zurück. B. wollte Magdeburg „bis zum letzten" verteidigen. Am 13.04.1945 erfolgte der Rückzug der Polizeiverbände auf das östliche Elbufer. Bei Einnahme durch die alliierten Truppen (19. April US-Armee – Magdeburg bis Westufer, 5. Mai Sowjetarmee – Magdeburg bis Ostufer) „verabschiedet sich B. am Elbufer von seinen engeren Mitarbeitern, geht dann allein zum Ufer und erschießt sich. Über eine Grabstätte ist nichts bekannt" (Höffkes, 1997).

L: Harry Slapnicka, Oberösterreich – Die politische Führungsschicht 1918–1928, 1976, 52*f*; Evan Burr-Bukey, Patenstadt des Führers. Eine Politik- und Sozialgesch. von Linz 1908–45, 1993, *136, 150, 223, 225*; Alfred Heidelmayer, Magdeburg 1945 – Zwischen Zerstörung und Kriegsende. Ein Bericht, in: Dann färbte sich der Himmel blutrot ... Die Zerstörung Magdeburgs am 16. Januar 1945, 1995, *125, 127*; Karl Höffkes, Hitlers politische Generale. Die Gauleiter des Dritten Reiches, 1997, 36*f*. (***B***); Bernd Diroll, Personen-Lex. der NSDAP, Bd. 1: SS-Führer, 1998, *298f*. (***B***); LHASA: Rep. C 20 Ib Nr. 459 II.

Gerald Christopeit

Bollmann, Johann *Friedrich* (*Fritze*) **Andreas**
geb. 05.01.1852 Salbke bei Magdeburg, gest. 07.05.1901 Brandenburg, Barbier, Original.

Der Sohn eines Leinewebers aus Salbke – seine Mutter stammte aus Groß-Ottersleben bei Magdeburg – lernte den Beruf eines Friseurs. 1875 war B. als Gehilfe in einem Brandenburger Barbiergeschäft tätig, zwischenzeitlich wohnte er in Berlin (vor 1875), Ziesar (1876) und Fehrbellin (1879). 1879 kehrte B. in die wirtsch. aufsteigende Industrie- und Arbeiterstadt Brandenburg zurück und arbeitete in einem Barbiergeschäft. 1882–96 führte er ein eigenes Barbiergeschäft in Brandenburg-Altstadt und wurde in den Adreßbüchern (1883ff.) unter den Geschäfts- und Gewerbetreibenden genannt. B. heiratete nach 1882 (?) eine „unehrenhafte" Brandenburgerin, die aus kleinbürgerlichen Verhältnissen stammte und ein uneheliches Kind in die Ehe brachte. Elf Kinder hatten B.s zu ernähren, aber nur drei blieben am Leben. Die finanzielle und wirtsch. Notlage der Fam. führte den Barbier zum Alkohol. Kindergruppen aus Altstadt und Kietz versammelten sich, um den betrunkenen B. zu verspotten und zu ärgern. Diesen Kinderspaß verstand er nicht, sondern verfolgte die „Spötter" und bespritzte sie mit Rasierschaum. Als B. beim Angeln im Domstrang aus dem Kahn stürzte, hatten die Kinder aus der Altstadt ein Ereignis, um sofort ein Lied zu dichten. Sie reimten folgende Verse: „Fritze B. wollte angeln, da fiel die Angel rin, Fritze B. wollt' sie langen, da fiel er ooch mit rin. Fritze B. schrie um Hilfe: liebe Leute, rettet mir; denn ick bin ja Fritze B., aus der Altstadt der Balbier!" Die erste Fassung des B.-Liedes in vier Strophen erschien 1885 auf einer illustrierten Postkarte unter dem Titel „Fritze B., schaurig-traurige Begebenheit nach einem im Volksmund überlieferten Text". Das Spottlied wurde vom „Volk" nach der Melodie „Auf Sedan auf der Höhe ..." sogleich gesungen, obwohl B. ein Verbot des Vertriebs der Postkarte erwirkte. Nach 1905/06 erschienen Erweiterungen und Varianten des B.-Liedes, die als Gassenhauer oder Volkslieder zunächst durch Wassersportler, Handwerksburschen, Soldaten und später durch Liederbücher, Musiker und durch die Medien verbreitet wurden. Das Spottlied erhob den Barbier aus Brandenburg zum Original. Als populäre und verehrte Volksfigur trat er bei Festbräuchen auf und belustigte alt und jung. Der 1924 errichtete Angler-Brunnen, er stand auf dem Gelände des Freibades am Beetzsee, seit 1981 im Zentrum Brandenburgs, wird im Volksmund B.-Brunnen genannt und erinnert an den Barbier, eine tragische und liebenswerte Volksfigur.

L: Friedrich Grasow, Der Brandenburger Barbier Fritze B., in: Brandenburger Anzeiger vom 02.06.1934; Georg Maeße, In Brandenburg auf dem Beetzsee! 1885–1985. Zur 100sten Wiederkehr der Entstehung des Brandenburger Volksliedes über Fritze B., 1985 (Faltbl.); Vf./Olaf Bernstengel, Der Barbier Fritze B., in: Brandenburger Originale, Brandenburger Mus.-H., Bd. 2, 1993, *30–40;* Martin Wiehle, Magdeburger Persönlichkeiten, 1993, *88*. – **B**: Brunnenfigur des Anglerbrunnens von Carl Lühnsdorf.

Katharina Kreschel

Bollmann, *Wilhelm* **Adolf,** Dr. phil.
geb. 23.09.1905 Olvenstedt bei Magdeburg, gest. 09.08.1991 Magdeburg, Dipl.-Landwirt.

B. entstammte einer alteingesessenen Bauernfam. in Olvenstedt. Nach Besuch des Kloster-Gymn. in Magdeburg (Abitur 1924) und einer landwirtsch. Lehre studierte B. an den Univ. Göttingen und Halle, war 1927/28 Landwirtschaftseleve im Kr. Marienburg/Westpreußen und schloß das Studium an der Univ. Königsberg ab (Dipl. 1930, Prom. 1932). Nach 1933 wieder im Bez. Magdeburg, war B. Taxator bei einer Hagel-Versicherungsges. und wurde 1939 zur Wehrmacht eingezogen. Er kehrte 1946 aus der Kriegsgefangenschaft nach Olvenstedt zurück und war ab 1947 beim praktischen Pflanzenschutz in Sa.-Anh. tätig. Ab 1951 leitete er die Pflanzenschutzstelle beim Rat der Stadt Magdeburg. Von 1953 bis 1973 oblag ihm als Abteilungsleiter im Biologischen Inst. des *VEB Fahlberg-List* Magdeburg die Erprobung von neu entwickelten Pflanzenschutz- und Schädlingsbekämpfungsmitteln in der landwirtsch. Praxis. Besondere Verdienste erwarb er sich bei der Weiterentwicklung der Saatgutbeizung gegen Pilzbefall und tierische Schaderreger („Falisan"-Präparate), bei der Einführung von materialsparenden Anwendungstechnologien, die dem technischen Fortschritt in der Landwirtschaft entsprachen (z. B. Feuchtbeizverfahren, Fumigant-Anwendung in Lagerhäusern), und durch eine umfangreiche Vortrags- und Beratungstätigkeit für die landwirtsch. Praxis. B. wurden mehrere DDR- wie auch Auslands-Patente über Saatgutbeizmittel erteilt.

W: Untersuchungen über die Verdaulichkeit der Nährstoffe von rohen, gedämpften und gedämpft-eingesäuerten Kartoffeln am Schwein, am Hammel, an der Milchkuh und an Mastochsen (Diss. Königsberg), in: Zs. für Tierzüchtung und Züchtungsbiologie 24, 1932, *229–357;* Senfblattkäfer (Colaphellus sophiae Schall.) als Rapsschädling im Gebiet des Stadtkr. Magdeburg, in: Nachrichtenbl. für den Dt. Pflanzenschutzdienst, N. F. 5, 1951, *235.* – **L:** Unterlagen Fam. B., Magdeburg. – **B:** *ebd.

Hermann Grünzel

Bolms, Hermann

geb. 01.07.1896 Neuhaldensleben, gest. 23.09.1945 Haldensleben, Kaufmann, Heimatforscher.

B. entstammte einer angesehenen Haldensleber Kaufmannsfam. Nach dem Besuch der Bürgerschule und des Gymn. Neuhaldensleben (bis 1913) schloß er eine kaufmännische Lehre in der Fa. seines Vaters erfolgreich ab. Er übernahm zu Beginn der 1930er Jahre dessen Geschäft (Glas-, Porzellan- und Haushaltswaren) und führte es bis zu seinem Tode 1945. Seit frühester Jugend beschäftigte sich B. mit der Gesch. seiner Vaterstadt. Mit hohem Engagement unterstützte er ab 1930 die Einrichtung eines Stadt- und Kreisarchivs und erarbeitete für die Archivalien eine überschaubare und zugriffbereite Ordnung. Als Mitglied des *Allervereins* der Heimatforscher setzte er sich ebenfalls für die Entwicklung des Kreismus. ein. Er veröffentlichte zwischen 1925 und 1939 regelmäßig Artikel im *Heimatbl. für das Land zwischen Aller und Ohre.* Von Bedeutung waren seine Arbeiten über die Innungen und Gilden der Stadt, insbesondere der Kaufmannsgilde (1937). Herausragend waren seine Publikationen „Familiennamen der Bürgermatrikel der Immediatstadt Neuhaldensleben" (1935) und die „Fs. zum 450jährigen Jubiläum der Schützengilde" (1935). B. hatte zudem wesentlichen Anteil an der Arbeit des *Allervereins*, in dem er eng mit → Hans Wieprecht und → Willi Koch zusammenwirkte. So konnten eine Vielzahl von schriftlichen Quellen zur Stadtgesch. sowie vor- und frühgesch. Bodenfunden gesichert, archiviert und publiziert werden.

W: (Hg.) → Peter Wilhelm Behrends, Gesch. der Fam. Behrends, neu hg. und ergänzt, 1931. – **L:** Willi Koch, Bedeutende Haldensleber, in: Js. des KrMus. Haldensleben 7, 1966, *41.* – **B:** *Mus. Haldensleben.

Dieter Bollmann

Bonatz, Paul, Prof. Dr.-Ing. E.h.

geb. 06.12.1877 Solgne bei Metz (Frankreich), gest. 20.12.1956 Stuttgart, Architekt.

Nach zwei Semestern Maschinenbau studierte B. 1897–1900 Architektur an der TH München bei Karl Hocheder und Friedrich Thiersch. 1900–01 war er Mitarbeiter von Theodor Fischer im Stadtbauamt München und 1902–06 dessen Assistent an der TH Stuttgart, an der er 1908–43 als Nachfolger Fischers tätig war. 1935–41 wirkte er als Vertrauensarchitekt und Berater des Generalinspekturs für den dt. Straßenbau und war 1939–43 mit großen öffentlichen Planungsaufträgen betraut. Nach Übersiedlung 1944 in die Türkei lehrte B. ab 1946 als Prof. an der TH Istanbul und kehrte erst 1954 auf Dauer nach Dtl. zurück. Beeinflußt durch Fischers einfühlsame Entwürfe, fand B. in Auseinandersetzung mit der franz. Baukunst des 18. Jhs wie der hist. ägyptischen Baukunst zu einer eigenen sachlichen Architektursprache und gilt durch seine funktionalen Innovationen und seinen nachdrücklich vertretenen Bezug der Einzelarchitektur zum städtebaulichen Kontext als Wegbereiter des modernen Bauens. Der einflußreiche Lehrer (Haupt der sog. Stuttgarter Schule) und Nestor einer modernen türkischen Architektur schuf großzügige öffentliche Baukörper unter Betonung von Materialcharakter und Monumentalität. Beispiele in Sa.-Anh. sind die 1927/28 nach seinen Plänen errichtete Heilanstalt in Haldensleben mit Kulturhaus und Wasserturm sowie das Schloß Neumühle in der Altmark 1938/42.

W: Hauptbahnhof Stuttgart, 1914–28; Brücken der Reichsautobahn, u. a. Rheinbrücke in Köln-Rodenkirchen, 1938; Neckar-Staustufen; Atatürk-Mausoleum, Ankara, 1942; Stadtplanung Antalya, 1955. – Schriften: Leben und Bauen. Lebenserinnerungen, 1950. – **N:** TU Stuttgart, Inst. für Bau-Gesch.; Fam. B., Stuttgart. – **L:** Saur AKL 12, *475;*

Thieme/Becker 4, *274f.*; Vollmer 1, 1953, *260* und 5, 1961, *323*; Friedrich Tamms, P. B. Arbeiten aus den Jahren 1907–1937, 1937; Joachim Petsch, Baukunst und Stadtplanung im Dritten Reich, 1976; Norbert Bongartz, P. B., 1877–1956, 1977 (*W*); Ulrike Stark, Architekten – P. B., 1995. – **B:** Karl Ritter von Klimesch (Hg.), Köpfe der Politik, Wirtschaft, Kunst und Wiss., 1953.

Günter Reso

Bonin, *Elsa* Jutta Rosalie **von,** Dr. jur.
geb. 14.10.1882 Berlin, gest. 17.06.1965 Berlin, Schriftstellerin.

B. war die jüngste Schwester der → Marie Gräfin Neidhardt von Gneisenau, Tochter des → Giesbert von B.-Brettin und Enkelin des → Gustav von B. Ungewöhnlich für eine Adelsdame waren ihr Jurastudium in Jena und Berlin sowie die anschließende Prom. 1916 in Greifswald mit der Arbeit „Die Verwertbarkeit des Motivs im materiellen Strafrecht". Bekannt wurde B. durch ihre Frauen- und Heimatromane, u. a. den autobiogr. Roman „Das Leben der Renée von Catte" (1911) sowie „Die Versuchung des Herzens" (1920) und „Die Söhne" (1925). Obgleich nicht immer Frauen die Hauptpersonen in ihren Büchern waren, so spielten sie dennoch stets eine wichtige Rolle. Die Emanzipierung der Frau in der adligen, gut bürgerlichen Ges. des späten 19. und frühen 20. Jhs war die Hauptthematik der B. Für „Borwin Lüdekings Kampf mit Gott" (1927) erhielt sie im gleichen Jahr den mit 50.000 Reichsmark dotierten Ersten Preis beim Romanwettbewerb des *Hamburger Fremdenblattes* und der *Münchener Neuesten Nachrichten*. Der Roman zeigt auf gesellschaftskritischer und emotionaler Ebene die Hintergründe von Ehe und Scheinehe eines angesehenen, etablierten Bürgers. B. übernahm nach dem Tod des Vaters 1913 Schloß und Rittergut Brettin bei Genthin (in Familienbesitz seit 1834), verpachtete es bis 1933 und führte es selbst bis 1945. Bei der Enteignung wurde sie im Bett aus ihrem Schloß getragen. Sie siedelte nach Erfurt, dann nach Berlin über. B. war nicht verheiratet und hatte selbst keine Kinder. 1933 adoptierte sie Fabian von Ostau (1921–1997), der ermöglichte, daß B.s Urne 1993 von Berlin in die Familiengrabstätte nach Brettin überführt werden konnte.

W: s. o.; Thomasine von Bärenclau, 1931; Was wäre ich ohne Dich?, 1953. – **L:** Kosch LL 1, Sp. *768*; KLK, 1973; Fabian v. B.-von Ostau, E. v. B., in: Das Leben der Renée von Catte, Repr. 1985, *283–286* (*B*); Vf., Gottesacker wieder Anziehungspunkt, in: Volksstimme Genthiner Rundblick vom 30.05.1998 (*B*); Vf., E. v. B., Erinnerungen an eine Dame von Adel, Ein Schloß und seine Gesch., Auf der Suche nach Heimat, in: ebd. vom 30.06.1998 (*B*). – **B:** *Dorfchronik Brettin, Ms. 1997 (Gemeindeverwaltung Brettin).

Mareike Vorsatz

Bonin, *Giesbert* Gustav Boguslaw Karl **von,** Dr. jur.
geb. 06.05.1841 Altenplathow bei Genthin, gest. 14.03.1913 Berlin, Jurist, Rittergutsbesitzer, Staatsminister, Geh. Finanzrat.

B. war der älteste Sohn des Oberpräsidenten der Provinz Sachsen und Staatsministers → Gustav v. B. auf Brettin und Vater der → Marie Gräfin Neidhardt von Gneisenau und der → Elsa v. B. Er besuchte die Herrnhuter Anstalt bei Görlitz, die Ritterakad. in Brandenburg und die Gymn. in Stendal und Posen und legte sein Abitur in Leipzig ab. B. studierte ab 1861 Jura und Kameralia in Greifswald, Heidelberg und Berlin, prom. 1865 in Halle und trat anschließend in den preuß. Staatsdienst ein. Nach mehrjähriger Tätigkeit bei der Kgl. Eisenbahndirektion verwaltete B. 1876 das Landratsamt Mettmann und wurde darauf Landrat zu Grevenbroich. 1879 erbte er nach dem Tod seines Vaters das Rittergut Brettin bei Genthin, wo er von nun an mit seiner Fam. zeitweise lebte. 1881 in das Finanzministerium zu Berlin berufen, erfolgte im folgenden Jahr seine Ernennung zum Geh. Finanzrat und Vortragenden Rat. Im März 1888 wurde er von Herzog Ernst von Sachsen-Coburg-Gotha als dirigierender Staatsminister an die Spitze des dortigen Staatsministeriums bestellt. Seinem Antrag entsprechend 1891 in den vorläufigen Ruhestand versetzt, beließ man ihm aber die Vertretung der Herzogtümer im Bundesrat. 1902 wurde er zur Präsentation der Fam. v. B. ins Herrenhaus berufen und war außerdem Kurator der König-Wilhelm- und Kaiserin-Augusta-Stiftung. Bis zu seinem Tod lebte er im Sommer in Brettin, im Winter in seiner Wohnung in Berlin-Charlottenburg. B. wurde in der Familiengrabstätte in Brettin beigesetzt.

L: NDB 2, *447*; DBE 2, *20*; Franz Neubert (Hg.), Dt. Zeitgenossenlex., 1905, Sp. *145*; Udo v. B./Henning v. B., Gesch. des Hinterpommerschen Geschlechtes v. B., 1864 (Eintrag 337); Dorfchronik Brettin, Ms. 1997 (Gemeindeverwaltung Brettin).

Mareike Vorsatz

Bonin, *Gustav* Carl Giesbert Heinrich Wilhelm Gebhard **von**
geb. 23.11.1797 Heeren/Grafschaft Mark, gest. 02.12.1878 Berlin, Jurist, Oberpräsident der Provinz Sachsen, Reg.-Präsident von Magdeburg, Staatsminister.

Erfaßt von der patriotischen Stimmung der Befreiungskriege gegen die napoleonische Fremdherrschaft nahm B. als Freiwilliger des Pommerschen Husarenregimentes am Krieg teil und erlitt bei Versailles eine Verwundung. Nach dem Studium der Rechtswiss. in Berlin und Göttingen trat

B. 1820 in Stettin in den preuß. Staatsdienst ein. 1825 wurde er Verwalter der Landratsstelle in Stolp und war bis 1828 Reg.-Rat in Köslin. Danach kam B. nach Magdeburg und war bis 1832 in der Kgl. Reg. tätig. In diesem Jahr heiratete er die Magdeburger Kaufmannstochter Maria Keller. Für die in der Provinz Sachsen bereits begüterte Fam. erwarb B. 1834 das Rittergut Brettin bei Genthin, das bis 1945 in Familienbesitz blieb. 1835 wurde er mit der Leitung der Generalkommission der Provinz Sachsen betraut. B. wurde 1842 Reg.-Vizepräsident in Magdeburg, 1844 erfolgte seine Berufung zum Reg.-Präsidenten in Köln. Von 1845 bis 1850 war B. Oberpräsident der Provinz Sachsen und Reg.-Präsident von Magdeburg. In diese Zeit fiel die Revolution von 1848/49. Der konservative B. gehörte in Magdeburg zum gegenrevolutionären Kreis um → Ludwig von Gerlach und hatte großen Anteil an der Bekämpfung der Revolution in der Provinz. Zusammen mit dem kommandierenden General des IV. Armeekorps, August Georg Friedrich Magnus von Hedemann, organisierte er die Unterdrückung revolutionärer Aktionen in verschiedenen Teilen der Provinz Sachsen. Nach Vertreibung des Konsistorialpräsidenten → Karl Friedrich von Göschel übernahm er auch dessen Amt. Von September bis November 1848 amtierte B. als preuß. Finanzminister. Sein Nachfolger in Magdeburg war → Hartmann Erasmus von Witzleben. Später war B. mit Unterbrechungen bis 1862 Oberpräsident der Provinz Posen. Differenzen mit dem neuen preuß. Ministerpräsidenten → Otto von Bismarck sollen dazu geführt haben, daß er 1863 aus dem Staatsdienst schied. B. war nach 1865 Mitglied des Preuß. Abgeordnetenhauses und 1871–78 MdR.

L: Karl Helmut Rehfeld, Die preuß. Verwaltung des Regierungsbez. Bromberg 1848–71, 1968, *53f*; Walter Hubatsch (Hg.), Grundriß der dt. Verwaltungsgesch. 1815–1945, Reihe A: Preußen, Bd. 6, Provinz Sachsen, bearb. von Thomas Klein, 1975, *27*; Klaus Schwabe (Hg.), Die preuß. Oberpräsidenten 1815–1945, 1985, *281*; Stefan Karnop/Lars-Henrik Rode/Vf., Der Regierungsbez. Magdeburg und seine Gesch., 1998, *85* (***B***).

Mathias Tullner

Bonte, Jean Simon
geb. 28.01.1771 Magdeburg, gest. 20.12.1827 Magdeburg, Kupferschmied, Unternehmer.

Die Fam. B., wallonischen Ursprungs aus der Gegend von Lille und 1689 von den Franzosen aus Mannheim vertrieben, gehörte zu den ältesten Familien der Pfälzer Kolonie in Magdeburg. Ihr entstammten über viele Generationen hinweg angesehene und geachtete Bürger, die sich neben Magdeburg auch in Schönebeck, Berlin und anderen dt. Städten sowie im Ausland u. a. als Fabrikanten, Kaufleute, Bankiers, Beamte, Offiziere und Rittergutsbesitzer etablierten. B. war der Sohn des gleichnamigen Unternehmers Jean Simon B. (geb. 15.05.1729 Neustadt bei Magdeburg, gest. 28.12.1805 Neustadt bei Magdeburg), der als gelernter Kupferschmied und Viertelmeister der Kolonie mehrere Häuser erwarb, in denen er sein Handwerk ausübte sowie Handel mit Ölsämereien, eine Ölmühle, eine Mälzerei, eine Brauerei und eine Brennerei betrieb. Dem Vorbild seines Vaters folgend, erlernte B. in Quedlinburg das Kupferschmiede-Handwerk und arbeitete anschließend in Berlin und Wien. 1796 wurde B. Bürger der Pfälzer Kolonie in Magdeburg. Er übernahm das Geschäft und die Häuser in der Tischlerbrücke 27 und 28 von seinem Vater und erwarb schließlich in der Berliner Straße 31 das Haus „Zum blauen Hecht". Dort gründete er später in Erinnerung der Kolonisten an ihre Vertreibung das Brauhaus „Zur Stadt Mannheim". B. setzte die Tradition der Pfälzer Brauer fort, die in Magdeburg das mannheimische dunkle, untergärige Bier eingeführt hatten. Nach seinem Tod wurde die regional bekannte Brauerei von seinen Söhnen und später von seinem Enkel bis in die 1880er Jahre weitergeführt.

Horst-Günther Heinicke

Borbély, Georg *Samu(el)* (von), Prof. Dr.-Ing. habil., Dr. h.c.
geb. 23.04.1907 Thorenburg/Siebenbürgen (Turda), gest. 14.08.1984 Budapest, Mathematiker, Hochschullehrer.

B. besuchte Gymn. in Thorenburg und Klausenburg (Cluj), legte die Abiturprüfung jedoch 1926 in Kecskemét (Ungarn) ab, weil er in Rumänien nicht zum Abitur zugelassen wurde. Anschließend studierte er Mathematik und Maschinenbau an der TH Berlin-Charlottenburg, wo er 1933 als Dipl.-Ing. abschloß. Von 1929 bis 1934 arbeitete er als Honorarassistent an der TH und anschließend bis 1941 als Mitarbeiter am Flugtechnischen Inst. der TH, die ihn 1938 auf Grund einer strömungstechnischen Arbeit zum Dr.-Ing. prom. Außerdem wirkte er von 1930 bis 1941 als Doz. in der postgradualen Ing.-Ausbildung. 1941 nahm B. eine Tätigkeit an der Franz-Josef-Univ. Klausenburg auf, zunächst als Assistent, habil. sich 1943 und arbeitete anschließend als Prof. bis zu seiner Inhaftierung im Mai 1944 durch die dt. Besatzungsmacht. B. saß in Berlin und Sopronköhida in Haft, bis ihm im Dezember 1944 die Flucht gelang. Er erlebte das Kriegsende in Budapest, übernahm 1945 die Leitung des Mathematischen Inst. der Bolyai-Univ. Klausenburg und wirkte dort von 1948 bis 1949 als Dekan bis zu seiner fristlosen Entlassung als ungarischer Staatsbürger. 1946 war B. zum korrespondierenden Mitglied der Ungarischen Akad. der Wiss. gewählt worden, siedelte 1949 nach Ungarn um und leitete von 1949 bis 1955 das Mathematische

Inst. der TU Miskolc sowie von 1955 bis 1978 das Mathematische Inst. der Maschinenbaufakultät der TU Budapest. Von 1960 bis 1964 nahm er eine Gastprofessur an der TH Magdeburg wahr, leitete in dieser Zeit das Mathematische Inst. und machte sich besonders um die Nachwuchsförderung verdient. Im Studienjahr 1968/69 wirkte er an der TU Berlin-Charlottenburg. 1978 verlieh ihm die TU Miskolc die Ehrendoktorwürde, 1979 wurde er o. Akad.-Mitglied. B. legte 43 Publikationen, Forschungsberichte und Artikel über praktische Mathematik in Lehrbüchern vor; seine Arbeitsgebiete waren Strömungstheorie, Strömungstechnik und Ballistik.

W: Über einen Grenzfall der instationären räumlichen Tragflügelströmung, 1938; Über zwei Grundaufgaben der graphischen Analysis, in: Mittlgg. des Siebenbürgischen Mus., Mathematische Kl., 1945, *1–18* (in ung. Sprache); Zur punktballistischen Bestimmung von Bombenbahnen, in: Mittlgg. der VI. Kl. der Ungarischen Akad. der Wiss., Bd. 60, 1955, *151–160* (in ung. Sprache). – **L:** Ágnes Kenyeres (Hg.), Magyar Életrajzi Lex. (1978–1991), 1994; Valéria Balázs-Arth (Hg.), Révai új lexikona, Bd. 3, 1998; UnivA Magdeburg. – **B:** *Audiovisuelles Zentrum der Univ. Magdeburg.

Karl Manteuffel

Borchert, Walter, Dr. phil.
geb. 14.11.1888 Borne/Kr.Calbe, gest. 27.04.1971 Schönebeck, Pädagoge, Vogel- und Insektenkundler

Als Sohn eines begüterten Bauern besuchte er die höheren Schulen in Magdeburg und ging anschließend zum Studium von Biologie, Chemie und Geographie an die Univ. Berlin und Jena, wo er auch prom. Seine erste Lehrerstelle trat er 1916 in Quedlinburg an. Hatte er sich während des Studiums vor allem mit Käfern und Schmetterlingen beschäftigt, begeisterte ihn dort Friedrich Lindner für die Ornithologie. Nach seiner Heirat zog er 1919 nach Schönebeck, wo er bis zu seinem Tode wohnte. Er arbeitete zuerst am Lyzeum in Schönebeck und dann bis 1945 an den höheren Schulen Magdeburgs. Bis zu seiner Pensionierung 1954 war er wieder am Realgymn. (später erweiterte Oberschule) seines Wohnorts tätig. In der Schriftenreihe des Magdeburger Mus. für Natur- und Heimatkunde veröffentlichte er 1925 „Die Vogelwelt der Umgebung von Schönebeck" und 1927 „Die Vogelwelt des Harzes, seines nordöstlichen Vorlandes und der Altmark". Der *Ornithologische Arbeitskr. Mittelelbe-Börde* im *Kulturbund der DDR* schätzte Ende der 1970er Jahre seine Arbeit ein „als die einzige zusammenfassende Darstellung der Ornis für etwa das Gebiet der jetzigen Bezirke Magdeburg und Halle". Danach galt sein Interesse der Entomologie. 1951 erschien seine Arbeit „Die Käferwelt des Magdeburger Raumes". Das Buch ist eine Fortsetzung von → Maximilian Wahnschaffes „Verz. der im Gebiet des Aller-Vereins zwischen Helmstedt und Magdeburg gefundenen Käfer" (1883). Bis zu seinem Tode betreute er die naturkundlichen Slgg. des KrMus. Schönebeck.

Dieter Mißbach und Joachim Müller hoben seitens des *Ornithologischen Arbeitskreises* den „Umfang der in mühevoller Arbeit gesammelten Daten aus einem doch relativ großem Gebiet" hervor und verehrten ihn als „einen still arbeitenden Zoologen ... der bescheiden und abgeschieden – sicher zu sehr abgeschieden – seinen Weg suchte" (s.u.).

W: s.o.; Die Verbreitung der Käfer Dtls. Tatsachen und Folgerungen, 1938. – **L:** Herbert Ringleben, Dr. W. B. (Nachruf), in: Vogelkundliche Berichte aus Niedersachsen, H. 3, 1972, *91*. Dieter Mißbach/Joachim Müller, In memoriam Dr. phil. W. B., in: Apus 3, H. 6, 1975, *294f.* (**B**); Joachim Haensel/Helmut König (Hg.), Die Avifauna von W. B., in: Naturkundliche Jahresberichte des Mus. Heineanum Halberstadt IX/1, 1991, *586–588*.

Ernst Lindner

Borghardt, Johann Carl *Ludwig* Immanuel (Emmanuel)
geb. 29.11.1804 Magdeburg, gest. 22.06.1870 Magdeburg, ev. Pfarrer.

B. absolvierte das Domgymn. in Magdeburg und studierte ab 1825 ev. Theol. in Berlin. 1828 wurde er Mitglied des Predigerseminars Wittenberg und zwei Jahre später dessen Hilfsprediger. Ab 1834 wirkte er als Pfarrer der Zwangsarbeitsanstalt Groß-Salze, ab 1840 als Pfarrer in Kleingröningen und wurde 1846 zum Oberdomprediger und Superintendenten von Stendal berufen. 1867 wurde er Generalsuperintendent von Magdeburg und Mitglied des Konsistoriums, dem er bis zu seinem Tode angehörte. Befreundet mit August Tholuck und als Kanzelredner geschätzt, galt sein besonderes Engagement dem sozial-karitativen Bereich. Das während seiner Stendaler Zeit von ihm angeregte und 1875 vor den Toren der Stadt gegründete Rettungshaus erhielt damals den Namen „B.stift".

L: N. N., L. E. B. Ein Lebensbild, in: Altmärkischer Hausfreund 17, 1896, *3–22*; Neue Ev. Kirchenztg. 12, 1870, Sp. *417f.*; Paul Kupka, Gesch. der Stadt Stendal vom Jahr 1800 bis zur Gegenwart, 1929, *62–64*; Volkmar Löber u. a. (Hg.), Pfarrerbuch der Kirchenprovinz Sachsen seit der Reformation, 1991ff., unpag.; AKPS: Rep. A, Gen. 410a und 410b; Rep. A, Spec. K 3635; Rep. A, Spec. P, B 63 (PA). – **B:** Altmärkischer Hausfreund 17, 1896 (Frontispiz).

Alfred Zimmermann

Bormann, *Albert* Karl Ernst, Prof. Dr. phil.
geb. 08.12.1819 Osterwieck/Harz, gest. 12.05.1882 Magdeburg, Lehrer, Schuldir., Propst.

Nach dem frühen Tod seiner Eltern wuchs B. ab 1828 bei einem verwandten ev. Pfarrer in Hornburg auf, der ihn auf das Gymn. vorbereitete. Ostern 1833 zog er zu Verwandten nach Prenzlau und besuchte dort auch das Gymn. B. studierte 1839–43 klass. Philologie in Halle und prom. 1843 über die „Antiquitatum Aricinarum particula". Während des Studiums erwarb sich der begabte Student die besondere Achtung von Prof. Gottfried Bernhardy. Zwischen 1844 und 1853 war er Lehrer und Alumnatsinspektor an der Klosterschule in Roßleben, bekleidete 1853–56 das Amt des Subrektors am Gymn. in Prenzlau und kam 1856–59 als Oberlehrer und Prof. an die neugegründete Ritterakad. in Brandenburg. 1859–66 entfaltete er als Dir. des städtischen Gymn. in Anklam und 1866–73 als Dir. des städtischen Gymn. in Stralsund, das unter seiner Leitung wesentliche Aus- und Umbauten erfuhr, eine reiche pädagogische und didaktische Wirksamkeit. 1873 wurde B. zum Propst und Dir. des Pädagogiums am Kloster U. L. F. in Magdeburg berufen. B. betonte hier besonders den Wert des klass. Altertums als Grundlage christlicher Schulerziehung. Seine vor 1873 entstandenen wiss. Arbeiten, u. a. die Werke „Altlatinische Chorographie und Städtegesch." (1852), „Zur Gesch. des letzten Latinerkrieges" (1855), und „Ligustica" (2 Bde, 1864–65), sollten als Vorarbeiten einer umfassenden Abh. zur Geographie Alt-Italiens dienen, deren Bearbeitung R. durch die Fülle der Amtsgeschäfte in Magdeburg nicht mehr ausführen konnte. 1874 wurde er zum Ehrenmitglied des *Vereins für Gesch. und Altertumskunde des Hzts und Erzstifts Magdeburg* ernannt, auf dessen Entwicklung er wesentlichen Einfluß nahm. So fanden u. a. die Bibl. sowie die Münz- und Antiquitätenslgg. des Vereins, deren weiteren Ausbau er förderte, ein neues Domizil in den Räumen des Pädagogiums. B. widmete sich zudem nachdrücklich der Erforschung der Gesch. des Klosters U. L. F. zu Magdeburg. Die von ihm hinterlassenen umfangreichen Vorstudien wurden nach seinem Tod von → Gustav Hertel vollendet und unter dem Titel „Gesch. des Klosters U. L. F. zu Magdeburg" (1885) publiziert.

W: s o.; Kritik der Sage vom Könige Euandros, 1853. – **L:** DBE 2, *31;* → Ludwig Götze, A. K. E. B., in: Conrad Bursian (Hg.), Biogr. Jb. für Alterthumskunde, 1882; → Karl Paulsieck, Nachruf, in: GeschBll 17, 1882, *336–338;* Jb. des Pädagogiums des Klosters U. L. F. zu Magdeburg, 1883, *39ff.* – **B:** *StadtA Magdeburg.

Uwe Förster

Bosse, Peter *Heinrich* (*Henry*)
geb. 13.12.1844 Sommerschenburg/Kr. Haldensleben, gest. 14.12.1903 Rock Island (USA), Konstrukteur, Fotograf.

B. war Sohn eines Dorfschullehrers, der als Offizier unter dem preuß. Feldmarschall → August Wilhelm Anton Neidhardt von Gneisenau an den Feldzügen von 1813/14 und 1815 teilgenommen und von diesem das Lehreramt in Sommerschenburg erhalten hatte – einem Dorf, das zum Gneisenauschen Besitztum gehörte. B. besuchte zwischen 1862 und 1865 die Kunsthandwerksschule in Magdeburg. Vermutlich erwarb er sich in dieser Zeit auch praktisches technisches Wissen. Zu welchem Zeitpunkt B. nach den USA auswanderte, ist nicht bekannt. Erstmals taucht sein Name 1871–73 in den Einwohnerlisten von Chicago auf. Er betrieb zunächst mit einem Partner eine Papier- und Schreibwarenhandlung und arbeitete später als Buchhalter in einer Konstruktionsfirma. 1874 trat er als technischer Zeichner in das US Army Corps of Engineers ein, das sich u. a. mit der Kanalisierung und Schiffbarmachung des oberen Mississippi beschäftigte. B. lebte in den folgenden drei Jahrzehnten im Rock Island District und leistete durch geodätische und kartographische Arbeiten wichtige Voraussetzungen für die Ausbaggerung des Schiffahrtsweges. Berühmt wurde B. aber durch seine Fotografien der Landschaft des oberen Mississippi. Erst im Frühjahr 1990 entdeckte ein Antiquar im Nachlaß des Generals Alexander Mackenzie, Chef des Corps of Engineers von 1904 bis 1908, ein Album mit 169 Fotografien, die B. als einen der besten Fotografen seiner Zeit ausweisen. Es handelt sich nach dem Smithsonian National Mus. of American History um technikhist. und künstlerisch einmalige fotografische Zeugnisse von außergewöhnlicher Bedeutung.

L: John O. Anfinson, H. B.'s Views of Upper Mississippi River, 1995 (St. Paul District, Army Corps of Engineers); Carol Byrne, Rediscovered photos are maps of history, in: Metro/State Star Tribune, 18.02.1997, *1f.* – **B:** Archiv Vf., Magdeburg (priv.).

Manfred Beckert

Bosselt, Paul Gustav *Rudolf*, Prof.
geb. 29.06.1871 Perleberg, gest. 02.01.1938 Berlin, Medailleur, Bildhauer, Reformpädagoge.

B. absolvierte ab 1885 eine Lehre als Ziseleur in einer Bronzegießerei in Berlin, war ab 1889 bei der Kgl. Porzellanmanufaktur in Charlottenburg beschäftigt und belegte nebenbei Abendkurse an der Kgl. Kunstgewerbeschule. Ab 1891 studierte er an der Frankfurter Kunstgewerbeschule bei Joseph Kowarzik und 1897/98 ergänzend an der Académie Julian in Paris. B. war von 1899 bis 1903 Gründungsmitglied der Darmstädter Künstlerkolonie und übernahm 1903 auf Vermittlung von Peter Behrens eine Professur an der Düsseldorfer Kunstgewerbeschule. Von 1911 bis 1924 war B. Dir. der Kunstgewerbe- und Handwerkerschule Magdeburg und reformierte deren Lehrprogramm im Sinne des *Dt. Werkbundes* zugunsten von Naturstudium, Individualität und Handwerklichkeit. Das Ausbildungsprofil wurde mit neuen Fachklassen in Entwurf und Ausführung untergliedert, um der Arbeitsteilung in der Industrie Rechnung zu tragen. Nach Kritik des Magdeburger Stadtbaurates → Bruno Taut an Lehrprogramm und -praxis verließ B. Magdeburg, war ab 1928 Dir. der Braunschweiger Kunstgewerbeschule und kehrte im September 1931 nach Berlin zurück, um die Nachfolge von Otto Marcus im Generalsekretariat des *Reichsverbands bildender Künstler Dtls* zu übernehmen. Im Juli 1933 von Max Kutschmann im Amt abgelöst, übernahm er die Leitung der Zs. *Kunst und Wiss.*, nachdem er bereits seit 1927 als Mitarbeiter der *Dt. Korrespondenz*, dem Organ der *Dt. Kunstges.*, tätig gewesen war. B. schuf zahlreiche Grab- und Brunnenfiguren, Tierplastiken, Porträtbüsten, Gruppen und Köpfe, u. a. den Roland vor dem Magdeburger Rathaus. Insbesondere als Medailleur ausgewiesen und bedeutungsvoll, wich der Jugendstil seines Frühwerkes in den Magdeburger Jahren zunehmend einer konservativen neoklassizistischen Grundhaltung, die sich der Moderne nach dem I. WK verschließt.

W: Plastik: Siegesgenien am Ernst-Ludwig-Haus Darmstadt, 1900/01; Jugend, 1904 (Mus. Magdeburg). – Schriften: Ueber die Kunst der Medaille, 1905; Krieg und dt. Mode, 1915; Probleme plastischer Kunst und des Kunst-Unterrichts, 1919. – **L:** Saur AKL 13, *208f.* (**W**); Vollmer 1, 1953, *276*; Mortimer G. Davidson, Kunst in Dtl. 1933–1945, Bd. 1, 1988, *424* (**B**); Norbert Eisold, Die Kunstgewerbe- und Handwerkerschule Magdeburg 1793–1963, Kat. Magdeburg 1993/94, *52*; R. B., Bildhauer und Medailleur 1871–1938, Kat. Inst. Mathildenhöhe Darmstadt, 1994; Vera Losse, R. B., Erneuerer der dt. Medaillenkunst, Bildhauer und Reformpädagoge, 1995. – **B:** *KHMus. Magdeburg.

Uwe Jens Gellner

Boye, Otto
geb. 04.01.1876 Neuhaldensleben, gest. 29.03.1953 Haldensleben, Jurist, Kommunalpolitiker.

Der Sohn des Neuhaldensleber Arztes Otto B. studierte nach Abschluß des Gymn. seiner Geburtsstadt (1895) Rechtswiss. in Halle. Als junger Gerichtsassessor wurde er 1905 zum 1. Bürgermeister von Haldensleben gewählt. Unter seiner Führung erwarb sich die Stadt durch Schulneubauten den guten Ruf einer „Schulstadt". Ebenso entwickelte sie sich zu einem regionalen Verkehrsknotenpunkt, indem neue Eisenbahnlinien nach Gardelegen und Weferlingen eröffnet wurden. Er ließ in der Stadt ein Wasserleitungsnetz und eine Abwasserkanalisation installieren. Im Jahre 1917 wurde er für weitere zwölf Jahre zum Bürgermeister gewählt. In den schweren Zeiten nach dem I. WK und während der Weltwirtschaftskrise gelang es ihm, Ruhe und Ordnung in der Stadt zu wahren. Von 1922 bis 1934 setzte er eine Reihe von weiteren Projekten und Maßnahmen durch, die das Bild der Stadt grundlegend veränderten, so z. B. die mit dem Bau des Mittellandkanales verbundenen vier Brückenbauten sowie die Anlage eines Kanalhafens, die Errichtung eines Landeskrankenhauses für Psychiatrie und Neurologie in der Nähe der Stadt und den Bau einer Eisenbahntrasse zwischen den nördlich gelegenen industriellen Anlagen und dem Bahnhof Haldensleben. 1929 wurde er erneut zum 1. Bürgermeister gewählt. Als er sich der ns. Bewegung nicht anschloß, drängten ihn die Nationalsozialisten 1934 aus dem Amt. Von 1934 bis 1940 war B. als Stadtarchivar tätig und führte 1941–45 stellvertretend eine Anwaltskanzlei. Am 08.05.1945 setzte ihn der US amerikanische Kommandant wieder als Bürgermeister ein, bereits am 16.05.1945 auch als Landrat. Nach dem Ausscheiden aus diesem Amt (1946) wirkte er als Dezernent für Wohnungsangelegenheiten beim Rat der Stadt Haldensleben und als Rechtsberater des Bürgermeisters → Otto Müller. Im Januar 1947 verlieh ihm der Rat der Stadt die Ehrenbürgerwürde.

L: Volksstimme, Haldensleben 50, 1996, Nr. 290, *9*; Kr/StadtA Haldensleben: Rep. IV, I.3a, 12–14, II.1b, 35–40; Pers.Acta des Magistrats der Stadt Neuhaldensleben, No. 6, Bd. 1, B. – **B:** *Vf., Haldensleben (priv.); Mus. Haldensleben.

Dieter Bollmann

Bracke, Hermann August Franz *Wilhelm*
geb. 29.05.1842 Braunschweig, gest. 27.04.1880 Braunschweig, Kaufmann, Politiker.

Nach dem Besuch des Martino-Katharineums und einer Kaufmannslehre war B. in Braunschweig Gasthörer des Collegium Carolinum (Gesch., Freier Vortrag). Anschließend trat er in die vom Vater 1856 gegründete Korn- und Mehlhandelsfa. ein, deren Leitung er später übernahm. Parallel zu Johannes Münze und → Julius Bremer in Magdeburg konstituierte B. 1865 eine Gemeinde des *Allg. Dt. Arbeitervereins* (*ADAV*) und 1866 eine Sektion der *Int. Arbeiter-Assoziation* (*I. Internationale*) in Braunschweig. Er kam 1867 ebenso wie Bremer über das Studium des ersten Bandes von „Das Kapital" zur Theorie von Karl Marx. B. und

Bremer waren für mehr als ein Jahrzehnt die Schlüsselpersonen für die besonders enge Verbindung der Magdeburger mit der Braunschweiger Sozialdemokratie. B. beteiligte sich in Magdeburg im September 1868 an der Gründung von Gewerkschaften und im März 1869 an der Wahlkampagne zum Norddt. Reichstag. Im Juni 1869 nahm er über Bremer Kontakt zu August Bebel und Wilhelm Liebknecht auf, in dessen Ergebnis am 22. Juni in Magdeburg das Treffen der Führer des *Verbandes dt. Arbeitervereine* mit den Sprechern der Opposition im *ADAV* stattfand. Hier formulierte B. den Magdeburger Aufruf zur Einigung der sozialdemokratischen Arbeiterschaft auf dem Allg. Arbeiterkongreß in Eisenach. Die Leitung der Sozialdemokratischen Arbeiterpartei Dtls wurde nach Braunschweig gelegt, und B. spielte nach 1875 im Braunschweiger und Magdeburger Raum eine zentrale Rolle bei der Ausbildung der marxistischen Richtung in der Sozialistischen Arbeiterpartei Dtls. Die 1876 gegründete *Magdeburger Freie Presse* wurde anfänglich bei B. in Braunschweig gedruckt. 1877 und 1878 war B. sozialdemokratischer Reichstagskandidat für Magdeburg.

W: Die Verzweiflung im liberalen Lager. Antwort auf die 7 Artikel der Magdeburger Ztg. und die Schmähschrift des Herrn von Unruh, 1876. – **L:** Lex. Biogr. zur dt. Gesch. von den Anfängen bis 1945, 1991, *71f.*; Braunschweigisches Biogr. Lex., 1996, *85f.* (***B***); Georg Eckert, W. B., in: Niedersächsische Lebensbilder, Bd. 4, 1960, *44–55* (***B***); Vf., Die Lage und der Kampf der Magdeburger Arbeiter von den 30er Jahren des 19. Jhs bis 1870/71, in: Quellenslg. zur Gesch. der Magdeburger Arbeiterbewegung, Tl. I, 1965, *99*, *108–110*, *115*; Jutta Seidel, W. B., Vom Lassalleaner zum Marxisten, 1966, ²1986 (***W***,***L***); Klaus Erich Pollmann (Hg.), W. B., Beiträge zum Kolloquium am 29.05.1992, 1992 (***B***).

Helmut Asmus

Brandau, *Otto* Wilhelm Paul

geb. 01.04.1909 Annen/Westfalen, gest. 28.02.1981 Magdeburg, Ing., Metallurge.

B. war Sohn eines Schmiedes im Ruhrgebiet. Nach dem Besuch der Volksschule in Bochum von 1915 bis 1919 schloß er das Realgymn. in Hattingen 1923 mit der Mittleren Reife ab. Es folgten 1923–29 die Ausbildung zum Gießerei-Ing. an der Technischen Staatslehranstalt Duisburg und bis 1931 ein Praktikum bei den *Mitteldt. Stahlwerken Gröditz* bei Riesa. Nach einer Tätigkeit in der Werkzeugfabrik Remscheid 1935–37 war B. bis 1948 Obering. in den Gießereien der Fa. *Meier & Weichelt* in Leipzig und von 1948 bis 1972 Hauptmetallurge bei den *Magdeburger Armaturenwerken*. Hier machte er sich besonders verdient beim Wiederaufbau der im Krieg zerstörten Gießereien sowie bei der Einführung bzw. Entwicklung von Technologien unter den damals herrschenden schwierigen Bedingungen. So gelang unter seiner Leitung die Herstellung eines Nitrierstahls, für die er 1951 mit dem Nationalpreis III. Kl. ausgezeichnet wurde. Einen hohen volkswirtsch. Nutzen brachte die Einführung des Sauerstoff-Frischens durch B. gemeinsam mit dem Leiter des Schmelzbetriebes Willi Schmidt und dem Prüflaborleiter → Gerhart Tschorn. Bei diesem Verfahren wurde zur Erschmelzung von Stahl, insbesondere hochlegierter Stahlmarken, im Elektro-Lichtbogenofen gasförmiger Sauerstoff in die Schmelze geblasen. Hervorzuheben sind auch B.s Aktivitäten zum Dichtspeisen von Gußstücken durch Anwendung von wärmeabgebenden, wärmeanhaltenden atmosphärischen bzw. Hochdruck-Speisern.

L: Unterlagen Fam. B., Magdeburg (priv.). – **B:** *ebd.

Jürgen Buchholz

Brandenburg, Ernst

17.01.1882 Werne/Kr. Bochum, gest. 19.03.1952 Magdeburg, Gewerkschaftssekretär.

1911–14 war B. Geschäftsführer des *Dt. Metallarbeiterverbandes* Hildesheim, danach in gleicher Funktion in Stendal sowie SPD-Sekretär für den Bereich Altmark. Kriegsbeschädigt von der Front zurückgekehrt, wurde er in Stendal 1917 Stadtverordneter und 1919 Stadtverordnetenvorsteher. 1918 gehörte er zu den Delegierten des 1. Arbeiter- und Soldaten-Kongresses in Berlin, 1919/20 zu den Mitgliedern der verfassunggebenden preuß. Landesverslg. Den Wahlkrs. 10, Magdeburg, vertrat er im Preuß. Landtag von 1921 bis 1933. B. gehörte zu den Gründern und Bundesvorstandsmitgliedern des *Reichsbanners Schwarz Rot Gold*. 1933 als Vors. des *Dt. Landarbeiterverbandes*, Gau Magdeburg-Altmark, entlassen, verdiente er fortan seinen Lebensunterhalt wie viele verfolgte Sozialdemokraten als Vertreter. Nach 1945 war er im Vorstand der Sozialversicherungsanstalt Sa.-Anh. tätig.

L: Hdb. des Preuß. Landtags, 1933, *312* (***B***). – **B:** Foto Bundesvorstand Reichsbanner, in: Illustrierte Reichsbanner Ztg. 1, Nov. 1924.

Beatrix Herlemann

Brandes, Alwin

geb. 12.06.1866 Groß-Schönau/Kr. Zittau, gest. 06.11.1949 Berlin, Schlosser, Gewerkschaftsführer.

B., Sohn des Schlossers und Gewerbetreibenden August B., erlernte nach dem Besuch der Bürgerschule in Quedlinburg und Magdeburg das Schlosserhandwerk. Nach seiner Gesellenprüfung arbeitete er bis 1900 in Maschinenfabriken in Magdeburg, Leipzig und Halle. Seinen aktiven Militärdienst (1886–89) beendete er als Unteroffizier. Seit

1890 Mitglied der SPD und des *Dt. Metallarbeiterverbandes* (*DMV*), wurde B. 1900 zum besoldeten Geschäftsführer von dessen Ortsverwaltung Magdeburg berufen. Seitdem nahm er an Generalverslgg. des *DMV* und Kongressen der Gewerkschaften Dtls teil. Für die SPD wurde er 1901 zum Stadtverordneten in Magdeburg (bis 1918) und 1912 in den Dt. Reichstag gewählt. Seit 1917 Mitglied der kriegsgegnerischen USPD, trat er auf der 13. Generalverslg. des *DMV* in Köln mit anderen als Opposition gegen die Kriegspolitik der Gewerkschaftsführungen auf. Während der Novemberrevolution 1918/19 war er Vors. des Arbeiter- und Soldaten-Rates und Stadtrat in Magdeburg. 1919–24 leitete er den Magdeburger USPD-Ortsverband und wurde 1920 für die USPD in den Dt. Reichstag gewählt. Auf der 14. Generalverslg. des *DMV* 1919 in Stuttgart, wählte B. in der Opposition den bisherigen Vorstand ab und wurde dann mit Robert Dißmann und Georg Reichelt einer der drei neuen Vorsitzenden 1922 trat B. mit der USPD-Minderheit wieder zur SPD über und wurde 1924 für diese erneut in den Reichstag gewählt, wie auch 1928, 1932 und 1933. Nach dem Tode Dißmanns (1926) war er die unbestrittene Führungspersönlichkeit der dt. Metallarbeiterbewegung und ihres bestimmenden Einflusses im *Int. Metallarbeiterbund*. Nach der Zerschlagung der Gewerkschaften im Mai 1933 vertrat er mutig die finanziellen Ansprüche der ehemaligen hauptamtlichen *DMV*-Mitarbeiter. 1934 wurde er verhaftet und im KZ Oranienburg inhaftiert. 1936 wurde B. erneut festgenommen, vom Volksgerichtshof zwar mangels Beweises freigesprochen, jedoch bis Ende 1937 im KZ Sachsenhausen in Schutzhaft genommen. Danach hatte er weitere illegale Kontakte zu sozialdemokratische Kollegen aus Kreisen der späteren 20.-Juli-Opposition. Obwohl er von diesen als einer der künftigen Gewerkschaftsvors. vorgesehen war, blieb er in Freiheit. Nach 1945 aktiv in der Berliner SPD in Köpenick/Ostberlin tätig, wurde er im November 1946 zum Vorsteher der dortigen Bez.-Verordnetenverslg. gewählt. Im Rahmen der innerhalb des *FDGB* seit 1947 entstandenen *Unabhängigen Gewerkschaftsopposition* (*UGO*) war er für eine selbständige Metallarbeiterorganisation tätig.

L: NDB 2, *520*; Reichstags Hdb. 1933 (*B*); Max Schwarz, Biogr. Hdb. der Reichstage, 1965, *278*; Peter Steinbach/Johannes Tuchel (Hg.), Lex. des Widerstandes 1933–1945, 1994, *31*; Paul Ufermann, A. B. – Leben und Wirken eines dt. Gewerkschaftsführers, 1949; Gerhard Beier, Das ungehörte Lied vom braven Mann. A. B. (1866–1949), 2000.

Joachim Hoffmann

Brandes, *Kurt* Otto Richard
geb. 07.01.1905 Schönebeck, gest. 22.08.1977 Schönebeck, Gebrauchsgraphiker.

B. studierte in Magdeburg und später in München bei dem bekannten Buchkünstler Prof. Fritz H. Ehmcke. Danach half er in Schönebeck seinem Vater in dessen Buchhandlung, da in seinem Beruf kein Geld zu verdienen war. Aus dem II. WK nach Schönebeck zurückgekehrt, wandte er sich zunächst der Bearbeitung von Bildpostkarten zu. Millionen dieser Karten wurden dann mit ein- bis zweitausend verschiedenen Motiven in 25 Ländern gedruckt. Dazu entstanden in enger Zusammenarbeit mit der Spielzeugindustrie viele Entwürfe für Schultüten, Gesellschaftsspiele und Weihnachtskalender, u. a. auch für ein Quartett mit dem Motiv des bekannten Fernseh-Sandmännchens. Die Produkte, die auf seine Entwürfe zurückgingen, wurden in zahlreiche Länder exportiert. Für seine Verdienste als langjähriges Mitglied des *Dt. Kulturbundes* und für die Erziehung und Bildung der Jugend wurde er anläßlich seines 65. Geb. mit der Johannes-R.-Becher-Medaille in Silber ausgezeichnet.

L: Volksstimme Schönebeck vom 15.01.1970, *8*; ebd. vom 24/25.12.1974, *4*. – **B:** ebd.

Britta Meldau

Brandt, Andreas Heinrich *Carl*, Prof. Dr. phil.
geb. 23.05.1854 Magdeburg, gest. 07.01.1931 Kiel, Zoologe, Hochschullehrer.

B., Sohn des Apothekers Albert B. in Schönebeck, studierte an der Univ. Berlin Naturwiss., wurde 1877 an der Univ. Halle prom. und habil. sich 1885 bei Karl Chun an der Univ. Königsberg. B. war zwischenzeitlich unter Emil Du Bois-Reymond als Assistent im Physiologischen Inst. in Berlin (1878–82) sowie an der Zoologischen Station in Neapel (1882–85) tätig. Von 1888 bis zu seiner Emeritierung 1922 hatte er den Lehrstuhl für Zoologie an der Univ. Kiel inne. Als Teilnehmer der dt. Plankton-Expedition (1889) entwickelte B. neue Vorstellungen über Anpassungserscheinungen und die Art der Verbreitung von Hochseetieren, übertrug das Liebigsche „Gesetz vom Minimum" auf das Meer und wies die Rolle der gelösten Stickstoff- und Phosphorverbindungen für das Leben im Meer nach. Besonders auf Grund dieser Arbeiten über den Stoffwechsel im Meer zählte B. zu den bedeutendsten Meeresforschern seiner Zeit. Er war Mitglied (seit 1924 Vors.) der *Preuß. Kommission zur wiss. Untersuchung der dt. Meere* sowie der *Dt. Kommission für Meeresforschung*.

W: Die koloniebildenden Radiolarien, Fauna und Flora des Golfs von Neapel, 1885; Über den Stoffwechsel im Meere, in: Wiss. Meeresuntersuchungen., Abt. Kiel, NF 4, 1899; 6, 1902; 18, 1916/20. – **L:** NDB 2, *532f.*; DBE 2, *68*.

Hermann Grünzel

Brandt, Anna Luzie *Elli*, geb. Mittelstedt
geb. 25.10.1896 Magdeburg, gest. 12.11.1959 Magdeburg, Arbeiterin.

Die mit dem Kommunisten Paul Brandt verheiratete B. trat 1923 der KPD bei. Im Magdeburger Stadtteil Buckau entfaltete sie eine rege propagandistische Tätigkeit, führte bei Streiks Solidaritätsaktionen mit Buckauer Frauen durch und beteiligte sich an den Abwehrkämpfen gegen die Nationalsozialisten. Illegale Parteiarbeit führte zu ihrer Verhaftung im August 1933. Sie wurde zu 15 Monaten Gefängnis verurteilt. 1945 organisierte sie in Buckau die Antifaschistischen Frauenausschüsse und leistete Sozialarbeit zur Linderung der größten Not. 1946 wurde sie Stadtverordnete, 1948 Abgeordnete des Provinziallandtages Sa.-Anh. und 1949 Mitglied der Länderkammer.

L: Kurzbiogr. Magdeburger Widerstandskämpfer, hg. von einem Autorenkollektiv, o.J., *21f.* (*B*). – **B:** StadtA Magdeburg.

Beatrix Herlemann

Brandt, Ernst
geb. 19.11.1896 Magdeburg, gest. 17.12.1956 Magdeburg, Schlosser, Parteifunktionär.

B. wechselte 1920 von der USPD zur KPD, deren Bezirksleiter für Magdeburg-Anhalt er 1928–31 war. 1929–33 gehörte er zur KPD-Fraktion im Magdeburger Stadtparlament. Nach vierjähriger Lehre als Schlosser war er seit 1915 Mitglied des *Dt. Metallarbeiterverbandes*, wurde 1930 wegen oppositioneller Tätigkeit ausgeschlossen und war fortan Sekretär der *Revolutionären Gewerkschaftsorganisation*. 1932 wurde B. für den Wahlkr. 10, Magdeburg, in den Reichstag gewählt. Ab 1933 illegal tätig, geriet er in Haft. 1942 gehörte er kurzzeitig der illegalen KPD-Leitung im KZ Buchenwald an. 1945/46 leitete er den KPD-Bez. Magdeburg, nach der Parteienvereinigung bis 1949 den SED-Bez. Magdeburg. 1948–50 bekleidete er das Amt des Ministers für Land- und Forstwirtschaft in Sa.-Anh., von dem er auf Beschluß des ZK abgelöst wurde. 1951 vom MfS für ein halbes Jahr inhaftiert, später rehabilitiert, fungierte er 1952–56 als Werkleiter im *VEB Maschinenfabrik* in Halle.

L: Reichstags Hdb, 1932, *236* (*B*); Lutz Niethammer, Der „gesäuberte Antifaschismus", 1994, *495* u.ö; Kurzbiogr. Magdeburger Widerstandskämpfer, hg. von einem Autorenkollektiv, o.J., *7f.* (*B*). – **B:** StadtA Magdeburg.

Beatrix Herlemann

Brandt, Gustav *Adolph*, Prof.
geb. 06.05.1838 Helmstedt, gest. 06.12.1919 Magdeburg, Organist, Chorleiter, Komponist, Kgl. Musikdir.

Seine Eltern – der Vater Andreas B. war Großhzgl. Ökonomierat – ließen B. nach dem Besuch der Höheren Bürgerschule eine pädagogische und musikalische Ausbildung am Lehrerseminar Halberstadt (1855–58) zuteil werden. Seit 1858 war B. in Magdeburg im Lehramt an der zweiten Volksknabenschule tätig. Neben der Ausübung seines Berufs studierte er weiter bei Domorganist → August Gottfried Ritter. 1865 gab er seine Lehrerstelle auf, um sich ganz der Musik zu widmen. Im Mai 1866 wurde B. als Organist der St. Katharinen-Kirche in Magdeburg angestellt. Dieses Amt bekleidete er bis zu seiner Pensionierung Anfang 1918. Studienreisen führten ihn nach Italien, England und Holland. B.s Bedeutung für das Magdeburger Musikleben liegt in seiner Tätigkeit als Chordirigent. Er übernahm die Leitung der *Ersten Magdeburger Liedertafel* und war als Pianist des *Tonkünstler-Vereins*, dessen Vorsitz er innehatte, tätig. 1872 gründete er den *B.schen Gesangverein*. Zu großen Aufführungen konnte er die Sänger des *Reblingschen Kirchen-Gesangvereins* (→ Gustav Rebling) als Mitwirkende gewinnen. Die Breite seiner musikalischen Interessen ist erstaunlich: Sie reicht von Schützschen Passionen über Händel-Oratorien, Beethovens IX. Symphonie, Verdis „Requiem", Mendelssohn-Bartholdys „Elias" bis zu Oratorien der Zeitgenossen (u. a. Max Bruch). 1888 wurde B. in Anerkennung dieser Leistungen zum Kgl. Musikdir. ernannt. Bei der Einweihung des Kaiser-Wilhelm-Denkmals 1897 leitete B. als (von sämtlichen 700 Sängern der Stadt) gewählter Dirigent die Chöre. Daneben wird seine Fähigkeit als Organist gerühmt, besonders das Bachsche Orgelwerk lag ihm am Herzen. Zahlreiche Schülerinnen und Schüler hat er im Klavierspiel, in Gesang und Musiktheorie unterrichtet. 1904 wurde ihm auf Antrag von Oberbürgermeister → Gustav Schneider und Superintendent → August Trümpelmann der Titel eines Prof. verliehen. Aus Anlaß des 50. Dienstjubiläums erhielt B. 1917 den Kgl. Kronen-Orden III. Kl. Gotthold Frotscher urteilt über die choralgebundenen Arbeiten B.s wohl etwas einseitig, und Zeitgenossen rühmen gerade seine Fähigkeit, in den Vor- und Nachspielen die „durch die Predigt hervorgerufene Stimmung im Ton weiter ausklingen zu lassen" (Trümpelmann). Die umfangreiche Passacaglia in F, die 1885 im „Ritter Orgel Album", hg. von → Rudolph Palme, erschien, zeigt B.s Fähigkeit, hist. Formen und zeitgenössische Harmonik stilsicher zu verarbeiten.

W: 130. Psalm für gemischten Chor und Soli; Präludium und Fuge für Orgel; Psalmen, Lieder, Quartette, Orgelstücke, Klavierschule. – **L:** → Ferdinand Albert Wolter, Gesch. der Stadt Magdeburg, 1901, *315*; Gotthold Frotscher, Gesch. des Orgelspiels, Bd. 2, 1935, *1202*; StadtA Magdeburg: Rep. A18^III L 39 Bd. 1; AKPS: Rep. A, Spec. G, A 17285.

Johannes Fischer

Bratfisch, August
geb. 24.02.1883 Metz (Frankreich), gest. 01.11.1960 Wanzleben, Reichsbahn-Angestellter, Maler, Graphiker.

B., seit 1897/98 bei der Eisenbahn beschäftigt, bildete sich nebenberuflich (vermutlich in Montigny) bis 1918 zum Maler und Graphiker. 1918/1919 aus Elsaß-Lothringen nach Magdeburg versetzt, arbeitete B. bis zu seiner Pensionierung 1948 im *Reichsbahnausbesserungswerk Magdeburg-Salbke*.

In Magdeburg schloß sich B. der spätexpressionistischen Künstlergemeinschaft *Die Kugel* u. a. mit → Max Dungert an (1919–21). B. verhielt sich in seinem neuen Wohnort unauffällig: „Still, naiv, im künstlerischen Sinne Frömmigkeit ausstrahlend" (Rosenberg, 1957). Das findet sich in B.s erhaltenen Ölbildern der 1920–30er Jahre bestätigt, die akribisch ausgeführte Blumenstücke mit Insekten sind, wie auch in den frühen Menschendarstellungen aus der Zeit der *Kugel* (→ Robert Seitz, → Franz Jan Bartels u. a.; Selbstbildnisse). 1945 in Magdeburg total ausgebombt, wurde B. mit Fam. zuerst nach Blumenberg evakuiert und wenig später in Wanzleben ansässig. Erst jetzt entdeckte B. die Bördelandschaft als Thema seiner künstlerischen Arbeit, der er sich nun als Rentner vollends widmen konnte. Unter den schwierigen Bedingungen der Nachkriegszeit entstand zuerst ein „Pflanzenatlas" mit 300 farbigen Porträts wildwachsender Pflanzen, der auch floristisches Interesse beansprucht. Es folgten eine Slg. dokumentarischer Dorfansichten (Bleistiftzeichnungen) und eine Vielzahl stimmungsvoll aquarellierter Bördelandschaften. Bis zu seinem Tode rastlos tätig, schuf B. ein künstlerisch bemerkenswertes, die Zeit- und Landschaftsverhältnisse dokumentierendes Werk, das als eine Gesamtaufnahme, als künstlerische „Inventur" seiner neuen Heimat angelegt war und ihn zu Recht als den „Börde-Maler" ausweist.

N: Börde-Mus. Ummendorf. – **L:** → Maximilian Rosenberg, Die Kugel, in: Magdeburger Kulturspiegel 1957; Vf., Wanzleben – Dorf, Amt, Stadt. Ein hist. Abriß, Ms. 1988 (Börde-Mus. Ummendorf); Renate Hagedorn, „Die Kugel" – eine Künstlervereinigung der 20er Jahre, Kat. Magdeburg 1993/94, *6, 22–23;* Vf., Der Pflanzenatlas des Malers A. B., in: Börde, Bode und Lappwald. Heimatschrift 1996, *65–73*; Jörg-Heiko Bruns, Als zeichnender Chronist wurde er zum „Bördemaler", in: Volksstimme Magdeburg vom 17.12.1998. – **B:** *Börde-Mus. Ummendorf: Selbstporträt.

Heinz Nowak

Braun, *Heinrich* (*Heinz*) **Arnold,** Dr. jur.
geb. 10.04.1888 Neuss, gest. 22.12.1962 Zürich, Rechtsanwalt.

Nach ersten Berufsjahren als Volksschullehrer machte B. das Externenabitur und studierte Philologie und Jura in Bonn und Halle. Nach der Soldatenzeit im I. WK ließ er sich als Rechtsanwalt in Magdeburg nieder. Als Mitbegründer, Bundesvorstandsmitglied und Syndikus des *Reichsbanners Schwarz Rot Gold* verteidigte er in zahlreichen Prozessen Reichsbannermitglieder. Bekannt wurde er über die dt. Grenzen hinaus als Verteidiger des zu Unrecht des Mordes angeklagten Magdeburger jüd. Fabrikanten Rudolf Haas im sogenannten Kölling-Haas-Prozeß. Sein 1928 erschienenes, mit einem Vorwort von Gustav Radbruch versehenes Buch „Am Justizmord vorbei" (am 10.05.1933 am Berliner Opernplatz und auf dem Magdeburger Domplatz öffentlich verbrannt) diente 1948 als Vorlage für den *DEFA*-Film „Affäre Blum" unter der Regie von Erich Engel. Nach kürzerer Haft 1933 flüchtete B. ins Saargebiet, wo sein Bruder Max B. als führender Sozialdemokrat im Saarkampf agierte. Er selbst wurde verantwortlicher politischer Redakteur der *Volksstimme* Saarbrücken. Nach der verlorenen Saarabstimmung flüchtete er nach Frankreich und 1940 nach Großbritannien, wo er im Ministry of Economic Warfare and Foreign Office tätig war und sich in dt. Emigrantenorganisationen engagierte. 1945/46 fungierte B. als jur. Berater der britischen Delegation beim Interalliierten Gerichtshof in Nürnberg. 1946 wurde er zum Generalstaatsanwalt des Saarlandes ernannt, war Mitglied des Landesvorstandes der Sozialistischen Partei des Saarlandes und bis 1955 Mitglied des Landtages Saar sowie 1949–56 Stadtverordneter von Saarbrücken. 1947–51 und 1952–55 bekleidete er das Amt des Justizministers.

L: Bio Hdb Emigr 1, *87*; Slg. Vf., Hannover (priv.).

Beatrix Herlemann

Breitensträter, Hans
geb. 09.02.1897 Hecklingen bei Staßfurt, gest. 23.01.1971 Berlin, Berufsboxer, Sportlehrer.

B., geb. in einer kleinbürgerlichen Fam., besuchte im Geburtsort die Volksschule. Als junger Soldat kam er 1915 in britische Kriegsgefangenschaft. In einem dortigen Lager fand er zum aktiven Boxsport. Nach seiner Heimkehr 1919 nach Magdeburg wurde er in Berlin Berufsboxer und erkämpfte bereits 1920 die Dt. Meisterschaft im Schwergewicht, die er bis 1924 mehrfach erfolgreich verteidigte. Er galt bis zu seinem Abschied vom Ring Ende 1928 als einer der besten europäischen Boxer. In diesen Jahren war der „blonde Hans" erklärter Liebling des Publikums, vor allem bei seinen Kämpfen im Berliner Sportpalast, und dies trotz mehrfacher Niederlagen (gegen den italienischen Weltmeister P. Paolino und seinen Intim-Rivalen Paul Samson-Körner). B. „riß mit seinem Mut und Einsatzwillen immer wieder die Massen in hellste Begeisterung und schuf die erste Glanzzeit im dt. Berufsboxen, ein würdiger Wegbereiter für

Max Schmeling" (Sportlex. 1969, 96). In den 1920er Jahren war er ein Idol sowohl der sportbegeisterten Massen als auch ein Schwarm der hauptstädtischen „Gesellschaft", befreundet mit prominenten Künstlern und Wissenschaftlern (Emil Jannings, Ernst Lubitsch, Pola Negri, Ferdinand Sauerbruch u.v.a.). Nach 1929 war er noch lange als Ringrichter tätig. Später gründete B. in Berlin eine private Sportschule und arbeitete selbst als Sportlehrer. In der ns. Zeit ließ er sich im Unterschied zu manchen anderen sportlichen und kulturellen „Größen" nicht für die Goebbels-Propaganda mißbrauchen.

L: Hippolyt Graf von Norman (Hg.), Dt. Sportlex., 1928, *44*; Boxsport, Jgg. 1920–1928; Beckmanns Sport-Lex. A-Z, 1933, Sp. *507f.* (***B***); Alfred Petermann (Hg.), Sportlex., 1969, *96*; Bodo Rollka/Volker Spieß/Bernhard Thieme (Hg.), Berliner biogr. Lex., 1993, *63*.

Joachim Hoffmann

Bremer, Julius
geb. 17.04.1828 Wolmirstedt, gest. 24.11.1894 Magdeburg, Böttchermeister, Arbeiterfunktionär.

B. gründete 1863 gemeinsam mit dem Schneider Johannes Münze (dieser starb 1868 und stand dem *Bund der Kommunisten* nahe) einen eigenen *Arbeiterbildungsverein*, der als Anfang gewerkschaftlicher Arbeit in Magdeburg gewertet werden kann. In dem von den Bürgerlichen → Leberecht Uhlich und → Max Hirsch dominierten *Arbeiterbildungsverein* erhielt B. Redeverbot und konnte so politisch nicht wirksam werden. Gemeinsam mit → Wilhelm Klees und 30 weiteren Arbeitern bildete er 1868 eine eigene politische Organisation, den *Sozialen Reformverein*, eine Vorstufe der Sozialdemokratischen Partei in Magdeburg. B. hatte engen Kontakt zu August Bebel und Wilhelm Liebknecht und war neben Klees einer der zwölf Unterzeichner des Aufrufs zum Einigungskongreß aller sozialdemokratischen Arbeiter im August 1869 in Eisenach. Seiner Initiative ist es zuzuschreiben, daß das Wort „Arbeiter" Bestandteil des Namens wurde, den die Partei sich im Ergebnis des Kongresses gab. Im selben Jahr gründete B. in Magdeburg den *Sozialdemokratischen Arbeiterverein* (*SAV*), dessen Vors. er wurde. Er machte sich mit einem Grünwarenladen in der Margarethenstraße in der Magdeburger Altstadt selbständig, um politisch unabhängig handeln zu können. Ab 1876 wurde er Redakteur der *Freien Presse*. Während der Zeit des Sozialistengesetzes 1878–90 war B. Kopf des Agitationskomitees und damit der Organisator der illegalen Arbeit. Er hielt Vorträge, schrieb Beiträge über die Magdeburger Bewegung in überregionalen Ztgg., warb Mitglieder, hielt den Kontakt zum Parteivorstand und wurde inhaftiert. 1891 erlangte er nach Klees als zweiter Sozialdemokrat das Stadtverordnetenmandat in Magdeburg. Der Name B.s ist eng mit den Anfängen der Magdeburger Arbeiterbewegung verknüpft.

L: Vf., Die Magdeburger Sozialdemokratie vor dem I. WK, 1995, *25–30* u.ö. – B: Quellenslg. zur Gesch. der Arbeiterbewegung im Bez. Magdeburg, Tl. 1, 1965, *106*.

Ingrun Drechsler

Bremsteller, Gerhard
geb. 14.12.1905 Tilsit, gest. 19.02.1977 Berlin, Organist, Dirigent.

Der Sohn des Kaufmanns Fritz B. begann nach dem Abschluß des staatl. Gymn. in Tilsit 1925 das Studium der Musikwiss. an der Univ. Berlin bei Johannes Wolf. 1926 nahm er an der Berliner Hochschule für Musik praktische Studien bei dem Berliner Domorganisten Walter Fischer im Fach Orgel und Siegfried Ochs im Fach Chorleitung auf. Ab dem Sommersemester 1928 setzte B. seine Studien an der Leipziger Hochschule für Musik bei Günther Ramin (Orgel), Kurt Thomas (Chorleitung) und Günther Raffael (Tonsatz) fort und legte im Sommer 1930 das hauptamtliche Kirchenmusikalische Examen unter dem Vorsitz von Karl Straube ab. Danach trat er seine erste Stellung in Breslau als Oberorganist und Chordirigent an der Königin Luise-Gedächtniskirche an und wirkte ab 1935 als Doz. für Orgelspiel und Chorleitung an der Breslauer Kirchenmusikschule sowie als Organist der dortigen Singakad.-Konzerte. 1942 wurde er als Domorganist und Leiter des *Domchores* nach Magdeburg berufen. Von hier aus übernahm er auch den Unterricht im Orgelspiel an der Kirchenmusikschule in Halle, war dort Mitglied der Prüfungskommission und später seit 1950 Vors. der Staatl. Prüfungskommission Sa.-Anh. für das Kirchenmusikalische Hauptamt. In Magdeburg baute er nach dem Krieg den *Domchor* wieder auf, den er bis zu seinem Tod leitete, und initiierte mit ihm bereits 1947 das erste Bachfest (Das zweite Bachfest folgte 1950.) Ebenfalls 1947 wurde er zum Landeskirchenmusikdir. der Kirchenprovinz Sachsen ernannt. Ab 1951 war er außerdem an der Georg-Philipp-Telemann-Schule in Magdeburg als Fachlehrer für Orgelspiel tätig.

B: *Telemann-Zentrum Magdeburg.

Kerstin Hansen

Brennecke, Albert (Ps.: Bert Brennecke)
geb. 13.12.1898 Halberstadt, gest. 31.08.1970 Halberstadt, Schriftsteller, Hg., Hörspielautor, Journalist.

Der Sohn einer Fabrikarbeiterin besuchte in Halberstadt die Volksschule und arbeitete danach als Laufbursche für ein Warenhaus, als Schreiber bei einem Rechtsberater und als Verwaltungsangestellter der städtischen Gaswerke. 1917 zum Militärdienst eingezogen, war er 1918 Mitglied des Stuttgarter Soldatenrates, anschließend Notstandsarbeiter. Nach Kriegsende ging B. nach Halberstadt zurück, wo er 1920 heiratete. Wenig später zog er nach Magdeburg, wo 1922 Sohn Wolf Dieter (ebenfalls Schriftsteller) geb. wurde. Erste (expressionistische) dramatische und lyrische Versuche (Debüt mit dem Gedichtbd. „Aus Traum und Welt", 1919) blieben ohne Erfolg. 1924 wurde er Mitglied der SPD, 1925 des *Reichsbanners Schwarz Rot Gold*. Nach Gelegenheitsarbeiten war er 1927–33 freier Schriftsteller und Leiter einer Agitprop-Gruppe; es entstanden Laienspiele mit antifaschistischer Tendenz (u. a. „Der Henker von Braunau", 1933) und politisch-aktuelle Kurzprosa. 1933 wurde B. verhaftet und unter Polizeiaufsicht gestellt. Nach längerer Arbeitslosigkeit fand er eine Anstellung als Lohnrechner und Gelegenheitsarbeiter in einer Werkzeugmaschinenfabrik. 1939 zum Militär einberufen, schrieb er als Gefreiter und Unteroffizier aus Angst, aus der Reichsschrifttumskammer ausgeschlossen zu werden, auch militaristische Gedichte. 1945 wurde B. wegen „Wehrkraftzersetzung" angeklagt, aber von slowenischen Partisanen aus dem Militärgefängnis Triest befreit. Über amerikanische Internierungslager kehrte er nach Magdeburg zurück. Nach Kriegsende war er bis zu dessen Auflösung im Dezember 1946 Sendeleiter des *Landessenders Magdeburg*, 1946 Mitbegründer des *Kulturbundes* in Magdeburg und seit 1946 Mitglied der SED. Ab 1947 arbeitete B. als freischaffender Schriftsteller in Halle, wo er 1950 Mitglied des *Schriftstellerverbandes* wurde. Er leitete das Haus der *Ges. für Dt.-Sowjetische Freundschaft* in Leuna und war ab 1950 Pressereferent der Gesellschaft in Halle. Bis 1970 arbeitete B. als Redakteur der *Halleschen Monatsbll.*, einer Zs. des *Kulturbundes der DDR*. B. wurde nach 1945 vor allem als Erzähler hist. Stoffe bekannt, von denen seine hist.-biogr. Darstellungen für die Jugend (Grimmelshausen, Georg Büchner, → Wilhelm Weitling, Max Dortu u. a.) hervorzuheben sind.

W: Flucht aus Calais, 1938; Abschied von Diotima (Hörspiel um Hölderlin), 1946; Der lange Matz (Massenfestspiel um Mathias von Hadeber bei Halberstadt), 1958; Die Hütte am Helikon (Erz. über Gleim), o. J.; Lyrik (vor allem in Ztgg. und Zss.) – **N:** Wolf Dieter B., Halberstadt. – **L:** Kosch LL 2, Sp. *3f.*; Günter Albrecht u. a. (Hg.), Lex. deutschsprachiger Schriftsteller, Bd. 1, 1974, *110* (**W**); KLK 1967, *108*; Lit. im Bez. Magdeburg, hg. vom Rat des Bez. Magdeburg, o. J. [1981], *26* (**B**); Archiv Literaturhaus Magdeburg. – **B:** Archiv Literaturhaus Magdeburg; *Wolf Dieter B., Halberstadt (priv.).

Dieter Schade

Brennecke, Gertraud, geb. Kullik (Ps.: Traudel Brennecke) geb. 20.06.1929 Schneidemühl/Provinz Posen, gest. 15.09.1998 Halberstadt, Arbeiterin, Schriftstellerin.

Im Juni 1945 wurde B. mit ihrer Mutter und Geschwistern vertrieben. Sie fanden in Groß Ammensleben bei Magdeburg Unterkunft. B. arbeitete bis 1950 in Magdeburg in einer Spielzeugfabrik und in der Buchbinderei einer Druckerei. 1950 heiratete sie den Schriftsteller Wolf Dieter B. und zog nach Magdeburg. In einer der ab 1953 entstandenen *Arbeitsgemeinschaften junger Autoren* war sie jahrzehntelang Leitungsmitglied und mehr als 30 Jahre hauptamtlich Sekretärin im Magdeburger *Schriftsteller-Bezirksverband*. Von 1969 bis 1972 absolvierte B. ein Fernstudium (Dramatik) am Leipziger Literaturinst. „Johannes R. Becher". 1977 wurde sie Kandidatin des *Schriftstellerverbandes der DDR*. Ihre Fernseh-Komödien wurden im Studio Halle aufgeführt. 1988 verzog sie nach Halberstadt. B.s Stärke waren kleine Geschichten für Kinder, die sie in Ztgg. und Zss., u. a. im Magdeburger *Der Fährmann* und zuletzt Anfang der 1990er Jahre in der Wochenendbeilage „Pusteblume" der *Volksstimme* Magdeburg, veröffentlichte.

W: Ein Abend im Mai. Hörspiel (mit Hanns H. F. Schmidt); Unter sechs Augen. Fernseh-Komödie, 1976; Der Versager. Fernseh-Komödie, 1978; Unsere egoistischen Eltern. Fernseh-Komödie, 1979; Kleine Stadt Spiegelhausen; Janas Insel (Kinderbücher, unveröffentlicht). – **N:** Wolf Dieter B., Halberstadt (priv.). – **L:** Lit. im Bez. Magdeburg, hg. vom Rat des Bez. Magdeburg, o. J. [1981], *21* (**B**); Archiv Literaturhaus Magdeburg. – **B:** Wolf Dieter B., Halberstadt (priv.).

Dieter Schade

Brennecke, *Johannes* **Benjamin,** Dr. med.
geb. 02.11.1849 Cröchern/Letzlinger Heide, gest. 30.07.1931 Magdeburg, Arzt, Geh. Sanitätsrat.

B., fünftes Kind des ev. Pfarrers Johann Christoph David B., besuchte das Gymn. in Stendal und nahm 1869 das Studium der Med. in Halle auf, wo er 1875 als Assistent von Robert Olshausen über Uterusrupturen prom. 1876 ließ er sich als erster Facharzt für Frauenheilkunde in Magdeburg nieder, war vorübergehend an der Provinzial-Hebammenlehranstalt tätig und eröffnete 1880 im Magdeburger Stadtteil Sudenburg eine Privatklinik. B. stand als Schüler von Olshausen und Heinrich Fritsch nicht nur als gynäkologischer Operateur auf der Höhe der Zeit, sondern engagierte sich aus tiefer christlicher Verantwortung heraus vor allem auf dem heute von der Sozialen Gynäkologie beanspruchten Gebiet. Einen Schwerpunkt seiner Arbeit bildeten Forderungen nach einer Reform des Hebammenwesens in Dtl.

hinsichtlich der Aus- und Fortbildung, vor allem aber des sozialen Status, für den er die Beamtenstellung für angemessen hielt. Weithin bekannt wurde B. mit seinem Eintreten für die Erweiterung des Netzes geburtshilflicher Kliniken neben den damals fast nur vorhandenen Ausbildungskliniken, die von mittellosen verheirateten Frauen weitgehend gemieden wurden. In Magdeburg rief B. unter der Bezeichnung „Wöchnerinnenasyl" am Sudenburger Tor in Trägerschaft eines Frauenvereins eine Einrichtung ins Leben, die bis 1919 die bis dahin noch fehlende städtische Frauenklinik ersetzte. Von der *Med. Ges. zu Magdeburg* wurde B. schon 1887 in die *Ärztekammer der Provinz Sachsen* gewählt, in deren Vorstand er jahrelang mitwirkte, 1906–1908 als Vors. B.s Forderungen nach mehr Staatlichkeit in der Wochenbetthygiene blieben weitgehend unerfüllt. Sein Engagement wurde 1907 mit der Verleihung des Titels eines Geh. Sanitätsrates anerkannt. Nach dem I. WK wurden seine Klinik und das Asyl Opfer der Inflation, seine Fam. verarmte.

W: Zur praktischen Lösung der Puerperalfieber-Frage, 1882; Die Geburts- und Wochenbetthygiene der Stadt Magdeburg, 1897; Der Kampf um die Gesundung der geburtshilflichen Ordnung, 1913 *(W);* Das Hebammenwesen und die Frauenfrage, 1914. – **L:** Julius Pagel (Hg.), Biogr. Lex. hervorragender Ärzte des 19. Jhs, 1901, *257*; Isidor Fischer (Hg.), Biogr. Lex. der hervorragenden Ärzte der letzten fünfzig Jahre, Bd. 1, 1932, *168f*.; → Adam Bauereisen, Nachruf auf J. B., in: Zentralbl. für Gynäkologie 55, 1931, *2722*; Vf., Der Beitrag des Magdeburger Gynäkologen J. B. B. (1849–1931) zur Entwicklung des Gesundheitsschutzes für Mutter und Kind, in: Das Dt. Gesundheitswesen, H. 23, 1968, *2142–2147 (W)*. – **B:** *Walter Spemanns Hauskunde, Bd. 6, 1908; Slg. Vf., Qualzow (priv.).

Horst-Peter Wolff

Brentano, Clemens
geb. 09.09.1778 Ehrenbreitstein, gest. 28.07.1842 Aschaffenburg, Dichter.

B. hielt sich nach dem Abitur 1797 als Achtzehnjähriger vor seinem Studium in Halle für drei Monate bei seinem Onkel, dem Bergassessor Karl von La Roche, in Schönebeck auf. Hier schrieb er, ohne sich wohlzufühlen, u. a. das Gedicht „An mein Lieblingsplätzchen im Garten" und eine Reihe von Briefen an seine Fam. B., einer der bedeutendsten Dichter der Romantik, gab 1806/08 zusammen mit seinem Schwager Achim von Arnim die Volksliederslg. „Des Knaben Wunderhorn" heraus, die die Herausbildung des dt. Nationalbewußtseins mit förderte.

L: W. Schellberg/F. Fuchs, Das unsterbliche Leben. Unbekannte Briefe von C. B., 1939.

Hans-Joachim Geffert

Bretting, Kurt
geb. 06.06.1892 Magdeburg, gest. 30.05.1918 bei Merville/Frankreich (gefallen), Schwimmsportler.

B. gehörte um 1910 schon zu den Spitzenschwimmern vom *Magdeburger Schwimmverein Hellas 1904*. Er probierte als erster Magdeburger Schwimmer und einer der ersten in Dtl. den Kraul-Beinschlag, nachdem ihn der Australier Cecil Heley vom *Schwimmclub Sydney* in Hamburg 1906 erstmals vorgeführt hatte. In Dtl. übte man zwar schon das „Hand-über-Hand-Schwimmen", aber zumeist noch mit Beingrätsche, kurz Hühschwimmen genannt. B. rückte durch die neue Schwimmtechnik schnell in die Weltspitze auf, und der Kraul-Beinschlag setzte sich überall rasch durch. In den Jahren 1910, 1911 und 1913 wurde B. Dt. Meister im 100 m Freistil. Bereits am 06.04.1912 schwamm er im 100 m Sprint in Brüssel mit 1:02,4 min. Weltrekord, und bei den V. Olympischen Sommerspielen 1912 in Stockholm belegte er mit der Zeit von 1:05,8 min. den 4. Platz. 1913 schwamm er Dt. Rekord über 200 m Kraul in 2:27,0 min. und 300 m Kraul in 3:53,4 min.

L: Beckmanns Sport-Lex. A-Z, 1933, Sp. *512f*.; Wolfgang Pahnke/Vf., Schwimmen in Vergangenheit und Gegenwart, Bd. 1, 1979, *82*, *93*, *187*, *197f.*, *209*; Volker Kluge, Die Olympischen Spiele von 1896–1980 – Namen, Zahlen, Fakten, 1981, *59*; Hellas Nachrichten, Sonderdruck 1994; Aufzeichnungen Arbeitsgruppe Sport, Mss. 1998/99 (KHMus. Magdeburg); Slg. Wolfram Weigert, Holzkirchen (priv.). – **B:** Fritz Merk (Hg.), Dt. Sport, Bd. 1, ca. 1925, *283*.

Norbert Heise

Brewitz, Rudolf *Otto*
geb. 07.03.1894 Magdeburg, gest. 15.10.1976 Braunschweig, Schwimmsportler, Trainer, Sportfunktionär.

B. begann 14jährig neben → Kurt Bretting im *Magdeburger Schwimmverein Hellas 1904 m*it dem Leistungssport, gehörte bald zu den erfolgreichsten Jugendschwimmern und wurde nach siegreichen Wettkämpfen in Dtl. und im Ausland in die erste Herrenmannschaft aufgenommen. Schwer verletzt aus dem Krieg zurückgekehrt, mußte B. seine sportliche Laufbahn aufgeben, wurde Mannschaftsführer und Trainer und übernahm nach dem plötzlichen Tod von → Kurt Behrens 1928 die sportliche Leitung des Vereins. Unter seiner Führung erzielte nicht nur die Mannschaft des *Hellas 1904* mit → Erich Rademacher, → Emil Benecke, → Gustav Frölich u. a., sondern auch die Nationalmannschaft, in der zahlreiche Sportler des Vereins schwammen, große Erfolge. Von 1930 bis 1933 als Betreuer der Wasserball-Nationalmannschaft eingesetzt, führte er diese über die Europameisterschaft 1931 in Paris zur Silbermedaille bei den Olympischen Spielen in Los Angeles 1932. Danach bekleidete B. führende Positionen als Schwimmsport-Funktionär. Er war 1933–45 Vize-Präsident des *Dt. Schwimmverbandes* (*DSV*) und gleichzeitig 1934–44 *DSV*-Schwimmwart. Er gehörte 1936 zum Organisationsstab der Olympischen Spiele in Berlin. B. war 1934–44 Vorstandsmitglied des *Ligue Européene de Natation* (*LEN*) und von 1936 bis 1944 auch gewähltes Mitglied des Büros der *Fédération Internationale de Natation Amateur* (*FINA*). Nach 1945 war er als sportlicher Leiter des *Männerturnvereins Braunschweig* tätig und hatte bis 1966 den Vorsitz der anläßlich des 50jährigen Bestehens des *Hellas 1904* in Braunschweig 1954 von ihm mitgegründeten Traditionsgemeinschaft *Schwimmsport-Club Hellas Magdeburg e.V.* inne.

W: Ein halbes Jahrhundert schwimmsportlicher Erinnerungen, in: der dt. schwimmsport, Nr. 6 vom 09.02.1967, *72–74*; ebd., Nr. 8 vom 23.02.1967, *96–98* (*B*). – **L:** Nachruf des Schwimmsport-Club Hellas Magdeburg e.V. vom 16.10.1976; Slg. Wolfram Weigert, Holzkirchen (priv.). – **B:** *Lilo B.-Schmidt, Braunschweig (priv.).

Margrit Friedrich

Breysig, Johann Adam, Prof.
geb. 01.04.1766 Leudesdorf/Rhein, gest. 29.08.1831 Danzig, Architekt, Theatermaler, Veduten- und Landschaftszeichner, Publizist.

Nach der Ausbildung bei dem Theatermaler Peter Beckenkamp in Koblenz reiste B. mit einer Theatergruppe umher, für die er Bühnenbilder malte, war danach als Maurer und ab 1791 als Architekt und Theatermaler in Bernburg tätig. 1796 trat er als Baukommissar in die Dienste des Fürsten zu Anhalt-Bernburg in Ballenstedt. Ende des 18. Jhs begann seine öffentliche Lehrtätigkeit, als König Friedrich Wilhelm III. ihn 1799 zum ersten Lehrer mit einer Professur an der 1793 gegründeten Kgl. Provinzial-Kunstschule in Magdeburg ernannte. Dank seines Organisationstalents und künstlerischen Sachverstands blühte diese Schule auf, woraufhin das preuß. Staatsministerium weitere ähnliche Anstalten einrichtete. B. bezog neben dem Zeichenunterricht auch handwerkliche Übungen in den Lehrplan ein und legte mit „Skizzen, Gedanken, Entwürfe, Umrisse, Versuche, Studien, die bildenden Künste betreffend" (1799–1801) in Magdeburg ein umfangreiches zweibändiges Lehrwerk vor, das der 1800 erfolgten preuß. Reorganisation der Kunstschulen Rechnung trug (ab 1801 Provinzial-Kunst- und Handwerkerschule). 1804 eröffnete er eine Kunstschule in Danzig, die er ab 1809 bis zu seinem Tode leitete. B., der in Magdeburg unter dem Theaterleiter → Friedrich Ludwig Schmidt sehr erfolgreich auch als Theatermaler tätig war, stellte als Ergebnis früherer Italienreisen im Jahre 1800, unterstützt von Carl Ludwig Kaaz und Franz Tielker, das erste dt. Panorama, eine Ansicht von Rom, aus.

W: bildnerische Arbeiten: Zeichnungen von Magdeburg, Halberstadt und Ballenstedt zur Umsetzung in Kupferstich durch Haldenwang in Dessau. – Schriften: Notwendigkeit der Zeichenkunst, 1819. – **L:** ADB 3, *326*; Neuer Nekr 9, 1833; Saur AKL 14, *187f.*; Thieme/Becker 5, *3f.*; Christian Krollmann (Hg.), Altpreuß. Biogr., Bd. 1, 1941; Kunst um 1800. Kat. Magdeburg 1989; Norbert Eisold, Die Kunstgewerbe- und Handwerkerschule Magdeburg 1793–1963, Kat. Magdeburg 1993; Ingeborg Krengel-Strudthoff/Bärbel Rudin, In blauer Ferne. Von der Kulissenbühne zum Königsberger panoramischen Theater. Schriften zur Bühnenreform von A. B. (1766–1831), 1993. – **B:** *KHMus. Magdeburg.

Renate Hagedorn

Brieden, *Kaspar* **Friedrich**
geb. 24.06.1844 Olpe/Sauerland, gest. 12.06.1908 Arnsberg, kath. Theologe.

B. legte 1865 sein Abitur in Brilon ab, studierte in Paderborn und empfing dort 1869 die kath. Priesterweihe. Zwei Jahre lang war er Kooperator und Rektoratslehrer in Soest, dann 18 Jahre Stiftskaplan in Dresden. Nach dem plötzlichen Tod von Propst → Christian Loeffler ernannte ihn Bischof Franz Kaspar Drobe 1889 zum Propst für die Propsteigemeinde St. Marien an der St. Sebastianskirche in Magdeburg und damit zum Bischöflichen Kommissar des Bischöflichen Kommissariates Magdeburg. Zudem wurde B. 1892 Dechant des Dekanates Magdeburg. Im selben Jahr sorgte er dafür, daß die St. Mariengemeinde den Namen St. Sebastian annahm. Denn die Propsteigemeinde hatte, bedingt durch die vorhergehende Benutzung des Klosters U. L. F. Magdeburg, den Namen „Mariengemeinde" auf die ihr seit 1873 vom Staat zugewiesene St. Sebastianskirche transferiert. 1898 schuf B. durch den Grundstückskauf in Magdeburg-Wilhelmstadt die Grundlage für den geplanten Bau des kath. Krankenhauses „Marienstift", der durch → Franz Schauerte verwirklicht werden konnte. 1901 ging B. in die sauerländische Heimat zurück, wo er bis zu seinem Tode Propst in Arnsberg war.

L: Wilhelm Liese, Necrologium Paderbornense, 1934; Eduard Quiter, Die Propstei Magdeburg, 1959, 36 (*B*); Rudolf Joppen, Das Erzbischöfliche Kommissariat Magdeburg, in: SkBK 19, 1978, *19f.*

Daniel Lorek

Brinck, Rudolf
geb. 27.03.1905 Magdeburg, gest. 12.08.1984 Magdeburg, Musiklehrer, Musikkritiker.

B., der seit seinem zehnten Lebensjahr Klavierunterricht erhielt, absolvierte von 1919 bis 1922 zunächst eine kaufmännische Lehre. Er entschloß sich jedoch, aus Liebe zur Musik seinen Beruf zu wechseln. Nach mehrjährigem Klavier- und Theorieunterricht bestand er die Aufnahmeprüfung an der Leipziger Hochschule für Musik, an der er in der Folge fünf Semester Musik studierte. Anschließend setzte er sein Studium in Magdeburg am Musiklehrerseminar fort und erhielt nach sechs Semestern die Lizenz als Musikerzieher. Von 1934 bis 1938 arbeitete er als Korrepetitor, Theaterkapellmeister und Chordir. am Magdeburger Zentraltheater, danach war er bis 1940 als Doz. für Klavier und Akkordeon an einer Musikschule tätig. Während der Kriegsgefangenschaft hatte B. in Moskau ein Kulturensemble zu leiten, welches er auch bei mehreren Rundfunkaufnahmen dirigierte. Nach seiner Rückkehr im November 1948 nach Magdeburg begann er seine Tätigkeit als Musikreferent beim *Allg. Dt. Nachrichtendienst* (*ADN*). Im gleichen Bereich schrieb er seit 1953 für die *Mitteldt. Neuesten Nachrichten*. Schon 1949 gründete er in Magdeburg sein Akkordeon-Studio. 1953 trat er in den Schuldienst und wirkte bis 1957 als Musiklehrer an der Magdeburger Humboldt-Oberschule; seit 1954 arbeitete er parallel dazu als Lehrer für Klavier und Akkordeon an der Volksmusikschule. In den Jahren 1956 bis 1962 war er ebenfalls als Doz. für Klavier und Akkordeon am Inst. für Lehrerbildung und als Musiklehrer an der Thälmann-Oberschule tätig, zudem übernahm er 1956 die Leitung des *Collegium musicum* der TH Magdeburg. B. engagierte sich vor allem in der Volksmusikkunst der Stadt Magdeburg, so war er z. B. vier Jahre lang musikalischer Leiter des Volkskunstensembles im *Schwermaschinenbaukombinat Karl Liebknecht* (*SKL*) Mit verschiedenen Laienorchestern errang er bei Wettbewerben erste Preise. Mit durchschnittlich 80 Auftritten im Jahr belebten seine Akkordeonorchester nicht nur Magdeburgs Musikleben. B. engagierte sich auch in verschiedenen Vereinen, z. B. als Vors. der *AG Musik* oder als Erster Vors. der *Interessengemeinschaft Musik* im *Dt. Kulturbund*. Als Musikkritiker veröffentlichte er Beiträge beim *ADN* Berlin, in den *Mitteldt. Neuesten Nachrichten*, in der *Volksstimme* Magdeburg und verschiedenen anderen Tagesztgg.

W: Autobiogr., Ms. Magdeburg 1969. – **L:** Hannelore B., Magdeburg (priv.).- **B:** ebd.

Anke Kriebitzsch

Bromann, Renate
geb. 27.10.1937 Calbe, gest. 16.03.1983 Magdeburg, Opern- und Konzertsängerin.

B. sang als Schülerin im Ensemble des Niederschachtofenwerks ihres Geburtsortes Calbe und studierte nach dem Abitur Gesang an der Hochschule für Musik Hanns Eisler in Berlin bei Frau Prof. Freiwald-Lange. Nach dreijähriger Tätigkeit am Theater der Stadt Brandenburg erhielt sie 1964 ein Engagement an den Städtischen Bühnen Magdeburg. Sie gastierte regelmäßig (überwiegend als Sophie im „Rosenkavalier") an den Opernhäusern in Dresden, Leipzig und Halle sowie im Ausland; seit 1977 ging sie Gastverpflichtungen an der Dt. Staatsoper Berlin ein und wirkte seit 1979 freischaffend. Neben ihrer Bühnentätigkeit sang sie in zahlreichen Oratorien- und Kantatenaufführungen (besonders der Magdeburger Telemannpflege) und Liederabenden. Mit großer Disziplin und hoher musikalischer Intelligenz ging B. ihren Weg ständiger und vielseitiger künstlerischer und stimmlicher Vervollkommnung. Herausragende Rollen ihres Magdeburger Wirkens waren u. a.: Edronica in „Der geduldige Sokrates" (1965, 2. Magdeburger Telemann-Festtage; 1981, 7. Magdeburger Telemann-Festtage), Gretel in „Hänsel und Gretel" (1966), Tyrsis in „Der neumodische Liebhaber Damon" (1967, 3. Magdeburger Telemann-Festtage), Elisa in „My fair Lady" (1967), Konstanze in „Die Entführung" (1968), Marzelline in „Fidelio" (1970), Füchslein Schlaukopf in „Das schlaue Füchslein" (1970), Papagena und Pamina in „Die Zauberflöte" (1971), Hildegard in „Die lasttragende Liebe oder Emma und Eginhard" (1973, 5. Magdeburger Telemann-Festtage), Zerline in „Don Giovanni" (1974), Sophie in „Der Rosenkavalier" (1976), Quiteria in „Don Quichotte auf der Hochzeit des Comacho" (1977, 6. Magdeburger Telemann-Festtage), Susanne in „Die Hochzeit des Figaro" (1977), Gilda in „Rigoletto" (1979) und Zdenka in „Arabella" (1979).

L: Vf., Kartei Magdeburger Musiker; Archiv des Theaters der Landeshauptstadt Magdeburg.

Wolf Hobohm

Broßmann (Brossmann), *Carl* (*Karl*) Ernst Ludwig Oskar
geb. 21.10.1892 Biebrich bei Wiesbaden, gest. 06.03.1970 Magdeburg, Lehrer, Parteifunktionär.

B. arbeitete vor 1945 als Lehrer und Studienrat in Halle und gehörte seit 1933 der NSDAP an. 1945 trat er in die CDU ein, wurde als Abgeordneter des Landtages Sa.-Anh. gewählt und zum Landessekretär der Nationalen Front berufen. B. war Vors. der CDU-Fraktion in der Länderkammer. Auf Betreiben der Sowjetischen Kontrollkommission sollte B., der bei vielen CDU-Mitgliedern als Mitarbeiter des sowjetischen Geheimdienstes angesehen wurde, 1950 auf dem 4. Landesparteitag als Vors. des Landesvorstandes der CDU gewählt werden. Diese Forderung löste Krawalle aus. B. wurde trotzdem zum 2. Vors. bestimmt. Seit 1951 leitete er die Zentrale Parteischule der CDU „Otto Nuschke" in Halle. B. hatte entscheidenden Anteil an der Umwandlung der Ost-CDU in eine prokommunistische Partei. Bis 1960 Vors. des Bezirksvorstandes Magdeburg der CDU, gehörte er dem Hauptvorstand an. Danach war B. stellvertretender Vors. des Bezirksvorstandes Magdeburg der *Ges. für Dt.-Sowjetische Freundschaft*.

L: Hdb SBZ/DDR, *88*; Michael Richter, Die Ost-CDU 1948–1952. Zwischen Widerstand und Gleichschaltung, 1991, *255, 319, 352, 379, 408*.

Gerald Christopeit

Brüggemann, *August* **Ferdinand,** Dr. med.
geb. 11.11.1800 Magdeburg, gest. 22.02.1839 Magdeburg, Arzt, Medizinalrat.

B. besuchte das Gymn. in Magdeburg, studierte in Berlin Med. und prom. dort 1824 mit einer Diss. über Friedrich Hoffmann (1660–1742). Er ließ sich als praktischer Arzt in seiner Heimatstadt nieder und machte nach Eröffnung der Med.-chirurgischen Lehranstalt in Magdeburg schnell Karriere. B. wurde 1827 Doz. für Anatomie, Physiologie und pathologische Anatomie, einschließlich des anatomischen Präparierkurses. 1832 übernahm er von → Friedrich Trüstedt die Leitung der Med. Klinik der Lehranstalt im Krankenhaus Magdeburg-Altstadt und 1838 nach → Carl Niemeyer zusätzlich die Staatsarzneikunde und die Leitung des klinischen Unterrichtes. 1832 wurde B. als Medizinalrat in das *Provinzial-Medizinalkollegium* aufgenommen. Er war seit 1830 Mitglied der Freimaurerloge „Ferdinand zur Glückseligkeit" und Mitbegründer der ersten Kleinkinderbewahranstalt in Magdeburg. B. trat außerdem mit einer populären zweibändigen Gesundheitslehre hervor, deren Inhalt sich auf seine Vorträge in einem Bildungsverein der Bürgerschaft stützte.

W: Biogr. der Aerzte. Aus dem Franz. mit einigen Zusätzen, Bd. 1, 1829; Gesundheitslehre – Von dem Baue und dem Leben des menschlichen Körpers und der Erhaltung seiner Gesundheit (2 Bde), 1835–1840. – L: August Hirsch (Hg.), Biogr. Lex. der hervorragenden Ärzte aller Zeiten und Völker (vor 1880), Bd. 1, 1884, *733*; → August Andreae, Chronik der Aerzte des Regierungsbez. Magdeburg mit Ausschluß der Halberstädter, Quedlinburger und Wernigeroder Landestheile, 1860, *30*; Festbericht über die älteste Kinderbewahranstalt zu Magdeburg zur Feier ihres 50jährigen Bestehens, 1888; → Walter Friedensburg, Die med.-chirurgische Lehranstalt in Magdeburg (1827 bis 1849), in: GeschBl. 53/54, 1918/1919, *16* u.ö.; Vf., Die Med.-chirurgische Lehranstalt in Magdeburg (1827–1849), in: Zs. für Gesch. der Naturwiss., Technik und Med., H. 12, 1975, 77–87.

Horst-Peter Wolff

Brüggemann, Friedrich Adolph
geb. 17.04.1797 Magdeburg, gest. 10.08.1878 Aachen, Versicherungsagent, Geh. Hofrat.

Der Sohn eines Beamten der Magdeburger Militärverwaltung war nach dem Besuch der Schule zunächst Schreiber in verschiedenen Magdeburger Behörden und kam als Sekretär eines franz. Intendantur-Beamten während der Napoleonischen Feldzüge 1813–15 bis nach Paris. 1822 erhielt er das Bürgerrecht der Altstadt Magdeburg und wurde 1823 Kämmerei-Kassen-Assistent des Magdeburger Magistrats. Nachdem die *Aachener Feuer-Versicherungs-Ges.* 1825 zugelassen worden war, betrieb B. neben seinem Dienst als Stadtbeamter, inzwischen Kämmerei-Kassen-Kontrolleur, als Agent das Versicherungsgeschäft, und zwar auf dem Rathaus, wie es ihm der Oberbürgermeister → August Wilhelm Francke gestattet hatte. 1829 gab er sein städtisches Amt auf und wurde hauptberuflicher Inspektor der *Aachener Ges*. Ab 1831 wirkte B. in Berlin als Leiter der Hauptagentur erfolgreich für die Ausbreitung der Aktivitäten der Versicherungs-Ges. auf andere Städte, Provinzen und Länder, u. a. bis nach Bayern – das Unternehmen wurde hier *Münchener und Aachener Mobilar-Feuer-Versicherungs-Ges*. genannt. 1845 bis 1878 leitete B. in Aachen die Ges. und stand 1875 fünfzig Jahre in deren Dienst. Immer noch ein rüstiger Mann, konnte er bei diesem seltenen Jubiläum, anläßlich dessen ihm der König von Preußen den Titel eines Geh. Hofrates verlieh, auf eine ao. erfolgreiche Wirksamkeit zurückblicken. Unter seiner Leitung hatten sich die Versicherungssumme vervierfacht, die Prämieneinnahmen verdreifacht, während die Garantiemittel auf das Fünffache stiegen. B. war einer der bahnbrechenden Männer des dt. Versicherungswesens. Er arbeitete maßgeblich an der gesetzlichen Basis zur staatl. Aufsicht des privaten Feuerversicherungswesens in Preußen mit und schuf über den Versicherungsvertrag die Grundlagen des materiellen Privatrechts.

L: Fs. 125 Jahre Aachener und Münchener Feuer-Versichungs-Ges., 1950, *37–48* (***B***); Peter Koch, Pioniere des Versicherungsgedankens. 300 Jahre Versicherungsgesch. in Lebensbildern, 1968, 265–268 (**B**); Ludwig Arps, Dt. Versicherungsunternehmer, 1968, *42–50* (**B**); StadtA Magdeburg: Rep. 13 A V 8.

Hartmut Greulich

Brüning, *Herbert* **Rudolf Gustav,** Prof. Dr. rer. nat.
geb. 04.10.1911 Magdeburg, gest. 25.05.1983 Mainz, Geologe, Museologe.

Der Sohn des Lehrers Alfred B. studierte nach dem Abitur an einem Magdeburger Gymn. in Göttingen, München, Berlin und Halle Geologie, Geographie und Zoologie. 1937 prom. er in Halle, war 1939 kurzzeitig wiss. Assistent am Mus. für Naturkunde und Vorgesch. in Magdeburg unter → Alfred Bogen und wurde 1940 als Wehrgeologe zum Kriegsdienst eingezogen. 1945 war er wieder Museumsmitarbeiter und seit 1951 Dir. des Kulturhist. Mus. in Magdeburg. B. leitete mit großer Umsicht den Wiederaufbau der zerstörten Magdeburger Museen und widmete sich der komplizierten Rückbergung der an ihren Auslagerungsorten durch Plünderung gefährdeten Museumsgüter. Er verhinderte durch persönlichen Einsatz die Beschlagnahme von Museumsbeständen, begann bereits im Herbst 1945 mit der Dokumentation von Verlusten und Schäden an den Auslagerungsorten und organisierte 1946 die ersten Sonderausstellungen, u. a. mit der ersten Kunstausstellung in Magdeburg nach dem Krieg. Maßgeblich beteiligt war er am Zustandekommen der Stadtkernforschung in Magdeburg (→ Ernst Nickel). Das Mus. war unter seiner Leitung für den Naturschutz und das Biberzentrum zuständig. B. forschte auf dem Gebiet der Periglazialerscheinungen. Nach politischen Repressalien wurde er 1955 verhaftet, 1956 aus der Haft entlassen und rehabilitiert. Eine erneute Denunzierung veranlaßte ihn, die DDR zu verlassen. Er ging nach Hannover und erhielt einen Forschungsauftrag von der Akad. für Raumforschung zu Periglazial-Erscheinungen im Bereich der mittleren Elbe. 1963 avancierte er zum Dir. des Naturkundemus. in Mainz und nahm hier den Um- und Ausbau der Schauslgg. vor. 1964 erhielt er einen Lehrauftrag an der Univ. Mainz, 1966 erfolgte seine Ernennung zum Prof. Es schlossen sich weitere umfangreiche Periglazial-Forschungen im Oberrheingebiet mit wichtigen Beiträgen zur Darstellung naturwiss. Themen in Mus. an.

W: Periglazial-Erscheinungen und Landschaftsgenese im Bereich des mittleren Elbetales bei Magdeburg, in: Göttinger Geographische Abh., 1959; Jungholozäne Morphogenese im Bereich großer Ströme, dargestellt am Beispiel des Elbvorlandes bei Magdeburg, in: Mittlgg. des Geologischen Staatsinst. Hamburg, 1962; Periglaziale Abtragung und Reliefformung in Nordwestdtl., in: Geographische Rundschau, 1964; Die Erstaufstellung des Steppenelefanten (Mammonteus trogontherii) aus den „Mosbacher Sanden", in: Museumskunde, 1968. – **L:** N. N., Prof. Dr. H. B. zum 60. Geb., in: Archäologie und Naturwiss. (Mainz), 1971, *213–221*. – **B:** *Mus. für Naturkunde Magdeburg.

Ingrid Böttcher

Brukner, Friedbert
geb. 01.01.1899 Amsee/Provinz Posen, gest. 17.01.1953 KZ Waldheim/Sachsen, Fabrikdir.

B., Sohn des Zuckerindustriellen Bruno B., besuchte in Stralsund die Oberrealschule und legte dort das Abiturexamen ab, um danach als Kriegsfreiwilliger im I. WK in einer Feldartillerieeinheit an der Ostfront eingesetzt zu werden. Mit einer schweren Krankheit kam er nach Kriegsende nach Hause. An den Univ. Greifswald und Frankfurt/Main studierte er Chemie und Mineralogie und trat 1922 als Betriebsassistent in die *Zuckerfabrik Klein Wanzleben* ein. Nach Ausscheiden des damaligen Dir. Fritz Krüger wurde B. bereits 1925 Dir. des Unternehmens. Unter seiner Leitung erfolgte ein vorbildlicher Ausbau der Fabrik, und die Verarbeitungsleistungen stiegen. Die von ihm eingeführten Neuerungen und Verbesserungen stellten einen bleibenden technischen Fortschritt dar und fanden allgemein Eingang in die Zuckerindustrie. An den Verslgg. des *Vereins Dt. Zuckertechniker* nahm er regen Anteil und teilte in Vorträgen und Diskussionen seine Gedanken und Erfahrungen den Fachkollegen mit. Auch in den Zss. der Zuckerindustrie hat er in mehr als 30 Aufsätzen und Patenten sein Wissen der Fachwelt übermittelt. Sein Buch „Fortschritte in der Zuckerindustrie – Rübe und Rohr" (1939) beschrieb er in prägnanter Kürze seine Anschauungen. Im Dezember 1945 wurde er auf Befehl der SMAD wegen Vergehens gegen die Anforderungen über die Zuckerbewirtschaftung in Haft genommen. Der durch ein schweres Lungenleiden geschwächte B. widerstand sieben Jahre lang den körperlichen und seelischen Entbehrungen, bis er 1953 im KZ Waldheim/Sachsen starb.

W: Automatische Saturation, in: Zs. der Dt. Zuckerindustrie 48, 1923, *12*; Das Auskochen des Dünnsaftes und ein besseres Verfahren zur Erzielung eines niedrigen Kalkgehaltes, in: ebd. 53, 1928, *1278f.*; Eine Verbesserung für die Untersuchung des Scheideschlammes auf Zuckergehalt, in: ebd. 38, 1930, *1359*; Regelung von Trockentrommeln, in: ebd. 57, 1932, *664*; Vor- und Nachteile des Dreinutmotors, in: ebd. 58, 1933, *885*; Wann bewähren sich Umlaufverdampfer? in: ebd. 59, 1934, *363f.*; Verfahren und Entwicklung zur Rücknahme von Schnitzelablaufwasser von der Diffusion in Zuckerfabriken, in: ebd. 66, 1941, *465, 776*. – **L:** Nachruf, in: Zs. der Zuckerindustrie 3, 1953, *89*; Nachruf, in: Der Zucker 6, 1953, *81f.*; Vf., Gesch. des Inst. für Rübenforschung Klein Wanzleben, 1977 (***B***).

Walter Wöhlert

Brummert, Richard Karl *Gustav* (gen. Pepi)
geb. 04.03.1893 Magdeburg, gest. 18.09.1967 Magdeburg, Mechaniker, Gastwirt, Radsportler.

Der gelernte Fahrradschlosser begann seine Radsportlaufbahn im Magdeburger Rennclub *Pfeil* auf der ehemaligen Rennbahn Sachsenring. Er wechselte bald zur Berliner Chaussee und wurde Steher. Hier fuhr er sich durch seinen Kampfgeist in die Herzen der Zuschauer und wurde der unumstrittene Lokalmatador. B. setzte aber auch Achtungszeichen auf anderen Bahnen Dtls und feierte Siege im Ausland. Zwischen 1919 und 1921 erkämpfte er 39 Siege in kleineren und mittleren Steherrennen. 1922 siegte er im „Goldenen Rad" von Dortmund und Erfurt (zweimal), gewann den Großen Germania-Preis von Dortmund, wurde dritter auf der Bahn in Zürich und erster in zwei Rennen in Budapest. Ungarische Ztgg. nannten ihn „Pepi, der Maschinenmensch", weil er wie ein Uhrwerk seine Runden gedreht hatte. Mit 38 Jahren gewann er 1931 überraschend die Dt. Meisterschaft der *Dt. Rad-Union* (*DRU*) im Sprint und hängte danach sein Rad an den berühmten Nagel. B.s Bruder Paul fuhr ebenfalls erfolgreich Rennen auf Bahn und Straße, er war u. a. Dt. Meister im Straßen-Mannschaftsfahren mit der Mannschaft des *RC Brennabor Magdeburg* 1930 und 1932. Als Magdeburg 1945 in Schutt und Asche lag, baute B. maßgeblich den Radsport wieder auf und betätigte sich ab 1946 als Veranstalter von Berufsradrennen auf der Aschenbahn Königsweg in Sudenburg (heute Heinrich Germer-Stadion). Bekannt war Pepi auch als Gastwirt in der Elbestadt.

L: Radsport-Sportalbum der Radwelt, 1918, *103*; ebd. 1920, *104*; ebd., 1921, *127*; ebd., 1923, *110f.*, *121–123*; Fredy Budzinski, Taschenlex. der Radwelt, ³1920, *11*; Slg. Vf., Sandbeiendorf (priv.). – **B:** *ebd.

Günter Grau

Brundert, Willi, Prof. Dr. jur.
geb. 12.06.1912 Magdeburg, gest. 07.05.1970 Frankfurt/Main, Jurist, Politiker.

B. besuchte bis 1930 die Oberschule in Magdeburg und trat im gleichen Jahr der SPD bei. Er studierte in Halle Jura, war Vors. der *Sozialistischen Studentenschaft* und Mitglied des *Reichsbanners Schwarz-Rot-Gold*. B. fungierte als Verbindungsmann zum sozialdemokratischen Widerstandskreis gegen den Ns. um Carlo Mierendorf und Theodor Haupach. Er wirkte zuerst von Halle aus, ging dann, um anonymer zu sein, nach Frankfurt/Main und wurde 1939 Steuerjurist in einer Wirtschaftsprüferges., um ohne Verdacht reisen zu können. Zwischen 1936 und 1939 war er wieder in Magdeburg tätig, einige Zeit davon am Amtsgericht Schönebeck. 1941 zum Kriegsdienst eingezogen, geriet B. bis 1946 in britische Gefangenschaft. Nach seiner Rückkehr avancierte er 1948 zum Prof. für Staatsrecht an der Univ. Halle, half beim Aufbau der Landesreg. in Sa.-Anh. und arbeitete als stellvertretender Wirtschaftsminister. Am 28.10.1949 verhaftet, wurde er im ersten Schauprozeß nach der Gründung der DDR gemeinsam mit weiteren leitenden Persönlichkeiten wegen „Agententätigkeit für das imperialistische Monopolkapital" zu 15 Jahren Zuchthaus verurteilt. Jahrelange Einzelhaft in Brandenburg-Görden und in Halle folgten. 1957 wurde er nach intensiven Bemühungen → Erich Ollenhauers entlassen. Nach seiner Flucht in die Bundesrepublik Dtl. 1958 war B. Leiter der Landesfinanzschule in Rotenburg/Fulda, ab 1963 Chef der Staatskanzlei in Hessen und ab 1964 bis zu seinem Tod Oberbürgermeister von Frankfurt/Main.

W: Es begann im Theater … „Volksjustiz" hinter dem eisernen Vorhang, 1958; Von Weimar bis heute. Im Spiegel eigenen Erlebens, 1965; Verpflichtung zur Demokratie. Reden und Aufsätze, 1970. – **L:** Vf., Der Widerstand des W. B., in: Volksstimme Magdeburg vom 06.06.1992; Munzinger Archiv/Int. Biogr. Archiv, Ravensburg. – **B:** *Slg. Vf., Berlin (priv.).

Ingrun Drechsler

Brunn, *Wilhelm* **Ludwig**
geb. 15.03.1768 Zerbst, gest. 02.01.1807 Magdeburg, ev. Pfarrer, Übersetzer.

B. absolvierte das Gymn. in Zerbst, studierte 1784–86 ev. Theol. in Halle und ging 1788 als Inspektor an das Joachimsthalsche Gymn. in Berlin. 1789 wurde er dort Domkandidat und bereiste als solcher 1792–93 Dtl. und die Schweiz. Nach seinem Vikariat in Oranienburg wurde er dort 1794 ordiniert. B. war, nach kurzer Zeit in Straßburg, ab 1795 dritter und von 1804 bis zu seinem Tode zweiter Prediger der Dt.-Reformierten Gemeinde zu Magdeburg. Er trat vor allem als Übersetzer und Bearbeiter von Geschichtswerken, insbesondere von Nicolas de Bonnevilles „Histoire de l'europe moderne, depuis l'irruption des peuples du nord dans l'empire romain jusqu'a la paix de 1783" (1789) hervor. Zudem übersetzte er die „Memoiren zur Lebens- und Regierungsgesch. der vier letzten Regenten des Preuß. Staates" (1791) des Freiherrn Carl Ludwig von Pöllnitz aus dem Französischen. Eine ihm zwischenzeitlich angebotene theol. Professur in Heidelberg schlug er aus.

W: (Üb.) Nicolas de Bonneville, Allg. Gesch. der heutigen europäischen Staaten, von dem Einfalle der nordischen Völker in das römische Reich an bis auf unsere Zeiten (3 Bde), 1791–95; (Üb.) Ueber die Regierungsverfassung des Cantons Bern, 1793; Disquisitio historico-critica de indole, aetate et usu libri apocryphi, vulgo inscripti: Evangelium Nicodemi, 1794; Dank-Predigt wegen der hundertjährigen Erhaltung der dt.-reformierten Kirche in Magdeburg, 1800. – **L:** Hamberger/Meusel Bde 1, 9, 13; Andreas Gottfried Schmidt, Anhalt'sches

Schriftsteller-Lex., 1830, *51*; → Ralph Meyer, Gesch. der Dt.-Reformierten Gemeinde zu Magdeburg von den Anfängen bis auf die Gegenwart, Bd. 2, 1914, *135*; AKPS: Rep. A, Spec. P, B 796/97 (PA).

Henner Dubslaff

Bruns, Wilhelm, Dr. phil.
geb. 22.12.1869 Lutter/Kr. Neustadt, gest. 12.11.1953 Hermannsburg/Kr. Celle, Pädagoge, Schuldir.

Der Sohn eines Volksschullehrers verlebte seine Kindheit in Stolzenau/Kr. Nienburg, besuchte 1881–89 das Gymn. Adolfinum in Bückeburg und studierte anschließend orientalische Sprachen, ev. Theol. und Philologie an den Univ. in Göttingen und Bonn. 1893 bestand er die Lehrerprüfung für Latein, Griechisch, Hebräisch, Religion und wurde nach seinem einjährigen Militärdienst als Referendar an die höheren Schulen in Leer/Ostfriesland, Osnabrück und Göttingen berufen. 1896/97 wirkte er als Privatlehrer in Colmar/Elsaß, später als Hilfslehrer in Ilfeld/Harz und von 1898 bis 1907 als Oberlehrer am Gymn. in Hannoversch-Münden. 1907 zum Dir. des Gütersloher Gymn. berufen, übernahm er 1911 die Leitung der thüringischen Landesschule Schulpforta, diente 1914–17 als Offizier im I. WK und kam 1922 als Oberstudiendir. an das Domgymn. nach Magdeburg. Nach der Zusammenlegung des Domgymn. mit dem Pädagogium des Klosters U. L. F. 1928 wurde B. zugleich Propst des Staatl. Vereinigten Dom- und Klostergymn. und damit einziger weltlicher Propst Preußens. B. trat 1932 in den Ruhestand, übernahm jedoch im selben Jahr die Leitung des Ev. Missionsseminars in Hermannsburg, wo er später ebenfalls an der Christian-Schule und der Volkshochschule unterrichtete.

L: Alfred Laeger, Gedenkschrift Dom- und Klostergymn. Magdeburg 1675–1950, 1964, *17, 48f.* (***B***).

Kerstin Dietzel

Bruschke, Werner
geb. 18.08.1898 Magdeburg, gest. 17.02.1994 Halle, Schlosser, Politiker.

In einer sozialdemokratischen Arbeiterfam. in Magdeburg-Buckau aufgewachsen, wurde B. nach der Schulentlassung 1912 ein sehr aktives Mitglied der Arbeiterjugend, der Jugendgruppe des *Dt. Metallarbeiterverbandes* und des *Turnvereins „Fichte"* im *Arbeiter-Turn- und Sportbund*. Anfang 1917 zum Militär eingezogen, war er an den letzten verlustreichen Offensiven in Flandern und Nordfrankreich beteiligt. Im Februar 1919 demobilisiert, arbeitete er bis 1927 in seinem erlernten Beruf. Als Betriebsratsmitglied der *Magdeburger Werkzeugmaschinenfabrik* nahm er 1925 an einem fünfmonatigen Kurs an der Heimvolkshochschule Schloß Tinz bei Gera teil. 1927 wurde er hauptamtlicher Sekretär des Bezirksverbandes der Sozialistischen Arbeiterjugend. Der Preuß. Landesausschuß der Jugendverbände wählte ihn zum Vors. Ab 1931 war er hauptamtlicher Sekretär der SPD-Bezirksleitung Magdeburg für Finanzen, Jugend, Bildung und Kommunalpolitik. Als Organisator und Redner engagierte er sich stark in den Abwehrkämpfen gegen den Ns. In der letzten Phase der Weimarer Republik gehörte er kurz dem Stadtparlament und dem Provinziallandtag an. Unmittelbar vor der Besetzung des Bezirksparteibüros Anfang Mai 1933 rettete B. die Vermögenswerte, Adressenlisten, Büromaschinen usw. vor dem Zugriff der SA. Die Gelder halfen in den nächsten Jahren, im Rahmen eines von ihm und → Ernst Lehmann aufgebauten illegalen Kontaktnetzes im SPD-Bez. Magdeburg-Anhalt, die Familien Inhaftierter zu unterstützen und die Untergrundtätigkeit zu finanzieren. Anfängliche Kontakte zum emigrierten Parteivorstand in Prag wurden bereits im Herbst 1933 abgebrochen. Nach einer vierwöchigen Untersuchungshaft Anfang 1934 stand B. unter Polizeibeobachtung. Trotz wiederholter Haussuchungen und Gestapo-Verhören, die vornehmlich den verschwundenen Parteigeldern galten, gelang es B. gemeinsam mit Lehmann, sechs Jahre lang bis zu ihrer endgültigen Verhaftung im Januar 1939 ihr illegales Untergrundnetz mit etwa 50 Kontakten im Bez. aufrecht zu erhalten. Vom Landgericht Magdeburg im Juli 1941 zu einem Jahr Gefängnis verurteilt, wurde B. noch im Gericht von der Gestapo übernommen und in das KZ Sachsenhausen überführt. Ende 1942 kam er mit einem Invalidentransport in das KZ Dachau. Nach der Befreiung durch amerikanische Truppen kehrte B. im Juni 1945 nach Magdeburg zurück. Als einer von wenigen führenden Sozialdemokraten im Bez. zur Zusammenarbeit mit der KPD bereit, wurde der Bezirkssekretär der SPD 1946 zunächst Präsident des Regierungsbez. Magdeburg, ab Dezember 1946 Finanzminister von Sa.-Anh., 1948/49 gemeinsam mit Bernhard Koenen Vors. des Landesverbandes der SED Sa.-Anhs. und 1949 bis zur Auflösung der Länder in der DDR Ministerpräsident Sa.-Anh. Er war auch Mitglied der Volkskammer und gehörte 1950–54 dem ZK der SED an. 1955 trat er angeblich aus gesundheitlichen Gründen von allen Funktionen zurück und lebte bis zu seinem Tod, nahezu erblindet, in Halle.

W: Episoden meiner politischen Lehrjahre, 1979; Für das Recht der Klasse, für die Macht der Arbeiter und Bauern, 1981 (***B***). – **L:** Slg. Vf., Hannover (priv.).

Beatrix Herlemann

Bruse, Hermann
geb. 05.04.1904 Hamm/Westfalen, gest. 25.05.1953 Berlin, Angestellter, Maler, Graphiker.

Nach 1917 übersiedelte B.s Fam. nach Magdeburg. Sein Lehrerstudium (1919–21) mußte er wegen Geldmangels abbrechen. Bis 1925 absolvierte er eine Kaufmannslehre und war als Angestellter tätig. Nebenbei nahm er zwei Semester am Abendstudium der Kunstgewerbe- und Handwerkerschule Magdeburg teil (1925–26). Er fertigte gebrauchsgraphische Arbeiten an und bildete sich autodidaktisch weiter. Ab 1932 ließ er sich freischaffend nieder. In dieses Jahr datierte seine Mitgliedschaft in der KPD und der Beginn seiner politischen, dann bald illegalen Arbeit. Ab 1937 war er in der Gruppe *Rote Hilfe* tätig, 1943 in der Magdeburger Saefkow-Gruppe zusammen mit → Hermann Danz, → Johann Schellheimer, → Hubert Materlik, → Martin Schwantes und → Friedrich Rödel. B. wurde zweimal inhaftiert: 1934/35 und 1944/45 (1944 hatte er Kontakt zu Käthe Kollwitz, die von ihm unterstützt wurde). Er erhielt Mal- und Ausstellungsverbot, setzte dennoch seine künstlerische Arbeit, auch im Zuchthaus, fort. Der Vollstreckung der beantragten Todesstrafe entging er im April 1945 durch die Befreiung. Nach Kriegsende arbeitete er intensiv künstlerisch und setzte sich aufgrund seiner politischen Überzeugung für den Aufbau eines sozialistischen Staates ein, im besonderen für den kulturellen Wiederaufbau und die Ausbildung junger Leute, die auf künstlerischem Gebiet tätig waren. Zusammen mit → Bruno Beye und → Herbert Stockmann war er aktiv im *Kulturbund* tätig, dessen Gründungsmitglied er war. 1947 übersiedelte er nach Berlin, hatte dort u. a. Kontakt mit → Erich Weinert. Von 1948 bis zu seinem Tod war er neben seiner künstlerischen Arbeit mit Lehrauftrag und Dozentur am Inst. für Kunsterziehung der Humboldt-Univ. Berlin tätig. Trotz kurzzeitiger Teilnahme am Abendkurs für Akt und Anatomie an der Kunstgewerbeschule ist B.s Gesamtwerk zwar als autodidaktisch, gleichwohl als sehr achtenswert einzuschätzen. Nach anfänglichen Arbeiten (Pastell) in kubistischer Manier wurde sein Werk maßgeblich durch sein politisches Engagement gegen das ns. Regime bestimmt: in den 1930er Jahren durch „Knastzeichnungen", in den 1940er Jahren durch eine Holzschnittfolge, u. a. mit „Vernehmung", „Wahnsinnige in Trümmern", sowie mit Gemälden „Meine Mutter" (1938), „Der Agitator" und „Der Blinde" (1941–44). Eine zweite Gruppe der „Knastzeichnungen" entstand 1944/45. Die in der Illegalität geschaffenen Werke bilden einen wesentlichen Teil dt. Kunst des ästhetischen Widerstandes. Seine künstlerische Arbeit fand nach 1945 mit einer Reihe bedeutender Gemälde wie „Der Menschensucher", „Ecce homo", „Der leere Topf" (1948) und Wandbildentwürfen ihre Fortsetzung. Die letzte Schaffensphase von 1949 an wurde von einer realistischen Gestaltung bestimmt, die stark von der bildenden Kunst der Sowjetunion beeinflußt war, mit einer Leitbildfunktion, die ein optimistisches Menschenbild zu projizieren hatte. Es entstanden die Gemälde „Äpfelchen", „Mai 1950", „Fritze von der Stalinallee", „Der neue Eigentümer" (1949/50) und „Schweißer Umara" (1952).

W: s o.; Gemälde, Handzeichnungen, Graphiken im KHMus. Magdeburg. – **N:** Dt. Hist. Mus. Berlin; Cornelia Wendt, Kleinpösna bei Leipzig. – **L:** Saur AKL 14, *597*; Vollmer 5, 1961, *346*; Kurzbiogr. Magdeburger Widerstandskämpfer, o. J.; H. B. 1904–53. Ausstellung zum 75. Geb. im KHMus. Magdeburg, Kat. Magdeburg 1979; Vf., H. B. (1904–53). Zu Leben und Werk des proletarisch-revolutionären Malers und Graphikers, Diss. Halle 1986. – **B:** *KHMus. Magdeburg.

Renate Hagedorn

Buch, Carl-Emil *Bruno*
geb. 07.02.1883 Berlin, gest. 24.01.1938 Berlin, Architekt.

Nach Ausbildung zum Bautechniker 1902–05 an der Baugewerkeschule in Berlin studierte B. bis 1909 Architektur an der TH Charlottenburg. Seit 1910 arbeitete er als selbständiger Architekt in Berlin. Der Schwerpunkt seines Schaffens lag auf dem Gebiet der Industriearchitektur. Bis 1930 errichtete er mehr als 100 Industriebauten und einige Wohnhäuser, überwiegend in Berlin und Umgebung. Während seine Bauten anfangs überwiegend neoklassizistische Elemente aufwiesen, löste er sich in den 1920er Jahren ganz vom historisierenden Formengut, leitete seine Architektur von der Konstruktion ab und ließ sich vom Expressionismus sowie vom Oeuvre seines Zeitgenossen Peter Behrens beeinflussen. Von seinen Magdeburger Bauwerken sind vor allem die Modelltischlerei und das Modellagerhaus, zwei Eisenbetonbauten aus den Jahren 1924–26 für die *Armaturen- und Maschinenfabrik Polte*, erwähnenswert.

W: Magirus- und Opelwerke Berlin; Sarotti AG Berlin-Tempelhof, 1921–1923 und 1925–26; Zuckerraffinerie Fr. Meyers Sohn Tangermünde, 1925–1926; Schokoladenfabrik „Feodora" Tangermünde, 1925–1926. – **L:** Vollmer 1, 1953, *340*; Saur AKL 14, *656f.*; Martin Richard Moebius, B. B., Industriearchitekt, 1929; Angelika Paape, Der Architekt B. B., 1984 (*W*, *B*). – **B:** Archiv des Landesamtes für Denkmalpflege Berlin.

Sabine Ullrich

Budenberg, Christian Friedrich
geb. 21.12.1815 Auf der Hobe bei Neuenkirchen/Osnabrücker Land, gest. 11.09.1883 Buckau bei Magdeburg, Kaufmann, Unternehmer, Kgl. Kommerzienrat.

Der Sohn eines Kolonialwarenhändlers absolvierte, dem

Vorbild seines Vaters folgend, von 1833 bis 1836 eine kaufmännische Lehre im Tuchgeschäft *Buddeberg* in Bielefeld. Die nachfolgende Zeit bis 1850 ist urkundlich nicht dokumentiert. 1850 folgte B. einem Angebot seines Schwagers → Bernhard Schäffer zur gemeinsamen Gründung eines Unternehmens nach Magdeburg. Zusammen mit dem Mechanikermeister Franz Primavesi schlossen sie einen Gesellschaftsvertrag unter dem Namen *Schaeffer & Co. Mechanische Werkstatt* zur Fabrikation von Plattenfedermanometern nach einem 1849 an Schäffer erteilten preuß. Patent. Nach anfänglichen Schwierigkeiten durch die dt. Behörden und einem Umweg über das wirtsch. und qualitativ anerkannte England wurden die Produkte schließlich auch von den dt. Behörden zugelassen. 1852 schied Primavesi aus dem Unternehmen aus. Als *Schaeffer & B.* neu firmiert, wurde das Unternehmen noch im selben Jahr entscheidend vergrößert und in den nachfolgenden Jahren mehrmals räumlich verändert. Den beengten Verhältnissen Rechnung tragend, erfolgte 1859 unter dem Namen *Schaeffer & B. Maschinen- und Dampfkesselarmaturenfabrik* der Umzug nach Buckau. Zwischen den sich gut ergänzenden Geschäftspartnern herrschte eine klare Aufgabenteilung. Während Schäffer für die Entwicklung und Produktion verantwortlich zeichnete, oblag es dem geschickten Kaufmann B., den Verkauf der Produkte zu organisieren. In den Folgejahren wurde die Fabrik ständig erweitert, es wurden int. Zweigbetriebe und Filialen, u. a. in Manchester, St. Petersburg, Stockholm, New York, Lüttich und Zürich, errichtet. B. erreichte einen weltweiten Absatz der Produkte und führte die Fa. zu einem Unternehmen mit Weltruf. Nach dem Umzug nach Buckau war er diesem Magdeburger Vorort eng verbunden. Mit kaufmännischem Weitblick setzte er sich gegen die Buckauer Bürgerverslg. durch und errichtete dort 1862 auf eigene Kosten, gemeinsam mit dem Maurermeister und Architekten → Christian Andreas Schmidt, eine Gasanstalt. 1881 erhielt B. den Titel eines Kgl. Kommerzienrates. Nach dem Tod der Firmengründer wurde das Unternehmen von deren Schwiegersöhnen → Otto Arnold und Fritz Dresel weitergeführt.

L: 75 Jahre Schäffer & B., 1925; 1850–1940 – Fs. der Fa. Schäffer & B., 1940 (***B***); 100 Jahre Wertarbeit. Geräte- und Armaturenwerk Magdeburg vormals Schäffer & B., 1950 (***B***).

Horst-Günther Heinicke

Büchler, Alexander
geb. 09.06.1835 Potsdam, gest. nach November 1909 n. e., Kommunalpolitiker, Verwaltungssekretär, Bürgermeister.

B. war Sohn eines Bau-Inspektors und besuchte das Gymn. in Potsdam. Seinem Studium an der Univ. Berlin schloß sich 1859–62 ein Praktikum am Landratsamt Brilon im Sauerland an. Anschließend war B. dort bis 1867 als Verwaltungssekretär tätig. Hauptaufgabengebiet war die Erledigung kommunaler und polizeilicher Vorgänge. 1868–1906 arbeitete B. äußerst erfolgreich als Bürgermeister der Stadt Gröningen. Zu seinen bedeutendsten Leistungen zählen die Elektrifizierung der Stadt und die Umstellung der Hausnummern von ortsdurchgängiger auf straßenweise Zählung. B. erreichte, was 50 Jahre zuvor gescheitert war, den Landverkauf der Bauern zur Gründung eines Eisenbahnanschlusses der Stadt an das preuß. Eisenbahnnetz und wirkte erfolgreich als Initiator der Eisenbahnlinie Nienhagen-Gröningen-Schneidlingen-Aschersleben. B.s Tätigkeit bewirkte, daß das Ansehen Gröningens stark wuchs, so daß bei B.s Pensionierung sich 117 Bewerber für die Bürgermeisterstelle fanden (1867 waren es zwölf). Die Stadt Gröningen würdigte den verdienstvollen Kommunalpolitiker durch die Verleihung des Ehrenbürgerrechts.

L: N. N., Bürgermeister B., in: Gröninger Ztg. vom 16.01.1906; KrA Oschersleben: Magistratsakten der Stadt Gröningen und Volkslisten 1872 der Stadt Gröningen.

Gerhard Williger

Bülow, *Friedrich* **August Wilhelm Werner Graf von**
geb. 23.02.1762 Lüneburg, gest. 04.09.1827 Potsdam, Jurist, Oberpräsident der Provinz Sachsen, Reg.-Präsident von Magdeburg, Wirklicher Geh.-Rat.

B. war der erste der Oberpräsidenten der 1815 gegründeten preuß. Provinz Sachsen. Gleichzeitig war er in Personalunion auch Reg.-Präsident der Kgl. Reg. zu Magdeburg. Beide Ämter, die ihn seinen Wohnsitz in der Provinzial- und Regierungsbezirkshauptstadt Magdeburg nehmen ließen, hatte er von 1816 bis 1821 inne. B., ältester Sohn eines lüneburgischen Gutsbesitzers und Landschaftsdir. und Halbbruder des → Hans von B., hatte an der Ritterakad. Lüneburg und der Univ. Göttingen Rechtswiss. studiert und war danach im hannoverschen Justizdienst beschäftigt. 1805 wechselte er als Geh. Reg.-Rat in preuß. Dienste. Hier erhielt er die Berufung in die Organisationskommission für Hannover, das 1806 kurzzeitig in preuß. Besitz kam. Nach der Niederlage Preußens im Krieg gegen

Napoleon und der Gründung des Königreichs Westfalen war B. im Justizministerium in Berlin und in verschiedenen anderen Stellungen des preuß. Staatsdienstes tätig. 1812 erfolgte die Ernennung zum Geh. Staatsrat und danach die Berufung in die Reg.-Kommission unter Carl August Fürst von Hardenberg. 1814–16 war B. Generalsekretär des preuß. Generalgouvernements in Sachsen, das die Verwaltung des Königreichs übernommen hatte und dessen Annexion vorbereitete. Nach dem Scheitern der Einverleibung von ganz Sachsen in den preuß. Staat bereitete B. die Bildung der preuß. Provinz Sachsen vor. Seit 1817 war B. Mitglied des preuß. Staatsrates. 1820 wurde er Mitglied des Ministerialausschusses zur Untersuchung staatsgefährdender Umtriebe, der im Ergebnis der Karlsbader Beschlüsse der Heiligen Allianz ins Leben gerufen wurde. Sein Nachfolger im Amt des Oberpräsidenten wurde → Friedrich Christian Adolf von Motz, der als späterer preuß. Finanzminister großen Anteil am Zustandekommen des Dt. Zollvereins hatte.

L: ADB 3, *525–527*; Walter Hubatsch (Hg.), Grundriß der dt. Verwaltungsgesch. 1815–1945, Reihe A: Preußen, Bd. 6, Provinz Sachsen, bearb. von Thomas Klein, 1975, *26*; Klaus Schwabe (Hg.), Die preuß. Oberpräsidenten 1815–1945, 1985, *281*; Stefan Karnop/Lars-Henrik Rode/Vf., Der Regierungsbez. Magdeburg und seine Gesch., 1998, *63f.* (***B***).

Mathias Tullner

Bülow, Ludwig Friedrich Viktor *Hans* Graf (seit 1810) **von**
geb. 14.07.1774 Essenrode bei Braunschweig, gest. 11.08.1825 Landeck/Schlesien, Politiker, westfälischer und preuß. Minister.

B., Halbbruder des → Friedrich von B., besuchte die Ritterakad. in Lüneburg und studierte 1790–94 in Göttingen, wobei er sich die Ideen des englischen Nationalökonomen Adam Smith zu eigen machte. Er trat 1794 in den preuß. Staatsdienst und war seit 1801 in Berlin als Kriegs- und Domänenrat im Generaldirektorium für das Magdeburg-Halberstädter Departement zuständig. 1805 wurde B. zum Präsidenten der Kriegs- und Domänenkammer des Hzts Magdeburg bestellt. 1806 war er mit der Leitung der Kriegsrüstungen für die preuß. Armee betraut, die sich in der Zentralfestung Magdeburg sammelte. Nach der Kapitulation von Magdeburg oblag ihm in der Kriegssteuerkommission für das Hzt. die Aufbringung der von Napoleon geforderten Kriegskontributionen. Nachdem der westelbische Teil des Hzts Magdeburg 1807 an das Königreich Westfalen gefallen war, wurde B. Leiter des Finanz- und Wirtschaftsressorts beim Oberpräfekten des Elbe-Departements in Magdeburg. Seit Mai 1809 arbeitete er als Finanzminister am Regierungssitz in Kassel. Während B. die Einführung der Gewerbefreiheit und die Aufhebung der Zünfte befürwortete, zählte er in der Agrarfrage zur konservativen Fraktion des Staatsrates, die die feudale Grundherrschaft bewahren wollte und die unentgeltliche Aufhebung der mit der Leibeigenschaft verbundenen bäuerlichen Lasten verhinderte. Nachdem ihn König Jérôme in den Grafenstand erhoben und Napoleon mit dem Großkreuz der Ehrenlegion ausgezeichnet hatte, stürzte B. 1811 über den Konflikt zwischen kaiserlich-franz. und kgl.-westfälischen Interessen. Er zog sich auf sein Gut Essenrode zurück und knüpfte Verbindungen zu seinem Vetter, dem preuß. Staatskanzler Carl August Fürst von Hardenberg. 1813 wurde B. preuß. Finanzminister und begann nach westfälischem Vorbild mit einer umfassenden Steuerreform, die ihn aber in einen Gegensatz zu Hardenberg und Wilhelm von Humboldt brachte und schließlich zum Rücktritt veranlaßte. Das mit der Reform verbundene Zollgesetz von 1818 legte den Grundstein für den Dt. Zollverein. Von 1818 bis 1825 stand B. dem Ministerium für Handel und Gewerbe vor. Er war Fürsprecher des Freihandels, förderte die Industrie und die freie Flußschiffahrt.

L: ADB 3, *533–538*; NDB 2, *735f.*; Friedrich Christian August Hasse (Hg.), Zeitgenossen. Biogr. und Charakteristiken, Bd. 6, 4. Abt., 1821; Heinz Heitzer, Insurrectionen zwischen Weser und Elbe, 1959, *85, 96f., 202*; Helmut Berding, Napoleonische Herrschafts- und Gesellschaftspolitik im Königreich Westfalen 1807–1813, 1973, *35, 38, 42, 45–47* u.ö.

Helmut Asmus

Bürck, *Paul* Wilhelm
geb. 03.09.1878 Straßburg, gest. 18.04.1947 München, Maler, Graphiker, Textilgestalter.

B. wurde 1894 bis 1897 in München zum Dekorationsmaler ausgebildet und absolvierte 1895–97 gleichzeitig die dortige Kunstgewerbeschule. Durch geschickte dekorative Entwürfe für Weberei, Kunstverglasung und Tapeten sowie originellen künstlerischen Buchschmuck erregte er frühzeitig Aufsehen. 1899 berief ihn Großherzog Ernst Ludwig von Hessen als jüngstes der sieben Gründungsmitglieder an die Darmstädter Künstlerkolonie. Hier gestaltete er die Künstlerkolonie-Ausstellungen 1901 mit (Malereien im Eingangstor und Ernst-Ludwig-Haus) und publizierte erste Entwürfe in der Zs. *Kunst und Dekoration*. 1902–03 war B. als Lehrer für Buchdruck und Lithographie an der Kunstgewerbe- und Handwerkerschule Magdeburg tätig. Zunächst dem floralen Jugendstil verbunden, fand B. nach seiner Darmstädter Zeit zu einer abstrakteren, strengeren Formensprache. Trotz seiner kurzen Wirkungszeit in Magdeburg setzte er entscheidende Impulse in der Ornamentik, die von seinem Nachfolger → Ferdinand Nigg aufgenommen und weiterentwickelt wurden. B. hatte zudem mit → Albin Müller, → Hans und → Fritz von Heider und Paul Lang wesentlichen Anteil an der Ausgestaltung des „Magdeburger Zimmers", das auf der Weltausstellung in St. Louis 1904 den Grand Prix errang. Nach seinem Militärdienst 1904 lebte B. 1905–08 in Rom, anschließend ließ er sich als Maler und Graphiker in München nieder. Bis 1922 veröffentlichte er zahlreiche Mappenwerke mit gedruckten Zeichnungen, Lithographien und Radierungen (Landschafts-Ansichten, symbolistische und allegorische Folgen). In seiner durchweg gegenständlichen Malerei bevorzugte er ab 1913 Landschaften, Figurenbilder und Porträts.

W: zahlreiche Entwürfe für Schmuck, Stickereien, Möbelintarsien, Porzellan; Wandgemälde, u. a. in der Aula der städtischen Töchterschule Essen, 1906; Fresken u. a. an der „Borstei" in München, 1935/36/37. – Mappenwerke: Ornament, 1902; Symphonie, 1904; Reise nach Rom. Federzeichnungen, 1906; Du meine Heimat. 20 Radierungen, 1921 (mit Gedichten von Lina Staab); Totentanz I und II, 1921–1922. – **L:** Thieme/Becker 5, *194*; Vollmer 1, 1953, *346*, Saur AKL 15, *48f.*; Norbert Eisold, Die Kunstgewerbe- und Handwerkerschule Magdeburg 1793–1963, 1993, *21, 24*; Kat. Inst. Mathildenhöhe, Darmstadt 1996, *39*. – **B:** *Vf., Magdeburg (priv.): Lithographie.

Günter Paulke

Bungarz, Hans

geb. 10.11.1912 Köln-Ehrenfeld, gest. 01.05.1983 Borkenberge, Testflieger, Einflieger.

Bereits mit 15 Jahren trat B. in den *Kölner Club für Luftfahrt* ein. Zusammen mit seinem Vater war er erster Monteur bei der *Lufthansa* in Köln und absolvierte eine Ausbildung zum Flugzeugführer. 1930 erhielt er den Zwischenschein, 1931 den für Personentransporte und den Kunstflugschein. Damit war B. einer der jüngsten Piloten und Kunstflieger Dtls. 1934–35 absolvierte B. als Auswahlschüler seinen B1 und B2 Schein an der Dt. Verkehrsfliegerschule (DVS) und arbeitete 1935–36 an der fliegertechnischen Schule Berlin-Adlershof als Fluglehrer. 1936 begann er als Flugzeugkontrolleur in den *AGO-Flugzeugwerken Oschersleben* und testete die Jagdflugzeuge vom Typ Arado 65 und Heinkel 51 sowie Schulmaschinen vom Typ Arado 66. Später kamen das Schlachtflugzeug Henschel 123, der Aufklärer Henschel 126, die Schulungsmaschine Arado 96 sowie ab 1938 die legendären Jagdflugzeuge Messerschmitt Bf 109 und 1941 der Hochleistungsjäger Focke Wulf 190 hinzu. B. flog auch die Oschersleber Neuentwicklung Ao 192 „Der Kurier" zum Erfolg. 1938 wurde B. vom Reichsluftfahrtministerium als Abnahmeflieger lizenziert und avancierte 1939 zum Chefpiloten der *AGO*, für die er ab 1939 die Einfliegerei der Frontreparaturbetriebe Villacoublay, Tours und Auxerre und später den Flugzeugbau in der *Böhmisch-Mährischen Maschinenfabrik Prag* leitete. 1941 erhielt B. den C1- und C2-Schein für Landflugzeuge und wurde 1943 Flugkapitän. Bis 1945 legte B. etwa 12–14.000 Flugstunden zurück. Er flog sämtliche gebräuchliche Flugzeugmuster der Luftwaffe, einschließlich des berühmten Strahljägers Me 262. Nachdem Dtl. 1955 seine Lufthoheit zurück erhalten hatte, erneuerte B. in nur drei Stunden seinen Flugzeugführerschein. 1957–77 leitete er die Luftaufsicht Borkenberge und die Flugplätze Marl, Dorsten, Dortmund sowie Borken an und war im Prüfungsrat für Motor- und Kunstflugberechtigungen. Für sein fliegerisches Können erhielt B. die Diplome „Otto Lilienthal" und „Dr. Gustav Marbach" sowie die Ehrennadel in Gold des *Dt. Aero-Clubs*.

L: Biogr. H. B. Ms. o. J. (Margarete Schmitz, Lindlar). – **B:** *ebd.

Uwe Schmidt

Burchardt, Carl *Julius*

geb. 16.01.1812 Magdeburg, gest. 14.04.1877 Magdeburg, Kaufmann, Zuckerfabrikant.

B. war der vierte Sohn des Johann Christoph B., der als Kaufmann, Zichorien- und Zuckerfabrikant die Basis für ein erfolgreiches Familienunternehmen legte. Nach einer kaufmännischen Lehre wählte B., dem Vorbild seines Vaters folgend, die Zuckerindustrie als wirtsch. Betätigungsfeld. B., der im August 1838 vom Magdeburger Oberbürgermeister → August Wilhelm Francke seinen Bürgerbrief erhielt, war zunächst Mitinhaber und später Gründer verschiedener Zuckerfabriken in und um Magdeburg, wobei die nach zahlreichen Grundstückskäufen 1835 in Sudenburg entstandene und bereits seit 1837 mit Dampfkraft betriebene Zuckerfabrik *Gebr. B.* das bedeutendste Unternehmen B.s war. Die Fam. B. gehörte neben den Familien → Zuckschwerdt → Fölsche, → Helle u. a. zu den Pionieren der zweiten Gründungswelle der Rübenzuckerindustrie in Magdeburg. B. galt als umsichtiger und vorausschauender Kaufmann. Für den weiteren Ausbau der Fabriken erfolgten die Abschlüsse von Sozietätsverträgen, weitere Grundstückskäufe, u. a. 1851 der Kauf (1852 Eintrag in das Grundbuch) von Ackerland des Klosters Beatae Mariae in der Sudenburger Feldmark und die Pacht der Domäne und der Zuckerfabrik in Calbe. Dort gründete er die Fa. *B. & Co.* Nach seinem Tod führten die drei Söhne B.s gemeinsam die Unternehmungen weiter. Die Zuckerfabrik in Sudenburg brannte im Oktober 1887 ab und wurde nicht wieder aufgebaut. An dieser Stelle steht heute das Gerichtsgebäude in der Halberstädter Straße.

L: → Martin Behrend, Magdeburger Großkaufleute, 1906, *124f., 166*; Archiv Annemarie B., Magdeburg (priv.). – **B:** ebd.

Horst-Günther Heinicke

Burgmüller, *Johann* **August Franz**
geb. 28.04.1766 Magdeburg, gest. 21.08.1824 Düsseldorf, Komponist, Musikdir.

Der Sohn des Predigers Johann Christoph B. war 1786 als Komponist der Theaterges. von Joseph Bellomo in Weimar, später bei verschiedenen reisenden Theatergesellschaften oder auch in festen Wirkungskreisen in vielen Städten Süd- und Westdtls tätig. Neben zahlreichen Werken für die Kirche entstanden Amts- und Gelegenheitskompositionen, die er aus der Praxis für die Praxis komponierte. Er gründete 1818 den *Städtischen Musikverein* in Düsseldorf. Dort veranstaltete B. alljährlich die Niederrheinischen Musikfeste, wodurch er im Brennpunkt des aufblühenden bürgerlichen Musiklebens im 19. Jh. stand. 1821 wurde er erster festangestellter städtischer Musikdir. in Düsseldorf. Zeitzeugen berichten von seiner hohen Bildung und seiner Autorität in musikalischen Dingen. B. verfügte über einen gesunden Wirklichkeitssinn. Seine Gesangskompositionen enthalten theatralische Elemente, die die romantische Oper vorbereiteten.

W: Vier Gesänge von Theodor von Haupt, o. J.; Singspiel: Das hätte ich nicht gedacht, o. J.; Bühnenmusik zu Macbeth. – **L:** MGG 2, *477f.*

Sabine Gatz

Burmeister, Heinz, Prof. Dr. med. habil.
geb. 27.05.1920 Wiek/Rügen, gest. 29.01.1995 Magdeburg, Arzt, Obermedizinalrat.

B. besuchte 1931–39 das Gymn. in Kolberg und begann 1940 das Studium der Med., das durch zweimaligen Fronteinsatz im II. WK unterbrochen wurde. Nach Entlassung aus der Gefangenschaft setzte B. 1945 sein Studium in Greifswald fort, schloß es dort 1948 bei Willi Felix mit dem Staatsexamen und 1949 mit der Prom. ab. Er fogte seinem Lehrer an die Charité nach Berlin, habil. sich dort 1954, subspezialisierte sich 1956 als Neurochirurg und wurde zum Oberarzt ernannt. 1962 übernahm B. die Leitung der Chirurgischen Klinik des Krankenhauses Magdeburg-Altstadt, war gleichzeitig stellvertretender ärztlicher Dir. und Prof. mit vollem Lehrauftrag an der Med. Akad. Magdeburg. B. entwickelte eine umfangreiche operative Tätigkeit vorwiegend in der Abdominalchirurgie unter Einführung neuer diagnostischer und operativer Methoden. Durch Umbauten in der Klinik wurden die Saalstationen in kleinere Räume aufgeteilt und eine Intensivstation eingerichtet. Aus gesundheitlichen Gründen ließ sich B. 1979 in den vorzeitigen Ruhestand versetzen. B. hat eine Anzahl wiss. Arbeiten verfaßt und war Sekretär der *Ges. für Chirurgie der DDR*.

W: Zur Chirurgie der Fehlbildung des Schädels, in: Zentralbl. für Chirurgie 87, 1962, *220–230*; Zur Frage des intra- und extraduralen Dura-Verschlusses bei frontobasalen Schädelverletzungen, in: ebd. 87, 1962, *297–303*; Reoperation an den Gallenwegen, in: Das dt. Gesundheitswesen 22, H. 38, 1967, *1779–1788*. – **L:** → Kurt August Koelsch, Das Krankenhaus Magdeburg-Altstadt, in: Fs. 10 Jahre Med. Akad. Magdeburg 1964, *105*; Archiv Krankenhaus Magdeburg-Altstadt (*B*). – **B:** *Vf., Magdeburg (priv.).

Ursula Schumann

Busch, Isolde
geb. 02.04.1908 Magdeburg, gest. 07.07.2001 Magdeburg.

Das Leben dieser außergewöhnlichen Frau stand ganz im Zeichen eines mehr als 50jährigen ehrenamtlichen Engagements für blinde und sehbehinderte Menschen. Nach dem Abitur wählte B. einen Beruf im med. Bereich und arbeitete als med.-technischen Assistentin in Berlin und Magdeburg. Während ihrer Berufsausübung erlitt sie eine Augentuberkulose, in deren Verlauf sie nach 1942 erblindete. Obgleich ihr Ehemann, mit dem sie seit 1934 verheiratet war, in den letzten Kriegstagen im Mai 1945 fiel, resignierte B. nicht, sondern widmete ihr Leben fortan dem Dienst an Blinden und Sehbehinderten. Sie erlernte die Blindenschrift und engagierte sich gleich nach Kriegsende in den damaligen Blindenausschüssen, den Vorläufern der späteren Blindenvereine. 1952 organisierte sie in Magdeburg eine Ausstellung zum 100. Todestag des Schöpfers der Blindenschrift Louis Braille. Sie gründete einen Rollballklub und initiierte einen Lesezirkel für Blinde, in dem sich Betroffene zusammenfanden, um sich lit. Werke vorlesen zu lassen. B. gehörte 1957 zu den Mitbegründern des *Allg. Dt. Blinden-Verbandes* (*ADBV*), des späteren *Blinden- und Sehschwachen-Verbandes der DDR*, dessen Zentralvorstand sie bis 1990 angehörte. Von 1957 bis 1982 leitete sie als ehrenamtliche Vors. des Stadtvorstandes die Arbeit des Verbandes in Magdeburg, dem damals ca. 600 Mitglieder angehörten. Sie besuchte regelmäßig neue aufgenommene Mitglieder und half ihnen bei Anliegen und Problemen. Allwöchentlich führte sie Sprechstunden für Betroffene und deren Angehörige durch. Ihre besondere Aufmerksamkeit und Sorge galt der Betreuung blinder und sehbehinderter Kinder, die sie z.T. vom Kleinkind- bis ins Erwachsenenalter begleitete. Bis ins hohe Alter nahm sie regen Anteil am Verbandsleben in Magdeburg und leitete noch mit über 90 Jahren verschiedene Interessengruppen und Zirkel. Sie gehörte dem Stadtvorstand des *Blinden- und Sehschwachen-Verbandes* als Ehrenmitglied an. Für ihr Lebenswerk wurde B. 1999 vom Bundespräsidenten mit dem Bundesverdienstkreuz 1. Kl. ausgezeichnet.

L: Unterlagen Blinden- und Sehschwachen-Verband Magdeburg. – **B:** *ebd.

Guido Heinrich

Buschhardt, Friedrich Wilhelm
geb. 28.09.1822 Aschersleben, gest. 18.05.1869 Wolmirstedt, Druckereibesitzer, Zeitungsverleger.

B. wählte nach einer Buchdruckerlehre um 1850 Wolmirstedt zu seinem Heimatort, um dort ein lokales Zeitungsunternehmen zu gründen. Er baute unter großen finanziellen Schwierigkeiten eine eigene Druckerei auf und veröffentlichte am 21. April 1855 die erste Nummer des *Allg. Anzeigers für den Kr. Wolmirstedt*. Die Ztg. erschien einmal wöchentlich am Samstagvormittag und enthielt neben gemeinnützigen Mittlgg. zu gewerblichen, technischen und landwirtsch. Gegenständen auch amtliche Bekanntmachungen und Anzeigen aller Art. Die Ztg., die ab ca. 1860 unter dem Titel *Allg. Anzeiger für die Kreise Wolmirstedt und Neuhaldensleben* erschien, wurde schnell von der Bevölkerung angenommen. Nachdem B. schon früh einem langwierigen Magenleiden erlegen war, wurde das Blatt bis 1890 von dessen ehemaligem Lehrling Julius Schmidt weitergeführt. Unter seiner Leitung konnte die Ztg., die ab Ende 1874 zweimal wöchentlich erschien, durch Vergrößerung des Formats und die Beigabe von Unterhaltungsbeilagen einen über die Stadt hinausreichenden Interessentenkreis gewinnen.

L: Vf., 140 Jahre Allg. Anzeiger. Die Gesch. einer Druckerei in Wolmirstedt, in: Js. der Museen des Ohrekreises Haldensleben und Wolmirstedt 3, 1996, *42–48* (*B*); Unterlagen Lieselotte Grenzau, Wolmirstedt (priv.). – **B:** ebd.

Anette Pilz

Buschmann, Johann Carl *Eduard*, Prof. Dr. phil. h.c.
geb. 14.02.1805 Magdeburg, gest. 21.04.1880 Berlin, Bibliothekar, Sprachwissenschaftler.

B. besuchte von 1811 bis 1814 die Schule an der Jacobi-Kirche, dann bis 1823 die Domschule in seinem Geburtsort Magdeburg. Das Studium der klass. und orientalischen Philologie begann er in Berlin, u. a. bei Böckh, Wolf und Hegel, und setzte es bis 1826 in Göttingen fort. Eigene Sprachstudien galten den neueren und den slawischen Philologien. Eine Reise nach Mexiko, die er Ende 1826 antrat, nutzte B., um sich besonders mit den amerikanischen Sprachen auseinanderzusetzen. 1828 kehrte er von dort über die USA, Frankreich und die Niederlande zurück und nahm seinen Aufenthalt in Berlin. Hier kam er in Kontakt mit den Brüdern Humboldt. Zunächst arbeitete er eng mit Wilhelm von Humboldt bei dessen Sprachuntersuchungen zusammen. Dieser war es auch, der ihn an die Kgl. Bibl. empfahl, wo B. 1832 als Gehilfe eintrat. 1835 wurde er dort Kustos, 1853 Bibliothekar und blieb bis zu seinem Lebensende alleiniger Leiter des alphabetischen Bandkat. B.s wiss. Interesse galt besonders den amerikanischen und Indianersprachen. So veröffentlichte er u. a. über das Aztekische, das Apache und die athapaskischen Sprachen. Nach Wilhelm von Humboldts Tod setzte er dessen malayische Sprachstudien fort, gab 1836–39 dessen Werk „Über die Kawi-Sprache auf der Insel Java" heraus und fügte ihm sogar mit der „Vergleichenden Grammatik der Südseesprachen" einen eigenen dritten Teil hinzu. B. wirkte zudem an der Herausgabe der Schriften Moses Mendelssohns (7 Bde, 1843–45) und an Christian August Heynes „Fremdwörterbuch" (⁹1844) mit. Als Mitarbeiter Alexander von Humboldts gab er 1845–62 dessen Hauptwerk „Kosmos. Versuch einer physischen Weltbeschreibung" heraus und verfertigte das Register dazu. Aufgrund seiner wiss. Verdienste wurde er 1840 zum Prof. und 1851 zum Mitglied der Akad. der Wiss. ernannt. Die Univ. Königsberg verlieh ihm 1834 die phil. Doktorwürde. Seine bibliothekarische Tätigkeit wird zwiespältig beurteilt. Es war zweifelsohne eine Leistung unerhörten Fleißes, den alphabetischen Bandkat. der Berliner Kgl. Bibl. in den vierzig Jahren seines Wirkens auf über 800 Bde zu erweitern. Fragwürdig war die Behandlung der anonymen Titel (1873 immerhin 119 Bde), die B. vielfach den Vorwurf von Eigensinn und Schrulligkeit einbrachte. Allerdings hatte er nur die Teilung des Kat. in zwei Alphabete zu verantworten. Die Vermischung von alphabetischem Kat. mit Sachkatalogelementen bei den Anonyma hatte er bereits bei Beginn seiner Tätigkeit vorgefunden.

W: s o.; Die Conjugation des franz. Verbums, 1831, ²1833; Die Spuren der aztekischen Sprache im nördlichen Mexiko (2 Bde), 1859; Über den Naturlaut, 1883. – **N:** StAbibl. zu Berlin, Preuß. Kulturbesitz. – **L:** Julius Eduard Hitzig/Wilhelm David Koner, Gelehrtes Berlin im Jahre 1845, 1846, *52–54*; Meyers Konversations-Lex., Bd. 3, ⁴1886, *685*; Eugen Paunel, Die Staatsbibl. zu Berlin, 1965; Staatsbibl. Berlin PK: Acta 1 No. I 7f (PA).

Regina Mahlke

Busse, Karl Franz *Gustav*, Dr. med. dent.
geb. 28.04.1908 Torgau, gest. 01.08.1980 Magdeburg, Zahnarzt, Obermedizinalrat.

B. legte in Gardelegen das Abitur ab, studierte Zahnmed. in Rostock und München, erwarb die Approbation 1931 in Rostock und prom. dort 1931. Er war Fachzahnarzt für Allg. Stomatologie und Kinderstomatologie. Ab 1937 war B. als Zahnarzt im Krankenhaus Magdeburg-Altstadt beschäftigt. Sein Aufgabengebiet umfaßte auch die zahnärztliche Versorgung der Städtischen Krankenhäuser Lostau und Uchtspringe, daneben war B. als Schulzahnarzt eingesetzt. Von 1946 bis 1973 leitete B. die Zahnärztliche Station im Krankenhaus Altstadt, dem späteren Bezirkskrankenhaus. Von 1954 bis 1972 war er außerdem nebenamtlich als Bezirkszahnarzt beim Rat des Bez. Magdeburg, Abt. Gesundheits- und Sozialwesen, tätig, im ersten Jahr als Bezirksjugendzahnarzt. B. war Mitglied der *Ges. für Stomatologie der DDR*, der *Stomatologischen Ges. der Humboldt-Univ. zu Berlin* und der *Ges. für Kinderstomatologie der DDR*. Er setzte sich für eine umfassende zahnärztliche Betreuung der Vorschul- und Schulkinder sowie der Jugendlichen ein und trug wesentlich zum Aufbau der Jugendzahnpflege im Bez. bei. Im Rahmen seiner Funktion als Bezirkszahnarzt festigte B. die Stellung der Stomatologie im staatl. Gesundheitswesen und verhalf ihr in Zusammenarbeit mit den Kreiszahnärzten, dem damaligen Bezirksarzt, Medizinalrat Dr. Gerd Patz, und dem Dir. der Klinik und Poliklinik für Stomatologie der Med. Akad. Magdeburg, Prof. Dr. Dr. Raimund Petz, zur gemäßen Stellung im Bereich der ambulanten med. Betreuung. 1972 wurde B. mit der Auszeichnung Verdienter Arzt des Volkes geehrt.

L: → Kurt August Koelsch, Das Krankenhaus Magdeburg-Altstadt, Fs. zu seinem 150jährigen Bestehen, 1967, *52*; Familienunterlagen Ursula B., Magdeburg (priv.). – **B:** *ebd.

Ursula Busse

Cabisius, Arno
geb. 15.09.1843 Magdeburg, gest. 06.03.1907 Magdeburg, Sänger, Regisseur, Theaterleiter.

C. entstammte einer musikalischen Fam. und erhielt seinen ersten musikalischen Unterricht von seinem Vater Julius (später Konzertmeister in Bremen). Die Ausbildung für die Bühne erfolgte durch Julius Stockhausen. Sein erstes Engagement führte ihn 1867 nach Mainz, dann folgten Danzig, Posen, Freiburg, Stettin, Lübeck und Prag. Sein Bariton und seine Erscheinung gefielen. 1886 übernahm er die Leitung des Stadttheaters Stettin. 1891 trat er die Nachfolge der Direktion von → Adolf Varena am Magdeburger Stadttheater an, das er bis zu seinem Tod leitete. Wie dieser legte auch C., kongenial unterstützt durch den von ihm neu engagierten Kapellmeister → Theodor Winkelmann, den Schwerpunkt seiner Arbeit auf das große Musiktheater. Der in der Spielzeit 1893/94 am Stadttheater erstmals komplett aufgeführte und ausschließlich mit eigenem Personal besetzte „Ring des Nibelungen" wurde zum einem überregional beachteten Ereignis. 1897 beschlossen die Stadtverordneten, das Theater- und Konzertorchester als Städtisches Orchester in kommunale Dienste zu übernehmen. Dieser Beschluß wurde 1900 bestätigt. 1901 fanden anläßlich der Feier zum 25jährigen Jubiläum des Stadttheaters die ersten Maifestspiele nach dem Vorbild Münchens statt. Das Programm, wie auch das der Festspiele 1905 unter dem neuen Kapellmeister Joseph Göllrich, war anspruchsvoll und brillant, u. a. mit Werken von → Richard Wagner, Mozart und Beethoven. Das Fachblatt *Bühne und Welt* bezeichnete die „Personalverhältnisse ... im Spieljahr 1898/99 als hervorragend gut". Die *Allg. Dt. Musik-Ztg.* attestierte dem Orchester, daß es „in jeder Beziehung Vortreffliches" leistete. Dem Theater wurde bescheinigt, sich zu einem „hervorragenden Kunstinstitut" entwickelt zu haben. Durch die überregionale Anerkennung des Theaters animiert, wurden auf Veranlassung des Magistrats der Stadt ab der Spielzeit 1898/99 Schüleraufführungen veranstaltet, die – von einem Theaterausschuß überwacht – sich bald großer Beliebtheit erfreuten. Magdeburg war damit nach Hamburg die zweite dt. Stadt, die kommunal geförderte Theatervorstellungen für Kinder und Jugendliche als Teil öffentlicher Erziehungsarbeit anbot. C. bemühte sich, auch im Schauspiel der Wertung Rechnung zu tragen – allein das Interesse des Publikums richtete sich mehr auf das Musiktheater. Es gelang ihm lediglich, Akzente zu setzen. Überlieferungswürdige zeitgenössische Dramatik (Holz, → Johannes Schlaf, Ibsen, Hauptmann, Schnitzler) „hatte Verwirrung in die Reihen der Theaterbesucher gebracht" (Hasse). C. war seit 1881 verheiratet mit der dramatischen Sängerin Elisabeth Kreuzer, die nach seinem Tod kurzzeitig die Theaterleitung übernahm.

L: Kosch TL, *248*, Ludwig Eisenberg, Großes biogr. Lex. der dt. Bühne im 19. Jh, 1903, *148*; Wilhelm Widmann, Gesch. des Magdeburger Theaterwesens, in: MonBl, 1925, *342–344*; → Max Hasse, Fs. zum 50jährigen Jubiläum des Magdeburger Stadttheaters 1876–1926, 1926, *36ff.* (**B*); → Friedemann Krusche, Theater in Magdeburg, Bd. 1, 1994, *169ff.*, ders., Gesch. des Theaters in Magdeburg während der Weimarer Republik und im Dritten Reich, Diss. Berlin 1998.

Dagmar Bremer/Guido Heinrich

Caesar, Rudolf Otto
geb. 20.11.1840 Schleibnitz bei Wanzleben, gest. um 1925 Hamburg, Eisenbahnbauer, Geh. Oberbaurat.

C. wurde als Sohn des ev. Pfarrers Julius Gustav C. zu Schleibnitz geb. Nach dem Besuch des Gymn. in Magdeburg studierte er 1862–65 an der TH in Berlin Bautechnik, arbeitete danach als Reg.-Bauführer und seit 1870 als Reg.-Baumeister. Nach der Teilnahme an den Kriegen 1866 und 1870/71 war er bis 1882 als Betriebsinspektor bei der Magdeburg-Halberstädter Eisenbahn in Halberstadt tätig. Nachdem er 1882–86 Mitglied der Betriebsämter Halberstadt und Flensburg war, erfolgte anschließend seine Versetzung als Dir. nach Altona (Hamburg). Hier leitete er den Neubau der Bahnhöfe Altona, Kiel, Neumünster und Hamburg und errichtete ab 1890 die Bahnstrecken Hagenow-Oldesloe, Wrist-Itzehoe, Pattburg-Tingleff-Sonderburg, Kiel-Rendsburg und Rendsburg-Husum. 1899 wurde er zum Geh. Baurat, 1901 zum Geh. Oberbaurat ernannt und trat 1908 in den Ruhestand. C. leitete auch den Bau der Eisenbahnstrecke Magdeburg-Neuhaldensleben. Er galt als versierter Eisenbahnbaufachmann, war Mitglied der kgl. Eisenbahndirektion und Träger mehrerer Auszeichnungen.

L: Wer ist's 4, 1909.

Heinz Nowak

Cammradt, Hansjochen *Herbert*, Dipl.-Ing.
geb. 30.04.1932 Steinbach/Thüringen, gest. 31.01.1995 Magdeburg, Architekt.

Nach dem Abitur in Zeitz 1950 war C. zunächst Umschüler bei der Fa. *Koch* in Osterfeld und studierte von 1951 bis 1955 Architektur an der Hochschule für Architektur und Bauwesen in Weimar. Von 1956 bis 1958 war er im Ministerium für Bauwesen, Abt. Typisierung, beschäftigt, arbeitete anschließend bis 1961 als Architekt und Kreisbaudir. in Neubrandenburg und von 1961 bis 1989 als technischer Dir. im *VEB Hochbauprojektierung*, später *Wohnungsbau-Kombinat (WBK)-Projekt* Magdeburg. C. war maßgeblich an der Entwicklung der im Bez. Magdeburg angewendeten Bauweisen und Typen für Wohn- und Gesellschaftsbauten beteiligt.

Günter Reso

Cario, Carl
geb. 25.01.1850 Mücheln, gest. 10.06.1910 Magdeburg, Ing.

C. wurde als Sohn eines Ortsrichters geb. Nach einer Schlosserlehre und dem Besuch der Provinzial-Gewerbeschule in Halle studierte er Maschinenbau am Kgl. Gewerbeinst. zu Berlin. 1872 unternahm er eine Studienreise zu den wichtigsten Industriestätten Dtls und trat anschließend als Konstrukteur in die Maschinenfabrik und Eisengießerei in Nienburg/Saale ein. 1879 übernahm C. eine Stelle als zweiter Ing. im *Sächs. Dampfkessel-Revisionsverein* und wurde 1884 mit dessen selbständiger Verwaltung im Bez. Zwickau beauftragt. 1889 berief ihn der *Magdeburger Verein für Dampfkesselbetrieb* zu seinem Leiter. C. wirkte in dieser für die Magdeburger Industrie wichtigen Funktion 22 Jahre lang erfolgreich. Er bekleidete in dieser Zeit auch verschiedene Ehrenämter, so beteiligte er sich maßgeblich an der Arbeit technischer Kommissionen der Magdeburger Stadtverwaltung und war langjährig als Leiter der Zs. des *Zentralverbandes der preuß. Dampfkessel-Überwachungsvereine* und als Vors. des Verwaltungsrates des *Dt. Privat-Beamtenvereins* tätig.

L: Zs. des VDI 54, 1910, *1181f.* (*B*).

Manfred Beckert

Carnot, *Lazare* Hippolyte Marguérite (Graf seit 1815)
geb. 13.05.1753 Nolay/Bourgogne (Frankreich), gest. 02.08.1823 Magdeburg, Ing., Divisionsgeneral, Mathematiker.

C., Sohn eines Amtmanns, studierte Festungsbau an der École militaire de Mézières und schloß 1793 als „ingénieur ordinaire" ab. Als Anhänger der Ideen Rousseaus und Diderots setzte er sich frühzeitig für die Ziele der Revolution ein, so in seiner von der Akad. zu Dijon 1786 preisgekrönten Schrift über Vauban. Im August 1791 wurde C. Mitglied des Konvents, stimmte im Januar 1793 für den Tod Ludwigs XVI., was ihn zum „Königsmörder" stempelte. Im August 1793 wählte ihn der Konvent als „citoyen stratège" in den Wohlfahrtsausschuß, in dem er vor allem als Organisator der Revolutionsheere hervortrat. Nach dem Sturz Robespierres am 9. Thermidor (27.07.1794) wurde C. Mitglied des Direktoriums, geriet zwischen die Fronten, floh im September 1797 über die Schweiz nach Augsburg und hielt sich vorübergehend auch in Magdeburg auf. Der Staatsstreich Napoleon Bonapartes ermöglichte ihm im Januar 1800 die Rückkehr nach Frankreich. Er war dann für fünf Monate Kriegsminister, wurde Tribun und votierte gegen die Krönung Napoleons zum Kaiser. Mit wachsender Besorgnis verfolgte C. dessen Eroberungsfeldzüge. Sympathie empfand er für den Befreiungskrieg der Preußen. Im Januar 1814, als das „Vaterland in Gefahr" war, stellte er sich Napoleon zur Verfügung und wurde zum Divisionsgeneral und Gouverneur der Festung Antwerpen ernannt. Der Sieg der verbündeten Mächte führte zur Verbannung Napoleons und zur Restauration des Königtums. Napoleon kehrte im März 1815 von Elba nach Frankreich zurück. Wieder Kaiser, ernannte er C. zum Grafen und Innenminister. Nach der Niederlage Napoleons bei Waterloo gehörte C. für kurze Zeit der provisorischen Reg. an. In einer Ordonnance des wieder eingesetzten Ludwig XVIII. als „rückfälliger Königsmörder" angeklagt, floh er zunächst nach Warschau, nahm aber bald ein Angebot an, in Preußen seinem militärischen Rang entsprechend beschäftigt zu werden. Obgleich dieser Plan des Kanzlers Hardenberg und des Kriegsministers Boyen scheiterte, blieb C. in Preußen und wählte Magdeburg zum Wohnsitz. Hier wirkte er als Berater bei der Gestaltung der preuß. Festungen, unterstütze auch die Magdeburger Schulreformer um → Karl Zerrenner und nahm bedeutenden Einfluß auf das gesellschaftliche Leben der Region. Er war befreundet mit der Fam. → Gruson und dem Konsistorialrat → George Samuel Albert Mellin. In Magdeburg besuchten ihn der Philosoph Hegel, der für ihn Bewunderung empfand, und Fürst Hardenberg. C. pflegte zahlreiche wiss. Kontakte, so mit dem Kanzler der Univ. Halle August Hermann Niemeyer, dem Hallenser Mathematiker Johann Friedrich Pfaff und dem Leipziger Historiker Ernst Wilhelm Wachsmuth. 1820 scheiterte ein letzter Versuch, gleich anderen Verbannten wieder in die Heimat zurückzukehren. C. leistete auf mehreren Gebieten Beachtliches. Er war der Organisator der Revolutionsarmeen und maßgeblich an der Entwicklung ihrer Strategie und Taktik beteiligt. Er entwickelte neue Ideen über die Befestigung, die von den preuß. Reformern, insbesondere Scharnhorst, aufgegriffen wurden und zu der vor allem unter dem General Ernst Ludwig von Aster geschaffenen „neupreuß. Befestigung" führten. Er war einer der Begründer der Technischen Mechanik und formulierte den Satz über den unelastischen Stoß. In der Geometrie fand er den „Transversalensatz" und entwickelte Gedanken, die die Verbindung von Geometrie und Mechanik förderten und zur Projektiven Geometrie führten. Nicht unterschätzt werden darf seine

Förderung neuer Erfindungen durch Gutachten als Mitglied der ersten Klasse des Institut de France. Als aufrechter Republikaner, der den Ideen der Revolution treu geblieben war, genoß er auch in Magdeburg großes Ansehen. Seine Anwesenheit „blieb im Magdeburgischen nicht ganz ohne Wirkung" (Varnhagen von Ense). Aus Anlaß der Überführung der Leiche C.s in das Pantheon in Paris betonte Oberbürgermeister → Friedrich Bötticher am 2. August 1889: „Für uns wird die Erinnerung an diesen großen Mann, dem wir trotz seiner Bescheidenheit eine Bereicherung des Ansehens unserer Stadt verdanken, auf immer lebendig bleiben."

W: Essai sur les machines en général, 1783, ²1786; Réflexions sur la métaphysique du calcul infinitésimal, 1797; Géométrie de position à l'usage de ceux qui se destinent à mesurer les terrains, 1803; De la Défense des places fortes, 1810, ²1811. – **L:** Wilhelm Körte, Das Leben L. N. M. C.s, 1820; Hippolyte C., Mémoires sur L. C. (2 Bde), 1861–1863; Reinhard Marcel, Le Grand C. (2 Bde), 1950–1952; Jean Paul Charnay (Hg., Einl.), L. C., Révolution et mathématique (2 Bde), 1985 (**W**); Vf., L. C.s Weg nach Preußen oder ein Exulant in der beginnenden Krise der Reg. Hardenberg, in: Jb. für Gesch., Bd. 34, 1986, 7–38; ders., L. C. in Magdeburg, in: Magdeburger Bll. 1987, 38–50 (**B**); Jean G. Dhombres, L. C., 1997. – **B:** *Gleimhaus Halberstadt.

Ernst-Joachim Gießmann

Carnot, Nicolas Léonard *Sadi*
geb. 01.06.1796 Paris, gest. 24.08.1832 Paris, Ingenieuroffizier, Physiker.

Der Sohn des → Lazare C. besucht ab 1812 die École Polytechnique in Paris, ab 1814 die École militaire von Metz, diente ab 1815 auf mehreren Plätzen als Ingenieuroffizier und ab 1819 als Lieutenant im Corps état-major. 1821 besuchte er seinen Vater in Magdeburg und bekam hier den Anstoß zu einer intensiven Beschäftigung mit der Theorie der Dampfmaschine. Im Ergebnis publizierte C. 1824 die „Réflexions sur la puissance motrices de feu", die den Grundstein in der Wiss. der Thermodynamik als auch den Abschluß von C.s Memoiren über die Wiss. der Maschinen (Gillespie) bilden. 1826 zurück zum Geniekorps, wurde er 1827 wegen Anciennität zum Capitaine befördert. 1828 legte er die Uniform ab, um sich in enger Verbindung mit Clément Désormes der Wiss. zu widmen. Bereits 1832 starb C. an der Cholera. Seine hinterlassenen Schriften wurden daher fast vollständig verbrannt. Die „Réflexions", in nur 600 Exemplaren erschienen, wurden kaum beachtet und erst zehn Jahre später von Émile Clapeyron gewürdigt. C. begründete mit seiner Schrift die Thermodynamik, stellte den Entropiesatz, den II. Hauptsatz der Thermodynamik, auf. Erst 1878 wurde aus Resten seiner Notizen bekannt, daß er auch das mechanische Wärmeäquivalent vor Julius Robert von Mayer und James Prescott Joule berechnet hatte.

W: Notes sur les Mathématiques, la physique et autres sujets publié en appendice à la deuxième édition des Réflexions, 1878; (dt. Üb.) Reflektionsbetrachtungen über die bewegende Kraft des Feuers und die zur Entwicklung dieser Kraft geeigneten Maschinen, 1894. – **L:** Hippolyte C., Notices biographique sur S. C., in: S. C., Biogr. et manuscrit, 1927 (**B**); Jean-Pierre Maure, C. et la machine à vapeur, 1986; G. A. Boutry, S. C., in: Die berühmten Erfinder, Physiker und Ing., dt. Ausgabe, o. J.; Doris Freudig (Hg.), Lex. der Naturwissenschaftler, 1996, *77f.* (**B**).

Ernst-Joachim Gießmann

Cassebaum, Heinz, Dr. rer. nat.
geb. 29.10.1925 Magdeburg, gest. 14.04.2000 Magdeburg, Chemiker.

Der Sohn eines Tischlers beendete seine Lehre als Chemielaborant 1943 und war anschließend bis 1945 Soldat an der Ostfront. Nach einer schweren Verwundung 1944 geriet er 1945–47 in sowjetische Kriegsgefangenschaft. Von 1947 bis 1948 absolvierte er eine Abiturausbildung im Vorsemester an der Univ. Halle und schloß daran ein Chemiestudium ebd. an. 1953–57 war er Assistent bei Wolfgang Langenbeck am chemischen Inst. dieser Univ. und prom. mit dem Thema „Die Konstitution des β-Dinaphthyldichinhydrons und seine Bedeutung beim katalytischen Abbau von α-Aminosäuren mit β-Naphthochinon". Von 1957 bis 1991 war C. Laborleiter in der pharmazeutischen Forschung des *VEB Fahlberg-List* Magdeburg. Seine Forschungsarbeiten galten organisch-präparativen Synthesen und ihrer physikochemischen, biochemisch-pharmazeutischen und med. Durchdringung zu Fermentmodellen, Isatinen, Naphthochinonen, Diarylen, Redoxpotentialen, jodorganischen Röntgenkontrastmitteln (RKM) sowie den Handelspräparaten Trijobil, Falignost, Adipiodon, Ioglyc-Trijobilamid, Visotrast, Cyclamat, Falimint, Bronchosekretolytika („Bromhexin"-Wirkstoff), Antirheumatika, Indomethazin, Ibuprofen, Clofezin und Piroxicam. C. besaß mehr als 60 Patente, war Autor diverser Fachartikel im In- und Ausland zu seinen Forschungsschwerpunkten und wurde 1974 mit dem Titel Verdienter Erfinder ausgezeichnet. Er betrieb zudem Forschungsarbeiten zu chemiegesch. Themen, so zum Farbstoff Indigo, zum Periodensystem der Elemente und dem Elementbegriff sowie zu Saccharin, zur Aromaten-Chemie, zur Struktur-Chemie und der Chemie in Magdeburg und Umgebung. Gleichzeitig verfaßte er die Biographien der Chemiker Scheele, Pott, Rochleder, Loschmidt, Caspar Neumann und Sennert und war Mitautor des „Lex. bedeutender Chemiker" (1987, 1989).

W: Röntgenkontrastmittel: Chemie – Physiologie – Klinik, 1970 (mit Reinhard Barke); Carl Wilhelm Scheele, 1982. – **N:** Vf., Magdeburg (priv.). – **B:** *ebd.

Thomas Cassebaum

Chappuis, Friedrich-Wilhelm von
geb. 13.09.1886 Schubin/Provinz Posen, gest. 27.08.1942 Magdeburg, General der Infanterie.

Der Sohn des späteren Unterstaatssekretärs und Wirklichen Geh. Rats v. C. trat 1906 in das Garde-Grenadier-Regiment Spandau ein und wurde 1907 Leutnant. Im I. WK wurde er als Bataillonskommandeur und in mehreren Generalstabsstellen eingesetzt. Nach Beendigung des WK war er u. a. Führer eines Freikorps, im Generalstab der 5. Division sowie Kommandeur des 5. Infanterieregiments in Stettin. Im Zuge der Heereserweiterung wurde 1938 der Kommandositz des neu aufgestellten XIV. Armeekorps nach Magdeburg gelegt. Dadurch wurde die Stadt, der Tradition folgend, nach Beendigung des I. WK und der Zerschlagung des dt. Heeres wieder Standort eines Armeekorps. C. wurde hier mit der gleichzeitigen Beförderung zum Generalmajor Chef des Generalstabes. Nach der Übernahme der 15. und kurz darauf der 16. Infanteriedivision im Jahre 1940 wurde der inzwischen mit dem Ritterkreuz ausgezeichnete C. als General der Infanterie Kommandeur des XXXVIII. Armeekorps. Mit dem Winter 1941/42 begann Dtl. seinen strategischen Führungsanspruch zu verlieren. Damit verbunden waren größere Verluste, der Rückzug in Winterstellungen und ein Stellungskrieg unter härtesten Winterbedingungen. Nach diesem sog. Winterdebakel wurde u. a. auch C. im April 1942 als kommandierender General abgelöst. Er war davon so betroffen, daß er am 27. August des gleichen Jahres in seinem letzten Friedensstandort Magdeburg sich selbst den Tod gab. Damit gehörte er zu jenen 110 Generalen und Admiralen, die während des Krieges oder aus Verzweiflung über den Kriegsausgang den Tod suchten. Seine Ruhestätte fand er in Berlin.

L: Dermot Bradley/Karl-Friedrich Hildebrand/Markus Rövekamp, Die Generale des Heeres 1921–1945, Bd. 2, 1993, *420f.* (*B*).

Hasso von Steuben

Chemin-Petit, *Hans* **Helmuth,** Prof.
geb. 24.07.1902 Potsdam, gest. 12.04.1981 Berlin, Komponist, Chor- und Orchesterleiter, Violoncellist.

C. wuchs in einer musikalischen Fam. auf. Sein Vater Hans C. war Komponist und Kapellmeister, seine Mutter Selma, geb. Feldt, Konzertsängerin. Nach dem Abitur am Potsdamer Victoria-Gymn. studierte C. 1920–27 an der Hochschule für Musik in Berlin bei Hugo Becker (Violoncello) und Paul Juon (Komposition). 1924–27 war er Cellist des *Bruinier-Quartetts* und trat auch solistisch in Erscheinung. 1927 gehörte C. zu den Mitbegründern des Ensembles *Tournee Berliner Kammeroper*. 1929 übernahm er Lehrveranstaltungen an der Staatl. Akad. für Kirchen- und Schulmusik in Berlin, ab 1930 war er Doz. für Musiktheorie und Tonsatz, ab 1942 Lehrer für Chorleitung. 1936 wurde er zum Prof. ernannt. C. gab 1933 sein erstes Konzert mit dem *Philharmonischen Orchester Berlin* (Aufführung seiner Sinfonietta) und initiierte 1939 die Städtischen Sinfoniekonzerte und die Musiktage in Memel. Im selben Jahr übernahm er die Leitung des *Magdeburger Domchores* (bis 1942) und des traditionsreichen Magdeburger *Reblingschen Gesangsvereins* (bis 1959). Hier brachte er schwerpunktmäßig großbesetzte Werke von Bach, Brahms und Bruckner zur Aufführung. Mehrere Werke C.s wurden in Magdeburg uraufgeführt. 1943 übernahm er als Nachfolger Günther Ramins die Leitung des *Berliner Philharmonischen Chores* (bis 1945). C. wirkte nach dem Krieg als Theorielehrer an der Hochschule für Musik Berlin-Charlottenburg, deren stellvertretender Dir. er 1965–69 war. Er beteiligte sich ab 1945 aktiv am Wiederaufbau des Potsdamer Musiklebens. 1945–48 leitete C. den Potsdamer Stadtchor. Der *Philharmonische Chor Berlin* erlebte unter seiner Leitung (bis 1981) eine neue Blüte. 1953 siedelte er von Potsdam nach Berlin über. 1963 wurde er Mitglied der Akad. der Künste, deren Musikabt. er 1968–81 leitete. C. gehörte 1966 zu den Mitbegründern des *Symphonischen Orchesters Berlin e.V.* und hatte verschiedene leitende Ämter in Musikinstitutionen inne. 1964 erhielt er den Berliner Kunstpreis. Er arbeitete als Dirigent mit bedeutenden Orchestern zusammen (z. B. *Dt. Staatskapelle Berlin*, *Münchner Philharmoniker*). C.s Kompositionen weisen sich durch handwerkliche Gediegenheit, melodischen Reichtum und eine an Bach geschulte polyphone Satztechnik aus. Er verwendete sowohl archaisierende als auch moderne Elemente in seiner Musik. In seine Vokalkompositionen flossen die Erfahrungen aus der Arbeit mit Laienchören ein, in seiner Instrumentalmusik lebt ein „echt sinfonischer Geist" (Hugo Becker).

W: Kammeropern: Der gefangene Vogel (UA 1927 Berlin); Lady Monika, 1929; König Nicolo, 1959 (UA Aachen 1962); Die Rivalinnen, 1969 (UA Berlin 1984); Orchesterwerke: Nekrolog (UA Magdeburg 1926); Konzert für Violoncello und Orchester, 1931 (UA Magdeburg 1939); 1. Sinfonie in a, 1932 (UA Dresden 1933); Violinkonzert, 1971 (UA Berlin 1972); Bühnenmusiken; Vokalwerke: zahlreiche Motetten, Madrigale und Chorsätze; Der Mensch lebt und bestehet, Motette 1935 (UA Magdeburg 1935); Wer nur den lieben Gott läßt walten, Choralmotette 1940 (UA Magdeburg 1940); Werkleute sind wir, Kantate 1944 (UA Magdeburg 1951); Der 150. Psalm, 1954 (UA Magdeburg 1956); Prooemion, 1961 (UA Magdeburg 1962); Lieder nach Ricarda Huch, Friedrich Hölderlin usw.; Kammermusik: 2. Streichquartett (UA Magdeburg 1929); Bläserquintett, 1948 (UA Potsdam 1948). – Hg.: Kommt, ihr G'spielen, Chorbuch zu dt. Volksliedern (Berlin 1949, ²1951). – **N:** Archiv der Akad. der Künste Berlin. – **L:**

MGG 2, Sp. *1163f.*; New Grove 4, *200*; Riemann, ¹¹1929, *302*; Erich H. Müller (Hg.), Dt. Musiker-Lex., 1929, *193*; Friedrich Welter, H. C.-P., in: Allg. Musikztg., 1939, *564*; Horst Seeger, Musiklex., Bd. 1, 1966, *158*; Andrea Witte/Helene C.-P., H. C.-P. Werkverz., 1987; H. C.-P. 1902–1981. Dokumente zu Leben und Werk, zusammengestellt und dokumentiert von Vera Grützner, 1994 (*W*). – **B:** Mus. Kloster U. L. F. Magdeburg.

Ralph-J. Reipsch

Choyke, Isidor
geb. 02.03.1856 Militsch/Schlesien, gest. 13.10.1920 Berlin, Jurist, Repräsentant der jüd. Gemeinde, Justizrat.

Der jüngste Sohn eines jüd. Spediteurs besuchte das Gymn. in Lissa und studierte danach Jura in Breslau und Berlin. Nach Ablegung der ersten jur. Prüfung 1879 und der großen Staatsprüfung 1884/85 trat er als Gerichtsassessor in den Justizdienst. Im darauffolgenden Jahr wurde er Rechtsanwalt in Magdeburg und dort 1897 zum Notar ernannt. In der Folgezeit versah er auch das Amt eines Verteidigers an Kriegsgerichten. Seine Leistungen wurden 1904 durch die Ernennung zum Justizrat gewürdigt. Im März 1919 legte er seine Berufs- und Amtstätigkeit nieder und zog danach mit seiner Frau nach Berlin. Durch sein weitsichtiges Wirken prägte und beeinflußte C. entscheidend die Magdeburger jüd. Gemeinschaft und trug wesentlich zum Aufbau des Gemeindelebens bei. Seit Juli 1900 fast zwei Jahrzehnte Vors. der Repräsentantenverslg., förderte er unermüdlich die Interessen seiner Glaubensgemeinschaft. Auch als Vors. des *Vereins für jüd. Gesch. und Lit.*, als Vorsteher der *Israelitischen Beerdigungsgesellschaft* sowie als Mitglied des Ausschusses im Synagogen-Gemeinde-Verband der Provinz Sachsen wirkte er befruchtend und schuf Bleibendes.

L: Archiv des Leo Baeck Institute New York; Archiv der Synagogen-Gemeinde zu Magdeburg. – **B:** *ebd.

Ildikó Leubauer

Chwatal, Franz Xaver
geb. 19.06.1808 Rumburg/Böhmen, gest. 24.06.1879 Salzelmen, Musikerzieher, Komponist.

C. erhielt Klavierunterricht bei seinem Vater, einem Orgelbauer in Rumburg. Von 1822 bis 1835 lebte er als Musiklehrer und Pianist in Merseburg und veröffentlichte erste Kompositionen. Von 1835 bis zu seinem Tod wirkte C. als Privatmusikerzieher in Magdeburg. Mit → Christian Friedrich Ehrlich betrieb er seit Beginn der 1850er Jahre die *Institute für gemeinschaftlichen Clavierunterricht*. Seine Klavierschulen erfreuten sich im deutschsprachigen Raum großer Beliebtheit. C. war ein erfolgreicher und gefragter Produzent von unterhaltsamer, zumeist technisch leichter und instruktiver Klaviermusik. Schon zu Lebzeiten sah er sich gelegentlich dem Vorwurf ausgesetzt, mit substanzloser musikalischer Massenware dem Geschmack des Publikums zu huldigen. Robert Schumann prägte wohlwollend für C.s Kompositionen den Begriff „Stübchenmusik". C.s Bruder Joseph leitete die Orgelbaufa. *C. & Sohn* in Merseburg.

W: Hist. Notizkal. für Musiker und Musikfreunde, 1861; Unterhaltungsmusik, vorrangig für Klavier; Männerquartette; pädagogisch orientierte Klavierwerke; zwei Klavierschulen: Methodisch geordnete Pianoforte-Schule op. 92 und Praktische Elementar-Pianoforteschule op. 135; Akkordeonschule. – **L:** Riemann 1, ¹¹1929, *315*; Hermann Mendel/August Reissmann, Musikalisches Conversations-Lex., Bd. 2, 1880, *458f.*; Friedrich Bremer, Handlex. der Musik, 1882, *94f.*; Adolf Prosnitz, Hdb. der Klavier-Lit., Bd. 2, 1907, *121* (*W*); Hobohm, Bd. 1, *320–322, 414–416.*

Brit Reipsch

Clausewitz, *Carl* **Philipp Gottlieb von** (seit 1827)
geb. 01.07.1780 Burg, gest. 16.11.1831 Breslau, Generalmajor, Militärtheoretiker.

C., dessen Geburtshaus die Nr. 813 hatte und in der späteren Großen Brahmstraße 15 stand, wurde am 09.07.1780 in der Kirche U. L. F. (Oberkirche) zu Burg getauft. Mit fünf Geschwistern in armen Verhältnissen aufgewachsen, besuchte er die Stadtschule in der Klosterstraße, in der nach dem Heckerschen Elementarunterrichtsprogramm 70 Schüler zwischen sechs und sechzehn Jahren in drei Klassen in Grammatik, Rechnen und einführendem Latein unterrichtet wurden. Der Vater, Friedrich C., Leutnant im Siebenjährigen Krieg und nach seiner Verabschiedung kgl.-preuß. Akzise-Einnehmer, hielt engen Kontakt zu den Offizieren der Burger Garnison, was auch den Umgang des Sohnes prägte. Zwölfjährig trat C. als Fahnenjunker in das Regiment „Fritz Ferdinand" in Neuruppin ein, in dem bereits sein älterer Bruder Wilhelm (später preuß. Generalleutnant) diente. Im Feldzug gegen Frankreich 1793 erhielt C. seine Feuertaufe und wurde im selben Jahr als Fähnrich preuß. Offizier. 21jährig wurde er an der Kriegsschule in Berlin zu Kursen in den militärischen Wiss. zugelassen. Hier war Gerhard von Scharnhorst sein Lehrer und Förderer. Auf dessen Empfehlung wurde C. 1803 Adjutant des Prinzen August von Preußen. Der sich nun in der Hofgesellschaft bewegende C. nutzte die Zeit, seine lit., phil. und militärwiss. Bildung zu erweitern und um mehrere kriegsgesch. Studien zu schreiben. 1806 nahm C. als Stabskapitän und Adjutant des Prinzen August an der Schlacht von Auerstedt teil und geriet mit dem Prinzen in franz. Kriegsgefangenschaft. Ende März 1808 ging er nach Königsberg, wohin der König und die wichtigsten Staatsbehörden bereits übergesiedelt waren. Mehr als drei Jahre wirkte C. im Zentrum der Reformpartei im preuß. Kriegsministerium und ab 1810 im Generalstab, zuletzt zum Major befördert. Er war Bürochef bei Scharnhorst und hatte dessen Dienstkorrespondenzen zu führen, die sich auf alle Fragen einer Heeresreform erstreckten. Die Erhebungs- und Aufstandspläne, die Gedanken des Volkskrieges waren es, die C. veranlaßten, seit 1810 auch an der Kriegsschule in Berlin Vorlesungen über „den kleinen Krieg" zu halten. Nach Unterzeichnung des Militärbündnisses zwischen Preußen und Frankreich am 24.02.1812 reichte C. mit gleichgesinnten Offizieren als preuß. Patriot, seine Existenz aufs Spiel setzend, sein Abschiedsgesuch ein. Dem in Ungnade gefallenen C. wurde der Prozeß gemacht und sein Vermögen konfisziert. Er verfaßte eine Denkschrift in der Form von „Drei Bekenntnissen" (1812), seine wohl wichtigste militärpolitische Ausarbeitung. C. ging als preuß. Major nach Rußland und erhielt in der russischen Armee ein Offizierspatent als Oberstleutnant. Als Generalstabsoffizier in wechselnden Stellungen kämpfte er im Feldzug von 1812 (Witebsk, Smolensk, Borodino), was für ihn zur wichtigsten Erfahrungsquelle wurde. C. führte als russischer Bevollmächtigter die Verhandlungen mit Johann David Ludwig von Yorck, dem späteren Grafen von Wartenburg, die zur Konvention von Tauroggen führten, nach deren Buchstaben das preuß. Kontingent aus dem Krieg gegen Rußland ausschied, de facto jedoch sich auf Rußlands Seite schlug. Nach Fürsprache Scharnhorsts verfügte der König 1813 die Rückkehr C.' in die preuß. Armee nach Bewährung im anstehenden Kriege. 1813/14 gehörte C. als Generalquartiermeister der russisch-dt. Legion an, wurde Chef des Generalstabes und nahm in dieser Stellung an dem wesentlich von ihm geleiteten Gefecht an der Göhrde teil. 33jährig zum kaiserlich-russischen Oberst befördert, wurde C. erst im März 1815 als Oberst in preuß. Dienste übernommen. Als Chef des Generalstabes des III. Armeekorps unter Johann Adolph von Thielmann leitete er im Feldzug von 1815 die Kämpfe bei Ligny und Wavre und war anschließend Chef des Generalkommandos am Niederrhein unter → Graf August Neidhardt von Gneisenau. 1818 bis 1830 hatte C. als Dir. der Kriegsschule in Berlin eine Stellung, in der er Zeit fand, sein umfangreiches wiss. Werk fortzusetzen.

Nach kurzen Kommandierungen zur 2. Artillerieinspektion in Breslau und nach Berlin zum Generalstab von Gneisenau ging er im November 1831 abermals nach Breslau, um sein Werk zu vollenden. C. erlag, wie vor ihm Gneisenau, der Cholera. Seine Frau, Gräfin Marie von Brühl, Sekretärin wie Diskussionspartnerin, gab sein Werk „Vom Kriege" postum heraus. Dieses nimmt unter allen militärischen Schriften einen besonderen Platz ein. Es gehört zu den Standardwerken der Weltlit. C.' Verdienst bleibt es, den Krieg auf den Begriff gebracht und ihn als „ein Instrument der Politik" erkannt zu haben. Mit seiner häufig falsch zitierten Definition „der Krieg ist nichts als eine Fortsetzung des politischen Verkehrs mit Einmischung anderer Mittel" präzisierte er dessen politischen Charakter. Er stellte damit zugleich den Vorrang des Politischen gegenüber dem Militärischen fest. 1971 wurden die sterblichen Überreste C.' und seiner Frau von Polen auf den Ostfriedhof in Burg überführt, und 1980 wurde auf dem Rolandplatz anläßlich des 200. Geb. eine Gedenktafel enthüllt. Das Pionierbataillon in Burg erhielt 1993 den Namen „C.-Kaserne", und im Herbst 2000 öffnete die C.-Erinnerungsstätte im Elternhaus Schulstraße 12.

W: s.o.; Hist. Briefe über die großen Kriegsereignisse im Oktober 1806, in: Minerva, ein Journal für Politik, Gesch. und Lit., Bd. 1–2, 1807; Ueber das Leben und den Charakter von Scharnhorst, 1832; Hinterlassene Werke des Generals C. v.C. über Krieg und Kriegsführung (10 Bde), 1832–37. – **L:** ADB 4, 285–296; NDB 3, 271–276; Karl Linnebach (Hg.), C. und Marie v.C. Ein Lebensbild in Briefen und Tagebuchbll., 1916; Gerhard Förster, Lebensbild eines patriotischen Militärs und fortschrittlichen Militärtheoretikers, 1983; Klaus Hilpert, Mittlgg. zum Lebensbild des Generals C. v.C., die mit der Stadt Burg verbunden sind, in: Magdeburger Bll. 1983, 42–45 (***B***); Gerhard Mittendorf, C. sen. als Bauherr in Burg, in: Volksstimme Burg vom 01.11.1997; Kirche U. L. F. Burg: Taufregister 1767–1791 (im Jahre 1780). – **B:** *C.-Erinnerungsstätte, Burg.

Paul Nüchterlein

Clericus, *Ludwig* **August**
geb. 28.03.1827 Danzig, gest. 01.03.1892 Magdeburg, Illustrator, Redakteur, Heraldiker.

Der Sohn des Hauptkassen-Kontrolleurs Johann Friedrich C. studierte nach dem Besuch der Gymn. in Elbing und Königsberg ab 1847 zunächst Jura an der Univ. Königsberg, wechselte aber, seiner inneren Neigung folgend, 1850 an die dortige Kunstakad. 1855 zog C. nach Berlin, um als freier Schriftsteller, Redakteur und seit Ende der 1860er Jahre auch als Illustrator für zahlreiche Ztgg. und Zss. tätig zu werden, so u. a. für *Kladderadatsch* und die Leipziger *Illustrirte Ztg.* Seine nebenher systematisch beförderte heraldisch-genealogische Liebhaberei führte C. zu führender Kennerschaft auf den Gebieten der Münz- und Siegelkunde, der Heraldik von Adelsfamilien und Landschaften sowie der damals kaum erschlossenen städtischen Wappenkunde. C.s subtile Beiträge zur Gesch. und Symbolik der Städtewappen, für die er auf eine der größten einschlägigen Slgg. älterer und neuerer Siegel, Abb. und Stempel in Europa zurückgreifen konnte, vermittelten der weiteren Erforschung dieses Gebietes dauerhafte Impulse. Anerkennung erfuhr C. bereits in Berlin als Schriftleiter der Monatszs. *Der Dt. Herold* (1874–80) sowie als Redakteur der *Dt. Graveurztg.*, durch die er auch in engere Verbindung zum Kunstgewerbe trat. 1880 nahm C. in Magdeburg eine bezahlte Stellung als Sekretär des *Kunstgewerbevereins*, als Schriftleiter der Vereinszs. *Pallas* sowie als Verwalter des vereinseigenen Kunstgewerbemus. an. Durch seine Tätigkeit in Magdeburg konnte C. seine umfangreichen Kenntnisse institutionalisieren und auf diese Weise bedeutenden Einfluß auf die neue Gattung der Kunstgewerbemuseen nehmen. Neben dem Ausbau der Magdeburger Sammlungsbestände förderte C. den Austausch und die Zusammenarbeit mit Kunstgewerbevereinen in der Region und öffnete die Vereinsarbeit für weitere Kreise der Bevölkerung. Die Gründung von Kunstgewerbevereinen in Burg, Gardelegen und Quedlinburg ging wesentlich auf C.s Initiative zurück. Unter seiner Ägide beteiligte sich der Magdeburger Kunstgewerbeverein mit Erfolg an den Ausstellungen in Halle (1881), München (1888) und London (1891). Als Schriftleiter der monatlich erscheinenden Kunstgewerbezs. *Pallas*, für die er einen großen Teil der Beiträge selbst verfaßte, widmete sich C. insbesondere der Kommunalheraldik des Hzts Magdeburg.

W: Berliner Fremden-Bilder, 1860; H. von Saurma-Jeltsch, Wappenbuch der schlesischen Städte und Städtel, 1870 (Ill.); Das Wappen des dt. Kaisers und der dt. Reichsfarben, 1871; Schwarzweiße Bilder. Gesch. Altpreußens in sieben heraldischen Silhouetten, 1882; Städtewappen, Lfg. 16–19, in: J. Siebmacher's großes und allg. Wappenbuch I/4, 1885; Roccoco. Entwürfe für die graph. Kunst und das Kunstgewerbe, 1. Lfg., 1886; Amtlich totgeschwiegen. Eine Gesch. aus der Gegenwart, 1888; Gewerbe und Kunstgewerbe in der Heraldik. Die Entstehung und Bildung der Wappen und des Wappenschildes. Aus dem Nachlaß hg. von → Gotthilf Gustav Winkel, 1896. – **L:** NDB 3, *287f.* (*W*); Christian Krollmann (Hg.), Altpreuß. Biogr., Bd. 1, 1941; Biogr. Lex. der Heraldiker, 1992, *87* (*L*); Nachruf, in: Der Dt. Herold 23, 1892, *59*; H. Reichau, L. C., in: Pallas 13, 1892, *17–24* (*B*); Archiv für Studenten- und Hochschulgesch. 7/8, 1934, *237ff.*; Egon Freiherr von Berchem, Heraldische Bibliogr. 1, 1937, *295f.*; Heinz Reise (Hg.), Der Schlüssel, Bd. 3, *582–586*. – **B:** *StadtA Magdeburg.

Guido Heinrich

Cloos, Hans, Prof. Dr. phil. habil.
geb. 08.11.1885 Magdeburg, gest. 26.09.1951 Bonn, Geologe, Hochschullehrer.

C. war der Sohn eines bei der Eisenbahn beschäftigten Regierungsbaumeisters. Seine Fam. mit franz. und italienischen Vorfahren stammte aus Saarbrücken. C. besuchte in Saarbrücken und Köln das Gymn. und studierte danach bei Gustav Steinmann in Bonn, Johannes Walther in Jena und Wilhelm Deeke in Freiburg/Breisgau Geologie und Naturwiss. 1909 prom. er bei Deeke mit dem Thema „Tafel- und Kettenland im Basler Jura". Anschließend reiste er erstmals über Neapel nach Afrika. Er besuchte Bergwerke sowie geologisch und landschaftlich interessante Punkte wie die Victoria-Fälle, die Diamantfelder und das Erongo-Massiv mit seinen Granit-Intrusionen im damaligen Dt.-Südwestafrika. Bis 1913 arbeitete er als Erdölgeologe auf Sumatra. Zu Beginn des I. WK war er Privatdoz. in Marburg. 1914 habil. er sich mit einer Untersuchung an Jura-Ammoniten aus dem Molukkengebiet bei Emanuel Kayser. In dieser Zeit hatte er persönlichen und wiss. Kontakt mit Alfred Wegener, dem Begründer der Kontinentalverschiebungstheorie. 1919 wurde er als Prof. für Geologie nach Breslau berufen. Hier entwickelte er die Granittektonik als eine Forschungsrichtung zur Behandlung magmatischer Probleme. Am geologischen Inst. schuf er eine einmalige kollegiale Atmosphäre, aus der eine Reihe ausgezeichneter Hochschullehrer hervorging. Seit 1926 war er Prof. der Geologie in Bonn. Dort führte er Modellversuche mit nassem Ton durch und wurde durch die Entwicklung der experimentellen Richtung der tektonischen Geologie zum Mitbegründer der Ingenieurgeologie. Weiterhin veröffentlichte er Arbeiten auf dem Gebiet der Tektonik und des Baus der Plutone. C. unternahm zeit seines Lebens ausgedehnte Reisen und unterhielt langjährige Freundschaften (vgl. das autobiogr. „Gespräch mit der Erde", 1947). Seine lebendige Menschlichkeit und die Bildhaftigkeit seiner Sprache erreichten zahlreiche Menschen auch außerhalb der Geologie. Seit der Zeit des Ns. sah C. seine Aufgabe darin, dem Abbau der wiss. und menschlichen Beziehungen entgegenzuwirken. Die Möglichkeit hierzu fand er in der *Geologischen Vereinigung*, deren Vorsitz er 1934 übernahm. Durch die Schriftleitung der *Geologischen Rundschau* von 1924 bis zu seinem Tode 1951 verhinderte er eine Isolierung der Geologie in Dtl. vom Ausland. C. besaß zudem eine hohe und vielseitige künstlerische Begabung. In seinem Lehrbuch „Einführung in die Geologie" (1936) wird die Klarheit des Stils nur noch durch die Anschaulichkeit und die ästhetische Schönheit der vielen von C. selbst gezeichneten Abb. übertroffen. Das letztgenannte Werk ist auch ein Zeitdokument, in dem C. darauf hinweist, daß die Entdeckung der Kraftreserven der Atomspaltung „die größte tektonische Revolution der Erdgesch. ist". C. setzte dieser katastrophalen Entwicklung am Ende des II. WK die Hoffnung entgegen, daß jeder einzelne Mensch sich zum Auge und zum Mund der Schöpfung entwickeln kann. So gesehen ist Geologie „Musik der Erde". 1949 wurde er in der SBZ für den Nationalpreis II. Kl. vorgeschlagen. Infolge der Abspaltung der westlichen Besatzungszonen nahm er den Preis von Bonn aus nach verwickelten Auseinandersetzungen nicht an.

W: s.o.; Zur Entstehung schmaler Störungszonen, in: Geologische Rundschau 7, 1916; Tektonische Probleme am Nordrand des Harzes, in: ebd. 8, 1917, *314*; Geologie der Schollen in schlesischen Tiefengesteinen, in: Abh. der Preuß. Geologischen Landesanstalt N. F., H. 81, 1920; Bau und Bodenschätze Osteuropas, 1921 (mit Ernst Meister). – **N:** Geologisches Inst. der Univ. Bonn, Geologenarchiv der Univ. Freiburg/Breisgau. – **L:** Serge von Bubnoff, H. C. †, in: Geologische Rundschau 41, 1953 (*B*); H. Martin, H. C. 1885–1951, in: Bonner Gelehrte: Mathematik und Naturwissenschaften, 1970, *171–182*; H. C. Kolloquium 1985. Zum 100. Geb. von H. C. 1885–1951, Fs. der Geologischen Vereinigung und des Geologischen Inst. der Univ. Bonn, 1985; Vf./P. Kühn, Gespräch mit der Erde – zum 100. Geb. von H. C., in: Abh. und Berichte für Naturkunde und Vorgesch. 12, 1987, *37–48*; Ernst Seibold, H. C. (1885–1951). Dokumente aus dem Leben, in: Int. Journal of Earth Sciences, 88, 2000, *853–867*. – **B:** Helmut Graberth, Krefeld (priv.).

Jürgen Werner Hubbe

Coler, Edmund Gustav *Alwin* von (seit 1885), Prof. Dr. med. geb. 15.03.1831 Gröningen, gest. 26.08.1901 Berlin, Militär-Mediziner, Wirklicher Geh. Obermedizinalrat.

Der Sohn des Steuerkontrolleurs und Postmeisters Ludwig C. besuchte die allg. Schule in Gröningen und das Gymn. in Salzwedel. Er studierte 1852–56 Med. am militärärztlichen Friedrich-Wilhelm-Inst. in Berlin und schloß mit der Prom. zum Dr. med. ab. 1864–66 nahm C. als Stabs- bzw. 1870/71 als Divisionsarzt an den preuß. Kriegen teil. 1867 erfolgte seine Berufung in den neu gegründeten Medizinalstab des Kriegsministeriums. Seit dieser Zeit förderte er die Reformen im Militärmedizinalwesen, u. a. durch die Erarbeitung einer maßgebenden „Kriegssanitätsordnung" (1878) und „Friedenssanitätsordnung" (1891) sowie durch Entwurf und Einführung der transportablen Lazarettbaracke (1890). C. setzte ein System von bakteriologischen und chirurgischen Kursen für aktive Reserve-Sanitäts-Offiziere sowie deren Abkommandierung für sechs Monate an Kliniken durch. Zudem verfügte er für alle Sanitätsoffiziere eine halbjährige Ausbildung an der Waffe. Bei seinen häufigen Inspektionen veranlaßte er sofort notwendige Verbesserungen der Ausstattung und Versorgung. 1874 wurde er zum Generalarzt befördert. Ab 1889 bis zu seinem Tode war C. als Generalstabsarzt Chef des Sanitätskorps und Dir. der militärärztlichen Bildungsanstalten der Kaiser-Wilhelm-Akad. in Berlin und damit im Range eines Generalleutnants ranghöchster Militär im kaiserlichen Militärmedizinalwesen. 1892 wurde er zum Prof. ernannt; unter seiner Leitung lehrten Friedrich Loeffler, Robert Koch und Rudolf Virchow. 1901 gründete er die „Bibl. C.", eine Slg. von Werken der med. Wiss. C. hat hervorragenden Anteil an der Neuordnung des Militär-Medizinalwesens in Dtl., welches beispielgebend in Europa wirkte.

W: Die Wirkung und kriegschirurgische Bedeutung der neuen Handfeuerwaffen, 1890; Die transportable Lazareth-Baracke, ²1890. – **L:** NDB 3, *318f.*; BioJb 6, *269–272*; Schükert, Gesch. der militär-ärztlichen Bildungsanstalten, 1895; N. N., Generalstabsarzt von C., in: Gröninger Ztg. vom 01.09.1901; Hermann Schmidt, Die Kaiser-Wilhelm-Akad. für das militär-ärztliche Bildungswesen 1895–1910, 1910; Biogr. Lex. der hervorragenden Ärzte aller Zeiten und Völker, Bd. 2, ²1930 (*B*); Friedrich Ring, Zur Gesch. der Militärmed. in Dtl., 1962; Militärarchiv Potsdam: Rangliste, AZ Pr. 1.2./2. Bl. 85 R. – **B:** Dt. Staatsbibl. Berlin: Porträtslg.

Gerhard Williger

Conitzer, Leo geb. 01.07.1872 bei Kattowitz, gest. 29.08.1942 Magdeburg, Kaufmann.

C. erlernte als Sohn jüd. Eltern den Beruf eines Kaufmanns und ließ 1905 als Eigentümer das Kaufhaus *C. & Co.* in Schönebeck in der Salzer Straße am Bahnbrückental errichten. Er genoß als Geschäftsmann und sozial denkender Bürger, besonders durch seine während der Weltwirtschaftskrise geleisteten Schenkungen und Spenden, in der Stadt großes Ansehen. In der Reichspogromnacht, am 09./10.11. 1938, plünderte und zerstörte die SA das Kaufhaus, das sich zwischenzeitlich zum zweitgrößten der Stadt entwickelt hatte, und seine Wohnung. C. selbst wurde verhaftet und für drei Monate in das KZ Buchenwald deportiert, sein Kaufhaus „arisiert". 1940 mußte die Fam. in das sog. „Juden-Ghetto" in der Kirchstraße 2 „umziehen". Nach einer erneuten Festnahme erschlug man ihn 1942 im Gestapohaus in Magdeburg. Auf dem jüd. Friedhof in Magdeburg erinnert seit 1945 ein Gedenkstein an ihn. Auch seine Familienmitglieder kamen durch den Terror der Nationalsozialisten ums Leben: seine Frau Else 1941 im KZ Ravensbrück, sein Sohn und Junior-Chef Rudolf 1941 im KZ Auschwitz sowie dessen Bruder Heinz 1942 in der Landes-Heil- und Pflegeanstalt Bernburg.

L: Günter Kuntze, Juden in Schönebeck, 1990, *50–58, 63–66* (*B*).

Hans-Joachim Geffert

Coqui, Johann Caspar

geb. 04.01.1747 Magdeburg, gest. 10.06.1824 Magdeburg, Weinhändler, Zuckersieder, Fabrikant.

C. entstammte einer aus Frankreich eingewanderten hugenottischen Fam. Er war der dritte Sohn des in der Pfälzer Kolonie zu Magdeburg lebenden Strumpfwirkermeisters Jacob C., der er selbst seit 1770 als Bürger angehörte. Über seine Jugend- und Ausbildungszeit ist nichts urkundlich belegt. 1787 begann die schrittweise Aufhebung des durch Friedrich II. erlassenen Verbots des freien Handels mit Zucker und Sirup für die Magdeburger Kaufmannschaft. Einer Aufforderung des Rates der Stadt folgend, brach C. mit der beruflichen Tradition seiner Vorfahren und bewarb sich um eine Konzession zur Errichtung einer Zucker-Raffinerie in Magdeburg. Diese erhielt er vom König im April 1788 zum gemeinsamen Betrieb mit seinem Stiefsohn Ludewig David Maquet. Damit lag die einzige Zuckersiederei der Stadt Magdeburg dieser Zeit in den Händen der Fam. C. Mit zunehmender Integration der Hugenotten in der Magdeburger Bevölkerung und einer damit einher gehenden Veränderung in den Berufen der Einwanderer avancierte C. als Weinhändler und Zuckersieder zu den Honoratioren der Stadt Magdeburg und galt als einer der reichsten Bürger. Neben seinen vielfältigen beruflichen Aktivitäten engagierte sich C. auch im politischen, gesellschaftlichen und sozialen Leben der Gemeinschaft. 1788 wurde er in das Amt des Bürgermeisters der Pfälzer Kolonie gewählt, das er 20 Jahre lang ausübte. Unter der westfälischen Reg. war C., als einer der fünf Deputierten Magdeburgs, Mitglied der Reichsstände. In der Wallonisch-Reformierten Gemeinde bekleidete er das Amt eines Presbyters.

L: → Martin Behrend, Magdeburger Großkaufleute, 1906, *121f.* (**B**); → Rudolf Grotkaß, Die Zuckerfabrikation im Magdeburgischen, in: Magdeburgs Wirtschaftsleben in der Vergangenheit, hg. von der IHK Magdeburg, Bd. 2, 1927, *231–234.* – **B**: *KHMus. Magdeburg.

Horst-Günther Heinicke

Coqui, Johann *Gustav*

geb. 27.07.1805 Magdeburg, gest. 25.10.1876 Berlin, Industrieller.

Einer der wohlhabendsten und angesehensten Fam. Magdeburgs entstammend – sein Großvater → Johann Caspar C. war 1788–1808 Bürgermeister der Pfälzer Kolonie und während der westfälischen Zeit Mitglied der Reichsstände –, verkörperte C. in nahezu idealtypischer Weise die Verbindung von wirtsch. und politischem Engagement für die Durchsetzung der modernen bürgerlich-kapitalistischen Ges. in Dtl. Der im Kolonialwaren- und Weinhandel sowie im Zuckergeschäft tätige C. gehörte als Unternehmer von 1842 bis 1847 zum Ältestenrat der *Magdeburger Korporation der Kaufmannschaft* und pflegte mit vielen Honoratioren der Stadt enge geschäftliche und private Kontakte. So hat er z. B. den wirtsch. Aufstieg seines Freundes und späteren politischen Weggefährten → Carl Deneke 1830 durch die stille Teilhaberschaft an dessen Fa. erheblich gefördert. In die breite Öffentlichkeit – auch über die Stadtgrenzen hinaus – trat C. aber vor allem durch sein mutiges politisches Agieren im Vorfeld der Revolution von 1848/49. Er gehörte als Förderer des liberalen *Magdeburger Wochenblattes für Angelegenheiten des bürgerlichen Lebens* und als Führungsmitglied der „Bürgerverslg." – des Zentrums der sich formierenden Vormärzopposition in der Stadt – zu den Protagonisten und Wortführern der liberalen Bewegung, die für mehr politische Mitbestimmung des Bürgertums kämpfte. Als Stadtverordneter erhielt er deshalb am 15.08.1843 bei den Ergänzungswahlen eines der beiden Mandate der Stadt für den Provinziallandtag 1845, in dem er sich vehement für die politischen Rechte des Bürgertums – besonders für die Einführung einer Verfassung – engagierte. Auf dem Vereinigten Landtag 1847 in Berlin zählte C. zu den wenigen städtischen Deputierten der Provinz Sachsen, die den entschlossenen und kämpferischen Kurs der rheinischen Liberalen, zu denen er über Gustav von Mevissen schon im Vorfeld des Landtages in Kontakt stand, unterstützten. Mit dem Selbstbewußtsein der gewachsenen ökonomischen Stärke des Bürgertums verlangte C. konstitutionelle Verhältnisse in Preußen, ohne deren Zusicherung die Sanierung der angeschlagenen Staatsfinanzen verweigert werden sollte. Diese kompromißlose Haltung brachte ihm in Magdeburg im liberalen Lager große Sympathien, im Lager der Reaktion jedoch trotz seiner honorigen Stellung Argwohn und Mißtrauen ein. So scheute sich z. B. der Polizeipräsident → Ludwig von Kamptz nicht, C. im Zusammenhang mit der Aufdeckung der Magdeburger Gemeinde des *Bundes der Gerechten* im Frühjahr 1847 öffentlich in der *Magdeburgischen Ztg.* der Unterstützung „communistischer Umtriebe" zu bezichtigen. In der Revolution 1848/49 gehörte C. zum gemäßigten liberalen Flügel in der Stadt und wurde als stellvertretender Abgeordneter für das Berliner Parlament gewählt. Nach der Revolution widmete sich C. wie viele Liberale vor allem seinen Geschäften und blieb einer der anerkanntesten und größten Unternehmer der Stadt, was auch seine Wahl in den Aufsichtsrat der ersten Magdeburger Privatbank 1857 widerspiegelte. Ende der 1850er Jahre übersiedelte er nach Dessau.

B: *LHASA.

Jürgen Engelmann

Coqui, Johanna Christiane *Henriette*, geb. Dürking
geb. 25.06.1779 Halle, gest. 20.06.1863 Magdeburg, Stifterin.

C. war die zweite Ehefrau des Kaufmanns, Weinhändlers und späteren Bürgermeisters der Pfälzer Kolonie in Magdeburg → Johann Caspar C. Sie gründete 1858 die „C.-Stiftung", eine Einrichtung in der ehemaligen Stiftstraße 1 für altersschwache und arme Personen der Gemeinde Buckau, denen freies Wohnen, ein Stück Gartenland und eine wöchentliche finanzielle Unterstützung gewährt wurde. Die Gründung der Stiftung entsprach dem Bedürfnis von C. nach sozialer Hilfeleistung, um die Folgen von Ausbeutung und sozialen Mißständen zu lindern. Diese Stiftung ist ein Beispiel für Aktionen einzelner Angehöriger des Besitzbürgertums zur Linderung der Armut.

L: B. Koerner (Hg.), Dt. Geschlechterbuch, Bd. 39, 1923, *139f.* (*B*); Magdeburgische Ztg. Nr. 148 vom 18.06.1863, Beilage; → Johannes Fischer, Die Pfälzer Kolonie zu Magdeburg, 1939, *145*; Stadtjournal Magdeburg Nr. 24 vom 20.06.1997.

Kristina Ziegler

Coqui, *Peter* August
geb. 05.03.1773 Magdeburg, gest. 23.09.1856 Magdeburg, Zuckerfabrikant.

Als Sohn des Großunternehmers → Johann Caspar C., der von 1788 bis 1808 Bürgermeister der Pfälzer Kolonie in Magdeburg und in der westfälischen Zeit Mitglied der Reichsstände war, und als Onkel des bekannten Magdeburger Liberalen → Gustav C. gehörte C. zu den anerkanntesten Besitzbürgern der Stadt in der Mitte des 19 Jhs. In der Peterstraße 26 führte er die Zuckerfabrik *Maquet & C.* Er gehörte zu den Mitbegründern der 1825 gegründeten *Magdeburger Korporation der Kaufmannschaft*, der Vorläuferin der *IHK Magdeburg*, die sich als erste wirtsch. und in den 1830er/40er Jahren zunehmend auch als politische Dachorganisation des Großbürgertums um die Durchsetzung der modernen bürgerlich-kapitalistischen Ges. in der Stadt verdient gemacht hat. Deren Ältestenrat gehörte C. von 1825 bis 1844 an.

B: B. Koerner (Hg.), Dt. Geschlechterbuch, Bd. 39, 1923, *146*.

Jürgen Engelmann

Cordes, *Carl* Wilhelm Hermann
geb. 01.03.1877 Elze bei Hannover, gest. n. e., Kaufmann, Industrieller.

C. besuchte das Gymn. Andreanum in Hildesheim. Nach bestandener Reifeprüfung erfolgte eine Berufsausbildung in Chemikalien-, Drogen- und Ölgroßhandlungen in Hannover und Braunschweig. 1900 gründete er unter seinem Namen eine eigene Fa., aus der später die *C. C. AG* mit Sitz in der Halberstädter Straße 21 in Magdeburg hervorging, in der C. zum Dir. und Vorstandsmitglied avancierte. Das Unternehmen war im technischen Drogen-, Öl- und Chemikaliengroßhandel tätig und stellte elektrotechnische Isoliermassen sowie chemisch-technische Spezialitäten her. C. war ferner Geschäftsführer der *Öl- und Fettchemie GmbH* Magdeburg, Veredlung von Ölen und Fetten, und der *Rähnitz Chemikalien GmbH* Magdeburg. Er befaßte sich schwerpunktmäßig auch mit der wirtsch. Auswertung neuer chemischer Verfahren und Patente, von denen er viele im In- und Ausland erfolgreich einführte. Der während des I. WK als oberer preuß. Heeresbeamter und Vertreter des österreichisch-ungarischen Vizekonsulats tätige C. war auch in führenden Positionen in der Verbandspolitik tätig, u. a. als Vorstandsmitglied des *Reichsverbandes des Dt. Groß- und Überseehandels e.V.*, zweiter Vors. des *Reichsverbandes des dt. Drogen- und Chemikaliengroßhandels* in Berlin und Vorstandsmitglied verschiedener wirtsch. und Verkehrsorganisationen. Außerdem fungierte C. als zweiter Vors. des *Vereins Dt. Freimaurer* und als Meister vom Stuhl der Loge „Zum Dom an der Elbe" in Magdeburg. Für seine vielfachen Verdienste erhielt C. verschiedene Orden und Ehrenzeichen.

L: Reichshdb 1, *278*; DBE 2, *372*; Georg Wenzel, Dt. Wirtschaftsführer, 1929, Sp. *399*.

August Bornemann

Cosmar, Alexander (Ps.: Max Larceso)
geb. 12.05.1805 Berlin, gest. 27.01.1842 Berlin, Schriftsteller, Hg., Übersetzer.

C., Sohn eines preuß. Justizkommissars und in wohlhabenden Verhältnissen aufgewachsen, erlernte nach dem Besuch des Gymn. in Berlin den Buchhändlerberuf in der Buchhandlung von → Wilhelm von Heinrichshofen in Magdeburg, redigierte hier 1824 die Zs. *Phantasus* und verarbeitete Magdeburger Erfahrungen in den Lokalpossen „Ein Abenteuer im Vogelgesang" (1825) und „Die Fahrt nach Salze" (1825). 1826 übernahm er die *Christianische Verlagsbuchhandlung* in Berlin, die er unter der Fa. *C. & Krause* bis 1835 führte. Er war Theaterautor und -kritiker, Hg. (u. a. seit 1830 des *Odeums*, eines Lyrik-Almanachs, seit 1832 des *Berliner Modenspiegels*, seit 1836 des *Berliner Theater-Almanachs*, seit 1839 des *Dramatischen Salons*), auch Übersetzer (u. a. des auch in Magdeburg vielgespielten Stückes „Das

Glas Wasser" nach Eugène Scribe, 1842). Seine zahlreichen Bühnenstücke, vorwiegend Lustspiele, bedienten das Geschmacks- und Unterhaltungsbedürfnis der Biedermeierzeit und wurden erfolgreich u. a. am Hoftheater Berlin und am Stadttheater Magdeburg aufgeführt (in Magdeburg nachweislich „Der dritte August", „Germania", „Tringolini", „Der Mann von Welt"). Von kultur- und lokalhist. Bedeutung sind „Sagen und Miscellen aus Berlin's Vorzeit" (2 Bde, 1831–33) sowie Skizzen und Erzählungen aus dem Berliner Leben.

W: s.o. – **L:** ADB 4, *512f.*; Neuer Nekr 20, 1844, *70–75*; Kosch LL 2, Sp. *785–788* (**W**).

Gunter Schandera

Cosmar, Antonie, verh. Klein

geb. ca. 1807 Magdeburg, gest. ca. 1870 Dresden (?), Schriftstellerin, Hg.

C. heiratete 1827 den Schriftsteller → Alexander C., mit dem sie sich 1826 in Magdeburg verlobt hatte, und setzte nach dessen Tod sein Lebenswerk in Berlin fort (u. a. Hg. des *Odeum* und des *Berliner Modespiegels*). Sie war Autorin von „Die Schicksale der Puppe Wunderhold" (1839, mit Illustrationen von Theodor Hosemann; Fortsetzungen 1841 und 1866), eines nach dem Vorbild Léonie d'Aulneys gestalteten erfolgreichen Mädchenbuchs, das nachweislich bis ca. 1930 Neuauflagen erlebte, sowie von „Erziehung und Ehe. Ein Roman aus neuerer Zeit" (1864).

L: Kosch LL 2, Sp. *785*; Neuer Nekr 20, 1844, *73f.*; Sophie Pataky (Hg.), Lex. dt. Frauen der Feder, Bd. 1, 1898, *136f.* und Bd. 2, 1898, *498*; Klaus Doderer (Hg.), Lex. der Kinder- und Jugendlit., Bd. 1, 1982, *277*.

Gunter Schandera

Coste, *David* Johann

geb. 24.09.1820 Magdeburg, gest. 29.05.1880 Magdeburg, Kaufmann, Fabrikant, Kgl. Geh. Kommerzienrat.

C. entstammte einer seit dem Ende des 17. Jhs in Magdeburg ansässigen franz. Emigrantenfam. Der Vater, Samuel David C., war Besitzer einer großen Seidenfärberei. Nach dem Besuch der Handels- und Gewerbeschule (1829–35) absolvierte C. von 1835 bis 1838 eine kaufmännische Lehre bei der Zucker- und Kolonialwarenhandlung *Eichel & Schmidt* in Magdeburg, bei der er für die folgenden Jahre als Kommis tätig war. Von 1844 bis 1848 arbeitete er mit großem Erfolg als Reisender für die bedeutende Potsdamer Raffinerie *L. Jacobs*. In dieser Zeit lernte er den Magdeburger Lorenz Lippert kennen, mit dem er 1847 das Unternehmens *C. & Lippert Zucker und Kolonialwarenhandlung* gründete. 1860 übernahm die Fa. gemeinsam mit dem Bankier und Stadtrat Gustav Bennewitz, unter Beteiligung des Gutsbesitzers Friedrich Schulze, die Zuckerfabrik in Biere und die damit verbundenen landwirtsch. Betriebe, die nun bis 1875 unter dem Namen *Bennewitz, C. & Comp.* geführt wurden. 1875 schied C. aus der Fa. *C. & Lippert* aus, Bennewitz und Lippert verließen das Unternehmen in Biere, das nun mit einem neuen Partner unter *C., Schulze & Diesing* fortgeführt wurde. C. gehörte seit 1855 dem Ältestenkollegium der *Magdeburger Korporation der Kaufmannschaft* an, in der er 1866 zum Dritten, ein Jahr später zum Zweiten und von 1877 bis zu seinem Tod, als Nachfolger von → Carl Deneke, zum Ersten Vorsteher avancierte. In dieser Funktion lag sein größtes Verdienst im Abschluß der seit 1805 währenden Bemühungen der Kaufmannschaft um eine eigene Gerichtsbarkeit in Handelssachen. Als das Gerichtsverfassungsgesetz von 1877 endlich diese Möglichkeit zuließ, nutzte C. die Chance konsequent und bewirkte 1879 die Arbeitsaufnahme einer Magdeburger Handelsgerichtskammer, zu deren ersten Handelsrichtern u. a. auch → Wilhelm Hauswaldt gehörte. Der politisch konservativ eingestellte, 1868 zum Kgl. Kommerzienrat und 1880 zum Geheimrat ernannte C. war seit 1853 27 Jahre lang Mitglied der Stadtverordnetenverslg., mehrfacher Vors. bzw. Stellvertreter von Verwaltungsräten Magdeburger Gesellschaften und Presbyter der Franz.-Reformierten Gemeinde. Auf Grund seiner Anerkennung in allen Kreisen der Magdeburger Gesellschaft gelang ihm immer wieder erfolgreich eine Annäherung zwischen den unterschiedlich eingestellten Ständen der Beamten und Offiziere einerseits und den Kaufleuten andererseits. C. war Abgeordneter im Provinzial-Landtag und stellvertretender Vors. des *Vereins der Rübenzuckerindustrie des Dt. Reiches*.

L: → Martin Behrend, Magdeburger Großkaufleute, 1906, *45–50, 152* (**B**); → Hans Leonhard, Denkschrift zum hundertjährigen Jubiläum der IHK Magdeburg, 1925, *42–45* (**B**). – **B:** *KHMus. Magdeburg.

Horst-Günther Heinicke

Costenoble, Carl Ludwig

geb. 28.12.1769 Herford, gest. 28.08.1837 Prag, Schauspieler, Lustspieldichter.

C., Sohn eines aus der Pfälzer Kolonie in Magdeburg stammenden Predigers, besuchte in Magdeburg die Dom- und die Friedrichschule, erlernte das Bäckerhandwerk und erwarb erste Bühnenerfahrung in Magdeburg auf einer Liebhaberbühne (Spielort: Altstädter Schützenhaus). 1790–92 Mitglied der Truppe Klos und Butenop in Wismar, kehrte C. nach Magdeburg zurück und widmete sich musikalischen Studien mit der Absicht, die Kapellmeisterlaufbahn einzuschlagen. Er schloß sich jedoch ab 1793 erneut verschiedenen Wanderbühnen an, kehrte 1796 nach Magdeburg zurück und war Mitglied der von der Stadt für die Magdeburger Dt. National-Schaubühne engagierten Schauspielgesellschaft unter → Friedrich Ludwig Schmidt. Ab 1798 bei einer Wandertruppe in Altona engagiert, arbeitete C. 1801–18 in Hamburg, zunächst als Sänger, dann als Komiker und Charakterschauspieler; ab 1818 wirkte er am Wiener Burgtheater, zuletzt auch als Regisseur. C.s Vorbilder waren Friedrich Ludwig Schröder und August Wilhelm Iffland. Naturtreue in der schauspielerischen Gestaltung war sein Ziel. Trockener Humor und Begabung zur Improvisation ließen seine Volkstypen lebendig werden. In Hamburg wurde er als einer der bedeutendsten Volkskomiker gefeiert. Und: Zeitgenössische Kritiken bezeichneten C. als besten Shylock des Burgtheaters. Eigene dramatische Versuche befriedigten den Tagesbedarf zeitgenössischer Bühnen, seine Memoiren und Tagebücher hingegen sind theatergesch. bedeutend.

W: Lustspiele, 1830; K. Glossy und J. Zeidler (Hg.), Aus dem Burgtheater 1818–1837. Tagebuchblätter des Hofschauspielers C. L. C. (2 Bde), 1889 (***B***); Alexander von Weilen (Hg.), C. L. C.'s Tagebücher von seiner Jugend bis zur Übersiedlung nach Wien 1818 (2 Bde), 1912. – **L:** ADB 4, *514f.*; NDB 3, *375*; Neuer Nekr 15, 1839, *770–772*; Kosch TL, *282f.*; Kosch LL 2, Sp. *789–791* (***W***); Constantin von Wurzbach (Hg.), Biogr. Lex. des Kaiserthums Österreich, Bd. 3, 1858, *19–21*; Ludwig Eisenberg, Großes biogr. Lex. der dt. Bühne im 19. Jh., 1903, *165f.*; E. Schneck, K. L. C.s Leben und Wirken am Wiener Hofburgtheater (1818–1837), Diss. Wien 1934. – **B:** *Wilhelm Widmann, Gesch. des Magdeburger Theaterwesens, in: MonBl, 1925, *176*.

Dagmar Bremer

Costenoble, *Johann* Conrad
geb. 1776 Herford, gest. 13.04.1840 Berlin, Bau-Kondukteur, Kupferstecher.

C. war der jüngere Bruder des Schauspielers und Lustspieldichters → Carl Ludwig C. Er absolvierte eine künstlerische Ausbildung, unterrichtete seit 1799 als ehrenamtlicher Zeichenlehrer an der Provinzialkunstschule unter → Johann Adam Breysig und wurde 1806 Bürger der Pfälzer Kolonie zu Magdeburg. C. verfertigte den Plan der Stadt Magdeburg aus dem Jahre 1799 und betätigte sich auch als Baumeister, u. a. der 1806 eingeweihten neuen Kirche der Franz.-Reformierten Gemeinde zu Magdeburg sowie des neuen Packhofes. Neben → Friedrich Schinkel war er 1819–24 maßgeblich an der Neuplanung und dem Bau der Neustädter Nikolaikirche in Magdeburg beteiligt, bei der sich in einer Reihe von Entwürfen und Gegenentwürfen 1819–21 die Planungen Schinkels und C.s annäherten. C. hatte die örtliche Bauleitung inne, während der er zahlreiche Veränderungen gegen Schinkel durchsetzte, und fertigte 1827 die Schlußabrechnung des Bauvorhabens. Von ihm angefertigte Kupferstiche des Magdeburger Doms im Folioformat fanden weite Verbreitung.

W: Über altdt. Architektur und deren Ursprung (mit 12 Kupferstichen), 1812; Der Dom zu Magdeburg. Ein Denkmal altdt. Baukunst in drei Kupfertafeln, 1818; (Hg., Neubearb.) Christian Johann Huth's Hdb. für Bauherren und Bauleute zur Verfertigung und Beurtheilung der Bauanschläge von Wohn- und Landwirthschaftsgebäuden, 1820; Ansichten des Doms zu Magdeburg, 1821. – **L:** Hamberger/Meusel, Bd. 22/1; Neuer Nekr 18, 1842; → Johannes Fischer, Die Pfälzer Kolonie zu Magdeburg, 1939, *68*; → Christian Schmidt, Chronik der Stadt Buckau, 1887.

Henner Dubslaff

Cremer, Fritz, Prof.
geb. 02.10.1906 Arnsberg/Westfalen, gest. 01.09.1993 Berlin, Bildhauer, Zeichner, Graphiker.

Nach einer Steinbildhauerlehre in Essen und der Gesellenzeit, in der C. für Will Lammert und Ludwig Gies arbeitete und nebenbei Abendkurse an der Folkwangschule besuchte, studierte er ab 1928 an den Vereinigten Staatsschulen in Berlin-Charlottenburg bei Wilhelm Gerstel, von 1934 bis 1938 als dessen Meisterschüler. 1936 erhielt C. den Preuß. Staatspreis mit Studienaufenthalt in Rom und hatte 1938–40 ein Meisteratelier an der Preuß. Akad. der Künste zu Berlin. Ab 1946 übernahm C. eine Professur an der Akad. für angewandte Kunst in Wien, ab 1950 als Mitglied eine Professur mit Meisteratelier an der Akad. der Künste zu Berlin/Ost. C. war ein Hauptvertreter des sozialistischen Realismus in der DDR. Er schuf Denkmalplastiken, Statuetten, Porträts sowie ein umfassendes graphisches Werk. Hauptwerke C.s in Magdeburg sind u. a.: „O Dtl., bleiche Mutter" (1961–65), entstanden für die Gedenkstätte Mauthausen bei Wien, als Bronzezweitguß von 1983 auf dem Westfriedhof, und „Aufsteigender" (1967), Bronze, Fürstenwall, ursprünglich als Teil eines mehrfiguren Monuments „50 Jahre Oktoberrevolution" für Magdeburg konzipiert.

W: Trauernde Frauen (Gestapo), Relief, 1936 (Mus. Magdeburg); Buchenwald-Denkmal, 1958; Gekreuzigter, 1976 (ehem. Johanniskirche Magdeburg). – **L:** Saur AKL 22, *226–228* (***W***); Diether Schmidt, F. C., Leben, Werke, Schriften, Meinungen, 1972.

Uwe Jens Gellner

Creutz, Johann Adam

geb. 1752 Halle, gest. 01.08.1809 Magdeburg, Buchhändler, Verleger.

Der Sohn des Hallischen Serviskommissars Johann Moritz C. erlernte 1768–1773 den Beruf des Buchhändlers in der *Rengerschen Buchhandlung* in Halle, arbeitete danach fünf Jahre als Handlungsgehilfe in der Buchhandlung von Joachim Ernst Scheidhauer in Magdeburg und gründete dort im Februar 1778, nach Erteilung des Niederlassungsprivilegs und gegen den Protest Scheidhauers, die *C.sche Verlagsbuchhandlung*. Dank seiner geschäftlichen Tüchtigkeit, seiner Energie und vielseitigen Bildung brachte C. das Geschäft schnell zu wirtsch. Blüte und errang hohes Ansehen. 1797 erwarb er das Haus Breiter Weg 156 in Magdeburg und erweiterte sein Geschäft. Die Buchhandlung wurde durch ein solides Verlagsprogramm ergänzt, das aus Fachbüchern, Ratgebern sowie Unterhaltungslit. und Gelegenheitsschriften bestand (u. a. Christian Christoph Sturms vielgelesene „Morgen- und Abendandachten auf jeden Tag in der Woche", 1778, ⁹1803). Bis 1800 wurden ca. 200 Novitäten verlegt, seit ca. 1805 gehörten auch Musikalien zumeist modischer Tagesproduktion zum Programm. Bei C. erschienen zudem Periodika wie die populären Anekdotenslgg. *Der Gesellschafter* (1783–1788), *Der Neue Gesellschafter* (1793–1804), die von Friedrich Wilhelm Nettling redigierte patriotische Wochenschrift *Der Magdeburger Bothe* (1805–1808) sowie die erste zusammenhängende Stadtgesch. Magdeburgs von → Heinrich Rathmann. C. bekannte sich zum aufstrebenden Bürgertum und war gewähltes Mitglied des Magdeburger Gemeinderates. Nach seinem frühen Tod ging die Leitung der Fa. auf → Carl Gottfried Kretschmann über, der seit 1804 als Gehilfe in der *C.schen Buchhandlung* gearbeitet, C. bereits ab 1808 während seiner schweren Krankheit in der Geschäftsführung vertreten und 1810 dessen jüngste Tochter geheiratet hatte. Über drei Generationen wurden Buchhandlung und Verlag unter dem alten Namen von Nachkommen der Fam. Kretschmann betrieben, bis das Sortiment der Buchhandlung 1921 unter der Fa. *Max Kretschmanns Buch- und Musikalienhandlung* in den Besitz von Hermann Ebbecke überging. Mit der *C.schen Buchhandlung* in Magdeburg ist auch der Name des dt. Erzählers → Wilhelm Raabe verbunden, der hier von 1849 bis 1853 Lehrling war.

L: N. N., Am 11. Juni 1778 ..., in: Bll. für HGusL 30, 1878, *177–179*; Karl Friedrich Pfau, Biogr. Lex. des dt. Buchhandels der Gegenwart, 1890; Wilhelm Hartung, Abriß einer Gesch. des Magdeburgischen Zeitungswesens nebst einer vollständigen Bibliogr., in: GeschBll 47, 1912, *96f, 100–108*; Wilhelm Stieda, Die Entwicklung des Buchhandels in Magdeburg, in: Magdeburgs Wirtschaftsleben in der Vergangenheit, Bd. 3, 1928, *376–378, 415f*; Georg Müller (Hg.), Der Sächsisch-Thüringische Buchhändler-Verband 1883–1933, 1933, *83–85*.

Guido Heinrich/Werner Rummert

Crummenerl, Siegmund

geb. 19.02.1892 Lüdenscheid, gest. 23.05.1940 Paris, Graveur, Parteifunktionär.

Vor seinem Einsatz als Soldat 1914–18 arbeitete C. in Belgien als Graveur. Nach dem Krieg engagierte er sich in der Sozialistischen Arbeiterjugend, war Unterbezirksvors. und Mitglied des Bezirksvorstandes Westliches Westfalen. Von 1922 bis Anfang 1924 wirkte er als Sekretär des *Dt. Metallarbeiterverbandes* in Lüdenscheid. Der SPD-Bezirksvorstand Magdeburg-Anhalt berief ihn zum Jugend- und Bildungssekretär. Später wurde C. auch Kommunalsekretär und Bezirkskassierer, und seit November 1929 war er Stadtverordneter. In Magdeburg heiratete er Martha Bühring, die Tochter der angesehenen SPD-Politikerin Maria B. Im Februar 1932 zum Hauptkassierer der Partei berufen, emigrierte er im Juni 1933 mit dem Parteivorstand nach Prag. Hier ermöglichte der unter C.s maßgeblicher Beteiligung gerettete Teil des Parteivermögens die Tätigkeit des Exil-Vorstandes bis 1939. Im Januar 1939 zog er, wieder mit Fam., nach Paris, um die Übersiedlung des SPD-Exilvorstandes vorzubereiten. An Darmkrebs erkrankt, starb er unmittelbar vor dem dt. Einmarsch.

L: Bio Hdb Emigr 1, *119*; Marlis Buchholz/Bernd Rother, Der Parteivorstand der SPD im Exil, 1935; Antje Dertinger, Heldentöchter, 1997; Slg. Vf., Hannover (priv.). – **B:** *Ruth C., Taunustein (priv.).

Beatrix Herlemann

Cuny, Jean Jacques

geb. 1795 Altona, gest. 29.12.1843 Magdeburg, Kaufmann, Unternehmer.

C. entstammte einer alten franz. Kaufmannsfam., die aufgrund ihrer Zugehörigkeit zum Kalvinismus nach der Aufhebung des Edikts von Nantes 1685 nach Dtl. floh und seit Anfang der 1720er Jahre in Magdeburg ansässig war. Der Sohn des Louis C. und Enkel des Magdeburger Kaufmanns und Seifenfabrikanten Jean Jacques C. wuchs nach dem frühen Tod des Vaters bei Verwandten in Schwedt auf und erhielt dort seine erste Ausbildung. Gemeinsam mit seinem Onkel David C. übernahm er nach dem Tod des Großvaters (1817) das Geschäft *C. Sohn & Co*. Ende 1831 wurde C. in das Ältestenkollegium der *Magdeburger Korporation der Kaufmannschaft* gewählt, deren Erster Vors. er als Nachfolger von → Carl Schultze von 1837 bis zu seinem Tod war. Als fortschrittlicher Unternehmer engagierte er sich in einer Zeit der wirtsch. Umwälzungen und industriellen Neuerun-

Crummenerl

gen besonders für den Bau der Magdeburg-Leipziger Eisenbahn. Das 1835 gegründete Eisenbahn-Komitee wählte C. zu seinem Vors. Außerdem war er Gründungsmitglied der *Magdeburger Dampfschiffahrts-Compagnie*, die 1837 ihren Geschäftsbetrieb aufnahm und im Folgejahr ihren offiziellen Gründungstag feierte. C. hatte entscheidenden Anteil an der am 16.07.1843 stattgefundenen Eröffnung der Magdeburg-Halberstädter Eisenbahn, die später als selbständige Eisenbahnges. auch die 1849 eröffnete Magdeburg-Wittenberger Linie in ihren Besitz nahm. Das Aufkommen neuer Verkehrsmittel und -wege, der damit verbundene ständig wachsende Verkehr und Warenstrom und die Notwendigkeit einer schnellen Abwicklung der Handelsgeschäfte ließen unter C.s Einfluß in der Magdeburger Kaufmannschaft den Entschluß zur „Wiederbelebung" der Börse reifen. Erste unregelmäßige Börsengeschäfte wurden zwar bereits 1824 geschlossen, verdienten aber nicht den Titel einer ordentlichen Handelsbörse. Nach den entsprechenden Vorbereitungen begann im letzten Amtsjahr C.s wieder ein täglicher Börsenhandel, so daß der 01.08.1843 als eigentliches Gründungsjahr der Magdeburger Börse angesehen werden kann. C. war Mitglied der Stadtverwaltung und unbesoldeter Stadtrat sowie mehrfaches Vorstandsmitglied verschiedener ges. Vereine. Er verstarb an den Folgen eines Eisenbahnunfalls.

L: → Martin Behrend, Magdeburger Großkaufleute, 1906, *21–26, 150* (*B); → Hans Leonhard, Denkschrift zum hundertjährigen Jubiläum der IHK Magdeburg, 1925, *23–26*.

Horst-Günther Heinicke

Damm, *Wilhelm* Rudolph
geb. 29.10.1902 Düsseldorf, gest. 24.09.1961 Magdeburg, Klavierpädagoge.

D., Sohn des Tischlermeisters Nikolaus D., war nach Studien bei Alfred Patzig am Konservatorium Essen (1914–18) seit seinem 16. Lebensjahr als Salonpianist und Klavierlehrer tätig, zunächst in Magdeburg (wo er sich bei → Fritz Kauffmann weiterbildete), dann seit 1921 in Erfurt (Unterricht bei Oskar Springfeld), Salzwedel, Lippstadt, Wilhelmshaven, seit 1930 wieder in Magdeburg und in seinem Wohnort Möser bei Magdeburg. 1936 legte er in Magdeburg die Privatmusiklehrer-Prüfung ab. Wegen einer Sehschwäche vom Militärdienst befreit, war er von 1941 bis 1945 zum Polizeimusikkorps Magdeburg eingezogen. Seit 1949 arbeitete er als nebenamtlicher, von 1951 bis zu deren Verlegung nach Halle 1959 als hauptamtlicher Lehrer für Klavier und Kammermusik an der berufs- und studienvorbereitenden Georg-Philipp-Telemann-Fachgrundschule für Musik in Magdeburg, schließlich von 1959 bis zu seinem Tode als Klavierlehrer an der Volkskunstschule. D. war ein erfahrener, gesuchter Klavierpädagoge, der seinen Schülern vielseitige pianistische Grundlagen für weitere Studien oder den Beruf vermittelte. Einige Jahre lang gehörte er der Klavier-Lehrplankommission des Ministeriums für Kultur der DDR an. In öffentlichen Schulveranstaltungen konzertierte er gelegentlich mit anspruchsvoller Klavierlit.

L: Vf., Die Georg-Philipp-Telemann-Fachgrundschule für Musik in Magdeburg (1949–1959), in: Fs. zum 40jährigen Bestehen der Georg-Philipp-Telemann-Musikschule Magdeburg, 1994, *5–8*; Ursula Hobohm/Vf., Die Georg-Philipp-Telemann-Fachgrundschule für Musik (1949–1959), in: Konservatorium Georg Philipp Telemann – Musikschule der Landeshauptstadt Magdeburg (Fs. anläßlich der Fertigstellung des neuen Musikschulgebäudes mit Beiträgen zu Gesch. und Wirkung der Musikschule), 2000, *9*; StadtA Magdeburg: PA 11500; Kartei Magdeburger Musiker, Vf. (priv.).

Wolf Hobohm

Danckwortt, *Peter* Walter Friedrich, Prof. Dr. phil. habil., Dr. med. vet. h.c.
geb. 30.10.1876 Magdeburg, gest. 30.03.1962 Hannover, Apotheker, Chemiker.

D., Sohn des Apothekers Hermann D., absolvierte das Gymn. in Magdeburg. Nach der Reifeprüfung begann seine Ausbildung als praktischer Apotheker. An der Univ. Leipzig studierte er Pharmazie und Chemie. Während der Studienzeit war D. Schüler und Assistent von Ernst Beckmann. 1903 erhielt er die Approbation als Apotheker, prom. 1906 zum Dr. phil. und legte das Examen als Lebensmittelchemiker ab. Am Technisch-chemischen Inst. der Univ. Breslau habil. er sich 1911 als Privatdoz. für pharmazeutische Chemie und Lebensmittelchemie. Im I. WK war D. Fliegeroffizier an der Ostfront. Gemeinsam mit Prof. Wernher von Braun legte er die Grundlagen für den modernen Gaskrieg und führte als Fliegeroffizier mit von ihm selbst konstruierten Apparaten einen Gasangriff durch. 1916 geriet er in russische Gefangenschaft, aus der er 1920 nach Dtl. zurückkehrte. Als Extraordinarius für pharmazeutische Chemie arbeitete D. zunächst an der Univ. Greifswald und ab 1924 als Prof. für Chemie an der Tierärztlichen Hochschule Hannover. Dort übergab man ihm 1930 das Rektorat und ernannte ihn 1931 zum Honorarprof. für Lebensmittelchemie und Toxikologie. 1947 folgte seine Emeritierung, 1951 wurde ihm von der Hochschule Hannover der Dr. med. vet. h.c. verliehen. Seine lumineszenzanalytischen Studien ermöglichten die Erkennung von Banknotenfälschungen. Noch vor 1933 warnte er vor den Gefahren eines Luftkrieges und schlug die Gründung eines Luftschutzvereines vor.

W: Kryoskopische Wertbestimmung von Drogen, Diss. Leipzig 1906; Sibirien und seine wirtsch. Zukunft, 1921; Lumineszenz-Analyse im filtrierten ultravioletten Licht, 1928. – **L:** Reichshdb 1, *297* (***B***); BioApo 2, 1978, *71f.*; Johann C. Poggendorff, Biogr.-lit. Handwörterbuch, Bd. VI/1, 1936, *514*; Der Lehrkörper der TH Hannover 1831–1956, 1956 (***B***).

Katharina Albrecht

Danckwortt, Wilhelm, Dr. phil. h.c.
geb. 07.02.1822 Magdeburg, gest. 10.01.1892 Magdeburg, Apotheker.

D. besuchte das Domgymn. in Magdeburg. 1838 begann er seine Lehre in der Engel-Apotheke in Magdeburg, wo er nach dem Examen noch zwei Jahre als Gehilfe arbeitete. Es folgten das Militärjahr und zwei weitere Jahre als Gehilfe in Aachen. 1847 begann D. ein Pharmaziestudium in Halle, wechselte nach Berlin, wo er sein Staatsexamen beendete. Nach drei Konditionsjahren und einem Dienstjahr als Stabsapotheker im Krankenhaus Magdeburg-Altstadt kaufte D. 1852 die Sonnen-Apotheke in Magdeburg. Im gleichen Jahr trat er der *Magdeburger Apotheker-Konferenz* bei. 1863 wurde D. Direktoriumsmitglied im *Norddt. Apothekerverein*. Besonderes Verdienst hatte er an der Vereinigung des *Norddt.* mit dem *Süddt. Apothekerverein*, welche 1872 zur Gründung des *Dt. Apothekervereins* führte. Als Vors. der Kommission zur Herstellung der dt. Pharmakopöe arbeitete er an der Entstehung der Pharmacopoea Germania mit, die die Textgrundlage für die Pharmacopoea Germania I von 1872 bildete und als gesamtdt. Arzneibuch Gültigkeit hatte. 1888 wurde D. durch die Verleihung des Dr. phil. h.c. der Univ. Halle geehrt.

W: Über Taxvorschläge nach neuen Prinzipien, 1859. – **L:** BioApo 1, 1975, *111*; → Gustav Hartmann, Die Magdeburger Apotheker-Konferenz 1798–1898. Fs. zur Gedenkfeier ihres 100jährigen Bestehens am 16. Dezember 1898.

Katharina Albrecht

Dankworth, Friedrich *Carl* Andreas
geb. 27.11.1863 Diesdorf bei Magdeburg, gest. 19.03.1924 Magdeburg, Turner, Lehrer, Hauptturnlehrer, Turninspektor, Stadtturnrat, Magistratsschulrat.

Der Sohn eines Müllermeisters besuchte nach seiner Dorfschulzeit ab dem elften Lebensjahr die Bürgerschule in Magdeburg und anschließend Präparande und Lehrerseminar zu Barby. Ab Ostern 1884 als Volksschullehrer in Löderburg bei Staßfurt tätig, bekam er 1885 eine Anstellung an der II. Magdeburger Volksknabenschule und wurde 1889 an die III. mittlere Bürgerschule versetzt. Nachdem er 1887 an der Zentralturnanstalt in Berlin die Turnlehrerprüfung bestanden und 1894 auch die Rektoratsprüfung für Volksschulen ohne fremdsprachlichen Unterricht abgelegt hatte, wurde er 1900 zum städtischen Turninspektor ernannt und damit Leiter des gesamten Turnbetriebs der städtischen Schulen mit Ausnahme der höheren Lehranstalten für Knaben. Zuvor war D. schon Hauptturnlehrer gewesen und hatte seit 1897 auch am Magdeburger Real-Gymn. Turnunterricht erteilt. Magdeburg war damals die einzige Stadt in Preußen, die den Turnunterricht aus dem Rahmen des Gesamtunterrichts herausgehoben hatte und ihn von staatl. geprüften Turnlehrern nebenamtlich erteilen ließ. So kam es, daß das Schulturnen in Magdeburg vor allem unter D.s Leitung einen damals vorbildlichen Entwicklungsstand erreichte. Ihm war es zu verdanken, daß die Stadt um 1900 viele große und baulich gut ausgestattete Turnhallen errichtete. Zusammen mit → Oscar Berger und → Christian Kohlrausch gehört er zu den Pionieren der Spielbewegung in Magdeburg. 1892 übernahm er die Leitung der Spielnachmittage im Friedrich-Wilhelms-Garten. Als Mitglied des *Lehrerturnvereins*, des *Volksspielausschusses*, des *Provinzial-Turnlehrervereins der Provinz Sachsen* (wahrscheinlich seit 1894), des *Turnvereins Jahn* sowie des *Männerturnvereins von 1848* gehörte er zu den führenden Personen der Turnbewegung in Magdeburg. 1905 wählte man ihn auf dem Turntag in Delitzsch zum 1. Vors. des *Provinzial-Turnlehrervereins*, dem er bis zu seinem Tode vorstand. 1912 übernahm er als Nachfolger Bergers die Leitung des *Männerturnvereins von 1848* und das Amt des Jugendpflegers, wurde bald Gauvertreter des Magdeburger Turngaus und, als Berger die Leitung des Turnkreises IIIc aus der Hand gab, 1920 auch dessen Nachfolger in der Kreisvertretung. Jahrelang arbeitete er im großen und im technischen Ausschuß des *Zentralausschusses für Volks- und Jugendspiele in Dtl.* Auch gehörte er zeitweilig dem Hauptausschuß der *Dt. Turnerschaft* an. D. lag die Entwicklung eines vielseitigen Mädchenturnens in Magdeburg sehr am Herzen. 1902 übernahm er aus der Hand Kohlrauschs die Leitung der kommunalen Spielkurse für Turnlehrerinnen, und 1907 wurde ihm die Leitung der staatl. Ausbildungskurse für Turnlehrerinnen in der Provinz Sachsen übertragen. Auch gehörte er seitdem der Prüfungskommission für staatl. Turnlehrerinnen an. Auf Grund seiner national-patriotischen Einstellung organisierte D. 1916–18 während des I. WK Wettkämpfe zur militärischen Vorbereitung der Jugend sowie verschiedene Maßnahmen zur Kriegsfürsorge und erhielt dafür vom Kaiser 1917 das Verdienstkreuz für Kriegshilfe. Ab 1919 leitete D. den von ihm initiierten *Städtischen Ausschuß für Leibesübungen*, der die Aufgabe übernommen hatte, alle Bestrebungen auf dem Gebiet der körperlichen Ertüchtigung der Jugend beiderlei Geschlechts zu fördern. Nach Einrichtung der staatl. Jugendpflege wurde er auch Vors. des Ortsausschusses für Jugendpflege. Durch seine Initiative entstand am 18.01.1920 die Städtegruppe (Ortsgruppe) Magdeburg des *Dt. Reichsausschusses für Leibesübungen*, in dem alle bürgerlichen Turn- und Sportvereine der Stadt auf nicht politischer Basis zusammenarbeiteten. Als Vors. dieses städtischen Dachverbandes nahm er eine geschickte Vermittlerrolle wahr, so daß der deutschlandweite Streit zwischen Turnen und Sport in Magdeburg kaum in Erscheinung trat. 1921 bekam D. vom preuß. Minister für Wiss., Kunst und Volksbildung die Amtsbezeichnung Stadtturnrat verliehen. Als 1922/23 nach Aufhebung der Ortsschulaufsicht auch die Befugnisse des städtischen Turninspektors wegfielen, wurde im Sommer 1923 das Stadtamt für Leibesübungen geschaffen und D. zu dessen Dir. berufen. Zum Verantwortungsbereich des Stadtamtes, das die der Städtischen Deputation für Leibesübungen zugewiesenen Aufgaben durchführte, gehörten die Zuweisung von städtischen Sportanlagen an Schulen und Vereine, die Verwaltung der städtischen Sportanlagen, die Betreuung von Ausbildungskursen für Leiter von Turn-, Spiel- und Sportvereinen und die Beratung aller übrigen städtischen Ämter in Fragen der Leibesübungen. Nach dem Wegfall seiner staatl. Funktionen als Turninspektor erhielt D. 1923 die neue Dienstbezeichnung Magistratsschulrat. Im Zusammenhang mit seinen neu geordneten Aufgabengebieten fiel ihm 1921 auch die Leitung, Aufsicht und Förderung des gesamten technischen Unterrichts der Stadt zu. Die Neuorganisation des technischen und die Einrichtung des hauswirtsch. Unterrichts für Schülerinnen waren seine letzten verdienstvollen Arbeiten vor seinem plötzlichen Tode. Ihm zu Ehren wurde die Turnhalle in der Dreiengelstraße 1927 in C.-D.-Turnhalle umbenannt. Die Ortsgruppe des Reichsauschusses ehrte ihn 1929 durch die Umbenennung des 1921 von D. initiierten Wettkampf-Staffellaufs für Schüler und Erwachsene „Quer durch Magdeburg" in „C.-D.-Staffellauf".

L: Emil Mertinat, C. D. Ein Gedenkbl., in: Monatsschrift für Turnen, Spiel und Sport, 1924, *174–176*; Magistratsschulrat D., in: Magdeburger General-Anzeiger, Nr. 68, 1. Beilage vom 20.03.1924; StadtA Magdeburg: Nr. 1038, PA des Turninspektors C. D.; Nr. 1039, PA des Magistratsschulrats C. D. – **B:** *Familienunterlagen Maren Ballerstedt, Magdeburg (priv.).

Michael Thomas

Danneil, *Friedrich* Hermann Otto, Dr. phil.
geb. 28.05.1826 Salzwedel, gest. 12.05.1908 Bad Elmen bei Groß Salze, Lehrer, ev. Pfarrer, Kultur- und Kirchenhistoriker.

Der Sohn des Salzwedeler Altmarkforschers und Schulrektors Johann Friedrich D. legte sein Abitur am Gymn. seiner Geburtsstadt ab. Von 1846 bis 1848 studierte er ev. Theol. in Halle und wechselte 1848 nach Berlin, um dort sein Studium zu beenden. Während dieser Zeit entwickelte D. eine Vorliebe für die Phil. und deren Gesch. Seinen Professoren gegenüber verhielt er sich kritisch. 1848/49 hielt er sich in Berlin auf, war anfänglich begeisterter Anhänger der revolutionären Bewegung, wandte sich aber nach einem Verweis durch die kgl. Prüfungskommission verstärkt dem religiösen und christlichen Leben zu. 1849 bestand er in Magdeburg die erste theol. Prüfung. Sein Wunsch, akad. Lehrer zu werden, erfüllte sich aufgrund mangelnder finanzieller Mittel des Vaters nicht. Auf dessen Anraten übernahm er 1850 die Vorbereitungsklasse zum Gymn. in Salzwedel und unterrichtete Knaben in der Bibelkunde. Dort stand er in Verbindung mit Hermann Masius, dessen „Naturstudien" (1852) ihn beeinflußten. Nach dem Militärdienst als Landwehrmann und bestandener zweiter theol. Prüfung wurde D. 1853 zunächst als Probekandidat, wenig später als o. Lehrer am Pädagogium des Klosters U. L. F. in Magdeburg angestellt. Nebenher erteilte er Privatunterricht. Die Univ. Jena prom. ihn zum Dr. phil. 1860 übernahm D. das Pfarramt in Niederndodeleben, 1887 als Nachfolger von → Franz Heyne das Pfarramt in Jersleben, wo er 1893 die unter seiner Leitung neuerbaute Kirche einweihen konnte. Wiederholte gesundheitliche Probleme führten 1900 zur Versetzung in den Ruhestand. Neben seiner Tätigkeit als Seelsorger widmete sich D. mehr als vierzig Jahre den sozialen Problemen seiner Gemeinden, fand jedoch für seine Aktivitäten nur geringes Verständnis („Die Arbeiterfrage im Lichte der Inneren Mission", 1873). Folgerichtig fand auch die Kulturgesch. des Magdeburger und des norddt. Bauernstandes sein tieferes Interesse. D. gehörte zum Kreis geschichtsinteressierter und -forschender Männer um → Friedrich Wiggert, → Friedrich Wilhelm Hoffmann und → August Winter, der Ende 1866 den *Verein für die Gesch. und Alterthumskunde des Herzogthums und Erzstifts Magdeburg* ins Leben rief. Bereits 1864 hatte D. in verdienstvoller Weise die „Protokolle der ersten lutherischen General-Kirchenvisitation im Erzstifte Magdeburg anno 1562–1564" (3 Hefte) im Selbstverlag publiziert. Im Interesse der Landschulen bearbeitete er seit 1868 das sog. „Barleber Spruchbuch" mit Luthers Katechismus im ursprünglichen Text, das weite Verbreitung fand (^{27}1894) und publizierte weitere Schriften zur Unterstützung der Tätigkeit der Dorfschullehrer. D. nahm zudem zu kirchlichen Zeitfragen Stellung, wies auf Mißstände und Gefahren hin („Zur Verständigung über die Frage: was heißt Romanisieren", 1868). Er gehörte seit 1875 den sächs. Provinzialsynoden an, wurde 1878 in die Drei-Männer-Kommission zur Ausarbeitung eines Provinzialgesangbuches gewählt, widmete sich zudem mit sachverständigen Freunden der Revision des alten Magdeburgischen Gesangbuches und gab ein „Ev. Schul-Gesangbuch" (1882) heraus. In der Folge trat D. mit quellen- und kulturgesch. Untersuchungen hervor, u. a. mit der „Gesch. des ev. Dorfschulwesens im Hzt. Magdeburg" (1876) sowie dem zweibändigen „Beitrag zur Gesch. des Magdeburgischen Bauernstandes" (1896–98), deren Ergebnisse kontrovers diskutiert wurden. Seine umfangreichen Vorarbeiten zu einer Chronik des Ortes Niederndodeleben gab sein Sohn → Heinrich D. erst 1937 heraus.

W: Zur Gesch. der ständischen und bäuerlichen Verhältnisse im Magdeburgischen, namentlich des Dorfes Niederndodeleben von 1200–1400, in: GeschBll 3, 1869, *117–152, 237–275*; Eine alte Magdeburgische Kirchenordnung vom Jahre 1400 ca., in: ebd. 6, 1872, *321–354, 490–515* und 7, 1873, *56–76*; Zur Ehre des Magdeburger Bauernstandes, 1901; Heinrich D. (Hg.), Niederndodeleben. Aus tausend Jahren, 1937 (*B). – **L:** BioJb 13, 1908; Adolf Hinrichsen, Das lit. Dtl., 1888, *106f.*

Siegfried Schmidt

Danneil, Heinrich
geb. 25.03.1872 Niederndodeleben, gest. 26.03.1944 Neinstedt/Harz, ev. Theologe.

Nach Besuch der Dorfschule wurde D. von seinem Vater, dem Pastor → Friedrich D., bis 1884 in Jersleben unterrichtet. Danach wechselte er zur Klosterschule U. L. F. in Magdeburg, wo er 1890 das Abitur ablegte. Er begann 1890 das ev. Theologiestudium in Greifswald, wo er besonders von Martin von Nathusius geprägt wurde, und setzte es anschließend in Halle (1891–93) fort. Nach einem Seminarkurs in Erfurt legte er 1894 die erste theol. Prüfung, 1895 das zweite theol. Examen ab. 1895–96 war er als Hauslehrer in Soden am Taunus angestellt. Anschließend stand er seinem Vater bis 1900 als Hilfsprediger in Jersleben zur Seite. 1898 wurde er ordiniert. Im Jahr 1900 ging er als Hilfsprediger nach Schönebeck (St. Jakobi), wo er 1906 endlich eine volle Pfarrstelle erhielt. 1910 avancierte er dort zum Oberpfarrer. 1915 wechselte er auf die zweite Pfarrstelle an der Magdeburger St. Ulrichs-Gemeinde, wo er 1922 zum Oberpfarrer befördert wurde. Auf dieser Stelle blieb er bis zu seiner wegen einer schweren Erkrankung erfolgten Pensionierung 1934. Seit 1923 wirkte er gleichzeitig als Magdeburger Superintendent. Von seinem Vater hatte D. das Interesse an der Kirchengesch. geerbt und veröffentlichte zahlreiche Beiträge zur Kirchengesch. von Magdeburg und Umgebung. 1926 übernahm er die Herausgabe des *Magdeburger Kirchenblatts*. D. war überdies aktives Mitglied im Ev. Bund.

W: Aus unseres Herrgotts Kanzlei. Magdeburg in Vergangenheit und Gegenwart, 1924; Johann Friedrich D., in: Mitteldt Leb 1, 1926, *71–77*; Was jeder Älteste und Verordnete wissen muß: Pflichten und Rechte der kirchlichen Gemeindevertretung, 1930; Magdeburgs Gesch. in Bildern, 1931; (Hg.) Friedrich D., Niederndodeleben. Aus tausend Jahren, 1937. – **L:** AKPS: Rep. A, Spec. P, D 196 (PA); Rep. A, Spec. G, Nr. 8478–8479; Rep. A, Spec. K, Nr. 5469.

Margit Müller

Danz, Hermann

geb. 18.10.1906 Niederschelderhütte/Westfalen, gest. 05.02.1945 Zuchthaus Brandenburg (hingerichtet), Schmied, Widerstandskämpfer.

Der Sohn einer Arbeiterin wuchs in Schmalkalden auf. 1925 trat er der KPD bei und gründete in Schmalkalden eine Ortsgruppe des Kommunistischen Jugendverbandes Dtls. Ende 1928 bis 1930 besuchte er die Leninschule der Kommunistischen Internationale in Moskau und war anschließend als Übersetzer für den Moskauer Rundfunk tätig. 1931 bis Anfang 1933 gehörte er der Bezirksleitung der KPD Thüringen an. Nach kurzzeitiger Inhaftierung leitete er in der Illegalität den KPD-Bezirksvorstand Magdeburg-Anhalt. Hier lernte er auch seine spätere Lebensgefährtin → Eva Lippold kennen. Nach seiner neuerlichen Verhaftung im November 1933 und einer dreijährigen Zuchthaushaft kehrte er Anfang 1937 in seine illegale Funktion zurück. In den nächsten Jahren scharte er die wieder frei gekommenen Mitstreiter um sich (→ Hubert Materlik) und bildete nach dem dt. Überfall auf die Sowjetunion erneut eine Untergrundgruppe, die über → Martin Schwantes Kontakt zu einer sich in Berlin herausbildenden KPD-Organisation unter Anton Saefkow fand. Mit deren Verhaftung im Juli 1944 war auch das Ende der Magdeburger Gruppe besiegelt. D. und seine engsten Mitarbeiter starben wenige Monate vor Kriegsende unter dem Fallbeil.

L: Wolfgang Benz/Walter H. Pehle (Hg.), Lex. des dt. Widerstandes, 1994, *341*; Dt. Widerstandskämpfer, Bd. 1, 1970, *186ff*. (***B***). – **B:** *StadtA Magdeburg.

Beatrix Herlemann

Danzmann, *Paul* Friedrich Hermann Karl

geb. 27.08.1889 Hohenhameln/Kr. Peine, gest. 05.03.1974 Uhrsleben, Ing., Tierfänger.

Der ausgebildete Ing. kam noch vor dem I. WK nach Sumatera (Sumatra) und begann hier ein abenteuerliches Leben. Er arbeitete zunächst als Goldwäscher, später wie → Hermann Kunstler als Pflanzensammler und Tierfänger, der Zoologische Gärten der Alten und Neuen Welt mit Großwild wie Elefanten und Raubkatzen belieferte. Im Auftrag einer nordamerikanischen botanischen Versuchsstation in Indonesien suchte und fand er in den tropischen Wäldern Nord-Sumatras die Stammform der Dattelpalme. Später war D. in und um die Metropole Medan ansässig. Nach der in jungen Jahren geschlossenen Ehe mit einer Eingeborenen, die später zu ihrem Stamm zurückging, heiratete D. die Lehrertochter Katharina Zabel aus Uhrsleben, die 1922 zu ihm nach Sumatra reiste. Im II. WK wurde die Fam. von den Holländern interniert und war japanischem Bombardement ausgesetzt. Bis zum Sturz der holländischen Kolonialmacht in Indonesien stand D. als Bauleiter in holländischen Staatsdiensten und war technischer Leiter und Prokurist einer Naturkautschukfabrik. 1949 kehrte die Fam. nach Dtl. zurück und siedelte sich in Uhrsleben an. Hier war D. langjährig als Sparkassen-Rendant und örtlicher Naturschutzhelfer tätig. D. hinterließ zahlreiche kulturhist. wertvolle Fotos sowie handschriftliche Berichte und Geschichten, die auf eindrucksvolle Weise Lebens- und Arbeitsverhältnisse in einer fernen Welt dokumentieren.

N: Fam. Dombrowa, Uhrsleben (priv.): Fotos und Mss. – **L:** Vf., Drei Forscherpersönlichkeiten – in der Heimat, in der Welt – bei uns geboren, bei uns begraben …, in: Js. des KrMus. Haldensleben 33, 1993, *45–47* (***B***).

Karl Schlimme

Daub, Philipp (Ps.: Ph. Horn)

geb. 21.01.1896 Burbach bei Saarbrücken, gest. 14.07.1976 Berlin, Metallarbeiter, Partei- und Gewerkschaftsfunktionär, Kommunalpolitiker, Oberbürgermeister in Magdeburg.

Der aus einer Arbeiterfam. stammende D. wurde nach der Volksschule Metallhilfsarbeiter und absolvierte 1912–15 an einer Technischen Fachschule die Ausbildung zum Maschinenschlosser. Von 1916 bis 1918 Soldat, wurde D. 1918 Mitglied der USPD und der Gewerkschaft, trat 1921 zur KPD über und arbeitete als Gewerkschaftsfunktionär sowie 1924–31 als Stadtverordneter der KPD in Saarbrücken. 1928–31 war er gleichzeitig Politischer Leiter des KPD-Bez. Saar, ab 1931 des Bez. Hessen. Hier 1931 wegen Verstoßes gegen die Parteilinie abgesetzt, wurde er Instrukteur des ZK der KPD für das ehemalige Reichsgebiet und 1932 MdR für das Ruhrgebiet. 1933 war D. Mitglied der illegalen Landesleitung der KPD und Leiter des Bez. Mitte (Magdeburg, Halle, Thüringen und Sachsen). Er soll in dieser Funktion auch in Magdeburg gearbeitet haben. 1935 emigrierte D. nach Frankreich, leitete von dort aus die illegale Arbeit im Ruhrgebiet. 1936 übernahm er die Funktion des Auslandsleiters der Roten Hilfe in Paris, wurde bei Kriegsausbruch in Le Vernet interniert und emigrierte 1941 in die USA. Nach seiner Rückkehr 1946 in die SBZ wurde D. erneut Mitglied der KPD, dann der SED. Er gehörte zum Kreis der „Westemigranten" um Paul Merker und Rudolf Engel innerhalb der KPD/SED. Unter dem Präsidenten der Zentralverwaltung für Umsiedler, Paul Merker, war D. seit Anfang 1947 als Vizepräsident dieser Behörde mit der Integration der Flüchtlinge und Vertriebenen in der SBZ betraut. Er leitete ab März 1948 die einflußreiche Abt. Personalpolitik des Zentralsekretariats der SED. Ab 01.07.1950 wurde D. als Leiter dieser Abt. im Zuge der „Noel-Field-Affäre", die eine Entmachtung der „Westemigranten" zur Folge hatte, von seiner Funktion entbunden und „als Magdeburger Oberbürgermeister alsbald in die Provinz und den ‚politischen Vorruhestand' versetzt" (vgl. Schwartz, *130*). D. war als Nachfolger von → Rudolf Eberhard von 1950 bis 1961 Oberbürgermeister der Stadt Magdeburg. Er legte am 01.05.1951 den Grundstein für den Neuaufbau des Breiten Wegs. In seine Amtszeit fiel die Umgestaltung des Magdeburger Stadtzentrums, verbunden mit der Sprengung und Beseitigung von vielen Überresten des alten Magdeburg (Ulrichskirche, Heiliggeistkirche). Als Vors. des Rechts- und Verfassungsausschusses des Landtages von Sa.-Anh. 1952 war D. maßgeblich an der Auflösung des Landes und der Bildung der Bezirke Magdeburg und Halle beteiligt. 1961–64 war er der erste Präsident der *Liga für Völkerfreundschaft* der DDR. Er erhielt zahlreiche Auszeichnungen, u. a. 1965 den VVO in Gold und 1966 den Karl-Marx-Orden. Die polytechnische Oberschule Magdeburg am Westring führte 1978–91 seinen Namen.

L: Hdb SBZ/DDR, *113f.*; Bio Hdb Emigr 1, *123*; Andreas Herbst/Gerd Rüdiger Stephan/Jürgen Winkler (Hg.), Die SED. Gesch., Organisation, Politik. Ein Hdb. 1997, *929*; Michael Schwartz, Apparate und Kurswechsel. Zur institutionellen und personellen Dynamik von „Umsiedler"-Vertriebenenpolitik der Einheitspartei im ersten Nachkriegsjahrzehnt, in: Dierk Hoffmann/Michael Schwartz (Hg.), Geglückte Integration?, 1999, *111–130*. – **B:** *StadtA Magdeburg.

Gerald Christopeit

Daum, Friedrich August *Hermann*
geb. 10.05.1818 Quedlinburg, gest. 07.12.1889 Wanzleben, ev. Theologe, Schriftsteller.

D. besuchte in Magdeburg das Gymn. des Klosters U. L. F. Bereits hier verfaßte er zusammen mit seinem Freund → Gustav von Putlitz erste poetische Texte. Seinem Wunsch folgend, studierte er von 1839 bis 1842 ev. Theol. in Halle. Danach war er einige Jahre als Prädikant in Schkölen bei Naumburg tätig, arbeitete anschließend als Hauslehrer in Pommern und in der Lausitz und erhielt weitere Anregungen für seine schriftstellerische Tätigkeit. 1850 kehrte D. nach Magdeburg zurück, übernahm dort die Stelle des Prädikanten an der St. Petrikirche und trat mit ersten umfangreicheren Dichtungen hervor, von denen „Der verlorene Sohn" (1851) besondere Resonanz fand. Ab 1852 war er als Diakon, ab 1859 als Achidiakon in Tangermünde tätig. Dort wirkte er, auch mit zahlreichen eigenen Schriften, seit 1857 sehr erfolgreich für den *Gustav-Adolf-Verein*. Im Jahre 1868 berief man D. als Pfarrer nach Groß-Leinungen bei Wallhausen, ab 1876 war er als Pfarrer in Wanzleben tätig. Bis zu seinem Lebensende widmete er sich lit. Arbeiten.

W: Der verlorene Sohn. Moderne Dichtung, 1851, ²1866; Johannes Huß, der Märtyrer von Konstanz, 1852; Die Verfolgung der Evangelischen in Böhmen, 1860; Gestalten und Bilder. Ein Lorbeerkranz für Preußens tapferes Heer. Patriotische Gedichte, 1866; Gustav Adolf in Dtl. Epische Dichtung, 1882. – **L:** Kosch LL 3, Sp. *1007*; Franz Brümmer, Dt. Dichterlex., 1877 (Nachtrag); Adolf Hinrichsen, Das lit. Dtl., 1888, *108*; AKPS: Rep. A, Spec. P, D 19 (PA).

Gabriele Czech

David, Walter
geb. 04.06.1904 Magdeburg, gest. 28.03.1984 Magdeburg, Arbeiterturner, Sportlehrer, Schul- und Sportfunktionär, Stadtturnrat.

Der Sohn des Sattlers Friedrich D. erlernte nach der Schulbildung 1918–22 den Beruf eines Graveurs. Seit 1920 dem *Dt. Metallarbeiter-Verband* (*DMV*) angehörend, arbeitete er bis 1932 in seinem Beruf und seit 1934 in Magdeburger Betrieben der Rüstungsindustrie. Nach Verbot des *DMV* 1933 wurde er Pflicht-Mitglied der ns. *Dt. Arbeitsfront*. Seit 1920 Mitglied des *Arbeiter-Turn-Vereins „Fichte"*, Abt. Magdeburg-Altstadt, schloß er sich 1929 der kommunistischen Opposition (*Rot-Sport*) an. Er wurde im Oktober 1929 als Turnerinnenwart Vorstandsmitglied des abgespaltenen *Arbeiter-Turn-Vereins „Fichte"*, Abt. Altstadt (revolutionäre Opposition). Nach dem II. WK engagierte sich D. sofort für den Aufbau einer antifaschistischen Sportbewegung. In diesem Zusammenhang trat er 1945 in die KPD, später in die antifaschistische, aber bald kommunistisch dominierte Einheitsgewerkschaft FDGB und in den quasikommunistischen Jugendverband FDJ ein. Als technischer Leiter baute er die *Volkssportgemeinschaft Magdeburg-Ost* auf. Gleichzeitig war er von Anfang an, seit dem 26.08.1945, Mitglied des *Antifaschistischen Sportausschusses*. Im Dezember 1945 wählte man ihn als technischen Leiter in das Städtische Sportamt. Nach der Auflösung des Sportamtes am 20.12.1948 wechselte D. in den am 24.09.1948 konstituierten *Kreissportausschuß Magdeburg* (*KSA*). Als technischer Leiter machte er sich beim Aufbau der *KSA* der Region verdient. Gleichzeitig war er Mitglied des *Landessportausschusses Sa.-Anh*. Somit nahm er beim endgültigen Aufbau der sozialistisch-kommunistischen Einheitssportbewegung der Region eine führende Position ein. 1951/52 als Referent für Sport in einem Ministerium des Landes tätig, wurde ihm nach Auflösung der DDR-Länder 1952 die Sachbearbeiterstelle (Kreisreferent) für Unterricht und Erziehung im Stadtkomitee für Körperkultur und Sport (gegründet am 06.09.1952) beim Rat der Stadt Magdeburg zugewiesen. 1952/53 studierte D. am hiesigen Inst. für Lehrerbildung (IfL), um Unterstufenlehrer für die Schulfächer Deutsch und Körpererziehung zu werden. Damit verbunden war 1954 sein Wechsel in die Abt. Volksbildung beim Rat der Stadt. Anschließend nahm er 1954 ein Fernstudium an der PH Potsdam auf, das er 1956 mit dem Staatsexamen Oberstufenlehrer im Schulfach Turnen/Sport abschloß. Er gehörte dem Lehrerkollegium der Magdeburger Kinder- und Jugendsportschule (KJS) an. Bereits seit 1955 auch als Schul-Fachberater für Körpererziehung/Sport tätig, übernahm D. das Aufsichtsamt eines Stadtturnrats für den Schulsport, das er bis zu seiner Pensionierung 1969 ausübte. Immer auch als tätiges Vereinsmitglied dem Turnen und Wandern verbunden geblieben, nahm er neben seiner Berufstätigkeit verschiedene Funktionen in der Sportbewegung wahr. Er organisierte in Magdeburg nationale Meisterschaften (Artistik, Geräteturnen) sowie die I. Kinder- und Jugendspartakiade des Bez. 1965. Spätestens seit 1962 bis 1967 war er Vors. des Bezirksfachausschusses (BFA) Turnen/Gymnastik des *Dt. Turn-Verbandes der DDR* (*DTV*) im *Dt. Turn- und Sportbund* (*DTSB*). D. wurde für seine Verdienste beim Auf- und Ausbau des Vereins- und Schulsports in Stadt und Bez. Magdeburg seit 1955 vielfach ausgezeichnet. 1961 wurde ihm die Friedrich-Ludwig-Jahn-Medaille des *DTSB* verliehen, und 1984 ernannte ihn der *DTV* zum Ehrenmitglied des BFA Magdeburg.

N: UnivA Magdeburg: Nr. 2195–2218. – L: Horst Meinecke/Fredo Musial, Die Entwicklung der Volkssportbewegung in der Stadt Magdeburg (1945–1961), Diplomarbeit Sektion Sportwiss. PH Magdeburg 1982.

Michael Thomas

Davier, August Rudolf *Karl* von

geb. 13.07.1853 Neeken/Anhalt, gest. 08.01.1936 Seggerde/Kr. Gardelegen, Jurist, Gutsbesitzer, Landwirt, Landrat.

D. studierte nach dem Abitur 1874 Jura und Staatswiss. Nach dem Referendarexamen in Breslau (1877) folgten Tätigkeiten als Reg.- und Gerichtsreferendar in Schlesien und Westfalen. 1887 wurde D. zum Landrat des Kreises Znin/Schlesien berufen. Auf Wunsch seines Oheims Eduard v. D., der die Rittergüter Seggerde, Hasselburg, Lemsell, das Amtsgut Weferlingen und Altena (Kr. Helmstedt) von seiner kinderlosen Schwägerin Thekla Sophie Marie Anna Freiin von Schaumburg, der Ehefrau → Werner von Spiegel zu Peckelsheims, geerbt hatte, wirkte er 1894–97 als Landrat im Kr. Gardelegen. Auf sein Ersuchen wurde er Mitte 1897 aus dem Staatsdienst entlassen und widmete sich fortan der Verwaltung des 1895 geerbten von Spiegelschen Grundbesitzes. Dabei förderte er den Getreide-, Kartoffel- und Zuckerrübenanbau durch Einführung neuer Sorten und intensive Bodenbearbeitung. Nach dem Abschied aus dem Kreistag war er Mitglied des Kreisausschusses und des *Bundes der Landwirte*. Er stand dem D.schen Fideikommiß vor und förderte als Vorstands- und Aufsichtsratsmitglied der von → Wilhelm Suder mitbegründeten *Zuckerfabrik Weferlingen*, der *Allerthal-Werke* in Grasleben und als Vors. des Aufsichtsrats der *Elektrischen Überlandzentrale Weferlingen und Umgebung e.GmbH* die wirtsch. Entwicklung der Region nachhaltig.

L: Weferlinger Anzeiger Jan. 1935; Archiv der Fam. D., Rittergut Seggerde/Ohrekreis.

Eberhard Pasch

Deffke, Friedrich *Wilhelm* Heinrich

geb. 23.04.1887 Elberfeld, gest. 28.08.1950 Woltersdorf bei Berlin, Gebrauchsgraphiker, Architekt.

D. besuchte in Elberfeld die Volks- und Mittelschule und arbeitete 1901–03 als Patroneur und Musterzeichner. Nachdem er zuvor schon die Abendklasse der Kunstgewerbeschule besucht hatte, wechselte er 1903–04 in den Tagesunterricht. 1904–07 absolvierte er eine Buchbinderlehre und besuchte weiterhin die Kunstgewerbeschule, wo er im Wintersemester 1906–07 vertretungsweise die Leitung der

Fachklasse für Buchausstattung übernahm. 1907–08 folgten die Gesellenprüfung und Tätigkeiten in verschiedenen Werkstätten und Branchen. 1909–10 war er als selbständiger Mitarbeiter im Atelier von Peter Behrens in Neubabelsberg tätig, lehrte 1910–12 an der Reimann-Schule in Berlin und baute sich gleichzeitig eine eigene Praxis auf. 1912–14 fungierte er als künstlerischer Beirat der *Otto-Elsner-Buchdruckerei AG* und gründete mit Carl Ernst Hinkefuß ein eigenes Druckerei-Unternehmen, das *Wilhelm-Werk*. Während des Kriegsdienstes 1914–16 erlitt er einen schweren Nervenschock infolge einer Verschüttung. 1919 trat er aus dem *Wilhelm-Werk* aus und betrieb eine eigene Praxis als Architekt, Werbeorganisator und Graphiker, bis er im Oktober 1925 in der Nachfolge von → Rudolf Bosselt das Amt des Dir. der Magdeburger Kunstgewerbe- und Handwerkerschule antrat. Nach der Machtübernahme durch die Nationalsozialisten wurde er 1933 zunächst beurlaubt. D. trat, um sein Schulwerk zu retten, der NSDAP bei, wurde dennoch im September 1935 entlassen. Danach eröffnete er in Berlin ein eigenes Atelier als Gebrauchsgraphiker. Nach Beendigung des II. WK war er 1946–50 in seiner alten Stellung in Magdeburg tätig. D. gehörte zu jenen Künstlern, welche die künstlerische „Moderne" in Magdeburg nicht nur lehrten, sondern auch praktizierten. Hatte er bereits in den Jahren zwischen 1916 und 1925 als Gestalter eines modernen Typs des Fabrik- und Warenzeichens Aufsehen erregt, so waren es in den Magdeburger Jahren vor allem seine Leistungen als Plakatgestalter und Architekt, die nachhaltige Wirkungen erzielten. D. errichtete 1922 einen prämierten Ausstellungsstand für die Fa. *Rückforth* auf der Mitteldt. Ausstellung Magdeburg (MIAMA) und übernahm danach bis 1926 die Bauplanung für den Ausbau des Ausstellungsgeländes auf dem Magdeburger Rotehorn. Unter D.s Leitung wurde die Magdeburger Kunstgewerbe- und Handwerkerschule künstlerisch und organisatorisch reformiert und verstärkt in die Gestaltung der städtischen Ausstellungsvorhaben einbezogen, wie etwa zur legendären „Wiederaufbau"-Ausstellung „Magdeburg lebt" 1947 (mit → Arno Meng).

W: Handelsmarken und Fabrikzeichen, 1917 (mit Carl Ernst Hinkefuß). – **N:** Akad. der Künste Berlin; Stadtbibl. Magdeburg. – **L:** Kat. der Ausstellung „Weggefährten – Zeitgenossen", Berlin 1979; Kat. der Ausstellung „Alltag + Epoche", Berlin 1984; Norbert Eisold, Die Kunstgewerbe- und Handwerkerschule Magdeburg 1793–1963, Kat. Magdeburg 1993. – **B:** *Norbert Eisold, Blankenburg (priv.).

Siegward Hofmann

Degenkolbe, Joachim Franz *Erich*
geb. 10.03.1902 Bitterfeld, gest. 27.12.1994 Magdeburg, Architekt.

D. wuchs als viertes von zehn Kindern der Fam. des Gerichtsamtmannes Hugo D. auf. Die Tätigkeit des Vaters führte die Fam. über Weferlingen und Hettstedt nach Magdeburg, wo D. die Bürgerschule und das Gymn. des Klosters U. L. F. besuchte. Er absolvierte von 1919 bis 1922 eine Tischlerlehre und arbeitete anschließend als Tischlergeselle. Nach einer Ausbildung an der Kunstgewerbeschule in Magdeburg von 1922 bis 1924 nahm er 1925 ein Studium an der Staatl. Baugewerkschule in Magdeburg auf und war anschließend von 1927 bis 1949 in der städtischen Bauverwaltung Magdeburgs tätig – unterbrochen 1942/43 durch eine Dienstverpflichtung nach Berlin und 1943–45 durch die Einberufung zum Kriegsdienst. Nach dem II. WK arbeitete D. im Hochbauamt der Stadt Magdeburg (1946 bis 1949), dem *VEB(Z) Projektierung Sa.-Anh.* (1950 bis 1952), dem Entwurfsbüro für Hoch- und Industriebau Magdeburg (1953), dem *VEB Kreisentwurfsbüro* Magdeburg (1954), dem Entwurfsbüro für Hochbau Magdeburg (1954 bis 1959) und dem *VEB Hochbauprojektierung Magdeburg* (1959 bis 1963). Nach dem Ende des II. WK erstellte D. zahlreiche Entwürfe zum Wiederaufbau kriegszerstörter Magdeburger Gebäude und Gebäudeteile, u. a. für das Zentral-Theater, die von → Johannes Göderitz und → Fritz Kneller entworfene Versuchsschule Magdeburg-Wilhelmstadt (1954) und des heutigen sozialtherapeutischen Zentrums sowie für die Wohnbebauung des mittleren Teils des Breiten Weges (1951–53). D. war zudem maßgeblich am veränderten Wiederaufbau des Kulturhist. Mus. in Magdeburg beteiligt (1955/56–61) und erbrachte Vorentwürfe für ein neues Rathaus und eine neue Strombrücke. Seit Anfang der 1950er Jahre auch mit Landwirtschaftsbauten (Traktorenstationen und Offenställe) befaßt, widmete er sich ab Ende der 1950er Jahre verstärkt der städtischen und ländlichen Wohnbebauung (Wohnungsneubau in Magdeburg: Jordanstraße, Hohepfortestraße und Ernst-Lehmann-Straße, Max-Otten-Straße, Agnetenstraße sowie Wohnungsneubau Hadmersleben: Landwohnungen für Umsiedler) sowie dem Neubau kommunaler Einrichtungen (Krankenhäuser in Zerbst und Burg, Theater in Stendal, Anatomie und Mensa der Med. Akad. Magdeburg, Konzeption für die Landesfrauenklinik und die Poliklinik in der Magdeburger Agnetenstraße, Lindenhofschule/Reform). Er wirkte zudem an der Gestaltung des Magdeburger AMO-Kulturhauses mit. In einer zweiten Schaffensphase nach dem Ausscheiden aus dem kommunalen Dienst 1963 widmete sich D. bis ins hohe Alter vornehmlich architektonisch-künstlerischen Aufgaben. Seine technische, schöpferische und künstlerische Veranlagung diente ihm nicht nur in seinem Beruf als Architekt, sondern machte ihn auch zu einem Raum- und Objektkünstler. So entwarf er u. a. Kanzel, Altar und weitere Objekte für die St. Ambrosius-Kirche (1958/59) und zeichnete für die bauliche und künstlerische Veränderung des Altarraumes der Pauluskirche (1964/65) verantwortlich. Zudem entwarf er Plakate sowie Grab- und Gedenkstätten.

L: Bauplanung und Bautechnik, Bd. 1, Nr. 5, 1947; 100 Jahre Pauluskirche, hg. vom Förderkreis Pauluskirche, 1996; Magdeburg und seine Kirchen, hg. vom Ev. Kirchenkr. Magdeburg und der kath. Stadtpfarrerkonferenz Magdeburg, 1999. – B: Vf., Magdeburg (priv.).

Bernhard Mai

Deicke, Hans-Joachim
geb. 28.02.1924 Klein Wanzleben, gest. 17.10.1969 Delitzsch, Gärtner, Gartenbau-Ing.

D., Sohn des Gärtners Karl D., absolvierte bis 1939 die Grundschule Klein Wanzleben und begann eine Gärtnerlehre in Magdeburg. Nach Wehrmacht und franz. Kriegsgefangenschaft 1941–48 baute er die Gärtnerei seines verstorbenen Vaters in Klein Wanzleben zu einem mittelständischen Betrieb auf. 1958 begann der Betrieb unter seiner Leitung erstmals mit der feldbaumäßigen Vermehrung von Tulpenzwiebeln. Um die Vermehrung ausbauen zu können, trat D. der *LPG Klein Wanzleben* bei. Gleichzeitig qualifizierte sich D. zum Feldbaumeister und ab 1958 im Rahmen eines dreijährigen Fernstudiums an der Fachschule in Quedlinburg zum Gartenbau-Ing. 1962 erfolgte die Umbildung des Betriebes zur *Gärtnerischen Produktionsgenossenschaft* (*GPG*). Durch eine Erweiterung der Anbauflächen wurde die Voraussetzung für eine industrielle Vermehrung von Tulpenzwiebeln, Gladiolenknollen und Schnittblumen geschaffen. Auf der Leipziger Messe und der Int. Gartenbauausstellung (IGA) in Erfurt erhielten Tulpen und Gladiolen aus Klein Wanzleben zahlreiche Auszeichnungen, wie Gold-, Silber- und Bronzemedaillen. Die Lieferung dieser begehrten Pflanzen erfolgte in nahezu alle großen Städte der DDR. D. schuf in der *GPG Klein Wanzleben* Anbauflächen für Tulpen (15 ha), Gladiolen (25 ha), für Hyazinthen und Lilien. Bereits 1964 wurden 70 Prozent des DDR-Exportes an Blumenzwiebeln und -knollen u. a. nach Kuba, Polen, Österreich sowie auch Holland durch die von D. geleitete *GPG Klein Wanzleben* realisiert. Wissenschaftler und Züchter, u. a. aus der Sowjetunion, Bulgarien, England, der BRD und Holland, informierten sich vor Ort über die Ergebnisse der feldbaumäßigen Vermehrung dieser Blumen sowie über den Einsatz und die Entwicklung entsprechender Technik.

D. war Mitglied zahlreicher Fachausschüsse im Kreis-, Bezirks- und DDR-Maßstab.

L: Veröffentlichungen in der Gärtnerpost, der Bauernztg. und der Volksstimme. – N: Ostostfalen-Archiv, Hundisburg. – B: Hildegard D., Kleinwanzleben (priv.).

Lieselotte Schlimme

Deininger, *Heinz* Herbert Alfred, Dr. rer. oec.
geb. 27.06.1916 Magdeburg, gest. 17.12.1992 Brehna, Diplomvolkswirt, Sportfunktionär.

D. war in den 1930er und 1940er Jahren aktiver Schwimmer und Wasserballspieler, erreichte aber national und int. keine besonders herausragenden Erfolge. Seine Bedeutsamkeit für den Schwimmsport basiert vielmehr auf erfolgreicher Arbeit als Sportfunktionär. D., der als Hauptbuchhalter in einem Kombinat in Bitterfeld arbeitete, war von 1952 bis 1966 Präsident des *Schwimmsportverbandes* des *Dt. Turn- und Sportbundes* (*DTSB*) der DDR und bis 1989 dessen Ehrenpräsident. Ab 1953 bekleidete er gleichzeitig die Funktion eines Vizepräsidenten des *Nationalen Olympischen Komitees* (*NOK*) der DDR. Von 1964 bis 1968 war er Büromitglied der *Fédération Internationale de Natation Amateur* (*FINA*), 1966–70 war er außerdem zum Büromitglied des *Ligue Européene de Natation* (*LEN*) gewählt worden.

L: Hdb SBZ/DDR, *115*; Klaus Fiedler/Klaus Liebold, Schwimmen in Vergangenheit und Gegenwart, Bd. 2, 1979, *11, 15*; Volker Kluge, Aus der Gesch. des Schwimmsports, in: Klaus Fiedler (Hg.), Vom Badespaß zum Weltrekord, 1985, *43, 47*.

Norbert Heise

Delbrück, Gottlieb, Dr. jur. h.c.
geb. 02.09.1777 Magdeburg, gest. 02.11.1842 Halle, Jurist, Geh. Oberregierungsrat.

Der jüngste Sohn des Magdeburger Juristen und Ratmannes Friedrich Heinrich D. absolvierte das Domgymn. in Magdeburg und studierte 1795–97 Rechtswiss. an der Univ. Halle. 1798 trat er in den preuß. Staatsdienst, wurde nach einem kurzen Referendariat an Magdeburger Gerichten 1800 zum Justizkommissar und Notar ernannt und erhielt zugleich eine Assessur beim Syndikatsgericht des Magdeburger Domkapitels. Hier wirkte er ab 1802 als Kriminalrat und ab 1805 als Syndikus des Domkapitels. Nach dessen Auflösung 1810 oblag ihm die Verwaltung der Güter der ehemaligen geistlichen Stifte in Magdeburg. Während der Zeit des Königreichs Westfalen hielt er sich 1807 einige Zeit in Paris auf. 1816 erhielt D. eine Anstellung als Regierungsrat und Justitiar bei der Reg. in Magdeburg. 1826 zum Geh. Regierungsrat ernannt, übernahm er zugleich die Aufgaben eines Justitiars des ev. Konsistoriums und des Provinzial-Schulkollegiums in Magdeburg. Während dieser Zeit erwarb er sich besondere Verdienste um die in unmittelbarem Auftrag des Staatskanzlers Hardenberg vorgenommene Regulierung der schwierigen Verhältnisse zum regierenden Grafen zu Stolberg-Wernigerode. 1831 wurde der erfahrene D. durch das Ministerium Altenstein mit der Untersuchung der Studentenunruhen an der Univ. Halle betraut und infolge der mit großer Umsicht gelösten Aufgabe noch im selben Jahr zum Regierungsbevollmächtigten und Kurator der Univ. Halle berufen – ein Amt, das er bis zu seinem Tode ausübte. D. setzte sich in unparteiischer Weise konsequent für die materiellen und ideellen Interessen der Univ. ein. So betrieb er seit 1832 langjährig die zeitgemäße Umarbeitung der Universitätsstatuten, deren Ausarbeitung bei seinem Tod kurz vor dem Abschluß stand, nahm vorteilhaften Einfluß auf die Personalpolitik des Ministeriums bei der Berufung von Professoren und Zulassung von Dozenten und setzte sich energisch und wiederholt für die Aufbesserung der Gehälter des Unviersitätspersonals ein. Bei der Beaufsichtigung des Lehrkörpers und der Disziplinierung der Studenten in bewegten Zeiten übte er verantwortungsvolle Milde und plädierte im Gegensatz zur kgl. Reg. für gemäßigte Strafen. D. hatte als Kurator in Halle entscheidenden Anteil an der Errichtung des 1834 eingeweihten neuen Hauptgebäudes der Univ., an der Reparatur und Erweiterung von Gebäuden der med. Fakultät, an der Erweiterung der Baulichkeiten des Botanischen Gartens (ab 1842 realisiert) und der Beendigung der Bauarbeiten am Gebäude der UB. Zudem leitete er die Fortführung der internen Rechnungsrevision und Inventarisierung ein. 1834 verlieh ihm die jur. Fakultät der Univ. Halle die Ehrendoktorwürde. Für seine Mitarbeit bei Gesetzgebungsvorhaben im Ministerium Altenstein wurde er 1838 zum Geh. Oberregierungsrat ernannt.

L: Nekrolog auf G. D., in: Hallisches patriotisches Wochenbl., 44. Stück vom 07.11.1843, *1428* (Beilage); → Wilhelm Schrader, Gesch. der Friedrichs-Univ. zu Halle, Bd. 2, 1894; Manfred Brümmer, Staat contra Univ. Die Univ. Halle-Wittenberg und die Karlsbader Beschlüsse 1819–1848, 1991, *86–118* u.ö. – **B:** *UnivA Halle.

Guido Heinrich

Delbrück, Johann Friedrich *Ferdinand*, Prof. Dr. phil., Dr. theol. h.c.
geb. 12.04.1772 Magdeburg, gest. 25.01.1848 Bonn, Pädagoge, Universitätslehrer.

Der zweite Sohn des Ratmannes Friedrich Heinrich D. folgte nach dem Besuch der Domschule in Magdeburg (1780–90) dem Weg seines älteren Bruders → Friedrich D. und belegte ab Ostern 1790 vornehmlich bei Friedrich August Wolf phil. und philologische Seminare an der Univ. Halle. Durch Empfehlung seines Magdeburger Lehrers und Förderers → Gottfried Benedict Funk trat D. im Mai 1794 eine Stelle als Erzieher bei Friedrich Leopold Graf zu Stolberg in Eutin an, die er wegen religiöser Differenzen wenig später aufgab. Er wechselte als Hauslehrer eines begüterten Kaufmanns nach Hamburg und lernte dort Klopstock kennen. Im Herbst 1796 kehrte D. nach Magdeburg zurück, setzte seine Studien privat fort – seine erste größere Publikation „Ueber die Humanität" erschien 1796 bei → Georg Christian Keil in Leipzig – und arbeitete seine Diss. aus, mit der er 1797 in Halle prom. wurde. Anfang 1797 ging D. nach Berlin, trat in das Lehrer-Seminar Friedrich Gedikes ein, erhielt im Herbst 1797 eine Stelle als ao. Kollaborator am Gymn. zum Grauen Kloster, an dem er seit 1802 als ao. Prof. unterrichtete. In Berlin verkehrte D. nicht nur mit dem Kreis führender Aufklärer und war Mitarbeiter der *Allg. Litt.-Ztg.* und der *Jenaischen Allg. Litt.-Ztg.*, sondern trat, nachdem sein Bruder Friedrich 1800 Erzieher des Kronprinzen geworden war, auch den Hofkreisen näher. 1809 folgte er der kgl. Fam. nach Königsberg. Als Reg.- und Schulrat war er dort wesentlich an der Neuordnung des höheren Schulwesens in Ostpreußen beteiligt. Wilhelm von Humboldt übertrug ihm zudem eine ao. Professur an der Univ. Königsberg, an der er über „Theorie, Kritik und Litt. der schönen Künste" las. Aus gesundheitlichen Gründen wurde er Anfang 1816 als Reg.- und Schulrat nach Düsseldorf versetzt, erhielt aber Mitte 1818 einen Ruf als Prof. für „Schöne Lit." und Phil. an die neugegründete Univ. in Bonn, an der er bis zu seinem Tode tätig war. 1847 wurde ihm die theol. Ehrendoktorwürde der Univ. Bonn verliehen. Den phil. Anschauungen Friedrich Heinrich Jacobis nahestehend, vertrat D. ein religiöses Denken aus freier, individueller Herzensbestimmung, mit dem er sich gegen die zeitgenössische einseitige Schätzung Melanchthons und Schleiermachers wandte und eine zwischen Protestanten und Katholiken vermittelnde und ausgleichende Position vertrat. Zu den herausragenden Zeugnissen von D.s ästhetisch-pädagogischen Bemühungen, in denen er weitgehend von Kant und Schiller geprägt war, zählen u. a. eine in ihrer Art singuläre Ausgabe der Oden Klopstocks mit „Grundsätzen der Erklärung und des Vortrags lyrischer Gedichte" sowie seine an der Idealität der griechischen Antike ausgerichteten, vielfältig publizierten Gedanken zur Dichtkunst, die ihm die Wertschätzung Goethes eintrugen. D. blieb zeitlebens eng mit der Stadt Magdeburg verbunden und widmete ihr ein lit. Andenken („Magdeburg. Eine Rede zur Beehrung seiner Vaterstadt", 1823).

W: Homeri religionis quae ad bene beateque vivendum heroicis temporibus fuerit vis, Diss. Halle 1797; Ein Gastmahl. Reden und Gespräche über die Dichtkunst, 1809; Christenthum. Betrachtungen und Untersuchungen (3 Bde), 1822–1827; Reden. Nach der Zeitfolge gesammelt, aus den Jahren 1807–30 (2 Bde), 1831; Ergebnisse akad. Forschungen (Aphorismen), 1843. – **L:** ADB 5, *36f.*; Neuer Nekr 26, 1850; Alfred Nicolovius, F. D., ein Lebensumriß, 1848 (**B*).

Guido Heinrich

Delbrück, Johann *Friedrich* Gottlieb, Dr. phil., Dr. theol. h.c.
geb. 22.08.1768 Magdeburg, gest. 04.07.1830 Zeitz, Lehrer, Schulrektor, Prinzenerzieher, Superintendent.

Der älteste Sohn des Ratsherrn Friedrich Heinrich D. besuchte wie seine Brüder → Ferdinand und → Gottlieb D. die Magdeburger Domschule unter → Gottfried Benedict Funk und studierte danach von 1787 bis 1790 ev. Theol., Philologie und Phil. in Halle. Wichtig war für ihn während des Studiums vor allem der Besuch des philologischen Seminars von Friedrich August Wolf, bei dem er prom. 1790 kehrte D. nach Magdeburg zurück und arbeitete zunächst als Lehrer am Gymn. der Altstadt. 1792 wechselte er in gleicher Funktion an das Magdeburger Pädagogium am Kloster U. L. F. Schon wenige Wochen später ernannte ihn dessen Propst → Gotthilf Sebastian Rötger zum Rektor. Neben der gewissenhaften Organisation der Schule galt D.s pädagogische Vorliebe der Philologie. Er verfaßte mehrere Schriften zu didaktisch-methodischen Fragen des Sprachunterrichts. D. hatte großen Anteil an der Etablierung des wiss. Buchhändlers und Verlegers → Georg Christian Keil, mit dem er zusammen 1796 das Privileg für eine neuzugründende Verlagsbuchhandlung in Magdeburg erhielt. Auch als Autor und Hg. der *Magdeburgischen gemeinnützigen Bll.* (1789–1790) und des *Patriotischen Archivs für das Hzth. Magdeburg* (1791–93), das u. a. erstmalig Berichte über Magdeburger Bühnenaufführungen brachte, trug er zur Belebung des lit. Lebens der Stadt bei. 1800 berief ihn der preuß. Hof zum Erzieher des Kronprinzen, des späteren Königs Friedrich Wilhelm IV. 1801 übernahm er auch die Erziehung des späteren Kaisers Wilhelm I. Ausschlaggebend für die Wahl D.s als Erzieher war das Votum von August Hermann Niemeyer aus Halle, in dessen Haus er während des Studiums gewohnt hatte. Die für D. sehr angenehme Zeit am preuß. Hof – die kgl. Fam. befand sich 1806 bis 1809 in Memel und Königsberg – wurde 1809/10 beendet, als man ihn, zum Geh. Regierungsrat mit lebenslanger Pension befördert, von seinen Aufgaben entband. Offenbar fand damit sein Bestreben, die Prinzen zu wiss. und ästhetisch gebildeten und moralisch guten Bürgern zu erziehen, an den Erfordernissen der Politik seine Grenzen. Daraufhin kehrte er nach Magdeburg zurück und brachte hier seine als Hauptwerk anzusehenden „Ansichten der Gemüthswelt" (1811), eine Summe seiner pädagogischen Erfahrungen in Magdeburg und Berlin, bei → Wilhelm von Heinrichshofen zum Druck. Zwischen 1811 und 1813 unternahm er eine ausgedehnte Reise durch Frankreich, Italien und die Schweiz. In der Schweiz hielt er sich längere Zeit in Iferten bei Pestalozzi auf. Als der Feldzug gegen Napoleon begann, verließ D. Iferten und arbeitete in böhmischen Lazaretten. Von dort gelangte er nach Berlin und war als Prediger und Lehrer an der Luisenstiftung tätig. Dort lernte er auch seine spätere Frau Emilie Meckelnburg, kennen. Aus der 1815 geschlossenen Ehe ging u. a. der Sohn Rudolf Martin Friedrich (geadelt 1896), der spätere preuß. Staatsminister und erste Präsident des Bundeskanzleramtes des Norddt. Bundes, hervor. Im Juni 1817 übernahm D. die Superintendentur Naumburg-Zeitz und siedelte nach Zeitz über. Dort galt sein besonderes Interesse der Verbesserung des Schulwesens, wobei er die Ideen und Erfahrungen Pestalozzis berücksichtigte. Die Kontakte nach Berlin und Magdeburg bestanden fort. Bis zu seinem Tode stand er in einem sehr engen Verhältnis zu seinen ehemaligen Zöglingen Friedrich Wilhelm IV. und Wilhelm I. Beide ließen ihm in Zeitz durch → Karl Friedrich Schinkel ein Grabmal errichten, das erhalten geblieben ist. Das Archiv der Fam. D. befindet sich seit 1999 als Depositum im Kunstmus. Kloster U. L. F. in Magdeburg.

W: Aristotelis Ethicorum Nicomacheorum adumbratio ad nostrae philosophiae rationem facta, Diss. Halle 1790; Darstellung meiner Methode beym philologischen Unterrichte in der ersten Classe des Pädagogiums, in: Jb. des Pädagogiums zu Lieben Frauen in Magdeburg, 1794, *1–60*; Dt. sinnverwandte Woerter, verglichen in Hinsicht auf Sprache, Seelenlehre und Moral, 1796; Georg Schuster (Hg.), Die Jugend des Königs Friedrich Wilhelm IV. von Preußen und des Kaisers und Königs Wilhelm I., Tagebuchbll. ihres Erziehers F. D. 1800–1809 (3 Bde), 1907 (*B*). – **L:** Neuer Nekr 8, 1832, *543ff.*; Ersch/Gruber, Allg. Encyklopädie der Wiss. und Künste, Sekt. A, Bd. 23, *362–364*; Aus der Vergangenheit der Fam. D., 1901; Martin Wiehle, Über die Magdeburger Fam. D., in: Matthias Puhle/Renate Hagedorn (Hg.), Zwischen Kanzel und Katheder. Das Magdeburger Liebfrauenkloster vom 17. bis 20. Jh., 1998, *71–75*. – **B:** *Kunstmus. Kloster U. L. F. Magdeburg.

Uwe Förster

Delecker, *Georg* **Konrad**
geb. 14.05.1773 Neuhaus, gest. 04.10.1833 Magdeburg, kath. Theologe.

D. trat als Pater Rupert in den Benediktinerorden (OSB) ein und studierte im Konvent zu Marienmünster. In seinem Geburtsort empfing er 1796 die kath. Priesterweihe. Aufgrund der absehbaren Säkularisierung seines Klosters übernahm er 1802 die Kaplanei Sommersell bei Bad Pyrmont. Schließlich bewarb sich D. um die in Magdeburg frei gewordene Pfarrstelle des 1813 verstorbenen Pfarrers Johannes Thiele, konnte dort aber erst Ende 1814 als neuer Pfarrer eingeführt werden. Seine Magdeburger Amtszeit begann für ihn recht mühevoll, denn die kath. Gemeinde mußte auf Geheiß des preuß. Königs von der St. Katharinenkirche in das Kloster U. L. F. Magdeburg wechseln. Als der Kommissar des 1811 entstandenen Bischöflichen Kommissariates Magdeburg (ab 1821 zum Bistum Paderborn gehörend) und Pfarrer der Huysburg/Halberstadt, Placidus Behrens, am 15.01.1828 starb, ernannte Bischof Friedrich Klemens D. zum neuen Kommissar. Damit kam der Sitz des Kommissariats zum ersten Mal nach Magdeburg. 1831 erfolgte seine Erwählung zum nichtresidierenden Domherrn zu Paderborn. D. legte großen Wert auf die Zirkumskription des Kommissariatsterritoriums und den Erhalt der kath. Gemeinden. Sein Nachfolger wurde → Johannes Ernst.

L: Wilhelm Liese, Necrologium Paderbornense, 1934; Rudolf Joppen, Das Erzbischöfliche Kommissariat Magdeburg, in: SkBK 10, 1978, *173–179*.

Daniel Lorek

Deneke, *Carl* **Friedrich**
geb. 27.01.1803 Magdeburg, gest. 01.07.1877 Magdeburg, Industrieller, Geh. Kommerzienrat.

D. war das zweite von sechs Kindern eines seit dem Jahre 1800 in Magdeburg niedergelassenen Papier- und Kunsthändlers. Er ging ab 1816 bei der Fa. *Schütz & Co.* in Magdeburg in die Lehre und gründete schon 1828 mit Friedrich Gneist die Handelsfa. *Gneist & D.*, in die 1830 der Industrielle → Gustav Coqui als stiller Teilhaber eintrat. Der Handel vor allem mit russischen landwirtsch. Produkten ging so gut, daß D. den wirtsch. Aufstieg in das Besitzbürgertum der Stadt schaffte. 1834 heiratete er Idi Jaeger, und im selben Jahr trennten sich die Geschäftspartner. 1836 gründete D. ein Speditionsunternehmen und stieg in den Düngemittelhandel ein. Anfang 1838 wurde er erstmals in die Stadtverordnetenverslg. Magdeburgs gewählt, der er 35 Jahre – davon zehn als Vors. – angehörte. Seit 1836 war er Mitglied des Ältestenrates der Magdeburger *Korporation der Kaufmannschaft*, zu deren Vors. er 1848 avancierte. Dieses Amt behielt er bis 1877. Neben seinen eigenen Handels-, Speditions-, Zichorien- und Zementgeschäften war D. seit 1846 Dir. der *Magdeburger Wasser-Assekuranz*, Generalagent der Erfurter Ges. *Thuringia* sowie einer großen Zementfabrik in Stettin. D. gehörte zum Kreis der Magdeburger Industriellen, die die 1825 gegründete Börse 1843 wiederbelebten. Er engagierte sich ebenso leidenschaftlich für die Aufhebung der Elbzölle wie für den Ausbau des Eisenbahnnetzes von und nach Magdeburg. Er gründete die *Wittenberger Eisenbahn*, kämpfte für den Bau der Eisenbahnverbindung nach Helmstedt und wurde erster Vors. der am 15.01.1857 eröffneten ersten *Magdeburger Privatbank*. 1862 beteiligte er sich an den Verhandlungen zum Bau des Rhein-Elbe-Kanals. D. griff zusammen mit → Eugen Fabricius, → Friedrich Pax, → Leberecht Uhlich, → Gustav Coqui, → Victor von Unruh u. a. auch in die politischen Auseinandersetzungen seiner Zeit ein. Er gehörte zum aktiven Kreis der Magdeburger Vormärzliberalen, die vor allem über die *Bürgerverslg.* – den Kristallisationspunkt der liberalen Opposition in der Stadt – und deren Presseorgan *Magdeburger Wochenbl. für Angelegenheiten des bürgerlichen Lebens* um politischen Einfluß rangen. Er vertrat 1848/49 die Stadt bei der Frankfurter Nationalverslg. als eifriger Verfechter der wirtschaftspolitischen Interessen des Bürgertums. D. arbeitete an der Preuß. Verfassung von 1850 ebenso wie am Zolltarif von 1850, der Preuß. Konkursordnung von 1854 und dem Handelsgesetzbuch von 1856 mit. Von 1852 bis 1855 war er Deputierter Magdeburgs im Preuß. Abgeordnetenhaus. Anläßlich seines 25jährigen Jubiläums als erster Vors. der Kaufmannskorporation erhielt D. am 07.01.1873 die Ehrenbürgerurkunde seiner Heimatstadt und wurde vom König zum Preuß. Geh. Kommerzienrat ernannt.

L: → Martin Behrend (Hg.), Magdeburger Großkaufleute, 1906, *27–44* u.ö. (*B*); → Hans Leonhardt (Hg.), Denkschrift zum hundertjährigen Jubiläum der IHK zu Magdeburg, 1925, *30* u.ö. (*B*); Ehrenbürger der Stadt Magdeburg, hg. von der Landeshauptstadt Magdeburg, 1994, *26f.* (*B*) – **B:** StadtA Magdeburg; *LHASA.

Jürgen Engelmann

Dertinger, Georg
geb. 25.12.1902 Berlin, gest. 21.01.1968 Leipzig, Journalist, Politiker.

D., im I. WK zum Halbwaisen geworden, war Sohn des Kaufmanns Rudolf D. und seiner Frau Sophie. Nach dem Abitur an der Kadettenanstalt Berlin-Lichterfelde absolvierte er 1922–24 ein Volontariat in der Berliner Redaktion der *Magdeburgischen Ztg.*, deren politischer Redakteur er anschließend in der Zentrale des Blattes in Magdeburg wurde. Ende 1925 wechselte er in Magdeburg als Chefredakteur zur Bundesztg. des *Stahlhelm*. Obwohl er sehr gern in Magdeburg lebte und die Gesch. der Stadt ausnehmend gut kannte, ging er zwei Jahre später nach Berlin und trat als Parlamentskorrespondent für verschiedene Ztgg. in eine journalistische Bürogemeinschaft ein. Auch während der Zeit des Ns. blieb D. als Journalist tätig, u. a. als Leiter eines Informationsdienstes für die Auslandspresse. D., der niemals einer politischen Partei angehörte, jedoch deutschnational gesonnen war und in der Weimarer Zeit zum Kreis um Franz von Papen gehörte, war 1945 in Berlin neben Jakob Kaiser, Andreas Hermes, Ernst Lemmer u. a. Mitbegründer der CDU und von 1946 bis 1949 deren Generalsekretär in der SBZ. Nach Gründung der DDR war D. bis 1953 Volkskammerabgeordneter und erster DDR-Außenminister. Um die endgültige Spaltung Dtls zu verhindern, hielt er in den Jahren seiner politischen Tätigkeit Kontakt mit der West CDU. Dies lieferte den DDR-Behörden 1953 den Vorwand, D. wegen Spionage zu 15 Jahren Zuchthaus zu verurteilen und seine gesamte Fam. in Sippenhaft zu nehmen. 1964 erfolgte seine Begnadigung. Seine letzten vier Lebensjahre verbrachte D. in Leipzig.

L: Zeitungsarchiv Dortmund; Unterlagen Fam. D., Bonn (priv.). – **B:** ebd.

Antje Dertinger

Détroit, Ludwig *Carl* Friedrich (Mehemed Ali)
geb. 18.11.1827 Magdeburg, gest. 17.09.1878 Djakovica/Kosovo, türkischer Militär.

D., Sohn des Musikers Carl Friedrich D., stammte aus einer Hugenottenfam., kam nach dem Tod der Eltern in ein Waisenhaus und nach abgebrochener Schulausbildung am Pädagogium des Klosters U. L. F. Magdeburg in eine Kaufmannslehre. Er entlief ihr und ging in Rostock als Schiffsjunge zur See. In Konstantinopel verließ er 1843 das Schiff, gelangte in die Fam. des Großwesirs, trat zum Islam über, nannte sich fortan Mehemed Ali und wurde nach dem Besuch der Offiziersschule 1853 Leutnant. 1867 bereits Divisionsgeneral, stieg er im folgenden Jahrzehnt zum Korpsgeneral und Pascha auf. Als Generalfeldmarschall befehligte er 1877/78 im russisch-türkischen Krieg die Donauarmee. Während der Berliner Konferenz 1878 war er einer der drei türkischen Bevollmächtigten. → Otto von Bismarck behandelte ihn hier als Renegaten geringschätzig. Nach einem anschließenden Besuch in Magdeburg fiel er wenige Wochen danach im Kampf gegen aufständische Albaner.

L: NDB 3, *620*; Mitteldt. Leb 3, *469–480* (***B***); Alfred Laeger (Hg.), Vereinigtes Dom- und Klostergymn. Magdeburg, 1979, *67–69*. – **B:** Gemälde (verschollen): Anton von Werner, Der Kongreß in Berlin im Jahre 1878 (1. von rechts, stehend) – Reproduktion in: Bildarchiv Foto Marburg.

Martin Wiehle

Dexel, Carl Maria *Walther* (*Walter*), Prof. Dr. phil.
geb. 07.02.1890 München, gest. 08.06.1973 Braunschweig, Maler, Gestalter, Kunsthistoriker, Kunstschullehrer.

Nach dem Besuch des Gymn. und einem abgebrochenen Studium der Forstwirtschaft in München begann D. 1910 mit dem Studium der Kunstgesch. bei Heinrich Wölfflin und Fritz Burger an der Univ. München. 1916 prom. er bei Botho Graef. Als Künstler war D. weitgehend Autodidakt. 1912/13 entstanden die ersten Landschafts- und Architekturbilder. Seine Tätigkeiten als Ausstellungsleiter (1918–20) und Geschäftsführer (1921–28) des Kunstvereins Jena brachten ihn in Kontakt mit Persönlichkeiten der modernen europäischen Kunst, z. B. mit den Künstlern des *Bauhauses* und des *Sturm*, Theo van Doesburg, Kurt Schwitters und → Adolf Behne. 1927 arbeitete er als Berater für Reklamegestaltung im Stadtbild bei Ernst May und Adolf Meyer in Frankfurt/Main. 1928 kam D. als Doz. für Gebrauchsgraphik und Kulturgesch. an die Kunstgewerbe- und Handwerkerschule Magdeburg und löste hier → Johannes Molzahn ab. In Magdeburg wurde er entsprechend seiner Grundüberzeugungen zu einem wesentlichen Vertreter der von → Wilhelm Deffke betriebenen Versachlichung von gestalterischer Arbeit und Unterricht. Es entstanden zahlreiche Plakatentwürfe. Die Werkgruppe „Köpfe" stellt die wichtigste künstlerische Arbeit in dieser Zeit dar. Nach seiner Entlassung 1935 übernahm D. eine Professur für theoretischen Kunst- und Formunterricht an der Staatl. Hochschule für Kunsterzieher in Berlin-Schöneberg (1936–42). Schon seit

1930 fielen D.s Werke „Säuberungen" des Ns. anheim. 1937 wurde er vom Unterricht suspendiert. D. gilt als einer der bedeutendsten konstruktivistischen Maler des 20. Jhs in Dtl. In enger Beziehung zur Malerei entstand in den 1920er Jahren ein angewandtes Werk vor allem auf den Gebieten der Gebrauchsgraphik, beleuchteter Stadtreklame und Richtungsweiser. Von großer Bedeutung war seine Tätigkeit als Sammler. Von 1942–55 baute er die Formslg. der Stadt Braunschweig auf. In ihr kulminierte seine in zahlreichen wiss. Veröffentlichung propagierte Überzeugung von der Kontinuität einer sach- und werkgerechten und daher schönen Form des Gebrauchsgerätes aller Zeiten.

W: bildnerisch: Gelbe Halbscheibe mit Weiß und Grau, Hinterglasbild 1926 (Sprengel-Mus. Hannover); Porträt J. K. „Julius Klinger", Tempera und Lack auf Karton 1932 (Leopold-Hoesch-Mus. Düren); Senkrechte, Öl auf Leinwand 1967 (Städtische Galerie Wolfsburg). – theoretisch: Das Wohnhaus von heute, 1928 (mit Grete D.); Hausgerät das nicht veraltet, 1938; Das Hausgerät Mitteleuropas, 1962. – **N:** Nachlaß W. D., Hamburg. – **L:** Vollmer 1, 1953, *557*; Braunschweigisches Biogr. Lex., 1996, *140*; Walter Vitt, W. D. – Werkverz. der Druckgraphik von 1915–1971 (2 Bde), 1971–1979; Werner Hofmann, Der Maler W. D., 1972; Ruth Wöbkemeier, W. D. Werkverz. Gemälde, Hinterglasbilder, Gouachen, Aquarelle, Collagen, Ölstudien, Entwürfe zu Bühnenbildern, 1995 (*W*). – **B:** *Günter Paulke, Magdeburg (priv.).

Norbert Eisold

Diedrich, *Ulrich* **Heinrich Wilhelm,** Doz. Dr. rer. nat. habil. geb. 03.06.1923 Meisdorf/Harz, gest. 23.08.1998 Osterweddingen bei Magdeburg, Mathematiker, Physiker, Hochschullehrer.

D. besuchte von 1933 bis 1941 das Wolterstorff-Gymn. in Ballenstedt/Harz und wurde nach dem Abitur Soldat. Von 1946 bis 1950 studierte er an der Univ. Halle-Wittenberg Mathematik und Physik und legte 1950 das Staatsexamen ab. Danach arbeitete er bis 1952 als Fachlehrer an der Arbeiter-und-Bauern-Fakultät der Univ., von 1952 bis 1959 im Forschungslabor der *DEFA*, von 1959 bis 1962 als Dir. der Ing.-Schule für Filmtechnik Potsdam-Babelsberg, 1962 bis 1963 als Doz. an der Hochschule für Film und Fernsehen Potsdam-Babelsberg, 1963 bis 1971 in der Abt. Technik des Ministeriums für Kultur der DDR und von 1971 bis 1988 als Leiter der Film- und Bildstelle der TH bzw. TU Magdeburg. Seine Arbeitsgebiete waren Technologie und Produktionsorganisation bei der Herstellung von Filmen, Untersuchung von technischen Problemen mit photographischen und kinematographischen Hilfsmitteln sowie die Erarbeitung mathematischer Beschreibungen. D. war an der Vorbereitung und Einführung des 2. Programms des Dt. Fernsehfunks der DDR beteiligt und baute das Audio-visuelle Zentrum der TH Magdeburg auf. Er gehörte zu den Hg. der Zs. *Bild und Ton* und publizierte 31 Arbeiten und ein zweibändiges Lehrbuch. D. wurde 1961 an der Hochschule für Schwermaschinenbau Magdeburg prom. und habil. sich 1986 (facultas docendi für „Methodik des Einsatzes von Kinematographie und Photographie" TH Magdeburg 1970 und Diss. B 1986 TH Magdeburg) auf dem Gebiet der Physik (Angewandte Optik). D. war 1966–72 einer der Sekretäre der *International Union of Technical Cinematograph Associations* (*UNIATEC*) und 1985–88 Präsident der Sektion „Forschungsfilm" des *Nationalen Vereins für den wiss. Film der DDR*.

W: Analyse der Bewegungsvorgänge in einer Kugelmühle, Diss. Magdeburg 1961; Methoden der Film- und Photoanalyse (2 Bde), 1966–67; Betrachtungen zur Erkennbarkeit von Bildern unter infomationstheoretischem Aspekt, Diss. B Magdeburg 1986. – **N:** UnivA Magdeburg. – **L:** UnivA Magdeburg: PA. – **B:** *Audiovisuelles Zentrum der Univ. Magdeburg.

Karl Manteuffel

Dieskau, Georg *Otto*
geb. 26.06.1844 Althaldensleben, gest. 08.08.1933 Althaldensleben, Lehrer, Chorleiter, Heimatforscher

Das älteste Kind des Kunst- und Landschaftsgärtners → August D. bestand nach dem Schulbesuch im April 1865 am Lehrerseminar in Halberstadt die Wohltätigkeitsprüfung für das Elementar-Lehramt und wurde als Schulamts-Kandidat provisorisch zum dritten Lehrer an der ev. Volksschule in Althaldensleben bestellt. Hier war er bis 1911, zuletzt als langjähriger Rektor, tätig. Anfang 1872 wurde D. vom Landrat → Friedrich Joachim von Alvensleben zum Filial-Sparkassenrendanten für Althaldensleben ernannt und im Juli 1886 durch den Oberpräsidenten der Provinz Sachsen zum Leiter des Standesamtes Althaldensleben bestellt. D., der dieses Amt bis 1928 mustergültig ausübte, machte sich vor allem um die Einführung regelmäßiger Bekanntmachungen von Eheschließungen, Geburten und Todesfällen im amtlichen Kreisblatt verdient. Bereits 1866 gründete D. den Althaldensleber Männer-Gesangverein *Gemüthlichkeit*, dessen Dirigent und schließlich Ehrenmitglied er war. Im *Aller-Verein* hielt D. hist. Vorträge und brachte archäologische Funde in die Slgg. des Vereins ein. Insbesondere nach seiner

Pensionierung widmete sich D. der Erforschung der Gesch. seines Heimatortes und veröffentlichte dazu zahlreiche Abh. in der Regionalpresse. Sein Hauptwerk „Aus Althaldenslebens Vergangenheit" bilden 48 Aufsätze, die in zehn handlichen Broschüren zwischen 1922 und 1930 in der Druckerei des *Neuhaldensleber Wochenblattes* erschienen und vom Buchhändler Wilhelm Simmerlein verlegt und verkauft wurden. Sie beschäftigen sich mit dem Althaldensleber Zisterzienser-Nonnenkloster bis zu seiner Säkularisierung, geben Auskunft über die Althaldensleber Verhältnisse nach dem Kauf des Klostergutes durch → Johann Gottlob Nathusius und über dörfliche Verhältnisse. D. initiierte am 01.12.1920 die Errichtung eines steinernes Denkmals mit der Inschrift „Niendorf 1181–1223" zur Erinnerung an den erzwungenen Aufenthalt der Haldensleber zwischen der Zerstörung und dem Wiederaufbau ihrer Stadt und wurde in Anerkennung seiner Verdienste um die Heimatpflege zum Ehrenmitglied des *Aller-Vereins* ernannt. D. war von 1871 bis 1911 als Organist und Leiter der Kurrende der ev. Gemeinde Althaldensleben tätig und gehörte viele Jahrzehnte dem Gemeindekirchenrat und der Kreissynode an. Anläßlich seines 60. Todestages erhielt die Grundschule Althaldensleben seinen Namen.

L: Neuhaldensleber Wochenbl. vom 03.02.1872, 30.06.1926, 19.06.1928, 26.06.1928, 09./10.08.1933. – **B:** *Mus. Haldensleben.

Werner Rieke

Dieskau, Johann Wilhelm *August*
geb. 22.04.1805 Dieskau bei Halle, 08.07.1889 Althaldensleben, Kunstgärtner.

D. wurde als uneheliches Kind der Gärtnerstochter Magdalene Hupe wahrscheinlich in Dieskau bei Halle geb. Sein Vormund Kurt Sprengel, Botaniker und Prof. an der Univ. Halle, ließ ihn im Botanischen Garten in Halle zum Kunstgärtner ausbilden und vermittelte ihm anschließend eine Anstellung bei → Johann Gottlob Nathusius in Althaldensleben. Nathusius begann 1821 mit der Anlage eines Landschaftsparkes zwischen Haldensleben und Hundisburg und ließ darüber hinaus bis 1823 allein 30.000 Obstbäume auf seinen Besitzungen pflanzen. D. zog 1824 in die damals bedeutenden Kunst- und Handelsgärtnerei Althaldensleben aus Samen den „Nathusius Taubenapfel". Er pflanzte 1832 die heute imposante Platane am Schwanenteich und war als Obstgärtner allg. prägender Mitschöpfer des Parkes. Seiner 1843 geschlossenen zweiten Ehe mit Caroline Tripler entstammte sein Sohn → Otto D., der spätere Rektor der ev. Schule Althaldensleben und bedeutende Heimatforscher. 1872 lebte D. noch in Althaldensleben. Über seinen späteren Lebensweg ist z.Z. nichts bekannt.

L: Unterlagen Mus. Haldensleben. – **B:** ebd.

Ulrich Hauer

Diesterweg, *Carl* **Adolph,** Dr. med.
geb. 22.11.1824 Mörs, gest. am 21.07.1907 Ebendorf, Arzt, Sanitätsrat.

D. war Sohn des bekannten Pädagogen Friedrich Adolph Wilhelm D. 1849 kam er als Arzt des Feldartillerieregimentes nach Dahlenwarsleben, wo er sich selbstlos für die unter der Cholera-Epidemie leidenden Einwohner einsetzte. Auf deren Wunsch ließ er sich dann später in Dahlenwarsleben als Arzt nieder. 1869 zog er mit seiner Fam. nach Ebendorf. Als Arzt für innere Krankheiten genoß er großes Ansehen bei seinen Patienten aus der näheren und weiteren Umgebung sowie bei seinen Berufskollegen.

L: Allg. Anzeiger für die Kreise Wolmirstedt und Neuhaldensleben vom 30.07.1907.

Bettina Behns

Dietz, *Ernst* **Friedrich Karl** (eig. Thiemann)
geb. 17.09.1916 Gommern, gest. 18.02.1989 Bremen, Schauspieler, Bühnenautor, Intendant, Regisseur.

Der als Thiemann geb. D. lebte bis Anfang der 1920er Jahre in Gommern. Er besuchte das Realgymn. in Chemnitz, absolvierte hier 1930–33 eine Bäckerlehre, nahm ab 1932 Schauspielunterricht und studierte 1933 an der städtischen Schauspielschule Leipzig. 1934 erhielt er sein erstes Engagement in Dessau, weitere folgten in Gladbach-Rheydt, Münster und Braunschweig. Nach dem Kriegsdienst 1940–42 war er am Hamburger Thalia-Theater tätig, dann folgten 1946 Stuttgart, 1947 Darmstadt, 1948 Kiel und erste Arbeiten als Regisseur. 1950–52 war D. Spielleiter und Schauspieler in Essen und Darmstadt, 1953–57 Dir. des Stadttheaters Luzern und danach Intendant in Oldenburg und Mannheim. 1948 wurden seine ersten eigenen Stücke uraufgeführt und Romane verlegt. Im Roman „Das Fräulein" spielt ein Kapitel in Gommern, das die Gesch. einer jungen Frau vor dem Hintergrund der Jahre 1916–33 behandelt. D. inszenierte mehr als 50 Opern, wirkte in diversen Fernsehproduktionen und als Sprecher in Hörspielen mit. 1948 erhielt er für „Benjamin kann nichts dafür" den Dramatikerpreis der Städte Gera und Jena. Er engagierte sich u. a. auch für das Schaffen des tschechischen Dramatikers Vaclav Havel. D. war Rotarier.

W: Eins und Eins = Eins. Komödie; Das kleine Einmaleins. Lustspiel (UA Hamburg 1948); Die Liebesrepublik. Lustspiel (UA Kaiserslautern 1948); Benjamin kann nichts dafür. Komödie, 1948. – **L:** Kosch LL 3, *250*; Robert Kaufmann, 125 Jahre Stadttheater Luzern 1839–1964,

1964, *49–52*; Peter Mertz, E. D. und sein Team, in: Das Nationaltheater Mannheim 1779–1970, 1970, *81–90*; Nachruf, in: Bühnengenossenschaft H. 5, 1989, *23*; Slg. Klaus Lehnert, Gommern (priv.). – **B:** *ebd.

Bruno Heyne

Dietz, Gustav

geb. 18.12.1900 Beyendorf bei Magdeburg, gest. 07.02.1979 Beyendorf, Metallarbeiter, Parteifunktionär.

Nach dem Besuch der Volksschule in Beyendorf absolvierte D. ab 1915 eine Lehre als Dreher im *Krupp-Gruson-Werk* in Magdeburg. Schon als 17jähriger trat D. dem *Metallarbeiter-Verband* bei. Nach seiner Teilnahme als Soldat am I. WK (1918) arbeitete D. von 1919 bis 1942 als Dreher bei *Krupp-Gruson*. Seit 1917 Mitglied der USPD, später der SPD und als Unterbezirks-Sekretär tätig, wurde er 1933 in Beyendorf als Vors. der SPD verhaftet. 1945 vollzog D. mit → Hermann Bitterlich die Vereinigung von SPD und KPD zur SED im Kr. Wanzleben. 1945 bis 1959 wirkte D. als paritätischer Vors. und später als 1. Sekretär der Kreisleitung der SED in Wanzleben. Dabei förderte D. die Bildung der ersten Landwirtsch. Produktionsgenossenschaft (LPG) im Kr. Wanzleben. Er war Abgeordneter des Kreistages und fungierte von 1959 bis 1966 als Bezirks-Sekretär der *Volkssolidarität* in Magdeburg. D. wurde mit dem VVO in Silber und Bronze ausgezeichnet.

L: Wanzleben. Porträt eines Bördekreises, 1969, *13* (**B**); G. D., Unser Weg war und ist richtig, in: Volksstimme Wanzleben vom 02.04.1961; G. D. zum 70. Geb., in: ebd. vom 18.12.1970 und 30.04.1971 (Beilage); LHASA: Rep. P 24 V/5/022; Rep. P 13 V/10/094.

Gerd Gerdes

Dietze, Friedrich Carl Nicolaus *Constantin* von, Prof. Dr. rer. pol., Dr. theol. h.c et Dr. agr. h.c.

geb. 09.08.1891 Domäne Gottesgnaden/Kr. Calbe, gest. 18.03.1973 Freiburg/Breisgau, Agrarwissenschaftler, Volkswirt, Jurist.

D. war ein Enkel des → Adolph v. D. Nach dem Abitur am Gymn. Schulpforta bei Bad Kösen 1909 studierte er Rechts- und Staatswiss. in Cambridge, Tübingen und Halle. 1912 legte er die erste jur. Prüfung ab und wurde Referendar am Amtsgericht in Staßfurt, später in Breslau. Nach seiner Teilnahme am I. WK als Ulanenleutnant und Flucht aus russischer Gefangenschaft legte er 1918 die Dolmetscher-Examina in Russisch, Englisch und Franz. ab. Der Wirtschaftswissenschaftler → Max Sering ermunterte ihn, die wiss. Laufbahn einzuschlagen. 1919 prom. er in Breslau zum Dr. rer. pol. und trat danach in Serings Forschungsinst. für Agrar- und Siedlungswesen in Berlin ein. Hier habil. er sich 1922. 1924 erhielt D. einen Lehrauftrag in Göttingen und ein Jahr später eine Berufung als Extra-Ordinarius nach Rostock. 1927 wechselte er als o. Prof. nach Jena und nahm 1932 einen Ruf an die Berliner Univ. an. 1933 wurde er nur zögernd als Prof. in Berlin bestätigt. Er wohnte mit seiner Fam. in Potsdam und wurde dort als lebendiges Glied der Heilig-Geist-Gemeinde auch bald in den Bruderrat der Bekennenden Kirche gewählt. Im November 1936 konnte er eine Zurückversetzung an die Univ. Jena noch erfolgreich abwenden, nahm aber aufgrund des zunehmenden Einflusses ns. Kreise an der Univ. Berlin zum Sommersemester 1937 einen Ruf an die Univ. Freiburg/Breisgau an. Beim Besuch seiner in Potsdam gebliebenen Fam. wurde D. im Juli 1937 wegen seiner Tätigkeit in der Bekennenden Kirche verhaftet, die Anklage wegen Hausfriedensbruch und Störung eines Gottesdienstes jedoch niedergeschlagen. An der Freiburger Univ. war die Zusammenarbeit mit den beiden anderen Nationalökonomen Adolf Lampe und Walter Eucken besonders eng („Freiburger Schule"). Hier bildete sich auch der „Freiburger Kreis", zu dem bedeutende Persönlichkeiten, wie Carl Goerdeler, Clemens Bauer, Otto Dibelius, Helmut Thielicke, Franz Böhm, Ernst Wolf und Gerhard Ritter, gehörten. 1943 durch Dietrich Bonnhoeffer angeregt, wurde die geh. Denkschrift „Politische Gemeinschaftsordnung: ein Versuch zur Selbstbesinnung des christlichen Gewissens in den politischen Nöten unserer Zeit" verfaßt, die als Programmschrift der Bekennenden Kirche für eine ökumenische Weltkirchenkonferenz nach dem Kriege gedacht war. Die Mitarbeit an dieser Denkschrift und die Verbindung mit Bonnhoeffer und Goerdeler führten im September 1944 zu D.s Verhaftung und Anklagen wegen Hoch- und Landesverrats. Die Haftzeit verbrachte er in verschiedenen Gefängnissen und im KZ Ravensbrück. Zuletzt war er im Gefängnis Lehrter Straße 3 in Berlin, wo die noch nicht in Plötzensee erschossenen politischen Gefangenen im Chaos der letzten Kriegstage freigelassen wurden. Zu Fuß kehrte er zunächst nach Barby zurück, konnte auch mit Schwierigkeiten über die Elbe gelangen. Am 17.06.1945 kam er wieder nach Freiburg, wo er sofort seine Lehrtätigkeit an der Univ. aufnahm. Von 1946 bis 1949 war er deren Rektor, dann auch Dir. des Inst. für Agrarwiss., das die Arbeiten der dt. Gruppe der *International Conference of Agricultural Economists* fortführte. Wegen seines Einsatzes für christliche Lebensführung und Ethik in seiner Wiss. und für die Kirche ernannte ihn 1948 die Theol. Fakultät in Heidelberg zum Ehrendoktor der Theol., und die Synode der Ev. Kirche in Dtl. bestimmte ihn von 1955 bis 1961 zu ihrem Präses. Seit 1950 war er Mitglied des Beirates beim Bundesministerium für Ernährung, Landwirtschaft und Forsten. 1958 erhielt er das Große Bundesverdienstkreuz, 1961 das Bundesverdienstkreuz mit Stern. 1960 ernannte ihn die Landwirtsch. Fakultät in Bonn zum Dr. agr. h.c. Bis zu seinem Tode war D. Vors. der von ihm gegründeten *Forschungsges. für Agrarpolitik und Agrarsoziologie*.

W: Beurteilung der Stolypin'schen Agrarreform und Feldgemeinschaft, 1920; Die ostdt. Landarbeiterverhältnisse seit der Revolution, 1922; Die dt. Landwirtschaft und die neue Handelspolitik, 1925; Dtls gegenwärtige Agrarkrisis, 1930; (Mitarb.) Wörterbuch der Volkswirtschaft, 1930/32; Landwirtschaft und Wettbewerbsordnung, 1942; Gedanken und Bekenntnisse eines Agrarpolitikers. Gesammelte Aufsätze, 1962; Grundzüge der Agrarpolitik, 1967; Pflicht im Widerstreit der Verpflichtungen, 1980. – L: DBE 2, *541*; Frankfurter Allg. Ztg. vom 22.03.1973; dies. vom 08.08.1991; Hans Herbert Götz, C. v.D. zum 100. Geb. in: Orientierungen zur Wirtschafts- und Gesellschaftspolitik 48, Juni 1991; Dt. Allg. Sonntagsbl. vom 09.08.1991; Hochschulkurier der Univ. München, Nr. 23, Juli 1993. – B: *Vf., Barby (priv.).

Burkart von Dietze

Dietze, Gustav *Adolph* von (seit 1888)
geb. 05.02.1825 Barby, gest. 23.12.1910 Barby, Landwirt, Amtsrat.

D. wurde als Sohn des Kgl. Sächsischen Kammerkommissionsrates Johann Gottfried D. geb., der gleichzeitig Erbherr auf Pomßen und Naunhof bei Leipzig war, 1801 die Domäne Barby pachtete und ab 1802 das Barbyer Schloß als „freies Eigentum" nutzte. In diesem Schloß waren seit 1804 immer wieder Könige (Friedrich Wilhelm IV., Wilhelm I.) und Prinzen (→ Louis Ferdinand, → Karl, Albrecht, Friedrich Karl) aus dem preuß. Königshaus sowie der Herzog von Braunschweig Jagdgäste. Dieses Umfeld prägte den jungen D. Nach dem Tode seiner Mutter 1847 übernahm D. die Barbyer Domäne in Pacht und entwickelte sie als Fachmann (Autodidakt) auf dem Gebiet der Agrarwiss. zu einem preuß. Mustergut, über das in der Zs. *Berliner Leben* berichtet wurde: „Die Feldkulturen sind die schönsten der Provinz Sachsen. Hierher kommen englische und franz. Landwirte, um auf den Musterwirtschaften zu studieren und die Resultate dt. Landbaukunde und dt. landwirtsch. Ingenieurkunde nach Albion und Frankreich zu verpflanzen." Während der revolutionären Märztage 1848 stand er an der Spitze der Bürgerwehr in Barby, um politische Unruhen zu verhindern. Dafür wurde er noch im gleichen Jahr Ehrenbürger Barbys. Durch seine rege Bautätigkeit, eine zeitgemäße Architektur im Backsteinbau, vermittelte er der Stadt wesentliche wirtsch. Impulse. Nachdem er 1855 das Schloß dem preuß. Staat für die Errichtung des von Magdeburg nach Barby übergesiedelten Lehrerseminars abgetreten hatte, baute er den sog. „Marstall" (der im Schloß residierenden Herzöge von Sachsen-Weißenfels) zu seinem Wohnsitz aus, der 1868 durch einen nördlichen Anbau erweitert wurde. Hier empfing er u. a. den späteren dt. Kaiser Wilhelm II. (der als Prinz und als Kaiser oft in Barby weilte) zu den traditionellen Jagden im „Hasenwinkel". → Otto von Bismarck und → Graf Helmuth von Moltke weilten als seine intimen Freunde ebenfalls mehrmals in Barby. Der Freikonservative D. gehörte seit 1867 dem Reichstag des Norddt. Bundes und von 1871 bis 1878 sowie von 1887 bis 1890 dem Dt. Reichstag an. 1888 erhob ihn Kaiser Friedrich III. in den Adelsstand. 1905 erwarb er mit den vereinigten Wirtschaftshöfen „Marstall" und „Colphus" große Teile der Domäne als Eigentum und war weiter Pächter der Domänen Zeitz und Monplaisir.

L: Daheim – dt. Familienbl., Nr. 15 vom 07.01.1911; → Karl Höse, Chronik der Stadt und Grafschaft Barby, 1913; → Constantin v.D., Aus der Familiengesch. der Barbyer D., Ms. Freiburg/Breisgau 1970. – B: *Vf., Barby (priv.).

Burkart von Dietze

Dippner, Kurt
geb. 16.04.1890 Neuhaldensleben, gest. 15.08.1984 Leipzig, Klavierpädagoge, Konzertpianist.

Nachdem der Sohn des Kaufmanns Hans D. die Schule absolviert hatte, studierte er von 1908 bis 1910 an der Hochschule für Musik in Berlin. Anschließend ging er nach Magdeburg, wo er als selbständiger Klavierpädagoge tätig war. Als Pianist begleitete er seine Schwester, die bekannte Konzertsängerin Gertrud Zurek-D. (1893–1979), auf zahlreichen Konzertreisen im In- und Ausland, die sie u. a. nach Dresden, Leipzig, Halle, Wien und Lettland führten. D., der Mitbegründer des *Kulturbundes zu demokratischen Erneuerung Dtls* in Magdeburg war, wurde 1946 als Doz. für moderne Klaviermusik an die Staatl. Hochschule für Musik in Leipzig berufen. Dort war er bis zu seinem Tode als Klavierlehrer tätig. D. komponierte einige Lieder, die im Zeichen des Minnesangs stehen. Dafür verwendete er Dichtungen von Walther von der Vogelweide.

L: Erich H. Müller (Hg.), Dt. Musiker-Lex., 1929.

Claudia Behn

Dittmar, *Gerhard* **Karl Friedrich**
geb. 12.09.1900 Magdeburg, gest. 06.10.1972 Haldensleben, Lehrer, Volkskunstschaffender.

D. besuchte die Bürger- und danach die Präparandenschule in Magdeburg. Das Lehrerseminar 1918–1921 in Eilenburg schloß er im März 1921 mit der ersten und im September 1923 mit der zweiten Lehrerprüfung in Magdeburg ab. Wenig später erhielt D. seinen ersten Lehrauftrag in Schkeuditz und wurde nach mehrmaligem Schulwechsel im Mai 1930 endgültig als Lehrer des Schulverbandes Magdeburg angestellt. In dieser Zeit studierte D. sechs Semester an der Magdeburger Kunstgewerbeschule. Sein reges Interesse am Zeitgeschehen zeigte sich in der Mitgliedschaft im *Bund der freien Schulgesellschaften Dtls,* im *Freidenkerverband*, in der Freireligiösen Gemeinde Magdeburg und der SPD. Im Oktober 1933 wurde D. entlassen und im Februar 1934 nach Dreileben versetzt, wo er ein Jahr später wegen Vorbereitung zum Hochverrat verhaftet wurde. Nach sechswöchiger Untersuchungshaft wurde das Verfahren wegen Mangels an Belastungszeugen eingestellt. Er blieb über zwei Jahre vom Dienst suspendiert. 1937 wieder eingestellt, brachte der Juni 1941 die Einberufung zum Militärdienst mit Kriegseinsatz auf dem Balkan. D. kehrte im September 1945 aus Kriegsgefangenschaft nach Dtl. zurück und arbeitete ab November 1945 wieder als Lehrer, zunächst in Harsleben und ab 1946 in Schwanebeck. 1949 übernahm er die Leitung der Heimoberschule Haldensleben. Hier entfaltete D. neben seiner Lehrertätigkeit ein schöpferisches Laienschaffen. Er malte zahlreiche Landschaften, Stilleben und Porträts, wobei er Ölgemälde, Aquarelle und Pinselzeichnungen schuf und mehrere bemerkenswerte Graphik-Zyklen vorlegte. Auf der V. Dt. Kunstausstellung in Dresden beeindruckte er mit der Präsentation des Ölbildes „Prüfung". Weit gespannt war sein Interessenspektrum für die mit Freunden regelmäßig gepflegte klass. Musik. In der Schule und im Volkskunstschaffen war es sein Anliegen, Talente zu erkennen und zu fördern. D. war Mitglied der Haldensleber Ortsgruppe des *Kulturbundes zur demokratischen Erneuerung Dtls*. 1959 wurde ihm der Preis für künstlerisches Volkskunstschaffen verliehen. Von September 1960 bis zu seiner Abberufung 1963 war er weiterhin als Referent für Lehrerbildung tätig. In Anerkennung seiner langjährigen pädagogischen Tätigkeit wurde D. 1963 mit dem Titel Verdienter Lehrer des Volkes ausgezeichnet.

L: Paul Dörwald, Eine Persönlichkeit, in: hineingeschaut, 1970; ders., Kunstdiskussion in der LPG Rottmersleben, in: Bezirksausgabe der Ztg. Volksstimme vom 10.1972; Nachruf auf G. D., in: hineingeschaut, 1972; Kr/StadtA Haldensleben: PA. – **B:** ebd.

Ralf Kersten

Dittmar, *Max* **Robert Paul,** Dr. phil.
geb. 11.09.1858 Magdeburg, gest. 21.02.1898 Magdeburg, Stadtarchivar, Stadtbibliothekar.

Der Sohn des Magistratssekretärs Wilhelm D. besuchte das Kgl. Domgymn. in seiner Heimatstadt, das er 1877 mit dem Reifezeugnis verließ. Danach studierte er an den Univ. in Halle und München Philologie und Gesch. In Halle prom. D. 1884 zum Dr. phil. mit der Diss. „Beiträge zur Gesch. der Stadt Magdeburg in den ersten Jahren nach ihrer Zerstörung 1631" (erweiterte Aufl. 1885). 1886 wurde D. als Archivar und Bibliothekar der Stadt Magdeburg angestellt. Beide Ämter bekleidete er bis zu seinem Tode. D. leitete die Geschicke des bis dahin vom Registrator verwalteten Magdeburger Stadtarchivs als erster hauptamtlicher Stadtarchivar und bereicherte die Slg. durch zahlreiche Übernahmen, z. B. bedeutender Archive der Familien Guericke und von Alemann. Im Amt des städtischen Bibliotheksverwalters erwirkte D. von den Stadtverordneten eine bedeutende Erhöhung des Anschaffungsetats und erweiterte die Ausleihzeit bis 1895 auf $19^{1}/_{2}$ Wochenstunden. D. konnte auch hier mit der Maltzahnschen Slg. einen bedeutenden Teil der Bibl. Otto von Guerickes in städtischen Besitz überführen. 1888 erschien der von D. verdienstvoll bearbeitete Kat. der Stadtbibl., dem 1891 sowie 1897 Nachträge folgten. Bereits während seiner Studienzeit wandte sich D. gesch. und geographischen Studien zu. Sein besonderes Interesse galt dabei der Erforschung der Magdeburger Stadtgesch. im 17. Jh. sowie der Erschließung und Herausgabe der zeitgenössischen Quellen zur Zerstörung Magdeburgs im Jahre 1631. Ab 1891 führte er als erster Sekretär und Hg. der *Geschichts-Blätter* bis zu seinem Tod die Geschäfte des *Vereins für Gesch. und Alterthumskunde des Hzts und Erzstifts Magdeburg*. Im selben Jahr erschien in der „Fs. zur 25jährigen Jubel-Feier des Vereins für Gesch. und Altertumskunde des Hzts und Erzstiftes Magdeburg" sein viel beachteter Beitrag „Neue Urkunden und Dokumente über Otto von Guericke". Darüber hinaus verfaßte D. zahlreiche Aufsätze, die vor allem in der Beilage der *Magdeburgischen Ztg.* und in den *Geschichts-Blättern* veröffentlicht wurden.

W: Magdeburger Chroniken, Bd. 2, 1887; (Hg.) Samuel Walther's Historia literaria Excidii Magdeburgici, in: GeschBll 25, 1890, *364–428* und ebd. 26, 1891, *261–299*; Die Zerstörung Magdeburgs im Jahre 1631. Offene Antwort an Herrn Prof. Dr. Wittich, in: ebd. 29, 1894, *303–400*; Aktenstücke zur Gesch. der Gegenreformation in Magdeburg, in: ebd. 30, 1895, *185–230*. – **L:** Leesch 2, *122*; → Gustav Hertel, M. D. in: Gesch-

Döbbelin (Doebelin), *Carl* Conrad Casimir

geb. 1763 Kassel, gest. 23.01.1821 Berlin, Schauspieler, Theaterleiter.

Als Sohn des Leiters der bekannten D.schen Schauspielgesellschaft und ersten Dir. des Berliner Nationaltheaters, Carl Theophil D., gehörte D. zunächst der Wandertruppe seines Vaters an. Wegen eines Zerwürfnisses verließ er Anfang 1788 die Truppe, gründete, zunächst gemeinsam mit Johann Carl Tilly, eine eigene Theatergesellschaft und bereiste den norddt. Raum. Anfang der 1790er Jahre gastierte D. mehrfach in Magdeburg. Die D.sche Gesellschaft war die letzte Wandertruppe in Magdeburg und beschloß die Periode der wandernden Schauspielgesellschaften in Magdeburg mit ihrem Gastspiel 1793/94. Zwei Jahre nach der UA gab es hier durch D. am 07.12.1793 die erste Magdeburger Aufführung von Mozarts „Zauberflöte". D. pachtete das nach Entwürfen des Dessauer Hofbaumeisters Freiherr Friedrich Wilhelm von Erdmannsdorff Anfang 1795 fertiggestellte erste Magdeburger Theatergebäude – „auch als Konzertsaal zu verwendendes Schauspielhaus" – Breiter Weg 134/Ecke Dreiengelstraße. Sein Spielplan bestand aus „Gebrauchstheater von und für Zeitgenossen": Iffland, Kotzebue, → Heinrich Zschokke, aber auch Singspiele und Mozart-Opern. Handfeste Streitigkeiten zwischen dem Pächter und dem Eigentümer des Theatergebäudes, der *Theater-Aktien-Gesellschaft*, führten 1796 zur Auflösung des Vertrages. Nach ihm übernahm → Friedrich Ludwig Schmidt die Theaterdirektion. D. ging nach Posen, Polen, Ungarn und Holland, spielte mit seiner Gesellschaft in Spandau und Charlottenburg und nahm 1809 ein Engagement als Schauspieler am Stuttgarter Hoftheater an. Auch später gastierte er wiederholt in Magdeburg.

L: Kosch TL, *336*; Friedrich Johann von Reden-Esbeck, Dt. Bühnen-Lex., 1879; Ludwig Eisenberg, Großes biogr. Lex. der dt. Bühne im 19. Jh., 1903, *204f.*; Wilhelm Widmann, Gesch. des Magdeburger Theaterwesens, in: MonBl, 1925, *182–184, 187f.*

Dagmar Bremer

Döring, Carl (Karl) **August**

geb. 22.01.1783 Markt Alvensleben bei Magdeburg, gest. 17.01.1844 Elberfeld, Lehrer, ev. Pfarrer, Kirchenlieddichter, Erbauungsschriftsteller.

D., Sohn eines Oberförsters, besuchte bis zu seinem 13. Lebensjahr die Dorfschule und empfing eine höhere Schulbildung erst ab 1796 in Magdeburg, zunächst in der Altstädter Bürgerschule, später am Pädagogium des Klosters U. L. F. Magdeburg. Ab 1801 studierte D. in Halle ev. Theol. und Philologie. Als Mitglied eines Dichterkreises war er dort eng mit Anton Niemeyer befreundet und gab mit diesem zusammen 1803 ein erstes Bändchen Gedichte heraus. 1804 wurde D. Hauslehrer in Waldenburg/Schlesien und kam 1808 als Lehrer an die Schule des Klosters Berge bei Magdeburg, wo er unter dem Einfluß pietistischer Kreise seine Bekehrung erlebte. Als 1810 die Klosterschule durch Napoleon geschlossen wurde, ging D. für drei Jahre als Hauslehrer in die Nähe von Eisleben, dort begann seine rege Tätigkeit als Seelsorger und Hg. christlicher Volksschriften; unterstützt wurde diese Arbeit von dem von ihm gegründeten *Christlichen Verein im nördlichen Dtl*. 1813 wurde D. Prediger und Seelsorger in den Militärlazaretten in Halle. 1814 kehrte D. für ein Jahr als Prediger nach Magdeburg zurück, war 1815 als Archidiakonus in Eisleben tätig und wurde 1816 an die lutherische Gemeinde in Elberfeld berufen, an der er 28 Jahre lang – bis zu seinem Tode 1844 – als Prediger und Seelsorger wirkte. Durch seine Erbauungsschriften, als Gründer von Jünglings- und Jungfrauen-Vereinen und als Dichter von etwa 1.200 Kirchenliedern reichte sein Einflußbereich weit über seine Gemeinde hinaus. Heute sieht man in ihm einen der Wegbereiter der Inneren Mission. Obwohl D.s „Christliches Hausgesangbuch", in dem er ab 1825 nur eigene Kirchenlieder veröffentlicht hatte, weit verbreitet war, fanden nur wenige seiner Texte Aufnahme in den Gesangbüchern des 19. Jhs. In den heutigen Gesangbüchern ist keines seiner Lieder zu finden.

W: Christliche Gesänge, 1814, ²1817; Christliches Hausgesangbuch. Tl. 1, 1821, verändert ²1825, Tl. 2, 1830; Slg. christlicher Predigten über das innere Leben der Gläubigen, 1832. – **L:** ADB 5, *348f.*; Neuer Nekr 23, 1847; BBKL 1, Sp. *1347f.* (*W*); Franz Brümmer, Dt. Dichterlex., Bd. 1, 1876. – **B:** *Heinrich Niemöller, Zeugen aus der Gesch. der lutherischen Gemeinde Elberfelde, 1932, *83*.

Mechthild Wenzel

Döring, *Karl* **Friedrich Wilhelm**
geb. 14.04.1850 Gommern, gest. 06.11.1897 Gommern, Ackerbürger, Brauereibesitzer.

D. erlernte die Brau- und Landwirtschaft und besuchte die Brauschule in Worms. Ab 1875 baute er die *Dampf-Bierbrauerei* in Gommern auf, die die Stadt und Umgebung versorgte. 1881 erweiterte er die Brauerei um einen Eiskeller, den späteren Kellerberg und Luftschutzbunker, jetzt Straße zum Kellerberg. Das bekannte Unternehmen stellte u. a. die Spezialität „D.s Caramel-Kraft-Bier" her. D. besaß das Schützenhaus, die Gaststätte „Grüner Baum", das Kantorhaus, mehrere Wohnhäuser und etwa 370 Morgen Land. 1889 war er erster Vors. des Aufsichtsrats der Generalverslg. der Zuckerfabrik Gommern und von 1890 bis 1896 Stadtverordnetenvorsteher. Nach seinem Tode leitete seine Frau die Brauerei, ab 1908 übernahm diese der älteste Sohn Ernst D. Das Unternehmen existierte bis 1923.

L: Emil Meyer, Chronik der Stadt Gommern und Umgegend, 1897, *96, 102*; Günter Wingert, Die Bierbrauerei im kursächsischen Amt Gommern, 1997, *41*.

Elke Klitzschmüller

Dohlhoff, Georg *Eduard,* Dr. med.
geb. 24.07.1799 Halle, gest. 27.05.1852 Magdeburg, Arzt, Medizinalrat.

D., Sohn des ev. Pfarrers Georg Peter D., besuchte seit 1810 die Schule des Waisenhauses in Halle, begann 1816 mit dem Studium der Med. und prom. 1819 an der Univ. seines Heimatortes. Eine anschließende wiss. Fortbildungsreise führte ihn u. a. nach Paris. 1822 ließ er sich in Magdeburg als praktischer Arzt mit chirurgischer Spezialisierung nieder, wurde 1826 Assessor für Chirurgie im *Provinzial-Medizinalkollegium* und erhielt nach der Eröffnung der Med.-chirurgischen Lehranstalt 1827 im Krankenhaus Altstadt unter → Friedrich Trüstedt die Leitung der Chirurgischen Klinik, verbunden mit der Dozentur für allg. und spezielle Chirurgie. Während der Magdeburger Cholera-Epidemie 1831/32 leitete D. das Cholera-Lazarett in der Turmschanze und gründete mit drei weiteren Magdeburger Bürgern zur schnellen und gezielten Ausbildung und Vermittlung von Krankenpflegepersonal einen *Krankenwärter-Verein*. 1832 stieg er zum Medizinalrat auf und übernahm 1834 im *Medizinalkollegium* das Amt des Prüfungsvors. Wegen eines Kunstfehlers wurde er 1840 zu einer Gefängnisstrafe verurteilt, die jedoch durch eine allg. Amnestie nicht zur Ausführung kam. → August Andreae kennzeichnete D. als „derbe Natur, ungemein tüchtig und tätig, von gesundem, scharfem Urteil". D.s Sohn fiel 1863 im Duell.

W: Gesch. einer unglücklich abgelaufenen Operation, 1838. – L: August Hirsch (Hg.), Biogr. Lex. der hervorragenden Ärzte aller Zeiten und Völker (vor 1880), Bd. 2, 1884, *288*; August Andreae, Chronik der Aerzte des Regierungsbez. Magdeburg mit Ausschluß der Halberstädter, Quedlinburger und Wernigeroder Landestheile, 1860, *50f.*; → Walter Friedensburg, Die med.-chirurgische Lehranstalt in Magdeburg (1827 bis 1849), in: GeschBll. 53/54, 1918/1919, *16* u.ö.; Klaus Arlt, Die Entwicklung vom Handwerk zur wiss. Chirurgie, Studien über die Medizingesch., 1957, *56*.

Horst-Peter Wolff

Dohme, Herbert, Dr. med. vet.
geb. 22.11.1896 Sagan/Schlesien, gest. 18.03.1971 Magdeburg, Tierarzt, Oberveterinärrat.

Nach Kindheit und Schulzeit in Schlesien studierte D. Veterinärmed. in Dresden, erhielt 1925 die Approbation und nachfolgend die Prom. Praxis und Tätigkeit am Bakteriologischen Inst. der Landwirtschaftskammer Schlesien schlossen sich an. Ab 1927 arbeitete D. als wiss. Assistent unter Paul Frosch am Hygiene-Inst. der Tierärztlichen Hochschule Berlin, legte dort das Kreistierarztexamen ab und wurde 1929 als Amtstierarzt in Berlin, ab 1931 als Kreistierarzt und ab 1939 als Veterinärdezernent in Marienwerder tätig. Hier erwarb er sich durch seine Gewissenhaftigkeit, Sachlichkeit und sein gediegenes Können große Verdienste. Ab 1945 unterstützte er als Kreistierarzt der Stadt Magdeburg dank seiner Vitalität und seines umfangreichen Wissens den Neuaufbau und erzielte als unermüdlicher Initiator vorbeugender Maßnahmen in der Tierseuchenbekämpfung große Erfolge – dies unter den Bedingungen der Nachkriegszeit und der folgenden Umgestaltung der Landwirtschaft der DDR. Als Kontrolleur, Berater und Gutachter erwarb er sich mit hohem Fachwissen, zielbewußter Konsequenz und Verantwortlichkeit in der Landwirtschaft, bei den staatl. Dienststellen, in den Lebensmittelbetrieben und im Handel Respekt und Anerkennung. In den Jahren seines Ruhestandes widmete er sich der Betreuung des Magdeburger Zoologischen Gartens sowie der Ausbildungsstätten von Fachschulen und Züchtervereinigungen in Magdeburg.

L: Slg. Vf., Magdeburg (priv.).

Peter Kupey

Dohrn, Georg, Prof. Dr. jur.
geb. 23.05.1867 Bahrendorf, gest. 09.03.1943 Seehaupt/Starnberger See, Musiker.

Als Sohn eines Administrators in Bahrendorf/Kr. Wanzleben geb., besuchte D. das Domgymn. in Magdeburg und die Thomas-Schule in Leipzig. Er studierte zunächst Jura in Leipzig, München und Berlin und prom. 1890. Das Musikstudium folgte 1890–95 in Köln unter Franz Wüllner, Isidor Weiß und Gustav Jensen. D. war 1895–97 an der Hofoper in München, 1897–98 in Flensburg, 1898–99 am Hoftheater in Weimar und 1899–01 wieder in München als Kapellmeister tätig. Ab 1901 wirkte D. in Breslau als erster Dirigent des *Schlesischen Landesorchesters,* im *Breslauer Orchester-Verein* und an der dortigen Singakad. 1910 wurde er zum Prof.

Dominik

ernannt. Die Bach- und Regerfestspiele in Breslau 1912 und 1922 sind eng mit D.s Namen verbunden, der Mitglied der Neuen Bach-, Reger- und Keußler-Ges. war.

L: Reichshdb 1, *334*; Erich Müller, Dt. Musiker-Lex., 1929, *242*; Karl Demmel, Polyhymnia in der Börde, in: Heimatbl. H. 7, 1938; Paul Müller, Rittergut Bahrendorf, Ms. 1976 (Bördemus. Ummendorf).

Gerd Gerdes

Dominik, *Friedrich* **Adolf**
geb. 09.01.1875 Emden/Kr. Neuhaldensleben, gest. 27.06.1950 Haldensleben, ev. Pfarrer.

Der Pfarrerssohn studierte ev. Theol. in Halle und wurde 1903 ordiniert. Nach einigen kurzzeitigen Tätigkeiten als Hilfsprediger u. a. in Magdeburg wurde er 1905 Pfarrer in Steimke und übernahm 1912 das Pfarramt in Rohrberg/Altmark. In der Zeit von 1917 bis 1918 war er Feldprediger. 1926 wurde er Superintendent des Kirchenkreises Sandau und hatte dieses Amt bis zur Ernennung zum Superintendenten in Haldensleben 1931 inne. Dort wirkte er bis zu seinem Tod. D. war seit der Bekenntnissynode von Dahlem 1934, deren Richtlinien er unterschrieb, Mitglied der Bekennenden Kirche (BK), des Teiles der ev. Kirche, der sich der Bevormundung durch die Nationalsozialisten aktiv widersetzte. Schon vorher erklärte er mit Unterschrift seine Zugehörigkeit zum Pfarrernotbund, einer Vereinigung ev. Geistlicher, die zur Bildung der BK den entscheidenden Impuls gab. Im Gottesdienst am 12.09.1937 ließ er für die Volksmission der BK eine Kollekte sammeln, was ohne Genehmigung nicht gestattet war. Deswegen und wegen seiner Vorrede, in der er darauf aufmerksam machte, daß die Kollekte für diese „gute und nötige Arbeit" höchstwahrscheinlich wegen Beschlagnahme nicht ihr Ziel erreichen werde, wurde er wegen Kanzelmißbrauchs und Verstoßes gegen das Sammlungsgesetz angeklagt. Aufgrund des Straffreiheitsgesetzes vom 30.04.1938 wurde das Verfahren jedoch eingestellt. D. wurde von Zeitgenossen als ungewöhnlich begabter Prediger und als aufmerksamer Seelsorger beschrieben. Seine theol. Grundeinstellung, allein der Heiligen Schrift und den Bekenntnissen der Kirche zu gehorchen, zwang ihn und half ihm, sich der Bevormundung und Instrumentalisierung der Kirche durch die Nationalsozialisten zu widersetzen und in seinem Leitungsamt anderen ein Beispiel zu geben.

L: AKPS: Rep. A, Spec. P, D 209 (PA).

Ernst-Ulrich Wachter

Donath, **Amandus Emil** *Eugen* **jun.**
geb. 25.07.1891 Genthin, gest. 23.04.1947 NKWD-Lager Buchenwald, Druckereibesitzer, Zeitungsverleger.

D. führte in dritter Generation die von → Emil D. gegründete Fa. *E. D., Buchdruckerei und Zeitungsverlag*, Genthin. Nach einer Fachausbildung, u. a. in Leipzig, und dem frühen Tod des Vaters stand er dem Unternehmen seit 1917 mit einem ao. Maß an sozialer Kompetenz vor. Durch eine umfangreichere tagespolitische Berichterstattung veränderte D. den Charakter des *Genthiner Wochenbl.* in den 1920er Jahren wesentlich. Ab 1926 ließ er die Ztg. täglich erscheinen, änderte 1936 den Titel in *Genthiner Tagebl.* und verband die traditionell starke Stellung der Heimatztg. im Bereich der lokalen Berichterstattung mit der abwechslungsreichen Vielseitigkeit der bürgerlichen Presse. Es gab einen Ratgeberteil, die Gerichtsreportage, die regelmäßige Filmkritik, eine wöchentliche Beilage für Kleingärtner und Sonderseiten mit zeitgemäßem Themenschwerpunkt. D. erhöhte die Auflage auf zuletzt 3.910 Exemplare. 1943 wurde die Ztg. geschlossen und dem Verleger, der sich einer ideologischen Vereinnahmung verwehrt hatte, jede schriftleiterische Tätigkeit untersagt. Im Mai 1945 durch Willkür dt. Kommunisten von der Roten Armee arretiert, wurde D. in das NKWD-Lager Buchenwald verschleppt, in dem er an den Folgen monatelanger Unterernährung verstarb.

N: Vf., Berlin (priv.). – **L:** Sonderbeilage zum 75jährigen Bestehen des Genthiner Wochenbl., 1928; Vf., Genthiner Druckerei D. stellt den Geschäftsbetrieb ein, in: Volksstimme Genthin, vom 01.10.1999, *8*. – **B:** *Vf., Berlin (priv.).

Thomas Friesecke

Donath, **Friedrich** *Emil*
geb. 26.07.1826 Sorau/Niederlausitz, gest. 01.05.1894 Genthin, Druckereibesitzer, Zeitungsverleger.

Der Sohn eines Oberlehrers und Dirigenten durchlief infolge überdurchschnittlicher Begabung ungewöhnlich rasch die Schulausbildung. Eine Sprachstörung zwang D. jedoch, das Gymn. vor dem Abitur zu verlassen. Er begann eine Lehre in einem Sorauer Druck- und Verlagshaus, an die sich der Militärdienst und ein zweijähriges Praktikum in Leipzig anschlossen. 1848 übernahm D. die Geschäftsführung seines einstigen Lehrbetriebes. 1852 ging er nach Genthin, wo er eine eigene Buchdruckerei eröffnete. Ab 1853 gab D. die erste Ztg. der Stadt, das *Genthiner Wochenbl.*, heraus. Die Heimatztg. informierte über allg., regionale und lokale Ereignisse und lockerte ihre Ausgaben durch Boulevard aus der Reichshauptstadt, kuriose Begebenheiten oder den täglichen Fortsetzungsroman auf. Ausführlich wurde auch über die Sitzungen des Reichstages berichtet. Das zunächst zwei-, dann dreimal in der Woche erscheinende bürgerlich-liberale, später kaisertreue Blatt entwickelte sich unter der Führung D.s zum dominierenden Anzeiger des Kreises Jerichow II und konnte im Todesjahr des Verlegers auf eine Auflage von 2.175 Exemplaren verweisen. D. war seit 1872 Beigeordneter der Stadt Genthin, lange Jahre Vors. der städtischen Schuldeputation und machte sich durch sein uneigennütziges und großzügiges Engagement in zahlreichen Wohltätigkeitsvereinen verdient. In Anerkennung seiner Lebensleistung wurde D. 1889 der Kgl. Kronen-Orden IV. Kl. verliehen.

N: Vf., Berlin (priv.). – **L:** → Eugen D. (Hg.), Sonderbeilage zum 75jährigen Bestehen des Genthiner Wochenbl., 1928. – **B:** *Vf., Berlin (priv.).

Thomas Friesecke

Donndorf, Adolf von, Prof.
geb. 16.02.1835 Weimar, gest. 20.12.1916 Stuttgart, Bildhauer.

D. besuchte zunächst das Lehrerseminar in Weimar und fand durch Vermittlung Friedrich Prellers 1853 Aufnahme als Schüler und Assistent in die Werkstatt von Ernst Rietschel in Dresden. Dieser übertrug ihm die Ausführung vieler Werke, u. a. des Luther-Denkmals in Worms. 1864 wurde D. Ehrenmitglied der Akad. in Dresden, ab 1876 übernahm er eine Akad.-Professur in Stuttgart und war später Vorstand der plastischen Slg. in Stuttgart. D. schuf Denkmäler, Porträtbüsten, Kleinplastik und Bauskulptur im spätklassizistischen Realismus in der Nachfolge Rietschels. Die „Trauernde Magdeburg", ein Teil aus dem Luther-Denkmal in Worms von 1868, kam als Zweitguß 1906 in das KHMus. Magdeburg und befindet sich seit 1924 in der Johanniskirche Magdeburg, ein weiteres Exemplar steht auf dem Grab D.s in Weimar.

W: Cornelius-Denkmal, Düsseldorf, 1876; Luther-Denkmal, Eisenach, 1895. – **L:** Thieme/Becker 9, *445f.*; Saur AKL 28, *565f.*; Ulrike Fuchs, Der Bildhauer A. D., Leben und Werk, 1986.

Uwe Jens Gellner

Dorguth, *Friedrich* **Andreas Ludwig**
geb. 01.12.1776 Magdeburg, gest. 10.10.1854 Magdeburg, Jurist, Geh. Justizrat, Philosoph.

D. entstammte einer Juristenfam. Sein Vater Ludwig D. ist zwischen 1794 und 1806 als Kriminalrat und Provinzialrichter in Magdeburg nachweisbar. Da Belege fehlen, läßt sich D.s frühe Beamtenlaufbahn bisher nur rückwirkend entschlüsseln. Ein Gutachten von 1835 zeigt aber, daß er bereits 1797 in den Staatsdienst eintrat. Für einen in der Lit. behaupteten Aufenthalt in Warschau 1805 fehlen die Belege, und eine dortige Bekanntschaft mit seinem Richterkollegen E. T. A. Hoffmann scheint bloß spekulativ. 1809 heiratete er in Magdeburg, seine Frau starb jedoch schon 1813. Nachdem er 1817 als Justizrat an das gerade gegründeten OLG in Magdeburg berufen worden war, ging er 1819 seine zweite Ehe ein, der drei Töchter entstammten. 1836 wurde er zum Geh. Justiz- und OLG-Rat ernannt und trat erst 1847 in den Ruhestand. In seiner Amtszeit wurden am OLG in Magdeburg u. a. die späteren Mitglieder der Frankfurter Nationalverslg. Friedrich Leue, Friedrich Ludwig von Rönne, August Heinrich Simon und → Carl Maximilian Grüel ausgebildet. Auch → Carl Immermann legte 1819 unter D. sein zweites Staatsexamen ab. Spätestens seit 1832 nahm D. regelmäßig mit mehr als 50 z. T. Positionen des 20. Jhs antizipierenden Aufsätzen an wiss. Diskussionen in jur. Zss. teil. D. scheint schon früher publiziert zu haben, denn eine bereits 1809 in Magdeburg erschienene, mit „Tribunals-Richter D." unterzeichnete Schrift „Über die Geschäfte des Friedensrichters" stammt wohl von ihm. Neben seiner beruflichen Tätigkeit trat D. mit phil. Schriften hervor, die er meist separat im Verlag von → Wilhelm von Heinrichshofen in Magdeburg veröffentlichte. 1837 erschien sein phil. Grundwerk „Kritik des Idealismus und Materialien zur Grundlage des apodiktischen Realrationalismus", mit dem er sich gegen Hegels „Idealdialektik" wendete, 1838 durch „Nachträge und Erläuterungen" ergänzt. Ludwig Feuerbach rezensierte es in den *Hallischen Jbb.* Ein nachfolgender Briefwechsel, in dem D. seine Position ausführlich erläuterte, führte Feuerbach zur genaueren Bestimmung seiner eigenen phil. Position; D.s Theorien lehnte er ab. Die Schriften D.s sind vor allem mit der Phil. Arthur Schopenhauers verbunden, mit dem er schon seit 1836 in Briefkontakt stand. D. ist der erste und neben Julius Frauenstädt bis 1854 der einzige, der öffentlich für Schopenhauer eintrat und damit den Grundstein für eine Schopenhauerrezeption überhaupt legte. Von ihm stammt die berühmte Bezeichnung Schopenhauers als „Kaspar Hauser der Phil.-Professoren". D. widmete ihm mehrere Sendschriften, die wichtigste 1845 „Schopenhauer in seiner Wahrheit", welche u. a. vom späteren Paulskirchenabgeordneten Maximilian Grävell zustimmend rezensiert wurde. 1843 ließ D. seine Kritik an → Karl Rosenkranz „Die falsche Wurzel des Idealrealismus" erscheinen, die diesen seine Schopenhauerlektüre wieder aufnehmen ließ. Zwei weitere Sendschreiben richtete D. 1848 und 1849 an Alexander von Humboldt, welche auch diesem Schopenhauer nahebrachten. Ebenso konnte er einige jur. Kollegen (z. B. Max Voigtel) und Ärzte (z. B. Friedrich Grävell) von der Bedeutung Schopenhauers überzeugen. Schopenhauer selbst hat D. mit einer gewissen Geringschätzung betrachtet, weil dieser ihm zu eigenständig dachte und seine Wirkung zu gering war. Seine rechtsphil. Forderungen sah D. im sächsischen Strafgesetzbuch von 1838 zum großen Teil bestätigt. Nicht erfüllt hat sich hingegen seine ausführlich begründete Forderung nach Abschaffung der Todesstrafe, die er im Gegensatz zu seinen Zeitgenossen nicht aufgrund von deren Wirkungslosigkeit forderte, sondern aus prinzipiellen Erwägungen, wie sie 1848 auch in den Diskussionen der Nationalverslg. teilweise vertreten wurden. Seiner Zeit weit voraus, trat er auch gegen die absolute lebenslängliche Freiheitsstrafe an.

W: Populäre, practische Entwickelung der abstracten Begriffe, welche die positive Strafgesetzgebung interessieren, 1837; Die jur. Dialektik, 1841. – **L:** Ludwig Schemann, Schopenhauer-Briefe, 1893, *475–478*; Rudolf Borch, Schopenhauer und D., in: Jb. der Schopenhauerges. 2, 1913, *3–8* (**W**); Paul Deussen, Arthur Schopenhauers sämtliche Werke, Bde 14–16 (Briefwechsel), 1929–42; Ludwig Feuerbach, Gesammelte Werke, Bde 8, 17 und 19, 1984ff. (**W**); Karl Rosenkranz, Briefe 1827–1850, 1994; Vf., F. D. (i.V.).

Thomas Miller

Dornacher, Klaus, Prof. Dr. phil. habil.
geb. 16.05.1929 Cottbus, gest. 25.06.1990 Magdeburg, Hochschullehrer, Slawist.

D., Sohn eines kaufmännischen Angestellten, legte 1946 in Cottbus das Abitur ab. Zuerst studierte er am Pädagogischen Inst. in Cottbus und wurde zum Lehrer für die russische Sprache ausgebildet, wechselte 1948 an die gerade gegründete PH Potsdam und begann dort, Germanistik und Slawistik zu studieren. Nach Beendigung des Studiums wurde D. 1952 Assistent am Inst. für Slawistik, bereits ab 1954 nahm er Aufgaben eines Oberassistenten wahr. 1962 prom. er an der PH Potsdam mit einer Arbeit über „Die Rezeption I. S. Turgenjews in Dtl. 1845–1871". 1969 wurde er zum Hochschul-Doz. berufen und leitete von 1970 bis 1975 das Inst. für Slawistik. Ende der 1960er Jahre begann D. mit der Herausgabe einer zehnbändigen Turgenjew-Ausgabe in neuer dt. Übersetzung im *Aufbau-Verlag Berlin*. Diese Ausgabe erschien in mehreren Auflagen, auch im gesamten deutschsprachigen Raum als Lizenz. D. avancierte sehr bald zum herausragenden Turgenjew-Spezialisten in der DDR. Er wurde wiss. Konsultant für die dreißigbändige Akademieausgabe von Turgenjews Werken in Leningrad und für verschiedene Turgenjew-Sammelbände. Er unterhielt wiss. Kontakte zum Turgenjew-Mus. in Orjol und zum Puschkin-Haus in Petersburg und war außerdem als Autor an den zwei bedeutenden Geschichten der russischen Lit. im Aufbau-Verlag (1965 und 1985) beteiligt. D. war ein leidenschaftlicher Lehrender und Vermittler der russischen Lit. und betreute zahlreiche wiss. Arbeiten von Studenten, von denen einige seine Schüler wurden. 1977 erfolgte seine Umberufung an die PH Magdeburg, wo er sich 1980 mit der Arbeit „Die Evolution des dt. Turgenjew-Bildes im 19. Jh." habil. 1982 wurde er zum o. Prof. berufen. In Magdeburg gründete er eine Forschungsgruppe zur Rezeption I. S. Turgenjews in Dtl. Es fanden 1979, 1983 und 1987 int. Konferenzen statt, und es entstanden zahlreiche Graduierungsarbeiten (s. Vf., 1989). Ein großes neues Rezeptionsprojekt und die Turgenjew-Biogr. konnte D. durch seien frühen Tod nicht mehr vollenden. (s. Vf., 1991).

W: (Hg.) Gesch. der russischen Lit. des 18. Jhs, 1966; (Hg.) Iwan Turgenjew, Gesammelte Werke in Einzelausgaben (10 Bde), 1969ff.; Bibliogr. der deutschsprachigen Übersetzungsausgaben der Werke I. S. Turgenjews 1854–1985, 1987; (Hg.) Turgenjew. Ein Lesebuch für unsere Zeit, 1989. – **L:** Vf., Die Turgenev-Forschung an der PH Magdeburg, in: Zs. für Slawistik 34, H. 4, 1989, *554–559*; dies., In memoriam K. D., in: ebd. 36, H. 3, 1991, *473*. – **B:** *Vf., Magdeburg (priv.).

Gudrun Goes

Dorschfeldt, Gerhard
geb. 14.12.1890 Magdeburg, gest. 14.08.1974 Magdeburg, Komponist, Musikkritiker, Musikpädagoge.

Der Sohn des Prof. → Richard D. absolvierte das König Wilhelms-Gymn. in Magdeburg. Seine ersten musikalischen und theoretischen Unterweisungen erhielt D., der bereits im Alter von neun Jahren in öffentlichen Konzerten auftrat, von → Fritz Kauffmann (Klavier), → Theophil Forchhammer (Orgel) und → Joseph Krug-Waldsee (Theorie). Von 1912 bis 1917 studierte er am Landeskonservatorium in Leipzig Musik, u. a. bei Max Reger, Robert Teichmüller, Stephan Krehl und Richard Hofmann. Nach dem bestandenen Staatsexamen nahm D. bis 1920 bei Xaver Scharwenka in Berlin Unterricht. D., der als Lehrer am Konservatorium in Magdeburg und Dessau sowie als Kunstkritiker für Magdeburger Tageszgg. tätig war, trat als Konzertpianist in Dresden, Berlin, München, Leipzig, Halle und Magdeburg auf, wo er mit seinen Klavierabenden eine maßgebliche Rolle spielte. Einer zehnjährigen Tätigkeit an der Staatl. Fachschule für Musik in Wernigerode folgte von 1955 bis 1958 eine Anstellung als Doz. an der Fachschule für Musik in Magdeburg, wo er gleichzeitig als Musikkritiker für die Magdeburger *Volksstimme* tätig war. Seine Kompositionen, die im Zeichen der Spätromantik stehen, umfassen zahlreiche Orchester- und Chorwerke, Liederzyklen, Streichquartette, Klavier-, Violin- und Cellosonaten. Viele seiner Werke wurden seit 1917 von Sinfonie-Orchestern u. a. in Magdeburg, Dessau, Wernigerode, Halberstadt aufgeführt.

W: Symphonisches Orchesterwerk (UA Magdeburg 1917, Dirigent → Walter Rabl); Symphonietta für große Orchester (UA Magdeburg 1919); 2 Lieder, op. 2; 2 Liebeslieder, op. 3; Kriegsmarsch, op. 4; 6 Konzertlieder, op. 8; 6 Konzertlieder, op.10. – L: Erich H. Müller (Hg.), Dt. Musiker-Lex., 1929; Paul Frank, Kurzgefaßtes Tonkünstlerlex., neu bearb. und ergänzt von Wilhelm Altmann, [15]1978, *131*; → Rudolf Brinck, G. D. feiert heute seinen 80. Geb., in: Volksstimme Magdeburg vom 14.12.1970, *6* (*B*).

Claudia Behn

Dorschfeldt, Richard, Prof.
geb. 26.06.1864 Stettin, gest. 25.07.1937 Magdeburg, Architekt, Metallgestalter, Kunstgewerbelehrer.

D. studierte nach seiner Schulausbildung an den Kunstgewerbeschulen in Dresden und Magdeburg, wurde 1886 für „Dienste im kleineren Umfang" von einem Vorgänger der Magdeburger Kunstgewerbeschule eingestellt und im Oktober 1887 ohne Vertrag von dieser übernommen. D. war ab April 1889 zunächst als Hilfslehrer für Freihand- und technisches Zeichnen, kunstgewerbliches Fachzeichnen sowie Fachkunde für Tischler tätig und arbeitete von 1892–1929 als Lehrer für Architektur/Innenraumgestaltung und Fachzeichnen für Tischler. 1906 wurde D. in Magdeburg zum Prof. ernannt. Als langjähriger Leiter der Fachklasse für Tischler und Möbelzeichner und der Abt. Architektur (mit Peter von der Weien) bildete er hochqualifizierte Fachleute aus. Seine Lehrtätigkeit und seine eigenen Arbeiten waren stark technisch orientiert. Diesbezügliche umfangreiche Veröffentlichungen haben meist die technische Umsetzung künstlerischer Entwürfe in die Praxis zum Inhalt (Holz, Eisen usw.). D. wurde mit seinen floralen Entwürfen zu jenen Architekten gerechnet, die den Begriff „Jugendstil" prägten. Die Einweihung einer Gedenktafel anläßlich seines 40. offiziellen Dienstjubiläums 1927 in einem der Lehrgebäude in der Brandenburger Straße läßt auf seine Mitwirkung beim Neubau und der Innenraumgestaltung dieses Hauses (um 1910, nicht erhalten) schließen. Von D. stammen u. a. die Deckenausbildungen in der Aula des Schulneubaus und die Entwürfe zahlreicher Ehrenbürgerbriefe für die Stadt Magdeburg. D. war Mitglied des *Künstlervereins St. Lukas* in Magdeburg.

W: Die Schreiner-Architektur, 1893, 1897; Der moderne Innenbau, 1898; Schmiedekunstvorlagen, 1898; Der praktische Kunst- und Bauschlosser, 1899; Holzbauten der Gegenwart unter Berücksichtigung des inneren Ausbaus, 1901, 1902; Kunstschmiedearbeiten der Neuzeit, 1905; Holzarchitekturen für Haus und Garten, 1911, 1912; Der moderne Bauschreiner, 1910; Möbel und Interieurs im Stil Louis XVI., des Rococo, Empires und Biedermeiers, sowie in der heutigen Geschmacksrichtung, 1910. – L: Jahresberichte der Kunstgewerbe- und Handwerkerschule Magdeburg 1893ff.; Laudatio zum 40. Dienstjubiläum 1927, Ms. 1927 (Eberhard D., Leipzig); Bundesarchiv Berlin: R 4901, Abt. X, Fach D, Nr. 3, E, D 153, (rot: D 138), PA und R 4901, Abt. X, E 9821; Geh. StA Berlin: Abt. I, Rep. 120, E. X, Fach 2, Nr. 18, Bde 2–15. – B: *Eberhard D., Leipzig (priv.).

Gerd Kley

Dräseke, Johann Heinrich *Bernhard*
geb. 18.01.1774 Braunschweig, gest. 08.12.1849 Potsdam, ev. Theologe, Generalsuperintendent.

In kleinbürgerlichen Verhältnissen aufwachsend, erhielt D. nach dem Besuch der Waisenhausschule ab 1777 und der Gymn. Catharinäum und Martinäum (ab 1780) 1789 die Chance eines Freiplatzes am akad. Collegium Carolinum in Braunschweig, wo er bis 1792 lernen konnte. Dank seiner strebsamen Intelligenz wechselte er 1792 an die durch den liberalen Humanismus Herders geprägte Landesuniv. „Julia Carolina" nach Helmstedt, wo er mit dem Niedergang der 1809 aufgelösten Alma mater ebenso wie mit dem schlechten Ruf der Studenten konfrontiert wurde. Doch sein gewissenhafter Fleiß ließ ihn bereits nach sechs Semestern 1794 das Erste Theol. Examen bestehen. Nach einjähriger Hauslehrertätigkeit in Ratzeburg wurde D. Mitte 1795 auf die Stelle eines Diakons in Mölln gewählt. Nach seiner Ordination in Ratzeburg im August 1795 wurde er in die Stelle eingeführt und erhielt 1798 die Primariatsstelle in Mölln. Infolge einer radikalen Neuorganisation des Schulwesens wechselte er 1804 als Pfarrer nach St. Georgenberg bei Ratzeburg. Im Oktober 1814 wurde D. zum dritten Pfarrer der Bremer St. Ansgarii-Kirchengemeinde gewählt. Diese Stelle war 1804 als erste Unionsmaßnahme im überwiegend reformierten Bremen lutherisch gewidmet worden. Die Euphorie, mit der D. um den lutherischen Domprediger Verbündete für eine breite Annahme der Unionsideen suchte, verflog bald infolge gegenseitiger Verbitterung und verlief sich in lit. Anfeindungen. In Bremen schloß sich D., der bereits in Braunschweig Kontakte zur Freimaurerei erhalten hatte, 1815 der Loge „Zum Oelzweig" an und war von 1826–29 Meister vom Stuhl dieser Loge. D.s Predigten und Schriften, die im Druck weit über Bremen hinaus begehrt waren, ließen um 1830 einige Landesherren auf ihn als Kandidaten für ein kirchenleitendes Amt aufmerksam werden. So wünschten Sachsen-Coburg und Oldenburg D. zu gewinnen, doch folgte dieser den Plänen des ihn fördernden Beraters von Friedrich Wilhelm III., des reformierten Hofpredigers und Bischofs Ruleman Friedrich Eylert, und trat im März 1831 die Nachfolge des Generalsuperintendenten → Franz Bogislaus Westermeier als Domprediger in Magdeburg an. Durch Kabinettsordre vom 13.01.1832 verlieh ihm Friedrich Wilhelm III., der D. wegen seiner positiven Stellung zur Union schätzte, einen persönlichen Bischofstitel. In der Fülle der Amtspflichten in Magdeburg am Dom, im Konsistorium und der Regierungsabt. für Kirchen- und Schulwesen blieb D. neben den ungeliebten Verwaltungstätigkeiten noch Raum für seine mit Ruhm bedachten Kanzelreden. Ein Höhepunkt unter den vielen Gelegenheiten für Festreden war 1837 die Einweihung des von → Karl Friedrich Schinkel entworfenen Denkmals zur Erinnerung an den 1632 bei Lützen gefallenen schwedischen König Gustav Adolf. Gleichzeitig mehrten sich auch Kritik und Unmut gegenüber D.s bischofsherrlicher Amtsführung, die ihren offenen Ausbruch anläßlich des sog. „Magdeburger Bilderstreites" fanden. Dieser hatte sich an einer Zeitungsannonce nach dem Bild „Die betende Bauernfam." und einem dazu passenden Gedicht entzündet, die der Magdeburger Pfarrer → Wilhelm Franz Sintenis scharf attackierte. Der Streit darüber wurde auf den Kanzeln Magdeburgs und in den Ztgg. ausgetragen. Kurzfristig endete die Untersuchung des Konsistoriums auf Druck des städtischen Magistrates mit einem vom Ministerium für geistliche Angelegenheiten gebilligten Verweis gegen Sintenis. Langfristig aber wirkte der Streit tiefer, weil weiterhin über die Stellung des Konsistoriums zwischen den Obrigkeiten und über die von seinen Leitern zu verantwortenden Maßnahmen gestritten wurde. Dieser Streit um die inhaltliche und strukturelle Festlegung von Generalsuperintendent D. und Oberpräsident → Anton Graf zu Stolberg-Wernigerode als Vors. des Konsistoriums beeinflußte nachhaltig die Debatte um die sich seit 1841 gründenden „Protestantischen Freunde" um → Leberecht Uhlich wie auch den Konflikt zwischen orthodoxem Kirchenregiment und rationalistischer Theol. in Halle. Allen Beteuerungen Friedrich Wilhelms IV. zum Trotz erfuhr D. bald seine persönlichen Grenzen der Belastbarkeit und bat innerhalb eines Jahres vom Dezember 1840 bis Dezember 1841 dreimal um seine Entlassung. Erst das vierte Gesuch vom Oktober 1842 nahm der Monarch an, so daß D. am 31. März 1843 aus dem Amt scheiden konnte. Einem Wunsch des Königs folgend, hielt er sich im Ruhestand in Potsdam auf, woraus aber keine amtlichen Verpflichtungen erwuchsen. D. ist als geistlicher Amtsinhaber in bewegter Zeit zwischen der Aufklärung und den Herausforderungen von Liberalismus und Restauration ein Beispiel für eine gefährliche Gratwanderung zwischen einer nicht sicher definierten Amtsfülle, schnell sich wandelnden Zeitauffassungen und sich am Ende selbst überschätzenden Veranlagungen.

W: Predigten für denkende Verehrer Jesu (5 Bde), 1804–1812; Predigtentwürfe über freie Texte (2 Bde), 1815; Gemälde aus der Heiligen Schrift (4 Bde), 1821–1828; Timotheus D. (Hg.), B. D., Nachgelassene Schriften (2 Bde), 1850–1851. – **L:** NDB 4, *96f.*; ADB 5, *373–382*; RE 5, ³1898, *18f.*; RGG 2, ³1958, *261f.*; BBKL 1, Sp. *1377*; A. W. Müller, Der Bischof D. als Freimaurer, 1865; Gerhard Puttkammer, J. H. B. D., in seinem Leben und Wirken dargestellt, Diss. Königsberg 1921; Kurt Haupt, Der Magdeburger Bilderstreit im Jahre 1840 auf Grund des Aktenmaterials dargestellt, in: MonBl 73, 1931, *313–315, 323–325*; Walter Breywisch, Der Magdeburger ev. Bischof B. D., in: GeschBll 66/67, 1931/32, *143–159*; Wolfgang Nixdorf, Bischof D. (1774–1849), Diss. Halle 1960, 1981. – **B:** *Erich Roeder, Felix D., Bd. 1, 1932, *17*.

Hans Seehase

Dreger, Max, Dr.-Ing. E.h.
geb. 30.05.1852 Neuwedel/Arnswald, gest. 12.09.1927 Berlin, Obering., Konstruktionsdir., Major.

Die Laufbahn D.s begann beim Militär. Frühzeitig befaßte sich D. mit den naturwiss.-technischen Zusammenhängen beim artilleristischen Schießen und entwickelte auf diesem Gebiet eine ausgezeichnete technische und artilleristische Begabung. Das führte ihn in verschiedene technisch-militärische Dienststellen, zuletzt auch in das Kriegsministerium. Nach seinem erbetenen Abschied beim Militär war er kurzeitig im Kolonialdienst in Neu-Guinea tätig, mußte denselben aber aufgrund einer Malariaerkrankung aufgeben. Nach der Übernahme des *Grusonwerkes* Magdeburg durch die Fa. *Friedr. Krupp AG* Essen wurde er 1893 Assistent beim Leiter des Kanonenressorts und Ressortchef des Kanonenressorts II, Dir. Groß. Bereits 1894 übernahm er die Leitung des Versuchsschießplatzes in Meppen und führte die von → Julius von Schütz durchgeführten und publizierten Schießversuche des *Grusonwerkes* Magdeburg fort. 1895 nach Ausscheiden Groß' leitete er die Artilleriekonstruktion, setzte damit das Werk von → Maximilian Schumann fort und erhielt die Berufung ins Direktorium des *Friedrich Krupp Grusonwerkes* Magdeburg. 1896 verlieh ihm die Königin von Dänemark für seine militärtechnischen Verdienste das Ritterkreuz. Unter seiner Leitung entstand in dieser Zeit eine große Anzahl von Neukonstruktionen für Landheer und Marine. Besonders sind seine Anregungen zur Gestaltung und Durchbildung der Konstruktion des 42-cm-Mörsers hervorzuheben, die er in enger Abstimmung mit dem preuß. Generalstab vornahm. Im Zusammenhang der damaligen Umbewaffnung aller Artillerien war D. auf allen ausländischen Schießplätzen bei Vergleichsversuchen zu finden. Einen Abschluß seiner langjährigen artilleristischen Tätigkeit bildete 1908 eine längere Reise nach Ostasien. Seine Ernennung zum Ehrendoktor durch die Großhzgl. TH Darmstadt erfolgte 1910 in „Anerkennung seiner Verdienste um das dt. Kriegsmaterial, in Sonderheit um die Einführung neuerer Konstruktionen auf dem Gebiete des Artilleriewesens". Im selben Jahr übernahm er die Generalvertretung für Kriegsmaterial der *Friedrich Krupp AG* in Berlin und trat 1915 in den Ruhestand. Während des I. WK stellte er seine Kenntnisse im Generalgouvernement in Brüssel zur Verfügung, später besichtigte er im Stabe des Inspizienten des Artilleriematerials das erbeutete Artilleriematerial an allen Fronten. D. gehörte neben den Generälen Jany und Klefecker, den Prof. Post und Kaiser sowie Bernhard Rathgen zu den bedeutenden waffenkundlichen und militärgesch. Experten Dtls. Seine Waffensystematik fand bis heute Anerkennung und Anwendung. Neben seinen eigenen Veröffentlichungen führte er nach dem Ableben von Rathgen und der Arbeit von Otto Johannsen daran mit großer Akribie und Fachkunde dessen Werk zur Druckreife.

W: Waffenslg. D., mit einer Einführung in die Systematik der Waffen, 1926; Hermann Gruson. Sein Leben bis zur Gründung des Grusonwerks (1821–55), in: Nach der Schicht, Nr. 12, Juni 1930. – L: Julius von Schütz, Gruson's Hartguss-Panzer, 1887; ders., Hartguß-Panzerungen und Minimalscharten-Lafetten, System Gruson, Magdeburg, 1890; ders., Die Panzerlafetten auf den Schießplätzen des Grusonwerk bei Magdeburg-Buckau und Tangerhütte, 1890; Bernhard Rathgen, Das Geschütz im Mittelalter, 1928, *V-XLVIII*; N. N., M. D. †, in: Kruppsche Mittlgg., Nr. 19, 20.09.1929; Ehrung der Jubilare des KGW zur 75 Jahrfeier des Krupp/Grusonwerks Magdeburg, in: Nach der Schicht, Juli 1930; LHASA: SA Rep. I 409; Archiv der Friedr. Krupp AG Essen: WA XVI 1 33a und WA 2174, *46*. – B: Archiv der Friedr. Krupp AG Essen: WA 16 I 33.68.

Werner Hohaus

Drenckmann, Ernst *Gottfried* Adolf, Dr. jur.
geb. 21.01.1889 Magdeburg, gest. 30.08.1977 Düsseldorf, Kaufmann, Mühlenbesitzer.

Der Sohn des Industriellen und Stadtältesten → Max D. besuchte das Kgl. Domgymn. in Magdeburg und studierte Rechtswiss. an den Univ. Marburg und Jena, wo er zum Dr. jur. prom. Nach einer Tätigkeit als Gerichtsreferendar in Tangermünde (1913) folgte eine kaufmännische Ausbildung in verschiedenen Banken und Handelsmühlen in Torgau und Magdeburg. 1914 wurde er Teilhaber und 1928, nach dem Tod des Vaters, alleiniger Inhaber des Unternehmens *W. A. D., Dampfmühle*, Magdeburg-Sudenburg, Halberstädter Str. 29. Während des I. WK stand D. als Leutnant, danach als Adjutant des Reserve-Feldartillerie-Regiments Nr. 50 an der Ost- bzw. Westfront. D. war Vors. der Sektion IX der Müllerei-Berufsgenossenschaft des Zweigverbandes Sa-Anh., des *Verbandes dt. Müller* und anderer Fachvereinigungen, Vors. des Schiedsgerichts der *Magdeburger Handelskammer* für Getreide-, Mehl- und Mühlenfabrikate sowie Börsenkommissar der amtlichen Produktenbörse in Magdeburg. 1924 gehörte er kurzzeitig der Magdeburger Stadtverordnetenverslg. an, bevor er im selben Jahr von dem Magdeburger Oberbürgermeister → Hermann Beims in das Amt eines unbesoldeten Stadtrats eingeführt wurde. Weitere Funktionen nahm D. in den Aufsichtsräten der *Magdeburger Lebensversicherungs-AG*, der *Magdeburger Versorgungsbetriebe* und der *Mittellandkanal-Hafen AG* (Magdeburg) wahr. Nach der Machtübernahme durch die Nationalsozialisten forderte der kommissarische Oberbürgermeister → Fritz Markmann die unbesoldeten Stadträte auf, ihr Amt niederzulegen. D. trat am 09.05.1933 zurück und legte gleichzeitig die mit seinem Amt verbundenen Funktionen in den Aufsichtsräten nieder. Danach konzentrierte er sich ausschließlich auf seine Unternehmertätigkeit, u. a. auf die Errichtung eines sechsgeschossigen neuen Mühlengebäudes im Jahre 1937. Er blieb bis Anfang der 1950er Jahre in seiner Heimatstadt Magdeburg, um dann in die BRD überzusiedeln.

L: Reichshdb 1, *345*.

August Bornemann

Drenckmann, Gustav Friedrich Adolf *Max*
geb. 16.10.1853 Magdeburg, gest. 22.05.1928 Magdeburg, Kaufmann, Mühlenbesitzer.

D. war der Sohn des Sudenburger Dampfmühlen-Besitzers Wilhelm Adolf D., der diese Fa. 1857 gemeinsam mit → Wilhelm Schöttler gegründet und nach der Trennung der Geschäftspartner 1870 als alleiniger Inhaber weitergeführt hatte. D. widmete sich nach vollendeter Schulzeit dem Kaufmannsstand in einem Zuckergeschäft seiner Vaterstadt. Nach der Militärzeit bei den Husaren trat er in das väterliche Geschäft, die *W. A. D., Dampfmühle*, ein. Nach dem Tode des Vaters 1899 führte D. das bekannte Sudenburger Unternehmen zunächst als Alleininhaber und ab 1914 zusammen mit seinem ältesten Sohn → Gottfried D. weiter. Als Oberleutnant der Reserve des Magdeburger Husaren-Regiments Nr. 10 engagierte sich D. neben seinen wirtsch. Aktivitäten als Mitglied der Aufsichtsräte der *Allg. Gas-AG* und der *Magdeburger Lebensversicherungs-Ges.* auch kommunalpolitisch. 1889 zum Stadtverordneten für den Stadtteil Sudenburg gewählt, wurde er 1902 unbesoldeter Stadtrat, 1913 Vertreter der Stadt im Provinziallandtag und 1914 Stadtältester. Einige Jahrzehnte gehörte er dem Vorstand der Kinderbewahranstalt in Sudenburg sowie viele Jahre dem Gemeindekirchenrat St. Ambrosius an.

L: Georg Wenzel, Dt. Wirtschaftsführer, 1929, Sp. *488*.

August Bornemann

Drewitz, *Fritz* Gustav Hermann, Prof. Dr. phil. habil.
geb. 03.06.1922 Harbke/Kr. Oschersleben, gest. 30.06.1973 Magdeburg, Philosoph, Pädagoge.

Als Sohn eines Schlossers absolvierte er die sechsklassige Volksschule und arbeitete nach dem Abbruch einer kaufmännischen Lehre 1938–40 als ungelernter Arbeiter im Kraftwerk Harbke. 1940–45 war er im RAD und in der Wehrmacht eingesetzt. Nach kurzer amerikanischer Gefangenschaft arbeitete er wiederum im Kraftwerk Harbke als Maschinist, besuchte Anfang 1946 einen viermonatigen Volkslehrerlehrgang und wurde Lehrer an der Grundschule Marienborn, die er von September 1946 bis Mai 1949 auch leitete. 1949/50 absolvierte D. einen Jahreslehrgang für Geschichtslehrer in Magdeburg und übte ab Mai 1950 eine Dozentur am Inst. für Lehrerbildung in Magdeburg (IFL) aus. Im folgenden Jahr beteiligte er sich an der Ausarbeitung eines Lehrplanes für Marxismus-Leninismus am Dt. Pädagogischen Zentralinst. (DPZI), nach dem an allen Lehrerbildungsinstituten unterrichtet wurde. Nach der Absolvierung eines Fernstudiums für Mittelstufenlehrer wurde D. 1953 der Abschluß Fachlehrer für Gesch. und wenig später der eines Fachlehrers für Gesellschaftswiss. an Instituten für Lehrerbildung zuerkannt. Vom Juni 1952 bis April 1954 war D. Dir. des IFL Magdeburg, nahm auf eigenen Wunsch 1954 eine Tätigkeit am IFL Güstrow auf, das er von 1960 bis 1962 auch leitete. Während dieser Zeit prom. er im Oktober 1960 an der PH Potsdam, wurde Anfang 1962 als Doz. für dialektischen und hist. Materialismus an die TH Magdeburg berufen und zum Dir. des Inst. für Marxismus-Leninismus ernannt. 1966 habil. sich D. und wurde im Februar 1967 zum Prorektor für Gesellschaftswiss. befördert, nachdem er diese Funktion schon seit mehr als zwei Jahren kommissarisch ausgeübt hatte. Zudem erfolgte 1967 die Ernennung zum Prof. mit Lehrauftrag sowie 1969 zum o. Prof. für dialektischen und hist. Materialismus. Seit Oktober 1960 arbeitete D. in der Forschungsgemeinschaft „Vergleichende Pädagogik" am DPZI mit. Im Rahmen dieser Forschungsarbeit veröffentlichte er Aufsätze zur staatsbürgerlichen Erziehung und politischen Bildung. 1968 wurde D. an der TH Magdeburg Initiator und Leiter einer Forschungsgruppe „Bewußtseinsanalyse". Sie untersuchte die Bewußtseinsentwicklung junger Werktätiger in Magdeburger Großbetrieben, aber auch unter den Studenten. D. arbeitete als Autor und Mitautor an Veröffentlichungen über bewußtseinstheoretische Probleme, darunter solchen in der *Dt. Zs. für Phil.* Seine Leistungen in Lehre und Forschung führten zu zahlreichen staatl. Auszeichnungen.

L: Über Entstehung, Charakter und Lösungsmethode des int. und innerdt. Widerspruchs zwischen Kapitalismus und Sozialismus, Diss. Potsdam 1960; Neue Tendenzen der politischen Bildung in Westdtl., in: Vergleichende Pädagogik, H. 1, 1965; Die staatsbürgerliche Erziehung in der westdt. Schule – ein besonderer ideologischer Transformationsprozeß, Habil. Potsdam 1966; UnivA Magdeburg: PA. – B: *UnivA Magdeburg.

Isa Schirrmeister

Drews, *Wilhelm* (*Bill*) Arnold, Prof. Dr. jur., Dr. rer. pol. h.c.
geb. 11.02.1870 Berlin, gest. 17.02.1938 Berlin, Jurist, Verwaltungsfachmann, Landrat.

D., Sohn eines Justizrates, besuchte das Wilhelms-Gymn. Berlin und studierte Jura an den Univ. München (1888), Göttingen (ab 1888, 1892 Prom.) und Berlin (1890–91). Er diente beim Infanterie-Regiment 82 Göttingen, war Reserveoffizier und Träger des EK II am weißen Band. 1891 wurde D. Hilfsreferendar im Staatsdienst und 1894 Regierungsreferendar in Stade. Die Berufung als Regierungsassessor ins Preuß. Innenministerium erfolgte 1896. Als Landrat in Oschersleben 1902–05 forcierte er vor allem die Modernisierung des Kreiskrankenhauses und verbesserte die Ausbildungsbedingungen. D. war Vors. des Zweigvereins des *Roten Kreuzes*, Vorstandsvors. der Kreissparkasse, Vors. und Kommissar von Steuerveranlagungen sowie im Vorstand der Landwirtsch. Berufsgenossenschaft der Provinz Sachsen. 1904–05 fungierte er als Landtagsabgeordneter. Nach Rückkehr ins Innenministerium wurde D. Vortragender Rat, ging 1911 als Regierungspräsident nach Köslin und kehrte als Unterstaatssekretär 1914 ins Ministerium zurück. 1917 avancierte D. zum Staatsminister und war hier zunächst mit der Reform des preuß. Landtagswahlrechts und der Vorbereitung von Verwaltungsreformen beauftragt. Ende 1918 in den Ruhestand versetzt, wurde er im Mai 1919 zum Staatskommissar für Verwaltungsreformen ernannt. 1921 wurde er Präsident der Oberverwaltungsgerichts Berlin, ein Jahr später Honorarprof. an der Univ. Berlin sowie Vors. des Dozentenkollegiums an der Hochschule für Politik und der Verwaltungsakad. D., der sich besonders der Durchsetzung rechtsstaatl. Grundsätze im Polizeirecht und der Verwaltungsgerichtsbarkeit widmete, war Autor mehrerer verwaltungsjur. Fachpublikationen, u. a. von „Reform der preuß. Staatsverwaltung" (1919) und „Preuß. Polizeirecht" (2 Bde, 1927/1933).

L: NDB 4, *117f.*; Reichshdb 1, *347*; Das dt. Führerlex. 1934/35, 1935 (***B***); Wer ist's 10, 1935; Amtsbl. Oschersleben 1902–1905; Geh. StA Berlin: Rep. 77, Nr. 5105. – **B:** Heinrich Triepel (Hg.), Verwaltungsrechtliche Abh. Festgabe zur Feier des 50jährigen Bestehens des Preuß. Oberverwaltungsgerichts 1875–1925, 1925.

Christa Koggelmann

Druckenbrodt, Johann *Andreas*
geb. 24.02.1837 Gutenswegen, gest. 03.05.1892 Gutenswegen, Landwirt, Guts- und Fabrikbesitzer.

D., einziger Sohn des Halbspänners gleichen Namens zu Gutenswegen, besuchte die Dorfschule in Gutenswegen, später die Bürgerschule in Neuhaldensleben und diente danach als Einjährig-Freiwilliger im Magdeburgischen Feldartillerieregiment Nr. 4. Nach dem frühen Tod seines Vaters gelangte er bereits 1863 in den Besitz des Familiengutes. In der Zeit der Neugestaltung der Landwirtschaft und des industriellen Aufbruchs brachte die intensivierte Anwendung der Dampfkraft und die günstige Konjunktur des Zuckermarktes auch für den Gutsbesitzer D. neue Impulse. D. gab im Herbst 1864 den Anstoß zur Gründung einer eigenen Zuckerfabrik, an der sich die Gutsbesitzer Matthias Truckenbrodt, Andreas und Stephan Jenrich sowie Matthias Schneidewindt beteiligten. Die Fabrik wurde in kurzer Zeit und logistisch günstiger Lage in Ackendorf errichtet. Nach anfänglichen Schwierigkeiten infolge des dt.-österreichischen Krieges etablierte sich das junge Unternehmen. Moderne Technik (1870 wurde der erste Dampfpflug eingesetzt) und der vortreffliche Boden der Gutenswegener Feldflur brachten hohe Erträge und raschen Erfolg. Das Unternehmen trug maßgeblich zur Förderung des Straßen- und Wegebaus in der Feldmark und zum beständig steigenden Wohlstand der Region bei, der in einer wachsenden Bevölkerungszahl und in verdreifachten Ackerpreisen der Gemarkungen der umliegenden Orte zum Ausdruck kam. Erweiterter Zuckerrübenanbau und der 1876 erfolgte Zusammenschluß von zwölf Gutsbesitzern der Region aus Ackendorf, Gutenswegen und Klein-Santersleben in einem neuen Gesellschaftsvertrag trugen zur deutlichen Vergrößerung der Ackendorfer Zuckerfabrik bei, die nach den beiden Hauptbeteiligten unter *Jenrich, D. & Co.* firmierte. D. war hier in den ersten Jahren als Leiter und nach der Erweiterung als Vors. der Betriebsges. bis zu seinem Tode tätig. D. gehörte dem *Verband der größeren ländlichen Grundbesitzer* an, der ihn 1874 zum Mitglied des Kreistages für den Kr. Wolmirstedt wählte. Im selben Jahr wurde er in den Kreisausschuß berufen, dessen Mitglied er 18 Jahre war. In den letzten Lebensjahren betätigte D. sich eifrig in der Politik bei der inneren Ausgestaltung des dt. Reiches. Insbesondere die Zolltarife des Jahres 1879 und der Erhalt des Wohlstandes der ländlichen Bevölkerung (landwirtsch. Schutzzölle) fanden seine Aufmerksamkeit. Das expandierende Unternehmen, das sich auch später in den Händen der beteiligten Gesellschafterfamilien befand, verarbeitete um 1910 ca. 500.000 t Rüben und bewirtschaftete eine Gesamtfläche von annähernd 6.700 Morgen Land.

L: Ludwig Weber, Die D. (Truckenbrodt) zu Gutenswegen, o. J. [1910].

Guido Heinrich

Dudey, Irmgard
geb. 26.07.1922 Hattingen/Ruhr, gest. 29.10.1998 Lehnin, ev. Pfarrerin, Oberkonsistorialrätin.

Als Tochter eines Gewerkschaftsjuristen, der im Dritten Reich keine angemessenen Wirkungsmöglichkeiten mehr fand, hat sich D. seit ihrer Jugend in Berlin aktiv mit den totalitären Systemen auseinandergesetzt. Das Abitur legte sie 1939 in Berlin ab. 1944–47 war sie als Gemeindehelferin in Berlin-Wilmersdorf und -Johannisthal tätig, danach ein Jahr als Reisesekretärin des Burckhardthauses in Thüringen. Um eine solidere Basis für diese Tätigkeit in der kirchlichen Jugendarbeit zu haben, studierte sie in Jena 1948–52 ev. Theol. Die erste theol. Prüfung legte sie 1952, die zweite 1954 ab. Unmittelbar nach dem Studium war sie als Kreisjugendpfarrerin in Jena kommissarisch eingesetzt. Von 1953 bis 1963 setzte sie die Thüringer Kirche als Doz. für Altes Testament und Jugendarbeit zunächst am Katechetischen Seminar in Altenburg (1953–60), dann ebenso in Eisenach ein. 1955 wurde sie von Bischof Moritz Mitzenheim als Pfarrvikarin eingesegnet. 1963 wurde ihr von der Magdeburger Kirchenleitung die Leitung des Ev. Jungmädchenwerks (unter Berufung zur Provinzialpastorin und Wertung der Einsegnung als Ordination) übertragen. Von ihr gingen wichtige Impulse zur Zusammenführung von bisher nebeneinander tätigen Zweigen der Jugendarbeit aus. 1970 wurde sie mit der Kooperativen Praxisberatung für die Kirchenprovinz Sachsen beauftragt. In dieser Funktion trug sie wesentlich zum Gelingen von Strukturreformen der Kirchenverfassung (Leitungsverantwortung von Laien in den Kirchenkreisen) und zur Begleitung der Gebietsreform (Verminderung der Kirchenkreise) bei. Von 1978 bis zum Beginn des Ruhestands Ende 1982 war sie im Konsistorium Magdeburg für Kinder- und Jugendarbeit zuständig – mit starkem Akzent auf der Begleitung des katechetischen Dienstes. Ihre theol. gegründete, aktualisierende Predigt wurde sehr geschätzt.

L: AKPS: Rep. A, Spec. P, D 239 (PA). – **B:** *Ev. Pressestelle Magdeburg.

Harald Schultze

Dümling, *Johann* Gottlieb
geb. 02.03.1810 Schönebeck, gest. 26.06.1891 Schönebeck, Unternehmer.

D. gründete die Fa. gleichen Namens im Jahre 1835, die aus bescheidenen Anfängen heraus eine der größten Unternehmungen Schönebecks wurde. Zunächst war es die Schiffahrt, die das Profil bestimmte. Diesem Unternehmenszweig wurde ein Waren- und Speditionsgeschäft angegliedert. Holz und Braunkohle bildeten jahrzehntelang die Haupthandelsartikel. Später wurden ein eigenes Säge- und ein Hobelwerk nahe des Schönebecker Elbufers in Betrieb genommen. Der ständig wachsende Handel förderte die Elbeschiffahrt als wichtigen Erwerbszweig für die Stadt Schönebeck, und D. konnte Zweiggeschäfte in Magdeburg, Groß Salze (heute Bad Salzelmen), Genthin und Barby einrichten. Ende der 1860er/Anfang der 1870er Jahre begann das Unternehmen den Handel mit Bruchsteinen, die für den Straßenbau benötigt wurden. Seit 1893 war die Fa. auch Produzent dieser Steine. Bei Plötzky kaufte die Fa. Steinbrüche auf, in denen ca. 600 Arbeitnehmer beschäftigt waren. Zudem unterhielt das Unternehmen Granitwerke in Sörnewitz bei Meißen und in Jesau bei Kamenz.

L: Die Stadt Schönebeck an der Elbe, 1927, *16*; J. G. D., Schönebeck an der Elbe: 1835–1910, 1910. – **B:** ebd.

Britta Meldau

Dümling, *Wilhelm* Albert
geb. 20.12.1849 Schönebeck, gest. 17.02.1927 Schönebeck, Unternehmer, Kommunalpolitiker, Preuß. Geh. Kommerzienrat.

D. kam 1871 als Mitarbeiter in das väterliche Geschäft, übernahm nach dem Tod seines Bruders Gottlieb D. im Jahre 1887 zunächst dessen Hamburger Zweiggeschäft (Bruchsteinhandel) und führte ab 1891 das gesamte Untenehmen des verstorbenen Vaters und Firmengründers → Johann Gottlieb D. mit Konsequenz und Erfolg weiter. Neben den einzelnen Betriebsteilen existierten 1927 ein eigenes Elektrizitätswerk und eine Kleinbahn für die Steinbrüche sowie ein 35.000 m² großer Lagerplatz an der Elbe. Neben seinen geschäftlichen Unternehmungen betätigte sich D. auch auf politischem Sektor. Er war Mitglied der Stadtverordnetenverslg. (1878–98) und von 1898 bis 1919 als unbesoldeter Beigeordneter zweiter Bürgermeister Schönebecks. Zudem gehörte er als Vertreter des Wahlkreises 7 der Provinz Sachsen der Nationalliberalen Fraktion des Preuß. Abgeordnetenhauses an. D. stiftete ein Altersheim, das am 02.03.1912 eingeweiht wurde. Am selben Tag erhielt er die Ehrenbürgerurkunde der Stadt Schönebeck.

L: Johann Gottlieb D., Schönebeck an der Elbe: 1835–1910, 1910 (***B***); Hermann Kalkoff, Nationalliberale Parlamentarier 1867–1917 des Reichstages und der Einzellandtage, 1917, *182*; Die Stadt Schönebeck an der Elbe, 1927, *16*; → Wilhelm Schulze, Aus der Gesch. der Stadt Schönebeck, Ms. 1962, *967* (StadtA Schönebeck: Bl. 524a.7); StadtA Schönebeck: PA 1041. – **B:** *StadtA Schönebeck.

Britta Meldau

Dürre, *Alwin* Stephan Heinrich
geb. 04.09.1904 Olvenstedt bei Magdeburg, gest. 31.10.1990 Leipzig, Apotheker, Lebensmittelchemiker.

D., Sohn eines Landwirts, besuchte die Volksschule Olvenstedt, die Städtische Realschule Magdeburg und danach die Landwirtsch. Lehranstalten Helmstedt mit dem Ziel, den väterlichen Betrieb zu übernehmen, in dem er nach der Schule zwei Jahre tätig war. Ab 1926 studierte er in Jena und Leipzig Chemie. Einer pharmazeutischen Lehre in Erfurt und dem Vorexamen folgte ein erfolgreiches Studium der Pharmazie und Lebensmittelchemie an der Univ. Leipzig. D. erhielt 1938 die Approbation als Apotheker. Nachdem er 1936–39 als Apotheker in Leipzig tätig war, wurde er mit Ausbruch des II. WK als Heeresapotheker eingezogen. Danach arbeitete er in der Luisen-Apotheke Leipzig und 1949–51 als Abt.-Leiter der Landesopiumstelle in der Landesreg. Brandenburg. Seine großen Verdienste lagen in der Entwicklung der mittleren pharmazeutischen Fachkräfte und der damit verbundenen Gründung der Fachschule für Apotheken-Assistenten, ab 1956 Fachschule für Pharmazie in Leipzig, deren Dir. er 1951 wurde. Auch als Fachschuldoz. für Botanik und Pharmakognosie (bis 1969) sowie Mitautor und Hg. des Lehrbuchs für Apotheken-Assistenten der Ausgaben 1956 und ²1960 war er tätig. 1969 trat D. in den Ruhestand.

L: BioApo 1, 1975, *66*.

Joachim Münch

Düsing, *Karl* Gerhard, Prof. Dr. phil. (Ps.: Karl Gerhard)
geb. 14.06.1859 Iserlohn/Westfalen, gest. 01.12.1924 Magdeburg, Lehrer, Schriftsteller.

Der Sohn des Kaufmanns Eduard D. studierte, nachdem er 1880 an der Oberrealschule in Lippstadt das Abitur abgelegt hatte, seiner Neigung entsprechend Naturwiss. in München, Leipzig und Jena. Hier prom. der eifrige Schüler und Verehrer Ernst Haeckels 1883 mit der Diss. über „Die Faktoren, welche die Sexualität entscheiden". Im folgenden Jahr bestand er an der gleichen Univ. das Staatsexamen für die volle Lehrbefähigung. Nach dem Probejahr am Realgymn. in Iserlohn lehrte er ab 1885 an der Oberrealschule in

Aachen, trat im Oktober 1902 in den preuß. Staatsdienst und erteilte an der neueingerichteten Kgl. Höheren Maschinenbauschule Aachen Unterricht in Physik, Chemie und Mathematik. Zum Oberlehrer befördert, wurde er ein Jahr später nach Kiel an die dortige Kgl. Höhere Schiffs- und Maschinenbauschule versetzt, wo er Ende 1904 den Professorentitel erhielt. 1915 erfolgte seine Umberufung an die Kgl. Vereinigten Maschinenbauschulen zu Magdeburg. Hier wurde er 1922 zum staatl. Oberstudienrat ernannt und trat 1924 mit einer ao. ministeriellen Erlaubnis zur Fortsetzung des Unterrichts in den Ruhestand. In seiner ernsten, von Idealismus getragenen Lebensauffassung war D. stets bemüht, Mathematik und Naturwiss. einfach und anschaulich darzustellen. Von seinen zahlreichen, insbesondere für technische Lehreinrichtungen und zum Selbstunterricht bestimmten mathematischen und naturwiss. Schriften und Büchern seien folgende hervorgehoben: „Elemente der Differential- und Integralrechnung" (1908, ^{16}1949), „Einführung in die Algebra" (^{16}1942), „Lehr- und Aufgabenbuch der Algebra", „Leitfaden der Kurvenlehre" (1911, ^{5}1940), „Experimentalphysik" (^{28}1963, bei späteren Auflagen wurden diese Fachbücher von Wilde und Schaefer überarbeitet), „Versuche im physikalisch-technischen Laboratorium", „Lehrbuch der Chemie", „Kleines Physikbuch für Gewerbeschulen" und „Einführung in die Mathematik und Mechanik" (für Werkmeister und Monteure). Schriftstellerisch betätigte sich D. auch auf anderen Gebieten und nahm, z. T. pseudonym, in zahlreichen Artikeln in Broschürenform sowie für Ztgg. und Zss. zu naturwiss., pädagogischen und sozialen Fragen seiner Zeit Stellung. Privat beschäftigte sich D. mit neuen naturwiss.-technischen Entwicklungen wie etwa der Radiotechnik und der Fotografie.

W: s.o.; Patriotismus und Erziehung, o. J.; Der Uchthof. Roman, 1924. – **B:** *Vf., Loitsche (priv.).

Uwe Heinecke

Dulon, Christoph Joseph *Rudolph*
geb. 30.04.1807 Stendal, gest. 13.04.1870 Rochester/New York (USA), ev. Pfarrer.

D. war Sohn des Stendaler Postdir. Friedrich Wilhelm D. hugenottischer Abstammung. Er absolvierte das Gymn. in Stendal und studierte 1827–30 ev. Theol. in Halle. Ab 1831 war er Rektor der Stadtschule in Werben/Elbe. 1836 ordiniert, wurde D. danach Pfarrer in Flessau bei Osterburg. 1842 verließ er die unierte preuß. Landeskirche und war von 1842–48 zweiter Pfarrer der Dt.-Reformierten Gemeinde in Magdeburg. Von hier an datiert seine agitatorische Wirksamkeit. Unter Einfluß der beiden Magdeburger Führer der „Protestantischen Freunde" und Gründer der freireligiösen Gemeinde → Leberecht Uhlich und → Heinrich Ernst Sachse nahm D. eine als „extrem kirchlich linksliberal" bezeichnete Haltung ein. Er wandte sich gegen die Geltung der Bekenntnisschriften in der reformierten und gegen das angeblich kath. Wesen der ev. Kirche. Er beteiligte sich durch Wort und Schrift an den kirchenpolitischen Bewegungen um 1846 und trat 1848 in Magdeburg und Berlin durch politische Ansprachen und Reden für Preußen und das geeinte Dtl. ein. D. war seit März 1848 führend an der Herausbildung des Magdeburger demokratischen Vereinswesens beteiligt. Die Unterschiede in den religiösen Anschauungen gegenüber Uhlich und seinen Anhängern führten jedoch dazu, daß sich in Magdeburg zwei demokratische Vereine bildeten, die sich vor allem in ihrer Haltung zu den religiösen Fragen der Zeit unterschieden. Nach zunehmendem Zerwürfnis wurde D. 1848 aus der Dt.-Reformierten Gemeinde Magdeburg entlassen. Er ging nach Bremen und wurde dort Pfarrer an der Liebfrauenkirche, später Prediger der Freien Gemeinde Bremen. Auch in Bremen trat D. an die Spitze der demokratischen Bewegung und gewann starken Einfluß in der Bremer Bürgerschaft. Er vermischte Politik und Religion, Demokratie und Revolution bedeuteten ihm wahres Christentum. D. vertrat seine republikanisch-demokratischen Auffassungen und Ideale bürgerlicher Freiheit mit großer rednerischer und schriftstellerischer Begabung und leidenschaftlicher Polemik. Dabei wurde er mehr und mehr religiöser Radikalist. Seine Schriften wurden 1851 in Preußen verboten, er selbst 1852 „wegen Irrlehren und politischer Gefährlichkeit" erneut von seinem Pfarramt suspendiert. Einer gegen ihn verhängten sechsmonatigen Gefängnisstrafe entging D. 1853 durch Ausreise in das damals englische Helgoland. Nach etwa einem Jahr emigrierte er mit seiner zahlreichen Fam. in die USA und war dort bis zu seinem Tod als Rektor der dt. Schule in Rochester tätig.

W: Dorfpredigten, 1842; Herr Prediger Pelemié, die reformierte Kirche hat keine Symbole. Ein Wort der Zurechtweisung, 1846; Die Geltung der Bekenntnisschriften in der reformierten Kirche. Ein Wort wider Symbolzwang auf protestantischem Grund und Boden, 1847; Vom Kampf um Völkerfreiheit. Ein Lesebuch für's dt. Volk, 1849/50; Der Tag ist angebrochen. Ein prophetisches Wort, 1850; Der Wecker. Ein Sonntagsbl. zur Beförderung des religiösen Lebens, Jgg. 1850–52; Das Gutachten der vier Heidelberger Theologen. Ein Beitrag zur Sittengesch. der Gegenwart (2 Bde), 1852; Gruß und Handschlag. An meine Gemeinde in Süd und Nord, 1853; Aus Amerika über Schule, dt. Schule, amerikanische Schule, dt.-amerikanische Schule, 1866. – **L:** NDB 4, *187f.*; ADB 48, *160–162* (**W**); BBKL 1, Sp. *1415f.*; RGG 2, ³1958, *282*; Bremische Biogr. des 19. Jhs, 1912, *117f.*; → Ralph Meyer, Gesch. der Dt.-Reformierten Gemeinde zu Magdeburg von den Anfängen bis auf die Gegenwart, Bd. 2, 1914, *45ff.* (***B**); AKPS: Rep. A, Spec. P, D 274 (PA).

Henner Dubslaff

Dungert, *Max* Wilhelm Waldemar
geb. 03.09.1896 Magdeburg, gest. Mai 1945 Berlin, Maler, Graphiker.

Ab 1910 besuchte D. die Kunstgewerbeschule in Magdeburg. Seine Lehrer waren u. a. → Rudolf Bosselt und → Adolf Rettelbusch. 1919 wurde er Mitbegründer der spätexpressionistischen Künstlervereinigung *Die Kugel* in Magdeburg. Für die kurze Zeit seiner Mitwirkung in der Vereinigung vertrat er energisch deren Ziele. Nach Ende des I. WK entstand eine zweite Welle des Expressionismus, in der ein leidenschaftlich-utopisches Streben dahin ging, die Welt mittels der Kunst zu verbessern. „Von dem Gedanken ausgehend, daß die Kunst weder Gesellschaftsfrage noch interessante Abend-Unterhaltung ist, sondern von neuem Religion werden soll, sehen wir in der Kunst das gewaltigste Mittel, die noch durch Grenzpfähle getrennten Völker einander nahe zu bringen, um so dem größten Zukunftsgedanken, dem einer geeinten Menschheit, den Weg zu bereiten. Wir werden mit allen unseren Kräften kämpfen für unsere Ziele: Freie Kunst – Freie Geister – Freie Menschheit" (aus: Unsere Ziele, 1. März 1919). Neben D. waren → Franz Jan Bartels, → Bruno Beye, → August Bratfisch, → Wilhelm Höpfner und → Alfred John führende bildende Künstler in der *Kugel*. 1921 siedelte D. nach Berlin über und wurde dort Mitglied der *Novembergruppe*, an deren Ausstellungen er sich bis 1931 häufig beteiligte. Zeitweise unterhielten er und Bruno Beye eine Ateliergemeinschaft. Zwischen 1925 und 1928 befand er sich zu Studien- und Kuraufenthalten in Italien, Frankreich und in der Schweiz (Davos). Um 1930 gründete er eine private Zeichenschule und wurde Mitglied der Künstlergemeinschaft *Porza*. 1937 wurde eines seiner Werke bei der Aktion „Entartete Kunst" beschlagnahmt. 1943 nahm er Kontakt zu Carl Hofer auf. 1944 wurde er zum Kriegsdienst verpflichtet. Im II. WK wurde sein Atelier zerstört. Sein Oeuvre läßt sich in zwei große Gruppen ordnen. Bei Schaffensbeginn war es stark vom Kubismus und Expressionismus mit einer Tendenz zur abstrakten Bildgestaltung beeinflußt. Wichtige Werke wie die Glasfenster für die Trümpy-Schule, die er zusammen mit den Architekten Alfred Gellhorn und Martin Knauthe realisiert hatte, und die Ausmalung eines Aluminium-Ausstellungsraumes in Dresden (beides 1925) sind nicht erhalten. Architektur- und konstruktivistische Abstraktionen machten ihn bekannt. Mit Beginn der 1920er Jahre nahm die Tendenz zu realistischer Bildauffassung in D.s Arbeiten zu, sie ist der Neuen Sachlichkeit nahe. Selbstporträts, Studien und Gemälde von Künstlerkollegen und namhaften Zeitgenossen wie Kurt Weill, Yvette Guilbert, Paul Hindemith zeigen seine besondere künstlerische Stärke. Zudem schuf er Landschaften und Stilleben.

W: im Bestand der Berlinischen Galerie, des KHMus. Magdeburg und der Galerie Bodo Niemann, Berlin. – **L:** Vollmer 1, 1953, *609*; 20 Köpfe von D., 1925; Anton Sailer, M. D. zum Gedenken, in: Die Kunst und das schöne Heim, o. J.; Heinz Kruschel, Bruno Beye oder Müssen Schönheit und Nutzen die ewigen Feinde sein? Annahmen und Beschreibungen, den Maler M. D. betreffend, 1981; M. D. 1896–1945 – ein Maler der Novembergruppe, Kat. Berlin 1993; Vf., „Die Kugel" – eine Künstlervereinigung der 20er Jahre, Kat. Magdeburg 1993 (**B**). – **B:** KHMus. Magdeburg.

Renate Hagedorn

Dunker, Hans
geb. 20.12.1887 Königslutter/Kr. Helmstedt, gest. 19.01.1963 Sulingen, Lehrer, Museologe.

Der Sohn eines Wägemeisters in einer Zuckerfabrik in Königslutter wandte sich nach dem Besuch der Schule und des Lehrerseminars dem Lehrerberuf zu. Nach seiner Teilnahme am I. WK kam D. zunächst an die Schule nach Altenweddingen im Kr. Wanzleben und wurde im Oktober 1921 an der ev. Stadtschule in Wolmirstedt angestellt, der er später auch als Rektor vorstand. Seit seiner Ankunft in Wolmirstedt widmete sich D. in der Stadt und im Landkreis zielgerichtet der Heimatpflege. Die Bildung einer entsprechenden Arbeitsgemeinschaft sowie die 1927 erfolgte Gründung eines Kreisheimatmus. sind seiner persönlichen Initiative zu verdanken. Im Zusammenhang mit dem Bau des Mittellandkanals und der Autobahn durch den Kr. Wolmirstedt leitete er die Bergungen ur- und frühgesch. Funde und legte zugleich den Grundstein für deren wiss. Auswertung. In einer 1934 erschienenen Broschüre gab er unter dem Titel „Vorgesch. des Kreises Wolmirstedt" eine Zusammenfassung der erzielten Ergebnisse heraus. In der musealen Arbeit schuf sich D. auf dem Gebiet der Inventarisierung und Katalogisierung bleibende Verdienste. Das von ihm entwickelte Ordnungssystem für Sammelgut diente in den Jahren nach 1945 vielfach als Vorbild beim Wiederaufbau des Museumswesens. Die von ihm konzipierten Ausstellungen im Mus. waren ein wichtiger Bestandteil des kulturellen Lebens in der Stadt und Region. 1961 trat D. in den Ruhestand und siedelte an den von ihm gewählten Ruhesitz nach Sulingen um.

W: Die Hildagsburg. Der Burgwall von Elbeu, 1953. – **L:** Werner Schierhorn (Hg.), KrMus. Wolmirstedt 1927–1992, 1992 (***B***). – **B:** *Mus. Wolmirstedt.

Guido Heinrich

Duvigneau, *Johann* August
geb. 27.01.1854 Magdeburg, gest. 25.06.1940 Magdeburg, Regierungsbaumeister, Kgl. Baurat.

Der Sohn des Kaufmanns, Reichstagsabgeordneten und Magdeburger Ehrenbürgers → Otto D. absolvierte das Gymn. des Klosters U. L. F. Magdeburg und erwarb 1872 dort das Abitur. Er studierte Architektur an der Bauakad. Berlin, legte dort 1879 das Staatsexamen ab, wurde im gleichen Jahr zum Regierungsbaumeister ernannt und in Magdeburg tätig. Hier übernahm D. zunächst Leitungsfunktionen bei der *Magdeburger Bau- und Credit-Bank*, deren Generaldir. er später wurde. Ab 1901 war er Stadtverordneter, dann stellvertretender Stadtverordneten-Vorsteher, Vors. des Bau- und Planungsausschusses der Stadt Magdeburg und ab 1914 unbesoldeter Stadtrat. 1913 wurde D. zum Kgl. Baurat ernannt. 1919 schied er aus seinen Ämtern und widmete sich verschiedenen vaterländischen und wohltätigen Vereinen. So wurde er Ehrenmitglied der Ortsgruppe der *Dt. Kolonialges.* und Ehrenvors. des Bezirksvereins Magdeburg der *Dt. Ges. zur Rettung von Schiffbrüchigen*. D. war bereits seit 1879 Mitglied der Freimauerloge „Ferdinand zur Glückseligkeit", seit 1905 hatte er verschiedene Logenämter inne, führte von 1923 bis 1930 den Hammer als Meister vom Stuhl und wurde 1930 Ehrenmeister der Loge. Ab 1923 war er Mitglied und Ehrenmitglied der Großen National-Mutterloge „Zu den drei Weltkugeln" in Berlin und Ehrenmitglied in 25 Logen Dtls. D. hatte wesentlichen Anteil an städte- und wohnbaulichen Projekten in Magdeburg, z. B. am Neubau des Zentraltheaters (1907) und des Wilhelmsbades (1920), an der Erweiterung der „Harmonie", am Umbau des Seidenkramer-Innungshauses am Alten Markt zur Handelskammer (1904–06) und des Gebäudes der Loge (1911). Er war am Bau zahlreicher Fabrik- und Speicherbauten sowie von Einfamilienhäusern in Magdeburg und Umgebung beteiligt. Mit der Restaurierung der Frührenaissancefassade des Innungshauses und der Barockfassade der *Magdeburger Lebensversicherungs-Ges.* setzte er hohe Maßstäbe für historisch originalgetreue Sanierungen. Maßgebend wirkte er auch an Bauten in Berlin, Köln und Wilhelmshaven mit. Auch als Presbyter und Patronatsvorsteher der Wallonisch-Reformierten Gemeinde Magdeburg (1899–1940) erwarb sich D. vielfältige Verdienste. Er war langjährig federführend bei der Erarbeitung des von → Karl Bode begründeten Wallonisch-Reformierten Kirchenkalenders. Zudem beeinflußte er wesentlich die Neugestaltung der Wallonerkirche zwischen 1894–1905; so erfolgten unter seiner Leitung eine Reihe baulicher Veränderungen (Lettner, Lettner-Vorhang, farbige Fenster, Heizungsbau).

W: Das Haus der Handelskammer zu Magdeburg (Seidenkramer-Innungshaus) und seine Gesch., 1905; Das Zentral-Theater in Magdeburg 1906–1907. Denkschrift zur Feier der Eröffnung am 15.08.1907; Wallonisch-Reformierter Kirchenkal. 1930–1940. – **L:** Joseph Stübben, Der Städtebau (Hdb. der Architektur, hg. von Eduard Schmitt, 9. Halbbd.), ³1924; Magdeburgische Ztg. vom 27.01.1939; Dt. Geschlechterbuch, Bd. 39, 1923, *202;* → Johannes Maresch, Die Wallonisch-Reformierte Gemeinde zu Magdeburg, 1939. – **B:** *Erinnerungsbll. zum hundertfünfzigjährigen Stiftungsfeste der Loge „Ferdinand zur Glückseligkeit" zu Magdeburg am 23.02.1911, o. J. [1910].

Henner Dubslaff

Duvigneau, Johann Joseph *Otto*
geb. 07.07.1828 Magdeburg, gest. 07.09.1899 Magdeburg, Kaufmann, Fabrikant, Kommunalpolitiker.

D. wurde als drittes Kind des Kaufmanns Johann Christian D. und seiner Ehefrau Johanne Euphrosyne, geb. Prévôt, deren Vater der letzte Bürgermeister der Pfälzer Kolonie zu Magdeburg war, geb. Er verbrachte seine Kindheit in Genthin und kam 1836 mit seinen Eltern nach Magdeburg zurück. Nach dem Besuch der Grund- und Handelsschule bis 1844 und der Lehre im Geschäft *Burchardt & Schulze*, Breiteweg, gehörte er 1848 zu den Gründern des *Magdeburger Kaufmännischen Vereins*, dessen Zielsetzung in einer Verbesserung der Situation der Magdeburger Kaufleute bestand. 1848/49 absolvierte er den Militärdienst und schloß ihn mit dem Offiziersexamen als Reserveoffizier ab. Von 1849 bis 1855 war D. Vertreter eines Bremer Drogengeschäfts und trat 1853 in das väterliche Unternehmen *D. & Wellenberg, Ofen- und Thonwarenfabrik* ein. Er war an der Einführung des Schmelzgusses für hochwertige Ofenkacheln und der Entwicklung des „D.schen Gitterofens" beteiligt. In den 1870er und 1880er Jahren war D. alleiniger Dir. und Geschäftsführer der 1865 in *O. D. & Co., Ofen- und Tonwarenfabrik, Terracotten* umgegründeten Fa., die mit der Herstellung der Majolika-Öfen, die auf zahlreichen int. Ausstellungen mit Medaillen bedacht wurden, ihre Blüte erlebte. Aufgrund seiner Fachkompetenz war er auf der Weltausstellung in Chicago als Preisrichter für Keramik tätig. Seit den 1860er Jahren war D. sehr aktiv in der Magdeburger Kommunalpolitik. 1863 wurde er Stadtverordneter, von 1884 bis zu seinem Tode war er unbesoldeter Stadtrat. D. war Mitbegründer des *Magdeburger Kunstgewerbevereins* (1869), dem er von 1874 bis 1894 vorstand. Er gehörte auch zu den Initiatoren für den Bau eines städtischen Mus. 1866 gründete D. den *National-Liberalen Verein zu Magdeburg* mit und gehörte von 1887 bis 1890 als Mitglied der Nationalliberalen Partei für Magdeburg dem Reichstag an, wo er sich für die gesetzliche Alters- und Invalidenversicherung einsetzte. 1887–90 war er auch Vors. des Provinzialausschusses der Nationalliberalen in der Provinz Sachsen und Mitglied des Zentralvorstands der Partei auf Reichsebene. 1890 ernannte ihn die Magdeburger Organisation seiner Partei zum Ehrenmitglied und Ehrenvors. Seit 1860 gehörte D. als Presbyter der Wallonisch-Reformierten Gemeinde und bis zu seinem Tode als Patronatsvertreter der Wallonischen Gemeinde an. 1898 wurde er Meister vom Stuhl der Magdeburger Freimaurer-Loge „Ferdinand zur Glückseligkeit", deren Mitglied er seit 1857 war. Auf Grund seiner Verdienste für die Stadt Magdeburg erfolgte aus Anlaß seines 70. Geb. die Ernennung zum Ehrenbürger. D. war der Vater des Bauing. und Architekten → Johann D.

L: BioJb 4, 1900; Dem Andenken von O. D. Stadtrat und Ehrenbürger der Stadt Magdeburg, Fs., 1899 (***B***); Heike Kriewald, Aus der Gesch. einer Magdeburger Freimaurerloge, 1992, *90*; Ingelore Buchholz/Maren Ballerstedt/Konstanze Buchholz, Magdeburger Ehrenbürger, 1994, *35*; Familienunterlagen Hans-Jörg D., Berlin (priv.). – **B:** Erinnerungsbll. zum hundertfünfzigjährigen Stiftungsfeste der Loge „Ferdinand zur Glückseligkeit" zu Magdeburg am 23. Februar 1911, o. J. [1910].

Roswitha Willenius

Ebeling, *Carl* **Wilhelm Conrad**
geb. 28.09.1862 Ruthe/Kr. Hildesheim, gest. 16.01.1927 Hannover, Obering., Technischer Dir.

E. besuchte das Gymn. und Realgymn. in Hildesheim und legte nach dem Besuch einer TH das I. Staatsexamen als Maschineing. ab. Nachdem er in verschiedenen Maschinenbauunternehmen tätig war, trat er 1899 als Mitglied des Direktoriums bei der *Friedr. Krupp Grusonwerk A. G.* Magdeburg ein und bestimmte 20 Jahre als Technischer Dir. unter → Kurt Sorge die technische Politik seiner Büros und Betriebe. Nach der Bildung der A. G. *Grusonwerk* (1886) und seiner Übernahme von Krupp zum *Krupp-Grusonwerk* (1893) begann die allmähliche Verlagerung von Kriegsbedarfsartikeln von Magdeburg nach Essen, wobei damit gleichzeitig die Weiterbeschäftigung von etwa 2.800 Personen in Magdeburg gewährleistet werden mußte. In Europa und Übersee tendierten die Auftraggeber zunehmend dazu, eine komplette Anlagentechnik zur Gewinnung, Aufbereitung, Verhüttung und/oder Veredlung ihrer Rohstoffvorkommen von einem Lieferanten zu beziehen. Gleichzeitig bemühten sich die Länder Europas, ihre Verkehrsnetze auf- bzw. auszubauen. E. führte, den komplexen Anforderungen Rechnung tragend, bezüglich der technischen Büros und Fertigungsstätten neue Leitungsstrukturen sowie anlagen- und querschnittsorientierte Abteilungen und Bezeichnungen ein. So wurden das Zerkleinerungsbüro unter → Carl Mittag, das Aufbereitungs- und Hüttentechnikbüro unter → Paul Bodenstein wesentlich erweitert und mit Labors und Versuchsstationen ausgerüstet. Neu gründete er das Walzwerksbüro unter → Thomas Törring und legte es später mit dem bereits für Nichteisenmetalle bestehenden sowie dem für Verseilmaschinen zusammen. Er erweiterte das Hebezeugbüro unter → Eduard Weitzdörfer, das alle Projektierungsabteilungen bediente, und installierte, dem zunehmenden Wiederholcharakter von Teilen und dem Erfordernis nach einem einheitlichen Passungssystem im Werk Rechnung tragend, die Normalienabt. unter → Friedrich Thiemann. Die von → Julius von Schütz gegründete Patentabt. erweiterte er durch die für Straßenbaumaschinen und die Wasserbauabt., die später → Friedrich Wilhelm Peilert leitete. E. besaß zudem großen Anteil am Bau (1900) und der 1905 erfolgten Erweiterung der Rädergießerei und Schmiede. Er führte schrittweise unter wirtsch. Gesichtspunkten elektromotorische Einzelantriebe insbesondere an Werkzeugmaschinen, wie Radkranzdreh- und Biegeblechmaschinen, sowie zur Erprobung an eigenentwickelten Brückenkranen mit elektrischen Mehrmotorenantrieben ein. E., der 1920 in den Ruhestand trat, hatte im Rahmen der Umstellungs- und Profilierungsphase bei gleichzeitiger Beibehaltung des Arbeitskräftepotentials wesentlichen Anteil an der Entwicklung der *Friedr. Krupp Grusonwerk A. G.* Magdeburg.

L: Friedr. Krupp AG Magdeburg-Buckau. Als Erinnerungsschrift gewidmet, 1903 (Archiv der Friedr. Krupp AG Essen: S2 Gru 1/2); Friedr. Krupp AG Grusonwerk Magdeburg-Buckau, 1905; Ehrung der Jubilare des KGW zur 75 Jahrfeier des Krupp/Grusonwerks Magdeburg, in: Nach der Schicht, Juli 1930; Martin Lichtenberg, Entwicklungstendenzen in der Magdeburger Industrie, Diss. 1934, *42*; LHASA: SA Rep. I 409; Archiv der Friedr. Krupp AG, Essen: WA 131/634.

Werner Hohaus

Ebeling, Christoph *Wilhelm*
geb. 02.07.1829 Frohse bei Schönebeck, gest. 31.07.1902 Magdeburg, Lehrer, Botaniker.

Der Sohn des Landwirts Christoph Georg E. besuchte bis zu seinem 14. Lebensjahr Schulen in Frohse und Schönebeck, danach die Präparandenanstalt in Magdeburg bis 1847 sowie das dortige Lehrerseminar, war zeitweilig Hauslehrer und wurde 1851 an der Mädchenschule in Schönebeck angestellt. 1857 kam er an die II. Mittlere Knabenschule in Magdeburg, wo er bis zu seiner Pensionierung tätig war. Bereits in Schönebeck botanisierte E. in enger Zusammenarbeit mit → Ludwig Schneider, die sich, nachdem beide in Magdeburg ansässig geworden waren, noch vertiefte (vgl. Schneider, 1877, *19*). E. entwickelte sich alsbald zu einem der gründlichsten Kenner der Magdeburger Flora. Mit den Lehrern Bertram und Hampel, dem Apotheker Ferdinand Hartmann und dem Gärtner Könagel (Botaniker), den Lehrern Feuerstacke und Hahn sowie dem Obering. Pohl (Entomologen), gründete E. 1865 den *Botanischen Verein* in Magdeburg und verwaltete später das von dem 1872 verstorbenen Hartmann gestiftete städtische Herbarium. Dem 1869 in Magdeburg gegründeten *Naturwiss. Verein* gehörte E. als Vorstandsmitglied an. Aus der Arbeit dieses Vereins ging das von E. geleitete städtische Schädlingsamt hervor. Ornithologische und phaenologische Beobachtungen veröffentlichte E. regelmäßig in der *Magdeburgischen Ztg.*, während er seine reichen botanischen Erfahrungen nie zusammengefaßt publizierte. Sein bedeutendstes Lebenswerk war seit 1874 der Aufbau und die Leitung des botanischen Schulgartens der Stadt Magdeburg im Herrenkrug. Dem verdienten Botaniker und Schulgärtner wurde 1904 von der Stadt Magdeburg ein Denkmal im Herrenkrug errichtet.

W: Characterpflanzen des Alluviums im Magdeburger Florengebiete. Zugleich als Beispiel und Beleg für die Wanderung der Pflanzen mittels der Flüsse, in: Abh. und Berichte aus dem naturwiss. Verein Magdeburg, H. 3, 1872, *3–20*; Naturhist. aus unserem Nordfrontgelände, in: Magdeburgische Ztg. vom 28.05.1894; Phaenologische Beobachtungen in Magdeburg, in: ebd. 1881–1888. – **L:** → Andreas Schreiber, Die Tätigkeit des Magdeburgischen Botanischen Vereins, in: Jb. und Abh. des Naturwiss. Vereins zu Magdeburg, 1873, *100*; Ludwig Schneider, Beschreibung der Gefässpflanzen …, 1877, *18f.*; → Paul Ascherson, Nachtrag zu Ludwig Schneiders Flora …, 1894, *50, 54, 59*; Ludwig Blath, Nachruf, in: Jb. und Abh. des Naturwiss. Vereins zu Magdeburg 1900–02, 1902, unpag.; → August Mertens, Zum 100. Geb. C. W. E.s, in: Monbl 71, 1929, *177ff*; Gisela Hoke, Herrenkrug – Die Entwicklung eines Magdeburger Landschaftsparkes, 1991. – **B:** *Abh. und Berichte aus dem Naturwiss. Verein Magdeburg 1900–02, 1902 (Federzeichnung).

Heinz Nowak

Eberhard, Rudolf

geb. 10.07.1891 Magdeburg, gest. 12.07.1965 Wiesbaden, Kaufmann, Kommunalpolitiker, Oberbürgermeister in Magdeburg.

E. besuchte die Grund- und Bürgerschule in Magdeburg. Die Fam. zog nach Elberfeld, hier absolvierte E. eine kaufmännische Lehre. Nach dem Militärdienst wurde er 1914–18 Soldat. Als leitender Angestellter in den *Junkers-Werken* in Dessau trat E. 1919 der SPD und der gewerkschaftlichen Bewegung bei. Er leitete das Bezirkskartell des *Dt. Angestelltenbundes* und arbeitete nebenbei als Geschäftsführer des *Anhaltischen Siedlerverbandes*. Nach Auflösung des *Zentralverbandes der Angestellten* wurde E. fristlos entlassen, er schulte um und machte sich mit einer Orthopädiepraxis selbständig. Nach dem Krieg war E. am Aufbau der SPD in Dessau beteiligt. Im September 1945 trat er das Amt des Oberbürgermeisters in Bernburg an und wurde im Januar 1946 in Nachfolge von → Otto Baer mit dem Amt des Oberbürgermeisters in Magdeburg betraut, das er bis 1950 innehatte. Im Zuge der endgültigen Ausschaltung sozialdemokratischer Persönlichkeiten aus dem politischen und öffentlichen Leben wurde E. 1950 wegen „Wirtschaftsvergehen" verhaftet und 1952 zu fünf Jahren Zuchthaus verurteilt, die er u. a. in Magdeburg, im Haftarbeitslager Mecklenburg und in Neubrandenburg verbüßte. 1958 flüchtete er in die Bundesrepublik Dtl. E. erwarb sich große, über die Stadt hinausreichende Verdienste beim Aufbau kommunaler Strukturen und beim Wiederaufbau der schwer zerstörten Stadt Magdeburg.

L: Ein Jahr Aufbauarbeit in Magdeburg, Rechenschaftsbericht der Stadtverwaltung am 27.07.1946, 1946; Gerda Meyer-E., Ein sozialdemokratischer Oberbürgermeister in der Diktatur. R. E., 1996 (*B*); Vf., Zuchthaus für Sozialdemokraten, in: Vorwärts H. 7/8, 1997, *41*. – **B:** *Ein Jahr Aufbauarbeit in Magdeburg (Skizze von → Bruno Beye).

Ingrun Drechsler

Eberhardt, *Walter* Heinrich

geb. 20.05.1902 Saalfeld, gest. 07.03.1980 Ilmenau, Seminardir., Kirchenhistoriker.

Der Sohn eines Lokomotivführers interessierte sich frühzeitig für den Lehrerberuf. Nach Abschluß des Studiums an der Lehrerbildungsanstalt in Rudolstadt 1923 war er zunächst im Schuldienst tätig. Nach einer verkürzten Ausbildung am Predigerseminar der Freikirche der Adventisten in Neandertal bei Düsseldorf nahm er 1925 die Arbeit als Pastor in Hamburg auf. 1934 wurde er als Nachfolger von → Wilhelm Michael an das adventistische Missionsseminar Friedensau bei Burg berufen, wo er bis 1939 und nochmals von 1947 bis 1954 als Schulleiter wirkte. Außerdem lehrte er in Friedensau Kirchengesch. Mit Umsicht und Tatkraft setzte er sich in den Nachkriegsjahren für den Aufbau des Friedensauer Seminars ein. 1947 nahm das Seminar als erste kirchliche Ausbildungsstätte auf dem Boden der SBZ den Unterricht wieder auf. Für die bereits 1899 gegründete Institution war es jedoch aufgrund der politischen Isolation in der Nachkriegszeit nicht mehr möglich, an ihre frühe weitverzweigte missionarische Tradition (→ Siegfried Horn, → Ernst Kotz, → Erich Meyer, → Ernst Simon) anzuknüpfen. Von 1954 bis 1969 trug E. Verantwortung in der adventistischen Kirchenleitung, zuletzt als Vorsteher der Kirche in der DDR. Nach der schmerzlichen Erfahrung durch das Dritte Reich legte er im Unterricht, in der Leitung des Seminars und der Kirche großen Wert auf Politikabstinenz und ging, wenn auch vorsichtig, auf Distanz zur DDR-Ideologie. Er veröffentlichte ein vierbändiges kirchengesch. Werk, das eine umfangreiche Slg. von Texten und Primärquellen einschließt. E. legitimierte seine konfessionell-freikirchliche Geschichtsdeutung durch ein mehr oder weniger ausgeprägtes Dekadenzmodell. Das Werk möchte zeigen, wie die immer stärker von der biblischen Wahrheit abgefallene Kirche durch reformatorische Bewegungen, darunter u. a. auch die Adventisten, in ihrer ursprünglichen Reinheit wiederhergestellt wurde. Eine monopolisierende Verknüpfung von Gesch. und theol. Deutung lehnte er ab, ebenso auch ein konfessionell pluralisiertes (ökumenisches) Modell. Die Frage nach der Schrifttreue kirchengesch. Entwicklungen stand für ihn im Vordergrund.

W: Wege und Irrwege der Christenheit von der Urgemeinde bis zur Vorreformation, 1968; Reformation und Gegenreformation, 1973; Aufklärung und Pietismus, 1979; Christenheit zwischen den Revolutionen, 1993 (posthum). – **B:** *Archiv Friedensau (AAE).

Daniel Heinz

Ebert, Anna, geb. Thurau
geb. 31.08.1889 Derben/Kr. Jerichow II, gest. 16.03.1947 Magdeburg, Politikerin.

E. wurde 1921 Mitglied der KPD. Sie war eine engagierte Kämpferin für die Gleichberechtigung der Frauen und gegen die Machtergreifung des Ns. E. war Mitglied der Bezirksleitung Magdeburg-Anhalt der KPD und 1925 Teilnehmerin der Gründungskonferenz des *Roten Frauen- und Mädchenbundes*. Sie wurde dessen Gauleiterin und eine der populärsten Rednerinnen in Frauenverslgg. im Bez. Magdeburg-Anhalt. 1929 war sie Delegierte des Reichsparteitages der KPD als Vertreterin des Bez. Magdeburg. Im gleichen Jahr wurde E. als Abgeordnete ins Stadtparlament gewählt. Als Mitglied der Magdeburger Stadtverordnetenverslg. von 1929 bis 1933 vertrat sie die Interessen der Frauen. Schon 1930 protestierte sie gegen den § 218. Das „Programm der wirksamen Arbeitsbeschaffung" der kommunistischen Fraktion der Magdeburger Stadtverordnetenverslg. vom Oktober 1930 trägt neben den Unterschriften von → Walter Kaßner, → Fritz Rödel und → Ernst Brandt u. a. auch ihren Namenszug. 1933 wurde sie als eine der ersten Magdeburger Frauen von der Gestapo verhaftet und vom Magdeburger Hauptrevier „Hufeisen" in das Berliner Frauengefängnis gebracht. 1939 wurde sie von hier aus in das KZ Ravensbrück verschleppt. Nach Beendigung des Krieges wurde E. Leiterin der Sozialfürsorge im Stadtteil Magdeburg-Ost. Nach Auflösung der selbständigen Organe von Magdeburg-Ost übernahm sie in der Stadtverwaltung die Leitung des Fürsorgeamtes.

L: Kurzbiogr. Magdeburger Widerstandskämpfer, hg. von einem Autorenkollektiv, o.J., *23f.*; Die Stadtführerin, hg. vom Amt für Gleichstellungsfragen der Stadt Magdeburg, o.J., *64*.

Gabriele Weninger

Echtermeier, *Carl* **Friedrich,** Prof.
geb. 27.10.1845 Kassel, gest. 30.07.1910 Braunschweig, Bildhauer.

E. studierte in Kassel, München und ab 1865 im Meisteratelier bei Ernst Hähnel in Dresden. Nach einem Italienaufenthalt 1870 lebte er als selbständiger Bildhauer in Dresden. Ab 1883 hatte er eine Professur am Polytechnikum in Braunschweig. E. war ein Vertreter des malerischen Ausdrucks der Dresdener Bildhauerschule, vorwiegend dem Bedürfnis wilhelminischer Denkmalsplastik gehorchend. Für Magdeburg entstanden das Otto-von-Guericke-Denkmal von 1907, Bei der Hauptwache, das Immermann-Denkmal von 1899, zunächst am Stadttheater, ab 1924 im Glacis, seit 1996 Danzstraße, und ein Bismarck-Denkmal von 1899 (zerstört).

W: Länderallegorien für die Neue Galerie in Kassel 1881/82; zwei Kolossalgruppen für das Polytechnikum Braunschweig, bis 1881. – **L:** Thieme/Becker 10, *314f.*; Ingrid Wernecke, Südwestliche Stadterweiterung. Schriftenreihe des Stadtplanungsamtes Magdeburg, H. 30, 1995; Braunschweigisches Biogr. Lex., 1996, *151f.* (**B**); Ingelore Buchholz/ Maren Ballerstedt, Man setzte ihnen ein Denkmal, Hg. Landeshauptstadt Magdeburg, StadtA, 1997, *15–22*.

Uwe Jens Gellner

Eckardt, Günter, Prof. Dr.-Ing. habil.
geb. 23.11.1932 Sonneberg, gest. 02.10.2000 Magdeburg, Maschinenbauing., Hochschullehrer.

E. absolvierte 1951 das Gymn. in Sonneberg. Nach Ausbildung zum Maschinenschlosser studierte er 1954 bis 1960 Fördertechnik an der Hochschule für Schwermaschinenbau Magdeburg. Von 1960 bis 1970 war E. wiss. Assistent und Oberassistent bei → Jiří Pajer, prom. 1967 und habil. sich 1972 an der Fakultät Maschinenbau der TH Magdeburg. E. wurde 1970 zum Doz. und 1974 zum o. Prof. für Fördertechnik an die TH Magdeburg berufen. Er arbeitete und publizierte vorrangig über Probleme der Stetigförderer, insbesondere Bandanlagen, rechnergestützte Planung von Förderanlagen, Automatisierung von Fördermaschinen, Systematisierung in der Fördertechnik, umweltgerechte Materialflußtechnik sowie Innovationen und Verschleißprobleme in der Fördertechnik. Er war langjährig in leitenden Positionen in der Industrie tätig, 1971–74 als stellvertretender Chefkonstrukteur bei *Förderanlagen Magdeburg (FAM)*, 1983–85 als Entwicklungsleiter für Kranautomatisierung im *Kombinat TAKRAF* Leipzig. 1993 wechselte E. als Entwicklungsleiter zur *FAM Magdeburg GmbH*.

W: Berechnungsmethoden für Gurtförderer, in: → Friedrich Kurth (Hg.), Lehrbuch Stetigförderer, 1974, *86–92*; Stetigförderer (Lehrbrief für das Hochschulfernstudium 14), 1980; Berechnung eines Kreisförderers, in: Friedrich Kurth (Hg.), Lehrbuch Stetigförderer, 1988, *394–397*; Einordnung der Fördertechnik, in: Martin Scheffler (Hg.), Lehrbuch Grundlagen der Fördertechnik 1–7, 1994.

Friedrich Krause

Edeling, Gustav jun.
geb. 09.09.1900 Magdeburg, gest. 29.08.1995 Börgitz bei Stendal, Bäcker, Puppenspieler, Schausteller.

E. erlernte den Bäckerberuf und arbeitete ab 1920 (ab 1924 mit eigener Lizenz) als Puppenspieler und Schausteller wie bereits sein Vater Gustav E. sen. (1866–1948) und Großvater Wilhelm E. (geb. 1840), der etwa ab 1868 als Marionetten- und Handpuppenspieler aktiv war. E. reiste mit seiner Ehefrau und seiner Handpuppenbühne jährlich auf annähernd gleichen Touren und besuchte im Sommer etwa 14 Jahrmärkte bzw. Messen in größeren Städten, im Winter wurde in Gasthöfen und Schulen kleinerer Orte in der Nähe von Schönebeck gespielt. Bühnen- und Wohnwagen wurden anfangs mittels Pferden, ab 1936 durch einen Pkw gezogen. Die Größe des Spielgebietes von E., umgrenzt etwa von der Linie Wittenberge-Potsdam-Leipzig-Hildesheim-Wittenberge, läßt sich ohne weiteres mit dem von aufwendiger arbeitenden Marionettenbühnen (→ Wilhelm Götze) vergleichen. Dies läßt darauf schließen, daß sich die Qualität seines Handpuppenspiels von dem der üblichen Jahrmarktspuppenspieler abhob. Von 1930 bis 1940 existierten vier unterschiedliche Kasperbuden, ab 1938 eine sog. „Kasperburg" mit elektrischer Beleuchtung und Lautsprecher – für Handpuppenspieler in Dtl. damals ungewöhnlich. Nach 1946 erhielt E. nur noch zeitlich und örtlich begrenzte Spielerlaubnisse, bis er 1953 das Puppenspiel aufgeben mußte. E. arbeitete anschließend noch bis 1965 als Schausteller mit einem Kinderkarussell, teilweise in Verbindung mit einer Spiel- und Schießbude. Das Repertoire von E. umfaßte etwa 30 Märchen und Kasperabenteuer, die jeweils 30 bis 45 Minuten dauerten. Sein Fundus bestand aus etwa 110 Handpuppen. Die Bühnen bis 1949 besaßen einen offenen Zuschauerraum ohne Absperrung. Trotzdem wurden Eintrittskarten verkauft. Das sonst bei dieser Praxis übliche Sammeln mit dem Teller war bei E. verpönt.

L: Vf., Mit allerhöchster Bewilligung, 1999, *41–47, 60f.*; ders., Vergleich von Spielgebieten sowie Spiel- und Reisebedingungen mitteldt. Puppenspieler, in: Beiträge zum Symposium: Über den Alltag der reisenden Puppenspieler, 2001. – B: *Puppentheaterarchiv Magdeburg.

Johannes Richter

Eggert, Georg Peter *Hermann*

geb. 03.01.1844 Burg, gest. 13.03.1920 Weimar, Architekt, Baumeister, Redakteur, Geh. Oberbaurat.

E. war Sohn des Burger Zimmermeisters und Bauunternehmers Friedrich Wilhelm E., seine Ausbildung erfolgte auf der Bauakad. in Berlin und beim Bau der Nationalgalerie unter Johann Heinrich Storck. Schon als junger Architekt gewann er Preise in den Wettbewerben für den Berliner Dom und für das Niederwalddenkmal. 1874 baute E. in Burg das Viktoria-Gymn. unter Verwendung von Stilelementen des Klassizismus und der Romanik. Im selben Jahr unternahm er in amtlichem Auftrage mit dem Archäologen Gustav Hirschfeld eine wiss. Reise nach Kleinasien. Er ließ sich 1875 in Straßburg nieder, wo er die Ausführung der Neubauten der Univ. leitete. So schuf er die chirurgische Klinik und das astronomische, physikalische, chemische und botanische Inst. Darauf ging E. als Redakteur des *Zentralbl. der Bauverwaltung* nach Berlin und war später in Wiesbaden tätig. Zu weiteren großen Bauaufgaben gehörte u. a. 1883–89 der Kaiserpalast in Straßburg. Fast gleichzeitig schuf E. sein Hauptwerk, den Frankfurter Hauptbahnhof (1883–88), in dem Caroll Meeks den „bedeutendsten Bahnhof des späten 19. Jhs" sah. 1889 wurde B. an das Ministerium der öffentlichen Arbeiten Berlin berufen, wo er neun Jahre auf dem Gebiet des Kirchenbaus tätig war. Der Bau der Tierärztlichen Hochschule in Hannover wurde nach seinen Plänen 1898 vollendet. Ab 1898 widmete sich der Architekt, der den Staatsdienst quittiert hatte, der Erbauung des Hannoverschen Rathauses nach seinem Entwurf. Am 11.05.1901 lud man zum ersten Spatenstich ein, und bereits 1907 konnten die ersten Büros bezogen werden. Die Bauhülle des Rathauses entstand im Stil des Historismus. Zu ernsthaften Auseinandersetzungen kam es bei der weiteren Innengestaltung des Rathauses. Die Baukommission forderte E. auf, diese Gestaltung in den Formen des Jugendstils zu entwerfen. E. verschloß sich jedoch diesem Anliegen und legte zwei Jahre Entwürfe vor, die dem Historismus der 1890er Jahre entsprachen. Der Ausschuß lehnte diese als veraltet ab. Der Magistrat von Hannover beschloß deshalb im Herbst 1909 die Auflösung des Vertragsverhältnisses. E. wurde mit einer sehr hohen Summe abgefunden. Er lebte fortan bis zu seinem Tode in Weimar. E. war Mitglied der *Preuß. Akad. der Künste und des Bauwesens* in Berlin.

W: Die Concurrenz für Entwürfe zum Reichstagsgebäude besprochen, 1882; Kaiser Wilhelms-Univ. Straßburg (2 Bde) 1884–1888; Hochschulen, zugehörige und verwandte Institute, in: Eduard Schmitt/Josef Durm (Hg.), Hdb. der Architektur, Tl. 4, Halbbd. 6, H. 2a, 1888, ²1905. – L: Thieme/Becker 10, *378f.*; Karl Demmel, Gelehrtenköpfe aus dem Kr. Jerichow I, in: Jerichower Land und Leute, Nr. 2, 1932, *4*; Charlotte Kranz-Michaelis, Zur dt. Rathausarchitektur des Kaiserreichs. Das neue Rathaus von Hannover, 1973, *39f., 131f.*; Wolfgang Steinweg, Das Rathaus Hannover, 1997, *10–13*.

Paul Nüchterlein

Ehrlich, Christian Friedrich

geb. 07.05.1808 Magdeburg, gest. 31.05.1887 Magdeburg, Musikpädagoge, Pianist, Komponist, Kgl. Musikdir.

E., Sohn eines Kaufmannes, besuchte das Domgymn. in Magdeburg. 1827 studierte er Klavier bei Johann Nepomuk Hummel in Weimar und wechselte im selben Jahr nach Darmstadt, wo er von Johann Christian Heinrich Rinck Unterricht in Orgelspiel und Kontrapunkt erhielt. Im Sommer 1828 kehrte er nach Magdeburg zurück und wirkte hier bis zu seinem Tod als Pianist, Musiklehrer, Komponist, Konzertveranstalter, Dirigent und Musikkritiker. E.s Aufsätze erschienen in Musik- und Tagesztg., u. a. in der auf Robert Schumann zurückgehenden Leipziger *Neuen Zs. für Musik*. 1840 wurde E. Musiklehrer am Pädagogium im Kloster U. L. F. Magdeburg und setzte sich nachhaltig für die Anhebung des Ausbildungsniveaus ein (Theorie, Gesang). Mit dem von ihm eingerichteten Schulchor gab er regelmäßig Konzerte. Sein Nachfolger wurde 1887 → Theophil Forchhammer. E., dem 1844 der Titel Kgl. Musikdir. verliehen wurde, bewarb sich 1847 erfolglos um die Stelle des Domorganisten. 1849 gehörte E. zu den Gründungsmitgliedern des Magdeburger *Tonkünstler-Vereins*, dessen Vorsitz er ein Jahr später übernahm. In den 1850er Jahren bot er mit → Franz Xaver Chwatal Unterrichtskurse im Inst. für gemeinschaftlichen Unterricht im Pianofortespiel in Verbindung mit der Harmonielehre an. E. dirigierte einige Jahre die *Magdeburger Singakad.*, engagierte sich für die Durchführung des Magdeburger Musikfestes 1856 und wirkte in den Vorbereitungskomitees für die in Magdeburg stattfindenden Veranstaltungen des *Allg. Dt. Tonkünstlervereins*, den 2. Musikertag (1871) und die 18. Tonkünstlerverslg. (1881) mit. Als hervorragender Pianist verlieh E. der Magdeburger Bachrenaissance wichtige Impulse. Beim Komponieren orientierte er sich am jeweiligen Adressaten- und Wirkungskreis. E. schuf Salonstücke für Klavier, die häufig das Können von Schülern und Laien berücksichtigen, gelegentlich auch virtuosen Ansprüchen Rechnung tragen. Seine mehrstimmige Vokalmusik fand bei geselligen Anlässen und während des Unterrichtes Verwendung, z. B. die auch außerhalb Magdeburgs gebräuchliche „Slg. vierstimmiger Gesänge für höhere Schulen und Singechöre, op. 25". E.s Lieder, die solides kompositionstechnisches Können beweisen, verfügen über einfühlsame Melodien und mitunter textdeutende Klavierbegleitungen. Das Magdeburger Stadttheater brachte zwei Opern E.s zur Aufführung: „Die Rosenmädchen", komische Oper nach einer franz. Vorlage von Thèaulon (1860), und „König Georg", romantische Oper nach einem dramatischen Gedicht von Rudolf Kneisel (1861).

W: zahlreiche Klavierstücke, Fantasien für Orgel op. 7, Lieder mit Klavierbegleitung, weltliche und geistliche Gesänge für Männerchor und gemischten Chor; zwei Opern: Die Rosenmädchen (UA 1860, nicht erhalten); König Georg (UA 1861, Klavierauszug erhalten); Kompositionen für Gesang und Orchester, Technikübungen für Klavierschüler. – **L:** Hobohm, Bd. 2, *623–628* (**W**); Magdeburgische Ztg. vom 03.04.1860ff.; Vf., Zu Leben und Werk von C. F. E., in: Zwischen Kanzel und Katheder. Das Kloster U. L. F. Magdeburg vom 17. bis 20. Jh., 1998, *77–84* (**B**); AKPS: Rep. A, Spec. G, Nr. A 716. – **B:** *Kunstmus. Kloster U. L. F. Magdeburg.

Brit Reipsch

Eidenbenz, Hermann
geb. 04.09.1902 Cannaore/Britisch-Indien, gest. 25.02.1993 Basel, Gebrauchsgraphiker, Typograph, Fotograf, Kunstschullehrer.

Nach einer Lehre als Graphiker und Litograph bei *Orell Füssli* in Zürich besuchte E. die dortige Kunstgewerbeschule. Von 1923 an war er u. a. Mitarbeiter im Atelier von → Wilhelm Deffke in Berlin. Deffke holte E. 1926 nach Magdeburg, wo er wiederum in dessen Atelier und als Lehrer für Schrift in der Kunstgewerbe- und Handwerkerschule tätig war. In dieser Eigenschaft entwickelte E. den der modernen Programmatik der Schule entsprechenden „Grundbuchstaben", ein Alphabet auf Grundlage der römischen Kapitale. Außerdem entwarf er in dieser Zeit u. a. Geschäftspapiere für die Stadt- und die Provinzialverwaltung. 1932 verließ E. aufgrund des erstarkenden Ns. Dtl. und ging zurück in die Schweiz. Dort eröffnete er in Basel mit seinen Brüdern Reinhold und Willy ein Graphikatelier. Es folgte 1953 die Berufung als Leiter der Abt. Gebrauchsgraphik an die Werkkunstschule Braunschweig. 1955 wechselte er zum Zigarettenkonzern *Reemtsma*, für den er bis 1967 als künstlerischer Mitarbeiter und Werbeberater arbeitete. E. ist einer der wichtigsten Begründer des Schweizer Graphik-Designs und war auf nahezu allen Gebieten gebrauchsgraphischer Arbeit erfolgreich. Das gilt u. a. für sein Plakatschaffen in den 1930er Jahren, die Entwürfe schweizerischer und dt. Banknoten nach dem II. WK und die Schaffung von Signets, z. B. des Löwensignets der Stadt Braunschweig. Unter Vermeidung eines persönlichen Stils und fern modischer Attitüde zielten seine Entwürfe immer auf eine von den inneren Erfordernissen der jeweiligen Aufgabe geprägte Sachform.

N: Mus. für Gestaltung Zürich; Schule für Gestaltung Basel. – **L:** Vollmer 2, 1955, *22*; Werner Schmalenbach, H. E. wird 90. Für alles die sauberste Lösung, in: Basler Ztg. vom 04.09.1992, *45*; Dominik Heitz, H. E. – ein ganz exakter Schaffer, in: ebd., *34*; Hartmut W. Staats, H. E., in: form, H. 139, III-1992, *46f*. – **B:** *Vf., Blankenburg (priv.).

Norbert Eisold

Einem, Johann August *Christoph* von
geb. 25.11.1730 Osterweddingen, gest. 24.10.1810 Genthin, ev. Pfarrer.

Der Sohn eines ev. Pfarrers besuchte das Pädagogium des Klosters Berge bei Magdeburg. Nach Absolvierung des Theol.-Studiums an der Univ. Halle folgte der Einsatz als Realschullehrer an der Herkerschen Schule in Berlin. Dort war er auch als Prediger an der Dreifaltigkeitskirche tätig. 1768 übernahm er die ev. Kirchengemeinde in Genthin. E. ist Verfasser mehrerer theol. Schriften. Neben seiner Tätigkeit als Pfarrer beschäftigte er sich mit der Gesch. des Kreises und der Stadt. Im Ergebnis der Auswertung der kirchlichen und weltlichen Quellen erschien 1803 die „Kurzgefaßte Beschreibung der Stadt Genthin" (Repr. 1991), die als erste gedruckte Beschreibung der Stadt Genthin anzusehen ist.

W: (Hg.) Johann von Mosheims Vollständige Kirchengesch. des Neuen Testaments, aus dessen ges. lateinischen Werken frei übersetzt und mit Zusätzen vermehrt, 1769–1778; Versuch einer vollständigen Kirchengesch. des 18. Jhs (2 Bde), 1776–1778; (Hg.) Johann Gottfried Hering, Kurzgefaßtes Kirchen- und Ketzer-Lex., umgearbeitet und vermehrt, 1789. – **L:** Heinrich Döring, Die gelehrten Theologen Dtls im 18. und 19. Jh., Bd. 1, 1831; Hamberger/Meusel Bde 2, 9, 11, 13, 22/2; Vf., Stadt Genthin – Ein nichtalltägliches Geschichtsbuch, 1995, *101f.*

John Kreutzmann

Einhoff, *Friedrich* Gustav Heinrich
geb. 11.07.1901 Baven/Kr. Celle, gest. 15.08.1988 Soltau, Maler, Graphiker, Kunstgewerbelehrer.

Der Sohn des Volksschullehrers Friedrich Heinrich E. verlebte seine Kindheit ab 1905 im Ruhrgebiet, besuchte die Volks- und Oberrealschule in Gelsenkirchen und legte dort 1920 das Abitur ab. Anschließend arbeitete er als Schmied und Zuschläger auf der Zeche „Wilhelmine-Victoria", besuchte 1920–23 die Gewerbeschule Gelsenkirchen, war gleichzeitig im gewerblichen Schuldienst tätig und praktizierte zwischenzeitlich als Maler und Theatermaler. 1923–25 absolvierte E. das Staatl. Gewerbelehrerseminar in Berlin-Charlottenburg, das er als Gewerbelehrer abschloß. Nach kurzer Tätigkeit als Lehrer für Graphik und gestaltendes Gewerbe in Frankfurt/Main studierte er dort 1925–27 nebenher Kunstgesch., Pädagogik und Psychologie, setzte 1927–28 seine Studien in Rostock fort, lehrte an der dortigen Gewerbeschule und suchte Verbindung zur Berliner Kunstszene. Um 1925 wurde E. Mitglied der *Frankfurter Künstlerges.* und stellte erstmals Arbeiten in Frankfurt und Wiesbaden aus. 1929 trat er eine Stellung als Gewerbeoberlehrer an der Berufsschule III in Frankfurt/Main an und unterrichtete parallel dazu bis zu seiner Berufung nach Magdeburg 1934 an der Dt. Fachschule für Polsterer. Vom Beginn seiner Künstlerkarriere bis etwa 1933 gehörte E. zu jenen Malern, die in der progressiven Nachfolge des Expressionismus zu einem „expressiven Realismus" (Zimmermann, 1994) vordrangen und ihre Umwelt in den Farben ihrer Gefühlsempfindung ausdrückten. Seine einfühlsamen Farbbilder und Graphiken (Aquarelle, Kohlezeichnungen, Holzschnitte) zeugen von großer Experimentierfreude. Als 1933 einige seiner Bilder von den Nationalsozialisten aus einer Ausstellung in Frankfurt/Main entfernt wurden, distanzierte er sich von seinem künstlerischen Werk. Trotz Eintritts in die NSDAP nicht als Dir. der Frankfurter Kunstgewerbeschule bestätigt, folgte er 1935 nach der Zwangsbeurlaubung → Wilhelm Deffkes einem Ruf als Dir. der Kunstgewerbeschule nach Magdeburg, wo er 1936 endgültig als Dir. der in Städtische Handwerkerschule umbenannten Bildungseinrichtung eingesetzt wurde. E. unterrichtete anfangs die Fächer Malerei und Graphik selbst und machte sich bei seinen Versuchen, das Schulprofil der neuen Haltung des Staates anzupassen, Ergebnisse der langjährigen Reformbestrebungen Deffkes im Zusammenwirken von künstlerischer und handwerklicher Ausbildung z.T. zu eigen. Mit seinem Amtsantritt verengte sich das künstlerische Spektrum der Schule, die E. 1943 als Meisterschule für das gestaltende Handwerk auf zeittypischen, linientreuen Perfektionismus überführte. Die Schule verabschiedete sich unter E., der ab 1939 auch als NSDAP-Ortsgruppenleiter in Magdeburg fungierte, von allen modernen Strömungen. Er selbst fertigte systemkonforme, künstlerisch nicht hoch zu bewertende Arbeiten, von denen die Magdeburger Stadtansichten (Ölbilder, Lithographien) dokumentarischen Wert besitzen. Nach der Schließung der Schule Ende 1944 wurde E. zur Marine eingezogen und 1945 schwer verwundet. Nach britischer Gefangenschaft ließ E. sich 1947 in Soltau nieder und wirkte als Berufsfachlehrer in Biedenkopf, Bad Pyrmont (1949–52) und Soltau (1952–63). In der Nachkriegszeit beteiligt sich E. an zahlreichen Ausstellungen, so in Hannover, Hameln, Bad Pyrmont, Magdeburg, Berlin und Lüneburg, wobei er bewußt nicht an sein in Magdeburg zurückgebliebenes Frühwerk anknüpfte.

W: Magdeburg (Monumentalbild), 1941; Bilder vom zerstörten Magdeburg, Herbst 1944. – **L:** Kunstverein zu Magdeburg, Kat. Juli 1938; Der Goldene Reiter 6, 1940; Kat. F. E. 1901–1988. Bilder aus dem Magdeburger Nachlaß 1922–1934, 1991 (**B**); Norbert Eisold, Die Kunstgewerbe- und Handwerkerschule Magdeburg 1793–1963, Kat. Magdeburg 1993; Rainer Zimmermann, Expressiver Realismus, 1994; Matthias Puhle (Hg.), Magdeburg in Bildern von 1492 bis ins 20. Jh., 1997, *174ff., 238, 292ff.;* Bundesarchiv Berlin: Sign. R 4901, Abt. X, Fach E, E 83 (PA). – **B:** *Günter Paulke, Magdeburg (priv.); KHMus. Magdeburg.

Gerd Kley

Eiteljörge, August Ferdinand *Albert*
geb. 29.02.1864 Hamma bei Nordhausen, gest. 07.09.1941 Jerichow, Lehrer, Heimatforscher.

Nach Volksschulausbildung und Seminarstudium war E. bis Ostern 1902 als Volksschullehrer in Buch bei Tangerhütte tätig. 1902 wurde er Hauptlehrer, ab 1910 Rektor der Volksschule in Jerichow. Zur Verbesserung des Schulwesens setzte sich E. für einen Schulneubau ein, der nach langwierigen Verhandlungen 1925 zustandekam. Im gleichen Jahr trat E. in den Ruhestand. Sein besonderes Interesse galt der

Gesch. von Stadt und Kloster Jerichow. Er publizierte 1925 auf der Basis seiner langjährigen Forschungen die erste zusammenhängende Geschichtsdarstellung für die Stadt. Besondere Bedeutung besitzt darin die erste dt. Übersetzung einer umfangreichen Urkunde vom Jahre 1172, in der Erzbischof Wichmann von Magdeburg die Gründung und Anfänge des Prämonstratenser-Stifts Jerichow rekapituliert. Die Ergebnisse umfangreicher Quellenstudien, besonders die erstmalige Sichtung und Auswertung des Jerichower Magistratsarchivs, veröffentlichte E. in Presseaufsätzen und Broschüren, die er in der Jerichower Druckerei von → Jacob Stephan herausgeben ließ.

W: Notizen über die Burg, das Kloster, das Amt und die Stadt Jerichow, 1910; Jerichow, die alte Klosterstadt, 1925. – **L:** Fs. 850 Jahre Kloster- und Stadtgesch. Jerichow, hg. von der Stadtverwaltung Jerichow, 1994, *63f.*

Rolf Naumann

Elkan, Adele
geb. 23.03.1884 Magdeburg, gest. ca. 1943 KZ Auschwitz, Redakteurin, Schriftstellerin.

E. verbrachte ihre Jugendzeit in Magdeburg, lebte danach u. a. in Berlin-Wilmersdorf und war hier Redakteurin der Zs. *Mädchenpost*. In ihrer Tätigkeit als Schriftstellerin verfaßte E. zahlreiche Romane und Jugendschriften, wobei sich ihre Werke vor allem an Mädchen richteten. Darüber hinaus übersetzte sie Bücher aus dem Englischen und Franz., u. a. Nathaniel Hawthornes „The Scarlet Letter" (1912), Charles Gibbons „The Dead Heart" (1912) und William LeQueux' „A Bond of Black" (1920) E. kam nach ihrer Deportation im Gefolge der ns. Judenverfolgung im KZ Auschwitz um.

W: Die Jüngste von dreien. Eine Erzählung für junge Mädchen, 1919; Brautbriefe. Roman, 1920; Das geheimnisvolle Haus. Eine Erzählung für junge Mädchen, 1929; Das Haus am Park. Erzählung, 1926; Evas große Fahrt. Erzählung für junge Mädchen, 1930; An der schönen blauen Donau. Ein Johann-Strauß-Roman, 1931, ³1935. – **L:** Kosch LL 4, Sp. *163f.* (**W**); KLK 44, 1928; Joseph Walk, Kurzbiographien zur Gesch. der Juden 1918–1945, 1988, *78.*

Gabriele Czech

Emersleben, *Otto* **Ernst Ludwig,** Prof. Dr. phil.
geb. 17.06.1898 Magdeburg, gest. 10.08.1975 Greifswald, Mathematiker, Physiker, Hochschullehrer.

Nach dreijährigem Grundschulbesuch von 1904 bis 1907 war E. fünf Jahre Schüler der Reformabt. des Domgymn. und von 1912 bis 1915 des Reform-Realgymn. in Magdeburg, das er unter Befreiung von den mündlichen Prüfungen mit dem Reifezeugnis verließ. Als Artillerist nahm er am I. WK teil und wurde im Januar 1919 als Reserveleutnant entlassen. In Göttingen studierte E. Mathematik, Physik und Chemie. Auf Grund der bahnbrechenden Entdeckung des Zusammenhangs von Kristallgitterpotentialen und Zetafunktionen wurde er 1922 von der Univ. Göttingen zum Dr. phil. prom. Bereits ab 1921 arbeitete er bei einem Bauing. in Köln, verließ aber 1923 diese Stadt, um in der Industrie auf dem Gebiet der drahtlosen Telegraphie zu arbeiten (1923–25 in Berlin, 1925–27 in Kiel, ab 1927 wieder in Berlin). 1933 wurde er aus politischen Gründen fristlos entlassen, der Betrieb einer Versuchsfunkanlage und eines Frequenzmessers wurde ihm verboten, und er erhielt Publikationsverbot. Ab 1935 arbeitete E. als Patentanwalt bis zu seiner Einberufung zum Kriegsdienst 1940. Als Hauptmann der Reserve war er von 1944 bis 1947 in griechischer und englischer Kriegsgefangenschaft. Von 1948 an übte E. Tätigkeiten als Hauptreferent der Dt. Zentralverwaltung der Industrie für die SBZ bzw. der Dt. Wirtschaftskommission in der SBZ aus, um ab 1950 als wiss. Mitarbeiter am Inst. für Angewandte Mathematik und Mechanik der Dt. Akad. der Wiss. zu arbeiten. Er habil. sich 1950 an der TU Berlin-Charlottenburg, war dort als Privatdoz. tätig und wurde 1953 als Prof. für Angewandte Mathematik und Dir. des gleichnamigen Inst. an die Univ. Greifswald berufen, wo er bis zu seiner Emeritierung 1963 wirkte. E. publizierte 67 Arbeiten, davon sieben populärwiss. Artikel. Er beschäftigte sich u. a. mit Problemen der Elektrostatik in Kristallgittern, der Schwingungen in Kondensatorkreisen, der Festigkeitslehre, der Strömungslehre, der drahtlosen Nachrichtentechnik, der Epsteinschen und Riemannschen Zetafunktionen und der Madelung-Konstanten, er konzipierte ein Meßinstrument für Gleich- und Wechselstrom im Selbstbau und beschäftigte sich mit Anwendungen der Mathematik in der makromolekularen Chemie der Faserstoffe.

W: Freie Schwingungen in Kondensatorkreisen, 1921; Gitterpotentiale und Zetafunktionen, Diss. Göttingen 1922; Tabellen mathematischer Funktionen, 1961. – **N:** UnivA Greifswald. – **L:** Johann C. Poggendorff, Biogr.-lit. Handwörterbuch, Bd. 6/1, 1936; Wer ist wer 12, 1955; UnivA Greifswald: PA. – **B:** ebd.

Karl Manteuffel

Emmrich, *Josef* **Peter,** Prof. Dr. med. habil.
geb. 05.01.1909 Neunkirchen/Saarland, gest. 28.11.1963 Magdeburg, Arzt.

Der Sohn des Baumeisters Wilhelm E. verbrachte in seinem Geburtsort seine Schulzeit und bestand 1928 am Realgymn. das Abitur. Nach dem Studium der Med. in Freiburg/Breisgau, Düsseldorf, Kiel, Wien und Hamburg legte er 1933 das Staatsexamen ab und prom. im gleichen Jahr. Danach folgte eine einjährige Tätigkeit am Pharmakologischen Inst. der Univ. Hamburg. 1935–39 arbeitete E. unter Theodor Heynemann an der Frauenklinik der Univ. Hamburg-Eppendorf, wo er auch seine Habilitationsschrift fertigstellte, die er 1940 an der Univ. Halle verteidigte. An der Frauenklinik der dortigen Univ. arbeitete E. unter Ludwig Nürnberger als Oberarzt, erhielt 1943 die Dozentur und wurde 1947 als Prof. mit Lehrauftrag berufen. Zugleich übernahm E. nach Berufung seines Chefs auf den Kölner Lehrstuhl die kommissarische Leitung der Hallenser Frauenklinik. Im II. WK diente E. 1939–43 als Stabsarzt in einer Sanitätsabt. In seiner Hallenser Zeit arbeitete E. wiss. über Blutkrankheiten in der Gravidität und führte als einer der ersten Reihenuntersuchungen bei Frauen in verschiedenen Berufs- und Industriezweigen durch, um den Einfluß körperlicher Arbeit auf den Gesundheitszustand der Frau zu untersuchen. In Nachfolge von → Max Penkert wurde E. 1950 zum Leiter der Landesfrauenklinik in Magdeburg berufen. Hier erarbeitete er das Konzept zum Wiederaufbau und zur Erweiterung der Klinik und setzte dessen Realisierung zu einer der modernsten dt. Frauenkliniken durch. Mit der Gründung der Med. Akad. Magdeburg 1954 wurde E. zum Prof. mit Lehrstuhl für Frauenheilkunde und Geburtshilfe berufen. E. war Mitglied der *Dt. Akad. der Wiss.* und mehrerer dt. Fachges. und wurde 1955 zum Mitglied des *International College of Surgeons* gewählt. Die *Med. Ges. zu Magdeburg* ernannte ihn 1962 in Nachfolge von → Werner Lembcke zu ihrem Vors. Wiss. beschäftigte sich E. in Magdeburg vorrangig mit der Krebstherapie und der Müttersterblichkeit. Seine Leistungen wurden mit dem Titel Verdienter Arzt des Volkes geehrt.

W: Aplastische Anämie und Schwangerschaft, in: Zentralbl. für Gynäkologie, Nr. 12a, 1947; Karzinomheilung bei erhaltener Uterusfunktion, in: ebd., Nr. 7, 1948; Der Einfluß der Industriearbeit auf die Gesundheit der Frau, in: ebd., Nr. 24a, 1950; Die Müttersterblichkeit, in: ebd., Nr. 45, 1957. – **L:** Walter Stoeckel (Hg.), Dt. Gynäkologen-Verz., 1939, *89f.*; KGL 7, 1950; Gerhard Lindemann, Die Landesfrauenklinik, in: Fs. 10 Jahre Med. Akad. Magdeburg, 1964 (***B***); ders., Prof. Dr. J. P. E. 1909–1963, in: Das Dt. Gesundheitswesen 19, 1964, *599f.* – **B:** *Frauenklinik der Univ. Magdeburg.

Wolfgang Weise

Engel, *Carl* Friedrich Wilhelm, Prof. Dr. rer. nat., Dr. phil. habil.
geb. 02.10.1895 Magdeburg, gest. 25.01.1947 sowjetisches Internierungslager Fünfeichen bei Neubrandenburg, Vorgeschichtsforscher, Hochschullehrer.

Nach Besuch des König Wilhelms-Gymn. in Magdeburg begann E. 1913 in München ein Studium der Phil. und der Naturwiss. 1914 als Kriegsfreiwilliger ins Feld gezogen, kehrte er erst Ende 1919 aus englischer Gefangenschaft zurück. Bis 1927 arbeitete er als Buchhändler in Magdeburg und leistete zudem ehrenamtlich archäologische Museumsarbeit (Vorträge, Führungen, zahlreiche Artikel, u. a. im *MonBl*). Im Rahmen einer befristeten Anstellung 1927–29 gestaltete er die Vorgeschichtsausstellung im Mus. für Naturkunde und Vorgesch. und organisierte die 10. Tagung für Vorgesch. (02.-07.09.1928 in Magdeburg). Nach einem Fernstudium in Tübingen prom. er dort 1928. Auf der Grundlage seiner Museumsarbeit, des Materialstudiums in vielen anderen Mus. sowie der Zusammenarbeit mit Sammlern und Heimatforschern entstanden zahlreiche Veröffentlichungen zur Vorgesch. des Mittelelbegebietes, besonders zur Jungsteinzeit. Von besonderem Wert sind seine Untersuchungen zur Rössener und zur Schönfelder Kultur, deren Ammenslebener Untergruppe er herausarbeitete (Ausgrabung auf dem Brandgräberfeld bei Groß Ammensleben). Da sich in Magdeburg keine berufliche Perspektive ergab, wechselte E. 1929 an das Prussia-Mus. in Königsberg/Ostpreußen, wo er bis 1934 vorwiegend mit archäologischen Rettungsgrabungen in der Provinz Ostpreußen beschäftigt war. In der Ur- und Frühgesch. des baltischen Raumes, zu der er grundlegende und bis heute gültige Monographien und Aufsätze verfaßte, lag der Schwerpunkt seines wiss. Lebenswerkes. In Osteuropa ist es wesentlich lebendiger geblieben als in Dtl., wo die von E. maßgeblich vorangetriebene frühgesch. Kulturgruppenforschung (zur Herausbildung der baltischen und ostgermanischen Völker) nach dem Kriege nicht mehr im Mittelpunkt des Interesses stand. 1934 wurde E. Doz. am Herder-Inst. in Riga, wo er 1935 als ao. Prof. sowie 1937 als o. Prof. tätig war. 1939 wurde er zum o. Prof. nach Greifswald berufen. Als Rektor der Univ. (seit 1942) war E. Initiator der kampflosen Übergabe Greifswalds am 30.04.1945 und beteiligte sich als Parlamentär an den Verhandlungen. Die Hintergründe seiner späteren Internierung durch die Besatzungsmacht sind unbekannt. Ein Zusammenhang mit seiner Tätigkeit im Reichskommissariat Ostland (Baltikum und Weißrußland), wo er auf Grund seiner Erfahrungen 1941/42 mit der Betreuung der Vor- und Frühgesch. beauftragt worden war, oder mit seiner NSDAP-Mitgliedschaft ist möglich.

W: Neues über den Schönfelder Stil, in: Mannus 20, 1928, *265–314*; Die Neugestaltung der Magdeburger vorgesch. Slg. Beiträge zur prähist. Museumstechnik, in: Mannus, VII. Ergänzungsbd. 1929, *200–232*; Bilder aus der Vorzeit an der mittleren Elbe, 1930; Die jungsteinzeitlichen Kulturen im Mittelelbgebiet, 1933 (Diss.-Teildruck); Vorgesch. der altpreuß. Stämme, 1935; Kulturen und Völker der Frühzeit im Preußenland, 1937 (mit Wolfgang LaBaume); Herkunft und verwandtschaftliche Beziehungen der Rössener Kultur, in: Mannus 32, 1940, *56–83*; Typen ostpreuß. Hügelgräber. Aus dem Nachlaß hg. v. Rudolf Grenz, 1962. – **N**: J.-G.-Herder-Inst. Marburg/Lahn. – **L**: KGL 6, 1940/41; Vf., C. E. 1895–1947, in: Ausgrabungen und Funde 40, 1995, *322–324* (***B***); ders., C. E. 1895–1947, in: Alteuropäische Forschungen 1, 1997, *133–146* (***W***, ***B***). – **B**: *Archiv Herder-Inst. Marburg.

Jonas Beran

Engelke, *Bernhard* **Karl Robert,** Dr. phil. habil.
geb. 02.09.1884 Braunschweig, gest. 16.05.1950 Kirchbarkau bei Kiel, Musikschriftsteller, Chorleiter, Privatdoz.

Der Sohn des Ing. Ferdinand E. absolvierte das Gymn. in Braunschweig. Im Anschluß studierte er neben Philologie Musikwiss. bei Hermann Abert in Halle und bei Hugo Riemann in Leipzig. 1906 prom. er über Johann F. Fasch und setzte danach seine Studien an der Berliner Musik-Hochschule fort. Er erlangte Ansehen durch die Übersetzung von André Pirros „J. S. Bach". 1912 wurde E. als Musiklehrer und Organist an das Klostergymn. in Magdeburg berufen, dem 1919 ein Wechsel an die Victoria-Schule folgte. Zudem wirkte er in Magdeburg als Leiter des *Domchores*, als Kritiker für die *Magdeburgische Ztg.* und als Musikforscher, wobei die Arbeiten zur Musikgesch. des mitteldt. Raumes und der Stadt Magdeburg hervorzuheben sind. 1925 wurde E. als Studienrat an das Gymn. in Kiel berufen. Neben seinen pädagogischen und musikkritischen Tätigkeiten widmete er sich hier vor allem der Wiss. 1927 habil. er sich an der Univ. Kiel mit einer Arbeit über den Magdeburger Kantor Friedrich Weißensee. Bis 1949 war E. als Privatdoz. für Musikwiss. an der Univ. Kiel tätig. Er strebte nicht nach wiss. Ruhm oder materiellen Vorteilen, die detaillierte Forschungsarbeit war ihm Selbstzweck. Neben der Erforschung der lokalen Musikgesch. und der Publikation seiner Forschungsergebnisse widmete er sich auch der Herausgabe von Notentexten. Bedauerlich ist, daß ein großer Teil seiner Arbeiten durch den Krieg vernichtet wurde, so z. B. das fertige Ms. einer Musikgesch. der Stadt Magdeburg.

W: Johann F. Fasch, Versuch einer Biogr., 1908/09; Die Musik im Dom von den ältesten Zeiten bis 1631, in: GeschBll 48, 1913, *264–291*; Gallus Dreßlers Praecepta musicae poeticae, in: ebd., 49/50, 1914/15, *213–250*; Die Rudolstädter Hofkapelle unter Lyra und Joh. Graf, in: Archiv für Musikwiss. 1918/19; Friedrich Weißensee und sein Opus melicum, 1927; Das Lautenbuch des P. Fabricius, 1929; Martinus Agricola, in: MGG 1, Sp. *163–166*; Antoine d'Auvergne, in: ebd., Sp. *890–892*; (Mitarb.) Edgar Rabsch (Hg.), Die Musik, ein Schulwerk für die Musikerziehung, 1953. – **L**: MGG 3, Sp. *1355–1357* (***W***); DBE 3, *120*; Hermann Abert (Hg.), Illustriertes Musiklex., 1927; Riemann, [11]1929; Wer ist's 10, 1935; Kurt Gudewill, B. E., in: Musikforschung 3, H. 3/4, 1950.

Anke Kriebitzsch

Erdwig, *Hermann* **Richard Adolf**
geb. 23.10.1906 Magdeburg, gest. 18.01.1970 Magdeburg, Obering., Generaldir.

E. besuchte bis 1920 die Bürgerschule in Magdeburg, erlernte 1921–24 den Beruf eines Industriekaufmanns bei der Fa. *Busse und Scholz* in Magdeburg und arbeitete danach in verschiedenen Firmen des Baugewerbes. Ab April 1945 leitete er den Baubetrieb *Paul Gorgass* in Magdeburg, wurde 1947 Dir. des neugegründeten Betriebes *Holzbau Sachsen-Anhalt* und 1949 mit der Gründung der *Bau-Union Mitte* beauftragt. Auch als Betriebsdir. des *VEB Bau-Union Magdeburg* (ab 1951) oblag ihm die Gründung der *VVB Baumechanik und Bau-Union Berlin*. 1953 waren in der *Bau-Union Magdeburg* bis zu 14.000 Beschäftigte tätig, aus der durch Ausgliederung von Spezialbaukapazitäten 1954 der *VEB Spezialbau Magdeburg* hervorging. Bis zu seinem Ausscheiden 1969 leitete E. als Generaldir. dieses prosperierende und int. agierende Spezialbaukombinat, dessen Hauptprofil mit bis zu 6.000 Beschäftigten und einem durchschnittlichen Jahresumsatz von 750 Mio. Mark der Gleitbau für Kühltürme, Fernsehtürme (Berlin), Großsiloanlagen und Industrieschornsteine, Feuerungsbau für Kraftwerksanlagen, der Fliesen- und Säureschutzbau, Bauwerksabdichtungen und Spezialdacheindeckungen sowie Spezialgründungen im Talsperren- und Wasserbau bildete. Gleitbauten für Getreideanlagen und Zementwerke wurden u. a. in Syrien, Kuba, Bulgarien und im Iran errichtet. Neben seinen beruflichen Verdiensten war der als „Baugeneral" bekannte E. auch als Förderer des Sportes landesweit geachtet. Prof. Werner Heynisch, der spätere Präsident der Dt. Bauakad. (Spitzenwasserballer), und Gustav Adolf Schur (Radweltmeister) wurden von E. persönlich gefördert. Für seine Lebensleistungen erhielt er neben anderen Auszeichnungen den VVO in Gold.

L: Volksstimme Magdeburg vom 05.11.1968; Hans-Jürgen Rehfeldt, Wir vom Bau. 20 Jahre Schrittmacher im Bauwesen, 1969; Unterlagen der Fam. E., Magdeburg (priv.). – **B**: *Gustav Adolf Schur, Heyrothsberge (priv.).

Manfred Frommhagen

Erhard, Heinrich August, Dr. med. et phil.
geb. 13.02.1793 Erfurt, gest. 22.06.1851 Münster/Westfalen, Mediziner, Archivar, Historiker.

Der Sohn eines Anatomieprofessors der Erfurter Univ. studierte nach dem Besuch des ev. Ratsgymn. Erfurt (1804–09) in seiner Heimatstadt und in Göttingen 1809–12

Med., Gesch. und verschiedene philologische Fächer. In Erfurt prom. er 1812 zum Dr. med. sowie 1813 zum Dr. phil. 1813–16 wirkte er in Erfurt als praktischer Arzt und Privatdoz. für Med., 1815 als Militärarzt. 1816 war er zunächst als Unterbibliothekar, dann, nach einem Zwischenspiel als Lehrer am ev. Gymn. Erfurt, 1822–27 als kgl. Bibliothekar der ehemaligen UB Erfurt tätig. Bereits 1821 erhielt er aber einen Auftrag für die Neuordnung des Regierungsarchivs Erfurt. 1824 wechselte er als Archivar an das neugegründete Provinzialarchiv Magdeburg, wobei er seine Funktion in Erfurt vorerst noch beibehielt. E. leitet das Archiv zusammen mit seinem Kollegen → Ludwig Christian Stock, der ihm gleichgeordnet war. E., der hauptsächlich die Urkundenabt. betreute, bildete aus den Urkunden sieben Abt. für die hist. Territorien, von denen die größeren nach einem induktiv erstellten Schema sachlich gegliedert wurden. E.s System erwies sich als recht flexibel, so daß es später modernisiert werden konnte; in ihren Grundzügen beruht die heutige Urkundenabt. des Landeshauptarchivs Magdeburg auf den Vorarbeiten E.s. Bis zu seinem Weggang bearbeitete er ca. ein Fünftel der damals vorhandenen ca. 25–30.000 Urkunden. 1831 wechselte E. als kgl. Archivrat und Vorstand an das preuß. Provinzialarchiv für Westfalen in Münster. E. entfaltete eine rege Publikationstätigkeit, die neben med. (u. a. eine vermehrte Neuausgabe und Fortsetzung von August Friedrich Heckers „Lexicon medicum theoretico-practicum reale", 5 Bde, 1816–30) v.a. hist., archivkundliche sowie sprach- und wissenschaftsgesch. Themen berührte. In seiner Magdeburger Zeit veröffentlichte er das vielbeachtete Werk „Gesch. des Wiederaufblühens wiss. Bildung, vornehmlich in Dtl. bis zum Anfange der Reformation" (3 Bde, 1827–31) als Vorarbeit zu einer geplanten umfangreichen Publikation zur allg. Gesch. der wiss. Kultur Dtls, die nicht zur Ausführung kam. E. war Hg. einer archivkundlichen (1834–36) und einer geschichtswiss. Zs. (1838–51) sowie Begründer und Mitarbeiter am „Westfälischen Urkundenbuch" (Bd. 1–2, 1846–51, fortges. von Roger Wilmans).

W: s.o.; Ueberlieferungen zur vaterländischen Gesch. (3 H.), 1825–28. – **L:** ADB 6, *197f.*; DBE 3, *144*; Neuer Nekr 30, 1854, *918*; Leesch 2, *144f.*; August Hirsch, Biogr. Lex. der hervorragenden Ärzte aller Zeiten und Völker, Bd. 2, ²1930; N. N., H. A. E., in: Zs. für vaterländische Gesch. und Altertumskunde 13, 1852, *319–343* (*W*); Johannes Bauermann, H. A. E. (Sonderdruck aus: Westfälische Lebensbilder, Bd. 4), 1933; → Walter Friedensburg, Entstehung des StA Magdeburg, in: Hans Beschorner (Hg.), Archivstudien. Zum 70. Geb. von Woldemar Lippert, 1931; Hellmut Kretzschmar, Walter Friedensburg, Gesch. des StA Magdeburg, o.J.; → Berent Schwineköper, Gesamtübersicht über die Bestände des Landeshauptarchivs Magdeburg, Bd. 1, 1954; LHASA: Bestand C 22.

Thomas Lux

Erler, Johann *Karl*, Dr. theol.
geb. 25.01.1802 Baruth, gest. 09.04.1875 Magdeburg, ev. Theologe.

E. wurde als Sohn des gleichnamigen Superintendenten von Baruth geb. und besuchte das traditionsreiche Internat in Pforta. Sein ev. Theologiestudium absolvierte er an den Univ. Halle und Bonn. 1827 übernahm er eine Lehrerstelle am Gymn. Sorau, bis er dort 1828 zum Diakon berufen wurde. Seit 1833 hatte er die Oberpfarre und das Superintendentenamt in Treuenbrietzen inne. 1836 wurde er zum Oberpfarrer an der Magdeburger Johanniskirche gewählt. Im März 1845 bestimmte ihn der Magdeburger Magistrat zum Nachfolger des verstorbenen Superintendenten Johann Christian Ferdinand Aßmann. Die Wahlbestätigung erfolgte aufgrund kirchenpolitischer Auseinandersetzungen jedoch erst im Mai 1848. Danach verlief sein Werdegang bis zu seinem Tode unauffällig. E. hatte am 29.06.1841 an der ersten von Pastor → Leberecht Uhlich nach Pömmelte einberufenen Pastorenkonferenz zusammen mit 14 anderen Theologen der Provinz Sachsen teilgenommen und damit demonstriert, daß er einem aufgeklärten, rationalistischen Protestantismus nahestand. Aus diesem Zusammentreffen ging die Gruppe der „Protestantischen Freunde", im Volksmund die „Lichtfreunde" genannt, hervor. Obwohl offensichtlich ein Teilnehmer der ersten Stunde, gehörte E. keinesfalls zu den Protagonisten der Bewegung. Im Zuge der schnellen Radikalisierung der „Lichtfreunde" distanzierte er sich von der Gruppierung. Den Gegnern der „Lichtfreunde" genügten schon Sympathien für diese Richtung, um E. scharf abzulehnen. Sein am 31.10.1845 in Vertretung des erkrankten Uhlich auf einer Verslg. der „Lichtfreunde" gehaltener Vortrag „Der christliche Rationalismus" führte zu jahrelangen Streitigkeiten mit den staatl. und kirchlichen Stellen um seine Bestätigung zum Magdeburger Superintendenten. Das Konsistorium verweigerte 1845 entgegen der Empfehlung der kgl. Reg. die Wahlbestätigung. Der Ausbruch der Märzrevolution 1848 veränderte die Lage grundlegend: Eine kgl. Kabinettsordre vom 20.05.1848 verfügte seine Bestätigung zum Superintendenten, als der er 27 Jahre lang ausgleichend zwischen den kirchenpolitischen Gruppierungen wirkte. Mehrere theol. Abh. sowie zahlreiche Predigten aus seiner Feder wurden veröffentlicht.

W: Comment. exegetica de libertatis christianae notione in N. T. libris obvia. 4 maj., 1830; Iustitiae divinae defensio, Diss. theol. 1835; De iustitia divina dissertatio apologetica, 1838; Der christliche Rationalist. Ein Wort zur Verständigung an gebildete Christen, 1844; Slg. geistlicher Fest- und Gelegenheitsreden (2 Bde), 1842–1845. – **L:** → Wilhelm Franz Sintenis, Dr. J. F. Möller's Wirken im Consistorium und in der General-Superintendentur der Provinz Sachsen. Eine Denkschrift an das Cultus-Ministerium, 1849, *27–29*; → Friedrich Wilhelm Hoffmann, Gesch. der Stadt Magdeburg, neu bearb. von → Gustav Hertel, Bd. 2,

1885, *491–493*; Alfred Frantz, St. Johannis – Die Hauptpfarr- und Ratskirche der Stadt Magdeburg. Ein kirchliches Heimatbuch, 1931, *113–118* (***B***); Martin Friedrich, Die preuß. Landeskirche im Vormärz. Ev. Kirchenpolitik unter dem Ministerium Eichhorn (1840–1848), 1994, *113, 221f.*; AKPS: Rep. A, Spec. G, Nr. A 733; Rep. A, Spec. K, Nr. 2347.

Margit Müller

Erlich, Kurt
geb. 15.02.1896 Riga, gest. 12.02.1973 Coburg, Schauspieler, Theaterintendant.

E. absolvierte eine Ausbildung zum Schauspieler in Stettin und begann seine Bühnenlaufbahn im Sommertheater in Bad Schmiedeberg, die durch die Kriegsteilnahme 1914–18 unterbrochen wurde. Nach Kriegsende diente E. bis 1920 als Offizier bei der Reichswehr in Berlin. Anschließend war er wieder als Schauspieler tätig, erhielt Engagements als jugendlicher Held in Saarbrücken, Essen, Coburg und Hagen. Nach einem kurzen Intermezzo als Spielleiter in Schwerin wurde E., seit 1932 Mitglied der NSDAP, 1933 als Intendant des Stadttheaters nach Heidelberg berufen. Dort war er in den Sommern 1934–38 zugleich mit der organisatorischen und technischen Leitung der Reichsfestspiele im Heidelberger Schloßhof betraut, denen im Rahmen der ns. Freilicht- und Thing-Festspiele herausragende Bedeutung zukam. Im Herbst 1939 trat E. als Intendant die Nachfolge von → Erich Böhlke in Magdeburg an. E. galt als linientreuer und zuverlässiger Parteigenosse, der nach Kriegsausbruch die kulturpolitischen Ziele des Ns. im Theaterwesen mit Nachdruck umsetzte. Er favorisierte im Einklang mit den Vorgaben der Dt. Reichsdramaturgie in Berlin die Klassikerpflege, dt. Unterhaltungsstücke, Geschichtsdramen und völkische Zeitdramatik. Bereits ab 1940 führten jedoch durch den Kriegsausbruch verursachte mannigfaltige Personal- und Materialschwierigkeiten zu Einschränkungen im Spielbetrieb, der mit der verfügten Schließung der dt. Theater zum 01.09.1944 ganz eingestellt wurde. Ende 1944 als Offizier reaktiviert, geriet E. in amerikanische Kriegsgefangenschaft und arbeitete nach seiner Entlassung ab 1947 zunächst als Lektor an der staatl. anerkannten Hochschule für Musik und Theater in Heidelberg, ab 1951 als Chefdramaturg, Opern- und Schauspielregisseur sowie stellvertender Intendant an der dortigen Städtischen Bühne sowie von 1955 bis 1966 als Intendant am Landestheater in Coburg, wo er „souverän und mit sensiblem Einfühlungsvermögen" (Nachruf) vor allem dem Kammerspiel große Beachtung schenkte.

L: Gerhard Schulz, Künstler und Intendant. Versuch eines Bildes, in: General-Anzeiger Magdeburg vom 07.02.1942 (***B***); N. N., K. E. †, in: Neue Presse Coburg vom 14.02.1973 (***B***); → Friedemann Krusche, Theater in Magdeburg, Bd. 2, 1995.

Guido Heinrich

Ernst, *Johannes* **Liborius**
geb. 16.03.1796 Paderborn, gest. 22.04.1858 Paderborn, kath. Theologe.

E. studierte in Paderborn und ließ sich 1819 wohl in Corvey zum kath. Priester weihen. Zunächst war E. Schulvikar in Delbrück, dann 1822 Pfarrer von Driburg und 1828 Pfarrer von Huysburg/Halberstadt. Anfang Dezember 1833 wurde E. der Nachfolger des Kommissars des Bischöflichen Kommissariates Magdeburg → Georg Delecker. Auf Wunsch staatl. Stellen, die den Kommissariatssitz erneut in Magdeburg wissen wollten, wurde E. Pfarrverweser von Magdeburg. Der Amtssitz des Kommissariates kam schließlich 1835 endgültig nach Magdeburg, indem E. von Bischof Friedrich Klemens zum Pfarrer an St. Marien eingesetzt wurde. Seitdem blieb das Amt des Kommissars bis 1952 an die Magdeburger Pfarrstelle gebunden, die 1859 den Titel einer Propstei erhielt. Während der Amtszeit von E. faßte auch in Magdeburg die sog. Ronge-Bewegung (Deutschkatholizismus) – eine rationalistisch-nationalistische Strömung gegen die Erneuerungsbewegung innerhalb der kath. Kirche in Dtl. – kurzzeitig Fuß, mit der E. manche Streitigkeiten hatte. Bischof Franz Drepper ernannte E. 1844 zum nichtresidierenden Domherrn des Paderborner Kathedralkapitels, holte ihn 1846 ganz nach Paderborn zurück und setzte → Christoph Beckmann in dessen Magdeburger Ämter ein. In Paderborn war E. Dompfarrer, residierender Domkapitular sowie Dechant für das Dekanat Paderborn.

L: Wilhelm Liese, Necrologium Paderbornense, 1934; Rudolf Joppen, Das Erzbischöfliche Kommissariat Magdeburg, in: SkBK, Bd. 10, 1978, *179–182*.

Daniel Lorek

Eßbach, Hasso, Prof. Dr. med. habil., Dr. med. h.c.
geb. 09.03.1909 Kemnitz/Vogtland, gest. 13.11.1992 Burg, Arzt.

Der Sohn des Musikinstrumentenbauers Emil E. erhielt seine Grundschulausbildung in Brunndöbra, besuchte 1924–27 die Höhere Handelslehranstalt in Plauen und bestand 1930 das Abitur an der Oberrealschule in Plauen. Als Werkstudent studierte er von 1930 bis 1935 in Leipzig Med. und erhielt dort 1936 Approbation und Prom. Sein praktisches Jahr absolvierte er in der Chirurgie bei Erwin Payr, anschließend war er 1936–39 Assistenzarzt in der Pathologie des St. Georg-Krankenhauses ebd. Von 1939 bis 1947 arbeitete er als Assistenzarzt am Pathologischen Inst. der Univ. Leipzig unter Werner Hueck, ab 1943 als habil. stellvertretender Prosektor. 1944 erhielt er die Dozentur für Pathologie, wurde 1948 Oberassistent und 1949 Prosektor. 1951 wurde E. Prof. mit Lehrauftrag, und 1952 übernahm er die Leitung des Pathologischen Inst. im Gustav-Ricker-Krankenhaus Magdeburg-Sudenburg, dessen Ärztlicher Dir. er im gleichen Jahr wurde. Nachdem E. den Ruf auf den

Lehrstuhl für Pathologie an der Univ. Greifswald ausgeschlagen hatte, erfolgte 1953 die Berufung zum Leiter der Med. Akad. Magdeburg und 1954 die Berufung als Prof. mit Lehrstuhl für Pathologie und als Gründungs-Rektor dieser Hochschule. Das Rektorat leitete E. bis 1958, er war anschließend 1958–67 Prorektor für Forschung. Während dieser Zeit verzichtete er auf Berufungen an die Univ. Rostock, Jena und Halle. 1959 konnte der umfangreiche Neubau des Inst. für Pathologie bezogen werden. E. förderte die Schwerpunkte Kinder- und Hirnpathologie und die Einführung neuer Techniken, wie Elektronenmikroskopie und Autoradiografie sowie den Aufbau einer umfangreichen Präparateslg. Ein besonderes Anliegen war ihm die Weiterbildung der Kliniker durch pathologisch-anatomische Demonstrationen. E. hat das große Verdienst, in Magdeburg eine akad. Lehrstätte für Ärzte geschaffen zu haben, die sich unter seiner Führung bereits weltweite Anerkennung durch wiss. Arbeiten auf hohem Niveau erworben hatte. E. war seit 1966 Ordentliches Mitglied der *Sächsischen Akad. der Wiss.* Am 23.10.1973 erhielt er als erster Wissenschaftler die Ehrenprom. der Med. Akad. Magdeburg.

W: Paidopathologie, 1961; Das Inst. für Pathologie, in: Fs. 10 Jahre Med. Akad. Magdeburg 1964, *120–123* (***B***); Die Bedeutung der Morphologie in der Heilkunde, 1968; Das Inst. für Pathologie, in: Fs. 20 Jahre Med. Akad. Magdeburg 1974, *76–78* (***B***). – **L:** Hdb SBZ/DDR, *167*; KGL 7, *1950*. – **B:** *Senatssaal der Med. Fakultät der Univ. Magdeburg: Gemälde von Christoph Wetzel, Dresden.

Wilhelm Thal

Esser, Bruno (Ps.: Peter Bruns)
geb. 14.12.1909 Magdeburg, gest. 09.04.1987 Magdeburg, Kapellmeister, Arrangeur, Lektor.

E. erhielt seine Ausbildung in den 1920er Jahren als Pianist und Kapellmeister an den Konservatorien in Magdeburg und Weimar, wirkte in den 1930er und 1940er Jahren – erst als Pianist, dann als Dirigent eines Salon-Orchesters *Bruno Essex* – in vielen renommierten Cafés und Veranstaltungshäusern Dtls. Bei der Fa. → Heinrichshofen in Magdeburg war er als Lektor und Leiter der Musikalien-Abt. tätig, später beim Verlag *Lied der Zeit* in Berlin als Bearbeiter und Komponist. Ab den 1950er Jahren leitete E. unter seinem Namen bekannte Kur-Orchester und Artisten-Begleitorchester (u. a. im Kristall-Palast Magdeburg und im Apollo-Theater Nürnberg). Auf Grund der durch sein Orchester gespielten Rock 'n' Roll-Tanzmusik war er in der DDR anfangs stark angefeindet. In den 1960er und 1970er Jahren leitete er dann bekannte Volkskunstgruppen an, wie z. B. das Orchester im Klubhaus der Eisenbahner Magdeburg und musikalisch das Kabarett *Die Paprikaner*. Die 1970er Jahre waren auch durch intensive Verlagsarbeit in Berlin gekennzeichnet. Seine vielseitige Tätigkeit war u. a. durch zahlreiche Bearbeitungen bekannter klass. Kompositionen als „Spiel-Lit.", z. B. für Akkordeon, erleichterte Ausgaben dieser Werke für Volksmusikgruppen sowie Kompositionen und Arrangements im Schlager-Bereich, u. a. „Zaubergeigen", geprägt.

N: Musikbibl. Magdeburg. – **L:** Paul Frank, Kurzgefaßtes Tonkünstlerlex., neu bearb. und ergänzt von Wilhelm Altmann, Bd. 1, [15]1978, *182*.

Curt Dachwitz

Eule, Wilhelm
geb. 20.08.1891 Harbke bei Oschersleben, gest. 04.04.1966 Markkleeberg-Zöbigker, Schriftsetzer, Fachschriftsteller.

E., viertes Kind einer Bergmannsfam., erlernte nach dem Besuch der Harbker Dorfschule 1905–09 in der Helmstedter Kreisblattdruckerei den Beruf des Schriftsetzers. 1910–12 durchwanderte er Dtl., Belgien, Frankreich, die Schweiz, Italien und Österreich und war anschließend in Leipzig als Schriftsetzergehilfe und Korrektor beschäftigt. 1917–21 arbeitete er als Redakteur beim *Leipziger Tagebl.* und bei der *Homburger Ztg.* Von 1922 bis 1943 war er als Werbeleiter in verschiedenen Leipziger Betrieben sowie ab 1943 als freischaffender Fachschriftsteller bei buchgewerblichen Zss., dem Pressedienst des Leipziger Messeamtes und als Werbeleiter zahlreicher graphischer Betriebe tätig. Mit seinen Werken und Publikationen hinterließ E. seinem Geburtsort aussagekräftige Chroniken. Letztere haben besonders für die Region um Helmstedt einen hohen hist. Wert. In „Das alte Kirchenbuch erzählt" (1954, [2]1956) schildert E. das Leben und die Schicksale der Harbker Dorfbewohner im 18. Jh. anhand von Kirchenbucheintragungen und Bildern. Mit seinem „Buch der

Heimat" (1940) beschreibt er die 900 Jahre Gesch. und Geschicke seines Heimatortes und seiner Menschen von der ersten urkundlichen Erwähnung im Jahre 1040 bis zum Jahre 1940. Von den frühesten Anfängen des Kohleabbaus und der langen Tradition des Bergbaus in der Helmstedt-Oscherleber Braunkohlenmulde handelt seine Jubiläumsschrift „Zwei Jahrhunderte Bergbau im Revier der Braunschweigischen Kohlen-Bergwerke, Helmstedt" (1937).

W: s. o.; Helmstedter Universitäts-Buchdrucker, 1921; Wanderschaft – Aus den Tagebüchern eines fahrenden Buchgesellen, 1923; Das Großdruckhaus: Spamersche Buchdruckerei, 1930; Gustav Hubbe, Hundert Jahre Magdeburger Kaufmannsfam. (1840–1940), 1940; Mit Stift und Feder. Kleine Kulturgesch. der Schreib- und Zeichenwerkzeuge, 1955; Zwei Jahrtausende Bibelbuch, 1960. – **L:** Museumsstube Harbke; Unterlagen Gerhard E., Markkleeberg. – **B:** *ebd. (priv.).

Rudolf Rohr

Ewe, Karl

geb. 03.12.1881 n. e., gest. 26.03.1959 n. e., Lehrer, Schulbuchautor.

Der reformorientierte Lehrer und spätere Rektor der Mittelschule in Magdeburg-Wilhelmstadt war in der Zeit der Weimarer Republik ein engagierter Lehrervertreter (vgl. → Carl Nolte) und Vors. des Magdeburger Lehrplanausschusses. E. blieb, obwohl nicht in der NSDAP, auch nach 1933 Rektor. Nach 1945 engagierte sich E. beim Wiederaufbau des Schulwesens als Schulrat in Calbe sowie von 1948 bis 1950 als Lehrer und Doz. in der Neulehrerausbildung in Magdeburg für Deutsch und Schulpraxis.

W: Machet auf das Tor, Magdeburger Lesebuch nach Hansafibel (mit → Paul Faulbaum), ⁵1927. – **L:** Vf., Die Berthold-Otto-Schulen in Magdeburg, 1999, *438.* – **B:** Vf., Magdeburg (priv.).

Reinhard Bergner

Eyraud, Carl August

geb. 11.06.1790 n. e., gest. 15.02.1872 Brotterode/Thüringen, Lithograph, Drucker, Verleger.

E. war hugenottischer Abstammung und kam 1815 als Lithograph aus Magdeburg zu → Johann Gottlob Nathusius nach Althaldensleben-Hundisburg, erhielt 1816 in Neuhaldensleben das Bürgerrecht und machte sich dort 1817 mit einer „Lithographischen Anstalt" selbständig. Lithographie und Steindruck als neue Druckverfahren waren 1796/98 von dem Österreicher Alois Senefelder (1771–1834) erfunden worden. Im Gegensatz zu den bisher bekannten und praktizierten Hoch- und Tiefdruckverfahren handelt es sich um Flachdruck, bei dem druckende und nichtdruckende Teile chemisch voneinander getrennt werden. Das Verfahren ermöglichte große Auflagen zu günstigen Kosten. 1819 begründete E. das *Neuhaldensleber Wochenblatt*. Es war die einzige Zeitung in Dtl., die nicht in Buchdruck hergestellt wurde. Zweck der Ztg. war anfangs die Publikation von Bekanntmachungen der Behörden, Anzeigen von Privatpersonen, von Aufsätzen gemeinnützigen, belehrenden und unterhaltenden Inhalts sowie von Beiträgen zur Chronik der Stadt und ihrer Umgebung. Politische Nachrichten wurden nach dem Willen E.s nicht aufgenommen. Auch als sich das später änderte, blieb die Ztg. ein bürgerliches Blatt. Ab 1849 erschien das *Wochenblatt* für die Kreise Neuhaldensleben, Gardelegen, Wolmirstedt und ab 1879 auch für den damals braunschweigischen Amtsbezirk Calvörde. Der Gründer leitete das Unternehmen bis 1844, Nachfolger waren seine Söhne und Enkel. Das Familienunternehmen endete 1903, die Druckerei ging in die Hände von Walter Schwirkus über. Das *Wochenblatt*, das um 1900 in einer Auflage von ca. 5.000 Exemplaren aufgelegt wurde, stellte 1943 sein Erscheinen ein. E. richtete 1820 auch eine öffentlichen Leihbibl. mit anfangs 1.000 Bände ein, die 1825 bereits 3.000 Bände umfaßte. Nach Umstellung auf Buchdruck im Jahre 1821 stellte er zahlreiche Druckerzeugnisse wie Landkarten, Kalender, Spiele, Stammbücher und Landschaftsbilder her. Von Bedeutung sind besonders Druck und Verlag umfangreicher heimatkundlicher Schriften sowie weit über die Region hinaus verbreiteter Schul- und Sachbücher, u. a. von → Peter Wilhelm Behrends und → Heinrich Robolski.

L: Vf., C. A. E.(1790–1872) – Lithograph und Begründer des „Neuhaldensleber Wochenblattes", in: Js. der Museen des Ohrekreises 5, 1998, *39–54.* – **B:** *Mus. Haldensleben.

Sieglinde Bandoly

Faber, Carl Friedrich
geb. 21.09.1739 Magdeburg, gest. 20.04.1823 Magdeburg, Buch- und Zeitungsverleger, Druckereibesitzer.

Als F. nach guter allg. Ausbildung und einer Druckerlehre in das Geschäft seines Vaters Gabriel Gotthilf F. (geb. 28.08.1697 Schönborn, gest. 24.04.1771 Magdeburg) eintrat, konnte die Druckerei bereits auf eine längere Magdeburger Tradition zurückblicken. Sein Vater war 1712 nach Magdeburg gekommen, hatte nach einer Buchdruckerlehre bei seinem ältesten Bruder Christian Leberecht F. (geb. 18.01.1683 Schönborn, gest. 03.11.1751 Magdeburg) 1730 in die Fam. des Druckereibesitzers Andreas Müller in Magdeburg eingeheiratet und kurz darauf das Geschäft übernommen, das auf den seit ca. 1608 in Magdeburg druckenden Johannes Betzel zurückging. Die erstmals durch Betzel publizierten und nach der Zerstörung Magdeburgs von den Mitgliedern der Fam. Müller wieder aufgenommenen *Wochentlichen Anzeigen* [sic!] erschienen ab 1731 in der Regie Gabriel Gotthilf F.s unter dem Titel *Magdeburgische Privilegirte Ztg*. F. führte nach dem Tod seines Vaters die Druckerei und den Zeitungsverlag allein weiter. Bereits um 1765 übernahm er zudem eine „Kgl. Preuß. Lotterie-Collection", die er bis 1806 betrieb. 1772 wurde ihm als Ober-Lotterie-Commissarius der Titel eines Kgl. Kommissionsrates verliehen. F., der sein angestammtes Magdeburger Zeitungsmonopol geschickt gegen Übergriffe zu verteidigen und die Gründung neuer Ztgg. mehrfach zu verhindern wußte (vgl. → Johann Valentin Hessenland), war ein Zeitungsverleger, der offen für neue Entwicklungen war. Er paßte das Blatt den Informationsbedürfnissen der Leserschaft an und baute insbesondere den Inseratenteil sowie die Handels- und Gewerbeanzeigen aus. Die von ihm verlegten und von Johann Samuel Patzke redigierten moralischen Wochenschriften *Der Wohlthäter* (Januar 1772-Juni 1773) und *Wöchentliche Unterhaltungen* (Januar 1778-Juni 1779) sowie der von der *Lit. Gesellschaft* unter Patzkes und → Friedrich von Koepckens Federführung initiierte *Anzeiger gemeinnütziger Bücher* (1774), der als Beilage zur *Magdeburgischen Ztg*. erschien, beeinflußten maßgeblich die Entwicklung des kulturellen Lebens der Stadt Magdeburg. 1809 übergab F., der selbst unverheiratet und kinderlos geblieben war, aufgrund der vielfältigen Erschwernisse während der Zeit der franz. Besetzung die Druckerei und das Anwesen seinem Neffen → Friedrich Heinrich August F. Bei seinem Ableben hinterließ F., der von 1777 bis 1823 dem Kirchenkollegium der Heilige-Geist-Kirche angehörte, dieser Kirche 2.000 Taler Gold, von deren Zinsen die Pensionen der Predigerwitwen und das Gehalt der Organisten verbessert werden sollten. Zudem stiftete er 1.000 Taler für Armenanstalten der Stadt und dieselbe Summe für die Aufnahme verarmter Bürger Magdeburgs im Kloster St. Augustini.

N: StadtA Magdeburg. – **L:** Neuer Nekr 1, 1825, *820f.*; → Waldemar Kawerau, Aus Magdeburgs Vergangenheit, 1886; → Alexander F., Die F.'sche Buchdruckerei. Eine Skizze, 1897 (*B*).

Guido Heinrich

Faber, Friedrich *Alexander*
geb. 09.05.1844 Magdeburg, gest. 02.02.1908 Hasserode/Harz, Zeitungsverleger, Druckereibesitzer.

Der Sohn des Druckereibesitzers und Zeitungsverlegers → Gustav F. besuchte das Domgymn. seiner Geburtsstadt, absolvierte anschließend, der Familientradition folgend, eine Buchdruckerlehre und vollendete seine Ausbildung durch einen längeren Aufenthalt bei führenden Zeitungsdruckern in England. Im Juli 1868 trat er zur Unterstützung seines Vaters in dessen Geschäft ein und widmete sich der Druckerei und dem Zeitungsverlag. Nach seiner Teilnahme am dt.-franz. Krieg 1870/71 übernahm F. Anfang 1872 das väterliche Unternehmen und führte es gemeinsam mit seinem Bruder Wilhelm Robert F. (geb. 13.07.1845 Magdeburg, gest. 18.09.1908 Cracau bei Magdeburg), der den kaufmännischen Teil betreute, unter der Fa. *F.sche Buchdruckerei A. & R.* weiter. F. nutzte die durch die Reichsgründung sich rasch verändernden wirtsch. Verhältnisse und führte ab 1871 eine Reihe richtungsweisender Neuerungen ein, die fast der gesamten dt. Presse voraus waren. 1872 wurden große Vierfach-Schnellpressen mit einer Druckleistung von 6.000 Bogen pro Stunde aufgestellt, die bereits 1874 technisch überlebt waren. 1875 nahm F. die erste Zeitungsrotationsmaschine Dtls in Betrieb, die zweite auf dem Kontinent nach Wien (eine englische Walther-Printing-Press), der bis 1895 drei weitere Maschinen dt. Fabrikats (*König & Bauer*) folgten. Noch 1874 begann die Errichtung eines größeren Firmengebäudes in der Magdeburger Bahnhofstraße, das Mitte 1875 bezogen wurde. Wenig später gründete F. zur schnelleren Avisierung politischer Depeschen und sonstiger Nachrichten in der Reichshauptstadt ein eigenes „parlamentarisches Bureau", das durch einen eigens von der Reichs-Postverwaltung gemieteten Draht mit dem Mutterhaus in Magdeburg verbunden war. Ende der 1870er Jahre war der Ruf der *Magdeburgischen Ztg.* innerhalb der dt. Presselandschaft so gefestigt, daß der Besitzer des *New York Herald*, Gordon Benett, den F.s ein int. Kartell zum Austausch von Nachrichten vorschlug, das diese jedoch aus patriotischen Gründen ablehnten. 1880 gelang F. mit der Inbetriebnahme der ersten Zeitungs-Wetterwarte Dtls ein weiterer Schritt zu einer umfassenden und aktuellen Nachrichtenvermittlung. Aus der „Wetterwarte der MZ", deren erster Leiter der Meteorologe → Richard Aßmann wurde, gingen nach englischem Vorbild seit dem 01.12.1880 die ersten Zeitungs-Wetterkarten Dtls hervor. Das F.sche Unternehmen erwarb sich in der Folge bedeutende Verdienste beim weiteren Ausbau des Wetternachrichtendienstes in Dtl., indem u. a. die registrierten Daten jährlich wiss. bearbeitet, zusammengefaßt publiziert und an alle bedeutenden meteorologischen Stationen der Welt versandt wurden. Zur Herstellung der Wetterkarten adoptierte F. ein englisches Verfahren, führte eine spezielle Graviermaschine ein und gliederte schließlich eine eigene Graveur-Abt. zur Herstellung von für den Rotationsdruck tauglichen bildlichen Darstellungen an die Buchdruckerei an. Darüber hinaus erprobte F. fortwährend weitere neue technische Verfahren. So wurde 1881 die Kaltstereotypie in der Fa. aus der Taufe gehoben, für die F. ein weltweites Patent erwarb. Die rasante Entwicklung im Nachrichtenwesen spiegelte sich auch in der Entwicklung der *Magdeburgischen Ztg.* selbst wieder. Neben einem verdreifachten Umfang des Handelsteils, der ab 1875 Markt- und Börsenberichte aller bedeutenden Welthandelsplätze brachte, trugen die Einrichtung eines Feuilletons, die sprunghafte Vermehrung der Korrespondenten und Depeschenbezüge sowie die Ende 1878 erfolgte Einführung eines landwirtsch. Teils unter der Leitung des Hallenser Prof. → Max Maercker wesentlich zu einer Vergrößerung des Zeitungsformats auf das Royalfolio der englischen *The Times* bei. F. erkannte schnell den Nutzen verschiedener Ausgaben für unterschiedliche Lesergruppen, zweigte zunächst Mitte 1879 einen lokalen Zeitungs- und Inseratenteil unter dem Namen *Stadt-Anzeiger* ab und brachte Ende 1879 ein kleines und billiges politisches Blatt unter dem Titel *Dt. Pfennig-Ztg.* heraus. Beide Ausgaben fusionierten 1894 zum Magdeburger *Central-Anzeiger*. Seit 1887 erschien neben den *Bll. für Handel, Gewerbe und sociales Leben* erstmals auch eine vollständige Montagsausgabe der *Magdeburgischen Ztg.* Neben den eigenen Erzeugnissen wurden 1897 in der F.schen Druckerei insgesamt 17 verschiedene Ztgg. und Zss. hergestellt. Zudem bemühte sich F. um den Neuaufbau des lange vernachlässigten Werk- und Akzidenz-Druckgeschäfts (Wertpapierdruck) und belebte auch den Buchdruck neu. Hervorzuheben ist F.s soziales Engagement für die Mitarbeiter seines Unternehmens, deren Zahl um 1900 auf ca. 250 angewachsen war. Er richtete mehrere Hilfskassen ein, darunter eine Haus-Wittwen- und Haus-Invalidenkasse, Krankengeld-Zuschußkassen für das technische und Arbeits-Personal sowie eine Vorschußkasse und eine Hilfskasse zur Vorbeugung von Berufskrankheiten. Gemeinsam mit seinem Bruder war F. auch auf der Berufsverbandsebene in hervorragender Weise tätig. 1894 wurde unter wesentlicher Initiative der Brüder F. in Leipzig der Grundstein für einen *Verein Dt. Ztgs-Verleger* gelegt, zu dessen Vors. F. Ende 1895 gewählt wurde.

N: StadtA Magdeburg. – **L:** BioJb 13, 1908; A. F., Die F.'sche Buchdruckerei. Eine Skizze, 1897 (*B*).

Guido Heinrich

Faber, Friedrich Gustav *Robert*, Dr. jur.
geb. 12.04.1869 Magdeburg, gest. 18.10.1924 Magdeburg, Zeitungsverleger, Druckereibesitzer, Redakteur.

F., ältester Sohn des Druckereibesitzers und Zeitungsverlegers → Alexander F., absolvierte das Domgymn. in Magdeburg sowie das Gymn. in Darmstadt und studierte nach dem 1889 abgelegten Abitur Rechts- und Staatswiss. in Freiburg/Breisgau, Bonn und Köln. Er prom. 1893 in Leipzig zum Dr. jur. und lebte anschließend längere Zeit in England. 1894 trat er in das väterliche Geschäft ein, für das er 1896 Prokura erhielt. 1902 übernahm er die Leitung der traditionsreichen *Magdeburgischen Ztg.*, 1908 die Gesamtleitung des Hauses. Bereits seit 1896 war F. über seinen Vater in die Arbeit des 1894 gegründeten *Vereins Dt. Ztgs-Verleger* (*VDZV*) involviert, die sein späteres Schaffen entscheidend prägte. F. strebte frühzeitig den Ausbau der Ztg. zu einem breite Schichten erreichenden Presseorgan an. Zu diesem Zweck erweiterte er den Handels- und Sportteil und führte zahlreiche technische und redaktionelle Verbesserungen wie den Druck feingerasterter Bilder und Zweifarben-Druckmaschinen für die Akzidenzdruckerei ein. Ab 1913 erschien eine neue *Magdeburgische Ztg.* in kleinerem Format mit eigenem Lokalinseratenteil und zudem als dritte Tagesausgabe ein Mittagsbl., das wegen der Notierung der Wasserstände für die Binnenschiffahrt unentbehrlich für die Magdeburger Wirtschaft war. Der tolerante und weltoffene

Verleger trat von 1906 bis 1914 auch als Redakteur mit einer großen Spannbreite behandelter Themen hervor. F. war in seinen Anschauungen zutiefst der nationalliberalen Tradition der Ztg. verpflichtet und richtete diese auch nach der dt. Niederlage im I. WK an der Politik der liberalen Dt. Volkspartei (DVP) aus. Seine Bemühungen um die Entwicklung des dt. Zeitungswesens fanden ihren entscheidenden Niederschlag in seiner Arbeit im *VDZV*, dessen Vorstand er seit 1900 angehörte und zu dessen Vors. er 1912 gewählt wurde. F., der die Ztg. als eigenständige Kraft mit wirtsch. und politischem Einfluß verstand, suchte ihre Stellung als „Kulturfaktor" für das Volk zu sichern und eine unabhängig von materiellen Interessen und politischen Machtfaktoren bestehende, dem Staat und dem Volkswohl dienende dt. Presse zu schaffen. Während des I. WK widersetzte er sich den zwangswirtsch. Maßnahmen und der propagandistischen Informations- und Nachrichtenpolitik des Militärs und der Reg., die F. für den Schwund der Glaubwürdigkeit der Ztgg. verantwortlich machte. Konsequent regte er die Schaffung eines objektiven Nachrichten- und Informationsdienstes über auswärtige Angelegenheiten für die dt. Presse an, der jedoch erst mit Gründung der *Dt. Presse-Agentur* (*dpa*) 1949 verwirklicht wurde. F. gründete zudem die *Reichsarbeitsgemeinschaft der dt. Presse* mit, die 1926 u. a. einen ersten Rahmentarifvertrag für das gesamte Reich verabschieden konnte. Im Spätherbst 1921 legte er das Amt des Vors. des *VDZV* aus gesundheitlichen Gründen nieder und wurde zu dessen Ehrenpräsidenten gewählt. F. war Initiator der Nationalspende für die Mission in den dt. Kolonien, aus der später die Dt. Ev. Missionshilfe hervorging – die *Magdeburgische Ztg.* führte von 1908 bis Anfang der 1920er Jahre mehr als 30 Slgg. mit einem Erlös von ca. einer Mio. Mark durch –, und förderte aktiv zahlreiche andere Vereinigungen mit kultureller und wohltätiger Zielsetzung. Nach seinem Tod konnten seine Söhne, zunächst Henning F., ab 1935 Fritz F., trotz wirtsch. Unterwanderung des Hauses durch die Nationalsozialisten und Gleichschaltung der dt. Presse das Familienerbe fortsetzen, bis das Ende des II. WK auch dem traditionsreichen Verlag ein Ende setzte.

N: StadtA Magdeburg. – **L:** NDB 4, *723f.*; Wer ist's? 10, 1935; N. N., Dr. iur. R. F. †, in: Magdeburgische Ztg. vom 19.10.1924 (***B***); Der Ztgs.-Verlag Nr. 43 vom 24.10.1924 (***B***); Hdb. der Zeitungswiss., Bd. 1, 1940, Sp. *955*; → Max Hasse, Gesch. des Hauses Fabri-F. (5 Bde), Ms. o. J. (unveröffentlicht, in Privatbesitz); Heinrich Walter, Ztg. als Aufgabe. 60 Jahre Verein Dt. Ztgs-Verleger 1894–1954, 1954, *104–106* (***B***); Dieter Strunz, F. G. R. F. (1869–1924), in: Heinz-Dietrich Fischer (Hg.), Dt. Presseverleger des 18. bis 20. Jhs, 1975, *320–328*.

Guido Heinrich

Faber, *Friedrich* Heinrich August
geb. 04.12.1778 Magdeburg, gest. 27.10.1847 Magdeburg, Buch- und Zeitungsverleger, Druckereibesitzer.

Der zweite Sohn des Soldaten und späteren Magdeburger Stadtkämmerers Gabriel Gotthilf F. II, eines jüngeren Bruders des → Carl Friedrich F., besuchte das Gymn. des Klosters U. L. F. in Magdeburg, studierte danach Jurisprudenz mit dem Schwerpunkt Staatsrecht an der Univ. Halle und erlernte auch das Buchdruckerhandwerk. 1799 trat er zur Unterstützung seines kinderlosen Onkels in die Magdeburger Druckerei ein und war sowohl in der Redaktion der *Magdeburgischen Ztg.* als auch in der Leitung der Druckerei tätig. Im Oktober 1809 übernahm F. während der schwierigen Zeit der franz. Besetzung mit ihren Kassationen, Einquartierungen und Einschränkungen durch eine rigide Zensurpolitik das Geschäft. Unter F.s Leitung entwickelte sich die *Magdeburgischen Ztg.* ab Anfang der 1820er Jahre zu einer der bedeutendsten Ztgg. Dtls. Seit 1828 lieferten ein Redakteur und auswärtige Korrespondenten neben aktuellen politischen Meldungen auch vielfältig Wissenswertes zu. F. baute die *Magdeburgische Ztg.* zielstrebig zum Handelsblatt aus, so daß sie schnell einen führenden Status als Organ der aufstrebenden Bürgerschaft in Stadt und Land gewann. Bereits ab 1820 erschienen die ersten Kurszettel der Berliner Börse; seit 1842 wurden auch die Kurse der Eisenbahn- und Dampfschiffahrts-Aktien sowie der Geld-Kurse notiert. Neben den für die Schiffahrt wichtigen Wasserständen der Elbe und Saale erschienen seit 1829 auch regelmäßig meteorologische Beobachtungen. Die *Magdeburgische Ztg.* gehörte seit dem 01.01.1829 nach Berlin (1824) und Breslau (1828) zu den ersten Ztgg. in Dtl., die täglich erschienen. Auf Anregung des Oberpräsidenten der Provinz Sachsen → Heinrich Eduard von Flottwell wurde 1841 das Quart-Format der Zeitung in Folio geändert, um den neuen Informations- und Mitteilungsbedürfnissen besser Rechnung zu tragen, die sich insbesondere seit der 1826 erfolgten Aufhebung der Beschränkungen für alle rein lokale Angelegenheiten betreffenden Inserate durch → August Wilhelm Francke verstärkt durchsetzten. Neben dem Verlag der Ztg. und dem eigenen Buchverlag wurden auch Geschäftsdrucksachen aller Art sowie Druckaufträge für renommierte Verlagsbuchhandlungen der Stadt ausgeführt. F., der von 1808 bis 1847 der Freimaurerloge „Ferdinand zur Glückseligkeit" angehörte, zog sich 1845 aus dem Berufsleben zurück und übergab seinem Neffen → Gustav Carl Friedrich F. die Druckerei.

N: StadtA Magdeburg. – **L:** → Alexander F., Die F.'sche Buchdruckerei. Eine Skizze, 1897 (***B***).

Guido Heinrich

Faber, *Gustav* Carl Friedrich
geb. 25.01.1811 Magdeburg, gest. 05.10.1896 Cracau bei Magdeburg, Zeitungsverleger, Druckereibesitzer.

Der Sohn des Besitzers der Sonnen-Apotheke in Magdeburg, Wilhelm Friedrich Christian F., besuchte in Magdeburg das Gymn. des Klosters U. L. F. sowie eine Handelsschule und trat anschließend als Lehrling in die *Creutz'sche Buch-*

handlung unter → Karl Gottfried Kretschmann ein. Nach Abschluß der Lehre und einer Tätigkeit als Buchhandelsgehilfe in Darmstadt und Köln übernahm F. 1839 eine Sortimentsbuchhandlung in Mainz, die er unter eigenem Namen weiterführte. Auf Wunsch seines kinderlosen Onkels → Friedrich Heinrich August F. kehrte er 1842 nach Magdeburg zurück, trat zunächst als Gehilfe in dessen Fa. ein und übernahm Mitte 1846 die Druckerei und den Verlag der *Magdeburgischen Ztg.*, deren Geschäftsräume an den Breiten Weg verlegt wurden. Trotz verschärfter Zensur und massiver Repressalien durch konservative Kreise und die Magdeburger Reg. nach der 1848er Revolution führte F. zahlreiche Neuerungen ein, die wesentlich zum Aufschwung der Ztg. als modernes Nachrichtenmittel beitrugen. Dazu gehörten neben der Einführung von Schnellpressen die ab 1848 erfolgte Nutzung der Telegraphie zur Nachrichtenübermittlung und der systematische Aufbau eines deutschlandweiten Netzes von persönlichen Berichterstattern. Großen Anteil am Erfolg hatte ein enger Freund F.s, Ferdinand Loempcke, der als erster eigenständiger Redakteur der *Magdeburgischen Ztg.* von 1846 bis zu seinem Tod 1853 deren politische Geschicke leitete und in schwierigen Zeiten für ihren souveränen nationalliberalen Kurs bürgte. F. führte Anfang 1849 mit den *Bll. für Handel, Gewerbe und sociales Leben* eine neue, jeweils am zeitungsfreien Montag erscheinende Beilage ein, die vorrangig den Informationsbedürfnissen des liberalen Bürger- und Unternehmertums Rechnung trug und schnell angenommen wurde. Der forcierte Ausbau der Ztg. – ab Mitte 1855 erschien auch eine Abendausgabe – führte zu einem Rückgang insbesondere des bislang gepflegten Buchdrucks. 1872 übertrug F. seinen Söhnen → Alexander und Robert F. die Geschäftsführung.

N: StadtA Magdeburg. – **L:** BioJb 3, 1900 (Totenliste 1896); Alexander F., Die F.'sche Buchdruckerei. Eine Skizze, 1897 (*B*).

Guido Heinrich

Faber, Walther
geb. 16.02.1853 Weferlingen, gest.19.10.1923 Kiel, Konteradmiral.

Der Sohn des Weferlinger Amtsrates F. trat 1870 als Matrose in die Handelsmarine ein und nahm an Ostindien- und Amerikafahrten teil ein. 1873–1904 diente er in der Kaiserlichen Marine. Als Seekadett auf der Korvette „Hertha" umsegelte er 1874–77 die Welt, war später Offizier und Kommandant verschiedener Vermessungsfahrzeuge, erwarb 1877 das Patent als Unter- und 1888 als Kapitänleutnant zur See und avancierte 1895 zum Korvettenkapitän. Nach verschiedenen Aufgaben in Navigation und Ausbildung wurde er 1896 bis 1904 als Dezernent für das Seekartenwesen an die Nautische Abt. des Reichsmarineamtes kommandiert. 1901 zum Kapitän zur See befördert, wurde er 1904 unter Verleihung des Charakters als Konteradmiral zur Disposition gestellt. Ab 1908 lebte F. wieder in seinem Heimatort Weferlingen. 1919 übereignete er sein Haus der Gemeinde und zog nach Kiel.

L: Weferlinger Anzeiger vom 08.05.1926; Hans H. Hildebrand/Ernest Henriot (Hg.), Dtls Admirale 1848–1945, Bd.1, 1988, *312f.* (*B*).

Eberhard Pasch

Fabian, Andreas *August*
geb. 02.10.1862 Alt-Salze, gest. 12.06.1929 Magdeburg, Schuhmacher, Sozialdemokrat.

F. gehörte neben Wilhelm Meyer, Otto Illhardt, Karl Schoch, Max Sendig und Adolph Schultze zu jenen Persönlichkeiten, die für die Entwicklung der Sozialdemokratie in ihren Fachvereinen im letzten Drittel des 19. Jhs im Magdeburger Raum besondere Bedeutung erlangten. Er wirkte aktiv in der Fachvereinsbewegung und war 1888 erster Vors. der von Verbot bedrohten Magdeburger Filiale des *Vereins dt. Schuhmacher*. Nach dem Sieg über das Sozialistengesetz wandte er sich verstärkt der Parteiarbeit zu. F. war 1896 Parteitagsdelegierter und wurde 1897 Geschäftsführer der *Volksstimme*. 1906 und 1907 war er Vorstandsmitglied und 1908–13 Vors. der Sozialdemokratischen Bezirksorganisation des Regierungsbez. Magdeburg. Als Kassierer des Magdeburger *Vereins dt. Schuhmacher* war Wilhelm Meyer gewählt worden. Er nahm 1888 am Schuhmacherkongreß in Weimar teil und kandidierte im gleichen Jahr für Magdeburg-Altstadt zu den Stadtverordnetenwahlen. 1890 wurde er Geschäftsführer der *Volksstimme*. Als einer der bekanntesten Magdeburger Vertrauensleute der 1890er Jahre war er 1894, 1895 und 1897 Delegierter der sozialdemokratischen Parteitage. Während unter den Tischlern Otto Illhard wirkte und 1887 aktiv an ihrem Streik beteiligt war, machte sich der Maurer Karl Schoch um die Organisation der Bauarbeiter verdient. Trotz gerichtlicher Bestrafungen 1886 und 1887 wegen seiner sozialdemokratischen Betätigung setzte er sich als Mitglied der Magdeburger Lohnkommission der Maurer und Zimmerer aktiv für deren Interessen ein und war 1888 an der Gründung des *Olvenstedter Bauarbeitervereins* beteiligt. 1890, 1893 und 1898 war er sozialdemokratischer Reichstagskandidat im Wahlkr. Salzwedel/Gardelegen. Auch auf Grund des Sozialistengesetzes aus Berlin Ausgewiesene beteiligten sich rege an gewerkschaftlicher Arbeit. So wirkte der Maschinenbauer Max Sendig bis zu seiner Auswanderung nach New York 1885 u. a. als Referent und Schriftführer im Fachverein für sämtliche Berufsgruppen von Groß-Ottersleben und Umgebung. Eine herausragende Rolle spielte der Zimmermann Adolph Schultze. Als Vertrauensmann und Leitungsmitglied der illegalen sozialdemokratischen Organisation erhielt er 1887 eine mehrmonatige Gefängnisstrafe. Seine Arbeit als Mitglied der Lohnkommission der Bauhandwerker, als Organisator und Redner in Fachvereins- und Volksverslgg., als Streikleiter der Bauarbeiter und Mitglied des sozialdemokratischen Wahlkomitees zu den Magdeburger Stadtverordnetenwahlen 1888 wurde von der Polizei argwöhnisch beobachtet und durch häufige Versammlungsverbote behindert. Zu den Reichstagswahlen 1890 kandidierte er in den Wahlkreisen Osterburg/Stendal und Neuhaldensleben/Wolmirstedt. Er war Delegierter zu den Parteitagen 1890 in Halle und 1891 in Erfurt, auf dem er als Mitglied der Bewegung der „Jungen" aus der SPD ausschied.

L: Quellenslg. zur Gesch. der Arbeiterbewegung im Bez. Magdeburg, Tl. 1, 1969; Helmut Asmus, Gesch. der Stadt Magdeburg, 1975, *144* u. ö.; Quellenslg. Sozialistengesetz, 1990; Ingrun Drechsler, Die Magdeburger Sozialdemokratie vor dem I. WK, 1995, *71* u. ö.

Manfred Weien

Fabian, Karl Leopold
geb. 12.11.1782 Schönebeck, gest. 14.03.1855 Schönebeck, Salzamtsdir., Geh. Bergrat.

Der Sohn des Schönebecker Regimentsquartiermeisters Christian August F. kam 1809 unter franz. Herrschaft zur Weserdivision nach Rodenberg und 1812 zum damaligen Oberbergamt in Rothenburg/Saale. Unter preuß. Oberhoheit übernahm F. 1815 in Schönebeck die Position des Salzamtsdir. und war als solcher für die staatl. Saline zuständig. Unter seiner Leitung erfolgte in den Jahren von 1816 bis 1819 die völlige Erneuerung der Gradierwerksteile I und III sowie des 1833 durch Sturm zerstörten Mittelteils des Gradierwerkes. 1837 veranlaßte er die geologische Erkundung der Braunkohlenvorkommen von Biere und Eggersdorf. 1840 ließ er die Zentrale Bohrschmiede in Schönebeck als Bestandteil der Saline (bis 1903) aufbauen, die Werkzeuge und Geräte für Tiefenbohrungen in Preußen herstellte und die Erkundung der Schönebecker Salzlagerstätte vornahm. 1846 nahm er für die Saline die Förderung von Braunkohle in Biere auf und ließ ein Jahr später über dem Soleschacht in Elmen eine 9-PS-Dampfmaschine in Betrieb nehmen. 1848 erfand er das nach ihm benannte „Freifallstück" für Tiefenbohrungen, das dann von Karl Gottheit Kind (1801–1873) im Schlagbohrverfahren mit Freifallstück seine technologische Anwendung fand und Bohrtiefen von bis zu 1.271 m (damals Weltrekord) ermöglichte. Damit wurde er zum Begründer der Tiefbohrtechnik. F., der 1851 zum Geh. Bergrat ernannt wurde, veranlaßte schließlich 1853 die Inbetriebnahme des Braunkohlenschachtes Eggersdorf.

L: NDB 4, *726*; Goebel/Fricke/Schulte, Das kgl. Solbad zu Elmen, 1902, *184–203*; Walter Serlo, Bergmannsfam., in: Glückauf vom 02.04.1927, *492f.*

Hans-Joachim Geffert

Fabricius, August Heinrich
geb. 1764 Berlin, gest. 04.01.1821 Magdeburg, Schauspieler, Theaterleiter.

F. stammte aus ärmlichen Verhältnissen. Er begann seine Schauspielerlaufbahn als 15jähriger und war Mitglied verschiedener kleiner Wandertruppen. 1792–96 gehörte F. zur angesehenen Theatergesellschaft von Johann Carl Tilly und trat danach in die von der Stadt Magdeburg für ihre National-Schaubühne engagierte Schauspielgesellschaft unter → Friedrich Ludwig Schmidt ein. Er spielte vorrangig komische Rollen (Väter, polternder Alter), wirkte aber auch in der Oper mit (zweite Baßpartien). 1805 gab die Stadt Magdeburg die Eigenverwaltung ihres Theaters auf und verpachtete es an F. und Alois Hostovsky, die bereits bei Ausflügen der Gesellschaft nach Braunschweig auf eigene Rechnung Direktionsversuche unternommen hatten. F. führte das Magdeburger Theater in schwierigen Zeiten (keine Subventionen durch die Stadt, Besetzung Magdeburgs durch die Franzosen, Hungersnöte, Einführung der Theaterzensur). Er verpflichtete berühmte Gäste, wie beispielsweise August Wilhelm Iffland, Ludwig Devrient, Friedrike Unzelmann oder → Carl Ludwig Costenoble. Regelmäßige Gastspiele führten das Ensemble nach Halle, Halberstadt und Braunschweig und beförderten schon früh eine Kooperation mit dem späteren Braunschweiger Theaterdir. August Klingemann. Trotz vielfältiger Bemühungen um interessante Neuheiten konnte F. das Theater nicht halten. 1821 wählte er den Freitod (hinter der Bühne während einer „Don Carlos"-Vorstellung). Der finanzielle Zusammenbruch folgte – das Theater wurde neu verpachtet. Von 1797 bis 1821 war F. Mitglied der Magdeburger Loge „Ferdinand zur Glückseligkeit".

L: ADB 6, *514*; Kosch TL, *421*; Wilhelm Widmann, Gesch. des Magdeburger Theaterwesens, in: MonBl, 1925, *196f., 204f.*

Dagmar Bremer

Fabricius, *Eugen* Friedrich
geb. 26.01.1810 Magdeburg, gest. 03.03.1889 Magdeburg, Buchhändler, Unternehmer, Stadtverordneter.

F., Sohn des Stadtkämmerers Friedrich August Ludwig F. und Bruder des Industriellen und Großkaufmanns Albert F., studierte in Berlin und Greifswald, ehe er 1836 in seiner Heimatstadt die bekannte *Rubachsche Buchhandlung* kaufte. Nachdem er Anfang der 1840er Jahre dem Geschäft einen eigenen Zeitungsverlag angegliedert hatte, war er ab 1844 vornehmlich als Verleger und Publizist tätig. Er zog sich

1848 ganz aus dem zuletzt in Gemeinschaft mit Louis Schäfer geführten Sortimentsbuchhandel zurück. F. gehörte zu der zunächst relativ kleinen Gruppe von Bürgern in Magdeburg, die desillusioniert und enttäuscht vom „politischen Aufbruch" im Zusammenhang mit dem Thronwechsel in Preußen 1840 die Formierung der bürgerlich-liberalen Bewegung in der Stadt initiierte. Dabei nutzte F. die Verbindung über seinen Bruder Albert zu den rheinischen Liberalen um Gustav von Mevissen. Ab Februar 1843 gab F. das *Magdeburger Wochenbl. für Angelegenheiten des bürgerlichen Lebens* heraus, das in kürzester Zeit zum Organ der liberalen Bewegung in der Stadt avancierte und in dem F. namhafte Liberale und Demokraten, wie z. B. → Leberecht Uhlich, → Friedrich Pax, Karl Heinzen und Edgar Bauer, zu Wort kommen ließ. Besondere Aufmerksamkeit und Unterstützung erfuhr der „religiöse Liberalismus", die Bewegung der „Lichtfreunde" um Uhlich, im *Wochenbl.*, deren Anhänger F. selbst war. Als im August 1844 die Magdeburger *Bürgerverslg.*, die bis zum Ausbruch der Revolution 1848 das Zentrum der liberalen Bewegung in Magdeburg bildete, gegründet wurde, gehörte F. nicht nur zu deren Wortführern, sondern er stellte sein *Wochenbl.* konsequent in den Dienst der Bewegung. Obwohl seit 1843 selbst Stadtverordneter, geriet F. aufgrund seines entschlossenen Agierens ins Visier der staatl. Behörden. Als F. sogar dem junghegelianischen Autor Edgar Bauer, der in Magdeburg in Festungshaft saß, sein *Wochenbl.* öffnete und dessen bekannte Schrift „Die Kunst der Geschichtsschreibung und Herrn Dahlmanns Gesch. der franz. Revolution" 1846 in seiner Buchhandlung herausbrachte, versuchte der Polizeipräsident → Ludwig von Kamptz im Zusammenhang mit der Aufdeckung der Magdeburger Gemeinde des *Bundes der Gerechten* F. „kommunistischer Umtriebe" zu bezichtigen, was jedoch mangels Beweisen mißlang und F.' Ansehen innerhalb der liberalen Opposition noch weiter stärkte. Das offensive und kampfentschlossene Auftreten der rheinischen Liberalen im Vereinigten Preuß. Landtag 1847, dem sich auch F.' liberaler Weggefährte, der Magdeburger Deputierte → Gustav Coqui, anschloß, unterstützte F. mittels des *Wochenbl.* ebenso, wie er in den Auseinandersetzungen um den Prediger Uhlich konsequent für die Sache des „religiösen Liberalismus" eintrat. Als Uhlich im September 1847 demonstrativ aus der Landeskirche ausschied und die Freie Gemeinde Magdeburg gründete, trat F. dieser bei und wurde sogar in deren „Ältestenrat" gewählt. Obwohl F. jede Form eines radikalen Aktionismus ablehnte, verband er mit dem Ausbruch der Revolution 1848 die Hoffnung auf eine rasche Liberalisierung Preußens und die Herstellung der nationalen Einheit Dtls, was er in der anstelle des *Wochenbl.* ab April 1848 als Tagesztg. erscheinenden *Elb-Ztg.* offenkundig werden ließ, wobei es seiner konstitutionellen Grundüberzeugung entsprach, besonders auf die Wahl zum Frankfurter und Berliner Parlament einzuwirken. Auf den Staatsstreich in Preußen im Herbst 1848 reagierte F. wie einige seiner liberalen Weggefährten in Magdeburg mit einem deutlichen Linksruck. F. engagierte sich, nachdem im Juni 1848 die *Elb-Ztg.* eingegangen war, im linksliberal und demokratisch ausgerichteten *Verein zur Wahrung der Volksrechte* in Magdeburg, der über 1.500 Mitglieder – auch aus den Unterschichten – zählte, um die politischen Errungenschaften der Revolution zu bewahren. Nach der Revolution 1848/49 wurde es politisch still um F. und viele Vormärzliberale. Seine ausgezeichneten persönlichen und verwandtschaftlichen Kontakte zu Wirtschaftskreisen der Stadt nutzend, trat er in das nunmehr unter günstigeren Bedingungen prosperierende Wirtschaftsleben ein. Als Dir. der unter Mitwirkung seines liberalen Weggefährten → Victor von Unruh geschaffenen *Magdeburger Gaskontinentalges.* in den 1860er Jahren zählte er bis zu seinem Tode zu den anerkannten Bürgern seiner Heimatstadt.

L: Slg. Vf., Gerwisch (priv.).

Jürgen Engelmann

Fabricius, Mathilde
geb. 04.08.1879 Magdeburg, gest. 26.05.1946 Magdeburg, Malerin.

F. wuchs in einer gutbürgerlichen Fam. auf. Die Eltern – F.' Vater war Generalagent der *Colonia-Versicherung* in Magdeburg – ließen alle fünf Töchter einen Beruf erlernen, was zu dieser Zeit selten vorkam. F. nahm ihren ersten privaten Zeichenunterricht in Magdeburg bei Käthe Fleck. Es folgten Lehrjahre in einer Münchner Mal- und Zeichenschule bei Walter Thor. Danach wurde sie von dem aus Magdeburg gebürtigen Landschaftsmaler → Richard Kaiser in München weiter ausgebildet. Etwa um 1910 entstanden unter dem Einfluß dieses Lehrers großformatige realistische Landschaftsgemälde. Später bevorzugte sie die Aquarelltechnik und verwendete meistens ungewöhnliche kräftige Farben für Stadtansichten und Landschaftsmotive sowie Kohle für Porträtzeichnungen. F. arbeitete zeitlebens freischaffend in Magdeburg und beteiligte sich regelmäßig an regionalen Ausstellungen. Finanziell wurde sie von ihren Schwestern abgesichert. Nur einzelne Porträtaufträge sind bekannt. Sie stand in Verbindung mit der spätexpressionistischen Magdeburger Künstlervereinigung *Die Kugel* und nahm 1919 an deren Ausstellung teil. Eine Mitgliedschaft ist nicht eindeutig belegt. Ihre Werke aus dieser Zeit wurde im II. WK fast völlig zerstört. Eine Künstlerfreundschaft verband F. mit dem Magdeburger Maler → Curt Wittenbecher. Ab 1934 war die Magdeburger Künstlerin Lieselotte Klose sieben Jahre lang ihre einzige feste Schülerin. Erst Ende der 1930er Jahre gab F. Kurse in Freilichtmalerei im Rahmen der Volkshochschule. Die Magdeburger Region und Ansichten ihrer Heimatstadt waren in erster Linie ihre Motive.

Fahlberg

W: Ölgemälde: u. a. Landschaft, 1910; Dorf in Niederbayern, 1910; Bildnis Frau Linse, 1938; Zollelbe mit Johanniskirche, 1939 (alle KHMus. Magdeburg); Aquarelle: u. a. Dom zu Magdeburg, um 1930; Stadthalle, 1930; Alter Packhof, 1939; An der Stromelbe in Magdeburg, 1942 (alle KHMus. Magdeburg). – N: KHMus. Magdeburg (Teilnachlaß). – L: Dt. Künstlerbund erste Ausstellung, Kunstverein Magdeburg e.V., 1933; Ausstellung von Gemälden und Bildwerken von Künstlern aus dem Gau Magdeburg-Anhalt, 1938, *11f.*; Kat. Kunstausstellung 1939, Magdeburg 1939, *6, 21*; Kunstausstellungen des Gaues Magdeburg-Anhalt, 1940, 1942, 1943; Martin Wiehle, Magdeburger Persönlichkeiten, 1993, *152*. Matthias Puhle (Hg.), Magdeburg in Bildern von 1492 bis ins 20. Jh., 1997, *238, 260–263, 293*.

Sabine Liebscher

Fahlberg, Constantin, Dr.
geb. 22.12.1850 Tambow (Rußland), gest. 15.08.1910 Nassau, Chemiker, Unternehmer.

F. erhielt seine erste wiss. Ausbildung 1868/69 an der Polytechnischen Schule in Moskau. Anschließend führte er in Berlin erste Zuckeruntersuchungen durch, um danach ein Chemiestudium in Wiesbaden und Leipzig aufzunehmen. Nach seiner Prom. 1873 in Leipzig war F. kurzzeitig Dir. der *Chemischen Laboratorien Unterharz*. 1874 eröffnete er ein Zucker-Labor in New York und inspizierte in der Folgezeit zu Forschungszwecken Zuckerplantagen in British-Guayana. 1878 habil. er sich an der Johns Hopkins Univ. in Baltimore, wo er als Gast von Ira Remsen an dessen Chemischem Inst. Zucker-Analysen durchführte. Dabei fand er (auf Vorarbeiten von Remsen aufbauend) bei der Oxidation von o-Toluensulfamid den künstlichen Süßstoff Saccharin (o-Sulfobenzoesäureimid) – eine Entdeckung, die 1879 unter beider Namen publiziert wurde. Auf eine Patentanmeldung und wirtsch. Nutzung wurde zunächst verzichtet. Ab 1880 begann er in Philadelphia an der Optimierung des Herstellungsverfahrens zu arbeiten. Erst nach einem Besuch bei seinem Onkel, dem Techniker Adolph List, in Leipzig wurden im Sommer 1882 Vorstellungen zur industriellen Nutzung der Entdeckung entwickelt. Zwei Jahre später, bei seinem zweiten Besuch in Leipzig, fiel die endgültige Entscheidung zur Produktionsaufnahme. 1885 begann die Versuchsproduktion in New York. Zusammen mit List meldete F. das verbesserte Herstellungsverfahren zum Patent an und sicherte sich gleichzeitig für den neuen Süßstoff des Namens „Saccharin", der am 18.11.1885 erstmals im amtlichen *Dt. Patentbl.* veröffentlicht wurde. Zur Verwertung der Entdeckung des ersten synthetischen Süßstoffes erfolgte im April 1886 die Gründung einer Saccharinfabrik, der Kommanditges. *F., List & Co.* in Leipzig mit Sitz in Salbke bei Magdeburg. Damit wurde F. zum Begründer der Süßstoffindustrie. Vor Abschluß des Gesellschaftsvertrages war allerdings F.s Onkel verstorben. Beide hatten gemeinsam die Unternehmensgründung vorbereitet, wobei List insbesondere die Finanzierungsfragen klärte. Für List trat sein Sohn → Adolf Moritz List als Komplementär ein. Die anfangs in New York erzeugten Muster erhielten schnell int. Anerkennung und wurden auf verschiedenen Messen mehrfach ausgezeichnet (1885 in Antwerpen und London, 1888 in Ostende und Stuttgart). Der Bau der ersten Saccharinfabrik der Welt in Magdeburg erfolgte im wesentlichen nach F.s Anweisungen und wurde am 09.03.1887 fertiggestellt. Am gleichen Tage begann die Produktion des neuen Süßstoffes nach dem F./List-Patent Nr. 35211 von 1884. Das Unternehmen erlebte bis zur Jahrhundertwende einen stetigen Aufschwung und eine günstige Geschäftslage. Erst die zunehmende Konkurrenz durch die Zuckerindustrie wirkte sich negativ auf das Unternehmen aus. Diesen neuen Verhältnissen Rechnung tragend, wurde das Unternehmen zur Erweiterung der Produktionspalette in eine Aktien-Ges. umgewandelt (*Saccharin-Fabrik AG*), deren neues Haupterzeugnis zunächst Schwefelsäure war. Als Folge der Aktivitäten der Zuckerindustrie erfolgte am 07.07.1902 in Dtl. ein Süßstoffverbot. Lediglich der Bedarf der Diabetiker durfte gedeckt werden. Die Wiederfreigabe erfolgte im I. WK. 1906 verließ F. krankheitshalber das Unternehmen. Sein Nachfolger wurde → August Klages.

W: 25 Jahre im Dienste der Süßstoffindustrie, 1903. – L: NDB 4, *744*; DBE 3, *218*; Von der Saccharin-Fabrik zum sozialistischen VEB Fahlberg-List Magdeburg. 1886–1986, 1986, *6–24* (***B***); Winfried R. Pötsch u. a. (Hg.), Lex. bedeutender Chemiker, 1989, *142*; Klaus-Günter Collatz (Hg.), Lex. der Naturwissenschaftler, 1996, *137f*. – B: *Heinz Hirschmann, Magdeburg (priv.).

Horst-Günther Heinicke

Farenholtz, Johann Wilhelm *Botho*
geb. 20.05.1852 Goslar/Harz, gest. 22.07.1915 Magdeburg, Kaufmann, Kgl. Kommerzienrat.

F. war das jüngste von sieben Kindern des Ölmüllers und Vorsteher der Kaufmannsgilde in Goslar Gustav Wilhelm F. (1809–1885), und dessen zweiter Frau Auguste. F. studierte Tiefbau an der TH Hannover und war nach dem Staatsexamen kurze Zeit im öffentlichen Dienst tätig. 1881 übernahm er zusammen mit seinem älteren Bruder Hermann F. (1847–1908), der nach kaufmännischer Ausbildung in Hildesheim und Dresden schon als junger Mann im väterlichen

Geschäft tätig war, vom mittlerweile 72jährigen Vater die Leitung der Fa. Bereits 1889 wurde durch F. der Standortwechsel nach Magdeburg unter dem väterlichen Firmennamen vollzogen, um die handwerkliche Verarbeitung von heimischen Ölfrüchten (Lein, Bucheckern, Raps u. a.) in Wassermühlen auf industrielle Produktion von Ölen und Fetten (Erdnuß, Mohn, Sesam) mittels modernster Dampfkraft und transportgünstig umstellen zu können. Die Entwicklung des dt. Ölmaschinenbaus wurde von F. maßgeblich beeinflußt – z. B. wurden Pressen für die Erschließung von Ölsaaten in Kooperation mit der Magdeburger *Krupp-Gruson-Werk AG* entwickelt, erprobt und weit verbreitet eingesetzt. F. war in vielen Gremien tätig, so im *Magdeburger* und *Preuß. Dampfkessel-Überwachungsverein* (dem heutigem *TÜV*) sowie im Kollegium der *IHK Magdeburg*. 1912 ernannte ihn Wilhelm II. zum Kgl. Kommerzienrat. Im Jahre 1913 konnte er das 150jährige Jubiläum der Fa. feiern. Als im Frühjahr 1915, wenige Monate nach Ausbruch des I. WK, der gesamte Rohstoffbestand verbraucht war, kam die erst 1890 eröffnete Fabrik zum totalen Stillstand. Im selben Jahr starb F. an einer heimtückischen Krankheit. Von den drei Kindern aus der 1883 geschlossenen Ehe mit Alma, Tochter von Dr. med. Christoff Peschau aus Bederkesa, führte sein Sohn → Wilhelm-Adolf F. die Fa. in Magdeburg weiter.

B: *LHASA.

Christian Farenholtz

Farenholtz, Wilhelm-Adolf
geb. 02.07.1886 Goslar/Harz, gest. 10.12.1945 Mühlberg (NKWD-Speziallager I), Unternehmer.

Der zweite Sohn des Kommerzienrates → Botho F. besuchte das Magdeburger Domgymn. und absolvierte nach einer kaufmännischen Lehre beim Ölsaatenmakler Heinrich Heine in Magdeburg ein Praktikum in Hamburg und Marseille. Er war Kriegsteilnehmer im I. WK. Seit 1914 war er verh. mit Marianne (1895–1990), der jüngsten Tochter des Schokoladefabrikanten → Hans Hauswaldt. Nach dem Tode des Vaters 1915 war F. Geschäftsführer und Alleininhaber der Fa. *Gustav Wilhelm F.*, die er 1922 mit der seit 1840 in Magdeburg bestehenden Fa. von → Gustav Hubbe in Magdeburg-Friedrichstadt zu den *Vereinigte Ölfabriken Hubbe & F.* fusionierte. Die Fa. erzeugte Öle und Fette für die Ernährung, zunächst überwiegend aus importierten Rohstoffen. Bei der Fertigung entstandene Nebenprodukte wurden für die Futtermittel- und Seifenindustrie verwendet. Unter F.s Leitung avancierte die Fa. zu einem bedeutenden Betrieb der Lebensmittelindustrie in Magdeburg und Umland. Dabei war ein besonderes Anliegen F.s die Verbesserung der sozialen Situation der Beschäftigten. Mit diesen entwickelte er in der Wirtschaftskrise um 1930 ein Solidar-Modell, mit dem sogar zusätzliche Arbeitsplätze geschaffen wurden. F. glaubte fest, daß nur auf den von der NSDAP aufgezeigten Wegen eine soziale und wirtsch. Konsolidierung Dtls möglich sei. Er engagierte sich daher schon Anfang der 1930er Jahre nachdrücklich für die NSDAP. 1933 wurde er Präsident der *IHK* Magdeburg, später auch der *Wirtschaftskammer Mittelelbe* bis zu deren Umgründung in die *Gau-Wirtschaftskammer Sa.-Anh.* Seit 1938 Wehrwirtschaftsführer, versuchte F. gemäß Hermann Görings Vierjahresplan die wirtsch. Autarkie Dtls zu fördern und erfolgreich „Erstes dt. Rapsfett", synthetische Fettsäure, zu produzieren. F. galt in der Stadt als Exponent einer ns. Wirtschaftspolitik. Er engagierte sich zudem in ao. Maße für das geistige Leben von Magdeburg, war zeitweise Vors. der *Museumsges. Magdeburg* und des *Kunstvereins*, initiierte und förderte z. B. die Bücher „Der Magdeburger Dom" von → Walther Greischel (1929) und „Parthenopolis – Aussagen über Magdeburg", ausgewählt von Werner Kirchner (1931). Unabhängig von den kulturpolitischen Vorgaben der Nationalsozialisten förderte F. die moderne Kunst – Erich Heckel, Emil Nolde, Lyonel Feininger, Karl Schmidt-Rottluff, Christian Rohlfs sowie deren Schüler Hanns Braun und → Johannes Sass. Sein Wohnhaus Duvigneaustraße (heute Jean-Burger-Straße) beherbergte eine große Slg. sog. „entarteter Kunst" (weitgehend zerstört). F. stiftete dem Kaiser-Friedrich-Mus. (heute KHMus. Magdeburg) und der Stadt Magdeburg zahlreiche Kunstwerke, initiierte Vortragsreihen und Ausstellungen. Hatte schon sein Vater Botho F. den Architekten → Paul Mebes das Haus Duvigneaustraße (Baudenkmal) errichten lassen, so beschäftigte F. in der Fa. häufig den expressionistisch arbeitenden Architekten → Paul Schaeffer-Heyrothsberge. Das Bürohaus der Fa. (1936/37) hatte → Heinrich Tessenow geplant. F. betrieb auch Tessenows Mitarbeit beim Bau der Cracauer Kasernen und ließ für die neue Brücke dort eine Pionierfigur (zerstört) schaffen; dem Bildhauer → Frank Mehnert stand der spätere Attentäter Claus Schenk Graf von Stauffenberg Modell. Nach der Befreiung 1945 wurde der Firmenteil Friedrichstadt vollständig demontiert; mit dem Betriebsteil Sudenburg versuchten F. und die dort verbliebenen Beschäftigten, zuerst unter englischer, danach unter russischer Besatzung, zur Versorgung der Bevölkerung der Stadt beizutragen. Am 06.08.1945 wurde F. verhaftet und nach Mühlberg verbracht, wo er im Winter 1945 starb.

B: *Vf., Hamburg (priv.).

Christian Farenholtz

Faucher, Jean *Pierre*, Dr. med.
geb. 22.07.1788 Magdeburg, gest. 27.02.1813 Magdeburg, Arzt.

Der Sproß einer in Magdeburg alteingesessenen Hugenottenfam. war Sohn des Chirurgen Jean Paul F. und Enkel des Chirurgen Antoine F. Er wurde mit 16 Jahren zunächst Zögling der militärmed. Pepinière in Berlin und vervollständigte dann seine med. Ausbildung bis zur Prom. 1808 in Helmstedt. Anschließend ließ er sich als Arzt in Magdeburg nieder, das zu dieser Zeit unter franz. Besatzung Departementshauptstadt des Königreiches Westfalen war. F. regte den Präfekten zur Errichtung eines „Anatomisch-chirurgischen Auditoriums" zwecks Fortbildung der Barbierchirurgen an und wurde 1810 als dessen Lehrer angestellt. Damit begründete F. den systematischen theoretischen und praktischen Unterricht der Anatomie in Magdeburg. Bereits 1810 und 1812 zum Dienst in den franz. Militärhospitälern eingezogen, erlag F., wie mehrere Ärzte Magdeburgs, dem sog. Lazarettfieber.

L: → August Andreae, Chronik der Aerzte des Regierungsbez. Magdeburg mit Ausschluß der Halberstädter, Quedlinburger und Wernigeroder Landestheile, 1860, *58*; Vf., Zur Frühgesch. der Morphologie in Magdeburg bis zur Mitte des 19. Jhs, in: Der Präparator 41, H. 1, 1995, *21–43*.

Horst-Peter Wolff

Faulbaum, Paul
geb. 04.04.1891 n. e., gest. nach 1969 München, Reformpädagoge.

Zunächst Lehrer an verschiedenen Volksschulen Magdeburgs, wurde F. 1923 Rektor der 2. Neustädter Sammelschule, die, religionsunterrichtsfrei, 1924 auf seine Initiative den Status eines reformpädagogischen Schulversuchs erhielt. Reformelemente waren u. a. täglich eine Turnstunde für alle Klassen sowie Kern- und Kursunterricht. Ursprünglich beeinflußt durch den Reformerkreis um → Edmund Sträter und → Fritz Rauch, favorisierte er später Hugo Gaudigs Arbeitsschulkonzept einer „sozialen und demokratischen Erziehung für die Gemeinschaft". Insbesondere durch seine Veröffentlichung über den gesamtunterrichtlichen Anfangsunterricht (1923), die Herausgabe einer entsprechenden didaktischen Materialslg. sowie einer Fibel erwarb sich F. Verdienste als pädagogischer Autor. 1928 wechselte er als Schriftleiter zur *Preuß. Lehrerztg.* L. war nach dem II. WK als Lehrer in München tätig.

W: (Hg.) Machet auf das Tor, Erstes Lesebuch für Magdeburger Kinder (mit → Karl Ewe), ²1921; Magdeburger Buchstabenmappe für den ersten Leseunterricht o. J.; Sonniges Jugendland. Eine Slg. von Gedichten, Kinderliedern und Reimen zum Vorlesen und Lernen im Gesamtunterricht. Geordnet nach den neuen Lehrplänen der Grundschule für Stadt und Land, 1922, ¹⁵1979 (mit Eberhard Ockel); Das erste Schuljahr im Zeichen des Gesamtunterrichtes. Theorie und Praxis des ersten Grundschuljahres in Stadt und Land, 1923, ⁸/⁹1954; Gedichte, Kinderlieder und Reime für Kinder des 1. und 2. Schuljahres und deren Elternhaus, ¹⁰/¹¹1960; Gedichte, Kinderlieder und Reime für Kinder des 3. und 4. Schuljahres und deren Elternhaus, 1960. – **L:** Vf., Die Berthold-Otto-Schulen in Magdeburg, 1999, *438*.

Reinhard Bergner

Faupel, Oscar
geb. 13.04.1909 Colbitz, gest. 21.02.1980 Wolmirstedt, Maschinenschlosser, Sportaktivist.

Seine Kindheit und Jugend verbrachte F. in Wolmirstedt. Nach dem Schulbesuch und einer Berufsausbildung als Maschinenschlosser arbeitete er in der Wolmirstedter Zuckerfabrik. Der Arbeiterschaft verbunden, hißte er aus Protest gegen die ns. Machtübernahme 1933 die rote Fahne auf dem Schornstein der Zuckerfabrik. 1935 zog F. nach Barleben und heiratete dort. 1940 wurde er zur Wehrmacht eingezogen. Nach seiner Rückkehr aus amerikanischer Kriegsgefangenschaft 1946 war er zunächst von 1946 bis 1950 als Schlosser und Schmied im *VEM Barleben* tätig. 1951/52 arbeitete er im Bergbau in Johanngeorgenstadt und wohnte ab 1953 wieder in Barleben. Er war 1953–55 in der Maschinen- und Traktoren-Station (MTS) in Wolmirstedt und 1956–72 in der Wolmirstedter Lederfabrik beschäftigt. Bereits als junger Mann trat F. in den örtlichen *Arbeiter-Turnverein* ein. Er begann zunächst mit dem Boxen, bis er durch seinen Sportfreund und Turnlehrer Richard Rost, der sich große Verdienste beim Aufbau der Turnsportbewegung im Kr. Wolmirstedt erwarb, für den Turnsport begeistert wurde. 1946 nahm F. seine sportliche Tätigkeit als ehrenamtlicher Turnwart in Barleben wieder auf. Sein besonderes Betätigungsfeld war die Kinder- und Jugendarbeit im Turnsport. Hauptinhalte seiner Ausbildung waren zunächst das Bodenturnen und Pyramidenbauen, später auch das Geräteturnen. Siege der jungen Turner in Vereins-Wettkämpfen auf Kreis-, Bezirks- und Landesebene (u. a. mit seiner 1953er Turnriege) waren Beweis seiner erfolgreichen Arbeit. Neben seinem Trainerehrenamt war er auch als Kampfrichter tätig. Das Turnen bestimmte neben seiner Fam. bis ins hohe Alter sein Leben.

L: Unterlagen Fam. Siegfried F., Barleben (priv.). – **B:** ebd.

Kerstin Dünnhaupt

Fehn, Hans-Georg
geb. 16.09.1943 Dessau, gest. 06.06.1999 Magdeburg, Lehrer, Schwimmeister, Schwimmsportler.

F. besuchte 1950–58 in Dessau die Grundschule und anschließend bis 1962 die Oberschule mit Abiturabschluß. 1963–69 absolvierte er an der Dt. Hochschule für Körperkultur Leipzig ein Fernstudium der Sportwiss. mit dem Abschluß als Dipl.-Sportlehrer. Bis 1989 war er als Sportlehrer an allgemeinbildenden Schulen, Berufs- und Fachschulen in Magdeburg tätig. Im Wettstreit „Stärkster Lehrling" bzw. „Sportlichstes Mädchen" errangen Schülerinnen und Schüler unter seiner Leitung mehrere DDR-Meistertitel. Danach arbeitete F. als Schwimmeister in Hofheim und Kelkheim/Taunus sowie in Wolmirstedt. F. war von 1962 bis 1975 Leistungssportler im Wasserball bei der *SG Dynamo Magdeburg*, mit der er fünfmal DDR-Meister (1962–66) wurde und zwischen 1964 und 1968 einen 2. und vier 3. Plätze im Europapokal errang. Nach sehr guten Leistungen in der Juniorenauswahl wurde er 1965 in die Nationalmannschaft der DDR berufen und bestritt als Wasserballtorwart 180 Länderspiele für die DDR, wurde Zweiter bei den Europameisterschaften 1966 und Sechster bei den XIX. Olympischen Sommerspielen 1968 in Mexiko-Stadt. Anläßlich dieser Olympischen Spiele wurde F. als weltbester Wasserballtorwart ausgezeichnet und danach in die Weltauswahl berufen (USA-Fachbl. *Swimming world*, 1968). F. wurde mit der Auszeichnung Meister des Sports und mit der Dr.-Theodor-Neubauer-Medaille geehrt.

N: Familienunterlagen Margot F., Magdeburg (priv.); Familienunterlagen Martin F., Sangerhausen (priv.); Slg. Rolf Bastel, Magdeburg (priv.). – **L:** Jochen Oesterheld, Mach dir Gedanken, Schorsch!, in: erlebt – erzählt. Von Tokio bis Mexiko-Stadt, 1969, *46–57, 254*. – **B:** *Martin F., Sangerhausen (priv.).

Konrad Ludwig

Fehringer, Kurt, Doz. Dr. paed.
geb. 15.06.1920 Magdeburg, gest. 12.01.1983 Magdeburg, Lehrer, Hochschullehrer.

F. besuchte von 1926 bis 1936 die Grund- und Mittelschule in Magdeburg und schloß 1939 eine kaufmännische Lehre ab. 1939 wurde er zunächst zum Reichsarbeitsdienst (RAD) und 1940 zur Wehrmacht eingezogen. Nach der Entlassung aus sowjetischer Kriegsgefangenschaft im November 1945 arbeitete er nach Absolvierung eines Neulehrerkurses bis 1962 als Lehrer in Klüden, Behnsdorf und Weferlingen, legte 1948 und 1950 die Lehrerprüfungen ab und erwarb im Fernstudium nacheinander die Lehrbefähigungen Mathematik für die Mittelstufe (4. bis 10. Klasse, 1953) und für die Oberstufe (11. und 12. Klasse, 1961). Von 1962 bis 1965 war F. als Doz. am Pädagogischen Inst. in Magdeburg tätig und wirkte danach an der TH Magdeburg als Leiter der Abt. Methodik des Mathematikunterrichtes im II. Mathematischen Inst. (1965–73), als Fachbereichsleiter in der Sektion Mathematik-Physik (1973–82) sowie als Leiter der Fachrichtung „Lehrer für Mathematik und Physik" (1977–82). F. publizierte zu Problemen des programmierten Unterrichtes, über mathematische Arbeitsgemeinschaften und über die Einführung des Taschenrechners im Schulunterricht. Er erwarb 1969 die facultas docendi für das Gebiet „Methodik des Mathematikunterrichtes", wurde 1970 an der TH Magdeburg zum Dr. paed. prom. und im gleichen Jahr zum Hochschuldoz. ernannt. F. war seit 1968 Mitglied des Wiss. Rates der TH Magdeburg und arbeitete in der Zentralen Fachkommission Mathematik der DDR mit. Anfang 1982 wurde F. invalidisiert und im Mai dess. Jahres in den Ruhestand versetzt.

W: Über die Arbeit mit programmierten Materialien im Fach Mathematik, in: Zs. des Pädagogischen Inst. Magdeburg, Nr. 2, 1966; Näherungsrechnen, Gleichungen, Ungleichungen. Einige Probleme der praktischen Mathematik, 1978, [5]1987. – **L:** UnivA Magdeburg:PA(**B**).

Karl Manteuffel

Fehse, *Willi* **Richard**
geb. 16.05.1906 Kassieck/Altmark, gest. 02.03.1977 Göttingen, Lehrer, Schriftsteller, Hg., Theaterkritiker.

Von kleinbäuerlicher Herkunft, wählte F. den Lehrerberuf, absolvierte die Präparandenanstalt in Genthin, wo er durch Lehrer und Mitschüler zum Schreiben angeregt wurde. Bereits 1925 erschien sein erster Gedichtband „Frührot". Nach dem Examen war er zunächst arbeitslos, dann ab 1926 als Erzieher in Berlin tätig und studierte nebenher an der Univ. u. a. bei Max Dessoir und Eduard Spranger. Einer Zusammenarbeit mit Klaus Mann entstammt eine „Anthologie jüngster Lyrik" (1927). F. war zeitlebens in erster Linie Pädagoge. Das Didaktische, das sein gesamtes Schaffen durchzieht, fußt auf dem evolutionären aufklärerisch-optimistischen Gedanken, daß der Mensch durch Bildung und Erziehung humanisiert werden könne. Seine an Goethe und Thomas Mann orientierte Lebensmaxime lautete: „Lehren und Lernen kommen aus einer Wurzel." F. wirkte vor 1945 als Lehrer in Magdeburg, Wernigerode und Thale. Zweimal wurde er in seinem Leben durch Diktaturen unter Druck gesetzt: die Nationalsozialisten warfen ihn aus dem Schuldienst, und 1948 floh er aus der SBZ, in der er nicht mehr frei arbeiten konnte. Er übte danach weiter seinen pädagogischen Beruf aus, zuletzt als Rektor der Hölty-Schule in Göttingen. Seiner eigenen Bildung dienten nach dem Krieg ausgedehnte Reisen durch Europa, Nordafrika, den Vorderen Orient, durch Mexiko und die USA. Von diesen Reisen brachte er z. T. die Stoffe zu seinen zahlreichen hist. Arbeiten mit. In seinem epischen Werk dominieren mit Blick auf jugendliche Leser Kleinformen (Kurzgeschichten und Anekdoten), mit denen er sich breite Anerkennung erwarb, u. a. mit „Lächelnde Justitia" (1955) und „Heiteres Theater" (1961). F. nutzte auch die in seiner Zeit moderneren Medien wie den Rundfunk: Er schrieb Funkbilder und Hörspiele (das erste, 1932 mit → Robert Stemmle verfaßt, behandelte unter dem Titel „Justizwillkür gesetzlich geschützt" einen politischen Justizskandal in Magdeburg), die z. T. für den Schulfunk entstanden. Zudem trat F. als Hg. von Anthologien zur Gegenwartslit. und mit Märchenslgg. hervor. In Göttingen begleitete er mit zahlreichen Theaterkritiken die Experimente Heinz Hilperts auf der Bühne des Dt. Theaters. F. war Mitglied des *PEN-Club*.

W: Michael Marey und die Zerstörung Magdeburgs, 1931; Die Jagd nach dem Regenbogen, 1934; Alfinger sucht den goldenen Kaziken, 1938; Das Urlaubsmädchen, 1944; Unter Wüstenräubern, 1954; Magdeburg im Strom der Zeit, 1955; Die große Stunde im Leben genialer Erfinder, 1958; Der blühende Lorbeer. Dichteranekdoten, 1953; (Hg.) Dt. Lyrik der Gegenwart, 1955; (Hg.) Dt. Erzähler der Gegenwart, 1959; Von Goethe bis Grass. Biogr. Portraits zur Lit., 1963; Romeo im Tingeltangel, 1964. – **N:** DLA Marbach; Maike Fabian, München (priv.). – **L:** Killy 3, *347*; Kosch LL 4, Sp. *842f.* (*W*); Günter Albrecht u. a. (Hg.), Lex. deutschsprachiger Schriftsteller von den Anfängen bis zur Gegenwart, Bd. 1, 1974, *204*. – **B:** Maike Fabian, München (priv.); *Zs. Spectrum des Geistes. Literaturkal. 20, 1971.

Klaus Washausen

Feldmann, *Walter* **Fritz**
geb. 23.07.1909 Derenburg, gest. 15.04.1970 Magdeburg, Architekt.

F. absolvierte 1926–30 die Höhere Technische Lehranstalt für Hoch- und Tiefbau in Magdeburg und war 1930–39 im Büro des Reg.-Baumeisters → Paul Schaeffer-Heyrothsberge tätig. Nach dem II. WK begann er 1946 bei Max R. Wenner in Wernigerode und war an Projektierungsarbeiten u. a. für das Brockenhotel, für Kinobauten in Wernigerode und Halberstadt und Bergwerksanlagen in Sangerhausen beteiligt. Ab 1950 war er im *VEB Industriebauprojektierung* in Magdeburg tätig und arbeitete zuletzt als stellvertretender Chefarchitekt. F. projektierte zahlreiche Großbauten in Magdeburg, u. a. die Ingenieurschule für Wasserwirtschaft am Domplatz, Bauten der TH Magdeburg, das Druckereigebäude der *Volksstimme*, Konstruktionsgebäude im *VEB Schwermaschinenbau-Kombinat „Karl Liebknecht"* (*SKL*) sowie Gebäude der Stahlgießerei Magdeburg-Rothensee. Zudem entwarf er Kindertagesstätten, Berufsschulen, Lehrwerkstätten und Sozialanlagen.

B: Vf., Magdeburg (priv.).

Claus-Dieter Feldmann

Fendt, Leonhard, Prof. Dr. theol., Dr. theol. h.c.
geb. 02.06.1881 Daiershofen/Bayern, gest. 09.01.1957 Augsburg, kath. Priester, ev. Pfarrer, Hochschullehrer.

F., aus bäuerlichen Verhältnissen stammend, studierte ab 1901 in München kath. Theol. 1905 wurde er zum kath. Priester geweiht und wirkte 1905–1911 als Kaplan in Krumbach. An der Straßburger Univ. wurde er 1910 mit einer Diss. über Nestorius zum Dr. theol. prom. 1911 wechselte F. als Subregens des Priesterseminars nach Dillingen und war seit 1915 dort auch ao. Prof. für Dogmatik und Apologetik. Nach intensiver Beschäftigung mit Luther und ev. Dogmatik entschloß er sich zum Übertritt in die ev. Kirche. Ab 1917 nahm F. Studienurlaub in Halle, um bei Friedrich Loofs tiefer in die ev. Theol. einzudringen. Am Gründonnerstag 1918 vollzog er die Konversion, wurde am 30.06.1918 ordiniert und war ab Juli des Jahres als ev. Pfarrer in Gommern, ab 1923 als Oberpfarrer an der Heilige-Geist-Kirche in Magdeburg sowie als Hg. des *Magdeburger Kirchenblattes* tätig. Ab 1926 arbeitete F. als Pfarrer an der Berliner Kirche „Zum Heilsbronnen". 1930 verlieh ihm die Univ. Erlangen die Ehrendoktorwürde. F. habil. sich 1931 für Praktische Theol. in Berlin und arbeitete dort ab 1934 als o. Prof. sowie Univ.-Prediger. Nach 1945 war F. noch einmal kurz ao. Prof. an der Univ. Erlangen, dann seit 1950 theol. Lehrer an der Missionsschule Bad Liebenzell. Todkrank lehnte er 1956 die angetragene Rekonversion ab, die Sterbesakramente wurden ihm aufgenötigt. F.s wiss. Verdienste liegen in erster Linie auf dem Gebiet der Praktischen Theol. Die massive Unkirchlichkeit und passive Christlichkeit, die F. während seiner Tätigkeit in und um Magdeburg erfuhr (Gomorra), führte ihn zu dem Versuch einer Neupositionierung der Praktischen Theol. Sie ist, indem sie in erster Linie auf den Gemeindeaufbau abzielt, für F. die theol. Theorie, die die im Neuen Testament vorausgesetzte kirchliche Praxis erforscht, darlegt und in die gegenwärtige Lage einzeichnet. Dabei intendierte F. einen prinzipiell ökumenischen Kirchenbegriff, der aber dennoch einer konfessionellen Individuation fähig ist. Sein Zielgedanke der einen christliche Kirche der Menschheit ist aber in letzter Konsequenz reduktionistisch, da das, was an Unterschieden im Laufe der Jahrhunderte hervorgetreten ist, daraufhin bereinigt werden muß, was von den Anhängern als größerer Gehorsam gegen das Neue Testament verteidigt werden kann. F.s entschiedener Rekurs auf das Leitbild des Neuen Testaments hält sich auch in der materialen Exposition aller Teildisziplinen der Praktischen Theol. durch. In der ev. Kirche war F. trotz seiner wiss. Leistungen nicht unumstritten. Seine grundsätzliche ökumenische Offenheit insbesondere gegenüber der kath. Kirche wurde auf dem Hintergrund seiner Biogr. gegen ihn ausgelegt und trug ihm von Seiten gemäßigter und konservativer Lutheraner den Ruf eines Konvertitentheologen ein. Umstritten war auch F.s kirchenpolitische Einstellung in der Zeit des Dritten Reiches. Zwar schloß er sich nicht den Dt. Christen an, stand aber aufgrund einer erklärt apolitischen Einstellung den auch in der Kirche grassierenden ns. Umtrieben äußerst unkritisch gegenüber. Im Nachhinein wurde ihm deshalb ein zu enger Schulterschluß mit dem ns. Regime angelastet, was nach dem Krieg seinen Wiedereinstieg ins akad. Lehramt erschwerte bzw. schließlich gänzlich unmöglich machte. In Gommern entstand neben einer fundierten stadtgesch. Arbeit („Zur Stadtgesch. Gommerns", 1929) und der religionsgesch. Studie über „Gnostische Mysterien" (1922) sein bedeutendes liturgiegesch. Werk „Der lutherische Gottesdienst im 16. Jh." (1923).

W: Der Wille zur Reformation im Augsburgischen Bekenntnis, 1930; Katechetik, 1935; Grundriß der Praktischen Theol. (3 Bde), 1938–1939; Homiletik, 1949; Einführung in die Liturgiewiss., 1958. – **L:** RGG 2, ³1958, *898f.*; BBKL 2, Sp. *14f.*; Theol. Realenzyklopädie, Bd. 11, 1983, *78–81*; Robert Frick, L. F. zum 75. Geb., in: Monatsschrift für Pastoraltheol. 45, 1956, *193–285*; Hans Urner, In memoriam L. F., in: Theol. Literaturztg. 83, 1958, *73–76*; Karl Friedrich Wiggemann, Briefe des Kaplans L. F. aus den Jahren 1905–1910. Ein Beitrag zur Modernismusforschung, in: Zs. für Kirchengesch. 91, 1980, *283–311*; ders., L. F., Leben und Werk, Diss. Erlangen 1981.

Matthias Neugebauer

Ferl, Gustav
geb. 23.12.1890 Groß-Ottersleben bei Magdeburg, gest. 25.04.1970 Bremen, Tischler, Politiker.

Der Sohn eines Landarbeiters besuchte die Volksschule und durchlief eine Tischlerlehre. Ab 1905 war er in verschiedenen leitenden Funktionen in der Arbeitersportbewegung in Magdeburg und Umgebung tätig, u. a. im *Landessportkartell Sa.-Anh.* und als Kreiskassierer des *Arbeiter-Turn- und Sportbundes*. F. war 1924 Mitbegründer des *Reichsbanners Schwarz-Rot-Gold* in Magdeburg und von 1932 bis 1933 dessen kommissarischer 2. Bundesführer. F. war einer der aktivsten führenden Sozialdemokraten im Bez. Magdeburg während der Weimarer Republik. Von 1919 bis 1922 war er SPD-Parteisekretär in Magdeburg, 1922–33 Parteisekretär für den Bez. Magdeburg, von 1919 bis 1929 außerdem Mitglied des Kreistages Wanzleben und 1925–33 Mitglied des Reichstages für den Wahlkr. Magdeburg. Er stimmte 1933 gegen das Ermächtigungsgesetz und mußte über Belgien, Frankreich und Spanien in die USA emigrieren. F. kehrte 1958 nach Dtl. zurück und lebte bis zu seinem Tode in Bremen.

L: Bio Hdb Emigr 1, *171*; Wilhelm Heinz Schröder, Sozialdemokratische Parlamentarier in Dt. Reichs- und Landtagen 1867–1933, 1995, *436*. – **B:** AdsD.

Ingrun Drechsler

Fesca, Friedrich Ernst
geb. 15.02.1789 Magdeburg, gest. 24.05.1826 Karlsruhe, Violinvirtuose, Komponist.

F., Sohn des kunstliebenden Magistratsobersekretärs Johann Peter August F. und der Marianne Podleska, einer Schülerin Johann Adam Hillers und vormaligen Kammersängerin am hzgl. kurländischen Hof, verlebte seine Kindheit in Magdeburg. Ab 1798 erhielt er Geigenunterricht beim Theaterkonzertmeister Lohse und trat schon um 1800 öffentlich auf, u. a. in einem Konzert der Freimaurerloge „Ferdinand zur Glückseligkeit". In Musiktheorie und Komposition wurde F. vom Musikdir. am Altstädtischen Gymn. → Johann Friedrich Leberecht Zachariae und vom Theaterkapellmeister → Friedrich Adolf Pitterlin unterwiesen. 1804 traf er mit Louis Spohr zusammen, der während einer Konzertreise in Magdeburg weilte und zu dem er zeitlebens Kontakt hielt. F. wirkte bei der UA (10.11.1804) der zweiten Fassung von Spohrs (unveröffentlichtem) Violinkonzert e-Moll im traditionsreichen Konzertsaal des Seidenkramer-Innungshauses in Magdeburg mit. Nach dem Tod Pitterlins wandte sich F. im Juli 1805 nach Leipzig, um seine Musikstudien beim Thomaskantor und Mozartverehrer → August Eberhard Müller, dem einstigen Ulrichsorganisten aus Magdeburg, fortzusetzen. Der von früheren Biographen erwähnte Unterricht bei dem Gewandhauskonzertmeister August Matthäi ist nicht belegt. In Leipzig sammelte F. Erfahrungen im Streichquartettspiel und musizierte im Gewandhausorchester. 1806 trat er seine erste Stelle als Kammermusiker des Herzogs Peter Friedrich Ludwig in Oldenburg an. Von 1808 bis zum Ende des westfälischen Königreiches 1813 war er Geiger der Hofkapelle König Jérômes in Kassel. Nach kurzem Aufenthalt bei seinem Bruder und Förderer Carl August F. in Wien wurde er 1814 Mitglied der großhzgl.-badischen Hofkapelle in Karlsruhe, ein Jahr später deren Konzertmeister. Er leitete die Konzerte der Karlsruher Museumsges. F. war ein hervorragender und geschätzter Geiger, mußte jedoch 1821 wegen eines Lungenleidens das öffentliche Konzertieren aufgeben und widmete sich stattdessen stärker dem Komponieren. Seine Kontakte nach Magdeburg rissen nie gänzlich ab. Einige Werke hat er Magdeburger Persönlichkeiten dediziert. Nach seinem Tod veranstaltete der Magdeburger *Seebachsche Singverein* ein Gedenkkonzert. F.s geistliche Vokalmusik sowie die Streichquartette und -quintette, die mit brillantem Part für die erste Violine und gleichberechtigter, teilweise thematischer Stimmführung der anderen Instrumente dem klass. Formmodell und dem zeittypischen Ideal der Virtuosität huldigen, erlangten große Anerkennung und wurden oft gespielt. Eine Gesamtausgabe der Streichquartette und -quintette erschien noch zu F.s Lebzeiten in Paris.

W: 21 Streichquartette (das vermutlich erste entstand in Magdeburg, ist jedoch nicht erhalten); 4 Streichquintette; 4 Flötenquartette; Flötenquintett op. 22; Orchesterwerke, darunter drei Sinfonien; zwei Opern: Cantemire (1820); Omar und Leyla (1824); Lieder für Singstimme und Klavier; vierstimmige Gesänge; Psalmkompositionen; Komposition der Melodie des Liedes „An der Saale hellem Strande" (Franz Kuglers Kontrafaktur des Liedes „Soldatenabschied" op. 17,1). – **L:** ADB 6, *722f.*; Mitteldt Leb 5, *254–266* (***B***); MGG 4, Sp. *83–85*; Hobohm, Bd. 1, *99*; Friedrich Rochlitz, Nachruf, in: Allg. musikalische Ztg., 23.08.1826; Markus Frei-Hauenschild, F. E. F. (1789–1826). Studien zu Biogr. und Streichquartettschaffen, 1998 (*W*). – **B:** Dt. Musikgesch. Archiv Kassel.

Brit Reipsch

Fiebiger, Franz, Prof.

geb. 06.02. 1880 Ober-Johnsdorf/Böhmen, gest.19.10.1932 Magdeburg, Maler, Graphiker, Holzschneider, Kunstgewerbelehrer.

F. war österreich-ungarischer, ab 1919 tschechoslowakischer Staatsbürger (Böhme). 1886–94 besuchte er die Volks- und Mädchenschule Landskron, erhielt 1894–98 eine erste künstlerische Ausbildung an der Fachschule für Weberei in Landskron und studierte 1898–1902 an der Kunstgewerbeschule Wien bei Koloman Moser. Um 1900 war F. im Umfeld der *Wiener Sezession* tätig. 1904–06 und 1907–10 unterhielt F. ein eigenes Atelier in Wien. Aus dieser Zeit stammen Entwürfe für Stuck-Dekorationen, Textilien, Plakate sowie graphische Arbeiten. 1906–07 besuchte er die Kgl. Kunstakad. in Karlsruhe. Zwischenzeitlich unternahm F. Studienreisen nach Belgien, Holland und Italien. Er wurde stark von den Arbeiten dt.-böhmischer Impressionisten wie Emil Orlik beeinflußt, mit dem er befreundet war. Von diesen Künstlern übernahm er vermutlich das Interesse an Farbholzschnitten und -radierungen. 1910 erhielt er eine Stelle als Hilfslehrer für Malerei an der Kunstgewerbe- und Handwerkerschule in Magdeburg, die erst 1921 in eine feste Stelle als Kunstgewerbelehrer umgewandelt wurde. Im gleichen Jahr wurde er zum Prof. ernannt. Er unterrichtete die Fächer Körper- und Gerätezeichnen sowie Zeichnen nach der Natur. Sein malerisches Schaffen war stark kunstgewerblich geprägt. Seine Malerei ist daher meist Schmuckkunst. So schuf er 1903 als Maler und Holzschneider mit seinen Schwestern Hilde und Nora Exner ein „Tier-ABC" aus farbigen Holzschnitten. 1908 nahm er an einer Plakatkonkurrenz für den Festzug zum 60. Regierungsjubiläum des Kaisers Franz Joseph (3. Preis) und 1914 erfolgreich an der Int. Graphikausstellung in Leipzig teil. In Magdeburg galt F. als sehr introvertierter Künstler, der sich wenig nach äußeren Erfolgen richtete, sondern beharrlich um einen eigenen Stil rang. Dabei entstanden Werke von „hoher Schlagkraft" (vgl. Nachruf → Richard Winckel), so auch sein unvollendetes Christusbild (1932), in dem sich die Auseinandersetzung mit den Auffassungen des Quattrocento und der griechischen Formensprache ablesen läßt.

W: Mappe mit Handzeichnungen (KHMus. Magdeburg); Wochenmarkt, um 1912; Selbstporträt, o. J.; Naumburg, o. J. – **L:** Vollmer 2, 1955, *100*; Jahresberichte der Kunstgewerbe- und Handwerkerschule Magdeburg 1893ff.; Ver sacrum, 1903, *71–94*; Die Graphischen Künste 31, 1908, *77ff.*; Richard Winckel, Anzeige und Nachruf auf F. F., in: Magdeburgische Ztg. vom 25. und 26.10.1932; Wien um 1900, Kat. Wien 1964; Wien um 1900, Kat. München 1983; Wien 1900 – Kunst und Kultur, Kat. München 1985; Hans Ries, Illustrationen und Illustratoren des Kinder- und Jugendbuchs im deutschsprachigen Raum 1871–1914, 1992; Norbert Eisold, Die Kunstgewerbe- und Handwerkerschule Magdeburg 1793–1963, Kat. Magdeburg 1993, *54, 105, 108, 156*; Bundesarchiv Berlin: Sign. R 4901, Abt. X., Fach F, F 65 (PA). – **B:** *KHMus. Magdeburg: Selbstbildnis (Radierung); Günter Paulke, Magdeburg (priv.).

Gerd Kley

Finzenhagen, Hermann
geb. 06.01.1825 Magdeburg, gest. 14.08.1914 Magdeburg, Organist, Dirigent, Komponist, Kgl. Musikdir.

Sein Vater Friedrich F. war Lehrer in Magdeburg. F. besuchte das Kgl. ev. Lehrerseminar in Magdeburg und wurde 1849 Lehrer an der Höheren Töchterschule. Was seine musikalische Ausbildung anbelangt, so erklärte er 1901: „Ich bin aus dem Lehrerstande hervorgegangen und verdanke meine musikalische Ausbildung dem Seminar und meiner weiteren privaten Arbeit." Seit Ende 1851 war F. als Organist an der Jacobikirche in Magdeburg angestellt. 1861 gründete er den *F.schen Gesangverein*, einen gemischten Chor, der in den Festgottesdiensten und in „Volkskonzerten" auftrat, in denen F. bei freiem Eintritt eigene und fremde Werke darbot. 1881 wurde ihm der Titel eines Kgl. Musikdir. verliehen, bei seinem 50jährigen Dienstjubiläum erhielt er den Kronen-Orden IV. Kl. und beim Eintritt in den Ruhestand 1906 den Roten-Adler-Orden IV. Kl. Sein Sohn → Ludwig F. wurde ebenfalls Organist. Seine engagierte Arbeit beweisen 312 Programme zu den Aufführungen des Gesangvereins in Gottesdiensten und Kirchenkonzerten sowie 72 Programme zu weltlichen Konzerten.

W: Choralvorspiele für Orgel, Lieder für Singstimme und Klavier, Chorkompositionen (Motetten, Kantaten, Lieder); Gesänge für gemischten Chor. – L: AKPS: Rep. A Spec. G, A 17284 (*W*).

Johannes Fischer

Finzenhagen, *Ludwig* Hermann Otto
geb. 23.07.1860 Magdeburg, gest. 11.04.1931 Magdeburg, Organist, Komponist, Musiklehrer.

F. erhielt den ersten Musikunterricht bei seinem Vater, dem Organisten der Jacobikirche → Hermann F., und besuchte das Gymn. am Kloster U. L. F. Magdeburg. 1881–85 studierte er am Kgl. akad. Inst. für Kirchenmusik in Berlin, hörte daneben an der dortigen Univ. Vorlesungen über Kontrapunkt und Musikgesch. Nach kurzer Tätigkeit als Klavierlehrer in Magdeburg war er 1886–90 Kantor am Dom zu Marienwerder (Kwidzyn)/Westpreußen. 1891 bewarb er sich um die Organistenstelle der Wallonisch-Reformierten Gemeinde in Magdeburg. Er hat diesen Dienst in großer Treue 40 Jahre lang ausgeübt. Daneben war er als Komponist und Musiklehrer tätig, auch als Konzertorganist u. a. in Göttingen und Braunschweig. Er war „Titular-Mitglied" der Académie des artistes musiciens de Province in Carcassone (Frankreich), Inhaber eines Dipl. und einer Bronzemedaille mit blau-weiß-rotem Band der *Nouvelles Annales* sowie eines Dipl. der Zs. für Kunst und Wiss. *Revue Française* in Paris. Seit 1919 verheiratet mit der Witwe Agnes Margarethe Hedwig Schröder, wurde F. von diesem Zeitpunkt an als Mitglied der Wallonisch-Reformierten Gemeinde geführt. Gotthold Frotscher bezeichnet F.s gekoppelte Bearbeitung des Dtl.-Liedes mit „Lobe den Herren" als typisch für den Niedergang der choralgebundenen Orgelmusik. Im Lex. von Erich H. Müller werden beide getrennt als Orgelkompositionen aufgeführt. F. hatte offenbar eine Neigung für die franz. Musik seiner Zeit. Orgel- und Klavierwerke wurden auch in Frankreich verlegt. Dagegen scheint er in Magdeburg eher eine bescheidene Rolle gespielt zu haben. Die *Magdeburgische Ztg.* stellte 1931 lediglich fest, daß der bekannte Organist F. verstorben sei.

W: Orgel- und Klavierkompositionen, Lieder für Singstimme und Klavier; Osterkantate (UA 1918 Magdeburg); Reformationskantate (UA 1925 Baden-Baden); Passionskantate; Chorsätze. – L: Friedrich Jansa (Hg.), Dt. Tonkünstler und Musiker in Wort und Bild ²1911; Erich H. Müller (Hg.), Dt. Musiker-Lex., 1929; Gotthold Frotscher, Gesch. des Orgelspiels, Bd. 2, 1935, *1210*.

Johannes Fischer

Fischer, *Albert* Friedrich Wilhelm, Dr. theol. h.c.
geb. 18.04.1829 Ziesar, gest. 27.04.1896 Lemsdorf bei Magdeburg, ev. Pfarrer, Hymnologe.

F., als Sohn eines ev. Pfarrers in Ziesar geb., wuchs in Hohendodeleben bei Magdeburg auf, absolvierte das Domgymn. in Magdeburg und studierte 1849–52 in Halle ev. Theol. F. war zunächst – wie damals bei Theologen üblich – als Lehrer tätig: kurze Zeit als Hauslehrer, als Rektor einer Mädchenschule in Schönebeck und zuletzt – bevor er in ein Pfarramt berufen wurde – als Gymn.-Lehrer in Gütersloh. 1858 zum Pfarrer ordiniert, wurde er 1859 in seine erste Pfarrstelle an der Schloßkirche in Quedlinburg berufen, 1861 wurde er Pfarrer in Althaldensleben, 1867 Oberpfarrer und Superintendent in Ziesar. Nach Groß-Ottersleben bei Magdeburg, seiner Hauptwirkungsstätte, wurde F. 1877 als Oberpfarrer berufen. Fast 20 Jahre – bis zu seiner Pensionierung aus gesundheitlichen Gründen im Januar 1896 – hatte er diese große Pfarrstelle inne. Ab 1873 – F. hatte 1860 geheiratet und bereits für acht Kinder zu sorgen – bemühte er sich immer wieder um „besser dotierte" Pfarrstellen, weil er seinen fünf Söhnen den Besuch eines Gymn. ermöglichen wollte. Neben diesem familiären Grund wurde der Wechsel von Ziesar nach Groß-Ottersleben aus beruflicher Sicht notwendig. Die Überlastung durch das Doppelamt in Ziesar behinderte ihn in seiner umfangreichen wiss. Arbeit als Hymnologe. Seit seiner Studienzeit widmete sich F. der Hymnologie, wobei er sich als Theologe im wesentlichen auf die Bereiche Textquellen und Gesangbuchgesch. konzentrierte. Seine bedeutendsten Werke sind zwei Lexika, noch heute für jeden Hymnologen, auch über den dt. Sprachraum hinaus, unentbehrliche Standardwerke. Das umfangreiche zweibändige „Kirchenliederlex." enthält „hymnologisch-lit. Nachweisungen über ca. 4.500 der wichtigsten und verbreitetsten Kirchenlieder aller Zeiten … nebst einer Übersicht der Liederdichter". Diese Lieder hatte F. aus ca. 73.000 ausgewählt. In der sechsbändigen Enzyklopädie „Das dt. ev.

Kirchenlied des 17. Jhs" sollte die Gesch. des dt. Kirchenliedes von 1570 bis 1750 dargestellt werden. Dieses große Werk konnte F. nicht vollenden, hinterließ aber bei seinem Tode umfangreiches wohlgeordnetes Material für den Zeitraum 1570–1680. Wilhelm Tümpel, F.s Nachfolger, beließ es bei diesem Zeitraum, so daß er bei den ersten fünf Bänden im wesentlichen als Hg. fungierte, den sechsten, den Registerbd., erarbeitete Tümpel allein. Die Korrektur dieses sechsten Bd. war wenige Tage vor Tümpels Tod (1915) abgeschlossen. 1883 rief F. die Zs. *Bll. für Hymnologie* ins Leben und war ab 1884 – zusammen mit Johannes Linke/Altenburg – ihr Hg. In dieser und in zwei weiteren Zss. *Siona* und *Geschichts-Bll. für Stadt und Land Magdeburg* hat F. – neben zahlreichen anderen Artikeln – bereits ab 1869 immer wieder Forschungsergebnisse zur Gesch. der magdeburgischen Gesangbücher veröffentlicht und dabei zur Erforschung der Territorialgesch. Magdeburgs beigetragen. Die Erarbeitung eines „neuen" Gesangbuchs für die Provinz Sachsen Anfang der 1870er Jahre hat F. zusammen mit → Friedrich Danneil äußerst kritisch begleitet und für seine eigene Gemeinde entschieden, daß weiterhin das „alte" Magdeburger Gesangbuch benutzt wird. Anerkennung als Wissenschaftler erfuhr F. 1884 durch die Verleihung der theol. Ehrendoktorwürde der Univ. Jena.

W: Zur Gesch. der magdeburgischen Gesangbücher, in: GeschBll. 4, 1869, *218–251*, ebd. 5, 1870, *181–206, 479–496*; ebd. 6, 1871, *360–389*; ebd. 7, 1872, *316–327*; Die Ordnung der ev. Gottesdienste in der Metropolitankirche zu Magdeburg zu Anfang des 17. Jhs, in: ebd., *129–146*; Zur Gesch. der Buchdruckerfam. Faber in Magdeburg, in: ebd., *188ff.*; Die Fam. Müller (Faber) und Behle als Rivalen in der Herausgabe magdeburgischer Gesangbücher während des 18. Jhs, in: ebd. 9, 1874, *267ff.*; Kirchenliederlex. (2 Bde), 1878/79, Suppl. 1886, Nachdr. 1967; Das Allg. ev. Gesang- und Gebetbuch von C. K. I. v. Bunsen, neu bearb. u. hg. 1881; Luthers Lieder, 1883; Die kirchliche Dichtung, hauptsächlich in Dtl., 1892; Das dt. ev. Kirchenlied des 17. Jhs (6 Bde), 1902–1916, Nachdruck 1964. – **L:** MGG 16, *290f.* (*W*); BBKL 2, Sp. *39*; Adolf Hinrichsen, Das lit. Dtl., 1888, *154f.* (*W*); AKPS: Rep. A, Spec. P, F 158 (PA).

Mechthild Wenzel

Fischer, Ernst (Ps.: Marcel Palotti)
geb. 10.04.1900 Magdeburg, gest. 10.07.1975 Locarno (Schweiz), Komponist, Pianist, Dirigent.

Der in Magdeburg aufgewachsene, musikalisch talentierte F. wurde 16jährig von seinen Eltern nach Frankfurt/Main an das Hochsche Konservatorium geschickt, wo er u. a. Schüler von Bernhard Sekles und Waldemar von Bausznern war. Einer Ausbildung zum Konzertpianisten bei Rudolf Breithaupt am Sternschen Konservatorium in Berlin 1919–22 schlossen sich Reisen mit klass.-romantischen Klavierprogrammen an. Ab 1926 komponierte er Begleitmusik für Stummfilme, sog. „Kinotheken", spielte in Berliner Filmpalästen auf Kinoorgeln, und auf Odeon-Schallplatten erschienen unter seinem Ps. auf der Welteorgel gespielte populäre Musikstücke. Ab 1933 komponierte F. Klaviermusik im zeittypischen Novelty-Stil und Foxtrotts in der Nachfolge amerikanischer Ragtimes. Die Orchester *Otto Dobrindt* und *Hans Bund* verbreiteten im *Berliner Rundfunk* seine für die Verlage → Heinrichshofen, Birnbach und Schott arrangierten Klavierstücke für Salonorchester. Die 1937 geschriebene Orchestersuite „Südlich der Alpen" – eine viersätzige Programmusik – ist bis heute F.s nachhaltigster Erfolg. 1942 wurde F. als Arrangeur und Komponist für das *Dt. Tanz- und Unterhaltungsorchester* dienstverpflichtet. 1946 zog er von Berlin nach Köln und begann als freier Mitarbeiter beim *Nordwestdt. Rundfunk*. Ab 1948 hatte F. Erfolge als Schlagerkomponist mit dem Texter Kurt Feltz. Seinem Umzug nach Nußdorf am Bodensee 1950 folgten eine Tätigkeit als Berater beim *Holzschuh-Verlag* Ravensburg und die Operette „Das Land ohne Musik" (1950) in der Funkfassung Stuttgart. 1964 verlagerte er seinen Wohnsitz abermals und siedelte in die Schweiz nach Ascona über. Infolge grundlegender Änderung des Musikgeschmacks geriet F.s Musik in Vergessenheit. F. zählt zu den wichtigsten Repräsentanten der gehobenen dt. Unterhaltungsmusik zwischen 1930 und 1960. Schwerpunkte bilden 70 Stücke für ein und zwei Klaviere, 21 Orchestersuiten und sechs Chorzyklen. Sein Stil ist tänzerisch-rhythmisch, vom Jazz beeinflußt. Jede Komposition beruht auf einem charakteristischen rhythmisch-melodischen Motiv. Durch jüngste CD-Einspielungen erfolgte eine Wiederentdeckung F.s. Seit 1981 schreiben eine Stiftung der *Ges. für musikalische Aufführungs- und mechanische Vervielfältigungsrechte* (*GEMA*) und *Dtl.-Radio* den E.-F.-Kompositionswettbewerb aus.

W: s. o. – **L:** GEMA-Stiftung (Hg.), E. F. Werkverz., zusammengestellt von Reto Parolari, 1997; E.-F.-Archiv, Hans Schubert, Coburg. – **B:** *Telemann-Zentrum Magdeburg.

Hans-Walter Berg

Fischer, Jacob Adolph
geb. 28.06.1751 Magdeburg, gest. 29.03.1813 Magdeburg, Bildnis- und Miniaturmaler.

F., Sohn des Buchbinders Johann Conrad F. bei der Pfälzer Kolonie in Magdeburg, war Schüler, später Mitglied und seit 1788 Ehrenmitglied der Kgl. Malerakad. in Berlin. 1799 wird er als in Hirschberg/Schlesien lebend erwähnt. Dort heiratet er eine Kaufmannstochter. Ab 1807 ist er wieder in

Magdeburg nachweisbar. F. arbeitete in Magdeburg als Bildnis- und Miniaturmaler. An Ausstellungen in der Berliner Akad. war er 1787, 1788, 1791, 1794 beteiligt.

W: Bildnis des Magdeburger Kaufmanns D. C. Vollrath Gleim, 1782, Gleimhaus Halberstadt; Bildnis des napoleonischen Generals Eblé, 1808 (vorm. Kaiser-Friederich-Mus., Magdeburg, erwähnt); Porträt von → Wilhelm Gottfried von Vangerow nach Gemälde von A. F. – **L:** Thieme/Becker 12, *23f.*; Else Schliephack, Lebensdaten zur Künstlergesch. Magdeburgs in der Zeit von 1790–1840, in: GeschBll. 74/75, 1939/41, *222–225*; Kunst um 1800, Kat. Magdeburg 1989, *85*.

Renate Hagedorn

Fischer, *Johannes* **Eduard,** Dipl.-Ing.
geb. 06.08.1882 Magdeburg, gest. 09.12.1968 Marburg, Baumeister.

Der Sohn des kgl.-preuß. Sanitätsrates August Georg Eduard F. absolvierte das Magdeburger Domgymn und studierte anschließend Hochbau in Dresden, München und Braunschweig. Nach dem Studium kehrte er als Regierungsbaumeister in seine Geburtsstadt zurück. 1914 trat er als Kriegsfreiwilliger in das Magdeburger Fußartillerie-Regiment Nr. 4 ein und wurde später als Leutnant und Batterieführer an der Westfront (EK I und II) eingesetzt. F. war langjährig an der Maschinenbau-Schule Magdeburg tätig und leitete hier später bis zum Ende des II. WK auch das Stadtgesch. Mus. Als langjähriger Presbyter der Wallonisch-Reformierten Gemeinde Magdeburg erwarb er sich Verdienste um die Erforschung der Gesch. der Pfälzer und der Franz. Kolonie von Magdeburg.

W: Die Pfälzer Kolonie zu Magdeburg, 1939; Die Franz. Kolonie zu Magdeburg, 1942. – **L:** Dt. Geschlechterbuch, Bd. 39, 1923.

Henner Dubslaff

Fischer, *Karl* Ludwig
geb. 19.05.1798 Groß Ziethen, gest. 11.01.1865 Calbe, Unternehmer, Domänenpächter, Oberamtmann.

F. war ein vielseitig orientierter Unternehmer, der in der Zeit der industriellen Entwicklung der Region neue Methoden auch in der Landwirtschaft zum Einsatz brachte. Er wurde 1847 Pächter der Schloßdomäne bei Calbe und blieb dies bis zu seinem Tod. Als Amtmann oblag ihm die Verwaltung des Amtsbezirkes Calbe, mit Sitz im außerhalb vom Ort befindlichen Schloß, zu dem 17 Dörfer einschließlich der „Schloßvorstadt" und der „Bernburger Vorstadt" bei Calbe gehörten. Die Stadt Calbe war selbständig und unterstand nicht dem Amt. Mit der Domäne übernahm er auch die von → Wilhelm Schoch ein Jahr zuvor errichtete Zuckerfabrik, neben der er 1855 eine Spiritusbrennerei in Betrieb nahm, welche er drei Jahre später noch einmal modernisierte und für deren Betrieb er eine Dampfmaschine einsetzte. 1856 folgte ein Knochen-Gärhaus zur Fett- und Leimgewinnung, und ein Jahr später errichtete F. eine Gasbereitungsanstalt für die Beleuchtung der Zuckerfabrik. Neben diesen industriellen Aktivitäten war F. sehr an der Entwicklung der Landwirtschaft interessiert. Dazu legte er in der Umgebung Calbes Baumschulen an und entwickelte zur Verbesserung der Ackerbewirtschaftung neue Saatdeckenpflüge. Im Jahre 1864 schaffte er den zweiten in Preußen eingesetzten Dampfpflug an.

L: → Adolf Reccius, Chronik der Heimat, 1936, *90*.

Hanns Schwachenwalde

Fischer, Werner Karl *Albert* (gen. Napoleon)
geb. 22.12.1905 Bahrendorf, gest. 16.03.1995 Magdeburg, Obering., Chefkonstrukteur.

Der Sohn des Molkereiverwalters Albert F. besuchte 1910–22 die Mittelschule in Tangerhütte und war anschließend bis 1924 Maschinenschlosserpraktikant in der *Maschinenfabrik Henneberg & Co.* Tangerhütte sowie bis 1925 bei der *Maschinenfabrik R. Wolf* in Magdeburg-Buckau. Nach dem Besuch der Vereinigten Maschinenbauschulen zu Magdeburg 1925–27 legte er seine Ingenieurprüfung ab. Es folgte 1927–30 eine Anstellung als Konstrukteur für Elektromaschinen bei der *Siemens-Schuckert A. G.* in Berlin. In der Krisenzeit wurde auch er 1930 arbeitslos und betrieb gemeinsam mit seiner Frau 1933–36 ein Lebensmittelgeschäft. 1936–37 trat er erstmals in sein späteres Metier als Konstrukteur für Reduzier- und Dampfreglerventile bei der *C. Louise Strube A. G.* Magdeburg-Buckau ein, um nach einer kurzzeitigen Tätigkeit als Konstrukteur für elektrische Ausrüstungen bei den *Heinkel Flugzeugwerken* in Rostock-Marienehe 1938 bei den Armaturenwerken *Schaeffer & Budenberg Magdeburg* als Konstrukteur für Magnet-, Schwimmer-, Druckminder- und Reglerventile tätig zu werden. Als Konstruktionsgruppenleiter Spezialarmaturen wurde er während des II. WK u. k. gestellt und übernahm 1951 als Chefkonstrukteur mit Einzelvertrag das Konstruktionsbüro für Reduzierstationen, Regler und Höchstdruckarmaturen im nunmehrigen SAG-Betrieb. Ausgehend von den zunehmenden Anforderungen durch die Reparationsleistungen für die Sowjetunion, dem sich anschließenden Aufbauprogramm der Kraftwerksindustrie der DDR und dem späteren Export von exakt, rasch und nach vorgegebenen Kennlinien regelbaren Höchstdruckarmaturen schuf F. eine interdisziplinäre und schlagkräftige Konstruktionseinheit. Im Ergebnis dieser Arbeiten entwickelte dieses Forschungskollektiv unter seiner Leitung einer Vielzahl hochwertiger Armaturen, so z. B. vollautomatische Hochdruck-Reduzier-Kühlstationen, Heißdampfarmaturen und Kraftwerksregelarmaturen. Dazu gehört auch das von F. patentierte „F.-Ventil", das den erhöhten Blockleistungen Rechnung trug und zur Vereinfachung der Hilfs- und Regeleinrichtungen (Wegfall von sieben Ventilen und Schiebern), des Rohrleitungssystems (Einsparung von Rohrleitung, Formstücken und Rundschweißnähten) und zur einer verbesserten Betriebstüchtigkeit, -sicherheit sowie Lebensdauer führte. Die Schriftstellerin → Christa Johannsen führte in Vorbereitung ihres Buches „Flug nach Zypern" (1969) ausgiebige Gespräche mit ihm. F. schied 1975 aus dem VEB Meßgeräte- und Armaturwerk „Karl Marx" Magdeburg aus. Er war mit Leib und Seele Armaturenkonstrukteur, und selbst 80jährig beschäftigte ihn die Idee der „Armatur 2000", einer geregelten Verstelleinheit ohne mechanische Antriebskomponenten, die mit Linearantrieben das Verändern der Ströme bezüglich Menge und Druck übernehmen sollte. Für seine Kreativität und sein organisatorisches Geschick wurde er neben anderen Ehrungen als Verdienter Techniker des Volkes ausgezeichnet.

N: Materialslg. Frieda F., Magdeburg. – L: 100 Jahre Schäffer & Budenberg, 1950 (*B*); Heinz Dobersch, Menschen am Werke ... aus dem Alltag eines großen Betriebes. VEB Meßgeräte und Armaturenwerk „Karl Marx" Magdeburg, 1963, *11f.* (*B*); N. N., Hochdruck-Speisewasser Drossel- und Regelorgan, F.-Ventil, Typ HDS 1, MAW Kombinat der Magdeburger Armaturenwerke, 1969; Wolfgang Zellmann, „Napoleon" und das F.-Ventil, in: Betriebsztg. „Sprachrohr" des VEB Meßgeräte und Armaturenwerk „Karl Marx" Magdeburg, 12/1985. – B: *Frieda F., Magdeburg (priv.).

Werner Hohaus

Fischer-Treuenfeld, Carl Christian Gottfried Eberhard von (seit 1846)
geb. 12.02.1788 Aschersleben, gest. 07.07.1870 Bonn, Generallieutenant.

Der Sohn des Geh. Hofrats und Ratsmanns Johann Friedrich Eberhard Fischer in Aschersleben bezog Ende 1800 die Kadettenanstalt in Berlin und trat 1806 als Portepee-Fähnrich in die preuß. Armee ein. Im Ergebnis des Tilsiter Friedens mußte F. als Offizier aufgrund der geographischen Lage seiner Heimatstadt, die zum Königreich Westfalen gehörte, seinen Abschied aus preuß. Diensten nehmen und den westfälischen Truppen beitreten. Unter diesen nahm er am russischen Feldzug 1812 teil, wo er von Napoleon persönlich mit dem Orden der franz. Ehrenlegion ausgezeichnet wurde. Zurück auf dt. Boden und von seinen im Feldzug erlittenen Erfrierungen und Verwundungen geheilt, schloß sich F. in den Befreiungskriegen wieder der preuß. Armee an. Als Offizier im Generalstab des I. Armeekorps erwarb er sich besondere Verdienste bei der Befreiung der holländischen Festung Gorkum. Nach weiteren Verwendungen in Stabs- und Kommandeursstellungen wurde F. 1838 als Oberst Zweiter und 1840 Erster Kommandant der Festung Magdeburg. Außerdem war er von 1839 bis 1844 Dir. der Divisionsschule der 7. Division, die zum in Magdeburg stationierten IV. Armeekorps (Kommandant → Friedrich *Karl* Alexander Prinz von Preußen) gehörte. In Magdeburg erwarb sich F., der 1843 anläßlich seines Dienstjubiläums zum Ehrenbürger der Stadt ernannt und 1844 zum Generalmajor befördert wurde, durch praktische Vorkehrungen und militärische Hilfeleistungen zum Schutz der vom Hochwasser und Eisgang bedrohten Gebiete schnell die Achtung der Bevölkerung. 1846 erhielt er vom König die Erlaubnis, sich „von Fischer-Treuenfeld" nennen und schreiben zu dürfen. Während der Märztage 1848 bemühte er sich durch persönliches Engagement um einen friedlichen Verlauf der Erhebungen. Im November dess. Jahres wurde er mit dem Charakter eines Generallieutenants zu Disposition gestellt und im Folgejahr endgültig verabschiedet. Seinen Lebensabend verbrachte F. in Bonn, wo er sich mit militärpolitischen und sozialwiss. Studien beschäftigte.

L: Priesdorff 6, *87f.*; StadtA Magdeburg: Rep. A II, B 27 spec. 5, Bd. 1.

Horst-Günther Heinicke

Fleischhack, Heinz
geb. 14.06.1913 Magdeburg, gest. 08.04.1988 Halle, ev. Theologe.

F. wuchs in Magdeburg auf, besuchte hier die Schule und bestand 1931 das Abitur. Er begann im gleichen Jahr ein Philologiestudium in Halle, wechselte aber 1932 zum Studium der ev. Theol., das er ab 1933 in Marburg fortsetzte. Das erste theol. Examen legte er 1936 in Halle ab. Bereits während seines Studiums war er mit der Bekennenden Kirche (BK) bekannt geworden, die 1934 in Abgrenzung zu den mit dem ns. Regime sympathisierenden Leitungen der meisten ev. Landeskirchen entstanden war. So leistete er den kirchlichen Vorbereitungsdienst als Vikar der BK ab und nahm während dieser Zeit an einer katechetischen Weiterbildung in Berlin und an Predigerseminar-Kursen teil, die Dietrich Bonhoeffer im Auftrag der BK durchführte. Die Erfahrungen dieser Ausbildungsphase unter dem Eindruck des theol. Denkens und der Persönlichkeit Bonhoeffers haben ihn, neben der Theol. Karl Barths, entscheidend geprägt. 1939 bestand er das zweite theol. Examen, wurde von einem Vertreter der BK ordiniert und sogleich als Hilfsprediger mit dem Pfarrdienst in Eisleben beauftragt. Da er ab 1940 nicht mehr offiziell als Pfarrer tätig sein konnte, arbeitete er bis

1942 als Buchhalter in einem Betrieb. 1942 wurde er zum Kriegsdienst eingezogen und geriet 1945 in sowjetische Gefangenschaft. Nach seiner Rückkehr 1949 wurde F. 1950 als Pfarrer in Eisleben eingeführt. 1955 wurde er zum Konsistorialrat und Leiter des Katechetischen Amtes in das Konsistorium der Ev. Kirche der Kirchenprovinz Sachsen berufen, wo er für die Gestaltung einer eigenständigen ev. Unterweisung in dieser Landeskirche nach dem Wegfall des schulischen Religionsunterrichts in der DDR verantwortlich war. Seit 1958 war er Pfarrer der St. Johannis-Gemeinde und Propst des Sprengels Magdeburg. In diesem Amt oblag ihm die geistliche Betreuung der Kirchengemeinden und Mitarbeiter in der Magdeburger Region. Er brachte für diese Aufgabe wichtige Gaben und Fähigkeiten mit: theol. Urteilsfähigkeit, psychologisches Einfühlungsvermögen, Basisnähe und Humor. Als Magdeburger Propst war er zugleich der ständige Vertreter des Bischofs und damit Mitglied der Kirchenleitung. In diesen Funktionen wirkte er an wichtigen, den Weg der Kirche in der DDR bestimmenden Entscheidungen mit. So gehörte er der Arbeitsgruppe an, die die Ordnung des Bundes der ev. Kirchen in der DDR erarbeitete. F. war Mitglied des Kuratoriums der Gossner-Mission und des Bonhoeffer-Komitees. Er trat 1978 in den Ruhestand.

N: Dienstliche Notizbücher im Besitz Prof. Dr. Martin Onnasch, Greifswald. – L: Johannes Hoffmann, Propst H. F. zum 60. Geb., in: Günter Jacob (Hg.), Predigten in den Kirchen der DDR, 1973, *107–110*. – B: *Ev. Pressedienst Magdeburg.

Gerhard Zachhuber

Flemming, Adolf

geb. 02.09.1852 Hamburg, gest. 06.04.1939 Magdeburg, Bankier, Kgl. Kommerzienrat.

Nach erfolgreichem Besuch der Schule in Hamburg ging F. zur weiteren beruflichen Ausbildung nach England und Südamerika (Rio de Janeiro) und sammelte dort wertvolle praktische Erfahrungen im kaufmännischen und im Bankgewerbe. Nach seiner Rückkehr trat er 1886 als Mitinhaber in die Fa. *F. A. Neubauer, Bank- und Zuckergeschäft* in Magdeburg ein, der er mehr als 40 Jahre angehörte. 1928 gründete er in Magdeburg das Bankhaus *F. & Co.*, das er als persönlich haftender Gesellschafter leitete. F. war zudem Kommanditist der Magdeburger Niederlassung der *Dresdner Bank* und Mitglied des Bezirksausschusses Magdeburg der Reichsbank. Er gehörte den Aufsichtsräten mehrerer Unternehmen des Bank- und Versicherungsgewerbes und der Magdeburger *Straßen-Eisenbahn-Ges.* an. F. war von 1899 bis 1931 Mitglied der *IHK Magdeburg* – seit 1931 als Ehrenmitglied – sowie stellvertretendes Mitglied des Börsenausschusses beim Reichswirtschaftsministerium in Berlin.

L: DBE 3, *346*; Reichshdb 1, *454f.* (*B*); Georg Wenzel, Dt. Wirtschaftsführer, 1929, Sp. *625*. – B: *LHASA.

August Bornemann

Flickschu, Carl *August*

geb. August 1821 Guhrau/Schlesien, gest. 01.05.1888 Burg, Kaufmann, Tuchfabrikant, Stadtrat.

F., verh. in erster Ehe mit Pauline Müller, Tochter des Mitbesitzers der Tuchfabrik der Gebrüder Müller in der Oberstraße/Ecke Zerbster Straße in Burg, übernahm mit seinem Schwager ab 1855 die Tuchfabrik. F. gehörte zur Oberschicht der Stadt, erarbeitete ein beträchtliches Vermögen, zeigte sich aber sehr wohltätig gegenüber dem Gemeinwesen der Stadt Burg. Er verfügte die Stadtrat-A.-F.-Stiftung (30.790 Mark) für verarmte Einwohner, 5.000 Mark für den Frauenverein in Burg und rief die F.'sche Renten- und Stipendienstiftung mit einem Kapital von 128.161 Mark ins Leben. F. war in zweiter Ehe verh. mit Albertine Styrle (geb. 1827 Ostrowo, gest. 30.09.1905 Burg), die nach seinem Tod mit Hilfe der nachfolgenden, in Kaufmanns- und Finanzgeschäften erfolgreichen Generation der Fam. bis an ihr Lebensende die Wohltätigkeit fortsetzte. Während sie zu Lebzeiten mit den sog. Brehmer Wiesen schon den Platz aussuchte, erwarb und 1898 der Stadt schenkte, vermachte sie nach ihrem Tod der Stadt 170.486 Mark für die Anlage eines öffentlich zugänglichen Stadtparks, der den Namen der Stifter tragen sollte. Durch Schwierigkeiten, u. a. bei der Gestaltung des Geländes am Fluß Ihle, konnte der F.-Park erst 1912 realisiert werden.

L: Gerhard Mittendorf, Die ausgedehnten Anlagen des F.-Parkes im Osten der Kreisstadt, in: Volksstimme Burg vom 28.03.1992, *12*; ders., Tuchmacher Müller erwarb das historische Gebäude 1815, in: ebd. vom 23.01.1997; Qualifizierungs- und Sanierungsges. Genthin/Burg, Burger Frauengeschichte(n) von Gestern und Heute, 1998.

Anita Skupin

Flottwell, Georg *Eduard* von

geb. 16.01.1844 Bromberg/Westpreußen, gest. 30.10.1894 Magdeburg, Fotograf.

F. wuchs als Sohn des Stadtsyndikus von Elbing auf. Der Fotograf ließ sich nach seiner Heirat 1873 in Magdeburg nieder. Während des Krieges 1870/71 diente er als kaiserlicher dt. Leutnant der Seewehr. Der Sitz des Ateliers des „Portraitmalers und Inhabers einer fotografischen Anstalt" befand sich im Magdeburger Breiten Weg 21/22. 1881–85 erhielt er mehrere nationale Auszeichnungen, wie den Ehrenpreis für vorzügliche Leistungen in der Fotografie und den Preis des *Dt. Photographie-Vereins*. F. fotografierte Magdeburger hist. Baudenkmäler und veröffentlichte diese Fotografien als Mappenwerke, die 1892 im Selbstverlag des *Architekten- und Ingenieurvereins* und des *Kunstgewerbevereins zu Magdeburg* herausgegeben wurden. Die Beschreibung der Denkmäler erfolgte durch den Stadtarchivar → Max Dittmar. F.s Aufnahmen sind die einzigen dieser Zeit. Er bildete Magdeburgs bedeutendste mittelalterliche Renaissance- und Barockbauwerke in ihrer Originalbauweise ab, von denen viele mittlerweile zerstört bzw. baulich stark verändert wurden, wie z. B. das Piechelsche Haus.

W: Magdeburgs Bau- und Kunstdenkmäler, zwei Mappenwerke, 1892 (StadtA Magdeburg); Die Bildwerke des Naumburger Doms, 1892 (mit August Schmarsow). – **B:** *Archiv der Fam. v.F., Meinerzhagen (priv.).

Ines Hildebrand

Flottwell, Heinrich *Eduard* von (seit 1861)
geb. 23.07.1786 Insterburg, gest. 25.05.1865 Berlin, Jurist, Oberpräsident der Provinz Sachsen, Reg.-Präsident in Magdeburg.

Nach dem Abitur in Tilsit studierte F. an der Königsberger Univ. Rechtswiss. Hier begeisterte er sich für den Philosophen Immanuel Kant. In Ostpreußen war F. im Justizdienst tätig und trat unter dem Einfluß des Oberpräsidenten Theodor von Schön 1812 als Reg.-Rat und Oberlandesgerichtsrat in Gumbinnen in den Verwaltungsdienst ein. Er erfüllte hier und an anderen Orten verschiedene Aufgaben innerhalb der preuß. Regierungstätigkeit und wurde 1825 Reg.-Präsident in Marienwerder. Nach Ausbruch der polnischen Revolution von 1830 wurde F. zum Oberpräsidenten der bedrohten Provinz Posen ernannt, die einen starken polnischen Bevölkerungsanteil hatte. Nach zehnjährigem Wirken erfolgte 1840 die Ernennung F.s zum Oberpräsidenten der Provinz Sachsen und gleichzeitig zum Reg.-Präsidenten in Magdeburg. In der Provinz Sachsen, wo er bis 1844 im Amt war, erwarb er sich Verdienste bei der Wirtschaftsförderung, besonders bei der Förderung der Landwirtschaft. 1844 wurde F. Ehrenbürger der Stadt Magdeburg. Im gleichen Jahr wurde F. zum Staats- und Finanzminister berufen. Nach zwei Jahren schied er aus dem Ministeramt. Er war danach Oberpräsident der Provinz Westfalen. Als im Ergebnis der Revolution von 1848 die Dt. Nationalverslg. in Frankfurt/Main gewählt wurde, war F. einer der wenigen konservativen Abgeordneten. Das Mandat hatte er im Wahlkr. Oschersleben in der Magdeburger Börde erhalten. In der folgenden Zeit bekleidete F. verschiedene hohe Ämter in Preußen und wurde 1850 Oberpräsident der Provinz Brandenburg. Zeitweilig war er auch Innenminister (1858/59) in Preußen. Anläßlich der Krönung König Wilhelms in Königsberg wurde F. in den Adelsstand erhoben.

W: Allerhöchster Zuruf an die Einwohner des Großhzts Posen, 1841. – **L:** ADB 8, *280–283*; NDB 5, *257f.*; Manfred Laubert, E. v.F. Ein Abriß seines Lebens, 1919 (**B**); Klaus Schwabe (Hg.), Die preuß. Oberpräsidenten 1815–1945, 1985, *283f.*; Stefan Karnop/Lars-Henrik Rode/Vf., Der Regierungsbez. Magdeburg und seine Gesch., 1998, *84* (**B**); Heinrich Best/Wilhelm Weege, Biogr. Hdb. der Abgeordneten der Frankfurter Nationalverslg. 1848/49, 1998, *141f.*

Mathias Tullner

Flügel, Johann Gottfried, Dr. phil.
geb. 22.11.1788 Barby, gest. 24.06.1855 Leipzig, Kaufmann, Universitätslehrer, Lexikograph.

F. besuchte das Pädagogium (Gymn.) in Barby und trat dann eine kaufmännische Lehre in Magdeburg an. Danach war er als Handelskaufmann in verschiedenen dt. Städten tätig. 1810 wanderte er in die Vereinigten Staaten aus und erwarb 1819 in New Orleans die amerikanische Staatsbürgerschaft. Im selben Jahr kehrte er nach Dtl. zurück und ließ sich in der Handelsmetropole Leipzig nieder. Von 1824 bis 1839 arbeitete er als Lektor für englische Sprache und Lit. an der Univ. Leipzig. Nebenbei war er als „Corrector" für die „Editions of British Authors" beim *Tauchnitz Verlag*, als Dolmetscher am Stadtgericht und als Ehrenpräsident im *Nationalverein für dt. Auswanderung*, Leipzig, tätig. 1830 prom. er zum Dr. phil. 1837 wurde F. zum Vizekonsul der USA in Leipzig berufen. 1839 erfolgte schließlich nach der Abberufung von Prof. Friedrich List seine Ernennung zum US-Konsul in Leipzig und 1853 die als US-Konsul für das Königreich Sachsen. In diesen Tätigkeitsbereichen zeigte er eine ungewöhnliche Amtsbeflissenheit und verfaßte gründliche und engagierte Lageberichte für das Department of State in Washington, in denen auch seine Sympathien für die nationalen Bestrebungen in Dtl. 1847/49 und seine antimonarchistische Einstellung zum Ausdruck kommen. Während seiner Leipziger Zeit publizierte er verschiedene Wörterbücher, Handbücher, Kompendien und Lektürebände für an der englischen Sprache interessierte Leser.

W: Praktisches Hdb. der englischen Correspondenz für Kaufleute, 1827; Complete Dictionary of the English and German Languages (2 Bde.), 1830/38; Kleines kaufmännisches Handwörterbuch in drei Sprachen (3 Bde.), 1840; Lit. Sympathien oder industrielle Buchmacherei. Ein Beitrag zur Gesch. der neueren englischen Lexikographie, 1843; Rathschläge und Regeln für Auswanderer aus allen Classen und jedem

Stande nach Nordamerika, 1849. – **L:** Eberhard Brüning, Das Konsulat der Vereinigten Staaten von Amerika zu Leipzig. Unter besonderer Berücksichtigung des Konsuls Dr. J. G. F., in: Sitzungsberichte der Sächsischen Akad. der Wiss. zu Leipzig. Philologisch-hist. Kl., Bd. 134, H. 1, 1994.

Hans-Joachim Geffert

Fock, Karl, Dr. med.
geb. 20.10.1828 Schwarbe/Rügen, gest. 22.10.1863 Magdeburg, Arzt.

F. studierte ab 1848 Med. in Bonn, Würzburg und Berlin, wo er 1852 prom. Nach Studienaufenthalten in Prag und Wien wurde er in Berlin Assistent des Chirurgen Bernhard von Langenbeck und neben Theodor Billroth in technischer Hinsicht dessen bedeutendster Schüler. 1856 übernahm F. die Leitung der Chirurgischen Klinik des Krankenhauses Altstadt in Magdeburg und trat bald mit kühnen und gelungenen Operationen hervor. Er heiratete die Tochter Auguste des Medizinalrates → August Andreae. Von F. erschienen zwischen 1855 und 1859 verschiedene Aufsätze über Themen der operativen Chirurgie in den Zss. *Dt. Klinik, Archiv für klinische Chirurgie* und *Monatsschrift für Geburtskunde*. F. erlag den Folgen einer Leberinfektion.

L: August Hirsch (Hg.), Biogr. Lex. der hervorragenden Ärzte aller Zeiten und Völker (vor 1880), Bd. 2, 1885, *550f;* → Hermann Rosenthal (Hg.), Fs. für die Teilnehmer der 57. Verslg. Dt. Naturforscher und Aerzte, 1884, *45;* Klaus Arlt, Die Entwicklung vom Handwerk zur wiss. Chirurgie. Studien über die Medizingesch. Magdeburgs, 1957, *58.*

Horst-Peter Wolff

Focke, *Carl* **Johann Friedrich**
get. 25.09.1785 Magdeburg, gest. 13.12.1838 Magdeburg, Kaufmann, Stadtrat.

Der aus einer Magdeburger Kaufmannsfam. stammende F. – sein Vater Johann Friedrich F. und dessen Bruder Carl Friedrich F. waren Gesellschafter der Tuch- und Schnittwarenhandlung *F. & Companie* in Magdeburg – besuchte bis 1800 das Pädagogium des Klosters U. L. F. und trat danach in die elterliche Fa. ein. Bereits als junger Kaufmann unterhielt er seit den 1820er Jahren ein Leihhaus in der Altstadt, das sein Vater 1798 übernommen hatte. Sein modernes Demokratieverständnis äußerte sich in seiner Tätigkeit als Mitglied in der Korporation der Kaufmannschaft, in der Magdeburger Freimaurerloge „Ferdinand zur Glückseligkeit" und als Stadtrat unter Oberbürgermeister → August Wilhelm Francke. F. wurde 1827 Mitglied der 1825 gegründeten Magdeburger *Korporation der Kaufmannschaft* und war dort bis zu seinem Tod im Ältesten-Kollegium tätig, das die Korporation nach innen vertrat. 1814 trat er der Freimaurerloge „Ferdinand zur Glückseligkeit" bei und stand ihr 1825–29 und 1832–38 als Meister vom Stuhle vor. Er setzte die Trennung des Amtes des hammerführenden Meisters von weiteren Ämtern innerhalb der Loge durch und erreichte somit eine höhere Verantwortung und Beteiligung der Brüder am Logenleben. F. organisierte zudem innerhalb der Loge die Wohltätigkeit neu, z. B. mit der Initiierung der ersten privaten Stiftungen der Loge, die – zumeist als Familienstiftungen geführt – z. T. bis zur Schließung der Loge durch die Nationalsozialisten wirkten. 1837 rief F. einen Witwen- und Waisenfond und eine Armenkommission innerhalb der Loge ins Leben, die die Spenden gezielter in der Stadt einsetzten. Er verfolgte zudem die Bildung eines Kapitalfonds, dessen Mittel u. a. weitere soziale Aktivitäten und die Unterstützung von kulturellen Ereignissen in Magdeburg ermöglichten. Neben den öffentlichen Winterkonzerten der Loge und den musikalischen Aktivitäten im Garten des Logenhauses gehörte dazu auch der Ausbau des Logengebäudes im Neuen Weg 6–7, das auf diese Weise einer größeren öffentlichen Nutzung zugeführt werden konnte. Zudem gewann F. mit Stadtschulrat und Bibliothekar → Georg Friedrich Gerloff und dem ev. Pfarrer → Friedrich August Klusemann weitere namhafte Persönlichkeiten des öffentlichen Lebens als Redner der Loge. Wie zuvor unter → Christian Schewe gehörte das Logenhaus in den 1830er Jahren zu den attraktivsten kulturellen Adressen in Magdeburg. Auf Grund seines sozialen Engagements, das weit über das Logenleben hinausging, berief Francke den seit 1829 als Stadtrat in Sozialfragen tätigen F. 1831 als Beauftragten der Orts-Gesundheits-Kommission der Stadt. 1831/32 brach die asiatische Cholera in Magdeburg aus, von der vor allem die Armenviertel der Neustadt betroffen waren. Da die öffentlichen Mittel der städtischen Armenpflege nicht ausreichten, gründeten die Freimaurer, einer Initiative F.s folgend, einen Verein, der erkrankte oder verwaiste Kinder versorgte. Die Mitglieder suchten und unterstützten Pflegefamilien. Die Idee vereinigte über die Logenmitgliedschaft hinaus mehr als 100 Magdeburger Bürger. F. wurde später Mitglied und Teilgeschäftsführer im Kuratorium des 1831 gegründeten *Frauen-Vereins,* der sich der weiteren Versorgung und Betreuung der Waisenkinder in der Stadt Magdeburg annahm. Damit unterstützt er die Bemühungen

Franckes zur Neuordnung des Armen- und Sozialwesens. F. starb erst 52jährig nach kurzer, schwerer Krankheit.

L: Magdeburgische Ztg. vom 14., 15. und 16.12.1838; → Aemil Funk, Gesch. der Loge „Ferdinand zur Glückseligkeit" im Orient Magdeburg im ersten Jh. ihres Bestehens, 1861, *110–138*; Chronik der IHK Magdeburg, hg. von der IHK Magdeburg, 1995, *23f.*; Eine Stadt wehrt sich. Der Beitrag der Stadtverwaltung zur Überwindung von Seuchen in Magdeburg, hg. von der Landeshauptstadt Magdeburg, 1998, *26–33.* – B: Erinnerungs-Bll. zum hundertfünfzigjährigen Stiftungsfeste der Loge „Ferdinand zur Glückseligkeit" zu Magdeburg am 23. Februar 1911, o. J.; KHMus. Magdeburg; *LHASA.

Heike Kriewald

Fölsche, Johann Christoph
geb. 02.02.1758 Altenweddingen, gest. 22.03.1800 Magdeburg, Kaufmann, Fabrikant.

Der Sohn des Halbspänners Johann Andreas F. erwarb 1782 in der Sudenburg bei Magdeburg das Bürgerrecht und pachtete 1794 vom Hospital St. Georgii vier Morgen Ackerland zum Anbau von Zichorien und dem Anlegen einer Zichoriendarre sowie einer Zichorienbrennerei. Als einer der ersten Magdeburger Fabrikbesitzer legte er damit den Grundstein für ein über mehrere Generationen in Magdeburg ansässiges Familienunternehmen. Neben der Verarbeitung der Zichorien bildete in der Folgezeit die Zuckerherstellung den Schwerpunkt des Unternehmens. Dabei wurde sowohl der sog. indische Zucker raffiniert als auch der einheimische Rübenzucker hergestellt. Über viele Jahre waren die F.s (durch Heirat familiär verbunden) Partner und Teilhaber der Unternehmen der Fam. → Burchardt.

L: → Martin Behrend, Magdeburger Großkaufleute, 1906, *124f.*, *166*.

Horst-Günther Heinicke

Förstemann, Martin Günther, Prof.
geb. 15.04.1908 Nordhausen, gest. 27.02.1973 Hamburg, Musikpädagoge, Organist.

Der Sohn des Arztes Paul F. erblindete infolge einer Infektion im Alter von zwei Jahren (Entfernung beider Augen). Bereits als Vierjähriger begann F., sich autodidaktisch im Orgel- und Klavierunterricht auszubilden, und war bereits mit zehn Jahren aushilfsweise als Organist tätig. Ab 1916 besuchte er das Nordhäuser humanistische Gymn., welches er 1927 mit dem Abitur verließ. Im selben Jahr begann er ein Musikstudium am Konservatorium Leipzig (u. a. bei Günther Ramin und Robert Teichmüller), wo er 1933 das Examen für hauptamtliche Kirchenmusiker ablegte. Von 1934 bis zur Zerstörung 1945 war er als Organist an der Arp-Schnitger-Orgel der Magdeburger Johanniskirche tätig. Ausgedehnte Konzertreisen führten den konzertierenden Künstler in viele Länder Europas und nach Amerika. Der zu den bekanntesten dt. Organisten in dieser Zeit gehörende F. erhielt eine besondere int. Anerkennung für zwei im Herbst 1942 auf der Riesenorgel des Palacio Nacional in Barcelona gegebene und vom spanischen Rundfunk übertragene Konzerte. Als Sachverständiger wurde er bei zahlreichen Orgelneu- und Umbauten herangezogen (u. a. in Berlin, Dortmund, Stuttgart, Halle und Magdeburg). Eine führende Position an einer Univ. oder einem Musikinst. blieb ihm wegen fehlender Zugehörigkeit zur NSDAP versagt. Als bekennender Gegner des Ns. geriet er mehrfach mit dem Gemeindekirchenrat der Magdeburger Johanniskirche in Konflikt. Eine zweimal ausgesprochene Kündigung mußte jeweils zurückgenommen werden. F., der schon während seiner Organistenzeit zahlreiche Schüler hatte, nahm 1951 einen Lehrauftrag für künstlerisches Orgelspiel und Improvisation an der Staatl. Hochschule für Musik in Hamburg an. 1961 zum Doz. und zwei Jahre später zum Prof. berufen, übte er diese Tätigkeit bis zu seinem Tod aus.

L: Wer ist's, [12]1955; Der Neue Weg vom 07./08.04.1973.

Peter Berendt

Förster, Friedrich, Prof. Dr.-Ing. Dr. h.c. mult.
geb. 13.02.1908 Hundisburg/Kr. Neuhaldensleben, gest. 29.03.1999 Reutlingen, Wissenschaftler, Erfinder, Unternehmer.

F. wuchs in Hundisburg bei Magdeburg als Sohn eines ev. Pfarrers auf, studierte ab 1928 in Göttingen bei den Nobelpreisträgern James Frank und Max Born Physik und Mathematik und prom. 1932 über die „Dielektrizitätskonstante und die Schallgeschwindigkeit von Alkohol-Wasser-Gemischen". Wegen seines antifaschistisch gesinnten Vaters blieb ihm die Laufbahn eines Hochschullehrers verwehrt. Nach einer Assistententätigkeit am Inst. für chemische Physik der Univ. Göttingen war er von 1935–45 als Mitarbeiter und Abteilungsleiter am Kaiser-Wilhelm-Inst. für Metallforschung in Stuttgart beschäftigt. 1948 begründete er in Eningen ein eigenes Unternehmen, das *Inst. Dr. F.*, das er später nach Reutlingen verlegte, durch Tochterfirmen in Brasilien, den USA, Frankreich und Italien erweiterte und durch die Entwicklung und Produktion von Präzisions-Werkstoffprüfgeräten zu int. Anerkennung führte. F. gilt weltweit als Begründer der wiss. fundierten zerstörungsfreien Prüfung mittels magnetischer und magnetinduktiver Verfahren. Der von ihm entwickelte und zur industriellen Reife geführte Differentialtransformator fand in Tausenden von Geräten zur Sortentrennung sowie Gefüge- und Legierungsprüfung Anwendung. Er ist auch das Kernstück der hochempfindlichen „F.-Sonde" – einer Magnetfeldsonde, die in der Weltraumfahrt und Antarktisforschung eingesetzt wurde. Bahnbrechendes leistete er zudem bei der Wirbelstromprüfung, der Anwendung des Restfeldverfahrens, in der Magnetographie und technischen Anwendung mechanischer Schwingungen. F. publizierte ca. 200 wiss.-technische Arbeiten und war Inhaber von mehr als 180 Patenten. Für seine bedeutenden Verdienste auf dem Gebiet der zerstörungsfreien Materialprüfung und physikalischen Meßtechnik wurden F. die Ehrendoktorwürden der Univ. Karlsruhe (1978) und Magdeburg (1991) verliehen, zu denen er enge Kontakte unterhielt. Neben zahlreichen weiteren Ehrungen und Auszeichnungen erhielt er 1976 das Große Verdienstkreuz der BRD.

W: (Mitarb.) Nondestructive testing handbook (2 Bde), 1959; Die Grenzen des zerstörungsfreien Nachweises von kleinen und kleinsten Fehlern in und unter der Werkstoffoberfläche mit elektromagnetischen und magnetischen Verfahren, 1976; Messgeräte-Kat. – Messen magnetischer Felder und physikalischer Größen, 1978. – **L:** Die F.-Gruppe, ca. 1985; Hans-Ulrich Richter, Chronik der zerstörungsfreien Materialprüfung, 1999 (**B**). – **B:** *Inst. Dr. F. F., Prüfgerätebau GmbH & Co. KG Reutlingen.

Heribert Stroppe

Förster, Otto-Wilhelm
geb. 16.03.1885 Ilmenau/Thüringen, gest. 24.06.1966 Walsrode, General der Pioniere.

F. trat nach dem Abiturientenexamen 1903 als Fahnenjunker in das Garde-Pionier-Bataillon ein, wurde Fähnrich und 1904 Leutnant. Nach Kommandierungen zur Artillerie- und Ing.-Schule und zum aktiven Truppendienst besuchte F. von 1911 bis 1914 (1912 Oberleutnant) die Kriegsschule und erlebte den Kriegsausbruch im August 1914 als Adjutant des kommandierenden Generals der Pioniere beim Armeeoberkommando 3. Im Verlauf des I. WK in mehreren Generalstabstellen aktiv, wurde F. 1919 in das Reichswehrministerium versetzt. Nach weiteren Verwendungen arbeitete F. von 1923 bis 1925 im Stab des Infanterieführers IV und anschließend beim Stab der 1. Division. 1929 zum Oberstleutnant befördert, übernahm er im Oktober dess. Jahres das traditionsreiche, bereits im März 1816 als 6. (Magdeburgische) Pionier-Abt. gegründete und seit 1860 in Magdeburg stationierte Pionier-Bataillon 4 (Pi4), dessen Kommando er bis Anfang 1933 innehatte. Nach Abgabe des Pi4 war F. bis 1938 Inspekteur der Pioniere und Festungen und erhielt in dieser Zeit als Schöpfer des „Westwalls. die Beförderungen zum Generalmajor (1934), zum Generalleutnant (1937) und im Folgejahr zum General der Pioniere (F. war der erste Wehrmachtsgeneral mit diesem Dienstgrad). Von 1938 bis Ende 1941 war F. Kommandierender General des VI. Armeekorps (1941 Ritterkreuz) und zugleich (bis August 1939) Befehlshaber im Wehrkreis VI. Für den Rest des Krieges fand F. keine Verwendung mehr. Anfang 1942 wurde er zur Führerreserve des Oberkommandos des Heeres (OKH) versetzt und 1944 verabschiedet. Bis zum Kriegsende im Verwaltungsdienst in Ostpreußen tätig, geriet er am 12.08.1945 in russische Kriegsgefangenschaft, aus der er erst im Oktober 1955 entlassen wurde. 1965 wurde F. Ehrenvors. des *Waffenringes Dt. Pioniere*.

W: Das Befestigungswesen – Rückblick und Ausschau, 1960. – **L:** Dermot Bradley/Karl-Friedrich Hildebrand/Markus Rövekamp (Hg.), Die Generale des Heeres 1921–1945, Bd. 4, 1996, *17f.* (**B**).

Jörn Winkelvoß

Follenius, *Emanuel* Friedrich Wilhelm Ernst (Ps.: Frederigo Ardenno; X**Y***Z*)
geb. 28.01.1773 Ballenstedt, gest. 05.08.1809 Insterburg, Jurist, Schriftsteller.

F. studierte nach dem Besuch der Gymn. in Quedlinburg und Zerbst ab 1793 Rechtswiss. und Kameralistik in Wittenberg, war ab Dezember 1797 Referendar beim Landesjustizkollegium Magdeburg, später Assessor des Hofgerichts in Bromberg, ab 1802 Hofgerichtsrat in Insterburg. Er wurde bekannt als Autor erfolgreicher Unterhaltungslit., vor allem von „Friedrich von Schiller's Geisterseher. Zweiter und Dritter Theil" (1796, zahlreiche Auflagen).

W: s.o.; Die Milchbrüder Ferdinand und Ernst, oder Gesch. zweyer Freunde (2 Bde), 1798; Franz Damm, oder der Glückliche durch sich selbst (2 Bde), 1799–1800. **L:** Killy 3, *426f.*; Kosch LL 5, Sp. *291f.*

Gunter Schandera

Fontane, Theodor (Henri Thèodore)
geb. 30.12.1819 Neuruppin, gest. 20.09.1898 Berlin, Schriftsteller.

In seiner Lehrzeit bei Wilhelm Rose in der Berliner Apotheke „Zum weißen Schwan" hörte F. von seinem Lehrherrn Vorträge über Kultur und Geographie europäischer Länder. F. war Mitglied mehrerer lit. Vereine (*Lenau-Ges.*, *Platen-Klub*), war äußerst interessiert am Theaterleben Berlins und begeisterter Leser des *Berliner Figaro*. In dieser Zs. veröffentlichte er eine Reihe eigener Gedichte und zudem seine erste selbst verfaßte Novelle. Mit einigen Berliner Schriftstellern stand er in persönlicher intensiver Verbindung. Aus diesen engen und unmittelbaren kulturellen Bindungen erfolgte F.s Übersiedlung in den ersten Oktobertagen 1840 nach Burg. Die kgl. privilegierte Adler-Apotheke am Markt war drei Monate seine Wirkungsstätte als junger Apothekerprovisor. F. kam in das

Provinzstädtchen, „um seinen Gesichtskreis zu erweitern". Der Apotheker, August Theodor Kannenberg, gewann aus der Quecke Heilmittel gegen Blasenentzündung, Ekzeme und Steinerkrankungen. F. erlebte in der aufstrebenden Industriestadt der Tuchindustrie mit zahlreichen Dampfmaschinen, aber wenig Kultur, viel Arbeit, Kälte und Hunger. Gewiß durch den Kulturschock infolge seiner Umsiedlung von Berlin nach Burg kam das Leben hier in seinen Texten nicht gut davon. Seine Themenbereiche Roland, Burger Bürger, Theater, Menagerie, Metamorphose, die Liberalen, der *Burg'sche Kurier*, Visionen und Epilog bilden eine einzigartige Slg. von spöttischen, satirischen und bisweilen sogar beleidigenden Versen. Ein Zitat zur Bürgerschaft soll hier genügen: „Einem ries'gen Stall von Schafen gleicht fürwahr die ganze Stadt." In dem satirischen Epos „Burg an der Ihle" behandelt der erste Gesang das Schicksal des Burger Rolands, so rettete F. mit seiner spitzen Feder die kargen Reste dieses Riesen. Der Rolandkopf wurde am ehemaligen Gildehaus angebracht. Genau an seinem 21. Geb., am 30.12.1840, verließ er zusammen mit zwei attraktiven Schauspielerinnen Burg mit der Postkutsche in Richtung Berlin. In seinen späteren Jahren hat F. auf sein Epos „Burg an der Ihle" kaum noch Bezug genommen. Im Gegenteil, in seiner autobiogr. Darstellung „Von Zwanzig bis Dreißig" (1898) schrieb er nachbetrachtend über seine Burger Zeit: „Ich kam in der Stadt gut aus und hatte mich nur über eins zu beschweren, grausame Langeweile. Daß die Stadt ausschließlich daran Schuld gewesen sei, darf ich nicht behaupten, es lag vielmehr an mir selbst, der ich nie die Kunst verstand, mich an einer Skat- oder Kegelpartie zu beteiligen, trotzdem ich immer eine herzliche Vorliebe für natürliche Menschen gehabt, auch jederzeit auf denkbar bestem Fuße mit ihnen gelebt habe, wenn nur das Eis gebrochen war".

W: Burg an der Ihle, 1840; Faksimiledruck der F.-Handschrift Roland, 1928; Kurt Schreinert/Edgar Groß (Hg.), Sämtliche Werke (24 Bde), 1959–1975. – **L:** Killy, *430–452* (***W,B***); Vf., T. F. wohnte in Burg, in: Volksstimme Burg vom 10.08.1994; ders., Teestunde mit T. F., in: General-Anzeiger Burg vom 29.07.1998; Klaus Möbius, Kritisches Urteil: F. plagte in Burg „grausame Langeweile", in: Volksstimme Burg vom 30.01.1999. – **B:** *F.-Archiv Potsdam: Kreidezeichnung.

Paul Nüchterlein

Forchhammer, Theophil, Prof.
geb. 29.07.1847 Schiers/Graubünden (Schweiz), gest. 01.08.1923 Magdeburg, Organist, Komponist, Pädagoge, Kgl. Musikdir.

F., Sohn des Pfarrers und Hymnologen Christian Gottlieb F., absolvierte seine Schulausbildung in Schiers und Chur. Er erhielt ersten Klavierunterricht von seinem Vater und von dem Schweizer Dirigenten Heinrich Szawdrowsky. 1866 wechselte F. an das Konservatorium nach Stuttgart, wo er von Immanuel Faißt, Sigmund Lebert und Wilhelm Speidel in Orgel- und Klavierspiel sowie Tonsatz unterrichtet wurde. Nach Organistendiensten in Thalwil (1867) und Olten (1869) übernahm er 1871 das Amt des Marienorganisten in Wismar. Außerdem studierte er Kontrapunktik bei Friedrich Kiel in Berlin. Unter dem Eindruck von Franz Liszt stehend, fertigte F. Klavierfassungen von dessen Sinfonischen Dichtungen an. 1878 wurde er Organist an St. Benedikt in Quedlinburg und dirigierte mehrerer Konzertvereine und Chöre. An der Töchterschule in Quedlinburg gab er seit 1879 Musikunterricht. 1881 konzertierte F. während der 18. Tonkünstlerverslg. des *Allg. Dt. Musikvereins* an der Schnitgerorgel der Johanniskirche in Magdeburg. Nach dem Tod des Magdeburger Domorganisten → August Gottfried Ritter bewarb sich F. erfolgreich um dessen Nachfolge. Seine Amtseinführung fand am 06.04.1886 statt. Ein Jahr später übernahm F. den Musikunterricht am Pädagogium des Klosters U. L. F. Magdeburg. 1888 wurde er Kgl. Musikdir., und 1905 erhielt er den Titel eines Prof. F. war ein hervorragender Virtuose, Improvisator und Komponist, der auch als Pädagoge und Orgelsachverständiger sehr gefragt war. Er unterrichtete am Magdeburger Konservatorium von → Max Sannemann und veranstaltete mit → Rudolph Palme seit 1901 in Magdeburg Ausbildungskurse für Organisten. Auf Betreiben F.s wurde → Ernst Röver aus Hausneindorf mit dem Bau einer neuen Domorgel in Magdeburg beauftragt, deren Einweihung am 02.09.1906 erfolgte. F.s in Magdeburg komponierte Choralbearbeitungen, Choralvorspiele und Sonaten für Orgel sind herausragende Beispiele anspruchsvoller Orgelmusik des 19. Jhs.

W: Trio d-Moll für Klavier, Violine und Viola alta (oder Violoncello); Choralbearbeitungen, Choralvorspiele, Vor- und Nachspiele für Orgel; Fantasien und Sonaten für Orgel, darunter 2. Sonate Zur Totenfeier op. 15; Kompositionen für Klavier; Lieder; Oratorium Königin Luise; 130. Psalm für Soli, Chor und Orchester; Führer durch die Orgellit. (mit Bernhard Kothe), 1890. – **L:** MGG 4, Sp. *506–508* (***W***); Peter Schmidt, T. F., ein unbekannter Meister des 19. Jhs, 1937 (***W, B***); Peter Brusius, F., in: ars organi 34, H. 3, 1986; Magdeburger Gerneral-Anzeiger vom 06.10.1901; AKPS: Rep. A, Spec. G. Nr. A 716, Rep. J Magdeburg-Domgemeinde Nr. 2314 und 51310. – **B:** *Kunstmus. Kloster U. L. F. Magdeburg.

Brit Reipsch

Forstreuter, Hedwig
geb. 12.02.1890 Oschersleben, gest. 15.11.1967 Hamburg, Redakteurin, Schriftstellerin.

Aufgrund der Freundschaft der Mutter zu der Fam. von Klitzing wuchs F. auf deren Gut Neudorf bei Benschen gemeinsam mit deren Tochter, einer späteren Frau von Arnim, auf. Die Ausbildung erfolgte zumeist durch Hauslehrer, darunter eine Engländerin, wodurch beide Mädchen perfekte englische Sprachkenntnisse erwarben. Etwa 15jährig kehrte sie in das Elternhaus zurück und erwarb einen regulären Schulabschluß. F. arbeitete danach in unterschiedlichen Funktionen beim Magdeburger *Faber-Verlag*. Sie war Feuilleton-Schriftleiterin des *General-Anzeigers*, für den sie Reportagen, kleinere Essays und Kritiken schrieb, und zeichnete auch für die „Frauen-Beilage" der *Magdeburgischen Ztg.* verantwortlich. Daneben trat sie mit selbständigen Lyrik-Veröffentlichungen und Novellen hervor. Viele dieser Texte entstanden in Bornsdorf/Kr. Luckau, wo sie sich oft monatelang bei der Fam. ihrer Ziehschwester aufhielt. Nach 1945 verdiente F. zunächst als Packerin bei der Ztg. ihren Lebensunterhalt und trat gelegentlich bei Lesungen (u. a. mit → Oskar Schönberg), die vom *Kulturbund* veranstaltet wurden, öffentlich auf. Anfang der 1950er Jahre verließ sie die DDR und ging nach Hamburg, zunächst zu den Töchtern ihrer Ziehschwester. Dort arbeitete sie in der Remontenabt. des *Hamburger Abendblattes*. Hin und wieder veröffentlichte sie Gedichte, Essays, Glossen oder Betrachtungen in Frauenzss. Sie kam 1967 durch einen Autounfall ums Leben und wurde in Hamburg-Ohlsdorf beigesetzt.

W: Gedichte, 1913; An der Schwelle. Gedichte, 1913; Die Fahrt nach Bimini, 1924; Der Garten. Gedichte, 1925; Stufen zu Gott. Gedichte, 1932; Almanach der Dame 1935 (mit anderen); Anekdotenslg. 1942 (mit Karl Lerbs); Zwischenspiel, 1942; Lyrik in Anthologien und Ztgg. – **L:** Kosch LL 5, Sp. *368*; → Bert Brennecke (Hg.), Saat in die Zukunft. Anthologie, 1947 (Anhang); Archiv Literaturhaus Magdeburg: Slg. von Zeitungsbeiträgen. – **B:** *Vf., Wolmirstedt (priv.).

Heike Steinhorst

Fräsdorff, *Martin* Erich Wilhelm
geb. 03.08.1881 Magdeburg, gest. 14.09.1966 Magdeburg, Kaufmann.

F. war der Sohn von Carl F., der am 01.04.1875 mit August Lüer die Handelsfa. *Lüer & F.* gründete und nach dem Ausscheiden des Geschäftspartners unter *Carl F. – Landesprodukten, Kolonialwaren, Farben und Cigarren-Gross-Handlung* in der Magdeburger Kaiserstraße neu firmierte. F. besuchte das Realgymn. in Magdeburg (1887–98) und erlernte bis 1902 bei der Fa. *C. W. Vogel Kolonialwarengroßhandel* in Magdeburg den Beruf des Kaufmanns. Anschließend ging F. zur beruflichen Weiterbildung nach Hannover. Dort arbeitete er zunächst bei der Fa. *Bahlsen*, leitete dann das Auslieferungslager von *C. W. Knorr* und avancierte schließlich bei *Ruma Malz- und Kornkaffeewerke* zum Dir. Nachdem F. auch deren Hamburger Filiale geleitet hatte, stieg er 1922/23 in das väterliche Unternehmen ein. F. wandelte den Betrieb von einer Handelsfa. in ein Industrieunternehmen um. Neben dem Handel setzte er verstärkt auf die Herstellung, Weiterverarbeitung und auf die Verpackung. Nach der Neufirmierung in *M. F. – Gewürze, Kaffee- und Tee-Import, Kaffee-Großrösterei* mit einer eigenen Salzabt., aus der 1934 die eigenständige Fa. *Magdeburger Salzgroßhandel F. & Rink* entstand, folgten der Ankauf eines 2.500 m² großes Firmengeländes in Magdeburg-Neustadt und die Inbetriebnahme von ersten größeren Maschinen. Von 1935 bis 1939 setzte F. die Modernisierung seiner Fa. durch den Einsatz gasbeheizter Kaffeeröster und eines Abpackautomaten für Gewürze fort. Die markanten Verpackungen von Kaffee, Tee und Gewürzen – chromgelb mit brauner Beschriftung – prägten sich schnell bei den Verbrauchern ein. Einsetzende Importbeschränkungen und damit verbundene Umsatzverluste veranlaßten F., den ursprünglichen Lebensmittel-Großhandel wieder zu verstärken. Mit erfinderischem Engagement reagierte er nach Ausbruch des II. WK auf die sich einstellende Mangelwirtschaft. F. stellte u. a. sog. Kriegsmischungen, Kaffee-Ersatz aus Malz und Roggenkaffee mit 10 und 20 % Bohnenkaffeeanteil, her. In den letzten Monaten des Krieges wurde die Fa. fast vollständig zerstört. Mit dem Eintritt seines Sohnes Karl-Heinz F. in das Unternehmen begann 1945 der schwere, aber erfolgreiche Wiederaufbau. Trotz dessen eineinhalbjähriger Haft wegen Teilnahme am Aufstand vom 17.06.1953 ließ F. sich nicht entmutigen und führte das Privatunternehmen mit seinem Sohn gemeinsam bis 1966. Nach seinem Tod erfolgte die Umwandlung des Betriebes in eine Kommanditges. 1972 wurde das inzwischen zum Gewürzverarbeitungswerk entwickelte Unternehmen verstaatlicht. Ungeachtet dessen ging Karl-Heinz F. 1977 abermals in die Selbständigkeit und gründete die Fa. *Karl-Heinz F., Abpackbetrieb*, die mit den weithin bekannten Gewürzabpackungen der größte Majoran-Abfüller in der DDR wurde. Anläßlich des 125jährigen Jubiläums erhielt das Unternehmen im April 2000 die Magdeburger Stadtplakette in Gold.

L: Hans-Ulrich Falk, Bewegtes Firmenleben von drei Generationen, in: Der Markt in Mitteldtl. Mittlgg. der IHK Magdeburg, Nr. 4, 2000, *21–23* (*B*); Familienarchiv F. Magdeburg (priv.) – **B:** *ebd.

Horst-Günther Heinicke

Francke, August Wilhelm

geb. 14.03.1785 Carow Kr. Jerichow II, gest. 23.05.1851 Magdeburg, Jurist, Kommunalpolitiker, Oberbürgermeister in Magdeburg, Geh. Regierungsrat.

F. war Sohn des Pächters des Gräflich Wartensleben'schen Rittergutes, des Amtmanns Gottfried August Wilhelm F. Er besuchte 1790–1803 das Gymn. in Brandenburg, ab 1803 studierte er Jura an der Univ. Halle. Nach bestandenem Examen trat er 1807 als Referendar bei der Kriegs- und Domänenkammer in Magdeburg in westfälische Dienste. Als diese 1808 aufgelöst wurde, erhielt F. Anstellung bei der Unterpräfektur in Halle. Bereits 1809 erhielt er eine Berufung als Präfekturrat nach Göttingen. Wenige Monate später wurde er Generalsekretär des Elbdepartements, das seinen Sitz in Magdeburg hatte. Magdeburg lag im damaligen Königreich Westfalen und stand unter franz. Herrschaft. F.s dt. Gesinnung führte zu Auseinandersetzungen mit dem franz. Marschall Davoust. F. war deshalb froh, 1813 als Unterpräfekt nach Osterode gehen zu können. Nach der Völkerschlacht bei Leipzig 1813 bemühte sich F. um eine Anstellung bei der preuß. Reg. Er erhielt die Stelle eines Militärgouvernementsrats mit Sitz in Halberstadt. Im April 1817 begann er eine Tätigkeit als Rat bei der neugebildeten Reg. in Erfurt. F., der beim preuß. König sehr beliebt war, wurde von Friedrich Wilhelm III. am 23.05.1817 zum Kreislandrat, Polizeidir. und Oberbürgermeister von Magdeburg ernannt. Als der preuß. König ihn zum Polizeipräsidenten von Berlin berufen wollte, richtete die Magdeburger Stadtverordnetenverslg. am 11.02.1832 eine Eingabe an diesen mit der Bitte, F. als Oberbürgermeister in Magdeburg zu belassen. Als realdenkender und vorausschauender Kommunalpolitiker stärkte F. die Wirtschaft der Stadt durch Förderung der Dampfschiffahrt auf der Elbe, den Bau großer Speicheranlagen (Neuer Packhof 1832–36), setzte sich für den Bau der Magdeburg-Leipziger Eisenbahnlinie ein. 1839 erfolgte die Einweihung des Streckenabschnittes Magdeburg-Schönebeck, 1840 Magdeburg-Leipzig, 1843 Magdeburg-Halberstadt und 1846 Magdeburg-Potsdam. F. führte Neuerungen bei der Wasserversorgung ein, indem er die Holzrohre durch ein gußeisernes System ersetzen ließ und ab 1844 für die Förderung des Wassers mit Dampfkraft sorgte. Er beschäftigte sich bereits mit der Stadterweiterung und verfaßte eine Denkschrift (nicht gedruckt) darüber. Die Umsetzung dieser Gedanken blieb allerdings seinem Nachfolger → Gustav Hasselbach vorbehalten. F. gründete 1823 die Stadtsparkasse, die Schullehrer-Witwen- und -Waisenkasse sowie die Holzversorgungsanstalt. Er reformierte das Armen- und Schulwesen, letzteres mit dem Ergebnis, daß Magdeburg zum damaligen Zeitpunkt über das modernste Schulwesen in Dtl. verfügte. Gemeinsam mit dem Schulinspektor → Karl Zerrenner gelang es ihm, die Kinder aus allen Schichten der Bevölkerung schulisch zu erfassen. Als Mitglied der im Juli 1831 gebildeten Gesundheitskommission ließ er zur Bekämpfung der im gleichen Jahr ausgebrochenen Cholera acht Cholera- und Quarantänebaracken sowie zur Unterstützung Bedürftiger Suppenverteilungsstellen einrichten. 50.000 Taler stellte der Gemeinderat dafür zur Verfügung. Auch die Verbesserung der Straßenbeleuchtung 1832 geht auf F. zurück. Ein Werk, das F. bis zum heutigen Zeitpunkt ehrt, ist die Schaffung von Parkanlagen. Es entstanden der Herrenkrug, ein Werk von 28 Jahren, da die Anlage durch die franz. Besatzung stark beschädigt worden war, der Klosterbergegarten 1825 (einer der ersten Volksparks Dtls) und der Glacisweg. Der Nordfriedhof, heute Nordpark, 1827 eröffnet, war der erste Friedhof, der außerhalb der Stadt lag, wodurch der hygienische Zustand des Grundwassers wesentlich verbessert wurde, denn die bei den Kirchen liegenden Friedhöfe (Kirchhöfe) waren hoffnungslos überbelegt. Bei der Errichtung des Nordfriedhofes mußte F. den Widerstand des Festungskommandanten Graf Gustav von Hake überwinden und strenge Auflagen, was die Gestaltung des Friedhofes betraf, erfüllen. Zur Gestaltung der Parkanlagen und des Friedhofes zog er den berühmten preuß. Gartenarchitekten → Peter Josef Lenné heran. 1848 schied F. aus dem Amt. Die Revolution von 1848, die er als Königstreuer nicht verstehen konnte, trug zu diesem Schritt wesentlich bei. Die Stadt Magdeburg ehrte F. 1857 mit einem von → Gustav Blaeser geschaffenen Denkmal. Im Jahre 1907 mußte es dem Otto-von-Guericke-Denkmal weichen. Das Denkmal F.s wurde in den Nordpark versetzt, wo es heute noch steht. Die *Magdeburgische Ges. von 1990 zur Förderung der Künste, Wiss. und Gewerbe e.V.* stiftete 1997 eine A.-W.-F.-Medaille zur Verleihung an Magdeburger Persönlichkeiten.

L: ADB 7, *233–235*; Kabinettsorder vom 11.03.1832, in: Magdeburgische Ztg., Nr. 66 vom 17.03.1832; N. N., F., in: ebd., Nr. 150 vom 01.07.1857; N. N., Aus der Provinz, in: ebd., Nr. 151 vom 02.07.1857; Magdeburgischer Gesch.-Verein, Sitzung am 12.04.1883, in: Bll. für HGusL 35, 1883, *134*; → Henri Tollin, A. W. F., in: Mittllgg. des Vereins für Gesch. und Altertumskunde des Hzts Magdeburg 19, 1884, *305*; ders., A. W. F., in: GeschBll 19, 1884, *1–46, 113–139, 225–265*, ebd. 20, 1885, *1–30*; → Felix Rosenfeld, Erinnerungen an den Magdeburger Oberbürgermeister F., in: GeschBll 37, 1902, *258–260*; Albrecht Pfeifer, Erinnerungen an den Oberbürgermeister A. W. F., in: MonBl. 1925, *361–363*; N. N., Wendepunkte in der Entwicklung Magdeburgs – Zum 75. Todestage des Oberbürgermeisters A. W. F., in: Magdeburgische Ztg., Nr. 237 vom 12.05.1926, 1. Beilage, *5*; Erich Neuß, A. W. F. und Ludwig Wucherer in ihrem gemeinsamen Wirken für die Magdeburg-Halle-Leipziger Eisenbahn, in: Zur Gesch. und Kultur des Elb-Saale-Raumes, Fs. für → Walter Möllenberg, 1939, *271ff*; Vf./Maren Ballerstedt/Konstanze Buchholz, Magdeburger Bürgermeister, o. J., *23–27* (**B**); Vf./Maren Ballerstedt, Eine Stadt wehrt sich! Der Beitrag der Stadtverwaltung zur Überwindung von Seuchen in Magdeburg, o. J., *26ff*; StadtA Magdeburg: Bestand A II Akten der Altstadt Magdeburg von 1806/07 bis 1906/07. – **B:** *StadtA Magdeburg.

Ingelore Buchholz

Frank, Adolf, Prof. Dr.
geb. 20.01.1834 Klötze/Altmark, gest. 30.05.1916 Berlin-Charlottenburg, Chemiker.

F. war der Sohn eines jüd. Kaufmanns. Er studierte an der Univ. Berlin Chemie und wurde Apotheker. Da ihn diese Tätigkeit nicht befriedigte, übernahm er die Stelle eines Chemikers in der Zuckerfabrik in Staßfurt. Hier stellte er fest, daß Rüben ähnlich wie Kartoffeln oder Hopfen besonders kalizehrende Hackfrüchte sind. Diesen für höhere Erträge von den Pflanzen benötigten Nährstoff fand er 1857 in den achtlos weggeworfenen Staßfurter Abraumsalzen. Deshalb errichtete er 1861 in Staßfurt die erste Kalisalzfabrik Dtls, die nun der dt. Landwirtschaft die benötigten Kalidüngemittel lieferte, und wurde so zum Begründer der dt. Kalisalzindustrie. Aus den Staßfurter Mutterlaugen gewann er in seinem Betrieb im Großverfahren auch Brom und entwickelte ein Verfahren, mit dem man aus Torf durch Vergasung Ammoniak herstellen konnte. Als sich 1872 die im Raum Staßfurt bestehenden 33 Kalifabriken zusammenschlossen, wurde F. deren Generaldir. Diese verstärkte Kalisalzgewinnung führte indirekt auch zur höheren Siedesalzproduktion in Schönebeck und damit zur Anlage des dortigen Salzschachtes. 1876 legte er die Stellung des Generaldir. der *Vereinigten Kalifabriken* nieder und übernahm die technische Leitung der *Charlottenburger Glashütte*. Hier gelangen ihm zahlreiche Erfindungen auf dem Gebiet der Glaspasten und des Emails. 1882 entwickelte er den Berkefeldfilter, in dem mit Hilfe von Kieselgur Wasser gereinigt werden konnte. Ab 1885 widmete er sich nur noch seiner wiss. Arbeit. Er entwickelte Verfahren zur Herstellung von Wasserstoff aus Wasserglas und zur Herstellung von Zellulose nach dem Sulfitverfahren, das zum Aufbau zahlreicher Zellulosefabriken in Dtl., Europa und den USA führte. 1895 erarbeitete er zusammen mit Nikodem Caro das F.-Caro-Verfahren für die Stickstoffindustrie, die nun in Dtl. und Italien entstand.

L: NDB 5, *337f.*; Johan Westphal, Gesch. des kgl. Salzwerkes in Staßfurt, 1901; Berliner Bezirksverband dt. Ing. in: VDI-Zs. 60, 1916, *602–604*; Günther Bugge, Das Buch der großen Chemiker, 1930, *310–320*; Vf., A. F. – Aus dem Leben und Werk eines bedeutenden Chemikers, in: Der Altmarkbote, 1960, *53–55*. – **B:** Der Altmarkbote, 1962, *84*.

Hans-Joachim Geffert

Frankenberg, Viktor von
geb. 02.12.1888 Stettin, gest. 23.10.1935 Magdeburg, Pianist, Lehrer.

F. besuchte in seiner Heimatstadt das Gymn. und diente als Offizier im I. WK. Ab 1919 studierte er bei Waldemar Lütschg und Fritz Musbach in Berlin Klavier. Im Anschluß leitete F. das Sternkonservatorium in Berlin und unternahm zahlreiche Konzertreisen. 1925 siedelte er nach Magdeburg über, wo er die Meisterklassen für Klavier gründete, deren Leitung er auch selbst übernahm. Als Pianist wurde F. vom Magdeburger Publikum wegen seiner virtuosen Leistungen sehr geschätzt. Zu seinem Standardrepertoire zählten Werke von Liszt, Schumann und Beethoven. Gesellschaftlich engagierte sich F. in Magdeburg als ehrenamtlicher Mitarbeiter des Volksbildungsamtes. Im Alter von 46 Jahren verstarb F. an den Folgen eines Herzinfarktes.

L: Erich H. Müller (Hg.), Dt. Musiker-Lex., 1929; Magdeburger General-Anzeiger vom 25.10.1935.

Sabine Gatz

Fransecky, *Eduard* **Friedrich Karl von**
geb. 16.11.1807 Gedem/Hessen, gest. 21.05.1890 Wiesbaden, (Preuß.) General der Infanterie.

F. entstammte einer alten ungarischen Adelsfam., die seit 1690 im brandenburgischen, später im preuß. Dienst stand. Sein Vater war preuß. Dragonerkapitän. Nach dem Besuch der Grundschule erfolgte seine Erziehung ab 1818 in der preuß. Kadettenanstalt in Potsdam und Berlin. 1825 wurde er als Secondelieutenant dem 16. Infanterieregiment, Düsseldorf, zugeteilt. Sein Werdegang als Soldat war zunächst durch Adjutanturdienste und ab 1843 durch Verwendungen in Generalstabsdiensten bestimmt. Ab 1860 stand er in oldenburgisch-hanseatischen Diensten. Vier Jahre später trat er wieder in die preuß. Armee ein und übernahm ab

Fredeke

21.11.1864 als Generalmajor, ein Jahr später als Generalleutnant, die 7. Division in Magdeburg mit ihren weiteren Standorten Blankenburg, Burg, Gardelegen, Halberstadt, Quedlinburg, Salzwedel und Stendal. Er führte die 7. Division im Krieg 1868 und wurde für seine Verdienste „à la suite" des Magdeburger Infanterieregiments Nr. 26 gestellt. 1870 wurde er Kommandierender General des II. Armeekorps und mit diesem im dt.-franz. Krieg eingesetzt. 1871 ernannte ihn der Kaiser zum Kommandierenden General des XV. Armeekorps mit Sitz Straßburg. 1879 begann seine letzte Verwendung als Gouverneur von Berlin, aus der er 1882 krankheitsbedingt seinen Abschied nahm. F. zählte zu den fähigsten und mit höchsten Orden ausgezeichneten Generalen seiner Zeit. Die Magdeburger 7. Division hatte sich unter seiner Führung im Krieg 1866 in besonderer Weise bewährt. Prinz Friedrich Karl schrieb: „Die Division des Generals F. hat rühmlich unter seiner energischen tapferen und einsichtsvollen Leitung bei Münchengrätz, bei Königgrätz und vor Preßburg gekämpft. Sie hat viel eingebüßt und von den Truppen der 1. Armee ohne Zweifel das meiste geleistet. In dieser Division herrscht guter Geist, Ordnung und feste Disziplin."

W: Denkwürdigkeiten des preuß. Generals der Infanterie F., hg. und nach anderen Mittlgg. und Quellen ergänzt von Oberstleutnant W. von Bremen, 1901. – **L:** ADB 48, *712–716*; Priesdorff 7, *242–250* (**B*); Militärgesch. Forschungsamt, Entscheidung 1866, 1966, *166, 168f.*; Dt. Soldatenjb. 1982, *255–257*.

Fritz Arlt

Fredeke, Oskar *Arthur*
geb. 18.09.1889 Badeleben, gest. 13.09.1980 Delmenhorst, Lehrer, Chronist.

F. war Sohn des Bergmanns Heinrich F. Nach Vorbereitung auf den Lehrerberuf an der Präparande in Weferlingen 1904–07 und am Seminar in Neuhaldensleben 1907–10 unterrichtete er bis 1912 in Pretzien, danach bis 1945 in Parey. F. war Mitglied des Kreislehrerrates und Vors. des *Lehrervereins Parey und Umgebung*. Bis 1933 gehörte er der Gemeindevertretung an. Um nicht aus dem Lehramt entlassen zu werden, trat er der NSDAP bei und wurde Ortswalter der ns. Volkswohlfahrt. Nach Kriegsende anfänglich als Schulleiter bestätigt, wurde F. am 18.09.1945 wegen Amtsträgerschaft in der NSDAP verhaftet und nach der Entlassung am 13.03.1946 nicht wieder zum Schuldienst zugelassen. Bereits 1921 waren F.s erste Veröffentlichungen zur Gesch. Pareys erschienen. Der hist. Forschungsarbeit widmete er sich seit 1946 verstärkt und führte sie auch nach seiner Übersiedlung nach Delmenhorst 1959 weiter. Am Beispiel Pareys beschrieb er volkstümlich und leichtverständlich die Veränderungen der Lebensbedingungen auf dem Lande über einen Zeitraum von etwa drei Jh. In fünf im Eigenverlag hg. Heften berichtete er u. a. über die Patrimonialgerichtsbarkeit (Gutsherr und Untertan), das von Plothosche Deichrecht und das Schulwesen. Aus dem Nachlaß F.s vorliegende Aufzeichnungen zur Entwicklung der Landwirtschaft, des Handwerks, des Post- und des Gesundheitswesens auf dem Dorfe werden seit 1996 veröffentlicht.

W: Bilder aus der Gesch. Pareys, H. 1 bis 5, 1930–36; Heimatverein Parey e.V. (Hg.), H. 6, 1996; ders. (Hg.), A. F., Der Chronist über sich selbst, in: Parey im II. WK, 2000. – **N:** Heimatverein Parey e.V. (***B***).

Christiane Wagner

Fredersdorf, Karen
geb. 04.10.1892 Magdeburg, gest. 29.04.1985 Magdeburg, Sängerin, Schauspielerin.

F. wuchs in Magdeburg auf und besuchte dort die Schule. Ihr Vater war Kaufmann, die Mutter Hausfrau. Mit 18 Jahren ging sie an das Kgl. Konservatorium in Dresden, studierte Gesang und nahm gleichzeitig Tanz- und Schauspielunterricht. 1917 trat sie am Hof-Theater Greiz ihr erstes Engagement als Operettensoubrette an. Bereits 1922 mußte F. ihre gerade erst begonnene Gesangskarriere aus gesundheitlichen Gründen beenden, so daß sie fortan nur noch als Schauspielerin arbeiten konnte. 1924 kehrte F. in ihre Heimatstadt zurück und wurde als „Anstandsdame" und „Heldenmutter" engagiert. Über 40 Jahre blieb sie ihrem Magdeburger Theater, vor allem aber ihrem geliebten Publikum treu. Ihrer ersten Rolle als Adelma in Gozzis „Turandot" (1924 im Wilhelmtheater) sollten über 200 weitere Rollen in ihrem langen künstlerischen Schaffen folgen. Von der jugendlichen Liebhaberin bis zu allen Altersrollen im Charakterfach reichte ihr umfangreiches Repertoire. Durch die intensive Gestaltung der von ihr verkörperten Figuren und durch ihre starke persönliche Ausstrahlung spielte sich F. nicht nur in die Herzen des Publikums, sondern wurde auch zur großen Dame des Magdeburger Theaters. Die Förderung des künstlerischen Nachwuchses lag ihr besonders am Herzen. So gab sie nach dem Krieg ihr fundiertes Wissen als Lehrerin für Sprechtechnik und Rollenstudium am damaligen Magdeburger Schauspielstudio an junge Menschen weiter. Bei so manchem von ihnen schuf sie die Grundlagen für die Liebe zum Beruf des Schauspielers und zum Theater. Bis ins hohe Alter war sie eine gefragte Lehrerin. 1951 verließ F. Magdeburg und folgte dem Ruf von Wolfgang Langhoff als „Mütterspielerin" an das Dt. Theater Berlin. Auch hier überzeugte sie mit ihrem großen schauspielerischen Können, u. a. als Dame in Trauer in „Minna von Barnhelm" oder als die Kennedy in „Maria Stuart". Die Sehnsucht nach ihrer Heimatstadt Magdeburg war stärker als die Verlockung der in Berlin gezahlten hohen Gage, und so kehrte F. 1954 wieder an das Magdeburg Theater zurück, um hier noch weitere 14 Jahre ihren Beruf auszuüben. Unvergeßlich blieb sie für viele als Cecile Mouret in der Komödie „Ihr 106. Geb." von Jean Sarment (1959 in der Regie von → Herbert Körbs, DDR-Erstaufführung, Pionierhaus). Gerhard Schneider schrieb darüber: „K. F. als 106jährige Cecile Mouret ... übertraf alle Erwartungen dieser schwer angelegten Rolle. In künstlerischer, faszinierender Form gab sie der Greisin ein Fünkchen aufbewahrter Jugend und eine List, mit der sie das Familienmassiv der Mourets zum Wanken bringt. Brillant im Sprachlichen und in der Gestik, übte ihre Darstellung suggestive Kraft aus, was auch der mehrfache Beifall auf offener Szene bewies" (LDZ vom 30.12.1959). 1968 stand F. in der Rolle der Lady Cicely in Georg Bernhard Shaws „Kapitän Brassbounds Bekehrung" in der Regie von → Rolf Kabel zum letzten Mal auf den Brettern, die für sie nicht nur die Welt bedeuteten, sondern ihr ganzes Leben bestimmten. Nach ihrem offiziellen Ausscheiden wurde sie noch mehrmals als Gast verpflichtet. F. wurde zum Ehrenmitglied der Städtischen Bühnen Magdeburg ernannt. In zweiter Ehe war sie mit dem bekannten Magdeburger Architekten → Gerhard Gauger verheiratet.

L: → Friedemann Krusche, Theater in Magdeburg, Bd. 2, 1995; Archiv des Theaters der Landeshauptstadt Magdeburg. – **B:** ebd.; *Jörg-Heiko Bruns, Erfurt-Molsdorf (priv.): Bleistiftzeichnung von → Bruno Beye.

Manfred Michael

Fretzdorf, Otto, Dr. jur.
geb. 11.12.1881 Stralsund, gest. 21.11.1950 Magdeburg, Jurist, Konsistorialpräsident.

Nach der Schulzeit und dem rechtswiss. Studium in Greifswald von 1902 bis 1905 wurde F. nach einem Vorbereitungsdienst in Pommern nach dem zweiten Examen im April 1910 Gerichtsassessor und jur. Hilfsarbeiter beim Konsistorium der Provinz Pommern. Er prom. 1911 und war zunächst kommissarisch beim Konsistorium der Provinz Pommern in Stettin, dann beim Konsistorium der Mark Brandenburg beschäftigt, wo er 1912 zum Konsistorialassessor ernannt wurde. Ab 1918 Konsistorialrat, wechselte er 1923 von Berlin nach Danzig. Zu dieser Zeit war der Übertritt aus dem preuß. Staats- in den allg. kirchlichen Verwaltungsdienst der Ev. Kirche der altpreuß. Union noch ohne weiteres möglich. Erst bei der Rückversetzung von Danzig an das Konsistorium Mark Brandenburg im Oktober 1932 wurde deutlich, daß Danzig als Völkerbundsgebiet auch kirchlich eine Sonderstellung hatte. Die Frage, ob es sich um eine Neuanstellung handelte und diese nach dem preuß. Kirchenvertrag von 1931 anzeigepflichtig war, wurde zwar aufgeworfen, aber damit umgangen, daß F. seine dt. Reichsangehörigkeit behalten hatte. Eine Ernennung F.s zum Konsistorialpräsidenten der Mark Brandenburg wurde Anfang 1936 unter Hinweis auf zu starke, nicht weiter benannte Bindungen in den letzten zweieinhalb Jahren abgelehnt. Statt dessen empfahl der Landeskirchenausschuß eine Berufung in eine Präsidentenstelle einer anderen Kirchenprovinz. Daraufhin wurde F. 1936 als Nachfolger von → Ernst Loycke zum Konsistorialpräsidenten der Provinz Sachsen ernannt. Ein von F. unterzeichneter Jahresrückblick auf ein Jahr „voller Schwierigkeiten, voll Kampf und Not", der als Rundverfügung unter den Geistlichen der Provinz Sachsen kursierte, trug ihm herbe Kritik ein, die in einem schriftlichen Antrag an den Ev. Oberkirchenrat mündete, ihn vom Dienst zu suspendieren. Nach dem Ende des II. WK erging an den 64jährigen bei einer Besprechung am 31.10.1945 die Empfehlung, das Amt für eine jüngere Kraft frei zu machen. Damit sollte ein Neuanfang in Entsprechung der selbstlosen Sachlichkeit in F.s Amtsführung auch äußerlich sichtbar befördert werden. Gleichzeitig ebnete ein Beschluß der altpreuß. Kirchenleitung vom 06.11.1945 den Weg zu einer weiteren vertrauensvollen Mitarbeit F.s. Er sollte in die weltliche Oberkonsistorialratsstelle im Konsistorium der Kirchenprovinz Sachsen unter Beibehaltung des Titels Konsistorialpräsident einrücken und den neu zu berufenden Konsistorialpräsidenten vertreten. Diese Dienstkonstellation kam zustande mit dem Amtsantritt des Konsistorialpräsidenten → Lothar Kreyssig zum 21.02.1946.

L: EZA Berlin: Bestand 7/P 378 (PA).

Hans Seehase

Freyer, Günter, Prof. Dr. rer. nat.
geb. 14.08.1910 Dresden, gest. 03.05.1977 Magdeburg, Naturwissenschaftler, Hochschullehrer.

Ab 1929 studierte F. Mathematik und Physik für das Höhere Lehramt an der TH Dresden. Seit 1936 war er am Röntgeninst. der TH Dresden tätig, wo er 1939 prom. 1959 wurde er an das Inst. für Werkstoffkunde und -prüfung der TH Magdeburg geholt, wo er 1962 als Nachfolger von → Ernst Schiebold die Leitung des Inst. übernahm und nach der Habil. 1965 zum Prof. berufen wurde.

W: Verschiedene Methoden zur experimentellen Größenbestimmung kleinster Teilchen mit Röntgenstrahlung, Diss. Dresden 1939; Gammadefektoskopie metallischer Werkstoffe, 1961. – **L:** Tietz, Zum 65. Geb. von Prof. Dr. F., in: Feingerätetechnik 24, H. 8, 1975, 355 (B). – **B:** Audiovisuelles Zentrum der Univ. Magdeburg.

Heribert Stroppe

Freytag, *Günther* **Erich,** Dr. rer. nat.
geb. 14.01.1918 Exin/Posen, gest. 20.08.1989 Berlin, Biologe, Herpetologe.

Noch vor dem Abitur 1937 am Vereinigten Dom- und Klostergymn. in Magdeburg war F. bereits mit 16 Jahren als freiwilliger Mitarbeiter von → Willy Wolterstorff im Magdeburger Mus. für Naturkunde und Vorgesch. tätig, dessen wiss. Beschäftigung mit Molchen F. zu eigenen Forschungen anregte. Er begann 1938 ein Zoologie-Studium in Braunschweig, wurde wenig später zum Wehrdienst einberufen, jedoch für zwei weitere Studiensemester in Halle beurlaubt. Nach dem Ende des II. WK war F. als Mitarbeiter des Volksbildungsamtes in Magdeburg für das Museums-Archivwesen, den Zoo und den Naturschutz zuständig. Er unterstützte den Wiederaufbau dieser Bereiche und initiierte einen naturwiss. Arbeitskreis, der sich nach dem Kriegsverlust großer Teile der von Wolterstorff zusammengetragenen Präparatenslg. mit dem Aufbau einer neuen Spezialslg. von Schwanzlurchen, der „Neuen Wolterstorff-Slg.", beschäftigte. F., der bis 1970 Schriftleiter der Zss. *Abh. und Berichte des Mus. für Naturkunde und Vorgesch.* und der *Magdeburger Forschungen* war, nahm sich zugleich des Nachlasses Wolterstorffs an und brachte verschiedene Materialien zur Publikation. 1951 wurde er Redakteur im *Verlag Volk und Wissen* und 1954 Fachredakteur beim *Akad.-Verlag* in Berlin. 1970 begann F. eine Tätigkeit als wiss. Mitarbeiter am Rechenzentrum für Molekularbiologie der Akad. der Wiss. der DDR und prom. 1978. F.s wiss. Leistungen liegen mit ca. 140 Veröffentlichungen vornehmlich auf dem Gebiet der Herpetologie.

W: Die Neotenie der Urodelen, 1947; Der Teichmolch, 1954; Feuersalamander und Alpensalamander, 1955; Lurche, in: Erwin Stresemann, Exkursionsfauna von Dtl., Bd. 1, 1957; Vom Wasser – zum Landleben, 1976, ³1989. – **L:** KGL 7, 1950; Fritz Jürgen Obst, F.s Beitrag zur Amphibienkunde, in: Zoologische Abh. des Staatl. Mus. für Tierkunde Dresden, Bd. 45, 1989 (***B***).

Ingrid Böttcher

Friedensburg, Karl *Walter,* Dr. theol., Dr. phil., Dr. jur. h.c.
geb. 06.03.1855 Hamburg, gest. 19.02.1938 Wernigerode, Historiker, Archivar, Geh. Archivrat.

Der Sohn eines Zeitungsredakteurs besuchte bis 1874 die Hamburger Gelehrtenschule, studierte Gesch. in Göttingen und Breslau, prom. 1877 (Göttingen) und habil. sich 1878 (Marburg). 1878–80 war er in Göttingen Mitarbeiter an der Edition der dt. Reichstagsakten und trat 1880 in Marburg in den preuß. Archivdienst ein. Um wiss. besser arbeiten zu können, schied er 1883 auf eigenen Wunsch aus dem Archivdienst aus und lehrte als Privatdoz. an den Univ. Marburg bzw. Göttingen. In der Zeit von 1888 bis 1901 war F. zuerst als Assistent und dann als Leiter bzw. erster Sekretär am neu gegründeten Preuß. Hist. Inst. in Rom tätig. 1889 zum ao. Prof. an die Univ. Halle-Wittenberg berufen, wurde er in dieser Eigenschaft jedoch nicht tätig. Aus Rom zurückgekehrt, trat er 1901 die Stelle des Archivdir. am StA in Stettin an, wurde 1910 zum Geh. Archivrat ernannt und übernahm 1913 als Nachfolger von → Georg Winter schließlich die Direktion des StA Magdeburg. Hier war er u. a. mit Ordnungsarbeiten befaßt und machte sich als Mitautor einer „Gesch. des StA Magdeburg" (Ms. ca. 1922) verdient. Um diese Arbeiten abschließen zu können sowie aus finanziellen Erwägungen, stellte er zweimal den Antrag auf Verschiebung der Pensionierung. 1923 trat F. in den Ruhestand und siedelte ein Jahr später nach Wernigerode um. Er war u. a. Mitglied (1913–33/34) und Vors. (1922–23) der *Hist. Kommission für die Provinz Sachsen und für Anhalt,* Vors. des *Vereins für Gesch. und Alterthumskunde des Hzts und Erzstifts Magdeburg* sowie im geschäftsführenden Vorstand des *Vereins für Kirchengesch. der Provinz Sachsen und Anhalts.* Sein wiss. Hauptinteresse galt der Reformationsgesch. Dies fand entsprechenden Niederschlag in einer Vielzahl von Publikationen. Dem *Verein für Reformationsgesch.* (später auch dem Vorstand) gehörte er seit dessen Gründung 1883 an und leitete von 1903 an für 34 Jahre mit dem *Archiv für Reformationsgesch.* die Zs. des Vereins.

W: Ludwig der Bayer und Friedrich der Schöne 1325/26, 1877; Nuntiaturberichte aus Dtl. nebst ergänzenden Aktenstücken, 1. Abt. 1533–1559 (Bände 1–4, 8–11) 1889–1910; Gesch. der Univ. Wittenberg, 1917; Die Provinz Sachsen, ihre Entstehung und Entwicklung, 1919. – **L:** Leesch 2, *167f.;* Wer ist's, ¹⁰1935; Walther Köhler, W. F. zum Gedächtnis, in: Archiv für Reformationsgesch. 35, 1938, *32–38;* Geh. StA Berlin: PA, Rep. 178 XIII F Nr. 3 (2 Bde); LHASA: PA, Rep. C 22 Nr. 300. – **B:** *LHASA.

Mathias Schiller

Friedrich, *Karl* Ludwig Ferdinand
geb. 21.12.1898 Magdeburg, gest. 12.10.1989 Magdeburg, Maler, Graphiker, Kunstgewerbelehrer.

F. wuchs in Magdeburg auf und zeigte schon in jungen Jahren seine künstlerischen Fähigkeiten, als er mit 15 Jahren erste Farbholzschnitte ausstellte. Er studierte 1913–17 an der

Kunstgewerbe- und Handwerkerschule in Magdeburg und später an der Hochschule für Bildende Kunst Berlin, besuchte die Berliner Privatschule von Hans Baluschek sowie die Kunstschule Weimar unter Max Thedy. 1932–33/34 arbeitete er als Hilfslehrer an der Kunstgewerbe- und Handwerkerschule Magdeburg und war 1933/34 als Lehrassistent dieser Einrichtung für einige Zeit in Berlin, um durch Studien im Naturkundemus., im Zoologischen Inst., in der Anatomie der Univ. usw. einen Lehrplan für „figurale Grundelemente" zu erstellen, der Standardsituationen aus der Tierwelt von der Zelle bis zu charakteristischen Bewegungsabläufen enthalten sollte. Während des II. WK gab er Zeichenunterricht im Rahmen von „Kraft durch Freude"-Veranstaltungen und unterrichtete eine Reihe von Privatschülern, so u. a. von 1939 bis 1944 den Maler Werner Tübcke aus Schönebeck, den er wesentlich beeinflußte. Noch 1944 zum Kriegsdienst eingezogen, geriet F. in englische Gefangenschaft, aus der er Mitte 1946 nach Magdeburg zurückkehrte. Trotz Verlust fast des gesamten künstlerischen Werkes in den Wirren des Krieges begann F. wieder als freier Künstler zu arbeiten. 1955–58 wirkte er als Doz. an der Fachschule für Bauwesen in Magdeburg (geometrisches Zeichnen, Projektion und Perspektive), arbeitete nebenbei als Restaurator für Museen, den staatl. Kunsthandel und für private Sammler, als Doz. an der Volkshochschule sowie an einer Betriebsschule der staatl. Handelsorganisation. Im Rentenalter unternahm er zahlreiche Reisen durch Dtl. und Italien. F. war durch seine mit fast fotografischer Genauigkeit gemalten Aquarelle von Kirchen, Häusern und Stadtlandschaften aus seiner näheren Heimat bekannt. Der „Chronist mit dem Pinsel" (Halfas, 1996) schuf dabei Bilder von dokumentarischer Bedeutung, bei denen er großen Wert auf handwerkliches Können legte. Die Einhaltung gestalterischer Grundregeln, wie etwa die der Zentralperspektive, war ihm auch in seinen kunstpädagogischen Bemühungen oberstes Gesetz. F., der sich selbst gern als „Magdeburger Spitzweg" bezeichnete, gehörte langjährig dem *Künstlerverein St. Lukas* an und genoß als Künstler und Mensch hohe Akzeptanz.

W: zwei Gemälde, Aquarelle und Steinzeichnungen im KHMus. Magdeburg; weitere Werke im Märkischen Mus. Berlin und Dt. Hist. Mus. Berlin. – **L:** Vollmer 2, 1955, *162*; Dresslers Kunsthdb., 1930, *276*, Kat. des Kunstvereins Magdeburg 1938; Günter Meißner, Werner Tübcke – Leben und Werk, 1989, *16ff.*; Martin Wiehle, Magdeburger Persönlichkeiten, 1993, *152*; D. Halfas, Chronist mit dem Pinsel. Bilder des Magdeburger Kunstmalers K. F., in: Elbröwer 2, H. 14, 1996, *9*; Bundesarchiv Berlin: Sign. R 4901, Abt. X, E 9821, *144*. – **B:** *Jürgen Goldammer, Magdeburg (priv.); KHMus. Magdeburg.

Gerd Kley

Friedrich, Walter, Prof. Dr. phil. Dr. med. h.c.
geb. 25.12.1883 Salbke bei Magdeburg, gest. 16.10.1968 Berlin, Biophysiker, Hochschullehrer.

F., Sohn eines Ing. und Fabrikbesitzers, legte 1905 in Aschersleben am Harz das Abitur ab. Nach dem Studium der Physik in Genf und München 1905 bis 1911, das er mit der Prom. bei Wilhelm Conrad Röntgen abschloß, und anschließender Assistententätigkeit am Inst. für theoretische Physik der Univ. München wechselte er 1914 an die Frauenklinik der Univ. Freiburg/Breisgau, wo er zunächst als Assistent, ab 1917 als Privatdoz. arbeitete und 1921 zum ao. Prof. ernannt wurde. 1923 folgte der Ruf als Ordinarius für med. Physik und Dir. des Inst. für Strahlenforschung an der Univ. Berlin. 1949–51 fungierte F. als Rektor dieser Univ. sowie als Dir. des Inst. für Med. und Biologie an der Dt. Akad. der Wiss. (DDR), war 1951–55 deren Präsident und arbeitete hier bis 1968 als Forschungsbereichsleiter. F. erwarb sich frühzeitig wiss. Ruhm durch den experimentellen Nachweis der von Max von Laue vorausgesagten Interferenz von Röntgenstrahlen an Kristallen gemeinsam mit Paul Knipping im Jahre 1912. Danach widmete er sich med. Problemen, insbesondere den physikalischen und biologischen Grundlagen der Strahlentherapie sowie der Erforschung und Bekämpfung von Geschwulstkrankheiten. Das Mitglied und Ehrenmitglied zahlreicher naturwiss. Gesellschaften erhielt 1950 den Nationalpreis der DDR, 1954 den VVO in Gold, 1953 wurde er als Hervorragender Wissenschaftler des Volkes und 1964 als Held der Arbeit ausgezeichnet. F. war 1950–68 Präsident des Dt. Friedensrates und Vizepräsident des Weltfriedensrates. Ab 1949 gehörte er der Provisorischen Volkskammer bzw. der Volkskammer als Abgeordneter an. 1952 wurde er Ehrenbürger der Stadt Aschersleben. Eine Ehrung posthum durch seine Geburtsstadt Magdeburg erfuhr F. durch die Verleihung seines Namens an das größte städtische Krankenhaus anläßlich seines 100. Geburtstages.

W: Ueber traumatische Aneurysmen, 1916; Physikalische und biologische Grundlagen der Strahlentherapie, 1918 (mit Bernhard Krönig); The principles of physics and biology of radiation therapy, 1922 (mit Bernhard Krönig/H. Schmitz); (Hg.) Probleme und Ergebnisse aus Biophysik und Strahlenbiologie, 1956. – **L:** Hdb SBZ/DDR, *198*; Fritz Köhler, W. F., Leben und Wirken, 1963 (*W*); Eike Schierhorn, W. F., 1983 (*B*); Heinrich Scheel, Friedenskämpfer – Humanist – Wissenschaftler. Zum 100. Geb. von W. F., 1984.

Heribert Stroppe

Fries, Jakob Friedrich, Prof. Dr. phil.
geb. 23.08.1773 Barby, gest. 10.08.1843 Jena, Philosoph, Mathematiker, Naturwissenschaftler, Hofrat

Als Sohn eines Pfarrers und Vorstandsmitglieds der Herrnhuter Brüdergemeine in Barby geb., erhielt F. seine Schulausbildung auf deren Pädagogium in Niesky, später in Barby. 1795 nahm er ein Jurastudium an der Univ. Leipzig auf und studierte seit 1797 Phil., Naturwiss. und Mathematik in Jena. Nach einer kurzen Zeit als Hauslehrer in Zofingen/ Schweiz erfolgte 1801 in Jena die Prom., im selben Jahr ebenfalls die Habil., die eine Lehrtätigkeit an der Univ. ermöglichte. Um auch mathematische Vorlesungen halten zu können, mußte er sich 1802 erneut einer Disputation unterziehen. Noch in Jena ao. Prof., wurde F. 1805 als o. Prof. für Phil. an die Univ. Heidelberg berufen. Dort übernahm er ab 1812 zusätzlich die Professur für Physik. 1816 kehrte er als Ordinarius für Logik und Metaphysik nach Jena zurück. Seine Parteinahme für die Burschenschaften brachte ihn in politische Schwierigkeiten, die 1819 als Folge der Teilnahme am Wartburgfest (1817) schließlich zur Suspension von seinem Lehramt führten. Nach vierjährigem Aufenthalt in Holland erhielt er 1824 die Lehrbefugnis für Mathematik und Physik zurück, die für Phil. erst 1837. Von der Unhaltbarkeit der Hegelschen Dialektik überzeugt, bezog er ebenso gegen Reinhold, Fichte, Schelling, aber auch gegen Herbart Stellung. Er verstand sich dabei als kritischer Kantianer und Weiterführer der kantischen Phil. In seiner auch an den Einzelwiss. orientierten Phil. spielt die Psychologie als propädeutische Disziplin eine wichtige Rolle. Als sein Hauptwerk gilt die „Neue Kritik der Vernunft" (1807), in der er die Kantsche Transzendentalphil. mit psychologischen Fragestellungen verband, ohne aber ein unbezweifelbares Fundament der Erkenntnis aufzugeben. Die apriorischen Grundsätze sind nach F. nicht beweisbar, sondern nur durch innere Erfahrung aufweisbar. Innerhalb seiner Ethik (1818) ist der Begriff der Würde zentral. Übereinstimmend mit seinem Selbstverständnis wurde F. zunächst als Kantianer rezipiert, später zu Unrecht als Wegbereiter der psychologistischen Erkenntnistheorie kritisiert. Seine „Mathematische Naturphil." (1822) ist im bewußten Gegensatz zur spekulativen Naturphil. Schellings und Hegels entwickelt und bereitete die moderne Grundlagenforschung vor. In der Neufries'schen Schule erlebte zu Beginn der 20. Jhs seine Phil. auf Betreiben von Leonard Nelson eine Renaissance.

W: Sämtliche Schriften, hg. von Gert König/Lutz Geldsetzer (bisher 27 Bde), 1967ff. – **N:** Thüringische Univ.- und Landesbibl. Jena; Goethe- und Schiller-Archiv Weimar; Niedersächsisches StA Wolfenbüttel; F.-Archiv der Univ. Düsseldorf. – **L:** ADB 8, *73–81*; NDB 5, *608f.*; Ernst Ludwig Theodor Henke, J. F. F.s Leben, ²1937 (**W**); Thomas Elsenhans, F. und Kant (2 Bde), 1906; Gert König/Lutz Geldsetzer, Einleitung zu ‚Sämtl. Schriften', Bd. 1, 1967, *7–160*; Leonard Nelson, Fortschritte und Rückschritte in der Phil., ²1977; Wolfgang Bonsiepen, Die Begründung einer Naturphil. bei Kant, F. und Hegel, 1997; Wolfram Hogrebe und Kay Herrmann (Hg.), J. F. F. Philosoph, Naturwissenschaftler und Mathematiker, 1999; Gert König, F. und Popper, in: Uwe Jens/Hajo Romahn (Hg.), Sozialpolitik und Sozialökonomik, 2000, *81–95*; Kay Herrmann, Mathematische Naturphil. in der Grundlagendiskussion. Eine Studie über das Verhältnis von J. F. F.' kritischer Phil. zu Naturwiss. und Mathematik, 2000. – **B:** *Thüringische Univ.- und Landesbibl. Jena.

Klaus Sachs-Hombach

Friese, *Oskar* **Carl Hugo**
geb. 25.12.1853 Magdeburg, gest. 09.08.1932 Magdeburg, Schriftsetzer, Buchdrucker, Kaufmann.

Der Sohn des Hofbuchdruckers und Hoflithographen Carl F. besuchte bis zur Sekundarstufe die Vorbereitungs-, Handels-, Gewerbe und Realschule I. Ordnung in Magdeburg. 1868–71 erlernte er den Beruf des Schriftsetzers in Magdeburg und Potsdam, 1871–72 den des Buchdruckers in Leipzig und schloß 1872–73 mit einer kaufmännischen Lehre in Magdeburg ab. F. bereiste danach zahlreiche Länder Europas, insbesondere Schweden, Finnland und Norwegen, und brachte Erfahrungen ausländischer Buchdrucker mit. Seit 1878 arbeitete er als Prokurist in der 1843 gegründeten väterlichen Steindruckerei in Magdeburg, die er zusammen mit seinem Bruder Albert F. nach seiner Ernennung zum Kgl. Hofbuch- und Hofsteindrucker zum April 1884 übernahm. In der Druckerei F.s wurden neben zahlreichen Drucksachen aller Art für Industrie, Handel und Behörden auch Ztgg. und Zss. gedruckt und verlegt, u. a. das von → Moritz Rahmer redigierte *Jüd. Litteraturblatt* (1872–1894) und die vom *Magdeburger Lehrerverein* hg. *Neue pädagogische Ztg.* (1877–1910). Zudem wurden eigene Verlagsartikel produziert, u. a. pädagogische Schriften und theol. Werke wie das „Ev. Gesangbuch für die Provinz Sachsen" (1882, ²⁷1897). 1921 wurde die Fa. mit Grundstück verkauft und zusammen mit der *Saxonia-Druckerei* als Verlag der deutschnationalen *Magdeburger Tagesztg.* weitergeführt. F. übte mehrere Vorstands- und Ehrenämter aus und stand mehr als 30 Jahre an der Spitze der Arbeitgeber-Organisation der Buchdrucker in Magdeburg. Er war Gründer und Vors. der *Vereinigung der Magdeburger Buchdrucker* (1891–1900), ab

1900 Vors. und Ehrenmeister der neueren *Innung für das Buchdruckgewerbe in Magdeburg* und gehörte 15 Jahre dem Tarifausschuß der *Dt. Buchdrucker* für den Kr. VI des *Dt. Buchdrucker-Vereins* an.

W: Ein Rückblick. Anläßlich des 25jährigen Bestehens der Innung des Buchdruckergewerbes in Magdeburg am 1. Februar 1925. Mit einem Anhang: Die Magdeburger Buchdrucker von 1483 bis 1924, 1925. – **L:** Georg Wenzel, Dt. Wirtschaftsführer, 1929.

Werner Rummert

Friesen, Karl *Friedrich*
geb. 25.09.1784 Magdeburg, 16.03.1814 bei La Lobbe/Frankreich (gefallen), Erzieher, Turnpädagoge, Patriot.

F.s Vater war Feldwebel, später Finanzbuchhalter, und verstarb, als F. neun Jahre alt war. In den 1790er Jahren besuchte F. die Altstädter Bürgerschule in Magdeburg. Sein Lehrer, der Pfarrer und Konsistorialrat → Georg Samuel Albert Mellin, prägte F.s geistig-weltanschauliche Grundhaltung im Sinne der Ethik Immanuel Kants. 1801–02 besuchte F. die neugegründete Bauakad. in Berlin, belegte die Fächer Landvermessung, Wasserbauwerke und Bauhandwerk. Sein Streben nach universellem Wissen drängte ihn jedoch stark zur Phil. und zur Erziehungslehre. 1806–11 war F. als Zeichner der Landkarten für Alexander von Humboldts „Mexikanischen Atlas" tätig. Er erhielt von Wilhelm und Alexander von Humboldt viele geistige Impulse. F. hörte an der Berliner Univ. 1807/08 Johann Gottlieb Fichtes berühmte „Reden an die dt. Nation" und war begeistert von dem Kerngedanken der „Nationalerziehung" – der dt. Staat dürfe nicht auf Zwang, sondern müsse auf der Gesinnung seiner Bürger beruhen, die nur durch Erziehung des ganzen Volkes verbesserbar sei – . 1808 trat F. als Lehrer in die Erziehungsanstalt des Pestalozzianhängers Dr. Ernst Plamann in Berlin ein. Dort lernte er den Turnvater Friedrich Ludwig Jahn kennen. Noch 1808 gründete F. in Berlin eine *Fechtbodenges.*, in der Offiziere, bürgerliche Intellektuelle, Kaufleute und andere Patrioten Hieb- und Stoßfechten übten und politische Diskussionen zur Rettung des seit 1806 von Napoleon besetzten Vaterlandes führten. 1808 war F. auch als Kundschafter der militärischen Gruppe des → Ferdinand von Schill tätig und spähte Magdeburg aus. Im Bestreben um nationale Erneuerung schloß er Freundschaft mit zahlreichen Patrioten wie → Wilhelm Harnisch und Friedrich Fröbel und gründete mit Harnisch, Jahn u. a. 1810 den *Dt. Bund*. F. war der eigentliche Initiator und Stifter des Geheimbundes mit dem Ziel der Vorbereitung einer bewaffneten Erhebung und inneren sittlichen Erneuerung des ganzen Volkes. Auf dem 1811 von Jahn auf der Berliner Hasenheide eröffneten ersten dt. Turnplatz gehörte F. zu den aktiven Vorturnern und wirkte als echter Jugenderzieher mit großer Ausstrahlungskraft. In den Wintermonaten leitete er in Berlin den *Turnkünstlerverein*, in dem viele neue Übungen, besonders an Reck, Barren und Seitpferd, entwickelt wurden. 1811 gründete F. mit dem Studenten und späteren preuß. Generalmajor Friedrich Ludwig Palm an der Berliner Unterbaumbrücke eine der ersten dt. Schwimmanstalten. Neben der Begründung und dem inneren Ausbau der Turnbewegung hatte F. auch großen Anteil an der zweiten nationalen und konstitutionellen Bewegung, der studentischen Burschenschaft. 1812 verfaßten F. und Jahn die Denkschrift „Ordnung und Einrichtung der dt. Burschenschaften", deren Gedanke einer einheitlichen dt. Studentenorganisation sich rasch auf vielen dt. Univ. durchsetzte. F., der 1812 mit führenden Patrioten an der konspirativen Vorbereitung der Erhebung gegen Napoleon beteiligt war, hatte alle Truppenbewegungen zwischen Magdeburg und der Festung Küstrin zu erfassen und nach Prag an Karl Justus von Gruner zu melden. Staatskanzler Karl August Fürst von Hardenberg beriet vor seiner Abreise nach Breslau mit F. und Jahn, deren große Popularität bei der dt. Studentenschaft nutzend, den Plan der Gründung einer Freischar, der besonders von Gerhard Johann David von Scharnhorst initiiert worden war. Beide gehörten selbst zu den ersten Freiwilligen im Freikorps des Majors Adolf Freiherr von Lützow. Im Februar 1813 wurde F. u. a. als Meldereiter im Hauptquartier des Zaren Alexander eingesetzt. Nach der preuß. Kriegserklärung gegen Napoleon wirkte F. aktiv als Werber und Agitator für die Freischar und war an militärischen Streifzügen durch Thüringen, Sachsen und Brandenburg beteiligt. Im Gefecht bei Gadebusch war Theodor Körner gefallen und Lützow verwundet. Nach seiner Genesung berief Lützow F. zu seinem Adjutanten. Die nach dem Tod von Scharnhorst zunehmende Isolierung der Lützowschen Freischar durch den reaktionären Adel veranlaßte F., die Denkschrift „Die Ursachen des seit längerer Zeit so häufig gewordenen Zurücktretens vom Lützowschen Freikorps" abzufassen. Am 15.03.1814, bei einem Einsatz in den Ardennen auf den jüngeren Bruder Lützows wartend, verlor F. den Anschluß an seine Schwadron, geriet in einen Hinterhalt und wurde nach der Gefangennahme durch zwei Bauern von einem Nationalgardisten im Handgemenge getötet. Die lange Zeit ergebnislose Suche nach F. konnte 1816 erst dessen Freund August von Vietinghoff beenden, der F.s Gebeine auffand, identifizierte und in einem Koffersarg verwahrte. Infolge des Wartburgfestes von 1817 und der Demagogenverfolgung von 1819 erschien jedoch der Reaktion eine Ehrung des Patrioten F. für den vaterländischen Opfertod unangemessen. So bewahrte Vietinghoff die Gebeine ein viertel Jh. im Koffersarg auf. Erst 1842, als Vietinghoff im Range eines Oberstleutnant in den Ruhestand trat, machte er mit anderen patriotischen Freunden einen erneuten Versuch zu einer würdigen Bestattung F.s, dessen Gebeine Anfang 1843 neben Scharnhorst auf dem Berliner Invalidenfriedhof beigesetzt werden durften. Jahn würdigte ihn mit den Worten: „Wie Scharnhorst unter den Alten, so ist F. von der Jugend der Größte der Gebliebenen".

L: ADB 8, *88f.*; Mitteldt Leb 2, *117–124* (*B*); Erwin Rundnagel, F. F., ein politisches Lebensbild, 1936 (*B*); Vf., Die Turnbewegung und die Burschenschaften als Verfechter des Einheits- und Freiheitsgedankens in Dtl. 1811–1847, Diss. Halle 1965; Willi Schröder, Burschenturner im Kampf um Einheit und Freiheit, 1967; Vf./Wolfgang Pahncke, K. F. F. – zum 200. Geb., in: Zs. für Körpererziehung 34, 1984, *371–379*; Vf., K. F. F., Tl. 1–3, in: Zs. des Landessportbundes Sa.-Anh., H. Mai, Juni, Juli/August 1996; Vf., K. F. F., in: Mathias Tullner (Hg.), Persönlichkeiten der Gesch. Sa.-Anh., 1998, *159–163* (*B*).

Norbert Heise

Fritz, Martin

geb. 16.01.1912 Calbe, gest. 15.03.2000 Magdeburg, kath. Theologe.

F. wurde 1936 in Paderborn zum kath. Priester geweiht. Nach seiner Weihe war er zehn Jahre als Vikar an der Propstei in Halle tätig. 1946 wurde er Vikar an der Propstei St. Sebastian in Magdeburg und gleichzeitig Sekretär am Erzbischöflichen Kommissariat Magdeburg unter Propst → Wilhelm Weskamm. 1948 erhielt F. den Auftrag, in Magdeburg ein Seelsorgehelferinnen-Seminar zu gründen. Dies war notwendig geworden, da wegen der Abgrenzungspolitik der DDR eine Ausbildung in den vorhandenen Seminaren – die allesamt nun in Westdtl. lagen – nicht mehr möglich war. In enger Zusammenarbeit mit → Hugo Aufderbeck baute F. organisatorisch und inhaltlich das Seminar und den Beruf der Seelsorgehelferin aus. Er richtete das Seminar als einen dreijährigen Kursus ein, in dem junge Frauen für den Dienst in den Gemeinden der kath. Kirche im gesamten Raum der damaligen SBZ und späteren DDR ausgebildet wurden. Bis 1976 hatte F. im Seminar das Rektorenamt inne. Es war das Jahr, in dem das Seminar vom angestammten Platz in der Oststraße in einen unter Bischof Johannes Braun neu gebauten Wohn- und Lehrtrakt im Neustädter Bierweg umzog. Von 1948 bis 1996 unterrichtete er die Seminaristinnen zudem in den Fächern Bibelkunde, Glaubenslehre, Katechetik, kirchliche Gegenwartskunde, Kirchengesch., Kirchenrecht, Liturgik, Seelsorgekunde, Sittenlehre und Exegese. Durch seine Lehr- und Ausbildungstätigkeit prägte F. entscheidend Inhalt und Methode sowie das Bild dieses kirchlichen Berufszweiges. Größere Bekanntheit erhielt F. durch das Bearbeiten von Büchern für den Religionsunterricht, die er den Verhältnissen anpaßte. Das Magdeburger Seminar war und ist eine rein kirchliche Ausbildungsstätte, deren Abschlüsse keine staatl. Anerkennung erfahren. Darum unterstand das Seminar auch nicht dem Bildungsministerium der DDR. Mit der Wende von 1989/90 erhielt das Seminar eine neue Form: Es wurde für Männer geöffnet, heißt seitdem „Seminar für Gemeindepastoral St. Gertrud", und die Absolventinnen und Absolventen, die in den kirchlichen Dienst treten, nennen sich nun Gemeindereferentinnen und -referenten. Von 1950 bis 1981 war F. ebenfalls Leiter des Katechetischen Amtes im Erzbischöflichen Kommissariat bzw. Bischöflichen Amt Magdeburg. Er stand zudem der Katechetischen Arbeitsgemeinschaft der Berliner Bischofskonferenz vor. Unter Weihbischof → Friedrich Maria Rintelen wurde ihm 1955 der Titel eines Geistlichen Rates verliehen. Zudem erhielt er 1958 den Titel Monsignore (Päpstlicher Geheimkämmerer) und 1968 den eines Päpstlichen Hausprälaten. F. trat 1993 in den Ruhestand und wurde 1995 von Bischof Leo Nowak zum Ehrendomkapitular des 1994 errichteten Bistums Magdeburg ernannt. F. wurde in der Krypta der Kathedral- und Propsteikirche St. Sebastian in Magdeburg beigesetzt.

W: (Bearb.) Kath. Glaubensfibel, 1952; (Mithg.) Pastoral-katechetische Hefte, 1954; Lehrplan für den kath. Religionsunterricht, 1956; (Bearb.) Grundriß des Glaubens, 1985; Die Frau erwacht in der Kirche – Zur Gesch. und Spiritualität des Berufes der Seelsorgehelferin, in: Rainer Birkenmaier (Hg.), Werden und Wandel eines neuen kirchlichen Berufes. 60 Jahre Seelsorgehelferinnen/Gemeindereferent(inn)en, 1989. – N: ZBOM. – L: Tradition im Auf-Bruch 1948–1998, Fs. des Seminars für Gemeindepastoral Magdeburg, 1998; Norbert Mette/Folkert Rickers (Hg.), Lex. der Religionspädagogik, 2000; ZBOM. – B: *ZBOM.

Daniel Lorek/Ludwig Stegl

Fritze, *August* Friedrich Ferdinand, Dr. med.

geb. 26.05.1776 Halberstadt, gest. 07.08.1846 Magdeburg, Arzt, Kreisarzt, Medizinalrat.

F., Sohn des Arztes Johann Gottlieb F. und Neffe des bekannten Charité-Arztes Johann Friedrich F., studierte nach Abschluß des Gymn. in Halberstadt sowie einer Apothekerlehre in Halberstadt und Gehilfentätigkeit in Stendal,

Berlin und Danzig in Halle Med. 1806 prom. er hier unter Johann Christian Reil und legte noch im gleichen Jahr in Berlin die Prüfung für das Physikat ab. F. ließ sich als praktischer Arzt in Magdeburg nieder und wurde 1814 zum Stadtphysikus gewählt. Mit der Umwandlung dieser Funktion in die eines Kreisarztes wurde F. im Dezember 1816 erster Kreisarzt der Stadt Magdeburg und übte dieses Amt bis 1824 aus. Mit Eröffnung der Med.-chirurgischen Lehranstalt in Magdeburg 1827 unter → Friedrich Trüstedt übernahm F. dort den Unterricht in Arznei- und Heilmittellehre. Besondere Verdienste erwarb sich F., als im Oktober 1831 die erste europäische Cholera-Epidemie auch Magdeburg erreichte und bis Januar 1832 unter den 39.412 Zivileinwohnern der Stadt 375 Todesopfer forderte. Unter direkter Anleitung durch F., der aufgrund seiner umfangreichen Kenntnisse und seines verbindlichen Umgangstones unter seinen Zöglingen größte Autorität genoß, wurden bei dieser Epidemie u. a. 22 Schüler der Lehranstalt als Krankenpfleger in zwei Quarantänestationen (Kontumaz-Anstalten) und zwei Cholera-Hospitälern eingesetzt. F. wurde für seinen umsichtigen Einsatz bei der Bekämpfung der Cholera von der Freimaurerloge „Ferdinand zur Glückseligkeit", der er seit 1805 angehörte, zum Ehrenmitglied gewählt. Von 1833 bis 1844 wirkte F. als Direktoriumsmitglied der Med.-chirurgischen Lehranstalt und wurde anschließend als Medizinalrat in das *Provinzial-Medizinalkollegium* berufen. Nebenbei betreute F. von 1814 bis zu seinem Tode die Pfründner und Armen im Hospital St. Augustini.

W: Über die Schwierigkeiten und Annehmlichkeiten des med. chirurgischen Studiums, 1833. – **L**: August Hirsch (Hg)., Biogr. Lex. der hervorragenden Ärzte aller Zeiten und Völker (vor 1880), Bd. 2, 1885, *630*; → August Andreae, Chronik der Aerzte des Regierungsbez. Magdeburg mit Ausschluß der Halberstädter, Quedlinburger und Wernigeröder Landestheile, 1860, *66–68*; → Walter Friedensburg, Die med.-chirurgische Lehranstalt in Magdeburg (1827 bis 1849), in: GeschBll 53/54, 1918/1919, *16* u.ö.; Vf., Magdeburger Medizinalchronik. Quellen und Studien zur Gesch. des Gesundheits- und Sozialwesens von 1631–1848/49, Ms. 1977, *126f*. (StadtA Magdeburg).

Horst-Peter Wolff

Fritze, Werner

geb. 23.12.1836 Magdeburg, gest. 10.03.1925 Magdeburg, Kaufmann, Kgl. Kommerzienrat.

Der Sohn des Kaufmanns Friedrich Wilhelm Nicolaus F. besuchte in Magdeburg das Domgymn. und absolvierte ab April 1853 eine vierjährige kaufmännische Lehre in dem Produktengeschäft *Riemann & Bookmann*. Anschließend fand er eine Anstellung bei der Fa. *Francke & Sprung* in Harburg/Elbe und war dann ab 1859, unterbrochen durch eine eineinhalbjährige Tätigkeit im Kolonialwarengeschäft von Friedrich Sternberg, in der väterlichen Kolonialwaren-Großhandlung *Friedrich F. & Sohn* tätig, deren Inhaber er 1867 wurde. Um den durch Stadtentwicklung und voranschreitende Industrialisierung gewachsenen Anforderungen entsprechen zu können, folgten Um- und Neubauten auf dem seit 1756 im Breiteweg 71/72 befindlichen Firmengrundstück. Der seit 1879 dem Ältestenkollegium der *Magdeburger Korporation der Kaufmannschaft* bzw. der *Handelskammer Magdeburg* angehörende F. engagierte sich in seiner unermüdlichen Arbeit für die Handelskammer besonders als Vors. des Getreideschiedsgerichts und der Kleinhandelskommission sowie als Börsenkommissar. Im Bereich des Transportwesens trat er für die Durchsetzung von Verbesserungen der Güterabfertigung und der Frachtbedingungen bei der Kettenschiffahrt ein. Der im kommunalpolitischen und sozialen Bereich tatkräftige F. war im Vorstand des Hospitals St. Georgii, seit 1871 im Kirchenrat St. Katharinen und seit 1873 als Mitglied der Armendirektion tätig. Er gehörte von 1881 bis 1906 ununterbrochen der Stadtverordnetenverslg. an, in der er 1887 zum stellvertretender Stadtverordnetenvorsteher und im Mai 1893 zum Vors. gewählt wurde. Anläßlich seiner Verabschiedung aus dem Amt erhielt der 1899 zum Kgl. Kommerzienrat ernannte F. vom Magistrat das Ehrenbürgerrecht der Stadt Magdeburg verliehen.

L: → Martin Behrend, Magdeburger Großkaufleute, 1906, *126–129*, (**B**); StadtA Magdeburg: A II, B 27 spec. 5, Bd. 2. – **B**: *LHASA.

Horst-Günther Heinicke

Fröhner, Dietrich

geb. 16.02.1939 Nürnberg, gest. 11.03.1983 Magdeburg, Maler, Graphiker.

F. wuchs seit 1943 im erzgebirgischen Sehma auf und besuchte 1952–54 die private Malschule Wirth in Annaberg. 1956–57 trat er eine Dekorationsmalerlehre in Neudorf/Erzgebirge an, um nach einer Zeit als Malergehilfe in Dresden dort an der Hochschule für Bildende Künste zu studieren. Nach seinem Diplom 1964 wurde er in Magdeburg ansässig und arbeitete hier freischaffend bis zu seinem frühen Tod. Seit 1966 war F. Mitglied des *VBK der DDR*. Er galt in Magdeburg als einer der gesellschaftlich engagiertesten und vielseitigsten Künstler, dessen Schaffen tief im christlichen Glauben verwurzelt war und der gerade deshalb die Gestaltung eines menschenwürdigen Lebens in der DDR als seine Aufgabe annahm. So füllte er einen Werkvertrag mit dem *Karl-Marx-Werk Magdeburg* ebenso mit Leben wie sein zeitweiliges künstlerisches Wirken im *Walzwerk Burg*. Sein großes Glasmosaik für die Stadt Zerbst, Wandgestaltungen für Magdeburger Schulen und seine Gemeinschaftsarbeit mit Michael Emig für die Staßfurter Schule der Freundschaft bergen in sich die Summe seiner künstlerischen Erfahrungen, die er in seiner kurzen Schaffensphase sammeln konnte. Seine Menschenbilder und Landschaften, vor allem die seines frühen Wohnsitzes Ottersleben, wurden vom Publikum gern angenommen. Besonders bekannt geworden sind seine Bll. vom Magdeburger Dom, die Arbeiten zum Thema „Mutter und Kind" und die Darstellungen zu lit. Themen wie etwa Lithographien zu Heinrich Manns „Schlaraffenland" (u. a. 1971 auf der Int. Buchausstellung in Leipzig ausgestellt) und Farbholzschnitte zu Hermann Hesses „Glasperlenspiel". Seine Arbeiten waren 1965–84 auf allen Bezirkskunstausstellungen in Magdeburg und in einigen zentralen Ausstellungen der DDR zu sehen.

W: Wandbild „Industrie und Landwirtschaft", Zerbst; Illustrationen und freie Arbeiten zu Heinrich Mann und Hermann Hesse. – **N:** Hannelore F., Burscheid; Friederike F., Hannover. – **L:** D. F., Kat. Magdeburg 1966; Alte und neue Texte zu D. F., von Freunden zusammengestellt, Galerie Himmelreich Magdeburg 1983; D. F., Faltbl., Klubgalerie Magdeburg 1988; Uwe Jens Gellner, Bll. zur Bibel, 1949–89, Kat. Magdeburg 1999. – **B:** *Slg. und Archiv Vf., Erfurt-Molsdorf: Lithographie von → Bruno Beye, 1967.

Jörg-Heiko Bruns

Frölich, Gustav

geb. 1902 auf Samoa, gest. 17.04.1968 Sydney, Schwimmsportler.

F. gehörte in den 1920er Jahren zu den besten Schwimmern des *Magdeburger Schwimmvereins Hellas 1904*. Bereits 1921 schwamm er Weltrekord beim Int. Schwimmfest in Darmstadt. Bei den Dt. Meisterschaften wurde er fünfmal Sieger im 100 m Rückenschwimmen. Während er 1921 den Titel mit einer Zeit von 1:17,2 min. erkämpfte, gelang ihm 1922 bereits eine Verbesserung auf 1:14,8 min., 1923 indes genügten 1:16,0 min. zum Sieg. 1925 erreichte F. den Dt. Meistertitel im 100 m Rückenschwimmen in 1:15,5 min. und 1926 in einer Zeit von 1:16,0 min. Von 1927 an lagen die Siegerzeiten für diese Strecke zumeist um 1:13,0–1:11,5 min. 1941 schwamm der Magdeburger Ulrich Gerstenberg vom *Magdeburger Schwimmclub 1896* die hervorragende Zeit von 1:10,1 min. 1926 wurde F. in Budapest Europameister über 100 m Rückenschwimmen.

L: Beckmanns Sportlex. A-Z, 1933, Sp. *977* (**B**); Wolfgang Pahnke/Vf., Schwimmen in Vergangenheit und Gegenwart, Bd. 1, 1979, *189, 201*; Hellas Nachrichten, Sonderdruck 1994; Aufzeichnungen Arbeitsgruppe Sport, Mss. 1998/99 (KHMus. Magdeburg); Slg. Wolfram Weigert, Holzkirchen (priv.). – **B:** Fritz Merk (Hg.), Dt. Sport, Bd. 1, ca. 1925, *289*.

Norbert Heise

Froreich, Karl *Johann* Ludwig Ernst von

geb. 03.06.1778 Landsberg/Warthe, gest. 1857 n. e., Jurist, Landrat.

F. war der Sohn des Majors im Lettischen Dragoner Regiment Ulrich Carl v. F. Nach dem Studium der Rechte wurde er Ende 1800 als Referendar der damaligen Kriegs- und Domänenkammer Magdeburg vereidigt. 1804 war F. als Assessor in Magdeburg tätig. Während der Blockade 1805/06 war er in der Verwaltung der Kriegs- und Steuer-Rat-Office zu Calbe eingesetzt und zugleich bei der Militär-Polizei tätig. 1808 wurde er zum Kreisdir. der *Land-Feuer-Societät Magdeburg* ernannt. Nach der Blockade wurde F. mit der Verwaltung der Landrätlichen Office des II. Holzkreises beauftragt und fungierte in dieser Eigenschaft bis 1808. Bei der Organisation des Königreiches Westfalen wurde er zum Unterpräfekten des Distrikts Neuhaldensleben ernannt und war in dieser Funktion bis zur Auflösung des Königreiches tätig. Im Oktober/November 1813 wurde F. zum interimistischen Landrat des Wanzleber Kreises bestellt, 1816 dann zum interimistischen Landrat des Kreises Wolmirstedt. Anfang 1817 wurde er offiziell zum Landrat des neugebildeten Kreises Wolmirstedt bestellt. Dieses Amt übte er bis zu seiner Versetzung in den Ruhestand im Oktober 1852 aus. Während seiner 35jährigen Amtszeit als Landrat war er u. a. auch Mitglied des *Vereins zur Beförderung des Gartenbaus in Preußen* mit Sitz in Berlin.

L: Gothaisches genealogisches Tb. der adligen Häuser. Alter Adel und Briefadel, 1932, *151*; Walther Hubatsch (Hg.), Grundriß zur dt. Verwaltungsgesch., Reihe A, Bd. 6, 1975, *92*; LHASA: Rep. C 28 Ib Nr. 605 I u. 701b; Rep. C 30 Landratsamt Wolmirstedt Nr. 269.

Carola Lehmann

Frost, *Erich* Hugo

geb. 22.12.1900 Leipzig, gest. 30.10.1987 Lübeck, Berufsmusiker, Verlagsdir.

Der musikalisch talentierte F. begann als 12jähriger am Klavier zu improvisieren und zu komponieren und spielte als Pianist im Kinoorchester. Nach mittlerer Reife, Militärzeit und Kriegsende begann er in Leipzig Hochschulunterricht im Klavierspiel und in Komposition zu nehmen, brach jedoch das Studium ab, um lukrative Engagements und Tourneen anzunehmen. Nach seiner Taufe als Mitglied der „Ernsten Bibelforscher" (Jehovas Zeugen, 1931) am 04.03.1923 arbeitete F. ab 1924 im Leipziger Literaturdepot der Wachtturm-Ges. in Magdeburg (auch Watch Tower, Verlag der Int. Bibelforscher-Vereinigung, IBV). Die IBV propagierte urchristliche Lehren, wie Liebe, politische Neutralität, reiner Lebenswandel, Naherwartung des Millenniums Christi, Haus-zu-Haus-Missionierung u. a. Die Religionsgemeinschaft ließ den Kapellmeister und Pianisten als reisenden Prediger (Pilgerbruder) die von → Wilhelm Schumann künstlerisch betreute Lichtbild- und Stummfilmschau „Schöpfungsdrama" in Dtl. (1928–1933) und der freien Tschechoslowakei (1934) musikalisch begleiten. Aufgrund des Verbots der Zeugen Jehovas (Sachsen, 18.04.1933) war F. kurzzeitig in Leipzig (1934) und Berlin (1935, KZ Columbia-Haus) inhaftiert. Watch Tower Präsident Joseph Franklin Rutherford beauftragte F. 1936 in Luzern (Schweiz) mit der Untergrundtätigkeit in Dtl., wodurch → Paul Balzereit in Magdeburg als Landesleiter endgültig abgelöst wurde. F. organisierte aus dem Untergrund die reichsweite Flugblattaktion vom 12.12.1936 und lieferte dem Schweizer Watch Tower Büro Berichte über Mißhandlungen der verfolgten Mitbrüder, die sie 1938, neben anderen Augenzeugenberichten, in dem Buch „Kreuzzug gegen das Christentum" (1938) veröffentlichte. Die Gestapo mißhandelte F. nach der Verhaftung 1937 schwer; seine Haftstationen waren danach u. a. KZ Sachsenhausen, SS-Baubrigade, KZ Neuengamme und Dora-Nordhausen. Im KZ komponierte F. Lieder, wie „Zeugen Jehovas unverzagt!" (KZ Sachsenhausen, 1941, heute: „Vorwärts, ihr Zeugen!") und „Wolkengedunkel" (Alderney, 1943). Nach der Befreiung 1945 blieb F. der legitime Landesleiter der Wachtturm-Ges. in Magdeburg. Bis zum DDR-Verbot der Zeugen Jehovas am 30.08.1950 leitete er das Werk im „Bibelhaus Magdeburg", Leipziger Straße/Am Fuchsberg, zusammen mit → Ernst Seliger, danach in der neuen Druckerei in Wiesbaden. Er trat 1955 aus gesundheitlichen Gründen zurück und schied 1964 als hauptamtlicher Mitarbeiter aus. Als dynamischer Redner trat er auf Massenkongressen der Zeugen Jehovas auf (Nürnberg, 1946, 1953, 1955; Berlin, 1949, 1951; Hamburg, 1961). Während des Kalten Krieges versuchte das MfS, F. mit unkritisch interpretierten Gestapo-Verhörprotokollen zu diskreditieren (Der Spiegel, 19.07.1961, *39f.*). Die Integrität von F. war unter Jehovas Zeugen während seiner KZ-Haft und in Freiheit jedoch stets unbestritten.

W: Befreiung von totalitärer Inquisition durch Glauben an Gott, in: Der Wachtturm vom 01.07.1961, *409ff.*; Vorwärts, ihr Zeugen!, in: Singt Jehova Loblieder, 1986, Lied 29. – **L:** Der Wachtturm vom 15.03.1988, *21*; Hans Hesse (Hg): „Am mutigsten waren immer wieder die Zeugen Jehovas." Verfolgung und Widerstand der Zeugen Jehovas im Ns., 1998, *312*; Waldemar Hirch, Operativer Vorgang „Winter". „Zersetzungsmaßnahmen" des MfS gegen den Leiter des dt. Zweiges der Zeugen Jehovas, E. F., verbunden mit einem Mißbrauch westdt. Medien, in: Kirchliche Zeitgesch. Int. Halbjahreszs. für Theol. und Geschichtswiss., H. 1, 1999, *225–239*. – **B:** *Geschichtsarchiv der Zeugen Jehovas, Wachtturm-Ges. Selters/Taunus.

Johannes Wrobel

Fuchs, Ludwig
geb. 12.07.1887 Floh/Kr. Schmalkalden, gest. 14.02.1971 Barby, ev. Theologe.

F. wurde als viertes Kind eines pensionierten Distrikt-Einnehmers geb. und studierte nach dem Besuch des Gymn. in Darmstadt (1896–1906) in Halle und Gießen ev. Theol. 1913 wurde er ordiniert und trat in die ev. Hessische Heimatkirche ein. F. nahm als Freiwilliger am I. WK teil und kehrte als Leutnant nach mehr als dreijähriger Kriegsgefangenschaft 1920 nach Dtl. zurück. Nach erneuten Diensten für die ev. Hessische Heimatkirche (bis 1925) sowie die Kirche des Rheinlandes und der Grenzmark war F. ab 1927 Pfarrer in Dickschied bei Bad Schwalbach/Taunus. Um für seine vier Kinder bessere Ausbildungsmöglichkeiten zu finden, bewarb er sich um die Pfarrstelle in Barby, die er von Ende 1931 bis zu seiner Pensionierung bekleidete. Nachdem F.s Versuche, das Umfeld des Kirchenlebens attraktiver zu gestalten, gescheitert waren, sah er in den propagierten Reformbestrebungen der Dt. Christen (DC) eine Chance, die „offensichtlich" bestehenden Mißstände zu beseitigen und gegen den Prozeß der „Entkirchlichung" vorzugehen. Er wurde Mitglied der DC und trat 1933 in die NSDAP ein. Im Zuge der Durchsetzung der nun radikalen programmatischen Ziele der DC, vor allem der rassistischen, ließ er sich jedoch ein Jahr später von der Liste der DC streichen. 1935 wurde ein Parteiausschlußverfahren gegen ihn eingeleitet, dem er durch die Hilfe des ehemaligen Kriegsgefangenenkameraden und damaligen stellvertretenden Gauleiter der NSDAP von Berlin, Arthur Görlitzer, mit einem Verweis entkam. So konnte er zumindest eine „rechtliche" Stellung gegenüber den Nationalsozialisten in den nachfolgenden Differenzen wahren. 1940 zur Wehrmacht eingezogen und 1942 wegen Erreichen des 55. Lebensjahres entlassen, kehrte er in seine alte Stellung als Pfarrer nach Barby zurück. Im April 1945 hatte F. an der kampflosen Übergabe von Barby an die amerikanische Armee einen entscheidenden Anteil. Gegen den ausdrücklichen Befehl von Wehrmacht und ns. Führung hißte er nach deren Flucht aus der Stadt mit verläßlichen Männern Barbys weiße Fahnen auf Kirch- und Wasserturm und ging zum Schutz von Bevölkerung und Stadt mit anderen den Amerikanern entgegen. In Anerkennung seiner mutigen und erfolgreichen Tat, bei der er sein eigenes Leben für die mehr als 5.000 Einwohner der Kleinstadt einsetzte, zeichnete ihn die DDR-Führung 1965 mit der Ernst-Moritz-Arndt-Medaille aus.

W: Erinnerungen aus franz. Kriegsgefangenschaft, 1932; Draußen und Drinnen, Schauen und Sinnen, o. J. – **L:** Gisela Reller, Zwischen den Kreuzen, in: Ursula Höntsch (Hg.), Die Stunde Null. Tatsachenberichte über Erlebnisse aus den letzten Tagen des II. WK, 1966, *88–92*; LHASA: Rep. C30 Landratsamt und Kreiskommunalverwaltung Calbe A, Nr. 223, Bl. *166ff.*; AKPS: Rep. A, Spec. P, F 279 I-II (PA). – **B:** *Rudolf Krebs, Barby (priv.).

Andreas Radespiel

Fürer, Franz *Adolph*
geb. 20.06.1856 Groß Rodensleben bei Magdeburg, gest. 04.08.1922 Schönebeck, Bergassessor, Salinendir., Geh. Bergrat.

F. wurde als Sohn eines ev. Pastors geb., der ihm auch den ersten Unterricht erteilte. Im Herbst 1867 erfolgte der Eintritt in das Kgl. Friedrich Wilhelm-Gymn. zu Köln. Nach der im Sommer 1875 bestandenen Abiturientenprüfung wählte er das Bergfach als seinen Lebensberuf. Er sammelte zunächst praktische Erfahrungen in verschiedenen Bergwerksbetrieben, bevor er das Studium an der Bergakad. Berlin-Charlottenburg aufnahm. Im Januar 1881 bestand F. die Staatsprüfung als preuß. Bergreferendar. Nach weiteren Jahren praktischer Ausbildung legte er 1885 das Examen als Bergassessor ab. Nach einer kurzen Tätigkeit am Oberbergamt (OBA) Clausthal wurde er nach Dürrenberg an der Saale versetzt. Dort erreichte er während seiner 15jährigen Tätigkeit die Position des Dir. der Saline und des Salzamtes. 1892 hatte der preuß. König F. zum Bergrat ernannt. Mit diesem Amt waren die Pflichten eines Standesbeamten sowie die Leitung des Solebades verbunden. Im Jahre 1901 übertrug ihm das OBA Halle die Verwaltung der Saline Schönebeck. Er stand damit als Dir. der größten europäischen Siedesaline vor. Neben seinen dienstlichen Verpflichtungen vertraute man F. auch hier zahlreiche Ehrenämter und nebenamtliche Tätigkeitsbereiche an. Er war Mitglied des Schulvorstandes in Schönebeck und von 1913 bis 1919 Stadtverordneter der Stadtgemeinde Schönebeck. 1911 erwartete F. mit der Verleihung des Titels eines Geh. Bergrates eine besondere Auszeichnung. Auf Grund des Gesetzes vom 15.12.1920, das für die Staatsbeamten ein Ausscheiden aus dem Amt mit der Vollendung des 65. Lebensjahres vorsah, wurde F. am 01.10.1921 aus dem Dienst und allen Nebenämtern verabschiedet. Auf dem lit. Tätigkeitsfeld F.s ist im besonderen seine Arbeit zur Salinenkunde hervorzuheben, die eine Betriebskunde für Studierende und ein Nachschlagewerk für die Fachwelt darstellt.

W: Heimatkunde, zugleich ein Führer für Fremde, 1896; Salzbergbau- und Salinenkunde, 1900. – **L:** Walter Serlo, Die Preuß. Bergassessoren, ⁵1938, *78*; Hans-Henning Walther, Nachwort in: F. A. F., Salzbergbau- und Salinenkunde ²1998, *1129–1142* (**B*).

August Bornemann

Funk, Gottfried Benedict, Dr. phil., Dr. theol.
geb. 29.11.1734 Hartenstein/Erzgebirge, gest. 18.06.1814 Magdeburg, Pädagoge, Schulrektor, Konsistorialrat.

F. war Sohn des Hof- und Stadtkantors Gottlieb F. und wurde von diesem auch zunächst unterrichtet. Mit 13 Jahren kam er auf das Gymn. in Freiberg bei Dresden. Nach einer Tätigkeit als Hauslehrer nahm F. ab 1755 ein Jurastudium in Leipzig auf. Doch bereits ein Jahr später erhielt er einen Ruf als Hauslehrer des Aufklärungsschriftstellers und dt. Hofpredigers Johann Andreas Cramer nach Kopenhagen. F. nahm das Angebot an und blieb 13 Jahre in Dänemark. Dort vervollständigte er seine Kenntnisse in Theol., Philologie, Phil., Kunst und orientalischen Sprachen. Durch die Bekanntschaft mit Cramer kam er auch mit anderen Vertretern der dt. Aufklärung zusammen, so u. a. mit Basedow, Balthasar Münter, Helferich Peter Sturz, → Friedrich Gabriel Resewitz, Johann Heinrich Schlegel und Heinrich Wilhelm Gerstenberg. Eine besonders enge Freundschaft verband F. mit dem Dichter Klopstock und später mit Basedow, der sich auch in seinen letzten Lebensjahren z. T. monatelang in Magdeburg aufhielt und meist in F.s Haus wohnte. Angeregt durch diesen Freundes- und Bekanntenkreis begann F. geistliche Lieder zu schreiben. Der größte Teil seiner 25 Lieder ist in Kopenhagen entstanden, die gesammelt erst nach F.s Tod als „Lieder der öffentlichen und häuslichen Erbauung" (1815) erschienen. Zudem lieferte er Beiträge zu Cramers *Nordischem Aufseher* und zu Gerstenbergs „Briefen über Merkwürdigkeiten die neueste Lit. betreffend" und übersetzte ästhetische Werke von Jean-Baptiste Du Bos und Schlegel. 1769 erhielt F. einen Ruf als Subrektor an die Domschule in Magdeburg, wo er bereits wenige Jahre später, im Alter von nur 37 Jahren, als Nachfolger von Johann Eustachius Goldhagen in das Rektorenamt dieser Schule eingeführt wurde. F. blieb in diesem Amt bis zu seinem Tode 1814. 1785 wurde er zum Konsistorialrat ernannt, 1804 verlieh ihm die Univ. Halle den Titel eines Dr. der Theol. Unter F.s Leitung wurde 1783 mit der Domschule ein Schullehrerseminar verbunden. Er faßte zu diesem Zweck die Domschüler, die Volksschullehrer werden wollten, ab Tertia in einer Klasse zusammen und ließ sie speziell in den für Volks- und Bürgerschulen wichtigen Unterrichtsinhalten unterrichten. 1789 wurden in Preußen und somit auch an der Domschule die Abiturprüfungen eingeführt, was nicht zuletzt auf F.s Initiative zurückzuführen war. Ab 1806 wurde auf F.s Veranlassung durch das Domkapitel eine Freischule in der Sudenburg eingerichtet, in der ca. 100 Kinder aus ärmeren Schichten durch die Seminaristen des Schullehrerseminars an der Domschule unterrichtet wurden. Die Domschule in Magdeburg entwickelte sich in F.s Amtszeit zu einer der bedeutendsten Bildungseinrichtungen in Mitteldtl. F., der großes pädagogisches Geschick mit breiter humanistischer Bildung und tiefer Religiosität verband, gehörte in Preußen und auch darüber hinaus zu den angesehensten Pädagogen seiner Zeit. 1805 gab er mit Christian Conrad Duhm und → Franz Bogislaus Westermeier ein „Gesangbuch zum gottesdienstlichen Gebrauche für die Stadt und das Hzt. Magdeburg" (⁵1827) heraus, das auch eigene geistliche Lieder enthielt. Weit bekannt war F. durch seine pädagogischen Schriften, so u. a. durch das bereits 1766 in Kopenhagen erschienene Buch „Kleine Beschäftigungen für Kinder" (²1772). Darüber hinaus gehörte er der Redaktion der von Campe hg. „Allg. Revision des gesamten Schul- und Erziehungswesens von einer Ges. praktischer Erzieher" als „o. Mitglied" an. Auf Anregung → Wilhelm Anton von Klewiz' wurde nach F.s Tod aus Mitteln ehemaliger Schüler und Freunde die „F.sche Stiftung für die Domschule in Magdeburg" ins Leben gerufen, die 1820 ihre Arbeit aufnahm.

W: s.o.; Gedanken von dem Nutzen richtig getriebener Philologie in den Schulen, 1774; → Karl Funk (Hg.), G. B. F.'s Schriften (2 Bde), 1820–1821. – **L:** ADB 8, *201f.*; Mitteldt Leb 3, *101–117* (*B); Ersch/Gruber, Allg. Encyklopädie der Wiss. und Künste, Sek. A, Bd. 51, 1850, *109f.*; → Hugo Holstein, Gesch. des Kgl. Domgymn. zu Magdeburg 1675–1875, 1875; N. N., Klopstock und G. B. F., in: Bll. für HGusL 30, 1878, *89–91*; Heinrich Röthe, Die Magdeburger Domschule und G. B. F., in: MonBl 69, 1927, *9–11, 17–19*; Daniela Marx, Das Leben und Wirken eines der bedeutendsten Rektoren der Magdeburg Domschule – G. B. F., Staatsexamensarbeit Univ. Magdeburg 1994.

Wolfgang Mayrhofer

Funk, Karl (Carl), Prof. Dr. theol.
geb. 27.12.1781 Leipzig, gest. 15.06.1857 Suderode/Harz, Pädagoge, Schuldir., Konsistorialrat.

F.s Vater war Prof. der Physik in Leipzig. Da F. Halbwaise war, wurde er von seinem Onkel, dem bekannten Domschulrektor → Gottfried Benedict Funk, in Magdeburg erzogen. Er besuchte die Domschule und legte dort 1800 das Abitur ab. 1803 wurde er Lehrer an der Domschule, 1827 Prof. und 1832 Konsistorialrat. 1834 verlieh ihm die Univ. Halle den Titel Dr. theol. 1838 übernahm er die Leitung des Domgymn., als erster mit der Amtsbezeichnung „Dir.", die er bis 1848 innehatte. In seiner Amtszeit wurde trotz der Anpassung an die preuß. Einheitslehrpläne der hohe Standard der Schule gehalten und 1848 der Turnunterricht eingeführt. Er gab u. a. 1820/21 die Werke seines Onkels heraus.

W: Allg. Übersicht der Gesch. des Christentums, als Leitfaden eines pragmatischen Unterrichts für die oberste Gymnasial-Stufe, 1825. – **L:** → Hugo Holstein, Gesch. des Kgl. Domgymn. Magdeburg – Fs. zur Feier seines 200jährigen Bestehens, 1875, *112f.*; Alfred Laeger, Gedenkschrift Dom- und Klostergymn. Magdeburg 1675–1950, 1964, *12f.*

Wolfgang Mayrhofer

Funk, Karl Benedikt *Ämil*
geb. 09.08.1809 Magdeburg, gest. 06.02.1864 Magdeburg, Jurist, Stadtrat.

F., Sohn des Dir. des Magdeburger Domgymn. → Karl F., besuchte wie sein Vater die traditionsreiche Domschule und legte hier 1827 sein Abitur ab. Der Großneffe des berühmten Domscholasters → Gottfried Benedict F. setzte die familiären Traditionslinien der Pädagogen und Theologen nicht fort, sondern studierte Rechtswiss. in Halle und trat 1835 im OLG in Magdeburg als Referendar ein, wo er ab 1847 als Assessor tätig war. 1839 wählten ihn die Stadtverordneten in das Amt eines besoldeten Stadtrates, das er bis 1861 ausübte. Eine Lungenlähmung riß den Vater von zwei Kindern früh aus einem arbeitsreichen Leben. 1839 in die Magdeburger Loge „Ferdinand zur Glückseligkeit" aufgenommen, bekleidete F. mehrere Logenämter und schrieb Beiträge für freimaurerische Zss., u. a. für die *Mitthlgg. aus dem Bunde der Großen National-Mutterloge „Zu den drei Weltkugeln"* oder die *Freimaurer-Ztg. Handschrift für Brüder*. F. verfaßte 1861 eine detaillierte Gesch. der Loge „Ferdinand zur Glückseligkeit" zu deren 100jährigem Stiftungsfest sowie eine Gesch. zur Magdeburger Loge „Friedrich zur grünenden Linde". Sein Vater wurde noch 66jährig vom Sohn als Logenmitglied für die Ferdinand-Loge geworben. F. publizierte 1842 eine umfangreiche Gesch. der Magdeburger Altstadtkirchen, in der erstmals Zusammenhänge der Kirchenverfassung und des Kirchenrechts mit den lokalen Ausprägungen für Magdeburg dargestellt werden konnten, nachdem 1830 eine Veränderung der städtischen Kirchenverfassung eingetreten war. Darüber hinaus erschienen F.s Beiträge zum preuß. Strafrecht. Nach dem Tod → Georg Friedrich Gerloffs übernahm er als Stadtrat von 1841–42 die Verwaltung der städtischen Bibl. F. war an der Seite von Pfarrer → Friedrich Wilhelm Hildebrandt Mitglied des Vorstandes *des Zweigvereins der Gustav-Adolph-Stiftung* und vertrat Magdeburg mehrfach in Provinzial- und Central-Verslgg. Der sozial engagierte Stadtrat trat 1847 mit Gründung der *Zichorienfabrik-Arbeiter-Krankenkasse* diesem Inst. als aktiver Förderer bei.

W: Das Verbrechen des Diebstahls, nach preuß. Rechte dargestellt, 1837; Kirchenhist. Mittlgg. aus der Gesch. des ev. Kirchenwesens in den sechs Parochien der Altstadt Magdeburg, 1842; Beitrag zur Kritik des Entwurfes der Verordnung, die Berufung einer ev. Landes-Synode betreffend, 1848; Gesch. der Loge „Ferdinand zur Glückseligkeit" im Orient Magdeburg im ersten Jh. ihres Bestehens, 1861. – **L:** Ä. F., Gesch. der Loge „Ferdinand zur Glückseligkeit" im Orient Magdeburg im ersten Jh. ihres Bestehens, 1861; Freimaurerztg. von 1864, *142*; Magdeburgische Ztg. vom 07.02.1864.

Heike Kriewald

Gaede, *Horst* **Gerhard**
geb. 19.06.1926 Barleben, gest. 12.04.1999 St. Wedel, Dachdecker, Radsportler.

G. gewann 1942 den „Ersten Schritt", einen Wettbewerb für Radsport-Anfänger, startete anschließend in den selten ausgetragenen Jugendrennen, wurde Soldat und begann 1947 wieder mir dem Training. Für einen Sack Kartoffeln tauschte er das ihm fehlende Radsportmaterial und die dazugehörige Kleidung ein, um Amateurradsportler bei *Grün-Rot Magdeburg* zu werden. Er avancierte bald zum ersten Renner von Format und wurde auch 1950 in die erste Nationalmannschaft der DDR berufen. Der „mit allen Wassern gewaschene" G. beendete die erste DDR-Rundfahrt 1949 als Dritter und startete 1950–52 dreimal in der Int. Friedensfahrt. Einige herausragende Erfolge waren 1950 Siege bei „Rund um die Hainleite" und „Rund um Leipzig". Die Erfolgstabelle dieses Jahres sah ihn auf Platz eins in der DDR. Als Kapitän der *BSG Aufbau Börde Magdeburg* führte er 1951 seine Mannschaft sensationell zum DDR-Meistertitel im 100-km-Straßenmannschaftsfahren. An diesem Sieg war auch der junge „Täve" Schur beteiligt. 1953 gelang G. mit dem Sieg in „Berlin-Angermünde-Berlin" noch einmal ein großer nationaler Erfolg. Später startete er noch als Steher. Noch vor 1961 verließ G. seine Heimat, siedelte sich im Saarland an und errichtete ein gut gehendes Dachdeckergeschäft. Er starb nach einem Unfall. Verwunderung rief seine Bestattung hervor, die aber zu seiner Lebensauffassung paßte: Er bekam als ehemaliger Marineangehöriger eine von ihm gewünschte Seebestattung im Atlantik.

L: Maik Märtin, 50 Jahre Course de la Paix, 1998, *10, 65–70*; Slg. Vf., Sandbeiendorf (priv.). – **B:** *ebd.

Günter Grau

Gaertner, Karl
geb. 27.09.1823 Berlin, gest. 18.01.1886 Magdeburg, Ing., Unternehmer.

G. entstammte einer gutbürgerlichen Fam., besuchte bis 1841 das Köllnische Gymn. in Berlin und studierte dort anschließend Maschinenbau im Beuthschen Gewerbeinst. Von 1845 an widmete er sich seiner praktischen Ausbildung, zunächst in einer Maschinenfabrik in Burtscheid bei Aachen und später in der Maschinenfabrik *Cockerill* in Seraing (Belgien). 1847 trat G. als Ing. in die Maschinenfabrik der *Vereinigten Hamburg-Magdeburger Dampfschiffahrts-Compagnie* in Buckau bei Magdeburg ein. Im Jahr darauf war er kurzzeitig in der Marineabt. des Preuß. Kriegsministeriums und im Zentralbureau der Kgl. Ostbahn tätig. Von 1850–55 leitete er als technischer Dir. eine Eisenbahnwagen-Bauanstalt in Halle. 1855 errichtete G. mit anderen Investoren in Buckau bei Magdeburg ein Eisenwalzwerk, in dem abgefahrene Eisenbahnschienen zu Stabmaterial verarbeitet wurden und das bis 1884 erfolgreich betrieben werden konnte. G. beteiligte sich als Bürger der Stadt Magdeburg und des Staates, als Mitglied öffentlicher Körperschaften und verschiedener Vereine an zahlreichen gemeinnützigen Aufgaben. Als Mitglied der Nationalliberalen Partei vertrat er im preuß. Abgeordnetenhaus 1866–67 den Wahlkr. Wanzleben und von 1875 an ununterbrochen bis zu seinem Tode die Stadt Magdeburg. Er setzte sich aktiv für die staatsbürgerliche Selbstverwaltung ein, wirkte im Magistrat der Stadt Magdeburg, gehörte dem Provinzial-Landtag der Provinz Sachsen ebenso an wie dem Kollegium der Ältesten der Kaufmannschaft und dem Verwaltungsrat der großen Versicherungsgesellschaften in Magdeburg. Besonders verdienstvoll betätigte sich G. im *VDI*. Er zählte 1857 zu den Gründungsmitgliedern des Magdeburger Bezirksvereins des *VDI*, wurde 1869 und 1876 in den Vorstand des Hauptvereins und für die Jahre 1886 und 1887 zu dessen erstem Vors. gewählt. Das zuletzt genannte Ehrenamt konnte er allerdings wegen seines Todes nur wenige Tage wahrnehmen.

L: Nachruf K. G., in: Zs. VDI, Bd. 30, Nr. 6, 1886, *2 (**B**)*; Bernhard Mann, Biogr. Hdb. für das Preuß. Abgeordnetenhaus 1867–1918, *140*.

Manfred Beckert

Garz, Franz *Karl Friedrich*, Prof. Dr.-Ing. habil.
geb. 29.08.1931 Magdeburg, 09.04.1995 Bittkau, Bauing., Hochschullehrer.

G. war Sohn des Elbschiffers Franz G. Er absolvierte 1950 das Otto-von-Guericke-Gymn. in Magdeburg. Nach Ausbildung zum Maurer studierte er 1951–57 Bauingenieurwesen in Dresden und schloß mit dem Dipl. ab. Von 1957 bis 1966 war G. wiss. Mitarbeiter am Inst. für Statik und Stahlbau der TH Magdeburg bei → Friedrich Kurth. In Magdeburg prom. (1962) und habil. (1969) G. und wurde 1968 zum Doz. und 1969 zum o. Prof. für „Statik der Tragwerke" an die TH Magdeburg berufen. G. arbeitete und publizierte vorrangig über Probleme der Tragwerksanalyse und über Stabilitätstheorie und ihre Anwendung in technischen Vorschriften des Stahlbaues. Er war langjähriger stellvertretender Dir. für Erziehung und Ausbildung der Sektion Maschinenbau sowie Leiter des Wissenschaftsbereiches Fördertechnik an der TH Magdeburg. 1990–92 war G. Prodekan der Fakultät für Allg. Maschinenbau, 1990–94 Mitglied des Senates und 1993–94 Prorektor für Bildung der Univ. Magdeburg. In diesen Funktionen und auch als Mitglied der Gründungskommission für die Fachhochschule Magdeburg setzte er sich stets für die effektivere Gestaltung einer modernen Ingenieurausbildung ein. G. wurde 1993 zum Vors. des Konzils gewählt. Er erwarb sich große Verdienste um die demokratische Hochschulerneuerung in Sa.-Anh., u. a. bei der Ausarbeitung des Statuts der Univ., der Promotions- und Habilitationsordnungen sowie der Konzipierung neuer Studiengänge.

W: Der Spannungs- und Formänderungszustand des geschlossenen ebenen Kreisringträgers, in: Wiss. Zs. der TH Magdeburg 7, 1963, *249–254*; Statik der Stabtragwerke für die Ausbildung in der Fachrichtung Fördertechnik, Lehrbriefe 1 bis 6, 1981–1989; (Mitautor) Einführung in die neue Stabilitätsvorschrift TGL 13503/01 und/02, in: Wiss. Berichte der TH Leipzig, H. 18/19, 1982; Statik der Stabtragwerke, in: H. Göldner (Hg.), Lehrbuch Höhere Festigkeitslehre, Bd. 1, 1979, ³1991, *208–229*. – **B:** *Irmgard G., Magdeburg (priv.).

Udo Fischer

Gassner, Johann Gustav, Prof. Dr. phil. habil., Dr. h.c.
geb. 17.01.1881 Berlin, gest. 05.02.1955 Lüneburg, Botaniker, Hochschullehrer.

Der Nachkomme einer Salzburger Emigrantenfam. studierte nach dem Besuch des Berliner Friedrichs-Gymn. 1899–1905 Naturwiss. an den Univ. Halle und Berlin. Nach der Prom. 1906 an der Landwirtsch. Hochschule Berlin begann er an der Biologischen Reichsanstalt für Land- und Forstwirtschaft Berlin-Dahlem mit Arbeiten über Getreidemykosen (durch Pilze verursachte Krankheiten des Getreides), deren Erforschung er über Jahrzehnte weiterführte. G. wurde 1907 als Prof. für Botanik und Phytopathologie an die Landwirtsch. Hochschule Montevideo (Uruguay) berufen, war nach seiner Rückkehr nach Dtl. 1910 am Botanischen Staatsinst. Hamburg tätig, habil. sich 1911 an der Univ. Kiel und 1912 an der Univ. Rostock, wo er 1915 eine ao. Professur übernahm. Während des I. WK war G. Vorstand eines bakteriologischen Armeelaboratoriums. 1918 wurde er auf den Lehrstuhl für Botanik an die TH Braunschweig berufen. Hier oblag ihm neben dem Direktorat des Botanischen Inst. und des Botanischen Gartens auch die Leitung der 1926 gegründeten Botanischen Forschungsanstalt. 1932/33 auch Rektor dieser Hochschule, wurde er nach politischen Auseinandersetzungen mit der ns. Reg. 1933 entlassen. Nach seiner Emigration war G. 1934–39 Sachverständiger im Landwirtschaftsministerium der Türkei und Dir. des Türkischen Pflanzenschutzdienstes in Ankara. 1939 übernahm er die Leitung des Forschungsinst. für Pflanzenschutz und Biologie der *Fahlberg-List AG* in Magdeburg, dessen Ausbau er konzipierte und förderte. 1945 erfolgte seine Wiederernennung zum o. Prof. und Rektor der TH Braunschweig, wo er nach seiner Emeritierung 1951 weiter Vorlesungen hielt. Auch faßte er die z. T. ausgelagerten Institute und Dienststellen der Biologischen Reichsanstalt in der damaligen britischen Besatzungszone zu einer Biologischen Zentralanstalt zusammen, deren Präsident er 1947 wurde. G. hat auf verschiedenen Teilgebieten der Botanik, insbesondere der Phytopathologie und des Pflanzenschutzes, gearbeitet und deren Erkenntnisstand wesentlich erweitert. In Magdeburg schuf G. die wiss. und technischen Voraussetzungen für eine zielgerichtete Entwicklung, Erprobung und Anwendung chemischer Pflanzenschutzmittel. Schwerpunkt waren hierbei die „Germisan-Saatgutbeizen" auf der Basis organischer Quecksilber-Verbindungen. Diese brachten nicht nur der heimischen Landwirtschaft einen wesentlichen Fortschritt, sondern wurden auch über die Grenzen Dtls hinaus zum bekannten Markenzeichen. Dem Mitglied mehrerer naturwiss. Gesellschaften wurden zahlreiche Ehrungen zuteil; u. a. erhielt er 1952 das Große Verdienstkreuz des Verdienstordens der BRD.

W: Mikroskopische Untersuchung pflanzlicher Nahrungs- und Genußmittel, 1931, ⁵1989; Über Auftreten und Verbreitung von Tilletia tritici und Tilletia foetans in der Türkei, in: Phytopathologische Zs. 11, 1938, *469–516*; Zur Methodik der laboratoriumsmäßigen Prüfung von Beizmitteln, in: ebd. 14, 1944, *303–309*; Die chemotherapeutische Bewertung von Quecksilberverbindungen in den verschiedenen Beizverfahren, in: Phytopathologische Zs. 17, 1950, *1–35*; Beizung und Entseuchung von Saat- und Pflanzgut, in: Hdb. der Pflanzenkrankheiten, Bd. 6, 1952, *334–373*. – **L:** NDB 6, *334*; DBE 3, *579f*.; Reichshdb 1, *520* (*B*); Bio Hdb Emigr 2, 1983; Braunschweigisches Biogr. Lex., 1996, *197f*. (*B*); Kurt Hassebrauk, Festrede zum 70. Geb. von Prof. Dr. Dr. h.c. G. G. am 17. Januar 1951, 1951; Alfred Hey, Zum Ableben G. G.s, in: Nachrichtenbl. für den Dt. Pflanzenschutzdienst, N. F. 8, 1955, *80*; Fs. zum 100jährigen Jubiläum von Fahlberg-List, 1986. – **B:** Biologische Bundesanstalt Braunschweig: Ölgemälde.

Hermann Grünzel

Gauger, Gerhard
geb. 12.04.1896 Stettin, gest. 16.12.1949 Magdeburg, Architekt, Stadtbaurat.

G. studierte, unterbrochen von der Kriegsteilnahme Herbst 1917 bis Februar 1919, von 1914 bis 1919 Architektur in Danzig und Braunschweig, war anschließend als Bauführer bei Wohnungsbauten in Stettin tätig, legte 1920 seine Dipl.-Prüfung ab und trat im Oktober 1920 als Mitarbeiter im Privatbüro von Hans Lübke in Braunschweig ein. 1921–24 war G. im Architekturbüro von Fritz Schumacher in München mit städtebaulichen Entwürfen beschäftigt und absolvierte nebenbei ein privates Studium „Städtebau" mit Sonderprüfung. Im Juli 1924 übernahm er die Stelle des Leiters der Städtebauabt. im Stadterweiterungsamt beim Magistrat der Stadt Magdeburg. Ende 1926 wurde er zum Stadtbaumeister befördert und trat 1930 als Nachfolger von → Konrad Rühl das Amt des Leiters der Magdeburger Hochbauabt. III (Stadterweiterungsamt) an. 1932 wurde er zum Beamten auf Lebenszeit ernannt. G. gehörte seit 1934 zum Stab der Bezirksgruppe Magdeburg und fungierte als Leiter der Luftschutzberatungsstelle Magdeburg. Nach Auflösung des Stadterweiterungsamtes am 26.06.1933 vorzeitig in den Ruhestand versetzt, wechselte er 1934 als Beamter in die Städtische Polizeiverwaltung in Magdeburg. G. war in den 1920er Jahren an zahlreichen kommunalen Bauprojekten in Magdeburg beteiligt und profilierte sich mit städtebaulichen Entwürfen für den gemeinnützigen Wohnungsbau. Gemeinsam mit dem Magistratsbaudir. Rühl zeichnete er für die Errichtung der Hermann-Beims-Siedlung (1925–28, 1930–32) – eine der bemerkenswertesten, nach Grundideen → Bruno Tauts realisierten Großsiedlungen in versachlichter Bauweise in Dtl. –, der Siedlung Magdeburg-Südost (1923–24, 1925–28, 1930–33) und der Siedlung Eichenweiler am Schöppensteg (1932) verantwortlich. Für die Bancksche Siedlung (Curie-Siedlung) und die Siedlung Cracau oblag ihm zusammen mit → Johannes Göderitz die städtische Bauberatung. Nach 1945 leitete er den umfangreichen Wiederaufbau des Magdeburger Zentraltheaters (Maxim-Gorki-Theater), dessen Wiedereröffnung Ende 1950 er nicht mehr erlebte. G. war mit der Schauspielerin → Karen Fredersdorf verheiratet.

W: Entwurf Turnhalle mit Schwimmbad, Magdeburg-Fermersleben, 1928/29; Entwurf Radrennbahn am Biederitzer Busch, 1928/29; Grünflächenplan der Stadt Magdeburg, 1929; Entwurf Reichsbanner-Stadion, 1931 (alle mit J. Göderitz). – **L:** Mitteldt. Tagesztg. vom 02.01.1947; Martin Wiehle, Magdeburger Persönlichkeiten, 1993; Olaf Gisbertz, Bruno Taut und Johannes Göderitz in Magdeburg. Architektur und Städtebau in der Weimarer Republik, 2000; StadtA Magdeburg: Rep. 28, Nr. 348, Bd. 1. – **B:** *StadtA Magdeburg.

Hans Gottschalk

Gebhardt, Magnus
geb. 29.02.1880 Pasewalk, gest. 16.01.1933 Küsel bei Burg (Suizid), Former, Kommunalpolitiker, Landrat.

G. erlernte nach Absolvierung der Bürgerschule in seiner Heimatstadt das Formerhandwerk und arbeitete als Former in verschiedenen kleinen und größeren Städten Nord- und Mitteldtls. 1903 kam er nach Burg und war als Former in der *Maschinenfabrik Zimmermann*, später im *Berlin-Burger Eisenwerk* tätig. Er widmete sich hier auch der Arbeit der Gewerkschaftsbewegung und der SPD. 1908 wurde G. Arbeitersekretär für den Wahlkr. Jerichow I und II. Daneben war er seit 1910 Stadtverordneter und seit 1918 unbesoldetes Magistratsmitglied in Burg. Im September 1919 erst kommissarisch, übernahm die SPD ab Juni 1920 mit G. das Amt des Landrats des Kreises Jerichow I. Im gleichen Jahr wurde G. Mitglied der Preuß. Landesverslg. und 1930 Vors. des mitteldt. Arbeitgeberverbandes der öffentlichen Verwaltungen und Betriebe in Magdeburg. G. war einer der wenigen SPD-Landräte, die nach dem Regierungswechsel in Preußen im April 1932 und nach dem „Preußenschlag" im Juli 1932 noch im Amt belassen wurden. G. hat in seiner Amtszeit u. a. die Kleinbahn reformiert, den Wegebau im Zuge von Notstandsarbeiten gefördert, für Elektrizität im ganzen Kreis gesorgt, neue Schulbauten initiiert, die Wohlfahrtspflege verbessert und eine Krankenhilfe geschaffen.

L: Geh. StA Berlin-Dahlem: Rep. 77, Nr. 5097; Slg. Beatrix Herlemann, Hannover (priv.).

Axel Thiem

Gebhardt, *Peter* Adalbert Eduard Gustav von, Bacc. jur.
geb. 31.01.1888 Berlin, gest. 06.09.1947 Berlin-Charlottenburg, Stadtarchivar, Privatgelehrter, Genealoge.

Der Sohn des Dir. der UB Leipzig, Geh. Hofrat Prof. Dr. Oscar v. G., besuchte die Thomasschule und das Königin-Carola-Gymn. in Leipzig bis zur bestandenen Reifeprüfung 1908. Danach absolvierte er eine Banklehre in Düsseldorf. 1910 begann G. das Studium der Rechtswiss., der Nationalökonomie und der hist. Hilfswiss. an der Univ. Leipzig. 1915 war er als wiss. Hilfsarbeiter bei der Zentralstelle für dt. Personen- und Familiengesch. in Leipzig tätig. Nach dem Kriegsdienst erhielt G. zunächst ein Kommando zum Sächsischen Kriegsministerium. 1919–1924 leitete er die Bibl. des Jur. Seminars der Univ. Berlin und trat in den Mitarbeiterstab der „Monumenta Germaniae Historica" ein. Nach kurzzeitiger Tätigkeit in einer jur. Fachbuchhandlung in Berlin widmete sich G. als Privatgelehrter vor allem hist.-genealogischen Aufgaben. Es entstand eine Reihe von Bürgerbuchausgaben. Seine Forschungen führten ihn in zahlreiche dt. und europäische Archive. Am 01.07.1932 stellte ihn die Stadt Magdeburg als Stadtarchivar auf Probe ein. Aus Gesundheitsgründen mußte G. Ende Mai 1933 wieder aus dem städtischen Dienst ausscheiden. Nach freiberuflicher Tätigkeit (1933–40) war er 1940–45 als wiss. Hilfsarbeiter im Auswärtigen Amt sowie 1945–47 am Geh. StA in Berlin beschäftigt. G. wirkte auch als Schriftleiter des *Familiengesch. Such- und Anzeigenbl.* (seit 1925) und des *Herold für Geschlechter-, Wappen- und Siegelkunde* (1939–1943). Seine 1935 publizierte Arbeit „Das Magdeburger Stadtarchiv.

Übersicht über seine Gesch. und seine Bestände" ist die bislang einzige ihrer Art für das Archiv der Stadt.

W: Obersächsischen Geschlechterbuch, 1920; Verz. der Neubürger der Stadt Frankfurt/O. von 1580 bis 1699, 1924; Das älteste Berliner Bürgerbuch, 1927; Gesch. der Fam. Brockhaus, 1928; Die Bürgerbücher von Cölln an der Spree, 1930; J. G. Herder, seine Vorfahren und seine Nachkommen, 1931 (mit Hans Schauer); Ahnentafeln berühmter Deutscher, 1932; Schriften 1913–1937, Privatdruck 1938 (*W*). – **N:** Geh. StA Berlin-Dahlem. – **L:** Reichshdb 1, *524*; Leesch 2, *177*; P. v.G., Das Magdeburger Stadtarchiv, 1935; Friedrich von Klocke, Entwicklung der Genealogie vom Ende des 19. bis zur Mitte des 20 Jhs, 1950, *61f.* (*B*); Biogr. Lex. der Heraldiker, bearb. von Jürgen Arndt, 1992, *137f.*; StadtA Magdeburg: Rep. 28/349 (PA).

Konstanze Buchholz

Geinitz, Hans-Werner

geb. 02.03.1909 Magdeburg, gest. n. e. (Schweiz), ev. Pfarrer.

Der Sohn des Mittelschulrektors Reinhold Alfred G. besuchte das Reformrealgymn. in Staßfurt und die Bismarckschule in Magdeburg, studierte anschließend ev. Theol. in Halle und Jena und nahm 1936 am Predigerseminar in Wittenberg teil. 1937 in Magdeburg ordiniert, war er 1937 in der Magdeburger Paulus-Gemeinde, 1938 in Groß-Ottersleben und in der Altstadtgemeinde Weißenfels, 1939 in Arsten-Habenhausen und in der Kreuzkirche von Bremerhaven als Hilfsprediger tätig. 1940-45 war G. Soldat und kam nach Kriegsende nach Magdeburg zurück. 1946 wurde er Gefängnispfarrer und ab 1947 Pfarrer der Dt.-Reformierten Gemeinde. In dieser Funktion erwarb er sich große Verdienste um die 1950 erfolgte Vereinigung der drei reformierten Gemeinden in Magdeburg. Er sammelte die nach dem Kriege verstreuten Mitglieder der Gemeinden und betreute sie seelsorgerisch und diakonisch. Durch seine intensive Arbeit und menschliche Ausstrahlung trug er entscheidend zum Überleben der Gemeinde bei. G. wurde erster Pfarrer der Vereinigten Reformierten Kirchengemeinde. 1955 legte er wegen unterschiedlicher theol. Auffassungen zum weiteren Weg der Gemeinde sein Magdeburger Pfarramt nieder und ging nach Gießen. Dort war er von 1955–57 Pfarrer der (freikirchlichen) Ev. Lukas-Gemeinde. Danach zog G. in die Schweiz und war am Chillon-College in Montreux-Gillon als Religionslehrer tätig.

L: Pfarrerbuch der Kirchenprovinz Sachsen, 1991ff.

Henner Dubslaff

Genast, *Eduard* Franz (Ps.: Franz Naumann)

geb. 15.07.1797 Weimar, gest. 03.08.1866 Wiesbaden, Sänger, Schauspieler, Komponist, Theaterdir., Regisseur.

G. war der Sohn des bekannten Schauspielers Anton G. Er wurde zunächst als Konditor ausgebildet, da sein Vater gegen eine Theaterlaufbahn war. Ab 1813 erhielt er eine Gesangsausbildung bei Musikdir. Carl Eberwein, debütierte im April 1814 als Osmin („Entführung aus dem Serail") am Hoftheater seiner Heimatstadt und wurde von Goethe als zweiter Bassist engagiert. 1816/17 bildete er seine Stimme bei Wilhelm Häser in Stuttgart weiter. Es folgten Engagements in Dresden, Hannover, Prag und unter Karl Theodor von Küstner von 1818 bis 1828 in Leipzig. Zwischenzeitlich hatte sich G. auch als Schauspieler etabliert, so daß er erste Rollen in Oper und Schauspiel übernehmen konnte und wegen seiner Vielseitigkeit bewundert wurde. Im Frühjahr 1828, nach dem Weggang Küstners aus Leipzig, folgte G. dem Ruf des Magdeburger Theaterkomitees um → August Wilhelm Francke und übernahm die Leitung des städtischen Theaters als Dir. und Oberregisseur. G. konnte auf Teile des hervorragenden Personals des aufgelösten Leipziger Stadttheaters zurückgreifen und eine Reihe ausgezeichneter Aufführungen auf die Magdeburger Bühne bringen. In weniger als einem Jahr standen 37 anspruchsvolle, Maßstäbe setzende Werke auf dem Spielplan; davon 21 Opern. G.s Direktion im Magdeburg endete bereits im April 1829, als er ein ihm angebotenes Engagement auf Lebenszeit in Weimar annahm. 1833–51 hatte er am Weimarer Hoftheater auch die Opernregie inne, verabschiedete sich mit seinem 50jährigen Bühnenjubiläum 1864 von seinem Publikum und zog sich ins Privatleben zurück. G. komponierte u. a. Lieder und zwei Opern und verfaßte unter Ps. auch Operntexte. Er gilt als einer der letzten großen Vertreter des „Weimarischen Stils".

W: Kompositionen: Sonnenmänner. Oper (UA 1828); Die Verräter in den Alpen. Oper, 1833. – Schriften: Aus dem Tagebuch eines alten Schauspielers (4 Bde), 1862–1866. – **L:** ADB 8, *560f.*; NDB 6, *181f.*, Kosch TL, *536*; Ludwig Eisenberg, Großes biogr. Lex. der dt. Bühne im 19. Jh., 1903, *314f.*; Fritz Kühnlenz, Der Schauspieler – E. G., in: ders., Weimarer Porträts, ⁴1970, *387–404* (*B*); → Friedemann Krusche, Theater in Magdeburg, Bd. 1, 1994, *117f.* – **B:** *Goethe- und Schiller-Archiv, Weimar; Philipp Stein (Hg.), Dt. Schauspieler, Bd. 2, 1908.

Dagmar Bremer/Guido Heinrich

Genest, Wilhelm Ludwig *Werner*

geb. 18.08.1850 Jerichow, gest. 13.03.1920 Berlin, Ing., Industrieller.

Der Sohn des Gastwirts August G. war nach dem Besuch der Volksschule in Jerichow und dem Studium des Maschinenbaus von 1869 bis 1873 an der Berliner Gewerbeakad. mehrere Jahre als Ing. bei der Kgl. Preuß. Eisenbahn tätig und erwarb hier vielseitige Kenntnisse in der Fabrikationsweise der Großindustrie. In dieser Zeit schritt die Entwicklung der Telegraphie schnell voran, und auf dem Gebiet der Telephonie waren ähnliche Erfolge zu erwarten. G. verzichtete auf die sichere Laufbahn eines höheren Beamten und widmete sich der Entwicklung und Herstellung von elektrischen Nachrichtengeräten. Er gründete 1897 in Berlin mit dem Kaufmann Wilhelm Mix die Fa. *Mix & G., Telegraphenbau-Anstalt und Telegraphendraht-Fabrik*. Die Werkstätten wurde von Anfang an auf wirtsch. Mengenfertigung eingerichtet, G. selbst konstruierte und sorgte für Aufträge. Die Produkte, die sich anfangs auf Haustelegraphiegeräte, wie Klingeln, Läutewerke, Fallklappen u. a., erstreckten, sicherten nach der Einführung des öffentlichen Fernsprechverkehrs in der Wirtschaft 1881 mit der patentrechtlich geschützten Vervollkommnung des Fernsprechers und anderer wichtiger Erfindungen auf dem Gebiet der Telephonie eine sehr günstige Geschäftsentwicklung und Produktionserweiterungen. Durch mehrere Erfindungen und Verbesserungen hatte G. wesentlichen Anteil an der frühen Entwicklung der Telefontechnik. Seine Fa. stellte erstmals Telefone und Telefonvermittlungsstellen als Massenprodukte her, ebenso später Rohrpost- und Förderanlagen, und sicherte die Ausweitung des Verkaufs mit einer eigenen Installationsabt. G. war inzwischen im Alleinbesitz der Fa. und gründete 1889 die *Actienges. Mix & G., Telephon-, Telegraphen- und Blitzableiter-Fabrik (AG)*. Die Beschäftigtenzahl wuchs bis 1904 rasch auf 2.300 Personen. Die *AG* eröffnete zahlreiche Filialen in Dtl. sowie in Amsterdam und London. Ab 1907 gab G., der das Unternehmen von der Werkstatt zum Großbetrieb geführt hatte, die Firmenleitung ab und war fortan beratend tätig. Die Fa. verband sich mit zwei amerikanisch-englischen Gesellschaften, beteiligte sich an einem Kabelwerk, kooperierte mit der *AEG*, bildete eine Holdingges., errichtete Zweigwerke und wurde nach der vollständigen Demontage nach der Einnahme Berlins 1945 in Berlin und Stuttgart wieder aufgebaut. 1949 verlegte die Fa. unter der Bezeichnung *Standard Elektrizitäts-Ges. AG* ihren Sitz endgültig nach Stuttgart.

L: Fs. 75 Jahre Mix & G. 1879–1954, 1954 (*B*); Martin Wiehle, Altmark-Persönlichkeiten, 1999, 54.

Rolf Naumann

Gerike, Auguste *Marie*, geb. Rudeloff
geb. 12.11.1848 Neuhaldensleben, gest. 21.09.1931 Neuhaldensleben, Stifterin.

Die als jüngste Tochter eines Bäckermeisters geb. G. widmete ihr Leben den Hilfsbedürftigen der Stadt. Zum Andenken an ihren 1896 verstorbenen Mann Karl G., der seit 1865 Maschinentechniker und Teilhaber der Steingutfabrik von → Friedrich Schmelzer war, stiftete sie 1906 aus dem Familienvermögen einen Betrag von 60.000 Mark zur Errichtung eines neuen Baus für die Neuhaldensleber Kleinkinderbewahranstalt (Kaiserstraße). Der Magistrat stellte den Bauplatz unentgeltlich zur Verfügung, so daß die Einrichtung für noch nicht schulpflichtige Kinder von Arbeitern sowie bedürftige Waisenkinder 1910 unter dem Namen „Karl G.-Haus der Kleinkinderbewahranstalt" eröffnet werden konnte. Aus den zum Bau nicht benötigten Mitteln wurde eine „Karl G.-Stiftung" eingesetzt, deren Zinserträge zur Unterhaltung der Kleinkinderbewahranstalt verwendet wurden. Dieses Haus wurde später mit G.s Zustimmung in ein modern ausgestattetes städtisches Krankenhaus umgewandelt und 1921 der Stadt Neuhaldensleben übergeben, während die Kinderbewahranstalt in das alte Krankenhausgebäude zog. G. unterstützte auch in der Folge zahlreiche gemeinnützige Vereine. Für ihre Verdienste auf sozialem Gebiet, um die Sorge für hilfsbedürftige Kinder und Familien und als Dank für dieses Lebenswerk erhielt sie 1914 das Ehrenbürgerrecht der Stadt Neuhaldensleben.

L: Wochenbl. Neuhaldensleben vom 27.02.1906; Stadt- und Landbote vom 11.11.1928 (*B*).

Sandra Luthe

Gerlach, Ernst *Ludwig* von
geb. 07.03.1795 Berlin, gest. 16.02.1877 Berlin (Unfall), Jurist, Politiker, Oberjustizrat.

Seine Mutter, die aus dem Hause von Raumer stammte, und noch mehr sein Vater, seit 1796 märkischer Kammerpräsident und seit 1811 Oberbürgermeister von Berlin, haben bei G. schon sehr früh das ausgeprägte adlige Standesbewußtsein und die ihn zeitlebens prägende strenge protestantische Frömmigkeit geformt. 1811–13 studierte G. in Berlin, Göttingen und Heidelberg Rechtswiss., wobei ihm die hist. Rechtsschule Friedrich Carl von Savignys Leitlinie war. Aufgrund seiner aristokratisch-nationalen Gesinnung nahm er als Freiwilliger am antinapoleonischen Befreiungskrieg teil, in dem er dreimal verwundet wurde. Die Resultate des Wiener Kongresses lehnte G. ab, weil diese ihm zu sehr an angestammten aristokratischen Traditionen rüttelten. Als G. 1823 Oberlandesgerichtsrat in Naumburg, 1829 Dir. des Landes- und Stadtgerichtes Halle und 1834 Vizepräsident des OLG in Frankfurt/Oder wurde, war bei ihm ein sehr strenger Konservatismus – geprägt vor allem von den monarchischen Staatsrechtslehren Karl Ludwig von Hallers sowie Friedrich Julius Stahls – bereits tief verwurzelt. Erschüttert von der franz. Julirevolution 1830 und deren Auswirkungen auf Dtl. stürzte sich G. in die Politik und wurde in kürzester Zeit einer der bekanntesten konservativen Wortführer mit Einfluß, der bis zum Kronprinzen von Preußen reichte, welcher G. nach dem Thronwechsel 1840 als Oberjustizrat in das Justizministerium berief. Zugleich wurde G. Mitglied des Staatsrates. Er hatte also direkten Zugang zur politischen Machtzentrale in Preußen, als er 1844 zum Präsidenten des OLG in Magdeburg berufen wurde, wo er sich zusammen mit seinem Bruder Otto und dem Konsistorialpräsidenten → Karl Friedrich Göschel besonders der liberalen Oppositionsbewegung der „Lichtfreunde" um → Leberecht Uhlich, → Friedrich Pax und → Ludwig Philippson entgegenstellte. Der Ausbruch der Revolution von 1848/49 war für G. eine Tragödie, auch deshalb, weil der König Friedrich Wilhelm IV. zunächst dem Druck der Revolution nachgab, wogegen G. leidenschaftlich forderte, sofort mit Waffengewalt vorzugehen. Seine starre ultrakonservative Haltung – er lehnte die oktroyierte Verfassung vom 05.12.1848 ebenso wie den Radowitzschen Unionsplan rigoros ab – trübte schließlich das Verhältnis zum König, so daß die allg. erwartete Berufung zum preuß. Justizminister 1849 ausblieb, obwohl G. als einer der eifrigsten Drahtzieher des Staatsstreiches vom Herbst 1848 und als unermüdlicher Autor der *Kreuzztg.*, der Keimzelle der konservativen Partei in Preußen, in Erscheinung getreten war. So blieb G. als glühender und gefürchteter Vertreter der äußersten Rechten, die in der Reaktionszeit mit dem „Revolutionsschutt" – sein Hauptziel war vor allem die Säuberung des Richterstandes – „aufräumten", in Magdeburg. Er verlor seinen politischen Einfluß in Berlin als Deputierter der Zweiten Kammer des preuß. Parlaments und aufgrund seiner vielen politischen Verbindungen – vor allem über seinen Bruder Leopold – in der Reaktionszeit jedoch nicht. Dies änderte sich erst mit dem Eintritt in die sog. „Neue Ära" und noch mehr, als → Otto von Bismarck, zu dessen politischen Ziehvätern G. ursprünglich gehörte, seine flexiblere konservative Realpolitik durchzusetzen begann. So gehörte G. von 1858 bis 1873 keiner parlamentarischen Vertretung mehr an und stand immer öfter im Widerspruch zu Bismarcks Politik der „Revolution von oben", was schließlich im offenen Bruch mit dem Ministerpräsidenten gipfelte, als dieser den „Bruderkrieg" (G. wörtlich) anzettelte und mit der Gründung des Norddt. Bundes 1867 bzw. des Dt. Reiches 1871 aus G.s Sicht offenen Verrat an der Sache des preuß. Konservatismus beging. Aus diesem Grunde wechselte G., als er 1873 wieder ins preuß. Abgeordnetenhaus gewählt wurde, von den Konservativen zur klerikalen Zentrumspartei (ohne ihr anzugehören), lieferte sich in der ihm eigenen Verbissenheit noch harte Kämpfe mit Bismarck und dessen Kultusminister Albert Falk – vor allem wegen deren Kirchengesetzgebung sowie dem Zivilehegesetz – und wurde schließlich im September 1874 aus dem Staatsdienst entlassen. Er starb als Vertreter der äußersten Rechten, der dogmatisch an seinen Ideen und Idealen bis zu seinem Lebensende festhielt, an den Folgen eines schweren Unfalls.

W: Vierteljährliche Rundschauen, in: Neue Preuß. Ztg. (8 Bde), 1848–56; Die Annexion und der Norddt. Bund, 1866; Die Freiheits-Tendenzen unserer Zeit, 1869; König und Bundesreform. Der Congreß in Paris, 1870; Dtl. um Neujahr 1870, 1870; Fünf Reden des Appellationsgerichts-Präsidenten über die Kirchengesetze. Gehalten im Abgeordneten Hause Winter und Frühjahr 1873, 1873; Jacob v.G. (Hg.), E. L. v.G., Aufzeichnung aus seinem Leben und Wirken 1795–1877 (2 Bde), 1903. – **L:** ADB 9, *9–14*; NDB 6, *296–299*; Mitteldt Leb 5, *275–298* (***B***); Vf., E. L. v.G., in: Mathias Tullner (Hg.), Persönlichkeiten der Gesch. Sa.-Anh., 1998, *171–175* (***B***).

Jürgen Engelmann

Gerling, Heinz

geb. 08.10.1922 Magdeburg, gest. 19.05.2001 Magdeburg, Bauing., Denkmalpfleger.

Der Sohn des Architekten und Baumeisters Hermann G. besuchte in seiner Geburtsstadt 1928–1932 die I. Wilhelmstädter Volksschule und ab 1933 das Wilhelm-Raabe-Realgymn., wo er 1941 das Abitur ablegte. Der berufliche Weg führte ihn in Magdeburg 1947 über eine Maurerlehre, die Gesellenprüfung und den Meisterbrief (1951) mit parallelem Studium an der Staatl. Ingenieurschule für Bauwesen 1947–1949, das er als Ing. für Hochbau beendete, an die Brennpunkte des Wiederaufbaugeschehens. 1949–53 arbeitete G. als Hochbauing. in der väterlichen Fa. *G. & Rausch KG*, 1953–54 als Faching. für Industrieofenbau in der Fa. *VULKAN* in Berlin und führte in Magdeburg 1954–58 seinen eigenen Handwerksbetrieb, der 1959–72 als *Industrieofen- und Feuerungsbau Magdeburg* Komplementär der *G. & Rausch KG* wurde. Nach der Verstaatlichung war G. 1972–80 Dir. des *VEB Industrieofen- und Feuerungsbau* im *VE Bau- und Montagekombinat Magdeburg* (*BMK*), 1982 übernahm er die Leitung eines Produktionsbereiches im Kombinatsbetrieb Montage und Ausbau des *BMK*, bis er 1987 in den Ruhestand trat. Der Verlust von Kirchen in der Altstadt, der Verfall zahlreicher erhaltenswerter Bauwerke und ihre unwiederbringliche Auslöschung bewirkten bei G., sich für die steinernen Zeugen der Gesch. in Magdeburg einzusetzen. Er leistete Herausragendes für die Denkmalpflege und begeisterte viele Menschen über seine Heimatstadt hinaus für die Bewahrung des baulichen Erbes. Fast 40 Jahre seines Lebens widmete er dem theoretischen und praktischen Denkmalschutz. 1964 wurde G. Gründungsmitglied der *IG Denkmalpflege* beim *Kulturbund der DDR*, in deren Vorstand er bis 1988 tätig war. Als Vors. warb er in vielfältiger Weise und gegen manche Widerstände erfolgreich für den Schutz und die Erhaltung kulturhistorisch wertvoller Bauten der Stadt Magdeburg, vermittelte Patenschaften für gefährdete Denkmäler und wirkte am Erhalt und der Sanierung gefährdeter Baudenkmäler mit, so an der Rettung und dem Wiederaufbau der Johanniskirche, den Sanierungen der Lukasklause, des Gründerzeitensembles Hegelstraße, der Reste der romanischen Stadtmauer, der Victoria-Schule oder der Gründerzeithäuser im südlichen Stadtzentrum. Er war maßgeblich beteiligt am Wiederaufbau des Klosters U. L. F. und der Sanierung der Klosterkirche mit dem Umbau zur Konzerthalle, der Sanierung der Kirche in Pretzien, den Ausgrabungen an der Kaiserpfalz oder der Aufstellung verschiedener Denkmale, Brunnen und Skulpturen. Der Obering. rettete Anfang der 1950er Jahre Gründerzeithäuser in der Wilhelmstadt, die Bombentreffer erlitten hatten, und ließ diese mit und für Angehörige seines Betriebes ausbauen. 1968–87 entwickelte er eine Denkmalkartei als Grundlage für eine fundierte Denkmalliste der Stadt, die er 1991 publizierte und in die erstmalig die Siedlungen der 1920er Jahre als denkmalgeschützte Ensembles aufgenommen wurden. 1969 leitete er den Bau der Hyparschale, die mit ihrer freitragenden, stützenlosen Betonschalenkonstruktion als ein Beispiel für besondere Ingenieurbaukunst galt. 1978 erfolgte die Berufung zum ehrenamtlichen Beauftragten für Denkmalpflege der Stadt Magdeburg. In diesem Amt wirkte er bis an sein Lebensende mit Fachvorträgen, Stadt- und Objektführungen, denkmalpflegerischen Zielstellungen, Fotodokumentationen, Pressebeiträgen oder der baulichen Unterstützung durch die jeweiligen Betriebe, die er leitete. 1970 wurde er als parteiloser Abgeordneter des *Kulturbundes* in die Stadtverordnetenvrslg. gewählt und trat dort 15 Jahre für die Belange des Denkmalschutzes ein. Im gleichen Jahr begann seine Initiative für den Ausbau von Schaubergwerken, insbesondere „Büchenberg" bei Elbingerode/Harz. G. war Mitinitiator der Sanierungsbemühungen „Wohnen im Denkmal" von Wohnungsgenossenschaften und Privatinvestoren nach 1990 und arbeitete 1989–91 am Konzept zur „Straße der Romanik". Mit Fachkompetenz und Vehemenz verteidigte er seine Ansichten als ehrenamtliches Mitglied der *Arbeitsgemeinschaft Kulturhist. Bauten der Stadt Magdeburg*, 1990–99 als Geschäftsführer der *Magdeburgischen Ges. von 1990 e.V. zur Förderung der Künste, Wissenschaften und Gewerbe* und in den 1990er Jahren als Mitglied der Dombaukommission, des Kuratoriums für den Wiederaufbau der Johanniskirche, im Baukunstbeirat der Landeshauptstadt Magdeburg, im Forum Innenstadtentwicklung, im *Kuratorium „1200 Jahre Magdeburg"* sowie im *Förderverein Bundesgartenschau Magdeburg 1999*. G. realisierte die Installierung des Glockenspiels im Magdeburger Rathaus (1974) sowie der Glocken in der Klosterkirche St. Marien im Kloster U. L. F. Der Leiter des *Arbeitskreises Glockenspiel der DDR*, Gründer der Magdeburger *IG „Glockenspiel"* und Vorstandsmitglied der *Dt. Glockenspielvereinigung e.V.* in Hannover galt als Initiator der jährlichen Weihnachtskonzerte der *Magdeburgischen Ges.* in der Telemann-Konzerthalle. 1995 erhielt G. die „Silberne Halbkugel", den Dt. Preis für Denkmalschutz, 1997 ernannte der Stadtrat ihn zum ersten und bisher einzigen Ehrenbürger Magdeburgs seit den politischen Veränderungen 1990.

W: Denkmale der Stadt Magdeburg, 1991; Möglichkeiten und Probleme der Nutzung von Bergwerksanlagen als Besuchereinrichtungen, in: Berichte zur Denkmalpflege in Niedersachsen 4, 1992; Gartenstadtsiedlung Westernplan, 1995; Die Rats- und Pfarrkirche St. Johannis zu Magdeburg anläßlich ihres fünften Wiederaufbaus, 1999. – **L:** Lebenslauf, Begründung zur Verleihung der Ehrenbürgerschaft an H. G., in: Stadtratsbeschluß vom 11.09.1997; Nachruf, in: Volksstimme Magdeburg vom 23.05.2001. – **B:** *Fam. G., Magdeburg (priv.).

Heike Kriewald

Gerloff, *Georg* **Friedrich Kasper**
geb. 04.11.1772 Schönhagen/Priegnitz, gest. 17.01.1842 Magdeburg, Stadtschulrat, Pädagoge, Bibliothekar, Archivar.

Der Sohn eines ev. Pfarrers wurde durch den frühen Tod seines Vaters bereits mit drei Jahren Halbwaise. Seine Mutter kehrte mit ihm und seiner Schwester in ihre Heimatstadt Halberstadt zurück, wo G. später die Domschule besuchte. Nach Absolvierung des Gymn. begann er auf Wunsch seines Vormundes 1790 das Studium der ev. Theol. an der Univ. Halle. G.s Interessen lagen allerdings mehr im pädagogischen und phil. Bereich, so daß er insbesondere August Hermann Niemeyers Lehrveranstaltungen besuchte und schließlich dessen Assistent wurde. Nach fast dreijährigem Studium erhielt G. eine Hauslehrerstelle bei der Fam. Bismarck in Birkholz/Altmark. Im Sommer 1796 bot ihm

Propst → Gotthilf Sebastian Rötger die Stelle des fünften Lehrers am Pädagogium des Klosters U. L. F. in Magdeburg an, die G. annahm. Nach achtjähriger Lehrtätigkeit an dieser Schule ernannte der Konvent G. dort zu seinem Mitglied. 1808 wurde er Domäneninspektor im mittlerweile westfälischen Elbdepartment und verließ 1813 Magdeburg, um in der neuerrichteten preuß. Domänendirektion zu arbeiten, der er bis 1816 angehörte. In diesem Jahr wurde er in das Amt eines Stadtsekretärs und Bibliothekars in Magdeburg berufen. G. war in dieser Funktion auch an der Schulreform in der Elbestadt beteiligt, die unter → August Wilhelm Francke und → Karl Zerrenner ab 1819 durchgeführt wurde. Als Verwalter der Stadtbibl. ließ G. die Stadtbuchstube zur Bücherei ausbauen, schuf von 1821–24 den ersten systematischen Standortkat. in 24 Bänden und bis 1829 den ersten, siebenbändigen alphabetischen Kat. 1827 konnte G. die lange Zeit brachliegenden Bestände der Bücherei zur öffentlichen Benutzung freigeben und somit den eigentlich Zweck der Bibl. erfüllen. 1839 war der Bücherbestand auf rund 12.000 Bände angewachsen. G.s weiterführender Vorschlag, die Stadtbibl. mit den Bibliotheken des Domgymn., des Klosters U. L. F. und der Städtischen Schulbibl. zu vereinigen, scheiterte. Ab 1826 wirkte G. zudem als Stadtarchivar. 1834 erfolgte die Berufung zum Stadtschulrat in Magdeburg, was jedoch zu Differenzen mit dem amtierenden Stadtschulinspektor Zerrenner führte. G. war seit 1800 Mitglied der Freimaurerloge „Ferdinand zur Glückseligkeit". Unter dem kulturell interessierten und politisch klug verhandelnden Meister und Großmeister → Christian Friedrich Schewe wuchs G. in das Amt des Logenredners, das er u. a. neben dem langjährigen Meister vom Stuhl → Karl Focke sowie dem Prediger → August Klusemann mit großer Vollkommenheit ausführte, wobei er den Bildungsanspruch innerhalb der Loge erweiterte. 1841 mußte G. seine Ämter infolge einer Krankheit aufgeben und starb kurz darauf.

W: Vortrag auf dem Rathause zu Magdeburg am 10.05.1831, dem 200jährigen Gedächtnistage der Zerstörung der Stadt durch Tilly, 1831. – **L:** Neuer Nekr 20, 1844, *59–66*; Leesch 2, *181f.*; → Arthur Reichsritter von Vincenti, Die Magdeburger Stadtbibl. vor hundert Jahren, in: MonBl 65, 1913, *137–140*; → Ernst Neubauer, Gesch. der Stadtbibl. von Magdeburg, in: GeschBll 45, 1910, *17–22, 27*; → Julius Laumann, Die Entwicklung der Schulverwaltung der Stadt Magdeburg von 1818–1889, in: ebd. 74/75, 1939/41, *150–53* u.ö.; Martin Wiehle, G. F. G. – ein Pionier bürgerlicher Bibliotheksarbeit im ersten Drittel des 19. Jhs, in: Die Stadtbibliothek Magdeburg im Wandel der Zeiten, 2000, *12–15*.

Wolfgang Mayrhofer

Germer, Heinrich
geb. 30.12.1837 Sommersdorf/Kr. Oschersleben, gest. 04.01.1913 Niederlößnitz/Dresden, Klavierpädagoge.

G. erhielt seine Schulbildung in Halberstadt und besuchte 1853–57 das dortige Lehrerseminar. Nach kurzer Lehrertätigkeit wurde er Schüler der Kompositions-Klasse an der Berliner Akad. Danach war er zwei Jahre Musiklehrer bei einer polnischen Adelsfam. in Pawlowice. Ab 1863 in Dresden pädagogisch und organisatorisch tätig, gründete er 1884 den *Dresdner Musikpädagogischen Verein*, den er acht Jahre leitete. Zudem war er Vors. des *Tonkünstlerverbandes*. Ab 1897 lebte er in Niederlößnitz, wo er mit musikpädagogischen Arbeiten befaßt war. Unter den Klavierpädagogen des 19. Jhs nahm G. eine herausragende Stellung u. a. mit seinem Hauptwerk für Methodik des Klavierunterrichts „Technik des Klavier-Spiels, op. 28" (um 1875) ein. Den Kern von G.s technischer Methodik bildet die Lehre von der Kontraktilität, einer durch stärkstes Anspannen der Finger hervorgerufenen großen Muskelzusammenziehung. G. legte seine Erfahrungen in zahlreichen Übungswerken nieder und veranstaltete Akad.-Ausgaben klass. Klavierwerke, die besonderen Anklang fanden.

W: Rhythmische Probleme op. 29, um 1875; Die mus. Ornamentik, 1878; Wie spielt man Klavier, op. 30, um 1882; Wie studiert man Klavier-Technik?, 1902; Etüden, umfangreiche Klavier-Lit. und 26 Kompositionen. – **L:** Riemann [11]1929; MGG 4, *1819ff.*

Hans-Eberhard Sika

Germer, Heinrich
geb. 18.08.1900 Magdeburg, gest. 17.06.1952 Magdeburg, Lehrer, Stadtrat.

G., Sohn eines Beamten, besuchte 1906–09 die Volksschule, bis 1914 das Magdeburger Domgymn., danach bis 1917, in Vorbereitung auf den Lehrerberuf, eine Präparandenanstalt. Vom Frühjahr 1917 bis Juni 1918, dem Zeitpunkt seiner Einberufung, war er Zögling des Lehrerseminars in Eilenburg, setzte nach seiner Demobilisierung die Ausbildung an anderem Ort fort, bestand Anfang 1920 das erste Lehrerexamen und arbeitete danach in Ammendorf als Lehrer. 1922 begann G. ein Studium der Germanistik, Gesch., Pädagogik und Psychologie an der Hallenser Univ. Das zweite Staatsexamen bestand G. im Frühjahr 1923, im Herbst 1925 die Studienabschlußprüfungen und erhielt 1927 eine Lehrerstelle an der weltlichen Versuchsschule in Halle. Nach 1933 stand G. unter Beobachtung staatl. Behörden. Infolge von Maßregelungen erhielt er 1935 für die Fächer Gesch. und Erdkunde Unterrichtsverbot, wurde 1938 zu Kriegsübungen, mit Ausbruch des II. WK endgültig zur Wehrmacht eingezogen und im Juli 1945 aus englischer Kriegsgefangenschaft entlassen. Im September 1945 trat G. in die SPD, nach dem Vereinigungsparteitag 1946 in die SED ein. Ab Oktober 1945 leitete er die 15. Volksschule in Magdeburg, übernahm nach der Neubegründung der Volkshochschule in Sa.-Anh. die Organisation des Wiederaufbaus und wurde im Frühjahr 1946 zum kommissarischen und im März 1947 zum hauptamtlichen Leiter dieser Einrichtung in Magdeburg berufen. In der Folge arbeitete G. an der Wiederbelebung von Volkshochschulkursen bzw. -außenstellen in Genthin, Haldensleben, Burg, Wolmirstedt, Wanzleben, Egeln und Schönebeck. G. wurde im März 1947 zum 1. Stadtvors., in die Landesleitung und in das Präsidium des *Kulturbundes*, im Juli 1947 zum Mitglied des Volksbildungsausschusses und wenig später in den Kreisvorstand der SED Magdeburg sowie zum Gastdelegierten des II. Parteitages gewählt. Nach seiner Wahl zum Ratsmitglied für das Dezernat Volksbildung im Juli 1948 übernahm er die bis dahin von → Oskar Linke ausgeübte Funktion eines Stadtrates für Volksbildung und Kultur (1950 Wiederwahl). G. setzte sich maßgeblich für den Wiederaufbau der kriegszerstörten Schulen, des Stadttheaters, der Bezirksbibl., des Magdeburger Kulturhist. Mus. sowie der Gruson-Gewächshäuser ein und wirkte für die Erweiterung des Kindergartennetzes, die Gestaltung des Zoologischen Gartens und für den Schulneubau im Nordwesten Magdeburgs.

L: Herbert Matthias, H. G., Lehrer, Kommunalpolitiker, Parteifunktionär, in: Magdeburger Bll. 1987, *65–69* (*B*); Martin Wiehle, Magdeburger Persönlichkeiten, 1993, *149*. – **B:** *StadtA Magdeburg.

Janusch Daum

Gerngroß, *Rudolf* Hermann
geb. 15.02.1898 Suhl, gest. 05.01.1945 KZ Buchenwald (hingerichtet), Polizeioffizier, Widerstandskämpfer.

G., Sohn eines Handwerkers, trat nach der Novemberrevolution 1920 in den Dienst der preuß. Landespolizei und wurde gleichzeitig Mitglied der SPD. Er war als Polizeioffizier in Burg tätig und trat hier in Verbindung mit Burger Arbeitern. 1933 nach Weißenfels versetzt, geriet G. immer mehr in Gegensatz zu Reg. und SPD-Führung. Wegen seiner politischen Einstellung wurde er im Juni 1933 von den Nationalsozialisten aus dem Polizeidienst entlassen. Er wurde Handelsvertreter, brach mit der SPD-Führung und trat in das Lager der KPD über. Aufgrund seiner politischen Reden für ein neues Dtl. wurde G. verhaftet und zu einem Jahr Gefängnis verurteilt. Nach der Haftentlassung 1937 siedelte er mit seiner Fam. wieder nach Burg über und trat dem illegalen Widerstand um → Willi Steiger bei. Im Oktober 1943 wurde G. erneut verhaftet und von der Gestapo aus Burg verschleppt. Im Januar 1945 erhielt die Fam. aus dem Landgerichtsgefängnis Weimar die Nachricht über die Vollstreckung des Todesurteils an G.

L: Und war der Weg auch schwer. Beiträge zur Gesch. der Arbeiterbewegung des Kr. Burg 1880–1945, hg. von einem Autorenkollektiv, 1963, *84f.* (*B*).

Axel Thiem

Gersdorff, *Wolfgang* Veit Adolph Felix Eric Freiherr von, Dr. phil.
geb. 20.09.1876 Jerichow, gest. 22.03.1936 Coburg, Dramaturg, Schriftsteller.

G. war Sohn des Deichhauptmanns, Kgl. Oberamtmanns und Domänenpächters der Klosteranlage Jerichow (ohne Kirche) Paul Johann Adolph Otto Freiherr v. G. und der Louise Marie, geb. Freiin und Edle von Plotho-Derben. Erziehung und Schulbildung erfolgten in der Niederlassung der Herrnhuter Brüdergemeinde Gnadenfrei/Schlesien. Nach dem Studium an der Univ. Berlin war G. als Dramaturg an einem Berliner Theater und als Theaterhistoriker tätig und ging später als Erzieher nach Graz. Um 1926 war er in Ditterswind (Nähe Coburg) ansässig. G. schrieb zahlreiche Romane und Theaterstücke mit vorwiegend fernöstlicher Thematik.

W: Terakoya, die Dorfschule, 1907; Kimiko, 1908; Gesch. des Theaters in Kiel unter den Herzögen zu Holstein-Gottorp bis 1773 (2 Bde.), 1911–1912; Phaeton. Ein dramatisches Gedicht, 1918; (Bearb.) Japanische Dramen, 1926. – **L:** Kosch LL 6, Sp. *268*; Kosch TL 1, *545*; Karl Demmel, Dichter- und Musikerköpfe aus den Kreisen Jerichow, in: Jerichower Land und Leute, H. 10, 1926, *3*.

Rolf Naumann

Giese, *Wilhelm* Martin Ernst Leonhard
geb. 23.10.1883 Horn/Lippe, gest. 1945 n. e., Maler, Zeichner, Radierer.

Der Sohn eines Juristen absolvierte nach einer Lehre als Dekorationsmaler 1900–04 die Kunstschule in Weimar bei Hans Olde und Max Thedy. Er arbeitete 1905–08 als Lehrer für Malerei an der Kunstgewerbe- und Handwerkerschule in Magdeburg und war danach freischaffend als Porträt- und Kunstmaler überwiegend in Magdeburg, zwischenzeitlich auch in Berlin, Dresden, Marburg/Lahn und Gera tätig. 1914–18 nahm er als Soldat am I. WK teil. G. war Mitglied des *Dt. Künstlerbundes* und der *Berliner Freien Sezession*, einer Künstlerbewegung, die sich von den Auffassungen der Kunstakad. abwandte. Er arbeitete nach der Natur und wurde mit Radierungen und Federzeichnungen von Magdeburg sowie Porträts und Magdeburger Stadtansichten in Ölmalerei bekannt. Ab 1937 führte G. auch Aufträge für Wandmalereien in Sgraffito und Fresko aus, von denen keine erhalten geblieben ist. Ein frühes Wandgemälde von 1912/14 im Magdeburger Rathaus wurde ebenfalls zerstört. In den Slgg. des KHMus. Magdeburg sind vor allem graphische Werke vorhanden.

W: Ölgemälde: Alte Herrenkrugbrücke, um 1935; Die Strombrücke Magdeburg, 1936; Radierungen: Blick auf Johanneskirche und Dom, 1912; Schiffe auf der Elbe, 1915; Industriehafen, um 1925; Schleppzug auf der Elbe, 1933 (alle KHMus. Magdeburg); weitere Werke: Kunstinst. der Univ. Marburg und Stadtmus. Gera. – **L:** Wer ist's 10, 1935; Thieme/Becker 14, *6*; Vollmer 2, 1955, *241*; Kat. Berliner Sezession, 1910– 1912; Kunstausstellung des Gaues Magdeburg-Anhalt, 1940; Norbert Eisold, Die Kunstgewerbe- und Handwerkerschule 1793–1963, Kat. Magdeburg 1993, *54*; Matthias Puhle (Hg.), Magdeburg in Bildern von 1492 bis ins 20. Jh., 1997, *238–240, 293*.

Sabine Liebscher

Giesecke, Adolf *Julius* Otto
geb. 07.06.1833 Salbke bei Magdeburg, gest. 10.02.1881 Klein Wanzleben, Landwirt, Ökonomierat.

Der spätere Ökonomierat G. zog 1856 nach Klein Wanzleben und heiratete 1858 eine Tochter von → Matthias Christian Rabbethge. Im gleichen Jahr übernahm sein Vater Johann Adolf G. Anteile des Geschäftskapitals der in Gründung befindlichen Gesellschaft *Rabbethge & G.* G., der als fortschrittlicher Landwirt galt, konzentrierte sich auf die Leitung und Erweiterung des landwirtsch. Grundbesitzes des Unternehmens als Basis von Züchtungs- und Vermehrungsarbeiten, der sich unter seiner Leitung von ursprünglich 200 Morgen auf 17.000 Morgen vergrößerte.

L: Vf., Gesch. des Inst. für Rübenforschung Klein Wanzleben, 1977 (**B*); KWS – ein Werk von über 100 Jahren, 1985.

Walter Wöhlert

Giesecke, Ernst
geb. 18.08.1859 Klein Wanzleben, gest. 16.04.1930 Klein Wanzleben, Landwirt, Kgl. Preuß. Ökonomierat.

G. entstammte einem alteingesessenen Bauerngeschlecht aus Salbke bei Magdeburg. Sein Großvater → Matthias Christian Rabbethge und sein Vater → Julius G. (seine Mutter war eine geb. Rabbethge) waren die Gründer der Fa. *Rabbethge & G.* in Klein Wanzleben. Nach einer landwirtsch. Ausbildung trat G. 1882 in die Fa. ein und wurde 1887 Vorstandsmitglied des 1885 in eine Aktienges. umgewandelten Betriebes. Ab 1890 leitete G. zehn Jahre allein die Geschäfte, insbesondere führte er die Landwirtschaft und gestaltete diese zu einem Musterbetrieb. Alle Fortschritte auf diesem Gebiet in Maschinenwesen, Betriebstechnik, Fütterung, Ackerbewirtschaftung oder Düngung wurden von ihm geprüft und bei Eignung im Großbetrieb eingeführt. Jährlich kamen Hunderte von dt. und ausländischen Landwirten nach Klein Wanzleben, um von G. die Landwirtschaft zu lernen. In der Zuckerrübensamenzucht setzte G. die Züchtung der Klein Wanzlebener „Original"-Zukkerrübe fort und trug damit zum Weltruhm der Klein Wanzlebener Zuchtstätte bei. In Anerkennung seiner Verdienste um die dt. Landwirtschaft wurde G. 1907 zum Kgl. Preuß. Ökonomierat ernannt und in zahlreiche Ehrenämter berufen, u. a. in den Vorstand der *Landwirtschaftskammer,* in den *Landwirtschaftsrat* und in die *DLG.* Am 11.01.1911 wurde G. von Kaiser Wilhelm II. zu einem der elf Gründungssenatoren der Kaiser-Wilhelm-Ges. in Berlin-Dahlem ernannt.

L: Die Dt. Zuckerindustrie 54, 1929, *881*; ebd. 55, 1930, *446*; Vf., Gesch. des Inst. für Rübenforschung Klein Wanzleben, 1977. – **B:** **ebd.*

Walter Wöhlert

Giesecke, Fritz
geb. 01.02.1905 Eilsleben, gest. 28.07.1984 Domersleben, Fotochronist.

In Eilsleben geb., dann über Klein Wanzleben nach Domersleben gekommen, verschrieb G. sich schon in jungen Jahren der journalistischen Tätigkeit. Als Mitarbeiter beim Magdeburger *General-Anzeiger* schrieb er heimatbezogene Artikel, Geschichten und Kurzreportagen, anregende Plaudereien über das Wettergeschehen, Beobachtungen in der Natur und vor allem zahlreiche Mundartbeiträge. Er ist im wahrsten Sinne des Wortes der Vater unverwüstlicher Börde-Originale. G. hat „dem Volk aufs Maul geschaut" und mit dazu beigetragen, die Mundart in der Börde zu pflegen und zu erhalten. Für die Wochenendbeilage des *General-Anzeigers* erfand er seinen gewitzten „Andrees Laudan", eine bald recht beliebte Figur. Immer stärker machten ihn sein fotografisches Schaffen und auch seine Rubrik „Neulich sah ich …", in der viele Alltäglichkeiten sehenswert festgehalten wurden, überall bekannt. Seit 1928 wuchs sein Fotoarchiv auf ca. 1.000 Glasplatten und Planfilme an. Die 1995/96 auf einer umfassenden Ausstellung präsentierten Zeugnisse seines Schaffens waren sichtbare Zeugnisse dafür, daß der ehrenvolle Beiname „Fotochronist der Börde" für G. nicht zu hoch gegriffen ist.

N: Börde-Mus. Ummendorf. – **L:** Neulich sah ich … Aus dem Leben in der Börde vor mehr als einem halben Jahrhundert. Begleitpublikation zur gleichnamigen Sonderausstellung im Börde-Mus. Ummendorf, 1995.

Martin Selber

Giesecke, Johann Christian

geb. 30.01.1759 Halle, gest. 1806 Leimbach bei Mansfeld/Südharz, ev. Theologe, Buchhändler, Schriftsteller, Publizist.

Nach einem Theologiestudium in Halle lebte G. als freier Schriftsteller in Peine. Ab mindestens 1790 war G. in Magdeburg ansässig, wo er vielfältige schriftstellerische, publizistische und unternehmerische Projekte in Angriff nahm. Seit 1790 unterhielt er in Magdeburg die erste bedeutende private Leihbibl., die er 1794 zu einem regulären Buchhandel ausweitete. Er hoffte, nach der Erteilung des Buchhandelsprivilegs seine Bestände durch eine Bücherlotterie (ebenfalls 1794) besser verwerten zu können. Sein Versuch, 1796 den Drucker → Johann Valentin Hessenland als Teilhaber ins Geschäft aufzunehmen, wurde nicht genehmigt. Aus Gründen der Existenzsicherung nahm G. (ab 1792 belegt) eine Prädikantenstelle am Magdeburger St.-Georgs-Stift an. Er ist ein typisches Beispiel für die Unmöglichkeit, um 1800 in Magdeburg als freier Schriftsteller zu leben. Seit 1801 amtierte er als Pastor in Leimbach. G. veröffentlichte, zumeist im Selbstverlag, mehrere Gedichtslgg., pädagogische Schriften, Übersetzungen und lit. Nachschlagewerke und verlegte von 1793–1806/07 insgesamt 68 Texte, die meist nur geringe Verbreitung fanden. Größere Aufmerksamkeit erlangte ein lyrischer Almanach, das „Taschenbuch für Dichter und ihre Freunde" in zwei Bänden (1792/93).

W: Vermischte Gedichte, 1780; Niederdt. Merkur, 1790 (Wochenschrift); Karl Eichwalds Reisen, 1792; Unterhaltendes und lehrreiches Magazin für Kinder (3 Bde), 1792–1793; Hdb. für Dichter und Litteratoren oder Möglichst vollständige Übersicht der dt. Poesie seit 1780, 1. Tl., 1789 (Neuausg. u. d. T.: Nachrichten von dem Leben verschiedener Dichter, 1799). – **N:** StABibl. Berlin. – **L:** Hamberger/Meusel 2, *562f.* (*W*); Killy 4, *158*; Kosch LL 6, Sp. *324f.*; Ersch/Gruber, Allg. Encyklopädie der Wiss. und Künste, Sektion I, Bd. 67, 1858, *36f.*; Wilhelm Stieda, Die Entwicklung des Buchhandels in Magdeburg, in: Magdeburgs Wirtschaftsleben in der Vergangenheit, Bd. 3, 1928, *380–393*; LHASA: Rep. A 9a VI, Nr. 818.

Heiko Borchardt

Gieseler, Hermann

geb. 23.05.1889 Aschersleben, gest. 25.08.1948 Magdeburg (verunglückt), Arbeiter, Gewerkschafter.

G., Sohn des Maurers Wilhelm G., erlernte das Glaserhandwerk. Als Geselle ging er auf die Wanderschaft und arbeitete in verschiedenen Regionen Dtls. 1908 trat er der Gewerkschaft der Holzarbeiter bei und 1909 der SPD. Nach zwei Jahren Teilnahme am I. WK als Soldat wurde G. 1916 als Maschinenarbeiter für die *Motorwerke* von → Hans Grade in Magdeburg verpflichtet. Er war dort als Dreher und Fräser bis 1926 tätig. Von 1926 bis 1945 war G. als Maschinist in der Stadtverwaltung Magdeburg beschäftigt. 1916 ließ er sich in den *Metallarbeiter-Verband* einschreiben. Durch sein Eintreten für die Interessen seiner Kollegen erwarb er sich bald deren Vertrauen und wurde in verantwortliche Funktionen der Gewerkschaft gewählt. Er war Vertrauensmann, Betriebsratsvors. und Vorstandsmitglied der Ortsverwaltung des *Metallarbeiter-Verbandes* Magdeburg. 1921 nahm G. an der 15. Generalvollverslg. des *Dt. Metallarbeiter-Verbandes* in Jena teil, wo er als Revisor gewählt wurde. Bereits mit 14 Jahren trat G. der Arbeitersportbewegung bei und war 1922–25 ehrenamtlicher Vors. im *Turn- und Sportverein „Fichte"* in Magdeburg-Sudenburg. 1926 nahm er als Turner am int. Arbeiter-Turn- und Sportfest in Wien teil. Bis 1945 arbeitete er illegal in der Sportbewegung gegen die ns. Diktatur in Dtl. Nach dem Ende des II. WK war G. Mitglied der Stadtbezirksgruppe der SPD in Magdeburg-Friedrichstadt. G. war auch einer der ersten, die sich am Wiederaufbau der Gewerkschaften in Magdeburg beteiligten. Er wurde zum 1. Vors. der *Industriegewerkschaft Öffentliche Betriebe* berufen und im Oktober 1946 zum Vors. des Kreisverbandes des *FDGB* gewählt. Während einer Transportfahrt von Baumaterialien für den Wiederaufbau des zerstörten Gewerkschaftshauses am Ratswaageplatz in Magdeburg verunglückte G. tödlich.

L: Helmut Asmus, Gesch. der Stadt Magdeburg, 1975, *347*; Nachruf im DGB Kreisbüro Magdeburg, Arbeitskr. Gesch. – **B:** ebd.

Michael Hertzfeld

Gillern, Arnulf Freiherr von

geb. 23.02.1884 Berlin, gest. 15.01.1944 Magdeburg, Offizier, Fabrikant, Rittergutsbesitzer.

Der Sohn des Generalleutnants Arthur v. G. besuchte das Luisengymn. in Berlin und studierte anschließend an der TH in Charlottenburg und an der Militär-Technischen Akad. Er war Leutnant und später Hauptmann im 2. Lothringischen Feldartillerie-Regiment Nr. 34, Metz. Während des I. WK wirkte G. als Ordonanzoffizier der 33. Feldartillerie-Brigade. G war verheiratet mit Katharina, der Tochter des Magdeburger Fabrikbesitzers → Eugen Polte, in dessen Unternehmung (Armaturen-, Maschinen- und Patronenfabrik) G. 27 Jahre Gesellschafter war und die er gemeinsam mit seinem Schwager → Martin Nathusius leitete. Seine militärische Ausbildung und der Dienst in verschiedenen Einheiten der Artillerie beeinflußten sein besonderes Engagement bei der Munitionsfertigung. Die Polte AG gehörte zu den größten Munitionsfabriken in Dtl. Darüber hinaus war G. Aufsichtsratsvors. der *Maschinen- und Armaturenfabrik Magdeburg-Buckau* (vormals *C. Louis Strube AG*) und Rittergutsbesitzer auf Schmark-Ellguth/Kr. Trebnitz (Trzebnica) in Schlesien (heute Polen). G. wurde mit verschiedenen Orden und Ehrenzeichen geehrt.

L: Reichshdb 1, *546*.

August Bornemann

Gillhoff, *Johannes* Heinrich Carl Christian

geb. 24.05.1861 Glaisin/Mecklenburg, gest. 16.01.1930 Parchim, Lehrer, Schriftsteller, Sprachforscher, Redakteur.

G., Sohn des Lehrers Gottlieb G., bestand 1876 die Aufnahmeprüfung zum Präparandum, besuchte ab 1881 das Lehrerseminar in Neukloster und war seit 1888 als Lehrer in Parchim tätig. Schon früh sammelte G. umgangssprachliche Wendungen und legte damit den Grundstein für seine niederdt. Sprachforschung, die durch ein enges Verhältnis zu dem um die mecklenburgische Sprachforschung verdienten Schriftsteller Richard Wossidlo befördert wurde. 1889 wurde G. Mitglied des *Vereins für niederdt. Sprachforschung*. Seine Slg. plattdt. Rätsel war die Grundlage für sein 1892 hg. Buch „Das mecklenburgische Volksrätsel". Nach umfangreicher Reisetätigkeit, die auch der Sprachforschung diente, legte er 1896 in Schwerin die Mittelschullehrerprüfung sowie ab 1898 das Rektoratsexamen in Magdeburg ab und übernahm 1907 am Lehrerseminar Genthin (dem heutigen Bismarck-Gymn.) eine Stelle als Seminarlehrer. Seinen Roman „Jürnjakob Swehn, der Amerikafahrer", der auf tatsächlichen brieflich übermittelten Erlebnissen von Auswanderern seines Heimatdorfes beruht, schrieb G. in Genthin, wo er das Ms. 1916 beendete. Der Roman erschien als Übersetzung auch in skandinavischen Ländern und in den USA. Mit der Versetzung in den Ruhestand verlegte G. 1924 seinen Wohnsitz nach Ludwigslust und war bis zu seinem Tod Mithg. der *Mecklenburgischen Monatshefte*, einer seit 1924 dort erscheinenden Zs. für heimatliche Kunst und Kultur. G. wurde bekannt durch Dramen, Erzählungen, Lyrik, z.T. in plattdt. Seit 1980 wird jährlich der vom Neffen Gerhard G. 1978 gestiftete J.-G.-Preis vom *Kulturkreis Mecklenburg e.V.* in Hamburg an Schriftsteller, Pädagogen, Schauspieler, Bibliothekare und Literaturwissenschaftler verliehen, die sich um die plattdt. Sprache verdient machen.

W: Mecklenburgische Idiotismen, 1889; Bilder aus dem Dorfleben, 1905; Jürnjakob Swehn, der Amerikafahrer, 1917, ¹⁴1996. – **N:** Mus. G.-Stuv, Glaisin; Teil-Nachlaß G.-Gedenkstätte Parchim. – **L:** DBE 4, 9; Kosch LL 6, *336f.*; Killy 4, *158f.*; Friedrich Griese (Hg.), Ein Lebensbild. J. G., 1940; Gerd Lübke, Jürnjakobs Vater. Leben und Werk des mecklenburgischen Dichters J. G., 1974; Jürgen Borchert, J. G. Ein lit. Programm über Leben und Werk J. G.s, 1982; Hartmut Brun (Hg.), Ein Lesebuch. J. G., 1988, ²1991; John Kreutzmann, Stadt Genthin – Ein nichtalltägliches Geschichtsbuch, 1995, *103* (***B***). – **B:** *StadtA Genthin; Kal. Volkstum und Heimat für das Land Jerichow 1938, *91*.

Gabriele Deutschmann

Glade, Heinz

geb. 17.10.1922 Magdeburg, gest. 21.10.1996 Magdeburg, Journalist, Schriftsteller.

G., einziges Kind des Versicherungsangestellten Willi G., besuchte in Magdeburg die Oberrealschule, die er 1940 mit dem Abitur abschloß. Nach Einsätzen im Reichsarbeitsdienst und an der Front geriet er in sowjetische Kriegsgefangenschaft, aus der er im Juni 1947 nach Magdeburg zurückkehrte. G., der sich seit seinem 17. Lebensjahr journalistisch betätigte, wurde zunächst Mitarbeiter der *Täglichen Rundschau* unter → Emil Reinhardt Müller, wechselte später als Leiter der Landesredaktionen dieser Ztg. nach Mecklenburg und Brandenburg. Von 1954 bis 1960 arbeitete er als Journalist und begann mit ersten lit. Veröffentlichungen in Reportageform. Seit 1960 war der Autodidakt G. als freischaffender Autor in Magdeburg tätig. Hier gehörte er zeitweilig der Bezirksleitung Magdeburg des *Kulturbundes* an und wurde 1966 Mitglied des *Schriftstellerverbandes der DDR*. Von besonderer Bedeutung sind seine kulturgesch. Reportagen und Skizzen, die ihn als Landschaftsmaler unter den Reportern auszeichnen. Seine Bücher sind thematisch meist im Rahmen einer Region angesiedelt und nach dem Motto Information plus Bildung plus Unterhaltung ausgeführt. Mehr als 40 Jahre hat sich G. in besonderer Weise immer wieder mit Stadt und Region Magdeburg liebevoll und kritisch auseinandergesetzt.

W: Magdeburger Tagebuch, 1957; Reiseskizzen aus dem Harz, 1972; An den Seen unseres Nordens 1974; Magdeburg – Porträt einer Elbestadt, 1976; Zwischen Rebenhängen und Haff, 1976; Aus Altmark, Börde und Harzvorland, 1979; Ausflugatlas Umgebung von Magdeburg, 1982; Ich bestieg Hügel und Berge. Harzreisen einst und heute 1987; Magdeburger Memoiren, 1990. – **N:** Literaturbüro Sa.-Anh. e.V., Magdeburg. – **L:** Lit. im Bez. Magdeburg, hg. vom Rat des Bezirkes, o. J. [1981], *10f.* (***W***, ***B***). – **B:** *Slg. Literaturbüro Sa.-Anh. e.V., Magdeburg.

Guido Heinrich

Glowalla, Klaus

geb. 15.11.1924 Neidenburg/Ostpreußen, gest. 16.04.1995 Magdeburg, Schauspieler, Regisseur, Autor.

Der Sohn eines Kaufmanns verbrachte seine Kindheit in Neidenburg und ging auch dort zur Schule. Nach dem Abitur wurde er 1944 zum Kriegsdienst einberufen, so daß er seinen Wunsch, eine Theaterlaufbahn einzuschlagen, zunächst nicht verwirklichen konnte. 1945 kam G. an das Studio für Schauspiel in Berlin und erhielt 1946 sein erstes Engagement am Theater Quedlinburg. Intendant Ulrich Velten erkannte seine vielfältige Begabung und wurde zu einem strengen Lehrmeister und wohlwollenden Förderer. So wurde G. schon bald erster Charakterdarsteller und Spielleiter des Schauspiels. Während seiner achtjährigen Tätigkeit in Quedlinburg war er an allen Aufführungen im Harzer Bergtheater beteiligt. Nach kurzen Gastaufenthalten an den Landesbühnen Sachsen in Dresden und am Theater Hildesheim kam G. mit Beginn der Spielzeit 1955/56 an die Städtischen Bühnen Magdeburg. Keiner, der ihn damals in seiner ersten Rolle als Selicour in Schillers „Parasiten" in der Regie von → Hasso von Steuben sah, ahnte, daß G. mehr als vier Jahrzehnte das Magdeburger Theaterleben beispielgebend mit prägen sollte. G. erarbeitete als Schauspieler mit Ehrgeiz und Fleiß fast 150 Rollen, die er mit Überzeugungskraft und Charme dem faszinierten und begeisterten Publikum darbot und mit denen er es in atemloser Spannung halten konnte – ob als Macbeth, Prof. Higgins oder Macky Messer. Er lieferte gemeinsam mit seinem langjährigen Freund und Weggefährten Hasso von Steuben brillante Kabinettstückchen ab, u. a. als Willi Clark in „Sonny Boys" und als Diener Leopold im „Weißen Rößl". Unvergessen bleiben seine Darstellung und Interpretation der Figur des kauzigen „Alten Fritz" in Adolf Nowaczynskis „Der große Friedrich" (1981, Kammerspiele) in der Regie von → Karl Schneider und des SS-Generals Stroop in Kazimierz Moczarskis „Gespräche mit dem Henker" (1979, Podiumbühne) in der Regie von Gert Jurgons. Als Regisseur brachte G. rund 40 Arbeiten auf die Bühne, vom Weihnachtsmärchen bis zur Operette, von den Klassikern bis zu Ur- und Erstaufführungen zeitgenössischer Autoren. Immer wieder inszenierte er Komödien und Lustspiele. Seine Stücke erreichten hohe Vorstellungszahlen und beispielhafte Auslastungen. Kinder und Jugendliche an das Theater heranzuführen, war G. zeitlebens ein besonderes Anliegen. So verwundert es nicht, daß er nicht nur besonders ideenreich immer wieder für diese Publikumsschichten inszenierte, sondern mit „Sandmännchen und Pinguin" (UA 1965, Großes Haus) für sie ein eigenes Stück schrieb. Zudem war G. Autor des Kriminalstückes „Mordprozeß Consolini", das 1961 in der Regie von → Herbert Körbs seine UA erlebte. Im eiskalten Winter 1963, als das Große Haus in Magdeburg nicht mehr beheizt werden konnte, ließ G. eine lang gehegte Idee Realität werden und schuf die Podiumbühne. Mit Figueiredos „Der Fuchs und die Trauben" zunächst im Casino des Theaters eröffnet, fand sie schon bald ihren Platz in der fünften Etage des Hauses. Der fast intime Charakter des Raumes und die unmittelbare Nähe zu den Darstellern ließen diese Bühne schon bald zu einem Publikumsmagneten des Theaters werden, der sie auch bis zum Theaterbrand 1990 blieb. G. war Mitbegründer und Leiter eines der erfolgreichsten Arbeitertheater der Stadt und leitete Literaturzirkel. In über 100 Spielfilmen war die einmalige, unverwechselbare Stimme des G. als Synchronsprecher zu hören, die er u. a. dem franz. Komiker Louis de Funes „lieh". In der Figur des Gelehrten und Bürgermeisters Otto von Guericke und mit der Vorführung der Halbkugelversuche wurde G. zu einem Repräsentanten der Stadt Magdeburg im In- und Ausland.

L: → Friedemann Krusche, Theater in Magdeburg, Bd. 2, 1995 (*B*); Unterlagen Archiv Theater der Landeshauptstadt Magdeburg. – B: *ebd.

Manfred Michael

Goeben, *August* Karl Christian Friedrich von

geb. 10.12.1816 Stade, gest. 13.11.1880 Koblenz, General der Infanterie.

Aus einer niedersächsischen Adelsfam. stammend, schlug G. die Offizierslaufbahn in der preuß. Armee ein. Als Sekondelieutenant quittierte G. 1835 den Dienst und schloß sich dem Heer des spanischen Thronprätendenten Don Carlos im sog. Karlistenkrieg an. Er überstand mehrere Verwundungen und gefährliche Einsätze. 1840 als Oberstleutnant entlassen, erreichte er 1842 die Wiedereinstellung in die preuß. Armee. Als Hauptmann im Generalstab nahm er im Stab Prinz Wilhelms an der Niederschlagung des Badischen Aufstandes 1849 teil. Als Oberstleutnant erhielt er im Oktober 1855 die Ernennung zum Chef des Generalstabes des IV. Armeekorps in Magdeburg (bis Mai 1858). Hier wurde ihm für die gezeigten Leistungen besondere kgl. Anerkennung ausgesprochen. Als Kommandeur der 26. Infanteriebrigade (seit 1863) trug der Generalmajor 1864 durch den Übergang seiner Truppen über den Alsensund zum Sieg über Dänemark bei. Im Krieg gegen Österreich 1866 siegte er als Kommandeur der 13. Infanteriedivision in vier Gefechten, besetzte Würzburg und hatte so entscheidenden Anteil am erfolgreichen Main-Feldzug. Seine Erfolge setzte der General der Infanterie und Kommandierende General des VIII. Armeekorps im Krieg gegen Frankreich 1870/71 fort. Sein großes militärisches Talent bewies der Oberbefehlshaber der 1. Armee besonders durch den Sieg in der Entscheidungsschlacht von St. Quentin am 18./19.01.1871. G. gehörte zu den bekanntesten und bewährtesten Feldherren der dt. Einigungskriege. Hier zeigte er Entschlußfreudigkeit sowie taktische und operative Fähigkeiten. Ein Fort in Metz sowie ein Schlachtkreuzer der kaiserlichen Marine trugen seinen Namen.

W: Vier Jahre in Spanien, 1841; Reise- und Lagerbriefe aus Spanien, und vom spanischen Heere in Marokko, 1863. – **L:** ADB 49, *416–421*; NDB 6, *305f.*; Priesdorff 7, *315–326*. – **B:** ebd.

Martin Wiehle

Göcke, Wilhelm Georg Arnold *Hermann*, Prof. Dr.-Ing. habil.
geb. 26.12.1912 Berlin, gest. 04.11.1993 Rostock, Hochschullehrer, Berechnungs-Ing.

G. studierte von 1932–36 an der Univ. Berlin und an der TH Berlin-Charlottenburg Mathematik, Physik und Mechanik. Seine Lehrer waren u. a. die bekannten Prof. Rudolf Ernst Rothe (Mathematik) und Georg Hamel (Mechanik), bei denen er auch als Honorar-Assistent tätig war. Nach Tätigkeiten als Lehrer an der Heeresfeuerwerkerschule Berlin-Lichterfelde und als Berechnungsing. für Ventil- und Regleranlagen bei den *Askania Werken* Berlin-Friedenau war er 1939–45 Berechnungsing. für Statik, Festigkeit und Schwingungslehre bei den *E. Heinkel-Flugzeugwerken* Rostock-Marienehe und Wien-Schwechat. 1945–53 wirkte er als Oberschullehrer für Mathematik, Physik und Chemie sowie seit 1949 als Gründungsdir. der Abend-Oberschule in Rostock. Mit einer Dozentur für Festigkeit und Mechanik an der Fakultät für Luftfahrtwesen der Univ. Rostock begann 1953 seine Laufbahn als Hochschullehrer. 1953–57 lehrte er jeweils unter Wahrnehmung einer Professur an der Hochschule für Verkehrswesen in Dresden und an der TH Dresden, wo er 1956 auf dem Gebiet rheolinearer Schwingungen mit Dämpfung prom. Seine Lehrtätigkeit an der TH Magdeburg begann G. 1955 als Lehrbeauftragter. Hier wurde er 1957 zum Prof. mit und 1959 mit vollem Lehrauftrag für Festigkeits- und Schwingungslehre sowie 1961 zum o. Prof. für Angewandte Mechanik berufen. Auf der Grundlage einer Reihe von Veröffentlichungen, vor allem auf dem Gebiet der Schwingungen im Maschinenbau, habil. er sich 1966. Seit seiner Gründung 1956 leitete er an der TH Magdeburg das spätere (1963) Inst. für Angewandte Mechanik. 1958 verließen die ersten Absolventen der gleichlautenden Fachrichtung die Magdeburger Hochschule. 1960–66 gehörte G. dem zentralen Arbeitskreis „Geräte der mechanischen Schwingungstechnik" an, der 1965 in Magdeburg die int. Tagung „Verfahren und Geräte der mechanischen Schwingungstechnik" veranstaltete. G. war von 1958–62 Dekan der Fakultät für Mathematik, Naturwiss. und technische Grundwiss. der TH Magdeburg und von 1962 bis 1966 Prorektor für Forschungsangelegenheiten. Er wurde 1967 nach einem politisch begründeten Partei- und Disziplinarverfahren fristlos aus dem Hochschuldienst entlassen, später jedoch rehabilitiert. Nach der Entlassung arbeitete er zunächst als Problem-Analytiker am Inst. für Schiffbau bzw. am Rechenzentrum der *VVB Schiffbau Rostock*. Seine Erfahrungen hinsichtlich des Computereinsatzes konnte er als Gastdoz. für Elastomechanik an der Ing.-Hochschule Warnemünde/Wustrow weitergeben. Seine Berufung zum o. Prof. für Technische Mechanik an die Sektion Maschinenbauelemente der TH Karl-Marx-Stadt (Chemnitz) erfolgte 1970, wobei er hier an Problemen der Anwendung der Bildschirmtechnik für die Koppelgetriebeanalyse wiss. und 1973–77 als Dir. o. g. Sektion tätig war. Die Gründung der Fachrichtung „Angewandte Mechanik" innerhalb des Maschineningenieurwesens an der Magdeburger Hochschule durch G. als der ersten in beiden Teilen Dtls war eine Pionierleistung, der bald andere Hochschulen folgten (z. B. Rostock, Dresden, Karl-Marx-Stadt; Braunschweig, Aachen, München, Darmstadt). Seiner pädagogischen Begabung sowie der großen Arbeitsleistung beim Aufbau der Lehrfächer der Fachrichtung ist die Begründung einer erfolgreichen Schule von Wissenschaftlern dieses Fachgebietes in Magdeburg und später in Karl-Marx-Stadt zu verdanken. G. wirkte acht Jahre als Vors. des Bezirksvorstandes Magdeburg der *Urania*, einer Ges. zur Verbreitung wiss. Kenntnisse, und vier Jahre als Vors. des *Dt. Roten Kreuzes* an der TH Karl-Marx-Stadt. Er wurde u. a. als Verdienter Techniker des Volkes ausgezeichnet und erhielt die Arthur-Becker-Medaille in Silber sowie die Pestalozzi-Medaille.

W: Technische Mechanik, in: Wissensspeicher für Technologen. Technische Mechanik, Werkstoffprüfung, 1970, *1–247*; Schwingungen im Maschinenbau, in: Fachwissen des Ing., Bd. 1, ⁵1973, *417–500*. – **L:** Hdb SBZ/DDR, *229*; Wiss. Zs. der TH Karl-Marx-Stadt 19, H. 3, 1977, *281–292* (*W*); ebd. 19, H. 7, 1977, *1009ff*. – **B:** *Vf., Magdeburg (priv.).

Lutz Sperling

Goedecke, Johannes
geb. 20.12.1898 Magdeburg, gest. 06.03.1989 Magdeburg, Obering., Chefkonstrukteur.

Der Sohn des Musikers Johannes August Albert G. besuchte in Magdeburg 1905–13 die 3. Volksknabenschule und bis 1915 die Kunstgewerbe- und Handwerkerschule. Eine 1914 begonnene Tischlerlehre verband er mit dem Besuch einer obligatorischen gewerblichen Fortbildungsschule, mußte erstere auf Grund der Einziehung des Lehrherrn zum Kriegsdienst vorzeitig abbrechen. Gleichzeitig nahm er an Fortbildungsveranstaltungen im Rahmen von Abend-

und Sonntagskursen in Mathematik und Maschinenkunde an der Kgl. Vereinigten Maschinenbauschule Magdeburg teil. Es folgten 1915–18 eine Ausbildung zum Technischen Zeichner in der *Maschinenfabrik Buckau R. Wolf AG* und der Besuch der Kunstgewerbe- und Handwerkerschule mit einer Ausbildung zum Techniker in Magdeburg. → Otto Zimmermann förderte den begabten G. durch das Übertragen schwieriger, selbständig zu lösender Konstruktionsarbeiten im Baggerbau. 1928 übergab man ihm als selbständigem Konstrukteur die Projektierung und konstruktive Ausführung dieser Großgeräte. Seine Kreativität kam schon in dieser Zeit in seinen Patentanmeldungen zum Ausdruck. Bereits 1930 erhielt er für die Aufhängung der Eimerleiter mittels Kreuzseilen zur Aufnahme horizontaler Kräfte ein Patent, dem zahlreiche weitere folgten. Diese Anordnung zeichnete seitdem die Eimerkettenbagger der *Maschinenfabrik Buckau R. Wolf A. G.* Magdeburg aus. 1934 wurde er Gruppenführer und stellvertretender Chef der Projektierungs- und Entwicklungsabt. Baggerbau. 1946 erfolgte seine Ernennung zum Obering. und die Übernahme der Konstruktionsabt. Baggerbau im *SAG Maschinenbau AMO, Zweigniederlassung in Dtl.*, Magdeburg, mit einer der ersten Aufgaben, der Instandsetzung der Reichsbahn-Elb-Hubbrücke-Süd. Bereits 1948 entwickelte er Grabenbagger und 1949 Schreitbagger mit einem Schürfkübelinhalt von 3,4 m³, die in Serie gefertigt und als Reparationsleistungen in die Sowjetunion geliefert wurden. Unter seiner Leitung wurden unter den komplizierten Nachkriegsbedingungen bis 1953 auf Schienen verfahrbare Eimerkettenbagger mit einer Gesamtabtragshöhe von 50 m, einem Eimerinhalt von 1,6 m³ und solchen auf Raupenfahrwerken mit einem Eimerinhalt von 0,7 m³ und einem Dienstgewicht von 1.000 t entwickelt und gebaut. 1963 konzipierte er den Es 3150, ein Gerät mit einer Abtragshöhe im Hochschnitt von 24–30 m und im Tiefschnitt von 23–27 m, dessen Eimerinhalt bei 3,15 m³ lag, die Dienstmasse betrug 4.500 t und die Förderleistung geschüttet 12.000 m³/h. Diese Ausführung diente auch als Basisgerät für den Es 3750. Das Ministerium für Schwermaschinen- und Anlagenbau der DDR verlieh ihm den Titel eines Ing. für Baggerbau. Alle wesentlichen und bewährten Neukonstruktionen in diesem Bereich waren vom Ingenieurgeist G.s, der mit sehr viel Übersicht, Fleiß und Energie an jede Aufgabe heranging, durchdrungen. Er verstand es ebenfalls ausgezeichnet, das gesamte Kollektiv Baggerbau für diese anspruchsvollen Aufgaben zu motivieren, und hatte in seinem Stellvertreter → Georg Hermann eine zuverlässige Stütze. G. war neben seiner verantwortungsvollen Tätigkeit nebenamtlich in der *Kammer der Technik*, Arbeitsausschuß Tagebaugeräte, im Rat der Fakultät für Grundlagenfächer der Hochschule für Schwermaschinenbau Magdeburg und im wiss. Rat für Schwermaschinenbau tätig, leitete die Arbeitsgruppe Tagebaugeräte beim Forschungsrat der DDR und war Mitglied im wiss.-technischen Rat des Arbeitskreises Mechanisierung des Ministeriums für Kohle und Energie. Die Kreativität und das Schöpfertum des autodidaktisch gebildeten und parteilosen G. wurden mit den Auszeichnungen Verdienter Erfinder (1950), dem Nationalpreis III. Kl. für Wiss. und Technik (1953) und dem VVO (1954) anerkannt. 1963 trat G. von der Leitung des Baggerbaus zurück und war noch bis 1966 als Berater im *VEB Schwermaschinenbaukombinat „Georgi Dimitroff"* Magdeburg aktiv.

W: ausgewählte Gerätetechnik: Eimerkettenbagger auf Raupenfahrwerk, schwenkbar, ERs 400, 710 (Ferropolis, Mus. Gräfenhainichen); Eimerkettenbagger, schwenkbar, Es 1500, 1600, 3150, 3750 (Tagebau Welzow-Süd, Nochten, Jänschwalde). – Schriften: Kleinbagger für den Braunkohlentiefbau, in: Bergbautechnik 2, H. 1, 1952; Betrachtungen über die Verwendung von Umlaufrädergetrieben an Eimerkettenbaggern, in: Wiss. Zs. der Hochschule für Schwermaschinenbau Magdeburg 2, H. 3, 1958; Betrachtungen der Vorteile von Eimerkettenbaggern beim Einsatz in Tagebauen, in: Bergbautechnik 18, H. 1, 1968. – **L:** 100 Jahre Buckau-Wolf, Die Gesch. unseres Hauses, 1938, *161f. 165, 168, 182f. 198, 206f. 234ff*; N. N., Zum Nationalpreis vorgeschlagen. Obering. J. G., Karl Liebknecht-Werk, in: Volksstimme Magdeburg, 1953; N. N., Glückwünsche für Nationalpreisträger G., in: Volksstimme Magdeburg vom 10.10.1953; → Heinz Glade, Magdeburger Tagebuch, 1957, *52–55*; Materialslg. Thomas Braun, Magdeburg (priv.). – **B:** *ebd.

Werner Hohaus

Göderitz, *Johannes* **Gustav Ludwig,** Prof. Dr.-Ing. E.h. geb. 24.05.1888 Ramsin bei Bitterfeld, gest. 27.03.1978 Braunlage, Architekt, Stadtplaner, Fachschriftsteller.

G. wurde als Sohn eines Bergwerksdir. geb., besuchte 1899–1908 die Gymn. in Halle und Wittenberg und studierte anschließend neun Semester Architektur an der TH Charlottenburg. Während des Studiums war er Privatschüler an der Schule für Formkunst August Enden in Berlin. Nach seiner Ernennung zum Regierungsbauführer trat er in den Staatsdienst bei der Oberpostdirektion Berlin, der Militärbauverwaltung und der Reg. in Potsdam. 1914–18 wurde er zum Kriegsdienst einberufen und an der Westfront verwundet. Nach Ende des Krieges arbeitete G. zunächst als Regierungsbaumeister beim Oberpräsidium Berlin, bis ihn Stadtbaurat → Bruno Taut Mitte 1921 nach Magdeburg berief, zunächst als Mitarbeiter im Arbeitsstab des Stadtbaurates. G. ließ sich mit seiner Schwester in Magdeburg nieder. Bereits nach dem Weggang Tauts 1923 wurde G. als Magistratsbaurat zum Dezernenten der Hochbauverwaltung sowie 1927 offiziell zum Magdeburger Stadtbaurat ernannt und strukturierte umgehend die Hochbauverwaltung um. Die Städtebauabt. unter →

Konrad Rühl wurde seiner Zuständigkeit unterstellt. Seine Entwurfsprinzipien, „Bauprogramme sachlich erfüllen und baulich klar disponierte Gebäude entwerfen, die aus einer Reihe von Mauerkörpern zusammengesetzt sind, dabei trotzdem interessante Erscheinungen gewinnen", ließen ihn beispielhafte städtebauliche Lösungen schaffen, die in ganz Dtl. wegweisend waren. Er prägte den Ruf Magdeburgs als Stadt des „Neuen Bauwillens". Im Oktober 1928 folgte durch G. die Herausgabe eines Generalbebauungsplanes und einer neuen Stadtbauordnung einschließlich Erläuterung und Kommentierung. Als erster großer Siedlungskomplex entstand 1924 die Siedlung an der Großen Diesdorfer Straße (Hermann-Beims-Siedlung), bei der G. neben den Architekten Konrad Rühl und → Gerhard Gauger direkt als Stadtplaner Einfluß nahm. Unter G.' Ägide entstanden mit Unterstützung namhafter Architekten (u. a. → Fritz Kneller) zahlreiche bedeutende Ausstellungs-, Industrie-, Wohn- und Verwaltungsbauten, Hoch- und Krankenhäuser, Schulen, öffentliche Einrichtungen und Siedlungen, die das Magdeburger Stadtbild wesentlich mitprägten. 1929 übernahm G. auch das Dezernat für Theater und Orchester und setzte sich unermüdlich für das Magdeburger Theater ein. G. war Mitglied der freien Dt. Akad. für Städtebau. Er gründete im Jahre 1930 mit Magdeburger Bürgern als Fortsetzung des ehemaligen *Kunstgewerbevereins* den *Magdeburger Verein für dt. Werkkunst* und übernahm dessen Vorsitz. G. verfaßte Texte für die Magdeburger Zs. *Das Stichwort. Magdeburger Bll. für Bühne, Musik und gestaltende Arbeit* zwischen August 1930 und Juni 1931 (18 Ausgaben). 1932 offerierte G. in konsequenter Fortführung seiner stadtplanerischen Absichten ein Konzept zur Sanierung der Innenstadt. Am 15.06.1933 wurde er durch die ns. Machthaber als „Kulturbolschewist" seiner Ämter enthoben, so daß er bis 1936 zunächst als freier Architekt in Magdeburg agieren mußte. In den Jahren 1936–45 fungierte G. als Geschäftsführer der Dt. Akademie für Städtebau, Reichs- und Landesplanung und 1939–40 als Leiter der Arbeitsgruppe Organische Stadterneuerung in Berlin und war 1943/44 Mitarbeiter der Landesplanungsgemeinschaft Mark Brandenburg. In Braunschweig leitete G. 1945–53 als Stadtbaurat den Wiederaufbau der kriegszerstörten Stadt und war 1945–50 Honorarprof. für Landesplanung, Städtebau und Wohnungswesen der TH Braunschweig. In den Jahren 1960–62 war er Dir. des Inst. für Städtebau und Wohnungswesen und bis 1970 Lehrbeauftragter für Raumordnung und Landesplanung an der TU Braunschweig. 1953 wurde ihm die Ehrendoktorwürde der TU Berlin-Charlottenburg verliehen.

W: Bauten: Städtisches Elektrizitätswerk Magdeburg, Büro- und Werkstattgebäude, 1923/27; Viehmarkt- und Ausstellungshalle „Land und Stadt" Magdeburg, 1924 (mit B. Taut, heute Hermann-Gieseler-Halle); Bauten auf dem Ausstellungsgelände, Rotehorn, 1924/26; Flugplatz Großer Cracauer Anger, 1924/25; Volksschule Magdeburg-Rothensee, 1925/26; Städtisches Elektrizitätswerk, Umspannwerk Magdeburg-Buckau mit Beamtenwohnhaus, 1925/26; Volksbad Südost Magdeburg mit Bücherei, 1926/27; Stadthalle, Rotehorn-Park, 1926/27; Volksschule Magdeburg-Wilhelmstadt, 1928/29; Erweiterung Wilhelmstädter höhere Schule, 1928/30; Straßenbahndepot Magdeburg-Wilhelmstadt und -Buckau, 1929; Umspannwerk Industriegelände Magdeburg-Rothensee, 1929/30; Volksbad Magdeburg-Sudenburg, 1929/30; Großgaserei Mitteldtl., Magdeburg, 1929/31; Gruson-Gewächshäuser, Schauhaus, 1930; Städtisches Wasserwerk, Letzlinger Heide bei Colbitz, 1930/32; Erwerbslosensiedlungen, Magdeburg-Lemsdorf I und II, 1931/34; Planungskonzept Altstadtsanierung Magdeburg, 1932; Volksschule Magdeburg-Cracau, 1932/33. – Schriften: Magdeburg, die Stadt des neuen Bauwillens (Dtls Städtebau), 1927; Bauordnung für die Stadt Magdeburg vom 1. Oktober 1928 mit mehreren Anhängen, 1929; Die gegliederte und aufgelockerte Stadt, 1957 (mit Roland Rainer und Hubert Hoffmann). – L: Neubauten der Stadt Magdeburg, in: Die Form 6, 1926; Helmut Wilhelm, J. G. zum 80. Geb., 1968; Detlef J. Naumann, Das Schaffen von Johannes Göderitz in Magdeburg, in: Workshop. Siedlungen der 20er Jahre der Stadt Magdeburg, hg. vom Stadtplanungsamt der Stadt Magdeburg, H. 29, 1994; Regina Prinz, Neues Bauen in Magdeburg. Das Stadtbauamt unter Bruno Taut und J. G. (1921–33), Diss. München 1997; Olaf Gisbertz, Bruno Taut und J. G. in Magdeburg. Architektur und Städtebau in der Weimarer Republik, 2000. – B: *StadtA Magdeburg; Jörg-Heiko Bruns, Erfurt-Molsdorf (priv.): Zeichnung von → Bruno Beye.

Ines Hildebrandt

Göring, Friedrich August, Mag. phil.
geb. 01.02.1771 Stendal, gest. 28.09.1840 Potsdam, Pädagoge, Schulrektor.

Der Sohn des Stendaler Bürgermeisters und Syndicus Johann Ludewig G. besuchte zunächst die höhere Schule in Stendal und ab 1788 die Domschule zu Magdeburg, an der er gemeinsam mit → Ferdinand Delbrück 1790 das Abitur bestand. Im selben Jahr schrieb er sich zum Studium der ev. Theol. und Philologie an der Univ. Wittenberg ein, an der vor allem lutherisch-kirchliche Dogmatiker wie Friedrich Wilhelm Dresde und Michael Weber seine Lehrer waren. An der Univ. zählte G. zu den Teilnehmern am seminarium paedagogicum, einer von Johann Jacob Ebert geleiteten Einrichtung zur Vorbereitung von Lehrern an Gymnasien und Lateinschulen. 1793 verließ G. die Univ. und wurde Hauslehrer der Fam. des Barons von Gersdorff auf Schloß Gröditz bei Bautzen. 1796 nahm G. das Angebot des Propstes → Gotthilf Sebastian Rötger an, als Schullehrer am Magdeburger Pädagogium des Klosters U. L. F. tätig zu werden. Bereits vier Jahre später wurde G. als Nachfolger des scheidenden → Friedrich Delbrück zum Rektor dieser Schule bestimmt. 1805 lehnte er ein Angebot ab, als Rektor an das Gymn. Katharineum nach Lübeck zu wechseln, und erhielt im Gegenzug die erste feste Lehrerstelle des Pädagogiums. Damit verbunden waren das Recht zur Heirat und die Möglichkeit, außerhalb des Klosters zu wohnen. G. blieb jedoch Zeit seines Lebens unverheiratet. In seinen zahlreichen programmatischen Aufsätzen, mit denen sich G. in die Diskussion um die Reformierung des Schulwesens einbrachte, zeigte sich der Einfluß neuhumanistischer und aufklärerischer Ideen. Seine umfangreichen Abh. zu Fragen der Einheit von Bildung und Erziehung, zur Selbsttätigkeit der Schüler im Unterricht, zum effektiven Umgang mit dem Faktor Zeit sowie zur Dialektik von Kenntnisvermittlung und Könnensentwicklung lassen Einflüsse von Johann Friedrich Herbart und August Hermann Niemeyer erkennen. Im Zentrum seines Wirkens stand jedoch, in enger Zusammenarbeit mit Rötger, stets die Erprobung pädagogischer Grundsätze und Programme im praktischen Unterricht, dessen Mustergültigkeit das Pädagogium zu einem führenden preuß. Gymn. der Zeit werden ließen. Es war vor allem G.s engagiertem Einsatz zu verdanken, daß der Schulbetrieb während der napoleonischen Fremdherrschaft unter schwierigsten Bedingungen aufrecht erhalten wurde und das Pädagogium nach 1815 einen erfolgreichen Neubeginn vollziehen konnte. Als G. 1816, durch seinen Freund → Johann Gottfried Gurlitt empfohlen, erneut zum Dir. des Gymn. Katharineum in Lübeck gewählt wurde, nahm er das Amt an. Er war offenbar enttäuscht, bei der Reorganisation des preuß. Schulwesens nach den Befreiungskriegen unbeachtet geblieben zu sein. Sein Weggang war für das Pädagogium ein großer Verlust. Auch in Lübeck arbeitete G. mit Erfolg, merkte aber nach 30jähriger Tätigkeit als Rektor höherer Schulen, daß er den Aufgaben gesundheitlich nicht mehr gewachsen war, und bat deshalb im Frühjahr 1830 um seine Entlassung. Im Herbst 1831 trat Johann Friedrich Jacob an seine Stelle, den er einst selbst am Magdeburger Pädagogium als jungen Lehrer begrüßt hatte. Seine letzten Lebensjahre verbrachte G. in Potsdam.

W: Etwas über die bey der Correktur lateinischer Aufsätze für die zweyte Classe des Pädagogiums von mir befolgte Methode, in: Jb. des Pädagogiums zu Lieben Frauen in Magdeburg, 1799, *28–52*; Ueber die Gränzen des öffentlichen Unterrichtes auf gelehrten Schulen, in: Neues Jb. des Pädagogiums zu Lieben Frauen in Magdeburg, 1804, *3–97*; Ueber die Verminderung der Anzahl von Lehrstunden in der ersten Classe der gelehrten Schulen durch Anleitung zur Selbstbelehrung. Ein Vorschlag aus der Didaktik, in: ebd. 1810, *27–90*; ebd. 1811, *5–94*; Über die wahren Fortschritte wohl eingerichteter Schulanstalten, 1817. – **L:** Vf., Unterricht und Erziehung an den Magdeburger Pädagogien zwischen 1775 und 1824, Diss. Magdeburg 1998, *157–162*; Jochen Kreinberger, F. A. G., in: Wolfgang Winkelmann/ders., Lehrer, Pröpste und Rektoren. Persönlichkeiten aus der Gesch. des Pädagogiums am Kloster U. L. F. (zu) Magdeburg, 2000, *30–45, 95–99* (**W**, **B**). – **B:** Katharineum Lübeck, Schularchiv.

Uwe Förster

Görnemann, *Max* **Paul Wilhelm**
geb. 16.08.1856 Magdeburg, gest. 31.07.1928 Magdeburg, Kaufmann.

Der zweite Sohn eines Lehrers erhielt seine Schulbildung überwiegend im Kantorhaus Cracau, der von seinem Großvater geleiteten Dorfschule. 1871 begann G. bei dem Magdeburger Kaufmann Friedrich Wagner eine kaufmännische Lehre. Nach Beendigung seiner vierjährigen Lehrzeit trat er als Freiwilliger in die preuß. Armee ein, schied dort 1884 aus und ließ sich nach seiner Hochzeit beim Magdeburger Magistrat auf Grund der Zivilversorgung als Bauführer anstellen. Dank seiner beim Militär erworbenen Kenntnisse sammelte G. u. a. auch als Schulsekretariat-Assistent weitere Berufserfahrungen, ehe er 1890 ein eigenes Einzelhandelsgeschäft in der Viktoriastraße gründete. Nach weiteren Filialeröffnungen und der Geschäftsübersiedlung in die Kaiserstraße begann G. eine neuartige Geschäftsidee umzusetzen. Unter dem Namen „Selbständige Verkaufsstelle von Waren der Fa. M. G." entstanden im Umkreis von Börde, Altmark, Mark, Anhalt und Harz bis zum Ausbruch des I. WK 44 neue Geschäfte. Zur Belieferung seiner Filialen richtete G. 1898 in der Leiterstraße einen eigenen Großhandel ein, dem 1907 der Umzug in die neue und groß angelegte Zentrale in der Bakestraße folgte. Damit gehörte sein Unternehmen zu den bedeutendsten Kolonialwaren- und Landesproduktengroßhandlungen dieser Region. G. war von 1899 bis 1919 Mitglied der Magdeburger Stadtverordnetenverslg., dabei von 1909 bis 1915 zweiter stellvertretender Vors. Während seiner kommunalpolitischen Tätigkeit, die ihm den Beinamen „Wassermaxe" einbrachte, setzte er sich vorwiegend für die Verbesserung der Trinkwasserversorgung der sich entwickelnden Stadt ein. Nach Erkundungen in der Colbitz-Letzlinger Heide 1913/14 und dem Bau des Wasserwerkes in Colbitz erfolgte schließlich ab 1932 die Versorgung von Magdeburg mit Mischwasser (Elbe- und Heidewasser). Nach dem I. WK zog sich G. aus der Kommunalpolitik zurück und führte Ende der 1920er seinen Sohn Erich die in Geschäfte ein. Dieser führte das Unternehmen erfolgreich bis zu seinem Tod bei einem Luftangriff im April 1945.

L: 50 Jahre aus der Gesch. eines Magdeburger Kaufmannshauses – M. G., hg. von der Fa. M. G., 1940. – **B:** *LHASA.

Horst-Günther Heinicke

Göschel, Karl Friedrich, Dr. jur.
geb. 07.10.1784 Langensalza, gest. 22.09.1861 Naumburg, Jurist, Konsistorialpräsident, phil.-theol. Schriftsteller.

Der Sohn eines Hofrates und Amtmannes trat nach der Schulzeit in Langensalza und Gotha (1800–03) und dem Jurastudium in Leipzig (1803–07) in den Dienst seiner Vaterstadt. 1819 wurde er in preuß. Dienste an das OLG Naumburg berufen. Neben seiner Justiztätigkeit betrieb er lit., phil., theol. und hist. Studien und war auch als dilettierender Schriftsteller tätig. In Naumburg schloß sich G. pietistischen Konventikeln an und kam so mit der konfessionellen Erweckungsbewegung in Berührung. Dabei verband er die geistigen Strömungen des Biedermeiers mit der Regeneration des christlichen Glaubens, mit der Dichtung Goethes und der Phil. Hegels. Mit seinen „Aphorismen über Nichtwissen und absolutes Wissen im Verhältnis zur christlichen Glaubenserkenntnis" (1829) wurde er trotz fehlender persönlicher Kontakte zu Hegel und seiner Schule zum Vertreter des rechten Flügels der Hegelianer. Im Prozeß um die Erneuerung des christlichen Glaubens und die Bildung einer konfessionell sich einenden preuß. Staatskirche bewegte sich G. im Bereich einer kontemplativen Gnosis und der vom christlichen Logos bestimmten Symbolik. Im gesellschaftlichen Sektor war G. institutionenkonservativ und Vertreter einer strikten öffentlichen Ordnung. Damit unterlag G. bald nicht nur der linkshegelianischen exoterisch-aktivistischen Gnosis, die sich bis Mitte der 1830er Jahre durchsetzte. Als G. 1834 als Rat in das preuß. Ministerium der Justiz berufen wurde, hielten seine Freundschaften zu → Ludwig von Gerlach und August Tholuck zunächst an. Doch bald entfremdeten sich die Vertreter der Erweckungsbewegung. G. war im Ministerium mit Kirchenangelegenheiten im weiteren Sinne befaßt. Diese Zuständigkeit betraf Fragen der separierten Lutheraner in Schlesien, deren Duldungspatent G. entwarf, ebenso wie Fragen im Konflikt um das Eherecht und die Ermöglichung einer durchgehend eröffneten Ziviltrauung. Mit der Thronbesteigung Friedrich Wilhelms IV. 1840 begann eine Phase neoorthodoxen Luthertums im Kirchenregiment, die insbesondere für den rationalistischen Flügel der ev. Theol. an der Univ. Halle-Wittenberg konfliktreich wurde. G. rückte 1845 in den Staatsrat ein und wurde als einer der ersten selbständigen Präsidenten in die vakante Leitungsstelle des Konsistoriums der Kirchenprovinz Sachsen nach Magdeburg berufen. Diese Personalentscheidung entsprach einer alten Forderung des sich bildenden innerkirchlichen Kirchenregimentes ebenso wie dem Kirchenideal des Monarchen. Er sah in der „Diözese" Magdeburg eine Reorganisation des ottonischen Erzbistums in einer episkopalen Kirche mit einem erneuerten Diakonat. In der 1845 gesetzlich vorbehaltenen Einzelfallregelung der Loslösung der Konsistoriumsleitung vom Amt des Oberpräsidenten lag aber zugleich der Zweck, G. solle einen Ausgleich zwischen den rationalen, orthodoxen und liberalen Strömungen gegen die Dissidenten der „Protestantischen Freunde" um → Leberecht Uhlich herbeiführen. In diesen Auseinandersetzungen, in denen G. auch um eine Reaktivierung der nicht überall in Geltung stehenden Konkordienformel (Kloster Berge bei Magdeburg 1577 – in einem letzten größeren Werk G.s 1858 „nach ihrer Gesch., Lehre und kirchlichen Bedeutung" behandelt) kämpfte, kam es zu erbitterten Auseinandersetzungen. Hinsichtlich der Methodik herrschten zwischen den weltlichen und kirchlichen Vertretern des Provinzialkirchenregimentes sehr unterschiedliche Vorstellungen. Der Streit eskalierte in den Ereignissen des Vormärz, in denen G. und der ebenso verhaßte Polizeidir. → Ludwig von Kamptz offen bedroht wurden. Als zudem die örtlichen Obrigkeiten dazu neigten, die Freie Ev. Gemeinde in Magdeburg um deren Prediger Uhlich anzuerkennen, brach der Dissens offen aus. Mit Patent vom 13.01.1848 erhielt die Freie Gemeinde ihre Anerkennung als einzige der neugebildeten Gemeinden. Durch Kabinettsordre vom 12.03.1848 wies der Landesherr auf Antrag des Oberbürgermeisters → August Wilhelm Francke dieser Gemeinde vorübergehend die Wallonerkirche zum Mitgebrauch und nach entsprechender Herrichtung die St. Sebastianskirche zu. An dieser Entscheidung war G. nicht beteiligt und reichte am 13. März die Demission ein, die ihm am 19. des Monats auch umgehend gewährt wurde. 1849 wandte sich G. nach Berlin, von wo er Kontakte zum Pastoral-Verein für die Provinz Sachsen und zu der *Kirchlichen Monatsschrift* hielt. Damit blieb er dem lutherischen Konfessionalismus und einem christlich-obrigkeitlichen Staatsideal nach Ideen von Friedrich Julius Stahl verbunden. Er lebte danach überwiegend zurückgezogen und war trotz seiner jur.-lit. Vermittlungswerke bald vergessen.

W: Chronik der Stadt Langensalza (3 Bde), 1818–1842; Zerstreute Bll. aus den Hand- und Hülfsacten eines Juristen (4 Bde), 1832–1842; Der Eid nach seinem Prinzipe, Begriffe und Gebrauche. Theol.-jur. Studien, 1837; Erinnerungen bei der dreihundertjährigen Reformations-Jubelfeier in der Stadt Langensalza zum Pfingstfeste des Jahres 1839 – Ein Sendschreiben aus der Ferne in die Heimath, 1839. – **L:** NDB 6, *540f.*; ADB 9, *397f.*; Julius Eduard Hitzig/Wilhelm David Koner, Gelehrtes Berlin im Jahre 1845, 1846, *104–106*; Arndt Haubold, K. F. G. (1784-1861), 1989 (**W**); Martin Onnasch, K. F. G., in: Persönlichkeiten der Gesch. Sa.-Anh., 1998, *190–193*; Arndt Haubold, K. F. G.s Naumburger Jahre (1819–1834), in: Saale-Unstrut-Jb. 1, 1996, *28–35*; LHASA: insbesondere Rep. C 20 Ia Nr. 2203; C 81 I No. 8.

Hans Seehase

Götsch, Julius
geb. 02.09.1887 Oschersleben, gest. 26.07.1948 Wanne-Eickel, Regierungsbaurat, Stadtbaurat.

Nach seiner Ausbildung zum Regierungsbaumeister stand G. seit 1919 im Dienst der Stadtverwaltung Magdeburg. Von November 1919 bis Mai 1920 war er als Hilfsarbeiter beim Neubau der Sternbrücke, später im Straßenbau

u. a. bei Stadtbauinspektor Macke tätig. 1925 wurde G. zum Magistratsbaurat, 1926 zum Stadtbaurat für den Tiefbau auf eine Amtsdauer von zwölf Jahren gewählt. Nach der Zusammenlegung der Baudezernate für Hoch- und Tiefbau 1933 fungierte er als Leiter der Vereinigten Bauverwaltungen und vertrat als dienstältester Stadtrat den ns. Oberbürgermeister → Fritz Markmann. 1939–45 war G. zum Wehrdienst eingezogen und wurde nach seiner Rückkehr zum Juli 1945 in den Ruhestand versetzt. G. war an der Planung und Durchführung zahlreicher städtebaulicher Projekte in Magdeburg beteiligt. Dazu gehörten etwa der Straßenbahnneubau für die Linien nach Westerhüsen, nach Cracau, Diesdorf und Reform, die Neubefestigung des Breiten Weges (1925/26), die Neugestaltung des Hasselbachplatzes (1927, Einbau einer Mittelinsel), die Erschließung von neuen Wohngebieten, wie z. B. Hermann-Beims-Siedlung, Curie-Siedlung, Siedlung Brückfeld (Anger-Siedlung), der Bau des Grundwasserwerkes bei Colbitz und die Erschließung des nördlichen Hafen- und Industriegeländes bei Rothensee. In den 1930er Jahren erhöhte sich durch die ns. Kontrolle des gesamten kommunalen Bauwesens G.s Einfluß als Entscheidungsträger. Während dieser Zeit erfolgte u. a. der Bau der „Brücke der Magdeburger Pioniere" und der Neubau der Strombrücke, einer Straßenbahnlinie nach Rothensee, der Volksschule Cracau (Schmidtstraße), eines Umspannwerkes und der Ausbau der Krankenanstalt Sudenburg (1933–44).

L: Olaf Gisbertz, → Bruno Taut und → Johannes Göderitz in Magdeburg. Architektur und Städtebau in der Weimarer Republik, 2000; StadtA Magdeburg: Rep. 28. PA 1835. – B: *StadtA Magdeburg.

Hans Gottschalk

Götz, Johannes

geb. 04.10.1865 Fürth, gest. 09.11.1934 Potsdam, Bildhauer.

G. studierte an der Kunstgewerbeschule in Nürnberg und 1884/85 an der Kgl. Akad. zu Berlin bei Fritz Schaper. 1885–90 war G. in der Werkstatt von Reinhold Begas tätig und arbeitete für diesen u. a. am Neptun-Brunnen in Berlin mit. 1891/92 erhielt G. ein staatl. Stipendium mit Romaufenthalt. G. folgte dem heroisch-dekorativen Neubarock von Begas. Anklänge an den Jugendstil waren nur vorübergehend von Bedeutung. Sein Werk ordnet sich in die repräsentative Denkmalsplastik der wilhelminischen Zeit ein. Für Magdeburg entstanden das Königin-Luise-Denkmal von 1901 (Luisengarten, 1963 zerstört) und das Gutenberg-Denkmal von 1901 (Gareisstraße).

W: Auf einer Kugel balancierender Knabe, 1888; Achilles-Statue für das Achilleion auf Korfu, um 1900; Statue des Niklas von Ambsdorf, Schloßkirche Wittenberg. – L: Reichshdb 1, *576* (*B*); Thieme/Becker 14, *321*; Peter Bloch u. a. (Hg.), Ethos und Pathos. Die Berliner Bildhauerschule 1786–1914, Kat. Berlin 1990, *42f.*; Peter Bloch/→ Waldemar Grzimek, Die Berliner Bildhauerschule im 19. Jh. – Das Klass. Berlin, 1994, *285*.

Uwe Jens Gellner

Götze, Carl

geb. 1840 Wallicken/Thüringen, gest. 14.01.1887 Magdeburg, Dirigent, Kapellmeister, Komponist.

Der Sohn eines Dirigenten und Musikdir. war als Schüler von Johann Gottlob Töpfer, Ludwig Ernst Gebhardi und Franz Liszt bereits 1855 Korrepetitor an der Oper in Weimar. In der Folgezeit hatte er Engagements als Theaterkapellmeister in Magdeburg, Berlin (Nowacktheater, Friedrich-Wilhelmstädtisches Theater), Breslau (1872) und Chemnitz (1875). Neben seiner Dirigententätigkeit wirkte G. auch als Komponist. Seine Werke umfassen mehrere Opern: „Judith" (Magdeburg 1887), „Eine Abschiedsrolle", „Die Korsen", „Gustav Wasa". Des weiteren komponierte G. eine sinfonische Dichtung, „Die Sommernacht", sowie Klavierwerke. Sein Sohn Franz G. war Komponist mehrerer Opern („Utopia", „Die Rose von Thiessow").

L: Riemann, ¹¹1929; Paul Frank, Kurzgefaßtes Tonkünstlerlex., neu bearb. und ergänzt von Wilhelm Altmann, ¹²1926.

Claudia Behn

Götze, Ludwig, Dr. phil.

geb. 15.01.1832 Halle, gest. 13.03.1878 Idstein, Lehrer, Archivar.

G. besuchte die Lateinschule der Frankeschen Stiftungen in Halle, die er 1850 mit dem Abitur abschloß. Danach studierte er von 1850 bis 1854 an der Univ. Halle Klass. Philologie und orientalische Sprachen. Von 1854 bis 1856 war G. Hauslehrer in Perleberg und gleichzeitig Hilfslehrer an der dortigen Realschule. Seit 1857 arbeitete er als Kollaborator (Hilfslehrer) an der Lateinschule der Frankeschen Stiftungen, dann ab 1858 als Gymnasiallehrer in Stendal und von 1865 bis 1873 am neu gegründeten Gymn. in Seehausen/Altmark. G. interessierte sich sehr für die Gesch. seiner Heimat und erkannte bald, daß hier seine eigentliche Berufung lag. Der Lehrerberuf hinderte ihn daran, intensiv hist. Quellenstudien zu betreiben. Die Berufung als Archivar an das Nassauische Archiv in Idstein war ihm deshalb sehr willkommen. Einer Berufung nach Osnabrück konnte er 1878 nicht mehr folgen. G. hinterließ ein umfangreiches hist. Werk. Neben der Gesch. Magdeburgs beschäftigte er sich mit der Altmark. Eine Schrift über die Pröpste des Stendaler Domstiftes erschien 1863. Weiterhin beschäftigte er sich mit der Gesch. des Stendaler Gymn. sowie der Kirchengesch. von

Seehausen. Er lieferte eine Reihe von Aufsätzen für die Jahresberichte des *Altmärkischen Vereins*. Seit 1866 war G. Mitglied des *Vereins für die Gesch. und Alterthumskunde des Herzogthums und Erzstifts Magdeburg*. Auch für diesen Verein lieferte G. in der Folge eine Reihe von Aufsätzen, u. a. zu den Franz. und Pfälzer Kolonien der Region und zur Gesch. der Buchdruckerkunst, zu der er umfangreiche Materialien gesammelt hatte. Auf eigene Kosten ließ er Tafeln mit Druckproben von Magdeburger Drucken anfertigen.

W: s. o.; Die Magdeburger Ratsapotheke im 16. Jh., in: GeschBll 7, 1872, *329–335*; Die Franz. und die Pfälzer Colonie in Magdeburg zu Anfang des 18. Jhs, in: ebd. 8, 1873, *83–100, 134–166, 219–244*; ebd. 9, 1874, *74–82*; ebd. 12, 1877, *139–154, 327–342*; Stimmen von Zeitgenossen über die Katastrophe Magdeburgs im Jahr 1631, in: ebd. 9, 1874, *321–331*. – **L:** → August Franz Winter, Staats-Archivar Dr. G. in Idstein, in: GeschBll 13, 1878, *107–112*.

Ingelore Buchholz

Götze, Wilhelm (gen. Vater G.)
geb. 02.02.1871 Großwusterwitz/Kr. Jerichow II, gest. 14.06.1954 Brandenburg, Puppenspieler und -schnitzer, Dichter, Original.

G. wuchs in armen Verhältnissen auf. Seine Mutter war Botenfrau, der Vater starb vor der Geburt seines Sohnes. Der sportliche und komödiantisch talentierte Junge gab die Lehre im Schneiderhandwerk in Genthin und Helmstedt auf und ging auf die Wanderschaft durch die Schweiz, Italien, Frankreich, Österreich, Holland und Dtl. Er lernte erstmalig wahrscheinlich in Magdeburg oder Hannover den Zirkus kennen. Im Zirkus arbeitete er zehn Jahre als Stalljunge und Flickschneider, dann trat er als Clown und Artist auf. Lehrreich waren für ihn die Auftritte beim Zirkus Vorlop aus Osterwieck und Knie/Schweiz sowie beim Marionetten-Theater Zehrmann aus Treuenbrietzen. Von 1893 bis 1895 mußte der eigenwillige Individualist zwangsweise im Kaiserlichen Strafregiment dienen. 1898 heiratete G. ein Berliner Dienstmädchen, das aus Ziesar kam. Aus der Ehe gingen sechs Kinder hervor, „vier Jungens und zwei Mädchen sind se, alle im Wohnwagen jeborn, det eine hier, det andere da" (W. G.). Reich an Erfahrungen eröffnete der Autodidakt G. am 02.02.1895 sein Puppentheater in Großwusterwitz. Seine Frau, gen. Mutter G., und fünf seiner Kinder arbeiteten als Künstler im Familienunternehmen mit. Gemeinsam mit ihren Kindern nähte Frau G. die Kleidung für die Marionetten, und G. schnitzte die Figuren. In Dörfern und Städten in Mecklenburg, Brandenburg, in der Altmark und im Harz traten G.s mit ihrem Marionetten-Theater auf. Ein Hundewagen, später ein Planwagen und Pferd dienten für den Transport der Requisiten. Nach 1910 zog die Fam. mit einem Wohn- und einem Bühnenwagen durch die Lande. Im I. WK wurde G. trotz eines individuellen Protestes auf dem Kasernenhof zum Kriegsdienst gezwungen. Nach der Militärzeit setzte er seine Arbeit als Puppenspieler fort und gründete 1918 die „Universal-Künstler-Gruppe Fam. G.". Das Varieté-Programm wurde mit Musik, Artistik und Athletik erweitert, das Marionetten-Theater stand weiterhin im Angebot. Erst 1922 erhielt G. die staatl. Anerkennung als Künstler und Marionettenspieler. Bis 1958 wurde das Marionetten-Theater von G.s Söhnen weitergeführt. Seit 1930 ging G. nicht mehr mit der Fam.-Künstlertruppe auf Tournee. Er gestaltete auf seinem am Wusterwitzer See gelegenen Grundstück mit seinen selbstgeschaffenen kuriosen und volkskünstlerischen Schnitzereien und Figuren eine Idylle. „G.s Höh'" wurde zum beliebten Ausflugsziel. G. führte die Besucher, erläuterte humorvoll, drastisch, derb, aber volkstümlich sein Anwesen und glossierte vieles. Damals entstanden zahlreiche Anekdoten über Persönlichkeiten und regionale Ereignisse. Vater G., sein Marionettentheater und G.s Höh' sind noch heute im Wusterwitzer und Brandenburger Gebiet in Erinnerung geblieben.

L: Olaf Bernstengel, W. G. 1871–1954, Puppenspieler und Puppenschnitzer aus Wusterwitz, hg. vom Städtischen Puppentheater, Freundeskreis Puppenspiel des Kulturbundes der DDR, Magdeburg, 1981; Vf./Olaf Bernstengel, Der Puppenspieler Vater G., in: Brandenburger Originale, Brandenburger Mus.-H., Bd. 2, 1993, *3–30*; Johannes Richter, Vergleich von Spielgebieten sowie Spiel- und Reisebedingungen mitteldt. Puppenspieler, in: Beiträge zum Symposium – Über den Alltag der reisenden Puppenspieler, 2001 (i. V.). – **B:** KrMus. Genthin, *Puppentheater Johannes Richter, Magdeburg (priv.).

Katharina Kreschel

Goldschmidt, Herbert
geb. 01.09.1892 Strehlen/Schlesien, gest. 1943 KZ Riga, Rechtsanwalt, Kommunalpolitiker.

Der jüd. Rechtsanwalt G. war ab 1919 in der Stadtverwaltung Magdeburg beschäftigt, er wurde 1920 zum Magistratsrat, 1929 zum besoldeten Stadtrat ernannt. Vom 16.05.1931 bis 1933 amtierte G. als Stellvertreter des am 15.05.1931 in sein Amt eingeführten Oberbürgermeisters → Ernst Reuter. Dabei erwarb sich G. in enger Zusammenarbeit mit Reuter große Verdienste bei der kommunalen Stabilisierung Magdeburgs und der Linderung der Auswirkungen der Weltwirtschaftskrise auf die Bevölkerung. G. wurde 1933 von der Gestapo verhaftet und 1943 im KZ Riga ermordet.

L: Magdeburger Bürgermeister, hg. vom Magistrat der Stadt Magdeburg, o. J., *41f.* (*B*). – B: StadtA Magdeburg.

Thomas Kluger

Gorges, Hedwig
geb. 13.04.1886 Klein Santersleben, gest. 02.06.1949 Klein Santersleben, Mundartdichterin.

Die Tochter eines Klein Santersleber Lehrers besuchte die Volksschule und wurde durch den Vater, der in ihr Heimatgefühl und Heimatverbundenheit zu wecken wußte, sorgfältig erzogen. G. blieb unverheiratet, wohnte zeit ihres Lebens in Klein Santersleben und führte nach dem frühen Tod der Mutter ihrem Vater den Haushalt. Sie erwies sich als beste Beherrscherin des Holzland-Ostfälischen der Börde und nahm einen hervorragenden Platz unter den ostfälisch schreibenden Autoren ihrer Zeit ein. Neben Gedichten und Kurzbeiträgen für das in Neuhaldensleben erscheinende *Wochenblatt* hinterließ sie als ein Stück unverzichtbaren regionalen Erbes den 1938 publizierten Gedichtbd. „Wiese un Wohnheit", in dem sie ungeschönt das Bild der Menschen im Bördedorf der ersten Hälfte des 20. Jhs vermittelte. Dieses Buch und viele ihrer Texte sind heute in der Börde noch vielerorts gegenwärtig und werden des öfteren rezitiert und nachgedruckt.

L: Volksstimme vom 16.05.1995, 04.06.1996, 30.07.1997, 04.06.1999.

Karl Schlimme

Goßler, *Conrad* Christian **von** (seit 1813), Dr. jur.
geb. 24.06.1769 Magdeburg, gest. 1842 n. e., Jurist, Kgl. Geh. Oberjustizrat.

G. stammte aus einer egerländisch-vogtländischen Bauernfam., die Anfang des 18. Jhs nach Magdeburg kam. Sowohl G.s Großvater Christoph G. (1689–1750) als auch sein Vater Christoph (1723–91) erlangten rasch führende Stellungen in der Magdeburger Kaufmannschaft. G. und seine Brüder Christoph (1752–1817) und Wilhelm Christian (1756–1835) schlugen jeweils die Verwaltungslaufbahn ein. So war G. nach seinem Studium der Rechtswiss. bis zur Auflösung des Königreiches Westfalen als Rat am Appellationsgericht Westfalen tätig. Anschließend wurde G. zum westfälischen Generalstaatsanwalt in Kassel, 1815 zum preuß. Geh. Oberjustizrat im Justizministerium ernannt. 1813 in den westfälischen Adelsstand erhoben, folgte 1816 die preuß. Adelsanerkennung. Bereits zu Lebzeiten wurde G. 1840 Ehrenbürger der Stadt Magdeburg. Sein Sohn Karl Gustav (1810–85) war ab 1869 Kanzler des Königreichs Preußen und Mitglied des Herrenhauses.

W: Veröffentlichungen zu jur. Verwaltungsaufgaben. – L: NDB 6, *650*; Hamberger/Meusel Bde. 13, 17; Christian Krollmann (Hg.), Altpreuß. Biogr. Bd. 1, 1941, *224*; → Wilhelm Schrader, Karl Gustav v. G., Kanzler des Königreichs Preußen. Ein Lebensbild, 1886; StadtA Magdeburg: A II, B 27, spec. 5, Bd. 1, 76 ff.

Thomas Kluger

Gothe, Otto Paul *Fritz*
geb. 23.04.1898 Bernburg, gest. 26.09.1980 Beckendorf-Neindorf, Maurer, Baumeister.

G. entstammte einer traditionsreichen revolutionären Fam. Sein Großvater war aktiver Teilnehmer an der Revolution 1848/49 in Bernburg und sein Vater, ein Lehrer, aktiver und verfolgter Sozialist. Nach politischem Aufbegehren von der Oberrealschule verwiesen, erlernte G. das Maurerhandwerk und besuchte die Bauschulen Weimar und Höxter. Im I. WK leistete er Antikriegsarbeit, desertierte und verlor Vater und Bruder während der Konterrevolution. Er war ein rastloser Agitator und Propagandist des Sozialismus und wurde 1923 bei Auseinandersetzungen mit den Anhängern des Ns. schwer verwundet. 1933 wegen „reichsfeindlicher Propaganda" ausgebürgert, lebte er zehn Jahre in der franz. Emigration. 1943 in Frankreich verhaftet, lernte er 14 ns. Gefängnisse in Dtl. kennen. 1945 erfolgte seine Befreiung in Altenhausen. Er wurde in der Region ansässig und war als Stadtbaumeister in Oschersleben tätig. G. besaß breit gefächerte Interessen, neben zahlreichen größeren Publikationen in der lokalen Presse, wie der *Volksstimme*, der *Freien Bodeztg.*, der *Haldensleber Rundschau*, und bei Vorträgen erschloß er als aktiver Naturfreund die ersten ausgeschilderten Wanderwege im Hohen Holz und begann den Bau eines Naturfreundehauses in Dessau. G. war aktiver Antimilitarist und Internationalist und verkörperte sowohl den proletarischen als auch den intellektuellen Typ.

W: Von Steinen und Kohlen. Aus der Gesch. des Bergbaues im Bez. Magdeburg, 1965. – L: Vf., Ostostfalen-Archiv (Materialslg.), Hundisburg/Kr. Haldensleben.

Karl Schlimme

Grabau, *Johannes* Andreas August
geb. 18.03.1804 Olvenstedt bei Magdeburg, gest. 02.06.1879 Buffalo/New York (USA), lutherischer Theologe, Begründer und Führer der „Buffalosynode".

Der Bauernsohn besuchte das Magdeburger Domgymn., studierte 1825–30 ev. Theol. in Halle und war anschließend als Lehrer in Magdeburg und Sachsa tätig. Seit Juni 1834 wirkte er als Pfarrer der St. Andreas-Gemeinde in Erfurt. Dort kam er Anfang 1836 mit der altlutherischen Bewegung in Verbindung, die im Verlauf des Agendenstreits in Schlesien (Breslau) entstanden war und den Weg in eine Landeskirche unter Berufung auf eine strenge Bindung an die Bekenntnisschriften Luthers verweigerte. G. gründete die Erfurter altlutherische Gemeinde und lehnte fortan mit seinen zahlreichen Anhängern die preuß. Unionsliturgie strikt ab. Die darauf folgenden Auseinandersetzungen mit dem Erfurter Kirchenregiment, u. a. mit Konsistorialrat → Johann Friedrich Moeller, der G. selbst ordiniert hatte, führten im September 1836 zunächst zur Suspendierung G.s vom Pfarramt, später wegen der Abhaltung verbotener Privatgottesdienste zu Verfolgung und mehrfachen Haftstrafen. G. durfte im Sommer 1839 mit etwa 1.000 Anhängern nach Nordamerika auswandern. In und um Buffalo wurde die „Dreifaltigkeitsgemeinde" gegründet, in der G. bis an sein Lebensende Pfarrer blieb. Im Bestreben, eine alle lutherischen Gemeinden Nordamerikas umfassende Kirche ins Leben zu rufen, gründete G. 1845 die „Synode der aus Preußen ausgewanderten Lutherischen Kirche", die sog. „Buffalosynode". Sie zerbrach 1866 nach heftigem, von G. eigensinnig geführtem theol. Streit mit der ebenfalls altlutherisch ausgerichteten „Missouri-Synode" des Karl Ferdinand Wilhelm Walther. G. führte danach mit den ihm treu gebliebenen Gemeinden das 1840 in Buffalo gegründete Martin-Luther-Kollegium weiter und gab neben dem Kirchenblatt *Die wachende Kirche* auch Synodalbriefe, ein Gesangbuch und eine Agende heraus.

L: NDB 6, *693f.*; BBKL 2, Sp. *278f.*; RGG 2, ³1958, Sp. *1818*; Johannes A. G., Lebenslauf des Ehrwürdigen J. A. A. G., 1879; Chr. Hochstetter, Die Gesch. der Ev.-lutherischen Missouri-Synode in Nord-Amerika und ihrer Lehrkämpfe, 1885; E. Denef, Gesch. der Buffalo-Synode, 1929.

Guido Heinrich

Grade, Hans
geb. 17.05.1879 Köslin/Pommern, gest. 22.10.1946 Borkheide/Mark, Ing., Flugpionier.

G. wurde als Sohn eines Lehrers geb. Bereits als Schüler galt seine Neigung der Technik. Sein besonderes Interesse für das Fliegen weckten die Flugversuche und die Schriften Otto Lilienthals, die er als Fünfzehnjähriger las. Er war auch handwerklich geschickt und baute als Gymnasiast Flugmodelle und, angeregt durch den Besuch einer Gewerbeausstellung, sogar ein Motorrad. Folgerichtig nahm er nach dem Abitur und einer Volontärstätigkeit in einer Maschinenfabrik im Jahr 1900 ein Ingenieurstudium an der TH Berlin-Charlottenburg auf. Frühzeitig fesselte ihn die Idee des Motorfluges. Bereits während des Studiums entwarf er kleinere Motoren für den Einbau in Flugzeuge. 1903 übernahm G. in Köslin eine Motorenwerkstatt, die er aber 1905 wieder verließ, um im gleichen Jahr in Magdeburg die *G.-Motoren-Werke GmbH* zu gründen. Hier stellte er nicht nur Zweitakt-Motoren für verschiedene Zwecke her, sondern baute auch von ihm entwickelte Kleinmotorräder in Serie. 1907 leistete G. seinen Militärdienst als Einjährig-Freiwilliger in einem Magdeburger Pionierbataillon ab. In dieser Zeit konstruierte und baute er sein erstes Flugzeug, einen Dreidecker von acht Meter Flügelspannweite, ausgerüstet mit einem 36-PS-Sechszylinder-Zweitaktmotor. Bald konnten die ersten Flugversuche auf dem Cracauer Anger bei Magdeburg aufgenommen werden. Am 28. Oktober 1908 schlug die Geburtsstunde des Motorflugs in Dtl. An diesem Tag gelang G. der erste richtige Flug, bei dem er acht Meter Höhe und etwa 100 Meter Weite erreichte, allerdings mit einer Bruchlandung endete. Insgesamt konnte G. auf dem Cracauer Anger mit seinem Dreidecker etwa 70 Flüge ausführen, die aber nicht alle zu seiner vollen Zufriedenheit ausfielen. Die negativen Erfahrungen mit dem Dreidecker veranlaßten G., einen Eindecker zu entwerfen und zu bauen, dessen Flügelspannweite etwas über zehn Meter betrug und der mit einem 24 PS Vierzylinder-Zweitaktmotor ausgerüstet war. 1909 verließ G. Magdeburg und zog mit seinem Eindecker „Libelle" und dem gesamten Flugbetrieb nach Bork (jetzt Borkheide), wo er einen neuen Flugplatz einrichtete. Nach erfolgreichen Flugversuchen bewarb sich G. um den vom Mannheimer Industriellen Karl Lanz gestifteten, mit 40.000 Mark dotierten „Lanz-Preis der Lüfte". Am 30. Oktober 1909 fand auf dem Flugplatz von Johannisthal der Prüfungsflug statt. G. gewann den Preis und war nun ein weithin bekannter Flieger, dessen Schauflüge in verschiedenen dt. Städten viele Zuschauer anlockten. In Bork errichtete G. 1910 eine Flugzeugfabrik und eröffnete im gleichen Jahr eine der ersten Fliegerschulen in Dtl. Beide Gründungen entwickelten sich erfolgreich. Bis 1914 konnten über 80 Flugzeuge in 13 verschiedenen Ausführungsarten gebaut und verkauft werden. Im ersten Jahr besuchten 20 Flugschüler die Fliegerschule.

Wie viele es insgesamt in der Zeit ihres Bestehens gewesen sind, ist nicht genau bekannt, genannt wird die Zahl 130. Mit Beginn des I. WK wurde der Flugzeugbau in Bork eingestellt und die Fliegerschule geschlossen. Der Versailler Friedensvertrag verbot Dtl. den Flugzeugbau und jegliche fliegerische Betätigung. 1919 begann G. mit der Entwicklung eines Kleinautos und gründete schließlich in Bork die *G.-Automobilwerke*. Sein solide gebautes einfaches Kleinauto hatte einen luftgekühlten Einzylinder-Zweitaktmotor. Bis 1924 wurden 1.000 Autos produziert, aber wegen finanzieller Schwierigkeiten mußte G. 1925 den Automobilbau aufgeben. G. hat im Fahrzeug- und im Motorenbau aber auch auf anderen technischen Gebieten Bemerkenswertes geleistet und war Inhaber zahlreicher Patente. Bleibendes Verdienst erwarb er sich als Flugpionier um die Entwicklung des Motorflugs in Dtl.

W: H.-G.-Eindecker „Libelle" (Technikmus. Magdeburg). – **L:** NDB 6, *702;* Wer ist's 10, 1935; Rolf Italiander, Spiel und Lebensziel. Der Lebensweg des ersten dt. Motorfliegers H. G., 1939; Manfred Günther, Flugpionier H. G. – Erinnerungen, 1990; Werner Hartmann, H. G. Ein Pionier des dt. Motorfluges, o. J. [1991]. – **B:** *KHMus. Magdeburg.

Manfred Beckert

Graevenitz, Fritz von
geb. 16.05.1892 Stuttgart, gest. 06.06.1959 Stuttgart, Bildhauer, Zeichner, Schriftsteller.

G. studierte 1919/20 an der Akad. der Kunstgewerbeschule in Stuttgart, bevor er an die Schule von Gustaf Britsch und Egon Kornmann in Starnberg wechselte, um deren Theorie von einer freien individuellen Entwicklung des künstlerischen Denkens zu folgen. Ab 1921 betrieb G. eine eigene Werkstatt auf der Solitude bei Stuttgart. 1937 erhielt G. eine Professur an der Stuttgarter Akad., war ab 1938 Akad.-Dir. und wurde 1944/45 suspendiert. An der Naturerscheinung orientiert, schuf er traditionelle Tier- und Brunnenplastiken, Porträts und Denkmäler, teils in gemäßigtem Expressionismus, nach 1945 entstanden Aquarelle. Der Magdeburger Eisenbarth-Brunnen von 1939 (Weitlingstraße) entstand, weil Dr. Johann Andreas Eisenbarth 1716 in Magdeburg einen Vorfahren des Künstlers erfolgreich operierte hatte.

W: Evangelisten an der Stiftskirche, Tübingen, 1932/33. – **N:** G.-Mus., Stuttgart/Solitude. – **L:** Vollmer 2, 1955, *287f.;* Helmuth Seible, F. v.G., Werden und Werk, 1939; Kat. Dritte Dt. Kunstausstellung, Dresden 1953, *8;* Plastik, Malerei, Graphik, 1957, ²1980; Adelheid Eulenburg, F. v.G. Aquarelle und Ölskizzen, biogr. Texte, 1988.

Uwe Jens Gellner

Graviat, *Paul* Robert Friedrich
geb. 19.02.1912 Magdeburg, gest. 18.02.1957 Magdeburg, Bau-Ing.

G. absolvierte 1927–30 eine Zimmermannslehre bei der Fa. *Rudolf Hanack* in Magdeburg, besuchte ab 1928 nebenbei Abendkurse an der Höheren technischen Lehranstalt in Magdeburg im Fach Bauwesen und studierte dort 1930–32 mit dem Abschluß eines Bauing. für Tiefbau. Von 1932 bis 1936 war G. als Bauführer bei der Regulierung der Elbe im Wasserbauamt Wittenberge eingesetzt und fungierte von 1937 bis 1951 als Hauptsachbearbeiter und stellvertretender Leiter des Landesstraßenbauamtes Sa.-Anh. 1938 wurde er Regierungsbauoberinspektor und leitete 1951–57 das Landesstraßenbauamt, später Straßenbauunterhaltungsbetrieb, in Stendal. Seine besonderen Verdienste nach 1945 lagen bei der Mitwirkung an der Wiederherstellung bzw. -beschaffung der Straßenbauverzeichnisse, der Entwicklung des Straßenwesens sowie der Infrastruktur im Land Sa.-Anh. bzw. nach 1952 im Bez. Magdeburg.

L: Unterlagen Fam. G., Magdeburg (priv.). – **B:** *ebd.

Günter Reso

Greischel, Friedrich Traugott *Walther,* Dr. phil.
geb. 27.02.1889 Spremberg, gest. 15.09.1970 Orselina (Schweiz), Museumsdir., Kunsthistoriker.

Seit 1896 in Magdeburg ansässig, besuchte der Sohn des Fabrikbesitzers Karl G. das humanistische Gymn. Pädagogium zum Kloster U. L. F., studierte an verschiedenen dt. Univ. Kunstgesch., Archäologie und Phil. und prom. 1914 in Freiburg/Breisgau. Nach der Soldatenzeit im I. WK war G. ab 1919 zunächst Kustos, ab 1922 geschäftsführender Dir., ab 1923 u. a. auf Empfehlung von → Bruno Taut offiziell Amtsnachfolger des Gründungsdir. → Theodor Volbehr im Kaiser-Friedrich-Mus. Magdeburg bis zu seiner Flucht nach Westdtl. im Sommer 1945. Im Oktober 1946 zum Dir. des Westfälischen Landesmus. in Münster ernannt, förderte G. maßgeblich dessen Wiederaufbau (Pensionierung 1954, seit 1967 Alterssitz in der Schweiz). In Magdeburg erfüllte G. in seinen ersten Amtsjahren die Erwartungen der sozialdemokratisch geführten Stadtregierung; er ordnete und straffte die Dauerausstellung (einreihige Hängung). Als Geschäftsführer des

Kunstvereins zu Magdeburg sowie als Mitgründer der Museumsges. (1924) initiierte und förderte er Sonderausstellungen, Vortragsreihen u. a. kulturelle Veranstaltungen. Anstelle des von seinem Vorgänger propagierten Bildungsauftrags für breite Schichten der Bevölkerung vertrat G. jedoch eine elitär verengte Kunstauffassung, die er mit Künstlerfreunden des Stefan-George-Kreises teilte. Auf G.s Initiative schuf der Bildhauer Ludwig Thormaehlen einen Jünglingskopf, der seit 1921 im Kreuzgang des Klosters U. L. F. an die im I. WK gefallenen Schüler und Lehrer erinnert. 1929 übergab G. dem „Meister" Stefan George sein Buch über den Magdeburger Dom, das bis heute seinen Wert als grundlegendes Standardwerk behalten hat. Obwohl G. nach der „Machtergreifung" des Ns. seine vaterländische Gesinnung betonte, er mehrfach auf seine Verdienste bei der Entfernung des Kriegerdenkmals von → Ernst Barlach aus dem Magdeburger Dom hinwies und obwohl er sich sprachlich dem ns. Jargon anpasste (der Expressionismus als „mutige und opferbereite Absage gegen ... den int. Bürgergeschmack unter Pariser Vorherrschaft"), konnte er die Herausgabe der von ihm hochgeschätzten Werke von Emil Nolde, Edward Munch oder des ihm freundschaftlich verbundenen Malers Erich Heckel als „Entartete Kunst" nicht verhindern. 1937 betrieb Dezernent Gustav Grüßner sogar G.s Amtsenthebung. Unter dem Schutz des einflußreichen Ölmühlenbesitzers und Präses der Magdeburger *Handelskammer*, → Wilhelm-Adolf Farenholtz, der als langjähriger Vors. des *Kunstvereins* und Mäzen des Kaiser-Friedrich-Mus. G.s Kunstauffassungen teilte und in dessen Fam. der unverheiratete G. Anschluß gefunden hatte, blieb G. im Amt. Mit Beginn des Luftkrieges unterstand G. die Auslagerung der Slgg. des Mus. zum Schutz vor Fliegerangriffen – eine Aufgabe, die er unter schwierigsten Bedingungen ebenso tatkräftig anpackte wie den später ausgeweiteten Auftrag, sämtliche Kulturgüter und Denkmäler Magdeburgs zu schützen. Gleichwohl konnte er nicht verhindern, daß der Kernbestand des Magdeburger Mus., darunter über 400 Gemälde von europäischem Rang, im Auslagerungsort Salzbergwerk Neustaßfurt nach dem Eintreffen amerikanischer Truppen am 12.04.1945 durch Plünderung und Brandstiftung vernichtet wurde.

W: Der Magdeburger Dom, 1929; Die Baukunst der Ottonen, in: Magdeburg in der Politik der dt. Kaiser, hg. von der Stadt Magdeburg, 1936, *129–155*. – **L:** Kunstverein zu Magdeburg 1835–1935, 1935; Alles verbrannt?, 1995; Archiv des Landschaftsverbands Westfalen Münster: C 11 A, Nr. 1238 (PA). – **B:** ebd.

Tobias von Elsner

Grenzau, Adolf
geb. 29.03.1861 Schwiebus, gest. 23.07.1924 Bad Mergentheim, Druckereibesitzer, Zeitungsverleger.

G. übernahm im April 1901 die Druckerei und den Zeitungsverlag in Wolmirstedt von Josef Fuchs, der das von → Friedrich Wilhelm Buschhardt 1855 gegründete Unternehmen von 1890 an geführt hatte. G. und seine Frau Clara, geb. Sannemann, widmeten sich mit viel Eifer dem Geschäft. Durch Anschaffung neuer und leistungsfähiger Flachdruckmaschinen wurde der Zeitungs- und Druckereibetrieb ausgebaut. Unter G.s Regie erschien der *Allg. Anzeiger für die Kreise Wolmirstedt und Neuhaldensleben* dreimal wöchentlich in einer Auflage von knapp 2.500 Exemplaren mit diversen Beilagen wie dem *Häuslichen Ratgeber, Landsmanns Wochenbl.* und dem *Illustrierten Unterhaltungsbl.* Neben der Ztg. und Geschäftsdrucksachen aller Art wurden auch Dissertationen zu med., jur. und wirtsch. Themen verlegt. G. war erster Obmann des *Vereins Dt. Zeitungsverleger* für den Bez. Elbe im Kreis Mitteldtl. und Träger des Kriegsverdienstkreuzes und des Schlesischen Adler-Ordens 2. Kl. Im Oktober 1907 wurde er von der *IHK Magdeburg* für drei Jahre zum Meisterbeisitzer für das Buchdruckergewerbe ernannt. Der Tod seiner Frau (1912), die Auswirkungen des I. WK und die darauffolgende Inflation beeinträchtigten den Betrieb und setzten seiner Gesundheit stark zu. Nach seinem plötzlichen Tod übernahm sein Sohn → Georg G. die Leitung der Druckerei.

L: Oskar Michel (Bearb.), Hdb. dt. Ztgg. 1917, 1917, *222*; Vf., 140 Jahre Allg. Anzeiger. Die Gesch. einer Druckerei in Wolmirstedt, in: Js. der Museen des Ohrekreises Haldensleben und Wolmirstedt 3, 1996, *42–48* (*B*); Unterlagen Lieselotte G., Wolmirstedt (priv.). – **B:** ebd.

Anette Pilz

Grenzau, *Georg* Paul Adolph
geb. 27.10.1886 Magdeburg, gest. Februar 1946 Straflager SBZ, Druckereibesitzer, Zeitungsverleger.

Nach dem Schulbesuch erlernte G. von 1904 bis 1907 in der Druckerei der Fam. → Faber in Magdeburg sowie im Betrieb seines Vaters → Adolf G. das Druckereihandwerk. Nach dem Tod des Vaters (1924) übernahm G. die elterliche Fa. und setzte den Zeitungsverlag fort. Gemeinsam mit seiner Ehefrau Elsa Laux, die er 1911 geheiratet hatte, gestaltete er den *Allg. Anzeiger für die Kreise Wolmirstedt und Neuhaldensleben* attraktiver, so daß ab Oktober 1926 die Ztg. täglich mit einer Auflage von ca. 3.000 Exemplaren erscheinen konnte. Zudem wurden Formulare, Kartei- und Postkarten sowie Bücher verlegt. 1929 legte G. vor der *IHK Magdeburg* die Meisterprüfung für das Buchdruckerei-Handwerk ab. Er war Mitglied im *Haus- und Grundbe-*

sitzer-Verband Magdeburg, im *Reichsverband der dt. Zeitungsverleger*, Schriftleiter des Reichsverbandes des *Dt. Presselandesverbandes Mitteldtls* und Mitglied im *Militär-Verein ehemaliger gedienter Kameraden des 3. Magdeburgischen Infanterieregimentes Nr. 66 zu Magdeburg*. Das florierende Geschäft unterlag ab 1939 einer strengen Zensur durch die Kreispropagandastelle. Nachdem 1943 der Druck der Ztg. aus Papierknappheit eingestellt werden mußte, hielt G. sich und seine Fam. mit diversen anderen Druckaufträgen über Wasser. G. erhielt am 8. Juni 1945 von der alliierten amerikanischen Militärreg. die Genehmigung, dreimal wöchentlich eine Ztg. für den Kr. Wolmirstedt herauszubringen. Nach der Besetzung Wolmirstedts am 1. Juli 1945 durch sowjetische Truppen wurde G. denunziert und in ein Straflager nach Magdeburg, später in ein anderes Lager in der SBZ gebracht, wo er im Februar 1946 starb.

L: Vf., 140 Jahre Allg. Anzeiger. Die Gesch. einer Druckerei in Wolmirstedt, in: Js. der Museen des Ohrekreises Haldensleben und Wolmirstedt 3, 1996, *42–48* (**B**); Unterlagen Lieselotte G., Wolmirstedt (priv.). – **B:** *ebd.

Anette Pilz

Griesbach, Franz
geb. 21.12.1892 Brück/Mark Brandenburg, gest. 24.09.1984 Lage an der Lippe, Lehrer, Generalmajor.

G. war das zweite von vier Kindern des Schleusenmeisters Johann Friedrich Franz G. und der Bruder des → Erich G. Er besuchte die Volksschule in Putlitz/Westprignitz, absolvierte 1907–10 die Präparandenanstalt in Genthin und studierte hier am Lehrerseminar bis 1913 mit dem Abschluß der ersten Lehrerprüfung. 1914 trat der Einjährige Freiwillige in das Infanterieregiment 27 ein und wurde 1916 zum Leutnant der Reserve befördert. G. schied 1919 aus dem Heer aus, legte 1920 die zweite Lehrerprüfung ab und war in der Provinz Sachsen als Lehrer tätig. 1936 wurde er mit seinem alten Dienstgrad reaktiviert. Nach der Stabsausbildung in Königsbrück 1940 kommandierte er Infanterieverbände an der Ostfront. Als Oberst und Kommandeur des Grenadierregiments 399 kämpfte er im Januar 1943 in der zweiten Ladoga-Schlacht vor Leningrad. Nach seiner schweren Verwundung im Februar 1944 vor Leningrad wurde er in Anerkennung seiner Leistungen zum Generalmajor befördert. Am 17.05.1943 erhielt er als 242. Soldat der Wehrmacht das Eichenlaub zum Ritterkreuz und am 06.03.1944 als 53. Soldat die Schwerter zu dieser Auszeichnung. Am 27.04.1945 geriet er in einem Lazarett in Brandenburg in russische Gefangenschaft, aus der er 1949 entlassen wurde.

L: Vf., Stadt Genthin – Ein nicht alltägliches Geschichtsbuch, 1995, *107f.* – **B:** StadtA Genthin.

John Kreutzmann

Griesbach, Georg *Erich* (Ps.: Franz Karo Math)
geb. 05.02.1902 Putlitz/Westprignitz, gest. 23.03.1943 Berlin (Freitod), Lehrer, Schriftsteller.

G. wurde als viertes Kind des Schleusenmeisters Johann Friedrich Franz G. geb. Wie sein Bruder → Franz G. wählte er die schulische Laufbahn. Nach dem Tod des Vaters 1912 zog die Mutter mit den Kindern nach Genthin. G. studierte am Genthiner Lehrerseminar. Es entstanden erste lit. Arbeiten für die *Genthiner Ztg.* Er gründete die *Schüler-Ruder-Riege Genthin* (SRG). In seiner Erzählung „Sprock, der Steuermann der SRG" (1934) schilderte G. die Mühen um die Gründung dieser Riege. Nach der bestandenen Lehrerprüfung begann die Arbeitslosigkeit. Später arbeitete G. als Angestellter im Reichsbahnwerk Kirchmöser. 1928 erhielt er eine Lehrerstelle in Berlin. Hier entstanden mehrere Bühnenstücke und Hörspiele. In den meisten Werken G.s spiegeln sich die gemeinschaftlichen Erlebnisse von Schülern wider, die die Schönheiten der märkischen Landschaft um Genthin entdecken. Er blieb später, obwohl in Berlin lebend, immer der Stadt Genthin und ihrer Umgebung verbunden. 1935 wurde G. zur Luftwaffe eingezogen. An Magenkrebs erkrankt, wählte er im Lazarett den Freitod.

W: Rolf Rollerjahn rollt rundherum, 1932; Vier tippeln durch die Mark, 1933; Die Rohrburg am Wendsee, 1933; Hurra, wir ziehn ins Landschulheim, 1934; Katte, 1935. – **L:** Vf., Stadt Genthin – Ein nicht alltägliches Geschichtsbuch, 1995, *108f.*; Familienunterlagen Jutta Hartmann, geb. G., Berlin (priv.). – **B:** *StadtA Genthin.

John Kreutzmann

Grimm, Hans, Prof.
geb. 10.09.1886 Joachimsthal, gest. 10.11.1940 Magdeburg, Bildhauer.

G. studierte an der Fachschule für Keramik in Oberleutensdorf und an der Unterrichtsanstalt des Österreichischen Mus. für Kunst und Industrie in Wien. Er war Leiter der Staatslehrwerkstätten für Holz- und Spielwarenindustrie Katharinenberg/Erzgebirge, seit 1933 lebte er in Magdeburg. Im Stil des dekorativen Symbolismus schuf G. in Magdeburg 1937 das Eike-von-Repgow-Denkmal (Aluminiumguß/ Kalkstein, Hallesche Straße) und die Kalksteinskulptur der Editha (Editharing, vermutlich 1954 aufgestellt, heute in Krottorf).

W: s.o. – **L:** Vollmer 2, 1955, *310*; Bildhauerkunst in Magdeburg, zusammengestellt von Siegrid Hinz, 1969, *132f.*; → Heinz Gerling, Denkmale der Stadt Magdeburg, 1991.

Uwe Jens Gellner

Grimme, *Adolf* **Berthold Ludwig,** Dr. h.c.
geb. 31.12.1889 Goslar, gest. 27.08.1963 Brannenburg/Inn, Pädagoge, Oberschulrat, Kultusminister.

Nach dem Studium der Phil. und Germanistik in Halle, München und Göttingen (1908–14) war G. ab 1914 als Studienassessor und Lehrer an höheren Schulen in Leer und Hannover tätig und gehörte dort später auch dem Provinzialschulkollegium an. Von 1925 bis 1927 war G. als Oberschulrat im Provinzialschulkollegium Magdeburg verantwortlich für das höhere Mädchenschulwesen einschließlich der Mädchenberufsausbildungsanstalten. Als wesentlich von der Philosophie Edmund Husserls beeinflußter Humanist und Mitglied des *Bundes entschiedener Schulreformer* (→ Fritz Karsen) unterstützte er in Magdeburg insbesondere die reformpädagogischen Bemühungen um → Richard Hanewald. G. gab der höheren Reformschule am Sedanring (Berthold-Otto-Schule) das Recht freier Unterrichtsgestaltung, ohne an amtliche Vorschriften und Lehrpläne gebunden zu sein, und entwickelte in dieser Zeit in kritischer Auseinandersetzung mit dem Reformtheoretiker Hans Richert weitergehende Überlegungen zur Neuordnung des preuß. höheren Schulwesens (vgl. „Die Reform der höheren Schulen und die Mitarbeit der Städte", 1927). Aufgrund seiner sehr positiv beurteilten Arbeit wurde G. bereits 1928 als Ministerialrat ins Preuß. Ministerium für Wiss., Kunst und Volksbildung nach Berlin berufen. 1929/30 war er Vizepräsident des Provinzialschulkollegiums von Berlin und der Mark Brandenburg, 1930–32 Preuß. Kultusminister (Mitte 1932 amtsenthoben). Nach Jahren wirtschaftlicher Not wurde er 1942 zu drei Jahren Zuchthaus wegen Beteiligung am Widerstand verurteilt. G. war nach dem Ende des II. WK 1946–48 Kultusminister des Landes Hannover/Niedersachsen, 1948–56 Generaldir. des *Nordwestdt. Rundfunks*, Präsident der *Studienstiftung des dt. Volkes* u. v. m. Er erhielt zahlreiche Auszeichnungen.

W: Arbeit und Lebensfreude, 1918; Der religiöse Mensch, 1922; Wesen und Wege der Schulreform, 1929; Das neue Volk – der neue Staat, 1932; Rettet den Menschen, 1949. – **L:** NDB 7, *88f.*; Reichshdb 1, *592* (*B*); W. G. Oschilewski (Hg.), Begegnungen mit A. G., 1959 (*W*, *B*); Julius Seiters, A. G., ein niedersächsischer Kultusminister, 1990. – **B:** *Vf.,* Magdeburg (priv.).

Reinhard Bergner

Gringmuth-Dallmer, *Hanns* Paul Gerhard, Dr. phil.
geb. 23.11.1907 Oppeln, gest. 07.09.1999 Plauen/Vogtland, Archivar, Historiker.

Nach dem Abitur 1926 am Domgymn. Merseburg studierte G., Sohn eines Regierungsrates, Gesch. und Germanistik in Jena, Bonn und Halle. 1934 prom. er in Halle bei Hans Herzfeld über „Die Behördenorganisation im Hzt. Magdeburg. Ihre Entwicklung und Eingliederung in den brandenburg-preuß. Staat" (1934). 1936/37 absolvierte er das Inst. für Archivwiss. und geschichtswiss. Fortbildung am Preuß. Geh. StA in Berlin-Dahlem. Er nahm anschließend seine Tätigkeit am StA Magdeburg auf, wo er 1941 zum Archivrat ernannt wurde. Nach Adoption durch Theodor Dallmer 1940 führte er den Namen G.-D. Nach Kriegsdienst und späterer sowjetischer Kriegsgefangenschaft (Oktober 1939 bis September 1947) kehrte er an das nunmehrige Landesarchiv Sa.-Anh. in Magdeburg zurück und wurde 1948 zu dessen Dir. ernannt. Von 1953 bis 1966 war er Honorardoz. am Inst. für Archivwiss. in Potsdam. Im Oktober 1967 wurde er aus politischen Gründen als Archivdir. abgelöst und an die Außenstelle Wernigerode versetzt. 1976 schied er aus dem Archivdienst aus und siedelte 1980 in die BRD über. G. war o. Mitglied der *Hist. Kommission bei der Sächsischen Akad. der Wiss. zu Leipzig*, Mitglied des *Hansischen Geschichtsvereins* und Mitglied der *Hist. Kommission für Sa.-Anh.* Er setzte die von seiner Amtsvorgängerin → Charlotte Knabe begonnene Übernahme des Archivgutes fort, das mit dem gesellschaftlichen Umbruch 1945 bei den aufgelösten Behörden und Gerichten sowie – infolge der Enteignungen durch die Bodenreform – bei zahlreichen Gutsherrschaften in der ehemaligen Provinz Sachsen und im Land Anhalt freigesetzt worden war. Dem zusätzlichen Raumbedarf konnte er durch Einrichtung von weiteren Archivaußenstellen (Merseburg, Möckern, Wernigerode) Rechnung tragen. Dank erfolgreicher Aufbauarbeit, die Bestandserschließung und archivarische Nachwuchsausbildung einschloß, legte das Magdeburger Archiv bereits 1954 als erstes der großen Staatsarchive der damaligen DDR den ersten Band seiner auf fünf Bände berechneten „Gesamtübersicht über die Bestände des Landeshauptarchivs Magdeburg" vor und eröffnete damit eine eigene Schriftenreihe, die „Quellen zur Gesch. Sa.-Anhs.". In die Reihe nahm G. auch Editionsvorhaben der *Hist. Kommission für die Provinz Sachsen und für Anhalt* auf (→ Walter Möllenberg), nachdem seinen Bemühungen als Vors. der *Hist. Kommission für Sa.-Anh.* um die Fortsetzung landesgesch. Publikationen mit der Auflösung der Länder in der DDR 1952 die Grundlage entzogen worden war. Als Archivar und Historiker galten seine Arbeiten archivwiss. Themen ebenso wie der mittelalterlichen Stadtgesch. Magdeburgs und der frühneuzeitlichen Landes- und Verfassungsgesch. Sa.-Anh., das er als eine Geschichtslandschaft verstand. Die Verbindungen zu westdt. Fachkollegen und landesgesch. Forschungsgremien hielt er unbeirrt aufrecht. In seinem Bekenntnis zur dt. Einheit wurde er durch die Wiedervereinigung bestätigt.

W: Bericht über die Archive in Sa.-Anh., in: Der Archivar 2, 1949, Sp. *53–57;* Beiträge zur Behördenkunde Anhalts, vornehmlich im 17. Jh., in: Archivar und Historiker. Fs. zum 65. Geb. von Heinrich Otto Meisner, 1956, *326–342;* Häuserbuch der Stadt Magdeburg, Tl. 2. Aus dem Nachlaß von → Ernst Neubauer bearb. und mit Registern versehen, 1956; Die Bauten der staatl. Archive der DDR, in: Archivmittlgg. 7, 1957, *77–79;* Gesch. und Aufbau des Landeshauptarchivs Sa.-Anh. in Magdeburg, in: ebd. 9, 1959, *87–91;* Landeshauptarchiv Sa.-Anh., Magdeburg, in: ebd. 9, 1959, *159–163;* Archive und Heraldik, in: ebd. 10, 1960, *107–111;* Magdeburg-Wittenberg: Die nördlichen Territorien, in: Gesch. der dt. Länder (Territorien-Ploetz), Bd. 1, 1964, *499–516;* Magdeburg – Haupthandelsplatz der mittleren Elbe, in: Hansische Geschichtsbll. 84, 1966, *8–19;* Die Außenstelle Wernigerode des StA Magdeburg, in: Archivmittlgg. 18, 1968, *35–37.* – **N:** LHASA: Rep. C 22 Nr. 335 (PA), dazu Rep. K 10, MVB Nr. 1540. – **L:** Vf., Nachruf H. G.-D., in: Sachsen und Anhalt 22, 1999/2000, *419–423* und in: Der Archivar 53, 2000, *182–184.* – **B:** *LHASA.

Josef Hartmann

Grisebach, *Hans* Otto Friedrich Julius
geb. 26.06.1848 Göttingen, gest. 11.05.1904 Berlin, Architekt.

Der Sohn des Botanik-Prof. August G. studierte 1868–73 bei Conrad Wilhelm Hase am Polytechnikum Hannover (unterbrochen 1870/71 durch Kriegsdienst und Italienreise), absolvierte 1873–76 beim Dombaumeister Friedrich von Schmidt in Wien ein Aufbaustudium und arbeitete bei Johannes Otzen 1876–79 als Bauführer in Wiesbaden bei der Ausführung der Bergkirche und von Wohnhäusern. Bei der Renovierung des Münsters zu Hameln kam G. mit denkmalpflegerischen Aufgaben in Berührung. 1879 unternahm er ausgedehnte Studienreisen nach Italien, Frankreich, Belgien, Holland, England, Spanien und Malta (später nach Tunesien und Rußland), ging 1880 auf den Rat Otzens nach Berlin und lehrte kurze Zeit an der TH Charlottenburg. Ab 1888 war G. Mitglied der Akad. der Künste. In Berlin entstanden nach seinen Entwürfen neben seinem eigenen Wohn- und Atelierhaus (1890/91, heute als „Villa G." bekanntes Kunsthaus) bedeutende und stadtbildprägende Privat- und Geschäftshäuser, u. a. 1885 die Villa des Generaldir. der Berliner Mus. → Wilhelm von Bode. 1887–90 erfolgte durch G. die Erweiterung und Aufstockung des nördlichen Wohnflügels am frühgotischen Kloster Hadmersleben in der Magdeburger Behörde, das seit 1885 vom Getreidezüchter → Ferdinand Heine als Saatzuchtgut genutzt wurde. Mit großem Renaissancegiebel, Loggia, Turm und Stockwerkerker setzte er am 961 gegründeten Kloster-Komplex neue Akzente. 1890–91 entwarf er das sog. Kreishaus von Halberstadt. G. war fest in den Berliner Künstlerkreisen etabliert und zählte zu den geistreichsten und belesensten Persönlichkeiten der Stadt. Der Maler Max Liebermann war mit ihm befreundet. Obgleich bei Vertretern des gotischen Stils im Historismus ausgebildet („Gotiker"), befaßte sich G. stärker mit der dt. und niederländischen Ausbildung der Renaissance und setzte seine Erkenntnisse gekonnt beim Bau von Wohn- und Geschäftshäusern um. G. gilt als der beste Vertreter der Neorenaissance in Berlin.

W: neogotische Peterskirche (Frankfurt/Main), 1890/95; Atelier für Max Liebermann (Pariser Platz 7, Berlin), 1899; Hochbahnhof Schlesisches Tor (Berlin), 1899; Landsitz „Wiesenstein" für Gerhart Hauptmann (Agnetendorf/Riesengebirge), 1900. – **L:** Thieme-Becker 15, *55;* John Lochner-Griffith, Das Haus G. in der Fasanenstraße – die Villa in der Enge, in: Stadtvilla G. und Käthe Kollwitz-Mus. Dt. Bank Berlin AG, 1986, *13–27;* Uwe Kieling, Berlin-Baumeister und Bauten, 1987; Archiv Kloster Hadmersleben: Bauakten. – **B:** Max Liebermann, Pastellzeichnung H. G. (Familienbesitz Manon G., Glanz-Ferndorf/Österreich).

Gerd Kley

Gropler, *Horst* Friedrich-Wilhelm, Prof. Dr. sc. paed.
geb. 22.04.1929 Burg, gest. 25.07.1995 Schönebeck, Maurer, Sportlehrer, Hochschullehrer.

Der Sohn eines Lederzuschneiders und späteren Meisters besuchte ab 1935 die Volksschule in Burg, danach die Oberschule und erlernte 1946–49 den Maurerberuf mit anschließender Gesellenprüfung am gleichen Ort. 1950–53 absolvierte er ein Sportlehrerstudium an der Martin-Luther-Univ. Halle mit dem Abschluß des Staatsexamens. 1967 prom. G. mit einer pädagogischen Diss., in der das Freizeitverhalten von Studenten analysiert wurde, an der Dt. Hochschule für Körperkultur und Sport Leipzig parallel zur beruflichen Tätigkeit. Er erwarb 1975 den Dr. sc. paed. an der Akad. der Pädagogischen Wiss. der DDR in Berlin (Diss. mit Vf.). Zunächst als Sportlehrer tätig, wurde G. Lektor, 1955 Oberassistent und 1958 Leiter des Lehrstuhls für Körpererziehung der Univ. Halle. 1963 erfolgte die Berufung zum Doz. und Lehrstuhlleiter für Körpererziehung an das 1962 gegründete Pädagogische Inst. in Magdeburg. Im Zusammenhang mit dem Aufbau der Sektion Sportwiss. an der in Gründung befindlichen PH Magdeburg 1969 zum Sektionsdir. berufen, wurde G. 1976 o. Prof. für Methodik des Sportunterrichts. Von 1976 bis 1981 war G. Prorektor für Erziehung und Ausbildung an der Hochschule. Zu Recht gehört G. zu den Nestoren der Methodik des Sportunterrichts. Seine mehr als 50 wiss. Publikationen, vor allem zur Methodik des Sportunterrichts in der Schule, waren vielfach wegweisend für Entscheidungen zur Entwicklung der Methodik des Schulsports. G.s kritische Gutachtertätigkeit war gefragt und zumeist für Berufungen und Wissenschaftsentscheidungen (Prom. und Habil.) bindend. G. fungierte zwei Amtsperioden als gewählter Dekan der Pädagogischen Fakultät des Wiss. Rates, in den er bereits 1972 gewählt worden war.

W: Unterrichtshilfen für die Methodik des Sportunterrichts, 1985 (mit Autorenkollektiv). – **B:** *Familienunterlagen Jutta G., Magdeburg (priv.).

Günter Thieß

Große, *Hans* **Arthur Willy,** Dr. jur.
geb. 04.11.1898 Berlin-Charlottenburg, gest. 09.10.1972 Magdeburg, Jurist, Musikerzieher, Musikwissenschaftler.

G., Sohn des Postrats Arthur G., besuchte das humanistische Gymn. in Brandenburg/Havel, studierte ab 1918 Staats- und Rechtswiss. in Berlin, Marburg und Breslau, wo er 1925 prom. Von 1926 bis Ende 1945 in der Sozialversicherung tätig, war er seit 1943 Geschäftsführer der Landesgeschäftsstelle Mitteldtl. in Magdeburg des *Reichsverbandes der Betriebskrankenkassen*. G. erhielt den ersten Klavierunterricht mit sechs Jahren, nahm dann Unterricht und hörte Vorlesungen bei Universitätsmusikdir. Prof. Dr. Hermann Stephani in Marburg, 1910 bis 1918 bei Musikdir. Dr. H. Wiegandt in Brandenburg, ca. 1929 bei Prof. Hans Mersmann (Gesang und Gehörbildung) und Konservatoriumsdir. Prof. Bruno Kittel in Berlin. Mehr aus einer Laune heraus legte er bei Kittel, dessen *Bruno-Kittelschem Chor* er von 1933 bis 1943 angehörte (1941–43 als Korrepetitor), die Privatmusiklehrer-Prüfung ab. Sie ermöglichte ihm ab 1948 die Zulassung und Tätigkeit als Privatmusikerzieher in Magdeburg (Klavier, Harmonielehre). Daneben hielt er Vorlesungen an der Volkshochschule. G. war schließlich von 1949 bis zu deren Verlegung nach Halle 1949 Doz. für Musikgesch., Musiktheorie und Klavier an der Georg-Philipp-Telemann-Fachgrundschule für Musik und von 1959 bis 1963 Lehrkraft für Klavier an der Volkskunst- bzw. Musikschule Magdeburg. G. begann mit 20 Jahren Klavierunterricht zu erteilen, zu komponieren und popularisierende Aufsätze für Ztgg. und Zss. zu verfassen. Seit 1949 wurde G. einer der Initiatoren der Magdeburger Telemann-Renaissance, über deren Entwicklung er auch in öffentlichen Vorträgen und in Tagesztgg.

und Fachzss. berichtete. Er regte die Georg-Philipp-Telemann-Musiktage 1954 und Gedenkkonzerte anläßlich des 275. Geb. Telemanns 1956 an und war (1961) Mitbegründer des von ihm unermüdlich als gesamtdt. Ges. angestrebten Arbeitskreises *Georg Philipp Telemann* Magdeburg im *Dt. Kulturbund*, von dem er sich bald, da nur eine DDR-Lösung zustande kam und er selbst nicht recht teamfähig war, enttäuscht wieder abwandte, sowie der ersten Magdeburger Telemann-Festtage (1962). Unermüdlich trug er bis dahin wenig oder nicht bekanntes dokumentarisches und Quellen-Material über Georg Philipp Telemann zusammen. Dabei gelangen ihm zahlreiche wertvolle Funde. Dieses Material ist heute Teil der Archivbestände des Magdeburger Zentrums für Telemann-Pflege und -Forschung.

W: Musik auf Briefmarken. In: Musik und Gesellschaft 9, H. 11, 1959, *666–668*; Telemann-Arbeitskreis in Magdeburg, in: Musica 16, H. 4, 1962, *94f.*; Telemanns Aufenthalt in Paris, in: Händel-Jb. 10, 1964/65, *113–138* (auch als Sonderdruck 1965); Briefe von und an Telemann, in: Georg Philipp Telemann. Leben und Werk. Beiträge zur gleichnamigen Ausstellung 22.06. bis 10.09.1967 im KHMus. Magdeburg, 1967, *58–66*; Händel und Bach auf Subskriptionslisten zu Werken Telemanns, in: Beiträge zur Musikwiss. 9, 1967, *62f.*; G. Ph. Telemann und seine Beziehungen zu Leipzig, in: Sächsischen. Heimatbl., H. 3, 1967, *115–125*; George Philipp Telemann (1681–1767). Um músico alemao de alto valor internacional, in: Colóquio. Revista de artes e letras. Lisboa, Junho de 1968, Número 49; Die Schreibweise des Namens „Georg Philipp Telemann" zu seiner Zeit, in: Beiträge zur Musikwiss. 13, 1971, *120–122*; Georg Philipp Telemann: Briefwechsel. Sämtliche erreichbare Briefe von und an Telemann (mit Hans Rudolf Jung), 1972. – **L:** Vf., Kleines Kalendarium der Magdeburger Telemann-Pflege und -Forschung, in: Wer vielen nutzen kann, tut besser, als wer nur für wenige was schreibet. Telemann-Pflege in der DDR. Beiträge zur gleichnamigen Ausstellung vom 14.03. bis 17.05.1981 im Kloster U. L. F. Magdeburg, 1981, *6–16*; Vf., Die Georg-Philipp-Telemann-Fachgrundschule für Musik in Magdeburg (1949–1959), in: Fs. zum 40jährigen Bestehen der Georg-Philipp-Telemann-Musikschule Magdeburg, 1994, *5–8 (*B)*; Ursula Hobohm/Vf., Die Georg-Philipp-Telemann-Fachgrundschule für Musik (1949–1959), in: Konservatorium Georg Philipp Telemann – Musikschule der Landeshauptstadt Magdeburg (Fs. anläßlich der Fertigstellung des neuen Musikschulgebäudes mit Beiträgen zu Gesch. und Wirkung der Musikschule), 2000, *9*; Kartei Magdeburger Musiker, Vf. Magdeburg (priv.); StadtA Magdeburg: PA 10968 und 11548.

Wolf Hobohm

Grosz, Gyula, Prof. Dr. med.
geb. 31.10.1878 Magdeburg, gest. 30.06.1959 Magdeburg, Arzt.

G., Sohn des jüd. Kaufmanns Samuel G., besuchte nach dem Kasimir-Gymn. in Coburg das Dom-Gymn. in Magdeburg und studierte in Berlin, Dresden, Halle und München Med. 1906 erhielt er die Approbation als Arzt, prom. 1907 in Halle mit einem geburtshilflichen Thema und ließ sich als praktischer Arzt in Magdeburg nieder. Angeregt von Guido Holzknecht und Robert Kienböck in Wien, bildete sich G. unter Fortführung seiner Praxis in Magdeburg in den 1920er

Jahren in Berlin zum Facharzt für Röntgenologie und Strahlenheilkunde fort. Hier lernte er auch seine Frau Marie G., geb. Schmidt, kennen, die ihn künftig als Röntgenassistentin unterstützte. 1931 nach Magdeburg zurückgekehrt, wurde ihm die Zulassung zur Röntgentherapie erteilt. In den 1920er Jahren unterstützte G. in Magdeburg auch die Tätigkeit des *Arbeiter-Samariter-Bundes* durch Unterricht in Erster Hilfe. Vorbild war ihm sein Vater, der bis zu seinem Tode 1893 ein verdientes Mitglied des *Allg. Arbeitervereins* und der SPD in Magdeburg gewesen war. Nach 1918 hatte sich G. politisch zunächst in der Dt. Demokratischen Partei engagiert, später in der SPD. Nach der Machtübernahme durch die Nationalsozialisten erlitt G. die allg. antisemitische Diskriminierung; 1938 wurden ihm aus rassistischen Gründen die Approbation und der akad. Grad aberkannt. G. fand bis 1941 noch eine Stelle als Leiter der Röntgenabt. des Rothschildschen Hospitals in Frankfurt/Main. Nach dessen Auflösung kehrte er nach Magdeburg zurück, wo er sich nur noch als jüd. „Krankenbehandler" in „Mischehe" weiterbetätigen durfte, gleichzeitig aber illegal Verfolgten helfen und sich auf diese Weise am Widerstand gegen den Ns. beteiligen konnte. Nach der Befreiung vertrat G. zunächst Albert Hedfeld im Strahleninst. der Allg. Ortskrankenkasse (AOK) Magdeburg und erneuerte seine Mitgliedschaft in der SPD (SED). 1949 wurde er zum Prof. mit Lehrauftrag an der Univ. Halle ernannt, hielt aber keine Vorlesungen. 1950 wurde ihm der Ehrentitel Verdienter Arzt des Volkes verliehen.

W: Röntgenologie als Spezialfach, in: Wiener med. Wochenschrift 100, 1959, *261*. – **L:** Gundula Vogel, Straßennamen in Magdeburg als Denkmäler bedeutender Ärzte unter besonderer Berücksichtigung des Lebenswerkes von G. G. und → Otto Schlein, Dipl.-Arbeit Magdeburg 1976, *9–26*.

Horst-Peter Wolff

Groth, *Paul* **Heinrich Ritter von,** Prof. Dr. phil.
geb. 23.06.1843 Magdeburg, gest. 02.12.1927 München, Mineraloge, Kristallograph, Hochschullehrer, Geheimrat.

Der in Magdeburg geb. G. besuchte von 1855 bis 1862 die Dresdner Kreuzschule und nahm 1862 das Studium an der Bergakad. im sächsischen Freiberg auf. Nachdem er 1864/65 im chemischen Labor der Kgl. Polytechnischen Schule in Dresden tätig war, bezog er im Herbst 1865 die Univ. Berlin und studierte hier bis 1867 Mineralogie und Kristallographie. Anschließend war er Assistent bei Gustav Magnus, bei dem er 1868 auch prom. Nach 1870 wirkte G. als Doz. für Mineralogie an der Bergakad. Berlin. 1872 berief ihn die Univ. Straßburg zum o. Prof. für Mineralogie. Schließlich übertrug ihm 1883 die Univ. München eine o. Professur, mit der er die Nachfolge von Franz von Kobell antrat. In der bayrischen Landeshauptstadt war er gleichzeitig Konservator der mineralogischen Staatslgg. Beide Funktionen übte er bis 1924 aus. G. erwies sich als hervorragender Mineralienkenner und widmete sich in wiss. Untersuchungen speziell dem „Feinbau der Kristalle". Außerdem entdeckte er den Yttriumgehalt im Titanit (Grothit) des Plauenschen Grundes bei Dresden. Die Anerkennung seiner Leistungen blieb nicht aus. Nach der Verleihung des bayrischen Verdienstordens vom hl. Michael (1897) und des Kaiserlichen russischen St. Annenordens (1899) wurde er 1902 als Ritter des Verdienstordens der bayrischen Krone der Adelsmatrikel eingestuft. Überdies ernannte man ihn 1907 zum Geh. Hofrat und 1914 zum Geheimrat. Zugleich war G. Mitglied zahlreicher Akademien, u. a. der National Academy of Sciences of the United States, der Royal Society of London und der Akad. der Wiss. Wien. G. war Begründer und Mithg. der *Zs. für Kristallographie* (1877–1920).

W: Tabellarische Übersicht der Mineralien nach ihren kristallographischen Beziehungen geordnet, 1874, ³1889; Zs. Chemische Kristallographie (5 Teile), 1906–1919. – **L:** NDB 7, *167f.*; Carl Schiffner, Aus dem Leben alter Freiberger Bergstudenten, 1935, *339–341*; William A. S. Sarjeant, Geologists and the history of Geology, 1980, *1153f.*; Hans Prescher/Vf. (Hg.), Lex. der Geowissenschaftler, 1998, *26f.* – **B:** ebd.

Christel Hebig

Grothe, Alfred *Wilhelm* (*Willi*)
geb. 14.02.1915 Hornhausen, gest. 15.11.1994 Neindorf, Kontorist, Verwaltungsangestellter, Mundartschriftsteller.

G. besuchte die Volksschule seines Heimatortes und erlernte den Beruf eines Kontoristen in der *Schokoladenfabrik Schmidt & Söhne* in Oschersleben. 1936–38 war er beim Reichsarbeitsdienst eingesetzt und wurde anschließend zur Wehrmacht einberufen. G. geriet in sowjetische Gefangenschaft, aus der er 1945 entlassen wurde. Nunmehr in unterschiedlichen Betrieben und Einrichtungen mit vielfältigen Aufgaben betraut, wurde er 1964 zum 1. Kreissekretär der Nationalen Front gewählt. Diese Funktion übte er im Kr. Oschersleben bis 1980 aus. Im *Zirkel schreibender Arbeiter* eignete er sich die notwendigen Kenntnisse und Fähigkeiten an, um Gedichte und Geschichten in plattdt. Sprache zu verfassen. Auch hielt er Dia-Vorträge zu Besonderheiten und Kulturstätten der Orte des Kr. Oschersleben. Hervorzuheben ist sein Buch „Quer dorch dat Land" (1960), in welchem er plattdt. Geschichten veröffentlichte. Ein von G. erarbeiteter Entwurf der Chronik von Oschersleben wurde nicht publiziert. In den Heimatbll. *Zwischen Bode und Lappwald* des Kr. Oschersleben veröffentlichte er ebenfalls

Beiträge in plattdt. Hervorzuheben sind: „De Wiehnachts Esl", „Erst wolle hei nich" und „Wie but en Speelplatz". G. gehörte zu den ersten, die sich nach 1945 um die Erhaltung und Förderung der plattdt. Sprache im Kr. Oschersleben verdient gemacht haben.

L: Veröffentlichungen in: Zwischen Bode und Lappwald, H. 1, 1950; H. 12, 1957; H. 3, 4, 10 und 12, 1958; H. 2, 1961; Ausgaben 1982, 1983 und 1985. – **B:** *Fam. G., Hornhausen (priv.).

Kurt Jordan

Grotkass, *Rudolf* (*Rudi*) **Edmund**
geb. 25.09.1886 Dohnan/Ungarn (jetzt Slowakei), gest. 10.01.1954 Tajschet/Sowjetunion (Lagerkomplex am Baikalsee), Kaufmann, Sachverständiger für Volkswirtschaft, Historiker, Dolmetscher.

G. war Sohn des seit etwa 1883 in Magdeburg ansässigen Kaufmannes für Zucker und Rübensaatgut Ernst G., eines Schwagers des Magdeburger Kaufmanns und Verlegers → Otto Licht. Er besuchte Schulen in Brünn, Wittenberge und Dessau. 1912–18 war er auf dem landwirtsch. Grundbesitz der Fam. in Ungarn tätig, daran schlossen sich das Volontariat bei einer Rübenzuchtstation und ein Studium der Chemie in Berlin an. Sprachstudien in Frankreich folgten. G. arbeitete in Laboratorien von Zuckerfabriken in Dtl. und den USA und beschäftigte sich mit dem Reisanbau in Texas. Während seines Aufenthaltes in den USA erwarb er die amerikanische Staatsbürgerschaft. Seit 1922 wohnte G. in Magdeburg, arbeitete dort als Fachschriftsteller, Statistiker und Sachverständiger für die Zuckerindustrie und wurde zu einer stadtbekannten Persönlichkeit. 1950 wurde er in Magdeburg verhaftet und vom sowjetischen Militärtribunal in Halle wegen angeblicher Spionage zu 25 Jahren Haft verurteilt. Nach Inhaftierung in Bautzen wurde er nach Tajschet, einem Lagerkomplex am Baikalsee, verbracht, wo er 1954 verstarb. G. leistete einen bedeutenden Beitrag zur Erforschung der Gesch. der dt. Zuckerindustrie, besonders zur Biogr. von → Franz Carl Achard. In seinem 1927 in Magdeburg erschienenen Buch „Die Zuckerfabrikation im Magdeburgischen, ihre Gesch. vor und während der Kontinentalsperre sowie weiter bis zum Jahre 1827, dem Beginn der neuen Periode" wurde erstmals eine Analyse der Anfang des 19. Jhs im Stadtgebiet von Magdeburg und dem angrenzenden Raum vorhandenen Rübenzuckerfabriken vorgenommen. G. unterhielt Beziehungen zu Zuckerexperten der ganzen Welt, besaß eine umfangreiche Slg. musealer Güter zur Rübenzuckerfabrikation und eine Zuckerfachbibl. von 2.500 Titeln. Der Nachlaß gilt als verschollen.

W: s.o.; Franz Carl Achards Beziehungen zum Auslande, seine Anhänger, seine Gegner, in: Centralbl. für die Zuckerindustrie 37, 1929, *585–593, 1381f., 1410–1412, 1439f., 1470*; ebd. 38, 1930, *45f., 78–80, 109f., 138f., 170f.*; Zu den Bestechungsversuchen an Achard, in: Die Dt. Zuckerindustrie 58, 1933, *36f.*; Denkschrift über die Errringung der dt. Nahrungsfreiheit unter besonderer Berücksichtigung der Aufgaben der Zuckerwirtschaft, 1936. – **L:** Wer ist's 10, 1935; Vf./Guntwin Bruhns, Auf den Spuren des verschollenen Magdeburger Zuckerhistorikers R. E. G. in: Zuckerindustrie 121, 1996, *658f.*; ebd. 124, 1999, *729*. – **B:** *Archiv Schwimmsport-Club „Hellas" Magdeburg (Gruppenbild).

Erhard Junghans

Grube, Ernst
geb. 22.01.1890 Neundorf/Anhalt, gest. 14.04.1945 KZ Bergen-Belsen, Tischler, Redakteur, Parteisekretär.

Der Bergarbeitersohn absolvierte eine Tischlerlehre, trat 1908 der SPD und der Gewerkschaft bei. Nach Jahren der Wanderschaft bildete er sich 1910–12 in Berlin in Abendkursen weiter. Während des Krieges in Zwickau lebend, hing er der Spartakusgruppe und der USPD an, wechselte 1919 zur KPD über, die er im Raum Zwickau organisierte. Ende 1920 bis Ende 1922 gehörte er dem sächsischen Landtag an, 1922–24 auch dem Zwickauer Stadtparlament. Von Mai bis Dezember 1924 war er MdR, anschließend bis 1932 des Preuß. Landtags. Im Juli 1932 wurde er noch einmal in den Reichstag gewählt. Von Oktober 1924 bis Sommer 1928 leitete G. den KPD-Bezirk Sa.-Anh., initiierte hier im Herbst 1924 die Gründung des *Roten Frontkämpferbundes* und förderte die in Magdeburg erscheinende Bezirksztg. der KPD, die *Tribüne*. Nach der „Wittorf-Affäre" löste er den Hamburger Bezirksleiter ab, seit dem Weddinger Parteitag 1929 gehörte er dem ZK an. Nach politischen Differenzen 1930 als Bezirksleiter Wasserkante abgelöst, arbeitete er kurzzeitig als Komintern-Emissär in Griechenland. Ende 1930 wurde G. Reichsleiter der neu gegründeten *Kampfgemeinschaft für rote Sporteinheit*. In der Nacht des Reichstagsbrandes verhaftet, verbrachte er die Jahre bis 1939 in den KZ Sonnenburg, Lichtenburg und Buchenwald. Bereits 1942 im Zuge der Massenverhaftungen um Robert Uhrig einige Monate inhaftiert, wurde er nach dem Attentat vom 20. Juli 1944 erneut verhaftet, erkrankte schwer im KZ Sachsenhausen und gelangte mit einem Transport arbeitsunfähiger Häftlinge im April 1945 nach Bergen-Belsen, wo er kurz vor Kriegsende an Flecktyphus starb. Das Stadion in Magdeburg-Brückfeld trägt seinen Namen.

L: Dt. Widerstandskämpfer, Bd. 1, 1970, *340ff.* (***B***); Hermann Weber, Die Wandlung des dt. Kommunismus, Bd. 2, 1969, *144f.*

Beatrix Herlemann

Grubitz, Ernst
geb. 31.12.1778 Magdeburg, gest. 11.09.1868 Neuhaldensleben, Jurist, Kommunalpolitiker, Justizrat.

G. war der Sohn eines angesehenen Magdeburger Rechtsanwalts. Er studierte Jura an den Univ. Helmstedt und Halle und war danach bis 1809 als Rechtsanwalt in der Kanzlei seines Vaters tätig. Die Behörden des Königreichs Westfalen setzten G. 1809 als Distriktsnotar in Neuhaldensleben ein. In seiner jur. Tätigkeit vertrat er konsequent die Interessen der Bürgerschaft gegen die sich ständig verschärfenden Forderungen der westfälischen Reg. Am 04.10.1813 wurde er während der Befreiungskriege vom preuß. Militär als Bürgermeister eingesetzt. Er erfüllte mit Engagement die Aufgabe, bewaffnete Abteilungen, die Bürgergarde, aufzustellen, die gegen die napoleonischen Truppen zum Einsatz kamen. Im Jahre 1814 wurde er von der preuß. Reg. als Bürgermeister bestätigt und 1818 von der Bürgerschaft in dieses Amt gewählt. Im gleichen Jahr erhielt er den Titel eines Justizrates verliehen. Bis 1832 war G. Bürgermeister der Stadt Neuhaldensleben. Er führte erfolgreich die Vorseparation durch, sorgte für die Fertigstellung des neuen Turmes der Marienkirche (1821) und ließ die innerstädtischen Straßen neu pflastern. Nach Differenzen mit der Provinzialreg. bat er 1832 um seinen Abschied und war seitdem (bis 1860) als Rechtsanwalt in Neuhaldensleben tätig. Als „Anwalt der kleinen Leute" gelangte G. zu hohem Ansehen in der Stadt und Region. 1832–48 setzte er sich auch als gewählter Stadtverordneter für die Interessen der Stadt ein.

L: Stadtanzeiger Haldensleben 22, 1998, *3*; Kr/StadtA Haldensleben: Rep. IV, I.3a, 12–14, II. Ib, 35–40. – **B:** Mus. Haldensleben.

Dieter Bollmann

Grubitz, Ernst
geb. 13.02.1809 Magdeburg, gest. 18.06.1889 Magdeburg, Bürgermeister, Stadtschulrat, Stadtarchivar, Stadtbibliothekar.

Der Sohn von Franz Friedrich G., einem Handschuhmachermeister, besuchte ab 1822 das Pädagogium im Kloster U. L. F. in Magdeburg und legte hier 1827 das Abitur ab. Danach studierte er bis 1831 in Halle Philologie. Erste Erfahrungen als Lehrer sammelte G. innerhalb eines Probejahres am Domgymn. in Magdeburg. In Schulpforta rückte er 1834 in die erste Adjunktur ein, arbeitete bis 1840 erfolgreich als Lehrer, Erzieher und Bibliothekar. Er folgte 1840 dem Ruf als Konrektor an das Gymn. in Minden. Der Magistrat seiner Vaterstadt berief ihn in Anerkennung seiner ungewöhnlichen Tüchtigkeit 1842 nach Magdeburg in das Amt → Georg Friedrich Gerloffs als Stadtbibliothekar sowie Stadtschulrat, das er bis 1872 ausübte. 1843 trat er auch die Nachfolge → Karl Zerrenners als Schulinspektor an. In dieser erstmalig geführten Doppelfunktion erhielt G. die Ehrenstellen des Magistrats beim Schlußexamen der höheren Handels- und Gewerbeschule. Damit klärten sich nach langem politischen Ringen in Magdeburg die Strukturen zur Schulverwaltung und zum inhaltlichen Schulangebot. G.' Interesse an kommunalen Schulstrukturen führte ihn 1847 in das „Rauhe Haus" in Horn bei Hamburg, wo er auf Adolph Diesterweg traf. Durch das Engagement G.' kam es zur wesentlichen Umgestaltung der großen Volksschulen in Magdeburg. G. löste den Religionsunterricht als Wissensfach ab und setzte es zur ethischen und sozialen Erziehung ein. Die Lehrerkonferenzen zur fachlichen Aufwertung des Unterrichts erhielten neue Kraft, entwickelten sich zu Stammtischen und organisierten ab 1848 Verslgg. zur Kirchen- und Schulreform mit dem Reformpfarrer → Leberecht Uhlich, die durch G. Unterstützung fanden. Zu seinen wichtigsten schulischen Neuerungen gehörten eine partielle Trennung der staatl. Schulen von der kirchlichen Aufsicht ab 1843, ein Statut von 1853 für Schulvorstände, das die Mitwirkung der Bürgerschaft innerhalb der Schule begünstigte, die Einführung des Faches Althochdt. als zentrales Unterrichtsfach an höheren Schulen sowie die Berufung der fortschrittlichen Pädagogen → Hermann Ledebur als Rektor der Handlungs- und Gewerbeschule und → Friedrich Loew als Rektor der zweiten Bürgerschule in Magdeburg. 1861–72 übte G. in seiner Heimatstadt das Amt des 2. Bürgermeisters aus. Als Vorgesetzter des Registrators oblag ihm auch die Leitung des Stadtarchivs. Als Stadtbibliothekar konnte G. erwirken, daß die Neuanschaffungen der städtischen Bibl. von 1851 bis 1864 in den *Bll. für Handel, Gewerbe und sociales Leben*, dem wiss. Beiblatt der *Magdeburgischen Ztg.*, zur Bekanntmachung kamen. G. initiierte 1856 den ersten Druck des Bibliothekskataloges und realisierte den erneuten Umzug der Bibliotheksbestände in den nördlichen Flügel des Rathauses, der größere Räumlichkeiten und eine verbesserte Nutzung der Bestände mit sich brachte. 1869, nach mehrmaligen Interventionen G.' im Stadtparlament, kam es zu der noch von Gerloff geforderten Erhöhung der Buchanschaffungsmittel auf 400 Taler. G. gehörte ab 1855 der Freimaurerloge „Ferdinand zur Glückseligkeit" an.

W: Emendationes Orosianae e codice Portensi aliisque fontibus ductae, 1835. – **L:** Karl Kirchner, Die Landesschule Pforta in ihrer gesch. Entwicklung, 1843, *135*; Adolph Diesterweg, Sämtliche Werke, Bd. 7, 1964; → Ernst Neubauer, Gesch. der Stadtbibl. Magdeburg in: GeschBll 45, 1910, *1–28*; → Arthur Reichsritter von Vincenti, Gesch. der Stadtbibl. zu Magdeburg 1525–1925, 1925, *91f.* (*B*); → Julius Laumann, Die Entwicklung der Schulverwaltung der Stadt Magdeburg von 1818–1889, in: GeschBll 74/75, 1939/41, *158–180*.

Heike Kriewald

Grüel (Gruel), **Carl Maximilian**
geb. 01.01.1807 Bialystock/Polen, gest. 18.11.1874 Burg, Jurist, Parlamentarier.

G., Sohn eines Magdeburger Regierungsrats, studierte 1825–28 in Berlin und Göttingen Rechtswiss. und war in den beiden letzten Jahren seines Studiums Mitglied im Studentenkorps *Brunsviga* in Göttingen. Bis 1839 war er als Gerichtsreferendar bzw. -assessor in Magdeburg, Brandenburg und Siegen tätig. 1839 wurde G. für 20 Jahre Justizkommissar und Notar in Burg. Er war vom 20.05.1848 bis zum 18.06.1849 Mitglied der Frankfurter Nationalverslg. als Abgeordneter für Jerichow (6. Provinz Sachsen), verblieb also auch im Rumpfparlament. G. gehörte dem rechten Zentrum an und wählte Friedrich Wilhelm IV. zum Dt. Kaiser. Von 1859 bis zu seinem Tod arbeitete er als Rechtsanwalt beim Appellationsgericht in Magdeburg.

L: Hermann Niebour, Die Abgeordneten der Provinz Sachsen in der Frankfurter Nationalverslg., in: Thüringisch-Sächsische Zs. für Gesch. und Kunst 4, 1914, *51*; Heinrich Best/Wilhelm Weege, Biogr. Hdb. der Abgeordneten der Frankfurter Nationalverslg., ²1998, *163*.

Thomas Miller

Grünbaum, Robert Karl Eduard *Kurt*
geb. 05.04.1892 Storkow/Mark, gest. 09.04.1982 Prerow/Darß, Jurist, Konsistorialpräsident, Domkurator.

G., Sohn des Arztes Ernst G., studierte Rechtswiss. in Heidelberg und Kiel. Nach Prüfung und Vereidigung stand er von 1914 bis 1918 im Kriegsdienst. Nach seinem Referendariat und kurzer Tätigkeit als Gerichtsassessor arbeitete er von 1922 bis 1925 als Rechtsanwalt. Daneben versah er jur. Hilfsdienste am Ev. Konsistorium der Mark Brandenburg, in dessen Dienst er 1925 als Konsistorialrat trat. 1928 wechselte G. als Ministerialrat an die geistliche Abt. des preuß. Ministeriums für Wissenschaft, Kunst und Volksbildung und wirkte dann ab 1935 bis 1945 als Ministerialrat im Reichskirchenministerium. Auch nach dem Krieg war G. mit der Gestaltung des Staat-Kirche-Verhältnisses befaßt. Nach kurzer Tätigkeit als Regierungsdir. des brandenburgischen Finanzministeriums (1945–47) oblag ihm die Bearbeitung kirchlicher Angelegenheiten im Volksbildungsministerium. Nach seiner Entlassung war G. zunächst Brandenburger Domkurator, dann von 1950 bis 1952 Hauptabteilungsleiter für die Verbindung zu den Kirchen in der Regierungskanzlei der DDR. 1953–54 versah er seinen Dienst als Oberkonsistorialrat in Berlin-Brandenburg. 1954 siedelte G. nach Magdeburg über, wo er als Nachfolger von → Bernhard Hofmann bis zu seiner Pensionierung 1958 als Konsistorialpräsident wirkte. Im Ruhestand bekleidete er zahlreiche Nebenämter, so weiterhin das des Domkurators in Brandenburg, das des kommissarischen Leiters der Kirchenkanzlei in Berlin und des Stiftshauptmanns in Heiligengrabe. Als Jurist stand G. wechselseitig im Dienst des Staates und der Kirche, in deren Spannungsfeld er zeitlebens unter z. T. schwierigsten Bedingungen arbeitete. Sowohl in der Weimarer Zeit, im Dritten Reich als auch in der DDR war er dabei Anwalt der Kirchen. So auch in Magdeburg. Als Konsistorialpräsident klagte er immer wieder energisch die Rechte der Kirche aus staatl. Unterstützung ein. Ende der 1950er Jahre traf G. angesichts sich zuspitzender Verhältnisse eine unglückliche Entscheidung, die seiner Karriere fast ein jähes Ende gesetzt hätte. Zusammen mit dem Finanzreferenten → Siegfried Klewitz versuchte er, in West-Berlin befindliches DDR-Geld der Kirche wegen des staatl. angeordneten Notenbankwechsels vor der drohenden Entwertung zu schützen und in die DDR einzuschleusen. Am 13.10.1957 brachten G. und Klewitz etwa 400.000 DM der *Dt. Notenbank* (Ausgabe 1948) von West-Berlin nach Magdeburg. Gut 100.000 Mark wurden an verschiedene Mitarbeiter in und um Magdeburg zum Umtausch verteilt, den Rest des Geldes deponierte G. auf dem Dachboden seiner Wohnung im Ulmenweg 8. Der Geldtransfer wurde jedoch bekannt und das Geld auf dem Dachboden G.s gefunden. G. wurde verhaftet und der Fall von Seiten der DDR zu einem Schauprozeß ausgebaut. Antikirchliche Flugbll. und Schmähschriften wurden im großen Stil unter die Leute gebracht. G. wurde wegen Anstiftung zum Betrug und Verstoßes gegen das Devisengesetz zu zweieinhalb Jahren Haft und 10.000 Mark Strafe verurteilt. Die Haftstrafe wurde nach drei Monaten hauptsächlich wegen des hohen Alters G.s auf drei Jahre zur Bewährung ausgesetzt. Die Kirche stellte sich weiter hinter ihn, und so blieb G. bis zu seiner Pensionierung im Amt. Der Fall G. löste besonders in Westdtl. große Empörung aus, zumal die Bitte des späteren Bundespräsidenten Gustav Heinemann, G. verteidigen zu dürfen, vom DDR-Justizministerium rigoros abgelehnt wurde. Nach 1958 war er wiederum Domkurator zu Brandenburg und wirkte von 1961 bis 1971 als Jurist und Referent in der Kirchenkanzlei der EKU.

L: Gerhard Besier, Der SED-Staat und die Kirche, 1993, *337ff.*; ders. (Hg.), „Pfarrer, Christen und Katholiken". Das MfS und die Kirchen, 1992, *12, 900*; Frédéric Hartweg (Hg.), SED und Kirche. Eine Dokumentation ihrer Beziehungen, 1995, *583*; Ehrhard Neubert, Gesch. der Opposition in der DDR 1949–1989, 1997, *76*; Clemens Vollnhals, Die Kirchenpolitik von SED und Staatssicherheit. Eine Zwischenbilanz, ²1997, *140–143*; AKPS: AZ A 139 I.

Matthias Neugebauer

Grünewald, Wilhelm
geb. 15.02.1814 Hundisburg, gest. 16.10.1877 Neuhaldensleben, Porzellanmaler.

Der Sohn des Mittelmüllermeisters Wilhelm G. soll von Geburt an taubstumm gewesen sein und kam daher, obwohl einziger Sohn, für die Übernahme des väterlichen Betriebes nicht in Frage. Wohl wegen seiner künstlerischen Begabung wurde er Maler in der 1824 gegründeten Porzellanmanufaktur von → Johann Gottlob Nathusius in Althaldensleben und spezialisierte sich hier auf die Darstellung von Landschaften und Ortsansichten. Nach Stillegung der Manufaktur 1851 siedelte er nach Neuhaldensleben über, wo er zunächst in einem Porzellangeschäft einer Frau Becker, später in der *Siderolithfabrik Lonitz* tätig war. In Neuhaldensleben bemalte (veredelte) er Porzellan auswärtiger Manufakturen und schuf zahlreiche Temperabilder. Seine Darstellungen vermitteln ein anschauliches Bild der Biedermeierzeit und der folgenden Jahrzehnte.

Ulrich Hauer

Grunewald, Gottfried
geb. 20.01.1857 Quenstedt bei Eisleben, gest. 25.04.1929 Magdeburg, Chordirigent, Komponist, Musikpädagoge, Kgl. Musikdir.

Der Sohn des Kaufmanns Gottlob G. besuchte die Volksschule in Quenstedt. Auf Wunsch des Vaters begann er eine Lehrerausbildung in Eisleben, die er bald zugunsten der Musik abbrach. Er nahm Unterricht in Musiktheorie (Kantor Kopehl) und eignete sich autodidaktisch das Violoncellospiel an. Von 1873 bis 1876 lernte er an der Großhzgl. Orchester- und Musikschule Weimar (Max Meyer-Olbersleben, Karl Müller-Hartung). Nach fünfjährigem Militärdienst als Musiker im 26. Infanterieregiment Magdeburg ließ er sich daselbst nieder. In Magdeburg wirkte G. ab 1882 als Musiklehrer, Violoncellist, Chordirigent und Kapellmeister. 1901 gründete er den Orchesterverein *Philharmonie*, nachdem er sich erfolglos um die Nachfolge → Fritz Kauffmanns als Dirigent der Magdeburger Gesellschaftskonzerte beworben hatte. Er leitete von 1911 bis 1924 die *Erste Magdeburger Liedertafel* (gegr. 1819). 1910 wurde er zum Kgl. Musikdir. ernannt. G. war langjähriger Leiter der Gesangsgruppe des *Dt. Handlungsgehilfenverbandes*, des *Schwarzschen Männergesangsvereins*, des Chores der Dt.-Reformierten Kirche, des *Graphischen Gesangsvereins* sowie der *Verbündeten Männergesangsvereine*. Des weiteren wirkte er auch als Musikpädagoge (Klavier, Violoncello) im Musikinst. von Hermann Fischer. Den Schwerpunkt in seinem Schaffen bilden Kompositionen für Männer- und gemischten Chor. Seine Opern basieren auf spätromantischen, teils mystischen Stoffen (z. B. „Die Brautehe"). Er verwendet ein überaus großbesetztes „romantisches" Orchester, dessen Klangfarbenreichtum er ausschöpft. In seiner Vorliebe für Tonmalerei und dichterische Programme (z. B. in Legende für Streichorchester „Vineta", Vorspiel zu „Astrella", die dramatische Orchester-Chor-Ballade „Des Sängers Fluch") scheint er von Liszt beeinflußt. Auch der Harmonik und Orchesterbehandlung → Richard Wagners war G. verpflichtet. Der Reger-Schüler → Gerhard Dorschfeldt notierte 1939 über G.s Musik: „Wer die Partituren seiner Orchesterwerke kennt, wird über das Kolorit der aparten Klangfarben, über die technisch-virtuose, dort stets vornehme Behandlung seiner großen Chorensembles, und über die geistig hochwertige Erfindungskraft dieses ungemein begabten Künstlers erstaunt sein." → Sigfrid Karg-Elert lobte das „dramatische Talent" des „geborenen Bühnenkomponisten" und schilderte ihn als „vornehm zurückhaltende Künstlernatur".

W: Die Brautehe, Ms. o. J. (Oper, Umtextierung von Astrella, UA Magdeburg 1904); Der fromme König, Ms. o. J. (Oper, UA Magdeburg 1905); Mozartouvertüre (für Orchester), Ms. o. J.; Die Jungfrau von Orleans (für Orchester), Ms. o. J.; Gutenberghymne (für Männerchor und Orchester), Ms. o. J.; Totenfeier (für gemischten Chor und Orchester), Ms. o. J.; 100. Psalm für gemischten Chor, Orchester und Orgel, Ms. o. J.; Lieder. – Drucke: Klavierauszug, 1895 (Das im Dt. Musiker-Lex. angegebene Datum der UA 25.12.1902 ist anzuzweifeln); Astrella (Oper in einem Akt von Carl Tannenhofer, o. J.; Vineta (Legende für Streichorchester), o. J.; Des Sängers Fluch (für Männerchor mit Orchester), o. J. (UA unter → Gustav Schaper durch den Magdeburger Lehrer-Gesang-Verein, vor 1903); Freiheitshymnus (für Chor), o. J. (UA ebd.); Harald (für Männerchor und Orchester), o. J. (UA ebd.); Choralsänge für Pianoforte, Harmonium oder Orgel, o. J.; zahlreiche Chorsätze. – **N:** Zentrum für Telemann-Pflege und -Forschung Magdeburg. – **L:** Riemann 1, ¹¹1929, *670*; Riemann 1, ¹²1959, *689f.*; Erich H. Müller (Hg.), Dt. Musiker-Lex., 1929, *459*; Sigfrid Karg-Elert, G. G. Eine kritische und biogr. Skizze, in: Die Musikwoche, H. 32, 1903, *306–310*, Gerhard Dorschfeldt, Ein vergessener Magdeburger Tondichter. Zum zehnjährigen Todestag von Musikdir. G. G. in: Der Mitteldt., Nr. 111, 23.04.1939 (**B**); Dagmar Kähne, Untersuchungen zu biogr. Angaben von Sigfrid Karg-Elert im Zusammenhang mit dem Musikleben um 1900 in Magdeburg, in: Mittlgg. der Karg-Elert-Ges., 1993/94, *27–57*.

Ralph-J. Reipsch

Gruson, Heinrich Ludwig *Otto*
geb. 06.01.1831 Magdeburg, gest. 15.06.1886 Magdeburg, Ing., Firmengründer.

G. wurde als fünftes Kind des Ing.-Hauptmanns → Louis Abraham G. geb. Er besuchte die Realschule der Franckeschen Stiftung in Halle und anschließend in seiner Vaterstadt die höhere Gewerbe- und Handelsschule. Seinen Militärdienst leistete er 1849/50 als Einjährig-Freiwilliger in der 3. Pionierabt. in Magdeburg ab. 1850 begab er sich nach Berlin, wo er unter der Anleitung seines Bruders → Hermann G. in der Maschinenfabrik von Friedrich Wöhlert den Beruf eines Maschinenbauers erlernte. 1855 verließ G. Berlin, um eine Stelle als Mitarbeiter in der Maschinenfabrik von Ernst Hofmann in Breslau anzutreten. Nach wenigen Wochen in diesem kleinen Unternehmen arbeitete er mehrere Monate als Assistent des Obermaschinenmeisters der Oberschlesischen Eisenbahn. Vom 01.06.1856 an bekleidete er die Stellung eines Maschinenmeisters bei der neueröffneten Berlin-Posener Eisenbahn. 1858 wurde G. im Eisenbahndienst von Lissa nach Kattowitz beschäftigt und 1860 nach Stargard in Pommern versetzt. Dort leitete er sieben Jahre die Eisenbahn-Werkstätten mit 250 Arbeitern. 1867 folgte er einem Angebot seines Bruders Hermann, in dessen Maschinenfabrik in Buckau bei Magdeburg eine verantwortungsvolle Aufgabe zu übernehmen. Das anfänglich gute Verhältnis zwischen den Brüdern trübte sich nach wenigen Jahren, und es kam zu Auseinandersetzungen. Deshalb schied G. 1870 aus dem Unternehmen aus. Nach einigen fehlgeschlagenen Versuchen, eine neue angemessene Stellung zu finden, gründete G. mit Unterstützung des Magdeburger Maschinenbau-Industriellen → Rudolf Wolf in Buckau eine eigene Eisengießerei. 1871 nahm das Unternehmen, das am Markt unmittelbar erfolgreich war, mit dem ersten Guß von Zahnrädern seinen Betrieb auf. G. rationalisierte in der Folge die ehemals mit Holzmodelen arbeitende Zahnradherstellung auf entscheidende Weise und stellte erste Zahnradformmaschinen auf. Ab 1873 erfolgte vorwiegend die Herstellung von Zahnrädern aller Größen zwischen 50 und 7.000 mm mit einem Stückgewicht bis zu 25.000 kg. Die Fa. war mit einem Bestand von mehr als 60 Zahnradformmaschinen eine der größten ihrer Art weltweit. Nach G.s Tod übernahm sein Sohn Otto G. (geb. 17.12.1863 Stargard/Pommern) die Leitung des sich gut entwickelnden Unternehmens und begann 1893 mit der Stahlgießerei. Er baute die Fa. *O. G. & Co., Magdeburg-Buckau* zu einem weltweit führenden Stahlformgußhersteller aus. Das Unternehmen, das 1904 die Produktion von Automobilteilen und Motorgehäusen aus einer Aluminiumlegierung („Albidur") aufnahm, fertigte neben verschiedenen anderen Halbfabrikaten auch komplette Antriebe in öldichten Gehäusen für den Maschinenbau sowie Stocklose und Stockanker für die Fluß- und Seeschiffahrt. Neben der Gießerei umfaßte der Betrieb auch eine Modelltischlerei, eine Gußputzerei und verschiedene Bearbeitungswerkstätten. Produkte wurden in zahlreiche europäische Länder sowie nach Japan und in die Sowjetunion exportiert. Die Fa. *O. G. & Co., Magdeburg-Buckau* fusionierte 1930 mit der *Maschinenfabrik Buckau R. Wolf AG*.

L: Ernst G., Gesch. der Fam. G., 1924, *87f.* (*B*); Sabine Ullrich, Industriearchitektur in Magdeburg, 1999; – B: *LHASA.

Manfred Beckert

Gruson, Helene, geb. Hildebrandt
geb. 10.11.1853 Magdeburg, gest. n. e., Stifterin.

G., Tochter des Magdeburger Superintendenten → Friedrich Wilhelm Hildebrandt, war die zweite Ehefrau des Unternehmers → Hermann G. (seit 1889). Sie erfüllte im Februar 1895 zusammen mit dem erstgeb. Sohn des G. aus erster Ehe, Dr. Hermann G., den letzten Wunsch ihres verstorbenen Ehegatten und übergab dessen seltene Pflanzenslg., einschließlich der Gewächshäuser, der Stadt Magdeburg. Die Stiftung war an die Bedingungen geknüpft, daß diese Pflanzenslg. für alle Zeiten den Namen ihres Ehemannes tragen, freie Eintrittstage für jeden geschaffen und die bis dato beschäftigten Gärtnerlehrlinge bis zur Beendigung ihrer Lehrzeit übernommen werden sollten. Um der Stadt die Annahme des Geschenkes zu erleichtern, spendeten sie und der Sohn je 50.000 Mark. G. verheiratete sich noch einmal 1897 mit dem Kommerzienrat Ernst Meyer in Hannover und ein weiteres Mal 1906 mit Generalmajor Erhard Hentschel in Pulsnitz, zuletzt tätig in der Zeugmeisterei Dresden.

L: Dt. Geschlechterbuch, Bd. 39, *408*; Ehrenbürger der Stadt Magdeburg, hg. von der Landeshauptstadt Magdeburg, 1994, *33*; Grabinschriften auf Magdeburger Friedhöfen. Frauenprojekt im Amt für Gleichstellungsfragen der Stadt Magdeburg, Ms. o. J. (StadtA Magdeburg).

Kristina Ziegler

Gruson, *Hermann* **August Jacques**
geb. 13.03.1821 Magdeburg, gest. 30.01.1895 Magdeburg, Ing., Industrieller, Firmengründer.

G. wurde als ältester Sohn des Premierleutnants im Ingenieurcorps → Louis Abraham G. im Wohnhaus der Fam. in der Magdeburger Zitadelle geboren, die zu dieser Zeit auch als Staatsgefängnis diente. Trotz der düsteren Umgebung verlebte G. eine weitgehend unbeschwerte Kindheit und Jugendzeit. Nach der Vorbereitung durch einen Hauslehrer wurde G. Schüler des Domgymn. Da ihn aber die „Realien" mehr als die alten Sprachen Griechisch und Hebräisch interessierten, wechselte er zur Gewerbe- und Handelsschule, dem späteren Realgymn., wo er 1839 das Reifezeugnis erhielt. Nach dem einjährigen Militärdienst bei einer Pioniereinheit begab sich G. nach Berlin, um an der Univ. vor

allem mathematische und naturwiss. Vorlesungen, u. a. auch bei seinem Großonkel → Johann Philipp G., zu besuchen. Außerdem – und das war für seinen weiteren Lebensweg wesentlich bedeutsamer – trat er als Volontär in die Maschinenfabrik von August Borsig ein. G. lernte die Praxis des Maschinenbaus von Grund auf kennen. Er arbeitete fünf Jahre in allen Werkstätten des Borsigschen Unternehmens. Neben dem eigentlichen Maschinenbau befaßte er sich auch mit Fragen des Gießereiwesens, besonders des Eisengusses. Mit dem „Lokomotivkönig" verband ihn ein persönliches Verhältnis, das auf die zwischen diesem und seinem Vater Louis Abraham G. bestehenden freundschaftlichen Beziehungen zurückging. G. verkehrte in der Villa von Borsig und empfing dort manche Anregung; so wurde sein Interesse an der tropischen und subtropischen Pflanzenwelt durch die botanischen Slgg. geweckt, die in dem zum Wohngrundstück gehörenden großzügig angelegten Gewächshaus zu bewundern waren. Am Ende seiner Tätigkeit in der Maschinenfabrik stellte ihm Borsig ein glänzendes Zeugnis aus, in dem er G. sehr gute theoretische Kenntnisse und praktisches Können bescheinigte und als eine besondere Leistung die eigenverantwortliche Montage einer Lokomotive anführte. Von 1843 bis 1851 arbeitete G. als Maschinenmeister bei der Berlin-Hamburger Eisenbahn. Die Stellung hatte er der Vermittlung von Borsig zu verdanken, der darauf achtete, daß seine ehemaligen Mitarbeiter solche Positionen bei den Eisenbahnges. einnehmen, in denen sie über alle technischen Investitionen, z. B. über die Anschaffung neuer Lokomotiven, zu entscheiden hatten. Am 01.02.1851 trat G. als Obering. in die Maschinenfabrik von Friedrich Wöhlert in Berlin ein. Seine Nachfolge als Maschinenmeister bei der Berlin-Hamburger Eisenbahn übernahm wenig später sein vier Jahre jüngerer Bruder Gustav Louis G., dessen beruflicher Werdegang ähnlich dem seinen verlaufen war und der ebenfalls zuletzt als Volontär in der Maschinenfabrik von Borsig den praktischen Maschinenbau kennengelernt hatte. Drei Jahre später verließ G. Berlin und kehrte nach Magdeburg zurück. Zu diesem Schritt veranlaßten ihn vor allem familiäre Gründe. Sein Vater lebte nach dem Tod der Mutter allein und hatte nach dem Verlust seiner Position bei der staatlichen Eisenbahn auch keine neue berufliche Aufgabe übertragen bekommen. Es ist sicher, daß G. in Berlin persönliche Beziehungen mit Schülern und Absolventen des Kgl. Gewerbeinst. verbanden, denn als 1856 der an dieser Bildungseinrichtung bestehende Verein *Hütte* in dem kleinen Harzort Alexisbad den *VDI (Verein Dt. Ing.)* gründete, gehörte G. zu denjenigen, die der Gründungsverslg. schriftlich ihren Beitritt mitteilten. In die Berliner Zeit fiel auch ein Ereignis, das die menschlichen Qualitäten von G. bezeugt. Die Berliner Polizeibehörde bescheinigte am 23.09.1848, daß G. im November des vorangegangenen Jahres unter Einsatz seines Lebens einen Jungen vor dem Tod durch Ertrinken rettete. Dafür erhielt er die Lebensrettungsmedaille, seine erste offizielle Auszeichnung, auf die er mit Recht Zeit seines Lebens besonders stolz war. In Magdeburg übernahm G. 1854 die Stellung des technischen Dir. der Maschinenfabrik der *Vereinigten Hamburg-Magdeburger Dampfschiffahrtsges.* Bereits ein Jahr später, am 01.06.1855, eröffnete er eine eigene Maschinenfabrik und Gießerei mit Schiffswerft. An der Einmündung der Sülze in unmittelbarer Nachbarschaft zur Maschinenfabrik Buckau errichtete er die ersten Werkstätten und einen Schiffsbauplatz. In der zweiten Hälfte der fünfziger Jahre setzte eine allgemeine wirtsch. Rezession ein. Viele Unternehmen gingen in Konkurs, lediglich Aufträge für die Gießerei bewahrten seine Fa. vor diesem Schicksal. Er hatte sich seit längerem mit dem Hartguß befaßt, einem Gußeisen von außergewöhnlicher Härte und Verschleißbeständigkeit. G. gelang es durch Gattieren, d. h. Mischen verschiedener Roheisensorten, einen besonders festen Hartguß zu erzeugen und seinem, wie er es ausdrückte, „eigentümlichen Eisen mit der Härte des Gußstahls und der zehnfachen Festigkeit des Gußeisens" neue Anwendungsgebiete zu erschließen. Er stellte neben einigen Eisengießereien in England und den USA als einer der ersten Herz- und Kreuzungsstücke für Schienenanlagen aus verschleißfestem Hartguß her, deren Einsatz bei der *Magdeburg-Halberstädter Eisenbahn* die Erwartungen übertraf. Bald häuften sich in seiner Fa. die Bestellungen der Eisenbahnges. G. suchte nach weiteren Anwendungen und machte es „zu seiner Lebensaufgabe, alle Produkte, die von Hartguß gefertigt werden können, anzufertigen". Anfang der sechziger Jahre begann G., Panzergeschosse aus Hartguß herzustellen. In von den preuß. Militärbehörden veranstalteten Schießversuchen erwiesen sich die Hartgußgeschosse den üblichen Stahlgeschossen überlegen. G. erschloß dem Hartguß aber noch weitere militärtechnische Anwendungen. 1869 führte er auf dem Schießplatz Berlin-Tegel seinen ersten Hartguß-Panzerstand dem preuß. Kriegsminister und hohen Militärs vor. Der Artilleriebeschuß bestätigte die Eignung des Hartgusses auch für diesen Zweck. Die Fabrikräume an der Sülze reichten bald nicht mehr aus, und G. ließ von 1869 bis 1871 neue moderne Werkstätten an der Marienstraße in Buckau errichten. Hier wurden u. a. die mächtigen Hartgußpanzertürme und -geschützstände für die Küstenbefestigung des italienischen Kriegshafens Spezia hergestellt. An den technischen Erfolgen hatte sein Mitarbeiter → Max Schumann, Ingenieuroffizier und Experte für gepanzerte Befestigungen, einen bedeutenden Anteil. Zwangsläufig ergab sich durch die Übernahme der Schumannschen Lafettenkonstruktionen die Notwendigkeit, eigene Geschütze zu entwickeln und zu bauen. Bald gehörten Schnellfeuerkanonen und -haubitzen sowie Mörser zum Lieferprogramm des Grusonwerkes. Die gute Auftragslage erforderte eine weitere Vergrößerung der Produktionsanlagen. Um über die notwendigen finanziellen Mittel zu verfügen, wurde 1886 das Grusonwerk in eine AG umgewandelt, in der G. als erstes Vorstandsmitglied die Leitung behielt. Ein firmeneigener großer Schießplatz mit einer 10 km langen Schießbahn entstand in der Nähe von Tangerhütte. Dort fanden vom 22. bis 27. September 1890 vor Vertretern aller Militärstaaten der Welt, mit Ausnahme Frankreichs, Vorführungen aller militärtechnischen Erzeugnisse des Grusonwerkes statt. Die Veranstaltung wurde für G. zu einem großen wirtsch. Erfolg. Außer militärtechnischen Erzeugnissen lieferte G. nach wie vor Hartgußteile für den Eisenbahn- und Straßenbahnbetrieb. Zum festen Herstellungsprogramm gehörten fernerhin Walzenmühlen, Zerkleinerungsmaschinen komplette Erzaufbereitungsanlagen sowie Hebezeuge und Transporteinrichtungen. Der politisch konservativ eingestellte G. verhielt sich in sozialen Fragen gegenüber der Arbeiterschaft verständnisvoller als viele andere Unternehmer seiner Zeit. Ein Schlüsselerlebnis, das ihn in dieser Haltung nach seinen eigenen Bekundungen bestärkte, war der einzige Streik in seinem Unternehmen, der sich 1859 ereignete. G. nahm dieses Ereignis als ein Zeichen, in seinem Unternehmen eine von der wirtsch. Entwicklung abhängige sozial zuträgliche Lohnpolitik zu betreiben. Tatsächlich kam es unter seiner Leitung zu keinem weiteren Streik. Neben vielen persönlichen Zuwendungen und Darlehen unterstützte G. seine Mitarbeiter auch durch Stiftungen, die laut testamentarischer Verfügungen auch nach seinem Tod bestehen blieben. Am 01.07.1891 schied G. aus dem Vorstand des Unternehmens aus. Als Privatmann verfolgte er aufmerksam die weitere Entwicklung und erlebte zwei Jahre später auch die Übernahme des Grusonwerkes in den Krupp-Konzern. Zeitlebens interessierte sich G. für die Naturwiss., besonders fesselte ihn das Gebiet der Astronomie. Tiefgründig befaßte er sich mit dem Zodiakallicht, einer pyramidenförmigen Aufhellung, die im Frühjahr am westlichen Himmel kurz nach Sonnenuntergang und im Herbst am Himmel im Osten kurz vor Sonnenaufgang manchmal zu sehen ist. Die Ergebnisse seiner langjährigen Beobachtungen dieses Phänomens veröffentlichte er 1893 unter dem Titel „Im Reiche des Lichts". Dieser Publikation blieb, ebenso einer überarbeiteten Nachauflage, ein zufriedenstellender Erfolg versagt. Auf einem anderen naturwiss. Gebiet, der Botanik, fand G. dagegen viel Anerkennung. Die fremdartige Schönheit tropischer Pflanzen hatte es ihm angetan. Er richtete für verschiedene Pflanzenspezies aus den tropischen und subtropischen Gegenden der Erde Gewächshäuser ein. Seine besondere Aufmerksamkeit galt den Kakteen. Seine Kakteenslg. war bald die größte und reichhaltigste in Europa. Bei den Fachleuten galt G. als exzellenter Kenner, dem die Kakteenzucht neue Erkenntnisse verdankte. Zwei Kakteen, der „Grusonia bradtiana" und der „Echinocactus grusonii", wurden nach ihm benannt. G. erhielt zahlreiche Auszeichnungen, Orden, Ehrentitel und Ehrenmitgliedschaften, seine Vaterstadt Magdeburg verlieh ihm die Ehrenbürgerschaft.

L: Max Geitel, H. G. – der Begründer des Grusonwerkes, 1891; Georg G., Gesch. der Fam. G., 1924; Conrad Matschoß, Männer der Technik, 1925, 97; → Max Dreger, H. G. – ein Pionier dt. Ingenieurkunst. Beiträge zur Gesch. der Technik und Industrie, Bd. 16, 1925, 67–93; Vf., H. G. – Ein Magdeburger Ing. und Unternehmer, 1995. – B: *StadtA Magdeburg.

Manfred Beckert

Gruson (Grüson, Grueson, Gruzon), **Johann** (Jean, Jan) **Philipp**, Prof. Dr. phil.
geb. 02.02.1768 Neustadt bei Magdeburg, gest. 16.11.1857 Berlin, Bau-Konduktcur, Mathematiker, Universitätsprofessor.

Über die Schul- und Ausbildungszeit von G. ist nichts bekannt. 1787 wurde er als Bau-Konduktcur an der Kriegs- und Domänenkammer Magdeburg angestellt und 1794 als Prof. der Mathematik an das Kgl.-Preuß. Kadettenkorps nach Berlin versetzt. 1798 wurde er o. Mitglied der Académie Royale des Sciences et Belles Lettres á Berlin, lehrte ab 1799 als Prof. an der Bauakad., hielt von 1811 bis 1850 Vorlesungen an der Univ. Berlin, arbeitete von 1813 bis 1819 erfolgreich an militärischen und zivilen Chiffrier- und Dechiffrieraufgaben, unterrichtete von 1817 bis 1834 Mathematik und Physik am Franz. Gymn. in Berlin und war einige Jahre Sprecher der Mathematiker der Akad. Die Univ. Berlin prom. ihn 1816 „unter Verzicht auf die statuarischen Leistungen" zum Dr. phil. und berief ihn zum Extraordinarius. G. wurde 1819 zum Geh. Kgl. Preuß. Hofrat ernannt, 1827 erfolgte seine Emeritierung am Kadettenkorps, und 1837 wurde er als „Veteran der Akad." geehrt. Seine umfangreiche Publikationstätigkeit umfaßt 30 Artikel (erste Abh. 1787, erste bei der Akad. eingereichte Arbeit über

Theorie der Parallellinien 1792), 43 Bücher und 10 Tabellenwerke. Die Artikel beschäftigen sich mit Problemen aus Geometrie, Zahlentheorie und Analysis. Die meisten Buchveröffentlichungen waren für die von ihm Auszubildenden: Angehörige des Kadettenkorps, Schüler und Studenten gedacht. Nur noch in Katalogen nachweisbar sind zwei Bücher zu ökonomischen Problemen der Felderteilung. Bemerkenswert sind sieben Übersetzungen von Büchern bekannter Mathematiker (Euler, Lacroix, Lagrange, Saunderson, Leslie, Colberg und Mascheroni) aus dem Franz. ins Deutsche, die von ihm jeweils inhaltlich bearbeitet und ergänzt wurden. Als bildend und unterhaltend und zugleich als Beitrag zur Kulturgesch. ist das zweibändige Werk „Enthüllte Zaubereyen und Geheimnisse der Arithmetik, zum Vergnügen und Nutzen" (2 Bde, 1796–1800) anzusehen. Die Tabellenwerke dienten als Hilfsmittel beim praktischen Rechnen; sie enthalten Multiplikations- und Divisionstafeln in verschiedenen Zahlsystemen, Faktorentafeln, Umrechnungstabellen für die Einführung eines neuen Münzsystems. G. verbesserte die Neperschen Rechenstäbe und erfand noch in Magdeburg eine Rechenmaschine (1790). Er war Lehrer, Autor, Übersetzer, Hg., Erfinder und sicher einer der ersten erfolgreichen Streiter für Anwendungen der Mathematik „im gemeinen Leben".

W: s.o.; Beschreibung und Gebrauch einer neu erfundenen Rechenmaschine, 1791; Pinakothek oder Slg. allg. nützlicher Tafeln für Jedermann, 1798. – **N:** Archiv der Berliner Akad. der Wiss.; Archiv der Humboldt-Univ. Berlin. – **L:** ADB 10, *65f.*; Wilhelm Koner, Gelehrtes Berlin im Jahre 1845, 1846 (**W**); Johann C. Poggendorff, Biogr.-lit. Handwörterbuch, Bd. 1, 1863; → Henri Tollin, Gesch. der franz. Colonie zu Magdeburg, Bd. III, 1894; Adolf von Harnack, Gesch. der Kgl.-Preuß. Akad. der Wiss. zu Berlin, 1900; Max Lenz, Gesch. der Friedrich-Wilhelms-Univ. zu Berlin, Bd. 1, 1910; Ernst G., Aus den Tagen unserer Vorfahren, 1924; Wilhelm Lorey, Aus der mathematischen Vergangenheit Berlins, Sitzungs-Berichte der Berliner Mathematischen Ges. 1950/51; Kurt-R. Biermann, Die Mathematik und ihre Dozenten an der Berliner Univ. 1810–1833, 1988; Vf./Reinhard Buchheim, Die Rechenmaschine von J. P. G., in: Wiss. Zs. der TU Magdeburg 36, 1992, *102–105* (***B***); Vf., Ein Protagonist für Anwendungen der Mathematik, in: Mathematisches Bulletin Nr. 7, Hg. Fakultät für Mathematik, Univ. Magdeburg, 1997 (**B**). – **B:** Fs. zur Feier des 200jährigen Bestehens des Kgl. Franz. Gymn. Berlin, 1890.

Karl Manteuffel

Gruson, Louis Abraham
geb. 19.12.1793 Neustadt bei Magdeburg, gest. 25.04.1870 Magdeburg, Ing.-Major.

G., Sohn des Färbers und Ratmannes Jacob G., entstammte einer Fam., die zur 1689 von Glaubensflüchtlingen gegründeten Pfälzer Kolonie in Neustadt bei Magdeburg gehörte. 1809 trat er als Kadett in die Armee des von Napoleon gegründeten Königreichs Westfalen ein. Er besuchte die Artillerie- und Genieschule in Kassel und wurde im Januar 1813 zum Seconde-Leutnant befördert. Nach der Niederlage Napoleons bei Leipzig und der Auflösung des Königreichs Westfalen trat G. als Infanterieleutnant in ein preuß. Landwehrregiment ein und nahm an den Feldzügen 1814 und 1815 in Frankreich teil. 1818 wurde er als Premierleutnant in die preuß. 2. Ing.-Brigade übernommen. Im gleichen Jahr heiratete er die Tochter eines Magdeburger Kaufmanns. Das Ehepaar bezog eine Dienstwohnung in der zu den Festungsanlagen von Magdeburg gehörenden Zitadelle. Frühzeitig setzte sich G. für die Entwicklung des Eisenbahnwesens ein. 1835 berief ihn der Magdeburger Oberbürgermeister → August Wilhelm Francke als Ehrenmitglied in das in Magdeburg gebildete Eisenbahnkomitee für den Bau einer Eisenbahn Magdeburg-Köthen-Halle-Leipzig. G. wurde laut kgl. Kabinettsorder neben August Borsig und → Victor von Unruh 1837 in eine von der preuß. Reg. eingesetzten Kommission berufen, die sich über Eisenbahn-Angelegenheiten in den dt. Bundesstaaten, in England und in den anderen europäischen Staaten sowie in den Vereinigten Staaten von Amerika informieren sollte. 1838 schied G. als Ing.-Major aus dem Militärdienst aus und übernahm eine Stelle als Obering. beim Bau der Eisenbahn von Magdeburg nach Leipzig. Auf der unter seiner unmittelbaren Leitung gebauten Teilstrecke Magdeburg-Schönebeck fuhr am 9. Juni 1839 der erste Zug. G. wechselte die Stellung, folgte einem sehr günstigen Angebot der preuß. Reg. und trat im April 1840 als Postkommissar für eine geplante Eisenbahnlinie Halle-Kassel-Lippstadt in den preuß. Postdienst. Er war noch mit den Vorarbeiten befaßt, als man den Plan für diese staatl. Eisenbahnlinie wieder fallen ließ. Nachdem verschiedene Versuche, G. mit einer anderen, seinen Fähigkeiten angemessenen Aufgabe zu betrauen, fehlgeschlagen waren, wurde er pensioniert. Er begann sich mit den Naturwiss. zu beschäftigen und studierte gründlich die entsprechende zeitgenössische Lit., insbesondere Alexander von Humboldts Schriften. Über die Ergebnisse seiner langjährigen Studien verfaßte er mehrere Ms. und 1854 ein Buch. Drei seiner Söhne wurden Ingenieure, zu ihnen gehörten die bedeutenden Industriellen → Hermann und → Otto G., ein Sohn fiel als Berufsoffizier im Krieg von 1870/71.

W: General-Karte von der zwischen Magdeburg über Halle nach Leipzig projectierten Eisenbahn, 1836 (Entwurf G.); Blicke in das Universum mit spezieller Beziehung auf unsere Erde, 1854. – **L:** Ernst G., Gesch. der Fam. G., 1924, *47–65*.

Manfred Beckert

Grzimek, Waldemar
geb. 05.12.1918 Rastenburg, gest. 26.05.1984 Berlin, Bildhauer, Graphiker, Schriftsteller.

1924 übersiedelte G. mit seiner Fam. nach Berlin. Nach ersten künstlerischen Arbeiten in Kindheit und Jugend (Tierplastiken) wurde Richard Scheibe 1936 auf ihn aufmerksam. 1937 begann G. eine Steinmetzlehre und dann ein Studium an der Hochschule der Bildenden Künste (HBK) in Berlin. 1941 wurde er Meisterschüler bei Wilhelm Gerstel, ein Jahr später erhielt er ein Rom-Stipendium. Von 1946–48 nahm er eine Lehrtätigkeit an der Burg Giebichenstein in Halle und ab 1948 eine Professur an der HBK Berlin-Charlottenburg wahr. 1957 folgte er einer Berufung an die Hochschule für bildende und angewandte Kunst in Berlin-Weißensee. 1961 übersiedelte G. nach Westdtl. und nahm einen Ruf an die TH Darmstadt an. Er lebte in Westberlin und Darmstadt. G. hinterließ ein bedeutendes bildhauerisches, zeichnerisches und auch schriftstellerisches Werk und pflegte Bekanntschaften und Freundschaften mit vielen namhaften Künstlern, u. a. mit → Gerhard Marcks. G. schuf eine Vielzahl figürlicher Plastiken unterschiedlicher Größe sowie Porträts und Denkmalsplastiken, oft in szenisch-belebtem Ausdruck. In Magdeburg fand 1958 eine große Personalausstellung statt. Seither kam es zu einem stetigen Kontakt zwischen dem Künstler und dem Magdeburger Kunstmus. Zwischen 1972 und 1977 realisierte er einen langgehegten Wunsch, indem er die künstlerische Gestaltung eines Portals (Südseite) für die Klosterkirche vom Kloster U. L. F. in Magdeburg mit dem Titel „Gefahren und Kreatur" in die Tat umsetzte.

W: Heinrich-Heine-Denkmal, Ludwigsfelde/Berlin, 1953–1956; Sachsenhausen-Mahnmal, 1960; Werke in der Slg. Dt. Bildhauerkunst des 20. Jh. im Kunstmus. Kloster U. L. F. Magdeburg. – **L:** Vollmer 2, 1955, *327*; Eberhard Roters, Der Bildhauer W. G., 1979 (*W*); Raimund Hoffmann, W. G., 1989; W. G. Plastik, Zeichnungen, Graphik, Kat. zur Ausstellung im Kloster U. L. F. Berlin und Magdeburg, 1989; Vf., Die Entstehung der fünf Bronzetürreliefs, in: Kloster U. L. F. Magdeburg. Stift, Pädagogium, Mus., 1995, *289–297*.

Renate Hagedorn

Gude, Hugo *Hermann*, Dr. med. vet.
geb. 05.09.1880 Ragnit/Kr. Tilsit, gest. 14.05.1950 Wolmirstedt, Tierarzt, Veterinärrat, Ornithologe.

Der Sohn des Baumeisters Ferdinand G. studierte nach dem Schulbesuch von 1900 bis 1906 Veterinär-Med. in Hannover, Berlin und München. Anschließend arbeitete er als Tierarzt in Mecklenburg, Kalbe/Milde und Szillen bei Tilsit. Um 1907 ging G. nach Berlin, um dort die Beamtenlaufbahn einzuschlagen. Während des I. WK verrichtete G. seinen Dienst als Kreistierarzt in Strasburg/Westpreußen, später wieder in Berlin. Zum Veterinärrat ernannt, ließ sich G. 1925 als Kreistierarzt in Samswegen bei Wolmirstedt nieder. Neben fachlichen Arbeiten zu Wild- und Rinderseuchen betätigte sich G. auch auf dem Gebiet der Ornithologie. Er besaß selbst eine stattliche Vogelbalgslg. und galt als hervorragender Präparator. Bald nach seiner Ansiedlung in Samswegen kam G. mit dem Ornithologen → Gottlob von Nathusius in Kontakt und trug nicht unwesentlich zur Bereicherung der bedeutenden Nathusiusschen Lokalslg. bei. G. wurde 1927 korrespondierendes Mitglied der *Ornithologischen Vereinigung Magdeburg* und trat zudem 1930 der *Dt. Ornithologischen Ges.* bei. Seine ornithologischen Forschungen fanden u. a. in Friedrich Tischlers „Die Vögel Ostpreußens und seiner Nachbargebiete" (1941) ihren Niederschlag. Der größte Teil seiner Slg. befindet sich gegenwärtig im Mus. für Naturkunde in Stuttgart und im KrMus. Wolmirstedt.

W: Über Aquila fulvescens Gray, in: Falco 20, 1924. – **L:** Ludwig Gebhardt, Die Ornithologen Mitteleuropas, 1964, *125*; Alfred Ulrich/Gerd-J. Zörner, Die Vögel des Kreises Wolmirstedt, Tl. 1: Zwischen Börde und Heide, KrMus. Wolmirstedt, Museumsfolge 11, 1986, *4*; Reinhold Brennecke, Gottlob von Nathusius (1884–1948) als Ornithologe und Vogelsammler, in: Js. der Museen des Ohrekreises 5, 1998, *62*.

Anette Pilz

Gude, *Karl* Heinrich
geb. 28.02.1814 Hasserode/Harz, gest. 30.11.1898 Magdeburg, Pädagoge, pädagogischer Schriftsteller.

G. besuchte von 1824 bis 1829 das Lyzeum in Hasserode und von 1831 bis 1834 das Schullehrerseminar in Halberstadt. Ab 1835 war er Lehrer an der Bürgerschule in Merseburg. Neben seiner Lehrertätigkeit übernahm er auch die Leitung der dortigen zweiklassigen Armenschule. 1848 erhielt er einen Ruf an die höhere Mädchenschule (Luisenschule) in Magdeburg. Hier arbeitete er 36 Jahre bis zu seiner Pensionierung 1884 und veröffentlichte in dieser Zeit eine Vielzahl von pädagogischen Schriften, von denen insbesondere sein „Vaterländisches Lesebuch" (1851) und die von ihm hg. und mitverfaßte Reihe „Erläuterungen dt. Dichtungen" (1877 ff.) größere Popularität erlangten. Auch seine Arbeit „Der Brocken und seine Wälder. Eine Schilderung des Lebens an und auf dem Brockengebirge" (1855) beansprucht gegenwärtig noch kulturgesch. Interesse.

W: Vaterländisches Lesebuch in Bildern und Musterstücken für Schule und Haus, 1851, [17]1869 (mit L. Gittermann); Unterhaltungen und Studien aus dem Natur- und Menschenleben. Ein Almanach für die Jugend (4 Bde), 1852–1855; Erläuterungen dt. Dichtungen, nebst Themen zu schriftlichen Aufsätzen, in Umrissen und Ausführungen. Ein Hilfsbuch beim Unterricht in der Lit. und für Freunde derselben, 1858. – **L:** Christian Friedrich Kesslin, Nachrichten von Schriftstellern und Künstlern der Grafschaft Wernigerode, 1856; Friedrich Adolph Wilhelm Diesterweg, Sämtliche Werke, Bd. 9, 1967, *616*.

Wolfgang Mayrhofer

Güdemann, Moritz, Dr. phil.
geb. 19.02.1835 Hildesheim, gest. 05.08.1918 Baden bei Wien, Rabbiner, Redakteur.

G. besuchte das bischöfliche Gymn. in Hildesheim, zog 1854 nach Breslau, um dort am jüd.-theol. Seminar und an der Univ. zu studieren. Zu seinen Studienkollegen gehörte → Moritz Rahmer und zu seinen Lehrern der Historiker Heinrich Graetz, der ihn stark beeinflußte. 1858 zum Dr. phil. prom., trat G. 1862 als Nachfolger → Ludwig Philippsons seine erste Rabbinerstelle in Magdeburg an. 1866 als

Prediger nach Wien berufen, 1894 zum Oberrabbiner ernannt, übte er dieses Amt bis zu seinem Tod aus. Während seiner Rabbinertätigkeit in Magdeburg übernahm G. von seinem Amtsvorgänger die Redaktion des *Jüd. Volksblattes*. Seine Monographie „Zur Gesch. der Juden in Magdeburg" (1866) trug wesentlich zur Dokumentation der jüd. Kulturgesch. der Stadt bei. Eine weitere hist. Arbeit, die G. in Magdeburg verfaßte, behandelt das Rabbinerwesen im Mittelalter. Der religiös konservativ eingestellte Gelehrte veröffentlichte zahlreiche wiss. Werke zur vergleichenden Religionsgesch. und Apologetik sowie zur bis dahin wenig beachteten jüd. Sitten- und Kulturgesch. Auf das jüd. Gemeindeleben übte G. großen Einfluß aus und förderte darüber hinaus den Ausbau der jüd. Fürsorgeanstalten.

W: Gesch. des Erziehungswesens und der Kultur der abendländischen Juden (3 Bde), 1880–1888; Nationaljudentum, 1897; Jüd. Apologetik, 1906. – **L:** Salomon Wininger, Große jüd. National-Biogr., Bd. 2, 1927, *545ff*; Encyclopaedia judaica, Bd. 7, 1931, *711f*.; Markus Brann, Gesch. des jüd.-theol. Seminars in Breslau, o. J., *165ff.* (*W*); Monika Richarz (Hg.), Bürger auf Widerruf – Lebenszeugnisse dt. Juden 1780–1945, 1989, *174–184*. – **B:** *Archiv der Synagogen-Gemeinde zu Magdeburg.

Ildikó Leubauer

Gueinzius, Johann Heinrich Carl *Adolph*
geb. 18.08.1800 Halle, gest. 24.04.1870 Prödel/Anhalt-Zerbst, ev. Pfarrer, Ornithologe.

Nach dem Besuch der Latina in Halle (1815–19) und anschließendem Studium der ev. Theol. (1819–22) arbeitete G. von 1822 bis 1832 als Hauslehrer und Erzieher des Barons Münchhausen in Leitzkau/Anhalt-Zerbst. Von 1837 bis zu seinem Tod war er Pfarrer in Prödel. G. war ornithologischer Wegbegleiter des Altmeisters der Ornithologie Johann Friedrich Naumann, dem G. gelegentlich Vogelpräparate überließ und mit dem er in Briefwechsel stand. Seine ornithologischen Aufzeichnungen aus Anhalt-Zerbst über damalige Vorkommen von Wanderfalke, Schlangenadler, Schreiadler, Schwarzstirnwürger, Rallenreiher, Baßtölpel und Singschwan sind wiss. heute wertvoll, da sie exakt datiert und mit genauen Ortsangaben versehen waren. Letztere Angaben waren damals nicht üblich. G.s ornithologisches Beobachtungsgebiet erstreckte sich in der Hauptsache auf das weiter Elbegebiet von Leitzkau bis Lödderitz. Bei gelegentlichen Besuchen in Magdeburg hielt G. ornithologische Beobachtungen über Mittelsänger auf der Elbe und Wanderfalken auf den Türmen der Ulrichskirche fest.

W: Album ornithologicum (Ornithologische Tagebücher). Über einige höher nördlich brütende Sumpf- und Wasservogelarten, welche theils alljährlich, theils zuweilen auf ihrem Zuge dem Laufe der Elbe folgend, seit dem Verlauf einiger Jahre von mir bemerkt wurden, Ms. 1829. – **L:** Hugo Hildebrandt, A. G. als Vogelkundiger, in: Journal für Ornithologie 75, 1927, *425–433*; Ludwig Gebhardt, Die Ornithologen Mitteleuropas, 1964, *125f.*; AKPS: Rep. A, Spec. P, G 486 (PA). – **B:** Naumann-Mus. Köthen.

Erwin Briesemeister

Günther, Albert Germanus *Bernhard*
geb. 26.01.1844 Neuhaldensleben, gest. 23.05.1916 Aachen, Kaufmann.

Der Sohn des → Albert G. besuchte kurzzeitig das Gymn. in Magdeburg, siedelte aber 1860 mit seiner Fam. nach Berlin um. Hier absolvierte er zunächst eine kaufmännische Ausbildung und studierte neue Gerberei-Verfahren, war anschließend als Kaufmann im Geschäft seines Vaters tätig und wechselte Ende der 1860er Jahre in eine renommierte Lederwarenfabrik nach Herve (Belgien), in der er bald eine leitende Stellung einnahm. Nach Teilnahme am dt.-franz. Krieg 1870/71 zog G. nach Aachen und kaufte und betrieb dort eine eigene Lederfabrik, die später durch Zweigwerke in Raeren und Eupen vergrößert wurde. G. war zeit seines Lebens eng mit seiner Heimatstadt verbunden, setzte wiederholt Stiftungen ein und gab großzügige Spenden für den *Vaterländischen Frauenverein*, die Volksschule, die Kinderbewahranstalt, den *Waisen-Verein* u. a. wohltätige Einrichtungen und Vereine der Stadt Neuhaldensleben. In Anerkennung seiner Verdienste wurde ihm 1914 das Ehrenbürgerrecht der Stadt Neuhaldensleben verliehen.

L: Beilage zum Neuhaldensleber Stadt- und Landboten, Nr. 2, 1931 (*B*). – **B:** *Mus. Haldensleben.

Sandra Luthe

Günther, Gottlieb *Albert* Ferdinand
geb. 07.07.1814 Neuhaldensleben, gest. 04.01.1886 Berlin, Lohgerbermeister, Lederfabrikant, Geh. Kommissionsrat.

G.s Vorfahren waren nachweislich seit dem 13. Jh. als ehrenwerte Bürger und Gerber in der Region ansässig. G. ging 1830 bei seinem Vater, einem Lohgerber, in die Lehre und führte ab 1837 auf dem Grundstück der Fam. eine eigene Lohgerberei. Die Stadt Neuhaldensleben verdankt ihm das Auffinden des artesischen Wassers. 1844 bohrte G. hinter seinem Grundstück den ersten einer Reihe von artesischen

Brunnen, die an die Stelle der beständigen Reparaturen unterworfenen Plumpbrunnen traten und bis ca. 1910 die wichtigsten Wasserquellen für die Bürger der Stadt bildeten. Von 1839 bis 1860 war G. Stadtverordneter, zeitweise auch Stadtverordnetenvorsteher in Neuhaldensleben. Im Revolutionsjahr 1848 ging G. mit einigen anderen Bürgern der Stadt als Abgesandter des *Bürgervereins* nach Berlin und berichtete am 23.03.1848 in Neuhaldensleben auf einer abendlichen großen Volksverslg. von den Berliner Ereignissen. In G. vereinigte sich auf hervorragende Weise Unternehmergeist mit bürgerlich-sozialem Engagement. In der schweren Zeit der Cholera-Epidemie organisierte er die Suppen- und Fleischverteilung, sowie Privatslgg. G. war einer der maßgeblichen Begründer und Vorsteher der Kleinkinderbewahranstalt (1845) und plante bereits in den 1850er Jahren die Einrichtung eines Siechenhauses. 1846 gründete er den *Dt.-Gerber-Verein*, den späteren *Central-Verein der dt. Leder-Industriellen* (1860), betätigte sich in gemeinnützigen Vereinen und in der Heimatpflege. 1860 gab G. die Lohgerberei auf und zog mit seiner Fam. nach Berlin, um sich stärker in die „vaterländische Gewerbewelt" einbringen zu können. In Berlin eröffnete er eine Lederhandlung, legte eine chemische Versuchsstation und eine eigene Buchdruckerei an und belieferte und beriet das Militär in den Kriegen der 1860er Jahre und 1870/71, wofür ihm der Charakter eines Geh. Kommissionsrates verliehen wurde. Seine besondere Aufmerksamkeit galt jedoch dem Handwerk und gewerblichen Vereinswesen. Er gab gewerbliche Zss. heraus, rief gewerbliche Assoziationen wie den *Dt.-Schuhmacher-Verein* und den *Dt.-Bäcker-Verein Germania* ins Leben und begründete das Dt. Vereinshaus in Berlin. G. setzte sich zudem für die Wiedereinführung der Eichenkultur ein, so daß der König von Belgien ihn mit dem Ritterkreuz des Leopoldordens für seine wiederholten Verdienste um die Forstkultur ehrte. 1880 erhielt G. das Ehrenbürgerrecht der Stadt Neuhaldensleben.

L: Beilage zum Neuhaldensleber Stadt- und Landboten, Nr. 2, 1931 (***B***).

Sandra Luthe

Günther, *Walter* Erich

geb. 11.12.1884 Meerane/Sachsen, gest. nach 1947 n. e., Bautechniker, Architekt.

Nach dem Besuch der Bürgerschule in Meerane absolvierte G. eine Maurerlehre bei dem Baumeister Paul Gentzsch und besuchte 1904–05 die Kgl.-Sächsische Baugewerkschule in Leipzig. Seine erste Anstellung als Bautechniker fand er bei dem Architekten und Baumeister Emil Otto in Zwickau (Entwürfe für Geschäftshäuser, Villen etc.). Ab Januar 1906 war er bei der kgl. Reg. in Magdeburg am Um- und Erweiterungsbau der Regierungsgebäude beteiligt und arbeitete danach bei der Kreisbauinspektion unter Baurat Harms bei dem Umbau des fiskalischen Gebäudes Tränsberg 43/45. Im November 1906 erhielt G. einen Dienstvertrag als Bautechniker in der Stadtbauinspektion I unter Stadtbauinspektor Otto Berner. Nach Ableistung seiner Militärdienstzeit in Bromberg kehrte G. in seinen Tätigkeitsbereich zurück. 1920 erfolgte eine dauerhafte Einstellung als Architekt. G. war unter → Bruno Taut neben → Karl Krayl, → Kurt Schütz und → Willy Zabel in der Entwurfsabt. beschäftigt, wurde 1926 zum Bauamtmann ernannt und erhielt 1929 die Einstufung als Beamter auf Lebenszeit. Ab 1927 war G. Leiter der Hochbauabt. und hatte 1939–45 die kommissarische Leitung des gesamten Hochbauamtes für den abwesenden → Julius Götsch inne. In seiner 30jährigen Dienstzeit entstanden unter seiner Leitung und Mitwirkung eine Vielzahl von Projekten kommunaler Hochbauten in Magdeburg: Büchereien, Feuerwachen, Alters- und Kinderheime, städtische Wohnbauten, Verwaltungsgebäude, Flughäfen, Museen, Bankgebäude, Warte- und Trinkhallen und Trafostationen, später auch Luftschutzbauten, für die G. Ausführungs- und Detailzeichnungen fertigte sowie die innenarchitektonische Gestaltung besorgte. Bemerkenswert waren die mit Taut ausgeführten Entwürfe für zwölf Bücher- und Zeitungskioske neuen Stils (1921) und des vieldiskutierten Reklamegestells auf dem Bahnhofsvorplatz (1921/22), die Friedhofsanlage in Magdeburg-Südost (1922) und die Wettbewerbsentwürfe für das Bürohochhaus der *Chicago Tribune* (1922). G. nahm an zahlreichen Architekturwettbewerben teil, bei denen ihm Preise, Ankäufe und Belobigungen zuerkannt wurden. 1943 erfolgte eine nochmalige Beförderung zum Stadtbauoberamtmann. Im Juni 1945 wurde er nach den Richtlinien der Alliierten Militärreg. wegen seiner Zugehörigkeit zur NSDAP aus dem städtischen Dienst entlassen und kam nach Staumühl in ein Civilian Internment Camp, wo ihn 1947 ein Spruchkammerverfahren erwartete.

L: Olaf Gisbertz, Bruno Taut und Johannes Göderitz in Magdeburg. Architektur und Städtebau in der Weimarer Republik, 2000; StadtA Magdeburg: PA 2470. – **B:** *StadtA Magdeburg.

Hans Gottschalk

Gütte, Wilhelm

geb. 19.02.1870 Walbeck bei Helmstedt, gest. 15.07.1933 Zeitz, Rittergutsbesitzer, Unternehmer, Fabrikdir.

G. besuchte die Schule seines Heimatortes Walbeck und trat nach zweieinhalbjähriger Privatschul-Vorbereitung

Mitte 1885 als kaufmännischer Lehrling in die Zuckerfabrik Weferlingen ein. Bereits 1887 wurde er 2. Buchhalter und rückte 1889 in die erste Stelle auf, die er mehr als 16 Jahre innehatte. In dieser Zeit begleitete G. die Entwicklung der Zuckerfabrik und beeinflußte sie grundlegend. G. erkannte frühzeitig die Problematik der damals üblichen Dividendenpolitik zur Rübenverwertung. Sein Bestreben lag darin, eine wesentlich größere Rübenverarbeitung bei dadurch sinkenden Bearbeitungskosten zu realisieren. Als Voraussetzung dafür sah er einen hohen Rübenpreis an, der den Umfang des Rübenbaus in der Region wesentlich steigern sollte. Gegen den anfänglich massiven Widerstand des Vorstandes, des Aufsichtsrates und der Aktionäre gelang es G., sein Konzept durchzusetzen. Während seiner Tätigkeit in Weferlingen, die einen durchschlagenden kaufmännischen Erfolg des Unternehmens brachte, vermehrte sich die Rübenanbaufläche um 3.000 Morgen (750 ha). Der Weferlinger Verwertungspreis lag in diesem Zeitraum im Jahresdurchschnitt um mehr als 1,50 Mark je Zentner höher als der der Nachbarfabriken. Langfristige Zulieferverträge wurden geschlossen und nach ihrem Ablauf erneut um zehn Jahre verlängert. G. nahm in der Folge weitere Nebenämter als kaufmännischer Dir. der *Vereinigten Walbecker Kalkwerke* und der *Brauerei Allertal* wahr und wirkte auch als Mitbegründer und Geschäftsführer des *Großen landwirtschaft. Vereins Weferlingen*, in dem 26 landwirtsch.-genossenschaftliche Unternehmungen ihren Mittelpunkt hatten. Auch der Bahnbau Weferlingen-Neuhaldensleben entsprang seiner Initiative. Anfang 1906 siedelte G. nach Zeitz über und nahm dort die Tätigkeit eines kaufmännischen Dir. und Vorstandes der *Zeitzer Zuckerfabrik* auf, gehörte jedoch weiter dem Aufsichtsrat des bis dahin von ihm geleiteten Weferlinger Unternehmens an. In Zeitz setzte er seine Strategie erneut in die Tat um und steigerte über einen Zeitraum von 20 Jahren den Rübenanbau um das vierfache; die Zahl der Lieferanten stieg von 180 auf mehr als 2.400. Die Zeitzer Zuckerfabrik verfügte um 1925 über eine Tagesproduktion von 1.800 t und unterhielt eine Dampfziegelei, ein elektrisches Kraftwerk und eine Kohlengrube als große Nebenbetriebe. Unter seiner Leitung entwickelte sich die Zeitzer Zuckerfabrik zu einer der größten Dtls. Bereits 1904 versuchte G. in der Denkschrift „Ist die dt. Landwirtschaft imstande, bei sich steigernder Bevölkerung Dtls Brotgetreide und Fleischbedarf zu decken? Kulturgesch. Studie aus dem Gebiete des landwirtsch. Vereins Weferlingen" den theoretischen Nachweis zu erbringen, daß allein durch die intensive Zuckerrübenwirtschaft dieses Ziel zu erreichen sei. G. vertrat auch späterhin diesen Standpunkt auf wirtschaftspolitischer Ebene. In Zeitz wirkte er als Stadtrat, war Vors. und Ehrenvors. des *Vereins der kaufmännischen Beamten der dt. Zuckerindustrie* und übte zahlreiche weitere Ehrenämter aus. In der Zuckerindustrie gehörte er den Verwaltungsorganen der Raffinations- und Weißzuckerindustrie, der *Dt. Zuckerbank*, der Pensionskasse und dem *Bund der Zuckerfabriken* an.

W: An den Herrn Reichsminister für Ernährung und Landwirtschaft D. Haslinde, 1927; 75 Jahre Bestehen der Zuckerfabrik Zeitz m.b.H., 1933 (*B*) – L: Fs. 25 Jahre Zuckerfabrik Weferlingen, 1902; Georg Wenzel (Hg.), Dt. Wirtschaftsführer, 1929.

Kurt Buchmann/Guido Heinrich

Guischard, *Maximilian* Ludwig

geb. 22.09.1840 Aschersleben, gest. 22.08.1892 Magdeburg, ev. Pfarrer.

Der Sohn des Predigers der Reformierten Gemeinde in Aschersleben Maximilian Ludwig G. absolvierte das Gymn. in Quedlinburg und studierte 1861–64 ev. Theol. in Halle. 1869 war er Rektor und Hilfsprediger in der Reformierten Gemeinde Aschersleben. Dort heiratete er 1870 Marie Douglas (altes reformiertes Adelsgeschlecht schottischer Abstammung in Aschersleben), mit der er fünf Kinder hatte. 1870–84 war G. Prediger der Ev.-Reformierten Gemeinde Burg bei Magdeburg und erwarb sich dort besondere Verdienste um die Erneuerung der Petrikirche. 1884–92 bekleidete G. die erste Predigerstelle der Dt.-Reformierten Gemeinde Magdeburg. Er setzte 1884 die Nutzung des Heidelberger Katechismus in der Gemeinde durch und führte sie damit auf ihre Bekenntniswurzeln zurück. Diese typisch reformierte Bekenntnisschrift war im Zuge der Unionsbestrebungen Friedrich Wilhelm III. ab 1806 durch Luthers Katechismus ersetzt worden. 1886 begründete G. den *Dt.-Reformierten Kirchenkal.* und 1887 den *Dt.-Reformierten Kirchenverein*. Durch Vorträge im Kirchenverein wurden Themen behandelt, die für die Gemeinde von allg. Interesse waren. G. machte sich in besonderer Weise um die Wiederbelebung der Diakonie als urreformierter Aufgabe in Magdeburg verdient. Er trat für die Versorgung der Armen mit Kleidung und Heizmaterial, für die Krankendiakonie und durch Spenden auch für die diakonische Arbeit außerhalb der eigenen Gemeinde ein. Zudem setzte er sich für den Neubau eines Kirchengebäudes für die Dt.-Reformierte Gemeinde ein, der jedoch erst nach seinem Tode

Guradze, Heinz, Dr. jur.
geb. 19.10.1898 Grünberg/Schlesien, gest. 17.08.1976 Köln, Jurist, Ministerialrat.

Nach seinem Abitur 1917 am humanistischen Domgymn. in Magdeburg wurde G. als Soldat im I. WK u. a. vor Verdun eingesetzt. Er studierte 1919–22 Jura in Göttingen, Freiburg/Breisgau, Breslau und Jena, prom. 1923 bei Hans-Carl Nipperdey in Jena und war anschließend als Gerichtsassessor in Magdeburg, Wernigerode und Naumburg tätig. G. wechselte zur Verwaltung, u. a. war er ab 1926 Magistratsassessor und 1928–33 Magistratsrat in Magdeburg. 1937 emigrierte G. aufgrund seiner jüd. Herkunft in die USA. Er wurde Assistant Prof. of Political Science in Parkville/Missouri und arbeitete 1945–48 in der amerikanischen Militärreg. in Berlin und Stuttgart. 1956 wurde G. ao. Honorarprof. für Recht der Int. Organisationen und Völkerrecht an der Univ. Köln. G. war Begründer des Kommentars zur Europäischen Menschenrechtskonvention.

W: Der Länderrat. Markstein dt. Wiederaufbaus, 1950; Probleme der Präsidentenwahl in den Vereinigten Staaten, in: Öffentliche Verwaltung 1952, *337*; Die Vertretung Chinas in den Vereinten Nationen, in: Juristenztg. 1952, *214ff.*; Der Stand der Menschenrechte im Völkerrecht, 1956; Die europäische Menschenrechtskonvention. Konvention zum Schutze der Menschenrechte und Grundfreiheiten nebst Zusatzprotokollen; Kommentar, 1968. – L: Horst Göppinger, Juristen jüd. Abstammung im Dritten Reich, 1990, *338*. – B: UnivA Köln.

Thomas Kluger

Gurlitt, *Johann* **Gottfried,** Prof. Dr. phil.
geb. 13.03.1754 Halle, gest. 14.06.1827 Hamburg, Pädagoge, Philologe.

G. wuchs als Sohn des Schneidermeisters Johann Georg G. in Leipzig auf, besuchte nach anfänglichem Privatunterricht durch seinen Vater ab 1762 die dortige Thomasschule und wechselte im Herbst 1772 aufgrund seiner überdurchschnittlichen Begabung für Sprachen an die Leipziger Univ., wo er klass. und orientalische Sprachen studierte und zudem Kenntnisse des chaldäischen, arabischen und koptischen Sprach- und Schrifttums erwarb. Als Schüler Platners, Morus' und Zollikofers widmete er sich hist., theol., phil. und philologischen Studien. Durch persönliche Vermittlung Platners trat G. im Frühjahr 1778 eine Stelle als Oberlehrer am Pädagogium des Klosters Berge bei Magdeburg an, einer unter → Friedrich Gabriel Resewitz entschieden der Aufklärung zugewandten Schule. Hier unterrichtete er Latein und Griechisch, Phil. und Gesch. der Phil. sowie Kunstgesch. und Altertumskunde. Ab 1779 versah er gemeinsam mit → Johann Friedrich Lorenz das Rektorat der Schule, gehörte seit 1786 dem Konvent des Klosters an und avancierte 1796 nach dem Rückzug Lorenz' und der Adjungierung des Konsistorialrates → Christian Schewe zum alleinigen Dir. des Pädagogiums. In dieser Eigenschaft suchte G. durch Einführung halbjährlicher Examina, öffentlich ausgelobte Schülerprämien, Schaffung einer modernen Lesebibl. für Schüler und modifizierte Lehrpläne der individuellen, an idealen Inhalten ausgerichteten wiss. Bildung verstärkt Raum zu geben, die auf einen im Sinne der Aufklärung selbstbewußt denkenden und handelnden Bürger abzielte. Als führendes Mitglied des Konvents setzte er sich vehement für die Beibehaltung des demokratischen Mitbestimmungsrechts bei der Abtwahl ein. Seine pädagogischen Maximen fanden ihren Niederschlag in einer Vielzahl philologischer, phil., pädagogischer und kunsttheoretischer Schriften, durch die er sich einen hervorragenden wiss. Ruf erwarb. Besonderen Raum zur Entfaltung aufklärerisch-neuhumanistischer Ideen fand G. als Mitglied der Magdeburger Loge „Ferdinand zur Glückseligkeit", der er seit 1784 angehörte. 1785 besaß G. bereits den Meistergrad und fungierte als Redner der Loge. Erfüllt von der Hoffnung, die Freimaurerei könne dem Prozeß der Bildung und Erziehung des Menschen zur Vernunft, der Verbesserung der Sitten und der Beförderung der gesamten Gesellschaft zur Humanität nützlich sein, hielt er in den Jahren 1785/86 sechs Reden in der Loge, die Forderungen nach Überwindung orthodoxer Dogmen und Verwirklichung aufklärerischer Ideale, verbunden mit einer teleologischen Geschichtsauffassung, enthielten. Enttäuscht von der Widersprüchlichkeit freimaurerischer Praxis, die mit seinen Intentionen nicht in Einklang zu bringen war, wandte sich G. schon 1790 von der Freimaurerei ab und verließ die Magdeburger Loge. 1802 folgte er einem Ruf an das Hamburger städtische Gymn., das Johanneum, dessen Dir. er wurde. Er stand dieser kombinierten Gelehrten- und Bürgerschule bis 1827 mit großem Erfolg vor und machte sowohl als Pädagoge durch bedeutende Reformen im städtischen Bildungswesen wie als Gelehrter und Wissenschaftler weit über die Grenzen Hamburgs hinaus auf sich aufmerksam.

W: Über das Studium der Wahrheit und Weisheit und über die Menschenliebe des echten Maurers, 1785; Abriß der Gesch. der Phil., 1786; Biogr. und litt. Notiz von Joh. Winckelmann, 1797; Schulschriften (2 Bde), 1801–1828; Cornelius Müller (Hg.), G.s archäologische Schriften, 1831. – **N:** Gleimhaus zu Halberstadt; Bibl. des Grootosten's der Nederlanden, s'Gravenhage. – **L:** ADB 10, *182–185*; Neuer Nekr 5, 1829, *592–605*; Hans Schröder, Lex. der hamburgischen Schriftsteller, Bd. 3, 1857 (*W*); → Ämil Funk, Gesch. der Loge „Ferdinand zur Glückseligkeit" im Orient Magdeburg im ersten Jh. ihres Bestehens, 1861; Ersch/Gruber, Allg. Encyklopädie der Wiss. und Künste, Sek. A, Bd. 97, 1878, *365–370*; Vf., Ferdinand zur Glückseligkeit, 1992; Uwe Förster, Unterricht und Erziehung an den Magdeburger Pädagogien zwischen 1775 und 1824, Diss. Magdeburg 1998. – **B:** *KHMus. Magdeburg.

Heike Kriewald

Haase, *Johann* **Christian Mathias,** Dr. med.
geb. um 1778 n. e., gest. 30.08.1828 Magdeburg (Freitod), Arzt.

H., Sohn eines Kossäten und Leinewebers, erhielt seine Ausbildung zum Sanitätsoffizier an der Berliner Pépinière, war nach 1806 in der Westfälischen Armee zuletzt als Adjunkt des Inspecteurs des Gesundheitsdienstes und gleichzeitig als Major tätig, stellte nach dem Rußlandfeldzug nach eigenen Aufzeichnungen seine Kenntnisse seinen Landsleuten im Raum Halberstadt/Magdeburg zur Verfügung und wurde Oberarzt im Militärhospital in Magdeburg. An dem Frankreichfeldzug 1815 beteiligte er sich im 3. Elb-Landwehr-Infanterieregiment als Regiments-Chirurg. Nach Magdeburg zurückgekehrt, war H. vermutlich als Arzt tätig, wobei er sich große Verdienste um die ärztliche Versorgung der Armen erwarb. Er baute mit eigenem Vermögen eine Badeanstalt auf dem Fürstenwall, die im Sommer in mehreren Zimmern Bäder unterschiedlicher, auch gesundheitsfördernder Qualitäten anbot und um eine Flußbadeanstalt mit günstigen Preisen für jedermann sowie um ein Dampfbad für Frauen erweitert werden sollte. Sein 1823 gestellter Antrag auf Bürgerrecht in Magdeburg-Altstadt wurde vom Gemeinderat 1824 befürwortet und mit dem Ehrenbürgerrecht beschieden. H. verwendete 1825/26 eine finanzielle Unterstützung der Stadt für den Erwerb einer Dampfmaschine und eines Apparates zur Herstellung kochenden Wassers von der Fa. → Samuel Astons in Magdeburg. Ab 1828 zeichneten sich jedoch Schwierigkeiten in der weiteren Betreibung und baulichen Entwicklung des Bades ab, die sowohl auf finanzielle und bautechnische Probleme, als auch auf Verleumdungen durch die hiesige Ärzteschaft zurückzuführen waren und H. wahrscheinlich in den Freitod trieben. Nachdem 1830 der Chirurg Christian Lossier aus dem baufälligen Bad die *Lossier'sche Bade- und Heilanstalt* errichtet hatte, übernahm diese Einrichtung 1881 → Paul Schreiber, der zudem die erste Augenklinik Magdeburgs eröffnete.

L: Ingelore Buchholz/Maren Ballerstedt/Konstanze Buchholz, Magdeburger Ehrenbürger, 1994, *11–13*; StadtA Magdeburg: Akten der Altstadt II B 43.

Margrit Friedrich

Haberhauffe, Elisabeth *Else* Mathilde, geb. Wiegand
geb. 16.02.1880 Osterweddingen, gest. 07.01.1938 Eickendorf, Landwirtin.

H. heiratete 1904 den Landwirt Karl H., mit dem sie ab diesem Zeitpunkt einen Hof in Eickendorf bewirtschaftete. Nach dem frühen Tod ihres Mannes 1915 heiratete sie nicht wieder und führte den Hof bis 1925 allein weiter. Deshalb ging sie als „Witwe H." in die Annalen ein. Ab 1925 bewirtschaftete sie den Hof gemeinsam mit ihrer verheirateten Tochter Elsbeth Jäger, blieb jedoch bis zu ihrem Tode Eigentümerin. Als 1926 in Dtl. landwirtsch. Vergleichsbetriebe für die Bodenschätzung ausgesucht und der Reichsspitzenbetrieb mit den besten Böden festgelegt wurde, erhielt der Hof der Witwe die maximale Bodenwertzahl 100. Alle anderen Böden wurden bis zur tiefsten Bodenwertzahl 7,00 dazu ins Verhältnis gesetzt. Den Ausschlag bei der Festlegung der Bodenwertzahl 100 gab neben der hervorragenden Qualität des fruchtbaren Bördebodens auch die mustergültige Führung dieses Landwirtschaftsbetriebes, der sich u. a. auch erfolgreich mit dem Anbau von Gemüse befaßte. Die bei der Bodenschätzung ermittelten Werte bildeten fortan den Maßstab für die Beurteilung von Böden im gesamten Dt. Reich. Damit hatte diese Schätzung eine große Bedeutung für die Erhebung von Steuern sowie für Kauf und Pachtung von landwirtsch. genutzten Flächen. Ein entsprechendes Bodenschätzungsgesetz trat am 16.10.1934 in Kraft. Während der DDR-Zeit wurde die Eickendorfer Bodenschätzung offiziell nicht weiter erwähnt. Nach der Wende erfolgte eine Rückbesinnung auf die Reichsbodenschätzung und ihre Bedeutung. 1992 wurde durch das Bundesfinanzministerium auf dem Hof der Fam. Willy Jäger (Enkel) eine Tafel mit der Erinnerung an die Bodenschätzung im Gehöft „H./Jäger", Querstraße 8, angebracht. Ende 1993 wurde im ehemaligen Pferdestall des Gehöftes das Mus. für Bodenschätzung eröffnet. Noch heute liefert die Eickendorfer Reichsbodenschätzung das „Eichmaß" für die Bewertung von Böden in Dtl.

L: Heliane Brandt/Dagmar Sonnefeld, Studie und Analyse landwirtsch. Tradition im Landkr. Schönebeck, 1997, Tl. 2, *1–23*; Mus. für Bodenschätzung Eickendorf: Slg. H. – **B:** *ebd.

Gerald Gödeke

Habermann, Wilhelm
geb. 04.12.1841 Bleckmar bei Celle, gest. 22.04.1887 Magdeburg, Schneidermeister, Sozialdemokrat.

H. gehörte zu den führenden Magdeburger Sozialdemokraten. Erste politische Erfahrungen sammelte H. als Mitglied der 1866 von Johannes Münze und → Julius Bremer gegründeten Magdeburger Sektion der Int. Arbeiterassoziation. Im Januar 1873 wurde er als Nachfolger Bremers Vors. des *Sozialdemokratischen Arbeitervereins Magdeburg* und nahm 1876 und 1877 als Delegierter an den Sozialistenkongressen in Gotha teil. Gemeinsam mit Bremer und → Wilhelm Klees gründete er Anfang 1876 den *Sozialistischen Wahlverein* für den Wahlkr. Magdeburg, den er bis zu dessen Auflösung bei Inkrafttreten des Sozialistengesetzes im Oktober 1878 leitete. Zugleich war H. gewerkschaftlich aktiv als Ortsvorsteher des *Allg. Dt. Schneider-Vereins* und Vorstandsmitglied der 1877 gegründeten Genossenschaftsdruckerei und -buchhandlung. Mit wachsendem Erfolg betätigte er sich als Organisator und Redner in Vereins-, Gewerkschafts- und Volksverslgg. Unter den Bedingungen des Sozialistengesetzes organisierte er mit Hilfe eines von ihm gegründeten „Lesevereins" 1879–81 die Verbreitung sozialdemokratischer Schriften, vor allem des *Sozialdemokrat*. Ca. 1884/85 bildete H. mit Bremer und Klees ein Agitationskomitee als eigentlichen Kopf der illegalen örtlichen Parteiorganisation. Für die Reichstagswahlen 1884 und 1887 kandidierte er in der Umgebung Magdeburgs in mehreren Wahlkreisen und errang beachtliche Anfangserfolge. H. wurde wegen seiner politischen Aktivitäten 1874, 1881 und Anfang 1887 jeweils zu mehrmonatigen Gefängnisstrafen verurteilt. Nach neuerlicher Verhaftung im Februar 1887 wurde er trotz schwerer Erkrankung bis unmittelbar vor seinem Tod in strenger Untersuchungshaft gehalten. Am 24.04.1887, einen Tag nach seiner von den Behörden geheimgehaltenen Beerdigung, erwiesen ihm tausende Anhänger die letzte Ehre.

L: Rudolph Engelhardt/Vf., W. H., in: Magdeburger Bll. 1988, *25–29*; Ingrun Drechsler, Magdeburger Sozialdemokratie vor dem I. WK, 1995, *31* u. ö.

Manfred Weien

Habs, Ernst
geb. 19.10.1858 Magdeburg, 06.07.1898 Magdeburg, Bildhauer.

H. studierte in Berlin bei Albert Wolff und Fritz Schaper, um dann in Magdeburg eine eigene Werkstatt zu betreiben. Er schuf vor allem Porträtbüsten sowie Denkmäler im Stil des wilhelminischen Spätklassizismus. Für Magdeburg entstand u. a. das Karl-Friesen-Denkmal von 1893 (Hegelstraße).

W: Kaiser-Wilhelm I.-Denkmal in Burg, 1892. – **L:** Thieme/Becker 15, *405*; Ingrid Wernecke, Südwestliche Stadterweiterung. Schriftenreihe des Stadtplanungsamtes Magdeburg, H. 30, 1995, *86f.*

Uwe Jens Gellner

Habs, Rudolf, Prof. Dr. med.
geb. 08.01.1863 Magdeburg, gest. 09.01.1937 Magdeburg, Arzt.

H. war Sohn des Bildhauers Hermann H. Nach dem Besuch des Pädagogiums im Kloster U. L. F. Magdeburg studierte er an den Univ. Berlin, Jena, Halle und Freiburg/Breisgau Med. Dort erlangte er 1889 auch seine Approbation. Danach erhielt er seine chirurgische Ausbildung unter → Werner Hagedorn in Magdeburg mit Hospitationen in Breslau bei Johannes von Mikulicz, in Wien bei Theodor Billroth sowie in Köln und Bonn. 1896 übernahm er die Leitung der neugegründeten chirurgischen Abt. im Krankenhaus Magdeburg-Sudenburg (Haus 1). 1906–31 war H. Dir. des Krankenhauses Magdeburg-Altstadt und Leiter der chirurgischen Klinik, ab 1909 als Prof. 1913 wurde ihm der Vorsitz der *Med. Ges. zu Magdeburg* übertragen, zu deren 80jährigem Bestehen er einen gesch. Abriß verfaßte. Besondere Verdienste erwarb sich H. bei der Einführung neuer Operationsmethoden der Extremitäten- und Bauchchirurgie, dazu hat er auch rege veröffentlicht. Er war Mitglied der *Dt. Ges. für Chirurgie* und der *Dt. Orthopädischen Ges.* Während des I. WK war H. Generaloberarzt und beratender Chirurg.

W: Operation der Phimose, in: Zentralbl. für Chirurgie, 1893; Handwurzelbrüche, in: Münchner Med. Wochenschrift, 1912; Gallensteinileus, in: ebd., 1914; Behandlung schlecht heilender Hautgeschwüre, in: ebd., 1919; Gesch. der Med. Ges. in Magdeburg, gegründet am 29. März 1848. Eine Festgabe zu ihrem 80jährigen Bestehen, 1928. – **L:** Reichshdb 1, *629f.*; August Borchard/Walter von Brunn (Hg.), Dt. Chirurgenkal., 1926, *116*. – **B:** *Archiv Krankenhaus Magdeburg-Altstadt.

Wilhelm Thal

Hachtmann, Ferdinand
geb. 19.01.1795 Magdeburg, gest. 21.11.1873 Flensburg, ev. Pfarrer.

Der Sohn des reformierten Magdeburger Kaufmanns Heinrich Wilhelm H. absolvierte das Pädagogium im Kloster U. L. F. Magdeburg und studierte nach der Reifeprüfung 1816 ev. Theol. in Halle und Berlin. Der an der Univ. Halle herrschende Rationalismus enttäuschte ihn. Er wechselte an die Univ. Berlin, wo die Persönlichkeit Schleiermachers ihn nur bedingt beeinflußte. H. zog die „subjektivistische Frömmigkeitstheologie" von Neander an, dessen Wahlspruch „das Herz macht den Theologen" H.s tiefster Überzeugung entsprach. 1824 berief ihn Fürst Heinrich von Anhalt-Pleß zum Hofprediger in Pleß und Pfarrer im Kirchspiel Anhalt/Oberschlesien. Gesundheitlich infolge des sozialen und schulischen Engagements im Gemeindedienst sehr geschwächt, folgte H. 1829 dem Ruf des Ev. Konsistoriums Magdeburg in die Pfarrstelle Großwulkow bei Jerichow. Ab 1841 war H. als Diakonus in Barby tätig und wurde dort 1851 Oberpfarrer. Nach dem Tod seiner Frau 1866 ließ er sich in den Ruhestand versetzen und zog nach Flensburg in die Nähe seines jüngsten Sohnes, der in Jörl Pastor war. H.s Bedeutung liegt in der Gründung und Trägerschaft einer intensiven Missionsarbeit in seiner Großwulkower Wirkungszeit. Seine Forderung nach einer Frömmigkeit, die sich durch persönliche Entscheidung ganz in den Dienst Jesu stellt und als Mittelpunkt die Vertiefung des Glaubens durch Gebet anstrebt, löste die „H.sche Erweckungsbewegung" aus. Sie erfaßte von 1830 bis 1841 nicht nur das Jerichower Land, sondern auch die Altmark, Teile Brandenburgs und fand Anhänger bis hinein nach Magdeburg. „Man pilgerte nach Großwulkow", hieß es in einem Bericht. Das Herzstück dieses Glaubens war die Liebe zum Nächsten. So war man bereit, um Jesu willen alles zu verlassen und den „armen Heiden" in Indien das ewige Leben zu bringen. H. selbst übernahm die Zurüstung im Auftrag des kath. Geistlichen Johannes Evangelista Goßner, der 1826 ev. Pfarrer geworden war, 1836 die Missionsges. Berlin II gegründet hatte und mit dem H. eine enge Freundschaft verband. Goßner und H. waren sich darin einig, daß „die Mission in demütiger Einfalt" erfolgen müsse. So sollte die jeweilige Sprache zusammen mit den Eingeborenen erlernt werden, die Missionare sollten sich selbst ernähren und nicht durch Spenden der Heimatgemeinde ihre Existenz absichern. Nur ein christlicher Lebenswandel und die rechte Auslegung der Worte Jesu könnte die Heiden überzeugen. Es waren überwiegend junge Menschen zwischen 18 und 28 Jahren, die sich zu dem täglich stattfindenden Vorbereitungsdienst (Bibelauslegung und Gebet) mit H. trafen, darunter die vier Gründer der Goßnerschen Mission in Indien, Andreas Dannenberg aus Großwulkow, → Johann Andreas Wernicke aus Kleinwulkow, Friedrich Paproth aus Burg, Heinrich Heinig aus Magdeburg und einer der bedeutendsten Indienmissionare, Wilhelm Ziemann aus Großwudicke. Auch die ersten Missionare, die Goßner nach Nordamerika schickte, sind auf Anregung und unter dem Einfluß von H. ausgesandt worden. Sie kamen u. a. aus Tangermünde, Stendal und Mieste. Zwei Jahre nach dem Weggang H.s gründeten Gemeindeglieder 1843 in Kleinwulkow einen der ersten Missionsvereine Dtls.

W: Wohin sollen wir gehen?, nebst einem Vorwort über die schriftwidrige Lehre der „Lichtfreunde", 1845. – **L:** Johannes Rosa, Aus dem Leben und Treiben dreier kleiner Dörfer, 1909, *47* u. ö.; Walter Foertsch, Goßner-H.-Amerika, 1928; Goßner, in: Gerhard Bosinski/Paul Toaspern (Hg.), Wer mir dienen will. 24 Lebensbilder von Männern und Frauen im Dienst der Liebe, 1978, ²1981; Archiv des Geschichtskreises Wulkow-Wust: Rundbriefe des Familienverbandes auf der Hacht, gen. H., 1927–1930. – **B:** *Slg. Vf., Großwulkow (priv.).

Karlheinz Stephan

Häcker, Gottfried Renatus

geb. 29.07.1789 Barby, gest. 07.10.1864 Lübeck, Beuteler, Apotheker, Botaniker.

H., Sohn eines Barbyer Kaufmanns, trat nach Abbruch der Gymnasialausbildung 1806 eine Lehre als Beuteler an. Nach Abschluß der Lehre fand er keine Arbeit. Für eineinhalb Jahre konnte er dann in der Steinmetzwerkstatt seines Bruders arbeiten und wechselte 1812 als Lehrling in die Apotheke seines Schwagers nach Jerichow. Nach Abschluß der Apotheker-Lehre und bestandenem Examen in Magdeburg widmete er sich besonders dem Studium der Mineralogie und Botanik. Zu diesem Zweck unternommene Studienreisen führten ihn nach Süddtl., in die Schweiz und nach Italien. H. fand 1824 eine Anstellung in der Apotheke von Franz Friedrich Kindt in Lübeck und blieb dort bis 1856. H., der schon längere Zeit dem Vorstand des Naturhist. Mus. Lübeck angehörte, wurde 1859 dessen besoldeter Konservator. Besonders seinen Ambitionen als Botaniker blieb er verbunden und lieferte zahlreiche Beiträge, u. a. zu den Werken Reichenbachs, den Rabenhorstschen Centurien und Noltes Flora von Schleswig-Holstein. Er selbst verfaßte die über 900 Pflanzenbeschreibungen umfassende „Lübeckische Flora" (1844). Sein vollständiges Lübecker Herbar übereignete er dem Naturhist. Mus. Auch mit der Bestimmung und Ordnung der mineralogischen Slg. des Mus. erwarb er sich große Verdienste.

W: s.o. – **L:** BioApo 1, 1975, *165*.

Joachim Münch

Händler, Paul, Prof.

geb. 16.03.1833 Altenweddingen, gest. 15.08.1903 Bethel/Bielefeld, Historienmaler.

Der Sohn des Pfarrers Eduard H. in Altenweddingen war nach seiner Ausbildung an der Berliner und der Düsseldorfer Kunstakad. seit 1853 Schüler von Julius Schnorr von Carolsfeld in Dresden. 1859–61 besuchte er Rom und Paris, war 1861–67 in Dresden und danach in Berlin tätig, wo er als Prof. an der Akad. unterrichtete. H. vertrat, aus der Düsseldorfer Schule heraustretend, einen strengen religiösen Stil, den er durch ein leuchtendes Kolorit zu heben verstand. Religiöse Bilder von H. finden sich seit 1861 in zahlreichen dt. Kirchen, im Magdeburgischen z. B. in Hillersleben (Wandmalereien 1867), in Altenweddingen (1871) oder in der Aula des Domgymn. zu Magdeburg (Wachsfarbenmalerei, 1882). Von 1864 bis 1890 war H. häufig auf den Berliner Akad.-Ausstellungen vertreten, auch 1893 auf der Großen Kunstausstellung in Berlin.

L: BioJb 8, 1905, *46*; Thieme/Becker 15, *435*; Friedrich von Bötticher, Malerwerke des 19. Jhs., 1891; Adolf Rosenberg, Gesch. der modernen Kunst, Bd. 2: Die dt. Kunst 1848–1886, ²1894, *48*; Hans Wolfgang Singer, Allg. Künstler-Lex., 1922; Hermann Kratzenstein, Chronik des Dorfes von Altenweddingen, Ms. Nachterstedt, 1924.

Heinz Nowak

Hänel (Haenel), *Eduard* **Gustav**
geb. 02.04.1804 Magdeburg, gest. 16.08.1856 Berlin, Buchdrucker, Schriftgießer.

Der Sohn des Druckereibesitzers und Hofbuchdruckers Christian Jacob H. erlernte im väterlichen Betrieb das Druckerhandwerk und sammelte bei anschließenden Aufenthalten in England und Frankreich wertvolle berufliche Erfahrungen. In London erhielt er eine Ausbildung als Typograph und Kupferstecher und arbeitete anschließend als Schriftgießer in der Werkstatt des namhaften Druckers und Schriftgießers Firmin Didot in Paris. Als 1824, kurze Zeit nach seiner Rückkehr nach Magdeburg, sein Vater starb, übernahm H. die Druckerei, die 1731 durch den Buchdrucker Nicolaus Günther nach Übernahme der Kgl. Regierungs-Druckerei in Magdeburg begründet worden und 1798 in den Besitz seines Vaters gelangt war, und führte sie unter dem Namen *H.sche Hofbuchdruckerei* für eigene Rechnung weiter. H. hatte bei seinem Aufenthalt in England auch die 1820–22 von William Congreve entwickelte Schnellpresse kennengelernt, mit deren Hilfe in einem Arbeitsgang zwei Farben gedruckt werden konnten. Er erkannte als erster dt. Drucker den Wert dieser technischen Neuerung, erwarb das Patent für dieses Verfahren und führte die erste Congreve-Presse aus England nach Dtl. ein, die 1827 im Magdeburger Druckhaus aufgestellt wurde. Durch den Congreve-Druck rückte die Fa. in die Reihe der namhaftesten dt. Druckereien auf. Der Kunst-, Illustrations- und Mehrfarbendruck wurde eine Spezialität des Hauses und fand weithin Beachtung. H. stellte vor allem farbige Drucksachen für Handel, Banken, Versicherungen, Behörden und Verwaltungen her, führte Druckaufträge für zahlreiche Verlage, u. a. für → Wilhelm von Heinrichshofen, aus und betrieb wenig später auch den Wertpapier- und Kassenscheindruck. Sein hervorragender Ruf in diesem Gewerbe führte H. 1835 nach Berlin, wo er den Auftrag erhielt, die preuß. Kassenanweisungen zu drucken. Kurz darauf gründete er einen Filialbetrieb in Berlin. Bereits 1830 erweiterte der vielseitig ausgebildete H. das Magdeburger Unternehmen um eine Schriftgießerei, die in der Folge hochwertige Schriften und typographisches Schmuckwerk (Einfassungen, Vignetten etc.) in einer solchen Menge herstellte, daß damit auch zahlreiche andere Druckereien beliefert werden konnten. Die von der *H.schen Hofbuchdruckerei* hg. Schriftproben wirkten auf die typographische Entwicklung von Druckwerken in hohem Maße geschmackbildend und anregend. H. führte zudem die schönsten franz. und englischen Antiquaschriften ein, ließ sich zahlreiche neue Zier- und Auszeichnungsschriften schneiden, wobei er die fetten Schriften als Auszeichnungsschriften in Dtl. etablierte, und erwarb die besten Matern aus dem Ausland. 1837 verfügte die Druckerei über einen Bestand von 2.813 verschiedenen Zierstücken. Nach einem Brand in der Magdeburger Druckerei 1839 widmete H. sich verstärkt dem Ausbau des Berliner Geschäfts, siedelte später ganz nach Berlin um und überließ seinem 1834 als Teilhaber in die Fa. eingetretenen Bruder Albert H. ab 1841 die alleinige Leitung der Magdeburger Unternehmung. Auch in seinem neuen Wirkungskreis erwarb sich H. große Verdienste bei der Einführung und Anwendung technischer Neuerungen. So fanden seine Guillochen- und Unterdruckplatten in Fachkreisen höchste Anerkennung. 1844 brachte H. als erster dt. Drucker die von David Bruce in New York Anfang der 1840er Jahre entwickelte Schriftgießmaschine nach Europa, räumte deren Erfinder, dem Dänen Brandt, eine Werkstatt in seinem Unternehmen ein, kaufte diesem bald darauf seine Erfindung ab und nahm für den preuß. Staat sowie über die Fa. *Haases Söhne* in Prag auch für Österreich ein Patent darauf. Während H. das Berliner Unternehmen bereits 1852 an Carl David veräußerte, wurde die Magdeburger Druckerei von seinem Bruder, später von dessen Söhnen und Enkeln bis 1945 in H.s Sinne weitergeführt und zählte zu den namhaften Magdeburger Qualitätsdruckereien.

L: Paul Heichen (Hg.), Taschen-Lex. der hervorragenden Buchdrucker und Buchhändler, 1884; → Oskar Friese, Ein Rückblick. Anläßlich des 25jährigen Bestehens der Innung des Buchdruckergewerbes in Magdeburg am 1. Februar 1925, 1925, *21*; 200 Jahre H.sche Buchdruckerei G.m.b.H. Magdeburg 1731–1931, 1931.

Guido Heinrich

Hagedorn, *Werner* **August,** Dr. med.
geb. 02.07.1831 Westhausen/Eichsfeld, gest. 19.06.1894 Magdeburg, Arzt, Geh. Sanitätsrat.

Der Sohn eines Lehrers studierte 1850–54 in Berlin Med. und schloß hier mit der Prom. sein Studium ab. Er begann ab 1855 als Assistent auf der „Inneren Station" des Krankenhauses Magdeburg-Altstadt, arbeitete jedoch zunehmend auf der „Äußeren Station" unter → Karl Fock. 1863 übernahm er die Leitung der neu gegründeten chirurgischen Abt. H. las 1871 in der englischen med. Zs. *Lancet* über die antiseptische Methode von Josef Lister. Bereits 1872 führte er das Verfahren an seiner Klinik ein. Als er Alfred Wilhelm Volkmann in Halle begeistert über seine Erfolge berichtete, schrieb dieser: „Mein lieber H., Sie sind ein kleiner Schwärmer …" Zweifelsohne war H. der erste Chirurg auf dem europäischen Kontinent, der die Antiseptik konsequent anwendete. Neben eigenen Verfahren zur Operation von Kiefer-Gaumen-Spalten und plastischen Phimosenoperationen entwickelte er auch ein plastisches Verfahren für Unterschenkelamputationen. Gerätetechnisch war der Nadelhalter nach H. schon fast atraumatisch, beachtlich auch seine Außenrotationsschiene zur Behandlung des Klumpfußes. Daß aus dem am 29.03.1848 gegründeten *Selbsthilfeverein Magdeburger Ärzte* die *Med. Ges. zu Magdeburg* wurde, war sein Verdienst.

L: August Hirsch (Hg.), Biogr. Lex. der hervorragenden Ärzte aller Zeiten und Völker (vor 1880), Bd. 3, 1886, *12*; Angelika Neumann/Vf., Die Bedeutung des Magdeburger Chirurgen W. H. (1831–1894) für die Einführung der Antiseptik auf dem europäischen Kontinent, in: Zentralbl. für Chirurgie 107, 1982, *617–620*; Klaus Arlt, Die Gesch. der Chirurgie in Magdeburg, Diss. Magdeburg 1955. – **B:** *Slg. Vf., Magdeburg (priv.).

Peter Heinrich

Hagen, Adelbert Wilhelm Hilmar *Rüdiger* Graf vom
geb. 15.03.1868 Möckern, gest. 12.03.1947 Testorf/Ostholstein, Gutsbesitzer.

Der Enkel des → Adelbert Graf v. H. und Sohn des Hofmarschalls und Kammerherrn Graf Hilmar Friedrich Anton v. H. besuchte das Gymn. Klosterschule Ilfeld, studierte in Bonn ab 1886 Jura und Landwirtschaft, diente dort bei den Königshusaren in der Kavallerie als Kgl. preuß. Rittmeister und beendete seine Studien mit der Spezialisierung auf Saatzucht in Langenstein und auf Forstwirtschaft in München. H. war der Älteste von sieben Kindern und Bruder der → Augusta Gräfin v. H. Er verheiratete sich 1899 in erster Ehe mit Erika von Itzenplitz in Grieben (zwei Söhne) und nach deren Tod in zweiter Ehe mit Marianne Freiin von Finck (zwei Söhne, beide sind im II. WK gefallen). 1900 übernahm er als Fideikommißherr alle Güter der Fam., zu denen die Güter Möckern und fünf Vorwerke gehörten, in Eigenbewirtschaftung. Er war in Erbfolge Erbschenk im Hzt. Magdeburg und Rechtsritter des Johanniterordens. H. war Hauptaktionär und ab 1926 im Vorstand der Zuckerfabrik in Gommern sowie Vorstandsmitglied und Förderer des *Magdeburger Renn-Vereins e. V.* Er nahm als Oberleutnant der Reserve 1914–17 am I. WK (Stationierung in Belgien) teil, wurde aber wegen der Ernährungskrise zur Bewirtschaftung der Betriebe vorzeitig abberufen. Es folgte eine enge Zusammenarbeit mit der Fakultät für Landwirtschaft der Univ. Halle, die zur Durchführung von Versuchen in Ackerbau und Landtechnik, z. B. mit dem Dampfpflug, in Möckern führte. Der landwirtsch. Betrieb setzte sich bei einer Gesamtgröße von 3.500 ha, davon 2.000 ha Forst und 1.500 ha Ackerbau, aus der Teichwirtschaft in Lochow, der Brennerei in Möckern, der Forstwirtschaft in Pabsdorf, den Schafherden in Lütnitz und Möckern und dem Gemüseanbau in Zeddenick zusammen. Im Mai 1945 wurde die Fam. nach SMAD-Befehl enteignet. 1990 kehrte der Enkel des Grafen (Vf.) zurück und begann 1991 mit der Wiedereinrichtung.

L: Familienarchiv Graf v. H., Möckern (priv.). – **B:** ebd.

Hans Dietrich Graf vom Hagen

Hagen, *Augusta* Clara Elisabeth Gräfin vom
geb. 02.01.1872 Möckern, gest. 08.04.1949 Schlieben/Berga, Malerin, Schriftstellerin.

Die Enkelin des → Adelbert Graf v. H. und Schwester des → Rüdiger Graf v. H., allg. Gräfin Aga genannt, wuchs in Möckern auf und erhielt privaten Unterricht. Als junge Frau lebte sie in Paris, um Malerei zu studieren (Öl, Aquarell, Rötel, Kreide und Stift), und befreundete sich dort mit Carl Einstein, Max Liebermann, Max Beckmann, Carl Sternheim und vielen anderen Schriftstellern und Künstlern, mit denen sie auch über die Pariser Zeit hinaus enge Freundschaften pflegte. H., die in Paris auch der kommunistischen Partei beigetreten war, siedelte um 1900 nach Berlin über und verkehrte weiter in Künstlerkreisen. Beckmann porträtierte sie 1908 in Öl/Leinwand und im gleichen Jahr im Bild „Auferstehung", neben dem Künstler stehend. Als erklärte Pazifistin diente sie mit ihren Freunden freiwillig als Krankenschwester im I. WK. Da sie gut franz. sprach, hatte man im Flandern-Feldzug für sie u. a. im Lazarett und bei der Truppe Verwendung. 1920 verkaufte H. ihr Haus in Berlin und zog zu ihrer Mutter nach Möckern in das spätere Rentamt, den Witwensitz der Mutter (nach 1945 das Ambulatorium der Stadt). Ihr Geld setzte sie zur Förderung von Künstlern in Berlin ein. In Möckern schrieb H. Gedichte und Gebete, hielt Andachten und betreute Alte und Kranke. Auch war sie weiter künstlerisch tätig und malte bis in ihr Alter Porträts, Landschaften und Blumen. Sie hatte sich am Ort im sog. *Strickverein* beliebt gemacht. H. schrieb ein Hdb. für Hundeliebhaber und Züchter, das sehr erfolgreich wurde. 1938, anläßlich der 125. Wiederkehr der Schlacht gegen die napoleonischen Truppen in und um Möckern, verfaßte sie ein Theaterstück in neun Bildern und führte es mit Bürgern der Stadt und mit Familienmitgliedern in eigener Regie mehrmals auf. 1946 wurde H. als Angehörige des Adels trotz ihrer ehemaligen Parteizugehörigkeit in Möckern verhaftet und in das KZ Schlieben/Berga verbracht. Sie unterlag einem Heimkehrverbot und starb dort vereinsamt und krank.

W: Die Hunderassen, 1935, [8]1938. – **L:** Hans Kinkel (Hg.), Max Beckmann – Leben in Berlin. Tagebuch 1908–1909, 1966, [2]1984, *17* u.ö.; Carla Schulz-Hoffmann, Max Beckmann. Der Maler, 1991, *31*. – **B:** Gemäldegalerie Neue Meister Dresden: Gemälde von Max Beckmann, 1908; *Familienarchiv v. H., Möckern (priv.).

Hans Dietrich Graf vom Hagen

Hagen, Wilhelm *Adelbert* Herrmann Leo Graf vom
geb. 24.02.1798 Berlin, gest. 28.01.1876 Berlin, Fideikommiß- und Majoratsherr auf Möckern, Kgl. Preuß. Kammerherr.

H. war ab 1813 in Möckern ansässig. Er nahm 1814 als 16jähriger an der Schlacht von Waterloo (Belle-Alliance) teil. Nach Ende der franz. Besatzung und der Befreiungskriege richtete er mit großem Interesse an der Baukunst seine ererbten und durch den Krieg stark geschädigten Güter im Harz und im Eichsfeld wieder ein. Die Güter wurden verpachtet. 1820 unternahm H. eine Kavaliersreise nach Italien mit „Genehmigung des Königs Friedrich Wilhelm von Gottes Gnaden König von Preußen", er besuchte in Begleitung des stud. med. Paul Fleischhammer, seinem späteren Leibarzt, u. a. Venedig, Mailand und Turin, machte die Bekanntschaft mit dem König von Savoyen und war persönlicher Gast des Königs beim Hofball. Überliefert ist, daß er anläßlich seines Besuches in der Mailänder Scala für einen erkrankten Tenor dessen Partie übernahm und „tosenden Beifall" erntete. Seine musische Begabung zeigte sich ebenso darin, daß er später in Möckern einen Musikkreis gründete, zu dem auch Bürger aus dem Ort Zutritt fanden. H. verheiratete sich 1832 mit Reichsgräfin Eveline von Hardenberg, einer Nichte des Carl August Fürst von Hardenberg, in erster und nach deren Tod 1849 mit ihrer Schwester Aline in zweiter Ehe. Dadurch kamen Güter in Schlesien und Westpreußen in Familienbesitz. 1840 erfolgte die Ernennung des Grafen zum Kammerherrn des Königs Friedrich Wilhelm IV. und zum Erbmundschenk des Hzts Magdeburg mit Wappenerweiterung (fünfteilig). H. war Rechtsritter des Johanniter-Ordens. In den Jahren 1840–63 baute H. das Schloß der Fam. um, es entstand das neugotische Schloß mit sehr aufwendigen Innenausbauten und einem dreigeschossigen Verbindungstrakt zum ottonischen Turm, der anstelle der Zinnen eine Haube erhielt, sowie einer weitestgehenden Unterkellerung. Die Turmräume wurden zentrales Familienarchiv, in dem auch der Landeskonservator → George Adalbert von Mülverstedt mit Archivierungsarbeiten beauftragt war. Nachlässe, alle Archive der Fam. und der Güter befanden sich hier bis 1945. Das Schloß bildet bis heute den baulichen und kulturellen Mittelpunkt der Stadt Möckern.

L: Familienarchiv Graf v. H., Möckern (priv.). – **B:** *ebd.

Hans Dietrich Graf vom Hagen

Hahn, Ferdinand, Dr. jur.
geb. 26.05.1845 Friedberg/Oberhessen, gest. 12.12.1906 Magdeburg, Versicherungsfachmann.

H. war der Sohn eines Kaufmanns in Friedberg und späteren Versicherungs-Generalagenten in Frankfurt/Main. Nach einem Studium der Rechtswiss. (1862–66) in Leipzig und Gießen sowie dort erfolgter Prom. war er zunächst im hessischen Staatsdienst tätig. 1868 wurde er Inspektor der *Magdeburger Feuerversicherungs-Ges.* und nach dem Tod des Vaters (1871) Inhaber von dessen Generalagentur in Frankfurt/Main für die *Magdeburger Versicherungsgruppe*. 1889 erfolgte seine Berufung als Dir. und ein Jahr später als Generaldir. der von → Friedrich Knoblauch gegründeten *Magdeburger Allg. Versicherungs-AG*. H. überarbeitete und änderte die Statuten der Ges. und gab ihr den neuen Namen *Wilhelma*. Gleichzeitig wurde H. auch Generaldir. der *Magdeburger Hagelversicherungs-Ges.* und Verwaltungsratsmitglied weiterer Versicherungsgesellschaften. Er gehörte dem Beirat des Aufsichtsamtes für Privatversicherung an, war seit 1886 Mitglied des *Preuß.*, ab 1900 des *Kaiserlichen Versicherungsbeirates* und ab 1901 des Ältestenkollegiums der *Magdeburger Handelskammer*. H., der als Förderer der Versicherungswiss. galt, hatte maßgeblichen Einfluß auf die Gestaltung der Versicherungsbedingungen für die Feuer-, Unfall- und Haftpflichtversicherungen. Er erarbeitete die Satzung des *Dt. Vereins für Versicherungswiss. e.V.*, den er von 1901 bis zu seinem Tod leitete. Als Berater der Reichsreg. wirkte er an Entwürfen zur Gesetzgebung über das private Versicherungswesen entscheidend mit.

W: Haftpflicht und Unfallversicherung, 1882. – **L:** NDB 7, *505*; Alfred Manes, Versicherungslex., 1930, Sp. *741f.* – **B:** *LHASA.

Horst-Günther Heinicke

Hahn, Friedrich
geb. 31.12.1873 Sülldorf, gest. 24.08.1922 Wanzleben, Maurer, Kommunalpolitiker, Landrat.

H. absolvierte die Volksschule und schloß eine Handwerkersausbildung als Maurer ab. Anschließend ging er auf Wanderschaft und lernte die sozialen Verhältnisse in mehreren Teilen Dtls kennen. 1898 trat er erstmals politisch bei dem Bauarbeiterstreik in Magdeburg hervor. 1904 wurde er zum Gemeindeverordneten der Gemeinde Groß-Ottersleben gewählt, war dann 1906–10 Geschäftsführer des *Maurerverbandes* und anschließend erster Geschäftsführer des *Dt. Bauarbeiterverbandes* – Verwaltungsstelle Magdeburg. Hier gehörte er auch dem Kreisarbeiterrat an. Nach der Bestätigung als Gemeindeschöffe 1915 in der ca. 8.000 Einwohner zählenden Gemeinde Groß-Ottersleben führte er hier 1917–19 ehrenamtlich als stellvertretender Gemeindevorsteher die Geschäfte. Nach einstimmigem Vorschlag der Kreisvertretung wurde H. im August 1919 als kommissarischer Landrat nach Wanzleben berufen und 1920 durch die Preuß. Staatsreg. bestallt. H. war der erste sozialdemokratische Landrat im Kr. Wanzleben. Er agierte in seiner kurzen Amtszeit bis 1922 mit Geschick und Gewandtheit und war für seine verständige Mäßigung in politischen Fragen bekannt.

L: Geh. StA Berlin: Rep 77, Nr. 5119, Bl. 79f., 100f.

Giesela Zaborowski

Hahn, *Karl* **Heinrich August**
geb. 16.01.1778 Zeitz, gest. 10.04.1854 Groß Wanzleben, Pädagoge, Schulrat, pädagogischer Schriftsteller, Geh. Regierungsrat.

H. studierte in Wittenberg ev. Theol. und war danach als Erzieher tätig. 1801 wurde er Lehrer am Gymn. zum Grauen Kloster in Berlin, von 1802 an übte er das Rektorat der dortigen Garnisonsschule aus und war ab 1805 als Hauslehrer der Schwester der Königin Luise am kgl. Hof tätig, mit dem er 1806 nach Königsberg ging. 1817 trat H. im westfälischen Münster in den preuß. Staatsdienst ein, wurde wenig später in das Amt eines Reg.- und Schulrates in Erfurt berufen und leitete zugleich das dortige Schullehrerseminar. In Erfurt säkularisierte H. die Klöster und den geistlichen Besitz, ordnete das gesamte Schulwesen neu und konnte 1820 das wesentlich durch seine Initiative entstandene neue Gymn. einweihen. 1826 wurde der wegen seiner Verdienste um das städtische Schulwesen zum Erfurter Ehrenbürger ernannte H. infolge der vom Oberpräsidenten → Wilhelm Anton von Klewiz mit großen Vollmachten durchgeführten Reorganisation der Verwaltung der Provinz Sachsen als Reg.- und Schulrat nach Magdeburg berufen. Er erhielt die Aufsicht über das Magdeburger Schulwesen und vom Provinzialschulkollegium die Aufsicht über das Schullehrerseminar. Durch massive Kritik der pädagogischen Praxis der großen Stadtschulen, der Sparpolitik der Stadt und durch Versuche, mit Hilfe der Stadtverordnetenverslg. eigene Reformpläne zur Umgestaltung der großen Volksschulen gegen den Magistrat durchzusetzen, geriet H. dabei immer wieder in Kompetenzstreitigkeiten mit → Karl Zerrenner und Auseinandersetzungen mit Oberbürgermeister → August Wilhelm Francke. 1844 zum Geh. Regierungsrat ernannt, wurde H. 1848 infolge der revolutionären Ereignisse von seinem Posten abgelöst, trat 1850 endgültig in den Ruhestand und verbrachte seinen Lebensabend in Groß Wanzleben.

W: Stoff zur Bildung des Geistes und des Herzens (3 Bde), 1804–1810; Angenehme Schulstunden, 1807; Wilhelmine oder Das erste Buch für Mütter, die auf den Verstand ihrer Kinder von der frühesten Zeit an wirken wollen (2 Bde.), 1809. – L: Johannes Biereye, Erfurt in seinen berühmten Persönlichkeiten, 1937; Friedrich Adolph Wilhelm Diesterweg, Sämtliche Werke, Bd. 5, 1961, *682*; → Julius Laumann, Die Entwicklung der Schulverwaltung der Stadt Magdeburg von 1818–1889, in: GeschBll 74/75, 1939/41, *148ff.*

Wolfgang Mayrhofer

Hahn, *Paul* **Karl Julius**
geb. 13.03.1893 Salbke, gest. 12.08.1960 Magdeburg, Schlosser, Widerstandskämpfer.

Der Schlosser H., Sohn des Lagerhalters Julius H., gehörte im Februar 1919 neben → Albert Vater, Karl Baier, Jacob Draisbach sowie Karl und Else Reimann zu den Gründern der Ortsgruppe der KPD in Magdeburg. 1920 war H. zeitweise Mitglied der in linker Opposition zur KPD stehenden Kommunistischen Arbeiterpartei Dtls (KAP) und im Auftrag der KAP-Zentrale Leipzig als Agitator im Braunschweiger Gebiet tätig. Er bildete während der Zeit des Ns. trotz wiederholter Verhaftung, angedrohter Todesstrafe und Polizeiaufsicht eine illegale kommunistische Widerstandsgruppe im Magdeburger *Krupp-Gruson-Werk*, der auch einige SPD-Mitglieder angehörten und die eng mit der Gruppe um → Martin Schwantes und → Hermann Danz zusammenarbeitete. H. verbrachte für seine politische Arbeit mehr als zehn Jahre Haft im KZ.

L: Helmut Asmus, Gesch. der Stadt Magdeburg, 1975, *315* u.ö., LHASA: Rep. C 20 I, Ib Nr. 4790, Bl. 251v, 252r, 253r, 254v, 254r.

Gerald Christopeit

Hahnemann, *Samuel* **Friedrich Christian,** Dr. med. habil.
geb. 10.04.1755 Meißen, gest. 02.07.1843 Paris, Arzt, Begründer der Homöopathie.

Der Sohn des Porzellanmalers Christian H. besuchte die Stadt- und Fürstenschule St. Afra in Meißen und legte 1775 die Reifeprüfung mit einer Arbeit über „den eigenartigen Bau der Hand" ab. H. studierte in Leipzig ab 1775 Med., prom. 1779 in Erlangen und habil. 1812 in Leipzig. Nach erster Anstellung in Hettstedt ließ er sich in den folgenden Jahren in zahlreichen dt. Städten nieder. In Gommern war H. 1782–85 Arzt und erster Amtsphysikus, hier heiratete er 1783 Henriette Küchler aus Dessau. Die kärgliche Bezahlung entsprach jedoch nicht seinen Wünschen, und er war außerdem von der Einstellung der Gommeraner Bevölkerung zur Gesundheit enttäuscht. Übersetzungsarbeiten leistete er zum Gelderwerb, vor allem, um seine elf Kinder zu ernähren. H. vollzog rege med. Studien hinsichtlich der Verbesserung der bisherigen Med. Er hatte den Gedanken, daß man „die Art und Weise, in der die Heilmittel auf den Körper einwirken, wenn er sich im sicheren Zustande der Gesundheit befindet, beobachten muß. Die Veränderungen finden nicht umsonst statt und müssen etwas bedeuten." Seine Arbeitshypothesen erprobte er an sich selbst, seinen Kindern und Schülern, u. a. mit Chinin. Er stützte die Homöopathie auf das Gesetz der Ähnlichkeit, auf die Individualisierung des Kranken und die Individualisierung des Heilmittels, das um so mehr wirke, je verdünnter es sei. Verabreichte Arzneimittel stellte er selbst her, da sie in Apotheken nicht zu haben waren. H. gilt als der Begründer der Homöopathie. 1793 wurde er in die *Dt. Akad. der Naturforscher Leopoldina* gewählt. 1812 hielt er öffentliche Vorlesungen in Leipzig, 1821 wurde er Hofrat in Köthen. Nach dem Tod seiner ersten Frau 1830 heiratete er 1835 die um fast 50 Jahre jüngere Französin Melanie d'Hervilly in Köthen und lebte seit dieser Zeit in Paris. H. wurde auf dem Friedhof Père Lachaise in Paris beigesetzt. Der hochanerkannte und berühmte Arzt war Ehrenvors. der franz. Homöopathen. In Gommern ist ein Platz nach H. benannt, und eine Tafel erinnert an seine Tätigkeit.

W: Bruchstücke über die tatsächlichen Eigenarten der Heilmittel, 1805; Organon der rationellen Heilkunde, 1810; Reine Arzneimittellehre (6 Bde), 1811–20; Abh. über die chronischen Krankheiten (5 Bde), 1818–28. – L: Pierre Vannier, H. 1755–1843 (*B*); Gustav Hartwig, H. Der Begründer der Homöopathie als Arzt in Gommern, in: Magdeburger Bll. 1983, *50–54* (*B); Klaus Gilardon, C. S. H., in: Heilberufe 37, H. 4, 1985, *153*; Christine Heyne, Der Amtsphysikus H. in Gommern, in: medicamentum 29, H. 3, 1988, *70.* – B: Emil Meyer, Chronik der Stadt Gommern und Umgegend, 1897, *38a*; Slg. Bruno Heyne, Gommern (priv.).

Elke Klitzschmüller

Halbfaß, Wilhelm, Prof. Dr. phil.
geb. 26.06.1856 Hamburg, gest. 29.10.1938 Jena, Pädagoge, Hydrogeograph.

Nach seinem Studium der Mathematik und Physik in Freiburg/Breisgau, Würzburg und Straßburg, wo H. 1880 auch prom., war er nach dem Staatsexamen ab 1882 zunächst im höheren Schuldienst tätig und kam 1884 als Lehrer nach Neuhaldensleben. Dort avancierte er 1901 zum Prof., trat aber bereits 1910 aus gesundheitlichen Gründen in den Ruhestand. H. siedelte als Privatgelehrter nach Jena um, erhielt 1923 die Lehrbefähigung für Hydrogeographie an der Univ. Jena und unterrichtete dort 1931–36 als Honorarprof. Bereits während seines Studiums beschäftigte er sich mit dem kaum beachteten Bereich der Seen- und Süßwasserkunde. Angeregt durch geographische Vorlesungen, die er während einer zeitweiligen Beurlaubung vom Schuldienst 1894 an der Univ. Halle hörte, führte er ab 1895 wiss. Untersuchungen in Seen der Region durch. Im selben Jahr publizierte er seine erste seenkundliche Arbeit über „Tiefen- und Temperaturverhältnisse einiger Seen des Lechgebietes" (Petermanns Geographische Mittlgg. 41, 1895), lotete in der Folgezeit auf Reisen im In- und Ausland zahlreiche Seen selbst aus und konzentrierte sich dabei auf die Erforschung der Gestalt der Binnenseen, insbesondere ihrer Tiefen- und daraus abzuleitenden allg. morphometrischen Verhältnisse. H. beschäftigte sich vorrangig mit der Entstehung der Seen, den thermischen Verhältnissen, ihrem chemischen und biologischen Verhalten, untersuchte aber auch Seespiegelschwankungen, Fragen des Wasserhaushaltes, der Bedeutung des Grundwassers im jährlichen Wasserhaushalt der Erde, der Austrocknung der Erdoberfläche und der Nutzung des Süßwassers. Ergebnisse seiner morphometrischen Untersuchungen fanden in „Grundzüge einer vergleichenden Seenkunde" (1923) ihre umfassende und anschauliche Darstellung. Bereits ein Jahr zuvor hatte H. erstmals eine auf der Inventarisierung aller erreichbaren Binnenseen fußende, vergleichende geographischen Seenkunde unter dem Titel „Die Seen der Erde" vorgelegt. Er publizierte zudem mehrere Arbeiten zur allg. Hydrologie und Wasserwirtschaft, von denen vor allem die Monographie „Grundlagen der Wasserwirtschaft" (1921) hervorzuheben ist.

W: G. Th. Fechner als Naturphilosoph, 1887; Beiträge zur Kenntnis der Pommerschen Seen, 1901; Klimatologische Probleme im Lichte moderner Seenforschung, 1907/08; Das Wasser im Wirtschaftsleben des Menschen, 1911; Das Süßwasser der Erde, 1914; Die Methoden der Seenforschung, 1920; Mein Leben. Erinnerungen eines Achtzigjährigen, 1936 (*B*). – L: NDB 7, *535*; E. Fels, W. H., in: Petermanns Geographische Mittlgg. 85, 1939, *61–63.* – B: *Mus. Haldensleben.

Sandra Luthe

Hamann, Heinrich *Richard*, Prof. Dr. phil. habil.
geb. 29.05.1879 Seehausen/Kr. Wanzleben, gest. 09.01.1961 Immenstadt/Allgäu, Kunsthistoriker, Hochschullehrer.

Der in der Magdeburger Börde geb. Sohn eines Postschaffners besuchte die Oberrealschule und das Gymn. des Klosters U. L. F. in Magdeburg und legte 1898 dort das Abitur ab. Anschließend studierte er Phil., Germanistik und Kunstgesch. an der Univ. Berlin und prom. 1902 bei Wilhelm Dilthey mit einer Arbeit über „Das Symbol". Nach Überwindung einer schweren Krankheit, die ihm zeitweilig nur mehr das Betrachten von Bildern erlaubte, wandte er sich endgültig der Kunstgesch. zu, lebte in den folgenden Jahren als Privatgelehrter in Berlin und verfaßte zahlreiche kunstgesch. Arbeiten. Neben wegweisenden Monographien zur italienischen Malerei der Frührenaissance und zum Impressionismus verfaßte er gemeinsam mit dem Magdeburger Archivar → Felix Rosenfeld einen kunstwiss. bemerkenswerten Band über den Magdeburger Dom. 1911 habil. er sich bei Heinrich Wölfflin, wurde noch im gleichen Jahr als Prof. für Kunstgesch. an die Akad. in Posen und 1913 an das neueingerichtete Ordinariat an der Univ. Marburg berufen, wo er bis über seine 1949 erfolgte Emeritierung hinaus eine weitgespannte und fachwiss. Maßstäbe setzende Forschungs-, Lehr- und Sammlertätigkeit entfaltete. H. gliederte in Marburg dem kunstgesch. Seminar eine fotografische Abt. an, die als „Bildarchiv Foto Marburg" weltbekannt wurde. Gemeinsam mit seinem Sohn und seinen Schülern sammelte er auf zahlreichen wiss. Exkursionen umfangreiches Bildmaterial von Kunstwerken aller Zeiten (ca. 250.000 Negative) und stellte damit die Fotografie in den Dienst der Kunstgesch. Zudem schuf er mit dem 1922 gegründeten *Verlag des Kunstgesch. Seminars* und dem 1929 eingerichteten Forschungsinst. für Kunstgesch., dem er bis 1957 als Dir. vorstand, eine in dieser Komplexität einzigartige kunstgesch. Forschungs-, Lehr- und Dokumentationsstätte. H.s eigene, auf Formanalyse zentrierte Forschungstätigkeit umfaßte die gesamte europäische Kunstgesch. von den Anfängen bis zur Gegenwart, wobei er insbesondere durch seine intensive Beschäftigung mit der dt. und franz. Kunst des Mittelalters, mit Rembrandt und der dt. Malerei des 19. und 20. Jhs der Kunstwiss. seiner Zeit neue Wege wies. Seine von ihm in Auseinandersetzung mit der zeitgenössischen Geschichtswiss. und Phil. gewonnene Auffassung von der gesetzmäßigen Entwicklung der Stile und der Gesamtkultur von einem Früh- zu einem Endstadium (archaisch, klassisch, barock), die er auf die Antike, das Mittelalter und die Neuzeit applizierte, fand ihren essentiellen Niederschlag in seiner in zahlreichen Neuauflagen erschienenen zweibändigen „Gesch. der Kunst" (1933/1952). Nach dem II. WK übernahm H. neben seiner Tätigkeit in Marburg 1947 auch eine Gastprofessur für Kunstgesch. an der Humboldt-Univ. in Berlin. Als o. Mitglied der Dt. Akad. der Wiss. (seit 1949) leitete er seit 1954 deren Arbeitsstelle für Kunstgesch. H. war Hg. und Mithg. einflußreicher Fachpublikationen wie des „Marburger Jb. für Kunstwiss." (1924–50) und der „Schriften zur Kunstgesch." (1957–61). Durch seine wiss. Forschungs- und Lehrtätigkeit prägte er eine ganze Generation von dt. Kunstwissenschaftlern. Neben zahlreichen Ehrungen wurde H. auch mit dem Nationalpreis der DDR ausgezeichnet.

W: Der Impressionismus in Leben und Kunst, 1907; Der Magdeburger Dom. Beiträge zur Gesch. und Ästhetik mittelalterlicher Architektur, Ornamentik und Skulptur, 1910 (mit Felix Rosenfeld); Ästhetik, 1911; Die Dt. Malerei im 19. Jh., 1914; Dt. und franz. Kunst im Mittelalter (2 Bde), 1922–1923; Die dt. Malerei vom Rokoko bis zum Expressionismus, 1925; (Hg.) Die frühmittelalterlichen Bronzetüren (4 Bde), 1926–1953; Aufsätze über Ästhetik, 1948; Die Abteikirche von St. Gilles und ihre künstlerische Nachfolge (3 Bde), 1955, ²1956; Dt. Kunst und Kultur von der Gründerzeit bis zum Expressionismus (3 Bde), 1959–1965 (mit Jost Hermand). – **N:** Univ. Marburg. – **L:** NDB 7, *578f.*; Hdb SBZ/DDR, *274;* Fs. für R. H. zum 60. Geb. 29. Mai 1939, 1939 (**B*); R. H. in memoriam. Mit zwei nachgelassenen Aufsätzen und einer Bibliogr. der Werke R. H.s, in: Schriften zur Kunstgesch., Bd. 1, 1963 (*B*); R. H. zum 100. Geb. am 29. Mai 1979, 1981. – **B:** Univ. Marburg, Kunstgesch. Seminar.

Guido Heinrich

Hameister, *Ernst* Wilhelm Franz, Dr. rer. nat. habil. geb. 17.03.1912 Berlin, gest. 27.10.1976 Magdeburg, Geophysiker, Mathematiker.

H. bestand 1933 an der Heinrich-Schliemann-Schule in Berlin die Reifeprüfung und studierte an der Univ. Berlin Geophysik und Mathematik. Von 1936 bis 1945 arbeitete er in der Industrie und absolvierte 1943/44 gleichzeitig ein Vertiefungsstudium an der TH Berlin-Charlottenburg. Von 1945 bis 1951 war H. im Schuldienst in Berlin (1947 pädagogische Prüfung für das Lehramt, 1948 Staatsexamen für Geographie/Geologie und Physik) tätig, arbeitete 1951–60 als Geophysiker in Leipzig und Gommern bei Magdeburg und war 1960/61 im Schuldienst in Burg bei Magdeburg sowie von 1961 bis zu seinem Tode als wiss. Mitarbeiter im I. Mathematischen Inst. bzw. in der Sektion Mathematik-Physik der TH Magdeburg beschäftigt. H. wurde 1955 mit einer geophysikalischen Arbeit von der Bergakad. in Freiberg/Sachsen. zum Dr. rer. nat. prom. und habil. sich mit einer geometrischen Arbeit 1968 an der TH Magdeburg. Er verfaßte 36 Publikationen zur Geophysik und Geometrie, war Mithg. der „Mathematischen Schülerbücherei" und Leiter der Arbeitsgruppe „Mathematische Schülerbücherei".

W: Laplace-Transformation. Eine Einführung für Physiker, Elektro-, Maschinen- und Bauingenieure, 1943; Geometrische Konstruktionen und Beweise in der Ebene, 1966, ³1970; (Bearb.) Hugo Steinhaus, 100 Aufgaben. 100 Probleme aus der elementaren Mathematik, 1968. – **L:** UnivA Magdeburg: PA. – **B:** Audiovisuelles Zentrum der Univ. Magdeburg.

Karl Manteuffel

Hammer, Detlef, Dr. jur. geb. 02.04.1950 Gersdorf/Kr. Hohenstein-Ernstthal, gest. 03.04.1991 Magdeburg, Jurist, Konsistorialpräsident.

Aufgewachsen im Erzgebirge in einer kirchlich nicht integrierten Fam., machte er 1969 neben dem Abitur zugleich einen Facharbeiterabschluß als Elektrofacharbeiter. Schon

1969 gründete er eine Fam. (zwei Töchter). 1969–73 studierte er an der Univ. in Halle Wirtschaftsrecht. Bereits während des Studiums begann er 1970 seine geheime Informationstätigkeit für die DDR-Staatssicherheit (MfS, Führung durch die Bezirksverwaltung Halle bis Ende 1989) und damit seine Doppelexistenz. An Veranstaltungen der Ev. Studentengemeinde (ESG) nahm er teil und knüpfte dort Freundschaften. Von der ESG in die Provinzialsynode der Kirchenprovinz Sachsen delegiert, fiel er dort als Jurastudent auf. Das Angebot des Konsistoriums, künftig in der Kirche zu arbeiten, nahm H. (in Abstimmung mit dem MfS!) an. Nach kurzer Tätigkeit am Vertragsgericht in Karl-Marx-Stadt (Chemnitz) wurde er 1974 zunächst Wiss. Mitarbeiter, dann Konsistorialrat in Magdeburg. 1981 zum Oberkonsistorialrat berufen, wurde H. durch Fürsprache der ev. Kirche seit 1982 auch eine ao. Aspirantur an der Sektion Rechtswiss. der Humboldt-Univ. Berlin gewährt. 1988 prom. er mit der Diss. „Studie zur Regelung der Stiftung in der DDR auf der Grundlage des Zivilgesetzbuches" (bisher nicht gedruckt) zum Dr. jur. Im April 1989 berief die Kirchenleitung der Kirchenprovinz Sachsen H. zum Konsistorialpräsidenten (Dienstbeginn ab 01.05.1990). Diese Funktion trat H. somit nach der friedlichen Revolution in der DDR an. Am 03.04.1991 wurde er in seiner Wohnung tot aufgefunden. Da die Obduktion nicht gerichtsmed. betreut wurde, blieben die Untersuchungen unvollständig. Die Todesursache (Suizid? Herzversagen? Mord?) ist bis heute ungeklärt. Erst seit August 1991 ist bekannt, daß H. seit 1977 hauptamtlich im Dienst des MfS stand, zuletzt als „Offizier im besonderen Einsatz" (OibE) im Rang eines Majors (Deckname „Günter"). Akten des MfS/BV Halle sind bis 1977 erhalten, seitdem zum größeren Teil unauffindbar (vernichtet?). In seiner kirchlichen Funktion war H. zuständig für Rechtsfragen kirchlicher Ausbildung, der ökumenischen Kontakte und insbesondere für die Rechtsberatung diakonischer Einrichtungen. Sein jur. Rat und seine unkonventionelle pragmatische Einsatzbereitschaft wurden geschätzt. Darüber hinaus hat er persönlich, aber im Einvernehmen mit seiner Dienststelle, ausreisewillige DDR-Bürger jur., auch hinsichtlich ihrer Vermögensfragen, beraten. Für die Partnerschaftsarbeit mit den westdt. Partnerkirchen der Kirchenprovinz Sachsen baute er enge Kontakte auf. Bis über seinen Tod hinaus war in der Kirchenleitung kein Mißtrauen gegenüber seiner Person entstanden. In welchem Maß er als Spion dem MfS nützlich wurde, ist nur z. T. erkennbar. Umfassend hat er über interne kirchliche Verhandlungen nach der Selbstverbrennung von Pfarrer Oskar Brüsewitz, ähnlich offenbar auch über die Arbeit des Jugenddiakons Lothar Rochau berichtet. Das Doppelleben des Spions H. hat in den Kirchen zur Zeit der DDR keine wirklich vergleichbare Parallele. Die Enthüllung seines Doppellebens löste in der Kirche tiefste Betroffenheit aus.

L: Vf./Waltraut Zachhuber, Spionage gegen eine Kirchenleitung. D. H. – Stasi-Offizier im Konsistorium Magdeburg, 1994.

Harald Schultze

Hammerschlag, Emil, Dr. jur.
geb. 18.03.1875 n. e., gest. nach 1939 KZ Auschwitz (?), Jurist.

H. war ein bekannter Rechtsanwalt und Notar jüd. Herkunft in Magdeburg. Sein Notariat befand sich von 1920 bis 1931 im Breiten Weg 151a. Dort beurkundete er in dieser Zeit fast 3.000 Notarverträge. Seine fachliche Wertschätzung und seine berufliche Stellung in der Stadt zeigten sich u. a. darin, daß er vielfach Grundstücksverträge bzw. Hauptverslgg. städtischer Beteiligungsges. protokollierte, so z. B. die Hauptverslg. der *Hallenbau Land und Stadt A.-G. Magdeburg* im Rathaus am 05.05.1927. Die *A.-G.* wurde 1922 zum Bau der Halle Land und Stadt, die nach dem Tod → Hermann Gieselers dessen Namen trug, gegründet. H., selbst Mitglied der SPD, beglaubigte auch am 22.02.1924 die Gründungsurkunde des *Reichsbanners Schwarz-Rot-Gold* in Magdeburg notariell. Er war zudem vielfach ehrenamtlich tätig, so daß er ab 1919 zum Stadtverordneten in Magdeburg berufen wurde. H. legte sein Mandat 1931 nieder. Nach 1933 finden sich keine Hinweise mehr auf H. Er lebte bis 1939 in Magdeburg und soll später deportiert und im KZ Auschwitz umgebracht worden sein.

L: → Ernst Thape, Von Rot zu Schwarz-Rot-Gold, 1969, *106*; Archiv des Landgerichts Magdeburg: Urkundenrolle des Notariats Dr. H. 1920–31; StadtA Magdeburg: Unterlagen der Stadtverordnetenverslg., Rep. 18⁴, Bü 316.

Thomas Kluger

Hanewald, *Richard* Robert
geb. 02.01.1882 Magdeburg, gest. 05.01.1969 Satrup bei Flensburg, Pädagoge, Schulreformer, Oberstudienrat.

H., Sohn eines Buchhalters, absolvierte 1900 die Reifeprüfung am Magdeburger Realgymn. und war bis 1904 als Versicherungsangestellter tätig. 1904–12 studierte er Mathematik, Physik, Chemie und Geologie in Halle, legte 1913 das Staatsexamen ab, war 1914–16 Lehramts-Kandidat und 1916–24 Lehrer an der Magdeburger Luisenschule. Von der Jugendbewegung und den liberalen Ideen → Wilhelm Raabes beeinflußt, wirkte er gemeinsam mit seiner Ehefrau → Klara H.-Sträter aktiv im *Berthold-Otto-Verein* (→ Edmund Sträter) und unternahm 1922 den ersten Versuch mit reformpädagogischem Mathematik-Unterricht an einer höheren Schule. 1924 wurde H. Leiter der höheren Reformschule (Berthold-Otto-Schule) am Sedanring. Kollegiale Schulleitung, selbstbestimmte Lehrerauswahl, weitgehende Lehrplanfreiheit, Koedukation und altersübergreifender Gesamtunterricht für alle Schüler waren wichtige Merkmale dieses Schulversuchs, der in dieser Zeit von → Adolf Grimme unterstützt wurde und 1945–49 nochmals eine kurze Renaissance erlebte. H. war Mitbegründer verschiedener pädagogischer und phil. Vereine in Magdeburg. Er wurde 1937 als Leiter an die Magdeburger Viktoriaschule versetzt und wechselte 1940 auf eigenen Wunsch als Dir. an die Magdeburger Augustaschule. Nach der Evakuierung arbeitete H. 1945–50 als Privatlehrer und Übersetzer in Seehausen, da er nicht wieder in den Schuldienst aufgenommen wurde. Als auch seine zweite Frau ihre Arbeit verlor, siedelte er mit ihr 1951 nach Satrup/Angeln über. Hier war er bis zu seiner Pensionierung 1954 wiederum als Privatlehrer tätig.

W: Die Magdeburger Versuchsschule, in: Der Hauslehrer für geistigen Verkehr mit Kindern 14, 1929, *53–56*; (Hg.) Wachstum und Unterricht. Beiträge zu einer Pädagogik von innen, H. 1, 1930; H. 2, 1931 (mit → Franz Hedicke); (Hg.) 3. Folge, 1. Stück: Die Leitgedanken der Berthold-Otto-Schule zu Magdeburg, 1933 (mit Otto Graf). – **L:** Vf., Die Berthold-Otto-Schulen in Magdeburg, 1999. – **B:** *Vf., Magdeburg (priv.).

Reinhard Bergner

Hanewald-Sträter, Klara, geb. Sträter
Geb. 23.12.1888 Magdeburg, gest. 12.01.1934 Magdeburg, Reformpädagogin.

Die Tochter einer angesehenen Magdeburger Lehrerfam. absolvierte den ersten Abiturkurs für Mädchen in Magdeburg, der 1906 von ihrem Vater → Edmund Sträter eingerichtet worden war. Früh eine Verehrerin des Schulreformers Berthold Otto, begann sie ein Lehrerstudium in Gießen und Jena. 1914/15 war H. Lehrerin an Ottos Versuchsschule in Berlin-Lichterfelde und gab 1913–23 in der Zs. *Der Hauslehrer* eine eigene Beilage heraus. 1917 legte sie das Staatsexamen ab und heiratete → Richard Hanewald, 1924 in Magdeburg beteiligt an der Gründung einer höheren koedukativen Reformschule (BOS). Sie gehörte zu den Initiatoren des *Berthold-Otto-Vereins* in Magdeburg, hatte großen Einfluß auf die Entstehung der beiden nach Otto arbeitenden öffentlichen Reformschulen und war zeitweise dort Lehrerin. Zudem begann sie darüber hinausgehend 1926 in einer genehmigten „Familienschule" in der eigenen Wohnung, eine altersgemischte koedukative Kindergruppe konsequent nach Ottos methodisch-didaktischen Prinzipien zu unterrichten, und leitete 1931–33 eine selbständige Versuchsklasse am Sedanring. Über den schulischen Rahmen hinaus propagierte H. erfolgreich die pädagogisch-phil. Anschauungen Ottos durch zahlreiche Veranstaltungen in der Volkshochschule, im *Berthold-Otto-Verein* sowie im *Bund für inneren Frieden* und trug wesentlich zur außergewöhnlichen Verbreitung dieser Schulauffassung in Magdeburg bei.

W: Gesamtunterricht bei den Kleinen, in: Richard H./→ Franz Hedicke (Hg.), Wachstum und Unterricht. Beiträge zu einer Pädagogik von innen, H. 2, 1931, *22–45*. – **L:** Vf., Die Berthold-Otto-Schulen in Magdeburg, 1999, *64–67, 187–194*. – **B:** *Vf., Magdeburg (priv.).

Reinhard Bergner

Hansen, Albert, Dr. med. vet.
geb. 24.07.1892 Klein Wanzleben, gest. 19.02.1963 Eilsleben, Tierarzt, Historiker.

Der Sohn eines Schmiedemeisters in Klein Wanzleben besuchte das Realgymn. in Halberstadt, begann 1914 das Studium der Veterinärmed. und prom., nach kriegsbedingter Unterbrechung des Studiums, 1919 in Berlin. 1920 ließ sich H. in Eilsleben als praktischer Tierarzt nieder und übte diese Praxis bis zu seinem Tode aus. Er schloß sich schon 1911 dem *Verein für niederdt. Sprachforschung* an und legte erste niederdt. Wortslgg. an. Die berufliche Tätigkeit konnte H. mit einer umfassenden landeskundlichen Forschungstätigkeit verbinden. Er befaßte sich vier Jahrzehnte hindurch mit hist., volkskundlichen und sprachwiss. Themen und wandte sich zeitweilig auch der Aufnahme ur- und frühgesch. Funde zu. In den 1920er Jahren unterstützte H. den Landesgeologen Wilhelm Koert in der Aufnahme des geologischen Meßtischblattes Seehausen. 1922 gehörte H. zu den Gründern des von dem Lehrer Paul Hollop in Wefensleben initiierten *Heimatvereins im alten Holzkreise*, der im Oberen Allertal viele Mitglieder gewann. Der Verein schuf sich 1924 ein Heimatmus. in der eben aufgesiedelten Domäne Burg Ummendorf, das unter der Leitung H.s als „Museumswart" und zweitem Vors. des Vereins eine Entwicklung erlebte, die 1936 in der Etablierung des Ostfälischen Volkskunde-Mus. Burg Ummendorf gipfelte. H. bemühte sich stets um die Synthese von Landschaft und Mensch und betonte dabei stammesgesch. Zusammenhänge. Die von ihm gefundenen Ergebnisse verteidigte er mit Leidenschaft. Er wurde besonders durch seinen Versuch, für seine Heimatlandschaft „mit dem thüringischen Vaterhaus und der niederdt. Muttersprache" den Stammesnamen „Ostfalen" durchzusetzen, weithin bekannt (s. u. Reichsreform, 1933). In seine intensiven Bemühungen um die Erfassung, Bewahrung und Wiederbelebung der heimischen Mundart bezog H. auch lokale Mundartdichter mit ein und initiierte die *Niederdt. Spielschar* in Eilsleben, die in den 1930er Jahren regionale Auftritte, auch im Rundfunk, erlebte und zahlreiche mundartliche Stücke (u. a. von → Wilhelm Rauch) aufführte. H. veröffentlichte eine Vielzahl kleinerer Arbeiten in lokalen Ztgg. und Beilagen. Wichtigere, große Arbeiten konnten erst nach seinem Tode vom Börde-Mus. Ummendorf, mit wesentlicher Förderung der Fam., herausgebracht werden. Anderes blieb unveröffentlicht.

W: Unsere Heimat, unsere Kultur und die Reichsreform, Selbstverlag 1932; Holzland-Ostfälisches Wörterbuch, aus dem Nachlaß bearbeitet von Helmut Schönfeld, 1964 (Reprint 1994); Die Namenlandschaft zwischen Ober-Aller und Sarre (Bode), aus dem Nachlaß bearbeitet von → Max Bathe, I. Halbbd., 1965 (mehr nicht erschienen). – **N:** Börde-Mus. Ummendorf. – **L:** Vf., Bestandsübersicht zu Archiv und Dokumentationskartei des Börde-Mus. Ummendorf, 1956–90; Werner Flechsig, A. H., der siebzig Jahre alte Ostfalenforscher, in: Braunschweiger Heimat 48, 1962, *98–106*; ders., A. H. †, in: Braunschweiger Heimat 49, 1963, *26*; Vf., A. H. †, in: Js. für mitteldt. Vorgesch. 49, 1965, *259f.*; Peter Schmidt, Zur Gesch. der Geologie, Geophysik, Mineralogie und Paläontologie. Bibliogr. der DDR. Veröffentlichungen der Bibl. der Bergakad. Freiberg 40, 1970, Nr. 723, *85*; Das Mus. in Ummendorf – Trends 1924–89, Ms. 1999. – **B:** *Börde-Mus. Ummendorf.

Heinz Nowak

Hansen, Gustav

geb. 28.06.1894 Wanzleben, gest. 29.03.1966 Hakenstedt, Fotograf, Graphiker.

Vor dem I. WK besuchte H. die Fachschule für angewandte Kunst in Magdeburg und machte sich nach dem Kriegsdienst in Wanzleben als Fotograf selbständig. Seit 1926 war H. als Fotograf und Graphiker in der Saatzucht der Fa. *Zuckerfabrik Klein Wanzleben, vormals Rabbethge & Giesecke AG* beschäftigt. H. legte in seiner Freizeit eine umfangreiche Fotodokumentation zur Gesch. von Natur und Gesellschaft des Kreises Wanzleben an, in enger Zusammenarbeit mit der 1935 gegründeten Kreisstelle für Heimatschutz (→ Albert Schimmel) und der Heimatslg. in Wanzleben. H. schuf mindestens vier Schmalfilme (16 mm) zu kreisbezogenen Themen und fertigte zusammen mit Schimmel eine Dia-Serie über urgesch. Funde des Kreisgebietes. Das ursprüngliche Werk erfuhr nach schwerer Erkrankung des Urhebers merkbare materielle Verluste, doch konnte der Vf. einen ansehnlichen „Nachlaß G. H." im Börde-Mus. Ummendorf zusammenbringen, u. a. die Filme: „Jugend erlebt ihre Heimat" (Denkmalpflege) und „Bräuche im Kr. Wanzleben" (Volkskunde), Reste der Fotoslgg. (Negative und Positive), Aquarell- und Deckfarben-Malereien und Studien aus der Fachschulzeit.

W: s.o. – **N:** Börde-Mus. Ummendorf. – **L:** Werner H., Chronik der Fam. H., Ms. o. J. (Börde-Mus. Ummendorf); Vf., Rekonstruktion der Lichtbildserie „Die Urgesch. des Kreises Wanzleben" von Albert Schimmel, fotografiert von G. H., 1938, Ms. 1981–95 (Börde-Mus. Ummendorf). – **B:** *Börde-Mus. Ummendorf: Porträtfoto.

Heinz Nowak

Hanstein, Gottfried *August* Ludwig, Dr. theol. h.c.

geb. 07.09.1761 Magdeburg, gest. 25.02.1821 Berlin, ev. Theologe.

Der Sohn eines Kriminalrates und Justizkommisars besuchte nach sorgfältigem Privatunterricht die Magdeburger Domschule unter → Gottfried Benedict Funk. Ab 1779 studierte er an der Univ. Halle ev. Theol., Phil., Mathematik und Physik, kehrte 1782 in seine Vaterstadt zurück und konnte auf Empfehlung Funks eine Stelle als ao. Lehrer an der Domschule antreten. Während dieser Zeit regte er Funk zur Gründung eines Lehrerseminars an und unterrichtete dort selbst Pädagogik. Der als Erzieher und Kanzelredner hervorragend begabte H. wurde bereits 1787 als Pfarrer nach Tangermünde berufen und widmete sich hier vor allem der praktischen homiletischen Ausbildung von Predigtamtskandidaten. Als Hg. der *Homiletisch-kritischen Bll. für Kandidaten des Predigtamtes und angehende Prediger* (1791–99) sowie der *Neuen homiletisch-kritischen Bll.* (1799–1812) erwarb er sich bedeutende Verdienste um die Ausbildung der damaligen Predigergeneration und avancierte neben Schleiermacher zum bedeutendsten Homileten seiner Zeit. Seine Bekanntschaft mit Wilhelm Abraham Teller, Propst von St. Petri in Berlin, für dessen *Neues Magazin für Prediger* er Beiträge lieferte, führte ihn in einen neuen Wirkungskreis. 1803 wählte ihn das Domkapitel in Brandenburg auf Tellers Vorschlag hin zum Oberdomprediger, wo er auch an der Ritterakad. unterrichtete und einer lit. Gesellschaft vorstand. Im November 1804 durch Friedrich Wilhelm III. zum Adjunkten und künftigen Nachfolger Tellers in allen Ämtern nach Berlin berufen, trat er diese nach dem plötzlichen Tod Tellers bereits im Dezember 1804 an. Als Propst von St. Petri, Superintendent der Diözese Berlin und Mitglied des Oberkonsistoriums wurde H. 1809 auch zum Vortragenden Rat in der Sektion für Kultur und Unterricht des Berliner Innenministeriums bestimmt. Als solcher war er wesentlich an der Einführung der Kirchenunion, der Erarbeitung eines neuen Gesangbuchs von Berlin und der Abfassung einer revidierten Kirchenagende beteiligt. Als Theologe ganz der Aufklärung verpflichtet, vertrat H. einen von der Empfindsamkeit beeinflußten supranaturalistischen Rationalismus. Er gehörte zu den wortgewaltigsten Kanzelrednern Berlins und war insbesondere zwischen 1808–14 als patriotischer Prediger weithin bekannt. H.s stets bis ins einzelne ausgearbeitete Predigten, die inhaltlich kaum über die seiner Zeitgenossen hinausgingen, galten als Musterbeispiele und wurden u. a. in → Conrad Gottlieb Ribbecks *Magazin neuer Fest- und Casualpredigten* publiziert. In seinen letzten Lebensjahren verband H. eine enge Freundschaft mit dem späteren Magdeburger Bischof → Bernhard Dräseke, mit dem er ab 1816 das *Neueste Magazin für Fest-, Gelegenheits- und anderen Predigten* herausgab.

W: Ueber die Beherrschung der Leidenschaften, 1793; Die christliche Lehre für Kinder, 1804, ⁵1815; Christliche Religions- und Sittenlehre, 1805; Erinnerungen an Jesus Christus, 1808 (mehrfach neu bis 1820); Die ernste Zeit. Predigten in den Jahren 1813 und 1814 gehalten, 1815; Das Leben im Glauben. Predigten (2 Bde), 1831. – **L:** ADB 10, *543–547*; NDB 7, *639f.*; Hamberger/Meusel, Bde 3, 9, 11, 14, 18, 22/2; BBKL 2, Sp. *520f.*; RGG 3, ³1959, *73*; Friedrich Philipp Wilmsen, Denkmal der Liebe geweiht dem verewigten Propst Dr. G. A. L. H., von Freunden und Verehrern, 1821 (*W*); Heinrich Döring, Die dt. Kanzelredner, 1830, *81–92*; Erich Förster, Die Entstehung der preuß. Landeskirche, Bd. 1, 1904. – **B:** *G. A. L. H., Christliche Belehrungen und Ermunterungen in Predigten, 1808.

Guido Heinrich

Happ, William *Wolfgang*, Prof. Dr.
geb. 02.08.1919 Magdeburg, gest. 19.12.1998 Beaver Creek/ Ohio (USA), Physiker, Ing.

Der Sohn des jüd. Rechtsanwaltes Martin H. besuchte vier Jahre die Volksschule und von 1929 bis 1934 das Realgymn. in Schönebeck. Ein Jahr nach der Machtübernahme durch die Nationalsozialisten schickten die Eltern H. und seine Schwester Wera in die Emigration. Nach Aufenthalten in Italien und England wählte er nach dem plötzlichen krankheitsbedingten Tod seiner Schwester 1936 die USA als neues Exil. Nachdem H. in verschiedenen Exilländern höhere Schulen besucht, in den USA das Abitur (final examination) abgelegt und von 1941 bis zum Kriegsende in der US-Armee gedient hatte, begann er ein Studium der Physik und der technischen Wiss. Nach Studien an der Harvard-Univ. (1945–47) – akad. Grad eines „masters of physics" –, der Bosten-Univ. in Massachusetts (1947–49) – Prom. zum „doctor of physics and engineering" – und ergänzenden Studien wurde H. 1953 alleiniger Inhaber eines US-Patents für ein Hochleistungstransistor-Radio. Von 1954 bis 1958 arbeitete er unter Leitung von William Shockley (Nobelpreis 1957), der als Erfinder des Transistors gilt, an der Entwicklung neuer elektronischer Bauteile. Als Dir. eines Unternehmens für die Raumfahrt/Lockheed-Rakete war er bis 1962 tätig. H. leitete danach als einer der Dir. innerhalb der *NASA* mehrere Projekte auf dem Gebiet der elektronischen Forschung. Sein wiss. Wirkungskreis umfaßte den gesamten amerikanischen Kontinent, und so wurde er als erster amerikanischer Staatsbürger 1978 als offizielles Mitglied in die Nationale Akad. für Technische Wiss. in Mexiko gewählt. H. lehrte im Zeitraum von 1962 bis 1985 an verschiedenen amerikanischen Univ. und setzte danach seine berufliche Arbeit im US-Verteidigungsministerium fort. Die Nationale Akad. für das Ing.-Wesen nahm ihn als Mitglied auf. In der Fachlit. behandelte H. kontinuierlich Kernfragen („points") aus seinen Fachgebieten. Er verfaßte ca. 200 wiss. Publikationen, die in den USA, Lateinamerika, Westeuropa und im ehemaligen sowjetischen Machtbereich veröffentlicht wurden. Im Jahre 1993 schließlich besuchte H. noch einmal seine Heimatstadt Schönebeck.

L: Günter Kuntze, In memoriam Prof. Dr. W. W. H., Ms. 1999 (StadtA Schönebeck). – **B:** *ders., Juden in Schönebeck, 1990, *55*.

Britta Meldau

Harbert, Albrecht
geb. 25.12.1885 Arnsberg/Westfalen, gest. 18.11.1973 Arnsberg/Westfalen, kath. Theologe.

H. wurde 1910 in Paderborn zum kath. Priester geweiht. In seiner Vikariatszeit war er in Netphen, Walpersdorf (1911), Hornbruch-Borog (1915), Rüthen (1918) und Bielefeld (1924) als Seelsorger tätig. Von 1931 bis 1957 war er Pfarrer an St. Marien in Magdeburg-Sudenburg. Persönlich lebte H. äußerst einfach, sorgte sich aber für die materiellen wie seelischen Nöte der Menschen – besonders im und nach dem II. WK. Er war in Magdeburg bekannt für seine „Seelsorge auf der Straße". 1973 wurde H. von Papst Paul VI. zum Prälaten ernannt.

L: ZBOM. – **B:** ebd.

Ludwig Stegl

Harbort, Friedrich *Anton*
geb. 09.03.1834 Halle/Westfalen, gest. 08.10.1866 Oschersleben, kath. Theologe.

H. studierte in Paderborn kath. Theol. und wurde 1859 zum Priester geweiht. Seine erste Anstellung erfolgte in Groß Ammensleben, von wo er im Frühjahr des Jahres 1860 nach Oschersleben in die Magdeburger Börde versetzt wurde. Die völlig unzureichenden Kapazitäten der kath. Kirche sowie der kath. Schule veranlaßten ihn zum sofortigen Handeln. H. bemühte sich in Aufrufen, Gedichten und Versen um finanzielle Mittel zur Durchführung notwendiger Baumaßnahmen. Selbst eine Reise in das Rheinland wurde zur Beschaffung von Finanzmitteln genutzt. Seine Aktivitäten hatten Erfolg. Bereits nach kurzer Zeit standen 6.000 Mark zur Verfügung. Der Ausbruch der Cholera unterbrach seine Bemühungen um bauliche Verbesserungen. Uneigennützig und selbstlos kümmerte sich er um die Cholerakranken. So ist überliefert, daß H., nachdem er bereits zwei Mal an einem Tag nach Großalsleben gerufen war, sich ein drittes Mal zu einem 13jährigen Jungen dorthin begab. Er reinigte den Jungen und rettete ihm das Leben, infizierte sich dabei selbst und verstarb 23 Stunden später. Seine kath. Glaubensgemeinschaft schuf ihm auf dem Friedhof zu Oschersleben ein ehrendes Grabdenkmal. Auch Geistliche anderer Konfessionen kondolierten in Würdigung seiner Persönlichkeit.

L: Fs. zum 125jährigen Bestehen der kath. Glaubensgemeinschaft in Oschersleben, Ms. o. J. (A. O. Staufenbiel, Oschersleben, priv.). – **B:** ebd.

Kurt Jordan

Harnack, Otto, Dr. med.
geb. 17.10.1893 Berlin, gest. 19.02.1971 Magdeburg, Arzt, Hygieniker, Obermedizinalrat.

Der älteste Sohn des Berliner Gymnasialdir. August H. besuchte das humanistische Luisen-Gymn. in Berlin-Moabit und studierte als Absolvent der Pépinière 1912–16 Med. an der Friedrich-Wilhelms-Univ. (heute Humboldt-Univ.) Berlin. Die Prom. erfolgte 1919 mit einer Arbeit „Zur Kasuistik der Geschwülste der männlichen Brustdrüse". Nach Teilnahme am I. WK als Feldunterarzt und der chirurgischen Ausbildung am Krankenhaus Berlin-Köpenick 1918–21 ließ sich H. 1921–29 als praktischer Arzt in Rhein/Ostpreußen nieder, war danach Kreisarzt in verschiedenen dt. Städten und 1940–45 beamteter Arzt in Berlin. Als Medizinalassessor in Harburg-Wilhelmsburg war H. maßgeblich an der Aufklärung einer durch importierte Meerkatzen verursachten Ruhrepidemie im Regierungsbez. Lüneburg beteiligt. 1945–51 Leiter der Zentralstelle für Hygiene in Mühlhausen/Thüringen und dort auch „Seuchen-Kommissar" für Westthüringen, übernahm er 1951 als Leiter die Zentralstelle für Hygiene in Magdeburg. Diese erhielt ab Ende 1952 den Status eines Bezirks-Hygiene-Inst. H. war bis 1967 dessen Dir., wobei er die Abt. für Hygiene und Epidemiologie persönlich leitete. Zusätzlich übernahm H. zeitweise die Leitung des Hygiene-Inst. Stendal. Nebenamtlich übte er die Funktion als Bezirks-Hygieniker aus, dem u. a. die Kreis-Hygiene-Inspektionen und die Bezirks-Hygiene-Inspektion unterstanden. H. hat sich besonders um die Erarbeitung von Seuchen- und Impfstatistiken verdient gemacht. Er förderte die Bemühungen um die Sanierung ländlicher öffentlicher Brunnen, um die Entnahme von zur Herstellung von Säuglingsnahrung geeignetem Wasser zu sichern. Wichtiges Anliegen war ihm die Wassergewinnung aus der Letzlinger Heide. H.s besondere Aufmerksamkeit galt den Lebensmittel herstellenden Betrieben.

W: Ueber eine durch Affen verursachte Ruhrepidemie, in: Veröffentlichungen aus dem Gebiet der Medizinalverwaltung, Bd. 34, H. 2, 1931, *3–13* (mit Fritz Werner Bach/Johann Fülscher); Methämoglobinämien durch Brunnenwasser bei Säuglingen, in: Das Dt. Gesundheitswesen 15, 1960, *2291–2304* (mit Lotar Lachhein/Wilhelm Thal). – **B:** *Familienunterlagen Klaus H., Berlin (priv.).

Klaus Harnack/Wilhelm Thal

Harnisch, *Wilhelm* Christian, Dr. phil., Dr. theol. h.c.
geb. 28.08.1787 Wilsnack bei Wittenberge, gest. 15.08.1864 Berlin, Pädagoge, ev. Theologe, pädagogischer Schriftsteller.

H.s Vater war Schneidermeister in Wilsnack in der Priegnitz. Von 1800 bis 1806 besuchte H. die Schule in Salzwedel. Ostern 1806 nahm er ein Studium an der Univ. Halle auf, die jedoch nach der Schlacht bei Jena und Auerstedt (14.10.1806) durch Napoleon geschlossen wurde. H. war dann bis 1807 Hauslehrer und begann anschließend ein Theologiestudium an der Univ. Frankfurt/Oder, welches er, vermutlich aus finanziellen Gründen, nach einem Jahr abbrach, um in Mecklenburg eine Hauslehrerstelle anzunehmen. 1809 ging er nach Berlin und erhielt nach bestandener theol. Prüfung eine Stelle an der Plamannschen Erziehungsanstalt, wo er gemeinsam mit → Karl Friesen, Friedrich Ludwig Jahn u. a. tätig war. 1812 heiratete H., wurde zum Dr. phil. prom. und erhielt im gleichen Jahr die Leitung des neu zu organisierenden Schullehrerseminars in Breslau, nachdem er das preuß. Unterrichtsministerium durch seine Schrift „Dt. Volksschulen mit besonderer Rücksicht auf die Pestalozzischen Grundsätze" (1812) auf sich aufmerksam gemacht hatte. 1813 war er an der Aufstellung des Lützowschen Freikorps beteiligt, wurde in Breslau auch zum Hauptmann der Landwehr gewählt. Seine eigene aktive Beteiligung wurde ihm allerdings, wie auch anderen Seminarlehrern, durch das Ministerium verboten. 1814 gründete er den *Breslauer Schulverein* und begann im gleichen Jahr die pädagogische Zs. *Der Erziehungs- und Schulrat an der Oder* herauszugeben, die als eine der ersten pädagogischen Fachzss. von überregionaler Bedeutung galt und bis 1900 fortgeführt wurde. Nach dem Vorbild von Jahn richtete H. 1815 in Breslau einen Turnplatz ein. Dabei übernahm er dessen Methoden und insbesondere den Aspekt der patriotischen Erziehung. Die „Turnsperre" in Preußen (1819– 40) versuchte H. durch naturkundliche Exkursionen zu kompensieren, aber auch diese wurden der Reg. bald verdächtig. Wegen seiner Mitgliedschaft im *Dt. Bund* geriet er zudem in den Verdacht demagogischer Umtriebe. Um ihn aus Schlesien zu entfernen, wurde H. 1822 in die Provinz Sachsen versetzt. Ab Oktober 1822 war H. Leiter des Seminars in Weißenfels, welches sich durch sein Wirken zu einer int. bekannten Lehrerbildungseinrichtung entwickelte. 1842 übernahm er die Pfarrstelle in Elbeu bei Wolmirstedt und war dort ab 1856 als Superintendent tätig. 1861 trat er in den Ruhestand und starb drei Jahre später in Berlin. H. war ein überzeugter Vertreter der Pädagogik Pestalozzis – er wurde auch als der „Begründer des preuß. Pestalozzianismus" bezeichnet –, lehnte jedoch den Formalismus der Pestalozzianer ab und wandte sich in seiner „Weltkunde" einer auf dem Heimatprinzip gründenden Einführung in die Realien (Gesch., Erdkunde u. a.) zu. Als Förderer der Volksschule setzte er sich zeit seines Lebens für deren Eigenständigkeit als Stätte „volkstümlicher Bildung" gegenüber Kirche und Staat ein. Auch in seiner Zeit in Elbeu befaßte er sich weiter intensiv mit kulturpolitischen Problemen und Fragestellungen der Schule im preuß. Staat.

W: s.o.; Hdb. für das dt. Volksschulwesen, 1820, neu hg. von Friedrich Bartels, 1893; Die Schullehrerbildung, 1836; Das preuß. Volksschulwesen in seiner Entwicklung unter dem Ministerium Altenstein, 1842; Die künftige Stellung der Schule, vorzüglich der Volksschule zu Kirche, Staat und Haus, 1848. – **L:** ADB 10, *614–616*; NDB 7, *693*; BBKL 2, *570*; Hermann Schwartz (Hg.), Pädagogisches Lex., Bd. 2, 1929; Robert Rissmann, W. H. in seiner Bedeutung für die Entwicklung der dt. Volksschule, 1889; Friedrich von Werder, Gesch. der Pädagogik in Vorbildern und Bildern, [24]1907, *376–383* (**W**); Hermann Metzmacher, Weiter- bzw. Umbildungen der Pestalozzischen Grundsätze durch H., Diss. Halle 1901; Alfred Rach, Biographien zur dt. Erziehungsgesch., 1968, *213f.*; Martin Wiehle, Altmark-Persönlichkeiten, 1999, *66*. – **B:** *C. Werckshagen (Hg.), Der Protestantismus am Ende des 19. Jhs, 1900/1902, *768*.

Wolfgang Mayrhofer

Hartkopf, Richard
geb. 30.05.1891 Magdeburg, gest. 03.04.1944 Brandenburg/Görden, Arbeiter.

H. wuchs in einer Arbeiterfam. auf, absolvierte eine Lehre als Bäcker, anschließend als Metallschleifer und war in diesem Beruf in der Fa. *Mundlos*, später in den *Junkers-Werken* in Magdeburg tätig. Nach dem I. WK wohnte H. mit Ehefrau und Kindern in Barleben. Er war hier Mitglied im *Arbeiter-Turn- und Sportbund*, Abt. Radsport, und setzte sich besonders für die Ausbildung und Förderung des Nachwuchses ein. Sein engster Freund war der zehn Jahre jüngere Radsportler Hermann Groß. Als Mitglied des *Allg. Dt. Gewerkschaftsbundes* beteiligte sich H. aktiv an Streikkämpfen besonders in der Zeit der Weltwirtschaftskrise. Die politische Offenheit des parteilosen H. trug ihm den Beinamen „Kommunist" ein. 1943 wegen wehrkraftzersetzender Äußerungen verhaftet und angeklagt, wurde er im Oktober dess. Jahres zum Tode verurteilt und später im Zuchthaus Brandenburg/Görden hingerichtet.

L: Unterlagen Martin Schnelle, Magdeburg (priv.). – **B:** ebd.

Kerstin Dünnhaupt

Hartmann, *Concordia* Marie, geb. Herzberg, verh. Donath
geb. 20.05.1880 Erfurt, gest. 02.07.1961 Magdeburg, Geschäftsführerin, Heimleiterin.

Seit der Gründung der Magdeburger *Arbeiterwohlfahrt* im Jahre 1919 war H. deren Leiterin. Noch im gleichen Jahr richtete sie zur Betreuung der Arbeiterkinder im Neustädter Fort am Milchweg ein Heim ein, dem sie vorstand. Die Sozialdemokratin gehörte von 1919 bis 1933 dem Magdeburger Stadtparlament, später auch dem Provinziallandtag an. Für den Preuß. Landtag kandidierte sie mehrfach auf einem aussichtslosen Listenplatz. Die engagierte Sozialpolitikerin wurde 1933 arbeitslos und mußte ihre Dienstwohnung im Heim am Milchweg räumen. H. war ihrem Freundeskreis im Kampf gegen die NSDAP eine verläßliche Stütze.

L: Slg. Beatrix Herlemann, Hannover (priv.). – **B:** ebd.

Beatrix Herlemann

Hartmann, Emil Friedrich *Gustav*, Dr. phil.
geb. 29.10.1835 Magdeburg, gest. 29.11.1917 Magdeburg, Apotheker, Geh. Medizinalrat.

H. stammte aus einer angesehenen Apothekerfam. Sein Großvater, Johann Ferdinand H. (1757–1815), erwarb 1796 die Hof-Apotheke am Breiten Weg 158, Nähe Ulrichskirche, und gehörte 1798 neben Johann August Tobias Michaelis (Besitzer der Rats-Apotheke), Ernst Daniel Pulmann (Besitzer der Pfälzer- oder Fisch-Apotheke), Johann Christian Wilhelmi (Administrator der Schilling'schen Apotheke) und Adolph Friedrich Völcker (Provisor der Neumann'schen Apotheke) zu den fünf Gründungsmitgliedern der *Magdeburger Apotheker-Konferenz*. Sein Vater, Ferdinand H. (1799–1872), übernahm 1825 die Hof-Apotheke, galt außerdem als Botaniker von Bedeutung. Er gründete 1865 in Magdeburg gemeinsam mit → Wilhelm Ebeling u. a. den *Botanischen Verein* und stiftete sein bedeutendes Herbarium und seine umfangreiche wiss. Bibliothek dem Städtischen Naturwiss. Mus. Gustav H. begann 1853 seine Lehrzeit in einer Berliner Apotheke, bestand 1857 die Gehilfenprüfung und studierte 1857–59 in Breslau Naturwiss. In Magdeburg leistete er sein Militärjahr ab, nahm dann das Studium wieder auf, legte 1861 in Breslau das pharmazeutische Staatsexamen ab, prom. und übernahm anschließend die väterliche Hof-Apotheke, die er 1896 verkaufte. H. spielte als Vorstandsmitglied des *Dt. Apotheker-Vereins* 1872–75, als Vors. der *Magdeburger Apotheker-Konferenz* 1890–1904 (Ehrenmitglied ab 1903) sowie als Mitglied des *Medizinal-Collegiums der Provinz Sachsen* und des *Preuß. Apothekerrats* eine bedeutende Rolle in der Standespolitik der Apotheker. Er wurde durch die Herausgabe der nach ihm benannten „Handverkaufs-Taxe für Apotheker" bekannt, die er von 1866 bis zur neunten Auflage selbst bearbeitete. Darüber hinaus wirkte H. als Mitbegründer und zwölf Jahre als Leiter des *Magdeburger Kunstgewerbevereins*, als Förderer des *Reblingschen Kirchengesangvereins*, als Mitbegründer (1884) und langjähriger Schatzmeister der Magdeburger Stadtmission (→ Leopold Schultze) und in weiteren caritativen Funktionen. Er erhielt den für Apotheker fast beispiellosen Titel eines Geh. Medizinalrates.

W: Die Magdeburger Apotheker-Konferenz 1798–1898. Fs. zur Gedenkfeier ihres 100jährigen Bestehens am 16. Dezember 1898, 1898; Der Stadtverein für Innere Mission Magdeburg 1884–1909, 1909; Lebenserinnerungen (2 Bde), 1909–10 (als Ms. gedruckt). – **L:** BioApo 1, 1975, *248f.*; Alwin Schmidt, Alt-Magdeburger Geschlechter, Tl. 4, Die Fam. H., in: MonBl 76, H. 7, 1934, *54*.

Volker Jahn

Hartmann, *Gustav* Theodor Andreas (gen. Eiserner Gustav) geb. 04.06.1859 Magdeburg, gest. 23.12.1938 Berlin-Wannsee, Droschkenkutscher.

Nach einer Müllerlehre in Magdeburg und dem mißglückten Versuch eines Kolonialwarenhandels am Rande Berlins betrieb H. ab 1885 mit seiner Fam. in Berlin-Wannsee das Fuhrgeschäft *Wannsee-Droschken*. Seinen Beinamen „Eiserner Gustav" bekam H., weil er in einer Zeit, in der es schon Auto-Droschken gab, von denen er auch selbst zwei besaß, täglich bis 2.08 Uhr nachts am Bahnhof Wannsee mit der Pferdedroschke die letzten Heimkehrer aus dem Zentrum Berlins erwartete, um sie nach Hause zu kutschieren. 1927 befragte ihn eine franz. Reiterin nach dem Weg, der sie zu Roß von Paris über das Zentrum Berlins bis nach Bukarest führen sollte. Von diesem Unternehmen beeindruckt, faßte H. den Entschluß, seine berufliche Laufbahn mit einem Höhepunkt zu beschließen und seinen 69. Geb. in Paris zu feiern. H., bodenständig und praktisch, aber in schriftlichen Dingen nicht bewandert, holte sich Unterstützung bei der *Berliner Morgenpost*, bekam den Reporter Hans Hermann Theobald zur Begleitung und begann in einer Zeit technischer Rekorde Anfang April 1928 seine Kutschfahrt, die länger als fünf Monate dauern sollte. Die Reise, die H. jeweils auch über seine Geburtsstadt Magdeburg führte, wurde zum großen Medienereignis. Im September 1928 zurückgekehrt, erhielt er am Brandenburger Tor, unter dem noch zehn Jahre zuvor nur der Kaiser stehen durfte, einen triumphalen Empfang durch die Berliner Bevölkerung und die Honoratioren der Stadt. Als H. ein Jahr später als Sozius-Tester für *Zündapp* eine 10.000 km-Tour durch Dtl., Österreich und die Schweiz unternahm, war die Anteilnahme der Medien wesentlich geringer. H. wurde durch seine späten Wagnisse nicht wohlhabend. Er verkaufte in den folgenden Jahren gegenüber seinem alten Stammplatz am Bahnhof Wannsee Ansichtskarten, die an seine Reise nach Paris erinnerten. Eine Brandstiftung vernichtete seinen gesamten Fuhrpark, einschließlich der hist. Kutsche. H. aber wurde als Berliner Original bekannt. Seine Gesch. wurde mehrmals, mehr oder weniger frei, verfilmt, ihm wurde ein Denkmal gesetzt und der Vorplatz seines Bahnhofs nach ihm benannt.

L: Gunnar Müller-Waldeck/Roland Ulrich, Er war der Eiserne Gustav. Die Gesch. des legendären Kutschers G. H., 1994; Zehlendorfer Volksblatt vom 21.06.2000. – **B:** *Ursula Buchwitz-Wiebach, Berlin (priv.).

Margrit Friedrich

Hartung, *Johann* Heinrich
geb. 1803 n. e., gest. 1882 n. e., Pädagoge, Lehrerbildner.

H. studierte in Halle ev. Theol. und Pädagogik. Er war ab

Hartwig

1829 Lehrer an einer mit einem Lehrerseminar verbundenen Taubstummenanstalt und wurde 1833 zum Dir. des Taubstummeninst. in Königsberg berufen. Zwei Jahre später erhielt H. einen Ruf nach Magdeburg, wo er als Nachfolger → Karl Zerrenners Dir. des bedeutenden Schullehrerseminars wurde, dem ebenfalls eine Taubstummenanstalt angegliedert war. Dieses Amt übte H. zwanzig Jahre lang aus. Noch unter seiner Leitung wurde die Taubstummenanstalt 1846 nach Halberstadt sowie das Seminar 1855 infolge der preuß. Regulative nach Barby verlegt.

L: Johann Christoph Kröger, Reise durch Sachsen nach Böhmen und Österreich, mit besonderer Beziehung auf das niedere und höhere Schulwesen, Tl. 1, Sachsen, 1840; Friedrich Adolph Wilhelm Diesterweg, Sämtliche Werke, Bd. 5, 1961, 682.

Wolfgang Mayrhofer

Hartwig, Gustav
geb. 06.04.1908 Ziesar, gest. 27.08.1991 Magdeburg, Architekt, Baumeister.

Der gelernte Zimmerer besuchte 1925–29 die Staatl. Baugewerkschule in Magdeburg und legte 1935 die Baumeisterprüfung „mit Auszeichnung" ab. 1925–46 war H. im Architekturbüro von → Paul Schaeffer-Heyrothsberge als Bauführer und später als Abteilungsleiter tätig. 1946–50 wirkte er als freischaffender Architekt. Bis zu seinem Ruhestand im Jahr 1973 war er zunächst Produktionsleiter, später Chefarchitekt im *VEB Industrieprojektierung Magdeburg*, der ab 1968 mit dem *VE Industriebau-Kombinat, Betriebsteil Industrieprojektierung* fusionierte. Er erstellte in der Industrieprojektierung ausschließlich kollektive Gemeinschaftsprojekte, u. a. für das Eisenwerk West/Calbe (1952–55), das Faserplattenwerk Zielitz (1955–57), die Hochschule für Schwermaschinenbau Magdeburg (1956), für die Kulturhäuser in Harbke und Genthin (1956/57) und die Füllhalterfabrik *Heiko* in Wernigerode (1970–71). Unter H.s Leitung wurde zudem das gesamte Siloanlagen-Programm für die Landwirtschaft der DDR bearbeitet. 1953–90 gehörte er dem *Bund Dt. Architekten in der DDR (BDA)* an und war Mitglied der Zentralen Projektierungskommission sowie Vorstandsmitglied der Zentralen Fachgruppe Industriebau. Für seine Leistungen wurde H. 1963 mit der Ehrenurkunde des *BDA* und 1964 mit der Schinkel-Medaille geehrt.

W: s. o.; Mitteldt. Landesbank Magdeburg, 1939; Preisträger beim Ideenwettbewerb „Wiederaufbau der Innenstadt Magdeburg", 1946; Objekte im Bereich der Wilhelm-Pieck-Allee Magdeburg (Ernst-Reuter-Allee); Ingenieurschule für Wasserwirtschaft Magdeburg (heute Landtag); Bürogebäude Julius-Bremer-Straße Magdeburg; Med. Akad. Magdeburg, Pathologie u. a. – L: Unterlagen Sigrid H., Magdeburg (priv.). – B: *ebd.

Hans Gottschalk

Hasenbalg, Marie *Henriette*
geb. 09.03.1793 Hildesheim, gest. 21.02.1823 Magdeburg, Lehrerin.

Die Tochter des Hildesheimer Medizinalrats Friedrich Gerhard H. verkehrte in ihrer Kindheit mit der benachbarten Fam. des preuß. Obersts Graf von Wedel und genoß früh den Unterricht der gräflichen Erzieherinnen. Sie besuchte ein Jahr lang die Hildesheimer Töchterschule und wurde nach deren Auflösung privat weiter unterrichtet. Von 1805 bis 1807 erweiterte sie ihre Kenntnisse auf der neu eingerichteten Hildesheimer Töchterschule des Pastors Dedekind und folgte im Herbst 1807 ihrer verheirateten älteren Schwester nach Bischhausen bei Heiligenstadt, wo sie sich weiterem Selbststudium sowie der praktischen Erziehungstätigkeit widmete und zudem die (ländliche) Haushaltung erlernte. 1810 nahm sie bei einem zwischenzeitlichen längeren Aufenthalt in Hildesheim auch Zeichenunterricht. Seit 1814 bereitete sie sich in Bischhausen durch regelmäßigen privaten Unterricht in Sprachen, Wiss. und Musik intensiv auf eine Tätigkeit als Erzieherin vor und erhielt im Herbst 1816 durch Empfehlung die Stelle der zweiten Lehrerin an der höheren Töchterschule in Nordhausen, wo sie anfangs in die Fam. des Dir. → Johann Christian August Heyse aufgenommen und von diesem gefördert wurde. Der mit der Reform des Magdeburger Schulwesens betraute → Karl Zerrenner wurde auf einer Inspektionsreise durch die Provinz Sachsen Mitte 1818 auf die hervorragend qualifizierte H. hingewiesen, hospitierte bei ihr in Nordhausen und suchte sie umgehend für die neu zu schaffende höhere Töchterschule in Magdeburg zu gewinnen. H. folgte, wie ihr Dir. Heyse, dem Ruf an die im September 1819 in Magdeburg eröffnete höhere Töchterschule, an der sie erste Lehrerin und Erzieherin wurde. Neben dem üblichen Unterricht in „weiblicher Moral-, Klugheits- und Anstandslehre" und in der „weiblichen Technologie und Haushaltungskunst" erteilte sie auch naturkundlichen Unterricht. Sie verstand es, nicht nur die Töchter zu erziehen und zu unterrichten, sondern auch deren Eltern davon zu überzeugen, daß Bildung die Mädchen keineswegs „entweiblicht". Ihr Unterricht kam nach Ansicht Zerrenners in vielen Hinsichten dem Ideal pädagogischer Tätigkeit gleich. Die Lehrerin aus innerer Berufung wurde wegen ihrer hohen wiss. Bildung von ihren Berufskollegen hoch geschätzt und von ihren Schülerinnen verehrt. Seit Ostern 1822 schwer erkrankt, verstarb H. noch in ihrem 30. Lebensjahr an einem wiederholten Schlaganfall. Sie wurde unter Anteilnahme des Magistrats, der hohen Geistlichkeit des Doms, der Schulverwaltung und ihrer Schule im Innenhof des Magdeburger Domes beigesetzt. Diese Ehre war zu dieser Zeit nur Mitgliedern des Domkapitels und ihren Angehörigen vorbehalten. Noch heute steht im Innenhof des Kreuzganges zum Andenken an H. der mit einem Schmetterling verzierte Sandsteinquader.

L: Karl Zerrenner, Zum Andenken der verewigten H. H., 1825 (enthält auch Auszüge aus Tagebüchern H.s und verschiedene Nachrufe); Hans Bekker, 1. Lehrerin an der höheren Töchterschule, in: Liberal-Demokratische Ztg. vom 12.06.1980; ders., Staatsbegräbnis für Demoiselle H., in: ebd. vom 03.07.1980; Die Stadtführerin, hg. vom Amt für Gleichstellungsfragen der Stadt Magdeburg, o. J., *56f.*

Guido Heinrich/Kristina Ziegler

Hasenpflug, Georg *Carl* Adolph
geb. 23.09.1802 Berlin, gest. 13.04.1858 Halberstadt, Maler, Denkmalpfleger.

Der Sohn eines Schuhmachers erlernte zunächst den Beruf des Vaters. Sein zufällig entdecktes künstlerisches Talent bewirkte 1820 die Vermittlung in die Berliner Werkstatt von Carl Wilhelm Gropius und dessen Mitarbeiter → Karl Friedrich Schinkel, in der H. eine Lehre als Dekorationsmaler absolvierte. Über Theaterdekorationen kam H. zur Architekturmalerei. Kurzzeitig besuchte er mit Unterstützung Friedrich Wilhelm III. die Berliner Akad. und bildete sich dann selbständig weiter. Nach längeren Aufenthalten in Berlin und Leipzig lebte er ab 1830 in Halberstadt. Detailreiche authentische Architekturgemälde als Auftragswerke u. a. durch den König und Bilder mit fiktiven Bauten, die er erfolgreich ausstellte, machten H. zu einem gefragten Maler für Innen- und Außenansichten von Kirchenbauten. H. hielt sich zu Studien altdt. Bauwerke ab 1825 u. a. des öfteren in Magdeburg auf. Gemälde der Dome von Erfurt, Brandenburg, Halberstadt und Magdeburg entstanden. Für Magdeburg malte er u. a. 1831 zwei Bilder zur Feier der 200jährigen Wiederkehr der Zerstörung der Stadt: „Magdeburg in der Zerstörung des 10. Mai 1631" und „Magdeburg in der Blüte des 10. Mai 1831". Durch einen Auftrag 1832–36 in Köln kam es zur Begegnung mit Karl Friedrich Lessing, der ihn in eine romantische Malauffassung lenkte. H. schuf von da an Klosterruinen, Friedhöfe und Kapellen in meist winterlicher Stimmung. H. war nach Eduard Gaertner und neben Johann Heinrich Hintze und Johann Erdmann Hummel einer der bedeutendsten Berliner Architekturmaler seiner Zeit.

W: Der Magdeburger Dom von Nordosten, 1828; Magdeburger Ansicht von Nordosten, 1836; Westfassade Magdeburger Dom, 1837 (alle KHMus. Magdeburg); Burgruine im Winter, 1847 (priv.); Burgruine Saaleck, 1857 (priv.). – L: NDB 8, *35*; ADB 10, *740*; DBE 4, *424*; Thieme/Becker 16, *103f.*; Georg Kaspar Nagler, Neues allg. Künstlerlex., Bd. 5, 1837; Hellmuth Allwill Fritzsche, Der Architekturmaler C. G. A. H., in: Jb. der Denkmalpflege in der Provinz Sachen und in Anhalt, 1937/38, *93–110* (**B**); Gerhard Ruhe, Halberstädter Bild und Buch von der Romantik bis zur Gegenwart. Kunstausstellung im aufbauenden Halberstadt zum Gedenken des 100. Todesjahres seines Malers C. G. H., 1958, *2–6*; Helmut Asmus, Magdeburg. Gesch. in Bildern, 1987, *41*.

Sabine Liebscher

Hasse, Max
geb. 24.11.1859 Buttelstedt bei Weimar, gest. 20.10.1935 Magdeburg, Musikwissenschaftler, Musikkritiker.

H. besuchte in Weimar das Gymn. und studierte dort anschließend Musik bei Carl Müller-Hartung und Alexander Wilhelm Gottschalg. Von 1894 bis 1927 war er als Kulturredakteur und Musikkritiker der *Magdeburgischen Ztg.* in Magdeburg tätig. Während dieser Zeit veröffentlichte H., der sich als Anhänger der Bayreuther Schule profilierte, zahlreiche musikwiss. Beiträge und trug damit wesentlich zur Dokumentation der Musikgesch. Magdeburgs bei. So veröffentlichte er z. B. im Jahre 1923 mehrere Artikel unter dem Titel „Dirigierkunst und Magdeburger Dirigenten" in der *Magdeburgischen Ztg.* Schon sehr früh war H. von der Gestalt des Komponisten Peter Cornelius fasziniert und etablierte sich als ein bedeutender Cornelius-Biograph und Hg. seiner Werke. Erst durch seine Bemühungen wurden Fragmente der Cornelius-Oper „Gunlöd" bekannt; die von ihm teilrekonstruierte komische Oper „Der Barbier von Bagdad" wurde in der Spielzeit 1917/18 in Magdeburg erfolgreich aufgeführt. 1922/23 erschien in Leipzig das zweibändige Werk „Der Dichtermusiker Peter Cornelius", das ausgezeichnete Rezensionen bekam. Darüber hinaus zeugen verschiedenste Veröffentlichungen und Schriften H.s von seinem vielseitigen Interesse: Er widmete sich dem Schaffen → Richard Wagners, veröffentlichte Beiträge zur Magdeburger Theatergesch., schrieb Fortsetzungsberichte, die auch als Sonderdrucke erschienen, verfaßte eine Einführungsschrift zur Relativitätstheorie und gab regelmäßig Beiträge in der Zs. *Die Musik* heraus. 1926 bis 1927 übernahm er die Schriftleitung des *Montagsbl.* der *Magdeburgischen Ztg.* 1928 bis 1935 verwaltete und ordnete H. das Hausarchiv der Drucker- und Verlegerfam. → Faber, für die er in jahrelanger Recherchetätigkeit eine fünfbändige Firmenchronik verfaßte („Die Gesch. des Hauses Fabri-Faber", nicht gedruckt). In diesem Zusammenhang entstanden auch weitere Arbeiten zur Magdeburger Druckereigesch.

W: Durch die Jahrhundertwende zum Magdeburger Stadttheater, in: Fs. zum 50jährigen Jubiläum des Magdeburger Stadttheaters 1876–1926, 1926; Die Entwicklung der Magdeburger Orchestermusik, in: Das Orchester 4, Nr. 11, 1927; → Arthur Reichsritter von Vincenti (Hg.), Beiträge zur Gesch. der Magdeburger Buchdruckerkunst im 16., 17. und 18. Jh., 1940 (aus dem Nachlaß H.s). – L: Erich H. Müller (Hg.), Dt. Musiker-Lex., 1929; Telemann-Zentrum Magdeburg.

Anke Kriebitzsch

Hasselbach, Carl *Gustav* Friedrich
geb. 21.03.1809 Stettin, gest. 21.04.1882 Magdeburg, Jurist, Kommunalpolitiker, Oberbürgermeister von Magdeburg, Geh. Reg.-Rat.

Der konservative Kommunalpolitiker war von 1851 bis 1881 Oberbürgermeister der Stadt Magdeburg. Mit seinem Wirken ist vor allem die Stadterweiterung nach 1871 und damit die Entstehung der bis in die Gegenwart existenten Ausdehnung der Innenstadt und zum Teil auch ein bis heute den innerstädtischen Bereich prägendes Stadtbild verbunden. H. hatte großen persönlichen Anteil daran, daß die Entwicklung Magdeburgs zur modernen Großstadt möglich geworden ist. In der Zeit seiner Amtstätigkeit entwickelte sich Magdeburg zu einer Industrie- und Arbeiterstadt. H. stammte aus einer bürgerlichen Fam., besuchte in Stettin die Schule und studierte in Göttingen und Berlin Rechts- und Kameralwiss. 1830 trat er in den preuß. Staatsdienst ein und kam 1836 als stellvertretender Departementsdomänenrat erstmals an die Kgl. Reg. in Magdeburg. 1839 erfolgte seine Ernennung zum Reg.-Rat und die Versetzung nach Gumbinnen. 1842 war H. kurzzeitig erneut in der Reg. Magdeburg tätig, wurde aber noch im gleichen Jahr an das Kgl. Hausministerium versetzt. Darauf folgte mit der Ernennung zum Oberreg.-Rat eine Tätigkeit als Abt.-Dirigent (Abt.-Leiter) in der Reg. in Minden. Der Wahl zum ersten Bürgermeister in Magdeburg am 20.08.1851 waren in der Elbestadt heftige politische Kämpfe vorausgegangen, die mit der Situation der Stadt vor und während der Revolution von 1848/49 zusammenhingen. Seit dieser Zeit war die Stadt ohne Oberbürgermeister, da → August Wilhelm Francke das Amt 1848 wegen der Auseinandersetzungen der Revolutionszeit niedergelegt hatte. Obwohl in Magdeburg eine starke liberale Mehrheit in der Stadtverordnetenverslg. bestand, war die Wahl eines liberalen Kandidaten (→ Victor von Unruh war der Wunschkandidat) wegen der politischen Verhältnisse in Preußen nach der gescheiterten Revolution von 1848/49 aussichtslos, denn die Wahl bedurfte der Bestätigung durch die Krone. In der Stadt existierte zudem seit der Zeit vor der Revolution die stärkste freireligiöse Gemeinde in Preußen unter → Leberecht Uhlich, die aus der Sicht der Reg. eine große politische Gefahr darstellte. Die Bekämpfung dieser Gemeinde wurde daher dem neuen Stadtoberhaupt zur Aufgabe gestellt. H., konservativ und königstreu, erwies sich als Oberbürgermeister kompromißfähig gegenüber der liberalen Mehrheit der Bürgerschaft und trug dadurch erheblich zur Beruhigung der politischen Verhältnisse in Magdeburg bei. Starke politische Polarisierungen blieben jedoch weiter bestehen. Nach zweijähriger Tätigkeit gelang es H., den König von Preußen, der seit dem Aufblühen der *Freien Gemeinde* im Vormärz und während der Revolution von 1848/49 die Stadt Magdeburg gemieden hatte, zu einem Besuch zu bewegen. Der Anlaß war die Grundsteinlegung für den Umbau des Augustinerklosters im Oktober 1853. Im Ergebnis des Besuches des Königs wurde H. zum Oberbürgermeister ernannt. H. hatte maßgeblichen Anteil an der Entwicklung Magdeburgs zur modernen Großstadt. Kommunalpolitisch erfolgten unter H. bedeutende Modernisierungen in der Stadt: Gasbeleuchtung, Regelung der Abwasserfrage, Straßenpflasterung, Errichtung des Wasserwerkes Buckau. 1862 konnte in Anwesenheit von König Wilhelm und Ministerpräsident → Otto von Bismarck die eiserne Strombrücke eingeweiht werden. Der Prozeß der Urbanisierung und Entwicklung zur modernen Großstadt wurde aber entscheidend durch die anhaltende Festungssituation der Stadt gebremst. Industriebetriebe konnten sich in der Stadt selbst kaum ansiedeln und gingen in die Vorstädte (Buckau). Für eine weitere Entwicklung der Stadt war ihre Erweiterung nötig. Ein erster Erfolg war die Eingemeindung von Sudenburg im Jahre 1867. 1871 konnte die Stadt der preuß. Reg. einen großen Teil des bisherigen Festungsgeländes im Westen und Süden, ein Areal von ca. 54 Hektar, abkaufen und für ihre Zwecke nutzen. Da die erheblichen Summen zum Ankauf des Geländes nur auf der damals nicht alltäglichen Basis von Krediten aufzubringen waren, kam in Magdeburg die Rede auf, H. sei der Erfinder der „Geldpumpe" gewesen. Das Gelände reichte im Süden bis zum heutigen H.platz und im Westen bis an die Gleisanlagen an der Bahnhofstraße. H. war maßgeblich an diesem Erfolg, der die jahrhundertlange Einschnürung der Stadt aufgebrochen hat, beteiligt. Bis 1885 entstanden auf dem gewonnenen Gelände erhebliche

Erweiterungen, die fortan charakteristisch für das Stadtbild waren. Der größere Teil des Geländes war an private Nutzer verkauft worden, während die Stadtverwaltung einen Teil des Geländes für repräsentative öffentliche Bauten vorsah. Darunter befanden sich eine Reihe von Schulen, das 1876 vollendete Stadttheater sowie weitere Einrichtungen, wie die Berufsfeuerwehr. Weitere Grundstücke wurden für künftige repräsentative Gebäude freigehalten. Eine der wichtigsten Fragen war die Anlage eines Zentralbahnhofes für die verschiedenen Eisenbahnlinien. Durch dessen Eröffnung im Jahre 1874 erhielt die Elbestadt einen großen Teil ihrer früheren Bedeutung für den Eisenbahnverkehr zurück. Das für die Stadt bis zum Ende des 20. Jhs charakteristische Industrieprofil mit der Dominanz des Maschinen-, Apparate- und Anlagenbaus neben der Zuckerindustrie prägte sich aus. Wichtige Unternehmen wie die Maschinenfabriken von → Rudolf Wolf und → Hermann Gruson sowie *Schäffer & Budenberg* entwickelten sich vor allem im Vorort Buckau. Politisch war H. konservativ. Er gehörte zahlreichen lokalen und regionalen Vereinen konservativer und klerikaler Prägung an, die von einer konservativ-christlichen Position her auch Bestrebungen entwickelten, die aufkommenden Sozialfragen zu lösen. Die sich entwickelnde Sozialdemokratie wurde unter maßgeblicher Mitwirkung von H. in Magdeburg auch mit staatl. Machtmitteln energisch bekämpft. Aus Anlaß seines dreißigjährigen Dienstjubiläums erhielt H. im November 1881 die Ehrenbürgerschaft der Stadt Magdeburg. Gleichzeitig schied er aus dem Amt und verstarb kurz darauf. H. wurde auf dem 1872 angelegten Südfriedhof bestattet. Wenige Zeit nach seinem Tode wurde bereits beschlossen, ein Denkmal für ihn in der Gestalt eines monumentalen Brunnens zu errichten. Das Denkmal wurde im November 1890 an der „Gabelung", dem nachfolgend so benannten H.-Platz, enthüllt. Es handelte sich um die Stelle, die die weiteste Ausdehnung des unter seiner Leitung neu erworbenen Stadtgebietes markierte.

L: → Friedrich Wilhelm Hoffmann, Gesch. der Stadt Magdeburg, neu bearbeitet von → Gustav Hertel und → Friedrich Hülße (2 Bde), 1885, *525ff.*; Ingelore Buchholz/Maren Ballerstedt/Konstanze Buchholz, Magdeburger Bürgermeister, o. J., *28–32* (***B***); Ingelore Buchholz/Maren Ballerstedt, Man setzte ihnen ein Denkmal, o. J., *28–35*. – **B:** *StadtA Magdeburg.

Mathias Tullner

Hasselbach, Friedrich *Oskar* von

geb. 03.04.1846 Minden/Westfalen, gest. 07.01.1903 Wolmirstedt, Landrat, Gutsbesitzer.

Der Sohn des Juristen und späteren Magdeburger Oberbürgermeisters → Gustav H. besuchte 1855 bis Ostern 1863 das Gymn. Kloster U. L. F. Magdeburg, danach bis zum Abitur Ostern 1867 die Klosterschule zu Roßleben (eine Stiftung der Fam. von Witzleben). Nach seinem Dienst als Einjährig-Freiwilliger (1867/68) studierte H. von 1868 bis 1872 Staats- und Rechtswiss. in Göttingen und Greifswald. Für seine Teilnahme am Feldzug gegen Frankreich erhielt H. 1870 das EK II (Schlacht bei Beaumont). 1872 trat er als Referendar beim Kreisgericht Greifswald in den Staatsdienst ein, war zwischenzeitlich (Nov./Dez. 1873) in Halberstadt tätig, wurde nach Absolvierung seines jur. Staatsexamens 1877 zum Gerichtsassessor ernannt und kurz darauf als Reg.-Assessor in die allg. Verwaltung übernommen. H. fand u. a. als Hilfsrichter beim Kreisgericht in Staßfurt, später in der Verwaltung in Aurich Verwendung. Mitte 1878 wurde ihm die kommissarische Verwaltung sowie 1879 das Landratsamt des Kr. Neidenburg (Regierungsbez. Königsberg) übertragen. Im Juli 1882 übernahm er als Nachfolger des zur Reg. nach Posen versetzten Landrates Ernst Paul Heinrich Justus von Bülow die kommissarische Verwaltung des Landratsamtes in Wolmirstedt. Von 1883 bis 1903 war H. Landrat des Kreises Wolmirstedt. Als konservativer Politiker gehörte H. von 1884 bis 1887 für den Wahlkr. 5 (Wolmirstedt-Neuhaldensleben) dem Dt. Reichstag an und war von 1887 bis 1899 in gleicher Eigenschaft Mitglied des Preuß. Abgeordneten-Hauses. Er wurde zum Vertreter des Wahlkreises Wolmirstedt-Neuhaldensleben im Landtag bestimmt. 1899 legte er sein Mandat im Abgeordnetenhaus nieder, da er die Ablehnung der sog. Kanalvorlage der Reg. zum Bau des Mittellandkanals durch seine Fraktion nicht mittragen konnte. H. versah im Kreis Wolmirstedt zahlreiche Ehren- und Nebenämter. Er fungierte seit 1882 als Kreisdir. der *Land-Feuer-Societät Magdeburg*. 1891 wurde er zum Deichhauptmann des *Magdeburg-Rothensee-Wolmirstedter Deichverbandes* gewählt. Seit 1894 war er Vors. des 54.000 Mitglieder umfassenden *Kriegerverbandes* im Regierungsbez. Magdeburg. Ende 1900 erhielt der Träger zahlreicher militärischer und ziviler Auszeichnungen seine Ernennung zum Geh. Regierungsrat. H. verstarb nach kurzer Krankheit im Amt.

L: BioJb 8, 1903 (Totenliste); Joseph Kürschner, Das Preuß. Abgeordnetenhaus, 1894, *228* (***B***); Walter Hubatsch (Hg.), Grundriß der dt. Verwaltungsgesch. 1815–1945, Reihe A: Preußen, Bd. 6, Provinz Sachsen, bearb. von Thomas Klein, 1975, *92*; Martin Wiehle, Altmark-Persönlichkeiten, 1999, *66*; Geh. StA Berlin: Rep. 77, Nr. 5121; LHASA: Rep. C 28 Ib Nr. 605 V-VII und 703/1–3; Rep. C 30 Wolmirstedt Nr. 408.

Carola Lehmann

Hatzold, Rudolf

geb. 20.04.1884 Bamberg, gest. 08.08.1950 Augsburg, Architekturfotograf.

H. gründete, mit seiner Frau Lisa aus Potsdam kommend, 1926 eine fotografische Werkstatt in Magdeburg, zunächst in der Breiten Straße 21. Er wurde bereits 1927 von der *Mitteldt. Ausstellungsges.* als alleiniger Ausstellungsfotograf für die Dt. Theaterausstellung in Magdeburg ausgewählt. H. beschäftigte sich nach eigenen Angaben mit Industrie-, Architektur- und Innenraumfotografie, arbeitete häufig im Auftrag des Architekten → Carl Krayl und dokumentierte dessen Siedlungen, die z. B. in den Zss. *Moderne Bauformen* und *Wasmuths Monatshefte für Baukunst* publiziert wurden. Die fotografischen Ansichtskarten zu Magdeburg und Umgebung kamen in dieser Zeit aus seiner Werkstatt. Nachdem Wohnung und Atelier infolge des II. WK völlig ausgebombt wurden, ging H. nach Friedberg in Bayern und eröffnete dort ein Fotostudio sowie 1949 noch ein weiteres.

W: Foto-Dokumentationen: Siedlung in der Jordanstraße, Rothenseer Straße, Heideburg, Fermersleben und auf dem Banckschen Gelände, AOK-Gebäude, Mitteldt. Theaterausstellung, Gewerkschaftshaus Magdeburg, Pavillon der „Volksstimme" auf der MIAMA, Mitteldt. Landesbank (Stiftung Bauhaus Dessau und StadtA Magdeburg). – **L:** Die Dt. Theater-Ausstellung Magdeburg 1927, hg. von der Mitteldt. Ausstellungsges. mbH, 1928; Wasmuths Monatshefte für Baukunst, Sammelbd. 1932, *103–110*; Moderne Bauformen 12, H. 4, 1932, *546–554*; Marta Doehler/Iris Reuther, Magdeburg – die Stadt des Neuen Bauwillens. Zur Siedlungsentwicklung in der Weimarer Republik, hg. vom Stadtplanungsamt Magdeburg, H. 39/I, 1995, *43*. – **B:** *Ursula H., Friedberg, (priv.).

Ines Hildebrand

Haubner, *Paul* Hermann

geb. 13.04.1881 Eisleben, gest. 11.12.1964 Bad Salzuflen, Bergwerksdir.

H. war das vierte von neun Kindern des Landwirts und Gärtners Hermann H. Er besuchte die erste Bürgerschule und das Realgymn. in der Lutherstadt Eisleben. Nach bestandenem Examen 1899 ergriff er aufgrund seines großen Interesses für Technik den Beruf des Bergmanns und praktizierte in verschiedenen Bergbaubetrieben auf Erz-, Braunkohlen-, Steinkohlen- und Kaligruben. Nach dem Besuch der Bergschule (1901–03) seiner Heimatstadt begann er seine Beamtentätigkeit als Steiger auf einer Braunkohlengrube bei Calbe. 1905 trat der damals 24jährige als Obersteiger in die Dienste der *Norddt. Braunkohlenwerke* bei Helmstedt ein, einer Ges., die 1915 den *Braunschweigischen Kohlen-Bergwerken* (*BKB*) in Helmstedt angegliedert wurde. Von 1911 bis 1918 war er Betriebsführer der Grube „Vereinigte Anna" und gleichzeitig Betriebsleiter der Fabrik- und Abraumbetriebe. Von 1919 an leitete er als Betriebsdir. die Bergbaubetriebe und die Brikettfabriken der *BKB*. In der Folgezeit hatte er wesentlichen Anteil am Aufbau und der späteren Erweiterung der Aufbereitungsanlagen und an der Umstellung der Kohlenförderung auf Bandförderung. Diese Anlage wurde richtungsweisend für den Braunkohlenbergbau. Nach seiner Idee wurde eine mechanische Kippvorrichtung für Holzkastenkipper (Patent H.-Uihlein) konstruiert, die in vielen Betrieben Mitteldtls Eingang fand. Ferner wurde ihm der „Schleifenwagen mit Regelkette für Förderwagen" patentiert. Eine Pioniertat besonderer Art war die Errichtung einer Schwefelkieswäsche, deren Bau es ermöglichte, die schwefelkieshaltige Kohle nunmehr einer Verwendung zuzuführen und den als Nebenprodukt ausgeschiedenen Schwefelkies nutzbringend abzusetzen. Diese technischen Erneuerungen hatten maßgeblichen Einfluß auf die Entwicklung des von ihm geleiteten Unternehmens und auf den technischen Fortschritt des Braunkohlenbergbaus. 1946 wurde H. in den Vorstand der *BKB* berufen. Am 31.03.1947 schied er wegen Erreichung der Altersgrenze aus dem Dienst aus.

L: Helmut Piatscheck, Dir. P. H. in: Braunkohle, H. 1, 1965, *39f*; Nachruf in: BKB-Mittlgg., H. 1, 1965, *3*. – **B:** *BKB-Archiv.

August Bornemann

Haupt, Wilhelm

geb. 13.09.1869 Hannover, 20.05.1950 Magdeburg, Schuhmacher, Expedient, Kommunalpolitiker.

In Kirchrode bei Hannover, wo H. aufwuchs, war sein Großvater Gemeindevertreter. H. gehörte zu den führenden Sozialdemokraten, die ihre Partei nach 1900 in der Stadt und im Bez. Magdeburg organisierten. Er war einer der fünf Sozialdemokraten, die schon seit 1900 dem Magdeburger Stadtparlament angehörten. Mit dem großen Wahlsieg der SPD im Januar 1912 zog er für den Wahlkr. 3 Magdeburg/Jerichower Land als Angehöriger der nunmehr stärksten Fraktion in den Reichstag ein. Er blieb Stadtverordneter bis 1919, um dann als besoldeter Stadtrat bis 1933 zu amtieren. Als Dezernent für Erwerbslosenfürsorge schuf er das zentrale Arbeitsamt in Magdeburg, das in einer umgestalteten Kaserne untergebracht wurde.

L: Slg. Vf., Hannover (priv.). – **B:** ebd.

Beatrix Herlemann

Hausser, Paul

geb. 07.10.1880 Brandenburg/Havel, gest. 21.12.1972 Ludwigsburg, SS-Oberstgruppenführer, Generaloberst der Waffen-SS.

Der im Kadettenkorps und an der Kriegsakad. ausgebildete H. trat nach aktiver Teilnahme am I. WK in die Reichswehr ein und diente in verschiedenen Stellungen, bis er 1930 zum Generalmajor befördert wurde. Von 1930 bis zu seiner Verabschiedung als Generalleutnant 1932 war er Infanterieführer IV in Magdeburg. Mit dem Beitritt zum *Stahlhelm* begann für den in Magdeburg lebenden H. der zweite Abschnitt seiner militärischen Laufbahn. Nach dem „Röhm-Putsch" im Sommer 1934 trat er zur SS über und erhielt durch Führerbefehl den Auftrag, die SS-Führerschule ins Leben zu rufen. Mit Aufstellung der Waffen-SS am 01.04.1940 übernahm H. die SS-Division „Das Reich". 1942 kommandierte er das SS-Panzerkorps, ab 1944 die 7. Armee und vom Januar bis zu seiner Verabschiedung im April 1945 die Heeresgruppe G am Oberrhein. Für die Rückeroberung Charkows 1944 erhielt er als 90. Soldat das Eichenlaub zum Ritterkreuz. Den Rang eines SS-Oberstgruppenführers und Generalobersten der Waffen-SS erhielt außer ihm nur Sepp Diedrich, Führer der Leibstandarte „SS-Adolf-Hitler", mit dem er im Laufe des Krieges zahlreiche Auseinandersetzungen hatte. Goebbels diktierte in sein Tagebuch: „... überhaupt ist der Führer der Meinung, daß aus der SS kein Feldherr von Format hervorgegangen sei. Weder Sepp Diedrich noch H. rechneten unter die mit großen taktischen Begabungen" (Elke Fröhlich [Hg.], Die Tagebücher von Joseph Goebbels. Tl. II: Diktate 1941–45, Bd. 15, *649*). Nach seiner Kommandoenthebung durch Adolf Hitler Anfang April 1945 wurde H. von Generalfeldmarschall Albert Kesselring als Sonderbeauftragter zur reibungslosen Kapitulation der Waffen-SS im Mai 1945 eingesetzt. Er selbst ergab sich den Amerikanern, wurde als möglicher Kriegsverbrecher angesehen und trat als Kriegsgefangener als Zeuge im Hauptkriegsverbrecher-Prozeß in Nürnberg auf. Er vertrat die Ansicht, daß die Waffen-SS nur eine kämpfende Truppe war und mit den Greueltaten und Kriegsverbrechen der anderen Einheiten nichts zu tun gehabt hätte. Bis zu seinem Tode verwandte H. viel Mühe darauf, die Rehabilitation der Waffen-SS zu betreiben, besonders im Rahmen der sog. *Hilfsgemeinschaft auf Gegenseitigkeit der Waffen-SS* (HIAG).

W: Waffen-SS im Einsatz, 1953, ⁹1977; Soldaten wie andere auch: Der Weg der Waffen-SS, 1966, ³1988. – **L:** Otto Weidinger, Bildquelle dt. Spezialdivisionen, 1967, 1982, *180*; Mark P. Gingerich, P. H. – Der Senior der Waffen-SS, in: Ronald Smelser/Enrico Syring, Die Militärelite des Dritten Reiches, 1995, *223–235* (**B**).

Hasso von Steuben

Hauswaldt, Johann Christian Albert (*Hans*), Dr. h.c.
geb. 20.06.1851 Magdeburg, gest. 27.03.1909 Magdeburg, Kaufmann, Kgl. Kommerzienrat.

Der Sohn des Kaufmanns Johann Albert H. arbeitete nach seiner einschlägigen schulischen und beruflichen Ausbildung bereits seit Anfang der 1870er Jahre im Familienunternehmen *Johann Gottlieb H.* mit. Nach dem Tod seines Vaters (1887) wurde er Teilhaber der Fa. und führte sie gemeinsam mit seinem Cousin → Johann Wilhelm H. Als er im Jahre 1900 die Leitung der Fabriken übernahm, wurde sein Neffe Georg H. sein Partner. Neben seiner unternehmerischen Tätigkeit im Bereich der Kakao- und Schokoladenherstellung widmete sich H. der physikalischen Forschung. Er war, für die Zeit höchst ungewöhnlich, ein leidenschaftlicher Fotograf, der für seine Leistungen von Wilhelm Conrad Röntgen gewürdigt wurde. Angeregt durch seine berufliche Praxis, widmete sich H. langjährig der Kristallographie, speziell dem Sichtbarmachen des „Feinbaus der Materie". Seine Untersuchungen führten zu einer engen Verbindung mit den *Zeiss-Werken* in Jena. Die Univ. Göttingen ernannte H. 1902 zum Ehrendoktor. Zu dieser Zeit arbeitete er an den Grundlagen für die offenbar verloren gegangene Kunst des Glasfärbens sowie an der Theorie der Kristallbildung, und beschäftigte sich mit Möglichkeiten der künstlichen Herstellung von Edelsteinen. Seine wichtigsten Forschungen widmete er dem Mehrfarbendruck, die entscheidende Grundlagen für die Farbfotografie schufen. H. gehörte 1894 zu den Gründungsmitgliedern der Magdeburger Zweigorganisation der *Urania*, eines Vereins zur populären Verbreitung naturwiss. Kenntnisse. Er förderte den Verein maßgeblich durch die Bereitstellung zahlreicher, für die geplanten Experimente und Vortragsreihen notwendiger wiss. Apparate. Allem Neuen sehr aufgeschlossen, besaß H. einen der ersten Telefonapparate, die erste Gas- und Elektrobeleuchtung, eines der ersten Autos, einen hochbeinigen Benz, und kaufte etwas später vom Prinzen Aribert von Anhalt eine Opel-Limousine ab, die in der ganzen Stadt nur der „Aribert" genannt wurde. Von einer Amerika-Reise brachte er einen Füllfederhalter und die „Stimme seines Herrn" mit nach Magdeburg – für damalige Verhältnisse unvorstellbar fortschrittlich.

W: Interferenzerscheinungen im polarisierten Licht, 1904; Achsenbilder flüssiger Krystalle, 1909. – **L:** H.sches Familienarchiv, H. 3: Lebensbilder, 1964.

Christian Farenholtz/Hans-Victor Steimer

Hauswaldt, Johann *Wilhelm*
geb. 28.08.1846 Magdeburg, gest. 14.11.1900 Magdeburg, Kaufmann, Kgl. preuß. Kommerzienrat.

Der Sohn des Kaufmanns Johann Georg H. absolvierte bei der Fa. *Schoch & Sohn* eine kaufmännische Lehre und begann im Anschluß daran seine Tätigkeit in der Familienfa. *Johann Gottlieb H.* Einer von vielen Magdeburger Großkaufleuten praktizierten Tradition folgend, ging er 1866/67 zur weiteren Ausbildung nach Hamburg und England. 1869 wurde H. Prokurist und nach dem Tod seines Vaters im Alter von 26 Jahren Mitinhaber der Fa., eines Unternehmens, das 1781 von Johann Gottlieb H. als Kolonial-

und Spezereiwarengeschäft in Braunschweig gegründet und von Johann Georg H. (1813–1872) und dessen Bruder Johann Albert H. (1815–1887) ab 1833 in der Neustadt bei Magdeburg zunächst als Zichorienfabrik und ab 1851 als Schokoladenfabrik geführt wurde. Die Fa. machte sich besonders um die Entwicklung der dt. Kakao- und Schokoladen-Industrie verdient. Dazu gehörten u. a. die Einführung eines neuen Verfahrens zur Entfettung von Kakaopräparaten und die Konstruktion eines Vakuum-Koch-Apparates zur Herstellung von hellem „Caramel-Zucker". Für die H.sche Kakaobutter, die sich auf dem Weltmarkt einen guten Namen gemacht hatte, waren die großen Schweizer Schokoladefabriken ständige Abnehmer. H., der seit 1873 der *Magdeburger Korporation der Kaufmannschaft* angehörte und zeitweise auch als Handelsrichter (1879–1885) tätig war, wurde Ende 1879 in das Kollegium der Ältesten berufen und 1889 als Nachfolger von → Otto Hubbe zum Zweiten Vorsteher gewählt. In seiner bis 1898 währenden Amtszeit setzte er sich vehement für die Umwandlung der Korporation in eine Handelskammer ein. H. war seit 1873 Stadtverordneter und ab 1878 Stadtverordnetenvorsteher von Neustadt und betrieb als solcher nachdrücklich den Anschluß der Neustadt an Magdeburg. Folgerichtig war er seit deren Eingemeindung 1886 Stadtrat in Magdeburg. Dem auch im Landtag der preuß. Provinz Sachsen tätigen H. wurde 1890 der Titel eines Kgl. Kommerzienrates verliehen. H., der u. a. im Verein für Armen- und Krankenpflege Neustadt sozial engagiert war, besaß eine der größten Slgg. Magdeburger Münzen und Medaillen (1912 bei Rudolf Kube in Berlin versteigert) und eine bedeutende Mineralienslg. (heute im Besitz des Magdeburger Mus. für Natur- und Heimatkunde). Für Kunstzwecke initiierte er die W.-H.-Stiftung, die nach seinem Tod von der Handelskammer verwaltet wurde.

L: → Martin Behrend, Magdeburger Großkaufleute, 1906, *95–99, 159* (*B*); H.sches Familien, H. 3: Lebensbilder, 1964. – **B:** *Vf., Hamburg (priv.).

Renate Milenz

Hayne, Friedrich Gottlob, Prof. Dr. phil.
geb. 18.03.1763 Jüterbog, gest. 28.04.1832 Berlin, Apotheker, Botaniker, Hochschullehrer.

H. interessierte sich schon in jungen Jahren für die Pflanzenwelt und wurde durch Carl Ludwig Willdenow, den späteren Prof. der Naturgesch. am Med.-chirurgischen Kollegium und Dir. des Botanischen Gartens in Berlin, geprägt. Von 1778 bis 1796 war H. Apotheker in Berlin. Ab 1797 wurde er vom Fabriken-Departement der preuß. Reg. mit „botanisch-technischen Aufträgen" beschäftigt und 1801 als Assistent bei der *Kgl. Preuß. Chemischen Fabrique zu Schönebeck* angestellt. Dadurch fand er auch Gelegenheit, im Raum Schönebeck zu botanisieren, den Aufbau der Pflanzen und ihre Inhaltsstoffe eingehender zu untersuchen und somit die Grundlagen für seine späteren umfangreichen Veröffentlichungen über die in Med. und Technologie verwendeten Pflanzen zu schaffen. Der Friedensschluß von Tilsit, nach welchem Preußen alle Gebiete links der Elbe abtreten mußte, veranlaßte H., 1808 nach Berlin zurückzukehren. Zunächst „privatisierte" er, ab 1811 unterrichtete H. als „öffentlicher Lehrer der Botanik" an der Univ. 1814 wurde er zum ao. Prof. und 1828 zum o. Prof. für pharmazeutische Botanik ernannt. Neben seinen von Hörern aus allen Fakultäten besuchten Vorlesungen unternahm er zahlreiche botanische Exkursionen. H.s wiss. Leistung besteht auch darin, daß er bei Pflanzenbeschreibungen den konsequenten Gebrauch bestimmter Fachausdrücke („termini botanici") durchsetzte, wobei er diese durch naturgetreu gezeichnete und kolorierte Abbildungen erläuterte. Besondere Bedeutung haben hierbei die von H. im Laufe von 30 Jahren angefertigten 600 Kupfertafeln mit Darstellungen der (Heil-)Pflanzen erlangt. H. lieferte auch die beschreibenden Texte zu Friedrich Guimpels „Abb. der dt. Holzarten" (2 Bde mit 216 handkolorierten Kupfertafeln), 1815–20, und „Abb. der fremden, in Dtl. ausdauernden Holzarten" (24 Hefte mit 144 kolorierten Tafeln), 1819–30. H. war u. a. Ehrenmitglied der *Ges. naturforschender Freunde zu Berlin.*

W: Botanisches Bilderbuch für die Jugend und Freunde der Pflanzenkunde (5 Bde), 1798–1819 (mit Friedrich Dreves); Termini botanici iconibus illustrati, oder botanische Kunstsprache (2 Bde), 1799–1817; Getreue Darstellung und Beschreibung der in der Arzneykunde gebräuchlichen Gewächse wie auch solcher, welche mit ihnen verwechselt werden können (11 Bde), 1802–1831; Getreue Darstellung und Beschreibung der in der Technologie gebräuchlichen Gewächse, 1809; Dendrologische Flora oder Beschreibung der in Dtl. im Freien ausdauernden Holzgewächse, ein Hdb. für Kameralisten, Forstmänner, Gartenbesitzer, Landwirthe ..., 1822. – **L:** Hamberger/Meusel, Bde 9, 11, 18, 22/2; Julius Eduard Hitzig (Hg.), Gelehrtes Berlin im Jahre 1825, 1826; Neuer Nekr 10, 1834; Fs. zur Feier des 25jährigen Stiftungsfestes des Naturwiss. Vereins Magdeburg, 1894.

Hermann Grünzel

Hecht, Richard
geb. 28.07.1874 Ummendorf, gest. 12.04.1939 Frankfurt/Main, Lehrer, Redakteur.

H. stammte aus einer alteingesessenen Schmiedefam., besuchte 1893–95 das Lehrerseminar in Halberstadt und wurde Lehrer in Recklingen/Altmark. 1898 nach Völpke versetzt, erhielt er 1905 die Lehrer- und Kantorstelle in Badeleben. H. betrieb sehr fruchtbare volkskundliche Studien und veröffentlichte bis 1910 in Zss. und Beilagen von Ztgg. bemerkenswerte heimat- und volkskundliche Arbeiten. 1907 begründete H. den *Verein für Heimatkunde und Heimatforschung in der Magdeburger Börde*, der sich ein weitgefächertes Arbeitsfeld absteckte und 1907 zu einer ersten Tagung in Alleringersleben zusammentrat. Das war der erste Versuch, volkskundliche Heimatforschung in der Börde in einem Verein zu organisieren. (Zs. Niedersachsen 12, 1907, *382, 419*.) Ob sich H. in seinen Plänen von dem älteren volkskundlichen Forschungsprogramm → Franz Winters anregen ließ, muß dahingestellt bleiben (vgl. Winter, Die Volkssitte und die Schule, in: Schulblatt für die Provinz Brandenburg 39, 1874, *403ff.*). Im Mai 1908 geriet H. als Treuhänder einer öffentlichen Kasse in Schwierigkeiten und mußte Badeleben verlassen. Er arbeitete später in Frankfurt/Main als Redakteur. Einige seiner frühen Arbeiten erschienen noch bis 1910. Erst seit 1933 veröffentlichte H. in lokalen Zeitungsbeilagen erneut eine Anzahl seiner ersten Arbeiten, lieferte aber auch neuere Studien.

W: Die Kost auf den Magdeburgischen Dörfern vor 100 Jahren, in: GeschBll 42, 1907, *67–79*; Über die Volkracht auf den Magdeburgischen Dörfern, in: ebd. 42, 1907, *240–254*. – **N:** LHASA: Mss. Vb Nr. 234. – **L:** → Albert Hansen, Der tragische Beginn der Volkskundeforschung in der Magdeburger Börde, in: Börde-Bote, 1955, *45f*; Vf., Revision der von Albert Hansen gelieferten Angaben, Ms. Klein Wanzleben, 1992; ders. R. H., eine Bibliogr., Ms. o. J.; Unterlagen im Börde-Mus. Ummendorf.

Heinz Nowak

Heckmann, Carl Justus, Prof. Dr.-Ing. E.h.
geb. 24.05.1902 Duisburg, gest. 07.10.1993 Leipzig, Dipl.-Ing., Hochschullehrer, Unternehmer.

Der zweite Sohn des Unternehmers und Kupferschmiedemeisters Carl Justus H. studierte nach dem Abitur an den TH in Stuttgart und Breslau. Nach dem erfolgreichen Abschluß des Studiums als Dipl.-Ing. folgten Auslandsaufenthalte in Frankreich, England und den USA. 1928 trat er in den Betrieb der Fam. H. ein, der bereits 1819 gegründet worden und auf dem Gebiet des chemischen Apparatebaues tätig war. Seit dieser Zeit war er mehr als 40 Jahre verantwortlich im Gebiet des chemischen Apparate- und Chemieanlagebaues tätig. Besondere Erfolge in Entwicklung und Praxis hatte er auf dem Gebiet der Destillationstechnik und des Kolonnenbaues. Der Neuaufbau vieler chemischer Betriebe, so in Leuna, Schkopau, Böhlen, Espenhain, Lützkendorf, Rositz und anderen Orten, ist auf dem Gebiet der Destillationsanlagen mit seinem Namen verbunden. Auch über die Grenzen der DDR hinaus war er als Destillationsspezialist bekannt. Seine Arbeiten auf dem Gebiet der thermischen Trennung von Vielstoffgemischen fanden in der Sowjetunion starkes Interesse und führten zur Lieferung von sieben großen kontinuierlichen Anlagen für die Destillation synthetischer Fettsäuren 1956 und 1982. Richtungsweisend waren seine Arbeiten und Ideen auch hinsichtlich der optimalen Gestaltung und Konstruktion von Kolonnenböden und zur Standardisierung von Kolonneneinbauten. 1956 erhielt er den Auftrag, an der 1953 gegründeten Hochschule für Schwermaschinenbau in Magdeburg das Inst. und die Fachrichtung für Chemisches Apparatewesen aufzubauen. Dieser Aufgabe widmete er sich, gestützt auf seine jahrzehntelangen Erfahrungen im chemischen Apparatewesen und Anlagenbau, mit ganze Energie. 1959 wurde er als o. Prof. an den Lehrstuhl für Chemisches Apparatewesen berufen und profilierte durch seine wiss. Tätigkeit erstmalig das Wissenschaftsgebiet Chemischer Apparatebau. Nach den unter seiner Leitung erarbeiteten Studienplänen wurden mehr als 500 Absolventen als Diplomingenieure dieser Fachrichtung ausgebildet. Die wiss. Arbeiten am Inst. für Chemisches Apparatewesen der späteren TH, die unter der Leitung von H. durchgeführt wurden, zeichneten sich durch einen hohen Grad an Praxisverbundenheit und -wirksamkeit aus. Stets war er bemüht, wiss. Ergebnisse in der Industrie anzuwenden, und regte auch seine wiss. Mitarbeiter dazu an. Die von ihm betreuten Doktoranden waren später in verantwortlichen Funktionen in Wirtschaft und Wiss. tätig. Die Ergebnisse der Arbeiten H.s führten zu einem meßbaren Fortschritt in diesem Gebiet der Ingenieurwiss. der DDR. Beispielgebend waren die bereits 1967 maßgeblich durch Arbeiten des Inst. beeinflußten Berechnungsvorschriften für Kolonnenböden. Seine Leistungen bei der Entwicklung des Fachgebietes Chemisches Apparatewesen wurden mit zahlreichen Auszeichnungen gewürdigt (u. a. 1962 Verdienter Techniker) und fanden auch int. durch die Verleihung des Dr.-Ing. E. h. durch die TU Budapest im Jahre 1971 Anerkennung. Charakteristisch für sein aktives und rastloses Schaffen auch nach der Emeritierung war seine Tätigkeit im Rahmen der *Kammer der Technik*. So arbeitete er im Fachausschuß Thermische Stofftrennung, dessen Ehrenmitglied er in Anerkennung seiner Verdienste für das Fachgebiet 1980 wurde, aktiv mit. Der von ihm verfaßte Abschnitt „Grundlagen der Verfahrenstechnik" des Taschenbuches „Maschinenbau" und eine Reihe von Veröffentlichungen im In- und Ausland sind Zeugnis seiner Leistung für das Fachgebiet.

L: Vf., C. J. H., in: Chemische Technik 19, 1967, *310*; Vf./Manfred Mittelstraß, Grundlagen der Dimensionierung von Kolonnenböden, 1967; Vf., C. J. H., in: Chemische Technik 34, 1982, *274*. – **B:** Vf., Magdeburg (priv.); *Audiovisuelles Zentrum der Univ. Magdeburg.

Klaus Hoppe

Hedicke, Franz, Dr. phil.
geb. 29.04.1887 Staßfurt, gest. 22.03.1962 Hannover-Langenhagen, Reformpädagoge, Schulrat.

Der Sohn eines Kaufmanns und Landwirts begann nach dem Gymn. 1906–11 das Studium der Philologie in Tübingen, Leipzig, Cambridge, Berlin und Halle. 1911 prom. er in Halle über „Die Technik der dramatischen Handlung in F. M. Klingers Jugenddramen" und wurde anschließend Studienreferendar in Stendal, danach Hilfslehrer an der Realschule Magdeburg. Nach Kriegsteilnahme (1915–17) und Verwundung unterrichtete er ab 1918 als Studienrat an der Realschule in Magdeburg (Lessingschule). Von Berthold Ottos Gesamtunterrichtsidee beeinflußt, führte H. mit → Richard Hanewald, Benno Menzel u. a. ab 1924 einen in Dtl. einmaligen höheren koedukativen Reformversuch (ab 1930 Berthold-Otto-Schule) mit altersübergreifendem Gesamtunterricht durch. H. war an dieser Schule 1925–33 als Studienrat und kurzzeitig als Oberstudienrat an der Viktoriaschule tätig. Er avancierte 1934 zum Dir. der Luisenschule und wirkte von 1938 bis 1945 als Oberschulrat in Magdeburg. Bereits als Student in Arbeiter-Unterrichtskursen tätig, leitete H. ab 1933 die Volkshochschule Magdeburg. Von 1945 bis zu seiner Pensionierung 1960 war H. als Lehrer an verschiedenen Schulen in Quedlinburg beschäftigt und übersiedelte im selben Jahr mit seiner Ehefrau nach Hannover-Langenhagen.

W: (Hg.) Wachstum und Unterricht. Beiträge zu einer Pädagogik von innen, H. 1, 1930; H. 2, 1931 (mit Richard Hanewald); (Hg.) 3. Folge, 1933 (mit Otto Graf); Koedukation, in: Hanewald/H. (Hg.), s.o., H. 1, 1930, *89–95*; Muttersprache und Grammatik, in: ebd., *31–44*. – **L:** Vf., Die Berthold-Otto-Schulen in Magdeburg, 1999. – **B:** *Helga Jüngling, Magdeburg (priv.).

Reinhard Bergner

Heicke, Karl *Friedrich* (*Fritz*) **Otto**
geb. 23.10.1893 Magdeburg, gest. 02.03.1983 Gommern, Pädagoge.

H. begann seine pädagogische Laufbahn 1915 als Lehramtskandidat in Plötzky, wurde aber im selben Jahr zum Kriegsdienst eingezogen. 1919–27 war er erst in Flötz, danach in Gommern Volksschullehrer, von 1927 bis 1939 Lehrer für Dt. und Gesch. an gehobenen Klassen und bis 1945 Mittelschullehrer. Seine demokratische Gesinnung brachte H. von 1933 an Disziplinarverfahren, Denunziationen und politische Anfeindungen ein, nicht zuletzt durch seine Vorgesetzten. Im Dezember 1944 verhaftete ihn die Gestapo als Vertrauten des kommunistischen Lehrers und Widerstandskämpfers → Martin Schwantes, dem er u. a. seine Vorstellungen zum Aufbau eines demokratischen Schulwesens zugearbeitet hatte. Während Schwantes 1945 hingerichtet wurde, bewahrten ein Zufall sowie das Ende des Krieges und des Naziregimes H. vor der Aburteilung. Als politisch integrer Lehrer erhielt er 1945 den Auftrag, die Wiederaufnahme des Schulbetriebs in Gommern zu organisieren. Er wurde zum Rektor der Mittelschule, später zum Leiter beider städtischer Schulen ernannt. 1951 gab er das Rektorat freiwillig auf und arbeitete als Fachlehrer, bis 1953 nach zweimaliger Tuberkuloseerkrankung seine vorzeitige Pensionierung erfolgte. In den folgenden fast 30 Jahren war H. wiss. tätig. Er hinterließ eine größere Anzahl fast durchweg unveröffentlichter Schriften vorwiegend zur Gesch. der Stadt Gommern und ihrer Schulen. H.s Niederschriften über seine Haft, seine Erinnerungen an Schwantes und seine leider nur in Fragmenten erhaltenen Tagebücher sind authentische Zeitdokumente von hohem Rang. Im November 2000 wurde die Sekundarschule in Gommern zu Ehren ihres ehemaligen Lehrers und Rektors F.-H.-Schule benannt.

W: Mss. im LHASA: Spaß und Komik als Anhang zur Chronik. Wahre Begebenheiten anekdotisch erzählt (2 Tl.), 1964 (Ms. 236), 1974 (Ms. 248); Hedwig Erlin-Schmeckebier (Gräfin von → Platen-Hallermund), eine Schriftstellerin aus Gommern, 1977 (Ms. 250); Meine Erinnerungen an Martin Schwantes, 1978 (Ms. 253); Notizen aus meiner Haftzeit bei der Gestapo, 1978 (Ms. 254). – **L:** Olaf Kröbel, Lehrerpersönlichkeit mit lebendigem Erbe, in: Volksstimme Burger Rundschau vom 03.11.2000; Slg. Vf., Gommern (priv.). – **B:** *ebd.

Klaus Lehnert

Heickel, *Friedrich* (*Fritz*) **Wilhelm Paul**
geb. 30.08.1917 Glatz/Schlesien, gest. 02.05.1999 Magdeburg, Obering, Stadtbauleiter.

H. erlernte nach der Schulausbildung das Malerhandwerk. 1937 wurde er zum Reichsarbeitsdienst und anschließend zum Militär eingezogen. Nach schwerer Kriegsverwundung in Rußland nach Dtl. zurückgekehrt, studierte er ab 1942 an der Staatsbauschule in Magdeburg und der Höheren Technischen Lehranstalt in Zerbst mit Abschluß als Bauing. Seit 1946 war H. bei den *Mitteldt. Heimstätten* in Magdeburg als Architekt beschäftigt. Unter seiner Leitung entstanden 1949 die ersten 100 Neubauwohnungen nach dem Krieg in Magdeburg-Lindenhof. Ab 1953 leitete er das

Nationale Aufbauprogramm der im Krieg zerstörten Stadt. Unter seiner Regie als Stadtbauleiter wurden u. a. das Magdeburger Stadtzentrum mit dem Breiten Weg, die Wilhelm-Pieck-Allee (Ernst-Reuter-Allee), die Stadthalle, die Hauptstraßen und Verkehrsanlagen, das Hotel International, die Elbeschwimmhalle und das Centrum-Warenhaus (wieder)aufgebaut. Ab 1971 wurde H. nach schwerer Herzerkrankung Invalidenrentner.

L: Unterlagen Fam. H., Magdeburg (priv.). – B: ebd.

Manfred Frommhagen

Heider, Friedrich Georg *Hans* von, Prof.
geb. 07.01.1867 München, gest. 11.04.1952 Blaubeuren bei Ulm, Landschafts- und Stillebenmaler, Graphiker, Keramiker, Kunstgewerbelehrer.

H., Sohn des Kaufmanns und Chemikers → Maximilian v. H., erhielt wie seine Brüder → Fritz und Rudolf v. H. eine theoretische und praktische Ausbildung im Fach Keramik in der Werkstatt des Vaters in München und ab 1898 in Schongau. H. studierte an den Kunstakad. in München bei Heinz Heim und Gabriel Hackl und arbeitete 1898–1900 in der Werkstatt des Vaters in Schongau. 1901 richtete die Kunstgewerbe- und Handwerkerschule Magdeburg für H. und seinen Bruder Fritz v. H. eine Keramikwerkstatt ein, deren Leitung H. übernahm. H., der sich bereits einen landesweit guten Ruf als Keramiker erworben hatte, wurden 1901 als Hilfslehrer in Magdeburg angestellt und leistete hier auf dem Gebiet der fachgemäßen keramischen Gestaltung Musterhaftes. U.a. beteiligte er sich mit der Künstlergruppe um → Albin Müller am Entwurf des Magdeburger Zimmers, eines Repräsentationsraumes, der auf der Weltausstellung 1904 in St. Louis den Grand Prix errang. Bereits 1905 erhielt er eine vorteilhafte Stelle als Leiter der keramischen Abt. und Lehrer für Keramik an den Staatl. Lehr- und Versuchswerkstätten Stuttgart und wurde dort kurz nach der Berufung zum Prof. ernannt. Er blieb der Schule bis zur Emeritierung 1937 treu und siedelte anschließend nach Blaubeuren über. H. unternahm zahlreiche ausgedehnte Studienreisen durch Europa und war 1915/17 an der Ost- bzw. Westfront als Kriegsmaler tätig. Seine Keramiken setzen sich von den Arbeiten des Bruders Fritz durch ernste, kühle Farben und schlichte Formen ab. Zudem schuf er dekorative Landschaften und Blumenstücke (Öl, Aquarell, Gouache) sowie lithographische Mappenwerke. Seit 1912 gehörte er dem von Hermann Muthesius gegründeten *Dt. Werkbund* an und war Mitglied der *Dt. Keramischen Ges.*

W: Monumentenbrunnen/Brunnenhalle (Bad Wildbad); Kirchhof und Grabanlage (Holzheim/Schwäbische Alb); Ausstattung des Dampfers „Hohentwiel" am Bodensee; zwei Elblandschaften sowie Steinzeichnungen (KHMus. Magdeburg); Bleistiftzeichnungen, Ölgemälde, Gouache und Kreidezeichnungen (Familienbesitz). – L: Thieme/Becker 16, *265*; Vollmer 2, 1955, *405*; Friedrich Jansa, Dt. bild. Künstler in Wort und Bild, 1912, *249* (*B); Julius Baum (Bearb.), Stuttgarter Kunst, 1913; Kat. der Ausstellung Aufbruch zur modernen Kunst 1869–1958, München 1958; Kat. H. v. H., Heidenheim 1983; Norbert Eisold, Die Kunstgewerbe- und Handwerkerschule Magdeburg 1793–1963, Kat. Magdeburg 1993, *21ff*.

Gerd Kley

Heider, *Friedrich* (*Fritz*) Maximilian von, Prof.
geb. 03.09.1868 München, gest. 03.01.1947 Oberaudorf, Ortsteil Niederaudorf/Bayern, Keramiker, Graphiker, Tiermaler, Kunstgewerbelehrer.

Der Sohn einer erfolgreichen Münchner Chemiker- und Keramikerfam. erhielt seine theoretische und praktische Ausbildung im Fach Keramik in der Werkstatt seines Vaters → Maximilian v. H. in München und ab 1898 in dessen Werkstätten in Schongau am Lech. Bereits ab 1884 beschäftigte sich H. eigenständig mit praktischen und theoretischen Aspekten der Keramik, u. a. auch mit den alten italienischen, dt., persischen und japanischen Majoliken. H. studierte ab 1884 an einer Privatschule in München bei Prof. Heinz Heim, besuchte 1889–90 die Akad. in Karlsruhe unter dem Tiermaler Hermann Baisch und befaßte sich einige Jahre eigenständig in München mit Tier- und Landschaftsmalerei, bevor er ab 1895 seine Studien an der Kunstakad. in München bei Heinrich von Zügel („Komponierschule") abschloß. H., der 1893 mit zwei Ölgemälden in der *Münchner Sezession* und 1897 mit Keramiken im Münchner Glaspalast debütierte, war schon frühzeitig auf Ausstellungen erfolgreich und erhielt mehrere Auszeichnungen, u. a. den Grand Prix auf der Weltausstellung 1904 in St. Louis (sog. Magdeburger Zimmer, mit → Albin Müller) und die Silbermedaille auf der III. Dt. Kunstgewerbeausstellung 1906 in Dresden. Er trat mit Entwürfen für Wandfliesen mit kräftig modellierten Tierfiguren auf, die sich in Graublau oder Weiß vom rötlichen Untergrund mit lichtgrünen Flecken abhoben (Hauptmotive: Panther, Antilope, Fuchs, Hermelin, Schwan). In seiner Malerei befaßte er sich besonders mit der Wirkung des Lichtes. 1901 richtete die

Kunstgewerbe- und Handwerkerschule Magdeburg für H. und dessen Bruder → Hans v. H. eine Keramikwerkstatt ein, um zur „Hebung des keramischen Gewerbes daselbst Unterricht zu erteilen". Beide wurden 1901 als Hilfslehrer an der Kunstgewerbe- und Handwerkerschule Magdeburg angestellt. Mit dem Weggang seines Bruders Hans 1905 nach Stuttgart übernahm H. die Leitung der Werkstatt und erhielt ab 1906 eine volle Lehrerstelle (ab 1915 als Prof.), die er bis zu seiner Emeritierung 1932 innehatte. Mit seiner Einstellung als hauptamtlicher Lehrer wurde zudem eine eigenständige Fachklasse Keramik eingerichtet, die bis 1933 bestand. H. unterrichtete in Magdeburg auch die Fächer Figürliches Zeichnen nach lebenden Modellen, Schattieren nach Modellen und Zeichnen nach der Natur. 1907–18 holte er seinen Vater an die Magdeburger Schule, der zur Unterstützung seiner Arbeiten Unterricht in Chemie für Keramiker erteilte und auch die 1911 eingerichtete Sonntagsschule für Keramiker mitbetreute. 1912 gründete H. mit → Rudolf Bosselt den Künstlerverein *Börde*, arbeitete in dessen Vorstand mit und trat im selben Jahr in den von Hermann Muthesius gegründeten *Dt. Werkbund* ein. Durch seine Arbeiten trug H. wesentlich mit dazu bei, daß die künstlerische Keramik in Dtl. wieder Anschluß an die int. Entwicklung fand. H., der für seine Keramiken pastellartige Farbtöne bevorzugte, nutzte die Eigenheiten des Tons und der Glasuren, um durch Glasurfluß und Rißbildung (Krakelierung) künstlerische Effekte zu erzielen. Er entwarf Modelle für die industrielle Serienproduktion von Keramik-Ziergefäßen, Wandbrunnen und Kaminen. Bekannt wurde er durch sein Frittensteinzeug mit Lüsterglasuren, Fayencefliesen mit Tierfiguren sowie Kamine und Hausfriese in Lüstermalerei. Die Entwürfe wurden meist in großer Serie in der Familienfa. *Max v. H. & Söhne* in Schongau am Lech, aber auch in Zusammenarbeit mit den Magdeburger Unternehmen *Paul & Miller*, *Reps & Trinte*, der *Buckauer Porzellan-Manufaktur* und der *Harzer Keramik* von Karl Schomburg in Ilsenburg produziert. Für die Brauntöpfereien von Ziesar und Goerzke entwarf H. im Auftrag der kgl. Reg. Steinzeug-Muster, nach denen über Jahre mit Erfolg produziert wurde. H. lebte nach seiner Emeritierung wieder in seiner bayerischen Heimat.

W: Keramikobjekte, Bilder (KHMus. Magdeburg); Arbeiten in den Museen von Leipzig, Breslau, Troppau und Antwerpen sowie Bilder im Lenbachhaus München. – **L:** Thieme/Becker 16, *264*; Jahresberichte der Kunstgewerbe- und Handwerkerschule Magdeburg, 1901ff.; Hermann Schmitz, Moderne dt. Kunsttöpfereien, in: Dt. Export, Nov. 1907, *3–6*; Friedrich Jansa, Dt. bild. Künstler in Wort und Bild, Leipzig 1912, *249* (***B***); Münchner Maler im 19. Jh., Bd. 2, 1981; Dieter Zühlsdorff, Marken-Lex., Porzellan- und Keramik-Report 1885–1935, Bd. 1, 1988; Jürgen Erlebach/Jürgen Schimanski (Hg.), Westerwälder Steinzeug – Die neue Ära 1900–1930, 1987; Norbert Eisold, Die Kunstgewerbe- und Handwerkerschule Magdeburg 1793–1963, Kat. Magdeburg 1993, *21ff*; Bundesarchiv Berlin: Sign. R 4901, Abt. X, Fach H, Nr. 8, H 222 (PA); Geh. StA Berlin: HA I, Rep. 120, Abt. X, Fach 2, Nr. 18, Bde 8–15 (Akten der Kunstgewerbe- und Handwerkerschule Magdeburg).

Gerd Kley

Heider, *Jürgen* Wilhelm

geb. 01.07.1938 Magdeburg, gest. 01.05.1969 Halle, Vibraphonist, Bandleader, Komponist.

Es waren in den 1960er Jahren vorwiegend junge Amateurmusiker, die den Wünschen ihres Publikums Rechnung trugen. H. hatte schon früh ein leidenschaftliches Interesse für moderne Tanzmusik. Mit 17 Jahren gründete er in seiner Heimatstadt zunächst ein Trio, das er dann zum fünf Musiker umfassenden *J. H. Swingtett* (*JHS*) erweiterte. Die 1960 gegründete Formation spezialisierte sich auf Tanzmusik, Schlager, Jazz, Chorbegleitung und Chansons. Dank mitreißender Gestaltung von Tanzabenden im „Kristallpalast" und in anderen großen Häusern der Stadt Magdeburg gewann die Gruppe breite Anerkennung, die schnell auch über die Region hinausging. Das *JHS* nahm in bezirklichen Ausscheiden den ersten Platz ein und wurde 1962 und 1965 in zentralen DDR-Leistungsvergleichen als beste Combo in dieser Kategorie anerkannt. Namhafte Interpreten arbeiteten, als sie in die Pop-Musik einstiegen, eng mit H. und seinen Instrumentalisten zusammen (Reinhard Lakomy, Monika Hauff, Klaus-Dieter Henkler). Besondere Popularität genoß H. durch seine Kompositionen in aktuellen Rhythmen der 1960er Jahre wie Slop oder Slow-Shake. Es waren Orchestertitel, die vom Rundfunk übernommen sowie von bekannten Verlagen wie *VEB Lied der Zeit* und *Harth Musik Verlag* publiziert wurden. Darüber hinaus war H. als Musikredakteur in Fernsehproduktionen tätig und leistete kompositorische Arbeiten für die Städtischen Bühnen und das Puppentheater Magdeburg. Die Jazz-Rezensenten schätzten ihn als hervorragenden Vibraphonisten und Solo-Improvisator. Begeisterung löste das *JHS* bei seinen Gastspielen in Polen, Ungarn, Bulgarien und der Sowjetunion aus. Erfolgreich waren auch die mit lyrischen Momenten verbundenen Jazzkonzerte. Nicht vergessen werden soll H.s aktives Wirken bei der Entwicklung des von in- und ausländischen Musikern hochgeschätzten „Impro"-Treffs sowie des Magdeburger Jazzklubs. 1967 wechselte H. vom Amateurstatus zum Berufsmusiker. 1969 setzte auf einer Konzertreise ein Verkehrsunfall dem Leben des 30jährigen Musikers ein jähes Ende.

L: Hans-Albert Möwes, Die Bedeutung des JHS, Programmkonzeption, Ms. 1979. – B: *Kunstmus. Kloster U. L. F. Magdeburg (2. v.l.).

Heinz Dassuy

Heider, *Maximilian* (*Max*) David Christian von
geb. 14.10.1839 München, gest. 29.12.1920 München, Kaufmann, Chemiker, Kunstkeramiker, Kunstgewerbelehrer.

Der Sohn des Chlorkalkfabrikanten Friedrich v. H. besuchte das Gymn. und die technische Industrieschule in München, an der er für den höheren technischen Kaufmannsberuf ausgebildet wurde. Er arbeitete zunächst mehrere Jahre in der Zement- und Porzellanindustrie. Sein Interesse an den wiss. und künstlerischen Aspekten der von ihm vertriebenen Porzellan- und Keramikprodukte ließ ihn noch in gereiftem Alter eine keramische und fachwiss., insbesondere chemische Ausbildung in München, Stuttgart und Köln absolvieren. Auf dem Hintergrund seiner künstlerischen Ambitionen und seines erworbenen chemisch-technischen Wissens erkannte H. wesentliche Defizite in der Entwicklung der damaligen künstlerischen Keramik. Er befaßte sich zunehmend mit Fragen der angewandten Chemie bei der Herstellung keramischer Massen und Glasuren und gründete zur Erprobung innovativer Verfahren Anfang der 1890er Jahre in München und ab 1898 in Schongau am Lech eine keramische Werkstatt, die später bekannte Fa. *Max v. H. & Söhne*, in der auch → Fritz, → Hans und Rudolf v. H. ausgebildet wurden. Erste Proben der neuen „Lechtaler Keramik" (schmale Friese, Wandbrunnen und Ziergeräte) stellte H. bereits 1898 auf der Großen Berliner Kunstausstellung vor, die auf weiteren Ausstellungen zahlreiche Preise erhielten. Er schuf eine neue Qualität in der Produktion keramischer Massen und Glasuren, die es seinen Söhnen ab Mitte der 1890er Jahre erlaubte, die künstlerische Keramik auf moderne Grundlagen zu stellen und zu einer neuen Einheit von künstlerischem Entwurf und handwerklicher Produktion zu führen. H. übergab die Leitung des Schongauer Unternehmens etwa 1913 seinem jüngsten Sohn Rudolf v. H., der dafür seine Stellung als Lehrer und Leiter der Keramikwerkstatt an der Kunstgewerbeschule in Elberfeld aufgab. 1907–18 arbeitete H. zur Unterstützung seines Sohnes Fritz v. H. als nebenamtlicher Hilfslehrer im Fach Angewandte Chemie für Keramiker an der Kunstgewerbe- und Handwerkerschule in Magdeburg. 1911 richteten beide hier eine Sonntagsschule für Keramiker ein, die der Fortbildung berufstätiger Keramiker diente. H. war einer der ersten Lehrer, der eine moderne Chemieausbildung für Keramiker an einer dt. Kunstschule einführte. Die Schwerpunkte seiner nach 1918 von seinem Sohn weitergeführten Vorlesungsreihe zeugen von wiss. Durchdringung und hoher Praxisrelevanz und umfaßten Lektionen zur technischen Chemie, Atomlehre, Valenztheorie, zum Aufschluß von relevanten Verbindungen sowie praktische Übungen zur Beurteilung und Aufbereitung von keramischen Rohstoffen, zur chemischen Synthese und Analyse usw., wie sie heute in ähnlicher Form an Technischen Fachhochschulen üblich sind.

L: Thieme/Becker 16, *265*; August Endell, Keramische Arbeiten der Fam v. H., in: Kunst und Handwerk 47, 1897/98, *129–132*; Hermann Schmitz, Moderne dt. Kunsttöpferei, in: Dt. Export, Nov. 1907, *3–6*; Friedrich Jansa, Dt. bildende Künstler in Wort und Bild, 1912, *249f.* (*B*); Jahresberichte der Kunstgewerbe- und Handwerkerschule Magdeburg, 1901ff.; Irmela Franzke, Jugendstil-Bestandskat. Glas, Graphik, Keramik von 1880–1915, Badisches Landesmus. Karlsruhe, 1987; Norbert Eisold, Die Kunstgewerbe- und Handwerkerschule in Magdeburg 1793–1963, Kat. Magdeburg 1993; Geh. StA Berlin: HA I, Rep. 120, Abt. X, Fach 2, Nr. 18, Bde 8–15 (Akten der Kunstgewerbe- und Handwerkerschule Magdeburg).

Gerd Kley

Heider, Wilfried
geb. 14.03.1939 Magdeburg, gest. 12.09.1999 Magdeburg, Metallplastiker.

Nach dem Besuch der Grundschule in Magdeburg 1945–53 erlernte H. bis 1956 in der väterlichen Werkstatt den Schlosserberuf. 1956–59 studierte er an der Fachschule für Angewandte Kunst Magdeburg, Abt. Kunstschmiede. Parallel dazu legte er 1959 die Meisterprüfung im Schlosserhandwerk ab. 1959 entschloß er sich nach Erhalt seines ersten Auftrages, einer Türgestaltung für die Feierhalle des Magdeburger Westfriedhofes, fortan freischaffend als Metallgestalter zu arbeiten. 1962 erhielt er die Anerkennung als „Kunstschaffender im Handwerk" und wurde 1965 Mitglied des *VBK Dtls*. H. nahm 1977, 1979 und 1981 am Symposium für Stahlgestaltung im *VEB Chemieanlagenbau Staßfurt* sowie 1983 und 1984 am Schmiedesymposium in Ohrdruf (Tobiashammer) teil. Er beteiligte sich seit 1962 an den wichtigsten regionalen und zentralen Ausstellungen im In- und Ausland, u. a. an der V., VIII., IX. und X. Kunstausstellung der DDR in Dresden sowie der I. und II. Quadriennale des Kunsthandwerks sozialistischer Länder in Erfurt, und erhielt Preise und Anerkennungen. H. schuf eine Vielzahl prägender Kunstwerke für den öffentlichen Raum in Magdeburg, von denen insbesondere die Trennwände für das Restaurant „Wildbretstübl" (1964), die Otto-von-Guericke-Buchhandlung (1968), das Rechenzentrum des *Schwermaschinenbau-Kombinats „Ernst Thälmann"* (1970) sowie Gitter und Tore für die ehemalige Staatsbank am Domplatz (1965), das Magdeburger Rathaus (1968–69), für die Konzerthalle und Krypta des Klosters U. L. F. (1978/1994) und den Magdeburger Dom (1992) hervorzuheben sind. H. gestaltete Brunnen im Rotehornpark und vor der Hauptpost (beide 1970), den „Fischbrunnen" an der Elbuferpromenade (1974), den „Regenbaum" in Stendal-Stadtsee (1977) sowie Marktplatzbrunnen in Gardelegen (1979), Oschersleben (1980) und Tangerhütte (1981) und fertigte Windspiele, Ausleger, Strukturwände, Brüstungsgitter, Fassadenplastiken sowie Ausstattungen und Gerät für zahlreiche Magdeburger Gebäude.

W: Windspiele: Wohngebiet Neustädter Feld, Magdeburg, 1989–90; Bördepark, Magdeburg, 1991. – Ausstattungen und Gerät: St. Sebastian, Magdeburg, 1966, 1974; St. Marienstift, Magdeburg, 1967; Rathaus Magdeburg, 1969; Gaststätte „Buttergasse", Magdeburg, 1970; Domremter, Magdeburg, 1971; St. Jakobi, Stendal, 1975; St. Servatii, Quedlinburg, 1979; Markusgemeinde, Magdeburg, 1981, 1982. – Plastik: Großplastik „Tore" für Gemeinschaftszollanlage in Ludwigsdorf, 1997–98. – **N:** KHMus. Magdeburg, Grassi-Mus. für Kunsthandwerk Leipzig; Familienbesitz, Magdeburg. – **L:** Siegfried Pawellek, Kunstschmiedearbeiten von W. H., in: Dt. Architektur 14, H. 12, 1965, *732f.*; Heinz Schierz, W. H. – ein Magdeburger Kunstschmied, in: Bildende Kunst 16, H. 10, 1968; Walter Funkat, Kunsthandwerk in der DDR, 1970; W. H., Metallgestaltung, Ausstellung im Kloster U. L. F. Magdeburg, 26.06. bis 16.09.1984, 1984; Vf., Gestalterisches Vermögen und handwerkliche Solidität – Metallgestaltungen von W. H., in: Metallverarbeitung 43, H. 4, Juli/Aug. 1989, *114–116*. – **B:** *Vf., Magdeburg (priv.).

Siegward Hofmann

Heiland, *Karl* **Gustav,** Dr. phil.
geb. 17.08.1817 Herzberg, gest. 16.12.1868 Magdeburg, Pädagoge, Schulrat.

H. besuchte unter → Gottlob Wilhelm Müller das Gymn. in Torgau und studierte ab 1836 Philologie an der Univ. Leipzig, wo er 1839 auch prom. Nach Ablegen der Staatsprüfung in Berlin war er als Hilfslehrer in Torgau tätig und wechselte 1840 an das Domgymn. in Halberstadt. 1847 wurde er dort zum Oberlehrer befördert. H. begründete 1844 die sog. „Oschersleber Verslgg.", Konferenzen von Schulmännern der benachbarten preuß. und nichtpreuß. Landschaften, und war zudem politisch als Abgeordneter der preuß. Zweiten Kammer engagiert, nach deren Auflösung im April 1849 er sich aus dem aktiven politischen Leben zurückzog. 1850 avancierte er aufgrund seiner Schrift „Zur Frage über die Reform der Gymnasien" (1850) zum Dir. des Gymn. in Oels, wurde 1854 Dir. des Gymn. in Stendal und ab 1856 des Gymn. in Weimar. Von Ostern 1860 bis zu seinem Tode bekleidete H. das Amt des Provinzialschulrates in Magdeburg. In dieser Zeit sorgte er u. a. für die Eröffnung neuer Gymnasien in Burg, Wernigerode und Seehausen. H. entwickelte am lutherischen Glaubensbekenntnis orientierte und von der zeitgenössischen theol. Bewegung der Inneren Mission inspirierte reformpädagogische Überlegungen, die auf eine enge Neuverknüpfung der ev. Gymnasien der Gegenwart mit der Reformation und der ev. Kirche zielten. Seine am klass. Altertum, der nationalen Lit. und der Religion ausgerichtete, restaurative Erziehungslehre sah die Tätigkeit des Lehrers als eine wesentlich seelsorgerische an, in deren Zentrum die Bildung der Schüler zu einem lebendigen Christentum, zu klass. Idealität und patriotischer Gesinnung stand. Vor diesem Hintergrund lehnte er den Realschulgedanken ab und war bemüht, die humanistischen Gymnasien den Ansprüchen der Zeit anzupassen.

W: Ueber Gymnasialbildung. Zwei Reden, 1850; Beiträge zur Gesch. des Gymn. in Weimar, 1859; Die Aufgabe des ev. Gymnasiums, 1860. – **L:** ADB 11, *311–313*; Carl Conrad Hense, Nachruf K. H., in: Neue Jbb. für Philologie und Pädagogik, Bd. 102, 1869, *330–346*; Wilhelm Herbst, K. G. H. Ein Lebensbild, 1869 (***B**); Martin Wiehle, Altmark-Persönlichkeiten, 1999, *67*.

Wolfgang Mayrhofer

Heilmann, *Karl* **Jacob Anton**
geb. 13.12.1878 Aschaffenburg, gest. 30.11.1956 Magdeburg, Dipl.-Ing., Obering., Hauptkonstrukteur, Dir.

Nach dem Besuch der Gymn. in Aschaffenburg und Schweinfurt studierte H. an der TH Darmstadt Maschinenbau und erlangte 1901 den Abschluß als Dipl.-Ing. Er gehörte damit zu den ersten Dipl.-Ing. der TH, die erst seit 1899 diesen akad. Grad verlieh. Nach mehreren Jahren Assistenz bei Max F. Gutermuth, wo er u. a. an der Erarbeitung des Standardwerkes „Die Dampfmaschine" (1928) mitwirkte, begann er nach dem I. WK seine Tätigkeit bei der Fa. *R. Wolf AG* in Magdeburg-Buckau. Hier übernahm er die Leitung des Konstruktionsbüros Lokomobilen. Unter H.s Führung entwickelte sich nach Übernahme der Lokomobilenfertigung der Fa. *Heinrich Lanz AG Mannheim* die Fa. *R. Wolf AG* Magdeburg zum größten Lokomobilenproduzenten Dtls. In Spitzenzeiten lag der Ausstoß bei einer Lokomobile pro Tag. H. richtete sein Augenmerk vor allem auf die Entwicklung leistungsstarker Maschinen, die für Wärme-Kraft-Kopplung in Klein- und Mittelbetrieben geeignet waren. So wurden Verbundmaschinen mit Zwischendampf-Entnahme im Leistungsbereich bis 800 PS entwickelt. Da die für Lokomobilen traditionell verwendeten Großraum-Wasserkessel sowohl bei Drücken von 18 bar als auch Dampfleistungen von max. 8 t/h an ihrer Leistungsgrenze lagen, entwickelte H. vor dem II. WK eine Versuchsanlage mit einem Steilrohrkessel für einen Druck von 60 bar, gekoppelt mit einer getrennt vom Kessel aufgestellten Verbundmaschine für Gegendrücke bis 5 bar. Dieser Versuch der Weiterentwicklung der Lokomobile scheiterte an Problemen der Stopfbuchsen und Kolbenringe, die den hohen Eintrittsdrücken nicht widerstanden. Der II. WK unterbrach diese Arbeiten. Aufbauend auf den nach Kriegsende auf dieser Basis vorliegenden Erfahrungen, entwickelte H. die Lokomobilen ELD 9/10 mit einer Leistung von 100 PS sowie die T 32 und V 32 mit einer Leistung von 320 PS, die bis 1957 als Reparationsleistungen an die Sowjetunion geliefert wurden.

W: Lokomobile von R. Wolf (Campus der Univ. Otto-von-Guericke Magdeburg). – Schriften: Die Entwicklung der Lokomobile von R. Wolf in technischer und wirtsch. Hinsicht, in: VDI-Zs. 1906, *313, 446, 478*; Die Wärmeausnutzung der heutigen Kolbendampfmaschine, in: ebd. 1911, *921, 984, 1026, 2118*; Die Wärmekraftausnutzung der heutigen Kolbendampfmaschinen, in: ebd. 1911; Die neue Entwicklung der Heißdampflokomobile, in: ebd. 1930, *65ff*. – **L:** Max F. Gutermuth, Die Dampfmaschine (3 Bde), 1928; Conrad Matschoss, Die Entwicklung der Dampfmaschine, Bd. 2, 1908, *257–269*; 1838–1988. Von der alten Bude zum sozialistischen Kombinat, Betriebsgesch. des Stammwerkes VEB Schwermaschinenbau „Karl Liebknecht" Magdeburg, Kombinat für Dieselmotoren und Industrieanlagen, Tl. 1–3, 1979–83.

Heinz Thüm

Heim, Ludwig
geb. 08.01.1844 Salzungen, gest. um 1920 Berlin, Architekt.

H. absolvierte ein Architekturstudium an der Bauakad. in Berlin, trat nach dem Baumeisterexamen Ende der 1860er Jahre in den Staatsdienst ein und war hier u. a. an der Planung und Ausführung der Berliner Stadtbahn beteiligt. Seit 1878 arbeitete er als freier Architekt in Berlin. H. entwarf zahlreiche Geschäfts- und Wohnhäuser, Hotels, städtische Villen sowie Bank- und Industriegebäude, die meist im Stile frei behandelter franz. oder italienischen Renaissanceformen ausgeführt wurden. Seine erste große Aufgabe als Regierungsbaumeister übernahm H. in Magdeburg 1870–74 bei der Errichtung des Zentralbahnhofs.

W: Hotel Kaiserhof Wiesbaden; Villa Friedheim Köthen; Kontinental- und Monopolhotel Berlin. – **L:** Thieme/Becker 16, *279*.

Guido Heinrich

Heimke, *Carla* Klara Erna, geb. Konzer
geb. 07.04.1900 Berlin, gest. 29.07.1985 Haldensleben, Konzertsängerin, Kulturschaffende.

H.s Vater war Schmied und Monteur in Berlin. Ihre Schulausbildung und die anschließende Handelsfachschule (1914–1916) absolvierte sie in ihrer Geburtsstadt. Der Dir. der Handelsfachschule inspirierte H., sich der Musik zu widmen, und empfahl ihr das Stern-Konservatorium in Berlin. 1919 heiratete sie einen technischen Kaufmann, nahm ab 1924 eine mehrjährige Gesangsausbildung auf und war danach als Konzertsängerin und Gesangspädagogin freischaffend tätig. Ihre Liebe galt vorwiegend dem klass. Liedgut. Durch ihre Bühnenarbeit stand sie zudem mit zahlreichen Künstlern und Schriftstellern ihrer Zeit in Kontakt, so u. a. mit Ehm Welk. Das Kriegsgeschehen und die Zunahme der Bombenangriffe veranlaßten H., 1943 der Tochter nach Bad Rügenwalde (Darlowo) in Hinterpommern zu folgen. Dort beauftragte sie der ortsansässige Oberst des Schießplatzes, eine Wehrmachtsbühne zu errichten. Es gab Theater und Gesang mit und für Soldaten zwischen den Fronteinsätzen. Anfang 1945 floh sie vor der heranrückenden Front über Stettin und Goldbeck bis nach Hillersleben/Kr. Haldensleben. Hier erlebte H. mit ihrer Tochter das Kriegsende und bildete wenig später mit sich dort aufhaltenden Künstlern eine Künstlergemeinschaft, die bereits im Mai 1945 vor ehemaligen Häftlingen des Konzentrationslagers Bergen-Belsen auftrat. Nach der Besetzung des Gebietes durch sowjetische Truppen im Juli 1945 erhielt H. auch durch den kulturell interessierten sowjetischen Kommandanten Grankin den Auftrag, ein künstlerisches Programm zusammenzustellen. Neben den Auftritten ihrer Künstlergemeinschaft organisierte sie zahlreiche Veranstaltungen mit bekannten Künstlern wie der Tänzerin Ilse Meutner, Konzerte mit → Wilhelm Damm und → Otto Kobin, den Schauspielern Wilhelm Koch-Hooge, Werner Fuetterer u. a. In dieser Zeit der noch zerstörten Theater und Bühnen nutzte H. ihr organisatorisches Talent und ihren künstlerischen Sachverstand, um im August 1947 die *Volksbühne* im Kr. Haldensleben neu zu gründen. In Vorbereitung darauf organisierte sie ein großes Chortreffen sowie Tanzgastspiele und Sonderzugfahrten ins Bergtheater Thale. Schon im ersten Jahr des Bestehens der Volksbühnengemeinde konnten ca. 30.000 Besucher gezählt werden. Im März 1946 gründete sich unter H.s Leitung eine Haldensleber Ortgruppe des *Kulturbundes zur demokratischen Erneuerung Dtls.* Erst ehrenamtlich, dann von 1950 bis 1975 hauptamtlich war H. als Kreissekretärin des *Kulturbundes* tätig. Ihre durch eine umfangreiche Vortrags- und Veranstaltungstätigkeit unterstützten Bemühungen mündeten in der Gründung des *Geistigen Forums*, eines Klubs der Kulturschaffenden, der 1952 mit regionalem Bezug in *Alsteinklub Haldensleben* umbenannt wurde und als Plattform für vielfältige kulturelle und kulturpolitische Aktivitäten diente. H. war langjährig als Leiterin des *Alsteinklubs* tätig und organisierte mit großem Engagement dessen Arbeit, die sich durch große Themenvielfalt auszeichnete. Sie war bis in ihr 75. Lebensjahr aktiv und verfolgte auch späterhin das kulturelle und politische Zeitgeschehen mit Interesse.

L: Unterlagen Fam. Kaller, Haldensleben (priv.). – **B:** *ebd.

Ralf Kersten

Heine, August
geb. 10.01.1842 Halberstadt, gest. 09.11.1919 Halberstadt, Hutmacher, Politiker.

Der Sohn eines Hutmachermeisters besuchte die Volksschule und das Realgymn. in seiner Vaterstadt, trat die Lehre bei seinem Vater an und ging anschließend auf Wanderschaft durch Dtl., Österreich, Frankreich, die Schweiz und Oberitalien. Anfänglich in der Fortschrittspartei, war er in Halberstadt 1871 Hg. der *Volksztg.*, trat zur Sozialdemokratie über, wurde Redakteur der Halberstädter *Freien Presse* und war 1879–84 Stadtverordneter in Halberstadt. 1884 gewann H. gegen den Nationalliberalen → Otto Duvigneau das erste Reichstagsmandat für die Magdeburger Sozialdemokraten.

L: Wilhelm Heinz Schröder, Sozialdemokratische Parlamentarier in Dt. Reichs- und Landtagen 1867–1933, 1995, *495*.

Ingrun Drechsler

Heine, Ferdinand
geb. 09.10.1840 Kloster St. Burchardi/Halberstadt, gest. 12.02.1920 Hadmersleben, Pflanzenzüchter, Ornithologe, Amtsrat, Mäzen.

H., ältestes von acht Kindern des Gutsbesitzers und Ornithologen Ferdinand H., studierte Ornithologie in Heidelberg, erlernte die Landwirtschaft in Mansfeld und Hoym und bewirtschaftete anschließend bis 1869 das väterliche Gut bei Halberstadt. Nach Teilnahme am Dt.-Österreichischen Krieg folgte 1869 die Pachtung des 276 ha großen Gutes Emersleben von seinem Schwiegervater. 1871 begründete er die Saatzucht mit vergleichenden Anbauversuchen. Geschäftsreisen führten ihn 1880 zu dem Pionier der franz. Pflanzenzüchtung Pierre Louis François Levéque de Vilmorin sowie nach England. 1885 kaufte H. das Klostergut Hadmersleben mit 600 ha Nutzfläche und errichtete 1888 eine Kartoffelbrennerei. 1889 zog H. in die Magdeburger Börde nach Hadmersleben um, setzte hier seine Züchtungsarbeiten fort und pachtete die Domäne Zilly mit weiteren 850 ha Anbaufläche. 1894 kamen die Domänen Querfurt und Weisenbach hinzu. Weitere Geschäftsreisen führten H. 1900 nach Polen und Rußland, wo Anbaustationen gegründet wurden. In Hadmersleben entstand 1903 ein modern eingerichteter Saatgutspeicher. 1907–10 erwarb H. die Güter Teuchern, Schraplau und Möllendorf und pachtete die Domäne Alickendorf. H. gilt als Pionier der dt. Getreidezüchtung und des Saatgutwesens. Er war einer der ersten, der alle beachtenswert erscheinenden Kulturpflanzen, besonders die aus dem europäischen Ausland, einer Prüfung unterzog und die besten von ihnen durch Züchtung veredelte. So entstanden die berühmten Hadmersleber Hochzuchtsorten bei Weizen, Gerste und Hafer, für die er auf den Weltausstellungen 1894, 1900, 1904 und 1913 den Grand Prix erhielt. H. verband auf seinen Gütern, die von Familienangehörigen geleitet wurden, mit unternehmerischem Geschick die Pflanzenzüchtung, das Saatgutwesen und die landwirtsch. Produktion. Tätigkeiten als Vorstandsmitglied bei den Getreidezüchtern und Düngungsexperten in der *DLG*, als Mitglied des Eisenbahnrates Berlin-Magdeburg und in der *Spiritusges.* bezeugen sein gesellschaftliches Engagement. Als Gründer des Vogelkundemus. „Heineanum" in Halberstadt und Verfasser mehrerer vogelkundlicher Publikationen galt er auch bei den Ornithologen Europas als Experte. Der Ausbau der Klostergebäude in Hadmersleben im Stil des Historismus durch den Architekten → Hans Grisebach und die Errichtung eines Getreidespeichers unter denkmalpflegerischen Aspekten sowie Reisen nach Spanien, Italien, Griechenland und die Türkei kennzeichnen ihn als Liebhaber und Förderer der Kunst.

W: Saatzuchtberichte des Klostergutes Hadmersleben, 1859ff.; Mus. Heineanum, Verz. der ornithologischen Slg., 1850ff (mit Jean Cabanis). – **L:** Elisabeth Behm, Erinnerungen an meinen Vater F. H., Hadmersleben o. J. (hektographiert); Vf., 100 Jahre Getreidezüchtung in Hadmersleben, in: Magdeburger Bll. 1989, *35–41*; Bernd Nicolai/Renate Neuhaus/Rüdiger Holz, Mus. Heineanum. Gesch. und Bedeutung, 1994. – **B:** *Porträt KHMus. Kloster Hadmersleben.

Walter Merfert

Heine, Friedrich
geb. 13.06.1863 Bahrendorf, gest. 26.09.1929 Halberstadt, Fabrikant.

Als Sohn eines Kleinhändlers aus der Magdeburger Börde besuchte H. 1869–77 die Schule in Bahrendorf. In seiner entbehrungsreichen Jugend arbeitete er zur Unterstützung seiner Fam. auf dem örtlichen Rittergut. Bis zum 16. Lebensjahr blieb H. in seinem Heimatort und ging dann auf Wanderschaft. Nach zeitweiliger Arbeit bei Gelbgießern und Bäckern kehrte er zurück und war in der Zuckerfabrik Bahrendorf tätig. Erneut auf Wanderschaft, arbeitete H. in einer Spirituosenfabrik in Magdeburg und Bremen, bis er in

Halberstadt bei Fleischer Sackwitz Arbeit erhielt. Der Verkauf von Würstchen auf der Straße und vor dem Bahnhof begründete seine erfolgreiche „Handelstätigkeit". Mit den Erlösen errichtete H. 1883 in Halberstadt eine eigene Würstchenfabrikation mit Räucherei, die in der Folge durchschlagenden Erfolg am Markt hatte. Auf der Kochkunstausstellung 1891 erregte eine von ihm ausgestellte 36 m lange Wurst erhebliches Aufsehen. 1892 führte er den Maschinen- und Dampfbetrieb ein und entwickelte 1896 ein Verfahren zur Haltbarmachung von Würstchen in Dosen als Weltneuheit. Das expandierende Unternehmen wurde 1901 und 1912/13 durch Fabrikneubauten erweitert. Neben anderen Fleisch- und Wurstwaren konnte H. seine Erfolgsbilanz 1890–1914 von 1.000 auf 400.000 Paar Würstchen pro Tag in seinen Fabriken steigern. 1946–90 war die *Halberstädter Fleisch- und Wurstfabrik* ein volkseigener Betrieb, der durch Anwendung des traditionellen „Buchen-Rauchverfahren" den Qualitätsbegriff der „Halberstädter Würstchen" fortführte. Seit 1992 ist das Unternehmen eine GmbH für *Orginal Halberstädter Fleisch- und Wurstwaren*.

W: 40 Jahre Arbeit, ein Lebensbild. Zum 40jährigen Bestehen der Fa. Halberstädter Wurst- und Fleischconserven-Fabrik H. & Co. am 23. November 1923, Halberstadt 1923; 50 Jahre Arbeit. Zum 50jährigen Bestehen der Halberstädter Wurst- und Fleischkonservenwerke. Ein Lebensbild, Halberstadt 1933 (*B*).

Gerd Gerdes

Heinemann, *Otto* Wilhelm

geb. 22.07.1925 Klein Oschersleben, gest. 09.10.1981 Güntersberge (Albrechtshaus), Architekt, Hochbauing.

H., Sohn des Bauunternehmers Rudolf H. aus Klein Oschersleben, erlernte nach Abiturabschluß in Oscherleben dort 1944–46 den Beruf des Zimmermanns und arbeitete in diesem Beruf anschließend bis 1947 im elterlichen Baubetrieb. Im selben Jahr bestand H. die Meisterprüfung und studierte anschließend 1947–48 an der Hochschule für Bauwesen Weimar Architektur sowie von 1948–51 an der Ingenieurschule für Bauwesen in Magdeburg. Als Hochbauing. war er 1951–54 im *VEB (Z) Projektierung Sa.-Anh., Zweigstelle Halberstadt*, tätig. Danach führte H. 1955–58 ein eigenes Architekturbüro in Klein Oschersleben. Er beeinflußte 1958–81 als Leiter der Kreisentwurfsgruppe die architektonische Gestaltung im Kr. Wanzleben wesentlich. Seine Entwürfe beinhalteten Neu- und Umbauten vom Ein- und Mehrfamilienhäusern, Bauten der Landwirtschaft, Forschung, Kultur, Bildung, des Gesundheitswesens und der Erholung. H. gehörte dem *Bund Dt. Architekten* an.

W: Wohnungsbau in Halberstadt, Thale, Ballenstedt und Ilsenburg, 1953/54; Schweinezuchtanlage Alickendorf, 1954/55; Bauten im Inst. für Rübenzüchtung, Kleinwanzleben; Freibad Hadmersleben; Umnutzung von landwirtsch. Gebäuden zu Wohnbauten, Bottmersleben; Bauten im Inst. für Getreidezüchtung, Hadmersleben; Bauten im Inst. für Gemüsezüchtung, Hadmersleben; Kulturhäuser in Wanzleben, Kleinwanzleben, Hadmersleben, Eggenstedt; Bauten im Krankenhaus Bahrendorf; Bauten der Landwirtschaft und Wohnungsbau, Schwaneberg u. a. – N: Fam. H. und Marion Römmer, Klein Oschersleben. – B: *ebd.

Günter Reso

Heinemann, Willy

geb. 20.05.1877 Osterburg, gest. 05.02.1963 Calbe, Kommunalpolitiker, Branddir.

Der aus einer jüd. Kaufmannsfam. stammende H. war Inhaber einer Textilhandlung in Calbe. Er gründete den dortigen *Radfahrverein*, wurde um 1900 Mitglied der Freiwilligen Feuerwehr, nahm im Sanitätsdienst am I. WK teil und erhielt das EK II. Nach dem Krieg wurde H. Mitglied der SPD und Abgeordneter im Stadtparlament in Calbe. Ab 1919 war er Branddir. und Leiter der dortigen Feuerwehr. Dank seiner Initiative entstand das neue Feuerwehrgerätehaus in der Arnstedtstraße. Auf Druck der Nationalsozialisten mußte er 1931 von seinem Posten zurücktreten und wurde 1933 überhaupt aus der Feuerwehr entfernt. 1938 erteilte man ihm Geschäftsverbot und stellte ihn unter Hausarrest. Erst in den letzten Kriegsjahren des II. WK zog man ihn wieder zu Aushilfsdiensten heran, wobei man ihm stillschweigend die Leitung der jeweiligen Brandbekämpfung überließ. Nach 1945 wurde er von der Besatzungsmacht mit der Neuformierung der Calbenser Feuerwehr beauftragt. Eine spätere Einladung nach Israel durch Staatspräsident Ben-Gurion zum Aufbau der Feuerwehr in Jerusalem mußte er altershalber ablehnen. H. war noch bis 1949 Branddir. der Calbenser Freiwilligen Feuerwehr – zuletzt als ihr Ehrenbranddir. – und konnte somit auf eine fast 49jährige Mitgliedschaft zurückblicken.

L: Synagogen-Gemeinde zu Magdeburg.

Hanns Schwachenwalde

Heinrich, Richard

geb. 21.07.1893 Magdeburg, gest. 26.01.1969 Burg, Buchbinder, Sportfunktionär.

Der Sohn eines Kesselschmieds trat 1911 der Gewerkschaft und dem *Arbeiterturnverein „Fichte"* bei. Er baute die erste Fußballabt. mit Mannschaften in sämtlichen Stadtteilen Magdeburgs auf. Im Oktober 1914 einberufen, überstand er den I. WK bis 1918 als Fahrer. Im Februar 1919 trat H. der USPD bei, deren Teilvereinigung mit der SPD er 1922 folgte. Fortan in zahlreichen Funktionen der Partei, bildete sein Haupttätigkeitsfeld jedoch die Arbeitersportbewegung. Als Vorstandsmitglied des *Arbeiter-Turn- und Sportbundes* auf Kreis-, Provinzial- und Bundesebene war er auch ehrenamtlich im Stadtamt für Leibesübungen tätig. Im Dezember 1923 richtete H. als Angestellter der *Mitteldt. Spielvereinigung* eine Sportzentrale in Magdeburg, Hansastraße 22, ein. Als deren Geschäftsführer gab er wöchentlich eine Arbeiter-Sport-Ztg. heraus. Das Sportgeschäft, in dem er die gesamte Organisationsarbeit des *Arbeiter-Turn- und Sportbundes*, Provinz Sachsen und Braunschweig, erledigte, wurde ständig erweitert und 1931 in das Haus der *Volksstimme*, Große Münzstraße, verlegt. 1933 aus Geschäft und Funktionen verjagt, blieb H. jahrelang arbeitslos. Um den fortgesetzten Verfolgungen zu entgehen, verzog er nach Biederitz bei Magdeburg. 1936–45 kam er als Arbeiter beim Wasserwerk in Magdeburg unter, wo er gemeinsam mit → Hermann Gieseler u. a. Widerstand gegen das ns. Regime leistete. Nach Kriegsende gehörte H. zu den Gründern der SPD in Biederitz, wurde deren Vors., Leiter des Sozialamtes und stellvertretender Bürgermeister. Im März 1947 von der Gemeindevertretung als Bürgermeister bestätigt, versah er das Amt bis August 1950. Angeblich schied der 57jährige aus Krankheitsgründen aus, wurde jedoch vermutlich im Zuge der Kampagne gegen den Sozialdemokratismus verdrängt.

W: Artikel zum Arbeitersport in der Magdeburger Volksstimme und in zahlreichen Arbeitersportztgg. – **L:** Slg. Vf., Hannover (priv.). – **B:** Volksstimme Magdeburg Nr. 220 vom 18.09.1948, Zeichnung von → Bruno Beye.

Beatrix Herlemann

Heinrichshofen, Adalbert
geb. 18.06.1859 Magdeburg, gest. 23.10.1932 Magdeburg, Buch-, Kunst- und Musikalienhändler, Musikverleger.

Der Sohn des Buch- und Musikalienhändlers → Theodor H. wuchs im kunst- und musikliebenden Elternhaus auf, besuchte die Schule in Magdeburg und absolvierte eine Ausbildung zum Buch- und Musikalienhändler in der Universitätsbuchhandlung Spielhagen in Göttingen und in der befreundeten Musikalienhandlung *Bote & Bock* in Berlin. Anfang der 1880er Jahre nahm H., dessen musikalische Begabung frühzeitig gefördert worden war, Musikunterricht (Klavier) bei Franz Liszt in Weimar. Anschließend kehrte er nach Magdeburg zurück und trat 1884 als Mitinhaber in das Geschäft seines Vaters ein. Unter H.s Leitung erfolgte die Umgestaltung des Unternehmens. 1890 bezog die Fa. einen großen Neubau, der auch eine Pianoforte-Handlung mit Exklusiv-Vertretungen der Firmen *J. Blüthner, Leipzig*, sowie *Steinway & Sons, New York*, beherbergte. Ab diesem Zeitpunkt kooperierte der Musikverlag auch mit der renommierten Druckerei von C. G. Roeder in Leipzig, da die eigenen Druckkapazitäten nicht mehr ausreichten. Der begeisterte Kunstkenner und -sammler H. baute die Kunsthandlung und Gemäldegalerie bedeutend aus, die jetzt ständige Ausstellungen zeigen konnte. Die Konzertagentur H. war die führende in der Stadt. Um sich intensiver der Verlagstätigkeit zuwenden zu können, nahm er 1890 mit Hermann Bach einen Teilhaber in die Fa. auf, der bis Ende 1909 dem Sortiment vorstand.

Insbesondere nach der Jahrhundertwende widmete sich H. dem raschen Ausbau des Musikverlages. Das Verlagsprogramm wurde durch Eingliederung alter Musikverlagsunternehmen erheblich vertieft und erweitert, so daß der Verlag aus der überwiegend lokalen Bedeutung heraustreten und sich zu einem int. bekannten Unternehmen entwickeln konnte. 1901 übernahm H. den Berliner *Verlag Max Schimmel*, 1902 den namhaften Verlag des Berliner Kgl. Hof-, Buch- und Musikalienhändlers Max Bahn, der zum Zeitpunkt der Übernahme mehr als 10.000 Verlagswerke publiziert und sich um die Förderung der Musikwiss. verdient gemacht hatte. 1905 wurde der Stuttgarter Chorverlag *Luckhardt's Verlag (R. Leberecht)* angegliedert und in der Folge auch der Verlag von Vokalmusik bedeutend erweitert. 1912 gab die Übernahme des umfangreichen Programms von Albert Rathke in Magdeburg den entscheidenden Anstoß zum Ausbau der Unterrichtsmusik. Auf Anregung H.s entstand die von Theodor Wiehmayer eingerichtete vielbändige „Neue instructive Ausgabe für Pianoforte" der gesamten klass. Klaviermusik, die bei Weltausstellungen mehrere Goldmedaillen errang. Trotz des Einbruchs im Exportgeschäft nach 1914 konnte H. wichtige neue Autorenverbindungen herstellen, u. a. mit Ferruccio Busoni, Max Bruch, Engelbert Humperdinck, Hugo Kaun und Walter Niemann. 1924 teilte H. das Unternehmen und übergab seinem Sohn → Adalbert Heinrich Theodor H. Buch- und Musikalienhandlung, Leihinst., Kunsthandlung und Gemäldegalerie, um selbst den Musikverlag als eigenständiges Unternehmen weiterzuführen. H. schuf die „Preis-Kino-Bibl.", eine aus der Stummfilmzeit nicht wegzudenkende Standardreihe von Film-Synchronisationswerken, und übernahm 1927 die Maestosa-Reihe des *Drei Masken Verlags*, eine Slg. klass. Orchesterwerke. Auch das traditionell umfangreiche Verlagsprogramm mit Unterhaltungsmusik (u. a. Nico Dostal, Leon Jessel und Hans Löhr) wurde weiter bereichert und der sinfonische Jazz etabliert. Bis 1930 wurden ca. 14.000 Verlagswerke ediert, hauptsächlich Lieder, geistliche und weltliche Chöre, Orchester- und Lautenmusik, musiktheoretische Unterrichtswerke und zahlreiche Werke der Unterhaltungsmusik. Nach seinem Tod ging der Musikverlag auf seinen Enkel Otto Heinrich Noetzel über, der ihn nach dem Ende des Krieges in Wilhelmshaven weiterführte.

L: MGG 6, Sp. 77f.; Hobohm, Bd. 1, 555–567; Georg Müller (Hg.), Der Sächsisch-Thüringische Buchhändler-Verband 1883–1933, 1933, 86f.; H. 1797–1937, 1937; Katharina Noetzel, Labore et patientia. Ein Beitrag über 160 Jahre des Werdens und Seins der Fa. H.'s Verlag & Druckerei für den Freundeskreis des Hauses erzählt, 1957; Richard Schaal (Hg.), Musiktitel aus fünf Jahrhunderten. Sonderdruck zum 175jährigen Bestehen des Hauses H. 1797–1972, 1972 (*B).

Guido Heinrich

Heinrichshofen, Adalbert Heinrich *Theodor*
geb. 16.05.1886 Magdeburg, gest. 19.09.1931 Magdeburg, Buch-, Kunst- und Musikalienhändler.

Der Sohn des Musikverlegers→ Adalbert H. wählte nach absolvierter Schule in Magdeburg die aktive Offizierslaufbahn, wurde als Kampfflieger im I. WK zweimal verwundet und erhielt hohe militärische Auszeichnungen. Nach dem Ende des Krieges schied er aus dem aktiven Dienst aus und kehrte nach einer Ausbildung zum Musikalienhändler in den Firmen *P. J. Tonger* in Köln und *C. A. Klemm* in Leipzig nach Magdeburg zurück, wo er 1920 in das Geschäft seines Vaters eintrat und das Sortiment der Fa. übernahm. Den neuen Bedürfnissen, insbesondere den schulreformerischen Entwicklungen der Zeit Rechnung tragend, wurde unter H.s Leitung im Herbst 1921 eine eigene Lehrmittelabt. gegründet. Noch im selben Jahr fand eine große H.-Lehrmittel-Ausstellung in den Räumen der Diesterwegschule statt. 1922 gliederte H. dem Unternehmen eine Sprechmaschinenabt. an. Im selben Jahr wurde das Stammhaus der Fa. umgebaut. Nach Entwürfen von → Bruno Taut entstand in der Schöneeckstraße 12/13 ein neuer Piano- und Flügelsaal, der später auch dem Rundfunk-, Radio- und Schallplattenverkauf diente. Nach Abschluß des umfangreichen Umbaus wurde 1923 im obersten Stock des Hauptgebäudes der Fa. der erste Magdeburger Rundfunksender installiert, der mit 500 Watt Leistung auf der Mittelwelle Unterhaltungsprogramme unter Mitwirkung bekannter Künstler ausstrahlte. Der Sendebetrieb mußte nach Lizenzstreitigkeiten zwischen der *Nord-* und *Mitteldt. Rundfunk AG* bereits 1925 wieder eingestellt werden. 1924 übernahm H. nach der Abtrennung des Musikverlages auch die Leitung des Buch- und Musikalienhandels, des Musikalienleihinst., der Konzertagentur, der Kunstabt. und Gemäldegalerie, gliederte dem Geschäft 1925 eine Rundfunkhandlung an und führte es zu erneuter wirtsch. Blüte. Nach seinem plötzlichen Tod führte seine Ehefrau das Unternehmen mit großem Engagement weiter. Wenige Monate nach der Zerstörung des Geschäftshauses am Breiten Weg durch alliierte Bombenangriffe am 16.01.1945 konnte die Fa. in mehreren behelfsmäßigen Räumen ihre Arbeit wieder aufnehmen. 1946 beschäftigte das Unternehmen bereits wieder ca. 30 Mitarbeiter, u. a. in einem Ausweichbetrieb in Elbingerode (Leihbücherei, 1946/47). Die Buchhandlung H. bestand als privates Unternehmen, zuletzt mit staatl. Beteiligung und seit 1958 unter der Leitung Ernst-Ludwig H.s, bis 1961, der in diesem Jahr aufgrund der zunehmend schwieriger werdenden Arbeitsbedingungen mit seiner Fam. die DDR verließ.

L: MGG 6, Sp. 77f.; Hobohm, Bd. 1, 555–567; Georg Müller (Hg.), Der Sächsisch-Thüringische Buchhändler-Verband 1883–1933, 1933, 87; H. 1797–1937, 1937; Richard Schaal (Hg.), Musiktitel aus fünf Jahrhunderten. Sonderdruck zum 175jährigen Bestehen des Hauses H. 1797–1972, 1972.

Guido Heinrich

Heinrichshofen, Gotthelf Theodor *Wilhelm* von
geb. 04.03.1782 Mülverstedt bei Langensalza, gest. 29.04.1881 Magdeburg, Buch- und Musikalienhändler, Verleger.

H. entstammte einer Ende des 17. Jhs nach Sachsen eingewanderten ursprünglich österreichischen Adelsfam., deren Mitglieder nach ihrem Übertritt zum Protestantismus überwiegend im geistlichen Stand tätig waren. Sein Vater, ein ehemaliger Feldprobst im sächsischen Heer, bekleidete die Pfarrstelle in Mülverstedt bei Langensalza. H. wurde zunächst im Elternhaus erzogen und zum Erlernen eines Handwerks bestimmt. Er trat Ende 1797 als Lehrling in die neueröffnete Sortiments- und Verlagsbuchhandlung eines Freundes seines Vaters, des Buchhändlers → Georg Christian Keil, in Magdeburg ein, für den er seit ca. 1803 auch als Buchhandlungsgehilfe und ab 1806 wegen dessen Erkrankung als kommissarischer Geschäftsführer tätig war. Nach dem Tode Keils 1807 übernahm H. von dessen Schwiegermutter das Geschäft und führte es ab Januar 1808 für eigene Rechnung weiter. Neben Belletristik, darunter Übersetzungen franz. Autoren, und ortskundlichen Schriften intensivierte H. den von Keil betriebenen Verlag wiss. Gebrauchstexte und Lehrbücher namhafter Magdeburger Gelehrter und Pädagogen. Auf seine Anregung hin entstanden u. a. das aus dem Nachlaß → Johann Christian August Heyses herausgegebene „Handwörterbuch der dt. Sprache" (3 Bände, 1833–49) sowie die mehrfach aufgelegte „Encyklopädie der classischen Alterthumskunde"

von → Ludwig Schaaff. Die typographische Gestaltung der Verlagsartikel bewegte sich, auch durch die Kooperation mit führenden Magdeburger Druckern wie → Eduard Haenel, z. T. auf hohem Niveau. Später wurde die Theol. ein Hauptfeld seiner buchhändlerischen Verlagstätigkeit, die bedeutende Autoren wie Friedrich Ahlfeld, Friedrich Arndt, → Bernhard Dräseke, Rulemann Friedrich Eylert, Friedrich Schleiermacher und → Franz Bogislaus Westermeier umfaßte. Im Revolutionsjahr 1848 erschien der dritte Bd. der „Gespräche mit Goethe" von Johann Peter Eckermann in Magdeburg. H. engagierte sich zudem auf vielfältige Weise für das kulturelle Leben in der Stadt. Er war nachweislich mit seinem jüngeren Bruder Friedrich H., den er 1818–24 in seiner Buchhandlung beschäftigte, an der Vorbereitung und Durchführung des Magdeburger Musikfestes von 1821 beteiligt. Zudem gehörte er nach dem Tod des Theaterdir. → August Heinrich Fabricius zum Kreis um Oberbürgermeister → August Wilhelm Francke, der 1825 einen neuen *Theater-Aktien-Verein* ins Leben rief. Auch späterhin blieb H. dem Theater der Stadt eng verbunden. Persönliche Bekanntschaften und Freundschaften des lit.- und musikbegeisterten H. führten Anfang der 1820er Jahre zur Gründung einer Konzertdirektion, die in den folgenden Jahrzehnten bedeutende Künstler nach Magdeburg zog. Zahlreiche in- und ausländische Schauspieler, Musiker und Komponisten waren bei ihren Aufenthalten in Magdeburg bei H. zu Gast und logierten oft auch dort (u. a. Henriette Sonntag, Karl von Holtei, Angelica Catalani, Wilhelmine Schroeder-Devrient, Niccolo Paganini, Robert Schumann, Clara Wieck, → Albert Lortzing, → Heinrich Marschner, Franz Liszt, → Richard Wagner und Johann Nepomuk Hummel). Sein Haus war lange Jahre hindurch Mittelpunkt des lit. und musikalischen Lebens der Stadt, in dem regelmäßig Konzerte und gesellige Treffen veranstaltet wurden. H., der mit diesen Aktivitäten die Grundlagen für den späteren bedeutenden Musikverlag seiner Söhne schuf, war seit 1814 reges Mitglied der Magdeburger Freimaurerloge „Ferdinand zur Glückseligkeit". Er führte sein Geschäft bis 1876, seit 1840 im Verein mit seinem Sohn → Theodor H., dem er zunehmend die Verlagstätigkeit überließ. Unter H. wurden eine Reihe bekannter Buch- und Musikalienhändler ausgebildet, u. a. → Julius Schuberth und Otto Meißner in Hamburg. H. starb als mehrfach geehrter Bürger der Stadt Magdeburg 1881 im Alter von fast 100 Jahren und wurde auf seinem Rittergut in Hammer/Schlesien beigesetzt.

L: MGG 6, Sp. *77f.*; Hobohm, Bd. 1, *555–567;* N. N., W. H., in: Die Gartenlaube, 1882, *168*; Wilhelm Stieda, Die Entwicklung des Buchhandels in Magdeburg, in: Magdeburgs Wirtschaftsleben in der Vergangenheit, Bd. 3, 1928, *413–415*; Georg Müller (Hg.), Der Sächsisch-Thüringische Buchhändler-Verband 1883–1933, 1933, *86*; H. 1797–1937, 1937 (***B***); 150 Jahre H. Magdeburg 1797–1947, 1947; Richard Schaal, Musiktitel aus fünf Jahrhunderten. Sonderdruck zum 175jährigen Bestehen des Hauses H. 1797–1972, 1972 (****B***).

Guido Heinrich

Heinrichshofen, Theodor von
geb. 24.04.1815 Magdeburg, gest. 17.01.1901 Magdeburg, Buch- und Musikalienhändler, Musikverleger, Turnaktivist.

H. erhielt seine Bildung bis zur Universitätsreife durch Privatunterricht seines Vaters → Wilhelm v. H., studierte 1833–35 in Berlin neue Sprachen und schöne Künste und besuchte gleichzeitig Ernst Eiselens private Gymnastik-Anstalt, um sich zum Turnlehrer ausbilden zu lassen. Danach unternahm er drei Jahre lang ausgedehnte Bildungsreisen durch Dtl., die Schweiz und Italien. 1840 trat er als Teilhaber in das Geschäft seines Vaters ein. Während dieser den Buchverlag weiterführte, galt H.s besondere Neigung dem Ausbau des Musiksortiments sowie dem Aufbau eines eigenen Musikverlages. Das Sortiment der Musikalienhandlung entwickelte sich unter seiner Leitung zum führenden und größten Musikalienlager Mitteldtls. Bereits 1855 wurden eine eigene Musikalienstecherei und Druckerei, 1860 eine Kunsthandlung und eine Gemäldegalerie eingerichtet und die bereits zuvor betriebene Musikalien-Leihanstalt umfassend erweitert. Ab 1841 erschienen erste musikalische Verlagswerke, die überwiegend dem Bereich der Unterhaltungs- und Unterrichtsmusik zugehörten (leichte klavierbegleitende Lieder und Unterrichtswerke) und vor allem auf den Absatz im lokalen Umfeld zielten. Auch durch die Übernahme kleinerer Musikverlage 1847 und 1857 gab es keine wesentlichen Änderungen im Verlagsprogramm. Die Fa. bildete durch die intensiver betriebene Konzertagentur einen Mittelpunkt des kulturellen Lebens der Stadt. Besondere kommunale Bedeutung gewann H. auch als führender Wegbereiter des Jugend-, Mädchen-, Militär- und Vereinsturnens in Magdeburg. Schon 1822 in der nach Jahnschem Vorbild hergerichteten privaten Turnanlage im Garten seines Elternhauses spielend und turnend, nahm H. seit 1828 an den Übungen auf dem städtischen Gymnastikplatz → Karl Friedrich Kochs teil und wurde dort bereits Vorturner. Nach seiner Rückkehr nach Magdeburg 1839 setzte er sich besonders für die Wiedereröffnung des Turnplatzes im Friedrich-Wilhelms-Garten ein. Als im April 1842 das organisierte Turnen unter städtischer Regie wieder aufgenommen wurde, betätigte er sich als Zugführer und Vorturner. Im Interesse des Turnwesens unternahm H. Reisen zu den Turnführern Dtls, u. a. zu Friedrich Ludwig Jahn, Karl Euler und → Hans Ferdinand Maßmann. Dadurch gelangte in den 1840er Jahren die zweite Magdeburger Turnanstalt zu hohem Ansehen und übte einen fördernden Einfluß auf die Entwicklung des Turnens in Dtl. aus. Auch Jahn besuchte sie wiederholt und turnte selbst mit. Seit Mitte 1842 war in den Abendstunden unter H.s Leitung auch ein Männerturnen eingerichtet. Ein Jahr später erteilte er den Militärs der Magdeburger Garnison Turnunterricht, bis er für diese und für die Schüler der staatl. Gymnasien 1845 im Auftrag des Oberpräsidenten der preuß. Provinz Sachsen den kgl. Turnplatz vor dem Ulrichstor einrichtete. Mehr als 16 Jahre zog er zusammen mit den Schülern des Klostergymn. vor das Ulrichstor, um mit ihnen gemeinsam zu turnen. H. gilt auch als Begründer des Magdeburger Mädchenturnens. So setzte er sich dafür ein, daß bereits 1845 regelmäßige Turnübungen für die weibliche Jugend auf einem Platz innerhalb der Festungsanlagen (am Krökentor) aufgenommen wurden. Selbst in der Berliner Pfuhlschen Schwimmanstalt zum Fahrtenschwimmer ausgebildet, begründete er in Magdeburg das organisierte Schlittschuhlaufen und Schwimmen für Mädchen. H. gehörte sowohl am 07.05.1848 zu den Mitbegründern des *Männerturnvereins 1848* (*M. T. V.*), s. auch → Carl Kretschmann und → Karl Quaritsch, als auch zu den Mitgliedern des „Großen Turnrats" der Stadt. Er engagierte sich für die „Volksbewaffnung" und hatte 1848 zeitweilig das Amt eines Hauptmanns der Magdeburger Bürgerwehr inne. Bei der Gründung der *Freiwilligen Turner-Feuerwehr* 1867 leistete er seinen Mitbürgern Dienste, indem er eine Zeit lang als Hauptmann an die Spitze trat. Als Vereinsturner besuchte er zahlreiche Turnfeste, betätigte sich als Wett-Turner und Preisrichter. Seit 1891 Ehrenmitglied des Magdeburger *Lehrerturnvereins*, wurde der hochbetagte H. 1898 zur 50jährigen Jubelfeier des *M. T. V.* für seine hervorragenden Verdienste zum Ehrenmitglied auch dieses Vereins ernannt.

W: Turnbüchlein für Mädchen oder Leitfaden bei den gymnastischen Uebungen der weiblichen Jugend, 1846. – **L:** BioJb 6, 1901; MGG 6, Sp. 77f.; → Christian Kohlrausch, Das Turnen in Magdeburg. Ein hist. Abriß der Entwicklung der Leibesübungen in Magdeburg, 1892, *22–32*; → Oskar Berger, Zur Entwicklung des Turnens in Magdeburg. Fs. zum 50. Stiftungsfeste des Männer-Turnvereins zu Magdeburg, 1898, *17, 27f., 30, 62, 89*; Christian Kohlrausch, T. v. H., Ein Lebensbild, in: Dt. Turn-Ztg., Nr. 18, 1901, *347–350* (*B*); Georg Müller (Hg.), Der Sächsisch-Thüringische Buchhändler-Verband 1883–1933, 1933, *86*; H. 1797–1937, 1937; Richard Schaal (Hg.), Musiktitel aus fünf Jahrhunderten. Sonderdruck zum 175jährigen Bestehen des Hauses H. 1797–1972, 1972.

Guido Heinrich/Michael Thomas

Heinz, *Emil* **Jakob**
geb. 28.01.1909 Wachenheim/Kr. Worms, gest. 31.12.1979 Magdeburg, Dipl.-Bibliothekar, Bibliotheksrat.

Der Sohn eines Bäckermeisters besuchte 1915–19 die Grundschule und 1919–28 die Oberrealschule in Worms. Nach Ablegung des Abiturs nahm H. 1928 ein Studium der Naturwiss. an den Univ. Gießen und Heidelberg auf und war nach Abschluß seines Examens (1933) in Leipzig an der Dt. Bücherei tätig. 1937 legte H. dort sein Bibliothekar-Examen ab und arbeitete anschließend als Bibliothekar in der Stadtbibl. in Magdeburg. 1939 zum Kriegsdienst eingezogen, kehrte H. erst 1948 aus der Kriegsgefangenschaft zurück und war zunächst als Putzer in der Stahlgießerei des *Karl-Marx-Werkes Magdeburg* tätig. Ab Juli 1952 arbeitete er wieder als Bibliothekar in der Stadtbibl. Magdeburg. Sein Wirken an der neugegründeten Hochschule für Schwermaschinenbau in Magdeburg seit 15.11.1953 war untrennbar mit dem Aufbau und der Entwicklung der Hochschul-Bibl. verbunden, deren Dir. er von 1954 bis 1974 war. Durch persönliche Kontakte mit den Betriebsbibliotheken gelang es ihm, sehr wertvolle ältere Jgg. wiss. Zss. und technische Standardwerke zu erhalten. Durch H. entstanden biogr. Hilfsmittel (Kataloge), eine technische Zss.-Abt. und eine funktionierende Studienausleihbücherei. Besonderes Augenmerk richtete er auf die fast vollständige Slg. von modernen technischen Werken, die in der Sowjetunion auf dem Gebiet des Schwermaschinenbaus erschienen waren. H. hat es trotz ernster räumlicher Schwierigkeiten durch besondere Einrichtungen und eine straffe Organisation verstanden, den Leserkreis an der Hochschule kontinuierlich zu steigern. Hervorzuheben ist auch seine konstruktive Mitarbeit im Arbeitskreis der Hochschul-Bibliotheken beim Ministerium für Hoch- und Fachschulwesen in der DDR, zu dessen Initiatoren er gehörte und dessen Ehrenmitglied er war. In Würdigung seiner hervorragenden Leistungen im Bibliothekswesen wurde ihm 1974 der Titel eines Bibliotheksrates verliehen.

L: UnivA Magdeburg: PA. – **B:** *UnivA Magdeburg.

Carmen Schäfer

Heise, Annemarie
geb. 31.05.1886 Groß Salze, gest. 24.03.1937 Schönebeck, Malerin, Graphikerin.

Als Tochter eines sehr wohlhabenden Landwirts wurde H. nach der Absolvierung der Höheren Töchterschule in Schönebeck noch ein Jahr bei den Herrnhutern in Gnadau erzogen. In Magdeburg erhielt sie wöchentlich zwei Malstunden, die sie nicht befriedigten. Die Eltern versuchten zunächst, den Weg zu einer künstlerischen Laufbahn zu verstellen. Mit ihrer jüngeren Schwester → Katharina H. setzte sie sich aber schließlich durch und durfte nach Dresden an die private Kunstschule von Prof. Ferdinand Dorsch, Leiter dieses vielbesuchten Malateliers, gehen (an der Akad. waren Frauen noch nicht zugelassen). In Dresden traf sie auf die Brücke-Maler und andere avantgardistisch gesonnene Künstler und beendete die Kunstschule 1913. In ihrem Atelier trafen sich häufig junge Künstler, auch der junge Conrad Felixmüller durfte hier zeitweise arbeiten. Neben Felixmüllers Ölbild „A. H., Malerin" von 1912/13 (Staatl. Galerie Moritzburg, Halle) entstanden weitere Arbeiten des bekannten Malers, die Bezug auf H.s Atelier nehmen. Mit ihrer Schwester reiste sie 1913 nach Paris, wo sie u. a. bei Felix Valloton und Maurice Denis in den damals üblichen Kunstakad. Unterricht nahm. H. machte auffallend gute Fortschritte, so daß ihr ihre Lehrer zu einer Ausstellung in Paris rieten. Der Beginn des I. WK zerstörte aber alle Pläne. H. folgte 1914 ihrer Schwester nach Berlin und teilte mit ihr das Atelier im Sigmundshof 11, das zuvor Käthe Kollwitz gemietet hatte. Nach anfänglichen Schwierigkeiten mit dem künstlerischen Klima Berlins setzte eine produktive Schaffensphase ein. H.s Atelier wurde wieder Treffpunkt vieler moderner Künstler. Bei Käthe Kollwitz war sie häufiger Gast. 1916 nahm H. mit 28 Arbeiten an der von → Kurt Pinthus initiierten ersten Magdeburger Expressionisten-Ausstellung teil. Ständig längere Aufenthalte auf dem elterlichen Hof, Reisen auf die Insel Sylt und nach Dalmatien unterstützten die schöpferische Atmosphäre. 1933 war H. nicht bereit, Kompromisse mit den ns. Machthabern einzugehen, so daß Ausstellungen und Aufträge ausblieben. Nach ihrer Rückkehr nach Schönebeck erkrankte H. 1936 an Krebs, der Tod erlöste sie 1937 von einem langen Krankenlager. Die Künstlerin hinterließ ein umfangreiches, aber nicht abgeschlossenes Werk, aus dessen Malerei und Graphik die expressionistisch beeinflußten Arbeiten herausragen.

W: Landschaftsdarstellungen, Porträts (Staatl. Galerie Moritzburg Halle; Angermus. Erfurt; Heimatmus. Schönebeck; mehrere Privatslgg.) – N: Staatl. Galerie Moritzburg, Halle; Angermus. Erfurt. – L: Vollmer 2, *409*; A. H., Gedächtnisausstellung, Kat. Galerie Henning Halle, 1948; Katharina H./A. H., Faltbl., Kabinettausstellung des VBK Dtls im KHMus. Magdeburg, 1961; Conrad Felixmüller, Kat. Schleswig-Holsteinisches Landesmus., Schloß Gottorf u. a., 1990. – B: *Archiv und Slg. Vf., Erfurt-Molsdorf (priv.).

Jörg-Heiko Bruns

Heise, Dieter, Dr. rer. nat.
geb. 11.05.1918 Magdeburg, gest. 12.09.1999 Brieske, Apotheker, Oberpharmazierat.

H., Sohn eines Lehrers, trat 1937 nach Ablegung der Reifeprüfung am Magdeburger Domgymn. als Praktikant in die Rats-Apotheke von Dr. → Eduard Blell ein, bestand 1939 das Vorexamen und studierte dann an der TH Braunschweig Pharmazie. Nach Kriegsdienst und Gefangenschaft sowie praktischer Tätigkeit in verschiedenen Apotheken konnte er sein Studium erst 1948 an der Freien Univ. Berlin fortsetzen und 1949 erfolgreich beenden. Nach zweijähriger Tätigkeit als Apotheker in Haldensleben und Magdeburg war H. in den Jahren 1952/53 als Produktionsleiter zunächst bei der *Fa. Dr. Blell & Co.*, dann 1953–59 beim *VEB Fahlberg-List Magdeburg* als Leiter der Pharma-Konfektionierung und des Ampullierungsbetriebes, des wiss. Ärztedienstes und ab 1958 der Pharmazeutischen Forschungsabt. tätig. 1957 prom. er bei Harald Bräuniger (Rostock) mit der Diss. „Untersuchungen zur Biosynthese des Ephedrins". 1960–83 leitete er die 1958 neu erstandene Rats-Apotheke, die größte Apotheke Magdeburgs. H. war als Industrie- und als Offizinapotheker erfolgreich. Er besaß mehrere Patente, z. B. über Appetitzügler und Röntgenkontrastmittel. Als Vertreter der Offizinapotheker war er 1965–85 Mitglied des Zentralen Gutachterausschusses für den Arzneimittelverkehr und 1967–81 Vors. der Gruppe Magdeburg der *Pharmazeutischen Ges. der DDR*. Für seine Verdienste erhielt H. zahlreiche Auszeichnungen, so die Hufeland-Medaille in Gold 1964, den Titel Oberpharmazierat und 1976 die Döbereiner-Medaille, die höchste Auszeichnung der *Pharmazeutischen Ges. der DDR*.

L: Vf., OPhR Dr. D. H. 60 Jahre, in: Pharmazie 33, H. 7, 1978, *472f.*

Volker Jahn

Heise, Gottlieb Heinrich *Ferdinand*
geb. 1788 Halle, gest. 05.07.1843 Halle, Ing.-Hauptmann.

Der Sohn des Amtmanns Gotthilf H. schlug die Offizierslaufbahn ein und war als Ing.-Hauptmann im Fortifikations- und Garnisonsbau tätig. Letzterer Aufgabenbereich trug ihm die Dienststellung eines Garnisonsbaudir. ein. Nacheinander war H. in Torgau (1820–28), Erfurt (1829–31), Magdeburg (1832–36) und wieder Torgau (1837–42) stationiert. Als sich Preußen angesichts zunehmender franz. Bedrohung 1832, dem Vorbild anderer europäischer Staaten wie Frankreich, Großbritannien, Dänemark, Schweden u. a. folgend, zum Bau einer optischen Telegrafenlinie entschloß, wurde H. vom preuß. Kriegsministerium mit dem Bau der Stationen 8 bis 23 beauftragt. Ihm zur Seite gestellt wurde der Premierleutnant Lindner. Beide waren zu dieser Zeit im IV. Armeekorps in Magdeburg stationiert; H. gehörte der 2. Ing.-Inspektion und Lindner der 3. Pionierabt. an. Der Bau dieser optischen Telegrafenlinie, die über 61 Stationen die Hauptstadt Berlin mit Koblenz verband, vollzog sich unter der obersten Bauleitung von Franz August O'Etzel in zwei Abschnitten. Innerhalb der noch 1832 fertiggestellten ersten Teilstrecke war H. für die Errichtung der Stationen 8 bis 14 verantwortlich. Von Möser über Zitz, Dretzel, Ziegelsdorf, Schermen, Biederitz bis Magdeburg verliefen diese durch das heutige Gebiet Sa.-Anh. Bereits im folgenden Jahr begann der Ausbau der zweiten Teilstrecke, deren Bauleitung weiterhin H. innehatte. Bis zur Station 21 verlief die Strecke über Hohendodeleben, Ampfurth, Oschersleben, Neuwegersleben, Pabstorf, Veltheim und Hornburg weiter auf preuß. Gebiet, während die Stationen 22 und 23 bereits im Hannoverschen lagen. Ob

H. auch für den Bau der insgesamt sechs Stationen auf braunschweigisch-lüneburger Territorium zuständig war, ist nicht gesichert. 1833 wurde der Bau der Telegrafenlinie beendet, ihre Indienststellung erfolgte 1834. Mit ihr konnten bis zu sechs Telegramme pro Tag übertragen werden. Nach nur neunzehnjährigem Betrieb wurde die Telegrafenlinie 1852 eingestellt, sie war der fortschrittlicheren elektromagnetischen Telegrafie nicht mehr gewachsen. H., der an einer sich verschlimmernden Herzbeutelentzündung litt, wurde 1843 aus dem Militärdienst entlassen. Im Range eines Majors a.D. kehrte er in seine Heimatstadt Halle zurück und verstarb dort noch im gleichen Jahr.

L: Friedrich Wilhelm Lehmann, Kurzgefaßte Beschreibung der Stadt Magdeburg, ³1839, *147–152*; Dieter Herbarth, Die Entwicklung der optischen Telegrafie in Preußen, 1978; Klaus Beyrer/Birgit-Susann Mathis (Hg.), So weit das Auge reicht. Die Gesch. der optischen Telegrafie, 1995; Geh. StA Berlin-Dahlem; Sächsisches StA Leipzig, Abt. Zentralstelle Genealogie.

Dietmar Buchholz

Heise, Katharina (Ps.: Karl Luis Heinrich-Salze)
geb. 03.05.1891 Groß Salze, gest. 05.10.1964 Halle, Bildhauerin, Graphikerin.

Als Tochter eines sehr wohlhabenden Landwirts erhielt H. nach dem Schulbesuch Unterricht in Buchführung, Stenographie und Schreibmaschine, ehe sie die Kunstgewerbeschule in Magdeburg besuchte (Lehrer: u. a. → Richard Winckel, Benno Marienfeld). Nach einer gemeinsamen Studienreise 1913/14 mit ihrer Schwester → Annemarie H. nach Paris war sie von 1914 bis 1942 in Berlin ansässig. Dort erfolgte 1916 die erste Veröffentlichung von Holzschnitten in der links-progressiven Zs. *Die Aktion*. Ein Jahr später wechselte sie auf Anraten von Käthe Kollwitz zur Bildhauerei und erfuhr Unterstützung durch Hugo Lederer. 1918 erschien zum 100. Geb. von Karl Marx ihr Holzschnitt-Porträt auf der Titelseite der *Aktion* und das Sonderheft „Karl Luis Heinrich-Salze" (H.s Ps., das sie bis Anfang der 1930er Jahre in unterschiedlichen Varianten und Schreibweisen benutzte, um sich in der maskulin beherrschten Kunstwelt besser durchsetzen zu können), das die Sonderausstellung der Galerie „Die Aktion" begleitete. H. war Schriftführerin und zeitweise zweite Vors. im *Frauenkunstverein Berlin*, dessen Ehrenvors. Käthe Kollwitz war. Sie nahm an Ausstellungen der *Novembergruppe* (u. a. 1921), der Akad. der Künste Berlin (1925), an der Großen Pariser Kunstausstellung (1926), im Folkwang-Mus. (1929), in der Galerie Billiet Paris (1931) und der int. Ausstellung „Frauen in Not" (1931) teil. Ihr Werk fand in der Öffentlichkeit starke Resonanz und wurde in der Presse z. T. heftig diskutiert (z. B. die Plastik „Das Urweib"). Wichtige Aufträge für Plastiken und Textil erhielt sie von den Gewerkschaften für deren Gebäude in Magdeburg, Düsseldorf und Berlin. In dieser Zeit arbeitete H. auch an Ernst Niekischs Zs. *Widerstand* mit. Mit der Machtübernahme der Nationalsozialisten wurde H. als „entartet" verfemt und zog sich aus dem öffentlichen Leben zurück. 1942 in Berlin ausgebombt, kehrte sie schließlich in ihr Elternhaus nach Schönebeck zurück, wo sie ihr Werk bis ans Lebensende fortsetzte, ohne jedoch den Erfolg der 1920er Jahre wieder erleben zu dürfen. Nach 1945 waren ihr, die im Heimatort als „Kulakentochter" beschimpft wurde, nur wenige Ausstellungen, u. a. in Leipzig, Dresden, Halle, Schönebeck und Magdeburg, vergönnt. 1945 und 1947 entstanden Entwürfe zu OdF-Ehrenmalen, und 1953 nahm sie am int. Wettbewerb für ein „Denkmal des unbekannten politischen Gefangenen" in London mit einem künstlerisch mutigen Entwurf teil. Neben Arbeiten für Kirchen in Nachterstedt und Magdeburg entstand 1959 auch ihr Porträt „Anne Frank". Ihr privater Freundeskreis richtete ihr 1959 in Schönebeck eine Personalausstellung ein, und in Magdeburg stellte der Künstlerverband 1961 das Werk der beiden Schwestern H. vor. Sie starb 1964 in einem Hallenser Krankenhaus.

W: Plastiken (bemalte Sandsteinreliefs): „Kindermord"; „Tanz", um 1919 (Kunstmus. Kloster U. L. F. Magdeburg); expressionistische Holzschnitte wie „Karl Marx", bewegte Figurationen in der Landschaft (KHMus. Magdeburg) – Schriften: Autobiogr., Typoskript vermutlich 1950er Jahre. – **N:** Staatl. Galerie Moritzburg Halle; Angermus. Erfurt; KrMus. Schönebeck; KHMus. Magdeburg; Slg. Vf., Erfurt-Molsdorf (priv.). – **L:** Expressionisten-Ausstellung Magdeburg, Kat. (Text: → Kurt Pinthus), 1916; La Revue Moderne illustrée des Art et de la Vie, Paris 1929; Chicago Daily Tribune, 29.04.1931; Vossische Ztg., Morgenausgabe, vom 30.04.1931; → Adolf Behne, in: Welt am Abend, Nr. 243, 1931; Faltbl. der Int. Sculpture Competition zur Ausstellung der Modelle des „Denkmals des unbekannten politischen Gefangenen", Berlin/West, 1953; Faltbl. K. und Annemarie H., VBK Dtls Magdeburg, 1961; → Hans Oldenburger, Leben und Werk K. H., Dipl.-Arbeit PH Erfurt, masch. 1962; ders., in: Volksstimme Magdeburg vom 27.01.1965; Vf., K. H. – Hinweis auf eine vergessene Künstlerin, in: Bildende Kunst, H. 7, 1983, *333–335*; ders., K. H., Kat. Galerie erph Erfurt 1985; Thomas Rietzschel (Hg.), Die Aktion 1911–18. Eine Auswahl, 1986; Stephanie Barron (Hg.), Expressionismus – Die zweite Generation. 1915–25, 1989; Gerhart Söhn, Hdb. der Original-Graphik in dt. Zss., Mappenwerken, Kunstbüchern und Katalogen, 1890–1933, 1992 (*W* Holzschnitte); Profession ohne Tradition. Verein Berliner Künstlerinnen,

Kat. Berlinische Galerie 1992; Karin Adelsbach/Andrea Firmenich (Hg.), Tanz in der Moderne, Kat. Emden 1996; Anja Cherdron, „Prometheus war nicht ihr Ahne". Berliner Bildhauerinnen der Weimarer Republik, 2000. – **B**: KHMus. Magdeburg; *Archiv und Slg. Vf., Erfurt-Molsdorf (priv.).

Jörg-Heiko Bruns

Heißmeyer, Kurt, Dr. med.
geb. 26.12.1905 Lamspringe/Kr. Hildesheim, gest. 29.08.1967 Bautzen, Arzt.

H., Sohn des Landarztes Ludwig H. aus Sandersleben/Anhalt, studierte in Marburg, Leipzig und Freiburg/Breisgau Med. Nach seiner Prom. 1932 und der Approbation 1933 war er als Assistenzarzt in Freiburg und Davos/Schweiz tätig. 1934 begann seine Ausbildung zum Lungenfacharzt und Internisten im SS-Sanatorium Hohenlychen/Kr. Templin. Von 1938 bis 1945 war H. Oberarzt und leitender Arzt der Lungenabt. des Sanatoriums. Während dieser Zeit war er nur wenig wiss. tätig. Um dennoch die Voraussetzung für seine Habil. zu schaffen, wollte er beweisen, daß „rassisch minderwertige Patienten Krankheiten, wie der Tuberkulose, gegenüber weniger widerstandsfähig sind" (s. Prokop/Stelzer). Dazu unternahm er Versuche an Erwachsenen und Kindern im KZ Neuengamme. Zahlreiche Versuchspersonen wurden beim Herannahen der Briten im April 1945 umgebracht. Nach seiner Flucht aus Hohenlychen und dessen Besetzung durch die Rote Armee Ende April 1945 arbeitete H. in der Praxis seines Vaters in Sandersleben, bevor er im Mai 1946 eine Facharztzulassung in Magdeburg erhielt. Hier wirkte er bis zu seiner Verhaftung im Dezember 1963 als erfolgreicher und anerkannter Lungenfacharzt (mit Privatpraxis und Privatklinik). 1966 wurde H. wegen Verbrechens gegen die Menschlichkeit zu lebenslangem Zuchthaus verurteilt und verstarb wenig später im Haftkrankenhaus Bautzen. H. hatte vier Kinder.

L: Otto Prokop/Ehrenfried Stelzer, Die Menschenexperimente des Dr. med. H. (med. und kriminalistische Erhebungen), in: Kriminalistik und forensische Wiss., H. 3, 1970, *67–104*; Vf., In Magdeburg hoch angesehen. Im KZ Kinder bestialisch gequält, in: Volksstimme Magdeburg vom 11.09.1999, *3* (**B**); Ermittlungs- und Gerichtsakten zum Fall H., registriert im Zentralarchiv des Bundesbeauftragten für die Unterlagen des Staatssicherheitsministeriums der ehemaligen DDR (Gauck-Behörde). – **B**: ebd.

Wolfgang Schulz

Heitmann, Adolf (Ps.: Ernst Volksmann)
geb. 12.09.1858 Diesdorf/Altmark, gest. 16.12.1946 Schleibnitz bei Wanzleben, Lehrer, Schriftsteller.

H. war der Sohn eines altmärkischen Landwirts, besuchte die Volksschule in Diesdorf und absolvierte 1876–78 ein Lehrerseminar. Eine erste Schulstelle fand H. 1878 in Pöhlde und wurde danach Lehrer in Salbke bei Magdeburg. 1895 trat H. eine Lehrstelle in Altenweddingen an, wo er bis 1914 tätig war, um dann nach Schleibnitz versetzt zu werden, wo er bis an sein Lebensende blieb. 1923 trat er in den Ruhestand. H. veröffentlichte 1895 unter dem Ps. Ernst Volksmann die „Vermächtnisse eines armen Mädchens. Bekenntnisse einer Bergmannstochter". In einer zweiten Auflage, in der H. seine Identität preisgab, erschien das Werk 1910 als „Volksausgabe". Es ist als Slg. von 252 Briefen angelegt, die eine begabte und gebildete Bergmannstochter in den Jahren 1883–91 ihrem Freund und Verlobten (dem Hg.) geschrieben hat. Das Buch erregte bei seinem ersten Erscheinen erhebliches Aufsehen und wurde durchweg anerkennend beurteilt. Es galt als eines der interessantesten Bücher zur Dienstboten- und Frauenfrage, zu den sozialen Verhältnissen der Zeit (1880er Jahre), zur Volkskunde und war besonders in sozialethischer Beziehung von hohem Wert. Bezeichnend für die tief- und weitreichende Anteilnahme der Leser war die Reaktion der Öffentlichkeit, als die Reg. in Magdeburg den Lehrer H. 1912 von Altenweddingen nach Roklum im Kr. Halberstadt versetzen wollte. Durch „Massenpetitionen" wurde diese Absicht verhindert. Weitere lit. Werke H.s sind nicht mehr bekanntgeworden.

L: Theobald Ziegler, Rezension der ersten Auflage, in: Die Frau, Berlin 1895/96; Heinz Voss/Bruno Volger, Lit. Silhouetten, 1909. – **B**: A. H., Vermächtnis eines armen Mädchens, ²1910.

Heinz Nowak

Held, Otto, Dr. phil.
geb. 25.11.1885 Ohrsleben, gest. 19.02.1967 Schönebeck, Gymnasiallehrer, Sprachforscher.

Der Bauernsohn besuchte das Gymn. in Neuhaldensleben und studierte danach Germanistik, Mittel-Latein und Gesch. in Leipzig, München und Göttingen, wo er 1912 prom. Nach einer Lehrtätigkeit auf Probe folgte 1918 die feste Übernahme in den Schuldienst als Oberlehrer an der Guericke-Oberrealschule in Magdeburg. 1933 wurde H. wegen angeblicher politischer Äußerungen gegen den Ns. denunziert, daraufhin vom Dienst beurlaubt und später an eine Oberschule für Mädchen nach Schönebeck versetzt. 1955 pensioniert, war er engagiert, anregend und schützend als Vertrauensmann für Denkmalpflege und Kreisnaturschutzbeauftragter im Kr. Schönebeck tätig. H. beschäftigte sich von Jugend an mit der niederdt. Sprache, war seit 1926 Mitglied des *Vereins für niederdt. Sprachforschung* und förderte selbstlos die Mundartdichter → Wilhelm Rauch, → Waldemar Uhde, → Hedwig Gorges, → Heinrich Lindau u. a. Die niederdt. Dichtung „Der Altmärker" von → Friedrich

Schwerin gab H. in sprachlicher Überarbeitung heraus und betreute 1930 die neue Auflage von Uhdes „Himmelssnettelken". In einer unveröffentlichten Slg. niederdt. Schnurren bewies er selbst hohe Fähigkeiten dichterischer Gestaltung. 1965 übergab er seinen „Plattdt. Sprachschatz", eine Slg. in der Mundart seines Geburtsortes Ohrsleben (20.000 Zettel), dem Inst. für dt. Sprache und Lit. an der Akad. der Wiss. in Berlin. H. veröffentlichte zahlreiche Aufsätze in Heimatbeilagen und Kalendern und äußerte sich kompetent über niederdt. Mundart, über Literaturgesch., Gesch. und Volkskunde und über Naturerscheinungen der Magdeburger Börde, bearbeitete die Fragebögen zum „Atlas für dt. Volkskunde", für das „Mittelelbische Wörterbuch" in Halle, das „Ostfälische Wörterbuch" in Braunschweig u. a. H. gehörte zu den selten gewordenen Menschen, die aus einem überreichen Fundus heimatkundlichen Wissens im weiteren Sinne als Lehrer und Mentor stets und uneigennützig mitteilten. So war H. bis ins hohe Alter in Ges. und Vereinigungen aktiv und gilt als eine der markantesten Persönlichkeiten in der Heimatkunde der Magdeburger Börde.

W: Die Hanse in Frankreich in der Mitte des 15. Jhs bis zum Regierungsantritt Karls VIII., Diss. Göttingen 1912; (Hg.) Handels- und Verkehrsgesch. der dt. Kaiserzeit (aus dem Nachlaß von W. Stein), 1922; → Philipp von Nathusius und Wilhelm von Kügelgen, in: MonBl 68, 1926, *257f.*; Christoph Friedrich Schwerin, in: Mitteldt Leb 4, 1929, *377–382*; Biber und Trappen im Kr. Calbe, in: Der Kr. Calbe, o. J., *86–89*; Das Lichtmeßfest in Glinde an der Elbe, in: Dt. Jb. für Volkskunde 8, 1962, *178f.* – **N:** Bördemus. Ummendorf; KrMus. Schönebeck. – **L:** → Max Pahncke, Vom Altmärker, in: Aus der Heimat. Beilage Wochenbl. Neuhaldensleben, Nr. 3, 1922; → Albert Hansen, O. H. 75 Jahre, in: Korrespondenzbl. für niederdt. Sprachforschung 67, 1960; Fritz Heiber, Dr. O. H. 75 Jahre alt, in: Altmark-Bote 6, 1961, *83f.*; Vf., Dr. O. H., eine Bibliogr., Ms. o. J. – **B:** *Bördemus. Ummendorf.

Saskia Luther/Heinz Nowak

Held, Paul, Dr. rer. nat.
geb. 11.07.1933 Oebisfelde, gest. 05.04.1979 Magdeburg, Chemiker, Forschungsdir.

H. besuchte die Erweiterte Oberschule in Beetzendorf/Altmark und legte dort 1951 die Reifeprüfung ab. Nach einem Praktikantenjahr von 1951 bis 1952 im *VEB Fahlberg-List* in Magdeburg studierte er von 1952 bis 1958 Chemie an der Martin-Luther-Univ. Halle (MLU) und schloß seine Ausbildung 1961 im Rahmen einer Industrie-Aspirantur mit der Prom. zum Dr. rer. nat. mit einer Arbeit über organische Schwefelverbindungen bei Runge an der MLU erfolgreich ab. Bis zu seiner Berufung als Forschungdir. im *VEB Fahlberg-List* 1971 arbeitete H. als Forschungschemiker bereits sehr erfolgreich auf dem Gebiete der Pflanzenschutz- und Schädlingsbekämpfungsmittel-Chemie (PSM-Chemie), insbesondere über insektizid wirksame Chlorterpen-Verbindungen, unter denen das bienen-ungefährliche Polychlorcamphen (Melipax) eine hohe wirtsch. Bedeutung im Inland und im Export erlangte. Als Forschungsdir. galt sein Interesse vorrangig komplexen Aufgabenstellungen, die auf der wiss. Kooperation mit Univ. und Akad. fußten und besondere Struktur-Wirkungs-Beziehungen (Biotest-Verfahren zur Selektion bioaktiver Substanzen) in die industrielle Forschung einbezogen. Die Entwicklung von Agro-Chemikalien für unterschiedliche Einsatzgebiete (Schadinsekten- und Unkrautbekämpfung, Kontrolle parasitärer Pilze im Pflanzenbau und Besonderheiten der Tierernährung) entsprach den Bedürfnissen der großflächigen, kollektivierten Landwirtschaft der DDR und war auf einheimische Rohstoffressourcen (Harnstoff-Derivate) fokussiert. Aus dieser Tätigkeit gingen mehr als 70 Patente hervor, wobei sich als weiterer forschungsstrategischer Schwerpunkt die Einführung moderner instrumenteller Analytik ableitete, was bereits zu jener Zeit besondere Bedeutung zur Lösung öko-toxikologischer Fragen (Umweltbelastung durch Agrochemikalien) erlangte. Auf int. Gebiet erreichte auch der Betrieb eines Forschungs-Institutes für tropische Landwirtschaft in Kuba unter H.s Direktorat einen beachtlichen Aufschwung. In Zusammenarbeit mit der MLU Halle sicherte er die Qualifizierung seiner Laboranten im Forschungsbereich zu chemisch-technischen Assistenten großzügig und nachhaltig ab.

B: *Fam. H., Magdeburg (priv.).

Karl-Heinz Busch

Helle, Ernst Christoph (Christian)
geb. 09.08.1759 Neuhaldensleben, gest. 01.10.1826 Magdeburg, Kaufmann, Fabrikant.

Der Sohn des Brauers und Zollbereiters Johann Gottlieb H. absolvierte ab 1772 in seinem Heimatort eine kaufmännische Lehre. Nach deren Beendigung trat er in Magdeburg als Kommis in die Materialwarenhandlung *Meitzendorf* ein. 1783 übernahm er das Geschäft seines Prinzipals, heiratete kurz darauf dessen Tochter Johanna Katharina und führte das Geschäft erfolgreich weiter. Nach der Zerstörung seiner Fa. durch einen Brand 1788 wurde er Partner des Kaufmanns Stephan Reinhardt, mit dem er eine der ersten Zichorienfabriken in Magdeburg gründete. Die durch Napoleon am 25.03.1811 und am 15.01.1812 erlassenen Dekrete zur Schaffung einer Rübenzuckerindustrie veranlaßten auch H., der als umsichtiger Kaufmann seit Mitte der 1790er Jahre auch im Bankgeschäft tätig war und außerdem Experimente zur Rübenzuckerherstellung durchgeführt hatte, von 1811 bis 1815 eine entsprechende Fabrik unter dem Namen *Reinhardt & H.* zu betreiben. Bei der Gründung der *Magdeburger Korporation der Kaufmannschaft* 1825 wurde der frühere Innungsmeister der *Seidenkramer-Innung* als einer der Stellvertreter des Ältestenkollegiums gewählt. Neben seinen wirtsch. Unternehmungen erwarb sich H. besondere Verdienste im sozialen und kommunalpolitischem Bereich. Dabei engagierte er sich über 35 Jahre besonders für die armen und hilfebedürftigen Einwohner Magdeburgs in zahlreichen städtischen Wohltätigkeitsanstalten. Als Distriktsarmenvorsteher war er seit 1792 Mitglied der *Armenholzversorgungsges.* und Mitvorsteher des Hospitals St. Gertraud sowie seit 1793 ökonomischer Dir. des Stadtarmenhauses. Außerdem wurde er u. a. 1804 Mitvorsteher des Siechenhauses (später Stift St. Georgii), 1815 Mitglied des Kreisausschusses für die Verwaltung des Invalidenfonds, 1817 wirkliches Mitglied des *Almosenkollegiums* und 1824 Mitvorsteher des *Bürger-Rettungs-Instituts*. H., der Senior des Kirchenkollegiums St. Johannis, Freimaurer der Loge „Ferdinand zur Glückseligkeit" (1804) und Gemeinderatsmitglied (1809) war, wurde 1810 Chef und Oberst der Bürgergarde. Das hohe Ansehen, das H. in der Magdeburger Bevölkerung genoß, dokumentiert sich im überaus zahlreichen Erscheinen der höchsten Zivil- und Militärbehörden, der Magistratsmitglieder, der Repräsentanten vieler Institutionen und Vereine sowie der Bevölkerung zu seiner Beisetzung am 05.10.1826.

L: Neuer Nekr 4, 1828, *1005–1009*; StadtA Magdeburg: Rep. A II M2b. – **B:** StadtA Magdeburg; *LHASA.

Horst-Günther Heinicke

Hellge, *Wilhelm*
geb. 30.12.1878 Schönebeck, gest. 31.10.1947 Schönebeck, Zimmermann, Kommunalpolitiker.

Der Sohn eines Arbeiters erlernte den Beruf eines Zimmermanns. Mit 18 Jahren wurde er Gewerkschaftsmitglied des *Zimmerer-Verbandes* in Schönebeck und schon bald dessen Vors. 1896 trat er der SPD bei. Während der Novemberrevolution 1918 war er Mitglied des Arbeiter- und Soldatenrates in Schönebeck. Von 1919 bis 1933 übte er dort das Amt des Stadtverordnetenvorstehers aus. Gleichzeitig unterstand ihm die Kontrolle des gesamten Bauwesens im damaligen Kr. Calbe. Hier unterstützte er verdienstvoll insbesondere die Spar- und Bauvereine und den sog. „Heimstätten-Bau". Durch die Nationalsozialisten wurde er 1933 aller Ämter enthoben, verfolgt, mißhandelt und zeitweise verhaftet. Ab 1945 war er als örtlicher Vors. der SPD politisch wieder aktiv. Nach der Vereinigung von KPD und SPD am 21.03.1946 war er einer der beiden paritätischen Vors. der SED in Schönebeck.

L: Aus dem Leben von Kämpfern der Arbeiterbewegung des Kr. Schönebeck, 1970, *10*. – **B:** ebd.

Hans-Joachim Geffert

Helmbrecht, *Hans* Sylvester
geb. 03.10.1922 Jernau/Schlesien, gest. 14.04.1998 Schönebeck, Bildhauer.

Der Sohn des Destillateurs Emil H. besuchte die Volksschule und wurde nach anschließendem Arbeitsdienst 1939 Soldat. Im II. WK 1944 verwundet, war H. nach Kriegsende zunächst Landarbeiter und nach weiterer Ausbildung zum Finanzwirtschaftler Angestellter beim Rat des Kreises Schönebeck sowie beim Rat des Bez. Magdeburg. 1959 wegen „Opportunismus" aus dem Dienst entlassen, war er zunächst in der Produktion im VEB Schwermaschinenbau „Karl Liebknecht" tätig, wo er dann zum Leiter der Werbeabteilung avancierte. Durch enge Kontakte zu Künstlerkreisen (→ Katharina Heise, → Hans Oldenburger) fand er den Weg zur künstlerischen Plastik und war als Autodidakt in zahlreichen nationalen und int. Ausstellungen erfolgreich. Figur und Kleinrelief, in Metall gegossen, war sein bevorzugtes Genre, im Spätwerk wurde Holz das dominierende Material. H., der seine oppositionelle Haltung nicht änderte, stand fortwährend im Visier der Staatssicherheit der DDR und entging nur knapp einer Verhaftung. Trotzdem erreichte er für sein künstlerisches Schaffen breite Anerkennung, die sich u. a. in Auszeichnungen wie dem Preis für künstlerisches Volksschaffen 1. Kl., dem Kunstpreis des *FDGB* (1962) und dem Kunstpreis der Stadt Schönebeck (1978) niederschlug.

W: Sitzende Kämmende, 1960; Kniende Trauernde, 1966; Wartendes Mädchen, 1972; Tilly – Otto von Guericke (Schachfiguren in Bronze), 1973; Begegnung zu Pferd, 1976. – **N:** KrMus. Schönebeck: Zeichnungen, Plaketten, Reliefs und Kleinplastiken, 1957–1998.

Wilfried Kiel

Helmsdorf, Johann *Friedrich*
geb. 01.09.1783 Magdeburg, gest. 28.01.1852 Karlsruhe, Landschaftsmaler, Radierer.

H. erhielt seinen ersten Kunstunterricht in Magdeburg. Ab 1809 hielt er sich in Straßburg auf, zwischen 1817 und 1820 in Italien. Er war mit Carl Philipp Fohr befreundet. Seine Tätigkeit läßt sich in Straßburg, Karlsruhe und Mannheim nachweisen. Ab 1831 avancierte er zum badischen Hofmaler. Seine Motive fand er im Schwarzwald, den Vogesen, der Campagna und in Rom.

W: Kunsthalle Mannheim; Kunstmus. Straßburg; Kunsthalle Karlsruhe; Städtische Slg. Heidelberg; Kupferstichkabinett Dresden. – L: Thieme/Becker 16, *354*; Georg Kaspar Nagler, Neues allg. Künstlerlex., Bd. 6, 1838, *78f.*; Hans Geller, 150 Jahre dt. Landschaftsmalerei, 1951; Arthur von Schneider, Badische Malerei des 19. Jhs, ²1968; Kunst um 1800, Kat. Magdeburg 1989.

Renate Hagedorn

Hengstmann, *Erich* Gustav August
geb. 05.08.1919 Magdeburg, gest. 12.02.1998 Magdeburg, Elektriker, Ensembleleiter, Kulturarbeiter, Kabarettautor, Regisseur.

H., zweitältestes Kind eines Bäckermeisters und einer Weißnäherin, erlernte den Beruf des Betriebselektrikers. 1939 wurde er zur Wehrmacht einberufen, heiratete 1942 und absolvierte nach der Rückkehr aus dem Krieg mehrere Qualifizierungs- und Bildungsmaßnahmen. 1954 wurde er Mitarbeiter im Rat des Bez. Magdeburg, Abt. Kultur. Hier war er für das volkskünstlerische Schaffen im Bez. Magdeburg verantwortlich. In dieser Zeit leitete er selbst mehrere Laienspielgruppen, schrieb die Textbücher und führte Regie. H. war einer der Begründer der Laienkabarettbewegung in der DDR. 1959 gründete er das Laienkabarett *Die Kritikusse* – auch hier war er Texter und Regisseur – und 1961 das erste Kinderkabarett der DDR *Die Kritiküsschen*. Es entstanden mehrere Programme und zahlreiche Fernsehauftritte im Kinderfernsehen des *DFF* (*Dt. Fernsehfunk*). Während dieser Zeit arbeitete H. in verschieden Funktionen im Kulturhaus „Ernst Thälmann" (AMO) in Magdeburg. Das AMO gab zahlreichen Laienkünstlern und Volkskunstgruppen mit vielfältigen Probe-, Auftritts- und Ausstellungsmöglichkeiten eine künstlerische Heimstatt. Mit dem AMO als einem Haus der Volkskunst begründete H. eine Tradition, die bis heute ungebrochen gepflegt werden konnte. 1967 wechselte er an die Magdeburger PH „Erich Weinert" und rief hier das Studentenkabarett *Der Zeigestock* ins Leben. 1973 wurde H. zum stellvertretenden Dir. des Stadtkabinetts für Kulturarbeit in Magdeburg berufen. Auch nach seinem Eintritt in den Ruhestand 1984 widmete er sich wieder dem Kinderkabarett und gründete u. a. *Die Nordlichter*. Mit seinem mehr als 40 Jahre währenden Engagement für die regionale Kabarettlandschaft avancierte H. zum Nestor dieses Genres weit über die Grenzen Magdeburgs hinaus.

W: mehrere Stücke für Laienspielgruppen, u. a. „Das Gerücht"; Libretto für die Sportoperette „Georg stand abseits!"; mehrere Weihnachtsmärchen, u. a. „Das gestohlene Sandmännchen"; zahlreiche Kabarettprogramme, u. a. „Wir sieben das fröhliche Leben!" – B: *Vf., Egeln (priv.).

Frank Hengstmann

Henkel, *Fritz* Karl
geb. 20.03.1848 Vöhl/Hessen, gest. 01.03.1930 Rengsdorf, Industrieller, Kommerzienrat.

Nach Beendigung der Schule begann der Sohn eines Lehrers 1865 eine kaufmännische Lehre in der *Farben- und Lackfabrik Gessert* in Elberfeld und verließ diese als Dir., um 1874 Teilhaber der Aachener *Farbengroßhandlung Strebel*, dann *H. & Strebel*, zu werden. 1876 gründete H. in Aachen die Fa. *H. & Cie.* 1878 verlegte er den Firmensitz nach Düsseldorf und erweiterte das Unternehmen ständig. 1907 wurde das bekannteste Produkt entwickelt – „Persil". Auf Grund seiner Verdienste wurde H. 1926 die Ehrenbürgerschaft der Stadt Düsseldorf verliehen. Am 04.08.1921 erfolgte die Grundsteinlegung für das Werk in Genthin, das 1923 mit ca. 400 Beschäftigten die Produktion aufnahm. Das *Waschmittelwerk Genthin* war nach der Zuckerfabrik der zweite Großbetrieb in der überwiegend durch Landwirtschaft geprägten Region. Es wurde zum größten Arbeitgeber der Stadt und Umgebung und produzierte nach Rezepturen aus dem Düsseldorfer Werk u. a. Persil, Bleichsoda, Sil, Ata, später den Industriereiniger P3 für Landwirtschaft und Industrie. Das Genthiner Werk belieferte überwiegend die Berliner und die mitteldt. Region sowie die ostdt. Provinzen. In DDR-Zeiten wurde das Werk zum *VEB Waschmittelwerk Genthin*, dem größten Waschmittelhersteller der DDR, das u. a. das bekannte Waschmittel „Spee" entwickelte und produzierte.

L: NDB 8, *527f.*; Wer ist's?, 1928; Werden und Wirken H. & Cie., Düsseldorf, 1876–1926, 1926 (**B*); Werden und Wirken 1876–1976. Hundert Jahre H., 1976; Vf., Stadt Genthin – Ein nichtalltägliches Geschichtsbuch, 1995, *94–98*.

John Kreutzmann

Henking, Bernhard
geb. 06.05.1897 Schaffhausen, gest. 1988 Schweiz, Dirigent, Organist, Komponist.

Nach dem Abitur studierte H. von 1917 bis 1921 am Züricher Konservatorium Klavier, Orgel, Theorie bei Volkmar Andreae, Paul Otto Möckel, Carl Vogler, Ernst Isler und an der Hochschule für Musik in Berlin vorwiegend Chorleitung bei Siegfried Ochs. Danach war er von 1921 bis 1925 Chor- und Orchesterleiter in Baden (Aargau). Im Frühjahr 1925 folgte er einem Ruf nach Magdeburg, wo er Dirigent des *Reblingschen Gesangvereins* (gemischter Chor), des *Magdeburger Männerchores* sowie des *Domchores* wurde, mit dem er ausgedehnte Konzertreisen nach Nord- und Osteuropa unternahm. Er erhielt den Titel Kirchenmusikdir. vom Senat der *Altpreuß. Union*. 1936 wurde ihm die Leitung der Ev. Kirchenmusikschule Aschersleben übertragen, die während seiner Amtszeit nach Halle verlegt wurde und der er bis 1939 vorstand. Zu Beginn des II. WK kehrte er in die Schweiz zurück und erhielt das Kantorenamt an den reformierten Kirchen in Winterthur und St. Gallen. 1942 übernahm er die Leitung des neu gegründeten *Heinrich Schütz Chores* und wurde 1951 Dirigent des *Zürcher Bach-Chores*. H. lebte in der Schweiz bis zu seinem Tode in Winterthur. H. setzte sich besonders für die kirchliche Chormusik ein, wobei er in der Bearbeitung seiner Choralsätze Formen fand, die dem Inhalt entsprechen und die im weitesten Sinne objektiven, rein musikalischen Charakter tragen. Er vereinte z. B. den herben Stil der alten Meister mit den flüssigen gesanglichen Linien J. S. Bachs. Bei Volksgesängen lehnte er die romantisierende Wiedergabe ab. Zu seinem umfangreichen Repertoire gehören u. a. Vokalmusik, Lieder für A-cappella Chöre, Motetten und Bearbeitungen von Heinrich Schütz.

W: Lydische Motette für fünfstimmigen Chor (UA Magdeburg 1927); Chorgesangbuch, 1932; Kommt und laßt uns Christum ehren. Ein gesungenes Krippenspiel, 1940; Singet frisch und wohlgemut. Ein Liederbuch, 1942; Advents- und Weihnachtslieder in Sätzen, 1943; Führet euren Wandel, 1945; Morgenglanz der Ewigkeit, 1961; Du großer Schmerzensmann, 1962; Brunn alles Heils, dich ehren wir, 1971. – Schriften: Ev. Kirchenmusik, 1945; Aus der kirchlichen Jugendchorarbeit, 1951; Otto Lauterburg, 1957. – **L:** B. H., Chorgesangbuch, 1932; Schweizer Musiker-Lex., 1964, *164f.*; Wolf Hobohm, Musikgesch. der Stadt Magdeburg. Eine Zeittafel, 1992, *29*.

Sigrid Hansen

Henneberg, Friedrich
geb. 01.02.1872 Nordhausen, gest. 28.02.1952 Magdeburg, Zigarrenmacher, Arbeitersekretär, Archivar, Schriftsteller.

Der aus einer Arbeiterfam. stammende H. trat 1890 der SPD bei. Dank seiner zähen Bildungsbestrebungen wurde er 1901 Redakteur der sozialdemokratischen Braunschweiger Ztg. *Volksfreund*. Von hier wurde er in das Arbeitersekretariat in Magdeburg unter → Hermann Beims berufen. Von Januar 1913 bis 1933 gehörte er dem Magdeburger Stadtparlament an. Er schuf die Arbeiterbibl. im Gebäude der *Volksstimme* mit rund 10.000 Bänden und bemühte sich um die Sicherung des Schriftgutes zur Gesch. der SPD. Über drei Jahrzehnte war er als Parteiredner aktiv, schrieb zahlreiche Artikel in der *Volksstimme* und in anderen sozialdemokratischen Blättern. Seine Frau Emma gründete einen *Frauen- und Mädchenbildungsverein* in Magdeburg. 1945 beteiligte er sich trotz seines fortgeschrittenen Alters am Wiederaufbau der SPD. Im Oktober 1946 rückte er erneut in das Magdeburger Stadtparlament ein, dem er bis 1950 angehörte.

W: s.o. – **L:** Slg. Vf., Hannover (priv.). – **B:** Magdeburger Volksstimme vom 14.11.1929 (Zeichnung).

Beatrix Herlemann

Henneberg, Georg Friedrich *Hermann,* Dr. med.
geb. 10.02.1823 Wasserleben/Harz, gest. 15.12.1893 Magdeburg, Arzt, Bezirksarmenarzt.

H., drittes Kind des Amtsrates Eduard H., besuchte die Schule in Ilsenburg und die Gymn. in Helmstedt und Braunschweig (Carolinum). 1848–53 studierte er Med. in Göttingen und Berlin, wo 1852 seine Prom. erfolgte. Nach Studienreisen in Prag, Wien und Paris ließ er sich im Oktober 1854 als praktischer Arzt in Magdeburg nieder und wurde Mitglied der *Med. Ges. zu Magdeburg*. H. gehörte außerdem in Magdeburg der Fortschrittspartei, später der Freisinnigen Partei an. Von seiner Wohnung Blaue-Beil-Straße 4 aus betreute er von 1857 bis 1877 als Bezirksarzt die Armen der Altstadt und anschließend bis zu seinem Tode die Pfründner des Klosters St. Augustini, betrauert als „ein wahrer Vater der Armen". 1865 heiratete er Marie Hildebrandt aus Halle, nach deren Tode 1888 seine verwitwete Schwägerin. Vier seiner Söhne wurden Ärzte, davon drei Hochschullehrer: Wilhelm H. für Hygiene, Bruno H. für Anatomie und Richard H. für Psychiatrie. Hermann H. jun. (1872–1953) praktizierte in Magdeburg als Internist.

L: Max Hirsch, Die medicinische Ges. zu Magdeburg 1848–1898, in: Fs. zur Feier des Fünfzigjährigen Bestehens der Med. Ges. zu Magdeburg, 1898, *28*; Familienunterlagen Georg H., Berlin (priv.); Familienunterlagen Hermann H., Perleberg (priv.). – **B:** *Slg. Vf., Qualzow (priv.).

Horst-Peter Wolff

Hennig, August *Hermann*
geb. 1852 Hamburg, gest. 12.11.1925 Magdeburg, Obering., Dampfmaschinenkonstrukteur.

Nach dem Schulbesuch und einer anschließenden Lehre absolvierte H. eine Maschinenbauausbildung an der 1865 gegründeten Staatl. Gewerbeschule in Hamburg. Er trat 1882 als Konstrukteur in die *Maschinenfabrik R. Wolf in*

Buckau bei Magdeburg ein und arbeitete bereits in der letzten Phase der Entwicklung der ersten Wolfschen Verbunddampflokomobile (1883) mit. H.s Schaffen fiel in die Zeit der Blüte des Unternehmens, das 1872 bereits eine Erweiterung in der Feldstraße in Buckau, 1883 eine weitere große Halle sowie 1887 eine große Montagehalle errichtete und schließlich 1902 mit dem Bau des neuen Werkes in Salbke mit der eigenen Dreschmaschinenkonstruktion und -produktion begann. Der ledige H. war mit Leib und Seele einer der bekanntesten Dampfmaschinenkonstrukteure im Wolfschen Unternehmen. Er besaß wesentlichen Anteil an den Entwicklungsetappen von der Einzylinder-Auspufflokomobile mit einem Kohlenverbrauch von 1,25 kg über die Verbund-Auspufflokomobile mit 1,05 kg bis zur Verbund-Kondensationslokomobile mit 0,78 kg (bezogen auf eine PS-Stunde Arbeit bei 10 bar Betriebsdruck). Er war auch an der konstruktiven Erstellung der Unterlagen des 1892 gelieferten Magdeburger Pumpwerkes auf dem Cracauer Anger beteiligt, das sich durch die Genauigkeit der Dampfzuführung und den geräuschlosen Gang der Maschine auszeichnete. H. verstarb 73jährig am Reißbrett.

L: → Karl Heilmann, Die Entwicklung der Lokomobile von R. Wolf in technischer und wirtsch. Hinsicht, in: VDI-Zs. 1906, *313, 446, 478*; Conrad Matschoss, Die Maschinenfabrik R. Wolf Magdeburg-Buckau 1862–1912, 1912, *55–66*; 100 Jahre Buckau-Wolf, Die Gesch. unseres Hauses, 1938, *138 (*B)*.

Werner Hohaus

Hennige, Karl Joachim *Jacob*
geb. 21.09.1801 Magdeburg, gest. 29.04.1858 Neustadt bei Magdeburg, Kaufmann, Fabrikant, Kgl. Kommerzienrat.

Der Sohn des Schuhmachermeisters und Besitzers des Gasthofes „Stadt Braunschweig" in Magdeburg, Johann Joachim H., absolvierte eine kaufmännische Ausbildung und gründete Anfang 1826 mit Karl Friedrich Wiese das Landesproduktengeschäft *H. & Wiese* in der Knochenhaueruferstraße in Magdeburg. Die in den 1830er Jahren einsetzende zweite Gründungswelle dt. Zuckerfabriken und der damit verbundene Anstieg im Zuckerhandel veranlaßten H., 1838 in der Neustadt bei Magdeburg eine Rübenzuckerfabrik zu errichten, die er ab 1852 unter seinem Namen auf alleinige Rechnung führte. 1856 erwarb er die benachbarte Zuckerfabrik *Jaehnigen, Freise & Co.* und schuf somit eine der leistungsfähigsten Zuckerfabriken der Neustadt. H., der die Entwicklung und Bedeutung der Zuckerindustrie für Magdeburg und für Dtl. aufmerksam verfolgte und frühzeitig erkannte, gehörte 1850 zu den Mitbegründern des *Vereins der Dt. Zuckerindustrie*, dessen Vereinsausschuß er als Vors. von 1850 bis 1853 und von 1856 bis zu seinem tödlichen Unfall 1858 leitete. H., der 1856 den Titel eines Kgl. Kommerzienrates erhielt, war zudem Abgeordneter der Stadt Magdeburg im Preuß. Herrenhaus. Nach seinem Tod wurde das Unternehmen von seinen Erben erfolgreich weitergeführt und ab 1871 als Zuckerraffinerie betrieben. Sein Sohn, Kommerzienrat Moritz Paul H. (1839–1903), machte der Stadt 1898 zwei kunsthist. wertvolle Schenkungen. Er finanzierte der Stadt die Übereignung von drei Bänden Original-Handschriften Martin Luthers aus den Jahren 1528 und 1541, die von dem Lutherforscher → Ernst Thiele zur Verfügung gestellt wurden. Außerdem schenkte er der Stadt für die Gemäldeslg. drei Bilder: „Adam und Eva" von Lucas Cranach sowie „Der Heilige Sebastian" und „Der Heilige Paulus" aus der Cranach-Schule. Die Handschriften und Bilder gehören heute zum Bestand des KHMus. Magdeburg.

L: Edmund Oskar von Lippmann, Die Entwicklung der Dt. Zuckerindustrie von 1850 bis 1900. Fs. zum fünfzigjährigen Bestande des Vereins der Dt. Zuckerindustrie, 1900, *1–8*; → Martin Behrend, Magdeburger Großkaufleute, 1906, *136f.*; Denkschrift zum 75jährigen Bestehen des Vereins der Dt. Zucker-Industrie, 1850–1925, 1925, *25f.*, *428* (**B*); StadtA Magdeburg: Rep. AII, M 77 Spec. 12[1]. – B: Bernhard Koerner (Hg.), Dt. Geschlechterbuch. Genealogisches Hdb. Bürgerlicher Fam., Bd. 39, 1923, *450*.

Horst-Günther Heinicke

Henrich, *Hermann* Bernhard Maria
geb. 11.02.1891 Koblenz, gest. 01.02.1982 Berlin, Dirigent, Komponist, Theaterkapellmeister.

Der Sohn des Justizrats Clemens H. erhielt in seiner Heimatstadt ab 1903 am Konservatorium seine erste musikalische Ausbildung. Von 1909 bis 1911 studierte H. am Sternschen Konservatorium in Berlin. Hier waren u. a. Carl Gottfried Wilhelm Taubert, Wilhelm Klatte und Arno Kleffel seine Lehrer. 1911 war H. als Korrepetitor am Stadttheater in Elberfeld tätig. Im Folgejahr begann in Troppau seine Laufbahn als Theaterkapellmeister, die ihn, vom I. WK unterbrochen, 1918 an das Stadttheater seiner Geburtsstadt führte, wo er u. a. auch den *Männergesangsverein Rheinland* leitete. Von 1926 bis 1930 arbeitete H. als Erster Kapellmeister unter Generaldir. → Walter Beck an den Städtischen Bühnen in Magdeburg. Hier übernahm er auch die Leitung des

Lehrergesangsvereins. Nach einem Engagement als Musikdir. am Altmärkischen Landestheater in Stendal war H. von 1933 bis 1941 Geschäftsführer der Reichsmusikerschaft und dann musikalischer Oberleiter des Kleisttheaters in Frankfurt/Oder. Nach dem II. WK siedelte der mit der Geigerin Lätitia Forster verheiratete H. nach Berlin über. Zu seinem kompositorischen Gesamtwerk gehören neben mehreren Opern verschiedene Chorwerke, Kammermusik, Lieder, ein Klavierkonzert, ein Konzertstück für Violine und Orchester sowie eine einsätzige Sinfonie. In einer Reminiszenz an seine fünfjährige Kapellmeistertätigkeit an den Städtischen Bühnen brachte H. am 01.09.1958 in Magdeburg seine komischen Oper „Amphitryon" mit Erfolg zur UA.

W: Opern: Melusina (UA Karlsruhe 1934); Beatrice (UA ebd. 1935); Die Musici (UA Schwerin 1943). – **L:** Riemann, [11]1929; Erich H. Müller (Hg.), Dt. Musiker-Lex., 1929; Paul Frank, Kurzgefaßtes Tonkünstlerlex., neu bearb. und ergänzt von Wilhelm Altmann, [14]1936, *243*; Kürschners Biogr. Theaterhdb., 1956.

Claudia Behn

Hensel, *Otto* Theodor Alfred
geb. 28.12.1889 Bärwald/Pommern, gest. 31.07.1966 Gommern, Steinhauer, Kommunalpolitiker, Bürgermeister in Gommern.

Der Sohn einer Landarbeiterfam. durchlebte nach dem Besuch der Volksschule harte Jugendjahre bei schwerer Steinhauertätigkeit und vierzehnstündiger Arbeitszeit. Im I. WK leistete H. 1914–18 seinen Militärdienst und erlitt eine 70prozentige Kriegsbeschädigung. Er gehörte dem Arbeiterrat Gommern an, der am 16.11.1918 gebildet wurde. H. war seit 1913 aktives Mitglied der 1901 in Gommern gegründeten Gruppe der SPD, trat zur Zeit des Arbeiterrates zur USPD über und wechselte 1922 wieder zur SPD. H. wurde 1919 als jüngster Mandatsträger in den Kreistag des Landkr. Jerichow I gewählt. Von 1920 bis 1933 war H. zudem Stadtverordneter, Stadtverordnetenvorsteher, Ratmann und Kreisausschußmitglied. Er leitete bis 1933 das Wirtschafts-, Wohnungs- und Arbeitsamt Gommern und war Arbeitsamt-Nebenstellenleiter des Arbeitsamtes Magdeburg in Gommern. 1933 wurde H. aller Ämter enthoben und von den Nationalsozialisten in sog. Schutzhaft genommen. Er stand nach seiner Entlassung im gleichen Jahr weiter unter Polizeiaufsicht. H. wurde 1945 Leiter des Arbeitsamtes Magdeburg, arbeitete als Amtsbürgermeister für Gommern und 20 weitere Orte der Umgebung und war von 1945 bis 1955 Bürgermeister der Stadt Gommern. Seit 1946 Mitglied der SED, wurde H. im gleichen Jahr erneut in den Kreistag gewählt. Bis 1948 bzw. 1950 war er weiterhin ehrenamtlich in leitenden Funktionen der Konsumgenossenschaft Gommerns und des Kreises tätig. Der Kommunalpolitiker hatte großen Anteil daran, daß das zentral gelegene Landstädtchen Standort einer neuen Industrie wurde.

L: Genosse H. berichtet aus seinem Leben, in: Wohngebiets-Echo – in Gommern gesehen, gehört und erlebt. Sonderausgabe der Betriebsztg. des VEB ZRAW Gommern, April 1966; Vf., Ein konsequenter Vertreter der Arbeiter, in: Volksstimme Burger Rundschau vom 03.01.1990; StadtA Gommern: Fach-Nr. 95. – **B:** Slg. Vf., Gommern (priv.).

Günter Wingert

Hentrich, Werner
geb. 08.04.1915 Bochum, gest. 04.12.1993 Lörrach, kath. Theologe.

H. wurde 1947 in Paderborn zum kath. Priester geweiht. Er stellte sich wie viele andere für den Dienst im Erzbischöflichen Kommissariat Magdeburg zur Verfügung. Da das Kommissariat im geteilten Nachkriegsdtl. zum Gebiet der SBZ gehörte und eine Übersiedlung offiziell nicht möglich war, kam er illegal über die Grenze. Der Erzbischöfliche Kommissar → Wilhelm Weskamm betraute H. zunächst mit dem Aufbau einer Kuratie in Beitenbach/Südharz. 1950 übernahm H. die Kuratie St. Andreas in Magdeburg-Cracau und wurde mit dem Neubau einer Kirche beauftragt, den die Nationalsozialisten während ihrer Herrschaft nicht genehmigt hatten. Für den Kirchbau kaufte H. die Sandsteine der völlig zerstörten Dt.-Reformierten Kirche in Magdeburg-Neustadt. Nach dem Baubeginn im Mai 1950 und einer rekordverdächtigen Bauzeit von nur sieben Monaten unter tatkräftigem Einsatz der Gemeindemitglieder konnte die Kirche am 21.12.1950 durch Weihbischof Weskamm eingeweiht werden. Sie erhielt den Weihetitel „St. Andreas". Die Kuratie wurde unter Weihbischof → Friedrich Maria Rintelen 1957 zur Pfarrei erhoben und H. erster Pfarrer der St. Andreas-Pfarrei. 1980 erhielt er den Titel eines Geistlichen Rates.

L: ZBOM. – **B:** *ebd.

Ludwig Stegl

Hentschel, Rudolf, Dr.-Ing. habil.
geb. 22.02.1933 Naunhof, gest. 16.02.1992 Magdeburg, Maschinenbauing., Wiss. Oberassistent.

Der Sohn eines Gymnasiallehrers absolvierte 1951 das Gymn. in Grimma. Nach Ausbildung zum Stahlbauschlosser studierte er 1954 bis 1959 Fördertechnik an der Hochschule für Schwermaschinenbau Magdeburg. Von 1959 bis 1969 war H. dort wiss. Mitarbeiter bei → Jiří Pajer, prom. 1964 und habil. sich 1979 in Magdeburg. 1969 wurde ihm die facultas docendi für das Fach Grundlagen der Fördertechnik erteilt. Von 1969 bis 1992 wirkte H. als wiss. Oberassistent bei Pajer und → Günter Eckhardt.

W: Raupenfahrwerke, in: → Friedrich Kurth (Hg.), Lehrbuch Grundlagen der Fördertechnik, 1964, *102–107;* Stetigförderer (Lehrbrief für das Hochschulfernstudium 12), 1972, 1985; Grundlagen der Fördertechnik/Stetigförderer, in: Fachwissen des Ingenieurs, Bd 7: Stahlbau, Förder-, Bau und Landmaschinen, 1972, *113–134, 264–311;* Berechnung eines Gurtbandförderers, in: Friedrich Kurth (Hg.), Lehrbuch Stetigförderer, 1974, *414–423.*

Friedrich Krause

Hermann, Georg
geb. 01.09.1903 Zarizino bei Moskau, gest. 17.10.1981 Bad Suderode, Obering., Dipl.-Bauing., Chef-Statiker.

Der Sohn des Ernst H., Buchhalter eines englischen Unternehmens, besuchte 1911–15 die Petri-Pauli-Schule in Moskau, 1915–24 das Realgymn. Altenburg in Thüringen und studierte 1924–29 Bauingenieurwesen an der TH Dresden. Nach einem halbjährigen Praktikum im Brückenbau und in einer Schlosserei war er 1930–31 als Statiker bei der Fa. *Brückenbau (Stahl) Hein, Lehmann & Co.* tätig und kehrte danach wieder zu seinem Lehrer Prof. Kurt Beyer als Privatassistent zurück. Während dieser Zeit hatte die Entwicklung von Tagebau-Großgeräten (Eimerketten- und Schaufelradbagger, Abraumabsetzer) unter → Otto Zimmermann in der *Maschinenfabrik Buckau R. Wolf A. G.* Magdeburg neue Dimensionen angenommen und machte insbesondere unter dem Aspekt der Sicherheit und der weiteren Durchsetzung eleganter und leichter Tragwerke das Wirken versierter Statiker erforderlich. 1935 nahm H. seine Tätigkeit als Statiker im Baggerbau in Magdeburg auf. Neben der Erstellung der Statiken für die laufende Produktion systematisierte er die zu erbringenden statischen Nachweise hinsichtlich der Belastungsarten, der Funktionen der Tragwerke und der Sicherheiten des Gesamtgerätes. Um geringe Gewichte der sich auf Schienen oder Raupen bewegenden Geräte zu erzielen, wurden neben dem Einsatz von höherfestem Stahl St 52 von ihm wirklichkeitsnahe Berechnungsmethoden angewendet. So wurde der Fachwerk-Oberbau der Großgeräte als räumliches Fachwerk mit mehreren überzähligen Querscheiben berechnet. Weitere anspruchsvolle Berechnungen wurden angewandt bei den torsionssteifen, vollwandigen Fahrwerksschwingen, den Ringträgern des Unterbaus, den unten offenen Eimerleitern, den Eimerrinnen, den Bandauslegern, den Unterbauportalen und den Schwenksäulen. Eine Spezialität der „Buckauer Bagger" war die Seitenkraft aufnehmende Kreuzseilaufhängung von Auslegern, an deren Patenten H. maßgeblich beteiligt war. Alle Statiken wichtiger Bauteile mußten die Prüfung durch zugelassene Ingenieurbüros des Auftraggebers, der „Kohle", bestehen. Konstruktion und Bau von Tagebaugroßgeräten entwickelten sich zur tragenden Säule der *Maschinenfabrik Buckau R. Wolf A. G.* Magdeburg. H. erweiterte das Statikbüro und wurde Chefstatiker mit der Kompetenz, Tragwerke aller Konstruktionsbüros zu bearbeiten. 1946 wurde er als Obering. geehrt und avancierte zum Stellvertreter des Chefs des Konstruktionsbereiches Bagger, der jetzt von → Johannes Goedecke geleitet wurde. Aufgrund seiner ausgezeichneten Kenntnisse der russischen Sprache und Gesch. war er während der SAG-Zeit des Betriebes ein gern gesehener Dolmetscher. In den 1950er Jahren bis zu seinem Ausscheiden 1961 aus dem *VEB Schwermaschinenbaukombinat „Georgi Dimitroff"* Magdeburg war H. Vorreiter der Anwendung von geschweißten Stahlkonstruktionen und von höherfesten Stählen im Tagebaugroßgerätebau.

W: Eimerkettenbagger auf Raupenfahrwerk, schwenkbar, ERs 400, 1941 (Ferropolis, Gräfenhainichen). – **L:** 100 Jahre Buckau-Wolf, Die Gesch. unseres Hauses, 1938, *234ff;* Kurt Beyer, Die Stahlkonstruktionen für Großbagger und Großabsetzer, in: Sonderdruck aus „Braunkohle" 1940, H. 50/51, *555–561, 569–573;* Unterlagen Hansgeorg H. Magdeburg (priv.). – **B:** ebd.

Werner Hohaus

Hermann, *Karl* **Samuel Leberecht,** Dr. phil. h. c.
geb. 20.01.1765 Königerode/Harz, gest. 01.09.1846 Schönebeck, Apotheker, Unternehmer, Kommerzienrat.

Der Sohn eines Pfarrers erwarb bis 1783 in Halberstadt eine pharmazeutische Ausbildung. Nach anschließenden Tätigkeiten in Apotheken in Braunschweig, Bremen und Zerbst übernahm H. 1792 die Apotheke in Groß Salze und führte hier umfangreiche chemische Untersuchungen durch. Auf Grund wirtsch. und finanzieller Probleme wandte er sich 1794 an den König und bat um die „Überlassung der Abgänge bei der Saline zu Schönebeck", um daraus Bittersalz, Magnesium, Salzsäure und dergleichen herzustellen, die man dann nicht mehr für teures Geld importieren müsse. Für zwei Jahre wurden ihm die Abfälle unentgeltlich zur Verfügung gestellt. Das Salzdepartement entschied sich später auf den Vorschlag H.s hin, einen Betrieb aus Staatsmitteln – die *Kgl. Preuß. chemische Fabrik* – zu errichten und H. als Administrator mit zehn Prozent Beteiligung am Reingewinn einzustellen. Am 05.02.1797 wurde in zwei früheren Siedehäusern auf dem Gelände der Schönebecker Saline mit der Produktion begonnen. Erstmals erhielt man durch H.s Arbeit genaue Kenntnis über die Abgänge der Saline. In der ersten Sodafabrik Dtls wurden durch die enge Verbindung von Praxis und Wiss. neue Fabrikationsmethoden zur Herstellung weiterer chemischer Produkte entwickelt. Abnehmer dieser Erzeugnisse waren überwiegend Seifensiedereien, Alaunwerke und Apotheken. 1802 analysierte H. Soleproben für → Johann Tolberg, der zu diesem Zeitpunkt mit der Errichtung des ältesten Solbades Dtls in Schönebeck befaßt war. Im selben Jahr verkaufte H. seine Apotheke in Groß Salze und widmete sich trotz einsetzender Störungen durch die franz. Besatzungsmacht ganz dem neuen Unternehmen. Die ab 1808 abgeschlossenen Pachtverträge gaben H. nun fast völlig freie Hand, der Betrieb entfaltete und die Produktpalette erweiterte sich kontinuierlich. H. führte als erster in Dtl. das Leblanc-Verfahren zur Produktion von Soda industriell ein. Seine Fachkenntnisse waren gefragt. Seine großen Fähigkeiten auch als Theoretiker konnte er im Jahre 1818 beweisen. H. stellte bei Untersuchungen seiner Produkte ein neues Element fest, das später isoliert werden konnte und Kadmium genannt wurde (vgl. Gilberts Annalen, s. u.). Neue Erzeugnisse traten hinzu wie Chlorkalk, Kaliumchlorat, Salpetersäure, Essigsäure und Quecksilberpräparate. Verschiedene bauliche Erweiterungen und Modernisierungen der Anlagen folgten. H. wurde 1829 zum Kommerzienrat ernannt. Bei einer Feier anläßlich seiner 50jährigen Tätigkeit erhielt er den Adlerorden III. Kl. mit Schleife, die Berliner Univ. verlieh ihm die Ehrendoktorwürde und die Stadt Groß Salze händigte H. den Ehrenbürgerbrief aus. Veröffentlichungen in Schweiggers Journal und Poggendorffs Annalen gaben Einblick in seine wiss. Arbeit. 1827 und 1844 erhielt die Fabrik jeweils die große goldene Preismedaille der „Ausstellung vaterländischer Gewerbeerzeugnisse" zu Berlin. Nach seinem Tod wurde die Fabrik von seinem Sohn → Otto H. übernommen.

W: Über das schlesische Zinkoxyd, und über ein darin gefundenes sehr wahrscheinlich noch unbekanntes Metall, in: Gilberts Annalen der Physik 59, 1818, *95f.*; 66, 1820, *285–289*. – **L**: BioApo 1, *265f.*; Johann C. Poggendorff, Biogr.-lit. Handwörterbuch, Bd. 1, 1863, Sp. *1080*; → Wilhelm Schulze, Aus der Gesch. der Stadt Schönebeck, Ms. 1962, *474–485* (StadtA Schönebeck: Bl. 524.4); Pharmazeutische Zs. Nr. 122, 1977, *1791–1795*; Baudenkmale im Kr. Schönebeck, 1988, *30*; *1797–1997. Vom Apotheker H. zur Hermania Dr. Schirm GmbH. 200 Jahre Chemische Industrie in Schönebeck*, 1997, *10–16* (**B**). – **B**: *StadtA Schönebeck.

Britta Meldau

Hermann, *Otto* Julius Theodor
geb. 06.02.1806 Schönebeck, gest. 24.04.1870 Schönebeck, Unternehmer, Politiker, Rittmeister.

Nach dem Besuch des Domgymn. und der Handelsschule in Magdeburg nahm der Sohn des → Karl H. eine Apothekerlehre in Bernburg auf. Anschließend studierte er in Göttingen, Berlin und Paris. Dort und in Thann vervollständigte er seine technischen Kenntnisse, um dann in die vom Vater geführte *Kgl. Preuß. chemische Fabrik* einzutreten. Mit der 1857 aufgenommenen Förderung von Steinsalz in Staßfurt ging eine allmähliche Umstellung des Betriebes einher; Siederückstände wurden immer weniger verarbeitet. Neben dem Ausbau der Sodafabrikation mit der zugehörigen Schwefelsäure- und Sulfatherstellung sowie der Produktion zahlreicher chemischer Präparate traten auch neue Erzeugnisse wie z. B. Superphosphat als Kunstdünger an die erste Stelle. H. strebte deshalb eine Erweiterung des Betriebes und die Übernahme der bislang fiskalisch genutzten Gebäude und Areale in eigenen Besitz an und stellte 1852 einen Kaufantrag. Da die Verhandlungen sich zerschlugen und zudem der Platz an der Saline knapp wurde, erwarb H. ausreichendes Gelände zwischen der damaligen Königstraße und der Elbe und verlagerte die Produktionsstätten dorthin. Die Einweihung der neuen Fabrik unter dem alten Namen *Kgl. Preuß. chemische Fabrik* am 28.06.1873 sowie die 1877 erfolgte Umwandlung in die *Hermania AG* erlebte er nicht mehr. Für seine Produkte erhielt das Unternehmen zahlreiche Medaillen auf Welt- und nationalen Gewerbe- und Industrieausstellungen. Trotz der unermüdlichen Arbeit für den Betrieb fand H. Zeit, sich öffentlichen Angelegenheiten zu widmen. Von seinen vielen Stiftungen seien eine ehemalige Kinderbewahranstalt und das frühere Schönebecker Krankenhaus genannt. Von 1848 bis 1862 gehörte er als Parlamentarier der liberalen Fraktion des Abgeordnetenhauses an. Aufgrund seiner angegriffenen Gesundheit beschäftigte H. sich seit 1862 mit Gartenbau und legte eine Mineralienslg. an, die später der TH Berlin geschenkt wurde. Sein Sohn Hans H. wurde nach seinem Tod neuer Leiter des Unternehmens.

L: → Wilhelm Schulze, Aus der Gesch. der Stadt Schönebeck, Ms. 1962, *485f.* (StadtA Schönebeck: Bl. 524.4); *1797–1997. Vom Apotheker H. zur Hermania Dr. Schirm GmbH. 200 Jahre Chemische Industrie in Schönebeck*, 1997, *17–23* (**B**). – **B**: *StadtA Schönebeck.

Britta Meldau

Herms, Ernst, Dr. med.
geb. 10.09.1858 Schwedt, gest. 16.08.1936 Burg, Arzt, Kreisarzt, Heimatforscher, Geh. Medizinalrat.

H. entstammte einer Fischerfam., besuchte das Joachimsthaler Gymn. in Berlin, studierte in München und Greifswald Med. und siedelte sich als junger Arzt in Burg an. Ab 1899 war H. Kreisphysikus des Kreises Jerichow I, wurde 1907 Kreisarzt und Medizinalrat und übernahm 1911 mit der Erbauung des Kreiskrankenhauses Burg die Innere Station. 1920 wurde er mit dem Titel Geh. Medizinalrat geehrt. Auch als Kreisarzt im Ruhestand (ab 1925) praktizierte er in Burg noch bis 1932. Sein größtes Verdienst um die Stadt war sein Jahre währender Einsatz für die 1903 gebaute städtische Wasserleitung und Kanalisation. H. war Mitglied der Burger Freimaurerloge „Adamas zur heiligen Burg", seit 1907 Vors. und um 1920 Meister vom Stuhl der Loge. Seit seiner Jugend mit der dt. Vorgesch. befaßt, leitete er um 1900 Ausgrabungen in Burg und Schermen und barg wertvolle vorgesch. Funde. H. hat damit die jungsteinzeitliche Gruppe der Burg-Molkenberg-Kultur umrissen und den Grundstock für die vorgesch. Abt. des Burger Museums gelegt. Als Mitglied im Burger *Museumsverein* veröffentlichte er wiss. Aufsätze zur Heimatgesch. in den Museumsnachrichten des *Burger Tageblatt*. 1929 publizierte H. die Ergebnisse der eigenen, langjährig betriebenen Forschung und die anderer Autoren zusammengefaßt unter dem Titel „Der Ursprung der Stadt Burg" bei → August Hopfer, ein Werk, das inzwischen zu den Hauptquellen der Burger Stadtgesch. gehört.

W: s. o.; Der Ursprung der Stadt Burg aus dem Elbkastell Karls des Großen vom Jahre 806 gegen die Slawen (3 Tl.), 1929; Museumsnachrichten, in: Jerichower Land und Leute, Nr. 6, 7, 8, 9, 1929. – **L:** Nachruf, in: ebd., Nr. 7, 1936; Vf., Mediziner ließ Aufzeichnungen aus der Stadtgesch. zurück, in: Volksstimme Burg vom 12.04.2001. – **B:** *Slg. Vf., Burg (priv.).

Paul Nüchterlein

Herricht, Rolf
geb. 05.10.1927 Magdeburg, gest. 23.08.1981 Berlin, Schauspieler, Humorist.

Als gebürtiger Magdeburger nahm H. mit 18 Jahren eine Tätigkeit als Requisiteur und Inspizient am Magdeburger Theater auf. Parallel dazu absolvierte er dort am Schauspielstudio eine private Schauspielausbildung. Nach Theaterengagements in Salzwedel, Stendal, Staßfurt, Güstrow sowie am Kleist-Theater in Frankfurt/Oder kehrte er auf Wunsch des Intendanten Heinz Isterheil für die Spielzeiten 1957–61 ans Magdeburger Theater zurück. Danach wirkte er vorrangig als Schauspieler in zahlreichen Film- und Fernsehproduktionen der *DEFA*, u. a. mit → Ilse Voigt in „Der Mann, der nach der Oma kam", in „Der Baulöwe" und „Geliebte weiße Maus". H. war Ensemblemitglied beim Fernsehen der DDR, gestaltete Tournee-, Rundfunk- und Fernsehprogramme, gastierte am Berliner Friedrichstadtpalast und erhielt ab 1964 ein Engagement am Metropoltheater Berlin. Dort ereilte ihn der Tod bei der Arbeit – mitten auf der Bühne. Größte Popularität errang H. als Partner in den Sketchen von und mit Hans-Joachim Preil (1923–1999), der zeitweise ebenfalls als Schauspieler und Oberspielleiter in Magdeburg wirkte. Lange bevor „Comedy" die Welt überschwemmte, zeigte H. in unvergeßlichen Sketchen geniales understatement und die Fähigkeit zum absolut ernsthaften Durchstehen aberwitzig komischer Situationen. Mit seinem bierernsten „Aber Herr Preil" entfesselte er Lachstürme im kleinsten Dorf ebenso wie in Sälen mit Tausenden von Zuschauern. Seine Komik in diesen kleinen Szenen war derart unwiederholbar, daß Preil nach H.s frühem Tod nie wieder einen anderen Partner dafür suchte.

L: Hdb SBZ/DDR 1, *309*; Hans-Joachim Preil, „Aber Herr Preil". Erinnerungen, 1994; Gisela Winkler (Hg.), Wer war wer in der DDR. Ein biogr. Lex., 2000, *345*; Unterlagen Vf., Kallinchen (priv.) – **B:** *priv.

Elke Schneider

Herrmann, Johann Georg *Wilhelm*, Prof., Lic. theol., Dr. phil. h.c., Dr. theol. h.c.
geb. 06.12.1846 Melkow bei Jerichow, gest. 02.01.1922 Marburg, ev. Theologe, Hochschullehrer.

H., Sohn eines pietistisch-orthodox gerichteten Pfarrers, verlor als Kind durch einen Steinwurf die Sehkraft des rechten Auges. Er besuchte das Gymn. in Stendal, studierte ab Herbst 1866 in Halle ev. Theol. und widmete sich nebenbei phil. Studien. Im dt.-franz. Krieg 1870/71 diente er als Freiwilliger. Als Kandidat der Theol. war H. zunächst in Unseburg und Halle, sodann 1874–76 als Religionslehrer am Stadtgymn. in Halle tätig, prom. an der dortigen Univ. 1875 zum Lizentiaten und habil. sich mit einer Arbeit über Gregor von Nyssa. 1879 bis 1917 hatte H. eine o. Professur für Systematische Theol. an der Univ. Marburg inne, die ihm 1880 die phil. und theol. Ehrendoktorwürde verlieh. Er war zudem Gastdoz. an den Univ. in Heidelberg, Göttingen, Halle und Uppsala. H., der sich eng an die theol. Lehre Albrecht Ritschls anschloß und diese eigenständig weiterbildete, galt als streitbarer Theologe, der sich aktiv und kompromißlos in die zeitgenössischen Diskussionen um methodische und erkenntnistheoretische Fragen der ev. Glaubenslehre einbrachte. Seine gegen die überkommene spekulative Theol. gerichtete, auf Erfahrungswissen fußende Auffassung der Gesch. als systematischem Ort der Religion fand weite Beachtung und beeinflußte Dialektiker wie Karl Barth und Rudolf Bultmann.

W: Die Metaphysik in der Theol., 1876; Die Religion im Verhältnis zum Welterkennen und zur Sittlichkeit, 1879; Der Verkehr des Christen mit Gott, 1886, ⁷1921; Ethik, 1901, ⁶1921; Friedrich Wilhelm Schmidt (Hg.), Gesammelte Aufsätze, 1923 *(W)*. – **L:** NDB 8, *691f.;* DBJ 4, *96–104;* BBKL 2, Sp. *771–773 (L);* Ingeborg Schnack (Hg.), Lebensbilder aus Kurhessen und Waldeck 1830–1930, Bd. 3, 1942, *196–205;* Volker Brecht, Die Christologie W. H.s, Diss. München 1975; Michael Beintker, Die Gottesfrage in der Theol. W. H.s, 1976.

Günter Heine

Herrmann, Paul, Prof. Dr. phil.
geb. 10.12.1866 Burg, gest. 20.04.1930 Torgau, Lehrer, Germanist, Schriftsteller, Übersetzer.

H. besuchte das Gymn. seiner Heimatstadt, studierte anschließend ev. Theol., Philologie und orientalische Sprachen in Berlin und Staßburg und wählte die pädagogische Laufbahn. Seit 1894 war er in Torgau als Oberlehrer beschäftigt und wirkte dort bis zu seinem Tode, zuletzt als Gymnasialprof. Bekannt wurde er durch seine umfangreichen germanistischen Arbeiten, die auch Lehrbuchcharakter aufwiesen. Bedeutsame Veröffentlichungen entstanden aber auch zur nordischen Kultur, die auf eigenen Forschungen beruhten. Zudem übersetzte er Werke nordischer Dichter, u. a. von Henrik Ibsen („Kaiser und Galiläer", 1888) und Indridi Einarsson („Die Neujahrsnacht", 1910) sowie altsächsische Lit. Seine umfangreichen Darstellungen zur nordischen Mythologie fanden weite Verbreitung. H. galt nach mehreren Islandreisen – die zweite Reise führte ihn 1910 quer durch die Insel – als Islandkenner. Er war Vors. der *Vereinigung der Islandfreunde*.

W: Dt. Mythologie in gemeinverständlicher Darstellung, 1898; Erläuterungen zu den ersten neun Büchern der Dänischen Gesch. des Saxo Grammaticus (2 Bde), 1901–1922; Nordische Mythologie in gemeinverständlicher Darstellung, 1903; Island in Vergangenheit und Gegenwart. Reise-Erinnerungen (3 Bde), 1907–10; Island. Das Land und das Volk, 1914; Glaube und Brauch der alten Deutschen im Unterricht der höheren Schulen, 1919; Einführung in die dt. Mythologie auf höheren Lehranstalten, 1919; Dt. und nordischer Glaube in seinen Grundzügen, 1925. – **L:** KGL 3 *(W);* Kosch LL 7, Sp. *1021;* Karl Demmel, Gelehrtenköpfe aus dem Kr. Jerichow I, in: Jerichower Land und Leute 11, Nr. 2, 1932.

Paul Nüchterlein

Herrmann, Walter, Prof. Dipl.-Ing., Dr.-Ing. E.h.
geb. 20.09.1910 Klein-Radmeritz bei Löbau, gest. 22.12.1976 Magdeburg, Ing., Hochschullehrer.

Nach seinem Abitur und einer Praktikantentätigkeit nahm H. Ende 1930 ein Maschinenbau-Studium an der TH Dresden auf, wo er von namhaften Hochschullehrern wie Mollier, Pauer, Nikisch, Nägel und Sörensen ausgebildet wurde. Das Studium schloß H. Anfang 1937 mit dem Diplom ab und erzielte dabei in den für sein späteres Wirken wichtigen Fächern ausnahmslos sehr gute Ergebnisse. Nach mehrjähriger Tätigkeit als Versuchsing. im Kraftwerk Böhlen wurde H. Anfang 1939 in die Hauptverwaltung der *AG Sächsische Werke* nach Dresden versetzt. Aufgrund seiner guten Kenntnisse auf allen wärme- und versuchstechnischen Gebieten des Kraftwerkes war H. beim Aufbau des Kraftwerkes Espenhain beteiligt. Die Tätigkeit in Espenhain prägte seinen Arbeitsstil. Nach dem Ende des II. WK wurde H. in führender Position beim Wiederaufbau der Energieversorgung des Landes eingesetzt und erhielt im Dezember 1945 von der SMAD den Auftrag, die Rekonstruktion von Kesselanlagen durchzuführen. Im Mai 1953 begann H. eine Tätigkeit im Zentralen Konstruktionsbüro „Dampferzeuger" in Berlin. Als einem der profiliertesten Fachleute des Dampferzeugerbaus der DDR übertrug man H. 1954–1955 die Leitung des Aufbaus und der Inbetriebnahme des Kraftwerkes Berente in Ungarn. Aufgrund seiner Verdienste und seiner langjährigen Berufserfahrung auf kraftwerkstechnischem Gebiet wurde H. im Juli 1956 an die 1953 gegründete Hochschule für Schwermaschinenbau Magdeburg berufen und mit dem Aufbau des Inst. für Wärmetechnik beauftragt. Innerhalb weniger Jahre entstand unter seiner Leitung ein modernes Inst. 1962 wurde H. als Leiter der Expertengruppe zur Stabilisierung des Großkraftwerkes Lübbenau eingesetzt. Er war Mitglied und ab 1963 Vors. des Arbeitskreises Dampferzeuger sowie Initiator der 1964 erstmals durchgeführten wärmetechnischen Kolloquien. 1968 wurde er zum ersten Dir. der Sektion Apparate- und Anlagenbau der TH Magdeburg berufen. Eine besonders hohe Auszeichnung seines wiss. Lebenswerkes erfuhr H. durch die Verleihung der Ehrendoktorwürde der TU Dresden 1976.

W: Neuzeitliche Entaschungsanlagen, in: Braunkohle 41, H. 1/2, 1941; Erfahrungen mit Austauschstählen, in: Energietechnik 4, H. 1, 1954. – **N:** UnivA Magdeburg. – **L:** Zs. Braunkohle vom 10.01.1942; Die Wärme April/Mai 1943, Februar 1944 und September/Oktober 1944; Käferstein/Strümke, Nachruf für Prof. (em.) Dr.-Ing. E.h. Dipl.-Ing. W. H., in: Energietechnik 27, H. 10, 1977, *420 (B)*. – **B:** *UnivA Magdeburg.

Carmen Schäfer

Hertel, *Gustav* **Heinrich Gottfried,** Prof. Dr. phil.
geb. 01.12.1847 Calbe, gest. 24.11.1903 Magdeburg, Lehrer, Stadthistoriker.

Der Sohn eines Schiffseigners absolvierte seine Gymnasialbildung auf der Latina der Franckeschen Stiftungen in Halle. Ab 1867 studierte er an der dortigen Univ. Philologie und Gesch. Das Studium wurde durch Teilnahme am dt.-franz. Krieg unterbrochen. Nach Studienabschluß ging er 1873 als Lehrer an das Pädagogium des Klosters U. L. F. Magdeburg. Sein Leben lang blieb er dem Lehramt an dieser Anstalt treu, ab 1873 als o. Lehrer, ab 1891 als Oberlehrer und ab 1893 als Prof. Er unterrichtete Gesch., Geographie, Franz. und Latein. Seine Forschungen galten v.a. der Gesch. des Erzbistums sowie der Stadt Magdeburg und der engeren Heimat. H.s Name ist verbunden mit der Herausgabe umfangreicher hist. Quellenwerke und Darstellungen. Im Auftrag der *Hist. Kommission der Provinz Sachsen*, der er viele Jahre angehörte, bearbeitete er mehrere Urkundenbücher. Zusammen mit → Friedrich Hülsse gab er 1885 → Friedrich Wilhelm Hoffmanns „Gesch. der Stadt Magdeburg" neu bearbeitet in zwei Bänden heraus. Für nachfolgende Vertreter der regionalen Geschichtsschreibung wurden die Werke von H. vor allem aufgrund ihrer auf fleißigem Quellenstudium basierenden Faktenfülle zur Pflichtlit. Jahrzehnte stellte sich H. in den Dienst des *Vereins für Gesch. und Altertumskunde des Hzts und Erzstifts Magdeburg*. Fast 25 Jahre lang war er Redakteur der von diesem Verein herausgegebenen *Geschichts-Bll. für Stadt und Land Magdeburg*, für die er zahlreiche Aufsätze und Literaturberichte verfaßte und ein Register der ersten 20 Jahrgänge anfertigte. Im Jahre 1900 wurde er zum 1. Vors. des Magdeburger *Geschichtsvereins* gewählt.

W: Urkundenbuch des Klosters U. L. F. zu Madgeburg, 1878; Der Anfall der Stadt und des Erzstifts Magdeburg an das Kurfürstentum Brandenburg, 1880; Die „Historia" des Möllenvoigtes Sebastian Langhans, betr. die Einführung der Reformation in Magdeburg, 1881; Die Hallischen Schöffenbücher (2 Bde), 1882–87; Die ältesten Lehnbücher der Magdeburgischen Erzbischöfe, 1883; Gesch. des Klosters U. L. F. zu Magdeburg, 1885 (mit → Albert Bormann); Die Gegenreformation in Magdeburg, 1886; Urkundenbuch der Stadt Magdeburg (3 Bde), 1892–96; (Üb.) Leben des heiligen Norbert, Erzbischofs von Magdeburg, 1895; Die Annahme der Reformation durch das Magdeburger Domkapitel, in: Jb. des Pädagogiums zum Kloster U. L. F. in Magdeburg, 1895, *1–34*; Rückblick auf die Entwicklung des Klosters U. L. F., in: ebd., 1898, *1–5*; Die Wüstungen im Nordthüringgau, 1899; Gesch. der Stadt Calbe an der Saale, 1904; Landeskunde der Provinz Sachsen und des Hzts Anhalt, ³1905. – **L:** Jb. des Pädagogiums zum Kloster U. L. F. in Magdeburg, H. 63, 1899, *40*; → Eduard Ausfeld, G. H. (†), in: GeschBll 39, 1904, *1–5*; Otto Heinemann, Systematisches Inhaltsverz. zu den Jgg. 1–50 der GeschBll und der Fs. von 1891, 1917, *10–15* (*W*). – **B:** *StadtA Magdeburg.

Maren Ballerstedt

Herwarth von Bittenfeld, Karl Eberhard
geb. 04.09.1796 Groß Werther/Kr. Nordhausen, gest. 02.09.1884 Bonn, (preuß.) Generalfeldmarschall.

Der Generalssohn nahm als preuß. Secondelieutenant an den Befreiungskriegen und als Oberst und Regimentskommandeur an den Barrikadenkämpfen im März 1848 in Berlin teil. Von 1856 bis 1860 war er als Generalleutnant Kommandeur der 7. Division in Magdeburg. In dieser Zeit begleitete er Prinz → Karl von Preußen bei der Besichtigung der österreichischen Truppen im Auftrag des Dt. Bundes. Im dänischen Krieg 1864 befehligte H. das VII. Armeekorps beim Übergang auf die Insel Alsen. 1866 hatte H. als Oberkommandierender der Elbarmee nach dem erfolgreichen Gefecht bei Münchengrätz einen großen Anteil am Sieg in der Schlacht von Königgrätz. Dann Kommandeur des VIII. Armeekorps, übergab er bei Kriegsausbruch 1870 das Korps dem General → August von Goeben und wurde selbst Generalgouverneur im Bereich des VII., VIII. und XI. Armeekorps. Ein Jahr später wurde er als Generalfeldmarschall verabschiedet.

L: ADB 50, *261–263*; NDB 8, *721f.*; Priesdorff 6, *347–353* (*B*).

Martin Wiehle

Hesekiel, *Johannes* **Karl Friedrich,** Dr. theol. h.c.
geb. 31.05.1835 Altenburg/Thüringen, gest. 21.07.1918 Wernigerode, ev. Theologe, Generalsuperintendent, Wirklicher Geh. Oberkonsistorialrat.

H., Sohn des Generalsuperintendenten, Hofpredigers und Ehrenbürgers der Stadt Halle Friedrich Christoph H., studierte nach dem Besuch des Altenburger Gymn. ab 1856 ev. Theol. in Jena und Erlangen, wohin er nach einer kurzen Zwischenzeit in Leipzig wieder zurückkehrte, weil sein verehrter Altenburger Lehrer Reinhold Frank dorthin berufen worden war. Nach dem 1860 glänzend bestandenem ersten theol. Examen in Altenburg nahm er eine Stelle als Reiseprediger des *Rheinisch-Westfälischen Jünglingsbundes* an und wurde zugleich Synodalagent für lokale Aufgaben der Elberfelder Inneren Mission. 1861 erfolgte nach dem zweiten theol. Examen seine Berufung zum Gefängnisprediger in Elberfeld. Schon 1863 wurde er vom Zentral-Ausschuß der Inneren Mission aufgefordert, als Reiseprediger in seine Dienste zu treten. Er wechselte nach Berlin und wurde enger Mitarbeiter Johann Hinrich Wicherns. Fünf Jahre war er in Mittel- und Süddtl. unterwegs, warb für diakonische Aufgaben, setzte sich für die Gründung von Vereinen und Verbänden, Konferenzen und Anstalten ein. 1868 wurde H. ordiniert und als Pfarrer an die St. Ambrosius-Kirche nach Sudenburg bei Magdeburg berufen. Nach anfänglichen Bedenken gewann ihn die Vorstadtgemeinde lieb, da er sich tatkräftig für die ihm anvertrauten Menschen einsetzte, nicht zuletzt während der Cholerazeit 1873. Die vorhandene Kirche wurde bald zu klein, so daß bereits 1875 der Grundstein für einen Neubau gelegt wurde. Unermüdlich sorgte sich H. um die Beschaffung der Gelder und um den Fortgang des Baues. Am 13.12.1877 erfolgte die Einweihung. Neben seiner Pfarrtätigkeit fördert er Aufgaben der Inneren Mission: H. war an der Gründung des Diakonissenhauses Cäcilienstift in Halberstadt beteiligt, rief die *Sächsische Ges. zur Pflege der entlassenen Strafgefangenen* und 1869 auch die Konferenz Theol. Berufsarbeiter der Inneren Mission ins Leben. Durch → Leopold Schultze gefördert, gelang durch H.s Wirken die Angliederung der Inneren Mission an das synodale Leben in Kirchenkreis und -provinz. Die Theol. Fakultät der Univ. Halle prom. ihn 1883 ehrenhalber. Von 1886 bis 1910 war H. Generalsuperintendent der preuß. Provinz Posen sowie Oberpfarrer der dortigen Paulikirche und zeichnete sich durch treue Seelsorge und eine herausragende Organisationsgabe aus. Seinen Lebensabend verbrachte er in Wernigerode. H. war Stiftspropst von Heiligengrabe, Domherr von Zeitz, Wirklicher Geh. Oberkonsistorialrat und Ehrenvors. des Zentral-Ausschusses der Inneren Mission. Seit 1913 gehörte er dem Preuß. Herrenhaus an.

W: Hubert Olbrich (Hg.), Sozialbericht von J. H. 1866 über die Wanderarbeiter beim Rübenanbau und in den Zuckerfabriken der Provinz Sachsen, 1982; Biblische Fingerzeige für die Sorge um die eigene Seele, 1913. – **L:** DBJ 2 (Totenliste 1918); BBKL 2, Sp. *783f.*; Otto Moeller, D. J. H., 1920; Elisabeth H. (Hg.), Erinnerungen aus seinem Leben, 1920; Martin Gerhardt, Ein Jh. Innere Mission (2 Bde), 1948; Arthur Rhode, Gesch. der ev. Kirche im Posener Lande, 1956; Johannes Steffani, Stillesein und Hoffen. D. J. H. – aus seiner 24jährigen Amtszeit als Generalsuperintendent in Posen, 1968. – **B:** Zucker-Mus. Berlin; *Pfarramt St. Ambrosius Magdeburg-Sudenburg.

Dietrich Hüllmann

Hessenland, *Johann Valentin* jun.

geb. 04.07.1765 Magdeburg, gest. 20.12.1808 Brandenburg, Buchdrucker, Buchhändler, Verleger, Schriftgießer.

H. erlernte bei seinem seit 1762 als Bürger bei der Pfälzer Kolonie in Magdeburg lebenden Vater, dem Buchdrucker Johann Valentin H., das Buchdruckerhandwerk und übernahm Mitte der 1790er Jahre das Druckprivileg der Magdeburger Pfälzer Kolonie von den Eltern. Neben seiner Tätigkeit als Drucker und Verleger versuchte er frühzeitig auch als Buchhändler Fuß zu fassen, was ihm erst 1804/05 nach Überwindung verschiedener behördlicher Widerstände mit der Übernahme der *Bauer'schen Verlagsbuchhandlung* (vormals *Seidel & Scheidhauer*) gelang. Ab 1805/06 war H. auch in Brandenburg tätig, wo er die *Leich'sche Buchdruckerei und Buchhandlung* (*vormals J. S. Halle*) übernommen hatte. H.s eigene Verlagstätigkeit war vergleichsweise gering. Die von ihm überlieferten Titel sind größtenteils weitervertriebene Restbestände der übernommenen Verlage. H. war jedoch der einzige Drucker in Magdeburg, der Noten mit beweglichen Lettern druckte. Nachdem → Johann Christian Gieseckes Versuch, seine eigenen Unternehmungen mit H.s Geschäft zu verknüpfen, 1796 fehlgeschlagen war, betrieb H. um 1800 auch eine eigene Leihbibl. in der Münzstraße. Darüber hinaus steht H.s Name im Zusammenhang mit den ersten ernsthaften Bemühungen um die Etablierung einer pluralistischen Zeitungslandschaft in Magdeburg. Da ihm das Verlegen von alternativen Ztgg. und Zss. in Magdeburg immer wieder verboten wurde, waren erbitterte Auseinandersetzungen, vor allem mit dem privilegierten Druckhaus von → Carl Friedrich Faber, die Folge. Zusammen mit dem Redakteur → Heinrich Ludwig Lehmann versuchte H. 1798 vergeblich, das Magdeburger Zeitungsmonopol Fabers zu durchbrechen und eine zweite politische Ztg., den *Magdeburgischen Mercur*, aufzulegen. Im Unterschied zur dominierenden *Magdeburgischen Ztg.* sollte ein Organ geschaffen werden, das im Sinne eines modernen Journalismus nicht nur Nachrichten anbietet, sondern diese auch kommentiert.

L: Heinrich Ludwig Lehmann, Documentirte Gesch. einer durch die Magdeburgische Krieges- und Domainen-Kammer veranstalteten Confiscation eines unter gesetzmäßiger Censur zu Magdeburg hg. ökonomisch-politischen Journals, der Magdeburgische Merkur genannt, 1799, *58–63, 66f., 79f.*; Wilhelm Hartung, Abriß einer Gesch. des Magdeburger Zeitungswesens nebst einer vollständigen Bibliogr., in: GeschBll 47, 1912, *98f.*; Otto Heinemann, Zur Gesch. der magdeburgischen Ztgg. und Zss, in: GeschBll 56/59, 1921/24, *2–14*; Wilhelm Stieda, Die Entwicklung des Buchhandels in Magdeburg, in: Magdeburgs Wirtschaftsleben in der Vergangenheit, Bd. 3, 1928, *389–392, 405–411*; Georg Müller (Hg.), Der Sächsisch-Thüringische Buchhändler-Verband 1883–1933, 1933, *85*; Wolfram Suchier, Stammtafel der Fam. H. und Heßland aus Langensalza 1558–1942, Ms. ²1942 (hektographiert), *33–44, 86–131*; LHASA: Rep. A 9a VI, Nr. 818; Rep. A 9a VI, Nr. 824; Rep. A 9a VI, Nr. 962; Rep. A 5 Nr. 894.

Heiko Borchardt

Heyne, *Franz* Julius Theodor

geb. 22.11.1812 Naundorf bei Reideburg, gest. 25.06.1886 Jersleben, Lehrer, ev. Theologe.

H. war Sohn des Schulmeisters von Naundorf. Er besuchte zunächst die Realschule in Halle, wechselte jedoch später auf die lateinische Schule des dortigen Waisenhauses. 1830 legte er an der Latina sein Abitur ab und begann in Leipzig ev. Theol. zu studieren. 1833 schloß er sein Studium ab und kehrte nach Halle zurück. Dort war er am Pädagogium beschäftigt und wurde 1834 Alumnatsinspektor. Im selben Jahre legte er die erste theol. Prüfung ab, 1835 die zweite. Seine Festanstellung im Schuldienst erhielt er Mitte 1837 in Magdeburg am Pädagogium des Klosters U. L. F. Allerdings übertrug man ihm bereits im Jahr darauf die Pfarrstelle in Salbke bei Magdeburg. In diesem Amt verblieb H. bis 1877. Danach war er bis 1886 Pfarrer in Jersleben. In einem Schreiben an das Konsistorium aus dem Jahre 1838 erwähnte H. ein von ihm ca. 1836/37 publiziertes Lesebuch für den Griechischunterricht. In Salbke gründete und führte H. eine private Präparandenanstalt. Damit erwarb er sich große Verdienste auf den Gebieten der Lehrerbildung und des Landschulwesens. Schülern, die weiterführende Schulen besuchen wollten, erteilte er Privatunterricht. Zu ihnen zählte auch der spätere Germanist → Hermann Paul, der von 1858 bis 1866 Schüler des Pädagogiums am Kloster U. L. F. in Magdeburg war.

W: Lehrplan für eine aus zwei Klassen bestehende Landschule, 1854. – L: Jb. des Pädagogiums U. L. F. zu Magdeburg, 1838, *94*; Matthias Puhle/Renate Hagedorn (Hg.), Zwischen Kanzel und Katheder. Das Magdeburger Liebfrauenkloster vom 17. bis 20. Jh., 1998, Kat.-Nr. 2.7; AKPS: Rep. A, Spec. P, H 471 (PA). – B: *Kunstmus. Kloster U. L. F. Magdeburg.

Uwe Förster

Heyse, Johann Christian August, Dr. phil.
geb. 21.04.1764 Nordhausen, gest. 27.06.1829 Magdeburg, Pädagoge, Schuldir.

H. besuchte in Nordhausen zunächst die Elementarschule seines Vaters, dann das städtische Gymn. Ab 1783 studierte er in Göttingen ev. Theol., betrieb nebenbei phil., hist. und naturwiss. Studien und war ab 1786 als Hauslehrer in Delmenhorst und Oldenburg tätig. Dort gründete H. auf Bitten zahlreicher bedeutender Oldenburger Familien zwei Privatschulen für Jungen und Mädchen aus gutem Hause, die eine sehr positive Entwicklung nahmen. 1792 berief man ihn als Lehrer an das dortige Gymn.; zudem unterrichtete er nebenbei an der von ihm ins Leben gerufenen privaten Töchterschule. 1806 auf eigenen Wunsch aus dem wenig ertragreichen Schulamt entlassen, wirkte er danach wieder als Privaterzieher, bis er 1807 zum Rektor des Gymn. zum Dir. einer zu errichtenden Töchterschule in Nordhausen berufen wurde. Hier leistete er auch als Mitglied der Schulinspektion zwölf Jahre lang eine überaus erfolgreiche Arbeit und sammelte Erfahrungen in der Einrichtung eines verbesserten und zeitgemäßen Schulsystems. Mit seiner Arbeit „Erziehung und Unterricht der Töchter" (1811) legte er erste von ihm entwickelte Leitlinien der Mädchenerziehung vor. 1819 erhielt H. das Angebot, die im Zuge der unter → August Wilhelm Francke und → Karl Zerrenner durchgeführten Schulreform in Magdeburg gegründete Höhere Töchterschule zu leiten. H. nahm das Angebot an und übte das Rektorat dieser Schule bis zu seinem Tode aus. Neben seiner Tätigkeit als Lehrer und Rektor war H. auch bekannt als Autor einer Vielzahl von auf die Praxis ausgerichteten pädagogischen Schriften zum Deutschunterricht, zur dt. Rechtschreibung und Grammatik sowie zur Mädchenbildung. Insbesondere H.s „Theoretisch-praktische dt. Grammatik" (1814, ⁴1817) und seine „Kleine theoretisch-praktische dt. Sprachlehre" (1816, ⁸1829) fanden – auch in den späteren Bearbeitungen seines Sohnes Karl H. – ao. weite Verbreitung und erlangten für den Unterricht im Deutschen eine maßgebliche Bedeutung. Seine Absicht, ein umfassendes Handwörterbuch der dt. Sprache zu verfassen, konnte er nicht mehr realisieren. 1824 verlieh ihm die Univ. Greifswald die phil. Doktorwürde. H. war Mitglied mehrerer Gelehrtenvereine für dt. Sprache.

W: s. o.; Nachricht über die neue Einrichtung der Schulanstalten zu Nordhausen, 1808; Theoretisch-praktisches Hdb. aller verschiedenen Dichtungsarten, 1821 (mit → Heinrich Friedrich Franz Sickel); Kurzer Leitfaden zum gründlichen Unterricht in der dt. Sprache für höhere und niedere Schulen, 1822, ³1825; Gesammelte Schriften und Reden über Unterricht und Bildung, besonders der weiblichen Jugend, 1826; Neue gesammelte Aufsätze und Reden über Unterricht und Bildung, besonders der weiblichen Jugend, 1829. – N: StABibl. Berlin. – L: ADB 12, *380*; Neuer Nekr 7, 1831, *523–527*; Hamberger/Meusel, Bde 14, 22/2; Anne-Françoise Ehrhard, Die Grammatik von J. C. H. Kontinuität und Wandel im Verhältnis von Allg. Grammatik und Schulgrammatik (1814–1914), 1998 (*W, B*). – B: StABibl. Berlin, Handschriftenabt.

Wolfgang Mayrhofer

Hildebrandt, Andreas *Albert*
geb. 30.07.1865 Remkersleben, gest. 29.08.1957 Meyendorf, Landwirt, Kommunalpolitiker.

H., Sohn des Landwirts Johann Andreas H., besuchte 1871–75 die Dorfschule in Remkersleben, danach 1875–79 das Gymn. in Magdeburg und schloß 1882 die Ackerbauschule in Badersleben ab. Er arbeitete auf dem elterlichen Hof und diente 1885–88 als Freiwilliger bei den Thüringischen Husaren. Nach seiner Heirat 1891 wurde H. Mitbesitzer der Wirtschaft seiner Frau. 1894 in Remkersleben zum Ortsvors. gewählt, erwarb sich H. bleibende Verdienste. So richtete er 1899 die Postagentur ein und veranlaßte den Bau eines Eisenbahnhaltepunktes (Einweihung 15.11.1901). Mit der Übernahme eines eigenen Amtsbezirks 1910 wurde H. Amts- und Gemeindevorsteher. Der betriebsame Landwirt war Aktionär und Aufsichtsratsmitglied der *Zuckerfabrik Marienstuhl/Egeln*, gründete 1907 den *Verband zur Melioration der Seewiesen* und übernahm dessen Vorsitz. H. wurde 1920 zum Kreisbauernführer und 1922 zum Provinzialvors. im *Verband der preuß. Landgemeinden* gewählt. Besonders in den Wirren nach dem I. WK leitete H. mit Sachlichkeit und Geschick seine Amtsgeschäfte. Er vermittelte Besonnenheit und Ruhe beim Kapp-Putsch (15.–18.03.1920), wo er Kommissionen und Wehr quer durch alle Parteien bildete. Das ns. System löste H. trotz erfolgreicher Kommunalwahl am 12.03.1933 wegen seiner Nichtzugehörigkeit zur NSDAP ab. Aufgrund seiner Leistungen wurde H. in Remkersleben und Umgebung sehr verehrt.

L: Vf., Chronik des Ortes Remkersleben, Ms. 2000. – **B:** ebd.

Otto Jacob

Hildebrandt, Friedrich Wilhelm
geb. 28.10.1811 Eilsdorf/Huy, gest. 21.12.1893 Magdeburg, ev. Theologe, Superintendent.

Der Sohn eines Predigers besuchte das Gymn. in Halberstadt und erwarb hier das Abitur. 1831–35 studierte H. in Halle ev. Theol. und hörte Vorlesungen u. a. bei Julius Wegscheider und August Tholuck. Mit seinen „hervorragend" bestandenen Examina empfahl er sich für die öffentliche Schularbeit sowie für das Predigeramt, für das er sich 1834 erstmalig bewarb. 1835–1837 besuchte H. das Predigerseminar in Wittenberg, wurde 1838 vom Generalsuperintendenten → Bernhard Dräseke ordiniert und in Halle an St. Ulrich zum Subdiakon gewählt. Nach dem Tod des konservativen Predigers Karl August Reinhardt 1845 bat das Kirchenkollegium von St. Jakobi in Magdeburg um die Berufung H.s, der zu dieser Zeit in gemäßigter Weise einzelne Forderungen → Leberecht Uhlichs und der Freien Gemeinde unterstützte. Konservative Kreise versuchten, dies zu verhindern, und lancierten u. a. eine Petition mit gefälschten Unterschriften an das Konsistorium. Dieses zögerte daraufhin die Zustimmung zur Berufung des rationalistisch ausgerichteten Diakons H. ein Jahr lang hinaus, was die Bürgerschaft zusätzlich reizte und die damaligen kirchlich-gesellschaftlichen Spannungen in Magdeburg kennzeichnete. 1847 wurde H. dennoch in das Magdeburger Amt eingeführt und 1876 als Nachfolger → Karl Erlers zum Superintendenten der Ephorie Magdeburg gewählt. Als solcher predigte H. nicht wie üblich im Dom, sondern weiter bei St. Jakobi. H. vertrat in kirchlichen Fragen eine liberale Haltung, was ihm bereits 1847 in Halle Beobachtungen und Verweise aufgrund eines mit dem Hallenser Domprediger Neuenhaus ausgetragenen öffentlichen Disputs um den Taufritus eintrug. 1854 führte eine anläßlich einer Kirchenvisitation gehaltene Predigt zu amtlichen Untersuchungen gegen H. seitens des Konsistoriums und der Polizei in Magdeburg. H. erwarb sich als Kirchenvertreter hohe Anerkennung in der Stadt Magdeburg und in seiner Gemeinde. 1846 erschien bei → Wilhelm von Heinrichshofen in Magdeburg seine Schrift „Kirchenjahr des Täufers", ein noch 40 Jahre später viel gelesenes Religionsbuch. Mit seinen kraftvollen Predigten galt H. bis ins hohe Alter als begabter Redner. Mit Interesse verfolgte er die Bürgerverslgg. und war mehrmals als Wahlvorsteher in seiner Gemeinde tätig. Er begründete 1868 den Magdeburger Bezirksverein der *Dt. Ges. zur Rettung Schiffbrüchiger*, stand diesem 25 Jahre vor und beförderte dessen Entwicklung. In der Magdeburger Loge „Harpokrates" 1849 affiliiert, wirkte er dort in der Nachfolge → Heinrich Ernst Sachses 1851–57 als Meister vom Stuhl. Gemeinsam mit → Friedrich August Klusemann gehörte H. 1856 zu den Mitunterzeichnern des öffentlichen Briefes an Generalsuperintendent → Johann Friedrich Moeller, der die seitens führender ev. Theologen erhobenen Vorwürfe gegen die Verbindung von Predigeramt und Freimaurerei abwies und die Position der Magdeburger ev. Pfarrer im *Freimaurerbund* deutlich machte. 1888 trat er in den Ruhestand, arbeitete als Redakteur der *Gemeindeberichte von St. Jakobi* und versuchte sich 1890 mit „Joab" an einem viel beachteten lit. Trauerspiel. Die Jakobi-Gemeinde gedachte H.s mit einen Festgottesdienst. Die Grabrede hielt sein Nachfolger an St. Jakobi, der später als Prediger und Schriftsteller bekannt gewordene → Karl Storch.

W: Einer von den Gevattersleuten an Domprediger N., 1847; Fruchtkörner aus dem Vorrathe der Kirche Christi. Sechs Predigten, Magdeburg, 1850; Der Strom der ev. Wahrheit. Predigt im Gottesdienste des Gustav-Adolph-Vereins, 1852. – **L:** → Albert Wolter, Gesch. der Stadt Magdeburg, 1901; Hermann Hoppe, Gesch. der Johannis-Freimaurer-Loge Harpokrates ... von 1826–1901, 1901 (***B***); Nachrufe, in: Magdeburgische Ztg. vom 22.12.1893 und vom 27.12.1893; AKPS: Rep A, Spec. P, H 201 (PA).

Heike Kriewald

Hille, Otto *Gustav*
geb. 31.05.1849 Jerichow, gest. nach 1926 (vermutlich Philadelphia/USA), Komponist, Musiker.

Der Sohn des Bürgers und Musikers Friedrich H. besuchte die Volksschule in Jerichow und wurde hier 1863 konfirmiert. Um 1870 studierte er am Berliner Konservatorium und wurde Schüler des Geigers Joseph Joachim. Wenig später wanderte er nach Amerika aus und trat dort erfolgreich als Violinvirtuose und Komponist auf. 1880 wurde er Lehrer an einer Musikakad. und seit 1910 Leiter eines eigenen Konservatoriums in Philadelphia, wo er noch um 1926 wirkte. H.

komponierte u. a. Klavier- und Violinsonaten, Klavierstücke und Lieder.

L: Karl Demmel, Dichter- und Musikerköpfe aus den Kreisen Jerichow, in: Jerichower Land und Leute, H. 10, 1926, 4.

Rolf Naumann

Hillenhagen, *Willi* Richard
geb. 12.06.1919 Buer-Hassel bei Gelsenkirchen, gest. 04.12.1997 Burg, Pädagoge, Studienrat, Stadtverordneter.

H. begann als Ruhrpottkumpel in der Zeche „Bergmannsglück" in Gelsenkirchen, wo er 1933–39 zunächst als Berglehrling und anschließend als Schlepper unter Tage arbeitete. 1939 verpflichtete er sich als Berufssoldat für zwölf Jahre. Nach einer Verwundung an der Front in Rußland erlebte er das Kriegsende als Oberschirrmeister in Brandenburg. Im Dezember 1945 wurde H. Neulehrer im Kr. Salzwedel und studierte daneben bis 1950 am Inst. für Lehrerbildung in Staßfurt. Nach kurzer Tätigkeit in der Schulverwaltung Magdeburgs unterrichtete er ab Oktober 1952 als Geschichtslehrer an der achtklassigen Volksschule in Möckern, die 1956 zur zehnklassigen Mittelschule erweitert wurde. Von 1957 bis 1981 leitete H. die Schule als Dir. 1959 wurde die Schule zur zehnklassigen Polytechnischen Oberschule mit durchschnittlich 600 Schülern aus Möckern, Tryppehna, Stegelitz, Zeddenick und Wallwitz weiterentwickelt. H. war Mitglied der SED. Er studierte 1966–69 in einem weiteren Fernstudium an der PH Potsdam mit dem Abschluß eines Dipl.-Pädagogen. 1971 wurde er zum Oberlehrer und 1973 zum Studienrat befördert. Er war maßgeblicher Initiator des Schulerweiterungsbaues 1975 und des Neubaus der Mehrzweckhalle 1979/80 in Möckern. H. war 20 Jahre Stadtverordneter. Er widmete sich besonders der Bildung, der Jugendarbeit, der Kultur und dem Sport. In diesen Jahren formte er unter Nutzung der Möglichkeiten, die der Großbetrieb *VEB Kombinat Industrielle Mast* (*KIM*) *Möckern*, größter Produzent von Masthähnchen (Broiler) der DDR, bot, das architektonische Bild der Stadt mit. Das Waldbad 1965, der Fußballplatz 1975 und die gen. Schulneubauten sind Ausdruck dafür. 1965 erhielt H. den Titel Verdienter Lehrer des Volkes und 1974 den Karl-Marx-Orden. Auch nach seiner Pensionierung 1981 beschäftigte er sich mit der Gesch. seiner Stadt, er verfaßte die Chronik der Schule und Teile der Stadtchronik.

W: Chronik der Schule, Ms. 1981–83; Stadtchronik Möckern, Ms., 1981–83 (beide Heimatstube Schloß Möckern). – **B:** *Familienunterlagen Gertrud H., Möckern (priv.).

Udo Rönnecke

Hiller von Gaertringen, *Johann* Friedrich August Freiherr
geb. 11.11.1772 Magdeburg, gest. 17.01.1856 Berlin, General der Infanterie.

H., der in Magdeburg geb. Sohn eines preuß. Generals, bewährte sich während der Befreiungskriege als Brigadekommandeur im Gefecht von Danigkow (Dannigkow) bei Magdeburg, in den Schlachten von Groß-Görschen, an der Katzbach und in der Völkerschlacht bei Leipzig. Als Oberst befehligte er 1815 eine Brigade in der Blücherschen Armee und trug in der Schlacht bei Waterloo durch den Sturm auf eine der franz. Schlüsselstellungen entscheidend mit zum Sieg bei. 1827 wurde er Kommandeur der 11. Division in Breslau und erhielt 1830 als Generalleutnant auf eigenen Wunsch aus gesundheitlichen Gründen den Abschied.

L: ADB 12, *426f.*; Priesdorff 4, *118–121.* – **B:** ebd.

Martin Wiehle

Hillmann, Walter, Dr. phil.
geb. 20.03.1880 Breslau, gest. 18.09.1942 Berlin-Wilmersdorf, Dipl.-Ing., Dir.

Über seine Vita ist wenig bekannt. H. trat 1911 als Direktionsassistent bei Dir. → Kurt Sorge in das *Friedr. Krupp Grusonwerk* Magdeburg ein. Bereits 1913 erhielt er Handlungsvollmacht und 1915 als stellvertretender Dir. die Prokura. 1919 wurde er gemeinsam mit Arno Grießmann zum Vorstandsmitglied und zum Dir. der *Friedr. Krupp Grusonwerkes A. G.* Magdeburg berufen, schied jedoch 1929 auf eigenen Wunsch aus. Nach einer kurzen Tätigkeit beim Reichskuratorium für Wirtschaftlichkeit in Magdeburg gehörte er bis 1929 dem Hauptvorstand des *Vereins Dt. Maschinenbau-Anstalten* und danach der Geschäftsführung des *Verbandes der Dt. Landmaschinenindustrie* an. Hier machte er sich besonders um den Aufbau des Ressorts zur Neuorganisation der gewerblichen Wirtschaft der Fachgruppe Landmaschinenbau verdient. Sein Hauptaugenmerk legte er dabei auf die Sicherung des ständig wachsenden Landmaschinenbedarfs zur Gewährleistung der Intensivierung der Landwirtschaft und damit der Ernährung der Bevölkerung. Besonderen Anteil daran hatte er durch seine Arbeiten zur Typenvereinheitlichung und -beschränkung sowie zur weitgehenden Normung der Einzelteile der Landmaschinen.

W: Kurt Sorge †, in: Zs. Stahl und Eisen 48, H. 39, 1928, *1391f.*; Neuregelung des Schlichtungswesens, in: ebd., H. 1, 1929 (Sonderabdruck); Der Ruhrkampf, die Neuregelung des Schlichtungswesens und die dt.

Sozialversicherung, in: Zs. des Niederdt. Gewerbevereins, 1929, *309–317*; Reform der Arbeitslosenversicherung, in: Mitteldt. Nachrichten, 15.06.1929. – **L:** N. N., Dr. W. H. †, in: National-Ztg. (Essen) vom 29.09.1942. – **B:** LHASA.

Werner Hohaus

Hilprecht, *Alfred* **Fritz**
geb. 06.06.1901 Magdeburg, gest. 29.06.1985 Magdeburg, Ornithologe, Schriftsteller.

H. verlor früh seinen Vater, den Brauer Karl Adolf H., 1916 starb auch die Mutter, und so schlug er sich alleine durch die „Hungerjahre" des I. WK. Nach dem Volksschulabschluß begann er eine kaufmännische Lehre in Hamburg, von der er 1920 nach Magdeburg zurückkehrte. Er fand zur „Wandervogel"-Jugendbewegung und trat unter dem Einfluß seines späteren Schwiegervaters → Emil Reinhard Müller in die SPD ein. Hauptberuflich arbeitete H. ab 1926 beim Presseamt der Stadt, sein eigentliches Interesse galt jedoch der Ornithologie. Er erarbeitete sich als Autodidakt das nötige Wissen, das auch Grundlage für eine vielfältige journalistische Tätigkeit wurde. 1931 gründete er mit Freunden aus der Jugendbewegung die Arbeitsgemeinschaft „Vogelfreunde", die sich neben dem Vogelschutz besonders der Erforschung des Vogelzugs widmete. Mit 55.000 Beringungen bis 1943 zählte sie zu den aktivsten Beringern in Dtl. Unter H.s Leitung wurde 1937 in Magdeburg eine beispielhafte Schau lebender Vögel (70.000 Besucher) organisiert. 1937 trat die Arbeitsgemeinschaft der *Dt. Ornithologischen Ges.* bei, deren Vors. Erwin Stresemann H.s Förderer wurde. Der II. WK setzte dieser Entwicklung ein Ende. 1946 aus englischer Kriegsgefangenschaft zurückgekehrt, widmete sich H. ungeachtet einer schweren Tbc-Erkrankung der Verwirklichung seiner Idee, in Magdeburg einen Zoologischen Garten zu gründen. Er fand Unterstützung bei Stadtschulrat → Oskar Linke und dessen Nachfolger → Heinrich Germer und wurde der „Initiator des Magdeburger Zoos". Unter seiner Leitung und nach seinen Plänen wurde der Tiergarten, der zunächst nur einheimische Tiere beherbergen konnte, trotz größter wirtsch. Schwierigkeiten im kriegszerstörten Magdeburg fast ausschließlich aus Spenden der Bevölkerung und der Betriebe von 1948–50 errichtet. Bis 1952 war H. sein erster Dir. Er fiel, wie viele andere ehemalige Sozialdemokraten, in Ungnade und mußte schweren Herzens zurücktreten. Danach engagierte er sich weiter für den Naturschutz und widmete sich einer umfangreichen Publikationstätigkeit, auch für die Tagespresse.

W: Vogelkunde im Magdeburger Land, 1938; Nachtigall und Sprosser, 1954; Ergebnisse der Beringung Sachsen-Anhaltischer Stare, 1954; Höckerschwan, Singschwan, Zwergschwan, 1956; Meisenlied im Schnee, 1963; Vogelwiegen im Waldtal, 1966; Auf schwimmenden Inseln, 1971; Der klingende Park, 1972; Das Wirken der AG „Vogelfreunde", 1985. – **N:** Mus. Heineanum Halberstadt. – **L:** Gerhard Creutz, A. H., in: Der Falke 8, 1987, *267f.* (***B***); Beatrix Herlemann, 45 Jahre Magdeburger Zoo, in: Magdeburger Volksstimme vom 24.06.1995; Unterlagen Vf., Berlin (priv.). – **B:** KHMus. Magdeburg; *Vf., Berlin (priv.).

Uwe Hilprecht

Hindenburg, Carl
geb. 11.08.1820 Magdeburg, gest. 06.04.1899 Magdeburg, Kaufmann, Radsport-Pionier.

Als 1868 die ersten Velozipede – vermutlich aus Paris – in der Elbestadt auftauchten, zeigte der Magdeburger Kaufmann H. sofort großes Interesse. Diese aus Holz mit Eisenreifen gefertigten Gefährte inspirierten ihn schließlich dazu, im Herbst 1869 auf dem Werder, u. a. mit → Adolf Mittag, den *Magdeburger Velozipeden Club* zu gründen. Der Clubbildung vorausgegangen war eine bereits seit dem Frühjahr 1869 bestehende Vereinigung von Sportfreunden, die in einem Exerzierschuppen am Ulrichsgraben mit sog. „Michaux'schen Velocipeden" das Radfahren bekannt machten. Der Club war nach dem *Altonaer Bicycle-Club* und dem *Münchner Velocipeden-Club* der dritte in Dtl. Er setzte sich die Beherrschung und Verbreitung des Radfahrens zum Ziel, worauf bereits Weihnachten des Jahres 200 Velozipede des ersten Serienherstellers Dtls, Heinrich Büssing in Braunschweig, geliefert wurden. Man trat zunächst dem *Dt.-Österreichischen-Velozipedenverband* bei. Bekannt wurde der *Magdeburger Velozipeden Club* durch Kunstradfahrdarbietungen, die in regelrechten Radoperetten gipfelten. Andere Vereine aus ganz Dtl. kamen, um von den Magdeburgern zu lernen. Als sich 1884 alle Splitterverbände in Leipzig auf einen dt. Dachverband einigten, wurde H. zum ersten Vors. des heute noch existierenden *Bunds Dt. Radfahrer* (*BDR*) gewählt. Infolge der Wahl legte er die Leitung des *Magdeburger Velozipeden Club* nieder, wurde jedoch in Anerkennung seiner Verdienste zu dessen Ehrenvors. ernannt. Die Einhelligkeit, mit der H. in den folgenden acht Bundestagen des *BDR* als erster Vors. wiedergewählt wurde, beweist, daß er zu dieser Zeit der richtige Mann in der Führung des großen Verbandes war. Nicht weniger bekannt war auch H.s Name auf dem Gebiet der Sportlit., die er durch die Herausgabe seines Festalbums für Radfahrer sowie diverser Festspiele in schätzenswerter Weise bereichert hat. Nachdem H. den Bund von 1884 bis 1893 als Präsident geführt hatte, wurde er auch hier Ehrenpräsident. Als sein Lebenswerk muß die Aktivierung einer völlig neuen Sportart, des Radsports, die Popularisierung des Fahrrades überhaupt und die Stimulierung eines ganzen Industriezweiges, wie Fahrrad- und Reifenfabriken, gesehen werden. H. war auch Förderer des Radfahrens für Frauen, ein damals äußerst umstrittenes Unterfangen. Die letzten Jahre seines Lebens nutzte er, um für den *BDR* und seine vielen Sportarten zu werben. Man sah in ihm eine Vaterfigur, und eine Umfrage des größten damaligen Fachbl. wählte ihn 1893 zum beliebtesten und verdienstvollsten Mitglied des *BDR*. Als H. starb, wurde er unter großer Anteilnahme auf dem Begräbnisplatz in Magdeburg-Friedrichsstadt beigesetzt. Aus Anlaß der Bundestage 1900 und 1924 fanden Ehrungsveranstaltungen statt. Später geriet sein Name in seiner Heimatstadt zunehmend in Vergessenheit. Aus Anlaß seines 100. Todestages wurde H. am 09.04.1999 an seiner neu gestalteten Grabstätte mit einer Feierstunde im Beisein von Radsportfreunden und Vertretern der Stadt geehrt.

L: Fachzss. Dt. Radfahrer-Bund, 1888–93; Paul von Salvisberg (Hg.), Der Radfahrsport in Bild und Wort, 1897 (Repr. 1980); Radsport-Sportalbum der Radwelt, 1902, *71*; Wolfgang Griese, 100 Jahre Bund Dt. Radfahrer, 1984, *22*; Thomas Lemm, Auf den Spuren der Magdeburger Radgesch., in: Radverkehrskonzeption, hg. vom Stadtplanungsamt, H. 9, 1995, *8–21*; Slg. Vf., Sandbeiendorf (priv.). – **B:** *ebd.

Günter Grau

Hindenburg, *Paul* Ludwig Hans Anton von Beneckendorff und von

geb. 02.10.1847 Posen, gest. 02.08.1934 Neudeck/Pommern, Generalfeldmarschall, Reichspräsident.

Der Sohn eines preuß. Offiziers und Gutsbesitzers erhielt seine Erziehung am Gymn. und im Kadettenkorps. 1866 trat er als Leutnant in die Kgl.-Preuß. Armee ein und nahm an den Kriegen 1866 und 1870/71 teil. Der Ausbildung an der Kriegsakad. 1873–76 folgten ab 1877 Verwendungen im Großen Generalstab, als Kompaniechef und im Generalstab des III. Armeekorps. Von 1888 bis 1893 war er Leiter der Abt. Infanterie im Kriegsministerium. 1893 übernahm er als Kommandeur das Oldenburgische Infanterieregiment Nr. 91 und erfuhr 1894 seine Beförderung zum Oberst. 1896 war er Generalstabschef des VIII. Armeekorps mit Beförderung zum Generalmajor 1897. Von 1903 bis 1911 war er Kommandierender General des IV. Armeekorps in Magdeburg, seit 1905 als General der Infanterie. Der Sitz des Generalkommandos befand sich in der Augustastraße 42 (heute Hegelstraße). 1911 wurde er altersbedingt aus der Armee verabschiedet. Nach Ausbruch des I. WK 1914 erfolgte seine Reaktivierung und Ernennung zum Oberbefehlshaber der 8. Armee (August 1914) und zum Oberbefehlshaber Ost (November 1914). Mit seinem Namen werden die Siege bei Tannenberg und den Masurischen Seen verbunden. 1916 erfolgte die Berufung als Chef der Obersten Heeresleitung und die Ernennung zum Generalfeldmarschall. Mit dem Ziel, die sich abzeichnende Niederlage des Dt. Reiches abzuwenden, wurde unter seiner Führung ein Programm zur Aktivierung aller staatl. Reserven, das sog. „H.-Programm", entwickelt. Mit Kriegsende und Thronverzicht des dt. Kaisers arbeitete er mit der neuen Reg. bei der Rückführung und der Auflösung des Dt. Heeres sowie der Aufstellung von Freiwilligenverbänden zusammen. Am 03.07.1919 trat er von seinem Amt zurück. 1925 und erneut 1932 erfolgte seine Wahl zum Reichspräsidenten, 1933 berief er Adolf Hitler zum Reichskanzler. H. wurde im Tannenbergehrenmal und nach 1945 in der Elisabethkirche in Marburg beigesetzt. H. war Soldat und gelangte als solcher, insbesondere unter den Eindrücken der Siege in Ostpreußen, zu großer Popularität. In Verbindung mit seiner langjährigen dienstlichen Beziehung zu Magdeburg bestimmte dies die Verleihung der Ehrenbürgerrechte der Stadt am 01.10.1914. H. hat zu Magdeburg eine enge Bindung gewonnen. Er schrieb: „Magdeburg, mein Standort, wird oft von solchen, die es nicht kennen, unterschätzt. Es ist eine schöne alte Stadt, deren Breiter Weg und deren ehrwürdiger Dom als Sehenswürdigkeiten gelten müssen. Seit der Schleifung der Festung sind über deren Grenzen hinaus ansehnliche, allen modernen Anforderungen entsprechende Vorstädte entstanden. Was der nächsten Umgebung Magdeburgs an Naturschönheiten versagt ist, hat man durch weit ausgedehnte Parkanlagen zu ersetzen gewußt. Auch für Kunst und Wiss. ist durch Theater, Konzerte, Museen, Vorträge und dergleichen gesorgt. Man sieht also, daß man sich dort auch außerdienstlich wohlfühlen kann …" („Aus meinem Leben", 1920). H. war kein Politiker, den in dieser Beziehung an ihn gestellten Herausforderungen war er nicht gewachsen. Von Herkunft und Erziehung her war er Preuße und Monarchist. Das hinderte nicht, daß er nach der Niederlage des Dt. Reiches und in der Zeit seines Präsidentenamtes loyal zur Verfassung stand.

L: NDB 9, *178–182*; Lex. der Dt. Gesch. 1977, *535f.*; Walter Rauscher, H. Feldmarschall und Reichspräsident, 1997. – **B:** *StadtA Magdeburg; Dt. Historisches Mus. Berlin.

Fritz Arlt

Hinz, *Christoph* **Paulus Otto Friedrich,** Dr. theol. h.c.
geb. 28.01.1928 Zezenow, gest. 21.03.1991 Magdeburg, ev. Pfarrer.

H., Sohn des Pfarrers und späteren Halberstädter Superintendenten Paulus H., wuchs in Kolberg auf und besuchte dort die Schule, machte 1943 Notabitur, wurde Marine-Flakhelfer und in den letzten Kriegswochen Soldat. Nach der Rückkehr aus einer kurzen Kriegsgefangenschaft studierte er in Münster, an der Kirchlichen Hochschule Berlin und in Heidelberg ev. Theol. Die erste Theol. Prüfung legte er 1952 in Halle ab; danach war er Vikar, Studieninspektor und, zunächst kommissarisch, Studentenpfarrer in Halle. Nach Abschluß der zweiten Prüfung 1956 in Magdeburg wurde ihm die Studentenpfarrstelle übertragen. 1963–67 war er Pfarrer in Merseburg, von 1967 bis 1978 Rektor des Pastoralkollegs Gnadau bei Magdeburg, der landeskirchlichen Fortbildungsstätte für Pfarrer. 1975 nahm er an der Vollverslg. des Ökumenischen Rates der Kirchen in Nairobi (Kenia) teil und wurde 1978 zum Pfarrer an der Magdeburger Matthäus-Gemeinde sowie zum Propst des Sprengels Magdeburg berufen. Er war zugleich Mitglied der Kirchenleitung der Ev. Kirche der Kirchenprovinz Sachsen. Der Ehrendoktor der Kirchlichen Hochschule Berlin (1982) wurde 1986 aus Gesundheitsgründen vorzeitig in den Ruhestand versetzt. H. leistete seit seiner Studentenpfarrerzeit wichtige Beiträge zur Diskussion aktueller kirchlicher Fragestellungen. Das galt für das Gespräch um zentrale innerkirchliche Themen (z. B. Verständnis der Taufe) ebenso wie für die Bewältigung der ideologischen und gesellschaftlichen Herausforderungen durch das marxistische System in der DDR und für den ökumenischen und den jüd.-christlichen Dialog. Zu all diesen Problemfeldern hat H. sich in zahlreichen Aufsätzen, die z. T. in der DDR nicht im Druck erscheinen konnten, und Rezensionen geäußert. Kennzeichnend für seine Arbeit war das Vermögen, diese Probleme theol., insbesondere durch eine kraftvolle und eigenständige Bibelauslegung tiefgründig und originär zu reflektieren und damit neue Einsichten zu gewinnen. Diese Fähigkeit prägte nicht zuletzt sein Wirken als Propst. H. war Mitglied der Kommission für Glauben und Kirchenverfassung des Ökumenischen Rates.

W: Feuer und Wolke im Exodus, in: Ev. Theol. 27, 1967, *76–109*; Christliche Verkündigung angesichts atheistischer Anfechtung, in: Stimmen aus der Kirche in der DDR. Polis 31, 1967; Wandlungen der Nachfolge unter dem Ruf Jesu, in: Festgabe für Bischof Krusche zum 65. Geb., 1982, *149–165*; Entdeckung der Juden als Brüder und Zeugen, in: Berliner Theol. Zs. 1987, *170–196*; ebd. 1988, *2–27*; Die Krankheitspsalmen. Ein Gespräch mit ihren Betern, 1994, ²1995. – **N:** Roswitha H., Magdeburg (priv.). – **L:** Christoph Demke, Geleitwort zum 60. Geb., in: Rüdiger Lux (Hg.), „ ... und Friede auf Erden". Fs. für C. H. zum 60. Geb., 1988, *7–9* (***B***); Magdeburger Propst i. R. C. H. gest., in: epd Landesdienst Ost Nr. 58 vom 22.03.1991, *5f.*; Heino Falcke, Sein Wirken hat die Kirchen in der DDR geprägt, in: Die Kirche Nr. 4 vom 25.01.1998, *6.* – **B:** Fotoarchiv Die Kirche, Magdeburg.

Gerhard Zachhuber

Hinze, *Wolfgang* **Franz Leopold,** Prof. Dr.-Ing.
geb. 23.06.1921 Dresden, gest. 03.04.1988 n. e., Ing., Hochschullehrer.

Der Sohn eines Studienrates legte sein Abitur 1939 am Gymn. zum Heiligen Kreuz in Dresden ab. Nach einer halbjährigen Arbeitsdienstzeit sowie einer halbjährigen Praktikantentätigkeit bei der Zigarettenmaschinenfabrik *Universelle Dresden* begann H. im zweiten Trimester 1940 das Studium des Maschinenbaues an der TH Dresden. 1941 wurde er von der Dt. Wehrmacht zum Kriegsdienst eingezogen und 1943 als Schwerkriegsbeschädigter entlassen. Er setzte daraufhin sein Studium fort und schloß dieses 1946 ab. Noch während seines Studiums im Mai 1945 stellte sich H. zu freiwilliger und unentgeltlicher Wiederaufbauarbeit der TH Dresden zur Verfügung und versah außerdem bis 1946 die Assistentengeschäfte im dortigen Inst. für Strömungsmaschinen. In seiner anschließenden zweijährigen Industrietätigkeit (1946–1948) im Dresdener Ingenieurbüro von F. E. Mittag arbeitete H. an der Entwicklung und am Bau von Klein-Wasserturbinen. Er nahm 1948 eine Tätigkeit als Assistent und später als Oberassistent an der TH Dresden auf und erwarb sich Verdienste am Inst. für Verbrennungskraftmaschinen (bis 1952 der einzige Assistent). In dieser Zeit bezog sich sein Aufgabengebiet vor allem auf den Aufbau des Lehr- und Übungsbetriebes sowie des Versuchswesens. 1955 prom. H. zum Dr.-Ing. an der Fakultät für Maschinenwesen der TH Dresden und wurde 1956 mit der Wahrnehmung einer Professur an der Hochschule für Schwermaschinenbau Magdeburg mit dem Ziel beauftragt, ein Inst. für Kolbenmaschinen zu gründen, aufzubauen und zu leiten. Trotz der großen Anfangsschwierigkeiten gelang es ihm durch unermüdlichen Einsatz, dem Inst. in kurzer Zeit sowohl auf dem Gebiet der Lehre als auch der Forschung ein Profil zu geben. Seine wiss.-fachlichen Fähigkeiten fanden ihre Anerkennung in der Ernennung zum Fachrichtungsleiter der 1963 gebildeten Fachrichtung Kraft- und Arbeitsmaschinen, der Bestätigung als Dekan der neu gegründeten Fakultät für Chemie und Energie 1964 und als Sektionsdir. der 1968 gegründeten Sektion Dieselmotoren, Pumpen und Verdichter. In seiner Lehrtätigkeit auf den Gebieten Thermodynamik, Kolbenmaschinen und Verbrennungsmotoren bewies H. pädagogisches Geschick. Seine klare Darstellungsart trug dazu bei, gute Studienleistungen zu sichern. H. arbeitete im Zentralen Arbeitskreis „Verbrennungsmotoren" und nach dessen Auflösung 1967 im Wiss.-Technischen Beirat „Dieselmotoren" mit. In Anerkennung seiner Verdienste wurde H. 1968 als Verdienter Techniker des Volkes ausgezeichnet.

W: Zum Einfluß der Wärmeverluste auf den Wirkungsgrad von Dieselmotoren, 1962. – **L:** UnivA Magdeburg: PA. – **B:** *ebd.

Carmen Schäfer

Hirsch, Max, Dr. phil.

geb. 30.12.1832 Halberstadt, gest. 26.06.1905 Bad Homburg, Verlagsbuchhändler, Mitbegründer der Gewerkvereine, Sozialpolitiker, Schriftsteller.

Der Sohn eines Handschuhmachers in Halberstadt und Neffe des bekannten jüd. Publizisten → Ludwig Philippson hat nach dem Besuch des Magdeburger Domgymn. in Tübingen, Heidelberg und Berlin Volkswirtschaftslehre studiert und auf diesem Gebiet auch prom. Aus gesundheitlichen Gründen bereiste er Frankreich und Nordafrika und publizierte einige Schriften zu seinen gesammelten Eindrücken. Nach der Rückkehr begründete er in Berlin das politische Wochenbl. *Der Fortschritt*. 1863 ließ sich H. in Magdeburg als Kaufmann und Verlagsbuchhändler nieder. Hier kam er in Kontakt mit liberalen Sozialvorstellungen, wie sie vor allem → Leberecht Uhlich vertrat, und mit der sich bildenden demokratischen Vereinsbewegung. Ab 1863 stand H. mit Uhlich zusammen an der Spitze des *Magdeburger Arbeiterbildungsvereins*. Im gleichen Jahr war er Mitbegründer des *Verbandes dt. Arbeiterbildungsvereine* und 1864 bereits Mitglied seines ständigen Ausschusses. Er gehörte der liberalen Fortschrittspartei an, die in Magdeburg eine erhebliche Anhängerschaft besaß, und trat publizistisch für deren Ziele ein. 1867 übersiedelte H. nach Berlin. Er hatte in England das dortige Genossenschaftswesen studiert und gründete nach dieser Anregung 1868 zusammen mit Franz Duncker und Hermann Schulze-Delitzsch Gewerkvereine (*H.-Dunckersche Gewerkvereine* ab 1869). Die in Konkurrenz zu den sozialistischen Gewerkschaften stehenden liberalen Gewerkvereine hatten in Berlin und auch in Magdeburg und Umgebung bzw. in der Provinz Sachsen und in Anhalt teilweise beträchtlichen Einfluß. Die Grundidee der Gewerkvereine war nach dem liberalen Sozialkonzept die Hilfe zur Selbsthilfe und stand im Gegensatz zu sozialistischen Auffassungen wie auch zur staatl. Sozialpolitik. Der rastlos tätige H. war neben seiner Tätigkeit für die Gewerkvereine auch Mitbegründer und Vorstandsmitglied verschiedener Vereine, die sich mit Volksbildung und Sozialpolitik befaßten. Aus diesen Aktivitäten ragte seine organisatorische Geschäftigkeit wie auch seine Lehrtätigkeit an der von ihm maßgeblich mitbegründeten „Volksuniversität", der Humboldt-Akad., heraus. Von Bedeutung war auch sein Wirken in der dt. Gruppe der *Interparlamentarischen Friedenskonferenz* und als Vors. der *Dt. Friedensges.* (1898–1900). Von 1869 bis 1893 war H. MdR, zunächst für die Fortschrittspartei und später für die Freisinnigen-Partei.

W: Die hauptsächlichen Streitfragen der Arbeiterbewegung, 1886; Die Arbeiterfrage und die dt. Gewerkvereine. Fs. zum 25jährigen Jubiläum der Dt. Gewerkvereine (H.-Duncker), 1893; Volkshochschulen. Ihre Ziele, Organisation, Entwicklung, Propaganda, 1901. – **L:** NDB 9, *205f.*; Wer ist's?, 1905 (*W*); Salomon Wininger, Große jüd. National-Biogr. 3, 1928, *115f.* (*W*); Encyclopaedia Judaica, Das Judentum in Gesch. und Gegenwart 8, 1931; Biogr. Wörterbuch zur dt. Gesch., Bd. 1, ²1995, Sp. *1173.*

Mathias Tullner

Hirt, Hugo

geb. 21.06.1842 Magdeburg, gest. 18.02.1896 Burg, Postsekretär, Heimatforscher.

Der Sohn eines Baubeamten wandte sich nach dem Besuch des Pädagogiums des Klosters U. L. F. in Magdeburg dem Postfach zu, nachdem er wegen häuslicher Notlagen nicht Theol. studieren konnte. Als Postbeamter in Burg tätig, befaßte er sich zudem mit der Altertumskunde, besonders mit Handel, Verkehr und Gewerbe in alter Zeit, und veröffentlichte in lokalen Ztgg. Nach dem Vorbild des 1885 in Genthin gegründeten *Vereins der Altertumsfreunde im Jerichowschen Lande* bildeten unter seiner Leitung 1891 16 Burger Heimatfreunde in der Gaststätte „Zum Schulterblatt" einen eigenen *Verein für Alterthumskunde im Kr. Jerichow I*. H. wurde zum Vors. des Vereins gewählt. Bereits zum Ende des Jahres stieg die Mitgliederzahl auf 50 an. Im August 1892 fand die feierliche Eröffnung der Slg. des Vereins statt, bei der ein von H. verfaßtes Festspiel aufgeführt wurde. Nach seinem Tode hieß es in einem Nachruf: „Der Verstorbene hat den Verein im Jahre 1891 gegründet und dabei weder Zeit noch Mühe gescheut. Er hat es verstanden, in allen Kreisen der hiesigen Bevölkerung Interesse für die Altertumssache zu erwecken, an der er selbst bis zu seinem Tode mit ganzer Seele hing. Dadurch ist es ihm auch möglich geworden, in so kurzer Zeit eine Slg. zu schaffen, die dem Verstorbenen zu besonderer Ehre gereicht und seinen Namen für den Verein unvergeßlich macht. Vorstand und Vereinsmitglieder, welche demselben näher standen, erfüllt sein früher Tod … mit tiefem Schmerze und sein Verlust, welcher schwer zu ersetzen sein wird, mit aufrichtigem Bedauern". Die Slg. ging in den Kriegsjahren des II. WK zum größten Teil verloren. Restbestände bildeten die Grundlage zur Neugründung des Burger Mus. nach 1945.

W: Das musikalische Element der dt. Poesie, 1879. – **L:** Adolf Hinrichsen, Das lit. Dtl., 1891, *250*; Walter Kersten, Gesch. des Burger Mus., Ms. o. J., *1* (überarbeitet 1957 von Erich Hobusch/→ Gisela Porth).

Axel Thiem

Hirte, Rudolf (Ps.: Schäfer-Witzel)
geb. 05.10.1893 Magdeburg, gest. 25.10.1962 Berlin-Buch, Komponist, Pianist, Musikpädagoge.

H. war der Sohn von Paul H. (Leiter der H.schen Musikschule, Organist an der Jakobikirche Magdeburg). Er erhielt nach dem Besuch des Magdeburger Domgymn. (Abitur 1912) seine erste musikalische Ausbildung (Klavier, Theorie) bis 1914 durch den Vater, der in Weimar noch die Ära Liszt miterlebt hatte, und den Pianisten Grus. 1914–18 studierte er in Berlin Philologie (Germanistik, Gesch., Latein) sowie Musikgesch. und Theorie bei Hermann Abert und Arnold Schering in Halle. Nach vorübergehender Dienstverpflichtung als Lehrer nach Torgau (bis 1918) nahm H 1918–20 in Halle ein praktisch ausgerichtetes Musikstudium auf (Musikpädagogik, Musikgesch., Gesang, Komposition). 1920 legte er die Staatsprüfung zur Lehrberechtigung im Fach Gesang an höheren Lehranstalten ab. Seit 1920 wirkte er in Magdeburg als Lehrer für Klavier, Gesang, Musikgesch., Musiktheorie, Kompositionslehre (nach Riemann) an der 1895 gegründeten Schule des Vaters, deren Leitung er 1940–43 innehatte. Mitte der 1920er Jahre wurde er Mitglied der *Dt. Friedensges.* und der *Liga für Menschenrecht* (bis 1934). 1926 heiratete er Margarete H., geb. Bremer, von der er einige Texte vertonte. H. leitete die *Magdeburger Liedertafel* (1930–39), den *H.-Chor* (1930–39) und den Chor der Reformierten Kirche (1928–43). 1935–39 war er Leiter der Musikalischen Zs. für Hausmusik *Die Fundgrube* (Schönebeck-Salzelmen). Im II. WK zu Wehrmachtstourneen (1943) und zum Wehrdienst in einer Transportkompanie (1944–45) verpflichtet, nahm er nach dem Krieg seine Tätigkeit als Musikpädagoge und freischaffender Künstler in Magdeburg wieder auf. Er beteiligte sich aktiv am Wiederaufbau des Musiklebens der Stadt. 1949 gehörte er zu den Mitbegründern der Fachgrundschule für Musik in Magdeburg (Lehrer für Klavier und Theorie). H. wurde Vorstandsmitglied des Bezirksverbandes Halle/Magdeburg des *Verbandes dt. Komponisten und Musikwissenschaftler* (Mitglied seit 1946). Er leitete einen Zirkel komponierender Laien und schrieb Rezensionen für die *Magdeburger Volksstimme*. In seiner Funktion als Mitglied des Staatl. Rundfunkkomitees setzte er sich für zeitgenössische Kompositionen ein. H. wurde als „vielseitig gebildeter, fleißig schaffender Künstler und geachteter Lehrer" charakterisiert, der sich als „Brückenbauer zur neuen zeitgenössischen Musik" verstand (Fleischhauer). In seinen letzten Lebensjahren widmete er sich, offenbar unter Einfluß der Bitterfelder Konferenz, verstärkt dem musikalischen Laienschaffen. Sein umfangreiches kompositorisches Werk umfaßt alle musikalischen Gattungen. Ausdrucksvolle Orchestermusik für kammermusikalisch-konzertante und große sinfonische Besetzung ist effektvoll instrumentiert. Einige Werke wurden für den Rundfunk bzw. für die Schallplatte eingespielt. H. wirkte zeitlebens auch als Pianist und Begleiter. Eine geplante Abh. über das Klavierspiel wurde nicht realisiert.

W: Liederzyklen (Julius Otto Bierbaum, Margarete H., Richard Dehmel, Theodor Storm, Heinrich Heine, Detlev von Liliencron); Kantaten (z. B. Seid wachsam und wirket); Chorwerke (z. B. Leben ist uns Leidenschaft, 1951); Oper: Der Sonnenspiegel (Max Gaertig, ca. 1935–37); heiteres Singspiel: Die lockende Stadt (Margarete H.); Orchestermusik: drei Sinfonische Fantasien für großes Orchester; Doppelkonzert F-Dur für Violine, Viola und großes Orchester (UA Querfurt 1960); zwei Klavierkonzerte; Oboenkonzert; Sinfonische Tanzszenen; unterhaltende Serenaden; Kammermusik: Streichquartett G-Dur; Sonate für Cello und Klavier a-Moll; Klavierwerke: drei Sonaten (Nr. 3 h-Moll, 1961), Walzer. – **N:** Hochschule für Musik Hanns Eisler Berlin; Zentrum für Telemann-Pflege und -Forschung Magdeburg. – **L:** Erich H. Müller (Hg.), Dt. Musiker-Lex., 1929, *569*; Nachruf, in: Der Neue Weg, 29.10.1962; Günter Fleischhauer, R. H. zum Gedenken, in: Musik und Ges. 13, H. 4, 1963, *224* (*B*); Wolfgang H., Kompositorisches Schaffen und Notenverz. R. H., Ms. 1997. – **B:** *Jörg-Heiko Bruns, Erfurt-Molsdorf (priv.): Tuschzeichnung von → Bruno Beye.

Ralph-J. Reipsch

Hoberg, Peter
geb. 13.09.1902 Rehringhausen/Sauerland, gest. 17.11.1984 Olpe-Rhode, kath. Theologe.

H. studierte zunächst in Münster und dann in Paderborn, wo er 1928 die kath. Priesterweihe empfing. Er war bis 1936 Pfarrvikar in Castrop-Rauxel, 1936–42 Vikar in Attendorn und 1942–52 Pfarrer in Magdeburg-Buckau. Lorenz Kardinal Jaeger ernannte ihn 1950 zum Dechanten des Dekanates Magdeburg und 1952 – nachdem Propst und Weihbischof → Wilhelm Weskamm zum Bischof von Berlin berufen worden war – zum Propst an der Propsteikirche St. Sebastian in Magdeburg. Unter ihm erfolgte der Nachkriegsumbau von St. Sebastian, in dessen Folge das Kircheninnere ein neues Aussehen erhielt. Weihnachten 1957 erhielt H. seine Berufung zum nichtresidierenden Domherrn des Paderborner Domkapitels. Seine Liebe, Kraft und Umsicht bewährten sich im Kriege und dann bei der seelsorglichen Integration der Heimatvertriebenen in das Erzbischöfliche Kommissariat Magdeburg. 1970 trat er in den Ruhestand und siedelte in seine sauerländische Heimat über. Sein Amtsnachfolger wurde → Karl Stettner.

L: Eduard Quiter, Die Propstei Magdeburg, 1959, *39* (***B***); Tag des Herrn, Nr. 1, 1985, *7*; ZBOM.

Daniel Lorek

Hoche, Johann Gottfried, Dr. phil.
geb. 24.08.1763 Gratzungen/Grafschaft Hohenstein, gest. 02.05.1836 Gröningen, ev. Theologe, Konsistorialrat, Historiker, Publizist.

Der Sohn eines Gutspächters besuchte die Stadtschule Ellrich und 1778–85 das Gymn. Wolfenbüttel. Das Studium der ev. Theol. und Gesch. 1785–88 an der Univ. Halle schloß er 1788 mit der Prom. ab. Die Absicht, nach dem Studium in Halle an die Univ. Erlangen zu gehen und dort zu habil., mußte H. aus familiären Gründen aufgeben und trat statt dessen als Hofmeister in den Dienst des Grafen Wiluster zu Halden im Fürstentum Minden, mit dem er ausgedehnte Reisen unternahm. Um 1790 gab H. diese Stellung auf und lebte danach als Privatgelehrter, mehrfach von gräflichen Höfen unterstützt, in Gotha, Wernigerode, Erlangen, Minden und Halberstadt, wo er sich wiss. Arbeiten widmete. 1795 trat H. in den kirchlichen Dienst und wurde Pfarrer in Rödinghausen in der Grafschaft Ravensberg, 1800 wechselte er nach Gröningen an die St. Martin Kirche, wurde dort 1803 als Kirchen- und Schulinspektor eingesetzt, 1805 zum Oberprediger und Superintendenten der Diözese Gröningen befördert und 1812 auch zum Konsistorialrat in Halberstadt ernannt. Der vielfältig interessierte H. pflegte als Superintendent in seinem Arbeitsbereich enge Kontakte zu den Honoratioren in Gröningen und der Nachbarorte Oschersleben, Kroppenstedt, Wegeleben und Schwanebeck. Durch Einladungen dieser Persönlichkeiten zu regelmäßigen Zusammenkünften in seinem Hause entstand ein Bekanntenkreis, in dem über Lit., Reisen und Politik diskutiert wurde. Die franz. Besetzung und der Durchzug der Husaren → Ferdinand von Schills boten Anlaß zu umfangreichem Gedankenaustausch. Gröningen entwickelte sich, durch den Sitz der Diözese und seine Lage an der Heerstraße begünstigt, neben Halberstadt zu einem geistigen Zentrum der Region und wurde 1816 Kreisstadt des neu gegründeten Landkreises Gröningen. Der vor allem hist. interessierte H. verfaßte zahlreiche regional- und kulturgesch. wertvolle Schriften sowie umfassende hist. und ethnographische Betrachtungen und Reiseberichte, die von seiner vortrefflichen Beobachtungsgabe zeugen. Zudem publizierte er moralisch-belehrende Romane und Erzählungen im Geschmack der Zeit. Seine Töchter Eulalia Therese H., verheiratete Merx (geb. 07.11.1815 Gröningen, gest. 09.05.1908 Heidelberg), und Luise Franziska H. (→ Louise Aston) waren ebenfalls schriftstellerisch tätig.

W: Vollständige Gesch. der Grafschaft Hohenstein, …, 1790; Beitrag zu einer Gesch. der Lustbarkeiten und Vergnügungen im 16. Jh., 1792; Gesch. der Statthalterschaft in den vereinigten Niederlanden, 1796; Des Amtmanns Tochter zu Lüde. Eine Wertheriade für Aeltern, Jünglinge und Mädchen. Roman, 1797; Adelheid von Wildenstein oder Folgen der mütterlichen Eitelkeit. Roman, 1798; Ruhestunden für Frohsinn und häusliches Glück (4 Bde), 1798–1800 (mit Johann Carl Christoph Nachtigal); Reise durch Osnabrück und Niedermünster in das Saterland, Ostfriesland und Gröningen, 1800 (Repr. 1977). – L: ADB 12, *519*; Hamberger/Meusel, Bde 3, 9, 11, 18 (***W***); Neuer Nekr 14, 1838, *791*; Gelehrten- und Kirchengesch. des Fürstentums Halberstadt, Bd. 1, 1795, *36*; Franz Brümmer, Dt. Dichterlex., Bd. 1, 1876, *117*; ders., Lex. der dt. Dichter und Prosaisten, 1884, *118*; Pfarrerbuch der Kirchenprovinz Sachsen, 1991ff.

Gerhard Williger

Höfs, Georg *Wolfgang*, Prof. Dr. med. habil.
geb. 13.02.1913 Wurzen, gest. 21.03.1991 Magdeburg, Arzt.

H. studierte 1932–37 Med. in Leipzig und Berlin und war anschließend Truppenarzt bis 1945. Von 1947 bis 1951 arbeitete H. als Assistenzarzt an den Univ.-Hautkliniken in Jena und Leipzig. 1948 prom. er in Leipzig zu Untersuchungen über Versager in der Gonorrhoe-Behandlung mit dt. Penicillin. 1959 habil. er sich in Leipzig zur Gewebetherapie in der Dermatologie. 1959–60 hielt sich H. zu Forschungs- und Lehrtätigkeiten an der Univ. Hanoi in Vietnam auf. H. wurde 1963 als Prof. und Dir. der Hautklinik an die Med. Akad. Magdeburg berufen. 1966 übernahm er die Funktion des Prorektors, von 1967 bis 1970 war H. Rektor der Med. Akad. H. verfaßte in Leipzig und Magdeburg zahlreiche Publikationen, Buchbeiträge und wiss. Vorträge zu Berufs- und Kinderdermatosen, zur Andrologie und Humangenetik in der Dermatologie, zur Tropendermatologie, zu immunologisch-zytologischen Fragen beim Ekzem und zur Therapie tropischer Hauterkrankungen. Unter Führung von H. entwickelte sich die Hautklinik der Med. Akad. Magdeburg zu einem dermatologisch-wiss. Schwerpunkt mit überregionaler Bedeutung. H. erhielt zahlreiche staatl. Ehrungen, u. a. 1968 als Verdienter Arzt des Volkes. 1978 erfolgte seine Emeritierung.

L: Dermatologen dt. Sprache, Biogr. Verz., 1955, *128*; Fs. der Hautklinik der Med. Akad. Magdeburg zur Emeritierung von W. H., 1978 (***W***); Unterlagen der Fam. H., Biederitz (priv.). – B: *ebd.

Till Höfs

Höltermann, Karl
geb. 20.03.1894 Pirmasens, gest. 03.03.1955 London, Schriftsetzer, Journalist.

Der Sohn eines westfälischen Schuhmachers und Gewerkschaftssekretärs wuchs in Nürnberg auf, trat früh der sozialistischen Arbeiterjugend und der Gewerkschaft bei und ging 1912 auf Wanderschaft. Als Soldat im I. WK erlitt er eine Gasvergiftung, wurde im Sommer 1919 als Unteroffizier demobilisiert. Zunächst Volontär bei der *Fränkischen Tagespost*, dann Redakteur beim *Sozialdemokratischen Pressedienst* in Berlin, wurde er 1920 von der *Magdeburger Volksstimme* zum politischen Redakteur berufen. Nach dem Ausscheiden → Paul Baders übernahm er die Chefredaktion. Nachdem er bereits 1922/23 mit führenden Magdeburger Sozialdemokraten die *Republikanische Notwehr* gegründet hatte, war er die treibende Kraft bei der Gründung der Republikschutzorganisation *Reichsbanner Schwarz-Rot-Gold*, deren stellvertretender Bundesvors., geistiger Motor und einfallsreicher Propagandist er wurde. Die in Magdeburg erscheinende Bundesztg. *Das Reichsbanner* leitete er ehrenamtlich. Er gehörte der Wehrkommission der SPD an, die die Richtlinien zur Wehrpolitik für den Parteitag 1929 in Magdeburg erarbeitete. Nach dem Schock der Septemberwahl von 1930, die 107 NSDAP-Abgeordnete in den Reichstag brachte, schuf er die paramilitärischen Kader der *Schutzformationen*, kurz *Schufo* genannt. Ab Dezember 1931 fungierte er als kommissarischer Vors., ab April 1932 als Bundesvors. des *Reichsbanners*. In dieser Zeit organisierte er das republikanische Schutzkartell „Eiserne Front" und zog 1932 in den Reichstag ein. Mit seiner Absicht, die Absetzung der preuß. Reg. am 20. Juli 1932 mit Hilfe der Preuß. Polizei und dem ihr als Hilfstruppe unterstellten *Reichsbanner* rückgängig zu machen, drang er in der Krisensitzung von SPD- und Gewerkschaftsführung nicht durch. Die letzte Bundesgeneralverslg. des *Reichsbanners* im Februar 1933 wählte H. einstimmig zum Vors. Vor dem Berliner Schloß hielt er seine letzte große Rede, die in der Verheißung gipfelte: „Nach Hitler kommen wir!". Er wurde in den nächsten Monaten der von SA und SS meistgesuchte Mann, so daß er im Mai 1933 emigrieren mußte. Über die Niederlande und das Saargebiet ging er 1935 nach London. Vergeblich bemühte er sich in Distanz zum SPD-Exilvorstand um die Reorganisation des *Reichsbanners*. Über seine Verbindung zu Labour-Führern nahm er Einfluß auf die britische Dtl.-Politik. Seine verschiedenen Versuche, eine Gegenposition zum Exil-Vorstand der SPD aufzubauen, blieben erfolglos, so daß er sich 1942 aus der Exilpolitik zurückzog. Nach 1945 besuchte er einige Male Westdtl., kehrte jedoch nicht dauerhaft zurück.

L: Reichstags Hdb 1933, *161*; Bio Hdb Emigr 1, *306f.*; → Franz Osterroth, Biogr. Lex. des Sozialismus, 1960, *138–140* (**B**); Wolfgang Benz/Walter H. Pehle (Hg.), Lex. des dt. Widerstandes, 1994, *360*. – **B:** *Slg. Vf., Hannover (priv.).

Beatrix Herlemann

Hölzer, Hugo
geb. 23.06.1885 Preuß. Börnecke, gest. 24.05.1956 Förderstedt, Lehrer, Heimatforscher.

Nach dem Besuch des Lehrerseminars in Barby 1902–05 erhielt H. eine Lehrerstelle in Plötzky/Kr. Calbe und war danach seit 1910 in Cochstedt/Kr. Quedlinburg als Lehrer, Organist und Küster angestellt. 1933 wechselte er nach Förderstedt/Kr. Calbe. Neben seinem Lehramt widmete sich H. in allen Dienstorten der Erforschung seiner Heimat. Mit → Adolf Becker wandte H. sich erdgesch. Beobachtungen zu und war auch ein erfolgreicher archäologischer Denkmalpfleger, dem die Sicherung bedeutender Funde gelang (vgl. Schulz, 1927). Herauszuheben sind seine langjährigen Beobachtungen der Flora des Hakels und der Salzflora im Magdeburgischen überhaupt. Vor allem beschäftigte sich H. mit der Volkskunde und Gesch. und schuf u. a. eine bedeutende Slg. niederdt. Wörter und Redensarten mit ca. 20.000 Belegen aus dem Hakelgebiet und der Südbörde (im Börde-Mus. Ummendorf), sammelte die Sagen des Hakelgebietes und zeichnete mehr als 2.000 Volkslieder mit Noten auf. Im Zuge genealogischer Forschungen verzettelte H. die Kirchenbücher von Cochstedt und Förderstedt. In seinen letzten Lebensjahren galt sein Forschen und Sammeln der Bördetracht.

W: Eine alte Volksweise. Betrachtungen über das Singen und Sagen des Volkes, 1929. – **N:** Börde-Mus. Ummendorf. – **L:** Walter Schulz, Ein Tierkopfbruchstück von Cochstedt, in: Js. für die Vorgesch. der sächsisch-thüringischen Länder 15, 1927, *29–31*; → Otto Held, H. H. †, in: Börde-Bote. Heimat-Zs. für Börde und Holzland, 1956, *12f.*; Peter Schmidt, Zur Gesch. von Geologie, Geophysik, Mineralogie und Paläontologie. Bibliogr. für die DDR. Veröffentlichungen der Bergakad. Freiberg 40, 1970; Hagen Herdam, H. H., Flora des Hakels (etwa 1928–32), aus dem Nachlaß zusammengestellt, Ms. 1977 (Börde-Mus. Ummendorf) mit einer Bestandsgesch. vom Vf., 1981; Vf., Bibliogr. H. H., Ms. Klein Wanzleben o. J. – **B:** Börde-Mus. Ummendorf.

Heinz Nowak

Höpfner, *Wilhelm* Friedrich Ernst
geb. 17.05.1899 Magdeburg, gest. 14.03.1968 Magdeburg, Graphiker.

Der Sohn des Musikers Ernst H. verbrachte die ersten Jahre der Kindheit in Nürnberg, bis der Vater mit der Fam. 1907 nach Magdeburg zurückkehrte und seine Tätigkeit am

Stadttheater wieder aufnahm. Hier hatte H. auch seine ersten wesentlichen Kunsterlebnisse. 1918 belegte er ein Semester an der Kunstgewerbe- und Handwerkerschule in Magdeburg bei → Richard Winckel, setzte das Studium an der Staatl. Kunstschule in Berlin fort und schloß es 1921 mit dem Examen als Zeichenlehrer für höhere Schulen ab. In Berlin erhielt er starke Anregungen durch Museen und Galerien. 1921 kehrte H. nach Magdeburg zurück und nahm eine Tätigkeit im Schuldienst auf. Noch im selben Jahr stieß er zur links-progressiven Künstlervereinigung *Die Kugel* und lernte den Architekten → Bruno Taut kennen. 1922 war H. erstmalig an einer Ausstellung der *Berliner Sezession* mit vier Radierungen beteiligt. Im selben Jahr übernahm er die Ausmalung des Schinkelsaales im Gesellschaftshaus Klosterbergegarten Magdeburg (nicht erhalten). Seit 1922 war H. auch freier Mitarbeiter an der *Volksstimme*, wo er mit satirischen, sozialkritischen Zeichnungen hervortrat. 1926–31 erneut in Berlin tätig, lernte er Käthe Kollwitz und Max Liebermann kennen und nahm 1929 mit vier Graphiken zu Brechts „Dreigroschenoper" an der Berliner Ausstellung der Preuß. Akad. der Künste teil. 1931 kehrte H. nach Magdeburg zurück und war erneut im Schuldienst tätig. Zwischen 1921 und 1937 unternahm er zahlreiche Auslandsreisen (u. a. sieben Italienreisen). Es entstanden zahlreiche graphische Folgen. In der Zeit des Ns. wurden fünf Arbeiten H.s als „entartet" beschlagnahmt, bis 1945 zeigte er selten seine Arbeiten in Ausstellungen. Nach Kriegsdienst und Gefangenschaft war H. ab 1945 wieder in Magdeburg ansässig und nahm seine künstlerische Tätigkeit und den Schuldienst wieder auf. Wie → Bruno Beye und → Hermann Bruse war H. an der Entnazifizierungskampagne und der Förderung des künstlerischen Nachwuchses beteiligt und arbeitete im *Kulturbund zur demokratischen Erneuerung Dtls* in verschiedenen Funktionen mit. 1952–59 fungierte H. als Vors. des *VBK* im Bez. Magdeburg und hatte 1955 und 1959 erste große Einzelausstellungen in Halle und Magdeburg. 1961 erhielt der Künstler den Erich-Weinert-Kunstpreis der Stadt Magdeburg und wirkte 1964–68 wieder kulturpolitisch maßgebend als Vors. des von ihm initiierten Graphikkreises im *Kulturbund* (später Freundeskreis Bildende Kunst). Nach seinem Tod gab es durch das Verdienst von Johanna H. viele große retrospektive Ausstellungen z. T. mit Katalogen im In- und Ausland. Mehr als 2.000 seiner druckgraphischen Arbeiten (vor allem Radierungen, seltene Lithographien und aus den letzten Schaffensjahren herausragende Materialdrucke) und Aquarelle sowie einige wenige spät entdeckte Ölgemälde sind erhalten. Seit 1984 vergibt die *Winckelmann-Ges.* in Stendal den H.-Preis zur Förderung junger Graphiker. H. wurde oft als der „Morgenstern der Feder und Nadel" apostrophiert, seine eigenwilligen, skurril-mehrdeutigen, aber auch poetischen Werke, die liebevoll menschliche Schwächen attackierten, nehmen einen Sonderplatz in der Kunstgesch. des letzten Jhs ein.

W: graphische Folgen: Dreigroschenoper und Chaplin, 1928/29; Fabeln von Äsop und Krylow, 1950/54; Magdeburger Köpfe, 1954ff. – **N:** Winckelmann-Mus. Stendal (H.-Zimmer); Thomas H., Berlin. – **L:** Hdb SBZ/DDR, *338*; Vollmer 6, 1962, *65*; W. H., Druckgraphik. Aquarelle, Kat. KHMus. Magdeburg 1969; Max Kunze (Hg.), W. H., Werkverz., Winckelmann-Ges. Stendal 1980 (***B***); W. H., Druckgraphik und Materialdrucke, Kat. Kunstslg. Cottbus 1979; W. H., Acquarelli e incisioni, Kat. Galleria del Levante Mailand 1980; Helga Kliemann, W. H., Das frühe graphische Werk 1921–40, Kat. Galleria del Levante München, 1982; Helga Sauer, W. H., 1988. – **B:** Slg. und Archiv Vf., Erfurt-Molsdorf (priv.); *KHMus. Magdeburg.

Jörg-Heiko Bruns

Hörsing, Friedrich *Otto*

geb. 18.07.1874 Groß-Schillningken/Ostpreußen, gest. 16.08.1937 Berlin, Schmied, Politiker, Oberpräsident.

Der Sohn eines Kleinbauern ging bei einem Kesselschmied in die Lehre und führte anschließend als Schmied, Wirt, Händler, Kaufmann und Arbeiter ein bewegtes berufliches Leben. Er war in Dtl., Österreich-Ungarn und in der Schweiz tätig, war Heizer auf Ozeanschiffen, besuchte drei Semester lang ein privates Technikum in Kiel. Seit 1905 Sekretär des *Dt. Metallarbeiterverbandes* für Oberschlesien, war er 1906–14 SPD-Bezirkssekretär für den Regierungsbez. Oppeln/Oberschlesien. 1914–18 Frontsoldat und Leiter eines Gefangenenlagers, wurde H. nach Kriegsende Vors. des Zentralen Arbeiter- und Soldatenrates für Oberschlesien, später preuß. Staatskommissar für Oberschlesien und seit Sommer 1919 Reichskommissar für Schlesien und Posen. 1919 war er Mitglied der dt. Nationalverslg. 1920 von der Preuß. Staatsreg. zum Oberpräsidenten der Provinz Sachsen ernannt, verfolgte H. mit Sorge die Bedrohung der Republik durch den Rechts- und Linksextremismus. Er entschloß sich z. B. im März 1921, gegen die Aufständischen im mitteldt. Industriegebiet Polizei anzufordern. Er mußte an seinem Amtssitz Magdeburg die Aufmärsche des republikfeindlichen *Stahlhelm* erleben. H. wurde zum Initiator des Aufbaus einer republikanischen Schutzwehr. Er gründete mit Sozialdemokraten und bürgerlichen Demokraten am 22.02.1924 in der Magdeburger Gaststätte Kloster-Berge-Garten das *Reichsbanner Schwarz-Rot-Gold*, um die Republik gegen alle Angriffe von rechts und links wirksam verteidigen zu können. Ein Jahr danach fand in Magdeburg mit 130.000 Teilnehmern die Bundesgründungsfeier statt. H. wurde Vors., Sitz des Vorstandes war Magdeburg. 1925 hatte das *Reichsbanner* drei Mio. Mitglieder. H. konnte in den folgenden Jahren seine Aufgaben als Oberpräsident und „*Reichsbanner*-General" immer weniger in Einklang bringen. Als er auf Reichsbannerkundgebungen die dt.-nationalen Minister der Reichsreg. als Republikfeinde bezeichnete, stellte ihm die Preuß. Reg. anheim, den Staatsdienst zu quittieren. Im Juli 1927 schied er als Oberpräsident aus. Sein selbstherrliches, undiplomatisches Auftreten, aber auch die von ihm unter dem Eindruck des Aufkommens der ns. Bewegung verlangte aktive Abwehr der Republikgegner trieben ihn in die Isolation. Nachdem der sozial engagierte H. 1932 eine neue Partei „links von der SPD" gründen wollte, wurde er aus der SPD und dem *Reichsbanner* ausgeschlossen. Das ns. Regime entließ den im „zeitweiligen Ruhestand" lebenden Oberpräsidenten fristlos und stellte die Zahlung aller Bezüge ein. Völlig verarmt ist H. in Berlin gestorben.

L: → Franz Osterroth, Biogr. Lex. des Sozialismus, 1960, *138–140*; Wolfgang Benz/Hermann Graml (Hg.), Biogr. Lex. zur Weimarer Republik, 1988, *150f.*; Helga Gotschlich, Zwischen Kampf und Kapitulation. Zur Gesch. des Reichsbanners Schwarz-Rot-Gold, 1987, *15–18, 24–26* u.ö. – **B:** Reichshdb 1, *804*; Foto Bundesvorstand Reichsbanner, in: Illustrierte Reichsbanner Ztg. 1, Nov. 1924; *Jörg-Heiko Bruns, Erfurt-Molsdorf (priv.): Lithographie von → Bruno Beye.

Manfred Wille

Höse, Karl

geb. 22.07.1868 Glauchau/Sachsen, gest. 08.01.1946 Barby, Lehrer, Heimatforscher.

Das dritte Kind des Buchdruckers Karl Friedrich H. siedelte mit seinen Eltern 1871 nach Barby über. Nach der allg. Schulausbildung absolvierte er an der Präparandenanstalt Barby 1883–87 die höhere Schule. Anschließend erhielt er im Barbyer Lehrerseminar bis 1890 die Ausbildung zum Volksschullehrer. Nachdem er in der ersten Hälfte des Jahres 1890 an der Volksschule in Chörau/Kr. Calbe tätig gewesen war, erhielt er an der Volksschule Barby eine Anstellung und war dort bis zu seiner Pensionierung Anfang August 1926 tätig. Er bekleidete lange Zeit die Stellung eines Konrektors. H. beschäftigte sich neben seinem Beruf mit der Gesch. der Stadt Barby und ihrer Umgebung. Sein bedeutendstes Werk war die „Chronik der Stadt und Grafschaft Barby". Sie vermittelt bis dahin z. T. unbeachtete und unentdeckte Quellen und Fakten der 1000jährigen Gesch. der Stadt in systematisierter Form und besitzt nach wie vor große Popularität in der Stadt. Nach der Schließung des Barbyer Lehrerseminars 1925 schrieb H. die „Gesch. des Barbyer Seminars" (1933). Er war darüber hinaus Autor zahlreicher lokalhist. Artikel, die in der Heimatbeilage der *Barbyer Ztg.* und im *Barbyer Hauskal.*, dem späteren *Heimatkal. für den Kr. Calbe*, veröffentlicht wurden.

W: s. o.; Chronik der Stadt und Grafschaft Barby, 1901, ²1913, Sonderausgabe 1991 (Repr. 1995); Die Außenkanzel an der Friedhofskapelle in Barby, in: Von Barbys Türmen. Bll. zur Pflege der Heimatkunde in der ehemaligen Grafschaft Barby und benachbarter Gebiete. Heimatbeilage der Barbyer Ztg., 1933; Saalhorn in Sage und Gesch., in: ebd. 1934; Das ehemalige Vorwerk Döben, in: ebd. 1934; Graf Wolfgang I. von Barby, in: ebd. 1939. – **L:** Chronik der Stadt und Grafschaft Barby, 1913, Sonderausgabe 1991; Barbyer Hauskal. für 1927, 1926; Barby (Elbe) – Tausendjährige Stadt, 1961, *35*. – **B:** *Vf., Magdeburg (priv.).

Andreas Radespiel

Hoffmann, *Friedrich* Eduard

geb. 18.10.1818 Gröningen, gest. 03.12.1900 Berlin, Baumeister, Techniker, Erfinder, Industrieller.

H., Sohn des Lehrers Johann Gottfried H., erhielt eine umfassende Bildung, u. a. am Domgymn. Halberstadt, begann 1838 eine Ausbildung im Baufach und erwarb 1843 an der Kgl. Allg. Bauschule in Berlin die Qualifikation zum Kgl. Baumeister. 1841–57 arbeitete H. beim Eisenbahnbau (Strecke Berlin-Hamburg). 1858 eröffnete er in Berlin ein eigenes Baugeschäft. Bereits zu dieser Zeit war H. als Erfinder hervorgetreten, u. a. mit einer pneumatischen Mühle, einem hydraulischen Bagger sowie einem System für Winkelschienen für Eisenbahnen. 17 Jahre lang beschäftigte sich H. mit der Verbesserung der Ziegelbrennerei und gelangte 1857 zu einer brauchbaren Konstruktion, dem Ringbrennofen. Mit dieser Erfindung gelang H. eine bahnbrechende wiss. und technische Leistung, für die er 1867 auf der Weltausstellung in Paris den Grand Prix erhielt. Der Vorteil des Ringofens bestand in einer Brennstoffeinsparung von bis zu 70 Prozent. Bei nie erlöschendem Feuer wurden in den bis zu 30 um den im Mittelpunkt stehenden Schornstein angeordneten Brennkammern zu gleicher Zeit alle Arbeitsgänge (Beschicken, Zumauern, Brennen, Öffnen, Abkühlen, Ausräumen) durchgeführt. Sein Ringofen, der zuerst Ende 1859 in Scholwin bei Stettin in Betrieb ging, fand weltweite Anwendung. Er besaß dafür Patente in ganz Europa, Rußland und den USA. Um 1900 gab es in der Welt mehr als 4.000 Ringbrennöfen, die selbst in Afrika, Australien, Südamerika und Ostindien zu finden waren. Gegenwärtig existieren Original-H.sche Ringöfen u. a. in Zehdenick, in Westeregeln/Börde, Glindow bei Potsdam und in Großtreben bei Torgau. H. gründete 1865 den *Dt. Verein für die Fabrikation von Ziegeln, Thonwaren, Kalk und Cement*, richtete 1870 ein chemisches Spezialabor für die Tonindustrie ein, das sich Fragen der keramischen Wiss. und Praxis widmete, und gab in diesem Zusammenhang auch das weltweit erste silikattechnische Publikationsorgan heraus. Die seit 1868 erscheinende *Töpfer- und Ziegler-Ztg.* wurde seit 1877 von Hermann August Seger weitergeführt. Der erfolgreiche Unternehmer, der mehrere Ziegeleien besaß, gehörte 1885 zu den Mitbegründern der Ziegelei-Berufsgenossenschaft und fungierte als deren erster Vors. Er verstarb in Schlesien und wurde in Berlin beigesetzt.

W: (Hg.) Notizbl., 1865ff. – **L:** BioJb 5, 1903, *260*; Nachruf, in: Tonindustrie-Ztg. 24, 1900, *1969*; Richard Weber, Hdb. der Ziegeleitechnik, 1914; Schlesische Lebensbilder, Bd. 1, 1922, *49–54*; Conrad Matschoss, Männer der Technik, 1925; Peter Lange, Fs. zum 125. Jubiläum des Ringofens, 1983; Lothar Schyia, Leben und Wirken von F. H. – sein weltweites Ringofenpatent, in: Ziegel-Zs. 5, 1998, *303–308* (***B***); ders., „Gut Brand!" Der Siegeszug des Ringofens. F. E. H. 1818–1900, Nestor der Ziegelindustrie, 2000. – **B:** Ziegelei-Mus. Westeregeln: Bildtafel.

Gerhard Williger

Hoffmann, Friedrich Wilhelm

geb. 1785 Magdeburg, gest. 07.06.1869 Magdeburg, ev. Theologe, Stadthistoriker.

H., Sohn eines Kaufmanns, besuchte in Magdeburg das Pädagogium des Klosters U. L. F. Ab 1805 studierte er zunächst in Halle, nach der Aufhebung dieser Univ. durch die Niederlage Preußens gegen Napoleon in Göttingen ev. Theol. 1813 kehrte er nach Magdeburg zurück und war bis 1829 an einer privaten Töchterschule, die seiner Schwester gehörte, als Lehrer tätig. Als der Magistrat der Stadt Magdeburg eine höhere Töchterschule gründete, errichtete H. eine Pensionsanstalt für Knaben aus höheren Ständen, die er bis 1852 leitete. 1858 erhielt er eine Oberpräbende im St. Georgen-Kloster und lebte dort zurückgezogen bis zu seinem Tode. Neben Gesch. interessierte ihn besonders spanische und portugiesische Lit. H. übersetzte Gedichte aus beiden Sprachen („Blüthen Portugiesischer Poesie", 1863). Sein Hauptinteresse aber galt der Gesch. seiner Heimatstadt Magdeburg. Seit der Gründung des *Vereins für die Gesch. und Alterthumskunde des Herzogthums und Erzstifts Magdeburg* 1866 war H. dessen Mitglied. Durch die Erarbeitung der „Gesch. der Stadt Magdeburg" hat sich H. bleibende Verdienste erworben. In der Zeit von 1845 bis 1850 wurde das Buch in drei Teilen durch den Magdeburger Verleger → Emil Baensch herausgegeben. H. wertete in seinem Werk zahlreiche archivalische Quellen aus, die heute, durch Verluste des Stadtarchivs im II. WK, nicht mehr vorhanden sind. Es ist aus den genannten Gründen noch jetzt für die Stadtgeschichtsforschung von großer Bedeutung. 1885 wurde H.s „Gesch. der Stadt Magdeburg" in einer von → Gustav Hertel und → Friedrich Hülße überarbeiteten Fassung in zwei Bänden herausgegeben, die Lücken mit neu erschienenen Unterlagen füllten, notwendige Berichtigungen und Kürzungen vornahmen, die Gliederung strafften und den neuen Erkenntnissen der Geschichtswissenschaft anpaßten sowie die Gesch. bis in die 1880er Jahre fortsetzten. 1860 gab H. die „Gesch. der Belagerung, Eroberung und Zerstörung Magdeburgs" (²1887) von Otto von Guericke heraus. Er nutzte dazu die im Stadtarchiv damals noch vorliegende Handschrift Guerickes, über den er in der letzten Zeit seines Lebens zahlreiche Quellen und Unterlagen sammelte. 1874 konnte Julius Otto Opel auf Wunsch des Verlegers Baensch das Lebensbild Otto von Guerickes aus dem Nachlaß H.s edieren.

W: s. o.; Otto von Guericke – Bürgermeister der Stadt Magdeburg. Ein Lebensbild aus der dt. Gesch. des 17. Jhs., 1874. – **L:** → Hugo Holstein, F. W. H., in: GeschBll 8, 1873, *295–298*; Magdeburg Info, H. 4, 1989, *15*. – **B:** *StadtA Magdeburg.

Ingelore Buchholz

Hoffmann, Fritz

geb. 17.08.1906 Ludwigshafen, gest. 04.06.1996 Berlin-Spandau, kirchlicher Jugendwart.

H. war 30 Jahre lang für die kirchliche Arbeit unter jungen Männern in Sa.-Anh. verantwortlich. Mehrere Generationen von Pfarrern wurden in ihrer Jugendzeit durch ihn geprägt. Aus einem pfälzischen Pfarrhaus stammend, entschied er sich zunächst für den Beruf des Kaufmanns. Über eine Vertretung in einem Erholungsheim in Dassel/Solling fand er Kontakt zum *Christlichen Verein Junger Männer (CVJM)* und gewann bei einem London-Aufenthalt zu Sprachstudien nähere Beziehung zu dem dortigen Verband. Dadurch entschied er sich, ganz in den christlichen Verkündigungsdienst zu treten. Seine Ausbildung zum Jugenddiakon erfuhr er 1929–32 im Brüderhaus des Johannesstiftes in Berlin-Spandau. Erster Einsatzort war dann Schneidemühl, dort war er bis 1935 als Jugendwart tätig. Nach Auseinandersetzungen mit der Hitler-Jugend wurde er durch den ostdt. Zweig des Jungmännerwerkes als Landeswart für die Kirchenprovinz Sachsen und die Landeskirche Anhalts berufen. Ein Schwerpunkt seiner Tätigkeit lag in Magdeburg. Die Arbeit erfolgte durch Besuche in den Gemeinden, Gewinnung ehrenamtlicher Mitarbeiter und Tagungen. 1936 wurde H. als einer der verantwortlichen Mitarbeiter für die kirchliche Arbeit im Olympischen Dorf eingesetzt. Dort erlebte er zum ersten Mal ökumenische Arbeit. Während des

II. WK war H. Angehöriger einer Sanitätseinheit der Luftwaffe in Berlin und Nordwestdtl. Nach seiner Rückkehr aus britischer Gefangenschaft im Herbst 1945 begann der erneute Aufbau der kirchlichen Jugendarbeit. Die äußeren Bedingungen hatten sich kaum verändert: Organisierte Vereinsarbeit war nicht möglich, alles konnte nur in engster Anbindung an die Kirche geschehen. Trotzdem wurden Rüstzeiten und Jugendtreffen neben der Arbeit in den Kirchengemeinden durchgeführt. Schon vor dem Kriege hatte H. das Huberhaus in Wernigerode als Heim für die Arbeit übernehmen können, 1948 kam Schloß Mansfeld hinzu. Seit 1947 trafen sich Tausende junger Menschen jeweils am Himmelfahrtstag auf dem Petersberg bei Halle unter freiem Himmel. Im Frühjahr 1953 wurde die Arbeit durch den Kampf der DDR gegen Junge Gemeinde und Studentengemeinde ernsthaft beeinträchtigt. H. wurde von März bis Juli in Untersuchungshaft gehalten. Er hatte sich dem Wunsch des Bischofs gefügt und war nicht nach Westberlin gegangen. 1966 beendete er seine aktive Zeit als Jugendwart und wandte sich den anderen Zweigen zu, die er inzwischen begründet hatte. Dazu gehörte eine Werkstelle für Gemeinde- und Jugendarbeit (Ton-, Bild-, Filmdienst und Versand) in der Zentrale für kirchliche Jungmännerarbeit in Magdeburg-Sudenburg, für die er schon 1943 eine Gewerbegenehmigung erhalten hatte. Zur aktuellen Information stellte er zunächst Dia-Serien zusammen, die mit einem Textheft vertrieben wurden, später kamen eingeführte Filme hinzu, die von direkt angestellten Filmmissionaren vorgeführt wurden. In seiner letzten Lebensphase wandte H. sich wieder der direkten Verkündigungsarbeit zu. Er wurde Vors. der Evangelistenkonferenz in der DDR und vertrat diese in ökumenischen Gremien. So konnte er an einer Vielzahl int. Konferenzen teilnehmen, u. a. an der ökumenischen Weltmissionskonferenz 1980 in Melbourne. H. war Initiator des 1980 in den Kirchen der DDR begonnenen „Missionarischen Jahrzehnts", vertrat die osteuropäische Region im Lausanne-Komitee für Weltevangelisten und wurde für sein Wirken mit der Albert-Schweitzer-Medaille ausgezeichnet.

L: Hdb SBZ/DDR, *326*; Hilmar Schmid, Das Himmelreich gleicht einem Kaufmann. Begegnungen mit F. H., 1998; AKPS: Akten.

Martin Kramer

Hoffmann, Johannes Carl Robert *Ernst*, Prof.
geb. 24.06.1878 Bernburg, gest. 09.05.1932 Magdeburg, Maler, Kunstgewerbelehrer.

H., Sohn des Eisenbahnsekretärs Robert H., besuchte 1888–95 das Gymn. Halberstadt und anschließend bis 1897 das Domgymn. in Magdeburg. Bis 1898 studierte er Malerei an der Kunstgewerbe- und Handwerkerschule Magdeburg u. a. bei → Adolf Rettelbusch und → Paul Bernardelli und im Anschluß daran bis 1900 Dekoratives Malen bei Otto Eckmann an der Unterrichtsanstalt des Kgl. Kunstgewerbemus. Berlin. 1900 wurde H. als hauptamtlicher Hilfslehrer und ab 1910 als volle Lehrkraft an der Kunstgewerbe- und Handwerkerschule Magdeburg für die Fächer Schriftzeichnen und Fachzeichnen für Tapezierer und Dekorateure, ab 1911 auch Pflanzenzeichnen, eingestellt und arbeitete dort bis zu seinem Tode 1932. 1907–09 besuchte er Kurse an der TH Braunschweig, Abt. Architektur, und studierte insbesondere Schriftzeichnen und hist. Schriften. In diesem Zusammenhang belegte H. 1905 und 1906 in Düsseldorf Kurse über hist. Schriften bei Peter Behrens und führte dazu auch private Studien durch. 1909 leitete er an der TH Braunschweig Seminare über künstlerische Schrift und zur Gesch. der Schrift. Sehr früh beschäftigte sich H. mit praktischen kunstgewerblichen Tätigkeiten, so 1897 als Volontär in einem Dekorationsgeschäft in Magdeburg, 1899 als Zeichner und Malergehilfe in Halle sowie im Sommer 1900 als Graveur und Zeichner in der Reichsdruckerei Berlin. 1905 führte er im Auftrage der Bezirksreg. die Dekorationsarbeiten an einigen Regierungsbauten am Magdeburger Domplatz durch. Auch als Lehrer bildete sich H. ständig auf dem Gebiet der künstlerischen Schrift weiter, so 1912, als er in Paris im Museé paléographique und in der Nationalbibl. spezielle Studien alter Schriften betrieb. Er wurde wegen dieser Kenntnisse oft mit der Anfertigung von Adressen, Ehrendiplomen u. ä. betraut. 1917 wurde er zum Prof. berufen und leitete ab 1924 als Nachfolger Rettelbuschs die Klasse Dekorative Malerei. Einer seiner Schüler war → Wilhelm Paulke, der ihn ab 1930 zunehmend bei seinen krankheitsbedingten Ausfällen vertrat. Frühe Arbeiten H.s (Federzeichnungen) lassen eine Vorliebe für das Detail erkennen. Später ging H. unter dem Einfluß → Rudolf Bosselts zur Lithographie und Kohlezeichnung und einer damit verbundenen großzügigeren und freieren Darstellungsweise über (Harz, Landschaft um Magdeburg, Porträts). H., der während des I. WK als Offizier diente, entwarf u. a. ein Ehrenmal für die Gefallenen seines Regiments in Magdeburg sowie eine Gedenktafel für das Tannenberg-Denkmal. Er war seit 1912 Gründungs- und Vorstandsmitglied der Künstlervereinigung *Börde* in Magdeburg.

W: Lithographien: Frau vor Bäumen, 1913; Dorf mit Weiher, 1914; Elblandschaft, 1916 (KHMus. Magdeburg). – **N:** KHMus. Magdeburg (Teilnachlaß); Günter Paulke, Magdeburg. – **L:** Jahresberichte der Kunstgewerbe- und Handwerkerschule Magdeburg 1893ff.; Norbert Eisold, Die Kunstgewerbe- und Handwerkerschule Magdeburg 1793–1963, Kat. Magdeburg 1993, *22, 109, 156f.*; Geh. StA Berlin: HA I, Rep. 120, Abt. X, Fach 2, Nr. 18, Bde 2–15 (Akten der Kunstgewerbe- und Handwerkerschule Magdeburg) sowie Fach 1, Nr. 5, Bd. 1; Bundesarchiv Berlin: Sign. R 4901, Abt. X, Fach H, Nr. 30, E. H. 551 (PA). – **B:** Vf., Berlin (priv.); *Günter Paulke, Magdeburg (priv.).

Gerd Kley

Hoffmann-Lederer, Hanns, Prof.
geb. 03.02.1899 Jena, gest. 17.04.1970 Esseratsweiler/Bodensee, Werbegraphiker, Kunstschullehrer.

H. besuchte 1914–17 die Oberschule in Jena und absolvierte dort im Anschluß eine Steinmetzlehre. Nach dem Kriegsdienst 1918 war H. 1919–20 Schüler von Walter Klemm (Graphik und Malerei) an der Staatl. Hochschule für Bildende Kunst/Staatl. Bauhaus in Weimar sowie 1920–24 Bauhausschüler in der Werkstatt für Steinbildhauerei (Lehrer u. a. Oskar Schlemmer und Walter Gropius). Als Jungmeister für künstlerische Form und Technisches (1923) studierte er 1924–25 an der privaten Kunstschule von Johannes Itten in Zürich-Herrliberg (Weberei, Teppichknüpferei) und arbeitete anschließend als Graphiker in Zürich. 1926–29 war H. auf Empfehlung Schlemmers als leitender künstlerischer Mitarbeiter am Hochbauamt der Stadt Magdeburg unter → Johannes Göderitz verantwortlich für die Gestaltung und Überwachung der plastischen, malerischen, graphischen und werbegraphischen Aufgaben sowie der städtischen Ausstellungen in dieser Zeit. H. lieferte u. a. Ausmalungsentwürfe für die Magdeburger Stadthalle, Farbangaben für städtische Innenräume und Hausfassaden und gestaltete das Magdeburger Stadtwappen neu. Neben der künstlerischen Überwachung der Magistratsdruckerei entwarf er sämtliche Magistratsdrucksachen zu Repräsentationszwecken (Dt. Städtetag usw.) sowie Sonderprospekte (Orgel der Stadthalle Magdeburg, Die Stadthalle Magdeburg, Stadttheater, Neubauprospekte), Bronzeplaketten und Festplakate. Er organisierte zudem den Aufbau zweier Hallen (Mitteldtl.) zur *Dt. Feuerwehrausstellung* 1929. Nach seinem Weggang aus Magdeburg war H. mit Unterbrechungen bis 1942 freier künstlerischer Mitarbeiter am Messe- und Ausstellungsamt der Stadt Berlin, lehrte an der Privatkunstschule von Johannes Itten und betrieb ein eigenes Atelier mit seiner Frau, der Bauhäuslerin Mila Lederer, die er in Magdeburg kennengelernt und geheiratet hatte. 1942 siedelte er nach Posen über, wo er bis 1945 Lehrer an der Meisterschule für das gestaltende Handwerk war. Nach Einzug zum Volkssturm und Verlust sämtlicher bisheriger Arbeiten erhielt H. 1945 eine Anstellung als Doz. für das Fach Vorlehre (Gestaltungslehre) an der Staatl. Hochschule für Baukunst und Bildende Künste in Weimar (ab 1947 ao. Prof.), das er nach dem Vorbild des Bauhauses einrichtete. 1950 gab er sein Lehramt auf, zog nach Westdtl. und leitete 1950–63 als Prof. das Fach Vorlehre an der Werkkunstschule in Darmstadt. 1963 siedelte er mit seiner Frau in das Haus „Akron" in Esseratsweiler am Bodensee über, widmete sich dort einer privaten Lehrtätigkeit und arbeitete an einem Fachbuch zur Vorlehre, das unvollendet blieb.

L: Werkdrucke der Staatl. Hochschule für Baukunst und Bildende Künste Weimar, 1949; Anne Hoormann (Hg.), H. H.-L., Bauhäusler, Maler, Grafiker, Formgestalter, Plastiker, 2001 (*W*); Stiftung Bauhaus Dessau, Slg. Schriftenarchiv.

Guido Heinrich

Hoffmeister, Anne Johanne Emma *Ilse*
geb. 28.03.1892 Löderburg bei Staßfurt, gest. 18.08.1968 Magdeburg, Kunstgewerbelehrerin.

H. erhielt 1914 die Lehrbefähigung als Gewerbelehrerin für Kunsthandarbeiten an Fach- und Berufsschulen. Von 1915 bis 1921 war sie Lehrerin am Technischen Seminar in Hagen, wo sie Kurse für gestalterische Werkarbeit einrichtete. In Hagen gründete und leitete sie u. a. eine Ortsgruppe des *Verbandes für Frauenkleidung und Frauenkultur*, richtete einen kunstgewerblichen Laden „Werkkunst der Dt. Frau" ein und machte die Öffentlichkeit mit neuen Wegen in der Erziehungsarbeit bekannt. Nach einjähriger Tätigkeit als Seminar- und Gewerbeschullehrerin am Pestalozzi-Fröbel-Haus in Berlin war H. 1922–32 als Seminarlehrerin am Technischen Seminar der Städtischen Haushaltungs-Gewerbeschule in Magdeburg, zuletzt als Fachvorsteherin, tätig. Sie gehörte ehrenamtlich der Kommission für den technischen Unterricht der Stadt Magdeburg und dem städtischen Museumsausschuß an, arbeitete an Plänen für eine Werk-Oberschule mit und war Dozentin an der Städtischen Volkshochschule. Als Vors. der Ortsgruppe des *Verbandes für Frauenkleidung und Frauenkultur* und des *Verbandes der Berufs- und Fachschullehrerinnen* innerhalb des *Allg. Dt. Lehrerinnen-Vereins* richtete sie Fortbildungskurse für die technischen Lehrerinnen ein, veranstaltete Frauen-Bildungs- und Berufsschulwochen. H. wirkte bei der papiergestalterischen Herstellung eines Marionettentheaters und eines Märchenspieles für die Dt. Theaterausstellung 1927 in Magdeburg mit. 1932–1933 war H. Dir. der Städtischen Haushaltungs- und Gewerbeschule sowie der gewerblichen Frauenberufsschule in Magdeburg. Nach ihrer Beurlaubung zum Oktober 1933 wurde sie auf eigenen Antrag zum April 1934 in den Ruhestand versetzt. 1945 wurde H. als Reg.- und Gewerbeschulrätin des Dezernats für Berufs- und Fachschulen in die Bezirksverwaltung Magdeburg berufen. Von 1947 bis 1950 bekleidete sie das Amt der städtischen Berufs- und Fachschulrätin. Von September 1950 bis zu ihrem Ausscheiden aus dem Schuldienst 1952 war sie hauptamtliche Studienleiterin des Lehrgangs für Berufsschullehrer in Magdeburg.

L: Norbert Eisold, Die Kunstgewerbe- und Handwerkerschule Magdeburg 1793–1963, Kat. Magdeburg 1993; StadtA Magdeburg: Akten.

Kristina Ziegler

Hofmann, Bernhard

geb. 19.07.1889 Magdeburg, gest. 10.02.1954 Magdeburg, Rechtsanwalt, Notar, Konsistorialpräsident.

Nach der Schulzeit am Gymn. des Klosters U. L. F. in Magdeburg von 1898 bis 1907 studierte H. bis 1910 an den Univ. Freiburg/Breisgau, Berlin und Halle Jura. Das erste Examen legte er 1910 in Naumburg ab, das zweite 1915. Zum Gerichtsassessor am Amtsgericht Magdeburg ernannt, wurde er im Februar 1919 auf Antrag aus dem Justizdienst entlassen und war seit dieser Zeit als Rechtsanwalt und Notar in Kalbe/Milde tätig. Ende Juni 1925 wechselte H. nach Magdeburg, wo er dem *Stahlhelm – Bund der Frontsoldaten* beitrat. Seit 1927 engagierte er sich in der Provinzial- und Generalsynode der preuß. Provinz- und Landeskirche und trat 1933 dem Laienkreis des Pfarrernotbundes bei. In der Folge der Synode der Bekennenden Kirche (BK) von Barmen 1934 nahm H. auch an den weiteren BK-Synoden teil und gehörte zum engeren Rat des BK-Bruderrates der Provinz Sachsen. Zu diesem gehörten außer H. die Pfarrer Wilhelm Hülsen, → Ludolf Müller und Wolfgang Staemmler, die 1937 gemeinsam wegen Ungehorsams angeklagt wurden. Gegenstand der Anklage war die Verantwortung einer Kirchenkollekte für die BK, die nicht genehmigt war. Das Verfahren wurde durch Beschluß vom 03.06.1938 nach dem Straffreiheitsgesetz eingestellt, doch lief es als Ehrengerichtsverfahren beim *Nationalsozialistischen Rechtswahrerbund* (*NSRB*) weiter. Ebenso wie zwei weitere Verfahren vor der Rechtsanwaltskammer wurde es im Wege der Amnestie eingestellt. Auch weitere Ehrengerichtsverfahren wurden 1940 und 1942 abgewiesen, lediglich in einem Verfahren hielt es der Ehrengerichtshof durch Beschluß vom 16.03.1943 für nötig und ausreichend, eine disziplinarische Warnung auszusprechen. Durch Verfügung des Präsidiums der Provinz Sachsen vom 12.09.1945 wurde H. erneut als Rechtsanwalt am Amts- und Landgericht Magdeburg zugelassen. Einer Bitte Ludolf Müllers zur Übernahme eines kirchenleitenden Amtes entsprach H. erst 1947. Auf Antrag der provinzsächsischen Kirchenleitung wurde H. in den Dienst der Ev. Kirche der altpreuß. Union übernommen und zum 01.11.1947 zum Konsistorialpräsidenten der Kirchenprovinz Sachsen ernannt.

L: EZA Berlin: Bestand 7/P 585 und 7/P 588 (PA).

Hans Seehase

Holstein, Alexander Gustav Julius Hermann *Hugo* Waldemar, Prof. Dr. phil.

geb. 22.02.1834 Magdeburg, gest. 27.12.1904 Halle, Gymnasialdir., Historiker, Geh. Regierungsrat.

H. besuchte das Domgymn. seiner Heimatstadt bis Herbst 1852. Nach Abschluß eines Studiums absolvierte er 1856/57 das Probejahr als Lehrer am Domgymn. in Naumburg, wo er auch nach seinem Militärjahr 1858–64 als o. Lehrer angestellt war. Ab Herbst 1864 unterrichtete er als o. Lehrer am Domgymn. in Magdeburg und wurde 1871 dort Oberlehrer. Von 1875 bis Ostern 1878 war er Oberlehrer in Verden, dann bis 1885 Rektor des Progymn. in Geestemünde. H., seit 1875 Prof., nahm zum Herbst 1885 den Ruf als Dir. des Kgl. Gymn. zu Wilhelmshaven an. Hier wirkte er bis Ostern 1901. Seinen Ruhestand verbrachte er in Halle. H. war bis zu seinem Tod Mitglied im *Verein für Gesch. und Altertumskunde des Hzts und Erzstifts Magdeburg*. Er veröffentlichte zahlreiche Schriften hist. und philologischen Inhalts sowie Rezensionen, u. a. in den *GeschBll* und in den *Bll. für Handel, Gewerbe und sociales Leben*. Seine bevorzugten Themen waren die Gesch. des Klosters Berge bei Magdeburg, des Domgymn. Magdeburg, die Belagerung der Stadt 1806, aber auch Hausinschriften, alte Magdeburger Ratsfamilien u. a. m. Er trat zudem mit fundierten Untersuchungen zur Gesch. des Dramas im 16. Jhs hervor und war als Hg. an der Reihe „Neudrucke dt. Literaturwerke des 16. und 17. Jhs" beteiligt.

W: Cicero de finibus, für den Schulgebrauch erklärt, 1873; Gesch. des Kgl. Domgymn. zu Magdeburg, Fs. 1875; Urkundenbuch des Klosters Berge bei Magdeburg, 1879; Die Reformation im Spiegelbilde der dramatischen Litt. des sechzehnten Jhs, 1886; Gesch. der ehemaligen Schule zu Kloster Berge, 1886; Johann Reuchlins Komödien. Ein Beitrag zur Gesch. des lateinischen Schuldramas, 1888. – **L:** BioJb 9, 1904; Albert Zimmermann, Beiträge zur Gesch. des Kgl. Gymn. zu Wilhelmshaven, 1904, *13*; Otto Heinemann, Systematisches Inhaltsverz. zu den Jgg. 1 50 der GeschBll und der Fs. von 1891, 1917, *15 18* (*W*).

Maren Ballerstedt

Holtermann, Ernst

geb. 10.08.1867 Hamburg, gest. 10.03.1922 Magdeburg, Buchhändler.

H. gehörte zu den Pionieren des dt. ev. Buchhandels. Nach seiner fachlichen Ausbildung in Hamburg trat er bereits 1890 als Leiter in die Filiale der *Dt. Ev. Buch- und Traktatges.* in der Berliner Behrensstraße ein, führte das Geschäft mit großer Umsicht und erfreute sich in Berliner Kreisen bald allg. Anerkennung „dank der ihm eigenen glücklichen Verbindung von innerlich christlicher Grundeinstellung und hervorragend tüchtigem buchhändlerischen Können" („Der ev. Buchhandel", 1961). Dennoch nutzte er Mitte 1902 die Gelegenheit, sich selbständig zu machen, und übernahm die 1876 vom Vorstand der Korporation der Herberge zur Heimat, einem mit der ev. Stadtmission verbundenen Bücherverein, gegründete Schriftenniederlage in Magdeburg für eigene Rechnung. H. verlegte das unrentabel arbeitende Geschäft, das unter seiner Leitung bald florierte und unter der Fa. *Ev. Buchhandlung E. H.* bereits 1905 erneut in ein größeres Geschäftslokal (Breiter Weg 195/Leiterstraße) umziehen mußte. In kurzer Zeit konnte H. mit den Pastoren von Magdeburg und Umgebung sowie christlichen Kreisen der Stadt einen festen Kundenstamm gewinnen und das Geschäft entscheidend ausbauen. Neben Buch und Bild wurden kirchliche Geräte, Talare, Hostien, Altarkerzen, Formulare usw. vertrieben. H. gliederte der Buchhandlung zudem einen kleinen Verlag an, der theol. Abh. und Predigten in Form von Büchern, Broschüren und Heften, z. T. in Massenauflage, herausbrachte und das Monatsbl. des *Gustav-Adolf-Vereins* sowie Veröffentlichungen des *Vereins für Kirchengesch. der Provinz Sachsen* publizierte. H. diente langjährig kirchlichen und buchhändlerischen Verbänden, zuletzt u. a. als Vors. der *Vereinigung Ev. Buchhändler* und als Vorstandsmitglied des *Verbandes Magdeburger Buchhändler*. Sein Sohn Johannes H. (geb. 23.11.1900 Berlin-Lichterfelde, gest. 19.05.1987 Magdeburg) führte das Geschäft nach 1922 zunächst zusammen mit seiner jüngeren Schwester Irmgard (bis 1930) und der Unterstützung des alten Mitarbeiterstammes weiter. 1933 war die Fa. die anerkannt führende christliche Buchhandlung der Kirchenprovinz Sachsen, die in der Zeit des Ns. durch ihren Einsatz für das christliche Schrifttum, insbesondere das der Bekennenden Kirche, zunehmend in Schwierigkeiten geriet. Johannes H. wurde 1939 zum Kriegsdienst eingezogen, kehrte 1947 aus der Gefangenschaft zurück, konnte die 1945 durch Bombentreffer schwer beschädigte Buchhandlung an alter Stelle fortführen und stand ihr bis 1971 als selbständiger Geschäftsführer vor. Die Fa. befindet sich gegenwärtig in dritter Generation im Besitz von Martin H. in Magdeburg.

L: Gustav Fick (Hg.), Der Ev. Buchhandel. Bausteine zu seiner Gesch., 1921, *224–227*; Der ev. Buchhandel. Eine Übersicht seiner Entwicklung im 19. und 20. Jh., 1961, *148f*. – **B:** Martin H., *Magdeburg (priv.).

Guido Heinrich

Holthey, Hans
geb. 01.09.1895 Lüneburg, gest. n. e., Architekt.

Nach dem Besuch des Gymn. studierte H. Architektur an der TH Darmstadt und wurde Mitglied des *Dt. Werkbundes* und des *Bundes der Architekten*. H., der von 1925 bis 1931 in Magdeburg ansässig war und ein eigenes Architekturbüro unterhielt, konzipierte zahlreiche Bauten, insbesondere Wohn- und Geschäftshäuser sowie Industriebauten in Lüneburg und Magdeburg. Zu seinen Werken gehören neben einem Umbau für die Fa. *Oertgen & Schulze* Magdeburg und einer ÖLAG-Tankstelle eine ganze Reihe weiterer, dem „neuen Bauwillen" verpflichtete Arbeiten, die das Magdeburger Stadtbild prägten, u. a. die Orthopädische Klinik Prof. Dr. Blencke (Umbau 1928), die Siedlung Olvenstedter Chaussee (1928/29), die Siedlung Sedanring (1929), Verwaltungsgebäude und Pförtnerhaus der *Großgaserei AG* (1929 mit → Johannes Göderitz) und der Wohnblock Olvenstedter Platz 7/8 (1930).

W: s.o.; Geschäftshaus Masting & Co., Magdeburg, Umbau 1920; Gewerkschaftshaus für Angestellte, Magdeburg, Umbau 1927; Bahnhofstraße 22, Magdeburg, Umbau 1928; Stettiner Straße 1, Magdeburg, Umbau 1928; Garagenbau Coors, 1929. – **L:** Architekt H. H. DWB, 1929 (Dt. Architektur-Bücherei); Dresslers Kunsthdb. 9, Bd. 2, 1930, *444*; Olaf Gisbertz, → Bruno Taut und Johannes Göderitz in Magdeburg. Architektur und Städtebau in der Weimarer Republik, 2000.

Hans Gottschalk

Holtzheuer, *Otto* Gottlob Alwin, Lic. theol., Dr. theol. h.c.
geb. 24.01.1836 Neuhaldensleben, gest. 29.11.1906 Magdeburg, ev. Theologe, Generalsuperintendent.

H., Sohn eines Feldwebels, absolvierte 1850–56 das Joachimsthalsche Gymn. in Berlin, studierte ev. Theol. in Halle und Berlin und war anschließend als Hauslehrer und Hilfsprediger tätig. 1864 übernahm er ein Predigeramt in Neustettin, wechselte 1866 als Pastor nach Ratzebuhr in Pommern und wurde dort 1869 zum Superintendenten berufen. 1875 prom. ihn die Univ. Greifswald zum Lizentiaten der Theol. 1878–99 führte er das Amt des Oberpfarrers und Superintendenten in Weferlingen/Kr. Neuhaldensleben. Seit 1881 Mitglied der ev. Synode der Provinz Sachsen und ihres Vorstandes, gehörte H. ab 1885 der Generalsynode der preuß. Landeskirche an – bis 1891 als Mitglied des General-Synodalrates, später als Mitglied des General-Synodalvorstandes. Seit 1893 bekleidete H., eines der tätigsten Mitglieder der sog. „konfessionellen Gruppe" innerhalb der Synode, das Amt des Vizepräsidenten der Generalsynode und stellvertretenden Vors. des Generalsynodalvorstandes. 1899 wurde er neben → Carl Heinrich Vieregge zum zweiten Generalsuperintendenten der Provinz Sachsen ernannt. H. galt als charismatische Persönlichkeit, die fest im konfessionell-lutherischen Standpunkt verwurzelt war. Er nahm wiederholt Stellung zu zeitgenössischen theol. Streitfragen und setzte sich kritisch mit den Auffassungen der Schule Albrecht Ritschls (Adolf von Harnack, Julius

Kaftan, Emil Schürer u. a.), insbesondere mit der um 1885 entstandenen sog. Religionsgesch. Schule um Albert Eichhorn und William Wrede, auseinander, die eine radikale Beschäftigung mit neutestamentlichen und urchristlichen Texten in streng hist. Geist betrieb, wandte sich aber auch gegen die „theol. Inferiorität" populärer Schriftsteller wie Gustav Frenssen. Er selbst vertrat in Wort und Schrift gegenüber der „grundstürzenden Theol." eines mit dem neuzeitlichen Positivismus imprägnierten Glaubens einen streng christologischen, der neulutherischen Bekenntnistheol. verpflichteten Standpunkt. Bereits in Weferlingen gab H. den Anstoß zu diesbezüglichen theol.-apologetischen Fortbildungskursen für angehende Theologen. 1893–99 redigierte H. die durch Ernst Wilhelm Hengstenberg gegründete konservative *Ev. Kirchen-Ztg.*, für die er die meisten größeren Artikel selbst schrieb. Die theol. Fakultät der Univ. Greifswald verlieh H. 1898 die theol. Ehrendoktorwürde.

W: Der Brief an die Ebräer, 1883; Das Abendmahl und die neuere Kritik, 1896; Christologie, 1898; Die Jerusalemfahrt, 1898; Die Auslegung der heiligen Schrift in der Kirche, der theol. Wiss. und den Sekten, 1901; Drei letzte Zeugnisse, 1906. – **L:** BioJb 11, 1906; Franz Neubert (Hg.), Dt. Zeitgenossen-Lex., 1905; J. Gensichen, O. H. †, in: Ev. Kirchen-Ztg. 80, 1906, Sp. *1169–1172*; AKPS: Rep. A, Spec. P, H. 657 I/II (PA). – **B:** *Mus. Haldensleben.

Guido Heinrich

Holzapfel, Carl Albert *Rudolph,* Dr. phil.
geb. 17.11.1811 Charlottenburg bei Berlin, gest. 04.04.1897 Magdeburg, Pädagoge, Rektor.

H. besuchte das Joachimsthalsche Gymn. in Berlin, studierte hier Philologie und war danach von 1836 bis 1839 als Lehrer am Gymn. in Elberfeld tätig. Bis 1851 war er Oberlehrer am Köllnischen Realgymn. in Berlin und wurde in diesem Jahr nach Magdeburg berufen, um als Nachfolger von → Hermann Ledebur die Leitung der ehemaligen Höheren Gewerb- und Handlungsschule zu übernehmen. Im Oktober 1851 wurde H. in sein Amt eingeführt. H. setzte bis zu seiner Pensionierung 1887 die Arbeit seines Vorgängers fort, entwickelte die Schule in seiner Amtszeit von einer Realschule zum Realgymn. (ab 1882). Auch legte er seine auf dem Vergleich mit Unterrichtsmethoden in Frankreich basierenden pädagogischen Ansichten in einigen Schriften nieder. H. erwarb sich zudem große Verdienste um die Erforschung der Magdeburger Lokalgesch. Er war 1866 Gründungsmitglied, von 1885 bis 1896 Vors. und anschließend Ehrenvors. des *Vereins für Gesch. und Alterthumskunde des Hzts und Erzstifts Magdeburg*, dessen Arbeit und Entwicklung er maßgeblich förderte. Von seinen regionalgesch. Werken sind vor allem seine „Forschungen zur Gesch. Magdeburgs aus der Zeit des Großen Kurfürsten und des Großen Königs" (1892) sowie die Arbeit zum „Königreich Westfalen mit besonderer Berücksichtigung der Stadt Magdeburg" (1895) von Wert.

W: Ueber Namen und Begriff des Heidenthums, 1838; Über Realstudien in Frankreich, in: Schulprogramm der Realschule, 1852; Mitthlgg. über Erziehung und Unterricht in Frankreich, 1853; Hist. Überblicke. Sechs Vorträge, 1867; Kurze Gesch. der Höheren Gewerb- und Handlungsschule, jetzt Realschule erster Ordnung zu Magdeburg, in: Beilage zum Schulprogramm der Realschule, 1870; Des Großen Kurfürsten Festungsbauten in Magdeburg, in: GeschBll 15, 1880, *215–245*; Magdeburg – eine Zufluchtsstätte für die Kgl. Fam. während des siebenjährigen Krieges, in: Fs. zur 25jährigen Jubelfeier des Vereins für Gesch. und Alterthumskunde des Hzts und Erzstifts Magdeburg, 1891, *15–30*. – **L:** C. Bratvogel, Fs. zur Hundertjahrfeier des Realgymn. zu Magdeburg am 3. Mai 1919, 1919, *61* (*W*); → Gustav Hertel, Nachruf, in: GeschBll 32, 1897, *457f.*

Wolfgang Mayrhofer

Holzweißig, *Friedrich* Wilhelm, Prof. Dr. phil.
geb. 27.10.1846 Delitzsch, gest. 30.03.1922 Berlin-Wilmersdorf, Schuldir., Pädagoge.

H. besuchte bis 1866 das Gymn. in Wittenberg. Anschließend studierte er ev. Theol. und Phil. an der Univ. Halle. Ab 1869 wirkte er als Religions- und wiss. Hilfslehrer am Gymn. in Stendal und unterrichtete nach Festanstellung im Schuldienst und Prom. in Halle ab 1871 als Oberlehrer am Gymn./Realgymn. in Bielefeld. 1883 wurde H. – erst 36jährig – Dir. des städtischen Victoria-Gymn. in Burg und leitete von 1895 bis 1907 das Domgymn. in Magdeburg, bevor er zum Gymn. in Zeitz wechselte. Während seiner Amtszeit in Magdeburg erlebte das Domgymn. mit einer Schülerzahl von 670 eine neue Blütezeit. Ein Reformgymn. wurde angegliedert, und Schülervereine entstanden (*Gesangverein, Lit. Verein*). H. gab Schul- und Übungsbücher sowie eine „Lateinische Schulgrammatik" (1885, ²⁷1912) für den altsprachlichen Unterricht heraus und publizierte mehrere Leitfäden für den Religionsunterricht, u. a. „Leitfaden zur Bibelkunde und Gesch. des Reiches Gottes im Alten und Neuen Bund" (1882, ¹⁶1914), „Leitfaden zur Gesch. der christlichen Kirche" (1874, ⁹1889) und den „Leitfaden zur ev. Glaubens- und Sittenlehre" (1875, ³1887), die zahlreiche Auflagen erlebten und weite Verbreitung fanden. Seine „Griechische Syntax in kurzer übersichtlicher Fassung aufgrund der Ergebnisse der vergleichenden Sprachforschung" (1878) wurde in mehrere Sprachen übersetzt.

W: s. o.; Recensentur interpretum variae de usu fabularum Pindarico sententiae, Diss. Halle 1870. – **L:** Adolf Hinrichsen, Das lit. Dtl., ²1891; Alfred Laeger, Gedenkschrift Vereinigtes Dom- und Klostergymn. Magdeburg 1675–1950, 1967, *16, 46* (*B*).

Wolfgang Mayrhofer

Hopfer, Ernst *August*
geb. Dezember 1824 Bernburg, gest. 29.03.1891 Burg, Buchund Zeitungsverleger, Druckereibesitzer.

H. war der Stammvater einer über drei Generationen und fast 100 Jahre in Burg tätigen Buchhändler- und Druckerfam. Er übernahm 1848 die Leitung der von Verlagsbuchhändler Müller aus Brandenburg gekauften *Buchhandlung Adolph Volger* in Burg und erwarb diese 1853. Er erweiterte ideenreich das Geschäft durch die Angliederung einer Leihbibl. und einer Schreib- und Papierwarenhandlung und übernahm die ersten Verlagswerke, von denen die fast 60 Jahre hindurch erschienene Anciennitätsliste der preuß. Armee das bedeutendste war. 1874 gründete H. die erste werktags täglich erscheinende Ztg. *Tagebl. für den Jerichowschen und benachbarte Kreise, Burgsche Ztg.* mit einer illustrierten Rundschau als Beilage und konnte diese 1878 mit dem 1809 gegründeten *Burgschen Kurier* vereinigen. Es war das meist gelesene Bl., der wirksamste Anzeiger und der schnellste Nachrichtenbote in beiden Jerichower Kreisen. H. legte damit den Grundstock für die größte Buchdruckerei in Burg. Er war Mitbegründer des *Sächsisch-Thüringischen Buchhändlerverbandes*. 1888 trat sein Sohn Rudolf H. (geb. 15.02.1855 Burg, gest. 08.06.1946 Burg) in die Fa., der nach seiner Buchhändlerlehre u. a. auch als Gehilfe in der *Creutzschen Buchhandlung* in Magdeburg gearbeitet hatte. Nach dem Tode des Gründers übernahmen dessen Söhne als gleichberechtigte Mitinhaber das Geschäft. Gemeinsam mit seinem Bruder Eugen H. hat Rudolf H. das Unternehmen über die Grenzen seiner Heimat hinaus bekanntgemacht. Die dem Zeitungsverlag angegliederte Werkdruckerei versorgte eine Anzahl großer und größter Verlage mit dem Druck ihrer Verlagswerke, ein eigener kunstgesch. Verlag schloß sich an. Ab 1885 war Rudolf H. Mitglied des *Sächsisch-Thüringischen Buchhändler-Verbandes* und von 1894 an Vorstandsmitglied. Auch die Söhne von Rudolf H. und sein Neffe traten in das Unternehmen ein. Unter Paul H. als Redakteur und Walter H. als Druckereibesitzer wurden mehrere Jgg. der Adreßbücher für Burg und Umgebung und des Heimatkal. für das Land Jerichow sowie das heimatkundliche Halbmonatsbl. *Jerichower Land und Leute* ab Januar 1922 bis 1940 verlegt. Unter der Verantwortung von Theodor H. erschien am 04.05.1945 vormittags das letzte *Burger Tageblatt*. Am gleichen Tage kam in Burg der erste Spähtrupp der sowjetischen Armee an, am 05.05.1945 wurde die Stadt kampflos übergeben.

W: Schwarz auf weiß. Schriften der Buchdruckerei A. H., 1930. – **L:** Oskar Michel (Hg.), Hdb. Dt. Ztgg., 1917, *201*; Georg Müller (Hg.), Der Sächsisch-Thüringische Buchhändler-Verband 1883–1933, 1933, *20f.*, *95*.

Paul Nüchterlein

Hoppe, *Fritz* **Otto Gerhard,** Dr. phil.
geb. 10.03.1925 Magdeburg, gest. 21.08.1994 Magdeburg, Pädagoge, Dir. für Kader.

Der Sohn eines Schlossers erlernte nach dem Besuch der achtklassigen Volksschule den Beruf eines Schriftsetzers. Nach seinem Kriegsdienst von 1942 bis 1945 kehrte er in seinen Beruf zurück. Vom Februar bis August 1946 besuchte er einen Neulehrer-Lehrgang in Salzwedel und war danach Lehrer an der Grundschule in Liesten. Im Januar 1949 wurde er Bezirksschulleiter im Schulbezirk Pretzier, ein Jahr später stellvertretender Schulrat in Salzwedel und 1950 Kreisschulrat. 1954–57 absolvierte er am Inst. für Gesellschaftswiss. beim ZK der SED eine Ausbildung zum Dipl.-Historiker und ging danach für zwei Jahre als Parteisekretär in den *VEB Schwermaschinenbau „Georgi Dimitroff"* in Magdeburg. Von 1959 bis 1962 arbeitete H. als stellvertretender Abteilungsleiter bei der Abt. Volksbildung der Stadt Magdeburg. 1962 wechselte er als Fachrichtungsleiter in die Abt. Gesch. des Pädagogischen Inst. (PI) Magdeburg. 1969 avancierte er zum Dir. für Kader und int. und kulturelle Beziehungen und übte diese Doppelfunktion 15 Jahre am PI und der späteren PH Magdeburg aus. Nach der Trennung der Arbeitsbereiche konzentrierte sich H. bis 1989 auf seine Aufgaben als Kaderleiter. 1972 prom. H. mit einer Arbeit zur Gesch.

Isa Schirrmeister

Horn, *Siegfried* **Herbert Nathan,** Prof., Ph. D.
geb. 17.03.1908 Wurzen, gest. 28.11.1993 St. Helena (USA), Missionar, Ägyptologe, Archäologe.

Sein Vater Albin H., Flugpionier bei Louis Blériot und Testpilot der Fa. *Schwade* in Erfurt, starb 1913 bei einem Flugunfall. H. besuchte eine jüd. Schule in Leipzig und konnte das Alte Testament in der Grundsprache lesen. Als 16jähriger schrieb er sich auf Anraten seines Freundes → Ernst Simon am Missionsseminar der Adventisten in Friedensau bei Burg ein und galt später als einer der bekanntesten Absolventen dieser Institution. Nach Sprachstudien in England und Holland wurde er 1932 als Missionar nach Niederländisch-Ostindien entsandt, wo er auf Sumatra und in Java wirkte. 1940 von britischen Truppen gefangengenommen, verbrachte er nahezu sieben Jahre in Internierungslagern auf Sumatra und in Indien. Die Gefangenschaft nutzte der Autodidakt für intensive biblische und archäologische Studien. 1947 blieb er nach seiner Entlassung in den USA und prom. 1951 an der Univ. von Chicago im Bereich Ägyptologie. Von 1960 bis zu seiner Emeritierung 1976 lehrte H. als Prof. für biblische Archäologie an der Andrews University/Michigan (USA). Ab 1968 führte er eigenständige Grabungen in Tell Hesban durch, wo er Überreste von 19 verschiedenen Stadtkulturen innerhalb eines Zeitraumes von 2.700 Jahren freilegte. Die Grabungen gelten heute als

Modell archäologischer Arbeit in Jordanien. Die Funde führten zur Gründung eines archäologischen Mus. an der Andrews University, das 1982 nach ihm benannt wurde. 1984 wurde das schon seit 1899 bestehende theol. Seminar in Friedensau durch Intervention H.s von der Andrews University akkreditiert, was den Zuwachs von ausländischen Studenten aus den sozialistischen Staaten Osteuropas und Afrikas begünstigte. Die Akkreditierung durch eine amerikanische Hochschule mit den damit verbundenen int. Kontakten stellte zunächst ein einmaliges schulisches Experiment in der DDR dar.

W: Entdeckungen zwischen Nil und Euphrat, 1957; Seventh-day Adventist Bible Dictionary, 1960; Der Spaten bestätigt die Bibel, 1970; Promise Deferred (Autobiogr.), 1987. – **L:** Joyce Rochat, Survivor (Biogr.), 1986; Archaeology of Jordan. Fs. (Hg. Lawrence Geraty und Larry Herr), 1986; Friedbert Ninow, S. H., in: Spes Christiana, Hg. Theol. Hochschule Friedensau, 1998/99, *86–101*. – **B:** *Archiv Friedensau (AAE).

Daniel Heinz

Horn, Wilhelm
geb. 16.01.1847 Wolmirstedt, gest. 02.10.1926 in Eichenbarleben, Bahnbeamter, Gastwirt, Schriftsteller.

Der Sohn eines Ziegeldeckers besuchte die Volksschule und schrieb dort bereits erste Gedichte für Freunde und Bekannte. Nach der Schulentlassung blieb er in der Fam., die auf seinen Mitverdienst nicht verzichten konnte. Seine Mitgift waren Mutterwitz, Sinn und Blick für Leben und die Lust zum Fabulieren. Dem Schrankenwärter bei der Eisenbahn in Meitzendorf zertrümmerte ein Unfall die rechte Hand. H. mußte den Beruf aufgeben und übernahm als Pächter die Bahnhofswirtschaft in Ochtmersleben. Dort hatte er Gelegenheit, den „Menschen aufs Maul" und in die Seele schauen, um sie in seinen Geschichten zu verewigen. 1880 erschien im Selbstverlag sein erster Gedichtbd. „Ernst und Humor", eine Slg. mundartlicher und hochdt. Gedichte. 1882 folgte der zweite Bd. „Lütte Knospen". Ein geplanter dritter, „Feldblumen", wurde nicht mehr gedruckt. Sein Vierakter „Die Tochter des Geizigen" war bei Laienspielgruppen beliebt. H.s Texte sind voller Schwung, natürlicher Sprache, Originalität und Unverwechselbarkeit. Nachdem H. durch ein Augenleiden erblindet war, übersiedelte er nach Eichenbarleben. In der Gastwirtschaft „Zur Post", die sein Sohn betrieb, erzählte er von seinem Stammplatz aus mit scheinbar ungebrochenem Humor den Gästen die Geschichten, die er nicht mehr aufschreiben konnte.

Otto Zeitke

Horst, Peter
geb. 22.03.1783 Jerichow, gest. 28.05.1813 Berlin (hingerichtet), Knecht, Brandstifter, Mordbrenner in Berlin.

H. war Sohn eines Jerichower Hirten und wurde 1804 Dienstknecht in Fischbeck, wo er durch Streitsucht und Schlägereien auffiel und aus Rache gegen seinen Dienstherrn eine Scheune in Brand steckte. Nach seiner Flucht 1806 wurde er Anführer einer Brandstifterbande im Berliner Raum. Gemeinsam mit seiner Geliebten Christiane Delitz aus Berlin legte er ganze Dörfer in Schutt und Asche, wobei zahlreiche Menschen den Tod fanden. 1810 wurde H. gefaßt und nach zweijähriger Voruntersuchung durch das Kammergericht zu Berlin zum Feuertod verurteilt. H. und seine Geliebte wurden vor dem Oranienburger Tor öffentlich auf einem Scheiterhaufen verbrannt. Damit wurde die letzte Feuerstrafe auf dt. Boden vollstreckt.

L: N. N., Die Hinrichtung des Mordbrenners P. H. aus Jerichow, die letzte auf dt. Boden verhängte Feuerstrafe, in: Heimatkal. für das Land Jerichow, 1919, *34*; Andreas Hoffmann, Berlin wird morgen abgebrannt. Die Gesch. eines Brandstifter-Pärchens samt angerichteten Schadens, 1998.

Rolf Naumann

Hosang, Johann *Jakob* Peter
geb. 28.10.1840 Sommersdorf, gest. 20.02.1927 Sommersdorf, Landwirt, Kohlengrubenbesitzer, Ortsvorsteher.

H. bewirtschaftete auf seinem Gut in Sommersdorf 282 Morgen Ackerland und betrieb zudem eine Kohlengrube. Neben seinen unternehmerischen Tätigkeiten engagierte er sich als Ortsvorsteher und förderte die Entwicklung seiner Gemeinde. Als Brandmeister gründete er 1890 die Freiwillige Feuerwehr Sommersdorf, der er bis Lebensende vorstand. Auf seine Initiative hin wurde ein Asyl für Invaliden unter dem Namen J.-und-Elise-H.-Stift gegründet, das er auf dem Sommersdorfer Königsberg errichten ließ. Er spendete zudem 20.000 Reichsmark, wofür eine Krankenschwester angestellt wurde, die mit im Stift wohnte und die Kranken betreute. Dieses humane Engagement H.s kann als Vorläufer für „altersgerechtes Wohnen mit med. Betreuung" angesehen werden. Als Mitglied der Nationalliberalen Partei vertrat H. 1890–1907 den Wahlkr. Wolmirstedt/Neuhaldensleben im Dt. Reichstag. Da seine Ehe kinderlos blieb, adoptierte er ältere Verwandte, um den Besitz in der Fam. zu behalten. Für sein politisches und soziales Engagement wurde H. mit hohen Auszeichnungen geehrt.

L: Hermann Kalkoff, Nationalliberale Parlamentarier 1867–1917 des Reichstages und der Einzellandtage, 1917; Alwin Gastmann, Gesch. des Dorfes Sommersdorf bei Magdeburg, 1937, *137f*. – **B:** *Bördemus. Ummendorf.

Hans-Eberhard Sika

Hoyer, Gustav

geb. 12.12.1852 n. e., gest. nach 1907 n. e., Fabrikant, Kommunalpolitiker.

Über die Herkunft und das Leben H.s ist wenig bekannt. Ab 1885 betrieben die Brüder Gustav und Carl H. gemeinsam mit Walter Glahn in der Schönebecker Böttcherstraße 59 die *Elektrotechnischen Werkstätten H. und Glahn*. Aus diesen bescheidenen Anfängen heraus gründeten sie 1890 in der Friedrichstraße 26 in Schönebeck die Fahrradfabrik *Weltrad*, aus der sich einer der größten Fahrradhersteller in Europa entwickelte, der durch die Produktion preiswerter Fahrräder diese zum Massengut machte. Dazu trugen viele Neuerungen bei: u. a. das Walzen des Hohlrohr-Fahrradrahmens, wodurch das Hartlöten des Rahmens entfiel, sowie die komplexe Einführung des autogenen Schweißens. 1897 wurde daraus die Aktienges. *Weltrad – vormals H. und Glahn*, die 1900 zur *Metallindustrie Schönebeck AG* wurde. Sie war nach 1945 die Keimzelle für das auch durch seine Exporte bekannte Traktorenwerk. H. war Aufsichtsratsvors. der Metallindustrie, und sein Bruder Carl H. wirkte als Dir. und Vorstandsmitglied. Neben Metallerzeugnissen wurden zeitweise u. a. auch Autos hergestellt. 1902/03 erfolgte die Konzentration auf Fahrräder und Motorräder mit elektrischer Zündung, wobei in der Folgezeit die Fahrradherstellung die einzige Produktionszweig wurde. In dieser Zeit schied Carl H. als Dir. aus und widmete sich mit der Fa. *C. und E. H., Inh. Carl H.* dem Bau von Elektro-Anlagen in der Böttcherstraße. Die Fahrradproduktion wurde im Unternehmen kontinuierlich modernisiert und weiterentwickelt, so daß Mitte der 1920er Jahre bereits über eine Mio. Fahrräder verkauft waren. H. wurde zuletzt 1907 als Fabrikbesitzer und Stadtverordnetenvorsteher genannt. Sein weiteres Schicksal ist nicht dokumentiert.

L: → Hans Leonhard, Dtls Jubiläumsfirmen. Industrie- und Handelskammerbez. Magdeburg, 1926, *43–45*.

Ernst Lindner

Hrussa, *Herwig* Harry Alexander

geb. 06.12.1910 Pilsen, gest. 18.05.1968 Magdeburg, Architekt.

Der Sohn eines Prof., Bauing. und Architekten besuchte nach einer begonnenen Maurerlehre die Dt. Höhere Gewerbeschule zu Tetschen-Bodenbach und legte die Matura ab. 1930–37 absolvierte er ein Studium für Architektur und Hochbau an der Dt. Technischen Hochschule Prag und schloß nach Unterbrechungen zur Ableistung des Präsenzdienstes einer Waffenübung mit der I. Staatsprüfung ab. Zwischenzeitlich war er 1935 als Hilfsassistent und architektonischer Bauleiter bei einem Fabrikneubau der Fa. *Meinel* in Bukarest (Rumänien) tätig. 1937–39 folgte eine Tätigkeit als Architekt bei der *Mitteldt. Heimstätten AG* Magdeburg. 1939–45 zum Kriegsdienst eingezogen, kam er schwer verwundet mit einer Beinamputation aus dem II. WK zurück. 1949–50 war H. im Landesprojektierungsbüro Magdeburg und Haldensleben und bis 1953 im *VEB (Z) Projektierungsbüro* Halberstadt als Hauptarchitekt sowie anschließend bis 1954 als Leit- und Chefarchitekt im Entwurfsbüro für Hoch- und Industriebau Magdeburg tätig. 1955 trat H. als Fachgruppenleiter für Architektur in den *VEB Hochbauprojektierung* Magdeburg ein und war dort bis zu seinem Ableben 1968 Chefarchitekt. Hier bestimmte er als Leiter eines großen Stadtplaner- und Architektenkollektivs wesentliche Phasen des Wiederaufbaus des Stadtzentrums Magdeburgs mit, wobei die gesellschaftliche und wirtsch. Entwicklung der 1950er und 1960er Jahre in der DDR Basis für die Entwürfe neuer Lebens- und Wohnmodelle war. Ergebnisse seines Anteils am „Nationalen Aufbauwerk" bzw. der Schaffung „Nationaler Traditionen" waren u. a. die großzügig gestaltete grüne Nord-Süd-Magistrale Wilhelm-Pieck-Allee/Breiter Weg, das Wohngebiet Jakobstraße und die Bebauung um den Nordpark in der Magdeburger Alten Neustadt. Dabei war ein Etikettieren von formal identischen architektonischen Tendenzen mit Mitteln der bildenden Kunst und eine gewisse Monumentalpropaganda, die zentralen Orientierungen entsprach, im Zentrum Magdeburgs unübersehbar.

W: Wohnsiedlung der Junkerswerke in Mosigkau, 1937/38 (Entwurf); Typentwicklung Neubauernhäuser zur Bodenreform, Bebauungspläne und Gutaufteilungspläne des Landes Sa.-Anh., 1945–49; Sozialer Wohnungsbau in Magdeburg, 1947–50; Tbc-Krankenhaus in Ballenstedt, 1951–52; Inst. für Pflanzenzüchtung in Quedlinburg, 1952; Wohnungsbau in Halberstadt und Blankenburg, 1952; Wohnstadt Calbe, 1953–54; Bauten im Stadtzentrum Magdeburgs – Nationales Aufbauwerk und Nationale Traditionen, Wilhelm-Pieck-Allee/Breiter Weg (im Kollektiv), 1955–60; Wohngebiet Jakobstraße und Bebauung um den Nordpark, Alte Neustadt, um 1960. – **L:** Helmut Asmus, Gesch. der Stadt Magdeburg, 1975; Joachim Palutzki, Architektur der DDR, 1998; Iris Reuther/Monika Schulte, Städtebau in Magdeburg 1945–1990 (2 Bde), 1998.

Werner Hohaus

Hubbe, Christoph Wilhelm *Otto*

geb. 20.08.1842 Magdeburg, gest. 24.10.1904 Magdeburg, Kaufmann, Fabrikant, Kgl. Geh. Kommerzienrat.

Der Sohn des Kaufmanns und Firmengründers → Gustav H. besuchte die Vorbereitungsschule und die höhere Gewerbe- und Handelsschule in Magdeburg. Von Ostern 1858 bis Ende 1860 absolvierte er bei der Fa. *Loesener & Schoch* eine kaufmännische Lehre und erhielt dort im Anschluß bis März 1862 eine Anstellung als Kassierer. Nach der Militärpflicht unternahm H. zur weiteren Ausbildung und zum Kennenlernen der Geschäftsverbindungen ausgedehnte Reisen nach England, Frankreich, Norwegen und Rußland. 1864 trat er in das väterliche Unternehmen ein. Im Folgejahr erhielt er gemeinsam mit seinem älteren Bruder Friedrich

Prokura und war ab 1871 Teilhaber im Familienunternehmen. H. erkannte die Notwendigkeit des Übergangs vom reinen Handelgeschäft zum Industriebetrieb. Damit begann der Bezug der Rohstoffe zur eigenen industriellen Fertigung der Waren. 1874 folgte der Bau und ein Jahr später die Inbetriebnahme einer Fabrik auf dem Großen Werder zur Herstellung von Sesam-, Palmkern- und Kokosöl und damit die Schaffung der Basis für einen neuen Industriezweig in Magdeburg. Nach dem frühen Tod des Bruders (1878) setzte der nunmehrige alleinige Inhaber die gemeinsam begonnene Erweiterung der Fa. kontinuierlich fort. Die Ende 1890 einem Brand zum Opfer gefallene Fabrik wurde 1891 an der Berliner Chaussee in großem Umfang und auf technisch modernstem Stand neu errichtet. Nach der Jahrhundertwende folgten weitere bedeutende Neuerungen wie die Einführung von Seiherpressen an Stelle der bisherigen Kastenpressen und der Ausbau der eigenen Versuchsstation mit ersten Forschungen zur Fettspaltung. Neben seiner unternehmerischen Tätigkeit erwarb sich H. große Verdienste um die Belange des Magdeburger Wirtschaftslebens. H. trat 1871 der *Magdeburger Korporation der Kaufmannschaft* bei, wurde Ende 1878 in das Ältestenkollegium gewählt und war vom Frühjahr 1887 bis Ende August 1889 deren Zweiter Vorsteher. Im Anschluß bekleidete er bis zu seinem Tod, als Nachfolger von → August Neubauer, die Position des Ersten Vorstehers der *Magdeburger Korporation der Kaufmannschaft* und der *Magdeburger Handelskammer*. Er erwarb sich besondere Verdienste bei der notwendig gewordenen Umwandlung der Korporation in eine Handelskammer, die ihre Arbeit am 01.01.1899 aufnahm, und bei der im selben Jahr erfolgten Gründung des *Verbandes mitteldt. Handelskammern* zur Durchsetzung ihrer Interessen bei den Staatsbehörden und bei der Reorganisation des Dt. Handelstages. Weiterhin engagierte sich H. für die dauernde Sicherung des kaufmännischen Unterrichtswesens. Er setzte sich nachdrücklich für die 1899 erfolgte Eröffnung der Kaufmännischen Fortbildungsschule ein, in der neben der kaufmännischen Lehre als Ergänzung zur Praxis eine theoretische Lehrlingsunterweisung erfolgte, für die ein Schulzwang ausgesprochen wurde. Mit seiner 1898 zum Andenken an seinen Vater eingerichteten *Gustav-H.-Stiftung* ermöglichte er die höhere Ausbildung unbemittelter Magdeburger Kaufleute. Als Stadtverordneter (1881–87) und Handelsrichter (1882–87) erfüllte er seine Aufgaben ebenso wie als unbesoldeter Stadtrat (ab 1887) und Mitglied des Provinziallandtages. H., der 1891 zum Kgl. Kommerzienrat und 1901 zum Geheimrat ernannt wurde, war Vors. der *Wasser-Assecuranz-Compagnie*, Aufsichtsratsvors. der *Magdeburger Privatbank* (spätere *Commerz- und Privatbank Magdeburg*), Vorstandsmitglied der Müllerei-Berufsgenossenschaft, erster stellvertretender Vors. des 1900 gegründeten *Verbandes der dt. Ölmühlen* und bis zu seinem Tod Mitglied des St. Johannis-Kirchenrates.

L: → Martin Behrend, Magdeburger Großkaufleute, 1906, 56, 59–63, 152–155 (*B*); → Hans Leonhard, Denkschrift zum hundertjährigen Jubiläum der IHK Magdeburg, 1925, 51 u.ö.; → Wilhelm Eule (Bearb.), G. H. – Hundert Jahre Magdeburger Kaufmannsfam., hg. von der Fa. Vereinigte Ölfabriken H. & Farenholtz, 1940, 66–85 (*B*). – B: *LHASA; IHK Magdeburg: Ölgemälde von → Hugo Vogel, 1906.

Horst-Günther Heinicke

Hubbe, *Gustav* Otto Julius
geb. 22.05.1873 Magdeburg, gest. 07.05.1929 Magdeburg, Kaufmann.

Der Sohn des Kaufmanns und Fabrikanten → Otto H. besuchte 1884 bis 1890 die Vorbereitungsschule, das Realgymn. und die Guericke-Schule in Magdeburg. Ende 1890 begann er eine kaufmännische Ausbildung bei der Fa. *Friedrich Fritze & Sohn* (→ Werner Fritze) in Magdeburg, die er im Frühjahr 1891 aus gesundheitlichen Gründen abbrechen mußte. Er führte die Ausbildung vom Herbst 1893 bis Frühjahr 1895 in der väterlichen Fa. fort und absolvierte anschließend ein Chemiestudium an der TH Dresden (drei Semester) und in Wiesbaden (ein Semester). Nach dem Studium war er Volontär bei *Frederik Huth & Co*. in London. In das väterliche Unternehmen trat H. im Herbst 1897 ein. Im Folgejahr wurde er Prokurist und ab 1900 Teilhaber der Fa., die er nach dem Tod des Vaters (1904) in dritter Generation als Inhaber übernahm. Unter seiner Leitung folgten die Weiterführung und der Ausbau der Fettspaltung nach dem Twitchell-Verfahren, das von seiner Fa. 1903 als erster in Dtl. eingeführt wurde, sowie der Bau der ersten dt. Großanlage für Twitchell-Spaltung. Dem ständig steigenden Bedarf an Ölen und Fetten Rechnung tragend – neben der Seifenindustrie nahm der Anteil der Lebensmittelindustrie als Abnehmer ständig zu –, vergrößerte H. in den Vorkriegsjahren ständig das Unternehmen. In Folge des I. WK konnte die 1913 errichtete eigene Raffinerie erst 1919 in Betrieb genommen werden. 1922 entschlossen sich H. und → Wilhelm-Adolf Farenholtz, aus wirtsch. Zwängen und von dem Plan der Zusammenführung von Rohstoffproduktion und Fertigprodukt überzeugt, zur Fusion des H.schen Unternehmens mit der Fa. *G. W. Farenholtz* zu den *Vereinigten Ölfabriken H. & Farenholtz GmbH*. Damit verbunden war die Abtrennung des Handelshauses vom Unternehmen, das dann ab 1923 als *H. Handelsges.* zunächst von Alfred Leonhardt und später von → Wilhelm Thal fortgeführt wurde. H., seit 1915 Mitglied der *Magdeburger Handelskammer*, war Aufsichtsratsmitglied der *Commerz- und Privatbank Magdeburg*, Mitglied des Landesausschusses der *Wilhelma* in Magdeburg, der Stadtverordnetenverslg. und Inhaber vieler kirchlicher Ehrenämter.

L: → Wilhelm Eule (Bearb.), G. H. – Hundert Jahre Magdeburger Kaufmannsfam., hg. von der Fa. Vereinigte Ölfabriken H. & Farenholtz, 1940, *86–107* (*B). – **B:** LHASA.

Horst-Günther Heinicke

Hubbe, Philipp Wilhelm *Gustav*
geb. 14.10.1812 Althaldensleben, gest. 20.04.1871 Magdeburg, Kaufmann.

Der Sohn eines Bauern wuchs unter landwitsch. Verhältnissen auf. Das Vorhandensein einer Ölmühle auf dem elterlichen Hof sowie die von → Johann Gottlob Nathusius eingeleitete industrielle und wirtsch. Entwicklung in seinem Heimatort waren prägend für seine spätere berufliche Entwicklung. Kurz nach dem Tod seines Vaters am 01.04.1828 siedelte er nach Magdeburg über und absolvierte bis 1832 bei der Materialwarenhandlung *Ernst Schütze* eine kaufmännische Lehre. Nach Beendigung seiner Ausbildung folgte der Wechsel als Handlungsgehilfe zur Kolonialwarenhandlung *Walstab & Comp.* 1840 erwarb er von deren letztem Inhaber Rudolph Schröder die Fa. sowie die zum Unternehmen gehörende *Pansasche Druckerei* und gründete am selben Standort unter seinem Namen ein eigenes Handelshaus. Obwohl das Druckereigewerbe nicht zum Unternehmenskonzept H.s paßte, betrieb er die Druckerei, eine der ältesten Magdeburgs, erfolgreich bis zum Verkauf im Frühjahr 1849 an August Giesau und Carl Otto. Neben dem Druck von Ztgg. und Arbeiten für verschiedene öffentliche Behörden sowie den Magistrat zählten auch zahlreiche Privatkunden wie die *Buch-, Kunst- und Musikalienhandlung Heinrichshofen* zu seinen Auftraggebern. Vom Fortschritt der technischen Entwicklung, der Inbetriebnahme der ersten Eisenbahnlinien und der aufkommenden Dampfschiffahrt beeinflußt, gab H. den einfachen Kolonialwarenhandel weitestgehend auf und verlagerte den Handel auf Waren wie Tierhäute, Steinkohlenteer, Pech, Alaun, Fettwaren sowie später auch auf Öle und Harze. Damit legte er den Grundstein für eines der bedeutendsten Unternehmen der Öl- und Fettbranche. Anfang der 1860er Jahre erkannte H. sehr schnell den sich vollziehenden Wandel in der Ölgewinnung und im int. Ölhandel. Palmkern- und Kokosnußöl drängten zunehmend auf den Markt und bestimmten vornehmlich die Seifenindustrie. Er übernahm die Vertretung der Harburger Fa. *Gaiser & Co.* (die erste dt. Ölmühle, die ausländische Ölfrüchte verarbeitete) und war somit bahnbrechend an dieser neuen Entwicklung beteiligt. Nachdem seine Söhne Friedrich (1841–1878) und → Otto 1865 Prokura erhalten hatten, begann H. sich auch mit der Eigenfabrikation von Öl zu beschäftigen. Erste praktische Erfahrungen sammelte er dabei ab 1870 durch eine Zusammenarbeit mit der ebenfalls aus Harburg stammenden Fa. *Heins & Asbeck*. Die eigentliche Produktionsaufnahme sollte aber seinen Söhnen vorbehalten bleiben. H., der seit 1847 Mitglied der Stadtverordnetenverslg. war, gehörte seit Ende 1857 zum Ältestenkollegium der *Magdeburger Korporation der Kaufmannschaft* und war von Ende 1866 bis Anfang 1871 deren Dritter Vorsteher.

L: → Martin Behrend, Magdeburger Großkaufleute, 1906, *57f.*; → Wilhelm Eule (Bearb.), G. H. – Hundert Jahre Magdeburger Kaufmannsfam., hg. von der Fa. Vereinigte Ölfabriken H. & Farenholtz, 1940, *40–65* (*B*). – **B:** *LHASA.

Horst-Günther Heinicke

Huber, Adolf
geb. 13.11.1872 Magdeburg, gest. 01.11.1946 Magdeburg, Chorleiter, Komponist, Musikpädagoge.

H. studierte in Weimar sowie am Leipziger Konservatorium bei Karl Halir und Adolf Brodsky Musik. Von 1895 bis 1905 war er Dirigent des *Gesangsvereins Robert Schumann* in Magdeburg. Nachdem er 1909 schon Rudolf Fischer für ein Jahr vertreten hatte, übernahm er schließlich von 1910 bis 1920 die Leitung des *Orchestervereins Magdeburg*. H. erteilte als Musiklehrer sowohl am Konservatorium als auch privat Unterricht im Geigen- und Klavierspiel. Zeitweilig war er Dirigent des Kirchenchores der Pauluskirche in Magdeburg. Zahlreiche Werke H.s zeugen von seinen kompositorischen und auch musikpädagogischen Fähigkeiten. So widmete er z. B. das Schülerconcertino op.6 für Violine und Klavier seinem Schüler → Bernhard Engelke.

W: Schülerkonzert für Violine und Klavier op. 5; Schülerkonzert für Violine und Klavier op. 6; Schülertrio für Klavier, Violine und Violoncello op. 22; Trio für die Jugend für Klavier, Violine und Violoncello op. 24; Zigeunerständchen für Klavier und Violine op. 23; Humoreske für Violine und Klavier op. 25, Gesammelte Werke, 1909. –

Hubrich

L: Erich H. Müller (Hg.), Dt. Musiker-Lex., 1929; Telemann-Zentrum Magdeburg.

Anke Kriebitzsch

Hubrich, Theodor
geb. 13.05.1919 Glatz, gest. 27.03.1992 Reichenau/Bodensee, kath. Theologe, Bischof.

H. begann das Studium der kath. Theol. in Breslau, wurde dann aber zum Arbeitsdienst abkommandiert und mit Ausbruch des II. WK als Soldat eingezogen. Nach dem Krieg setzte er das Studium in Freiburg/Breisgau fort und wurde 1948 in St. Peter bei Freiburg zum kath. Priester geweiht. Er meldete sich für den Dienst im Erzbischöflichen Kommissariat Magdeburg und kam als Vikar nach Delitzsch. 1954 wurde er Vikar in Burg bei Magdeburg. Schon damals zeigte sich sein Interesse, moderne Technik als Hilfsmittel in der Seelsorge und für eine geordnete Verwaltung einzusetzen. 1957 wurde er nach Magdeburg-Sudenburg versetzt, um sich in die Leitung des Caritasverbandes einzuarbeiten. Unter Weihbischof → Friedrich Maria Rintelen erfolgte 1959 die Ernennung zum Caritasdir. des Erzbischöflichen Kommissariates Magdeburg und 1964 die zum Caritasdir. im *Dt. Caritasverband Berlin*. 1968 wurde er Leiter der Zentralstelle dieses Verbandes. Als solcher beauftragte ihn Alfred Kardinal Bengsch 1970, mit dem MfS Fragen der sog. Familienzusammenführung zu verhandeln. Im November 1972 berief ihn Bischof Johannes Braun als 1. Generalvikar des Erzbischöflichen Kommissariates Magdeburg. Er genoß im Klerus und bei den Laien hohes Ansehen und Vertrauen. Neben den mit seiner Arbeit verbundenen Aufgaben hatte er im Auftrag des Bischofs alle Kontakte zu den Räten der Bezirke Magdeburg und Halle sowie mit → Heinrich Jäger zum MfS zu halten. Auch die Verbindungen, die H. zusammen mit Günter Särchen seit langem zur polnischen Kirche pflegte, wurden intensiviert; gemeinsam koordinierten sie seit den 1960er Jahren die Seelsorge an den polnischen Gastarbeitern in der DDR. In Anerkennung seiner Aktivitäten erhielt H. 1973 die Ernennung zum Päpstlichen Ehrenprälaten. Ende 1975 wurde er zum Weihbischof in Magdeburg ernannt und am 07.01.1976 geweiht. Aufgrund von schweren persönlichen Differenzen mit Bischof Braun entband ihn dieser 1985 vom Amt des Generalvikars; es blieben ihm die Aufgaben in der Caritasarbeit. Ende 1987 wurde er zum Apostolischen Administrator des Bischöflichen Amtes Schwerin ernannt. H. starb während eines Treffens seines Abiturkurses in Reichenau und wurde auf dem Schweriner Waldfriedhof begraben.

L: ZBOM. – **B:** *ebd.

Peter Zülicke

Hübner, Max
geb. 12.01.1864 Arneburg/Elbe, gest. 03.12.1939 Oschersleben, Verwaltungsbeamter, Ornithologe.

H. schlug nach dem Besuch des Gymn. in Stendal die Beamtenlaufbahn – zuletzt Steuersekretär in Oschersleben – ein. Wegen Krankheit schied er allerdings schon früh (ca. 1909) aus dem Dienst. Von 1924 bis 1929 war er ehrenamtlicher Stadtrat in Oschersleben. Finanziell unabhängig, ging er nun seinen Neigungen, der Jagd und der Ornithologie, nach. Diese führten ihn in die nähere Umgebung seines Wohnsitzes, aber auch in den Harz, die Lüneburger Heide, auf den Darß, nach Helgoland, Friesland und Pommern. Die Jagd- und Sammelfahrten dienten ihm zu genießerischem Naturstudium. Seine Sammelleidenschaft brachte ihn in freundschaftliche Verbindung mit anderen Eiersammlern wie Alexander Ferdinand Koenig, Friedrich Lindner (Quedlinburg), Adolf Nehrkorn (Braunschweig), Otmar Reiser, Richard Schmidt (Halberstadt) und Gustav Schulz. Wie vielen vergleichbaren Sammlern ging es ihm allein um eine möglichst vollständige Kollektion der Eier paläarktischer Vögel. Die Freude an diesen Schätzen überwog gegenüber dem Drang, sie wiss. zu bearbeiten. Seine etwa 2.000 Gelege umfassende Slg. war neben der von R. Schmidt die bedeutendste der Region. Sie birgt, wie auch seine umfangreichen Beoachtungs-Tagebücher, wichtige faunistische Belege des Magdeburger Raumes bzw. von Sa.-Anh. Die Slg. konnte, nachdem sie jahrzehntelang verschollen war, vor der völligen Vernichtung bewahrt werden und befindet sich samt einiger Tagebücher im Mus. Heineanum in Halberstadt. H. publizierte mehrfach in der *Dt. Jägerztg.* sowie in verschiedenen ornithologischen Zss.

W: Brutnotizen aus dem unteren Bodetale, in: Georg Krause (Hg.), Zs. für Oologie 1, 1911, *73–75, 85–87*. – **L:** Ludwig Gebhardt, Die Ornithologen Mitteleuropas, 1964, *167f.*; Naturkundlicher Jahresbericht Mus. Heineanum, 9/1 1991, *585*.

Rüdiger Holz

Hülße, *Friedrich* **Adolf**
geb. 29.12.1841 Merseburg, gest. 17.03.1891 Magdeburg, Gymnasiallehrer, Stadthistoriker.

H., Sohn eines Seilermeisters, besuchte bis Ostern 1862 das Gymn. seiner Heimatstadt und studierte bis 1865 in Halle Philologie und Gesch. Nach kurzer Tätigkeit am Gymn. in Merseburg und am Domgymn. zu Magdeburg (1867/68) lehrte er ab Michaelis 1868 bis zu seinem Tod am Pädagogium zum Kloster U. L. F., zunächst als wiss. Hilfslehrer, ab

1869 als o. Lehrer, ab 1876 als Oberlehrer. H. war Vorstandsmitglied des *Vereins für Gesch. und Altertumskunde des Hzts und Erzstifts Magdeburg* und verwaltete seit 1884 auch dessen Bibl. Er beschäftigte sich intensiv mit der Gesch. Magdeburgs und verfaßte dazu zahlreiche Publikationen, u. a. in den *GeschBll*. Gemeinsam mit → Gustav Hertel gab er 1885 → Friedrich Wilhelm Hoffmanns „Gesch. der Stadt Magdeburg" in überarbeiteter Fassung in zwei Bänden heraus. Bis heute ist diese Ausgabe ein grundlegendes Werk Magdeburger Stadtgeschichtsschreibung geblieben. H. war verheiratet mit Clara Liebscher, Tochter des Pastors Otto Liebscher in Magdeburg, später in Jena. Die 1877 geb. Tochter Clara übernahm 1913 die Leitung der Schule von → Elisabeth Rosenthal in Magdeburg. Sie leitete das Privatlyzeum bis zu dessen Auflösung im Jahre 1938.

W: Beiträge zur Gesch. der Buchdruckerkunst in Magdeburg, in: GeschBll 15, 1880, *21–49, 164–198, 275–295, 331–374*; ebd. 16, 1881, *83–103, 156–195, 268–299, 342–374*; ebd. 17, 1882, *34–68, 150–181, 211–242, 358–397*; Die Einführung der Reformation in der Stadt Magdeburg, 1883; Die Stadt Magdeburg im Kampfe für den Protestantismus während der Jahre 1547–1551, 1892; Sagen der Stadt Magdeburg, 1895. – **L:** Gustav Hertel, Nachruf F. H., in: GeschBll 26, 1891, *338–340*; Magdeburgische Ztg. vom 19.03.1891; Jb. des Pädagogiums zum Kloster U. L. F., H. 63, 1899, *39*; Stammbaum der Fam. Weichsel, 1927. – **B:** *StadtA Magdeburg.

Maren Ballerstedt

Hürse, Carl

geb. 10.10.1838 Landsberg, gest. 02.05.1897 Magdeburg, Dirigent, Komponist.

H. war an der Berliner Hochschule für Musik u. a. Schüler von Eduard Grell und Johann Friedrich Bellermann. Nach einer Stellung als Hofkapellmeister in Sondershausen kam H. 1867 nach Magdeburg, wo er 1869 als Kapellmeister am Stadttheater Magdeburg engagiert wurde. Unter Dir. Flüggen bzw. seit 1873 unter Dir. Asche war H. bis 1877 als Theaterkapellmeister tätig, bevor er sich vom öffentlichen Musikleben zurückzog. Für die feierliche Neueröffnung des von → Otto Duvigneau konzipierten Stadttheaters am 06.05.1876 komponierte H. eine Festspielmusik. Bei seinen zahlreichen Aufführungen legte er auf die Werke → Richard Wagners einen besonderen Schwerpunkt, u. a. brachte er in Magdeburg die Opern „Lohengrin", „Rienzi" und „Der Fliegende Holländer" zur Erstaufführung. Mit H. begann in Magdeburg eine Wagner-Pflege, die bis heute das musikalische Bild der Stadt mitbestimmt.

L: BioJb 4, 1900; → Erich Valentin, Musikgesch. Magdeburgs, in: GeschBll 68/69, 1933/34; Telemann-Zentrum Magdeburg.

Anke Kriebitzsch

Hüttel, *Rudolf* Hermann

geb. 25.04.1897 Magdeburg, gest. 09.05.1990 Magdeburg, Pädagoge, Schulrat.

Nach der achtklassigen Bürgerschule besuchte der Sohn eines Tischlergesellen 1911–14 die Präparandenanstalt in Genthin und 1914–16 das Lehrerseminar in Barby. Bis zu seiner Einberufung zum Kriegsdienst 1917 war er als Lehrer im Kr. Gardelegen und seit Februar 1919 in Magdeburg tätig. Er beteiligte sich aktiv am Aufbau eines weltlichen Schulsystems in Magdeburg, verfaßte Artikel für die *Preuß. Lehrerztg.* und vertrat hier klar den Standpunkt fortschrittlicher Schulreformer. 1933 wurde er nach einem Verfahren gemäß dem Gesetz über das Berufsbeamtentum an die 17. Volksschule in Magdeburg versetzt, wo er bis zu seiner Einberufung zum Militärdienst 1943 tätig war. Nach Kriegsteilnahme und kurzer Gefangenschaft avancierte er im Oktober 1945 zum Leiter einer Volksschule in Wanzleben. Im Februar 1946 wurde er Schulrat in Wanzleben und 1948 Kreisschulrat und Kreisrat für Volksbildung im gleichen Territorium. Unter seiner Leitung gelang es, in Wanzleben ein dichtes Zentralschulnetz aufzubauen und die Rückständigkeit des Schulwesens auf dem Lande auch hier zu überwinden. 1953–54 arbeitete H. als Stadtschulrat in Magdeburg, mußte diese Tätigkeit jedoch aus gesundheitlichen Gründen aufgeben. Im September 1954 wurde der 57jährige Dir. für Schülerangelegenheiten am Inst. für Lehrerbildung (IFL) in Magdeburg. Diese Funktion übte er bis zum Eintritt ins Rentenalter 1962 aus. H. war maßgeblich am Ausbau und der Profilierung des IFL Magdeburg beteiligt. Für seine Verdienste in der Bildung und Erziehung wurde H. neben anderen Auszeichnungen mit dem VVO geehrt.

L: UnivA Magdeburg. – **B:** *ebd.

Isa Schirrmeister

Hüttner, Albert

geb. 13.09.1871 Altenweddingen, gest. 21.10.1946 Altenweddingen, Gärtner, Pflanzenzüchter.

H. wurde als Sohn eines Schmiedemeisters in Altenweddingen geb., erlernte nach dem Besuch der Schule den Gärtnerberuf und erwarb sich weitreichendes Fachwissen während seiner Wanderjahre in Quedlinburg, Freiburg, Stralsund und Berlin. In Thorn betrieb H. mit seinem Vetter eine Gärtnerei, spezialisiert auf Rosen und Veilchen. Nachdem H. ein Grundstück in Altenweddingen geerbt hatte, gründete er dort 1902 eine Kunst- und Handelsgärtnerei mit Baumschule. Diese erweiterte er später durch Zukauf von Grundstücken und Ackerland. 1908 nahm H. die Anzucht von Rosenwildlingen auf, weil ihm die im Handel erhältlichen Wildlinge qualitativ nicht genügten, und legte damit den Grundstein für die Altenweddinger Obst-Unterlagenzucht. Mit der Erfindung der Pikiermaschine zum „Unterschneiden" von Sämlingen auf dem Felde schuf H. die Voraussetzung für die moderne Massenerzeugung von Qualitätswildlingen. Damit verschaffte er sich Anerkennung, so daß er 1924 auch die Anzucht von Obstsämlingen aufnahm. Nach dem Eintritt seines Schwiegersohnes Dr. Helmut Küppers, der die Verbindung der Fa. zu Univ. und Fachinstituten herstellte, nahm H. auch die Vermehrung von vegetativen Obstunterlagen im Großflächenanbau auf und führte nun die Sorte Malus I aus England ein. Dem 1931 von Theodor Roemer errichteten Versuchsring *Mitteldt. Obstbauarbeitsgemeinschaft* gehörte auch die *Fa. H.* an. 1934 begann H. die Züchtung von Sämlingsunterlagen von Prunusformen, weil das Handelssaatgut meist zu uneinheitlich war und in der Obstbaumzucht nicht befriedigte. Die Auffindung einer als Unterlage geeigneten Muttersorte aus einer Reihe der wichtigsten Mostbirnensorten gelang H. 1936. Die Gütebestimmungen für Veredlungsunterlagen in Dtl. unter maßgeblicher Mitarbeit von H., Küppers, Christian Mohrenweiser u. a. wurden 1937 geschaffen. In dieser Zeit prüfte H. ein großes Sortiment asiatischer und europäischer Apfel- und Birnenwildformen auf ihre Eignung als Unterlage für dt. Tafelsorten mit dem Ergebnis, daß diese Wildformen ohne Selektion und/oder Einkreuzung von Edelsorten nicht verwendbar waren. Resultate schon 1935 begonnener Selektionen von Wild- und Edelpflaumen veröffentlichten Küppers u. a. 1952. Die *Fa. H., Altenweddingen* erwarb sich damit einen bedeutenden Rang in Europa (und in Übersee), was nicht zuletzt durch den Besuch der Wildlingskulturen des Int. Gartenbaukongresses im Sommer 1938 unterstrichen wurde, an dem 51 Nationen beteiligt waren. Die Anwendung methodischer Pflanzenselektion und die Anlage lediglich dem Saatertrag dienender Mutterbaum-Anpflanzungen ausgewählter Hochzuchtsorten ermöglichten erstmalig auch auf dem Gebiete der Obstunterlagen einen erheblichen Fortschritt. H. war ein bahnbrechender Pionier auf diesem Gebiet, der sich dieser selbstgewählten Aufgabe mit Erfolg gewidmet hat.

L: Helmut Küppers/Friedrich Hilkenbäumer, Prunus avium als Kirschenunterlage, in: Der Züchter 19, 1949, *333–343*; [Helmut Küppers], Aus Kern und Knolle. H. – Küppers, Altenweddingen. Firmenprospekt. o. J. [1952].

Heinz Nowak

Hundrieser, *Emil* **Richard Franz,** Prof.
geb. 13.03.1846 Königsberg, gest. 30.01.1911 Berlin, Bildhauer.

H. kam 1864 nach Berlin in die Werkstatt von Rudolf Siemering und studierte 1865/66 an der Kgl. Akad. der Künste. Ab 1873 unterhielt er eine eigene Werkstatt. H. wurde 1892 Mitglied der Preuß. Akad. der Künste zu Berlin, erhielt eine Akad.-Professur und war ab 1905 Dir. des Rauch-Mus. in Berlin. Nachdem er sich aus der Rauch-Tradition Siemerings gelöst hatte, wandte er sich dem Neubarock von Reinhold Begas zu und wurde einer der erfolgreichsten Denkmalbildhauer der wilhelminischen Ära. H. folgt im Magdeburger Luther-Denkmal von 1883/86 an der Johanniskirche der Wormser Version Ernst Rietschels. Weiterhin entstanden für Magdeburg die Reliefs am Krieger-Denkmal von → Hermann Eggert von 1877 (Hegelstraße), das Reliefporträt am Hasselbach-Denkmal von → Karl Bergmeier um 1888 (seit 1927 Haydnplatz) und allegorische Skulpturen, die ehemals auf der Zollbrücke standen.

W: Sitzstatue der Königin Luise, um 1895; Kaiser Wilhelm-Nationaldenkmal, Kyffhäuser. – **L:** Thieme/Becker 18, *137f.*; Peter Bloch u. a. (Hg.), Ethos und Pathos. Die Berliner Bildhauerschule 1786–1914, Kat. Berlin 1990, *130f.*; Peter Bloch/→ Waldemar Grzimek, Die Berliner Bildhauerschule im 19. Jh., Das Klass. Berlin, 1994; Ingelore Buchholz/Maren Ballerstedt, Man setzte ihnen ein Denkmal, Hg. Landeshauptstadt Magdeburg, StadtA, 1997, *15–22*.

Uwe Jens Gellner

Hunold, *Alfred* **Karl,** Prof. Dr. paed. habil.
geb. 22.11.1922 Burg, gest. 20.05.1996 Berlin, Schlosser, Lehrer, Hochschullehrer, Sportfunktionär.

H., Sohn eines Pflegers, durchlief nach dem Besuch der Volksschule in Burg (bis 1935) in der *Maschinenfabrik Burg* 1938–41 eine Lehre als Maschinenschlosser bis zum Abschluß der Gesellenprüfung. Von 1941 bis Kriegsende war er Angehöriger der dt. Kriegsmarine. H. studierte ab 1946 Pädagogik in den Fächern Körpererziehung und Biologie an der Univ. Halle und legte 1950 das Staatsexamen ab. 1952–55 war H. planmäßiger wiss. Aspirant in Berlin und prom. 1955 an der Humboldt-Univ. Berlin. Anschließend arbeitete er als Lehrkraft für Theorie und Methodik der Körpererziehung an der Martin-Luther-Univ. Halle und ab 1958 an der Humboldt-Univ. Berlin. Von 1959 bis 1988 war H. Dir. des Inst. für Körpererziehung dieser Univ. 1966 habil. er sich auf dem Gebiet der Körpererziehung, und es erfolgte die Berufung zum Prof. mit Lehrauftrag, einige Jahre später zum o. Prof. für die Theorie und Methodik des Sportunterrichts. H. veröffentlichte mehr als 100 wiss. Publikationen, zumeist zur Methodik des Sportunterrichts. Er gehört zu den Nestoren der schulischen Körpererziehung in der DDR und ihrer int. geachteten Wissenschaftlichkeit. Von 1975 bis 1988 war H. Präsident des Hoch- und Fachschulsports im *Dt. Turn- und Sportbund* der DDR. Er nahm auf die wiss. Begründung der Entwicklung des Hochschul-Sports in der DDR entscheidenden und fördernden Einfluß. H. wurde 1988 emeritiert.

W: Der Unterrichtsprozeß und die Unterrichtsmethoden. Besonderheiten des Unterrichtsprozesses im Fach Sport. Zur Anwendung der didaktischen Prinzipien im Sportunterricht. Methoden zur Ausbildung der Bewegungsfertigkeiten. Der Prozeß der Vervollkommnung der Bewegungseigenschaften im Sportunterricht. Erziehung und Erziehungsmethoden im Sportunterricht, in: Methodik des Sportunterrichts, 1966, *69–180*. – **B:** *Familienunterlagen Hannelore H., Berlin (priv.).

Günter Thieß

Illhardt, Paul
geb. 05.05.1888 Staßfurt, gest. 01.05.1936 Magdeburg, Former, Widerstandskämpfer.

Der Sohn eines Arbeiters erlernte den Beruf eines Formers und arbeitete später in der *Nationalen Radiator Ges. m.b.H. (NARAG)* in Schönebeck. Nach Kriegsteilnahme und Gefangenschaft trat er 1920 der USPD und später der KPD bei. Für sie wirkte er besonders als Agitator. Nach 1933 organisierte er als Leiter in der Illegalität den Widerstandskampf gegen den Ns. im damaligen Unterbez. Schönebeck. Deswegen wurde er am 27.04.1936 mit anderen verhaftet und kurz darauf während der Vernehmungen im „Braunen Haus" in Magdeburg bestialisch ermordet.

L: Aus dem Leben von Kämpfern der Arbeiterbewegung des Kr. Schönebeck, 1970, *16*. – **B:** ebd.

Hans-Joachim Geffert

Immermann, *Carl* **Leberecht,** Dr. phil. h.c.
geb. 24.04.1796 Magdeburg, gest. 25.08.1840 Düsseldorf, Jurist, Schriftsteller, Theaterintendant.

Der in Magdeburg geb. Schriftsteller war der Sohn des preuß. Kriegs- und Domänenrates Gottlieb Lebrecht I., der ihn in den Anschauungen und Normen der bürgerlichen Mittelschicht am ausgehenden 18. und beginnenden 19. Jh. erzog, die ihre Säulen in der preuß. Monarchie und der (protestantischen) Kirche hatte. Nach dem Besuch des Pädagogiums des Klosters U.L.F. in Magdeburg, wo er 1813 die Reifeprüfung ablegte, nahm I. in Halle ein Jurastudium auf, das er nach Unterbrechungen durch Krankheit und durch die Kriegsereignisse – er nahm am Frankreichfeldzug 1815 teil – 1817 abschloß. Die sich anschließende jur. Ausbildung absolvierte I. in Oschersleben, Magdeburg, Münster und wieder Magdeburg, wo er in den Jahren 1824 bis 1827 als Kriminalrichter tätig war. Seit 1827 bis zu seinem Tode lebte er als Landgerichtsrat in Düsseldorf und leitete hier nach einer Vorbereitungsphase (1832–1834) auch das Düsseldorfer Stadttheater 1834–1837. Den größeren Teil seines Lebens bis zum 27. Lebensjahr verbrachte I. in der Magdeburger Region. In diese Zeit fallen die Anfänge seiner schriftstellerischen Tätigkeit. Das Spektrum seiner lit. Arbeiten, die teilweise auch während seiner Münsteraner Zeit verfaßt wurden, reicht von der Lyrik („Gedichte", 1822) über Lustspiele („Die Prinzen von Syracus", 1821; „Das Auge der Liebe", 1824), Tragödien („Das Thal von Ronceval", „Edwin", „Petrarca", alle 1822) bis zu epischen Werken („Die Papierfenster eines Eremiten", 1822; „Der neue Pygmalion", 1824). Allen diesen dichterischen Versuchen ist mehr oder weniger stark die Beeinflussung durch Vorbilder anzumerken: Sophokles, Shakespeare, Schiller, Goethe und die Romantik. Diese erste Phase seines Lebens und Schaffens war durch das Anknüpfen von Kontakten mit namhaften Persönlichkeiten der Zeit gekennzeichnet (Abecken, Heine, Goethe, Tieck, von Uechtritz, Fouqué, Varnhagen von Ense u. a.). In seine Zeit als Auditeur in Münster fiel die folgenschwere Begegnung mit → Elisa von Lützow, die sich 1825 von Adolph von Lützow scheiden ließ und bis 1839 mit I. zusammenlebte. Während seiner Tätigkeit als Landgerichtsrat in Düsseldorf entstanden seine bedeutenden lit. Werke: mehrere Lustspiele, die Tragödien „Das Trauerspiel in Tyrol" (1828, bereits in Magdeburg begonnen), die Trilogie „Alexis" (1832), die ‚Mythe' „Merlin" (1832) und das komische Versepos „Tulifäntchen" im Revolutionsjahr 1830. Vor allem aber erschienen seine bedeutenden zeitkritischen Romane „Die Epigonen" (1836) und „Münchhausen. Eine Geschichte in Arabesken" (1838/39). In lockerer Anlehnung an den Bildungsroman Goethescher Prägung gestaltet I. mit den „Epigonen" den Typus des Zeitromans, für den es wichtiger ist, die Fülle der zeitgesch. Strömungen zu zeichnen als das Schicksal eines individuellen Helden. In dem Doppelroman „Münchhausen" wird einerseits die kritisch-satirische Schicht früherer Werke verstärkt, andererseits stellt I. diesem negativen Bild der Wirklichkeit das positve der ländlichen Oberhofwelt gegenüber. Die Düsseldorfer Jahre waren geprägt von I.s Kontakten zu den Düsseldorfer Malern und seinen Bemühungen um eine Theaterreform als Intendant des Düsseldorfer Stadttheaters. In den letzten Jahren verfaßte I. werden interessante autobiogr. Schriften („Grabbe", 1838; „Die Jugend vor fünfundzwanzig Jahren", 1840; „Düsseldorfer Anfänge. Maskengespräche", 1840). – Insgesamt war die Düsseldorfer Lebensphase reich an Freundschaften und Kontakten mit Schriftstellern und anderen Zeitgenossen (Michael Beer, Heine, Grabbe, Tieck, von Uechtritz, Freiligrath, Gutzkow, Wilhelm Schadow, Karl Schnaase u. a.). I. wurde 1838 durch die Phil. Fakultät der Univ. Jena zum Ehrendoktor ernannt.

W: Werke (5 Bde), hg. von Benno von Wiese, 1971–77; Briefe. Textkritische und kommentierte Ausgabe. Unter Mitarbeit von Marianne Kreutzer hg. von Vf. (3 Bde), 1978–87; Zwischen Poesie und Wirklichkeit. Tagebücher 1831–1840. Nach den Handschriften unter Mitarbeit von Bodo Fehlig hg. von Vf., 1984. – **N:** Goethe- und Schiller-Archiv Weimar; Heinrich-Heine-Inst. Düsseldorf; Stadtbibl. Dortmund. – **L:** ADB 14, *57–63*; NDB 10, *159–163*; Kosch LL 8, Sp. *367–370*; Killy 6, *27*; Mitteldt Leb 1, *142–152*; Manfred Windfuhr, I.s erzählerisches Werk. Zur Situation des Romans in der Restaurationszeit, 1957; Benno von

Wiese, K. I. Sein Werk und sein Leben, 1969; Vf., K. L. I. Ein Dichter zwischen Romantik und Realismus, 1996; ders. (Hg.) Epigonentum und Originalität. I. und seine Zeit – I. und die Folgen, 1997; Markus Fauser, Intertextualität als Poetik des Epigonalen. I.-Studien, 1999; I.-Jb. Beiträge zur Lit.- und Kulturgesch. zwischen 1815 und 1840, Bd. 1, 2000. – **B**: *KHMus. Magdeburg.

Peter Hasubek

Immermann, Hermann Adolph
geb. 14.10.1807 Magdeburg, gest. 22.10.1868 Magdeburg, Jurist, Politiker.

Der Sohn eines Juristen und jüngster Bruder des Schriftstellers → Carl Leberecht I. besuchte bis 1825 das Pädagogium des Klosters U. L. F. in Magdeburg, studierte ab dem Sommersemester dess. Jahres die Rechte in Bonn, 1826/27 in Göttingen und zwei weitere Semester in Halle. I. legte 1828 das erste jur. Examen am OLG in Magdeburg ab, 1832 nach langer Krankheit das zweite und 1835 ebenfalls in Magdeburg das dritte Examen und wurde zum Gerichtsassessor befördert. Nach jur. Tätigkeiten in Magdeburg und Merseburg wurde I. 1839 als Assessor am Land- und Stadtgericht in Groß Salze angestellt, dem später der Gerichtsrat I. als Gerichtsdir. bis zu seinem Tode vorstand. Er wurde als „gediegener, scharfsinniger Jurist" (Burg, 1882) charakterisiert. 1849 wurde I. erstmals in das Preuß. Abgeordnetenhaus (Fraktion Rechtes Centrum) gewählt, dem er erneut von 1859 bis 1866 (zunächst der altliberalen Fraktion von Vincke, dann der Dt. Fortschrittspartei) angehörte.

L: A. W. Burg, Die Brüder des Dichter Carl I., in: Bll. für HGusL 34, 1882, *67*; → Wilhelm Schulze, Aus der Gesch. der Stadt Schönebeck, Ms. 1962, *694–705*; Peter Hasubek (Hg.), Carl Leberecht I., Briefe, Bd. 1, 1978, *235–237*; Bernd Haunfelder, Biogr. Hdb. für das preuß. Abgeordnetenhaus 1849–67, 1994, *134*.

Manfred Köppe

Irrgang, *Horst* **Artur Alfred**
geb. 02.04.1929 Magdeburg, gest. 26.06.1997 Halle, Chorleiter, Komponist, Verlagslektor.

I. studierte von 1948 bis 1954 an der Hochschule für Musik in Weimar, der Univ. Jena und der Univ. Halle Musikwiss. (bei Max Schneider), Musikpädagogik (bei Fritz Reuter) und Germanistik. 1954–58 war er künstlerischer Leiter des Volkskunstensembles des *VEB Leunawerke Walter Ulbricht* und 1958–65 Chorleiter im *Louis-Fürnberg-Ensemble* der Univ. Leipzig. Ende der 1950er Jahre übernahm I. zudem die Leitung des Chores im *VEB Hochbauprojektierung Halle*. Während seiner chorischen Arbeit erkannte I. die Möglichkeit, durch qualifizierte Interpretationen aus dem Bereich des musikalischen Erbes dem Chorsingen neue Potenzen zu erschließen. Als Komponist verschrieb er sich ebenfalls vor allem der Chormusik. Ab 1959 war er Lektor im *Dt. Verlag für Musik* Leipzig. Er arbeitete an der Herausgabe von Liedblättern und Chorbüchern mit und war der spiritus rector des Chor-Kat. der DDR „Was wir singen". Außerdem war I. Vorstandsmitglied und langjähriger Leiter der Sektion Volksmusik des Bezirksverbandes Halle/Magdeburg des *Verbandes Dt. Komponisten/Verband der Komponisten und Musikwissenschaftler der DDR*.

W: Kompositionen: Das Spergauer Lichtmeßspiel, 1955. – Chorzyklen/Chorkantaten: Jedes Jahr ist jung, 1962; Die spanische Hochzeit, 1964; Von Maulwurf und Schmetterling, 1967; Schiff am Horizont, 1968; Von Reh und Fuchs, 1975; Schneemann Ladislaus, 1977; Wir haben eine Bitte, 1979. – Chorlieder; Sololieder; Songs; Chansons. – Ausgaben: Leben-Singen-Kämpfen, 1964ff. (im Kollektiv); Stimmt an, 1965 (mit Wilhelm Weismann und Eberhardt Klemm); Lieder aus dem Butzemannhaus, 1966 (mit Ernst Heinze); Brüder am Werk, Bd. III, 1967 (im Kollektiv); Ein Männlein steht im Walde, 1968; Din don deine. Lieder der Völker Europas, 1978 (mit Peter Zacher); Lieder der Völker, 1979 (mit Ernst Heinze). – **L**: Horst Seeger, Personenlex. Musik, 1981, *359*; Claus Haake, Nachruf: In memoriam H. I., 1997.

Günther Bust/Kerstin Hansen

Irrgang, *Robert* **Heinrich Gustav,** Dr. phil., Dr.-Ing.
geb. 02.04.1908 Pleß/Oberschlesien, gest. nach 1973, Ing., Hochschullehrer.

Der Sohn des Gerichtsrendanten Wilhelm I. studierte nach seinem Abitur ab 1927 an den Univ. Breslau und Greifswald sowie an der TH Breslau Mathematik, Physik, Erdkunde und Phil. und prom. 1933 in Breslau zum Dr. phil. mit einer mathematischen Arbeit über ein Variationsproblem. 1934 legte er die pädagogische Staatsprüfung ab. Des weiteren nahm er in der Zeit zwischen 1934 und 1936 bei Segelflugschulen an einem Lehrgang für Flugphysik und Luftfahrttechnik teil. Nach seiner Tätigkeit an verschiedenen Gymn. und Realgymn. als Studienassessor war I. von 1939 bis 1945 als Aerodynamiker bei den *Heinckel-Flugzeug-Werken* in Rostock und Wien tätig. In dieser Zeit fertigte er eine Reihe wiss. Arbeiten über Widerstandsmessungen an Flugzeugrümpfen, Hochauftriebsmessungen an Tragflügeln mit Fowler- und Spatklappen, Profilmessungen an Flügeln u. a. m. an. Nach 1945 war I. Fachlehrer an der Großen Stadtschule in Rostock und 1949 bis 1952 Doz. an der Arbeiter-und-Bauern-Fakultät Rostock. 1953 wurde er an der Univ. Rostock mit der Wahrnehmung einer Dozentur beauftragt. Nach Übergang der Technischen Fakultät für Luftfahrtwesen der Univ. Rostock als Fakultät für Luftfahrtwesen an die TH Dresden wurde I. 1954 als Doz. für das Fachgebiet Aerodynamik an der TH Dresden bestätigt. 1956 war I. Lehrbeauftragter für Strömungslehre an der Hochschule für Schwermaschinenbau Magdeburg und wurde 1957 mit der Wahrnehmung einer Professur mit Lehrauftrag und der kommissarischen Leitung des Inst. für Strömungslehre beauftragt. I. prom. 1966 zum Dr.-Ing. an der TU Dresden. In Ergänzung seiner Lehrtätigkeit erarbeitete I. die Abschnitte der Strömungsmechanik im „Lehrbuch der chemischen Verfahrenstechnik" (1. und 2. Auflage), die den Studenten eine Grundlage für das Fachgebiet bot. In einem Autorenkollektiv beteiligte er sich an der Ausarbeitung praktischer Rechenaufgaben für Verfahrenstechniker. Hervorzuheben ist sein Einsatz für das Zustandekommen des Sommerkurses „Strömungslehre" im Jahre 1969. Seine Erfahrungen bei der Leitung von wiss. Arbeitsgruppen sammelte er als Leiter des Inst. für Strömungslehre der TH Magdeburg bis zu dessen Fusion mit dem Inst. für Strömungsmaschinen im Jahre 1963. Von da ab war I. dort als Abteilungsleiter tätig, seit der 3. Hochschulreform 1968 als Lehrgruppenleiter in der Sektion Dieselmotoren, Pumpen und Verdichter unter → Wolfgang Hinze. 1973 wurde I. emeritiert.

W: Probleme der Strömungslehre, in: Wiss. Zs. der Hochschule für Schwermaschinenbau Magdeburg 2, 1958, *241ff.*; Die Anwendung des Energiesatzes in der Strömungslehre (2 Bde), Diss. Dresden 1966. – **L:** UnivA Magdeburg: PA. – **B:** ebd.

Carmen Schäfer

Jacob, Günter, Prof. Dr. sc. nat., Dr. sc. oec.
geb. 04.01.1924 Magdeburg, gest. 09.08.1985 Dresden, Geograph, Hochschullehrer.

Der Sohn eines Lokführers besuchte das Gymn. in Magdeburg und studierte nach Kriegsdienst und Gefangenschaft 1947–50 Gesch. und Geographie an der Univ. Halle, wo er besonders von Leo Stern beeinflußt wurde. Zudem absolvierte er ein Zusatzstudium der Politischen Ökonomie und der Politischen und Ökonomischen Geographie an der Humboldt-Univ. Berlin. 1952–59 wirkte er als Lehrbeauftragter bzw. Doz. an den Univ. Halle und Leipzig sowie an der TH Leuna-Merseburg. Nach seiner Prom. 1955 war er ab 1959 als Dir. des Inst. für Verkehrsgeographie der Hochschule für Verkehrswesen in Dresden tätig, habil. sich 1964 und übernahm 1968–74 das Direktorat der Sektion Ökonomie des Transport- und Nachrichtenwesens an der Hochschule für Verkehrswesen in Dresden. Im Bezirkstag Dresden war er Vors. der Ständigen Kommission Verkehr. J. entwickelte unter dem Einfluß der sowjetischen Geographie die Verkehrsgeographie als Teildisziplin der Politischen und Ökonomischen Geographie in der DDR und widmete sich besonders der Geographie des Eisenbahnverkehrs. Er bekleidete mehrere leitende Funktionen in geographischen Organisationen der DDR u. a. als Vizepräs. (ab 1964) und Präsident der *Geographischen Ges. der DDR* (1975–81) sowie als Vizepräs. der Kommission der *Int. Geographischen Union (IGU) für die Geographie des Transportwesens* (1968–84).

W: Die Standortverteilung der Ziegelindustrie in den Bez. Magdeburg und Halle, Diss. Halle-Wittenberg, Ms. 1955; Ökonomische, administrative und Fachrayonierung, Habil. Dresden, Ms. 1963; Einführung in die Produktionsgeographie, 1977 (mit G. Mohs); (Hg.) Verkehrsgeographie, 1984; (Hg.) Haack Atlas Weltverkehr, 1985. – **L:** Hdb SBZ/DDR, *350*; Werner Zschörneck, Prof. Dr. Dr. G. J. zum Gedenken, in: Geographische Berichte 31, H. 1, 1986, *47f.* (**B**). – **B:** Archiv des Inst. für Länderkunde, Leipzig.

Lothar Gumpert

Jacobi, Julius August *Justus*, Dr. theol. h.c.
geb. 19.09.1850 Berlin, gest. 28.11.1937 Berlin, ev. Theologe.

Der Sohn des Prof. für Kirchengesch. Justus Ludwig J. an der Berliner, später der Hallenser Univ. absolvierte das Gymn. in Berlin und Halle und studierte 1871–74 ev. Theol. in Halle und Tübingen. Anschließend war er Hauslehrer des Geh. Kommerzienrates Friedrich Schmidt in Magdeburg. Nach seiner Ordinierung 1877 war er bis 1884 zweiter Prediger der Dt.-Reformierten Gemeinde Magdeburg. Er begründete hier 1876 die erste Gemeinde-Sonntagsschule in Magdeburger Gemeinden. Nach Berliner Vorbild verteilte er 1883 seine Sonntagspredigten an Droschkenkutscher, die wegen ihres Berufes nicht am Gottesdienst teilnehmen konnten, und geriet dadurch in Widerspruch zum Presbyterium. 1884–89 war J. dritter Hofprediger des Großherzogs von Sachsen-Weimar in Weimar, 1889–93 Pfarrer an St. Stephani in Bremen, 1893–1901 Pfarrer und Superintendent an der Zionskirche in Berlin sowie 1901–04 Pfarrer und Superintendent in Berlin-Schöneberg. 1904 wurde J. zum Konsistorialrat ernannt und bekleidete ab 1907 die Stelle des ersten Dompredigers in Magdeburg. Bis zu seinem Ruhestand 1925 war J. zugleich Generalsuperintendent des Südwestsprengels der Kirchenprovinz Sachsen. 1909 verlieh ihm die Universität Halle auf Grund seiner Verdienste bei der theol. Arbeit in der Provinz Sachsen und für sein Engagement für die Reformationsgesch. die Ehrendoktorwürde.

W: Luther und seine Käte. Ein Ehebüchlein aus dem Luther- und Kriegsjahr 1917, 1917; Luther und der Krieg. Vortrag, 1917; Die Kirche als Kulturmacht, in: Hefte Volkskirche, 4. Reihe, 4. H., Nr. 6, 1919. – **L:** → Ralph Meyer, Gesch. der Dt.-Reformierten Gemeinde zu Magdeburg von den Anfängen bis auf die Gegenwart, Bd. 2, 1914, *52ff.* (***B**); AKPS: Rep. A, Spec. P, J 80 (PA).

Henner Dubslaff

Jacoby, Felix, Prof. Dr. phil., Dr. h.c.
geb. 19.03.1876 Magdeburg, gest. 10.11.1959 Berlin, Altphilologe.

Der aus einer jüd. Kaufmannsfam. stammende J. absolvierte das Gymn. des Klosters U. L. F. in Magdeburg, studierte Klass. Philologie und Sprachen in Freiburg/Breisgau, München und Berlin und prom. hier 1900 bei Hermann Diels und Ulrich von Wilamowitz-Moellendorff über ein Thema der griechischen Historiographie, die seine weitere berufliche Tätigkeit bestimmen sollte. Seit 1903 war J. in Breslau als Privatdoz. tätig, habil. sich im gleichen Jahr und wurde 1906 ao. sowie 1907 o. Prof. für Klass. Philologie an der Univ. Kiel, an der er bis zu seiner erzwungenen Emeritierung durch die Nationalsozialisten 1935 tätig war. 1939 emigrierte J. mit seiner Fam. nach England, fand am Christ Church College in Oxford eine neue wiss. Heimstatt und kehrte erst 1956 nach Dtl. zurück. Durch sein ehrgeiziges und über mehrere Jahrzehnte energisch verfolgtes Ziel einer neuen Slg. und Bearbeitung der Fragmente der griechischen Historiker, die er seit 1923 publizierte, und seine profunde Kennerschaft der griechischen und lateinischen Poesie galt J. in Fachkreisen als einer der bedeutendsten und universellsten Altphilologen seiner Zeit. Durch die Sachphilologie des 19. Jhs geprägt, schuf J. ein Werk von monumentalen Ausmaßen, das neben den „Fragmenten" (bis 1958 lagen 15 Bde vor) auch zahlreiche Einzelabh., Exkurse, Skizzen und umfangreiche Monographien umfaßt.

W: De Apollodori Atheniensis Chronicis, Diss. Berlin 1900; Das Marmor Parium, 1904; Über die Entwicklung der griechischen Historiographie und den Plan einer neuen Slg. der griechischen Historikerfragmente, in: Klio 9, 1909, *80–123*; Hesiodi carmina, pars I: Theogonia, 1930; Der homerische Apollonhymnos, 1933; Atthis, the local chronicles of ancient Athens, 1949; S. Weinstock (Hg.), F. J., Griechische Historiker, 1956; H. Bloch (Hg.), F. J., Abh. zur griechischen Geschichtsschreibung, 1956 (*W, B*); H. J. Mette (Hg.), F. J., Kleine Philologische Schriften (2 Bde), 1961. – **L:** NDB 10, *252f.*; Wer ist wer 12, 1955; Bio Hdb Emigr 2, 1983; Willy Theiler, F. J., in: Gnomon 32, 1960, *387–391*. – **B:** *Navicula Chiloniensis (Fs. zum 80. Geb.), 1956.

Guido Heinrich

Jäger, Ernst
geb. 11.05.1903 Grunbach bei Stuttgart, gest. 23.02.1998 Burg, Fotograf.

In J., Sohn schwäbischer Weinbauern, weckte ein im I. WK bei den Eltern einquartierter Amateurfotograf die Liebe zur Fotografie. Nach dem Volontariat in einem fotografischen Betrieb und der Lehre bei dem renommierten Würzburger Porträtfotografen und Verleger Leo Gundermann bis 1929 kam J. über Starnberg, Horsens/Dänemark und Köln 1932 nach Burg. Er kaufte das Goldschmidt'sche Atelier und eröffnete im Herbst 1932 sein Atelier für Porträt-, Architektur- und Sachfotografie. Aus dem Tageslicht- wurde 1935 ein Kunstlichtatelier. Ein Jahr später legte J. seine Meisterprüfung vor der *Handwerkskammer Magdeburg* ab. Nach dem II. WK wurde er im Laufe der Jahre der bekannteste Fotografenmeister der Stadt. Über sieben Jahrzehnte stand J. hinter der Fotokamera und war somit einer der ältesten aktiven Berufsfotografen in Sa.-Anh. In mehreren Generationen lichtete er vom Säugling bis zur goldenen Hochzeit die Lebensstationen vieler Burger Fam. ab. Neben Aufträgen mit freier Gestaltung, u. a. für die *DEWAG*-Werbung, gehörte seine besondere Aufmerksamkeit der fotografischen Dokumentation in den regionalen Betrieben, angefangen mit den leeren Betriebshallen über die Demontage nach dem Kriege, dem Beginn des Wiederaufbaus mit einfachsten Mitteln bis zu den produzierenden Großbetrieben und dem Niedergang nach 1990. Sein älterer Sohn ist Prof. für künstlerische Grundlagen der Fotografie an der Fachhochschule Bielefeld, mit dem Enkel gestaltete er im Dichtermus. Karlsruhe 1992 die Ausstellung „Generationen-Fotografie und Sprache, Arbeiten 1930 bis 1992".

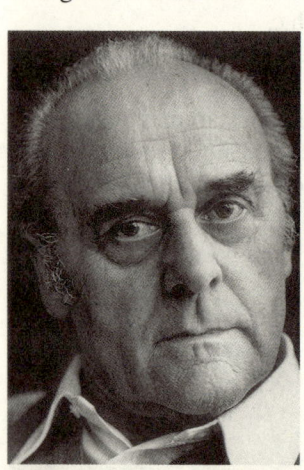

W: Serie: Aufbau der ersten Dt. Knäckebrotfabrik, 1932–1939; Fotoansichtskarten von Burg; Fotomappen Burg 1966 und 1983; Industriefotografien. – **L:** Gottfried J., Abstecher in die Vergangenheit, in: LEICA-Fotografie, Juli/August 1975, *163–166*; Heinz Jericho, Über sieben Jahrzehnte seines Lebens hinter der Fotokamera, in: Volksstimme Burg vom 10.09.1992; Vf., Bilder aus der DDR – Burg, Bez. Magdeburg, 2001, *8* u.ö. – **B:** *Gottfried J., Bielefeld (priv.).

Paul Nüchterlein

Jäger, *Heinrich* **Wilhelm**
geb. 01.08.1913 Rotthausen bei Gelsenkirchen, gest. 29.08.1986 Magdeburg, kath. Theologe.

J. studierte in Paderborn kath. Theol. und kam nach seiner dort 1939 erfolgten Priesterweihe als Pfarrvikar nach Osternienburg, wo er 1948 auch Pfarrer wurde. Weihbischof → Wilhelm Weskamm holte J. 1950 als Assessor in die von ihm mit aufzubauende Verwaltung des Erzbischöflichen Kommissariates Magdeburg und ernannte ihn zum Vorstandsmitglied des St. Bonifatius-Hilfswerkes, das kath. Gemeinden finanzielle Unterstützung, etwa beim Kirchenbau, gewährt. In dieser Funktion war J. u. a. für die Motorisierung der Seelsorger zuständig. Unter Weihbischof → Friedrich Maria Rintelen erfolgten seine Ernennungen zum Geistlichen Rat (1952), zum Monsignore (1958) und Päpstlichen Hausprälaten (1968). Des weiteren wurde J. von Bischof Johannes Braun mit der Leitung des 1971 in Magdeburg geschaffenen (kath.) Bauamtes betraut. Als zudem im selben Jahr aufgrund der Teilung Dtls und der damit verbundenen Trennung vom Mutterbistum Paderborn für das Kommissariat Magdeburg eine kirchliche Gerichtsbarkeit (Offizialat) eingerichtet werden mußte, wurde J. zum Offizial ernannt. J. war Alter ego der (Weih-)Bischöfe und prägte somit entscheidend die kirchliche Politik des Kommissariates Magdeburg, das wegen der von der DDR angestrebten Loslösung des Kommissariates vom Erzbistum Paderborn 1973 Bischöfliches Amt wurde. Als Gesprächsbeauftragter für das MfS blieb er nicht unumstritten.

L: Tag des Herrn Nr. 21, 1986, *167*; ZBOM. – **B:** *ebd.

Daniel Lorek

Jänicke, Johannes, Dr. theol. h.c.
geb. 23.10.1900 Berlin, gest. 30.03.1979 Halle, ev. Theologe, Bischof.

Aufgewachsen in einem pietistisch geprägten, sozial hochengagierten Elternhaus (der Vater war Prediger in der Berliner Stadtmission), erhielt J. seine Bildung im Gymn. zum Grauen Kloster in Berlin (Abitur Juni 1918). In den letzten Monaten des I. WK wurde er noch zum Militärdienst eingezogen und studierte ab Nov. 1918 in Berlin und Basel ev. Theol. Als Vikar war J. in Berlin eingesetzt, seit 1925 als Hilfsprediger und Stadtvikar. Die erste Pfarrstelle erhielt er 1926 in Luckenwalde. 1926 heiratete er Eva Rudolphi, die ihm bis zu ihrem Tode 1965 unersetzliche Partnerin war (zwei Pflegekinder). Von 1929 bis 1935 Pfarrer an St. Ulrich in Halle, übernahm J. 1935 die Pfarrstelle in Palmnicken/Ostpreußen, die er, unterbrochen durch den Militärdienst (1939/40) und den Einsatz als Sanitäter (1943/45), bis zur Ausweisung im August 1947 betreute. Seit 1934 Mitglied der Bekennenden Kirche (BK) und des Pfarrernotbundes, leitete er ohne Scheu vor persönlicher Gefährdung 1940–43 den ostpreuß. Bruderrat der BK. Seit Juli 1947 zunächst kommissarisch als Pfarrer in Berlin-Schlachtensee tätig, war er anschließend kurze Zeit (Juni 1947 bis Januar 1949) Dir. des Burckhardthauses Berlin-Dahlem. J. wurde 1949 als Nachfolger von Julius Schniewind zum Propst von Halle-Merseburg und 1955 zum Bischof der Kirchenprovinz Sachsen berufen. Trotz schwerer gesundheitlicher Belastungen in den letzten Dienstjahren übte J. das Bischofsamt bis zur Vollendung seines 68. Lebensjahres aus. Seit 1968 im Ruhestand leitete er noch als Kuratoriumsvors. die Entwicklung des Ev. Diakoniewerks Halle. 1956 verlieh ihm die Theol. Fakultät der Univ. Göttingen die Ehrendoktorwürde. Selbst hoch gebildet, war J. einerseits durch die Jugendbewegung, andererseits durch die dialektische Theol. und durch die Hinwendung der ev. Sozialarbeit zur Arbeiterschaft geprägt. In lebendiger Spiritualität wirkte er, insbesondere durch seine Predigttätigkeit, als Volksmissionar seiner Kirche. Der heilenden Seelsorge gab J. mit der Gründung des Julius-Schniewind-Hauses in Schönebeck-Salzelmen 1957 eine Heimstatt. In den politischen Auseinandersetzungen und in den Belastungen durch die Trennung der beiden dt. Staaten setzte er deutliche Akzente. Die repressive Durchsetzung der Jugendweihe wurde in der Kirchenprovinz Sachsen seit 1955 mit dem Versuch beantwortet, das Christusbekenntnis der Familien zu stärken. Intensiv wurde das Verständnis von Konfirmation und Abendmahl neu formuliert – aber ohne die volkskirchliche Sitte der Konfirmation erhalten zu können. Nach der Einführung der Wehrpflicht in der DDR und der Aufstellung der Baueinheiten in der NVA verabschiedete 1965 eine Arbeitsgruppe unter J.s wegweisender Leitung die „Handreichung zum Friedensdienst der Kirche" (Text in: Kirchliches Jb. 1966, *248–261*; Druck in der DDR nicht möglich), die trotz energischer Gegenreaktionen des Staates für die Seelsorge an Wehrpflichtigen bis 1990 maßgeblich geblieben ist. Für das Recht zur Wehrdienstverweigerung ist J. nachdrücklich eingetreten. Als stellvertretender Ratsvors. der Ev. Kirche der Union (1962–66) hat J. 1965 auf der Synode der EKU (wie schon auf der Synode der Kirchenprovinz Sachsen) öffentlich gegen die Trennung der Familien und insbesondere wegen der Schüsse an der Mauer protestiert (vgl. Kirchliches Jb. 1966). Die Auseinandersetzungen wegen der Zwangskollektivierung in der Landwirtschaft, der Zwangsumsiedlungen von Familien in den Sperrgebieten an der Westgrenze der DDR und wegen der engen Arbeitskontakte mit den westlichen Gliedkirchen der Ev. Kirche in Dtl. brachten immer neue Konflikte mit dem Staatsapparat. Das hohe Mißtrauen der DDR gegen die konsequente Haltung von Bischof J. wird belegt durch die Abhör-Überwachung seines Dienstzimmers (1961–64). Bei der Vorbereitung des Reformationsjubiläums 1967 kam es zum Eklat, als J. aus dem staatl. Vorbereitungskomitee wegen dessen kulturpolitischer Linie austrat. Eine Stellungnahme der Magdeburger Kirchenleitung zum Einmarsch der Truppen des Warschauer Pakts in die ČSSR im August 1968 durfte nicht von den Kanzeln verlesen werden. Die Magdeburger Kirchenleitung erklärte bei seinem Tode: „Wir gedenken seines Wirkens in der Verkündigung, in der Seelsorge und der Leitung der Kirche, das ausgestrahlt hat in das Leben von Mitarbeitern und Gemeinden unserer Kirchenprovinz und bedeutsam geworden ist für den Weg der ev. Christenheit unseres ganzen Landes in der Bindung an das befreiende Wort des Evangeliums. Wir verlieren in ihm einen geistlichen Vater."

W: Ich konnte dabeisein. Der Lebensweg des J. J. (1900–1979), ... von ihm selbst erzählt, 1984, ²1986; Johannes Dressler (Bearb.), Auf Hoffnung hin leben. Eine Auswahl von Predigten, 1984. – **N:** AKPS. – **L:** AKPS: Rep. A, Spec. P, J 146 (PA). – **B:** AKPS.

Harald Schultze

Jänicke, Karl
geb. 08.04.1888 Groß Salze, gest. 05.07.1935 Halle, Arbeiter.

Der Arbeitersohn trat schon in jungen Jahren der Gewerkschaftsbewegung bei und war seit 1925 auch eines der aktivsten Mitglieder im *Reichsbanner Schwarz-Rot-Gold* in Schönebeck, dem Kampfverband von SPD, Zentrum und DVP. Er gehörte in der Weimarer Republik zu denen, die in der Region immer wieder Überfälle der SA und des *Stahlhelm* abwehrten. Als Trommler des Reichsbannerspielmannzuges nahm er u. a. auch an der Demonstration gegen den Ns. am 03.03.1933 in Schönebeck in Vorbereitung auf die Reichstagswahlen am 05.03. teil, die vom örtlichen SA-Sturm überfallen wurde. Dabei gab es auf beiden Seiten Schwerverletzte. Der SA-Mann Kurt Hausmann erlag schließlich seinen Verletzungen. Aufgrund falscher Zeugenaussagen wurde J. als angeblicher Täter verhaftet und in einem Schwurgerichtsprozeß am 11.11.1933 in Magdeburg zu 15 Jahren Zuchthaus verurteilt. In der Berufungsverhandlung am 04.04.1934 lautete der Richterspruch auf acht Jahre Zuchthaus und ein Jahr Gefängnis. Dagegen legten die Nationalsozialisten Berufung ein. Ein Sondergericht in Halle verurteilte J. dann wiederum auf der Grundlage von Meineiden am 12.10.1934 dreimal zum Tode. Er wurde in Halle hingerichtet.

L: Aus dem Leben von Kämpfern der Arbeiterbewegung des Kr. Schönebeck, 1970, *18*. – B: ebd.

Hans-Joachim Geffert

Jagow, *Hans Georg* Eduard Ewald von
geb. 19.12.1880 Hannover, gest. 24.10.1945 Quedlinburg, General, Reg.-Präsident in Magdeburg.

Die Ausbildung J.s war eine rein militärische. An der Ritterakad. in Brandenburg legte er die Reifeprüfung ab und stieg dann die militärische Karriereleiter empor. Er tat Dienst im Generalstab und kam danach 1927 nach Quedlinburg. Hier war er im Range eines Oberstleutnants Bataillonskommandeur eines Infanterieregiments. 1929 wurde J. als Oberst Kommandant von Oberschlesien in Oppeln. 1932 zum Generalmajor befördert, wurde er an den Standort Magdeburg versetzt. Die Nähe zum Ns. war eine Voraussetzung dafür, daß er 1934 zum Reg. Präsidenten in Magdeburg ernannt wurde. Unter seiner Leitung wurde das Reg.-Präsidium auf die Ziele des ns. Staates hin umorganisiert sowie für dessen Aufgaben bei der Mobilmachung und später für die Kriegsbedingungen eingerichtet. J. führte die Behörde im Sinne des ns. Regimes. Als ab 01.07.1944 aus Verteidigungsgründen die Provinz Sachsen aufgelöst und eine Provinz Magdeburg mit einem Oberpräsidenten an der Spitze gebildet wurde, die identisch mit dem bisherigen Regierungsbez. war, war das Amt des Reg.-Präsidenten überflüssig geworden. Als Oberpräsident der nunmehrigen Provinz Magdeburg fungierte Carl Lothar von Bonin.

L: Walter Hubatsch (Hg.), Grundriß der dt. Verwaltungsgesch. 1815–1945, Reihe A: Preußen, Bd. 6, Provinz Sachsen, 1975, *36*; Stefan Karnop/Lars-Henrik Rode/Vf., Der Regierungsbez. Magdeburg und seine Gesch., 1998, *116* (**B**).

Mathias Tullner

Jansen, Martin
geb. 01.11.1885 Dremmen/Rheinland, gest. 28.09.1944 Magdeburg, Lehrer, Chorleiter, Bachforscher.

Über das Leben J.s bis zum Beginn seiner Tätigkeiten auf dem Gebiet der Musik in Magdeburg sowie zu seinen letzten Lebensjahren ist nur sehr wenig bekannt. 1923 gründete der Mittelschullehrer den *Magdeburger Madrigalchor*, mit dem er ausgedehnte Konzertreisen unternahm. In der Interpretationsgesch. der „Matthäuspassion" von Johann Sebastian Bach führte dieser Chor als erster das Werk in der geringen Besetzung von 27 Sängern und 27 Orchestermitgliedern auf. Von 1924 bis 1926 war J. Dirigent des *Magdeburger Lehrergesangsvereins*. Weiterhin dirigierte er den *Gesangsverein Burg* sowie den *Halberstädter Männergesangsverein*. Ab 1931 stand J. mit dem Bachforscher Friedrich Smend im Briefwechsel. Das Ergebnis ihrer gemeinsamen Studien war J.s damals sensationeller Aufsatz im Bach-Jb. 1937 „Bachs Zahlensymbolik, an seinen Passionen untersucht".

Kerstin Hansen

Jassmann, Edgar
geb. 11.02.1927 Lodz (Polen), gest. 28.08.1983 Magdeburg, Chemiker.

J. war Sohn des Textilfabrikanten Arthur J., dessen Vater im Zuge der Ansiedlung rheinländischer Textilfachleute in Polen nach Lodz gekommen war. 1939 wurde J. dt. Staatsbürger. Nach dem Kriege studierte er 1947–53 an der Univ. Leipzig Chemie. Er prom. 1955 bei Wilhelm Treibs. Seit 1953 war er im *VEB Fahlberg-List* Magdeburg als Betriebsabteilungsleiter in der Pharma Produktion und als wiss. Mitarbeiter in der Pharma-Forschung tätig. Die glückliche Symbiose von Produktion und Forschung prägte fortan sein gesamtes Berufsleben. Ab 1960 trug er als Leiter der Pharma-Forschung die Verantwortung für die Entwicklung des Pharma-Sektors, wo er an der Produktionsüberführung neuer Herz-Kreislauf-Medikamente, u. a. dem FALI-COR, und der Erforschung und Herstellung von Röntgenkontrastmitteln für med.-diagnostische Zwecke arbeitete. Auch die Einführung neuer, unkonventioneller Produktionstechnologien zählt zu seinen Verdiensten. J.s innovative Leistungen schlugen sich in zahlreichen Patenten und Auszeichnungen, u. a. als Verdienter Erfinder, nieder. J. war in verschiedenen wiss. Gremien tätig, u. a. im Zentralen Gutachterausschuß für Arzneimittelverkehr beim Ministerium für Gesundheitswesen der DDR.

L: Fs. zum 100jährigen Jubiläum von Fahlberg-List Magdeburg, 1986, *48–50*. – B: *Fam. J., Magdeburg (priv.).

Alfred Jumar

Jennrich, Friedrich Hermann *Albert*
geb. 18.05.1873 Flechtingen/Kr. Neuhaldensleben, gest. 02.09.1945 Flechtingen, Gast- und Landwirt, Fotograf.

J. stammte aus einer bäuerlichen Fam., die zudem eine

Gastwirtschaft betrieb. Der Vater war auch als Kaufmann tätig. J. besuchte die Grundschule in Flechtingen und ab ca. 1885 eine höhere Schule mit Internatsaufenthalt in Helmstedt. Entgegen seinem Wunsch übernahm er das Geschäft seines Vaters. Durch das Vermögen seiner Eltern fand J. neben seiner beruflichen Tätigkeit Gelegenheit, außergewöhnlichen Beschäftigungen wie etwa dem Fotografieren, dem Experimentieren mit Röntgen- und Nachrichtentechnik (Telefonvermittlung) und dem Aufbau und der Pflege naturkundlicher Slgg. (Schmetterlinge, Vogeleier) nachzugehen. Bedeutung erlangten seine Fotografien. Seine Aufnahmen von Flechtingen, die bereits ab ca. 1895 entstanden, publizierte er als Postkarten im eigenen Verlag, darunter später auch eine Reihe von Luftbildaufnahmen aus der Luftbild-Zentrale der Fa. *Junkers* in Dessau. Der Röntgenapparat diente zu eigenen Forschungszwecken, unterstützte aber auch den damals ortsansässigen Arzt.

Kurt Buchmann

Jerxsen, Christoph *Heinrich*
geb. 07.02. 1805 Osterwieck, gest. 25.02.1855 Oschersleben, Lehrer, Botaniker.

J. wuchs als Sohn eines Wundarztes in seinem Geburtsort auf, besuchte die Stadtschule in Osterwieck, danach die höhere Bürgerschule in Halberstadt und absolvierte 1822–25 das dortige Lehrerseminar. 1825 erhielt J. eine Lehrerstelle in Huy-Neinstedt und war ab 1828 an der Bürgerschule zu Oschersleben als Organist und Knabenschullehrer tätig. Nachdem J. hier seine wirtsch. Lage durch Privatunterricht in Musik und sehr sparsame Lebensführung stabilisiert hatte, widmete er seine freie Zeit gänzlich dem Studium der Flora der Umgebung von Oschersleben. Seine gründliche und kenntnisreiche floristische Arbeit bewirkte bald, daß J. in Fachkreisen bekannt wurde. Bedeutende Botaniker der Zeit (u. a. Wilhelm Schatz aus Halberstadt und Ernst Hampe aus Quedlinburg) nutzten die umfassenden Kenntnisse J.s auf Exkursionen und im Meinungsaustausch. J. hat die Ergebnisse seiner botanischen Bemühungen selbst nie publiziert, überließ diese aber uneigennützig zur Veröffentlichung in Schatz' „Flora von Halberstadt" (1854). 1850 wurde J. Dirigent des 1843 gegründeten *Landwirtsch. und Gewerbe-Vereins zu Oschersleben* und vermochte nun, die Anlage eines landwirtsch. Versuchsfeldes durchzusetzen, das er zunächst selbst bearbeitete. Hier wurden bis 1870 sehr viele und verschiedene, für die Landwirtschaft der Zeit interessant erscheinende Anbauarten herangezogen und deren mögliche Erträge geprüft. Über diese Anbauversuche erschienen jährlich ausführliche Berichte in der *Zs. des Landwirtsch. Central-Vereins der Provinz Sachsen*, die J. bis zu seinem Tode selbst verfaßte. Diese Anbauversuche eines landwirtsch. Vereins waren seinerzeit eine bedeutende Novität, deren aktuelle Würdigung noch aussteht.

W: Bericht über die vom landwirthsch. und Gewerbe-Verein zu Oschersleben im Jahre 1850 veranstalteten und veranlaßten Anbauversuche, in: Zs. des Landwirthsch. Central-Vereins der Provinz Sachsen 8, 1851ff. – L: [Braun], Nekr., in: Zs. des Landwirthsch. Central-Vereins der Provinz Sachsen 12, 1855, *80–82*; → Paul Ascherson, Nachtrag zu → Ludwig Schneiders „Flora von Magdeburg", 1894 (Einleitung).

Heinz Nowak

Jeske, *Erich* Julius, Dr. med.
geb. 19.03.1888 Jutroschin/Posen, gest. 03.10.1956 Magdeburg, Arzt, Kreisarzt, Obermedizinalrat.

Nach dem Abitur 1905 am Gymn. Jutroschin studierte J. Med. in Breslau und Greifswald, bestand das Staatsexamen in Breslau und prom. dort 1911. Von 1910 bis 1912 war J. Assistenzarzt in Breslau und Falkenhagen, 1912–14 fuhr er als Schiffsarzt auf der Hamburg-Amerika-Linie. 1914 meldete sich J. als Kriegsfreiwilliger, erhielt das EK I und wurde 1918 schwer verwundet. Nach der Demobilisierung wirkte er 1919 am Hygiene-Inst. in Posen und legte dort im selben Jahr die Kreisarztprüfung ab. Anschließend besetzte J. Kreisarztstellen in Kattowitz, Königshütte, Breslau und Wolmirstedt. Zum 01.10.1930 wurde er als der tüchtigste und fähigste Kreisarzt des Regierungsbez. Magdeburg eingeschätzt. Er wurde Kreismedizinalrat in Magdeburg und war dort von 1935 bis 1946 als Amtsarzt Leiter des Gesundheitsamtes. Seit 1934 beteiligte sich J. als Mitglied des ns. Erbgesundheitsgerichtes in Magdeburg an der Durchsetzung von Zwangssterilisationen, wurde 1937 Mitglied der NSDAP und arbeitete als Leiter der Beratungsstelle für Sippenforschung im NSDAP-Gauamt für Volksgesundheit mit. 1940 wurde ihm der Titel eines Obermedizinalrates verliehen. Dennoch wurde J. nach dem II. WK im Rahmen der Entnazifizierungsmaßnahmen nicht als Belasteter eingestuft und konnte seit 1946 in eigener Praxis wieder in Magdeburg arbeiten. Er genoß das Vertrauen der niedergelassenen Ärzte seines ehemaligen Amtsbereiches und wurde 1953 zum Vorstandsmitglied der Gewerkschaftsgruppe Ärzte Magdeburg im *FDGB* gewählt. 1954 übernahm er die Leitung der Honorar-Abrechnungsstelle Ärzte für den Bez. Magdeburg und wurde schließlich Vors. der Kommission Ärzte im *FDGB*-Bezirksvorstand Magdeburg. Er starb während einer Diskussionsrede auf einer Sitzung des Zentralvorstandes der Gewerkschaft Gesundheitswesen. J. verstand es in der Zeit des Ns., sich von radikalen Maßnahmen gegen politisch und rassistisch verdächtige Kollegen geschickt zu distanzieren und war wegen seines fundierten Fachwissens als Amtsarzt sehr geachtet. Darauf basierte sein berufspolitisches Comeback, das ihm die auf die Gewinnung der Ärzte abzielende Politik des *FDGB* ermöglichte. Die dort sich organisierenden niedergelassenen Ärzte brachten J. Vertrauen entgegen, das er als Vors. des Honorarprüfungs-Ausschusses und der Abrechnungsstelle (gegenüber der Sozialversicherung) nicht enttäuschte.

Jörgen

L: Nachruf der Gewerkschaft Gesundheitswesen, Abrechnungsstelle für den Bez. Magdeburg, vom 03.10.1956; LHASA: Rep. C 28 I g Nr. 81 (PA).

Horst-Peter Wolff

Jörgen, Ella, geb. Rolack
geb. 10.05.1910 Genthin, gest. 27.10.1980 Genthin, Kommunalpolitikerin, Bürgermeisterin in Genthin.

Die Tochter eines Malers verbrachte ihre Schul- und Jugendzeit in Genthin, wo sie auch das Kriegsende erlebte. Die Hinterlassenschaft des Krieges und den schwierigen Neubeginn vor Augen, zählte sie (seit 1947 SED-Mitglied) zu den Frauen der ersten Stunde und half, Not zu lindern. Als Folge ihrer Tätigkeit in der Abt. Mutter und Kind beim Magistrat der Stadt 1950–53 gründete sie den ersten Kindergarten nach Kriegsende in Genthin mit. Die sozialen Belange von Mutter und Kind waren Schwerpunkte ihrer Arbeit. Am 07.03.1947 war sie mit → Luise Kroll als Delegierte des Kr. Jerichow II Mitbegründerin des *Demokratischen Frauenbundes Dtls* (*DFD*) in Berlin. 1953 wurde J. als erste Frau Bürgermeisterin der Stadt. Dieses Amt bekleidete sie bis 1956, danach war sie in anderen Bereichen der Verwaltung tätig. 1964 übernahm das *DFD*-Mitglied die Leitung der Volkssolidarität, die mit ihren vielfältigen Veranstaltungen die Senioren der Stadt betreute.

L: Zur Gesch. der Stadt und des Kr. Genthin, hg. von einem Autorenkollektiv, Tl. 2, H. 3, 1972; Frauenkal. Jerichower Land, o. J. (*B*).

John Kreutzmann

Jörn, *Johannes* Paul Ernst
geb. 23.09.1907 Hamburg, gest. 13.10.1983 Magdeburg, Ing., Konstrukteur.

J., Sohn eines Elektro-Ing., nahm nach dem Schulbesuch ein Ingenieurstudium in Hamburg auf und war anschließend in verschiedenen Maschinenbaufirmen tätig. Nach dem II. WK arbeitete er wieder im ingenieurtechnischen Bereich, avancierte 1952 zum Leiter der Dresdener Zweigstelle des 1950 in der SBZ gegründeten Zentralen Konstruktionsbüros der *Staatl. AG für Maschinenbau AMO* und fungierte 1954–63 als Gründer und Leiter des Konstruktionsbüros für Schwermaschinenbau (KBS) mit Zweigstellen in Berlin, Dessau, Dresden und Chemnitz, deren zentrale Leitstelle in Magdeburg eingerichtet wurde. Im Magdeburger Konstruktionsbüro projektierten ca. 500 Mitarbeiter des KBS unter J.s Leitung Walzwerke für das Magdeburger *Ernst-Thälmann-Werk*, mit dem das KBS 1964 fusionierte. J. wurde Leiter der Hauptabt. Forschung und Entwicklung, Projektierung und Konstruktion von Walzwerksausrüstungen und wenig später Dir. des neu gebildeten Haupt- und Generalauftragnehmers für komplette metallurgische Anlagen des *VEB Schwermaschinenbau-Kombinat „Ernst Thälmann"* Magdeburg (*SKET*). Er war maßgeblich an der Projektierung von kompletten kontinuierlichen Draht-, Feinstahl- sowie Kalt- und Folienwalzwerken, Längs- und Querteilanlagen für Bleche und Bänder, Mittelstahladjustagen und Alu-Beschichtungsanlagen beteiligt, für die das *SKET* im Rahmen der Vereinbarungen des Rates für gegenseitige Wirtschaftshilfe (RGW) spezialisiert wurde. J. war Mitglied des Senats der TH Magdeburg, erwarb bis zu seinem Ruhestand Ende 1972 drei Patente und wurde für seine Leistungen mehrfach ausgezeichnet, u. a. 1969 mit dem Nationalpreis für Wiss. und Technik der DDR.

B: *Vf., Magdeburg (priv.).

Andreas Jörn

Johannsen, Elsa-*Christa* Betti Luise, Dr. phil.
geb. 17.11.1914 Halberstadt, gest. 09.04.1981 Magdeburg, Schriftstellerin, Publizistin.

Nach Schulbesuch und Abitur in Halberstadt studierte J., Tochter eines Architekten, Phil., prom. in Berlin und lehrte nach 1945 als Doz. an der Fachschule für Bauwesen in Blankenburg/Harz und wurde Mitglied der CDU. Vor 1945 Mitglied des *Schutzverbandes Dt. Autoren*, nahm sie 1947 am 1. Dt. Schriftstellerkongreß in Berlin teil. Seit 1956 arbeitete sie als freischaffende Schriftstellerin, Übersetzerin und Mitarbeiterin der Ztg. *Neue Zeit* in Magdeburg. 1959–62 lieferte sie Beiträge für die Zs. *Ernte und Saat. Kal. für die christliche Familie*. Den Vorstand des Schriftstellerverbandes im Bez. Magdeburg, dem → Walter Basan, Heinz Kruschel, Martin Selber und Klaus Wolf angehörten, leitete sie von 1963 bis 1969. Intensiv kümmerte sie sich um den Nachwuchs und um die Leseförderung, leitete seit 1973 Zirkel schreibender Arbeiter und die Gruppe *Junge Prosaisten* der FDJ. J. erhielt mehrere Auszeichnungen, u. a. den Erich-Weinert-Preis der Stadt Magdeburg (1974), die Johannes-R.-Becher-Medaille in Silber (1966), die Ernst-Moritz-Arndt-Medaille, den Lion-Feuchtwanger-Preis der Akad. der Künste (1974) und den VVO in Bronze (1979). Von ihr erschienen in verschiedenen Verlagen Romane, Erzählungen und Reportagen, zudem zahlreiche publizistische Arbeiten in Zss. und Ztgg. Mit ihrem umfangreichen Roman „Leibniz" (1966, ⁶1976), der ursprünglich „Aufschwung in den Kosmos" hieß, leistete sie einen wichtigen Beitrag zur Gattung des hist. Romans. In dem Erzählungsbd. „Der große wunderbare Fisch" (1974) wie schon in der Traumerzählung „Der Flug nach Zypern" (1969) gestaltete sie besonders das Soziale und das Moralische. Autobiographisch gefärbte Erzählungen über Herkunft und Elternhaus gaben Auskunft über das Woher und Wohin. J. war stets bestrebt, im Sinne Erich Mühsams ‚Gedächtnis' zu lehren, auch dann, wenn sie Kriminalromane schrieb. Einen letzten Höhepunkt erreichte sie mit dem autobiogr. Roman „Zeitverschiebungen" (1979, ²1981), der kaleidoskopartig geschrieben ist und in dem viele Partikel miteinander zu spielen scheinen. Ihr Credo lautete: „Bekennen, was gewesen ist. Und überwinden, wenn's auch schwer fällt ... Jedermanns Biographie geht alle an." Sie ging in ihren Arbeiten, die Reportagen einschlossen, hist. Vorgängen sowie aktuellen Ereignissen und Bezügen nach und schrieb gegen die Geschichtslosigkeit ihrer Zeit an. Zuweilen lud sie westdt. Autoren ein (Horst Krüger, Geno Hadlaub), erweiterte ständig ihre Weltsicht, liebte Sibirien und die USA und nahm es in Kauf, ohne Visum die USA zu besuchen auf den Spuren Albert Einsteins, dem ihr letztes Werk, das sie nicht mehr vollenden konnte, gewidmet sein sollte. Müde geworden, starb sie allein in ihrer kleinen Magdeburger Wohnung. Es ‚peinigte' sie bis zum Schluß, immer noch eine Aufgabe zu haben. So wurde das Buch „Zeitverschiebungen" zu ihrem Vermächtnis.

L: s.o.; Abschied vom Sommer, 1940, ⁶1944; Die unsichtbare Krone, 1943; Die Hirtenflöte, 1944; Requiem. Novelle, 1948; Bilanz im Morgenrot, 1958; Asklepios und seine Jünger, 1960; Menschen und Städte. Erzählungen, Reportagen, Feuilletons, 1962; Im Schatten des Minotaurus, 1965; Lutherstadt Wittenberg zwischen gestern und morgen (Reportage), 1967; Die Schattenwand, 1974. – **L:** Kosch LL 8, Sp. *655f.*; Killy 6, *121f.*; Günter Albrecht u. a. (Hg.), Lex. deutschsprachiger Schriftsteller, Bd. 1, 1974, *426*; Lit. im Bez. Magdeburg, hg. vom Rat des Bezirkes, o. J. [1981], *12* (**B**). – **B:** *Literaturhaus Magdeburg.

Heinz Kruschel

John, Franz *Alfred*
geb. 22.08.1886 Magdeburg, gest. 03.02.1961 Dessau, Maler, Graphiker.

Über J.s Vita ist wenig bekannt. Von 1909–13 besuchte er die Kunstgewerbe- und Handwerkerschule in Magdeburg. Zu seinen Lehrern gehörte → Kurt Tuch. Von Beruf war J. gelernter Lithograph. Als Maler war er, anfangs beeinflußt von Cézanne und van Gogh, autodidaktisch tätig. Einige Zeit folgte er der abstrakten Richtung, näherte sich jedoch später wieder der Naturform an. In Magdeburg gehörte J. der 1919 gegründeten Künstlervereinigung *Die Kugel* u. a. mit → Max Dungert und später der Künstlergemeinschaft *Börde* an. Neben der Beteiligung an lokalen Ausstellungen war er auf den Großen Berliner Kunstausstellungen von 1919 und 1920 vertreten. Sein Frühwerk in Gemälden und Holzschnitten stark vom Expressionismus und Kubismus beeinflußt, stand im Duktus den Arbeiten der übrigen *Kugel*-Mitglieder nahe. Von den 1930er Jahren an gibt es realitätsnahe Landschaften, auch Ansichten von Magdeburg mit figürlichen Staffagen.

W: Originalgraphik (Holzschnitte) in: Zs. Die Kugel, 1919/20 (KHMus. Magdeburg); Illustrationen zu Gedichten von → Robert Seitz (priv.). – **L:** Vollmer 2, 1955, *555*; „Die Kugel" – eine Künstlervereinigung der 20er Jahre, Kat. Kunstmus. Kloster U. L. F. Magdeburg 1993. – **B:** *Jörg-Heiko Bruns, Erfurt-Molsdorf (priv.): Zeichnung von → Bruno Beye.

Renate Hagedorn

Jordan, Hermann Adolf *Martin*
geb. 11.11.1874 Halle, gest. 20.04.1953 Blankenburg, ev. Pfarrer.

J. war Sohn des Otto J., Vorsteher und Pfarrer am ev. Diakonissenhaus Halle. Nach dem Besuch des städtischen humanistischen Gymn. studierte er bis 1898 ev. Theol. in Halle und Berlin. Nach dem Militärdienst und einer Lehreranstellung am Rauhen Haus in Hamburg wurde er 1902 Hilfsprediger am Dom in Merseburg. Ab 1905 war J. als Pfarrer in Hohenlohe/Kr. Merseburg, ab 1916 als Superintendent in Hohengöhren/Altmark und seit Dezember 1925 als Oberpfarrer und Superintendent in Gommern tätig, zuständig auch für die Kranken ev. Glaubens des Krankenhauses Vogelsang. Basis des Lebens und Wirkens von J. war sein tiefer christlicher Glaube, der ihn beständig bewegte, die Gemeindearbeit auf vielfältige Weise zu beleben. Dabei stieß er nicht immer auf die von ihm erhoffte Resonanz. Das Eintreten für Gerechtigkeit und Wahrheit zeichnete ihn aus. Neben seiner beruflichen Tätigkeit widmete er sich heimatgesch. und naturkundlichen Wissensgebieten. Er war national gesinnt und dem völkischen Gedankengut der 1920er und 1930er Jahre idealistisch verbunden. Äußerungen über die „Endlichkeit menschlicher Regime im Gegensatz zu Gottes Reich" brachten ihn 1934 in Konflikt mit dem ns. Staat und der damaligen Kirchenleitung. Sog. Schutzhaft durch die Gestapo und Predigtverbot waren die Folge. Nach einer kurzen Zeit als Hilfsprediger an verschiedenen Orten der Provinz Sachsen wurde er 1935 rehabilitiert. Aus gesundheitlichen Gründen trat er 1937 in den Ruhestand und siedelte nach Blankenburg über. Aufgrund der politischen und kircheninternen Erfahrungen war in seinen späteren Aufzeichnungen und Veröffentlichungen in der von ihm hg. Kirchenztg. *Neues Leben* eine gewisse Resignation zu spüren, die er erst im Ruhestand überwand. Er widmete sich wieder seinen vielseitigen Interessen. In dieser Zeit übersetzte er das für die Geschichtsforschung im Magdeburger Raum wichtige Werk von Justus Christianus Thorschmidt „Antiquitates Plocenses et adjunctarium Prezzin et Elbenav Burggravatius Magdeburgici dioeceseos Gomeranae" (1725) aus dem Lateinischen, das unter dem Titel „Altertümer von Plötzky, Prezzin und Elbenau" 1939 im Verlag von → August Hopfer in Burg erschien.

W: s.o. – **L:** AKPS: Rep. A, Spec. P, J 42 I + II (PA). – **N:** Dorothea Kreidel, geb. J., Borken/Münster.

Jürgen Knüpfer

Jordan, Rudolf
geb. 21.06.1902 Großlüder/Kr. Fulda, gest. 27.10.1988 München, Lehrer, Gauleiter, Reichsverteidigungskommissar.

J., Sohn eines Kaufmanns und Kleinbauern, arbeitete nach dem Besuch der Volksschule 1916–18 im freiwilligen Arbeitseinsatz als Fräser in Munitionsfabriken. 1918–24 besuchte er die Präparandenanstalt und das Lehrerseminar in Fulda, von 1924 bis 1927 war J. in Verlagen, in der Werbebranche und als Lehrer tätig. Seine weltanschauliche Einstellung wurde maßgeblich durch völkisch-rechtes Schrifttum geprägt. Er lehnte den Weimarer Staat ab, war 1920 als Zeitfreiwilliger bereit, den Kapp-Putsch zu unterstützen, und schloß sich 1921 dem Wehrverband *Bund Oberland* an. 1925 in die NSDAP eingetreten, wurde er 1929 Abgeordneter des Provinziallandtages Hessen-Nassau und der Stadtverordnetenverslg. Fulda, war Hg. der völkischen Monatszs. *Notung* und der ns. Ztg. *Fuldaer Beobachter*. J. wurde wegen seiner politischen Tätigkeit aus dem Schuldienst entlassen. Im Januar 1931 zum Gauleiter des Gaues Halle-Merseburg ernannt, war er seit 1932 Mitglied des Landtages der Provinz Sachsen und des Preuß. Landtages, seit 1933 Bevollmächtigter der Provinz Sachsen im Reichsrat und MdR, seit 1935 Preuß. Staatsrat. J. hatte maßgeblichen Anteil an der Errichtung der ns. Diktatur in der Provinz Sachsen, vor allem im Raum Halle-Merseburg. Unter seiner Leitung kam es zum Blutsonntag in Eisleben am 12.02.1933. Er forderte als Fraktionsvors. der NSDAP im Landtag der Provinz den Landeshauptmann Erhard Hübener ultimativ zum Rücktritt auf (April 1933). Von Hitler im April 1937 zum Reichsstatthalter der Länder Braunschweig und Anh. und zum Gauleiter des Gaues Magdeburg-Anhalt ernannt, wurde J. bei Kriegsausbruch 1939 Reichsverteidigungskommissar im Wehrkreis XI (u. a. Magdeburg-Anhalt), nach der Neuordnung der Reichsverteidigungs-Bez. seit November 1942 nur noch Reichsverteidigungskommissar für den Gau Magdeburg-Anhalt. Zu seinen Aufgaben gehörte die Organisation und Kontrolle der Kriegswirtschaft. J. übernahm auch die staatl. Kompetenzen als Chef der Anhaltischen Landesreg. 1940 und als Oberpräsident der Provinz Magdeburg 1944. Im vorletzten Kriegsjahr war er als Gauvolkssturmführer und Gauarbeitsführer des Reichsarbeitsdienstes eingesetzt. Seit 1944 rückte die Organisierung des zivilen Luftschutzes und die Beseitigung der Folgen alliierter Bombardements in den Mittelpunkt der Tätigkeit J.s. Der Gau-Einsatzstab in Dessau versuchte, die notwendigen Maßnahmen zu koordinieren. J. schaltete sich in den Luftschutz und die Evakuierungsaktion der als „besonders gefährdet" eingestuften Stadt Magdeburg direkt ein. Die von ihm nach Luftangriffen verkündeten Durchhalteparolen fanden in der Bevölkerung immer weniger Resonanz. Nachdem er bis Frühjahr 1945 den „Endsieg" prophezeit hatte, tauchte J. nach dem Tod Hitlers unter. Er entkam mit der Fam. auf das westelbische Gebiet. Von britischen Soldaten erkannt, wurde er den Amerikanern ausgeliefert, die ihn der Roten Armee überstellten. Ende 1950 wurde er in der Sowjetunion zu 25 Jahren Gefängnis verurteilt. Aufgrund der Vereinbarungen der Bundesreg. mit der sowjetischen Führung im Oktober 1955 freigekommen, arbeitete er als Vertreter, Inspektor und schließlich als Sachbearbeiter in der Münchener Flugzeugindustrie. J. hatte fortan auch die Möglichkeit, seine Sicht auf die zurückliegende Gesch. zu publizieren. Die autobiogr. Erinnerungen belegen, daß er wenig aus der von ihm mitzuverantwortenden ns. Vergangenheit gelernt hatte.

W: Erlebt und erlitten. Weg eines Gauleiters von München bis Moskau, 1971. – **L:** Karl Höffkes, Hitlers politische Generale. Die Gauleiter des Dritten Reiches, 1986, *159–164* (**B**).

Manfred Wille

Jüngken, Johann *Christian*, Prof. Dr. med.
geb. 12.06.1793 Burg, gest. 08.09.1875 Hannover, Arzt, Geh. Obermedizinalrat.

J. wurde als Sohn des Physikus Dr. Johann Christian J. im Haus Nr. 802, der heutigen Großen Brahmstraße 6 in Burg, geb. Die Fam. siedelte 1800 nach Magdeburg über. J. besuchte nach der Elementarschule ab 1807 das Domgymn. Hier hatte er Gelegenheit, sich mit den Naturwiss. näher bekannt und einführende med. Studien zu machen, indem er von dem aufgeklärten Domprediger → Johann Friedrich Wilhelm Koch in Botanik, Anthropologie und Physiologie unterrichtet wurde und, da er entschlossen war, Med. zu studieren, an dem Anatomisch-chirurgischen Auditorium bei → Pierre Faucher bereits als Primaner Vorträge über die Knochenlehre hörte. Nach der Matura ging er 1812 nach Göttingen, wo er naturwiss.-med. Vorlesungen und Übungen beiwohnte. Seine Lehrer erkannten hier schon sein Talent und Geschick bei Augenoperationen. Bei Kriegsausbruch 1815 trat J. in Berlin und Brüssel als Volontär-Lazarettchirurg in den militärärztlichen Dienst ein. Hierbei sammelte er Erfahrungen bei der Behandlung von Kriegsverletzungen und der sog. ägyptischen Augenentzündung, die unter den Soldaten sehr verbreitet war. Nach dem Krieg beendete er seine Studien in Berlin, u. a. auch an der Klinik von Wilhelm Hufeland. Seine besondere Vorliebe galt der Chirurgie und Augenheilkunde. Ende 1816 bekam J. die Stelle eines zweiten Assistenten an der Univ.-Klinik und prom. 1817 mit einer Diss. über ein Instrument zur künstlichen Pupillenerweiterung. Nachdem er als Privatdoz. an der Berliner Univ. für das Fach Chirurgie und Augenheilkunde tätig war, wurde er 1825 zum ao. Prof. an der Berliner med. Fakultät ernannt. Vom Februar 1828 an wurde ihm die Leitung der neugegründeten Klinik für Augenheilkunde an der Charité übertragen, in der er 40 Jahre als Lehrer, Arzt und Operateur wirkte und wiss. veröffentlichte. J. wurde zum med. Pionier, als ihm 1849 erstmalig in der Medizingesch. bei einer 20 Jahre jungen Frau eine Staroperation unter Chloroform-Narkose gelang, die er vorher an einem starblinden Bären des Berliner Zoologischen Gartens im „Tierexperiment" versucht hatte. Wenn J. auch den Ruf eines geschickten Augenarztes und pflichteifrigen Lehrers genoß, so war sein Wirken in späteren Jahren ein Hindernis für eine neue Periode in der Augenheilkunde. 1868 legte J. alle seine Ämter nieder.

W: Das Coreoneion. Ein Beitrag zur künstlichen Pupillenbildung, 1818; Die Lehre von den Augenoperationen, 1829; Die Lehre von den Augenkrankheiten, 1832, ³1842; Ueber die Augenkrankheit, welche in der Belgischen Armee herrscht, 1834; Die Augendiätetik oder die Kunst, das Sehvermögen zu erhalten und zu verbessern, 1870. – **L:** ADB 14, 727–732; Max Lenz, Rede zur Jh.-Feier der Kgl. Friedrich-Wilhelms-Univ. zu Berlin, 1910, *44f.*; J. von Michel, Augenheilkunde als Unterrichtsfach an der Univ. Berlin in der Zeit von 1811–70, in: Berliner Klinische Wochenschrift vom 10.10.1910, *1891–1983* (**B**). – **B:** Sudhoffs Archiv. Zs. für Wissenschaftsgesch., Bd. 70, 1986, *164.*

Paul Nüchterlein

Julius, Reinhold
geb. 08.03.1913 Magdeburg, gest. 31.07.1937 Berlin (hingerichtet), Arbeiter, Boxsportler, Widerstandskämpfer.

J. wurde in einer kinderreichen Arbeiterfam. am Knochenhauerufer in Magdeburg geb. Er begann nach dem Besuch der Volksschule eine Lehre als Former, nach deren frühzeitigem Abbruch arbeitete er als Ungelernter im Magdeburg-Buckauer *Krupp-Gruson-Werk*, zuletzt in der Lichtpause. Als Mitglied des *Dt. Metallarbeiterverbandes* (*DMV*) und des Kommunistischen Jugendverbandes Dtls (KJVD) boxte er aktiv in seiner Freizeit in Arbeitersportvereinen. Seit 1933 war er im Widerstand gegen den Ns. aktiv, verteilte illegal antifaschistische Lit. und protestierte öffentlich mit der Hissung einer roten Fahne am 1. Mai auf einem Sportplatz in Magdeburg-Fermersleben. Bereits 1933 erstmals inhaftiert, wurde er Ende 1935 wiederum verhaftet. Monatelange Einzelhaft und Folterungen konnten ihn jedoch nicht brechen. Vom Volksgerichtshof wurde er wegen Hochverrats im Sommer 1937 zum Tode verurteilt. In der Hinrichtungsstätte des Berliner Strafgefängnisses Plötzensee enthauptet, wurde seine Urne auf dem Städtischen Friedhof Berlin-Marzahn beigesetzt. Seit 1947 befindet sich dort ein Gedenkstein für ihn und andere dort bestattete Opfer des Ns.

L: Ehrenbuch der Opfer von Berlin-Plötzensee, Gedenkstätte Dt. Widerstand Berlin, 1974.

Joachim Hoffmann

Juntke, Christel, Dr. med. habil.
geb. 21.05.1922 Königsberg, gest. 21.06.1984 Magdeburg, Ärztin, Medizinalrätin.

Die Tochter eines Bibliotheksrates besuchte die Schule in Greifswald und Halle. Nach dem Abitur 1940 studierte sie Med. in Halle und Jena. Nach Not-Approbation und Prom. 1945 in Halle besuchte sie von 1945 bis 1946 Seuchenkurse und war als wiss. Assistentin in der Zentralstelle für Hygiene in Dessau tätig. 1947 legte sie das Staatsexamen in Halle ab und ging 1947–51 als Assistenzärztin an die Univ.-Kinderklinik Halle, zuletzt mit selbständiger Betreuung einer Außenstelle. Ab 1951 war J. Ärztin am Städtischen Kinder-Krankenhaus Magdeburg in der Wiener Straße unter → Fritz Thoenes, ab 1956 Oberärztin an der Kinderklinik der Med. Akad. Magdeburg (1954 gegründet) am gleichen Standort unter → Karl Nißler. 1970 erfolgte die Habil. Große Verdienste erwarb sich J. in der ärztlichen Versorgung der Neu- und Frühgeborenen. Sie war 1972 maßgeblich an der Konzeption zum Neubau des Frühgeborenenzentrums beteiligt, dessen Leitung sie bis 1982 inne hatte.

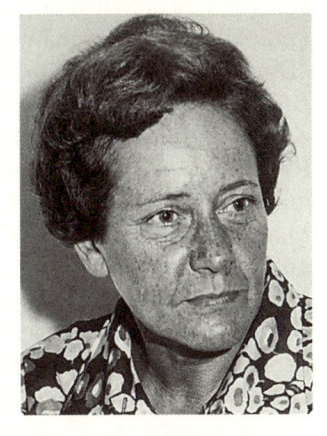

W: Die infektiöse Coli-Enteritis im Gesamtbild der akuten Durchfallerkrankungen des Säuglings, in: Monatsschrift für Kinderheilkunde 103, 1955, *253.* – **B:** Univ.-Kinderklinik Magdeburg; *Slg. Vf., Zerbst (priv.).

Wilhelm Thal

Kabel, Rolf, Dr. phil.
geb. 02.02.1931 Magdeburg, gest. 27.04.1985 Magdeburg, Theaterwissenschaftler, Regisseur, Dramaturg.

K. entstammte einer Beamtenfam., wuchs in Magdeburg auf und studierte nach dem Abitur ab 1949 an der Freien Univ. Berlin Germanistik und Theaterwiss. Während seiner Studienzeit absolvierte er mehrere Praktika am Magdeburger Theater und arbeitete als Regieassistent im Musiktheater an verschiedenen Inszenierungen mit. 1955 prom. K. zum Dr. phil. mit der Arbeit „Die Entstehung des Magdeburger Nationaltheaters und sein Werdegang bis zum Jahre 1833". Danach trat er zunächst als Referent beim *Kulturbund* in Stendal ein und war zudem als freiberuflicher Rezensent am Stendaler Theater tätig. 1956 wechselte er als Dramaturg an das Kreistheater Werdau/Crimmitschau. Mit Beginn der Spielzeit 1957/58 kam K. zunächst als Dramaturg an die Städtischen Bühnen Magdeburg, wo er später auch Spielleiter wurde. Er führte bei ca. 45 Stücken Regie, darunter waren zahlreiche Ur- oder Erstaufführungen. Hervorzuheben sind Inszenierungen von Erwin Sylvanus' „Korczak und die Kinder" (1964 Podiumbühne, Fernsehaufzeichnung), von Rolf Hochhuths „Der Stellvertreter" (1966 Großes Haus) und von Bertolt Brechts „Die Mutter" (1967 Großes Haus). Mit dieser Inszenierung führte das Magdeburger Theater 1968 zu den Ruhrfestspielen in Oberhausen ein vielbeachtetes Gastspiel durch. K. beschäftigte sich besonders mit dem Schaffen des Magdeburger Dichters → Georg Kaiser, der in den 1920er und 1930er Jahren zu den meist gespielten Autoren Dtls zählte. Von Kaiser inszenierte er „Napoleon in New Orleans" (1961 Großes Haus; 1965 Kammerspiele), „Der Silbersee" (1963 Pionierhaus), „Nebeneinander" (1963 Großes Haus) und „Die Spieldose" (1975 Podiumbühne). 1965 übernahm K. als künstlerischer Leiter die 1963 gegründete Podiumbühne, deren künstlerisches Profil er in den Folgejahren entscheidend mitprägte, so daß sie zu einem Publikumsmagneten für Besucher weit über die Stadtgrenzen hinaus wurde. Neben einer Reihe von sog. „Spätpodien" war das nicht zuletzt auch einer Co-Produktion mit dem Städtischen Puppentheater zu verdanken. 1970 inszenierte K. (Co-Regie: V. Fikowa a.G.) als UA „Der kleine Prinz", ein Stück von Dieter Peust nach Texten von Antoine de Saint-Exupéry, in dem Schauspieler und Puppen gemeinsam agierten. Vor stets ausverkauftem Haus gab es 118 Aufführungen und sehr erfolgreiche Gastspiele in Bulgarien und Polen. K. war zudem in vielfältiger Weise als Autor aktiv und gab u. a. mit Christoph Trilse und Klaus Hammer das „Theaterlex." (1977) sowie mit Christoph Trilse die Publikation „Eduard Devrient – Gesch. der dt. Schauspielkunst" (2 Bde, 1967) heraus.

W: Fs. 160 Jahre Magdeburger Theater, 1956; (Hg.) Aus seinen Tagebüchern. Eduard Devrient (2 Bde), 1964; (Hg.) „Solch' ein Volk nennt sich nun Künstler …". Schauspielererinnerungen des 18. und 19. Jhs (2 Bde), 1983. – **L:** Archiv des Theaters der Landeshauptstadt Magdeburg. – **B:** *ebd.

Manfred Michael

Kaeselitz, Udo
geb. 07.04.1830 n. e., gest. 29.06.1893 n. e., Stifter.

Im Jahre seines Todes setzte der Privatmann und vorherige Büro-Vorsteher K. gemäß der Festlegung in seinem Testament vom 07.04.1889 die Stadt Magdeburg zur Universalerbin seines Vermögens ein. Er legte fest, daß die Zinsen so lange aufzusammeln sind, bis ein Legat von mindestens 300.000 Mark erreicht werde, um eine Blindenanstalt zu errichten. Die 1893 erwähnte „K.-Stiftung" in Höhe 343.051,35 M wurde von der Armendirektion der Stadt verwaltet. K. wurde auf dem Nordpark-Friedhof beigesetzt.

L: Nachweisung der in der Stadt Magdeburg vorhandenen milden Stiftungen nach dem Stande vom 01.04.1910, *32f.*; Hans-Joachim Krenzke, Magdeburger Friedhöfe und Begräbnisstätten, 1998, 73; StadtA Magdeburg: Adreßbücher 1885, 1892.

Margrit Friedrich

Kahlo, Gerhard, Prof. Dr. phil.
geb. 29.12.1893 Magdeburg, gest. 18.07.1974 Cottbus, Linguist, Hochschullehrer.

Nach dem Schulbesuch des Pädagogiums am Kloster U. L. F. in Magdeburg studierte K., Sohn des Lehrers und Volkskundlers → Martin K., in Göttingen und Jena Klass. Philologie, Germanistik, Gesch. und Phil. und prom. nach kriegsbedingter Unterbrechung des Studiums 1919 in Jena, wo er sich mit europäischen und asiatischen Sprachen beschäftigte. Schon als Frontsoldat politisch orientiert, war K. Mitglied des Arbeiter-und-Soldaten-Rates der Univ. Jena, trat der USPD bei und wurde, nach deren Auflösung, Mitglied des Leninbundes. In Magdeburg schloß sich K. der Künstlergruppe *Die Kugel* an, übernahm kurzzeitig ein Lehramt am Gymn. Salzwedel und wurde 1921 mit der Aufgabe betraut, in Wanzleben eine städtische höhere Schule aufzubauen („Die neuhumanistische Arbeitsschule", 1921; „Das Wanzleber Schulsystem in Gefahr", in: *Hadmersleber Ztg.* vom 26.01.1923). 1925 gab K. in Wanzleben auf, war in der Folge an verschiedenen Orten als Lehrer beschäftigt und hatte nach 1933 wegen seiner politischen Haltung erhebliche Schwierigkeiten. K. veröffentlichte Erzählungen, Gedichte, Märchen und Sagen, Romane und Bühnenstücke, auch Übersetzungen und Bearbeitungen von Bühnenwerken (Iffland, von Arnim). 1945 Mitglied der KPD, bildete K. Neulehrer aus und baute das Schulwesen im Kr. Belzig auf, war 1952 Doz. an der Lehrerbildungsanstalt Wiesenburg/Priegnitz sowie Lehrer in Wittenberg und Senftenberg. 1953 wurde K. als Prof. für Volkskunde an die Humboldt-Univ. Berlin und kurz darauf an das Ostasiatische Inst. der Karl-Marx-Univ. Leipzig berufen, wo er sich intensiv mit malayo-polynesischen Sprachen befaßte und Standardwerke für Lehre und Forschung schuf (u. a. das erste dt.-indonesische Wörterbuch zusammen mit Rosemarie Simon-Bärwinkel). 1963 emeritiert, erfuhr K. weltweite Anerkennung seiner Leistungen in der Indonesienkunde. Er erhielt 1963 die Medaille für ausgezeichnete Leistungen und wurde 1969 Ehrenmitglied das *International Comittee of Onomastic Sciences* (*I. C. O. S.*) in Leuven (Belgien). Sein sehr umfangreiches wiss. Werk, in dem neben zahlreichen Veröffentlichungen über asiatische und europäische Sprachen auch eine große Zahl germanistischer und volkskundlicher Arbeiten hervorzuheben sind, bezieht sich auch auf das Magdeburger Gebiet, wie in „Niedersächsische Sagen" (1923).

W: s.o. – **N:** Archiv des Literaturhauses Magdeburg. – **L:** KLK 1925; KLK 1949; KLK 1952; KGL 7, 1950; Wer ist's 12, 1955; Kosch LL 8, Sp. *821f.* (*W*); Hansheinrich Lödel, Bibliogr. G. K., 1964; Erika Taube/Hans Herrfurth, Biogr. G. K. 1893–1974, in: Abh. und Berichte des Staatl. Mus. für Volkskunde Dresden 37, 1979, *9–13* (*B*); dies., Bibliogr. der wiss. Veröffentlichungen G. K.s, ebd., *15–21*. – **B:** *Archiv des Literaturhauses Magdeburg.

Heinz Nowak

Kahlo, Martin

geb. 16.04.1853 Randau bei Magdeburg, gest. 16.05.1929 Magdeburg, Lehrer, Volks- und Heimatkundler, Schriftsteller.

K., Sohn eines Landwirts, wuchs mit elf Geschwistern zunächst in Randau, später in Calenberge auf, wo er auch die Schule besuchte. Er wurde zu einem pädagogischen Beruf bestimmt, absolvierte das Lehrerseminar in Barby und trat 1873 seine erste Stelle als Hilfslehrer an der Städtischen Vorbereitungsschule in Magdeburg an. 1875 wurde er in den Schuldienst übernommen und unterrichtete an dieser Schule bis zu ihrer Auflösung 1920. K., der in Magdeburg als erster Lehrer den Knaben-Handfertigkeitsunterricht an einer Schule der Provinz Sachsen einrichtete, wirkte mit Nachdruck für die Anerkennung des Arbeitsunterrichtes als Mittel des Ausgleiches zwischen körperlicher und geistiger Betätigung der Schüler vor allem der höheren Schulen. 1888 wurde eine erste Schülerwerkstatt mit zunächst 60 Schülern eröffnet, die er in der Folge langjährig leitete. K. war unter Berufskollegen hoch geachtet und vertrat als Vorstandsmitglied der Magdeburger Ortsgruppe des *Preuß. Lehrervereins* nachhaltig die Interessen der Lehrerschaft. Auf der Basis umfangreicher sprachwiss. und sprachgesch. Kenntnisse favorisierte er eine Umgestaltung des Sprachunterrichts im Sinne Rudolf Hildebrands und legte als Frucht seiner pädagogischen Bemühungen mehrere Schulbücher für den Deutschunterricht vor. Seine „Dt. Sprachlehre und Rechtschreibung" (5 Hefte, 1890ff.) fand weite Verbreitung an den Schulen Magdeburgs wie der umliegenden Region und erreichte mehr als 30 Auflagen. Nach seinem Eintritt in den Ruhestand widmete sich K. verstärkt den zuvor nebenher intensiv betriebenen volks- und heimatkundlichen Studien, deren Ergebnisse er in zahlreichen lokalen Ztgg. und Zss. publizierte. Er legte zudem mit „Fünfzig Jahre Randauer Zeit" (1913) und „Calenberge. Dorf und Flur" (1929) zwei heimatkundliche Arbeiten zu den Orten seiner Kindheit vor, mit denen er Zeit seines Lebens verbunden blieb. K. war auch auf vielfältige Weise schriftstellerisch tätig. Er verfaßte Gelegenheits- und plattdt. Scherzgedichte, Erzählungen, Märchen und Geschichten für Kinder, zudem die dramatischen Versuche „Ahnungen und Träume. Schauspiel" (1928) und „Der Gang zum Leiden" (unveröffentlicht) sowie mehrere Romane, deren Stoffe er aus seinem heimatkundlichen Interesse gewann.

W: s. o.; Der Arbeits- oder sog. Handfertigkeitsunterricht vom pädagogischen und gesundheitlichen Standpunkt, in: Bll. für HGusL 41, 1889, *239f.*, *246f.*, *254–256*; Kleines orthographisches Wörterbuch für den Schulgebrauch, 1898; Aus dem mittelalterlichen Rechtsleben, in: Zs. Niedersachsen 1921–1922 (in Fortsetzungen); Die Pfalzgräfin Irmgard. Roman, 1921; Im Wolfsbachgrund, Ms. 1929; Schloß Kriebstein. Roman, 1929; → Gerhard K. (Hg.), Dt. Männer, dt. Treue. Skizzen, 1934. – **N:** Archiv des Literaturhauses Magdeburg. – **L:** N. N., Nachruf M. K., in: Heimatglocken des Kr. Calbe (Heimatbeilage zur Schönebecker Ztg.), Nr. 11, 1929, *42f.*; Gerhard K., M. K., ein Heimatschriftsteller, in: Der Harz, 1929, *139*; Materialslg. im Archiv des Literaturhauses Magdeburg. – **B:** *ebd.

Guido Heinrich

Kaiser, Friedrich Carl *Georg*
geb. 25.11.1878 Magdeburg, gest. 04.06.1945 Ascona (Schweiz), Dramatiker, Romancier, Lyriker, Essayist.

K. war der fünfte von sechs Söhnen des Kaufmanns Friedrich K. Nach dem Schulbesuch des Pädagogiums des Klosters U. L. F. in Magdeburg bis zur mittleren Reife, Abbruch der Lehre in einer Buchhandlung und in einem Export-Import-Geschäft hielt sich K. 1898–1901 in Buenos Aires auf und arbeitete im Büro der *AEG*. Nach seiner Rückkehr verbrachte er einige Monate in einer Nervenklinik in Berlin, anschließend lebte er bei seinen Brüdern Albrecht (Pfarrer in Trebitz) und Bruno (Rektor in Schulpforta) und bei den Eltern in Magdeburg. 1908 heiratete er die wohlhabende Kaufmannstochter Margarethe Habenicht, geb. Dschenfzig. Die durch die Heirat errungene wirtsch. Unabhängigkeit ermöglichte ihm die Niederlassung in Seeheim an der Bergstraße und Weimar. Die nun folgende künstlerisch sehr produktive Phase blieb zunächst ohne öffentliche Erfolge. 1917 gelang K. der Durchbruch mit der Aufführung des Dramas „Die Bürger von Calais" in Frankfurt/Main. Die nächsten Jahre waren sehr erfolgreich, seine Dramen wurden in ganz Dtl. aufgeführt. Die Verfilmung des Dramas „Von morgens bis mitternachts" entstand. K. geriet 1918 in finanzielle Schwierigkeiten, 1920 erfolgte die Verhaftung, 1921 wurde ihm der Prozeß wegen Unterschlagung gemacht. Eine Bürgschaft des *Gustav-Kiepenheuer-Verlages* ermöglichte 1921 der Fam. K. die Niederlassung in Grünheide bei Berlin; hier konzentrierte sich K. auf sein lit. Schaffen. Er unterhielt Arbeitskontakte mit Ernst Toller, Kurt Weill, Lotte Lenya, Bertolt Brecht u. a. und wurde als moderner Dramatiker gefeiert. Noch im Februar 1933 fand die UA des sozialromantischen Märchenstückes „Der Silbersee" gleichzeitig in Leipzig, Magdeburg und an weiteren dt. Bühnen statt. Von den Nationalsozialisten provozierte Presse- und Theaterskandale führten zur Entfernung dieses und aller anderen Stücke K.s aus den Spielplänen. Nach 1933 durften seine Stücke nicht mehr gespielt werden; er erhielt kaum Arbeitsmöglichkeiten. 1938 ging K. mit Maria von Mühlfeld und der gemeinsamen Tochter Olivia ins Exil. In der Schweiz schrieb K. trotz fehlender eigener finanzieller Grundlage rastlos. Er arbeitete sowohl an seiner Dramatik als auch an lyrischen und epischen Texten. K. starb in Ascona. Die geplante Rückkehr nach Dtl. und die Zusammenarbeit mit Brecht erlebte er nicht mehr, seine Fam. sah er nicht wieder. K.s Stücke „Der Fall des Schülers Vehgesack" (1914), „Rektor Kleist" (1914) und „Die Dornfelds" (1972) beziehen sich auf K.s Jugendjahre in Magdeburg. 1921–33 war er der meistgespielte dt. Dramatiker; bis 1933 hatte er mehr als 40 Uraufführungen, teilweise in mehreren Städten gleichzeitig, vorzuweisen. Es folgten Inszenierungen seiner Dramen im Ausland, in New York, Moskau, Prag, Madrid, Tokio, London, Rom u. a. Städten. In seinen Stücken, vor allem in „Die Bürger von Calais" (1914), „Gas" (1918), „Von morgens bis mitternachts" (1916) u. a., setzte sich K. mit den Problemen der modernen Industriegesellschaft auseinander. Besonders geschätzt wurde er wegen seiner Sprachkraft und dramentechnischer Neuerungen. Er galt als großer Anreger in der Dramatik. Das Land Sa.-Anh. hat 1996 seinen Förderpreis für Lit. nach dem großen Dramatiker benannt.

W: Walter Huder (Hg.), G. K., Werke (6 Bde), 1971–1972; Klaus Kändler (Hg.), G. K., Werke (3 Bde), 1979; Gesa M. Valk (Hg.), G. K., Briefe, 1980–1989. – **N:** Archiv der Akad. der Künste Berlin. – **L:** Kosch LL 8, Sp. *835–839*; Killy 6, *190–192*; Paul Raabe, Die Autoren und Bücher des lit. Expressionismus, ²1992, *251*; Armin Arnold (Hg.), Interpretationen zu G. K., 1980 (*W, L*); Peter K. Tyson, The reception of G. K. 1915–45 (2 Bde), 1984. – **B:** *Literaturhaus Magdeburg.

Gisela Zander

Kaiser, Richard, Prof.
geb. 13.08.1868 Magdeburg, gest. 03.07.1941 München, Maler, Radierer.

Der Sohn eines wenig bemittelten Landgerichtskanzleiinspektors besuchte das Domgymn. in Magdeburg und begann auf Drängen seines Vaters eine Ausbildung zum Gerichtsbeamten an verschiedenen Magdeburger Gerichten. 1890 konnte er durch ein Stipendium des Industriellen → Hermann Gruson ein Kunststudium an der Berliner Akad. bei Max Koner und Eugen Bracht aufnehmen, das er 1893 mit Auszeichnung abschloß. 1894 siedelte K. nach München über, ergänzte dort zunächst seine künstlerische Ausbildung autodidaktisch und wurde 1895 Mitglied der *Münchner Sezession*. K. war ausschließlich als Landschaftsmalerei tätig, bevorzugte die Pleinair-Technik, betonte aber neben der malerischen Wirkung auch zeichnerische Strukturen der Natur. Neben Nord- und Ostsee, Alpenlandschaften und der Münchner Gegend suchte er seine Motive wiederholt in Magdeburg. K. galt als einer der besten Vertreter der naturalistischen Richtung innerhalb der Münchner Landschaftsmaler. Mit seinen Gemälden, die sich durch prachtvolle Weiträumigkeit auszeichnen, nahm er regelmäßig an in- und ausländischen Ausstellungen teil. Seit 1904 gehörte K. dem *Dt. Künstlerbund* an und erhielt 1912 den Professorentitel. Einige Magdeburger Künstler und Künstlerinnen wie etwa → Mathilde Fabricius und → Marianne Rusche wurden durch K. ausgebildet.

W: Magdeburg, 1884; Flußlandschaft, 1885; Der Pappeldom, 1898; Parklandschaft, 1902; Magdeburger Stadtansicht von Nordosten, 1906 (Ölgemälde im KHMus. Magdeburg); weitere Gemälde in zahlreichen dt. Museen. – **L:** Reichshdb 1, *874* (***B***); Thieme/Becker, 19, *450*; Vollmer 3, 1956, *6*; Wer ist's 10, 1935; W. Zils (Hg.), Geistiges und künstlerisches München in Selbstbiographien, 1913; August-H. Beil, Nachruf R. K., in: Kunst für alle 56, 1940/41, *10*. – **B:** Peter Breuer, Münchner Künstlerköpfe, 1937.

Sabine Liebscher

Kalben, Heinrich-Detlof von

geb. 17.01.1898 Gardelegen, gest. 18.12.1966 Lübeck, Gauamtsleiter im Gau Magdeburg-Anhalt, Landrat, Heimatgeschichtsforscher.

K., Sohn des Gutsbesitzers auf Vienau, Nähe Kalbe in der Altmark, erhielt auf dem väterlichen Gut Unterricht durch Hauslehrer, besuchte die Gymn. in Brandenburg und Potsdam und trat seinen Militärdienst als Fahnenjunker im Ulanenregiment 16 „von Treffenfeld" in Salzwedel an. Nach der Kriegsteilnahme 1914–19 in Galizien und Frankreich als Oberleutnant entlassen, erhielt er 1919–22 seine landwirtsch. Ausbildung auf dem Gut Welle bei Stendal und bei einer Berliner Samenhandlung, war gleichzeitig Hörer an der Landwirtsch. Hochschule Berlin und 1922–32 im väterlichen Saatzuchtbetrieb Vienau tätig. 1923–25 war K. Angehöriger der „Ns. Freiheitsbewegung", 1926–29 Mitglied der Dt.-völkischen Freiheitspartei, wurde 1924–28 Gemeindevorsteher im Gutsbez. Vienau sowie stellvertretender Bürgermeister und 1925–29 Mitglied des Landtages und des Provinzialausschusses der Provinz Sachsen. 1930 trat K. in die NSDAP ein, war ab Juli 1932 Parteibezirksleiter der Altmark, ab April 1932 gleichzeitig Listenführer der NSDAP im Wahlkr. Magdeburg und Mitglied der NSDAP-Fraktion im Preuß. Landtag, ab April 1933 bis Dezember 1933 Landtagspräsident des Sächsischen Provinziallandtages und Vors. des Provinzialausschusses. Von Juli 1932 bis Dezember 1938 Gauinspektor I der NSDAP im Gau Magdeburg-Anhalt und NSDAP-Reichsredner, wurde K. in Nachfolge von → Rudolf Trautmann ab 1939 im Range eines NSDAP-Bereichsleiters Gauamtsleiter für Kommunalpolitik im Gau Magdeburg-Anhalt und geriet in dieser Funktion in größere Auseinandersetzungen mit Gauleiter → Friedrich Loeper. Zeitgleich war K. ab April 1933 kommissarisch, seit Ende 1933 bestätigter Landrat im Kr. Stendal und ab Februar 1937 Preuß. Provinzialrat und Oberführer des *Dt. Roten Kreuzes*. K. war nicht Mitglied der SS oder SA. Von Dezember 1939 bis Oktober 1944 erfolgte sein Kriegseinsatz als Reserveoffizier, zuletzt im Range eines Oberst und Ehrenataman in der Kosakendivision von Pannwitz, an der Ostfront und in Frankreich. Ab November 1944 war K. vertretungsweise Reg.-Präsident in Ansbach und rief hier zum bedingungslosen Kampf gegen die Alliierten auf. Nach erneuter Einberufung geriet er im April 1945 an der Front in Kärnten in englische Kriegsgefangenschaft. Im Juli 1945 erfolgte die Internierung im amerikanischen Internierungslager Neu-Ulm. 1947 als Kriegsbeschädigter bevorzugt entlassen, wurde K. im Entnazifizierungsverfahren durch die Spruchkammer Winsheim in die Kategorie IV als Mitläufer eingestuft. Begründet wurde dies durch K.s Konflikte mit anderen NSDAP-Gau- und Kreisleitern. Zudem sah man in ihm einen „enttäuschten und unglücklichen Idealisten" und „aufrechten Soldaten". Nach der Entlassung aus der Internierung betätigte sich K. nicht mehr in der Kommunalpolitik. 1950 gehörte er zu den Mitbegründern des *Schild-Verlages*, der u. a. das *Dt. Soldatenjb.* und die *Dt. Soldatenztg.*, eine spätere Wurzel der heutigen Dt. Volksunion (DVU), herausgab. 1952 gründete K. die *Ges. für Wehrkunde* in München mit. Er hatte zudem seit 1955 Funktionen in der Landsmannschaft der Provinz Sachsen und Anhalt inne und beschäftigte sich als Heimatgeschichtsforscher mit altmärkischen Themen.

W: Sa.-Anh. Wissenswertes in Kürze, ca. 1959; Die Altmark. Wiege Brandenburg-Preußens. Bilder aus der Väter Land, 1959. – **L:** Hans Woller, Ges. und Politik in der amerikanischen Besatzungszone. Die Region Ansbach und Fürth, 1986, *40*; Eckhard Hansen, Wohlfahrtspolitik im NS-Staat, 1991, *447f*.; Peter Hou, H.-D. v. K. (1898–1966). Lebensbild eines engagierten Altmärkers, in: Aus d. Altmark, 70. Jahresbericht des Altmärkischen Vereins für vaterländische Gesch. zu Salzwedel e.V., 1994, *169–176* (***B***).

Gerald Christopeit

Kampf, Arthur, Prof. Dr. phil. h.c., Dr.-Ing. E.h.

geb. 28.09.1864 Aachen, gest. 08.02.1950 Castrop-Rauxel, Maler, Graphiker, Radierer.

Nach dem Besuch der Realschule in Aachen studierte K. ab 1879 an der Düsseldorfer Kunstakad. bei Eduard von Gebhardt und dem Historienmaler Peter Janssen, der bestimmenden Einfluß auf K.s weitere künstlerische Entwicklung ausübte und dessen Meisterschüler K. 1883 wurde. 1891–93 war er zunächst als Hilfslehrer, ab 1893 als o. Prof. in Düsseldorf angestellt. 1899 folgte er einem Ruf nach Berlin und leitete dort bis 1933 das Meisteratelier für Malerei an der Kgl. Akad. der Künste. 1907–12 fungierte er zweimal als Präsident der Kgl. Akad. der Künste zu Berlin und war von 1915 bis 1924 als Nachfolger Anton von Werners Dir. der Kgl. Akad. Hochschule für Bildende Künste zu Berlin.

Mit dem Ende der wilhelminischen Ära schwand K.s künstlerischer Einfluß zusehends. Nach 1945 lebte er, nahezu vergessen, in Angermund bei Düsseldorf und bei seinem Sohn in Castrop-Rauxel. Sein Oeuvre wurde durch den II. WK weitgehend vernichtet. Der eminent produktive Künstler hatte sich schon in Düsseldorf neben der Genre- und Porträtmalerei vor allem der Historienmalerei zugewandt und feierte, dem Zeitgeschmack entsprechend, durch die heroisierende Bearbeitung von Themen der nationalen dt. Vergangenheit frühe Erfolge. Insbesondere durch seine monumentalen Wandbilder erlangte er allg. Bekanntheit. Als eines seiner Hauptwerke schuf K. 1905/06 das dreiteilige Wandgemälde im neuerbauten Magdeburger Kaiser-Friedrich-Mus. („Szenen aus dem Leben Ottos des Großen") und hatte darüber hinaus wesentlichen Anteil an der farblichen Gestaltung des Gesamtraumes des sog. „Magdeburger Saales" des Mus., der der Unterbringung mittelalterlicher Exponate zur Gesch. der Stadt Magdeburg diente, sowie der Decken, angrenzenden Nebenräume und der Kapelle. Das Wandgemälde in Magdeburg, dessen Restaurierung 2001 abgeschlossen wurde, ist gegenwärtig das einzige erhaltene Werk K.s dieser Art.

W: Aus meinem Leben, 1950. – L: NDB 11, *90f.*; Reichshdb 1, *878f.* (*B*); Thieme/Becker 19, *506–508*; Vollmer 3, 1956, *12*; Theodor Volbehr, Führer durch das Kaiser-Friedrich-Mus. der Stadt Magdeburg, 1906; ders., Das Kaiser-Friedrich-Mus. der Stadt Magdeburg, in: Westermanns Monatshefte 52, Bd. 103/1, H. 613, 1907, *34–46*; Hans Rosenhagen, A. K., 1922; A. K. 1863–1950, Kat. Düsseldorf 1954; Rolf Bothe (Hg.), Aufstieg und Fall der Moderne, 1999 (*B*); Matthias Puhle (Hg.), Der Kaiser-Otto-Saal. – „... ein Raum zur Hebung des stadtgesch. Interesses" im KHMus., 2001 (*B*). – **B:** Palazzo Pitti, Florenz: Selbstbildnis.

Guido Heinrich

Kampffmeyer, Paul

geb. 21.11.1864 Berlin, gest. 01.02.1945 Berlin-Wilhelmshagen, Publizist, Politiker.

Als Sohn eines wohlhabenden Buchhändlers und Antiquars in der Fam. im protestantischen Geiste Friedrich Schleiermachers erzogen, studierte K. nach dem Besuch des Gymn. Nationalökonomie in Zürich. Ende der 1880er Jahre schloß er sich in Berlin der Sozialdemokratie an. Als engagierter junger Literat gehörte er zu den Gründern der *Freien Volksbühne* (1890) bzw. *Neuen Freien Volksbühne* (1892). Im Friedrichshagener Schriftstellerkreis (Wilhelm Bölsche, Gustav Landauer, → Bruno Wille u. a.) bildete er mit seinem Bruder Bernhard K. das „aktivste Element der radikal-sozialistischen Bewegung", so Erich Mühsam. 1890 wurde er Redakteur in der neu gegründeten *Magdeburger Volksstimme* und war dort einer der Hauptvertreter der linksradikalen „Jungen" in der SPD. Späterhin Arbeitersekretär, wirkte er vor allem für Reformen in der sozialen Gesetzgebung, arbeitete in der Genossenschaftsbewegung und der Arbeiterbildung. 1907–21 war er zunächst politischer und dann Chefredakteur der sozialdemokratischen Tagesztg. *Münchner Post* sowie auch Mitarbeiter der *Sozialistischen Monatshefte*. Während der späteren Weimarer Zeit arbeitete er vorwiegend als Kulturpolitiker und freier Schriftsteller sowie als lit. Berater und Archivar im *Verlag J. H. W. Dietz*. In dieser Zeit verfaßte er u. a. Biographien zu Friedrich Ebert (1924), Ferdinand Lassalle (1925) und Georg von Vollmar (1930). Von 1933 bis zu seinem Tode lebte er zurückgezogen in Berlin-Wilhelmshagen.

W: s.o.; Die Bewegung der Magdeburger „Jungen", in: Bilder aus der Gesch. der Arbeiter-Bewegung in Magdeburg, 1910, *41–51*; Weltanschauung und Sozialdemokratie, 1911; Sozialdemokratie und Kirchentum, 1912; Gesch. der modernen Ges. in Dtl., 1921; Der Ns. und seine Gönner, 1924; Unter dem Sozialistengesetz, 1928. – L: NDB 11, *91f.*; → Franz Osterroth, Biogr. Lex. des Sozialismus, 1960, *151f.*; Hermann Scheer, Die Friedrichshagener und ihr Einfluß auf die sozialdemokratische Kulturpolitik, 1970; Dirk H. Müller, Ideologie und Revisionismus, 1975.

Joachim Hoffmann

Kamptz, Albrecht *Ludwig* Florus Hans von

geb. 20.09.1810 Neustrelitz, gest. 15.05.1884 Erfurt, Polizeidir., Landrat.

K. war einer der preuß. Beamten, die vor und während der Revolution von 1848 in Stadt und Region Magdeburg am meisten im Brennpunkt der Ereignisse und Kämpfe gestanden haben. In Magdeburg hatte sich im Vormärz mit der Bewegung der sog. „Lichtfreunde" ein Zentrum der Opposition in Preußen gebildet. Zu den Maßnahmen ihrer rigorosen Bekämpfung durch die Behörden gehörte, daß am 13.11.1844 K. hier als Polizeidir. und Landrat eingesetzt wurde. Beide Ämter hatten bislang in der Hand des Oberbürgermeisters → August Wilhelm Francke gelegen und wurden nun dauerhaft vom Amt des Stadtoberhauptes getrennt. K. hatte sich bis zu diesem Zeitpunkt im preuß. Staatsdienst einen Namen als besonders rigoros und königstreu erworben, was ihn für das Magdeburger Amt empfahl. Bis dahin war er Regierungsdir. bei der Reg. in Stettin. Die unnachsichtige Verfolgung aller oppositionellen Kräfte in Staat und Kirche, die unter K. in Magdeburg einsetzte, ließen ihn und den mit ihm verbündeten Konsistorialpräsidenten → Karl Friedrich von Göschel zur Symbolfigur der Reaktion werden. Noch vor den Berliner Barrikadenkämpfen am 18. März 1848 entzündeten sich um die Personen von K. und Göschel am 15. März gewalttätige Auseinandersetzungen auf dem Domplatz in Magdeburg, als eine empörte Menge die Wohnungen beider verhaßter Personen stürmen wollte und Militär einschritt. Es kam zu Toten und Verletzten. K. mußte deshalb wie Göschel die Stadt verlassen und seine Ämter aufgeben. Die Austreibung wurde von den Revolutionären als Sieg der Revolution in Magdeburg betrachtet. Nach der Vertreibung aus Magdeburg war K. zunächst als Regierungsrat bei der Reg. in Merseburg tätig und bekleidete danach die Stelle des Reg.-Präsidenten in Königsberg, Potsdam und Köslin. Schließlich kam K. 1874 als Reg.-Präsident nach Erfurt, wo er bis zu seinem Tode im Amt blieb.

L: Georg Graf von Lambsdorff, Gesch. der Polizeiverwaltung in Magdeburg. Ein Festbeitrag zum hundertjährigen Bestehen der Kgl. Polizeibehörde in Magdeburg. Tl. 1: Gesch. der Magdeburger Polizeiverwaltung bis 1850, 1914; Vf., Die Revolution von 1848/49 in Sa.-Anh., 1998, *46–48*.

Mathias Tullner

Kandula, Bernhard (gen. Akki)
geb. 12.11.1929 Magdeburg, gest. 16.11.1967 Berlin, Gesenkschmied, Handballtrainer.

Der Sohn einer Arbeiterfam. erhielt nach dem Besuch der Grundschule eine Ausbildung bei der *Fa. Becker & Co.* in Magdeburg-Sudenburg und arbeitete anschließend bis 1955 als Gesenkschmied im *Ernst-Thälmann-Werk Magdeburg*. 1958–61 absolvierte er ein Fernstudium an der Dt. Hochschule für Körperkultur und Sport Leipzig, Außenstelle Magdeburg, mit Abschluß als Handballtrainer. Bereits ab 1955 war K. ehrenamtlicher Handballtrainer der männlichen A- und B-Jugend bei *Motor Mitte Magdeburg*, wurde 1957 hauptamtlicher Jugendtrainer der männlichen Jugend beim *Sportclub Magdeburg* (*SCM*) und 1962 zum verantwortlichen Cheftrainer der I. Männer-Handballmannschaft des *SCM* berufen. K. widmete sich seit 1957 dem Aufbau der Sektionen Handball im *SCM*. Praktisch aus den Anfängen schuf er männliche Jugendmannschaften, deren B-Jugend er 1959–61 dreimal nacheinander zum Pokalgewinn und deren A-Jugend er 1959 zum Feldhandball-Vizemeister sowie 1961 und 1962 zum zweimaligen Meistertitel im Hallenhandball führte. Die Männer des Sportclubs wurden unter seiner Leitung 1967 DDR-Meister im Feldhandball. K. entwickelte die Oberligamannschaft zur leistungsstärksten Handballmannschaft der Stadt Magdeburg. Er formte u. a. Udo Röhrig und Wolfgang Lakenmacher zu Nationalspielern. K. erlag unmittelbar vor einem Handball-Meisterschaftsspiel einem Herzinfarkt.

*B: Familienunterlagen K., Magdeburg (priv.).

Heinz Hercke/Hans Jürgen Wende

Karbaum, Rudolf Fritz *Willy* (gen. Guillermo)
geb. 25.08.1899 Magdeburg, gest. 20.01.1971 Deutsch Evern/Niedersachsen, Parteifunktionär.

K. wuchs in Magdeburg auf, trat 1919 der SPD bei, war Mitverfasser des Programms des *Reichsbanners Schwarz-Rot-Gold* und 1924–28 dessen Bundessekretär sowie Geschäftsführer des *Reichskartell Republik*. Als SPD-Sekretär des Unterbez. Wolmirstedt 1928–33 wie als Abgeordneter des Provinziallandtages 1929–33 exponierte er sich „wortgewaltig und unerschrocken" (Kurt Hirche) im Kampf gegen den Ns., weshalb er nach seiner Verhaftung im Juli 1933 im Magdeburger Polizeigefängnis wie im KZ Lichtenburg schwer mißhandelt wurde. Im Oktober 1933 gelang ihm die Flucht nach Prag. Seine Frau und sein Sohn folgten ihm in die Emigration. In der Grenzarbeit und mit illegalen Fahrten nach Dtl. setzte er seinen Widerstand gegen Hitler fort. 1938 wurden er, seine Frau und sein 13jähriger Sohn ausgebürgert. Noch im gleichen Jahr emigrierte er mit Fam. nach Bolivien und fristete in La Paz als Briefmarkenhändler sein Dasein. In der dt. Emigrantenorganisation engagiert, sprach er sich gegen ein Zusammengehen mit dem kommunistisch geprägten *Lateinamerikanischen Komitee der Freien Deutschen*, Mexiko, aus, worauf er von kommunistischer Seite als angeblicher Sympathisant des Ns. diffamiert wurde. Im Mai 1945 gründete er den *Club der demokratischen Deutschen in Bolivien* mit, im Juni 1945 wurde er Präsident der *Vereinigung Das andere Dtl.* in Bolivien.

L: Bio Hdb Emigr 1, *349*; Slg. Vf., Hannover (priv.).

Beatrix Herlemann

Karg-Elert, *Sigfrid* Theodor, Prof. Dr. h.c.
geb. 21.11.1877 Oberndorf am Neckar, gest. 09.04.1933 Leipzig, Komponist, Pianist, Organist, Musiktheoretiker, Pädagoge.

Der Sohn des Redakteurs des *Schwarzwaldboten* Jean-Baptiste K. und der Marie K., geb. Elert, erhielt seinen ersten Klavierunterricht, durch Gönner finanziert, in Leipzig. K. besuchte das Lehrerseminar in Grimma, desertierte dort 1893 und ging nach Markranstädt zur Stadtpfeiferei, wo er Kenntnisse in verschiedenen Instrumenten erwarb. 1895/96 hielt er sich wahrscheinlich erstmals in Magdeburg auf und wirkte in den sog. „Stützerschen besseren Conzerten" des Musikmeisters Christoph Stützer als Oboist, Klarinettist und Hornist mit. 1896 bekam er durch Emil N. von Reznicek und Alfred Reisenauer (Liszt-Schüler) mehrjährige Stipendien am Leipziger Konservatorium und konnte bei Paul Homeyer, Karl Wendling, Salomon Jadassohn, Carl Reinecke sowie bei Robert Teichmüller studieren. Von 1901 bis 1902 führten ihn

Lehr- und Konzerttätigkeit nach Magdeburg an das *Sannemannsche Conservatorium der Musik* – hier nahm er auf Veranlassung → Max Sannemanns den Namen Karg-Elert an – sowie an das im Oktober 1902 gegründete *Neue Conservatorium für Musik* des Kapellmeisters Hans Hoehne, wo er als erster Lehrer für Klavierspiel wirkte. Danach widmete er sich, zurückgekehrt nach Leipzig, das er nur für Konzertreisen verließ, seinem kompositorischen Schaffen. K. hat sich wie kaum ein anderer für das Kunstharmonium (Harmonium d'art) eingesetzt, das ihn wegen des fast orchestralen Klanges und der Ausdrucks- sowie Spielmöglichkeiten faszinierte. Zwischen 1904 und 1914 hatte er große Erfolge mit seiner Harmonium-Musik. 1915 trat er freiwillig in den Kriegsdienst. Er spielte in der Regimentskapelle Oboe, Englisches Horn, Saxophon und fand Zeit zum Komponieren. 1919 wurde er auf die vakante Stelle für Komposition und Theorie am Leipziger Konservatorium berufen (1932 Prof.). Als Nachfolger Max Regers blieb er dort bis zu seinem Tode tätig. Als Lehrer erwarb er sich einen bedeutenden Ruf. Seine Kompositionen, angeregt durch Reisenauer, Reinecke, Grieg und Reger, zeigen nicht immer eine konsequente, dennoch eine zielgerichtete Entwicklung, die von der Schumann-Nachfolge bis an die Atonalität führte. Sie umfassen Werke für Orgel, Harmonium, Klavier, Kammermusik, größere Chorwerke, Lieder, zahlreiche Arrangements und freie Bearbeitungen nach Werken u. a. von Brahms, Anton Bruckner, Liszt, Jean-Philippe Rameau und → Richard Wagner sowie Schriften und theoretische Lehrbücher wie „Die Kunst des Registrierens" op. 91 (3 Bde, 1906–1919), „Die ersten grundlegenden Studien im Harmoniumspiel" op. 93 (1913), „Die Grundlagen der Musiktheorie" (1922), „Akustische Ton-, Klang- und Funktionsbestimmung" (1930), „Polaristische Klang- und Tonalitätslehre" (1931).

W: s.o. – **L:** MGG 7, *682–686* (*W*); Sonja Gerlach/Ralf Kaupenjohann, S. K.-E. Verz. sämtlicher Werke (mit Biogr.), 1984 (*B*); Dagmar Kähne, Untersuchungen zu biogr. Angaben von K. im Zusammenhang mit dem Musikleben um 1900 in Magdeburg, 1993. – **B:** Friedrich Jansa (Hg.), Dt. Tonkünstler in Wort und Bild, ²1911; *Kompositionsverz. von ca. 1914: Titelblatt.

Sigrid Hansen

Karsen, Fritz, Dr. phil.
geb. 11.11.1885 Breslau, gest. 25.08.1951 Guayaquil (Ekuador), Schulreformer, Hochschullehrer.

K. studierte Germanistik, Anglistik, Phil. und Indologie in Breslau, prom. 1908 und legte 1909/10 das Staatsexamen für das höhere Lehramt in Deutsch, Englisch, Franz., Phil. und Turnen ab. 1911/12 war K. Lehrer in Liegnitz, 1912–18 Oberlehrer an der Realschule in Magdeburg, und wechselte dann nach Berlin-Tempelhof. K. war Mitgründer und führendes Mitglied des *Bundes entschiedener Schulreformer*, den er später nach Kontroversen verließ. 1920/21 Hilfwissenschaftler im Referat Versuchsschulen des Preuß. Kultusministeriums, besuchte er mehrfach Reformschulen in Magdeburg und war ab 1921 als Oberstudiendir. an der späteren Karl-Marx-Schule in Berlin-Neukölln tätig. Ziel seiner schulreformerischen Bemühungen war eine „Einheitsschule" für alle sozialen Schichten und Altersstufen als Lebens- und Produktionsschule mit weitgehenden Rechten der Schüler, die in Berlin-Neukölln als „soziale Arbeitsschule" realisiert wurde. Die dem Berliner Schulenkomplex 1927 angeschlossene Volksschule wurde vom ehemaligen Magdeburger Rektor → Karl Linke geleitet. 1928 entstand in Kooperation mit dem Architekten → Bruno Taut der Plan für die Gesamtschule Dammweg. Als mittlerweile einflußreicher, sozialdemokratisch engagierter Schulreformer setzte sich K. 1928 z. B. mit dem Konzept der Buckauer Versuchsschule auseinander und erfuhr wegen seines politischen Engagements Ablehnung der liberalen Magdeburger „Otto-Reformer". 1933 wegen politischer Unzuverlässigkeit beurlaubt, emigrierte K. in die Schweiz und gründete ein Jahr später eine Schule für Auslandkinder in Paris. 1936 wurde er von der kolumbianischen Reg. als Bildungs- und Erziehungsberater nach Bogotá berufen, wanderte 1938 in die USA ein und arbeitete an mehreren Colleges als Instructor in Education. 1946 wurde K. leitender Bildungsbeamter der US-Militärreg. in Berlin, nahm 1948–51 verschiedene Lehraufträge in den USA wahr und verstarb 1951 als Leiter einer UNESCO-Mission in Ekuador.

W: Die Schule der werdenden Gesellschaft, 1921; Dt. Versuchsschulen der Gegenwart und ihre Probleme, 1923; (Hg.) Die neuen Schulen in Dtl., 1924; Dt. Versuchsschulen, in: Die neuzeitliche dt. Volksschule, hg. von der Kongreßleitung, 1928, *287–298*; (Hg.) Aufbau. Erziehungswiss. Zs., Bund der freien Schulges. Dtls. – **L:** NDB 11, *300f.*; Bio Hdb Emigr 1, 1980; Gerd Radde, Fs. für F. K., 1966 (*B*); ders., F. K. Ein Berliner Schulreformer der Weimarer Zeit, 1973, ²1999 (*B*); Vf., Die Berthold-Otto-Schulen in Magdeburg, 1999, *90–95*, *211–213*.

Reinhard Bergner

Karstädt, Otto, Prof. Dr. phil.
geb. 07.08.1876 Wust/Kr. Jerichow II, gest. 07.08.1947 Berlin, Lehrer, Schultheoretiker, pädagogischer Schriftsteller, Ministerialrat.

Der Sohn des Landwirts Karl K. besuchte 1883–91 die einklassige Volksschule in Wust, 1891–94 die Präparandenanstalt in Genthin und 1894–97 das ev. Lehrerseminar in Osterburg/Altmark. Nach der ersten Lehrerprüfung arbeitete er von 1897 bis 1908 als Volks- und Mittelschullehrer in Magdeburg, u. a. an der Volks-Knaben-Schule. Hier betätigte er sich auch als niederdt.-altmärkischer Erzähler und setzte sich mit dem Verhältnis von Mundart und Schulunterricht auseinander. Zwischenzeitlich lehrte er an einer Privatschule in Paris (1899) und besuchte als Gasthörer auch die Sorbonne und das Collège de France. Im Winter 1900/01 hospitierte er bei einem krankheitsbedingten Aufenthalt in Recco bei Genua an den ersten in Italien gegründeten Maria-Montessori-Schulen. Nach seiner Mittelschullehrer- und Rektorenprüfung in Magdeburg war K. als Volksschulrektor in Bad Schmiedeberg (1909–13) und Nordhausen (1914–18) tätig und gehörte dort zu den führenden Vertretern des *Preuß. Lehrervereins*. Neben dem Schulamt studierte er 1909–15 Phil., Pädagogik, Germanistik, Staatswiss. und Volkswirtschaftslehre in Leipzig und Jena, wo er 1915 prom. und die Prüfung für das Lehramt an höheren Schulen ablegte. Ab 1919 war K. zunächst als Hilfsarbeiter, später als Geh. Regierungsrat und als Ministerialrat im Preuß. Ministerium für Wiss., Kunst und Volksbildung in Berlin tätig, wurde Mitglied der SPD und der *Dt. Liga für Menschenrechte*. Nach Gastdozenturen in England und den USA oblag K. 1929–32 eine Professur für Allg. Erziehungswiss./Unterrichtswiss. an der Pädagogischen Akad. Hannover, mit deren Schließung er in den einstweilen Ruhestand versetzt wurde. Er kehrte nach Berlin zurück und war 1936–43 ständiger Mitarbeiter an Ernst Bargheers Zs. *Der Dt. Volkserzieher*, der Halbmonatsschrift *Die Volksschule* (bis 1941) sowie Mitarbeiter des Zentralinst. für Erziehung und Unterricht in Berlin. 1946 erhielt er einen Lehrauftrag für Methodik des Deutschunterrichts an der Univ. Berlin und beteiligte sich an der Neufassung der Volksschulmethodik in der SBZ. K. gehörte zu den wichtigen reformpädagogischen Theoretikern und Publizisten seiner Zeit, war ein bekannter Dt.-Methodiker und einflußreicher ministerieller Förderer von pädagogischen Reformprojekten der Weimarer Zeit, auch der Schulversuche in Magdeburg.

W: Spoß mütt sind, 1897; Plattdütsch Blomengarden, 1907; Mundart und Schule, 1908, ⁵1928; Rousseaus Pädagogik, 1911; Methodische Strömungen der Gegenwart, 1919, ¹⁷1930; Neuere Versuchsschulen und ihre Fragestellungen, in: Jb. des Zentralinst. für Erziehung und Unterricht, 1923, *87–133*; Versuchsschulen und Schulversuche, in: Herman Nohl/Ludwig Pallat (Hg.), Hdb. der Pädagogik, Bd. 4, 1928, *333–364*. – **L:** Lex. der Pädagogik der Gegenwart, Bd. 1, 1930, Sp. *1321f.*; Wer ist's, ¹⁰1935; Gertrud Rosenow, O. K. zum Gedächtnis, in: die neue schule 2, H. 15, 1947, *534f.*; Franz Hilker, Ein Leben mit der Schule und für die Schule. Zum 90. Geb. O. K.s, in: Neue dt. Schule 18, H. 19, 1966, *328–331*; Alexander Hesse, Die Professoren und Dozenten der preuß. Pädagogischen Akademien (1926–1933) und Hochschulen für Lehrerbildung (1933–1941), 1995, *408f.*; Vf., Die Berthold-Otto-Schulen in Magdeburg, 1999, *82–87*. – **B:** *Günter Heine, Wust (priv.).

Reinhard Bergner

Karsten, Otto
geb. 18.01.1881 Magdeburg, gest. 19.07.1960 Magdeburg, Schriftsetzer, Redakteur.

Der Sohn eines Kleinbauern trat um 1900 der SPD und Gewerkschaft bei. Im Krieg schwer verwundet, wechselte er zur USPD über und wurde 1918 als Betriebsvertrauensmann in den Arbeiter- und Soldatenrat gewählt. 1920 in die Redaktion der *Volksstimme* eingetreten, zeichnete er seine Artikel stets mit einem kleinen „k". Er schuf die Kinderbeilage und verhalf der Bilderserie über die Zwerge „Flick, Flock, Flaum" (Zeichnungen von seinem Bruder Ernst K.) mit seinen Vierzeilern und vielfach aufgeführten Spielszenen zu großer Popularität. Drei Bde erschienen zwischen 1929 und 1932 im Magdeburger Verlag *Pfannkuch & Co.* Im Kampf gegen den Ns. verfaßte er 1932 regelmäßig die Briefe vom „Schwarzen Mann". Ab 1933 mehrfach verhaftet und mißhandelt, trotzdem in verschiedenen Widerstandsgruppen mitwirkend, zog er zur Irreführung der Gestapo innerhalb der Stadt immer wieder um und übernahm bei Kriegsausbruch eine Gaststätte in der Altstadt, die zum Treffpunkt von Oppositionellen und Widerständlern wurde. Hier versorgte er auch ausländische Zwangsarbeiter mit Zusatznahrung. Nach Kriegsende entsandte ihn die SPD zunächst nach Halle an das *Volksblatt*. Mit Erscheinen der *Volksstimme* ab August 1947 kehrte er zurück und schrieb auch nach seiner Pensionierung bis zum Tode für diese Magdeburger Ztg.

L: Slg. Vf., Hannover (priv.). – **B:** Uwe Hilprecht, Berlin (priv.).

Beatrix Herlemann

Karutz, Theodor, Dipl.-Ing.
geb. 28.08.1911 Magdeburg, gest. 15.03.1992 Wolfenbüttel, Ing., Unternehmer.

K. entstammte einer Hugenottenfam., die im 17. Jh. in Magdeburg ansässig wurde. Sein Vater Albert K. war Besitzer der 1837 durch Wilhelm K. gegründeten und seither im Besitz der Fam. befindlichen Wäscherei, Färberei und chemischen Reinigung. Er absolvierte das Domgymn. in Magdeburg und studierte nach dem Abitur von 1930 bis 1935 Textilchemie an der TH Dresden. Seine Zugehörigkeit zum dortigen *Corps Teutonia (Weinheimer)* festigte Haltungen wie Pflichtbewußtsein, Korrektheit und Höflichkeit, die für sein Leben prägend waren. Durch den frühen Tod des Vaters übernahm K. sofort nach dem Studium in der vierten Generation die väterliche Fa., die damals 37 Filialen und Annahmestellen im Regierungsbez. Magdeburg hatte. 1936 heiratete er Dipl.-Ing. Eva Günther. Aus der Ehe gingen ein Sohn und zwei Töchter hervor. K. leitete das Unternehmen erfolgreich bis zur Einberufung bei Kriegsbeginn 1939. Nach Kriegsgefangenschaft in Belgien und Arbeit in dortigen Kohlengruben kam K. 1947 nach Magdeburg zurück und baute die Fa. wieder auf, die zunächst mit der Reinigung von Uniformen der Volkspolizei, der NVA und der Roten Armee gut ausgelastet war. Politisch engagierte sich K. in der CDU. Wegen sog. „Wirtschaftsvergehen" wurde er inhaftiert und nach dem 17.06.1953 nach halbjähriger Haft amnestiert. Der Betrieb wurde 1958 halbstaatlich und 1972 volkseigen. Bis zu seiner Pensionierung 1976 war K. angestellter Dir. in seiner ehemaligen Fa. Er qualifizierte sich für die Leitung eines volkseigenen Betriebes, pflegte trotz Schwierigkeiten fachliche Kontakte zu Kollegen in der BRD und in Osteuropa und besuchte in- und ausländische Fachmessen. So gelang es ihm, den Betrieb auf hohem Niveau zu halten, wofür er auch mit DDR-Auszeichnungen geehrt wurde. Nach der Wiedervereinigung der beiden dt. Staaten wurde der Betrieb an die Fa. *Stichweh* und von dieser 1997 an die Fa. *Larosé* verkauft, die den Betrieb unter dem Namen „K." fortführte. Neben seiner beruflichen Tätigkeit engagierte sich K. mehr als 35 Jahre als Vors. des Presbyteriums der Ev.-Reformierten Gemeinde Magdeburg. Erstmals übernahm mit K. ein Nichttheologe den Vorsitz im Presbyterium. Er erwarb sich durch seine Tätigkeit bleibende Verdienste bei der Schaffung der inneren Einheit der aus ehemals drei reformierten Gemeinden gebildeten Ev.-Reformierten Gemeinde, machte seine wirtsch. Erfahrungen für diese nutzbar und setzte sich aktiv für den Wiederaufbau der Wallonerkirche als Kirche der Reformation in Magdeburg ein. 1984 ging K. nach Wolfenbüttel, wo er bis an sein Lebensende wohnte.

L: Werden und Wirken, 1837/1937. 100 Jahre Albert K. Magdeburg, Jubiläumsschrift, 1937; Familienarchiv Peter K., Bad Homburg (priv.). – **B:** *Archiv Vf., Magdeburg (priv.).

Henner Dubslaff

Kaßner, Walter

geb. 06.06.1894 Prenzlau, gest. 17.11.1970 Berlin, Widerstandskämpfer, Partei-Funktionär, Kommunalpolitiker.

K., Sohn eines Arbeiters, besuchte die Volksschule, ging seit 1908 in die Lehre als Schlosser und Dreher und arbeitete danach als Dreher in Maschinenbaufabriken mehrerer Städte. 1911 wurde K. Mitglied des *Dt. Metallarbeiterverbandes*, 1912 trat er in die SPD ein. K. wurde im Frühjahr 1915 Soldat, verwundet und war danach Dreher in der *Friedr. Krupp Grusonwerk AG Magdeburg*. Seit der Spaltung der SPD im April 1917 gehörte K. der USPD an. Im November 1918 wurde er in den Arbeiter- und Soldatenrat Magdeburgs gewählt. Nach dem I. WK aktiv in der Gewerkschaftsbewegung tätig, war K. Mitglied des Betriebsrates und stellvertretender Betriebsratsvors. des *Krupp-Gruson-Werkes*. Im Dezember 1920 trat er in die KPD ein, war bis 1926 Vors. der KPD-Ortsgruppe Magdeburg und von 1924 bis 1933 Vors. der KPD-Fraktion in der Stadtverordnetenverslg. 1926–29 war K. Gauleiter des *Rotfrontkämpferbundes Magdeburg-Anhalt*. Er strebte eine Räterepublik „Sowjet-Dtl." an. Auf dem 12. Parteitag der KPD 1929 wurde er zum Kandidaten des ZK gewählt. Ab 1931 arbeitete K. als Sekretär der KPD im Bez. Magdeburg-Anhalt und gehörte dem Provinziallandtag Sachsen und dem Preuß. Landtag an. Nach dem Machtantritt Hitlers war er bis Februar 1935 illegal im Ausland und in Dtl. tätig. Er wurde im März 1935 verhaftet und zu lebenslangem Zuchthaus verurteilt (Coswig, Halle). Im Juli 1945 kehrte K. nach Magdeburg zurück, war hier 1945–50 Bürgermeister und ab 1951 als Abt.-Leiter im Ministerium des Inneren der DDR, dann im Büro des Ministerpräsidenten der DDR tätig. K. war sechs Jahre Sekretär der SED-Organisation des Ministerrates. Er wurde u. a. mit dem Karl-Marx-Orden und dem VVO in Gold ausgezeichnet.

L: StadtA Magdeburg: Dokumente und Materialien. – **B:** ebd.

Manfred Wille

Kasten, Hermann

geb. 22.08.1885 Unseburg, gest. 05.02.1933 Staßfurt, Kommunalpolitiker.

K. ging in Magdeburg in die Malerlehre und machte sich in Schönebeck als Malermeister selbständig. Noch während des I. WK wurde er Mitglied der USPD und zu deren politischem Sprecher in Schönebeck. 1920 führte er die Mehrheit der Schönebecker USPD-Mitglieder entgegen dem Beschluß des USPD-Parteitages in Halle wieder in die SPD zurück und wurde Stadtverordneter in Schönebeck sowie seit 1923 Abgeordneter des Preuß. Landtages. Gleichzeitig war er Vorstandmitglied im Schönebecker *Spar- und Bauverein*. 1929 wählten die Staßfurter ihn zum ersten Bürgermeister ihrer Stadt, wo er sich große Verdienste um die Stadtentwicklung erwarb. Er wurde das erste Opfer des staatl. organisierten ns. Terrors, als er in der Nacht in Staßfurt vor seiner Wohnung hinterrücks von hitlertreuen Gymnasiasten niedergeschossen wurde. Sein Begräbnis am

08.02.1933 auf dem Schönebecker Ostfriedhof wurde zu einer der größten Massendemonstrationen gegen den Ns. in der Stadt.

L: Aus dem Leben von Kämpfern der Arbeiterbewegung des Kr. Schönebeck, 1970, *20*. – B: ebd.

Hans-Joachim Geffert

Katte, Christian *Karl Wilhelm* von
geb. 10.06.1750 Zollchow/Kr. Jerichow II, gest. 24.04.1821 Neuenklitsche bei Genthin, Rittergutsbesitzer, Landrat.

K., Onkel des → Friedrich Karl von K., war mit ganzer Seele Landwirt auf Gut Neuenklitsche. Er leitete bis 1784 die von Friedrich II. 1780 angeordnete Regulierung des Flusses Stremme, einem Fluß zwischen Genthin und Milow. Durch Verbreiterung, Vertiefung und Begradigung des Flusses wurden Tausende Morgen Sumpfland urbar gemacht und der Landwirtschaft erschlossen. Im Zuge dieser Erschließung legte K. das Vorwerk zu Neuenklitsche, Wilhelmsthal, an. 1800 ließ er aus Dankbarkeit einen heute nicht mehr vorhandenen Obelisk am linken Ufer der Stremme bei Neuenklitsche errichten, der die Inschrift trug: „Im Jahre 1780 ließ Friedrich der Zweite, König von Preußen, diesen Fluß verbreitern und die Brücher urbar machen. Chr. Karl Wilhelm von Katte." Im Ergebnis des Wiener Kongresses, der ehemalige kursächsische Landesteile Preußen zuordnete, wurde die preuß. Provinz Sachsen mit ihren Landkreisen gegründet. Am 28.05.1816 bestätigte die neue kgl. preuß. Reg. in Magdeburg den Kr. Jerichow II und setzte K. bis 1821 als Landrat ein. Als erstem preuß. Landrat fiel K. die schwierige Aufgabe zu, den Landkreis in Verwaltung, Infrastruktur und Wirtschaftweise neu zu ordnen. Hiermit legte K. die Grundlage für das wirtsch. Aufblühen dieser Region.

L: N. N., Rechts und links der Kleinbahn im Bismarcklande, 1926, *48–55*; Rolf Naumann/Klaus Börner, Kat. der geschützten Boden- und Baudenkmale des Kr. Genthin, 1985, *38f.*; Klaus Börner, Auf den Tag genau. 176 Jahre Landkr. Genthin, in: Volksstimme Genthin vom 01.07.1992, *10*; Archiv des Geschichtskreises Wulkow-Wust: Heimatkal. für das Land Jerichow 1934, *VI–IX*; Rudolf v.K., Die Gesch. der ritterlichen K.n, Ms. 1954; Martin v.K., Stammbaum der K.n, 1965.

Karlheinz Stephan

Katte, *Friedrich* Christian *Karl* David von
geb. 04.04.1770 Zollchow/Kr. Jerichow II, gest. 12.01.1836 Neuenklitsche bei Genthin, kgl. preuß. Oberstleutnant.

K. trat bereits mit 14 Jahren in preuß. Kriegsdienste. Im ganzen Sinne des Wortes ein Preuße, initiierte K. 1809 den Volksaufstand in der Altmark gegen das westfälische Gouvernement Napoleons. Nach gründlicher Vorbereitung und in Absprache mit Berlin (→ Ferdinand von Schill, Eugen von Hirschfeld u. a.) rief K. am 02.04.1809 in Stendal zu den Waffen und marschierte mit ca. 400 Freiwilligen gegen das von den Franzosen nur schwach besetzte Magdeburg. Der franz. General Claude-Ignace-François Michaud, ab 1808 Kommandeur der franz. Truppen in Magdeburg, hatte jedoch schon Gegenmaßnahmen getroffen. Viel zu spät (durch einen Boten zu Fuß!) erhielt K. die Nachricht aus Berlin, daß er den Angriff auf Magdeburg, der bereits eingeleitet war, auf unbestimmte Zeit verschieben müsse. Infolge dieser offensichtlichen Intrigen (man kann sogar von Verrat an ihm sprechen) löste er sein Korps auf. Als die preuß. Reg. ihn darauf mit Rücksicht auf die westfälische für vogelfrei erklärte, floh er nach Böhmen. Er trat in die Dienste des Herzogs von Braunschweig und später in österreichische Dienste. 1813 kehrte K. in die preuß. Armee zurück, nahm am Befreiungskrieg teil und wurde mit dem EK ausgezeichnet. 1826 schied er als Oberstleutnant mit Pension aus dem Militärdienst und widmete sich seinem Gut Neuenklitsche.

L: ADB 51, *72f.*; Rudolf v.K., Der Streifzug des F. K. v.K. auf Magdeburg im April 1809, in: GeschBll 70/71, 1935/36, *1–58*; ders. (Hg.), Die Wilhelmsthaler Niederschrift. Die von F. K. v.K. verfaßte oder doch inspirierte und redigierte Aufzeichnung über den von ihm unternommenen Streifzug auf Magdeburg im April 1809, in: ebd. 72/73, 1937/38, *118–151*; Archiv des Geschichtskreises Wulkow-Wust: Martin v.K., Stammbaum der K.n, 1965.

Karlheinz Stephan

Kauffeldt, Alfons, Prof. Dr. phil. habil.
geb. 29.12.1906 Lerbeck bei Minden, gest. 05.04.1982 Berlin-Lichtenberg, Philosoph, Hochschullehrer.

Der Sohn eines Glasmachers besuchte die Volksschule (1913–18) und das Realgymn. in Düsseldorf (1918–27) und studierte anschließend Physik, Mathematik und Chemie an den Univ. Göttingen, Frankfurt/Main, Berlin und Köln. Dort prom. er 1935 mit einer Untersuchung über die Gasdurchlässigkeit heißer Metalle. Bereits seit 1932 war K. Mitglied der KPD und gehörte zu denen, die in der Zeit des Ns. Verbindung zu einer Widerstandsgruppe suchten (1942 wurde er zeitweilig inhaftiert). Seit Juli 1935 war K. in der Fa. *Telefunken* in Berlin wiss. tätig. 1938–45 gehörte er dem Röhrenentwicklungslabor dieser Fa. an und war an der Entwicklung der Elektronenröhre beteiligt. Nach Ende des Krieges zunächst Hauptreferent für Hochschulwesen, – erst beim Magistrat von Groß-Berlin und ab 1946 im ZK der SED –, begann er 1948 seine Laufbahn als Hochschullehrer. 1950/51 leitet er das Inst. für Gesch. der Med. und der Naturwiss. an der Humboldt-

Univ. in Berlin und war 1951–54 als Hauptreferent im Staatssekretariat für Hoch- und Fachschulwesen für die Betreuung der Aspiranten naturwiss., med. und technischer Fachrichtungen verantwortlich. Danach, in den Jahren 1954–56, war K. Sekretär des Präsidiums der 1954 gegründeten *Ges. zur Verbreitung wiss. Kenntnisse* in Berlin. Von 1956 an widmete K. sich wieder uneingeschränkt der Forschung und Lehre – zunächst mit der Wahrnehmung einer Professur an der TU Dresden beauftragt, dann ab 1965 als Prof. für Gesch. der Technik und der Naturwiss. an der TH Magdeburg. Intensive Forschungen über Otto von Guericke bildeten die Grundlage für die 1964 erfolgreich verteidigte Habil. „Über das phil. Werk Otto von Guerickes". Die Ergebnisse dieser Arbeit wurden in dem Buch „Otto von Guericke – Philosophisches über den leeren Raum" (1968) auch einer breiten Öffentlichkeit zugänglich gemacht. Diese Arbeit, die mehrfach neu aufgelegt wurde, kann als Abschluß seines wiss. Wirkens betrachtet werden und trug ihm int. Anerkennung ein. Alle Ergebnisse seiner wiss. Forschungsarbeit charakterisieren ihren Verfasser als einen Gelehrten von profunden und umfassenden Erkenntnissen über die Zusammenhänge von Phil., Naturwiss., Mathematik und Technik. Für sein Buch „Nikolaus Kopernikus – der Umsturz des mittelalterlichen Weltbildes" (1954) erhielt K. den Literaturpreis der DDR. K. war Mitglied im Kopernikus-Komitee der Akad. der Wiss. der DDR und im *VDI*-Technikgesch. und wurde für seine Verdienste 1972 mit dem VVO in Bronze geehrt.

W: s. o.; (Hg.) Dt. Techniker aus sechs Jh., 1963; Otto von Guericke – Vorrede an den Leser, in: Wiss. Zs. der TH Magdeburg, H. 5/6, 1965, *687–690*; Otto von Guerickes Werk – Neue sog. Magdeburgische Versuche über den leeren Raum, in: ebd., H. 4, 1966, *527–531*. – **N:** UnivA Magdeburg. – **L:** UnivA Magdeburg: PA. – **B:** *ebd.

Carmen Schäfer

Kauffmann, Fritz, Prof.
geb. 17.06.1855 Berlin, gest. 29.09.1934 Magdeburg, Dirigent, Komponist, Musikpädagoge.

K., Sohn des Drogenfabrikanten und Kommerzienrats Julius K., besuchte in Berlin das Gymn. sowie das Privatkonservatorium von Hermann Mohr, absolvierte in Hamburg eine Drogistenlehre und an der Univ. Leipzig ein Chemie-Studium, bevor er sich ganz der Musik widmete. Er studierte 1878–1881 in Berlin an der Musik-Hochschule und an der Akad. der Künste Klavier (Ernst Rudorff) und Komposition (Friedrich Kiel) und 1881 als Mendelssohnstipendiat in Wien, wo sich Johannes Brahms für ihn interessierte. Seit 1881 zunächst als Privatmusiklehrer in Berlin tätig, dirigierte er von 1889 bis 1900 in Magdeburg die Gesellschaftskonzerte (ab 1897 genannt „Städtische Sinfoniekonzerte"). 1897 übernahm er zudem die Leitung des *Reblingschen Kirchengesangvereins* (bis 1920), der die großen Oratorienkonzerte in Magdeburg trug. Daneben war K., ein hervorragender Pianist, privat als Klavier- und Theorielehrer, ab 1923 auch am Seminar des *Tonkünstlerverbandes*, tätig. K. wurde 1893 zum Kgl. Musikdir., 1909 zum Prof. ernannt, war Vorstandsmitglied des *Dt. Musikpädagogischen Verbandes e.V.* und übernahm 1923 den Vorsitz des *Musikpädagogischen Verbandes Magdeburg*. Der Komponist K. war mit seinem Klavier- und dem Cellokonzert, einem Bläserquintett sowie einigen Chören recht erfolgreich, der Dirigent, immer sicher und beherrscht, galt als etwas akad., der Lehrer prägte eine Magdeburger Musikerziehergeneration. Verdienstvoll war sein energischer Einsatz für die Umwandlung des (bis dahin privaten) Orchesters der Gesellschaftskonzerte und des Theaters 1897 in das *Städtische Orchester* mit festen Anstellungen der Musiker.

W: Oper: Die Herzkrankheit; Sinfonie; Dramatische Ouvertüre; je ein Klavier- und Cellokonzert; zwei Violinkonzerte; Kammermusik (darunter ein Bläserquintett); Chöre; Terzette; Lieder. – **L:** Riemann,[12]1959, *907*; Hobohm, Bd. 1, *188* u.ö.; Verz. der Compositionen von F. K. zu beziehen durch Carl Paez (D. Charton) Musikalien-Handlung in Berlin ..., 1891; → Max Hasse, F. K., in: Magdeburgische Ztg., Nr. 343, 1923 (Artikelserie).

Wolf Hobohm

Kaufmann, Hugo
geb. 19.06.1888 Northeim, gest. 18.11.1970 Stuttgart, Gartenarchitekt, Gartenbaudir.

Nach dem Besuch der Leibniz-Schule in Hannover absolvierte K. eine Gartenbaulehre bei der städtische Gartenverwaltung Hannover (1904–06), der Fa. *Henkel* in Darmstadt (1906–07) sowie der Lehr- und Forschungsanstalt für Gartenbau in Berlin-Dahlem (1907–09). Anschließend arbeitete er als Gartenarchitekt bei der Fa. *Ludwig Späth* in Berlin-Baumschulenweg, wechselte im April 1912 als Gartenarchitekt zur städtischen Gartenbaudirektion in Leipzig und wenig später nach Mühlhausen/Ruhr. 1915 bestand K. das Examen als Dipl.-Gartenbauinspektor. Seit 1917 war er als Gartenbaudir. in Insterburg/Ostpreußen tätig, wo ihm die Garten-, Anlagen-, Kleingarten-, Friedhofs- und Sportparkverwaltung unterstanden. In der schwierigen Nachkriegszeit richtete K. dort ein Garten- und Friedhofsamt und in den 1920er Jahren die erste Stadtgärtnerei ein, schuf zahlreiche öffentliche Anlagen und Parks (u. a. Gestaltung großer, z. T. aus der Zeit der dt. Ordensritter stammender Fischteiche zu stadtinneren öffentlichen Grünanlagen) sowie ein Schwimmbad und ein Gartentheater. Wie in

Mühlhausen/Ruhr initiierte K. zudem eine Fachklasse für Gärtner an der örtlichen Gewerbeschule. 1931 wurde der erfahrene Gartenarchitekt als Nachfolger von Gartenbaudir. → Wilhelm Lincke nach Magdeburg berufen. Dort widmete er sich in verdienstvoller Weise der Begrünung der Innenstadt Magdeburgs, die die Neu- und Umgestaltung von Grünanlagen und öffentlichen Plätzen, umfangreiche Straßenbaumpflanzungen und den Bau städtischer Kinderspielplätze vorsah (z. T. realisiert). Unter seiner Leitung wurden das Fort 12 im Rotehorn-Park zu einem Freilichttheater umgestaltet und der Volkspark Westerhüsen eingeweiht. K. fungierte zudem als Vors. der Landesgruppe der *Dt. Ges. für Gartenbau und Landespflege* (*DGGL*), der er seit 1938 als Ehrenmitglied angehörte. 1938 wurde er von der ns. Stadtverwaltung aufgrund seiner Zugehörigkeit zur Freimaurerloge vorzeitig in den Ruhestand versetzt. Bis 1945 wirkte er als freischaffender Gartenarchitekt in Magdeburg, leitete nach dem Ende des Krieges die von ihm aufgebauten Lehrwerkstätten für Gartenbau in Magdeburg und arbeitete als Berufsschullehrer. 1955 verließ er die DDR und war anschließend als freischaffender Gartenarchitekt in Hannover, Heidelberg und zuletzt in Stuttgart tätig.

W: Sport- und Jugendpark der Stadt Insterburg, in: Gartenkunst 33, 1920, *93–95*; Neugestaltung der Stadtteiche und des Schützentals in Insterburg, Ostpreußen, in: ebd. 41, 1928, *173–176*. – **L:** Albert Sammer, H. K. zum 80. Geb., in: Garten und Landschaft, H. 7, 1968; Gert Gröning/Joachim Wolschke-Bulhmann (Hg.), Grüne Biographien. Biogr. Hdb. zur Landschaftsarchitektur des 20. Jhs in Dtl., 1997, *178*. – **B:** *Stadtgartenbetrieb Magdeburg.

Guido Heinrich

Kauzleben, Christian Berthold Wilhelm *Karl*
geb. 13.11.1850 Harbke, gest. 08.02.1899 Kauzleben bei Hötensleben, Berging., Grubenbesitzer.

Der Sohn des Steigers und Grubenbesitzers → Ehrenfried K. studierte nach dem Abitur Bergbauwiss. an der Bergakad. Clausthal, welche er mit dem Abschluß als Dipl.-Berging. verließ. Zu Beginn des Jahres 1880 übernahm er das Werk seines Vaters. 1892 erwarb K. die 1889 zum Erliegen gekommenen Gruben der *Vereinigten Altonaer Kohlenzechen* bei Warsleben und Ottleben, um für seine Gruben eine lästige Konkurrenz loszuwerden. Erst seine Erben nahmen 1902 den Betrieb in den Altonaer Kohlenzechen wieder auf. K. gehörte zu den Mitbegründern der Eisenbahnlinie Oschersleben-Schöningen und beteiligte sich durch Bereitstellung finanzieller Mittel auch am Bau der Straße von Gunzleben nach Aderstedt, um den Absatz seiner Gruben zu heben.

L: Braunschweigische Kohlen-Bergwerke, 1873–1973: Der Jahrhundertwende entgegen, 1973, *46f.*

August Bornemann

Kauzleben, Ehrenfried
geb. 06.06.1812 Hergisdorf bei Eisleben, gest. 01.05.1880 Ohlhof bei Goslar, Grubenbesitzer.

K.s väterlichen Vorfahren waren Bergleute im Mansfelder Kupferschiefer-Bergbau. Nach dem Schulbesuch in Eisleben entschied sich auch K. für den Beruf des Bergmanns und besuchte ab 1837 die Eisleber Bergschule. Dem erfolgreichen Abschluß als Grubensteiger folgte der Dienst bei den Pionieren in Minden. K. begann seine Laufbahn als Steiger u. a. im Dienste des Bergwerksbesitzers → Graf Röttger von Veltheim. Mit der Errichtung der ersten Harbker Schächte ist auch der Name K. verknüpft, der im Braunkohlenbergbau der Helmstedt-Oschersleber Mulde eine besondere Rolle spielte. Nach seinen Tätigkeiten als Fahrsteiger, Obersteiger und Betriebsführer in Völpke, Harbke und Neindorf zog K. 1859 nach Warsleben, pachtete dort die kleine Grube „Emilie" und betrieb sie auf eigene Kosten. Mit ersparten und geliehenen Geldern unternahm er schon während seiner Harbker Tätigkeit Bohrungen östlich von Hötensleben. Die Bohrergebnisse veranlaßten ihn 1862 zum Kauf der Mutungsfelder „Louise Marianne" und „Jeannette" und zur Gründung der *Gewerkschaft K.* Es war ein kleines Revier, wo er dann einen Schacht nach dem anderen niederbrachte. Er gründete ein Dorf, dem er seinen Namen gab, und in dem er eine Schule, ein Krankenhaus und gemeinnützige Einrichtungen für seine Arbeiter einrichtete. Zudem entstand ein prächtiges Schloß, Standesstolz verkündend. Im Mausoleum des Parks fand K., der wegen einer schweren Erkrankung freiwillig aus dem Leben schied, seine letzte Ruhestätte.

L: Hans Raeck, Gesch. der Eisleber Bergschule 1798–1928, 1928; → Wilhelm Eule, Zwei Jh. Bergbau im Revier der Braunschweigischen Kohlen-Bergwerke, 1937, *75–77*; Braunschweigische Kohlen-Bergwerke, 1873–1973: Der Jahrhundertwende entgegen, 1973, *39f.*, *46f.*; Slg. Karl Münchgesang, Berlin (priv.). – **B:** *ebd.

August Bornemann

Kawerau, Friedrich *Waldemar*
geb. 04.06.1854 Berlin, gest. 24.07.1898 Magdeburg, Journalist, Redakteur, Kunsthistoriker.

Der Sohn des Oberlehrers Peter K. besuchte die Schule bis zur Obersekunda. 1870 trat er bei einem Hamburger Buchhändler in eine fünfjährige Lehre. Nach einjährigem Militärdienst in Berlin arbeitete er einige Monate in der Hofbuchhandlung in Dessau, dann ein halbes Jahr in der Dt.

Buchhandlung in Moskau. Im Sommer 1877 fand er Anstellung bei einem Verlag in Berlin und lieferte Beiträge für nationalliberale Ztgg. Von Oktober 1878 bis 1898 war K. Redakteur der *Magdeburgischen Ztg.* Er schrieb u. a. Feuilletons, Nekrologe, Theaterkritiken, betätigte sich ab 1879 auch als auswärtiger Berichterstatter und lieferte u. a. Berichte aus Kiel, Halle, Köln, Berlin, Moskau, San Remo, Florenz und London. Bald nach seiner Anstellung in Magdeburg heiratete er Marie Kamin, die Adoptivtochter des Danziger Stadtbaumeisters K., seines Onkels. K. wurde in Magdeburg Mitglied der lit. Ges. *Athene* und beschäftigte sich mit dem geistigen und lit. Leben der Region, insbesondere von Magdeburg und Halle zur Reformations- und Aufklärungszeit. K. veröffentlichte dazu zahlreiche Artikel in den *GeschBll*, in der *Vierteljs. für Literaturgesch.* und im Neujahrsbl. der *Hist. Kommission für die Provinz Sachsen.* Seine Publikationen bilden einen wichtigen Beitrag zur Erforschung der regionalen Kulturgesch. Sein Bruder, der ev. Theologe Prof. Gustav K. (geb. 25.02.1847, gest. 01.12.1918), Geistlicher Inspektor des Pädagogiums des Klosters U. L. F. und Hg. mehrerer Werke zur Kirchengesch., lebte von 1882 bis 1886 bei ihm in Magdeburg.

W: Aus Magdeburgs Vergangenheit. Beiträge zur Litt.- und Culturgesch. des achtzehnten Jhs, 1886; Magdeburg. Ein Städtebild, 1886, ⁴1894; Beiträge zur Gesch. der Univ. Halle. Die Civis academici, in: GeschBll 22, 1887, *97–112*; Aus Halles Litteraturleben, 1888; Thomas Murner und die Kirche des Mittelalters, 1890; Thomas Murner und die dt. Reformation, 1891; Erasmus Alberus in Magdeburg, in: GeschBll 28, 1893, *1–62*; Johann Fritzhans, in: ebd. 29, 1894, *214–242*; Eberhard Weidensee und die Reformation in Magdeburg, 1894; Das litt. Leben Magdeburgs am Anfang des 17. Jhs, in: GeschBll 30, 1895, *1–60*; Hermann Sudermann. Eine kritische Studie, 1897. – **L:** Gustav K., W. K. (†), in: GeschBll 33, 1898, *385–400*; Magdeburgische Ztg., Nr. 373 vom 26.07.1898.

Maren Ballerstedt

Kayser, Maria Elise (*Marie-Elise*), geb. Schubert, Dr. med. geb. 28.11.1885 Görlitz, gest. 06.09.1950 Erfurt, Ärztin.

K. bestand 1906 in Berlin das Abitur und studierte in Berlin, Rom und Jena Med. Nach dem Staatsexamen 1911 prom. sie im gleichen Jahr als erste Frau an der Med. Fakultät der Univ. Jena. 1911–12 war sie Medizinalpraktikantin in Magdeburg. Ihre kinderärztliche Ausbildung erhielt sie in Heidelberg. K. wurde anschließend Fürsorgeärztin in Magdeburg und führte eine eigene Praxis. Am 19.05.1919 richtete sie an der Säuglingsabt. des Krankenhauses Magdeburg-Altstadt die erste Frauenmilchsammelstelle Dtls ein. Dieses war eine Pioniertat. 1925 ging K. mit ihrem Mann Dr. Konrad K. nach Erfurt, wo sie an der dortigen Landesfrauenklinik eine weitere Frauenmilchsammelstelle einrichtete. An ihrem Geburtshaus in Görlitz erinnert eine Gedenktafel an die Ärztin, anläßlich ihres 50. Todestages wurde in der Landesfrauenklinik Magdeburg ebenfalls eine Gedenktafel angebracht.

W: Frauenmilchsammelstellen, ein Leitfaden für deren Einrichtung und Betrieb, 1940, ²1954. – **L:** Gerhard Lindemann/Hans-Dieter Herre, Die Frauenmilchsammelstelle der Landesfrauenklinik Magdeburg, in: Dt. Gesundheitswesen 17, 1962, *778;* Friedrich Eckardt, Die Pioniertat der Kinderärztin M.-E. K., in: der kinderarzt 17, 1986, *85;* Vf., Zur Entwicklung der Kinderheilkunde in Magdeburg, in: Magdeburger Bll. 1991, *77–90*; ders. Die bahnbrechende Tat einer Kinderärztin in Magdeburg, Dr. M.-E. K. (1885–1950) zum 50. Todestag, in: Ärztebl. Sa.-Anh. 11, 2000, *45–47*. – **B:** Univ.-Kinderklinik Magdeburg; *Slg. Vf., Zerbst (priv.).

Wilhelm Thal

Kayser, Richard
geb. 22.06.1876 Rostock, gest. 20.05.1948 Magdeburg, Apotheker, Pharmazierat.

Nach dem Studium der Pharmazie und dem Erhalt der Approbation trat K. bereits 1902 als Apotheker im städtischen Krankenhaus Magdeburg-Altstadt in den öffentlichen Dienst und wurde 1905 als Oberapotheker bestätigt. K. leitete von 1907 bis 1931 die Apotheke. 1932 wurde ihm die Leitung der weitaus größeren Apotheke im städtischen Krankenhaus Magdeburg-Sudenburg übertragen. Während er bereits 1941 zum städtischen Pharmazierat berufen wurde, folgte im August 1942 seine Ernennung als Apotheken-Dir. Damit war ihm die Verantwortung für die Apotheken der Krankenhäuser Altstadt, Sudenburg und Lostau übertragen worden. In den letzten Kriegsjahren, in denen es an dringend benötigten Grundsubstanzen und Arzneimitteln mangelte, war es mit seiner Initiative möglich, die Arzneimittelversorgung weitestgehend aufrechtzuerhalten. Nach der Zerstörung der Apotheke im Altstädtischen Krankenhaus am 16.04.1945 organisierte er mit seinen Mitarbeitern die Notversorgung der dortigen Patienten. Sein großes Engagement, die Einsatzbereitschaft und breite Fach- und Sachkunde wurden ihm am 13.08.1947 durch die Gesundheitsverwaltung der Stadt Magdeburg bescheinigt. Trotz eines schweren Autounfalls im Oktober 1945 erfüllte er weiter seine Pflichten. K. übernahm zudem die Verantwortung für die Arzneimittelversorgung des Waldkrankenhauses Haldensleben und des Krankenhauses Uchtspringe. Der Auftrag, weit über das 65. Lebensjahr hinaus in seiner Funktion tätig zu sein, bedeutete eine hohe Anerkennung seiner Leistungen.

L: Fs. 10 Jahre Med. Akad. Magdeburg 1964, *143f.* (**B**); → Kurt Koelsch (Hg.), Das Krankenhaus Magdeburg-Altstadt. Fs. zu seinem 150jährigen Bestehen 1967, *52–54*.

Joachim Münch

Keil, Georg Christian

geb. 16.09.1765 Brüheim bei Gotha, gest. 22.04.1807 Magdeburg, Buchhändler, Verleger.

Nach dem Schulbesuch absolvierte K. eine fünfjährige Lehre in der Buchhandlung von Carl Wilhelm Ettinger in Gotha und war dort anschließend bis März 1797 als Handlungsgehilfe tätig. Er besorgte vor allem die Korrespondenz mit englischen, franz. und holländischen Geschäftspartnern und konnte auf zahlreichen Reisen Bekanntschaften mit namhaften Buchhändlern im In- und Ausland machen. Bereits Ende 1795 hatte sich K. mit intensiver Unterstützung → Friedrich Delbrücks um ein Privileg für eine neue Verlags- und Sortimentbuchhandlung in Magdeburg bemüht, die ihm aufgrund guter Zeugnisse und Verbindungen – u. a. verwendete sich → Louis Ferdinand Prinz von Preußen für ihn – zum August 1796 auch erteilt wurde. K. gründete seine Buchhandlung bereits im Frühjahr 1796 in Leipzig und begann dort auch mit dem Buchverlag (u. a. → Ferdinand Delbrücks „Ueber die Humanität"). Im Herbst 1796 wurde das Geschäft nach Magdeburg verlegt und bis zur Geschäftsübernahme K.s im März 1797 von Friedrich Delbrück kommissarisch geführt. Ziel war die Etablierung einer leistungsfähigen Buchhandlung, die „die Bedürfnisse der Gelehrten in Schulen und anderen Ständen in genügender Weise befriedigen" sollte (Delbrück). K. war der erste Buchhändler in Magdeburg, der aufgrund seiner guten beruflichen Kontakte im größeren Stil mit neueren ausländischen Verlagswerken handelte bzw. diese in Kommission vertrieb. Seine eigene Verlagstätigkeit war vornehmlich auf pädagogische, theol. und wiss. und regionalgesch. Gebrauchstexte ausgerichtet und beschränkte sich zumeist auf Autoren aus dem lokalen Umfeld. Von seinen Verlagsartikeln sind besonders die Publikationen zur Altertumskunde von → Johann Christian Ludwig Schaaff und → Johann Gottfried Gurlitt, die Predigtslgg. → Conrad Gottlieb Ribbecks, die popularphil. Werke Johann Christoph Greilings und die Stadtgesch. Magdeburgs von → Johann Christian Friedrich Berghauer hervorzuheben. Das florierende Geschäft zog bereits 1800 nach dem Erwerb des Hauses „Zum großen Christoph" in größere Räumlichkeiten um. Nach K.s frühem Tod ging das Geschäft auf den von ihm ausgebildeten → Wilhelm von Heinrichshofen über, der bereits seit 1806 als kommissarischer Geschäftsführer der Verlagsbuchhandlung tätig war.

L: N. N., Am 11. Juni 1778 ..., in: Bll. für HGusL 30, 1878, *179*; Wilhelm Stieda, Die Entwicklung des Buchhandels in Magdeburg, in: Magdeburgs Wirtschaftsleben in der Vergangenheit, Bd. 3, 1928, *395–400*.

Guido Heinrich

Keilhack, Friedrich Ludwig Heinrich *Konrad*, Prof. Dr. phil.

geb. 16.08.1858 Oschersleben, gest. 10.03.1944 Berlin, Bergrat, Geologe.

K., Sohn eines Kreisbaumeisters in Oschersleben, besuchte das Gymn. in Gera und erhielt hier erste Einblicke in Kartierungstechniken. Sein Studium der „Naturwiss. mit besonderer Berücksichtigung der Geologie" absolvierte er 1877–81 in Jena, Freiberg, Göttingen und Berlin. K. prom. 1881 in Jena und erhielt im gleichen Jahr eine Anstellung als Hilfsgeologe an der Preuß. Geologischen Landesanstalt in Berlin. Seit 1890 Landesgeologe, war er ab 1914 als Nachfolger von → Felix Wahnschaffe Abteilungsdirigent für die Kartierung im Flachland an der Kgl.-Preuß. Geologischen Landesanstalt in Berlin. Ausgedehnte Reisen führten ihn bis ins hohe Alter u. a. nach Island, Irland, Grönland, in die Schweiz, nach Italien, Rumänien, Mexiko, Ceylon, Alaska und an die Viktoriafälle des Sambesi (1931). Viele seiner ca. 500 Schriften mit markanten sprachlichen Abschnitten trugen wesentlich zur Popularisierung der Geologie bei. Er kartierte mehr als 100 Bll. der Geologischen Spezialkarte, insbesondere des norddt. Flachlandes, und verfaßte dazu Erläuterungen. K. war „die letzte markante Persönlichkeit aus der ersten großen Generation der Preuß. Geologischen Landesanstalt" (Woldstedt, 1951), der er bis 1923 angehörte. Er war zudem als Braunkohlengeologe tätig und wirkte neben → Leopold van Werveke am „Hdb. für den Dt. Braunkohlenbergbau" (1915) mit. Seine Beobachtungen sind noch heute von Bedeutung. Beachtliches leistete er auch als Hydrogeologe. Sein „Lehrbuch der Praktischen Geologie" (1896, ⁴1921) wurde auch ins Russische und Spanische übersetzt. Ebenso erlebte sein „Lehrbuch der Grundwasser- und Quellenkunde" (1912) mehrere Auflagen. Bei der ab 1873 in den dt. Ländern einsetzenden geologischen Spezialkartierung wurde unter maßgeblichem Einfluß von K. bald ein einheitliches System von Symbolen, Flächenfarben und Signaturen entwickelt, das für sämtliche von der Preuß. Geologischen Landesanstalt aufgenommenen Flachlandkarten verbindlich wurde. Dieses System fand in der 1908 erarbeiteten „Geschäftsanweisung für die geologisch-agronomische Aufnahme im norddt. Flachland" seinen Niederschlag. Die in den geologisch-agronomischen Spezialkarten festgelegte Auswahl der Farben und ihre

Komposition konnten, nach ihrem ästhetischen Eindruck beurteilt, bis heute nicht überboten werden. Um die Verwendung der Spezialkarten unter Nichtgeologen zu erleichtern, verfaßte K. 1901 eine „Einführung in das Verständnis der geologisch-agronomischen Karten des norddt. Flachlandes". Für größere Gebiete, deren Spezialkartierung sich über längere Zeit erstrecken würde, wurde durch K. zunächst eine Übersichtskartierung in kleinerem Maßstab angestrebt und 1898–1930 unter seiner Leitung realisiert. Dazu gehörten Aufnahmen in der Provinz Pommern, von Usedom, Wollin, Neustrelitz, Prenzlau, Potsdam und der Provinz Brandenburg. Die geologische Kartierung der Flachlandanteile des Landes Sa.-Anh. wurde nach dem I. WK vor allem von → Fritz Wiegers und dessen Mitarbeitern fortgesetzt. Nach G. Schwab u. a. (1994) beschrieb K. in den Erläuterungen zur Gebietskarte 25 Teltow (²1910) zum ersten Mal die Hauptvereisungen des norddt. Gebietes unter den Namen Weichsel, Saale und Elster. Weiterhin prägte er unter dem Eindruck einer Reise nach Island den Ausdruck „Haidesandlandschaft oder Sander", aus dem sich der Begriff „Sander" für charakteristische eiszeitliche Ablagerungen entwickelte. In seinen Publikationen behandelte er quartärgeologische Fragen wie alte Elbläufe, Eisstillstandslagen sowie Endmoränen der jüngsten norddt. Vereisung. 1908 erschien in den „Grundwasserstudien" der Aufsatz „Der artesische Grundwasserstrom des unteren Ohretals" mit dem Nährgebiet in der Colbitz-Letzlinger Heide – der erste Hinweis auf den Zustrom des Trinkwassers ins Ohretal, durch den wichtige Grundlagen für die Wasserversorgung Magdeburgs und des Umlandes erarbeitet wurden (später von W. Koehne vertieft). K. war Begründer des *Geologenkalenders* und leitete seit 1901 das *Geologische Zentralbl.* Er starb infolge eines Luftangriffs der Alliierten auf Berlin.

W: s.o.; Alte Elbläufe zwischen Magdeburg & Havelberg, in: Jb. der Preuß. – Geologischen Landesanstalt 7, 1886; Karte der Endmoränen und Urstromtäler Norddtl. mit Begleitworten, in: ebd. 30, 1909; Beiträge zur Stratigraphie und zu den Lagerungsverhältnissen der Trias und des Tertiärs des nordöstlichen Harzvorlandes, 1922; Gutachten über die Entwicklung der geplanten Rappbodetalsperre, 1925; Gutachten über die Einwirkung von Hochwässern auf die Grundwässer des Bodetales, 1926; Granitverwitterung im Erongo-Gebirge in Südwestafrika, 1939. – **N:** Dt. Geologischen Ges., Universitätsbibl. Potsdam, Bereichsbibl. Golm; Geologenarchiv Univ. Freiburg/Breisgau; W. Quitzow, Krefeld. – **L:** Wer ist's 10, 1935; Paul Woldstedt, K. K. †, in: Geologisches Jb. 65, 1951, *19–25*; W. Schulz, Die quartärgeologische Kartierung in den Bez. Rostock, Schwerin und Neubrandenburg bis zum Jahre 1967, in: Petermanns Geographische Mittllg. 115, H. 4, 1971; Max Schwab, Geologische Landesaufnahme in Brandenburg – Stand und Probleme. 61. Tagung der AG Nordwestdt. Geologen in Potsdam, Tagungsbd., 1994, *3–15*; David R. Oldroyd, Die Biogr. der Erde – Zur Wissenschaftsgesch. der Geologie, 1998; Eckehard P. Löhnert, K. K. (1858–1944) – seine Prom. im Jahre 1881 in Jena, in: Geohist. Bll. 2, H. 1, 1999, *57–63*. – **B:** *W. Quitzow, Krefeld (priv.).

Jürgen Werner Hubbe

Kelle, Johannes
geb. 19.01.1897 Hörsingen/Kr. Neuhaldensleben, gest. 17.12.1982 Hörsingen, Holzbildhauer, Maler.

Als Sohn eines Lehrers, Malers und Organisten sollte K. ebenfalls diesen Beruf erlernen und begann nach Abschluß der Grundschule eine Lehrerausbildung in Haldensleben. Mit 16 Jahren ging er jedoch nach Hamburg, um zur See zu fahren. Sein sehr strenger Vater holte ihn zurück, willigte aber doch in die Pläne seines Sohnes ein. K. heuerte 1914 auf dem Segelschulschiff „Prinz Eitel-Friedrich" an und geriet bereits auf seiner ersten Fahrt in englische Kriegsgefangenschaft, die er bis 1918 auf der Insel Man (Irische See) verbrachte. Nach dem Ende des I. WK besuchte K. die Kunstakad. in Dresden, die er aus finanziellen Gründen ohne Abschluß verließ. Nach Hörsingen zurückgekehrt, betätigte sich K. als Kunstmaler und gründete mit einem Partner auf dem elterlichen Grundstück eine „Anstreicherfirma". 1927 malte er die Kirchen in Bregenstedt und Bartensleben aus. Seit 1928 war K. als selbständiger Holzbildhauer tätig, verkaufte Kleinkunstartikel und fertigte kunstvoll verzierte Wegweiser und Eingangstafeln aus Holz. In den 1930er Jahren knüpfte er Beziehungen zu Polit- und anderen Größen auf Bezirksebene (u. a. mit → Kurt Brandes und → Albert Hansen). Er erhielt jetzt größere Auftragswerke (Bauernstuben, Herrenzimmer) und fertigte u. a. 1935 das Eingangsportal der Weferlinger Apotheke. 1942 als Fahrer im Bereich Magdeburg zur Wehrmacht eingezogen, geriet er 1945 bei Hillersleben in Gefangenschaft, wurde nach Reinsberg (Süddtl.) verbracht und dort nach Erkrankung in die Westzone entlassen. Mitte September 1945 kehrte er nach Hörsingen zurück und war hier ab 1946 landwirtsch. tätig. Nach Verlust der linken Hand durch einen Arbeitsunfall konnte K. nicht mehr als Bildhauer arbeiten, malte und fotografierte aber dennoch weiter. Seine Kunstartikel erlangten in seiner engeren Heimat große Bekanntheit.

L: Flechtinger Anzeiger, November 1995. – **B:** Vf., Flechtingen (priv.).

Kurt Buchmann

Keller, Karl Richard *Arthur*, Prof. Dr. med.
geb. 31.12.1868 Salkau/Provinz Brandenburg, gest. 12.12.1934 Berlin, Arzt.

Aus angesehener Kaufmannsfam. stammend, besuchte K. das kgl. Pädagogium in Züllichau. Nach dem Abitur 1887 studierte er Med. in Halle und Breslau. Dem Staatsexamen 1896 folgte bis 1902 die Tätigkeit als Assistenzarzt an der Univ.-Kinderklinik Breslau unter Adalbert Czerny. Hier erwarb er sich große Verdienste in der Ernährungsforschung und gründete die *Monatsschrift für Kinderheilkunde* 1902 übernahm er die Leitung der Kinderheilstätte Wyk/Föhr. 1904 habil. er sich in Breslau. Ab 1903 war K. (mit kurzer Unterbrechung in Halle) in Magdeburg tätig. Er ließ sich

1905 als Kinderarzt nieder und gründete und leitete eine Milchsterilisierungsanstalt. 1906 wurde K. als Städtischer Kinderarzt und zugleich als Oberarzt der Säuglingsabt. in die Krankenanstalt Magdeburg-Altstadt berufen. Erstmalig in Dtl. wurde somit die kurative und prophylaktische kinderärztliche Tätigkeit in einer Person vereinigt. Besondere Verdienste erwarb sich K. in Magdeburg durch unentgeltliche Fürsorgesprechstunden, bei der ärztlichen Aufsicht der Milchsterilisierung, der Einrichtung einer Milchküche in der Krankenanstalt Altstadt sowie der Gründung der klinischen Säuglingsabt. 1908 erfolgte die Berufung zum Dir. des Kaiserin-Auguste-Viktoria-Kinderkrankenhauses in Berlin und die Ernennung zum Prof. Durch Intrigen verlor K. 1911 diese Stellung, wurde aber später rehabilitiert. Bis 1926 arbeitete K. als niedergelassener Kinderarzt in Berlin. 1926 wurde er Stadtoberschularzt in Berlin-Mitte und übernahm 1932 die Leitung eines Spezialdezernates für geistig abnorme und behinderte Kinder. Im April 1934 trat er in den Ruhestand. K. war Mitbegründer der Sozialen Pädiatrie in Dtl. und Pionier der Kinder- und Jugendpsychiatrie. Er zeichnete sich durch eine rege wiss. Publikationstätigkeit aus.

W: Des Kindes Ernährung, Ernährungsstörungen und Ernährungstherapie, Hdb. für Ärzte (2 Bde), 1906 und 1917 (mit Adalbert Czerny); Säuglingsfürsorge und Kinderschutz in den europäischen Staaten, 1912 (mit Christian Jasper Klumker). – L: NDB 11, *433*; Adalbert Czerny, Prof. A. K., Nachruf, in: Jb. für Kinderheilkunde, Bd. 34, 1935, *126*; Manfred Stürzbecher, Zum 100. Geb. von A. K., in: Med. Monatsschrift 22, 1968, *544–549*; Vf., Zur Entwicklung der Kinderheilkunde in Magdeburg, in: Magdeburger Bll., 1991, *77–90*; Annette und Nils Wuttke, Prof. A. K. – Sein Wirken in Magdeburg, Diss. Magdeburg 1991; Vf./Annette und Nils Wuttke, A. K. (1868–1934) – Wegbereiter der modernen Säuglingsfürsorge in Magdeburg, in: Ärztebl. Sa.-Anh. 5, 1994, Nr. 8, *63–66*. – B: Univ.-Kinderklinik Magdeburg; *Slg. Vf., Zerbst (priv.).

Wilhelm Thal

Kellner, Joseph *Heinrich*
geb. 27.09.1907 Magdeburg, gest. am/um den 17.04.1936 Provinz Yunnan (China), kath. Theologe, Missionar.

K. absolvierte seine Schulbildung am Magdeburger König Wilhelms-Gymn. und in Stendal. 1923 wurde er in die Apostolische Schule der Herz-Jesu-Missionare in Hiltrup/Westfalen aufgenommen. K. studierte zudem kath. Theol. an der Gregoriana in Rom und an der ordenseigenen Hochschule „Freudenberg" bei Kleve. 1927 schloß er sich der Ordensgemeinschaft der Herz-Jesu-Missionare (MSC) an und erhielt 1932 die Priesterweihe. Er beherrschte außer Holländisch, Italienisch, Franz., Englisch und Latein auch Chinesisch. Pater K. wurde daher als Missionar nach China gesandt. Dort geriet er in den Machtkampf, der zwischen der Kuomintang-Reg. unter Tschiang Kai-schek und der kommunistischen Chinesischen Räterepublik (später unter der Führung von Mao Tse-tung) entbrannt war. Am Beginn des „Langen Marsches" wurde K. am 11.01.1936 in Shiquiang von der chinesischen Roten Armee als Geisel genommen. Am 10.04.1936 verurteilte ihn ein Sondertribunal unter dem Vorwurf der „Spionage für die dt. Imperialisten" zu einem Lösegeld von 50.000 Dollar und im Verweigerungsfall zum Tode. K. starb an den Folgen der Strapazen auf dem „Langen Marsch".

L: Rudolf Alfred Bosshardt, The Restraining Hand. Captivity for Christ in China, 1936; Harrison E. Salisbury, Der Lange Marsch, 1985; Helmut Moll (Hg.), Zeugen für Christus, Bd. 2, 1999, *1017;* Provinz-Archiv MSC, Münster/Westfalen. – B: ebd.

Ludwig Stegl

Kellner, Karl
geb. 17.03.1890 Küllstedt/Eichsfeld, gest. 11.09.1965 Karlsruhe, Lehrer.

K. besuchte bis 1911 das Lehrerseminar in Duderstadt, wurde 1912 an der kath. Volksschule in Oschersleben angestellt und blieb bis zu seiner Pensionierung Lehrer in dieser Stadt. Nach dem Kriegsdienst im I. WK beschäftigte sich K. intensiv mit der Gesch. seiner neu gewonnenen Heimat und verwertete die Früchte seiner Bemühungen sehr bald in lit. Form. Mit einer Slg. von „Sagen des Kreises Oschersleben" eröffnete er 1923 eine Reihe selbständiger Publikationen. Es folgte die Schriftenreihe „Heimat-Bilder aus dem Bodeland" 1924–26. 1926 erschienen das Lesebuch „Traute Heimat" und die Chronik „Emmeringen und seine Gesch."; 1927 „Andersleben im Wogen der Zeiten", „Alt-Oschersleben und seine Straßen" und schließlich 1928 die „Chronik von Oschersleben". Ab 1930 brachte K. gemeinsam mit → Albert Schimmel die Heimatbeilage *Börde und Bodeland, Monatsschrift für Heimatpflege* als Beilage zum *Oschersleb ener Kreisbl.* heraus, die bis 1931 gehalten werden konnte. Schließlich publizierte K. eine große Zahl von Artikeln in wiss. Beilagen lokaler Zgg. und in der Tagespresse. K. behandelte darin verschiedene Themen aus Gesch., Kulturgesch. und Volkskunde. Als Kreispfleger für Bodenfunde im Kr. Oschersleben galt seine besondere Aufmerksamkeit der Bergung archäologischer Funde, denen er 1925 in seiner Privatwohnung eine erste, bescheidene Unterkunft verschaffte, 1928 aber dank der „Stiftung Willy Lohse" mit der Gründung des Heimatmus. Oschersleben eine eigene Stätte einrichten konnte. Als Kreisbeauftragter für Naturschutz, Vertrauensmann für Denkmalpflege und als Beauftragter für staatl. Archivpflege bemühte sich K. beharrlich und unermüdlich um die Erforschung und Erhaltung der Zeugnisse der Gesch. und der Natur in seinem Wirkungsbereich. Schwer traf ihn die Auflösung des erst 1950 neugestalteten Mus. im Jahre 1961, worauf er 1962 Oschersleben verließ.

W: s. o. – **N:** KrMus. Oschersleben, Börde-Mus. Ummendorf. – **L:** Alfred Finke, In den Schatzkammern der Heimat ... (Mus. Wanzleben und Oschersleben), in: Heimat-Kal. Magdeburg 24, 1940, *22–28*; Ingeborg Höde, Unser Heimatmus., in: Zwischen Bode und Lappwald 4, 1959, *73–75*; (versch. Autoren), Neufunde, in: Js. für mitteldt. Vorgesch. 33, 1965, *1–49*; → Erhard Rohlandt, K. K. †, in: Nordharzer Jb. 1965/66, Bd. 2, 1967, *77*; Renate Schulte, K. K. – Volksschullehrer und Museumsgründer, in: Börde, Bode und Lappwald, 1993/94, *29–32* (**B**); Vf., K. K., eine Bibliogr., Ms. o. J. – **B:** KrMus. Oschersleben.

Heinz Nowak

Kern, Helmuth
geb. 03.06.1905 Magdeburg, gest. November 1988 USA, Journalist, Gewerkschaftsfunktionär.

1919 trat K. der Sozialistischen Arbeiterjugend bei, deren Magdeburger Vors. er 1922–25 war. 1926 gehörte er der Bezirksleitung Sachsen an, war 1928/29 Bezirksvors. in Halle-Merseburg sowie Mitglied des Reichsausschusses der Sozialistischen Arbeiterjugend. Gewerkschaftlich organisiert war K. seit 1920, Mitglied der SPD seit 1921. Nach einer kaufmännischen Lehre wurde er 1924 Angestellter der von → Otto Baer mitgegründeten *Volksfürsorge*. 1927/28 ging er als Volontär an das *Volksblatt* in Halle und studierte hier bis 1929 am Zeitungswiss. Inst. der Univ. 1928/29 als Redakteur der *Freien Presse* Bitterfeld-Wittenberg tätig, wechselte er anschließend zur *Düsseldorfer Volksztg*. Bis 1933 wirkte er im Rhein/Ruhrgebiet als Wahlredner für die SPD und die „Eiserne Front". Im April 1933 emigrierte K. nach Amsterdam, leistete Grenzarbeit für den illegalen Widerstand in Dtl., betreute Flüchtlinge und schrieb in der holländischen und dt. Emigrantenpresse. Nach der dt. Ausbürgerung und Verschleppungsdrohungen wanderte K. im Januar 1939 in die USA aus. In Washington studierte er Wirtschaftswiss. und Soziologie, war seither im amerikanischen Genossenschaftswesen und bei den Gewerkschaften tätig und arbeitete, in enger Zusammenarbeit mit dem *DGB*, als Berater des Hohen Kommissars in Dtl., John J. McCloy. 1975 wurde K. das Bundesverdienstkreuz 1. Kl. für seine Verdienste am Wiederaufbau der dt. Gewerkschaften verliehen. Bis zu seinem Tode wirkte er als Berater und Ausschuß-Mitglied in zahlreichen gewerkschaftlichen und staatl. Bildungs- und Wirtschaftseinrichtungen.

L: Bio Hdb Emigr 1, *361*; Werner Plum, Konrad Ludwig und die jungen Volontäre der Sozialdemokratie. Ein Hörbericht über den Gründer der Friedrich-Ebert-Stiftung, 1987, *72, 141* u.ö. (**B**).

Beatrix Herlemann

Kersten, *Ferdinand* **Leopold,** Dr. med.
geb. 11.11.1804 Magdeburg, gest. 1853 Karlsbad, Arzt, Sanitätsrat, Medizinalrat.

K. prom. 1828 in Berlin und ließ sich 1830 in Magdeburg als praktischer Arzt nieder. 1838 wurde er nebenamtlich Prosektor an der Med.-chirurgischen Lehranstalt, übernahm dann aber 1839 als Nachfolger von → August Brüggemann die Leitung der Inneren Abt. im Krankenhaus Magdeburg-Altstadt und den klinischen Unterricht in Innerer Med. 1844 begann K. im Auftrage des Magistrates zusätzlich mit der Ausbildung von Krankenpflegerinnen für die häusliche Krankenpflege. Interessant daran ist, daß sie unter den gleichen Bedingungen wie die bereits gesetzlich geregelte Ausbildung der Hebammen stattfand. Im gleichen Jahr erhielt K. den Sanitätsratstitel, und 1852 wurde er Medizinalrat im *Provinzial-Medizinalkollegium*.

W: Nonnulla de dacryolithis seu potius rhinolithis, 1828; Kurze Nachricht über die Gesinde-Krankencasse in Magdeburg, 1847. – **L:** August Hirsch (Hg.), Biogr. Lex. der hervorragenden Ärzte aller Zeiten und Völker (vor 1880), Bd. 3, 1886, *511*; → August Andreae, Chronik der Aerzte des Regierungsbez. Magdeburg mit Ausschluß der Halberstädter, Quedlinburger und Wernigeroder Landestheile, 1860, *117*; → Hermann Rosenthal (Hg.), Fs. für die Theilnehmer der 57. Verslg. Dt. Naturforscher und Aerzte, 1884, *39*.

Horst-Peter Wolff

Keßler, *Friedrich* **Ludwig,** Dr. med.
geb. 20.04.1740 Magdeburg, gest. 26.07.1808 Magdeburg, Landphysikus, Garnisonsarzt.

K. war in jeder Beziehung Nachfolger seines Vaters, des Arztes Johann Daniel K. Er studierte Med. in Halle, erwarb bereits 1760 die Lizenz zur ärztlichen Praxis und diente zunächst vier Jahre als Feldmedikus im Heer Friedrich II. 1764 löste er in Magdeburg seinen Vater als Landphysikus und Garnisonsarzt ab, holte 1767 in Halle die Prom. nach und wurde nun noch zusätzlich zum Physikus der Pfälzer sowie der Franz. Kolonie in Magdeburg gewählt. 1797 mußte er aus gesundheitlichen Gründen das Landphysikat seinem Nachfolger → Wilhelm Voigtel überlassen und trat 1803 auch als Koloniephysikus zurück. K. war Mitglied der *Lit. Ges.* in Magdeburg und gehörte der Vereinigung *Die Lade* an. Wie schon sein Vater seit 1755 setzte sich K. sehr für die generelle Anwendung der Pockenschutzimpfung ein und bereitete der von Edward Jenner entdeckten Methode der Verwendung von Kuhpockenlymphe in Magdeburg den Weg.

W: Beobachtungen über die epidemischen Faulfieber in den beiden Wintern 1770–1772, 1773. – L: August Hirsch (Hg.), Biogr. Lex. der hervorragenden Ärzte aller Zeiten und Völker (vor 1880), Bd. 3, 1886, *512f.*; → August Andreae, Chronik der Aerzte des Regierungsbez. Magdeburg mit Ausschluß der Halberstädter, Quedlinburger und Wernigeroder Landestheile, 1860, *118;* → Henri Tollin, Gesch. der franz. Colonie von Magdeburg, Bd. 3, 1894, Abt. I C, *128*.

Horst-Peter Wolff

Kinderling, Johann Friedrich August, Mag. phil.
geb. 1743 Magdeburg, gest. 28.08.1807 Calbe, Pädagoge, ev. Pfarrer.

K. wuchs infolge des frühen Todes des Vaters in kärglichen Verhältnissen auf. Er ging ab 1752 in Ilsenburg und Wernigerode zur Schule und konnte danach mit einem Stipendium des Grafen Christian Ernst zu Stolberg-Wernigerode in Halle studieren. 1764 erwarb er den Magistertitel der Phil., war dann Hauslehrer und Prediger in Burscheid bei Aachen und ab 1768 Lehrer und Rektor am Kloster Berge bei Magdeburg. 1771 wurde er Prediger in Schwarz bei Calbe und ab 1774 Diakon an der Stephanskirche in Calbe. Während seiner Zeit am Kloster Berge hatte er neben seiner Lehrtätigkeit die Aufgabe, die dortige Bibl. zu ordnen. Dabei führte er unter Anlegung eines Realkataloges die Klosterbibl. und die vom Abt Johann Adam Steinmetz dem Kloster hinterlassene, aus 4.300 Bänden bestehende Bibl. zusammen. Als Forscher und Literat verfaßte er mit viel Fleiß mehr als 100 Abh. zu theol. Fragen und solchen zur dt. Sprache, speziell zum Plattdt. Im Laufe seines Lebens sammelte K. eine große Anzahl von gesch. Schriften, Dokumenten, Urkunden und Materialien. Der größte Teil davon, die „K.schen Mss." sind heute unter den sog. „Borussia-Akten", Untergruppe „Magdeburgica", eingeordnet und befinden sich in 90 Bänden in der StAbibl. Berlin.

W: Über die Reinigkeit der dt. Sprache und über die Beförderungsmittel derselben, 1795; Eine Ortsbeschreibung der Stadt Calbe, 1799; Gesch. der niedersächsischen oder sog. plattdt. Sprache, vornehmlich bis auf Luthers Zeiten, 1800. – N: StAbibl. Berlin, Preuß. Kulturbesitz. – L: ADB 15, *754;* Hamberger/Meusel Bde 4, 10, 14 (*W*); Charakteristik einiger jetzt lebender preuß. Geistlichen, 1796; Christian Gottlieb Jöcher, Allg. Gelehrten-Lex., Bd. 3, 1810, Sp. *342–348* (*W*); → Hugo Holstein, Die Bibl. des Klosters Berge, in: GeschBll 18, 1883, *30–34;* ders., Johann Adam Steinmetz, Abt des Klosters Berge, in: GeschBll 21, 1886, *303;* Archiv des Bördemus. Ummendorf.

Hanns Schwachenwalde

Kirsch, Erwin, Dr. med.
geb. 01.04.1868 Grünberg/Schlesien, gest. 27.07.1937 Magdeburg, Arzt, Sanitätsrat.

K. kam 1899 als namhafter Orthopäde nach Magdeburg, erwarb das Haus Breiter Weg 169 und war neben → August Blencke einer der Spezialärzte für orthopädische Chirurgie mit eigener, allen Anforderungen gerecht werdender Klinik in der Stadt. Die zur damaligen Zeit ausschließlich auf privater Wohltätigkeit basierende Fürsorge und Betreuung Körperbehinderter machte er mit der Gründung und Leitung des *Krüppelfürsorgevereins* in der Provinz Sachsen 1909 öffentlich. Mit dem Erlaß des Krüppelfürsorge-Gesetzes in Preußen 1920, das die staatl. Betreuung der Blinden, Taubstummen, Geisteskranken und Epileptiker nach dem Fürsorgegesetz von 1891 um die staatl. Fürsorge der Körperbehinderten erweiterte, wurde K., der national als anerkannter Facharzt galt, der erste Landeskrüppelarzt. Bereits im Vorstand der Stiftungen tätig, übernahm K. 1922 als Oberarzt die orthopädische Klinik (Samariterhaus) der Pfeifferschen Anstalten in Magdeburg-Cracau und leitete die chirurgisch-orthopädische Abt. bis zu seiner Pensionierung 1932. Er baute die orthopädische Klinik zur damals besteingerichteten aus und richtete seine Aufmerksamkeit auf die Heilbehandlung. K. hatte maßgeblichen Anteil daran, daß u. a. Kinder und Erwachsene getrennt, die Schul- und Berufsbildung der Kranken (z. B. mit Bettunterrichtsklassen, in orthopädischen Lehrwerkstätten) verbessert, die heiltechnischen orthopädischen Hilfsmittel in eigenen Werkstätten hergestellt und für arbeitsfähige Behinderte das größere Handwerkerheim geschaffen wurden. K. schlug damit eine neue Richtung der Fürsorge für körperbehinderte Menschen ein, die sich nicht mehr nur auf die Pflege beschränkte.

L: August Borchard/Walter von Brunn (Hg.), Dt. Chirurgenkal., 1926; Jb. der Pfeifferschen Anstalten zu Magdeburg-Cracau, 1924–32; → Martin Schellbach, Fs. zur 75-Jahrfeier der Pfeifferschen Stiftungen 1889–1964, 1964, *30* u.ö.; Fs. 10 Jahre Med. Akad. Magdeburg 1964, *92;* Thomas Klemm, Grabstätten bedeutender Mediziner in Magdeburg, Dipl.-Arbeit Magdeburg 1979 (*B*); → Helmke Schierhorn/Thomas Klemm, Grabdenkmäler bedeutender Ärzte in Magdeburg, in: Magdeburger Bll., 1984, *80–88*.

Margrit Friedrich

Kiss, *Lajos* Karol Ludovic
geb. 04.07.1902 Nagy Karoly (Ungarn), gest. 20.01.1951 Magdeburg, Violinist, Orchesterleiter.

K. studierte drei Jahre am Konservatorium Budapest klass. Violin- und Cembalomusik. Anschließend gab er Konzerte, wurde ein viel gefragter Violinvirtuose und gründete sein eigenes Orchester. Er ging auf Tournee, kam 1934 nach München und spielte dann in namhaften Kaffeehäusern dt. Großstädte wie Köln, Düsseldorf und Nürnberg. 1938/39 folgten Gastspiele in Zürich, Berlin, Heidelberg und Erfurt. 1940 kam er nach Magdeburg und bezog mit seiner Fam. einen festen Wohnsitz in der Elbestadt. Hier spielte er u. a. im renommierten „Palast-Cafe" und im Stadttheater. Von 1943 bis zum April 1945 teilte er das Los vieler Musiker in jener Zeit und wurde zur Zwangsarbeit in einem Magdeburger Rüstungsbetrieb eingesetzt. Nach Ende des Krieges begeisterte er mit seinem Geigenspiel die Theaterbesucher in Aufführungen wie „Gräfin Mariza". Ganz gleich, ob er klass. Kompositionen oder einen Czárdás aus seiner Heimat erklingen ließ, die meisterhafte Interpretationskunst rechtfertigte, daß man von ihm als Zaubergeiger sprach. Die Nachkriegsjahre eröffneten K. auch die Möglichkeit, sein Gespür für zeitgemäße Formen der Tanzmusik zu zeigen. Mit seinem Quartett bot er in Magdeburgs Tanzbar „Tivoli-Diele" hervorragende Versionen int. Evergreens und beliebter Swing-Titel. Dank seiner Vielseitigkeit, gepaart mit Können, gab er manchem Musikerkollegen ein nachahmenswertes Beispiel. Nach einem Herzversagen verstarb K. 49jährig in Magdeburg.

B: *Kunstmus. Kloster U. L. F. Magdeburg.

Heinz Dassuy

Klages, Wilhelm *August* **Hermann,** Prof. Dr. phil. nat. habil. geb. 19.06.1871 Hannover, gest. 27.12.1957 Göttingen, Chemiker, Hochschullehrer.

Nach dem Leibniz-Gymn. in Hannover absolvierte der Sohn eines Bäckermeisters eine kaufmännische Ausbildung und studierte ab 1893 Naturwiss., besonders Chemie, Botanik und Mineralogie, an der Univ. Heidelberg. Der Schüler des bekannten Chemikers Victor Meyer war ab 1895 dessen Assistent, prom. 1896 über das Thema hydrierter Benzole und arbeitete 1897–1900 als Vorlesungsassistent bei Meyers Nachfolger Theodor Curtius. 1900 habil. er sich für organische Chemie und war bis 1906 als Abteilungsvorsteher und Privatdoz. sowie ab 1904 als ao. Prof. für Chemie am Chemischen Laboratorium der Univ. Heidelberg tätig. 1906 ließ sich K. auf eigenen Wunsch beurlauben, um in der chemischen Industrie praktisch tätig zu werden. Er trat kurzzeitig in den Dienst der *Badischen Anilin- und Sodafabrik* (*BASF*) in Ludwigshafen und übernahm bereits 1907 als Nachfolger des erkrankten → Constantin Fahlberg die technische Leitung der *Saccharinfabrik A.-G.* (vormals *Fahlberg, List & Co.*) in Magdeburg. In dieser Eigenschaft oblag ihm in der Folge zeitweise auch die technische Beratung und Leitung der *Norddt. Chemischen Fabrik* Harburg, der *Chemischen Fabrik* Schlutupp, der *Chemischen Fabrik* Köthen und Dodendorf und der *Chemischen Werke* Oderberg. 1927 wechselte K. als geschäftsführendes Vorstandsmitglied des *Vereins Dt. Chemiker* und als Honorarprof. an der Fakultät für Stoffwirtschaft der TH Berlin-Charlottenburg nach Berlin. Er war zudem als Mitglied in zahlreichen Ausschüssen und Interessenverbänden der dt. chemischen Industrie tätig.

1933 schied er aus dem aktiven Berufsleben und verbrachte seinen Lebensabend in Berlin und nach dem Ende des II. WK in Göttingen. K. galt als führender Fachmann auf dem Gebiet des Süßstoffs, der Schwefel- und Salzsäureproduktion sowie der modernen Pflanzenschutz- und Saatbeizmittel und besaß zahlreiche Patente. 1912 gelang ihm die Entdeckung des „Bitterstoffes" bei der Oxidation von o-Toluensulfamid mit Kaliumpermanganat. Mit der Entwicklung von „Germisan" (1920) legte er den Grundstein für die in den Folgejahren durch die Arbeiten → Gustav Gassners zu großer Bedeutung gelangten Saatgutbeizen, die den Getreideanbau durch den Schutz des Saatgutes vor boden- und samenbürtigen Schädlingen zu wesentlich sichereren Erträgen führten. Unter K.' Leitung wurde der Magdeburger Betrieb durch den gezielten Ausbau der Produktpalette bedeutend erweitert. Vor allem konnte mit der Errichtung umfangreicher Produktionsanlagen für Schwefelsäure – die erste, nach dem kurz zuvor von der *BASF* patentierten Kontaktverfahren eingerichtete Anlage wurde 1904 in Betrieb genommen – ein wichtiger Geschäftszweig erschlossen werden, durch den die *Saccharinfabrik A.-G.* in der Zeit nach dem durch die Zuckerindustrie erzwungenen Verbot des freien Saccharinhandels (1902) bis zu 70 Prozent ihres Umsatzes realisierte.

W: Ueber einige Derivate des m-Xylols, 1896; Studien in der Reihe hydrirter Benzole, 1897; Über das Pulegon und das Methylhexanon, 1899; Über das Nitrit der Aminoessigsäure, 1902; Zur Kenntnis der Amylbenzole, 1903; Über das optische Verhalten einiger Styrolene, 1907; Bekämpfung der Getreidekrankheiten, 1925; Schädlingsbekämpfung durch chemische Mittel, in: Franz Peters/Hermann Großmann (Hg.), Chemische Technologie der Neuzeit, Bd. 4, ²1932, *1124–1154*. – **L:** Reichshdb 1, *932f.* (*B*); Johann C. Poggendorff, Biogr.-lit. Handwörterbuch, Bd. IV/1, 1904; Bd. V/1, 1925; Bd. VI/2, 1937; Bd. VIIa/2, 1958; Dtls, Österreich-Ungarns und der Schweiz Gelehrte, Künstler und Schriftsteller in Wort und Bild, 1908 (*B*); Georg Wenzel, Dt. Wirtschaftsführer, 1929; Wer ist's 10, 1935; Dagmar Drüll, Heidelberger Gelehrtenlex. 1803–1932, 1986, *136*; Von der Saccharin-Fabrik zum sozialistischen VEB Fahlberg-List Magdeburg 1886–1986, 1986. – **B:** UnivA Heidelberg.

Guido Heinrich

Klaus, *Günther* **Ernst Eberhardt,** Dr. med. dent.
geb. 29.06.1913 Marienburg/Westpreußen, gest. 16.06.1991 Magdeburg, Zahnarzt, Obermedizinalrat.

Der Sohn des Mittelschulrektors Richard K. studierte in Königsberg/Ostpreußen von 1935 bis 1939 Zahnmed. Die Prom. erfolgte während der Studienzeit an der Univ. Königsberg. Seine zahnärztliche Tätigkeit begann er in Lötzen/Masuren. Während des II. WK erhielt K. die Einberufung zum Sanitäter. Erst Ende 1949 wurde er aus der Kriegsgefangenschaft entlassen. K. fand seine Fam. in der Altmark. Über Jahrzehnte war er als leitender Zahnarzt im Betriebsgesundheitswesen in der Betriebspoliklinik des *VEB Schwermaschinenbaukombinat Ernst Thälmann* (*SKET*) tätig und baute die zahnärztliche Abt. dieser Poliklinik in Magdeburg auf. In den 1950er Jahren war er Mitglied im Versorgungsausschuß. Neben einer umfangreichen Sprechstundentätigkeit war K. Vors. der *Bezirksfachkommission für Allg. Stomatologie* in Magdeburg und Mitglied der zentralen *Fachkommission für Allg. Stomatologie der DDR*. In der Med. Fachschule Magdeburg unterrichtete er die zahnärztlichen Helferinnen. Zahlreiche Fachvorträge und Veröffentlichungen erfolgten. Durch berufliche und ehrenamtliche Tätigkeiten hat K. maßgeblichen Anteil am Aufbau der Zahnheilkunde in Magdeburg ab 1950. K. trat 1983 in den Ruhestand.

B: *Vf., Magdeburg (priv.).

Marianne Schülke

Klees, Wilhelm
geb. 12.03.1841 Buckau bei Magdeburg, gest. 20.12.1922 Magdeburg, Eisendreher, Zigarrenmacher, Arbeiterfunktionär.

K. zählt neben → Julius Bremer und Johann Münze zu den Sozialdemokraten der ersten Stunde in Magdeburg, deren Wirken wesentlich zur Entwicklung der sozialdemokratischen Bewegung in der Stadt beigetragen hat. Nach Volksschule und Dreherlehre in Magdeburg betätigte er sich etwa ab 1869 als selbständiger Zigarrenmacher. Er nahm am dt.-franz. Krieg 1870/71 teil. Bereits 1868 hatte er mit Bremer in Magdeburg den *Sozialen Reformverein* gegründet, den ersten Versuch einer eigenständigen politischen Organisation der Arbeiter in Magdeburg. Der Verein hatte 200 Mitglieder und ging 1869 in den *Allgemeinen Dt. Arbeiterverein* (*ADAV*) über. 1869 gehörte er zu den Gründungsmitgliedern der Sozialdemokratischen Arbeiterpartei (SDAP) in Eisenach. 1877 übernahm K. nebenamtlich die Geschäftsführung der Genossenschaftsdruckerei in Magdeburg, die das Kopfblatt der in Braunschweig hergestellten *Freien Presse* druckte. Die Ztg., die erstmals die Arbeiter auch außerhalb von Verslgg. informierte, erschien zweimal wöchentlich, das Kopfblatt wurde von K. und Bremer redigiert und enthielt auch ihre Texte. 1890 wurde er in Magdeburg-Buckau als erster sozialdemokratischer Stadtverordneter gewählt, eine Tätigkeit mit lediglich symbolischem Wert, da er auf Grund der Geschäftsordnung kaum Handlungsmöglichkeiten hatte. Mit seinem Mandat wurde er jedoch zum Sammelpunkt besonders der Buckauer Arbeiterschaft. Neben seiner Abgeordnetentätigkeit als MdR 1893–98 für Magdeburg und 1898–1903 für Frankfurt/Oder war K. führender Funktionär des *Zigarren- und Tabakwarenverbandes*. Von 1919 bis 1922 wirkte K. als unbesoldeter Stadtrat in Magdeburg unter dem sozialdemokratischen Oberbürgermeister → Hermann Beims.

L: Wilhelm Heinz Schröder, Sozialdemokratische Parlamentarier in den Dt. Reichs- und Landtagen 1867–1933, 1995, *550f*; Vf., Die Magdeburger Sozialdemokratie vor dem I. WK, 1995, *25–30* u.ö. – **B:** Quellenslg. zur Gesch. der Arbeiterbewegung im Bez. Magdeburg, Tl. 1, 1969, *112*.

Ingrun Drechsler

Kleff, *Gustav* **Christian Ludwig,** Dr. med.
geb. 13.04.1900 Dortmund, gest. 15.07.1967 Magdeburg, Arzt, Provinzial-Medizinalrat.

K., Sohn des Buchhalters der *Fa. Hoesch* in Dortmund, Gustav K., studierte in Marburg und Jena Med. und prom. 1928 in Jena. Nach der frauenärztlichen Ausbildung in Dortmund, Hagen und an der Landesfrauenklinik in Paderborn war er ab 1928 als Assistent, seit 1929 als Oberarzt unter → Alkmar von Alvensleben in der Landesfrauenklinik in Magdeburg tätig. Hier lehrte K. auch über 30 Jahre an der Hebammenlehranstalt. Seit 1947 arbeitete er als frei niedergelassener Frauenarzt in Magdeburg. Zugleich begründete und leitete er die geburtshilflich-gynäkologische Abt. der Pfeifferschen Stiftungen in Magdeburg-Cracau, die er später mit einer Ambulanz und Schwangerenberatungsstelle erweiterte. Dadurch verbesserte K. in der Nachkriegszeit die spezialärztliche Versorgung in Magdeburg östlich der Elbe wesentlich.

W: Vollständige zirkuläre Abstoßung der Portio vaginalis sub partu, in: Zentralbl. für Gynäkologie, 1928; Fibromyom des Ligamentum rotundum mit allg. Erörterungen über die primären Tumoren dieses Ligaments, in: ebd., 1929; Zervixmyom als dispositionelles Moment für die Uterusruptur, in: Die Med. Klinik, 1929. – **L:** Walter Stoeckel (Hg.), Dt. Gynäkologen-Verz., 1939, *240*; → Martin Schellbach, Fs. zur 75-Jahrfeier der Pfeifferschen Stiftungen in Magdeburg-Cracau 1889–1964, 1964, *53*; → Helmke Schierhorn/Thomas Klemm, Grabdenkmäler bedeutender Ärzte in Magdeburg, in: Magdeburger Bll. 1984, *85f.* – **B:** *Familienunterlagen Vf., geb. K., Magdeburg (priv.).

Margarethe Henßge

Klein, Wilhelm
geb. 20.05.1876 Mahlstatt-Burbach bei Saarbrücken, gest. 26.06.1967 Saarbrücken, Ing., Dir.

Der Sohn des Gaswerksdir. in Mahlstatt-Burbach absolvierte von 1896 bis 1901 an den TH Aachen und Karlsruhe ein Studium, das er mit dem Abschluß als Beleuchtungsing. beendete. Nach ersten beruflichen Erfahrungen in seiner Heimatstadt, in München und in Differdingen (Luxemburg) wurde K. 1904 Dir. des Gaswerkes Schönebeck der *Thüringer Gaswerks-AG*. In seiner bis 1933 währenden Dienstzeit erfolgten der Bau der Ferngasversorgung mit Unterwerken in Biere, Bahrendorf, Barby, Magdeburg-Südost, Wanzleben und Egeln (1904–21), die Errichtung des Elektrizitätswerkes in Schönebeck (1908) sowie der Ausbau der Elektrizitätsversorgung zur Überlandversorgung (1910–13). Nach der Übernahme des Ferngaswerks Hecklingen/Anhalt mit Unterwerken in Förderstedt, Güsten und Westeregeln (1929) erfolgte im selben Jahr die Zusammenlegung der Werke Schönebeck und Hecklingen zur *Gas- und Stromversorgung Mittelsachsen AG* mit Sitz in Schönebeck, deren alleiniger Vorstand K. wurde. Aus diesem Amt schied er 1933 aus gesundheitlichen Gründen aus, blieb aber trotzdem weiterhin Mitglied des Aufsichtsrates des Unternehmens. K. war in Schönebeck Gründer und Vors. zahlreicher Vereine, u. a. der Ortsgruppe des *Dt. Offiziersbundes*, der *Arbeitsgemeinschaft Vaterländischer Vereine*, des *Saarvereins Schönebeck und Umgebung* und des *Saarvereins Magdeburg*, sowie Inhaber zahlreicher Ehrenämter in berufsspezifischen Institutionen und militärischen Verbänden. Nach seiner Pensionierung lebte K. zunächst in Hiddesen bei Detmold. 1937 siedelte er nach Saarbrücken über, wo er, mit kriegsbedingten Unterbrechungen (1944–47 in Schönebeck, 1947/48 in Dudweiler), bis zu seinem Tod wohnte.

W: Gas- und Stromversorgung der Stadt Schönebeck, Ms. 1934/35 (StadtA Schönebeck: Bl. 543). – **L:** Stadtwerke Schönebeck. 90 Jahre Strom, 1998, *7–16*; Slg. Werner Fuhrmann, Schönebeck (priv.) – **B:** *ebd.

Britta Meldau

Kleinherne, Wilhelm, Dr.-Ing. E.h.
geb. 14.10.1869 Westerholt, gest. 14.07.1937 Magdeburg, Generaldir.

K., Sohn eines Gastwirts, besuchte zunächst die Rektoratsschule in Buer/Westfalen und legte nach Besuch des Gymn. in Coesfeld 1889 die Reifeprüfung ab. Er lernte dann beim *Thyssen*-Konzern, ging zwei Jahre nach Antwerpen, um anschließend bei der dem *Thyssen*-Konzern zugehörigen Gewerkschaft „Dt. Kaiser" in Mühlheim tätig zu sein. 1898 wechselte er sein Arbeitsfeld und trat als Prokurist bei der *Dampfkessel- und Maschinenfabrik Büttner & Co.* in Uerdingen ein. 1906 übernahm er die Maschinenfabrik in Magdeburg-Buckau und entwickelte sie als *Maschinenfabrik Buckau R. Wolf A. G.* Magdeburg zu einer Fa. mit Weltruf. Seine Initiativen befruchteten auch die Aufnahme erheblich leistungsfähiger Konstruktionen, wie die Einführung der Proell-Schwabe-Steuerung bei den Buckauer Dampflokomobilen, und die Erweiterung des Produktionsprofils für Zucker- und Kalksteinfabriken, die auf die Erfindung von Wilhelm Michaelis zurückzuführen waren, durch die Übernahme der *Maschinenfabrik Röhrig & König* 1906 in Magdeburg-Sudenburg. Im selben Jahr erfolgte die Erweiterung des Braunkohlenbergbauprofils durch die Entwicklung und Produktion von leistungsfähigen Tagebaugroßgeräten im Konstruktionsbereich unter → Otto Zimmermann. 1916 übernahm er die *Lokomotivfabrik für Klein- und Staatsbahnen Christian Hagans* in Erfurt und 1918 die *Aschersleber Maschinenbau AG*, was zur weiteren Beförderung des Dampflokomobilenbaus durch die Anwendung des Heißdampfes, entwickelt durch → Wilhelm Schmidt, beitrug und auch dem Ausbau des gefragten Großdieselbaus und Zellenfilterbaus im Unternehmen diente. 1917 erlangte er die Majorität der Fa. *R. Becker & Co. GmbH* in Dessau und gliederte 1922 die *Maschinenfabrik Grevenbroich*, die nach dem II. WK den Namen des Stammbetriebes übernahm, als weltbekannten Hersteller von Zuckerfabriken dem Magdeburger Unternehmen an. 1923 erwarb er die vom Flieger → Hans Grade aufgebauten und dem Verfall preisgegebenen *Grade-Motorenwerke* in Magdeburg-Wilhelmstadt, dessen Motorenbau die Grundlage des späteren Dieselmotorenbaus, insbesondere von 2-Takt-

Dieselmotoren, bildete. 1921 führte K. die *Maschinenfabriken Buckau* und *R. Wolf* zu einer Interessengemeinschaft zusammen, um sie 1928 zur *Maschinenfabrik Buckau R. Wolf A. G. Magdeburg* zu fusionieren. Des weiteren übernahm er 1930 in Magdeburg die Fa. *Otto Gruson & Co.* sowie 1932 die *Kesselbaufabrik K. & Th. Müller* in Brackwede. K. praktizierte während seiner 30jährigen Dienstzeit einen wirtsch. äußerst dynamischen Führungsstil und wich damit geschickt den Krisenjahren um den I. WK aus. Er war ebenfalls Mitglied des Aufsichtsrates des *Gerling-Konzerns* und fungierte als Vors. des Bezirksbeirates der *Dt. Bank und der Diskontgesellschaft*. Seine Entscheidungen waren auf die wirtsch. Stärkung der Magdeburger Region gerichtet. Mit seinen hervorragenden Fähigkeiten leistete er einen wesentlichen Beitrag dafür, daß der Magdeburger Maschinenbau weltweit bekannt und geachtet wurde. Die TH Braunschweig ehrenprom. K. 1929 in Anerkennung seiner hervorragenden Verdienste um die Entwicklung der Maschinen für die Braunkohlenindustrie, von der *IHK Magdeburg* erhielt er 1934 als erster die bronzene Ehrenplakette. Nach seinem Ausscheiden aus dem Vorstand 1935 übernahm er den Vorsitz des Aufsichtsrates der *Maschinenfabrik Buckau R. Wolf A. G.* Magdeburg.

L: Die Maschinenfabrik R. Wolf AG Magdeburg-Buckau, ihre Entstehung und Entwicklung, 1924; Martin Lichtenberg, Entwicklungstendenzen in der Magdeburger Industrie, Diss. 1934, *84–88*; 100 Jahre Buckau-Wolf, Die Gesch. unseres Hauses, 1938, *13* (*B*); Archiv der TH Braunschweig: Sig. B 2 97. – B: *LHASA.

Werner Hohaus

Kleist, Franz Kasimir von

geb. 25.01.1736 Stettin, gest. 30.03.1808 Berlin, General der Infanterie, Gouverneur von Magdeburg.

Der jüngste Sohn des Generalleutnants Franz Ulrich v.K. trat 1755 in das Infanterieregiment v.K. (Nr. 27) ein, wurde 1758 Sekondelieutenant und 1762 Kapitän und Flügeladjutant des Königs Friedrich II. Im Jahre 1788 zum Generalmajor befördert, wurde K. Chef des Infanterieregiments von Wunsch (Nr. 12). 1800 trat er seine letzte Dienststellung als Chef des Infanterieregiments von Kalkstein (Nr. 5) und das Amt des Gouverneurs von Magdeburg an und erhielt 1802 das Patent als General der Infanterie. Nach der Niederlage bei Jena und Auerstedt im Herbst 1806 war die preuß. Armee praktisch nicht mehr existent. Auf dem weiteren Vormarsch der franz. Armee belagerte diese auch die Festung Magdeburg, die zu den bedeutendsten Preußens gehörte. Zunächst lehnte K. die Übergabeaufforderung des franz. Marschalls Nicolas-Jean de Dieu de Soult schroff ab. Aber die Uneinigkeit innerhalb der Generalität und die Sorge um die Bevölkerung der Elbestadt veranlaßten den über 70jährigen General am 18.11.1806 die Festung mit ca. 24.000 Mann Besatzung, 600 Geschützen und großen Vorräten dem Marschall Michel Ney zu übergeben. Vor allem war das Wort seines Königs „...machen Sie mir die Stadt nicht unglücklich" der Grund für seinen Entschluß. Das Gutachten eines später zusammengetretenen Kriegsgerichtes über die Kapitulation von Magdeburg und die Entscheidungen des Königs ließen das Gericht in Königsberg im September 1808 zu folgendem Urteil kommen: „Der General v.K. wäre, wenn er noch lebte, wegen der übereilten und durchaus pflichtwidrigen Übergabe der wichtigen Festung Magdeburg an die Franzosen zu arquebusieren." Seitdem steht die Person des Generals K. im Zwiespalt der Militärs und der Zivilbevölkerung, für die durch die Kapitulation eine vom Marschall Ney angedrohte Zerstörung der Stadt, wie unter Johann Tserclas Graf von Tilly 1631, verhindert wurde.

L: Priesdorff 2, *276–278*; Großer Generalstab, 1806 – Das preuß. Offizier Corps und die Untersuchung der Kriegsereignisse, 1906.

Hasso von Steuben

Klewitz, *Siegfried* Paul Martin, Dr. phil.

geb. 09.04.1888 Möckern, gest. 01.01.1970 Gnadau bei Schönebeck, Stadtrat, Kommunalpolitiker, Kirchenpolitiker, Oberregierungsrat, Oberkonsistorialrat.

Seine Schulbildung hatte der Nachfahre von → Wilhelm Anton von Klewiz (ursprüngliche Schreibung des Familiennamens) an der Landesschule Schulpforta und am Gymn. in Quedlinburg erhalten. Das Studium der Volkswirtschaftslehre und der Rechtswiss. führte ihn an die Univ. Kiel, Berlin, Lausanne und Halle. In Halle legte er das Examen ab und erwarb den Doktortitel. K. war Kriegsteilnehmer im I. WK. Seine Berufslaufbahn begann er 1911 als Assessor an den Handelskammern Geestemünde und Posen. 1914–20 war er Magistratsassessor in Quedlinburg und wechselte danach als Syndikus zur *Gebrüder Dippe AG* in Quedlinburg. Im Herbst 1927 wurde er zum besoldeten Stadtrat in Magdeburg gewählt. Er galt als befähigter Verwaltungsfachmann. 1932 war K. Mitbegründer der *Phil. Ges.* in Magdeburg. Als Liberaler war er Mitglied der Dt. Volkspartei (DVP) und gehörte zeitweise deren Bezirksvorstand an. Er führte im Auftrage des Oberbürgermeisters die Verhandlungen mit → Rudolf Nebel über das Vorhaben, 1933 den ersten bemannten Raketenflug in der Gesch. der Menschheit von Magdeburg aus zu starten. Nach der Vertreibung des Oberbürgermeisters → Ernst Reuter aus dem Amt durch die Nationalsozialisten nahm K. kurzzeitig dessen Geschäfte wahr. Nach 1933 trat er nicht der NSDAP bei. Dennoch blieb K. nach der Machtübernahme der Nationalsozialisten als Stadtkämmerer (1933–1939) unter dem Oberbürgermeister → Fritz Markmann im Amt. 1938 wurde er zum o. Mitglied in die *Dt. Akad. für Bauforschung* in Berlin berufen. Seit 1940 hatte K. die Leitung der Verwaltungsabt. und der Geschäftsstelle des Repräsentanten-Kollegiums der *Bergwerksges. Georg von Giesches Erben* übernommen, die in Magdeburg ein Werk errichtet hatte. 1943 wurde K. allerdings mit Hinweis auf seine fehlende Mitgliedschaft in der NSDAP in den Ruhestand versetzt. Daher bemühte er sich um eine Anstellung als Jurist am Konsistorium der Kirchenprovinz Sachsen in Magdeburg, die er ab Januar 1944 erhielt und bis Anfang Mai 1945 ausführte. Am 04.05.1945 setzte ihn die amerikanische Besatzungsmacht in Quedlinburg in das Amt des Landrates ein, aus dem er nach dem Besatzungswechsel durch die sowjetischen Behörden wieder entfernt wurde. K. kam erneut nach Magdeburg und wurde ab Juli 1945 bei der Bezirksreg. in Magdeburg Oberregierungsrat, eine Stellung, die er bis Ende August 1946 behielt. Bereits zu dieser Zeit wurden dem Liberalen K. von der Besatzungsmacht und den mit ihr verbündeten Kommunisten spürbare Vorbehalte entgegengebracht. Seine Ernennung zum Oberkonsistorialrat am Ev. Konsistorium in Magdeburg am 01.09.1946 war einerseits Ausdruck seiner engen Verbundenheit mit der ev. Kirche, andererseits auch der Weg aus dem für einen Liberalen immer problematischer werdenden Staatsdienst heraus. Politisch blieb K. weiter innerhalb der Liberal-Demokratischen Partei (LDP) aktiv und wurde im Magdeburger Stadtparlament deren Fraktionsvors. Im Zusammenhang mit der Stalinisierung begann Anfang 1950 ein politisches Kesseltreiben mit überregionaler Resonanz gegen K. Er war eines der prominenten Opfer dieser Kampagne, verlor sein Mandat und wurde aus der LDP ausgeschlossen. Als Finanzdezernent des Magdeburger Konsistoriums wurde K. 1957 im Zusammenhang mit Geldtransaktionen aus der Bundesrepublik Dtl. für die Kirchen in der DDR verhaftet und mehrere Monate in Haft gehalten (vgl. → Kurt Grünbaum). Begleitet war dies von einer öffentlichen Verleumdungskampagne. In einem politisch motivierten Prozeß wurde K. jedoch lediglich zu einer Bewährungsstrafe verurteilt und anschließend auf freien Fuß gesetzt. Als Oberkonsistorialrat trat er am 01.05.1958 in den Ruhestand. Eine Übersiedlung in die BRD hat K. mehrfach abgelehnt. Er starb während einer Eisenbahnreise und wurde in Magdeburg beigesetzt.

W: Erinnerungen von Dr. S. K., Ms. (Fam. K., St. Ingbert). – **L:** Ludwig Geißel, Unterhändler der Menschlichkeit. Erinnerungen, 1991, *257–263*; Gerhard Besier, Der SED-Staat und die Kirche. Der Weg in die Anpassung, 1993, *237–239*.

Mathias Tullner

Klewiz, *Wilhelm* Anton von (seit 1803), Dr. phil. h.c. geb. 01.08.1760 Magdeburg, gest. 26.07.1838 Magdeburg, Jurist, Politiker, preuß. Verwaltungsbeamter, Oberpräsident der Provinz Sachsen und Regierungspräsident in Magdeburg, Wirklicher Geh. Rat.

K. war das dritte von sechs Kindern einer angesehenen bürgerlichen Magdeburger Fam. Sein Vater, Johann Ehrenfried K., war Kriminalrat und Gerichtsadvokat. Nach dem Besuch des Domgymn. in Magdeburg studierte K. 1779–81 Rechtswiss., daneben auch Mathematik und Chemie in Halle und Göttingen und wurde 1783 Referendar an der Magdeburger Kriegs- und Domänenkammer, wo er mit der Leitung des Salzamtes in Schönebeck betraut wurde. 1784/85 besuchte K. Vorlesungen des Berg- und Hütten-Departements in Berlin. 1785 wurde er Assessor sowie Kriegs- und Domänenrat, später Kammerdir. in Magdeburg. Nach 1793 als Geh. Oberfinanzrat in der Berliner Behörde Südpreuß. Departement tätig, war K. für die verwaltungsmäßige, rechtliche und fiskalische Eingliederung der bei den polnischen Teilungen an Preußen gefallenen Gebiete verantwortlich. 1803 wurde er auf Grund seiner Verdienste geadelt. 1805 leitete K. als Kammerpräsident in Posen die Mobilmachung der preuß. Streitkräfte. Nach dem Zusammenbruch Preußens 1806 wurde ihm ein Jahr später das Präsidium der Kombinierten Immediatkommission für Geldoperationen und Armenpflege in Königsberg übertragen. Sein hohes Ansehen als Verwaltungsbeamter beruhte u. a. auf seiner anerkannten Publikation über „Die Steuerverfassung im Hzt. Magdeburg". Gemeinsam mit Theodor von Schön entwarf K. im Auftrage von Karl August Fürst von Hardenberg 1810 die „Verordnung über die veränderte Staatsverfassung aller obersten Staatsbehörden". Er wurde Staatssekretär im Staatsrat und während der Befreiungskriege 1813 Zivilgouverneur der ehemals preuß. Gebiete zwischen Weser und Elbe. 1816 erhielt er für seine Verdienste den Titel Wirklicher Geh. Rat. Im Dezember 1817 wurde K. preuß. Finanzminister. Er kehrte 1824 nach Magdeburg zurück, ein Jahr später wurde er in Nachfolge von → Friedrich Christian Adolph von Motz Oberpräsident der Provinz Sachsen. Dieses Amt übte er bis 1837 aus. Hier widmete er sich besonders den Kirchen- und Schulangelegenheiten und, wie bereits während seiner Referendariatszeit, dem Berg- und Hüttenwesen. Ihm oblag es u. a. auch, im Auftrage des Königs den neu eingerichteten Provinziallandtag als Landtagskommissar zu leiten. Die Stadt Magdeburg ehrte ihn 1814 mit der Bürgerkrone/1. Ehrenbürgerschaft. 1833 wurde er anläßlich seines 50jährigen Dienstjubiläums von König Friedrich Wilhelm III. mit dem Schwarzen Adlerorden geehrt, die Stadt

Halle ernannte ihn zu ihrem Ehrenbürger, und die Univ. Halle-Wittenberg überreichte ihm die Ehrendoktorwürde.

W: Steuerverfassung im Hzt. Magdeburg (2 Bde), 1797; Allg. Steuer-Verfassung in der preuß. Monarchie und besondere Grundsteuer-Verfassungen in der preuß. Provinz Sachsen, 1828; Das Provinzial-Recht des Hzts Magdeburg und der Grafschaft Mansfeld altpreuß. Antheils, 1837. – **L:** ADB 16, *180f.*; NDB 12, *60f.*; Mitteldt Leb 1, *12–30* (***B***); J. H. B. Burchardt, Zur Erinnerung. Glückwunschschrift auf A. W. v.K., Wirklicher Geh. Rat und Ritter des schwarzen Adlerordens und des eisernen Kreuzes anläßlich seines fünfzigjährigen Amtsjubiläums, 1833 (***B***); Ernst Klein, Von der Reform zur Restauration. Finanzpolitik und Reformgesetzgebung des preuß. Staatskanzlers Karl August von Hardenberg, 1965; Alfred Laeger, Vom Magdeburger Domabiturienten zum preuß. Staatsminister, in: Gedenkschrift Dom- und Klostergymn. Magdeburg 1675–1950, 1967, *56–60* (***B***); Ingelore Buchholz/Maren Ballerstedt/Konstanze Buchholz, Magdeburger Ehrenbürger, 1994, *8f.* (***B***). – **B:** *StadtA Magdeburg.

Roswitha Willenius

Klipsch, *Johann* Christoph, Dr. med.
get. 29.12.1743 Magdeburg, gest. 19.04.1824 Magdeburg, Arzt, Stadtphysikus.

K., Sohn des Arztes Johann Philipp K., studierte Med. in Halle, wo er 1765 unter Andreas Elias Büchner prom. 1766 ließ er sich in Magdeburg nieder und wurde von 1790 bis 1807 als Stadtphysikus beschäftigt. Von 1794 bis 1822 betreute K. außerdem als Arzt das Hospital im ehemaligen Kloster Maria Magdalena. Nach der Aufhebung des Stadtphysikats leitete K. 1808 bis 1814 die unter der franz. Herrschaft in Magdeburg im Komplex des früheren Augustiner-Klosters errichtete Irrenheilanstalt. → August Andreae charakterisierte ihn als „geraden, ernsten Mann, der unter äußerer Derbheit viel Milde und Wohlwollen verbarg".

L: August Andreae, Chronik der Aerzte des Regierungsbez. Magdeburg mit Ausschluß der Halberstädter, Quedlinburger und Wernigeroder Landestheile, 1860, *122*; StadtA Magdeburg: Rep. A I P 59.

Horst-Peter Wolff

Klotz, *Carl* Emil
geb. 14.06.1848 Wahren bei Leipzig, gest. 14.11.1918 Magdeburg, Buchhändler, Verleger.

K. besuchte die Schule in Weißenfels – sein Vater besaß in der näheren Umgebung der Stadt seit 1853 ein Rittergut – und kam anschließend auf die Latina der Franckeschen Stiftung in Halle, die er 1863 abschloß. Auf Anraten seines Vaters wählte er den Beruf des Buchhändlers, absolvierte die entsprechende Lehre in der Buchhandlung von Louis Mosche in Meißen und war danach als Gehilfe in der *Kuhschen Buchhandlung* von Rudolf Hoefer in Reichenbach sowie bei Otto Radke in Essen tätig. 1873 kam K. nach Magdeburg, trat als erster Gehilfe in die *L. Schäfersche Buchhandlung* von Albert Rüdiger ein und schloß sich hier bald dem Kaufmann Carl Eiserhardt an, der zu den Geschäftskunden Rüdigers gehörte. Gemeinsam mit Eiserhardt erwarb er 1875 die Hofbuchhandlung von → Emil Baensch und führte sie zunächst unter der Fa. *Emil Baensch Nachfolger* und nach dem bald danach erfolgten Ausscheiden Eiserhardts unter eigenem Namen weiter. K. gliederte der dem Unternehmen eine umfangreiche Leihbibl. an, vervollkommnete den von seinem Vorgänger G. A. Glöckner übernommenen Lesezirkel für Zss. und schuf einen Broschürenzirkel mit lit., theol., med., jur., militärischen und politischen Schriften. Bereits 1875 begann K. mit dem Verlegen vornehmlich belletristischer, pädagogischer und theol. Werke. 1893 erhielt er die Konzession zum Führen einer Bahnhofsbuchhandlung in Magdeburg. Ende 1911 veräußerte K. sein Sortiment an den kurz zuvor bei ihm als Gehilfen eingetretenen → Fritz Wahle, betrieb aber die Bahnhofsbuchhandlung und den Verlag bis 1918 weiter. Dieser ging nach K.' Tod Anfang 1919 an den Korvettenkapitän a.D. Kurt Steffens über und wurde 1933 ebenfalls von Wahle erworben. K. gehörte dem *Sächsisch-Thüringischen Buchhändler-Verband* an, dessen Vors. er 1904–06 war, engagierte sich in der *Vereinigung Magdeburger Buchhändler*, war langjähriges Mitglied der *Magdeburger Handelskammer*, Mitglied des Kaufmannsgerichtes und Vorstandsmitglied des *Vereins der Spezialgeschäfte Magdeburgs*. In seinem Testament vermachte er der Stadt Magdeburg 50.000 Mark für wohltätige Zwecke.

L: Georg Müller (Hg.), Der Sächsisch-Thüringische Buchhändler-Verband 1883–1933. Beiträge zur Gesch. des Buchhandels und buchhändlerischer Verbandsarbeit, 1933, *21f.*, *89* (***B***); Werner Wahle, 1841–1941. 100 Jahre Buchhandlung Fritz Wahle Magdeburg, 1941.

Guido Heinrich

Kluck, Alexander von (seit 1909), Dr. jur. h.c.
geb. 20.05.1846 Münster/Westfalen, gest. 19.10.1934 Berlin, Generaloberst.

Als Sohn eines Baumeisters absolvierte K. das Paulinum-Gymn. Münster und wurde 1863 Soldat. Von 1889 bis 1896 war er Bataillonskommandeur im traditionsreichen Infanterieregiment 66 in Magdeburg. In den Jahren 1894/95 leitete er den Aufbau des Truppenübungsplatzes Altengrabow im Jerichower Land, nach ihm auch scherzhaft „Kluckenhausen" benannt. Der Übungsplatz wurde von allen in und um Magdeburg stationierten Reichswehr- und Wehrmachttruppen genutzt. Von 1945 bis 1994 erweiterte die ehemalige Sowjetarmee den Platz und beübte ihn intensiv. Gegenwärtig nutzt ihn die Dt. Bundeswehr als Schießplatz. Im I.

WK war K. Oberbefehlshaber der 1. Armee. Seine Operationen wurden als die bedeutendsten der strategischen Kriegsführung in Frankreich anerkannt. 1915 in Frankreich schwer verwundet, nahm er im Oktober 1916 seinen Abschied und widmete sich bis zu seinem Lebensende schriftstellerischer Tätigkeit. 1928 wurde K. von der Jur. Fakultät der Univ. Erlangen zum Dr. jur. ehrenprom. K. erreichte seinen hohen militärischen Rang ohne Ausbildung an einer Kriegsakad. oder in einem Generalstab.

W: Wanderjahre-Kriege-Gestalten, 1929. – **L:** NDB 12, *131f.*; Johannes Kunowski, Dt. Soldatentum. 100 Lebensbilder großer dt. Soldaten, 1940, *162f.* (*B*). – **B:** Adolf Hentzen/Niels von Holst, Die großen Dt. im Bild, 1936.

Harald-Uwe Bossert

Klühs, Franz
geb. 05.05.1877 Neuenkirchen/Rügen, gest. 07.01.1938 Berlin, Schriftsetzer, Journalist.

Der Sohn eines Landbriefträgers begann 1900 bei der *Breslauer Volkswacht* als Redakteur. Wegen Verstoßes gegen das preuß. Pressegesetz hatte er zweimal eine kürzere Gefängnisstrafe zu verbüßen. 1907 trat er in die Redaktion der Magdeburger *Volksstimme* ein. Bis zu seiner Abberufung nach Berlin leitete er mit → Paul Bader die *Volksstimme* und beteiligte sich führend an den politischen Kämpfen der Magdeburger SPD. 1921 bis 1933 wirkte K. als stellvertretender Chefredakteur des *Vorwärts*. Wegen seiner illegalen Verbindungen zum Exil-Parteivorstand in Prag verhaftet, wurde er im Juni 1934 vom Reichsgericht in Leipzig zu zwei Jahren und neun Monaten Haft verurteilt. Durch die Mißhandlungen in den Verhören gesundheitlich angeschlagen, erkrankte er nach der Entlassung schwer und verstarb 60jährig.

W: Der Aufstieg. Führer durch die Gesch. der dt. Arbeiterbewegung, 1921; August Bebel, 1923; Werden und Wachsen der sozialistischen Bewegung, 1929; Magdeburger Erinnerungen, in: Die rote Stadt im roten Land, 1929, *69–83*; Zahlreiche Artikel in sozialistischen Ztg. und Zss. – **L:** Kurt Koszyk, F. K. – Redakteur des Vorwärts, in: Hans-Peter Harstick u. a. (Hg.), Arbeiterbewegung und Gesch., 1983. – **B:** → Franz Osterroth, Biogr. Lex. des Sozialimus, 1960, Tf. 22.

Beatrix Herlemann

Klusemann, Ferdinand Friedrich *August*
geb. 09.01.1822 Löderburg, gest. 02.10.1878 Magdeburg, Ziviling., Unternehmer.

K. war der Sohn des ev. Pfarrers → August K. Nach Anstellungen in renommierten Maschinenbaufabriken Dtls, u. a. in Berlin (*Borsig AG*), Aachen, Düsseldorf und bei der *Vereinigten Hamburg-Magdeburger Dampfschiffahrts-Compagnie* in Buckau bei Magdeburg, absolvierte er 1847/48 seine Militärzeit als Einjährig-Freiwilliger beim 26. Landwehrregiment. Magdeburg als Zentrum der Zuckerindustrie, die Börde als bedeutendes Anbaugebiet der Zuckerrübe und die Viehwirtschaft waren für K.s Entscheidung, sich mit der Rübenverarbeitung intensiver zu beschäftigen, maßgebende Faktoren. In deren Ergebnis war seine wichtigste Erfindung die Schnitzelpresse, die für die Zuckerrübenverarbeitung in der Magdeburger Börde von großer Bedeutung war. Erst mit dieser Presse war es möglich, die Rübenschnitzel haltbar zu machen und somit ein wertvolles Futtermittel für die Viehwirtschaft zu gewinnen. Da er keinen Fabrikanten für die Produktion der von ihm entwickelten Maschinen fand, folgte 1849 die Gründung der Maschinenfabrik *K. & Woltersdorf*. Aus diesen Anfängen entwickelte K., der Mitglied im 1857 gegründeten *VDI-Bezirksverein für Magdeburg und Umgebung* war, ab 1860 die Fa. *F. A. K. Maschinenbauanstalt & Eisengießerei* in Sudenburg, die ab 1872, in eine Aktienges. umgewandelt, unter dem Namen *Sudenburger Maschinenfabrik & Eisengießerei AG* neu firmierte. Zum inzwischen wesentlich erweiterten Produktionsprogramm gehörten der Bau von Zuckerfabrikanlagen im In- und Ausland sowie der Bau von Anlagen für chemischen Fabriken, insbesondere für Sprengstofffabriken. K. ließ sich in der damaligen Kaiserstraße (heute Otto-von-Guericke-Straße) eine Villa erbauen. Das Haus wurde 1906 an die *Harmonie-Ges.* verkauft, die es umbaute und erweiterte. In beiden WK diente das Gebäude als Hilfslazarett und ist heute Sitz und Spielstätte der Freien Kammerspiele. Auf K.s Wunsch errichtete nach seinem Tod die Witwe eine Familienstiftung über 60.000 RM, die für die Unterstützung Armer und Bedürftiger gedacht war.

L: Weisner, Die Magdeburger Maschinenindustrie, in: Fs. zur Einweihung der Neubauten der Kgl. Baugewerkschule und der Kgl. Maschinenbauschulen zu Beginn des Wintersemesters 1907, 1907, *81–83*. – **B:** *Hartwig K., Wiesbaden (priv.).

Horst-Günther Heinicke

Klusemann, Johann Friedrich
geb. 20.01.1771 Dessau, gest. 21.07.1817 Magdeburg, Zeichenlehrer, Kupferstecher, Radierer.

Der Sohn eines Galanteriewarenhändlers kam 1777 mit seiner Fam. nach Magdeburg. 1785–90 studierte er an der Leipziger Kunstakad. u. a. bei Adam Friedrich Oeser. Seit Ende 1790 war er als Zeichenlehrer am Kloster Berge bei Magdeburg tätig und erhielt 1807 eine Anstellung als Lehrer an der 1793 von → Wilhelm Gottlieb von Vangerow gegründeten Kgl. Magdeburgischen Provinzial-Kunstschule, um deren Aufbau er sich verdient machte. Nebenberuflich wirkte K. als Entwurfs- (z. B. Basedowdenkmal, 1797), Architektur- und Landschaftszeichner sowie als Radierer und Drucker. Als Kopist und reproduzierender Kupferstecher wurde K. um 1800 durch kolorierte Harzveduten bekannt. Nach eigenen Zeichnungen verlegte er ab 1804 Magdeburger Stadtansichten unter dem Titel „Vaterländische Gegenden" (zwei Hefte mit jeweils vier Aquatintabll.). Bei der um 1800 zunehmenden bürgerlichen Reisetätigkeit waren solche Bll. beliebte Sammelobjekte und dienen heute als wertvolle regionale Bilddokumente.

W: eine kolorierte Zeichnung und acht Aquatinten, Magdeburger Stadtbild; acht kolorierte Harzveduten. – **N:** KHMus. Magdeburg. – **L:** Thieme/Becker 20, *557*; Ilse Schliephack, Lebensdaten zur Künstlergesch. Magdeburgs in der Zeit von 1790–1840, in: GeschBll 74/75, 1939/41, *234–241* (*W*); Vf., Graphik und Handzeichnungen, in: Kunst um 1800, Hg. Mus. der Stadt Magdeburg, 1989, *18f.*, *83*; Norbert Eisold, Die Kunstgewerbe- und Handwerkerschule Magdeburg 1793–1963, Kat. Magdeburg 1993; Matthias Puhle (Hg.), Magdeburg in Bildern von 1492 bis ins 20. Jh., 1997, *92f.*, *227f.*

Dagmar Korn

Klusemann, Johann Friedrich *August*

geb. 03.06.1795 Magdeburg, gest. 23.04.1877 Magdeburg, ev. Theologe.

Der Sohn des Magdeburger Zeichners, Radierers und Kupferstechers → Johann Friedrich K. trat 1805 in die Magdeburger Domschule ein und legte hier, nachdem er 1814/15 und 1816 an den Befreiungskriegen gegen Napoleon teilgenommen hatte, 1817 sein Abitur ab. Von 1817 bis 1820 studierte K. an der Hallenser Univ. ev. Theol. und bewarb sich 1820 erstmals beim ev. Konsistorium in Magdeburg um eine Anstellung. 1822–24 wirkte er als Pfarrer in Löderburg und wurde 1831 Diakon an der Heiligen Geist-Kirche in Magdeburg, eine der großen Altstadtgemeinden. 1859 erfolgte die Berufung als Oberprediger an dieser Kirche. Nach 46jähriger Amtstätigkeit erhielt er 1868 auf eigenen Wunsch seine Emeritierung. Bereits 1821 als Freimaurer in Aschersleben aufgenommen, trat er 1831 der Loge „Ferdinand zur Glückseligkeit" in Magdeburg bei, die in dieser Zeit auffallend zahlreich Mitglieder der ev. Altstadtgemeinden zusammenführte. Von 1861 bis 1875 stand K. der Loge als Meister vom Stuhle vor. Als Geistlicher hat sich K. durch seine liberalen theol. Ansichten nicht nur die Anerkennung seiner Gemeinde – seine Predigten waren berühmt –, sondern auch Verdienste um die Ferdinand-Loge erworben. Als Redner der Loge sorgte er für die Liebe zur Religion unter den Brüdern und die darauf basierende Achtung untereinander. Als sich die Angriffe der Kirchen gegen die Freimaurerei auch in Magdeburg häuften, äußerte sich K. mit sechs weiteren Geistlichen in einem öffentlichen Brief vom 23.05.1856 zu den Vorwürfen. Sie wandten sich gegen eine Predigt des Generalsuperintendenten der Provinz Sachsen → Johann Friedrich Moeller und bekräftigten öffentlich ihre Mitgliedschaft zum Bund der Freimaurer. Auszüge des Briefes druckte die Presse ab. Tatsächlich hörten danach in Mitteldt. die öffentlichen Attakken von Seiten der oberen Kirchenbehörden auf. K. errichtete in der Loge am 11.05.1871 eine Familienstiftung, die über ein Kapital von 2.000 Talern verfügte und deren Zinsen halbjährlich zur Unterstützung von Invaliden und Hinterbliebenen der Gefallenen des Krieges von 1870/71 verwandt wurden. K. war Anhänger der 1841 von → Leberecht Uhlich gegründeten Bewegung der sog. „Lichtfreunde" und setzte sich für Glaubensfreiheit und freie Forschung ein. Hier schloß sich der Kreis seines Wirkens als Freimaurer und Theologe.

W: Freundliche Gabe an die in die Heilige Geist-Kirche zu Magdeburg 1833, 1835, 1837, 1839, 1841 Confirmirten (2 Bde), 1839–1841; Zwei Predigten. Der Weihnachtsbaum und, daß Liebe zur Religion eine heilige Pflicht der Eltern gegen Kinder sei, 1837/38; Selig sind die Augen, die da sehen, das Ihr sehet! Luc. 10, 23–37. Predigt, 1845; Was wir an unserer Kirche haben? Predigt, am 2. Pfingstfeiertage 1846 gehalten, 1846. – **L:** → Ämil Funk, Gesch. der Loge „Ferdinand zur Glückseligkeit" im Orient Magdeburg im ersten Jh. ihres Bestehens, 1861, *141–158*, *199f.*; Magdeburgische Ztg. vom 25.04.1877; AKPS: Rep. A, Spec. P, K 494 (PA). – **B:** Erinnerungs-Bll. zum hundertfünfzigjährigen Stiftungsfeste der Loge „Ferdinand zur Glückseligkeit" zu Magdeburg am 23. Februar 1911, o. J. (→ Edmund Wodick); *KHMus. Magdeburg.

Heike Kriewald

Knabe, *Charlotte* Helene Frieda, Dr. phil.

geb. 31.01.1907 Metz/Lothringen, gest. 17.10.1991 Berlin, Archivarin, Historikerin.

K. studierte 1929–35 Gesch., Germanistik, Kunstgesch. und Latein in Jena, Marburg und Berlin und prom. 1935 bei Albert Brackmann über „Die Gelasianische Zweigewaltentheorie bis zum Ende des Investiturstreites". 1936/37 absolvierte sie das Studium am Inst. für Archivwiss. und geschichtswiss. Fortbildung am Preuß. Geh. StA in Berlin-Dahlem. Nach Ordnungsarbeiten in den Stadtarchiven Tangermünde, Gröningen, Loburg und Osterwieck übernahm sie zum Oktober 1938 die Archivberatungsstelle der Provinz Sachsen beim StA Magdeburg, von 1944 bis 1948 als deren Leiterin. Von Januar 1946 bis April 1948 war sie kommissarische Leiterin des Landesarchivs Sa.-Anh. in Magdeburg. Von Februar 1949 bis Ende Juni 1949 oblag ihr die fachliche

Leitung beim Neuaufbau der Abt. Merseburg des Dt. Zentralarchivs Potsdam, anschließend war sie dessen stellvertretende Dir. 1950–53 nahm sie einen Lehrauftrag für Hist. Hilfswiss. am Inst. für Archivwiss. und an der PH in Potsdam wahr. Von 1953 bis Anfang 1967 war sie Mitarbeiterin der Leibniz-Ausgabe an der Akad. der Wiss. in Berlin. K. erwarb sich bleibende Verdienste um die Erhaltung des nichtstaatl. Archivgutes, insbesondere der Kreis-, Stadt- und Dorfarchive, und den Aufbau eines Netzes ehrenamtlicher Archivpfleger, die Schutzmaßnahmen für Archive und einzelne Archivalien im II. WK und die Vorbereitung der Herausgabe weiterer „Inventare nichtstaatl. Archive" der Provinz Sachsen. Als kommissarische Leiterin des Landesarchivs Sa.-Anh. erwirkte sie in dem gesellschaftlichen Umbruch 1945 von der SMAD die frühe Rückführung der vorwiegend in den Salzschächten von Bernburg, Schönebeck und Staßfurt kriegsbedingt ausgelagerten Bestände in das Magdeburger Archiv bzw. in das Schloß Oranienbaum. Ihre Fürsorge galt gleichzeitig den Archivalienübernahmen aufgelöster Behörden und Gerichte in der ehemaligen Provinz Sachsen und im Land Anhalt (→ Hanns Gringmuth-Dallmer). Dank von der Archivberatungstelle geführter Nachweise und fruchtbarer Kooperation mit dem „Konservator der Denkmale des Landes Sa.-Anh." konnten die Gutsarchive, z. T. Zeugnisse einer Jahrhunderte alten Kultur adeliger Familien, nach den Enteignungen durch die Bodenreform relativ zahlreich geborgen werden (→ Berent Schwineköper). Als kommissarische Vors. der *Hist. Kommission für Sa.-Anh.* bemühte sie sich vor allem um finanzielle Mittel, um unvollendete wiss. Vorhaben zum Abschluß zu bringen und durch ihre Publikation die traditionsreiche Schriftenreihe der Hist. Kommission fortzusetzen (→ Walter Möllenberg). In der Abt. Merseburg des Dt. Zentralarchivs Potsdam leistete K. unersetzliche Dienste bei der Rückführung und Ordnung der im Gebiet des Landes Sa.-Anh. im II. WK ausgelagerten Teile des Reichsarchivs, des Preuß. Geh. StA und des Brandenburg-Preuß. Hausarchivs. K. hat in schwieriger Kriegs- und Nachkriegszeit mit großer Kompetenz und uneigennützigem Engagement entscheidend zur Sicherung und Ordnung der archivalischen Quellen beigetragen.

W: Die Archivpflegeorganisation in der Provinz Sachsen, in: Sachsen und Anhalt 16, 1939, *408–417*; Die Arbeit der Archivberatungsstelle der Provinz Sachsen, in: Die Provinz Sachsen 13, H. 9, 1943, *56f.*; Die Neuordnung der Bestände des ehemaligen Reichsarchivs am Dt. Zentralarchiv Potsdam, in: Archivmittlgg. 2, 1952, *43ff.* – **L:** Vf., Zum Gedenken an Dr. C. K., in: Archivmittlgg. 41, 1991, *298* und in: Sachsen und Anhalt 18, 1994, *607–611*; Frank Boblenz, C. H. F. K. (1907–1991). Archivarin in der Archivberatungsstelle der Provinz Sachsen 1938–1948, zugleich Leiterin der Archivberatungsstelle 1944–1948, in: Lebensbilder Thüringer Archivare, hg. vom Vorstand des Thüringer Archivarsverbandes, 2001, *126–132;* LHASA: Rep. C 22 Nr. 376 (PA), dazu Rep. C 96 II Nr. 45; Archiv der Berlin-Brandenburgischen Akad. der Wiss.: IIIa, Reg. 30 (PA).– **B:** LHASA.

Josef Hartmann

Knabe, Willy
geb. 07.07.1896 Eisleben, gest. 20.03.1967 Magdeburg, Maler, Graphiker.

K. absolvierte nach dem Schulbesuch eine dreijährige Malerlehre, nahm 1914–16 als Soldat am I. WK teil und erlitt eine schwere Verletzung, durch die er ein Bein verlor. 1916–20 studierte er an der Kunstgewerbe- und Handwerkerschule in Berlin-Charlottenburg und war in den folgenden 20 Jahren als freischaffender Maler und Graphiker in Berlin tätig. 1941 wurde er als Graphiklehrer an die Kunstgewerbe- und Handwerkerschule in Magdeburg berufen. Ab 1945 wieder freischaffend, erhielt er mehrere Aufträge für Wandgemälde in Magdeburg, u. a. für die Schalterhalle im Magdeburger Hauptbahnhof (nicht erhalten). K. arbeitete vorrangig in den Techniken des Holzschnittes und des Holzstiches. Es entstanden u. a. Zyklen zum Magdeburger Stadtbild vor und nach dem II. WK, Blätter zur Arbeitswelt sowie vielseitige Illustrationen und Exlibris mit Tiermotiven, Sinnbildern, szenischen Darstellungen bis hin zu karikaturistischen Themen.

W: Holzschnitte: Der Dom zu Magdeburg, 1943; Das neue Magdeburg entsteht, um 1960; Holzstiche: Alte Börse in Magdeburg, um 1943; Alte Strombrücke mit Johanniskirche, um 1943; Punkthaus Weinarkaden, um 1960 (alle KHMus. Magdeburg). – **L:** Eberhard Hölschen, W. K., in: Zs. für Buchkunst und angewandte Graphik, 1934, *42–47*; Kunstausstellung des Gaues Magdeburg-Anhalt, 1942; S. Biel, Künstlerporträt, in: Magdeburger Ztg. am Wochenende, Nr. 27, 1966; Norbert Eisold, Die Kunstgewerbe- und Handwerkerschule Magdeburg 1793–1963, Kat. Magdeburg 1993, *55, 140, 157*; Matthias Puhle (Hg.), Magdeburg in Bildern von 1492 bis ins 20. Jh., 1997, *241f.*

Sabine Liebscher

Kneller, Karl Christian *Friedrich* (*Fritz*), Dr.
geb. 11.08.1892 Heilbronn, gest. 19.12.1973 Ruit auf den Fildern bei Stuttgart, Architekt, Bauleiter.

Nach der Elementarschule in Straßburg und der Reifeprüfung an der Oberrealschule in Saarbrücken 1910–11 studierte K. für vier Semester am Technikum in Straßburg. 1912–1913 leistete er als Einjährig-Freiwilliger seinen Wehrdienst ab und wurde 1914–1918 zum Kriegsdienst eingezogen. Seit 1915 an der Univ. Straßburg immatrikuliert, setzte er sein Studium 1919/20 an der TH Stuttgart fort, legte im Herbst 1920 die Dipl.-Prüfung und 1923 die zweite Staatsprüfung zum Reg.- und Baurat in Württemberg ab. 1924 prom. er an der Abt. für Architektur der TH Stuttgart zu einem städtebaulichen Thema. K.s berufliche Tätigkeit umfaßte neben einer zweieinhalbjährigen Werkstattpraxis (1907–09) verschiedene Anstellungen als Büro- und Bauführer (1911–14). 1920–21 erhielt K. maßgebliche berufliche Anregungen im Baubüro von Peter Behrens in Neubabelsberg, war 1922 bis Mitte 1924 im Hochbauamt der *Neckar-Aktienges.* in Stuttgart tätig und trat im Juni 1924 als Bauleiter beim Hochbauamt in die Dienste der Stadt Magdeburg. Seit Ende 1927 wirkte er als Magistratsbaurat in Magdeburg und wurde Mitte 1934 in den Ruhestand versetzt. K. war danach als Oberbaurat der Stadtverwaltung Ulm und Leiter des dortigen städtischen Hochbauamtes tätig, arbeitete 1938–45 als Leiter der Bauabt. des Finanzministeriums in Stuttgart, wurde 1945 amtsenthoben und erhielt 1951 seine Dienstunfähigkeitsbescheinigung. → Johannes Göderitz übertrug K., der sich durch städtebauliche Studien und architektonische Berufspraxis für das Amt in Magdeburg empfohlen hatte, 1925 die Leitung des mit der Ausarbeitung von Neubauprojekten beschäftigten Entwurfsbüros und ernannte den begabten Architekten zudem zu seinem persönlichen Assistenten. In dieser Eigenschaft hatte K. wesentlichen Anteil an zahlreichen Entwürfen für in der Ägide von Göderitz umgesetzte kommunale Bauten, für die er zumeist erste richtungsweisende Skizzen und Zeichenstudien anfertigte. Eine seiner letzten von ihm mitentworfenen Bauten in Magdeburg war die Übergabestelle für die Gasversorgung Ottersleben, ein Flachbau aus Eisenbeton auf kreisrundem Grundriß (Halberstädter Straße), der zwischen Juli und September 1933, also nach dem Ausscheiden von Johannes Göderitz aus dem städtischen Dienst, entstand.

W: Schriften: Zeitgemäße Stadtplanung, 1956; (Hg.) Städtebau, 1957. – **L:** Olaf Gisbertz, Bruno Taut und Johannes Göderitz in Magdeburg. Architektur und Städtebau in der Weimarer Republik, 2000; HauptStA Stuttgart: Sign. EA 5/001 Bü. 154 (PA); StadtA Magdeburg: Rep. 28, Pers. K 3497.

Hans Gottschalk

Knoblauch, Johann Christian *Friedrich*

geb. 23.09.1805 Magdeburg, gest. 31.12.1879 Magdeburg, Kaufmann, Versicherungsunternehmer, Kgl. Geh. Kommerzienrat.

Der Sohn des Magdeburger Tuchhändlers Johann Israel Christian K. begann im Alter von 15 Jahren in seiner Heimatstadt eine kaufmännische Lehre bei der Fa. *Müller & Weichsel*. Bereits 1828 gründete er mit einem Partner in Magdeburg die Fa. *K. & Bandelow*, ein Textilunternehmen, das er ab 1835 unter dem Namen *K. & Co.* allein weiterführte. Erste Erfahrungen mit dem Versicherungswesen sammelte er als Schiedsgutachter bei Rechtsstreitigkeiten in Wirtschaftsangelegenheiten. Sein hierbei erworbenes Wissen, seine Mitgliedschaft im Direktorium der *Magdeburgischen Wasser-Assekuranz-Kompagnie* sowie die Kenntnis der Schwierigkeiten der hier ansässigen Unternehmer, vornehmlich aus der Zuckerindustrie, bei der Deckung ihrer unternehmerischen Risiken waren 1838 maßgebend bei der Wahl K.s in eine Kommission, die von der *Magdeburger Korporation der Kaufmannschaft* mit den Vorbereitungen zur Gründung einer neuen Versicherungsges. betraut wurde. Nach dem Eintreffen der kgl. Genehmigung wählte die Generalverslg. der 1844 auf Aktien neu errichteten *Magdeburger Feuerversicherungs-Ges.* K. zum Generalagenten, der er mit kurzen Unterbrechungen, später als Generaldir., bis zu seinem Tode vorstand. K. machte aus dem Unternehmen sehr schnell eine der angesehensten und größten Versicherungsges. in Dtl. Darüber hinaus errichtete er Vertretungen im Ausland und schuf Beteiligungen an ausländischen Ges. – ein entscheidender Fakt bei der int. Ausweitung des dt. Versicherungsmarktes. Der vielseitige und für das Versicherungswesen scheinbar begnadete K. entwickelte neue Methoden, ließ Statistiken anlegen, führte gewerbliche und landwirtsch. Risikoklassen sowie vertragliche Vorsichtsbedingungen ein, befaßte sich mit der Problematik der Schwankungsrückstellung und schuf somit die Grundlagen der modernen Versicherungstechnik. Mit seiner 1854 gegründeten Abt. „Lit. und höhere Korrespondenz", nach heutigem Maßstab ein modernes Büro für Öffentlichkeitsarbeit, war er seiner Zeit weit voraus. Bereits Ende der 1840er Jahre begann er mit Planungen für die Aufnahme weiterer Branchen in das Unternehmen. 1853 setzte er sich bei den Aktionären mit dieser Meinung durch, und es kam zur Gründung der *Magdeburger Hagelversicherungs-Ges.*, der 1862 die *Magdeburger Rückversicherungs-Ges.*, 1871 die *Magdeburger Allgemeine*, deren späterer Generaldir. → Ferdinand Hahn war, und 1876 für Überseegeschäfte die *Hamburg-Magdeburger Feuerversicherungs-Ges.* folgten. Mit dieser *Magdeburger Versicherungsgruppe* schuf K. einen Vorläufer heutiger Versicherungskonzerne, mit dem er fast das gesamte Spektrum der Versicherungsbranche abdeckte. Mit der Einberufung von Konferenzen der Hauptagenten nach Magdeburg zur Schulung, zum gegenseitigen Erfahrungsaustausch und zur Übergabe von Agenturinstruktionen schuf er zudem die Grundlagen für Außendienstschulungen in der Versicherungsbranche. Er führte straff organisierte Generalagenturen mit festbesoldeten Leitern ein. K., der auf gut geschulte Mitarbeiter und Fachkompetenz größten Wert legte, setzte sich nachdrücklich für die Ausbildung von Nachwuchskräften ein, die als sog. „Magdeburger Schule" bezeichnet wurde. 1869 wurde er in das Ältestenkollegium der *Magdeburger Korporation der Kaufmannschaft* gewählt, dem er bis zu seinem Tode angehörte. Der König von Preußen und der Herzog von Anhalt verliehen ihm den Titel eines Geh. Kommerzienrates.

L: NDB 12, *193f.*; 100 Jahre Magdeburger Feuerversicherungs-Ges. 1844–1944, 1944, *11–47* (*B*); Peter Koch, Pioniere des Versicherungsgedankens, 1968, *295–300* (*B*); Ludwig Arps, Dt. Versicherungsunternehmer, 1968, *51–67* (*B*). – **B:** LHASA.

Horst-Günther Heinicke

Knoche, Heinrich
geb. 25.07.1860 Herdringen, gest. 28.11.1924 Münster/Westfalen, kath. Theologe.

Der Sohn eines weitbekannten Rechenmeisters gleichen Namens legte 1878 sein Abitur in Paderborn ab, studierte in Eichstätt kath. Theol. und wurde 1884 in Paderborn zum kath. Priester geweiht. Danach war er bis 1886 Rektor in Erwitte. Bis 1891 arbeitete er als Vikar und schließlich bis 1897 als Pfarrer in Hagen/Westfalen, wo er den imposanten Neubau der Marienkirche leitete. Er war dann ein Jahr lang Pfarrverweser in Sangerhausen und 1898–1909 Pfarrer in Staßfurt. Nachdem der Magdeburger Propst → Franz Schauerte auf sein Amt verzichtet hatte, wurde K. im September 1909 als Propst an der Propsteikirche St. Sebastian in Magdeburg eingeführt. Im Oktober gleichen Jahres erfolgte seine Ernennung zum Bischöflichen Kommissar des Bischöflichen Kommissariates Magdeburg und zwei Monate später zum Dechanten des Dekanates Magdeburg. Er kümmerte sich sehr um den gesch. Werdegang seiner Gemeinde und verfocht deren rechtliche Belange, vor allem hinsichtlich der Patronatspflichten des Fiskus. Bischof Karl Joseph Schulte ernannte ihn 1919 zum Paderborner Ehrendomherrn. Aus gesundheitlichen Gründen suchte K. im Herbst 1923 um Pensionierung nach, die zum 01.01.1924 gewährt wurde. Zu seinem Amtsnachfolger wurde → Petrus Legge bestimmt.

L: Wilhelm Liese, Necrologium Paderbornense, 1934; Eduard Quiter, Die Propstei Magdeburg, 1959, *37f.* (*B*); Rudolf Joppen, Das Erzbischöfliche Kommissariat Magdeburg, in: SkBK, Bd. 19, 1978, *22f.*

Daniel Lorek

Knorre, *Georg* Hellmuth von, Dr. med.
geb. 13.04.1906 Riga, gest. 06.04.1981 Wernigerode, Arzt, Obermedizinalrat.

Als sechstes Kind des dt.-baltischen Arztes Georg v.K. geb., studierte K. in Riga Med. und schloß 1931 mit dem Staatsexamen ab. Nach dem Militärdienst in Lettland folgte die Prom. an der Albertus-Univ. in Königsberg/Ostpreußen. 1932–38 absolvierte K. die Facharztausbildung für Innere Medizin in verschiedenen Berliner Krankenhäusern und für Röntgenologie und Strahlenheilkunde in Düsseldorf und Magdeburg. Nach seiner Einbürgerung 1939 war K. in Magdeburg tätig und diente 1940–45 als Stabsarzt in der dt. Wehrmacht. 1945 begann K. seine Tätigkeit im Kreiskrankenhaus Oschersleben, zunächst in Neindorf als Chef der Inneren Abt., ab 1949 war er auch an der Poliklinik Oschersleben tätig und übernahm ab 1966 als Dir. beide Häuser. Der Aufbau einer Abt. für Lungenkrankheiten und Tuberkulose (PALT) in der Poliklinik Oschersleben war sein Verdienst, wobei er sich persönlich die Auswertung der Schirmbilder des Röntgenzuges über viele Jahre vorbehielt. Auch die Diabetikerbetreuung baute er neben seiner eigenen intensiven Fortbildung im Zentralinst. für Diabetologie der DDR in Karlsburg flächendeckend für den Landkr. Oschersleben auf. Bei der Erkennung der Bluterkrankheit (Hämophilie) trafen sich seine genealogischen und beruflichen Interessen. K. erarbeitete eine erste umfassende Zusammenstellung der Stammbäume betroffener Fam. Als Chef der internistischen Abt. und als Ärztlicher Dir. des Kreiskrankenhauses organisierte er Fortbildungsabende für die örtliche Ärzteschaft. K. war Mitglied verschiedener Arbeitskreise beim Ministerium für Gesundheitswesen der DDR. Der Autor von ca. 50 Veröffentlichungen zur Inneren Med. beendete 1979 seine berufliche Tätigkeit. Für sein Wirken wurde K. mit der Hufeland-Medaille in Silber, der Medaille für ausgezeichnete Leistungen sowie als Verdienter Arzt des Volkes und als Ehrenmitglied der *Ges. für Innere Med.* in der *Ges. für Klinische Med. der DDR* ausgezeichnet.

W: Miliartuberkulose unter dem Bilde einer Panmyelopathie, in: Beiträge zur Klinik der Tuberkulose Bd. 103, *340ff.*; Die gegenwärtige Diabetesmorbidität in Dtl. unter besonderer Berücksichtigung Sa.-Anh., in: Zs. für die gesamte Innere Med. 6, 1951, *725–729*; Zur Frage der Diabetesmorbidität im Nachkriegsdtl., in: Das Dt. Gesundheitswesen 7, 1952, *639*; Über die Hämophilie A und B, in: Zs. für ärztliche Fortbildung, 54, 1960, *1373–1380*; Über die Diabetesfürsorge, in: Das Dt. Gesundheitswesen 19, 1961, *1700f.*; Ergebnisse einer Diabetes-Reihenuntersuchung in einem Landkreis 1961/1962, in: ebd. 19, 1964, *593–597*; Die Pest in Mitteldtl. im 17. Jh., in: Zs. für die gesamte Innere Med. 36, H. 15, 1981. – **L:** Unterlagen Vf., Oschersleben (priv.). – **B:** *ebd.

Ingeborg von Knorre

Knust, Walter
geb. 04.12.1881 Groß-Lübars/Kr. Jerichow I, gest. 09.01.1957 Bremen, Lehrer, Heimatautor.

K., Sohn eines Dorflehrers, zeigte schon in der Kindheit großes Interesse an seiner näheren Heimat, an der Natur und insbesondere an der Vogelwelt. Nach seiner Lehrerausbildung in Pommern kehrte er als Lehrer nach Lübars zurück. 1924 wurde er nach Möckern versetzt, hier unterrichtete er Gesch. und Heimatkunde, bis er 1945 in den Ruhestand ging. Von seinen Streifzügen durch Natur und Landschaft hat er Notizen, Skizzen und Fotos heimgebracht, anfangs ohne bestimmte Absicht, dann gesammelt und geordnet zum Zwecke der Herausgabe des Buches „In der Heimat ist es schön" mit 80 Wanderbeschreibungen. K. wanderte aktiv bis ins hohe Alter, beschäftigte sich wiss. mit der Naturentwicklung und war begeisterter Ornithologe. Er war ein Fotograf, dessen Fähigkeiten für die damalige Zeit weit über Amateuraufnahmen hinausgingen. Die Heimatfotos überließ K. dem Lichtbildarchiv des Burger Mus. Seine heimatgesch. Beiträge fußten neben seiner eigenen Beobachtung auf einer von Joachim Gottwalt Abel, von 1755 bis 1805 Pastor und Schulinspektor in Möckern, verfaßten Chronik, die 1760 endet und seit 1945 als verschollen gilt. K. veröffentlichte in der lokalen Presse, so in der Beilage *Jerichower Land und Leute* im *Burger Tagebl.*, und auch als Mithg. neben → Otto Vogeler im *Heimatbl. für den Amtsbez. Großlübars*. In der ersten Hälfte der 1950er Jahre zog K. mit seiner Frau nach Bremen, da seine Tochter dort lebte.

W: In der Heimat ist es schön. Wanderungen durch die Natur des Jerichower Landes, 1931 (Neuauflage 2000); Die Ihle, in: Heimatkal. für Börde, Altmark, Jerichower Land, 1936, *67–70*. – **N:** Heimatfotoslg. Arbeitsgruppe Mus. Burg. – **L:** Vf., Buch des Lehrers K. wurde neu aufgelegt, in: Volksstimme Burg vom 31.08.2000; ders., Lehrer und Heimatautor. W. K. aus Möckern, in: Generalanzeiger Burg vom 07.02.2001; Slg. Erich Wilke, Möckern (priv.). – **B:** Slg. Vf., Burg (priv.).

Paul Nüchterlein

Kobelt, Wilhelm
geb. 05.11.1865 Magdeburg, gest. 23.10.1927 Wernigerode, Fleischer, Kommunalpolitiker.

K. besuchte in Magdeburg die Volksschule. Danach absolvierte er eine Lehre als Fleischer und ging auf Wanderschaft. K. betrieb beruflich in der Großen Schulstraße und später in der Goldschmiedebrücke eine „Fabrik" für Fleisch- und Wurstwaren. Seit dem 05.01.1905 war er Mitglied der Stadtverordnetenverslg. Politisch stand er den Nationalliberalen nahe, für die er 1907 in den Reichstagswahlkampf zog. Bis 1912 war K. MdR für den Wahlkr. Magdeburg. Durch seine Vermittlertätigkeit gelang es 1908/09, die Umwallung zwischen Wilhelmstadt (heute Stadtfeld) und Magdeburg so freizulegen, daß dadurch der Verkehrsweg erschlossen werden konnte. Nach dem I. WK gehörte K. zu den Mitbegründern der Dt. Demokratischen Partei (DDP) in Magdeburg. Von 1914 bis 1927 war K. unbesoldeter Stadtrat. Er engagierte sich für die Interessen des Handwerks. Zu seinem Lebenswerk gehört u. a. der Ausbau des Städtischen Schlacht- und Viehhofes. Im Mai 1919 wurde ihm das Dezernat über den Schlacht- und Viehhof übertragen. K. setzte sich für den Bau der Halle „Stadt und Land" als Großmarkt ein. Sein Wirken verschaffte Magdeburg den Status eines mitteldt. Wirtschaftszentrums.

L: Magdeburger Amtsbl. 4, Nr. 43 vom 28.10.1927, *746f.*; N. N., Nachrufe, in: Magdeburger General-Anzeiger, Nr. 250 vom 25.10.1927; Alfred Heidelmayer, Ein Fleischermeister ging in die Politik, in: Volksstimme Magdeburg vom 22.08.1996, *12* (**B**); 100 Jahre Westfriedhof, o. J., *44*.

Ingelore Buchholz

Kobin, Otto, Prof.
geb. 20.02.1895 Plauen/Vogtland, gest. 06.02.1961 Magdeburg, Musiker, Konzertmeister.

Bereits mit zehn Jahren trat K. im Verein mit Schwester und Vater, der gleichzeitig Konzertmeister und sein erster Lehrer war, öffentlich in Konzerten auf. 1909 erhielt er am Konservatorium in Leipzig eine Freistelle zu weiteren Studien. Hier erwarb er mehrere Preise für seine hervorragenden Fähigkeiten auf der Geige. Sein Studium im Fach Kompositionslehre bestand er mit Auszeichnung und schloß sein Studium mit einem Paganini-Konzert erfolgreich ab. 1912 wurde K. an das neu gegründete Stadthallenorchester in Königsberg berufen, übernahm 1914 den Posten des Hofkapellmeisters in Altenburg und kam 1919 nach Magdeburg. Hier war er von 1920 bis 1954 Konzertmeister des *Städtischen Orchesters Magdeburg*. Während seiner Tätigkeit am Theater betreute er zahlreiche Opernaufführungen, trat in mehr als 600 Veranstaltungen und in 400 öffentlichen Konzerten z. T. auch als Solist auf. Sein Repertoire umfaßte ca. 75 Violinkonzerte von Bach bis Prokofjew. K. engagierte sich in hohem Maße für die Kammermusik und brachte 25 Werke zur Uraufführung. Er war Gründer des *K.-Quartetts* sowie ein sehr gefragter Lehrer für Violine. Als Komponist schrieb er hauptsächlich kleinere, virtuose Stücke für Violine.

L: Erich Müller (Hg.), Dt. Musiker-Lex., 1929. – **B:** *Slg. und Archiv Jörg-Heiko Bruns, Erfurt-Molsdorf (priv.): Tuschzeichnung von → Bruno Beye.

Sabine Gatz

Koch, *Friedrich* Adolf
geb. 12.01.1855 Warendorf/Westfalen, gest. 01.06.1928 Möckern, ev. Pfarrer.

K., Sohn eines kgl. Gendarmen, besuchte die Elementarschule und ab 1867 das Gymn. in seinem Heimatort. 1876 begann er an der Friedrich-Wilhelms-Univ. Berlin ein Theologiestudium, ging nach dessen Abschluß 1880 nach Möckern und unterrichtete bis 1884 die gräflichen Kinder der Fam. vom Hagen, unterbrochen durch seinen freiwillig einjährigen Militärdienst 1881/82 in Berlin. 1884 verheiratete er sich mit Bertha Helene Otto, der Tochter des ersten Pfarrers in Möckern, und trat daraufhin bis 1894 eine Pfarrstelle in Tuetz und Preußendorf in Westpreußen an. Ab August 1894 wurde K. erster Pfarrer der Stadtkirche St. Laurentius in Möckern und im Nebenamt Schulinspektor. Diese Stellung hatte er bis zu seiner Emeritierung im Oktober 1925 inne. Mehr als 30 Jahre wirkte K. in seiner Gemeinde, er gründete einen Jünglings- und Jungfrauenverein, betreute die alten Bewohner des Hospitals St. Nicolai et Valentini und setzte sich für den Bau des Kriegerdenkmals 1914/18 und der Friedhofskapelle 1928 an der Hohenziatzer Chaussee ein.

L: AKPS: Rep. A Spec. P, K 618 (PA).

Udo Rönnecke

Koch, Friedrich *Wilhelm*, Dr. jur.
geb. 11.12.1903 Mühlhausen, gest. 10.09.1989 Haar über Neuhaus/Elbe, Jurist, Konsistorialpräsident.

Der Sohn eines Mittelschullehrers und Organisten absolvierte nach dem Abschluß des Gymn. zunächst eine kaufmännische Lehre. 1924–1927 studierte er Rechtswiss. in München, Frankfurt/Main und Marburg. Zugleich erweiterte er seine betriebswirtsch. Kenntnisse. Nach Prom. 1930 und normaler jur. Ausbildung ließ er sich 1934 in Mühlhausen als Rechtsanwalt nieder und wurde 1937 als Notar zugelassen. Während des II. WK war er Soldat. Bei der Heimkehr aus dem Krieg konnte er seinen Beruf nicht fortführen, da er wegen seiner Mitgliedschaft in der NSDAP die Zulassung verloren hatte. Der kirchliche Überprüfungsausschuß im Propstsprengel Erfurt erklärte ihn für tragbar, so wurde er rechtskundiger Mitarbeiter im Kirchenkreis Mühlhausen. Dieser entsandte ihn auch in die Synode der Ev. Kirche der Kirchenprovinz Sachsen, welche ihn 1948 in die Kirchenleitung wählte. Aus dieser schied er aus, als er 1955 die Leitung des Kreiskirchenamtes für die Altmark in Stendal übernahm. Bereits drei Jahre später wechselte er als Jurist in das Konsistorium in Magdeburg. 1959 wurde er zum Konsistorialrat, 1965 zum Oberkonsistorialrat ernannt und war 1966–71 als Konsistorialpräsident tätig. Zudem wurde er in die Synoden der Ev. Kirche der Union und der Ev. Kirche in Dtl. entsandt, war Mitglied im Rat der EKU und begleitete in der Konferenz der Ev. Kirchenleitungen in der DDR 1969 die Gründung des Kirchenbundes. Seinen Ruhestand verlebte er wieder in Mühlhausen.

L: AKPS: PA-144a.

Martin Kramer

Koch, Johann Friedrich Wilhelm, Dr. theol. h.c.
geb. 30.05.1759 Sudenburg bei Magdeburg, gest. 08.03.1831 Magdeburg, ev. Pfarrer, Pädagoge, Wissenschaftler, Schul- und Konsistorialrat.

Der einer Kaufmannsfam. aus Braunschweig entstammende K. erhielt nach dem frühen Tod seines Vaters (1761) eine zureichende Schulausbildung erst ab 1771 in der Domschule Magdeburg und von 1772 bis 1775 am Pädagogium des Klosters Berge bei Magdeburg. Er absolvierte von 1777 bis 1779 das Theologiestudium an der Univ. Halle und unterrichtete anschließend als Lehrer an der Magdeburger Domschule. 1780 berief → Gotthilf Sebastian Rötger ihn als Lehrer an das Pädagogium des Klosters U. L. F. zu Magdeburg, wo er in ungewöhnlicher Vielfältigkeit alte Sprachen (Griechisch, Hebräisch und Lateinisch), Naturwiss. (Physik, Physiologie, Mathematik) und Musik unterrichtete. K. praktizierte während seiner Lehrzeit am Kloster U. L. F. den Unterricht mit Hilfe der „Basedowschen Kupfertafeln" – ein Indiz dafür, daß er sich den schulreformerischen Bestrebungen der Zeit, dem Philanthropismus und seinem Vordenker Basedow, experimentell zugewandt fühlte. 1785 wurde K. in den Konvent des Pädagogiums des Kloster U. L. F. gewählt und zum Rektor ernannt. Seit 1782 widmete sich K. zudem der Magdeburger Handlungsschule, deren Dir. er von 1802 bis 1807 war. 1792 nahm K. eine Berufung zum dritter Prediger an die St. Johannis-Kirche in Magdeburg an, wurde hier 1807 zum zweiten Prediger und 1810 zum zweiten Prediger am Dom zu Magdeburg berufen. 1812 avancierte er zum Superintendenten der ersten Magdeburgischen Diözese. Als Mitglied des Magdeburger Gemeinderates (seit 1808), als Mitglied des Konsistoriums (seit 1814), als Konsistorial- und Schulrat der Kirchenprovinz Sachsen (seit 1816) sowie als Mitdir. des Bürgerrettungsinstitutes (seit 1824) war K. in führenden Positionen tätig, die ihm erlaubten, das kulturelle und geistige Leben Magdeburgs zu Beginn des 19. Jh. nachhaltig zu beeinflussen. Als vielseitig ausgebildeter und interessierter Pädagoge und Wissenschaftler entfaltete K. eine rege schriftstellerische Tätigkeit, die neben zahlreichen Predigten, Reden, Gelegenheits- und Schulschriften auch umfangreiche Werke zur Botanik, Musik, Arithmetik und Schachspielkunst umfaßte. Der musikbegeisterte K. gab u. a. 1814 eine „Gesangslehre" (^{2}1825) heraus, in der er ein von ihm vervollkommnetes Ziffernsystem für den Gesangsunterricht an Volksschulen vorstellte, das sich in der Folge durchsetzte und jahrzehntelang in der musikpädagogischen Praxis bewährte. Für seine Verdienste verlieh ihm die theol. Fakultät der Univ. Halle 1829 die theol. Ehrendoktorwürde.

W: Botanisches Hdb. für teutsche Liebhaber der Pflanzenkunde überhaupt und für Gartenfreunde, Apotheker und Oekonomen insbesondere (3 Bde), 1797–1798, ³1824–1826; Die Schachspielkunst, nach den Regeln und Musterbeispielen des Gustav Selenus etc. (2 Bde), 1801–1803; Mikrographie, 1803; Anleitung für Lehrer in Elementarschulen zu einem wirksamen Selbstunterrichte, 1813, ²1817; Der Dom zu Magdeburg, 1815; Tausendjähriger Kal., 1824. – L: Neuer Nekr 9, 1833, *200–204*; Hamberger/Meusel, Bde 4, 10, 14, 18, 23; Jb. des Klosters U. L. F. zu Magdeburg 1793; Vf., J. F. W. K. – Leben und Wirken eines Magdeburger Pädagogen und Theologen, in: Matthias Puhle/Renate Hagedorn (Hg.), Zwischen Kanzel und Katheder. Das Magdeburger Liebfrauenkloster vom 17. bis 20. Jh., 1998, *47–52* (**B**). – B: Tobias von Elsner, Alles verbrannt? Die verlorene Gemäldegalerie des Kaiser-Friedrich-Mus. Magdeburg, 1995.

Kerstin Dietzel

Koch, Karl Friedrich, Dr. med.
geb. 09.03.1802 Magdeburg, gest. 1871 Merseburg, Arzt, Medizinalbeamter, Geh. Reg.- und Medizinal-Rat, Turner.

Als jüngerer Sohn des Pädagogen und Theologen → Johann Friedrich Wilhelm K. erhielt er seine Schulausbildung am Domgymn. Nach dem Studium der Med. in Göttingen und Berlin (Diss. 1825) praktizierte er seit 1826 als Arzt in Magdeburg, wobei er nebenberuflich an der hiesigen Med.-chirurgischen Lehranstalt tätig war. 1832 wurde K. Assessor beim *Medizinalkollegium der Provinz Sachsen* und ging 1838 als staatl. Kreisphysikus nach Neuhaldensleben. Drei Jahre später wurde K. Reg.- und Medizinalrat in Merseburg. Hier war er auch Badearzt in Lauchstädt und starb als Geh. Medizinalrat. Seine erste turnerische Bildung erhielt K. in Biederitz bei Magdeburg, wo der Schulinspektor, Prediger und als Abteilungsvorsteher des Tugendbundes hochangesehene → Carl Leberecht Meßow im Frühjahr 1815 einen Turnplatz nach Jahnschem Muster eingerichtet hatte. Von seinem 13. Lebensjahr an bis zur Aufhebung des Turnplatzes 1819 wanderte K. im Sommerhalbjahr jeden Sonntag hinaus nach Biederitz, um mit der Dorfjugend zu turnen. Nach Aufnahme seiner Arzttätigkeit in Magdeburg ergriff er vor allem aus gesundheitspolitischen und erzieherischen Erwägungen heraus die Initiative zur Einrichtung eines Turnplatzes. Unterstützt vom Oberbürgermeister und Landrat → August Wilhelm Francke, der zusammen mit ihm das Direktorium bildete, konnte am 14.08.1828 mit 172 Zöglingen der erste Turnplatz der Elbestadt auf der Sternwiese im Friedrich-Wilhelms-Garten eröffnet werden. Hier spielten und turnten vorzugsweise Knaben der höheren Schulen. Die Beteiligung war freiwillig, aber beitragspflichtig. Zwar entstammte der Kanon der Übungen aus dem Jahn-Eiselen'schen Turnbuch von 1816, da aber alle Politik von den Unternehmungen ferngehalten werden mußte, firmierte der Übungsplatz unter dem politisch neutralen Namen „Städtische Gymnastische Anstalt". K. hatte während der „Turnsperre" (Verbot des öffentlichen Turnens in Preußen 1820–1842) durch seine Gymnastik dem Turnen viele Freunde erhalten und geworben. So erregte seine Anstalt als Vorbild für ähnliche Gründungen (Stettin, Quedlinburg, Salzwedel) überregionales Aufsehen. Als 1834 mehrere ehemalige Gymnasiasten sich in die geheimen oppositionellen politischen Bestrebungen der studentischen Burschenschaften einließen, entzog die Provinzialreg. K. das Vertrauen. Enttäuscht erbat er seine Entlassung aus dem Direktorium, und 1835 wurde der Turnplatz durch Francke geschlossen. In seiner späteren Stellung als Regierungsrat setzte K. sich wiederholt für die Förderung des Turnens ein. Die Männerturnvereine zu Magdeburg und Burg ernannten ihn deshalb zu ihrem Ehrenmitglied.

W: Die Gymnastik aus dem Gesichtspunkte der Diätetik und Psychologie nebst einer Nachricht von der gymnastischen Anstalt zu Magdeburg, 1830; Turnziel an die Dt. Turnvereine, 1862. – L: August Hirsch (Hg.), Biogr. Lex. der hervorragenden Ärzte aller Zeiten und Völker (vor 1880), Bd. 3, 1886, *511*; Carl Euler (Hg.), Encyklopädisches Hdb. des gesamten Turnwesens und der verwandten Gebiete, Bd. 1, 1894, *666–668*; → Gustav Oscar Berger, Zur Entwicklung des Turnens in Magdeburg. Fs. zum 50. Stiftungsfeste des Männer-Turnvereins zu Magdeburg, 1898, *2–10, 70–73*; Willi Rümmler, K. F. K. und der erste Turnplatz in Magdeburg, Staatsexamensarbeit Univ. Halle 1959.

Michael Thomas

Koch, Willi
geb. 17.08.1896 Neuhaldensleben, gest. 11.12.1977 Westerburg, Pädagoge, Heimatforscher, Museumsleiter.

K. besuchte die Bürgerschule sowie 1911 die Präparande in Neuhaldensleben und 1914 das Lehrerseminar. Nach dem I. WK konnte er 1920 das Studium fortsetzen und mit dem Abschluß als Mittelschullehrer beenden. Anschließend nahm er eine vom Magistrat angebotene Stellung als Lehrer an der Mittelschule in Neuhaldensleben an. Seiner Heimatstadt blieb er sein gesamtes Berufsleben hindurch treu, ehe er 1961 aus dem Schuldienst schied. Ab 1925 war K. Kreisjugendpfleger und hatte maßgeblichen Anteil am Bau der Jugendherberge sowie von Sportplätzen und Badeanstalten in Neuhaldensleben. Neben seinen Lehrfächern Deutsch, Französisch, Turnen und Musik, in denen er sich ständig fortbildete (u. a. in Paris, an der Hochschule für Leibesübungen in Spandau und im Musikheim in Frankfurt/Oder), galt sein Hauptinteresse als Mitglied des *Aller-Vereins* der Ur- und Frühgesch. sowie der Heimatkunde. Vor allem → Franz Bock und → Bernhard Becker waren hier seine Lehrmeister. Nach 1945 wirkte K. aktiv am Wiederaufbau des Mus. (→ Bruno Weber) und im

Kulturbund zur demokratischen Erneuerung Dtls mit. Hier half er Arbeitsgemeinschaften der Natur- und Heimatfreunde in Halle, Dresden, Berlin, Quedlinburg und Haldensleben zu gründen – letztere leitete er 16 Jahre lang – und arbeitete auch in überregionalen Gremien des *Kulturbundes* mit. Als Kreisbodendenkmalpfleger sicherte K. in verdienstvoller Weise zahlreiche Bodenfunde, u. a. für das Landesmus. für Vorgesch. in Halle, und war zudem langjährig im Denkmalschutz tätig. Als umfassender Kenner der Stadt- und Heimatgesch. leistete er über Jahrzehnte wertvolle Arbeit auf regionalgesch. Gebiet. Er plante und gestaltete Ausstellungen zur Ur- und Stadtgesch. und war 1966 federführend bei der Ausgestaltung der 1000-Jahr-Feier der Stadt und der dazu hg. Fs. als Fortsetzung der Stadtchronik von → Peter Wilhelm Behrends tätig. K.s zahlreiche zwischen 1960 und 1970 in regionalen Periodika erschienenen Beiträge sind noch heute Grundlage weiterführender Untersuchungen.

W: Gesch. der franz. Kolonie Neuhaldensleben, 1939; Studien zur Siedlungs- u. Bevölkerungsgesch. der Stadt Neuhaldensleben, in: GeschBll 74/75, 1939/41, *81–130*; Fs. zum 100jährigen Bestehen des Männerchores „Liederkranz", 1959; Vater Gleim und der Oberbürgermeister Johann Nathanael Schulze, in: Js. des KrMus. Haldensleben 2, 1961, *54–63*; Dichter und Dichtung in Haldensleben, in: ebd. 4, 1963, *54–73*; Haldensleber Wälder in Sage und Gesch., in: ebd. 5, 1964, *20–38*; Bedeutende Haldensleber, in: ebd. 7, 1968, *26–41*; 550 Jahre Roland von Haldensleben, in: ebd. 10, 1969, *8–37*; Gesch. der Ratsapotheke in Haldensleben, in: ebd. 11, 1970, *16–51*. – **L:** Rudi Warthemann, W. K. 70 Jahre, in: ebd. 7, 1966, *87–90*. – **B:** *Mus. Haldensleben.

Sieglinde Bandoly

Köcher, Ferdinand *Edmund*, Prof. Dr. phil.
geb. 13.03.1859 Mörsdorf bei Altenburg, gest. 11.12.1945 Magdeburg, Pädagoge.

Der Sohn eines Gutsbesitzers besuchte von 1871 bis 1880 das Gymn. in Eisenberg, studierte anschließend in Halle, Berlin, Paris, Leipzig und Marburg neuere Sprachen, Gesch. und Geographie und arbeitete als Lehrer in England. 1886 legte er die Staatsprüfung ab und war dann bis 1899 am Gymn. und Realgymn. in Altenburg tätig. Anschließend wechselte er an die Real- und Oberrealschule in Magdeburg und arbeitete ab 1908 als Prof. am neuen Magdeburger Reformrealgymn. (Bismarck-Schule). Als Pädagoge wirkte er für die Durchsetzung eines reformierten Englisch- und Franz.-Unterrichts, zu dem er einige Aufsätze in der *Zs. für den neusprachlichen Unterricht* publizierte. Er gab zudem Schulausgaben englischer und franz. Autoren heraus. K. war Vors. der Ortsgruppe Magdeburg des *Alldt. Verbandes*, veranlaßte als solcher 1907 den Zusammenschluß nationaler, nicht parteipolitischer Vereine der Stadt Magdeburg und übernahm den Vorsitz der Vereinigung mit der Absicht, den nationalen Gedanken zu fördern und nationale Gedenktage zu Großkundgebungen zu gestalten.

W: Gesch. der Stadt Magdeburg im Umriß, 1900; Lehr- und Lesebuch der englischen Sprache für Gymnasien, 1902. – **L:** Gustav Adolf Müller (Hg.), Dtls, Östereich-Ungarns und der Schweiz Gelehrte, Künstler und Schriftsteller in Wort und Bild, 1911, *283f.* (***B***).

Wolfgang Mayrhofer

Koelsch, *Kurt* August, Prof. Dr. med.
geb. 09.03.1910 Elberfeld, gest. 25.09.1984 Magdeburg, Arzt, Obermedizinalrat.

Der Sohn des Kaufmanns August K. war 1923–25 Schüler des Domgymn. Magdeburg und erwarb sein Abitur 1928 am Humanistischen Gymn. Berlin. In Berlin studierte er Med., legte 1934 sein Staatsexamen ab, prom. 1936, wurde Assistent an der Med. Klinik Berlin-Friedrichshain unter Heinz Kalk, 1938 Oberarzt und 1939 Facharzt für Innere Med. am Städtischen Krankenhaus Berlin-Spandau. Im II. WK war K. Arzt bei der Luftwaffe. Nachdem er 1945–47 als niedergelassener Internist in Magdeburg gearbeitet hatte, war K. 1947–55 Leitender Internist in den Pfeifferschen Stiftungen Magdeburg-Cracau. 1952 habil. er in Halle und war dort bis 1962 Prof. mit Lehrauftrag 1954–57 hielt er Vorlesungen an der Med. Akad. Magdeburg über Physiologie und Pathophysiologie. 1962 wurde K. Prof. mit vollem Lehrauftrag in Magdeburg, nachdem er bereits ab 1955 als Nachfolger von → Max Otten das Direktorat der Med. Klinik des Krankenhauses Magdeburg-Altstadt übernommen hatte. Diese Tätigkeit übte er bis 1975 aus. In seine Amtszeit fiel auch 1964 die Übernahme des Krankenhauses Magdeburg-Südwest in den Verband des (seit 1958) Bezirkskrankenhauses Magdeburg-Altstadt. K. hat große Verdienste bei der Einführung gastroenterologischer Untersuchungsverfahren, insbesondere der Endoskopie. Er war einer der führenden Gastroenterologen in Dtl. und Mitglied nationaler und int. Fachgremien. 1974 wurde K. Mitglied der *Dt. Akad. der Naturforscher Leopoldina*. K. förderte besonders die Weiterbildung der Ärzte in Magdeburg. 1956 gehörte er zu den Wiedergründern der *Med. Ges. zu Magdeburg*. K. wurde 1959 Verdienter Arzt des Volkes.

W: Gemeinsame Erkrankungen aus der Inneren Med. und Chirurgie, 1949 (mit Walther Kanert); Testmethoden zum Herdnachweis, in: Herdinfektion und allergische Erkrankungen, 1956; Allg. Endoskopie und Cystoskopie, in: Rolf Emmrich (Hg.), Arbeitsmethoden der Inneren Med., Bd. 3, 1964; Das Krankenhaus Magdeburg-Altstadt, in: Fs. 10 Jahre Med. Akad. Magdeburg 1964, *103–106*; Das Krankenhaus Magdeburg-Altstadt, in: (Hg.) Fs. zu seinem 150jährigen Bestehen 1967, *11–32*; Gastroenterologie, 1969 (mit Martin Gülzow/Heinrich Kuntzen); Das Krankenhaus Magdeburg-Altstadt, in: Fs. 20 Jahre Med. Akad. Magdeburg 1974, *63f*. – **L:** Eberhard Schwenke, Prof. K. A. K. in memoriam, in: Ärztebl. Sa.-Anh. 11, H. 3, 2000, *46–51* (***B***). – **B:** *Krankenhaus Magdeburg-Altstadt.

Wilhelm Thal

König, René, Prof. Dr. phil.
geb. 05.07.1906 Magdeburg, gest. 21.03.1992 Köln, Soziologe, Hochschullehrer.

Der Sohn des dt. Ing. Gustav K. und der Französin Marguerite K., geb. Godefroy LeBoeuf, lebte bis 1910 in Magdeburg, von 1914–1922 in Halle und danach bis zum Abitur 1925 in Danzig. Dazwischen lagen Reisen und Schulbesuche im europäischen Ausland. Dem Studienbeginn in Wien folgte 1926 der Wechsel an die Berliner Univ. 1929 wurde K. in den Fächern Phil., Romanistik und Ethnologie prom. Regelmäßige Studienaufenthalte in Paris schlossen sich an. 1937 emigrierte K. vor dem Ns. in die Schweiz. Die bei Alfred Vierkandt in Berlin angemeldete Habil. verwirklichte er 1938 in Zürich. Bis 1947 war K. dort Privatdoz., dann Honorarprof. Von 1949 bis zu seiner Emeritierung 1974 wirkte er als Nachfolger Leopold von Wieses als o. Prof. für Soziologie an der Univ. Köln. Die herausragende Bedeutung K.s gründet in der Vielfalt des Oeuvres und der Aktivitäten. Er befaßte sich sowohl mit soziologisch anschlußfähigen Themen aus Kunstwiss., Völkerkunde, Phil. als auch mit einer Fülle genuin soziologischer Inhalte – Fam. und Gemeinde, Univ., Arbeitswelt, Freizeit, Mode und Konsum, Selbstentfremdung und Vorurteile. Sein Ziel war, die Soziologie als Gegenwartswiss. zu konzipieren und anhand von Einzelphänomenen allg. gesellschaftliche Gegebenheiten, Strukturen und Mechanismen sichtbar zu machen. Er hat dieses Anliegen in über 700 Schriften zum Ausdruck gebracht. Obgleich selbst kein Empiriker, vermochte er es, auch diesem Teilgebiet zum Durchbruch zu verhelfen und verbindliche methodische Standards für die Erfassung sozialer Realität zu setzen. Der nachhaltigen Kodifizierung des Faches dienten zudem die von ihm vorgelegten Lehrbücher, Lexika und mehrbändigen Handbücher. Sein Bemühen um Kommunikation innerhalb der Disziplin fand Ausdruck in der langjährigen Tätigkeit als Hg. der Kölner *Zs. für Soziologie und Sozialpsychologie*. Hinzu trat ein starkes Engagement für den Aufbau der Soziologie in Westdtl., deren Reputation durch K.s Präsidentschaft der *International Sociological Association* (1962–66) befördert wurde. Ein weiteres Zeichen seiner kosmopolitischen Orientierung sind die vielzähligen Gastprofessuren, Forschungsaufenthalte und Veröffentlichungen im Ausland. Als weltoffener, sprachbegabter Intellektueller ist es K. gelungen, sein wiss. Werk um lit. Übersetzungen und schriftstellerische Essays anzureichern und das eigentliche Fachgebiet interdisziplinär zu erweitern.

W: Fischer Lex. Soziologie, 1958; Hdb. der empirischen Sozialforschung (14 Bde), 1962ff.; Soziologische Orientierungen, 1965; Soziologie in Dtl., 1987. – **N:** Univ. Köln, Forschungsinst. für Soziologie. – **L:** Bio Hdb Emigr 2, 1983; Heine von Alemann/Hans Peter Thurn (Hg.), Soziologie in weltbürgerlicher Absicht. Fs. für R. K. zum 75. Geb., 1981; Heine von Alemann/Gerhard Kunz (Hg.), R. K. Gesamtverz. der Schriften, in der Spiegelung von Freunden, Schülern, Kollegen, 1992 (***W***, ***B***).

Barbara Dippelhofer-Stiem

König, Willi
geb. 25.02.1907 Schönebeck, gest. 28.07.1983 Schönebeck, Zimmermann, Kommunalpolitiker.

Als Sohn einer Arbeiterfam. besuchte er die Volksschule und erlernte danach von 1921 bis 1924 den Beruf des Zimmermanns. Als Zunftgeselle war er bis 1927 auf Wanderschaft und arbeitete in verschiedenen Orten in Dtl. Danach wieder in seiner Heimatstadt wohnhaft, wurde er hier 1927 Mitglied der KPD und im gleichen Jahr politischer Leiter für den damaligen Unterbez. des Kr. Calbe. 1932 wurde er Vors. der Gewerkschaft der Zimmerleute und Stadtverordneter. Bei der Vereinigung der Städte Schönebeck und Bad Salzelmen 1932 wurde er von KPD und SPD zur Wahl als Vorsteher des Stadtparlaments aufgestellt und unterlag durch Losentscheid bei Stimmengleichheit. Ende 1932 bis zu ihrer Auflösung besuchte er die Reichsparteischule Rosa Luxemburg in Berlin. Im Auftrag der Bezirksleitung organisierte er die illegale Widerstandsarbeit gegen das ns. Regime im Vorharz. 1933 in Magdeburg verhaftet, wurde er vom „Volksgerichtshof" zu drei Jahren Zuchthaus verurteilt, die er bis 1936 im Zuchthaus Brandenburg verbringen mußte. Die Auslandsleitung der KPD schloß ihn aus der Partei aus, um ihn von der weiteren illegalen Arbeit zu isolieren und um andere nicht zu gefährden. Unter Polizeiaufsicht wohnte er bis 1945 in Schönebeck. Nach der Besetzung durch die US-Armee am 11.04.1945 wurde er zum stellvertretenden Bürgermeister ernannt. Noch während des Parteienverbots organisierte er die KP und wurde wieder Mitglied der Partei nach ihrer Neugründung, später dann Mitglied der SED. Nach der Verhaftung des Bürgermeisters → Kurt Bauer durch die am 01.07.1945 eingerückte Rote Armee übernahm K. dessen Position, ehe er dann von 1946 bis 1951 das Amt des Oberbürgermeisters der kreisfreien Stadt Schönebeck ausübte. Nach der Wahl vom 20.10.1946 wurde er außerdem zum Abgeordneten des Landtages gewählt. Beim Wiederaufbau erwarb er sich Verdienste um die Reorganisation der Stadtverwaltung sowie um die Aufnahme und Eingliederung der zahlreichen Ausgebombten, der Flüchtlinge, Vertriebenen und Umsiedler, die überwiegend auf dem Elbweg aus der Tschechischen Republik nach Schönebeck. kamen. Dabei stieg die Einwohnerzahl von 34.000 vor dem Krieg auf fast 50.000. Unter dem Vorwurf des Verrats eines Genossen im Jahre 1933 sowie eines unangemessenen Lebenswandels schloß ihn die Partei 1952 aus und enthob ihn all seiner Ämter. Bis zu seinem Tod arbeitete er als selbständiger Tischler- und Zimmermeister im Ortsteil Salzelmen, wo er aktiv im Wohnbez. tätig war.

L: Kurt Schwarze, Hdb. des Landtages Sa.-Anh., 1947, *188* (*B*).

Ernst Lindner

Königstedt, Dietmar, Dr. rer. nat.
geb. 09.07.1947 Burg, gest. 11.01.1999 Rüterberg bei Dömitz/Elbe, Biologe, Ornithologe.

Nach einer Berufsausbildung als Forstfacharbeiter mit Abitur studierte K. von 1966 bis 1971 Biologie an der Univ. in Greifswald, wo er 1972 das Diplom in Zoologie erwarb und anschließend als wiss. Assistent tätig war. 1978 prom. er auf dem Gebiet der Mikrobiologie. Nach Tätigkeiten als stellvertretender Dir. des Schweriner Zoos (1986/87) und als wiss. Assistent an der Vogelwarte Hiddensee (1988–90) arbeitete K. ab 1990 in der Naturparkverwaltung Elbetal in Tripkau, wo er zunächst die Projektleitung des Naturschutzzentrums übernahm. Ab 1995 war er Leiter des Besucherzentrums des Naturschutzparkes „Elbtalaue" auf der Festung Dömitz. Als einer der führenden Ornithologen Dtls wurde K. in die Ornithologische Seltenheitskommission in Mecklenburg-Vorpommern, in die Bundesdt. Seltenheitskommission sowie in den Redaktionsbeirat der Zss. *Limicola* und *Der Falke* berufen. Insgesamt publizierte K. 150 wiss. Arbeiten, überwiegend zu ornithologischen Themen, aber auch über Lurche, Kriechtiere, Libellen, Heuschrecken und zu Problemen im Naturschutz. K.s große Sachkenntnis zur Ornis Bulgariens fand oftmals ihren Niederschlag als Quellennachweis im „Hdb. der Vögel Mitteleuropas" (Hg. Glutz von Blotzheim, 20 Bde). Ein weiteres großes Verdienst K.s waren die kritischen Auseinandersetzungen mit veröffentlichten Fehlbestimmungen in der Ornithologie und mit Veröffentlichungen zur Feldbestimmung seltener Vogelarten.

W: Berghänflinge und Schneeammern bei Burg, in: Der Falke, H. 13, 1966, *317*; Rotfußfalke und Odinshühnchen im Kr. Burg, in: ebd., H. 14, 1967, *319* (mit Bernd Nicolai); dies., Zwergschwanbeobachtungen im Binnenland, in: ebd., H. 15, 1968, *420f.*; dies., Zur Kenntnis der Avifauna des Kr. Burg, I. Tl., in: Naturkundlicher Jahresbericht Mus. Heineanum Halberstadt, H. 7, 1972, *43–80*; Rotfußfalke (Falco vespertinus) auf dem Frühjahrszug im Fiener Bruch bei Tuchheim/Kr. Genthin, in: Beiträge zur Vogelkunde, H. 26, 1980, *63*; Mai-Nachweis eines Tannenhähers im Kr. Burg, in: Apus, H. 4, 1980, *188f.* – **L:** Sigrid Robel/Bernd Nicolai, Dr. D. K. (1947–99), in: Mus. Heineanum Halberstadt (Hg.), Ornithologischer Jahresbericht, H. 17, 1999, *123–132* (*W, B*). – **B:** Brigitte K., Rüterberg (priv.)

Erwin Briesemeister

Koepcken, Friedrich von (seit 1786)
geb. 09.12.1737 Magdeburg, gest. 04.10.1811 Magdeburg, Jurist, Regierungsbeamter, Schriftsteller, Publizist.

K. besuchte ab 1751 die Schulen des Klosters U. L. F. und des Klosters Berge bei Magdeburg und ging 1756 zum Jurastudium nach Halle. Nach bestandener jur. Staatsprüfung wurde K. 1761 als Regierungsadvokat nach Magdeburg berufen. 1765 wurde ihm der Titel eines Geh. Hofrats verliehen, 1766 wurde er Syndikus des Stifts Petri und Pauli in Neustadt bei Magdeburg, 1776 Justitiar in Wolmirstedt und 1785 Syndikus des Klosters U. L. F. zu Magdeburg. Im Zusammenhang mit der Adelserhebung seines Cousins wurde auch er 1786 nobilitiert. Um 1790 gab er seine jur. Praxis auf und trat in den Ruhestand. Zeit seines Lebens war K. lit. interessiert und betätigte sich schon früh als Schriftsteller und Literaturkritiker. Seine wichtigste Leistung besteht allerdings in seinem Bemühen, das kulturelle Leben Magdeburgs zu bereichern und ein Forum für den geselligen Austausch lit. Interessierter über Standesgrenzen hinweg zu organisieren. Er war Gründungsmitglied des *Gelehrten Clubs* (später auch *Mittwochsges.* und ab 1775 *Lit. Ges.* genannt), einer über viele Jahrzehnte das geistige Leben der Stadt ao. befruchtenden Institution, der zahlreiche führende Magdeburger und auswärtige Persönlichkeiten angehörten, so z. B. → Friedrich Gabriel Resewitz, Johann Bernhard Basedow, Leopold Friedrich Günther von Goeckingk, → Karl Zerrenner und → August Wilhelm Francke. In den Wirren des Siebenjährigen Krieges entstanden, als die stärkste preuß. Festung Magdeburg dem Berliner Hof Schutz gewährte, trafen sich hier erstmalig lit. Gleichgesinnte, die innerhalb ihrer Gemeinschaft, bezogen auf die Inhalte des Klublebens und bei gleichzeitiger Abgrenzung nach außen, bürgerliche Gleichheitsideale verwirklichten und sich aufklärerischen Gedanken verpflichtet fühlten. K. gehörte dem Club bis zu seinem Tode als exponiertes Mitglied an und hatte wesentlichen Anteil an der Aufrechterhaltung des Gesellschaftslebens. Ab 1786 war er Leiter der Lesebibl. der *Lit. Ges.* und beteiligte sich an deren wichtigsten Gemeinschaftsprojekten (Herausgabe der *Nachrichten zur Litt.*, 1762–1764, und der *Anzeige gemeinnütziger Bücher*, 1774) sowie an verschiedenen anderen Zss.-Projekten einzelner Mitglieder, so etwa an Johann Samuel Patzkes Wochenschrift *Der Greis* (1763–1766). K.s Haus war oft Mittelpunkt des Gesellschaftslebens der Stadt. Er stand in engem brieflichen und persönlichen Kontakt mit vielen bekannten Dichtern seiner Zeit, so z. B. mit Klopstock, Gleim, Ramler, → Friedrich von Matthisson und Wieland, zu dessen *Teutschem Merkur* er verschiedene Beiträge lieferte. K. hielt seine eigenen poetischen Versuche lange nicht für druckreif; sie erschienen als Slg. erst nach seinem Rückzug ins Privatleben. Sein Oeuvre umfaßt neben dem von ihm als Hauptwerk betrachteten und Klopstock gewidmeten „Hymnus auf Gott" v.a. geistliche Lieder, poetische Episteln, anakreontische Gedichte und Skolien (Trinklieder) für gesellige Zusammenkünfte, die er in von ihm hg. Sammelbänden für die *Lit. Ges.* einrückte. K.s dichterische Ideale waren Eleganz und Mühelosigkeit in Vers und Sprache, seine Vorbilder sah er z. B. in Horaz, in der franz. Poesie und in Klopstock, Ramler, Gleim und Friedrich von Hagedorn. Dem Geniekult des Sturm und Drang und den anderen zeitgenössischen lit. Ausdrucksformen konnte er sich nicht mehr öffnen, er blieb Zeit seines Lebens Anhänger seines in der Jugend erworbenen Kunst- und Literaturverständnisses (vgl. „Versuch über die Manier unserer bekannteren Dichter", 1796).

W: Hymnus auf Gott, nebst andern vermischten Gedichten: Abdrücke für Freunde, 1792, ²1804; (Hg.) Skolien, 1794; Meine Lebensgesch. besonders in Rücksicht auf Geistes- und Charakterbildung. Für meine Kinder aufgesetzt im September 1794, in: Fam.-Nachrichten für die Nachkommen A. H. Franckes, 6. St., 1916, *1–63*; Versuch über die Manier unserer bekannteren Dichter, in: Dt. Monatsschrift, 2. Bd., 1796, *136–171*; (Hg.) Skolien für den lit. Clubb in Magdeburg, 1798; Episteln. Zum Anhange vermischte Gedichte. Abdrücke für Freunde, 1801, ²1805. – **L:** ADB 16, *675–678*; Killy 6, *436f.* (*W*); Karl Goedeke, Grundriß zur Gesch. der dt. Dichtung, Bd IV/1, *967*; Karl Heinrich Jördens (Hg.), Lex. dt. Dichter und Prosaisten, Bd. 6, 1811, *757–768*; → Waldemar Kawerau, Magdeburgs lit. und ges. Zustände im 18. Jh., in: MonBl 29, 1877, *307f., 314f., 323*; ders., F. v.K., in: ebd. 32, 1880, *171f., 178–181*; Franz Muncker, Aus F. v.K.s Autobiogr., in: Im neuen Reich II, 2, 1881, *562–567*; Waldemar Kawerau, Aus Magdeburgs Vergangenheit. Beiträge zur Litt.- und Kulturgesch. des 18. Jhs, 1886; → Erich Valentin, F. v.K. und die Magdeburger „Lit. Ges.". Auszüge aus der Selbstbiogr. K.s (1794), in: MonBl 73, 1931, *65–68*.

Heiko Borchardt

Köppe, *Heinrich* Johann

geb. 25.07.1876 Letzlingen, gest. 21.09.1954 Dolle, Molkereifachmann, Gastwirt, Kaufmann, Sportler.

Nach der Grundschule 1882–90 absolvierte K. ab 1890 eine Ausbildung zum Molkereifachmann und war später in diesem Beruf wie auch als Gastwirt tätig. 1914–18 diente er als Soldat im I. WK. Von 1934 bis 1954 führte er ein Zigarrengeschäft, später einen Gemischtwarenhandel. Mehr als zehn Jahre war er Rendant der Spar- und Darlehenskasse in Dolle. K. gilt als der „Turnvater" des kleinen Ortes. Ab 1899 baute er den seit etwa zehn Jahren brachliegenden *Männerturnverein Dolle* neu auf und war 1903 Initiator und Gründungsmitglied des Letzlinger *Heide-Gaus „Tanne"*. Durch K. wurden Leibesübungen wie Turnen am Barren und Reck sowie Kraftübungen und Mattenturnen wieder ausgeübt. Jährlich fanden Heide-Gau-Turnfeste statt. 1907 ließ D. das Jahn-Denkmal erbauen und stiftete dafür den Hauptstein. Für seine verdienstvolle Arbeit erhielt er 1905 vom *Männerturnverein Dolle* ein Diplom; 1914 wurde er zum Ehren-Gauturnwart ernannt. Der Ende der 1930er Jahre verbotene Turnverein wurde 1949 als *Sportverein „Tanne"* neu gegründet. K. gehörte ihm bis zu seinem Tode als Ehrenmitglied an. 1950/51 ließ er einen Sportplatz anlegen, der seinen Namen erhielt. Seine sportlichen Erfahrungen gab er an seinen Sohn Eberhard weiter. Eine kleine Chronik seines Lebens befindet sich im Fundament des Jahn-Denkmals.

Marina Kitzel

Köppe, Johann Friedrich *Adolf*, Dr. agr. h.c.

geb. 10.10.1874 Fischbeck/Kr. Jerichow II, gest. 20.11.1956 Norden/Ostfriesland, Landwirt, Tierzüchter.

K.s Vater, der Ackergutsbesitzer Johann Joachim K., gehörte 1876 in Fischbeck zu den zehn Begründern der ersten *Rinderstammzuchtgenossenschaft* in Dtl., die gleichzeitig als die erste dt. Herdbuchvereinigung genannt werden kann. Beste Voraussetzungen für die Tierzucht boten im Elbauengebiet die Kenntnisse der Bauern im Deich- und Ackerbau sowie ein uralter Handelsweg der Händler hochwertigen Viehs von Ostfriesland und Oldenburg nach Schlesien, der über die Elbfährstraße von Tangermünde zum Rastplatz Fischbeck führte und als Bezahlung des Futtergeldes neugeborene schwarzbunte Kälber hinterließ. Der Weg des einzigen Sohnes des K. war damit vorgezeichnet. Nach der Realschule in Fischbeck und der Praxis im Familienbetrieb besuchte er die Landwirtschaftsschule in Erfurt und studierte im Wintersemester 1891/92 an der Univ. Halle bei Julius Kühn allg. Tierzuchtlehre und bei Rudolf Disselhorst Anatomie. Die Kenntnis vom Skelett und seiner Mechanik und die nun mögliche Verbindung des Äußeren des Tieres mit dem Knochengerüst bildeten die Grundlage für K.s spätere überragende Tierbeurteilung. 1905 übernahm er den elterlichen Hof und setzte die Tradition der Rinderzüchtung fort. Er wurde Vors. der *Rinderstammzuchtgenossenschaft* und in die Bullenankaufkommission gewählt. Entsprechend den Stammzuchtstatuten widmete sich K. der Reinzucht einer Rasse, des schwarzbunten Rindes, und begründete damit ein allg. anerkanntes Zuchtverfahren. Die Erfahrung mit eigenen Tieren trug zur Erweiterung des Wissens in der Vererbungslehre bei. So erkannte er später als Zuchtdir., daß rotbunte Nachkommen aus schwarzbunten Eltern durch Aufspaltung in ihre Ausgangsgruppe zurückzuführen sind. Die Inzestzucht führte bei ihm nicht zum Erfolg, jedoch erlangte er Fortschritte in der Reinzucht durch Paarung von Verwandten. Die ersten Zuchterfolge erreichte K. mit der vom Vater übernommenen Kuh „Haustaube". Ihre zahlreichen Nachkommen erhielten hohe Bewertungen auf Körungen und Ausstellungen und erbrachten gute Milch- und Fettleistungen. Auf der *DLG*-Schau 1909 in Leipzig erhielten drei Kühe aus seiner Zucht einen I. Familienpreis.

Als letztes erfaßtes Glied seiner Kuhfamilie, die 1876 begann, zählt die 1941 geb. Kuh „Gerda", die dank Verbreitung ihrer Söhne und Enkel mit zu den einflußreichsten Kühen der altmärkischen Zucht gehörte. K.s Zuchterfolge und seine Mitgliedschaft in der *Dt. Ges. für Züchtungskunde* machten ihn in Dtl. bekannt. So nahm der altmärkische Bauer 1921 das außergewöhnliche Angebot an, als Tierzuchtdir. für den *Verein Ostfriesischer Stammviehzüchter* (*VOST*) tätig zu werden. Wirtsch. Gesichtspunkte hinsichtlich Erhöhung der Milchmenge und des -fettgehaltes (Ziel 4 %, ab 1956 5 %) prägten das Zuchtziel. K. erkannte die entscheidende Rolle des Euters bei der Leistungssteigerung. Er entwickelte ein Punkteschema, das in ähnlicher Form für *DLG*-Prüfungen übernommen wurde. Er analysierte zudem die Blutlinien sowie die Ahnen- und Verwandtschaftsleistungen und ermittelte so bei Töchter-/Müttervergleichen und mit dem Einsatz von Fettbullen die Leistungsvererber. K. hatte wesentlichen Anteil daran, daß 1934 das Dt. Rinderleistungsbuch in ein Dauerleistungsbuch überführt und 1946 das Elite-Buch für Zuchtkühe und -bullen eingeführt wurde. Er zählt als Gestalter des schwarzbunten Niederungsrindes zu den Großen der Tierzucht, die Rassen wie das veredelte Landschwein oder das Hannoversche Pferd schufen, und wurde für seine Leistungen vielfach geehrt, u. a. 1937 mit der Goldenen Hermann-von-Nathusius-Medaille der *Dt. Ges. für Züchtungskunde*, 1947 mit dem Dr. h.c. der Univ. Halle, 1952 mit dem Bundesverdienstkreuz und mit der Ehrenmitgliedschaft der *Herdbuchges. Sa.-Anh.*

W: Inzucht und Individualpotenz in der schwarzbunten Rinderzucht, 1921; Die wichtigsten Blutlinien des Ostfriesischen schwarzbunten und rotbunten Rindes, 1923, ³1933; Ostfrieslands Rinderzucht zwischen zwei Weltkriegen (1920–1940), 1946; Ostfriesische Elitebullen 1900–1940, 1948. – **L:** Johanna K.-Forsthoff, A. K. Ein Leben für die Tierzucht, 1959 (**B*); Fs. 120 Jahre Rinderzuchtgenossenschaft Fischbeck. 40. Todestag Dr. h.c A. K., 1996 (*B*); Heinz Brandsch, Kurzbiogr. dt. Tierzüchter der Vergangenheit, Ms. ²1990, *70* (Univ. Leipzig).

Lothar Drebber

Köppen, Joachim *Edlef* (Ps.: Joachim Felde 1934–39)
geb. 01.03.1893 Genthin, gest. 21.02.1939 Gießen, Schriftsteller, Dramaturg, Übersetzer.

Der Sohn des praktischen Arztes Robert K. besuchte das Progymn. in Genthin, anschließend das Victoria-Gymn. in Potsdam. Hier lernte K. den späteren Schriftsteller Hermann Kasack kennen, mit dem er in lebenslanger Beziehung stand. Nach der Reifeprüfung 1913 studierte K. zunächst Germanistik in Kiel, danach in München, und belegte auch Seminare in Kunstgesch. und Phil. Im August 1914 meldete er sich als Kriegsfreiwilliger und wurde in Burg stationiert. K. war 1914–18 als Frontkämpfer in Frankreich und Rußland eingesetzt und wurde mehrfach verwundet. 1915 veröffentlichte er sein erstes Gedicht in Franz Pfemferts expressionistischer Zs. *Die Aktion*. Nach seiner Entlassung als Leutnant der Reserve mit der Verleihung des EK II und I und einem weiteren Krankenhausaufenthalt setzte K. ab 1919 sein Studium in München fort. Die geplante Prom. wurde nicht zum Abschluß gebracht. K. war 1920–22 im *Verlag Gustav Kiepenheuer Potsdam* als Lektor tätig. Aus dieser Zeit stammte die Bekanntschaft mit Oda Weitbrecht. Er heiratete 1921 Hedwig Witt, die er bereits 1917 kennengelernt hatte. 1924 wurde seine Tochter Gabriele geb. 1923 gründete K. den Eigenverlag *Hadern Verlag*. Ab 1924 wirkte er im lit. Beirat in der Berliner Rundfunksendestelle *Funkstunde* mit, ab 1925 erhielt er dort eine feste Vertragsanstellung, und 1929 wurde er Leiter der lit. Abt. der *Funkstunde*. Diese Arbeit inspirierte ihn zu neuen künstlerischen Techniken, insbesondere zur Montage, die auch in seinem 1930 (²1976) erschienenen Roman „Heeresbericht", seinem Hauptwerk, Anwendung fand. K., der sich in der Zeit der Weimarer Republik einen Namen als Lyriker, Erzähler und Kritiker gemacht hat, bewies in diesem Roman seine humanistische und pazifistische Grundhaltung. Der Roman enthält eine deutliche Anti-Kriegsaussage, die auf der Auseinandersetzung mit seinen persönlichen Kriegserlebnissen basiert. K. verband die Romanhandlung mit Zeitdokumenten, wie Verfügungen, Kaiserreden, Heeresberichten, Presseverlautbarungen u. a., und erhöhte so die Authenzität. Am 01.04.1933 wurde K. entlassen. Er zog im Sommer 1933 von Potsdam nach Wilhelmshorst/Mark Brandenburg. Im gleichen Zeitraum wurde auch sein Roman „Heeresbericht" verboten. Ab 1934 hatte K. totales Publikationsverbot und konnte nur noch unter dem Ps. Joachim Felde (Felde als Palindrom von Edlef) veröffentlichen, 1938 letztmalig. K. war 1934–36 bei der *Agfa-Film AG* und als Chefdramaturg bei der *Tobis-Europa-Film A. G. Berlin* tätig. 1938 wurde er von einer schweren Krankheit als Folge einer Kriegsverletzung befallen, er verstarb im Lungensanatorium Seltersberg bei Gießen.

W: Die Histori von ein trocken Schiffahrt …, 1924; Vier Mauern und ein Dach, 1934. – **N:** Siegmund Kopitzki, Konstanz. – **L:** NDB 12, *371f.*; Kosch LL 9, Sp. *118*; Killy 6, *437f.*; Jutta Vinzent, E. K. – Schriftsteller zwischen den Fronten, Diss. München 1997 (*W*, *L*). – **B:** *StadtA Genthin.

Gabriele Herrmann

Köppen, *Maximilian* (*Max*) **Johann,** Prof.
geb. 30.10.1877 München, gest. 11.07.1960 Weilheim, Maler, Porzellanmaler, Graphiker, Kunstgewerbe- und Zeichenlehrer, Studienrat.

Der Sohn des bekannten Münchner Kunstmalers Theodor K. studierte 1892–94 in München an der Zeichenschule von Heinrich Knirr und 1894–97 bzw. 1903 an der Münchner Kunstakad. Malerei und wurde Meisterschüler bei Franz von Stuck, von dem er nach Abschluß des Studiums für vier Jahre ein Atelier an der Akad. erhielt. 1903 wurde er mit dem Graf-Schack-Preis ausgezeichnet, der mit einer Studienreise nach Italien und Spanien verbunden war. Zwischenzeitlich leitete K. eine Privatschule in Metz. 1907–34 unterrichtete K., zunächst bis 1909 als Hilfslehrer, im Fach Aktzeichnen und figürliches Zeichnen/Entwerfen an der Kunstgewerbe- und Handwerkerschule Magdeburg, später auch im Fach Anatomie. 1923 wurde er zum Prof. ernannt. Ab 1912 war K. Gründungs- und Vorstandsmitglied der Künstlervereins *Börde* in Magdeburg. Neben Freilichtakten, Porträts und Landschaften trat K. vor allem mit Lithographien und Zeichnungen hervor. Zum April 1934 auf der Basis des § 6 des Gesetzes zur Wiederherstellung des Berufsbeamtentums in den Ruhestand versetzt, zog er mit seiner Fam. nach Diessen-St.Georgen und wenig später nach Riederau/Bayern. K. gehörte in der Folge zu den Malern, die sich in der Künstlerkolonie am Westufer des Ammersees zusammenfanden. In seinen späten Jahren entstanden Landschaftsbilder aus dieser Gegend. Er beteiligte sich bis zu seinem Tode an zahlreichen Ausstellungen im Kreis der Ammerseemaler.

L: Thieme/Becker 21, *173*; Jahresberichte der Kunstgewerbe- und Handwerkerschule Magdeburg 1893ff.; Magdeburgische Ztg. vom 08.12.1907; Anton Heindl, Das Westufer des Ammersees, ein zweites Worpswede. Ein Beitrag zur Gesch. einer oberbayerischen Künstlerkolonie, in: Jb. Lech-Isar-Land, 1964, *112–149*; Horst Ludwig, Stuck und seine Schüler, Ausstellungskat. München 1989; Norbert Eisold, Die Kunstgewerbe- und Handwerkerschule Magdeburg 1793–1963, Kat. Magdeburg 1993, *25*; Hanns Paul Rachinger, Lex. der Ammerseemaler, Bd. 1, 1993; Bundesarchiv Berlin: Sign. R 4901, Abt. X, Fach K, K 462 (PA); Bundesarchiv Berlin: Sign. R 4901, Abt. X, E 9821, *188ff.* (Akte der Kunstgewerbe- und Handwerkerschule Magdeburg). – B: *H. Theis, Raisting-Ammersee: Selbstbildnis.

Gerd Kley

Körbs, Herbert

geb. 18.10.1907 Pößneck, gest. 17.05.1983 Magdeburg, Schauspieler, Regisseur.

K. stammte aus einem bürgerlichen Elternhaus. Er wuchs in Weimar auf und hatte als Statist mit zwölf Jahren seine ersten Kontakte zum Theater. Nach einer kaufmännischen Lehre nahm er privaten Schauspielunterricht bei Carl Schreiner. Sein erstes Engagement erhielt K. mit 22 Jahren am Nationaltheater Weimar und wechselte dann für zwei Spielzeiten ans Freiberger Theater. In den Freiberger „Lehrjahren" spielte er von der Klassik bis zur Operette alles, was ein ehrgeiziger junger Mann nur spielen konnte. 1932–40 war K. am Meininger Theater engagiert. Diese Meininger Zeit hat ihn ganz entscheidend geprägt, und er wurde zu einem vielbeschäftigten, wandlungsfähigen Charakterdarsteller. Hier lernte er die Schauspielerin und seine spätere Ehefrau Hildegard Dreyer (1910–98) kennen und stand mit ihr oft gemeinsam auf der Bühne, so auch 1935 als „das" klassische Liebespaar Ferdinand und Luise in Schillers „Kabale und Liebe". Sein Regie-Debüt gab K. ebenfalls in Meiningen mit „Der Kaufmann von Venedig". Damit war der Grundstein für eine ganz neue Aufgabe gelegt, von der sein weiterer beruflicher Werdegang wesentlich mitbestimmt wurde. Den damit verbundenen Herausforderungen hat sich K. in allen nachfolgenden Engagements mit großem Fleiß und viel Kreativität immer wieder gern und erfolgreich gestellt. 1940–44 war K. als Oberspielleiter und Schauspieler am Stadttheater Görlitz tätig und wurde noch im September 1944 zum Kriegsdienst eingezogen. Nach dem Ende des Krieges waren das Stadttheater Jena (1945–49) und die Theater Halberstadt und Leipzig (Gastregien) seine Wirkungsstätten, bevor er 1950 für sechs Jahre am Stadttheater Zittau als Oberspielleiter und Schauspieler arbeitete. Am Theater Jena erfüllte er sich einen lang gehegten Wunsch und inszenierte mit „Figaros Hochzeit" seine erste Oper. 1957 holte ihn sein langjähriger Freund, der Intendant Heinz Isterheil, an das Magdeburger Theater. Es sollten seine erfolgreichsten und erfülltesten Jahre als Schauspieler und Regisseur werden. In mehr als 40 Stücken führte K. Regie (u. a. „Faust", „Egmont", „Mutter Courage", „Nachtasyl"). Seine Faust-Inszenierung (1958 Großes Haus) mit → Hasso von Steuben in der Rolle des Faust und mit ihm selbst, alternierend mit Heinz Isterheil, als Mephisto, stand fünf Jahre auf dem Spielplan und wurde zur erfolgreichsten Magdeburger Schauspielinszenierung der damaligen Zeit. Nahezu 48.000 Besucher sahen die insgesamt 48 Vorstellungen. Nicht selten führte K. Regie und übernahm auch gleichzeitig das Spielen einer Rolle. Mit überzeugender Gestaltungskraft beeindruckte und begeisterte er immer wieder das Publikum: ob als König Lear, Julius Caesar, Geßler, Herzog Alba – aber auch als Prof. Mamlock, als General in „Der Richter von Zalamea", als Kardinal in „Der Stellvertreter" oder als Frank der Fünfte im gleichnamigen Stück von Dürrenmatt. Von 1956 an kamen für K. kleinere und größere Rollen bei Film und Fernsehen hinzu. Dieser Arbeit widmete er sich mit der gleichen Intensität wie seiner Theaterarbeit. In über 30 Spiel- und Fernsehfilmen wirkte er im Laufe der Jahre mit, so u. a. in „Der Hauptmann von Köln" (1956), „Gewissen in Aufruhr" (1969, mehrteiliger Fernsehfilm), „Die Abenteuer des Werner Holt" (1964), „Jeder stirbt für sich allein" (1970). Seine letzte Theater-Rolle spielte K. in Frank Wedekinds „Der Kammersänger" in der Regie von → Rolf Kabel (1971, Podiumbühne), bevor er 1975 nach über 46 Jahren engagierter Arbeit am und im Theater in den Ruhestand trat.

L: → Friedemann Krusche, Theater in Magdeburg, Bd. 2, 1995; Archiv des Theaters der Landeshauptstadt Magdeburg; Unterlagen Fam. Schmieder, Magdeburg (priv.). – *B: Archiv des Theaters der Landeshauptstadt Magdeburg.

Manfred Michael

Körner, *Edmund* Hermann Georg, Prof.
geb. 02.12.1874 Posottendorf-Leschwitz/Kr. Görlitz, gest. 14.02.1940 Essen, Architekt.

Nach Abschluß der Bauschule in Sulza studierte K. bis 1906 an den TH Dresden und Charlottenburg. 1906–08 besuchte er die Berliner Akad. der Künste, wo er 1907 den Staatspreis für Architektur bekam. In den Jahren 1909–11 wirkte K. als künstlerischer Leiter der Entwurfsabt. des Hochbauamtes Essen und lehrte ab 1911 als Prof. an der Künstlerkolonie Darmstadt. 1919 ließ er sich als Architekt in Essen nieder. Mit dem Entwurf und dem anschließenden Bau der Essener Synagoge (1911–13) begründete sich sein Ruf als Architekt. K. schuf Entwürfe für Kirchen, Friedhöfe, Wohnhäuser, Verwaltungsgebäude und Industriebauten. Seine Arbeiten lassen expressionistische Einflüsse erkennen und trugen zum Wiederaufleben der Ziegelarchitektur bei. Zu den wichtigsten Bauten zählen u. a. die Baugewerkeschule, die Börse und das Folkwang-Museum, sämtlich in Essen. Mit Magdeburg verbinden ihn 1916 gefertigte, richtungsweisende Entwürfe für das Verwaltungsgebäude und die Schmiede (1922) der Fa. *Mackensen* auf dem Elbindustriegelände.

W: Zeitgedanken über Individualismus und Organisation in der Baukunst, in: Fs. zum 25jährigen Regierungs-Jubiläum des Großherzogs Ernst Ludwig von Hessen und bei Rhein, 1917, *155–171.* – L: NDB 12, *381f.*; DBE 5, *671*; Reichshdb 1, *993f.* (B); Thieme/Becker 21, *179f.*; Wasmuths Lex. der Baukunst, Bd. 3, 1931, *422f.*; Claudia Gemmeke, Die „Alte Synagoge" in Essen (1913), 1990; Barbara Pankoke, Der Essener Architekt E. K. (1874–1940). Leben und Werk, 1996 (B).

Sabine Ullrich

Kohlrausch, *Christian* Georg
geb. 02.04.1851 Benneckenstein, gest. 11.12.1934 Halberstadt, Turner, Lehrer, Turnpädagoge, Begründer der Magdeburger Spielbewegung und des Turnlehrerverbandes der preuß. Provinz Sachsen.

Der Sohn eines Bauern und Kaufmanns ging nach Abschluß seiner Schulbildung 1868–71 auf das Seminar in Halberstadt, um Volksschullehrer zu werden. Er arbeitete zunächst in Osterwieck, wechselte aber noch 1871 an das Halberstädter Domgymn., wo er eine Vorschule einrichtete, an der er bis Ostern 1880 als erster Lehrer wirkte. Zugleich erteilte er Ende der 1870er Jahre Turnunterricht am Gymn. Im Winter 1878/79 besuchte K. die Turnlehrer-Bildungsanstalt in Berlin und richtete nach seiner Rückkehr 1879 Turnspiele und englische Jugendspiele für Gymnasiasten an den schulfreien Nachmittagen ein. 1880 wurde er an das Pädagogium zum Kloster U. L. F. Magdeburg berufen, wo er 33 Jahre lang seinen beruflichen Lebensmittelpunkt hatte. Neben anderem Unterricht erteilte er den gesamten Turnunterricht und entfaltete überhaupt eine mannigfache Tätigkeit zur Reformierung des Schulturnens. Er verbesserte sofort das Schulturnen, indem er seine Halberstädter Turn- und Sportspiele sowie volkstümliche Übungen erfolgreich einführte. Auf der Grundlage langjähriger Studien (bis 1882) popularisierte er in Dtl. das antike Diskuswerfen, das er zusammen mit seinen Schülern experimentell modernisierte. Als zweites Ergebnis seiner Antikestudien entwickelte er einen „griechischen Fünfkampf" inklusive Diskuswerfen, den er aus erzieherischen Gründen als einen Schülerwettkampf im Rahmen der Schuljahresfeste organisierte. K. war der eigentliche Begründer der Spielbewegung in Magdeburg, die seit den 1870er Jahren das stark formalisierte schulische und außerschulische Turnen durch Bewegungsspiele und Leibesübungen im Freien reformieren wollte. Pädagogen, Ärzte, Kommunal- und Staatsbeamte sowie Offiziere gründeten dazu 1891 den Zentralausschuß zur Förderung der Volks- und Jugendspiele (bis 1923), der durch Werbung, Aufklärung und finanzielle Unterstützung „Leibesübungen in freier Luft" in Schulen und Vereinen ermöglichte. Bereits 1882 verwies das preuß. Kultusministerium im sog. „von Goßler'schen Spielerlaß" auf K.s publizistische Tätigkeit. Aber erst 1891/92 konnte er zusammen mit → Oskar Berger, → Carl Dankworth, dem Stadtschulrat Emil Platen und dem Oberbürgermeister → Friedrich Bötticher die Spielbewegung in der Stadt zum entscheidenden Durchbruch führen. K. wandte vor allem dem Mädchenturnen seine volle Aufmerksamkeit zu. Seit 1882/84 hielt er Kurse zur Ausbildung von Turnlehrerinnen ab und seit 1906 auch für Schwimmlehrerinnen. Von 1891 bis 1907 war er Mitglied der staatl. Prüfungskommission für Turnlehrerinnen bzw. seit 1906 für Schwimmlehrerinnen in Magdeburg. Zusammen mit seinen Kollegen im *Turnlehrer-Verein*, den er 1885 gegründet hatte, hielt er von 1893 bis 1902 Spielkurse zur Weiterbildung von Lehrern und Lehrerinnen ab. Für das Magdeburger Mädchenturnen forderte er 1908 einen verbindlichen Normallehrplan, in dem auch die Jugendspiele verankert werden sollten. 1891 regte er die Gründung des *Turnlehrer-Vereins der Provinz Sachsen* an, den er bis 1901 als Vorstandsvors. leitete. Seitdem vertrat er als Ehrenmitglied den Provinzialverband beim *Dt. Turnlehrerverein*, den er 1893/94 mitgegründet hatte. Dieser tagte auf seine Anregung hin und auf Einladung des *Lehrerturnvereins* vom 03.-06.06.1900 in Magdeburg. Außerdem war K. Vors. der Gartenkommission im *Verein für Kinderspielgärten*, im *Männerbund zur Wahrung und Pflege für öffentliche Sittlichkeit* und im 1892 gegründeten Volksspielausschuß. Er war die Persönlichkeit des Magdeburger Schulturnens zur Zeit des Wilhelminischen Kaiserreichs, die auch das umfangreichste gedruckte Schrifttum hinterlassen hat. 1913 pensioniert, engagierte er sich nach dem I. WK für die Volksbildung in Magdeburg. So fungierte er 1919 als Hg. des Volkshochschulbl. *Mittlgg. und Literaturbl. der Lehrer und Hörer der Volkshochschule*.

W: Der Diskus. Anleitung zur Einführung des Diskuswerfens auf unseren Turn- und Spielplätzen für alle Turner, besonders für Turnlehrer und -schüler höherer Unterrichtsanstalten, 1882; Das Turnen in Magdeburg. Ein hist. Abriß der Entwicklung der Leibesübungen in Magdeburg, 1892; Dt. Turnen. Vorträge und Lehrpläne, 1908. – **L:** Carl Euler (Hg.), Encyklopädisches Hdb. des gesamten Turnwesens und der verwandten Gebiete, Bd. 1, 1894, *670f.*; Wer ist's 10, 1935; Vf., C. K., Turnlehrer, Pionier der Spielbewegung und des Turnlehrerverbandes der Provinz Sachsen, in: Matthias Puhle (Hg.), Zwischen Kanzel und Katheder, 1998, *93–100* (**B**). – **B:** *Slg. Vf., Magdeburg (priv.).

Michael Thomas

Kollwitz, Johannes
geb. 28.02.1902 Oschersleben, gest. 11.06.1957 Paderborn, kath. Theologe.

K. wurde 1926 in Paderborn zum kath. Priester geweiht. Seine erste Seelsorgestelle war Langenweddingen. 1929–35 war K. hauptamtlicher Diözesansekretär des Bonifatiusvereins in Paderborn. Als solcher hatte er eine wichtige Aufgabe beim Auf- und Ausbau der Seelsorgestellen im Erzbischöflichen Kommissariat Magdeburg. Ab 1935 war K. Pfarrvikar in Groß-Ottersleben und wirkte dort ab 1938 als Pfarrer an der unter → Lorenz Wienand gebauten Kirche „Maria Hilfe der Christen". Als am 11.04.1945 die amerikanischen Truppen vor Groß-Ottersleben standen, ging ihnen K. mit einer weißen Fahne entgegen und erreichte, daß der Ort nicht zerstört wurde. K. sollte Bürgermeister werden, lehnte jedoch ab. Auf seinen Vorschlag hin wurde Willi Vester am 15.04.1945 vom amerikanischen Kommandanten zum ersten Bürgermeister nach dem Krieg in Groß-Ottersleben ernannt. Bedingt durch die Teilung Dtls war die Verbindung des Erzbischöflichen Kommissariates Magdeburg zum Erzbistum Paderborn zuerst erschwert, dann faktisch unterbrochen worden. Vorausschauend wurden daher eigene kirchliche Leitungsstrukturen ausgebaut: Unter Kommissar → Wilhelm Weskamm erhielt K. 1946 die Berufung zum Finanzdir. und Geistlichen Rat am Erzbischöflichen Kommissariat Magdeburg. Hier arbeitete er eng mit → Heinrich Solbach, seinem späteren Amtsnachfolger, zusammen. Für seine sachkundige und kluge Arbeit wurde er 1954 zum Ehrendomherrn in Paderborn ernannt. Er verstarb plötzlich während eines Dienstaufenthaltes in Paderborn. Sein Grab befindet sich in Magdeburg-Ottersleben.

L: ZBOM; Archiv des Bonifatiuswerkes im Erzbistum Paderborn. – **B:** *ebd.

Ludwig Stegl

Konitzer, *Paul* Ignatz, Dr. med.
geb. 01.02.1894 in Preuß. Friedland, gest. 22.04.1947 Dresden (Suizid im sowjetischen Militärgefängnis), Arzt, Stadtmedizinalrat.

Nach Abschluß der Gymn. in Preuß. Stargard und Kulm an der Weichsel studierte K. Jura und Med. in Berlin und Greifswald, nahm 1914–19 als Sanitätsfeldwebel am I. WK teil, prom. 1920 und erhielt die Approbation. Er arbeitete wiss. am Hygiene-Inst. der Univ. Greifswald, war 1921 Bezirksfürsorgearzt in Stollberg/Sachsen und 1921–25 Stadtrat und Stadtmedizinalrat in Dortmund-Hörte. 1926 wurde K. zum leitenden Fürsorgearzt in Magdeburg ernannt, 1928 zum Stadtrat gewählt und zum Stadtmedizinalrat sowie Dezernenten für Wohlfahrtspflege berufen. 1928 trat er in die SPD ein, wurde Mitglied des *Reichsbanners Schwarz-Rot-Gold* und des *Republikschutzbundes*. K. bemühte sich darum, gemeinsam mit den Magdeburger Oberbürgermeistern → Hermann Beims und → Ernst Reuter sozialdemokratische Grundsätze im Gesundheitswesen der Stadt durchzusetzen. Mit der Anstellung von Schul- und Fürsorgeärzten sowie Schulzahnärzten wurde der Gesundheitszustand der Jugend verbessert. Gute Erfolge wurden auch bei der Bekämpfung der Säuglingssterblichkeit und der Tuberkulose erzielt. Er initiierte 1928 die „Magdeburger Gesundheitswochen" und die damit verbundene Dt. Hygiene-Ausstellung in Magdeburg. In seiner Amtszeit erfolgte eine grundlegende Modernisierung der Magdeburger Krankenhäuser, u. a. der Bau des Chirurgischen Pavillons und der neuen Hautklinik in Magdeburg-Sudenburg. K. organisierte eine „Gesundheitsdeputation" aus Magistratsmitgliedern, Stadtverordneten und kompetenten Bürgern zu allen Fragen der Gesundheitspflege und Prophylaxe, wie Wohnungs-, Gewerbe- und Unfallhygiene. Zudem förderte er die Einführung von öffentlichen und kostenlosen Beratungsstellen unter spezialärztlicher Leitung in den Krankenhäusern, u. a. Sprachstörungs-, Schwerhörigen-, Alkoholiker-, Sexual- und Eheberatungsstellen. 1929 entwarf er Pläne zur Demokratisierung des Gesundheitswesen im Zuge der Verwaltungsreform in Preußen und im Reichsgebiet. Er war Berater des Dt. Städtetages. 1933 wurde K. gemeinsam mit Reuter von Nationalsozialisten aus dem Magdeburger Rathaus vertrieben, kurzzeitig in Schutzhaft genommen und jüd. Abstammung verdächtigt. K. übernahm danach eine ärztliche Allgemeinpraxis in Dresden. Während des II. WK war K. zunächst Truppenarzt, danach Oberstabsarzt und leitender Hygieniker des Wehrkreises IV (Dresden), tätig auch in Kriegsgefangenenlagern. 1944 wurde er auf Betreiben des SS- und Polizeiführers Elbe wegen politischer Unzuverlässigkeit amtsenthoben. Im Juni 1945 zum Staatssekretär und Leiter des Gesundheitswesens im Land Sachsen berufen, trat er im gleichen Jahr wieder in die SPD, seit 1946 SED, ein. Seit dem 11.09.1945 war K. Präsident der Zentralverwaltung für Gesundheitswesen (ZVG) der SBZ (Vorläufer eines Ministeriums). Die Eindämmung des Fleckfiebers trotz Millionen von Flüchtlingen wurde als sein Verdienst angesehen. Er widersetzte sich der Säuberung des Verwaltungsapparates in der SBZ von Mitarbeitern, die an sozialdemokratischen Grundsätzen festhielten, und wurde konspirativer Verbindungen zu ehemaligen Sozialdemokraten wie Gustav Klingelhöfer und dem LDP-Vors. Wilhelm Külz verdächtigt. Er plante u. a., den früheren Regierungspräsidenten und Oberbürgermeister von Magdeburg, → Otto Baer, nach dessen Maßregelung durch die SMAD zum Leiter der Finanzabt. der ZVG zu berufen. Auf Betreiben seines Stellvertreters, Prof. Dr. Maxim Zetkin, wurde K. unter dem Vorwurf, als leitender Hygieniker des Wehrkreises IV auch für das Massensterben russischer Kriegsgefangener im Stalag 304, Zeithain, verantwortlich gewesen zu sein, im Auftrag der SMAD am 28.02.1947 vom NKWD verhaftet und verschleppt. Er galt seitdem als verschollen. Nach Auskunft der Militärhauptstaatsanwaltschaft der Russischen Föderation vom 25.02.2000 beging K. in der Haft Selbstmord.

W: Zur Theorie und Praxis der neueren serodiagnostischen Methoden der Syphilis, insbesondere der Meinickeschen Reaktion, der dritten Modifikation nach Meinicke und Sachs-Georgischen Reaktion, Diss. Greifswald 1920; Das Gesundheitswesen der Stadt Magdeburg: nebst Sonderbeiträgen, hg. vom Städtischen Gesundheitsamt Magdeburg, Autor und verantwortlicher Schriftleiter P. K., 1928; Organisation und Aufgaben der Magdeburger Gesundheitsfürsorge, in: Magdeburger General-Anzeiger, Nr. 55 vom 04.03.1928, 1. Beilage (*B*); Die Aufgaben der Dt. Zentralverwaltung für das Gesundheitswesen in der SBZ, in: Das Dt. Gesundheitswesen, H. 1–2 und 4–6, 1946. – L: N. N., Das Russengrab bei Zeithain, in: Der Spiegel vom 01.03.1947, *4* (*B*); Jörg Osterloh, Ein ganz normales Lager. Das Kriegsgefangenen-Mannschaftsstammlager 304 (IVH) Zeithain bei Riesa/Sa. 1941 bis 1945, 1997, *170*; Anna-Sabine Ernst, Die beste Prophylaxe ist der Sozialismus. Ärzte und med. Hochschul-Lehrer in der SBZ/DDR 1945–1946, 1997, *26* u.ö.; Bundesarchiv Berlin, Ministerium für Gesundheitswesen: DQ1- Nr. 1614.

Gerald Christopeit

Korfes, Otto, Dr. rer. pol.
geb. 23.11.1889 Wenzen/Weserbergland, gest. 24.08.1964 Potsdam, Generalmajor, Beamter.

Der Sohn eines Pfarrers trat nach dem Gymn. 1909 als Fahnenjunker in das Magdeburger Infanterieregiment 66 ein. K. war im I. WK Bataillonsführer und Mitarbeiter im Generalstab. Von seiner Entlassung 1920 als Hauptmann a.D. bis zu seiner Reaktivierung als Major im Jahre 1937 war er im Reichsarchiv in Potsdam tätig. Während dieser Zeit absolvierte er ein dreijähriges Studium und prom. an der Berliner Univ. 1938 trat er als Bataillonskommandeur wieder dem traditionsreichen Magdeburger Infanterieregiment 66 bei. Im II. WK führte er erst die Infanterieregimenter 66 und 518, bis er 1942 Kommandeur der 295. Infanteriedivision der 6. Armee wurde. Nach der Schlacht von Stalingrad ergab er sich mit seiner Division der Roten Armee. In sowjetischer Gefangenschaft schloß er sich dem *Nationalkomitee Freies Dtl.* (*NKFD*) an. K. war Mitbegründer und Vorstandsmitglied des *Bundes Dt. Offiziere in der Sowjetunion* sowie Mitarbeiter des *Senders Freies Dtl.* an der ersten Ukrainischen Front. In Dtl. wurde er von der Wehrmacht aus dem Heer ausgeschlossen, zum Tode verurteilt und die Fam. in „Sippenhaft" genommen. Seine Ehefrau war die Schwester von Oberst Ritter Menz von Quirnheim, einem Verschwörer des 20. Juli 1944. Nach seiner Rückkehr aus der Gefangenschaft 1948 wurde K. Leiter der Hauptverwaltung des Archivwesens der SBZ bzw. ab 1949 der staatl. Archivverwaltung in Potsdam. Von 1952 bis 1956 war er Generalmajor der Kasernierten Volkspolizei. 1957 wurde der aus Altersgründen nicht in die NVA übernommene K. Dir. des zentralen Staatsarchivs Potsdam. Er war Mitglied des Wiss. Rates beim Mus. für dt. Gesch., Mitbegründer der NDPD, Träger des VVO in Silber und von 1958 bis zu seinem Tode Vors. der *Arbeitsgemeinschaft ehemaliger Offiziere*.

L: Hdb SBZ/DDR, *424*; Thomas M. Forster, NVA – Die Armee der Sowjetzone, 1966/67, *279*.

Hasso von Steuben

Korn, Friedrich Wilhelm *Moritz*
geb. 27.03.1789 Papitz bei Cottbus, gest. 06.06.1875 Remkersleben, ev. Pfarrer.

K., Sohn des ev. Pfarrers Samuel Gotthilf K., besuchte nach einem privaten Schulunterricht 1803–07 das Lyzeum zu Cottbus, 1807–10 das Gymn. in Bautzen und studierte anschließend ev. Theol. an der Univ. Wittenberg. Ab 1813 nahm K. an den Befreiungskämpfen gegen Frankreich teil und wurde 1816 verwundet. Nachdem der Graf von der Asseburg zu Neindorf K. die Pfarrstelle in Remkersleben angeboten hatte, wurde K. 1816 in Magdeburg examiniert und 1817 als Prediger in der St. Michaelkirche in Remkersleben eingeführt. In 55 Predigerjahren bis 1872 war K. mit der Gemeinde fest verwurzelt. So trug man ihm auch anstehende praktische Probleme zur Lösung an, wie die Entwässerung des Remkerslebener Sees und die Schaffung von Weideland für die Bauern. K. nahm diese Herausforderungen an, kaufte den den 312 Morgen großen See und die Gerechtigkeit und ließ ihn 1832 entwässern. Die geschaffenen Wiesen veräußerte er an die Bauern. Als Vermächtnis verpflichtete er die Käufer jedes Jahr zu Ostern, zehn Taler in die Gemeindekasse zu zahlen, wovon fischähnliche Semmeln (Stollen) – die sog. „K.schen Seesemmeln" – gebacken wurden, um damit den Kindern nach dem Schulexamen eine Freude zu bereiten.

L: Albert Hildebrandt/Elisabeth Kahrs, Aus der Chronik des Ortes Remkersleben, 1936; Vf., Chronik des Ortes Remkersleben, Ms. 2000; Bördemus. Ummendorf: Seeakten von der Remkerslebener Seentwässerung. – **B:** *Bördemus. Ummendorf.

Otto Jacob

Korte, Gerhard, Dr.-Ing. E.h., Dr. rer. pol. h.c.
geb. 28.01.1858 Celle, gest. 02.02.1945 Magdeburg, Kaufmann, Bergwerksbesitzer.

Nach dem Besuch der Gymn. in Bernburg und Zerbst absolvierte K. eine kaufmännische Ausbildung und war danach im Steinsalzhandel tätig. Ab 1889 wandte er sich der Erbohrung von Kalisalzen im oberen Allertal zu. Bis 1907 erwarb er mit der finanziellen Unterstützung seines Bruders und des Dir. der *Magdeburger Straßenbahn AG* über 60 preuß. Normalfelder zwischen Weferlingen und Eilsleben. Dies entsprach einer Fläche von 130 km^2 bei einer Längenausdehnung von 30 km. Um die dt. Landwirtschaft mit der Kaliindustrie möglichst eng zu verbinden, verkaufte K. bereits 1908 an den einflußreichen Bund der Landwirte 26 Kalifelder zur Errichtung der Kaliwerke *Ummendorf-Eilsleben AG*. Sein Aufstieg zur späteren führenden Position in der dt. Kaliindustrie begann 1896 mit der von ihm gegründeten Gewerkschaft *Burbach*. Im Jahre 1898 nahm der erste Schacht seiner Gewerkschaft in Beendorf bei Helmstedt die Kaliförderung auf und trat 1900 dem 1888 gegründeten *Dt. Kalisyndikat* bei. Das Syndikat war ein Zusammenschluß der Kalibergwerke zur Regelung des Wettbewerbs untereinander. Den Mitgliedern wurden jeweils Quoten für ihre Erzeugnisse von einer Quotenkommission zugeteilt. K. fungierte im Aufsichtsrat des *Dt. Kalisyndikats* als Mitglied des Präsidiums und ab 1927 als Vors. 1911 wurde aus der Gewerkschaft *Burbach* die *Burbach-Kaliwerke AG* mit Sitz in Magdeburg, deren Aufsichtsratsvors. K. bis zum Jahre 1940 war. Der als „Kalipionier" bezeichnete K. gehörte vielen weiteren Aufsichtsräten an. Die Bergakad. Clausthal verlieh ihm die Würde eines Dr.-Ing. E.h. und die Univ. Freiburg den Dr. rer. pol. h.c.

L: NDB 12, *600*; Gesch. des Burbachkonzerns, 1928 (**B**); Dietrich Hoffmann, Elf Jahrzehnte Dt. Kalisalzbergbau, 1972, *61* (**B**); Knappenverein „Oberes Allertal", 100 Jahre Schacht Marie, Salzbergbau im Oberen Allertal, 1997. – **B:** *Frithjof Tamms, Hohenpreissenberg (priv.)

August Bornemann

Kosack, Emil, Dipl.-Ing.
geb. 21.05.1875 Braunschweig, gest. 24.02.1953 Hagen, Elektrotechniker, Oberbaurat.

K. studierte an der TH Braunschweig Elektrotechnik und bestand 1896 die Hauptprüfung als Dipl.-Ing. für Elektrotechnik. Es folgten verschiedene Anstellungen in der Elektroindustrie. Im Mai 1904 wurde er als Lehrer an der Kgl. Maschinenbauschule in Magdeburg eingestellt und im September 1906 zum Oberlehrer ernannt. Im Jahre 1932 schied er als Oberstudienrat an der Staatl. Maschinenbauschule Magdeburg aus und folgte einer Berufung zum Dir. an der Höheren technischen Lehranstalt in Hagen/Westfalen. Diese Schule leitete er bis zum Eintritt in den Ruhestand im Herbst 1945. Während seiner Lehrtätigkeit an der Maschinenbauschule in Magdeburg wirkte K. maßgeblich bei der Konzipierung der elektrotechnischen Einrichtungen und Labore im Schulneubau am Krökentor mit. Auch die Einrichtung des Lichtsaales im dritten Obergeschoß des Schulgebäudes nach dem Vorbild des Lichthauses der *Osram-Ges.* in Berlin ist auf seine Initiative zurückzuführen. Die Maschinenbauschule verfügte durch die Initiative K.s bereits 1925 über umfangreiche elektrotechnische Einrichtungen, die weit über das für Maschinenbauer typische Ausbildungsprofil hinausgingen. K. war Mitglied und von 1910–32 (mit kriegsbedingter Unterbrechung) 1. Vors. der *Elektrotechnischen Ges. zu Magdeburg* (*ETG*), einem Mitglied des *Vereins Dt. Elektrotechniker*. Die *ETG* hatte unter seiner

Leitung einen enormen Mitgliederzuwachs zu verzeichnen. Regelmäßige Vortragsveranstaltungen bildeten einen Schwerpunkt in der Vereinstätigkeit. 1914 organisierte K. die 22. Jahresverslg. des *VDE* in Magdeburg. K. war zudem 2. Vors. des *Verbandes technisch-wiss. Vereine zu Magdeburg*. Bei seinem Weggang aus Magdeburg wurde ihm für seine herausragenden Verdienste um die Vereinsarbeit die Otto-von-Guericke-Ehrenplakette verliehen. Von 1935 bis 1945 leitete K. den Lenne-Bezirksverein des *VDI*.

W: Elektrische Starkstromanlagen 1912, [11]1950; Schaltungsbuch für Gleich- und Wechselstromanlagen [2]1926, [7]1954. – **L:** Fs. zur Einweihung der Neubauten der kgl. Baugewerkschule und der kgl. Maschinenbauschulen Magdeburg 1907; Die Staatl. Vereinigte Maschinenbauschulen Magdeburg 1926 (Broschüre); Fs. zur Einweihung des Neubaus der Fachhochschule Hagen vom 17.04.1964; Fs. Hundert Jahre VDE in Magdeburg, hg. vom VDE-Bezirksverein Magdeburg, 1999.

Klaus Riemekasten

Koß, *Erich* Friedrich Karl
geb. 05.03.1899 Schwerin, gest. 24.12.1982 Frankfurt/Main, Bautechniker, Maurermeister, Stadtbaurat.

Nach Besuch der Bürgerknabenschule und einer dreijährigen Maurerlehre studierte der in einem sozialdemokratisch geprägten Elternhaus aufgewachsene K. an der Baugewerkeschule Lübeck. Die Abschlußprüfung als Bautechniker bestand er 1922 mit Auszeichnung. 1927 folgte nach praktischer Tätigkeit die Meisterprüfung. Sein beruflicher Weg führte K. zur *Bauhütte*, dem von den Gewerkschaften getragenen Verband sozialer Baubetriebe, wo er als aktiver Sozialdemokrat tätig wurde und seine Lebensaufgabe in der Schaffung einer sozialen Bauwirtschaft fand. 1923 fungierte er als Niederlassungsleiter der *Bauhütte Oppeln/Oberschlesien*, 1924 als Geschäftsführer der *Bauhütte Niederschlesien-Nord* in Grünberg und war ab 1928 in dieser Eigenschaft in Görlitz tätig. Im selben Jahr wurde er in den engeren technischen Ausschuß des *Bauhüttenverbandes* berufen. 1932 übernahm er die Leitung der Niederlassung Stettin in Paris und schuf dort die Voraussetzungen zur Bildung von Bauhütten in Frankreich. 1937 kehrte er mit seiner Fam. nach Dtl. zurück und führte nach der Auflösung der Bauhüttenbewegung durch die Nationalsozialisten von 1938 bis 1946 ein eigenes Bauunternehmen in Dessau. Der Oberbürgermeister → Rudolf Eberhard übertrug dem erfahrenen K. 1946 die Leitung des Wiederaufbaus der kriegszerstörten Stadt Magdeburg. Vom Präsidenten der Provinz Sachsen zum Stadtbaurat ernannt, setzte K. mit breiter Unterstützung durch Kommunalpolitiker und die Einwohner Magdeburgs einen umfangreichen Plan ins Werk, in dessen Folge durch die Umstrukturierung der Pflichtarbeit zur Aufbauarbeit, die Bildung einer *Arbeitsgemeinschaft der kriegszerstörten Städte des Landes Sa.-Anh.* und die Gründung der *Neuaufbau GmbH* geeignete Instrumenarien zum Wiederaufbau geschaffen wurden. K. stellte seine Fähigkeiten auf dem Gebiet der Rationalisierung im Bauwesen bei der Enttrümmerung und Aufbauarbeit zur Verfügung. Er entwickelte ein effektives Verfahren zur Nutzung und Aufarbeitung des Trümmerschuttes – insgesamt ca. 4,5 Mio. m³ – zu neuem Baumaterial. Nach seinen Angaben wurden fahrbare Geräte zur Vorsortierung des Schutts konstruiert sowie im *SAG AmO* (ehemals *Krupp-Gruson-Werk*) gebaut und der Transport des Materials über gleisgebundenen Lorenbetrieb auf einer innerstädtischen Gesamtlänge von 32 km organisiert. 1947 wurden unter K.s Leitung eine Ziegelaufbereitungsanlage und ein Betonwerk auf dem Magdeburger Schroteplatz errichtet und 1948 bzw. 1950 in Betrieb genommen. 1949/50 wurde zudem eine Bindemittelmahlanlage gebaut, die nach eigenständig entwickelten Rezepturen arbeitete und den eigens erfundenen „Magdeburger Binder 225" aus Flugasche, Ziegelmehl und Anhydrit produzierte. K.s Erfolge bei der Vorbereitung, Organisation und Rationalisierung der Aufbauarbeit wurden schnell bekannt und zum Ideenträger für andere Städte und die Reg. in Berlin. Angebote einer leitenden Stellung in der Abt. Wirtschaft der Dt. Wirtschaftskommission und der Berliner *Bau-Union* lehnte K. jedoch ab. Zielgerichtete Aktionen von Funktionären der SED gegen sozialdemokratische Persönlichkeiten der Stadt im Zuge der breit angelegten Eliminierung des „Sozialdemokratismus" (Walter Ulbricht) beendeten die Arbeit K.s und führten am 02.07.1950 zu seiner Verhaftung. Im Januar 1952 wurde er nach Befehl Nr. 160/45 der SMAD in Verbindung mit § 1 WstVO wegen Sabotage zu fünf Jahren Zuchthaus und Vermögenseinzug verurteilt. Im Mai 1955 aus der Haft entlassen, verließ K. anschließend mit seiner Ehefrau illegal die DDR. In Dortmund und Frankfurt/Main fand er sein neues Betätigungsfeld, seit 1957 wieder als Technischer Geschäftsführer der *Dt. Bauhütten GmbH* fungierend. 1964 erhielt K. für seine Verdienste bei der Rationalisierung im Bauwesen das Große Verdienstkreuz der Bundesrepublik Dtl. 1993 wurde er postum rehabilitiert.

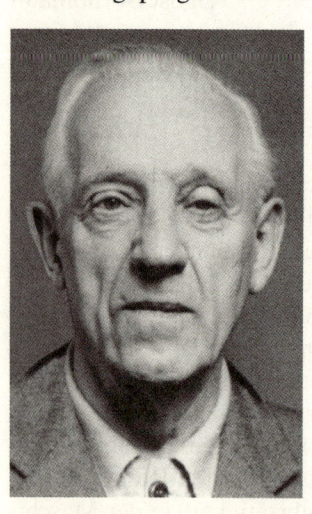

W: Herkömmlich bauen – rationell bauen, 1974. – **N:** Klaus K., Magdeburg. – **L:** Who is who in Dtl. 1982; Fritz K., E. K. 40 Jahre Schweigen über seine Leistungen beim Wiederaufbau der Stadt Magdeburg, in: Magdeburger Bll. 1991, *48–53* (***B***); Der Freiheit verpflichtet. Gedenkbuch der dt. Sozialdemokratie im 20. Jh., hg. vom Vorstand der Sozialdemokratischen Partei Dtls, 2000, *185*. – **B:** *Klaus K., Magdeburg (priv.).

Klaus Koß

Kotz, Ernst

geb. 11.02.1887 Strombach bei Gummersbach, gest. 27.09.1944 Berlin, Missionar, Linguist, Anthropologe.

K. erhielt eine theol. Ausbildung am Missionsseminar der Freikirche der Adventisten in Friedensau bei Burg und studierte anschließend Swahili und Arabisch bei Carl Meinhof am Berliner Seminar für Orientalische Sprachen sowie Ethnologie bei Felix von Luschan. 1905 wurde er 18jährig als Friedensauer Missionar nach Dt.-Ostafrika (Tansania) entsandt und baute eine Missionsstation in Kihurio am Fuß des Südpare-Gebirges im Stammesgebiet der vom Christentum noch kaum berührten Wapare auf. K. widmete sich der Erforschung des Chasu (auch Asu oder Kipare) und veröffentlichte 1909 im Auftrag des Berliner Kolonialamtes die erste Grammatik in dieser Sprache. 1913 war die Übersetzung des Neuen Testamentes fertiggestellt. Sie wurde 1922 von der Britischen und Ausländischen Bibelges. in London gedruckt. K. entwickelte eine interkulturelle Missionsstrategie auf linguistisch-kommunikativer Basis und gewann so Zugang zu Religion und Lebensweise der Wapare, die er in der wiss. Monographie „Im Banne der Furcht. Sitten und Gebräuche der Wapare in Ostafrika" (1922) eingehend beschrieb. Er gründete bei Kihurio das Christendorf „Nazareti", wo Neugetaufte ihren christlichen Glauben unbehelligt praktizieren konnten. Außerdem organisierte er ein weitverzweigtes Schulwerk. Zur Heranbildung einheimischer Lehrer gab K. ein Missions- und Schulblatt in Chasu heraus. Seine fruchtbare Arbeit wurde durch den I. WK beendet. Seit 1922 übernahm er zunächst in Bern, später in den USA administrative Aufgaben in der adventistischen Kirchenleitung. Indem K. das Chasu zur Schriftsprache erhob, leistete er einen beachtlichen Beitrag zur Kultur Ostafrikas. Seine anthropologischen Studien über die Wapare waren richtungsweisend.

W: s.o. – **L:** BBKL 15, *797–799*. – **B:** Archiv Friedensau (AAE).

Daniel Heinz

Kotze, Hans Friedrich Wilhelm von

geb. 17.08.1802 Klein-Oschersleben, gest. 24.04.1868 Klein-Oschersleben, Gutsbesitzer, Kgl. Landrat, Rittmeister.

Seit 1489 ist das Adelsgeschlecht der v.K. als Herrengeschlecht auf Klein- und Groß-Germersleben (das Schloß aus der zweiten Hälfte des 16. Jhs brannte 1999 ab) sowie auf Klein-Oschersleben nachweisbar. K., Erb- und Gerichtsherr auf Klein-Oschersleben, war seit 1844 Mitglied des Direktoriums der Zuckerrübenbauer und seit 1847 auch im Direktorium der Zuckerindustrie involviert. Ab 1850 gehörte er der zentralen Deputation zur Förderung der Pferdezucht des *Landwirtsch. Centralvereins der Provinz Sachsen* an. Der versierte Tierzüchter betätigte sich als Richter auf den ersten Tierschauen im Landkreis. 1856 schloß K. einen Gesellschafter-Vertrag der *Zuckerfabrik Kleinoschersleben* mit Amtsrat → Philipp August Kühne und Ökonomierat → Jacob Schaeper in Wanzleben ab. Er genoß das Vertrauen der Kreiseingesessenen und wirkte 1844–50 auch als Landrat des Kreises Wanzleben.

L: → George Adalbert von Mülverstedt, Urkunden-Regesten zur Gesch. und Genealogie der Herren v.K., 1866; Christian Mommsen, Entwicklung der Pferdezucht und des Pferdezucht-Verbandes der Provinz Sachsen. Die bisher wichtigsten Blutlinien des Zuchtbezirks, hg. zum 25jähigen Bestehen des Pferdezucht-Verbandes der Provinz Sachsen 1899–1924, 1924.

Gerd Gerdes

Kotze, Hans Ludolph von

geb. 15.06.1840 Klein-Oschersleben, gest. 20.10.1917 Klein-Oschersleben, Gutsbesitzer, Major, Landrat.

Seine militärische Laufbahn begann K. 1860 beim Regiment der Gardes du Corps, 1861 als Portepee-Fähnrich und Leutnant, wurde 1867 Oberleutnant, schied 1869 aus dem aktiven Dienst aus und trat zu den Reserve-Offizieren dieses Regimentes über. 1871 zum Rittmeister befördert, erfolgte die Versetzung zur Garde-Landwehr-Kavallerie. K. war an den Feldzügen gegen Österreich 1866 und Frankreich 1870/71 (Schlachten bei Orleans und Le Mans sowie Belagerungen von Metz, Soisson und Paris) beteiligt. Nach seiner Verabschiedung 1875 kehrte er auf seine Güter zurück und wurde 1902 zum Major ernannt. K. erhielt neben zahlreichen anderen Auszeichnungen das EK II, das mecklenburgische Verdienstkreuz II. Kl. sowie das Ritterkreuz I. Kl. Nach zwischenzeitlicher kommissarischer Verwaltung des Landratsamtes erfolgte 1883 seine Ernennung zum Landrat des Kreises Wanzleben. Diese Tätigkeit übte K. bis 1899 aus, erwarb sich Vertrauen und die Achtung der Kreiseingesessenen und wirkte als Kreisdeputierter und Mandatsträger für das preuß. Abgeordnetenhaus. Noch 1914–16 vertrat K. den zum Militär einberufenen Landrat des Kr. Wanzleben, seinen Sohn → Hans Peter v.K.

L: Geh. StA Berlin-Dahlem: Rep. 77, Nr. 5119.

Gerd Gerdes

Kotze, Hans Peter von

geb. 23.03.1873 Klein-Oschersleben, gest. 03.01.1915 im Feld, Rittergutsbesitzer, Landrat.

Der Sohn des Landrates und Rittergutsbesitzers → Hans Ludolph v.K. diente zunächst bei dem Königs-Ulanen Regiment No.13 in Hannover. Nach dem absolvierten Studium der Rechtswiss. trat er 1895 als Gerichtsreferendar in den Staatsdienst, wechselte 1898 als Referendar zur Reg. in Hannover und wurde 1902 zum Regierungsassessor ernannt. Bis Ende 1903 war K. beim Landrat des Kreises Zauch-Belzig tätig und danach im Ministerium des Innern beschäftigt. Seine Ernennung zum Landrat des Kreises Wanzleben erfolgte 1907. Diese Tätigkeit unterbrach K. infolge des Krieges 1914 und fiel als Kompanie-Führer beim Reserve-Infanterieregiment No.17 Anfang 1915 im Feld.

L: Geh. StA Berlin-Dahlem: Rep 77, Nr. 5119.

Gerd Gerdes

Kotze, Hans Valentin Gebhard Ludwig von
geb. 09.06.1808 Groß-Germersleben, gest. 27.09.1893 Hannover, General.

K. war der jüngste von zehn Kindern des Erbherren Hans Carl Friedrich v.K. auf Groß- und Klein-Germersleben. Wie viele seiner Vorfahren wählte er die militärische Laufbahn, trat als Musketier in das 26. Infanterieregiment Magdeburg ein und wurde 1828 Portepeefähnrich sowie 1829 Sekonde-Lieutenant. Nach einem Kommando in der *Gewehrfabrik Suhl* folgte der Besuch der Allg. Kriegsschule 1837–39. In Burg war K. Bataillons-Adjutant und avancierte 1845 zum Premier-Lieutenant. Als Major befehligte K. das I. Bataillon des Kaiser-Alexander-Grenadier-Regiment in Mühlhausen. Es folgten die Beförderungen zum Oberstlieutnant (1860), zum Oberst (1861) und zum Generalmajor (1866). Nach der Schlacht bei Königgrätz wurde K. zwar verabschiedet, wirkte aber weiter als Mitglied der Vermögensverwaltung von König Georg V. von Hannover. Seine Tätigkeit in Herrenhausen war mustergültig, was besonders für die Gärten zutraf. Der dt. Kaiser ernannte ihn 1877 zum 2. Vizeoberjägermeister. Für seine militärischen Leistungen erhielt K. zahlreiche Auszeichnungen, u. a. den Kronen-Orden I. Kl. mit Schwertern am Ringe (1881) sowie den Roten Adler-Orden I. Kl. mit Eichenlaub (1884).

L: Priesdorff 7, *368–370* (***B***); → George Adalbert von Mülverstedt, Urkunden-Regesten zur Gesch. und Genealogie der Herren v.K., 1866.

Gerd Gerdes

Kozlowski, Paul Jakob *Theodor*
geb. 05.01.1824 Berlin, gest. 24.11.1905 Eberswalde, Baumeister, Elb-Strombaudir., Geh. Oberbaurat.

K. wurde als zweiter Sohn eines Mathematiklehrers geb. Nach Absolvierung des Gymn. zum Grauen Kloster in Berlin erfolgte die Ausbildung zum Feldmesser. Als solcher war er bis 1845 beim Bau der Bahnstrecke Berlin-Potsdam-Magdeburg tätig. Nach dem Besuch der Allg. Bauschule 1845–47 in Berlin legte er die Prüfung als Land- und Wegebaumeister ab und arbeitete bis 1850 im Straßenbau. 1853 absolvierte er die Prüfung als Landesbaumeister, 1855 als Wasser- und Wegebaumeister und 1879 als Eisenbahnbaumeister. Auf Grund seiner Ausbildung war K. in der Lage, in allen Bereichen des Bauwesens arbeiten zu können. Im März 1862 wurde K. zum Bauinspektor berufen und mit der Leitung der Genthiner Wasserbauinspektion betraut. In dieser Eigenschaft war er für die Projektierung des Ihle-Kanals, einschließlich der Schleusen Bergzow, Ihleburg und Niegripp, verantwortlich. Dadurch wurde die Stadt Burg an das dt. Wasserstraßennetz angeschlossen. Neben seiner Tätigkeit als Leiter der Wasserbauinspektion war er als Bausachverständiger im Hochbau beschäftigt. Im April 1866 übernahm K. als Dir. die Leitung der Elbstrombaudirektion beim Oberpräsidenten in Magdeburg. Die unter seiner Leitung durchgeführten Wasserbauarbeiten dienten der Mittelwasserregulierung der Elbe und bildeten die Grundlage stabiler Fahrwasserverhältnisse für die Schiffahrt. Im Auftrag der preuß. Reg. nahm K. an den regelmäßigen Stromschauen der Elbschiffahrts-Revisions-Kommission teil. Zusätzlich wurde ihm die Oberbauleitung der Wasserbauten, einschließlich des Stecknitzkanals im Hzt. Lauenburg, übertragen. K. setzte sich auch für die Nutzung aller technischen Möglichkeiten in der Schiffahrt ein, u. a. dafür, die Kettenschiffahrt auf der gesamten Elbe bis Hamburg einzuführen. Bis 1880 arbeitete K. in Magdeburg als Elbstrombaudir. Im gleichen Jahr, inzwischen zum Geh. Oberbaurat ernannt, wurde er in das Ministerium für öffentliche Arbeiten, Verwaltung des Bauwesens, versetzt, wo er bis zu Pensionierung 1898 tätig war. Auf Grund seiner Verdienste um den Stromausbau setzten ihm die Elbschiffer in der Kleinen Stadtmarsch in Magdeburg ein Denkmal, das im Juli 1900 eingeweiht wurde.

L: → Heinz Gerling, Denkmale der Stadt Magdeburg, 1991, *49*; Vf., T. K. – ein Genthiner auf Zeit, Leben und Wirken des 1. Elbstrombaudir., in: Volksstimme Genthin vom 22.08.1998; LHASA: Rep. Rg 1 C20 Ib 485, C20 Ib 263 I, C20 Ib 422 I, Baumeister K. betreffend.

John Kreutzmann

Kraft, Karl
geb. 24.06.1907 Magdeburg, gest. 03.09.1980 Magdeburg, Graveur, Boxer.

K. besuchte die Hindenburg-Schule in Magdeburg und erlernte in der *Gravuranstalt Friedenthal* 1921–23 den Beruf eines Graveurs. Danach arbeitete er bis 1975 als Stereotypeur zunächst beim *Faber-Verlag*, später im *Druck- und Verlagshaus Volksstimme* in Magdeburg. K. boxte von 1926 bis Ende 1936 beim Amateur-Boxverein *Punching Magdeburg* in der Gewichtsklasse Mittelgewicht. 1928 wurde er in der Mannschaft von *Punching* im Finale der Dt. Mannschaftsmeisterschaft der Amateure gegen *Colonia Köln* eingesetzt und errang mit seinem Team die Silbermedaille. 1932 war er am Titelgewinn des Clubs als Dt. Mannschaftsmeister im Boxen beteiligt. K. boxte mit Größen des int. Boxsports, wie Joe Conter (Länderauswahl Luxemburgs), Europameister

Heinz Latzek (Wien) und Adolf Witt (Danzig), die er zumeist bezwang. Wie die dt. Ztg. *Sport-Telegraf* schrieb, gehörte K. während seiner aktiven Zeit zu den besten Mittelgewichtlern Dtls. Insgesamt bestritt K. 104 Kämpfe, von denen er 86 gewann, 12 verlor und sechsmal ein Remis erreichte. In der Zeit von 1948 bis 1952 war er Box-Trainer bei der *Spiel- und Sportgemeinschaft Groß-Ottersleben*, die 1948 als erster Boxverein der Amateure nach 1945 in Magdeburg gegründet wurde und einige Jahre zu den führenden Boxvereinen in der Region gehörte. Sein Sohn betreibt seit 1997 in Magdeburg eine Gaststätte, die Treffpunkt zahlreicher Boxsportfreunde ist.

L: Familienunterlagen Karl-Heinz K., Magdeburg (priv.). – **B:** *ebd.

Bernd Gottschalck

Kraft, Paul

geb. 28.04.1896 Magdeburg, gest. 17.03.1922 Berlin, Dichter.

K., Freund und Vetter des Dichters und Kritikers Werner K., wuchs in Magdeburg auf und studierte ab 1914 neue Sprachen in Berlin. Dort lernte er Franz Blei kennen, der ihn an den Verleger Kurt Wolff vermittelte. K. wurde 1916 zum Kriegsdienst eingezogen und erkrankte, nachdem er in franz. Gefangenschaft geraten war, an Tuberkulose. Nach der Rückkehr aus der Kriegsgefangenschaft im Jahr 1919 setzte K. bis zu seinem Tod das Studium in Berlin fort. K.s lit. Tätigkeit war nur von kurzer Dauer. Von ihm in den Jahren 1913 bis 1915 geschaffene lyrische Werke wurden in einem Band der von → Kurt Pinthus betreuten expressionistischen Reihe „Der jüngste Tag" veröffentlicht. Einzelne Werke erschienen von 1915 bis 1917 in der Zs. *Die Aktion* sowie in den Anthologien „Das Aktionsbuch" und „Vom jüngsten Tag. Ein Almanach neuer Dichtung". Die Publikation eines weiteren Bandes mit Lyrik im Jahr 1921 durch den Verleger Samuel Fischer scheiterte an einer vertraglichen Unstimmigkeit.

W: Gedichte, 1915 (Der jüngste Tag, Bd. 18), ²1920. – **N:** DLA Marbach. – **L:** Paul Raabe (Hg.), Index Expressionismus. Bibliogr. der Beiträge in den Zss. und Jbb. des lit. Expressionismus 1910–1925, 1972, *1288f.*; ders., Die Autoren und Bücher des lit. Expressionismus. Ein bibliogr. Hdb. in Zusammenarbeit mit Ingrid Hannich-Bode, ²1992, *286*.

Thomas Piotrowski

Kraft, Wilhelm, Dr. phil.

geb. 31.12.1887 Waiblingen, gest. 31.07.1981 Insel Korfu (Griechenland), Ernährungsforscher, Gründer des ersten dt. Knäckebrotwerkes.

K. wollte eigentlich Meeresbiologe werden. Da seiner Fam. dafür die finanziellen Voraussetzungen fehlten, studierte er nach der Reifeprüfung 1904 in Tübingen und München Chemie und prom. in Würzburg 1908 mit einer Arbeit über alkohollösliche Eiweißstoffe der Gerste und des Malzes. Im I. WK war er Jagdflieger. Bei seinem mehrjährigen Aufenthalt als Chemiker und Physiologe in Schweden hatte sich K. mit den günstigen gesundheitlichen Folgen des „Knäckebrød"-Verzehrs beschäftigt und war vom Wert dieses Nahrungsmittels für die Volksgesundheit überzeugt. Bereits 1912 versuchte er vergeblich, eine dt. Großbäckerei für seine Ideen zu begeistern. Im Jahre 1927 begann er selbst in einer Dachwohnung in Berlin-Lichterfelde mit dem Probebacken. Dies gelang, und das K.-Knäckebrot war so gut, daß sich die ersten Händler und Hotels entschlossen, es in das Verkaufsprogramm aufzunehmen. Ohne selbst seinen Wohnsitz in Burg zu nehmen, wählte K. 1931 in dieser Stadt ein an der Magdeburger Börde, am Elbe-Havel-Kanal und an der (späteren) Autobahn günstig gelegenes Industriegelände mit Gebäuden und Gleisanschluß, kaufte im März des Jahres das Grundstück einer stillgelegten Gerberei- und Lederfabrik und begann die industrielle Herstellung von Knäckebrot, das auch nach England und in die Schweiz und USA verkauft wurde. Als Gegner des Ns. verließ er 1932 Dtl. und ging bald in die Schweiz. Zu seinem Betrieb in Burg hatte er auch von dort aus eine gute Verbindung und weilte weiterhin mehrfach hier. Auf dem Burger Betriebsgelände entstanden bis 1939 die Werke I – III, eine Großmühle, ein Hafen am Elbe-Havel-Kanal und drei Getreidesilos, wovon Silo III ein Fassungsvermögen von 2.200 Waggons Korn und eine Höhe von 38 m aufwies. Im Jahre 1939 verkaufte K. den Betrieb an Josef Pravida. Auf der Grundlage eines Lizenzvertrages stellte er seine Erfahrungen als wiss. Mitarbeiter weiterhin zur Verfügung. K. starb im Alter von 94 Jahren.

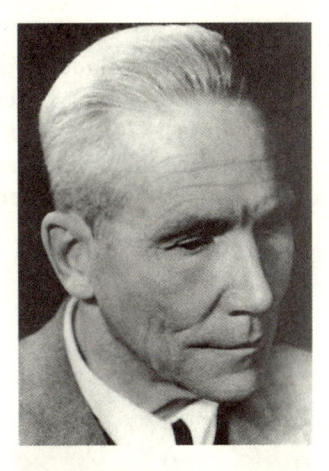

W: Wahrheiten über das Brot unter besonderer Berücksichtigung des Knäckebrotes, 1928, ⁶1938; Brot. Volksgesundheit – Nahrungsfreiheit, 1936. – **L:** Ruth K. über ihren Vater, Ms. 1996 (Burger Knäcke AG, Burg); Werbeschrift der Burger Knäcke AG, 65 Jahre – und immer knackig und frisch, 1996; Vf., Silo Nr. III wuchs 38 Meter hoch, in: Volksstimme Burg vom 18.01.1997; ders., Das Knäckebrot von Dr. W. K., in: General-Anzeiger Burg vom 25.10.2000; Slg. Vf., Burg (priv.). – *B: ebd.

Paul Nüchterlein

Krameyer, Karl
geb. 21.08.1855 Minden/Westfalen, gest. 01.07.1925 Merseburg, Brandinspektor, Feuerlöschdir. der Provinz Sachsen.

K. wurde 1874 Mitglied der Freiwilligen Feuerwehr in Minden. Er schloß ein Studium mit dem Erwerb des Titel eines Regierungsbauführers ab und war anschließend in Berlin beim Bau der Kanalisation und der Stadtbahn tätig. 1878 war K. Kgl. Regierungsbauführer und Volontär bei der Berliner Berufsfeuerwehr und wurde 1880 zum Brandmeister ernannt. Im Juli 1884 erhielt er den Rang eines Brandinspektors und wurde später erster Brandinspektor und Vorsteher des Hauptfeuerwehrdepots in Berlin. K. war 1890 einer von nur drei Akademikern, die zu jener Zeit in Dtls Feuerwehren tätig waren. 1891 wurde er nach dreimonatiger Probezeit als technischer Beirat zum Feuerlöschinspektor der Feuersozietäten für die Provinz Sachsen mit Sitz in Merseburg bestellt. Ihm oblag zur Brandverhütung und -bekämpfung die Organisation des Feuerlöschwesens und die Ertüchtigung der Wehren sowie die Regulierung der durch Brände an Gebäuden entstandenen Schäden. Regelmäßige Führerlehrgänge wurden von ihm ab 1896 ein- und durchgeführt. 1901 erfolgte die Änderung der Amtsbezeichnung in Feuerlöschdir. Von 1909 bis 1912 war K. Mitglied des Preuß. Feuerwehrbeirates. 1923 trat K. in den Ruhestand.

L: Slg. der Facharbeitsgruppe Feuerwehrhistorik des Landesfeuerwehrverbandes Sa.-Anh. e.V.; Archiv des Feuerwehrmus. Berlin (*B); Slg. Vf., Magdeburg (priv.).

Hartmut Greulich

Krams, Richard
geb. 12.10.1920 Coswig/Anhalt, gest. 22.12.1998 Magdeburg, Lehrausbilder, Werkdir.

Nach dem Realschulbesuch und einer Chemielaborantenlehre im Chemiewerk Coswig wurde der Sohn eines dortigen Werks-Obermeisters im II. WK zur Dt. Wehrmacht eingezogen, aus der er 1945 nach schwerer Verwundung entlassen wurde. In seinem ehemaligen Lehrbetrieb organisierte er in den Folgejahren die Ausbildung von Facharbeitern für den Chemieberuf und entwickelte als Leiter des Lehrkombinates *Geschwister Scholl* in Coswig eine berufspädagogische Methode, die, späterhin DDR-weit angewandt, in der Einheit von Lernen und eigenverantwortlicher Produktion bestand. Hierfür wurde er 1951 als Verdienter Lehrer des Volkes ausgezeichnet. Nach kurzer Tätigkeit im *Phosphatwerk Rüdersdorf* Berlin wurde er 1953 zum Werkdir. des *VEB Fahlberg-List* in Magdeburg berufen und konnte erst 1956 als typischer Vertreter seiner Kriegsgeneration am Industrie-Inst. der TH Merseburg eine Qualifikation zum Dipl.-Ing.-Ökonom zum Abschluß bringen, wonach er sich erfolgreich dem Aufbau und der Erweiterung des Produktionsprofils von *Fahlberg-List* zuwandte. Es entstanden eine moderne Produktionsanlage für Superphosphat-Dünger, eine Schwefelsäurefabrik, eine bedarfsgerechte Produktion von Agro-Chemikalien für die inzwischen kollektivierte Landwirtschaft der DDR in Form von Insektiziden, Fungiziden und Herbiziden sowie der systematische Aufbau eines Pharmazie-Sektors mit den Schwerpunkten Röntgen-Kontrastmittel, Herz-Kreislauf-Präparate und Anästhetika. Mit der Übernahme des ehemaligen *VEB Hermania* in Schönebeck mit einem Sortiment an Keramik- und Email-Fritten und der Herstellung von Borax im Jahre 1960 hatte sich das Produktionssortiment des Betriebs auf mehr als 125 Einzelerzeugnisse erweitert, für die K. ab 1971 als Dir. für Plandurchführung verantwortlich zeichnete, nachdem *Fahlberg-List* zu einem Zentrum für Forschung und Entwicklung von Pflanzenschutz- und Schädlingsbekämpfungsmitteln umprofiliert worden war. Als K. 1985 in den Ruhestand trat, hatte der *VEB Fahlberg-List*, immer noch mit dem tradierten Namen und Firmenlogo, unter seiner Leitung seit 1960 seine Warenproduktion um ca. 800 und seine Grundfonds um ca. 500 Prozent erweitert. Qualifizierungsproblemen und Bildungsfragen verbunden, zählte er zu den Neubegründern der Magdeburger Urania-Ges. nach 1945.

L: Fs. zum 100jährigen Jubiläum von Fahlberg-List, Magdeburg 1986. – B: Vf., Magdeburg (priv.).

Karl-Heinz Busch

Krause, Maria, geb. Kretschmer, später Nebel
geb. 29.08.1901 Gablonz/Böhmen, gest. 18.11.1974 Schönebeck, Kommunalpolitikerin.

K. mußte sich als Tochter einer deutschstämmigen Arbeiterfam. schon früh als Stuben- oder Kindermädchen und in der Landwirtschaft verdingen. Bereits als junge Frau engagierte sie sich politisch. Sie war Mitglied der KPD und setzte sich besonders für die Jugend und die Rechte der Frauen ein. 1929 nahm sie am großen nordböhmischen Textilarbeiterstreik teil und wurde gemaßregelt. K. fand in keinem Betrieb Arbeit und mußte mit Textilwaren hausieren gehen. 1942 wurde das kleine Textilgeschäft, das sie in Neustadt an der Tafelfichte (heutiges Tschechien) führte, von den Nationalsozialisten geschlossen. Bis 1945 war K. als Landbriefträgerin tätig. Von 1939 bis 1945 stand sie in enger Verbindung zur Widerstandsbewegung, arbeitete in geheimen Zirkeln und half besonders den zwangsverschickten Mädchen aus der Sowjetunion und tschechischen Arbeitern. Als anerkannte Antifaschistin wurde sie am 13.06.1946 mit einem Antifa-Transport nach Zörbig in die SBZ übergesiedelt. Nachdem sie u. a. vom Frühjahr 1951 bis zum Sommer 1952 als Bürgermeisterin von Burgkemnitz und anschließend als Kreissekretärin für Volksbildung im Kr. Salzwedel tätig war, bekleidete sie von 1953 bis 1959 in Schönebeck – als bisher einzige Frau in dieser Funktion – das Amt des Bürgermeisters. Danach übte sie dieselbe Funktion in Barby für weitere acht Jahre bis zu Ihrer Pensionierung aus. Während ihrer Amtszeiten zeichnete sie sich durch Einsatzbereitschaft und Bürgernähe aus. K., die bis ins hohe Alter als Kreistagsabgeordnete fungierte, war Trägerin des VVO in Bronze, der Clara-Zetkin-Medaille und anderer staatl. Auszeichnungen. 1973 wurde sie Ehrenbürgerin der Stadt Schönebeck.

L: StadtA Schönebeck: NZE 55, *1078f.* – B: *StadtA Schönebeck.

Britta Meldau

Krause, Paul, Dr. phil.
geb. 04.10.1901 Mainz, gest. Sommer 1944 (vermißt), Stadtarchivar.

Der Sohn eines Technischen Eisenbahn-Obersekretärs besuchte von 1909 bis 1920 das Neue Gymn. in Mainz und studierte anschließend Gesch., Germanistik, Kunstgesch. und Geographie an der Univ. Frankfurt/Main. Hier prom. er auch 1926 zum Dr. phil. über „Die Stadt Oppenheim unter der Verwaltung des Reichs". Ab September 1933 war K. am StA Münster vorwiegend für die Archivberatungsstelle tätig. Seit April 1934 hatte er in Magdeburg die Stelle des Stadtarchivars inne. Im Oktober 1934 übertrug ihm der *Verein für Gsch. und Altertumskunde des Hzts und Erzstifts Magdeburg* das Amt des stellvertretenden Vors. 1936 wurde K. zum ehrenamtlichen Archivpfleger für den Stadtbez. Magdeburg bestellt. Im Sommer 1937 erhielt das Stadtarchiv durch den Oberbürgermeister → Fritz Markmann den Auftrag zur Slg. und Veröffentlichung der Magdeburger Schöffensprüche. Daraufhin war K. seit Mai 1940 in polnischen Archiven überwiegend mit Untersuchungen über das Magdeburger Recht, insbesondere über Magdeburger Schöffensprüche, beschäftigt. Im Juni 1942 wurde er zum Kriegsdienst eingezogen. Seit Sommer 1944 vermißt, erfolgte am 26.05.1945 die offizielle Entlassung aus dem städtischen Dienst.

W: Von Magdeburger Schützen in alter und neuer Zeit, 1937; (Hg., Einl.) Das Burger Landrecht. Text und Übersetzung nebst Faksimilé, 1938 (mit Fritz Markmann); Die Revolution von 1848 in Magdeburg, in: GeschBll 74/75, 1939/41, *183–212*; Magdeburg, in: Dt. Städtebuch, Bd. 2: Mitteldtl., 1941, *592*; Forschungen zum Magdeburger Recht im Generalgouvernement, in: Sachsen und Anhalt. Jb. der Hist. Kommission für die Provinz Sachsen und für Anhalt, Bd. 17, 1943, *278–359*. – L: Leesch 2, *336*; Erwin Rundnagel, Vereinsbericht, in: GeschBll 70/71, 1935/36, *233*; → Peter von Gebhardt, Das Magdeburger Stadtarchiv. Übersicht über seine Gesch. und seine Bestände, 1935.

Konstanze Buchholz

Krause, Rudolf
geb. 30.07.1894 Magdeburg, gest. n. e., Kaufmann, Partei-Funktionär.

Nach dem Besuch der Bürgerschule und des Realgymn. bis 1911 und kurzzeitiger praktischer Arbeit nahm K. an Kursen der Kunstgewerbeschule Magdeburg teil. Als Kriegsfreiwilliger war er 1914–18 Frontsoldat, nahm 1919 seine Studien an der Kunstgewerbeschule wieder auf und war seit 1920 kaufmännisch tätig. K. gehörte zu den Mitbegründern der NSDAP in Magdeburg. Er nahm am ersten Hitlerbesuch im Juni 1925 im Herrenkrug teil. Seit der Einrichtung der Kreisleitung der NSDAP Magdeburg stand er an deren Spitze. Er war Redner auf vielen ns. Veranstaltungen im Gau Magdeburg-Anhalt und im Reich. Für den Wahlkr. Magdeburg wurde K. 1930–32 in den Reichstag gewählt. Im März 1933 wurde er Träger des Goldenen Ehrenzeichens der NSDAP. Nach der Machtübernahme des Ns. als Abgeordneter am 12.03.1933 in das Stadtparlament gewählt, gab er wegen „Überlastung" das Mandat zurück. Kurze Zeit später war er bereit, Ratsherr zu werden, schied jedoch 1935 aus dem Amt aus, als er zum „Beauftragten der NSDAP für die Stadt Magdeburg" berufen wurde. K. besaß bis 1939 maßgeblichen Einfluß auf die Arbeit der Stadtverwaltung. Entscheidungen des Oberbürgermeisters → Fritz Markmann bedurften seiner Zustimmung. K. oblag es, die Ratsherren einzusetzen. Er benannte fast ausschließlich Funktionsträger von NSDAP, SS und SA. K. erklärte 1936 den Schandfleck „Rote Stadt im Roten Land" als endgültig getilgt und hob Magdeburg in den Rang einer „ns.-Stadt". Er wurde für seine „Verdienste im Kampf um Magdeburg" mit der Kaiser-Otto-Plakette geehrt. Der Kreisleiter und Abschnittsbevollmächtigte K. – ein fanatischer Verfechter der ns. Ideologie – hatte maßgeblichen Anteil an der Durchsetzung des ns. Herrschafts- und Repressionssystems in Magdeburg. Besonders betätigte er sich als antisemitischer Scharfmacher bei der Ausgrenzung und Schikanierung der jüd. Mitbürger und an der „Reichspogromnacht" 1938. Mit dem Ausbruch des II. WK ging sein Einfluß auf das Stadtgeschehen spürbar zurück. Oberbürgermeister und Stadtverwaltung erhielten zunehmend ihre Weisungen über den Gauleiter und Reichsverteidigungskommissar → Rudolf Jordan. Im Januar 1942 zum Oberbereichsleiter ernannt, muß K. ein oder zwei Jahre später mit einer anderen Aufgabe betraut worden sein. Obwohl in den ns. Unterlagen bis 1945 als NSDAP-Mitglied geführt, ist unklar, ob er den Krieg überlebt hat.

Krauthoff, Richard

geb. 04.02.1873 Neufier bei Schneidemühl, gest. 04.02.1942 Halberstadt, Kreisbaurat, Kreisbrandmeister, Vors. des Feuerwehrverbandes der Provinz Sachsen.

K. trat 1902 in den aktiven Feuerwehrdienst. Als Kreisbaurat und Kreisbrandmeister im Landkr. Wanzleben tätig, wurde er 1911 zum Ausschußmitglied und 1920 zum stellvertretenden Vors. des *Feuerwehrverbandes der Provinz Sachsen* gewählt. 1921–25 war K. Vors. des *Feuerwehrverbandes für den Regierungsbez. Magdeburg*. Im Juli 1925 zunächst vertretungsweise beauftragt, übernahm er im Oktober 1925 die Funktion des Vors. des *Provinzialfeuerwehrverbandes*. Der Oberpräsident der Provinz Sachsen, Albert von Ulrich, ernannte im Januar 1934 K. zum Provinzialführer der freiwilligen Feuerwehren in der Provinz Sachsen. Im März 1934 erfolgte die Berufung K.s zum Vors. des Führerrates im *Provinzialfeuerwehrverband der Provinz Sachsen*. Am 07.04.1934 wurde der *Feuerwehrverband der Provinz Sachsen* in der bisherigen Form aufgelöst und als Körperschaft des öffentlichen Rechts neu gegründet. Zum Liquidator wurde K. bestellt. Infolge Erreichens der Altersgrenze wurde K. im September 1937 als Vors. des Führerrates im *Provinzialfeuerwehrverband der Provinz Sachsen* abberufen. K. erwarb sich große Verdienste bei der Hebung der Schlagkraft der Feuerwehren seines jeweiligen Wirkungsbereichs, der neuzeitlichen Ausrüstung und Ausbildung, der einheitlichen Ausrüstung der Feuerwehren, und er setzte sich für die Gründung und den Bau der Provinzialfeuerwehrschule in Heyrothsberge ein.

L: Slg. Landesfeuerwehrverband Sa.-Anh. e.V., Magdeburg (*B*); Slg. Vf., Magdeburg (priv.).

Hartmut Greulich

Krayl, *Carl* Christian

geb. 17.04.1890 Weinsberg bei Heilbronn, gest. 01.04.1947 Werder/Havel, Architekt.

K., ältestes Kind des Gerichtsnotars Ernst Ludwig K. aus Herrenberg bei Stuttgart, studierte nach dem Besuch der Volks- und Realschule ab 1909 zunächst an der Kgl.-Württembergischen Kunstgewerbeschule in Stuttgart, wechselte an die Architekturabt. der dortigen TH und legte seinen Abschluß bei → Karl Bonatz ab. 1912 begann er zunächst eine Tätigkeit im Büro des Baudir. Carl Anton Meckel in Freiburg/Breisgau und etablierte sich dann Anfang 1914 im Architekturbüro Brendel in Nürnberg. Nach dem Wehrersatzdienst 1914–18 war er weiter bis 1919/20 bei Brendel tätig und wurde dessen Teilhaber. 1921 erhielt K. von Stadtbaurat → Bruno Taut die Berufung zum Leiter des Entwurfsbüros im Hochbauamt der Stadt Magdeburg und siedelte im gleichen Jahr nach Magdeburg um. Nach 1923 realisierte er dort seine ersten größeren Bauobjekte, schied aus dem Hochbauamt aus und gründete 1924–27 eine Bürogemeinschaft mit dem Architekten Maximilian Worm. Bis 1933 konzipierte K. als freier Architekt Großsiedlungsbauten sowie andere Großprojekte in Magdeburg und nahm an zahlreichen bedeutenden Wettbewerben sowie nationalen und int. Ausstellungen teil. 1933–37 wurde er durch die Nationalsozialisten als „Kulturbolschewist" abgestempelt und arbeitslos. Die materielle Basis der Fam. sichernd, zog K. 1938 nach Werder/Havel und war bis 1945 als technischer Angestellter bei der Reichsbahnbaudirektion Berlin tätig. Nach 1945 bestand eine kurze Zusammenarbeit mit Hans Scharoun in Berlin. Die Bedeutung K.s für Magdeburg gründet auf einer bereits vor dem I. WK entstandenen lebenslangen Architektenfreundschaft mit Taut. Mit der künstlerischen Leitung am Hochbauamt verwirklichte K. 1921–23 erstmals die Idee von Tauts „farbiger Architektur" mit den für K. typischen dadaistischen, futuristischen, kubistischen und dekonstruktiven Details an Magdeburger Hausfassaden. Seine eigenständige Bautätigkeit begann 1923 in Bürogemeinschaft mit Hubert Hoffmann und Worm am Hotel „Weißer Bär" (1922/23), der Landeskreditbank (1923/24) und dem Bootshaus für den *Freien Wassersportverein*. Mit dem im Stil des „Neuen Bauens" konzipierten Siedlungsprojekt Jordan-Straße (Siedlung der *Magdeburger Bauhütte GmbH* in Magdeburg-Sudenburg) entwickelte sich mit K.s architektonisch-künstlerischer Eigenständigkeit seine Emanzipation ohne Preisgabe der geistig-ideellen Beziehungen zu seinem Mentor Taut. Die nachhaltige Bedeutung K.s für die Stadt Magdeburg ist geprägt durch sein soziales Engagement als Architekt der Arbeiterorganisationen und seine Verbundenheit mit der Natur. Hierher gehören die zwischen 1927 und 1933 entstandenen Großsiedlungen Neue Neustadt (Curie-Siedlung), Cracau und Fermersleben. Höhepunkte des auch int. anerkannten Magdeburger Schaffens von K. sind der in Gemeinschaft mit Worm geplante Neubau der Allg. Ortskrankenkasse (1926/27) und das Gewerkschaftshaus am Ratswaageplatz (1932). Mit letzterem und den „Oli-Lichtspielen/Daehnes-Hof" endete 1933 abrupt seine Magdeburger Tätigkeit. K. war in Magdeburg auch bühnenbildnerisch tätig, seine Messebauten wie der Hauswaldtsche Pavillon (Mitteldt. Ausstellung für Siedlung, Sozialfürsorge und Arbeit, 1922), noch in farbig verspielter Architektur, oder der Volksstimme-Pavillon im Stil der neuen Sachlichkeit (Dt. Theaterausstellung Magdeburg, 1927) sind anerkannte Zeugnisse seines Schaffens. Auch zu erwähnen ist K.s 1921 expressionistisch ausgemalte und mit selbst entworfenen Möbeln im gleichen Stil gestaltete Magdeburger Wohnung im Bunten Weg 3.

W: Schriften: Neue Architektur in Magdeburg, in: Die Form 1, H. 15, 1926, *332–337*; Allg. Ortskrankenkasse in Magdeburg, in: Die Bauwelt 19, H. 13, 1928, *17–24*; Magdeburg – Siedlungsbauten 1927–30, in: ebd. 22, H. 13, 1931, *7–12*. – N: Vf., Magdeburg (priv.). – L: Vollmer 3, 1956, *115*; G. E. Konrad, Maximilian Worm und C. K., Architekten, 1928; Ute Maasberg, Im Auftrage der Farbe. Die Idee einer farbigen Stadt und ihre Realisation durch C. K., Diss. Hannover 1997; Regina Prinz, Neues Bauen in Magdeburg. Das Stadtbauamt unter Bruno Taut und → Johannes Göderitz (1921–33), Diss. München 1997; Olaf Gisbertz, Bruno Taut und Johannes Göderitz in Magdeburg. Architektur und Städtebau in der Weimarer Republik, 2000; StadtA Magdeburg: PA 3730. – B: *Vf., Magdeburg (priv.).

Bruno Krayl

Kreikemeyer, *Willy* **Karl**
geb. 11.01.1894 Salbke bei Magdeburg, gest. 31.08.1950 Berlin, Dreher, Parteifunktionär.

Der Sohn eines Schlossers und SPD-Funktionärs arbeitete nach der Lehre bei der Eisenbahn. 1910 trat er der Sozialistischen Arbeiter-Jugend und 1913 der SPD bei. Während des Krieges wechselte er zur USPD über und kam 1920 mit deren linkem Flügel zur KPD. Nach Funktionen in der Bezirksleitung Magdeburg wurde er Anfang 1924 Bezirksleiter in Nordbayern, dort jedoch nach Verhaftung wegen illegaler Parteitätigkeit im Juli 1924 ausgewiesen. Nun übte er in kurzer Folge Funktionen in den Bezirksleitungen Mecklenburg, Niedersachsen und Danzig aus. 1929–33 wurde er vom ZK mit verschiedenen, zum Teil illegalen Aufgaben betraut, denen er danach im Saargebiet, in Paris und in der Tschechoslowakei nachging, bis er 1936 nach Spanien gesandt wurde. 1938 nach Paris abberufen, wurde er hier bei Kriegsausbruch interniert. 1940 freigelassen, wirkte er bis Kriegsende für die illegale KPD-Leitung in Toulouse. Er hielt Kontakt zu Noel H. Field, was 1950 zu seiner Verhaftung führen sollte. 1946 wurde er mit der Leitung der Reichsbahn in der SBZ betraut. 1950 im Zuge einer Säuberungsaktion in der SED-Führung verhaftet, verstarb er unter ungeklärten Umständen. Er wurde später rehabilitiert.

L: Bio Hdb Emigr 1, *393f.*; Hdb SBZ/DDR, *436f.*; Hermann Weber, Die Wandlung des dt. Kommunismus, Bd. 2, 1969, *195ff*. (**B**).

Beatrix Herlemann

Krentzlin, Emil Heinrich *Richard* (Ps.: Bernhard Schumann)
geb. 27.11.1864 Magdeburg, gest. 27.11.1956 Hessisch-Oldendorf, Klavierpädagoge.

K. wurde als drittes von insgesamt fünf Kindern des Magdeburger Schiffseigentümers Bruno K. geb. Ab 1882 studierte er an Franz Kullaks Neuer Akad. der Tonkunst in Berlin Klavier (Kullak) und Musiktheorie (Heinrich Urban, Albert Becker) und war von 1886 bis vermutlich 1889 daselbst Lehrer, bevor er an Freuderichs Klavierschule wechselte, die er übernahm und K.s Musikschule nannte. Nach der Evakuierung aus Berlin 1945 lebte er in Hessisch-Oldendorf. In seiner Tätigkeit als Pädagoge war er Hg. zahlreicher Klavieralben, die durch leichten Satz bei Anfängern beliebt waren. K. gehörte zu den bekanntesten Vertretern der traditionellen pädagogischen Schule seiner Zeit. Seine beliebten Kompositionen, Arrangements und Unterrichtswerke, deren Zahl 200 erreicht, gehörten zu der Standardlit. instruktiver Musik für die Jugend. Aufmerksamkeit verdienen seine Klavierschule, die Slgg. „Der junge Pianist" (3 Bde, 1898 erschienen unter dem Ps. Bernhard Schumann) und „Der gute Pädagoge" (8 Bde, 1921). Letzteres ist eine Folge ausgezeichneter Klavierwerke für den Unterricht, die von der Elementarstufe (1) bis zu ausgewählten Sonatinen (8) reicht. Zwischen 1919 und 1942 gab K. etwa alle zwei Jahre einen Musiklehrerkalender heraus. Für seine Verdienste auf dem Gebiete der Jugend-Musikerziehung erhielt er 1954 das Bundesverdienstkreuz.

W: s.o. – L: MGG 7, Sp. *1764f.*; Erich Müller, Dt. Musikerlex. 1929, *759* (*W*).

Rainhardt Kober

Krenzke, Walter
geb. 18.04.1907 Frohse, gest. 01.05.1986 Berlin, Tischler, Zimmermann, Kommunalpolitiker.

K. war Sohn des Franz K., Steinbrucharbeiter und „Rädelsführer" bei einem Streik der Steinbrucharbeiter in Gommern, und der Luise K., erste gewählte SPD-Abgeordnete der Stadt Gommern. Nach der Volksschule in Gommern und der Tischlerlehre 1921–23 arbeitete er in Drackenstedt/Börde und Magdeburg und trat 1926 der SPD in Gommern bei. Er ging 1927 auf Wanderschaft, wurde in Krefeld seßhaft. 1932 trat er aus Protest wegen der Wahl → Paul von Hindenburgs durch die SPD zur KPD über. Er wurde Leiter des *Kampfbundes gegen den Faschismus* im Bez. Krefeld. Ab

1933 war er am Aufbau illegaler Parteigruppen und an der illegalen Herstellung und Verteilung von Flugbll. beteiligt. Von 1936 bis 1939 war K. Offizier der Armee der spanischen Republik, wurde Kompaniechef einer Panzereinheit und 1937 schwer verwundet. Nach der Ausbürgerung aus Dtl. 1938 war K. 1939–41 in franz. Lagern interniert und vom Dt. Volksgerichtshof wegen Hochverrats zu zweieinhalb Jahren Zuchthaus verurteilt, die er später im KZ Sachsenhausen verbüßte. 1945 befreit, wurde K. in Gommern als Amtsbürgermeister und Ortssekretär der KPD eingesetzt. Er unterstützte die Aufbauarbeiten, setzte sich für die Ingangsetzung der Zuckerfabrik ein und war gegen die Enteignung von Kleinbetrieben. Mit großer persönlicher Initiative ließ er gegen den Willen der Staatsmacht das von den Nationalsozialisten unterwühlte und zu Stellungen ausgebaute Umflutgebiet bei Schönebeck kurz vor erneutem Hochwasser reparieren, worauf er von der Roten Armee inhaftiert, auf Grund int. Proteste aber freigelassen wurde. Auf seinem weiteren Lebensweg geriet K. mit der Staatsmacht der DDR des öfteren in Konflikt. Mehrfach wurde ihm aus politischen Gründen die Arbeitsstelle gekündigt. Zuletzt stellte er sich als Hilfsarbeiter in einem Tagebau an ein Förderband. K. wurde mit der Medaille Kämpfer gegen den Faschismus und mit dem VVO in Gold geehrt.

W: Erlebnisse ehemaliger dt. Spanienkämpfer, in: Hanns Maaßen (Hg.), Brigada Internacional ist unser Ehrenname, Bd. 1, 1974, ⁴1986, *349.* – **L:** Hans Bursian, Biogr. von Interbrigadisten, Beiträge zur Gesch. der Stadt und des Bez. Magdeburg, H. 15, 1986, *36*; Hans-Joachim K., Das Abschiedsgeschenk von Le Perthus, Magdeburger Bll. 1989, *17–19*; Günter Wingert, Ehrung der Antifaschisten, in: Im Tempo der Zeit. Betriebsztg. des VEB ZRAW Gommern, Juli 1989, *3*; StadtA Gommern: Akte K.; Familienunterlagen Hans-Joachim K., Magdeburg (priv.). – **B:** *ebd.

Elke Klitzschmüller

Kresse, Otto
geb. 06.01.1886 Felgeleben, gest. 12.03.1933 Schönebeck-Felgeleben, Kommunalpolitiker.

K. erlernte in der *Nationalen Radiator Ges. m.b.H.* (*NARAG*) in Schönebeck den Schlosserberuf. 1906 trat er der SPD und der Gewerkschaft bei. Während des I. WK gründete er in Schönebeck die USPD im Kr. Calbe und wurde 1919 in Felgeleben Gemeinderat und Vors. des Arbeiterturnvereins. Gleichzeitig war er Betriebsratsvors. in der *NARAG*. Nach einem Streik im Betrieb wurde er entlassen. Sein Ansehen führte zur Berufung als hauptamtlicher Kassierer des *Dt. Metallarbeiterverbandes* in Schönebeck. 1920 war er mit anderen wieder der SPD beigetreten. Er gründete die *Spielplatz-Genossenschaft Weitstoß GmbH* und die *Bau- und Spargenossenschaft Heimstätte* Schönebeck-Felgeleben mit und war deren erster Vors. Nach der Eingemeindung Felgelebens 1923 wurde er in Schönebeck Stadtverordneter und Stadtrat. Nach dem Reichstagsbrand hatten die Nationalsozialisten das Metallarbeiterbüro gestürmt und nach ihm gefahndet. Als er an der Auszählung der Stimmen zur Kommunalwahl im Felgeleber Wahllokal teilnehmen wollte, erschossen ihn Nationalsozialisten.

L: Aus dem Leben von Kämpfern der Arbeiterbewegung des Kr. Schönebeck, 1970, *24.* – **B:** ebd.

Hans-Joachim Geffert

Kretschmann, Carl
geb. 17.07.1826 Magdeburg, gest. 01.04.1899 Magdeburg, Justizbeamter, Rechtsanwalt, Justizrat, Turner.

Der Sohn des Buchhändlers → Karl Gottfried K. besuchte das Magdeburger Domgymn., wo er Ostern 1844 seine Reifeprüfung ablegte, um in Halle und Berlin die Rechte zu studieren. Zusammen mit seinen Brüdern turnte er als Schüler auf dem 1842 wiedereröffneten Turnplatz der zweiten städtischen Gymnastik-Anstalt. Als Referendar am OLG wurde er 1847 zum Turnwart des Kreises erwachsener Turner gewählt, die bereits unter → Theodor von Heinrichhofens Anleitung geübt hatten. Als Turnwart überführte er diese Männerabt. 1848 zum *Männer-Turnverein*. 1848 war er auch Mitglied des „Großen Turnrats" der Stadt, der die Leibeserziehung für sämtliche Schulen einführen, fördern und entwickeln wollte. Nach der Revolution von 1848/49 blieb K. dem Turnen weiterhin eng verbunden. Er trat nicht aus dem Turnverein aus und leitete 1850–52 auch die turnerischen Singübungen. 1852 erreichte er den Stand eines höheren Justizbeamten, als er zum Kreisrichter in Ziesar berufen wurde. Nachdem er seit 1853 in Wolmirstedt und 1859 in Magdeburg Kreisrichter war, ließ er sich im September 1859 in Burg als Rechtsanwalt nieder und kam zwanzig Jahre später nach Magdeburg zurück. In Burg hatte er die Gründung des Männerturnvereins (1860) betrieben. Als K. 1882 zum Justizrat ernannt worden war, gehörte er zu den Honoratioren Magdeburgs. 1886 war er Mitglied des *Friesen-Denkmal-Comitees* und übergab 1893 im Auftrag der Magdeburger Turnerschaft das fertiggestellte Denkmal dem Oberbürgermeister und der Öffentlichkeit. K. war 1897–99 Vors. des *Vereins für Gesch. und Altertumskunde des Hzts und Erzstifts Magdeburg* und wurde 1898 zum Ehrenmitglied des *Männer-Turnvereins von 1848* ernannt.

L: → Gustav Oscar Berger, Zur Entwicklung des Turnens in Magdeburg. Fs. zum 50. Stiftungsfeste des Männer-Turnvereins zu Magdeburg, 1898, *17, 29, 33, 35, 37, 89*; → Gustav Hertel, Nachruf, in: GeschBll 35, 1900, *348f.*

Michael Thomas

Kretschmann, *Friedrich* **Robert,** Prof. Dr. med. habil.
geb. 20.05.1858 Wolmirstedt, gest. 08.11.1934 Magdeburg, Arzt, Generaloberarzt, Geh. Sanitätsrat.

Der Sohn des Justizrats → Carl K. besuchte das Viktoria-Gymn. in Burg und studierte ab 1876 Med. in Göttingen, Tübingen und Halle. Das med. Staatsexamen absolvierte er 1881 mit einem examen rigorosum, im gleichen Jahr prom. er in Halle mit der Dissertationsschrift „Über das Angioma arteriale racemosum". Während der anschließenden Assistenz bei Theodor Weber in der Med. Klinik und Poliklinik in Halle, erfolgte die Ausbildung zum praktischen Arzt, darauf schloß sich 1884 die Assistenz an der Univ.-Ohrenklinik Halle bei Hermann Schwartze an, der auf der Basis der von ihm erforschten pathologischen Anatomie des Schläfenbeins der Ohrenheilkunde neue operative Wege wies. Es folgten wiss. Arbeiten, u. a. „Anatomische und pathologische Verhältnisse des Kuppelraumes, der Gehörknöchelchen und des hypotympanischen Raums", der von ihm Kellerraum genannt wurde, und experimentelle Arbeiten zur Akustik, wie „Mittönen fester und flüssiger Körper". K. entwickelte einige operative Methoden, wie die submuköse Radikaloperation der Kieferhöhle, die sublabiale Septumresektion sowie eine Gehörgangsplastik. Nach seiner Habil. 1887 über „Fistelöffnungen am oberen Pol des Trommelfells über dem Processus brevis des Hammers, deren Pathogenese und Therapie" ließ er sich 1888 in Magdeburg als erster und einziger Ohrchirurg nieder. Parallel dazu hielt er bis 1890 Vorlesungen an der Univ. Halle. 1905 erhielt er den Titel Medizinalrat und den Ruf als Prof. der Ohrenheilkunde und Dir. der Poliklinik für Ohrenkranke nach Königsberg, den er ablehnte. 1906 erhielt er den Titel Prof. K. war lange Jahre im Vorstand der *Med. Ges. zu Magdeburg* und zwei Jahre ihr Vors. Als Gründungsmitglied der *Ges. Dt. Hals-Nasen-Ohrenärzte* leitete er 1905 die Tagung der *Otologischen Ges.* in Bad Homburg. 1910–14 übernahm K. die redaktionelle Leitung des *Archivs für Ohrenheilkunde* zusammen mit Paul Manasse, Würzburg. Im I. WK war er fachärztlicher Berater im Bereich des Magdeburger IV. Armeekorps. Während des Krieges erhielt er den Titel Kgl. Preuß. Sanitätsrat und Generaloberarzt. K. wurde 1928 Ehrenmitglied der *Ges. Dt. Hals-Nasen-Ohrenärzte* sowie der *Med. Ges. zu Magdeburg*, er war korrespondierendes Mitglied der belgischen *Oto-laryngologischen Ges.*

W: Nachbehandlung des aufgemeißelten Warzenfortsatzes, in: Slg. klinischer Vorträge N. F. 7, 1890, *35–44;* Akustische Funktion der Hohlräume des Ohres, in: Pflügers Archiv für die gesamte Physiologie des Menschen und der Tiere. – **L:** Wer ist's? 1922; Bericht über die Thätigkeit der Privat-Klinik für Ohren-, Nasen- und Hals-Krankheiten von Dr. K., 1894; Friedrich Ahrendt, F. K., Magdeburg zum Gedenken, in: Zs. für Hals-, Nasen- und Ohrenheilkunde 39, 1936, *155–158;* Thomas Klemm, Grabstätten bedeutender Mediziner in Magdeburg, Dipl.-Arbeit Med. Akad. Magdeburg 1979. – **B:** *Vf., Magdeburg (priv.).

Bernd Freigang

Kretschmann, Karl Gottfried
geb. 31.05.1784 Leipzig, gest. 19.03.1850 Magdeburg, Buchhändler, Verleger.

Der Sohn des Hofgerichtsaktuars Christian Gottfried K. wurde bis zu seinem 14. Lebensjahr bei Verwandten in Delitzsch erzogen und absolvierte ab 1798 eine sechsjährige Buchhandelslehre bei Johann Jakob Schoeps in Zittau. 1804 trat K. als Handlungsgehilfe in das Geschäft von → Johann Adam Creutz in Magdeburg ein, das er bereits ab 1808 zunächst kommissarisch für den erkrankten Inhaber fortführte und nach dessen Tod sowie der Heirat mit dessen jüngster Tochter 1810 für eigene Rechnung übernahm. Unter K.s Leitung expandierte das aus Buchhandlung und Verlag bestehende Unternehmen, das er unter dem Namen *Creutzsche Buchhandlung* weiterführte. Besondere Verdienste erwarb sich K. durch seine verlegerische Tätigkeit. Er ließ als erster einen Verlagskat. in Magdeburg erscheinen und brachte mit den von → August Andreae hg. *Medicinalberichten aus der Provinz Sachsen* (1830–37) sowie den Periodika *Podalirius. Zwanglose Hefte, als Beiträge zur Kritik der ältern und neuern Arzneikunde* (1832) und *Hygina. Bll. für Freunde der Gesundheit und des Familienglückes* (1835–38, Hg. jeweils Phoebus Moritz Philippson) die ersten naturwiss. Zss. in Magdeburg zum Druck. Auch die erste konfessionelle Zs. Magdeburgs, das von → Ludwig Philippson redigierte *Israelische Predigt- und Schulmagazin* (1834–36) wurde bei K. verlegt. Als langjähriges Mitglied der Loge „Ferdinand zur Glückseligkeit" (seit 1814) wußte K. auf der Basis einer bürgerlich-liberalen Gesinnung berufliche Aktivitäten mit sozialem und kulturellem Engagement zu verbinden. Er wirkte nicht nur mehrere Jahre als Stadtverordneter, sondern war als Dir. des *Bürgerrettungsinstituts* und langjähriges Mitglied der *Armen-Holzversorgungs-Ges.* in Verbindung mit → Carl Focke energisch um die Verbesserung der Armenversorgung bemüht. Durch seine Tätigkeit als Sekretär des *Frauenvereins für die Erziehung der durch die Cholera verwaisten Kinder* (1830/31) hatte er engen Kontakt mit engagierten Magdeburger Medizinern wie August Andreae und → August Brüggemann, von denen er zahlreiche Arbeiten publizierte. Bedeutend war auch K.s nachhaltige Förderung des kulturellen Lebens, insbesondere des städtischen Musiklebens. Bereits in Zittau war der musik- und kunstbegeisterte K. freundschaftlich mit Friedrich Schneider, dem späteren Dessauer Kapellmeister, verbunden. In Magdeburg beförderte K. auf

Anregung → Carl Friedrich Zelters Anfang 1819 die Stiftung der *Ersten Magdeburger Liedertafel*, einer der ältesten dt. Männerchöre, deren erster Dirigent → Johann Andreas Seebach wurde. K., selbst Mitglied des neugegründeten Domchores und der Liedertafel, organisierte zudem über viele Jahre die Konzerte der Ferdinand-Loge und der *Harmonie*. Er hatte entscheidenden Anteil am Zustandekommen des 1834 abgehaltenen 7. Elb-Musikfests in Magdeburg. Als Verleger sowie als Gründer und Dir. des *Zschokke-Vereins zur Verbreitung wohlfeiler Volksschriften* (seit 1844) nahm K. ab 1840 regen Anteil an den kirchenpolitischen Auseinandersetzungen in Magdeburg. Er unterhielt enge Kontakte zur freikirchlichen Bewegung der sog. „Lichtfreunde" um → Leberecht Uhlich, mit dem er freundschaftlich verbunden war, und verlegte deren Schriften und Predigten. Noch auf dem Krankenlager sah sich K. deshalb erheblichen Anfeindungen von Seiten reaktionärer Kreise und der konservativen Reg. in Magdeburg um den Oberpräsidenten → Gustav von Bonin ausgesetzt. Im April 1850 übernahm der seiner dritten Ehe mit der Tochter des Magdeburger Konsistorialrates → Johann Friedrich Wilhelm Koch entstammende Sohn → Reinold K. die Geschäftsführung.

L: Neuer Nekr 28, 1852; Hobohm, Bd. 1, *549–554* und Bd. 2, *168–170*; Friedrich Häseler, Gesch. der Magdeburger Liedertafel, 1869; N. N., Am 11. Juni 1778 ..., in: Bll. für HGusL 30, 1878, *177–179*; Wilhelm Stieda, Die Entwicklung des Buchhandels in Magdeburg, in: Magdeburgs Wirtschaftsleben in der Vergangenheit, Bd. 3, 1928, *377–380, 415f.*; Georg Müller (Hg.), Der Sächsisch-Thüringische Buchhändler-Verband 1883–1933, 1933.

Guido Heinrich

Kretschmann, Max
geb. 01.04.1858 Magdeburg, gest. 11.09.1933 Magdeburg, Buchhändler, Verleger.

Der Sohn des Verlagsbuchhändlers → Reinold K. besuchte bis Ostern 1875 das Kgl. Domgymn. in Magdeburg und absolvierte anschließend bis Ostern 1878 eine Buchhandelslehre in der *Stillerschen Hof- und Universitätsbuchhandlung* in Rostock. 1878 trat er als Buchhandelsgehilfe in das Geschäft von A. Stuber in Würzburg ein und leistete 1879/80 seinen Militärdienst als Einjährig-Freiwilliger beim 1. Magdeburgischen Infanterie-Regiment Nr. 26. Er wurde später Reserveoffizier und Premierleutnant der Reserve. Im Herbst 1880 trat er als Prokurist in die Fa. des Vaters ein und wurde Anfang 1883 Teilhaber der *Creutzschen Buchhandlung*. K. erweiterte vor allem die Buchverlagsabt. durch Ankauf naturwiss. Bücher und Zss. Kern des Verlages wurde die aus dem Rümplerschen Konkurs in Leipzig erworbene ornithologische Verlagsgruppe, die u. a. die Periodika *Canaria. Bll. für Liebhaber feiner Kanarienvögel* (1877–1901), *Die gefiederte Welt* sowie die weit verbreiteten ornithologischen Werke von Karl Ruß umfaßte. Später kamen die illustrierte Halbmonatsschrift *Bll. für Aquarien- und Terrarienfreunde* (1890–1901), zahlreiche weitere Vogelbücher und Werke zur Tier- und Naturkunde hinzu. Besondere Aufmerksamkeit widmete K. dem Verlag von Berufsschullit. (Lehrbücher) und Hilfsmitteln für Fortbildungsschulen. Angeregt durch die Bemühungen → Edmund Sträters um Person und Werk → Wilhelm Raabes, legte K. dessen frühe, durch den Aufenthalt in Magdeburg inspirierte Erzählung „Unseres Herrgotts Kanzlei" (1889, ⁷1922) erfolgreich wieder auf. Ab 1899 führte K. als alleiniger Geschäftsführer die Fa. *Creutzsche Buchhandlung* bis zum Eintritt seines Sohnes Rolf K. in die Firmenleitung im Oktober 1922. Bereits 1921 hatte K., durch die positive Entwicklung seines Verlages veranlaßt, diesen vom Sortiment getrennt. Während zum Oktober 1921 das Sortiment unter der Fa. *Max K.s Buch- und Musikalienhandlung* in den Besitz von Hermann Ebbecke und von diesem Ende 1929 an Wilhelm Herbst überging, führte K.s Sohn Rolf den Verlag bis 1945 in Magdeburg weiter. K. wurde 1895 in den Vorstand des *Sächsisch-Thüringischen Buchhändler-Verbandes* gewählt, dessen Erster Vors. er von 1906 bis 1911 war. 1911–17 gehörte er dem Vorstand des *Dt. Börsenvereins* an, nachdem er 1905–11 bereits Mitglied und Vors. des Rechnungsausschusses und verschiedener anderer Sonderausschüsse dieses Vereins gewesen war. Als Mitbegründer und Vors. der *Vereinigung Magdeburger Buchhändler* schuf er dem Magdeburger Buchhandel eine Fachgruppe zur Wahrung der Berufsstandsinteressen. Der Tradition seines Großvaters → Karl Gottfried K. folgend, war K. von 1907 bis zu ihrer Auflösung 1935 auch Mitglied der Magdeburger Loge „Ferdinand zur Glückseligkeit".

L: Georg Müller (Hg.), Der Sächsisch-Thüringische Buchhändler-Verband 1883–1933, 1933, *22–24, 52f., 84f.* (*B).

Guido Heinrich

Kretschmann, Reinold
geb. 15.02.1828 Magdeburg, gest. 20.10.1906 Magdeburg, Buchhändler, Verleger.

Der Sohn des Buchhändlers und Verlegers → Karl Gottfried K. genoß eine vielseitige Erziehung im Hause des kunstinteressierten Vaters und besuchte anschließend bis Ostern 1844 das Magdeburger Domgymn. 1844–47 absolvierte er eine Buchhandelslehre in der *Pergayschen Buchhandlung* in Aschaffenburg, war danach bis Oktober 1848 im väterlichen Geschäft tätig und arbeitete zudem in der Redaktion der *Magdeburgischen Ztg.* Ende 1848 trat er als

Buchhandelsgehilfe in die *Stillerschen Hofbuchhandlung* in Rostock ein, wo er sehr erfolgreiche Arbeit leistete, kehrte jedoch Anfang 1850 aufgrund der Krankheit seines Vaters wieder nach Magdeburg zurück. Nach dessen Tod übernahm K. die Sortiments- und Verlagsbuchhandlung (Breiter Weg 156) – in diese schwierige Zeit fiel auch die Ausbildung → Wilhelm Raabes zum Buchhändler – und dehnte das Geschäft bedeutend aus. 1869 trat mit Theodor Koltzsch aus Halle ein Teilhaber in die Fa. ein, nach dessen Ableben 1873 K. wieder für alleinige Rechnung arbeitete. 1870 erweiterte er das Geschäft um eine Musikalienhandlung und ein große Musikalien-Leihanstalt. Im Herbst 1880 trat sein Sohn → Max K. als Prokurist in die Fa. ein und wurde 1883 Teilhaber. K. führte das Unternehmen, bis ein Augenleiden ihn Anfang 1899 zwang, aus dem Geschäftsleben auszuscheiden. Unter seiner Leitung wurde die umfangreiche Verlagstätigkeit seines Vaters fortgesetzt, die u. a. Schul- und Sprachlehrbücher, Unterhaltungslit. und stadtgesch. Publikationen umfaßte. K. war 1883 Initiator und Gründungsmitglied sowie von 1883 bis 1895 Erster Vors. des *Sächsisch-Thüringischen Buchhändler-Verbandes*. Er widmete sich dem initiativen Kampf um den Schutz des Ladenpreises gegen das grassierende Rabatt-Unwesen (Buchpreisbindung) und setzte sich für die Sicherung des beruflich qualifizierten Buchhandels gegen die sog. „Buchbinder-Kommissionäre" ein. Unter seiner Leitung wurde 1891 die vom *Dt. Börsenverein* unter Mitwirkung der Provinzialvereine erarbeitete „buchhändlerischen Verkehrsordnung" angenommen. K. war ab September 1895 Ehrenbeisitzer im Vorstand des Verbandes und wurde 1899 zum Ehrenmitglied des Buchhändlerverbandes gewählt. Der musikalisch begabte K. war zudem kurz nach seiner Gründung dem *Tonkünstlerverein* in Magdeburg beigetreten und spielte jahrzehntelang in den Quartetten und Trios die Cellopartien. Er bestimmte weitgehend das kammermusikalische Programm des *Tonkünstlervereins*, dessen Konzertproben im Hause K.s stattfanden, und war langjährig an hervorragender Stelle im Konzertvorstand der *Harmonie* tätig, die seinerzeit die besten Künstlerkonzerte Magdeburgs bot. Er gehörte der Armendeputation der Stadt an (vor 1865), war ab Mitte 1865 gewähltes Mitglied des Stadtrates in Magdeburg (ehrenamtliche Tätigkeit bis 1890) und wurde zuletzt mit dem Ehrentitel „Stadtältester" verabschiedet. Als Stadtrat zeichnete er für die *Provinzial-Städte-Feuersocietät* verantwortlich. Auf Antrag der Sozietät übernahm er 1878 deren Magdeburger Direktion, die er bis zu seinem Tod erfolgreich innehatte.

L: Georg Müller (Hg.), Der Sächsisch-Thüringische Buchhändler-Verband 1883–1933, 1933, *9–12, 41–49, 83f.* (*B*).

Guido Heinrich

Kreyssig, *Lothar* Ernst Paul, Dr. jur.
geb. 30.10.1898 Flöha/Sachsen, gest. 05.07.1986 Bergisch-Gladbach, Jurist, Konsistorialpräsident.

Der Sohn eines Kaufmanns und Getreidegroßhändlers besuchte nach der Grundschule das Gymn. in Chemnitz. 1916 meldete er sich freiwillig zum Kriegsdienst, legte das Notabitur ab und studierte 1919–22 in Leipzig Rechtswiss. Danach folgten die normalen Stationen der jur. Ausbildung. 1923 wurde der junge Jurist prom. und arbeitete ab 1926 im Landgericht Chemnitz, ab 1928 als Richter. Nach der Machtübernahme Hitlers 1933 weigerte er sich unter Berufung auf seine richterliche Unabhängigkeit, in die NSDAP einzutreten. Er konnte als Untersuchungsrichter weiterarbeiten, wurde 1937 als Vormundschaftsrichter nach Brandenburg versetzt und erwarb in Hohenferchesar bei Brandenburg einen Gutshof, um eine ökologische Landwirtschaft aufzubauen. K., der erst Ende der 1920er Jahre aus einem allg. bürgerlichen Christentum zu intensivem persönlichem Glauben gefunden hatte, schloß sich 1934 der Bekennenden Kirche (BK), einer Widerstandsbewegung innerhalb der ev. Kirche gegen die dt.-christlichen Vertreter in Theol. und Kirchenbehörden, an. In Sachsen wurde er 1935 zum Präses der Synode der BK gewählt und wirkte auch in Berlin und Brandenburg tatkräftig in der BK mit. Wegen seiner kirchenpolitischen Aktivitäten – K. war wiederholt an Auseinandersetzungen mit dt.-christlichen Pfarrern beteiligt – wurden mehrfach Ermittlungsverfahren gegen ihn angestrengt, die ohne Folgen blieben. Als Jurist leistete K. mutigen Widerstand gegen die „Euthanasie"-Morde an Geisteskranken, die sich in seinem Amtsbez. ereigneten, und erstattete 1940 als einziger dt. Richter Anzeige wegen Mordes gegen Reichsleiter Philipp Bouhler. Diese Aktion führte zu K.s Beurlaubung und schließlich 1942 zu seiner Versetzung in den Ruhestand (bei vollem Ruhegeld!). Es bleibt erstaunlich, daß weitere Repressalien ausblieben. K. wandte sich verstärkt der Kirche und der Arbeit auf seinem Gutshof zu, beherbergte dort bis Kriegsende zwei jüd. Frauen und integrierte Kriegsgefangene in die Hofgemeinschaft. Nach dem Ende des II. WK wurde er sowohl als aktiver Widerständler gewürdigt, aber auch als „Junker" bedroht. Dreimal sollte er erschossen werden, mehrmals mußte er um den Hof bei der Bodenreform kämpfen, schließlich wurde ihm ein Restteil an Acker und Wald sowie die Gebäude belassen. Als unbelasteter Jurist entschied sich K. nach 1945 wegen schwerwiegender rechtsstaatl. Bedenken gegen eine Wiederanstellung im Justizdienst Brandenburgs und nahm das Angebot von Bischof Otto Dibelius an, als Konsistorialpräsident der Kirchenprovinz Sachsen nach Magdeburg zu gehen. Bereits 1947 wählte ihn die Synode der Ev. Kirche der Kirchenprovinz Sachsen zu ihrem Präses. Daneben widmete er sich einer Vielzahl weiterer Aufgaben. 1952 leitete er für kurze Zeit die Kirchenkanzlei der Ev. Kirche der altpreuß. Union, von 1952 bis 1970 war er auch deren Präses. Er gehörte 1949–61 dem Rat der Ev. Kirche in Dtl. als einer der wenigen Vertreter der östlichen Landeskirchen an. Im Dt. Ev. Kirchentag, der größten dt. ev. Laienbewegung, war K. 1949–58 als Vizepräsident Ost mitverantwortlich für die großen Kirchentage in Berlin 1951 und Leipzig 1954. K. brachte als Synodalpräses der Ev. Kirche der Kirchenprovinz Sachsen und der Altpreuß. Union zahlreiche visionäre, aber häufig auch schwer zu realisierende Ideen in die Ev. Kirche ein. Er übte dieses Amt bis 1964 aus und erregte während dieser Zeit oft das Mißtrauen und den Widerspruch der DDR-Behörden. Umstritten waren seine Bemühungen um die Einheit der Christen in einer Ökumene, die auch die jüd. Religion mit einbeziehen sollte, seine Kritik an der Wiederbewaffnung Dtls sowie seine ablehnende Haltung zur dt. Teilung. In der Kirchenprovinz Sachsen gründete K. die Ev. Akad. als Stätte von Gespräch und Austausch. Mit einem Laienbesuchsdienst versuchte er, durch ein- bis zweiwöchige Einsätze in einzelnen Gemeinden missionarisch zu wirken. Für psychisch Belastete entstand der Hilfsring. Seine Aktionsgemeinschaft für die Hungernden war eine Vorstufe der späteren Aktion „Brot für die Welt". Auch die Telefonseelsorge geht auf eine Anregung K.s zurück. Sein bedeutendstes und wohl auch nachhaltigstes Werk war die Gründung der „Aktion Sühnezeichen". 1958 rief er nach längeren Vorüberlegungen dazu auf, um zur Versöhnung mit den Ländern zu finden, denen Dtl. im II. WK schwerwiegendes Unrecht angetan hatte. Junge Deutsche reisten als freiwillige Botschafter des guten Willens in die kriegsgeschädigten Länder Europas, um durch gemeinnützige Arbeit beim Wiederaufbau zu helfen. Norwegen, die Niederlande, Griechenland, Frankreich und England waren die ersten Einsatzorte, später kam u. a. auch Israel dazu – für K. ein vorrangiges Ziel. Nach dem Bau der Mauer, die K. von den int. Aktivitäten der „Aktion Sühnezeichen" ausschloß, zog er sich aus der Leitung zurück und begann ab 1962 mit dem Aufbau einer eigenen Sühnezeichenarbeit in der DDR. Im ersten ostdt. Sommerlager der „Aktion Sühnezeichen" entrümpelten junge Helfer zerstörte Kirchen in Magdeburg (u. a. St. Petri und die Wallonerkirche). 1965 unternahm K. mit einer Sühnezeichen-Gruppe eine erste Pilgerfahrt durch Polen und besuchte mit den Teilnehmern auch das Vernichtungslager Auschwitz. 1971 siedelte K. mit seiner Frau Hanna zunächst nach Westberlin und 1977 in ein Altersheim nach Bergisch-Gladbach über, wo er am 5. Juli 1986 starb.

W: Gerechtigkeit für David. Gottes Gericht und Gnade über dem Ahnen Jesu Christi. Nach dem 2. Buch Samuelis, 1949; Aufruf zur Aktion Sühnezeichen, 1958. – **L:** Franz von Hammerstein/Volker Törne, 10 Jahre Aktion Sühnezeichen, 1968; Karl-Klaus Rabe, Umkehr in die Zukunft. Die Arbeit der Aktion Sühnezeichen/Friedensdienste, 1983; Lothar Gruchmann, Ein unbequemer Amtsrichter im Dritten Reich. Aus den Personalakten des L. K., in: Vierteljahreshefte für Zeitgesch. 32, 1984, *463ff.*; Susanne Willems, L. K. Protest gegen die Euthanasieverbrechen im ns. Dtl., 1986; Konrad Weiß, L. K. – Prophet der Versöhnung, 1998 (*B*); Unrecht beim Namen genannt. Gedenken an L. K. am 30. Oktober 1998, 1998. – **B:** *Ev. Pressedienst Magdeburg.

Martin Kramer

Krieger, Otto

geb. 31.10.1874 Gommern, gest. 10.04.1936 Gommern, Schuhfabrikant.

K. übernahm 1899 die von seinem Vater Karl Albert K. 1891 gegründete *Filzschuh- und Pantoffelfabrik K. & Stunz* in Gommern. Das Unternehmen, das 1891 noch 30 Beschäftigte hatte, expandierte unter seiner Leitung auf bis zu 1.500 Beschäftigte, zumeist mit Gefangenen der örtlichen Strafanstalt, deren Anteil an der Gesamtbeschäftigtenzahl bis zu 900 Personen betrug. Der Umsatz stieg von 50.000 Reichsmark 1891 nach 25 Jahren bis auf 2,3 Mio. Reichsmark. Die Fa. verfügte über elf Filialen und 15 Vertreter, u. a. in Amsterdam und Konstantinopel. K. beteiligte sich an europäischen Messen in Leipzig und Wien und erhielt für seine Produkte Auszeichnungen. Die Lieferungen erstreckten sich weltweit. K. war als Kämmerer der Schuhindustrie jahrzehntelang der „verdienstvolle Schatzmeister". Die Zinsen einer von ihm ins Leben gerufenen Stiftung in Gommern waren für Kriegerwitwen und Waisen bestimmt. Die Söhne Hans und Heinz K. führten den väterlichen Betrieb von 1936 bis 1974, danach wurde er ein Betriebsteil des *VEB Schuhfabrik Roter Stern Burg*. 1992 wurde der Betrieb geschlossen.

L: Hans-Ulrich K., Fs. 25 Jahre Schuhfabrik K., 1916; Ehrentafel der Fachgruppe Hausschuhindustrie auf dem Grabstein der Fam. K., Gommern.

Bruno Heyne

Krisp, *Kurt* Paul Carl

geb. 19.06.1893 Bromberg/Posen, gest. 28.03.1971 Weinheim/Bergstraße, Unternehmer.

Der Sohn eines Barbiers und Friseurs absolvierte die Volksschule und erlernte anschließend in Dessau-Roßlau den Beruf des Drogisten. Nach ersten praktischen Erfahrungen im Drogeriegewerbe gründete er 1919 in Magdeburg die *Kukirol-Fabrik*, die zunächst Präparate zur Fußpflege herstellte. Bereits 1922 verlegte K. aus Platzgründen die Produktion nach Groß Salze (Bad Salzelmen). Auch am neuen Standort expandierte der Betrieb, was den Bau weiterer Gebäude nach sich zog. Drei Jahre später wurde eine Straße nach dem Werk benannt (heute Wernigeröder Straße). K. machte den Gebrauch seiner Produkte mit neuartigen Werbemethoden auch im Ausland populär. Er erfand die Figur des „Dr. Unblutig", mit der er – „amerikanisch" – plakativ und in großzügigen Zeitungsannoncen für seine Fa. als größte Fußpflege-Spezialartikel-Fabrik der Welt warb, deren Produkte in 56 Staaten der Erde erhältlich waren. Mit seinem Unternehmen machte K. die Fußpflege als solche in der damaligen Zeit erst „salonfähig". 1933 wurde der Betriebsstandort in Bad Salzelmen aufgegeben und eine neue Produktionsstätte in Berlin-Lichterfelde aufgebaut, die jedoch im II. WK stark beschädigt wurde. Im August 1948 begann K. deshalb in Weinheim neu. Seit 1936 stellte das Werk weitere kosmetische Produkte her, die unter dem Namen „Bitalis" vertrieben wurden. Ein Jahr später begann die Fertigung der bekannten „Kukident"-Erzeugnisse. Jahrzehntelang stand K. der Fa. vor, die sich als Familien-Ges. verstand. Nach seinem Tod führte sein Sohn Werner das Unternehmen erfolgreich weiter. 1978 ging das Unternehmen mit seiner bedeutenden Produktpalette in eine int. Firmengruppe über.

L: StadtA Schönebeck: Slg. G 16. – **B:** *ebd.

Britta Meldau

Krojanker, Hermann

geb. 21.07.1885 Berlin, gest. 21.08.1935 Berlin (Suizid), Industrieller.

K. war Sohn des jüd. Kaufmanns Wilhelm K., der als Kaufmann und Finanzier 1888 Teilhaber der Schuhfabrik des → Conrad Tack in Burg wurde, die sich fortan unter der Fa. *Conrad Tack & Cie.* zur größten Schuhfabrik in Europa entwickelte. Nach dem Besuch des Köllnischen Gymn. und einer kaufmännischen Lehre in seiner Heimatstadt volontierte K. in London, Paris und Nancy und trat 1907 in die väterliche Schuhfabrik in Burg ein. Bei Umwandlung der Fa. in eine Aktienges. 1912 wurde K. deren Dir. und wohnte von 1913 bis zur Übernahme der Generaldirektion 1924 in Magdeburg. Nach dem Tod des Vaters 1924 siedelte K. nach Berlin um. Erfolgreich war die Zusammenarbeit mit seinem Onkel, dem technischen Leiter der Fa. → Alfred Zweig, einem wichtigen Geldgeber, der seit 1893 Mitinhaber des Unternehmens war. Sein Bruder Gustav K. war 1926–29 Dir. und Vorstandsmitglied der Fa., schied aber aus, um sich als Publizist ganz der zionistischen Bewegung zu widmen. K. bemühte sich in Berlin um den Ausbau des Verkaufsnetzes, indem er den von Tack begründeten neuartigen Direktverkauf der Burger Produkte und hinzugekaufter fremder Ware in firmeneigenen Filialketten weiterentwickelte. Ab 1926 erfolgte ein starker wirtsch. Aufschwung der Fa., die um 1930 über mehr als 130 Verkaufsstellen und ca. 4.000 Arbeiter und Angestellte verfügte (Umsatz ca. 38 Mio. Reichsmark). Mit diesem größten europäischen Verkaufsnetz einer Schuhfabrik wurde eine führende Rolle in Dtl. erreicht. K. spielte als Vorstandsmitglied der *Vereinigung der Berliner Handelsrichter*, des *Vereins Berliner Kaufleute und Industrieller* und des *Verbandes dt. Filialbetriebe* eine bedeutende Rolle im dt. Wirtschaftsleben. Nach der Machtergreifung Hitlers sah sich K. im Rahmen der ns. „Arisierungsprozesse" gezwungen, das Unternehmen 1933 an die *Carl Freudenberg GmbH* in Weinheim, seinen größten Lederlieferanten, zu verkaufen. Er emigrierte nach Meran, später nach Paris, wo er ausbezahlt wurde, und kehrte 1934 nach Berlin zurück, wo er sich das Leben nahm.

L: NDB 13, *71f.*; Reichshdb 1, *1021* (**B**); Bio Hdb Emigr 1, *399*; Joseph Walk, Kurzbiographien zur Gesch. der Juden 1918–45, 1988, *206*; Archiv Karin Hönicke, Burg (priv.). – **B:** *ebd.

Paul Nüchterlein

Kroll, Luise, geb. Betenstehl

geb. 20.01.1907 Altenplathow, gest. 06.09.1997 Tangerhütte, Juristin.

K. wurde als zwölftes von vierzehn Kindern einer Arbeiterfam. geb. Nach dem tödlichen Unfall des Vaters in einer Pulverfabrik trug sie 1915–20 als Dienstmädchen und Hausgehilfin zum Unterhalt der Fam. bei. 1930 wurde sie Mitglied der KPD. K. war verheiratet, aus der Ehe gingen zwei Kinder hervor. Nach dem Zusammenbruch des Ns. organisierte sie im Juni 1945 in Genthin den antifaschistischen Frauenausschuß. Als Vors. des Ausschusses kümmerte sie sich um die sozialen Belange der Frauen, ihrer Kinder und der Umsiedler in der Stadt. Zu diesem Zweck wurde eine Beratungs- und Betreuungsstelle für Frauen eingerichtet. Durch ihr Engagement konnte im April 1946 der Martha-Brautsch-Kindergarten wieder eröffnet werden. Als Mitbegründerin des DFD in Genthin wurde sie dessen Kreisvors.

Am 01.08.1945 wurde K. vom sowjetischen Kreiskommandanten in Absprache mit der KPD als Richterin am Amtsgericht Genthin eingesetzt. Sie war damit die erste Frau in dieser Tätigkeit. Eine Ausbildung für diese Funktion erfolgte erst 1948/49 an der Verwaltungsakad. Forst Zinna. Unterstützung erhielt K. Anfang 1946 von Hilde Benjamin, der späteren Justizministerin der DDR, die sich über ihre Arbeit informierte und ihren Rat anbot. 1949/50 wurde K. Siegerin im Justizwettbewerb des Landes Sa.-Anh. und belegte im DDR-Vergleich den zweiten Platz. Ende 1952 schied sie als Oberrichterin aus dem Justizdienst aus, die Gründe sind nicht überliefert. Wahrscheinlich wurde sie von einem der Absolventen der jur. Fakultäten abgelöst, die 1952, nach Beendigung ihres Studiums, zum Einsatz kamen. K. war noch Jahre aktiv gesellschaftlich tätig. Für ihre Leistungen wurde sie 1979 mit dem VVO in Bronze ausgezeichnet.

B: Kreismus. Genthin.

John Kreutzmann

Krüger, Fritz

geb. 19.03.1896 Magdeburg, gest. 29.10.1957 Wolmirstedt, Reformpädagoge, Doz., pädagogischer Schriftsteller.

Der Sohn des Werkführers Wilhelm K. besuchte die Schule in Magdeburg und absolvierte das ev. Lehrerseminar in Neuhaldensleben. K. war anschließend als Volksschullehrer in Magdeburg tätig, gehörte hier 1919/20 zu den Initiatoren der Grundschulreform und war 26jährig jüngstes Mitglied der ersten Versuchsschule Magdeburgs unter → Fritz Rauch. Ab 1928 unterrichtete er an der höheren Reformschule am Sedanring (Berthold-Otto-Schule). Früh einer kindzentrierten Reformpädagogik verschrieben, überzeugte er mit gesamtunterrichtlicher Methode nach dem Reformer Berthold Otto sowohl den preuß. Kultusminister Carl Heinrich Becker wie auch → Otto Karstädt bei deren Schulbesuchen in Magdeburg. → Adolf Grimme lobte K. als Klassenleiter seines Sohnes an der Versuchsschule. Im Berthold-Otto-Kreis war K. wegen seiner SPD-Mitgliedschaft eine Ausnahme. Bekannt als Verfasser zahlreicher Artikel und Buchbeiträge über reformpädagogischen Unterricht wurde er zum April 1931 an die Pädagogische Akad. Stettin berufen. Nach deren Schließung fungierte er ab April 1932 als Rektor der II. ev. Volksschule in Stendal. Mitte 1933 trat K. in die NSDAP und den ns. *Lehrerbund* ein. Zum Oktober 1933 wurde er in das Amt eines Lehrers versetzt und wechselte zum März 1934 an die ev. Volksschule nach Glindenberg bei Wolmirstedt, wo er auch nach 1945 wieder als Lehrer tätig war.

W: Das freie Unterrichtsgespräch. Ein Beitrag zur Didaktik der Neuen Schule, 1930 (mit Fritz Braune/Fritz Rauch); Zur künstlerischen Gestaltung im Unterricht, in: → Richard Hanewald/→ Franz Hedicke (Hg.), Wachstum und Unterricht, H. 1, 1930, *16–24*; Gesamtunterricht in der Grundschule, in: ebd., H. 2, 1931, *46–51*. – **L:** Alexander Hesse, Die Professoren und Dozenten der preuß. Pädagogischen Akademien (1926–1933) und Hochschulen für Lehrerbildung (1933–1941), 1995, *458f.*; Vf., Die Berthold-Otto-Schulen in Magdeburg, 1999, *439*. – **B:** *Vf., Magdeburg (priv.).

Reinhard Bergner

Krüger, Gustav

geb. 14.09.1878 Thorn, gest. 03.12.1927 Magdeburg (Suizid), Schriftsetzer, Redakteur, Polizeipräsident.

Seit 1909 als Arbeitersekretär in Dessau und seit 1912 in Bremerhaven tätig, wurde der 38jährige 1915 eingezogen. Im Sommer 1916 erlitt er in Nordfrankreich eine schwere Verwundung. Vom Lazarett aus betreute er die Publikation seiner bereits in der *Magdeburger Volksstimme* und in anderen Parteiblättern erschienenen Feldpostbriefe, zusammengefaßt in dem 1916 erschienenen Bd. „Der Sozialist an der Front". Im April 1919 zum Polizeipräsidenten von Magdeburg ernannt, übte er das Amt energisch gegen alle rechten und linken Gegner der Republik aus, bis ihn eine Hetzkampagne, gegen die ihn → Horst Baerensprung gerichtlich verteidigte, Ende 1925 verdrängte. Er gehörte zu den Mitbegründern des *Reichsbundes der Kriegsbeschädigten* und des *Reichsbanners Schwarz-Rot-Gold*. Von 1919 bis 1921 vertrat er die SPD im Stadtparlament. Als Chefredakteur der *Illustrierten Reichsbanner-Ztg.* zeichnete er seine zahlreichen Artikel mit „gk". Die haltslosen Anschuldigungen und Verleumdungen in der bürgerlichen Magdeburger Presse trieben den empfindsamen Mann in den Selbstmord.

W: s.o. – **L:** Nachruf, in: Illustrierte Reichsbanner-Ztg. Nr. 51 vom 17.12.1927 (*B*); Slg. Vf., Hannover (priv.).

Beatrix Herlemann

Krug(-Waldsee), Wenzel *Joseph*, Prof.

geb. 08.11.1858 Waldsee bei Württemberg, gest. 08.10.1915 Magdeburg, Dirigent, Komponist.

Das jüngste Kind einer Ökonomenfam. war bereits während des Besuches der Realschule vielseitig interessiert und betrieb ein intensives Selbststudium. Schon früh engagierte er sich im Schul- und Kirchenchor sowie im Stadtorchester. Aufgrund seines außergewöhnlichen Talentes bestand er schon als Vierzehnjähriger die Aufnahmeprüfung am Stuttgarter Konservatorium für Musik; hier erhielt er von 1872 bis 1880 Musikunterricht in Violine, Klavier, Gesang und Komposition. Ab 1882 leitete er als Musikdir. den

Chor *Neuer Singverein*. Parallel übernahm er von 1885 bis 1887 die Leitung des *Akad. Liederkranzes* der Stuttgarter TH. Sein 1887 uraufgeführtes Chorwerk „König Rother" brachte ihm Ruhm und wurde als sein bekanntestes Werk auch int. aufgeführt. Schon damals nannte er sich zur Unterscheidung von den in keinem verwandtschaftlichen Verhältnis zu ihm stehenden Hamburger Komponisten Dietrich und Arnold Krug, mit Bezugnahme auf seinen Geburtsort, K.-Waldsee. Von 1889 bis 1892 leitet K. den Chor des Hamburger Stadttheaters. Als Kapellmeister in Brünn (1892/93), Nürnberg (1894) und Augsburg (1896) bewies er großes Direktionstalent. 1901 wurde er nach einer glänzenden Probedirektion der Lisztschen „Mazeppa" als Leiter der Sinfoniekonzerte des *Städtischen Orchesters Magdeburg* sowie als Leiter des *Lehrergesangvereins* nach Magdeburg berufen, wo er als Nachfolger → Fritz Kauffmanns bis zu seiner Pensionierung im Januar 1915 erfolgreich wirkte. Hier gründete er zudem den *K.-Frauenchor*. Der von ihm aus diesen Chören zusammengefügte riesige Klangkörper brachte ihm fachliche Anerkennung und schließlich Ende 1912 die Verleihung des Titels eines Prof. Mit ihm gewann die Stadt Magdeburg einen erfahrenen und über die Landesgrenzen hinaus anerkannten Dirigenten und Komponisten, der sich vor allem der Pflege der Vokalmusik widmete, aber auch als Lehrer für Musiktheorie und Sologesang geschätzt wurde.

W: 5 Lieder op.1; Des Meeres und der Liebe Wellen, sinfonische Dichtung für Orchester op.4; Harald, Ballade für Bariton-Solo, Chor und Orchester op.6; König Rother, für Soli, Chor und Orchester op.25; Seebilder für Männerchor, Bariton-Solo und Orchester op.29; 2 Duette op.45; Symphonie c op.46 Ms.; Brautlied op.60; ein Ballett sowie die Opern Astorre, 1896; Der Prokurator von San Juan, 1893; Der Rotmantel, 1898; – **L:** MGG 7, 1958, Sp. *1835f.*; Riemann, [11]1929; Friedrich Jansa (Hg.), Dt. Tonkünstler in Wort und Bild, [2]1911 (***B***); Württembergischer Nekr. für das Jahr 1915.

Anke Kriebitzsch

Krusche, Georg *Friedemann*, Dr. phil.
geb. 22.01.1959 Zittau, gest. 21.08.1999 Magdeburg, Theaterwissenschaftler, Publizist, Theaterkritiker.

Der seit seiner Kindheit in Magdeburg lebende K. war nach dem Schulbesuch, einer Lehre als Landschaftsgärtner (1975–77) und einem Studium an der Ingenieurschule für Bauwesen in Gotha (1977–80) kurze Zeit als Bauing. tätig. Von 1981 bis 1989 studierte er mit Unterbrechungen an der Theater-Hochschule in Leipzig. Seit 1984 war K. als Redakteur mit dem Schwerpunkt Theaterkritik bei der Tageszt. *Der neue Weg* Halle/Magdeburg sowie als freier Journalist u. a. für *Theater der Zeit, Die Dt. Bühne, Neue Zeit, Hannoversche Allg. Ztg., Magdeburger Allg. Ztg.* und die *Berliner Ztg.* tätig. Als Theaterkritiker hatte er sich im Laufe der Jahre einen über die Grenzen der Stadt und des Bundeslandes hinaus bedeutenden Ruf erworben. Er war seit 1993 Mitglied der Jury der Bad Hersfelder Festspiele und seit 1998 des Theatertreffens der Berliner Festspiele. Als Stipendiat der Stiftung Kulturfonds arbeitete er am „Forschungsprojekt regionale Theatergesch." des Kultusministeriums Sa.-Anh. mit. Seine Forschungen zur Theatergesch. der Stadt Magdeburg waren auch Gegenstand der zweibändigen Veröffentlichung „Theater in Magdeburg" (1994/95) sowie seiner Diss. „Gesch. des Theaters in Magdeburg während der Weimarer Republik und im Dritten Reich" an der Freien Univ. Berlin 1998. In diesen Arbeiten stellte er das lokale Theater in den gesellschaftlichen und politischen Kontext der behandelten Zeitabschnitte.

W: s. o. – **B:** *Marut K., Magdeburg (priv.).

Lutz Buchmann

Kubiak, Johann
geb. 10.11.1892 Magdeburg, gest. 20.04.1942 KZ Oranienburg, kath. Ordensbruder.

K. besuchte in Magdeburg acht Jahre die Volksschule und drei Jahre eine kaufmännische Fortbildungsschule. Danach war er Handlungsgehilfe. 1913 trat K. in Venlo in den Dominikanerorden (OP) ein und erhielt den Ordensnamen Norbert Maria. Von 1915 bis zum Ende des I. WK war K. zum Wehrdienst in verschiedenen Regimentern eingezogen. Bei den Dominikanern war er in Düsseldorf (1924), Venlo (1926), Köln (1934) und Berlin (1939) im Haushaltsbereich tätig. Wegen angeblich abfälliger Äußerungen über die Nationalsozialisten wurde er 1941 verhaftet. K. verstarb im KZ Oranienburg.

L: Helmut Moll (Hg.), Zeugen für Christus, Bd. II, 1999, *741f.* (***B***); Archiv der Dominikanerprovinz Teutonia in Köln.

Ludwig Stegl

Kühle, Friedrich
geb. 15.02.1791 Klein Wanzleben, gest. 03.05.1853 Magdeburg, Generalmajor.

Als Sohn eines Halbspänners (Mittelbauer mit zwei Pferden und ca. 15 ha Acker) besuchte er die Domschule in Halberstadt und wurde 1809 Soldat in der Armee des Königreiches Westfalen unter Jérôme Bonaparte. Nach seiner Teilnahme am Gefecht bei Halberstadt gegen das Schwarze Korps des Herzogs von Braunschweig folgte ein schneller Aufstieg zum Offizier. Als Kapitän und Kompaniechef nahm er 1813 an der Belagerung von Magdeburg ebenso wie an Schlachten bei Bautzen und an der Katzbach teil. Seit Januar 1814 befand sich K. in preuß. Diensten. Als Premierlieutenant wirkte er bei den Schlachten bei Ligny, Belle Alliance und Namur (EK II) mit. Nach zehnjähriger Dienstzeit beim Magdeburgischen Grenadier-Landwehrbataillon wurde K. 1826 zum Major und Batallionskommandeur (3. Garde-Landwehr-Regiment) befördert. 1839 übernahm er als Oberstleutnant das 25. Infanterieregiment. Ein Jahr später folgte die Beförderung zum Obersten und 1842 die Verleihung des Roten Adler-Ordens III. Kl. mit Schleife. Dem in der Führung von Landwehreinheiten erfahrenen K. wurde 1846 das Kommando über die 16. Landwehrbrigade in Trier übergeben. Im Folgejahr zum Generalmajor befördert, nahm er 1850 seinen militärischen Abschied. Im Zuge der durch von Scharnhorst, → Neidhardt von Gneisenau und Hermann von Boyen vorangetriebenen Heeresreform war am 06.08.1807 das „Reglement zur Besetzung von Stellen in der Kavallerie, Infanterie und Artillerie" erlassen worden, das auch nichtadligen Personen die höhere Offizierslaufbahn ermöglichte. K. verstand es auf dieser Grundlage und ohne militärische Ausbildung an einer Kriegsakad. oder im Generalstab als einer der wenigen Offiziere seiner Zeit, eine Offizierslaufbahn vom Bauernsohn zum preuß. General zu absolvieren.

L: Priesdorff 6, 575.

Gerd Gerdes

Kühle, *Heinz* **Friedrich August Wilhelm**
geb. 25.12.1909 Magdeburg, gest. 05.03.1965 Magdeburg, Maler.

K., Sohn des Lehrers Friedrich Wilhelm K., war 1939–42 Lehrer an der Meisterschule des Dt. Handwerks Magdeburg. Als Mitglied der *Kunstkammer Magdeburg* nahm er 1941, 1942 und 1943 (1943 als Wehrmachtsangehöriger) an den Kunstausstellungen des Gaues Magdeburg teil und war dort überwiegend mit Ölbildern und Aquarellen vertreten. Nach dem II. WK nahm er von 1953 bis zu seinem Tode an allen wichtigen Kunstausstellungen in Magdeburg teil. Seit 1955 kamen zu seinem Tafelbildschaffen verstärkt baugebundene Aufträge hinzu. Die Stadt Magdeburg verdankt K. eine Reihe solider, in Technik und Ausführung dem Raum und seiner Verwendung entsprechender Werke der baugebundenen Kunst. Frische, helle Farbakzente, die brillant auf dunkleren Tönen leuchten, zeichnen seine Arbeiten aus. Mit ihrem flächigen, oft teppichartigen Charakter fügen sie sich vortrefflich in den Bau ein.

W: Keramikgestaltung für das Sozialgebäude der Dt. Reichsbahn, Magdeburg, 1959; Stuckintarsie für die Blumenhalle (Architekt → Arno Meng) am Alten Markt, Magdeburg, 1957–58; Stuckintarsie für die Mensa der TH Magdeburg, 1961–62; Öllasurmalerei für die Gaststätte „Blitzgastronom", Magdeburg, 1962; Stuckintarsie für die „Juanita-Bar" im Hotel „International", Magdeburg, 1962–63; Wandmalerei in der „Eulenspiegel-Bar" im Nordabschnitt des Breiten Weges, Magdeburg, 1964. – **N:** KHMus. Magdeburg, Uniklinikum (Kinderklinik) Magdeburg und Privatbesitz. – **L:** Heinz Schierz, Bau und Kunst in unserer Zeit, in: Bildende Kunst, H. 10, 1965. – **B:** Vf., Magdeburg (priv.).

Siegward Hofmann

Kühne, Erich
geb. 16.05.1858 Wanzleben, gest. 25.12.1946 Wanzleben, Landwirt, Domänenpächter, Amtsrat.

Bereits beim Ableben seines Vaters, des Landwirts und Amtsrats → Philipp August K., war K. nach seiner umfassenden landwirtsch. Ausbildung in die Bewirtschaftung der Domäne Wanzleben voll integriert. 1911 wurde K. zum kgl. Amtsrat ernannt. In der Pferdezucht erfolgte seit 1911 der Aufbau eines Gestütes des rheinisch-dt. Kaltblutpferdes. Die erfolgreiche Zucht mit dem Hengst „Bloc 287" und dessen Sohn „Kaiser 285" führte zu den Spitzentieren „Goliath von Wanzleben" und „Uta von Wanzleben", die zahlreiche Preise erhielten. Bis 1938 wurden 33 Hengste an das Landgestüt und 35 Hengste an Privatbesitzer abgegeben. Die Zusammenarbeit in der Pferdezucht mit → Fritz Schaeper aus Peseckendorf war erfolgreich. In der Feldwirtschaft arbeitete K. mit F. von Lochow-Petkus bei der Saatgutvermehrung von Roggen zusammen. K. war zugleich Mitinhaber der 1911 modernisierten Zuckerfabrik, die die Produktion mit der Kampagne 1927/28 einstellte. 1929 wurde die Eingemeindung des Amtsbezirkes in die Stadt Wanzleben vollzogen und 1936 das Vorwerk Blumenberg für Siedlungszwecke abgegeben. Domäne und Stadtgut wurden 1945 enteignet und der Bodenreform zugeführt. Damit war K. der letzte Amtsrat in Wanzleben.

L: Christian Mommsen, Entwicklung der Pferdezucht und des Pferdezucht-Verbandes der Provinz Sachsen. Die bisher wichtigsten Blutlinien des Zuchtbezirks, hg. zum 25jährigen Bestehen des Pferdezucht-Verbandes der Provinz Sachsen 1899–1924, 1924; N. N., Amtsrat K. 80 Jahre alt, in: Zs. Dt. Kaltblut 11, H. 10, 1938 (**B**); Günther Hangen,

Hengstlinien des rheinisch-dt. Kaltblutpferdes, 1939; S. Henning, Die wichtigsten Stutenfam. der Kaltblutzucht Sa.-Anh., ihr züchterischer Wert und ihre Bedeutung innerhalb der modernen Leistungszucht, in: Kühne-Archiv 72, H. 3, 1958, *172*; Christian Freiherr von Stenglin, Dt. Pferdezucht. Gesch., Zucht und Leistung, 1983; Vf., K. – eine Fam. von Domänenpächtern, in: Familienforschung heute. Mittllg. der Arbeitsgemeinschaft Genealogie Magdeburg 12, 1998 (***B***). – **B**: *Fam. K., Wanzleben (priv.): Ölgemälde.

Gerd Gerdes

Kühne, Friedrich *Ludwig* (*Louis*)

geb. 15.01.1751 Markt Alvensleben, gest. 05.05.1828 Magdeburg, Landwirt, Domänenpächter, Amtsrat.

K. entstammte einer seit Mitte des 15. Jhs in der Magdeburger Börde ansässigen Fam. von Rittergutsbesitzern und Domänenpächtern. Als Sohn des Gutsbesitzers und Oberamtmannes in Sülldorf und Alvensleben Johann Philipp K. studierte er 1768–71 in Halle Jura und übernahm 1774 die Domäne Unseburg, die er als Amtsrat bis 1783 bewirtschaftete. 1778 erfolgte gleichzeitig die Pachtung der Domäne Wanzleben (1.220 ha und 206 ha Eigenbesitz eines Stadtgutes seines Vaters). Bei der Neuorganisation der Feldwirtschaft errichtete K. die Vorwerke Buch und Blumenberg sowie eine Brennerei. 1805 weilte die preuß. → Königin Luise auf dem Wanzlebener Amt. Nach der Niederlage von Preußen erhielt der Herzog von Parma die Domäne. K. war während der Zeit des Königreichs Westfalen „Maire" von Stadt und Kanton Wanzleben und von 1808 bis 1813 Mitglied der Reichsstände des Königreiches mit Sitz in Kassel sowie Mitglied des Elbe-Departements-Rates. 1809 rastete der preuß. Major → Ferdinand von Schill nach dem Gefecht bei Dodendorf auf dem Amt in Wanzleben. 1811 übergab K. seinem Sohn → Philipp Friedrich Ludwig K. die Domäne zur Bewirtschaftung. Die Leistungen K.s lagen in der Bewirtschaftungs-Organisation der großen Domäne, insbesondere in der Feldwirtschaft durch Errichtung von Vorwerken, sowie in der Einbeziehung von Verarbeitungsbetrieben in die Gesamtorganisation (Brennerei, Ziegelei).

L: Friedrich Hoffmann, Gesch. des Kgl. Domainen-Amtes und der Kr.-Stadt Groß-Wanzleben, 1863; Gertrud Jonas, Charlotte Louise Benecke und ihr Kreis, ³1979; Jochen Lengemann, Parlamente in Hessen 1806–1813, Frankfurt 1991 (***B***); H. H. Müller, Domänenpächter im 19. und frühen 20. Jh., in: Jahres-H. der Albrecht-Thaer-Ges. 26, 1993. – **B**: *Fam. K., Wanzleben (priv.): Ölgemälde.

Gerd Gerdes

Kühne, Maria, geb. Koch

geb. 25.12.1885 Barleben, gest. 25.10.1947 Magdeburg, Widerstandskämpferin.

K. wurde nach dem I. WK Mitglied der USPD, trat 1920 in die KPD ein und gehörte seit 1929 dem kommunistischen *Roten Frauen- und Mädchenbund* an. K. leistete aktive politische Aufklärungsarbeit gegen den Ns., insbesondere unter den Frauen Magdeburgs. Ihr Wirkungskreis war Magdeburg-Alte Neustadt, hier arbeitete sie in der Widerstandsgruppe Müller-K. 1934 wurde K. verhaftet und wegen „hochverräterischer Unternehmen" zu fünf Jahren Zuchthaus verurteilt, die sie in den Frauenzuchthäusern Jauer und Waldheim verbüßte. Nach dem Krieg arbeitete K. an der Vereinigung von KPD und SPD und am Neuaufbau mit.

L: Kurzbiogr. Magdeburger Widerstandskämpfer, hg. von einem Autorenkollektiv, o.J., *25f.*

Gabriele Weninger

Kühne, Philipp August

geb. 30.03.1815 Wanzleben, gest. 17.02.1905 Wanzleben, Landwirt, Domänenpächter, Amtsrat.

Sein Vater, der Landwirt und Domänenpächter → Philipp Friedrich Ludwig K. führte K. langfristig in die Bewirtschaftung der Domäne mit 1.220 ha und 200 ha Eigenbesitz (Stadtgut Wanzleben) ein. K. war ein scharf rechnender Wirtschafter, der 60 Jahre erfolgreich tätig war. Seine Zusammenarbeit mit dem kgl. Ökonomierat → Richard Schaeper fiel in die Zeit der Einführung des mineralischen Düngers und weiterer Neuerungen in der Verarbeitung landwirtsch. Rohstoffe. Zur Demonstration der Düngerwirkung düngte K. die Abkürzungen seines Namenszuges, ein großes „PK", in die Zuckerrübensaat. 1856 errichteten beide Agrarier eine Zuckerfabrik in Wanzleben (1899 modernisiert) und organisierten 1863 den ersten Dampfpflug-Einsatz Preußens in Blumenberg bei Wanzleben. K. war mit der Tochter des Landesökonomierates Johann Gottlieb Koppe verheiratet, der in Möglin als Mitarbeiter bei dem bekannten Landwirtschaftswiss. Albrecht Thaer wirkte. So erhielt K. innovative Anregungen, die er auf seiner Domäne erprobte. Um 1880 begann K. mit dem Aufbau einer Pferdezucht, zunächst mit Hannoveranern. Seit dieser Zeit arbeitete K. mit seinem Sohn → Erich K. bei der Bewirtschaftung der Domäne eng zusammen. K. wurde 1878 mit dem Kreuz der Ritter vom Kgl. Hausorden von Hohenzollern geehrt, 1892 wurde er zum Ehrenbürger der Stadt Wanzleben ernannt. Er stiftete der Stadt ein Krankenhaus. An der Beisetzung K.s 1905 nahm → Paul von Hindenburg als kommandierender General des Standortes Magdeburg teil. K. war ein für die neue Produktionstechnik aufgeschlossener, innovativer Landwirt.

L: Amtliches Wanzlebener Kreisbl. No. 59, 1892; No. 22, 1905; Vf., Die Fam. K., Ms. 1987/97; Helga Tucek, Für den Fortschritt in der Agrarwiss.: Johann Gottlieb Koppe, 1782–1863, 1993.

Gerd Gerdes

Kühne, *Philipp* **Friedrich Ludwig**
geb. 01.11.1777 Unseburg, gest. 18.08.1845 Dessau, Landwirt, Domänenpächter, Amtsrat.

K. wurde 1797–1800 landwirtsch. und kaufmännisch ausgebildet. Um 1800 war K. als landwirtsch. Inspektor in Wanzleben tätig, das er 1802 infolge Unstimmigkeiten mit seinem Vater, dem Amtsrat und Pächter der Domäne Wanzleben → Friedrich Ludwig (Louis) K., verließ. Nach kurzer Tätigkeit in der Kammer in Hildesheim wirkte K. als Administrator des Kostergutes Ringelsheim. 1804 wurde er als Pächter des Klostergutes Riechenberg Amtsrat und übernahm 1811 von seinem Vater die Domäne Wanzleben. Bereits 1812/13 errichtete er mit dem Medizinalrat → Johann Christoph Klipsch und dem Kaufmann Schwarz aus Magdeburg durch Sozietätsvertrag die erste Zuckerfabrik in der Börde. Mit dem Begründer der Landwirtschaftswiss. Albrecht Thaer pflegte K. einen intensiven Briefwechsel. Der „Pferdemaler" Prof. Franz Krüger (1797–1857, kgl. Hofmaler in Berlin), häufiger Gast zu Treibjagden, porträtierte K., umrahmt von erlegten Hasen. K. setzte die Arbeit seines Vaters mit Organisationstalent, Aufgeschlossenheit gegenüber den Verarbeitungsbetrieben und intensiven gesellschaftlichen Verkehr fort. Nach 35 Jahren aktiver Tätigkeit übergab er 1845 die Domäne seinem Sohn → Philipp August K.

L: Vf., Die Fam. K., Ms. 1987/97; H. H. Müller, Domänenpächter im 19. und frühen 20. Jh., in: 26. Jahres-H. der Albrecht-Thaer-Ges., 1993. – **B:** Gertrud Jonas, Charlotte Louise Benecke und ihr Kreis, ³1979; *Fam. K., Wanzleben (priv.).

Gerd Gerdes

Kühne, Samuel *Ludwig* (*Louis*)
geb. 15.02.1786 Wanzleben, gest. 03.04.1864 Berlin, preuß. Staatsmann, Generalsteuerdir., Wirklicher Geh. Oberfinanzrat.

Der zweite Sohn des Domänenpächters und Amtsrats → Friedrich Ludwig (Louis) K. in Wanzleben besuchte 1797–1803 das Pädagogium des Klosters Berge bei Magdeburg unter → Johann Gurlitt und studierte anschließend Kameralistik in Erlangen. K. trat in den preuß. Staatsdienst ein, zunächst in Plock/Ostpreußen, kehrte nach dem Tilsiter Frieden 1807 nach Wanzleben zurück und erhielt im selben Jahr eine Anstellung bei der Kriegs- und Domänenkammer in Magdeburg. Nach deren Auflösung 1808 wurde K. zum Vorsteher des Bureaus des Präfekten des Elbdepartements, → Friedrich Christoph Daniel Graf von der Schulenburg, ernannt, später nach Kassel und Nienburg versetzt und 1812 zum Unterpräfekten in Braunschweig bestimmt. Nach dem Sturz des Königreichs Westfalen kehrte er in preuß. Dienste zurück, war kurzzeitig in Heiligenstadt, Halberstadt und Erfurt tätig und wurde 1819 als Hilfsarbeiter in das preuß. Finanzministerium nach Berlin berufen. K. war aktiv an den Arbeiten zu Steuerreformen und -gesetzen beteiligt und wurde 1820 zum Geh. Finanzrat ernannt. Als enger Mitarbeiter des Finanzministers → Friedrich Christian Adolph von Motz wirkte K. auch bei den der Gründung des Zollvereins voraufgehenden Verhandlungen und später unter Motz' Nachfolger bei der Verschmelzung des preuß.-hessischen und südt. Zollvereins mit. Der ranghöchste Beamte des Ministeriums wurde 1842 zum Generalsteuerdir. befördert, lehnte jedoch die Übernahme des Ministeramtes mehrfach ab. Nach dem Ausscheiden aus dem Staatsdienst war K. aktiv parlamentarisch wirksam, so vertrat er 1850–52 den Kr. Halberstadt in der 1. Kammer des preuß. Landtags und gehörte als Berliner Abgeordneter 1852–63 der 2. Kammer des Landtags an. Als anerkannter, hervorragender Verwaltungsbeamter prägte K. den Ausspruch: „Dummheit ist eine Gottesgabe, sie zu mißbrauchen ist schändlich" (so zitierte ihn 1889 Treitschke).

W: Ueber den dt. Zollverein, 1836; Der Dt. Zollverein während der Jahre 1834 bis 1845, 1846; Zur handelspolitischen Frage. Aufsätze, 1852. – **L:** ADB 17, *347–353*; NDB 13, *201*; Heinrich Treitschke, Dt. Gesch. im 19. Jh., 1882; Gertrud Jonas, Charlotte Luise Benecke, und ihr Kreis, ³1979 (***B***).

Gerd Gerdes

Küstner, Friedrich *Wilhelm,* Prof. Dr. med. habil.
geb. 04.10.1900 Halle, gest. 24.10.1980 Magdeburg, Arzt.

K., Sohn eines Facharztes für Hals-Nasen-Ohren-Heilkunde in Halle, studierte Med. in Marburg, Halle, München und Freiburg/Breisgau und prom. 1927 in Freiburg mit der Dissertationsschrift „Ein Granulom des Kehlkopfes und seine Behandlung". Seine Facharztausbildung bekam er bei Woldemar Tonndorf in Dresden. K. war dort Oberarzt und 1930 Chefarzt der Hals-Nasen-Ohren-Klinik Dresden-Johannstadt (HNO), Niederlassung in Halle. 1951 als Chefarzt an die Städtische HNO-Klinik am Gustav-Ricker-Krankenhaus Magdeburg berufen, wurde K. mit der Gründung der Med. Akad. Magdeburg 1954 Dir. der HNO-Klinik. 1956 erfolgte die Habil. mit einer Abh. über „Die Durchblutungsstörungen des Ohrlabyrinths", 1959 erhielt er eine Professur mit Lehrauftrag. 1961 wurde K. Prof. mit Lehrstuhl an der Med. Akad. Magdeburg. Er förderte die wiss. HNO-Heilkunde, führte moderne Therapiemethoden in die Klinik ein, z. B. hörverbessernde Operationen, Radiumtherapie von Larynxkarzinomen, endoskopische Untersuchungen von Larynx und Speiseröhre, Malignombehandlung im HNO-Fachbereich. Für Fortbildungsleistungen, u. a. für die Erarbeitung von Lehrmaterialien zu HNO-Krankheiten für die Aus- und Weiterbildung von mittlerem med. Personal, wurde er 1960 mit der Hufeland-Medaille geehrt. 1959/60 war K. Leiter der von → Werner Lembcke initiierten „Schierker Woche". 1965 erfolgte seine Emeritierung.

W: Osteomyelitische Erkrankungen des Oberkiefers dentalen Ursprungs, in: HNO: Wegweiser für fachärztliche Praxis 7, 1949; Zur Röntgendiagnostik der Kieferhöhlenerkrankungen unter Verwendung von Kontrastmitteln, in: Dt. Stomatologie 7, 1954; Die Aufgaben des Hals-, Nasen-, Ohrenarztes bei der Rehabilitation des Asthmatikers, in: Allergie und Asthma 7, 1961; Die Beurteilung von Schilddrüsenerkrankungen, in: Hermann Redetzky/Heinz Thiele (Hg.), Schriftenreihe der ärztlichen Fortbildung XXVII, 1964; Die Hals-Nasen-Ohren-Klinik, in: Fs. 10 Jahre Med. Akad. Magdeburg 1964, *65–68 (B); Gustav Killian, Präzeptor der Bronchologie, 1976. –* **B:** *Archiv der Med. Akad. Magdeburg.

Bernd Freigang

Kuhne, Ernst *Richard*

geb. 18.10.1864 Brinnis/Kr. Delitzsch, gest. 21.05.1933 Magdeburg, Lehrer, Organist, Musikdir.

K. erhielt zunächst eine Seminar-Ausbildung in Delitzsch und war dann Lehrer und Organist in Kirchfährendorf bei Merseburg. Nach einer weiteren Musikausbildung in Leipzig besuchte er 1888/89 die Kgl. Kunstakad. in Berlin, Abt. für Kirchenmusik. 1889 war er Lehrer an der zweiten Bürgerschule in Eisleben und ab 1890 Lehrer an der ersten Volksmädchenschule in Magdeburg-Sudenburg. Dort war er auch als Organist an der St. Ambrosius-Kirche tätig. Er gründete den *Sudenburger Kirchengesangsverein* und die *Musikalische Vereinigung*, die später zum *Oratorienverein* verschmolzen. In dieser Zeit trat er bereits mit Aufführungen großer kirchenmusikalischer Werke hervor, u. a. von Johannes Brahms und Heinrich von Herzogenberg, ebenso mit eigenen Kompositionen. Ab 1891 war er Schüler des Domorganisten → Theophil Forchhammer wie auch Stellvertreter von → Fritz Kauffmann im *Reblingschen Gesangsverein*. 1897 ist er auch als Dirigent des 1868 gegründeten *Musikvereins*, der seinen Versammlungsort im Belvedere auf dem Fürstenwall hatte, nachweisbar. Seit der Erkrankung von → Hermann Wehe (1899) übernahm er seine Vertretung an der Luisenschule, am Domgymn. und auch am Dom. Nach dem Tod von Wehe 1899 bewarb er sich um seine Nachfolge, die er am 01.04.1900 antrat. Der vom Konsistorium beantragte Titel eines Kgl. Musikdir. wurde ihm 1906 verliehen. K. setzte sich als Domchordirigent nachdrücklich für eine bessere musikalische Ausbildung der Knaben des Domchores ein. In seine Amtszeit fiel die Feier zum 100jährigen Jubiläum des Magdeburger Domchores, der nach achtjähriger Pause im Jahre 1818 wieder gegründet worden war. Hier wurde der steigende Erfolg des Chores unter K.s Leitung sowohl in der Ausgestaltung der Gottesdienste als auch in den großen Aufführungen gewürdigt. Äußeres Zeichen war die Verleihung des Titels „Kgl. Domchor in Magdeburg", der nach der Revolution 1918 seine Bedeutung verlor. Den Titel Studienrat erhielt er 1920. 1923 wurde → Bernhard Engelke sein Nachfolger.

L: AKPS: Rep A, Spec. G, A 715. – **B:** Friedrich Jansa (Hg.), Dt. Tonkünstler in Wort und Bild, ²1911.

Christine Sommer

Kuhr, Wilhelm

geb. 09.08.1865 Werden, Kr. Heydekrug/Ostpreußen, gest. 23.12.1914 bei Lodz (gefallen), Kommunalpolitiker, Bürgermeister der Stadt Burg.

K. studierte in Berlin Jura und Nationalökonomie und bekam mit besten Empfehlungen eine Anstellung als Assessor bei der Burger Stadtverwaltung. Bereits nach einem Jahr wurde er 1897 zum Beigeordneten des Magistrats und zum zweiten Bürgermeister von Burg gewählt. Zu seinen ersten Aufgaben gehörte die Verbesserung der bestehenden und die Neuanlage städtischer Grünflächen sowie die Neupflanzung von Bäumen in der Stadt. Schon beim Amtsantritt beauftragten die damaligen Stadtverordneten den tatkräftigen jungen Beamten mit der Planung und Realisierung städtischer Wasser- und Kanalisationsleitungen, die im Jahre 1902 vollendet wurden. Noch als zweiter Bürgermeister setzte sich K. für die Verlegung des neu aufgestellten Feldartillerie-Regiments Nr. 40 nach Burg als Standort ein, wo in der heutigen August-Bebel-Straße die für damalige Verhältnisse großzügig angelegte

Kaserne auf Stadtkosten errichtet wurde. Als der erste Bürgermeister Ferdinand Krupsi in den Ruhestand trat, rückte am 10.06.1899 K. an die Spitze der Stadtverwaltung. Das Hauptanliegen des Bürgermeisters galt vor allem einem guten Verhältnis zur Einwohnerschaft seiner Stadt. In einer seiner ersten amtlichen Anweisungen sprach er sich für den uneingeschränkten Zutritt für alle Bürger zu seinem Dienstzimmer im Rathaus aus. Zu seinen Verdiensten gehörten die Verbesserung des Schulwesens (z. B. erfolgten der Neubau der Mädchen-Volksschule und die Erweiterung des Lyzeums), der Armenfürsorge, die Reorganisation des Polizeiwesens und der Bau des Schlachthofes. Nach zehn Jahren Dienstzeit schied K. auf eigenen Wunsch am 31.07.1906 aus seinem Amt und folgte einem Ruf aus Pankow, die dortige Stelle des Bürgermeisters zu besetzen. Beim Ausbruch des I. WK meldete sich der Reserveoffizier freiwillig zum Heer. An der Spitze seiner Kompanie fiel Hauptmann K. an der Ostfront.

L: Gerhard Mittendorf, Sein Dienstzimmer stand allen Einwohnern offen, in: Volksstimme, Burger Rundschau vom 05.02.1997 (*B*); Slg. Vf., Burg (priv.).

Axel Thiem

Kullmann, *Eduard* Franz Ludwig
geb. 14.07.1853 Magdeburg, gest. 16.03.1892 Amberg, Böttcher, Attentäter.

Der Sohn eines ambulanten Fischhändlers, der aus dem kath. Eichsfeld nach Magdeburg-Alte Neustadt gezogen war, ging in Magdeburg in die Böttcherlehre. Er hing im stark protestantisch geprägten Magdeburg fest der kath. Konfession an. Als wandernder Geselle arbeitete K. u. a. in Berlin, Lübeck, Charlottenburg, Tangermünde und Salzwedel und war Mitglied eines kath. Gesellenvereins. 1873 wurde K. wegen eines rachsüchtigen tätlichen Überfalls auf seinen ehemaligen Lehrmeister in Magdeburg zu einem halben Jahr Gefängnis verurteilt. K. begab sich im Mai 1874 zunächst nach Berlin, um den Reichskanzler → Otto von Bismarck wegen dessen antikath. Politik im „Kulturkampf" zur Rede zu stellen. Als er diesen nicht sprechen konnte, beschloß er, ihn zu ermorden. Auf dem Wege nach Bad Kissingen, wo der Reichskanzler mittlerweile kurte, übte sich K. ausdauernd im Pistolenschießen. Am 13.07.1874 gegen 13.00 Uhr verübte der fanatisierte Böttchergeselle vor dem Haus Diruf in Bad Kissingen (heute Hotel „Kissinger Hof") ein Attentat auf Bismarck. Der Übeltäter schlich sich von hinten an die Kutsche des Reichskanzlers heran und zielte auf dessen Kopf, traf jedoch nur die Hand. K. versuchte zu fliehen, wurde aber trotz heftiger Gegenwehr, er zerbiß einem Verfolger den Daumen, von Passanten ergriffen. Bismarck, der bald feststellte „leider ist der Attentäter ein Landsmann von mir, aus der Gegend von Magdeburg", besuchte ihn am Abend in seiner Zelle. Wegen der Kirchengesetze habe er schießen müssen, begründete der Missetäter seinen Anschlag. In wenigen Stunden gelangte die Nachricht vom mißglückten Attentat in die Schlagzeilen der Weltpresse und machte den Kurort Kissingen weithin bekannt. Magdeburger aber werden seitdem dort mit leisem Mißtrauen betrachtet. Wegen Mordversuchs verurteilte das Schwurgericht Würzburg K. am 30.10.1874 zu vierzehn Jahren Zuchthaus. Der med. Gutachter hatte zuvor festgestellt, daß der Angeklagte keinerlei Anomalien aufweise, lediglich Plattfüße, ein angewachsenes Ohrläppchen und ein „exquisiter Querkopf" seien zu bemerken. Vor Ablauf der Strafe nochmals wegen Widersetzlichkeit verurteilt, verstarb der Delinquent einsam und vergessen an einer Lungenkrankheit im Zuchthaus Amberg. Das Bismarckmus. Friedrichsruh zeigt K.s Pistole, das Stadtarchiv Bad Kissingen besitzt sein Gebetsbüchlein. Das Attentat K.s diente Bismarck als Anlaß zur Verschärfung des Kulturkampfes. So ließ er den *Berliner Kath. Gesellenverein* verbieten und alle weiteren polizeilich beobachten.

L: Hanns H. F. Schmidt, Der Schuß auf die Schlange, in: Altmarkbll., Heimatbeilage der Altmark-Ztg., Nr. 4, vom 23.01.1999, *1–4*.

Gerald Christopeit

Kunad, Günther, Prof. Dr.-Ing. habil.
geb. 04.06.1936 Auerbach/Vogtland, gest. 07.08.2000 Magdeburg, Maschinenbauing., Hochschullehrer.

K., Sohn eines Lehrers, absolvierte die Oberschule in Auerbach (Abitur 1954) und studierte 1954–60 Maschinenbau an der TH Dresden mit dem Abschluß Dipl.-Ing. (Fachrichtung Verarbeitungsmaschinen). 1960–70 arbeitete er als wiss. Assistent und Oberassistent am Inst. für Getriebetechnik der TH Magdeburg. K. prom. 1965 und habil. sich 1969 auf dem Gebiet der sphärischen Getriebe. 1970 wurde er zum Doz. für Feingerätekonstruktion und 1979 zum o. Prof. für Getriebetechnik an der TH Magdeburg berufen. Schwerpunkte seiner Lehrtätigkeit bildeten die Getriebetechnik und Maschinendynamik. K. arbeitete und publizierte vorrangig auf den Gebieten der hochübersetzenden Getriebe, räumlichen Mechanismen, der Schwingungsabwehr und Baugruppen für Industrieroboter. Er fungierte 1971–75 als stellvertretender Dir. für Forschung der Sektion Maschinenbau und langjährig als Leiter des Wissenschaftsbereiches bzw. Inst. für Getriebe- und Antriebstechnik und der Fachrichtung Antriebstechnik an der TU Magdeburg. Vertiefte und spezielle Praxiskenntnisse, insbesondere hinsichtlich der Antriebe und Arbeitsorgane von Tagebaugeräten, erwarb er sich als Projektierungsmitarbeiter im Schwermaschinenbau des *Georgi Dimitroff-Werkes* in Magdeburg 1976–78. K. unterhielt intensive int. wiss. Kontakte, entsprechend war er 1979–87 Chairman eines Technical Committee und 1983–91 Mitglied des Nominating Committee des Executive Council der *Int. Förderation für Theorie der Maschinen und Mechanismen* (*IFToMM*) sowie 1985–87 Berater für Hochschulbildung in Äthiopien. 1992 schied K. unfreiwillig aus der Univ. Magdeburg aus, gründete das Ingenieurbüro für Mechanismen- und Robotertechnik und widmete sich der Bearbeitung von Entwicklungsvorhaben und Industrieaufgaben. Mit seinem umfangreichen Fachwissen konnte K. zur Lösung einer Vielzahl von Aufgaben des modernen Maschinenbaus entscheidend beitragen. U.a. geht der „Magdeburger Kristall", eine getriebebewegliche Großplastik im Magdeburger Elbauenpark, auf seine Initiative zurück. Der exzellente Ing. war Inhaber zahlreicher Patente. Zugleich nahm er Lehraufgaben an der Bergischen Univ. Wuppertal wahr und engagierte sich von 1990 bis zu seinem Tode als Vors. des *Magdeburger Maschinenbau e.V.*

W: Die Bestimmung der Hauptabmessungen übertragungsgünstiger Kurvengetriebe, Diss. Magdeburg 1965; Getriebetechnische Untersuchungen viergliedriger sphärischer und ihrer räumlichen Kombinationen, Habil. Magdeburg 1969. – **B:** *Audiovisuelles Medienzentrum der Univ. Magdeburg.

Rüdiger Kluge

Kunstler, Jacob Heinrich *Hermann*
geb. 25.12.1836 Neuhaldensleben, gest. 04.02.1887 auf See, Botaniker, Entomologe, Sammler, Präparator.

Der Sohn des Fleischers Christoph Andreas K. zeigte schon in früher Jugend einen besonderen Hang für die Natur, sammelte alles, was sich ihm darin bot, und widmete sich in der Schule mit besonderem Eifer der Botanik. Mit 26 Jahren verließ er heimlich sein Elternhaus, heuerte in Hamburg an und reiste auf dem Segelschiff „Susanne" des Hamburger Großkaufmanns Johann Cesar Godeffroy nach Australien, der seit 1857 sein wirtsch. Engagement in der Südsee mit der großzügigen Förderung ihrer naturwiss. und völkerkundlichen Erforschung verband. K. arbeitete zunächst in Goldminen bei Brisbane, nutzte aber jeden freien Augenblick zum Sammeln von Pflanzen und Insekten, die er verkaufte. 1866 hatte er sich bereits einen guten Ruf als Sammler erworben und wurde fest im kurz zuvor gegründeten privaten „Mus. Godeffroy" in Hamburg angestellt, um als Gehilfe der Forscherin, Sammlerin und Präparatorin Amalie Dietrich in Queensland/Australien botanische und zoologische Objekte für das Hamburger Mus. und das Berliner Zoologische Mus. zu sammeln. Ab 1877 war K. im Auftrag des dt. Konsuls in gleicher Eigenschaft in Singapore tätig und wurde als Präparator im dortigen Mus. beschäftigt. Kurz nach seiner Verheiratung sammelte er ab 1880 für einen Privatmann in Malacca (Sultanat Perak) und ließ sich 1881 hier in Thaiping (Larut) nieder, um die Urwälder und Sümpfe Malaysias zu erforschen. Obschon sein Hauptaugenmerk vorzugsweise dem Sammeln von Pflanzen galt, brachte er im Laufe der Jahre sehr bedeutende Slgg. von Insekten, namentlich von Lepidopteren (Schmetterlingen), mit zahlreichen seltenen und z. T. von ihm entdeckten Exponaten zusammen, die an viele naturkundliche Museen, besonders in Dtl., gingen. Der längere Aufenthalt in den feuchten, sumpfigen Gegenden wirkte sich nachhaltig auf seine Gesundheit aus. Mit dem Dampfer „Sirsa" wollte man ihn nach Australien zur Besserung schicken, doch K. starb während dieser Reise an Entkräftung und wurde in Penang beigesetzt.

L: Eduard Honrath, Nachruf auf H. K., in: Berliner Entomologische Zs. 31, H. 2, 1887; Wochenblatt für die Kreise Neuhaldensleben, Gardelegen und Wolmirstedt und den Amtsbezirk Calvörde vom 03.03.1888; Karl Schlimme, Drei Forscherpersönlichkeiten – in der Heimat, in der Welt – bei uns geb., bei uns begraben ..., in: Js. des Kr-Mus. Haldensleben 33, 1993, *40–44*.

Wilhelm Bork

Kuntz, Carl *Ludwig* (*Louis*) Rudolf, Dr. med.
geb. 29.06.1833 Eilenburg, gest. 03.08.1914 Wanzleben, Arzt, Geh. Sanitätsrat.

K. schloß 1857 das Medizinstudium mit der Prom. zum Dr. med. ab und wirkte als praktischer Arzt. 1868 wurde er zum kgl. Kreisphysikus in Wanzleben berufen. Er verfaßte med. Schriften über „Trichinenkunde" (1883), das Solbad Sülldorf und über die richtige Beschaffenheit der Schulmöbel, um Haltungsschäden bei Schülern zu vermeiden. Besondere Verdienste erwarb sich K. um die Erforschung der umstrittenen Allerquellen. Als Quellgebiet wies er den Eggenstedter Bach nach. Nach seiner Pensionierung 1901 wandte sich K. landeskundlichen-botanischen Themen zu, veröffentlichte hierzu auch Artikel, etwa über das „Hohe Holz" bei Oschersleben, für das K. den Namen „Allerwald" einzuführen bestrebt war, über die Allerquellen und über das Vorkommen bestimmter Pflanzenarten. Anläßlich seines 50jährigen Doktor-Jubiläums verfaßte K. eine Arbeit über „Die Grasgattung Calamagrostis, ein Beitrag zur Naturkunde des Kreises Wanzleben". Durch sein Erscheinungsbild wurde K. als „Wanzleber Original" beschrieben: Von kleiner Gestalt, mit einem Havelock (ärmelloser Überzieher mit bis zum Ellenbogen reichendem Schulterkragen) gekleidet, einem eingedrücktem Hut, einem Schirm über dem Arm und einem Klemmer auf der Nase mit einer schwarzen Schnur über das rechte Ohr.

W: Das Soolbad Sülldorf, in: Bll. für HGusL 1873, *114ff*; Die Subsellien auf der Lehr- und Lernmittelausstellung zu Magdeburg, in: ebd. 1876, *339ff*; Das Solbad Sülldorf bei Magdeburg, in: Amtliches Wanzlebener Kreisbl. Nr. 61 vom 12.05.1881; Der Allerwald und die Allerquellen, in: Bll. für HGusL 1901, *350ff.*; Über den Formenkreis von Calamagrostis lanceolata Roth., in: Beihefte zum Botanischen Centralbl. 26, 1910, *226–236*; Calamagrostis purpurea (Asch. u. Gr.), C. phragmitoides (Hart.) im Allerwalde, Kr. Wanzleben, 2. bisher bekannter Fundort der Pflanze in Dtl., in: ebd., *445–455*; S. Hegi, Illustrierte Flora von Mitteleuropa, Bd. 1, ²1935, *317*. – **L:** Amtliches Wanzlebener Kreisbl. Nr. 34, 1907; Nr. 94, 1914; Kuno Wolf, Zur Gesch. der Med. und der Medizinalpersonen im Kr. Wanzleben, Ms. Wanzleben 1981; Heinz Nowak, Dorf, Burg (Amt) und Stadt Wanzleben, ein Abriß, Ms. 1988 (Börde-Mus. Ummendorf); ders., Solbäder und Sole in Sülldorf. Eine Slg., Ms. 1992 (Klein Wanzleben); ders., Spatzen waren eine Delikatesse, in: Börde, Bode und Lappwald, 1997, *50–57*.

Gerd Gerdes

Kuntze, Gustav
geb. 11.12.1896 Schönebeck, gest. 05.10.1964 Schönebeck, Krankenkassenangestellter.

In einer Arbeiterfam. mit acht Geschwistern aufgewachsen, absolvierte K. nach dem Besuch der Volksschule eine Lehre in einem Rechtsanwaltsbüro. Ab 1914 erfolgten Ausbildung (Ablegung der A- und B-Prüfung) und Tätigkeit in der Allg. Ortskrankenkasse (AOK) Schönebeck. Bereits in der Weimarer Republik unterstützte er aktiv Konzepte führender Sozialdemokraten für die Gestaltung eines einheitlichen Sozialversicherungssystems. K. war ab 1919 Mitglied der SPD sowie ehrenamtlicher Stadtverordneter (1924–33) und erster Vors. des *Reichsbanners Schwarz-Rot-Gold* (1926–33). Er gehörte ab 1931 als Mitbegründer der *Eisernen Front* an. Als langjähriger Geschäftsführer der AOK Schönebeck wurde er von den Nationalsozialisten 1933 fristlos entlassen. Als in der Gestapo-Kartei geführter Marxist und Staatsfeind war er Haussuchungen, Verfolgungen und mehrmaligen Verhaftungen ausgesetzt. Am 25.04.1945 wurde er vom amerikanischen Stadtkommandanten als Antifaschist wieder als Geschäftsführer der AOK eingesetzt. In der SBZ wurde die 1945 vom Alliierten Kontrollrat getroffene Entscheidung, für ganz Dtl. eine einheitliche Sozialversicherung einzuführen, befolgt. In den fünf Ländern wurden Sozialversicherungsanstalten (SVA) mit Sozialversicherungskassen (SVK) gebildet. Für die 43 SVK der SVA Sa.-Anh. wurde durch Weisung dieser SVA in der SVK Schönebeck unter Leitung von K. eine „Musterkasse" als Modell für die praktizierte Einheit von Kranken-, Unfall- und Rentenversicherung sowie die optimale und effektive soziale Betreuung der Versicherten eingerichtet. Der Befehl 28 der SMAD vom 28.01.1947 unterstellte die Sozialversicherung später dem *FDGB*. Seine 1952 geäußerten Zweifel an Hegemonieansprüchen der „Partei neuen Typus", am forcierten „Aufbau des Sozialismus" sowie über Sparmaßnahmen, angeordnete Zwangsmaßnahmen zur Beitreibung von Beitragsrückständen in kleinen und mittleren Betrieben und Einschränkungen bei der Gewährung von Geld- und Sachleistungen im Krankheitsfall der Versicherten führten bald zum Vorwurf, unzufriedener Abweichler, Versöhnler und Opponent zu sein. Am 15.03.1953 wurde K. als Geschäftsführer der SVK in Schönebeck fristlos entlassen. Vorübergehend wurde er durch die „örtlichen Organe" zur Arbeit in einem Produktionsbetrieb verpflichtet. Ab 1954 bis zu seinem Tode führte er – wie schon ab 1935 – wieder ein Tabakgeschäft in Schönebeck.

L: Vf., Juden in Schönebeck, 1990, *42, 47, 50f., 70, 76, 80f., 83*; ders., Unter aufgehobenen Rechten, 1992, *24, 27f., 31, 44, 46–49, 54, 61, 66–68, 89*. – **B:** *Vf., Jägerhof (priv.).

Günter Kuntze

Kunze, Stephan
geb. 20.10.1772 Schwanebeck, gest. 28.07.1851 Wulferstedt, ev. Pfarrer, Heimatforscher, Schriftsteller.

Der Sohn des Predigers Joachim Gottfried Abel K. besuchte die Domschule zu Halberstadt und studierte ab 1793 ev. Theol. an der Univ. Halle-Wittenberg. Danach war er 1795–1803 Rektor einer Schule in Dardesheim, 1803–11 Prediger in Huy-Neinstedt, 1811–20 Prediger in Schlanstedt und von 1820 bis 1847 Pfarrer in Wulferstedt. Neben seinen seelsorgerlischen Aufgaben war K. auch lit. tätig. Er schrieb das Heldengedicht „Heinrich der Löwe" (3 Bde, 1817). 1819 erschien sein zweibändiges Werk „Der Landpfarrer von Schönberg", das die Gebräuche und Sitten um Wulferstedt beschreibt. Ein großes Verdienst von K. war die Beschreibung des Kreises Oschersleben. Die erste gedruckte Chronik dieses Gebietes stellt im ersten Bd. die Gesch., Statistik und Topographie von zwölf Gemeinden dar. Den zweiten Bd. konnte K. nicht vollenden. Besonders seine Beschreibungen von Teilen der Börde, wie seine Klosterbeschreibungen und seine „Chronik von Schwanebeck" (1838), enthalten wertvolle Aussagen zur Heimatgesch.

W: Glaubens- und Tugendlehre der Christen nach der heiligen Schrift, 1814; Gesch., Statistik und Topographie sämmtlicher Ortschaften des Landräthlichen Kreises Oschersleben, 1842. – **L:** Hamberger/Meusel, Bd. 18; Richard Wiemann, Chronik von Wulferstedt, 1901; Christian Tegtmeier, Beschreibung des Landkreises Oschersleben, in: Börde, Bode, Lappwald, 1999, *35ff.*

Rolf Kruse

Kurth, Karl *Friedrich*, Prof. Dr.-Ing., Dr. techn. E.h.
geb. 04.05.1911 Tanndorf/Kr. Grimma, gest. 15.05.1988 Belgrad (Jugoslawien), Bauing., Hochschullehrer.

K. war Sohn eines Baumeisters. Dem Vorbild des Vaters folgend, studierte er von 1931–35 Bauingenieurwesen an der TH Dresden. Die sich anschließende Tätigkeit in dem von Kurt Beyer in Dresden geleiteten Ingenieurbüro prägte seine berufliche und wiss. Entwicklung und sein Interesse für Probleme der Berechnung und Konstruktion fördertechnischer Großgeräte. Durch die Teilnahme an Seminaren der Dresdener Prof. Kurt Beyer, Erich Trefftz und Constantin Weber vertiefte er seine Kenntnisse auf dem Gebiet der Technischen Mechanik. 1938 wurde er mit einer Diss. über Kugeldrehverbindungen von Tagebaugroßgeräten zum. Dr.-Ing. prom. Es folgte eine mehrjährige Tätigkeit bei der *Dortmunder Union Brückenbau AG*. Ab 1950 war K. Doz. für Statik und Stahlbau an der Fachschule für Schwermaschinenbau in Roßwein/Sachsen. Während dieser Tätigkeit entstand sein erstes Lehrbuch „Stahlbau", das über viele Jahre Grundlage der Stahlbauausbildung an Hoch- und Fachschulen war. 1955 folgte er einem Ruf an die junge Hochschule für Schwermaschinenbau in Magdeburg, deren Entwicklung zur heutigen Otto-von-Guericke-Univ. in wesentlichen Etappen von K. mitbestimmt wurde: 1955 Wahrnehmung einer Professur und Leitung des Inst. für Technische Mechanik, 1957 Prof. mit Lehrstuhl, Aufbau und Leitung eines Inst. für Statik und Stahlbau und einer Fachrichtung Fördertechnik, 1956–58 Dekan der Fakultät für Mathematik, Naturwiss. und Grundwiss., 1958–60 Dekan der Fakultät für Maschinenbau, 1962–66 Rektor der TH, 1966–70 Prorektor für Forschung/Prognose und Wissenschaftsentwicklung. Herausragende wiss. Leistung K.s war die Synthese von Elementen des Maschinenbaus und des Bauingenieurwesens sowie die Herausbildung des Lehr- und Forschungsgebietes Stahlbau der Fördertechnik. Die Herausgabe einer fünfbändigen Buchreihe „Fördertechnik", der ersten geschlossenen Darstellung des Gesamtgebietes, brachte ihm int. wiss. Anerkennung. Er war Mitglied des Präsidialrates des *Kulturbundes der DDR* und langjähriger Vors. des *Klubs der Intelligenz* in Magdeburg. K.s Leistungen wurden u. a. durch die Verleihung des Titels Verdienter Techniker des Volkes, des VVO der DDR in Bronze (1964), der Alexander-Humboldt-Medaille in Gold (1976) sowie durch die Ehrenprom. zum Dr. techn. durch die TH Graz gewürdigt. Nach seiner Emeritierung 1976 wirkte K. weiter als Bausachverständiger und war Gastprof. und Vortragender an Univ. des In- und Auslandes. K. starb auf einer wiss. Vortragsreise in Jugoslawien.

W: Stahlbau, Bd. 1: Berechnung und Bemessung der Elemente von Stahlkonstruktionen, 1955, ¹³1988; Stahlbau, Bd. 2: Stahltragwerke der Krane und Tagebaugroßgeräte, ³1986; Lehrbuchreihe Fördertechnik, 1964ff., Bd. 1: Grundlagen der Fördertechnik, ⁷1987; (Mitarb.) Bd. 2: Unstetigförderer, ⁵1989; (Mitarb.) Bd. 3: Stetigförderer, ⁵1988; (Mitarb.) Tagebaugroßgeräte und Universalbagger, 1971. – **N:** UnivA Magdeburg. – **L:** Hdb SBZ/DDR, *452*; Johannes Altenbach/→ Karl-Friedrich Garz, Prof. Dr.-Ing. F. K. 65 Jahre, in: Wiss. Zs. der TH Magdeburg, H. 1, 1976, *1f.* (*B*); Jürgen Dannehl, Prof. Dr.-Ing. Dr. sc. techn. h.c. K. F. K. – Begründer der Magdeburger Fördertechnikausbildung, in: Fördertechnik-Kolloquium, 1996. – **B:** *UnivA Magdeburg.

Johannes Altenbach

Lämmerzahl, Hermann Wilhelm *Walter*, Dr. med.
geb. 11.08.1911 Schwarzburg/Thüringen, gest. 28.09.1981 Bahrendorf/Kr. Wanzleben, Arzt, Obermedizinalrat.

L., Sohn einer Schwarzburger Bäcker- und Konditorfam., deren bekanntes „Cafe L." von Persönlichkeiten wie dem Schriftsteller Heinrich Spoerl besucht wurde, ging 1918–31 in die Grund- und Oberrealschule seiner Heimatstadt. Nach einem Studium der Med. in München, Halle und Jena und dem Staatsexamen war er ein Jahr Assistenzarzt an der Universitätsklinik in Jena. 1939 prom. L. zum Dr. med. Danach folgte seine Weiterbildung zum Facharzt für Chirurgie bei → Friedrich Lotsch im Kreiskrankenhaus in Burg bei Magdeburg. Im Verlauf des II. WK wurde er in den Kr. Wanzleben dienstverpflichtet und gründete 1944 ein Hilfskrankenhaus mit 75 Betten in Klein Wanzleben. 1945 schuf er im ehemaligen Gutsschloß der Fam. → Schaeper, vor dem I. WK vom Architekten Paul Schultze-Naumburg erbaut, in Bahrendorf ein Kreiskrankenhaus, das er als Ärztlicher Dir. bis 1976 leitete. Mit seinen 240 Betten erreichte dieses Krankenhaus unter seiner Leitung einen allseits anerkannten Ruf und entwickelte sich schnell zu einem bedeutenden gesundheitlichen Versorgungszentrum der Nachkriegsjahre mit einem Einzugsbereich von Magdeburg bis in die Egelner Mulde. L. sah seine Aufgabe darin, das Wissen der Bevölkerung um systematische Gesunderhaltung zu verbreitern, Volkskrankheiten mittels vorbeugender Röntgen-Reihenuntersuchungen einzudämmen, eine höhere Akzeptanz der Hygiene auf dem Land sowie einen frühzeitigen Jugendgesundheitsschutz zu erreichen und die Säuglingssterblichkeit u. a. durch Einführung der Mütterberatung zu senken. L. war 1952–59 Kreisvors. und 1959–76 Vors. des *Dt. Roten Kreuzes* im Bez. Magdeburg. Er wurde 1960 als Verdienter Arzt des Volkes und 1961 mit dem Titel eines Obermedizinalrates geehrt und erhielt u. a. den VVO in Gold und die Hufelandmedaille in Gold. L.s bemerkenswerte fachliche Fähigkeiten und menschliche Eigenschaften machten ihn zu einem beliebten „Volksarzt" mit bereits zu seinen Lebzeiten legendärem Charakter. Besonders durch die Versorgung der Verletzten und Schwerverbrannten nach dem Eisenbahnunglück von Langenweddingen am 06.07.1967 (93 Tote) wurde das Kreiskrankenhaus Bahrendorf weit über die Grenzen des Versorgungsbereiches hinaus bekannt.

W: Die haptische Erfassung der Raumrichtungen bei veränderter Körperlage, Diss. 1938. – **L:** Wanzleben, Porträt eines Bördekreises, 1969; Hannelore Fritzke, Vom Glück zu helfen, in: Volksstimme vom 11.12.1970; „Seht, was wir geschaffen haben". 25 Jahre DDR, Rat des Kr. Wanzleben 1974; Heinz Eckhardt, Das Eisenbahnunglück in Langenweddingen in: Börde, Bode und Lappwald. Heimatschrift 1998, 1997, *61–64*; Vf., Dr. W. L. (1911–1981), in: ebd. 2001, 2000, *59–63* (**B**).

Lieselotte Schlimme

Landsberg, Otto, Prof. Dr.
geb. 29.05.1865 Breslau, gest. 1942 Leicester (Großbritannien), Statistiker, Kommunalpolitiker.

L. studierte nach dem Abitur Mathematik, prom. 1889 an der Univ. Breslau und belegte zur Fortbildung an der Univ. Berlin Vorlesungen zur Nationalökonomie und Statistik. 1893 trat L. als Volontär und später als wiss. Hilfskraft in das Statistische Amt Berlin ein. L. arbeitete seit 1897 in der *Landesversicherungs- und Ersparnisbank* Stuttgart und seit 1900 als Dir. des Statistischen Amtes der Stadt Elberfeld. 1903 wählten ihn die Stadtverordneten Magdeburgs zum Dir. des Statistischen Amtes, das er mit Beginn des Jahres 1904 übernahm. Die alljährlich publizierten statistischen Berichte der Stadt Magdeburg fanden in Fachkreisen allg. Anerkennung. Für seine wiss. Leistungen wurde L. 1906 der Titel eines Prof. verliehen. Seine unangefochtene Fachkompetenz verschaffte ihm in der Stadtverwaltung Anerkennung und Respekt. Bereits 1908 legte er eine Denkschrift zur Bekämpfung der Arbeitslosigkeit vor. Während des I. WK organisierte seine Behörde die Lebensmittelversorgung. 1917 zum besoldeten Stadtrat gewählt, konnte L. sein soziales Engagement noch mehr entfalten. 1919 verfaßte er Richtlinien für die Erwerbslosenunterstützung. Auch auf anderen kommunalen Gebieten war er mit Erfolg tätig. Er sicherte der Stadt den ausschlaggebenden Einfluß auf das Straßenbahnwesen und widmete sich der Modernisierung und Erweiterung kommunaler Versorgungseinrichtungen (*Gas- und Elektrizitätswerk*). Auch das Ausstellungswesen besaß in ihm einen Förderer. Im Oktober 1927 wurde L. 2. Bürgermeister und übernahm damit das Dezernat für Finanzwesen. In schwerer Zeit vertrat er als Kämmerer die Wirtschafts- und Finanzpolitik der Stadtverwaltung gegen die politischen Angriffe von rechts und links und setzte diese durch. Seine herausragende Leistung lag in der statistischen Arbeit, die für andere dt. Großstädte Maßstäbe gesetzt hat. Als ein Mann mit seinen Fähigkeiten und seiner Standhaftigkeit im Magistrat mehr denn je vonnöten war, mußte er aus Altersgründen im Oktober 1930 ausscheiden. L. emigrierte später nach England.

W: Die Betriebe der Stadt Magdeburg, in: Carl Johannes Fuchs (Hg.), Gemeindebetriebe. Neuere Versuche und Erfahrungen über Ausdehnung der kommunalen Tätigkeit in Dtl. und im Ausland, Bd. 2, Tl. 3, 1909, *1–66* (Repr. 1990); Einzelfragen der Finanzpolitik der Gemeinden, in: Gemeindefinanzen, Bd. 2, Tl. 1, 1910 (Repr. 1990); Beitraege zur Statistik der Kindersterblichkeit in der Provinz Sachsen in den Jahren 1910 und 1911, 1912. – **L:** StadtA Magdeburg: Archivalien und Dokumente. – **B:** *Archiv der Synagogen-Gemeinde zu Magdeburg.

Manfred Wille

Landsberg, Otto, Dr. jur., Dr. phil.
geb. 04.12.1869 Rybnik/Oberschlesien, gest. 09.12.1957 Baarn (Niederlande), Jurist, Politiker.

L., Sohn eines Tierarztes, besuchte das Gymn. in Ostrowo/Posen und studierte Jura in Berlin. 1890 wurde L. Mitglied der SPD. Er ließ sich 1895 bis 1919 als Rechtsanwalt in Magdeburg nieder und war dort von 1903 bis 1909 auch als Stadtverordneter tätig. 1912 eroberte er den Wahlkr. Magdeburg, zog in den Reichstag und wurde dort Sprecher der SPD-Fraktion für jur. Fragen. 1918 wurde er als einer der drei mehrheitssozialistischen Mitglieder neben Friedrich Ebert und Philipp Scheidemann in den „Rat der Volksbeauftragten" berufen. 1919–20 in die Nationalverslg. gewählt, wurde er Justizminister der Reichsreg. und gehörte zur Verhandlungsdelegation des „Versailler Vertrages". 1920–24 war L. dt. Gesandter in Brüssel, gehörte ab 1924 für Magdeburg wieder dem Dt. Reichstag an und arbeitete seit dem gleichen Jahr als Rechtsanwalt in Berlin. Er war Rechtsvertreter Eberts beim Reichspräsidentenprozeß in Magdeburg. 1933 emigrierte der Jude L. in die Niederlande. Dort blieb er auch nach dem Krieg. L. hatte bedeutenden Anteil am Wachsen und Werden der Sozialdemokratie in Magdeburg. Er widmete sich der Bildung der Arbeiter, unterstützte die Partei organisatorisch und vertrat die Sozialdemokraten in allen Rechtsfragen, auch vor Gericht.

N: Bundesarchiv Koblenz. – **L:** NDB 13, *514f*.; Bio Hdb Emigr 1, *415*; Wolfgang Benz/Hermann Graml (Hg.), Biogr. Lex. zur Weimarer Republik, 1988, *199*; Wilhelm Heinz Schröder, Sozialdemokratische Parlamentarier in den Dt. Reichs- und Landtagen 1867–1933, 1995, *576*; Vf., Die Magdeburger Sozialdemokratie vor dem I. WK, 1995, *9* u.ö. – **B:** *AdsD Bonn.

Ingrun Drechsler

Lange, *Curt* **Walter,** Dr. med.
geb. 08.11.1895 Menz, gest. 15.10.1964 Magdeburg, Arzt, Sanitätsrat.

Der Sohn des Landwirts Friedrich Emil L. besuchte das Bismarck-Gymn. in Magdeburg, nahm ab 1914 als Kriegsfreiwilliger am I. WK teil und bestand das Abitur 1918. Danach studierte L. Med. in Halle, wo er 1923 prom. Im selben Jahr erhielt er die Approbation. 1924 eröffnete L. in Magdeburg-Cracau eine eigene Praxis, deren Einzugsgebiet bis nach Heyrothsberge und Biederitz reichte. 1935 übernahm er von seinem Onkel → Friedrich Lange die ärztliche Betreuung des Siechenheimes in den Pfeifferschen Anstalten. Bereits 1938 wurde er als Stabsarzt der Reserve eingezogen und war ab 1939 als Stabsarzt eines Feldlazaretts in Polen und Rußland tätig. Von Zeitzeugen wurde er für seinen ärztlichen Einsatz und seine Menschlichkeit hoch geschätzt. Als im Zusammenhang mit dem Attentat auf Hitler vom Juli 1944 einem Kameraden Verhaftung und Tod drohten, rettete er ihn durch seine wohlwollende Stellungnahme vor dem Zugriff durch die Feldgestapo. L. geriet auf der Insel Bornholm in russische Gefangenschaft und verbüßte ein Jahr Einzelhaft „wegen Kriegsverlängerung durch Heilung dt. Soldaten". Ärztliche Tätigkeit im Gefangenenlager wurde ihm untersagt. Nach seiner Entlassung Ende 1949 kehrte er nach Magdeburg zurück, wo er nur noch die Trümmer seines 1945 zerstörten Hauses vorfand. Nach zunächst provisorischer ärztlicher Tätigkeit baute L. seine Praxis 1951 in der Berliner Chaussee 46 auf, in der er bis zu seinem Lebensende praktizierte.

L: Familienunterlagen Hans-Peter L., Kleinmachnow *(B)*.

Wilhelm Thal

Lange, *Friedrich*-**Wilhelm,** Dr. med.
geb. 18.10.1865 Menz, gest. 05.07.1954 Magdeburg, Arzt, Sanitätsrat.

Der Sohn eines Landwirts studierte nach dem 1886 am Domgymn. in Magdeburg abgelegten Abitur Med. in Erlangen und Halle. Dort bestand er 1892 sein Staatsexamen und prom. 1893 in Leipzig. Nach mehrmonatiger militärärztlicher Tätigkeit in Zerbst ließ er sich 1893 in Cracau bei Magdeburg nieder und leistete zu dieser Zeit die erste direkte ärztliche Betreuung im ostelbischen Gebiet der Stadt. Zum Einzugsbereich seiner Praxis gehörten auch Pechau, Prester und Zipkeleben. Durch seine Bekanntschaft mit dem Superintendenten → Gustav Adolf Pfeiffer wurde L. zum Mitbegründer der Pfeifferschen Anstalten in Cracau, indem er die ärztliche Betreuung des Siechenhauses „Johannisstift" übernahm. Auf seinen Rat hin wurde 1897 mit der Errichtung einer Behindertenheil- und Ausbildungseinrichtung begonnen und 1900 das Diakonissen-Mutterhaus gegründet. L. führte neuartige Verfahren zur Behandlung der Rachitis und der Knochentuberkulose ein.

1914–18 war L. als Stabsarzt bei der Feldartillerie Magdeburg-Friedrichstadt tätig. 1935 übergab er die ärztliche Betreuung der Pfeifferschen Anstalten an seinen Neffen Dr. → Curt L. Bis zu diesem Zeitpunkt hatte L. auch die Krankenschwesternausbildung geleitet. Nachdem 1945 Haus und Praxis in der Burchardstraße 14 völlig zerstört worden waren, hielt er bis zu seinem Tod im 89. Lebensjahr noch Sprechstunden im Haus „Bethanien" ab. Die herausragenden ärztlichen Verdienste von L. wurden 1953 gewürdigt, indem das Haus „Alt-Bethesda" der Pfeifferschen Stiftungen auf seinen Namen umbenannt wurde.

L: Thomas Klemm, Grabstätten bedeutender Mediziner in Magdeburg, Dipl.-Arbeit Magdeburg 1979 *(B)*; StadtA Magdeburg: Rep. 38, A 16. – B: *Ruf an den Bruder, Diakonisches Amt, 1953, *15*.

Wilhelm Thal

Lange, Johannes, Dr. med.
geb. 26.04.1871 Ruhrkrog/Kr. Flensburg, gest. 16.01.1938 Potsdam, Arzt, Sanitätsrat, Obermedizinalrat.

Der Sohn des Landwirts Theodor L. besuchte das Gymn. in Flensburg, studierte ab 1890 in Tübingen, Kiel und Berlin Med. und prom. 1895 in Kiel mit der Diss. „Zur Charakteristik von Hirntumoren". 1896 wurde L. Volontärarzt in der Landes-Heil- und Pflegeanstalt Uchtspringe, ab 1900 zusätzlich leitender Arzt für den Aufbau des Landesasyls Jerichow – um 1912 Landes-Heilstätte Jerichow –, einer Heilstätte für Geisteskranke. L. wirkte hier von 1912 bis 1936 als Dir. Er setzte die modernsten Forschungsergebnisse in der Praxis ein und entwickelte als neue Therapiepraktiken besonders die Arbeitstherapie, z. B. in der Großküche, der Gärtnerei, der Nähstube und auf dem Wirtschaftshof, sowie die familiäre Irrenpflege, wobei dafür geeignete Patienten zeitweise in Familien der Stadt oder der umliegenden Dörfer untergebracht wurden. L. nahm an zahlreichen int. Psychatrie-Kongressen teil. Als Vors. des *Jerichower Verschönerungsvereins* förderte er ein gepflegtes, kulturvolles Umfeld für Patienten und Einwohner der Stadt. L. wurde 1919 zum Sanitätsrat und um 1929 zum Obermedizinalrat befördert. Er trat 1936 in den Ruhestand.

L: N. N., Dir. Dr. L. i.R., in: Jerichower Ztg. vom 11.07.1936; Rolf Becker, Anfänge und weitere Entwicklung des heutigen Landeskrankenhauses, in: Fs. 850 Jahre Kloster- und Stadtgesch. Jerichow, hg. von der Stadtverwaltung Jerichow, 1994, *56–61*; ders., Chronik des Arbeiterwohlfahrt-Fachkrankenhauses Jerichow, Ms. 1995. – B: Klostermus. Jerichow.

Rolf Naumann

Lankau, Rudolf Hermann *Karl*
geb. 05.03.1853 Magdeburg, gest. 25.06.1926 Magdeburg, Drechsler, Schlosser, Sozialdemokrat, Stadtverordneter.

L. gehörte bereits 1876 dem Vorstand des *Sozialistischen Wahlvereins* an und nahm in den Jahren des Sozialistengesetzes als Leitungsmitglied und Vertrauensmann aktiv an der illegalen Arbeit der Magdeburger Sozialdemokraten teil (→ Julius Bremer, → Wilhelm Habermann, → Wilhelm Klees). Dafür wurde er 1882 und 1887 gerichtlich verurteilt. 1893 übernahm L. die geschäftliche Leitung des Verlags und der Buchhandlung der *Volksstimme*. Von 1902 bis 1914 wirkte er als sozialdemokratischer Stadtverordneter zunächst für Altstadt und ab 1909 für Buckau. Zu den alten sozialdemokratischen Führungskräften, die an der Entwicklung der Sozialdemokratie und ihrem Einfluß auf die Kommune im letzten Drittel des 19. Jhs im Magdeburger Raum besonderen Anteil hatten, zählten auch Engelhardt, Probst, Königstedt und Baetge. Der Mechaniker Georg Engelhardt, Delegierter des Gothaer Vereinigungskongresses von 1875, war 1897 Geschäftsführer der *Volksstimme*. Der Büchsenmacher August Probst wurde bereits 1866 Mitglied der Magdeburger Sektion der *Int. Arbeiterassoziation* und 1869 bei der Gründung des *Sozialdemokratischen Arbeitervereins* zu dessen Schriftführer gewählt. In den Jahren des Sozialistengesetzes war er Vertrauensmann der Sozialdemokraten. Auch der Tischler Franz Königstedt und der Arbeiter Max Baetge gehörten in diesen Jahren als Vertrauensmänner und Leitungsmitglieder zu den aktivsten Magdeburger Sozialdemokraten. Beide wurden deshalb 1887 zu mehrmonatiger Gefängnishaft verurteilt. Königstedt wirkte 1900–08 als Stadtverordneter für Sudenburg. Baetge schloß sich der Bewegung der „Jungen" an und trat auf dem Erfurter Parteitag 1891 aus der SPD aus.

L: Quellenslg. zur Gesch. der Arbeiterbewegung im Bez. Magdeburg, Tl. 1, 1969; Quellenslg. Sozialistengesetz, 1990; Helmut Asmus, Gesch. der Stadt Magdeburg, 1975, *210*; Ingrun Drechsler, Die Magdeburger Sozialdemokratie vor dem I. WK, 1995, *67* u.ö.

Manfred Weien

Lansky, *Kurt* Johannes
geb. 25.05.1924 Niederlangenau/Sudetenland, gest. 02.07.1997 Magdeburg, Obering., Technischer Dir., Hauptkonstrukteur.

Nach dem Schulbesuch 1931–39 erlernte L. den Beruf eines Technischen Zeichners und Schlossers, war 1942–45 zum Kriegsdienst eingezogen und geriet 1945–49 nach Sibirien in russische Gefangenschaft. Er begann 1950 als Technischer Zeichner im *VEB Maschinen- und Gerätepark Barleben* bei Magdeburg. Dieser Betrieb war aus dem Reparaturstützpunkt für Baumaschinen des Mittellandkanals des Tiefbauunternehmens *Polensky und Zöllner, Niederlassung Magdeburg* entstanden, 1946 als Reparationsleistung demontiert, anschließend entschädigungslos in Volkseigentum überführt und 1949 ohne Grundmittel durch den Hauptdir. → Hermann Erdwig als *VVB (Z) Bau-Union-Mitte Magdeburg* gegründet worden. Anfänglich wurde hier an der Beseitigung von Kriegsschäden an Brücken, dem Wiederaufbau von Betriebsanlagen sowie im Stahlbau und besonders der Reparatur von Baumaschinen, wie Trümmerlokomotiven, Kipploren, Rammen und Baggern, gearbeitet. 1951–54 absolvierte L. ein Abendstudium an der Ingenieurschule für Maschinenbau Magdeburg, das er als Maschinenbauing. abschloß, übernahm 1955 die Produktionsleitung und beeinflußte wesentlich den Neubau der Werkhalle mit Verwaltungs- und Sozialtrakt. 1958 baute L. den Technischen Bereich des Betriebes auf, begann mit der Instandsetzung und Leistungserhöhung von Hebezeugen in der Magdeburger Region, insbesondere von „Baumeisterkranen", aber auch von Brücken- und Portalkranen, und erweiterte parallel dazu die Grundfonds des Betriebes. Mit der 1959 erfolgten Angliederung des *VEB Baumechanisierung Barleben* an die neugegründete *VVB Baumechanisierung Dresden* und damit an das Ministerium für Bauwesen der DDR begann dessen nachdrückliche Entwicklung zum spezialisierten Betrieb des Hebezeugbaus. Nachfolgend verstärkte L. besonders den Konstruktionsbereich mit hochqualifizierten Ingenieuren und leitete 1963 die Entwicklung und Produktionseinführung einer Typenreihe von Vollportalkranen in Einträgerbauweise als Vollwand- und Fachwerkkonstruktion ein. Aus einer Vielzahl von Sonderkonstruktionen, u. a. eines Brückenvorbaugerätes, konzipierte er 1967 die Entwicklung einer Reihe von Portaldrehkranen für Haken und Greiferbetrieb mit Lastmomenten zwischen 100–200 tm. 1967 wurde ihm die Kranmontage Leipzig-Engelsdorf unterstellt, die er in den nachfolgenden Jahren zu einer schlagkräftigen Montageeinheit ausbaute. Nachdem der Betrieb 1968 auf der Leipziger Messe ausstellte und den ersten Exportauftrag bekam, baute L. ab 1969 eine trag- und leistungsfähige Exporteinheit auf. 1969 zum Obering. und 1973 zum Technischen Dir. berufen, leitete L. bereits ab 1964 die Entwicklung einer kompletten Kletterkranreihe mit Lastmomenten zwischen 40 bis 240 tm als Außen- und Innenkletterer sowie auch als fahrbare Variante und brachte diese mit Erfolg im Industrie- und Wohnungsbau der DDR zum Einsatz. Ebenfalls leitete er die Entwicklung weiterer bauspezifischer Krane, wie des straßenverfahrbaren selbstaufrichtenden Turmdrehkran TK 160 sowie der Schnellaufbaukrane TK 25 und TK 30. Eine besonders enge Zusammenarbeit pflegte L. mit Prof. → Friedrich Kurth von der TH Magdeburg zu fachlichen Fragen wie auch dem Einsatz von Praktikanten und der Übernahme von Absolventen der Fördertechnik in seinen Bereich. Neben der Konstruktion und dem Bau von Baukranen führte L. zwischen 1969 und 1989 die Kollektive der Technik, des Transports und der Montage bei folgenden Kranentwicklungen und -lieferungen: 493 Einträger-Vollportalkrane in Blechvollwand- (davon 22 Exportsonderkonstruktionen) und 119 in Rohrfachwerkkonstruktion (davon 10 Exportsonderkonstruktionen), 591 Portaldrehkrane (davon 19 Exportsonderkonstruktionen) sowie 9 Krananlagen, 26 Werftmontagekrane und 23 Dockkrane als Sonderkonstruktionen für den Export u. a. in die BRD, nach Italien, Dänemark, Schweden und die Türkei. Letztere wurden mit einem Großrohr zwischen Portal und Oberwagen ausgeführt und bilden u. a. Dominanten in zahlreichen Häfen der genannten Länder. Dabei wurden neue wirtsch. Transporttechnologien zur Verschiffung von Großcollies auf Pontons auf der Elbe oder vom Überseehafen Rostock bis zum Einsatzort entwickelt. Der Export von Kransonderkonstruktionen nahm solchen Umfang an, daß L. 1982 in Magdeburg ein weiteres Konstruktionsbüro aufbaute. 1985 war er bis zu seinem Ausscheiden 1989 als Hauptkonstrukteur tätig. L. war ein exzellenter Kranbauer und kreativer Ing. Er wurde für seine Leistungen mehrfach ausgezeichnet, u. a. 1980 als Verdienter Techniker des Volkes, 1977 mit dem Banner der Arbeit im Kollektiv, Stufe II, und 1982 als Verdienter Erbauer des Zentrums Berlin. Sein Betrieb schloß sich mit der Wende an das *TAGRAF-Kombinat* Leipzig an, wurde hier 1990 von der Treuhand in die *Barlebener Kranbau GmbH* überführt, 1993/94 an die *Gresse-GmbH* Wittenberg verkauft und mußte durch Mißmanagement der Mutterges. 1997 Konkurs anmelden. Damit ging das Lebenswerk des hochengagierten Kranbauers L. zu Ende.

W: Ausgewählte Krantechnik: Vollportalkran (VPK) 15 t x 31,37 m, Kraftwerk Brunsbüttel, 1972; Halbportalkran 16 t x 30 m, Krupp Maschinenfabrik Bremen, 1975; VPK 2 × 20 t x 33 m, Hochtief AG Essen, 1980; Drehkran 400 tm mit stationärer Verladebrücke, Rhesus AG Hamburg, 1974; Werftmontagekran 1250 tm, Aalborgwerft Dänemark, 1980; Werftmontagekran 1550 tm, Hapag Lloyd Werft Bremerhaven, 1981; Werftmontagekran 4200 tm, Egyptian Shipbuilding Alexandria, 1983; Dockkran 525 tm, Dock XI Blohm & Voss AG Hamburg, 1978; Dockkran 290 tm, Örskov-Werft Frederikshavn Dänemark, 1983; Dockkran 300 tm, Flender Werft AG Lübeck für Kamerun, 1987. – Schriften: Rundholzumschlag in einem Sägewerk, in: Hebezeuge und Fördermittel 8, H. 8, 1968, *242–244*; Einschleppvorrichtung mit Drehkran für ein Hamburger Trockendock, in: ebd. 14, H. 11, 1974, *323–327*; 40 Jahre Krane aus Barleben, Jubiläumsschrift 1989. – **L:** Dieter Wehner, Vollportalkrane in Leichtbauweise, in: Hebezeuge und Fördermittel 5, H. 6, 1965, *163–166*; Dieter Wehner, Kletterkrane – Konstruktionsprinzipien und Einsatz, in: ebd. 6, H. 7, 1966, *206–212*; 20 Jahre Krane aus Barleben, Jubiläumsschrift 1969; Dieter Wehner, Einsatz von Kletterkranen, Teil 1 und 2, in: Hebezeuge und Fördermittel 25, 1971, H. 7, *382–385* und 8, *436–439*; 25 Jahre Krane aus Barleben, ebd. 14, 1974, H. 11, *321–449*; 40 Jahre DDR – 40 Jahre Krane aus dem VEB Baumechanisierung Barleben, in: ebd. 29, H. 11, 1989, *323–346*; Frank Schumacher, Spezialkletterkran 250 tm für den Kühlturmbau, in: ebd. 29, H. 11, 1989, *325–329*; Krane aus Barleben, Vollportalkrane in Einträgerbauweise, BAKRA Barlebener Kranbau GmbH, 1991; BAKRA Krane aus Barleben, Referenzen, Barlebener Kranbau GmbH, 1991;

Hasso Wilken, Krane einer neuen Generation, in: Hebezeuge und Fördermittel 31, H. 2, 1991, *65–68*; Materialslg. Hasso Wilken, Magdeburg (priv.). – **B:** *Frau L., Magdeburg (priv.).

Werner Hohaus

La Roche, Sophie von (seit 1755), geb. Gutermann
geb. 06.12.1730 Kaufbeuren, gest. 18.02.1807 Offenbach, Schriftstellerin.

Das älteste Kind des Arztes Georg Friedrich Gutermann und Jugendfreundin des Dichters Christoph Martin Wieland heiratete 1753 den Hofrat Georg Michael Frank L. Wirtsch. unabhängig, wurde sie die erste Unterhaltungsschriftstellerin in Dtl. und damals viel gelesen. Ihre Tochter Maximiliane, die von Johann Wolfgang von Goethe sehr verehrt wurde, war die Mutter von Bettine und → Clemens Brentano. 1799 besuchte L. sieben Wochen ihren Sohn Karl, der seit 1790 an der Schönebecker Saline als Bergassessor arbeitete, und verfaßte in Schönebeck, in einem Wohnhaus auf dem Salinengelände, große Teile ihrer Reisebeschreibung „Reise von Offenbach nach Weimar und Schönebeck – Schattenrisse abgeschiedener Stunden", die sie 1800 veröffentlichte. Darin berichtet sie von ihren Besuchen bei Goethe und Wieland in Weimar und beschreibt die vielfältigen Eindrücke beim Besuch des Siedebetriebes, des Gradierwerkes mit der Dampfmaschine, einer Schiffsfahrt auf der Elbe und beim Besuch des preuß. Finanzministers Carl August von Struensee in der Stadt.

W: Gesch. des Fräuleins von Sternheim, 1771; Rosaliens Briefe an ihre Freundinn Mariane von St** (4 Bde) 1779–1791; Melusinens Sommer-Abende, 1806. – **L:** Killy 7, *153–155* (W); Heimatjb. des Reg.-Bez. Magdeburg, 1926, *61–65*; Paul Krull, Heimatglocken des Kr. Calbe, 1935, *85–87*; → Wilhelm Schulze, Gesch. der Schönebecker Saline, Ms. 1955. – **B:** Ruth Goebel, Das Schönebecker Salz, 1997, *124*.

Hans-Joachim Geffert

Latzke, *Johannes* Gerhard
geb. 02.01.1929 Mücheln/Geiseltal, gest. 10.06.1994 Magdeburg, kath. Theologe.

L. wurde 1952 auf der Huysburg/Halberstadt zum kath. Priester geweiht. Er war Seelsorger in Blankenheim (1952), Aschersleben (1955) und Köthen (1963). Als in Magdeburg-Hopfengarten (Reform) ein großes Neubaugebiet entstand, wurde er dort 1969 der erste Seelsorger und sammelte die Gemeinde. Versammlungsort war lange Zeit in ökumenischer Gastfreundschaft die Christuskirche der ev. Gemeinde in Magdeburg-Hopfengarten. Weil in der DDR kirchliches Leben nur „am Rande geduldet werden" sollte, konnte trotz langer Verhandlungen auch nur am Rand des Neubaugebietes im Rahmen des kirchlichen Sonderbauprogrammes eine Kirche mit Gemeindezentrum gebaut und 1985 eingeweiht werden. Das Sonderbauprogramm war ein kirchliches Projekt in der ehemaligen DDR, um angesichts der wirtsch. maroden Situation mit Devisen Kirchenbauten errichten zu können. Aus ideologischen Gründen war die DDR zunächst nicht bereit, der Kirche Baukapazitäten zur Verfügung zu stellen. Bischof Johannes Braun erhob 1989 „St. Adalbert" zur Pfarrei, deren Pfarrer L. bis zu seinem Tode blieb. Von 1972 bis 1993 war L. Bezirkspräses der Kolpingfam. für den Bez. Magdeburg. Als solcher arbeitete er eng mit Pfarrer → Heinrich Behrens zusammen.

L: ZBOM. – **B:** ebd.

Ludwig Stegl

Laué, Carl August
geb. 04.03.1783 Rietzel/Kr. Jerichow I, gest. 06.04.1853 Kähnert (Kaehnert)/Kr. Jerichow I, Jurist, Justiz-Kommissar, Rechtsanwalt, Justizrat.

L., Sohn des Pfarrers in Rietzel und Grabow Johann Joachim Friedrich L., betrieb in Magdeburg eine Anwaltspraxis und war als Rechtsanwalt tätig. 1839 wurde er zum Ehrenbürger der Stadt ernannt. Die Ernennungsurkunde, die sich im StadtA befindet, nennt als Verleihungsgrund die „Verdienste des L. um die Stadt Magdeburg". Gemeint dürfte damit das ehrenamtliche Engagement L.s in der Stadtverwaltung gewesen sein. So war er bei Einführung der Städteordnung von 1832 bis 1836 zum Stadtverordneten und Vorsteher der Stadtverordnetenverslg. gewählt und von 1838 bis 1839 als ehrenamtlicher Stadtrat tätig. 1839 gab L. seine Anwaltspraxis und die Städtischen Ehrenämter aus gesundheitlichen Gründen auf und zog sich auf sein zuvor erworbenes Rittergut Kähnert zurück. Zu seiner Verabschiedung erhielt er vom Magistrat zwei Vasen mit zeitgenössischen Darstellungen des Marktplatzes in Magdeburg sowie der Elbufersilhouette der Stadt, die sich noch heute in Familienbesitz befinden.

L: StadtA Magdeburg: A II, S 73 Sp. 2; Familienunterlagen Thea L., Hamburg (priv.). – **B:** *ebd., Gemälde von → Carl Sieg.

Thomas Kluger

Laue, *Ernst* Albert
geb. 16.12.1906 Magdeburg, gest. 13.11.1986 Magdeburg, Obering., Konstrukteur.

L., Sohn des Schlossermeisters Albert L., erlernte 1921–25 in der Fa. *A. W. Mackensen* in Magdeburg den Beruf eines Maschinenschlossers, studierte 1926–28 an der

Staatl. Vereinigten Maschinenbauschule Magdeburg und erhielt anschließend einen Arbeitsvertrag bei der Fa. *Krupp-Grusonwerk* Magdeburg als Konstrukteur. Aufgrund seiner Kenntnisse, Fähigkeiten und seines organisatorischen Geschicks wurde er 1941–42 zum leitenden Montage-Ing. der Baustelle *Reichswerke Hermann Göring* Watenstedt-Salzgitter für eine „Cross Country"-Zickzack-Walzstraße mit dazu gehöriger Vorstraße, Rollgängen, Warmbetten usw. als kontinuierliche Halbzeugstraße bestellt. 1943 wieder in Magdeburg, erfolgte der Einsatz in der Waffenproduktion, speziell der Herstellung von Panzer- und U-Bootsektionen, verbunden mit einer Freistellung vom Wehrdienst während des II. WK. Für die erheblichen Einsparungen von Fertigungszeit und -kosten bei der Herstellung der Sehrohrführungen für U-Boote erhielt er eine höhere Auszeichnung. Nach Kriegsende war er kurzzeitig als Hauptmechaniker im gleichen Betrieb tätig und gehörte nach 1949 wieder zu den ersten Konstrukteuren von Walzwerken. Er zeichnete als stellvertretender Leiter unter Obering. Kurt Lehmann für die Projekt- und Konstruktionsabt. verantwortlich. Vorrangige Aufgabe war in dieser die Projektierung und Konstruktion von Draht-, Feinstahl- und Mittelstahlwalzstraßen als Kriegsreparationsleistungen für die Sowjetunion, die später auch in Zusammenarbeit mit dem Konstruktionsbüro für Schwermaschinenbau unter → Johannes Jörn erfolgte. Gleichzeitig forderte die Sowjetunion die Konstruktion einer Vielzahl von Einzelaggregaten, wie z. B. Richtmaschinen für Bleche, Profilstahl und auch solche für Rohre, diverse Scherentypen, wie Block- und Blechscheren und die für Feinstahl und Draht sowie verschiedene Ausführungen von Haspelanlagen, spezielle Rollgänge, Transporteure u.v.m. Parallel dazu wurden die auf dem Territorium der DDR befindlichen Warmwalzwerke instandgesetzt. 1952–55 erfolgte die Konstruktion und Fertigung der ersten kompletten Blockstraße für die Volksrepublik China. Für den Aufbau der Metallurgiebasis der DDR wurden eine 1120er Blockstraße für das Stahl- und Walzwerk Brandenburg, später die Blockstraße Hennigsdorf und eine Grobblechwalzanlage für Kirchmöser konstruiert und geliefert. Gleichzeitig rekonstruierte er die Warmwalzanlagen der DDR u. a. in Thale, Riesa, Hennigsdorf und Kirchmöser. L. war ao. kreativ und besaß mehrere Patente, wobei das der „Schere für laufendes Walzgut" von 1964 hervorzuheben ist (Patentschrift 32218). Er war mehrfacher Aktivist, 1969 Verdienter Aktivist und 1955 Verdienter Techniker des Volkes. L. trat 1972 in den Ruhestand.

N: Vf., Magdeburg (priv.). – **L:** Oscar Tübben, Das Walzwerksbüro, seine Entstehung und Tätigkeitsbericht, Ms. 1938; LHASA: SA Rep. I 28. – **B:** *Vf., Magdeburg (priv.).

Günter Laue

Laumann, Johannes Heinrich *Julius*
geb. 15.05.1886 Quakenbrück, gest. 14.12.1956 Bückeburg, Lehrer, Reformpädagoge.

Nach seinem Studium in Göttingen und seinem Referendariat in Hannover wurde L. 1910 Oberlehrer an der Magdeburger Otto-von-Guericke-Schule. Im Schuljahr 1923/24 demonstrierte L. als erster Lehrer in Magdeburg – im Rahmen der experimentellen Physik – ein Radio mit Dachantenne im Unterricht. Eine seiner weiteren Leistungen war die Gründung der reformorientierten Berthold-Otto-Schule (BOS) in Magdeburg, die er zusammen mit → Richard Hanewald und Benno Menzel vollzog. Seit dem Schuljahr 1927/28 unterrichtete L. an der BOS. Unter seiner Anleitung wurde in Magdeburg seit 1934 der Halbkugelversuch Otto von Guerickes rekonstruiert. Dabei ist erwähnenswert, daß L. die Maßeinheit der Magdeburger Elle wiederentdeckte, ohne die diese Versuche nicht ermöglicht worden wären. Nach dem II. WK wurde L. aus politischen Gründen als Lehrer an die 4. und 5. Neustädter Grundschule in Magdeburg strafversetzt und verzog später nach Bad Eilsen. L. ist als ein Pädagoge zu würdigen, der den reformerischen Schulgedanken Berthold Ottos in Magdeburg praktizierte und etablierte.

W: Die Entwicklung der Schulverwaltung der Stadt Magdeburg von 1818 bis 1889, in: GeschBll 74/75, 1939/41, *141–182*. – **L:** Reinhard Bergner, Die Berthold-Otto-Schulen in Magdeburg, 1999; Gerhard Potratz/Rinne, J. L. – ein herausragender Lehrer und Reformpädagoge, Ms. o. J. (Schulmus. Magdeburg).

Kerstin Dietzel

Ledebur, *Hermann* Eduard
geb. 12.04.1802 Eidinghausen, gest. 18.02.1851 Magdeburg, Lehrer, Pädagoge, Schulreformer.

L. besuchte das Gymn. in Bielefeld und studierte anschließend in Halle und Tübingen. Er gehörte der Burschenschaft an und beteiligte sich an deren Aktionen. Entsprechend einer Anordnung des preuß. Königs vom 21.05.1824, die bestimmte, daß die Zugehörigkeit zur Burschenschaft als Beteiligung an einer hochverräterischen Verbindung zu bestrafen sei, wurde L. 1826 zu einer mehrjährigen Festungshaft verurteilt, jedoch nach vier Jahren im Januar 1830 begnadigt. Die Haft in den feuchten Kasematten führte bei L. zu erheblichen gesundheitlichen Schäden. 1833 erhielt er einen Ruf an das Gymn. zu Minden, ab 1836 war er erster Lehrer an der neuerrichteten Bürgerschule in Hannover. 1843 wurde L. Dir. der Höheren Gewerb- und

Lederbogen

Handlungsschule in Magdeburg, die nach der Schulreform unter → Karl Zerrenner und → August Hermann Francke als spezialisierte „Bildungsanstalt für künftige Kaufleute, Landwirte, Baumeister, Künstler usw." gegründet worden war. Zunächst machte er sich mit den Verhältnissen an dieser Schule vertraut, um sich dann 1844 mit Veränderungsvorschlägen an die Schuldeputation zu wenden. L. war Vertreter des Realschulgedankens und strebte die Umwandlung der Handlungsschule in eine Realschule an. Dem wurde im gleichen Jahr zugestimmt und mit den notwendigen Veränderungen der Stundentafel und der Lehrpläne begonnen. 1847 war die Umwandlung in eine Realschule abgeschlossen. Damit betrat L. schulpolitisches Neuland, was sich auch darin zeigte, daß 1846 neben der Magdeburger Realschule in der Provinz Sachsen solche nur noch in vier weiteren Städten (Halberstadt, Aschersleben, Halle, Nordhausen) bestanden (42 in ganz Preußen). Auch in der Zeit seines Rektorats war er politisch aktiv, insbesondere im Hinblick auf die Entwicklung des Realschulwesens. So war er der einzige Lehrer Preußens, der 1849 die Allg. Lehrerverslg. besuchte. L. hat die Anerkennung der Realschulen und ihre Gleichstellung mit den Gymnasien nicht mehr erlebt. Bereits ab 1849 wurde er durch Krankheit daran gehindert, sein Amt auszuüben. Er verstarb im Alter von nur 49 Jahren.

W: An die Eltern und Pfleger unserer Schüler, in: Schulprogramm der Realschule, 1845. – **L:** C. Bratvogel, Fs. zur Hundertjahrfeier des Realgymn. zu Magdeburg am 3. Mai 1919, 1919, *60f.*; Johann Dietrich Adolph Tellkampf/C. J. Lilienfeld, H. E. L., in: Friedrich Adolph Wilhelm Diesterweg (Hg.), Jb. für Lehrer und Schulfreunde, 1852, *1–48* (*B*).

Wolfgang Mayrhofer

Lederbogen, Lukas Karl *Friedrich* (*Wilhelm*) Eduard
geb. 1802 Benneckenbeck bei Groß Ottersleben, gest. 15.06.1876 Benneckenbeck, Landwirt, Pomologe.

Die Fam. L. besaß in Benneckenbeck den sog. „Mittelhof", wo L. aufwuchs. L. schloß sich dem 1843 gegründeten *Gartenbauverein* in Magdeburg an und widmete sich vor allem der Hebung des Obstbaues um Magdeburg. Sein Garten mit einer kostbaren und hinsichtlich der Obst-Nomenklatur zuverlässigen Slg. verschiedener Obstsorten war als Versuchsstation für Obstbau angelegt, um Obstsorten zu selektieren, die im Sinne eines Normal-Anbausortiments in der Gegend als anbauwürdig zu empfehlen wären. Zugleich bemühte sich L., die damals noch sehr unsichere Nomenklatur der Obstsorten abzuklären, und nahm deshalb Verbindungen zu bedeutenden Pomologen auf, z. B. zu Johann Georg Conrad Oberdieck, Eduard Lucas, Friedrich Jacob Dochnahl u. a. Um Gelegenheit zur Prüfung und Auswahl zusagender Obstsorten zu bieten, richtete L. ein systematisches Obstlager ein, das der Öffentlichkeit zur Verfügung stand. Edelreiser zum Pfropfen gab L. bereitwillig ab und erwies sich als Autorität im Obstbau um Magdeburg. In den 1860er Jahren war „L.s Butterbirne" beliebt und verbreitet und sein Sortiment neuer und ausgezeichneter Pflaumen konnte in keinem anderen Garten gefunden werden. L. war ein Pionier des Obstbaues um Magdeburg. Es war sein Verdienst, den in seiner Zeit in der Gegend keineswegs blühenden Obstbau sachkundig und nachdrücklich gefördert zu haben.

L: Immisch, Der Obstbau der Provinz Sachsen, in: Monatsschrift für Pomologie und practischen Obstbau 10, 1864, *248f.*; N. N., F. W. L. †, in: MonBl 28, 1876, *206*; Vf., Obstbäume in der Magdeburger Börde …, Ms. 1996.

Heinz Nowak

Leeke, August *Ferdinand*
geb. 07.04.1859 Burg, gest. 16.11.1937 München, Zimmermann, Kunstmaler, Illustrator.

Von Beruf Zimmermann und mit 19 Jahren bereits Geschäftsführer und technischer Leiter eines großen Baugeschäfts, reiste L. 1881 22jährig nach Berlin, um Malerei zu studieren. Nachdem er auf der dortigen Akad. keine Aufnahme fand, ging er im Herbst des gleichen Jahres nach München und wurde Schüler der Münchner Akad. der Bildenden Künste. L. studierte sechs Jahre bei Alois Gabl, Johann Caspar Herterich, Alexander Wagner und Alexander von Liezen-Mayer. Er malte anfangs altgermanische Motive und Porträts. Seine Vorbilder waren Adolph Menzel, Rubens, Rembrandt und Arnold Böcklin. Das Hauptwerk L.s aber sind Bilder mit Motiven aus dem Gesamtwerk → Richard Wagners. Insgesamt schuf er 55 Bilder dieser Art. Er fertigte drei zu ihrer Zeit sehr beliebte Mappenwerke mit Szenen aus Wagneropern und gestaltete zudem Kunstpostkarten und Illustrationen für Familienzss., u. a. für *Die Gartenlaube* und *Dt. Heldensagen*. Viele seiner Werke, die sich im in- und ausländischen Privatbesitz befanden, wurden durch den II. WK vernichtet. Einige der Bilder sind im Wagnermus. in Tribschen bei Luzern und in der Wagnerstadt Bayreuth zu besichtigen. Am 12.01.1998 schenkte ein Privatmann der Stadt Burg ein L.-Gemälde aus dem Jahre 1930 mit einem Motiv aus dem „Fliegenden Holländer".

W: Richard Wagner-Werk. Ein Bildercyclus (2 Bde), 1894/95, Neuauflage 1983 (Text: Franz Muncker); Ein Königstraum, 1900 (Text und Musik: Victor von Fritsch). – **L:** Franz Neudert, Dt. Zeitgenossen-Lex., 1905, Sp. *853*; Thieme/Becker 22, *543*; Gaby Müller, Fliegender Holländer ziert unerwartet alten Rathaussaal, in: Volksstimme Burg vom

31.01.1998; Vf., Ein Bild von F. L. hängt im Rathaus, Volksstimme Burg vom 19.08.2000. – **B:** Slg. Vf., Burg (priv.).

Paul Nüchterlein

Legge, *Petrus* **Theodorus Antonius**
geb. 16.10.1882 Brakel/Kr. Höxter, gest. 09.03.1951 Bautzen, kath. Theologe, Bischof.

L. war das älteste von zehn Kindern eines Bierbrauereibesitzers. Nach dem Abiturexamen am Gymn. in Warburg/Westfalen (1903) studierte er in Würzburg und Paderborn kath. Theol. und empfing 1907 in Paderborn die Priesterweihe. Seine erste Stelle war Gerbstedt im Mansfelder Land. 1914 wurde er Vikar in Halle. Er zeichnete sich bereits hier durch seelsorglichen Eifer und ein ruhiges, besonnenes Wesen aus, das ihm bei vielen Verhandlungen mit staatl. Stellen zugute kam und ihn zu einem geachteten Gesprächspartner bei Katholiken und Nichtkatholiken werden ließ. Aus diesem Grunde berief ihn Bischof Kaspar Klein zum Nachfolger von → Heinrich Knoche. L. wurde 1924 zum Propst an St. Sebastian in Magdeburg und damit zum Bischöflichen Kommissar für den Ostteil des Bistums Paderborn sowie zum Dechanten des Dekanates Magdeburg ernannt. In seine Amtszeit als Propst fiel 1928 der 67. Dt. Katholikentag in Magdeburg, an dem auch Nuntius Eugenio Pacelli, der spätere Papst Pius XII., teilnahm. An der Vorbereitung und am Verlauf des Katholikentages hatte der angesehene und verhandlungstüchtige L. großen Anteil. Im Juni 1932 wurde er Ehrendomherr von Paderborn. Bald darauf erhielt er die Ernennung zum Bischof von Meißen und machte so sein Magdeburger Amt frei für → Heinrich Winkelmann. Die Bischofsweihe wurde L. am 28.10.1932 durch Erzbischof Kaspar Klein in der St. Sebastianskirche in Magdeburg erteilt; am 08.11.1932 wurde er in Bautzen inthronisiert. Im Zusammenhang mit Devisenprozessen der Nationalsozialisten kam es am 09.10.1935 zur Verhaftung des Bischofs. Am 25.11.1935 wurde er wegen „fahrlässiger Devisenverschiebung" zu 100.000 RM Geldstrafe verurteilt; danach erwies sich seine sofortige Rückkehr in sein Bistum als schwierig. So blieb er von Dezember 1935 bis März 1937 in seiner Heimat Brakel. Seit 1946 hatte er zunehmend gesundheitliche Schwierigkeiten. Er starb an den Folgen eines Autounfalls, den er auf der Heimfahrt von der Beerdigung des Berliner Kardinals Konrad Graf von Preysing erlitten hatte, und wurde auf dem Nikolaifriedhof in Bautzen beigesetzt.

W: Josef Pilvousek (Hg.), Kirchliches Leben im totalitären Staat. Quellentexte aus den Ordinariaten. Seelsorge in der SBZ/DDR 1945–1976, 1994, *57–62*. – **L:** Wilhelm Kosch, Das kath. Dtl., Bd. 2, 1937, Sp. *2533* (**B**); Johannes Derksen, Erinnerungen an Bischof P. L., 1952; Eduard Quiter, Die Propstei Magdeburg, 1959, *38* (**B**); Erwin Gatz (Hg.), Die Bischöfe der deutschsprachigen Länder 1785/1803–1945, 1983, *440f.* (**B**). – **B:** *Propstei Magdeburg.

Daniel Lorek/Peter Zülicke

Lehmann, Ernst
geb. 15.04.1908 Magdeburg, gest. 03.05.1945 Neustädter Bucht (ertrunken), Schriftsetzer, Jugendsekretär.

Der Sohn eines Buchdruckers trat 1925 der Sozialistischen Arbeiterjugend (SAJ) und 1928 der SPD bei. Er leitete die SAJ-Gruppe Magdeburg-Altstadt und arbeitete bis 1929 als Schriftsetzer. Arbeitslos geworden, besuchte er einen Kurs der Fachschule für Wirtschaft und Verwaltung in Berlin-Charlottenburg. Mit Förderung des damaligen Jugendsekretärs beim SPD-Bezirksvorstand in Magdeburg → Werner Bruschke wurde er 1931 dessen Nachfolger. Gemeinsam mit Bruschke baute er 1933 ein illegales Kontaktnetz unter den Sozialdemokraten des Bez. auf und hielt die Verbindung zur im Untergrund wirkenden Reichsleitung der SAJ in Berlin. Deren Verhaftung hatte auch seine Festsetzung Anfang 1934 zur Folge. Dank geschickten Verhaltens nach vier Wochen freigelassen, sorgte er weiter für den Zusammenhalt des sozialdemokratischen Milieus, half den Familien Verfolgter und kontaktierte den SPD-Parteivorstand im Prager Exil. Nach mehrjähriger Arbeitslosigkeit fand er 1936 eine Anstellung beim *Scherl-Verlag* in Magdeburg. Im Januar 1939 mit 20 weiteren Sozialdemokraten verhaftet, wurde L. 1941 zu 15 Monaten Gefängnis verurteilt. Da trotz zweijähriger Untersuchungshaft keinerlei Beweise für fortgesetzte Untergrundaktivitäten vorlagen, konnte das Gericht nur auf den Vorwurf bei der Verhaftung von 1934 „Verbrechen gegen das Parteiverbotsgesetz vom 14.07.1933" zurückgreifen. Trotz der mit der Untersuchungshaft abgegoltenen Freiheitsstrafe wurde L. in das KZ Neuengamme überführt. Er gehörte zu den rund 7.000 Häftlingen, die auf Schiffen zusammengepfercht wurden und nach einem Angriff britischer Jagdbomber fünf Tage vor Kriegsende ums Leben kamen.

L: Slg. Vf., Hannover (priv.). – **B:** *ebd.

Beatrix Herlemann

Lehmann, Gustav

geb. 15.05.1900 Eggersdorf/Kr. Calbe, gest. 15.03.1933 Schönebeck, Feinmechaniker, Kommunalpolitiker.

Nach dem Besuch der Volksschule erlernte L. den Beruf des Feinmechanikers und arbeitete danach in der Fa. *Weltrad* in Schönebeck, später bei der *Dt. Post* im Telegraphenbau. Dieser Tätigkeit ging er dann bis zu seinem Tode nach. Bei der Gründung einer Ortsgruppe der NSDAP in Schönebeck wurde der als Vorreiter der ns. Bewegung im Kr. Schönebeck geltende L. im April 1926 zum Vors. gewählt. Als Teilnehmer am vierten Reichsparteitag (01.-04.08.1929) legte er unter den Augen des „Führers" einen Kranz für die Gefallenen des I. WK nieder. Er war Mitglied des Gemeindekirchenrates in Bad Salzelmen und wurde 1930 als Stadtrat in Schönebeck gewählt. L. kandidierte 1932 bei den Wahlen zum preuß. Landtag. Bei der Auszählung der Stimmen zur Reichstagswahl am 12.03.1933 kam es im Wahllokal Schönebeck-Felgeleben zu einem Schußwechsel, bei dem der sozialdemokratische Gewerkschaftssekretär → Otto Kresse mit elf Schüssen getötet und L. schwer verletzt in das Krankenhaus gebracht wurde, wo er kurz darauf verstarb. Nach Aufbahrung in der St.-Johannis-Kirche in SA-Uniform erfolgte die Beerdigung unter Teilnahme der Gliederungen der NSDAP auf dem Schönebecker Westfriedhof am 18.03.1933. Ein riesiger Findling kennzeichnete das Grab bis 1945.

Ernst Lindner

Lehmann, Heinrich Ludwig

geb. 26.03.1754 Detershagen bei Burg, gest. 03.04.1828 Magdeburg, Privatgelehrter, Schriftsteller, Journalist, Publizist.

Der Sohn des prinzlichen preuß. Amtmannes Friedrich Ludwig L. studierte ab 1772 in Halle (nach eigenen Angaben ev. Theol., war aber für Jura immatrikuliert). Danach war er an verschiedenen Orten in Italien und in der Schweiz als Erzieher tätig, bevor er auf Empfehlung von Johann Kaspar Lavater 1783 Lehrer und Rektor der Stadtschule in Büren (Schweiz) wurde. Nachdem eine seiner Schriften das Mißfallen der Berner Reg. erregt hatte, entfernte er sich 1792 heimlich aus Büren und ging ins revolutionäre Frankreich. Als ein Freund unter der Guillotine endete, verließ er Paris Richtung Berlin. Bei Verwandten in Barby, die er auf der Reise besuchte, wurde er im Juni 1794 wegen angeblicher revolutionärer Umtriebe verhaftet, bald jedoch wieder freigelassen. L. ließ sich danach in Magdeburg nieder und war hier ab 1795 zunächst als Privatgelehrter, dann als Lehrer an der Handlungsschule und ab 1796 kurzzeitig und erfolglos als Leiter einer Privatschule für Mädchen tätig. L. galt über viele Jahre als politisch unzuverlässig (Franzosenfreund und später als westfälischer Polizeispitzel) und bemühte sich energisch, diesen Eindruck zu widerlegen. In Magdeburg arbeitete er u. a. als Redakteur der zweiten Magdeburger Tageszeitung, des von → Johann Valentin Hessenland herausgegebenen *Magdeburgischen Mercur* (1798), die bald nach Erscheinen aufgrund von Privilegstreitigkeiten mit dem Druckhaus von → Carl Friedrich Faber verboten wurde. Auch die Übertragung des Verlags der Ztg. an einen ausländischen Buchhändler (Andreas Füchsel in Zerbst) änderte daran nichts. L. war zudem Hg. des ersten „Handlungs- und Fabriken-Addreßbuchs" der Stadt Magdeburg (1801) und der Monatsschrift *Die reisenden Brüder, oder der Beobachter an der Elbe* (1800–1811), die sich ausdrücklich nicht an ein gelehrtes Publikum, sondern an Bürger und Bauern richtete und eindeutig unterhaltend-informativen Charakter trug. Als Schriftsteller verfaßte L. populäre, romantisierende Romane, Räubergeschichten und Abh. über die Gesch. der Schweiz.

W: Documentirte Gesch. einer durch die Magdeburgische Krieges- und Domainen-Kammer veranstalteten Confiscation eines unter gesetzmäßiger Censur zu Magdeburg hg. ökonomisch-politischen Journals, der Magdeburgische Merkur genannt, 1799; Rodolpho von Sancta Croce und Blandina von Riedberg oder das Alpenfräulein (2 Bde), 1800; Romantische Biogr. des Räuberhauptmanns und Lustgärtners → Theodor Unger, gen. der große Karl, 1809; Magdeburgische Chronik oder Hauptbegebenheiten aus der Gesch. Magdeburgs und der umliegenden Gegend, 1811. – **L:** Karl Goedeke, Grundriß zur Gesch. der dt. Dichtung, Bd. V, *536*; Hamberger/Meusel, Bde 4, 10, 18, 23; → Johann Christian Friedrich Berghauer, Magdeburg und die umliegende Gegend (2 Bde), 1800, *332f.* (*W*); Otto Heinemann, Zur Gesch. der magdeburgischen Ztgg. und Zss., in: GeschBll 56/59, 1921/24, *1–28*; Norbert Pohlmann, H. L. L. und der „Magdeburgische Merkur". Der Beginn demokratischer Pressebemühungen in Magdeburg – ein Beitrag zur Charakterisierung publizistischer Verhältnisse Magdeburgs im Umfeld der Franz. Revolution, Dipl.-Arbeit Magdeburg 1987; LHASA: Rep. A 5, Nr. 899; Rep. A 9a VI, Nr. 824; LHASA, Außenstelle Wernigerode: Rep. B 18 I, Nr. 405.

Heiko Borchardt

Lehmann, Otto

geb. 19.08.1900 Magdeburg, gest. 09.05.1936 Magdeburg, Bauarbeiter, Widerstandskämpfer.

L. erlernte nach dem Schulbesuch den Beruf eines Bauarbeiters. 1925 wurde er Mitglied der KPD. Im selben Jahr heiratete er → Gertrud Noak, mit der er drei Kinder hatte. Das Ehepaar war bis 1933 besonders in der Ortsgruppe der KPD Magdeburg-Buckau aktiv. Nach 1933 gehörte L. der illegalen Leitung der KPD-Organisation der Stadt Magdeburg an. Hier arbeitete er eng mit → Walter Kaßner zusammen. Auf Initiative L.s wurden geheime Treffen der Widerstandsgruppen organisiert, Flugblätter verteilt und Familien von Inhaftierten unterstützt. Auch ein Überfall in seiner

Wohnung durch Mitglieder der SA ließ ihn nicht an der Richtigkeit seines Weges zweifeln. Im Mai 1935 wurde er nach einer Flugblattaktion verhaftet, jedoch nach wenigen Wochen entlassen. Der illegale Kampf ging für ihn und seine Frau weiter. 1936 wurde er erneut verhaftet und wegen Hochverrats angeklagt. Den in den Verhören angewandten physischen und psychischen Foltermethoden war er nicht gewachsen. Er starb an den Folgen der Mißhandlungen. L. wurde auf dem Buckauer Friedhof beigesetzt.

L: Kurzbiogr. Magdeburger Widerstandskämpfer, hg. von einem Autorenkollektiv, o. J., *31*.

Roswitha Willenius

Lehnerdt, *Johannes* **Ludwig Carl Daniel,** Prof. Dr. theol. geb. 11.04.1803 Wilsnack, gest. 16.12.1866 Magdeburg, ev. Theologe, Hochschullehrer, Generalsuperintendent.

Der Sohn eines Schlächtermeisters studierte nach dem Abitur am Joachimsthalschen Gymn. in Berlin ev. Theol. in Berlin und Heidelberg. L. war ab 1829 erst Privatdoz., nach seiner Habil. 1832 ao. und ab 1834 o. Prof. für praktische Theol. in Königsberg. Dort wirkte er von 1838 bis 1844 als ev. Pfarrer an der Altstädtischen Kirche und Mitglied des Konsistoriums. 1837 wurde L. zum Dr. theol. prom. und wechselte nach seinem Pfarramt an der Löbenichtschen Kirche 1851 als Nachfolger August Neanders an die Univ. Berlin. Von 1858 bis zu seinem Tod wirkte er als Generalsuperintendent und erster Domprediger in Magdeburg. Hier trat L. in erster Linie als Kirchenpolitiker in Erscheinung. In seinem ersten Hirtenbrief trat er öffentlich mit Nachdruck für die preuß. Kirchenunion ein, worauf Martin von Nathusius, ein Vertreter der konfessionell-lutherischen Kräfte in der Provinz Sachsen, im *Hallischen Volksblatt* mit gehässiger Schmähkritik gegen ihn vorging. Nathusius wurde daraufhin gerichtlich verurteilt. In Königsberg entfaltete L. vor allem eine rege wiss. Tätigkeit. Er war 1839–44 Mithg. der *Preuß. Provinzialkirchenblätter* und befaßte sich intensiv mit der Erforschung der Theol. der luth. Orthodoxie, insbesondere mit der Person Andreas Osianders.

W: Quaestionum Johannearum specimen I, 1832; Commentationis de Andreae Osiandri, Theologi Regiomontani, ratione ac modo concionandi, 1835; De Andrea Osiandro. Commentatio historica theologica, 1837; Anecdota ad historiam controversiae ab Andrea Osiandro factae pertinentia, 1841–1844; Der Dekalog und die ev. Gymnasien. Eine theol.-pädagogische Erörterung, 1843; Acht Predigten über Lebensfragen der ev. Kirche, 1848. – L: RGG 3, 1911, Sp. *2007;* Ev. Kirchenztg. 46, Nr. 10, 1867, *73*; Christian Krollmann (Hg.), Altpreuß. Biogr., Bd. 1, 1941, *389*. – B: Domsakristei Magdeburg.

Matthias Neugebauer

Lehrmann, *Ruth*
geb. 27.03.1921 Emden/Kr. Haldensleben, gest. 16.12.1992 Emden, Buchhändlerin.

L. wuchs als ältestes Kind des Lehrers Hugo L. in Emden, am Nordrand der Magdeburger Börde auf. Zeitig übernahm sie Pflichten zur Unterstützung der Eltern. Sie absolvierte das Lyzeum in Magdeburg und erwarb 1937 die mittlere Reife. Im Frühjahr 1940 begann sie eine Lehre als Buchhändlerin in der Fa. von Ernst Schulze in Stendal. Hier ging sie auch in die Kaufmännische Berufsschule, legte bei ihrem Lehrmeister Schulze die Gehilfenprüfung ab und arbeitete 1942/43 in der Buchhandlung. Die berufliche Entwicklung wurde durch den Kriegsdienst unterbrochen, der L. als Lageristin und Einkäuferin in die *AGO Flugzeugwerke Oschersleben* führte. 1949 setzte sie in einer Buchhandlung in Luckenwalde ihre buchhändlerische Tätigkeit fort. Nachdem 1948 der „Bücherfreund" als erste Volksbuchhandlung Magdeburgs gegründet worden war, nahm L. hier 1953 ihre Arbeit auf. Die Buchhändlerin mit „Leib und Seele" blieb bis zum Antritt der Rente 1984 dem Volksbuchhandel, der Lit. und ihrer Fam. treu. Selbst unverheiratet, verbrachte sie ihren Lebensabend in ihrem Heimatort. L.s Verdienste lagen im Aufbau des Volksbuchhandels in Magdeburg und in einer modernen Auffassung von Verkaufskultur und Literaturvertrieb, die sie als engagierte Leiterin verschiedener Buchhandlungen über die Grenzen des Volksbuchhandels im Bez. Magdeburg hinaus entwickelte und weitergab, in die Lehrausbildung einbrachte und in den Magdeburger Buchhandlungen mit umzusetzen half. Aus den Traditionen der SPD-Volksbuchhandlungen und des KPD-Literaturvertriebes waren bereits 1945 die ersten Volksbuchhandlungen entstanden, von denen der „Bücherfreund" bis 1960 die größte Magdeburger Volksbuchhandlung war. L. förderte die Anfänge einer Werbeabt., führte den Schulbuchvertrieb über die Volksbuchhandlungen ein und organisierte ein sich ständig weiterentwickelndes Netz von Agentur- und Vertriebsmitarbeitern. Die Philosophie, mit dem Buch in Betriebe und Einrichtungen zu gehen, führte nicht nur sehr viele Menschen an die Lit. heran, es war auch eine für den Volksbuchhandel wichtige Umsatzquelle. Mit der Übernahme der Leitung einer der größten neu gebauten Buchhandlungen in der DDR, der Erich-Weinert-Buchhandlung, spezialisierte sie den Sortimentsbuchhandel als die in Selbstbedienung erfolgreichste Form der Präsentation von Büchern, die sich dann auch durchsetzte. Als Bezirksdir. des Volksbuchhandels in Magdeburg von 1962 bis 1968 steigerte sie den Jahresumsatz um 37 Prozent, rang um die Erweiterung des Handelsnetzes, legte in den Räumen der Weinert-Buchhandlung den Grundstein für das „Magdeburger

Antiquariat" und brachte mit Buchverkaufsausstellungen, Lesungen, Schaufenstergestaltungen und einem modernen Berufsprofil des Buchhändlers die Arbeit in den Buchhandlungen stärker ins öffentliche Bewußtsein. Auf ihr Engagement gingen die Neubauten der Otto-von-Guericke-Buchhandlung (1968) und der Gustav-Ricker-Buchhandlung (1978) in Magdeburg zurück. L. arbeitete an einer zweibändigen Chronik des Volksbuchhandels in der DDR von 1945 bis zu Beginn der 1980er Jahre mit, die sie 1983 der Betriebsleitung übergab. Sie war ab 1959 die erste Vors. der Betriebsgewerkschaftsleitung, wurde 1960 Mitglied der SED und erhielt für ihr Wirken mehrere staatl. Auszeichnungen.

L: Unterlagen Hans-Joachim L., Magdeburg (priv.). – **B:** *ebd.

Heike Kriewald

Leitzmann, Karl Theodor *Albert*, Prof. Dr. phil.
geb. 03.08.1867 Magdeburg, gest. 16.04.1950 Jena, Germanist, Hochschullehrer.

L., zweiter Sohn des Lehrers Karl Hermann L., kam 1877 an das Pädagogium zum Kloster U. L. F., wo sein Vater seit den 1850er Jahren unterrichtete. Sein Interesse galt zunächst der Geographie und Gesch., zur dt. Lit. gelangte er über das Studium des Mittelalters. Ebenfalls noch in seiner Vaterstadt erfuhr er bei Julius Meyer und → Christian Friedrich Ehrlich eine musikalische Ausbildung. 1886 ging L. zum Studium nach Freiburg/Breisgau, wo er bei → Hermann Paul hörte. Nach einem Aufenthalt in Berlin 1887/88 erwarb er sich 1889 in Freiburg mit einer Untersuchung „Zur Laut- und Formenlehre von Grieshabers Predigten" den Dr.-Titel. 1891 wurde L. an der Univ. Jena habil. Im folgenden Jahr heiratete L. die später auch als Dichterin hervorgetretene Else Altwasser. 1894 erhielt er eine Anstellung als Assistent am Goethe-und Schiller-Archiv zu Weimar, ab 1898 lehrte er in Jena als ao., seit 1923 als o. Prof. der Germanistik, in den Jahren 1930–35 schließlich als Lehrstuhlinhaber. Die Preuß. Akad. der Wiss. verlieh ihm 1928 die silberne Leibnizmedaille. Gustav Roethe erschien der junge Dr. L. als „ein einsiedlerischer, verschlossener Mensch; sehr fleißig, sehr unterrichtet und recht gescheit, auch vielseitig und bestrebt, unbedingt das Gesammtgebiet [der Germanistik] zu umspannen" (Ruprecht, 1992, *178*). Tatsächlich sollte sich L. in der Folge zwar vor allem Goethes Zeitgenossen widmen – Georg Forster, Lichtenberg, Heinse, Wilhelm von Humboldt, Mozart und Beethoven –, aber eben auch Dichtern anderer Epochen wie Wolfram von Eschenbach und Fischart. Die rastlose, bis in die 1940er Jahre reichende Herausgebertätigkeit L.s blieb bis zuletzt unverkennbar dem philologischen Positivismus des späten 19. Jhs verpflichtet. Daß der als „Dr. Allwissend" (Max Hecker an L. am 01.09.1942) geschätzte Gelehrte äußerst wenig Eigenes veröffentlichte, weckte schon zu Lebzeiten Vorbehalte. Die Arbeiten des passionierten Pedanten waren stets verdienst- und selten geistvoll. Manche immerhin sind für die Germanistik unverzichtbar und werden es voraussichtlich noch lange Zeit bleiben, was man von den meisten hochtönenden Erzeugnissen der zeitgenössischen „Geistesgeschichte" nicht sagen kann. Seine Bibl. (knapp 10.000 Bände) verkaufte L. kurz vor seinem Tode an die durch einen alliierten Bombenangriff teilweise zerstörte UB Jena, die bald darauf auch seinen handschriftlicher Nachlaß übernehmen konnte.

W: Untersuchungen über Berthold von Holle, 1891; Wilhelm von Humboldts Sonettdichtung, 1912; Wilhelm von Humboldt. Charakteristik und Lebensbild, 1919; Fischartiana, 1924. – **N:** ULB Jena. – **L:** NDB 14, *176f.;* Riemann ¹¹1929; Ulrich Kaufmann/Helmut Stadeler, „… ein glücklicher Zufall, dem planmäßiges Suchen vorausging". Die Lichtenberg-Forschungen des Jenaer Germanisten A. L., in: Lichtenberg-Jb. 1992, *171–177 (B);* Dorothea Ruprecht, Zur Persönlichkeit A. L.s, ebd., *178f.;* Ulrich Joost, L., die Dt. Philologie und die Gesch., ebd., *179–183;* Dietrich Germann, Bibliogr. A. L. (Ms. im N.). – **B:** ULB Jena, Kustodie (Ölgemälde).

Reinhard Markner

Lembcke, Werner, Prof. Dr. med. habil.
geb. 30.03.1909 Rostock, gest. 10.08.1989 Schönebeck, Arzt.

L., Sohn des Reichsbahn-Werkvorstehers Karl L., legte nach Besuch des Realgymn. in Rostock und Güstrow 1928 die Reifeprüfung ab. Das Medizinstudium führte ihn nach Jena, Rostock und München und machte ihn mit führenden Hochschullehrern seiner Zeit, wie den Neurologen Otto Bumke und Hans Berger, dem Internisten Johannes von Müller, dem Gynäkologen Albert Döderlein und dem Chirurgen Erich Lexer, bekannt, die z. T. sein Wirken lebenslang beeinflußten. 1934 legte er das med. Staatsexamen an der Univ. in Jena ab und wurde dort 1935 mit einer Arbeit über „Einige atypische Fälle von multipler Sklerose" prom. 1935–38 erfolgte an der von Berger geleiteten Klinik die neurologisch-psychiatrische Facharztausbildung. 1938 kehrte L. nach Rostock zurück, wo er, unterbrochen durch ärztliche Einsätze an verschiedenen Orten des II. WK, bis 1953 chirurgisch tätig war. Seine Lehrer waren Johann Karl Lehmann, Bruno Karitzky und Wilhelm Tönnis. L.s Facharztausbildung für Chirurgie bzw. Nerven- und Gemütsleiden bot die Grundlage für eine intensive praktische und wiss. Betätigung auf dem Gebiet der Neurochirurgie. 1950 habil. er sich mit der Arbeit „Steht bei der Commotio cerebri eine mechanische Schädigung des Hirngewebes im Vordergrund des klinischen Geschehens?", Ende 1950 wurde er Doz. und 1952

Prof. mit Lehrauftrag. Zwischenzeitlich leitete er nach dem Tode seines Lehrers Lehmann im Jahre 1951 für ein Jahr kommissarisch die Rostocker Univ.-Klinik für Chirurgie. 1953 übernahm L. das Direktorat der Chirurgischen Klinik des Sudenburger Krankenhauses in Magdeburg, die nach dem Ausscheiden von → Friedrich Lotsch 1952 vorübergehend von dort tätigen Oberärzten wahrgenommen worden war. Als 1954 die Med. Akad. Magdeburg gegründet wurde, engagierte sich L. für die nun wahrzunehmenden hochschulspezifischen Aufgaben. Er reorganisierte die Sudenburger Chirurgische Klinik räumlich insbesondere nach dem Freiwerden der von 1945–57 als sowjetisches Lazarett genutzten Klinikanteile und inhaltlich durch die Förderung von Spezialrichtungen, wie der Neuro-, Unfall-, Kinder- und Gefäßchirurgie. Seine brillanten praxisbezogenen Vorlesungen waren stets gut besucht. Frühzeitig setzte er sich für die Verselbständigung des Fachgebietes Anästhesiologie ein, die in Magdeburg bereits 1969 erfolgen konnte. L. plante und leitete ab 1955 bis zu seiner Emeritierung Fortbildungskurse für Ärzte, die als „Schierker Woche" regional und überregional großen Anklang bei Allgemeinmedizinern wie Fachärzten fanden. Als der Oberharz ab 1961 Grenzgebiet wurde und damit nicht mehr allg. zugänglich war, fand die „Schierker Woche" mehrere Male in Verbindung mit Schiffsreisen, später auch in Wernigerode bzw. Magdeburg statt. 1960 organisierte L. in Zusammenarbeit mit der Magdeburger Feuerwehr den in der damaligen DDR ersten arztbesetzten Notfallrettungswagen unter dem Namen „Schnelle Hilfe", eine national wie int. beispielgebende notfallmed. Initiative. 1967 machte sich L. mit den Mitarbeitern der Klinik um die Betreuung der Opfer des Langenweddinger Eisenbahnunglückes verdient. Schüler L.s haben in der Region Magdeburg und darüber hinaus leitende Positionen in zahlreichen chirurgischen Kliniken oder Abteilungen übernommen. L. wurde 1968 Mitglied der *Dt. Akad. der Naturforscher Leopoldina* und 1983 Ehrenmitglied der *Ges. für Anästhesiologie und Intensivtherapie der DDR*. Die *Ges. für Chirurgie der DDR* ehrte ihn im gleichen Jahr mit der Ferdinand-Sauerbruch-Medaille. L. war außerdem Verdienter Arzt des Volkes und Träger des VVO in Bronze. Er wurde 1974 emeritiert.

W: Zur Technik der präfrontalen Leukotomie, in: Zentralbl. für Chirurgie 75, 1950, *754–756*; Allergie in chirurgischer Sicht, in: Langenbecks Archiv für klinische Chirurgie 295, 1960, *197–206*; Psychische Störungen bei chirurgisch Kranken, in: ebd. 298, 1961, *530–533*; Die Chirurgische Klinik, in: Fs. 10 Jahre Med. Akad. Magdeburg 1964, *50–55* (***B***); Schock und Schockbehandlung (mit Rolf Emmrich), 1970, ³1974. – **L:** Klaus Arlt, Gesch. der Chirurgie in Magdeburg, Diss. Med. Akad. Magdeburg 1955; Vf., Prof. em. Dr. sc. med. W. L. zum 80. Geb., in: Anaesthesiologie und Reanimation 14, 1989, H. 2, *123–125*; Herbert Wendt, W. L. in memoriam, in: Zentralbl. für Chirurgie 115, 1990, *453*. – **B:** *Slg. Vf., Magdeburg (priv.).

Wolfgang Röse

Lembeck, Hugo, Dr. med.
geb. 08.05.1861 Hamminkeln/Westfalen, gest. 06.04.1942 Magdeburg, Arzt.

L., Sohn des ev. Pfarrers Heinrich Wilhelm L., besuchte die Volksschule in Hamminkeln und das Gymn. zu Duisburg. 1883 nahm er das Studium der Med. in Tübingen auf, wechselte im folgenden Jahr nach Berlin und 1885 nach Halle, wo er 1888 das Staatsexamen ablegte. Er ging dann als Assistent zu → Paul Schreiber nach Magdeburg und erarbeitete dort seine 1890 in Halle vorgelegte Diss. über angeborene Schäden der Regenbogenhaut. Nach vorübergehender Niederlassung in Brandenburg wirkte er von 1895 bis 1914 zunächst als Partner von Schreiber in dessen Magdeburger Augenklinik, eröffnete dann eine eigene Praxis in der Otto-von-Guericke-Straße 33 und schließlich eine Privatklinik auf dem Fürstenwall. Seit 1919 betreute L. in verdienstvoller Weise als Armen-Bezirks- und Schularzt für Augenleiden nebenamtlich vor allem die Schulkinder in Magdeburg. Sein Sohn, Dr. med. Günther L. (geb. 08.10.1893 Magdeburg, gest. 27.10.1977 Magdeburg), unterstützte ihn seit 1928 und führte die Klinik später weiter.

W: Ueber die Pathologische Anatomie der Irideremia totalis congenita, Diss. Halle 1890. – **L:** Familienunterlagen Marianne L., Magdeburg (priv.); Archiv des Inst. für Pflegegesch., Qualzow. – **B:** *Marianne L., Magdeburg (priv.); Slg. Vf., Qualzow (priv.).

Horst-Peter Wolff

Lenné, Franz *Joseph* August
geb. 02.12.1848 Deutz bei Köln, gest. 07.10.1924 Remagen, Oberstleutnant a.D., Dir.

L. stammte aus einer Offiziersfam. Sein Vater, Joseph August L., war am Tag seiner Geburt Ing. und gemeiner Leutnant. Zur Vita von L. ist wenig bekannt. Nach abgeschlossener Schulbildung schlug er ebenfalls die militärische Laufbahn ein. Er war Kriegsveteran von 1870/71, aktiver Kriegsteilnehmer 1914/18 und Ritter hoher Orden. L. trat 1894 als Nachfolger von Oberstleutnant Diener als Dir. in das *Friedr. Krupp Grusonwerk* Magdeburg ein, übernahm das Kanonenressort I (Kriegsmaterial, Hartgußpanzertürme und Geschosse) und erhielt 1898 Prokura. Bezüglich der Herstellung, Qualität und des Absatzes von Kriegsmaterial hatte das Grusonwerk Magdeburg seinen Zenit erreicht. Grundlage dafür waren die soliden, nach neuesten militärtechnischen Aspekten von → Maximilian Schumann konstruierten Panzertürme für Inlandbefestigungen, Türme mit Minimalscharten-Lafetten oder Grubenlafetten neuester Konstruktion mit Rücklauf, Hartguß-Panzerbatterien und -stände sowie gepanzerte Beobachtungsstände für Küsten-Befestigung und das Binnenland, aber auch Schnellfeuerkanonen mit Lafetten, Munition und sonstigem Zubehör sowie die werkstofftechnischen Voraussetzungen durch die Belastungsanpaßbarkeit des von → Hermann Gruson entwickelten Hartgusses. Im Rahmen von Schießversuchen wurden zwischen 850–1.250 mm dicke und annähernd 100 t wiegende Hartgußpanzerplatten mit Geschossen von 1 t Masse und einer Auftreffgeschwindigkeit von 537 m/s beschossen. Dabei wurde eine „lebendige Kraft" (gab das Verhältnis der kinetischen Energie des auftreffenden Geschosses zur Erdbeschleunigung an und diente der empirischen Dimensionierung der Panzerplattendicken) des Geschosses von 14.700 tm frei. Mit den Ergebnissen der fortlaufend durchgeführten Schießversuche führte L. Beratungs- und Lieferverhandlungen zur Grusonschen Panzerungs- und Waffentechnik in mehreren Ländern der Erde – so 1894 in Rio de Janeiro (Brasilien) und 1895 in Tientsien und Peking (China), u. a. beim Vizekönig Wang. L. erhielt dafür Auszeichnungen, u. a. 1901 die Anlegung des Kommandeurskreuzes des japanischen Ordens vom kleinen Schatze und die China-Denkmünze. Anläßlich seines Ausscheidens 1915 aus dem Werk ehrte → Kurt Sorge L. mit den Worten: „Wenn auch die Entwicklung der modernen Geschütz- und Panzertechnik es mit sich gebracht hat, daß die Panzerbefestigungen des Grusonwerkes, deren Herstellung lange Jahre an erster Stelle standen, in letzterer Zeit nicht mehr in der Ausdehnung Anwendung fanden und finden konnten wie bisher, so haben Sie doch nicht nur wesentlich zu den geschäftlich günstigen Resultaten des *Krupp Grusonwerkes* in den letzten Jahrzehnten, sondern vor allem auch dazu beigetragen, daß der Name dieses Werkes im Ausland dauernd mit der Entwicklung der neuen Kriegstechnik verbunden bleiben wird und daß der Weltruf des Werkes durch die Güte seiner Konstruktionen und Sorgfalt seiner Ausführungen geschaffen wurde und für lange Zeit gesichert ist". Ausgehend vom Entwicklungsstand der Militärtechnik und seiner Verlagerung in das Stammwerk nach Essen, verkörperte L. einen der letzten befähigten Direktoren des Panzer- und Befestigungsbereiches des *Friedr. Krupp Grusonwerkes* Magdeburg.

L: Grusonwerk Magdeburg-Buckau, Telegramm-Schlüssel, Theil I für Kriegsmaterial, Pulvermaschinen und Ausrüstungen, Mai 1892 (Archiv der Friedr. Krupp AG Essen: S2 Gru 16/1); → Julius von Schütz, Gruson's Hartguss-Panzer, 1887; ders., Hartguß-Panzerungen und Minimalscharten-Lafetten, System Gruson, 1890; ders., Die Panzerlafetten auf den Schießplätzen des Grusonwerk bei Magdeburg-Buckau und Tangerhütte, 1890; ders., Der Hartguss und seine Bedeutung für die Eisenindustrie, 1890; N. N., Die Einnahme von Kiaotschau, in: Magdeburgische Ztg. vom 23.09.1898; Archiv der Friedr. Krupp AG Essen: WA 4/2047 und WA 131/167.

Werner Hohaus

Lenné, Peter Joseph, Dr. phil. hc.
geb. 29.09.1780 Bonn, gest. 23.01.1866 Potsdam-Sanssouci, Gartenarchitekt, Generaldir. der kgl-preuß. Gärten.

L., der aus einer Lütticher Gärtnerfam. stammte, die seit Generationen den Hofgärtnerposten in Bonn bekleidete, erlernte das Gärtnerhandwerk zunächst bei seinem Vater. Nach dem Abschluß der Gärtnerlehre führten ihn 1809 bis 1815 Studienreisen nach Süddtl., Frankreich und in die Schweiz. Im Juni 1815 nach Bonn zurückgekehrt, entwickelte er Pläne zur Umwandlung der Koblenzer Festungswälle in Gartenanlagen. 1816 nahm er eine Gartengesellenstelle in Potsdam/Sanssoucci an. Seine frühen Verdienste als Gartengestalter des preuß. Königs führten ihn bereits 1818 in die kgl. Gartendirektion. 1822 zum Gartenbaudir. befördert, gehörte L. zu den Gründungsmitgliedern des 1822 gegründeten *Vereins zur Förderung des Gartenbaues* im preuß. Staat. Er wurde Vorsteher der Abt. für Obstbauzucht und später für Gartenkunst. Unter seiner Leitung entstand 1823 die Gärtnerlehranstalt in Schöneberg und Potsdam, die erstmalig eine Ausbildung der Gartenarchitekten auf wiss. Basis ermöglichte und zu den ältesten Bildungsstätten mit praxisbezogener Ausbildung zählte. Die Akad. der Künste ernannte den seit 1845 als Generalgartendir. wirkenden L. zum Ehrenmitglied. Der vielseitige, herausragende Gartenkünstler des 19. Jhs im deutschsprachigen Raum und Hauptvertreter des englischen klass. Landschaftsparks galt als Pionier moderner, auf Städtebau- und Landeskultur ausgerichteter Landschaftsgestaltung und Begründer des dt. Gartenstils. L. war Schöpfer vieler Volksgärten und wirkte in Magdeburg, Frankfurt/Oder, Leipzig und Dresden. Im heutigen Sa.-Anh. schuf er Pläne für Bad Kösen/Schulpforta (1822), Genthin-Altenplathow (1839), Zabakuk/Kr. Genthin (1845), Merseburg (um 1850), Althaldensleben (vgl. → Johann Gottlob Nathusius), Parchen, Gardelegen/Weteritz und Ballenstedt. Nach Plänen L.s entstand 1824 mit dem Magdeburger Klosterberge-Garten der erste Volksgarten Dtls. L. realisierte 1829 mit dem Herrenkrug in Magdeburg eine Parkanlage, die auf einmalige Weise mit der Elbaue eine Naturlandschaft in einen angelegten Volksgarten integrierte und Pate für den Magdeburger Rotehornpark von → Paul Niemeyer stand. L. plante zudem 1824 den ersten kommunalen Friedhof in Magdeburg, der Ende des 19. Jhs maßgeblich durch den Magdeburger Gartendir. → Johann Gottlieb Schoch in eine Parkanlage umgestaltet wurde, und unterstützte konzeptionell die Bemühungen des Oberbürgermeisters → August Wilhelm Francke, Altstadtfriedhöfe in Grünanlagen umzuwandeln und die Festungsanlagen Magdeburgs gleichsam mit einem Gürtel aus Gartenanlagen zu umschließen. Dabei entstand der erste grün geschmückte Spazierweg entlang der Festungsmauern. Dies entsprach den Visionen L.s von der Landverschönerung, die unserem heutigen ökologischen Denken verwandt waren. Die Pläne und hist. Gestaltungsideen fanden in den 1990er Jahren im Stadtplanungsamt der Landeshauptstadt Magdeburg ihre Wiederaufnahme in dem Projekt „Der grüne Ring".

W: Schriften: Über die Einrichtung eines Volksgartens bei der Stadt Magdeburg, in: Verhandlungen des Vereins für Gartenbau, Bd. 26, 1825, *144–146*; Handbibl. für Gärtner und Liebhaber der Gärtnerei (5 Abt.), 1837–1842. – **N:** Plankammer der Staatl. Schlösser und Gärten, Potsdam-Sanssouci. – **L:** ADB 18, *260f.*; NDB 14, *211–213*; Gerhard Hinz, P. J. L. Das Gesamtwerk des Gartenarchitekten und Städteplaners (2 Bde), 1989; Gisela Hoke, Herrenkrug. Die Entwicklung eines Magdeburger Landschaftsparkes, 1991 (**B**); Gerd-Helge Vogel, P. J. L. und die europäische Landschafts- und Gartenkunst im 19. Jh., 1991; Harri Günther. P. J. L. Kat. der Zeichnungen, 1993; Heidemarie Titz, Parkanlagen der Stadt Magdeburg I, 1994 (**B**); Hans-Joachim Krenzke, Magdeburger Friedhöfe und Begräbnisstätten, 1998. – **B:** *StadtA Magdeburg.

Petra Wißner

Lennhoff, Carl, Prof. Dr. med.
geb. 26.03.1883 Lüdenscheid/Westfalen, gest. 02.09.1963 Bad Reichenhall, Arzt.

L. studierte seit 1901 in Hamburg und Breslau Med. und erhielt 1908 in Freiburg/Breisgau die Approbation als Arzt. Er absolvierte seine Facharztausbildung bis zum Kriegsausbruch 1914 bei Paul Gerson Unna in Hamburg sowie bei Joseph Jadassohn an der Univ.-Hautklinik in Breslau und wurde anschließend zum Militär einberufen. Ende 1919 wählten ihn die Magdeburger Stadtverordneten zum Dir. einer Klinik für Haut- und Geschlechtskrankheiten, die zunächst provisorisch gegenüber dem Krankenhaus Magdeburg-Altstadt in einem ehemaligen Schulgebäude untergebracht war. Die Behandlung dieser Krankengruppe lag damit in Magdeburg zum ersten Mal in der Hand eines ausgebildeten Dermato-Venerologen. Unter L.s Vorsitz fand am 05.12.1926 die „Verslg. der Mitteldt. Dermatologen" in Magdeburg statt. Nach den Vorstellungen von L. erfolgte 1930 der Bau eines modernen Klinikobjektes auf dem Gelände des Sudenburger Krankenhauses, das 1931 bezogen werden konnte und in dem ein großzügig ausgestatteter Laborteil gute Forschungsbedingungen bot. L. konnte diese Bedingungen in Magdeburg kaum noch nutzen, weil er als Jude 1933 von den Nationalsozialisten entlassen wurde. Er praktizierte als Facharzt in Magdeburg, Neue Ulrichstraße 2, bis ihm, wie allen jüd. Ärzten, 1938 die Approbation entzogen wurde. Er emigrierte 1939 zuerst nach Norwegen. Nach der Besetzung des Landes durch dt. Truppen fand er in Schweden Aufnahme, wo er seine wiss. Arbeit an der Dermato-Venerologischen Klinik des Karolinischen Inst. in Stockholm fortsetzen konnte. Diese betraf vor allem verschiedene Imprägnierungsmethoden zum Nachweis des Syphilis-Erregers. L. war wenig an schriftlicher Publikation seiner Arbeitsergebnisse interessiert. Im *Zentralbl. für Haut- und Geschlechtskrankheiten* sind jedoch z. B. in den offiziellen Berichten über die Sitzungen der *Magdeburger Dermatologen-Vereinigung* aus den 1920er Jahren zahlreiche seiner Vorträge erwähnt. 1955 kehrte L. in die Bundesrepublik Dtl. zurück.

L: Berichte der Magdeburger Dermatologen-Vereinigung, in: Zentralbl. für Haut- und Geschlechtskrankheiten 16, 1925, *127*; ebd. 17, 1925, *269*; ebd. 18, 1926, *482f.*; → Wolfgang Höfs, Die Hautklinik, in: Fs. 10 Jahre Med. Akad. Magdeburg, 1964, *69–71* (**B**); Hermann Gentele, In memoriam C. L. 1883–1963, in: Der Hautarzt 16, 1965, *96*; Karl-Henry Kühne, Zur Gesch. der Dermatologie und Venerologie in Magdeburg 1906–1997, in: ebd. 50, 1999, *299–301*. – **B:** Slg. Vf., Qualzow (priv.).

Horst-Peter Wolff

Lensing, Maria Dorothea *Elisabeth* (*Elise*)
geb. 14.10.1804 Lenzen/Elbe, gest. 18.11.1854 Hamburg, Lehrerin, Geliebte und Förderin des Dichters Friedrich Hebbel.

L., die Tochter eines Chirurgen ohne akad. Grad und nach dessen Tod ab ihrem zwölften Lebensjahr Stieftochter eines Schiffbauers, war nach ihrer Schulzeit wahrscheinlich in befreundeten Familien als Kinderfräulein tätig. Sie besuchte 1823–25 die erste höhere Töchterschule – die Luisenschule – in Magdeburg unter Dir. → Johann Christian August Heyse, dessen Pensionärin sie auch war. L. erhielt Unterricht in dt. Sprache und Lit., in Religionskunde und in Handarbeitstechniken. Nebenher wurde sie in unentgeltlichen Privatstunden des Dir. zur Lehrerin ausgebildet. Sie unterrichtete zunächst in Calbe, später verzog sie zu ihrer Mutter nach Hamburg und arbeitete als Kindergärtnerin, Schneiderin, Kochfrau, gab Privatunterricht und belieferte elegante Geschäfte mit Stickereien und Häkeleien. 1835 lernte sie den neun Jahre jüngeren Friedrich Hebbel kennen. L. war Hebbels Jugendliebe, sie wurde für ihn Lehrmeisterin, Ratgeberin, Förderin sowohl finanziell als auch in seiner Bildung, einschließlich aller Fragen des Benehmens und der Etikette. In den zehn Jahren ihres illegitimen Verhältnisses gebar sie ihm zwei Söhne, die jedoch starben. Hebbel heiratete 1846 in Wien die Schauspielerin Christine Enghaus. Danach war L. der Fam., besonders Christine Hebbel, mit der sie sich aussöhnte, ihr Leben lang in Freundschaft und Treue verbunden.

L: Lex. der Frau, Bd. 2, 1954, Sp. *398*; Richard Maria Werner, Hebbel. Ein Lebensbild, 1905, *46* u. ö.; Wilhelm Rutz, Friedrich Hebbel und E. L., 1922; Arthur Grüneberg, E. L. und Hebbel, in: Land und Leute Kr. Ludwigslust, H. 4, 1960, *12–18*; ebd. H. 5, 1960, *19–24*; ebd. H. 1, 1961, *20–24*; Waldemar Augustiny, E. und Christine, 1986, *19* u.ö.; Liberal-Demokratische Ztg. vom 23.10.1980.

Kristina Ziegler

Lentze, August, Dr. jur.
geb. 21.10.1860 Hamm/Westfalen, gest. 12.04.1945 Werben/Spreewald, Jurist, Kommunalpolitiker.

Nach seinem jur. Universitätsstudium und Funktionen als Referendar 1881 und Gerichtsassessor 1886 war L. bis 1889 in der Eisenbahnverwaltung Elberfeld tätig. Danach wirkte er als Stadtrat und stellvertretender Bürgermeister in Gera. 1894 folgte er einem Ruf als 1. Bürgermeister nach Mühlhausen/Thüringen, und fünf Jahre später wurde er zum Oberbürgermeister von Barmen gewählt. 1906 übernahm er das Amt des Oberbürgermeisters von Magdeburg. Während seiner kurzen Amtsperiode bis 1910 betrieb er insbesondere die Erweiterung der Stadt Magdeburg durch die Eingemeindung der Orte Rothensee, Fermersleben, Westerhüsen, Salbke, Lemsdorf, Cracau und Prester. L. veranlaßte den Erwerb von Grund und Boden für das Industriegelände im Norden Magdeburgs. Er bewies bei diesem Kauf große Weitsicht. Die Verkehrsbauten Hafen und Güterbahnhof sowie städtischer Besitz an Grund und Boden ermöglichten Magdeburg die Anbindung an den späteren Mittellandkanal. L. strebte eine Verbesserung der Wasserversorgung der Stadt an, indem er Wasseruntersuchungen im Fiener Bruch durchführen ließ. L. gehörte dem preuß. Herrenhaus an und übernahm 1910–17 das Amt des preuß. Finanzministers. Bei seinem plötzlichen Ausscheiden als Oberbürgermeister verlieh ihm die Stadtverordnetenverslg. 1910 die Ehrenbürgerwürde. Ab Oktober 1923 arbeitete L., der sich inzwischen auch als Finanzexperte ausgewiesen hatte, im Vorstand der gerade gegründeten *Dt. Rentenbank*, die zur Stabilisierung der dt. Währung in der Inflationszeit als Zwischenwährung die Rentenmark herausgab. 1933 trat er von dieser Funktion zurück. Gleichzeitig erfolgte seine Ernennung zum Ehrenpräsidenten der *Rentenbank*.

L: Reichshdb 2, *1100* (**B**); Vf./Maren Ballerstedt/Konstanze Buchholz, Magdeburger Ehrenbürger, 1994, *34* (**B**); dies., Magdeburger Bürgermeister, o. J., *33f.* (**B**); Martin Wiehle, A. L., in: Volksstimme Magdeburg, Nr. 35 vom 06.02.1997, *14.* – **B:** StadtA Magdeburg.

Ingelore Buchholz

Lenz, Joseph
geb. 28.08.1889 Hildesheim, gest. 23.07.1969 Berlin-Steglitz, Lehrer, Turner, Kommunalpolitiker, Stadtturnrat.

Nach dem Besuch der Volksschule und des Gymn. Josephinum besuchte L. auch das Lehrerseminar in seiner Heimatstadt. Nachdem er kurze Zeit als Lehrer in Twistingen bei Bremen tätig gewesen war und dann seine Militärdienstzeit absolviert hatte, wurde er 1913 Lehrer in Frankfurt/Main. Im Frühjahr 1914 legte er die Turnlehrerprüfung an der preuß. Hochschule für Leibesübungen in Spandau ab, im Sommer 1920 die staatl. Schwimmlehrerprüfung. 1920 bekam L. die neu eingerichtete Stelle des Turninspektors für das städtische Turn-, Sport- und Spielwesen in Frankfurt/Main übertragen. Damit verbunden war bis 1923 die Geschäftsführung des Ortsausschusses für Jugendpflege. Als Turninspektor gründete L. im Sommer 1922 die Volkshochschule für Leibesübungen in Frankfurt/Main. Unter seiner Leitung entwickelte sich die Frankfurter Volkshochschule neben Berlin zur größten und finanziell sich selbst tragenden Weiterbildungseinrichtung dieser Art in Dtl. L. war 1. Vors. des von ihm 1921 gegründeten *Provinzialvereins Hessen-Nassau* im preuß. und dt. *Turnlehrerverband* und fungierte seit 1923 als technischer Leiter des *Frankfurter Turnvereins von 1860*. 1925 übernahm L. die seit dem Tode → Carl Dankworths verwaiste und ausgeschriebene Stelle des Stadtturnrats und Dir. des Stadtamtes für Leibesübungen in Magdeburg. Gleichzeitig war er Dezernent des Ortsausschusses für Jugendpflege und der Volkshochschule. Auf der Basis seiner Frankfurter Erfahrungen entwickelte er vielfältige Tätigkeiten zur Hebung von Turnen und Sport in der Elbmetropole. Trotz bescheidener finanzieller Mittel entstanden unter seiner Leitung und Aufsicht neue Sportanlagen, wurden turnerische und sportliche Übungsstätten ausgebaut und 1926 der Rettungsdienst beim Baden in der freien Elbe eingerichtet. Innovativ für Magdeburg war die von ihm begründete Volkshochschule für Leibesübungen (seit September 1930 Inst. für Leibesübungen), die 1925 im Rahmen der Volkshochschule eröffnete wurde. Sie hatte den Zweck, große Teile des Volkes durch billige theoretische und praktische Kurse für Turnen und Sport zu interessieren und geeignete Personen für die Turn- und Sportvereine als ehrenamtliche Hilfskräfte auszubilden. Durch L.s Bemühungen konnten dazu auch führende Persönlichkeiten des Sports, der Sportwiss. und Leibeserziehung wie Hermann Altrock, Erich Klinge, Carl Diem, Niels Bukh und Jans Peter Müller für Vorträge und Demonstrationen gewonnen werden. Er selbst hielt die Kurse „Ausgleichsgymnastik für Frauen bzw. Herren". Fruchtbar waren seine Bestrebungen zur Vereinheitlichung und Modernisierung des Magdeburger Schulturnens. An zwei Schulen, in der III. Volksknabenschule und der Buckauer Versuchsschule, wurde 1926 die tägliche Turnstunde versuchsweise eingeführt. 1931 trat ein neuer einheitlicher Lehrplan für die körperliche Erziehung an allen Schulen in Kraft. Im Oktober 1932 entstand unter L.s Leitung eine Arbeitsgemeinschaft zur Einführung des neuzeitlichen Schulturnunterrichts („Natürliches Turnen"). Auch die Verbindlichkeit des Schwimm-Unterrichts seit 1926 war sein Verdienst. Als Vors. des *Republikanischen Clubs* in Magdeburg gehörte L. seit der Machtergreifung der Nationalsozialisten zu den mißliebigen Beamten. Gemäß des sog. Gesetzes zur Wiederherstellung des Berufsbeamtentums wurde er im April 1933 aus seiner beruflichen Stellung entfernt und zog nach Berlin. Nach dem II. WK arbeitete er dort als Abteilungsleiter in einer Verwaltungsstelle. Er wurde später Leiter des Amtes für Volksbildung im Verwaltungsbez. Wedding. 1951–59 war L. Bezirkstadtrat in Berlin-Neukölln. Als Mitglied der SPD gehörte er dem (West-)Berliner Abgeordnetenhaus an.

W: Aufgaben der Stadt Magdeburg auf dem Gebiete der Schaffung und des Ausbaus turnerischer und sportlicher Uebungsstätten, in: Magdeburger Amtsbl., 1925, *623–625*; Das Stadtamt für Leibesübungen in Magdeburg, in: ebd., 1927, *751–753*; Lehrplan für die körperliche Erziehung an Knaben- und Mädchenschulen, 1931 (mit Käte Holtschmit). – **L:** Willy Gorzny (Hg.), Dt. Biogr. Index, Bd. 5, ²1998, *2085*; Personalnachrichten, in: Magdeburger Amtsbl., 1925, *154f.*

Michael Thomas

Leonhard, *Hans* **Conrad,** Dr. phil., Dr. rer. pol.
geb. 20.09.1872 Leipzig, gest. 14.01.1951 Leipzig, Wirtschaftsjurist.

L. verbrachte die Jugend- und Ausbildungszeit in seiner Heimatstadt. Nach dem Besuch der Bürgerschule und des Realgymn. studierte er in Leipzig Phil., Nationalökonomie, Statistik und Rechtswiss. 1902 prom. er an der dortigen Univ. zum Dr. phil. mit der Diss. „Samuel Selfisch, ein dt. Buchhändler am Ausgang des 16. Jhs", einer in Fachkreisen sehr beachteten Arbeit, weil L. bei seinen Studien die älteste Buchbinderordnung Wittenbergs von 1557 wiederentdeckt hatte. Anschließend war er anderthalb Jahre wiss. Hilfsarbeiter bei der *Handelskammer Lübeck*. Im Oktober 1903 trat er in die Dienste der *Handelskammer Magdeburg*, übernahm 1909 als Syndikus die Geschäftsführung der Kammer (ab 1924 *IHK*) und verhalf ihr in seiner Amtszeit, die durch Krieg, Inflation und Neuorientierung der dt. Wirtschaft in den 1920er Jahren geprägt war, zu großem Aufschwung. Dabei paßte er die *IHK* durch Rationalisierung den neuen wirtsch. Anforderungen an und erwarb sich besondere Verdienste bei der Aufstellung einheitlicher Vorschriften für vereidigte Sachverständige. L. war auf Grund seiner Dienststellung auch mit der Geschäftsführung des *Verbandes mitteldt. Handelskammern* und des *Zweckverbandes der IHK Magdeburgs und Halberstadts* betraut. In seiner Funktion als Syndikus hielt er bei den von der Reg. veranlaßten und der Förderung des Handwerks dienenden Meisterkursen Vorträge über Rechtskunde, Volkswirtschaftslehre und Genossenschaftswesen. Das bis dato für diese Anforderungen fehlende Lehrmaterial verfaßte er unter dem Titel „Der Handwerker in Staat und Recht" (1909) selbst. L. erkannte frühzeitig die Problematik der bloßen Weitergabe von Gesetzen, Verordnungen und Mitteilungen der Handelskammer an deren Mitglieder und schuf deshalb, in Abänderung der seit 1897 hg. *Verhandlungen und Mitteilungen der Ältesten der Kaufmannschaft*, ab 1917 die *Wirtschaftsztg. der Handelskammer zu Magdeburg*, ein Informationsbl. für die Kammern in Magdeburg und Halberstadt. Besondere Verdienste erwarb sich L. bei der wiss. Erforschung der Magdeburger Wirtschaftsgesch. Seine Forschungsergebnisse publizierte er in zahlreichen Beiträgen zu wirtsch.-gesch. Aspekten. Im Auftrag der *IHK* erarbeitete er gemeinsam mit Wilhelm Stieda die dreibändige Abh. „Magdeburgs Wirtschaftsleben in der Vergangenheit" (1925–28). 1929 prom. L. mit der Diss. „Die Kaufleute-Brüderschaft zu Magdeburg, von der Zerstörung der Stadt bis zum Ausgang der westfälischen Zeit" an der Univ. Halle zum Dr. rer. pol. Kommunalpolitisch engagierte sich L. als stellvertretender Vorsteher der Stadtverordnetenverslg. und als Magistratsmitglied. Im Oktober 1937 trat L. in den Ruhestand. Zwei Jahre später zog er auf Grund einer schweren Erkrankung seiner Frau mit seiner Fam. wieder nach Leipzig.

W: Zur Frage des Gerichtsstandes der Buchhändler, -drucker und -binder in Wittenberg und anderen dt. Universitätsstädten während der Zeit von 1555 bis 1730, 1902; Denkschrift zum hundertjährigen Jubiläum der IHK Magdeburg, 1925; Die Kaufleutebrüderschaft zu Magdeburg. Von der Zerstörung der Stadt bis zum Ausgange der westfälischen Zeit, in: Magdeburgs Wirtschaftsleben in der Vergangenheit, Bd. 3, 1928, *1–279*; Hdb. der IHK zu Magdeburg, 1929. – **L:** Geleitwort, in: Magdeburgs Wirtschaftsleben in der Vergangenheit, Bd. 3, 1928, *VII-XII*. – **B:** *ebd.

Horst-Günther Heinicke

Leonhard, Johann Friedrich
geb. 31.05.1777 Burg, gest. 08.09.1830 Burg, Pädagoge, Schulreformer.

Nach dem Theol.-Studium in Halle war L. zunächst als Privatlehrer in Magdeburg, später als Hauslehrer der Fam. des Predigers Freytag in Förderstedt tätig. 1803 wurde er zum Konrektor der Großen Stadtschule in Burg berufen, die er 1807 als Rektor übernahm und der er bis zu seinem Tode vorstand. Durch den desolaten Zustand des Burger Schulwesens alarmiert, reifte bereits während der Zeit der franz. Besetzung L.s Plan einer umfangreichen Schulreform in Burg. 1810 reichte L. der Potsdamer Schulkommission einen ersten umfangreichen Reformvorschlag ein, der eine Neugliederung des Burger Schulsystems (u. a. die Schaffung einer höheren Bürgerschule, die insbesondere die Mädchenerziehung in städtische Obhut übernehmen sollte), einen wesentlich modernisierten Lehrplan und die Gründung eines Schulfonds vorsah. Der Reformplan L.s wurde 1812 von der Burger Schulorganisationsverfügung des Oberkonsistorial- und Schulrates Ludwig Natorp in Potsdam in allen wesentlichen Punkten bestätigt. Dennoch förderten der Magistrat und die Schuldeputation der Stadt Burg seine Durchführung nur äußerst zögerlich. Insbesondere L.s Hauptziel, die Zentralisation des Burger Schulwesens durchzusetzen und die gesamte schulpflichtige Jugend Burgs zu erfassen, scheiterte am Desinteresse des Magistrats und der Bürgerschaft. Nach der Neuordnung der preuß. Territorien erhielt L. Unterstützung durch den Superintendenten und Biederitzer Schulinspektor → Carl Leberecht Meßow, dem auch die Burger Schulen unterstellt waren. Meßow übertrug L. die Spezialaufsicht der Burger Knabenschulen, von 1817 bis 1824 auch der Töchterschulen. Als um 1820 eine Neuordnung des Schulwesens aufgrund der sich rasch verändernden Sozialstruktur immer dringender wurde – eine Vielzahl von Kindern und Jugendlichen standen in schwerer Fabrikarbeit und erhielten zumeist minderwertigen Unterricht in Privat- und Winkelschulen –, legte L. 1822 der Magdeburger Reg. in seinem „Grundriß zur Organisation der Knabenschulen zu Burg" erneut ein umfangreiches Reformkonzept vor. Erst 1829 konnte es durch → Karl Zerrenners „Entwurf zur Organisation des Schulwesens der Stadt Burg" realisiert werden. Neben der Neugliederung des Schulsystem und einer tiefgreifenden Reform des Lehrstoffs führte die Umwandlung der Abend- in eine Morgenschule unter wesentlicher Mitwirkung L.s zur ersten „Gewerbeschutzordnung zum Besten der arbeitenden Jugend in Burg".

L: → Ferdinand Wolter, Mitthlgg. aus der Gesch. der Stadt Burg, 1881, *161 ff.*; → Walter Sens, Die Schulen der Stadt Burg, Bez. Magdeburg, zu Beginn des 19. Jhs, in: GeschBll 66/67, 1931/32, *114–142*.

Guido Heinrich

Lewecke, Johann Daniel Adolph

geb. um 1783 n. e., gest. 22.06.1842 Magdeburg, Oberpostdir.

L. war von 1825 bis 1842 Oberpostdir. des preuß. Oberpostamtes Magdeburg. Das Postamt Magdeburg gehörte Anfang des 19. Jhs zu den meist frequentierten Postämtern Preußens. Von 32 Posten wöchentlich mußten täglich über 1.000 Pakete manipuliert (behandelt) werden. Eine deshalb von L. 1834 beantragte Erweiterung des Postamtes konnte erst 1836 begonnen werden. Er unterbreitete im September 1836 dem Generalpostamt seine Vorstellungen zu neuen Techniken und Rationalisierungsmaßnahmen. U.a. sollten die Lagerräume der neuen Packkammer mit „neuen Utensilien und Behältnissen ausgestattet werden", um die „Sicherheit herbei(zu)führen und dem ordentlichen Anstand (zu) genügen". Zur schnelleren Verteilung und Ableitung der Pakete sollten den an- und abgehenden Posten Coursen (Zahlen) zugeordnet werden, die auf den Paketbegleitbriefen abgestempelt werden sollten. Die Genehmigung wurde erteilt. Nachdem im März 1837 die neue Packkammer in Betrieb genommen worden war, konnten auch L.s Vorschläge verwirklicht werden. Das genaue Datum der Erstverwendung dieser alphanumerischen Postleitkennzeichen ist nicht bekannt. Belege liegen zwischen 1839 und 1843 in größerer Anzahl vor, abgeänderte Stempel können zwischen 1846 und 1850 nachgewiesen werden. Das preuß. Oberpostamt Magdeburg war damit das erste Postamt dt. Postverwaltungen, das Postleitkennzeichen einführte. Die ersten Postleitzahlen für ganz Dtl. wurden 1943 kriegsbedingt eingeführt.

L: Karl-Heinz Laubner, Postkennzeichen bereits im Jahre 1836 bekannt, in: Die Dt. Post, Nr. 9, 1972, *284*; Vf., Aus der Gesch. der Post in der Stadt Magdeburg (1814–1871), in: Magdeburger Bll. 1988, *37–43*; ders., Zu Vorläufern der Postgebietsleitzahlen im 19. Jh., in: Dt. Briefmarkenztg., Nr. 5, 1993, *328*; Zentralarchiv Merseburg: Acta des Posthauses Magdeburg 1835–38.

Alfred Stollberg

Licht, Franz *Otto*

geb. 06.04.1825 Wallhausen/Thüringen, gest. 10.03.1885 Magdeburg, Zuckerstatistiker.

Der älteste Sohn des Diakons und Rektors Johann Ferdinand L. strebte zunächst eine aktive Offizierslaufbahn an. Eine 1848 zugezogene Augenkrankheit zwang ihn, als Premierleutnant den Abschied zu nehmen. L. erhielt eine Anstellung als Steuerbeamter des mittleren Dienstes bei der Provinzialsteuerdirektion der Provinz Sachsen in Erfurt und später in Magdeburg, wo er hauptsächlich auf dem Gebiet der Zuckersteuer beschäftigt war. Seine dabei erstellten Statistiken bildeten schnell die Grundlage zur Erarbeitung von Monatsübersichten zur Rübenverarbeitung und Zuckererzeugung im Gebiet des gesamten Zollvereins für das Statistische Amt in Berlin. Steigendes Interesse und ständig wachsende Nachfrage von Zuckerindustrie und -handel an diesen Statistiken veranlaßten L. 1861, aus dem Staatsdienst auszutreten und in Magdeburg, dem Zentrum der dt. Zuckerindustrie, ein eigenes statistisches Büro für die Zuckerwirtschaft zu eröffnen. Bereits nach kurzer Zeit versorgte er die Mitglieder des *Vereins der Dt. Zuckerindustrie* sowie zahlreiche Kunden im In- und Ausland mit seinen – seit der Kampagne 1868/69 auch als englischsprachige Ausgabe *Monthly Report on Sugar* veröffentlichten – Berichten. Bereits ab 1867 unterhielt L. Vertretungen in London, Lille und Amsterdam. Vor allem an den int. Zuckermärkten und -börsen erlangten die Statistiken große Bedeutung. L., der als der Begründer der modernen Zuckerstatistik anzusehen ist, nahm auf dem Gebiet des Weltzuckerhandels eine maßgebende Stellung ein. Nach dem Tod L.s wurde das Unternehmen zunächst von seinem Sohn Otto und nach dessen Ausscheiden aus dem Unternehmen (er gründete einen eigenen Verlag in Magdeburg) von Otto Karl Friedrich L., dem Enkelsohn L.s, weitergeführt. 1936 übernahm der zehn Jahre zuvor in das Unternehmen eingetretene Otto Kroeger als Alleininhaber die Fa. Nach dem II. WK – Kroeger war kurz vor Kriegsende gefallen, Gebäude und Unterlagen waren im Krieg durch Bombentreffer vernichtet – baute der seit 1927 zur Fa. gehörende Dr. Hugo Ahlfeld das Unternehmen in Ratzeburg wieder auf, wo es heute als weltweit führendes Unternehmen der Branche tätig ist.

L: NDB 14, *445f.*; Edmund Oskar von Lippmann, Die Entwicklung der Dt. Zuckerindustrie von 1850 bis 1900. Fs. zum fünfzigjährigen Bestande des Vereins der Dt. Zuckerindustrie, 1900, *33f.*; Guntwin Bruhns, Zur Gesch. der Fa. F. O. L. und der Zuckerstatistik, in: Sugar. Essays to mark the 125 th Anniversary of F. O. L., 1989, *1–9*.

Horst-Günther Heinicke

Lichtblau, Hans
geb. 12.12.1909 Magdeburg, gest. 17.08.1964 Magdeburg, Klempnermeister, Berufsschullehrer, Sportfunktionär.

Nach einer Lehre als Klempner qualifizierte sich L. zum Klempnermeister, arbeitete in diesem Beruf bis zur Teilnahme am II. WK und schulte danach zum Berufsschullehrer um. An der Kommunalen Berufsschule Magdeburg lehrte er bis 1964. Bereits seit 1926 war L. Mitglied der Sozialistischen Arbeiterjugend und besonders aktiv im Wandersport. Von 1947 bis 1949 arbeitete er engagiert am Aufbau und bei der Schaffung von Jugendherbergen im Bez. Magdeburg mit, wobei die Jugendherbergen in Magdeburg und Halberstadt auf seine besondere Initiative zurückzuführen sind. L., seit 1952 Mitglied in der *Betriebssport-Gemeinschaft Motor Magdeburg Süd-Ost*, wurde Vors. der Sektion Wandern und Touristik sowie Wanderleiter seines Vereins. Er war Gründungsmitglied des Bezirksfachausschusses (BFA) Magdeburg des *Dt. Verbandes für Wandern, Bergsteigen und Orientierungslauf* im Mai 1957 und bis 1964 dessen Vors. 1960–64 Mitglied im Bezirkskomitee Magdeburg für Touristik und Wandern, organisierte er das 1. Wandertreffen des Bez. im April 1963 in Wernigerode. L. war zudem maßgeblich an der Ausbildung von Kampfrichtern und Wanderleitern beteiligt.

B: *Familienunterlagen Hannelore Zinnecker, Magdeburg (priv.).

Klaus Beyer

Lichtenberg, August Martin *Heinrich*
geb. 07.09.1844 Neustadt bei Magdeburg, gest. 12.04.1895 Magdeburg-Neustadt, Graveur, Unternehmer.

L. erlernte auf Anregung seines in der Fa. *Johann Gottlieb Hauswaldt, Schokoladen-, Süßwaren- und Zichorienfabrik*, tätigen Vaters Johann Heinrich L. (1817–84) den Beruf eines Graveurs. Seine Begabung als Holzschnitzer veranlaßte L., Holzmodelle anzufertigen, nach denen eiserne Formen zur Herstellung von Bonbons und Schokoladfiguren gegossen wurden. 1866 gründete L. die Fa. *H. L. Magdeburg-Neustadt Bonbonmaschinen-Fabrik*, eine der ersten Spezialfabriken für die Fertigung von Süßwarenmaschinen. Ausgehend von der Herstellung von Gravuren für das Prägen von Bonbons entwickelte und baute er komplette Anlagen und Maschinen für die Süßwarenproduktion und ließ diese teilweise patentieren. L. hat den Übergang von der Manufaktur zur industriellen Produktion auf dem Gebiet der Süßwarenherstellung eingeleitet und mitgestaltet. Nach seinem frühen Tod wurde die Fa. von seinen Söhnen und Enkeln fortgeführt und zu einem int. renommierten Unternehmen mit 70–80 % Exportanteil ausgebaut.

L: Familienunterlagen Vf., Magdeburg (priv.) – **B:** ebd.

Horst Lichtenberg

Liebmann, Arthur, Prof. Dr. rer. pol.
geb. 01.08.1900 Leipzig, gest. 28.11.1963 Magdeburg, Hochschullehrer.

Nach einer Banklehre in Leipzig studierte L. an der Univ. seiner Geburtsstadt und prom. dort im Sommer 1925. Er ergänzte sein Studium durch ein dreisemestriges Studium an der Handelshochschule in Leipzig und erwarb 1927 das Handelslehrerdiplom. Nach Lehrtätigkeiten in Treuen/Sachsen, Grimma und Wildau wurde L. 1956 an die Hochschule für Schwermaschinenbau Magdeburg berufen. Hier übernahm er zuerst die Leitung und den Aufbau des Inst. für Ökonomie des Maschinenbaues und später der Hauptabt. Fernstudium. L. war Hauptinitiator für die Einführung, Einreichung und Festigung des Fernstudiums.

W: Acht Jahrzehnte im Dienste der Wirtschaft. Ein Lebensbild der ADCA – Allg. Dt. Credit-Anstalt, 1938. – **L:** UnivA Magdeburg: PA. – **B:** UnivA Magdeburg.

Carmen Schäfer

Liebscher, Georg, Prof. Dr. phil.
geb. 08.02.1853 Magdeburg, gest. 09.05.1896 Göttingen, Agrarwissenschaftler.

L., Sohn des Magdeburger Pfarrers Johann L., studierte nach dem Besuch des Gymn. in Magdeburg und einer Landwirtschaftslehre ab 1874 an den Univ. Berlin und Halle. Hier legte er 1877 die landwirtsch. Lehrerprüfung ab, war danach als Assistent am Landwirtsch. Inst. tätig und wurde

1879 prom. 1880 hielt sich L. als Agronom zu geologischen Landaufnahmen in Japan auf und folgte 1882 einem Ruf an die Landwirtsch. Lehranstalt nach Jena, wo er sich 1883/84 habil. („Japan und seine Landwirtschaft"). Er wurde zum Privatdoz., 1888 zum ao. Prof. ernannt, war ab 1889 o. Prof. in Bonn-Poppelsdorf und ab 1890 o. Prof. und Dir. des Landwirtsch. Inst. in Göttingen. Für die Dt. Landwirtschaftsges. koordinierte er Anbauversuche mit verschiedenen Getreidesorten, vorwiegend zu Fragen der Düngung und Nährstoffaufnahme, und publizierte die erzielten Ergebnisse. L. zeichnete sich in der Periode der Herausbildung der Agrarwiss. als selbständiger Disziplin durch vielseitige Lehr- und Forschungstätigkeit sowie durch grundlegende Veröffentlichungen aus. Er redigierte das *Journal für Landwirtschaft*.

W: Über die Beziehungen von Heterodera schachtii zur Rübenmüdigkeit, Diss. Halle 1879; Theorie und Praxis des Kartoffelbaus, 1887; Der Verlauf der Stoffaufnahme und seine Bedeutung für die Düngerlehre, 1888; Getreideanbauversuche, 1889; Anbauversuche mit verschiedenen Roggensorten, 1896; Anbau-Versuche mit verschiedenen Sommer- und Winterweizen-Sorten, 1898. – **L:** BioJb 3, *65*; Wilhelm Rothert (Hg.), Allg. Hannoversche Biogr., Bd. 1, 1912; Jochen Oehme, Die Entwicklung der Landwirtsch. Einrichtungen und ihrer akad. Lehre an der Univ. Jena, 1982; UnivA Jena: PA.

Hermann Grünzel

Lies, *Johannes* (*Hans*) Otto Paul
geb. 21.06.1900 Kalbe/Milde, gest. 19.11.1981 Magdeburg, Buchdrucker, Vorgeschichtsforscher, Kreisbodendenkmalpfleger.

L., jüngstes Kind des Buchdruckers Adolf L., besuchte bis 1918 das Gymn. in Gardelegen und lernte danach im väterlichen Betrieb den Beruf des Buchdruckers und Schriftsetzers. Er war später 1933–76 als selbständiger Buchdruckereibesitzer in Groß Ottersleben tätig. Schon während der Schulzeit, angeregt durch seinen Lehrer Prof. Hinze, zeigte L. starkes Interesse an der heimischen Archäologie und führte bereits 1911 seine erste Ausgrabung in der Altmark durch. Als er 1924, kurz nach seiner Heirat, nach Magdeburg übersiedelte, schloß er sich den dortigen Vorgeschichtlern um → Carl Engel an, der sein Lehrer und Freund wurde und seine weiteren archäologischen Forschungen maßgeblich beeinflußte. Von 1923 bis zu seinem Tode, 1945–81 als ehrenamtlicher Kreisbodendenkmalpfleger, führte L. planmäßige Flurbegehungen im Magdeburger Elbgebiet durch, die teilweise zu größeren Ausgrabungen erweitert wurden, wobei er zahlreiche Siedlungs- und Grabfunde, vor allem aus der Jungstein- und Bronzezeit, von überregionaler Bedeutung entdecken und veröffentlichen konnte. Bis 1945 arbeitete er eng mit dem Mus. am Domplatz in Magdeburg, von 1945 bis zu seinem Tode mit dem Kulturhist. Mus. Magdeburg, der Univ. Halle-Wittenberg und dem Landesmus. für Vorgesch. in Halle zusammen. Das Hauptaugenmerk seiner nebenberuflichen archäologischen Arbeiten galt der Erforschung der Besiedlungsgesch. der ostelbischen Binnendünen insbesondere um Gerwisch, Menz und Wahlitz, die er mit Blick auf die unter differierenden klimatischen und wirtsch. Bedingungen entstandenen Siedlungen der Elbaue, der ostelbischen Dünengebiete und der westelbischen Börde behandelte. So stieß er bei seinen Ausgrabungen auf 14 verschiedene Siedlungs- und Vegetationshorizonte, die er als erster auch zeitlich genau bestimmte. Seine archäologischen Feldarbeiten führten 1949 in Wahlitz zu der ersten großen Forschungsgrabung in der SBZ. Die Fachkollegen schätzten ihn nicht zuletzt wegen seines stetigen Bemühens, die von ihm durchgeführten Ausgrabungen einer vielseitigen wiss. Auswertung unter Berücksichtigung neuer wiss. Methoden zuzuführen. In seinen letzten Jahren leistete L. mit der Neuinventarisierung der ur- und frühgesch. Bestände des Kulturhist. Mus. in Magdeburg einen wichtigen Beitrag zur Sicherung und Erschließung des Kulturgutes des Magdeburger Raumes. 1962 erhielt er in Würdigung seiner wiss. Arbeiten auf dem Gebiet der Archäologie die Leibniz-Medaille der Akad. der Wiss. der DDR.

W: Beiträge zur jungsteinzeitlichen Besiedlungsgesch. der Binnendünen im Elbgebiet bei Magdeburg, in: Mittlgg. des Mus. für Naturkunde und Vorgesch. und wiss. Arbeitskreis, 1947, *41–47*; Ein bronzezeitlicher Totenhügel bei Menz, Kr. Burg, Tl. I und II, in: Js. für mitteldt. Vorgesch. 39, 1955, *115–162* und 40, 1956, *127–160*; Zur neolithischen Siedlungsintensität im Magdeburger Raum, in: ebd. 58, 1974, *57–111*. – **N:** Mss. im Privatbes. Vf., Petershagen. – **L:** Johannes Schneider, H. L., Magdeburg, 80 Jahre, in: Js. für mitteldt. Vorgesch. 65, 1982, *17–21* (**W**). – **B:** *Vf., Petershagen (priv.).

Bärbel Heußner

Lilje, *Wilhelm* Heinrich Georg
geb. 23.12.1868 Harburg bei Hamburg, gest. 12.05.1948 Buchholz/Nordheide, Leitender Obering., Technologe und Konstrukteur.

Der Sohn des Arbeitsmannes Heinrich Hartwig Wilhelm L. erlernte nach dem Schulbesuch 1874–82 den Beruf eines Gelbgießers, absolvierte eine Maschinenbauausbildung an der 1865 gegründeten Staatl. Gewerbeschule in Hamburg und trat 1890 in die von → Eugen Polte 1886 von der Fa. *Jürgens & Co.* erworbene Armaturenfabrik in Magdeburg ein, die dieser als *Armaturen- und Patronenfabrik* weiterführte. Polte forderte und formte den jungen Ing., der bald selbst eine maßgebliche Rolle in dessen Metallwerken spielte und nach Poltes Ableben 1911 insgesamt 45 Jahre die technische Entwicklung des Unternehmens als leitender Obering. bestimmte. L. führte das Werk des Firmeninhabers fort, indem er durch intensive technische Arbeit auf den Gebieten der Konstruktion und Fertigungstechnologien, insbesondere bei der Patronenhülsenherstellung, neuartige Verfahren einführte und damit neben einer Verbesserung der Qualität, einen geringeren Energiebedarf und niedrigere Fertigungskosten erzielte. Er baute die Poltesche-Munitionsfertigung um 1900, insbesondere die qualitative Herstellung der 8,8 cm Patronenhülsen, neu auf und führte innovative Methoden der Qualitätssicherung ein. Die dazu erforderliche Maschinentechnik konzipierte, konstruierte und baute L. im Unternehmen selbst und lieferte sie als komplette Linien zur Herstellung und Aufarbeitung von Geschoßhülsen an Dritte in Europa und Übersee. Er führte u. a. Untersuchungen zu Werkstoffstrukturen und Härtedruckproben nach dem Kaltumformen in die Fertigung ein und war 1933 der älteste und erfahrenste Fachmann auf dem Gebiet der Munitionsherstellung in Dtl. L. reichte dem Reichswehrministerium 1935 einen Realisierungsvorschlag bezüglich Organisation, Verfahren und Maschinenpark zur Wiederaufarbeitung von beschossenen Geschützhülsen hinter den Kampflinien ein. Mit Kreativität und Fleiß sicherte er seinem Unternehmen eine Vorrangstellung bei der Munitionsherstellung in Europa und stellte sich damit in die Reihe der Pioniere der Automatisierung in der Metallindustrie.

L: Martin Lichtenberg, Entwicklungstendenzen in der Magdeburger Industrie, Diss. 1934; Manfred Beckert, Wegbereiter der Automatisierung, in: Volksstimme Magdeburg vom 28.12.1991; LHASA: SA 257/26. – **B:** *Gerda Reschke, Marburg (priv.).

Werner Hohaus

Limberg, Reinhold
geb. 11.10.1927 Bütow/Pommern, gest. 23.07.1997 Burg, Lehrer, Komponist.

L. war in den Jahren 1943/44 Marinehelfer auf Helgoland und kehrte als 19jähriger aus der Kriegsgefangenschaft zurück. Während der Feldarbeit bei seinem Vater im Sommer 1947 auf einem Gehöft in Holdorf/Mecklenburg-Vorpommern fielen ihm Melodie und Text „Jugend erwach, erhebe dich jetzt, die grausame Nacht hat ein End …" ein. Noch im selben Jahr veröffentlichte der Verlag *Volk und Wissen* das Lied. „Bau auf, bau auf, freie dt. Jugend, bau auf. Für eine bessere Zukunft richten wir die Heimat auf" – die Melodie dieses FDJ-Liedes kennt jeder, der in der DDR aufgewachsen ist. Bis 1948 war L. Landarbeiter, 1950–58 Russischlehrer in Trollenhagen bei Neubrandenburg und ab 1960 Musiklehrer an der Comenius-Schule und dann an der Polytechnischen Oberschule Hermann Matern in Burg. In seiner Freizeit schuf er 20 Lieder und 70 Gedichte, darunter „Das Lied der Marinekameradschaft" für Shanty-Chöre sowie Heide-Lieder. Sein Lied „Jugend erwach!" wurde in 41 Filmen gespielt, u. a. in „Egon und das achte Weltwunder", im mdr-Siebenteiler „Das war die DDR" und in „Motzki". Seit 1994 steht L. damit im „Guinness-Buch der Rekorde".

W: s.o. – **L:** Silke Janko/Bernd Gottschalck, Mit „Bau auf, bau auf" steht R. L. jetzt im Guinness-Buch, in: Volksstimme Magdeburg vom 30.06.1996. – **B:** Familienunterlagen Minna L., Burg (priv.).

Paul Nüchterlein

Lincke, Wilhelm
geb. 24.01.1866 Helmstedt, gest. 26.08.1942 Magdeburg, Gartenarchitekt, Gartendir.

L. absolvierte 1884–85 eine Lehre in Berlin, besuchte bis 1888 die kgl. Gärtnerlehranstalt in Potsdam, arbeitete 1888–89 als Gehilfe in einer Samenhandlung in Erfurt und war ab 1889 als Obergehilfe der Hzgl. Hofgärtnerei in Gotha tätig, die er auch kurzzeitig leitete. 1891 setzte er in Berlin bei der städtischen Gartenverwaltung seine Ausbildung in der Landschaftsgärtnerei fort. Im gleichen Jahr von Berlin nach Magdeburg berufen, nahm er die Vermessungen des Herrenkrugparks und des Vogelgesanges für die Magdeburger Gartenverwaltung vor. 1894 erhielt er eine Anstellung als Stadtgärtner in der Elbestadt, 1897 erfolgte seine Ernennung zum Stadtobergärtner. 1903 übernahm er die Aufgaben des wegen Krankheit beurlaubten Gartendir. → Johann Gottlieb Schoch, wurde nach dessen Tod 1905 zum neuen Gartendir. in Magdeburg berufen und übte dieses Amt bis 1930 aus. 1931 trat er in den Ruhestand. L. führte in Magdeburg die Ideen Schochs zum Ausbau der Herrenkrugwiesen weiter, der eine Bereicherung um einheimische und exotische Gehölze vorsah und sich 1905–26 unter reger Anteilnahme der Magdeburger Bevölkerung vollzog. Aufgrund heftiger Proteste sah sich L. 1908 veranlaßt, bereits gepflanzte „Fremdlinge" aus der Parklandschaft im Herrenkrug wieder zu entfernen und eine neue Wiesenparkplanung vorzulegen. In L.s Amtszeit fiel auch der Bau der Pferderennbahn im Herrenkrug mit repräsentativen Gebäuden (Tribüne, Kronprinzenpavillon, Direktorialgebäude und große Stallanlage), die 1907 den Betrieb aufnahm. Die sparsamere Bepflanzung der Herrenkrugwiesen mit Gehölzen, die 1926 abgeschlossen war, berücksichtigte stärker den ursprünglichen Charakter der Elbwiesen. Die geplante anschließende Ergänzung des Areals südlich der Rennbahn durch einen Wildpark wurde nicht realisiert. Unter L.s Ägide wuchs der Vogelgesangpark um Rosen- und Heidegarten, und die Stadt erhielt mit der Umwandlung des Westerhüser Parks einen weiteren Volksgarten. Als Nachfolger von Schoch setzte er die Pläne zur Vollendung der größten städtischen Parkanlage auf der Rotehorninsel fort, konzentrierte sich auf die Planungen für die Ausgestaltung des Stadtparks Rotehorn vom Ausstellungsgelände bis zum Adolf-Mittag-See mit Marieninsel und gestaltete 1922–1927 einen bis zur Sternbrücke reichenden Grünzug, in den Elbe und Elbwiesen eingebunden wurden. L.s Verdienst war es, daß durch geschickte Ergänzungen des Wegenetzes wichtige Blickbeziehungen der Planung Schochs betont und der Park mit reizvollen Elementen der Landschaftsarchitektur bereichert wurde. Damit folgte L. den Anregungen der Architekten → Paul Mebes, → Bruno Taut und → Johannes Göderitz zum Ausstellungskomplex mit Pavillons, Bühnen, der Stadthalle, dem Pferdetor und dem Aussichtsturm.

W: Ein Ausschnitt aus Magdeburgs Entwicklung als Park- und Gartenstadt, in: Magdeburger Amtsbl. vom 08.09.1928. – **L:** Magdeburgische Ztg. vom 24.01.1931; Gisela Hoke, Herrenkrug. Die Entwicklung eines Magdeburger Landschaftsparkes, 1991 (**B**); Heidemarie Titz, Parkanlagen der Stadt Magdeburg I, 1994 (**B**); Gert Gröning u. a. (Hg.), Grüne Biographien, 1997, *228*. – **B:** *StadtA Magdeburg.

Petra Wißner

Lindau, *Heinrich* Hermann Karl

geb. 28.02.1879 Barneberg, gest. 24.04.1965 Thale, Lehrer, Heimatdichter.

L. Sohn eines Dorfkaufmanns und Gastwirts aus Neinstedt besuchte 1885–92 die Volksschule in Barneberg, 1892–93 die Mittelschule Quedlinburg, 1893–96 die Präparanden-Anstalt Quedlinburg und 1896–99 das Lehrerseminar Genthin. 1899–1902 war er Volksschullehrer in Kaltendorf bei Oebisfelde und dann von 1902–41 Mittelschullehrer in Thale. L. war Verfasser von Jugend- sowie Volksbühnenstücken und erzählte oft in Mundart. Das Gasthaus seines Vaters, auch sein Geburtshaus, war eine wesentliche Quelle seines lit. Schaffens. Wenn sich abends zur „Ulenflucht" (Eulenflucht-Dämmerung) die Dorfbewohner zum Dämmerschoppen trafen, erlebte L. mancherlei Dorftypen, die sich wunderliche Geschichten erzählten. Diese Jugendeindrücke am heimatlichen Stammtisch gewannen in der Mitte seines Lebens wieder Gestalt und lebten in seinen Erzählungen weiter. In seinen Erzählungen in ostfälischer Mundart, z. B. in „Krut un Räuben ut de Madeborger Börde" (1920), „Wie uns de Snabel wussen is" (1929) und „Um de Ulenflucht" (1936), erzählt L. lustige Begebenheiten des Dorfgeschehens, Schelmenstreiche und Geschichten schnurriger Käuze. In L. tritt dem Leser ein Mann entgegen, der das Wesen der Bördebewohner gut kannte und lebensecht zu schildern verstand. Mit großer Liebe schuf er für die Jugendbühne zehn dramatische Stücke und verfaßte etwa 150 ortsgesch. Arbeiten, darunter Singspiele, Novellen, hist. Erzählungen, Balladen und Gedanken, die verstreut in Kalendern, Zss. und Ztgg. erschienen sind. Ebenfalls arbeitete er am ostfälischen Wörterbuch von → Albert Hansen mit. Viele seine Arbeiten fanden Eingang in Schullesebücher. L. hat den Bördedialekt in die Lit. eingeführt. Seine späte heimatgesch. Arbeit „Thale und das Bodetal. Stecklenberg, Treseburg und Altenbrak" (1957, ⁹1978) wurde mehr als 150.000 mal gedruckt und fand weite Verbreitung.

W: s. o.; Wanderfahrt. Knabenspiel, 1913; Weihnacht in der Pecherhütte. Festspiel 1913; Der Mann mit den Teufeln im Leibe. Schattenspiel 1915; Jung Helmbrecht. Spiel, 1919; Dem Leben wiedergewonnen. Dramatisches Bild, 1919; Ein biblisches Spiel zum Erntefest, 1919; Das Zauberspieglein. Singspiel, 1920; Das Wunderkäpplein. Spiel, 1921; Der rote Faden. Posse, 1921; Der Bauer als Arzt. Spiel, 1921; Frieden künden die Weihnachtsglocken, Spiel, 1922; (Bearb.) A. Gryphius, Die geliebte Dornrose, Spiel, 1922; Der Wunderkrug und der Eselsschwanz. Spiel, 1922; Scholle und Schacht. Ein Roman aus den Magdeburger Landen, 1924; Der Rinderkrieg. Komödie, 1943; Der verlorene Sohn. Spiel, 1949; Der selige Hannes, Spiel, 1954. – **L:** Kosch LL 6, Sp. *1449f.*; Karl Ziese, H. L. – ein Bördedichter, in: Heimatbl. des Aller- und Holzvereins, Nr. 13/14, 1938 (**B**); → Erhard Rohlandt, Zwischen Nordharz und Ohre. Niederdt. Mundartdichtung, 1990, *63ff.*; Vf., Die Altvorderen von Barneberg, in: Volksstimme Oschersleben vom 30.07.1993. – **B:** Vf., Halle (priv.).

Hans-Eberhard Sika

Lindau, Paul, Dr. phil.

geb. 03.06.1839 Magdeburg, gest. 31.01.1919 Berlin, Schriftsteller, Journalist, Dramaturg.

Der Sohn des Justizkommissars Leopold L. und Enkel des ev. Pfarrers und Schriftstellers Heinrich Gottwerth Müller besuchte nach dem Umzug der Fam. 1847 von Magdeburg nach Berlin das dortige Dorotheenstädtische Realgymn. und studierte 1857–59 Phil. und Literaturgesch. in Halle, Leipzig und Berlin. Anschließend hielt er sich bis 1862 in Paris auf, wo er u. a. am Collège de France und an der Sorbonne Vorlesungen über franz. Lit. des 17. und 18. Jhs besuchte. Als Kenner der franz. Gegenwartslit. und der

Pariser Kulturszene verfaßte er Feuilletons und Berichte für dt. Ztgg. Aufgrund einer Diss. über Moliere wurde er später (Anfang 1872) von der phil. Fakultät der Univ. Rostock in absentia prom. Seine berufliche Laufbahn begann L. als Redakteur der Berliner *Sternztg.* (1862) und der *Düsseldorfer Ztg.* (1863–65). Ab 1866 war er Redakteur der *Elberfelder Ztg.*, leitete ab 1869 das *Neue Blatt* in Leipzig, wechselte aber wenig später als Schriftsteller und Journalist wieder nach Berlin. Hier gründete er 1872 die einflußreiche Zs. *Die Gegenwart. Wochenschrift für Kunst, Lit. und öffentliches Leben*, für die u. a. auch → Theodor Fontane Beiträge lieferte. Ab 1877 gab der streitbare L. zudem die belletristische Monatsschrift *Nord und Süd* heraus. Als einer der führenden Berliner Theaterkritiker und Feuilletonist wurde er vor allem durch seine geistvolle, aber selten provozierende Ironie bekannt und populär. L. trat zudem mit einer umfangreichen Literaturproduktion hervor. Seine anfangs sehr erfolgreichen, auf einfachen Konfliktkonstruktionen aufbauenden und an franz. Modellen orientierten Salonstücke verloren in den 1880er Jahren zunehmend an Bedeutung und wurden durch die „sozialen Dramen" des aufkommenden Naturalismus konterkariert. In der Folgezeit widmete er sich verstärkt der Romanproduktion. Mehrere seiner Berliner Zeit- und Gesellschaftsromane, die heute vergessen sind, wurden zu Bestsellern. 1890 stand L. im Mittelpunkt eines Liebes- und Theaterskandals, in dessen Folge er Berlin verließ, eine Orientreise unternahm und sich 1891 in Dresden niederließ. 1895–99 leitete er als Intendant das seinerzeit im dt. Bühnenleben Maßstäbe setzende Hoftheater zu Meiningen, wirkte anschließend wieder in Berlin als Dir. des Berliner Theaters (1900–03) und des Dt. Theaters (1903/04) sowie 1909–17 als erster Dramaturg des Kgl. Schauspielhauses am Gendarmenmarkt. Noch 1913 experimentierte L. im neuen Medium des Films. Er verkörperte jedoch stets den großstädtischen Literaten und Kritiker, der sich „erst nach der Reichsgründung in Berlin durchsetzte und seine Vorbilder in Paris hatte" (Killy).

W: Berlin. Romantrilogie (3 Bde), 1886–1888; Ges. Romane und Novellen (10 Bde), 1909–1912; Nur Erinnerungen (2 Bde), 1916 (***B***). – **N:** vgl. Kosch LL 9, Sp. *1453*. – **L:** NDB 14, *573–575*; Kosch LL 9, Sp. *1451–1453* (***W***); Killy 7, *297f.*; Franz Mehring, Der Fall L., 1890; Renate Antoni, Der Theaterkritiker P. L., 1961; Anneliese Eismann-Lichte, P. L. Publizist und Romancier der Gründerjahre, 1981; Roland Berbig, P. L. – eine Literatenkarriere, in: Peter Wruck (Hg.), Lit. Leben in Berlin 1871–1933, Bd. 1, 1987, *88–125*. – **B:** *Vf., Magdeburg (priv.).

Guido Heinrich

Lindekugel, *Hermann* August Wilhelm

geb. 21.10.1856 Wolmirstedt, gest. 25.09.1938 Wolmirstedt, Gerbermeister, Fabrikant.

Der Sohn des Gerbermeisters und Fabrikanten → Wilhelm L.s erlernte das Gerberhandwerk im väterlichen Betrieb und durchwanderte nach fünfjähriger Lehrzeit, der alten handwerklichen Tradition folgend, halb Europa. Er war während dieser Zeit in den führenden Betrieben der Branche tätig und brachte seine reichen Erfahrungen nach seiner Rückkehr und anschließender kaufmännischer Lehre in den väterlichen Betrieb ein, den er 1888 übernahm. L. spezialisierte die Fa. *Wilhelm L., Glacéhandschuhlederfabrik* auf die Verarbeitung leichter Lammfelle und Schmaschen (Felle totgeborener Lämmer) zur Herstellung weicher Handschuhleder. Der Bedarf nach Qualitätsleder stieg weltweit. L. erkannte den Trend der Zeit und stieg mit seinen Erzeugnissen in das Exportgeschäft ein. Bald galt die Fa. als erste Adresse der Schmaschengerber in Dtl. Täglich wurden bei ständig steigender Nachfrage bis zu 6.000 Felle eingearbeitet. 1913 erweiterte L. den Betrieb um einen Neubau. 200 Gerber, Zurichter und andere sollten Arbeit und Brot finden. Die Folgen des I. WK erschütterten auch die Handschuhlederbranche, deren Rohmaterial im Ausland gekauft werden mußte. Diese schwere Zäsur hat weitere Ideen und Pläne L.s nicht mehr Wirklichkeit werden lassen. Nach dem Tod seines Sohnes übertrug L. siebzigjährig den Betrieb Anfang 1927 auf seinen Schwiegersohn Friedrich Nielebock, der die Fa. – ab 1938 als Kommanditges. – bis 1959 weiterführte. Er selbst genoß noch zwölf Jahre die schöne Landschaft um seine Heimatstadt, für die er eine Brücke über die Ohre ins „Küchenhorn" schlagen ließ, die einmal seinen Namen trug: L.-Brücke.

L: Georg Wenzel (Hg.), Dt. Wirtschaftsführer, 1929; Fs. der Fam. Nielebock zum 100jährigen Betriebsjubiläum der Fa. L. 1958. – **B:** ebd.

Otto Zeitke

Lindekugel, Johann August *Wilhelm*

geb. 11.08.1821 Wolmirstedt, gest. 17.11.1901 Wolmirstedt, Gerbermeister, Fabrikant.

Die handwerkliche Tradition der Lederbearbeitung in der Fam. L. reichte bis ins ausgehende 17. Jh. zurück. Generationen hindurch haben die Nachkommen ununterbrochen sich dieser Tätigkeit gewidmet. Sie verarbeiteten Sämischleder (fettgegerbtes Leder) zu Handschuhen und Hosen. L. erlernte das Gerberhandwerk. Neunzehn Jahre arbeitete er als Lehrling, Geselle, zuletzt als Meister in verschiedenen Betrieben im In- und Ausland. Im Herbst 1857 erfüllt er sich seinen Wunsch, selbständiger Meister zu werden. Die Ersparnisse reichten für den Kauf eines Grundstücks und die notwendigen baulichen Veränderungen. L. gründete 1858 in seiner Heimatstadt einen eigenen Betrieb, die *Handschuhlederfabrik W. L.* Der umsichtige Handwerksmeister brachte bereits im selben Jahr die ersten Erzeugnisse auf den Markt. Innerhalb von 30 Jahren war der Rahmen eines Handwerksbetriebes gesprengt. Um- und Ausbauten wurden erforderlich. Die Produktion war dem Bedürfnistrend entsprechend von Sämischleder auf Glaceleder umgestellt worden. Als er 1888 den Betrieb an seinen Sohn → Hermann L. übergab, arbeiteten 70 Gerber, Färber, Zurichter und andere in der Fabrik. Die gute Qualität ihrer Erzeugnisse hatte der Fa. L. im In- und Ausland einen guten Namen eingetragen, der sich in den Auftragsbüchern niederschlug.

L: Fs. der Fam. Nielebock zum 100jährigen Betriebsjubiläum der Fa. L. 1958. – **B:** ebd.

Otto Zeitke

Lingner, Karl August
geb. 21.12.1861 Magdeburg, gest. 05.06.1916 Berlin, Unternehmer.

L. absolvierte die Städtische Höhere Gewerbeschule in Magdeburg und arbeitete bis 1883 als Handlungsgehilfe in Gardelegen. Nach einem Aufenthalt in Paris ließ er sich 1885 in Dresden nieder und gründete hier 1892 das „Chemische Laboratorium L.". 1893 brachte er das Mundwasser „Odol" auf den Markt, mit dem er in der Folge ein großes Vermögen verdiente. L. förderte in Dresden Institutions- und Vereinsgründungen in den Bereichen Volksgesundheitspflege und -bildung und wurde 1911 Ehrenbürger der Stadt. Der Höhepunkt seines mäzenatischen Wirkens war die Gründung des Dt. Hygiene-Mus. im Jahre 1912.

W: Denkschrift zur Errichtung eines National-Hygiene-Mus. in Dresden, 1912. – **N:** Dt. Hygiene-Mus. Dresden. – **L:** Julius Ferdinand Wolff, L. und sein Vermächtnis, 1930; Walther A. Büchi, Schloßherr ohne Adelstitel – L., die Exzellenz, in: In aller Munde. Einhundert Jahre Odol, Dt. Hygiene-Mus. 1993, *72–84*; Ulf-Norbert Funke, K. A. L. Leben und Werk eines gemeinnützigen Großindustriellen, 1996; Vf./Martin Roth, Odolkönig und Museumsgründer, in: Die großen Dresdner, 1999, *233–242*. – **B:** Dt. Hygiene-Mus. Dresden.

Susanne Roeßiger

Linke, Hans-Joachim, Dr. med.
geb. 13.09.1915 Berlin-Zehlendorf, gest. 10.05.1999 Barleben/Kr. Haldensleben, Arzt, Sanitätsrat.

L. wuchs in einer Lehrerfam. auf. 1921–24 erhielt er Privatunterricht von seinem Vater, Emil L., Oberschullehrer am humanistischen Gymn. in Berlin-Zehlendorf. Dort legte L. 1933 sein Abitur ab und studierte anschließend Med. in Göttingen (1933) und an der Friedrich-Wilhelms-Univ. in Berlin (1933–39). Dort gehörte u. a. Ferdinand Sauerbruch zu seinen Lehrern. Nach seinem Staatsexamen wirkte L. im II. WK als Truppenarzt bei der Infanterie. Von 1947 bis 1994 praktizierte er als Landarzt, zunächst im Kr. Haldensleben, ab 1957 in Barleben. Ende der 1960er Jahre wurde ihm der Titel eines Sanitätsrates für seine langjährige Tätigkeit als Hausarzt verliehen. In Barleben setzte sich L. auch für den Aufbau des örtlichen Vereinswesens ein. So half er gemeinsam mit → Walter Lüder 1961 eine Pferdesportabt. in Barleben wieder aufzubauen. Er war Mitglied der *Ges. für Sport und Technik* (ab 1960), in Reit- und Schießsportvereinigungen, im Verkehrssicherheitsaktiv sowie im *Kulturbund*. Die Persönlichkeit L.s war von menschlicher Ausstrahlung, Verständnis, Nächstenliebe und politischem Engagement geprägt. Dieses wurde besonders in der Zeit der Wiedervereinigung beider dt. Staaten deutlich. Seine Rede vom 17.10.1989 in der Barleber Kirche zum Thema „Gebet für den Frieden und politische Erneuerung" wird in der Barleber Kirchturmspitze für die Nachwelt aufbewahrt. Ende 1995 wurde L. Ehrenbürger der Gemeinde Barleben und trug in das Goldene Buch ein: „Aufrichtigkeit, Solidarität und Toleranz mögen für jede Zeit bestimmend sein für das Zusammenleben der Barleber Bürger."

L: Unterlagen Vera Köhler, Barleben (priv.). – **B:** *ebd.

Kerstin Dünnhaupt

Linke, Horst, Prof. Dr. med.
geb. 17.02.1924 Neustadt/Orla, gest. 09.09.1995 Koblenz, Arzt.

Nach dem Besuch der Volksschule 1930–34 und der Oberschule 1934–42 studierte L. Med. in Graz, München und Göttingen, wo er 1948 die Approbation erhielt und prom. Nach Ableistung der Pflichtassistenzzeit 1949–51 am Stadtkrankenhaus in Schleiz wurde er 1952 wiss. Assistent an der II. Med. Univ.-Klinik in Halle und war von 1953 bis 1972 unter den Professoren Rolf Emmrich und → Johannes Rechenberger an der Med. Klinik der Med. Akad. Magdeburg tätig. Hier wurde er 1959 Oberarzt, nach der Habil. 1961 Doz. für Innere Med. und Leiter der Angiologischen Abt. 1965 wurde L. zum Prof. mit Lehrauftrag und 1969 zum o. Prof. für Innere Med. berufen. 1964 bis 1972 war er Vors. der Sektion Angiologie der *Ges. für Kardiologie und Angiologie der DDR* und 1. Vors. der *Med. Ges. in Magdeburg*. L. war Wissenschaftler mit überregionalem Ruf. Er verfaßte 280 Publikationen, einschließlich Buchbeiträgen, überwiegend zu Fragen der Pharmakotherapie, Angiologie und Kardiologie sowie zu ethischen Problemen der Med. L. war ein begeisternder akad. Lehrer und leidenschaftlicher Betreuer seiner Patienten. Aufgrund eines Vertrages über Therapiestandards und ärztliche Entscheidung im Oktober 1971 in Dresden, der von der Ärzteschaft zustimmend aufgenommen wurde, bezichtigte man ihn staatlicherseits der Sterbehilfe-Propaganda und demütigte ihn, so daß er am 11.11.1972 in die Bundesrepublik Dtl. flüchtete. 1974 wurde er nach Mainz umhabil. Er leitete von 1973 bis 1987 die Rheingau-Taunusklinik in Bad Schwalbach und bis 1989 die Innere Abt. der Paracelsus-Klinik ebd. Am 10.01.1994 wurde er durch den Minister für Wiss. und Forschung Sa.-Anh. rehabilitiert.

W: Schlaftherapie in der Inneren Med., in: Ärztliche Forschung 15, Tl. I, 1961, *53;* Der akute Bein-und Beckenvenen-Verschluß, in: Münchner med. Wochenschrift 104, 1962, *215;* Psychopharmaka bei Herz- und Kreislaufkrankheiten, in: Dt. Gesundheitswesen 18, 1963, *1889;* Ganglienblocker, in: Arzneitherapie, Tl. I, 1963, *27.* – **L:** Fs. 10 Jahre Med. Akad. Magdeburg 1964, *162–167;* Ulrich Mielke/Klaus Kramer, Der Vorgang Prof. Dr. med. habil. L., in: Forschungsheft 2/1997 des Bürgerkomitees Sa.-Anh. e.V. (**B**).

Wilhelm Thal

Linke, Karl

geb. 03.03.1889 Bennungen/Kr. Sangerhausen, gest. 26.01.1962 Berlin, Pädagoge, Schulreformer.

L. besuchte nach der Präparande in Merseburg 1906–09 das Seminar in Weißenfels, wurde Dorfschullehrer im Mansfelder Land und erhielt nach dem I. WK durch Vermittlung seines Bruders → Oskar L. eine Anstellung als Lehrer in Magdeburg-Fermersleben. L. war Mitbegründer und führender Mitarbeiter in der 1919/20 ins Leben gerufenen Magdeburger *Arbeitsgemeinschaft sozialdemokratischer Lehrer (ASL)* sowie im 1920 in Elberfeld gegründeten *Bund freier Schulgesellschaften Dtls.* Beide Vereinigungen verfochten die Trennung von Schule und Kirche. Sozialdemokratischen Reformideen verbunden, übernahm er 1924 das Rektorenamt der Altstädter Sammelschule in Magdeburg. L., der mit → Adolf Grimme und dem Neuköllner Schulreformer und Stadtrat Kurt Löwenstein befreundet war, folgte 1927 dem Ruf von → Fritz Karsen als Leiter der weltlichen Volksschule nach Berlin-Neukölln, eines Teils des von Karsen geleiteten Komplexes von Versuchsschulen. Nach Auflösung des *Bundes freier Schulgesellschaften Dtls* und seiner Entlassung aus dem Schuldienst 1933 rettete L. einen Teil der Bundeskasse und folgte Karsen und Löwenstein ins franz. Exil, wo er zunächst an der von Karsen gegründete Pariser Ecole nouvelle de Boulogne tätig war. Nach deren Schließung kehrte er 1936 aus wirtsch. Gründen nach Berlin zurück und fristete seine Existenz als Leihbibliothekar und Vertreter für Schulbedarf. 1942/43 ausgebombt, wurde die Fam. L. in den Harz evakuiert. Nach 1945 avancierte L. als Oberregierungsrat zum Leiter des Volksbildungsamtes/Schulabt. in der Bezirksverwaltung Magdeburg und war 1946 bis 1948 Leiter der Schulabt. im Volksbildungsministerium Sa.-Anh. in Halle unter Minister → Ernst Thape. Zahlreiche Weimarer Reformer gelangten durch ihn nach 1945 in verantwortliche Positionen. Auf Betreiben der SMAD wurde er als Prof. an die Pädagogische Hochschule in Halle abgeschoben, floh im März 1950 in den Westteil Berlins, wo er zunächst als Lehrer und ab 1951 als Schulrektor in Wilmersdorf arbeitete. Dort rief er wieder eine Arbeitsgemeinschaft sozialistischer Lehrer ins Leben und beteiligte sich erneut an schulrefomerischen Initiativen.

W: Nachruf → Fritz Karsen, in: Berliner Lehrerztg. 1951, *284–286.* – **L:** Gerd Radde, Fritz Karsen. Ein Berliner Schulreformer der Weimarer Zeit, ²1999, *334* u.ö.; Vf., Die Berthold-Otto-Schulen in Magdeburg, 1999, *440.* – **B:** *Vf., Magdeburg (priv.).

Reinhard Bergner

Linke, Oskar

geb. 10.09.1886 Bennungen/Kr. Sangerhausen, gest. 10.03.1949 Magdeburg, Reformpädagoge, Stadtschulrat.

Der einer Lehrerfam. entstammende L. besuchte 1901–07 die Präparande und das Lehrerseminar in Weißenfels. Nach seiner zweiten Lehrerprüfung war er ab 1911 als Volksschullehrer in Bottendorf und Biesenrode sowie ab 1914 an verschiedenen Volksschulen in Magdeburg tätig. Er entzog sich dem Kriegsdienst und trat 1919 in die SPD ein. 1922 wurde L. an die Versuchsschule Magdeburg-Wilhelmstadt berufen, wo er u. a. Sport unterrichtete, und wechselte 1930 an die benachbarte Mittelschule. L. war 1927 Mitbegründer der weltlichen Schule Wilhelmstadt, deren Rektor er 1931 nach Fritz Braune wurde. Wie sein Bruder → Karl L. verwirklichte er in Magdeburg erfolgreich sozialdemokratische Ideen von Weltlichkeit, Gemeinschaft und sozialer Solidarität. L. war Vors. der 1919/20 gegründeten *Magdeburger Arbeitsgemeinschaft sozialdemokratischer Lehrer (ASL)* und des sozialdemokratischen Kulturausschusses. 1933 kurzzeitig inhaftiert und aus politischen Gründen entlassen, lebte seine Fam. auf dem Diesdorfer Anwesen bis 1945 von einer kleinen Pension, den gärtnerischen Arbeiten L.s und von seinen Einkünften als Sprecher der Freireligiösen Gemeinde. Stets humanistischen und religiösen Auffassungen verbunden, wurde L. nach einer kurzen Amtszeit als stellvertretender Bürgermeister von Diesdorf von der englischen Militärreg. 1945 zum Stadtschulrat von Magdeburg berufen und später in dieser Funktion von der SMAD übernommen. Neben dem Wiederaufbau des Schulwesens engagierte er sich für Kultur und Theater. Zudem oblagen ihm Aufgaben des Umweltschutzes. In pädagogischen und sozialen Entscheidungen orientierte sich L. vor allem an Weimarer Erfahrungen. Unter seiner Ägide wurden personelle Fragen der Entnazifizierung umsichtig entschieden. Während es L. anfangs gelang, zwischen reformpädagogischen Ideen und sozialistischer Schulpädagogik zu vermitteln, geriet er 1948/49 durch den sich vollziehenden politischen und pädagogischen Paradigmenwechsel zunehmend in Konflikt mit den Regierungsbehörden. Er starb 1949 in der Straßenbahn an einem Herzinfarkt. Nach kurzzeitiger kommissarischer Nachfolge durch → Margarete Behrens wurde 1950 → Heinrich Germer als Stadtschulrat verantwortlich.

W: Rhythmus und Körperbildung, unsere Wege und Ziele, in: → Fritz Rauch (Hg.), Aus Arbeit und Leben der Magdeburger Versuchsschule am Sedanring. Beiheft zur Pädagogischen Warte vom 15.04.1927, *38–46*. – **L:** Martin Wiehle, Magdeburger Persönlichkeiten, 1993, *146*; Vf., Die Berthold-Otto-Schulen in Magdeburg, 1999, *440*; StadtA Magdeburg: Rep. 41/477. – **B:** *Vf., Magdeburg (priv.).

Reinhard Bergner

Lionnet, *Albert* **Ralph Benjamin**
geb. 07.08.1808 Berlin, gest. nach 1858 Berlin, ev. Pfarrer.

Der Sohn des Berliner Malers Jean Baptiste Felix L. absolvierte das franz. Gymn. in Berlin und studierte anschließend an der Berliner Univ. Theol. bei Johann August Wilhelm Neander. Ab 1833 war er Hilfsprediger in Strassburg/Uckermark. Dort wurde er 1835 ordiniert und arbeitete bis 1839 als Pfarrer. 1839–51 war er Prediger der Franz.-Reformierten Gemeinde Magdeburg. Er unterrichtete gleichzeitig ab 1847 am Magdeburger Domgymn. L. war strenger Calvinist und revidierte in seiner Amtszeit die Form der Presbyterwahlen sowie die Kontrolle der Finanzen und reorganisierte die kirchliche Armenpflege. Damit führte er die Franz.-Reformierte Gemeinde wieder auf die ursprünglich durch Calvin festgelegte Ordnung zurück. 1848 stand er in Grundüberzeugung zum Königtum und gegen jede Revolution. Er machte sich durch seine kompromißlose Haltung im Presbyterium und in der Gemeinde unbeliebt und verließ Magdeburg. Ab 1851 war er Prediger in der franz. Gemeinde Berlin-Luisenstadt.

W: Übersicht der christlichen Lehre für den Unterricht ev. Confirmanden, 1842; Worte der Weihe, 1842; Worte der Warnung, 1847; (Bearb.) Heinrich Kiepert, Bibel-Atlas nach den neuesten und besten Hülfsquellen, ²1858. – **L:** → Henri Tollin, Gesch. der Franz. Kolonie von Magdeburg, Bd. III, Abt. 1C, 1894, *292–299* (**B**).

Henner Dubslaff

Lippert, *Bernhard* **Lorenz Richard**
geb. 14.08.1853 Magdeburg, gest. 03.10.1936 Magdeburg, Kaufmann.

L. war der Sohn von Lorenz L., Kaufmann und Mitbegründer der Magdeburger Zuckergroßhandlung *Coste & L.* Nach dem Besuch des Domgymn. in Magdeburg absolvierte er von 1871 bis 1874 eine kaufmännische Lehre bei der Fa. *Pfeffer & Weißenfels* in seiner Heimatstadt. Zur weiteren Ausbildung folgten Auslandsaufenthalte in Rotterdam, u. a. bei *Schöffer & Co.*, London und Paris. 1878 trat L. in das Unternehmen des Vaters ein, dessen Teilhaber er von 1886 bis 1925 war. L. galt als ein vielseitig tätiger Kaufmann, der sich vornehmlich im Dienste und Interesse der *Magdeburger Handelskammer* engagierte. Seit 1882 Mitglied der Kammer, fungierte er vom Dezember 1896 bis zu seinem freiwilligen Ausscheiden im Sommer 1926 als Mitglied des Ältestenkollegiums. Unter seiner Mitwirkung entstand am 31.03.1885 der *Dt. Zucker Export Verein*, in dessen Vorstand er bereits vier Wochen später gewählt wurde. 1894 übernahm L. den Vorsitz des Vereins, den er mehr als 25 Jahre führte. Von 1896 bis Ende 1914 übte L. das Amt eines Handelsrichters, zuletzt als Handelsgerichtsrat, in Magdeburg aus. Außerdem war er Vors. des Börsenschiedsgerichts und Vertreter der *Handelskammer* im Vorstand des Hospitals St. Georgii. Kommunalpolitisch vertrat er die Interessen der Stadt ab 1893 fast 20 Jahre lang als Magdeburger Stadtverordneter und als Mitglied der städtischen Handelskommission. L., Träger mehrerer Ehrenzeichen, war u. a. Vors. des Aufsichtsrates der *Zuckerfabrik Klein-Wanzleben AG* sowie Mitglied der Aufsichtsräte der *Anhalt-Dessauischen Landesbank* und der *Elblagerhaus AG* Magdeburg.

L: Reichshdb 2, *1135f.* (**B**). – **B:** *LHASA.

Horst-Günther Heinicke

Lippold (-Brockdorff), Eva, geb. Rutkowski
geb. 15.04.1909 Magdeburg, gest. 12.06.1994 Zossen, Widerstandskämpferin, Schriftstellerin.

Die Tochter eines Zimmermanns und einer Büglerin verlebte ihre Jugendzeit in Magdeburg und trat 1921 in die Arbeiterjugendbewegung ein. Nach einer kaufmännischen Lehre arbeitete sie vier Jahre als Stenotypistin in Magdeburg, dann war sie arbeitslos. 1927 wurde sie Mitglied der KPD, leistete 1933 zunächst in Magdeburg, dann in Berlin illegale Widerstandsarbeit und wurde 1934 verhaftet. Von 1935 bis 1943 war sie in den Zuchthäusern Jauer und Waldheim eingekerkert, davon vier Jahre in Einzelhaft. 1943 wurde sie zur Zwangsarbeit in einem Rüstungsbetrieb verpflichtet und war wieder im illegalen Widerstand tätig. 1944 kam die erneute Verhaftung. Noch 1945 wurde ihr Lebensgefährte → Hermann Danz (Mitglied der illegalen Bezirksleitung Magdeburg der KPD) hingerichtet. Nach dem Krieg übernahm L. in der SBZ bzw. DDR kulturpolitische Aufgaben, u. a. als Parteisekretärin im *Schriftstellerverband*, und wirkte in Berlin als Herausgeberin, Nachdichterin sowie Kritikerin. Sie heiratete 1948 den Kunstwissenschaftler Cay-Hugo Graf von Brockdorff und lebte mit ihm in Zossen bei Berlin. 1950 wurde sie freischaffende Schriftstellerin. Die Erfahrungen des antifaschistischen Widerstands und der langen Haftjahre sowie den Verlust des über alles geliebten ersten Lebensgefährten hat L. mehrfach lit. gestaltet, vor allem in der bekannten Romantrilogie „Das Haus der schweren Tore" (s.u.), aber auch in Gedichten, Erzählungen und Briefpublikationen (z. B. „Briefe aus der Nacht", in: Neue Dt. Lit. 32, H. 3, 1984, *5–27*). Ihr Anliegen bestand dabei vor allem in der Mitteilung der ganz persönlichen Konflikte und Empfindungen derer, die solch schweres Schicksal auf sich nahmen, ohne aus ihnen „papierene Helden" zu machen. Die Trilogie hatte großen Erfolg beim Publikum, und L. war einige Jahre sehr bekannt in der lit. Öffentlichkeit. 1975 bekam L. den Kunstpreis des *FDGB* für Lit. verliehen. Nach den ersten zwei Romanen entstand 1980 der seinerzeit vielbeachtete *DEFA*-Film „Die Verlobte" von Günter Reisch und Günther Rücker, mit Jutta Wachowiak in der Hauptrolle. Gemeinsam mit den Filmschöpfern erhielt L. den Nationalpreis I. Kl. für Kunst und Lit. verliehen.

W: (Hg.) Erkämpft das Menschenrecht. Briefe und Lebensbilder antifaschistischer Widerstandskämpfer 1950; Lincolns letzte Reise. Requiem (Nachdichtung), 1959; (Hg.) Ich höre Amerika singen. Amerikanische Volkslieder (Nachdichtung), 1962; Romantrilogie: Haus der schweren Tore, 1971; Leben, wo gestorben wird, 1974; Die Fremde, 1981. – L: Hdb SBZ/DDR, *485*; Maria Wetzel, Von Büchern, die erschüttern und gleichzeitig Mut machen. Gespräch mit E. L. über ihre Romantrilogie „Haus der schweren Tore", in: Neues Dtl. vom 03.12.1980; Kurt Böttcher (Hg.), Romanführer A–Z, Bd. 2/2, ⁵1986, *45–47*; Werner Neubert, Kampf gegen Faschismus prägte ihr Werk, in: Neues Dtl. vom 15./16.04.1989, *4*; Bibliogr. Kalenderbll. der Berliner Stadt-Bibl. 31, F. 4, April 1989, *9–15* (*W*, *B*).

Dagmar Ende

Lippsmeier, Bernhard

geb. 10.08.1885 Lippstadt, gest. 18.03.1958 Paderborn, Architekt.

L. besuchte acht Jahre die kath. Volksschule, absolvierte bis 1903 eine Maurerlehre im *Baugeschäft H. Pehle* in Lippstadt und erwarb 1903–06 den Abschluß als Bautechniker an der Kunstgewerbeschule und Kgl. Bauwerkschule Barmen-Elberfeld. Verschiedene Tätigkeiten im Architekturbüro F. Voigt in Elberfeld führten 1910 zu einer Anstellung beim Magdeburger Magistrat unter Stadtbaurat → Otto Peters und Stadtbauinspektor Otto Berner. Später ließ sich L. als freier Architekt in Magdeburg nieder, war hauptsächlich im Bereich des Magdeburger Siedlungsbaus für die *Heimstätten-Baugenossenschaft* und andere gemeinnützige Wohnungsunternehmen in Magdeburg tätig und leistete damit zugleich einen wichtigen Beitrag für die Realisierung sozialdemokratischer Wohnungsbaupolitik in der Zeit der Weimarer Republik. L. konnte seine Tätigkeit auch in der Zeit des Ns. fortsetzen. Nach seinen Entwürfen entstanden ab 1923 u. a. die Siedlung Westernplan, Teile der Eisenbahnersiedlung Eichenweiler in Magdeburgs Neuer Neustadt (um 1921, ergänzt um 1932) sowie die Siedlung Lüttgen-Salbke (um 1922). In den Jahren 1927/28 wirkte er am Umbau der Frauenklinik des Krankenhauses Sudenburg mit. Es folgten der Bau eines Mietswohnhauses in der Faberstraße 10, die kleine Siedlung „Am Wolfswerder" (um 1928) für die *Baugenossenschaft für Kleinwohnungen Fermersleben* sowie zwei- und dreigeschossige Mehrfamilienwohnhauszeilen in Magdeburg-Sudenburg, Am Fuchsberg/Wiener Straße (1936–39). Nach der Ausbombung seiner Wohnung siedelte L. nach Oschersleben und später nach Paderborn um. Hier wurde er im Bonifatiuswerk der kath. Kirche tätig. Bereits 1933 hatte B. die Entwürfe für den Bau der kath. Pfarrkirche im Magdeburger Stadterweiterungsgebiet Cracau geliefert, dessen Ausführung durch die ns. Stadtreg. verhindert wurde. Durch den kath. Weihbischof → Wilhelm Weskamm erhielt L.s Sohn Hermann L. 1950 erneut einen Bauauftrag für einen Kirchenbau und schuf nach Plänen seines Vaters die kath. Pfarrkirche in der Magdeburger Bassermannstraße – ein Bauwerk, das heute auf der Denkmalliste steht. Der 1951 geweihte Bau wurde im Stile des Neuen Bauens ausgeführt und den um 1920 entstandenen Häusern der Umgebung angepaßt. Die Steine für den Kirchenbau stammten aus der 1945 zerstörten Kirche der Dt.-Reformierten Gemeinde. L. gehörte zu den bekannten progressiven Architekten der Weimarer Republik, die um → Bruno Taut und → Johannes Göderitz Magdeburg in den 1920er Jahren zum Ruhm als Stadt des „Neuen Bauens" verhalfen.

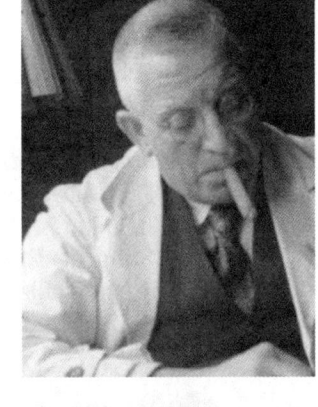

L: Marta Doehler/Iris Reuther, Magdeburg – Die Stadt des Neuen Bauwillens. Zur Siedlungsentwicklung in der Weimarer Republik, 1995; Renate Amann/Barbara von Neumann-Cosel, Soziale Bauherren und architektonische Vielfalt. Magdeburger Wohnungsbaugenossenschaften im Wandel, 1996; Olaf Gisbertz, Bruno Taut und Johannes Göderitz in Magdeburg. Architektur und Städtebau in der Weimarer

Republik, 2000; StadtA Magdeburg: Rep. 35, Ha 71. – **B:** *StadtA Magdeburg.

Heike Kriewald

List, *Adolf* (*Adolph*) **Moritz,** Dr. phil.
geb. 12.11.1861 Olchawatka (Südrußland), gest. 17.06.1938 Magdeburg, Chemiker.

L. war der Sohn dt. Eltern. Sein Vater, ein Techniker, weilte viele Jahre in Rußland, wo er sich Verdienste um die Einführung des Zuckerrübenanbaus erwarb und die erste Zuckerfabrik errichtete. L. studierte in Leipzig Chemie und prom. dort zum Dr. phil. 1886 trat er für seinen verstorbenen Vater als Komplementär in den Gesellschaftervertrag mit → Constantin Fahlberg zur Gründung der weltweit ersten Saccharinfabrik, der Kommanditges. *Fahlberg, L. & Co.* in Leipzig mit Sitz in Salbke bei Magdeburg, ein. Die Fabrik wurde am 09.03.1887 fertiggestellt und begann am gleichen Tage mit der Produktion des neuen Süßstoffes nach dem F./L.-Patent Nr. 35211 von 1884. Der zunehmende Druck der Konkurrenz aus der Zuckerindustrie beeinträchtigte schließlich zum Ende des Jhs die Entwicklung des Unternehmens. Die Kapitalbildung für eine Erweiterung der Produktionspalette wurde durch Umwandlung der Fa. in eine AG (*Saccharin-Fabrik AG*) erreicht. L. wurde daraufhin 1900–1919 Aufsichtsratsmitglied, dann bis Ende 1927 Vorstandsvors. der AG, um danach wieder in den Aufsichtsrat zu wechseln. Als Folge der Aktivitäten der Zuckerindustrie erfolgte am 07.07.1902 in Dtl. ein Süßstoffverbot. Lediglich der Bedarf der Diabetiker durfte gedeckt werden. In der Konsequenz dieser Reglementierungen (die erneute Freigabe der Saccharinproduktion erfolgte im I. WK) wurde zunächst Schwefelsäure das Haupterzeugnis. 1912 begann unter der technischen Leitung von → August Klages die pharmazeutische Produktion, der später Farbprodukte sowie Pflanzenschutz- und Schädlingsbekämpfungsmittel folgten. Die hohe Steigerung der Saccharinproduktion und die umfangreiche Erweiterung des Produktionssortiments brachten der Fa. im I. WK und in den ersten Nachkriegsjahren enormen Gewinnzuwachs. Mit Beginn der Inflation zeichnete sich auch ein Rückgang der Rentabilität des Unternehmens ab. Eine dreijährige Koalition mit der *Kokswerke und Chemische Fabriken AG Berlin* löste L. aus Rentabilitätsgründen 1926 wieder auf. 1932 erfolgte die Namensänderung in *Fahlberg-L. AG*. L., der auch in der Kaliindustrie tätig war, trat 1895 der von → Gerhard Korte gegründeten Bergwerksges. *Gott mit uns II* (später *Burbach-Kaliwerke AG*) bei und war u. a. als stellvertretender Aufsichtsratsvors. der AG an vielen Unternehmungen Kortes beteiligt. Als Kunstsammler besaß L. in Magdeburg eine anerkannte Slg. kostbarer Porzellane und kunstgewerblicher Gegenstände.

L: Reichshdb. 2, *1139* (*B); Von der Saccharin-Fabrik zum sozialistischen VEB Fahlberg-List Magdeburg. 1886–1986, 1986, *6–24* (***B***). – **B:** Heinz Hirschmann, Magdeburg (priv.).

Horst-Günther Heinicke

Listemann, **Wilhelm Ludwig** *Conrad*
geb. 03.09.1832 Magdeburg, gest. 02.05.1893 Magdeburg, Jurist, Kommunalpolitiker.

Der Sohn des Zuckerfabrikanten und Stadtverordneten Friedrich Conrad L. schlug die Laufbahn eines Juristen ein. 1866 war er kurzzeitig Mitglied des Magistrats der Stadt Magdeburg, bevor im Mai 1866 seine Berufung zum Generaldir. der *Magdeburger Lebensversicherungsges.* erfolgte. 1867 war L. Mitbegründer der Nationalliberalen Partei in Magdeburg. Ab Februar 1867 gehörte er der Stadtverordnetenverslg. Magdeburgs an und war von Anfang 1869 bis Mai 1893 deren Vorsteher. Ab 1875 gehörte L. als Abgeordneter der Stadt Magdeburg dem Provinziallandtag an und war seit 1884 Mitglied in dessen Bez.-Ausschuß. 1892 beging L. sein 25jähriges Jubiläum als Stadtverordneter. Dieses Ereignis nahm die Stadtverordnetenverslg. zum Anlaß, ihm die Ehrenbürgerwürde zu verleihen. Als Vors. des *Magdeburger Denkmalvereins* enthüllte er am 10.11.1886 das Lutherdenkmal vor der Johanniskirche.

L: Bernhard Mann (Bearb.), Biogr. Hdb. für das Preuß. Abgeordnetenhaus 1867–1918, 1988, *1379*; → Max Dittmar, Die Ehrenbürger der Stadt Magdeburg, in: Bll. für HGusL 50, 1898, *35*; Vf./Maren Ballerstedt/Konstanze Buchholz, Magdeburger Ehrenbürger, 1994, *34* (***B***); StadtA Magdeburg: Rep.-Nr. 18[4]. – **B:** StadtA Magdeburg.

Ingelore Buchholz

Löbsack, *Georg* **Samuel**
geb. 27.06.1893 Koblanowsfeld/Don-Region (Rußland), gest. 02.10.1936 Berlin, Schriftsteller, Protektor des Wolgadeutschtums.

L. wuchs in einem frommen Elternhaus auf. Der lit. begabte Vater Heinrich L. war wolgadt. Prediger der Freikirche der Adventisten. Er wurde 1938 in einem sowjetischen Arbeitslager ermordet. Der äußerst talentierte L. studierte schon im Alter von 14 Jahren Theol. am Missionsseminar der Adventisten in Friedensau bei Burg (1907–10), wandte sich gegen den Willen des Vaters dem Journalismus zu und arbeitete für verschiedene auslandsdt. Ztgg. in Lodz, Moskau und Saratow. Im I. WK kämpfte er an der türkischen Front und erkrankte an Malaria und Typhus. Der Dienst als Soldat dt. Nationalität in der zaristischen Armee stellte für ihn eine leidvolle Erfahrung dar. Die Tragödie dieses inneren Konflikts verarbeitete er lit. L. trennte sich später von der religiösen Einstellung seiner Fam. und pflegte eine dt.-nationalistische Gesinnung. 1921 kehrte er auf abenteuerliche Weise nach Dtl. zurück und ließ sich in Berlin nieder, wo er die Zs. *Der Wolgadeutsche* herausgab und karitative Hilfe für die hungernde dt. Bevölkerung an der Wolga organisierte. L. lebte auch in Magdeburg und redigierte dort seit 1924 zeitweilig das Blatt *Der Harz*. Unter dem Einfluß des Schriftstellers und Germanisten Josef Ponten, mit dem er in freundschaftlicher Beziehung stand, beschwor er in seinen lit. Arbeiten den „wolgadt. Mythos" und „Nationalgeist" und kämpfte für ein Heimatrecht der Wolgadeutschen. Mit seinem autobiogr. Roman „Einsam kämpft das Wolgaland" (1936) setzte er dem untergehenden Wolgadeutschtum ein Denkmal.

W: s.o. – **L:** Josef Ponten, Aus dem Briefwechsel G. L. und Ponten, in: Dt. Post aus dem Osten 12, Mai 1940, *3–8*; Waldemar L., Die Heimkehr von G. L., in: ebd. 13, Mai 1941, *10–12*; Vf., Heinrich J. L.: Pioneer, President, and Poet of the Adventist Church in Russia, in: Journal of the American Historical Society of Germans From Russia 21, Nr. 1, 1998, *11–16*.

Daniel Heinz

Loeffler, *Christian* Johann Leopold

geb. 29.08.1824 Erfurt, gest. 11.03.1889 Magdeburg, kath. Theologe.

L. war der Sohn eines Schusters. Er studierte kath. Theol. zunächst in Bonn und Münster und schließlich in Paderborn, wo er sich 1848 zum kath. Priester weihen ließ. Acht Jahre lang versah er die Stelle eines Hausgeistlichen in Eggeringhausen. 1856 war er zunächst Pfarrverweser und ab 1857 Pfarrer in Halle. 1860–73 war er Pfarrer an St. Katharinen in Halberstadt und wurde 1867 Dechant des Dekanates Halberstadt. Bischof Konrad Martin ernannte L. 1873 als Nachfolger von → Christoph Beckmann zum Propst für die Magdeburger Propsteigemeinde und zum Bischöflichen Kommissar des Bischöflichen Kommissariates Magdeburg. In seiner Amtszeit mußte die Propsteigemeinde auf Drängen des Liebfrauenstiftes 1878 aus der Klosterkirche U. L. F. Magdeburg in die ihr vom Staat 1873 zugewiesene St. Sebastianskirche umziehen. Infolge des sog. „Kulturkampfes" geriet L. sowohl mit der bischöflichen Behörde als auch mit der kath. Bevölkerung in schwere Konflikte. Aufgrund eines gegenüber dem Staat geleisteten Eides bekannte er sich nämlich zu den staatl. „Maigesetzen" von 1873, die u. a. die innerkirchliche Disziplinargewalt und Gerichtsbarkeit beschnitten und den Kirchenaustritt erleichterten. Ausgehend von dem beim I. Vatikanischen Konzil 1870 erlassenen Unfehlbarkeitsdogma und der Gründung der (kath.) Zentrumspartei 1871 hatte Reichskanzler → Otto von Bismarck damit den politischen Katholizismus in Dtl. zu bekämpfen versucht. Zermürbt von den Schwierigkeiten wollte L. zum 01.05.1889 auf sein Amt verzichten. Er verstarb zuvor an den Folgen eines Gehirnschlags. Seine Ämter wurden mit → Kaspar Brieden neu besetzt.

L: Wilhelm Liese, Necrologium Paderbornense, 1934; Eduard Quiter, Die Propstei Magdeburg, 1959, *35f.*; Rudolf Joppen, Das Erzbischöfliche Kommissariat Magdeburg, in: SkBK, Bd. 12, 1971, *224ff.*

Daniel Lorek

Löffler, Friedrich *Wilhelm*

geb. 20.12.1869 Magdeburg, gest. 12.08.1941 Magdeburg, Fleischermeister, Dir.

Der Sohn eines Fleischermeisters in dritter Generation absolvierte nach Besuch der Bürgerschule die Fleischerlehre im väterlichen Geschäft (Knochenhauerufer), bestand 1886 die Gesellenprüfung und eröffnete nach der Meisterprüfung 1895 ein eigenes Geschäft in der Kaiserstraße. 1909 übernahm er auf dem Gelände des Schlacht- und Viehhofes die Dampf-Talgschmelze der *Vereinigten Fleischermeister von Magdeburg und Umgebung* und führte diese Genossenschaft, die alle Zweige der Verwertung von Nebenprodukten des Fleischerhandwerks umfaßte, mit mehr als 500 Mitgliedern als Dir. bis 1939. Er veranlaßte den Neubau des Geschäftshauses für die Genossenschaft mit Ladengeschäft für Fleischereibedarf und Werkstätten in der Poltestraße 40 (Liebknechtstraße). L. bekleidete führende Ämter in fleischergewerblichen Organisationen in Mitteldtl. und galt als herausragender Repräsentant seiner Zunft. Über Jahrzehnte war er Vors. und Mitglied des Vorstandes der traditionsreichen *Ges. zur Freundschaft* (Ges.-Haus in der Prälatenstraße), einer Vereinigung von Bürgern des Magdeburger Mittelstandes zur Pflege von Brauchtum, Geselligkeit und kulturellem Leben. Die Ges. organisierte die verschiedensten Veranstaltungen, u. a. Konzerte, Vortragsabende, Zirkel und heimatgesch. Exkursionen. Sein Sohn Georg L. (1910–1997) war nach Abitur am Domgymn. Magdeburg 1930 und Studium an der TH Hannover als Dipl.-Ing. in der Fa. *Borsig* Berlin tätig. Er leitete nach dem II. WK in Magdeburg das Aufbauamt und als Dir. die Magdeburger Verkehrsbetriebe. Unter seiner Leitung wurde das Straßenbahnnetz wiederhergestellt und erweitert. 1954 ging er in die BRD und war bis zum Ruhestand Dir. bei *Villeroy & Boch* in Mettlach.

L: Fleischer-Verbands-Ztg. vom 04.08.1927; Allg. Fleischer-Ztg. vom 28.07.1927, 16.12.1929 (*B*); Dt.-Fleischer-Ztg. vom 15.06.1935, 17.07.1937, 13.08.1941.

Wilhelm Thal

Löhr, Wilhelm Christian, Prof. Dr. med. habil.
geb. 15.03.1889 Hohensolms/Kr. Wetzlar, gest. 20.09.1941 Magdeburg, Arzt.

L. studierte in Gießen, Berlin, Bonn, München und Kiel Med. Die Prom. erfolgte 1914 in Kiel. Nach internistischer und pathologisch-anatomischer Grundausbildung bei Richard Lenzmann (Duisburg) bzw. Johann Georg Mönckeberg (Düsseldorf) arbeitete er 15 Jahre bei dem Kieler Ordinarius für Chirurgie Willy Anschütz, wo er sich 1923 mit der Arbeit „Allgemeinreaktionen des Körpers bei der Wundheilung nichtinfizierter Wunden und unkomplizierter Frakturen" habil. 1927 wurde er zum ao. Prof. ernannt. Von 1931 bis 1937 war L. Dir. der Chirurgischen Klinik des Krankenhauses Magdeburg-Altstadt. 1937 trat er die Nachfolge von → Walther Wendel als Leiter der Chirurgischen Klinik des Krankenhauses Magdeburg-Sudenburg an. Hauptarbeitsgebiete von L. waren postoperativer Stoffwechsel, Bakteriologie, Adnexerkrankungen, ischämische Kontraktur, Osteochondritis dissecans und Krampfaderbehandlung. L. hat sich in den 1930er Jahren als einer der ersten in Dtl. mit der röntgenologischen Darstellung der Hirngefäße befaßt, wozu er als Kontrastmittel „Thorotrast" verwendete. Die von ihm propagierte Wundbehandlung mit Lebertran war nicht unumstritten und brachte ihm in Kollegenkreisen den Namen „Lebertran-L." ein. 1941 erlag L. im Alter von 52 Jahren einer Tuberkulose.

W: Die Bakteriologie der Wurmfortsatzentzündung und der appendiculären Peritonitis (mit Lissie Rassfeld), 1931. – **L:** August Borchard/Walter von Brunn (Hg.), Dt. Chirurgenkal., 1926, *202*; KGL 4, 1931; Klaus Arlt, Die Entwicklung vom Handwerk zur wiss. Chirurgie, 1957, *51*; Fs. 10 Jahre Med. Akad. Magdeburg 1964, *51f.* (*B).

Wolfgang Röse

Loeper, Wilhelm *Friedrich*
geb. 13.10.1883 Schwerin, gest. 23.10.1935 Dessau, Offizier, Parteifunktionär.

L., Sohn eines Apothekers, trat 1903 nach dem Abitur am Gymn. in Dessau als Fahnenjunker in das Pionierbataillon 2 Spandau ein, besuchte die Kriegsschule in Neiße, wurde 1904 Leutnant und nach verschiedenen Kommandos 1912 Oberleutnant. Darauf folgte seine Versetzung zum Pionierbataillon 4 Magdeburg. 1913 wurde L. Führer des Scheinwerferzuges im Pionierbataillon 4. Während des I. WK 1914–18 als Hauptmann und Kompaniechef des Pionierbataillons 19 an der Westfront wurde er mehrfach verwundet und erhielt 1915 das EK I und das Magdeburgische Militärverdienstkreuz I. Kl. 1919–20 war L. Freikorpsführer im Baltikum und Ruhrgebiet und an der Niederschlagung des Spartakusaufstandes beteiligt. Bei der Reichswehrgründung als Kompaniechef im Pionierbataillon 2 eingesetzt, war er 1923 Lehrer an der Pionierschule in München. Hier hatte L. erste Kontakte zu Adolf Hitler und zur NSDAP, beteiligte sich am Putschversuch vom 09.11.1923 und wollte die Pionierschule Hitler unterstellen. 1924 wegen Teilnahme am Hitlerputsch aus der Reichswehr entlassen, folgte 1924 die Übersiedlung nach Dessau und die Übernahme der Ortsgruppe der NSDAP. Seit 1925 Mitglied dieser Partei, wurde L. Geschäftsführer des Gaues und 1927 Gauleiter von Magdeburg-Anhalt als Nachfolger von Hermann Schmischke (1925–27 Gauleiter des Gaues Anhalt, später Leiter des Gauamtes für Volksgesundheit Magdeburg-Anhalt). Die Zugehörigkeit der Ortsgruppen der NSDAP in Magdeburg und Umgebung waren seit 1925 Streitpunkt zwischen dem Gauleiter des Gaues Elbe und Havel, Alois Bachschmidt, dem Gauleiter des Gaues Halle-Merseburg, Walter Ernst, und dem dubiosen „Gauführer des Harzgaues" Ludwig Viereck. Der Gau Anhalt-Provinz Sachsen Nord entstand am 01.10.1926 durch Zusammenlegung der Gaue Elbe und Havel. Bachschmidt trat am 26.10.1926 als Mitglied der Ortgruppe aus der NSDAP aus. Zur Gauhauptstadt wurde Dessau bestimmt, da hier bereits am 03.09.1923 eine Ortsgruppe der NSDAP entstanden war. Unter L. wurde von Dessau aus die ns. Bewegung in der Provinz Sachsen und Anhalt aufgebaut. Seit 1928 war L. Mitglied des Anhaltinischen Landtages, seit 1930 Reichstagsabgeordneter der NSDAP, Wahlkr. 10 Magdeburg, Hg. des *Trommlers* und Personalamtschef der NSDAP. L. richtete 1932 im Schloß Großkühnau bei Dessau die erste Stammabt. und Führerschule des Reichsarbeitsdienstes (RAD) ein. Bereits 1932 erhielt Anhalt eine ns. Reg. 1932 erfolgte die Ernennung L.s zum Landesinspekteur der NSDAP für Mitteldtl.-Brandenburg. Bis zur Aufhebung der Landesinspektion im gleichen Jahre fungierte sein Stellvertreter Paul Hoffmann als Gauleiter. Hoffmann legte als Gaugeschäftsführer und Bürgermeister von Dessau jedoch auf Grund von Differenzen mit L. alle Ämter nieder. 1933 wurde L. Reichsstatthalter in Braunschweig und Anhalt mit Sitz in Dessau. Er bekämpfte schon früh das Bauhaus – „wie das Bauhaus nach Jerusalem gehört und nicht nach Dessau" (Brief vom 11.03.1930, vgl. Ihlenburg, 1937, *155*) – und hatte entscheidenden Anteil an dessen Zerschlagung. 1934 wurde L. SS-Ehrengruppenführer und Gauehrenführer des RAD sowie 1935 Mitglied der Akad. für Dt. Recht. L. verstarb an Halskrebs. Er wurde im Napoleonturm in Mildensee bei Dessau beigesetzt. Nach L.s Tod übernahm dessen Stellvertreter Joachim Eggeling (später Gauleiter Halle-Merseburg) das Amt. Am 20.04.1937 trat → Rudolf Jordan, bisher Gauleiter in Halle-Merseburg, an dessen Stelle. L. erhielt 1933 die Ehrenbürgerschaft von Magdeburg, sie wurde 1946 aberkannt.

L: Hermann Weiß, Biogr. Lex. zum Dritten Reich, 1998, *304*; Fritz Ihlenburg (Hg.), Volk und Kultur im Gau Magdeburg-Anhalt, 1937; Karl Höffkes, Hitlers politische Generale. Die Gauleiter des Dritten Reiches. 1997, *230–232* (***B***).

Gerald Christopeit

Löscher, *Gustav* Robert, Dr. phil. (Ps.: Hans L.)
geb. 19.04.1881 Dresden, gest. 07.05.1946 Dresden, Pädagoge, Schulrat, Schriftsteller.

Als Sohn eines Polizeibeamten in Pfaffroda bei Olbernhau im Erzgebirge aufgewachsen, kam L. durch schulischen und kirchlichen Einfluß zu christlich-ethischen Anschauungen und war bereits 12jährig ein „fertiger Organist". Ab 1895 besuchte er das Lehrerseminar in Nossen, arbeitete 1901–05 als Lehrer, zuletzt in Leipzig. Vielseitig interessiert, schrieb sich L. 1905 an der dortigen Handelsschule zu Studien der Volkswirtschaft, Gesch. der Phil. und Stenographie ein. 1906–10 studierte er an der Univ. Leipzig Lehramt für Dt., Gesch. und ev. Theol. (Studienaufenthalt 1908/09 in Berlin) und prom. später zum Dr. phil. 1910 wurde L. Lehrer an einer höheren Schule in Leipzig und war – vom Wehrdienst wegen eines schweren Herzfehlers freigestellt – ab 1915 Dir. der Bürger- und Fortbildungsschule in Stollberg/Erzgebirge, später in Plauen. Politisch interessiert, fand L. bereits 1907 zur SPD und sympathisierte insbesondere mit religiös-sozialistischen Auffassungen. Durch Ideen Goethes, → Wilhelm Raabes und durch die Jugendbewegung beeinflußt, bestimmten vor allem soziale, liberale und kindorientierte Reformansätze sein pädagogisches Handeln. 40jährig war L. sozialdemokratischer Funktionär, als ihn → Hermann Beims 1921 als Stadtschulrat nach Magdeburg berief. Mit seiner konsensfähigen sozialdemokratischen Schulpolitik entwickelte er in zwölf Amtsjahren die Stadt zu einem reformpädagogischen Zentrum Dtls. Trotz tiefster ökonomischer Krise gelang es, Stadtparlament und Magistrat, insbesondere Beims und Stadtbaurat → Johannes Göderitz, für soziale und schulpädagogische Reformen zu gewinnen. Er erkämpfte die städtische Selbstverwaltung im Schulwesen (1924), gründete die erste reformpädagogische Versuchsschule (1922), setzte die Eröffnung weltlicher Schulen in Magdeburg durch (1923), initiierte den Bau der Gartenschule Rothensee (1926), der Waldschule im Fort VI (1927), einer der modernsten Schulen der Provinz an den Harsdorfer Worthen (1929) und der höheren Reformschule (Berthold-Otto-Schule) am Sedanring (1930). Ebenso förderte er die Tätigkeit der Volkshochschule. 1933 wurde L. entlassen; nach kurzem Aufenthalt am Int. Inst. für Völkerkunde zog er mit seiner Fam. 1935 nach Dresden. Dort nahm L. verstärkt eine schriftstellerische Tätigkeit auf. Aus seiner autobiogr. bestimmten, einer tiefen Humanität verpflichteten Prosa sind insbesondere der Bd. „Alles Getrennte findet sich wieder. Ein Buch vom wahren Leben" (1937, 100. Tsd. 1955) sowie der unvollendete Roman „Der schöne Herr Lothar" (1957) hervorzuheben, der der Erzähl- und Charakterisierungskunst Wilhelm Raabes verpflichtet ist. Nach Kriegsende erhielt L. erneut ein Angebot, nach Magdeburg zu kommen, mußte jedoch schwer krank absagen.

W: s. o.; Das Mittelschulwesen der Stadt Magdeburg, in: Magistrat der Stadt Magdeburg (Hg.), 1927, *78–80*; Das befreite Herz, 1939, ¹²1949; Günter Wirth (Hg.), H. L., Bücher vom wahren Leben. Gesammelte Werke (2 Bde), 1975. – **L:** Günter Albrecht u. a. (Hg.), Lex. deutschsprachiger Schriftsteller von den Anfängen bis zur Gegenwart, Bd. 2, 1975, *53f.*; Günter Wirth, Nachwort, in: ders. (Hg.), H. L. Bücher vom wahren Leben. Gesammelte Werke, Bd. 2, 1975, *239–281*; Vf., Die Berthold-Otto-Schulen in Magdeburg, 1999, *114–119* u.ö. – **B:** *Grundschule am Westring, Magdeburg.

Reinhard Bergner

Loew (Löw), **Friedrich**
geb. 30.01.1809 Dürrenberg/Sachsen, gest. 19.07.1881 Magdeburg, Lehrer, Schulrektor, Politiker.

Der Sohn des Salinengerichtssekretärs Johann Adolph L. studierte 1826–29 in Halle Phil. und arbeitete 1830–35 als Hauslehrer in Kalbe/Milde und Stendal. L. trat 1835 als Lehrer in das Schullehrerseminar in Magdeburg ein und wurde bereits 1836 zum ersten Lehrer des Seminars befördert. Er unterrichtete Deutsch und war bestrebt, die Methodik des Deutschunterrichts zu verbessern. Durch die Herausgabe des Buches „Anleitung zum Unterricht in der Dt. Sprachlehre für Lehrer in Stadt- und Landschulen" (1840) mit der methodischen Stufenfolge: „Vorführung gleichartiger Beispiele", „Anschauen und Vergleichen", „Regeln oder Gesetz", „Anwendung", wurde er zum Begründer einer „Magdeburger Schule" für die Methodik des Deutschunterrichts, die national Aufmerksamkeit und Anerkennung fand, so u. a. auch durch Friedrich Adolph Wilhelm Diesterweg. 1847 wurde L. Lehrer an der städtischen Bürgerschule in Magdeburg und ab 1850 Rektor der 2. Bürgerschule in Magdeburg – ein Amt, welches er bis zum April 1880 ausübte. Von 1847 bis 1856 gab er gemeinsam mit Eduard Körner die *Pädagogische Monatsschrift* heraus, die ein „vollkommen unabhängiges Organ des auf Begriff und Wesen der Schule gegründeten pädagogischen Fortschritts" (Schlußwort Jg. 1853) sein sollte. L. betätigte sich bereits ab Mitte der 1830er Jahre politisch aktiv. Er war Redakteur der von → Eugen Fabricius hg. *Elb-Ztg. für politisches und sociales Leben, Auf-*

klärung, Recht und Freiheit, eines Publikationsorgans, das vornehmlich die Interessen der sog. „Jungen Demokraten" während der Revolution von 1848 vertrat. Ab 1850 saß L. im neu gewählten Gemeinderat in Magdeburg. Bedeutend ist L. durch seine Mitgliedschaft 1848/49 in der Frankfurter Nationalverslg. – wie sein Bruder Hermann L. für die 10. Provinz Posen – als Abgeordneter für Neuhaldensleben (3. Provinz Sachsen) vom 18.05.1848 bis zum 20.05.1849. Er gehörte dem Rechten Zentrum an und wählte Friedrich Wilhelm IV. zum Dt. Kaiser. 1848/49 gab er mit Karl Bernhardi und Karl Jürgens die *Flugbll. aus der dt. Nationalverslg.* heraus, aus denen später die *Frankfurter Ztg.* hervorging. Im Oktober 1848 war er Mitglied eines Ausschusses, der entschied, daß einige linksgerichtete Abgeordnete verhaftet und strafrechtlich überprüft werden sollten, wofür deren Immunität aufgehoben werden mußte.

W: s.o.; Der Unterricht in der Muttersprache und die Verfügung des Schulkollegiums der Provinz Brandenburg, 1844 (Pädagogische Bll., 1. Bl.). – L: Hermann Niebour, Die Abgeordneten der Provinz Sachsen in der Frankfurter Nationalverslg., in: Thüringisch-Sächsische Zs. für Gesch. und Kunst 4, 1914, *46f.*; Friedrich Adolph Wilhelm Diesterweg, Werke, Bd. 5, 1961, *695*; Nadine Herbst, Belegarbeit am IEW der Univ. Magdeburg, Ms. 1986; Heinrich Best/Wilhelm Weege, Biogr. Hdb. der Abgeordneten der Frankfurter Nationalverslg., ²1998, *225*.

Wolfgang Mayrhofer/Thomas Miller

Loewe, Friedrich *Wilhelm*, Dr. med.
geb. 14.11.1814 Olvenstedt bei Magdeburg, gest. 02.11.1886 Meran/Tirol, Arzt, Politiker, Mitglied der Frankfurter Nationalverslg.

Seine Ausbildung erhielt L. zunächst in Magdeburg am Domgymn. und an der Med.-chirurgischen Lehranstalt, die er als Wundarzt abschloß. Nach einem dreijährigen Dienst als Kompaniechirurg in Minden studierte er in Halle Med. und prom. dort. 1840 kam L. in die preuß. Kreisstadt Calbe an der Saale. Als praktischer Arzt war er hier ab 1842 tätig, befaßte sich zunächst mit der Verbesserung der gesundheitlichen Verhältnisse und stieß dabei bald auf soziale Probleme sowie an die Grenzen des obrigkeitlichen Staates. L. engagierte sich im Vereinswesen der Stadt und stand schnell an der Spitze von Bürger- und Volksverslgg. sowie Vereinen, die liberale und demokratische Rechte und Freiheiten in Preußen einforderten. Er war bereits im Vormärz ein bekannter „Freisinniger" in der „Demokratenstadt" Calbe. Politisch ging er in seiner Haltung in verschiedener Hinsicht über liberale Anschauungen hinaus und vertrat mindestens zeitweise auf verschiedenen Gebieten auch demokratische Ansichten. Nach Beginn der Revolution wurde L. zum Kommandeur der „Communal-Garde" genannten Bürgerwehr in Calbe gewählt. Im Wahlkr. Calbe/südlicher Teil des Kreises Jerichow II wurde L. im Mai 1848 zum Abgeordneten der dt. Nationalverslg. in Frankfurt/Main bestimmt. In Frankfurt gehörte L. zur Fraktion „Dt. Hof", später „Nürnberger Hof" und war Schriftführer im Finanzausschuß des Parlaments. Ursprünglich republikanischen Ideen zugeneigt, stimmte L. im März 1849 als Abgeordneter für das Erbkaisertum des preuß. Königs. Er war auch Mitglied der Kaiserdeputation, die den König von Preußen Anfang April 1849 aufgefordert hatte, die Kaiserkrone anzunehmen. Als Preußen seine Abgeordneten Mitte Mai 1849 aus der Frankfurter Nationalverslg. zurückzog, verweigerte sich L. Nach der Verlegung des Restes der dt. Nationalverslg. von Frankfurt nach Stuttgart („Rumpfparlament") wurde L. am 06.06.1849 zum Präsidenten des Parlamentes gewählt. Das Stuttgarter Rumpfparlament wurde durch die württembergische Reg. am 18.06.1849 gewaltsam aufgelöst. Um drohender Verfolgung nach der Niederlage der Revolution zu entgehen, sah sich L. gezwungen, ins Exil zu gehen. Am 19.09.1851 hatte ihn das Magdeburger Schwurgericht in Abwesenheit zu lebenslänglichem Zuchthaus verurteilt. L. wandte sich zunächst in die Schweiz. Nach seiner Ausweisung kam er 1852 nach England, um 1853 in die USA zu gehen. In New York wirkte er als Arzt. 1861 konnte L. wieder nach Preußen zurückkehren, trat der im gleichen Jahr gegründeten liberalen Fortschrittspartei bei und wurde bald einer ihrer führenden Vertreter. Seit 1862 gehörte er dem Zentralkomitee der Partei an. Im Wahlkr. Bochum-Dortmund wurde L. 1863 zum Abgeordneten des Preuß. Abgeordnetenhauses gewählt, als dessen 1. Vizepräsident er zeitweilig fungierte. 1866 war der mittlerweile in Berlin ansässige L. auch Abgeordneter des Norddt. Reichstages für die Fortschrittspartei geworden. Nach Gründung der Nationalliberalen Partei trat L. in diese ein. 1873 wurde er wieder im Wahlkr. Calbe-Aschersleben in den Reichstag gewählt, verlor 1881 seinen Sitz im Reichstag, blieb aber weiterhin Mitglied des Preuß. Abgeordnetenhauses. 1884 schied L. aus Gesundheitsgründen aus der politischen Tätigkeit aus. Er zog sich nach Meran zurück, wo er verstarb. Beigesetzt wurde er in Berlin.

L: Bernd Haunfelder, Biogr. Hdb. für das Preuß. Abgeordnetenhaus 1849–1867, 1994, *62*; Heinrich Best/Wilhelm Weege, Biogr. Hdb. der Abgeordneten der Frankfurter Nationalverslg. 1848/49, 1996, *225f.* – B: Fotoarchiv Karl-Heinz Wurbs, Calbe (priv.).

Mathias Tullner

Loewe, *Heinrich* Eliakim, Prof. Dr. phil. (Ps.: Dr. Heinrich Sachse)
geb. 11.07.1869 Groß-Wanzleben, gest. 02.08.1951 Tel Aviv (Israel), Bibliothekar, Journalist, Zionist.

L. entstammte einer rabbinischen Fam. in Wanzleben und war der jüngere Sohn des Kaufmannes und Vorstehers der jüd. Kultusgemeinde, Louis L. Er besuchte ab 1882 das Pädagogium des Klosters U. L. F. in Magdeburg und erwarb dort eine vorzügliche humanistische Bildung. Religionsunterricht erhielt er vom Magdeburger Rabbiner → Moritz Rahmer, dem L. auch bei der Herausgabe der *Israelitischen Wochenschrift* half, wobei er erste journalistische Erfahrungen sammelte. L. studierte Judaistik an der Hochschule für die Wiss. des Judentums sowie orientalische Sprachen, Gesch. und Phil. in Berlin und prom. 1894. Bereits während seiner Studienzeit weckte der latente Antisemitismus in akad. Kreisen in ihm ein jüd.-nationales Bewußtsein. Er widmete sich in der Folge der Pflege jüd. Lebens und Wissens zur Förderung des Gefühls nationaler Zusammengehörigkeit – Hauptarbeitsgebiete waren jüd. Wiss. und Volkskunde – und gehörte 1889 als einziger dt. Jude zu den Gründern des *Russisch-jüd. wiss. Vereins*, der ersten Vereinigung in Dtl., die dezidiert die national-jüd. Idee vertrat. L. gilt als einer der Pioniere des Zionismus in Dtl. 1892 gründete er den *Jüd.-nationalen Verein Jung Israel*, der Kern der jüd.-nationalen Bewegung in Dtl. wurde und aus dem später die *Berliner Zionistische Vereinigung* hervorging, zu deren Vors. L. 1898 avancierte. Auch an der Gründung mehrerer anderen jüd. Vereine unterschiedlicher Zielsetzung war L. beteiligt. Er verband sein Anliegen mit einer regen publizistischen Tätigkeit, verfaßte zahlreiche zionistische und volkskundliche Schriften, gab 1893/94 die *Jüd. Volksztg.*, 1895/96 die von ihm begründete Monatsschrift *Zion* heraus und war 1902–08 Redakteur der *Jüd. Rundschau*, die er zum führenden Organ des dt. Zionismus ausbaute. Zwischen 1895 und 1898 besuchte er mehrfach Palästina und lernte dort die jüd. Ansiedlung und die Pioniere der ersten Einwanderung aus Rumänien und Rußland näher kennen. Als Abgeordneter der Juden Palästinas nahm L. am ersten Zionistenkongreß 1897 in Basel teil und wurde dort mit Theodor Herzl bekannt. 1899 trat L. als unbesoldeter Hilfsarbeiter in die Berliner UB ein, bildete sich zum wiss. Bibliothekar fort, wurde 1904 Volontär, 1905 Assistent der Bibl. und erhielt 1915 den Prof.-Titel. Von 1919 bis 1933 war L. zudem als Doz. an der Freien Jüd. Hochschule in Berlin tätig. Mit der Machtübernahme der Nationalsozialisten 1933 wanderte L. nach Palästina aus und übernahm das Direktorat der städtischen Bibl. „Schaar Zion" in Tel Aviv. 1948 trat er in den Ruhestand. Besondere Verdienste erwarb sich L. um die Schaffung einer jüd. Nationalbibl. in Jerusalem, die er gemeinsam mit Joseph Chasanowich seit 1904 betrieb und in deren Interesse er umfangreiche Bücherslgg. organisierte. In Palästina war er Mitbegründer der *Israelischen Volkskundeges.* und geschäftsführendes Mitglied des *Verbandes für religiöse Flüchtlinge aus Dtl.*

W: Antisemitismus und Zionismus, 1894; Eine jüd. Nationalbibl., 1905; Aus der Gesch. der Berliner Judenschaft, 1908; Die Sprache der Juden, 1911; Die Juden in der kath. Legende, 1912; Die jüd.-dt. Sprache der Ostjuden, 1915; Alter jüd. Volkshumor aus Talmud und Midrasch, 1931. – **N:** Zionistisches Zentralarchiv, Jerusalem. – **L:** NDB 15, *75f.*; Wer ist's 4, 1909; KGL 4, 1931; Bio Hdb Emigr 1; Encyclopaedia Judaica, Bd. 10, 1934 und Bd. 11, 1971; Jehuda Louis Weinberg, Aus der Frühzeit des Zionismus: H. L., 1946 (*B*); Richard Lichtheim, Die Gesch. des dt. Zionismus, 1954 (*B); M. Eliva, Zur Vorgesch. der jüd. Nationalbewegung in Dtl., in: Bulletin Leo Baeck Institute, 1969; Vf., Juden und Judengemeinden in der Magdeburger Börde und in den eingeschlossenen und angrenzenden Teilen Anhalts, Ms. 1965/1990, *49f.* (Börde-Mus. Ummendorf); Andrea Habermann u. a. (Hg.), Lex. dt. wiss. Bibliothekare 1925–1980, 1985, *201f.*

Heinz Nowak

Loewe, Richard, Dr. phil.
geb. 25.12.1863 Wanzleben, gest. nach 1931 n.e., Lehrer, Sprachforscher.

L. entstammte einer rabbinischen Fam. in Wanzleben und war der ältere Sohn des Kaufmannes und Vorstehers der jüd. Kultusgemeinde Louis L. Er besuchte wie sein jüngerer Bruder → Heinrich L. das Pädagogium des Klosters U. L. F. in Magdeburg und studierte ab 1884 Sprachwiss., Germanistik und Klass. Philologie in Leipzig. 1888 prom. L. dort mit einer Untersuchung über die Dialektmischung im Magdeburgischen. L. lebte später als Privatgelehrter in Berlin, zwischenzeitlich auch in Tübingen und Wangenheim, war aber auch als Doz. an der Humboldt-Akad. tätig und widmete sich umfangreichen sprachgeschich. und ethnographischen Forschungen. L.s in Monographien und in Fachzss. erschienene Arbeiten behandelten u. a. den Sprachaustausch zwischen den indogermanischen Völkern sowie eine Reihe etymologischer und volkskundlicher Fragen.

W: Die Dialektmischung im Magdeburgischen Gebiete (Diss. Leipzig) in: Jb. des Vereins für niederdt. Sprachforschung 14, 1888, *14–52*; Die Reste der Germanen am Schwarzen Meer, 1896; Die Bedeutung des Georg Torquatus für die dt. Sprachforschung, in: Bll. für HGusL 50, 1898, *203ff.*; Ethnische und sprachliche Gliederung der Germanen, 1899; Germanische Sprachwiss., 1905; Dt. etymologisches Wörterbuch, 1910, ²1930; Germanische Pflanzennamen, 1913; Der freie Akzent des Indogermanischen, 1929. – **L:** NDB 15, 77; KGL 4, 1931, Vf., Wanzleben, Dorf, Burg (Amt) und Stadt. Ein Abriß, Ms. Börde-Mus. Ummendorf 1988; ders., Juden und Judengemeinden in der Magdeburger Börde und in den eingeschlossenen und angrenzenden Teilen Anhalts. Bibliogr. Regesten. Ms. Börde-Mus. Ummendorf, 1990, *49f.*

Heinz Nowak

Loewenthal, Siegfried, Dr. jur.
geb. 16.09.1874 Heiligenstadt, gest. 18.03.1951 Berlin, Jurist.

L. war ab 1905 am Landgericht Magdeburg tätig und wurde 1909 zum Landgerichtsrat sowie 1922 zum Landgerichtsdir. ernannt. L. hatte verschiedene Ehrenämter in Magdeburg inne. Er führte am 16. und 17.09.1925 den stark beachteten Mordprozeß gegen Richard Schröder und verurteilte diesen zum Tode. Aufsehen erregte das Verfahren, weil der Magdeburger jüd. Großindustrielle und Mitbegründer des *Reichsbanner Schwarz-Rot-Gold* Rudolf Haas, verteidigt von → Heinz Braun, auch als tatverdächtig in Untersuchungshaft saß, später aber für unschuldig erklärt wurde. Rechtsgerichtete Justizkreise vermuteten daher angebliche politische Einflußnahme sozialdemokratischer Kräfte zugunsten von Haas. Der Prozeß diente auf der Grundlage des Buches von Braun „Am Justizmord vorbei" als Vorlage für den *DEFA*-Film „Die Affäre Blum". 1928 wurde L. zum Landgerichtspräsidenten in Oels bei Breslau berufen. Von 1933 bis 1945 soll er unentgeltlich vom ns. Regime Verfolgte beraten haben. 1945 wurde L. erster Präsident des Landgerichtes Berlin. Er war Gründungshg. der *Jur. Rundschau*.

W: Zum Geleit, in: Jur. Rundschau 1947, H. 1, *1* – **L:** Wer ist wer, 1948; → Robert Stemmle (Hg.), Justizirrtum. Der Fall Kölling-Haas und fünf weitere int. Kriminalfälle, 1965, *13–140*; Nachruf, in: Jur. Rundschau, 1951, *225*.

Thomas Kluger

Lohmann, *Emilie* Friederike Sophie
geb. 29.05.1783/84 Schönebeck, gest. 16.09.1830 Leipzig, Schriftstellerin.

L. war eine Tochter aus der zweiten Ehe der → Friederike L. Sie verlebte ihre frühe Kindheit in Schönebeck und zog später mit ihrer Mutter nach Leipzig, wo sie bei ihrem Onkel erzogen wurde. Inspiriert durch ihre Mutter, begann sie früh mit dem Schreiben. Sie veröffentlichte sowohl eigene Texte als auch solche aus dem Nachlaß ihrer Mutter unter deren Namen. Neben religiösen Betrachtungen verfaßte sie vorwiegend hist. Romane und Erzählungen. L. blieb unverheiratet und lebte zum großen Teil von den Erträgen ihrer erfolgreichen schriftstellerischen Tätigkeit. Ihre Werke wurden hauptsächlich in Leipzig und in der *Creutzschen Buchhandlung* in Magdeburg (→ Karl Gottfried Kretschmann) verlegt.

W: Erzählungen (2 Bde) 1818–1820; Neue Erzählungen, 1823; Kleine Romane (2 Bde), 1825–27; Neueste gesammelte Erzählungen (16 Bde), 1828–1832. – **L:** Neuer Nekr 8, 1832; Kosch LL 9, Sp. *1633f.*; Carl Wilhelm Otto August von Schindel, Die dt. Schriftstellerinnen des 19. Jhs, Bd. 1, 1823, *352* und Bd. 3, 1825, *211f.*

Heike Steinhorst

Lohmann, Johanne *Friederike,* geb. Ritter, verh. Häbler
geb. 25.03.1749 Wittenberg, gest. 21.12.1811 Leipzig, Schriftstellerin.

Die Tochter des Wittenberger Bibliothekars, Juristen und Prof. Johann Daniel Ritter wurde von diesem nach dem frühen Tod der Mutter selbst unterrichtet. An ihren jüngeren Geschwistern vertrat sie die Mutterstelle. Sie korrespondierte bereits in ihrer Jugend u. a. mit Gellert und dem späteren Göttinger Altphilologen Christian Gottlob Heyne, hatte bereits früh Schreibversuche gemacht, die sie jedoch erst ab ca. 1790 als Witwe ernsthafter betrieb. In erster Ehe war sie mit dem Akzisekommissar Häbler in Zwickau/Dippoldiswalde verheiratet, der das Geld der Fam. durchbrachte und schließlich flüchtig war. Nach zehn Jahren wurde die Ehe geschieden. L. lebte mit ihren drei Kindern zunächst bei einer jüngeren Schwester in Magdeburg, wo sie ihren zweiten Mann, den preuß. Auditor L. aus Schönebeck, kennenlernte, mit dem sie sechs Jahre in Schönebeck lebte. Nach seinem Tod verlor sie durch den Bankrott seines Bruders das beträchtliche Vermögen und zog mit ihren inzwischen sechs Kindern zu einem Schwager nach Leipzig. Hier begann sie vornehmlich hist. Romane, Erzählungen und Skizzen sowie Gedichte zu schreiben, um die Erziehung ihrer Kinder materiell zu sichern. Nur drei ihrer Kinder überlebten sie. Ihre aus der zweiten Ehe stammende Tochter → Emilie L. veröffentlichte nach dem Tod der Mutter Erzählungen unter deren Namen, die angeblich aus dem Nachlaß stammten, was allerdings schon die Zeitgenossen bezweifelten.

W: Der blinde Harfner. Schauspiel, 1791; Clara von Wallburg, 1796; Weihestunden der Muse, oder Die Irrgänge des häuslichen Lebens (4 Bde), 1797–1798; Gesch. zweier Frauen aus dem Hause Blankenau, 1810; Sämmtliche Erzählungen. Ausgabe letzter Hand (18 Bde), 1844. – **N:** StadtA Altona; UB Leipzig; StBibl. München. – **L:** Kosch LL 9, Sp. *1634*; Hamberger/Meusel Bde 4, 10, 11,18; Carl Wilhelm Otto August von Schindel, Die dt. Schriftstellerinnen des 19. Jhs, Bd. 1, 1823, *352–358* und Bd. 3, 1825, *210* (*W*); Franz Brümmer, Dt. Dichterlex., Bd. 1, 1876.

Heike Steinhorst

Lohmann, Karl, Dr. theol. h.c.
geb. 30.06.1878 Rüggeberg/Schwelm, gest. 15.04.1945 Magdeburg (Bombenangriff), ev. Theologe, Generalsuperintendent, Propst.

Der Sohn des ev. Pfarrers Karl L. besuchte das Gymn. in Gütersloh und studierte 1896–99 ev. Theol. an den Univ. Erlangen, Greifswald und Halle-Wittenberg. 1900 und 1902 legte er die theol. Prüfungen in Münster ab und begann 1903–05 als Hilfsprediger in Klafeld und Dortmund. Ab 1906 war L. Hilfsprediger, ab 1908 Pfarrer in Iserlohn. Mitte Juli 1917 wechselte er an die Altstadtgemeinde nach Essen, wo er Ende 1928 Superintendent des Kirchenkreises Essen wurde. Er baute den Ev. Wohlfahrtsdienst im Stadtgebiet Essen auf und übernahm zugleich dessen Leitung. 1931 wurde L. zum Generalsuperintendenten der Provinz Sachsen für den Sprengel Halle-Wittenberg ernannt und erlangte im selben Jahr die Ehrendoktorwürde der Univ. Halle. Bereits am 05.10.1933 erhielt L. vom neuen „Landesbischof" Ludwig Müller die Bestallung zum Propst in Westfalen-Süd, wobei die näheren Einzelheiten der Einführung, der Übernahme der Amtsgeschäfte und des Dienstsitzes ungewiß blieben. Im November 1933 war ein Tausch mit dem westfälischen Propst Wilhelm Weirich vorgesehen. Wegen Unsicherheiten und auf Drängen mehrerer Pfarrerkonferenzen blieb L. in der Provinz Sachsen. Die Bestätigung der Ernennung teilte Bischof Müller am 17.02.1934 mit, wobei die Ämterabgrenzung u. a. zu Bischof → Friedrich Peter unklar blieb. Daraufhin bat L. um Beurlaubung für die Übernahme der Geschäftsführung der *Reichsfrauenhilfe* in Potsdam, in die er am 18.02.1934 gewählt worden war. Zum 01.07.1934 suchte L. wegen der ungeregelten Freistellung aus dem Kirchendienst um seine Entlassung nach. Als diese nicht zustande kam, gab er die ihm angetragene Geschäftsführung im November 1934 zurück und nahm im Januar 1935 seinen Dienst in Magdeburg wieder auf. Im Dezember 1936 stellte der Landeskirchenausschuß die Versetzung L.s als Propst an das Konsistorium der Mark Brandenburg in Aussicht, wo er in Verbindung mit dem Provinzialkirchenausschuß (PKA) Einfluß auf das theol. Prüfungsamt nehmen und die einheitliche Ausrichtung des Konsistoriums auf innerkirchliche Aufgaben bewerkstelligen sollte. Der PKA Brandenburg bat jedoch, davon aus formalen Gründen Abstand zu nehmen. U.a. sah man in L. nicht den richtigen theol. Referenten zur Entlastung des Leiters des Prüfungsamtes. Dabei wurde angemerkt, daß L. der Bekennenden Kirche nahestehe. Er blieb also in Magdeburg, übernahm im Juni 1937, ein Jahr nach dem Weggang von Bischof Peter, die geistliche Leitung der Provinz Sachsen und 1940 das neugeschaffene Amt eines geistlichen Dirigenten im Konsistorium. Am 15.04.1945 starb L. im Dienst nach dem Einschlag einer amerikanischen Granate in seine Dienstwohnung.

L: Reichshdb 2, 1931, *1148*; Wer ist's? Unsere Zeitgenossen 10, 1935; EZA Berlin: Bestand 7/P 908 (PA); AKPS: Rep. A, Spec. P, LK 341 (PA). – **B:** *Fs. aus Anlaß des 50jährigen Bestehes der Pfeifferschen Stifttungen zu Magdeburg–Cracau 1889–1939, 1939.

Hans Seehase

Lohmeier, Ludwig Heinrich August, Dr. med.
geb. 07.06.1801 Friedeburg/Saale, gest. 21.08.1876 Dresden, Arzt, Sanitätsrat.

Nach dem Abitur studierte L. an der Univ. in Halle Med. und prom. dort 1823. Danach war er zunächst in Arneburg als Arzt tätig und übernahm 1831 als Nachfolger von → Johann Wilhelm Tolberg die Stelle des Badearztes in Elmen bei Schönebeck. Er erreichte im Zusammenspiel mit → Samuel Christian Friedrich Hahnemann, daß ab 1832 mit dem Herzog von Anhalt-Köthen erstmals gefürstete Gäste in Elmen kurten. 1835 führte er dort Trinkkuren und 1837 die damals außer in Ischl und Kösen noch nicht bestehenden Soledampfbäder ein. 1839 ließ er die Elmener Sole chemisch untersuchen. Ab 1838 wurde unter seinem Einfluß die Fläche vor dem Badehaus parkähnlich angelegt und 1840 das Erlenbad mit Schwimmbecken errichtet, das 1845 einen 112 Meter langen und sechs Meter breiten überdachten Wandelgang erhielt. 1865/66 wurden das Café „Bismarck" und die Parkanlagen bis zum Gradierwerk hin geschaffen. Von 1871 bis 1877 baute die *Westend-Bauges.* (Quistorp) das Hotel „Evers" zum Kurhaus um und errichtete eine Anzahl Villen für Badegäste im Umfeld des Bades. Seit 1872 hielten Züge bei Bedarf in Elmen. Durch seine Initiativen hatte L. erreicht, daß Elmen zu einem allseits anerkannten Bad geworden war. 1873 gab er aus Altersgründen die Stelle als Badearzt in Elmen auf.

W: Über den inneren Gebrauch der kochsalzhaltigen Mineralwasser nebst Nachricht von der Heilkraft und Einrichtung einer jod-, brom-, eisen- und kochsalzhaltigen Trinkquelle auf dem Solbade Elmen, 1839; Über warme Sooldunstbäder, 1840; Die brom-, eisen- und jodhaltigen Soolquellen zu Elmen bei Groß Salze, ihre wichtigsten Heilbeziehungen und Anweisung zum zweckmäßigen Gebrauch derselben, 1846. – **L:** Goebel/Fricke/Schulte, Kgl. Solbad Elmen, 1902, *158–167, 187–189*. – **B:** Ruth Goebel, Das Schönebecker Salz, 1997, *135*; *KrMus. Schönebeck.

Hans-Joachim Geffert

Lohrisch, Hermann, Dr. phil.
geb. 12.02.1882 Gardelegen, gest. 13.03.1951 Magdeburg, Pädagoge, Schuldir.

Der Sohn einer Kaufmannsfam. besuchte die Vor- und Realschule seiner Heimatstadt und bezog 1894 das Joachimsthalsche Gymn. in Berlin. Nach bestandener Reifeprüfung im Jahre 1900 studierte er in Halle und Berlin alte

Sprachen und Dt., prom. 1905 mit einem philologischen Thema und bestand zudem die Turnlehrerprüfung. 1906 legte er die Staatsexamensprüfung ab und erhielt die Lehrbefähigung für Griechisch, Latein und Dt. L. absolvierte danach das philologische Seminar der Lutherstadt Wittenberg und unterrichtete zugleich am Gymn. in Torgau. Sein Probejahr verrichtete er, durch das Dt. Auswärtige Amt vermittelt, 1908/09 an der Dt. Realschule in Madrid. Ende 1909 wurde L. als Oberlehrer am Stifts-Gymn. in Zeitz angestellt und nahm 1914–18 als Reserveoffizier am I. WK teil. Im April 1919 erhielt er einen Ruf an das Fürst-Otto-Gymn. in Wernigerode. 1937 erfolgte seine Ernennung zum Oberstudiendir. sowie seine Berufung als Nachfolger von → Karl Weidel an das Staatl. Vereinigte Dom- und Klostergymn. in Magdeburg, dem er bis zum Ende des II. WK vorstand. Nach 1945 wurde L. aufgrund seiner ns. Gesinnung nicht wieder zum Schuldienst zugelassen und verlebte seine letzten Jahre zurückgezogen in Magdeburg.

W: De Papinii Statii silvarum poetae studiis rhetoricis, Diss. Halle 1905; Im Siegessturm von Lüttich an die Marne. Erlebnisse, 1917. – **L:** Alfred Laeger, Gedenkschrift Dom- und Klostergymn. Magdeburg 1675–1950, 1964, *18, 50* (*B*).

Kerstin Dietzel

Loose, Friedrich
geb. 24.04.1853 Bornum, gest. 02.10.1930 Großmühlingen, ev. Pfarrer, Heimatforscher, Chronist.

Der Sohn des Pfarrers Artur L. wählte, der Familientradition folgend, wie sein Bruder Robert den Pfarrerberuf. Nach einem Theologiestudium trat L. 1879 die Stelle des Kreispfarrvikars in Coswig an. Nach weiteren Pfarrstellen in Sandersleben (ab 1882) und Radegast (ab 1889) übernahm er von 1898 bis zu seiner Versetzung in den Ruhestand 1923 die Stelle des Pfarrers an der St.-Petri-Kirche in Großmühlingen. Darüber hinaus war er ein für die Region bedeutender Geschichts- und Heimatforscher. Er arbeitete zahlreiche alte Akten aus dem Gemeindearchiv auf, faßte sie thematisch zusammen und band sie ein (heute im Kreisarchiv Schönebeck). L. hat viel zur Volkskunde, Kunst- und Ortsgesch. geforscht und die Ergebnisse publiziert. Er erarbeitete eine Chronik von Großmühlingen (bzw. der Grafschaft) sowie der Wüstung Barsdorf bei Großmühlingen, verfaßte eine Beschreibung der Hofhaltung des Fürsten Anton Günter von Anhalt 1705–14 im Schloß, Artikel über die landwirtsch. Zustände im Amte Mühlingen vor dem Dreißigjährigen Krieg, über Glockenkunde u. a. m. Intensiv hat er sich auch mit dem Werk Goethes befaßt. Die dankbaren Einwohner der Gemeinden Groß- und Kleinmühlingen errichteten dem verdienten Geschichtsforscher zur 1000-Jahrfeier 1936 ein Denkmal. Die Straße, in der sich auch das Pfarrhaus befindet, erhielt seinen Namen. Auf Beschluß des Gemeinderates wurde 1993 der Grund- und der Sekundarschule Groß Mühlingen der gemeinsame Name „F.-L.-Schule" verliehen.

W: Aus Großmühlingens Vergangenheit, 1903; Gesch. von Großmühlingen mit besonderer Berücksichtigung der Siedlungsgesch. und ihres Zusammenhangs mit der Volkskunde, 1923; Das wüst gewordene Barsdorf bei Großmühlingen, hg. vom Heimatmus. Köthen, 1933. – **L:** Hermann Graf, Anhaltisches Pfarrerbuch, hg. vom Landeskirchenamt der ev. Landeskirche Anhalts, 1996, *340*. – **B:** *Pfarramt Großmühlingen.

Gerald Gödeke

Lorenz, Johann Friedrich, Prof.
geb. 20.11.1737 Halle, gest. 16.06.1807 Magdeburg, Lehrer, Schulbuchautor.

Der Sohn des Hallenser Kaufmanns Johann David L. besuchte die Schule des Waisenhauses in Halle und studierte an der Univ. seiner Geburtsstadt von 1754 bis 1758 ev. Theol. bei Baumgarten, Michaelis, Struensee, Stiebritz, Meier und Weber. Nach dem Studium war er bis 1763 Hauslehrer der Fam. Nostitz in der Oberlausitz und kehrte danach als Lehrer nach Halle an das Waisenhaus zurück. Von 1769 an versah er die Stelle des Subrektors am Gymn. der Altstadt in Magdeburg. Seit 1772 war er als Rektor der Stadtschule in Burg tätig, bis ihn 1775 der neue Abt von Kloster Berge, → Friedrich Gabriel Resewitz, als Oberlehrer an das dortige Pädagogium berief. Er unterrichtete zu Beginn Gesch. und Phil., ab 1779 vor allem Mathematik, Physik und Naturwiss. Gemeinsam mit → Johann Gottfried Gurlitt versah er das Rektorat der Schule. 1796 erhielt er den Titel Prof. 1806 trat er in den Ruhestand. Aus seiner Feder stammen mehrere mathematische und naturwiss. Bücher, darunter sein „Lehrbegriff der Mathematik" (1803). Nach den Worten von → Johann Friedrich Wilhelm Koch gelang L. eine inhaltliche Trennung von Mathematik und Physik, die man bisher als reine und angewandte Mathematik behandelt hatte. Sein auf vier Bde konzipiertes Übersichtswerk „Lehrbegriff der Mathematik", das die gesamte mathematische „Logistik" (Arithmetik, Syntaktik, Algebra, Analysis) enthalten sollte, konnte er nur noch teilweise vollenden. Seit 1798 war L. korrespondierendes Mitglied der *Kgl. Societät der Wiss.* in Göttingen.

W: Euklids sechs erste Bücher der geometrischen Anfangsgründe zum Gebrauch der Schulen, aus dem Griechischen, 1773; Euklids Elemente, 15 Bücher, aus dem Griechischen, 1781, [6]1840; Die Elemente der Mathematik in sechs Büchern (2 Bde), 1785–1786; dass. (3 Bde), [2]1793–1797; Grundriß der reinen und angewandten Mathematik oder erster Cursus der gesamten Mathematik (2 Bde, Anhang), 1791–1792, ⁶1835–1837; Lehrbegriff der Mathematik (2 Bde), 1803–1806. – **L:** ADB 19, *180*; Johann Friedrich Wilhelm Koch, J. F. L., weiland Prof. und Oberlehrer am Pädagogium zu Kloster Berge. Eine biogr. Skizze, 1807; → Heinrich Rathmann, Kurze Gesch. der Schule zu Kloster Bergen bis zu ihrer Aufhebung, 1812; → Hugo Holstein, Gesch. der ehemaligen Schule zu Kloster Berge, 1886.

Uwe Förster

Lortzing, Gustav *Albert*
geb. 23.10.1801 Berlin, gest. 21.01.1851 Berlin, Komponist, Sänger, Schauspieler, Kapellmeister.

Der Sohn eines Schauspielerehepaares, mit dem er auch in verschiedenen Engagements auftrat, erhielt seinen ersten Musikunterricht in Berlin bei dem Komponisten und Dirigenten Carl Friedrich Rungenhagen. 1823 heiratete L. die Schauspielerin Rosina Ahlers und trat gemeinsam mit ihr ab 1826 ein siebenjähriges Engagement in Detmold an. In dieser Zeit komponierte er Bühnenmusiken und brachte eigene Singspiele zur Aufführung, so die 1824 in Köln komponierte Oper „Ali Pascha von Janina". Sein Oratorium „Die Himmelfahrt Christi" wurde 1828 in Münster/Westfalen uraufgeführt. Die Jahre 1833–44 sahen das Ehepaar L. in Leipzig, wo er als Schauspieler und Tenorbuffo engagiert war und auch als Kapellmeister wirkte. Hier wurden mehrere seiner Opern uraufgeführt, u. a. „Die beiden Schützen" (1837), „Zar und Zimmermann" (1837), „Der Wildschütz" (1842). Während der engagementlosen Zeit 1845/46 schuf er die romantische Zauberoper „Undine", die unter seiner Vorbereitung und Leitung am 21.04.1845 (entgegen falscher Angaben in diversen Publikationen) in Magdeburg uraufgeführt wurde. Über ein zweijähriges Engagement als Kapellmeister in Wien und einige Jahre als Schauspieler kam er 1850 wieder nach Berlin, wo er bis zu seinem Tode am Friedrich-Wilhelmstädtischen Theater als Kapellmeister tätig war. L. gilt als Begründer der volkstümlichen dt. Spieloper.

W: s.o. – **L:** MGG, Sp. *1206–1231*; Hobohm, Bd. 1; Georg Richard Kruse, A. L., 1899; ders. (Hg.), L.s Briefe, 1902, erw. Aufl. 1913, 1947; Hellmuth Laue, Die Operndichtung L.s, 1932; Siegfried Goslich, Beitr. zur Gesch. der dt. romantischen Oper, 1937; Hermann Killer, A. L., 1938; Richard Petzold, A. L., 1951; Jürgen Lodemann, L. und seine Spielopern. Dt. Bürgerlichkeit, Diss. Freiburg/Breisgau 1962; R. Rosengard, Popularity and Art in L.s Operas, Diss. Columbia Univ. New York, 1973; Albrecht Goebel, Die dt. Spieloper bis L., Nicolai und Flotow, Ein Beitr. zur Gesch. und Ästhetik der Gattung im Zeitraum 1835–1850, 1975; Siegfried Goslich, Die dt. romantische Oper, 1975. – **B:** Telemann-Zentrum Magdeburg.

Lutz Buchmann

Loß, Friedrich
geb. 05.10.1829 Meseberg, gest. 29.08.1904 Wolmirstedt, Kaufmann, Unternehmer, Kommerzienrat.

L. war Sohn eines Kleinbauern. Nach einer kaufmännischen Lehre bei der Fa. *Schwechten* (Kolonialwarenhandel und Landhandel) in Wolmirstedt übernahm er diesen Betrieb und führte ihn lange Jahre erfolgreich. 1871 gründete L. gemeinsam mit dem Kaufmann Schmidt aus Magdeburg eine Handelges. und erwarb die seit 1839 bestehende Stärke- und Zuckerfabrik in Wolmirstedt. Das neu gegründete Unternehmen *F. L. & Co.* wurde von L. geschäftsführend geleitet. Die Fabrikation von Rüben-Rohzucker, Stärke, Stärkesirup und Coleur wurde später um eine Melasse-Futterfabrik erweitert. 1885 trat der Domänenpächter → Andreas Truckenbrodt der Gesellschaft bei, brachte die Ländereien der Wolmirstedter Stifts- und Schloßdomäne in die Fa. ein und übernahm die Oberleitung der landwirtsch. Abt. Unter der kaufmännischen und unternehmerischen Leitung L.' entwickelte sich die Gesellschaft zum größten landwirtsch. Arbeitgeber der Landkreises Wolmirstedt, die dessen Wirtschaftskraft weitgehend bestimmte. Aufgrund umfangreicher Kapazitätssteigerungen wurden weitere Landwirtschaftsbetriebe für den Zuckerrübenanbau hinzugepachtet oder angekauft, so das Rittergut Junkerhof (Pachtung 1890, Kauf 1900), das Fideikommiß-Rittergut Angern (Pachtung 1898), das Gut Johannenhof (Kauf 1902) und das Rittergut Demker (Kauf 1908). Um 1910 wurden ca. 12.500 Morgen Grundbesitz landwirtsch. genutzt. L. war auch beratend für Sparer und Anleger kleiner Geldbeträge tätig. Auf sein soziales Engagement ist die Gründung der betriebseigenen Krankenkasse zurückzuführen. Für seine unternehmerischen und sozialen Verdienste wurde L. mit dem Titel eines Kommerzienrates geehrt. Nach dem Tod der Gründer L. und Schmidt traten deren Söhne Carl L. und Conrad Schmidt in die Fa. ein und führten diese erfolgreich weiter.

L: Ludwig Weber, Die Druckenbrodt (Truckenbrodt) zu Gutenswegen, o. J. [1910]. – **B:** *Vf., Wolmirstedt (priv.).

Erhard Jahn

Lotsch, *Friedrich* Wilhelm Karl, Prof. Dr. med. habil.
geb. 10.10.1879 Neiße/Schlesien, gest. 06.08.1958 Magdeburg, Arzt.

L., Sohn des Generalarztes Fritz L., legte 1898 am Berliner Joachimsthalschen Gymn. die Reifeprüfung ab und studierte anschließend Med. in Berlin. 1904 erhielt er die ärztliche Approbation und wurde prom. Die chirurgische und gynäkologische Ausbildung erfuhr er 1905–08 bei → Rudolf Habs in Magdeburg und 1908–09 bei Otto Hildebrand an der Berliner Charité. 1909–11 arbeitete L. bei Carl Benda am Krankenhaus Moabit in der Pathologie. 1911–24 setzte er seine Tätigkeit an der Berliner Charité fort, habil. sich 1914 mit einer Arbeit über die von Recklinghausen'sche Knochenkrankheit für Chirurgie, wurde im gleichen Jahr Privatdoz. und 1921 zum ao. Prof. berufen. 1919–24 war L. als Hildebrands Stellvertreter dirigierender Arzt der Chirurgischen Univ.-Klinik. Anfang 1925 übernahm er die ärztliche Leitung des Krankenhauses in Burg bei Magdeburg, die er bis 1946 innehatte. Hier war er nicht nur als Chirurg, sondern auch als Geburtshelfer tätig. Im Alter von 67 Jahren wurde ihm die Leitung der Chirurgischen Klinik am Sudenburger Krankenhaus in Magdeburg übertragen, die er von 1946 bis 1952 wahrnahm. Sein ärztliches Wirken beschloß er 1956 an der Magdeburger Poliklinik Tränsberg. L. war einer der führenden nichtuniversitären Chirurgen seiner Zeit. Seine Hauptarbeitsgebiete waren Kriegs-, Unfall-, Bauch-, Mamma- und Mißbildungschirurgie. Daneben gehörte er zu den chirurgischen Pionieren der Anästhesie in Dtl. In seiner mehr als 20jährigen ärztlichen Leitungstätigkeit profilierte er das Burger Krankenhaus fachlich und organisatorisch. In Magdeburg schuf er auf chirurgischem Gebiet in schwieriger Nachkriegszeit wesentliche Voraussetzungen zur Gründung der Med. Akad. im Jahre 1954.

W: Die Kuhnsche Tubage mit Berücksichtigung des Ueberdruckverfahrens, in: Dt. Med. Wochenschrift 35, 1909, *300–302*; Ueber die Methoden zur Beseitigung der Pneumothoraxgefahr, in: Berliner Klinische Wochenschrift 48, 1911, *1726–1729*; Eine einfache Kanüle zur Punktion, Injektion und Infusion, in: Zentralbl. für Chirurgie 40, 1913, *908–910*; Die allg. Lehre von den Verletzungen und den Wunden, Amputationen und Exartikulationen, in: Martin Kirschner/Otto Nordmann (Hg.), Die Chirurgie, Bd. 1, 1926, *397–550*. – **L:** August Borchard/Walter von Brunn (Hg.), Dt. Chirurgenkal., 1926, *205*; Reichshdb 2, *1155* (***B***); Fs. 10 Jahre Med. Akad. Magdeburg 1964, *52* (***B***); Vf., Prof. F. L. – ein zu Unrecht vergessener dt. Pionier der Anästhesie, in: Anaesthesiologie und Reanimation 22, 1997, *134–138* (***W***). – **B:** *Slg. Vf., Magdeburg (priv.).

Wolfgang Röse

Loycke, Ernst, Dr. theol. h.c.
geb. 28.03.1876 Sadenbeck bei Pritzwalk, gest. 17.07.1965 Hamburg, Jurist im Kirchendienst, Geh. Oberregierungsrat, Konsistorialpräsident.

Der Pfarrerssohn wuchs in Posen auf und besuchte dort das Friedrich-Wilhelm-Gymn. bis zum Abitur 1894. Nach dem Jurastudium in Jena und Berlin war er ab 1897 Referendar am Oberlandesgericht Posen und wurde nach dem Zweiten Examen 1902 zum Gerichtsassessor am Amtsgericht Hohensalza ernannt. Von 1903 bis 1905 war er Hilfsarbeiter bei dem preuß. Disziplinarhof für nichtrichterliche Beamte in Berlin und kommissarisch mit der Wahrnehmung einer Konsistorialassessorenstelle am Konsistorium der Provinz Schlesien in Breslau betraut. Diese Stelle erhielt er Anfang 1906 mit vollem Stimmrecht. 1907 wurde er als Hilfsarbeiter in den Ev. Oberkirchenrat berufen und wechselte 1908 in das Ministerium der geistlichen und pp. Angelegenheiten, wo er einen Entwurf für kirchliche Besoldungs- und Versorgungsgesetze nebst Kommentar erarbeitete. 1909 zum Konsistorialrat ernannt, erhielt er 1910 eine Ratsstelle beim Konsistorium der Provinz Schlesien. Ende November 1911 wurde L. zum Geh. Regierungsrat und Vortragenden Rat im Preuß. Kultusministerium, 1915 zum Geh. Oberregierungsrat ernannt. Die geplante Abstellung zur Zivilverwaltung des Generalgouvernements in Warschau kam erst 1916 zustande. Ab Weihnachten 1916 war L. dort Dezernent des Volksschulwesens. Nach Ende dieser Tätigkeit kehrte er nach Berlin zurück und arbeitete ab 1919 im neuen Ministerium für Wissenschaft, Kunst und Volksbildung. Bereits im Oktober 1920 trat L. das Amt des Konsistorialpräsidenten der Provinz Sachsen an, das er bis zu seiner Ernennung zum weltlichen Vizepräsidenten des Ev. Oberkirchenrates zum 01.03.1936 versah. In diese Zeit fällt sicher unter maßgeblicher Beteiligung L.s die zunehmende Aktivität des *Provinzialvereins Sachsen für religiöse Kunst* in der ev. Kirche. Der entsprechende Landeskirchenverein war 1852 in Berlin nach einem Aufruf des Elberfelder Kirchentages 1851 mit einer gesamtkirchlichen Zielsetzung entstanden. Zu Anfang des 20. Jhs bildeten sich Provinzialvereine, von denen der der Provinz Sachsen hinsichtlich der Förderung moderner Kunst einer der aktivsten im Kirchenraum war. 1927 wurde L. durch die Theol. Fakultät der Univ. Halle-Wittenberg die theol. Doktorwürde verliehen. Im Juli 1945 trat L. erneut seinen Dienst in Berlin an, indem er die Leitung des Ev. Oberkirchenrates und die Präsidialgeschäfte übernahm. Die übliche Versetzung in den Ruhestand war kriegsbedingt hinausgeschoben worden und erfolgte nun durch Urkunde zum 31.08.1949. L. erhielt auch danach noch Beschäftigungsaufträge bis 1951 und ab 1953.

L: Reichshdb 2, *1157*; Wer ist Wer?, 1948; EZA Berlin: Bestand 7/P 914–921 (PA); Bestand 49; Bestand 617.

Hans Seehase

Lubranschik (Lubrani), **Herbert**
geb. 21.02.1902 Schönebeck, gest. 28.11.1986 Nahariya (Israel), Kaufmann, Landwirt.

L. wuchs in seinem Elternhaus in Salzelmen, Pfännerstraße 44, als Halbwaise mit seiner jüngeren Schwester Fridel auf. Der Vater, Joseph L., war Textilkaufmann und starb Ende

1914 an den Folgen einer Kriegsverletzung. Nach vierjähriger Volksschulzeit besuchte L. das Realgymn. in Schönebeck bis zur Obersekunda 1919. Anschließend absolvierte er eine dreijährige Lehre als Kaufmann und arbeitete danach einige Jahre in leitender Stellung im Kaufhaus Hermann Tietz in Berlin. Ab 1920 war er Mitglied der SPD in Schönebeck. Während der Weimarer Republik erwarb er sich als führender Sozialdemokrat im Kampf um Demokratie und sozialen Fortschritt sowie gegen den aufkommenden Ns. in Wort und Schrift große Verdienste. L., in dieser Zeit mit → Nomi Rubel verheiratet (1928–35), war als Versammlungsredner der SPD bei den Nationalsozialisten gefürchtet. Schon 1934 exilierte er als aktiver Antifaschist, als rassisch und politisch Verfolgter aus seiner Heimatstadt, aus Nazi-Dtl. Über Prag emigrierte er nach Palästina. Mit seiner zweiten Frau Hilde – sie war ihm 1937 aus Magdeburg, wo sie in der jüd. Wohlfahrtspflege tätig war, gefolgt – und ihren drei Kindern lebte er nördlich von Haifa in Nahariya als Siedler und Landwirt. Mit der Proklamierung des Staates Israel 1948 und in der Zeit der sozialdemokratischen Reg. David Ben-Gurions (1948–1963) galten seine Aktivitäten der Sozialarbeit sowie der Haganah, dem Vorläufer der Armee Israels. Seine unermüdliche Aufbauarbeit war darauf gerichtet, Nahariya zur „Perle des Galil" für den Fremdenverkehr zu machen. Zum 80. Geb. wurde ihm für seine Leistungen der Ehrentitel „Jakir-Ha-ir" verliehen. Hohe Anerkennung fanden seine langjährige Arbeit als Präsident der Leo-Baeck-Loge im Orden B'nai-B'rith in der Region, für das von ihm gegründete und geleitete Schulorchester der Chaim-Weizmann-Schule sowie andere ausgeübte Ehrenämter. Im In- und Ausland wurde er zu einem bekannten sachkundigen Philatelisten mit kompletten Slgg. des Staates Israel, der *International Labour Office* (*ILO*) und von Nobelpreisträgern.

L: Vf., Juden in Schönebeck, 1990, *45, 47f., 50, 68f.* – **B:** *ebd.

Günter Kuntze

Lucas, Johann Georg *Friedrich*
geb. 29.08.1789 Göricke bei Kyritz, gest. 27.02.1867 Genthin, Lehrer, Kantor, Dichter.

Der Sohn eines Müllers arbeitete nach dem Dorfschulbesuch als Müllergeselle in Wust (bei Brandenburg?). Schon frühzeitig verfaßte L. in seiner Freizeit Gedichte, die 1817 durch seinen Mäzen Friedrich Wadzeck in Berlin herausgeben wurden. 1815 entschloß sich L., Lehrer zu werden. Mit kgl. Unterstützung (100 Reichstaler) besuchte er das Seminar in Frankfurt/Oder und verbrachte einen Teil seiner Ausbildungszeit bei Superintendent und Schulinspektor Samuel Christoph Wagener in Altenplathow bei Genthin. 1817 erhielt er seine erste Stellung als Lehrer in Lühe bei Möckern. Wenig später wechselte er auf die dortige Elementarlehrerstelle und trat 1822 sein Amt in Altenplathow an, wo er 29 Jahre die Lehrer- und Kantorstelle versah. Die Anzahl der von ihm allein zu unterrichtenden Kinder stieg von 167 zu Beginn seiner Amtszeit auf 400 im Jahr seiner Pensionierung 1851. Trotz dieser Umstände bemühte sich L., vor allem die Begabten unter seinen Schülern zu fördern. Erst 1851 wurde eine zweite und dritte Lehrerstelle eingerichtet. Auf dem Gebiet der Schulbildung zeichnete L. sich u. a. durch die erste im Regierungsbez. Magdeburg verfaßte Fibel nach der Lautiermethode aus (1840 in mindestens neun Auflagen), die eine große Verbreitung fand und erst von der Schreib-Lese-Methode verdrängt wurde. Die in seiner Jugend verfaßten Gedichte heben sich durch flüssigen Reim hervor und sind von schwärmerischer Naivität. Von seinen Theaterstücken, die er 1844 veröffentlichte, hat sich kein Exemplar erhalten. 1848 beteiligte sich L. in Genthin an der freiheitlichen Bewegung und wurde Vorsteher des Genthiner *Demokratischen Klubs*. In der gegen ihn eingeleiteten kriminalistischen Untersuchung erhielt er den Beistand der Altenplathower Bevölkerung. Dennoch erfolgte 1851 seine Entlassung aus dem Schuldienst (s. Heinrich Theodor Lindenberg, Justizamtmann in Genthin, bei → Ludwig Bisky). L. war ein typischer Vertreter des Dorfschullehrers im 19. Jh. Er teilte das Schicksal vieler seiner Amtsbrüder, die vielseitig veranlagt, mit einer großen Schülerzahl überlastet waren und stets im Kampf um die materielle Existenz standen.

W: Gedichtslg., 1817; Erster Unterricht im Lesen nach strenger Stufenfolge, o. J. – **L:** → Friedrich Wernicke, Chronik des Dorfes Altenplathow, 1909, *109*; Daten zur Chronik der Stadt Genthin, Tl. 1, 1971, *53*; LHASA: Rep. C 30 Kr. Jerichow II, Nr. 177, Nr. 363 und Rep. C 28 II, Nr. 2541.

Antonia Beran

Luckau, *Wilhelm* Heinrich
geb. 28.01.1847 Osterweddingen, gest. 28.06.1931 Magdeburg, Böttchermeister, Schriftsteller.

L. war der Sohn eines Böttchermeisters in Osterweddingen und besuchte, nachdem die Eltern ihren Wohnsitz dorthin verlegt hatten, 1852–61 die Volksschule in Altenweddingen. Er erlernte den Beruf seines Vaters und wurde nach Wanderjahren und Berufstätigkeit 1883 in Magdeburg als Böttchermeister seßhaft. Der Handwerker begann nach eigener Aussage erst „im Herbste seines Lebens" zu dichten und trat 1901 mit dem recht umfänglichen Gedichtband „Herbstblüten. Lieder eines schlichten Mannes" hervor.

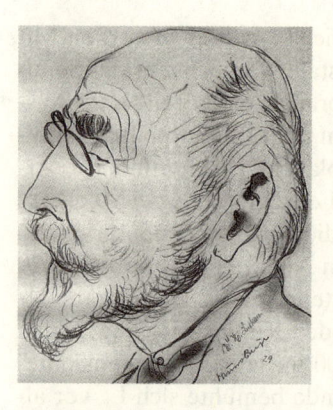

1913 ließ er diesem einen weiteren Band „Welke Blätter" folgen, der in dem Verlag einer Lokalztg. erschien. L. dichtete zudem viele Lieder, von denen ca. 60 von → Werner Nolopp, → Fritz Müller von der Ocker u. a. Komponisten vertont wurden. Gedichte erschienen in Tagesztgg., manches blieb unveröffentlicht. L. trat mit aktuellen Texten in der Tagespresse für den Mittelstand ein, dem er ja selbst angehörte. In der Reichstagswahl 1907 trat er als Kandidat des Mittelstandes im Wahlkr. Neuhaldensleben/Wolmirstedt an, sprach in fast allen dazugehörigen Orten und erreichte ein respektables Ergebnis, aber kein Reichstagsmandat. L. verfaßte und komponierte noch 1930, im Jahr seiner Diamantenen Hochzeit, das Lied „Ein Heidetraum".

W: Gedichte u. a. in Allertalztg. Eilsleben 1907/08; Hannchen Horn. Drama, Ms. o. J. – **N:** Börde-Mus. Ummendorf. – **L:** Franz Brümmer, Lex. dt. Dichter und Prosaisten, Bd. 4, 1910; Franz Huschenbett, Lit. Leben, in: → Paul Baensch (Hg.), Heimatbuch des Kreises Wanzleben, 1928, *152*; Magdeburgische Ztg. vom 23.10.1930, 2. Beilage. – **B:** *KHMus. Magdeburg: Zeichnung von → Bruno Beye.

Heinz Nowak

Lübschütz, Ruth
geb. 07.01.1922 Magdeburg, gest. Oktober 1944 KZ - Auschwitz.

L. entstammte einer angesehenen Schönebecker Kaufmannsfam., besuchte von 1933 bis 1936 das Lyzeum und arbeitete danach zwei Jahre lang als Sprechstundenhilfe bei einem jüd. Arzt in Magdeburg. Im Juli 1939 heiratete sie Max Nathan aus Magdeburg. Die Fam. zog nach Hamburg, da sie emigrieren wollte. Am 19.07.1942 wurden das Ehepaar und die zwei inzwischen geborenen Kinder Uri und Judis nach Theresienstadt deportiert. Dort wurde im September 1942 das dritte Kind, Gideon, geb. Max N. wurde Ende September nach Auschwitz deportiert, am 06.10.1944 seine Frau und die Kinder. Alle fanden wenig später den Tod in den Gaskammern. Zum Andenken an L. und an die schweren Schicksale der jüd. Bevölkerung der Stadt Schönebeck rief die überlebende Schwester der L., Judy Urman, 1991 ein Projekt ins Leben, das die Auseinandersetzung der Gymnasialschüler des Landkr. Schönebeck mit der jüd. Gesch. und die Bewahrung der Erinnerung fördert. Seit November 1992 trägt ein Platz in Schönebeck den Namen der ermordeten Jüdin L.

L: Günter Kuntze, Juden in Schönebeck, 1991, *69ff*; ders., Unter aufgehobenen Rechten, 1992, *57–120*. – **B:** ebd.

Britta Meldau

Lüder, *Walter* Fritz
geb. 27.11.1914 Barleben, gest. 02.01.1999 Barleben, Landwirt, Pferdesportler.

L. war der jüngste Sohn der Landwirte Karl und Anna L. Bereits mit zwölf Jahren entdeckte er seine Liebe zum Pferdesport. Als junger Mann diente er freiwillig in der III. Reiterstaffel der Dt. Wehrmacht in Stendal. Von dort zog man L. zum Kriegsdienst ein. Er geriet in Gefangenschaft, aus der er 1947 zurückkehrte. Seine reiterliche Ausbildung erhielt er an der Kavallerieschule Hannover. L. war Aktiver, Ausbilder und in den letzten Jahren seines Lebens Förderer des Pferdesports in seinem Heimatort. Er gehörte zu den unentbehrlichen Stützen der *SG Motor Barleben*, Abt. Reiten, Fahren und Voltigieren. L. führte 1950 als Vereinsvors. das erste Reitturnier auf dem Barleber Sportplatz mit landwirtsch. Nutztierschau durch. Ab 1961 war L. Mitbegründer der wiederbelebten Reitsportabt. der *SG Motor Barleben*, deren Vors. er bis 1989 war. Besonderes Augenmerk richtete er auf den Reiternachwuchs. Zahlreiche Preise und Ehrungen konnte er entgegennehmen. So wurde er mit der Ehrennadel des *Kreissportbundes* in Gold und der Ehrennadel des Landesverbandes in Gold ausgezeichnet. 1998 erhielt L. für seine Verdienste die höchste Auszeichnung des *Landesverbandes der Reit- und Fahrvereine Sachsen-Anhalt e.V.*, die „Goldene Peitsche".

L: Unterlagen Fam. L. und Koch, Barleben (priv.). – **B:** *ebd.

Kerstin Dünnhaupt

Lützow, *Elisa* Davidia Margaretha, geb. Gräfin von Ahlefeldt-Laurvig
geb. 17.11.1788 Schloß Trannkijör zu Langeland (Dänemark), gest. 20.03.1855 Berlin.

Die dänische Adlige, die eine dt. Mutter hatte, wurde auch dt. erzogen. Anläßlich einer Badereise nach Bad Nenndorf lernte sie den preuß. Offizier Adolph v.L. kennen, der sich dort von Verwundungen aus Kämpfen der Freischar → Ferdinand von Schills gegen Napoleon kurierte, und heiratete ihn 1810. Auf Grund ihrer patriotischen Gesinnung unterstützte sie begeistert die Befreiung Dtls von der franz. Fremdherrschaft. So hatte sie 1813 großen persönlichen Anteil an der Entstehung von L.s Freikorps, an der direkten Werbung für die Truppe in Schlesien, u. a. auch Theodor Körners, und hielt sich nahe der Kriegsschauplätze zur Pflege der Verwundeten und zum seelischen Beistand der Truppe auf. Mit → Friedrich Friesen verband sie eine enge

Freundschaft und bewirkte 1843 maßgeblich mit, daß dieser 29 Jahre nach seinem Tod auf dem Berliner Invalidenfriedhof feierlich beerdigt werden konnte. Nach den Befreiungskriegen wechselten die Lützows, nachdem sie sich in einer Reihe von Garnisonsstädten aufgehalten hatten, 1817 nach Münster. Hier lernte L. 1821 den acht Jahre jüngeren Schriftsteller → Carl Immermann kennen, der von Magdeburg hierher als Auditeur versetzt worden war. Er kümmerte sich als Jurist um Erbangelegenheiten L.s; sie dagegen förderte seine dichterischen Versuche, u. a. auch mit ihren Gesellschaftsabenden. Über gemeinsame lit. und künstlerische Neigungen entwickelte sich zwischen ihnen eine enge Beziehung, die vom Frühjahr 1822 an über 17 Jahre ihr Leben bestimmte. Um Abstand zu gewinnen, ließ sich Immermann 1824 nach Magdeburg versetzen. Nach ihrer Scheidung 1825 von L., der inzwischen General geworden war und eine andere Frau heiraten wollte, lebte L. von Ende 1825 bis 1839 mit Immermann zusammen, davon vom Winter 1825/26 bis Anfang 1827 in Magdeburg. Sie übersiedelte mit ihm nach Düsseldorf, wurde Immermanns Freundin, Muse und Gefährtin und förderte seine Schriftstellertätigkeit. U.a. unterrichtete sie ihn in der englischen Sprache und arbeitete anfänglich an der Übersetzung von Walter Scotts „Ivanhoe" mit. Eine Heirat verweigerte sie Immermann. Ab 1831 nannte sie sich wieder nach ihrem Mädchennamen. Nachdem Immermann 1839 seinerseits geheiratet hatte, ging L. Anfang 1840 nach Berlin, widmete sich ihrem neuen und alten Freundeskreis und blieb auch nach Immermanns frühem Tod mit dessen Frau und Tochter freundschaftlich verbunden.

L: Ludmilla Assing, Gräfin Elisa von Ahlefeldt-Laurvig, eine Biogr., 1857 (*B); Karl Leberecht Immermann, Briefe. Textkritische und kommentierte Ausgabe in 3 Bänden, hg. von Peter Hasubek unter Mitarbeit von Marianne Kreutzer, Bd. 1, 1978, *279–282*.

Gabriele Weninger

Luft, Heinrich Johann, Prof.
geb. 07.09.1813 Magdeburg, gest. 1868 Magdeburg, Oboist, Komponist, Musiklehrer.

Über das Leben L.s ist wenig bekannt. Er erhielt Unterricht bei → August Mühling, einem Magdeburger Kirchen- und Domorganisten, sowie Lehrer am Kgl. Lehrerseminar. Nach seiner Ausbildung ging er als Musiklehrer nach Livland. Von 1839 bis 1860 war L. erster Oboist am Kaiserlichen Opernhaus in St. Petersburg. Mit der Gründung des ersten Staatl. Konservatoriums in St. Petersburg 1862 übernahm L. dort als Prof. die Leitung der Oboenklasse. Die Gestaltung der Klasse war mit großen Schwierigkeiten verbunden, weil Oboe zu den seltensten Fächern zählte. Die Aufnahme am Konservatorium erfolgte ohne vorherige Vorbereitung. Das allg. musikalische Ausbildungsniveau der zukünftigen Studenten, die meist aus sozial schwachen Bevölkerungsschichten kamen, war sehr niedrig. Da ihn die bisherige schulmethodische Lit. in keiner Weise zufriedenstellte, engagierte er sich für neue pädagogische Ideen. So komponierte er z. B. „24 Etüden für Oboe", in denen exakte Anleitungen für Intervalltechnik, Melismen, rhythmische Zusammenhänge definiert sind. Seine Etüden werden noch immer als Lern- und Übungsmaterial eingesetzt. 1868 verließ der mit Glinka und Serow befreundete L. das Konservatorium und kehrte nach Magdeburg zurück, wo er kurze Zeit später verstarb.

L: Riemann, [11]1929; Archiv Staatl. Konservatorium N. A. Rimski-Korsakov, St. Petersburg (Rußland).

Claudia Behn

Luther, Hans, Prof. Dr. jur.
geb. 10.03.1879 Berlin, gest. 11.05.1962 Düsseldorf, Jurist, Kommunalpolitiker, Politiker, Reichskanzler.

Obwohl L.s Fam. aus dem Magdeburgischen stammte, weist sie keine verwandtschaftlichen Beziehungen mit dem Reformator auf. Der Vater war Kaufmann in Berlin. L. erhielt eine jur. Ausbildung und fand anschließend eine Anstellung im Staatsdienst in Berlin. Am 21.03.1907 wurde er zum besoldeten Stadtrat von Magdeburg mit zwölfjähriger Amtszeit gewählt. Der tüchtige Kommunalpolitiker war 1913 geschäftsführendes Vorstandsmitglied des Dt. Städtetages. Mit der Wahl zum Oberbürgermeister von Essen erreichte er 1918 einen ersten Höhepunkt seiner beruflichen Karriere. Im Dt. und Preuß. Städtetag galt L. zusammen mit anderen (z. B. Konrad Adenauer/Köln, Richard Robert Rive/Halle, nach 1919 auch → Hermann Beims/Magdeburg) als bedeutender Oberbürgermeister seiner Zeit. Bis 1927 gehörte L. keiner Partei an, dann trat er der DVP bei. Unter Reichskanzler Wilhelm Cuno wurde er 1922 Reichsminister für Landwirtschaft, ein Jahr später im Kabinett Gustav Stresemann Reichsfinanzminister. Er hatte Verdienste bei der Überwindung der Inflation. Im Januar 1925 wurde L. Reichskanzler der ersten Reichsreg. der Republik und war als solcher maßgeblich am Zustandekommen des Locarno-Abkommens beteiligt. Nachdem L. auch der folgenden nächsten Reichsreg. vorstand, wurde er 1926 im Zusammenhang mit dem Flaggenstreit gestürzt. 1928 gründete er den *Bund zur Erneuerung des Reiches* (*L.-Bund*), der sich die föderale Neugliederung der Republik zum Ziel gesetzt hatte. Dabei arbeitete er eng mit Gruppierungen zusammen, die an der Neugliederung Mitteldtls interessiert waren. Unter den führenden Persönlichkeiten dieser Interessengruppen befanden sich auch Tilo von Wilmowsky (Marienthal bei Naumburg) als stellvertretender Vors. des *L.-Bundes* und anfangs Hermann Beims. Als Reichsbankpräsident 1930–33 betrieb L. eine unglückliche Politik. Ohne der NSDAP beizutreten, war er von 1933–37 Botschafter in den USA. 1953 arbeitete L. als Vors. des Sachverständigenausschusses für die Neugliederung des Bundesgebietes der Bundesrepublik Dtl. Ab 1952 lehrte er als Prof. für Gesch. an der Univ. München.

W: Im Dienst des Städtetages. Erinnerungen aus den Jahren 1913 bis 1923, 1959; Politiker ohne Partei. Erinnerungen, 1960. – **L:** Reichshdb 2, *1169f.* (***B***); Karl Georg Zinn, H. L., in: Wilhelm Sternburg (Hg.), Die dt. Kanzler von Bismarck bis Schmidt, 1985, *295ff.*

Mathias Tullner

Lux, *Hans-Joachim* **Gustav Robert,** Dipl.-Ing.
geb. 12.10.1902 Beuthen/Oberschlesien, gest. 18.05.1966 Magdeburg, Ing., Hochschullehrer.

L. absolvierte die Volksschule und das Staatl. Gymn. in Beuthen und studierte ab 1921 an der TH Breslau und der Bergakad. in Clausthal. Spezielle Fachkenntnisse besaß er über Hochöfen und Niederschachtöfen mit Nebenanlagen. Nach seinen Tätigkeiten in verschiedenen Hochöfenbetrieben wurde er 1957 an die Hochschule für Schwermaschinenbau Magdeburg berufen. Hier übernahm L. die Leitung und den Aufbau des Inst. für Ausrüstungen der Metallurgie. L. hatte Anteil an der Entwicklung des Verfahrens der Verhüttung im Niederschachtofen.

W: 1. Lehrbrief über Technologie metallurgischer Betriebe, 1962. – **L:** UnivA Magdeburg: PA. – **B:** ebd.

Carmen Schäfer

Maass, *Gustav* **Friedrich Hermann**
geb. 02.12.1830 Brandenburg, gest. 28.04.1901 Altenhausen, Versicherungsangestellter, Botaniker, Heimatforscher.

Der Lehrersohn absolvierte das Gymn. in Brandenburg, begann danach eine Lehre als Kunst- und Handelsgärtner und war um 1848 als Gärtnergehilfe bei → Hermann von Nathusius in Hundisburg beschäftigt. Ende 1849 trat er als Freiwilliger bei der 3. Brandenburgischen Artillerie-Brigade als Artillerist ein und wurde 1855 Feuer- sowie 1860 Oberfeuerwerker. Während seiner zwölfeinhalbjährigen Dienstzeit war er teils als Lehrer an der Brigadeschule in Magdeburg, teils als Assistent und Oberfeuerwerker beim Brigadestab in Berlin tätig. 1862 kam M. nach Altenhausen, wo er bis zu seinem Tode als Bureauchef und Sekretär der *Magdeburgischen Land-Feuer-Societät* wirkte, der seit 1832 → Karl Graf von der Schulenburg auf Gut Altenhausen als Generaldir. vorstand. M. gehörte zu den Mitbegründern des von → Maximilian Wahnschaffe und dem Lehrer Albert Bölte Ende 1866 initiierten *Aller-Vereins* und war bis zu seinem Tod einer seiner verdienstvollsten und aktivsten Mitglieder. Als Nachfolger Böltes von 1874 bis 1896 Vors. des Vereins, hatte er entscheidenden Anteil an dessen Profilierung. M., in erster Linie Botaniker und Florist, entfaltete im Gebiet um Aller und Ohre eine rege Forschungstätigkeit und galt als einer der besten Kenner der regionalen Flora. Ende der 1860er Jahre führte er ausgedehnte Exkursionen mit den Botanikern → Ludwig Schneider und → Paul Ascherson durch, mit denen er langjährig befreundet war. Die Ergebnisse seiner Feldbeobachtungen, die er vielfach als botanische Miszellen in verschiedenen Zss. publizierte, fanden auch Eingang in Schneiders „Flora von Magdeburg" (1877). M. reflektierte insbesondere die floristische Fachlit. und hielt zu diesem Thema zahlreiche vermittelnde und einführende Vorträge im *Aller-Verein*. Mit besonderer Hingabe widmete er sich der Erforschung der enormen Vielfalt der Gattung der Brombeere (Rubus), durch die er sich in Fachkreisen besonderes Ansehen erwarb. Im einem Waldgebiet des Alvensleber Höhenzuges entdeckte er mehrere neue Arten, von denen eine, „Rubus glaucovirens", den Namen M.' erhielt („Rubus Maassii"). M., der ein großes Herbar besaß, lieferte für Wilhelm Fockes „Synopsis Ruborum Germaniae – Die dt. Brombeerarten" (1877) umfangreiches Anschauungsmaterial sowie wertvolle Informationen und stand mit weiteren Fachwissenschaftlern, u. a. 1894/95 mit dem dänischen Forscher Otto Gelert, in Kontakt. Seine botanischen Exkursionen verband er ab Mitte der 1880er Jahre zunehmend mit ur- und frühgesch. Forschungen, insbesondere mit der Erschließung und Kartographierung von Hünengräbern und anderen prähist. Denkmälern sowie alter Dorf- und Burgstätten. Als Ergebnis dieser Aktivitäten erschien 1899 der Übersichtsbd. „Die Wüstungen des Kreises Neuhaldensleben". M. barg in großer Zahl geologische, paläontologische, floristische, faunistische und kulturgesch. interessante Fundstücke, mit denen er vorzüglich die Slgg. des *Aller-Vereins* vermehrte. Er unternahm mehrere große Reisen durch Dtl. und pflegte den überregionalen Austausch mit anderen Vereinen, u. a. dem *Altmärkischen Geschichtsverein* und dem *Botanischen Verein der Provinz Brandenburg*, an deren Tagungen er oft teilnahm. 1899 ehrte der *Aller-Verein* seinen Ehrenvors. zu seinem 50jährigen Dienstjubiläum und würdigte dessen herausragenden Leistungen.

W: Rubus glaucovirens. Eine neue Magdeburgische Brombeere, in: Abh. des Botanischen Vereins der Provinz Brandenburg 1870, *162ff.* – **L:** Nekr. auf G. M., in: Wochenbl. für den Kr. Neuhaldensleben, Gardelegen und Wolmirstedt und den Amtsbez. Calvörde vom 12.06.1901; Karl Schlimme, Drei Forscherpersönlichkeiten – in der Heimat, in der Welt – bei uns geb., bei uns begraben ..., in: Jb. des KrMus Haldensleben 33, 1993, *26–39* (**B**). – **B:** Mus. Haldensleben.

Guido Heinrich/Karl Schlimme

Maenicke, Fritz
geb. 23.10.1892 Halle, gest. 16.03.1970 Magdeburg, Bildhauer, Restaurator.

M., Sohn des Maschinenmeisters Karl M., verbrachte seine Schulzeit in Halle, Cottbus, Falkenberg, Torgau und Leipzig. In der Bildhauerwerkstatt Wollstädter in Leipzig erhielt er 1907–11 eine handwerkliche Ausbildung und den Gesellenbrief. Neben seiner Tätigkeit als Bildhauergehilfe (1911–15) besuchte er die Staatl. Akad. in Leipzig unter Prof. Adolf Lehnert. 1913 erhielt er das Künstlereinjährige, studierte 1913–14 an der Hochschule für Bildende Kunst sowie in der Unterrichtsanstalt des Kunstgewerbemus. in Berlin, u. a. bei Emil Orlik und Josef Wackerle. Prof. Schmarje nahm M. hier in seine Meisterklasse auf. Nach seiner Teilnahme als Soldat im I. WK (1915–18) war M. bis 1920 als selbständiger Bildhauer in Leipzig tätig. 1921–32 arbeitete er als Bildhauergehilfe und 1932–43 als selbständiger Bildhauer in Magdeburg. Bei mehreren Reisen in Dtl. und ins Ausland kam er mit den alten und neuen Meistern seines Faches in Berührung. Im Zusammenhang mit der Dt. Theaterausstellung 1927 im Magdeburger Rotehornpark schuf er nach Entwürfen von → Albin Müller die Pferdefigur (Klinker) am Pferdetor, die Große Magdeburger Jungfrau am Aussichtsturm und die Leuchtsäulen mit den auf die Theaterausstellung bezogenen Masken. Trotz fortgeschrittenen Alters wurde er noch 1943 zum Kriegsdienst eingezogen. Bei dem schweren Bombenangriff auf Magdeburg am 16.01.1945 wurden seine Werkstatt und fast sein gesamtes bisheriges Lebenswerk vernichtet. Zur Sicherung des Lebensunterhaltes arbeitete er nach Kriegsende bis 1949 als Winzergehilfe in Roßbach bei Naumburg. Hier wandte er sich seit 1950 wieder verstärkt der künstlerischen Arbeit zu. Eine Reihe von qualitätvollen Plastiken entstand. Parallel dazu gab es bereits Kontakte zum Inst. für Denkmalpflege, welche die beabsichtigte Restaurierung des Magdeburger

Reiters betrafen. 1955 erfolgte seine endgültige Übersiedlung nach Magdeburg. Hier widmete sich M. vornehmlich skulpturalen Restaurierungsarbeiten im Magdeburger Dom (Die klugen und die törichten Jungfrauen, Epitaphien von der Schulenburg und Hopkorf, Kanzel, Sitzendes Paar), des „Magdeburger Reiters" mit zwei Begleitfiguren (1957–61) und führte ferner Restaurierungsarbeiten für die Schloßkirche Weißenfels, die St. Trinitatis-Kirche Zerbst, den Naumburger und Halberstädter Dom, die Liebfrauenkirche Halberstadt (Chorschranken), das Kloster U. L. F. Magdeburg (Kanzel), die Schloßkirche Wittenberg (Askaniergruft) sowie in Quedlinburg und Stendal (Rolande) aus.

W: vier überlebensgroße weibliche allegorische Figuren am ehemaligen Fernmeldeamt Listemannstraße, Magdeburg, das Telefon, die Telegrafie, die Briefpost und die Flugpost darstellend (Travertin), 1927. – **N:** Vf., Magdeburg (priv.). – **L:** F. P. Rochow, Zur Gesch. des Magdeburger Reiters, in: Magdeburger Kulturspiegel, Juli 1961, *10–14*; → Jutta Balk, Der kleine Reiter und die Jungfrau, in: Magdeburger Ztg. vom 22.10.1969, *5*. – **B:** Vf., Magdeburg (priv.).

Siegward Hofmann

Maenß, Matthias, Dr. theol. h.c.
geb. 11.09.1777 Wahnheim am Rhein, gest. 14.04.1852 Magdeburg, ev. Pfarrer, Oberkonsistorialrat.

Der Vater war Landwirt und betrieb eine Böttcherei. M. absolvierte das Gymn. und 1796–1800 ein Studium der ev. Theol. in Duisburg. Nach dem Studium kurzzeitig als Hauslehrer tätig, wurde M. 1801 in Hückelhofen im Hzt. Jülich ordiniert und ins Pfarramt eingeführt. Ab 1808 war M. als Pfarrer in Üdem und Kervenheim tätig, während der Napoleonischen Kriege hatte er gleichzeitig die Stelle eines Brigadepredigers in der preuß. Armee inne. Durch das Generalgouvernement in Aachen wurde er zum Schulorganisations-Kommissarius der protestantischen Gemeinden des Bezirkes Cleve ernannt. 1817–26 war er Superintendent von Cleve. Ab 1826 berief ihn das Kgl. preuß. Ministerium zum Konsistorialrat und Superintendenten in Magdeburg und zum zweiten Prediger der Dt.-Reformierten Gemeinde. 1832–51 war er zweiter Domprediger in Magdeburg. Die Univ. Halle verlieh ihm anläßlich des Reformationsjubiläums 1842 in Würdigung seines Gesamtwirkens die Würde eines Ehrendoktors der Heiligen Schrift. Vom preuß. König erhielt er ebenfalls 1842 den Roten Adlerorden 2. Kl. und die Würde eines Oberkonsistorialrates. M. setzte sich stark für den Beitritt der reformierten Gemeinden zur Altpreuß. Union und für die Einführung der unierten preuß. Kirchenagende ein, konnte sich jedoch bei den Reformierten nur teilweise durchsetzen. Er versuchte auch, den Begriff „Ev.-christliche Gemeinde" einzuführen, was ihm nicht gelang.

L: → Ralph Meyer, Gesch. der Dt.-Reformierten Gemeinde zu Magdeburg von den Anfängen bis auf die Gegenwart, Bd. 2, 1914, *25ff.* (*B*); AKPS: Rep. A, Spec. P, M 495 (PA).

Henner Dubslaff

Maercker, *Maximilian* (*Max*) **Heinrich,** Prof. Dr. phil.
geb. 25.10.1842 Calbe, gest. 19.10.1901 Gießen, Agrarwissenschaftler, Geh. Regierungsrat.

Der als Sohn des Kreisrichters Carl Anton M. geb. M. verbrachte seine ersten Lebensjahre in Calbe an der Saale und in Berlin. Nach der Berufung des Vaters als Präsident des Appellationsgerichts nach Halberstadt besuchte er bis 1861 das dortige Gymn. Anschließend studierte M. Chemie in Tübingen und Greifswald, wo er 1864 zum Dr. phil. prom. Nach wiss. Assistenzen in Greifswald (bis 1866) sowie in Braunschweig (bis 1867) und Göttingen wurde M. 1871 Leiter der landwirtsch. Versuchsstation und ein Jahr später ao. Prof. für Agrikulturchemie an der Univ. Halle. Nachdem er 1892 den Titel eines Geh. Regierungsrates erhalten hatte, wurde dort im gleichen Jahr eigens für ihn eine o. Professur geschaffen. In seiner 30jährigen Amtszeit baute er diese Einrichtung zur größten und leistungsfähigsten Versuchsstation Dtls aus. Hier hatte er auch Kontakte zu seinem Jugendfreund → Wilhelm Rimpau jun., der Mitglied des Kuratoriums der Versuchsanstalt war. Ab 1889 richtete M. die Vegetationsstation in Diemitz bei Halle und die Versuchswirtschaft in Bad Lauchstädt ein. Er erarbeitete bahnbrechende Erkenntnisse in bezug auf Anbau und Düngung der wichtigsten Kultur- und Futterpflanzen. Seinen Forschungsergebnissen ist es zu verdanken, daß die Kalidüngung in der Landwirtschaft weite Verbreitung fand und nachweislich zu höheren Ernteergebnissen führte. Auch die Versorgung der dt. Ackerböden mit Phosphatdünger zur Behebung des Phosphorsäuremangels geht auf M.s Forschungen zurück. Wegweisend sind seine Arbeiten über die Einführung bestimmter Fruchtfolgen zur Verbesserung von Bodenerschließung und Bodenaufbau, zum Wert der Gründüngung für höhere Erträge, seine Untersuchungsergebnisse zum Problem der Stalldungbehandlung sowie seine Propagierung des Anbaus von Klee, Luzerne und anderen Leguminosen als Stickstoffsammler für nachfolgende Kulturpflanzen. M. hat seine Forschungsergebnisse in über 450 Publikationen dokumentiert. Allein in der *Magdeburgischen Ztg.* erschienen 18 Jahre lang wöchentlich von M. veröffentlichte Aufsätze.

W: Hdb. der Spiritusfabrikation, 1877, ⁹1908; Die Kalisalze und ihre Anwendung in der Landwirtschaft, 1880; Die Kalidüngung in ihrem Werte für die Erhöhung und Verbilligung der landwirtsch. Produktion, 1892, ²1893; Anleitung zum Brennereibetrieb, 1898. – **L:** NDB 15, *639f.*;

BioJb 6, 1904; Theodor Roemer, Das Lebenswerk von M. M., in: Die Ernährung der Pflanze 39, 1943, *1–4*.

Hanns Schwachenwalde

Märtens, Otto Philipp
geb. 23.01.1736 Biere bei Schönebeck, gest. 1831 Magdeburg, Komponist, Organist.

Der Kantorssohn M. wirkte von 1758 (endgültige vertragliche Bindung erst am 06.01.1763) bis 1791 als Organist am Pädagogium des Klosters U. L. F. in Magdeburg. Wegen unbefriedigender Besoldung suchte er nach beruflicher Veränderung und bewarb sich zweimal erfolglos um die Magdeburger Domorganistenstelle (1766, 1776). 1791 wechselte M. schließlich an die Magdeburger Johanniskirche, in der sich das zweitgrößte Instrument des bedeutenden Hamburger Orgelbauers Arp Schnitger befand. M. blieb bis zu seinem Tod Johannisorganist in Magdeburg. Aus Altersgründen erhielt er 1825 → Johann Andreas Seebach zum Adjunktus, der sein Nachfolger wurde. In dem von Carl Friedrich Cramer hg. *Magazin der Musik* wird M. als „unser stärkster Orgel-Spieler", sowie als „einer unserer geschmackvollsten Clavierspieler und beliebter Komponist" hervorgehoben.

W: franz. Singspiel Le retour du camp; weltliche und geistliche Kantaten (alle Werke nicht erhalten). – **L:** Carl Friedrich Cramer, Magazin der Musik 2, 1784, 1. Hälfte, *41f.* (*W*); August Böhringer, Blüthenkränze in Poesie und Prosa, 1829, *105f., 188–191*; Vf., ... auf eine wohlfeile Art das Vergnügen der Musik zu gewähren, in: Kloster U. L. F. Stift. Pädagogium. Mus., 1995, *223–234*; Wolf Hobohm, Die Musik in der Johanniskirche zu Magdeburg, in: Die Pfarr- und Ratskirche St. Johannis zu Magdeburg, 1998, *69–79*; LHASA: Rep. A 4f Kloster U. L. F. VIII Nr. 8; Rep A 12 Spec. Magdeburg Nr. 17, vol. II.

Brit Reipsch

Magnus, Hugo
geb. 22.03.1878 Hammerstein, gest. nach 1945 New York, Kaufmann, Vorsteher der jüd. Gemeinde.

M. kam 1902 nach Genthin und eröffnete am Markt ein Textilgeschäft, das er nach zehn Jahren vergrößerte. Im Juli 1921 erwarb er in der Brandenburger Straße 24 und 25 zwei alte Wohnhäuser auf Abbruch und ließ 1925/26 auf den Grundstücken ein dreistöckiges, heute noch bestehendes Kaufhaus errichten. Das größte Textilkaufhaus der Stadt wurde in der „Reichskristallnacht" beschädigt. Neben seiner erfolgreichen kaufmännischen Tätigkeit war M. ca. 30 Jahre Vorsteher, Kassierer und Vorbeter der jüd. Gemeinde zu Genthin. Seinem Engagement ist es zu verdanken, daß für seine Gemeinde nach dem 1925 vorgenommenen Abbruch der von → Moritz Birnbaum und seinem Bruder Simon 1860/61 gebauten alten Synagoge ein neues Gotteshaus errichtet wurde. Er sammelte Gelder bei großen Lieferanten, klärte die Grundstücks- und Bauangelegenheiten und überzeugte die Reichsvereinigung der Juden in Berlin von dem Bau. Die Synagoge entstand in der Schenkestraße Nr. 19, jetzt Dattelner Straße. Am 06.10.1928 wurde in Anwesenheit kommunaler Persönlichkeiten und Vertreter der beiden Konfessionen die neue Synagoge feierlich eingeweiht. 1932/33 löste sich die ständig kleiner werdende jüd. Gemeinde in der Stadt auf, die Synagoge wurde verkauft und in ein Wohnhaus zurückgebaut. M. verließ mit seiner Fam. über Augsburg Dtl. und emigrierte nach China. Nach zehn Jahren Aufenthalt in China und dem Tod von Frau und Tochter ging M. in die USA und nahm Wohnsitz in New York, wo sich seine Spur verliert.

L: → Kurt Ahland, Juden zwischen Elbe und Havel, eine Dokumentation, 1988, *35f.*

John Kreutzmann

Malraux, Clara, geb. Goldschmidt
geb. 22.10.1897 Paris, gest. 15.12.1982 Moulin d'Andé, Philosophin, Schriftstellerin.

M., Tochter des aus Braunschweig stammenden Ledergroßhändlers Otto Goldschmidt, wuchs in Paris auf, verbrachte aber mit ihrer Mutter Margarethe, geb. Heynemann, alljährlich mehrere Monate bei den Großeltern, dem Kartoffelgroßhändler Gustav Heynemann und seiner Frau Luise, in Magdeburg in der Königstraße. Den jüd. Glauben lernte M. im Haus der Großeltern nur rudimentär kennen, aber sie erlebte in Magdeburg offene antisemitische Attacken von Kindern. Im I. WK kam es bei M. zu einer Identitätsbildung zugunsten Frankreichs. In dieser Zeit machte M. das Schreiben zu ihrer Profession. Im Kreis um den Verleger F. Fels lernte M. den Kulturphilosophen und späteren Kultusminister Charles de Gaulles, André M., kennen. 1921 heirateten sie. Beide bereisten Europa, Indochina, Persien, China, Japan, Korea und engagierten sich in der 1932 gegründeten *Association des artistes et écrivains révolutionnaires*, der auch u. a. Henri Barbusse und Romain Rolland angehörten. Eine Reise in die Sowjetunion anläßlich des Schriftstellerkongresses 1934 führte zu ersten Zweifeln; trotzdem waren sie führend an der Organisation des Int. Schriftstellerkongresses zur Verteidigung der Kultur in Paris 1935 beteiligt. Das Erstarken des Ns. führte M. zu ihrem Judentum. 1934 reiste sie zum ersten Mal nach Palästina. Mit ihrer 1933 geb. Tochter Florence ging M. 1940 in den Untergrund und war im Widerstand aktiv. Nach der Befreiung kehrte sie nach Paris zurück. Es war schwer für sie, als geschiedene Frau von André M. im kulturellen Leben wieder Fuß zu fassen. Sie übersetzte Lit. ins Französische, die Romantiker und ebenso Gegenwartslit., wie z. B. Yvan Goll und Virginia Woolf. Israel gewann an Bedeutung, die Kibbutz-Bewegung erschien als wegweisendes Gesellschaftsmodell. 1981 unternahm sie eine letzte Reise nach Magdeburg und fand nur die Gräber der Fam. wieder.

W: Les Conquérants, 1928; Portrait de Grisélidis, 1945; La Lutte inégale, 1946; La Maison ne fait pas crédit, 1947; Par les plus longs chemins, 1953; Civilisation du kibboutz, 1964; Java – Bali, 1964; Venus des quatre coins de la terre, 1972; Le bruit de nos pas (6 Bde), 1963–1979; Rahel ma grande sœur ... Un salon littéraire du romantisme, 1980. – **L:** Christian de Bartillat, C. M. Le regard d'une femme sur son siècle. Biogr.-témoignage, 1985; Vf., Zwischen Paris und Magdeburg. Die frühen Jahre der C. M., geb. Goldschmidt, in: Vf./Marina Sassenberg (Hg.), Wegweiser durch das jüd. Sa.-Anh., 1998, *270–277* (***B***).

Jutta Dick

Manheimer, Ernst *Moritz*
geb. 01.05.1826 Gommern, gest. 27.03.1916 Berlin, Großkaufmann.

Der Sohn des Kantors der jüd. Gemeinde in Gommern ging bis 1840 in die Volksschule seiner Geburtsstadt. Nach dem Tod der Eltern wurde er Lehrling im Konfektionsgeschäft des Bruders, Geh. Kommerzienrat Valentin M., in Berlin. 1852 bis 1892 war M. Mitinhaber dieser Weltfa. Große Verbundenheit mit der Vaterstadt Gommern zeigte M. durch zahlreiche Schenkungen für Ortsarme, eine Kinderbewahranstalt, ein Siechen-Hospital, die Lungenheilanstalt Vogelsang und die Pflege des jüd. Friedhofs. Die einzelnen Summen der Schenkungen schwankten zwischen 6.000 und 220.000 Goldmark. Als Gegenleistung für diese Stiftungen übernahm die Stadt Gommern für alle Zeiten die Unterhaltung der Umfassungsmauern des jüd. Friedhofs. Im ehemaligen M.-Stift, bis 1993 ein Altenheim, ist heute eine Jugendherberge untergebracht. 1884 erhielt M. das Ehrenbürgerrecht der Stadt Gommern. Im Alter verwaltete M. in Berlin Ehrenämter, förderte das Leben und Wachsen jüd. Gemeinden. Auch in Berlin entstanden durch sein Engagement viele Wohltätigkeitseinrichtungen.

L: Emil Meyer, Chronik der Stadt Gommern und Umgegend, 1897, *84–86*; Gustav Hartwig, M. M. – Sohn und Förderer unserer Stadt, in: Fs. 1050 Jahre Gommern, 1998, *39*. – **B:** *Hermann Simon, Das Berliner Jüdische Mus., 1988.

Elke Klitzschmüller

Mann, Dieter, Prof. Dr. med. habil.
geb. 28.06.1921 Chemnitz, gest. 30.12.1995 Magdeburg, Arzt.

Der Sohn des Arztes Paul M. studierte 1939–45 Med. in Leipzig und Jena. Er prom. 1945 und war anschließend Assistenzarzt in verschiedenen Krankenhäusern. 1952–60 war M. am Bezirkskrankenhaus St. Georg in Leipzig tätig, 1952 wurde er Facharzt für Lungenkrankheiten und 1956 Facharzt für Innere Med. Von 1960 bis 1987 war M. Oberarzt, später Leiter der Kardiologie in der Med. Klinik der Med. Akad. Magdeburg. Schwerpunkte seiner Forschungen waren Infarkt und die Rehabilitation. 1970 erfolgte die Habil., 1976 wurde M. zum ao. Prof. ernannt. M. leistete in Magdeburg kardiologische Pionierarbeit. Er brachte die Behandlung von Rhythmusstörungen und die Infarkttherapie auf den modernen Stand und führte zweimal jährlich kardiologische Weiterbildungsveranstaltungen mit hohem Niveau durch. Im Stadtpark trainierten Sportgruppen herzkranker Patienten. 1990 eröffnete er eine eigene Praxis. Ab 1990 erwarb sich M. große Verdienste bei der Durchsetzung einer adäquaten Altersversorgung für Ärzte und Hochschul-Lehrer.

W: Zweckmäßige Herz- und Kreislauftherapie, in: Zs. für die gesamte innere Med. 18, 1963, *145*. – **L:** Henning Friebel, Prof. Dr. D. M., in: Ärztebl. Sa.-Anh. 7, Nr. 2, 1996, *6*. – **B:** Univ.-Klinikum Magdeburg.

Wilhelm Thal

Manteuffel, Hans *Carl* Erdmann Freiherr von
geb. 06.03.1773 Sorau/Niederlausitz, gest. 31.03.1844 Magdeburg, Jurist, preuß. Oberlandesgerichtspräsident.

Der Sohn des Kurfürstlich-Sächsischen Majors Christoph Friedrich von Mihlendorff Freiherr v. M. wuchs mit sieben weiteren Geschwistern auf dem elterlichen Gut in der Niederlausitz auf und erhielt hier Privatunterricht. 1792 ermöglichte ein jährliches Stipendium der sächsischen Reg. das Studium der jur. Wiss. an der Univ. Leipzig, welches M. 1798 beendete. Zunächst wirkte der junge Jurist als Landsyndikus des Markgrafentums Niederlausitz. Sein jüngerer Bruder Otto war ein begabter Beamter, der sich in die Fragen zur Verfassung und Verwaltung in Sachsen einbrachte und kurz vor seinem frühen Tod 1812 den König in einem Schreiben bat, M. seinem Nachfolger im Amt zu bestimmen. Noch im selben Jahr trat dieser als Oberamts-Regierungspräsident in Lübben an. Nachdem die Niederlausitz an Preußen übergegangen war, wurde M. Präsident des OLG in Ratibor. 1819 übernahm er die Aufgabe als OLG-Präsident in Magdeburg. 1821 siedelte die Fam. in die Elbestadt über. Hier ließ er den beiden Söhnen des verstorbenen Bruders, neben den eigenen drei Kindern, eine Erziehung und Ausbildung in seinem Hause angedeihen. Einer der Neffen, Karl Otto, wurde später Chef des preuß. landwirtsch. Ministeriums und ab 1873 konservatives Mitglied des Abgeordnetenhauses. Ab 1839 saß M. ehrenamtlich im Magdeburger Stadtrat. Er erhielt vom König die Titel Wirklicher Geh. Rat und Exzellenz sowie Ritter des Roten Adler-Ordens II. Kl. mit Stern und Eichenlaub verliehen. Bis zu seinem Tode wirkte der 1841 schwer erkrankte M. in seinem Amt. Mit seinem Dienstbeginn in Magdeburg arbeitete er an der Seite des Regierungspräsidenten → Wilhelm Anton von Klewiz für eine moderne Provinzialgesetzgebung zur Regelung der Rahmenbedingungen für die kommunale Selbstverwaltung und für eine wirtsch. Entwicklung in den preuß. Provinzen. 1826 entstand der 1. Entwurf dazu. Im engen Zusammenwirken mit der Stadt Magdeburg und im Konsens mit den 1831 erstmals gewählten Stadtverordneten beförderte M. die erste Städteordnung, die 1832 in Kraft trat. Im Schriftwechsel zum Provinzialrecht bezog sich der OLG-Präsident dabei u. a. auf das Magdeburger Stadtrecht von 1483. 1837 erschien das Magdeburger Provinzialgesetzbuch auf M.s Empfehlung bei → Wilhelm von Heinrichshofen. 19 Jahre seiner Tätigkeit am Magdeburger OLG widmet M. der Weiterentwicklung der Provinzialgesetzgebung im Sinne der Regionen und Städte der preuß. Provinzen in Sachsen und Brandenburg, vermittelte zwischen dem Oberpräsidenten, der kgl. Reg. und den Städten, insbesondere der Stadt Magdeburg. 1837 ernannte der Oberbürgermeister → August Wilhelm Francke M. anläßlich seines 25jährigen Dienstjubiläums zum Ehrenbürger der Stadt Magdeburg und würdigte damit die Leistungen des Chefpräsidenten des OLG zur Regelung der Rechte und Kompetenzen der preuß. Kommunen. Darüber hinaus engagierte sich M. für die Wohltätigkeit in der Stadt. Er war ab 1822 Mitglied der Loge „Ferdinand zur Glückseligkeit" und wirkte von 1839–1844 als Meister vom Stuhl. Der Träger des St. Johanniter-Ordens war bereits als Student lit. tätig und förderte als Mitglied der *Lit. Ges.* auch die schöngeistige Kultur in Magdeburg.

L: Georg Schmidt, Die Fam. v.M., I. Abt.: Freiherrlich Sächsisch-Niederlausitzer Linie, 1905; Magdeburgische Ztg. vom 01.04.1844 und 05.04.1844; LHASA: Rep. C 125 OLG Magdeburg, Vol. I, Vol. II, Entwurf zum Magdeburger Provinzialgesetzbuch, 1831/32–1843. – B: *Erinnerungs-Bll. zum hundertfünfzigjährigen Stiftungsfeste der Loge „Ferdinand zur Glückseligkeit" zu Magdeburg am 23. Februar 1911, o. J. [1910].

Heike Kriewald

Manzek, Ernst
geb. 26.03.1875 Hiller-Gärtringen/Pommern, gest. 25.02.1941 Schönebeck, Pädagoge, Heimat- und Naturforscher.

Über 20 Jahre lang war M. Rektor der Pestalozzischule in Schönebeck, die gleichzeitig die Verbandsschule des Gesamtschulverbandes Schönebeck, Groß Salze und Frohse war. Parallel dazu stand er in den ersten Jahren seiner Tätigkeit auch der Frohser Volksschule vor und verwaltete zudem die städtische Bibl. M. war Leiter des Schönebecker Naturforscherklubs und des *Botanischen Vereins* in Magdeburg und gehörte zu den Mitbegründern der mit Sitz in Schönebeck 1924 ins Leben gerufenen *Ges. für Vorgesch. und Heimatkunde des Kr. Calbe*. Die Ges. widmete sich der Erforschung der gesamten materiellen und ideellen Kultur des Kr. Calbe mit den Sitten, Bräuchen und der Folklore von der Urgesch. bis zur Gegenwart. Auf Betreiben der Ges. wurde im September dess. Jahres das Kreisheimatmus. gegründet, das zunächst in der Pestalozzischule untergebracht war. M. stand mit mehreren Univ. zu seinem Fachgebiet (Flora und Fauna) in Korrespondenz und arbeitete in regionalen Fragen u. a. eng mit → Albert Mennung, → Wolfgang Wanckel, → Max Rosenthal, → Otto Thinius und → Wilhelm Schulze zusammen. Seine Liebe zur Natur machte ihn zu einem sehr guten Kenner der heimischen Flora und Fauna.

W: Die Einweihung des Staßfurter Heimatmus., in: Heimatglocken des Kr. Calbe 3, 1927, *34*; Der Messingkäfer, in: ebd. 3, 1927, *81f.*; Safran macht den Kuchen geel, in: ebd. 3, 1927, *91*. – L: Schönebecker Ztg., Jg. 87, 1941, Nr. 48 (Nachruf). – B: *StadtA Schönebeck.

Britta Meldau

Marcks, Gerhard
geb. 18.02.1889 Berlin, gest. 13.11.1981 Burgbrohl/Eifel, Bildhauer, Graphiker.

M. fand nach dem Abitur ersten Kontakt zur Plastik durch August Gaul und Georg Kolbe in Berlin. 1908–12 führte der autodidaktisch Gebildete ein Atelier mit Richard Scheibe. Vom Kriegsdienst 1914–18 kehrte er schwerkrank zurück und übte 1918/19 eine Dozentur in der Bildhauerklasse an der Staatl. Kunstgewerbeschule in Berlin aus. 1919 wurde M. Mitglied des *Arbeitsrates für Kunst* Berlin und leitete 1919–25 die Keramik-Werkstatt des Staatl. Bauhauses Weimar. Er folgte 1925 einer Berufung an die Kunstgewerbeschule Burg Giebichenstein Halle, die er 1928–33 leitete. 1933 wurde M. von den Nationalsozialisten entlassen und erhielt 1934 das Rom-Stipendium für die Villa Massimo. Er siedelte 1945 nach Mecklenburg um und lehrte an der Landeskunstschule Hamburg. Ab 1950 war er in Köln als freier

Bildhauer tätig. M. zählt zu den herausragenden Künstlern des 20. Jhs, die das Bild der figürlichen Plastik wesentlich prägten. Er setzte sich in seinem späteren Werk bewußt mit europäischen Traditionen und Mythen auseinander, wobei er sich als Realist und Humanist verstand. Sein Werk ist durch mehrere Schaffensphasen gekennzeichnet, in denen er sich unterschiedlichsten Stilrichtungen zuwandte. Zu den bedeutenden künstlerischen Leistungen M.' gehören die Figuren für die Fassade der Katharinenkirche in Lübeck. Die zweiflüglige ornamentale Eingangstür für die Klosterkirche des Klosters U. L. F. in Magdeburg fertigte er 1975/76 aus Bronze. M. wurde 1952 zum Ritter des Ordens „Pour le mérite" ernannt.

N: G. M.-Stiftung Bremen; Germanisches Nationalmus. Nürnberg. – L: Ursula Frenzel (Hg.), G. M. 1889–1981. Briefe und Werke, 1988; dies., Der schriftliche Nachlaß von G. M. im Archiv für Bildende Kunst im Germanische Nationalmus. Nürnberg, in: Kulturberichte, 1989, Nr. 1, *12–14*; Martina Rudloff (Hg.), G. M. 1889–1981, Retrospektive (Kat. zur Ausstellung), 1989. – B: G. M.-Stiftung Bremen; KHMus. Magdeburg.

Ines Hildebrand

Maresch, *Johannes* Otto Ernst
geb. 12.09.1882 Dessau, gest. 14.12.1949 Berlin, ev. Pfarrer, Schriftsteller.

Der Sohn des hzgl.-anhaltischen Regierungskalkulators Hermann Otto M. absolvierte das hzgl. Friedrichs-Gymn. in Dessau. 1902–04 studierte er ev. Theol. und Philologie in Greifswald und Halle. In Halle wurde er besonders durch Hermann Reischels christozentrische Behandlung der Dogmatik beeinflußt. 1905 absolvierte er einen Lehrerkurs in Köthen/Anhalt, 1906 einen einjährigen Militärdienst. 1906–07 war er Lehrer an der Realschule in Izmir/Türkei und Helfer der dortigen ev. Gemeinde, danach als Hilfslehrer in Dtl. angestellt. Ab 1908 wirkte er als Vikar an der Johanniskirche in Dessau. Nach seiner Ordination wurde M. 1909 Hilfsprediger in Alten bei Dessau und in Coswig/Anhalt sowie Lehrer an der dortigen Mädchenschule. 1911–17 hatte er das Pfarramt in Dornburg bei Zerbst inne. 1917–18 leistete er Militärdienst als Felddivisionspfarrer des 232. Infanterieregiments. 1923–39 war er Pfarrer der Wallonisch-Reformierten Gemeinde Magdeburg und arbeitete dabei 1923–35 als Stadtjugendpfarrer und 1925–27 sowie 1936 und 1939 als Verwalter der Pfarrstelle der Franz.-Reformierten Gemeinde. 1939–44 wurde er zum zweiten Pfarrer der franz.-reformierten Friedrichstadtkirche in Berlin berufen. Er geriet dort wegen seiner pro-ns. Einstellung in Widerspruch zur Gemeinde und ab 1942 wegen seines Führungsanspruchs bei der Gemeindeleitung auch zum Presbyterium. 1944 wurde er aus der Friedrichstadtkirche als Pfarrer entlassen. 1945–46 übernahm er die kommissarische Verwaltung der drei pfarrerlosen reformierten Gemeinden Magdeburgs. M. war 1924–33 Mitglied der „Großen Loge von Preußen" und 1928–42 stellvertretender Schriftführer des *Dt. Hugenotten-Vereins*. Seit 1932 nahm er regelmäßig an den Freien Dt. Hugenotten-Synoden teil. 1933 trat er der Glaubensgemeinschaft Dt. Christen bei. Ab 1944 tendierte er jedoch wieder zur kirchenpolitischen Mitte. Für die Magdeburger reformierte Gemeinde war er schriftstellerisch und kompositorisch tätig. Seine diesbezüglichen Arbeiten hatten lokalen Charakter. Intensiv beschäftigte er sich mit der Gesch. der Wallonisch-Reformierten und der Franz.-Reformierten Gemeinde Magdeburgs und legte seine Untersuchungsergebnisse in Jubiläums-Schriften und im Wallonisch-Reformierten Kirchenkal. nieder, deren Hg. er von 1924 bis 1939 gemeinsam mit → Johann Duvigneau war. Von genealogischer Bedeutung sind seine Arbeiten zur Erforschung der belgischen Herkunft der wallonisch-reformierten Gemeindeglieder. M. war zudem Hg. der *Monatsbll. des Gustav-Adolf-Vereins der Provinz Sachsen* (1931–39) sowie Redakteur der *Kirchlichen Nachrichten für die franz.-reformierten Gemeinde in Großberlin*.

W: Die Rubins. Ein Volksschauspiel aus der Reformationszeit Magdeburgs in drei Aufzügen, 1924; Das Spiel vom Roten Horn. Märchenspiel, 1927; Die Zerstörung Magdeburgs, Hist. Schauspiel, 1931; Die Franz.-Reformierte Gemeinde zu Magdeburg. Ein Rückblick auf 250 Jahre ihrer Gesch., 1687–1937, 1937; Die Wallonisch-Reformierte Kirche zu Magdeburg. Die Gesch. eines Gotteshauses, 1938. – L: Ursula Fuhrich-Grubert, Hugenotten unterm Hakenkreuz. Studien zur Gesch. der Franz. Kirche zu Berlin, 1994, *566–571*; Pfarrerbuch der Kirchenprovinz Sachsen. – B: *J. M., Die Wallonisch-Reformierte Gemeinde zu Magdeburg, 1939, *113*.

Henner Dubslaff

Markmann, *Fritz*-August Wilhelm, Dr. jur.
geb. 23.09.1899 Perleberg, gest. 13.03.1949 Ebstorf/Kr. Uelzen, Jurist, Kommunalpolitiker, Oberbürgermeister in Magdeburg.

Der Sohn eines Sattlermeisters besuchte 1906–17 die Volksschule und das Reform-Realgymn. in Perleberg, wurde 1917 Soldat und nach einer Kurzausbildung Dolmetscher in Kriegsgefangenenlagern der Provinz Sachsen. 1919 begann M. ein Med.-Studium in Berlin. Nach dessen Abbruch studierte er Rechts- und Kameralwiss. in Jena. 1922 folgte die Prom. Seit 1923 war M. Syndikus in Bitterfeld und Berlin, ab 1925 Syndikus und Geschäftsführer mittelständischer Wirtschaftsverbände in Magdeburg. M. trat nach zeitweiliger Mitgliedschaft in der Wirtschaftspartei im Oktober 1931 in die NSDAP ein, fiel in der Magdeburger ns. Bewegung jedoch nicht auf. Er wurde am 12.03.1933, auf dem 19. Platz der NSDAP-Kandidatenliste liegend, in die Stadtverordnetenverslg. gewählt. Als am 22.03.1933 SA- und SS-Revoluzzer „putschten" und einen Standartenführer kommissarisch auf den durch die Ablösung → Ernst Reuters vakanten Oberbürgermeisterstuhl setzen wollten, entschied sich am folgenden Tag die preuß. Staatsreg. für M. Mit ihm wurde ein Kandidat bestimmt, der Sachkompetenz, Augenmaß und Ansehen in den Wirtschaftskreisen besaß. Am 06.07.1933 offiziell zum Oberbürgermeister „gewählt", übte er entsprechend des ns. „Führer-Gefolgschafts-Prinzips" das Stadtregiment autoritär aus. Ein Ratsherrenkollegium hatte lediglich beratende Funktion. Die von M. getroffenen Entscheidungen stellten, wenn auch ns. verbrämt, stets die Sachfragen in den Mittelpunkt. Seit 1935 wurden die Befugnisse M.s durch den zum „Beauftragten der NSDAP für die Stadt Magdeburg" eingesetzten ns. Kreisleiter → Rudolf Krause spürbar eingeengt. Der „Beauftragte" entschied fortan alle wichtigen personalpolitischen Fragen. Festlegungen des Oberbürgermeisters mußten von ihm genehmigt werden. M., zwar ein überzeugter Anhänger des ns. Regimes, distanzierte sich innerlich von den fanatischen Ideologen und den primitiven Scharfmachern. Obwohl von Gewissensbissen geplagt, mußte er vom „Beauftragten" und den Ratsherren an ihn herangetragene Forderungen (z. B. Ausgrenzung und Verfolgung der jüd. Mitbürger) umsetzen. In seine Amtszeit bis zum Ausbruch des II. WK fallen beachtliche kommunalpolitische (Wohnungsbau) und wirtsch.-technische Leistungen (Handelshafenausbau, Anschluß an Autobahn und Mittellandkanal, Schiffshebewerk). Jedoch stoppten die aufgrund der Aufrüstung fehlenden Gelder seit 1937/38 andere groß angekündigte Projekte (Ost-West-Durchbruch, Strombrücke). M. widmete sich engagiert dem geistig-kulturellen Leben. Er ermahnte die Parteigenossen, sich mehr um Kultur und Theater zu kümmern. An der Gesch. Magdeburgs sehr interessiert, gründete er 1933 das Stadtgesch. Mus. Trotz der Belastung im Amt veröffentlichte er verkehrswiss. Studien. Besonders interessierten ihn Gesch. und Verbreitung des Magdeburger Stadtrechts, zu dem er, ausgehend von geopolitischen Positionen, mehrere Publikationen vorlegte. Den offiziellen Auftakt für die Slg. der Magdeburger Schöffensprüche bildete Mitte 1937 eine Ausstellung, verbunden mit einem ns. Rechtswahrertag. M. beauftragte den Stadtarchivar → Paul Krause, in den Ostgebieten des Dt. Reiches Magdeburger Schöffensprüche zu sammeln. Ein von ihm 1940 gegründetes Inst. zur Erforschung des Magdeburger Stadtrechts blieb Episode. Der Ausbruch des II. WK bedeutete auch im Leben M.s einen tiefen Einschnitt. Zwar befreite er sich zunehmend von der Vormundschaft des ns. Kreisleiters, jedoch nahm dessen Position bald der Gauleiter und Reichsverteidigungskommissar → Rudolf Jordan ein. Alle zivilen Bauvorhaben und Projekte mußten gestoppt werden. In den Mittelpunkt seiner Arbeit rückten die Versorgung der Menschen und der Luftschutz. Ab 1944 mußte M. tatenlos zusehen, wie die Stadt, der er eine große Zukunft vorausgesagt hatte, in Schutt und Asche fiel. Obwohl er auf seinen Posten ausharrte und die sich anbahnende totale Katastrophe mit zu verantworten hatte, ging er auf immer größere innere Distanz zum ns. Regime. Davon zeugen auch seine Kontakte zum Leipziger Oberbürgermeister Carl Goerdeler. Von der Sinnlosigkeit des Krieges überzeugt, versuchte er im April 1945 ohne Erfolg die Verteidigung der todwunden Elbestadt zu verhindern. Von den Amerikanern verhaftet und interniert, wurde er im September 1946 entlassen und fand bei Verwandten in Ebstorf Unterkunft. Dort arbeitete er bis zu seinem Tode als kaufmännischer Angestellter. Eine niedersächsische Entnazifizierungskommission stufte ihn als „Mitläufer" ein.

L: StadtA Magdeburg: Dokumente; Familienunterlagen Anne-Leonore Sörnsen, geb. M. (priv.). – **B:** *StadtA Magdeburg.

Manfred Wille

Marschner, *Heinrich* **August,** Dr. phil. h.c.
geb. 16.08.1795 Zittau, gest. 14.12.1861 Hannover, Komponist, Dirigent, Generalmusikdir.

Nach Besuch des Zittauer Gymn. begab sich M. 1813 nach Leipzig, um Jura zu studieren. Von Johann Gottfried Schicht musikalisch gefördert, nahm er 1817 eine Musiklehrerstelle in Preßburg an und trat auch als Pianist auf. Nach Aufführung von drei Opern in Dresden (1820) erhielt er 1824 die Anstellung als Musikdir. an der Oper. 1826 führten ihn Reisen nach Berlin, Danzig, Königsberg, Magdeburg, Düsseldorf und an das Leipziger Stadttheater. 1831 nahm er die Kapellmeisterstelle am Hoftheater Hannover an, wo er bis zur Pensionierung 1859 als Generalmusikdir. tätig war. Das Schwergewicht in M.s Schaffen liegt auf den Bühnenwerken. M. ist in der dt. Oper das lebendige Zwischenglied zwischen Carl Maria von Weber und → Richard Wagner. Durch musikalische Ausweitung der Szene näherte M. die dt. Oper dem Musikdrama. Mit seinem Hauptwerk „Hans Heiling", 1831/32 geschrieben und ein Jahr später in Berlin uraufgeführt, wirkte er durch die Einbeziehung von Erlösungsmotiven anregend auf Wagner. Im April 1827 weilte M. wiederholt in Magdeburg im Hause seines Schwagers August Wohlbrück, der von 1825 bis 1829 hier Regisseur war. Er schrieb das Libretto zur Oper „Der Vampyr", deren erste Szenen M. noch in Magdeburg vertonte. Nach der UA in Leipzig, die ihm einen ausgezeichneten Ruf verschaffte, erfolgte am 15.12.1828 die erste Aufführung in Magdeburg. Für den gefeierten Baßbuffo Christian Wilhelm Fischer, der 1828/29 Sänger in Magdeburg war, schrieb M. den Part des „Tom Blant". M.s günstiges Urteil über das Musikleben in Magdeburg ist in einem Bericht erhalten, den er unter dem Titel „Über den Zustand der Musik in Magdeburg" veröffentlichte (auch in: Berliner Allg. musikalische Ztg., April 1827). Zu seinem umfangreichen Lebenswerk gehören 13 Opern, etwa 420 Klavierlieder sowie 120 Stücke für Männerchöre. Die Univ. Leipzig verlieh M. 1834 die phil. Ehrendoktorwürde.

W: Der Holzdieb, 1825; Der Templer und die Jüdin, 1829. – **L:** MGG 8, Sp. *1681–1688* (**W, B**); Riemann 2, ¹²1961, *156–158*; → Erich Valentin, Musikgesch. Magdeburgs, in: GeschBll 68/69, 1933/34, *40*.

Rainhardt Kober

Martin, *Ernst* **Herbert**
geb. 03.03.1885 Schraplau/Mansfelder Land, gest. 12.11.1974 Bad Münstereifel, ev. Pfarrer, Politiker.

M., Sohn kleiner Geschäftsleute, studierte nach seiner Mannheimer und Eislebener Gymnasialzeit in Berlin und Halle ev. Theol. 1910 bestand er in Wittenberg das zweite theol. Examen und leistete danach für zwölf Monate seinen Militärdienst in Magdeburg. Nach seiner Ordination 1911 arbeitete er ein Jahr als Hilfsprediger in Nordgermersleben und Hötensleben sowie anschließend bis 1918 als Pfarrer in Felgentreu bei Luckenwalde. 1918 wurde ihm eine von vier Pfarrstellen am Magdeburger Dom zugeteilt, die er bis zu seiner Pensionierung 1957 ausfüllte. Seit 1920 unterstützte M. den *Stahlhelm – Bund der Frontsoldaten* auf Bitten seines Gründers → Franz Seldte. Auf M.s Initiative dürften auch die Feldgottesdienste zurückzuführen sein, die fester Bestandteil der alljährlich stattfindenden Reichsfrontsoldatentage des Bundes waren. Ausgeprägt waren seine kritischen Stellungnahmen gegen die Republik in Predigten und politischen Veranstaltungen. Erster Höhepunkt antirepublikanischen Denkens war sein Bekenntnis zur DNVP, die er von 1924–1928 als MdR vertrat. Hauptsächlich setzte er sich hier für den Erhalt einer christlichen Schule ein. In den letzten Jahren der Weimarer Republik war bei M. eine deutliche Tendenz der Anlehnung an den Ns. zu beobachten. So hielt er u. a. im Oktober 1930, einer Bitte der SA folgend, eine Predigt im Dom, die von ns. Seite als höherer Gewinn als eine kurze Zeit zuvor in der Magdeburger Stadthalle stattgefundene Rede Adolf Hitlers eingestuft und als Durchbruch der NSDAP im SPD-regierten Magdeburg eingeschätzt wurde. Neben dem Dir. des Magdeburger Kaiser-Friedrich-Mus., → Walther Greischel, war auch M. an der Kritik und letztendlichen Entfernung des Ehrenmals für die Gefallenen des I. WK von → Ernst Barlach aus dem Dom 1934 beteiligt. Von der Enttäuschung über die Weimarer Demokratie her muß sein Eintritt in die NSDAP am 01.03.1933 und der Übertritt zu den Dt. Christen verstanden werden. Bereits 1934 begann jedoch ein mehrere Jahre andauernder Prozeß der Abwendung. Daher kam auch eine geplante Berufung zum Bischof von Berlin nicht mehr in Frage. Als Vertreter der Dt. Christen gehörte M. dem Kirchenausschuß der altpreuß. Landeskirche ebenso an wie dem Provinzialkirchenausschuß der Kirchenprovinz Sachsen, dem er seit 1935 vorstand. Bis zum Scheitern der Ausschüsse war er darum bemüht, eine Ausgleichspolitik im Kirchenkampf innerhalb der ev. Kirche der Provinz zu betreiben. Aus den Reihen der Dt. Christen wurde er 1936 ausgeschlossen, nachdem er der Bekennenden Kirche für ihre Haltung Respekt bekundet hatte. Ihr trat er nach einem öffentlichen Schuldbekenntnis 1937 bei. Kurz vor dem Kriegsende spielte M. noch einmal eine bedeutende Rolle für Magdeburg. Seinem Eingreifen war es zu verdanken, daß der Dom nicht durch bereits feuerbereite amerikanische Geschütze zerstört wurde, da er rechtzeitig innerhalb eines Ultimatums der Amerikaner eine Hakenkreuzfahne vom Dom nehmen ließ.

N: Lebenserinnerungen, Ms. o. J. (Privatbesitz Herbert M., Bad Harzburg). – **L:** Reichstags-Hdb 1920–1933, 1933 (**B**); Herbert M., E. M. – Aus seinem Leben (masch. Kompilation), 1979; Martin Onnasch, E. M., in: Mathias Tullner (Hg.), Persönlichkeiten der Gesch. Sa.-Anh., 1995, *318–321*; Vf., Der Magdeburger Domprediger E. M. (1885–1974) im Spannungsfeld von Politik und Kirchenpolitik in der Zeit der Weimarer Republik und des Ns., in: Mathias Tullner (Hg.), Sa.-Anh. Beiträge zur Landesgesch. 15, 1999, *101–124* = Kurzfassung der masch. Examensarb. Univ. Magdeburg, 1996 (**W**); AKPS: Rep. A, Spec. P, M 435 (PA). – **B:** *Herbert M., Bad Harzburg (priv.).

Ralf Czubatynski

Martini, *Fritz* **Oskar Richard,** Prof. Dr. phil. habil.
geb. 05.09.1909 Magdeburg, gest. 05.07.1991 Stuttgart, Hochschullehrer, Philologe, Literaturhistoriker.

Der Sohn des Fabrikanten Friedrich M. wuchs in Magdeburg auf und legte nach dem Besuch eines Gymn. in Hamburg 1928 an der Magdeburger Bismarck-Schule sein Abitur ab. Danach studierte er bis 1931 dt. und englische Philologie in Zürich, Graz, Heidelberg und Berlin. Hier prom. er

1934 mit der Arbeit „Der Raum in der Dichtung Wilhelm Raabes" (Teildruck 1934 mit verändertem Titel). Im Wintersemester 1933/34 war M. Assistent seines Doktorvaters Julius Petersen an der Univ. Berlin und von 1934 bis 1937 Lektor im Berliner Verlag *Volksverband für Bücherfreunde*. Nach einem gescheiterten Habilitationsversuch 1937 in Kiel habil. sich M. 1938 an der Univ. Hamburg mit der Arbeit „Das Bauerntum im dt. Schrifttum von den Anfängen bis zum 16. Jh." (erschienen 1944). An der Univ. Hamburg war er bis 1943 als Privatdoz. tätig. Von 1940 bis 1944 leistete M. als Gefreiter Kriegsdienst bei der Infanterie in Rußland, war 1944/45 Dolmetscher der Wehrmacht in Italien und geriet 1945 in englische Kriegsgefangenschaft. 1943 wurde M. zum ao. Prof. für Ästhetik und Allg. Literaturwiss. an der TH Stuttgart ernannt. Seit 1948 war er hier Leiter der Abt. für Geisteswiss. 1950 folgte die Berufung zum o. Prof. An der TH Stuttgart lehrte er bis zu seiner Emeritierung 1974. Daneben hielt er, z. T. im Rahmen von Gastprofessuren, Vorlesungen an Univ. in Europa und den USA, darunter in London, Paris, Oslo, New York, Venedig und Berkeley. M. gehörte zu den wichtigsten Vertreter der form- und geistesgeschichtlich orientierten Germanistik in der Bundesrepublik, in deren Zentrum die Interpretation lit. Werke stand. Er veröffentlichte zahlreiche Bücher und Aufsätze zur Literaturgesch., war Hg. einflußreicher germanistischer Publikationsorgane wie der Zs. *Der Deutschunterricht* (1948–79) und des „Jb. der Dt. Schillerges." (1957–87) und edierte u. a. die Werke von Christoph Martin Wieland (5 Bde, 1964–68). Zu den Publikationen gehören Standardwerke, die z. T. in vielen Auflagen erschienen sind, wie eine „Dt. Literaturgesch." (1949, ¹⁹1991) und die umfangreiche Epochendarstellung „Dt. Lit. im bürgerlichen Realismus 1848–1898" (1962, ⁴1981). Mit der Politisierung und Theorieorientierung der Germanistik seit den 1970er Jahren haben M.s Bücher zunehmend an Einfluß verloren.

W: s.o.; Die Stadt in der Dichtung Wilhelm Raabes, 1934; Heinrich von Kleist und die gesch. Welt, 1940; Was war Expressionismus? Deutung und Auswahl seiner Lyrik, 1948; Das Wagnis der Sprache. Interpretationen dt. Prosa von Nietzsche bis Benn, 1954, ⁶1974; Gesch. im Drama – Drama in der Gesch. Spätbarock, Sturm und Drang, Klassik, Frührealismus, 1979; Vom Sturm und Drang zur Gegenwart. Autorenporträts und Interpretationen. Ausgewählte Aufsätze, 1990. – **N:** DLA Marbach. – **L:** Helmut Kreuzer (Hg.), Gestaltungsgesch. und Gesellschaftsgesch. F. M. zum 60. Geb., 1969; ders., Zum Tode von F. M., in: Dt. Akad. für Sprache und Dichtung. Jb. 1991, *168–171*; ders., F. M., in: Baden-Württembergische Biographien, Bd. 2, 1999, *312–314*; Vf., F. M. (mit Bibl.), in: Christoph König (Hg.), Int. Germanistenlex. 1800–1950 (i.V.).

Detlev Schöttker

Maßmann, Hans Ferdinand, Prof. Dr. phil.
geb. 15.08.1797 Berlin, gest. 03.08.1874 Bad Muskau/Sachsen, Germanist, Lehrer.

M. studierte ev. Theol. und Klass. Philologie in Berlin und Jena. Als Gymnasiast und Student in Berlin war M. ein eifriger Turner bei Friedrich Ludwig Jahn auf der Hasenheide. 1815–16 diente er als Freiwilliger im 2. Ostpreuß. Regiment. Nach dessen Auflösung schickte ihn Jahn gemeinsam mit Eduard Dürre nach Jena, wo er seine Studien fortsetzte und gleichzeitig aktiv als Vorturner in der Burschenschaft wirkte. Für die Anstiftung der Verbrennungsszene 1817 bei der Wartburgfeier bestrafte ihn die Jenaer Univ.-Behörde mit acht Tagen Karzer. Dem Ruf des Turnplatzleiters → Wilhelm Harnisch folgte M. als Hilfslehrer und Vorturner 1818 nach Breslau. Von dort wurde er wegen der Turnstreitigkeiten („Breslauer Turnfehde") im Zuge der 1. Demagogenverfolgung 1819 nach Magdeburg ausgewiesen. Am Domgymn. unterstand er 1819 zum Hospitieren und Unterrichten der Aufsicht von Konsistorialrat → Johann Andreas Matthias. Da M. keine finanzielle Unterstützung bekam, wanderte er 1819 heimlich zu Fuß nach Erlangen, zeigte dies am 31.12. aber selbst beim Berliner Polizeiministerium an. 1823 fand er schließlich eine Anstellung in der Detmannschen Lehranstalt in Nürnberg. 1829 wurde er in München als einer der ersten zum Prof. für Germanistik berufen und richtete 1831 dort einen großen Turnplatz ein. 1843 rief ihn das preuß. Ministerium nach Berlin. Als ehemaliger Lieblingsschüler Jahns wollte er unverändert die alte Tradition des öffentlichen Turnens in der Hasenheide wiederbeleben und war ein energischer Gegner des sich anbahnenden Schulturnens. Aber der Schwung der Freiheitsjahre von 1811 bis 1819 war in den 1840er Jahren nicht mehr vorhanden, und M. scheiterte kläglich. Dennoch hat er für das dt. Vereinsturnen viel geleistet. Hoffmann von Fallersleben verspottete M. aus philologischen Rivalitäten. M. verfaßte als Gegenwehr sein Lied „Ich hab mich ergeben mit Herz und Hand ...", Fallersleben das „Deutschlandlied" – damit haben beide offenbar langlebige Vaterlandsgesänge geschrieben, gewissermaßen als Ergebnis ihres philologischen Duells.

L: Beckmanns Sport-Lex. A–Z, 1933, Sp. *1572*; Vf., Die Turnbewegung und die Burschenschaften als Verfechter des Freiheits- und Einheitsgedankens in Dtl. 1811–1847, Diss. Halle, 1965, *111, 127, 211*; Joachim Burkhard Richter, H. F. M., Altdt. Patriotismus im 19. Jh., in: Quellen und Forschungen zur Sprach- und Kulturgesch. der germanischen Völker, 1992, *12f.*; Bruno Saurbier, Gesch. der Leibesübungen, 1955, *116, 128*.

Norbert Heise

Materlik, Hubert
geb. 08.07.1895 Eichenau/Bez. Oppeln, gest. 26.07.1944 Magdeburg (Suizid), Kesselschmied, Widerstandskämpfer.

Als Sohn eines Malermeisters in kinderreicher Fam. aufgewachsen, zwang ihn die Not, eine Lehre als Kupferschmied aufzugeben und ungelernte Arbeiten zu verrichten. 1914–18 Soldat, trat er bei Kriegsende der USPD bei, mit deren linkem Flügel er 1920 zur KPD überwechselte. Gewerkschaftlich aktiv, wurde der nach dem Krieg bei *Fahlberg & List* in Magdeburg arbeitende M. 1921 in den Betriebsrat gewählt, 1923 jedoch wegen seines politischen Engagements entlassen. In den folgenden Jahren gehörte er zu den ehrenamtlichen Funktionären der KPD. Ab 1933 unterstützte er den kommunistischen Widerstand und gehörte nach der Freilassung von → Hermann Danz 1937 wieder zu dessen Mitstreitern, wurde jedoch im März 1939 selbst verhaftet und erst im November 1941 ohne Prozeß aus der Untersuchungshaft entlassen. Erneut wirkte er in der Gruppe um Danz, → Martin Schwantes und → Johann Schellheimer, stellte Verbindungen zu ausländischen Zwangsarbeitern her und half, Flugblätter zu verbreiten. Mit den von Berlin ausgehenden Massenverhaftungen kommunistischer Untergrundgruppen geriet auch M. Ende Juli 1944 der Gestapo erneut in die Hände. Nach Folterungen erhängte er sich in seiner Zelle.

L: Wolfgang Benz/Walter H. Pehle (Hg.), Lex. des dt. Widerstandes, 1994, *377*; Dt. Widerstandskämpfer, Bd. 1, 1970, *622–624* (**B**).

Beatrix Herlemann

Matern, Hermann
geb. 17.06.1893 Burg, gest. 24.01.1971 Berlin, Weißgerber, Arbeiterführer, Politiker.

M. erlernte nach dem Besuch der Volksschule in Burg 1907–11 den Beruf eines Weißgerbers und trat 1911 in die SPD ein, die er jedoch 1914 wegen der Zustimmung der SPD zu den Kriegskrediten wieder verließ. 1919 wurde M. in Burg Mitglied der KPD und 1926 in die Bezirksleitung Magdeburg-Anhalt gewählt, deren Politischer Sekretär er 1928–31 war, ehe er die gleiche Funktion bis 1933 in Ostpreußen ausübte. Im April 1932 zog er als Abgeordneter in den Preuß. Landtag ein. Von den Nationalsozialisten im Juli 1933 verhaftet, gelang ihm im September 1934 die Flucht in die Tschechoslowakei. Er wirkte auch in Frankreich, Belgien, Holland, Norwegen und Schweden. Auf Beschluß des ZK begab er sich 1941 in die Sowjetunion, wurde Lehrer an Antifa-Schulen und ab 1943 Mitglied des Nationalkomitees Freies Dtl. Ab Juni 1945 wirkte M. als Politischer Sekretär der KPD in Sachsen. Der Vereinigungsparteitag von KPD und SPD wählte ihn ins Zentralsekretariat der SED. 1946–48 war M. in der Leitung der Berliner Parteiorganisation der SED aktiv, 1946–71 Mitglied des Parteivorstandes bzw. des ZK, ab 1948 Vors. der Zentralen Parteikontrollkommission und ab 1950 Mitglied des Politbüros. 1948–71 zum Mitglied des Volksrates bzw. Abgeordneten der Volkskammer der DDR gewählt, wurde er 1950–54 Vizepräsident und dann 1. Stellvertreter des Präsidenten der Volkskammer sowie Fraktionsvors. der SED-Fraktion. 1958–71 war M. Mitglied des Präsidiums des Nationalrates der Nationalen Front und des Präsidiums der Zentralleitung des Komitees der Antifaschistischen Widerstandskämpfer der DDR, seit 1960 außerdem Mitglied im Nationalen Verteidigungsrat der DDR. M. wurde für sein politisches Lebenswerk vielfach geehrt, so mit dem Karl-Marx-Orden 1953, VVO in Gold 1956, Banner der Arbeit 1960, Lenin-Orden der UdSSR 1968, Stern der Völkerfreundschaft in Gold 1970. M. wurde 1946 Ehrenbürger von Dresden und 1963 seiner Heimatstadt Burg. In der DDR trugen zahlreiche Betriebe und Einrichtungen seinen Namen.

L: NDB 16, *367*; Hdb SBZ/DDR, *518*; Bio Hdb Emigr 1, 1980, *482*; Slg. Vf., Burg (priv.). – **B:** *Und war der Weg auch schwer. Beiträge zur Gesch. der Arbeiterbewegung des Kr. Burg 1880–1945, hg. von einem Autorenkollektiv, 1963, *119*.

Axel Thiem

Mattausch, Hans *Albert*
geb. 18.09.1882 Dresden, gest. 05.01.1960 München, Komponist, Dirigent, Pianist.

Seine erste musikalische Ausbildung erhielt M. im *Dresdener Kreuzchor* und wurde bereits mit 14 Jahren zum Studium am dortigen Kgl. Konservatorium zugelassen. Seine Fächer waren Klavier, Flöte, Komposition und Dirigieren, seine Lehrer u. a. Ernst von Schuch, Felix Draeseke und Wilhelm Rischbieter. 1902 verließ er das Konservatorium und wurde 1903 Kapellmeister in Lübeck. Von 1904 bis 1924 war M. in Magdeburg tätig – zunächst bis 1909 als Dirigent der Singakad., dann als Kapellmeister und Chordir. am Stadttheater. Während dieser Zeit waren neben dem Theaterleiter → Heinrich Vogeler auch → Josef Krug-Waldsee, Josef Göllrich und → Walter Rabl zeitweise in Magdeburg beschäftigt. Von 1924 bis 1926 leitete er das Orchester der Komischen Oper in Königsberg. Nach der Auflösung dieses Königsberger Musiktheaters war er bis 1928 Dirigent des *Musikvereins* in Kaiserslautern. Von 1928 bis 1943 wirkte er als Pianist, Lehrer für Komposition und Klavier sowie als ständiger Dirigent der Siemens-Konzerte in Berlin. 1943 ging er nach Wien und war dort Kapellmeister und Chordir. der Wiener Volksoper, Hauskomponist des Neuen Schauspielhauses sowie Lehrer und Korrepetitor am Horak-Konservatorium. M. war durch seinen Vater österreichischer Staatsbürger, hatte aber 1907 in Magdeburg die dt. Staatsangehörigkeit erworben. Versuche, nach dem Krieg in Wien zu bleiben und die österreichische Staatsangehörigkeit zurückzuerlangen, schlugen fehl. 1948 mußte er mit seiner

Frau Österreich verlassen und lebte einige Jahre im Flüchtlingslager Dachau. Hier übernahm er 1951 die Leitung des *Städtischen Volkschors* und 1953 in München die Leitung der Siemens-Konzerte. Durch Fürsprache des Siemens-Konzern-Direktoriums konnte er seine letzten Lebensjahre in München verbringen, wo er sich seit 1957 nur noch dem Komponieren widmete. M.s Laufbahn als Komponist hatte schon in jungen Jahren begonnen, und in Magdeburg wurden auch einige seiner Bühnenwerke uraufgeführt, so die Opern „Brautnacht" (1906), „Eva" (1907), „Graziella" (1919), „Esther" (1922) und „Die Jassabraut" (1922). Das Magdeburger Publikum muß seinen Hauskomponisten freundlich, wohl auch enthusiastisch gefeiert haben. Die Kritik bescheinigte ihm neben einer Hinwendung zum italienisch-veristischen Stil Instrumentationskunst und volksliedmäßige Melodieführung. Das kompositorische Schaffen von M. umfaßt Bühnenwerke, Opern und Operetten, Orchestermusik, darunter ein Violin- und zwei Klavierkonzerte, Werke für Klavier, Chöre, Orchesterlieder, Lieder mit Klavierbegleitung, A-cappella-Chöre und Singspiele. Einige Libretti der Bühnenwerke stammen von verschiedenen Autoren, einige von M., die meisten von Ernst Heinrich Bethge, der in der Zeit des Ns. Widerstand leistete, Aufführungsverbot bekam, 1943 in das KZ Oranienburg deportiert wurde und dort 1944 starb. M. schloß sich nach dem Krieg nicht den modernen Kompositionsrichtungen an, sondern komponierte bis an sein Lebensende im romantisch-spätromantischen Stil. Dadurch fand er in dieser Zeit kein Publikum mehr, und auch seine frühen Werke gerieten in Vergessenheit.

W: s.o.; 37 Bühnenwerke, 31 Orchesterwerke, 8 Klavierstücke, 23 Chöre und Lieder mit Orchester, 18 Chöre und Lieder mit Klavier oder a cappella, 8 Chöre a cappella und Singspiele, 49 Lieder mit Klavierbegleitung. – **N:** Stiftung Archiv der Akad. der Künste, Archivabt. Musik, Berlin. – **L:** Paul Frank, Kurzgefaßtes Tonkünstler-Lex., [14]1936, *383*; → Friedemann Krusche, Theater in Magdeburg, Bd. 2, 1995, *18*; Erna M., Kurz-Biogr. A. M. (Ms.). – **B:** Zs. für Musik 113, 1952, *500*; Fs. 50 Jahre Magdeburger Schubert-Chor, 1958.

Christine Sommer

Matthias, Johann Andreas, Dr. theol. h.c.
geb. 09.04.1761 Magdeburg, gest. 25.05.1837 Magdeburg, Lehrer, Schuldir., Konsistorialrat.

M. wurde als Sohn eines Tuchmachers geb. und besuchte zuerst die Magdeburger Domschule. Auf Wunsch seines Vaters begann er danach eine Lehre als Kaufmann, die er jedoch wieder aufgab. Später setzte er mit Hilfe eines Verwandten seine Schulbildung am Pädagogium des Magdeburger Klosters U. L. F. fort, wo er 1780 die Reifeprüfung bestand. Von 1780 bis 1783 studierte er in Halle ev. Theol. und arbeitete danach von 1783 bis 1792 als Lehrer am Pädagogium des Klosters U. L. F. in Magdeburg. 1792 wechselte M. in gleicher Funktion an die Magdeburger Domschule, wobei er zugleich die Leitung des mit der Schule verbundenen Schullehrer-Seminars übernahm (bis 1823) und bis 1806 auch die Dombibl. führte. 1814 wurde er als Nachfolger → Gottfried Benedict Funks zum Rektor der Domschule (ab 1822 Domgymn.) ernannt und versah dieses bedeutende Amt bis 1837. Er setzte sich für die Übernahme der Domschule durch die preuß. Reg. ein, da sie dem 1810 aufgehobenen Domkapitel unterstanden hatte. Die Schule erfuhr unter seiner Leitung, auch durch von ihm veranlaßte Förderung seitens der preuß. Reg., einen weiteren Aufschwung. 1816 avancierte M. zum Konsistorial- und Schulrat und war als solcher Mitglied des Konsistoriums und des Schulkollegiums der Provinz Sachsen. Man übertrug ihm als technischem Rat für das höhere Unterrichtswesen die Leitung der Abiturientenprüfungen an den Gymnasien der Provinz. Er war zudem aktiv an der durch → August Wilhelm Francke 1819 initiierten Reform des Schulwesens der Stadt Magdeburg beteiligt. 1825 erhielt M. die Ehrenbürgerschaft der Stadt Magdeburg. Für seine Verdienste um das Schulwesen verlieh ihm die theol. Fakultät der Univ. Jena 1830 den Titel eines Dr. der Theol. Von ihm verfaßte Lehrbücher der Mathematik fanden weite Verbreitung und wurden mehrfach aufgelegt.

W: Leitfaden für einen heuristischen Schulunterricht über die allg. Größenlehre, die Elementargeometrie, ebene Trigonometrie, gemeine Algebra und die Apollonischen Kegelschnitte, 1813, [10]1856; Erläuterung zu dem Leitfaden etc. (3 Bde), 1814–1815; Gedanken über die Grenzen des Gymnasial-Unterrichts, 1824. – **L:** ADB 20, *672f.*; Neuer Nekr 15, 1839, *598–601*; → Hugo Holstein, Gesch. des Domgymn. zu Magdeburg, 1875; Bibliogr. Verz. der Pröpste, Rektoren und Lehrer des Pädagogiums am Kloster U. L. F. zu Magdeburg, 2000, Nr. 57 (*W*).

Uwe Förster

Matthisson, Friedrich von (seit 1809)
geb. 23.01.1761 Hohendodeleben bei Magdeburg, gest. 12.03.1831 Wörlitz bei Dessau, Pädagoge, Schriftsteller.

M. war der Sohn des Pfarrers Johann Friedrich M., der vor der Geburt des Jungen starb. Nach erster schulischer Unterweisung im Heimatdorf schuf sein Großvater Mathias M., bei dem er in Cracau bei Magdeburg wohnte, die Voraussetzungen zum erfolgreichen Besuch des Pädagogiums des Klosters Berge bei Magdeburg. 1778 begann M. ein Studium der ev. Theol. und Phil. an der Univ. Halle. Nach Studienabschluß war er 1781–84 am Philanthropin in Dessau als Lehrer tätig. Bis 1794 arbeitete er als Hauslehrer im nord.- und süddt. Raum sowie in Frankreich und in der Schweiz. Danach trat M. als Vorleser und Reisegeschäftsführer in den Dienst der Fürstin (ab 1807 Herzogin) Luise von Anhalt-Dessau in Wörlitz. Mit ihrem Tod 1811 endete diese Tätigkeit. Aufgrund enger Beziehungen zum württembergischen Hof war M. 1809 geadelt worden; ab 1812 arbeitete er als Mitglied der Theaterintendanz und als Bibliothekar des Herzogs Friedrich II. von Württemberg. 1828 kehrte er nach Wörlitz zurück. Dort starb er 1831. M.s weitgehend an Haller und Klopstock orientiertes poetisches Schaffen und seine Briefe sowie Tagebücher und Reiseschilderungen machten ihn zu einem bemerkenswerten Zeitzeugen. Verbreitung und Wirkung der Lyrik M.s belegen die für die Zeit um 1800 überlieferte „M.-Schwärmerei". Gedichte wurden vertont, u. a. „Adelaide" von Ludwig van Beethoven. M.s Bemerkung zum „Kaplied" von Schubart, das den Verkauf dt. Landeskinder zu Kriegsdiensten anprangert, es sei der „Marseillaise" vergleichbar, und das Gedicht „Zuruf", ermutigend an die Jugend gerichtet, kennzeichneten seine Position. Diese Wertschätzung übersieht nicht die z.T. epigonalen Züge seiner Dichtung. Die Heimatverbundenheit M.s wurde in Gedichten, vor allem jedoch in seinen Schriften dokumentiert. Seine Bindungen zu den kulturellen Zentren der Provinz Sachsen und Anhalt, seine freundschaftlichen Beziehungen zum Magdeburger Hofrat → Friedrich von Koepcken und zu Johann Wilhelm Ludwig Gleim in Halberstadt bekundeten nachhaltig die Zeitzeugenschaft M.s.

W: Lyrische Anthologie (20 Bde), 1803–07; Schriften (8 Bde), 1825–29; Gottfried Bölsing (Hg.), Gedichte. Nebst dem Tagebuche 1777–1800 (2 Bde), 1913. – **L:** ADB 20, *675–681*; Neuer Nekr 9, 1833; Mitteld Leb 3, *228–241* (*L, B*); Kosch LL 10, Sp. *564f.*; Killy 8, *14f.*; Bernhard Sowinski, Lit., in: Hermann Heckmann (Hg.), Sa.-Anh. Hist. Landeskunde Mitteldtls, 1986, *233*; Vf., F. v.M. – Dichter und Zeitzeuge kulturellen Lebens für die Provinz Sachsen und für Anhalt um 1800, in: Mathias Tullner (Hg.), Sa.-Anh., Beiträge zur Landesgesch., H. 8, 1995, *49*. – **B:** *Gleimhaus Halberstadt.

Otto Fuhlrott

Mebes, Paul, Dr.-Ing. E. h.
geb. 23.01.1872 Magdeburg, gest. 09.04.1938 Berlin, Architekt.

Nach dem Besuch des Wilhelm-Raabe-Realgymn. in Magdeburg absolvierte M. 1887–90 eine Tischlerlehre und besuchte 1890–94 die Baugewerkeschule in Magdeburg sowie die Kunstgewerbeschule in Nürnberg. 1894–99 studierte er Architektur an den TH Braunschweig und Charlottenburg. Ab 1899 arbeitete M. als Regierungsbauführer und absolvierte 1902 seine zweite Staatsprüfung. 1902–05 im Staatsdienst tätig, führte ihn seine berufliche Laufbahn 1906–22 als Hochbautechnisches Vorstandsmitglied in den *Beamten-Wohnungsverein zu Berlin GmbH*. Dort konzipierte er 1907–10 seine ersten Wohnanlagen in Pankow, Niederschönhausen und Steglitz. 1909 erhielt er eine Bronzeplakette anläßlich der Int. Baufachausstellung in Leipzig. 1910 nahm er an der Allg. Städtebau-Ausstellung in Berlin teil und bildete 1911 eine Bürogemeinschaft mit seinem Schwager Paul Emmrich. 1912 wurde er Mitglied des *Dt. Werkbundes*. Seine Berufung an die TH Berlin erfolgte 1918 und die zum o. Mitglied der Akad. des Bauwesens 1919. Ein Jahr später wurde ihm die Ehrendoktorwürde der TH Braunschweig, Abt. Architektur, verliehen. 1920–22 übertrug der Magistrat der Stadt Magdeburg dem zu dieser Zeit bekanntesten Magdeburger Architekten in Berlin die künstlerische Gestaltung der Mitteldt. Ausstellung für Siedlung, Sozialfürsorge und Arbeit (MIAMA) in Magdeburg, die er gemeinsam mit Stadtbaurat → Bruno Taut ausführte. 1923 wurde er dafür mit der Goldenen Medaille bzw. Staatsmedaille ausgezeichnet. 1928 übernahm er als Obmann den Sachverständigenrat der *Reichsforschungsges. für Wirtschaftlichkeit im Bau- und Siedlungswesen e.V.* und wurde 1930 Mitglied seines Verwaltungsrates. 1931 erfolgte seine Berufung zum o. Mitglied der Preuß. Akad. der Künste, zusammen mit → Erich Mendelsohn, Ludwig Mies van der Rohe, Martin Wagner und Bruno Taut. 1932 verzichtete er auf die Mitgliedschaft in der Akad. der Künste, war aber weiter als Mitglied in mehreren Architekturvereinigungen und Preisgerichten für einzelne Architekturwettbewerbe tätig. 1933 verließ er die Dt. Volkspartei, deren Mitglied er seit 1918 war. M. schuf auch Bauten der Industriearchitektur für die Hirsch-Kupfer-Messingwerke in Eberswalde, Halberstadt und Ilsenburg. Sein Hauptverdienst lag in seinem Engagement für ein modernes Siedlungswesen, das die Hinterhofarchitektur der Gründerzeitwohnbauten überwinden half.

W: Architektur und Handwerk im letzten Jahrhundert, 1908. – **L:** Edina Meyer, P. M. Mietshausbau in Berlin 1906–1938, 1972 (*W*); Annegret Nippa, Bruno Taut, 1995; Olaf Gisbertz, Bruno Taut und → Johannes Göderitz in Magdeburg. Architektur und Städtebau in der Weimarer Republik, 2000.

Hans Gottschalk

Mehnert, Frank (Ps.: Viktor Frank)
geb. 23.05.1909 Moskau, gest. 29.03.1943 bei Staraja Russa (gefallen), Bildhauer, Schriftsteller.

M. war als Bildhauer Autodidakt. Nach begonnenem Jurastudium in Tübingen kam M. 1927 nach Berlin, wo im Atelier Ludwig Thormaehlens 1929 ein erstes Porträt von Stefan George entstand, dem er sich bis zu dessen Tod 1933 als Betreuer und Begleiter anschloß. M. schuf in Magdeburg eine Reihe konventioneller Porträts und Denkmalentwürfe, die künstlerisch eher belanglos ausfallen. Befreundet mit → Walther Greischel und gefördert durch → Wilhelm-Adolf Farenholtz, entstand an der Pionierbrücke das Standbild eines Magdeburger Pioniers von 1939, Kalkstein, für das Claus Schenk Graf von Stauffenberg Modell stand. Es wurde 1942 zerstört.

W: s.o. – **L:** Michael Stettler, Erinnerungen an (V.) F., Ein Lebenszeugnis, 1968.

Uwe Jens Gellner

Meier, Elsbeth
geb. 18.10.1895 Magdeburg, gest. 11.04.1985 Magdeburg, Souffleuse.

M.s Lebenslauf war nicht spektakulär, aber durch die außergewöhnliche Kontinuität ihres Berufslebens – sie wirkte 60 Jahre als Souffleuse am Magdeburger Theatern – ungewöhnlich. Die Notwendigkeit, ihren Lebensunterhalt allein zu bestreiten, brachte sie dazu, 1922 am damaligen Magdeburger Zentraltheater einen Vertrag als Musiktheater-Souffleuse abzuschließen. Diesem Beruf blieb sie von ihrem Debüt im „Zigeunerbaron" bis zu ihrem 90. Lebensjahr treu. 1927 wechselte sie an das Stadttheater Magdeburg, wo sie als einzige Opernsouffleuse zeitweise bei 23 Vorstellungen monatlich im „Kasten" saß und darüber hinaus jungen Sängerinnen beim Erarbeiten ihrer Partien behilflich war. Obwohl sie nie im Rampenlicht stand, hatte sie unverzichtbaren (und mitunter unüberhörbaren) Anteil an allen bedeutenden Musiktheaterproduktionen Magdeburgs. Nach einem „Rosenkavalier"-Dirigat bedankte sich der Komponist Richard Strauss persönlich bei ihr. M. konnte nicht nur alle Standardwerke der Opernlit. auswendig soufflieren, sie kannte auch die jeweiligen Inszenierungsabläufe genau und gab den Sängern – zunächst aus dem Kasten, später von Seiten- und Hinterbühne – Zeichen für Auftritte, Abgänge und Arrangements. Wer erlebt hat, wie die knapp über 1,50 m kleine Frau hinter der Bühne herumhuschte, scheinbar überall zugleich war, ein Theatergeist, dessen Aufmerksamkeit – auch außerhalb der Bühne – rein gar nichts entging, konnte sich der Faszination nur schwer entziehen. Theater war für die alleinstehende Frau nicht nur Beruf, sondern Lebensinhalt, und so war es ihr selbstverständlich, daß sie als Trümmerfrau der ersten Stunde mit anpackte, um „ihr" Stadttheater, das den Bomben zum Opfer gefallen war, wieder aufbauen zu helfen. Sie war Ehrenmitglied des Theaters, kümmerte sich um alltägliche Belange ihrer Kollegen, organisierte Premierenfeiern, räsonierte und wurde mit extra starkem Kaffee, Sekt und Zigaretten 90 Jahre alt. Ihr letzter Wunsch, zu „... arbeiten bis ich 100 bin, dann zwei Jahre Rente", erfüllte sich leider nicht.

L: Unterlagen Archiv des Theaters der Landeshauptstadt; Vf., Kallinchen (priv.). – **B:** *Archiv des Theaters der Landeshauptstadt Magdeburg.

Elke Schneider

Meier, *Otto* Paul, Dr. jur. h.c.
geb. 03.01.1889 Magdeburg, gest. 10.04.1962 Potsdam, Kaufmann, Journalist, Politiker.

Der Sohn eines Steindruckers besuchte 1895–1903 die Bürgerschule in Magdeburg und arbeitete nach einer kaufmännischen Lehre als Handelsangestellter in Magdeburg und Berlin. M. trat 1911 in die SPD und in den *Zentralverband der Angestellten* ein. Aus der Kriegsteilnahme 1915/16 wurde er schwer verwundet entlassen. 1917 ging er zur USPD über, wurde dort Parteisekretär und begann seine journalistische Tätigkeit im Zentralorgan der USPD *Freiheit* und in Parteiztgg. in Hannover und Gotha. M. lehnte die Politik der KPD ab. Nach der Auflösung der USPD 1922 kehrte er zur SPD zurück, wurde Mitglied des Bezirksvorstandes Berlin, Vors. der Pressekommission beim sozialdemokratischen Zentralorgan *Vorwärts* und 1920–33 Abgeordneter für USPD und SPD im Preuß. Landtag. Ab 1933 wieder kaufmännisch tätig, nahm er aktiv am illegalen Widerstand in der Gruppe um Franz Künstler, Berlin, teil, stand eineinhalb Jahre unter Polizeiaufsicht und verbüßte 1939 und 1944 Haft im KZ Sachsenhausen. M. begann 1945 gemeinsam mit Otto Grotewohl und Max Fechner mit dem Neuaufbau der SPD in der SBZ. Er war August-November 1945 Referent auf den ersten Bezirksparteitagen der SPD in Leipzig, Halle und Magdeburg, wurde Mitglied des Zentralausschusses der SPD und Chefredakteur des SPD-Zentralorgans in der SBZ *Das Volk*. M. war einer der fünf Vertreter der SPD bei der Bildung des Blocks antifaschistisch-demokratischer Parteien am 14.07.1945 und Delegierter des von ihm mit vorbereiteten Vereinigungsparteitages von KPD und SPD im April 1946. Er wurde Mitglied des Parteivorstandes und des Zentralsekretariats der SED und war gemeinsam mit Anton Ackermann (KPD) in den Abteilungen Presse und Information bzw. Jugend, Kultur und Erziehung zuständig für Verlage, Agitation und Propaganda. Ab 1948 hatte M. Kontakte zu kritischen Kreisen ehemaliger Sozialdemokraten in der SED um Max Fechner und Erich Gniffke. Mit der Auflösung des Zentralsekretariats am 21.02.1949 wurde M. gemeinsam mit anderen ehemaligen Sozialdemokraten aus dem engeren Kreis der Macht entfernt. Er war 1949–52 Präsident des Landtages Brandenburg, 1952 Generaldir. der staatl. Archive der DDR, 1953–55 Leiter der Staatl. Archivverwaltung und wirkte zudem in der Forschungsgemeinschaft „Dokumente und Materialien zur Gesch. der dt. Arbeiterbewegung" mit. 1958 erhielt M. den

Ehrendoktor der jur. Fakultät der Univ. Halle. Er wurde 1959 mit dem Karl-Marx-Orden geehrt. M. ist Ehrenbürger von Potsdam.

L: Wolfgang Brede, Präsident des Brandenburgischen Landtages O. M., in: Mitgestalter der Gesch., biogr. Skizzen, 1980, *100–104* (***B***); Eberhard Schetelich, O. M. zum Gedenken, in: Archivmittlgg. 2, 1989, *33f.*; Beatrix Bouvier/Horst-Peter Schulz (Hg.), … die SPD hat aufgehört zu existieren. Sozialdemokraten unter sowjetischer Besatzung, 1991, *68f., 110, 141*; Andreas Malycha, Partei von Stalins Gnaden, 1996, *68, 110, 141*.

Gerald Christopeit

Meinhard, Fritz, Dr. med.
geb. 12.05.1931 Loburg, gest. 25.12.1990 Magdeburg, Arzt, Obermedizinalrat.

Der Sohn des Apothekers Fritz M. besuchte die Oberschulen in Barby und Burg. Nach dem Abitur 1950 in Burg begann er das Studium der Med. in Berlin und legte 1955 das Staatsexamen ab. Von 1956 bis 1957 war er unter → Hasso Eßbach als Assistent am Pathologischen Inst. der Med. Akad. Magdeburg tätig, er prom. 1957. Seine pädiatrische Ausbildung erfolgte unter → Karl Nißler. In den Jahren 1964 bis 1990 war M. Chefarzt der neugegründeten Kinderklinik Magdeburg-Südwest, der späteren Kinderklinik des Bezirkskrankenhauses Magdeburg-Altstadt. Besondere Verdienste erwarb sich M. bei der Organisation des kinderärztlichen Notfalldienstes, als Kreiskinderarzt, als stellvertretender ärztlicher Dir. des Krankenhauses Altstadt und in der Aus- und Weiterbildung von Kinderärzten.

L: Vf./Horst Köditz, Nekr. F. M., in: Kinderärztliche Praxis 59, 1991, *178*. – **B.** Univ.-Kinderklinik Magdeburg; Slg. Vf., Zerbst (priv.).

Wilhelm Thal

Mellin, Friedrich Albert Immanuel
geb. 27.06.1796 Magdeburg, gest. 02.04.1859 Berlin, Architekt, Generalbaudir.

Der Sohn des Konsistorialrates und Predigers der Magdeburger Dt.-Reformierten Gemeinde, → Georg Samuel Albert M., besuchte das Domgymn. in Magdeburg. Sein Vater war Anhänger der Phil. Kants und führte den Sohn, eines von achtzehn Kindern, an die Mathematik heran. Auf der Provinzial-, Kunst- und Gewerbeschule in Magdeburg erwarb M. weitere Fähigkeiten in diesem Fach und nahm Zeichenunterricht. 1812 bezog er die Univ. in Halle und erwarb hier unter dem Landbaumeister Hesse erste Kenntnisse im Baufach. Aus dem Militärdienst kehrte er 1816 als Offizier zurück. Bei seinem Bruder, einem Land-Baumeister in Halberstadt, erhielt er eine Probe-Anstellung als Baukondukteur und bestand die Prüfung zum Vermesser 1816 in Magdeburg. Seine Ausbildung im Baufach setzte er in den folgenden Jahren in Berlin fort und unternahm Studienreisen durch Dtl., die Schweiz und Oberitalien. 1822 in Magdeburg zum Landbauinspektor ernannt, übertrug ihm Oberpräsident → Wilhelm Anton von Klewiz 1826 die Oberbauleitung zur Wiederherstellung des Magdeburger Domes, bei der er gemeinsam mit den Architekten Andreas Clemens und → Carl Albert Rosenthal bis 1831 zusammenarbeitete. Zudem widmete er sich restaurativen Arbeiten an zahlreichen Kirchen, Pfarren und Schulen im Magdeburger Baukreis. 1831 ernannte ihn der Magistrat unter → August Wilhelm Francke für seine Verdienste zum Ehrenbürger der Stadt Magdeburg. Nach kurzer Tätigkeit als Reg.- und Baurat in Köslin war M. ab 1833 wieder in Magdeburg tätig und gehörte dort 1835 neben → Wilhelm Ribbeck u. a. zu den initiativen Gründungsmitgliedern des *Magdeburger Kunstvereins*. Nachdem M. in England den Betrieb der Eisenbahnen kennengelernt hatte, wandelte sich sein Betätigungsfeld. In der Folge machte er es sich zur Aufgabe, den Eisenbahnverkehr in Preußen zu befördern. Er wurde Mitglied der Direktion der Magdeburger-Leipziger-Eisenbahn und leitete 1851 den Bau der Bahnstrecke von Magdeburg nach Halberstadt. Bereits 1842 beauftragte der preuß. Finanzminister Bodelschwingh M. mit der Prüfung des Bauvorhabens der Köln-Mindener Eisenbahn. In der Folge erarbeitete er grundsätzliche verkehrstechnische Vorschriften für den Eisenbahnbau und -betrieb, vertrat die staatl. Belange in technischen Eisenbahnangelegenheiten gegenüber den verschiedenen Eisenbahngesellschaften, bearbeitete zahlreiche neue Projekte zur Erweiterung des Verkehrsnetzes und legte damit den Grundstein für die Entwicklung des modernsten Verkehrssystem seiner Zeit in Preußen. 1843 wurde M. als Geh. Regierungsrat in das Berliner Finanzministerium berufen. Ab 1850 stand M. als Ministerialdir. der Abt. für Bauwesen und Eisenbahnen vor und wurde 1853 zum Kgl. Generalbaudir. ernannt. Er besuchte die Verslgg. des *Berliner Architektenvereins*, nahm sich Fragen der Ausbildung im Bauwesen an und leitete gemeinsam mit Franz August O'Etzel und Prof. Dove die ersten wiss. Experimente zur technischen Telegraphie im Eisenbahnverkehr. Auf dem Louisenstädtischen Friedhof in Berlin wurde ihm von den preuß. Baumeistern ein Grabdenkmal errichtet.

W: (Hg.) Der Dom zu Magdeburg, Tafeln mit erklärendem Texte, 1852 (mit Andreas Clemens und Carl Albert Rosenthal). – **L:** ADB 21, *299f.*; C. Hoffmann, Nekr., in: Zs. für Bauwesen, Bd. 9, 1859, *273–280*; Ingelore Buchholz u. a., Ehrenbürger der Stadt Magdeburg, 1994.

Heike Kriewald

Mellin, Georg Samuel Albert, Dr. theol. h.c. et phil. h.c.
geb. 13.06.1755 Halle, gest. 14.02.1825 Magdeburg, ev. Pfarrer, Philosoph.

Nach Schulbesuch und Studium in Halle (ab 1772) sowie einer kurzer Hauslehrerzeit in Magdeburg wurde M. Rektor der reformierten Schule in Züllichau und Hilfsprediger an der dortigen Schloßkirche. Als zweiter Prediger der reformierten Gemeinde ging M. nach Brandenburg, wo ihn anscheinend der an der Ritterschule tätige Mathematiker Lange auf die Phil. Kants aufmerksam machte. 1791, nach dem Tod seiner ersten Frau – M. war in zweiter Ehe mit Rosamunde von Katte verheiratet, aus der u. a. der Sohn → Friedrich Albert Immanuel M. hervorging –, wechselte M. nach Magdeburg auf die Stelle des dritten Predigers der Dt.-Reformierten Gemeinde. 1793 wurde er zweiter, 1801 erster Prediger und Konsistorialrat, 1804 schließlich Inspektor der Diözese. Während der franz. Besetzung war M. auch Mitglied des Stadtrates. Besondere Verdienste erwarb er sich durch seinen Einsatz für die Wiederinstandsetzung der Dt.-Reformierten Kirche, die 1806–14 von franz. und preuß. Truppen als Pferdestall benutzt worden war. M., der zeit seines Lebens als Theologe wirkte, galt dem lesenden Publikum als Erklärer der Phil. Immanuel Kants, die seit dem Erscheinen der „Kritik der reinen Vernunft" (1781) heftig diskutiert wurde. Kaum in Magdeburg, gründete M. eine *Ges. zum Studium der kritischen Phil.*, so daß er Kant am 12.04.1794 schreiben konnte, daß „das Studium der kritischen Phil. sich hier sehr ausbreitet" (Kant, Akademie-Ausgabe, Bd. 11, *498*). In seinem ersten Buch, den zweibändigen „Marginalien und Register zu Kants Critik der Erkenntnißvermögen" (1794/95), bot M. eine absatzweise Zusammenfassung der drei Kritiken Kants sowie ein Register. Kant lobte in seinem einzigen erhaltenen Brief an M. deren „ausnehmende Klarheit der Darstellung" (Kant, Akademie-Ausgabe, Bd. 23, *498*), und Ludwig Goldschmidt, der die „Marginalien" 1900 und 1901 neu herausgab, pries im Vorwort M.s „einsichtsvolle Nachfolge", die „in der Gesch. der Phil. nahezu einzig" dastehe. Es folgte 1796 die „Grundlegung zur Metaphysik der Rechte oder der positiven Gesetzgebung. Ein Versuch über die ersten Gründe des Naturrechts", mit der M. eine Systematisierung der in Kants „Zum ewigen Frieden" (1795) enthaltenen Rechtsphil. versuchte. Als M.s Hauptwerk gilt das sechsbändige „Encyclopädische Wörterbuch der Kritischen Phil." (1797–1803, Repr. 1970–71). Kein anderer Autor erklärte so ausführlich wie M. die grundlegenden Begriffe Kants, etwa den zentralen Begriff der sinnlichen Anschauung: „wenn wir die Stadt sehen, fällt Vorstellung und Gegenstand zusammen, beides ist völlig eins, zwischen dem Gegenstande, Magdeburg, und meiner Erkenntnis davon, ist nicht noch ein Mittel, etwa Begriffe und Bilder der Phantasie, welche machen müssten, dass meine Erkenntnis von Magdeburg mit dieser Stadt übereinstimmte, sondern beides ist eins" („Encyclopädisches Wörterbuch", Bd. 1, 1797, *257*). M. interpretiert die sinnliche Anschauung als Identität von Gegenstand und Vorstellung, weshalb „dieselbe Anschauung uns nicht durch einen andern Gegenstand bewirkt werden" könne (ebd., *258*). Erst wenn der Verstand „das, was angeschauet, [...] als *Gegenstand* oder *Object* überhaupt, dem nun Prädicate beigelegt werden sollen", denkt (ebd., *488f.*), treten Gegenstand und (begriffliche) Erkenntnis auseinander. M. deutet damit den unmittelbaren Gegenstandsbezug der Anschauung, von dem Kant in der „Kritik der reinen Vernunft" (A 19/B 33) spricht, als einen Aspekt der „unmittelbare[n] Vorstellung", deren zweiter Aspekt der Gegenstand sei (ebd., Bd. 2, *702*). Hans Vaihingers Protest gegen diese Interpretation („Kommentar zu Kants Kritik der reinen Vernunft", 2 Bde, 1881–1892, ²1922, Bd. 2, *2*) belegt, daß M. viel freier mit Kants Text umging, als es seinem Ruf als „getreuer, wenn auch ziemlich sklavischer, Interpret Kants" entsprechen würde (Karl Vorländer, Immanuel Kant, 1924, ³1992, Bd. 2, *241*). 1815 prom. die phil., 1816 (?) die theol. Fakultät der Univ. Halle M. zum Dr. ehrenhalber. Da M. in seinem Brief an Kant vom 13.04.1800 (Kant, Akademie-Ausgabe, Bd. 12, *303*) bedauerte, ihn nicht kennengelernt zu haben und auch Kants Vertrauter Wasianski nach Kants Tod in seinem Schreiben an M. vom 05.08.1805 (in: Ludwig Goldschmidt, Kantkritik oder Kantstudium?, 1901, *XIVf.*) kein Treffen erwähnt, ist nicht anzunehmen, daß M. dem von ihm verehrten Kant jemals persönlich begegnet ist.

W: s. o.; Kunstsprache der kritischen Phil. oder Slg. aller Kunstwörter ders., 1798; Anhang zur Kunstsprache 1800; Begriff, in: Johann Samuel Ersch/Johann Gottfried Gruber (Hg.), Allg. Encyclopädie der Wiss. und Künste, Bd. 8, 1822, *352f.* – **L:** ADB 21, *300f.*; Neuer Nekr 3, 1825, *1342*; → Ralph Meyer, Gesch. der Dt.-Reformierten Gemeinde zu Magdeburg, Bd. 2, 1914, bes. *10–16*, auch *180–203* (***B**); Friedrich Lammert, Zum hundertsten Todestage M.s, in: MonBl. 67, 1925, *44f.*

Hanno Birken-Bertsch

Mendelsohn, Erich

geb. 21.03.1887 Allenstein/Ostpreußen, gest. 15.09.1953 San Francisco (USA), Architekt.

1907 absolvierte M. ein Studium der Volkswirtschaft in München, 1908 das Studium der Architektur an der Technischen Hochschule Berlin und gehörte danach 1909–12 der Meisterklasse von Theodor Fischer an der TH München an. 1912–17 eröffnete er ein eigenes Architekturbüro in München und siedelte 1918 nach Berlin über. Der Mitbegründer der *Novembergruppe* unternahm 1923–25 Reisen nach Holland, in die USA und die Sowjetunion und mußte 1933 als Jude nach England emigrieren. 1934 aus politischen Gründen pensioniert, hielt sich M. 1938/39–41 in Palästina auf und ging 1941 nach New York. In Amerika konnte er, wie viele dt. Architekten der Moderne, seine Arbeit fortsetzen und war bis 1945 in New York sowie 1946–53 in San Francisco tätig, wo er an der University of California lehrte. 1931 nahm M. am Architekturwettbewerb „Heinrichshofen" in Magdeburg teil. Er hinterließ für die Stadt unausgeführte Projektplanungen für das Großkraftwerk *Mikramag* und die Zinkhütte im Industriegebiet Magdeburg-Rothensee. In der frühen Weimarer Zeit ergründete insbesondere M. die Möglichkeiten moderner Betonbauweisen und Materialkombinationen im Hochbau und erprobte erste Stahlbetonkonstruktionen, wie sie später an der Magdeburger Halle „Stadt und Land" ausgeführt wurden. Die Entwürfe dafür stammten vom Magdeburger Stadtbaurat → Bruno Taut, der von den neuentwickelten Gestaltungsprinzipien M.s beeinflußt war und mit ihm im Zuge der „Frühlicht"-Publikationen zusammenarbeitete; die Ausführungen lagen in den Händen seines Nachfolgers → Johannes Göderitz, der vielen architektonischen Vorgaben M.s folgte und diese Halle auch deshalb zu einem Muster gelungener Synthese zwischen Sachlichkeit und Expressionismus machte.

W: Observatorium, sog. Einsteinturm, Potsdam, 1921. – Schriften: Architekturen in Eisen und Beton, 1919. – **L:** E. M. Das Gesamtschaffen des Architekten. Skizzen, Entwürfe, Bauten, 1930; Bruno Zevi, E. M. Opera completa, architetture e imagini architettoniche, 1970; Kathleen Andrews James, E. M. and the architecture of German modernism, 1997; Olaf Gisbertz, Bruno Taut und Johannes Göderitz in Magdeburg, 2000.

Heike Kriewald

Meng, Arno

geb. 18.12.1902 in Magdeburg, gest. 06.01.1994 in Magdeburg, Architekt.

M. besuchte die Oberrealschule „Otto von Guericke" in Magdeburg bis zur Obersekunda und nahm auf elterlichen Rat 1920 eine Lehre als Bankkaufmann auf. Nach Abschluß der Lehre wurde er 1924, der eigenen Neigung folgend, Praktikant in einem Betrieb für Raumausstattung, um in einem künstlerisch gestaltenden Beruf arbeiten zu können. Gleichzeitig nahm er Abendkurse für Fach- und Freihandzeichnen. In dieser Zeit wurden Sympathien zur Magdeburger Künstlervereinigung *Die Kugel* geweckt, zu deren Mitgliedern er freundschaftliche Verhältnisse unterhielt. Von Ende 1924 bis Sommer 1928 absolvierte M. ein Studium an der Magdeburger Kunstgewerbe- und Handwerkerschule. Neben ersten Anstellungen im Architekturbüro Willmann & Frölich in Bremen sowie ab Juli 1929 im Büro des Bremer Architekten Hohndorf, bei dem er erstmals mit Aufgaben aus dem Industriebau in Berührung kam, nahm M. dort Abendkurse in Statik und Baukonstruktion an der Technischen Staatslehranstalt. Im Architekturbüro von → Bernhard Lippsmeier in Magdeburg erarbeitete er 1930–31 erste Projekte für den gemeinnützigen Wohnungsbau. Nach kurzer Arbeitslosigkeit 1932 war er als Atelierschüler von → Wilhelm Deffke, dem Leiter der Kunstgewerbeschule Magdeburg, federführend mit dem Ausbau dieser Schule zur Werkkunstschule mit angegliedertem Werkstoffmus. befaßt. Diese Planung zerschlug sich nach der Machtergreifung durch die Nationalsozialisten. Die Beteiligten wurden entlassen. Einer vorübergehenden Tätigkeit als freischaffender Architekt folgte ab August 1933 eine erneute Beschäftigung als Bauführer und Architekt im Büro Lippsmeiers. Das Aufgabenfeld umfaßte Eigenheimbauten, genossenschaftlichen Wohnungsbau sowie die Beteiligung an Planungen für Schulen, Krankenhäuser, Altersheime und Kirchen. Anfang 1938 wechselte M. zum Büro *Harms & Neddermaier* nach Braunschweig, 1939–45 wurden dem vom Militärdienst freigestellten M. im Büro Neumann-Rundstedt in Magdeburg Projekte für Luftschutz- und Industriebauten und Sonderaufgaben in Leuna übertragen. Ab 1946 war M. freischaffend in Magdeburg tätig und fungierte ehrenamtlich als Bezirksarchitekt sowie als Mitglied des Beirates der Bezirksreg., Sachgebiet Architektur-Prüfung der Zulassung von Architekten. Er war Mitbegründer der Ortsgruppe Magdeburg des *Kulturbundes* und zwei Jahre lang ihr Vors. Innerhalb des *Kulturbundes* gründete er den Arbeitskreis Architektur. Seit 1953 gehörte er sowohl dem *Klub Otto von Guericke*, als auch der Bezirksgruppe des *Bundes Dt. Architekten* als Vorstandsmitglied an. Ab Februar 1947 wurde M. durch den wieder eingesetzten Deffke als Lehrer und Leiter der Klasse Architektur an die Fachschule für angewandte Kunst berufen. Nach Schließung der Schule 1963 erhielt M. eine Anstellung im *VEB Hochbauprojektierung*, später WBK-Projekt. Bis zum Eintritt in den Ruhestand 1967 war er an der Planung zum Wiederaufbau des Magdeburger Rathauses sowie zum Innenausbau des „Hauses der Lehrer" beteiligt. M. erwarb sich vor allem beim Wiederaufbau Magdeburgs Verdienste um Kultur- und Sozialbauten. Zu diesen Arbeiten zählten insbesondere der Wettbewerb zum Bau des AMO-Kulturhauses 1949, Planung und Bauleitung der Pawlow-Poliklinik 1949/50 (beide Gebäude heute denkmalgeschützt) sowie die Entwürfe für Ladenausbauten im Stadtzentrum 1953–55. M. machte sich darüber hinaus einen Namen als Ausstellungsgestalter, so bei der Aufbauleitung der Ausstellung „Magdeburg lebt" 1947, der Planung und Aufbauleitung der Ausstellung „Handwerker-Leistungsschau" 1952 oder der Ausstellung „Otto von Guericke" 1953.

L: Unterlagen Konrad M., Magdeburg (priv.); Unterlagen Sybille Melchert, Goslar (priv.). – **B:** Sybille Melchert, Goslar (priv.); *Jörg-Heiko Bruns, Erfurt-Molsdorf (priv.): Bleistiftzeichnung von → Bruno Beye.

Hans Gottschalk

Mengering, Franz
geb. 26.10.1877 Magdeburg, gest. 15.03.1957 Magdeburg, Ing., Propagandist der Raketentechnik.

M., dessen Vater Friedrich M. eine Möbelstoff-, Tuch- und Wollwarenhandlung in Magdeburg besaß, wurde Ing. für Maschinenbau und Elektrotechnik. Ab 1915 war er Alleininhaber des ererbten Geschäftes. Nach seiner Teilnahme am I. WK betrieb er zusammen mit wechselnden Partnern sein Geschäft bis 1927. Danach war er Gesellschafter einer Holzstoffabrik in Bad Harzburg, die 1931 aufgelöst wurde. Schon zu dieser Zeit war M. auch als beratender Ing. im Maschinenbau und in der Elektrotechnik tätig und fungierte sowohl beim Landgericht Magdeburg als auch beim Landgericht Göttingen als Sachverständiger. Vor allem aber befaßte er sich mit dem Vertrieb des „Naholga"-Verfahrens bzw. der dazu benötigten Gerätschaften. Es ging dabei um die Anwendung therapeutischer Mittel auf Nadelholzgas-Basis zur Linderung verschiedener Krankheiten. Für die „Naholga"-Anlagen besaß M. ein Patent. M. war Anhänger der damals verbreiteten sog. Hohlwelt-Theorie, die ein Weltbild propagierte, nach dem die Menschen im Innern einer Art Hohlkugel lebten. Diese abenteuerliche Theorie geht auf den Amerikaner Cyrus Ray Teed zurück, der im Jahre 1869 eine entsprechende Vision gehabt haben wollte. In Dtl. wurde diese Theorie vor allem von Karl E. Neupert vertreten. M. hatte von den Raketenversuchen des → Rudolf Nebel in Berlin gehört und sah eine Möglichkeit, seine Hohlwelttheorie durch Raketenversuche zu bestätigen. 1932 konnte er die Magdeburger Stadtverwaltung für die Idee eines Raketenstarts gewinnen, die ihrerseits in einem ersten bemannten Raketenstart eine ausgezeichnete Möglichkeit sah, die Stadt in Dtl. und der Welt bekanntzumachen. So kam es im Januar 1933 tatsächlich zum Abschluß eines von M. vermittelten und unterzeichneten förmlichen Vertrages zwischen der Stadt Magdeburg und dem Berliner Raketenpionier Rudolf Nebel, der den Start des ersten bemannten Raketenfluges der Gesch. der Menschheit im Jahre 1933 in Magdeburg vorsah. Das Unternehmen scheiterte jedoch und wurde schließlich 1934 vom ns. Staat untersagt. M. überlebte den II. WK und blieb in Magdeburg als beratender Ing. – zuletzt für Elektro- und Kühltechnik – bis zu seinem Ausscheiden aus dem Berufsleben tätig.

L: Frank-E. Rietz, Die Magdeburger Pilotenrakete 1933. Auf dem Weg zur bemannten Raumfahrt?, 1998.

Mathias Tullner

Mennung, Albert, Prof. Dr. phil.
geb. 15.12.1866 Hildesheim, gest. 02.12.1931 Schönebeck, Pädagoge, Schriftsteller, Heimatforscher.

M. besuchte das Realgymn. in Magdeburg und betrieb anschließend an den Univ. Leipzig und Halle linguistische, vor allem romanistische Studien. Er war Privatgelehrter in Magdeburg und kam 1902 als Oberlehrer an die Realschule nach Schönebeck. Die Ernennung zum Prof. erfolgte 1917. Am 14.02.1924 gründete er u. a. mit → Ernst Manzek die *Ges. für Vorgesch. und Heimatkunde des Kr. Calbe*, deren erster Vors. er bis zu seinem Tod war. Gleichzeitig gab er im Auftrag der Ges. die *Heimatglocken des Kr. Calbe* heraus, die als Beilage zur *Schönebecker-Ztg.* erschienen, und in denen er auch selbst publizierte. Bis zum Jahre 1930 leitete er das Kreisheimatmus. in Schönebeck, das auf Betreiben der Ges. im September 1924 gegründet worden war. M. beschäftigte sich vorwiegend mit der Ur- und Frühgesch. und war Verfasser zahlreicher wiss. Aufsätze. Politisch engagierte sich M. zehn Jahre lang als zweiter Vors. der Schönebecker Ortsgruppe der DNVP.

W: Der Bel Inconnu des Renaut de Beaujeu in seinem Verhältnis zum Lybeaus Disconus, Carduino und Wigalois, 1890; Der Sonettenstreit und seine Quellen (2 Bde), 1902–04; Über die Vorstufen der prähist. Wiss. im Altertum und Mittelalter, 1925; Sonnenfeier auf dem Hummelberg, in: Heimatglocken des Kr. Calbe 1, 1925, *16*; August Rabe in Biere und seine Altertumsforschung, in: ebd. 3, 1927, *17–19*; Aus dem KrMus. und der Ges. für Vorgesch. und Heimatkunde des Kr. Calbe, in: ebd. 4, 1928, *11f*, *26f*, *43f*, *74f*, *80*. – **L:** Dtls, Östereich-Ungarns und der Schweiz Gelehrte, Künstler und Schriftsteller in Wort und Bild, 1908; Heimatglocken des Kr. Calbe 7, 1931, *89* (Nachruf). – **B:** *KrMus. Schönebeck.

Britta Meldau

Menzel, Fritz
geb. 13.04.1867 Helmstedt, gest. 06.07.1935 Braunschweig, Forstmann, Ornithologe.

M. studierte Forstwirtschaft in Eberswalde, kam 1895 als Forstreferendar nach Marienthal und war danach in Vorwohle/Weserbergland, Helmstedt/Lappwald und Bad Harzburg tätig. Von 1912 bis 1932 leitete er das Forstamt des Braunschweigischen Amtsgerichtsbez. Calvörde und siedelte im Ruhestand nach Braunschweig über. M., der eine frühzeitige Förderung durch die namhaften Braunschweiger Ornithologen Rudolf und Wilhelm Blasius sowie den Amtsrat Adolph Nehrkorn genoß, begann bereits Mitte der 1880er Jahre eine systematische Vogeleierslg. anzulegen. Bereits ab 1884 zeichnete er ornithologische und oologische Beobachtungen in der Umgebung von Helmstedt für entsprechende faunistische Veröffentlichungen auf, die ab 1888 zumeist als kleinere Arbeiten in der Fachpresse publiziert wurden. Als Mitglied des *Aller-Vereins* übernahm er ornithologische Führungen durch die Calvörder Berge. 1928 verkaufte M. die von ihm auf Artenreichtum angelegte umfangreiche Eierslg. an Alexander Koenig, einen der bekanntesten dt. Ornithologen, in Bonn. Auch nach seinem Umzug nach Braunschweig blieb er ornithologisch tätig und lieferte Ergänzungen zu ornithologischen Werken von Rudolf Blasius und Matthias Brinkmann.

W: Versuch einer Avifauna von Helmstedt und Umgebung, in: Ornithologisches Jb. 1, 1890, *88–94*; Die Vogelweide von Helmstedt (Hzt. Braunschweig) und Umgebung, in: ebd. 20, 1909, *85–117*; Die Vogelwelt des Amtsgerichtsbezirks Harzburg, in: ebd. 28, 1917; Die Vogelwelt des Amtsgerichtsbezirks Calvörde, in: Ornithologische Monatsschrift 52, 1927, *138–147, 153–164*. – **L:** Ludwig Gebhardt, Die Ornithologen Mitteleuropas, 1964, *236*; Reinhold Brennecke, Dem Ornithologen F. M. zum Gedenken, in: Js. des KrMus. Haldensleben 26, 1985, *62–64*.

Sieglinde Bandoly

Merkel, Leopold Carl *Friedrich*, Prof. Dr.-Ing. habil.
geb. 17.09.1892 Gröningen, gest. 15.09.1929 Dresden, Ing., Hochschullehrer, Wissenschaftler.

M. war Sohn des Fabrikdir. Gustav M. Erstes Wissen erwarb er an der Volksschule zu Gröningen und am Gymn. zu Halberstadt. Er studierte ab 1911 an den TH München und Dresden, unterbrochen 1914–19 durch die Teilnahme als Offizier am I. WK, und schloß 1920 mit der Prüfung als Dipl.-Ing. ab. Eine zweijährige Assistentenzeit bei Richard Mollier, der ihn als seinen Nachfolger betrachtete, beendete er 1922 mit der Prom., der sich 1924 die Habil. anschloß. Nach einer Tätigkeit als Privatdoz. wurde M. Mitte 1928 zum ao. Prof. an der TH Dresden ernannt. Er starb 1929 an den Folgen einer Kriegsverletzung. M. vollbrachte hervorragende Leistungen auf dem Gebiet der theoretischen und experimentellen Thermodynamik. Er schuf bleibende Begriffe wie „M.sche Hauptgleichung", die „M.-Zahl" und das „M.-Diagramm". Die Fachwelt arbeitete nach M.s Theorie bei der Kühlturmberechnung, Kernstück der M.schen Verdunstungskühlung ist die von ihm kurz und anschaulich formulierte Hauptgleichung, die alle Werte der Wärme- und Stoffübertragungsvorgänge erfaßt. Er schuf damit die Berechnungsgrundlagen für die technische Anwendung der Zweistoffgemische in der Industrie. 1928 wurde M. zum Mitglied der 6. Kommission des Int. Kälte-Inst. in Paris berufen. Die TU Dresden ehrte 1957 mit der Benennung eines Institutsgebäudes („M.bau") einen Wiss. und Entdecker von int. Rang.

W: Beitrag zur Thermodynamik des Trocknens, 1922; Verdunstungskühlung, 1925; Die Grundlagen der Wärmeübertragung, 1927. – **L:** Dresdner Hochschulbll. 5, H. 3, 1929, *52*; Dietmar Lehmann, Kurzbiogr. Prof. Dr.-Ing. habil. F. M., 1975; Karl-Ernst Militzer, M.s wiss. Erbe und die heutige Ing.-Tätigkeit, in: Dresdener Univ.-Journal 3, Nr. 17, 1992; Vf., Ein bedeutender Sohn der Stadt Gröningen, in: General-Anzeiger Oschersleben, Nr. 43, 1994. – **B:** UnivA TU Dresden.

Gerhard Williger

Mertens, August, Prof. Dr. phil.
geb. 03.01.1864 Gardelegen, gest. 01.01.1931 Magdeburg, Pädagoge, Museologe.

M. besuchte die Schule und das Gymn. in Gardelegen und Magdeburg, studierte 1882–86 Naturwiss. in Berlin, war nach 1888 als Lehrer an verschiedenen höheren Lehranstalten in Magdeburg tätig und arbeitete nebenbei ehrenamtlich am Magdeburger Mus. für Naturkunde. 1891 prom. er mit einer Arbeit über „Die südliche Altmark" und wurde 1906 zum Prof. ernannt. M. gehörte ab 1900 dem Vorstand des *Naturwiss. Vereins zu Magdeburg* an, wurde im selben Jahr zum Vorsteher des Vereinsmus. gewählt und war 1906 bis 1929 als erster hauptamtlicher Dir. des Städtischen Mus. für Natur- und Heimatkunde tätig. Unter seiner Leitung erfolgte die systematische Neuordnung der gesamten musealen Bestände in den Hauptabteilungen Mineralogie, Petrographie, allg. Geologie, Paläontologie, Vorgesch., Völkerkunde, Zoologie, Botanik und Kulturgesch. sowie der planmäßige Ausbau der Slgg. europäischer Säugetiere (Biberslg.), der völkerkundlichen und vorgesch. Bestände. Insbesondere die Amphibien- und Reptilienslgg. des Kustos → Willy Wolterstorff wurden stark vermehrt und zählten bald zu den weltweit umfangreichsten Beständen dieser Art. M. verwaltete das Mus. mit Umsicht und warb große Summen beim Magistrat und in der Magdeburger Bürgerschaft zum Ankauf wertvoller Stücke ein. Durch zahlreiche Schenkungen konnten dem Mus. u. a. eine reichhaltige Drogenslg., bedeutende Käfer- und Schmetterlingsslg. und wichtige ethnographische Exponate hinzugefügt werden. M. verknüpfte die konservatorischen Aufgaben des Mus. konsequent mit einer praktischen Nutzung der Bestände und Einrichtungen über den Museumsbetrieb hinaus. Als Geschäftsführer des *Sächsischen Provinzial-Komitees für Naturdenkmalpflege* baute er das Mus. für Naturkunde in Magdeburg zur dt. Zentralstelle für Biberforschung aus, in der er sich durch eigene Forschungen besondere Verdienste erwarb. Als Vertrauensmanns für die Provinz Sachsen oblag ihm der Schutz der Bodenaltertümer und ihre Bergung. M. leitete zudem das mit dem Mus. verbundene Schädlingsamt und beriet in dieser Eigenschaft Behörden und Privatpersonen in Fragen der tierischen und pflanzlichen Schädlingsbekämpfung. Sein Bestreben, das Mus. in einem neuen und größeren Bau zur einer Volksbildungsstätte mit Hörsälen, Lesezimmern und Arbeitsräumen weiterzuentwickeln, ließ sich in seiner Amtszeit nicht realisieren.

W: Zwei bemerkenswerte Biberbauten in der Nähe von Magdeburg, 1914; Vom Biber an der Elbe, in: Naturdenkmäler, Bd.3/4, H. 24, 1922; (Hg.) Fs. zur 10. Tagung der Ges. für dt. Vorgesch. vom 1. bis 7. Sept. 1928 (2 Bde), 1928. – L: Rudolf Weidenhagen, 50 Jahre Magdeburger Mus. für Natur- und Heimatkunde, in: MonBl 1925, *329–336* (**B*); Karlheinz Kärgling, Ein neuer Zugang zur int. Museumsszene, in: Magdeburg. Portrait einer Stadt, 2000, *541ff*.

Ingrid Böttcher

Mertens, Friedrich
geb. 14.01.1894 Kalbe/Milde, gest. 07.11.1974 Magdeburg, Ing., Stadthistoriker.

M. absolvierte in Magdeburg eine Ausbildung als Bau- und Kunstschlosser und bildete sich zum Zeichner und Konstrukteur weiter. Später qualifizierte er sich zum Maschinenbauing. (Gastechnik). Von 1926 bis 1959 war er in Versorgungsunternehmen der Stadt Magdeburg tätig. Er erforschte unter erheblichen Schwierigkeiten – verwehrter Zugang zu wichtigen Archiven – die Entwicklung der Festung Magdeburg. Vor allem die von ihm gezeichneten Festungspläne verschiedener Ausbauetappen trugen entscheidend dazu bei, die Festungsentwicklung in die Geschichtsschreibung der Stadt Magdeburg einzubringen.

Bernhard Mai

Mertz, *Adolf* **Emil**
geb. 17.11.1852 Halberstadt, gest. 07.08.1928 Bad Salzelmen, Obering.

M. war in der *Maschinenfabrik R. Wolf Buckau* in Magdeburg als Konstrukteur angestellt und führte, angeregt durch die Ergebnisse von → Wilhelm Schmidt bei der Einführung von überhitztem Dampf an Dampfmaschinen, die 1892 veröffentlicht wurden, die Verwendung von Heißdampf an *Wolf*-Lokomobilen ein. Dazu baute er 1896 auf dem Betriebsgelände in Buckau eine Versuchsanlage auf. Durch Einsatz von Kolbenschiebern mit federnden Ringen zum Ausgleich von Verformungen, hervorgerufen durch die hohen Temperaturen, und eines Spiralwärmetauschers als Überhitzer zur Erzielung großer Wärmeaustauschflächen bei minimalem Bauvolumen gelang es, 1898 die erste Heißdampf-Lokomobile auszuliefern. Der thermische Wirkungsgrad dieser Maschinen konnte dadurch wesentlich verbessert werden und führte zu einem ca. 30 Prozent niedrigeren Dampfverbrauch im Verhältnis zu vergleichbaren Sattdampfmaschinen. Damit wurde ein neuer Entwicklungstrend im Lokomobilenbau eingeleitet. Nach 1906 wurden diese Arbeiten unter → Karl Heilmann weitergeführt.

L: Karl Heilmann, Die Entwicklung der Lokomobile von R. Wolf in technischer und wirtsch. Hinsicht, in: VDI-Zs. 1906, *313, 446, 478*; Conrad Matschoss, Die Maschinenfabrik R. Wolf Magdeburg-Buckau 1862–1912, 1912, *55–66*; 100 Jahre Buckau-Wolf, Die Gesch. unseres Hauses 1838–1938, 1938, *146* (**B*).

Heinz Thüm

Merzbach, Ernst, Dr. jur.
geb. 22.10.1879 Magdeburg, gest. 01.08.1952 Valparaiso (Chile), Jurist, Repräsentant der jüd. Gemeinde.

Der Sohn des jüd. Kaufmanns Ignatz M. studierte nach dem Besuch des Magdeburger König Wilhelms-Gymn., an dem er 1898 das Abitur ablegte, Rechtswiss. und prom. zum Dr. jur. Sein Referendariat absolvierte er in Magdeburg und besuchte während dieser Zeit auch den jüd. Referendarstammtisch im „Café Dom" (→ Arthur Ruppin). Seit 1906 war M. als Rechtsanwalt in Magdeburg tätig und erhielt 1922 seine Ernennung zum Notar. Obgleich er ein vielbeschäftigter Anwalt war und ein gutgehendes Notariat führte, gehörte M. zu den aktivsten Mitgliedern der Magdeburger jüd. Gemeinde und bekleidete verschiedene hohe Ämter. So war er langjährig Repräsentant der Magdeburger jüd. Gemeinde, später Vors. der Repräsentantenverslg. Darüber hinaus wirkte er als Vors. der Ortsgruppe Magdeburg des *Zentralvereins dt. Staatsbürger jüd. Glaubens*, betätigte sich als Vors. der *Israelitischen Beerdigungsges.*, leitete als Präsident die Mendelssohn-Loge und gehörte bis 1933 zu den Vorstandsmitgliedern des *Preuß. Landesverbandes Jüd. Gemeinden*. Nachdem ihm im Zuge der antijüd. Verordnungen 1933 sein Notariat entzogen worden war, betrieb er zunächst mit drei anderen noch zugelassenen jüd. Rechtsanwälten eine gemeinsame Kanzlei. Als er 1938 auch seine Zulassung als Rechtsanwalt verlor, emigrierte M. mit seiner Tochter nach Chile, wo er sich in den Dienst der dortigen jüd. Gemeinde stellte.

L: Archiv der Synagogen-Gemeinde zu Magdeburg.

Ildikó Leubauer

Meßow, Carl Leberecht
geb. 15.04.1759 Obersdorf bei Frankfurt/Oder, gest. 12.11.1825 Biederitz, ev. Pfarrer, Superintendent, Schulinspektor.

M., Sohn des Predigers Johann Gottfried M., studierte ab 1777 drei Jahre ev. Theol. in Halle. 1783 erhielt M. vom Generalmajor von Braun die Volation als Feldprediger bei seinem Regiment in Berlin, die M. bis 1794 verwaltete. Im gleichen Jahr übernahm er die Pfarrstelle in Biederitz bei Magdeburg. 1811 wurde er zum Superintendenten und Schulinspektor der Schulen in Burg, Parchau, Schartau, Niegripp,

Metzig

Lostau, Hohenwarte, Gerwisch, Detershagen, Schermen, Woltersdorf, Körbelitz und Biederitz ernannt. M. setzte sich nachhaltig für die Ausbildung der Kinder und Jugendlichen ein. Er gewann 1811 Hans Johann Friedrich Neubauer als Lehrer für die Biederitzer Schule und schickte ihn für einen Monat an die Görlitzer Musterschule. Gemeinsam mit Neubauer reformierte M. die Biederitzer Schule erfolgreich, so daß sie zur geachteten Musterschule der Umgebung aufstieg. Am 10.04.1814 hielt M. auf den Höhen hinter Königsborn im Widerstand gegen Napoleon eine Feldpredigt vor den gesamten Belagerungstruppen von Magdeburg. M. und Neubauer legten im Frühjahr 1815 in den Mühlbergen von Biederitz nach Anregungen durch die Turnbewegung um Friedrich Ludwig Jahn und nach dessen Muster einen Turnplatz für die Jugend an, auf dem 13jährig neben der Dorfjugend auch → Karl Friedrich Koch, Förderer des frühen Turnens in Magdeburg, seine Übungen vollzog.

L: → Walter Sens, Die Schulen der Stadt Burg, Bez. Magdeburg, zu Beginn des 19. Jhs, in: GeschBll 66/67, 1931/1932, *114–142*; Kirchenbuch der ev. Gemeinde Biederitz, Jgg. 1800ff., *905, 924f.*

Richard Borns

Metzig, Friedrich

geb. 23.10.1891 Kassel, gest. nach 1940 n.e., Verwaltungsangestellter, Kommunalpolitiker.

M. begann nach dem frühen Tod seines Vaters eine Ausbildung als Unteroffizier in der preuß. Armee, die er auf Grund eines Kniegelenkschadens abbrechen mußte. Dennoch nahm er freiwillig im aktiven Dienst am I. WK teil. 1919 schlug er eine Laufbahn als Verwaltungsangestellter ein und war danach bis 1931 als Rechnungsdir. der Stadt Eilenburg, darauf als Bürgermeister in Osterburg tätig. M. war Mitglied der DVP. Nach der Machtübernahme des Hitlerregimes wurde er in Osterburg entlassen und in den Ruhestand versetzt, aber nach erfolgreicher Beschwerde beim Minister des Innern als wiederverwendbar eingestuft. Als M. nach Barby kam, nun als Parteigenosse der NSDAP, attestierte man ihm besondere Fähigkeiten in der kommunalen Finanzverwaltung und ein gutes Durchsetzungsvermögen. Nachdem er innerhalb eines Monats seine ns. Weltanschauung durch Ansprachen an die Ortsgruppe und die Bevölkerung sowie durch die Finanzierung von Gebäuden und ns. Organisationen in Barby unter Beweis gestellt hatte, wurde er am 09.11.1933 von der gleichgeschalteten Stadtverordnetenverslg. einstimmig zum Bürgermeister gewählt. M. hat das Bild der Kleinstadt Barby maßgeblich verändert. Während seiner Amtszeit ließ er das mittelalterliche Rathaus komplett umbauen, zwei neue Eigenheimsiedlungen entstehen, in denen überwiegend systemnahe Fam. Einzug hielten, ein überdimensionales Kriegerdenkmal errichten, die Altstadt kanalisieren, Straßen befestigen und Grünflächen anlegen. Um billiges Baumaterial zu erhalten, ließ er dafür einen Teil der mittelalterlichen Stadtmauer abreißen. Motiviert wurden seine Handlungen u. a. durch den administrativ inszenierten ns. Wettbewerb „Zur Verschönerung unserer Städte", der M. die Möglichkeit eröffnete, Barby als ns. Musterstädtchen darzustellen und sich selbst zu profilieren. So stellte er sein Verfahren, Fußwege durch mit Teer vergossene Holzscheiben zu befestigen, in Aufsätzen und Vorträgen der Öffentlichkeit vor. Diese Art der Befestigung hielt allerdings der Belastung nicht lange stand. Andererseits unterstützte er in seiner Tätigkeit als Bürgermeister und Propagandaleiter der Barbyer Ortsgruppe der NSDAP die Repression, Verfolgung und Vertreibung ehemaliger Angehöriger anderer Parteien, Andersdenkender sowie der wenigen jüd. Menschen und protegierte Gleichgesinnte. Nach der Okkupation Polens wurde M. im Oktober 1939 zum Aufbau der Verwaltung in die ehemaligen dt. Gebiete als Bürgermeister nach Neu-Oderberg/Oberschlesien abgeordnet. Obwohl er seine Versetzung als persönlichen Aufstieg ansah, gelang es ihm, im Zusammenspiel mit der Barbyer Stadtverwaltung und dem Landrat des Kr. Calbe → Theodor Parisius, für den Fall seiner Rückkehr die frei werdende Bürgermeisterstelle ein Jahr nicht neu besetzen zu lassen.

W: Die Stadt Barby im Spiegel ns. Wirtschaftsführung, Ms. o. J. (StadtA Barby); Wie kann das Stadtbild einer Kleinstadt verschönt werden?, in: Heimatkal. für den Kr. Calbe 1935, 1934, *29–31*; Barby, Entwicklung und Neuwerdung in den Jahren 1936 und 1937, in: ebd. 1938, 1937, *23–26*; Das Barbyer Ehrenmal, in: ebd. 1939, 1938, *71–73* (Ms. StadtA Barby). – **L:** Otto Saft, Das neue Rathaus zu Barby, in: Heimatkal. für den Kr. Calbe 1937, 1936, *149f.*; Schulz, Gemeindearbeit während der Kriegszeit, in: ebd. 1940, 1939, *27–29*; Vogt, Barby und Calbe erhielten eine neuzeitliche Wasserversorgung, in: ebd. 1938, 1937, *113–115*; LHASA: Rep. C 28 Ie Reg. Magdeburg Kommunalregistratur I Osterburg, Nr. 2084; Rep. C 28 Ie Reg. Magdeburg Kommunalregistratur I Barby, Nr. 249; Nr. 4205, Bl. 42f., 89f., 95f., 98–100; Rep. C 30 Landratsamt und Kreiskommunalverwaltung Calbe B, Nr. 93; Nr. 390, Bl. 259, 267, 268; Nr. 1059.

Andreas Radespiel

Mews, Hermann, Dr. agr. h.c.

geb. 27.10.1902 Klein Wanzleben, gest. 29.01.1978 Klein Wanzleben, Pflanzenzüchter, Saatzuchtleiter.

M. war nach dem Volksschulbesuch in Klein Wanzleben ab 1917 als Landarbeiter in der Rübenzüchtung der *Zuckerfabrik Klein Wanzleben, vorm. Rabbethge & Giesecke AG* und ab 1927 in der Getreidezucht-Abt. des Klein Wanzlebener Betriebes tätig. 1943 beendete er in Kloster Weende eine Ausbildung als Pflanzenzuchtwart mit der Note „sehr gut" und wirkte weiter nach 1945 als Mitarbeiter bei Prof. → Fritz Oberdorf in der Getreidezucht-Abt. des nach dem II. WK enteigneten Klein Wanzlebener Saatzuchtbetriebes. 1948 wurde er zum Saatzuchtleiter ernannt. Ab 1946 züchtete M. vier Sorten Winter-Gerste, zwei Sorten Winter- und sechs

Sorten Sommer-Weizen, drei Sorten Sommer-Gerste, fünf Sorten Hafer, eine Sorte Trockenspeiseerbsen und eine Sorte Trockenspeisebohnen – insgesamt 22 neue Nutzpflanzensorten. Damit realisierte er das Ziel, leistungsfähige Sorten mit hohem Gebrauchswert und guter Eignung für die industriemäßige Produktion zu schaffen. Dominierend waren seine Sommerweizensorten „Carola" und „Herma", die sich durch besonders hohen Ertrag und sehr gute Backqualität auszeichneten. Für seine Leistungen erhielt M. zahlreiche staatl. Auszeichnungen und Ehrungen: Verdienter Züchter, Ehrendoktor der Univ. Halle, Wiss. Abteilungsleiter der Dt. Akad. der Landwirtschaftswiss., Verdienstmedaille der DDR, VVO in Bronze und Silber. M. arbeitete noch als Rentner bis 1973.

L: Vf., Gesch. des Inst. für Rübenforschung Klein Wanzleben, 1977. – **B:** *ebd.

Walter Wöhlert

Meyer, Erich, Dr. med.
geb. 23.12.1879 Timmerlah bei Braunschweig, gest. 09.08.1958 Bad Meinberg, Internist, Sanatoriumsleiter.

Nach dem Medizinstudium in Berlin übernahm M. 1907 die Leitung des „Ihle-Sanatoriums" in Friedensau bei Burg. Das Sanatorium wurde 1901 auf Anregung des bekannten amerikanischen Arztes und „Cornflakes"-Erfinders John H. Kellogg als physikalisch-diätetische Heilanstalt gegründet. In Friedensau befand sich seit 1899 das Missionsseminar der Freikirche der Adventisten, das auf eine alternativ-ganzheitliche Pädagogik Wert legte und auch ein Gesundkostwerk betrieb. Theologieunterricht, manuelle Ertüchtigung und „ärztliche Mission" bildeten die Schwerpunkte der Ausbildung. So wurden unter M.s Leitung im Sanatorium auch Krankenschwestern („Friedensauer Schwesternschaft") herangebildet, die als Missionsschwestern in Osteuropa, im Nahen Osten und in Ostafrika zum Einsatz kamen. Im Krankenpflegeunterricht wies M. auf die enge Verknüpfung von Med. und christlicher Seelsorge hin. In seinen populär verfaßten, praxisbezogenen Arbeiten widmete er sich vor allem der Präventivmed., der Bekämpfung von Suchtkrankheiten, der Naturheilkunde und der Frage des körperlich-seelischen Gleichgewichts. Während des I. WK wurden die Missionsschule und das Sanatorium in Friedensau mit M. als Chefarzt als Kriegslazarett genutzt. 1922 wurde er als leitender Internist an das neu gegründete adventistische Krankenhaus „Waldfriede" in Berlin-Zehlendorf berufen, wo er bis 1950 tätig war. M. gilt als Pionier der „ärztlichen Mission" der Adventisten in Europa.

W: Ist der Kampf gegen den Alkohol berechtigt?, 1913; Der Tabak – ein Gift, o. J.; Einfache Heilmittel, 1919; Volkskrankheiten, o. J. – **L:** Chronik der Friedensauer Schwesternschaft, 1985. – **B:** *Archiv Friedensau (AAE).

Daniel Heinz

Meyer, Friedrich, Dr. med. dent, Dr. med.
geb. 09.06.1907 Holzminden, gest. 04.12.1996 Magdeburg, Zahnarzt, Obermedizinalrat.

Der Sohn des früh verstorbenen Schiffseigners und Holzhändlers Friedrich M. studierte nach dem Abitur Zahnmed. in Göttingen, Würzburg, München und Wien, legte das Staatsexamen 1930 ab und prom. 1931 zum Dr. med. dent. in Göttingen. Ab Februar 1936 war M. nach zahnärztlicher Tätigkeit in der AOK-Zahnklinik Magdeburg hauptamtlich als Krankenhauszahnarzt im Kreiskrankenhaus Magdeburg-Sudenburg tätig. Ab 1945 führte er die Reorganisation der zwischenzeitlich stillgelegten Zahn- und Kieferklinik dieser Einrichtung bei gleichzeitiger Ernennung zum kommissarischen Klinikleiter und ab 1949 zum Klinikdir. durch. Dabei erfolgte der stufenweise Ausbau der Klinik, u. a. eigenes zahntechnisches Labor und Röntgenabt, sowie die Projektierung eines Neubaus nach seinen Plänen im Rahmen der erweiterten zahnärztlich-kieferchirurgischen Versorgungsaufgaben. Nach Baubeginn 1956 konnte die Klinik und Poliklinik für Stomatologie der Med. Akad. Magdeburg mit Bettenstation 1958 eröffnet werden. 1960 erfolgte nach seinem zusätzlichen Medizinstudium, dem Erwerb der ärztlichen Approbation und Prom. zum Dr. med. die Einsetzung als Dir. dieser Institution sowie 1961 die Ernennung zum Obermedizinalrat. Neben der aktiven Mitgestaltung zahlreicher wiss. Tagungen mit nahezu 50 Vorträgen übte M. eine klinische Forschungstätigkeit aus, die ihren Niederschlag in 20 Publikationen mit den Schwerpunkten praxisnaher kieferchirurgischer Probleme und spezieller Themen der Oralpathologie fand. Als Mitglied verschiedener ständiger Ausschüsse sowie Arbeitskreise auf Akad.-, Bez.- und DDR-Ebene führend tätig – u. a. auch als langjähriges Vorstandsmitglied der *Stomatologischen Ges.* an der Martin-Luther-Univ. Halle-Wittenberg –, bestimmte M. die weitere Entwicklung der Zahn-, Mund- und Kieferheilkunde im heutigen Sa.-Anh. Von den zahlreichen Ehrungen seiner verdienstvollen Tätigkeit seien nur die Medaille für ausgezeichnete Leistungen 1953 und 1959 und die Ehrenmedaille der *Dt. Ges. für Stomatologie* 1970 genannt. Hervorzuheben ist die herausragende und führende kontinuierliche Betätigung bei der Aus- und Weiterbildung der Zahnärzte des Bez. Magdeburg, etwa als Mitglied der Bezirksfachkommission, die über 18jährige Lehrtätigkeit im Fach Stomatologie für Mediziner an der Med. Akad. Magdeburg und vor allem die allseits anerkannte, politisch neutrale Mitwirkung bei zentralen Entscheidungen der *Ges. für Kiefer-Gesichtschirurgie der DDR*.

W: Zum Krankheitsbild der frühkindlichen Parodontolyse, in: Fortschritte Kiefer-Gesichtschirurgie, Bd. 9, 1963, *206–210;* Die Klinik für Zahn-, Mund- und Kieferkrankheiten, in: Fs. 10 Jahre Med. Akad. Magdeburg 1964, *107–110;* Zur Diagnostik und Klinik des Hämogemmangioms (ORSÓS) im Kiefer- und Gesichtsbereich, in: Dt. Stomatologie 18, 1968, *710–720;* Zum Krankheitsbild der frühkindlichen Parodontolyse und den Möglichkeiten ihrer kieferorthopädischen Beeinflussung, in: ebd. 18, 1968, *740–748* (mit Ingrid Wernicke). – **L:** Gottfried Schneider, Obermedizinalrat Dr. Dr. F. M. zum 65. Geb., in: Dt. Stomatologie 22, 1972, *401–403;* Fs. 20 Jahre Med. Akad. Magdeburg 1974, *56–59;* Vf., Klinik und Poliklinik für Stomatologie – Rückblick und Ausschau, in: Dt. Stomatologie 28, 1978, *855–859.* – **B:** *Familienunterlagen Jürgen M., Magdeburg (priv.).

Raimund Petz

Meyer, *Friedrich* **Wilhelm Franz,** Prof. Dr. phil.
geb. 02.09.1856 Magdeburg, gest. 11.04.1934 Königsberg/Ostpreußen, Mathematiker, Hochschullehrer.

Nach dem erfolgreichen Besuch des Domgymn. in Magdeburg studierte M. an den Univ. Leipzig (1874/75) und München (1875–78), wurde 1878 in München prom. und setzte seine Studien 1878–80 an der Univ. Berlin fort. Nach seiner 1880 erfolgten Habil. an der Univ. Tübingen arbeitete er dort und an der Bergakad. Clausthal, die ihn 1888 als o. Prof. berief. Von 1897 bis zu seiner Emeritierung 1924 war er Prof. an der Univ. Königsberg. M. verfaßte mehr als 130 Arbeiten zur Algebra und Geometrie, insbesondere zur Invariantentheorie, zu algebraischen Kurven und zur mehrdimensionalen projektiven Geometrie. Auf seine Initiative und mit Unterstützung der Göttinger Mathematiker Felix Klein und Heinrich Weber wurde 1894/95 der Entwurf für die zunächst auf sechs Bde konzipierte „Encyklopädie der Mathematischen Wiss." erarbeitet, von der bis 1935 bereits 20 Bde vorlagen.

W: Bericht über den gegenwärtigen Stand der Invariantentheorie, 1892; Allg. Formen- und Invariantentheorie, 1909; Theorie unendlich benachbarter Geraden, 1911. – **L:** Siegfried Gottwald, Lex. bedeutender Mathematiker, 1990.

Karl Manteuffel

Meyer, Heinz-Hugo
geb. 14.10.1905 Magdeburg, gest. 30.07.1996 Magdeburg, Architekt.

Der Lebens- und Berufsweg von M. hatte einen für seine Generation typischen Verlauf. M. erlernte 1921–24 das Maurerhandwerk. Parallel dazu erarbeitete er sich in den Wintersemestern an der Staatl. Baugewerkschule in Magdeburg, Abt. Architektur, das Rüstzeug für die Hochschulreife und seine Architektenlaufbahn. 1924–25 war er zeitweise als Zeichner und Bauführer in den Magdeburger Architekturbüros von → Paul Schaeffer-Heyrothsberge und → Bernhard Lippsmeier tätig. 1925 erfolgte seine Anstellung beim Magdeburger Stadterweiterungsamt unter → Johannes Göderitz. Als herausragende Leistung galt M.s Entwicklung und Realisierung des „wachsenden Hauses" in einer Kleinsiedlung im Südwesten Magdeburgs. In diesem Haus in der Hermann-Löns-Straße wohnte M. selbst bis an sein Lebensende. 1934 wechselte er zur Beratungsstelle der Baupolizei und war während des II. WK als Bauleiter für den Luftschutzbunker am Magdeburger Theatervorplatz und beim Straßenbau in Berlin-Wilmersdorf tätig. 1948–50 erhielt M. nochmals eine Anstellung im Hochbauamt Magdeburg sowie von 1950–52 in der Industriebauprojektierung Magdeburg, 1952–60 im Entwurfsbüro für Hochbau Magdeburg und im *Stickstoffwerk Piesteritz*. Bis zu seinem Ruhestand war M. als Architekt für das *VE Kombinat Lacke und Farben* in Magdeburg tätig. Bezeichnend war seine lebenslang gepflegte „Nebentätigkeit" als Maler, Graphiker und Bildhauer, die er frühen Anregungen aus der Magdeburger Kunstgewerbeschule und dem Bauhaus Weimar/Dessau verdankte.

L: Marta Doehler/Iris Reuther, Magdeburg – Die Stadt des Neuen Bauwillens. Zur Siedlungsentwicklung in der Weimarer Republik, 1995; Privatunterlagen Fam. M., Magdeburg (**B**). – **B:** StadtA Magdeburg.

Friedrich Jakobs

Meyer, *Karl* **Gustav Ernst**
geb. 21.06.1904 Magdeburg, gest. 06.04.1967 Bonn, Journalist, Fotograf.

M., Sohn einer aus Domersleben in der Magdeburger Börde stammenden Fam. eines Schuhmachermeisters, besuchte das Realgymn. in Magdeburg und studierte anschließend Nationalökonomie in Freiburg/Breisgau, München und Bonn. 1923–25 absolvierte er eine Ausbildung als Redaktionsvolontär bei der *Magdeburgischen Ztg.* im namhaften *Faber-Verlag* und war gleichzeitig als freier Mitarbeiter für mehrere Tagesztgg. tätig. Bereits 1928 erhielt der begabte Bildreporter eine Anstellung als verantwortlicher Bildredakteur beim *Faber-Verlag*. Für seine Fotokunst wurde M. bereits in den 1920er Jahren im Rahmen von Ausstellungen ausgezeichnet und wirkte in Jurys bei Fotowettbewerben mit. Er nutzte die Neuheiten der Kameratechnik und erfand ein eigenes Verfahren zum eiligen Entwickeln von Filmen. Seine Fotografien, zumeist im Magdeburger *General-Anzeiger* publiziert, dokumentieren M.s enge Verbundenheit mit den Menschen der ländlichen Umgebung von Magdeburg. Anfang 1933 hatte M. jene journalistische Idee, die ihm schnell zu größter regionaler Bekanntheit verhalf. Ab 26.02.1933 veröffentlichte er im *General-Anzeiger* nahezu täglich unter der bald sprichwörtlichen Rubrik „Herr Linse berichtet: ..." (in Form einer Karikatur mit Kamera, Mütze, Pfeife und Auto) Fotos von Land und Leuten, ergänzt durch kurze, oft humorvolle Verse und Erläuterungen, die den Alltag treffend festhielten. Mitte Dezember 1935 wurde der populäre Journalist als Bildredakteur des *General-Anzeigers* entlassen, weil er nicht bereit war, sich von seiner jüd. Frau scheiden zu lassen. M. arbeitete freiberuflich als Fotograf und Journalist, Publizist und Schriftsteller weiter, veröffentlichte Arbeiten in zahlreichen Zss., Ztgg. und Bildbänden. Mit der Unterstützung von Freunden, u. a. von Fritz Sänger, dem späteren *dpa*-Chef und SPD-Bundestagsabgeordneten, kam M. 1938 in einer getarnten Stelle bei der *Frankfurter Illustrierten* in Berlin unter, bewegte sich 1939–45 stets am Rande der Verhaftung und in der Gefahr der Entdeckung seiner versteckt lebenden Fam. Nach der dt. Kapitulation wurde M. ehrenamtlicher Bürgermeister von Domersleben, legte 1946 sein Amt nieder, um für zwei Jahre die Leitung des Fotogeschäfts *Arthur Harke* in Magdeburg zu übernehmen. Ende 1948 flüchtete der Sozialdemokrat vor den sich verschärfenden politischen Repressionen der sowjetischen Besatzungsmacht mit seiner Fam. in den Westen – mit der festen Absicht, nach Amerika auszuwandern. Als die Ausreise sich verzögerte, nahm M. eine Stelle als Redakteur bei der *Hannoverschen Presse* an. Er blieb mit seiner Frau in Dtl., wechselte 1952 zum Parlamentarisch-Politischen Pressedienst nach Bonn und arbeitete später als Chefredakteur der *Düsseldorfer Illustrierten* sowie als Pressechef des Ministerpräsidenten Georg August Zinn in Hessen.

N: Michael M., Kalifornien (USA). – **L:** Michael M. (Hg.), Herr Linse berichtet. Fotografien aus dem Magdeburger Umland 1933–1935 von K. M., Kat. 1996 (*B*); „Herr Linse berichtet". K. M., Fotograf und Redakteur des Magdeburger General-Anzeigers (1928–1935), in: Jutta Dick/Marina Sassenberg (Hg.), Wegweiser durch das jüd. Sa.-Anh., 1998, *316–325* (*B*). – **B:** Michael M., Kalifornien (USA); Börde-Mus. Ummendorf.

Guido Heinrich

Meyer, Konrad, Prof. Dr. phil., Lic. theol.
geb. 22.08.1875 Calbe, gest. 31.01.1949 Belzig/Mark, ev. Theologe, Pädagoge, Politiker.

M. besuchte die Landesschule Pforta bis 1895, studierte ev. Theol. in Greifswald und Leipzig bis 1902 und wurde Domkandidat des Stiftes Berlin. 1904 prom. er in Greifswald und übernahm im gleichen Jahr das Direktorat des Ev.-theol. Studienhauses Bonn. M. wurde 1909 bis 1928 als Lehrer für Religion und Hebräisch und 1909 bis 1932 zugleich als geistlicher Inspektor an das Pädagogium des Klosters U. L. F. in Magdeburg berufen und war 1933–37 Leiter des Alumnates des ab 1928 Vereinigten Dom- und Klostergymn. in Magdeburg. Dabei hatte er großen Anteil an der Integration beider Magdeburger Bildungseinrichtungen. Von 1921 bis 1933 wirkte M. als Abgeordneter des preuß. Landtages für die DNVP, die er im Bez. Magdeburg-Anhalt mitbegründete und deren Landesführer er wurde. M. war Mitarbeiter der theol.-lit. Zs. *Dienet einander*. Mit seinen allgemeinverständlichen theol. Schriften trug er zum Erfolg des Verlages *C. Bertelsmann* in Gütersloh bei.

W: Der Prolog des Johannesevangeliums. Nach dem Evangelium erklärt, Diss. Univ. Greifswald 1902; Der Zeugniszweck des Evangelisten Johannes. Nach seinen eigenen Angaben dargestellt, 1906; Jeremia, der Prophet (Biblische Volksbücher, Nr. 2,6), 1909; Kirche, Volk und Staat vom Standpunkt der ev. Kirche aus betrachtet, 1915. – **L:** Alfred Laeger, Gedenkschrift Dom- und Klostergymn. Magdeburg 1675–1950, 1967, *32, 55*; Kerstin Dietzel, Das Staatl. Vereinigte Dom- und Klostergymn. zur Zeit des Ns., in: Matthias Puhle (Hg.), Zwischen Kanzel und Katheder. Das Kloster U. L. F. Magdeburg vom 17. bis 20. Jh., 1998, *103*; Jochen Kreinberger, Bibliogr.-biogr. Gesamtverz. der Pröpste, Rektoren und Lehrer des Pädagogiums am Kloster U. L. F. Magdeburg 1698–1928, 2000 (mit Kerstin Schroeder).

Gerald Christopeit

Meyer, Ludwig Conrad
geb. 18.04.1826 Wanzleben, gest. 17.06.1906 Wanzleben, Landwirt.

M. entstammte einer Bauernfam. in Wanzleben, wo er 1853 heiratete, 1858 die Wirtschaft seiner Eltern übernahm und diese bis zu seinem Ableben fortführte. Kurz vor seinem Tode schrieb M. einen umfangreichen Lebensbericht nieder. In den Aufzeichnungen überlieferte er ein realistisches Bild vom Leben eines Ackerbürgers in einer kleinen Landstadt der Börde im 19. Jh. M. behandelte zunächst die Lebensumstände seiner Großeltern – Wohnung, Kleidung, Wirtschaft, Viehbestand (Rinder, Schafe) –, die Hutungsgemeinden der Stadt Wanzleben, Ackerbestellung, Anbauarten, Flachsbereitung u. a. Die Bräuche und Vorgänge beim Kirchgang, bei Hochzeiten und Beerdigungen und die Schilderung der Schulverhältnisse und Kinderkrankheiten berühren sein eigenes Leben, aus dem er auch längst vergessene Kinderspiele (z. B. Ballschlagen) beschreibt. Kinder-Freischießen und Schützenfeste der Erwachsenen stehen für die großen Feste der Stadtgemeinde. M. widmete sich der intensiven Beschreibung seiner Soldatenzeit, wo der detaillierte Bericht über die Teilnahme an der Niederschlagung des Aufstandes in Berlin 1848 auch über die engen lokalen Beziehungen des Lebensberichtes hinaus hist. Interesse beansprucht. Die lebendigen Schilderungen bieten ein anschauliches Bild des bäuerlichen Lebens der Zeit, dessen Wert in der Schlichtheit und Wahrheit seiner Mitteilungen beruht.

W: Aufzeichnungen aus meinem Leben und was durch mündliche Überlieferung meiner Eltern und Großeltern auf mich gekommen ist, Ms. um 1900 (ältere Abschrift nach einem verlorenen Original, Börde-Mus. Ummendorf im Nachlaß → Gustav Hansen). – **N:** Börde-Mus. Ummendorf. – **B:** Börde-Mus. Ummendorf

Heinz Nowak

Meyer, *Ralph* **Paul Heinrich Sigismund,** Dr. phil.
geb. 12.01.1856 Magdeburg, gest. 26.05.1922 Magdeburg, ev. Theologe, Kirchenhistoriker.

Der Sohn des Pfarrers an der Magdeburger Petrikirche Ludwig M. empfing seine schulische Ausbildung am Gymn. des Klosters U. L. F. in Magdeburg. Er studierte 1876–80 ev. Theol. in Halle und Tübingen. Durch Johann Eduard Erdmann für phil. Fragen interessiert, prom. er 1880 in Halle über ein geschichtsphil. Thema, dessen Erstbearbeitung schon 1879 als „gekrönte theol. Preisschrift" ausgezeichnet wurde. Nach dem Studium trat er zunächst 1880/81 in den Schuldienst in Oschersleben ein und wurde 1882 Pfarrvikar in Magdeburg. Ab 1882 war M. als Vikar und Pfarrer in Elende bei Bleicherode tätig und wurde 1883 in Magdeburg ordiniert. Ab 1885 bekleidete M. zunächst die zweite, ab 1893 die erste Predigerstelle der Dt.-Reformierten Gemeinde Magdeburg. Er begründete 1889 das *Dt.-reformierte Gemeinde-Bl.* als zweitältestes Periodikum dieser Art in Magdeburg, das er bis zu seinem Tode herausgab, sowie 1900 den Kirchenchor der Gemeinde, dessen bekanntester Leiter → Gottfried Grunewald war. M. leistete umfangreiche Arbeiten zur Gesch. der Dt.-Reformierten Gemeinde Magdeburg. Seine zweibändige Gesch., unterlegt mit verschiedenen Urkunden, ist die einzige noch erhalten gebliebene zusammenfassende Quelle über diese Gemeinde. Unter seiner Leitung erfolgte der bereits von → Maximilian Guischard angestrebte Neubau der dt.-reformierten Kirche und der Umzug der Gemeinde aus der alten dt.-reformierten Kirche am Breiten Weg (heute Hauptpost) in die neue Kirche am Nordpark.

W: Ex libro chronicorum quaecumque ad cruendam psalterii historiam literariam et illustrandum eius usum sacrum psalmorum titulis caeterisque additamentis significatum proficere possunt colliguntur et examinantur, Diss. Halle 1880; Gesch. der Dt.-Reformierten Gemeinde Magdeburg von den Anfängen bis auf die Gegenwart (2 Bde), 1914. – **L:** Gesch. der Dt.-Reformierten Gemeinde, Bd. 2, 1914, *63f.* (***B**); AKPS: Rep. A, Spec. P, M 109 (PA).

Henner Dubslaff

Meynhard, Heinz, Dr. agr.
geb. 21.04.1935 Burg, gest. 27.10.1989 Burg, Elektroinstallateur, Tierverhaltensforscher, Tierfilmautor.

Nach Beendigung der Grundschule erlernte M., Sohn eines Fleischers, 1949–52 den Beruf eines Elektroinstallateurs bei der Fa. *Steffen* in Burg, wurde Elektromeister und übernahm einen Handwerksbetrieb in Burg. Schon seit frühester Jugend interessierten ihn Tiere, wie die Elche, Wisente und besonders die Wildschweine, aber auch Vögel, die er u. a. im Donaudelta beobachtete. Neben seiner Tätigkeit als Leiter des Handwerksbetriebes studierte er in seiner Freizeit besonders das Verhalten von in Dtl. lebenden Wildschweinen. Er war der erste Forscher in Europa, der zu den freilebenden, scheuen und gefährlichen Säugetieren einen so engen Kontakt herstellen konnte, daß ihn die Rotte beim Wurf der Frischlinge duldete. Seit 1975 erhielt M. Forschungsaufträge vom Inst. für Forstwirtschaft in Eberswalde und ab 1980 auch vom Forschungszentrum für Tierproduktion der Akad. der Wiss. in Dummerstorf bei Rostock. National und int. bekannt wurde M. mit seiner Tierfilmproduktion „Wildschwein ehrenhalber" beim *Dt. Fernsehfunk* (1977). 1985 weilte M. drei Monate in Afrika und traf dort die bekannte Tierforscherin Jane Goodall zur Beobachtung einer Affenhorde. 1988 zeigten seine TV-Expeditionsberichte auch seine Tierbeobachtungen zu Land, Luft und Wasser in Australien. M. hielt Vorträge in der Bundesrepublik Dtl., in Luxemburg, Frankreich und in der Schweiz. 1987 prom. er an der Univ. Leipzig. Bereits 1980 wurde seine Leistung mit der Leibniz-Medaille gewürdigt. In seiner Heimatstadt nannte man den tätigen Naturschützer „Wildschwein-M." und „Wildschwein ehrenhalber". M. starb an einem Hirntumor.

W: Wildschweingeschichten, 1982; Mein Leben unter Wildschweinen (Schwarzwildreport), 1982; M. über M., Fernsehbericht 1986. – **L:** Hdb SBZ/DDR 2, *542*; Familienunterlagen Margot M., Burg (priv.). – **B:** *ebd.

Anita Skupin

Michael, Curt *Wilhelm*, Dr. phil.
geb. 29.12.1884 Halle, gest. 15.11.1945 Landsberg/Warthe, Pädagoge, Seminardir., Hg.

M. studierte Germanistik, Klass. Philologie und Phil. in München, Leipzig, Heidelberg und Halle. 1909 erfolgte in Halle die Prom. mit einer Arbeit über den Dichter Ludwig Christoph Heinrich Hölty. Ein Jahr später legte er dort das Staatsexamen für das höhere Lehramt ab und wirkte im Schuldienst in Halle, Quedlinburg und Magdeburg, wo er zuletzt als Studienrat am Pädagogium des Klosters U. L. F. tätig war. 1922 verließ er den Staatsdienst und nahm einen Ruf an das Missionsseminar der Freikirche der Adventisten in Neandertal bei Düsseldorf an, das er 1923–28 leitete. 1928 kam er in gleicher Eigenschaft nach Friedensau bei Burg und war dann von 1934 an am Predigerseminar Marienhöhe bei Darmstadt tätig. 1939 kehrte er nach Friedensau zurück und leitete das Missionsseminar der Adventisten bis zur kriegsbedingten Schließung 1943 durch die Dt. Wehrmacht. Bis zu diesem Zeitpunkt übte das bereits 1899 gegründete Friedensauer Missionsseminar durch die Ausbildung von Pastoren, Missionaren und Krankenschwestern (→ Erich Meyer) einen wesentlichen Einfluß auf das Wachstum des Adventismus in Mittel- und Osteuropa sowie in verschiedenen Missionsgebieten (→ Siegfried Horn, → Ernst Kotz, → Ernst Simon) aus. Nach der Schließung wurde die Schule zu einem Kriegslazarett erklärt. M. galt während dieser Zeit als moralische Stütze für die Bewohner des Schuldorfes. Als 1945 sowjetisches Militär Friedensau besetzte, wurde M. aus nicht geklärter Ursache verhaftet und in ein sowjetisches Straflager nach Landsberg/Warthe verschleppt, wo er noch im selben Jahr verstarb. M. war aufgrund seiner humanistischen Bildung und seiner Charakterstärke als Theologe eine prägende Gestalt für das Missionsseminar Friedensau und seine ganzheitliche Pädagogik, bemühte er sich doch um die Fundierung biblisch-christlicher Glaubenswerte vor dem Hintergrund phil. und politischer Zeitströmungen. Durch seine Hölty-Studien wurde er in der Fachwelt bekannt. Die von ihm hg. zweibändige Werke-Ausgabe enthält den ersten wiss. zuverlässigen Text der Werke dieses Dichters.

W: Hölty-Studien, Diss. Halle 1909; Überlieferung und Reihenfolge der Gedichte Höltys, 1909; (Hg.) Ludwig Christoph Heinrich Hölty's Sämtliche Werke (2 Bde), 1914–18; Phil. oder Glaube, 1927; Die Gottesnamen, 1931; Der Christen Schuld und Sühne, 1931. – **B:** *Archiv Friedensau (AAE).

Daniel Heinz

Michaelis, Otto
geb. 04.03.1886 Schnarsleben, gest. 09.07.1965 Magdeburg, Mechaniker, Radsportler.

Wohl kaum jemand hat die Magdeburger Radsportgesch. von den Anfängen bis in ihre Blütezeit so intensiv begleitet, wie M., der als Mechaniker in der Neuen Neustadt Magdeburgs tätig war. Bereits um die Jahrhundertwende erfolgten auf der Magdeburger Radrennbahn an der Berliner Chaussee seine ersten Starts. Als die Bahn 1929 dem Wohnungsbau weichen mußte, fuhr er die letzte Runde auf dem Oval. Ca. 200 Siege hat M. herausgefahren. Es waren nicht die spektakulären großen Erfolge, sondern kleinere Rennen, die seine Zuschauer begeisterten. Er trat aber auch gegen die Großen seiner Zeit an, und Weltmeister wie Willy Arend und Walter Rütt hatten Hochachtung vor dem Kämpfer. Bereits 1910 überraschte M., obwohl Bahnfahrer, mit seinem Sieg des Rennens „Magdeburg-Quedlinburg-Magdeburg". Noch vor Ende seiner Laufbahn 1929 hatte er seinen Sohn Otto M. so weit geformt, daß dieser aus seinem Schatten heraustreten konnte. M. jun. gewann 1930/31 drei Dt. Meisterschaften in der *Dt. Rad-Union* (*DRU*) auf Bahn und Straße und siegte in „Hannover-Hamburg-Hannover" 1931. Vater und Sohn betrieben in Magdeburg eine Fahrradhandlung mit Werkstatt. M. sen. war lange Radsportorganisator bei *Turbine Magdeburg*, während sich M. jun. bis zu seinem Tod 1989 vergeblich um die Wiedererrichtung einer Radrennbahn in Magdeburg bemühte.

L: Radsport – Sportalbum der Radwelt, 1905–20; Fredy Budzinski, Taschenlex. der Radwelt, ³1920, *37*; Slg. Vf., Sandbeiendorf (priv.). – **B:** ebd.

Günter Grau

Michalski, *Günter* Hans, Dr.-Ing. paed.
geb. 15.01.1927 Siebenhufen/Kr. Görlitz, gest. 14.11.1988 Magdeburg, Pädagoge, Hochschullehrer.

Nach dem Besuch der Volksschule absolvierte M. eine

Lehre als Dreher und arbeitete mehrere Jahre in diesem Beruf. Nach seinem Studium an der Ingenieurschule Wildau (1952 Maschinenbau-Ing.) war er als Konstrukteur im *Lokomotiv- und Waggonbau Wörlitz* und den *Flugzeugwerken Pirna* tätig. In den ersten Jahren seiner (ab 1954) wiss. Assistenz für Maschinenkunde und Technisches Zeichnen an der Hochschule für Schwermaschinenbau Magdeburg war M. zeitweilig als Persönlicher Referent des Prorektors für Studienangelegenheiten bzw. als Verantwortlicher für das Berufspraktikum eingesetzt. 1956 wurde er Leiter der Abt. für berufspraktische Ausbildung. An der Entwicklung dieser Abt. war M. maßgeblich beteiligt und widmete u. a. der berufspraktischen Vorbereitung von Abiturienten auf das Studium besondere Aufmerksamkeit. Nach seinem Fernstudium an der Hochschule, das er 1964 als Dipl.-Ing. (Schweißtechnik) abschloß, war er als wiss. Mitarbeiter am Inst. für Walzwerks- und Hüttenmaschinen tätig. Auf Grund seiner langjährigen Erfahrungen in der Leitungstätigkeit wurde M. 1964 als Prorektor für Studienangelegenheiten an der TH Magdeburg berufen und 1968 Dir. für Erziehung und Ausbildung. M. prom. auf dem Gebiet der Hochschulpädagogik. 1970 wurde er als Doz. für dieses Fachgebiet berufen, das er an der TH Magdeburg mit aufbaute. Er hatte wesentlichen Anteil an den Erfolgen in der Studienwerbung und der Senkung der vorzeitigen Abgänge. Unter seiner Leitung wurde ein allseitig wirksames System der Studienberatung aufgebaut. Für seine Verdienste wurde M. 1974 mit dem VVO in Bronze ausgezeichnet.

W: Untersuchungen über die Steigerung der Effektivität des Bildungs- und Erziehungsprozesses an Hochschulen, Diss. Magdeburg 1969; Zur Entwicklung und zum Anliegen der sozialistischen Hochschulpädagogik, in: Wiss. Zs. der TH Magdeburg 16, H. 5, 1972, *450–453*; Die sozialistische Persönlichkeits- und Kollektiventwicklung als hochschulpädagogische Aufgabe, in: ebd. 16, H. 5, 1972, *454–458*. – **L:** Unterlagen UnivA Magdeburg.

Carmen Schäfer

Mierau, *Fritz* Richard
geb. 21.03.1868 Wargitten/Ostpreußen, gest. 17.12.1937 Magdeburg, Wasserbauing., Oberreg.- und Baurat.

Nach dem Besuch des Realgymn. in Königsberg studierte M. 1886–91 an der TH Berlin das Ing.-Baufach. 1890 legte er die Vorprüfung und ein Jahr später die Hauptprüfung als Regierungsbauführer ab. Nach seiner Militärzeit als Einjährig-Freiwilliger folgten Ausbildungsperioden für einen angehenden Reg.-Baumeister, so 1891 in der Garnisons-Bauinspektion Gumbinnen, 1892/93 in der Stadtbauverwaltung Königsberg, 1894 in der Wasserbauinspektion Tapiau und 1895 bei der Kgl. Reg. in Königsberg. 1896 bestand er die zweite Hauptprüfung zum Regierungsbaumeister und wechselte 1899 von der Allg. Bauverwaltung zur Meliorationsverwaltung. Unter Baurat Knauer im Meliorations-Bauamt II in Königsberg tätig, war er als nebenamtlicher Deichinspektor des *Haff-Deichverbandes* auch mit Meliorationsarbeiten im Bereich des Memel-Deltas betraut. Nach der Ernennung zum Meliorations-Inspektor wurde M. 1903 nach Magdeburg versetzt. Hier trat er die Nachfolge des verstorbenen Geh. Baurates Wille an und bekam die Leitung im Meliorations-Bauamt I übertragen. 1918 übernahm er die Elbumflutverwaltung und 1922 auch die Aufgaben des Kulturbauamtes und des kulturbautechnischen Regierungsdezernenten. In den 30 Jahren seiner Amtstätigkeit in Magdeburg setzte sich der Baurat energisch für die Förderung der Landeskultur ein und erfüllte zahlreiche nebenberufliche und ehrenamtliche Aufgaben. So oblag ihm die Aufsicht über das Pretziner Wehr, 1903–15 nahm er die Geschäfte des Deichinspektors in den Elbenauer und Magdeburger Deichverbänden wahr. Als Oberfischmeister für die Provinz Sachsen und Mitglied im *Dt. Fischerei-Verein*, in der *DLG*, im Prüfungsausschuß bei der Staatl. Baugewerkschule in Magdeburg, als Geschworener und Obergutachter am Kgl. Landgericht zu Magdeburg-Sudenburg oder als Lektor für Kulturtechnik an der Univ. in Halle (1909–24) stellte er seine Erfahrungen und Fachkompetenz dem Allgemeinwohl zur Verfügung. Der Herzog von Anhalt verlieh M. 1916 die Ritter-Insignien I. Kl. des Anhaltinischen Hausordens Albrechts des Bären.

W: Winke für Kleinteichwirtschaften im Nebenbetriebe des Landwirts und des Fischers, o. J.; Die Kultivierung und Pflege von Dauerwiesen und Welden, 1909; verschiedene Denkschriften über Landesmeliorationen. – **L:** Hallesches Akad. Vademecum, 1910; KGL 4, 1931; Magdeburgische Ztg. vom 18.12.1937; LHASA: Rep. C 28 1b 359/2–6.

Hans Gottschalk/Georg Krauß

Miesitschek von Wischkau, *Karl* Gustav Oskar, Dr. jur.
geb. 29.06.1859 n.e., gest. 26.03.1937 Liegnitz, Jurist, Reg.-Präsident von Magdeburg.

Der letzte kaiserliche Reg.-Präsident in Magdeburg schlug nach Ende seines Studiums die verwaltungsjur. Laufbahn ein. Bekannt ist seine Tätigkeit als Landrat ab 1889 in Wongrowitz und ab 1895 in Thorn. 1896 wurde er Reg.-Rat beim Oberpräsidium in Danzig. M. wurde danach zum Staatsminister in der Grafschaft Lippe berufen. In diesem Amt wirkte er bis 1900. 1902 trat er wieder in den preuß. Staatsdienst ein und avancierte zum Reg.-Rat in Marienwerder. 1905 nach Posen versetzt, wurde er 1907 Oberreg.-Rat in Düsseldorf. Im Jahre 1910 erfolgte die Berufung zum Reg.-Präsidenten der Reg. zu Magdeburg. Hier erlebte er nach dem I. WK auch die Novemberrevolution, ohne in den Mittelpunkt von Auseinandersetzungen zu geraten. Nach der Gründung der Weimarer Republik resignierte er und trat 1919 vom Amt zurück

L: Stefan Karnop/Lars-Henrik Rode/Vf., Der Regierungsbez. Magdeburg und seine Gesch., 1998, *102* (**B**).

Mathias Tullner

Miesner, *Klaus* Jürgen

geb. 11.12.1935 Magdeburg, gest. 11.01.1989 Drei Annen/Wernigerode, Handballer, Dipl.-Sportlehrer, Handballtrainer.

Der Sohn des Kaufmanns Gerhard M. erwarb das Abitur 1954 an der Käthe-Kollwitz-Oberschule in Magdeburg, brach nach zwei Semestern ein Physik-Studium an der TH Magdeburg ab, arbeitete zwischenzeitlich als Praktikant im *Reichsbahnausbesserungswerk Magdeburg* und studierte 1957–61 an der Dt. Hochschule für Körperkultur und Sport (DHfK) in Leipzig bis zum Abschluß als Dipl.-Sportlehrer. Von 1961 bis 1967 war er als Lehrer für Leichtathletik und Physik an der Kinder- und Jugendsportschule Magdeburg tätig. M. hatte sich von Jugend an dem Handball verschrieben. Er spielte 1947–57 und 1961–67 bei *LOK-Südost Magdeburg*. Als Jugendspieler wurde er 1954 und 1955 und bei den Männern 1963 DDR-Meister. Während des Studiums an der DHfK errang er als Spieler mit der DHfK-Mannschaft 1960 und 1961 den DDR-Meistertitel. Im Februar 1968 wurde M. in Nachfolge von → Bernhard Kandula als Trainer für die I. Männer-Handballmannschaft des *Sportclubs Magdeburg* (*SCM*) berufen. Damit begann der bisher erfolgreichste Weg eines Handball-Klubtrainers in der DDR. Einzigartig waren seine Erfolge mit den *SCM*-Männern. Die Mannschaft wurde neunmal DDR-Meister 1970, 1977, 1980–85 in Folge und 1988 sowie viermal Pokalsieger 1970, 1977, 1978, 1984, Europacup-Gewinner 1978 und 1981 sowie Europameister für Vereinsmannschaften 1981. Der erfolgreichste Handballtrainer Magdeburgs war neben seiner ausgezeichneten Trainerarbeit auch ein einfühlsamer Pädagoge und guter Psychologe, der sowohl den Trainingsprozeß als auch das persönliche Umfeld der Spieler in seine Trainingstätigkeit einbezog. Unter seiner Leitung formte er Weltklassespieler der Handball-National- und Olympiamannschaften, wie Wieland Schmidt, Hartmut Krüger, Ingolf Wiegert, Günter Dreibrodt und Ernst Gerlach. M. hat dem Magdeburger Handball nationalen und int. Ruf verschafft. Er erlag während eines Trainingslagers im Harz einem Herzversagen.

L: Siegfried List, Früh begonnen – halb gewonnen, in: Volksstimme Magdeburg vom 29.11.1965; Klaus-Dieter Kimmel, Beifall für den Trainer – Es dürfen wohl nun 20 sein, in: Volksstimme Magdeburg vom 01.02.1988 (***B***); N. N., Bewegender Abschied von K. M., in: Volksstimme Magdeburg vom 21.01.1989. – **B:** *SCM, Magdeburg.

Heinz Hercke/Hans Jürgen Wende

Milius, Hermann

geb. 10.04.1903 Schönebeck, gest. 16.07.1979 Magdeburg, Sportfunktionär.

Der Sohn des Schiffszimmermanns August M. besuchte von 1909 bis 1917 die Volksschule in Magdeburg/Westerhüsen. Zwischen 1918 und 1945 war er als Dreher und Bohrer tätig. Ab 1923 bildete M. die ersten Handballmannschaften in Arbeitersportvereinen Magdeburgs aus und war 1925 Betreuer der Landes-Handballauswahl des *Arbeiter-Turn- und Sportbundes* (*ATSB*) zur 1. Arbeitersportolympiade in Frankfurt/Main. M.' Tätigkeit machte Magdeburg zu einer der Handball-Hochburgen des Arbeitersports in Dtl. Nach dem Ende des II. WK arbeitete M. ab 1948 als erster hauptamtlicher Leiter des Kreissportausschusses in Magdeburg. Er gehörte zudem zu den Gründern der Sektion Handball der DDR im *Dt. Sportausschuß*. 1955 Vizepräsident und 1957 Präsident des *Dt. Handballverbandes der DDR* wurde er 1964 in den Rat der *Int. Handball-Förderation* gewählt und 1976 dort Ehrenmitglied. M. galt national und int. als besonnener, konsequenter und beliebter Funktionär, unter dessen Führung der dt. Handballsport Weltgeltung erlangte. Er war ein glühender Verfechter des Welthandballsports.

L: Slg. Vf., Magdeburg (priv.). – **B:** ebd.

Karlheinz Kühling

Miller, Carl

geb. 06.04.1860 Calbe, gest. 02.02.1930 Magdeburg, Kaufmann, Fabrikant, Kommunalpolitiker.

Nach der Jahrhundertwende begann der gelernte Kaufmann in der Kommunalpolitik Magdeburgs aktiv zu werden. 1905 gründete er einen der ersten Verkehrsvereine Dtls, der u. a. Stadtführer und -pläne für Magdeburg herauszugeben begann. Als Mitglied der Nationalliberalen Partei saß M. seit Anfang 1907 in der Stadtverordnetenverslg., der er ohne Unterbrechung bis 1929 angehörte. Der engagierte Stadtverordnete und Fabrikant (Geschäftsteilhaber des Unternehmens *Paul & M.*) wurde schon bald zum Vordenker und Planer des Ausbaus der Elbestadt und deren verbesserter Stellung im Territorium. Als Vors. bzw. Mitglied gehörte er allen wichtigen Ausschüssen der städtischen Körperschaften (u. a. Haushalt, Bauwesen, Eingemeindungen, Verkehr, Theater, Orchester) an und setzte sich stets hartnäckig für die Umsetzung gefaßter Beschlüsse ein. So besaß er vor dem I. WK entscheidenden Anteil an der Vorbereitung eines Bau- und Raumplanes für „Groß-Magdeburg" sowie an den Projekten Stadthalle, neues Rathaus und Südbrücke. In den unruhigen Tagen und Wochen nach dem Kriegsende trat M. an die Spitze des Bürgerrates, der in Kooperation mit dem Arbeiter- und Soldatenrat für Ruhe und Ordnung sorgte. Er gründete den Ortsverband der Dt. Demokratischen Partei (DDP) mit – Jahre später wechselte er in die DVP. Unter den neuen politischen Verhältnissen sofort wieder aktiv, brachte der 1920 zum stellvertretenden Stadtverordnetenvorsteher Gewählte wichtige Vorlagen in das Stadtparlament ein, so z. B. zum Bau eines Flughafens. Besonders bemühte sich M. um ein höheres Niveau der „Magdeburger Außenpolitik". Die Stadt sollte sich im Territorium und im Reich besser darstellen. Daher unternahm er große Anstrengungen, Magdeburg als Ausstellungs- und Kongreßstadt zu profilieren und den Fremdenverkehr zu fördern. Er gründete den *Verband Mitteldt. Verkehrsvereine* (1909) und den *Preuß. Verkehrsverband* (1921). Von 1922 bis 1927 war M. auch Präsident des *Bundes dt. Verkehrsvereine*. Über mehrere Jahre stand er gleichzeitig den Verkehrsverbänden der Stadt, der Provinz, des Staates Preußen und des Reiches vor. Seit 1914 verfolgte M. das Ziel, in Magdeburg eine große Ausstellung zu organisieren. Die von ihm gegründete *Mitteldt. Ausstellungsges.* (1920) errichtete im Rotehornpark das erste Ausstellungsgelände und veranstaltete 1922 die Mitteldt. Ausstellung für Siedlung, Sozialfürsorge und Arbeit (MIAMA), auf der 2,5 Mio. Besucher gezählt wurden. Die folgenden Ausstellungen bewiesen, daß Magdeburg den Durchbruch geschafft hatte. Nun strebte M. eine Ausstellung mit nationaler und int. Ausstrahlung an. Er war Initiator und die „starke treibende Kraft" für den geistig-kulturellen Höhepunkt Magdeburgs in den 1920er Jahren, der Dt. Theaterausstellung 1927. M. genoß den Ruf des „treuen Eckart des Magdeburger Theater- und Kunstwesens". Viele Jahre stand er an der Spitze des *Magdeburger Kunstgewerbevereins*. Er förderte Kunstausstellungen und die *Magdeburger Liedertafel*. Als Fabrikant widmete er sich nicht zuletzt auch den Wirtschaftsfragen. Er gehörte vielen Vorständen bzw. Aufsichtsräten von Unternehmen, Gesellschaften und Vereinen an. M. hat die sog. „Mitteldeutschlandfrage" nicht rhetorisch-theoretisch zu klären versucht, sondern mittels Benennungen von Institutionen sowie deren überregionalen Aktivitäten mit Leben erfüllt. Für wichtige Bereiche der Magdeburger Kommunalpolitik wurde er die bedeutendste Persönlichkeit der 1920er Jahre. Bereits zu Lebzeiten hatte die Stadt eine Straße nach ihm benannt.

L: StadtA Magdeburg: Archivalien und Dokumente. – B: *StadtA Magdeburg.

Manfred Wille

Mittag, Friedrich *Carl* Julius
geb. 06.03.1878 Golßen bei Luckau, gest. 25.10.1961 Köln-Lindenthal, Obering., Konstruktionsdir.

Der Sohn des Gasthofbesitzers und Fleischermeisters August Julius M. besuchte 1890–93 das Gymn. Luckau und absolvierte 1893–94 eine Lehre als Zeichner bei der Fa. *Karl M.* in Golßen. Von 1896 bis 1898 war er als Zeichner bei einer Fa. in Berlin-Spandau tätig, nachdem er von 1894–96 das Technikum Hildburghausen besucht hatte, das er mit dem Dipl. abschloß. Nachfolgende Stationen waren: 1897–98 Konstrukteur für Hochbau bei *Siemens-Halske* Berlin; 1898–99 Einjähriger Freiwilliger beim Eisenbahnerregiment; 1899–1900 Ing. bei der *Lauchhammer AG*; 1900–01 Betriebs-Assistent bei den *Portland-Zementwerken* Itzehoe; 1901–02 Ing. der Fa. *Alsen* in New York; 1903–04 Ing. und Obering. beim Bau einer Zementfabrik in Pennsylvania und Teilnehmer an der Weltausstellung bei *Hunt's* in New York; 1904–05 Konstrukteur der Fa. *Luther* in Braunschweig; 1905–06 Abt.-Chef bei den *Zeitzer Eisenwerken* sowie 1906–07 Konstrukteur bei *Humboldt* in Köln. Von 1907 bis 1947 übernahm M. bereits als Obering. gleitend die Leitung des auf hohem technischen Niveau stehenden Konstruktionsbüros für Zerkleinerungsmaschinen in der *Friedr. Krupp Grusonwerk A. G.* Magdeburg von Adolf Lange (1854–1915), der dasselbe 25 Jahre geleitet hatte. M. erhielt 1924 die Prokura und wurde nach Zusammenfassung mehrerer Konstruktionsabteilungen und Erweiterung des Bereiches Konstruktionsdir. 1947–50 war er als Abteilungsleiter bei der *Friedr. Krupp Gruson A. G.* in Dresden tätig, um danach mit Helmuth Weinrich (1903–1989), Prof. an der TH Dresden, ein Zerkleinerungsbüro bei der *Humboldt-Klöckner-Deutz AG* in Köln neu aufzubauen M. gehörte zu den Ingenieuren, die das Gebiet der mechanischen Verfahrenstechnik aus der Empirie heraushoben und theoretische Grundlagen, gepaart mit einer experimentellen Basis, schufen. Er vertrat die Auffassung, daß dieses Gebiet durch Anwendung der Wechselwirkung von Theorie und Experiment beherrscht werden kann. M. hatte wesentlichen Anteil daran, daß die *Friedr. Krupp Grusonwerk A. G.* Magdeburg nicht nur Zerkleinerungsmaschinen entwickelte und baute, sondern daß ein Projektierungsbüro für den Entwurf vollständiger Anlagen sowie eine Versuchsanstalt für Zerkleinerung und ein Musterraum für Mahlversuchsergebnisse entstanden, in denen Ergebnisse neuer Verfahren auf verschiedenen Gebieten der Verfahrenstechnik entwickelt und vorgestellt wurden. Damit nahm sein Unternehmen einen erheblichen Einfluß auf die Entwicklung der mechanischen Zerkleinerungstechnik in Europa und war in der Lage, die

Lieferung vollständiger Anlagen, wie z. B. zur Kohle- und Erzaufbereitung, für die Aluminium- und Zement-Industrie als komplette Leistung mit voller Gewähr für das In- und Ausland zu übernehmen. Auf dem Gebiet der Zerkleinerungstechnik war es der Symons-Brecher, den M. nach amerikanischer Bauweise in Europa einführte. Des weiteren wurden unter seiner Leitung als Hauptkonstrukteur 1928 in den Büros Zerkleinerung, Zement und Schotter folgende patentrechtlich geschützte Technologien konzipiert: Hochleistungshammermühle, Krupprost, Mehrkammer-Verbundrohr-Mühlen für Zentral-Antrieb mit erheblicher Leistungssteigerung (1928), Walzenmühle mit Gleitrahmen. Ebenso wurden unter seiner Leitung Backen-, Hammer- und Walzenbrecher, Doppel-Walzenmühlen, Kollergänge, Drehrohröfen und Doppelrohrmühlen für Kohlen-Vermahlung konstruiert und weiterentwickelt. In der Siebtechnik erweiterte er die Bauarten und Anwendungsmöglichkeiten der einfachen und Resonanzschwingsiebe und leitete daraus mit Weinrich patentrechtlich geschützte konstruktive Lösungen kontinuierlich arbeitender Rohrschwingmühlen für die Fein- und Feinstvermahlung harter Stoffe im Trocken- und Naßverfahren ab. M., der zudem als Verfasser mehrerer grundlegender Fachbücher und Aufsätze hervortrat, zählte zu den kreativen dt. Ingenieuren der mechanischen Verfahrenstechnik der ersten Hälfte des 20. Jhs.

W: Der spezifische Mahlwiderstand. Ein Weg zur Erforschung der Arbeitsgänge in Zerkleinerungsmaschinen, 1925; 75 Jahre Grusonwerk in Magdeburg, 1855–1930, 1930, *8–16*; Beobachtungen und Untersuchungen von Zerkleinerungsvorgängen in der Praxis, in: Zs. für Verfahrenstechnik 1, 7, 1937; Wo bleibt die Verlustarbeit bei der mechanischen Zerkleinerung?, in: VDI-Verfahrenstechnik Nr. 1, 1944; Leistungsbedarfsmessung an Hartzerkleinerungsmaschinen, in: Archiv für technisches Messen, 1948; Die Hartzerkleinerung. Maschinen, Theorie und Anwendung in den verschiedenen Zweigen der Verfahrenstechnik, 1953; Prüfverfahren zur Ermittlung von Höchstleistungen in Kugel- und Rohrmühlen, 1954. – **L:** Zementwerks-Einrichtungen, hg. von der Friedr. Krupp Grusonwerk A. G., 1932; Archiv der Friedr. Krupp AG Essen: WA 131/1784; LHASA: Rep I 28, Nr. 582; UnivA TU Dresden: PA 11486, Prof. Weinrich. – **B:** *Klaus M., Köln (priv.).

Werner Hohaus

Mittag, Johann Karl *Adolf*
geb. 22.09.1833 Magdeburg, gest. 14.08.1920 Leipzig, Kaufmann.

Der Sohn des Kaufmanns Joachim Heinrich M. (1797–1847) ging in Magdeburg zur Schule und besuchte die Handelsschule in Gnadau. Die sich anschließende kaufmännische Lehre bei der Leipziger Fa. *Ludwig Gerber* beendete er 1853. Nach einer Anstellung in seinem Lehrbetrieb und einem Aufenthalt in Wien stieg er in die vom Vater 1823 gegründete Fa. *Heinrich M.* ein. Nachdem dieser zunächst in der Tradition seiner Vorfahren das Handwerk des Knopfmachers und Posamentierers ausübte, legte er mit seiner Firmengründung den Grundstein für eines der bekanntesten Magdeburger Handelshäuser. Große Unterstützung bei der Führung des Geschäfts fand er in seiner Frau Henriette (1803–1873). Sie galt als modebestimmende Person in Magdeburg, die sich auf sozialem Gebiet stark engagierte, wobei sie sich besondere Verdienste während der Cholera-Epidemie 1831 erwarb. Mit dem Erwerb neuer Grundstücke und eines großen Seidenlagers begann 1850 die Großhandelstätigkeit des Unternehmens. Ab 1860 fungierten M. und sein Bruder Heinrich als Inhaber der Fa. 1869 erfolgte der Umzug in den Breiteweg 155, wo man den „Preuß. Hof" gekauft hatte. Nachdem das Geschäft am Alten Markt verpachtet worden war, wurde das Unternehmen am neuen Standort nur noch als Großhandlung betrieben. Anfang 1888 schieden M. und sein Bruder Heinrich aus der Fa. aus, die ihr jüngerer Bruder Louis übernahm und sie erfolgreich weiterführte. M. widmete sich mehr und mehr der Entwicklung und Gestaltung seiner Heimatstadt. Dabei versuchte M., der seit 1880 Mitglied der Gartendeputation war, verstärkt seine auf zahlreichen Geschäftsreisen gemachten Erfahrungen und Eindrücke einzubringen. Im Ergebnis seiner Bemühungen schenkte er der Stadt testamentarisch 50.000 Mark zur Verschönerung des Rotehornparks. Infolgedessen wurde nach dem Tod seiner Frau (1908) der zwischen 1906 und 1908 durch Aufweitung der Tauben Elbe entstandene See gestaltet und nach ihm benannt. Die im See befindliche Marieninsel widmete er seiner Frau. Für die Ausgestaltung des Nordfriedhofs als Park stellte M., der Stadtältester und Presbyter der Dt.-Reformierten Gemeinde in Magdeburg war, eine Summe von 30.000 Mark zur Verfügung. Außerdem machte er sich um die Erweiterung der Radfahrwege als Mitbegründer des *Vereins für Radfahrwege* und als Förderer talentierter junger Künstler verdient.

L: Magdeburgische Ztg. vom 15.08.1920; Chronik des Magdeburger Handwerker- und Handelshauses Heinrich M., 1948, *23–48*. – **B:** *Bernhard Koerner (Hg.), Dt. Geschlechterbuch. Genealogisches Hdb. Bürgerlicher Fam., Bd. 39, 1923.

Horst-Günther Heinicke

Mobitz, Woldemar, Prof. Dr. med. habil.
geb. 31.05.1889 Sankt Petersburg (Rußland), gest. 11.04.1951 Freiburg/Breisgau, Arzt.

M., Sohn des deutschstämmigen russischen Chirurgen Friedrich M., übersiedelte nach dessen Tod 1895 mit seiner

Mutter, einer gebürtigen Deutschen, und den Geschwistern nach Tübingen und erhielt die dt. Staatsbürgerschaft. Er besuchte das Gymn. Bernhardinum zu Meiningen und studierte in Freiburg/Breisgau und München Med., prom. 1914 in München und habil. sich dort mit einer Arbeit „Über die unvollständige Störung der Erregungsüberleitung zwischen Vorhof und Kammer des menschlichen Herzens", die seinen wiss. Ruf als Kardiologe begründete. Seine Forschungsarbeiten stützte er auf mathematische Berechnungen. 1924 beschrieb er die primäre Pulmonalsklerose. Bald darauf erfolgte seine Berufung als Oberarzt an die Freiburger Univ.-Klinik. M. wirkte ab 1927 als Privatdoz. für Innere Med. an der Univ. Freiburg und erhielt 1928 den Ruf zum ao. Prof. Als Elektrokardiologe trug er wesentlich zur Hebung des wiss. Niveaus bei. Im Januar 1944 wurde M. als Dir. der Med. Klinik an das Städtische Krankenhaus Magdeburg-Sudenburg berufen. Wegen der auf Grund der Luftkriegsgefährdung angeordneten Evakuierung der Magdeburger Krankenhäuser (Chirurgie Magdeburg-Altstadt, Med. Klinik und Kinderklinik Magdeburg-Sudenburg) im Januar 1944 nach Uchtspringe praktizierte er im dortigen Krankenhaus. Im Juni 1945, nachdem die sowjetischen Besatzungsmacht auch Gebiete westlich der Elbe von den westlichen Alliierten übernahm, siedelte M. nach Freiburg über. Hier war er bis zu seinem Tod als Prof. an der med. Fakultät der Univ. tätig. Nach M. sind von ihm beschriebene Formen der Herzrhythmusstörung durch Störung der atrioventrikulären Überleitung (zwischen Herzvorhof und -kammer) als Typ M. I und II in die int. Fachsprache eingegangen.

W: Beiträge zur Klinik der Basedow'schen Krankheit, Diss. München 1914. – L: Ludwig Heilmeyer, W. M., in: Dt. Med. Wochenschrift 76, 1951, *1030f.*; UnivA Freiburg: Personalunterlagen.

Gerald Christopeit

Model, Walter
geb. 24.01.1891 Genthin, gest. 21.04.1945 bei Lintorf zwischen Düsseldorf und Duisburg (Suizid), Generalfeldmarschall.

Der Sohn des Lehrers einer Genthiner Mädchenschule trat nach dem Abitur in das Infanterieregiment von Alvensleben ein, nahm als Truppen- und Stabsoffizier am I. WK teil und wurde 1919 in die Reichswehr übernommen. Ab 1935 leitete er als Oberst das technische Amt im Generalstab des Heeres. Hier wurden seine Überlegungen zum Einsatz von Panzern und motorisierten Truppen und deren Zusammenwirken mit der Luftwaffe richtungsweisend. Mit der Beförderung zum Generalmajor war er ab 1939 Stabschef im IV. Armeekorps. M., der während des II. WK eine offensive Taktik vertrat, galt nach Auffassung hochrangiger Militärs im Generalstab als „Meister der Krisenbereinigung". Er stellte fünfmal die zerrissene Front im Osten wieder her. M. war einer der wenigen Heerführer, die es wagten, Hitler zu widersprechen und, wenn es die Situation erforderte, dessen Befehle zu ignorieren oder zu umgehen. Trotz dieser Tatsache stand seine Loyalität zu Hitler nie im Zweifel. 1944 erfolgte die Beförderung zum Generalfeldmarschall. Nach den Ereignissen vom 20. Juli 1944 wurde er zum Oberbefehlshaber der Heeresgruppe B ernannt. Vorübergehend war er auch Oberbefehlshaber West. Im April 1945 nach 18 Tagen Widerstand gegen weit überlegene amerikanische Verbände gab er den Befehl zur Auflösung der Heeresgruppe B und entzog sich der Gefangennahme durch Selbstmord.

L: Otto E. Moll, Die dt. Generalfeldmarschälle 1935–1945, ²1962, *135–143* (B); Robert Wistrich, Wer war wer im Dritten Reich?, 1983, *243f.*; Erich Stockhorst, Fünftausend Köpfe. Wer war was im Dritten Reich, ²1985, *295f.*; Walter Görlitz, M. Der Feldmarschall und sein Endkampf an der Ruhr, 1989; Hansgeorg M./Dermot Bradley, Generalfeldmarschall W. M. (1891–1945). Dokumentation eines Soldatenlebens, 1991; Klaus Borchert, Die Generalfeldmarschälle und Großadmiräle der Wehrmacht, 1994, *93–97* (B); Joachim Ludewig, W. M. – Hitlers bester Feldmarschall?, in: Ronald Smelser/Enrico Syring (Hg.), Die Militärelite des Dritten Reiches, 1995, *368–387.* – B: *StadtA Genthin.

John Kreutzmann

Möbius, Robert *Walter*
geb. 25.02.1901 Richzenhain, gest. 01.02.1976 Aachen, Obering., Chefkonstrukteur.

Der Sohn des Schneidermeisters Robert M. besuchte die Bürgerschule in Waldheim, lernte anschließend 1915–19 den Beruf eines Maschinenzeichners in der Werkzeugmaschinen-Fabrik *Diezmann & Schönherr* in Erlau und war in der gleichen Fa. bis zum Beginn seines Studiums als Maschinenzeichner sowie in der Werkstatt tätig. 1921–24 absolvierte er ein Studium zum Maschineningenieur am Technikum Mittweida, das er mit sehr gutem Erfolg abschloß. Es folgten Konstrukteursjahre in den Firmen *Pittler* in Leipzig und *Gebr. Heikemann* in St. Georgen/Schwarzwald. Von 1929 bis zum Ende des II. WK wirkte M. als Obering. und Chefkonstrukteur in der *Magdeburger Werkzeugmaschinenfabrik*. Ihm wurde ebenfalls die Leitung des Sondermaschinenbaus der *Junkers-Flug-*

zeugwerke in Magdeburg übertragen. Während seines Wirkens von 1936–44 entstanden unter seiner Leitung typische Konstruktionen von Universaldrehbänken, Drehautomaten und Sondermaschinen speziell für den Flugzeugbau. Als herausragend ist die erste vollautomatische Taktstraße zu nennen, mit der 1944 Zylinderköpfe der Motoren für die Flugzeuge JUMO 213 in Massenfertigung produziert wurden. Diese Taktstraße hatte bereits die Länge von 25 m, war mit Einheitsgestellen auf Aufbaueinheiten ausgerüstet und mit einer automatischen Qualitätskontrolle von → Friedrich Wahl versehen. Während Teile der *Magdeburger Werkzeugmaschinenfabrik* 1944 nach Muldenstein bei Bitterfeld ausgelagert werden sollten, befaßte sich M. bereits mit der Entwicklung und Konstruktion von fabrikmäßig hergestellten Bauten in Zellenbauweise nach dem Baukastenprinzip. Dieses Konzept setzte er nach dem II. WK weiter praktisch um. 1948–54 übernahm M. die Direktion der Konstruktion in der *Gildemeister AG* in Bielefeld. Aufsehen erregten seine Neuentwicklungen von Revolverdrehmaschinen in Schalenbauweise mit Programmsteuerung. Nach seinem Ausscheiden blieb er langjähriger Berater dieser Fa., übernahm als Doz. eine verantwortungsvolle Aufgabe am Laboratorium der Rheinisch-Westfälischen TH Aachen und stellte durch sein Wirken eine wichtige Verbindung zwischen Lehre und Praxis her. Gleichzeitig führte er nach seiner Pensionierung ein Konstruktionsbüro in Aachen, befaßte sich hier mit Neuentwicklungen für die Industrie, aber auch mit Fragen der Vereinheitlichung und Standardisierung von Drehbänken für den europäischen Markt, der Idee einer EURO-Drehbank. M.s Vorstellungen zur Vereinheitlichung, Typisierung und Automatisierung waren mitbestimmend für die Entwicklung des dt. und europäischen Werkzeugmaschinenbaus.

N: Hans-Gerold M., Schloß Holte. – **L:** Günter Spur, Vom Wandel der industriellen Welt durch Werkzeugmaschinen. Eine kulturgesch. Betrachtung der Fertigungstechnik, 1991. – **B:** *Hans-Gerold M., Schloß Holte (priv.).

Herbert Wiele

Möllenberg, Walter, Dr. phil.
geb. 01.06.1879 Warsleben, gest. 29.12.1951 Heiligenstadt/Eichsfeld, Archivar, Historiker, Hochschullehrer.

Der Lehrersohn studierte 1899–1902 Gesch., Germanistik und Nationalökonomie in Halle, wo er 1902 bei Theodor Lindner über „Bischof Gunther von Bamberg" prom. Nach einer Volontärzeit an den StA Magdeburg und Marburg legte er 1905 am Preuß. Geh. StA Berlin-Dahlem die Prüfung für Archivaspiranten ab. Seine berufliche Laufbahn führte ihn über das Stadtarchiv Buxtehude, das Archiv der Mansfeldschen Kupferschieferbauenden Gewerkschaft in Eisleben an das StA Münster und zuletzt Königsberg, wo er 1912 zum Archivrat ernannt wurde. Seine Versetzung an das StA Magdeburg zum 01.10. dess. Jahres erfolgte auf eigenen Wunsch. Er war von 1923 bis zu seiner Amtsenthebung im Dezember 1945 dort Archivdir.; 1923 wurde er zum Vors. der *Hist. Kommission für die Provinz Sachsen und für Anhalt* gewählt, bald darauf auch zum Vors. des *Magdeburger Geschichtsvereins* und des *Vereins für Kirchengesch. der Provinz Sachsen und Anhalts*. Ab 1938 oblag ihm die Leitung der dem StA angegliederten Archivberatungsstelle. An der Univ. Halle-Wittenberg hatte er 1937 einen Honorarauftrag für Hist. Hilfswiss. erhalten, der 1938 in einen Lehrauftrag umgewandelt wurde. M. war Mitglied der Akad. gemeinnütziger Wiss. zu Erfurt und Förderndes Mitglied der *Thüringischen Hist. Kommission zu Weimar* sowie der *Sächsischen Kommission für Gesch. zu Dresden*. Der frühen Mitarbeit an Editionen zur Reformationsgesch. (Politisches Archiv des Landgrafen Philipp von Hessen, 1904; Dr. Martin Luthers Werke. Kritische Gesamtausgabe, Bd. 18, 1908) folgten als Frucht der Arbeiten im Mansfelder Bergbauarchiv die viel beachteten Publikationen über „Die Eroberung des Weltmarktes durch das Mansfeldische Kupfer" (1911), „Das Mansfelder Bergrecht und seine Gesch." (1914) und das „Urkundenbuch zur Gesch. des Mansfeldischen Saigerhandels im XVI. Jh." (1915), danach zahlreiche quellenkritische Monographien und Studien zur Rechts-, Kultur- und Geistesgesch. des mitteldt. Raumes zwischen Thüringer Wald, Mittlerer Elbe, Unterer Saale und Harz, in welchem M. eine – bei aller Vielfalt im einzelnen – gesch. Einheit zu erkennen glaubte. Als Archivdir. und Vors. der bedeutendsten regionalen Geschichtsvereine mit Sitz am StA Magdeburg galten seine wiss. Intentionen nachdrücklich der Förderung der Landesgesch. Das StA, dessen Bibl. ihm für diesen Zweck einen bedeutenden Literaturzuwachs verdankt, wurde zu einem Mittelpunkt landesgesch. Forschung. Sie erreichte unter M. ihre bisher größte wiss. und öffentliche Wirksamkeit, vorrangig über die *Hist. Kommission für die Provinz Sachsen und für Anhalt* (ab 1934: Landesgesch. Forschungsstelle); allein von 1925 bis 1940 erschienen mehr als 21 Bände der „Geschichtsquellen der Provinz Sachsen und des Freistaates Anhalt", Neue Reihe, darunter das unter Mitarbeit von M. durch Friedrich Israel bearbeitete „Urkundenbuch des Erzstifts Magdeburg" (Tl. 1, 1937), der „Mitteldt. Heimatatlas" und die fünfbändigen „Mitteldt. Lebensbilder" (1926–30). Mit Robert Holtzmann rief M. das Jb. der Hist. Kommission „Sachsen und Anhalt" (1925–1943; ab Bd. 8, 1932, von M. allein hg.) ins Leben; es zählte mit seinen Aufsätzen, Anzeigen und Besprechungen bald zu den führenden landesgesch. Zss. Dtls und trug maßgeblich zum Verständnis der Provinz Sachsen und Anhalts als Geschichtslandschaft bei. Nach 1933 zunehmend mit Auswertungsanforderungen des ns. Regimes, insbesondere zur Sippenforschung und Erbhofrecherche, konfrontiert, hielt M. seinen wiss. Anspruch aufrecht. An Stelle einer vom Reichssippenamt geforderten Reihe „Quellen zur Sippenforschung" erschien die „Übersicht über die Bürgerbücher in der Provinz Sachsen" (Sachsen und Anhalt 13, 1937, *310–324*). Der II. WK erforderte bei einem durch Einberufung zur Wehrmacht reduzierten Fachpersonal die verstärkte Konzentration auf archivische Aufgaben, ab 1942 speziell auf die Sicherung der Archivbestände vor Luftangriffen durch Auslagerung (ca. 65 Prozent) vorwiegend in den Salzschächten von Bernburg, Schönebeck und Staßfurt. Kriegsbedingte Einschränkungen brachten 1943 auch die Publikationstätigkeit der *Hist. Kommission* zum Erliegen. Nach dem Ende der ns. Diktatur hat sich M. bis zu seiner Entlassung aus dem Archivdienst für das Fortbestehen der Hist. Kommission eingesetzt. Die 1990 wiedergegründete *Hist. Kommission für Sa.-Anh.* führt in der Tradition ihrer großen Vorgängerin das Jb. „Sachsen und Anhalt" mit Bd. 18 (1994 ff.) und die „Geschichtsquellen der Provinz Sachsen …" in der neuen Reihe „Quellen und Forschungen zur Gesch. Sa.-Anh." (2000 ff.) in moderner Form fort.

W: Bibliogr., in: Otto Korn (Hg.), Zur Gesch. und Kultur des Elb-Saale-Raumes. Fs. für W. M., 1939, *1–11* (***B***). – **N:** LHASA: Rep. C 22, Nr. 298 (PA). – **L:** NDB 17, *627f.*; Leesch 2, *410*; KGL 1940/41, II, *204*; → Hanns Gringmuth-Dallmer, Nachruf W. M., in: Der Archivar 5, 1952, Sp. *35–38*; Hellmut Kretzschmar, Nachruf W. M., in: Bll. für dt. Landesgesch. 90, 1953, *358f.*; DBE 7, 1999, *166*. – **B:** *LHASA.

Josef Hartmann

Möller, Anton
geb. 10.03.1843 Rudolstadt, gest. 22.06.1924 Quittelsdorf bei Rudolstadt, Maler, Modelleur, Keramikfabrikant.

M. besuchte das Gymn. in Rudolstadt, wo sein Onkel Anton Sommer Prediger und Thüringer Dialektdichter war. Nach dem Besuch der Kunstgewerbeschule in Sonneberg studierte M. an den Kunstakad. in München und Berlin, u. a. bei Wilhelm Kaulbach. Nach vorübergehender Tätigkeit in der Keramikfabrik → Jakob Uffrechts in Neuhaldensleben gründete M. 1872 mit seinem Freund Lerch in Althaldensleben eine eigene Siderolithfabrik. Er entwarf als Modelleur figürliche Keramik, Reliefs und Büsten. Ebenso gestaltete er Fresken im ev. Vereinshaus. M. gründete den Haldensleber *Kunstgewerbeverein* und trat als Mitglied des Gesangvereins von → Hugo Zernial bei Wohltätigkeitskonzerten auf. Familiäre Schicksalsschläge und geänderter Zeitgeschmack veranlaßten M. im Jahre 1900 zur Aufgabe des Betriebes und zur Übersiedlung nach Eisfeld in Thüringen. Dort gründete er ebenfalls einen Kunstgewerbeverein sowie das Otto-Ludwig-Mus. In Schleusingen malte er Fresken zu Luthers Leben. Seine letzten Lebensjahre verbrachte er in Quittelsdorf. Auch dort blieb er künstlerisch tätig, insbesondere auf dem Gebiet der Kirchenmalerei.

L: Marie Besser, A. M., in: Heimatbl. für das Land um Aller und Ohre 15, 1925. – **B:** *Mus. Haldensleben.

Sieglinde Bandoly

Möller, Gustav (Gustl)
geb. 12.02.1932 Salzwedel, gest. 06.11.1978 Magdeburg, Lehrer, Intendant, Regisseur, Autor.

M. engagierte sich seit frühester Jugend für die Arbeit mit Kindern, zunächst in der Pionierorganisation Salzwedel und Halle, ab 1951 als Lehrer und Leiter der Arbeitsgemeinschaft Puppenspiel der Heinrich-Heine-Oberschule Magdeburg. Mit der Puppenspielgruppe beim Stadtkabinett für Kulturarbeit hatte er bereits in den 1950er Jahren einen großen Wirkungsradius im volkskünstlerischen Schaffen. Gemeinsam mit → Jutta Balk war er 1958 Gründungsmitglied des Städtischen Puppentheaters Magdeburg, das eines der ersten professionellen Puppentheater der DDR war. Er arbeitete dort als Intendant, Regisseur, Autor und Puppenspieler bis zu seinem Tod 1978. Bei Ausbau- und Erweiterungsarbeiten des Puppentheaters in der Warschauer Straße legte er selbst unermüdlich Hand an – eines seiner besonderen Talente war, durch eigenes Beispiel andere zur Mitarbeit zu motivieren. Frühzeitig eröffnete er dem Theater Arbeitskontakte in das gesamte damals erreichbare Ausland. Unter seiner Leitung begann Magdeburg als erstes Puppentheater, Repertoireangebote auch an erwachsene Zuschauer zu richten (z. B. „Himmelfahrt der Galgentoni", „Der kleine Prinz" als Koproduktion mit den Bühnen der Stadt, der Hans-Sachs-Abend „Bier und Puppen" als Vorläufer der späteren Buckauer Hofspektakel). M. hatte maßgeblichen

Anteil an der Gründung der AG Berufspuppentheater beim Ministerium für Kultur. Damit wurde die rechtliche Grundlage für die Gleichstellung der Berufspuppenspieler mit Künstlern aus Schauspiel, Oper und Ballett geschaffen. Auf seine Initiative hin avancierte Magdeburg zum Austragungsort von Puppenspielertagen, aus denen sich später ein im zweijährigen Turnus stattfindendes int. Puppentheaterfestival entwickelte. Aus M.s Feder stammen mehr als 15 Puppenspiele für Kinder, die – wie z. B. „Hündchen und Kätzchen" (mit mehreren Fortsetzungen) – hohe Aufführungs- und Besucherzahlen erreichten.

L: Archiv des Puppentheaters Magdeburg (*B); Unterlagen Vf., Kallinchen (priv.).

Elke Schneider

Moeller, Johann Friedrich
geb. 13.11.1789 Erfurt, gest. 20.04.1861 Magdeburg, ev. Theologe, Generalsuperintendent.

Der aus einer Erfurter Pastorenfam. stammende M. besuchte das Gymn. in Erfurt und studierte ev. Theol. in Göttingen. Ab April 1814 zum Katecheten am Schullehrerseminar in Erfurt berufen, bekleidete M. ab Juli 1815 auch das Amt des Diakons und zweiten Predigers an der Erfurter Barfüßerkirche. 1829 zum Pastor ernannt, wurde er im Dezember 1830 Superintendent und Senior des Ev. Ministeriums in Erfurt. In seiner zweiten Profession war er in den 1820er Jahren interimistisch Seminardir. in Erfurt und in den 1830er Jahren nebenamtlicher Oberschulaufseher. 1832 wurde er als Konsistorialrat Mitglied der Kgl. Reg. zu Erfurt. 1843 trat er die Nachfolge des Bischofs und Generalsuperintendenten → Bernhard Dräseke an und wurde 1845 Inhaber des neugeschaffenen Amtes als geistlicher Dir. des Konsistoriums der Kirchenprovinz Sachsen. Dabei fand Berücksichtigung, daß M. bereits in Erfurt Erfahrungen mit „Separatisten" in Form der separierten Lutheraner um → Johannes Grabau hatte. M. berief sich bei seinen Entscheidungen auf die Kabinettsordres Friedrich Wilhelm III., nach denen jeder Gewissenszwang zu unterbleiben habe. Diese Form der beratenden Vermittlung stieß immer dann auf Unverständnis, wenn von den Behörden des Kirchenregiments eine amtliche Entscheidung erwartet wurde. Doch gerade in Glaubensfragen waren formale Kompromisse unmöglich und politische Vorgaben zwischen wiss. Theol. und religiöser Erbauung nicht nur für M. unzumutbar. 1848 oblag ihm nach dem Weggang von → Karl Friedrich Göschel bis zum Amtsantritt des Oberpräsidenten → Gustav von Bonin von Ende März bis Ende Juni und nach dessen Weggang von Ende September bis Ende Oktober die Vertretung im Konsistorialpräsidium. Dabei hat er die in ihn gesetzten Erwartungen auf unparteiische Amtsführung so sehr enttäuscht, daß das Ministerium der geistlichen Angelegenheiten im Oktober 1848 den Regierungsvizepräsidenten in Magdeburg mit der Wahrnehmung der Präsidialgeschäfte im Konsistorium beauftragte. Als Begründung dafür wurden wichtige politische Rücksichten angeführt, die M. von dem Vorsitz im Konsistorium ausschlossen. M., der sich und sein Handeln zeit seines Lebens als unpolitisch empfand, hatte in der Folgezeit die Wirren der Verfassungsumbrüche zwischen 1848 und 1850 durchzustehen, in deren Verlauf er von Friedrich Wilhelm IV. 1850 zum Mitglied des Erfurter Staatenhauses berufen wurde. Das Verständnis für die mehrfachen Wandlungen des Verfassungszusammenhangs für die Kirchen fiel ihm schwer, doch die drängenden politischen und sozialen Fragen um den Wittenberger Kirchentag 1848 und den Aufbau einer Inneren Mission verfolgte M. in einer Konsequenz, die ihm wichtiger war als langwierige Bekenntnisdarlegungen. Ab 1850 nahm Oberpräsident → Hartmann Erasmus von Witzleben die Präsidialgeschäfte im Konsistorium wahr, bis 1853 mit dem Kreisgerichtsdir. → Friedrich Wilhelm Noeldechen ein weltlicher Konsistorialdir. berufen wurde, für den eine eigene nicht verfassungskonforme Dienstinstruktion erlassen wurde. Im Januar 1857 suchte M. um seine Emeritierung nach, bat aber um Belassung in der Dompredigerstelle. Der Wechsel in der Generalsuperintendentur erfolgte im Frühjahr 1858, womit auch die Rückkehr zu verfassungsmäßigen Zuständen in der Verteilung der Präsidial- und Direktorialgeschäfte im Konsistorium verbunden war. M., der bis 1860 Domprediger und als Ehrenmitglied im Konsistorium dort auch stimmberechtigt blieb, trat auch mit katechetischen Schriften und Slgg. geistlicher Lieder und Gesänge hervor, zu denen er selbst einige beisteuerte.

W: Christenglück und Christenwandel in religiösen Gesängen, 1816; Antrittspredigt am 30. April 1843 in der Domkirche zu Magdeburg, 1843; „Lasset Euch Niemand das Ziel verrücken!" Mahnung durch Verständigung über das Bekenntniß der neuen Gemeinde aus treuem Herzen an die ev. Bürgerschaft von Magdeburg gerichtet, 1847; Amtsbetrübnis und Amtstrost. Eine Schriftauslegung, 1848; Die Verwaltungsgrundsätze des Consistoriums der Provinz Sachsen in ihrem Verhältnis zur Gegenwart – Ein Rundschreiben, 1848; Geistliche Dichtungen und Gesänge auf der Unterlage der heiligen Schrift, 1852; Katechetisch-ev. Unterweisung in den heiligen zehn Geboten Gottes nach dem Katechismus Lutheri, 1854. – **L:** ADB 22, *145–147*; RE 13, ³1903, *208–212*; RGG 4, ³1960, Sp. *1069*; BBKL 5, Sp. *1593f.* (*W*); Otto Kraus, Geistliche Lieder im 19. Jh., ²1879, *342–350*; LHASA: Rep. C 20 I b, Nr. 354/I; Rep. C 20 I b, Nr. 361/I; Rep. C 81, Nr. 40.

Hans Seehase

Möller, *Ludwig* **Carl,** Dr. phil., Dr. theol. h.c.
geb. 31.10.1816 Schwelm, gest. 28.11.1893 Magdeburg, ev. Theologe, Generalsuperintendent.

Als Kind eines reformierten Vaters und einer ev.-lutherischen Mutter, die sich seit ihrer Trauung zur unierten Kirche bekannten, besuchte M. die örtlichen Elementarschulen sowie die höhere Bürgerschule und erhielt Privatunterricht.

Nach der Konfirmation zog die Fam. von Schwelm nach Bielefeld, wo M. das Abitur am Gymn. ablegte. Nach reiflicher Überlegung fiel sein Berufsziel nicht auf die Jurisprudenz, sondern die Phil. Er bezog im Frühjahr 1835 bis zum Sommer 1837 die Univ. Bonn, von wo er nach Berlin wechselte und Vorlesungen der Hegelianer hörte. 1839 wurde er dort bei Friedrich Adolf Trendelenburg mit einer Arbeit über die „Theodicae platonica lineamenta" zum Dr. phil. prom. Aus innerer Neigung zum Predigeramt bezog er im Herbst 1839 noch einmal die Univ. Bonn und studierte ev. Theol. bei Carl Immanuel Nitzsch, Friedrich Bleek und → Karl Sack, bis er in Münster 1841 das erste theol. Examen ablegte. Das zweite wurde ihm 1842 erlassen. Nach seiner Ordination 1843 trat er eine erste Pfarrstelle in Diersfordt bei Wesel, einer Patronatsgemeinde des → Anton Graf zu Stolberg-Wernigerode, an. Ab 1851 war M. als Garnisonsprediger in Mainz tätig und übernahm 1852 die (lutherische) Pfarrstelle in Radevormwald, Ephorie Lennep. Dort oblag ihm die schwierige Aufgabe, die den Bestand der Gemeinde gefährdenden altlutherischen Separationsbestrebungen einzudämmen. 1864 zum Konsistorialrat in der Provinz Schlesien in Breslau ernannt, wurde er bereits im September 1866 zur Unterstützung des amtierenden Generalsuperintendenten → Johannes Lehnerdt als Vize-Generalsuperintendent der Provinz Sachsen und im Oktober 1867 nach Lehnerdts Tod zum Generalsuperintendenten und ersten Domprediger in Magdeburg berufen. M., der beide Ämter bis 1890 mit großer Energie ausübte, nahm sich zahlreicher liegengebliebener Aufgaben an, u. a. der Reform des Gesangbuchwesens. Ziel nach zehn Jahren unbearbeiteter Entwürfe war der Ersatz anerkannt schlechter Werke, worunter das Magdeburger Gesangbuch „unzweifelhaft das schlechteste war". Bedarf bestand nicht nur in der Zivilgemeinde am Magdeburger Dom, wo das „Militairgesangbuch" benutzt wurde. Nach Prüfung von über 850 Liedern votierte M. für eine Kommission, der auch Musikdir. → August Gottfried Ritter angehören sollte. 1870 wurde M. durch die Theol. Fakultät der Univ. Halle-Wittenberg die theol. Ehrendoktorwürde verliehen. 1887 erhielt er den Kronenorden II. Kl. Seinen Lebensweg als ev. Seelsorger hat M. in einer autobiogr. Schrift festgehalten.

W: In Stille und Sturm, 1889. – **L:** Nachruf L. M., in: Aus unseres Herrgotts Kanzlei. Ev. Gemeindebl. für Magdeburg und Umgebung 3, 1893/94, *289–291*; AKPS: Rep. A, Spec. P, M 496 (PA); LHASA: Rep. C 81, Nr. 183.

Hans Seehase

Mövius, *Ruth* **Clara,** Dr. phil.
geb. 27.09.1908 Magdeburg, gest. 02.11.1989 Magdeburg, Lehrerin.

M., jüngste Tochter des Kaufmanns Carl Adolf Werner M., studierte in München, Königsberg, Berlin und Marburg Mathematik, Deutsch, Physik und Phil. (Assessoren-Examen). 1937 prom. sie in Marburg über Rainer Maria Rilkes „Stundenbuch". 1944 kehrte sie als Lehrerin in ihre Heimatstadt zurück. Vom Schulanfänger (Volksschule) bis zum Erwachsenen (Volkshochschule, Abendoberschule) unterrichtete sie jede Altersstufe. Die letzte Schule, an der M. von 1955 bis zu ihrem Ausscheiden aus dem Schuldienst 1969 Deutsch und Mathematik lehrte, war die Erweiterte Oberschule „Geschwister Scholl" in Magdeburg. Kollege und Freund war der Magdeburger Maler und Graphiker → Wilhelm Höpfner. Ihr Leben und ihr Wirken waren Zeugnis einer selbstlosen und leidenschaftlichen Liebe gegenüber den Menschen. Das spiegelt sich vor allem in ihrer unermüdlichen Arbeit für das Werk des Gelehrtenehepaares Helene und Max Herrmann wider. M. Herrmann, ihren verehrten Universitätslehrer, hatte sie 1930 in Berlin kennengelernt; mit ihm und seiner Frau verband sie eine tiefe Freundschaft. Risikobereit begleitete sie den Lebensweg H. und M. Herrmanns bis zu deren Deportation nach Theresienstadt 1942. H. Herrmann (geb. 1877 Berlin, gest. 1944 KZ Auschwitz), dt. Staatsangehörige jüd. Herkunft und bedeutende Germanistin, war die „Entdeckerin" der → Elisabeth von Ardenne als Ur-Figur der „Effi Briest". Ihr Essay über den gleichnamigen Roman → Theodor Fontanes (1912) fand große Anerkennung, u. a. bei Thomas Mann. M. Herrmann (geb. 1865 Berlin, gest. 1942 im KZ Theresienstadt), durch Geburt Halbjude, mußte 1933 nach 42jähriger Tätigkeit als Hochschullehrer an der Berliner Friedrich-Wilhelm-Univ. aus dem Amt gehen. Der Ordinarius für Germanistik, Lit.- und Theaterwiss. hatte dort das Theaterwiss. Inst. begründet und die Theaterwiss. zur selbständigen Disziplin entwickelt. Vor seiner Deportation 1942 übergab er M. das Ms. seines letzten Werkes mit konkreten Hinweisen für eine spätere Veröffentlichung. M. gab den Band 1962 unter dem Titel „Die Entstehung der berufsmäßigen Schauspielkunst im Altertum und in der Neuzeit" mit einem Nachruf auf M. Herrmann heraus. Angeregt durch M. verlieh die Dt. Staatsbibl. von 1979 bis 1990 jährlich den Max-Herrmann-Preis, der ab Mai 2000 vom *Verein der Freunde der Staatsbibl. zu Berlin e.V.* vergeben wurde. Zum Gedenken an H. und M. Herrmann ließ M. in den Grabstein der Eltern M. Herrmanns auf dem jüd. Friedhof in Berlin-Weißensee eine Inschrift meißeln. In Vorträgen und Veröffentlichungen wirkte sie nach dem II. WK unermüdlich, um das Andenken an das nur noch wenigen Menschen bekannte Gelehrtenehepaar und die Erinnerung an das Schicksal jüd. Menschen im Ns. zu bewahren.

W: Das Vermächtnis Max Herrmanns, in: Theater der Zeit, Jg. 15, 1960, H. 9, *37–40*; Helene Herrmann, in: Das Stichwort. Nachrichten aus der Dt. Staatsbibl., Jg. 26, H. 1, 1982, *1f.*; Helene Herrmann zum Gedenken, in: Fontane-Bll. 5, H. 1, 1982, *22–25*; Helene Herrmann – ein Lebensbild, in: Sinn und Form 36, 1984, H. 4, *739–752*; Helene Herrmann (Ein Lebensbild), in: Helene Herrmann, Einfühlung und Verstehen. Schriften über Dichtung, 1988, *158–167* (**W**). – **N:** Staatsbibl. Berlin. – **L:** Heinz Knobloch, Berliner Grabsteine, 1987; ders., Sei freundlich zu den Lesern. Zum Ableben des Max-Herrmann-Preises, in: Der Tagesspiegel vom 09.05.1991; Renate Gollmitz, Max Herrmann, ein jüd. Germanist an der Berliner Univ., in: Beiträge zur Gesch. der Humboldt-Univ. zu Berlin 23, 1989, *77–85*; dies., Nachruf, in: Das Stichwort. Nachrichten aus der Dt. Staatsbibl., Jg. 33, 1989, H. 4, *51*; dies., Nutzer, Freund und Förderer der Staatsbibl.: Max Herrmann, in: Hauszs. SBB – intern, Jg. 6, H. 3/4, 2000, *2f.* – **B:** *Vf., Magdeburg (priv.).

Brigitte Hetz

Möwes, Heinrich
geb. 25.02.1793 Magdeburg, gest. 14.10.1834 Altenhausen, ev. Pfarrer, Schriftsteller.

Der Beamtensohn M. wuchs nach dem frühen Tod des Vaters bei seinem Onkel in Magdeburg auf, besuchte die dortige Domschule und studierte anschließend ev. Theol. in Göttingen. Voller Begeisterung für das Vaterland trat er noch während der Studienzeit als freiwilliger Jäger in das preuß. Heer ein und erhielt für persönliche Tapferkeit das EK und den russischen St. Georgs-Orden. 1817, nach Beendigung seines Studiums in Halle, wurde M. zunächst Lehrer an der Domschule in Magdeburg. Bereits 1818 als Prediger nach Angern und Wenddorf berufen, setzte er sich dort nachhaltig für eine Verbesserung der Schulverhältnisse und der Ausbildung der Lehrer ein. Hier entstanden auch erste geistliche Lieder, die bei den Lehrer-Konferenzen gesungen wurden. 1822 trat er das Pfarramt in Altenhausen und Ivenrode an, das er bereits 1830 aus gesundheitlichen Gründen niederlegen mußte. Im selben Jahr zog er mit seiner Fam. nach Magdeburg, kam aber 1832, ohne die erhoffte Anstellung in der Verwaltung gefunden zu haben, nach Altenhausen zurück. M. erwarb sich durch seine seelsorgerische Tätigkeit nicht nur die höchste Anerkennung seiner Gemeinde, sondern trat auch als Volksschriftsteller in Erscheinung. Bemerkenswert sind die patriotischen „Drey Lieder eines Preuß. Landskindes" (1831) und die hist. Novelle „Der Pfarrer von Andouse" (1832). Vor allem fanden seine in verschiedenen theol. Zss. veröffentlichten und erst posthum von → Wilhelm Appuhn gesammelten und herausgegebenen geistlichen Gedichte und Lieder große Bekanntheit und weite Verbreitung.

W: Gedichte, 1836, ⁵1849; Sämmtliche Schriften (2 Bde), 1843. – **L:** ADB 22, *418–420*; Neuer Nekr 12, 1836, *848f.*; Wilhelm Appuhn, Abriß seines Lebens, großentheils nach seinen Briefen, in: H. M., Gedichte, 1836, *1–120*; Franz Brümmer, Dt. Dichterlex., Bd. 2, 1877; Wochenbl. für die Kreise Neuhaldensleben, Gardelegen und Wolmirstedt und den Amtsbezirk Calvörde vom 13. und 16.10.1894; AKPS: Rep. A, Spec. P, M 342 (PA).

Wilhelm Bork

Mohrenweiser, Alexander
geb. 09.03.1908 Magdeburg, gest. 14.10.1977 Magdeburg, Apotheker, Pharmazierat.

Der Sohn eines Kaufmanns besuchte das Bismarck-Gymn. in seiner Vaterstadt und war ab 1928 Praktikant in der Anker-Apotheke in Magdeburg. Nach dem Studium der Pharmazie an der Univ. in Münster/Westfalen erhielt er 1935 die Approbation als Apotheker. Seit 1941 war M. Pächter der Anker-Apotheke in der Brückstraße in Magdeburg und wurde mit deren Verstaatlichung im Jahre 1961 Leiter dieser Apotheke. Neben seiner beruflichen Tätigkeit widmete er sich intensiv der Ausbildung des Berufsnachwuchses, besonders von Apothekenhelfern. Allein mehr als zwanzig Jahre, bis 1975, war M. nebenberuflich als Lehrer für Fachkunde und in der Prüfungskommission tätig. Er pflegte eine enge, praxisdienliche Zusammenarbeit mit den Lehrkräften, u. a. mit → Walter Wenzel, und Berufskollegen. Für seine langjährige, erfolgreiche Arbeit in der Berufsausbildung wurde er 1964 mit der Pestalozzi-Medaille und später mit dem Titel eines Pharmazierates gewürdigt.

L: Familienunterlagen Alexander M. jun., Magdeburg (priv.). – **B:** ebd.

Joachim Münch

Moltke, *Helmuth* **Karl Bernhard Graf** (seit 1871) **von**
geb. 26.10.1800 Parchim/Mecklenburg, gest. 24.04.1891 Berlin, Generalfeldmarschall.

Der Sohn eines dänischen Generalleutnants war nach dem Besuch der Kadettenanstalt Kopenhagen zunächst dänischer Offizier, trat aber 1822 als Sekondelieutenant in die preuß. Armee ein. 1832 wurde er nach dem Besuch der Kriegsschule in den Großen Generalstab kommandiert. Von 1836 bis 1839 war er als Hauptmann Militärberater in der Türkei. Von 1848 bis 1855 diente der Oberstleutnant (1851 Oberst) als Chef des Generalstabes des IV. Armeekorps in Magdeburg (1870 hier Ehrenbürger). Das Magdeburger Kaiser-Friedrich-Mus. besaß zwei Porträts von M. (Franz v. Lenbach, 1857 und Paul Beckert, 1891 – beide Kriegsverlust). 1857 zum Chef des Generalstabes ernannt, verstand er es, diesen von einer einflußlosen Institution zum

Zentrum der operativ-strategischen militärischen Planungen Preußens zu entwickeln. 1866 trug er als Leiter der militärischen Operationen maßgeblich zum Sieg bei Königgrätz bei. Im dt.-franz. Krieg 1870/71 führte seine Strategie zum Sieg in den Grenzschlachten, bei Sedan und in den Schlachten gegen die Heere der franz. Republik. 1871 erhielt er den Grafentitel und den Marschallstab und wurde 1888 von seinen Pflichten als Generalstabschef entbunden. In den beiden Kriegen zeigte sich M. als moderner Stratege und als ein Heerführer von weltgesch. Rang. Er, der Technik und Wiss. als „Vasallen der Kriegsführung" betrachtete, erkannte die Bedeutung von Eisenbahnen und Nachrichtentechnik für den raschen Einsatz und die Führung von Massenheeren. Auch mit der sorgfältigen generalstabsmäßigen Vorbereitung und der raschen Mobilmachung sowie der Förderung der Selbständigkeit der Korps- und Armeeführer erfaßte er die neuen Bedingungen der Kriegsführung. Seine überragenden militärischen Erfolge ließen ihn zu einer der bedeutendsten Persönlichkeiten des dt. Kaiserreiches werden. Er zählte zu den Befürwortern eines Präventivkrieges. M., gründlich und vielseitig gebildet, war auch ein beachtlicher Militär- und Reiseschriftsteller. Ein Fort der Festung Straßburg (1873), eine Kreuzerkorvette (1878) sowie ein Schlachtkreuzer (1911) trugen seinen Namen.

W: Gesammelte Schriften und Denkwürdigkeiten, Bd. 1–8, 1891–1893; M. – Militärische Werke, hg. vom Großen Generalstab, Bd. 1–4, 1892–1912. – **L:** ADB 52, *447–458*; NDB 18, *12–17*; Priesdorff 7, *371–391* (***B***); Eberhard Kessel, M., 1957; Franz Herre, M. der Mann und sein Jh., 1984; Robert M. Förster (Hg.), Generalfeldmarschall v. M. – Bedeutung und Wirklichkeit, 1991. – **B:** *Moritz Klinkicht/Robert Siebert, Dreihunsert Berühmte Deutsche, 1912.

Martin Wiehle

Molzahn, *Johann* (*Johannes*) **Ernst Ludwig,** Prof.
geb. 21.05.1892 Duisburg, gest. 31.12.1965 München, Maler, Graphiker, Gestalter, Kunstschullehrer.

Der Sohn eines Buchbindermeisters zog 1892 mit der Fam. nach Weimar, wo er die Schule und eine Lehre als Fotograf absolvierte. Parallel dazu erhielt er 1904–07 Zeichenunterricht an der Großhzgl. Zeichenschule. Der Bekanntschaft mit den Malern Otto Meyer-Amden und Hermann Huber während seiner Wanderjahre (1908–14) durch die Schweiz folgten während und nach dem I. WK Verbindungen zu wichtigen Vertretern und Förderern der int. künstlerischen Avantgarde, so z. B. zu Herwarth Walden, Walter Gropius, Theo van Doesburg, El Lissitzky oder den Künstlervereinigungen *Novembergruppe* und *Arbeitsrat für Kunst*. Nach ersten Ausstellungen, zunehmender öffentlicher Anerkennung und dem Beginn werbegraphischer Arbeiten wurde M. durch Vermittlung von → Bruno Taut 1923 als Lehrer für Gebrauchsgraphik an die Kunstgewerbe- und Handwerkerschule in Magdeburg berufen. 1925 verfaßte M. im Auftrag des Magistrats der Stadt eine Denkschrift über seine Vorstellungen zu Strukturen und Zielen einer modernen Kunstgewerbeschule und entwickelte die Grundlagen für einen modernen gebrauchsgraphischen Unterricht. Von 1928 bis zu seiner Entlassung 1933 war er Leiter der Graphikklasse an der Staatl. Akad. für Kunst und Kunstgewerbe in Breslau. Seit 1934 fielen seine Werke der Diffamierung durch den Ns. anheim. M. emigrierte 1938 in die USA, wo er an verschiedenen Kunstschulen unterrichtete. 1959 kehrte er nach Dtl. zurück. Trotz zahlreicher Veröffentlichungen existiert bislang keine hinlängliche Würdigung von M.s künstlerischem Gesamtwerk innerhalb der Kunst des 20. Jhs. Aus von Futurismus und Expressionismus beeinflußten Anfängen entwickelte M. eine bildnerische Sprache, in welcher sich technisch geprägte, in gebrauchsgraphischen Exerzitien gewonnene Formen mit mythischen, mystischen und religiösen Inhalten begegnen. In einem sowohl zum Mikro- als auch Makrokosmos entgrenzten bildnerischen Raum wird ein Bewußtsein der Gegenwart zwischen unauflösbarer hist. Tiefe und immerwährender, also auch zukünftiger, göttlich geprägter Ordnung etabliert.

W: Der Idee-Bewegung-Kampf, Öl auf Leinwand 1919 (Wilhelm-Lehmbruck-Mus. Duisburg); Astro-Konstellationstafel, Öl auf Leinwand 1923 (ebd.); Janus, Öl auf Leinwand 1930 (ebd.) – Schriften: Das Manifest des absoluten Expressionismus, in: Der Sturm 10, H. 6, 1919, *90–92*; Ökonomie der Reklame-Mechane, 1926. – **L:** Bio Hdb Emigr 2, 1983; Vollmer 3, 1956, *412*; Herbert Schade, J. M. Einführung in das Werk und die Kunsttheorie des Malers, 1972; J. M. Das druckgraphische Werk, 1977 (***W***); J. M. Das malerische Werk, 1988; Christian Gries, J. M. (1892–1965) und der „Kampf um die Kunst" im Dtl. der Weimarer Republik (2 Bde), Diss. 1996 (***W***). – **B:** *Kunstslgg. zu Weimar: Selbstporträt, Öl auf Leinwand 1930.

Norbert Eisold

Mook, Wolfgang, Prof. Dr. phil. habil.
geb. 26.03.1925 Wernigerode, gest. 01.04.1996 Burg, Hochschullehrer, Philosoph.

Als Sohn eines Angestellten besuchte M. die Grund- und Mittelschule und später in Hamburg die Oberschule, die er mit dem Abitur abschloß. Nach seinem Kriegsdienst von 1943 bis 1945 und kurzer Gefangenschaft kehrte er nach Wernigerode zurück und arbeitete bis Ende 1945 in der Umgebung als Landarbeiter. Von Januar bis August 1946 besuchte er in seiner Geburtsstadt einen Neulehrerlehrgang. Danach war er in Königshütte, später in Elbingerode als Lehrer tätig. 1949 bis 1950 nahm er an einem Jahreslehrgang zur Ausbildung von Geschichtslehrern teil. Nach dessen Abschluß war er in verschiedenen Schulen als Lehrer bzw.

Schulleiter tätig. 1952 als Nachwuchsdoz. an das Inst. für Lehrerbildung (IFL) Staßfurt berufen, wechselte er 1953 zum IFL Magdeburg. Hier war er bis 1990 tätig und hatte wesentlichen Anteil an der Entwicklung der Bildungseinrichtung zum Pädagogischen Inst. und zur späteren Pädagogischen Hochschule (PH). Er übte verschiedene Leitungsfunktionen aus: 1954–62 war er gewählter Fachgruppenleiter für Gesellschaftswiss., 1962–69 arbeitete er als Lehrstuhlleiter sowie als stellvertretender Sektionsdir. Marxismus-Leninismus/Gesch. und war 1980–85 als Sektionsdir. Marxismus/Leninismus tätig. Von 1972 bis 1990 hatte er zugleich die Funktion des Prodekans der Phil. Fakultät des Wiss. Rates der PH inne. M. prom. 1968 und habil. sich 1979. 1980 wurde er zum o. Prof. für dialektischen und hist. Materialismus berufen. In der Forschung widmete sich M. philosophiehist. und gegenwärtigen Fragen der Interessetheorie und trat häufig mit Referaten und Beiträgen auf philosophiehist. Kongressen, Konferenzen und Kolloquien auf. Von 1969 bis 1989 leitete er die Forschungsgruppe „Interessen als Triebkräfte im Sozialismus" an der PH Magdeburg.

W: Probleme des Interesses in der bürgerlichen Sozialtheorie – Zur Kritik der bürgerlichen Interessentheorie in Gesch. und Gegenwart, Diss. Leipzig 1968.

Isa Schirrmeister

Morczek, Adolf, Prof. Dr. med. habil.
geb. 04.06.1919 Maria Ratschitz (Tschechoslowakische Republik), gest. 03.07.1973 Magdeburg, Arzt.

Nach dem Abitur 1938 wurde M. bis 1945 zum Sanitätsdienst eingezogen und studierte 1940–45 Med. an den Univ. in Münster und Leipzig. 1945 erfolgte die Prom. 1946 trat er als Assistent in die Med. Univ.-Klinik Leipzig ein. 1951 wurde M. Facharzt für Innere Med. Seit 1950 arbeitete er in der Radiologischen Klinik der Univ. Leipzig. Die Ausbildung zum Facharzt für Röntgenologie und Strahlenheilkunde schloß er 1955 ab und habil. über den „Einfluß der Röntgenstrahlung auf den Natrium-Kalium-Haushalt der Zelle". Er wurde zum ersten Oberarzt der Klinik ernannt und zum Doz. für Radiologie berufen. 1960 nahm M. den Ruf auf das Direktorat des Strahleninst. der strahlentherapeutischen Klinik an der Med. Akad. Magdeburg an. M. führte in der Strahlentherapie bösartiger Geschwülste die moderne Fraktionierung und Dosimetrie sowie die Methoden der Bewegungsbestrahlung ein. 1969/70 erfolgte die Inbetriebnahme eines Telekobaltgerätes, so daß ein Qualitätssprung in der Betreuung der Tumorpatienten in Magdeburg erreicht werden konnte. Er baute eine strahlenbiologische Arbeitsgruppe mit entsprechendem Labor auf, in der sowohl Untersuchungen an Patienten vorgenommen als auch Tierexperimente durchgeführt wurden. Schwerpunkt waren hämatologische Untersuchungen, Probleme der Reduzierung der Nebenwirkungen der Strahlentherapie und die Behandlung des Strahlensyndroms. 1963 gründete M. eine anfangs kleine nuklearmed. Abt. Seiner Initiative war es zu verdanken, daß 1968 die erste moderne leistungsfähige Szintillationskamera im Osten Dtls installiert wurde. Die wiss. Arbeit konzentrierte sich stets auf die klinische Strahlenbiologie sowie die Anwendung der Radioaktivität zur Diagnostik und Therapie. Daraus resultierten Buchbeiträge sowie ca. 120 Publikationen in Fachzss. 1967–71 wurde M. zum ersten Vors. der *Ges. für Med. Radiologie der DDR* gewählt und organisierte und leitete in dieser Zeit die in zweijährigem Rhythmus durchgeführten Kongresse dieser Ges. in Magdeburg. Er war weiterhin Mitglied der Sektion für Geschwulstkrankheiten der Akad. der Wiss. der DDR. Bemerkenswert ist seine Konsequenz im Lebenslauf. 1945 wurde er Mitglied der SPD. Nach der Zwangsvereinigung mit der KPD erklärte er 1948 seinen Austritt aus der SED.

W: Ionisierende Strahlen und der Haushalt anorganischer Kationen. Ein Beitrag zur biologischen Wirkung energiereicher Strahlen, 1957; Lokal- und Fernreaktionen des Knochenmarks unter der Einwirkung der Röntgenstrahlen, in: Radiobiologia Radiotherapia 4, 1963, *377* (mit Karl-Heinz Klare); Morphologische Veränderungen der Blutzellen, in: Hdb. der Med. Radiologie, 1966, *273–302;* Wirkung ionisierender Strahlen auf den biologischen Effekt von Vitaminen der B-Gruppe, in: Strahlentherapie 102, 1967, *535* (mit Dietrich Mücke); Zur kombinierten morphologisch-funktionellen Diagnostik von Erkrankungen des uropoetischen Systems mit der Szintillationskamera, in: Radiobiologia Radiotherapia 10, 1969, *785–792* (mit Vf.). – **L:** Fs. 20 Jahre Med. Akad. Magdeburg 1974, *52–55 (B).* – **B:** *Vf., Magdeburg (priv.).

Hans-Jürgen Otto

Morgenstern, Johann Carl Simon, Prof. Dr. phil.
geb. 28.08.1770 Magdeburg, gest. 03.09.1852 Dorpat, Hochschullehrer, Philologe.

M., zweiter Sohn des Magdeburger Stadtphysikus Friedrich Simon M. und der mit Ratgeberschriften „für junge Frauenzimmer" hervorgetretenen Johanna Katharina M., geb. Brömme, wechselte mit dem 10. Lebensjahr von der Küsterschule zu St. Ulrich zur Domschule seiner Vaterstadt. In deren Rektor und Freund Klopstocks → Gottfried Benedict Funk fand er einen Mentor von umfassender humanistischer Bildung. 1788 bezog er die Univ. Halle, wo er Phil. bei Johann August Eberhard studierte und in das Philologische Seminar Friedrich August Wolfs eintrat. Im Mai 1794 wurde er dort prom. und 1797 zum ao. Prof. der Phil. ernannt. 1798 folgte M. einem Ruf nach Danzig, wo er die Professur der Beredsamkeit und Poesie am Athenaeum übernahm. 1802 schließlich ging er als o. Prof. der Beredsamkeit und Klass. Philologie, der Ästhetik und der Gesch. der Lit. und Kunst an die Univ. Dorpat. Er wirkte ferner als Schulkommissar, als Museumskustos sowie als Aufseher der UB, für die er Räume in der Domruine herrichten ließ. 1808/09 unternahm M. eine ausgedehnte Reise durch Dtl., Frankreich, die Schweiz und Italien, über die er eine Fragment gebliebene Beschreibung veröffentlichte. Sein Weg führte ihn auch über Magdeburg, wo er Funk, dem er 1803 die Ehrendoktorwürde seiner Univ. verschafft hatte, und seinen Bruder wiedersah. 1817 erhielt er einen Ruf nach Königsberg, den er jedoch ablehnte. M. blieb auch nach seiner Emeritierung 1834 in Dorpat und verwarf die zeitweilig gehegte Absicht, in seine mitteldt. Heimat zurückzukehren. Nachdem er bereits 1848 den von ihm angelegten Garten der Univ. übereignet hatte, hinterließ er ihr auch seine Bibl. (12.000 Bände) und Autographenslg., darunter Teile des Kant-Nachlasses. Wolfs Urteil, sein Schuler habe „leider wenige der Hoffnungen, die ich mir ehemals von ihm machte", erfüllt und sei mit den Jahren „immer eleganter, eitler und fader" geworden (1808), ist hart, aber nicht ungerecht. Die von den Zeitgenossen vielbeachteten Platon-Studien, in denen er zu einer moralphil. Lektüre der „Politeia" aufforderte, hat M. nicht fortgesetzt. Statt dessen erging er sich in „Schriftstellerei über alle mögliche Gebiete der belles-lettres, der bildenden Kunst, der Philologie und Phil." (Süss, 71). Eine „schöngeistige Ubiquität" (ebd., 73) mußte fortan die konzentrierte wiss. Arbeit vertreten. M. stellte diese ganz bewußt zugunsten seiner praktischen, pädagogischen Wirksamkeit zurück. In diesem Zusammenhang prägte er in einigen seiner akad. Festvorträge den Begriff „Bildungsroman". Wenn M. von diesem „als der vornehmsten und das Wesen des Romans im Gegensatz des Epos am tiefsten erfassenden besonderen Art desselben" sprach, so deutete er damit zugleich an, daß er in der Bildung des Menschen zu einem harmonischen Charakter dessen vornehmste Aufgabe sah.

W: De Platonis Republica commentationes tres, Halle 1794; Auszüge aus den Tagebüchern und Papieren eines Reisenden, 1811–1813; Ueber den Geist und Zusammenhang einer Reihe phil. Romane [1817]/Ueber das Wesen des Bildungsromans [1820]/Zur Geschichte des Bildungsromans [1824], in: Rolf Selbmann (Hg.), Zur Gesch. des dt. Bildungsromans, 1988, *45–99;* Ingrid Loosme/Mare Rand (Bearb.), Briefwechsel zwischen Georg Friedrich Parrot und K. M., 1802, 1992. – **N:** UB Dorpat (Tartu Ülikooli Raamatukogu). – **L:** ADB 22, *231–233;* Mitteldt Leb 2, *82–91* (***B***); Killy 8, *211f.;* Ludwig Mercklin, K. M. Gedächtnisrede, 1853 (***W,B***); Wilhelm Süss, K. M. (1770–1852). Ein kulturhist. Versuch, 1928/29; → Fritz Martini, Der Bildungsroman. Zur Gesch. des Wortes und der Theorie, in: DVjs 35, 1961, *44–63.* – **B:** UB Dorpat: Ölgemälde (Abb. in: Jürgen von Hehn/Csaba János Kenéz [Hg.], Reval und die baltischen Länder. Fs. für Hellmuth Weiss, 1980, *480/81*).

Reinhard Markner

Morgenstern, Wilhelm August *Walter*
geb. 21.07.1850 Magdeburg, gest. 30.09.1935 Magdeburg, Kaufmann, Kgl. Kommerzienrat.

M. entstammte einer alten Magdeburger Kaufmannsfam. Sein Großvater, der spätere Kgl. Preuß. Kommerzienrat und Kgl. Bayerische Konsul Friedrich *August* Simon M. (geb. 02.12.1772 Magdeburg, gest. 05.04.1844 Magdeburg), war der Sohn eines Arztes und gründete 1797 als Kaufmann die Fa. *M. & Co.*, ein Unternehmen zum Handel mit Kolonialwaren, inländischen Produkten, Wein, Indigo- und Farbwaren sowie zum Speditions- und Kommissionsgeschäft. Er erwarb sich besondere Verdienste als Mitglied des *Vereins der Kaufmannschaft* bei der Erarbeitung der Statuten zur Bildung der *Magdeburger Korporation der Kaufmannschaft*. Nach mehrmaliger Sortimentsänderung und erfolgreicher Geschäftsentwicklung wurde 1841 sein Sohn *August* Theodor M. (geb. 12.01.1815 Magdeburg, gest. 01.06.1867 Magdeburg) Teilhaber der Fa., der nach dem Tod seines Vaters das Unternehmen fortführte und es durch die Übernahme der Generalagentur der *Schlesischen Feuerversicherungsges.* erweiterte. Nach langer schwerer Krankheit verstarb August Theodor M., und die Erben führten das Geschäft weiter, bis schließlich M. in dritter Generation am 01.05.1874 die Fa. übernahm. Er löste sich in seiner Unternehmensphil. mehr und mehr vom klass. Handelsunternehmen und widmete sich ab 1890 schwerpunktmäßig dem Bankgeschäft, das er bis Ende 1924 betrieb. Im Jahr der Firmenübernahme trat M. auch in die *Magdeburger Korporation der Kaufmannschaft* ein, in deren Ältestenkollegium er Ende 1885 gewählt wurde. Der in der Kaufmannschaft geschätzte und in der Magdeburger Wirtschaft überaus aktive M. war von 1902 bis 1914 Dritter und im Anschluß bis zu seinem Ausscheiden Ende 1924 Zweiter Vorsteher der *Magdeburger Handelskammer*. 1927 wurde M., der seit seiner Amtsniederlegung Ehrenmitglied der Kammer war, „für besonders aufopferungsvolle ehrenamtliche Tätigkeit" die „Goldene Ehrendenkmünze der *IHK*" verliehen. M. war 40 Jahre lang Generalagent der *Schlesischen Feuerversicherungsges.* und von 1894 bis zu seinem Tod Aufsichtsratsmitglied der Lebensversicherungsges. *Alte Magdeburger*. Darüber hinaus gehörte er 47 Jahre dem Aufsichtsrat der *Maschinenfabrik R. Wolf Buckau* und über 50 Jahre, seit dessen Gründung, dem *Creditreform e.V.* als Vors. bzw. Vorstandsmitglied an. Wie bereits sein Vater, engagierte sich M. auch in der Kommunalpolitik. Ende 1887 wurde er Mitglied der Stadtverordnetenverslg. und 1905 Stadtrat. Im Oktober 1910 zum Kgl. Kommerzienrat ernannt, erhielt er 1914 „in Anerkennung seiner geleisteten Arbeit als unbesoldetes Magistratsmitglied" den Ehrentitel eines Stadtältesten.

N: StadtA Magdeburg: Rep. 12 L 1–10. – **L:** → Martin Behrend, Magdeburger Großkaufleute, 1906, *106, 109–115* (*B); → Hans Leonhard, Denkschrift zum hundertjährigen Jubiläum der IHK Magdeburg, 1925, *35, 67f.* (*B*). – **B:** LHASA.

Horst-Günther Heinicke

Moritz, Werner
geb. 08.03.1928 Hamburg, gest. 07.07.1967 Magdeburg, Lehrer, Lebensretter.

Die Fam. M. kam 1939 von Hamburg nach Rogätz im Kr. Wolmirstedt. M. besuchte bis 1944 die Mittelschule in Tangerhütte und begann anschließend eine Lehre als Schiffbauer in Rostock, die er durch die Wirren des II. WK nicht beenden konnte. 1947 bewarb er sich für einen Neulehrerkurs, den er 1949 erfolgreich abschließen konnte. Seine erste Lehrerstelle erhielt er an der Schule in Parey an der Elbe. 1951 wurde er nach Wolmirstedt versetzt und war dort an der Berufsschule und später an der Mittelschule I als Lehrer für Physik und Biologie tätig, nachdem er die Befähigung dafür im Fernstudium erworben hatte. 1962 erfolgte seine Versetzung nach Rogätz, wo er 1963–65 auch als Leiter an der Polytechnischen Oberschule arbeitete. M. reiste am 06.07.1967 mit dem Zug von Magdeburg aus zu einer Ornithologen-Tagung in Mandelholz/Harz. Als der Zug, mit dem zu Beginn der Sommerferien zahlreiche Schüler unterwegs waren, am nicht geschlossenen Bahnübergang in Langenweddingen mit einem mit 15.000 Litern Leichtbenzin beladenen Tankfahrzeug kollidierte und in Flammen aufging, rettete M. in selbstloser Weise zwölf Kindern das Leben. Dabei erlitt er selbst schwere Verletzungen, denen er wenig später in einem Magdeburger Krankenhaus erlag. Er hinterließ eine Frau und drei Kinder. Ihm zu Ehren tragen die Ortsgruppe Rogätz des *Dt. Roten Kreuzes* und die Rogätzer Grundschule seinen Namen.

L: Heinz Eckhardt, Das Eisenbahnunglück in Langenweddingen in: Börde, Bode und Lappwald. Heimatschrift 1998, 1997, *61–64*.

Annemarie Zähle

Moser, Ferdinand, Prof.
geb. 14.07.1859 Kronach/Oberfranken, gest. 23.07.1930 Würzburg, Architekt, Kunstgewerbelehrer.

M., Sohn des Kgl. Forstrats Ferdinand M., besuchte die Elementarschule und das Gymn. in München und erhielt seine kunstgewerbliche und technische Ausbildung an der Kunstgewerbeschule, der TH sowie an der Akad. der Bildenden Künste zu München. An der Akad. legte er die Staatsprüfung für Zeichnen und Modellieren ab und veröffentlichte danach zwei kunstgewerbliche Vorbilderwerke. Nach Abschluß seiner Studien arbeitete er an der künstlerischen Innengestaltung des neuen Münchner Bahnhofs mit. Seit 1878 war M. als Aushilfslehrer an Realschulen sowie als Assistent und ab 1884 als Hauptlehrer an der Städtischen Handwerkerschule in München tätig. 1891 übernahm er das Amt eines Subdir. der Handwerker- und Kunstgewerbeschule in Hannover und wechselte zum Oktober 1892 in der Nachfolge des nach Basel berufenen → Eduard Spieß als Dir. der Kunstgewerbe- und Handwerkerschule nach Magdeburg. In seine Amtszeit fiel im Oktober 1893 der 100. Jahrestag der Schule, der mit einer gewissen Neuorientierung des Schulplanes verbunden war. M. lieferte das erste schriftlich fixierte Programm der Schule und führte in Abstimmung mit dem Preuß. Ministerium für Handel und Gewerbe regelmäßige Jahresberichte ein, die bis zum I. WK (1916) beibehalten wurden. Wie sein Vorgänger versuchte M., trotz einer großen räumlichen Zersplitterung des Unterrichts und wachsender Schülerzahlen, einen geordneten Schulbetrieb aufrechtzuerhalten. Die Einrichtung des Unterrichts war noch weitgehend „dem am hist. Vorbild orientierten, geschmackvollen Entwurf des Historismus" (Eisold) verpfichtet und richtete sich an den Musteranstalten in Wien und Berlin aus. M. selbst setzte in Magdeburg seine Publikationsreihe „Gewerbliche Ornamentvorlagen" fort. Im März 1897 wurde er in das Doppelamt als „Kgl. Rektor der Kreisbaugewerkschule und der Lehrwerkstätten sowie Dir. des Pfälzischen Gewerbemus." in Kaiserslautern berufen. In seinem neuen Amt führte er wichtige bauliche Erweiterungen am Mus. durch und machte sich besonders um die Mehrung und Neuordnung der kunstgewerblichen Arbeiten des Mus. und um die Zusammenführung und Übernahme der Kunstslg. des Bayerischen Unternehmers, Kunstmäzens und Politikers Joseph Benzino verdient, mit der M. ein Kunstmus. von überregionaler Bedeutung schuf. In seine Amtszeit fiel auch die Einführung eines Zeichenkurses für Damen und junge Mädchen (1901 „Damenakademie") an der Kreisbaugewerkschule, die seinerzeit Aufsehen erregte. 1904 erhielt er für seine Leistungen den Titel eines Prof. Ende 1908 wurde M. die Direktion des

1806 gegründeten *Polytechnischen Zentralvereins* (*PZV*) in Würzburg übertragen. Ab 1911 unterstand ihm nur noch die freiwillige Fortbildung unter dem Namen einer Gewerbe-, Zeichen- und Modellierschule, wobei der fachliche Umfang um eine Stenographie- und Handelsabt. erweitert wurde. Hier erschloß M. als Dir. insbesondere Möglichkeiten zur Fortbildung für bereits im Berufe stehende Kunstgewerbler und Handwerker. In seiner Würzburger Amtszeit entwarf M. den Neubau für die Holzschnitzschule in Bischofsheim an der Rhön. Er trat 1920 in den Ruhestand und verbrachte seinen Lebensabend in Würzburg.

W: Ornamentale Pflanzenstudien auf dem Gebiet der heimischen Flora, 1888; Hdb. der Pflanzenornamentik. Zugleich eine Slg. von Einzelmotiven für Musterzeichner und Kunstgewerbetreibende, 1893; Ornamentvorlagen für gewerbliche Fach- und Fortbildungsschulen, 1893/94/95 (mit → Carl Skomal); Die Kunstgewerbe- und Handwerkerschule zu Magdeburg 1793–1893, in: Kunstgewerbebl. N. F. 5, 1893/1894, *4–7*. – **L:** Jahresberichte der Kunstgewerbe- und Handwerkerschule Magdeburg 1893–1916; Wilhelm Weber, Vom Gewerbemus. zur Pfalzgalerie, in: Kat. der Gemälde und Plastiken des 19. und 20. Jhs. Jubiläumskat. Pfalzgalerie 1875–1975, Kaiserslautern 1975 (**B*); Norbert Eisold, Die Kunstgewerbe- und Handwerkerschule in Magdeburg 1793–1963, Kat. Magdeburg 1993; Geh. StA Berlin: Abt. I, Rep. 120, E. X., Fach 2, Nr. 18, Bde 3–5.

Gerd Kley

Motz, *Friedrich* Christian Adolf von (Reichsadel seit 1780)
geb. 18.11.1775 Kassel, gest. 30.06.1830 Berlin, Jurist, Oberpräsident der Provinz Sachsen und Reg.-Präsident in Magdeburg.

M. stammte aus dem hessischen ev. Beamtenadel. Wie üblich ging dem Eintritt in den Staatsdienst ein rechtswiss. Studium voraus, das M. 1792–94 in Marburg absolvierte. Ab 1795 war M. in Halberstadt Auskultator. Dort wurde er 1801 zum Landrat bestallt und war anschließend von 1803 bis 1807 Landrat im Eichsfeld. Von 1808 bis 1813 befand sich M. im Staatsdienst des Königreichs Westfalen, das sich nach der vernichtenden Niederlage Preußens 1806 unter der Protektion Napoleons gegründet hatte. M. arbeitete in dieser Zeit als Dir. für Steuern in Heiligenstadt. Ab 1813 war M. an der Seite des preuß. Zivilgouverneurs und Staatsrates → Wilhelm Anton von Klewiz beim Zivilgouvernement für die Gebiete zwischen Elbe und Saale mit Sitz in Halberstadt tätig. 1816, mit Gründung des Regierungsbez. Erfurt der preuß. Provinz Sachsen, war M. dessen erster Reg.-Präsident. Vom Sommer 1821, zuerst kommissarisch und später regulär, war er bis Juni 1825 Ober- und Reg.-Präsident in Magdeburg. Neben der Unterstützung der durch fallende Getreidepreise in Not geratenen Landbevölkerung, der Förderung der Textilindustrie und dem Auf- und Ausbau der regionalen Infrastruktur (Chausseen) widmete sich M. während dieser Zeit besonders der Einführung der Steinschen Städteordnung und der zeitgemäßen Reorganisation der Justiz. Seine Hauptleistung ist mit seiner Tätigkeit als preuß. Finanzminister im Anschluß an seine Tätigkeit in Magdeburg verbunden. In dieser Eigenschaft hatte er große Verdienste bei der Vorbereitung des *Dt. Zollvereins* unter preuß. Führung.

L: NDB 18, *228–230*; ADB 22, *408–410*; Mitteldt Leb 2, *92–106* (***B***); Hermann von Petersdorff, F. v. M. (2 Bde), 1913; Klaus Schwabe (Hg.), Die preuß. Oberpräsidenten 1815–1945, 1985, *287*; Biogr. Wörterbuch zur dt. Gesch., Bd. 2, 1995, *1946*; Stefan Karnop/Lars-Henrik Rode/Vf., Der Regierungsbez. Magdeburg und seine Gesch., 1998, *65* (***B***).

Mathias Tullner

Mücksch, Walther
geb. 13.08.1906 Magdeburg, gest. 17.06.1993 Euskirchen, ev. Pfarrer, Oberkonsistorialrat.

Das Abitur legte M. 1925 in Magdeburg ab. Anschließend studierte er in Halle und Königsberg ev. Theol. Nach der ersten theol. Prüfung 1928 in Halle wurde M. Vikar in Gommern. Das Predigerseminar besuchte er in Schlesien (Naumburg am Queis 1929/30); im folgenden Jahr war er Inspektor am Theol. Konvikt in Bethel. Unmittelbar nach der zweiten theol. Prüfung wurde M. 1931 ordiniert; der erste Pfarrdienst erfolgte in Seyda/Kr. Jessen. 1933–46 war M. Pfarrer in Mückenberg (heute: Lauchhammer-West). In dieser Zeit intensiver Gemeindearbeit gehörte M. der Bekennenden Kirche (Mitgliedschaft im Pfarrernotbund und im erweiterten Provinzialbruderrat) an. 1937 wurde er zwei Mal verhaftet und wegen seiner Mitwirkung an Aktionen der Bekennenden Kirche jeweils für einige Wochen inhaftiert. 1940–45 war er zum Militärdienst eingezogen, z. T. in der Sowjetunion, nach Kriegsende noch kurz in Gefangenschaft. Für eine Übergangszeit war M. kommissarisch Pfarrer in Münster. 1946 wurde ihm das Amt des Superintendenten und die Dompredigerstelle in Stendal übertragen. Nach fruchtbaren Jahren des kirchlichen Wiederaufbaus wurde M. 1960 zum Rektor des Pastoralkollegs der Kirchenprovinz Sachsen in Gnadau berufen. Ab 1962 wurde er dort auch mit der Leitung des Vikarinnenseminars der Ev. Kirche der Union betraut. 1966 wurde er Oberkonsistorialrat in Magdeburg, um für die Kirchenprovinz Sachsen bis zum Beginn seines Ruhestands 1971 die Gemeindedienste, Kirchentagsarbeit, Laienfortbildung und die liturgische Arbeit zu koordinieren. Von 1971 bis 1993 lebte M. im Ruhestand in Magdeburg und Euskirchen. Er gehörte zu den Pfarrern, die in der Arbeit der Bekennenden Kirche aktiv

Widerstand gegen den Ns. leisteten und nach dem II. WK unter wiederum totalitären Bedingungen beim kirchlichen Wiederaufbau insbesondere die Laienarbeit förderten.

W: Das Amt des Pfarrers und der Laienstand, in: Oskar Hammelsbeck/W. M. (Hg.), Laien an die Front! Zeugnisse für den Laiendienst in der Gemeinde, 1938, *47–66*. – **B:** *Christina M., Euskirchen (priv.).

Harald Schultze

Mühling, Heinrich *Julius*
geb. 03.07.1810 Nordhausen, gest. 20.02.1880 Magdeburg, Organist, Dirigent, Komponist.

M., Sohn des Organisten → August M., besuchte das Gymn. in Nordhausen und die Domschule in Magdeburg. 1830 begann er, in Leipzig Jura zu studieren, und erhielt Unterricht beim Thomaskantor Christian Theodor Weinlig. Er wechselte später nach Magdeburg und wurde nach dem Tod seines Vaters 1847 dessen Nachfolger als Ulrichsorganist. Wie dieser gehörte auch M. zu den bedeutendsten Magdeburger Dirigenten von Chor- und Sinfoniekonzerten des 19. Jhs. Besondere Verdienste erlangte er um die Aufführungen von Orchesterwerken Beethovens und Mendelssohns. M. leitete wie sein Vater die *Magdeburger Liedertafel*, die ihn zu ihrem Ehrenmitglied ernannte. Auf der Gründungsveranstaltung des *Magdeburger Tonkünstlervereins* 1849 wurde er zum Vors. gewählt. In diesem Amt folgte ihm ein Jahr später → Christian Friedrich Ehrlich. Gemeinsam mit diesem und anderen Magdeburger Persönlichkeiten engagierte sich M. für die Durchführung des Magdeburger Musikfestes 1856.

W: Klavier- und Orgelkompositionen, Werke für gemischten und Männerchor, Sinfonie für Orchester. – **L:** MGG 9, Sp. *847, 849* (*W*); Hobohm, Bd. 1 und 2; Friedrich Häseler, Gesch. der Magdeburger Liedertafel, 1869.

Brit Reipsch

Mühling, Heinrich Leberecht *August*
geb. 26.09.1786 Raguhn, gest. 03.02.1847 Magdeburg, Organist, Kantor, Dirigent, Komponist.

M., Sohn von August Friedrich Christian und Johanne Amalie M., geb. Meese, verlebte seine Kindheit in Leipzig. Unter den Kantoren Johann Adam Hiller und → August Eberhard Müller sammelte er musikalische Erfahrungen an der Thomasschule. Als Klavier- und Violinspieler musizierte er in öffentlichen Konzerten, u. a. unter der Leitung des Universitätsmusikdir. Johann Gottfried Schicht. Nach einem kurzen Aufenthalt in Naumburg erhielt er 1809 das Amt des 1805 verstorbenen Musikdir. Johann Ludwig Willing in Nordhausen. Dort arbeitete er als Kantor am Gymn., als Musiklehrer an der Töchterschule und zudem als Nikolaiorganist. Die von Willing begründete Tradition fortsetzend, organisierte und veranstaltete M. Abonnementskonzerte. Nach einer erfolglosen Bewerbung um das Thomaskantorat in Leipzig wechselte er 1823 nach Magdeburg und wurde Organist an der Kirche St. Ulrich und Levin. M. betätigte sich in Magdeburg als Dirigent und Konzertveranstalter. Als Nachfolger von → Johann Andreas Seebach leitete er die Magdeburger Logen- und Harmoniekonzerte, den *Seebachschen Singverein*, mit dem er u. a. Oratorien von Händel und Haydn zur Aufführung brachte, und die *Magdeburger Liedertafel*. 1843 wurde er Domorganist. M. zählt zu den wichtigsten Dirigenten Magdeburgs in der ersten Hälfte des 19. Jhs. Er genoß einen guten Ruf als Orgelimprovisator und Pädagoge. Am Domseminar erteilte er Instrumentalunterricht. M. beteiligte sich aktiv an der Vorbereitung und Organisation der großen Musikfeste in Magdeburg, für die er mehrere Oratorien komponierte. Das auf Szenen aus Friedrich Gottlieb Klopstocks „Messias" basierende Oratorium „Abbadona" (UA 28.6.1838) brachte ihm großen Erfolg. M. veröffentlichte zahlreiche Lieder, mehrstimmige Gesänge und pädagogische Lit. Sein Kanon „Froh zu sein bedarf es wenig" ist noch heute bekannt.

W: Oratorien: Bonifazius der Teutschen Apostel (UA 25.10.1840); David (UA 16.10.1845); Die Leichenfeier Jesu (1847); Klavier- und Orgelkompositionen; Lieder mit Klavierbegleitung; Chorsätze; Orchester- und Kammermusik, darunter zwei Streichquartette und ein Konzert für Fagott und Orchester. – Lit.: Choralbuch, in welchem die gebräuchlichsten Choralmelodien, sowohl mit Rücksicht auf Orgel- und Clavierspiel, als auch auf Chorgesang vierstimmig bearbeitet, wie auch mit Bezifferung und einfachen Zwischenspielen versehen sind, 1842. – **L:** MGG 9, Sp. *846–849* (*W*); Hobohm, Bd. 1 und 2; Ernst Ludwig Gerber, Neues hist.-biogr. Lex. der Tonkünstler, 1813, Sp. *501*; Friedrich Häseler, Gesch. der Magdeburger Liedertafel, 1869; Arnold Schering, Gesch. des Oratoriums, 1911, *382ff*.

Brit Reipsch

Müller, Adolf
geb. 14.09.1863 Groppendorf/Kr. Neuhaldensleben, gest. 07.02.1919 Groß Salze, Pädagoge, Stadtarchivar, Heimatforscher.

M. bestand 1882 in Barby seine Seminar-Entlassungs-Prüfung und war seit 1886 als Lehrer an der ev. Volksschule der Stadt Groß Salze tätig. Zudem hatte er das Amt des Küsters inne. M. war von 1911 bis zu seinem Tod nebenamtlicher Stadtarchivar der Stadt Groß Salze und erwarb sich Verdienste bei der Ordnung und Verzeichnung der dortigen Bestände. Neben der Einordnung der 1913 auf dem

Rathausboden aufgefundenen Urkunden und Akten erstellte er ein handschriftliches Findbuch für den gesamten Bestand. Mit großer Akribie führte er erstmals eine umfassende Aufarbeitung der Stadtgesch. durch. Die Drucklegung der von ihm verfassten Stadtchronik erlebte er nicht mehr.

W: Chronik der Stadt Groß Salze, 1920. – **L:** Schulkal. des Reg.-Bez. Magdeburg 13, 1911/12, *37*; Nachrufe, in: Schönebecker Ztg. 64, 1919, Nr. 35ff. – **B:** *StadtA Schönebeck.

Britta Meldau

Müller, Albert *Karl*
geb. 23.03.1886 Flechtingen, gest. 26.03.1966 Magdeburg, Postbeamter, Schiffahrtsfotograf.

Der Sohn eines kaiserlichen Oberpostschaffners zog im Sommer 1899 mit seiner Fam. nach Magdeburg, wo er bald darauf seine Schulbildung abschloß. M. nahm zunächst eine Stelle als Schreiber bei einem Magdeburger Notar an, begann aber nach seinem Militärdienst in Bromberg eine Laufbahn als Postbote beim Postamt 1 in Magdeburg. Bereits zu dieser Zeit entwickelte M. ein reges Interesse an der Fotografie, erwarb sich autodidaktisch umfangreiche Kenntnisse und baute sich hierfür nötige Apparaturen selbst. Im I. WK geriet er 1916 als Unteroffizier in englische Gefangenschaft, trat nach seiner Rückkehr nach Magdeburg 1918 als Postschaffner beim Bahnpostamt Magdeburg wieder in den Postdienst, wurde aber bereits 1925 infolge eines Unfalls pensioniert. M. machte daraufhin seine Fotoleidenschaft zum Beruf, wandte sich der Schiffahrtsfotografie zu und arbeitete seit 1926 als „Spezial-Photograph für Binnenschiffahrt und Industrie". Er fertigte Aufnahmen von Binnenschiffen, aber auch von Besatzungen und Arbeitssituationen an Bord. So dokumentierte M. bis Anfang der 1950er Jahre, vorzugsweise im Stadtgebiet Magdeburgs fotografierend, den größten Teil der auf der Elbe verkehrenden Flotte sowie in bedeutendem Umfang die für die märkischen und östlichen Wasserstraßen typischen Binnenschiffe: Schleppkähne, Kettendampfer, Seiten- und Heckrad-Schlepper mit Dampf- und Dieselantrieb, Schraubenschlepper, die erste Generation selbstfahrender Motorschiffe sowie Fahrgastschiffe mit Dampf- und Dieselantrieb. In seiner Wohnung bearbeitete er die Aufnahmen für private Interessenten und fertigte Ansichtskarten, die er in der *Druckerei Gebr. Garloff* herstellen ließ und unter der Fa. *Karl A. Müller Verlag, Magdeburg* kommerziell vertrieb. Darüber hinaus arbeitete er als freier Mitarbeiter für die Bildredaktion des *Magdeburger General-Anzeigers*. Der Ausbruch des II. WK wirkte sich einschneidend auf M.s Geschäft aus. Ab 1941 durften keine wasserbaulichen Anlagen mehr fotografiert werden, so daß er auf andere Motive ausweichen mußte. Nach dem Ende des Krieges fertigte er nur noch vereinzelt Schiffsaufnahmen, vorzugsweise von tschechischen Fahrzeugen, und verdiente seinen Lebensunterhalt mit Paß- und Porträtaufnahmen. 1952 gab M. sein Geschäft altershalber auf. Durch seine einmaligen dokumentarischen Wert besitzenden Fotografien fast aller auf der mittleren Elbe eingesetzten Binnenschiffe, deren Baudatum vom Ende des 19. bis zur Mitte des 20. Jhs reicht, gilt M. gegenwärtig als einer der bedeutendsten Bildchronisten der Elbschiffahrt seiner Zeit. Von seinen Aufnahmen haben ca. 1.500 Fotoplatten die Zeitläufte überdauert.

N: Heimatmus. Schönebeck: Fotoplatten. – **L:** Bernd Schwarz, Dampf- und Motorschiffe auf der Elbe. Aus dem Schaffen des Magdeburger Fotografen A. K. M. (2 Bde), 1997–1998 (***B***).

Günter Paulke

Müller, *Albin* Camillo, Prof. (ab 1917 Albinmüller)
geb. 13.12.1871 Dittersbach/Erzgebirge, gest. 02.10.1941 Darmstadt, Architekt, Kunstgewerbelehrer, Maler.

Der Sohn eines Landwirts und Schreinermeisters absolvierte 1884–87 eine Tischlerlehre in der väterlichen Werkstatt. Anschließend arbeitete er als Geselle in verschiedenen Tischlereien und Möbelfabriken, studierte 1893–97 an der Kunstgewerbeschule in Mainz und an der Akad. in Dresden. Zur Finanzierung seines Studiums war er für verschiedene Unternehmen als Möbelzeichner tätig. 1899 erhielt er seine erste Auszeichnung für Innenarchitektur auf der Ausstellung „Heim und Herd" in Dresden. 1900 erfolgte seine Berufung als Lehrer an die Kunstgewerbe- und Handwerkerschule Magdeburg. Zunächst erteilte er Zeichenunterricht und übernahm 1903 eine Entwurfsklasse für Metallgestaltung und Innenraum. Ab 1905 leitete er die neue Abt. für Innenraum und Architektur und schuf in dieser Zeit das Stilzimmer der Neuzeit im 1906 in Magdeburg neueröffneten Kaiser-Friedrich-Mus. sowie das Trauzimmer im Standesamt (1905, zerstört). 1906 folgte M. einem Ruf an die Künstlerkolonie Darmstadt, war dort 1907–11 Lehrer für Raumkunst an den Großhzgl. Lehrateliers für angewandte Kunst und wurde hier 1907 zum Prof. ernannt. In dieser Zeit avancierte er zum führenden Architekten der Künstlerkolonie. Nach dem I. WK entwarf M. zunächst Siedlungshäuser und brachte zahlreiche Architektur-Publikationen heraus. Die Vielseitigkeit M.s erstreckte sich in seinen Entwürfen auf fast alle Bereiche künstlerischer Gestaltung wie Textil- und Möbeldesign, Innenraumarchitektur, Gebrauchsgegenstände, Gebäude oder Gartenanlagen. In der Folgezeit war er auch als Maler tätig. M.s künstlerische

Formensprache wurzelte im Jugendstil. Während seiner Magdeburger Lehrtätigkeit fand er jedoch zu einer konstruktiven Gestaltung und strengen, tektonischen Ornamentik, die auch für sein Spätwerk charakteristisch wurde. In Magdeburg bildete er sich zudem autodidaktisch zum Architekten. M. brachte einen neuen künstlerischen Geist in die Magdeburger Lehranstalt ein. Seine Möbelentwürfe sorgten auf int. Ausstellungen für Furore. Gußeiserne Briefbeschwerer, Leuchter und Tischuhren – für das Stolbergsche Hüttenamt in Ilsenburg entworfen – feierten auf der Weltausstellung in St. Louis große Erfolge und belebten den künstlerischen Eisenguß neu. In St. Louis erhielt M. auch für den Entwurf und die Ausführung eines modernen Herrenarbeitszimmers (sog. „Magdeburger Zimmer") den Grand Prix, beteiligte Magdeburger Künstlerkollegen erhielten Goldmedaillen (u. a. → Paul Bürck, → Hans von Heider, → Fritz von Heider, Paul Lang). Durch seine Mustereinrichtungen zählte er bald zu den renommiertesten Innenarchitekten der modernen Bewegung. 1906 nahm er an der III. Dt. Kunstausstellung in Dresden, 1908 an der Hessischen Landesausstellung in Darmstadt und 1910 an der Weltausstellung in Brüssel teil. Nach dem I. WK beschäftigte sich M. verstärkt mit dem Holzbau und entwarf verschiedene Siedlungs- und Einfamilienhäuser. Von Bedeutung war seine 1926 erfolgte Berufung zum Architekten der Dt. Theaterausstellung in Magdeburg, wo er neben den Entwürfen für das Pferdetor, den Aussichtsturm und weitere Gebäude (u. a. das „Weiße Haus", zerstört) auch mit der Gesamtkonzeption für das berühmt gewordene Ausstellungsensemble betraut war. Ab 1928 wandte sich M. mit theoretischen Studien zur modernen Baukunst dem Sakralbau und monumentalen Denkmälern zu, ab 1934 beschäftigte er sich verstärkt mit Landschaftsmalerei und Schriftstellerei. M. gehörte zu jenen richtungsweisenden dt. Künstlern, die an der Schwelle des 20. Jhs versuchten, die erstarrte bürgerliche Kunst zu reformieren.

W: Innenarchitektur: Dankwarth & Richters Weinstuben, Magdeburg 1903/04 (zerstört); Sanatorium Dr. Barner, Braunlage/Harz 1908–10. – Bauten: u. a. Haus Ramdohr, Magdeburg 1911–12; Haus Wendel, Magdeburg 1912; Haus Oppenheimer, Darmstadt 1912–13; Grabmahl Hahn, Magdeburg 1913–14; Krematorium, Magdeburg 1919; Entwurf für das Stadttheater Dessau, 1923; Löwentor Darmstadt, 1914/1927 (mit Bernhard Hoetger). – Schriften: Schule des Kunsthandwerks, in: Kunstgewerbebl., Jg. 15, 1904; Architektur und Raumkunst, 1909; Werke der Darmstädter Ausstellung und anderer Arbeiten nach Entwürfen 1914, 1917; Holzhäuser, 1921; Neue Holzbauten, in: Innendekoration, Jg. 35, 1924; Neue Werkkunst, 1927; Neuere Arbeiten, 1928; Denkmäler, Kult- und Wohnbauten, 1933; Aus meinem Leben, Ms. um 1940. – **L:** NDB 18, *346f.*; Vollmer 1, 1953, *24*; Norbert Eisold, Die Kunstgewerbe- und Handwerkerschule Magdeburg 1793–1963, Kat. Magdeburg 1993 (***B**); Klaus Wolbert, Künstlerkolonie Mathildenhöhe Darmstadt 1899–1914, 1999; Olaf Gisbertz, → Bruno Taut und → Johannes Göderitz in Magdeburg, 2000. – **B:** Mus. Künstlerkolonie Darmstadt.

Günter Paulke

Müller, Arno
geb. 27.05.1897 Magdeburg, gest. 20.11.1983 Genf (Schweiz), Chemiker, Parfümeur.

M., Sohn eines Mechanikers, verließ bereits 1911 die Mittelschule, lernte Chemielaborant in Magdeburg und studierte 1917–21 Chemie in Leipzig, wo er auch seine Diss. bei Arthur Hantzsch verfaßte. Die Prom. wurde ihm wegen fehlendem Abitur verweigert. Nach einigen beruflichen Zwischenstationen war M. von 1927 bis 1972 als Riechstoffchemiker in der Fa. *Allondon*, später *Firmenich S. A.* in Genf beschäftigt. M. gilt als Pionier der chemischen Riechstoffsynthese (u. a. Fettaldehyde, Nitromoschus) und wurde später als Schöpfer bekannter Parfümbasen bekannt, die in vielen Kreationen im In- und Ausland eingesetzt wurden. Sein Hauptwerk bildet die erste Slg. aller zugänglichen Daten über die Chemie der Riechstoffe, die er 1929 unter dem Titel „Riechstoff-Kodex" publizierte.

W: Riechstoff-Kodex 1929, ³1950 und 2 Erg.-Bde bis 1969; Die physiologischen und pharmakologischen Wirkungen der ätherischen Öle, 1941; weitere wiss. Veröffentlichungen über Uranylverbindungen und synthetische Riechstoffe. – **L:** NDB 18, *348*; D. Kastner, A. M., in: Parfümerie und Kosmetik 65, 1984, *70–72* (**B**).

Hans Werchan

Müller, *Arno* **Gustav Otto,** Prof. Dr. phil. habil., Dr. h.c.
geb. 14.12.1899 Breslau, gest. 12.06.1984 Magdeburg, Pädagoge, Hochschullehrer.

Der Sohn eines Kaufmanns und Fabrikanten studierte nach dem Abitur zunächst Staats- und Wirtschaftswiss. (1924 Dipl.-Volkswirt) und ab 1932 Mathematik und Phil. an der Univ. Breslau, welche er 1936 mit seiner Prom. verließ. 1939 wurde M. zur Wehrmacht eingezogen. Als bürgerlicher Intellektueller fand er infolge seiner humanistischen Grundeinstellung während des Krieges Anschluß an den antifaschistischen Widerstandskampf. M. desertierte im August 1944 in Frankreich und trat im Kriegsgefangenenlager Beziers der Bewegung „Freies Dtl." für den Westen bei, zu deren Vizepräsidenten er im Februar 1945 gewählt wurde. 1946 kehrte M. nach Dtl. zurück und war zunächst für zwei Jahre als Referent und Oberreferent in der Provinzialverwaltung des Landes Brandenburg für die Neugestaltung des Volkshochschulwesens verantwortlich. Mit der Gründung der Brandenburgischen Landeshochschule (später PH Potsdam) 1948 wurde M. mit der Funktion des Prorektors beauftragt. In dieser Eigenschaft leistete er neben dem Rektor die Hauptarbeit bei dem gesamten Auf- und Ausbau der Hochschule. Nicht zuletzt in Anerkennung dieser Leistungen wurde M. 1951 zum Rektor der Hochschule gewählt und übte dieses Amt bis 1956 aus. Er leitete nicht nur mit großer Umsicht den weiteren organisatorischen Auf- und Ausbau der Hochschule zu einer modernen Bildungsstätte, sondern setzte neue Maßstäbe für die Ausbildung und Erziehung der Lehrer. Für seine Verdienste an dieser Einrichtung wurde ihm durch die PH Potsdam 1968 die Ehrendoktorwürde verliehen. M. wirkte ab Herbst 1957 als Prof. für dialektischen und hist. Materialismus, als Prorektor für Gesellschaftswiss., als Dir. des Inst. für Marxismus-Leninismus und als erster Stellvertreter des Rektors an der TH Magdeburg. Seine Gesamttätigkeit wurde mehrfach durch Auszeichnungen, u. a. mit dem VVO in Bronze (1959) sowie der Verdienstmedaille der DDR, anerkannt. Die TH Magdeburg ernannte M. 1965 zum Ehrensenator.

L: Ursula Hafranke, Der Weg zu den Marktplätzen. Gesch. eines Wissenschaftlers, in: Volksstimme Magdeburg vom 12.12.1964 (*B*); Unterlagen UnivA Magdeburg. – B: *UnivA Magdeburg; Jörg-Heiko Bruns, Erfurt-Molsdorf (priv.): Tuschzeichnung von → Bruno Beye.

Carmen Schäfer

Müller, August Eberhard (Eberhart)
geb. 13.12.1767 Northeim bei Hannover, gest. 03.12.1817 Weimar, Dirigent, Komponist, Pianist, Flötist, Musikpädagoge.

Der Sohn des Northeimer Sixtusorganisten Matthäus M. wuchs in Rinteln auf. Er erhielt Unterricht im Klavier- und Orgelspiel zunächst beim Vater, später bei Johann Christoph Friedrich Bach in Bückeburg (auch Harmonie- und Kompositionslehre). Nach Abschluß des Gymn. gab der Pianist und Flötist (Autodidakt) Unterricht und konzertierte. Nach einem abgebrochenen Jurastudium an der Univ. Göttingen 1786 und anschließenden Konzertreisen durch Norddtl. übernahm er 1789 von Johann Georg Rabert, dessen Tochter Elisabeth Catharina er 1788 geheiratet hatte und die später in Leipzig als Interpretin von Mozart-Konzerten hervortrat, die Stelle des Ulrichsorganisten in Magdeburg. 1793 lobte man den anerkannten Organisten, der inzwischen zum Musikdir. ernannt worden war, in der *Berliner Musikalischen Ztg.* nicht nur „als überaus fertigen und gründlichen Clavier- und Orgelspieler ... sondern auch als einen Komponisten, der theils schon jetzt unerwartet viel leistet, theils für die Zukunft noch weit mehr verspricht". Ab November 1794 leitete er die von → Christian Friedrich Schewe initiierten Logenkonzerte in Magdeburg. In M.s Konzerten erklangen mehrere Werke Mozarts erstmals in Magdeburg, so die Ouvertüre der „Zauberflöte" (1793) und das „Requiem" (Gastspiel 1798). 1794 wurde M. Nicolaiorganist in Leipzig und wirkte 1794–1802 als Flötist im Gewandhausorchester. Ab 1800 war er Assistent des Thomaskantors Johann Adam Hiller, 1804 folgte er diesem im Amte nach. 1800 ging er als Großhzgl. Hofkapellmeister nach Weimar, wurde Musikdir. der Stadtkirche sowie Lehrer am Gymn. und am Lehrerseminar. M. war ein geschätzter Klavierpädagoge (Schüler: Großherzogin Maria Pawlowa, → Friedrich Ernst Fesca, Friedrich Schneider, Friedrich Wilhelm Aghte), beteiligte sich aktiv an den Gesamtausgaben der Werke Mozarts und Haydns und begründete die Leipziger Bach-Renaissance. M.s Klavierwerk ist zunächst stark an Mozart orientiert, spätere Kompositionen weisen schon auf die Lisztsche Spieltechnik voraus. Hervorzuheben ist seine Kammermusik, insbesondere Kompositionen mit Flöte. Sein geistliches Werk wurde hoch geschätzt (Allg. Musikztg. IV, 1801/02, *233*), seine Lieder sind im volkstümlichen Stil gehalten. M.s Werk, das von „Mozart-Verehrung, Kenntnis des strengen Stils und Erfahrung mit den Genres der Virtuosenmusik" geprägt ist (Markus Frei-Hauenschild), war bis in die 1850er Jahre beliebt. Beethoven und Goethe bekundeten ihre Wertschätzung für M.

W: geistliche Kantaten; Te Deum; 112. Psalm; Flötenkonzerte; Klavierkonzerte op. 1 und op. 21; Klaviersonaten, Caprices für Klavier, Klaviervariationen; 12 Lieder, 1796; Slg. von Orgelstücken, 1798; Flötenduette, Grande Sonate op. 17, 1800; op. 38, ca. 1814, Theme favorit de W. A. Mozart varié, 1801; Der Polterabend. Singspiel, 1813/14; Grande fantaisie für Flöte und Orchester op. 19, ca. 1818. – Lehrwerke: Anweisung zum genauen Vortrage der Mozartschen Clavier-Concerte (1796); Kleines Elementarbuch für Klavierspieler, ca. 1807; Klavier- und Fortepianoschule, 1808 (nach Georg Simon Löhleins Klavierschule von 1765); Elementarbuch für Flötenspieler, ca. 1815; Cadenzen zu den 8 vorzüglichsten Clavier-Concerten von W. A. Mozart. – L: NDB 18, *348*; MGG 9, *850–852* (*W, B*); New Grove 12, *768f.* (*W*); Hobohm, Bd. 1, *260f.*; Willibald Nagel, Zur Lebensgesch. A. E. M.s, in: Die Musik 9, 1909/10, H. 4, *84–92*; Günther Haupt, A. E. M.s Leben und Klavierwerke, Diss. Leipzig 1926; Hans Engel, Die Entwicklung des dt. Klavierkonzertes von Mozart bis Liszt, 1927; Nathan Broder, the First Guide to Mozart, in: Musical Quarterly 1956, *223–29*. – B: Stadtgesch. Mus. Leipzig.

Ralph-J. Reipsch

Müller, Emil Reinhard (gen. Sonnen-Müller)
geb. 25.07.1879 Mühltroff/Vogtland, gest. 10.03.1950 Magdeburg, Steindrucker, Redakteur, Schriftsteller.

Der Sohn eines Strumpfwirkmeisters trat 1898 der SPD bei und schloß sich 1905 der gerade entstandenen Arbeiterjugendbewegung in Halberstadt an. 1910 berief ihn die Magdeburger *Volksstimme* in ihre Redaktion, der er 23 Jahre angehören sollte. Zuständig für Kommunal- und Kulturpolitik, schuf er einen vorbildlichen Unterhaltungsteil und nahm seit Dezember 1931 die Aufgaben seines Chefredakteurs, des *Reichsbanner*-Bundesführers → Karl Höltermann, wahr. Er trug wesentlich zum Erscheinen der *Neuen Wochenztg. für Stadt und Land* bei. Der „geistige Vater der Magdeburger Arbeiterjugend" ging mit Gruppen der Sozialistischen Arbeiter-Jugend (SAJ) auf Besichtigungstouren und in Museen, brachte ihnen Kunst und Lit. nahe, engagierte sich als Stadtverordneter im Kultur- und Jugendbereich. Mit seinen beiden Töchtern nahm er 1920 in Weimar am ersten Reichsarbeiterjugendtag teil und verfaßte ein vielbeachtetes Buch darüber. Er verfaßte zahlreiche Stücke für die in den 1920er Jahren in der SAJ weit verbreitete Bühnenspielbewegung, daneben Erzählungen für die Jugend sowie Artikel und Aufsätze zu den Themen Jugend und Kultur. 1933 wurde ihm jede Berufsausübung untersagt, seine sämtlichen Schriften in die Liste 1 des schädlichen und unerwünschten Schrifttums aufgenommen. Seinen Schwiegersohn, den nach Dänemark emigrierten Chefredakteur des hannoverschen *Volkswillens* Karl Raloff, versorgte er auf geheimen Wegen bis 1940 mit Informationsmaterial, das dieser in seinem Kampf gegen das ns. Regime auf vielfältige Weise verwendete. M. hielt trotz polizeilicher Überwachungen Kontakte zu Mitgliedern verschiedener Widerstandsgruppen und zu den Familien Verhafteter. Nach dem Attentat vom 20. Juli 1944 geriet der 65jährige vier Wochen in das KZ Sachsenhausen. Gesundheitlich schwer angeschlagen, stellte er sich trotzdem nach Kriegsende in den Dienst der Stadt Magdeburg, zuletzt als Leiter der örtlichen Nachrichtenstelle.

W: Das Weimar der arbeitenden Jugend. Niederschriften und Bilder vom 1. Reichstag der Arbeiterjugend, 1921; Bühnenkunst und Jugendspiel, 1922; Die Sternenträger. Lebenswanderung einer Jugend, 1925. – **L:** Kosch LL 10, *1449*; Klaus Doderer (Hg.), Lex. der Kinder- und Jugendlit., Bd. 2, 1984, *505f.* (**W**); → Franz Osterroth, Biogr. Lex. des Sozialismus, 1960, *227f.*; Slg. Vf., Hannover (priv.). – **B:** *Slg. Vf., Hannover (priv.); Jörg-Heiko Bruns, Erfurt-Molsdorf (priv.): Lithographie von → Bruno Beye.

Beatrix Herlemann

Müller, Ernst *Siegfried*
geb. 19.12.1897 Auleben/Thüringen, gest. 01.09.1973 Oebisfelde, ev. Pfarrer.

M. besuchte die Dorfschule in Auleben und anschließend die Klosterschule in Ihlefeld/Thüringen bis zum Abitur. Nach einem Einsatz als Kriegsfreiwilliger im I. WK studierte er in Halle und Göttingen ev. Theol. 1924 wurde M. zum Pfarrer der St. Nicolai-Kirche in Oebisfelde-Kaltendorf gewählt. Dieses Amt übte er bis zu seiner Pensionierung 1964 aus. Als Mitglied der Bekennenden Kirche wurde er während der ns. Herrschaft polizeilich überwacht und kurzzeitig in Haft genommen. Auch in der DDR war er mehrfach Repressalien ausgesetzt. M. engagierte sich stark im sozialen Bereich. Er förderte die Kinder- und Altenbetreuung, initiierte und schuf mit großem persönlichen Einsatz, mit Unterstützung der Gemeinde sowie der Kirchenleitung und trotz politischer, finanzieller und materieller Probleme das erste Altenpflegeheim (Waldfrieden) in Oebisfelde. Seine zeithist. Schriften sind wichtige Quellen für die Erforschung der lokalen Gesch.

W: Die Kirchengemeinde Kaltendorf seit der Reformation, 1935; Kirchliche Gemeindechronik St. Nicolai Oebisfelde von 1924 bis 1966, Ms. 1966. – **N:** StadtA Oebisfelde; Tochter E. M., Oebisfelde (priv.). – **B:** StadtA Oebisfelde.

Friedrich-Karl Sonntag

Müller, Friedrich *Ottomar*, Prof.
06.07.1828 Torgau, gest. 14.04.1880 Magdeburg, Lehrer, Architekturhistoriker.

Der Sohn des Rektors des Gymn. in Torgau und späteren Propstes des Pädagogiums zum Kloster U. L. F. Magdeburg → Gottlob Wilhelm M. besuchte nach dem Privatunterricht durch seinen Vater ab 1840 das Gymn. in Torgau, studierte ab 1849 Rechtswiss. in Halle und arbeitete nach dem Auskultatorexamen an Gerichten in Torgau und Magdeburg. Nach seinem Referendariat gab er die jur. Laufbahn auf, bezog von Herbst 1855 bis Ostern 1857 erneut die Univ. Göttingen und Halle, um Mathematik zu studieren. Nach der Lehrerprüfung erhielt er eine Anstellung am Gymn. in Torgau und ab Herbst 1863 am Pädagogium des Klosters U. L. F. in Magdeburg, an dem er bis zu seinem Tode unterrichtete. M. gehörte dem *Verein für Gesch. und Altertumskunde des Hzts und Erzstiftes Magdeburg* seit seiner Gründung 1866 an, war 1873 Vors. des Vereins und führte nach dem Tod → August Franz Winters kurzzeitig die Redaktion der Zs. des Vereins. M. galt als einer der profundesten Kenner der Architektur- und Baugesch. der Stadt Magdeburg und der umliegenden Orte. Seine Aufsätze verdienen aufgrund ihres dokumentarischen Charakters auch gegenwärtig besondere Beachtung. Eine von ihm begonnene Beschreibung aller kirchlichen Bauten der Stadt Magdeburg konnte er nicht mehr beenden.

W: Die Bauwerke der dt. Renaissance in Magdeburg, in: GeschBll 8, 1873, *279–295, 347–378*; ebd. 9, 1874, *332–393*; Das Schloß Leitzkau, in: ebd. 11, 1876, *1–42*; Beiträge zur Baugesch. des Domkreuzganges, in: ebd. 12, 1877, *41–54, 280–308*; Die kirchlichen Bauwerke der Stadt Magdeburg mit Ausnahme des Doms und der Marienkirche, in: ebd. 13, 1878, *31–55, 193–197*; ebd. 14, 1879, *426–455*. – **L:** → Friedrich Hülße, Prof. F. O. M. in Magdeburg, in: ebd. 15, 1880, *211–213*.

Guido Heinrich

Müller, Friedrich Robert *Theodor*
geb. 06.12.1849 Oebisfelde, gest. 08.03.1916 Oebisfelde, Kommunalpolitiker, Heimatforscher.

M. war Sohn des Oebisfelder Braucreibesitzers und Gastwirts Friedrich M. Er besuchte die Elementarschule in Oebisfelde, erhielt Privatunterricht und besuchte schließlich die Realschule in Mainz. 1867 trat M. den Militärdienst an, nahm am dt.-franz. Krieg teil und wechselte nach zwölf Jahren in den Zivildienst bei verschiedenen Behörden. 1887 wurde er zum Bürgermeister seiner Heimatstadt gewählt. Während seiner 29jährigen Amtszeit trug er entscheidend zum kulturellen und wirtsch. Fortschritt in der Stadt bei: Elektrifizierung des Ortes, Erweiterung des Straßen- und Brückennetzes, Einrichtung der ersten Flußbadeanstalt in der Aller, Bau einer modernen Schule mit Turnhalle, Umbau und Modernisierung des Rathauses. M. bereitete beharrlich die für Oebisfelde notwendige Zusammenlegung mit der Nachbargemeinde Kaltendorf und die Eingemeindung einiger Dörfer vor. Als engagierter Heimatforscher richtete er im Rathaus eine Altertumsslg. ein. 1897 hielt der *Altmärkische Geschichtsverein* in Oebisfelde unter aktiver Mitwirkung M.s und der Bevölkerung die vielbeachtete Hauptjahresverslg. ab. Im Ergebnis seiner Forschungen und damaligen Erkenntnisse ließ M. 1914 die 900-Jahr-Feier Oebisfeldes begehen und zu diesem Anlaß einen Roland aufstellen. Die Resultate seiner Heimatforschungen legte er in der 1914 erschienenen Chronik „Gesch. der Stadt und des Amts Oebisfelde nebst Urkundenslg." vor.

W: s.o. – **N:** StadtA Oebisfelde: Rep. Chr-12/145. – **B:** *StadtA Oebisfelde.

Friedrich-Karl Sonntag

Müller, *Georg* **Friedrich**
geb. 27.09.1805 Kroppenstedt, gest. 10.03.1898 Bristol (England), ev. Pfarrer.

Seine Kindheit und Jugend verbrachte M. ab dem fünften Lebensjahr in Hadmersleben in der Magdeburger Börde, wo der Vater das Amt eines Steuereinnehmers bekleidete. M. absolvierte die Gymn. in Halberstadt und Nordhausen, gewann während seines anschließenden theol. Studiums in Halle 1825–28 Interesse an der missionarischen Tätigkeit und ging, vermittelt durch August Tholuck, 1829 zur Vorbereitung auf die Judenmission nach London. Dort schloß er sich zunächst der *London Missionary Society for promoting Christianity among the Jews* an, von der er sich jedoch bald löste. M. stand der Bewegung der sog. *Plymouth Brethren* nahe, deren Brüder jede Leitung durch Menschen in geistlichen Dingen ablehnten und die Rückkehr zu apostolischen Lebensgewohnheiten idealisierten. 1832 siedelte M. nach Bristol über, widmete sich dort unter dem Einfluß August Hermann Franckes der schulischen Versorgung armer Kinder und gründete 1834 die *Scriptural Knowledge Institution for Home and Abroad,* aus der zahlreiche Schulen, besonders in den englischen Kolonien, und 1836 ein Waisenhaus in Ashley Down bei Bristol erwuchsen. 1890 leitete M. 75 Schulen, die bis zum Ende des Jhs von ca. 124.000 Schüler absolviert wurden.

W: Des Herrn Führungen im Lebensgange des G. F. M., von ihm selbst geschrieben (2 Bde), 1844; H.-G. Wünsch (Üb.), „Und der himmlische Vater ernährt sie doch". Tagebücher des G. M., ²1999 (*B*). – **L:** RE 13, ³1903, *515ff.*; RGG 4, ³1960, *1168f.*; W. Claus, Leben und Wirken des G. M. in Bristol, ³1881; Frederick G. Warne, G. M. – ein Glaubensapostel unserer Zeit, 1898; Otto Steinecke, G. M., Prediger zu Bristol. Ein Abriß seines Lebens und eine Auswahl seiner Reden, 1898.

Nathanael Schulz

Müller, Gottlob Wilhelm, Prof. Dr. phil., Dr. theol.
geb. 18.09.1790 Memleben/Thüringen, gest. 17.02.1875 Groß Salze, Lehrer, Schuldir., Propst.

Nach dem Besuch der Schule studierte M. von 1811 bis 1813 ev. Theol. in Wittenberg. Daran schloß sich 1814–15 ein Philologie-Studium in Leipzig an. Der 1815 nach Torgau berufene langjährige Rektor des dortigen Gymn. wurde 1843 durch ministeriellen Beschluß zum Dir. des Pädagogiums am Kloster U. L. F. Magdeburg ernannt. Er löste damit auf Weisung der Magdeburger Reg. → Karl Zerrenner im Amt ab. 1856 wurde M., der unverheiratet blieb, Propst des Klosters – im Gegensatz zur Tradition nicht vom Konvent des Klosters gewählt, sondern vom König eingesetzt. Dieses Amt übte er bis 1867 aus und trat danach in den Ruhestand. Das Pädagogium erfuhr unter seiner Leitung umfangreiche bauliche Veränderungen (Erweiterung des Alumnats, Turnhalle). Während seiner Amtszeit stiegen die Schülerzahlen sprunghaft an. Die wenigen Publikationen M.s gehören zumeist in seine Zeit als Dir. in Torgau und betreffen schulische Angelegenheiten. In Magdeburg gab er ab 1844 regelmäßig die Jbb. des Pädagogiums heraus. In den Erinnerungen von → Hugo Zernial wird er als grob-pedantisch und zur Gefühlsseligkeit neigend beschrieben.

W: Vier Vorträge des Directors M., 1848. – **L:** Jb. des Pädagogiums, 1868, *22ff.*; Hugo Zernial, Der Herr Propst und seine Leute. Erinnerungen an das Kloster U. L. F. zu Magdeburg aus den 50er und 60er Jahren des 19. Jhs. Von einem alten Alumnus, 1903; Matthias Puhle (Hg.), Zwischen Kanzel und Katheder. Das Magdeburger Liebfrauenkloster vom 17. bis 20. Jh., Kat. Magdeburg 1998, Kat.-Nr. 3.33. – **B:** *StadtA Magdeburg.

Uwe Förster

Müller, Hans Wolfgang, Prof. Dr. phil.
geb. 16.08.1907 Magdeburg, gest. 06.02.1991 Tutzing, Ägyptologe.

Nach dem frühen Tod des Vaters Johannes M., Pfarrer an der Johannis-Kirche in Magdeburg, nahmen sich Familienfreunde des 13jährigen M. und seiner drei jüngeren Geschwister an. Im Haus des Industriellen Otto Gruson jun. erfuhr er prägende musische Anregungen. Auf den Rat von Franz Schäfer, dem Generaldir. der *Magdeburger Feuerversicherung*, begann M. 1926 ein Jurastudium in Göttingen, studierte aber schließlich in Göttingen, München und Berlin Ägyptologie sowie Klass. Archäologie, und zwar als Stipendiat der *Studienstiftung des dt. Volkes*. M. prom. 1932 in München und war von 1931 bis zu seiner politisch begründeten Entlassung 1937 wiss. Hilfsarbeiter am Berliner Ägyptischen Mus. Nach Arbeit in einem Architekturbüro, Wehrdienst und kurzer Gefangenschaft habil. sich M. 1946 an der Univ. München. Er war seit 1947 Privatdoz., seit 1952 ao. Prof., von 1958 bis zur Emeritierung 1974 o. Prof. und Vorstand des Ägyptologischen Seminars der Univ. München. Wichtige Leistungen M.s sind der Aufbau und die Umgestaltung der Staatl. Slg. Ägyptischer Kunst zum öffentlichen Mus. in München und die Initiierung der Münchner Grabung in Minshat Abu Omar, einem vorgesch. Fundplatz in Unterägypten. Als Hg. der „Ägyptologischen Forschungen" und Gründer der „Münchner Ägyptologischen Studien" betreute M. wichtige ägyptologische Publikationsorgane. Seine allg. wiss. Bedeutung liegt darin, daß er für die kunstgesch. Forschung einen gleichberechtigten Platz neben den bereits etablierten ägyptologischen Disziplinen begründete. Als führender dt. Kunsthistoriker seiner Generation übte er einen prägenden Einfluß auf eine stattliche Reihe von Promovenden und Habilitanden aus. Die Publikationsliste von M. umfaßt rund 90 Titel, eine unvollendet gebliebene Arbeit über altägyptische Goldschmiedekunst hat Frau Malleen M. aus Saalfeld fertiggestellt.

W: Die Felsengräber der Fürsten von Elephantine aus der Zeit des Mittleren Reiches, 1940; Der Isiskult im antiken Benevent und Kat. der Skulpturen aus den ägyptischen Heiligtümern im Museo del Sannio zu Benevent, 1969; Die Schätze der Pharaonen, 1998 (mit Eberhard Thiem). – **N:** Bayerische StBibl. München. – **L:** Roman N. Ketterer (Hg.), Dialoge. Stuttgarter Kunstkabinett Moderne Kunst, 1988, *112–114*; M. L. Bierbrier (Hg.), Who was Who in Egyptology, ³1995, *300f.* (**B**). – **B:** *Vf., Berlin (priv.).

Rolf Krauss

Müller, *Heinrich* **August**
geb. 1766 Greußen/Thüringen, gest. 02.08.1833 Wolmirsleben bei Magdeburg, ev. Pfarrer, Schriftsteller.

M. studierte ev. Theol. und wurde 1797 Prediger in Menz bei Magdeburg. 1813–14 nahm er als preuß. Brigadeprediger am Napoleonischen Feldzug teil. Ab 1815 bis zu seinem Tod war er Pastor in Wolmirsleben bei Magdeburg. Er veröffentlichte ab 1795 eine große Anzahl erzählender Texte, die sich v.a. an Kinder und Jugendliche wandten, aber auch populäre Lesestoffe (Ritter- und Räubergeschichten, romantische „Schauergemälde" u. ä.) für Erwachsene, pädagogische Abh., Lehrbücher und Übersetzungen. Seine ungeheure Produktivität als Autor (mehr als 130 oft mehrbändige Texte) läßt vermuten, daß er sich durch das Schreiben einen beträchtlichen Teil seines Lebensunterhaltes verdienen mußte. Bis zur Mitte des 19. Jhs waren seine – oft vom bekannten Räuberroman-Verleger Gottfried Basse in Quedlinburg verlegten – Texte sehr beliebt und z. B. in Leihbüchereien weit verbreitet. Dabei ist ihre lit. Qualität recht begrenzt. In christlich-aufgeklärter Tradition stehend, versah M. seine Bücher oft mit programmatischen Titeln, aus denen seine auf moralisch-sittliche Lebensorientierung und erbauliche Unterhaltung ausgerichtete didaktische Absicht deutlich wird.

W: Selbstmord und Raserey, die Folgen der zärtlichsten Liebe, 1798; Ludolph von Kitzing, oder der gekränkte Patriot, 1799; Auserlesene Romane der class. Schriftsteller Frankreichs (15 Bde), 1801–1810; Oswald und Luise. Gedicht in drei Gesängen als Seitenstück zu Baggesens Parthenais, Goethes Hermann und Dorothea und Vossens Luise, 1809; Bitte! Bitte! liebe Mutter! lieber Vater! lieber Onkel! schenke mir dies Buch mit den schönen Kupfern. Ein neues ABC-Buch nach Pestalozzi's und Stephani's Lehrmethode, 1811; Hermann Streit (2 Bde), 1814; Benno von Rabeneck, oder Das warnende Gerippe im Brautgemach (2 Bde), 1820. – **N:** Germanisches Nationalmus. Nürnberg. – **L:** Neuer Nekr 11, 1835, *946f.*; Killy 8, *271f.*; Kosch LL 10, Sp. *1479–1484* (**W**); Hamberger/Meusel, Bd. 5, *323*; Bd. 10, *330*; Bd. 11, *553*; Bd. 14, *628*; Bd. 18, *757–762*; Klaus Doderer (Hg.), Lex. der Kinder- und Jugendlit., Bd. 2, 1984, *506–508* (**W**).

Heiko Borchardt

Müller, *Ludolf* **Hermann,** Dr. theol. h.c.
geb. 08.10.1882 Kalbe/Milde, gest. 14.02.1959 Magdeburg, ev. Theologe, Bischof.

M. stammte aus einem konservativ eingestellten altmärkischen Pfarrhaus. Sein Vater war Superintendent in Kalbe/Milde. Nach der Volksschule in Kalbe lernte M. frühzeitig das Internatsleben kennen, als er im Pädagogium des

Klosters U. L. F in Magdeburg die Klassen Quinta bis Oberprima (6.-13. Schuljahr) besuchte. Anschließend studierte er 1901–04 in Tübingen, Leipzig und Halle ev. Theol. Nach dem Vikariat arbeitete er zunächst als Hauslehrer, wurde Mitte 1908 ordiniert und begann seine pfarramtliche Tätigkeit in Dambeck als Provinzialvikar, ab 1909 als Pfarrer. Bereits dort brachte er sich bereits in das politische Leben ein, indem er öffentlich für konservative Wahlkandidaten eintrat. Im I. WK war M. als Feldprediger tätig. 1917 wechselte er als Pfarrer nach Schoensee/Westpreußen, wo er sich nach Kriegsende für die dt. Belange engagierte, öffentlichen Widerspruch und polnische Haft erfuhr und schließlich aus Polen ausgewiesen wurde. Durch die Berliner Kirchenbehörde zunächst beurlaubt, übernahm er ab 1922 für fünf Jahre eine Stelle in Dingelstedt bei Halberstadt. 1927 wurde ihm die Aufgabe eines Superintendenten im Kirchenkr. Eichsfeld mit Sitz in Heilgenstadt übertragen – dem einzigen in der Kirchenprovinz Sachsen mit einer überwiegend kath. Bevölkerung. Mit dem Beginn der Auseinandersetzung zwischen der Bekennenden Kirche (BK) und den dt.-christlichen Kirchenbehörden während der Zeit des Ns. wurde M. führendes Mitglied im Provinzialbruderrat. Er lehnte den von den Nationalsozialisten geforderten Treueid ab und ließ in Rundbriefen und Vorträgen seine klare Option für die BK deutlich werden. Trotz zwischenzeitlicher Suspendierung und Zwangsversetzung 1934/35 konnte M. bis zum Kriegsende vom Eichsfeld aus die Belange der BK in der Kirchenprovinz Sachsen fortführen. Eingeleitete Disziplinarverfahren und eine Untersuchung wegen Verstoßes gegen das Heimtückegesetz wurden eingestellt. Dennoch blieb ihm 1937 ein kurzer Gefängnisaufenthalt nicht erspart. Mit einer persönlichen Zusatzerklärung leistete M. 1938 nachträglich den Eid auf Adolf Hitler. Nach dem Ende des II. WK wechselte M. nach Magdeburg. Als hauptamtlicher Vors. der Vorläufigen Geistlichen Leitung und Präses der Synode (bis 1947) stellte er sein Wirken in den Dienst der Festigung der Ev. Kirche der Kirchenprovinz Sachsen. Die vormals altpreuß. Kirchenprovinzen wurden in die Selbständigkeit einer eigenen, jeweils der Ev. Kirche in Dtl. angehörenden Landeskirche überführt. Eine der Hauptaufgaben war die Selbstreinigung der Kirche von Aktivisten ns. Gedankenguts. Eine Reihe von leitenden Mitarbeitern wurden abberufen, die allermeisten leisteten weiter Pfarrdienst, einige wurden später wieder in leitende Stellen befördert. Zudem wurde eine neue Leitungsstruktur installiert und die Kirchenleitung mit einem Bischof als Vors. durch acht Pröpste unterstützt. Im Sommer 1947 wurde M. im Merseburger Dom als Bischof in seinen Dienst eingeführt, den er bis zum Oktober 1955 versah. Als eine Art geschäftsführender Ausschuß der Kirchenleitung wurde ein Rat der Kirchenleitung geschaffen, dessen Arbeit wesentlich durch M., durch seinen Nachfolger als Präses der Synode → Lothar Kreyssig und Konsistorialpräsident → Bernhard Hofmann geprägt wurde. M., dem inzwischen die theol. Ehrendoktorwürde der Theol. Fakultät der Univ. Halle verliehen worden war, sah sich in den Jahren seines Bischofsdienstes fortwährend mit Angriffen oder Einschränkungen durch die staatl. Behörden bzw. Vertreter der Besatzungsmacht konfrontiert. So verlangten die sowjetischen Offiziere bei der ersten Tagung der Synode 1946 (es war die erste seit 1929), daß ihnen vor der Tagung alle Unterlagen ausgehändigt würden und daß das Thema Religionsunterricht nicht besprochen werden dürfe. M. gab die Materialien unter Protest heraus, die Synode nahm sich das Thema des Unterrichts für die kommende Tagung vor. In mehreren Gesprächen mit der Landesreg. in Halle und bei Unterredungen mit Regierungsvertretern in Berlin wandte sich M. gegen die Bedrückung einzelner Personen, gegen die Unwahrhaftigkeit im öffentlichen Leben, gegen die Praxis der Wahlen 1949 und 1950 und gegen die Rechtsunsicherheit. Auch führte er Auseinandersetzungen um die Arbeit der Jungen Gemeinde, zu deren Tätigkeit M. bereits 1951 öffentlich sagte: „Wer die Junge Gemeinde angreift, greift die Kirche an!" Durch einen Schlaganfall geschwächt, mußte M. die Zeit des forcierten Kirchenkampfes 1952/53 durchstehen, den die DDR erst durch das Eingreifen der Moskauer Führung im Juni 1953 beendete. 1955 trat M. in den Ruhestand und lebte weiter in Magdeburg. Nach den Worten seines Mitstreiters Kreyssig war M. zwar „kein Charismatiker, aber nüchtern, erfahren, unbestechlich und voll verhaltener Güte" (K. Weiß, Lothar Kreyssig – Prophet der Versöhnung, 1998, *233*).

W: Konrad M. (Bearb.)/Stephan Lutze (Hg.), L. M., Lebenserinnerungen (4 Bde), 1998–1999. – **L:** Wer ist Wer, 1948; Wer ist wer, 1955; Bruno Geißler, L. M., Bischof zu Magdeburg. Ein Diener der Diaspora und Kämpfer für das ev. Bekenntnis, ca. 1962 (Gedenkbl.); Hdb SBZ/DDR, *570f.*; AKPS: PA. – **B:** *Ev. Pressedienst Magdeburg.

Martin Kramer

Müller, Mathilde, geb. Jaenecke (Ps.: Peter Rümly) geb. 07.06.1835 Magdeburg, gest. nach 1903 Berlin (?), Schriftstellerin.

Die Tochter des Magdeburger Kaufmanns und Fabrikanten Leopold Jaenecke heiratete 1855 den Lederfabrikanten Müller aus Wolmirstedt, der bereits nach achtjähriger Ehe verstarb. Bis 1870 lebte sie als Hausfrau und Mutter in dieser Stadt. Dann zog sie zurück nach Magdeburg und unternahm mehrere größere Reisen nach Paris, London und Italien, wo sie sich z. T. länger aufhielt. In dieser Zeit begann sie zu schreiben und veröffentlichte Erzählungen, Novellen und einen Roman. Einige Texte wurden mehrfach aufgelegt. Sie war Mitglied des *Dt. Schriftstellerbundes* in Eisenach. Nach 1890 lebte sie in Berlin, wo sich ihre Spur verliert.

W: Die Schüssel und der Topf, 1889; Der Sohn des Hauses, 1890; Die Töchter des Justizrates. Eine Familiengesch. aus den Kriegsjahren 1870/71, 1893; Die Waisenknaben, 1896; Die Freunde. Erzählung aus Ostafrika, 1897, Bellina. Erzählung aus San Marino, 1898; Die Nonnenmühle. Roman, 1902; Die schweren Jahre Preußens, 1903. – **L:** Kosch LL 13, Sp. *519*; Sophie Pataky (Hg.), Lex. dt. Frauen der Feder, Bd. 2, 1898, *69*, *216*; Franz Brümmer, Lex. der dt. Dichter und Prosaisten, Bd. 5, ⁶1913, *67*.

Heike Steinhorst

Müller, Otto

geb. 27.11.1881 Parleib/Kr. Helmstedt, gest. 10.09.1971 Berlin-Wilmersdorf, Keramikmaler, Kommunalpolitiker.

Der einer Arbeiterfam. entstammende M. wuchs in Neuhaldensleben auf und erlernte 1895–98 den Beruf des Keramikmalers in der Neuhaldensleber Fa. *Hubbe*, den er dort bis 1918 ausübte. Im Dezember 1918 wurde er von seiner Partei (SPD), der er seit 1906 angehörte, als Stadtrat eingesetzt und übernahm am 10.10.1919 das Amt des 2. Bürgermeisters. An der Seite des verdienstvollen 1. Bürgermeisters → Otto Boye hatte er an allen Vorhaben und Maßnahmen der Stadt zwischen 1919 und 1933 wesentlichen Anteil. Er erreichte, daß das Landeskrankenhaus für Psychiatrie bei Haldensleben angesiedelt wurde und ein Kinderheim in der Nähe der Stadt eingerichtet werden konnte. Mit hohem Engagement setzte er sich für die Hege und Entwicklung der städtischen Forsten ein. 1933 wurde er von den Nationalsozialisten aus allen Ämtern und Funktionen entlassen. Im gleichen Jahr mehrmals verhaftet und eingekerkert, war M. bis 1938 arbeitslos und von der Arbeitsvermittlung ausgeschlossen. Später erhielt er eine Anstellung als Heizer, ab 1940 als Buchhalter in einer Fa. in Bodendorf. Am 16.05.1945 setzte ihn der US-amerikanische Stadtkommandant als Bürgermeister ein. Von 1945 bis 1950 stand M. an der Spitze des Rates der Stadt. Am 25.08.1950 legte er sein Amt nieder und übernahm die Leitung der Abt. Forsten im kommunalen Wirtschaftsunternehmen (KWU), das bis 1951 bestand. Im Jahre 1951 wurde er aufgrund einer Denunziation verhaftet und eingekerkert. Gerade wieder in Freiheit erfuhr er, daß gegen ihn wegen angeblicher Wirtschaftsvergehen erneut ermittelt wurde. Der drohenden Verhaftung entzog er sich durch die Flucht nach Westberlin.

L: Kr/StadtA Haldensleben: Rep. IV, I.3a, 12–14, II.1b, 35–40; Rep. V, 1, 12, 15; Mittlgg. des Enkels des M., Ms. 1998 (Vf., Haldensleben). – **B:** *Kr/StadtA Haldensleben.

Dieter Bollmann

Mueller, Otto Hermann

geb. 18.08.1829 Friedrichstadt bei Magdeburg, gest. 17.06.1897 Gmunden, Ing., Dampfmaschinenkonstrukteur.

Der musisch begabte M., Sohn eines kgl. Rentmeisters, trat nach dem Besuch der Bürgerschule als 16jähriger Volontär bei → Abraham (Brami) Andreae in die *Vereinigte Hamburg-Magdeburger Dampfschiffahrtsges. Buckau* ein. Neben dem sonntäglichen Besuch der örtlichen Provinzial-Kunstschule erlernte er technisches Zeichnen und vervollständigte seine praktischen Kenntnisse. Nach bestandener Gesellenprüfung 1848 ging er nach Berlin, nahm dort unter Entbehrungen 1849 ein Studium an der Gewerbeakad. und der Akad. der Künste auf. Aufgrund seiner hervorragenden Leistungen erhielt M. eine Anstellung in der Berliner Konstruktionsabt. der *Maschinenfabrik R. Wolf* in Buckau bei Magdeburg. Bald wurde er zum Obering. berufen und avancierte zum Nachfolger seines Lehrers. Auch int. war man auf ihn aufmerksam geworden. So übernahm er 1854 die Rekonstruktion der *Prager Maschinenbau AG*, führte erhebliche Verbesserungen an den Dampfmaschinen aus und konzipierte erstmalig Maschinen nach einem Indikatordiagramm (Leistungsdiagramm). Nach einem kurzzeitigen lehrreichen Aufenthalt in England konstruierte er 1857 auf der Basis neuester Dampfmaschinentechnik eine voll funktionsfähige Verbundmaschine. Der Dampf wurde in mindestens zwei geometrisch abgestimmten, nacheinander angeordneten Zylindern mit dazwischenliegendem Kondensator entspannt und leistete eine größere thermodynamische Arbeit. Während des Baus und der Leitung der *Ersten Ungarischen Maschinenfabrik und Eisengießerei A. G.* in Pest (1866) verbesserte er den thermischen Wirkungsgrad der ausgelieferten Maschinen erheblich. Ab 1870 war M. als Ziviling. und Konsulent tätig. Er nahm Umbauten zur Erhöhung des Wirkungsgrades bestehender Maschinen mit persönlicher Haftung vor, entwickelte 1884 die erste Tandemverbund-Reversiermaschine mit Kondensation und einer Leistung von 900 PS als Walzwerksantrieb und begutachtete bestehende Anlagen.

W: Die Kompound-Reversirmaschine des Stahlwerkes in Neuberg, in: VDI-Zs. 2, 1888, *29–31.* – **L:** NDB 18, *463*; Conrad Matschoss, Die Entwicklung der Dampfmaschine, Bd. 2, 1908, *120–149* (*B); ders., Männer der Technik. Ein biogr. Hdb., 1925; O. H. M. jun., O. H. M., sein Leben und seine Bedeutung für den Maschinenbau, in: VDI-Zs. 41, 1897, *989–992*; 100 Jahre Buckau-Wolf, Die Gesch. unseres Hauses 1838–1938, 1938, *109*; Walter Conrad, Wer-Was-Wann? Erfindungen und Entdeckungen in Naturwissenschaft und Technik, ⁴1989, *108*.

Heinz Thüm

Müller von der Ocker, *Fritz* Wilhelm Carl
geb. 21.02.1868 Braunschweig, gest. 20.04.1931 Hamburg, Geiger, Chorleiter, Dirigent und Komponist.

Ersten musikalischen Unterricht erhielt M. in seiner Heimatstadt u. a. vom dortigen Hofmusikdir. Hermann Riedel sowie später in Magdeburg als Schüler von → Josef Krug-Waldsee und → Fritz Kauffmann. Von 1884 bis 1887 war er Violinist am Braunschweiger Hoftheater, danach vier Jahre Militärmusiker im Infanterieregiment Magdeburg, bevor er von 1891 bis 1900 als Bratscher im Städtischen Orchester Magdeburg tätig war und ab 1900 dort die Stelle eines Kapellmeisters innehatte. Als Musiklehrer und Chormeister machte er sich in Magdeburg einen Namen. So leitete er u. a. die Volks-Singakad., den Männergesangverein *Arion* und fünf Jahre lang den Kirchengesangverein *Paulus*. Von seinen Werken wurden u. a. in Magdeburg uraufgeführt: Das Weihnachtsmärchen „Christina, die Weihnachtsfee" (1890), die Kantate für Soli, Chor und Orchester „Frau Minne" (1902), die Opern „Die Nixe" (1907), „Lurley" (1912), „Jung Joseph" (1913) und „Die Mitbraut" (1913) sowie das Singspiel „Der fahrende Sänger" (1916). Seine Operette „Ohne Männer geht es nicht" erlebte ihre UA 1922 in Karlsruhe. Zu seinen mehr als 200 Kompositionen gehören u. a. Kammermusikwerke für unterschiedlichste Besetzungen, Orchesterwerke, Kirchenmusiken, Lieder, Balladen und Chorlieder für Frauen- und Männerchöre.

W: s.o. – **L:** Riemann ¹¹1929; Erich H. Müller (Hg.), Dt. Musiker-Lex., 1929.

Lutz Buchmann

Mülverstedt, Johann George Adalbert von
geb. 04.07.1825 Neufahrwasser bei Danzig, gest. 29.09.1914 Magdeburg, Archivar, Genealoge, Heraldiker.

M., Sohn des Leutnants und Salzmagazininspektors Hans Georg M., besuchte das Gymn. in Tilsit und legte hier 1844 die Reifeprüfung ab. 1844/45 studierte er Philologie an der Univ. Königsberg. Nach einer aus gesundheitlichen Gründen eingelegten Pause nahm er dort 1847 ein Studium der Rechtswiss. auf. Im Sommer 1850 trat er als Appellationsgerichtsauskultator in den Dienst des Kreisgerichts in Königsberg und bestand zwei Jahre später die Referendariatsprüfung. Bereits während des Studiums wandte er sich genealogischen und ortskundlichen Forschungen zu und arbeitete hierzu im Provinzialarchiv (bzw. seit 1867 StA) Königsberg. Dort beteiligte er sich an archivalischen Ordnungsarbeiten und legte das sog. Adelsarchiv an. Um sich seinem neuen Betätigungsfeld intensiv widmen zu können, ließ er sich Ende 1854 einen einjährigen Urlaub genehmigen, der verlängert wurde, nachdem er mit der Neuordnung des Archivs der Landstände der Mark Brandenburg in Berlin betraut worden war (1855–57). Im Ergebnis dieser Arbeit legte er die seinerzeit vielbeachtete Arbeit „Die ältere Verfassung der Landstände der Mark Brandenburg, vornehmlich im 16. und 17. Jh." (1858) vor. Hiermit hatte er seine Eignung für den Archivdienst unter Beweis gestellt, so daß ihm 1857 die Leitung des Provinzialarchivs (seit 1867 StA) in Magdeburg übertragen wurde, die er bis zu seiner Pensionierung 1898 ausübte. Seine Arbeit war durch das Bemühen um Rettung gefährdeter Dokumente geprägt. So machte er sich auch um den Erhalt städtischer und kirchlicher Quellen verdient, indem er sich z. B. für die fachgerechte Ordnung und Verwahrung der Stadtarchive Nordhausen und Mühlhausen einsetzte. Zu den ins Provinzialarchiv übernommenen Urkunden und Akten legte er neben den üblichen Repertorien Orts-, Personen- und Sachregister an. Darüber hinaus erstellte er Spezialverzeichnisse der Urkunden, z. B. des Magdeburger Klosters U. L. F., und schuf damit bessere Forschungsbedingungen. Hierzu trugen auch die von ihm erarbeiteten Übersichten über die im Territorium verschiedener Kreise und Städte existierenden Stifte, Klöster, Kapellen, Hospitäler und frommen Brüderschaften bei. Neben seiner beruflichen Tätigkeit war er Mitglied zahlreicher Geschichtsvereine, so des 1865 von ihm mitbegründeten *Vereins für die Gesch. und Alterthumskunde des Hzths und Erzstifts Magdeburg*, des *Harzvereins* und des *Altmärkischen Vereins für vaterländische Gesch. und Industrie*. 1880–83 fungierte er außerdem als stellvertretender Vors. der *Hist. Kommission der Provinz Sachsen und für Anhalt*. Seine umfangreiche Forschungstätigkeit, die sich v.a. auf die Familiengesch. – besonders auf die der adligen Geschlechter – erstreckte, hatte v.a. sammelnden Charakter. Großes Interesse schenkte er auch der

Heraldik und der Numismatik. Bleibende Verdienste erwarb er sich mit der Sammlung, Zusammenstellung und Herausgabe der „Regesta Archiepiscopatus Magdeburgensis", die 1876, 1881 und 1886 erschienen. Für seine Arbeit auf dem Gebiet der Geschichtsforschung und deren Förderung wurde er mit mehreren Orden geehrt. Zudem war er 1865 zum Archivrat, 1877 zum Geh. Archivrat und 1897 zum Vorsteher des StA Magdeburg ernannt worden.

W: s.o.; Magdeburgisches Münzkabinett des neuen Zeitalters, 1868; Wer durfte im Dom zu Magdeburg im Mittelalter begraben werden? Zugleich ein Betrag zur Gesch. des Ministerialwesens im Erzstift Magdeburg, 1871; Der abgestorbene Adel der Provinz Sachsen, ausschließlich der Altmark, in: J. Siebmachers großes und allg. Wappenbuch, Bd. 6, Abt. 6, 1884; Codex Diplomaticus Alvenslebianus (5 Bde), 1879–1896. – **N:** LHASA. – **L:** NDB 18, *516f.*; Mitteldt Leb 2, *336–352* (**B**); Leesch 2, *425*; Rechenschaftsbericht über eine 31jährige lit. Tätigkeit auf dem Gebiet der vaterländischen Geschichtsforschung, als Ms. gedruckt, 1880; Melle Klingenborg, Das Archiv der brandenburgischen Provinzialverwaltung, Bd. 1, Das kurmärkische Ständearchiv, 1920, *319–324*; → Walter Friedensburg/Hellmut Kretzschmar, Gesch. des StA Magdeburg, Ms. ca. 1922; Christian Krollmann (Hg.), Altpreuß. Biogr., Bd. 1, 1941, *452*; R. Krieg, Nachruf Geh. Archivrat v.M., in: Zs. des Harzvereins für Gesch. und Alterthumskunde 47, 1914, *XII-XIII*. – **B:** *LHASA.

Antje Herfurth

Münchmeyer, Gustav *Ernst* Otto
geb. 25.09.1897 Seehausen, gest. 03.10.1976 Bahrendorf, Lehrer, Landschaftsgestalter.

M. wurde als Sohn des Tischlermeisters Carl M. in Seehausen geb., besuchte hier die Volksschule, 1911–14 die Präparandenanstalt in Osterburg und danach bis 1917 das Lehrerseminar in Weißenfels. Nach bestandener Lehrerprüfung erfolgte der Heeresdienst bis 1919. Im Schuldienst in Günthersdorf bei Leipzig legte er die zweite Lehrerprüfung ab. 1923 übernahm M. die Unterklasse der zweistufigen Schule in Bottmersdorf/Kr. Wanzleben, wo er bis zu seiner Pensionierung tätig war. 1946 wurde M. interniert und mußte bis 1949 in Lagern in Mühlberg und in Rußland als politischer Häftling ausharren, wurde aber 1950 wieder als Lehrer in Bottmersdorf angestellt. 1954 avancierte er dort zum Schulleiter und blieb auch nach seiner Pensionierung 1962 noch länger freiwillig im Dienst. Schon auf dem Seminar hatte M. seine heimatkundlichen Neigungen ausgebildet, die er in Bottmersdorf ausleben konnte. Hier fand er als Mitglied des Gemeinderates und der Jägerschaft sowie als Naturschutzbeauftragter Mittel und Wege, ältere Baumpflanzungen auf dem „Osterberg" seit 1930 zielstrebig fortzusetzen. So auch nach seiner Rückkehr aus der Gefangenschaft, als er mit großer Beteiligung der Bottmersdorfer Einwohner 1950–67 mehr als 25.000 Bäume verschiedener Arten auf dem „Osterberg" und an den Straßen um Bottmersdorf pflanzte. Die Bepflanzung einer anderen, bis dahin kahlen Höhe, des „Drömbergs", durch die bezirkliche Landschaftsgestaltung erfolgte auf M.s Initiative. Schon vor dem Kriege wurden die Pflanzungen auf dem „Osterberg", denen in der waldfreien Magdeburger Börde besonderer Wert zugemessen war, als Landschaftsschutzgebiet (LSG) ausgewiesen. M. erwarb sich auch als Bodendenkmalpfleger Verdienste. Die Erhaltung vieler urgesch. Funde, meist vom „Osterberg", ist ihm zu verdanken, ebenso die Entdeckung eines dort befindlichen neolithischen Feuersteinbergbaus. M. wurde wiederholt ausgezeichnet und 1965 für sein vierzigjähriges Schaffen im Sinne der Landschaftsgestaltung und des Naturschutzes vom Generalforstmeister der DDR geehrt.

W: Alte Bauerngeschlechter in der Börde, in: Der Roland 3, 1934, *133*; Flurnamen aus alter Zeit, in: ebd. 4, 1935, *55*; Heinrich Apel, E. M. und → Martin Raue. Die Heimat ruft zur frohen Wanderschaft. Schulwanderführer, Ms. 1954 (Börde-Mus. Ummendorf); Landschaftsschutzgebiet „Osterberg" bei Bottmersdorf, Kr. Wanzleben, in: Börde-Echo, Kreiszig. Wanzleben 5, Nr. 12f., 1964. – **N:** Börde-Mus. Ummendorf. – **L:** Vf., Parks und Gärten in der Magdeburger Börde. Über Ursprünge, Zustände und Schicksale. Eine Bibliogr., in: Bäume in der Magdeburger Börde. Eine agrarhist.-ethnographische Studie, Ms. Klein Wanzleben 1995ff., Anlage 7 von 1999; ders., LSG „Osterberg" bei Bottmersdorf. Bibliogr. einer Landschaft, Ms. Klein Wanzleben 2000. – **B:** Börde-Mus. Ummendorf.

Heinz Nowak

Mundlos, Friedrich *Heinrich* August
geb. 23.12.1836 Barby, gest. 27.04.1928 Magdeburg, Nähmaschinenfabrikant.

Der Sohn des Schuhmachermeisters Friedrich Mathias M. erlernte nach dem Besuch der Grundschule zunächst das Schumacherhandwerk und ging in Dtl. auf Wanderschaft. Dabei erlernte er in Berlin, Dresden, Königsberg und Magdeburg den Metallberuf. 1863 gründete er gemeinsam mit Hermann Schulz in Magdeburg eine Nähmaschinenfabrik, die unter dem Namen *M. & Schulz* firmierte und zunächst Langschiffmaschinen nach dem Singer-System herstellte. Die schwere Gangart dieses Systems veranlaßte M. bald zum Umstieg auf *HOWE*-Nähmaschinen. Nach dem Ausscheiden des Partners 1874 führte M. das Unternehmen unter seinem Namen allein weiter. Zu dieser Zeit wurden die metallbearbeitenden Maschinen bei M. von Dampfmaschinen mit einer Leistung von 20 PS angetrieben. 1876 trat der spätere Stadtrat Rudolf Arendt (1851–1918) als Vertreter in die Fa. ein. 1882 brachte M. die erste eigene Nähmaschine, die Victoria-Bogenlangschiff-Maschine, heraus, die sich durch ihren viel gerühmten leichten Gang auszeichnete und rasch den Markt eroberte. 1884 wurde der endgültige Standort der Fabrik in der Lübecker Straße 8 in Magdeburg-Neustadt bezogen. Das Sortiment wurde um 1890 auf fünf Nähmaschinengrößen von der Handmaschine bis zur schweren Schneidermaschine erweitert, auch Wring- und Waschmaschinen waren im Programm. Arendt wurde 1882

Teilhaber und belebte unter der Firmierung *H. M. & Co., Magdeburg-Neustadt* den Export. 1894 wurde das Markenzeichen mit der Abb. von M., 1895 der Name „Victoria" und 1896 der Doppelname „Orginal-Victoria" patentrechtlich geschützt. Um 1890 lagen die Absatzmärkte in Rußland, Frankreich, Holland, Belgien und der Schweiz. 1901 überarbeitete M. seine Maschinen konstruktiv und brachte seine erste Ringschiffmaschine, der Forderung nach größeren Spulen Rechnung tragend, auf den Markt. Damit erweitert sich das Programm auf insgesamt elf Maschinen. Ab 1908 erweiterte M. zielstrebig seine Märkte nach Südamerika, China und Japan und entwickelte 1910 den patentrechtlich geschützten Schnelläufer. 1913, anläßlich des 50jährigen Bestehens der Fa., wurden die Söhne der Firmeninhaber, der Ing. Richard M. (1879–1954) und Dr. Ernst Arendt, Teilhaber der Fa. Die Söhne des Firmengründers, Heinrich M. (1883–1965) und Rudolf M. (1886–1969), traten als Prokuristen im kaufmännischen bzw. im technischen und Produktionsbereich in die Fa. ein, die während dieser Zeit mit dem eingetragenen Logo „Mundus" warb. Es folgten innovative Entwicklungen zum Stoffober- und Untertransport sowie von versenkbaren Maschinen (1911), die mittig angebrachte Nadelstange mit einem Holz- und Gußunterbau (1913), eine CB-Greifermaschine mit Ober- und Untertransport sowie Gelenkfadenhebel, eine halbautomatische Lochstickmaschine (1913) und eine Knopflochnähmaschine (1914). Nach dem Ableben des Mitinhabers R. Arendt wurden alle Produkte wieder mit *Mundlos* gekennzeichnet. 1920 wandelte M. die Fa. in eine AG um und übernahm 83jährig den Vorsitz des Aufsichtsrates, während Richard M. zum Vorstandsmitglied avancierte. Mit der Schnellnäh-Zickzack-Maschine (1925) gelang M. eine epochale Neuheit im Haushaltsnähmaschinenbau. Daran schlossen sich die Einrichtungen zum Umstellen auf Lochstickerei und Knopfannähen an. 1927 brachte M. die erste Gewerbemaschine mit Elektromotor auf den Markt. Die Beschäftigtenzahl wuchs von 33 im Jahr 1870 auf ca. 600 nach der Jahrhundertwende. Im Jahr des Ablebens von M. zählte die Fa. rund 1.300 Arbeiter und Angestellte. Die Vorreiterrolle in der Nähmaschinenentwicklung hielt mit der tragbaren Schnellnähmaschine aus Leichtmetallguß (1929), der Maschine mit waagerecht liegendem Umlaufgreifer (1931) und der Entwicklung der ersten Universal-Zickzacknähmaschine (1931) an. Letztere war in ihrer Bauart bahnbrechend und wurde weltweit nachgebaut. Anläßlich des 75jährigen Bestehens der Fa. 1938 kamen noch einmal Maschinen der Serie 79 als Koffermaschine mit drei verschiedenen Antriebsvarianten auf den Markt. Mit Beginn des II. WK wurde auch die Fa. M. entsprechend ihren Voraussetzungen als Zulieferer von Teilen aus der Metall- und Holzverarbeitung für die Rüstungsproduktion kriegsverpflichtet. Beim Bombenangriff am 16.01.1945 durch amerikanische und englische Bomber wurden die größten Teile der Fabrik und das firmeneigene Mus. zerstört. Der jüngste Sohn des Firmengründers, Rudolf M., mußte die Demontage und Verpackung insbesondere der raumfüllenden Werkzeugmaschinen zum Abtransport als Reparationsleistungen in die Sowjetunion leiten. So ging das Lebenswerk M.', eines Pioniers und Schöpfers der dt. Nähmaschinenindustrie, zu Ende.

L: Peter Wilhelm, Alte dt. Nähmaschinen. Ein Hdb. für Sammler und Liebhaber der Nähmaschine, 1987, *77–80*; Günter Ditzenbach, Fa. M., in: Der Schlingenfänger. Zs. für Sammler hist. Nähmaschinen, Nr. 17, 1991, *7–17* und Nr. 18, 1991, *12–37*; Peter Zilvar, In Magdeburg wurde die Zickzack Nähmaschine erfunden, in: Volksstimme Magdeburg vom 07.03.1998; Materialslg. Dr. Eberhard M., Königstein/Taunus (priv.). – **B:** *Dr. Hannelore Tost, Halle (priv.).

Werner Hohaus

Munnecke, Karl *Wilhelm*
geb. 02.10.1891 Kaltendorf bei Oebisfelde, gest. 21.01.1954 Gifhorn, Volkswirt, Schriftsteller.

Nach Schulzeit und kurzem Militärdienst wurde M. 1915–18 als Hilfslehrer eingesetzt und studierte danach in Halle und Berlin Jura und Volkswirtschaft. Nach dem Studienabschluß arbeitete M. als Schriftsteller in Oebisfelde, Berlin und Gifhorn. Seine publizistische Tätigkeit umfaßte Jugendbücher (Abenteuerlit.), Theaterstücke (Lustspiele), Erzählungen, niederdt. Prosa (Heimatlit.), Gedichte und Reisebeschreibungen. Er wirkte auch als Bildhauer (Lutherdenkmünze, Original im Lutherhaus Wittenberg) und Filmautor. Während der Zeit des Dritten Reichs wurde M. wegen Hochverrats und wegen Verstoßes gegen das Heimtückegesetz verurteilt, mehrfach inhaftiert (1934, 1938–40) und mit Berufsverbot belegt.

Im März 1944 wurde er zu einem Minensperrkommando eingezogen. Nach dem Kriegsende war er an der Gründung der Liberal-Demokratischen Partei Dtls in Berlin beteiligt. 1948 verließ er aus Furcht vor einer Deportation die SBZ, obwohl er als Opfer des Faschismus offiziell anerkannt worden war.

W: Der Burgvogt. Wochenendplaudereien, in: Oebisfelder Tagesztg. 1924–26; Dä Blocksbarchreise. Eine plattdütsche Vorrtellig, 1926; Mit Hagenbeck im Dschungel, 1931, ²1948; Meine Freunde, die Frösche, 1934 (Film); Tierfreundschaften, 1935 (Film); Der Tod schwamm mit, 1953. – **N:** StadtA Oebisfelde; Linda M., Berlin (priv.). – **L:** Wer ist wer, 1948; KLK, Jg. 52, 1952; Wer ist wer, 1955. – **B:** *StadtA Oebisfelde.

Friedrich-Karl Sonntag

Nachtweh, *Heinrich* **Norbert Wilhelm**
geb. 08.03.1904 Brünn, gest. 12.04.1967 Magdeburg, Garten- und Landschaftsarchitekt.

Der Sohn des Landesobstbauinspektors von Mähren, Heinrich N., folgte mit seiner Berufswahl den Spuren des Vaters. Nach solider praktischer Berufsausbildung absolvierte er erfolgreich ein Studium an einer höheren Gartenbaulehranstalt. Anschließend war er bei renommierten Architekten und in Betrieben in der ČSR für verschiedene Bauvorhaben tätig. Seine ersten Arbeiten als Gartengestalter zur Konzipierung von Grünanlagen für Sanatorien und Erholungsheime, öffentlichen und privaten Grünanlagen und zentralen Sportstätten entstanden in enger Zusammenarbeit mit Architekten in der Hohen Tatra (ČSR). Die dort vorherrschende gleichrangige Betrachtungsweise von Architektur, Verkehrs- und Freiraumplanung unter Einbeziehung der Kunst im Städtebau war für seine zukünftige Tätigkeit, ob als angestellter oder als freischaffender Landschaftsarchitekt, bestimmend. Inspiriert von den fortschrittlichen Ideen des Bauhauses beschloß N., seine Tätigkeiten in den mitteldt. Raum zu verlegen, und kam 1938 nach Magdeburg, wo er unter Gartenbaudir. Paul Sallmann im städtischen Gartenamt wirkte. 1940 begründete N. ein eigenes Planungsbüro. In diese Schaffensperiode fielen der Lazarettgarten im Kasernengelände am Herrenkrugpark oder Planungen für die Trassierung der Autobahn von Cottbus nach Breslau. Nach dem II. WK stellte N. seine Erfahrungen zunächst in den Dienst des Aufbaus einer Landesentwicklungsanstalt Sa.-Anh., die später Eingang in ein zentrales Entwurfsbüro für Gebiets-, Stadt- und Dorfplanung fand. Nach 1952 erfolgte durch N. der Aufbau einer Projektierungsabt. beim *VEB Hoch- und Industriebau Magdeburg*, zu deren Aufgaben u. a. die Freiraumgestaltung für die Krankenhäuser Burg und Hennigsdorf bei Berlin und die Med. Akad. Magdeburg, für die TH Magdeburg sowie verschiedene Friedhöfe gehörte. N. war 1953 Mitbegründer des Fachverbandes der Garten- und Landschaftsarchitekten im *Bund Dt. Architekten*. Er engagierte sich für den Einklang von Architektur, Verkehrs- und Freiraumgestaltung und vertrat damit moderne Auffassungen von Stadtgestaltung. 1962 wurden seine Verdienste mit der Schinkel-Plakette des *Bundes Dt. Architekten* gewürdigt.

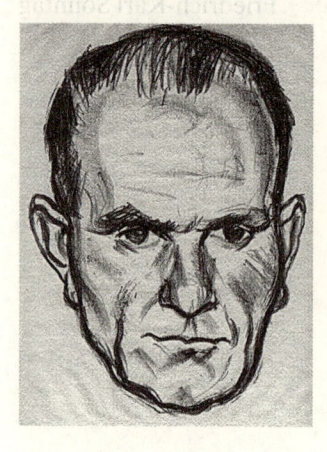

W: Heimstättengartengebiet I Magdeburg, 1939; Wohnstadt Calbe, 1955–58; Friedhof Burg; Nordabschnitt Fußgängerbereich Breiter Weg Magdeburg, 1958. – Schriften: Die Mitarbeit von Gartenarchitekten bei der Projektierung von Getreidesiloanlagen, in: Zs. Landschaftsarchitektur, H. 4, 1963, *80–82*. – **L:** H. N. 60 Jahre, in: Zs. Landschaftsarchitektur, H. 2, 1964; Gerhard Kristott, H. N. verstorben, in: ebd., H. 3, 1967; Gert Gröning/Joachim Wolschke-Bulmahn (Hg.), Grüne Biographien, 1997, *272*; Unterlagen Gerhard Kristott, Oranienbaum (priv.). – **B:** Gerhard Kristott, Oranienbaum (priv.); *Jörg-Heiko Bruns, Erfurt-Molsdorf (priv.): Lithographie von → Bruno Beye.

Günter Reso

Nathusius, *August* **Engelhardt von** (seit 1861)
geb. 22.09.1818 Althaldensleben, gest. 09.09.1884 Meyendorf, Rittergutsbesitzer, Tierzüchter.

Das 5. Kind des → Johann Gottlob N. genoß eine frühe Ausbildung durch Hauslehrer und war schon als 15jähriger in der Verwaltung der Obstweinkellerei des Vaters in Hundisburg als Rechnungsführer beschäftigt. N. erweiterte seine Kenntnisse durch eine kaufmännische Lehre in einem Magdeburger Kontor und unterstützte schließlich seinen Bruder → Philipp Engelhardt v. N. in der Leitung der Güter Althaldensleben und Meyendorf. Letzteres führte er nach dem Tode des Vaters (1835), hier verwirklichte er dessen Pläne zur Gestaltung der weitläufigen Gartenanlagen und Obstpflanzungen im Umfeld des ehemaligen Zisterzienserklosters. 1846 begründete N., dem Beispiel seines Bruders → Heinrich v. N. folgend, den landwirtsch. Verein im benachbarten Seehausen, dessen Dirigent er wurde. Seit 1852 wandte er sich ernsthaft der Rindviehzucht zu und tat sich mit Shorthorn-Holländer-Kreuzungen hervor. Auch in der Zucht von schweren Schrittpferden bewies N. eine glückliche Hand und erhielt für die seit 1853 gezüchteten Percherons mehrfach Auszeichnungen, auch auf int. Ausstellungen. In der Erzielung von Fettvieh (Ochsen) und in der Schafhaltung war N. nicht minder erfolgreich, wozu ihm die ausgedehnte Feldwirtschaft seines Gutes die Mittel an die Hand gab. N. gehörte auch zu den Aktionären der Zuckerfabrik in Klein Wanzleben. Seit seinem Antritt in Meyendorf war er in der *Ritterschaftlichen Feuersocietät* des Fürstentums Halberstadt in leitenden Funktionen tätig. Bedeutend waren seine Zuwendungen zu den Stiftungen seiner Geschwister → Johanne N. und Philipp, den Anstalten in Neinstedt und Detzel. Die Parkanlagen, die Bibl. und eine bedeutende Bildnisslg. zogen manchen gelehrten Besucher an, u. a. den Dichter Hoffmann von Fallersleben. N. hat nur wenig publiziert, dafür seine Fähigkeiten in der praktischen Wirtschaftsführung erprobt.

W: Noch einige Worte über den Erdäpfelbau, in: Zs. des landwirthsch. Central-Vereins der Provinz Sachsen 15, 1858, *58–60*; Die frühzeitige Ausbildung der Percherons schon im Mutterleibe, in: ebd. 21, 1864, *8–11*; Fütterungsversuche mit Cocoskuchen, in: ebd. 28, 1871, *10*; Schutz gegen Kleeseide, in: ebd. 34, 1877, *70f.* – **L:** Hermes & Weigel, Topographie, Bd. 2, 1842, *81*; Landwirtsch. Mitthlgg. der Magdeburg-Neuhaldensleber Vereine 2, Nr. 10, 1852; Hoffmann von Fallersleben, Mein Leben, Bd. 4, 1868, *282f.*; Traugott Pietsch, Die Neinstedter Anstalten, in: Die Provinz Sachsen, Bd. 2, 1902, *213–220*; Eva Hoffmann-Aleith,

Johanne (Roman), 1980; Vf., Die N. im 19. Jh. – eine Bibliogr., Ms. o. J. (Börde-Mus. Ummendorf).

Heinz Nowak

Nathusius, *Gottlob* **Karl Engelhard von**
geb. 25.07.1884 Hundisburg, gest. 30.03.1948 Ermschwerd-Freudenthal, Gutsbesitzer, Landwirt, Ornithologe, Vogelsammler.

Der älteste Sohn des Gutsbesitzers und Landwirts Joachim v. N. erhielt zunächst Privatunterricht auf dem väterlichen Gut und besuchte später das Gymn. Neuhaldensleben, das er 1904 mit dem Abitur abschloß. Einer Militärausbildung in Stendal (1904/05) folgte ein Landwirtschaftstudium in Halle (1905–07) und Berlin (1907–08). Nach einer mehrmonatigen, weiterbildenden Reise durch die USA übernahm N. 1909 die Pachtung des von der Schulenburg'schen Gutes in Emden/Kr. Neuhaldensleben. 1914 einberufen und bis zum Kriegsende an Gefechten in Nordfrankreich beteiligt, überstand er als Rittmeister der Reserve den I. WK unversehrt. Nach dem Tod des Vaters (1915) wurde N. Besitzer des Stammgutes Hundisburg, das er fortan bewirtschaftete. Neben der führenden Merinofleischschaf- und Rindviehzucht widmete er sich insbesondere Vermehrungszuchten von Zuckerrüben und Kartoffeln, dem ertragssteigernden Zwischenfruchtanbau und Versuchen mit Edelobst. Bis 1945 hatte N. führende Funktionen in regionalen Verbänden der Landwirtschaft und in dieser nachgeordneten Verwertungsindustrien inne. Bemerkenswert war auch sein karitatives Engagement, u. a. für die Anstalten in Neinstedt und Detzel. Nach der Enteignung seines gesamten Besitzes konnte er sich der drohenden Verhaftung und Ausweisung am 21.09.1945 nur durch die Flucht entziehen. Überregionale Anerkennung erwarb sich N. als Vogelsammler und Ornithologe. Seine etwa 1895 beginnende Sammeltätigkeit von Vogelpräparaten mündete bald in den systematischen Aufbau einer reinen Lokalslg. mit vielen Seltenheiten, die 1941 bereits 235 Arten in rund 600 Stopfexemplaren umfaßte. Parallel dazu entwickelte N. im *Aller-Verein*, dem er seit 1906 als Mitglied angehörte, eine rege Vortragstätigkeit. In der Vereins-Zs. publizierte er ab 1911 Beiträge zur Avifauna der Region, die später ihren Weg auch in überregionale Fachzss. fanden. Darüber hinaus erfuhr sein aktiver Einsatz für den regionalen Vogelschutz, insbesondere für die Einrichtung von Vogelschutzgebieten, die Vogelhege und -beringung, breite fachliche Anerkennung. Seit 1924 war N. Mitglied der *Allg. Dt. Ornithologischen Ges.*, seit 1927 korrespondierendes Mitglied der *Ornithologischen Vereinigung Magdeburg*, seit 1940 Beirat des *Landesbundes für Vogelschutz Sa.-Anh.* und 1942 aktiv an der Gründung der Ortsgruppe Haldensleben des *Reichsbundes für Vogelschutz* beteiligt. Seine beim Brand des Schlosses Hundisburg im November 1945 teilweise zerstörte und durch Umlagerungen in der Nachkriegszeit zerstreute Slg. befindet sich gegenwärtig, weitgehend zusammengeführt, im Mus. Heineanum in Halberstadt.

W: Die Vogelarten des Kreises Neuhaldensleben, in: Aus dem Aller-Verein, 1911, *32–56* (auch sep.); Die Vogelarten des Kreises Neuhaldensleben, in: → Franz Bock, Heimatkunde des Kreises Neuhaldensleben, 1920, *54–63*; Artenverz. der Vogelslg. von G. v. N. in Hundisburg, Kr. Neuhaldensleben, Reg.-Bez. Magdeburg, 1925, 1930, 1936; Meine Vogelslg. mit Beobachtungen aus den Jahren 1904–1939, in: Beiträge zur Avifauna Mitteldtls 3, 1939 (Sonderh.), *1–26*. – **N:** Lilly v. N., Detmold; Gottlob N., Bensheim-Auerbach. – **L:** Ludwig Gebhardt, Die Ornithologen Mitteleuropas, 1964, *254*; Lilly v. N., Fam.-Chronik, Ms. 1964; Reinhold Brennecke, Das Lebenswerk des Ornithologen G. v. N. (1884–1948), in: Js. des KrMus. Haldensleben 25, 1984, *77–82*; ders., G. v. N. (1884–1948) als Ornithologe und Vogelsammler, in: Js. der Mus. des Ohrekreises 5, 1998, *55–82* (*B). – **B:** Gottlob N., Bensheim-Auerbach.

Guido Heinrich

Nathusius, *Heinrich* **Engelhard von** (seit 1861)
geb. 15.09.1824 Althaldensleben, gest. 12.09.1890 Westerland/Sylt, Gutsbesitzer, Landwirt, Politiker, Geh. Rat.

Der als 7. Kind des → Johann Gottlob N. Geborene übernahm nach abgeschlossener (Privat-)Schulbildung 1849 von seinem Bruder → Philipp v. N. nach dessen Verzicht das Gut Althaldensleben. 1854–63 hatte er das Amt des Landrats des Kreises Neuhaldensleben inne. N. heiratete die Tochter des bekannten Schafzüchters → Rudolf Behmer und hatte mit ihr 13 Kinder. Besonders als Pferdezüchter erwarb sich N. einen Namen. Früher passionierter Züchter edler Pferde, ging er in den 1860er Jahren zur Zucht schwerer Arbeitspferde (Clydesdales) über und konnte für die Anerkennung dieser Zuchtrichtung durch persönlichen Einfluß und seine Schriften (s.u.) ao. viel bewirken. N. hielt das Clydesdale-Gestütsbuch für Dtl. Von seinem Schwager Rudolf Behmer beraten, hielt N. eine Merinofleischschaf-Stammherde. Auch machte er sich um das landwirtsch. Ausstellungswesen einen Namen und brachte 1852 die ersten Drillmaschinen nach Dtl. N. gehörte zu den Wegbereitern der Dampfbodenkultur. Als anregender

Landwirt trat er in zahlreichen Vereinigungen hervor, z. B. als Dir. des *Landwirthsch. Vereins im Kreise Neuhaldensleben und Umgegend* (gegründet 1847, ca. 400 Mitglieder in 138 Ortschaften), als Mitglied im Vorstand des *Landwirthsch. Central-Vereins der Provinz Sachsen*, als Mitglied des *Magdeburger Vereins für Landwirthschaft und landwirthsch. Maschinenwesen*, als Vors. des Komitees für die Berliner Mastviehausstellung, der *Dt. Viehzucht- und Heerdbuch-Ges.* und als Mitbegründer der *DLG* (im Vorstand – Abt. Tierzucht). Zudem gehörte N. als Konservativer dem Provinzialrat der Provinz Sachsen an und war im Ausschuß der *Magdeburg-Halberstädter-Eisenbahn-Ges.* Ebenso war er Vorsteher der Rettungshäuser für sittlich verwahrloste Kinder in Althaldensleben und Hillersleben.

W: Bemerkungen über Lichtbilder von Thieren, in: Zs. des landwirthsch. Central-Vereins der Provinz Sachsen 21, 1864, *82–84*; Über die Lage der Landespferdezucht in Preussen, 1872; Mitthlgg. über Dampfbodenkultur (auf dem Congress dt. Landwirthe), in: Zs. des landwirthsch. Central-Vereins der Provinz Sachsen 31, 1874, *101–104*; Das schwere Arbeitspferd mit besonderer Rücksicht auf den Clydesdale. Reiseeindrücke, Erfahrungen und Betrachtungen, 1882; Über die Zucht schwerer Arbeitspferde und die Mittel zu ihrer Beförderung in Preussen, 1885; (Hg.) Dt. Poland-China-Schweine-Heerdbuch (mit J. C. Funch und Heinrich von Mendel), 1886. – **L:** Heinrich von Mendel, H. v. N. – Althaldensleben (†), in: Zs. des landwirthsch. Central-Vereins der Provinz Sachsen 47, 1890, *321ff.* (***B***); ders., H. v. N. (†), in: Jb. der DLG 6, 1891, *251–262* (***R***); → Wilhelm v. N., H. v. N. (†), in: Landwirtsch. Jb. 20, 1891, *237–260*; Brockhaus Konversations-Lex., Bd. 12, ¹⁴1894, *192*; → Simon v. N., Die Althaldensleber Clydesdale-Zucht, in: Dt. landwirtsch. Presse 28, 1901, *1149ff.*; Konrad zu Putlitz/Lothar Meyer (Hg.), Landlex., Bd. 4, 1913. – **B:** *Jb. der DLG 20, 1905 (Frontispiz); Mus. Haldensleben.

Heinz Nowak

Nathusius, *Hermann* Engelhard von (seit 1840)
geb. 09.12.1809 Althaldensleben, gest. 29.06.1879 Berlin, Gutsbesitzer, Landwirt, Tierzüchter.

Der älteste Sohn des → Johann Gottlob N. wuchs auf dem väterlichen Gütern Althaldensleben und Hundisburg auf, wurde zunächst durch Privatlehrer erzogen und besuchte anschließend das Gymn. des Klosters U. L. F. in Magdeburg, das Realgymn. in Braunschweig sowie ab 1826 das Collegium Carolinum Braunschweig. 1827–30 studierte N. an der Univ. Berlin Naturwiss. mit dem Schwerpunkt Zoologie und publizierte in dieser Zeit bereits erste botanische und zoologische Forschungsergebnisse. Er erlernte anschließend die kaufmännische Buch- und Geschäftsführung im Magdeburger Handels- und Fabrikgeschäft seines Vaters und übernahm 1831 das Gut Hundisburg. Hier widmete er sich zunächst weiteren naturwiss. Untersuchungen (anatomische, morphologische und physiologischen Studien), die Grundlage für seine späteren Forschungen zur Tierzucht und Rassenkunde wurden, und pflegte intensiven Kontakt mit Hallenser Wissenschaftlern. Nach dem Tod seines Vaters 1835 übernahm N. die Verwaltung der Fabrikbetriebe und Gutswirtschaften, löste die in Althaldensleben installierte Porzellan- und Steingutfabrik auf und errichtete dort mit seinem Bruder → Philipp v. N. eine Rübenzuckerfabrik nach neuerem System. Er reorganisierte und vergrößerte das Gut Hundisburg und wandte sich fast gänzlich der Landwirtschaft zu, der er durch Einführung neuer englischer Verfahren (Drillsaat bei Rübenkulturen, Entwässerung des Ackerbodens durch Tonröhrensysteme) sowie ertragreicher englischer Weizensorten eine innovative Ausrichtung gab. N. beschritt auch in der Tierzucht neue Wege. Er führte gezüchtete Shorthorn-Rinder und Schweine aus England ein, um einheimische Viehstämme hinsichtlich der Fleischproduktion zu veredeln, und züchtete zu diesem Zweck englische Southdown- und Leicesterschafe in Stammesreinheit fort oder kreuzte sie mit Merinos. N. widmete sich zudem erfolgreich der Vollblut-, später auch der Warm- und Kaltblut-Pferdezucht für wirtsch. Zwecke und importierte englische Zuchtpferde. Als Mitbegründer des *Dt. Jockey-Clubs* gab er Anregung zur Gründung von Pferdezuchtvereinen, richtete einen Rennstall ein und weckte damit das regionale Interesse für Pferdezucht und Rennsport. Grundlage dieses Erfolgs war die intensive Auseinandersetzung mit tierzüchterischen Fragen, bei der N. allein auf der Basis methodischer Überlegungen und exakter Beobachtungen bis heute gültige Züchtungsgrundsätze entwickelte, die prinzipiell von der sog. Konstanztheorie der gängigen Mentzel-Weckherlinschen Schule (Vorrang der reinen Rasse und ihrer Konstanz bei der Zuchtwahl) abwichen und u. a. die Bedeutung des Einzeltieres und seiner Leistungsfähigkeit betonten. N. trug im Verlauf seiner wiss. Forschungen nicht nur eine bedeutende Slg. zoologisch wertvollen Materials zusammen (Wollproben, Serien von Tierfotografien, große Schädelslg.), sondern profilierte sich in einem sachlich geführten Meinungsstreit mit Charles Darwin als bedeutender Gegner seiner Deszendenztheorie, der N. aus religösen Gründen nicht folgen konnte. Bereits seit Ende der 1830er Jahre stark im landwirtsch. Vereinswesen engagiert, avancierte N. 1856 zum Mitglied der *Centraldirektion der landwirtsch. Vereine der Provinz Sachsen* und bekleidete 1863–69 das Amt des Dir. des *Landwirtsch. Centralvereins der Provinz Sachsen*. Er hatte bedeutenden Anteil an der Gründung des höheren landwirtsch. Lehrinst. an der Univ. Halle (1864) sowie an der Verlegung der landwirtsch. Versuchsstation von Großkmehlen nach Halle, wirkte bei der Begründung der *Dt. Ackerbaugesellschaft* mit und initiierte bedeutende Ausstellungen dieser Ges. 1863 in Hamburg und 1865 in Dresden. 1862 wurde N. zum Mitglied und 1869 zum Präsidenten des von ihm in der Folge reorganisierten *Kgl.-preuß. Landesökonomie-Collegiums* ernannt. Gleichzeitig erhielt er eine Berufung als Vortragender Rat in das Ministerium für Landwirtschaft, wo er das Dezernat für landwirtsch. Unterrichtswesen leitete. 1870 auch zum Mitglied des Norddt. Bundesrates gewählt und mit der Leitung des landwirtsch. Lehrinst. in Berlin betraut, verlegte er seinen Wohnsitz dauerhaft nach Berlin. Bereits 1840 bei der Huldigung Friedrich Wilhelms IV. in den Adelstand erhoben, stand N. in engem Kontakt mit dem alteingesessenen Landadel der Region, u. a. mit → Eduard und → Albrecht von Alvensleben, August von Gneisenau und der Fam. des Neuhaldensleber Landrats Otto August von Veltheim. Als Vertreter der Ritterschaft wurde N. zum Mitglied der sächsischen Provinzialstände gewählt, gehörte dem vereinigten Landtag an und verfocht strikt konservativ-royalistische Positionen.

W: Ansichten und Erfahrungen über die Zucht von Schafen zum Zweck der Fleischproduction (Fleisch-Schafen), 1856; Ueber Shorthorn-Rindvieh. Mit einem Anhang über Inzucht, 1857; Ueber die Racen des Schweines, 1860; Ueber Constanz in der Thierzucht, 1860; Vorträge über Viehzucht und Rassenkenntniß (2 Bde), 1872–1880; Abh. über die Schädelform des Rindes, 1875; Ueber die sog. Leporiden, 1876; → Wilhelm v. N. (Hg.), Kleine Schriften und Fragmente über Viehzucht, 1880 (**B**). – **L:** NDB 18, *749f.*; ADB 23, *277–283*; N. N., H. v. N. † in seiner Bedeutung als Naturforscher und Landwirth, in: Magdeburgische Ztg. Nr. 373, 1879; Wilhelm v. N., Rückerinnerungen aus dem Leben des Bruders H. v. N., in: ders. (Hg.), Vorträge über Viehzucht und Rassenkenntnis, 1880; N. N., H. v. N., in: Journal für Landwirtschaft 28, 1880, *1–8* (***B***); Gustav Comberg, Die dt. Tierzucht im 19. und 20. Jh., 1984. – **B:** Familienarchiv v. N., Hundisburg (priv.).

Guido Heinrich

Nathusius, Hermann Johannes Joachim *Martin*, Dr. rer. pol.
geb. 08.03.1883 Magdeburg, gest. 04.03.1941 München, Fabrikant.

N. entstammte einer alteingesessenen Kaufmannsfam. und war der Sohn des Gottlob August N., des Inhabers der 1785 durch → Johann Gottlob N. gegründeten Tabak- und Zigarettenfabriken in Magdeburg und Calbe. Dem Besuch des Gymn. des Klosters U. L. F. in Magdeburg folgte eine Ausbildung an der Kadettenanstalt. Im März 1902 trat N. als Leutnant in die Armee ein und diente im I. WK als Generalstabsoffizier. Zuletzt im Kriegsministerium eingesetzt, schied der im Krieg mehrfach ausgezeichnete N. im März 1920 als Major aus dem aktiven Dienst aus. Nach seiner Militärzeit studierte er Volkswirtschaft an den Univ. in Berlin und Würzburg, wo er auch prom. Im Anschluß war N. zunächst Praktikant und später Angestellter der landwirtsch. Maschinenfabrik *H. F. Eckert AG* in Berlin. 1923 übernahm er als Dir. die Leitung der *Maschinen- und Armaturenfabrik Magdeburg-Buckau* (vormals *C. Louis Strube AG*). 1926 trat er als Mitinhaber in die von seinem Schwiegervater → Eugen Polte gegründete Maschinen-, Armaturen- und Munitionsfabrik ein, die er gemeinsam mit seinem Schwager → Arnulf Freiherr von Gillern leitete. Neben seinen unternehmerischen Verpflichtungen engagierte sich N. für die allg. Entwicklung der Wirtschaft in Magdeburg und deren Umfeld. N., der von den wirtsch. Konsolidierungsplänen der Nationalsozialisten überzeugt war, trat 1929 der *IHK Magdeburg* bei und wurde bereits Anfang 1931 zu deren Vizepräsidenten gewählt. Neben seiner Präsidiumsarbeit zu allg. wirtsch. Fragen widmete er sich besonders der Problematik der Niedrigwasserregulierung der Elbe. Als Amtsleiter der NSDAP war er Gauwirtschaftsberater des Gaus Magdeburg-Anhalt, Vors. des beim *Reichsstand der Dt. Industrie* gebildeten Hauptausschusses für industriellen Luftschutz, SS-Sturmbannführer und Ratsherr der Stadt Magdeburg. N. erlag einer schweren und langwierigen Krankheit, die ihn bereits 1939 zur Niederlegung der Firmenleitung der *Polte AG* und im Folgejahr zur Aufgabe der Position des Gauwirtschaftsberaters zwang.

W: Die wirtsch. Struktur des Gaugebietes Magdeburg-Anhalt, 1936. – **L:** Reichshdb 2, *1304* (**B**).

Horst-Günther Heinicke

Nathusius, Johann *Gottlob*
geb. 30.04.1760 Baruth/Niederlausitz, gest. 23.07.1835 Althaldensleben, Unternehmer.

Der Sohn eines Steuereinnehmers zählte zu den herausragendsten und risikofreudigsten Unternehmern des frühen 19. Jhs. Nach einer entbehrungsreichen Kindheit konnte er aus finanziellen Gründen nicht studieren, sondern mußte ab 1774 in die kaufmännische Lehre zu einem Berliner Materialwarenhändler gehen. Als Autodidakt eignete er sich in der Freizeit volkswirtsch. Wissen an und las Bücher der englischen Nationalökonomen, u. a. das Werk von Adam Smith „Über den Nationalreichtum". 1780 schloß N. die Lehre erfolgreich ab und wurde Handlungsdiener. Vier Jahre später stellte ihn der Kaufmann Sengewald in seinem Magdeburger Handelshaus als Buchhalter an, das N. nach dem Tod des Inhabers 1785 gemeinsam mit einem Teilhaber (Johann Wilhelm Richter) übernahm und unter der Fa. *Richter-N.* weiterführte. Große Bedeutung für die Entwicklung des Unternehmens hatte der 1786 nach dem Tod Friedrich II. erfolgte Thronwechsel in Preußen. Als der neue König Friedrich Wilhelm II. das staatl. Tabaksmonopol aufhob, regte N. seinen Partner zur Gründung einer Tabakfabrik an, die Mitte 1787 bereits 60 Arbeiter beschäftigte und wirtsch. sehr erfolgreich war. Mit Sachkenntnis und unternehmerischem Risiko bemühte sich N. um die Konsolidierung des Betriebes. Als beispielsweise 1792 in Hamburg eine große Ladung Tabak, der angeblich durch Nässe verdorben war, keinen Abnehmer fand, griff N. zu und erwarb den gesamten Posten für einen sehr geringen Preis. Nach Trocknung und chemischer Behandlung war der Rohstoff voll verwendungsfähig. Mit dem aus dem Verkauf dieses Tabaks erzielten Erlös stand das Unternehmen auf gesicherten finanziellen Füßen, so daß es fast allein die gesamte Monarchie mit Schnupftabak versorgte. Nach einer kurzzeitigen Unterbrechung – in Preußen war die staatl. Tabakregie wieder eingeführt und N. zum Generaldir. der kgl. Fabriken ernannt worden – nahm um die Jahrhundertwende die Fabrikation seines eigenen Unternehmens in Magdeburg einen großen Aufschwung. 1801 hatte N. 300 Beschäftigte und war reichster Bürger Magdeburgs. Der allg. anerkannte Unternehmer hatte auch ein Gespür für andere zukunftsträchtige Wirtschaftszweige. Ihm ist es nachweislich zu verdanken, daß seit Anfang des 19. Jhs im Magdeburger Raum die Zichorie angebaut wurde (die gedarrte Zichorie war die Grundlage für ein beliebtes Kaffeegetränk im 19. Jh.). Die Besetzung Magdeburgs durch napoleonische Truppen und die Eingliederung des Hzts Magdeburg in das Königreich Westfalen machten es für den erfolgreichen Fabrikbesitzer und Wirtschaftsfachmann unumgänglich, sich den gesellschaftlichen Erfordernissen zu stellen und Aufgaben in der politischen Repräsentation zu übernehmen. So vertrat er das Elbedepartement im Reichstag, der in der westfälischen Hauptstadt Kassel tagte. Da ihn die politischen Aufgaben nun oft an Kassel banden, mietete er dort bei der Fam. Engelhard eine Wohnung. Eine Tochter der Engelhards wurde 1809 seine Frau. Mit dem Jahre 1810 begann die fruchtbarste und bedeutsamste Periode seines Lebens. Er kaufte das in der Nähe von Magdeburg gelegene säkularisierte Kloster Althaldensleben und ein Jahr später das Barockschloß Hundisburg, das er im Sommer 1812 zum Wohnsitz wählte. Mit dem Kauf dieser Güter gelang es ihm, den Anbau landwirtsch. Produkte und deren verfeinerte Verarbeitung zu verbinden. So betrieb er eine Nudelfabrik, eine Brennerei, eine Stärkefabrik, eine Obstwein- und Essigfabrik und war ein Pionier der jungen Rübenzuckerindustrie. Er betrieb von 1813 an eine Rübenzuckerfabrik, die er aber 1816 wegen fehlender Rentabilität aufgeben mußte. Gleichzeitig begann er die auf seinen Besitzungen lagernden Bodenschätze aufzuschließen und zu verarbeiten. Mit dem Abbau von Gips und Ton, der Einrichtung einer Ziegelei und Töpferei und mit der Anlage des Steinbruchs entstanden neue Erwerbszweige. Aus der ursprünglichen kleinen Töpferei entwickelte sich nach 1815 in Althaldensleben eine Steingutfabrik, die später sogar Porzellan herzustellen begann. Damit legte N. den Grundstein für die Keramischen Werke. Den von ihm begründeten Unternehmenskomplex kann man wegen seiner engen organisatorischen Verknüpfung als ersten gemischten Konzern in Dtl. im Zeitalter der beginnenden Industrialisierung bezeichnen. Neben der Leitung der Fabriken beschäftigte sich N. sehr intensiv mit der Gartengestaltung. Bereits in Magdeburg hatte er auf dem Werder einen Garten und Gewächshäuser anlegen lassen. Zwischen Althaldensleben und Hundisburg entstand ein großer englischer Garten, mit dem sich N. ebenso ein bleibendes Denkmal setzte wie mit der Doppelkirche in Althaldensleben. Seine Unternehmungen erlangten int. Bekanntheit. Lit. Anklang fanden sie u. a. bei Goethe in „Wilhelm Meister", bei → Clemens Brentano in „Kommanditchen" und bei → Carl Immermann in „Die Epigonen". Der nach dem Ende der Napoleonära in Preußen einsetzenden politischen Entwicklung stand er sehr aufgeschlossen gegenüber. Enttäuscht von der Nichteinhaltung des kgl. Verfassungsversprechens setzte er sich als Abgeordneter des provinzialsächsischen Landtages für politische und wirtsch. Reformen ein. Im Kontakt mit Gleichgesinnten machte er Front gegen die Konsolidierung der alten Macht, hoffte auf Erfolge der bürgerlichen Opposition. Mit großer Anteilnahme verfolgte er den Freiheitskampf der Griechen, und er erwartete von der franz. Julirevolution 1830 Auswirkungen auf Preußen. Neuerwerbungen in Königsborn und Meyendorf erweiterten seinen Besitz. Nach mehreren Krankheiten verstarb N. im Jahre 1835 und wurde in dem von ihm angelegten englischen Garten beigesetzt.

L: NDB 18, *748f.*; ADB 23, *271–276*; Neuer Nekr 13, 1837, *609–626*; Mitteldt Leb 2, *60–81* (***B***); Elsbeth von N., J. G. N. Ein Pionier dt. Industrie, 1915 (***B***); K. Ulrich, Zur Gesch. der Zuckerfabrik Althaldensleben, 1926. – **B:** *Mus. Haldensleben.

Roswitha Willenius

Nathusius, *Johanne* **Philippine**
geb. 18.11.1828 Althaldensleben gest. 28.05.1885 Althaldensleben, Stifterin, Malerin.

J., jüngstes Kind des Unternehmers → Johann Gottlob N. und seiner Frau Luise, geb. Engelhard, wuchs im engen Familienkreis auf. Unterrichtet wurde sie von den Hauslehrern ihrer sechs Brüder und besuchte später auf mehreren Reisen, von denen sie phantasievolle, kritische, witzige Briefe schrieb, vereinzelt Vorlesungen. Von ihrer Mutter wurde sie zu einer dem reformierten Bekenntnis verbundenen nüchternen und toleranten Religiosität geführt. Mit etwa 14 Jahren rief sie eine Strickschule für Mädchen ins

Leben, die sie 40 Jahre leitete. 1849 übernahm sie auch die Sorge für das noch junge Mädchenrettungshaus in Althaldensleben. Hier erkannte sie mit ihrer feinen Beobachtungsgabe die besondere Notlage eines geistig behinderten Mädchens. Durch zwei ihrer Brüder, beide Abgeordnete im Provinziallandtag, veranlaßte sie 1858 eine Zählung „der Cretinen und Blödsinnigen" und machte damit als eine der ersten in Preußen öffentlich auf deren soziale Vernachlässigung aufmerksam. Versuche, die Reg. zur Gründung einer Anstalt zu bewegen, scheiterten. Unterstützung für private Einrichtungen war jedoch zu erwarten. So gründete N. 1861 aus eigenen Mitteln das Elisabethstift und gewann die Witwe des nach einer schweren Krankheit geistig behindert verstorbenen Königs Friedrich Wilhelm IV. zur Namenspatronin und Protektorin. Während ihre Brüder → August v.N, ihr engster Mitarbeiter, und → Philipp v. N., bereits Vorsteher vom Lindenhof, die offiziellen Ämter als Vorstände wahrnahmen, prägte N. durch ihre Persönlichkeit das Leben in den Häusern im Sinn einer nicht verwahrenden, sondern fördernden Pädagogik. Auch betreute sie die Wirtschaft und führte die Kassenbücher. Nach dem Tod ihres Bruders Philipp wurde sie 1873 selbst zum Vorstandsmitglied ernannt. Bis zu ihrem Tod 1885 war sie es, die ebenso diplomatisch geschickt wie konsequent das Stift faktisch leitete. Gefördert von ihrer Schwester Luise hatte sie sich auch der Malerei zugewandt. Im Vordergrund stand jedoch für sie nicht die Kunst. Vielmehr waren ihre Bilder gemalte Gebete. Im Mittelpunkt standen Blumen und Bäume, die sie als Gleichnisse göttlicher Geheimnisse verstand und malte. 1859 schmückte sie die Kirche in Althaldensleben (Öl auf Holztafeln, zum Teil dort erhalten), 1881 gestaltete sie die Altarwand einer Kapelle des Elisabethstifts (Öl auf Holz, nicht erhalten). In den 1860er Jahren schuf sie eine Bilderfolge von 28 Tafeln (Öl auf Holz, drei erhalten), die 1869 stark vereinfacht als Lithographieband unter dem Titel „Die Blumenwelt nach ihrer Namen Sinn und Deutung" erschienen (erhalten). In den 1870er Jahren folgten 200 Blätter, auf denen sie mit Tusche, Öl und Aquarellfarben alle in der Bibel genannten Pflanzen zu einem „Garten der Heiligen Schrift" ordnete und kommentierte (nicht erhalten). Beiden Bilderfolgen ging systematisches Bibel-, Lit.-, Sprach- und Naturstudium voraus. Weitere Arbeiten schenkte sie dem Elisabethstift (ein Ölbild erhalten). Sie trugen dazu bei, seiner Pädagogik den fördernden Charakter zu geben, durch den das schnell wachsende Stift, besonders seine Schulpädagogik, bis zur Weimarer Zeit zum Vorbild für andere Einrichtungen wurde. Während des Ns. fielen nahezu alle seine Bewohner den sog. Euthanasiemaßnahmen zum Opfer. Nach dem Wiederaufbau zur Zeit der DDR ist es heute wieder, vereinigt mit dem von Philipp v. N. gegründeten Lindenhof, unter dem Namen „Neinstedter Anstalten" die größte ev. Einrichtung für geistig behinderte Menschen in Sa.-Anh.

L: → Wilhelm v. N., J. P. N. Aus ihrem Leben mitgeteilt. o. J. [ca. 1886]; Elsbeth v. N., Erinnerungen an Johanne, o. J. [1907]; Eva Hoffmann-Aleith, Johanne (Roman), 1980; Akten der Neinstedter Anstalten: VWRE 1861ff.; Akten der Neinsteder Anstalt JbE 1861ff.; Lilly v. N., J. G. N. und seine Nachkommen, Ms. Detmold 1964; Familienarchiv v. N./N., Bensheim. – **B:** Neinstedter Anstalten: Ölgemälde; *Mus. Haldensleben.

Ursula Schmiedgen

Nathusius, *Marie* Karoline Elisabeth Luise, geb. Scheele geb. 10.03.1817 Magdeburg, gest. 22.12.1857 Neinstedt/Harz, Schriftstellerin.

Die Tochter eines Pfarrers und späteren Superintendenten wuchs in Calbe/Saale auf und erhielt nur eine dürftige Schulbildung. Sie begleitete ihren Vater jedoch häufig auf Visitationsreisen und erwarb sich gute Fähigkeiten in der Beobachtung von Menschen aller Schichten. Seit 1834 führte sie ihrem Bruder, der als Lehrer stets einige Jungen in Pension hatte, zunächst in Magdeburg, dann in Eickendorf den Haushalt. Hier hatte sie Gelegenheit, unmittelbar pädagogische und jugendpsychologische Erfahrungen zu sammeln. 1841 heiratete sie den Fabrikantensohn, Gutsbesitzer und Liederdichter → Philipp N. (geadelt 1861). Von Beginn der Ehe an wandte das Paar viel Zeit und Mühe an karitative Tätigkeiten. So gründeten sie u. a. eine Kleinkinderbewahranstalt in Althaldensleben, betrieben seit 1850 ein Rettungs- und Brüderhaus auf dem neuerworbenen Gut Neinstedt und stifteten damit für ihre Region eine Tradition christlicher Nächstenliebe und Sozialfürsorge für Bedürftige im Sinne der Inneren Mission. N. begleitete ihren Mann auf mehreren Reisen in das europäische Ausland und legte hierzu sowie zu ihren Kindern Aufzeichnungen in Tagebuchform an. Ihre ersten Erzählungen veröffentlichte sie im *Volksbl. für Stadt und Land*, das ihr Mann seit 1849 leitete. Vom Elternhaus her stark religiös, durch eine Tante in Magdeburg auch pietistisch geprägt, zeichnen die meisten ihrer Texte ein christlich-konservatives Weltbild und boten insbesondere jungen Menschen Identifikationsmöglichkeiten mit frommen, aber selbstbewußten lit. Figuren, die sich gegen gesellschaftlich akzeptierte Normen auf ihre christlichen Überzeugungen berufen. Ihr erster großer Erfolg war das „Tagebuch eines armen Fräuleins" (1854, ¹⁴1886), der nur noch durch den Roman „Elisabeth. Eine Gesch., die nicht mit der Heirath schließt", 1858 von ihrem Mann posthum veröffentlicht, übertroffen wurde. Daneben entstanden zahlreiche Erzählungen, die, Autobiographisches und Zeitgeschichtliches einbeziehend, mit feinem Humor und in lebendiger Erzählweise die Auseinandersetzung junger Menschen mit der Welt schildern und dabei Rat und Vorbilder schaffen wollen. N., die sich autodidaktisch musikalische Kenntnisse angeeignet hatte, komponierte und arrangierte auch und hatte u. a. Anteil an der Vertonung einiger Lieder Hoffmann von Fallerslebens. Nach ihrem frühen Tod veröffentlichte ihr Mann ihre Texte in den „Gesammelten Schriften", gab ihre Lieder heraus und arrangierte ihre Tagebucheinträge und Briefe zu einem ausführlichen Lebensbild. Einige Werke der N. wurden in zahlreiche europäische Sprachen übersetzt und bis etwa 1920 immer wieder aufgelegt. Nicht wenige gingen in volkstümliche Reihen ein. Auch die Gesamtausgabe erlebte noch mehrere Auflagen.

W: Langenstein und Boblingen, 1855, ¹⁶1888; Gesammelte Schriften (15 Bde), 1867–69. (*B*). – **L:** ADB 23, *283–285*; Kosch LL 11, *52–54*; Killy 8, *335*; Klaus Doderer (Hg.), Lex. der Kinder- und Jugendlit., Bd. 2, 1982, *533f.*; [Philipp v. N.], Lebensbild der heimgegangenen M. N. geb. Scheele (3 Bde), 1867–69 (zuerst 1866); Elise Gründler, M. N. Ein Lebensbild, 1893, ²1909; Sieglinde Bandoly, Die Fam. N. und die Brüder Grimm, in: Js. des KrMus. Haldensleben 32, 1992, *73–88*; Susanne Kleiner, M. N. (1817–1857). Eine liedschaffende Frau im bürgerlichen Protestantismus des 19. Jhs. Schriftliche Hausarbeit zur ersten Staatsprüfung für das Lehramt an Gymnasien, Ms. Würzburg 1995; Detlev Gärtner, „Es dichtet für mich genug der ganze Park". Althaldensleben-Hundisburg im Spiegel der Lit. des 19. Jhs, 1997; Vf., M. N. Frauenlit. im 19. Jh., in: Gunter Schandera/Michael Schilling (Hg.), Prolegomena zur Kultur- und Literaturgesch. des Magdeburger Raumes, 1999, *233–251*. – **B:** Mus. Haldensleben; Neinstedter Anstalten: Ölgemälde.

Heike Steinhorst

Nathusius, *Philipp* **von** (seit 1861), Dr. phil.
geb. 04.05.1842 Althaldensleben, gest. 08.07.1900 Berlin-Grunewald, Gutsbesitzer, Schriftsteller, Redakteur.

N. wurde als ältester Sohn des → Philipp Engelhardt v. N. und dessen Ehefrau → Marie, geb. Scheele, in Althaldensleben geb., wo er auch seine Kindheit verbrachte. Er studierte Jura und Gesch., erlernte die Landwirtschaft und trat 1865 den Besitz des Rittergutes Ludom im Kr. Obornik an. Im Herbst 1872 übernahm N. die Redaktion der *Kreuzztg.* in Berlin, legte sie 1876 nieder und kehrte nach Ludom zurück, behielt aber die Leitung des von ihm gegründeten *Reichsboten* (1873ff.). Er beteiligte sich 1876 an der Gründung der Dt.-konservativen Partei, die in Opposition zu → Otto von Bismarcks innerer Politik stand und für die er 1877 bis Mitte 1878 dem Dt. Reichstag angehörte.

W: Conservative Partei und Ministerium, 1872; Die Zivilehe, 1872; Ständische Gliederung und Kreisordnung, 1872; Conservative Position, 1876; (Hg.) Dt. Enzyklopädie (3 Bde), 1885–90. – **L:** BioJb 5; Meyers Konversations-Lex., Bd. 14, ⁶1908, *442*; Wilhelm Kosch, Biogr. Staatshdb., 1963, *904*; Max Schwarz, Biogr. Hdb. der Reichstage, 1965, *410*; → Willi Koch, Bedeutende Haldensleber, in: Js. des KrMus. Haldensleben 7, 1966, *31*.

Heinz Nowak

Nathusius, *Philipp* **Engelhard von** (seit 1861)
geb. 05.11.1815 Althaldensleben, gest. 16.08.1872 Luzern, Unternehmer, Stifter, Hg., Journalist.

Als Sohn des Unternehmers → Johann Gottlob N. wuchs N. im Kreis seiner sieben Geschwister auf dem väterlichen Gut auf. Durch Hauslehrer wie sein älterer Bruder → Hermann vorwiegend in naturwiss. Fächern unterrichtet, sollte er auf die Leitung der Betriebe vorbereitet werden. Sein Interesse galt jedoch früh der Lit., Gesch. und Phil. Nahezu die gesamte Bandbreite der Neuerscheinungen nahm er in sich auf und verarbeitete das Gelesene in subjektiven, weniger mit Vernunft und Systematik als mit Empfindung und Gefühl urteilender Innerlichkeit in Tagebuchnotizen, Briefen und zwei Gedichtbändchen. Seine romantische Sehnsucht nach Freiheit sah er im Liberalismus verwirklicht. Begeistert übersetzte er Berangers Lieder ins Deutsche, und als 1835 Bettine von Arnims „Briefwechsel mit einem Kinde" erschien, gehörte N. zum Kreis ihrer Jünger und wurde der von ihr am meisten geschätzte. Sechs Monate lebte er in Berlin, übernahm die Korrektur der zweiten Ausgabe ihres „Goethebuches" und fand Zutritt zu den romantisch-liberalen Kreisen. Auf Drängen der Fam. kehrte er 1837 nach Althaldensleben zurück. N.' Briefwechsel mit von Arnim, von ihr später unter dem Titel „Ilius Pamphilius und die Ambrosia" veröffentlicht (s. Werke, Bd. 3, 1995), spiegelt

N.' anschließende Wendung zu einer religiös-pietistischen Haltung, die 1841 in die Ehe mit → Marie N. mündete, und – nachdem er als Gutsbesitzer im Revolutionsjahr 1848 die Interessen seines Standes gegen die Lohnforderungen seiner Fabrikarbeiter mit „polizeylicher Gewalt" durchgesetzt hatte – einen national-konservativen Charakter annahm. Unglücklich in seiner Rolle, übertrug er 1849 sein Gut dem jüngeren Bruder → Heinrich v. N. Wenige Monate später übernahm er die Redaktion des 1844 zur Abwehr des Lichtfreundtums im Kreis der Halleschen Pietisten gegründeten *Volksblattes für Stadt und Land* und machte sie sich zur Lebensaufgabe. Nahezu zeitgleich fand auch sein soziales Engagement, welches während seiner liberalen Phase u. a. durch Unterstützung der „Göttinger Sieben" und als Gutsbesitzer durch Gründung zweier kleiner Rettungshäuser hervorgetreten war, eine endgültige Form. 1850 rief er in Neinstedt ein Knabenrettungs- und Brüderhaus, den „Lindenhof", ins Leben, dessen äußere Leitung er als Vorsteher übernahm, während die konkrete Erziehungsarbeit und Brüderausbildung einem „Inspektor", aus Wicherns Rauhem Haus geholt, anvertraut wurde. Damit schloß er sich an die seit dem Kirchentag von 1848 in die Öffentlichkeit getretene konservative soziale Bewegung der Inneren Mission an. Ab 1851 gehörte er deren Zentralrat an und wurde u. a. näher mit → Ludwig von Gerlach bekannt. Bis zu seinem Tod stellte er sich mit *Volksblatt* und „Lindenhof" in den Dienst der Inneren Mission und trug wesentlich zu ihrer Ausbreitung und Festigung bei. 1861 wurde er dafür geadelt. In seiner Frau fand er vor allem bei der journalistischen Tätigkeit tatkräftige Unterstützung. Nach Maries frühem Tod (1857) gab er eine umfangreiche Slg. ihrer Schriften heraus und ließ sie in Form eines romantisierenden Lebensbildes wieder erstehen. Aufgrund körperlicher Schwäche mußte N. sich zunehmend ärztlicher Behandlung unterziehen und starb im Alter von 56 Jahren bei einem Kuraufenthalt in der Schweiz. N.' lit. und journalistisches Schaffen zeugt weniger von originalem Denken und schöpferisch vorantreibender Kraft als von einer passiv die Zeit begleitenden Haltung, die im zeitlichen Nacheinander ein breites Spektrum neu auftauchender Kräfte in sich aufzunehmen vermochte und sie reproduzierend an ein breites Publikum weitergab. Als eindrückliches Beispiel seiner Zeit und ihrer Strömungen bleibt N.' Werk damit von dauerhaftem Interesse. Die im Neinstedter „Lindenhof" ausgebildeten „Berufsarbeiter für Innere Mission" wurden nach ganz Dtl. ausgesandt und damit zu Trägern christlicher Sozialarbeit, die charakteristisch für die Kirche des 20. Jhs wurde. Der „Lindenhof" wurde im Laufe der Jahre mit dem von N.' Schwester → Johanne N. gegründeten „Elisabethstift" unter den Namen „Neinstedter Anstalten" vereinigt. Ihre Schwerpunkte liegen heute in der Förderung geistig behinderter Menschen sowie der Ausbildung von Heilerziehungspflegern und Diakonen.

W: s.o.; Ulrich von Hutten. Volksthümliche Betrachtungen des gegenwärtigen kirchlichen Streites in Dtl., 1839; Fünfzig Gedichte, 1839; Noch funfzig Gedichte, 1841; (Hg.) Marie v. N., Gesammelte Schriften (15 Bde), 1858–1867; Lebensbild der heimgegangenen Marie N. (3 Bde), 1867–1869; (Hg.) Wilhelm von Kügelgen, Jugenderinnerungen eines alten Mannes, 1870, ¹⁶1894. – **N:** Freies Dt. Hochstift Frankfurt/Main. – **L:** ADB 23, *283–285*; Mitteldt Leb 1, *221–234* (**B**); Eleonore Fürstin Reuß, P. N.' Jugendjahre, 1896; dies., P. v. N., Das Leben und Wirken des Volksblattschreibers, 1900; Martin v. N., Fünfzig Jahre Innere Mission, 1900; Otto Steinwachs, Marie N. und der Lindenhof in Neinstedt a.H., 1912, *19ff.*; Hans Andres, P. v. N., Seine Persönlichkeit und die Entwicklung seiner politischen Gedanken bis zum Ausgang der dt. Revolution, Diss. Düsseldorf 1934; Karl-Georg Faber, Die nationalpol. Publizistik Dtls von 1866 bis 1871, Bd. 1, 1963; Detlef Gärtner, „Es dichtete für mich genug der ganze Park", Haldensleben-Hundisburg 1997; Akten der Neinsteder Anstalten; Jahresberichte des Lindenhofes, 1851ff. – **B:** *Neinstedter Anstalten, Neinstedt: Ölgemälde (Marie N. und P. v. N.).

Ursula Schmiedgen

Nathusius, Simon von (seit 1861), Prof. Dr. phil.
geb. 24.02.1865 Althaldensleben, gest. 24.09.1913 Halle, Hochschullehrer.

Der Sohn des Landrats → Heinrich v. N. auf Althaldensleben und dessen Ehefrau Luise, geb. Behmer, besuchte die Klosterschule Roßleben, legte hier 1885 das Abitur ab und studierte anschließend Jura und Gesch. in Berlin sowie Landwirtschaft in Halle. Nach der 1891 erfolgten Prom. in Halle habil. sich N. 1897 an der Univ. Breslau und wurde 1902 ao. Prof. für Tierzucht in Jena. Seit 1910 war er o. Prof. für Landwirtschaft, Ordinarius und Dir. der Abt. für Molkereiwesen und Tierzucht am Landwirtsch. Inst. der Univ. Halle. Noch als Student wurde N. Mitglied der *DLG* (1889) an deren Arbeit er den regsten Anteil nahm. 1896 wurde er in deren Sonderausschuß für Pferdezucht gewählt, der seine Sympathien und wiss. und praktischen Neigungen in erster Linie gehörten. N. führte die Messungen an Pferden zur Unterscheidung von Rasseverhältnissen in Dtl. ein. Seit 1909 besorgte er im Auftrag der *DLG* die Revision der dt. Pferdezucht-Verbände. Er trat in verschiedenen Vereinigungen hervor und war z. B. Mitglied im *Pferdezucht-Verband der Provinz Sachsen* und Mitbegründer und Vorstandsmitglied der *Dt. Ges. für Züchtungskunde*. Mit Karl Steinbrück begründete N. das *Kühn-Archiv* (1911ff.) der Univ. Halle und gab seit 1904 die Zs. *Dt. Pferdezucht* heraus. N. erhielt die „Grosse bronzene Medaille für Verdienste um die Pferdezucht". Im Herbst 1912 wurde ihm zu Ehren der „S.-v.-N.-Preis" des *Pferdezucht-Verbandes der Provinz Sachsen* gestiftet.

W: Unterschiede zwischen den morgen- und abendländischen Pferdegruppen am Skelett und am lebenden Pferd. Beitrag zur Rassenkunde von Haustieren, Diss. Halle 1891; Über Vermessungen an lebenden Pferden, in: Jb. der DLG 10, 1895, *181–213*; Die Hengste der Kgl. preuss. Landgestüte 1896–97; Ein Beitrag zur Kunde der Pferdeschläge in Dtl., in: Arbeiten der DLG, H. 43, 1899; (Hg.) Schwarzeneckers Pferdezucht. Rassen, Züchtung und Haltung der Pferde, ⁴1902; Die Pferdezucht unter besonderer Berücksichtigung des betriebswirtsch. Standpunktes, 1902; Vermessungen an Stuten, Hengsten und Gebrauchspferden. Ein Beitrag zur Kunde der Pferdeschläge, in: Arbeiten der DLG, H. 112, 1905. – **L:** BioJb 18, 1913 (*L*); Meyers Konversations-Lex., Bd. 14, ⁶1908, *422*; F. Wohltmann, Nachruf, gehalten in der Magdalenenkapelle zu Halle am 26.09.1913, in: Kühn-Archiv 3, 1913, *V-VI*; Heinz Henseler, Sein Lebensbild, ebd. 3, 1913, *VII-XIII*; ders., S. v. N. Seine Veröffentlichungen, in: ebd. 4, 1914, *425–442* (*W*); Konrad zu Putlitz/Lothar Meyer (Hg.), Landlex., Bd. 4, 1913; Fritz Dinkhauser, Tierzucht, in: Otto Keune (Hg.), Männer, die Nahrung schufen, 1952, *342–344, 542*. – **B:** UnivA Halle.

Heinz Nowak

Nathusius, *Wilhelm* Engelhard von (seit 1861), Geh. Reg.-Rat
geb. 27.06.1821 Hundisburg, gest. 25.12.1899 Halle, Landwirt, Gutsbesitzer, Politiker.

N. wurde als sechstes von acht Kindern des → Johann Gottlob N. geb. Nach abgeschlossener Vorbildung studierte er in Paris und Berlin Chemie. 1843 kaufte N. die Güter Königsborn und Wahlitz, bewirtsch. beide bis 1888 und verkaufte diese dann, um seinen Lebensabend in Halle zu verbringen. N. war ein vielseitig interessierter, engagierter Landwirt, der die Entwicklung der Landwirtschaft seiner Zeit entscheidend mit beeinflußt hat. In seinen Veröffentlichungen spiegelt sich die Breite seiner anregenden Tätigkeiten, etwa in seinen Berichten über neue Anbauarten (Mais, Topinambur, Lupinen, Futterrüben u. a.), über Guano- und Gründüngung oder Drainage. N. besprach neue Geräte und Maschinen, besonders den Betrieb des ersten Dampfpfluges in Preußen auf Königsborn 1863/64 (vorher in Wanzleben!). Er berichtete über seine Erfahrungen in der Tierzucht, insbesondere über schwere Schrittpferde, Milchkühe, Schafe, über Körordnungen und Fütterungsversuche. Die Wolle der Schafe und ihre Eigenschaften behandelte N. grundlegend, auch den Tierseuchen und ihrer Bekämpfung bzw. deren Vorbeugung wandte er sich zu. In seinen „Untersuchungen über nichtzelluläre Organismen, namentlich Krustazeenpanzer, Molluskenschalen und Eihüllen" (1877) bekämpfte er die zeitgenössische Zellentheorie. Bemerkenswert sind seine Bemühungen (mit → Hermann v. N.) um Anschauungsmittel für Tierzüchter wie Wandtafeln oder Fotografien. N. trat in vielen Vereinigungen hervor, wie im *Verein zur Anschaffung edler Halbblutstuten* (1844ff.), im *Landwirtsch. Central-Verein der Provinz Sachsen* (hier 1844ff.), wo er Mitglied der *Wiss. Deputation* (1850ff.) und der *Central-Deputation zur Förderung der Pferdezucht* sowie 1869–94 Dir. dieses Vereins war. N. gehörte dem *Kgl.-preuß. Landes-Oekonomie-Collegium* (1852–78) und seit ihrer Gründung der *DLG* an, in deren Verwaltungsrat er 1890 tätig war. Seit 1877 stand N. dem Knaben-Rettungshaus in Königsborn vor. 1855–59 gehörte er der Fraktion der Konservativen Partei um → Ludwig von Gerlach im Preuß. Abgeordnetenhaus an.

W: Tagebuch über die Versuche mit dem Fowlerschen Dampfpflug, in: Zs. des landwirtsch. Central-Vereins der Provinz Sachsen 21, 1864, *1–8, 178–181*; Das Wollhaar des Schafes in histologischer und technischer Beziehung, mit vergleichender Berücksichtigung anderer Haare und der Haut, 1865; Wandtafeln für den naturwiss. Unterricht (2 Tle), 1871–73; Die prohibitiven Körordnungen, ihre gesetzliche Zulässigkeit und wirthsch. Bedeutung, 1881; Die landwirtsch. Verhältnisse in der Umgegend, in: Fs. für die Theilnehmer der 57. Verslg. dt. Naturforscher und Ärzte in Magdeburg, 1884; Die Vorgänge der Vererbung bei Haustieren, 1891. – **L:** BioJb 4, 1900; Meyers Konversations-Lex, Bd. 14, ⁶1908, *441f.*; Heinrich von Mendel-Steinfels, Fs. des landwirtsch. Central-Vereins der Provinz Sachsen, 1893; → Simon v. N., W. v. N. (†), in: Landwirtsch. Wochenschrift für die Provinz Sachsen II, 1900, *34*; Konrad zu Putlitz/Lothar Meyer (Hg.), Landlex., Bd. 4, 1913; Christian Mommsen, Entwicklung der Pferdezucht und des Pferdezucht-Verbandes der Provinz Sachsen. Die bisher wichtigsten Blutlinien des Zuchtbezirkes. Hg. zum 25jährigen Bestehen des Pferdezucht-Verbandes der Provinz Sachsen, 1924; Ludwig Gebhardt, Die Ornithologen Mitteleuropas, 1964, *254*. – **B:** Galerie landwirtsch. Zeitgenossen, hg. zum Besten der Koppe-Stiftung, 1868.

Heinz Nowak

Naumilkat, *Hans* Christoph Karl Friedrich, Prof.
geb. 09.12.1919 Schönebeck, gest. 13.02.1994 Berlin, Komponist, Musikerzieher.

N. erhielt von 1926 bis zum Abitur 1938 seine schulische Ausbildung in Schönebeck und studierte anschließend an den Hochschulen für Lehrerbildung in Braunschweig (1938/39), für Musikerziehung in Berlin-Charlottenburg (1939/40) sowie für Musik in Halle (1948/49). Nach dem Krieg leitete er in Schönebeck die von ihm gegründete *Sing- und Spielgemeinschaft*. Ab 1950 war N. beim *Berliner Rundfunk* in verschiedenen Funktionen tätig, so als Leiter der Abt. Volksmusik, des Ressorts Musik im Kinderfunk sowie als Leiter der 1950 gegründeten Kinderchöre des Berliner Senders. Nach einer zweijährigen Zeit als freischaffender Komponist war N. ab 1957 als Musiklehrer tätig. 1961 wechselte er an die Edgar-André-Oberschule in Berlin-Friedrichshain, der auch die Kinderchöre des *Berliner Rundfunks* zugewiesen und in Chorklassen zur Intensivierung der Arbeit zusammengeführt wurden. 1962 folgte die Entlassung der Chöre aus der Obhut des Rundfunks – der eine als *Pionier- und Jugendchor Edgar André*, der andere als *Kinderchor des Berliner Rundfunks* – und die Übernahme durch den Magistrat von Groß-Berlin. 1966 zum

Prof. ernannt, leitete N. von 1968 bis 1974 das Ensemble *Edgar André* an der erweiterten Oberschule Georg Friedrich Händel in Berlin. Die Chöre des Ensembles haben sich aus dem *Kinderchor des Berliner Rundfunks* und dem *Jugendchor* – ab Kl. acht – sowie dem *Pionierchor* zusammengesetzt bzw. entwickelt. Von 1974 war N. Chorleiter und Musikerzieher an der PH Erfurt-Mühlhausen. N. komponierte hauptsächlich Vokalwerke, von denen zahlreiche eine weite Verbreitung fanden. Viele seiner Lieder, die z. T. von seiner Frau Ilse N. getextet wurden, entstanden für seine Chöre, die Schulpraxis und die Pionierorganisation. Eine sangbare, einprägsame Melodik und eine prägnante Rhythmik sind kennzeichnend. N. realisierte Rundfunkaufnahmen (z. T. regelmäßige Rundfunksendungen) und Fernsehproduktionen mit den von ihm geleiteten Chören, die zudem eine große Anzahl von Live-Auftritte bis hin zum Staatsakt absolvierten.

W: Kantaten: Die Brücke; Dtl., du liebe Heimat; Unsere Heimat; Vom Trümmerstein zum Bauprogramm, 1952; Wir wollen aufrecht gehen durch dieses Leben, 1958; Über unserer Heimat scheint die Sonne, 1959; Jeder neue Morgen bringt uns ein neues Glück, 1966; Junge Saat unterm Bohrturm, 1978; Kinder- und Pionierlieder: Fröhlich sein und singen; Wir haben Ferien und gute Laune; Vorfreude, schönste Freude; Soldaten sind vorbei marschiert. – **L:** Horst Seeger, Personenlex. Musik, 1981, *564f.*; Hella Brock/Christoph Kleinschmidt (Hg.), Jugendlex. Musik, 1983, *248*. – **B:** *Fam. N., Berlin (priv.).

Günter Bust/Sigrid Hansen

Nauwerck, *Albrecht* Gustav Bernhard, Dr. med.
geb. 21.06.1892 Möckern, gest. 26.06.1995 Möckern, Arzt, Sanitätsrat.

N. wurde als ältester praktizierender Arzt Dtls bekannt, der noch mit 98 Jahren Patienten empfing und nach einem wechselvollen Leben 103 Jahre alt wurde. N. studierte ab 1912 in Jena, Kiel und Halle Med. und wurde zu Beginn des I. WK als Feldunterarzt eingezogen. 1919 erhielt er seine Approbation als Arzt und wirkte an der Univ.-Frauenklinik Halle. Ab 1920 übernahm N. schrittweise die Praxis von seinem Vater, dem Sanitätsrat Gustav N., der in Möckern und 20 umliegenden Orten von 1889 bis 1929 als Landarzt praktizierte. Er prom. 1922 mit der Abh. „Beitrag zur Kasuistik der rhinogenen intrakraniellen Komplikationen". Zwischen den Weltkriegen leitete N. die von seinem Vater gegründete freiwillige Sanitätskolonne des *Dt. Roten Kreuzes* in Möckern. 1940 verpflichtete man N. als Oberfeldarzt in das Kriegsgefangenenlager der Dt. Wehrmacht in Altengrabow bei Loburg. N. war damit Stabsoffizier und wurde 1945, als zunächst die Amerikaner nach Altengrabow kamen, von einem vor Ort einberufenen Kriegsgericht freigesprochen. Der Urteilsfindung lagen Aussagen von amerikanischen, englischen, franz. und russischen Krieggefangenen zugrunde. Mit dem Abzug der alliierten Truppen boten ihm die Amerikaner den Umzug seiner Fam. in den Westen an. N. lehnte ab, da er sich keiner Vergehen schuldig fühlte. Nach dem Einmarsch sowjetischer Truppen wurde er als Kriegsgefangener nach Sibirien gebracht und zu lebenslangem Zuchthaus verurteilt. Nach elf Jahren Gefangenschaft in Rußland, Bautzen und Torgau schrieben seine Patienten eine Petition an Wilhelm Pieck und forderten seine Freilassung. So kam N. 1956 wieder nach Hause und nahm seine Tätigkeit als Landarzt wieder auf. Die Stadt Möckern ehrte ihn mit der goldenen Ehrennadel zu seinem 100. Geb. „Gesund leben, heißt alt werden" war sein Motto, das er von seiner Mutter Elisabeth, die 100 Jahre alt geworden war, übernommen hatte.

L: TV-Bericht zum 100jährigen Geb. A. N.s, MDR-Regional am 22.06.1992; N. N., Hundert Jahre geworden ohne ein Geheimrezept, in: Volksstimme vom 22.06.1992; TV-Bericht, Ältester praktizierender Arzt 100jährig, in: Außenseiter Spitzenreiter, MDR, Februar 1993; N. N., Seit 48 Jahren habe ich keinen Tropfen Alkohol mehr getrunken, in: Volksstimme vom 27.07.1993. – **B:** *Familienunterlagen Waltraud Ihlenfeld, geb. N., Berlin (priv.).

Udo Rönnecke

Nebel, Rudolf
geb. 21.03.1894 Weißenburg/Bayern, gest. 18.09.1978 Düsseldorf, Ing., Raketenpionier.

Der Raketenpionier, Maschinenbauing. und Erfinder erhielt seine Ausbildung in München. Hier studierte er an der TH, wo er 1919 das Ingenieurdipl. erwarb. N. entwickelte schon früh eine Leidenschaft zur Fliegerei. Mit 18 Jahren erwarb er mit einem selbstgebauten Grade-Eindecker (→ Hans Grade) den Flugschein. Damit zählte N. zu den „Alten Adlern". Im I. WK war N. Jagdflieger. Er entwickelte in diesem Zusammenhang ein Verfahren, mittels am Flugzeug angebrachter Pulverraketen den Gegner zu bekämpfen („N.-Werfer"). Nach dem Krieg war N. ein erfolgreicher Ing. und erwarb zahlreiche Patente. Zu den beruflichen Stationen gehörte auch die Tätigkeit im Technischen Büro der Fa. *Siemens & Halske* von Februar 1927 bis Ende 1928 in Magdeburg. 1929 stieß er zur Gruppe von Prof. Hermann Oberth, die mit einem Raketenbauprojekt für die Filmges. *UFA* beschäftigt war. Nach dem Mißlingen des Projektes und dem Rückzug Oberths gründete N. zusammen mit Klaus Riedel 1930 in Berlin-Reinickendorf den ersten Raketenflugplatz der Gesch. 1932 trat der Magdeburger Ing. → Franz Mengering mit N. und seiner Gruppe in Verbindung, um ihn für einen Raketenstart in Magdeburg zu interessieren. Die Magdeburger Stadtverwaltung unter Oberbürgermeister → Ernst Reuter konnte für das Projekt eines bemannten Raketenstarts gewonnen werden. Sie versprach sich davon Prestigegewinn für die Stadt und war bereit, inmitten der Weltwirtschaftskrise einen finanziellen Beitrag zu leisten. Im Januar 1933 wurde ein förmlicher Vertrag zwischen der Stadt Magdeburg und N. über den ersten bemannten Raketenstart geschlossen. Als „Raketen-Pilot" war Kurt Heinisch aus der Gruppe um N. vorgesehen. Nach vielfältigen Vorbereitungen gelang im Juni 1933 auf dem Gelände des Gutes Mose bei Magdeburg, das Amtsrat Alfred Druckenbrodt als Gelände zur Verfügung gestellt hatte, der unbemannte Start einer Modellrakete. Zu einem bemannten Versuch ist es nicht gekommen. Das Vorhaben eines bemannten Raketenstarts wurde schließlich auf Verfügung der Nationalsozialisten abgebrochen. Der kurzzeitig inhaftierte N. mußte die Raketenversuche und die Propaganda darüber einstellen. Er betrieb später mit anderen in Berlin und schließlich in Bad Wilsnack ein Ingenieurbüro, wo N. nach dem II. WK kurzzeitig eine Rolle im Kreisverband der Liberal-Demokratischen Partei (LDP) spielte. Danach ging er nach Westfalen. 1964 war er als Berater bei der *Ges. für Weltraumforschung* in Bad Godesberg tätig und wurde 1965 mit dem Bundesverdienstkreuz ausgezeichnet. In dieser Zeit erwarb N. sich Verdienste durch die umfangreiche Popularisierung des Gedankens der Weltraumfahrt. 1969 war N. Ehrengast beim Start des „Apollo 11" Mission in den USA.

W: Raketenflug, 1932; Die Narren von Tegel. Ein Pionier der Raumfahrt erzählt, 1972. – **L:** NDB 19, *15f.*; Doris Freudig (Hg.), Lex. der Naturwiss., 1996, *305*; Frank-E. Rietz, Die Magdeburger Pilotenrakete 1933. Auf dem Weg zur bemannten Raumfahrt?, 1998.

Mathias Tullner

Nebel, *Werner* **Albrecht Friedrich Karl,** Dr. med. dent. geb. 08.12.1908 Warstade bei Hannover, gest. 04.09.1987 Magdeburg, Zahnarzt, Medizinalrat.

Der Sohn eines ev. Pfarrers studierte nach dem Abitur in Tübingen und Leipzig Zahnmed. und prom. 1932 in Leipzig mit einer Arbeit zur Gesch. der Herzdarstellung. N. war ab 1933 in der Zahnklinik der Allg. Ortskrankenkasse (AOK) Magdeburg, Lüneburger Straße, tätig. Während des II. WK betreute er u. a. Verwundete und Fremdarbeiter. N. baute nach 1945 mit → Georg Wendler die AOK-Zahnklinik wieder auf, die 1948 als zahnärztliche Abt. in die Allg. Poliklinik Magdeburg übernommen wurde. Von 1956 bis 1968 leitete N. diese Abt. und richtete 1965 in dieser Tätigkeit das erste Modellgußlabor für Prothetik im Bez. Magdeburg ein. Bis 1980 war N. noch als Zahnarzt in der 1970 in Poliklinik für Stomatologie Magdeburg/Nord umbenannten zahnärztlichen Abt. (ehemals AOK-Zahnklinik) tätig. Dem hervorragenden Arzt wurde 1967 der Titel eines Medizinalrates verliehen. Neben der ausgezeichneten Anleitung von Assistenten standen seine Wissenschaftlichkeit bei der Behandlung und der Umgang mit den Patienten im Vordergrund seiner Tätigkeit. Seine Fähigkeit, Ängste zu nehmen, war sprichwörtlich.

L: Malte Bastian, Gesundheit für alle. Die Gesch. der AOK Magdeburg und ihrer Region, 1995; Chronik der Klinik für Stomatologie Magdeburg/Nord, Ms. 1988 (AOK-Archiv, Magdeburg). – **B:** *Vf., Magdeburg (priv.).

Ingeborg Schladebach

Nebelsieck, *Heinrich* **Albert Louis Karl Erich,** Dr. theol. h.c. geb. 31.08.1861 Landau/Waldeck, gest. 17.09.1950 Bad Wildungen, ev. Pfarrer.

Der Sohn des ev. Pfarrers und späteren Superintendenten in Affoldern Heinrich N. legte sein Abitur an der Alten Landesschule Korbach (humanistisches Gymn.) ab und studierte anschließend ev. Theol. in Halle und Leipzig. Seine erste Pfarrstelle erhielt er 1885 in Netze/Waldeck, übernahm 1895 eine Pfarrstelle an der Marienkirche zu Mühlhausen/Thüringen und trat 1903 sein Amt als Pfarrer und Superintendent in Liebenwerda an, wo er auch die Verwaltung des Kreisschul-Aufsichtsbezirkes I innehatte. Nach Verleihung des Verdienstkreuzes für Kriegshilfe im Juli 1917 trat N. sein Amt als Oberpfarrer und Superintendent des Kr. Neuhaldensleben in Weferlingen an. Über seine dienstlichen Aufgaben hinaus widmete er sich der wiss. fundierten Erforschung der Heimat- und Kirchengesch. Bereits während seiner Tätigkeit in Mühlhausen und Liebenwerda hatte er ortsgesch. Publikationen vorgelegt. Er veröffentlichte die Ergebnisse seiner Weferlinger Studien im *Weferlinger Anzeiger* sowie in Büchern. Sein im Verlag von → Friedrich Rath erschienenes Heimatbuch „Aus der Gesch. des ehemaligen Amtes Weferlingen" (1934) bildet noch immer die unentbehrliche Grundlage für einschlägige heimatgesch. Arbeiten. Er hielt zahlreiche Vorträge im *Heimatverein Weferlingen und Umgebung*, den er gemeinsam mit anderen Bürgern gegründet hatte und dessen Vors. er war. Mit einer kleinen Slg. begründete der Verein unter seiner Leitung ein Heimatmus. Für sein Engagement als Schriftführer des *Ver-*

eins für Kirchengesch. der Provinz Sachsen wie für seine Arbeiten zur Orts- und Landeskirchengesch. wurde ihm 1928 durch die Univ. Halle-Wittenberg die theol. Ehrendoktorwürde verliehen. Nach der 1931 auf eigenen Wunsch erfolgten Amtsentlassung verzog er nach Bad Wildungen, wo er als Mitglied des *Waldeckischen Geschichtsvereins,* zu dessen Neugründern er schon 1894 gehörte und für den er ab 1933 auch in der Schriftleitung der *Geschichtsbll. für Waldeck und Pyrmont* tätig war, bis zu seinem Tode wirkte (1948 Ehrenmitglied).

W: Reformationsgesch. der Stadt Mühlhausen i. Th., 1905; Beschreibende Darstellung der älteren Bau- und Kunstdenkmäler des Kreises Liebenwerda, 1910 (mit Heinrich Bergner); Gesch. des Kreises Liebenwerda, 1912; Die erste o. Kirchenvisitation in den zur heutigen Provinz Sachsen gehörigen Ämtern des alten sächsischen Kurkreises, 1917; Ratschläge für ortsgesch. Forschung, 1935. – **L:** Baum, Zum Gedächtnis an D. H. N. 1861–1950, in: Geschichtsbll. für Waldeck und Pyrmont 43, 1951, *1–4* (**W**); AKPS: Rep. A, Spec. P, N 18 (PA); Rep. A, Spec. G, 3977 und A 5126. – **B:** *Mus. Haldensleben.

Eberhard Pasch

Neese, Hans, Prof. Dr.-Ing.
geb. 15.12.1891 Düsseldorf, gest. 13.02.1961 Magdeburg, Ing., Schweißtechniker, Hochschullehrer.

N. war Sohn des aus Amsterdam stammenden Kaufmanns August N. Nach dem Besuch des Gymn. in Wuppertal studierte er ab 1910 Maschinenbau an der TH Braunschweig. Nach dem Vordipl. wechselte er die Studienrichtung und ging zur TH Breslau, wo er sich den Fächern Chemie und Eisenhüttenkunde widmete. Sein Studium schloß er 1916 erfolgreich mit dem Dipl. ab. Nach einer kurzen Assistententätigkeit trat N. eine Stelle als Betriebsing. in der „Gutehoffnungshütte" in Oberhausen an. Er leitete zunächst die Werkzeugmacherei und anschließend die Stahlgießerei. Hier richtete N. eine der ersten betrieblichen Großschweißereien ein und wurde damit in Dtl. zu einem Wegbereiter für geschweißte Stahlhochbauten. Er prom. 1921 an der TH Aachen zum Dr.-Ing. und machte sich drei Jahre später als beratender Ing. selbständig. 1926 beauftragte ihn die TH Braunschweig mit dem Aufbau eines schweißtechnischen Versuchsfeldes. 1929 verließ N. Dtl., um sich am Aufbau der Schweißtechnik in der Sowjetunion zu beteiligen. Von 1930–34 war er als Prof. für Schweißtechnik an der TH Nishni Nowgorod tätig. 1934 kehrte er aus persönlichen Gründen nach Dtl. zurück. In Leipzig entwickelte und vertrieb N. als Firmenberater komplette Schweißanlagen. Nach 1945 beteiligte er sich am Wiederaufbau der mitteldt. Stahlbauindustrie. 1956 wurde er als Prof. für Schweißtechnik an die drei Jahre zuvor gegründete Hochschule für Schwermaschinenbau in Magdeburg berufen. Das von ihm aufgebaute Hochschulinst. entwickelte sich rasch zu einem im In- und Ausland anerkannten wiss. Zentrum für Schweißtechnik. N. verfaßte zahlreiche wiss.-technische Abh. und Fachbücher.

W: Wiss. Betrachtung der Lichtbogenschweißung, in: Glasers Annalen für Gewerbe und Bauwesen, 1917; Versuche über elektrische Lichtbogen-Schweißung von Flußeisen und Grauguß, in: Stahl und Eisen, 1922; Kleines 1×1 für Elektroschweißer, 1936, [12]1984; Theorie und Praxis der Lichtbogenschweißung in 26 Vorträgen, 1954, 1958. – **L:** NDB 19, *28f.*; KGL 1961; Roland Müller, H. N., in: Wiss. Zs. der TH Magdeburg 27, H. 3, 1983; Bettina Gundler, Catalogus Professorum der TU Braunschweig, Bd. 2, 1991; UnivA Magdeburg. – **B:** *UnivA Magdeburg.

Manfred Beckert

Nehring, Carl Wilhelm *Alfred*, Prof. Dr. phil.
geb. 29.01.1845 Gandersheim, gest. 29.09.1904 Berlin, Hochschullehrer, Paläozoologe, Geh. Reg.-Rat.

N. studierte ab 1863 in Göttingen und Halle, prom. dort 1867 und war zunächst in Wesel und 1871–81 in Wolfenbüttel Gymnasiallehrer. 1881 wurde N. zum Prof. für Zoologie an der Landwirtsch. Hochschule in Berlin ernannt, wo er bis zu seinem Tode wirkte. Von Wolfenbüttel aus betrieb N. seit ca. 1874 seine Forschungen im nahen Thiede und in dem 60 km entfernten Westeregeln. Die Ausgrabungen einer reichen spätpleistozänen Fauna und archäologische Beobachtungen in lößgefüllten Gipsschlotten durch N. beanspruchen in mehrfacher Hinsicht forschungsgesch. Interesse. Die Totengemeinschaft der gefundenen Tiere wurde von N. als eine kennzeichnende Steppenfauna identifiziert, worauf seine These fußt, daß am Ende der Eiszeit eine ausgedehnte Steppenlandschaft im Gebiet entstanden war. Seine Funde und Forschungsergebnisse hat N. in vielen Fachzss. häufig publiziert und damit lebhafte, z. T. kontroverse Meinungsäußerungen hervorgerufen, die im Zusammenhang mit der eben erst diskutierten Theorie der Inlandvereisung wie auch der neuen Auffassung von der äolischen Bildung der Lößablagerungen ganz neue Aspekte der Gesch. des späten Pleistozän eröffneten. Vorbildlich und wegweisend waren die paläobiologische Ausdeutung der einzelnen Formen und die Gliederung der Gesamtfauna, sowie ihre Prüfung auf klimatologische und ökologische Aussagefähigkeit. Zerschlagene und angekohlte Tierknochen, Holzkohle und Silexabschläge zeichneten Westeregeln (zusammen mit Thiede bei Wolfenbüttel) zugleich als ältesten Fundplatz von Feuersteinartefakten des paläolithischen Menschen im Magdeburgischen aus – als die Stelle, wo 1875 die Koexistenz des Menschen mit den Großsäugetieren des Eiszeitalters für ganz Norddtl. zuerst festgestellt werden konnte.

W: Vorgesch. Steininstrumente Norddtls, 1874; Die quaternären Faunen von Thiede und Westeregeln, nebst Spuren des vorgesch. Menschen, 1878; Neue Beweise für die ehemalige Existenz von Steppendistricten in Dtl., in: Ausland 53, 1880, *501–505*; Über den Löß, seine Fauna und das Problem seiner Entstehung, in: 1. Jahresbericht des Vereins für Naturwiss., 1879/80, *11f*; Über Tundren und Steppen der Jetzt- und Vorzeit, mit besonderer Berücksichtigung ihrer Fauna, 1890. – **N:** Naturkundemus. Berlin. – **L:** BioJb 9, 1904; Johann C. Poggendorff, Biogr.-lit. Handwörterbuch, Bd. III/2, 1898, Bd. IV/2, 1904; E. Friedel, A. N. als Erforscher unserer Heimat, in: Brandenburgia 13, 1904/05, *289–301*; Walter Schulz, Bibliogr. zur Vor- und Frühgesch. Mitteldtls, Bd. 1: Sa.-Anh. und Thüringen, 1955; ²1962; Volker Toepfer, Westeregeln – ein klass. Fundplatz für die Forschungsgesch. des mitteldt. Pleistozäns, in: Js. für mitteldt. Vorgesch. 50, 1966, *1–20*.

Heinz Nowak

Neide, Friedrich *August*, Dr. med.
geb. 24.08.1782 Magdeburg, gest. 28.02.1851 Magdeburg, Arzt, Stadtphysikus.

N., ältestes Kind des ev. Theologen → Johann Georg Christoph N., ging 1801 zum Studium der Med. nach Halle, wo er 1805 prom. Er war 1805 bis 1831 mit → Maria Christiana N., geb. Andreas, verheiratet und hatte mit ihr sieben Kinder, davon war der älteste Sohn, Friedrich August N. (1806–1867), seit 1832 ebenfalls Arzt in Magdeburg und hier als einer der ersten Fotografen bekannt. Unmittelbar nach seiner Approbation wurde N. im Mai 1806 als erster städtischer Armenarzt in Magdeburg angestellt, war zusätzlich von 1814 bis 1844 Physikus der Franz. Kolonie in Magdeburg, außerdem 1814 bis 1827 leitender Arzt des Stadtkrankenhauses (seit 1817 Krankenhaus Altstadt), leitender Arzt der Städtischen Irrenheilanstalt und 1814 bis 1851 Arzt der Gefängnisse in Magdeburg. Vorübergehend wirkte er nebenbei noch unter → Wilhelm Voigtel als Hebammenlehrer sowie als Lehrer eines anatomisch-chirurgischen Auditoriums in Magdeburg. N. hat damit in herausragender Weise in der ersten Hälfte des 19. Jhs die ärztliche Betreuung der Armenbevölkerung verantwortet und sich deren Anerkennung und Verehrung erfreut, während seine Leistungen von Seiten des Magistrates kaum gewürdigt wurden. Er hinterließ in den Akten des *Provinzial-Medizinalkollegiums* und der Stadt Magdeburg interessante Mss.: 1815 den Antrag zur Umwandlung des oben erwähnten Auditoriums in eine preuß. Med.-chirurgische Lehranstalt; 1816 den Entwurf eines neuen Krankenhauses für Magdeburg und 1841 eine Beschreibung der Zustände in der Städtischen Irrenheilanstalt. Seine Verdienste um eine med. Bildungsstätte in Magdeburg wurden bei deren Gründung 1827 zugunsten der höheren Medizinalbürokratie übergangen und N. aus dem nun als Klinik genutzten Städtischen Krankenhaus verdrängt. N. war Mitglied des städtischen *Almosen-Kollegiums*, aber auch als Freimaurer in der Loge „Ferdinand zur Glückseligkeit" engagiert.

L: → August Andreae, Chronik der Aerzte des Regierungsbez. Magdeburg mit Ausschluß der Halberstädter, Quedlinburger und Wernigeroder Landestheile, 1860, *160*; Bernhard Koerner, Genealogisches Hdb. bürgerlicher Familien, Tl. 17, 1967, *408–436*; Vf., Die Med.-chirurgische Lehranstalt in Magdeburg (1827–1849), in: Zs. für Gesch. der Naturwiss., Technik und Med., H. 12, 1975, *77–87*; Vf., Der Magdeburger Armenarzt F. A. N. (1781–1851), in: Magdeburger Bll. 1987, *51–56*. – **B:** Med. Akad. Magdeburg.

Horst-Peter Wolff

Neide, Johann Georg Christoph
geb. 07.06.1756 Magdeburg, gest. 30.11.1836 Giebichenstein, ev. Pfarrer, Schulrektor, pädagogischer Schriftsteller.

N. besuchte das Domgymn. in Magdeburg und studierte anschließend in Halle ev. Theol. Ab 1777 war er Lehrer am Domgymn. in Magdeburg, ab 1784 Prorektor und ab 1792 letzter Rektor des Altstädtischen Gymn. in Magdeburg. 1798 erlag das Altstädtische Gymn. der Konkurrenz der anderen Gymnasien in Magdeburg und wurde in eine Bürgerschule umgewandelt. N. war weiterhin als Rektor dieser Schule und zugleich als Garnisonprediger tätig. Als im Rahmen der Schulreform durch → August Wilhelm Francke und → Karl Zerrenner 1819 in Magdeburg eine Höhere Gewerb- und Handlungsschule gegründet wurde, berief man N. zum ersten Dir. Diese Stelle hatte er jedoch nur bis zum Herbst des Jahres inne. Er übernahm dann die Predigerstelle in Giebichenstein.

W: Briefe für Kinder über die Werke der Natur, 1783; Anthologie aus römischen Dichtern, mit erklärenden Anmerkungen zum Gebrauch für Schulen hg., 1793; Ueber die Redetheile. Ein Versuch zur Grundlegung einer allg. Sprachlehre, 1797; Einige Gedanken über den höheren Zweck der Reformation, 1817. – **L:** Hamberger/Meusel, Bd. 5, *394* (*W*); C. Bratvogel, Fs. zur Hundertjahrfeier des Realgymn. zu Magdeburg am 3. Mai 1919, 1919, *60*; Karl-Günter Steffens, Zu neuen Aspekten in der Entwicklungsgesch. der Wilhelm-Raabe-Schule, in: Vf. (Hg.), Zur Vergangenheit und Gegenwart der Wilhelm-Raabe-Schule. Ein Nachtrag zur Fs., 1995, *25–28*.

Wolfgang Mayrhofer

Neide, *Maria* Christiana, geb. Andreas
geb. 1780 Wettin, gest. 24.10.1831 Magdeburg, Krankenwärterin.

N. war die Ehefrau des praktischen Arztes → August N. Die Mutter von sieben Kindern setzte sich überall da mit rastlosem Eifer ein, wo es galt, Armen und Notleidenden sowie kranken Mitmenschen zu helfen. N. war zu ihrer Zeit ohne Beispiel in der Stadt. Während der Cholera-Epidemie 1831 richtete sie in ihrem Haus in der Magdeburger Junkerstraße 12 eine Sammelstelle für Kleider und Bettwäsche ein und organisierte und leitete den Einsatz der 19 freiwilligen Krankenwärterinnen. Sie wurde selbst Opfer dieser Epidemie. In der jetzigen Parkanlage Nordpark erinnert ein marmornes Grabkreuz an N. mit der Inschrift „Sie half, wo Not war/Die dankbare Stadt".

L: Neuer Nekr 9, 1831, *1229*; Liberal-Demokratische Ztg. vom 20.11.1980, *6*; Hans-Joachim Krenzke, Magdeburger Friedhöfe und Begräbnisstätten, 1998, *72*.

Gabriele Weninger

Neidhardt von Gneisenau, August Wilhelm Anton Graf (seit 1814)
geb. 27.10.1760 Schilda bei Torgau, gest. 23.08.1831 Posen, Generalfeldmarschall.

Seit 1778 in militärischen Diensten stehend, trat N. 1786 in die preuß. Armee ein, nahm als Hauptmann 1806 am Gefecht bei Saalfeld und an der Schlacht bei Jena und Auerstedt teil und konnte sich 1807 als Kommandant der Festung Kolberg bei deren Verteidigung gegen franz. Truppen auszeichnen. 1808 zum Inspekteur aller preuß. Festungen und zum Chef des Ing.-Corps berufen, gehörte er 1809 kurzzeitig dem Artillerie- und Ingenieurdepartment im Kriegsministerium an. Der preuß. General und dt. Patriot bereitete erfolgreich den nationalen Befreiungskampf gegen die Truppen Napoleon Bonapartes vor und unterstützte zudem die militärischen und politischen Reformen des Freiherrn vom und zum Stein. Ende 1813 wurde N. zum Generalleutnant befördert und Mitte 1814 in den Grafenstand erhoben. Für seine Verdienste erhielt er zudem im November 1814 Gut und Schloß Sommerschenburg in der Magdeburger Börde als Dotation. 1815 führte N. für den erkrankten Blücher die preuß. Truppen in der entscheidenden Schlacht bei Waterloo (Belle-Alliance) und gilt bis heute als der eigentliche Sieger über Napoleon. 1816 nahm er seinen Abschied und zog sich auf sein Gut in Erdmannsdorf/Schlesien zurück, wurde jedoch schon 1817 in den neu errichteten Staatsrat berufen und 1818 zum Gouverneur von Berlin ernannt. Seit 1825 General-Feldmarschall und Vors. der Ober-Militär-Examinations-Kommission, übernahm N. 1831 den Oberbefehl über die vier östlichen preuß. Armeekorps in Posen und verstarb dort an der Cholera. Sein Leichnam wurde vorübergehend 1832 in der Kirche zu Wormsdorf bei Sommerschenburg beigesetzt und 1841 in die Familiengruft Sommerschenburg überführt, wo ihm am 18.06.1841 ein von → Karl Friedrich Schinkel entworfenes Denkmal geweiht wurde. Schloß, Mausoleum, Marmordenkmal (Ausführung des Standbildes von → Christian Daniel Rauch) und Anlage sind eine Erinnerungsstätte, die das Leben und Wirken N.s verdeutlichen. Die Gedenkstätte in Sommerschenburg besteht aus einer Gruft mit dorischem Tempel, der den Hintergrund für das Standbild N.s bildet.

Die örtliche *Gneisenau-Ges.* bemüht sich durch Veranstaltungen um die Ehrung des preuß. Generalfeldmarschalls.

W: Gerhard Förster/Christa Gudzent (Hg.), A. W. A. N.v.G., Ausgewählte militärische Schriften, 1984. – L: ADB 9, *280–293*; Priesdorff 4, *33–65* (***B***); Hans Delbrück, Das Leben des Feldmarschalls Grafen N.v.G. (2 Bde), ⁴1920 (*****B***); Christa Gudzent, N.v.G., 1987; Vf., Schloß Sommerschenburg im Wandel der Zeiten, in: Volksstimme Oschersleben vom 07.07.1993 und 08.07.1993; ders., Wie der Preußenkönig den Schuhmacher Pieper verblüffte, in: ebd. vom 16.02.1996; Gerhard Thiele, Gneisenau. Leben und Werk des kgl. preuß. General-Feldmarschalls. Eine Chronik, 1999.

Hans-Eberhard Sika

Neidhardt von Gneisenau, *Maria* (*Marie*) **Anna Augusta Elisabeth Gräfin,** geb. von Bonin (später: Baronin von Manteuffel-Szoege)
geb. 11.10.1873 Elberfeld, gest. 10.08.1926 Berlin, Schriftstellerin.

G. war die älteste von vier Töchtern des → Giesbert von Bonin auf Brettin, dessen Frau Maria von der Heydt, geb. Freiin von Hurter, aus Elberfeld bei Wuppertal stammte. Das Mädchen wurde in Berlin und auf dem elterlichen Gut in Brettin bei Genthin erzogen. 1893 heiratete sie Friedrich August Graf N. Nach der Scheidung der Ehe 1905 lebte sie in Berlin-Charlottenburg, auf Schloß Dornburg bei Jena sowie auf Schloß Molsdorf bei Neudietendorf und begann Gedichte und Unterhaltungsromane zu verfassen. 1918 heiratete sie Georg Baron von Manteuffel-Szoege. Als Schriftstellerin wurde sie unter dem Namen Marie Gräfin N. bekannt. Zu ihren erfolgreichsten Werken zählen: „Aus dem Tal der Sehnsucht" (1907), „Die letzte Aventiure des Herzogs Kindheart Gant" (1911) und „Der Tod des Adrian Güldenkrone" (postum 1928 mit einem Vorwort von Sophie Hoechstetter). Ihre Schwester → Elsa von Bonin war ebenfalls als Schriftstellerin tätig.

W: s.o. – L: Kosch LL 6, Sp. *424*; Gothaisches Genealogisches Tb. der Adligen Häuser (Dt. Uradel), 1923, *96f.*; dass., 1926, *472*; Gothaisches Genealogisches Tb. der Gräflichen Häuser (Alter Adel und Briefadel), 1927, *363*; Alte Dorfchronik Brettin, erarbeitet von Gisela Nürnberg, Ms. 1997 (Gemeindeverwaltung Brettin).

Mareike Vorsatz

Neitzel, Werner
geb. 09.11.1907 Förderstedt, gest. 26.08.1998 Göppingen, Theaterkapellmeister, Musikpädagoge, Schwimmsportler.

N. gehörte im *Magdeburger Schwimm-Club 1896* (*MSC 1896*) 1921–29 zu den besten Schwimmern. Bereits mit 16 Jahren durfte er in der Herrenklasse starten, weil er 1923 fünfzehnjährig mit etwa 60 m Vorsprung in der Herrenklasse ein Strom-Schwimmen in der Elbe über 3 km gewonnen hatte. Dt. Meister über 1.500 m Freistil wurde er 1925 in 22 : 30,1 min., 1929 in 22 : 07,4 min. und 1930 in 22 : 17,0 min.

Dt. Rekorde erkämpfte er 1926 in der 5 × 100 m und in der 4 × 200 m Kraulstaffel. Im Jahre 1927 schwamm er Dt. Rekord in 500 m Freistil und wurde in Bologna Europameister in der 4 × 200 m Kraulstaffel. N.s herausragende Leistung lag in seiner Vielseitigkeit, er war Kurz- und Langstreckenschwimmer sowie ein guter Kunstspringer vom Dreimeterbrett. Bei über 550 Starts errang er 350 Siege (64 %), besonders auf Kraul- und Rückenkraulstrecken sowie im Kunstspringen. N. war insgesamt zwölfmal Dt. Meister, stellte 19 dt. und vier Europa-Rekorde auf. Er lebte ab 1929 als Kapellmeister und Musikpädagoge in Göppingen, wo er auch im Schwimmverein weiter aktiv tätig war.

L: Wolfgang Pahnke/Vf., Schwimmen in Vergangenheit und Gegenwart, Bd. 1, 1979, *201*; Fs. 101 Jahre Magdeburger Schwimm-Club von 1896 e.V., hg. von der Traditionsgemeinschaft MSC 1896, 1997, *19*; N. N., Jubilar W. N. wird 90 – Einstiger Star des MSC 1896, in: Volksstimme Magdeburg vom 05.11.1997, *4*; Slg. Wolfram Weigert, Holzkirchen (priv.).

Norbert Heise

Nesemann, Mathias

geb. 03.03.1835 Klein Lübs/Kr. Jerichow I, gest. 18.02.1889, Gommern, Kaufmann, Unternehmer, Kommunalpolitiker.

N. bildete unter erheblichen Schwierigkeiten 1863 den *Spar- und Vorschußverein Gommern*. Er war ein Verfechter der Schulze-Delitzsch'schen Genossenschaftsidee, die das dt. Genossenschaftswesen begründete, und wirkte damit belebend auf den Zusammenschluß der kleinen Gewerbetreibenden, Handwerker, Bauern und auf die Industrie weit über Gommern hinaus. 1871 wurde N. zum Mitglied der Stadtverordnetenverslg. in Gommern gewählt, 1873–89 war er deren Vorsteher. Seit 1882 besaß er die *Ztg. für Gommern und Umgegend* sowie die *Papierfabrik N. & Fritzsche*. 1887 gründete N. eine *Produktiv-Ges.* mit dem Ziel, Ländereien durch Kultivierung produktionsfähiger zu gestalten, die jedoch durch seinen Tod nicht mehr voll zum Tragen kam. Er war zudem engagiert als Schützenmeister und 1867–89 als Vors. des *Männerturnvereins* in seiner Stadt tätig.

L: Emil Meyer, Chronik der Stadt Gommern und Umgegend, 1897, *90*; StadtA Gommern: Bürgerrolle 1879.

Elke Klitzschmüller

Nethe, August *Wilhelm*

geb. 06.03.1812 Altenplathow bei Genthin, gest. 29.05.1901 Magdeburg, Jurist, Kommunalpolitiker, Bürgermeister der Stadt Burg, Oberbürgermeister.

Nach der Schulbildung am Gymn. Kloster U. L. F. Magdeburg studierte N. in Halle die Rechte und wurde 1834 dem Magdeburger Land- und Stadtgericht als Auskultator überwiesen, aber schon nach wenigen Wochen wegen Teilnahme an einer burschenschaftlichen Verbindung in Halle verhaftet und als Untersuchungsgefangener erst in die Hausvogtei nach Berlin, dann nach Glatz und Posen überführt. Wegen dieser Burschenschaftsbestrebungen für die Einheit im dt. Vaterland wurde N. mit einer Anzahl von Gesinnungsgenossen, zu denen auch → Fritz Reuter zählte, 1837 vom Kammergericht zum Tode durch das Beil verurteilt. Diese Strafe wurde jedoch vom König in eine 30jährige Freiheitsstrafe umgewandelt. N. saß fast sechs Jahre auf dem Fort Winiary in Posen in Festungshaft, wurde aber 1840 infolge der allg. Amnestie entlassen und wieder in die bürgerlichen Ehrenrechte eingesetzt. Er trat erneut in den Justizdienst ein und bestand 1843 das Assessorexamen. Bald darauf wurde er Hilfsreferent beim kgl. Revisionskollegium und ließ sich 1844 beurlauben, um die Stelle eines Polizeirates in Magdeburg kommissarisch zu verwalten, nahm aber Ende des gleichen Jahres die ihm angetragene Stelle eines Bürgermeisters von Burg an. Im Mai 1848 wurde er vom Kr. Jerichow I in die Preuß. Nationalverslg. gewählt. Unter sehr schwierigen Verhältnissen gelang es ihm, eine große Anzahl nützlicher Verwaltungsmaßregeln und städtebaulicher Maßnahmen durchzusetzen, die kommunal-, landes- und wirtschaftspolitisch von großer Bedeutung waren. Dazu gehörten u. a. die Verlegung des Sitzes der Kreisbehörden von Loburg nach Burg, die Einführung einer neuen Hausordnung für das Armen- und Krankenhaus und die Übertragung der Verwaltung an Diakonissen, die Einführung einer neuen Feuerlöschordnung, die Mitgestaltung an der Anlage des Bahnhofs, die Niederlegung der Stadtmauern und Anlage der Promenaden um die Stadt, die Gestaltung des städtischen Begräbnisplatzes (Westfriedhof), die Anlage der die Stadt berührenden Kreis-Chausseen nach Loburg, Ziesar und Niegripp, die Anlegung (Regulierung) der Bürgersteige, der Bau der (alten) Gasanstalt und der (alten) städtischen Schwimmanstalt, die Restaurierung der Kirche U. L. F. (Oberkirche), die Gründung des Viktoria-Gymn., der Bau des Ihle-Kanals (jetzt Elbe-Havel-Kanal), wodurch eine Wasserverbindung zu Elbe und Havel hergestellt wurde, sowie der Bau des Blumenthaler Sommerdeichs zum Schutz der Feldmark Blumenthal. Trotzdem ihn 1858 ein Wahnsinniger durch einen Keulenschlag auf den Kopf schwer verletzte, in dessen Folge N. an einem nervösen Kopfleiden in Verbindung mit Schwerhörigkeit litt, arbeitete er unermüdlich, bis er im Jahre 1881 nach 36jähriger Dienstzeit aus seiner Stellung schied und nach Magdeburg verzog. 1867 wurde N. mittels Kabinettsorder vom 16. Oktober vom König der Titel des „Oberbürgermeisters" verliehen. Der König ehrte ihn durch Ordensverleihung und die Stadt Burg durch den Ehrenbürgerbrief. N. wurde am 31.05.1901 in Burg feierlich auf dem Westfriedhof beigesetzt.

W: Lebenserinnerungen, in: Beiträge zur Gesch. der Stadt Burg, 1906 (*B*). – **L:** Fs. zum 1050jährigen Bestehen der Stadt Burg, hg. Stadtverwaltung Burg, 1998, *59f.* (*B*).

Axel Thiem

Neubauer, *Ernst* **Gustav-Heinrich,** Dr. phil.
geb. 07.07.1865 Magdeburg, gest. 04.04.1934 Magdeburg, Bibliothekar, Archivar.

N. war der Sohn eines Lehrers, besuchte in Magdeburg das Pädagogium des Klosters U. L. F. und beendete es 1884 mit dem Abitur. Anschließend studierte er Archäologie und Gesch. in Berlin, Heidelberg und Halle, wo er 1889 mit der Arbeit „Peter Meyers Tagebuch über die Gesch. der Stadt Magdeburg im Jahre 1626" prom. Von 1890 bis 1894 verwaltete er die Bibl. des *Vereins für Gesch. und Alterthumskunde des Hzts und Erzstifts Magdeburg* und trat 1894 ein Volontariat im StA Magdeburg an. Noch im selben Jahr erhielt er die Aufgabe, das Zerbster Stadtarchiv zu ordnen. Aus dieser Tätigkeit resultieren auch einige wiss. Arbeiten über Zerbst. 1897 erhielt N. eine Stelle als Hilfsarbeiter im StA Marburg. Als sich ihm 1898 die Möglichkeit bot, die Nachfolge des verstorbenen Stadtarchivars und -bibliothekars → Max Dittmar anzutreten, kam er nach Magdeburg zurück und verblieb bis 1913 in dieser Doppelstellung. Danach erfolgte eine Trennung beider Einrichtungen. Während → Arthur Reichsritter von Vincenti Dir. der Stadtbibl. wurde, übernahm N. die Leitung des Stadtarchivs und verwaltete die städtischen Münzslg. 1930 trat er in den Ruhestand. N. erwarb sich große Verdienste bei der Zusammenführung und Erschließung der Bestände des Stadtarchivs. Für die Bibl. schaffte er Bücher für eine breite Leserschaft an und schuf Lesehallen und Volksbüchereien in den verschiedensten Stadtteilen Magdeburgs. Wenige Jahre nach seinem Dienstantritt veröffentlichte er 1903–05 einen gedruckten Kat. der Stadtbibl. Gemeinsam mit Vincenti arbeitete N. daran, die Bestände aller in der Stadt befindlichen Bibliotheken von Behörden, Schulen usw. in einem Gesamtkat. zu erfassen. Durch die Ereignisse des I. WK geriet diese Arbeit allerdings ins Stocken. N. publizierte zudem zahlreiche regionalgesch. Arbeiten, die sich überwiegend mit der Gesch. Magdeburgs befaßten. Besonders die Ereignisse des 30jährigen Krieges sowie des Wiederaufbaus der Stadt nach 1631 regten ihn immer wieder an, Material darüber zu sammeln und zu veröffentlichen. Als seine größte Leistung ist das „Häuserbuch der Stadt Magdeburg von 1631–1720" anzusehen, von dem zu seinen Lebzeiten 1931 nur der erste Bd. erschien. Die Herausgabe des zweiten Bandes 1956 besorgte aus seinem Nachlaß der spätere Dir. des Landeshauptarchivs Magdeburg → Hanns Gringmuth-Dallmer. Von 1898 bis 1913 bekleidete N. das Amt des Schriftführers im Vorstand des *Vereins für Gesch. und Altertumskunde* und war von 1911 bis zu seinem Tode dort stellvertretender Vors.

W: Wallenstein und die Stadt Magdeburg, 1891; Die Schöffenbücher der Stadt Aken, in: GeschBll 30, 1895, *251–328*; ebd. 31, 1896, *148–212*; ebd. 32, 1897, *33–77*; ebd. 35, 1899, *288–341*; Peter Meyers Tagebuch, 1626 in Magdeburg geführt, in: ebd. 42, 1907, *110–212*; Gesch. der Stadtbibl. Magdeburg, in: ebd. 45, 1910, *1–28*; Bibliogr. zur Gesch. des Klosters U. L. F, in: ebd. 49/50, 1914/15, *170–183*; Das Wetebuch der Schöffen von Kalbe, in: ebd. 51/52, 1916/17, *155–199*; (Hg.) Kinderbuch der Brauer- und Bäckerinnung der Altstadt Magdeburg, 1929; Magdeburgs Zerstörung 1631, 1931. – **N:** StadtA Magdeburg. – **L:** Leesch 2, 1992, *431*; Arthur von Vincenti, Gesch. der Stadtbibl. zu Magdeburg, 1925 (*B*); → Peter von Gebhardt, E. N., in: Korrespondenzbl. des Gesamtvereins der Gesch.- und Altertumsvereine 81, Nr. 4, 1933; → Walter Möllenberg, E. N. in: GeschBll 68/69, 1933/34, *V-XI*.

Ingelore Buchholz

Neubauer, Friedrich *August*
geb. 21.02.1815 Leipzig, gest. 17.02.1900 Magdeburg, Kaufmann, Bankier, Kgl. Geh. Kommerzienrat.

N. besuchte in Leipzig die Schule und absolvierte anschließend in Halle eine kaufmännische Ausbildung bei der Fa. *Engelke & Liebau*. Nach der Lehre fand er in seiner Heimatstadt eine Anstellung als Handelsgehilfe bei *S. Albrecht*. 1841 siedelte er nach Magdeburg über und gründete am 01.04.1841 zusammen mit Wilhelm Porse das Speditions- und Handelsunternehmens *N. & Porse*. Mit Beginn der 1850er Jahre erfolgte mehr und mehr der Übergang zu Finanzierungsgeschäften der Zuckerindustrie, zuerst an der Magdeburger Börse und später bis über die Grenzen der Provinz Sachsen hinaus. Dadurch mit den Risiken und den technischen Problemen der Zuckerindustrie vertraut, erfolgte in den 1850er Jahren auch die Übernahme der Vertretung der *Leipziger Feuer-Versicherungs-Ges*. Nach dem 1869 erfolgten krankheitsbedingten Ausscheiden von Porse firmierte das Unternehmen unter dem Namen *F. A. N. Bank- und Zuckergeschäft*. N. entwickelte die Fa. zum größten Zucker-Kommissionsgeschäft und zum bedeutendsten Bankgeschäft dieser Branche in Magdeburg. Darüber hinaus erbohrte er in Vienenburg Kalisalz und gründete das

Kaliwerk „Hercynia", das sich unter seiner Leitung zum größten priv. Unternehmen seiner Art entwickelte und als solches nach seinem Tod vom preuß. Staat aufgekauft wurde. N. setzte sich schon früh für die Belange der Kaufleute ein. Seit 1841 Mitglied der *Magdeburger Korporation der Kaufmannschaft*, wurde er 1869 in deren Ältestenkollegium gewählt. N., der 1876 den Titel eines Kommerzienrates und 1885 den eines Geheimrates erhielt, war von 1877 bis Juni 1880 Dritter Vorsteher und im Anschluß daran, als Nachfolger von → David Coste, bis zum Sommer 1889 Erster Vorsteher der *Korporation der Kaufmannschaft*. 1885 zum Vors. der 1885 gebildeten Gewerbekammer für den Regierungsbez. Magdeburg gewählt, verhinderte er Ende der 1880er Jahre mit einer von ihm gebildeten Kommission, zu der auch → Otto Pilet und → Wilhelm Zuckschwerdt gehörten, erfolgreich die Verlagerung des Magdeburger Zuckerhandels an die Berliner Börse. Damit blieb Magdeburg der bedeutendste Binnen-Zuckermarkt Dtls. 1880 übergab er an die Korporation eine Stiftung von 10.000 Mark, aus deren Zinsen junge Kaufleute im Ausland unterstützt werden sollten. Die Stadt Magdeburg erhielt testamentarisch 100.000 Mark für die Armenhilfe.

L: → Martin Behrend, Magdeburger Großkaufleute, 1906, *51–55, 152* (*B*); → Hans Leonhard, Denkschrift zum hundertjährigen Jubiläum der IHK Magdeburg, 1925, *44–51.* – **B:** *LHASA.

Horst-Günther Heinicke

Neuber, August Wilhelm, Dr. med., Dr. phil. h.c.
geb. 03.03.1781 Groß Salze, gest. 22.01.1849 Apenrade/Schleswig-Holstein, Arzt, Schriftsteller.

Der Sohn eines Salzverwalters studierte in Kiel Med., prom. 1809 zum Dr. der Med. und der Chirurgie, ließ sich als praktischer Arzt in Apenrade nieder und wurde 1811 Physikus der Stadt und des gleichnamigen Amtes. Auf N.s Betreiben wurde 1818 das Ostseebad Apenrade gegründet, das ihm Anlaß zu zahlreichen Schriften gab. Darüber hinaus beschäftigte sich N. mit naturwiss. Fragen (u. a. „Über die Materie und den Urstoff in seinem vierfachen chemischen Grundverhältnis und seiner fünffachen Erscheinungsform", 1830), arbeitete an Johann Christian Poggendorffs „Annalen" und Heinrich Christian Schumachers „Astronomischen Nachrichten" mit, schrieb „Gedichte" (4 Bde, 1822), verfaßte das allegorische Drama „Dania" (1806), religionsphil. Schriften (u. a. „Religion und Sittlichkeit", 1818) und übersetzte aus dem Lateinischen und Englischen. 1821 würdigte die Univ. Kiel sein publizistisches und schriftstellerisches Wirken mit der Verleihung der Ehrendoktorwürde.

W: s. o.; Über die Entstehung, Einrichtung und vorzügliche Wirksamkeit des Seebades zu Apenrade, 1819; Beobachtungen über die Wirkungen des Seebades zu Apenrade, 1822; Über schwebende Flecken im Auge nach eigenen Beobachtungen, 1830; Zur Abwendung und Heilung der morgenländischen Brechruhr, 1831. – **L:** ADB 23, *471f.*; Neuer Nekr 27, 1851; Detlev Lorenz Lübker/Hans Schröder, Lex. der Schleswig-Holstein-Lauenburgischen und Eutinischen Schriftsteller, 1829; August Hirsch (Hg.), Biogr. Lex. der hervorragenden Ärzte aller Zeiten und Völker (vor 1880), Bd. 4, ²1932; St. Johanniskirche Groß Salze, Taufregister 1781, *136.*

Manfred Köppe

Neukranz, *Gerhard* Franz Paul
geb. 26.10.1924 Magdeburg, gest. 24.10.1976 Berlin, FDJ-Funktionär.

Der Sohn eines Elektromonteurs besuchte die Volksschule, nahm nach seinem Einsatz im Reichsarbeitsdienst am II. WK teil und geriet in britische Kriegsgefangenschaft. N. war seit 1942 Mitglied der NSDAP. 1945 trat er in die KPD, 1946 in die SED ein. N. wurde Mitbegründer und hauptamtlicher Mitarbeiter des Antifa-Jugendausschusses der Stadt Magdeburg, danach Mitglied der FDJ-Kreisleitung und 1946 Vors. der FDJ im Bez. Magdeburg. Nach dem Besuch der Landesparteischule 1947–49 bis 1950 zum Sekretär und 1951 zum Vors. der FDJ-Landesleitung Sa.-Anh. berufen, war N. 1950–54 auch Kandidat des ZK der SED und Sekretär des Zentralrates der FDJ. 1954 wurde N. im Zuge der „Säuberung des Parteiapparates" von diesen Funktionen entbunden. Er war danach als Leiter der Abt. Klub- und Kulturhäuser in der Hauptabt. Kulturelle Massenarbeit im DDR-Ministerium für Kultur in Berlin tätig und ab 1958 als Leiter der Hauptabt. Kulturelle Beziehungen mit dem Ausland im gleichen Ministerium eingesetzt.

L: Hdb SBZ/DDR, *593.*

Gerald Christopeit

Neumann, Eberhard
geb. 18.06.1912 Mahnsfeld/Ostpreußen, gest. 07.07.1993 Berlin, ev. Pfarrer.

N. lebte von 1914 bis 1924 in Brasilien, wo sein Vater eine Auslandspfarrstelle übernommen hatte. 1932 bestand er in Berlin das Abitur; danach studierte er ev. Theol. in Königsberg, Berlin, Bethel und Halle. Bereits 1934 trat er der Bekennenden Kirche (BK), 1938 dem Pfarrernotbund bei. Nach bestandenen theol. Examen 1938 und der Vikariatszeit in Buckow war N. 1939–1945 Soldat, danach bis 1947 in Gefangenschaft in Italien, wo er als Lagerpfarrer tätig war. Nach seiner Rückkehr war N. Pfarrer in Langerwisch bei Potsdam und ab 1952 in Eberswalde. 1956 wurde er zum Superintendenten des Kirchenkreises Bad Liebenwerda berufen, von 1959 bis 1972 übte er dieses Amt in Magdeburg aus. Hier war er nebenamtlich auch als Gefängnisseelsorger tätig. Von 1972 bis zu seinem Ruhestandsbeginn 1977 war er Zweiter Geistlicher bei Innere Mission und Hilfswerk, der diakonischen Zentrale der Ev. Kirche in Berlin-Brandenburg. Sein Pfarrdienst wie vor allem auch seine Leitungstätigkeit als Superintendent waren bestimmt durch seine freundlich-zugewandte Art und seine seelsorgerlichen Fähigkeiten im Umgang mit Gemeindegliedern und Mitarbeitern. Als Magdeburger Superintendent war er besonders durch die Auseinandersetzungen zwischen Kirche und Staat zum Thema Konfirmation und Jugendweihe und durch die große Raumnot der ev. Kirchengemeinden in der im Krieg zerstörten Stadt bei ablehnender Haltung des Staates zum Wiederaufbau von Kirchen (Sprengung der wieder aufgebauten Heilig-Geist-Kirche 1958, Rücknahme der Bewilligung zum Wiederaufbau von St. Katharinen und deren Abriß 1965) herausgefordert.

L: Nachruf in: Volksstimme Magdeburg vom 15.07.1993. – **B:** ebd.

Gerhard Zachhuber

Nickel, Ernst, Dr. phil.
geb. 13.06.1902 Potsdam, gest. 12.11.1989 Berlin-Friedrichshain, Archäologe.

N., Sohn des Ernst Gottfried Heinrich, besuchte die Volks- und Mittelschule in Potsdam, Essen und Posen, die Präparandenanstalt in Schönlanke und das Lehrerseminar in Kammin, wo er 1923 die Lehrerprüfung bestand. Danach war er u. a. als Hafenarbeiter, Büro- und Bankangestellter tätig, absolvierte 1924/25 eine Schriftsetzerlehre, besuchte 1923–28 die Handwerker- und Kunstgewerbeschule in Stettin und das Staatl. Berufpädagogische Inst. in Berlin. Er bestand 1928 die Gewerbelehrerprüfung für das Kunstgewerbe und 1930 die Reifeprüfung für Realgymn. 1930–37 studierte N. an der Univ. Berlin, war zeitweise am Märkischen Mus. als Volontär tätig, wurde 1935 zum Pfleger für kulturgesch. Bodenaltertümer in Berlin-Spandau bestellt und prom. 1938 mit einer Arbeit zur Jungsteinzeit. Von 1940 bis 1945 war er Referent bzw. Dir. an der Reichsanstalt für Film und Bild in Wiss. und Unterricht. Die in Folge der Kriegsverluste notwendige und 1947/48 durchgeführte Neuinventarisation der Reste der Magdeburger Vorgeschichtsslg. führte ihn nach Magdeburg. 1948–67 war er hier Leiter der im Rahmen der Enttrümmerung und des Wiederaufbaus der kriegszerstörten mittelalterlichen Altstadt von Magdeburg begonnenen Ausgrabungen und der dazu im Rahmen einer Arbeitsgemeinschaft zur Erforschung der Vor- und Frühgesch. Magdeburgs eingerichteten Zweigstelle des Inst. für Ur- und Frühgesch. der Akad. der Wiss. zu Berlin. Die Untersuchungen begannen im Bereich des Alten Marktes und der Johanniskirche. Später folgten zahlreiche Rettungsgrabungen und Dokumentationen im gesamten Altstadtgebiet. Höhepunkt waren die zuletzt durchgeführten planmäßigen Ausgrabungen auf dem Domplatz, die u. a. zur Entdeckung des Pfalzpalastes Ottos des Großen führten. Die groß angelegten und kontinuierlichen Untersuchungen in der bedeutenden mittelalterlichen Großstadt waren in ihrer Zeit vorbildlich und gaben wichtige Anstöße für die spätere Entwicklung der Stadtkernarchäologie als eigenständige Forschungsrichtung. Die Grabungsfunde machten das KHMus. Magdeburg in diesem Zusammenhang zu einem Anziehungspunkt von europäischer Bedeutung.

W: Die Steinwerkzeuge der jüngeren Steinzeit, Bronze- und Eisenzeit östlich der Elbe. Die undurchlochten Steinwerkzeuge, Diss. Berlin 1938; Ein mittelalterlicher Hallenbau am Alten Markt in Magdeburg, 1960; Der „Alte Markt" in Magdeburg, 1964; Magdeburg in karolingisch-ottonischer Zeit, in: Zs. für Archäologie 7, 1973. – **L:** Jan Filip, Enzyklopädisches Hdb. zur Ur- und Frühgesch. Europas, 1969, *899*; Heiner Schwarzberg, Bemerkungen zu 50 Jahren archäologischer Stadtkernforschung in Magdeburg, 1998 (*W*). – **B:** *StadtA Magdeburg.

Jonas Beran

Nicolai, Adolf
geb. 17.04.1815 Calbe, gest. 22.10.1896 Calbe, Tuchfabrikant.

Der einer alten Tuchmacherfam. entstammende N. erlernte erst das Bauhandwerk, ehe er 1838 Mitinhaber der *Wollwarenfabrik Gebrüder N.* in Calbe wurde. Dank seiner Initiative erfolgte in der Fabrik der Einsatz einer der ersten Dampfmaschinen und neuer mechanischer Webstühle. Mit seinem Bruder Alexander N. erschloß er ab 1850 die ersten Braunkohlengruben, „Charlotte" und „Emma", bei Calbe. Sein Hauptverdienst war der Neubau, die Einrichtung und der Betrieb der seinerzeit (1851) modernsten Tuchfabrik in Calbe. Verdient machte sich N. auch durch seine Tätigkeiten als Ratsmann und Stadtverordnetenvorsteher in Calbe sowie durch seine Fürsorge für die Beschäftigten seiner Fabrik. So versorgte er in den Hungerjahren 1846/47 seine Arbeiter mit preisgünstigen Lebensmitteln und erwarb um 1890 in der „Kleinen Fischerei" – einer Straße in der Nähe der Fabrik – Grundstücke zum Bau von Einfamilienhäusern für seine Stammbelegschaft. Anläßlich des 100jährigen Firmenjubiläums im Jahre 1888 erhielt jeder Mitarbeiter ein Sparkassenbuch mit einer den Dienstjahren entsprechenden Einzahlung. N. war einer der führenden Demokraten in den Jahren um 1848. Bei der Wahl der Deputierten zur Frankfurter Nationalverslg. erhielt er 80 von 138 möglichen

Niebelschütz

Stimmen und wurde damit Stellvertreter des gewählten Deputierten → Wilhelm Loewe aus Calbe. Sein Engagement resultierte aus der Ablehnung der preuß. Wirtschaftspolitik. Er forderte mit Gleichgesinnten die Gewerbefreiheit und die Aufhebung der Einschränkungen im Handel. 1862 gehörte er zu den liberalen Wahlmännern.

L: → Adolf Reccius, Beiträge zur Gesch. der Tuchmacherei in Calbe an der Saale, 1937, *48*; Vf., Dr. Wilhelm Loewe, Ms. 1992.

Hanns Schwachenwalde

Niebelschütz, *Wolf* Friedrich Magnus von
geb. 24.01.1913 Berlin, gest. 22.07.1960 Düsseldorf, Schriftsteller, Kritiker, Redakteur.

N. verlebte seine Kindheit in Magdeburg, besuchte 1927–1932 das Gymn. in Schulpforta und studierte kurzzeitig Gesch. und Kunstgesch. in Wien und München. Danach trat er als Volontär in die Feuilletonredaktion der *Magdeburgischen Ztg.* ein, wo sein Vater Ernst v. N. nach seiner Pensionierung vom preuß. Offiziersdienst seit 1918 als Kunstkritiker und Redakteur tätig war. 1933 wurde N. bei der *Magdeburgischen Ztg.* und dem *General-Anzeiger*, beide hg. vom Magdeburger *Faber-Verlag*, fest angestellt und konnte sich hauptsächlich als Kunstkritiker etablieren. 1937 wurde ihm aufgrund „politischer Unzuverlässigkeit" gekündigt. Ab 1938 arbeitete er vorwiegend für die *Rheinisch-Westfälische Ztg.* in Essen. Trotz der Trennung von Magdeburg übte die Stadt erkennbaren Einfluß auf seine Arbeiten aus. So widmete ihr N. 1942 das Gedicht „Parthenopolis" und wählte sie als Handlungsort für seine Erzählung „Barbadoro" (geschrieben 1952; veröffentlicht aus dem Nachlaß 1982). Die Erzählung thematisiert den politischen Ost-West-Konflikt nach dem II. WK vor dem Hintergrund der Zerstörungen Magdeburgs von 1631 und 1945. Während der journalistischen Tätigkeiten entstanden rund fünfhundert Artikel zu lit., hist. und kunstgesch. Themen. 1939 erschien N.' erster Gedichtbd. „Preis der Gnaden", 1940 die in der mittelalterlichen Eifel spielende Erzählung „Verschneite Tiefen". Während des II. WK war N. als „politischer Schriftleiter" für die Wehrmacht in Frankreich tätig und erhielt während dieser Zeit zwei Literaturpreise. 1949 (revidierte Fassung 1961) erschien im *Suhrkamp-Verlag* der Roman „Der blaue Kammerherr", ein Werk, das N. bleibende lit. Bedeutung sichert. Ein Fragment Hofmannsthals aufgreifend, verlegt der Text das mythologische Geschehen um Zeus und Danae auf eine Mittelmeerinsel im 18. Jh. und entwickelt in galanter Kostümierung einen utopischen Gegenentwurf zum Zeitgeschehen in der ersten Hälfte des 20. Jhs. In den 1950er Jahren entstand neben einigen dramatischen Werken und dem Lebensunterhalt dienenden Auftragsarbeiten für die Industrie als zweites bedeutendes Werk der Mittelalterroman „Die Kinder der Finsternis" (1959). Sein in der Bundesrepublik mit mehreren Preisen ausgezeichnetes Werk steht quer zu den lit. Trends im Nachkriegsdtl. und gewinnt seit den 1980er Jahren eine zunehmende Zahl von Lesern.

W: s.o. – N: DLA Marbach. – L: Killy 8, *405 f.*; Kurt Böttcher (Hg.), Lex. deutschsprachiger Schriftsteller, Bd. 2: Das 20. Jh., 1993, *543*; Walter Boehlich, Verklärung des Barock, in: Der Monat 8, 1955, *73–78*; Detlef Haberland, „Dammi il Paradiso". Zu dem Roman „Der blaue Kammerherr" von W. v. N., in: Hugo Reinitzer (Hg.), Textkritik und Interpretation. Fs. Karl Konrad Polheim zum 60. Geb., 1985, *385–403*; ders., W. v. N. zum 30. Todestag. Mit einer Bibliogr. seiner Schriften, in: Philobiblon 34, 1990, *13–25*; Dossier W. v. N., in: Juni. Magazin für Kultur & Politik 4, 1990, *9–52*; Michael Schweizer, W. v. N., das Frühwerk: die journalistischen Arbeiten 1932–1944, die Gedichte, die Erzählung „Verschneite Tiefen", 1994; Ines Geistlinger, W. v. N. als Journalist und Schriftsteller in Magdeburg 1933–1938, Magisterarbeit Univ. Magdeburg, 2000. – B: *Maresi v. N., Erkrath (priv.).

Ines Geistlinger/Bernhard Jahn

Nielebock, Ferdinand Friedrich *Hermann* (Ps.: Herms Niel, seit 1941)
geb. 17.04.1888 Nielebock bei Genthin, gest. 1954 Berlin, Musiker.

1895 zog die Fam. N. in die Gemeinde Altenplathow bei Genthin. Nach Beendigung der Schule nahm N. 1902 eine Lehre beim Genthiner Stadtkapellmeister Adolf Büchner auf, die er 1906 erfolgreich beendete. Im Oktober 1906 trat er in das I. Garde-Regiment in Potsdam als Oboist und Posaunist ein. Im I. WK war N. Leiter des Musikkorps des Infanterie-Regiments Nr. 423, schied nach Beendigung des Krieges 1918 aus der Armee aus und arbeitete bis 1927 als Steuerbeamter. Er zählte zu den Mitbegründern des 1927 in Potsdam gebildeten Ritterschaftsorchesters, in dem er als Komponist und Texter wirkte. In der Zeit des Ns. leitete N. den Reichsmusikzug des Reichsarbeitsdienstes (RAD), mit dem er im Rahmen des Winterhilfswerks die Wunschkonzerte im Rundfunk aufführte. Auf den Reichsparteitagen in Nürnberg war er Dirigent aller RAD-Musikzüge. N. komponierte eine Vielzahl von Liedern, von denen „Erika", „Annemarie", „Wir fahren gegen Engelland" (1939 nach einem Text von Hermann Löns) und „Mein Bismarckland" die bekanntesten waren.

W: Lieder von H. N., in: Singende Kameraden 1, 1939. – **L:** Genthiner Ztg. vom 15., 18. und 20.03.1940. – **B:** *StadtA Genthin.

John Kreutzmann

Niemann, *Albert* **Wilhelm Carl**
geb. 15.01.1831 Erxleben/Kr. Neuhaldensleben, gest. 13.01.1917 Berlin, Opernsänger.

N. war Sohn eines Gastwirts, der zugleich ein ausgesprochener Musik- und Theaterfreund war. Nach dem Besuch der Realschule in Aschersleben und einer Technikerlehre in einer Maschinenfabrik ging er 1849 als Schauspieler und Chorsänger einer Wanderbühne nach Dessau, wo er 1851 seine erste Opernpartie sang. Durch den Dessauer Hofkapellmeister Friedrich Schneider entdeckt, erhielt er durch Albert Nusch eine Ausbildung zum Solisten. 1852 gab N. ein Gastspiel im Amalienbad bei Morsleben. Nach großem Erfolg wurde er 1853–54 mit Höchstgage als 1. Tenor in Halle engagiert. Ebenso sang er an den Theatern in Stuttgart, Königsberg und Stettin. 1854–66 hatte er ein Engagement in Hannover, wo ihm 1855 ein Stipendium König Georg V. von Hannover einen Studienaufenthalt in Paris als Schüler bei dem Tenor Gilbert Duprez ermöglichte. Mit seiner Verpflichtung an die Kgl. Hofoper in Berlin 1866 begann seine int. Karriere als Wagner-Interpret ersten Ranges. „Tannhäuser" und „Lohengrin" sang N. mit großem Erfolg in ganz Dtl. Bereits 1855 wurde → Richard Wagner auf den jungen Sänger aufmerksam, 1859 begegneten sie sich persönlich. Wagner sah in N. den prädestinierten Interpreten des Siegfried im „Ring des Nibelungen". 1861 sang N. die Titelpartie bei der Erstaufführung des „Tannhäuser" in Paris, wurde 1864 zum Kammersänger ernannt und ab 1866 auf Lebenszeit an der Kgl. Hofoper in Berlin engagiert. N. wurde einer der führenden Sänger und Interpreten Wagnerscher Rollen. 1876 trat N. bei den Festspielen in Bayreuth auf. Nachdem er 1886 und 1888 auch an der Metropolitan Opera in New York Gastspiele gegeben hatte, nahm N. im September 1888 in Berlin seinen Abschied von der Bühne. Seinen letzten öffentlichen Auftritt hatte er 1892 in der Berliner Philharmonie. N.s nachhaltige Wirkung als Sänger begründete sich durch seine ausdrucksstarke stimmliche und schauspielerische Darstellung aller seiner Rollen. Nach seinem Rückzug ins Privatleben widmete sich N. ganz seinen Liebhabereien: Jagd, Malerei, Reiterei, Fischfang, Kochkunst. Umfassend interessiert und gebildet war er auch in Gesch., Phil., Astronomie, Physik und Chemie. N. war in erster Ehe mit der bekannten Schauspielerin Marie Seebach, in zweiter Ehe mit der Sängerin → Hedwig N.-Raabe verheiratet.

L: NDB 19, *230f.*; Mitteldt Leb 5, *460–471* (***B***); Großes Sängerlex., Bd. 4, *2529f.*; Richard Sternfeld, A. N., 1904; Wilhelm Altmann, Richard Wagner und A. N. Ein Gedenkbuch mit bisher unveröffentlichten Briefen, 1924; K. Wagner, A. N. als Wagner-Darsteller, Diss. München 1954.

Sieglinde Bandoly

Niemann-Raabe, Hedwig
geb. 03.12.1844 Magdeburg, gest. 20.04.1905 Berlin, Schauspielerin.

Bereits mit sechs Jahren begann die Tochter eines Dekorationsmalers am Magdeburger Theater unter der Direktion von → Johann Springer ihre Bühnenlaufbahn. In zahlreichen Kinderrollen, die sie zwischen 1851 und 1857 gab, fiel ihr Talent auf und weckte in ihr den Wunsch, Schauspielerin zu werden. Als „Wunderkind" gehandelt, übernahm sie im März 1856 erstmals die „Titania" in Shakespeares „Sommernachtstraum" und führte als Mitglied einer Kindergesellschaft erfolgreich Kinder- und Schülervorstellungen (Märchen und Kinderkomödien) auf. Nach Beendigung ihrer Schulzeit in Magdeburg trat sie 1859 ihr erstes Engagement am Thalia-Theater in Hamburg an, wechselte 1860 nach Stettin und im selben Jahr an das Berliner Wallnertheater, wo sie nebenbei Schauspielunterricht bekam. Nach Engagements in Mainz und Prag spielte sie 1864–68 mit überragendem Erfolg in der Rolle der Naiven und Munteren Liebhaberin am Dt. Hoftheater in St. Petersburg und festigte anschließend auf Gastspielreisen ihren Ruf als eine der besten Schauspielerinnen ihrer Zeit. Erst 1883 nahm sie wieder ein Engagement am Dt. Theater in Berlin an, wo sie vorwiegend im Fach der Salondame und der Naiven tätig war, und wechselte 1887 zum Berliner Theater. Ab 1890 gab sie ausschließlich Gastspiele. Die überaus beliebte Schauspielerin wurde von ihren Zeitgenossen wegen ihrer vollkommenen Natürlichkeit und der Ungezwungenheit ihres Spiels bewundert, die jeder von ihr gegebenen Rolle den „Reiz frischester Ursprünglichkeit und kräftigster Wirkung" (Eisenberg) verlieh. Seit 1871 war sie mit dem Wagnersänger → Albert N. verheiratet.

L: DBE 7, *409*; BioJb 10, 1905; Ottmar Flüggen, Biogr. Bühnenlex. des Dt. Theaters, Bd. 1, 1892, *230*; Ludwig Eisenberg, Großes biogr. Lex. der dt. Bühne im 19. Jh., 1903, *726f.*; Wolfgang Wöhlert, Das Magdeburger Stadttheater von 1833 bis 1869, Diss. Berlin 1957.

Guido Heinrich

Niemeyer, *Carl* Eduard, Dr. med.
geb. 1792 Halle, gest. 13.02.1837 Magdeburg, Arzt, Kreisphysikus.

N. war der Sohn des Hallenser Theologen und Universitätskanzlers August Hermann N. und Vater des → Felix N. Er studierte in Halle Med. und prom. dort 1814. Im Jahr darauf ließ er sich als praktischer Arzt in Magdeburg nieder. 1820 wurde er als Urlaubsvertreter von → August Neide in den Gefängnissen zum ersten Mal öffentlich wirksam. Er legte bald das Physikatsexamen in Berlin ab und wurde 1824 als Nachfolger von → August Fritze Kreisphysikus in Magdeburg. Als → Friedrich Trüstedt die Med.-chirurgische Lehranstalt 1831 verließ, übernahm N. als Doz. zunächst den Unterricht in Staatsarzneikunde und Gerichtsmed., dann aber auch in Innerer Med. Damit war eine unglückliche Aufteilung des Unterrichts in diesem Fach gegeben, denn die Leitung der Inneren Abt. des Krankenhauses und damit der praktisch-klinische Unterricht lagen in der Hand von → August Brüggemann. Dennoch entstanden daraus keine Schwierigkeiten zwischen beiden Internisten. N. litt an schwerem Diabetes mellitus, der seinen frühzeitigen Tod bedingte.

L: August Hirsch (Hg.), Biogr. Lex. der hervorragenden Ärzte aller Zeiten und Völker (vor 1880), Bd. 4, 1886, *367*; → August Andreae, Chronik der Aerzte des Regierungsbez. Magdeburg mit Ausschluß der Halberstädter, Quedlinburger und Wernigeroder Landestheile, 1860, *116*; Vf., Die Med.-chirurgische Lehranstalt in Magdeburg (1827–1849), in: Zs. für Gesch. der Naturwiss., Technik und Med., H. 12, 1975, *77–87*.

Horst-Peter Wolff

Niemeyer, *Felix* von (seit 1866), Prof. Dr. med.
geb. 31.12.1820 Magdeburg, gest. 14.03.1871 Tübingen, Arzt.

N., Enkel des Hallenser Theologen und Universitätskanzlers August Hermann N. und Sohn des Kreisarztes → Carl N., studierte nach Abschluß des Dom-Gymn. in Magdeburg in Halle Med., prom. 1843 und wurde Assistent von Peter Krukenberg in Halle. Es schlossen sich Studienaufenthalte in Prag und in Wien bei Carl von Rokitansky an. 1847 ließ sich N. in Magdeburg nieder, übernahm eine Armenarztstelle und gründete gemeinsam mit → Theodor Sendler, → Karl Schneider und → Franz Bette am 29.03.1848 die *Med. Ges. zu Magdeburg*, eine der ersten Med. Ges. Dtls. Die Gründer verstanden sich als Vertreter der neuen naturwiss. Schule der Med. und leiteten damit deren Epoche in Magdeburg ein. Bei den älteren Ärzten war N. von da an gefürchtet, und die *Med. Ges.* wurde mit Mißtrauen bedacht. 1853 wurde N. als Nachfolger von → Ferdinand Kersten vom Magistrat zum Leiter der Med. Klinik des Krankenhauses Altstadt gewählt. Hier sammelte und veröffentlichte N. mit Unterstützung seiner Kollegen von der *Med. Ges.* „Klinische Mittlgg.", die zur Basis seines später weitverbreiteten Lehrbuches der speziellen Pathologie und Therapie gediehen. Dieses zeichnete sich durch Bündigkeit und Klarheit des Stils, Anschaulichkeit der Krankheitsbilder und Verläßlichkeit der Heilmittelindikationen vor vielen anderen seiner Zeit aus. Bereits 1855 wurde N. zum o. Prof. für Innere Med. an die Med. Fakultät der Univ. Greifswald und 1860 in gleicher Funktion an die Univ. Tübingen berufen. Für die Berufung nach Greifswald soll die Befürwortung durch das *Provinzial-Medizinalkollegium* in Magdeburg ausschlaggebend gewesen sein, das als Repräsentant der älteren Ärztegeneration N. aus Magdeburg entfernen wollte. In Tübingen wurde N. konsultierender Arzt des Königs von Württemberg und erhielt den persönlichen Adel.

W: Lehrbuch der speziellen Pathologie und Therapie, 1858, [11]1884 (2 Bde, bearbeitet von Ludwig Seitz); Eugen Ott (Hg.), Klinische Vorträge über die Lungenschwindsucht, 1867. – **L:** ADB 23, *680–682*; NDB 19, *234*; August Hirsch (Hg.), Biogr. Lex. der hervorragenden Ärzte aller Zeiten und Völker (vor 1880), Bd. 4, 1886, *367f.*; Julius Pagel (Hg.), Biogr. Lex. hervorragender Ärzte des 19. Jhs, 1901, *1207f.*; → Rudolf Habs, Gesch. der Med. Ges. in Magdeburg, gegründet am 29. März 1848. Eine Festgabe zu ihrem 80jährigen Bestehen, 1928, *11–13*. – **B:** Inst. für Gesch. der Med. der Univ. Greifswald; *Slg. Vf., Qualzow (priv.).

Horst-Peter Wolff

Niemeyer, *Paul* Viktor
geb. 22.09.1827 Halle, gest. 09.09.1901 Weimar, Gartenarchitekt, Gartendir.

Der Urenkel des Begründers der Franckeschen Stiftungen in Halle und Sohn eines Medizinprof. besuchte das Pädagogium in Halle und absolvierte eine Lehre in Erfurts weltbekannter Gärtnerei von J. C. Schmidt. Unter → Peter Joseph Lenné lernte er im kgl. Garten in Potsdam das Baumschulenwesen und die Landschaftsgärtnerei kennen. Durch Vermittlung Lennés erhielt der junge N. seine erste Anstellung beim Landschaftsarchitekten Fürst Hermann von Pückler in Muskau. 1854 trat er in die Dienste des Herzogs Bernhard von Sachsen-Meiningen und setzte in mehrjähriger Arbeit die Erweiterung und Umgestaltung des großen Naturparks bei Schloß Altenstein ins Werk. In dieser Zeit führte ihn eine England-Reise auf die Spuren englischer Landschaftsparks und erweiterte sein bisher in Oberitalien, Frankreich und der Schweiz erworbenes Wissen zur europäischen Gartenarchitektur. Auf einer seiner Reisen machte N. die Bekanntschaft des späteren Magdeburger Oberbürgermeisters → Friedrich Bötticher, dessen Empfehlung ihn als Inspektor der städtischen Parkanlagen Herrenkrug, Klosterberge-Garten und Vogelsang nach Magdeburg führte. 1862 bewarb sich N. um die Stelle des städtischen Garteninspektors, die er 1863 – verbunden mit der Übersiedlung nach Magdeburg – antrat. Ab 1878 bekleidete N. das Amt des ersten städtischen Gartendir. in Magdeburg. Bereits 1863 realisierte N. umfangreiche Gestaltungen im Nordteil des Herrenkrugparks, veränderte die Wegeführung und nahm Neupflanzungen vor. Neben prägenden Baumaßnahmen in den 1870er Jahren ermöglichte die 1886 durch die Einrichtung einer Dampftrambahnlinie verbesserte verkehrstechnische Erschließung die Anbindung des Parks an die Stadt. N.s Tätigkeit dehnte sich später auch auf die Verwaltung des städtischen Grundbesitzes von Wiesen- und Ackerflächen aus. 1870–71 erfolgte in Anlehnung an die Pläne → August Wilhelm Franckes die Gestaltung des Glacis zwischen Krökentor, Ulrichstor und Sudenburger Tor. Der von N. an den Festungsanlagen entwickelte Promenadenpark fand größten Beifall unter der Magdeburger Bürgerschaft. Es entstanden ausgedehnte Wiesenflächen mit wertvollem Baumbestand. 1872 erhielt der von N. entworfene Südfriedhof seine Weihe. Die geographischen Möglichkeiten des Ackerlandes nutzend, verlieh er dem Friedhof parkähnliche Strukturen. Nach N.s Plänen und unter seiner Leitung begannen 1872 auf der Rotehorninsel, einem sandigen Ödland zwischen der Stromelbe und der Alten Elbe gelegen, die Gestaltungsarbeiten am größten Magdeburger Bürgerpark, der als Stadtpark Rotehorn zum beliebtesten Ausflugsziel der Magdeburger avancierte. Promenadenwege und Gehölzpflanzungen markierten den 25 Hektar umfassenden Park, mit dessen Großzügigkeit N. die klass. Elemente der Landschaftsgärtnerei umsetzte. Die Magdeburger gaben dem Wanderweg entlang der Stromelbe die Benennung „N.-Weg" und ließen an der südlichen Rotehornspitze für den Schöpfer des Parks einen Gedenkstein errichten. Viele kleinere öffentliche und private Gärten in Magdeburg und Umgebung wurden nach N.s Plänen errichtet, so u. a. der Park am Eingang des Bodetals in Thale/Harz. Zum 25jährigen Dienstjubiläum 1888 erhielt der Gartendir. den Kronenorden IV. Kl., trat 1890 in den Ruhestand und verbrachte seinen Lebensabend in Thüringen.

W: Des Landwirts Gartenbuch. Kompendium, 1865. – **L:** BioJb 6, 1901; → Heinz Gerling, Denkmale in der Stadt Magdeburg, 1991; Gisela Hoke, Herrenkrug. Die Entwicklung eines Magdeburger Landschaftsparks, 1991 (*B*); Heidemarie Titz, Parkanlagen der Stadt Magdeburg I, 1994 (*B*); Hans-Joachim Krenzke, Magdeburger Friedhöfe und Begräbnisstätten, 1998. – **B:** *StadtA Magdeburg.

Heike Kriewald

Nigg, Ferdinand, Prof.
geb. 27.11.1865 Vaduz (Liechtenstein), gest. 10.05.1949 Vaduz, Textilkünstler, Maler, Graphiker, Kunstschullehrer.

N. erhielt eine Ausbildung als Lithograph, technischer Zeichner und Autograph bei *Orell Füssli* in Zürich. Parallel dazu besuchte er die dortige Kunstgewerbeschule. Einer Anstellung bei *Orell Füssli* (1886–95) folgten seit 1895 Tätigkeiten in München und Augsburg. Von 1898 bis 1903 lebte er in Berlin als freiberuflicher Graphiker, Gestalter und Maler. Seine ersten textilen Arbeiten fallen in diese Zeit. 1903 wurde N. vom damaligen Dir. → Emil Thormählen als Fachlehrer für Buchdrucker, Lithographen und Zeichner für Buchgewerbe an die Kunstgewerbe- und Handwerkerschule Magdeburg berufen. 1904 übernahm er zudem die Textilklasse und baute Werkstätten für Handweberei und Stickerei auf. Sein in Magdeburg entwickelter, experimenteller, auf Werk- und Materialgerechtigkeit zielender Unterricht galt als vorbildlich an den preuß. Kunstgewerbeschulen. In seinem eigenen Werk gelang ihm in diesen Jahren die Ablösung vom Jugendstil und die Entwicklung des eigenen künstlerischen Werkes zu erster Reife. Es kam zu Bekanntschaften mit Hermann Muthesius, Peter Jessen und Peter Behrens. 1912 folgte er Thormählen und → Paul Bernardelli an die Kunstgewerbeschule Köln, wo er u. a. eine Fachklasse für Paramentik aufbaute und bis zu seiner Pensionierung 1931 leitete. Für den von Muthesius gestalteten Ruheraum im Gebäude der Farbenschau auf der Werkbundausstellung 1914 in Köln entwarf N. die Textilien. Seine eigene künstlerische Arbeit jedoch schottete er seit der Kölner Zeit bald völlig von jeder Öffentlichkeit ab. N. war einer der wichtigen Vertreter der vom *Dt. Werkbund* getragenen kunstgewerblichen Reformbewegung in Dtl. vor dem I. WK. Trotz moderner, konstruktivistischer, von den Erfordernissen industrieller Produktion angeregter Gestaltungen blieb N. zeitlebens dem Handwerk verpflichtet. Auf der Basis der für seine Arbeit wieder entdeckten Technik des Kreuzstiches entstand ein Werk, das zu den bedeutendsten der Textilkunst des 20. Jhs gerechnet werden muß.

W: Der große Georgs-Teppich, Stickerei (Slg. Land Liechtenstein); Verkündigung, Stickerei (Kan. Anton Frommelt Stiftung Vaduz); Die Jagd um das Einhorn, Mischtechnik auf Papier (Prof. F. N. Stiftung, Schaan). – **N:** Kan. Anton Frommelt Stiftung, Vaduz; Prof. F. N. Stiftung, Schaan. – **L:** F. N. (mit einem Text von Anton Frommelt), 1965; Evi Kliemand, F. N. Wegzeichen zur Moderne. Bildteppiche, Malerei, Graphik, Paramentik, 1985 (*W*); F. N. (Ausstellung Dom zu Magdeburg und St. Nikolai Leipzig), 1990; Evi Kliemand, F. N. (1865–1949). Ein Moderner zwischen Werkbund und Mystik, 1999. – **B:** *Kan. Anton Frommelt Stiftung, Vaduz.

Norbert Eisold

Nikolai, *Helmut* **Alphons Gottfried Karl Eduard Hans Ulrich Wilhelm,** Dr. jur.
geb. 08.09.1895 Berlin-Charlottenburg, gest. 11.12.1955 Marburg/Lahn, Jurist, Reg.-Präsident in Magdeburg.

Der in Magdeburg von April bis Dezember 1933 tätige Reg.-Präsident N. ist lange Zeit in der Wahrnehmung der Verwaltungsgesch. Magdeburgs übersehen worden. Erst jüngere Arbeiten brachten Kenntnisse über dessen Wirken in Magdeburg ans Licht. N. legte sein Abitur im Jahre 1914 in Elberfeld ab und war Kriegsteilnehmer am I. WK. In Marburg und Berlin studierte er Rechtswiss. und prom. 1920 in Marburg. Ab 1919 im Staatsdienst, wurde er 1922 Vertreter des Landrats der Kreises Eder in Bad Wildungen. 1924 war er erstmals in der Provinz Sachsen, in der Verwaltung des Landkreises Wittenberg, tätig. 1925 bei der Reg. in Münster, 1928–32 bei der Reg. in Oppeln beschäftigt, näherte er sich den politischen Positionen der NSDAP an. Bei dieser Partei arbeitete er in der Reichsleitung mit und galt als deren Spezialist für innenpolitische Fragen. In dieser Eigenschaft arbeitete N. Gesetzesentwürfe und andere jur. Schriften aus und wirkte beratend für die Partei. Im Sommer 1932, nach dem „Preußenschlag" des Reichskanzlers Franz von Papen, kehrte er nach vorübergehendem Ausscheiden in den preuß. Staatsdienst zurück. Der Staatsstreich Papens in Preußen hatte auch die Entfernung des Magdeburger Reg.-Präsidenten → Paul Weber zur Folge. Auf den dadurch vakanten Posten wurde N. im April 1933 nach der Errichtung der ns. Diktatur zunächst kommissarisch und ab Juni 1933 endgültig als Reg.-Präsident gestellt. Im Februar 1934 zum Ministerialdir. im Reichsinnenministerium ernannt, endete die politische Karriere von N. plötzlich, als er entlassen wurde und als Inhaber einer Berliner Wirtschafts- und Steuerkanzlei auftauchte. N. war Kriegsteilnehmer des II. WK. Nach dem Krieg arbeitete er als Steuerberater in Marburg.

L: Stefan Karnop/Lars-Henrik Rode/Vf., Der Regierungsbez. Magdeburg und seine Gesch., 1998, *115f.* (*B*).

Mathias Tullner

Nißler, *Karl* **Ludwig,** Prof. Dr. med. habil.
geb. 13.02.1908 Elkershausen, gest. 10.08.1987 Magdeburg, Arzt.

N. war Sohn eines Handwerksmeisters. Er besuchte die Ober-Realschule in Höchst und machte dort 1927 sein Abitur. Seit dem 14. Lebensjahr war er ein begeisterter Geräteturner, der 30 Diplome bei Schüler- und Studentenmeisterschaften errang. In Frankfurt/Main studierte N. Med., legte 1932 sein Staatsexamen ab und prom. im gleichen Jahr mit Auszeichnung. 1933 wurde er Pflichtassistent am Strahleninst. in Frankfurt/Main. Ab 1934 erhielt er seine pädiatrische Ausbildung unter Alfred Nitschke in Berlin-Lichtenberg, unterbrochen durch eine kurze Tätigkeit als Schiffsarzt. 1938 folgte er Nitschke als Oberarzt an die Univ.-Kinderklinik Halle, übernahm ab 1939 die Leitung der Schwesternschule, wurde in Nachfolge von Friedrich Lehnerdt Chefarzt der Kinderklinik des St.-Barbara-Krankenhauses in Halle und ab 1946 auch der Abt. Kindertuberkulose in Dölau. Gleichzeitig übernahm er kommissarisch die Leitung der Univ.-Kinderklinik Halle. 1948 erfolgte die Habil., 1950 erhielt er die Professur. Er veröffentlichte bedeutungsvolle Arbeiten zum Wasser- und Mineralhaushalt und zur parenteralen Ernährung von dystrophen Säuglingen. 1953 wurde N. zum Dir. des Städtischen Kinderkrankenhauses in Magdeburg berufen. 1954 war er Mitglied des Gründungssenates der Med. Akad. Magdeburg, 1954–58 Prorektor und von 1958 bis 1962 Rektor. Unter N. wurden die vorklinischen Institute und weitere Hochschul-Kliniken gegründet, die Kinderklinik 1963 um einen Hörsaaltrakt erweitert, die Ambulanz 1967 und das Frühgeborenenzentrum 1972 errichtet. Er förderte den Aufbau einer städtischen Kinderabt. im Krankenhaus Magdeburg-Südwest, deren Chefarzt sein bisheriger Oberarzt → Fritz Meinhard wurde. N. erwarb sich große Verdienste um die Senkung der Säuglingssterblichkeit im Bez. Magdeburg durch personelle und räumliche Verbesserungen der kinderärztlichen Versorgung in regionalen Krankenhäusern. Er war mehrfach Vors. der *Sächsisch-Thüringischen Ges. für Kinderheilkunde* und Vors. der *Ges. für Pädiatrie der DDR.* 1959 wurde N. Verdienter Arzt des Volkes. Im gleichen Jahr erhielt er die Hufeland-Medaille. 1973 erfolgte seine Emeritierung.

W: Zum Problem der abszedierenden Pneumonie, in: Monatsschrift für Kinderheilkunde 104, 1956, *356* (mit Elisabeth Plassmann); Zur Frage der Methämoglobinbildung durch Langzeitsulfonamide, in: Med. Klinik, Bd. 58, 1963, *1640* (mit Vf.); Die Kinderklinik, in: Fs. 10 Jahre Med. Akad. Magdeburg 1964, *74–78.* – **L:** Helmut Schramm, Prof. K. N., Dipl.-Arbeit Magdeburg 1983; Vf., Prof. K. N., in: Ärztebl. Sa.-Anh. 9, Nr. 1, 1998, *46–48.* – **B:** Univ.-Kinderklinik Magdeburg; *Slg. Vf., Zerbst (priv.).

Wilhelm Thal

Nitze, Otto
geb. 10.01.1895 Magdeburg, gest. 05.08.1963 Magdeburg, Schlosser, Berufsradfahrer, Radsportfunktionär.

N. begann 1910 in seiner Heimatstadt mit dem Radsport, hatte 1913/14 erste Erfolge in Meisterschaften in Magdeburg und Halle, nahm 1914–19 als Soldat am I. WK teil und gewann 1920 wiederum die Meisterschaft in Magdeburg. N. fuhr zahlreiche Straßenrennen über Kopfsteinpflaster oder auf unbefestigten Wegen und startete als Amateur wie auch als Berufsfahrer. Aus seinen vielen Siegen als Amateur ragten „Quer durch die Lüneburger Heide" (1921), „Quer durch Anhalt" und „Rund um die Hainleite" (1924) heraus. Aber auch seine zweiten Plätze bei „München-Berlin" (1923) und „Zürich-Berlin" (1924) machten ihn sehr bekannt. Mit einem zweiten Platz im „Unions-Straßenpreis" von Magdeburg beendete er 1930 seine Laufbahn. Nach dem II. WK baute N. den Amateursport in Magdeburg auf und wurde 1954 zum Vors. des Bez.-Fachausschusses gewählt. Unter seiner Leitung wurden die „Harzrundfahrt" und der „Harzer Bergpreis" zu anerkannten int. Radsportveranstaltungen. 1958 startete er den Massenwettbewerb „Kleine Friedensfahrt", der fortan Tausende Schulkinder in seinen Bann zog und als Talentesicherung galt.

L: Radsportkal., 1925, *104*; Kurt Ketzrich, O. N., in: Die Radsport-Woche, Nr. 1, 1960, *11*; Slg. Vf., Sandbeiendorf (priv.). – **B:** ebd.

Günter Grau

Nitzschke, Kurt

geb. 25.04.1908 Schönebeck, gest. 06.12.1970 Bielefeld, Mechaniker, Berufsradfahrer.

N. war zunächst talentierter Amateur, der zwischen 1925 und 1930 zahlreiche Magdeburger Siege auf Bahn und Straße erkämpfte. So gewann er auf der Bahn bei den Landesmeisterschaften 1928 alle vier Titel an einem Nachmittag. 1931 veranstaltete die *Dt. Rad-Union* auf der Biederitzer Radrennbahn eine N.-Gala, deren Erlös der Finanzierung seiner Teilnahme als Einzelfahrer am schwersten Radrennen, der Tour de France, im gleichen Jahr diente. N. hielt sich ausgezeichnet und schied erst nach mehreren Reifenschäden auf der 14. Etappe wegen dreiminütiger Zeitüberschreitung aus. Seine tapfere Fahrweise brachte ihm einen Berufsfahrervertrag. 1934 startete er erneut in der Tour, allerdings in der Nationalmannschaft, und schied wiederum aus. N. fuhr in den Betriebsmannschaften *Dürkopp*, *Phänomen* und *Naumann/Seidel* mehrfach die Dtl.-Rundfahrt, startete aber auch im Ausland, wie im Sportpalast in Brüssel oder auf der Straße bei den Klassikern „Lüttich-Bastogne-Lüttich" (1932–21. Platz), „Flandern-Rundfahrt" (1932–13. Platz) und im berüchtigten „Paris-Roubaix" (1932–60. Platz). N. mußte sich als starker Fahrer allzuoft in den Dienst der Mannschaft stellen. So blieben seine Siege im „Großen Dürkopp-Preis" von Bayern 1928 bei den Amateuren und in „Rund um München" 1936 bei den Berufsfahrern seine herausragenden Erfolge. In der „Harzrundfahrt" 1934 wurde er Vierter.

L: Joël Godaert/Robert Janssens/Guido Cammaert, Tour Encyclopedie, Tl. 2: 1930–1953, 1997, *13–20, 50f.*; Kurt Graunke/Walter Lemke/Wolfgang Rupprecht, Giganten von einst und heute. Die Gesch. der dt. Profi-Straßenradrennfahrer, 1993, *29, 33, 190, 205, 229*; Slg. Vf., Sandbeiendorf (priv.). – **B:** *ebd.

Günter Grau

Noak, Gertrud, geb. Köhler, verw. Lehmann

geb. 11.07.1907 Magdeburg, gest. 14.12.1977 Magdeburg, Arbeiterin, Widerstandskämpferin.

Die aus einer Arbeiterfam. stammende N. war nach der Volksschule als ungelernte Arbeiterin tätig. 1929 wurde sie durch Einfluß ihres ersten Mannes, des Widerstandskämpfers → Otto Lehmann, Mitglied der KPD. Als Mutter dreier Kinder nahm N. in politischer Kleinarbeit vor allem in Magdeburg-Buckau am Widerstandskampf gegen den Ns. teil. Verhaftungen folgten 1933 und 1936. Während der Haft im Frauenzuchthaus Waldheim ab 1936 – zur gleichen Zeit waren dort auch → Maria Kühne und Cläre Schellheimer, die Frau von → Johann Schellheimer, inhaftiert – wurden ihr ebenfalls verhafteter Mann und ihre Tochter Anneliese, 14 Jahre alt, ermordet. Nach 1945, inzwischen wieder verheiratet, arbeitete N. im Friedenskomitee und war unbesoldete Stadträtin für Land und Forsten in Magdeburg.

L: Kurzbiogr. Magdeburger Widerstandskämpfer, hg. von einem Autorenkollektiv, o. J., *15–17* (**B**). – **B:** StadtA Magdeburg.

Gabriele Weninger

Noeldechen, *Friedrich Wilhelm* Carl Detlef, Dr. theol. h.c.

geb. 18.01.1806 Alt-Kaebelich/Mecklenburg, gest. 07.12.1885 Magdeburg, Jurist, Konsistorialpräsident.

Der Sohn des Berliner Schiffahrts-Dir. Wilhelm N. absolvierte das Gymn. Zum Grauen Kloster in Berlin, studierte 1824–27 Jurisprudenz an den Univ. Berlin und Göttingen und begann anschließend beim Stadt- und Kammergericht in Berlin seine jur. Laufbahn. Nach Tätigkeiten am Land- und Stadtgericht Magdeburg, am OLG in Breslau und am Land- und Stadtgericht in Glogau/Niederschlesien avancierte er 1838 zum Dir. des Kreisgerichts in Aschersleben, übernahm 1847–49 in gleicher Eigenschaft des Kreisgericht in Wanzleben sowie 1849–53 das Kreisgericht in Stralsund. 1853 berief ihn der preuß. Minister für geistliche pp. Angelegenheiten von Raumer als weltlichen Konsistorialdir. an das Konsistorium der Kirchenprovinz Sachsen nach Magdeburg. N., der die Führung der Präsidialgeschäfte vom Oberpräsidenten der Provinz → Hartmann Erasmus von Witzleben übernahm, arbeitete mit weitreichenden Kompetenzen auf der Basis einer eigens vom Ministerium erlassenen, nicht verfassungskonformen Dienstinstruktion „neben und mit" dem amtierenden Generalsuperintendenten → Johann Friedrich Moeller. In einem Rundschreiben an die Geistlichen der Kirchenprovinz bei seinem Amtsantritt formulierte N. als Hauptaufgabe, die ev. Kirche habe bei innerer und äußerer Bedrohung „nicht allein sich selbst fester zu gründen, sondern ... neu zu beleben und zu festigen, was ein Jahrhundert aufzulösen und zu zerstören gesucht, christliches Leben zurückzugeben unserm Volke, lebendiges, innerlichstes, gesundes Leben im Glauben und in der Liebe, in Zucht und Sitte". Mit seiner energischen Amtsführung und Neuordnung der innerkirchlichen Angelegenheiten (vgl. u. a. seine Verfügung über Kirchenzucht vom 7. Dezember 1857) hatte N. maßgeblichen Anteil an der Durchsetzung der konservativen Richtung innerhalb der ev. Kirche der Kirchenprovinz Sachsen. N. trat in der Zeit nach der Revolution von 1848/49 und den vielfältigen Verfassungsumbrüchen als energischer Gegner der rationalistisch ausgerichteten Pfarrerschaft und der „Lichtfreunde" auf. Er verschaffte den Geistlichen wieder größeren Einfluß auf das Vormundschaftswesen, erweiterte die Befugnisse der Superintendenten und besetzte die Ephorien mit entschiedenen Befürwortern der Kirchenunion. Erst 1858 erfolgte mit der Einführung des neuen Generalsuperintendenten → Johannes Lehnerdt unter gleichzeitiger Belassung Möllers als erstem Pfarrer am Magdeburger Dom die Rückkehr zur früheren, verfassungsmäßigen Ordnung. N. wurde 1865 zum Konsistorialpräsidenten ernannt und führte dieses Amt bis zu seinem Tode. Die Univ. Halle-Wittenberg verlieh ihm 1867 die theol. Ehrendoktorwürde. In seinen späteren Jahren fand N. auch Zeit, sich im Vereinswesen Magdeburgs zu engagieren, u. a. als Mitglied des *Vereins für Gesch. und Altertumskunde des Hzts und Erzstiftes Magdeburg*, dem er 1874–79 als Vors. vorstand.

L: AKPS: Rep. A, Spec. P, NK 5 (PA); Rep. A Gen., Nr. 735a.

Guido Heinrich

Nolopp, *Friedrich Ernst Arnold* **Werner**
geb. 05.06.1835 Stendal, gest. 12.08.1903 Magdeburg, Lehrer, Dirigent, Komponist.

N. wurde als zweiter Sohn des Lehrers und Domorganisten Heinrich N. geb. Nach dem frühen Tode des Vaters oblag dem Sohne noch lange die Sorge für Mutter und sechs Geschwister. Neben und nach dem Besuch des Gymn. in Stendal arbeitete N. als Schriftsetzer, war zeitweilig Privatschreiber an der Kreiskasse zu Stendal und Klavierlehrer. Durch Privatunterricht bildete sich N. fort, bestand 1857 – ohne je ein Lehrerseminar besucht zu haben – die erste Lehrerprüfung in Halberstadt und war danach Reise- und Hilfsschullehrer in Carow und Detershagen. 1860 legte N. die zweite Lehrerprüfung in Osterburg ab. Gefördert durch Musikdir. Zimmermann in Osterburg, der zuerst seine musikalischen Anlagen erkannte, erhielt N. eine Stelle als Lehrer und Organist in Walterburg. 1864 heiratete N. die Tochter des Superintendenten Gevert in Magdeburg und ging nun nach Wanzleben, wo er als Armenschullehrer angestellt wurde und seit 1865 als Adjunkt die Küster- und Töchterschullehrerstelle versah. 1876 nahm N. die Stelle des Kantors und Organisten in Aken an und blieb dort, bis ihn zunehmende gesundheitliche Probleme nötigten, 1894 vorzeitig in den Ruhestand zu treten. N. wohnte danach zeitweilig in Biederitz und in Magdeburg-Neustadt. In Aken war N. Leiter des *Lehrergesangvereins*, leitete auch den dortigen *Schiffergesangverein*. Vor allem hier erlebte er eine Zeit fruchtbaren musikalischen und lit. Schaffens, das ihn weit über die engere Heimat hinaus bekannt machte. N. schuf neben Liedern und Chorwerken, die in großer Zahl Gemeingut der dt. Sängerschaft geworden sind, auch Werke für Orgel oder Orchester. Eine Gesamtausgabe seiner Werke fehlt, doch ist ein Teil seiner Männerchorwerke erhalten geblieben. In Aken ist dem vielseitig begabten Lehrer, Chorleiter und Komponisten ein Denkmal errichtet worden.

L: Hermann Eggers, Hundertjahrfeier für W. N., in: Mitteldt. Kulturwart 74, 1935, *267f*; Chronik der Gemeinde Biederitz, Kr. Jerichow I, aufgestellt zur 1000-Jahrfeier, 1943.

Heinz Nowak

Nolte, *Carl* **Friedrich**
geb. 28.09.1888 Bad Pyrmont, gest. 15.03.1976 Magdeburg, Lehrer, Schulrat.

Der aus einer Handwerkerfam. stammende N. besuchte bis 1909 das Lehrerseminar in Homberg bei Kassel, war anschließend Landschullehrer und legte 1911 die zweite Lehrerprüfung in Frankenberg ab. 1914 erwarb er einen Abschluß in Pädagogik an der Akad. in Posen. Nach der Prüfung als Mittelschullehrer erhielt er eine Anstellung an der koedukativen Mittelschule in Magdeburg-Salbke. Ab 1915 leistete N. Kriegsdienst, geriet in Gefangenschaft und kehrte 1919 an die Mittelschule in Magdeburg-Salbke zurück. Von 1930 bis 1945 war er Rektor der II. Volks-Knabenschule Altes Fischerufer. Bis 1934 verantwortlich in der Lehrerbildung tätig, engagierte sich N. in der Weimarer Zeit auch als reformorientierter, von humanistisch-christlichen Idealen geleiteter Lehrervertreter. Zeitlebens ohne parteipolitische Bindung, wurde N. am 27.06.1945 von → Oskar Linke zum städtischen Schulrat in Magdeburg berufen. Zusammen mit → Margarete Behrens war er für den Wiederaufbau des Volksschulwesens, insbesondere für die Besetzung der Lehrerstellen, die Schulaufsicht und die Mitgestaltung der Neulehrerausbildung verantwortlich. Nach einem

Herzanfall 1949 arbeitete N. auf eigenen Wunsch wieder als Lehrer und wirkte nach der Pensionierung noch zehn Jahre in der pädagogisch-psychologischen Ausbildung für Mitarbeiter in den Bodelschwinghschen Anstalten.

L: Vf., Die Berthold-Otto-Schulen in Magdeburg, 1999.

Reinhard Bergner

Nordmann, Franz Wilhelm *Richard*, Prof. Dr. phil.
geb. 29.12.1868 Mühlhausen/Thüringen, gest. 09.03.1933 Magdeburg, Lehrer, Stadtschulrat.

Nach der Prom. 1892 war N. wiss. Hilfslehrer für Dt. und Gesch. am Realgymn. Magdeburg, arbeitete kurze Zeit an der Realschule und ab 1896 wieder als Lehrer an der realgymnasialen Raabeschule, unterbrochen durch einen Studienaufenthalt in Rom. Mit dem verdienstvollen Max Franke war N. ab 1907 als Stadtschulrat für das Magdeburger städtische Schulwesen verantwortlich und behielt auch nach 1919 dieses Amt. Insbesondere als Vors. des Schulausschusses für städtische höhere Schulen war er an der Umsetzung der pädagogischen Reformen des sozialdemokratischen Stadtschulrates → Hans Löscher beteiligt. Bis 1930 im Amt, verfolgte N. langjährig in Schuldeputation und Stadtrat eine zentrumsnah-konservative, dennoch reformoffene Schulpolitik. Nach N. wurde Löscher auch für die höheren Schulen direkt zuständig.

L: Manfred Wille, Aufbruch in die Moderne, 1995; Vf., Die Berthold-Otto-Schulen in Magdeburg, 1999.

Reinhard Bergner

Notz, Heinrich
geb. 06.12.1888 Kulmbach, gest. 30.08.1951 Duisburg-Rheinhausen, Obering., Dir.

N. besuchte die Grundschulen in München und Köln sowie bis 1905 das König Wilhelms-Gymn. in Magdeburg und trat anschließend als Volontär in die *Maschinenfabrik R. Wolf Magdeburg-Buckau* ein. Hier durchlief er die Tischlerei, Schmiede, Dreherei, Kesselschmiede und Montage sowie die Rohreinzieherei. → Rudolf Wolf bestätigte N. die besondere Eignung zur Ergreifung des Ingenieurberufs. Nach der Absolvierung der Vereinigten Kgl. Maschinenbauschule Magdeburg 1908–10 trat er als Technischer Dir. und Obering in die *Maschinenfabrik R. Wolf A. G.* Magdeburg ein. Den Grundprinzipien der Prüfung zur Vervollkommnung und Erhöhung der Zuverlässigkeit der Lokomobilen durch seinen Lehrer Wolf folgend, verschrieb er sich bis 1912 besonders der Fertigstellung des neuen Prüffeldes, in dessen Halle gleichzeitig neun Maschinen bis 800 PS und 23 mit kleiner und mittlerer Leistung von ca. 10–400 PS geprüft werden konnten. Die Belastung der zu prüfenden Lokomobilen erfolgte mittels 25 Dynamomaschinen mit einer Gesamtleistung von 2.545 KW, wobei die anfallende elektrische Leistung u. a. dem Werk zur Verfügung gestellt wurde. 1920 übernahm er als Dir. mit Gesamtprokura die *R. Wolf A. G. Maschinenfabrik Werk Aschersleben (vorm. Wilhelm Schmidt & Co.)* Dieses Unternehmen hatte sich durch die praktische Umsetzung der Erkenntnisse zur Anwendung des Heißdampfes durch → Wilhelm Schmidt und insbesondere beim Bau großer Anlagen Verdienste erworben. Ebenfalls prägte die Produktion großer Dieselmotoren für Kraftzentralen sowie von Zellenfiltern für die chemische Industrie dieses Werk. Aufgrund der wirtsch. Umstände verlegte N. in Abstimmung mit dem Vorstand die gesamte Produktion von Aschersleben nach Magdeburg-Salbke und schuf damit den Grundstock für den Dieselmotoren- und Chemieanlagenbau in Magdeburg. Gleichzeitig wurde er stellvertretendes technisches Vorstandsmitglied und Dir. des Betriebes Salbke. N. gehörte ferner nach 1927 dem *Dampfkesselverein* als Gutachter an und war Vorstandsmitglied im *VDI*. Als Vors. des Verwaltungsgremiums der Maschinenbauschule Magdeburg 1928–35 und während der ns. Zeit als zweiter Vors. trug er zur Profilierung dieser Einrichtung bei. Ebenfalls ist die Entstehung der neuen Lehrwerkstatt in dieser Zeit in Salbke mit seinem Namen eng verbunden. Während des II. WK erfolgte der Einsatz des parteilosen N. als Wehrwirtschaftsführer der Wehrmacht. Von N. getätigte defaitistische Äußerungen führten nach der Festnahme durch die Gestapo zur Verurteilung zu einer mehrjährigen Zuchthausstrafe, die aufgrund des Kriegsendes nicht zur Ausführung kam. Bis 1947 war er als Beauftragter der Landesreg. Sa.-Anh. zur Herstellung der Zementfabrikationseinrichtungen tätig. Nach dem Vorliegen eines SMAD-Befehls wurde ihm aufgrund seiner Tätigkeit während des II. WK politische Unzuverlässigkeit unterstellt, die zu seiner Entlassung führte. 1949–51 war er dann als Dir. im Werk Grevenbroich/Neuss tätig.

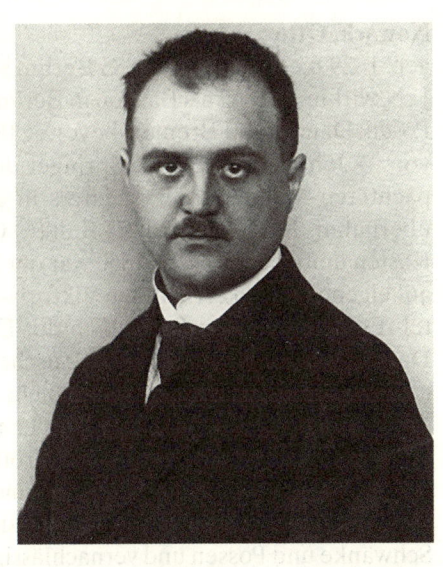

L: H. Wille, Das Prüffeld der Maschinenfabrik R. Wolf AG Magdeburg-Buckau, in: Elektrische Kraftantriebe und Bahnen, H. 12, 1914 (Sonderdruck); Die Maschinenfabrik R. Wolf AG Magdeburg-Buckau, ihre Entstehung und Entwicklung, 1924; 100 Jahre Buckau-Wolf, Die Gesch. unseres Hauses, 1938; Leyers, Im Zeichen der Arbeitsfreude und Kameradschaft, in: Dt. Bergwerks-Ztg. vom 25.12.1941; Materialslg. Irmgard Metz, Duisburg (priv.). – **B:** *ebd.

Werner Hohaus

Nowack, Otto
geb. 1829 n.e., gest. 18.07.1883 Berlin, Sänger, Theaterdir.

N. wirkte ab 1852 als Bariton in Berlin, Reval, Magdeburg, Posen, Danzig und Bremen, bevor er 1859 in der Nachfolge von → Johann und Emilie Springer die Direktion des gepachteten Magdeburger Theaters in der Dreiengelstraße übernahm. 1863 ließ er das veraltete Gebäude auf eigene Kosten umbauen. Bereits 1860 war der Bau seines ebenfalls auf eigene Kosten errichteten Viktoria-Theaters in der Mittel-/Ecke Lingnerstraße (östlich der Elbe) abgeschlossen. Das neue Haus erwies sich als Zuschauermagnet – „nicht ganz wasserdicht und zunächst nicht beheizbar", war es dafür umgeben von einem behaglichen Ausflugsgarten mit Bierlokal und Open-air-Musik. N. eröffnete das Haus programmatisch mit dem Schwank „Eine Nacht in Berlin", setzte alsbald in beiden Häusern verstärkt auf Lustspiele, Schwänke und Possen und vernachlässigte die Oper und das klass. Schauspiel. Das Orchester wurde zahlenmäßig reduziert, die Sänger mußten auswärts Gastspiele geben (Schönebeck, Halberstadt). Neben seiner Tätigkeit als Dir. wirkte N. auch als Regisseur und trat regelmäßig als Sänger auf. Mitte der 1860er Jahre bemühte sich N. – auch wegen des vom Oberpräsidium der Provinz Sachsen angedrohten Entzuges der Spielerlaubnis – um eine ausgewogenere Gestaltung des Spielplanes. Sein mehrmals den Behörden vorgelegter Plan, ein neues Stadttheater zu errichten, scheiterte wiederholt an den ungünstigen Baubedingungen in der beengten Festungsstadt. 1869 gab N. nach Aufkündigung seines Pachtvertrages durch den Eigentümer die Direktion des Magdeburger Stadttheaters auf und vermietete wenig später aufgrund der zunehmenden Konkurrenz durch neugegründete „Liederhallen" und „Spezialitäten-Theater" auch sein Viktoria-Theater an den Berufskollegen Gottlieb Senst. N. ging 1869 nach Berlin und eröffnete dort Ende des Jahres mit seinem Magdeburger Ensemble kurzzeitig (bis Juli 1870) sein N.-Theater, kehrte aber 1873 nach Magdeburg zurück, um das Viktoria-Theater erneut zu übernehmen und bis zu seinem Tod 1883 geschäftlich erfolgreich fortzuführen.

L: Kosch TL, *1671*; Wilhelm Widmann, Gesch. des Magdeburger Theaterwesens, in: MonBl, 1925, *262f.*; Wolfgang Wöhlert, Das Magdeburger Stadttheater von 1833 bis 1869, Diss. Berlin 1957, *96–114*; → Friedemann Krusche, Theater in Magdeburg, Bd. 1, 1994, *144f.*

Dagmar Bremer/Guido Heinrich

Oberbreyer, Max
geb. 24.06.1851 Magdeburg, gest. 11.11.1918 Dresden, Schriftsteller, Redakteur.

Der Sohn einer angesehenen Magdeburger Kaufmannsfam. erhielt den ersten Unterricht im elterlichen Hause, besuchte das Domgymn. seiner Vaterstadt und trat eine Banklehre in Magdeburg an, die er jedoch bald abbrach. O. legte anschließend sein Abitur am Gymn. zu Rudolstadt ab und studierte ab Ostern 1872 Klass. Philologie und Gesch. an den Univ. Leipzig, Halle, Heidelberg und Berlin, wo er besonders von Friedrich Ritschel, Ernst und Georg Curtius sowie Theodor Mommsen beeinflußt wurde. Nach seiner Prom. 1875 arbeitete er kurzzeitig als Gymnasiallehrer in Berlin und wurde Ende 1875 als stellvertretender Kreisschulinspektor nach Düsseldorf berufen. 1879 quittierte er den Staatsdienst und kehrte als Redakteur und Schriftsteller nach Berlin zurück. 1880 trat O. als Mitarbeiter bei der *Magdeburgischen Ztg.* ein und übernahm wenig später die Chefredaktion des Magdeburger *General-Anzeigers*. 1884 siedelte er als freier Schriftsteller und Redakteur von Magdeburg nach Leipzig über, wo er für zahlreiche Ztgg., belletristische Zss. und Fachbll. umfangreich lit. tätig war. In Leipzig gründete O. die *Schriftsteller- und Künstlerges. Symposion*, der er als erster Vors. vorstand. Seit 1904 war er in Dresden ansässig. Neben umfangreicher publizistischer Tätigkeit zu Themen der Literatur- und Zeitgesch. und zu Persönlichkeiten dt. Adels- und Herrscherhäuser wurde der konservative Feuilletonist und Kritiker vor allem als Übersetzer zahlreicher lat. und griech. Klassiker – u. a. von Homer, Demosthenes, Platon, Theophrast, Xenophon, Lucian, Cicero, Caesar, Sallust, Tacitus und Petronius – bekannt, die er mit Einleitungen und Kommentaren in „Reclams Universal-Bibl." herausgab und die weite Verbreitung fanden.

W: Analecta critica ad Taciti dialogum, Diss. Berlin 1875; Alte, mittlere und neuere Gesch. (3 Bde), 1878; (Bearb., Hg.) Karl Philipp Moritz, Götterlehre, 1878; Reform der Doktorprom., 1876, ³1879; (Einl., Hg.) Jus potandi oder Dt. Zech-Recht. Commentbuch des Mittelalters, 1879, ⁶1890; Heitere Geschichten, 1881; Ordensbüchlein, 1887; Fürstliche Charakterzüge, 1888, ²1893; Unser Kaiser und unsere Kaiserin, 1889; Prinzregent Luitpold von Bayern und die kgl. Fam., 1891; Das neue Programm der Sozialdemokratie. Ein Taschenbuch für Jedermann, 1891; Für und gegen die Jesuiten, 1892; Saalburg i. Reuß, 1892; Bilder aus Bad Kissingen, 1892 (Prachtalbum); Heil Wettin!, 1893; Herzog Friedrich von Anhalt, 1896; Charakterzüge Kaiser Wilhelm des Großen, 1897; Kissinger Badeplaudereien, 1898; Sizzo. Prinz von Schwarzburg, eine Lebensskizze, 1909. – **L:** DBJ 2 (Totenliste 1918); Adolf Hinrichsen, Das lit. Dtl., ²1891; Das litt. Leipzig, 1897 (*B*); Bruno Volger (Hg.), Sachsens Gelehrte, Künstler und Schriftsteller in Wort und Bild, Bd. 1, 1907 (*B*); Gustav Adolf Müller (Hg.), Dtls, Österreich-Ungarns und der Schweiz Gelehrte, Künstler und Schriftsteller in Wort und Bild, 1908.

Guido Heinrich

Oberdorf, Fritz, Prof. Dr. agr. habil.
geb. 31.05.1898 Gerchsheim/Baden, gest. 15.07.1976 Bernburg, Pflanzenzüchter, Hochschullehrer.

Als Bauernsohn in Süddtl. geb., begann O. nach dem I. WK seine Tätigkeit in der praktischen Pflanzenzüchtung als Saatzucht-Techniker. Von der Pfalz über Rügen und Ahrensburg kam O. nach Puchow/Mecklenburg. Dort züchtete er Sommerweizen und Felderbsen. 1940 legte O. das Abitur als Externer ab. Nach erfolgreichem Hochschulstudium prom. O. an der Humboldt-Univ. Berlin. Als Leiter der Getreidezucht in Klein Wanzleben in der Magdeburger Börde brachte er die Sommergerstensorten „Peragis" und „Elsa", die Wintergerstensorten „Peragis 12", „Kleinwanzlebener Rekord" und „Jutta", die Hafersorten „Kleinwanzlebener Intensiv", „Universal", „Omeko" und „Bördeweiß", die Trockenspeiseerbse „Kleinwanzlebener Erfolg" sowie die Trockenspeisebohne „Bauernfreude" heraus, die infolge ihrer guten Sorteneigenschaften einen hohen Anteil im Anbau einnahmen. Wiss. widmete sich O. den Pflanzengemeinschaften und wirkte daneben entschlossen beim Wiederaufbau zerstörter Zuchtstätten mit. 1949 wurde O. als Dir. des Inst. für Pflanzenzüchtung nach Bernburg berufen. Dort standen Futterpflanzen im Mittelpunkt seiner Tätigkeit. Nach erfolgter Habil. wechselte O. 1952 als Prof. an die Landwirtsch. Fakultät der Karl-Marx-Univ. Leipzig. Seine Leistungen wurden mit dem Nationalpreis der DDR anerkannt. O. war Mitglied der Dt. Akad. der Landwirtschaftswiss. zu Berlin (DAL). 1961 erfolgte seine Berufung als Rektor an die neu gegründete Hochschule für Landwirtschaft nach Bernburg. 1964 erhielt er die Erwin-Baur-Medaille für Verdienste in Lehre und Forschung.

W: Wirtsch. Pflanzengemeinschaft im Ackerbau, 1953; Pflanzengemeinschaften und Ertragssteigerung durch indirekte Leistungszüchtung, 1955; Fragen des Futterbaus, 1960; Rund um den Mais. Enzyklopädie, 1961; Probleme der Maiszüchtung. Vorträge anläßlich eines Symposiums vom 15. bis 18.08.1961 in Bernburg zum 10jährigen Bestehen der Dt. Akad. der Landwirtschaftswiss. zu Berlin, 1961; Probleme der Feldwirtschaft in der sozialistischen Landwirtschaft, 1961. – **L:** Der Züchter 33, H. 4, 1963; Die Dt. Landwirtschaft 15, 1964, *617*. – **B:** *Inst. für Pflanzenzüchtung, Klein Wanzleben.

Gerd Gerdes

Ochs, Peter Heinrich Ludwig
geb. 05.11.1788 n.e., gest. 25.11.1869 Magdeburg, Maler.

Der Sohn eines Akzise-Offizianten ist in den ersten Magdeburger Adreßbüchern stets mit anderer Adresse angegeben. Genannt wird er dort als Maler, auch als Stubenmaler. Aus dem „Verz. der Kunstwerke, welche im Seidenkramer-Innungssaal den 3 ten September und folgende Tage bey Gelegenheit der Ausstellung von den Schülerarbeiten der hiesigen Kgl. Provinzial-Kunstschule öffentlich ausgestellt sind" (1823) wie aus einem anderen gleichartigen Verz. geht hervor, daß er Landschaften und perspektivische Ansichten „in Wasserdeckfarben, nach Steindruck" kopiert wie auch selbst entworfen hat.

W: Phantasielandschaft in Italien, 1819; Blick aus tonnengewölbter Halle, 1822 (beide KHMus. Magdeburg). – **L:** Ilse Schliephack, Lebensdaten zur Künstlergesch. Magdeburgs in der Zeit von 1790–1840, in: GeschBll 74/75, 1939/41, *246f.*; Kunst um 1800, Kat. Magdeburg 1989, *85*; Vf., Malerei und Grafik um 1800 in Magdeburg, in: Magdeburger Bll. 1990.

Renate Hagedorn

Oelze, Richard
geb. 29.06.1900 Magdeburg, gest. 26.11.1980 Gut Posteholz bei Hameln, Maler.

O. absolvierte 1914 die Kunstgewerbeschule in Magdeburg und nahm nach 1918 dort Unterricht bei den Prof. → Kurt Tuch und → Richard Winckel. Ab 1921 besuchte er das Bauhaus Weimar und anschließend das Bauhaus Dessau. 1929–30 lebte er in Ascona (Schweiz) und bis 1932 in Berlin. Nach einer längeren Reise an den Gardasee ließ er sich 1933 in Paris nieder, wo er Kontakte zu André Breton, Salvador Dali, Paul Eluard und Max Ernst pflegte und Aufnahme in die Zirkel der künstlerischen Avantgarde fand. Ab 1936 lebte er in der Schweiz und Italien, von wo aus er 1938 nach Dtl. zurückkehrte. 1939 ließ er sich in der Künstlerkolonie Worpswede nieder. 1940–45 wurde er zum Wehrdienst einberufen und geriet in amerikanische Gefangenschaft. Nach dem Krieg lebte er in der Künstlerkolonie Worpswede bis zur Übersiedlung nach Posteholz bei Hameln 1962. 1965 berief man ihn zum o. Mitglied der Akad. der Künste zu Berlin. Er wurde u. a. mit dem Osthaus-Preis der Stadt Hagen, dem Großen Kunstpreis des Landes Nordrhein-Westfalen, dem Lichtwark-Preis der Freien Hansestadt Hamburg ausgezeichnet. Seine Werke tendieren zwischen Realismus und Surrealismus. Der wohl bekannteste Maler Magdeburgs erzielte bereits 1935/36 mit seinem Bild „Erwartung", welches vielfach als Markstein in der Gesch. der Malerei bezeichnet wird, seinen künstlerischen Durchbruch.

L: Wieland Schmied, R. O., 1965; ders., R. O. 1900–1980. Gemälde und Zeichnungen, Kat. Akad. der Künste Berlin 1987 (*W*); Renate Damsch, R. O. 1900–1980 (2 Bde), 1988 (*B*). – **B:** *bauhaus utopien – Arbeiten auf Papier, Bauhaus-Archiv Berlin, 1989, *343*.

Ines Hildebrand

Ohlen, Hermann Fritz *Emil*
geb. 03.05.1878 Boberg, gest. 24.09.1935 Lübeck, Kommunalpolitiker.

O. erhielt neben dem Volksschulunterricht einen Privatunterricht für höhere Schulen. Da sein Vater früh verstarb, begann er im 16. Lebensjahr eine Lehre im Amtsgericht, später beim Amtsvorsteher, in Reinbek bei Hamburg. Nach seinem Militärdienst 1897–99 war O. Sekretär bei der Polizeibehörde, später Polizeischreiber der Behörde in Hamburg, anschließend Stadtsekretär in Cuxhaven. 1915 wurde er zum Kriegsdienst eingezogen. Für seine Verdienste in der kaiserlichen Armee wurde O. das EK II und das Hamburger Hanseaten-Kreuz verliehen. Er wurde am 30.11.1918 aus dem Militärdienst entlassen und kehrte in seine Dienststellung nach Cuxhaven zurück. Im Februar 1919 trat O. in die SPD ein. Differenzen mit seinem nationalistisch eingestellten Vorgesetzten ließen in O. den Entschluß wachsen, sich für eine andere Anstellung zu bewerben. Am 01.10.1919 wurde er von der SPD-Mehrheit gegen die bürgerlichen und reaktionären Stimmenanteile der Stadtverordnetenverslg. von Barby zum Bürgermeister der Stadt gewählt. Während seiner Amtszeit erreichte O. durch unermüdliches Drängen und kluge taktische Vorgehensweise, daß von 1922 bis 1924 das größte maisverarbeitende Werk Europas, die *Maizena*, in Barby erbaut wurde. Damit konnte er den Menschen gerade im Krisenjahr 1923 in und um Barby zu sozialer Absicherung verhelfen. Am Rande der Kleinstadt entstand in Folge des Werkbaus eine neue Wohnsiedlung. Mitte der 1920er Jahre gründete O. die *Barbyer Stadtkasse*, ein von anderen Städten unabhängiges Kreditinst., um eine weitere Einnahmequelle für die Stadt zu erhalten. Zur gleichen Zeit holte er die Bildungseinrichtung der staatl. Aufbauschule nach Barby, um den Verlust des 1924 geschlossenen Lehrerseminars auszugleichen. Nach Ablauf der Amtszeit 1931 wurde O. für weitere zwölf Jahre von der Stadtverordnetenverslg., diesmal einstimmig, in seinem Amt bestätigt. Ein Jahr später mußte er aus gesundheitlichen Gründen sein Amt niederlegen und wurde in den Ruhestand versetzt. Er verließ Barby, um seinen Lebensabend in seiner alten Heimat, in der Nähe von Hamburg, zu verbringen. O. verstarb 1935 an einem Herzleiden. Sein Einsatz von 1921 wirkte nachhaltig fort, als nach 18 monatiger Bauzeit 1994 abermals das größte Weizenverarbeitungswerk Europas bei Barby seine Produktion aufnahm.

L: LHASA: Rep. C 28 I e I, Kommunalabt. Barby, Nr. 248.

Andreas Radespiel

Oldenburger, *Hans* Ludwig Gerhard Wilhelm
geb. 26.10.1913 Kiel, gest. 03.07.1991 Hannover, Maler, Graphiker, Kunsterzieher.

Der Sohn des Bauing. Wilhelm O. studierte nach dem Matura-Abschluß in Graz (Österreich) von 1932 bis 1933 Kunstgesch. und Phil. an der dortigen Univ. und in Düsseldorf. Dem aus finanziellen Gründen abgebrochenen Studium folgte ein Wechsel in die gehobene Beamtenlaufbahn. Während des II. WK begegnete ihm in Frankreich der Schriftsteller Ernst Jünger, mit dem er zeitlebens in Kontakt blieb. Nach seiner Strafversetzung nach Rußland, dort erlittenen Verwundungen und Erfrierungen und anschließender Kriegsgefangenschaft arbeitete O. ab 1947 als freischaffender Maler in Aurich. Dort war er Mitbegründer des *Bundes Bildender Künstler* (*BBK*) Ostfrieslands. 1949 siedelte er in die Heimat seiner Frau nach Schönebeck-Salzelmen über. In Magdeburg war er als Maler und Graphiker tätig und wurde Mitglied im *VBK*. Ab 1953 erteilte er an Schönebecker Schulen Kunstunterricht und pflegte eine enge Freundschaft mit → Katharina Heise und → Ewald Blankenburg. Der 1968 mit dem Kunstpreis der Stadt Schönebeck ausgezeichnete O. begeisterte in Erwachsenenzirkeln viele Menschen für die Kunst, lehrte und überzeugte sie, das Leben kritisch zu sehen und die eigenen künstlerischen Versuche auf der Tradition der europäischen Moderne aufzubauen. Diese nicht der Kunstdoktrin des Systems der DDR entsprechende Haltung führte zur Bespitzelung durch den Staatssicherheitsdienst und 1970 zu einer eininhalbjährigen Untersuchungshaft im Gefängnis der Staatssicherheit am Magdeburger Moritzplatz. Darauf folgte eine hohe Haftstrafe wegen angeblicher Hetze gegen den Staat. 1972 wurde O. von der BRD freigekauft, und begann als Kunsterzieher an einem Gymn. in Hannover neu. Zahlreiche Studienreisen durch viele europäische Länder wurden jetzt möglich. Sein künstlerisches Werk ist den Traditionen des dt. Expressionismus verpflichtet. Die Inhalte sind der Mensch und die Stadt, vorwiegend als Holzschnitt oder in Temperamalerei ausgeführt.

N: KrMus Schönebeck; *Vf. Magdeburg (priv.).

Wilfried Kiel

Ollenhauer, Erich
geb. 27.03.1901 Magdeburg, gest. 14.12.1963 Bonn, Parteifunktionär, Politiker.

O. wurde als Sohn eines sozialdemokratischen Maurers geb., besuchte die Volksschule und begann 1915 eine kaufmännische Lehre in der *Lack- und Farbenfabrik Friedrich Köhler* in Magdeburg. 1916 trat er der Sozialistischen Arbeiterjugend (SAJ) bei. O. war 1919 Redakteur der SPD-Tageszeitung *Volksstimme*, wurde 1920 als Sekretär in den Hauptvorstand der SAJ nach Berlin berufen, war seit 1921 Sekretär der Sozialistischen Jugend-Internationale und übernahm 1928 die Führung des Verbandes der SAJ Dtls. 1933 in den Vorstand der SPD gewählt, ging O. mit dem emigrierenden Vorstand im gleichen Jahr nach Prag, dann nach Paris und London. Im Februar 1946 kehrte er nach Dtl. zurück, wurde im Mai 1946 in Hannover zum zweiten Vors. der SPD und 1949 in den Dt. Bundestag gewählt. 1952 folgte O. Kurt Schumacher im Amt des Vors. der SPD und übernahm auch den Vorsitz der Fraktion im Bundestag. Durch seine Auslandsreisen und seine Tätigkeit in der Sozialistischen Internationale (1951 Vizepräsident, danach 1. Vors.) konnte O. wesentlich zum Abbau der Vorurteile gegenüber Dtl. im Ausland beitragen. O.s Name ist aufs engste mit der Entwicklung der SPD in den ersten zwei Jahrzehnten nach dem II. WK verbunden.

N: Friedrich-Ebert-Stiftung Bonn. – **L:** Bio Hdb Emigr 1, *540f.*; E. O. Mensch und Patriot, hg. vom Parteivorstand der SPD, 1952; Carlo Schmid, E. O. zum Gedenken, 1964; Brigitte Seebacher, Biedermann und Patriot, E. O. – ein sozialdemokratisches Leben, 1984; Munzinger-Archiv/Int. Biogr. Archiv, Ravensburg. – **B:** *AdsD.

Ingrun Drechsler

Osterroth, Franz (Ps.: Jörg Willenbacher)
geb. 08.03.1900 Eisenberg/Rheinpfalz, gest. 01.08.1986 Lübeck, Metallarbeiter, Journalist, Schriftsteller.

Der Sohn des Bergarbeiters, Partei- und Gewerkschaftsfunktionärs Nikolaus O. (s. dessen Lebensbericht „Vom Beter zum Kämpfer", 1920) trat 1914 der Sozialistischen Arbeiterjugend sowie dem *Dt. Metallarbeiterverband* und 1917 der SPD bei. 1918 wurde er noch Soldat. 1919–24 arbeitete O. als Jugendsekretär und Redakteur der Jugendztg. des Bergarbeiterverbandes in Bochum. Als Vertreter des nichtmarxistischen Jungsozialistenflügels gehörte er zu den Gründern des Hofgeismarer Kreises, deren *Politische Rundbriefe* er bis 1926 redigierte. Nach dem Besuch der Akad. der Arbeit in Frankfurt/Main war er als Berufsberater beim Arbeitsamt in Hamburg tätig. Von hier aus berief ihn → Karl Höltermann 1928 in die Redaktion der Ztg. *Das Reichsbanner* in Magdeburg. Die nächsten fünf Jahre war er rastlos in der Magdeburger Jugendarbeit und in der SPD tätig. Er leitete das Kabarett „Rote Spielschar", für das er zahlreiche Szenen schrieb, schuf die Techniktruppe „Rote Pioniere" für die Wahlkampfagitation, initiierte einen Jugendwerbeausschuß in der SPD, fungierte 1931/32 auch als Bundesjugendleiter des *Reichsbanners*. Als Mitglied des SPD-Vorstandes Magdeburg leitete er eine Generationenverjüngung im Bezirksvorstand ein und prägte das kulturelle Leben der Partei im Bez. mit. 1933 versammelte er eine illegale Jungsozialistengruppe um sich, verfaßte und verbreitete die illegale Zs. *Junger Sozialismus*. 1934 flüchtete er vor drohender Verhaftung mit der Fam. in die Tschechoslowakei. Zunächst im Grenzort Röhrsdorf, dann in Prag war er für den Exil-Vorstand der SPD tätig, hielt Verbindung zu illegalen Gruppen in Dtl., die er auf drei gefahrvollen Reisen kontaktierte. Auch in Prag war er wieder an vielfältigen kulturellen Initiativen beteiligt. Im August 1938 floh er mit der Fam. nach Schweden. Nach einem Sprach- und Facharbeiterkurs arbeitete er als Zahnradfräser in Stockholm, wirkte in politischen und kulturellen Gruppierungen mit, hielt Vorträge in der Arbeiter- und Erwachsenenbildung und schrieb für schwedische Ztgg. Ab 1943 war er mit Arbeiten für ein „Weißbuch der dt. Opposition gegen die Hitlerdiktatur" befaßt. Es wurde 1946 vom Londoner Exil-Vorstand der SPD veröffentlicht. Im Sommer 1948 zurückgekehrt, war er bis 1963 als SPD-Parteisekretär in Kiel tätig und wirkte bis zu seinem Tode in zahlreichen kulturellen Ämtern.

W: Zahlreiche Laienspiele, Sprechchöre, Liedertexte, Gedichtslgg., Aufsätze und Artikel verstreut gedruckt; (Ps.) Dt. Flüsterwitze. Das Dritte Reich unterm Brennglas, 1935; Biogr. Lex. des Sozialismus, 1960; Chronik der dt. Sozialdemokratie, 1963 (mit Dieter Schuster). – **N:** AdsD, Bonn; Fritz-Hüser-Inst. für dt. und ausländische Arbeiterlit., Dortmund. – **L:** Bio Hdb Emigr 1, *545*. – **B:** Slg. Vf., Hannover (priv.).

Beatrix Herlemann

Otten, *Max Oktavio,* Prof. Dr. med.
geb. 25.05.1877 Lima (Peru), gest. 05.09.1962 Wernigerode, Arzt, Ehrensenator.

Der Sohn des Großkaufmanns Alwin O. besuchte 1884–87 das spanische Gymn. in Lima, 1887–93 das franz. Gymn. in Vevey (Schweiz) und ab 1893 das Gymn. in Detmold mit dem Abschluß der Reifeprüfung 1896. Er beherrschte die spanische, franz. und englische Sprache in Wort und Schrift. 1896 begann er das Studium der Med. in Leipzig, setzte es in Göttingen und Halle fort, schloß 1901 mit dem Staatsexamen ab und prom. im gleichen Jahr in Kiel. 1901–07 war er Assistent am Eppendorfer Krankenhaus bei Eugen F. Fraenkel und Hermann Lenhartz, wechselte dann als erster Assistent nach Tübingen zu Moritz Heinrich von Romberg mit der Ernennung zum Privatdoz. Während des türkisch-italienischen Krieges in Nordafrika wurde O. 1912 als Leiter der inneren Abt. des Rote-Kreuz-Lazarettes in Tripolitanien beurlaubt und danach von Romberg als erster Oberarzt an die Med. Klinik nach München berufen. 1916 erfolgte die Ernennung zum ao. Prof. Während des I. WK war O. als Marinestabsarzt der Reserve in verschiedenen Stellungen tätig. 1917 übernahm er die Leitung der Med. Klinik am Krankenhaus Magdeburg-Altstadt, ab 1931 auch die Stelle des Krankenhausdir., die er bis zu seinem Ausscheiden 1955 inne hatte. 1932 wurde er zudem noch mit der Stelle des ärztlichen Dir. im Krankenhaus Magdeburg-Sudenburg betraut. Mit Beginn seiner Tätigkeit leitete er in den 1920er Jahren die Modernisierung der Med. Klinik im Altstädtischen Krankenhaus ein, so auf dem Gebiet der Röntgenologie, des EKG, der Bakteriologie und der Einführung endoskopischer Untersuchungen (Gastroskopie). 1928 wurde eine Beratungsstelle für Berufskrankheiten errichtet und für Studenten der vorklinischen Semester ein Pflegepraktikum eingeführt. Nach Ende des II. WK, bereits 68jährig, setzte sich O. tatkräftig für den Wiederaufbau des durch Bomben schwer geschädigten Krankenhauses ein, so daß es schon 1952 wieder über 600 Betten verfügte. 1945 wurde O. zum Seuchenkommissar für Sa.-Anh. ernannt und die Beratungsstelle für Berufskrankheiten wieder eröffnet. Ferner zählte O. zu den Mitbegründern einer neu errichteten Krankenpflegeschule in Magdeburg. Auch nach Beendigung seiner klinischen Tätigkeit 1955 war O. noch viele Jahre Leiter der Arbeits- und Sanitätsinspektion in Magdeburg. Aus seiner Feder stammen zahlreiche Arbeiten auf dem Gebiet der Röntgenologie und Bakteriologie. O. war Mitglied der *Med. Ges. zu Magdeburg*. Er wurde mit dem VVO in Silber und als Verdienter Arzt des Volkes ausgezeichnet sowie zum Ehrensenator der Med. Akad. Magdeburg ernannt.

L: Isidor Fischer (Hg.), Biogr. Lex. der hervorragenden Ärzte der letzten fünfzig Jahre, Bd. 2, ³1962, *1160*; Wer ist's 10, 1935; → Kurt August Koelsch, Laudatio nach dem Ausscheiden von Prof. O., Ms. 1955 (Archiv Krankenhaus Magdeburg-Altstadt); ders., Das Krankenhaus Magdeburg-Altstadt. Fs. zu seinem 150jährigen Bestehen 1967, *40f.* – **B:** *Fs. 10 Jahre Med. Akad. Magdeburg, 1964.

Ursula Schumann

Otto, Hans

geb. 29.09.1922 Leipzig, gest. 28.10.1996 Freiberg/Sachsen, Organist, Cembalist.

O. erhielt seine erste musikalische Ausbildung als Mitglied des Leipziger *Thomanerchores*. Später studierte er an der Leipziger Musik-Hochschule u. a. als Schüler des berühmten Thomasorganisten und -kantors Karl Straube. Nach kurzer Tätigkeit als Kantor und Organist an der Leipziger Emmauskirche wurde O. 1948 Kantor und Organist der Heilig-Geist-Kirche und bis 1976 Doz. für künstlerisches Orgelspiel an der Kirchenmusikschule in Dresden. 1968 wechselte er als Domkantor und Kirchenmusikdir. nach Freiberg, wo er sich große Verdienste um den Erhalt der dortigen Silbermannorgel erwarb. 1984 wurde er als Organist an die Magdeburger Konzerthalle als Nachfolger von Joachim Dalitz berufen. Dort stand ihm eine 1979 erbaute Jehmlich-Orgel zur Verfügung. Neben seiner praktischen Musikausübung betätigte sich O. zunehmend im organisatorischen Bereich, indem er die Orgelmusikanrechtsreihen und jährlich stattfindenden Orgelfesttage plante. In diesem Zusammenhang gebührt ihm das Verdienst des Neuaufbaus von langfristigen Programmkonzepten innerhalb der Anrechtsreihen. So standen z. B. die Orgelfesttage unter seiner Regie ständig unter einem konkreten Thema, was vorher nicht der Fall war. Auch war er stets bemüht, int. Gastorganisten einzuladen, was unter den damaligen Bedingungen oft sehr kompliziert war. Genauso erblickten die nun schon traditionellen Orgelkonzerte zu Weihnachten und zum Jahresabschluß unter seiner Leitung das Licht der Welt. Weiterhin machte er sich um die Heranführung der Kinder und Jugendlichen an das Instrument und seine Musik verdient, indem er zahlreiche Veranstaltungen für diese Zielgruppe initiierte und stets neue Ideen einbrachte. Die Tätigkeit in Magdeburg ließ ihn aber auch die Silbermann-Orgeln nicht aus dem Blickfeld verlieren. Seit 1991 fungierte er als Präsident der *Gottfried-Silbermann-Ges.* Bis zu seinem Ruhestand 1992 in Magdeburg tätig, ging er anschließend zurück nach Freiberg. Sein Nachfolger wurde Prof. Ulrich Bremsteller aus Hannover (Sohn von → Gerhard Bremsteller).

L: Horst Seeger, Musiklex. (Personen A-Z), 1981, *594*. – **B:** *Kunstmus. Kloster U. L. F. Magdeburg.

Kerstin Hansen

Otto, Paul

geb. 12.07.1881 Güstrow/Mecklenburg, gest. 14.01.1961 Neuhaus/Schliersee, General der Infanterie.

O. trat 1901 als Fahnenjunker in das Infanterie-Regiment (IR) 49 ein. Im Folgejahr zum Leutnant befördert, wurde er 1906 zur Schutztruppe in Dt.-Südwestafrika versetzt. 1909 schied O. aus dem Heer aus, trat aber 1912 reaktiviert als Leutnant in das IR 42 ein. Nach dem Besuch der Kriegsschule 1912–14 diente er als Adjutant in der Brigade Mülmann (25. Reserve-Division). 1916–19 war O. als Hauptmann Stabsoffizier in verschiedenen Stellungen und anschließend Führer des Freikorps Hindenburg. Nach weiteren Verwendungen in Stabs- und Kommandeursstellungen in verschiedenen IR übernahm O. 1934 als Oberst (Oktober 1934 Generalmajor) in Magdeburg die Geschäfte des Infanterieführers IV. Unter seiner Leitung vollzog sich der planmäßige Aufbau der noch nicht offiziell genannten 13. Division in Magdeburg. Der 15.10.1935 gilt als Gründungstag der 13. Infanterie-Division, deren erster Kommandeur nun O. bis 1939 war (1937 Generalleutnant). Die einzelnen Einheiten der 13. Infanterie-Division übernahmen die Traditionen der alten kaiserlichen Regimenter des früheren IV. Armeekorps. O. führte die Division, welche im Verband des XIV. Armeekorps unter der Führung von → Gustav von Wietersheim kämpfte, im Polenfeldzug und nahm am 06.10.1939 die Kapitulation des polnischen Generals Kleeberg nach dem Gefecht bei Kock/Adamow entgegen. Am 14.10.1939 nahm O. den Vorbeimarsch der heimkehrenden Truppenteile in Magdeburg ab. Vom November 1939 bis zum Frühjahr 1942 war er Chef der dt. Heeres-Mission in der Slowakei. Im Anschluß daran übernahm der 1940 zum General der Infanterie beförderte O. die Stellung des Kommandierenden Generals des IX. Armeekorps. Im Herbst 1943 wurde O. verabschiedet, die Jahre 1945–49 verbrachte er in russischer Kriegsgefangenschaft.

L: Wolf Keilig, Die Generale des Heeres, 1983, *250;* Dieter Hoffmann, Die Magdeburger Division, 1999, *23.* – **B:** Der Schicksalsweg der 13. Panzerdivision, 1986 (Bildteil).

Jörn Winkelvoß

Paasche, Hermann, Prof. Dr. phil. habil.
geb. 24.02.1851 Burg, gest. 11.04.1925 Detroit (USA), Politiker, Nationalökonom, Geh. Regierungsrat.

Der aus einer in Burg altansässigen Tuchmacherfam. stammende P. besuchte in Burg die Schule und legte 1870 das Abitur ab. Nach seiner Ausbildung zum Landwirt studierte er seit 1872 in Halle Landwirtschaft und Nationalökonomie, prom. 1875 und habil. 1877. P. wurde 1878 Prof. für Staatswiss. an der TH Aachen, wechselte im gleichen Jahr nach Rostock, 1884 nach Marburg und war 1897–1906 o. Prof. an der TH Berlin-Charlottenburg. Als Wissenschaftler trat P. mit Arbeiten zur Statistik – auf ihn geht der heute kaum noch verwendete P.-Index zurück – und zur Weltzuckerwirtschaft hervor. Analog dazu engagierte er sich anfangs als links Orientierter, ab 1893 als Nationalliberaler in der Politik. P. war 1881–84 und 1893–1913 MdR und 1894–1908 MdL, ab 1899 für den Wahlkr. Jerichow I und II. Er war Mitglied der Reichs- und Staatsschuldenkommission und prägte die nationalliberale Wirtschaftspolitik maßgeblich mit. Seit 1898 Mitglied des nationalliberalen Zentralvorstandes, war P. 1903–09 und 1912–18 auch Vizepräsident des Reichstages. Er unterstützte die Forderungen nach einer „Gleichberechtigung des Bürgertums" mit den traditionellen Adelseliten und einer Aufwertung des Reichstages. 1919 schloß sich P. der DVP an. Er starb während einer Studienreise durch die USA.

W: Studien über die Natur der Geldentwerthung und ihre praktische Bedeutung in den letzten Jahrzehnten, 1878; Zuckerindustrie und Zuckerhandel der Welt, 1891; Kultur- und Reiseskizzen aus Nord- und Mittelamerika, 1894; Die Zuckerproduktion der Welt. Ihre wirtsch. Bedeutung und staatl. Belastung, 1905; Dt.-Ostafrika, 1906. – **L:** NDB 19, *734f.*; DBE 7, *544*; Franz Neubert, Dt. Zeitgenossen-Lex., 1905, Sp. *1061*; Hermann Kalkoff, Nationalliberale Parlamentarier 1867–1917 des Reichstages und der Einzellandtage, 1917, *40f., 227* (**B**); Bernhard Mann, Biogr. Hdb. für das Preuß. Abgeordnetenhaus 1867–1918, 1988, *293*.

Paul Nüchterlein

Pahncke, *Max* **Willibald Heinrich,** Dr. phil.
geb. 15.08.1882 Zöschen/Kr. Merseburg, gest. nach 1959 Hannover, Pädagoge, Heimatforscher, Oberstudiendir.

P. kam als Sohn eines Superintendenten und Prof. der Kgl. Landesschule Pforta bei Naumburg zur Welt. Dort erwarb er 1901 sein Reifezeugnis und studierte anschließend Philologie in Jena, München, Bonn und Halle, wo er 1905 unter der Ägide des Mystikforschers Philipp Strauch zum Thema „Untersuchungen zu den dt. Predigten Meister Eckharts" prom. 1906 legte er dort auch seine Lehramtsprüfung ab und erhielt die Lehrbefähigung für Phil., Propädeutik, Deutsch, Gesch. und Religion. Das Seminarjahr absolvierte er 1906/07 am Kgl. Gymn. Schleusingen, das Probejahr am städtischen Gymn. Neuhaldensleben. Von 1908 bis 1928 war er als Oberlehrer und Studienrat am Gymn. in Neuhaldensleben tätig. 1920–23 konnte P. die von → Theodor Sorgenfrey begonnene, verdienstvolle Übersetzung der Stadtbücher von Neuhaldensleben vollenden („Die Stadtbücher von Neuhaldensleben ca. 1255–1463", 1923) und erbrachte darüber hinaus wichtige Forschungsergebnisse zur Ergänzung der Stadtchronik und zur Regionalgesch. Von 1921 bis 1928 war P. auch Redakteur des *Heimatbl. für das Land zwischen Aller und Ohre*. 1930 wechselte er an das städtische Wolterstorff-Gymn. nebst Realschule in Ballenstedt. Das Register für die Haldensleber Stadtbücher konnte durch den Fortgang P.s nicht zu Ende geführt werden. 1931 wurde P., der sich seit seiner Studienzeit langjährig mit der Lehre Meister Eckharts und der Eckhart-Philologie beschäftigt und weitere Studien zu diesem Themenbereich vorgelegt hatte, in die neu gegründete Eckhart-Kommission der Dt. *Forschungsgemeinschaft* als Mitarbeiter an der Ausgabe der „Dt. Werke" Meister Eckharts berufen. Zu diesem Zweck unternahm P. ausgedehnte Bibliotheksreisen durch Österreich (1935) und die Niederlande (1938), um nach unbekannten Handschriften zu fahnden. Nach dem Krieg arbeitete P. zunächst wieder als Lehrer in Niedersachsen und verlebte seinen Ruhestand in Hannover.

W: Allerlei Kunde von der alten Stadt Haldensleben, 1924; Die Stadtbücher von Neuhaldensleben von 1471–1486, in: GeschBll 60, 1925, *91–116*; ebd. 61, 1926, *105–144*; ebd. 62, 1927, *125–148*; ebd. 63, 1928, *31–66*; Meister Eckharts Predigt über Luc. 10,38; „Intravit Jesus in quoddam castellum", 1959. – **L:** → Willi Koch, Bedeutende Haldensleber, in: Js. des KrMus. Haldensleben 7, 1966, *40*.

Guido Heinrich/Sandra Luthe

Paini, Dario
geb. 07.11.1867 in Trient/Südtirol, gest. 12.10.1935 Schönebeck, Zauberkünstler, Illusionist.

Der Sohn eines Magistratsbeamten gab bereits mit acht Jahren erste Privatvorstellungen im Kreise von Bekannten und Honoratioren Trients. Nach der Elementarschule besuchte er die Kunstschule im damals österreichischem Trient und studierte Malerei und Bildhauerei. Die Ausbildung brach er ab und trat seit 1906 in allen bedeutenden dt. und österreichischen

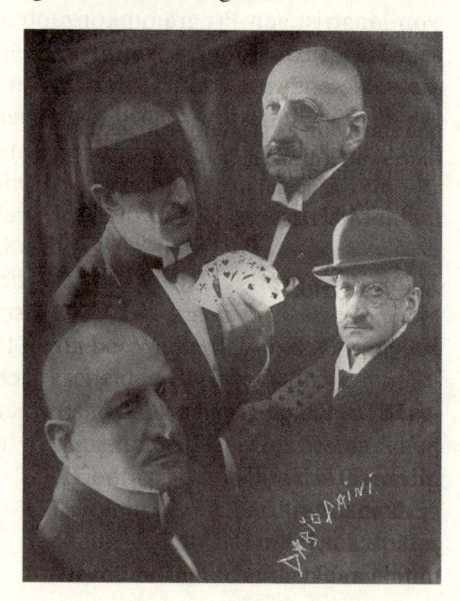

Städten als „Magier" auf. Er arbeitete ohne Apparate, lediglich mit Spielkarten, und faszinierte sein Publikum durch „Gedankenlesen", Erraten versteckter Gegenstände, Vorhersagen von Begriffen, Gegenständen u. a., die das Publikum, von ihm ungesehen, auswählte, bezeichnete oder versteckte. P. leistete 1892 Dienst im österreichischen Heer, heiratete ein Jahr später und erhielt 1897 von Herzog Friedrich von Anhalt den Titel eines Hofkünstlers. Gleichzeitig war er auch kgl. bayrischer Hofkünstler und gab jährlich Vorstellungen an diesen u. a. Residenzen. 1904 wurde er dt. Staatsbürger und nahm seinen Wohnsitz im „Kgl. Soolbad Elmen", im damaligen Groß Salze. Über seine Auftritte berichtete die Presse ständig mit lobenden Artikeln, die neben seinen verblüffenden Kunststücken besonders sein elegantes und sicheres Auftreten hervorhoben. Während des I. WK trat er vor allem in Lazaretten und Genesungsheimen auf. Zur Zeit der Inflation wurde es ruhiger um ihn. Danach trat er vorwiegend in dt. Großstädten auf, u. a. auch in gemeinsamen Programmen mit Claire Waldoff und Otto Reutter. Als Mitglied der *Int. Artistenloge* wurde das Auftreten nach 1933 schwieriger. Der kriegsblinde Schönebecker Bildhauer und Keramiker Dario Malkowski erhielt nach seiner Geburt 1926 seinen Vornamen zu Ehren seines Großvaters P.

B: StadtA *Schönebeck.

Ernst Lindner

Pajer, Jiři (*Georg*), Prof. Dr.-Ing. habil.
geb. 24.04.1907 Kromeriz/Mähren (Österreich-Ungarn), gest. 28.09.1997 Prag, Maschinenbauing., Hochschullehrer.

P. war Sohn eines Schullehrers. Er absolvierte nach dem Abitur 1924 die TH in Prag (Fachgebiet Maschinenbau), die er mit der zweiten Staatsprüfung 1929 abschloß. Von 1929 bis 1952 arbeitete er als Konstrukteur von Kranen, Baggern, Bekohlungsanlagen, beweglichen Wasserbaueinrichtungen (Wehre) und Staustufen (Elbstaustufe Schreckenstein), war Leiter großer Montagebaustellen in der Türkei, Chef des Konstruktionsbüros für Zuckerfabrikeinrichtungen und Kühlanlagen sowie Betriebsleiter des Dieselmotoren- und Kompressorenbaus in der Maschinenfabrik *CKD Prag*, einem führenden Maschinenbau-Unternehmen in Europa. 1952 wurde P. Hauptkonstrukteur für Förderanlagen im Ministerium für Schwermaschinenbau der ČSSR und setzte entscheidende Akzente bei der technischen Entwicklung der Fördertechnik im Landesmaßstab. Seinen wiss. Werdegang setzte er mit dem Abschluß der Prom. 1935 auf dem Gebiet der angewandten Strömungslehre und 1938 mit der Habil. an der TH Prag fort und hielt dort seit 1938 Vorlesungen auf den Gebieten Strömungslehre und Technische Mechanik. Seit 1957 war P. mit einer Gastprofessur an der Hochschule für Schwermaschinenbau in Magdeburg betraut, 1960 erfolgte die Berufung als o. Prof. mit vollem Lehrauftrag für das Gebiet der Fördertechnik. 1972 wurde

er emeritiert. P. gehörte auf dem Gebiet der Fördertechnik zu den wenigen Fachleuten, die das gesamte Gebiet hinsichtlich des mechanischen Teiles und des Einsatzes der Geräte wiss. beherrschten. Er hatte entscheidenden Anteil am Aufbau des Inst. für Fördertechnik in Magdeburg, dessen Gründungsdir. er 1958 wurde. Neben einer Vielzahl von wiss. Arbeiten, die er ab 1932 in tschechischen und dt. Fachzss. publizierte, begründete er gemeinsam mit → Friedrich Kurth und Martin Scheffler die Buchreihe „Fördertechnik", die in zahlreichen Auflagen erschien und das wichtigste deutschsprachige Hochschullehrerbuch zum Gesamtgebiet der Fördertechnik darstellt.

W: Bagger, 1954; Förderanlagen, 1955 (beide tschechisch); Friedrich Kurth (Hg.), Grundlagen der Fördertechnik, 1964, ⁶1982; Unstetigförderer (2 Bde), 1965, ⁵1989; Stetigförderer, 1967, ⁵1988; Tagebaugroßgeräte und Universalbagger, 1971, ²1979. – **L:** Nachruf Prof. em. Dr.-Ing. habil. J. P., in: Uni-Report 8, 1997. – **B:** *UnivA Magdeburg.

Friedrich Krause

Palme, *Rudolph* Franz Robert, Prof.
geb. 23.10.1834 Barby, gest. 08.01.1909 Magdeburg, Organist, Komponist, Herausgeber, Orgelrevisor.

P., Sohn eines Privatlehrers, Schulkandidaten und Organisten, vertrat schon im neunten Lebensjahr den Vater im Gottesdienst, absolvierte die Stadtschule in Barby und besuchte 1853–1856 das Lehrerseminar in Magdeburg und (nach dessen Verlegung 1855) in Barby. Seine Lehrer, die ihn prägten, waren → Johann Joachim Wachsmann und → Gustav Rebling. Als Mitglied des Magdeburger *Domchores* erregte er die Aufmerksamkeit des Domorganisten → August Gottfried Ritter, der ihn als Kompositions- und Orgelschüler annahm. Klavierunterricht erhielt er von → Christian Friedrich Ehrlich. Zu Studienzwecken hielt er sich alljährlich in Berlin auf. 1856 erhielt er in Magdeburg eine Anstellung als Volksschullehrer, 1862 wurde er Organist an der Heilig-Geist-Kirche, 1880 „in Anerkennung seiner öffentlichen künstlerischen Wirksamkeit und seiner vorzüglichen Kompositionen" (*Musikalisches Wochenbl.*) Kgl. Musikdir., 1883 als Nachfolger Ritters

Kgl. Orgelbaurevisor. Als weitere Auszeichnung erhielt er den Titel Prof. Mehrere Jahre lang leitete er einen Gesangverein, mit dem er Konzerte veranstaltete. Mit seinen ao. verbreiteten praktischen Ausgaben und Slgg. für Seminare, Schulen, Kirchenchöre, Organisten und Privatunterricht wirkte P. weit über Magdeburg hinaus. Im Gegensatz dazu haben seine Kompositionen kein länger anhaltendes Interesse gefunden. Seine Auswahl- und editorischen Prinzipien wie auch sein Wirken und seine Ansichten als Orgelrevisor wurden später wiederholt scharf kritisiert, finden heute aber wieder Verständnis.

W: Kompositionen: Sonaten, Choralvorspiele, Transkriptionen für Orgel; Lieder; Gesänge für gemischten und für Männerchor. – Ausgaben: Präludien, Orgelstücke, Choralvorspiele unterschiedlicher Schwierigkeit für Orgel; geistliche und weltliche Lieder, Volkslieder, Gesänge, Motetten für geistlichen und weltlichen Chorgesang und für alle Schulstufen. – Schriften und Unterrichtswerke: Der Klavierunterricht im ersten Monat. Theoretisch-praktische Anleitung zum Lehren und Lernen der Anfangsgründe des Klavierspiels, verteilt auf acht Lektionen zum Gebrauch für Lehrer und Schüler, als Vorschule zu jeder Klavierschule. o. J., nach ²1900; Theoretisch-praktische Orgelschule. o. J. (ca. 1901); A. G. Ritter, in: Max Hesse's Dt. Musiker-Kal. 2, 1887 (kein Exemplar nachweisbar, Abschrift in Stadtbibl. Magdeburg); Das Orgelregistrieren im gottesdienstlichen Gebrauch, sowie bei sonstigen Orgelbegleitungen. Ein Hilfsbuch, 1908; Die Orgelwerke Magdeburgs einst und jetzt, nebst kurzen Mittlgg. über die Kirchen, in: Zs. für Instrumentenbau 29, 1908/09 und 30, 1909/10 (in 15 Fortsetzungen). – **L:** MGG 16, Sp. *986*; Hobohm, Bd. 1, *631–635*; Adalbert Überlee, R. P., in: Musikalisches Wochenbl. 20, 1889, *195f.* (****B***); Adolf Ruthhardt, Chormeister-Büchlein. Eine Slg. 41 kurzgefaßter Biogr., 1890, *2f.*; Magdeburgische Ztg. vom 10.01.1909; Magdeburger General-Anzeiger vom 12.01.1909; Martin Weyer, Die dt. Orgelsonate von Mendelssohn bis Reger, Diss. Köln 1969, *167–172, 202f.*

Wolf Hobohm

Pape, Wilhelm August
geb. 03.01.1830 Neundorf/Kr. Stendal, gest. 13.12.1914 Magdeburg, Schuhfabrikant.

Der Sohn eines Landwirts und Pferdezüchters erlernte von 1844 bis 1848 bei seinem älteren Bruder in Danzig das Schuhmacherhandwerk. Seine anschließende Wanderschaft führte ihn u. a. über Berlin, wo er die 1848er Revolution miterlebte, und Wien (1852) nach Magdeburg. 1855 eröffnete P. hier seine als Manufaktur anzusehende Fa. *W. A. P., Schuhfabrik*. Das mit Laden und Werkstatt ausgestattete Unternehmen etablierte sich schnell in Magdeburg. Während des dt.-franz. Krieges 1870/71 übernahm P. von bei ihm arbeitenden franz. Kriegsgefangenen eine bis dahin in Dtl. wenig bekannte, aber in Frankreich schon lange angewandte Technologie bei der Schuhherstellung. Durch das sog. Stiften der Stiefel, bei dem die Sohlen mit Holzstiften befestigt wurden, konnte festeres und stabileres Schuhwerk hergestellt werden. In der Nachkriegszeit in Frankreich durchgeführte Studien zur Schuhherstellung ermöglichten P. den kontinuierlichen Ausbau seines Unternehmens und die Durchsetzung der neuen Fertigungsmethode. Ende des 19. Jhs war die Fa. das größte Detail-Geschäft der Branche in Dtl.

L: StadtA Magdeburg: ZA 166.7.

Horst-Günther Heinicke

Parisius, *Theodor* Rudolf Ludwig, Dr. jur.
geb. 07.09.1896 Eisdorf, gest. 08.04.1985 Wennigsen/Kr. Hannover, Jurist, Verwaltungsbeamter, Landrat.

P. war Sohn des Pastors Karl Johann P. Im August 1914 legte er das Abitur ab und war bis zum Oktober 1918 Kriegsfreiwilliger des I. WK. Danach begann er mit dem jur. und staatswiss. Studium in Göttingen und Marburg. Nach dessen Beendigung wurde er von dem damaligen Regierungspräsidenten Friedrich von Velsen in Hannover 1922 in den Verwaltungsdienst übernommen. Nach Tätigkeit bei verschiedenen Verwaltungsbehörden in der Provinz Hannover und Ablegung der zweiten Staatsprüfung wirkte P. als Verwaltungsbeamter in den Provinzen Brandenburg (Landratsamt Oberbarnim) und Schlesien (Liegnitz). 1932 berief ihn der preuß. Innenminister Carl Severing zum Landrat des Kr. Bolkenhain/Niederschlesien. Ab 01.10.1932 wurde er mit der kommissarischen Verwaltung des Landkr. Calbe beauftragt, nachdem der Kr. Bolkenhain aufgelöst worden war. Ende des Jahres wurde er endgültig mit der Funktion des Landrates betraut. Während der Tätigkeit in Calbe trat er in verschiedene Gremien der Kommunalverwaltung (Vorstand des Dt. Gemeindetages), der Wirtschaft und des Kreditwesens auf. Er wurde am 18.06.1940 auf Befehl des Oberkommmandos des Heeres nach Frankreich versetzt. Amtierender Landrat des Kr. Calbe wurde Rittergutsbesitzer Bodo von Alvensleben. P. war in Paris als Oberkriegsverwaltungsrat und ab 1944 als Generallandschaftsdir. der Provinz Sachsen in Halle tätig. Ab 1948 trat er in den Dienst des Landes Niedersachsen, zunächst als Angestellter, dann als Oberregierungsrat und Pressereferent im Niedersächsischen Landwirtschaftsministerium. 1952 wurde er zur Vertretung des Landes Niedersachsen beim Bund nach Bonn abgeordnet und zum Regierungsdir. befördert. 1953 berief ihn die Landesreg. zum Regierungsvizepräsidenten in Braunschweig. Im Jahr 1955 folgte seine Ernennung zum Pressechef der Niedersächsischen Landesreg. unter Beförderung zum Ministerialdirigenten. 1959 wurde P. zum Präsidenten der Hannoverschen Klosterkammer ernannt.

L: LHASA: Rep. C 28 I b Nr. 624/1–624/7; Niedersächsisches Hauptstaatsarchiv Hannover: Acc 54/91 Nr. 73.

Petra Koch

Parnitzke, Karl *Herbert* Johann, Prof. Dr. med. habil., Dr. phil.
geb. 06.03.1910 Neusalz/Oder, gest. 05.03.1992 Magdeburg, Arzt.

Der Sohn des Hüttenschlossers Linus P. besuchte die Staatl. Aufbauschule in Bunzlau, wo er 1932 das Abitur bestand. Anschließend studierte P. bis 1937 Med. und Phil. in Breslau, Jena, Hamburg, Frankfurt/Main und Halle, wo er 1937 zum Dr. med. prom. Im II. WK war P. als Truppenarzt tätig, zeitweise im Afrikakorps. 1947 erfolgte seine phil. Prom. in Halle, 1949 wurde er Oberarzt. 1951–53 arbeitete P. an der Univ.-Nervenklinik in Halle. Dort erfolgte 1951 seine Habil. P. war 1953–55 als Doz. an der neurochirurgischen Abt. der chirurgischen Univ.-Klinik Halle und 1955–58 an der Med. Akad. Dresden tätig. 1956 wurde er zum Prof., 1969 zum o. Prof. ernannt. Von 1958 bis 1975 war P. Dir. der Nervenklinik der Med. Akad. Magdeburg. Hier erwarb er sich große Verdienste bei der Einrichtung von Spezialabteilungen für Neuroradiologie, Neurophysiologie sowie klinische und experimentelle Psychologie. Gleichzeitig leitete er als Dir. das Bezirkskrankenhaus für Neurologie und Psychiatrie in Haldensleben. Von 1959 bis 1969 bekleidete P. an der Med. Akad. Magdeburg das Amt des Prorektors und widmete sich dem wiss. Nachwuchs. Er wurde 1974 emeritiert.

W: Beiträge zur genetischen Problematik psychischer Zwangsphänomene im Kindes- und Jugendalter, 1952 (Habil.); Endokranielle Verkalkung im Röntgenbild. Ihre Deutung und Bedeutung im Dienste der klinischen Hirndiagnostik, 1961; Die Nervenklinik, in: Fs. 10 Jahre Med. Akad. Magdeburg 1964, *85–91*; Neuroradiologie – Elektromyographie. Moderne physikalisch-diagnostische Methoden, 1969; Die Nervenklinik, in: Fs. 20 Jahre Med. Akad. Magdeburg 1974, *46–48* (*B*). – (*B*) Universitätsklinikum Magdeburg.

Wilhelm Thal

Pasche, *Robert* **Julius,** Dr. theol. h.c.
geb. 08.01.1862 Zielitz, gest. 02.04.1930 Naumburg, ev. Pfarrer.

Der Sohn des Zielitzer Gastwirts Christoph P. studierte nach dem Schulbesuch der Franckeschen Stiftungen in Halle von 1881 bis 1884 ev. Theol. in Halle. 1885–86 absolvierte er die theol. Prüfungen in Halle und Magdeburg und wurde im selben Jahr in Magdeburg ordiniert. Seit 1885 Hilfsprediger, war P. ab 1886 zunächst als Pfarrer in Woffleben tätig, ab 1892 als Pfarrer in Dieskau bei Halle, und bekleidete ab 1919 gleichzeitig das Amt des Superintendenten der Ephorie Halle-Land I. Seit 1910 nahm er den Vorsitz des Vorstandes der *Vereinigung preuß. Pfarrervereine* ein. Vor allem auf sein Betreiben wurde 1892 der *Hallesche Pfarrerverein* gegründet, dessen langjähriger Vors. er war. Er hielt enge Verbindung mit der Univ. Halle und regte theol. Ferienkurse und Arbeitsgemeinschaften der Pfarrer mit der dortigen Theol. Fakultät an. P. stand mit Pate bei der Einrichtung einer Pfarrtöchterstiftung und dem Pfarrtöchterheim in Gröbers. Für seine Arbeit wurde ihm 1918 von der Theol. Fakultät der Univ. Halle die Ehrendoktorwürde verliehen. 1927 trat P. in den Ruhestand und zog nach Naumburg.

L: Allg. Anzeiger für die Kreise Wolmirstedt und Neuhaldensleben vom 10.01.1922; ebd. vom 26.10.1927; ebd. vom 27.04.1930; Ev. Gemeindebl. für den Kr. Wolmirstedt 6, 1930, *1–3*; AKPS: Rep. A, Spec. P, P 43 (PA).

Herbert Riebau

Patow, Erasmus *Robert* **Artur Paul Freiherr von,** Dr. jur.
geb. 10.09.1804 Mallenchen, gest. 05.01.1890 Berlin, Jurist, Ober- und Reg.-Präsident in Magdeburg.

P. hat, wie in Vorbereitung auf den preuß. Staatsdienst üblich, Rechtswiss. an den Univ. von Berlin, Heidelberg und Leipzig studiert. Seit 1829 war er zunächst in Potsdam im Staatsdienst tätig, wirkte dann im Finanzministerium und stieg innerhalb der Reg.-Bürokratie zum Geh. Oberfinanzrat und Mitglied des Staatsrates auf. 1844 kurzzeitig Reg.-Präsident in Köln, wurde P. im gleichen Jahr Ministerialdir. im preuß. Außenministerium. Während der Revolution von 1848 wirkte P. vom 17.04. bis 25.06.1848 als preuß. Minister für Handel und Gewerbe. 1849 war er Oberpräsident von Brandenburg. Von 1859 bis 1862 finden wir ihn abermals in der preuß. Reg. als Finanzminister. Während des Krieges von 1866 war P. Zivilgouverneur für Frankfurt/Main, Oberhausen und Nassau. 1873 trat er sein Amt als Oberpräsident der Provinz Sachsen und zugleich Reg.-Präsident in Magdeburg an, das er bis 1881 inne hatte. In diese Zeit fielen die Auseinandersetzungen der Stadt Magdeburg mit der preuß. Reg. um die Stadterweiterung Magdeburgs durch Ankauf von Festungsgelände unter Oberbürgermeister → Gustav Hasselbach, an denen P. mitwirkte.

L: ADB 52, *760f.*; Walter Hubatsch (Hg.), Grundriß der dt. Verwaltungsgesch. 1815–1945, Reihe A: Preußen, Bd. 6, Provinz Sachsen, 1975, *27*; Klaus Schwabe (Hg.), Die preuß. Oberpräsidenten 1815–1945, 1985, *294*; Stefan Karnop/Lars-Henrik Rode/Vf., Der Regierungsbez. Magdeburg und seine Gesch., 1998, *98* (*B*).

Mathias Tullner

Paul, Elfriede, Prof. Dr. med. habil.
geb. 14.01.1900 Köln, gest. 30.08.1981 Ahrenshoop, Ärztin, Sozialmedizinerin, Ehrensenatorin.

Aufgewachsen in kleinbürgerlichen Verhältnissen, wurde P. zunächst in Hamburg Lehrerin. 1926–33 absolvierte sie zusätzlich in Hamburg, Wien und Berlin als Werkstudentin ein Medizinstudium. Danach war P. am Hygiene-Inst. der Univ. in Berlin tätig und prom. 1936. P. gehörte seit 1921 der

KPD und seit 1946 der SED an. 1936 fand sie durch ihren Lebenskameraden Walter Küchenmeister Anschluß an die antifaschistische Widerstandsgruppe *Rote Kapelle*. Gemeinsam mit ihrem Lebenskameraden wurde sie 1942 verhaftet und zu sechs Jahren Zuchthaus verurteilt. An einer wiss. Laufbahn im Ns. wegen ihrer politischen Gesinnung gehindert, eröffnete P. 1936 in Berlin-Wilmersdorf eine Privatpraxis, die sie bis zu ihrer Verhaftung durch die Gestapo im Jahre 1942 führte. Nach der Entlassung aus der Haft war sie 1946 kurzzeitig Ministerin für Arbeit, Aufbau und Wohlfahrt des Landes Hannover, das 1946 zusammen mit den Ländern Braunschweig, Oldenburg und Schaumburg-Lippe das Bundesland Niedersachsen bildete. 1947 siedelte P. nach Berlin (Ost) über. Hier half sie beim Aufbau des Gesundheitswesens. Ab 1951 widmete sich P. wieder der wiss. Arbeit am Sozialhygiene-Inst. und habil. sich 1954 in Berlin. 1956 erhielt P. den Ruf an die Med. Akad. Magdeburg, wo sie bis zum Jahre 1964 als Prof. lehrte und das Inst. für Sozialhygiene leitete. Nach der Emeritierung lebte sie in Ahrenshoop. Bis zum Jahre 1972 war sie noch als Vors. der Sektion „Gesundheitsschutz der Frau" in der *Ges. für Sozialhygiene der DDR* wiss. aktiv. Anläßlich ihres 80. Geb. wurde P. an der Med. Akad. Magdeburg mit einem wiss. Symposium gewürdigt und zur Ehrensenatorin der Med. Akad. ernannt. Geprägt durch das eigene Erleben sozialer Ungleichheit galt das wiss. Interesse von P. vor allem dem Gesundheitsschutz der berufstätigen Frau und Mutter in den Betrieben und in der Landwirtschaft. Sie pflegte einen engen Kontakt zum kommunalen Gesundheitswesen und zur Bevölkerung in der Region. 1959 führte sie den „Med. Sonntag" in Magdeburg ein und eröffnete 1961 die landesweit erste Ehe- und Familienberatungsstelle. In Magdeburg gehörte P. 1957–64 der Stadtverordnetenverslg. an. In der Person von P. vereinten sich die Ärztin, Widerstandskämpferin, Hochschullehrerin und Frauengesundheitsforscherin. Für ihre Leistungen wurde sie mit dem VVO in Gold, der Hufeland-Medaille und der Clara-Zetkin-Medaille geehrt.

W: Gesundheitsschutz der Frau in unserer Landwirtschaft, 1974 (mit Siegfried Kruschwitz/Siegfried Zunk); Gesundheitsschutz, 1979 (mit Renate Braun); Ein Sprechzimmer der Roten Kapelle, 1981, ³1987. – **L:** DBE 7, *573*; Peter Steinbach/Johannes Tuchel (Hg.), Lex. des Widerstandes 1933–1945, 1994, *145*; Med.-wiss. Symposium zur Entwicklung des Fachgebietes Sozialhygiene aus Anlaß des 80. Geb. von E. P., 1980; Nachruf in: Akad.-Ztg. vom 16.09.1981 (***B***); Uta Grumpelt, Das Wirken von E. P. am Lehrstuhl für Sozialhygiene der Med. Akad. Magdeburg 1956–64, Dipl.-Arbeit Magdeburg 1983 (***L***); Ulrike Parnitzke, Das Wirken von E. P. für den Gesundheitsschutz der berufstätigen Frau 1965–72, Dipl.-Arbeit Magdeburg 1983 (***L***); Günter Albrecht/Wolfgang Hartwig (Hg.), Ärzte. Erinnerungen, Erlebnisse, Bekenntnisse, ⁶1988, *93–117, 480–482*; Anna-Sabine Ernst, Die beste Prophylaxe ist der Sozialismus. Ärzte und med. Hochschul-Lehrer in der SBZ/DDR 1945–1946, 1997, *360–365*. – **B:** KHMus. Magdeburg: Porträt von → Bruno Beye; *Med. Akad. Magdeburg, Inst. für Sozialmed.

Lieselotte Hinze

Paul, *Hermann* **Otto Theodor,** Prof. Dr. phil.
geb. 07.08.1846 Salbke bei Magdeburg, gest. 29.12.1921, München, Hochschullehrer, Linguist, Geh. Hofrat.

Nach dem Besuch der Dorfschule wechselte der (lt. Eintragung im Kirchenbuch) Sohn eines „Maurermeister[s] und Kosseth[en], desgl. auch Materialwaarenhändler" 1859 an das Pädagogium des Klosters U. L. F. nach Magdeburg, wo er zum Herbst 1866 die Abiturprüfung ablegte. Seinem schon während der Gymnasialzeit erwachten Interesse an der dt. Sprache und Lit. des Mittelalters folgend, ging P. zum Wintersemester dess. Jahres nach Berlin, um an der dortigen Univ. Philologie zu studieren (u. a. bei Heymann Steinthal). Bereits zum Sommersemester 1867 wechselte er nach Leipzig, wo er 1870 bei Friedrich Zarncke mit einer Diss. „Über die ursprüngliche anordnung von Freidanks Bescheidenheit" prom. und sich zwei Jahre später, im Oktober 1872, mit einer Schrift „Zur kritik und erklärung von Gottfrieds Tristan" habil. 1874 erhielt er einen Ruf als ao. Prof. für dt. Sprache und Lit. an die Univ. Freiburg/Breisgau, wo er schließlich im März 1877 zum o. Prof. ernannt wurde. 1893 nahm er den Ruf auf eine o. Professur für Dt. Philologie an der Univ. München an, die er bis zu seiner Emeritierung im Jahre 1916 bekleidete. 1909 wurde er dort Rektor. Als einer der Gründer und Exponenten der „junggrammatischen" Schule wurde P. eine der bedeutendsten Forscherpersönlichkeiten in der Gesch. der dt. Sprachwiss. Insbesondere Semantik, Lexikographie und Sprachhistoriographie haben ihm viele wichtige Anstöße und Einsichten zu verdanken. Angeregt durch das richtungsweisende Kolleg des Slawisten August Leskien vom Wintersemester 1871/72, in dem die junggrammatische Lehre: insbesondere die Annahme von der Ausnahmslosigkeit der Lautgesetze und das Analogieprinzip entworfen wurde, gründete er 1873 zusammen mit seinem Freund Wilhelm Braune beim damals noch in Halle ansässigen *Max Niemeyer Verlag* die Zs. *Beiträge zur Gesch. der dt. Sprache und Lit.*, die bis heute unter der Sigle *PBB* (= Paul und Braunes Beiträge) geführt wird. Von Haus aus Mediävist, edierte er mittelhochdt. Texte – u. a. die Werke Hartmanns von Aue und die Gedichte Walthers von der Vogelweide – und verfaßte eine mehrfach aufgelegte und vielbenutzte „Mittelhochdt. Grammatik" (1881, ⁵1900). Vor allem jedoch trat er seit den 1880er Jahren als Lexikograph und Theoretiker des Sprachwandels hervor. Zugleich hat P., der die Sprach- und Geschichtswiss. als Teil einer umfassenden Kulturwiss. betrachtete, über die vermehrte Beschäftigung mit dem Neuhochdt. eine gegenwartsbezogene Forschungsperspektive gewonnen. In seinem einbändigen bedeutungsgeschich. „Dt. Wörterbuch" (1897, ¹⁰2002) führte er die hist. Lexikographie (und die Literaturbelegung im Wörterbuch) bis an die Sprache seiner Zeit heran. In seinem wohl bedeutendsten Werk, den „Principien der Sprachgesch." (1880, ¹⁰1995), hat er darüber hinaus eine systematische, eher kognitiv-psychologisch argumentierende Bedeutungslehre des Deutschen entworfen. Zugleich gibt der von ihm hg. „Grundriss der germanischen Philologie" (2 Bde, 1891–93) eine erste Bestandsaufnahme seines Fachs. P., der schon seit seiner Schulzeit an einer Augenkrankheit litt, verlebte die letzten Jahre seines Lebens beinahe erblindet und war bei der Fortführung seiner Arbeit auf Helfer angewiesen. Dies gilt besonders für seine fünfbändige hist. Grammatik des Neuhochdt. („Dt. Grammatik", 1916–20). Die wichtigsten von P.s Schriften haben zahlreiche Neuauflagen und Neubearbeitungen erlebt und gehören noch heute zu den Standardwerken der Germanistik.

W: s.o. – **N:** UB München. – **L:** DBJ 3, 1921; H. Stammerjohann (Hg.), Lexicon Grammaticorum. Who's Who in the History of World Linguistics, 1996, *706–708*; M. H. Jellinek, Nachruf, in: Almanach der Akad. der Wiss. zu Wien, Jg. 72 (für 1922), 1923, *261–267*; Jb. der Bayerischen Akad. der Wiss., 1922, *27–35*; Vf./Helmut Henne (Hg.), Germanistik als Kulturwiss. H. P. – 150. Geb. und 100 Jahre Dt. Wörterbuch. Erinnerungsbll. und Notizen zu Leben und Werk. Anläßlich der Ausstellung in Magdeburg (21.1.–28.1.1997) und Braunschweig (4.2.-11.2.1997), 1997, *1–12* (*W*); Helmut Henne/Jörg Kilian (Hg.), H. P.: Sprachtheorie, Sprachgesch., Philologie. Reden, Abh. und Biogr., 1998 (*W*). – **B:** *StA-Bibl. München; Archiv des Max Niemeyer Verlages Tübingen.

Armin Burkhardt

Paulke, Wilhelm

geb. 26.12.1903 Üllnitz/Kr. Schönebeck, gest. 14.10.1995 Tangerhütte, Maler, Kunstgewerbelehrer.

P. wurde in Staßfurt zum Maler ausgebildet. Bereits als Lehrling und dann als Geselle besuchte er Abendkurse an der Kunstgewerbe- und Handwerkerschule Magdeburg. 1924–28 studierte er an dieser Schule bei Emil Thieme und → Ernst Hoffmann, bei dem er auch eine Assistententätigkeit aufnahm. Nachdem er die Meisterprüfung im Malerhandwerk abgelegt und im Selbststudium das Abitur nachgeholt hatte, studierte er 1931–35 an der Hochschule für freie und angewandte Kunst in Berlin-Charlottenburg und legte die Zusatzprüfung „Pädagogik für künstlerische Lehrkräfte" ab. 1936 kehrte er als Fachlehrer für freie und angewandte Malerei an die Meisterschule der Stadt Magdeburg zurück. 1940 wurde er aus politischen Gründen fristlos entlassen und auf Anordnung des Gauleiters → Rudolf Jordan als Rüstungsarbeiter nach Braunschweig verpflichtet. 1943 zum Militärdienst eingezogen, geriet er in Kriegsgefangenschaft, aus der er Ende 1945 nach Braunschweig entlassen wurde. Im Folgejahr kehrte er nach Magdeburg zurück und wirkte am Wiederaufbau der Fachschule für Angewandte Kunst mit, an der er von 1949 bis 1963 als Doz. und Leiter der Malerabt. tätig war und in der Lehrplankommission für das Hoch- und Fachschulwesen mitarbeitete. P. blieb stets dem Malerhandwerk verbunden. Er leitete Meisterkurse in Magdeburg und wirkte in der Meisterprüfungskommission der *Handwerkskammer Magdeburg* mit. Gleichzeitig führte er Lehrgänge an der Volkshochschule durch, verfaßte einige Fachbücher und publizierte Beiträge im *Magdeburger Kulturspiegel* und der Zs. *Bildnerisches Volksschaffen*. 1963 wurde die Fachschule für Angewandte Kunst in Magdeburg geschlossen. Wie auch der Architekt → Arno Meng bewahrte P. durch persönlichen Einsatz Zeichnungen und Graphiken, die von Lehrern und Schülern im 19. und 20. Jh. geschaffen worden waren, vor der angeordneten Vernichtung. In der Zeit bis 1968 bildete er in Magdeburg am Pädagogischen Inst. Kunsterzieher aus. Mit dem Eintritt in das Rentenalter widmete er sich verstärkt der handwerklichen und künstlerischen Ausbildung in der Maler-Innung, der Volkshochschule, der Bezirksakad. sowie dem Stadt- und Bezirkskabinett für Kulturarbeit in Magdeburg, bis er 1990 im 86. Lebensjahr aus gesundheitlichen Gründen in den Ruhestand trat. In seiner Lehrtätigkeit sowie dem eigenen künstlerischen Schaffen wurde P. durch seine Lehrer Thieme und Hoffmann geprägt. So finden sich in seinem Nachlaß frühe Zeichnungen und Aquarelle, in denen die unterschiedlichen Auffassungen beider Lehrer zu erkennen sind. Erst gegen Ende der 1930er Jahre fand er zu seinem eigenen Stil, der etwas vom frühen Impressionismus beeinflußt ist. Von seinen Schülern forderte er ein sehr gründliches Naturstudium und vermittelte ihnen – entsprechend seiner handwerklichen Herkunft – fundierte Kenntnisse der Werkstoffe und Arbeitstechniken.

W: Ehrentafel für die Gefallenen des I. WK in der Kirche Üllnitz, Kr. Schönebeck; Wandgemälde: Schifferschule Schönebeck-Grünewalde; Eingangshalle Hauptbahnhof Magdeburg (nicht erhalten); Innenraumgestaltung und Friese ehemaliger Rat des Bez. am Damaschkeplatz, Magdeburg; Wandgemälde und Friese im „Haus des Handwerks", Magdeburg; Bildliche Fassadengestaltung: „Stadt Prag", Magdeburg (Breiter Weg/Reuter-Allee) – Schriften: Die Ölmalerei, 1963; Perspektive, 1965; Tempera- und Gouache-Malerei, 1967. – **N:** Vf., Magdeburg (ca. 500 Handzeichnungen und Aquarelle, Entwürfe für Wandbilder, Ölgemälde, Schrifttafeln). – **B:** *Vf., Magdeburg (priv.).

Günter Paulke

Pauls, Eilhard Erich, Prof. Dr. phil.
geb. 26.08.1877 Groß Salze, gest. 30.05.1961 Lübeck, Schriftsteller, Gymnasiallehrer.

P.s Vorfahren stammten väterlicherseits aus Seefahrerfamilien Ostfrieslands. Seine Eltern leiteten in Groß Salze eine private höhere Mädchenschule. Das große Gebäude, heute baufällig, befindet sich an der Ecke Edelmannstraße/Am alten Stadtbad. P. besuchte ab der vierten Klasse das Pädagogium des Klosters U. L. F. in Magdeburg, studierte in Tübingen, Berlin und ab dem vierten Semester in Halle Deutsch, Geographie, Gesch. und klass. Sprachen. Nach 1900 erwarb er die Lehrbefähigung für alle Klassenstufen der höheren Schulen. Nachdem er im damals preuß. Posen und Bromberg seine Probezeit bestanden hatte und an der Adelsschule, in Roßleben/Unstrut als Hilfslehrer und Internatserzieher tätig gewesen war, begann er 1903 seine Arbeit an den höheren Lehranstalten in Lübeck. Schon in seiner Zeit als Student und Burschenschaftler schrieb er seine ersten Skizzen und Erzählungen, die in Magdeburger Ztgg. veröffentlicht wurden. Als erste Arbeiten erschienen 1909 die Novelle „Vom Leid" und ein Lebensbild Gebhart Lebrecht Blüchers. Seine Verbundenheit mit dem Ort seiner Kindheit zeigt die Novelle „Frau Christel" (1911), die das Schicksal der Pfännerfam. von Geyer in der Zeit der napoleonischen Kriege darstellt. In „Jan Jites Wanderbuch" (1916) und „Klein-Bettenhausen, liebe alte Stadt" (1925) beschreibt er das Leben in der Arbeitsanstalt Groß Salzes und die Bördelandschaft. Weite Verbreitung fand sein 1927 geschriebener Roman „Geschwister im Salzkorb", in der sich viele Salzer Fam. wiederfanden. 1943 erschien seine letzte bedeutende Erzählung „Eine Reise im Jahre 1812". Sein schriftstellerisches Oeuvre besteht aus hist. Novellen und Romanen, kulturhist. Sachbüchern und Erzählungen stimmungsvoller Art und preuß.-konservativer Haltung.

W: s.o. – **L:** Kosch LL 11, *973f.* (*W*); Max Geißler, Führer durch die dt. Lit. des 20. Jh., 1913, *420f.* – **B:** Mus. für Kunst- und Kulturgesch. Lübeck.

Ernst Lindner

Paulsen, Herbert
geb. 03.01.1901 Dresden, gest. 12.06.1979 Berlin, Landarbeiter, Parteifunktionär, Polizeichef, GST-Funktionär.

P. arbeitete zunächst als Landarbeiter, Maschinist und Handlungsgehilfe, wurde 1921 Mitglied der KPD, wenig später KPD-Funktionär in Barth und Mitglied der KPD-Unterbezirksleitung Stralsund. Er verbüßte nach 1933 wegen illegaler Widerstandsarbeit mehrmals Haftstrafen im KZ Hohnstein und Zuchthaus Waldheim. 1945 wurde P. Stadtbezirksbürgermeister in Dresden, Mitglied der SED und trat in die Dt. Volkspolizei (DVP) ein. 1948 stellvertretender Chef der Schutzpolizei in Sachsen, wurde er 1950–52 Chef der DVP-Landesbehörde in Sa.-Anh. und 1952–53 Chef der Bezirksbehörde der DVP in Magdeburg sowie Mitglied der Bezirksleitung der SED. P. verhinderte als Polizeichef im Bez. Magdeburg am 16. und 17. Juni 1953 den Schußwaffengebrauch der Volkspolizei und versuchte gemeinsam mit dem Vors. des Rates des Bez. Magdeburg, Josef Hegen, die Demonstrierenden zu beruhigen. Wegen „schwankender Haltung und Verletzung der Wachsamkeit am 17. Juni 1953" wurde P. aus der Bezirksleitung ausgeschlossen und aus der Volkspolizei entlassen. P. wurde später hauptamtlicher Funktionär im Zentralvorstand der *Ges. für Sport und Technik* (*GST*). 1958–63 war er Präsident des *Dt. Schützenbundes* in der DDR.

L: Hdb SBZ/DDR, *630*; Karin Grünwald, Magdeburg 17. Juni 1953, in: Matthias Puhle (Hg.), Magdeburg 17. Juni 1953, Magdeburger Museumshefte 3, 1993, *50, 57, 59, 65, 73*.

Gerald Christopeit

Paulsiek, *Carl* **Heinrich Diedrich**
geb. 29.03.1825 Minden, gest. 14.04.1892 Jena, Lehrer, Schulrektor.

Der Lehrersohn besuchte das Gymn. in Minden unter → Hermann Ledebur und → Ernst Grubitz, die wesentlichen Einfluß auf ihn nahmen. Ab 1843 studierte er an den Univ. Halle und Bonn, wo er auch Mitglied burschenschaftlicher Vereinigungen war. 1846/47 absolvierte er sein Probejahr am Gymn. in Essen und war ab 1850 als wiss. Lehrer am Gymn. in Minden tätig. Von 1851 bis 1857 arbeitete P. am Gymn. in Hamm und von 1857 bis 1863 an der Realschule in Posen. 1863 wurde er als Oberlehrer an die damalige Realschule erster Ordnung (des späteren Realgymn.) in Magdeburg berufen und war dort bis zu seiner 1869 erfolgten Ernennung zum Rektor der 1868 eröffneten Gewerbeschule (Realschule 2. Ordnung) tätig, die gegründet worden war, um den „besonderen Bedürfnissen einer handel-, industrie- und gewerbetreibenden Stadt nebst Umgebung Rechnung zu tragen". Unter seiner Leitung wurde die Einrichtung 1879 in Otto-von-Guericke-Schule umbenannt und 1882 zur Oberrealschule ausgebaut. Von 1887 an war er als Nachfolger von → Rudolph Holzapfel Rektor des Realgymn. in Magdeburg, trat im Herbst 1891 in den Ruhestand und zog sich zu privaten wiss. Studien nach Jena zurück. Der vielseitig interessierte P. war 1884 Mitbegründer und 2. Vors. der Magdeburger Sektion des *Dt. und Oesterreichischen Alpen-Vereins*, auf dessen Tagungen er zahlreiche Vorträge wiss.

und gesch. Inhalts zur Alpenregion hielt. Er publizierte verschiedene Schriften zum Deutschunterricht und befaßte sich als Mitglied des Vorstandes des *Vereins für Gesch. und Alterthumskunde des Hzts und Erzstifts Magdeburg* auch mit regionalgesch. Themen.

W: Dt. Lesebuch für Gymnasien, Real- und höhere Bürgerschulen, 1859 (mit Jakob Hopf); Höhere Lehranstalten in Magdeburg, in: Fs. für die Mitglieder und Theilnehmer der 57. Verslg. Dt. Naturforscher und Aerzte, 1884, *249–264*; (Hg., Üb.), Otto von Guerickes Slg. lateinischer, franz., italienischer, holländischer und dt. Sinnsprüche, 1885; Otto der Große in der bildenden Kunst, in: Fs. zur 25jährigen Jubel-Feier des Vereins für Gesch. und Altertumskunde des Hzts und Erzstiftes Magdeburg, 1891, *59–82*. – **L:** Rudolph Holzapfel, P. †, in: GeschBll 27, 1892, *255f.*; C. Bratvogel, Fs. zur Hundertjahrfeier des Realgymn. zu Magdeburg am 3. Mai 1919, 1919, *61*.

Wolfgang Mayrhofer

Pax, *Friedrich* **Wilhelm,** Prof.
geb. 06.03.1798 Magdeburg, gest. 02.07.1867 Magdeburg, Pädagoge, Stadtverordneter.

P. war zwischen 1808 und 1816 Schüler am Domgymn. und ein Jahr am Pädagogium Kloster U. L. F. in Magdeburg, ehe er nach einjährigem Militärdienst 1820–24 in Berlin und Halle studierte. 1825 erhielt er eine Stelle als Lehrer am Pädagogium des Klosters U. L. F. Magdeburg und wechselte 1827 an das Domgymn. Magdeburg, wo er 1834 zum Oberlehrer und 1839 zum Prof. berufen wurde. P. gehörte zu den Initiatoren der sich am 29.06.1841 in Gnadau bei Schönebeck formierenden religiösen Oppositionsbewegung der Protestantischen Freunde unter Führung → Leberecht Uhlichs, die schon bald im Volksmund aufgrund ihrer klaren rationalistischen Ausrichtung „Lichtfreunde" genannt wurden. Als Festredner auf der 1000-Jahr-Feier des Vertrages von Verdun 1843 in Magdeburg machte P. seine nationalliberale Einstellung öffentlich und forderte die staatl. Einigung Dtls. Als im Februar 1843 vom Buchhändler → Eugen Fabricius das liberale *Magdeburger Wochenbl. für Angelegenheiten des bürgerlichen Lebens* herausgegeben wurde, gehörte P. ebenso zu dessen Förderern und Autoren, wie er im August 1844 zu den Mitbegründern der *Bürgerverslg.* in Magdeburg zählte. Daß die *Bürgerverslg.* in Magdeburg sich rasch als Kristallisationspunkt der antifeudalen Opposition in der Stadt etablieren konnte, gehörte ebenso zu den Verdiensten von P. wie deren Verbreitung in fast allen preuß. Provinzen, aber auch in Anhalt, Sachsen und Hamburg. P. verkörperte in der *Bürgerverslg.*, deren Vorsitz er seit 1846 führte, und innerhalb der „Lichtfreunde"-Bewegung zusammen mit dem Rabbiner → Ludwig Philippson den linken Flügel der noch einheitlichen antifeudalen Oppositionsbewegung in der Stadt. Für P. hieß das, alle Volksschichten – auch die proletarischen Unterschichten – zu integrieren und neben der Verfassungs- und der nationalen Frage auch die „soziale Frage", die sich in der zweiten Hälfte der 1840er Jahre auch in Magdeburg dramatisch verschärfte, zu stellen und wirksame Lösungen anzubieten, so z. B. über karitative Hilfsvereine für die Unterschichten, wie den *Handwerker-Unterstützungsverein*, den *Sparverein*, die Sonntagsschule und den *Bildungsverein*, in denen sich P. aufopferungsvoll engagierte. Seine Wahl zum Stadtverordneten 1847 war ebenso folgerichtig wie seine Wahl mit überwältigender Mehrheit 1848 zum Deputierten der Preuß. Verfassungsgebenden Verslg. P. erhielt als Protagonist des linken Flügels der sich im Revolutionsgeschehen immer mehr differenzierenden antifeudalen Bewegung die Stimmen aus den Mittel- und Unterschichten, vor allem aus der über 8.000 Mitglieder zählenden Freien Gemeinde des Predigers Uhlich, in deren „Ältestenrat" P. 1847 ebenfalls gewählt wurde. Im Berliner Parlament gehörte P. dem linken Zentrum an, trat aber nicht nennenswert in Erscheinung, was er aber als vehementer Befürworter der Steuerverweigerungskampagne und als Gegner der oktroyierten preuß. Verfassung vom 05.12.1848 tat. Um der drohenden Konterrevolution entgegenzutreten, gründete P. im Dezember 1848 mit Gesinnungsgenossen der Freien Gemeinde und der *Bürgerverslg.* den *Verein zur Wahrung der Volksrechte* – das Sammelbecken der linksliberalen und demokratischen Kräfte in der Stadt, der mit 1.500 Mitgliedern, auch aus den proletarischen Unterschichten, der stärkste der Provinz Sachsen war. Im April 1849 bildeten die 44 Zweigvereine der Provinz Sachsen unter Führung von P. den *Zentralverein zur Wahrung der Volksrechte*, mit dessen maßgeblicher Unterstützung P. erneut mit großer Mehrheit in die Zweite Kammer des preuß. Parlaments als Deputierter Magdeburgs einzog. Nach dem Scheitern der Revolution sah sich P. zahlreichen politischen Anwürfen ausgesetzt, blieb aber vermutlich der Fürsprache einiger politischer und religiöser Weggefährten und Honoratioren der Stadt, im Gegensatz z. B. zu Uhlich, von Strafverfolgung verschont und im Staatsdienst. In den 1850er und 1860er Jahren zog sich P. wie viele Liberale und Demokraten enttäuscht aus der Politik zurück und engagierte sich vor allem für die Gewerbeschule, einen Vorläufer der Volkshochschule, entsprechend seinem Grundverständnis, über bessere Bildung mehr soziale Gerechtigkeit für die proletarischen Unterschichten erzielen zu können. So blieb er eine anerkannte Persönlichkeit Magdeburgs, wovon nicht nur seine Beisetzung neben vielen Honoratioren der Stadt auf dem von Oberbürgermeister → August Wilhelm Francke angelegten Nordparkfriedhof zeugte, sondern auch die Gründung der „P.-Stiftung" 1871 durch ehemalige Schüler und Weggefährten, die die Vergabe des „Paxanimus" – ein Stipendium für bedürftige und würdige Schüler der oberen Gymnasialklassen – ermöglichte und so P.' Streben nach mehr sozialem Ausgleich zu verwirklichen suchte.

L: Slg. Vf., Gerwisch (priv.).

Jürgen Engelmann

Peicke, *Christian* August

geb. 23.10.1846 Groß-Ottersleben, gest. 14.02.1939 Groß-Ottersleben, Landwirt, Heimatforscher.

P. entstammte einer seit Jahrhunderten in Ottersleben ansässigen Bauernfam. Er war ein Sohn des Christian Andreas P. und der Marie Elisabeth, geb. Förster. P. nahm an den Feldzügen 1866 und 1870/71 teil. 1870 heiratete er in Tarthun Rosalie Sophie Lücke. Er zog zunächst auf den Familiensitz seiner Ehefrau nach Tarthun, kehrte aber später wieder nach Ottersleben zurück und widmete sich der Landwirtschaft. Er vergrößerte den seit dem 16. Jh. in Familienbesitz befindlichen Hof durch Ankauf von über 200 Morgen Ackerland und einer Darre. Von 1884 bis Ende 1888 übte er das Amt des Ortsvorstehers in Groß-Otterleben aus. Er war einer der größten Ackerbesitzer des Ortes und Fideikommißbesitzer. Jahrelang beschäftigte sich P., dessen einer Arm durch einen Unfall gelähmt war, mit der Gesch. seiner Fam. und der Dörfer Groß- und Klein-Ottersleben sowie Benneckenbeck. Mit seinem 1902 veröffentlichten Werk über diese Orte, das eine Fülle hist. Fakten und Angaben zu Besitzverhältnissen enthält, leistete er einen wichtigen Beitrag zur Heimatgeschichtsforschung.

W: Zur Gesch. der Dörfer Groß-Ottersleben, Klein-Ottersleben und Benneckenbeck, 900–1902, 1902; Das Geschlecht P., 1913. – L: Otterslebener Ztg., Nr. 20 vom 16.02.1939; Axel-Hartmut Lier, Der Dorfchronist von Ottersleben, in: Magdeburger Volksstimme Nr. 85 vom 29.03.1997.

Maren Ballerstedt

Peilert, Friedrich Wilhelm

geb. 23.05.1882 Unterhaun bei Hersfeld, gest. 25.07.1966 Magdeburg, Obering., Chefkonstrukteur.

Zur Vita von P. ist wenig bekannt. Er trat 1922 als stellvertretender Hauptkonstrukteur für Wasserbauwerke in die *Friedr. Krupp Grusonwerk A. G.* Magdeburg ein und war hier 1925–36 als Hauptkonstrukteur tätig. Sein Vorgänger in dieser Funktion war Obering. Palmie. Aufgrund eines Augenleidens gab er die Leitung des Konstruktionsbüros 1936 an Obering. Langhammer ab, war aber weiterhin dessen kreativer Stellvertreter. Schon während und nach dem II. WK übernahm er wieder die Leitung des Büros und übergab dieselbe 1951 an Obering. Rudolf Thalheim (1906–80), der bereits von 1927 bis zum Beginn des II. WK in der Abt. von P. als Konstrukteur tätig war und dessen Werk fortführte. Als nach dem I. WK in Dtl. und Europa große Anstrengungen zum Ausbau der Wasserstraßennetze unternommen wurden, entstanden unter P.s Leitung und Mitwirkung maschinentechnische Ausrüstungen für Schleusen ohne Umläufe. Bei günstigen Anlagenkosten konnten die Schleusenkammern schneller gefüllt und entleert und damit zeitlich besser ausgenutzt werden. Die Ausspiegelung der Kammern erfolgte durch ein Anheben der Hubtore oder durch das Öffnen eingebauter Schütze, wobei das Wasser zur Herabsetzung der Strömungsgeschwindigkeit in besondere Vorkammern geleitet wurde. Gleichzeitig war das Schleusenoberhaupt mit einer 1,25 m hohen Aufsatzklappe zum Ablassen von Eis ausgerüstet. Eine erste Doppelschleuse dieser Bauart mit einer Kammerweite von 12 m, einer Nutzlänge von 105 m und einem Gefälle von 10 m wurde bei Ladenburg am Neckar installiert. Vorteilhaft konstruierte P. Schleusen mit Vorkammern und direkter Füllung für sehr große Gefällehöhen. Eine Treppenschleuse dieser Bauart entwickelte er für Shannon in Irland mit einem Gefälle von 32,2 m und einer maschinentechnischen Sonderkonstruktion. In den drei Häuptern waren Segmentschlitztore eingebaut, wobei das daraus austretende Schleusungswasser zur Beruhigung durch Vorkammern, deren Form mittels strömungstechnischer Versuche bestimmt wurde, strömte und selbst kleinste Schiffe ruhig auf dem Spiegel lagen. Für die Doppelschleuse am Kachlet bei Passau mit einer Weite von je 24 m, einer Nutzlänge von 230 m und einem Gefälle von 9 m entwickelte P. für das Ober- und Unterhaupt Stemmtore. Dieselben ließen sich bereits bei 20 cm Wasserhöhe durch neuartige Rollkeil- bzw. Zylinderschlitze öffnen. Es folgte P.s Sonderkonstruktion einer Doppelschleuse bei Fürstenberg im Oder-Spree-Kanal mit der größten Gefällehöhe in Dtl. von 15,78 m und je 12 m Kammerweite. Die Klapptore am Ober- und die Untertore am Unterhaupt ließen sich bereits bei einem Wasserüberdruck von 1 m öffnen. Das Ausspiegeln der Kammern erfolgte mittels Zylinder- bzw. Rollkeilschützen. P. konstruierte auch die maschinentechnische Ausrüstung für die Schiffshebewerke bei Niederfinow und Magdeburg-Rothensee und übernahm die Projektierung und Ausführung beweglicher Brücken für den Straßen- und Eisenbahnverkehr, so für mehrere verschiedene Klappbrücken, u. a. auch die Hubbrücke in Magdeburg. Für die Erweiterung der Elektrizitätswirtschaft durch Ausbau von Wasserkraftwerken in kohlearmen Ländern konstruierte er des weiteren Wehranlagen, Einlaufbauwerke sowie Abschlußorgane. P. besaß mehrere Patente, trat mit einschlägigen Publikationen hervor und hatte wesentlichen Anteil daran, daß das Magdeburger *Grusonwerk* in dieser Zeit eine Vielzahl von Sonderkonstruktion für den Wasserbau lieferte und dabei das technische Niveau in Europa mitbestimmte.

W: 75 Jahre Grusonwerk in Magdeburg, 1855–1930, 1930, 55–58; Die konstruktive Durchbildung von Wehranlagen mit mechanischem Antrieb, 1955. – L: Wehranlagen, hg. von der Friedr. Krupp Grusonwerk A. G., Magdeburg-Buckau, 1937; LHASA: SA Rep I 28, Nr. 528; Archiv der Fried. Krupp AG Essen.

Werner Hohaus

Peja, *Laura* Emma Klara

geb. 09.07.1886 Magdeburg, gest. 02.10.1966 Magdeburg, Reformpädagogin.

Die älteste von drei Geschwistern einer gut situierten Beamtenfam. blieb unverheiratet und lebte gemeinsam mit ihrer Schwester in Magdeburg. Sie gehörte zu den Initiatoren der Grundschulreform 1919/20, fand über den Schulreformer Berthold Otto zu einem kindorientierten Reformansatz und wurde 1922 Mitbegründerin der Wilhelmstädter Versuchsschule Magdeburg (→ Fritz Rauch). 1924 wandte sich P. von Rauchs gesamtunterrichtlich dominiertem Konzept hin zur bekenntnisfreien und sozial engagierteren Schule. Sie wurde Lehrerin an der eben gegründeten Buckauer Versuchsschule unter → Richard Rötscher, wechselte später an die Altstädter Sammelschule unter → Karl Linke und wurde dort Konrektorin. P. blieb, parteilich ungebunden, bis 1945 in diesem Amt. Nach dem Krieg engagierte sie sich beim Wiederaufbau des Schulwesens und wurde Rektorin in Magdeburg-Sudenburg. In Schule und Neulehrerausbildung versuchte sie ein Arrangement zwischen ihren reformpädagogischen Erfahrungen und den neuen politisch-pädagogischen Prämissen.

L: Vf., Die Berthold-Otto-Schulen in Magdeburg, 1999. – **B:** Vf., Magdeburg (priv.).

Reinhard Bergner

Penkert, Max, Dr. med.

geb. 20.04.1877 Artern, gest. 31.01.1955 Magdeburg, Arzt, Landesobermedizinalrat.

Nach dem Studium an den Univ. Marburg, Berlin und Greifswald sowie der 1900 erfolgten Prom. arbeitete P. von 1900 bis 1902 im Pathologischen Inst. Greifswald unter Paul Grawitz und anschließend 1903 im Hygiene-Inst. Halle bei Carl Fraenkel. Die gynäkologische Ausbildung erfolgte an der Univ.-Frauenklinik Halle bei Ernst Bumm und Johannes Veit sowie an der Univ.-Frauenklinik Freiburg/Breisgau bei Bernhard Krönig. Von 1913 bis 1945 leitete P. die gynäkologisch-geburtshilfliche Abt. des Kahlenbergstiftes in Magdeburg und war von 1945 bis 1946 kommissarischer Chef der Städtischen Frauenklinik Magdeburg-Sudenburg. 1946 übernahm er noch mit 69 Jahren die Leitung der Hebammenlehranstalt und der Landesfrauenklinik Magdeburg, hatte maßgeblichen Anteil am Wiederaufbau dieser Einrichtung nach dem Krieg und blieb deren Dir. bis 1950. P. hat 40 Jahre in Magdeburg zum Wohl der Frauen und Mütter gewirkt. Er veröffentlichte über 60 wiss. Arbeiten und referierte langjährig für die Zs. *Geburtshilfe und Gynäkologie*.

W: Über Blutungen in der Nachgeburtsperiode, in: Zs. für Ärztliche Fortbildung, 1920, *453–460*; Infektionskrankheiten und Schwangerschaft, in: ebd., 1921, *510–518*; Diffentialdiagnose gynäkologischer Blutungen, in: ebd., 1932, *209–211, 241–243, 262–265*. – **L:** August Borchard/Walter von Brunn (Hg.), Dt. Chirurgenkal., 1926, *245*; Walter Stoeckel (Hg.), Dt. Gynäkologen-Verz., 1939, *359f.*; Thomas Klemm, Grabstätten bedeutender Mediziner in der Stadt Magdeburg, 1979, *27*. – **B:** *Fs. 10 Jahre Med. Akad. Magdeburg 1964, *61*.

Eberhard Canzler

Peter, *Friedrich* Franz

geb. 04.10.1892 Merseburg, gest. 17.04.1960 Gronau, ev. Theologe, Oberkonsistorialrat, Bischof.

Nach dem Besuch der Bürgerschule und des Kgl. Domgymn. Merseburg (Abitur 1913) studierte der Sohn des Rechnungsrates Friedrich P. ev. Theol. in Greifswald und Halle. Er diente im I. WK als Kriegsfreiwilliger, wurde mehrfach ausgezeichnet. Nach der Novemberrevolution 1918 begann P. in Merseburg national-gesonnene Kräfte um sich zu sammeln und war als Zugführer des rechtsgerichteten Freikorps „Maerker" 1920 am Kapp-Putsch beteiligt. Nach Ordinierung 1921 und Vikariat in Eckartsberga war P. bis 1922 Hilfsprediger in den Pfeiffer'schen Anstalten in Magdeburg-Cracau und danach Pfarrer in Jessen und Arnsdorf, wo er ebenfalls Verbindung zur vaterländischen Freiheitsbewegung hielt. 1926 wurde er Pfarrer an der Segenskirche in Berlin, 1927 Bundespfarrer des Ostbundes des Ev. Jungmännervereins. 1932 trat P., der sich seit 1929 offen zu NSDAP und zum „Führer" bekannte, den Dt. Christen (DC) bei und erhielt im September 1933 seine Berufung zum Oberkonsistorialrat im Ev. Oberkirchenrat in Berlin. Am 05.10.1933 wurde P. zum Bischof des Bistums Magdeburg-Halberstadt ernannt. Im November 1933 wurde ihm zusätzlich die Verwaltung des Bistums Merseburg-Naumburg übertragen. P. trat in seinen Führungsämtern überwiegend ohne eigenständige theol. und fachliche Leistungen auf und beschränkte sich als Bischof nicht nur im Vorsitz des Konsistoriums auf repräsentative Auftritte. Schon früh verstand er sich als Träger eines volksmissionarischen Gedankens, bezog aber in kirchlichen und kirchenpolitischen Fragen nicht eindeutig Stellung. Seit Mitte 1934 waren mehrfach „klimaentgiftende" Vermittlungen zwischen DC und Bekennender Kirche (→ Ludolf Hermann Müller) notwendig, die zumeist von dem auf sachlichen Ausgleich bedachten → Ernst Loycke als interne Verschlußsache erzielt wurden. Die Bemühungen P.s in der Personalpolitik wurden häufig von den DC durchkreuzt, auch bei der Besetzung der Superintendentur Magdeburg. P.s Auftreten wurde Ende 1934 zunehmend untragbar, als die Pläne zur Integration der Landes- und Provinzkirchen in die Dt. Ev. Kirche scheiterten. Auch durch die anschließende Wiedereinführung des Kollegialprinzips wurde P. in der Folge zunehmend isoliert und bei Amtshandlungen gezielt übergangen. Der Nachweis der Nichtigkeit aller Entscheidungen des Kirchenregiments ab Juli 1933 durch ein Gutachten des 1935 zurückgekehrten Präses der Provinzialsynode Erwin Noack tat sein übriges. P.s Abberufung vom Bischofsamt und Versetzung durch den Landeskirchenausschuß an den Berliner Dom im Sommer 1936 kam ohne Zustimmung und gegen Proteste der Berliner Domgemeinde zustande. P., der keine Amtshandlungen in Berlin vornahm, bezog aufgrund einer rechtlich und formell einwandfreien Ernennung zum Domprediger mindestens bis zu seiner Einziehung zur Wehrmacht 1940 ein laufendes Gehalt. In dieser Zeit war er auf Vortragsreisen für die DC unterwegs. Aus seiner letzten Wehrmachtsverwendung als Major in Unna/Westfalen wandte er sich Ende Dezember 1944 an kirchliche Dienststellen. Nach Kriegsende befand sich P. achtzehn Monate lang in Gefangenschaft. Die Leitung der Ev. Kirche der altpreuß. Union für die Westprovinzen unter dem westfälischen Präses Karl Koch teilte im Januar 1947 dem Ev. Oberkirchenrat den neuen Wohnsitz von P. in Bad Pyrmont mit. Im April 1948 erging im Spruchkammerverfahren nach dem Kirchengesetz zur Wiederherstellung eines an Schrift und Bekenntnis gebundenen Pfarrerstandes die Entscheidung, P. vom Dienst zu suspendieren, ihm aber die Rechte des geistlichen Standes zu belassen und ein Übergangsgeld zu gewähren. Die Berufung gegen diese Entscheidung führte nach einer Verhandlung in Bethel bei Bielefeld im Januar 1949 zu keinem anderen Ergebnis. Die Ev. Kirche von Westfalen erteilte daraufhin P. widerrufliche Beschäftigungsaufträge, zunächst in der Kirchengemeinde Oeding im Kirchenkreis Münster, ab 1953 in Gronau.

W: Wenn die Würfel fallen! Ein Buch von Evangelium und Politik, 1931; Fam. und Volk im Lichte des Wortes Gottes. 18 Thesen zur Gleichschaltung des theol. Denkens, in: Männer im Werden. Monatsbl. für ev. Jugendführung 39, 1933, *41–47*; Predigt von Bischof F. P. bei seiner Einführung in das Bischofsamt der Provinz Sachsen im Dom zu Magdeburg am 4.2.1934; Der Dom der Deutschen. Predigt in der Gottesfeier am 3. Juli 1940 im Dt. Dom am Gendarmenmarkt zu Berlin, 1940. – **L:** Das dt. Führerlex. 1934/35, 1934 (*B*); Martin Onnasch, Um kirchliche Macht und geistliche Vollmacht. Ein Beitrag zum Kirchenkampf in der Kirchenprovinz Sachsen 1932 bis 1945, Diss. Halle 1979; EZA Berlin: Bestand 7/P 1058 (PA) und 7/P 1059. – **B:** *Pfeiffersche Stiftungen 1889–1939, 1939.

Hans Seehase

Peters, Otto
geb. 27.10.1850 Magdeburg, gest. 07.02.1927 Magdeburg, Architekt, Stadtbaurat.

Nach dem Studium an der Kgl. Bauakad. zu Berlin war der Reg.-Bauführer beim Bau des Empfangsgebäudes für den Magdeburger Hauptbahnhof unter → Ludwig Heim tätig. Er bestand das zweite Staatsexamen mit Auszeichnung und arbeitete anschließend als Leiter des Hochbaubüros der Staatsbahn Berlin-Nordhausen. Ein Stipendium des Staates ermöglichte ihm Studienreisen nach Italien und Frankreich. Danach trat er in die Dienste der Stadt Berlin und leitete u. a. die umfangreichen Bauten des Zentralvieh- und Schlachthofes. Wieder im Staatsdienst, war P. im Zentralbüro des Berliner Ministeriums für öffentliche Arbeiten tätig und wurde anschließend Landbaudir. in Liegnitz und Potsdam. 1884 erfolgte P.' Berufung als Stadtbaurat für Hochbau in seiner Vaterstadt Magdeburg, wo er später auch die Leitung für den städtischen Tiefbau übernahm, die er bis 1911 innehatte. 1897 erhielt er den Titel eines Kgl. Baurates, 1910 den eines Geh. Baurates. Die 36 Jahre seiner Amtstätigkeit waren zugleich die entwicklungsreichsten für die Stadt Magdeburg. P. hat mehr öffentliche Bauten und Anlagen errichtet, geleitet und betreut als je einer seiner Amtsvorgänger und damit das Gesicht der Stadt entscheidend geprägt. Dazu gehören so bedeutende Bauwerke wie das Kaiser Wilhelm- und Kaiserin Augusta-Stift, die Friedhofshalle auf dem Lemsdorfer Friedhof, die Feuerwache Sudenburg, die Gruson-Gewächshäuser oder die Volksbäder in der Große Schulstraße, in der Feldstraße und in der Hamburger Straße. Mit der Ausführung von Bauwerken für die Kgl. Baugewerkschule, die Maschinenbauschule und die Kunstgewerbe- und Handwerkerschule erreichte er wesentliche Verbesserungen für die Berufsausbildung im Baugewerbe. Die großen Stadterweiterungen Südfront, Nordfront und Sterngelände wurden durch ihn auf den Weg gebracht. P. machte sich vor allem auch um die Hafenplanung verdient. Er griff die seit der Jahrhundertwende diskutierten Pläne für einen Mittelland-Kanal in seinem formulierten Stadtentwicklungskonzept auf. Als der 70jährige 1920 aus dem städtischen Dienst ausschied, lag ein im Stadtvermessungsamt gefertigter Stadtplan vor, der neben den Fluchtlinienplänen auch die Linienführung für das Kanalprojekt enthielt. Mit der neuen Bauzonenplanung von 1909, die auf der 1896 eingeführten Magdeburger Bauzonenordnung beruhte, schuf P. die stadtplanerischen Grundlagen für das Bauen in den 1920er Jahren. Dem Historismus des ausgehenden 19. Jhs verbunden, vermochte P. sich auch in neue Strömungen und eine neue Bauauffassung einzufühlen, wie die Schöpfungen seiner „Bauhütte" dokumentierten. Soziale Ideen des frühen 20. Jhs fanden auch in zahlreichen Bauwerken P.s ihre Widerspiegelung. Er verstand es, innerhalb des Magistrats Akzeptanz für seine Projekte zu erreichen, die stets das Machbare ausloteten. In seiner Amtszeit wurden in Magdeburg nicht weniger als 32 Schulen gebaut, u. a. die Augusta-Schule, die Viktoria-Schule, das König Wilhelms-Gymn. und die Bismarck-Schule. Die beiden neuen Rathausteile, die Königsbrücke, das Kaiser-Friedrich-Mus., das Generalkommando, das Krankenhaus Sudenburg, die Hafenanlagen, das Elektrizitätswerk sowie die gesamte städtische Kanalisation entstanden unter seiner Leitung. Als freier Architekt entwarf er das Gebäude der *Provinzial-Feuersocietät* in der Magdeburger Wilhelmstadt, die Pfarrhäuser für St. Katharinen und St. Ulrich sowie ein Geschäftshaus am Breiten Weg/Alte Ulrichstraße. P. war zudem ein vortrefflicher Kenner der Baugesch. und publizierte die sehr erfolgreiche Studie „Magdeburg und seine Baudenkmäler" (1902). Er war Mitglied im *Architekten- und Ing.-Verein zu Magdeburg* und wirkte im örtlichen Verband technisch-wiss. Vereine mit. Sein Nachfolger im Amt war der Werkbundarchitekt → Bruno Taut.

L: Die Gesch. des Architekten- und Ingenieurs-Vereins zu Magdeburg. Ein Erinnerungsbl. zur 50-Jahr-Feier, in: Mittllg. des Verbandes technisch-wiss. Vereine zu Magdeburg, 1926; Magdeburgische Ztg. vom 03.10.1920, 22.10.1925, 09.02.1927; Magdeburger Amtsbl. 1927, *94*; Marta Doehler/Iris Reuther, Magdeburg – Die Stadt des Neuen Bauwillens, 1995 (*B*). – **B:** *StadtA Magdeburg.

Hans Gottschalk

Petry, Walther, Dr. phil.
geb. 09.08.1898 Magdeburg, gest. 21.07.1932 Berlin, Schriftsteller, Übersetzer, Hg., Kritiker.

Der in Magdeburg geb. P. verlebte seine Kindheit in Danzig und nahm 1917/18 als Soldat am I. WK teil. Nach Phil.-Studium und Prom. lebte er – meist in beengten Wohnverhältnissen und in finanzieller Not – als freier Journalist, Schriftsteller, Hg. und Übersetzer in Berlin. Während P. in seinen frühen Gedicht-Bänden „Der ewige Rausch" (1919) und „Angst und Erlösung" (1920) sowie seinen unpublizierten Dramen-Versuchen einer weitgehend psychologisierend-nihilistischen Verarbeitung eigenen Erlebens verpflichtet war, wandte er sich später unter dem Einfluß von Gottfried Benn und Henning Pfannkuche einer kritischen Sichtung expressionistischer Ästhetik und Formsprache zu. Durch Pfannkuche auf die moderne franz. Dichtung verwiesen, übersetzte P. anspruchsvolle Texte von Apollinaire, Lautreamont, Mallarmé, Valèry, Alfred Jarry, Leon-Paul Fargue sowie Marcel Prousts Erzählung „Violanthe" aus „Les plaisirs et les jours" und arbeitete danach im Kreis der Proust-Übersetzer des Verlags *Die Schmiede*. Gemeinsam mit Walter Benjamin und Franz Hessel erhielt P. den Auftrag, den zweiten und die folgenden Bände von Prousts „À la recherche du temps perdu" zu übersetzen, deren Edition jedoch wegen finanzieller Schwierigkeiten eingestellt wurde. Im gleichen Verlag gab er die Reihe „Klassiker der erotischen Lit." (5 Bde) heraus. P. war Mitarbeiter der anarchistischen Zs. *Der Einzige* (Hg. Anselm Ruest und Salomon Friedlaender) und lieferte Buchbesprechungen, kleinere Prosatexte und Essays für die Tagespresse. Ab ca. 1927 wurde er auf Vermittlung Bernhard Guillemins, des Leiters des Feuilletons der *Magdeburgischen Ztg.*, ständiger Mitarbeiter dieser Blattes, dessen Berliner Feuilleton-Redaktion er zeitweise übernahm. Bereits Mitte der 1920er Jahre hatte P. die Bedeutung von Robert Musil erkannt, den er 1927 persönlich kennenlernte. P.s 1930 publizierter Aufsatz über Musil, in dem dieser seine künstlerischen Intentionen auf besondere Art verstanden sah, wurde zum Ausgangspunkt eines konstruktiven, durch den Tod P.s abgebrochenen Dialogs beider (publiziert in: Robert Musil, Briefe-Nachlese, 1994). Ergebnisse eigener lyrischer Arbeit legte er 1930 in „Das Ich. Gedichte in odischer Art" vor. Eine vom *Propyläen-Verlag* geplante Slg. seiner Übersetzungen sowie eine Slg. von Prosatexten wurden nicht realisiert. P. starb an den Folgen eines Autounfalls. Die bereits gleichgeschaltete *Dt. Verlagsanstalt* unterdrückte einen größeren Nachruf Anselm Ruests, der sich nach P.s Tod um dessen Nachlaß kümmerte.

W: s. o.; Die dadaistische Korruption. Klarstellung eines erledigten Philosophieversuchs, 1920. – **N:** DLA Marbach (Nachlaß Ruest). – **L:** Kosch LL 12, Sp. *1140*; Anselm Ruest, W. P. (1898–1932), Ms. 1933 (DLA Marbach); Paul Raabe, Die Autoren und Bücher des lit. Expressionismus, ²1992, *368*; Kat. Lit.-Autographen-Exil des Antiquariats „Die Silbergäule", Hannover 1993.

Guido Heinrich/Dieter Schade

Petzall, Eugen
geb. 24.05.1872 Preuß. Eylau/Ostpreußen, gest. 23.08.1942 Amsterdam, Kaufmann, Repräsentant der jüd. Gemeinde.

P. schloß das Gymn. mit der Reifeprüfung ab und zog 1890 nach Magdeburg. Hier trat er in die 1885 gegründete *Fa. Siegfried Cohn, Manufaktur- Leinen- und Baumwollwarengeschäft* am Breiten Weg 58 ein, übernahm nach dem Tod des Inhabers Mitte 1903 im Januar 1904 das Geschäft, erweiterte es ständig und baute es zu einem der größten Textilhäuser der Provinz Sachsen aus. 1931 zog er sich nach der von ihm seit 1929 eingeleiteten Vereinigung der *Fa. Cohn* mit der Berliner *Fa. Hermann Tietz*, dem größten privaten Warenhauskonzern Europas, ins Privatleben zurück. Das Magdeburger Geschäft firmierte weiter unter dem bisherigen Namen und wurde vom ältesten Sohn, Erich P., geleitet. P. lebte bis 1938 in Magdeburg und emigrierte in der Folgezeit nach Amsterdam. Er stand lange Jahre im öffentlichen Leben der Stadt Magdeburg und erwarb sich große Verdienste auf wirtsch. und kommunalpolitischem Gebiet. 1912 in die Stadtverordnetenverslg. gewählt und 1919 zum unbesoldeten Stadtrat berufen, stellte er seine reichen Erfahrungen in den Dienst der Kommune. Seine vielseitigen Kenntnisse auf wirtsch. Sektor wandte er als Vors. des *Verbandes der Magdeburger Textilwarengeschäfte* an und widmete sich im Ältesten-Kollegium der Kaufmannschaft und als Mitglied der *IHK Magdeburg* seit 1920 der Entwicklung der Magdeburger Wirtschaft. 1917 erfolgte seine Berufung in den Beirat der Reichsbekleidungsstelle. Darüber hinaus leistete P. als Vors. des *Verkehrsvereins* und als Dezernent der städtischen Theater viele gemeinnützige Dienste. Bereits 1915 in den Vorstand der Synagogen-Gemeinde gewählt, setzte er sich jahrelang als stellvertretender Vors. und ab Januar 1933 als Vors. unermüdlich für die Belange der jüd. Gemeinschaft und die Unterstützung der Bedürftigen ein.

L: Magdeburgische Ztg. vom 04.06.1931, 1. Beilage, *5* (**B**); Archiv der Synagogen-Gemeinde zu Magdeburg.

Ildikó Leubauer

Pfannkuch, Wilhelm
geb. 28.11.1841 Kassel, gest. 14.09.1923 Berlin, Tischler, Verleger, Politiker.

P. ging nach dem Besuch der Bürgerschule und einer Tischlerlehre in seiner Heimatstadt auf eine siebenjährige Wanderschaft, wurde aktives Mitglied des *Allg. Dt. Arbeitervereins* (*ADAV*), Mitbegründer des *Holzarbeiterverbandes* sowie der Generalkommission der Gewerkschaften und arbeitete als Redakteur für verschiedene Ztgg. Als Mitglied des Vorstandes der Sozialdemokratischen Partei in Berlin von 1894 bis 1923 wurde er mit Pressefragen betraut. 1905 übernahm P. die Druckerei und 1906 den Verlag der sozialdemokratischen Magdeburger *Volksstimme* und führte diesen bis 1923. P. war MdR von 1884–1918, davon 1898–1907 für Magdeburg. 1919/1920 wurde er in die dt. Nationalverslg. gewählt und eröffnete als Alterspräsident deren erste Sitzung. Von 1900 bis 1923 war er außerdem Stadtverordneter in Berlin. P. hat einen bedeutenden Anteil an der Entwicklung der Magdeburger *Volksstimme* zu einer der führenden sozialdemokratischen Ztgg. in Dtl.

L: Wilhelm Heinz Schröder, Sozialdemokratische Parlamentarier in den Dt. Reichs- und Landtagen 1867–1933, 1995, *177*; Vf., Die Magdeburger Sozialdemokratie vor dem I. WK, 1995, *55* u.ö. – **B:** AsdD Bonn.

Ingrun Drechsler

Pfeifer, Manfred, Prof. Dr. sc. techn.
geb. 19.09.1930 Lichtenstein/Sachsen, gest. 13.02.1977 Schönebeck, Maschinenbauing., Hochschullehrer.

P. war Sohn des Bergarbeiters Franz P. und einer Strickerin. Er absolvierte 1949 die Oberschule in Glauchau und immatrikulierte sich an der Wirtschafts- und Sozialwiss. Fakultät der Univ. Leipzig, wechselte 1951 zum Maschinenbau-Studium an die Fakultät Schiffbau der Univ. Rostock, das er ab 1953 an der TH Dresden in der Fachrichtung Fördertechnik fortsetzte und dort 1957 mit dem Dipl. abschloß. 1957–62 war P. zunächst als Konstrukteur, später als Assistent des Technischen Dir. und als stellvertretender Abteilungsleiter Projektierung, Forschung und Entwicklung im *VEB Schwermaschinenbau Lauchhammer* und von 1962 bis 1965 als Abteilungsleiter im *VEB Transportanlagenprojekt Leipzig* tätig. 1965–67 war er wiss. Mitarbeiter am Lehrstuhl Fördertechnik der TH Magdeburg bei → Jiři Pajer, prom. 1967 an der Fakultät für Bergbau der Bergakad. Freiberg und wurde 1967 an der TH Magdeburg als Doz. für das Gebiet Fördersysteme, 1968 als Prof. mit Lehrauftrag und 1969 als o. Prof. für Fördertechnik berufen. Von 1971 bis 1975 war er gleichzeitig Dir. des Inst. für Fördertechnik Leipzig und ab 1975 Dir. der Sektion Maschinenbau an der TH Magdeburg. P. arbeitete und publizierte vorrangig über Probleme der Gestaltung, Dimensionierung, Zuverlässigkeit und vergleichenden Bewertung von Tagebaugroßgeräten und Maschinen des Anlagenbaus sowie über Wirtschaftsprognosen auf den Gebieten Schwermaschinenbau und Materialflußtechnik. Er war Mitautor der Buchreihe „Fördertechnik" (erste geschlossene Darstellung des Gesamtgebietes), initiierte die verallgemeinerte Prozeß- und Verfahrensbetrachtung für Transport, Umschlag und Lagerung (TUL) von Stoffen und applizierte die kybernetische Systembetrachtung und diskrete stochastische Modelle auf den (Förder-) Anlagenbau. Infolge seines plötzlichen Todes wurde sein Habilitationsverfahren posthum abgeschlossen.

W: Grenzleistungen von Schaufelrädern, 1967; Tagebaugroßgeräte und Universalbagger, 1971 (mit Jiři Pajer/→ Friedrich Kurth); Bewertungen von Erzeugnissen des Maschinen- und Apparatebaus, 1976. – **L:** UnivA Magdeburg: Unterlagen. – **B:** *Univ. Magdeburg: Inst. für Förder- und Baumaschinentechnik, Stahlbau, Logistik.

Dietrich Ziems

Pfeiffer, Gustav Adolf
geb. 15.11.1837 Lentschen bei Posen, gest. 07.12.1902 Magdeburg, ev. Pfarrer, Stiftungsgründer.

Der Sohn des Lehrers Friedrich P. besuchte das Gymn. in Züllichau, studierte ev. Theol. in Berlin und trat danach in Züllichau zunächst eine Stelle als Lehrer am Gymn., später eine Hauslehrerstelle an. 1869 übernahm er das Pfarramt in

Fraustadt, avancierte dort bereits 1870 zum Superintendenten der Diözese Fraustadt und Lissa. Mitte 1881 wurde P. zum Superintendenten des Kirchenkreises Jerichow I und zum Pfarrer an St. Briccius in Cracau bei Magdeburg berufen. Mobilisiert durch die schwierige soziale Lage vieler Menschen im Industriearbeiterwohnort am Rande Magdeburgs – Kinder, Alte und Behinderte wurden nicht betreut, während Frauen und Männer meist ganztätiger Fabrikarbeit nachgingen –, richtete P. hier mit Hilfe des *Vaterländischen Frauenvereins* bereits 1882 eine Kleinkinderschule und eine Gemeindepflegestation ein, für die er auch eine Halberstädter Diakonisse berief. 1889 gründete er das Altenpflegeheim Johannesstift (später P.sche Stiftungen), in dem zwei weitere Diakonissen für Altenpflege tätig waren. 1891 kam das Dorotheenhaus für debile Kinder hinzu, im Oktober 1893 konnte das Männerpflegeheim eingeweiht werden. Nachdem 1893 eine statistische Erhebung einen Bestand von 4.000 Körperbehinderten (sog. Krüppeln) in der Provinz Sachsen (25.000 im Dt. Reich) ergeben hatte, brachte P. 1894 eine landesweite Initiative für den Aufbau einer zentralen Körperbehindertenfürsorge auf den Weg, in deren Folge zahlreiche Geldslgg. veranstaltet wurden (u. a. 1897 eine Flugblatt-Slg. für körperbehinderte Kinder). Im Mai 1899 erfolgte die Einweihung des durch Spendenmittel errichteten Samariterhauses, der Kirche und drei weiterer Häuser, der im Oktober 1899 der Aufruf an die Gemeinden der ev. Kirche Dtls folgte, Frauen und junge Mädchen in die Arbeit der Pflegehäuser als Diakonissen zu schicken. Bereits im Mai 1900 wurde daraufhin ein eigenes Diakonissen-Mutterhaus gestiftet. Die von P. mit großem Engagement begründeten und gezielt ausgebauten Anstalten der Inneren Mission der Ev. Kirche in Dtl. führten zur Errichtung einer großen diakonischen Einrichtung am Rande der Stadt Magdeburg. Die Altenpflege-, Krüppelpflege-, Heil-, Lehr- und Ausbildungsanstalten widmeten sich der Verbesserung der sozialen Verhältnisse, des Lebens und der Bildung der Bewohner sowie der beruflichen Ausbildung von Körperbehinderten. Nach dem Tod P.s wurde das Johannesstift zu Ehren seines Gründers in P.sche Stiftungen umbenannt. Seine aufopferungsvolle Arbeit wurde durch → Martin Ulbrich gezielt fortgesetzt.

L: Nachrichten aus den P.'schen Anstalten zu Magdeburg-Cracau, 1903 ff.; Jb. der P.schen Anstalten zu Cracau bei Magdeburg, 1911ff.; Martin Ulbrich, Die Gesch. des Diakonissenmutterhauses Pfeiffersche Anstalten zu Magdeburg-Cracau 1889–1928, 1928; Fs. 75 Jahre P.sche Stiftungen, 1964, *5–17* (*B*); Archiv der P.schen Stiftungen Magdeburg: Akten und Unterlagen; AKPS: Rep. A, Spec. P, P 144 (PA). – **B:** *P.sche Stiftungen, Magdeburg-Cracau: Ölgemälde.

Ursula Pape

Pfister, Fritz, Dr.-Ing. E.h.
geb. 10.08.1875 Pottschappel bei Dresden, gest. 24.09.1964 Wiesbaden, Dipl.-Berging.

Nach dem Besuch des Helmstedter Gymn. von 1885 bis 1893 studierte P. an der Bergakad. Clausthal und trat nach seinem Examen auf der Grube „Marie-Louise" bei Neindorf in der Magdeburger Börde als Steiger an. Im Jahre 1904 wurde er Nachfolger seines Vaters als Dir. der *Harbker Kohlenwerke* (*HKW*). Der 1915 dank P. zustande gekommene Vertrag zwischen den *HKW* und den *Braunschweigischen Kohlen-Bergwerken* (*BKB*) war wirtsch. für die Region von großer Bedeutung. Durch den Zusammenschluß wurde der unwirtsch. Wettbewerb weitgehend ausgeschaltet. Alle Werke konnten seit dieser Zeit verwaltungstechnisch und betriebswirtsch. einheitlich ausgerichtet werden. Von 1916 bis zu seinem Ruhestand 1931 war er Vorstandsmitglied und Generaldir. der *BKB*. Auf P.s Initiative erfolgte bis 1917 der Erwerb weiterer Kohlenwerke, so daß fast der gesamte Kohlenvorrat der Helmstedt-Oschersleber Mulde in den Besitz der *BKB* kam. Die Kriegs- und nachfolgenden schwierigen Inflationsjahre konnten dadurch überbrückt werden. Bereits 1928 setzte P. im Kraftwerksbereich eine Gegendruckturbine mit drei Hochdruckkesseln ein. Er erreichte damit eine optimale Wärmeausnutzung bei der Kopplung von Kraft und Wärme. Diesem Beispiel folgten später fast alle anderen Braunkohlenwerke. Die Anerkennung seines Schaffens kam durch Ehrungen und Berufungen zum Ausdruck. Er war Vorstandsmitglied des *Dt. Braunkohlen-Industrie-Vereins Halle* sowie Vors. des *Magdeburger Braunkohlen-Bergbau-Vereins*. Die TH Braunschweig verlieh P. im März 1926 den Ehrendoktortitel und die TH Berlin-Charlottenburg ernannte ihn 1930 zum Ehrensenator.

L: N. N., Aus unserer Werksgesch. – Exposé aus dem Jahre 1914. Um den Zusammenschluß BKB-Harbker Kohlenwerke, in: BKB-Mittlgg., H. 8, 1956; Helmut Piatscheck, Generaldir. i.R. Dr. P. 85 Jahre alt, in: ebd., H. 9, 1960 unpag.; N. N., BKB blieb durch straffe Konzentration krisenfest. Zum Tode des Generaldir. i.R. Dr.-Ing. e.h. F. P., in: ebd., H. 10, 1964, *3f*. – **B**: *BKB-Archiv Helmstedt.

August Bornemann

Philippson, *Franz* **Moses**
geb. 12.03.1851 Magdeburg, gest. 06.07.1929 Paris, Bankier, Finanzpolitiker.

Der Sohn des Rabbiners und Publizisten → Ludwig P. und Bruder des Hochschullehrers → Martin P. verließ als sehr junger Mann Magdeburg und absolvierte in Brüssel eine Banklehre. Durch großes Talent und Unternehmungsgeist kam er frühzeitig zu außergewöhnlichem Reichtum. Bereits 1871 gründete er mit Hilfe des Bankiers Jacques Errera ein eigenes Bankhaus, wurde belgischer Staatsbürger und spielte bald eine führende Rolle in der Finanzwelt. Er beeinflußte die wirtsch. Entwicklung Belgiens maßgeblich, indem er zahlreiche Firmen finanzierte und sich z. B. 1909 mit der Gründung der *Banque du Congo Belge* an der belgischen Kolonialpolitik beteiligte. Viele Jahre war er Mitglied in der Synagogenverwaltung Brüssels und im *Consistoire central israélite de Belgique*, dessen Präsident er 1918 wurde. Bereits seit 1896 vertrat er die jüd. Gemeinde Brüssels, der er zeitweise als Präsident vorstand, im Verwaltungsrat der *Jewish Colonization Association*. Auch hier bekleidete er seit 1901 das Amt des Vizepräsidenten und ab 1919 des Präsidenten. Als Philantroph unterstützte er soziale Einrichtungen; als Kunstliebhaber kaufte er Kunstobjekte für öffentliche Mus. in Brüssel und engagierte sich als Vors. der *Société des amis des Musées Royaux de Belgique* und in der *Commission du Musée Communal de Bruxelles* sowie der *Commission d'Art Ancien des Musées Royaux des Beaux Arts de Belgique*.

L: Johanna P., The P.s. A German-Jewish Family 1775–1933, in: Year-Book Leo Baeck Institute 7, 1962, *95–118* (**B**); Encyclopaedia Judaica, Bd. 13, 1971, *398*; Jacques Bolle, P. (F.-Moses), in: Biographie Nationale, publiée par l'Académie Royale des Sciences, des Lettres et des Beaux-arts de Belgique, supplément Bd. 13, 1980, *632–639*; Hans Böhm/Vf. (Hg.), Alfred P., Wie ich zum Geographen wurde. Aufgezeichnet im KZ Theresienstadt zwischen 1942 und 1945, 1996. – **B**: Archiv Geographische Institute der Univ. Bonn.

Astrid Mehmel

Philippson, Julius
geb. 08.04.1894 Magdeburg, gest. Sommer 1943 KZ Auschwitz (ermordet), Lehrer.

Der Sohn des Studienrates → Robert P. besuchte das König Wilhelms-Gymn. in Magdeburg und studierte nach dem Abitur 1912 in Göttingen. Er meldete sich bei Kriegsausbruch freiwillig zum Militär, geriet verwundet in russische Gefangenschaft und wurde erst im April 1920 entlassen. P. beendete sein Studium im März 1923 mit dem Staatsexamen für das höhere Schulamt und war bis 1926 im Polizeiberufsschuldienst in Burg und Magdeburg tätig. Zurück in den höheren Schuldienst, wirkte er bis zur Entlassung 1933 wegen seiner jüd. Herkunft an verschiedenen höheren Schulen Berlins. Parteipolitisch engagierte er sich 1921 zunächst in der USPD, wechselte bald zur SPD über und leitete 1923–25 die Organisation der *Kinderfreunde* in Magdeburg. Während des Studiums in Göttingen hatte er sich den Lehren des Phil.-Prof. Leonard Nelson zugewandt. So wechselte er später von der SPD zu dem von Nelson und seinem Schülerkreis gegründeten *Int. Sozialistischen Kampfbund* (*ISK*) über. Diese sozialistische Splittergruppe mit elitärem Anspruch bereitete sich umsichtig auf die Illegalität vor. P. war in der illegalen Reichsleitung des *ISK* für Mitgliederwerbung und Schulung zuständig, verfaßte zahlreiche Flugblätter gegen die ns. Reg. und ihren Kriegskurs, sammelte größere Geldbeträge für die Unterstützung der republikanischen Front in Spanien und betreute einzelne Gruppen in Berlin, Magdeburg und Weimar. Von den Verhaftungen der *ISK*-Gruppen 1937 war auch P. betroffen. Ende 1938 zu lebenslanger Zuchthausstrafe verurteilt, fiel er dem Himmlerschen Erlaß zur „Säuberung" der Haftanstalten, Lager usw. von Juden zum Opfer.

L: Werner Link, Die Gesch. des Int. Jugend-Bundes (IJB) und des Int. Sozialistischen Kampf-Bundes (ISK), 1964; Slg. Vf., Hannover (priv.). – **B**: Dt. Widerstandskämpfer, 1970, Bd. 2, *48*.

Beatrix Herlemann

Philippson, Ludwig, Dr. phil.
geb. 28.12.1811 Dessau, gest. 29.12.1889 Bonn, Rabbiner, Schriftsteller, Publizist.

P., Sohn des früh verstorbenen jüd. Reformpädagogen Moses P., besuchte zunächst die Franzschule in Dessau. Seinem älteren Bruder Phoebus P., der sich um die Ausbildung des jungen P. kümmerte, folgte er im Alter von 14 Jahren nach Halle, wo er das Gymn. besuchte und 1829 die Abiturprüfung ablegte. Im selben Jahr zog er nach Berlin, um sich dem Universitätsstudium zu widmen. Zu seinen akad. Lehrern zählte neben Georg Wilhelm Friedrich Hegel und Friedrich Carl von Savigny vor allem August Boeckh, der P. nachhaltig beeinflußte. Nach der Prom. in Jena wurde P. 1833 als Lehrer und Prediger der jüd. Gemeinde Magdeburg berufen. Als dort 1839 der alte Rabbiner M. Salomon starb, wurde P. als sein Nachfolger eingesetzt. P. wirkte insgesamt 29 Jahre als Seelsorger der Magdeburger Juden, bis ihn 1862 ein Augenleiden zu dem Entschluß brachte, sein Amt niederzulegen und nach Bonn zu übersiedeln, wo er sich als Privatmann aber weiter seinen lit. und publizistischen Interessen widmete. P. gehörte einer neuen, akad. gebildeten Rabbinergeneration an und trat als Seelsorger der Magdeburger Juden für eine gemäßigte Reform der religiösen Institutionen ein. Schon kurz nach seinem Amtsantritt errichtete er eine Religionsschule, die den zeitgenössischen pädagogischen Maßstäben gerecht zu werden suchte. P.

warb für eine modernisierte Gestaltung des Gottesdienstes, hielt regelmäßige sabbatliche Predigten in dt. Sprache und befürwortete den Erwerb einer Orgel für den 1851 vollendeten Neubau der Gemeindesynagoge. Einen wesentlichen Teil seiner Arbeitszeit widmete P. jüd. Belangen, die in einem überregionalen Kontext standen. P. war ein ao. produktiver Schriftsteller, der sich den verschiedensten Gebieten jüd. Tradition zuwandte, zahlreiche Schriften zur Theol. und Religionsgesch. veröffentlichte und die gesamte hebräische Bibel übersetzte. Ohne sich zu den großen jüd. Gelehrten seiner Zeit zählen zu können, besaß er doch die Fähigkeit populärer Darstellung, die ihm half, ein größeres Lesepublikum anzusprechen. Mit mäßigem Erfolg versuchte sich P. auch als Dichter, Romanautor und Verfasser von Theaterstücken. P. initiierte 1854 das *Inst. zur Förderung der Israelitischen Lit.* und gründete 1862 die *Israelitische Bibelanstalt*. Seine erste Zs., das *Israelitische Schul- und Predigtmagazin*, kam von 1834 bis 1836 heraus und widmete sich vorwiegend Fragen der Erziehung. Seit 1853 redigierte P. das *Jüd. Volksbl.*, das bis 1866 erschien. Als erfolgreichstes Periodikum entwickelte sich die 1837 begründete *Allg. Ztg. des Judenthums* (*AZJ*), die P. bis zu seinem Tode redigierte und die lange Jahre als einflußreichste dt.-jüd. Zs. galt. P., der zudem ungewöhnliches organisatorisches Geschick besaß, wußte die *AZJ* zu nutzen, um für die gemeinschaftlichen politischen Interessen der dt. Juden einzutreten, aber auch, um überregional für eine Reform des Judentums zu werben. Seine frühen Bemühungen für die Errichtung einer jüd.-theol. Fakultät sah P. erst 1872 verwirklicht, als die Berliner Hochschule für die Wiss. des Judentums eröffnet wurde, deren Kuratorium er angehörte. P. gehörte auch zu den Initiatoren der von 1844 bis 1846 stattfindenden Konferenzen dt. Reformrabbiner, die wesentliche Fragen der Kultusreform auf ihre Tagesordnung setzten. P.s Engagement auf diesem Gebiet provozierte immer wieder den heftigen Protest der Orthodoxie, die ihm vorwarf, auf die Zerstörung der jüd. Tradition hinzuarbeiten. Selbst konservative Kritiker mußten aber anerkennen, daß sich P. als politischer Kämpfer gegen die rechtliche Zurücksetzung der preuß. Juden verdient machte. So gelang ihm in Fragen der staatsbürgerlichen Rechte mehrfach, eine große Zahl von jüd. Gemeinden für Petitionen zu mobilisieren, um gegen drohende Benachteiligungen zu protestieren oder für die staatsbürgerliche Gleichstellung einzutreten. Als jüd. Bürger stand P. der sich ab 1841 in und um Magdeburg unter → Leberecht Uhlich formierenden religiös-rationalistischen Bewegung der „Protestantischen Freunde" bzw. „Lichtfreunde" nahe und gehörte im unmittelbaren Vormärz und in der Revolution von 1848/49 zum Kern des demokratisch-aktionistischen Flügels um → Friedrich Pax und → Heinrich Ernst Sachse innerhalb der antifeudalen Oppositionsbewegung in Magdeburg. P. war Mitglied des *Vereins zur Wahrung der Volksrechte* und in den Märztagen 1848 einer der führenden Köpfe des Revolutionsgeschehens in Magdeburg.

W: Die Entwicklung der religiösen Idee im Judenthume, Christenthume und Islam, 1847; Die israelitische Bibel mit dt. Kommentar, 1839–1854; Die israelitische Religionslehre (3 Bde), 1860–65; Gesammelte Abh. (2 Bde), 1911. – **N:** Leo Baeck Inst., New York. – **L:** ADB 53, *56f.*; Meyer Kayserling, L. P. Eine Biogr., 1898 (***B***); → Martin P., L. P., in: Jb. für jüd. Gesch. und Lit. 14, 1911, *84–108*; Johanna P., L. P. und die Allg. Ztg. des Judentums, in: Hans Liebeschütz/Arnold Paucker (Hg.), Das Judentum in der dt. Umwelt, 1977, *243–291*; Hans Otto Horch, „Auf der Zinne der Zeit". L. P. (1811–1889) – der ‚Journalist' des Reformjudentums, in: Bulletin des Leo Baeck Inst. 86, 1990, *5–21*; Norton D. Shargel, L. P. The Rabbi as Journalist, Diss. 1990; Karl Gutzmer (Hg.), Die P.s in Bonn, 1991 (***B***). – **B:** *Archiv Geographische Institute der Univ. Bonn.

Andreas Brämer

Philippson, *Martin* **Emanuel,** Prof. Dr. phil.
geb. 27.06.1846 Magdeburg, gest. 02.08.1916 Berlin, Historiker, Sozialpolitiker.

P. war der älteste Sohn des Rabbiners und Publizisten → Ludwig P. Er wuchs in Magdeburg und Bonn auf, studierte ab 1863 u. a. bei Heinrich von Sybel, Leopold von Ranke und Gustav Droysen Gesch. in Bonn und Berlin und beschloß 1866 sein Studium mit einer Prom. über die „Gesch. Heinrichs des Löwen". 1867/68 widmete er sich in Paris Archivstudien zur Gesch. des 17. Jhs und schrieb als Korrespondent für dt. Ztgg. 1869 legte er das Oberlehrerexamen in Bonn ab und unterrichtete 1869–70 an der Knabenschule und Lehrerbildungsanstalt der jüd. Gemeinde in Berlin. Nach der Teilnahme als Freiwilliger am dt.-franz. Krieg habil. er sich 1871 in Bonn für neuere Gesch., wurde 1875 zum ao. Prof. ernannt, und obwohl ihn zwei Univ. für ein Ordinariat vorschlugen, lehnte die Kultusbehörde ab, da ein Jude als o. Prof. für Dt. Gesch. inoffiziell nicht erwünscht war. Schließlich nahm er 1879 einen Ruf als Prof. an die Univ. Brüssel an. Dort gehörte er der belgischen Zentralkommission der Juden an und wurde 1886 Mitglied der Belgischen Akad. der Wiss. 1890 zum Rektor der Univ. Brüssel gewählt, legte er noch im selben Jahr aufgrund von Auseinandersetzungen mit Studenten das Amt nieder und ging 1891 nach Berlin, um dort privat seine wiss. Arbeiten fortzusetzen.

1892/93 gründete er den *Verband der Vereine für jüd. Gesch. und Lit.*, in dem er später Ehrenvors. wurde und in deren Jb. er seit 1898 den Jahresrückblick verfaßte. 1896 wurde er Mitglied im Kuratorium der Hochschule für die Wiss. des Judentums in Berlin. Während seiner Amtszeit als Vors. des *Dt.-Israelitischen Gemeindebundes* (1896–1912) erweiterte er dessen Aufgabenbereich kontinuierlich: Bezirksrabbinate, Provinzial- und Handwerksverbände wurden gegründet und soziale Einrichtungen, wie die Zentralstelle für Wanderarmenfürsorge oder ein Heim für geistig behinderte Kinder, geschaffen. Herausragend war die Einrichtung des Selbsthilfeprojektes für jüd. Arbeitslose und Hausierer – die Arbeiterkolonie Weißensee. U. a. wurde P. 1902 Vors. der von ihm gegründeten *Ges. zur Förderung der Wiss. des Judentums*, engagierte sich ab 1904 im Vorstand des von ihm gegründeten *Verbands der dt. Juden* und richtete 1906 das Gesamtarchiv der dt. Juden ein, für dessen Etablierung er sich jahrelang eingesetzt hatte. Im hohen Alter wurde er Mitglied des 1843 gegründeten Ordens B'nai B'rith. P.s wiss. Publikationstätigkeit zeichnete sich durch eine große Spannweite aus: befaßte er sich zunächst vornehmlich mit mittelalterlichen Themen, wandte er sich später den großen Wandlungen in Westeuropa und der preuß. Gesch. zu. Einige seiner Arbeiten, u. a. seine dreibändige „Neueste Gesch. des jüd. Volkes" (1907–1911) haben von zeitgenössischen Historikern heftige Kritik erfahren.

W: Gesch. des preuß. Staatswesens von dem Tode Friedrich des Großen bis zu den Freiheitskriegen (2 Bde) 1880–82; Les Origines du Catholicisme moderne, la Contre-Révolution religieuse au XVIe siècle, 1884; Gesch. der neueren Zeit (3 Bde), 1886–89; Friedrich III. als Kronprinz und Kaiser, 1893, ²1908; Der Große Kurfürst Friedrich Wilhelm von Brandenburg (3 Bde), 1897–1903. – **L:** NDB 20 (i.V.); Johanna P., The P.s. A German-Jewish Family 1775–1933, in: Year-Book Leo Baeck Institute 7, 1962, *95–118*; François Stockmans, P. (M.-E.), in: Biographie Nationale, publiée par l'Académie Royale des Sciences, des Lettres et des beaux-arts de Belgique, supplément Bd. 13, 1980, *639–648* (**W**); Ingrid Schmidt, M. P. in Berlin, in: Karl Gutzmer (Hg.), Die P.s in Bonn. Dt.-jüd. Schicksalslinien 1862–1980, 1991, *103–116* (**B**); Hans Böhm/Vf. (Hg.), Alfred P., Wie ich zum Geographen wurde. Aufgezeichnet im KZ Theresienstadt zwischen 1942 und 1945, 1996, ²2000 (**B**). – **B:** Archiv Geographische Institute der Univ. Bonn.

Astrid Mehmel

Philippson, Robert, Prof. Dr. phil.
geb. 14.05.1858 Magdeburg, gest. 27.11.1942 KZ Theresienstadt, Gymnasiallehrer, Altphilologe.

P. war ein Sohn des Magdeburger Kaufmanns Julius P. und Neffe des bekannten Rabbiners und Publizisten → Ludwig P. Nach einem Semester in Bonn bei Jacob Bernays erhielt er eine philologische und phil. Ausbildung an den Univ. Leipzig und Berlin u. a. bei Rudolf Hirzel und Eduard Zeller. In Leipzig beeindruckte ihn die Lehre der induktiven Metaphysik von Wilhelm Wundt. Er legte das Lehramtsexamen für Griechisch, Latein, Dt., Gesch. und Geographie ab und wurde 1881 in Berlin in Klass. Philologie mit einer herausragenden Arbeit über eine Schrift des Philodemus prom. P. war nur kurze Zeit Lehrer an der 1804 gegründeten bedeutenden jüd. Schule, dem Philanthropin, in Frankfurt/Main und setzte seine Laufbahn danach als Hilfslehrer am Magdeburger Realgymn. fort. Ab 1886 unterrichtete P. bis zu seiner Pensionierung 1923 am neugegründeten König Wilhelms-Gymn. in Magdeburg. 1892 wurde er zum Oberlehrer, 1905 zum Prof. ernannt. Als Altphilologe verfaßte P., besonders nach seinem 50. Lebensjahr, zahlreiche grundlegende, in Fachkreisen bis heute anerkannte Arbeiten zur Gesch. der Phil. der Stoa, der epikureischen Rechtsphil. und deren Rezeption durch Cicero. Im Alter von 84 Jahren wurde P. mit seiner Frau in das KZ Theresienstadt deportiert, wo er nach wenigen Tagen starb. Arthur Stanley Pease, Prof. in Harvard, schrieb im Mai 1943: „… at the time of his death, he was probably the world's leading living scholar in the field of Cicero's philosophical writings". Aus P.s Ehe mit Franziska Pappenheim, mit der er seit 1893 verheiratet war, gingen drei Söhne hervor, von denen der älteste, → Julius P., die größte Bedeutung erlangte.

W: Die ästhetische Erziehung. Ein Beitrag zur Lehre Kants, Schillers und Herbarts, in: 4. Jahresbericht über das (städtische) König Wilhelms-Gymn. zu Magdeburg, 1890, *1–34*; Studien zu Epikur und den Epikureern. Im Anschluß an Wolfgang Schmid (†), hg. von Carl Joachim Classen, 1983 (**W**); Livia Marrone (Hg.), Lettere di R. P. a P. H. de Lacy, in: Cronache Ercolanesi 16, 1986, *155–157*; dies., Lettere di P. a Vogliano, in: ebd. 17, 1987, *169–175*. – **L:** Wolfgang Schmid, Nachruf auf R. P., in: Zs. für phil. Forschung 3, 1948, *113–115*; Achille Vogliano, In memoriam di R. P., 1949; Johanna P., The P.s. A German-Jewish Family 1775–1933, in: Year-Book Leo Baeck Inst. 7, 1962, *95–118*; Wolfgang Schmid, Gedenkrede auf R. P., in: Actes du Congrès. Association Guillaume Budé, 1969, *169–172*; Hans Böhm/Vf. (Hg.), Alfred P., Wie ich zum Geographen wurde. Aufgezeichnet im KZ Theresienstadt zwischen 1942 und 1945, 1996, ²2000. – **B:** *Susanne P., Kaufbeuren (priv.).

Astrid Mehmel

Piatscheck, Albrecht *Konrad*, Dr.-Ing. E.h.
geb. 28.06.1872 Gerstewitz bei Weißenfels, gest. 05.09.1951 Stuttgart, Berging., Markscheider, Bergwerksdir.

P., Sohn eines Betriebsinspektors und späteren Bergwerksbesitzers, studierte nach der in Leipzig bestandenen Reifeprüfung von 1892 bis 1896 an der Bergakad. Freiberg Bergbau und Markscheidewesen. Danach nahm er seine erste Tätigkeit als Betriebsing. bei der Gewerkschaft des Braunkohlenbergwerks Brühl auf. 1898 bewarb er sich um eine Stellung bei den *Anhaltischen Kohlenwerken* und wurde als eben 26jähriger in den Vorstand berufen. Schon 1901 wechselte er als Bergwerksdir. zur *Gewerkschaft Vereinigte Ville*, um hier einen Tagebau aufzuschließen und die damals größte Brikettfabrik zu errichten. Nach fast dreijähriger Abwesenheit vom mitteldt. Revier nahm P. 1903 seine Tätigkeit als Vorstandsmitglied der *Anhaltischen Kohlenwerke* wieder auf. Von 1909 bis 1921 leitete er das gesamte Unternehmen als Generaldir. Trotz überragender technischer u. wirtsch. Erfolge war es P. nicht vergönnt, die *Anhaltischen Kohlenwerke* nach dem I. WK noch lange zu leiten. Die Eigentumsverhältnisse hatten sich verändert, und damit war auch eine andere Unternehmenspolitik verbunden, die er glaubte nicht verantworten zu können. In den Organisationen des Bergbaus war P. ein überzeugter Verfechter der Vereinsarbeit. Schon seit 1904 gehörte er dem Vorstand des *Dt. Braunkohlen-Industrie-Vereins (DBIV)* an, dessen Vors. er 1921–33 war. Während dieser Zeit konnten sich der *DBIV* und die mit ihm in Personalunion ihrer Organe verbundenen zentralen Vereinigungen des mitteldt. Braunkohlenbergbaus in freiheitlicher, durch keinerlei parteipolitische Eingriffe gestörter Selbstverwaltung zu einem der größten und angesehensten bergbaulichen Verbände entwickeln. In Anerkennung seiner Verdienste um die Gewinnung und Verwertung der dt. Braunkohle und um die Errichtung der Braunkohlenstiftung und des Braunkohlenforschungsinst. an der Bergakad. Freiberg haben ihm der Sächsische Staat und die Akad. die Würde eines Dr.-Ing. E.h. (1921) und die eines Ehrensenators (1924) verliehen. Nach dem II. WK, als es galt, die ersoffenen Gruben und die beschädigten Brikettfabriken wieder in Gang zu bringen, stellte sich der schon 73jährige abermals zur Verfügung.

W: Aus der Braunkohle, 1937. – **L:** Georg Wenzel, Dt. Wirtschaftsführer, 1929; Wilhelm de la Sauce, K. P., der Mensch und sein Werk, in: Braunkohle Wärme und Energie, H. 17/18, 1952, *317–323* (***B***); Carl Schiffner, Aus dem Leben alter Freiberger Bergstudenten, Bd. 2, 1938, *280*.

August Bornemann

Piechler, *Arthur* Oskar Fritz Hermann

geb. 31.03.1896 Magdeburg, gest. 10.03.1974 Landau/Isar, Komponist, Domorganist, Orgelsachverständiger, Pädagoge.

Der Sohn des von 1894 bis 1896 am Stadttheater Magdeburg engagierten Baß-Baritons Ludwig P. verbrachte seine Kindheit in Landau. Nachdem er das Humanistische Gymn. der Benediktiner-Abtei Metten/Donau 1919 absolviert hatte, studierte er bis 1921 an der Akad. der Tonkunst in München Orgel bei Ludwig Felix Maier sowie Komposition bei Heinrich Kaspar Schmid und Walter Courvoisier. 1921 wurde P. Orgelsachverständiger im Bayerischen Kultusministerium. Von 1921 bis 1924 konzertierte er u. a. in Österreich, den Niederlanden, Ungarn, Italien und Dtl. 1925 trat P. eine Stelle als Domorganist in Augsburg an, später wirkte er auch als Lehrer für Theorie, Komposition und Orgel am dortigen Konservatorium. 1926 setzte P. seine Studien bei Karl Straube in Leipzig fort. Seit Ende der 1920er Jahre bestand eine Freundschaft mit Albert Schweitzer. 1931 bis 1936 war P. als Chordir. an der Basilika St. Ullrich und Afra in Augsburg und bis 1951 als Dirigent des *Augsburger Oratorienvereins* tätig. Ab 1945 baute P. als Dir. das durch den Krieg zerstörte Augsburger Leopold-Mozart-Konservatorium wieder mit auf, an dem er bis 1956 wirkte. P. widmete sich in den Nachkriegsjahren verstärkt seiner kompositorischen Tätigkeit. 1961 siedelte er nach Landau über, wo er bis zu seinem Tode lebte. Sein Gesamtwerk umfaßt mehr als 100 Kompositionen. Darunter befinden sich Werke geistlicher und weltlicher Musik wie Oratorien, Kantaten, Motetten, Singmessen, Sinfonien, Opern, Sonaten, Konzerte, Lieder, Werke für Orgel (eine Aufführung der 1992 entdeckten Suite f-Moll für Orgel, op. 3, fand 1996 zum 5. Tonkünstlerfest in Magdeburg statt), Bearbeitungen von Werken verschiedener Komponisten, vorwiegend für Orgel. Als Orgelsachverständiger war P. am Entwurf und der Konzeption von Kirchenorgeln beteiligt, so z. B. an der Passauer Domorgel (1924–1928 gebaut). P. erhielt 1956 das Bundesverdienstkreuz I. Kl. und wurde 1973 in den „Ritterorden vom Heiligen Grab" aufgenommen.

L: Ulf Winterfeld, Das Schaffen des Komponisten A. P. unter besonderer Berücksichtigung der Suite f-moll für Orgel, op. 3 und des Konzertes für 2 Orgeln über den Choral: „Wie schön leuchtet der Morgenstern", op. 69, Ms. 1997.

Sigrid Hansen

Pieper, Erich

geb. 05.11.1898 Flechtingen/Kr. Neuhaldensleben, gest. 02.08.1962 Flechtingen, Lehrer.

Der Sohn eines Straßenmeisters wuchs in Flechtingen auf und besuchte dort die Grundschule. Sein Vater war Mitbegründer der Flechtinger *Raiffeisen- und Darlehenskasse* und aktives Mitglied im *Flechtinger Landwehrverein*. Nach Beendigung der Grundschule besuchte er in Weferlingen die Präparandenanstalt und war anschließend als Lehrer in Köckte, Hörsingen und schließlich in Flechtingen tätig, wo er nach dem II. WK zum Schuldir. berufen wurde. Schon früh begann er Gedichte, Theaterstücke u. ä. über seinen Heimatort zu schreiben. Viele Verse geben eine kritische

Auskunft über den damaligen Schulbetrieb. Anfang der 1950er Jahre gehörte P. zu den Mitbegründern der Flechtinger Ortsgruppe des *Kulturbundes*, zu dessen Leiter er auch gewählt wurde. Während dieser Zeit, bis zu seinem Tode, war er maßgeblich und mit großem Engagement am Aufbau eines vielseitigen kulturellen Leben in Flechtingen beteiligt.

N: Klaus P., Flechtingen (priv.) – **L:** Unterlagen Klaus P., Flechtingen (priv.) – **B:** ebd.

Kurt Buchmann

Pieper, *Wilhelm* **Ludwig,** Dr.-Ing.
geb. 15.04.1886 Düsseldorf, gest. 14.06.1956 Magdeburg, Bergbauing., Doz., Agricola-Forscher.

P. war der älteste Sohn des in der Lokomotivfabrik Hohenzollern in Düsseldorf tätigen Obering. Wilhelm P. Nach dem Besuch des Realgymn., das P. mit dem Abitur abschloß, führte er bis zum Beginn seines Studiums eine praktische Arbeit unter Tage aus. 1906–10 absolvierte er ein Bergbaustudium an der TH Aachen, schloß mit dem Dipl. ab und wurde neben seiner wiss. Arbeit als Privatassistent für bergbauliche Begutachtungen tätig. Bereits während seiner Studien- und Assistentenzeit gehörte er dem Vorstand der *Bergmännischen Vereinigung* als Schriftführer und ab 1914 als Geschäftsführer an. Er verfaßte die Jahresberichte der Vereinigung und behandelte Fragen der bergmännischen Ausbildung und der Stellung des Berging. 1910–13 war er Assistent am Bergwirtsch. Seminar der Bergakad. Berlin, 1914 prom. er zum Dr.-Ing. und trat im selben Jahr als Festungsbaumeister in den Heeresdienst ein. Er wurde zunächst in den Masuren, 1915 als Eisenbahnpionier an der Westfront und später als Leutnant in Rumänien und der Ukraine eingesetzt. 1919–45 fungierte P. als Geschäftsführer des *Magdeburger Braunkohlen-Bergbau-Vereins* und des Arbeitgeberverbandes. Von 1946 bis 1956 war er Doz. an der Staatl. Ingenieurschule Magdeburg (Fachschule für Bauwesen). Neben seinen Veröffentlichungen auf technischen und bergwirtsch. Gebieten sowie zu bergmännischen Ausbildungsfragen leistete er einen bedeutenden Beitrag zur Aufarbeitung der Gesch. des Bergbaus. Neben seinen Publikationen „Bergökonomie, Bergkameral- und Bergpolizeiwiss. im 18. Jh." (1935) und „Die Bergwirtschaftslehre im 19. Jh." (1937) ist besonders seine verdienstvolle Mitarbeit an der dt. Neuausgabe von Georgius Agricolas „De re metallica" (1928) sowie dessen zweiter Auflage hervorzuheben, die 1953 von der Agricola-Ges. beim Dt. Mus. München hg. wurde. Er erschloß zudem in „Ulrich Rülein von Calw und sein Bergbüchlein" (1955) Leben und Werk des ersten dt. Bergbauschriftstellers. P. galt in Fachkreisen als Nestor der Agricola-Forschung.

W: Der Braunkohlenbergbau bei Helmstedt, 1926; Entwicklung und Tätigkeit des Magdeburger Braunkohlen-Bergbau-Vereins 1889–1929, 1930; Georgius Agricola über Vorkommen und Verwendung von Erdöl in Dtl., in: Öl- und Fettztg. 29, 1932, *214*; Der Magdeburger Braunkohlenbergbau, 1935; Dr. Georgius Agricola. Zur Wiederkehr seines Geb. am 24. März 1944, in: Braunkohle 43, 1944, *89–96*; Die Holzschnitte im Bergwerksbuch des Georgius Agricola, in: Metall und Erz 41, 1944, *49–59*; 450 Jahre Georgius Agricola, in: Glückauf 80, 1944, *116–118*; Georgius Agricola, in: NDB 1, *98–100*; Ulrich Rülein von Calw, der erste dt. Bergbauschriftsteller, in: Bergfreiheit 20, 1955, *368–376*; Die kunstgesch. Stellung und die illustrationstechnische Bedeutung der Holzschnitte in Agricolas „De re metallica", in: Georgius Agricola 1494–1555, zu seinem 400. Todestag 21. November 1955, 1955, *266–291*. – **L:** Nachruf W. P., in: Die Richtstrecke, 1956; Horst Ulrich, Dr.-Ing. W. P., in: Jb. der Staatl. Mus. für Mineralogie und Geologie, 1957, *18–21*; Materialslg. Klaus P., Magdeburg (priv.). – **B:** *ebd.

Werner Hohaus

Pieschel, *Carl* **August Gottfried**
geb. 28.07.1751 Magdeburg, gest. 05.04.1821 London, Kaufmann, Stifter.

P. erlernte in Magdeburg den Beruf eines Kaufmanns, ging aber um 1790 nach London, wo er seine kaufmännischen Fähigkeiten besser als in Preußen entfalten konnte und sich fortan Charles P. nannte. Im Laufe seiner 30jährigen Tätigkeit in London hatte er ein beträchtliches Vermögen erworben. Durch Geldanlagen in der Londoner *Dock Company*, in Fonds der *Junction Canal Company*, in Versicherungen und Grundbesitz erreichte er hohe Renditen. In seinen letztwilligen Verfügungen vom 26.10.1820 und 01.04.1821 setzte er zur Gründung und fortdauernden Erhaltung einer Erziehungs- und Verpflegungsanstalt für arme Kinder beiderlei Geschlechts aus Magdeburg oder deren Nachbarschaft gebürtig eine Summe von 33.333 Pfund Sterling aus. Mit der Errichtung der Stiftung wurden die beiden Neffen, der Amtsrat in Calbe, Christoph Friedrich P., und der Magdeburger Kaufmann → Karl Friedrich P., später in Altenplathow ansässig und ab Ostern 1831 zum ersten Vorsteher der Anstalt benannt, beauftragt. Das Kapital war so bemessen, daß jährlich 1.000 Pfund Zinsen aufliefen. Drei Jahre nach seinem Tode sollte erstmalig mit der Summe von 3.000 Pfund der Bau eines Waisenhauses beginnen. Die Wahl fiel auf die Stadt Burg. Nach dem Erwerb eines Grundstückes in der Berliner Straße im Jahre 1828 konnte nach dem Willen des

Erblassers mit der Errichtung des Gebäudes begonnen werden. Ostern 1831 wurde die Anstalt eröffnet und am 04.07. dess. Jahres feierlich eingeweiht. Die Zahl der Zöglinge betrug bei Eröffnung der Anstalt 48 Knaben und 12 Mädchen. In der P.'schen Erziehungsanstalt waren bis 1922 1.600 Waisenkinder untergebracht. Die Inflation vernichtete diese Stiftung, und das Waisenhaus wurde geschlossen. Der klassizistische Bau ist noch heute vorhanden.

L: Oppermann, Das Armenwesen und die milden Stiftungen in Magdeburg, 1821, *173–175*; ders., Nachricht über die milden Stiftungen in Magdeburg, 1831–1840 umfassend, 1842, *28f.*; Gustav Fritz, Chronik von Burg, 1851, *203–212* (***B**).

Paul Nüchterlein

Pieschel, *Karl* **Friedrich von** (seit 1840)
geb. 25.10.1779 Großelling, gest. 31.05.1855 Magdeburg, Kaufmann, Landwirt.

Im Februar 1808 erstand P. in Altenplathow bei Genthin ein Erbzinsgut und gründete die erste Fabrik zur Verarbeitung landwirtsch. Produkte in der Region – eine Zichorienfabrik, die zwei Jahre später um eine Ölmühle erweitert wurde. 1809 erhielt er die Genehmigung zur Herstellung von englischem Patentschrot, das 1827 auf einer nationalen Gewerbemesse in Berlin mit einer Gedenkmünze ausgezeichnet wurde. P. führte das Unternehmen gemeinsam mit seinem Schwager Karl Friedrich Kohlbach, dessen Interesse der Gartengestaltung galt. Ein Freund Kohlbachs war der Gartenarchitekt → Peter Josef Lenné. Gemeinsam mit P. planten und entwarfen sie den zum Besitz gehörenden Gutspark, den heutigen Volkspark in Genthin. Für seine Verdienste um die wirtsch. Entwicklung in der Region verlieh ihm Friedrich Wilhelm IV. den erblichen Adel. P. wurde Ostern 1831 der erste Vorsteher der von seinem Onkel → Carl P. in Burg gistifteten Erziehungsanstalt für arme Kinder.

L: → Friedrich Wernicke, Chronik des Dorfes Altenplathow, 1909, *51–53*; → Alfred Arens, Gesch. der Stadt Genthin, 1931, *21–23*; StadtA Genthin: Adelsbrief. – **B:** *StadtA Genthin.

John Kreutzmann

Pilet, Hermine, geb. Hartje
geb. 17.08.1838 Rogätz/Kr. Wolmirstedt, gest. 24.03.1931 Magdeburg, Gründerin der Hausfrauenbewegung in Magdeburg.

Die Ehefrau des Großkaufmanns → Otto P. lebte seit ihrem 30. Lebensjahr in Magdeburg. Sie erwarb sich große Verdienste um Aufbau und Organisation der modernen Volkswohlfahrt. 1887 gründete P. eine Verkaufsstelle für „Handarbeiten von Damen besserer Stände". Es folgten die Gründung einer Volks- und einer Kindervolksküche. Der von P. 1891 gegründete erste *Hausfrauenverein* in Magdeburg war die Grundlage für spätere Haushalts- und Gewerbeschulen. P. verhalf dem Verein durch Spendengelder aus Handel und Industrie zu einem neuen Haus, in dem alle vorher genannten Einrichtungen untergebracht waren. Ihre Leistungen wurden durch verschiedene Auszeichnungen anerkannt, so erhielt sie u. a. von der Kaiserin das Verdienstkreuz am weißen Bande. P. lebte nach dem Tode ihres Ehemanns bei einem ihrer beiden Söhne, dem Amtsgerichtsrat Dr. Karl P.

L: Die Stadtführerin, hg. vom Amt für Gleichstellungsfragen der Stadt Magdeburg, o.J., *59*.

Kristina Ziegler

Pilet, Otto
geb. 02.11.1833 Burg, gest. 06.04.1916 Magdeburg, Kaufmann.

P. war das jüngste von elf Kindern des Burger Rechtsanwalts und Stadtsyndikus Karl August P. Er legte am 19.09.1849 als erster Schüler der 1844 eröffneten Realschule in Burg vor dem Konsistorial- und Schulrat → Karl Zerrenner seine Abschlußprüfung ab. 1850 begann er eine vierjährige kaufmännische Lehre in der Fa. *Johann David Salomé* in Magdeburg. Im Oktober 1854 trat er eine Stellung im Handlungshaus *Molinari & Söhne* in Breslau an, welches Gustav Freytag als Vorlage für seinen Roman „Soll und Haben" (1855) diente, kehrte 1856 nach Magdeburg zurück und übernahm die Position des Disponenten bei der Fa. *Zuckschwerdt & Beuchel* (→ Hermann Zuckschwerdt). Noch im selben Jahr, nach der Auflösung des Kolonialwarengeschäfts in der Fa., stieg er mit der Unterstützung Zuckschwerdts als Sozius in ein Agenturgeschäft ein. Nach dreijähriger Teilhaberschaft gründete P. ein eigenes Unternehmen, und 1866 folgten Erwerb und Übernahme des Kolonialwarengeschäfts *Pfeffer & Weißenfels* als deren Nachfolger in Magdeburg. P. trennte sich in der Folge vom Kolonialwarenhandel und verlagerte vorausschauend sein Geschäftsfeld auf den Zuckerhandel. Er errichtete zahlreiche Agenturen in Dtl.

und in Skandinavien. In den 1880er nahm das Zucker-Termingeschäft einen rasanten Aufschwung. 1889 schließlich kam es in Folge übermäßiger Spekulationen zum Zusammenbruch des Magdeburger Zuckerhandels, in dessen Folge 1890 die Magdeburger *Zucker-Liquidationskasse* gegründet wurde, deren Ziel und Aufgabe in der Absicherung der Magdeburger Kaufleute bei der Abwicklung von Zucker-Termingeschäften an der Magdeburger Zuckerbörse bestand. Auf vielfachen Wunsch übernahm P. als Dir. die Leitung dieser Institution, an deren Einrichtung er maßgeblich beteiligt war. Seine Fa. gab er nach 23 Jahren zugunsten der Liquidationskasse auf. Im Rahmen seiner Mitgliedschaft in der *Magdeburger Korporation der Kaufmannschaft*, deren Dritter Vorsteher er von 1881 bis Ende 1900 war, engagierte er sich im Zoll- und Steuerwesen, insbesondere in Fragen der dt. Zuckersteuergesetzgebung und der Beeinflussung der Rentabilität des dt. Zuckergewerbes durch die Steuer- und Zollpolitik, im Verkehrswesen durch die Mitarbeit im Bezirks- und Landeseisenbahnrat sowie beim Kampf um den Bau des Mittelland-Kanals, im Schiedsgerichtswesen als Vors. des allg. Schiedsgerichts der Korporation bzw. der Handelskammer und seit 1899 als Vors. des Handelkammer-Schiedsgerichts für Getreidehandel, in der Lehrlingsausbildung und im kaufmännischen Unterrichtswesen, u. a. durch die Einführung des obligatorischen Tagesunterrichts. Er war seit 1886 Vorstandsmitglied der kaufmännischen Fortbildungsschule und seit Ende 1896 Vertreter der Kammer im *Dt. Verband für das kaufmännische Unterrichtswesen*. P. gehörte seit Mitte der 1860er Jahre der Fortschrittspartei an. Er wurde Ende 1867 Mitglied der Stadtverordnetenverslg. (erst Armendeputation, dann Waisenkommission) und im Sommer 1871 Stadtverordneter (Schuldeputation, Handelsdeputation, Kommission zum Bau des neuen Stadttheaters, Vors. der Wahlkommission), zuletzt bis Ende 1885 als stellvertretender Stadtverordnetenvorsteher. P.s Verbundenheit mit der Stadt Magdeburg und sein vielseitiges Interesse zeigten sich auch in vielen Mitgliedschaften in unterschiedlichsten Institutionen. So engagierte er sich für die Wirtschaft als Vertreter im *Dt. Handelstag*, als mehrfaches Aufsichtsratsmitglied (*Hamburg-Magdeburger Dampfschiffahrtsges.*, *Magdeburg-Halberstädter Eisenbahn-Ges.*) und als Verwaltungsratsmitglied (*Dessauer Landesbank*, *Magdeburger Wasser-Assecuranz-Ges.*, *Magdeburger Privatbank* u. a.) ebenso wie seit 1852 als Mitglied im *Männer-Turn-Verein* (Vorstandsmitglied), seit 1862 als Mitglied der Loge „Ferdinand zur Glückseligkeit" und seit 1867 als Presbyter der Wallonisch-Reformierten Gemeinde.

W: Ein Rückblick auf mein Leben, insbesondere auf die Entwicklung des Handels in den letzten fünfzig Jahren, 1900; Der Zuckerhandel, 1905. – **L:** O. P., Rückblick auf mein Leben, 1900; → Martin Behrend, Magdeburger Großkaufleute, 1906, *11, 101–105* (***B***); Wilhelm Stieda, O. P., in: GeschBll 62, 1927, *68–71*. – **B:** *LHASA.

Horst-Günther Heinicke

Pinkernelle, Johann Christian Daniel
geb. 01.01.1756 Magdeburg, gest. 23.04.1822 Magdeburg, Kaufmann, Reeder.

P. war Inhaber der Magdeburger Material- und Gewürzwarenhandlung *P. & Co.* Als umsichtiger und vorausschauender Kaufmann erkannte er frühzeitig die Notwendigkeit der Verbesserung und Ausweitung der Binnenschiffahrt. Auftretende Schiffsunfälle und damit einhergehende Verluste für die Kaufleute veranlaßten P. bereits 1790, den Plan zur Schaffung einer „Versicherungsanstalt für alle auf der Elbe beförderten Güter" zu entwickeln. Eine von ihm dementsprechend entworfene Satzung legte er Ende dess. Jahres der Kaufmannschaft vor, die auf ihrer Versammlung eine Gründungsabsicht einstimmig genehmigte. Zahlreiche Einwände, besonders der kgl. Kriegs- und Domänenkammer in Magdeburg sowie geforderte Gutachten verzögerten die Gründung mehrmals. P., der unermüdlich an der Realisierung weiterarbeitete, legte 1801 in einer Studie über die letzten 25 Jahre eine genaue Analyse der versicherungsfähigen Verluste bei der Elbschiffahrt vor. Trotz aller Bemühungen konnten P.s Absichten, der ab 1813 Ratsmann in Magdeburg war, erst 1822 zur Vollendung gebracht werden. Im Jahr seines Todes wurde die *Magdeburger Wasser-Assekuranz-Compagnie*, die 1905 letztendlich in der *Wilhelma* aufging, gegründet. Obwohl sich dieser Prozeß mehr als 30 Jahre hinzog, war Magdeburg nach Mainz 1818 die zweite Stadt mit einer selbständigen Wasserassekuranz.

Bernhard Koerner (Hg.), Dt. Geschlechterbuch. Genealogisches Hdb. Bürgerlicher Fam., Bd. 39, 1923 (***B***); → Hans Leonhard, Die Kaufleutebrüderschaft zu Magdeburg. Von der Zerstörung der Stadt bis zum Ausgange der westfälischen Zeit, in: Magdeburgs Wirtschaftsleben in der Vergangenheit, hg. von der IHK Magdeburg, Bd. 3, 1928, *133–141*.

Horst-Günther Heinicke

Pinthus, Kurt, Dr. phil. (Ps.: Paulus Potter)
geb. 29.04.1886 Erfurt, gest. 11.07.1975 Marbach, Schriftsteller, Theaterwissenschaftler, Publizist, Kritiker.

P. verbrachte seine Kindheit in Magdeburg und besuchte das Gymn. in Erfurt. 1905–10 studierte er in Freiburg/Breisgau, Berlin, Genf und Leipzig dt. Literaturgesch., Phil. und Gesch. Nach seiner Prom. 1910 über die Romane Levin Schückings war P. Lektor beim *Kurt Wolff Verlag*, bis er im Sommer 1915 zum Militärdienst nach Magdeburg eingezogen wurde. Hier war P. 1918 als Sprecher des Obersten Soldatenrates des IV. Armeekorps aktiv. Nach Kriegsende kehrte P. zunächst nach Leipzig zurück und siedelte 1919 nach Berlin über, wo er Dramaturg bei Max Reinhardt war und ab 1920 beim Rundfunk sowie wieder als Film- und Theaterkritiker arbeitete. 1937 emigrierte P., auch wegen seiner jüd. Abstammung, in die USA und lehrte von 1947 bis 1960 als Doz. für Theaterwiss. in New York. Er bereiste ab 1957 wieder die BRD und ließ sich 1967 in Marbach nieder. P. war einer der theoretischen Programmatiker und Vermittler des lit. Expressionismus in Dtl. Seine erstmals 1920 (vordatiert auf 1919) veröffentlichte Lyrikanthologie „Menschheitsdämmerung – Symphonie jüngster Dichtung" stellte einen repräsentativen Querschnitt der expressionistischen Dichtung des vergangenen Jahrzehnts dar. Als Lektor betreute er die Reihe „Der jüngste Tag", in der u. a. Lyrik von → Paul Kraft erschien. P. entwickelte eine rege Tätigkeit als Theater-, Lit.- und Filmkritiker für verschiedene Ztgg. und Zss., u. a. für *Die Weißen Blätter*, *Die Aktion* und *Der Genius*. In Magdeburg war P. 1916 sowohl an der Organisation einer expressionistischen Ausstellung als auch 1919 an der Gründung der Künstlervereinigung *Die Kugel* beteiligt. Er referierte in Magdeburg über die Zukunft der Künste und war u. a. mit → Robert Seitz, → Bruno Beye und → Erich Weinert bekannt.

W: Die Romane Levin Schückings. Ein Beitrag zur Gesch. und Technik des Romans, 1911; Der Zeitgenosse. Lit. Portraits und Kritiken, 1971. – N: DLA Marbach. – L: Bio Hdb Emigr 2, *906f.*; Killy 9, *166* (*W*); Paul Raabe, Die Autoren und Bücher des lit. Expressionismus, ²1992, *377f.*; Ward B. Lewis, K. P., in: John M. Spalek/Joseph Strelka (Hg.), Deutschsprachige Exillit., Bd. 2, 1989, *1711–1722*; Klaus Schuhmann (Hg.), K. P. in Leipzig (1916–1919) – Student, Lektor, Kritiker, Hg., 1996. – B: DLA Marbach; Archiv des Literaturhauses Magdeburg; *Archiv Jörg-Heiko Bruns, Erfurt-Mohlsdorf (priv.): Lithographie von Bruno Beye.

Thomas Piotrowski

Pirntke, Berthold Joachim *Konrad* (*Conrad*)
geb. 08.06.1894 Hirschberg/Schlesien, gest. 12.03.1961 Hamburg, Bildhauer.

P.s Fam. – sein Vater war Buchhalter – zog 1908 von Schlesien nach Magdeburg und betrieb dort eine Papiervertretung. P. studierte 1908–14 Malerei, Bildhauerei/Modellieren und Buchkunst an der Kunstgewerbe- und Handwerkerschule Magdeburg, u. a. bei → Rudolf Bosselt, sowie an der Kunstgewerbeschule Frankfurt/Main. 1914–18 nahm er als Soldat am I. WK teil. 1920–24 vertrat er Bosselt mehrmals als Lehrer an der Kunstgewerbe- und Handwerkerschule Magdeburg/Tagesklasse „Modellieren" und betätigte sich danach meist als freischaffender Bildhauer in Magdeburg. Es entstanden u. a. Reliefs von Magdeburger Persönlichkeiten sowie Entwürfe für Kriegerdenkmale, u. a. für die Wallonerkirche in Magdeburg. P. führte die Restaurierung des „Magdeburger Reiters" und der Fahnenträger vor dem Rathaus Magdeburg (um 1925) bzw. in der Martinikirche zu Kroppenstedt durch, entwarf Brunnenplastiken, dekorativen Hausschmuck und Büsten, u. a. des Generals von Steuben (1937, im KHMus. und Rathaushalle Magdeburg), des preuß. Prinzen → Louis Ferdinand und des Schriftstellers Joseph Roth. 1940 wurde P. erneut zum Kriegsdienst eingezogen und geriet 1944 in britische Gefangenschaft (Holstein, Hamburg). Nach seiner Entlassung war P. ab 1951 in Hamburg ansässig, führte dort kleinere Aufträge als freischaffender Bildhauer aus und übernahm zeitweise Vertretungen in der Gipswerkstatt der Hamburger Kunstschule. P. starb 1961 vereinsamt in Hamburg. Freunde gaben in Magdeburg einen Gedenkstein in Auftrag (Ausführung → Fritz Maenicke), der aber die innerdt. Grenze nicht passieren durfte und seither auf dem Neustädter Friedhof in Magdeburg steht.

N: Christa Ebert, Magdeburg. – L: Vollmer 3, 1956, *595*; Kat. der Ausstellung des Kunstvereins Magdeburg, 4. Sept. 1938. – B: *Vf., Berlin (priv.).

Gerd Kley

Pitterlin, Friedrich Adolph
geb. vor dem 20.02.1769 Bautzen, gest. 01.10.1804 Magdeburg, Komponist, Dirigent, Musikdir.

Der Sohn des Landeskopisten und Steuersekretärs Gottfried Sigismund P. erhielt schon früh Musikunterricht. 1785 immatrikulierte er sich an der Univ. Leipzig, um ev. Theol. zu studieren, betätigte sich dort jedoch auch als Violoncellist des Theaterorchesters. Schon 1788 komponierte er für die in Leipzig auftretende Seconda'sche Schauspielertruppe Ballette und Pantomimen, studierte Opern u. a. ein und leitete Aufführungen. 1789 wurde er als Musikdir. der Truppe engagiert. In der Folgezeit spielte die Truppe in Freiberg, Naumburg, Bautzen, Zeitz und im Winter in Leipzig. In dieser Zeit lernte er die Schauspielerin Mademoiselle Lehmann kennen, die er 1793 heiratete. Im Februar 1794 wechselte P. zur Schauspielerges. des → Carl Döbbelin jun., für den er verschiedene Musiken schrieb. 1795 wurde er als Musikdir. an das neu gegründete Magdeburger Nationaltheater engagiert, das von 1795 bis Anfang 1796 unter Döbbelins und anschließend unter der Leitung von → Friedrich Ludwig Schmidt stand. Ab 1796 war auch P.s Frau Mitglied des Ensembles. In Magdeburg entstanden mehrere Kompositionen, darunter Sinfonien und die Chöre zu dem Trauerspiel „Alfred" (aufgeführt 1797). Unter P.s Leitung wurden neben zeitgenössischen Modestücken auch

Opern von Mozart aufgeführt. 1801 kam die „Entführung aus dem Serail" in Magdeburg erstmalig auf das Programm. Im Frühjahr 1803 folgte die Magdeburger Erstaufführung von Haydns „Jahreszeiten". Einige Jahre leitete er die Winterkonzerte der Magdeburger Freimaurerloge und der *Harmonieges.* P. wurde als vornehmer Mensch, talentierter und verantwortungsbewußter Musiker und geistvoller und erfahrener Mann beschrieben. Als Musikpädagoge war er anerkannt. Sein bedeutendster Schüler wurde der spätere Kasseler Konzertmeister → Friedrich Ernst Fesca. P.s letzte Lebensjahre wurden durch ein Lungenleiden überschattet. Nur wenige seiner Werke blieben erhalten. Arnold Schering, der die ehemals in der Bibl. der Thomasschule befindlichen Handschriften noch kannte, beschrieb seine Bühnenmusiken als „stets beschwingte, anmutige Kompositionen", in denen „Mozartsche Kantabilität" zu finden sei.

W: erhaltene Werke: So leicht sollt ihr mich nicht berücken, Arie, o. J. (Sächsische Landesbibl. Dresden); Der Eichwald brauset, Arie, Ms. o. J. (Bibl. Lübeck); Festlich steige heut im Berggesange, Cantate und Bergreihen, Ms. 1792 (StABibl. Berlin); Variationen über Johann Adam Hillers Romanze: Als ich auf meiner Bleiche, für Sopran mit Begleitung des Fortepianos, Ms. um 1800 (Musikbibl. Leipzig); nicht erhaltene Werke: Die Königs-Eiche, ein Vorspiel mit Gesang und Tanz, 1801; Der Fürst und sein Volk, ein dt. Nationaldrama mit Gesängen (Georg C. Claudius, Libretto in: Dt. Schaubühne 6, Bd. 7, 1794); einige Mss. nach Schering ehemals in der Thomasschulbibl. Leipzig: Die Heuernte (Pantomime); Musik zu: Die Zigeuner (Ferdinand Möller); Chöre zu Alfred und zu Inez de Castro, 1796; Die falsche Scham (Hochzeitskantate) 1792; Variationen über Johann Adam Hillers: Als ich auf meiner Bleiche, 1796; Hg.: Slg. von Arien und Duetts aus den neuesten und beliebtesten Opern berühmter Tonsetzer. Magdeburg: Hessenland o. J. (6 H.); dto., Brandenburg: Leich, o. J. – **L:** Hobohm, Bd. 1, *216–263*; Ernst Ludwig Gerber, Neues hist.-biogr. Lex. der Tonkünstler, Bd. 3, 1813, *274*; Robert Eitner, Biogr.-bibliogr. Quellenlex. der Musiker und Musikgelehrten der christlichen Zeitrechnung bis zur Mitte des 19. Jhs, Bd. 7, 1902, *464*; Nachruf in: Allg. Musikztg. 7, 1805, März, *424ff.* (mit Abdruck eines Liedes); Georg Friedrich Giesecke, Mittlgg. über die Familien Giesecke und P., 1919; Bernhard Sommerlad, F. A. P. Ein vergessener Magdeburger Musiker, in: MonBl 77, 1935, *142f.*; Arnold Schering, Johann Sebastian Bach und das Musikleben Leipzigs im 18. Jh., 1941, *569f.*; → Rolf Kabel, Die Entstehung des Magdeburger Theaters und sein Werdegang bis zum Jahre 1833, 1961.

Ralph-J. Reipsch

Placke, Johann Christoph (gen. Wilhelm)
geb. 30.05.1765 Körbelitz, gest. 04.05.1833 Neustadt bei Magdeburg, Unternehmer.

Der Sohn des Johann Gottlob P. trat 1786 als Handlungsdiener (kaufmännischer Angestellter) in die angesehene Magdeburger Großhandlung von Johann Wilhelm Richter und → Johann Gottlob Nathusius ein. Nach dreijähriger Tätigkeit gründete er eine eigene Fa. in Neustadt bei Magdeburg, die sich vorrangig mit dem Handel sowie mit dem Anbau und der Verarbeitung von Zichorien befaßte. Darüber hinaus verfolgte P. aufmerksam die Entwicklung des Rübenanbaus und die Herstellung von Rübenzucker. Nach den Rübenbauvorschriften und Anweisungen von → François Charles Achard baute P. Rüben an und führte eigene Versuche durch. Im Mai 1799 beantragte er beim preuß. König Friedrich Wilhelm III. eine Konzession für die Gewinnung von Zucker und Sirup aus Runkelrüben. Nach Anlaufschwierigkeiten und dem Wiederaufbau der Fabrik (diese wurde im Rahmen der von → Franz Kasimir von Kleist angeordneten Verteidigungsvorbereitungen Magdeburgs 1806 abgerissen) setzte P. seine Arbeiten fort. Er fand politisches Interesse und staatl. Förderung, nachdem 1811 Napoleon mit der Kontinentalsperre jeglichen Handel mit England untersagt hatte. P. sandte über die westfälische Reg. Proben seines aus Rüben gewonnenen Zuckers und Sirups nach Paris, wo sie am 17.05.1811 Kaiser Napoleon vorgelegt wurden. In der Folgezeit erweiterte P. seine Unternehmungen und richtete 1812 eine Unterrichtsanstalt ein, in der er Interessenten die Herstellung von Zucker aus Runkelrüben lehrte. Dabei demonstrierte er eine von ihm entwickelte Methode, auch Magdeburger Methode genannt, mit der bereits in 24 Stunden Zucker hergestellt werden konnte. In dieser Zeit befanden sich im Magdeburger Stadtgebiet acht Zuckerfabriken, von denen P.s Fabrik mit 700 Morgen die mit Abstand größte Anbaufläche besaß. In der Kampagne 1812/13 war P. mit 80.000 Zentnern verarbeiteter Rüben der größte Produzent von Rübenzucker in Europa. Nach der Niederlage Napoleons und der Aufhebung der Kontinentalsperre verlor die Rübenzuckerproduktion ihre Bedeutung, so daß P., der sie als erster in der Magdeburger Region aufgenommen hatte, sie nach 1818 als einer der letzten wieder aufgab. P. setzte die bereits zehn Jahre zuvor begonnene Rübensamenproduktion fort. Den in den 1830er Jahren einsetzenden beispiellosen Aufstieg der Rübenzuckerindustrie erlebte der Pionier der Rübenzuckerherstellung nicht mehr.

L: → Rudolf Grotkaß, Die Zuckerfabrikation im Magdeburgischen, ihre Gesch. vor und während der Kontinentalsperre sowie weiter bis zum Jahre 1827, dem Beginn der neuen Periode, in: Magdeburgs Wirtschaftsleben in der Vergangenheit, hg. von der IHK Magdeburg, Bd. 2, 1927, *24* u. ö.

Horst-Günther Heinicke

Platen-Hallermund, Mathilde Louise Marie *Hedwig* **Gräfin von,** geb. Schmeckebier (Ps.: Hedwig Erlin, ab 1907)
geb. 18.04.1873 Gommern, gest. 11.03.1950 Berlin, Schriftstellerin.

P. war die Tochter eines Kaufmanns aus Schönebeck. Sie wuchs in Gommern in der Obhut der Mutter auf, die lit. interessiert war, und besuchte hier die Volksschule. Mutter und Tochter zogen später zunächst nach Halle, dann nach Berlin. 1907 heiratete P. den sächsischen Offizier Graf Julius Karl von P. Zwischen 1895 und 1924 veröffentlichte sie mindestens sieben Romane unter Ps., die sämtlich zur Trivialit. gehören und heute vergessen sind. Interesse verdient sie eher deshalb, weil sie sich aus der Enge kleinstbürgerlicher Herkunft zu emanzipieren vermochte, sich in der um die Jahrhundertwende von Männern dominierten Welt der Autoren und Verlage durchsetzte und ihren Lebensunterhalt zu erwerben verstand. Ihr attraktives Äußeres mag ihr dabei geholfen haben.

W: Morgenrot, 1895; Kinderseelen, 1897; Der Mut zum Glück, 1902; Ich will! (2 Bde), 1903; Die Erste Beste, 1908; Du bist mein, 1923. – **L:** → Fritz Heicke, H. Erlin-Schmeckebier, eine Schriftstellerin aus Gommern, 1977, Ms. 253 (LHASA). – **B:** *Vf., Gommern (priv.).

Klaus Lehnert

Plato, Christian Karl
geb. 28.02.1760 Oebisfelde, gest. 13.03.1799 Meseberg, Kantor, Schriftsteller.

Der Sohn des Oebisfelder Organisten Carl Christian P. besuchte die Domschule in Halberstadt, wo er auch am fortschrittlichen, von Friedrich Eberhard von Rochow 1778 eingerichteten Schullehrerseminar auf den Beruf des Landschullehrers vorbereitet sowie musikalisch ausgebildet wurde. P. kam danach als Kantor zunächst nach Groppendorf und 1786 nach Meseberg. Als vielseitiger Autor verfaßte P. Fabeln, Erzählungen, Reiseberichte und Lehrbücher für Lehrer und Schüler. Seine Werke, die der fortschrittlichen Pädagogik der Aufklärung verpflichtet sind, sollten praktische Anleitung, Unterrichtung, Ermunterung zu moralischem Handeln, aber auch zur Erbauung und Unterhaltung sein. Von besonderem Interesse ist seine „Unterhaltende topographische und statistische Beschreibung einer Sommerreise durch die Provinzen Magdeburg, Braunschweig, Halberstadt, Quedlinburg und Barby" (3 Bde, 1791), in der er detaillierte Beobachtungen zur Volkskunde der Altmark und Börde niederlegte.

W: Moralische Fabeln und Erzählungen für Kinder und junge Leute, 1785, ²1787; Pädagogisches Lehrbuch der gemeinnützigsten Grundsätze für Volkslehrer, in Briefen (2 Bde), 1789; Der Jugendfreund, in angenehmen und lehrreichen Erzählungen für Lehrer und Kinder (4 Bde), 1788–1793; Kleine Länderkunde des Hzths Magdeburg mit einer Übersicht von Dtl. und der gesammten Erdkunde, 1799. – **L:** Hamberger/Meusel, Bd. 6; Christian Gottlieb Jöcher, Allg. Gelehrten-Lex., Bd. 6, 1819 (*W*); Hanns H. F. Schmidt, Auf der Suche nach einem vergessenen Altmärker, in: Altmärkisches Allerlei, Folge 2, 1989, *48–60*; Martin Wiehle, Altmark-Persönlichkeiten, 1999, *137*.

Friedrich-Karl Sonntag

Plock, Albertine, geb. Oestreich
geb. 17.09.1881 Göritz/Uckermark, gest. 31.10.1974 Haldensleben, Lehrerin.

P., außereheliche Tochter Rudolf Grimms und Enkelin Wilhelm Grimms, erhielt durch diese Fam. eine gute Erziehung, besuchte das Lyzeum und absolvierte anschließend eine Lehrerinnen-Ausbildung in Magdeburg. Sie war in der Folgezeit 1901–02 in Hötensleben sowie 1902–06 an der Volksschule in Althaldensleben als Lehrerin tätig. Als das letzte direkte Mitglied der Fam. Grimm, Wilhelm Grimms Tochter Auguste, 1919 starb, übernahm P. als letzte mögliche Erbin den größten Teil des Nachlasses Wilhelm Grimms. Jahrzehntelang wurde dieser Nachlaß über Kriegs- und Nachkriegszeiten hinweg von ihr sicher und vollständig aufbewahrt. 1963 schenkte ihn P. dem Mus. in Haldensleben mit dem Wunsch, daß er dort insgesamt ordnungsgemäß verwaltet, pfleglich behandelt und der Öffentlichkeit zugänglich gemacht wird. Zum Nachlaß gehören u. a. 1884 Bücher, Ergebnisse künstlerischen Schaffens, zahlreiche Inventaren und mannigfaltige persönliche Gegenstände.

L: Js. des KrMus. Haldensleben 8, 1967; ebd. 10, 1972. – **B:** *Mus. Haldensleben.

Werner Rieke

Plumbohm, *Willy* **Albert**
geb. 21.02.1880 Magdeburg, gest. 26.02.1962 Magdeburg, Schriftsetzer, Kommunalpolitiker.

Der Sohn eines Tischlers besuchte 1886–94 die Volksschule und absolvierte 1894–98 eine Lehre als Schriftsetzer. Er mußte als ältestes von sechs Kindern schon vom achten Lebensjahr an Geld mitverdienen, da der Vater nach längerer TBC-Erkrankung bereits 1889 starb. P. trat 1896 dem Arbeiterturnverein *Einigkeit* in Magdeburg-Buckau bei, 1898 dem Verband Dt. Buchdrucker, 1905 der SPD. Er wurde kurz nach der Lehrzeit wegen Führung in einem Tarifkampf entlassen und ging 1899 auf Wanderschaft. Nach dem Heeresdienst arbeitete er in verschiedenen Magdeburger Druckereien, ab 1907 bei der *Volksstimme*. Im August 1914 zum Militär einberufen und 1915 in Galizien schwer verwundet, wurde er 1916 als Unteroffizier entlassen. Bereits 1909 der neu gegründeten *Gartenstadt-Kolonie Reform GmbH* beigetreten, wurde P. bald bis 1933 geschäftsführendes Vorstandsmitglied. Im *Verein für Kleinwohnungswesen* 1919–22 im Nebenamt kaufmännischer Leiter, arbeitete er 1922–33 als ihr hauptamtlicher Geschäftsführer. Hier trug er mit dem Bau der Hermann-Beims-Siedlung, der Banckschen Siedlung und der Brückfeld-Siedlung wesentlich zur Minderung der Wohnungsnot bei. Als Stadtverordneter seit 1919 führte P. die SPD-Fraktion von 1921 bis 1933. Von 1924 bis 1933 gehörte er auch dem Provinziallandtag an, war Aufsichtsratsmitglied in verschiedenen Wohnungsges. und Baugenossenschaften Mitteldtls. 1933 sämtlicher Ämter enthoben, blieb er bis 1936 arbeitslos, brachte sich danach mit Hausverwaltungen durch. Im Mai und Juli 1933 kurzzeitig in Polizeihaft genommen, geriet er noch einmal im August 1944 mit rund 40 Magdeburgern in die Verhaftungsaktionen nach dem Attentatsversuch vom 20. Juli. Im Dezember 1944 kehrte der 64jährige aus dem KZ Sachsenhausen zurück. Nach Kriegsende übernahm P. für ein Jahr als Stadtrat das Amt für Wohnraumlenkung und führte wieder ehrenamtlich die Geschäfte des *Vereins für Kleinwohnungswesen*. Aus Gesundheitsgründen zurückgetreten, versah er auf dringende Bitten der Stadt 1948 das Stadtratsamt erneut für seinen erkrankten Nachfolger und fungierte 1948–51 als hauptamtlicher Geschäftsführer des *Vereins für Kleinwohnungswesen*. 70jährig bereits zurückgetreten, wurde ihm nachträglich fristlos gekündigt und im Zuge der Verfolgung von Sozialdemokraten ein Untreue-Verfahren angehängt, obwohl bei seinem Ausscheiden ein Landesrevisor nach eingehender Prüfung der Vereinsunterlagen eine korrekte Geschäftsführung bescheinigt hatte. 1953 verhaftet und vom Bezirksgericht Magdeburg am 20.10.1954 wegen Untreue zu drei Jahren Zuchthaus und 5.000 Mark Geldstrafe verurteilt, hob das Oberste Gericht der DDR in der Berufung am 19.11.1954 das Urteil auf und sprach den Angeklagten frei.

L: Marta Doehler/Iris Reuther, Magdeburg – Die Stadt des Neuen Bauwillens. Zur Siedlungsentwicklung in der Weimarer Republik, 1995 (**B**); Manfred Wille, Magdeburgs Aufbruch in die Moderne, 1995, *42* (**B**); Renate Amann/Barbara von Neumann-Cosel, Soziale Bauherren und architektonische Vielfalt: Magdeburger Wohnungsbaugenossenschaften im Wandel, 1996 (**B**); GWG Reform: Akte I. 1.9/156; Slg. Vf., Hannover (priv.). – **B:** *StadtA Magdeburg.

Beatrix Herlemann

Poetsch-Porse, Friederike *Alwine*, geb. Schmorte
geb. 02.07.1840 Ziesar, gest. 29.07.1928 Magdeburg, Stifterin.

Die Ehefrau des Kaufmanns Wilhelm Porse rief nach dem Tode ihres Ehegatten 1891 die „W.-P.-Stiftung" ins Leben. Dazu gehörten u. a. die Schenkung von 100.000 Mark an die Stadt Magdeburg zum Erwerb von Kunstschätzen für das in Magdeburg geplante Städtische Mus. Am Domplatz 5, eine reiche Stiftung für Kriegsblinde sowie die Schenkung zweier Häuser am Breiten Weg für das ev. Altersheim „Kloster Augustini". Nach ihrer Wiederheirat mit dem Geh. Justizrat Emil Poetsch (gest. 1908) stiftete sie 1900, anläßlich des Geb. von Porse, zwei wertvolle Gemälde für den Porsesaal des Mus.

L: Magdeburgische Ztg. vom 31.07.1928; Hans-Joachim Krenzke, Magdeburger Friedhöfe und Begräbnisstätten, 1998, *74*.

Kristina Ziegler

Pohl, Oswald
geb. 01.01.1887 Breslau, gest. 1959 Hameln, Maler, Graphiker, Bühnenbildner, Kunstgewerbelehrer.

P. kam mit seiner Fam. nach Magdeburg, war hier um 1903 Abendschüler an der Kunstgewerbe- und Handwerkerschule und studierte später an der Akad. in München sowie in Leipzig. Um 1915 nahm er eine Assistenz- bzw. Lehrtätigkeit an der Kunstgewerbe- und Handwerkerschule Magdeburg auf. 1919 wurde er Mitglied der spätexpressionistischen Künstlervereinigung *Die Kugel* in Magdeburg, arbeitete als Illustrator und Karikaturist für die Magdeburger Presse und als Bühnenbildner für Magdeburger Theater. Zudem schuf er Buchillustrationen und Mappenwerke mit Radierungen und Holzschnitten. P. war nachweislich bis 1926 in Magdeburg tätig. Nach dem II. WK lebte er in Hameln.

W: Mappenwerke: Die Schöpfung, 1910; Rennen, 1923; (Ill.) Harz und Kyffhäuser, 1926. – **L:** Vollmer 3, 1956, *606*; Renate Hagedorn, „Die Kugel" – eine Künstlervereinigung der 20er Jahre, Kat. Magdeburg 1993.

Günter Paulke

Pohlmann, Alexander
geb. 10.09.1865 Graudenz, gest. 05.10.1952 Freiburg/Breisgau, Reg.-Präsident in Magdeburg.

P., Sohn des Oberbürgermeisters von Graudenz, gehörte zu den höheren Verwaltungsbeamten der Weimarer Republik, die, obwohl sie „Seiteneinsteiger" in den höheren Dienst waren, eine verwaltungsjur. Ausbildung besaßen. Er hatte sie nach dem Abitur in Graudenz an den Univ. Freiburg/Breisgau, Breslau, Leipzig und Berlin erworben. P. trat aber zunächst nicht in die übliche Laufbahn eines Verwaltungsjuristen, sondern in die Kommunalpolitik ein. 1896–98 war P. beim Magistrat in Frankfurt/Main und ab 1899 als Stadtrat in Posen tätig. 1903 wurde er in das Amt des Oberbürgermeisters von Kattowitz gewählt, das er über die Jahre des I. WK und die Stürme der Novemberrevolution hin bis 1920 behielt. Während des Krieges war er Mitglied des Preuß. Abgeordnetenhauses. 1919–22 MdR, wurde P. 1920 zum Reg.-Präsidenten von Magdeburg ernannt. Dieses Amt übte er zehn Jahre bis 1930 aus und war damit der am längsten amtierende Reg.-Präsident während der Zeit der Weimarer Republik in Magdeburg. Als Reg.-Präsident entwickelte P. keine engeren Beziehungen zur Stadt selbst. Er stand im Gegenteil den Metropolitanplänen Magdeburgs, die auf die Hauptstadtfunktion in einem neuzubildenden mitteldt. Land hinausliefen, kritisch gegenüber. In diesem Zusammenhang hatte P. Anteil daran, daß die Eingemeindung der Stadt Schönebeck nach Magdeburg kurz vor ihrem Vollzug abgewehrt wurde.

L: Walter Hubatsch (Hg.), Grundriß der dt. Verwaltungsgesch. 1815–1945, Reihe A: Preußen, Bd. 6, Provinz Sachsen, 1975, *36*; Stefan Karnop/Lars-Henrik Rode/Vf., Der Regierungsbez. Magdeburg und seine Gesch., 1998, *107* (***B***). – **B:** StadtA Magdeburg.

Mathias Tullner

Policek, Wolfgang

geb. 18.10.1932 Halberstadt, gest. 28.02.2000 Magdeburg, Maler, Graphiker.

P. wuchs in Halberstadt auf und erlernte dort nach dem Besuch der Grundschule das Handwerk eines Dekorationsmalers. Nach fünf Jahren Arbeit in diesem Beruf und dem Besuch des Zeichenzirkels bei dem Halberstädter Maler Julius Barheine nahm er 1957 ein Studium an der Fachschule für angewandte Kunst in Magdeburg auf, das er 1960 abschloß und im selben Jahr an der Hochschule für Bildende Kunst in Dresden in der Richtung Wandmalerei fortsetzte. Sein wichtigster Lehrer war Heinz Lohmar. Nach dem Diplom in Dresden wurde P. 1965 in Magdeburg ansässig und wirkte hier als freischaffender Maler und Graphiker, ehe er mit seiner Frau Annedore P., geb. Wunderlich, ebenfalls Malerin und Graphikerin, 1997 wieder nach Halberstadt übersiedelte. Über drei Jahrzehnte war die Behringstraße 3 in Magdeburg mit einem der letzten über den Krieg geretteten Ateliers sein Hauptschaffensort. P., seit 1965 Mitglied des *VBK Dtls* (später der DDR) gehörte wie Jochen Aue und Manfred Gabriel, Helga und Frank Borisch u. a. zu der Künstlergeneration, die selbstbewußt den ersten vorsichtigen Bruch mit der restriktiven Kulturpolitik in der DDR der 1950er Jahre sichtbar vollzog. Die Gesetzmäßigkeit der Organisation des Bildnerischen auf der Wand war für P. folgerichtiges Grundprinzip auch seiner Tafelmalerei geworden, für die er auch immer wieder Anregungen in der Musik fand. In den letzten Jahren wurden seine Arbeiten immer konstruktiver als Annäherung zur Konkreten Kunst. P. nahm mit Arbeiten in seiner Magdeburger Zeit an allen Bezirkskunstausstellungen bis 1990, an den legendären Ausstellungen „Vorgänge" I und II im KHMus. Magdeburg und an zentralen Ausstellungen der DDR wie der IX. und X. Kunstausstellung in Dresden teil. Für öffentliche Einrichtungen schuf er, z. T. gemeinsam mit seiner Frau, im Auftrag zahlreiche wandgebundene Malereien und Keramikbilder, u. a. für das Krankenhaus und eine Schwimmhalle in Stendal sowie für Schulen in Magdeburg-Reform und Tangerhütte. Besonders populär wurde die Brunnengestaltung im Neubaugebiet Magdeburg-Nord.

W: Wandbilder für öffentliche Einrichtungen in Magdeburg, Stendal, Tangerhütte; zahlreiche Tafelbilder und Arbeiten auf Papier (in Magdeburger Museen und in privaten Slgg.). – **N:** Annedore P., Halberstadt. – **L:** Kataloge der Bezirkskunstausstellungen Magdeburg 1965–1990; Kataloge der IX. und X. Kunstausstellung der DDR, Dresden 1982/1987; Druckgraphik, Handzeichnung und Aquarell, Kataloge Magdeburg 1976/1983; Umwelt gefährdet, Kat. Galerie Himmelreich Magdeburg 1991; Dieter Ramdohr, Begegnung mit Fläche und Farbe, in: Volksstimme Magdeburg vom 18.03.2000. – **B:** *Annedore P., Halberstadt.

Jörg-Heiko Bruns

Polte, Eugen, Dr.-Ing. E.h.

geb. 12.07.1849 Magdeburg, gest. 31.05.1911 Magdeburg, Dipl.-Ing., Industrieller, Erfinder, Kgl. Kommerzienrat.

P. war der Sohn eines Bankkaufmanns. Seine Kindheit und Jugend verlebte er in Weimar, wo er am Realgymn. die Reifeprüfung ablegte. Seine Neigung zur Technik bestimmte seine Berufswahl. 1867 trat er als Zeichner in das Konstruktionsbüro der Maschinenfabrik von → Hermann Gruson in Magdeburg ein. Im dt.-franz. Krieg von 1870/71 nahm er als Angehöriger des Magdeburger 4. Pionierbataillons an der Belagerung von Paris teil. Von 1872 bis 1874 studierte P. an der Gewerbeakad. zu Berlin, der späteren TH Berlin-Charlottenburg. 1875 übernahm er, erst 26 Jahre alt, die Stelle eines Obering. im expandierenden Unternehmen von H. Gruson. Er betätigte sich vorrangig auf dem Gebiet der Rüstungstechnik, u. a. befaßte er sich mit der Einführung neuer brisanter Sprengstoffe für Artilleriegeschosse. 1885 wagte P. den Schritt in die Selbständigkeit. Er erwarb, finanziell unterstützt vom Magdeburger Industriellen → Rudolf Wolf, eine kleine Armaturenfabrik. Anfangs beschäftigte er nur 23 Arbeiter. Es gelang ihm, geschäftliche Beziehungen zu den großen Magdeburger Maschinenfabriken und nach außerhalb zu renommierten Firmen, wie der *Gasmotorenfabrik Deutz*, zu entwickeln. Nach zwei Jahren hatte sich die Anzahl der Beschäftigten im Unternehmen verdreifacht. Der Anfang des Aufstiegs zu einem Großunternehmen begann, als P. vom preuß. Kriegsministerium einen Auftrag über die Lieferung von 40 Millionen Patronenhülsen für das neu eingeführte Armeegewehr 98 erhielt. Da weder die Größe seiner Fabrik noch der vorhandene Werkzeugmaschinenpark ausreichte, einen Auftrag dieser Größenordnung in der vereinbarten Lieferzeit zu erfüllen, mußten von P. nicht nur ein neues Fabrikgebäude errichtet, sondern auch entsprechende Bearbeitungsmaschinen beschafft und Facharbeiter für deren sachgemäße Bedienung geschult werden. Dank seines außergewöhnlichen unternehmerischen Geschicks konnte er diese Schwierigkeiten überwinden. Um die Produktivität der Fertigung von Patronenhülsen zu steigern, entwickelte P. eine automatische Zuführung der Teile zu den Werkzeugmaschinen und in mehrjähriger Versuchsarbeit ein neuartiges Walzverfahren, bei dem die Formgebung durch rollende Kugeln erfolgte. In der Folgezeit entwarf und baute P. nicht nur Spezialmaschinen und Präzisionsmeßeinrichtungen für die Herstellung und Aufarbeitung von Geschoßhülsen aller Art, sondern sogar weitgehend komplette Produktionslinien. P. gehört zu den Wegbereitern der automatisierten Fertigung in der Metallindustrie. 1903 wurde P. zum Kommerzienrat ernannt, und 1909 verlieh ihm die TH Berlin-Charlottenburg „in Anerkennung seiner wiss. Arbeiten auf dem Gebiet der Waffentechnik" ehrenhalber die Würde eines Dr.-Ing.

L: Mitteldt Leb 5, *569–585* (**B**); Nachruf, Zs. des VDI 55, 1911, *1457*. – **B:** *StadtA Magdeburg.

Manfred Beckert

Porten, *Henny* Frieda Ulrike
geb. 07.01.1890 Magdeburg, gest. 15.10.1960 Berlin, Filmschauspielerin, Drehbuchautorin, Filmproduzentin.

P. wuchs zusammen mit ihrer Schwester Rosa in einem musischen Elternhaus auf. Ihr Vater Franz P. war Opernsänger am Magdeburger Stadttheater und leitete später selbst größere Theaterunternehmen. So ist es auch nicht verwunderlich, daß P. und ihre Schwester bereits im Kindesalter in kleineren Rollen auf der Bühne standen. Noch 1890 zog die Fam. ins Rheinland und kam über Dortmund, wo P.s Vater die Leitung des Stadttheaters übernommen hatte, 1895 nach Berlin. Hier besuchte die junge P. die Schule, kam durch die Freundschaft des Vaters zu dem Filmproduzenten Oskar Meßter auch mit dem neuen Medium des Films in Berührung und stand mit elf Jahren zum ersten Mal vor der Kamera. Unter der Regie ihres Vaters entstanden kurze, meist nur wenige Meter lange Filme, die, in sog. Lichtspiel-Theatern und auf Jahrmärkten dargeboten, zunächst nur auf Effekthascherei ohne großen künstlerischen Anspruch ausgerichtet waren. Ohne je eine schauspielerische Ausbildung absolviert zu haben, kristallisierte sich schon sehr bald P.s überdurchschnittliches Talent heraus. Mit 17 Jahren war sie aus den Filmstudios nicht mehr wegzudenken. Frauenrollen aller Gesellschaftsschichten standen nunmehr im Mittelpunkt der Filme und erfuhren durch die emotionale und überzeugende Gestaltungskraft der P. einen nicht zu beschreibenden Erfolg beim Publikum. 1911 wurde nach dem Drehbuch „Das Liebesglück einer Blinden", geschrieben von Schwester Rosa, der erste Film mit einer geschlossenen Handlung gedreht, 1919 mit „Irrungen" der erste sozialkritische Film. Mit Gerhart Hauptmanns „Rose Bernd" (1919) folgte die erste Romanverfilmung. Die allmähliche Aufwertung des Films als Vermittler auch erzieherischer Werte entsprach ganz der Arbeits- und Lebensauffassung P.s. Sie spielte Rollen in bürgerlichen Lustspielen, Familiensagas, Heimatfilmen, Melodramen und Literaturverfilmungen. Regisseure wie Ernst Lubitsch, Paul Wegener und Werner Krauss hoben das darstellerische Niveau der Filme stark an. Unter Lubitschs Regie spielte sie die Doppelrolle in „Kohlhiesels Töchter" (1920) und mit Emil Jannings in „Anna Boleyn" (1920). Zu Beginn der 1920er Jahre gründete P. eine eigene Film-Produktionsgesellschaft, die 1924 mit dem Unternehmen von Carl Frölich fusionierte. In Zusammenarbeit mit Frölich entstanden in nur fünf Jahren 16 Filme. Für den Film „Mutterliebe" (1934), der zu einem der größten Erfolge P.s wurde, schrieb sie das Drehbuch selbst. Den Beginn des Tonfilms sah die P. zunächst als einen Verrat am Stummfilm an und bezeichnete ihn als ein „zu früh geborenes Kind". Doch schon bald hatte sie ihre anfängliche Skepsis überwunden und gab mit „Skandal um Eva" (1930) ihr erfolgreiches Tonfilmdebüt. In einer Neuverfilmung von „Kohlhiesels Töchter" wurde sie wiederum mit der klassischen Doppelrolle besetzt und erkannte die nuancenreiche Vielfalt der Möglichkeiten des Tonfilms. In vielen nachfolgenden Produktionen stellte die P. immer wieder ihr schauspielerisches Können als inzwischen zu beeindruckender Größe gereifte Charakterdarstellerin unter Beweis. Höhepunkte ihres Tonfilmschaffens wurden in der Regie von Carl Frölich die Filme „Fam. Buchholz" (1943) und dessen Fortsetzung „Neigungsehe" (1944). Ihre Heirat mit dem jüd. Arzt Wilhelm von Kaufmann und ihr konsequentes Festhalten an dieser Verbindung haben der P. während der Zeit des Ns. nur noch wenige Angebote gebracht. Nach dem Krieg zog sich die P. weitgehend vom Filmgeschäft zurück. Bei der *DEFA* erhielt P. Anfang der 1950er Jahre noch einmal Gelegenheit, in den Filmen „Carola Lamberti – eine vom Zirkus" (1954) und „Das Fräulein von Scuderie" (1955) die Hauptrollen zu spielen. Wiederum vermochte sie das Kinopublikum durch ihre brillante Darstellungsweise zu faszinieren und erwies sich einmal mehr als die große Dame des dt. Films.

W: weitere Filme: Die Hintertreppe, 1921; Königin Luise, 1931; Die Geierwally, 1940; Komödianten, 1941; Absender unbekannt, 1950. – Schriften: Wie ich wurde, 1919; Vom „Kintopp" zum Tonfilm. Ein Stück miterlebte Filmgesch., 1932. – **L:** Gustav Holberg, H. P. Eine Biogr. unserer beliebten Filmkünstlerin, ca. 1920; Helga Belack, H. P., der erste dt. Filmstar 1890–1960, 1986; „Aller Anfang ist schwer …". Schauspieler erzählen über ihre ersten Filme, 1988. – **B:** *Archiv des Theaters der Landeshauptstadt Magdeburg.

Manfred Michael

Porth, Gisela, geb. Weinholz
geb. 31.10.1923 Güsen/Kr. Jerichow II, gest. 13.06.1997 Burg, Trachtenforscherin, Museumsmitarbeiterin.

Die Tochter eines Malermeisters besuchte 1930–38 die Güsener Volksschule und arbeitete nach den Pflichtjahren 1941–45 in der Altmark zeitweilig im elterlichen Geschäft. Das dörfliche Milieu, der Umgang mit den Bauern und Handwerkern weckten in ihr das Interesse für die traditionelle Volkskultur. Der erfolgreiche Abschluß einer Lehre 1946–49 in einer privaten kunstgewerblichen Lehrwerkstatt in Tucheim als Facharbeiterin für textiles Kunstgewerbe befähigte sie, von 1950 bis 1954 eine Lehrtätigkeit im Handarbeitsunterricht in einigen Volksschulen im Kr. Genthin durchzuführen. Während ihrer Tätigkeit im Mus. Burg von 1951 bis zur Auflösung des Mus. 1972 (mit Unterbrechung 1957–70) engagierte sie sich auf verschiedenen Fachgebieten und leitete zeitweilig das Mus. Sie arbeitete dann von 1972 bis 1984 als Bibliothekstechnikerin in Burg. Als Museumsmitarbeiterin und Leiterin der Kreiskommission/Forschungsstelle „Volkskunde" in Burg widmete sie sich vor allem der Erfassung und Dokumentation der ländlichen Volkstracht im Jerichower Land bzw. im Elbe-Havel-Winkel, wobei ihr der Volkskundler und Trachtenforscher Alfred Fiedler (Leipzig) als Mentor zur Seite stand. Hauptaspekt dieses Folkloreprojektes zur Traditionspflege, das von der Volkskunstbewegung inszeniert und fachlich von Volkskundlern betreut wurde, war, Originaltrachten zu entdecken, um sie als Vorlagen für Nachbildungen der Fest- und Bühnenkleidung der Volkskunstgruppen zu verwenden. Zahlreiche Tanz- und Gesangsgruppen waren in den 1950er und 60er Jahren bemüht, in geschmackvollen, regionalhist. authentischen Volkstrachtenkostümen aufzutreten. Reste dieser ländlichen Kleiderkultur konnte P. für die zweite Hälfte des 19. Jhs im Untersuchungsgebiet nachweisen. Sie recherchierte und sammelte in Dörfern bzw. Städten vor allem der damaligen Kreise Burg, Genthin und Loburg, wie in Altengrabow, Bücknitz, Drewitz, Gladau, Glienecke, Görzke, Güsen, Hohenseeden, Hohenziatz, Krüssau, Magdeburgerforth, Paplitz, Parey, Reesen, Rietzel, Rogäsen, Steinberg, Schopsdorf, Schönhausen, Tucheim, Wahlitz, Wenzlow, Wollin, Zepernick, Ziesar und Zitz. Ihre Forschungs- und Sammlungsergebnisse konnte sie nicht mehr wiss. bearbeiten und umfangreich veröffentlichen, da das Burger Mus. aufgelöst wurde. P.s Trachten- und volkskundliche Forschungen beschränkten sich auf Teilpublikationen in Zs. und in der Tageszg. sowie in Ausstellungen. Die Trachtenslg. des Burger Mus. befindet sich seit 1973 im KrMus. Genthin, darunter eine besonders frühe Tracht der Anna Sophie Lindstaedt, geb. Schäfer, geb. 1838 in Schönhausen. Die Volkskundlerin Antonia Beran bearbeitete die Slg. und integrierte sie in eine Ausstellung, zu der 1995 ein Kat. erschien.

W: Trachten, Sitten und Gebräuche der engeren Heimat, in: Volksstimme Burg, März 1954; Die Trachten zwischen Elbe und Havel, in: Volkskunst. Monatsschrift für das künstlerische Volksschaffen, Nr. 11, 1955, *18f.*; Vor 100 Jahren Heimattracht – heute Tanzkostüm, in: Unser Elb-Havel-Land, Heimath. für die Kreise Burg, Genthin, Havelberg und Loburg, 1956, *4f.*; Der Warprock war bei den Frauen begehrt. Die Tracht in der zweiten Hälfte des 19. Jhs im Jerichower Land, in: Volksstimme, Burger Rundschau vom 23.04.1994, *13*. – **L:** Antonia Beran, Die Volkstracht im Jerichower Land, 1995. – **B:** *Slg. Vf., Brandenburg (priv.): G. W. in der Elb-Havel-Tracht, 1955.

Katharina Kreschel

Preußen, Friedrich *Karl* Alexander Prinz von
geb. 29.06.1801 Schloß Charlottenburg/Berlin, gest. 21.01.1883 Berlin, preuß. Generalfeldzeugmeister.

Karl, Sohn des preuß. Königs Friedrich Wilhelm III. und Bruder des Kaisers Wilhelm I., begann bereits 1811 als Sekondeleutenant seine militärische Laufbahn, wurde 1824 Generalmajor, 1832 Generallieutenant, 1836 Kommandierender General des in Magdeburg und der preuß. Provinz Sachsen stationierten IV. Armeekorps (der Sitz des Generalkommandos befand sich von 1836 bis 1848 in Berlin), 1844 General der Infanterie und 1854 Generalfeldzeugmeister im Range eines Generalfeldmarschalls. 1872 wurde er zum russischen Feldmarschall ernannt. Seit 1825 sind zahlreiche Besuche in Magdeburg und Umgebung zumeist mit dem König und der kgl. Fam. nachgewiesen, so 1863 zur 500jährigen Einweihungsfeier des Magdeburger Doms. Für Karl wurde als Jagdschloß die Villa „Carlshall" in Schönebeck (heute Hoher Weg 11) eingerichtet. Zunächst erwarb 1860 der Stadtverordnetenvorsteher → Gustav Hoyer das Gebäude, bis es 1898 umgebaut und später Wohnsitz von → Wolfgang Wanckel wurde. Die Villa befindet sich heute im Besitz der Fam. Wanckel. An seinem Geb. 1839 weihte Karl den ersten Streckenabschnitt der Magdeburg-Leipziger Eisenbahn (1840 fertiggestellt) von Magdeburg (Fürstenwall) nach Schönebeck ein. Das ließ beide Städte an dieser neuartigen Entwicklung teilhaben und führte zu tiefgreifenden, vor allem wirtsch. Veränderungen.

L: Brockhaus Conversations-Lex., ¹³1885, *134*; Priesdorff 4, *468–471* (*B*); → Gustav Hertel/→ Friedrich Hülße, → Friedrich Wilhelm Hoffmanns Gesch. der Stadt Magdeburg, Bd. 2, 1885, *472, 481, 483, 488, 512, 525, 541, 547,* → Wilhelm Schulze, Aus der Gesch. der Stadt Schönebeck, Ms. 1962, *608f.*; Hans-Joachim Geffert, Baudenkmale im Kr. Schönebeck, 1988, *33.* – B: StadtA Schönebeck.

Manfred Köppe

Preußen, Friedrich Ludwig Christian Prinz von (gen. Louis Ferdinand)
geb. 18.11.1772 Schloß Friedrichsfelde bei Berlin, gest. 10.10.1806 Wölsdorf bei Saalfeld, Generalmajor, Musiker.

Das fünfte Kind des Prinzen August Ferdinand von Preußen, des jüngsten Bruders Friedrichs des Großen, wurde allgemein Louis gerufen. Als wenig später ein Nachkomme des Kronprinzen denselben Namen erhielt, wurde er fortan, um Verwechslungen zu vermeiden, Louis Ferdinand genannt. Von Friedrich dem Großen wird gesagt, er habe seinen Neffen wegen seiner Schlagfertigkeit besonders geliebt. Durch Hauslehrer bekam er eine vielseitige Ausbildung, bei der sich schon früh seine musikalische Begabung zeigte. Im März 1789 trat P. in den Militärdienst ein und konnte sich im Koalitionskrieg gegen Frankreich (1792–94), insbesondere bei der Belagerung von Mainz, erstmals durch Tapferkeit auszeichnen, was seine spätere Volkstümlichkeit begründete. Für seinen Mut bei der Erstürmung einer Schanze, bei der er verwundet wurde, ernannte ihn der König zum Generalmajor. Der Prinz, der durch seinen freizügigen Lebenswandel häufig den preuß. Hof brüskierte, so daß er möglichst weit von Berlin entfernt wohnen sollte, wurde 1795 zum Chef des Infanterieregiments in Magdeburg befördert und dort durch seinen Onkel auch zum Dompropst bestimmt. Im Oktober 1796 wurde der Prinz mit seinem Regiment zur Bewachung der franz.-dt. Demarkationslinie nach Lemgo (Grafschaft Lippe) und später nach Hoya versetzt. Unerlaubte Ausflüge nach Hamburg nutzte er zur Weiterbildung seines musikalischen Könnens. Seine dortigen Kontakte mit Musikern und politischen Persönlichkeiten, wie dem Freiherrn von Stein, sah man am preuß. Hof mit Unbehagen. Er wurde daraufhin nach Magdeburg zurückbeordert, mußte sich in der Stadt und Umgebung aufhalten und durfte längere Zeit nicht am preuß. Hof in Berlin erscheinen. Seit 1800 teilte er seinen Wohnsitz zwischen Berlin und Magdeburg bzw. seinen späteren Gütern Wettin und Schricke. Letzteres hatte er im Colbitzer Forst entdeckt und 1803 gekauft. Er ließ in Schricke ein neues Schloß errichten (1803–05), das nach dem II. WK abgerissen wurde. Dort lernte er auch Henriette Fromme kennen, mit der er zwei Kinder hatte – Sohn Ludwig (gen. Louis) und Blanka (gen. Blanche), die der König 1810 in den Adelsstand erhob und denen er den Namen „von Wildenbruch" gab. Der Enkel des Prinzen war der bekannte Dichter → Ernst von Wildenbruch. Der vielseitig interessierte Prinz widmete sich neben der Kriegswiss. und Phil. besonders der Musik. Der zuletzt in seinen Diensten stehende und ihn ständig begleitete Musiker und Komponist Johann Ladislaus Dussek unterrichtete ihn auch in Schricke. Bereits im Jahre 1796 war es in Berlin zu der ersten Begegnung mit Ludwig van Beethoven gekommen, der einen großen Einfluß auf ihn ausübte. Dieser hatte ihm das Lob erteilt, daß sein Spiel „garnicht königlich oder prinzlich, sondern das eines tüchtigen Klavierspielers sei". Vom musikalischen Schaffen des Prinzen, das sich durch einen improvisatorischen Grundzug auszeichnet, sind Op. 1 bis Op. 13 erhalten geblieben. Die bevorzugte Form in den 13 gesicherten Werken ist das Rondo. Zu Lebzeiten des Prinzen wurde nur Op. 1 gedruckt, alle weiteren wurden zwischen 1806 und 1808 unter der Leitung Dusseks veröffentlicht. Robert Schumann hat P. treffend „den Romantiker der klassischen Periode" genannt. Die Werke haben auch heute kaum von ihrer Frische eingebüßt. 1804 führte ihn eine Reise nach Österreich, um ein Bündnis zwischen Preußen und Österreich zu vermitteln. Der Prinz trat als entschiedener Gegner Napoleons auf und versuchte mit Patrioten wie Blücher, Scharnhorst u. a. Preußen zum Krieg gegen Napoleon zu bewegen. Als es 1806 für Preußen in ungünstiger Lage zum Krieg gegen Napoleon kam, wurde der Prinz Anführer der Avantgarde des Korps des Fürsten Hohenlohe bei Rudolstadt. Am 10.10.1806 fiel er bei einem Gefecht bei Wölsdorf (Saalfeld) gegen überlegene franz. Truppen. → Theodor Fontane hat die weitere politische Zukunft des Landes in einer Ballade auf den Prinzen so ausgedrückt: „Vorauf den anderen allen,/Er stolz zusammenbrach;/Prinz Louis war gefallen/und Preußen fiel ihm nach". Als Prinz und Soldat wurde Louis Ferdinand nach seinem Tod ein Mythus.

W: Hans Wahl (Hg.), Prinz L. F. v.P. Ein Bild seines Lebens in Briefen, Tagebuchbll. und zeitgenössischen Zeugnissen, 1917 (*L*); H. Federmann (Hg.), Briefe, Tagebuchbll. und Denkschriften, 1942. – **L:** ADB 19, *582*; NDB 15, *257f*.; MGG 8, Sp. *1232–1237* (*L, B*); Kosch LL 9, Sp. *1702*; Priesdorff 2, *385–389* (*L, *B*); Elisabeth Wintzer, Prinz L. F. v.P. als Mensch und Musiker, 1915; Eduard Stegmann, Prinz L. F. v.P. als Grundherr im Hzt. Magdeburg, in: MonBl. 1932, *377, 389, 397*; Robert Hahn, L. F. v.P. als Musiker. Ein Beitrag zur Gesch. der musikalischen Frühromantik, Diss. Breslau 1935; Kurt von Priesdorff, Prinz L. F. v.P. 1935 (*B*); Eckart Kleßmann, Prinz L. F. v.P. 1772–1806. Gestalt einer Zeitenwende, 1972; ders., Prinz L. F. v.P., Soldat – Musiker – Idol, 1995.

Herbert Riebau

Preußen, *Luise* Auguste Wilhelmine Amalie von, geb. Prinzessin von Mecklenburg-Strelitz
geb. 10.03.1776 Hannover, gest. 19.07.1810 Schloß Hohenzieritz bei Neustrelitz, Königin von Preußen.

L. wurde 1793 mit dem späteren König Friedrich Wilhelm III. von Preußen verheiratet und war Mutter des Königs Friedrich Wilhelm IV. Sie erwarb sich mit ihrem natürlichen Charme und der Anziehungskraft ihrer Persönlichkeit eine große Popularität. L. war häufig zu Gast in der Festungsstadt Magdeburg und wohnte dabei im kgl. Stadtschloß am Domplatz. Sie unterstützte die Neutralitätspolitik des Königs Anfang der Napoleonischen Kriege ebenso, wie sie ihren Mann im Widerstand gegen Napoleon I. bestärkte. 1807 setzte sie sich in den Friedensverhandlungen in Tilsit bei einer Unterredung mit Napoleon vergeblich für mildere Friedensbedingungen, so Magdeburg von der Abtretung zu verschonen, ein. L. unterstützte innenpolitisch die Reformbemühungen des Freiherrn Karl vom Stein. An das Eintreten der Königin für die Stadt Magdeburg hat sich eine umfangreiche Legendenbildung geknüpft. Eine Folge der L.-Verehrung war die Benennung eines Parks im Zentrum der Stadt (L.-Garten) und die Errichtung eines Standbildes der Königin. In der DDR kam es zu einer Kampagne gegen die Königin und ihr Standbild, in deren Ergebnis das Denkmal beseitigt und der Park umbenannt wurde.

L: NDB 15, *500–502*; Lex. der Frau, Bd. 2, 1954, Sp. *469f*. (**B*); Paul Bailleu, Königin L. Ein Lebensbild, 1908, ²1923.

Gabriele Weninger

Priegnitz, Wilhelm Franz *Werner*
geb. 27.07.1896 Magdeburg, gest. 17.10.1979 Magdeburg, Kaufmann, Kunstmaler, Stadthistoriker.

P. war ein Sohn des Buchhalters und Kaufmanns Wilhelm P., der in Magdeburg eine Großhandlung für Farben, Rostschutz und elektrotechnische Bedarfsartikel führte. P. besuchte das Realgymn. seiner Heimatstadt, die Handelsrealschule in Dessau und das Polytechnikum Köthen. 1915 zog er als Freiwilliger in den I. WK und war Angehöriger eines Lichtmeßtrupps. Nach Kriegsende trat der ausgebildete Kaufmann in das väterliche Geschäft ein. 1926–33 war P. Werbeleiter der *Dt. Lufthansa AG* und der *Dt. Kabelwerke AG* in Berlin. 1927–32 erhielt er ständigen Privatunterricht im Zeichnen, Aquarellieren und Radieren bei Hans Adolf Heymann, Lehrer für Komposition an der Reimann-Schule. Danach lebte er wieder als Kaufmann in Magdeburg, zunächst als Mitinhaber, nach dem Tod des Vaters 1937 als alleiniger Inhaber des Geschäftes *Wilhelm P. & Sohn*. Während des II. WK war P. Ausbilder für den Luftschutz-Warndienst in Belgien. Später übte er eine leitende Funktion bei der Luftschutz-Warnzentrale in Magdeburg aus. Nach dem Krieg stellte er sich die Aufgabe, aus den Trümmern seiner Heimatstadt wertvolle Architekturteile und Skulpturen zu bergen und sicherzustellen. So erwarb er sich 1947 große Verdienste bei der Wiederentdeckung der mittelalterlichen Halle an der Buttergasse. Bei seinen Streifzügen durch zerstörte Häuser und verschüttete Keller nutzte der Autodidakt sein künstlerisches Talent zur zeichnerischen Aufnahme der aufgefundenen Objekte sowie zu Rekonstruktionsversuchen hist. Gebäude und Straßenzüge. 1948 wurde P. Leiter der Abt. Inventarisation bei der von ihm mitbegründeten *Arbeitsgemeinschaft zur Erforschung der Vor- und Frühgesch. Magdeburgs*. Seine Tätigkeit als Maler, die er 1945–48 als Hauptberuf ausgeübt hatte, wurde nun zum Nebenberuf. P. widmete sich nicht nur der Erforschung der Stadtgesch., sondern auch der Verbreitung der gewonnenen Erkenntnisse.

Ungezählt sind seine Publikationen in den Tagesztgg., im *Magdeburger Kulturspiegel*, in der *MZ am Wochenende*, seine Stadtführungen und Vorträge zu stadtgeschich. Themen. In diesem Sinne wirkte er auch beim Chefarchitekten des *VEB Hochbauprojektierung* Magdeburg und bis 1969 als wiss. Mitarbeiter des KHMus. Magdeburg. 1958–61 war er im Auftrag des Mus. an der Entstehung eines hist. Modells beteiligt, das die Stadt Magdeburg um 1600 zeigt. Allein dafür lieferte er nahezu 300 Zeichnungen.

W: Werner Steinhausen. Sein Lebensbild, seine Fam. und seine nächsten Verwandten, 1937; Reste des alten Handwerksbrauches der Fugenritzung in der Altstadt Magdeburg, Ms. 1950; (Ill.) Das Magdeburger Stadtbild in 6 Jh., 1961; Die Altstadt Magdeburg um 1600. Ein Führer zum Stadtmodell, 1962; Der Markt der Frühzeit und die Gründung Ottos I. 965 in Magdeburg, 1965; Die Gesch. des Elbbrückenzuges in Magdeburg, 1965; Magdeburger Ansichten des 16. und 17. Jhs, o. J.; Hist. Modeformen in und um Magdeburg, Ms. 1965 (StadtA Magdeburg); Hochwasser in hist. Zeit und Ermittlungen über frühe Pegel, Ms. 1968 (StadtA Magdeburg). – **N:** Hans-Christoph P., Magdeburg. – **L:** Der Neue Weg vom 27.07.1961; StadtA Magdeburg: Rep. 12, P 24; Rep. 41/1122. – **B:** *Hans-Christoph P., Magdeburg (priv.)

Maren Ballerstedt

Priem, Wilhelm
geb. 22.03.1849 Bonn, gest. 26.05.1916 Magdeburg, Außenhandelskaufmann.

Der Sohn des späteren Reichsbankdir. in Magdeburg, Wilhelm Ehrenreich P., wurde nach dem Abitur und einer kaufmännischen Ausbildung zunächst Teilhaber der Außenhandelsfa. *Robert Weichsel & Co.* Magdeburg/Berlin. Im März 1896 machte er sich selbständig und gründete sein eigenes Unternehmen, die Fa. *W. P. & Co.* in Magdeburg. P., der in seinen Söhnen → Wilhelm August und Walther (1882–1942) enge Mitarbeiter hatte, widmete sich mit seiner Fa. von Beginn an dem Im- und Export von industriellen Rohstoffen. Schwerpunkte setzte er dabei u. a. auf die Einfuhr von Paraffin für die Kerzenindustrie aus England, den USA und Rußland, auf Transitgeschäfte mit Bitumen aus den USA, mit dem große Strecken der italienischen Autostradas gebaut wurden, sowie den Export von Bleicherde für die Rohölindustrie in Südamerika. Der Ausbruch des I. WK unterbrach die stetig aufwärts strebende Geschäftsentwicklung dieses Magdeburger Außenhandelsunternehmens. P., vom dt. Kaiser Wilhelm II. mit dem Roten Adlerorden ausgezeichnet, war von 1902 bis 1911 Handelsrichter in Magdeburg.

Horst-Günther Heinicke

Priem, Wilhelm August
geb. 24.05.1878 Magdeburg, gest. 05.01.1953 Bielefeld, Außenhandelskaufmann.

Der Sohn des Unternehmers → Wilhelm P. legte am Magdeburger Domgymn. das Abitur ab und wurde im Anschluß an eine zweijährige kaufmännische Lehre bei der Fa. *Robert Weichsel & Co.* Magdeburg/Berlin erster und engster Mitarbeiter im Außenhandelsunternehmen *W. P. & Co.* seines Vaters. Ab 1898 ging er für zwei Jahre zur weiteren Ausbildung nach England. Bei der Liverpooler Fa. *Grunig & Co.* vervollkommnete er seine Fähigkeiten als Außenhandelskaufmann sowie seine Kenntnisse der englischen Sprache. Nach seiner Rückkehr 1900 und dem im selben Jahr erfolgten Eintritt seines Bruders Walther als Lehrling in die Fa. wurde P. 1911 Teilhaber und ab 1942 Alleininhaber des Unternehmens. Nach dem Tod seines Vaters gelang es P. die Folgen des I. WK und die schwerwiegenden Auswirkungen der Inflation durch rechtzeitige Investitionen in Immobilien und Industriebetriebe zu mildern. Das ca. 60 Mitarbeiter umfassende Unternehmen, das auch über die Grenzen Mitteldtls hinaus als sehr guter Lehrbetrieb bekannt war, setzte die Internationalisierung dank zahlreicher alter und persönlicher Auslandsbeziehungen der Inhaber nach dem Krieg kontinuierlich fort. Durch die Fa. wurden u. a. Chrom- und Manganerze, Talkum, Stearin und Pech importiert sowie Zement und keramische Gipse exportiert. P. fungierte als Handelsrichter (1920–1926) bzw. Handelsgerichtsrat (1926–1933), war Domältester der Stadt und Mitglied verschiedener Magdeburger Vereine. Der II. WK setzte der steten Aufwärtsentwicklung der Fa. zu einem namhaften Außenhandelsunternehmen ein Ende. Anfang 1946 erfolgte durch Enteignung die Liquidation der Fa. in Magdeburg. Ein Jahr später setzte sein Sohn mit der Neugründung eines Handelshauses in Bielefeld die Familientradition fort.

Horst-Günther Heinicke

Probst, *Reinhard* **Kurt,** Prof. Dr.-Ing. habil., Dr.-Ing. E.h.
geb. 30.05.1934 Benndorf/Kr. Eisleben, gest. 12.01.1999 Magdeburg, Metallurge, Schweißtechniker, Hochschullehrer.

P. war der Sohn des Lagerarbeiters Kurt P., der später im Hauptlager des „Fortschritt-Schachts" des *VEB Mansfeld Kombinat Wilhelm Pieck* in Eisleben tätig war. Nach der Volksschule 1940–44 in Benndorf besuchte er 1944–52 bis zum Abitur die Oberschule in Aschersleben. Anschließend studierte er Metallkunde an der Bergakad. Freiberg und absolvierte vor und während des Studiums mehrere Praktika. Nach Beendigung seines Studium als Dipl.-Metallurge 1957 holte ihn → Hans Neese als wiss. Assistenten an das Inst. für Schweißtechnik der vier Jahre zuvor gegründeten Hochschule für Schwermaschinenbau nach Magdeburg. 1961 wurde er Oberassistent und prom. 1963 mit „summa cum laude" zum Dr.-Ing. 1964 wurde er als Doz. für Schweißtechnologie und -metallurgie an der TH Magdeburg und 1969 zum o. Prof. auf diesem Gebiet berufen. Seine Habil. schloß er 1970 ab, war zwischenzeitlich (1968–69) stellvertretender Sektionsdir. für Forschung und 1969–75 Dir. der Sektion Technologie der metallverarbeitenden Industrie

(TmvI). In dieser Zeit profilierte er die Sektion wiss. und ausbildungsspezifisch, entwickelte die Zusammenarbeit mit der Industrie und erhöhte die lehrerzieherische und wiss. Wirksamkeit des Lehrkörpers und wiss. Nachwuchses. Die von ihm geleitete Sektion wurde Leit- bzw. Modellsektion für die technologische Ausbildung und methodische Gestaltung der Lehre in der Fachrichtung TmvI der DDR und 1974 mit dem Karl-Marx-Orden ausgezeichnet. 1970–75 arbeitete er u. a. neben seinen Aufgaben an der TH Magdeburg ehrenamtlich als stellvertretender Vors. des Wiss. Beirates für Maschineningenieurwesen beim Minister für Hoch- und Fachschulwesen der DDR mit. Hier leistete er einen wesentlichen Beitrag zur Gestaltung der Ausbildung im Maschineningenieurwesen der DDR und der Herausgabe des ersten Studienplans mit Lehrprogrammen und empfehlender Fachlit. für das Studium innerhalb dieser Fachrichtungen. 1976–90 war P. Rektor Magnificus der TH resp. ab 1986 der TU „Otto von Guericke" Magdeburg. Er besaß wesentlichen Anteil an der Erhöhung des Niveaus von Lehre und Forschung dieser Einrichtung, vervollständigte das Ensemble ihrer Wissenschaftsdisziplinen, förderte und forderte die enge Forschungszusammenarbeit mit den Kombinaten des Schwermaschinen- und Anlagenbaus und errichtete – dem Namensgeber der Univ., dem Ing. und Begründer der Experimentalwiss. Otto von Guericke, gerecht werdend – trotz der wirtsch. prekären Situation der DDR die Technika Armaturen und Baumechanisierung. Letzteres konzipierte er als Grundstein des Aufbaus der ersten universitären Bauingenieurausbildung für die Bezirke Halle und Magdeburg. Besonders intensiv war seine wiss. Zusammenarbeit mit der TH Baumann (Prof. Nikolajew) in Moskau, mit den schweißtechnischen Lehrstühlen in Leningrad und Kiew sowie dem Akad.-Inst. für Elektroschweißung Paton in Kiew. Als Schweißfachmann, insbesondere für die Entwicklung des Schutzgasschweißens, war er Verfasser und Mitverfasser von mehr als 50 fachwiss. Beiträgen, fünf Patenten, zahlreichen Vorträgen und mehreren Lehrbüchern der Schweißtechnik. P. genoß auch int. Anerkennung, so verlieh ihm die TU für Schwerindustrie Miskolc (Ungarn) 1990 die Ehrendoktorwürde. Er gehörte 1963–65 als Abgeordneter dem Bezirkstag Magdeburg und 1981–89 als Kandidat dem ZK der SED an. Für seine Verdienste wurde P. u. a. mehrfach als Aktivist, mit der Verdienstmedaille (1969), als Verdienter Techniker (1973), dem Banner der Arbeit Stufe III (1979) und Stufe I (1984), der Ehrennadel der *Urania* in Gold (1985), der Ernst-Schneller-Medaille in Gold (1986) sowie mehrfach mit Forschungspreisen ausgezeichnet. P. prägte als Hochschullehrer, Ing., Wissenschaftler und Leiter das Profil der TU „Otto von Guericke" Magdeburg nachhaltig.

W: Grundlagen der Schweißtechnik, Schweißmetallurgie, 1970; Studienplan für die Ausbildung an Univ. und Hochschulen der Grundstudienrichtung Maschineningenieurwesen der DDR, 1975; Kompendium der Schweißtechnik, Schweißmetallurgie, 1997. – **L:** Hdb SBZ/DDR, *669;* Helmut Asmus, Gesch. der Stadt Magdeburg, 1975, *390f.;* 25 Jahre TH Otto von Guericke, in: Wiss. Zs. der TH Magdeburg, H. 3–5, 1978; 1953–1983. 30 Jahre TH Otto von Guericke Magdeburg, in: Wiss. Zs. TH Magdeburg 27, H. 3, 1983; UnivA Magdeburg: PA; Materialslg. Barbara P., Magdeburg (priv.). – **B:** Barbara P., Magdeburg (priv.); *Audiovisuelles Zentrum der Univ. Magdeburg.

Werner Hohaus

Pröhle, Heinrich Andreas, Dr. theol. h.c.
geb. 03.02.1797 Gunsleben, gest. 19.04.1875 Hornhausen, ev. Pfarrer, Schriftsteller.

Das Kind des Kantors und Schullehrers Johann Heinrich Christian P. besuchte ab 1809 die Domschule zu Halberstadt, die er 1815 verließ, um als Freiwilliger am Befreiungskrieg gegen Napoleon teilzunehmen. Nach dem Abgangsexamen studierte er 1816 in Halle ev. Theol., ging 1819 als Pfarrer nach Molmerswende am Harz und 1821 nach Satuelle bei Neuhaldensleben. Aus der in Satuelle geschlossenen Ehe mit Amalie Hobohm gingen fünf Kinder hervor, darunter der spätere bekannte Harzsagensammler Heinrich Christoph Ferdinand P. (1822–1895). 1828 wählte ihn die Gemeinde Roklum als Pfarrer, 1835 trat er seine Pfarrstelle in Hornhausen an, die er mehr als vierzig Jahre innehatte. P. erlangte als Verfasser religiöser und patriotischer Schriften und Gedichte einige Bekanntheit. Besonders seine Predigt zur Fahnenweihe des Schützenvereins in Hornhausen (1849) hatte einen starken patriotischen Charakter. 1850 erschien seine „Chronik von Hornhausen" mit einem ausführlichen Beitrag über den „Gesundbrunnen von 1646–47". Nach Erscheinen seiner Schrift „Kirchliche Sitten" (1858), in der er ein Bild des kirchlichen Leben in einer ev. Gemeinde auf dem Lande aufzeichnete, erhielt er 1865 die theol. Ehrendoktorwürde der Univ. Halle.

W: s.o.; Die körperliche, christliche und bürgerliche Schulerziehung, 1846; Schwert und Altar. Gedichte, 1859; Andreas Proles, Vicar der Augustiner, 1867. – **L:** ADB 26, *631;* Franz Brümmer, Dt. Dichterlex., Bd. 2, 1877; ders., Lex. der dt. Dichter und Prosaisten, 1884; Adolf Haselmann, Pfarrchronik von Hornhausen, Ms. 1907, *170ff.*

Rolf Kruse

Profft, Elmar, Prof. Dr. phil. habil.
geb. 28.05.1905 Hannover, gest. 12.01.1978 Wernigerode, Chemiker, Hochschullehrer.

P. studierte ab 1924 in Berlin Chemie und prom. 1930. Zu seinen Hochschullehrern gehörte neben dem Physikochemiker Walther Nernst der pharmazeutische Chemiker Carl Mannich, dessen Arbeiten über die Aminomethylierung seine spätere Forschungstätigkeit wesentlich beeinflußten. Nach fünfjähriger Assistentenzeit an den Preuß. Landwirtsch. Versuchsanstalten in Landsberg/Warthe leitete er ab 1936 eine Abt. im Forschungsinst. Teltow-Seehof der *Glanzstoff-Fabriken AG*. 1947 wechselte P. in den späteren *VEB Fahlberg-List* Magdeburg, wo er als Leiter der wiss. Abt. und anschließend auch als Forschungsdir. wirkte. Die Magdeburger Tätigkeit war ausgerichtet auf industrielle Abproduktverwertung und Schließung nachkriegsbedingter Versorgungslücken. 1955 habil. sich P. an der Univ. Leipzig. 1956 erfolgte seine Berufung als Prof. an die TH für Chemie Leuna-Merseburg, wo er 1961 als Rektor fungierte. Er geriet jedoch mit seinen unverhohlenen politischen Meinungsäußerungen bald in Konflikt mit der herrschenden DDR-Staatsräson und wurde von allen Hochschulfunktionen entbunden. 1962 übernahm er in Wernigerode den Aufbau und die Leitung einer Abt. Tierarzneimittelforschung der *VVB Pharmazeutische Industrie*. Seit 1970 im Ruhestand, widmete sich P. im Kellerlabor seines Hauses in Wernigerode bis zum Lebensende der präparativen Chemie. Im Betrieb *Fahlberg-List* Magdeburg, dem Erstproduzenten des von → Constantin Fahlberg 1878 entdeckten Süßstoffs Saccharin, bereicherte P. mit seinen Arbeiten über Hydroxyaminonitrobenzole die Kenntnisse über den Zusammenhang von Konstitution und Geschmack der „Intensivsüßstoffe". Mit der Entwicklung des „Falicains" gelang es, den damaligen Engpaß an Anästhetika zu überwinden und der med. Praxis ein neues Pharmakon mittels der Mannich-Reaktion aus heimischen Roh- und Zwischenprodukten zur Verfügung zu stellen. Nach 1962 wurden unter Leitung von P. mehrere Tierarzneimittel entwickelt. Etwa 150 Veröffentlichungen und 75 Patente zeugen von P. wiss. Erfolgen. Er war langjähriger Leiter des überbetrieblichen Zentralen Arbeitskreises Organisch-chemische Zwischenprodukte und Mithg. der *Zs. für Chemie* in Leipzig. P. wurde als Verdienter Erfinder ausgezeichnet und erhielt 1961 den Nationalpreis.

W: Zur Kenntnis des 2,3-Oxynaphthaldehyds und der Naphthocumarine, Diss. Berlin 1930; Die Falicaine, 1954; Höhere Intensivsüßstoff-Homologe, in: Chemische Ztg. 46, H. 10, 1956, *309f.*; Zur Kenntnis der Falicaine (7. Mittlg. mit Zit. der früheren Mittlg.), in: Chemische Technik 10, 1958, *302ff.* – **L:** N. N., Nachruf auf E. P., in: Zs. für Chemie 18, H. 7, 1978, *241* (***B***).

Alfred Jumar

Provençal, Bernard

geb. 06.08.1755 Berlin, gest. 14.10.1831 Magdeburg, ev. Pfarrer.

Der einer Waldenser-Fam. entstammende P. studierte ab 1770 am Seminaire de theologie in Berlin, war ab 1778 Pfarrer der reformierten Petri-Gemeinde in Burg und 1782 bis 1808 Prediger der Franz.-Reformierten Gemeinde Magdeburg. Der 1782 geschlossenen Ehe mit Marie Henriette Pelet entstammten ein Sohn und eine Tochter (diese heiratete den Besitzer der *Magdeburgischen Ztg.* → Friedrich Heinrich August Faber). In seinen Predigten vertrat P. z. T. Meinungen, die denen des Presbyteriums widersprachen. Dadurch kam es zum Kompetenzstreit über die Rechte des Predigers. Neben seiner Predigertätigkeit erteilte er am Domgymn. Unterricht im Fach Franz. P. war während der Napoleonischen Kriege sehr franzosenfreundlich gesinnt und geriet auch dadurch in Unstimmigkeiten mit dem Presbyterium. 1808 verließ er die Gemeinde und ging als Secretaire General du Ministere des Frances ins Ministerium von Jerôme Bonaparte nach Kassel. 1812 wurde er Chef du Secretariat General in Kassel. Nach dem Fall des Königreiches Westfalen kehrte er nach Magdeburg zurück und trat als Pastor emeritus wieder in das Presbyterium ein. Er erlag 1831 der asiatischen Cholera.

W: Lectures franc. á l'us de la Jeun, 1804. – **L:** → Henri Tollin, Gesch. der Franz. Kolonie von Magdeburg, Bd. III, Abt. 1C, 1894, *280ff.* (*****B***).

Henner Dubslaff

Prübenau, Hermann

geb. 06.11.1901 Magdeburg, gest. 29.03.1979 Magdeburg, Schriftsetzer, Parteifunktionär.

P., der einer Magdeburger Arbeiterfam. entstammte, absolvierte nach der Volksschule eine Lehre als Schriftsetzer. 1916 wurde er Mitglied der Sozialistischen Arbeiterjugend, 1919 der USPD und 1922 der SPD. Nach 1933 war er wegen illegaler Widerstandsarbeit zeitweise inhaftiert. 1942 wurde er zur Wehrmacht eingezogen. Nach Ende des II. WK bekleidete P. das Amt des Vors. des Bezirksvorstandes Magdeburg der SPD und war Mitglied des SPD-Zentralausschusses. Er befürwortete zunächst die Vereinigung mit der KPD und wurde 1946 Vors. des SED-Bezirksverbandes Magdeburg. Von 1946 bis 1950 war P. Mitglied des Parteivorstandes der SED sowie seit 1946 Mitglied des Sekretariats der SED-Landesleitung und dort Abt.-Leiter. Dem Landtag Sa.-Anh. gehörte P. von 1946 bis 1952 an. Er nahm jedoch zur Verfolgung ehemaliger Sozialdemokraten innerhalb der SED eine widersprüchliche Haltung ein, der 1951 der Parteiausschluß wegen angeblicher Verbindungen zum Ostbüro der SPD folgte. P. wurde Mitarbeiter und nach Wiederaufnahme in die SED Leiter der Druckerei der *Freiheit* sowie Leiter der Bildungsstelle „Weltall, Erde, Mensch" in Magdeburg.

Pulvermann, Max
geb. 11.11.1891 Adelnau/Posen, gest. 16.05.1960 Padua, Rechtsanwalt, Verwaltungsbeamter.

P. war 1923–30 Anwalt und Stadtrat in Halberstadt. Nach Tätigkeiten im Reichsinnenministerium für Fragen der Reichsreform wurde er 1931 bis zu seiner Entlassung am 24.04.1933 Stadtkämmerer in Magdeburg unter Oberbürgermeister → Ernst Reuter. Er erwarb sich große Verdienste um eine solide und langfristige Finanzpolitik der Stadt. Aufgrund seiner jüd. Abstammung emigrierte P. nach Palästina. Dort war er in der britischen Mandatsverwaltung bzw. städtischen Verwaltung in Jerusalem tätig. 1954 erfolgte die Rückkehr nach Dtl.

L: Bio Hdb Emigr 1, *578*; Hans Emil Hirschfeld (Hg.), Ernst Reuter, Schriften, Reden, Bd. 2, 1973, *857*; Joseph Walk, Kurzbiogr. zur Gesch. der Juden 1918–1945, 1988, *303*. – **B:** Volksstimme Magdeburg vom 04.07.1931; Univ.-Archiv Halle.

Thomas Kluger

Putlitz, *Gustav* **Heinrich Gans Edler Herr von und zu**
geb. 20.03.1821 Retzin/Prignitz, gest. 05.09.1890 Retzin, Schriftsteller, Theaterintendant.

Aus einer alteingesessenen märkischen Adelsfam. stammend (mit wahrscheinlichem Stammsitz in der Altmark), absolvierte er von 1833 bis 1841 (Abitur) das Pädagogium des Klosters U. L. F. in Magdeburg. Nach dem Jurastudium in Berlin und Heidelberg wirkte er von 1846 bis 1848 als Referendar an der Magdeburger Reg. Anschließend bewirtschaftete er sein Gut. Erste lit. Erfolge bewogen ihn, sich ausschließlich der Schriftstellerei zu widmen. Er zählte zu den bekanntesten dt. Lustspieldichtern, während er mit seinen Dramen zur vaterländischen Gesch. Preußens weniger Erfolg hatte. Seine zahlreichen Theaterstücke sind als epigonale Werke stark dem Zeitgeist verpflichtet. Bedeutung erlangte er als Intendant der Hoftheater Schwerin (1863–1867) und Karlsruhe (1873–1889).

W: Was sich der Wald erzählt. Ein Mährchenstrauß, 1850, [50]1900; Lustspiele (4 Bde), 1850–1855; (Hg.) → Karl Immermann. Theaterbriefe, 1851; Mein Heim. Erinnerungen aus Kindheit und Jugend 1855; Lustspiele. Neue Folge (4 Bde), 1869–1872; (Hg.) Karl Immermann. Sein Leben und seine Werke aus Tagebüchern und Briefen an seine Fam. zusammengestellt, 1870; Ausgewählte Werke (6 Bde) 1872–1876; Theater-Erinnerungen (2 Bde), 1874. – **N:** Landesbibl. Karlsruhe. – **L:** ADB 53, *155–160*; Kosch LL 12, Sp. *414f.* (***W***); W. Harder, G. zu P., in: Friedrich von Weech (Hg.), Badische Biogr., Bd. 4, 1891; Elisabeth zu P., Gans zu P. Ein Lebensbild (3 Bde), 1894–1895 (***B***).

Martin Wiehle

Quaritsch, *Johannes* **Werner**
geb. 18.02.1882 Magdeburg, gest. 08.01.1946 Magdeburg, Orgelvirtuose, Komponist, Pianist, Musikpädagoge.

Der Sohn des Eisenbahnsekretärs Otto Q. besuchte in Magdeburg die Realschule und nahm daselbst von 1891 bis 1895 Musikunterricht (Richard Lange, Klavier). Von 1895 bis 1904 besuchte er dort auch das Sannemannsche Konservatorium (→ Max Sannemann, Rudolf Fischer, Hermann Lafont, → Theophil Forchhammer). Von 1903 bis 1905 wirkte er als zweiter Domorganist in Magdeburg und unternahm ab 1912 Konzertreisen. Q. betätigte sich in erster Linie als Musikpädagoge (Klavier, Orgel, Theorie, Musikgesch. usw.). Von 1920 bis 1945 war er Dir. des Magdeburger Konservatoriums der Tonkunst (Große Klosterstraße 17). 1923 schloß er in Hettstedt die Ehe mit Gertrud-Marie Q., geb. Hoffmann, die fortan als Lehrerin für Violine in Q.s Konservatorium wirkte. Q.s Schule gehörte zu den wichtigen musikalischen Bildungsstätten Magdeburgs.

W: Mss.: Die Bergknappen, Romantische Oper in 2 Aufzügen (Theodor Körner; 1918–26); Das Fischermädchen, Musikdrama in einem Aufzug (Theodor Körner, 1928); Alfred der Große, Große Oper in 2 Aufzügen (Theodor Körner); 6 Sinfonien in e (1928), A, c (1930), D, E und F; Sinfonische Legende für großes Orchester (1930); Konzertouvertüre für großes Orchester in C-Dur; Klavierkonzert e-Moll; 16 Sonaten für Klavier; 3 Sonaten für Klavier und Violine; 4 Sonaten für Violine; 2 Klaviertrios in G und Es; Streichquartett a-Moll, Lieder, Klavierstücke. – **N:** Zentrum für Telemann-Pflege und -Forschung Magdeburg. – **L:** Erich H. Müller (Hg.), Dt. Musiker-Lex., 1929, *1099*; Hesses Musik-Kal. 53, 1931, *836, 831*; ebd. 61, Bd. 2, 1939, *102, 107*.

Ralph-J. Reipsch

Quaritsch, *Karl* (*Carl*) **Christian Ernst**
geb. 05.01.1825 Magdeburg, gest. 29.11.1904 Blankenburg, Handwerksmeister, Turner, Kommunalpolitiker.

Q., Sohn eines Hufschmieds, erhielt seine Schulbildung in Magdeburg und wuchs an der Seite von sieben Geschwistern auf. Als 19jähriger Geselle, der das Handwerk seines Vaters erlernt hatte, ging er mehrere Jahre durch ganz Dtl. auf Wanderschaft. Er gehörte zu den Mitgründern des *Männerturnvereins von 1848* (*M. T. V.*) in Magdeburg. Als einer der besten Turner war er lange Zeit Vorturner und Vorfechter im Verein. 1863 vereinigte er die Turnvereine Magdeburgs zu einem Turngau, den *Magdeburger Turnrat*, der vor allem durch Ausbildung von Vorturnern die Mitgliedsvereine lebensfähig hielt. Von 1871 bis zur Umwandlung des *Turnrats* in den *Magdeburger Turngau* (1880/81) führte Q. den Vorsitz der Vereinigung. Unter seiner Führung gründeten die Vereinsmitglieder 1867 die *Freiwillige Turner-Feuerwehr*. 38 Jahre lang war Q. Vorstandsmitglied, zunächst als Kassenwart, schließlich seit 1857 als langjähriger Vereinsvors. Nachdem er aus Altersgründen sein Amt niedergelegt hatte, wurde er für seine Verdienste 1886 zum ersten Ehrenvors. des Vereins ernannt. Unter seinen Mitbürgern war er beliebt und angesehen. Sie wählten ihn in das Stadtverordnetenkollegium und in die Gemeindevertretung. Zudem wirkte er im *Verein für entlassene Gefangene* sowie als stellvertretender Bezirksvorsteher und Armenpfleger 1891 wählte er Blankenburg als neuen Wohnsitz.

L: → Christian Kohlrausch, C. Q., in: Dt. Turn-Ztg., Nr. 26, 1886, *405*; → Gustav Oscar Berger, Zur Entwicklung des Turnens in Magdeburg, in: Fs. zum 50. Stiftungsfeste des Männer-Turnvereins zu Magdeburg, 1898, *29–30, 39, 52, 62*.

Michael Thomas

Raabe, *Wilhelm* **Karl** (Ps.: Jakob Corvinus, 1856–61), Dr. phil., Dr. med. h.c.

geb. 08.09.1831 Eschershausen/Niedersachsen, gest. 15.11.1910 Braunschweig, Schriftsteller.

R. war Sohn eines Justizbeamten. Nach dem Tode des Vaters (1845) zog die Mutter nach Wolfenbüttel. R. nahm 1849 eine Buchhändlerlehre in der *Creutz'schen Buch- und Musikalienhandlung* in Magdeburg auf. Ab 1854 besuchte er Vorlesungen (Gesch./Lit.) an der Berliner Univ. Mit der Veröffentlichung des Romans „Die Chronik der Sperlingsgasse" (1856) begann R.s Tätigkeit als freier Schriftsteller. Er kehrte nach Wolfenbüttel zurück. 1862 heiratete er Bertha Leiste. Die weiteren Lebensstationen waren Stuttgart (ab 1862) und Braunschweig (ab 1870), wo er 1910 starb. R. zählt zu den bedeutenden Vertretern des „poetischen Realismus" in Dtl. In humorvoll-distanzierender Weise übte er am Adel, an der Kleinstaaterei und am Philistertum Kritik. Seine Sympathie galt Unterdrückten und Verstoßenen. Sein Ideal war die tätige Nächstenliebe. Die Bibliothek des Magdeburger Lehrherren und das Antiquariat der Buchhandlung erschlossen R. die Weltlit. und hist. Materialien über Magdeburg als Grundlage einiger früher Werke („Der Student von Wittenberg", 1859). Die *Creutz'sche Verlagsbuchhandlung* und der Pädagoge → Edmund Sträter in Magdeburg haben sich um 1900 um R. und seine Werke im Raum Magdeburg verdient gemacht.

W: Unsers Herrgotts Canzlei (2 Bde), 1862; Eine Grabpredigt aus dem Jahre 1609, 1863; Der Hungerpastor (2 Bde), 1864; Else von der Tanne, 1865; Der Schüdderump (3 Bde), 1870; Die Akten des Vogelsangs, 1896; K. Hoppe (Hg.), W. R., Sämtliche Werke. Hist.-Kritische Ausgabe (20 Bde), 1951–70. – **N:** StadtA Braunschweig; DLA Marbach. – **L:** Kosch LL 12, Sp. *455–471* (*L*); Helmut Richter, Zwischen Zukunftsglauben und Resignation. Zum Frühwerk W. R.s, in: Wiss. Zs. der Univ. Leipzig, Gesellschafts- und sprachwiss. Reihe 8, 1958/59; Vf., W. R. und Magdeburg, in: Magdeburger Bll. Js. für Heimat- und Kulturgesch. im Bez. Magdeburg, 1989, *29–34* (*B*). – **B:** W.-R.-Ges., Braunschweig.

Otto Fuhlrott

Raatz, *Wilhelm* **Hermann Gustav,** Dr. phil.

geb. 13.02.1864 Kloster Chorin, gest. 04.03.1919 Klein Wanzleben, Saatzuchtleiter.

Nach kurzer Ausbildung am Wilhelmgymn. Eberswalde besuchte R. zur Erlangung des Reifezeugnisses das Gymn. in Schwedt/Oder. Mit 23 Jahren begann er an der Friedrich-Wilhelm-Univ. Berlin das Studium der Mathematik, Naturwiss. und Botanik. 1891 wurde er mit einer Arbeit über „Die Stabbildung im secundären Holzkörper unserer Bäume und die Initialentheorie" prom. Anschließend war er noch zwei Jahre Assistent an den Univ. Münster und Heidelberg. 1894 übernahm R. die Saatzuchtleiterstelle bei der *Zuckerfabrik Klein Wanzleben, vorm. Rabbethge & Giesecke A. G.* Als mathematisch geschulter Botaniker war er hier der richtige Mann für die Bearbeitung des Problems der gleichzeitigen Berücksichtigung mehrerer Merkmale bei der Zuckerrübenauslese. Hierfür erarbeitete er Selektionsindizes, führte wiss. begründete Wertzahlentabellen ein und gliederte die unterschiedlichen Zuckerrübengruppen in die Marken E (ertragreich), N (normal), Z (zuckerreich) und ZZ (zukkerreichste). R. war zudem vielseitig musisch begabt. In früheren Lebensjahren zeichnete, malte und schnitzte er. Später legte er, der sehr gut Geige spielte, den Schwerpunkt auf die Hausmusik. Der sehr erfolgreich wirkende Biologe verstarb im März 1919 nach langjährigem, tapfer ertragenen Nierenleiden.

L: Vf., Gesch. des Inst. für Rübenforschung Klein Wanzleben, 1977 (*B*); Carl-Ernst Büchting, W. R. 1864–1919, 1990.

Walter Wöhlert

Rabbethge, *Erich,* Dr. phil. h.c.

geb. 22.05.1870 Einbeck, gest. 28.03.1934 Bergen/Kr. Wanzleben, Landwirt, Kaufmann, Fabrikant, Kommerzienrat.

R., Enkel des Zuckerrübenzüchters und Zuckerfabrikanten → Matthias R., besuchte das Gymn. in Kassel, studierte ab 1887 an den Univ. Straßburg und Berlin sowie an der TH Braunschweig Rechts-, Staats- und Naturwiss. und erhielt eine praktische Ausbildung als Landwirt, Kaufmann und Fabrikant. Nach dem frühen Tod seines Vaters brach er 1893 seine Ausbildung ab und übernahm die Leitung der väterlichen Fa. *Karl R. & Co. – Zuckerfabrik und Landwirtschaft* in Einbeck. 1900 trat er in den Vorstand der *Zuckerfabrik Klein Wanzleben, vorm. R. & Giesecke AG* ein. 1902 wurde er zum Oberamtmann und 1912 zum Kommerzienrat ernannt. 1919 verlieh ihm die Univ. Halle-Wittenberg die Ehrendoktorwürde. Die wirtsch. Stabilisierung des Klein Wanzlebener Unternehmens nach dem I. WK und der Inflation sowie die darauf folgende Expansion des Betriebes und seine Verflechtung mit anderen Betrieben und Einrichtungen ist in hohem Maße der ao. Aktivität R.s zuzuschreiben. Er war Vors. des *Vereins Dt. Zuckerrübenzüchter* und der *Magdeburg-Braunschweiger Rohzucker-Vereinigung,* Vorstands- und Aufsichtsratsmitglied mehrerer Zuckerfabriken und Banken sowie Mitglied im Vereinsausschuß des *Vereins der Dt. Zuckerindustrie.* 1916–21 fungierte er als Leiter sämtlicher Wirtschaftsorganisationen der Provinz Sachsen und veröffentlichte in dieser Zeit eine Reihe von Grundsatzschriften zur Ernährungswirtschaft und Volksversorgung. R. bildete die *Dt. Zuckerbank AG,* nahm 1927 an der Pariser Zuckerkonferenz teil und vertrat Dtl. in den folgenden Jahren als Delegationsleiter in den Verhandlungen zur Regelung der Welt-Zuckererzeugung und des Welt-Zuckerverbrauchs. Groß war die Zahl der Gesellschaften, für die er bis zu seinem Tod im Alter von 64 Jahren tätig war. Seine Erkenntnisse und Vorschläge hat R. auch in ca. 30 Aufsätzen in der *Zs. für die Zuckerindustrie* veröffentlicht.

W: Volksernährung im neuen Wirtschaftsjahr, 1916; Kartoffelversorgung, Schweinehaltung, Fettversorgung, 1916; Sicherstellung der Volksernährung, 1917; Volksernährung 1917/18 und Vorschläge zur Veränderung der Nahrungswirtschaft, 1917; Unsere Ernährungswirtschaft nach Friedensschluß, in: Zs. Dt. Zuckerindustrie 44, 1919, *13*; Die Entwicklung der Dt. Rübensamenzucht, in: ebd. 44, 1919, *298ff*; Ernährungswirtschaft, in: Zs. Centralbl. Zuckerindustrie 28, 1919/20, *609*; Wirtschaft und Finanzen, in: ebd. 29, 1920/21, *218*; Neueste Dokumente zu int. Verhandlungen – Der dt. Standpunkt, in: Zs. Dt. Zuckerindustrie 55, 1930, *1363f.*; Aktenstücke zu den int. Verhandlungen, in: ebd. 56, 1931, *128ff.*; Die dt. Wirtschaftskrise und die dt. Landwirtschaft, in: ebd. 56, 1931, *1245*; Verlauf der letzten int. Verhandlungen, in: ebd. 57, 1932, *288ff*; Die Int. Zuckerverhandlungen in Haag, in: ebd. 57, 1932, *1036f.*; Die Zukunft unserer Zuckerindustrie, in: Zs. Centralbl. Zuckerindustrie 40, 1932, *665*; Stellung und Aufgaben des Unternehmers im heutigen neuen Staate, in: Zs. Dt. Zuckerindustrie 58, 1933, *450* (mit von Papen); Bericht über die neusten int. Zuckerverhandlungen, in: ebd. 58, 1933, *413ff*. – **L:** Reichshdb 2, *1462* (**B**); Cuno Horkenbach (Hg.), Das Dt. Reich von 1918 bis heute, 1931; zu E. R., in: Zs. Dt. Zuckerindustrie 46, 1921, *207f.*; ebd. 55, 1930, *611f.*; ebd. 59, 1934, *714f.*; ebd. 67, 1942, *146f.* (**B**).

Walter Wöhlert

Rabbethge, *Matthias* Christian

geb. 01.03.1804 Klein Rodensleben, gest. 26.12.1902 Klein Wanzleben, Bauer, Zuckerfabrikant, Zuckerrübenzüchter.

Der Sohn des Landwirts Johann Rudolf R., jüngstes von sieben Geschwistern, mußte sehr früh in der väterlichen Landwirtschaft (50 Morgen) arbeiten. Nach dem Tod seines Vaters übernahm er 1825 als jüngstes männliches Familienmitglied gemeinsam mit der Mutter diese Landwirtschaft und heiratete 1830. 1843 verkaufte R. seinen Hof und pachtete einen 200 Morgen großen Betrieb in Dreileben. 1847 beendete er diese Pachtverhältnis und kaufte in Klein Wanzleben einen 212 Morgen großen Hof, mit dem er gleichzeitig zehn Aktien der 1838 in Klein Wanzleben gegründeten Zuckerfabrik übernahm. Deren Gründer waren vier Ackermänner, sieben Halbspänner, drei Kossathen, je ein Schmiede-, Maurer- und Zimmermeister sowie zwei Gastwirte. R. erkannte bald die wirtsch. Möglichkeiten des Zuckerrübenanbaus und der Zuckerproduktion, in deren Verbindung er eine ideale Synthese von Industrie und Landwirtschaft sah, und begann, die Anteile der übrigen Aktionäre aufzukaufen. Auch R.s späterer Schwiegersohn → Julius Giesecke, seit 1858 mit R.s Tochter Marie Elisabeth verheiratet, kam 1856 nach Klein Wanzleben und beteiligte sich am Aktienkauf. 1864 hatten beide sämtliche Aktien der Zuckerfabrik erworben und firmierten als *Offene Handelsges. R. & Giesecke*. R. bemühte sich um Verbesserungen in der Zuckerfabrik, vergrößerte die Rübenbasis für das Werk durch Erwerb oder Pachtung von großen Flächen Ackerlandes und legte so den Grundstein für einen der größten landwirtsch. Betriebe der Provinz Sachsen. Vor allem strebte er nach einer besseren Rübenqualität. Seine Söhne Matthias jun. und Karl, denen er eine Hochschulausbildung angedeihen ließ, widmeten sich dieser Aufgabe auf wiss. Basis. Die zur Samengewinnung zu benutzenden Rüben wurden ab 1859 mit Hilfe der Ermittlung des spezifischen Gewichtes nach dem Zuckergehalt ausgewählt. Ab 1862 erfolgte die Nachprüfung der so ausgewählten Rüben mittels polarimetrischer Zuckergehaltsbestimmung. Die mit größter Energie aufgenommenen züchterischen Bestrebungen zeigten bald Erfolge. In den 1870er und 1880er Jahren hatten sich aus der Vielzahl der Zuckerrübensorten in Dtl. einige wenige herauskristallisiert, darunter auch die erfolgreiche Klein Wanzlebener „Original", die dem Unternehmen schließlich zu einer weltweit führenden Stellung als Saatzuchtbetrieb verhalf. 1910 wurde von Klein Wanzleben aus rund ein Drittel des Weltbedarfs an Rübensamen gedeckt. Fast alle Zuckerrüben, die gegenwärtig auf der Erde angebaut werden, stammen vom Klein Wanzlebener Typ. Julius Giesecke und Matthias R. jun., die beide die Grundlage für das Unternehmen mit gelegt hatten, verstarben 1881 bzw. 1885. In dieser schwierigen Situation wurde das Unternehmen in eine Aktienges. umgewandelt. In der Zuckerrübenzüchtung wurde, auch durch die Einstellung sachverständiger Züchter und Forscher wie → Wilhelm Raatz, die erreichte Spitzenposition weiter ausgebaut. An dieser erfolgreichen Arbeit der Klein Wanzlebener Zuckerrübenzüchter nahm R. bis ins hohe Alter Anteil. Er zitierte gern alte Sprüche, und wo es möglich war, sprach er plattdt. Die letzten 16 Jahre seines Lebens verbrachte er im Haus seines Enkels → Ernst Giesecke. Als er schließlich im gesegneten Alter von fast 99 Jahren starb, hinterließ er ein Werk von Weltgeltung.

L: Mitteldt Leb 4, *268–272*; Die Rübenzucht in Kleinwanzleben, Selbstverlag der Fa. ca. 1894; Hertwig Mosel, Die Entwicklung der Zuckerfabrik Klein-Wanzleben, vorm. Rabbethge & Giesecke AG, 1925; Familienchronik R. & Giesecke, 1929 (Auszug); Otto Keune (Hg.), Männer, die Nahrung schufen, 1952; Klein Wanzlebener Saatzucht AG – ein Werk von über 100 Jahren, 1985 (*B*).

Walter Wöhlert

Rabbethge, Oskar, Dr. phil., Dr. agr. h.c.
geb. 16.12.1880 Einbeck, gest. 22.01.1965 Rothenkirchen bei Einbeck, Agrarwissenschaftler, Unternehmer.

R., dritter Sohn des Fabrikbesitzers und Kommerzienrates Karl R., besuchte in Einbeck und Goslar das Realgymn. und studierte anschließend Chemie und Naturwiss. in Tübingen, Straßburg, Berlin und Basel, wo er 1904 prom. wurde. Während des Studiums hatte er auch den landwirtsch. Beruf erlernt. 1904–05 diente er beim zweiten Hannoverschen Dragoner-Regiment in Lüneburg, bei dem er auch den I. WK mitmachte. Als Rittmeister der Reserve kehrte er nach dreimaliger schwerer Verwundung zurück. Nach Abschluß des Studiums war R. drei Jahre lang als Chemiker in der Zuckerindustrie der USA und Kubas tätig. Dann trat er 1910 in das von seinem Bruder → Erich R. und seinem Vetter → Ernst Giesecke geleitete Unternehmen *Zuckerfabrik Klein Wanzleben, vorm. Rabbethge & Giesecke AG* als Dir. ein. Ihm oblag besonders die Organisation der Zuckerrübenzüchtung und Samenvermehrung. Nach dem Tode seiner Brüder übernahm er 1935 den der Fam. gehörenden landwirtsch. Betrieb in Einbeck, den er 1945 nach der Enteignung des Unternehmens in Klein Wanzleben für den Wiederaufbau des Saatzuchtbetriebes in Einbeck zur Verfügung stellte. An diesem Wiederaufbau unter dem Namen *Kleinwanzlebener Saatzucht, vorm. Rabbethge & Giesecke AG* in Einbeck hat er starken Anteil. Er wirkte mehr als fünf Jahrzehnte als Vorstandsmitglied und anschließend als Vors. des Aufsichtsrates. Seine besonderen Leistungen auf organisatorischem Gebiet trugen ihm mehrere Vertrauensposten und Mandate ein. R. knüpfte vielfältige Auslandsbeziehungen und trug wesentlich dazu bei, dem Unternehmen die frühere Weltgeltung zu verschaffen. Er war Ehrendoktor der landwirtsch. Fakultät der Univ. Göttingen, Träger des Großen Verdienstkreuzes der Bundesrepublik Dtl. und Inhaber anderer hoher Auszeichnungen.

W: Stereochemische Studien in der Zimmtsäurereihe, Diss. Basel 1904; Hackfruchtbau, in: Centralbl. Zuckerindustrie 40, 1932, *280f.* – **L:** Reichshdb 2, *1462f.* (*B); 25jährige Tätigkeit bei der Zuckerfabrik Wanzleben, in: Zs. Dt. Zuckerindustrie 60, 1935, *518*; N. N., Dr. Dr. O. R. 75 Jahre alt, in: Zs. Zuckerindustrie 5, 1955, *546*; N. N., R. 80 Jahre alt, in: ebd. 10, 1960, *605*; N. N., R. verstorben, in: ebd. 15, 1965, *97*. – **B:** Zucker 8, 1955, *547*.

Walter Wöhlert

Rabl, Walther (Walter), Dr. phil.
geb. 30.11.1873 Wien, gest. 11.07.1940 Klopein am Klopeinsee/Kärnten, Dirigent, Komponist.

Seine musikalische Ausbildung erhielt R. zunächst in Salzburg bei J. Ferdinand Hummel, später bei Karel Navratil in Wien. Danach studierte er Musikwiss. bei Guido Adler an der Dt. Univ. in Prag, wo R. 1897 zum Dr. phil. prom. wurde. 1898 arbeitete er als Korrepetitor an der Hofoper in Dresden. Nach Engagements in Düsseldorf (1903–06), Essen/Dortmund (1906/07), Breslau (1907/08) sowie einem mehrjährigen Auslandsaufenthalt in Spanien (mit Unterbrechungen Leiter des dt. Repertoires am Teatro Real in Madrid) war R. von 1915 bis 1924 als Nachfolger von Josef Göllrich Musikdir. am Städtischen Theater in Magdeburg. Mit R. engagierte die Stadt einen im Musikleben sehr erfahrenen und als Komponist von Brahms geschätzten und geförderten Mann. Zu den Höhepunkten seines Magdeburger Schaffens zählt sicher das Brahms-Fest 1922, auf dem zahlreiche, bis dahin in Magdeburg noch nicht gehörte Werke von Brahms zur Aufführung gebracht wurden. R.s Interesse galt im Allgemeinen der zeitgenössischen Musik, insbesondere aber dem Werk Richard Strauss', wobei vor allem dessen Orchesterwerke immer wieder unter R.s Leitung zu hören waren. Da seine Tätigkeit in Magdeburg trotz allem nicht unumstritten war, beendete ein Beschluß der Stadtverordnetenverslg. sein Engagement. Sein Nachfolger auf dem erstmals ausgeschriebenen Posten eines Generalmusikdir. wurde → Walther Beck. In der Folgezeit unternahm er Tourneen in die USA und nach Kanada, wo R. besonders als Dirigent von Opern → Richard Wagners und R. Strauss' bekannt wurde. Außerdem trat er als Pianist und Chorleiter weiterhin in Magdeburg auf, bevor er 1933 kurzzeitig von der ns. Stadtverwaltung wieder als stellvertretender musikalischer Oberleiter für den beurlaubten Beck eingesetzt wurde. Seine Oeuvre umfaßt hauptsächlich Kammermusik, Lieder, eine Sinfonie in D-Moll sowie die 1903 in Straßburg mit Erfolg uraufgeführte Oper „Liane".

W: Klavierquartett (mit Klarinette) op. 1 Es-Dur; Fantasiestücke für Klaviertrio op. 2; Sonate für Violine und Klavier D-Dur op. 6; u. a. – **L:** DBE 8, *111*; Erich H. Müller (Hg.), Dt. Musiker-Lex., 1929; Österreichisches biogr. Lex. 1815–1950, Bd. 8, 1983; Dagmar Bremer, Das Brahms-Fest 1922, in: 100 Jahre Städtisches Orchester Magdeburg, hg. von der Magdeburgischen Philharmonie, 1998, *16f.* (***B***).

Claudia Behn

Radczun, Peter (Ps.: Peter Raun)
geb. 14.06.1928 Leipzig, gest. 17.10.1989 Magdeburg, Musiker.

R. wurde als Drogist ausgebildet und arbeitete von 1946 bis 1950 in einem pharmazeutischen Großbetrieb. Nebenher war er aber in den 1940er Jahren auch schon mit einer musikalischen Ausbildung an der Musikschule in Leipzig befaßt. Das befähigte ihn, seit den 1950er Jahren Volkskunst-Gruppen anzuleiten (Chöre und Musikgruppen, u. a. *Die Original-Putzis*) und auch als Musikgestalter und Musikredakteur an entsprechenden kulturellen Einrichtungen tätig zu sein (z. B. Zentralhaus für Kulturarbeit Leipzig). In den 1960er Jahren kam er nach Magdeburg und arbeitete hauptamtlich im Kulturbereich des *Karl-Marx-Werkes*, wo er von 1962 bis 1974 als Orchesterleiter maßgeblich an der Entwicklung des Tanzorchesters *Tornado* und des Arbeiter-Varietés des Betriebes beteiligt war. Er verfaßte zahlreiche Arrangements für dieses Orchester sowie Kompositionen und Bearbeitungen für die Programme der Volkskunstgruppen des Ensembles. Für diese Arbeit wurde R. u. a. mit dem Kunstpreis des Bez. Magdeburg ausgezeichnet. In den 1970er und 1980er Jahren war er neben seiner Tätigkeit für die oben genannten Ensembles hauptberuflich als Musikredakteur bei dem *VEB Konzert- und Gastspieldirektion Magdeburg* beschäftigt. Während seiner langjährigen Arbeit im Bereich der Unterhaltungsmusik schuf er viele Kompositionen und Bearbeitungen für Tanzorchester, u. a. 1961 die ausgezeichnete Komposition „Echo-Lipsi".

L: Familienarchiv R., Magdeburg (priv.). – **B:** *ebd.

Curt Dachwitz

Raddatz, Karl

geb. 07.11.1904 Magdeburg, gest. 12.02.1970 Berlin, Schriftsetzer, Parteifunktionär.

Aus einer Magdeburger Arbeiterfam. stammend, erhielt der junge R. seine frühe Prägung in der Sozialistischen Arbeiterjugend. Im Mai 1923 reiste er mit einer dt.-österreichischen Delegation der Sozialistischen Jugendinternationale nach England, der auch → Erich Ollenhauer, der 1. Sekretär der Sozialistischen Jugendinternationale, angehörte. 1921 kurzzeitig Mitglied der USPD, kam er 1922 mit Teilen der Mitgliedschaft zur SPD, bei der er bis 1924 blieb. 1927 trat er der KPD bei, übte verschiedene Funktionen aus, 1933 kurzzeitig als politischer Leiter des Bez. Magdeburg und Organisationsleiter des Bez. Thüringen. Hierbei verhaftet, wurde er vom Berliner Kammergericht gemeinsam mit → Hermann Danz u. a. zu drei Jahren Zuchthaus verurteilt. Danach arbeitete R. bis 1940 in seinem erlernten Beruf und betätigte sich illegal. 1941 erneut inhaftiert, wurde er bis Kriegsende im KZ Sachsenhausen gefangengehalten. Nach 1945 zunächst Leiter des Hauptausschusses OdF beim Berliner Magistrat, war R. 1947–49 Generalsekretär der Vereinigung der Verfolgten des Naziregimes, dann bis 1953 Redakteur der Zs. *Dokumentation der Zeit* und bis 1960 Abt.-Leiter beim Ausschuß „Dt. Einheit". Unter dem Vorwurf der Spionage verhaftet, wurde er 1962 zu siebeneinhalb Jahren Zuchthaus verurteilt. 1964 amnestiert, arbeitete er noch bis 1967 im Archiv der Dt. Staatsbibl. Berlin.

L: Wer war Wer in der DDR, 1996, *585*. – **B:** Slg. Vf., Hannover (priv.).

Beatrix Herlemann

Rademacher, Erich (gen. Ete)

geb. 09.06.1901 Magdeburg, gest. 02.04.1979 Stuttgart, Versicherungskaufmann, Schwimmsportler.

R. gehörte in den 1920er Jahren neben Arne Borg, Johnny Weißmüller, Gertrude Ederle, Andrew Murray und Paoa Kahanamoku zum „Goldenen Sextett" der Weltschwimmelite. Im *Magdeburger Schwimmverein Hellas 1904* (*Hellas 1904*) stellte R. in etwa 20 Wettkampfjahren 30 Weltrekorde im Brustschwimmen auf, z. B. 1920 Berlin über 400 m 6:29,5 min., 1921 Wien über 400 m 6:12,8 min., 1922 Amsterdam über 200 m 2:54,4 min., 1923 Göteborg über 400 m, 1924 Budapest über 200 Yard (182,88 m) 2:35,6 min. 1924 hielt er alle Brust-Weltrekorde über die 100, 200, 400 und 500 m-Strecken. Weitere Weltrekorde errang er 1925 in Leipzig über 100 m Brust 1:15,9 min., 400 m 6:05,0 min. und 500 m 7:40,8 min., 1926 in New Haven über 400 m 5:50,2 min. und 1927 in Brüssel über 200 m 2:48,0 min. Außerdem erzielte er in Bologna EM-Gold in 100 m Brust. Dt. Meister in 100 m Brust war er 1919 bis 1921 und 1923 bis 1927 achtmal. Bei den IX. Olympischen Sommerspielen 1928 in Amsterdam holte er eine Goldmedaille im Wasserball und eine Silbermedaille über 200 m Brust in 2:50,6 min. Bei den X. Olympischen Sommerspielen in Los Angeles 1932 erkämpfte er eine Silbermedaille als Torwart im Wasserball. Es war bedauerlich, daß in R.s Wettkampfzeit die Olympischen Spiele für ihn 1920 in Antwerpen und 1924 in Paris nicht zugänglich waren, weil Dtl. nach dem I. WK von den Olympischen Spielen ausgeschlossen war. R.s Leistungen lagen zu diesem Zeitpunkt über 200 m Brust um 10 sec. und über 400 m Brust um 26,3 sec. unterhalb des Olympiasieges. R. galt in seiner aktiven Zeit als Dtls bester Schwimmer. Von seinem ersten Sieg 1913 in der Knabenstaffel von *Hellas 1904* über viele regionale, nationale und besonders int. Meistertitel zeigte seine Wettkampfbilanz am Ende seiner aktiven Laufbahn die kaum vorstellbare Zahl von insgesamt 998

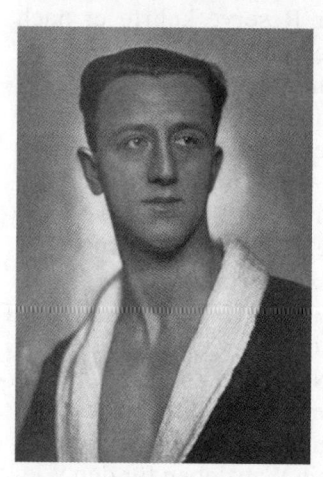

Siegen. Durch seine Schwimm-Tourneen (1926 USA, 1927 Japan) hat er viel für den dt. Schwimmsport geleistet. Sein Bruder Joachim R., gen. Aki (geb. 20.06.1906 Magdeburg, gest. Oktober 1970 Dortmund, Kaufmann) war ebenfalls ein leistungsstarker Schwimmer und Wasserballspieler bei *Hellas 1904*. Er erreichte u. a. 1926 den Titel Dt. Vizemeister in 1.500 m Freistil, Dt. Meister in 3 × 100 m Brust (mit Karl Kummert und seinem Bruder Erich), Europameister in 4 × 200 m Kraul (mit Friedrich Berges, Herbert Heinrich und August Heitmann, der letztere vom *Magdeburger Schwimmclub 1896*) und EM-Bronze über 1.500 m Freistil in Budapest. 1927 wurde er Dt. Meister in 1.500 m Freistil und 3 × 100 m Brust (mit Karl Kummert und Erich), in Bologna gewann er EM-Bronze in 1.500 m Freistil. Bei den IX. Olympischen Sommerspielen erkämpfte er eine Gold- und bei den X. Olympischen Sommerspielen eine Silbermedaille im Wasserball.

L: Hippolyt Graf von Norman (Hg.), Dt. Sportlex., 1928, *223*; Beckmanns Sportlex. A-Z, 1933, Sp. *1814f.* (*B*); Alfred Petermann (Hg.), Sportlex., 1969, *472*; Monatliche Nachrichten, hg. von der Ortsgruppe Dt. Reichs-Ausschuß, Nr. 9, 1928; ebd., Nr. 10, 1928; Nachruf, in: Hellas-Nachrichten, Nr. 1, 1979; Wolfgang Pahnke/Vf., Schwimmen in Vergangenheit und Gegenwart, Bd. 1, 1979, *133, 135–137, 188–190, 202, 209f.*; Volker Kluge, Die Olympischen Spiele von 1896–1980 – Namen, Zahlen, Fakten, 1981, *115f., 134*; Hellas Nachrichten, Sonderdruck 1994; Aufzeichnungen Arbeitsgruppe Sport, Mss. 1998/99 (KHMus. Magdeburg); Slg. Wolfram Weigert, Holzkirchen (priv.). – **B:** *Fritz Merk (Hg.), Dt. Sport, Bd. 1.

Norbert Heise

Rahmer, Moritz, Dr. phil.
geb. 16.12.1837 Rybnik/Oberschlesien, gest. 02.03.1904 Magdeburg, Rabbiner, Publizist, Redakteur.

R. absolvierte das Gymn. in Gleiwitz, studierte 1854–62 in Breslau an der Univ. und am jüd.-theol. Seminar Phil., orientalische Sprachen und Theol. Mit → Moritz Güdemann, der nach seinem Studium einige Jahre das Rabbineramt in Magdeburg innehatte, gehörte er zu den ersten Absolventen des 1854 gegründeten jüd.-theol. Seminars. 1860 zum Dr. phil. prom., wirkte R. 1862–67 als Rabbiner im westpreuß. Thorn und bekleidete danach als Nachfolger Güdemanns bis zu seinem Tod die Rabbinerstelle der jüd. Gemeinde in Magdeburg. 1876 wurde R. in das Stadtverordnetenkollegium gewählt, dem er bis 1894 angehörte. R. erwarb sich durch Gründung des *Israelitischen Witwen- und Waisen-Unterstützungsvereins* sowie des *Vereins für jüd. Gesch. und Lit.* große Verdienste um die Magdeburger Synagogen-Gemeinde. Das langjährige Vorstands- und Ehrenmitglied mehrerer jüd. Organisationen war Leiter der jüd. Religionsschule in Magdeburg, unterrichtete u. a. am städtischen König Wilhelms-Gymn. jüd. Religionslehre und veröffentlichte verschiedene Schulbücher sowie zahlreiche pädagogische Arbeiten. Als Gelehrter, Seelsorger und Rabbiner in Magdeburg, ab 1882 auf Lebenszeit berufen, war R. vor allem auch umfangreich publizistisch tätig. 1878 übernahm er die 1870 von Abraham Treuenfels in Breslau gegründete *Israelitische Wochenschrift* und leitete sie, zeitweise unterstützt durch → Heinrich Loewe, bis Ende 1894. R. gab zahlreiche bedeutende Beilagen zu dieser Wochenschrift heraus, wie etwa das 1872/73 gegründete und von ihm bis zu seinem Tod geführte *Jüd. Litt.-Bl.*, die *Israelitische Schulztg.* (mit Theodor Kroner) und das seit 1884 als wöchentliche Feuilletonbeilage hg. *Jüd. Familien-Bl.*, das der Unterhaltung und Belehrung der Fam. und Jugend diente. Sein *Israelitisches Predigt-Magazin* erschien 1874–94, zuletzt ebenfalls als Beilage zur *Israelitischen Wochenschrift*. In ihnen sind viele seiner richtungsweisenden Predigten zu nationalen Anlässen zu finden. Der in den alten Sprachen bewanderte und gleichermaßen mit der jüd. wie christlichen Religionsgesch. vertraute R. trat zudem mit profunden wiss. Arbeiten zu hebräischen Traditionen bei den Kirchenvätern hervor.

W: Die hebräischen Traditionen in den Werken des Hieronymus (Tl. 1–3), 1861–1866; Hebräisches Gebetbuch für die israelitische Jugend, ⁹1897; Die Commentarii zu den zwölf kleinen Propheten (2 Tl.), 1898–1902. – L: BioJb 9, 1904; Das litt. Leipzig, 1897 (*B*); Salomon Wininger, Große jüd. National-Biogr., Bd. 5, 1931, *126f.*; Markus Brann, Gesch. des jüd.-theol. Seminars in Breslau, o. J., *189f.* (*W*).

Ildikó Leubauer

Ramdohr, Curt
geb. 01.05.1876 Magdeburg, gest. 05.03.1945 Lostau, Textilkaufmann.

R. besuchte zunächst das Gymn. und absolvierte dann in der seit 1760 im Besitz der Fam. befindlichen Fa. *Peter Georg Palis* (*P. G. P.*) in Magdeburg eine Lehre als Textilkaufmann. Nach anschließendem Praktikum in den USA übernahm er 1902 die traditionsreiche Leinenhandlung und Wäschefabrik, die mit zeitweise 200 Arbeitern und Angestellten das führende Unternehmen der Branche in Magdeburg wurde. Ab 1934 führte er das Unternehmen gemeinsam mit seinem Sohn → Günther R., der als prom. Dipl.-Volkswirt in die Geschäftsleitung eintrat. R. wurde am 04.11.1919 in das Ältesten-Kollegium der *IHK Magdeburg* berufen und war ab 11.01.1927 deren stellvertretender Vors. Im Januar 1931 wurde R. Präsident der *IHK*, mußte aber nach der ns. Machtergreifung sein Amt aus politischen Gründen aufgeben. 1930 wurde R. Gründungspräsident des *Rotary-Club*

Magdeburg und gründete 1931 den *Rotary-Club Braunschweig*. 1934/45 war er abermals Präsident des *Rotary-Club Magdeburg*. R. war zudem Vizepräsident des *Magdeburger Rennvereins* und Präsident des *Golf-Clubs Magdeburg*. Am 16.01.1945 wurden das Geschäftshaus *P. G. P.* in der Otto-von-Guericke-Straße 97 und die Villa der Fam. R. im Editha-Ring 37 (Architekt Prof. → Albin Müller) total zerstört. R. verstarb einige Wochen später im Waldkrankenhaus Lostau.

L: → Hans Leonhard, Denkschrift zum hundertjährigen Jubiläum der IHK zu Magdeburg, 1925, *84f.*; N. N., Neues Präsidium der IHK, in: Magdeburgische Ztg. vom 25.01.1931, Beilage, *9–12*. – **B**: *LHASA.

Wilhelm Thal

Ramdohr, Günther, Dr. rer. pol.
geb. 12.09.1907 Magdeburg, gest. 07.01.2000 Frankfurt/Main, Textilkaufmann.

Der Sohn des Magdeburger Textilkaufmanns → Curt R. bestand 1925 als Schüler des König Wilhelms-Gymn. in Magdeburg das Abitur. Nach kaufmännischer Lehre im traditionsreichen väterlichen Betrieb studierte er Volkswirtschaft an den Univ. Halle, Wien, Cambridge (Emanuel College) und Kiel, wo er 1930 das Examen als Dipl.-Volkswirt bestand. Nach weiterer kaufmännischer Tätigkeit prom. er 1933 an der Rechts- und Staatswiss. Fakultät der Univ. Halle-Wittenberg. 1934 trat er auf Bitten seines Vaters in die Geschäftsführung des Textilhauses *Peter Georg Palis* in Magdeburg ein. Am 14.02.1934 wurde er in den Magdeburger *Rotary-Club* aufgenommen. Im selben Jahr war R., der in den 1930er Jahren in mehreren Sportarten aktiv war, Nationalspieler der dt. Golfmannschaft gegen Schweden. Während des II. WK – sein Bruder Hartwig war 1941 gefallen – wurde er aufgrund seiner exzellenten Kenntnisse der englischen Sprache und Landeskunde zur Dechiffrierung britischer Depeschen in Führungsgremien des Heeres (Fremde Heere West) eingesetzt, zuletzt als Offizier im Generalstab, in Umgebung von Admiral Karl Dönitz. 1945 nahm er in Schleswig-Holstein an den Verhandlungen mit General Bernhard Law Montgomery zu Fragen der britischen Militärverwaltung teil. Nach Zerstörung von Firmensitz und Elternhaus und dem Tod seines Vaters im Jahr 1945 führte R. die Fa. – wenn auch in kleinerem Umfang – ab 1948 in Frankfurt/Main (Zeil 84) fort und beging dort 1960 das 200jährige Firmen-Jubiläum. 1959–75 war R. Vors. des *Einzelhandelsverbandes Frankfurt/Main*, danach Ehrenvors. Von 1960 bis 1974 gehörte er der Vollverslg. der *IHK* an. R. war 20 Jahre Vorstandsmitglied der *BfA* in Berlin, langjähriges Aufsichtsratsmitglied der *Volksbank Frankfurt/Main* und von 1952 bis 1956 Frankfurter Stadtverordneter. 1972 löste er seine Fa. auf. Nachdem er bereits 1949/50 zu den Wiedergründern von *Rotary–Dtl.* gehört hatte und 1962/63 Governor war, unterstützte er auch 1990/91 die Wiedergründung des Magdeburger *Rotary-Clubs* und war bis zu seinem Tode dessen Förderer und Ehrenmitglied.

W: Die Seidenkramer-Innung zu Magdeburg, Diss. Halle 1933. – **L**: Frankfurter Allg. Ztg. vom 02.10.1982 (mit Handzeichnung von E. Dittmann); Archiv des Rotary-Club Magdeburg; Irene Jacobi, Gütersloh (priv.) – **B**: Der Rotarier 50, H. 2, 2000, *11*.

Wilhelm Thal

Ramstedt, Ludwig Karl Adolf Andreas Wilhelm *Conrad*, Prof. Dr. med.
geb. 01.02.1867 Hamersleben, gest. 07.02.1963 Münster, Arzt, Generaloberarzt.

R., aufgewachsen in der Magdeburger Börde, war Schüler des Pädagogiums des Klosters U. L. F. in Magdeburg. Nach dem Abitur 1889 studierte er Med. in Heidelberg, Berlin und Halle. Dort prom. er 1894 und erhielt 1895–1901 seine chirurgische Ausbildung unter Maximilian Oberst am Krankenhaus Bergmannstrost und unter Fritz Gustav von Bramann an der Chirurgischen Klinik in Halle. 1911 wurde R. zum Prof. ernannt. Als leitender Arzt der chirurgischen Abt. der Rafael-Klinik in Münster war er auch urologisch tätig, wovon seine Beiträge im „Hdb. der praktischen Chirurgie" zeugen. Sein Operationsverfahren für Säuglinge mit Magenausgangsverengung/Operation der Pylorusstenose nach Weber-R. wird noch heute erfolgreich angewandt. Hierdurch konnte vielen Kindern das Leben erhalten werden.

W: Operation der angeborenen Pylorusstenose, in: Med. Klinik, Bd. 8, 1912, *1702*; Chirurgie der Geschlechtsorgane, in: Carl Garré/Hermann Küttner/Erich Lexer (Hg.), Hdb. der praktischen Chirurgie, Bd. 4, 1927. – **L**: August Borchard/Walter von Brunn (Hg.), Dt. Chirurgenkal., 1926, *258*.

Wilhelm Thal

Ranke, *Kurt* Hermann
geb. 28.07.1920 Benndorf bei Klostermansfeld, gest. 26.02.1999 Magdeburg, Angestellter, Vors. des ehemaligen Rates des Bez. Magdeburg.

R., Sohn eines Schmiedes, war zunächst Angestellter, später Angehöriger der Wehrmacht und kehrte 1947 aus sowjetischer Kriegsgefangenschaft heim. Ab 1947 im Verwaltungsapparat der SBZ tätig, wurde er 1953 zum Vors. des Rates des Kreises Hettstedt gewählt. Seit 1948 Mitglied der SED, war R. von 1960 bis 1985 im Auftrag der SED Vors. des Rates des Bez. Magdeburg. Gleichzeitig fungierte er als Abgeordneter des Bezirkstages und war Mitglied des Sekretariats der SED-Bezirksleitung Magdeburg sowie viele Jahre Vors. des Bezirksvorstandes der *Ges. für Dt.-Sowjetische-Freundschaft*. R. war der dienstälteste Vors. eines Rates des Bez. in der DDR. Er bestimmte wesentlich die Entwicklung im damaligen Bez. Partei- und Staatsführung zeichneten ihn mit den VVO in Bronze (1963), Silber (1969), Gold (1974) und dem Karl-Marx-Orden (1980) aus. R. galt als Hardliner, der die Politik der SED konsequent durchsetzte. Sein Führungsstil im Rat des Bez. war gefürchtet. 1980 wurde er zum Ehrenbürger der Stadt Magdeburg berufen, eine Auszeichnung, die ihm und anderen SED-Funktionären nach 1990 wieder aberkannt wurde.

L: Hdb SBZ/DDR, *683.* – **B:** Archiv Volksstimme Magdeburg.

Wolfgang Schulz

Rath, *Friedrich* **Gustav Adolf**
geb. 31.01.1902 Freiburg/Breisgau, gest. 11.07.1970 Haldensleben, Druckereibesitzer.

Der Sohn des → Friedrich Karl Christian R. erlernte von 1916 bis 1918 im elterlichen Betrieb und 1918 bis 1920 im *Georg Westermann Verlag* in Braunschweig das Buchdruckerhandwerk. 1920 legte er die Gesellenprüfung sowie nach Abendstudium an der Eppeschen Schule die Einjährigenprüfung ab und besuchte 1922/23 das Technikum für Buchdrucker in Leipzig. Nach der 1928 absolvierten Meisterprüfung arbeitete er bis zu seiner Einberufung 1941 im elterlichen Betrieb in Weferlingen mit. 1947 kehrte R. aus franz. Kriegsgefangenschaft zurück und führte die kleine Fa. *F. R.* unter erschwerten politischen Bedingungen bis zu seinem Tode weiter. Er führte Druckaufträge für Verwaltungen, Betriebe und private Kunden aus, wobei Papiermangel, staatl. Überwachung und Dirigismus seine Initiative behinderten.

L: Volksstimme vom 17.11.1968 (*B*). – **B:** Rosemarie Bergk, Griesheim (priv.).

Eberhard Pasch

Rath, *Friedrich* **Karl Christian**
geb. 22.02.1872 Hagenow/Mecklenburg, gest. 17.05.1945 Weferlingen, Druckereibesitzer, Verleger.

Nach dem Schulbesuch erlernte R. 1886–1890 in seiner Heimatstadt das Buchdruckerhandwerk. Danach arbeitete er zunächst als Buchdruckergehilfe und Redaktionsmitglied des *Rostocker Anzeigers*, um später u. a. in Leipzig, Dresden, Frankfurt/Main, Freiburg/Breisgau und Straßburg weitere berufliche Erfahrung zu sammeln. 1906 übernahm er eine kurz zuvor gegründete, kaum entwickelte Druckerei in Weferlingen, die er durch Neubau und Modernisierung ständig vergrößerte. Als Verleger schuf er hier mit dem *Weferlinger Anzeiger – Walbecker Ztg. – Grasleber Nachrichten* für die Umgebung die erste und parteienunabhängige Tagesztg., die allen offen stand. Er arbeitete mit dem *Heimatverein Weferlingen und Umgebung* und den Gemeindekörperschaften eng zusammen. Nachrichten aus der Welt, aus Dtl. und der engeren Heimat, der Kultur, Politik und Wirtschaft fanden Interesse. Zudem gab R. heimatverbundene Periodika heraus, wie *Weferlingen und der Lappwald* (seit 1928), den *Heimatkal. für das Allertal* (seit 1919) sowie eine Beilage zum *Weferlinger Anzeiger* unter dem Titel *Der Graue Hermann,* die bei Bedarf erschien. Auch mit einem angegliederten Buch- und Kunstgewerbehandel beeinflußte er das geistig-kulturelle Leben der Region. Trotz schwieriger Verhältnisse führte R. die Fa. bis zu seinem Tode erfolgreich.

L: Oskar Michel (Bearb.), Hdb. der dt. Ztgg. 1917, 1917; Weferlinger Anzeiger vom 27.04.1936 (*B*). – **B:** *Rosemarie Bergk, Griesheim (priv.).

Eberhard Pasch

Rathmann, Heinrich
geb. 10.01.1750 Bergedorf, gest. 14.03.1821 Pechau, ev. Pfarrer, Pädagoge, Stadthistoriker.

Der Sohn eines früh verstorbenen Bauern, Ölmüllers und späteren Kaufmannes besuchte die Bürgerschule in Bergedorf. Als wißbegieriger und eifriger Schüler erhielt R. vom Rektor der Schule besonderen Unterricht in alten Sprachen, so daß er 1768 das Studium der ev. Theol. an der Univ. Halle aufnehmen konnte. Das notwendige Geld für sein Studium erwarb er sich durch Unterricht am dortigen Waisenhaus und Erteilung von Privatstunden. Nachdem ihm bereits 1771 eine Lehrertätigkeit am Kgl. Pädagogium in Halle übertragen worden war, folgte er 1774 einem Ruf als Rektor und Diakon nach Neuhaldensleben. Von dort aus knüpfte der literarisch interessierte R. Verbindungen zur 1761 gegründeten *Mittwochsges.*, einem lit. Freundeskreis in Magdeburg, dessen geistiger Urheber der Dichter Johann Wilhelm Ludwig Gleim aus Halberstadt war. Mit den Mitgliedern dieser geselligen Vereinigung verband R. bald eine engere Bekanntschaft, u. a. mit → Friedrich von Koepcken, dem Prediger Johann Samuel Patzke, den Pädagogen Johann Bernhard Basedow, → Gottfried Benedict Funk, → Friedrich Gabriel Resewitz, → Gotthilf Sebastian Rötger und dem Musiker Johann Heinrich Rolle. 1777 wurde R. von Resewitz als Lehrer und

Prediger an das Kloster Berge nach Magdeburg berufen. Während er bei seinen Schülern viel Respekt und Anerkennung fand, trübte sich jedoch das Verhältnis zu Abt Resewitz, als im Kloster Berge ab 1790/91 eine Untersuchung bezüglich der Verwaltung stattfand, die für den Abt nicht gut ausging. R. fiel es deshalb nicht schwer, 1793 eine neue Stelle als Pfarrer und Lehrer in Pechau und Kalenberge bei Magdeburg anzutreten, die er bis zu seinem Tode innehatte. 1798 avancierte R. zum Superintendenten, 1806 zum „kgl. adjungirten Inspektor der Kirchen und Schulen der zweyten Jerichowschen und Zauchischen Inspection" (Hamberger/Meusel). 1816 wurde er zum Konsitorialrat ernannt. Bereits vor seiner Magdeburger Zeit hatte sich R. intensiv mit neuen pädagogischen Ansätzen beschäftigt und das Philanthropin Basedows in Dessau besucht. R. war auch später der Person und den pädagogischen Zielen Basedows verbunden, trat für eine Verbesserung der Bildung der Bauern sowie für die Abschaffung der Leibeigenschaft ein. Neben Arbeiten zu Basedow publizierte der auch hist. interessierte R. zahlreiche stadtgesch. Beiträge – zumeist anonym – in regionalen Wochen- und Monatsschriften. Als R.s bedeutendste Leistung gilt seine „Gesch. der Stadt Magdeburg", die 1800-06 in vier Bänden bei → Johann Adam Creutz verlegt wurde (eine Fortsetzung des 4. Bd. erschien erst 1816). Die herausragende Arbeit, die von den stadtgesch. Anfängen bis zum Jahre 1680 führt, ist die erste zusammenhängende Stadtgesch. Magdeburgs und zeichnet sich durch sorgfältige Angabe der benutzen Quellen aus, wenn auch kein unbekanntes Material in größerem Umfang verwendet wurde. Der Plan, R. dafür nach dessen Tod ein Denkmal zu setzen, kam nicht zur Ausführung.

W: Predigten über Ausbildung der Geistesfähigkeiten, über Fleiß und weisen Gebrauch der Zeit vorzüglich i. d. Jugend, 1789; Beyträge zur Lebensgesch. Joh. Bernh. Basedows. Aus seinen Schriften und aus anderen ächten Quellen gesammelt, 1791; Kurze Uebersicht der Schicksale Magdeburgs im 18. Jh., 1801; Kurze Gesch. der Schule zu Kloster Bergen bis zu ihrer Aufhebung, 1812. – **L:** ADB 27, *355–357*; Hamberger/Meusel Bd. 6, *223–225*; Bd. 10, *446*; Bd. 15, *104*; Bd. 19, *248*; August Theodor Abel, H. R., in: Sächsische Provinzialbll. für Stadt und Land, 2. Bd., 1821, *118–133*; Eduard Jacobs, H. R. Verfasser der Gesch. der Stadt Magdeburg, in: GeschBll 23, 1888, *292–323*; → Ernst Neubauer, Verz. aller Mitglieder der altehrwürdigen im Jahre 1761 von sieben Männern gebildeten Vereinigung Lade, 1896; Maren Ballerstedt, Die Mittwochsges., in: MZ am Wochenende, Nr. 20 vom 19.05.1988, *10* und Nr. 21 vom 26.05.1988. – **B:** *StadtA Magdeburg.

Ingelore Buchholz

Rauch, Christian Daniel, Prof.
geb. 02.01.1777 Arolsen/Hessen, gest. 03.12.1857 Dresden, Bildhauer.

Nach einer Bildhauerlehre in Kassel war R. ab 1797 Kammerdiener am preuß. Hof in Potsdam, bevor ihn Johann Gottfried Schadow in seine Werkstatt an der Berliner Akad. nahm. 1805 ging R. für sechs Jahre nach Rom, wo er sich künstlerisch Antonio Canova und Berthel Thorwaldsen anschloß, Zugang zur Antike fand und sich u. a. mit Wilhelm von Humboldt befreundete. Seit 1811 Mitglied, erhielt er 1819 eine Professur an der Preuß. Akad. der Künste zu Berlin und eröffnete seine Werkstatt in der Klosterstraße, die sich schnell erweiterte. R. arbeitete u. a. mit → Friedrich Schinkel, Friedrich Tieck und Ludwig Wichmann zusammen. Nach einer Reihe preuß., an die Befreiungskriege erinnernder Denkmäler, zu denen auch das Standbild des → August Wilhelm Anton Graf Neidhardt von Gneisenau für Schloß Sommerschenburg von 1841 (Marmor) gehörte, arbeitete der weithin geschätzte Bildhauer sowie Kenner und Restaurator antiker Skulpturen u. a. für die Walhalla bei Regensburg. R.s Werk enthält eine Vielzahl von Statuetten, Denkmälern und Porträts, u. a. das für den Probst des Magdeburger Domgymn. → Gottlieb Benedict Funk von 1813 (Marmor) im Dom. Die meisten bekannteren dt. Bildhauer um die Mitte des 19. Jhs, u. a. Ernst Rietschel, → Gustav Blaeser, Albert Wolff, Reinhold Begas, gingen durch seine Schule. Neben Schadow hat sein klass., an der Antike orientierter Stil die Berliner Bildhauerschule bis in die wilhelminische Zeit geprägt.

W: Grabmal der Königin → Luise von Preußen, Berlin 1811–15; August-Hermann-Francke-Denkmal, Halle 1829; Reiterstandbild Friedrich II., Berlin 1851. – **N:** Slg. Museen Preuß. Kulturbesitz, Berlin. – **L:** Max Kunze (Hg.), C. D. R., Beiträge zum Wirken, 1980; Jutta von Simson, C. D. R., Oeuvre-Kat. Berlin, 1996. – **B:** KHMus. Magdeburg.

Uwe Jens Gellner

Rauch, Friedrich *Wilhelm* Andreas
geb. 16.04.1871 Altenhausen, gest. 14.03.1952 Gutenswegen, Landwirt, Mundartdichter.

Der Sohn eines Landwirts wuchs in Altenhausen auf, besuchte einige Jahre das Magdeburger Domgymn., absolvierte die landwirtsch. Fachschule in Helmstedt und trat anschließend zur praktischen Ausbildung in die elterliche Landwirtschaft ein. 1891–94 diente R. als Dreijährig-Freiwilliger im dt. Heer. Seine berufliche Laufbahn begann er im Oktober 1894 als Hof- und Feldverwalter in Helmsdorf bei Eisleben im Mansfelder Seekreis auf dem Gut der Fam. von Krosigk, wechselte Anfang 1897 als landwirtsch. Beamter auf das Rittergut Liepen bei Tessin/Mecklenburg und trat 1898 als Inspektor in die Fa. *Jenrich, Drucken-*

brodt & Co. in Gutenswegen bei Magdeburg ein. Nach seiner Heirat 1903 bewirtschaftete er den Gutshof seiner Frau in Gutenswegen, bevor ihn von Krosigk 1907 erneut zum landwirtsch. Oberinspektor seiner Ländereien in Helmsdorf berief. R. leitete das Gut 1914–18 völlig selbständig und war bis 1920 u. a. als stellvertretender Amtsvorsteher für den Amtsbez. Heiligenthal-Helmsdorf tätig. Er kehrte 1920 mit seiner Fam. nach Gutenswegen zurück und bewirtschaftete bis zu seinem Tode das zuvor verpachtete eigene Gut, zuletzt im Verein mit seinem Sohn. R., dessen erste lit. Versuche in seine Schulzeit und frühe Berufstätigkeit vor 1900 fielen, nahm seine lit. Arbeit erst in Gutenswegen wieder systematisch auf. 1920 trat er dem kurz zuvor gegründeten *Lit. Verein Gutenswegen* bei, fungierte hier ab 1922 als 2. Vors. und bereicherte das Vereinsleben durch Rezitationen mundartlicher Texte und den Vortrag eigener Gedichte und Kurzgeschichten in plattdt. Sprache, die er auch in Tageszgg. und regionalen Periodika publizierte. Größere Bekanntheit erlangte R. als Verfasser plattdt. Bühnenstücke wie des Bauerndramas „De witte Rausenstrutz" (1925) und der Einakter „Op Friersfäuten", „Burssenrecht" und „Dat Wodanswegsche Wiehnachtsspeel" (Mss., nicht gedruckt), die von Laienschauspielgruppen auf ländlichen Volksbühnen aufgeführt wurden, in der Region großen Anklang fanden und bis Ende der 1930er Jahre zahlreiche Aufführungen erlebten („De witte Rausenstrutz" mehr als 100 mal). Eine Slg. seiner plattdt. Gedichte und Geschichten erschien 1929 unter dem Titel „Minschen, Lüe und Kinner. Vorrtellijen ut de Madeborjer Börde". In den 1930er Jahren war R. Mitarbeiter der Volkshochschule sowie des Volksbildungswerkes der *Dt. Arbeitsfront* in Magdeburg und arbeitete als plattdt. Rezitator im Rahmen der „Kraft durch Freude"-Bewegung. 1936 nahm er als regionaler Vertreter am Wettstreit dt. Mundarten in Wuppertal teil. R., der sich bereits in Helmsdorf 1907–20 als Mitglied der *Arbeitsgemeinschaft Eisleber Heimatforscher* aktiv an archäologischen Ausgrabungen beteiligte, war Ehrenmitglied des *Aller-Vereins* in Neuhaldensleben.

W: s. o.; Urnenfunde bei Helmsdorf, Mansfelder Seekreis, in: Nachrichten über dt. Altertumsfunde 6, H. 6, 1895, *90f.*; Grabmalkunst in und bei Bösenburg im Mansfelder Seekreise, in: Mansfelder Heimatkal. 1925, 1925, *76–80.* – **N:** ULB Halle. – **L:** Wer ist's 10, 1935, *1264*; Materialslg. Jürgen Kanstorf, Gutenswegen (priv.). – **B:** *ebd.

Guido Heinrich

Rauch, Fritz (Ps.: Fritz-Onkel)
geb. 09.12.1874 Bischhausen/Kr. Göttingen, gest. 03.07.1963 Magdeburg, Reformpädagoge, Fachautor, Mundartdichter.

Der Sohn eines Gast- und Landwirts besuchte zunächst die einklassige Dorfschule und absolvierte nach dem Schulabschluß die Lehrerausbildung in Präparande in Diepholz und das Seminar in Hannover. 1896 erhielt er eine Lehrerstelle in Klein-Hilligsfeld/Kr. Hameln, ab 1900 war er als Lehrer an verschiedenen Volksschulen in Magdeburg tätig. 1901 legte er die Turnlehrer- und 1909 die Mittelschullehrerprüfung für Dt. und Franz. ab und arbeitete von 1909 bis 1922 als Lehrer an der 1. Bürger-Knaben-Schule/Mittelschule Magdeburg-Altstadt. R. war 1912 Mitbegründer und Vors. des *Berthold-Otto-Vereins Magdeburg*, eines Sammelbeckens reformwilliger Pädagogen. Als Leiter des Grundschulausschusses hatte er 1919/20 wesentlichen Anteil an der Erarbeitung des Magdeburger Lehrplans sowie an der Einführung des „neuen Grundschulunterrichts". Als Vertreter des Magistrats berief → Gustav Löscher R. 1922 zum Rektor der ersten Volks-Versuchsschule am Sedanring (ab 1929 Neubau Schmeilstraße). Wahlschule, selbstbestimmte Lehrerauswahl, weitgehende Lehrplanfreiheit, Gesamt-, Kern- u. Kursunterricht kennzeichneten die „Schule als Erkenntnisorgan des Volksgeistes". Mit ca. 4.500 Besuchern und zahlreichen pädagogischen Veranstaltungen bis 1933 war dies der wichtigste Schulversuch der Stadt. Ab 1924 schloß daran die höhere Reformschule von → Richard Hanewald (Berthold-Otto-Schule) an. R. war der bedeutendste Reformpraktiker und gefragtester pädagogischer Autor im Magdeburg der Weimarer Zeit. Als Mitglied zahlreicher pädagogischer Institutionen und Agitator für Berthold Ottos Ideen einer „Zukunftsschule" nahm R. auch an int. Konferenzen in Locarno (1927) und Nizza (1932, Vortrag über den Gesamtunterricht Ottos) teil. Er bewahrte über 1933 hinaus reformpädagogische Elemente an der Versuchsschule und wurde 1937 ehrenvoll pensioniert. 1945–50 war der 70jährige „Nestor" der Neulehrerausbildung in Magdeburg unter → Oskar Linke. Seit 1921 trat R. als plattdt. „Verteller" auf.

W: Neuzeitlicher Anfangsunterricht, 1921 (mit Hermann Kolrep/Elsbeth Brandt); Sinn, Geist und Ziel der Schule, in: Aus Arbeit und Leben der Magdeburger Versuchsschule am Sedanring, Beiheft zur Pädagogischen Warte vom 15.04.1927, *1–5*; Grundschulerfahrungen in Versuchsschulen, in: Karl Eckhardt/Stephan Konetzky (Hg.), Grundschularbeit, 1928, *165–175*; Das freie Unterrichtsgespräch. Ein Beitrag zur Didaktik der Neuen Schule, 1930 (mit Fritz Braune/→ Fritz Krüger); Werden und Wachsen einer Einheitsschule – von unten her, in: Die Sammlung 8, 1951, *479–487*; Heimatglücke. Wat taun Nahdenken un wat taun Lachen, 1959 (***B***). – **L:** Vf., Die Berthold-Otto-Schulen in Magdeburg, 1999, *96–110, 127–196*. – **B:** *Vf., Magdeburg (priv.).

Reinhard Bergner

Raue, Martin
geb. 30.05.1895 Magdeburg, gest. 29.11.1963 Sülldorf, Lehrer, Bezirkspilzsachverständiger.

R. entstammte einer Handwerkerfam. in Magdeburg und wuchs bei den Großeltern auf, die ihm nach dem Besuch der Volksschule in Magdeburg unter finanziellen Opfern den Besuch des Lehrerseminars in Quedlinburg ermöglichten. 1915 trat R. Lehrerstellen in Magdeburg an, wurde Ende der 1920er Jahre nach Eggenstedt versetzt und übernahm schließlich die Stelle als Schulleiter in Sülldorf. Seit 1950 war R. in der Pilzaufklärung tätig und wurde 1951 Bezirkspilzsachverständiger für den Bez. Magdeburg. R. arbeitete eng mit den Vertretern der Pilzaufklärung des Bez. Halle zusammen, so daß ältere Strukturen der Pilzaufklärung in Sa.-Anh. weitgehend erhalten werden konnten. Als guter Redner und geschickter Organisator war R. für diese Stellung im öffentlichen Leben wie geschaffen und die Pilzaufklärung im Bez. Magdeburg verdankt ihm viel. Er hat mehr als ein Jahrzehnt hindurch die Pilzaufklärung im Bez. Magdeburg auf einen hohen Stand gebracht und zahlreiche Kreis- und Orts-Pilzsachverständige in Exkursionen und Lehrveranstaltungen herangebildet. R. war Mitarbeiter an den von Alfred Birkfeld und Kurt Herschel herausgegebenen „Morphologisch-Anatomischen Bildtafeln für die praktische Pilzkunde" (1961–68).

W: Die Heimat ruft zur frohen Wanderschaft in den Bördekr. Wanzleben, Ms. 1954 (Börde-Mus. Ummendorf); Das sollen Pilze sein?, in: Börde-Bote. Heimat-Zs. für die Magdeburger Börde und das Holzland 2, H. 1–2, 1956, *58f.*; Nachruf auf Heinrich Oetker, Salzwedel, in: Mykologisches Mitteilungsbl. Halle 3, 1959, *35*; Nachruf Wilhelm Voigt, Wernigerode, in: ebd. 6, 1962, *41f.*; Nachruf Emil Liebold, in: ebd. 7, 1963, *67*; Mitrula paludosa Fr. im Oberharz, in: ebd. 9, 1965, *92*. – **L:** Gertrud Siebert, Nachruf für M. R. Mykologisches Mitteilungsbl. Halle 8, 1964, *31*; Gertrud Wöllner, Dünen-Egerling-Agaricus bernardii im Bez. Magdeburg, in: ebd. 25, 1981, *37* [Hinweis auf Funde von R.]; Gesch. der Mykologie im 20. Jh. in Sa.-Anh. (i.V.).

Heinz Nowak

Rebling, Gustav, Prof.
geb. 10.07.1821 Barby, gest. 09.01.1902 Magdeburg, Dirigent, Organist, Komponist.

R. erhielt zunächst Unterricht von seinem Vater Friedrich R., dem Kantor an der Stadtkirche in Barby. Nach dem Besuch der Musikschule Friedrich Schneiders in Dessau 1836–1839 ließ er sich in Magdeburg als Lehrer für Gesang und Pianofortespiel nieder. Bis 1853 war er zugleich Organist an der kleinen franz.-reformierten Kirche, von 1847 bis 1855 unterrichtete er außerdem am Lehrerseminar. Am 01.12.1854 wurde R. als Nachfolger → Johann Joachim Wachsmanns Dirigent des *Domchores* und Gesanglehrer am Domgymn. Von 1858 bis 1900 war er nurmehr Organist an der Johanniskirche. R. gründete 1846 den *Kirchengesang-Verein*, 1862 übernahm er den Männerchor *Zweite Liedertafel*. Beide gehörten bald zu den leistungsfähigeren dt. Chören, die sich in Magdeburger Konzerten, auf Musikfesten und bei Konzertreisen jeder anspruchsvollen Komposition gewachsen zeigten. Nach dem Tod → Julius Mühlings (1880) erhielt R. die Leitung der Gesellschaftskonzerte, die er 1889 an → Fritz Kauffmann abgab. Seit 1885 stand er den gemeinsamen Veranstaltungen der *Vereinigten Magdeburger Gesangvereine* vor. Berufungen nach außerhalb zu folgen, lehnte er stets ab. R. wurde zu den bedeutendsten Chorerziehern und -dirigenten seiner Zeit gerechnet. In seinen jüngeren Jahren ein hervorragender Pianist, entwickelte er sich zu einem geachteten Organisten. Als Dirigent war er von oft überschäumendem Temperament, das sich mit einer außergewöhnlichen Fähigkeit verband, zu organisieren und Menschen zu führen. Zunächst im Verein mit → August Gottfried Ritter und Julius Mühling, nach deren Tode allein, war R. die das Magdeburger Musikleben der zweiten Hälfte des 19. Jhs bestimmende musikalische Autorität. Die eindrucksvolle Liste aller vom *Kirchengesang-Verein* von 1846 bis 1896 aufgeführten Werke bezeugt seinen wagemutigen Einsatz für die damalige zeitgenössische Chormusik. 1856 sang der Chor beim Magdeburger Musikfest Beethovens neunte Sinfonie unter der Leitung von Franz Liszt. Musikhist. bedeutsam wurde seine Mitwirkung an der Grundsteinlegung des Festspielhauses in Bayreuth am 22.05.1872. R. arbeitete im *Magdeburger Tonkünstler-Verein* mit, gehörte der *Ges. für Musikforschung* an und war seit seiner Gründung 1861 Vorstandsmitglied des *Allg. Dt. Musikvereins*. 1856 erhielt er den Titel eines Kgl. Musikdir., 1896 den Professorentitel. Von R.s eigenem kompositorischen Schaffen, das stets hinter seinen anderen Aufgaben zurücktrat, fanden die Psalmvertonungen und die Sonaten für Klavier und Violoncello damals und heute wieder Beifall. Die sonstigen Klavier-, Lied- und Chorkompositionen sind zu zeitgebunden und gegenwärtig bedeutungslos.

W: op. 1–60 Lieder, Gesänge für gemischten und für Männer-Chor (darunter zahlreiche nach patriotischen Texten); Sonaten und Romanzen für Violoncello und Klavier bzw. Orchester; Choralvorspiele, Präludium und Fuge für Orgel. – Ausgaben: Johann Heinrich Rolle, Gesammelte Motetten; Slg. dt.-ev. Kirchenmusik des XVI. und XVII. Jhs. Zum bestimmten Gebrauch des Kgl. Berliner Domchors (2 Bde), o. J. – **L:** Riemann, ⁵1900, *918*; Hobohm, Bd. 1, *636–644*; G. R., in: Der Chorgesang 3, Nr. 7, vom 01.01.1888; Otto Meyer, Chronik der Zweiten Liedertafel zu Magdeburg 1843–1868–1893. Den Mitgliedern derselben zur 50jährigen Jubelfeier am 30.04.1893 gewidmet, 1893; Der Kirchengesangs-Verein zu Magdeburg. Festgabe bei Gelegenheit seines 50jährigen Jubiläums am 11.10.1896; Paul Frank, Kleines Tonkünstlerlex. ¹¹1910, *337f.*; → Max Hasse, G. R. Zur Erinnerung an seinen 100. Geb., in: Magdeburgische Ztg. vom 09.07.1921; → Bernhard Engelke, R. und Robert Franz, in: ebd. vom 18.06.1922. – **B:** *Musikalisches Wochenbl. 8, 1877, *273*.

Wolf Hobohm

Reccius, *Adolf*
geb. 24.11.1888 Wahlhausen/Werra, gest. 20.01.1959 Bad Sooden-Allendorf, Lehrer.

Der Sohn des Landwirts und Domänenpächters Wilhelm R. erhielt nach dem Besuch der Grundschule in Wahlhausen seine weitere Schulbildung an der Höheren Privatschule Allendorf und am Realgymn. Kassel, wo er 1907 sein Abitur ablegte. Sein anschließendes Studium an den Univ. Göttingen, Berlin, Halle und Jena schloß er 1912 mit dem Staatsexamen in Dt., Gesch. und Erdkunde ab. Nach der Teilnahme als Soldat am I. WK war R. von 1918 bis 1945 Studienrat (seit 1943 Oberstudienrat) an der Oberschule für Jungen in Calbe. Neben seiner Lehrtätigkeit arbeitete R. bis 1945 dort auch als Stadtarchivar. Nach dem II. WK war er als Kaufmannsgehilfe in Hannover beschäftigt und zog 1948 nach Bad Sooden-Allendorf, wo er 1949 pensioniert wurde. In seinen letzten Lebensjahren war R. auch dort als Stadtarchivar tätig. Er erwarb sich durch vielfältige heimatgesch. Forschungen und Veröffentlichungen über die Stadt und den Kr. Calbe hohes Ansehen.

Der besondere Verdienst R.s liegt in seinen Quellenforschungen zur Gesch. der Stadt Calbe. Nachdem er bereits 1930 die Stadtgesch. von Bad Sooden-Allendorf zur 700-Jahrfeier verfaßt hatte, gab er 1936 zu Ehren der Tausendjahrfeier die Chronik der Stadt Calbe heraus. R. wertete in mühevoller Kleinarbeit über viele Jahre hinweg alle erreichbaren Urkunden des Stadtarchivs Calbe und etliche des StA Magdeburg aus und veröffentlichte das Wesentliche, nach Jahren gegliedert, in der „Chronik der Heimat" als einer gesch. Fundgrube mit Tausenden von Kurznachrichten.

W: Eine Willkür der Stadt Calbe an der Saale aus der Mitte des 15. Jhs, in: GeschBll 66/67, 1931/32, *57–67*; Starger und Ältestgericht zu Calbe an der Saale, in: ebd. 68/69, 1933/34, *160–163*; Chronik der Heimat – Urkundliche Nachrichten über die Gesch. der Kreisstadt Calbe und ihrer näheren Umgebung, 1936; Beiträge zur Tuchmacherei in Calbe an der Saale, 1937; Die Orts- und Flurnamen des Kr. Calbe, 1937. – **B:** *Vf., Calbe (priv.).

Hanns Schwachenwalde

Rechenberger, *Johannes* Emil Arthur, Prof. Dr. med. habil. geb. 23.04.1909 Annaberg/Sachsen, gest. 08.07.1982 Magdeburg, Arzt.

Der Sohn des Lehrers Arthur R. studierte nach der Reifeprüfung in Annaberg an den Univ. Leipzig, Graz, Kiel und zuletzt Jena Med., wo er 1934 das Staatsexamen ablegte. Bis 1935 arbeitete R. an der Med. Univ.-Klinik Jena unter Wolfgang Veil. Die Approbation erhielt er 1935. Danach arbeitete er zwei Jahre als wiss. Assistent am Pathologischen Inst. unter Walter Berblinger und prom. 1937. Es schloß sich 1937–45 eine Tätigkeit am Physiologisch-Chemischen Inst. Jena unter Wolfgang Lintzel an. Ab September 1945 wurde er für ein Jahr als Leiter der med./ diagnostischen Abt. des Landesgesundheitsamtes Thüringen verpflichtet. R. wechselte danach 1946 in die Med. Klinik der Städtischen Krankenanstalten Erfurt, die Karl A. Bock leitete, und war zuletzt Oberarzt. 1950 wechselte R. zu Max Bürger an die Med. Univ.-Klinik Leipzig. 1952 habil. er sich für das Fach Innere Med. über „Eisenstoffwechsel und Lebensalter". Es folgten 1952 die Berufung zum Doz. und 1956 zum Prof. mit Lehrauftrag. Nach dem Ausscheiden seines verehrten Lehrers Max Bürger im Juli 1959 leitete er die Klinik kommissarisch. Als Nachfolger des von Magdeburg (seit 1954) nach Leipzig gewechselten Rolf Emmerich wurde R. im November 1959 zum Prof. für Innere Med. an die Med. Akad. Magdeburg berufen und leitete bis zu seiner Emeritierung 1974 die Klinik. Er war Mitglied der *Ges. für Innere Med.*, der *Ges. für Experimentelle Med.* sowie der *Ges. für Gastroenterologie*. R. veröffentlichte mehr als 160 Arbeiten zu Spurenelementen (Eisenstoffwechsel), später über hormonelle Erkrankungen, Fettstoffwechsel und Altersvorgänge. Besondere Verdienste hatte er in der weiteren Entwicklung der Klinik zu einer leistungsfähigen Hochschul-Einrichtung im Rahmen der 1954 gegründeten Med. Akad. R. war Naturfreund und Jäger.

W: Slg. 1: Photometrische Bestimmungen in klinischen und physiologischen Laboratorien, in: Arbeitsvorschriften für das Pulfrich-Photometer (mehrere Bde), hg. vom VEB Carl Zeiss Jena, 1956; Erkrankungen des Stoffwechsels, in: August Sundermann (Hg.), Lehrbuch der Inneren Med., Bd. 2, 1965, *595–677*; Lipiduntersuchungen bei Myokardinfarkt, Angina pectoris und Arteriosclerosis obliterans, in: Zs. für die gesamte innere Med. 28, 1973, *728–733* (mit Gerd Kröning). – **L**: Laudatio zum 70. Geb., in: ebd. 34, 1979, *181*; Festbeiträge, in: ebd., 34, 1979, *182–212*; Fs. 10 Jahre Med. Akad. Magdeburg 1964, *81–84*; Fs. 20 Jahre Med. Akad. 1974, *41–43*. – **B**: *Brita Augsten, Vachdorf (priv.).

Lotar Lachhein

Refert, *Friedrich* **Andreas Christian**
geb. 26.06.1861 Wanzleben, gest. 03.08.1935 Wanzleben, Schmiedemeister.

R. führte die 1858 gegründete Werkstatt seines Vaters Gottfried Wilhelm R. (geb. 19.01.1835 Schochwitz, gest. 03.08.1902 Wanzleben) weiter. Neben dem allg. Schmiedegeschäft befaßten sich Vater und Sohn R. auch mit der Herstellung „Wanzleber Pflüge". Der Vater hatte zuvor eine Zeitlang in der Werkstatt des → Friedrich Behrendt gearbeitet. Beide erwarben sich Anerkennung und Auszeichnungen auf landwirtsch. Ausstellungen. 1889/90 belebte Friedrich R. das bis dahin nicht ausgedehnte Pfluggeschäft durch den Kauf des Firmennamens und der Referenzen des → Christian Behrendt in Wanzleben und firmierte nunmehr unter *Pflugfabrik Christian Behrendt, Nachfolger F. R.* Er stellte zunächst Gespannpflüge mit Stahlgerüst her, errang nach dem I. WK aber überregionale Beachtung mit mehrscharigen Schlepper-Anhänge-Pflügen nach dem Prinzip des „Wanzleber Pfluges". Ein Vorschlag Anfang der 1950er Jahre, die anerkannten Schlepperpflüge mit staatl. Beteiligung en gros zu produzieren, wurde nicht realisiert. Die Fa. R. besteht noch gegenwärtig mit anderem Produktionsprofil. Den Pflugschmieden Behrendt in Wanzleben wurde 1987 ein Denkstein errichtet, ohne die Verdienste der Pflugschmiede R. zu würdigen.

L: Vf., Der sog. „Wanzleber Pflug" als kennzeichnende Erscheinung in der agrarischen Gesamtentwicklung der Magdeburger Börde, Ms. 1969 (Börde-Mus. Ummendorf); ders., Wanzleben – Dorf, Amt, Stadt. Ein Abriß, Ms. 1988 (Börde-Mus. Ummendorf); Materialslg. und Forschungskartei Vf. im Börde-Mus. Ummendorf.

Heinz Nowak

Reichardt, Wilhelm *Hermann* **Emil**
geb. 13.11.1851 Magdeburg, gest. 09.09.1928 Magdeburg, Kaufmann.

R. war der Sohn von Heinrich R. (geb. 10.04.1823 Buttstädt/Thüringen, gest. 11.05.1881 Magdeburg), der 1846 mit Otto Tübner die Fa. *R. & Tübner*, Landesproduktengeschäft, gegründet hatte. Im Laufe der Jahre nahm der Zuckerhandel in dem Unternehmen eine zunehmend führende Position ein. Heinrich R. gehörte Ende der 1860er Jahre zu den ersten Exporteuren dt. Rohzuckers. Als zweites Standbein errichtete er 1863 mit seinem Schwager die *Buckauer Dampfbier-Brauerei R. & Schneidewin*. R. wurde zum Kaufmann ausgebildet, studierte 1873–76 Naturwiss. in Berlin und trat 1878 als Prokurist in die väterliche Fa. ein. Nach dem Tod des Vaters wurde er Teilhaber des Unternehmens, das er ausbaute und erfolgreich weiterführte. In der Folgezeit widmete sich R. in erster Linie dem Zuckerhandel. Er gehörte 1885 neben → Bernhard Lippert zu den Mitbegründern des *Dt. Zucker-Export-Vereins*, als dessen Vors. er sich hervorragende Verdienste um die dt. Zuckerindustrie erwarb. Ende 1889 wählten die Magdeburger Kaufleute R. in das Ältestenkollegium der *Korporation der Kaufmannschaft* bzw. der später daraus entstandenen *Magdeburger Handelskammer*, deren Dritter Vorsteher er unter dem Vors. → Wilhelm Zuckschwerdt ab 1915 war. Als Vors. und Mitglied zahlreicher Ausschüsse der *Magdeburger Handelskammer* sowie des *Dt. Handelstages* vertrat er die Interessen der Magdeburger Kaufmannschaft. Neben seinen wirtsch. Aktivitäten engagierte sich R. in besonderer Weise für die Kommunalpolitik. Er war seit 1888 Mitglied der Stadtverordnetenverslg. und trat Ende 1893 als unbesoldeter Stadtrat in den Magistrat ein, dem er bis zum März 1919 angehörte. R., der von 1893 bis 1903 auch Vertreter Magdeburgs im Preuß. Landtag war, erhielt 1911 in Anerkennung seiner Verdienste um die Stadt Magdeburg die Würde eines Stadtältesten.

L: → Hans Leonhard, Denkschrift zum hundertjährigen Jubiläum der IHK Magdeburg, 1925, *70f*. – **B**: → Martin Behrend, Magdeburger Großkaufleute, 1906; *LHASA.

Horst-Günther Heinicke

Reichel, Anna *Martha*, geb. Hartmann
geb. 16.06.1902 Frohse, gest. 10.02.1978 Magdeburg, Arbeiterin, Widerstandskämpferin.

R., ältestes von 13 Kindern einer Arbeiterfam., kam bereits mit 17 Jahren mit der Arbeiterbewegung in Berührung. Nach ihrer Schulzeit arbeitete sie ab 1916 im *Sprengstoffwerk Schönebeck* und anschließend in den *Gummiwerken Friedrich Wilop* ebd. Sie wurde Mitglied des Fabrikarbeiterverbandes und 1925 durch Einfluß ihres späteren Mannes Mitglied der KPD. Seit 1929 in Magdeburg, kämpfte sie ab 1933 illegal gegen den Ns. So war sie u. a. Überbringerin von Nachrichten zwischen der Leitung und den Mitgliedern der KPD. 1934 wurde sie zu zwei Jahren Zuchthaus verurteilt. Nach der Entlassung führte R. den illegalen Kampf fort. Wieder verhaftet, war sie 1942–45 im Frauen-KZ Ravensbrück interniert. Nach dem Krieg arbeitete R. in der Familienfürsorge in Magdeburg. Sie war Mitbegründerin des *Demokratischen Frauenbundes Dtls* (*DFD*) in Magdeburg.

L: Kurzbiogr. Magdeburger Widerstandskämpfer, hg. von einem Autorenkollektiv, o. J., *28–30.*

Gabriele Weninger

Reimann, Brigitte
geb. 21.07.1933 Burg, gest. 20.02.1973 Berlin, Schriftstellerin.

Die Tochter des Bankkaufmanns und Schriftleiters des *Burger Tagebl.* Willi R. besuchte das Mädchengymn. in Burg, an dem sie nach ihrem Abitur 1951 auch zwei Jahre als Lehrerin beschäftigt war. Sie versuchte sich dann in verschiedenen Berufen und Tätigkeiten. Bereits früh zeigte sich ihr Talent zum Schreiben. Während ihrer Schulzeit verfaßte sie Laienspiele, die auch mit großem Erfolg aufgeführt wurden. Ihre erste Geschichte „Katja" erschien 1953 als Fortsetzungsroman in der *Volksstimme.* Im gleichen Jahr Mitglied der *Arbeitsgemeinschaft Junger Autoren* des *Schriftstellerverbandes Magdeburg,* engagierte sie sich in der FDJ-Arbeit und wurde Mitglied der SED. 1956 trat sie dem *Schriftstellerverband der DDR* bei und wurde 1963 in den Vorstand gewählt. 1960, nach ihrer ersten gescheiterten Ehe, zog sie nach Hoyerswerda und heiratete den Schriftstellerkollegen Siegfried Pitschmann. Mit ihm leitete sie einen Zirkel Schreibender Arbeiter des *Kombinates Schwarze Pumpe.* Gemeinsam verfaßten sie die Hörspiele „Ein Mann steht vor der Tür" und „Sieben Scheffel Salz". Das Ergebnis der als Mitglied einer Delegation des Zentralrates der FDJ unternommenen Reise nach Sibirien war die Reportage „Das grüne Licht der Steppe. Tagebuch einer Sibirienreise", die 1965 erschien. Sie erhielt den Heinrich-Mann Preis der Akad. der Künste der DDR und den Carl-Blechen-Preis des Rates des Bez. Cottbus. 1968 erkrankte R. an Krebs. Trotzdem gab sie nicht auf, zog nach Neubrandenburg, wo sie sich bessere Bedingungen für ihre schriftstellerische Tätigkeit erhoffte, und begann mit ihrem dritten Mann ein neues Leben. R. verstarb mit 39 Jahren. Mit ihren ersten Veröffentlichungen „Der Tod der schönen Helena" (1955) und „Die Frau am Pranger" (1959) bewies R. ihr erzählerisches Talent. Beide Texte begründeten ihren Ruf als zukünftige bedeutende Schriftstellerin der DDR. Die Erzählung „Die Frau am Pranger" erschien 1962 als Fernsehspiel, in dieses Jahr fiel auch der Beginn ihrer Arbeit an ihrem Hauptwerk „Franziska Linkerhand". Die leidenschaftliche Autorin behielt ihre kritische Meinung bei, die sie stets äußerte, sie nannte sich selbst „Brigitte Revolverschnauze". Das Schriftstellerehepaar Pietschmann/R. bekam 1960 den Literaturpreis des FDGB, den R. 1962 nach dem Erscheinen der Erzählung „Ankunft im Alltag" (1961) erneut erhielt. Mit diesem Werk gab sie einer ganzen Lit.-Epoche der DDR einen Namen und wurde in der Literaturbetrachtung lange Zeit auf diesen Text verkürzt. Für R. bedeutete die Zeit in Hoyerswerda Ankunft im Alltag: Das Erleben von Bürokratie, sozialer Empfindsamkeit, Einsamkeit in den Wohnkomplexen des Sozialismus, Korruption der Funktionäre, Ungerechtigkeit bis ins privateste Leben, Verschweigen der Mißstände, Brüchigkeit der sozialistischen Moral führten die sensible Autorin in Schaffenskrisen. In ihrem unvollendet gebliebenen Roman „Franziska Linkerhand" gestaltete sie diese Konflikte mit großer lit. und persönlicher Kraft, und in ihrem Briefwechsel teilte sie das immer öfter mit. Ihre Hoffnung und ihre Erwartungen, politisch etwas bewegen zu können, erfüllten sich nicht. Innere Zerrissenheit verstärkte die Kluft zwischen den Idealen und der Wirklichkeit des sozialistischen Alltags. Ihr großer Roman „Franziska Linkerhand" erschien bearbeitet, gekürzt und teilweise verändert 1974.

W: s. o.; Ingrid Krüger (Hg.), Aber wir schaffen es, verlaß Dich drauf. Briefe an eine Freundin im Westen, 1995; Angela Drescher (Hg.), Sei gegrüßt und lebe. Eine Freundschaft in Briefen (mit Christa Wolf), 1995; dies., Alles schmeckt nach Abschied. Tagebücher 1964–1970, 1998. – **L:** Elisabeth Elten-Krause (Hg.), B. R. 1933–1973, 1978; dies. (Hg.), B. R. in ihren Briefen und Tagebüchern, 1983; Ingrid Joppich, Ges. und Emanzipation. Der exemplarische Weg von B. R., 1987; Barbara Krause, Gefesselte Rebellin B. R., 1994; Margrid Bircken/Heide Hampel, Als habe ich zwei Leben, 1998. – Videos: Ich habe gelebt und gelebt und gelebt, WDR 1989; Ich liebe, mein Gott, ich liebe. Das kurze Leben der B. R. ORB/SFB 1999. – **B:** B.-R.-Forschungsstelle Neubrandenburg; *Stadtbibl. Burg.

Anita Skupin

Reimarus, *Hermann* Otto
geb. 29.09.1857 Stettin, gest. 21.04.1920 Magdeburg, Jurist, Kommunalpolitiker, Oberbürgermeister in Magdeburg.

Der Sohn eines Kaufmanns studierte 1876–79 in Leipzig, Tübingen und Greifswald Jura. Nach der Referendarzeit kam R. 1886 nach Magdeburg, wo er zum besoldeten Stadtrat gewählt wurde. Seine gewissenhafte Arbeit stellte das übernommene Garten- und Parkdezernat in den Mittelpunkt. Anfang 1907 wurde er Bürgermeister. Als drei Jahre später der Oberbürgermeister → August Lentze überraschend in die preuß. Staatsreg. berufen wurde, wählten die Stadtverordneten nach anfänglichem Zögern den kontaktarmen, verschlossenen, bescheidenen R. zum Oberbürgermeister. R. konnte die Erweiterung und den Ausbau Magdeburgs zur Großstadt fortführen. So wurden 1910 die Eingemeindungen der Dörfer Fermersleben, Salbke, Westerhüsen, Lemsdorf, Cracau und Prester vollzogen. Mit seiner Grundfläche setzte sich Magdeburg mit an die Spitze der dt. Großstädte. Eine umfangreiche Bautätigkeit (Nordfront, Sterngelände, Wilhelmstadt, Friedrichstadt, allein 1911 2.000 Wohnungen), die Modernisierung der städtischen Versorgungseinrichtungen, die Anlage des Verschiebebahnhofs Rothensee und des Elbindustriegeländes fielen in die Amtszeit des Oberbürgermeisters bis zum Ausbruch des I. WK. Die Bevölkerungszahl näherte sich der 300.000-Personengrenze. Ein erster Generalbebauungsplan für „Groß Magdeburg" war in der Diskussion, und Überlegungen für neue Kommunalbauten (Rathaus, Stadthalle) wurden angestellt. Der Ausbruch des I. WK setzte den kommunalen Plänen und Projekten ein Ende. Die personell stark geschwächten städtischen Behörden mußten sich in erster Linie Versorgungs- und Fürsorgefragen stellen. Die hohen Steuereinnahmen (Gewerbesteuer der Rüstungsindustrie) erleichterten dem Magistrat die Bewältigung der Aufgaben. Noch im Frühjahr 1918 an einen militärischen Sieg Dtls glaubend, prophezeite R. der Elbestadt eine große Zukunft. Um so schmerzlicher trafen ihn die Kriegsniederlage und die sich schnell verändernden politischen Verhältnisse. Der gesundheitlich angeschlagene Oberbürgermeister war amtsmüde. Als er am Jahresende 1918 nicht zum Empfang eines von der Westfront zurückkehrenden Magdeburger Regimentes auf dem Domplatz erschien, geriet er mehr und mehr in die politische Schußlinie. Auch die Presse griff ihn an. Ende Januar bat er, sich auf ein ärztliches Attest berufend, um Versetzung in den Ruhestand. Ende April 1919 schied er aus dem Magistrat. R. hat sich in einer über 30jährigen Amtszeit auf vielen Gebieten um Magdeburg verdient gemacht. Das kommunale Finanzwesen war von ihm neu geordnet worden. Besondere Liebe brachte er den gärtnerischen Anlagen entgegen. Mit der Erweiterung des Herrenkrug-, des Rotehornparkes und des Vogelgesangs setzte er sich ein bleibendes Denkmal. Bereits zu Lebzeiten war im Rotehornpark ein Weg nach ihm benannt worden.

L: StadtA Magdeburg: Archivalien und Dokumente; PA-Akte R 10, Bd. 2. – **B:** StadtA Magdeburg.

Manfred Wille

Reinecke, *Friedrich* Karl Eduard
geb. 03.05.1884 Seesen/Harz, gest. nach 1945 n. e., Buch-, Kunst- und Musikalienhändler, Antiquar.

Nach Beendigung der Realschule in Seesen am Harz absolvierte R., dem Beruf seines Vaters wählend, eine Buchhandelslehre in Seesen, Bad Harzburg, Gera und Wittenberg. 1908 wurde er in Magdeburg ansässig, gründete hier eine eigene Buchhandlung im Breiten Weg 135, in der auch Kunst und Musikalien vertrieben wurden. R. unterhielt zudem eine Leihbücherei sowie ab 1910 ein Antiquariat. Während des I. WK war er als Dolmetscher in einem Offiziers-Gefangenenlager in Magdeburg eingesetzt. R. gehörte zu jenen Magdeburger Buchhändlern, die am aktivsten in Berufsfachverbänden engagiert waren und sich langjährig für die Belange des Buchhandels in der Provinz Sachsen und Anhalt einsetzten. Während der Inflation in der Zeit der Weimarer Republik initiierte er einheitliche Preistabellen für Bücher, entwarf neue Richtlinien für den Sortimentsbuchhandel und legte seine Auffassungen in einer Vielzahl fachlicher Vorträge und Aufsätze zum Buchhandel dar. 1924 übernahm R. das Amt des ersten Vors. des *Sächsisch-Thüringischen Buchhändler-Verbandes*, das er mehr als ein Dezennium innehatte. Er war zudem Mitglied des *Buchhändler-Börsenvereins* und gehörte ab 1930 dem Vorstand der *Dt. Buchhändler-Gilde* an. R. lebte bis zum Ende des II. WK in Magdeburg. Über seinen späteren Lebensweg ist z. Z. nichts bekannt.

L: Georg Müller (Hg.), Der Sächsisch-Thüringische Buchhändler-Verband 1883–1933, 1933 (***B**).

Guido Heinrich

Reinhardt, *Johannes* Fritz Horst, Dr. phil.
geb. 18.02.1934 Dresden, gest. 06.06.1993 Magdeburg, Schauspieler, Pädagoge.

R.s Vater war kaufmännischer Angestellter. Er selbst besuchte in seiner Geburtsstadt die Volksschule und später das Gymn., absolvierte anschließend eine Telegraphenbaulehre bei der *Dt. Post* und nahm nebenher auch Schauspielunterricht, den er 1953 mit der Bühnenreifeprüfung abschloß. Es folgten Engagements u. a. in Wismar, Stendal, Dessau und zuletzt in Magdeburg. Hier baute er das 1968 gegründete Kinder- und Jugendtheater mit auf. 1979 nahm R. eine Tätigkeit im Lehrbereich kulturelle Bildung und Erziehung an der PH Magdeburg auf. Er war u. a. für die Studentenbühne verantwortlich. 1980 bis 1984 absolvierte er ein Fachschulfernstudium im Fach Kulturwiss. und studierte anschließend extern an der PH Magdeburg das Fach Gesch., das er 1985 mit einem Diplom abschloß. 1989 prom. er mit einem regionalgesch. Thema. Neben seiner Lehrtätigkeit baute er mit großem Erfolg die Studentenbühne an der PH Magdeburg auf. Er schrieb selbst Programme für das Laientheater, aber auch zu kulturellen Veranstaltungen an der Hochschule und im Territorium. Oft betrat er selbst als Künstler die Bühne. Eine Krönung seiner Tätigkeit war der Aufbau einer Zentralen Werkstatt der Studentenbühnen der DDR in Magdeburg.

Isa Schirrmeister

Reinhardt, Luise, geb. Ditfurth (Ps.: Ernst Fritze)
geb. 31.05.1807 Magdeburg, gest. 24.10.1878 Merseburg, Schriftstellerin.

R. war Tochter des Rektors der Magdeburger 1. Mittleren Töchterschule Johann Friedrich Karl Ditfurth. Sie besuchte diese städtische Schule und heiratete später den in Stendal tätigen Justizassessor und späteren Magdeburger Stadt- und Kreisgerichtsrat R. Ob sie zunächst in Stendal lebte, ist nicht bekannt. Seit 1844 war sie als Schriftstellerin tätig und lebte bis 1873 in Magdeburg. 1870 verwitwet, verzog sie 1873 zu Verwandten nach Merseburg und verbrachte ihre letzten Jahre äußerst zurückgezogen. Angeregt durch das berufliche Umfeld ihres Mannes, verfaßte F. ab ca. 1843 mehr als 60 Unterhaltungsromane und Erzählungen, darunter zahlreiche Kriminal-Novellen, die großen Anklang fanden.

W: Der kleine General oder Mit Gott ist alles möglich. Eine wahre Geschichte der reiferen Jugend gewidmet, 1845; Erinnerungsbll. aus dem Leben eines Criminalisten, 1854 (N. F. 1857); Ernest Octav. Novellen (3 Bde), 1859; Gertrud. Roman (4 Bde), 1860; Novellen (4 Bde), 1863; Die Macht des Augenblicks. Novellen, 1875. – **L:** Kosch LL 12, Sp. *891f.* (*W*); Franz Brümmer, Dt. Dichterlex., Bd. 2, 1877; Sophie Pataky (Hg.), Lex. dt. Frauen der Feder, Bd. 1, 1898, *238* und Bd. 2, 1898, *180*.

Dieter Schade

Reinhold, Elisabeth, Dr. med.
geb. 19.10.1911 Hamburg, gest. 20.07.1973 Halle, Ärztin, Obermedizinalrätin.

R. studierte nach dem Abitur von 1931 bis 1937 Med. an der Univ. Halle, wo sie 1939 auch prom. Als Fachärztin für Chirurgie arbeitete sie danach an der dortigen Univ.-Klinik. 1951 begann sie ihre Tätigkeit am Schönebecker Krankenhaus. Bereits nach kurzer Zeit wurde sie hier Oberärztin und im Oktober 1953 Chefärztin. Durch ihr selbstloses und aufopferungsvolles Wirken erwarb sie sich das Vertrauen aller Bevölkerungsschichten der Stadt und weit über die Grenzen des Kr. Schönebeck hinaus. 1959 mit dem VVO in Bronze ausgezeichnet, folgte 1963 die Verleihung des Titels Verdiente Ärztin des Volkes. 1966 wurde ihre hohe Einsatzbereitschaft mit der Ernennung zur Obermedizinalrätin gewürdigt. Großen Wert legte sie auf die ständige Aus- und Weiterbildung ihrer Mitarbeiter, die sie maßgeblich selbst unterstützte. 1973 wurde sie mit der Ehrenbürgerschaft der Stadt Schönebeck ausgezeichnet.

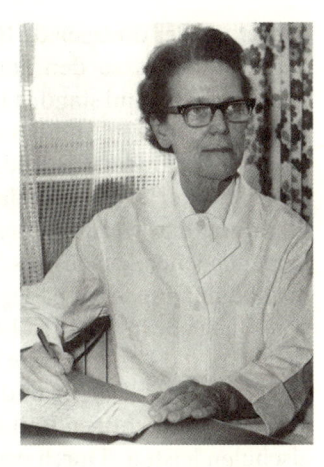

L: StadtA Schönebeck: NZE 55, *1080–1082.* – **B:** *Antje Selmer, Schönebeck (priv.).

Hans-Joachim Geffert

Resewitz, Friedrich Gabriel
geb. 09.03.1729 Berlin, gest. 30.10.1806 Magdeburg, ev. Prediger, pädagogischer Schriftsteller, Abt, Generalsuperintendent.

R. kam als Sohn von Christian Friedrich R. und Marie Elisabeth, geb. Reichel, zur Welt. Sein Vater soll ein getaufter Jude gewesen sein. 1740–47 besuchte R. das Joachimsthalsche Gymn. in Berlin und studierte 1747–50 in Halle ev. Theol. Er hörte dabei unter anderem Vorlesungen bei dem Philosophen Georg Friedrich Meier und dem Theologen Sigmund Jakob Baumgarten. 1750 wurde er Reiseprediger des Fürsten Friedrich August von Anhalt-Zerbst, wobei er sich bis 1751 in Paris aufhielt. Nach Dtl. zurückgekehrt, blieb er vermutlich noch einige Zeit in diesem Amt, um danach ab etwa 1755 in Berlin als Privatgelehrter zu leben. Während dieser Zeit wurde er Mitglied einer gelehrten Ges. Die Bekanntschaft mit dem Verleger Friedrich Nicolai und dem Philosophen Moses Mendelssohn, mit denen er auch später in engem Briefkontakt stand, fällt vermutlich in diese Berliner Jahre. R. folgte 1757 einer Berufung zum Prediger an der Kirche St. Benedikt nach Quedlinburg. Dort schloß er Freundschaft mit Friedrich Klopstock, hielt aber auch seine Berliner Kontakte. Nachdem R. bereits 1759 mit einer beachtenswerten Übersetzung von vier Abh. des schottischen Philosophen David Hume hervorgetreten war, arbeitete er nach Lessings Ausscheiden auch als Rezensent für die *Briefe, die neueste Litt. betreffend* (1764–65) und setzte diese Tätigkeit 1765 bis 1780 als Rezensent im Fach Theol. für die von Nicolai hg. *Allg. dt. Bibl.* fort. 1767 nahm er die Wahl zum Prediger an der dt. St. Petri-Kirche in Kopenhagen an. Neben seiner Tätigkeit als Prediger hielt er in Kopenhagen Vorlesungen an der Univ. und machte sich um die Neuorganisation der dortigen dt. Bürgerschule verdient. Er zählte darüber hinaus zu den engen Freunden des *Nordischen Dichterkreises* und stand in freundschaftlichem Verkehr mit Klopstock, Johann Andreas Cramer, Johann Heinrich Schlegel und → Gottfried Benedict Funk. Gemeinsam mit Balthasar Münter ordnete er das Schul- und Armenwesen der Stadt neu und wurde später auch mit dem Direktorat des Kopenhagener Armenswesens betraut. Resultate seiner Reformbemühungen auf pädagogischem Gebiet legte R. in seinem Buch über „Die Erziehung des Bürgers" (1773) nieder, in dem er die Unterschiede in den Zielen und Inhalten des Unterrichts für Bürger und Gelehrte herausarbeitete und damit einen wichtigen Beitrag für die Entwicklung der Realschulen leistete. Durch das Buch auf ihn aufmerksam geworden, ernannte der preuß. Minister Karl Abraham Freiherr von Zedlitz R. 1774 zum Abt des Klosters Berge bei Magdeburg und zum Leiter des dortigen namhaften Pädagogiums. Die Amtseinführung erfolgte 1775, verbunden mit der Generalsuperintendentur für das Hzt. Magdeburg. Bedingt durch verschiedene äußere und innere Ursachen gelang es R. in der Folgezeit jedoch nicht, den in der pietistischen Phase begründeten guten Ruf der Schule wieder herzustellen. Der vornehmlich der pädagogischen Theorie verpflichtete R. gab ein pädagogisches Periodikum heraus (1778–84), in dem auch der bekannte philanthropische Pädagoge Peter Villaume publizierte. In der Folge einer Schulvisitation wurde Ende 1796 → Christian Friedrich Schewe zum neuen Oberdir. des Pädagogiums und Adjunkt des Abtes R. sowie → Johann Gottfried Gurlitt zum Prof. und zweiten Dir. des Pädagogiums ernannt. 1805 legte R. sein ihm verbliebenes Amt als Abt nieder und verstarb wenig später. Als entschiedener Vertreter der Aufklärung und des theol. Rationalismus wirkte er auch in seinen letzten Lebensjahren in einer Vielzahl von Schriften weiter für die Verbesserung des Schul- und Erziehungswesens.

W: (Üb.) David Hume, Vier Abh., 1759; Ueber die Versorgung der Armen, 1769; Nachricht von der gegenwärtigen Einrichtung in Unterricht, Lehrart und Erziehung auf dem Pädagogio zu Kloster Berge, 1776; Gedanken, Vorschläge und Wünsche zur Verbesserung der öffentlichen Erziehung als Materialien zur Pädagogik (5 Bde), 1778–86. – L: ADB 28, *241–245*; → Heinrich Rathmann, Kurze Gesch. der Schule zu Kloster Bergen bis zu ihrer Aufhebung, 1812; → Waldemar Kawerau, F. G. R., in: ders., Aus Magdeburgs Vergangenheit. Beiträge zur Litt.- und Culturgesch. des achtzehnten Jhs, 1886, *75–140*; → Hugo Holstein, Gesch. der ehemaligen Schule zu Kloster Berge, 1886; Emil Schöbel, Die pädagogischen Bestrebungen von F. G. R. Ein Beitrag zur Gesch. der Pädagogik des 18. Jhs, Diss. Leipzig 1912 (*W*); Johannes Jäger, R. als Didaktiker, Diss. Würzburg 1921 (Ms.); Horst M. P. Krause, Einleitung zu: F. G. R., Die Erziehung des Bürgers (unveränderter Neudruck der Ausgabe Wien 1787), 1975, *1–83*; Vf., Unterricht und Erziehung an den Magdeburger Pädagogien zwischen 1775 und 1824, Diss. Magdeburg 1998, *12f., 63ff., 103ff., 331f.* – B: *Allg. dt. Bibl., Bd. 40, 1780.

Uwe Förster

Rettelbusch, Johann *Adolf*, Prof.
geb. 15.12.1858 Kammerforst/Thüringen, gest. 08.01.1934 Magdeburg, Maler, Kunstgewerbelehrer.

R., achtes Kind eines Gast- und Landwirtsehepaars, entwickelte bereits in der Dorfschule 1865–73 zeichnerisches Talent. In der Realschule Nordhausen (bis 1878) bereitete man R. auf den Besuch der Großhzgl. Kunstschule Weimar vor. Rektor Theodor Hagen und Alexander Struys weckten in Weimar R.s Interesse an der Landschaftsmalerei. Finanzielle Gründe zwangen ihn zum Abbruch des Studiums. Er ging nach Berlin und legte auf Drängen der Mutter 1880–81 ein Zeichenlehrerexamen an der Kgl. Akad. der Künste bei Karl Gussow ab. Trotz des hervorragenden Abschlusses erhielt er keine Anstellung und war gezwungen, zwei Jahre mit Zeichenstudien und Gelegenheitsarbeiten im Heimatdorf zu verbringen. 1883 bewarb er sich an der Unterrichtsanstalt des Kgl. Kunstgewerbemus. zu Berlin. Dort erhielt er unter den Prof. Max Koch, Ernst Ewald und Ernst Schaller eine Ausbildung in Landschafts-, Porträt- und Dekorativer Malerei. Zahlreiche Auszeichnungen und ein großzügiges Stipendium sicherten ihm ein unbeschwertes Studium. Neben seinen Landschaftsbildern fiel er durch einprägsame dekorative Entwürfe und Architekturbilder auf. Zum Abschluß wurde er mit einer Studienreise 1886–87 nach Italien ausgezeichnet, auf der er insbesondere die Dekorative Malerei des Landes studierte. R.s italienische Zeichnungen und Aquarelle veranlaßten das Preuß. Ministerium für Handel und Gewerbe, ihm 1887 eine Stelle als Lehrer für Dekorative und Allg. Malerei an der Kunstgewerbe- und Handwerkerschule Magdeburg anzutragen. Die Schule wurde zu dieser Zeit mit reformiertem Studienprogramm unter → Eduard Spieß neu eröffnet. R. wirkte an dieser Schule als Lehrer und stellvertretender Rektor bis zu seiner Emeritierung 1924. Er trug durch seine künstlerische und kunstpädagogische Arbeit wesentlichen zum guten Ruf der Schule als moderne Bildungsanstalt bei. 1906 wurde R. zum Prof. ernannt. Zur Förderung des kulturellen Lebens in Magdeburg gründete R. 1893 den *Künstlerverein St. Lukas* und leitete ihn über viele Jahre. Er arbeitete lange Zeit im Vorstand des *Kunstvereins Magdeburg* mit, war 1912 Gründungsmitglied des Künstlervereins *Börde* und Mitglied der Loge „Ferdinand zur Glückseligkeit". Um 1913 gestaltete er die Glasfenster im Vereinshaus dieser Loge. R. gelang es, seine pädagogischen Arbeiten mit seinen künstlerischen Ambitionen zu verbinden. Dies wurde schon in seinen ersten Ausstellungen 1888 und 1907 deutlich und durch seine letzte große Ausstellung zu Lebzeiten 1933 Am Roten Horn bestätigt. Von R. und seinen Schülern sind zahlreiche Innenraumgestaltungen in Kirchen (Vogelsdorf, Kammerforst/Thüringen), Gaststätten (Weinhaus Kühne, Magdeburg), Hotels (div. Räume des Brockenhotels), Villen (Dr. Schreiber, Magdeburg), Schlössern (Iden bei Stendal) und Gutshäusern (Gutensweger) aus Magdeburg und Umgebung bekannt. R. beherrschte als Maler und Lehrer meisterhaft die gesamte Palette der Maltechniken. Im Laufe der Jahrzehnte ist ein Wandel in deren Gebrauch festzustellen. Während er in Jugendjahren Aquarell bevorzugte, wandte er sich um die Jahrhundertwende stärker der Temperamalerei zu. Später begann R. mit der Ölkreidezeichnung. Es entstanden eine Serie von Bildern aus der Landwirtschaft, in der er in den Dörfern um Magdeburg Menschen und Tätigkeiten von der Saat bis zur Ernte treffend charakterisierte. Höhepunkt waren seine eindrucksvollen Ölkreidebilder von einer Nordlandfahrt 1909. R. nutzte Reisen mit Schülern und die Ferien, um in ganz Europa zu malen. Seine erste große Serie in der Pastelltechnik malte er 1914 in den Alpen. Er blieb bis zuletzt dieser Technik treu und entwickelte sie zur Meisterschaft. Um 1925 galt er als der wichtigste Landschaftsmaler Mitteldtls, der insbesondere in der Lage war, mit Pastellfarben die „Stimmungen" einer Landschaft oder einer sich schnell wandelnden Naturerscheinung darzustellen. R.s intensive Beziehungen zum Harz begannen mit einer Brockenbesteigung 1887. Zum Jahreswechsel 1888/98 gründete er gemeinsam mit drei Kollegen aus der Kunstgewerbe- und Handwerkerschule Magdeburg (Eduard Spieß, → Carl Wegner und Baupolizeikommissar Rosenberg) die *Brocken-Silvester-Gemeinde*. Nach seiner Emeritierung 1924 verbrachte er jährlich viele Wochen in dieser Landschaft. Seine Skizzen, Postkartenentwürfe und Pastelle aus dem Harz sowie die Ausgestaltung des Brockenhotels brachten ihm den Ehrennamen „Brockenmaler" ein. Ein Gedenkstein auf dem Brockengipfel erinnert an sein Wirken. Neben seinen Landschaftsbildern und Porträts waren R.s Pflanzenstudien, Dekorationsentwürfe und Adressen bemerkenswert. Um 1900 entstand seine „Botanik für Dekorationsmaler und Zeichner", deren stilisierte Pflanzen als Vorbild für die ornamentale Gestaltung von Räumen und Bauten in der Jugendstilzeit landesweit verwendet wurden. R.s Industriebilder aus den *Krupp-Gruson-Werken* zeigen ein Stück Industriegesch., so wie seine Bilder aus dem I. WK (Flandern, Lettland, Litauen) heute schon Zeitdokumente sind. R. hinterließ nach seinem Tode etwa 4.000 größere Arbeiten, von denen wesentliche Teile im KHMus. Magdeburg erhalten sind. Mehrere hundert Werke befinden sich in privater Hand.

W: Botanik für Dekorationsmaler und Zeichner, Serie 1; Abt. 1 & 2 mit je 20 Blättern, 1898; Aus meinem Leben & Es war einmal – Erinnerungen, in: Heimatland (Bleicherode), 1929/30, *47–58*; (Ill.) Rudolph Schade/Walter Grosse, Der Brocken. Abh. der Gesch. und Natur des Berges, 1926. – **N:** KHMus. Magdeburg; Vf., Berlin. – **L:** Thieme/Becker 28, *190*; Jahresberichte der Kunstgewerbe- und Handwerkerschule Magdeburg 1893ff.; Friedrich Jansa, Dt. Bildende Künstler in Wort und Bild, 1912, *476*; Ernst von Niebelschütz, Die R.-Ausstellung, Magdeburg, Rotes Horn, in: Magdeburgische Ztg. vom 06.08.1933; Vf., A. R. (1858–1934). Ein fast vergessener Maler, in: Magdeburger Bll., 1986, *47–53* (*B*); ders., A. R. (1858 bis 1934) – Der Brockenmaler, in: ebd., 1989, *42–51*; Norbert Eisold, Die Kunstgewerbe- und Handwerkerschule Magdeburg (1793–1963), Kat. Magdeburg 1993; Matthias Puhle (Hg.), A. R. Landschaftsbilder. Kat. zur Sonderausstellung 15.12.1998–28.02.1999, Magdeburg 1998; Bundesarchiv Berlin: Sign. R 4901, PA, Abt. X. Fach R, Nr. 4, E. R 530. – **B:** *Vf., Berlin (priv.).

Gerd Kley

Reubke, *Adolph* **Christian**
geb. 06.12.1805 Halberstadt, gest. 03.03.1875 Hausneindorf, Orgelbauer.

Der Sohn des Domänen-Einnehmers Georg Benjamin R. kam mit seinen Eltern 1809 nach Hausneindorf bei Quedlinburg. Neben seiner ersten schulischen Ausbildung im Dorf erhielt R., der in einem musikalischen Umfeld aufwuchs, den ersten Klavierunterricht. Im Alter von elf Jahren kam er auf das Domgymn. in Halberstadt, das er aber nach dem Tod seines Vaters (1819) vorzeitig verlassen mußte. Seine Absicht, Organist oder Orgelbauer zu werden, mußte R. vorerst aufgeben. Statt dessen absolvierte er unter widrigsten Verhältnissen eine Kunstdrechslerlehre. Nach Gewalttätigkeiten seines Lehrherrn wurde das Verhältnis gelöst, und R. verdiente seinen Unterhalt mit Drechslerarbeiten im elterlichen Haus. Während dieser Zeit sah er ein neues Pianoforte, welches sein musikalisches Interesse und seinen alten Berufswunsch wieder weckte. R. begann autodidaktisch mit dem Bau verschiedener Instrumente und ab 1837 mit dem Orgelbau. In der Folgezeit erwarb er sich mit dem Bau bzw. der Reparatur verschiedener Orgeln bald einen geachteten Namen. Von 1853 bis 1858 baute R. die Orgel in der Magdeburger Jakobikirche (mit 53 Stimmen) und von 1856 bis 1861 die Orgel im Dom zu Magdeburg (mit 88 Stimmen). Die Disposition der Domorgel stammte vom damaligen Domorganisten → August Gottfried Ritter. Emil R. (1836–1884), der zweite seiner vier Söhne, widmete sich ebenfalls dem Orgelbau und trat in das Unternehmen seines Vaters ein, das ab 1860 als *Fa. R. & Sohn* firmierte. Ab 1872 war der Sohn alleiniger Geschäftsinhaber und wandte als einer der ersten die Röhrenpneumatik zur Erleichterung der Spielweise der Orgel an. Das Unternehmen ging nach seinem Tod an → Ernst Röver, der 1906 das Werk der Magdeburger Domorgel durch ein neues und größeres ersetzte.

L: Riemann, ¹¹1929; Paul Frank, Kurzgefaßtes Tonkünstlerlex., neu bearb. und ergänzt von Wilhelm Altmann, ¹²1926; Hermann Abert (Hg.), Illustriertes Musiklex., 1927; Die Orgelbauerfam. R. aus Hausneindorf, hg. vom Kultur- und Heimat-Geschichts-Verein Hausneindorf, 1993 (***B***).

Kerstin Hansen

Reuter, *Ernst* **Rudolf Johannes**, Prof. Dr. h.c.
geb. 29.07.1889 Apenrade/Schleswig-Holstein, gest. 29.09.1953 Berlin, Kommunalpolitiker, Oberbürgermeister in Magdeburg.

R. war der Sohn eines Kapitäns und Dir. einer Navigationsschule. Nach der Volksschule und dem Gymn. in Leer/Ostfriesland studierte er Germanistik, Gesch., Geographie und Volkswirtschaft in Marburg, München und Münster. Als Kriegsteilnehmer geriet er schwer verwundet in russische Gefangenschaft. Er schloß sich den Bolschewisten an und wurde von Lenin von Mai bis Ende 1918 als Volkskommissar in die Wolga-Republik nach Saratow entsandt. R., der bereits 1912 der SPD beigetreten war, wurde 1921 Redakteur des *Vorwärts* in Berlin. 1926 übernahm er im Berliner Magistrat das Dezernat Verkehrs- und Versorgungsbetriebe und wurde einer der Schöpfer der *Berliner Verkehrsgesellschaft* (*BVG*). 1931 wählte ihn Magdeburg in Nachfolge des Sozialdemokraten → Hermann Beims zum Oberbürgermeister und 1932 in den Reichstag. 1933 wurde er von den Nationalsozialisten aller Ämter enthoben und kam ins KZ Lichtenburg bei Torgau. 1935 ging R. durch Vermittlung von → Fritz Baade als Berater des Wirtschaftsministeriums in die Türkei, er war hier u. a. gleichzeitig Prof. für Städtebau an der Hochschule für Politische Wiss. Nach dem Ende des II. WK kehrte R. nach Dtl. zurück und übernahm wieder das Berliner Verkehrs-Dezernat. Im Juni 1947 wurde er zum Oberbürgermeister von Berlin gewählt, von der sowjetischen Militärreg. jedoch abgelehnt. Im Dezember 1948 wurde er im Westteil der Stadt erneut zum Oberbürgermeister (ab 1950 Regierender Bürgermeister) gewählt. Bis zu seinem Tode übte er dieses Amt aus. In den kritischen Tagen der „Blockade" stand er an der Spitze der Westberliner Bevölkerung und stärkte durch seine Unerschrockenheit den Durchhaltewillen. Auch in den USA warb er um Unterstützung für das schwer zerstörte Berlin. 1949 wurde er durch die Freie Univ. Berlin mit dem Dr. h.c. geehrt. R.s Tätigkeit als Oberbürgermeister in Magdeburg war geprägt durch eine erfolgreiche Entwicklung der Stadt trotz einer weltweiten Wirtschaftskrise. So setzte er der Arbeitslosigkeit und Wohnungsnot Arbeitsbeschaffungsmaßnahmen (z. B. den Bau der Gleisschleife der Straßenbahnlinie 1 in Sudenburg, den Beginn der Kanalisation in Rothensee oder die gärtnerische Neugestaltung verschiedener alter Friedhöfe), Selbsthilfesiedlungen für Erwerbslose (z. B. die Siedlungen Lemsdorf I und II und in Birkenweiler/Milchweg) sowie die Gründung der Winternothilfe in Magdeburg 1931 entgegen. Er vollendete den Bau des Wasserwerks in der Letzlinger Heide und organisierte Messen und Ausstellungen in Magdeburg.

W: Hans E. Hirschfeld/Hans J. Reichhardt (Hg.), E. R. Schriften, Reden (4 Bde), 1972–1975. – **N:** Landesarchiv Berlin. – **L:** Bio Hdb Emigr 1, *600*; Willy Brandt/Richard Löwenthal, E. R., ein Leben für die Freiheit. Eine politische Biogr., 1957; Wolfgang Ribbe (Hg.), Stadtoberhäupter. Biogr. Berliner Bürgermeister im 19. und 20. Jh., 1992, *420–442*; E. R. Oberbürgermeister von Magdeburg, hg. von der Friedrich-Ebert-Stiftung Bonn, Büro Magdeburg, 1992; Ingelore Buchholz/Maren Ballerstedt/Konstanze Buchholz, Magdeburger Bürgermeister, o. J., *40–43* (***B***); Munzinger Archiv/Int. Biogr. Archiv, Ravensburg. – **B:** *StadtA Magdeburg.

Ingrun Drechsler

Reuter, Gabriele
geb. 08.02.1859 Alexandria (Ägypten), gest. 16.11.1941 Weimar, Schriftstellerin.

R., Tochter des Großkaufmanns Karl R. aus Pommern (Treptow) und Schwägerin von → Heinrich von Nathusius, lebte mit den Eltern zunächst in Alexandria. 1864 zog sie mit ihrer Mutter Johanne, geb. Behmer, und den Geschwistern nach Dessau, wo sie von 1867–68 die Braunsche Schule besuchte. Die Fam. ging 1869 wieder nach Alexandria und kehrte nach dem Tod des Vaters 1872 erneut nach Dtl. zurück, wo R. zusammen mit der Mutter in Neuhaldensleben bei Magdeburg wohnte und von 1872–73 Zögling des Breymannschen Inst. in Neu-Watzum bei Wolfenbüttel war. Danach folgten verschiedene Aufenthalte: ab 1880 in Weimar, 1895–99 in München, 1899–1929 in Berlin, 1929–41 wieder in Weimar. R. war eine bedeutende Autorin der Jahrhundertwende. Von Thomas Mann wurde sie als souveränste Schriftstellerin ihrer Zeit bezeichnet. Erste schriftstellerische Versuche erschienen in der *Magdeburgischen Ztg.* und der *Elberfelder Ztg.*, dem folgten zahlreiche Romane, Gedichte und Novellen, die Themen der damals aktuellen Frauenbewegung behandeln. Ihr erster gelungener und sogleich Aufsehen erregender Roman „Aus guter Familie" (1895) schildert den tragischen Zusammenprall einer nach Entfaltung ihrer Individualität strebenden Frau mit den lebensfeindlichen Normen der sie umgebenden Ordnung. Die hier noch dem Realismus verpflichtete Schreibweise wird in „Ellen von der Weiden" (1900) von einer fragmentarisch-reflexiven abgelöst, eine Entwicklung, die von der Beschäftigung mit Nietzsche oder der Bekanntschaft mit Ibsen und später mit dem Kreis der Freien Bühne in Berlin beeinflußt sein mag. Auch in anderen Werken behandelte R. vorzugsweise die soziale und seelische Problematik der bürgerlichen Frau. R.s Versuche, an eine weiblichen Literaturtradition anzuknüpfen, lassen ihre bedeutenden Monographien zu Annette von Droste-Hülshoff (1905) und Marie von Ebner-Eschenbach (1904) erkennen. Später verfaßte sie Unterhaltungslit., wie den Familienroman „Grüne Ranken und alte Bilder" (1937).

W: s. o. – **N:** DLA Marbach. – **L:** Kosch LL 12, Sp. *1073f.*; Killy 9, *405*; Richard L. Johnson, G. R. Romantic and Realist, in: Susan L. Cocalis/Kai Goodman (Hg.), Beyond the eternal feminine. Critical essays on women and german literature, 1982, *225–244*; Faranak Alimadad-Mensch, G. R. Portrait einer Schriftstellerin, 1984 (**W**); Linda Kraus Worley, G. R. Reading Women in the Kaiserreich, in: Gerhard P. Knapp (Hg.), Autoren Damals und Heute. Literaturgesch. Beispiele veränderter Wirkungshorizonte, 1991, *419–439*; Elke Frederiksen, Der lit. Text im späten 19. Jh. als Schnittpunkt von regionalen, überregionalen und Geschlechts-Aspekten. G. R.s Roman „Aus guter Fam." zum Beispiel, in: Anselm Maler (Hg.), Lit. und Regionalität, 1997, *157–166*. – **B:** *Reichshdb 2.

Mandy Funke

Reuter, Heinrich Ludwig Christian *Fritz*, Dr. h.c.
geb. 07.11.1810 Stavenhagen, gest. 12.07.1874 Eisenach, Schriftsteller, Zeichner, Malerdilettant.

R., Sohn des Bürgermeisters Friedrich R., studierte Jura in Rostock und Jena, wurde 1833 verhaftet und wegen „Teilnahme an hochverräterischen burschenschaftlichen Verbindungen in Jena und wegen Majestätsbeleidigung" zum Tode verurteilt. 1837 kam die Begnadigung zu dreißigjähriger Festungshaft. Bis zu seiner vorzeitigen Entlassung 1840 wurde R. an verschiedene Haftorte verbracht, darunter vom 12.03.1837 bis 10.03.1838 in das Inquisitoriatsgefängnis Magdeburg. Nach eigener Aussage haben ihn die Haftjahre und die anschließende wirtsch. Not „zum Dichter gemacht" (Brief von 1862). Fünf Kapitel aus „Ut mine Festungstid" (1862) sind jenem „grauen" Jahr in der Magdeburger „Spitzbauwen-Anstalt" gewidmet und schildern in teils humoristischen, teils bitter sarkastischen Episoden die Hilfsbereitschaft und die Späße unter den Gefangenen, aber auch die Repressalien durch den Kommandanten Graf Gustav von Hake.

W: s. o.; Läuschen un Rimels, 1853; Kein Hüsung, 1858; Ut de Franzosentid, 1860; Ut mine Stromtid (3 Bde), 1863–64; Dörchläuchting, 1866. – **N:** F.-R.-Literaturmus. Stavenhagen; F.-R.-Mus. Eisenach; Goethe- und Schiller-Archiv Weimar. – **L:** ADB 28, *319–327*; Kosch LL 12, Sp. *1067–1073*; Killy 9, *403*; Thieme/Becker 28, *199*; → Wilhelm Seelmann, Die plattdt. Litt. des 19. Jhs, in: Jb. des Vereins für niederdt. Sprachforschung 22, 1896, *102–107*; ebd. 28, 1902, *87–95*; ebd. 41, 1915, *62–68*; W. Ahrens, F. R. in Magdeburg, in: Montagsbl. 62, 1910, *353–355*; Karl Theodor Gaedertz, Einleitung, in: F. R., Ut mine Festungstid, o. J., *3–12*; Heinz C. Christiansen, F. R., 1975; Arnold Hückstädt/Wolfgang Siegmund, F. R. Wiss. Bibliogr. zu Leben, Werk und Wirkung, 1982. – **B:** Hans Joachim Gernentz, F. R. Sein Leben in Bildern, 1956.

Dagmar Ende

Ribbeck, Conrad Gottlieb, Dr. theol. h.c.
geb. 21.03.1759 Stolpe/Hinterpommern, gest. 28.06.1826 Berlin, ev. Theologe.

R., Sohn eines ev. Pastors, studierte nach seiner Vorbildung an der Stadtschule in Stolpe 1776–79 ev. Theol. in Halle. Die Vorlesungen bei Johann Salomo Semler, Johann August Nössel und Johann Georg Knapp standen ganz im Zeichen der Vermittlung eines der Aufklärung verpflichteten theol. Rationalismus, der R.s weiteren Lebensweg entscheidend prägte. 1779 zunächst Lehrer am Kadettenkorps in Stolpe, wurde R. 1781 als Prediger nach Wilsleben und Winnigen bei Aschersleben berufen und übernahm 1786 als Nachfolger des emeritierten Pastors Johann Samuel Patzke die erste Predigerstelle an der Heilige-Geist-Kirche in Magdeburg, wo er zudem als Kurator für die Handlungsschule tätig war. Der geschätzte Kanzelredner gab in Magdeburg umfangreiche Predigtslgg. und zahlreiche Einzelpredigten heraus, die weite Verbreitung fanden und wesentlichen Einfluß auf die Magdeburger Pfarrerschaft des ausgehenden 18. Jhs nahmen. Der 1800 zum Konsistorialrat ernannte R. war in Verbindung mit Christian Konrad Duhm, dem Rektor des Domgymn. → Gottfried Benedict Funk und → Franz Bogislaus Westermeier an der revidierten Neuausgabe des

„Magdeburgischen Gesangbuches" beteiligt, das 1805 erschien. In Folge seiner Verdienste um die preuß. Landeskirche wurde R. 1805 als Probst und Prediger an die Nicolai- und Marienkirche in Berlin berufen und amtierte hier bis zu seinem Tode. Dem Oberkonsistorialrat oblag dort neben seiner seelsorgerlichen Tätigkeit auch die Aufsicht über verschiedene Stiftungen, die Erteilung von Religionsunterricht an Berliner Gymnasien sowie die Mitarbeit in Gremien wie der 1814 von Friedrich Wilhelm III. ernannten liturgischen Kommission. R. stand der Reg. nahe und war zeitweise Beichtvater der preuß. Königin → Luise sowie anderer Mitglieder der kgl. Fam. Durch seine populär gehaltenen Predigten fand er breite Anerkennung in der Berliner Bevölkerung. Wie der eng mit ihm befreundete → August Hanstein war R. ein Vertreter des gemäßigten theol. Rationalismus, dessen homiletische Tätigkeit stets auf die Vermittlung der Ideale einer sittlichen Vernunftreligion bezogen blieb.

W: Predigten (5 Bde), 1789–1795; Predigten bey allg. Landesfesten und Casualfällen, 1796; Predigten, mit Hinsicht auf den Geist und die Bedürfnisse der Zeit und des Orts (6 Bde), 1796, ²1801–1804; Beyträge zur moralisch-religiösen Belehrung und Erbauung, 1799; Magazin neuer Fest- und Casualpredigten, Tauf- und Traureden, Beichtermahnungen und anderer kleiner Amtsvorträge (10 Bde), 1799–1808; Neues Magazin von Fest-, Gelegenheits- und anderen Predigten und kleineren Amtsreden (5 Bde), 1809–1814 (mit G. A. L. Hanstein). – **L:** ADB 28, *802–804*; Neuer Nekr 4, 1828, *382ff.*; Hamberger/Meusel, Bde 6, 10, 11, 15; BBKL 8, Sp. *173–176*; Heinrich Döring, Die dt. Kanzelredner des 18. und 19. Jhs, 1830, *336–340*; Carl Gottlieb Ferdinand Schenk, Gesch. der dt.-protestantischen Kanzelberedsamkeit von Luther bis auf die neuesten Zeiten, 1841, *241–244*; Erich Foerster, Die Entstehung der Preuß. Landeskirche unter der Reg. Friedrich Wilhelm III., nach den Quellen erzählt (2 Bde), 1905–1907.

Guido Heinrich

Ribbeck, Wilhelm
geb. 11.03.1793 Markgrafenpieske bei Storkow, gest. 27.02.1843 Magdeburg, Offizier, Kassenrendant.

Der Sohn eines ev. Landpfarrers wuchs in Markgrafenpieske und Strausberg auf, wohin sein Vater 1806 als Oberpfarrer und Superintendent versetzt wurde. Nach dem frühen Tod seines Vaters kam R. 1807 zu seinem Onkel → Conrad Gottlieb R. nach Berlin, der ihn gemeinsam mit seinen beiden Söhnen auf dem Gymn. zum Grauen Kloster in Berlin ausbilden ließ. R. trat 1813 in das Lützowsche Freikorps ein, mit dem er sich bis 1814 an den Feldzügen gegen die Truppen Napoleons beteiligte. Hier verband ihn auch eine engere Freundschaft mit Theodor Körner, der ihn zu eigenen Dichtungen inspirierte. 1815 gehörte R. dem 25. Infanterie-Regiment an, mit dem er als Bataillonsführer Mitte Juni 1815 dank seiner besonderen Initiative den Reisewagen mit der Kriegskasse, wenig später auch den Kassen- und Küchenwagen Napoleons erbeutete, wofür er neben dem EK I auch einen Anteil der Beute erhielt. Seiner angegriffenen Gesundheit wegen schied R. im Juli 1817 auf eigenen Wunsch mit Halbsold für ein Jahr aus dem preuß. Heeresdienst aus, lebte danach kurze Zeit bei Verwandten in Berlin, bis er vom Staat eine Zivilversorgung in der Finanzverwaltung erhielt, zunächst in Berlin, dann in Kleve. Seit 1823 war R. als Rendant bei der Provinzialsteuerkasse und der *Provinzial-Feuer-Societät*, später bei der Kgl. Kreiskasse in Magdeburg beschäftigt. 1828 wurde er Bürger der Altstadt, bald darauf auch Stadtverordneter. 1836/37 fungierte er als Protokollführer der Stadtverordnetenverslg., später als Schatzmeister der *Magdeburger Bibel-Ges.* Selbst kunstliebend und vielseitig interessiert, trat R. frühzeitig als Förderer von in der Stadt und dem Umland ansässigen Dichtern, Malern und Bildhauern auf. Seine Bestrebungen führten 1835 – angeregt durch den Halberstädter Apotheker, Kunstliebhaber und Restaurator Friedrich Lucanus – zur Gründung des ersten Magdeburger Kunstvereins, zu dessen Initiatoren u. a. auch → August Wilhelm Francke, → Georg Friedrich Gerloff, → Johann Andreas Matthias, → Friedrich Wiggert, → Friedrich Albert Immanuel Mellin und der Maler → Carl Sieg gehörten, mit dem R. eine enge Freundschaft verband. Ziel des Vereins war die „Förderung der echten Kunst nach allen ihren Richtungen und mit ihr zugleich harmonische Förderung des Lebens in Religion und Wissenschaft" (Gründungsaufruf R.s). Mit Hilfe des Direktoriums der Kunst- und Zeichenschule fanden ab 1835 alle zwei Jahre Kunstausstellungen in den Sälen des Innungshauses der Magdeburger *Korporation der Kaufmannschaft* statt, die durch Wanderausstellungen, Vorträge und Verlosungen der vom Verein erworbenen Gemälde und Lithographien ergänzt wurden. Die Mitglieder des Kunstvereins, die sich bereits zuvor in sog. „Kunstkränzchen" zum geselligen Austausch getroffen und zumeist private Kunstslgg. angelegt hatten, regten frühzeitig die Einrichtung eines eigenen Mus. an, dessen bescheidene Anfänge erst 1860 realisiert werden konnten. Wesentliche Verdienste um die Kunst erwarb sich R. als langjähriger Geschäftsführer der verbundenen Kunstvereine der Provinz Sachsen, deren Zwecke er umsichtig förderte, wobei er große Wanderausstellungen organisierte, die neben Magdeburg in Halle, Halberstadt, Braunschweig und anderen Städten zu sehen waren. R. trat zudem als Gelegenheitsdichter in Erscheinung. Seine lyrischen Arbeiten, die oftmals zu patriotischen Festen oder besonderen Anlässen wie dem „Großen Magdeburger Musikfest" von 1834 entstanden, fanden im engeren Kreis der Magdeburger *Freitagsges.* Anklang und erfuhren regionale Bekanntheit. Sein Gedicht „Die betende Bauernfam." gab den Anlaß zu der theol. Auseinandersetzung zwischen dem Pfarrer → Friedrich Wilhelm Sintenis und → Bischof Bernhard Dräseke über Bilderverehrung in Magdeburg.

W: Wilde Rosen aus Eugenia's Nachlasse, 1820; Der verhüllte Bote, 1833; Jungfrau Emerentia Lorenz von Tangermünde. Eine Legende, 1835; Gedichte, 1839. – **L:** Neuer Nekr 21, 1845; Franz Brümmer, Lex. der dt. Dichter und Prosaisten, 1884; Hermann Kypke, Denkwürdigkeiten aus dem Leben des Freiheitskämpfers und Glaubensstreiters W. R., 1897 (*B*); Richard Setzepfandt, W. R., „der Freiheitskämpfer und Glaubensstreiter", in: GeschBll 37, 1902, *245–254*.

Guido Heinrich

Richter, Karl Friedrich Wilhelm *Otto*
geb. 30.11.1872 Querfurt, gest. 08.04.1927 Magdeburg, Maurerpolier, Bauunternehmer, Vereinsgeschäftsführer.

1998–99 rekonstruierte eine Wohnungsbaugenossenschaft mit rund 100jähriger Tradition die Fassadenbemalung in der Sudenburger Otto-Richter-Straße. Die 1920/21 vom jungen Architekten → Carl Krayl ausgeführte Bemalung galt als Höhepunkt einer ersten erfolgreichen Auflehnung gegen Hinterhof- und Industriewohnungsbau, die der renommierte, zu dieser Zeit in Magdeburg tätige Stadtbaurat → Bruno Taut als „besonders bemerkenswert" bezeichnete. R., der Förderer und Initiator dieses Siedlungsgebietes, erlernte nach dem Schulbesuch 1887–1890 das Maurerhandwerk im Magdeburger *Baugeschäft Fr. Härtel* und besuchte während seiner Lehrjahre die Magdeburger Kunst- und Handwerkerschule. Bevor er sich 1898 endgültig in Magdeburg niederließ, verbrachte der junge Maurer dreieinhalb Jahre im Ausland und war anschließend als Maurerpolier in verschiedenen Baugeschäften tätig. Der Sozialdemokrat widmete fast 30 Jahre seines Lebens dem sozialen Wohnungswesens in Magdeburg. 1927 verstarb er nach längerer schwerer Krankheit in seiner Wahlheimat. Besondere Verdienst erwarb sich R durch die engagierte Tätigkeit in der Baugenossenschaftsbewegung. 1900 war er Mitbegründer, Vors. und Kassierer des *Mieter-, Bau- und Sparvereins* (*MBSV*), der zweiten Wohnungsbaugenossenschaft dieser Art in der Elbestadt. Die mit 47 Gründungsmitgliedern gestartete Vereinigung wies bereits zum Jahresende 200 Eigner aus. Unter R.s Ägide wuchs, durch seine vorausschauende Planungs- und Verwaltungsarbeit, der *MBSV* bis 1921 zur größten Baugenossenschaft Magdeburgs heran, die bis 1924 793 Wohnungen fertiggestellt und damit für ca. 1.000 Genossenschaftsmitglieder ein neues Zuhause geschaffen hatte. 1904 wurde unter der maßgeblichen Beteiligung R.s in der Westerhüser Straße der Grundstein für die erste Magdeburger Genossenschaftssiedlung gelegt. Die Mietshausanlagen mit 442 Wohnungen und grüner Einfassung durch Kleingärten und Wiesen, galten trotz der Einschränkungen in der Wohnungsgröße und Abstrichen zur städtebaulichen Gestaltung als Vorreiter für einen neuen Wohnungstyp im Reformwohnungsbau. Vier der insgesamt sechs Siedlungsprojekte des *MBSV* erfuhren ihre Planungen, Grundsteinlegungen und teilweise Fertigstellungen unter der Leitung von R. Dieser avancierte ab 1908 zu einem der besoldeten Vorstandsmitglieder, ab 1912 zum Schriftleiter des in diesem Jahr aus der Taufe gehobenen Mitteilungsblattes der Genossenschaft und diente dem *MBSV* als Vors. bis 1922. Danach führte er die Geschäfte des neugegründeten *Bauhüttenbetriebsverbandes Sachsen-Anhalt GmbH* und trat ab 1924 in die Geschäftsleitung der *Bauhütte Magdeburg GmbH* ein. Ab 1919 als gewähltes Mitglied der Stadtverordnetenverslg. und 1923 als unbesoldetes Magistratsmitglied stellte R. u. a. durch die Mitwirkung in der Baudeputation, im Siedlungsausschuß, im Ausschuß zur Errichtung von Kleinwohnungen sowie im Ausschuß zur Vorbereitung des Baus der Stadthalle seine reichen Erfahrungen auf dem Gebiet des Bauwesens in den Dienst der Stadt. Damit unterstützte er die neue, soziale Bau- und Wohnungspolitik des Oberbürgermeisters → Hermann Beims. Darüber hinaus wirkte der ideenreiche R. als Mitarbeiter im Aufsichtsrat des *Neustädter Konsumvereins*, dessen Vorstandsvorsitz er 1914 übernahm. Die Stadt gedachte seiner Leistungen 1927 mit der Umbenennung der Westerhüser in O.-R.-Straße.

L: MBSV-Geschäftsberichte 1904ff.; Magdeburger Amtsblatt, 1927, *266*; Die gemeinnützige Bautätigkeit in Magdeburg, Jahresbericht 1927, 7–9 (StadtA Magdeburg: 140/117a); Marta Doehler/Iris Reuther, Magdeburg – die Stadt des Neuen Bauwillens. Zur Siedungsentwicklung in der Weimarer Republik, 1995; Renate Amann/Barbara von Neumann-Cosel, Soziale Bauherren und architektonische Vielfalt: Magdeburger Wohnungsbaugenossenschaften im Wandel, 1996 (*B*); Magdeburg. Architektur und Städtebau, hg. vom Stadtplanungsamt Magdeburg, 2001, *209*. – **B:** *Wohnungsbaugenossenschaft von 1893 e.V. Magdeburg: Relief.

Heike Kriewald

Ricker, *Gustav* Wilhelm August Josef, Prof. Dr. med. habil.
geb. 02.11.1870 Hadamar/Hessen-Nassau, gest. 23.09.1948 Dresden, Arzt.

R., Sohn des ersten Oberlehrers am Gymn. zu Hanau, erhielt dort seine humanistische Bildung und studierte ab Ostern 1889 an den Univ. Freiburg/Breisgau, München, Bonn und Berlin Phil. und Med. 1893 prom. er mit der Diss. „Vergleichende Untersuchungen über Muskelatrophie" in Berlin unter dem Chirurgen Ernst von Bergmann. An den Instituten der Univ. von Zürich, Halle und Rostock bildete sich R. zum Pathologen aus und habil. sich 1897 in Rostock bei Albert Thierfelder mit der Arbeit „Beiträge zur Lehre von den Geschwülsten in der Niere". Der spätere Chirurg und als Medizinhistoriker Dir. des Leipziger Karl-Sudhoff-Inst., Walter von Brunn, war in Rostock R.s erster Doktorand. R. wurde zwar der Professorentitel verliehen, eine Berufung zum Nachfolger von Thierfelder kam wegen R.s kath. Konfession und seiner für die Sozialdemokratie geäußerten Sympathie in Rostock aber nicht zustande. Er ging statt dessen zum 01.06.1906 nach Magdeburg und übernahm die Leitung der Pathologischen Anstalt für die Städtischen Krankenhäuser Altstadt und Sudenburg, die er bis 1933 innehatte. Während des I. WK war R. zeitweise als Armeepathologe eingesetzt. Nach dem Kriege unterstützte er in Magdeburg die Bestrebungen zur Errichtung einer Med. Akad. und war seit 1930 an den Aktivitäten des Städtischen Inst. für med. Unterricht und ärztliche Fortbildung beteiligt. Nach seiner vorzeitigen Pensionierung durch die ns. Stadtverwaltung arbeitete R. als Privatgelehrter in Berlin und zuletzt in Dresden. 1937 wählte ihn die *Ges. der Ärzte in Wien* zum korrespondierenden Mitglied. Ein halbes Jahr vor seinem Tode wurde im April 1948 das Sudenburger Krankenhaus nach ihm benannt. Weit über sein lokales praktisches Wirken hinaus liegt R.s Bedeutung für die Wissenschaftsentwicklung seines Faches vor allem in dem Versuch, die einengende Sichtweise der von Rudolf Virchow (1821–1902) begründeten Zellularpathologie mit dem geisteswiss. untermauerten Konzept seiner eigenen „Relationspathologie" aufzubrechen. Sein erster konkreter Beitrag daraus zur generellen Lehrmeinung der Pathologie im ersten Drittel des 20. Jhs war das „Stufengesetz der Entzündung". Hier wurde das Interesse auf die Gefäßnerven gerichtet, deren Funktion als erstes Glied einer Kette kausal verbundener Körpervorgänge betrachtet wurde. R.s Auffassung nach mußte die naturwiss. Pathologie die kausalen Relationen krankhafter Prozesse untereinander und zur Umwelt erforschen, die nach seinem Verständnis immer mit einem Nervenvorgang und nicht mit einem Zellvorgang beginnen. Seine Beschränkung auf die integrierende Funktion des Nervensystems kann jedoch als genau so reduktionistisch gelten wie die von R. kritisierte Zellenlehre Virchows. Die Pathologie als Naturwiss. wollte R. von ihrer rein med. Zweckdienlichkeit befreien. Den Menschen sah er als physisch-psychische Einheit und demzufolge als Gegenstand von Natur- *und* Geisteswiss. Die Berücksichtigung der psychischen Wesenheit des Menschen war zu R.s Zeiten durchaus nicht Allgemeingut ärztlichen Denkens. R. unternahm mit seiner Relationspathologie den Versuch, einzelwiss. Resultate in eine Ganzheitsbetrachtung unter Einbeziehung erkenntnistheoretisch-phil. Aspekte einzubringen. Dadurch vermittelte er den deutschsprachigen Pathologen wichtige Denkanstöße. In diesem Sinne gilt R. als einer der Großen seines Faches. R., der als „schwieriger Mensch" galt, jedoch im persönlichen Umgang sehr zurückhaltend und bescheiden auftrat, lehnte es auch ab, seine Ergebnisse und Entwürfe auf Kongressen zu vertreten, was die Verbreitung und Anerkennung seiner Ansichten beeinträchtigte. In seinen letzten Lebensjahren litt er unter den Folgen einer Gefäßkrankheit, die er sich in Magdeburg durch Experimente mit radioaktivem Mesothorium zugezogen hatte, an Diabetes mellitus und einer neurologischen Erkrankung, die ihn jedoch nicht davon abhielten, bis zuletzt schöpferisch tätig zu sein.

W: Entwurf einer Relationspathologie, 1905; Grundlinien einer Logik der Physiologie als reiner Naturwiss., 1912; Pathologie als Naturwiss. – Relationspathologie – Für Pathologen, Physiologen, Mediziner und Biologen, 1924; Wissenschaftstheoretische Aufsätze für Ärzte, 1936 (Repr. 1951). – L: Richard Hoffmann, G. R. (1870–1948) – ein Lebensbild, in: Personal- und Vorlesungsverz. Med. Akad. Magdeburg, Frühjahrsemester 1964, *18–50* (*W,B*); Arno Hecht/Werner Kühne, G. R. (1870–1948) – Leben und Werk, in: Pathologe 11, 1990, *313–315* (*W*); Manfred Beckert, Vor 125 Jahren wurde G. R. geb., in: Volksstimme Genthin 49, 1995, *18*. – B: *Slg. Vf., Qualzow (priv.).

Horst-Peter Wolff

Riedel, Georg August

geb. 19.03.1758 Schleiz, gest. 13.11.1839 Oebisfelde, Wasserbautechniker.

Der jüngere Bruder von → Heinrich August R. war nach seiner Ausbildung im Baufach ab 1789 unter der Leitung seines Bruders als Kondukteur an den umfangreichen Meliorationsarbeiten im Drömling beteiligt. Nach deren Abschluß 1801 leitete er bis 1836 als Obergrabeninspektor die Unterhaltung und den weiteren Ausbau der Ent- und Bewässerungsanlagen im Gebiet. Ein Gedenkstein an der Ohrebrücke zwischen Miesterhorst und Rätzlingen erinnert an den verdienstvollen Wasserbautechniker.

L: Wilhelm Zahn, Der Drömling. Ein Beitrag zur Gesch. und Landeskunde der Altmark. Fs. zur Feier des hundertjährigen Bestehens der Drömlings-Corporation, 1905.

Helmut Müller

Riedel, Heinrich August

geb. 25.08.1748 Schleiz, gest. 16.12.1810 Berlin, Maler, Baumeister, Geh. Oberbaurat.

Der Sohn des Schleizer Hofbaumeisters Johann Gottlieb R. wurde zunächst von seinem Vater unterrichtet, bei dem er auch die Grundlagen der Mathematik, Physik, Architektur und im Zeichnen erlernte. Nachdem er in Bayreuth die Bekanntschaft Friedrichs des Großen gemacht hatte, wurde er von diesem 1769 nach Berlin berufen, avancierte nach Vervollkommnung seiner Kenntnisse und Ausführung verschiedener Bauten 1775 zum Bauinspektor und war seit 1778 als Assessor, Oberbaurat und Geh. Oberbaurat im Oberbaudepartment, der obersten Baubehörde Preußens, tätig – zuletzt mit dem Baumeister David Gilly als Dir. dieser Behörde. R. organisierte und leitete von 1782 bis 1801 die von Friedrich II. empfohlene Urbarmachung des Drömling. Die bedeutendste Meliorationsmaßnahme in der Altmark, die er mit großem persönlichen Einsatz gegen die Widerstände von Landesbehörden und aus der Bevölkerung durchsetzte, ist untrennbar mit R.s Namen verbunden. Dabei wurden nach ausführlichen Vermessungsarbeiten unter widrigsten Bedingungen das Flußbett der Ohre aufgegraben, ca. 200 Kilometer Gräben und Binnenkanäle angelegt, Stauanlagen, Brücken und Dämme gebaut. Vier Grabenmeistereien und eine Obergrabenmeisterei dienten der Unterhaltung der Anlagen. 1800 wurden zudem die ersten von 35 Kolonisten auf einem Teil des neu gewonnenen Landes angesiedelt. Aus einem Erlenbruchwald entstand eine heute geschützte Kulturlandschaft. An die Urbarmachung des Drömling unter R.s Leitung erinnert ein Gedenkstein an der Ohrestauanlage Kämkerhorst.

W: Ausführliche Anleitung zur Strohm- und Deichbaukunde, 1800. – **L:** Thieme/Becker 28, *317;* Georg Kaspar Nagler, Neues allg. Künstlerlex., Bd. 13, 1843; Johannes Maenß, Die Entwässerung des Drömling, in: GeschBll 12, 1877, *249–279;* Wilhelm Zahn, Der Drömling. Ein Beitrag zur Gesch. und Landeskunde der Altmark. Fs. zur Feier des hundertjährigen Bestehens der Drömling-Corporation, 1905.

Helmut Müller

Riemann, *Kurt* Fritz Ernst (Ps.: Jupp Jasper)
geb. 01.08.1904 Magdeburg, gest. 25.03.1945 Gotenhafen, Lehrer, Schriftsteller.

R. entstammte einer Arbeiterfam., absolvierte nach seiner Schulausbildung das Lehrerseminar und trat danach als Erzieher in den Schuldienst. Er war zunächst in Magdeburg (1926–33), danach in Glindenberg/Kr. Wolmirstedt (1933–34) und Irxleben (1934–35), schließlich in Garlipp/Kr. Stendal (1935–41) als Lehrer tätig, wo er neben dem Unterricht auch das Amt des Organisten an den Kirchen in Garlipp und Beesewege versah. 1941 als Soldat zum Kriegsdienst eingezogen, fiel er 40jährig als Leutnant bei den Kämpfen in Ostpreußen. R. war in Magdeburg u. a. als Schulamtsbewerber an der Neustädter II. Sammelschule unter → Wilhelm Biemüller tätig, unterhielt aber auch Kontakte zum Leiter der 1. Buckauer Sammelschule → Richard Rötscher. Offenkundig folgte R. in seiner pädagogischen Arbeit Rötschers reformpädagogischen Bestrebungen einer koedukativen Wahlschule, die neben berufsvorbereitenden Kursen und Gesundheitserziehung auch Kunst und Theater in das Unterrichtsprogramm integrierte. Wie Eva Gruber, Bruno Schneider, → Robert Stemmle und Walter Wolf engagierte sich R. in Magdeburg ab Mitte der 1920er Jahre verstärkt innerhalb der breiten und vielschichtigen Volksbühnenbewegung. Er war Mitglied der Magdeburger *Freien Schauspieler-Truppe im Bühnenvolksbund.* Der *Bühnenvolksbund,* eine 1919 gegründeten Vereinigung zur Theaterpflege „in christlich-dt. Volksgeist", beförderte vorrangig das Puppen-, Heimat- und Jugendspiel, leistete Kulturarbeit durch den Betrieb von Wanderbühnen, die Herausgabe eigener Verlagsartikel, einer Laienspielzeitschrift sowie durch ausgedehnte Fortbildungskurse für Leiter von Laienspielgruppen insbesondere an Schulen. Für die Bedürfnisse der praktischen Bühnenarbeit verfaßte R. selbst verschiedene Jugendstücke, Kindersing-, Stehgreif- und Heimatspiele sowie Sprechchöre und richtete nach dem Vorbild Walther Blachettas diverse Vorlagen (darunter zahlreiche Märchen- und Schelmenspiele) für die Aufführung ein, die er in Heftform in der Reihe „Der Karren. Eine Reihe neuer Spiele" neben eigenen Arbeiten herausgab. Seine theaterpraktischen Erfahrungen in Verbindung mit reformpädagogischen Ansätzen legte er als Herausgeber und Schriftleiter der Zs. *Die Spielgemeinde* und in seinem Buch „Die Praxis des Jugendspiels. Ein Lehrer-Hdb. für Bühnen- & Stehgreifspiele, den Sprechchor und das Handpuppentheater" (1931) nieder. Nach der Machtübernahme durch die Nationalsozialisten konnte R. seine Laienspielarbeit in Magdeburg nicht fortsetzen. Neben seiner Tätigkeit als Lehrer in verschiedenen kleineren Orten der Region arbeitete er auch für den Rundfunk und schrieb Libretti für musikalische Bühnenwerke (u. a. für die Operette „Der silberne Pfeil", Musik: Heinz Joachim Fritzen). Nach 1933 trat er vor allem als erfolgreicher Jugendbuch- und Romanautor hervor. R.s Versuch, seine christlich geprägte Lebensauffassung mit den neuen Anforderungen der ns. Kulturpolitik in Übereinstimmung zu bringen, gelang ihm dabei nicht immer. Einige seiner späteren Heimatspiele, u. a. das Stück „Gero von Wodanswegen", das 1937 zur 1000-Jahr-Feier Gutenswegens aufgeführt werden sollte, fielen der Zensur zum Opfer.

W: s. o.; Der Karren (ca. 30 Hefte), 1927ff.; (Hg.); Spruch im Chor. Eine Slg. von Sprechchören, 1932–33; Jungvolk kämpft um Stropp. Jugendbuch, 1934; Das Leben ruft. Ein Werkbuch zur Gestaltung der Schulentlassungsfeier, 1935; Kleine Frau mit großem Mut. Roman, 1937; Der Täter mitten unter uns. Roman, 1938; Unseres Herrgotts Glückspilz. Roman, 1939; Ich suche Dich. Roman, 1940; Junger Mann aus Sumatra. Roman, 1941; Am anderen Ufer. Drama, 1942. – **L:** Walther Blachetta, Das Laienspiel und seine heutige Aufgabe, 1934; Georg Kannberg, Der Bühnenvolksbund. Aufbau und Krise des Christlich-Dt. Bühnenvolksbundes 1919–1933, 1997; Unterlagen Bärbel Stamer, Wedemark (priv.); Unterlagen Jürgen Kanstorf, Gutenswegen (priv.). – **B:** *Bärbel Stamer, Wedemark (priv.).

Guido Heinrich

Riemann, Waldemar
geb. 04.06.1874 Magdeburg, gest. 19.10.1952 Magdeburg, Schwimmsportler.

Riemann, Walter
geb. 20.09.1878 Magdeburg, gest. 13.01.1946 Magdeburg, Schwimmsportler, Sportfunktionär.

Die Brüder R. waren zunächst im *Magdeburger Schwimmclub 1896* (*MSC 96*) im Schwimmen, Springen und Tauchen aktiv. Walter wurde in 100 m Freistil in den Jahren 1900, 1901 und 1902 dreimal Dt. Meister. Den Titel Dt. Mehrkampfmeister erreichte er 1901 und 1903, er umfaßte Schwimmen, Springen und Tauchen. 1904 gehörten Walter und Waldemar R. neben → Kurt Behrens und → Max Ritter zu den Mitbegründern des *Magdeburger Schwimmvereins Hellas 1904* (*Hellas 1904*). Der Verein erhielt aus dem Privatbesitz der Magdeburger Familien Bank und Griesemann einen Gondelteich am Schöppensteg übereignet, der in der Folgezeit zum Freibad ausgebaut wurde. Die Vereinsleitung vom *MSC 96* verhinderte offenbar aus Verärgerung ein Jahr lang die Aufnahme von *Hellas 1904* in den *Dt. Schwimmverbund* (*DSV*), die erst 1905 erfolgte. 1907 wurde Waldemar Dt. Mehrkampfmeister in Hannover. *Hellas 1904* stellte auch die Staffelsieger über 4 × 100 m Lagen und 3 × 100 m Senioren. Walter war bis 1933 Vorstandsmitglied bei *Hellas 1904* und wurde 1938 zum Ehren-Clubführer gewählt. 1930–33 war er Jugendwart im *DSV*.

L: Beckmanns Sportlex. A-Z, 1933, Sp. *1825*; Monatliche Nachrichten, hg. von der Ortsgruppe Dt. Reichs-Ausschuß, Nr. 9, 1928; ebd., Nr. 10, 1928; Wolfgang Pahnke/Vf., Schwimmen in Vergangenheit und Gegenwart, Bd. 1, 1979, *197, 205*; Hellas Nachrichten, Sonderdruck 1994; Aufzeichnungen Arbeitsgruppe Sport, Mss. 1998/99 (KHMus. Magdeburg); Slg. Wolfram Weigert, Holzkirchen (priv.).

Norbert Heise

Riemer, *Moritz* **Ludwig Karl,** Lic. theol.
geb. 27.08.1873 Badeleben bei Magdeburg, gest. 17.04.1933 Badeleben, ev. Pfarrer.

R., ein Sohn des aus Ostpreußen stammenden Pfarrers Rudolf Otto R. in Badeleben, besuchte das Gymn. des Klosters U. L. F. in Magdeburg und absolvierte seine theol. Studien an den Univ. Leipzig und Halle. 1906 legte R. das Lizentiaten-Examen ab, nachdem er schon seit 1899 die Nachfolge seines Vaters im Pfarramt zu Badeleben angetreten hatte. In Leipzig nahm der Kirchenhistoriker Albert Hauck großen Einfluß auf R., der hier die Anregungen zu eigenen kirchengesch. Forschungen empfing, die er mit seinen heimatgesch. Interessen zu verbinden wußte. R. entfaltete eine fruchtbare lit. Tätigkeit und publizierte in Zss., an deren Gestaltung er selbst maßgebenden Anteil hatte. 1901 wurde R. Mitglied des *Vereins für Gesch. und Alterthumskunde des Hzts und Erzstifts Magdeburg*. 1908/09 in dessen Vorstand gewählt, fungierte er 1912–20 als Schriftleiter der Zs. dieses Vereins, der *Geschichts-Bll. für Stadt und Land Magdeburg*. 1930 wurde R. in den Vorstand des *Vereins für Kirchengesch. der Prov. Sachsen* berufen, wo er im Redaktionsausschuß der Vereins-Zs. mitwirkte. Schon seit den 1920er Jahren förderte R. uneigennützig – ohne darin hervorzutreten – das vom *Aller-* und *Holzkreis-Verein* herausgegebene *Heimatbl. für das Land um obere Aller und Ohre*, einer Beilage des *Neuhaldensleber Wochenblattes*. Um diese Zeit gründete R. die Zs. *Der Klosterbote* für die Absolventen des Pädagogiums des Klosters U. L. F. in Magdeburg, die seit 1926 in neuer Folge erschien. Seine wiss. Arbeiten galten vornehmlich der lokalen Klostergesch. und dem Leben und Wirken ev. Geistlicher, was er auch in gemütvollen Erzählungen darzustellen verstand. Schon früh begründete R. die falsche Tradition angeblicher Bauernkriegsereignisse um das Kloster Marienborn (vgl. GeschBll. 51/52, 1916/17, *262f.*), was eine reiche Legendenbildung durch Unberufene zur Folge hatte. R. schuf in diesem Zusammenhang den (unveröffentlichten) Roman „Der Bundschuh".

W: Ev. Landgemeinde Harbke, in: Zs. für praktische Theol., 1899, *137–156*; Die Einführung der Reformation in den Dörfern des Holzkreises, in: GeschBll 36, 1902, *1–48*; Mönchtum und kirchliches Leben im Bistum Halberstadt, Diss. Leipzig, 1906; Die Entstehung der Kalande im Bistum Halberstadt, in: Zs. des Harz-Vereins für Gesch. und Altertumskunde 41, 1908, *1–27*; Die bisherige Anteilnahme eines Magdeburgischen Dorfes (Badeleben) an den weltgesch. Ereignissen der Gegenwart, in: GeschBll 49/50, 1914/15, *145–169*; Zur Vorgesch. des Pietismus im Hzt. Magdeburg, in: ebd. 49/50, 1914/15, *251–289*; Berichte über Visitationen von Nonnenklöstern des Bistums Halberstadt und des Erzbistums Magdeburg 1496–1498, in: Zs. für Kirchengesch. der Provinz Sachsen 20, 1924, *92–107*; Meine Amtsvorgänger in Badeleben, 1933. – **L:** → Max Pahncke, Pastor Lic. theol. M. R. †, in: Heimatbl. für das Land um obere Aller und Ohre, Nr. 12, 1933 (***B***); → Walter Möllenberg, M. R. †, in: GeschBll 68/69, 1933/34, *XIII-XV*; Otto R., Lic. theol. M. R., Pastor zu Badeleben, am 27.08.1973 100 Jahre alt, in: Der Klosterbote, Jg. 1973, *12f.*

Heinz Nowak

Riemer, *Otto* **Moritz Martin,** Dr. phil.
geb. 02.09.1902 Badeleben bei Magdeburg, gest. 26.06.1977 Waibstadt/Baden, Musikschriftsteller, Hochschuldoz., Kulturpolitiker.

Nach der Schulausbildung in Magdeburg studierte R. ab 1921 Musikwiss. in Marburg, Leipzig und Halle (bei Hermann Stephani, Hermann Abert, Friedrich Blume, Arnold Schering und Hans Joachim Moser), daneben auch Phil. und Pädagogik. 1927 prom. er in Halle bei Schering. Außerdem absolvierte er ein Musikstudium am Leipziger Konservatorium. R. wirkte anschließend als Musikkritiker in Görlitz (1929–33), Magdeburg (1933–36) und Heidelberg (1943–44, ab 1949). In den Volkshochschulen Görlitz und Magdeburg unterrichtete er Musikgesch. In Magdeburg wurde R. Musikberater für den Regierungsbez. Magdeburg und Städtischer Musikbeauftragter, 1937–43 leitete er die Kulturabt. im Magdeburger Volksbildungsamt. R. war Mitglied des Prüfungsausschusses für die Privatmusiklehrerprüfung. 1943 erfolgte die Einberufung in die Wehrmacht. Ab 1949 wirkte er als Doz. an der Hochschule für Musik in Heidelberg (bis 1969) und als Leiter des städtischen Volksbildungsamtes. R. schrieb für verschiedene Ztgg. und Zss. (*Geschichts-Bll. für Stadt und Land Magdeburg*, Montagsbl. der *Magdeburgischen Ztg.*, *Signale für die Musikalische Welt*, *Zs. für Musik*, *Musica*) über Musik und Musiker des 18. bis 20. Jhs. Seine 1937 publizierte populäre Musikgesch. Magdeburgs ist neben der Arbeit → Erich Valentins ein Standardwerk.

W: Erhard Bodenschatz und sein Florilegium Portense, Diss. Halle 1927; Magdeburg als Musikstadt, in: Fs. zum Magdeburger Musikfest, 1935, *5–13*; Musik und Musiker in Magdeburg, 1937; Helmuth Osthoff u. a. (Hg.), Heinrich Grimm, ein mitteldt. Musiker, in: Fs. Arnold Schering. Zum sechzigsten Geb., 1937, *180ff*; Magdeburger Musikantennot zu Mozarts Zeit, in: Gaumusikwoche Magdeburg-Anhalt, 1938, *27f.*; Singendes Magdeburg, in: Festführer zum 2. Gausängerfest Sa.-Anh., 1939, *8–12*; Telemann in heutiger Schau. Zum ersten Zehnt der Neuausgabe seiner Werke, in: Musica, H. 11, 1957, *620–624*; Einführung in die Gesch. der Musikerziehung, 1970, ³1983. – **L:** New Grove 16, *6*; Riemann 2, ¹²1960, *510*; dass., Erg.-Bd. 2, 1975, *486*.

Ralph-J. Reipsch

Rimpau, Arnold Dietrich *Wilhelm,* Dr. phil. h.c. geb. 29.08.1842 Schlanstedt, gest. 20.05.1903 Woltersdorf, Landwirt, Pflanzenzüchter, Naturwissenschaftler.

R., Sohn des Gutsbesitzers und Landwirtes → August Wilhelm R., besuchte das Gymn. in Braunschweig und absolvierte 1859–61 eine Landwirtschaftslehre. 1861–64 studierte er in Bonn und Berlin Naturwiss. und Volkswirtschaft. Eine Studienreise nach England und eine Volontärzeit in einer Zuckerfabrik folgten. 1865 übernahm er die Leitung der von seinem Vater gepachteten Domäne Schlanstedt und wurde 1877 ihr alleiniger Pächter. Er wirkte dort als praktischer Landwirt mit Pflanzen- und Tierproduktion sowie als Pflanzenzüchter (Getreide und Zuckerrüben) und Forscher auf dem Gebiet der biologischen Grundlagen der Pflanzenzüchtung. Als Landwirt setzte er sich für die Anwendung neuer wiss. Erkenntnisse und technischer Erfindungen (u. a. des Dampfpfluges) ein. Er war Mitbegründer der *Dt. Landwirtschaftsges. (DLG)* und ihrer Saatgutabt. Dort engagierte er sich mit Erfolg für die Einrichtung von Sortenversuchen, die die erste Etappe zur offiziellen Sortenanerkennung und der späteren staatl. Regelung des Saatgutwesens bildeten. Als Pflanzenzüchter schuf er durch Auslesezüchtung neue Sorten von Winter- und Sommerweizen, Winterroggen, Sommergerste, Hafer und Zuckerrüben. Mit großem Engagement führte er außerdem wiss. Untersuchungen zum Blühvorgang, sowie zur Befruchtung und Vererbung bei Getreide, Zuckerrüben und Erbsen durch, worüber bislang keine exakten Kenntnisse vorlagen. Die von ihm veröffentlichten Forschungsergebnisse zeigten erstmals die Möglichkeit einer planmäßigen Züchtung neuer Sorten der Kulturpflanzen durch künstliche Kreuzungen auf und wurden damit Grundlage für den Beginn der Kombinationszüchtung in Dtl. und die mit ihr im 20. Jh. erreichten großen Zuchtfortschritte. Ein direkt nutzbares Ergebnis und praktische Bestätigung seiner experimentellen Arbeit war die 1888 in den Anbau überführte Winterweizensorte „R.s früher Bastard", die erste dt. Getreidesorte aus einer künstlichen Kreuzung. R. erzeugte bei seinen Experimenten auch erstmals einen fertilen Weizen-Roggen-Bastard (Triticale) und legte damit den Grundstein für die spätere Triticale-Züchtung. Durch seine bahnbrechende Tätigkeit wurde R. zum Begründer der dt. Getreidezüchtung, er gilt auch als „Vater der dt. Pflanzenzüchtung". Für seine hervorragenden wiss. Leistungen verlieh ihm die Univ. Halle 1894 die Ehrendoktorwürde.

W: Die Züchtung neuer Getreidevarietäten, in: Landwirtsch. Jb. 6, 1877, *193–233*; Das Blühen des Getreides, in: ebd. 11, 1882, *875–919*; (Üb.) Eugéne Risler, Der Weizenbau, 1888; Kreuzungsprodukte landwirtsch. Kulturpflanzen, 1891. – **L:** BioJb 8, 1903; Mitteldt Leb 1, *376–389* (***W,*B***); → Konrad Meyer, W. R. zum Gedächtnis, in: Zs. für Pflanzenzüchtung 32, 1953, *225–232* (***B***); Henry Dannenberg, Zur Schlanstedter Landwirtschaftsgesch., in: Fs. Saatzuchtjubiläum Schlanstedt 1992, *11–51*; Albrecht Meinel, Pioniere der Getreidezüchtung in Dtl. W. R., → Ferdinand Heine, Otto Beseler, → Friedrich Strube und Kurt von Rümker, in: Vorträge für Pflanzenzüchtung 40, 1998, *69–78*.

Wolfgang Porsche

Rimpau, August *Wilhelm*
geb. 24.07.1814 Braunschweig, gest. 14.01.1892 Langenstein, Landwirt, Gutsbesitzer, Landrat, Geh. Regierungsrat.

R., Sohn des Braunschweiger Kaufmanns Arnold R., besuchte das Gymn. in Braunschweig und begann 1830 eine landwirtsch. Ausbildung als Volontär auf verschiedenen Gütern, ergänzt durch Studienreisen im In- und Ausland. 1836 pachtete er die preuß. Domäne Schlanstedt nördlich von Halberstadt, die er bis 1865 selbst bewirtschaftete und danach an seinen Sohn → Wilhelm R. übergab. In den Jahren 1855–60 erwarb er die Rittergüter Langenstein und Emersleben, sowie das Klostergut Anderbeck. 1866–78 war R. als Landrat von Halberstadt tätig. Seine Güter in Emersleben und Anderbeck verpachtete er an seine Schwiegersöhne → Ferdinand Heine und Otto Beseler, die damit wie auch sein Sohn eine Basis für ihre erfolgreiche Tätigkeit als „Pioniere der dt. Pflanzenzüchtung" erhielten. R. war dem wiss. Fortschritt gegenüber sehr aufgeschlossen und bestrebt, auf der von ihm gepachteten Domäne Schlanstedt neue Erkenntnisse in die Praxis umzusetzen. Durch Einführung einer intensiveren Bodenbearbeitung, künstlicher Düngung, Drillsaat, Hackkultur und Verbesserungen auch in der Tierproduktion gelangen ihm in kurzer Zeit große Ertragssteigerungen und ökonomische Erfolge. Er führte auch den Zuckerrübenanbau ein, gründete eine Zuckerfabrik und begann um 1840 mit dem Zuckerrübensamenbau und der Auslesezüchtung bei Zuckerrüben. Die Domäne wurde ein Beispielbetrieb, auf dem R. auch mit Agrarwissenschaftlern neue Erkenntnisse demonstrierte. Damit gehörte er zu den Bahnbrechern für die Intensivierung und Ertragssteigerung in der dt. Landwirtschaft im 19. Jh. R. war hochgeachtet und hatte bedeutende Ehrenämter inne, u. a. war er Vors. des *Landwirtsch. Vereins Halberstadt*, Vizedir. des *Landwirtsch. Centralvereins der Provinz Sachsen*, Mitglied des *Kgl. Preuß. Landes-Ökonomie-Collegiums* und Deputierter des Kreises Halberstadt. Seine Tätigkeit fand durch die Ernennung zum Kgl. Preuß. Geh. Regierungsrat auch hohe offizielle Anerkennung.

W: Die Bewirtschaftung der Domäne Schlanstedt und des dazugehörigen Vorwerks Staudamm, 1859. – L: ADB 53, *396–398*; Mitteldt Leb 1, *376ff.*; Henry Dannenberg, Zur Schlanstedter Landwirtschaftsgesch., in: Fs. Saatzuchtjubiläum Schlanstedt, 1992, *11–47*; Familienarchiv Dr. med. W. R., Berlin (priv.).

Wolfgang Porsche

Rimpau, Hermann *Theodor*
geb. 12.01.1822 Braunschweig, gest. 05.08.1888 Kunrau, Landwirt.

R. besuchte das Realgymn. und das Collegium Carolinum in Braunschweig, absolvierte danach eine landwirtsch. Lehrausbildung, ergänzt durch Studien an der landwirtsch. Hochschule in Hohenheim. Der hervorragende Landwirt erwarb 1847 das ca. 6.400 Morgen umfassende Gut Kunrau in der südlichen Altmark mit ertragsarmen Sand- und Moorböden. Auf der Grundlage von Erfahrungen aus Holland und langjährigen eigenen Versuchen sowie der von ihm entwickelten „R.schen Moordammkultur" gelang es ihm, bedeutende Ertragssteigerungen zu erzielen. Zu diesem Zweck brachte er, wie bereits einige andere vor ihm, den Sand des Moorungrundes auf die Moorflächen auf und führte der beackerten Sanddecke Kali und Phosphor zu. Durch die Sandgewinnung entstand ab 1862 im Drömlingmoor ein Binnenkanalsystem, das R. mit entsprechenden Einrichtungen zur Regulierung des Wasserstandes versah, wodurch er die geschaffenen Moordämme dauerhaft kultivierte. Kunrau wurde durch diese Maßnahmen ein bedeutendes Mustergut. Um effektive Transportmöglichkeiten für seine Erträge zu schaffen, förderte R. den Bau der Eisenbahnstrecke Oebisfelde-Salzwedel. 1865 publizierte R. die Erfahrungen seiner langjährigen Versuche in der Schrift „Vorschläge zur Kultur des Moorbodens", der 1887 der „Bericht über die Bewirtschaftung des Rittergutes Cunrau, insbesondere des Niederungsmoores durch Moordammkultur und Kultur des leichten Sandbodens" folgte. Die R.sche Moordammkultur wurde in der Folge auf weiten Moorflächen Nordwestdtls angewandt und durch die 1877 in Bremen begründete erste Moorversuchsstation Europas unter der Leitung Moritz Fleischers systematisch weitergebildet.

L: Wilhelm Zahn, Der Drömling. Ein Beitrag zur Gesch. und Landeskunde der Altmark. Fs. zur Feier des hundertjährigen Bestehens der Drömlings-Corporation, 1905; Braunschweigisches Biogr. Lex. 19. und 20. Jh., 1996, *492*.

Helmut Müller

Rintelen, *Friedrich* Maria Heinrich, Dr. theol.
geb. 12.12.1899 Ahlen/Westfalen, gest. 09.11.1988 Paderborn, kath. Theologe, Bischof.

R. wurde als viertes von sechs Kindern eines Juristen geb. In Hamm ging R. zur Rektoratsschule und zum Gymn. 1917 wurde er als Unterprimaner zur Armee eingezogen, kam als Offiziersaspirantenanwärter nach Hannover in die Kaserne und im März 1918 an die Front in Lothringen. Trotz EK II und dem Bayrischen Verdienstkreuz 3. Kl. ließ er sich im März 1919 vom Armeedienst entbinden, bekam das Kriegsabitur und begann in München zu studieren. Bald wechselte er nach Paderborn, um dort ein Phil.-Theol. Studium aufzunehmen. Anfang 1924 wurde er in Paderborn von Bischof Caspar Klein zum kath. Priester geweiht und trat als Vikar in Egeln seinen Dienst an. 1927 wurde R. als zweiter Vikar an die Pfarrkirche St. Franziskus und Elisabeth nach Halle versetzt und lernte die sehr schwierige Aufgabe der Krankenbetreuung kennen. Angeregt durch Prälat Theodor Legge, den Generalsekretär der Akad. Bonifatius-Einigung, strebte er ab 1931 eine Prom. an, die er 1934 mit dem Druck seiner Doktorarbeit „Wege zu Gott" beendete. Als die Nationalsozialisten 1935 Legge verhafteten, wurde R. sein Nachfolger in Paderborn. Weil jedoch die Gestapo die Bonifatius-Einigung 1939 auflöste, übernahm er die Aufgabe des Pfarrers der Univ.- und Marktkirche St. Pankratius und St. Xaverius in Paderborn. Seine seelsorgerliche Gemeindetätigkeit währte jedoch nicht lange, denn durch den neuen Erzbischof Lorenz Jaeger wurde ihm 1941 das Amt des Generalvikars übertragen. In dieser Funktion war R. auch für die Personalangelegenheiten des Erzbistums Paderborn zuständig. Obwohl er sich sehr für seine Mitarbeiter einsetzte, konnte er nicht verhindern, daß zwölf Paderborner Priester im KZ ums Leben kamen. Nach Kriegsende galt seine Fürsorge besonders dem Ostteil des Erzbistums, dem Erzbischöflichen Kommissariat Magdeburg, wohin durch die Vertreibung mehrere hunderttausend Katholiken kamen. Oberste Priorität hatte für ihn, diesen Vertriebenen durch Priester seelische Geborgenheit zu geben. Als schließlich der Magdeburger Erzbischöfliche Kommissar, Weihbischof → Wilhelm Weskamm, im Juni 1951 als Bischof nach Berlin ging, bat Erzbischof Jaeger R., dessen Nachfolger zu werden. Nachdem R. am 12.12.1951 von Papst Pius XII. zum Titularbischof von Chusira und zum zweiten Weihbischof von Paderborn mit Sitz in Magdeburg ernannt worden war, siedelte er nach Magdeburg über und wurde am 24.01.1952 in St. Sebastian zum Bischof geweiht. Von vornherein bekam R. in seiner bischöflichen Tätigkeit die Aus- und Abgrenzungspolitik der Reg. der DDR zu spüren, konnte aber eine gänzliche Abtrennung des Kommissariates vom „Mutterbistum" verhindern. Der atheistischen Propaganda versuchte R. durch Schaffung sog. „Religiöser Kinderwochen" und Einrichtung von Wallfahrten gegenzusteuern. In Hirtenbriefen machte er auf die Problematik des Atheismus aufmerksam. Sorge bereiteten ihm anfangs auch die Verhaftungen einiger Geistlicher, die in Schauprozessen abgeurteilt wurden. Um die Vertriebenen zu beheimaten, unterstützte er den Kirchenbau in den Gemeinden. Trotz oft massiver Widerstände seitens staatl. Behörden konnten in seiner Amtszeit viele Bauten realisiert und neue Kirchengemeinden errichtet werden – nicht zuletzt deshalb, weil R. bei auftretenden Schwierigkeiten entsprechend intervenierte. Bedingt durch den politischen Kurs, mitteldt. Theologiestudenten nicht mehr zum Studium nach Paderborn bzw. ausgebildete Theologen nicht mehr in die DDR zu lassen, setzte er das Werk seines Vorgängers Weskamm fort und eröffnete 1952 auf der Huysburg bei Halberstadt ein Priesterseminar. Ebenfalls 1952 ließ er in Magdeburg das „Norbertuswerk" in der Sieverstorstraße mit Johannes Braun als Rektor beginnen, wo junge Männer ein kirchliches Abitur ablegen konnten, wenn diesen der Zugang zum staatl. Gymn. verwehrt wurde. Als Konzilsvater nahm er am II. Vatikanischen Konzil (1962–65) teil und setzte sich für dessen konsequente Umsetzung ein. Aufgrund der von der DDR erzwungenen fortschreitenden Loslösung des Kommissariates Magdeburg vom Erzbistum Paderborn erhielt R. 1967 vom Kardinal Jaeger alle durch einen Diözesanbischof übertragbaren Vollmachten. Einen Höhepunkt stellte für ihn die 1968 veranstaltete 1000-Jahr-Feier im Magdeburger Herrenkruggelände anläßlich der Gründung des alten Erzbistums Magdeburg dar. Anfang 1970 stellte R. nach einigen Querelen um sein Amt altersbedingt das bei Bischöfen übliche Rücktrittsgesuch. Im Sommer 1970 nahm der Heilige Stuhl die erbetene Erlaubnis des 70jährigen an, nach Paderborn zurückkehren zu dürfen. Er verließ am 24.06.1970 Magdeburg mit dem Zug, wobei eine größere Menschenmenge den populären Weihbischof auf dem Bahnhof verabschiedete. Sein Nachfolger Johannes Braun versah bis 1990 das Bischofsamt. R. starb kurz vor seinem 89. Geb. und wurde auf dem Kapitelsfriedhof des Paderborner Doms beigesetzt.

W: Des Christen Leiden und Sterben, in: Ich lebe und ihr lebet, 1937; Leben und Tod. Ein Blick in das Denken der Gegenwart, 1941; Der unsterbliche Irrtum, 1956; Erinnerungen ohne Tagebuch, 1982 (*B*). – **L:** Erwin Gatz (Hg.), Die Bischöfe der deutschsprachigen Länder 1785/1803–1945, 1983, *622*; Rudolf Joppen, Das Erzbischöfliche Kommissariat Magdeburg, in: SkBK, Bd. 32, 1990, *10–15*; Vf., F. M. R. und sein bischöfliches Wirken 1952–1970, Dipl.-Arbeit Ms. 1991. – **B:** *ZBOM.

Daniel Lorek

Ritter, August Gottfried, Prof.
geb. 25.08.1811 Erfurt, gest. 26.08.1885 Magdeburg, Orgelvirtuose, Komponist, Lehrer, Musikforscher, Orgelbausachverständiger.

R., Sohn eines Bürgers und Mehlhändlers, besuchte die Augustiner-Vorschule, dann das Gymn., schließlich ab 1828 das Lehrerseminar in Erfurt. Vom Organisten der Augustinerkirche Andreas Ketschau erhielt er frühzeitig Klavier- und Violinunterricht. Am Seminar förderte ihn der Bachenkel-Schüler Michael Gotthard Fischer. 1831 wurde R. Organist an der Andreaskirche und Lehrer an der Andreasschule. 1832 und 1833 besuchte er allwöchentlich den Klavier- und Improvisationsunterricht bei Johann Nepomuk Hummel in Weimar. 1834 für ein halbes Jahr und danach noch für einige kürzere Zeiträume ermöglichte ihm ein ministerielles Stipendium Studienaufenthalte bei Ludwig Berger (Klavier und Komposition), Karl Friedrich Rungenhagen (Dirigieren), August Wilhelm Bach (Orgel) in Berlin, wo er auch Umgang mit dem Musikhistoriker Carl von Winterfeld und dem Musikaliensammler Georg Pölchau pflegte. Ostern 1835 wieder in Erfurt, wurde er wieder Andreas-Organist und Lehrer an unterschiedlichen Schulen, ab 1839 Organist an der Kaufmannskirche. 1844 ging er an den Dom zu Merseburg, wo er zugleich Gesangs- und Geographielehrer am Gymn. war, 1847 an den Magdeburger Dom. Seit 1834 betätigte sich R. als Hg. älterer Orgelmusik für den praktischen Gebrauch (*Orgel-Archiv* mit Carl Friedrich Becker und *Der Orgel-Freund* mit Gotthilf Wilhelm Körner) sowie der Zs. für Organisten *Urania*. In allen Wirkungsstätten trat er als Konzertdirigent sowie als Orgelbausachverständiger in Erscheinung. Wiederholt erregte er mit seinem virtuosen Orgelspiel und mit Improvisationen Aufsehen. R.s Ausbildungsgang und Studien beeinflußten nachhaltig seine hist. und Sammlerinteressen. 1845 wurde er Kgl. Musikdir., 1880 Prof. Seit 1846 war R. korrespondierendes Mitglied des *Niederländischen Vereins zur Beförderung der Tonkunst*. Zu seinem 50jährigen Amtsjubiläum 1881 wurde ihm das „R.-Album für Orgel" mit Kompositionen bekannter dt. Organisten dargebracht. R. wurde geschätzt als Orgelvirtuose, Komponist, bedeutender Improvisator, Musikforscher, Lehrer und Orgelbausachverständiger. Auf allen diesen Gebieten wirkt seine Tätigkeit bis heute nach. Mit seinen zahlreichen Studien zur Gesch. der Orgelmusik wurde R. einer der Mitbegründer der Musikwiss. Seine hochbedeutenden Orgelsonaten op. 11, 19, 23, 31 und die Choralvorspiele op. 8 und 9 gehören wieder zum Repertoire des Orgelvirtuosen.

W: Zur Gesch. des Orgelspieles, vornehmlich des dt., im 14. bis zum Anfang des 18. Jhs (2 Bde), 1884; Die Kunst des Orgelspiels (3 Tl. in vielen Auflagen); „Tonstücke", „Poesien und Transcriptionen", Choralvorspiele, Choralbücher für Orgel. – Ausgaben: Sammelwerke „auserlesener Gesänge" für Singstimme und Klavier, für Kirchen- und Hausmusik; Auswahl aus Bachs Klavierkompositionen (4 Hefte); 3 Kantaten von Bach im Klavierauszug. – **L:** Hobohm, Bd. 1 und 2; → Rudolph Palme, A. G. R., in: Max Hesse's Dt. Musiker-Kal. 2, 1887, nach einer Abschrift in der Stadtbibl. Magdeburg hg. vom Vf., in: I. Int. A.-G.-R.-Orgelwettbewerb Magdeburg 1995 [Programmheft], *19–25*; Hans Joachim Falkenberg, In memoriam A. G. R. (1811–1885), in: ARS ORGANI. Zs. für das Orgelwesen 33, 1985, *159–167*; Anne Marlene Gurgel, Komponist, Virtuose, Wissenschaftler: A. G. R., in: Hermann J. Busch/Michael Heinemann (Hg.), Zur dt. Orgelmusik des 19. Jhs, 1998 (Studien zur Orgelmusik, Bd. 1), *179–184*; Vf., A. G. R. (1811–1885) – Leben und Werk. Eine Chronik in Daten, in: II. Int. A.-G.-R.-Orgelwettbewerb Magdeburg 1999 [Programmheft], *16–18*.

Wolf Hobohm

Ritter, Friedrich Christoph
geb. 05.01.1850 Pabstorf, gest. 28.06.1913 Colbitz, Brauereibesitzer.

Den Bauernsohn und Brauereigesellen R. hatte seine Wanderschaft nach Colbitz verschlagen. Hier fand er Arbeit in der seit mindestens 1816 bestehenden Brauerei. Später heiratete er die elf Jahre ältere Besitzerin der Brauerei, die verwitwete Auguste Siehe, geb. Nauke. 1870 begann er mit der Modernisierung des Unternehmens und sicherte durch Brunnenbau die Wasserversorgung. Während dieser Zeit wurde die Brauerei grundlegend erneuert und nach der Reichsgründung 1872 als *R.-Brauerei* neu gegründet. Zu dieser Zeit erhielt R. auch die für eine Brauerei lebensnotwendigen Wasserrechte. Hergestellt wurde ab dieser Zeit eine ganze Palette von Biersorten, vorwiegend obergärige Biere wie helles Lagerbier, Doppelmärzen, Doppelmärzen-Bock, Malzbier etc. Aber auch untergärige Biere wie Weißbier und das beliebte Braunbier „Puparsch-Knall" waren im Angebot. Wurde anfangs nur Faßbier geliefert, begann R. bereits 1884 mit der Abfüllung in Flaschen. Pferdegespanne brachten das Bier in die Gastwirtschaften der Umgebung. Zwischen 1895 und 1900 ließ er von dem Architekten Gustav Bierstedt (→ Jacob Bierstedt) für sich und seine Fam. eine Villa in reinem Jugendstil erbauen, die, noch sehr gut erhalten, heute unter Denkmalschutz steht. Nach seinem Tode blieb die Brauerei, mit Ausnahme der Jahre 1972–91, in Familienbesitz.

Ernst Nielebock

Ritter, Richard *Max*
geb. 07.11.1886 Magdeburg, gest. 24.05.1974 Jenkintown (USA), Textilchemiker, Schwimmsportler, Unternehmer, Sportfunktionär.

Nach ersten Erfolgen beim *Magdeburger Schwimmclub von 1896* gehörte R. 1904 neben den Brüdern → Waldemar und Walter Riemann sowie → Kurt Behrens zu den Gründungsmitgliedern des *Magdeburger Schwimmverein Hellas 1904* (*Hellas 1904*). Von 1904 bis 1906 erkämpfte er 18 nationale und int. Medaillen und war mit insgesamt 122 Siegen vor dem I. WK der erfolgreichste Schwimmer von *Hellas 1904*. Bei der Englischen Meisterschaft in London belegte er 1906 den 3. Platz im Rückenschwimmen. 1907 erkämpfte er mehrere Einzelsiege beim „Englischen Königspreis" in London. R. studierte ab 1906 in London. Er wurde hier vor den IV. Olympischen Sommerspielen 1908 als Vertreter des *Dt. Schwimmverbandes* (*DSV*) zum Berater und Mitbegründer des Weltverbandes für Schwimmen, der dringend einheitliche Regeln, klare Amateurbestimmungen zu Weltrekorden sowie Weltmeisterschaften festzulegen hatte. Der Weltverband *Fédération Internationale de Natation Amateur* (*FINA*) wurde in London an einem Sonntag ohne Olympische Wettkämpfe von Abgesandten aus sieben Ländern unter englischem Vorsitz gegründet. R. wanderte 1911 nach dem Ablauf seiner Militärzeit aus beruflichen Gründen von Magdeburg in die USA aus, erwarb die amerikanische Staatsbürgerschaft und nahm eine unternehmerische Tätigkeit in der Textilchemie auf, schwamm aber zur Olympiade 1912 in Stockholm noch einmal für Dtl. Er wurde aktiver Schwimmer des *City Athletik Clubs, New York*, gewann mehrere kanadische Meisterschaften und wurde 1936 als Vorstandsmitglied in das *FINA*-Büro gewählt. Nachdem er sich 1948 aus dem Beruf zurückgezogen hatte, widmete er sich der Organisation des Amateursports. 1946–48 und 1948–52 war R. Generalsekretär und Schatzmeister der *FINA* und von 1960–1964 ihr Präsident. Er setzte sich schon 1949 für eine Wiederaufnahme des *DSV* in die *FINA* ein. Von 1953 bis 1965 war R. außerdem erfolgreicher Schatzmeister des Olympia-Komitees der USA. R. wurde als Deutschamerikaner mit dem Bundesverdienstkreuz I. Kl. geehrt.

L: Alfred Petermann (Hg.), Sportlex., 1969, *493*; → Rudolf Otto Brewitz, M. R. wird 80 Jahre, in: Der Dt. Schwimmsport, Nr. 44 vom 03.11.1966, *571f.* (***B***); Wolfgang Pahnke/Vf., Schwimmen in Vergangenheit und Gegenwart, Bd. 1, 1979, *79, 83, 185f.*; Klaus Fiedler/Klaus Liebold, Schwimmen in Vergangenheit und Gegenwart, Bd. 2, 1979, *27*; Volker Kluge, Aus der Gesch. des Schwimmsports, in: Klaus Fiedler (Hg.), Vom Badespaß zum Weltrekord, 1985, *40–42*; Aufzeichnungen Arbeitsgruppe Sport, Mss. 1998/99 (KHMus. Magdeburg); Slg. Wolfram Weigert, Holzkirchen (priv.). – **B:** Fritz Merk (Hg.), Dt. Sport, Bd. 1, ca. 1925, *293*.

Norbert Heise

Robolski, *Arnold* **Claus August**
geb. 15.05.1828 Neuhaldensleben, gest. 01.11.1909 Halle, Rechtsanwalt, Notar, Justizrat, Schriftsteller.

Der Sohn des Lehrers → Heinrich R. begann nach dem Jurastudium 1862 seine Tätigkeit als Rechtsanwalt in Wanzleben. Später arbeitete R. auch als Notar. Zum Justizrat wurde er 1881 ernannt. In der Stadt Wanzleben engagierte sich R. zudem als konservativer Politiker. So war er langjährig als Stadtverordneter, Stadtverordnetenvorsteher und als Beigeordneter tätig. 1899 trat R. in den Ruhestand und zog nach Halle. Zu seinem 80. Geb. wurde in Wanzleben ein Platz mit seinem Namen geehrt. Schriftstellerisch befaßte sich R. in zwei Schauspielen mit lokalen hist. Ereignissen. Diese wurden von Laiendarstellern aufgeführt. Auch als Verfasser vieler kleiner Beiträge war R. im *Wanzlebener Kreisbl.* zu finden. Im Ruhestand schrieb er „Zum Gedächtnis" (Feldzüge 1866 und 1870) und „Ein Flugapparat in Wanzleben".

W: Stadt und Schloß Wanzleben in den Tagen der Reformation, Volksschauspiel zur Erinnerung an das Fest der Kirchweihe in Wanzleben am 26. Mai 1895, 1895; Schill in Wanzleben. Schauspiel, 1905. – **L:** Allg. Wanzlebener Kreisbl. Nr. 55, 1895; Nr. 122, 1908 und Nov. 1908; Nr. 390, 1909; Volksstimme vom 08.05.1992 und 11.08.1993.

Gerd Gerdes

Robolski, Heinrich
geb. 17.06.1796 Hadmersleben, gest. 05.11.1849 Neuhaldensleben, Lehrer.

Über Herkunft und persönliche Schicksale dieses vielseitigen Lehrers ist nur wenig bekannt. R., ein begeisterter Anhänger Pestalozzis, wurde 1823 an der 1817/18 neu begründeten öffentlichen Töchterschule zu Neuhaldensleben angestellt, wo er bis zu seinem Tode tätig war. Schon 1822 versuchte R., neben dem regulären Schuldienst, Privatunterricht für Knaben in seinem Hause zu ermöglichen und sein Vorhaben im Sinne einer modern anmutenden „Ganztagserziehung" zu gestalten. In Neuhaldensleben hat R. eine umfangreiche lit. Tätigkeit entfaltet und u. a. eine Reihe von Schulbüchern zur Theorie des Unterrichtes und Stoffslgg. verfaßt, die in den Schulen der Stadt gebraucht, aber auch Volksbücher geworden sind (s.u.). Überdies war R. Begründer des Turnwesens in Neuhaldensleben, der unter Opfern, auch als das Turnen verboten war, diese Leibesübungen für Jungen wie für Mädchen seit den 1820er Jahren als Turnwart förderte. Bereits in den 1830er Jahren konnte R. die Anlage eines Turnplatzes erreichen. Durch seinen Einsatz nahm die Turnbewegung seit dem Besuch Friedrich Ludwig Jahns in Neuhaldensleben (1845) einen weiteren Aufschwung. 1843 zogen, nicht zuletzt seinetwegen, 250 Magdeburger Schüler zu einem Turnfest nach Neuhaldensleben. R. erfaßte die von ihm gelehrten Turnübungen in methodischen Zeichnungen, die 1845 in einem Werk von Ernst Wilhelm Bernhard Eiselen in Berlin erschienen. Dem Empfinden seiner Zeit entsprach R. in seinem Band „Der Pflanzenwelt Sinn und Sprache. Eine eigenthümliche Pflanzenkunde für Mütter, Jungfrauen, Jünglinge und Naturforscher" (1845). Schon 1843 hatte R., als „Ergebnis zwanzigjähriger Forschungen", gestützt auf die Mitarbeit von ihm namentlich genannter, aber sonst unbekannt gebliebener Gewährsleute, seine „Flora der Umgegend von Neuhaldensleben" herausgebracht (²1849). In seinem nachgelassenen Herbarium bemerkten Fachbotaniker kurz nach seinem Tode, daß R. Schwierigkeiten in der richtigen Bestimmung von Pflanzen gehabt hatte (Grisebach 1850; → Paul Ascherson 1894 u. a.). Im Grunde aber war R. eine ernste, wiss. gerichtete Lehrerpersönlichkeit, ein Kind seiner Zeit, aber doch über sie und seine engere Umgebung hinausweisend (vgl. Held 1926, *40*).

W: Methoden des Unterrichts im Dt., in: Allg. Schulztg., 1825; Lesebuch, 1827; Hdb. für Lehrer und Eltern, Slg. von Liedern und Gedichten für Kirchenfeste, Erntefeiern u. a., 1829; Leitfaden zur Kunde der Heimat, des Vaterlandes und der Erde, für Lehrer an Volksschulen practisch bearbeitet, 1833; Das Turnen, in: Neuhaldensleber Wochenbl. 25, Nr. 13, 1844, *101*; Das Turnen der Mädchen, in: ebd. 25, Nr. 18, 1844, *140f.* – **L:** → Peter Wilhelm Behrends, Chronik von Neuhaldensleben, 1824, *305*; N. N., Bericht über die Bürger-Verslg. vom 11. August 1845 in Neuhaldensleben, in: ebd. 26, Nr. 34, 1845; Heinrich August Rudolf Grisebach, Bericht über die Leistungen in der geographischen und systematischen Botanik während des Jahres 1849, in: Botanische Ztg. 1850; Paul Ascherson, Nachtrag zu → Ludwig Schneiders „Flora von Magdeburg", 1894, *52*; → Otto Held, H. R., ein Lehrer aus Neuhaldenslebens Biedermeierzeit, in: Heimatkal. für das Land um Aller und Ohre, 1926, *37–40*; → Willi Koch, Friedrich Ludwig Jahn in Haldensleben, in: Roland. Kulturspiegel für den Kr. Haldensleben, H. 1, 1956, *180f.*

Heinz Nowak

Rocke, Gotthilf (Gotthelf) **Moritz** (Ps.: Jaquette)
geb. 06.12.1816 Zschortau bei Delitzsch, gest. 28.10.1873 Calbe, ev. Pfarrer, Dichter.

R. war das zweite von 13 Kindern eines Dorfschullehrers. Nach vielen Entbehrungen besuchte er ab 1832 die Lateinschule der Frankeschen Stiftungen in Halle, studierte dort von 1839 bis 1842 ev. Theol. und kehrte anschließend als Hilfsprediger in seinen Heimatort Zschortau zurück. Ab 1848 war R. Pastor in Werbelin bei Halle und ab 1862 zweiter Prediger in Calbe. Nachdem R. sich in den ersten Jahren nach dem Studium neben seiner beruflichen Tätigkeit überwiegend mit naturwiss. Forschungen beschäftigte, widmete er sich ab den 1850er Jahren mehr den Geisteswiss., um vorwiegend religiöse Gedichte und Volksschriften zu verfassen. Unter seinem Ps. veröffentlichte er zahlreiche Reimgedichte über die Heimat und über bemerkenswerte gesch. Ereignisse. In den letzten Lebensjahren galt sein besonderes Interesse der Regionalgesch. Als Abschluß dieser Studien schrieb er kurz vor seinem Tod die „Gesch. und Beschreibung der Stadt Calbe an der Saale", die erst im Jahr nach seinem Tod im Druck erschien. Darin enthalten sind auch Beschreibungen des Erzbistums Magdeburg und der Calbenser Kirchen. In der mit einigen Ungenauigkeiten und leichtfertigen Deutungen versehenen Chronik sind um so bemerkenswerter seine fundierten Ausführungen über Calbes schlechtes Trinkwasser, das mehrfach Auslöser von Cholera-Epidemien war. Er selbst war das letzte Opfer der Cholera in Calbe.

W: Geistige Wallfahrt des Christen mit seinem Erlöser durch die Zeit der Fasten bis zum Pfingstfeste, 1847; Gotteswort in der Spinnstube, 1852; Saitenspiel dem Herrn, 1852, ²1866; Schulzenhannchen, 1853; Psalterlust, 1854; Ev. Katechismuslehre in Entwürfen, 1856, ²1868; – **L:** Franz Brümmer, Lex. der dt. Dichter und Prosaisten, Bd. 3, ⁴1895, *330*; AKPS: Rep. A, Spec. P, R 170 (PA).

Hanns Schwachenwalde

Roderich-Huch, Daisy
geb. 15.05.1894 n.e., gest. 04.09.1983 Berlin-Zehlendorf, Krankenschwester, Malerin.

R. war die Ehefrau des Syndikus der Fa. *Zuckerfabrik Klein Wanzleben, vormals Rabbethge & Giesecke AG*, Dr. jur. R.-H., in Klein Wanzleben. Nach dem Tode ihres Ehemannes im Januar 1944 und den Vorgängen nach Kriegsende mußte sie ihre Wohnung in Klein Wanzleben 1949 aufgeben und wohnte nun im Schloß Schermcke. Hier, wie schon vorher (und noch) in Klein Wanzleben war R. gesellschaftlich aktiv und gehörte in Schermcke bis 1959 als CDU-Mitglied der Gemeindevertretung an. 1959 mußte R. auch die Wohnung im Schloß Schermcke aufgeben und zog nach Magdeburg. Sie hatte schon früher das Staatl. Krankenpflegerinnen-Examen absolviert, arbeitete nun als Schwester im Gustav-Ricker-Krankenhaus in Magdburg und war auch zeitweilig als wiss. Zeichnerin in der Med. Akad. Magdeburg beschäftigt. Anfang der 1960er Jahre übersiedelte sie nach Berlin-Zehlendorf. R. war in Magdeburg Mitglied des *Club Otto von Guericke*. 1946 wurde sie von der Kunstkammer in Magdeburg als Malerin anerkannt und erhielt auf ihren Antrag auch die Bestätigung ihres selbstgewählten Künstlernamens „R.-H.". In der Großen Kunstausstellung Sa.-Anh. in Halle 1949 war R. mit Werken vertreten. Nach der Etablierung des *VBK Magdeburg* wurde R. nicht mehr Mitglied. Die Anfänge ihrer künstlerischen Arbeit sind kaum bekannt, in ihrem Nachlaß fanden sich Tuschzeichnungen, Radierungen und Aquarelle, die in den 1940er Jahren und später entstanden sind: Landschaften u.ä. Sujets aus der Umgebung von Klein Wanzleben und Schermcke. 1961 übereignete R. ihre bis dahin nicht in andere Hände übergegangenen Werke dem damaligen Mus. des Kreises Wanzleben (Börde-Mus. Ummendorf). Ihr Wunsch, in Klein Wanzleben neben ihrem Ehemann beigesetzt zu werden, wurde von Rat des Kreises Wanzleben abgelehnt.

N: Börde-Mus. Ummendorf: 134 Arbeiten, Bleistift- und Tuschezeichnungen, Radierungen und Aquarelle. – **L:** Vollmer 4, 1958, *85*.

Heinz Nowak

Rodner, *Hans* **Walter,** Prof. Dr. rer. nat. habil.
geb. 30.09.1922, Teuchern bei Weißenfels, gest. 10.02.1996 Schönebeck, Mathematiker, Physiker, Hochschullehrer.

1941 erwarb R. am Realgymn. Weißenfels das Reifezeugnis, war bis 1945 Soldat und anschließend Laborant in einem Braunkohlenbetrieb. Von 1946 bis 1951 studierte er an der Univ. Leipzig Mathematik, Physik und Chemie, legte 1951 das Staatsexamen ab und arbeitete bis 1952 als Lehrer an der Bauingenieurschule Leipzig sowie von 1952 bis 1954 als Redakteur im *Verlag Technik Berlin*. Von 1954 bis 1988 war R. an der Hochschule für Schwermaschinenbau, der späteren TH bzw. TU in Magdeburg tätig – zunächst bis 1958 als Assistent am Mathematischen Inst., danach am Physikalischen Inst. als wiss. Mitarbeiter und ab 1969 als o. Prof. für Mathematische Physik. 1956/57 absolvierte er ein Zusatzstudium auf dem Gebiet der Ballistik an der ETH Zürich. 1965 wurde R. von der TH Magdeburg prom., wo er sich 1969 auch habil. Er verfaßte elf Publikationen (Arbeitsgebiet Differentialgeometrie, Ballistik), wirkte beim Aufbau des Wissenschaftsbereichs Ballistik und fungierte 1974–84 als Dir. der Sektion Mathematik/Physik.

W: Die Lösung des innenballistischen Hauptproblems für rückstoßfreie Geschütze, Diss. Magdeburg 1965. – L: UnivA Magdeburg. – B: *Elfriede R., Magdeburg (priv.).

Karl Manteuffel

Röber, Walter

geb. 16.09.1894 Magdeburg, gest. 05.10.1964 Berlin, Versicherungskaufmann.

Der Sohn einer Arbeiterfam. engagierte sich bereits in der Arbeiterjugend und trat 1912 der SPD bei. Im Krieg armamputiert, gehörte er zu den Mitbegründern des *Reichsbundes der Kriegsbeschädigten und Kriegshinterbliebenen*, deren Gauleiter er für die Provinz Sachsen bis 1933 war. Auch das *Reichsbanner Schwarz-Rot-Gold* gründete er mit, gehörte dem Gauvorstand Magdeburg-Anhalt und dem Bundesvorstand an. Als zweiter Vors. des SPD-Bezirksverbandes war R. Mitglied im Provinziallandtag und von 1924 bis 1933 Stadtverordneter. Hier profilierte er sich als Sprecher der Armen. Im Kampf gegen den Ns. trat R. auf zahlreichen Kundgebungen als Redner hervor. Deshalb geriet er ab 1933 mehrfach in Haft. Seinen Lebensunterhalt verdiente er jetzt mit einem Reinigungsbetrieb. Später arbeitslos, wechselte er 1940 nach Berlin über, wo er in einem elektrochemischen Werk Anstellung fand. Nach 1945 wirkte er als Bezirksleiter der SPD im Wedding, als Bezirksrat für das Sozialwesen und wurde nach der ersten freien Wahl zum Bezirksbürgermeister vom Wedding gewählt. Dieses Amt übte R. in den Wiederaufbaujahren mit Initiative und Tatkraft bis zu seinem krankheitsbedingten Rücktritt 1956 aus.

L: Slg. Vf., Hannover (priv.). – B: Volksstimme Magdeburg vom 17.11.1929, Skizze von → Bruno Beye.

Beatrix Herlemann

Rödel, Friedrich

geb. 18.04.1888 Witzleshofen/Oberfranken, gest. 05.02.1945 Brandenburg (hingerichtet), Porzellandreher, Widerstandskämpfer.

Der Sohn eines Kleinbauern trat nach dem Militärdienst 1910 der SPD und den Gewerkschaften bei. 1915 an der Westfront verwundet und aus dem Militärdienst entlassen, kam er nach Magdeburg. Hier trat er zur USPD über. Als Vertrauensmann des *Dt. Metallarbeiterverbandes* gehörte er zu den Initiatoren des großen Streiks im Frühjahr 1917. Nach dem Januarstreik von 1918 wurde er erneut an die Front geschickt und im September 1918 wieder verwundet. Mit dem linken Flügel der USPD 1920 zur KPD übergetreten, gehörte er seit 1924 der Bezirksleitung und dem Stadtparlament Magdeburg an. Seit 1927 arbeitete er als Redakteur für die KPD-Bezirksztg. *Tribüne*. Im Juni 1933 verhaftet, wurde er im April 1934 vom Berliner Kammergericht gemeinsam mit 16 Angeklagten zu zweieinhalb Jahren Zuchthaus verurteilt. Die Folgen der Haft führten bereits in seinem 50. Lebensjahr zur Invalidität. Er gehörte in den nächsten Jahren zu dem illegalen Kreis um → Hermann Danz, der sich nach dem Überfall auf die Sowjetunion aktivierte und 1943/44 mit der Berliner Saefkow-Gruppe in Verbindung stand. Mit deren Verhaftung im Juli 1944 fiel auch die Magdeburger Widerstandsgruppe in die Hände der Gestapo. Am 1. November vom Volksgerichtshof gemeinsam mit Danz, → Martin Schwantes und → Johann Schellheimer zum Tode verurteilt, wurde er drei Monate vor Kriegsende im Zuchthaus Brandenburg hingerichtet.

L: Dt. Widerstandskämpfer, Bd. 2, 1970, *98ff.* (**B*).

Beatrix Herlemann

Rössing, Wilhelm

geb. 20.08.1856 Wanzleben, gest. 14.10.1918 Wanzleben, Verwaltungsbeamter, Bürgermeister.

R. besuchte die Domschule in Magdeburg. Nach Ablegung der Einjährig-Freiwilligen-Prüfung widmete er sich der praktischen Verwaltungsarbeit und wirkte acht Jahre als Gemeindevorsteher in Groß-Ottersleben. 1889 wählte ihn die Stadtverordnetenverslg. von Wanzleben zum Bürgermeister. Dieses Amt übte R. fast 30 Jahre aus. Als langjähriger Kreisdeputierter, als Amtsanwalt und Vors. des *Kreiskriegerverbandes* entwickelte er eine vielseitige Tätigkeit. In seiner Amtszeit bewirkte er 1889 den Bau des Postamtes, 1900 die Weihe des Denkmals der Kriege von 1866 und 1870/71, 1902 den Bau des Landratsamtes, 1903 die Errichtung der Kreissparkasse, 1905 den Bau der Gasanstalt mit Straßenbeleuchtung, 1913 die Durchführung der Jahrhundertfeier zur Erhebung Preußens und 1914/15 den Bau einer Turnhalle auf dem Turnplatz. R. war langjähriger Bürgermeister von Wanzleben mit bedeutenden Erfolgen in der Kommunalpolitik.

L: Amtliches Wanzlebener Kreisbl. Nr. 39, 1915 (*B*); ebd. Nr. 124, 1919.

Gerd Gerdes

Rößner, Otto, Dr. phil.

geb. 02.08.1863 Halle, gest. 15.02.1928 Magdeburg, Lehrer, Schuldir., Propst.

Der Sohn eines Kaufmanns wurde nach dem frühen Tod seines Vaters im Alter von zwölf Jahren in das Alumnat der Lateinischen Hauptschule der Franckeschen Stiftungen in

Halle aufgenommen, wo er 1884 seine Reifeprüfung bestand. Anschließend studierte er bis 1887 in Halle Klass. Philologie und Germanistik und prom. 1887 mit einer Arbeit über lateinische Präpositionen. Bis 1888 war er als Hauslehrer in Vevey/Schweiz und Eutin tätig. 1889 bestand er das Staatsexamen und erwarb die Lehrbefähigung für Dt., Latein, Griechisch, Franz. und Religion. 1890/91 wirkte er zunächst als Lehrer und Erzieher an der Latina in Halle. Von 1891 bis 1895 war er als Oberlehrer am Realgymn. in Gera tätig und unterrichtete im Anschluß daran 1895–1901 am Gymn. in Ratzeburg, wo er zugleich ein Gymnasialalumnat gründete und leitete. Auf eigenen Wunsch wurde er 1901 wieder in die Provinz Sachsen versetzt. Nach einer Lehrtätigkeit am Kgl. Domgymn. in Merseburg kehrte R. 1904 kurzzeitig an die Hallische Latina zurück und erhielt noch im selben Jahr die Berufung zum Dir. des Kgl. Gymn. in Salzwedel. 1907 übernahm er das Direktorat des Domgymn. Merseburg. Im April 1911 wurde R. aufgrund seines pädagogischen Könnens und seiner erzieherischen Alumnatserfahrung durch den Konvent als Nachfolger → Karl Urbans zum Propst und Dir. des Klosters U. L. F. in Magdeburg gewählt. Als Leiter des pädagogischen Bezirksseminars im Regierungsbez. Magdeburg widmete er sich intensiv der Förderung des Lehrernachwuchses. Ende April 1927 erkrankte R. schwer und konnte Anfang Januar 1928 seine Pflichten im Kloster nicht mehr wahrnehmen.

W: De praepositionum ab de ex usu Varroniano, Diss. Halle 1888; Untersuchungen zu Heinrich von Morungen. Ein Beitrag zur Gesch. des Minnesangs, 1898. – **L:** Jb. des Pädagogiums des Kloster U. L. F. Magdeburg, 1912, *12ff.*; dass. 1928, *25ff.* (**B**); Matthias Puhle/Renate Hagedorn (Hg.), Zwischen Kanzel und Katheder. Das Magdeburger Liebfrauenkloster vom 17. bis 20. Jh., 1998, Kat.-Nr. 3.82. – **B:** *StadtA Magdeburg.

Uwe Förster

Rötger, Gotthilf Sebastian, Dr. theol. h.c.
geb. 05.04.1749 Klein Germersleben bei Magdeburg, gest. 16.05.1831 Magdeburg, Pädagoge, Schuldir., Propst.

Der Sohn des Sebastian Peter R., Pastor in Klein Germersleben, und der Margarethe Christine R., geb. Müller, Tochter des Rektors der Magdeburger Domschule, erhielt seine erste Schulbildung ab 1756 auf der Stadtschule in Neuhaldensleben. 1765–67 war er Schüler und Alumne des Pädagogiums am Kloster U. L. F. Magdeburg. Danach studierte er bis 1770 ev. Theol. in Halle. Zu seinen Lehrern zählten Johann Georg Knapp, Johann August Nössel und Johann Salomo Semler. Im Verlauf seines Studiums galt sein Interesse auch der Physik, Mathematik und Kosmologie. Seine Probepredigt hielt er 1769 in Wörbzig bei Köthen, doch schlug er danach nicht die theol. Laufbahn ein. Nach Abschluß des Studiums kehrte R. nach Magdeburg zurück und arbeitete 1770–71 als Hauslehrer. 1771 hielt er eine Probelektion am Pädagogium des Klosters U. L. F. in Magdeburg und wurde daraufhin als Lehrer angenommen. 1772 zählte er bereits zu den Mitgliedern des Konvents. 1774 übertrug man ihm die Aufgaben der Prokuratur des Klosters. Ende 1779 wählte ihn der Konvent zum Propst. Zugleich war er in dieser Funktion Mitglied der Landstände, ab 1781 in deren engerem Ausschuß. 1786 wählte man ihn zu einem der Deputierten für die Erarbeitung eines allg. preuß. Gesetzbuches (Landrecht). Zu seinem 25jährigen Jubiläum als Propst übertrug man ihm 1805 mehrere Ämter und Funktionen, wie die Mitgliedschaft im Provinzialschulkollegium, die Direktion der Magdeburger Freitische an der Univ. Halle und die Mitgliedschaft in der Generaldirektion des Zwangsarbeitshauses Groß Salze. Darüber hinaus gehörte er der lit. *Mittwochsgesellschaft* um → Friedrich von Koepcken an. Ein von ihm unterstützter Versuch zur Reform des niederen Schulwesens der Stadt Magdeburg konnte aufgrund des Einmarschs der Franzosen 1806 nicht realisiert werden. Ab 1806 war R. Mitglied des Magdeburger Gemeinderates, fungierte 1807 bis ca. 1813 als Arrondissements-Liquidator im westfälischen Elb-Departement und gehörte dem Reichstag des Königreichs Westfalen in Kassel an. Bereits während dieser Zeit wirkte er an Bestrebungen mit, die durch Kontributionen entstandenen Schulden der westfälischen Departements in eine allg. Reichsschuld umzuwandeln. R. war ein pädagogischer Praktiker mit ao. administrativen Fähigkeiten, die die Selbständigkeit des Klosters und seines Pädagogiums auch durch die schwierigen Zeiten der franz. Besetzung hindurch sicherten. Seine zahlreichen verstreuten Aufsätze sind ein Plädoyer für Vernunft, Toleranz und Mitmenschlichkeit. Hervorzuheben ist seine führende Rolle bei der Umgestaltung des Unterrichts und der Erziehung am Pädagogium mit der Einführung von Zensuren, der Einrichtung einer Maschinenkammer, einer Schülerbibl. und eines Naturalienkabinetts. Auf R. gehen zudem die Klosterbälle (seit 1780) und

Kreuzhorstfeste (Exkursionen zu der von R. angeregten forstbotanischen Pflanzung in der zum Kloster gehörigen Kreuzhorst vor den Toren Magdeburgs) zurück. Er gab ab 1793 regelmäßig Jbb. des Pädagogiums heraus, die bis heute die wichtigste Quelle für die Gesch. dieser Schule darstellen. In seinen pädagogischen Ansichten stand er der Aufklärung nahe. Seinen anfänglichen Konflikt mit Johann Bernhard Basedow legte er bei, als Basedow längere Zeit in Magdeburg weilte und den Propst mehrfach besuchte. R. war es auch, der sich mit anderen nach Basedows Tod für die Errichtung eines Denkmals zur Erinnerung an diesen bedeutenden Schulreformer einsetzte. Der überaus beliebte und verehrte Pädagoge, der schon zu Lebzeiten den Ehrennamen „Vater R." trug, hatte großen persönlichen Anteil an der Entwicklung des Pädagogiums des Klosters zu einer weit über die Stadtgrenzen hinaus bekannten Bildungseinrichtung. Zu seinem fünfzigjährigen Jubiläum als Pädagoge fertigte der Berliner Bildhauer Christian Friedrich Tieck 1821 eine Büste R.s aus weißem Marmor. Zur gleichen Zeit entstand ein Gemälde durch → Carl Sieg. Die Univ. Halle verlieh dem Jubilar den Titel eines theol. Ehrendoktors. Für seine Verdienste erhielt er kurz vor seinem Tode, auch aufgrund seiner aktiven Mitwirkung am 1825 auf Veranlassung → August Wilhelm Franckes gegründeten Bürger-Rettungs-Inst., die silberne Bürgerkrone der Stadt Magdeburg. Das Archiv der Fam. R. befindet sich seit 1997 als Depositum im Kunstmus. Kloster U. L. F. in Magdeburg.

W: Briefe eines ganz unpartheyischen Kosmopoliten über das Dessauische Philanthropin, 1776; Versuch einer kurz erzählten Magdeburgischen Reformations-Gesch., 1782; Ausführliche Nachricht von dem Pädagogium am Kloster U. L. F. in Magdeburg, 1783; Ueber Unterricht, Lehrmethode, Schulpolizey und Charakterbildung, 1791; Billigkeitsgründe für die Vereinigung der Schulden aller Westphälischen Departements zu einer gesammten Reichs-Schuld, 1808; Rückblicke in's Leben, veranlaßt durch das Jubelfest des Herrn Kanzlers Dr. Niemeyer, 1827; Ein Hundert Sinngedichte, 1828. – **L:** ADB 29, *303–305*; Neuer Nekr 9, 1833, *424–431*; Rudolf R., Die Nachkommen des Thilo R., Begleitbuch zur Stammtafel, o. J. [1939]; Karl-Heinz Kärgling, Die verschnürten Gedanken eines Gerechten, in: Matthias Puhle/Renate Hagedorn (Hg.), Kloster U. L. F. Magdeburg. Stift – Pädagogium – Mus., 1995, *141–157*; ders., ...der im stillen gewirkt hat! Das Pädagogium und Propst R. im Königreich Westfalen, in: dies. (Hg.), Zwischen Kanzel und Katheder. Das Magdeburger Liebfrauenkloster vom 17. bis 20. Jh., Kat., 1998, *61–70*; Vf., Propst R. und seine Zeit, in: ebd., *221–228*; Vf., Unterricht und Erziehung an den Magdeburger Pädagogien zwischen 1775 und 1824, Diss. Magdeburg 1998, *131–142* u.ö. – **B:** *StadtA Magdeburg.

Uwe Förster

Rötscher, Richard, Prof.
geb. 27.10.1889 Querfurt, gest. 09.10.1964 Halle, Reformpädagoge, Regierungsschulrat.

Der Sohn einer Gutsbesitzerfam. besuchte 1904–10 das Lehrerseminar in Eisleben, erhielt kurzzeitig eine Lehrerstelle und absolvierte seinen Militärdienst als Einjährig-Freiwilliger in Dessau. Anschließend war R. Volksschullehrer in Mansfeld und ab April 1914 in Magdeburg. Von 1914 bis 1918 stand R. als Soldat im Feld und war nach Genesung von einer Verwundung ab 1919 wieder als Lehrer in Magdeburg tätig. 1923 wurde er Leiter der 1. Buckauer Sammelschule, aus der auf seine Initiative hin 1924 die weltliche Versuchsschule und später größte Volksschule in Magdeburg hervorging. Als koedukative Wahlschule für soziale Hilfe mit Kern- und Kursunterricht spielten Berufsvorbereitung (Kurse), Gesundheitserziehung (Waldschule Fort II), Kunst und Theater (→ Robert Adolf Stemmle) für überwiegend proletarische Klientel eine wichtige Rolle. Seit 1918 Mitglied der SPD, wurde R. Stadtverordneter (1924–29), Mitbegründer und Vors. des *Bundes freier Schulgesellschaften Magdeburg* (→ Karl Linke) und gehörte 1923 zu den Initiatoren des Kampfes für die Einführung weltlicher Schulen (→ Gustav Löscher). Im Vorstand des *Lehrervereins Magdeburg* und der *Arbeitsgemeinschaft Sozialdemokratischer Lehrer* (*ASL*) engagierte sich R. in diversen schulpolitischen und pädagogischen Gremien. Als Mitbegründer des sozialdemokratischen *Reichsbanners Schwarz-Rot-Gold* wurde R. im September 1933 von den Nationalsozialisten entlassen. Er erwarb 1934 ein Rentengut in Lebus und wurde 1941 „Lehrer auf jederzeitigen Widerruf". Im Juli 1945 zunächst zum Reg.- und Schulrat in Merseburg berufen, war R. ab 1946 Regierungsrat in der Schulabt. der Provinzialreg. und 1947 als Oberregierungsrat im Ministerium für Volksbildung Sa.-Anh. u. a. für Magdeburg zuständig. Zunehmende Unvereinbarkeit der schulpolitischen Entwicklung mit seiner liberalen, sozialdemokratischen Grundeinstellung veranlaßte Minister → Ernst Thape, ihn 1948 in ein Lehramt an die Martin-Luther-Univ. Halle zu „expedieren". Mit Unterstützung von → Hans Ahrbeck wurde R. als Doz. und Institutsdir. verantwortlich für die Umgestaltung der Franckeschen Stiftungen zur polytechnischen Bildungsstätte. Auf Antrag von Ahrbeck und später von Rosemarie Wothge wurde ihm 70jährig eine Titular-Professur verliehen. 1962 ließ sich R. auf eigenen Wunsch pensionieren.

W: Das Magdeburger Volksschulwesen unter besonderer Berücksichtigung der Versuchsschularbeit, in: Magistrat der Stadt Magdeburg (Hg.), 1927, *74–77*; Die Entwicklungsstufen der Erziehungsgemeinschaft von Schule und Haus, in: Pädagogisches Zentralbl., 1928, *10–13*; Versuch des Ausbaus der Volksschule vom Berufsgedanken aus, in: Bremische Lehrerztg. 5, 1930, *77–80*; Kern- und kursunterrichtlicher

Ausbau der Oberstufe. Ein Organisationsproblem, in: Hamburger Lehrerztg. 47, 1931, *649–652*; Wie helfen wir unseren berufslosen Schulentlassenen?, in: ebd. 48, 1932, *597–601*; Die Breitengliederung der Grundschule I und II, in: die neue schule 12, 1947, *422–425*; ebd. 13, 1947, *460–463*. – **L:** Vf., Die Berthold-Otto-Schulen in Magdeburg, 1999. – **B:** *UnivA Halle.

Reinhard Bergner

Röver, Friedrich Wilhelm *Ernst*
geb. 03.09.1857 Meierhof bei Stade, gest. 22.03.1923 Hausneindorf bei Quedlinburg, Orgelbauer.

R. entstammte als Sohn von Johann Hinrich R. (geb. 1812 Bramstedt, gest. 1896 Hausneindorf) einer Orgelbauerfam., die in Norddtl. regionale Bedeutung erlangt hatte. Gemeinsam mit seinem Bruder Carl Johann Heinrich arbeitete er in der Fa. seines Vaters *J. H. R. & Söhne* in Stade. 1884 erwarb er die von → Adolph Reubke in Hausneindorf bei Quedlinburg gegründete Orgelbaufa. *Reubke & Sohn*. Bis 1914 wurden dort zahlreiche bedeutende Orgeln gebaut, die in den Raum Berlin, Hamburg, Magdeburg, Mühlhausen, Leipzig sowie ins Ausland bis nach Moskau geliefert und aufgestellt wurden. Die größte von ihm gebaute Orgel mit drei Manualen und 100 Registern entstand 1906 für den Magdeburger Dom und wurde im II. WK am 17.02.1945 zerstört. Während des Baus wurde ein für den Halberstädter Dom im Jahre 1900 als Interims-Orgel gebautes Instrument (zwei Manuale, 15 Register) ebenfalls als Interims-Orgel im Magdeburger Dom aufgestellt. 1908 kam diese Orgel in die Höhere Mädchenschule Lüneburg, danach 1994 in das Depot der Landeskirche Hannover und seit 2000 erklingt sie in ihrem Ursprungszustand, rekonstruiert durch die Fa. *Orgelbau Reinhard Hüfken* Halberstadt, in der Aula des Ökumenischen Domgymn. Magdeburg. Ein originales dreimanualiges Werk mit 38 Registern (einschließlich der Prospektpfeifen) steht heute in Moskau. R.s Instrumente beruhen auf einer soliden Bauweise mit hochwertigen Materialien. Er perfektionierte die von seinem Vater entwickelten pneumatischen Kastenladen, die sich durch ihre Robustheit sowie geringe Störanfälligkeit auszeichnen und zudem kaum eine Verzögerung zwischen Tastendruck und Pfeife zulassen. Die Disposition sowie Intonation der Instrumente ist dem romantischen Orgelbau um die Jahrhundertwende (19./20. Jh.) zuzuordnen. R.s Fa. erlosch 1921, bedingt durch die wirtsch. Regression nach dem I. WK und den Tod seines Sohnes, der die Fa. übernehmen sollte.

W: s. o.; dreimanualige Orgel der Marktkirche St. Benedikt Quedlinburg, 1888; Orgel der Johanniskirche Leipzig (drei Manuale, 53 Register), 1892; Orgel der Kaiser-Friedrich-Gedächtnis-Kirche Berlin (drei Manuale, 51 Register), 1895. – **L:** Michael Gailit, Julius Reubke. Leben und Werk, 1995; Stefan Nusser, Orgelbauer E. R., Ms. Burg 2001 (priv.). – **B:** *Christoph Richter, Quedlinburg (priv.).

Sigrid Hansen

Rogge, Johann Friedrich *Wilhelm*
geb. 16.01.1813 Berg-Genthin, gest. 18.01.1880 Genthin, Gärtner.

Ab Mitte des 19. Jhs entwickelte sich in der Region um Genthin eine ao. gärtnerische Tätigkeit, die in Fachkreisen zum Ruf Genthins als „Stadt der Gärtnereien" führte. Zu den Begründern dieser Tradition gehörten neben R. auch Ferdinand Dierich (1823–1890) und Georg Otto Christoph Eberhardt (1792–1878), die sich wie R. schon Kunstgärtner nannten. R. übernahm die von seinem Vater gegründete erste Baumschule und damit älteste Gärtnerei der Stadt um 1840. Schwerpunkt seiner gärtnerischen Arbeit war die Veredlung bekannter und die Züchtung neuer Obstsorten. Neben Baumschulprodukten züchtete R. auch Rosen und Blumen. Er pflanzte 16.280 Obstbäume und über 500 wilde Rosen neu an. Diese Entwicklung löste ab 1890 bis zum Beginn des I. WK in Genthin eine verstärkte Gründung von Gärtnereien und Kunstgärtnereien und den Beginn der Tradition der Baumschulanzucht mit den Hauptgebieten der Obstbaum-, Beerenstrauch- und Rosenanzucht aus, die sich, unterbrochen durch die Kriege, wenn auch in geänderten Betriebsstrukturen bis heute erhalten hat.

L: 50 Jahre Genthiner Ztg. und Bote im Lande Jerichow – Dein Heimatbl., Festausgabe 1934, *36f.*

John Kreutzmann

Rohlandt, Erhard
geb. 04.01.1913 Wulferstedt, gest. 17.09.1990 Wulferstedt, Lehrer, Naturschützer.

R., Sohn einer Landwirtsfam., erwarb nach der Schulbildung am Lehrerseminar Hirschberg/Schlesien die Lehrbefähigung für die Fächer Biologie und Mathematik. 1936 trat er seinen Schuldienst in Königde/Kr. Stendal an, wurde 1939 zur Wehrmacht eingezogen und geriet während des Krieges in franz. Gefangenschaft. Aus dieser 1946 entlassen, übersiedelte er nach nur kurzem Aufenthalt in Königde mit seiner Fam. in sein Heimatdorf Wulferstedt im

Bördekreis. An der Schule dieses Ortes unterrichtete er bis zum Erreichen des Rentenalters. Als engagierter Naturfreund und -schützer erfreute er sich bald eines ausgezeichneten Rufes auch über die Grenzen Wulferstedts hinaus. Folgerichtig wurde er zum Kreisnaturschutzbeauftragten für den Kr. Oschersleben berufen. Mit der ihm eigenen Zielstrebigkeit und hohem Fachwissen gab er dem Naturschutz im Kr. Oschersleben neue Impulse und führte ihn im heutigen Bördekreis zu einer beispielhaften Qualität. R. arbeitete nicht nur im praktischen Naturschutz, sondern betätigte sich auch als Referent und Publizist. So erschienen in der Schriftenreihe „Naturschutz und naturkundliche Heimatforschung in den Bez. Halle und Magdeburg", in der Monatsschrift *Zwischen Bode und Lappwald* und auf der Heimatseite der *Volksstimme* zahlreiche von ihm verfaßte Beiträge. Wichtig bleibt die Hg. der Broschüre „Naturschutz und Landschaftspflege im Kr. Oschersleben" (1986), in der detailliert alle zu schützenden Objekte nach Zustand, Bedeutung und Pflegemaßnahmen vorgestellt wurden. Sein Verdienst ist auch die Ausweisung einer 786 ha großen Fläche im Niedermoorgebiet „Großes Bruch" als Naturschutzgebiet. So konnte ein wichtiger Beitrag zum Schutz bestandsbedrohter Arten und zum Erhalt eines ökologisch wertvollen Feuchtgebietes geleistet werden. Weitere von ihm initiierte oder unterstützte Aktivitäten waren u. a. die Ausweisung von Schongebieten für Großtrappen und bestandsbedrohte Vögel des Grünlandes, die Aktion „Großer Brachvogel", die Verhinderung eines geplanten, aber unsinnigen Torfabbaus im „Großen Bruch" und die nach 1989 sofort gesuchte Zusammenarbeit mit Naturschützern Niedersachsens mit dem Ziel, im Bereich der ehemaligen Grenze wertvolle und artenreiche Biotope zu schützen. R. geriet mit seiner kritischen Meinung oft in Widerspruch zur offiziellen Linie der SED. Deshalb wurde er auch sehr spät zum Oberlehrer befördert.

W: (Bearb.) Zwischen Nordharz und Ohre. Niederdt. Mundartdichtung, 1990. – **B:** *Vf., Gunsleben (priv.).

Dietmar Buchholz

Roloff, Johann Christoph *Heinrich*, Dr. med.
geb. 01.05.1783 Schönebeck, gest. 16.02.1825 Magdeburg, Apotheker, Arzt, Landphysikus, Regierungsmedizinalrat.

R. besuchte die Domschule in Magdeburg und erlernte bei Johann August Tobias Michaelis (vgl. → Gustav Hartmann) am Magdeburger Alten Markt 23 das Apothekerhandwerk. Anschließend studierte er in Halle und Göttingen Med., prom. 1808 und wurde von der Präfektur des Elb-Departements in Magdeburg zur Zeit der franz. Besetzung mit seinen seltenen pharmazeutischen *und* med. Kenntnissen sofort als Landphysikus eingesetzt. 1817 erfolgte seine Berufung als Rat in das *Medizinalkollegium* der preuß. Provinz Sachsen. Hier löste er 1823 → Wilhelm Voigtel als Regierungsmedizinalrat ab, erlag aber schon bald einer akuten Infektion. Überregional bekannt wurde R., der als talentierter Analytiker galt, durch seine Beteiligung an der Entdeckung des Kadmiums.

W: Anleitung zur Prüfung der Arzeneykörper bei Apotheken-Visitationen, 1812, ⁵1847. – **L:** → August Andreae, Chronik der Aerzte des Regierungsbez. Magdeburg mit Ausschluß der Halberstädter, Quedlinburger und Wernigeroder Landestheile, 1860, *179.*

Horst-Peter Wolff

Romeick, *Franz* Karl Robert, Dr. med.
geb. 05.05.1883 Stuttgart, gest. 14.03.1952 Magdeburg, Arzt.

R. war Sohn des Rechtsanwalts und späteren Reichsgerichtsrats Carl Rudolph R. Nach dem Studium der Med. ab 1901 in Tübingen, Kiel, München und Leipzig, wo er 1907 prom., erfolgte seine augenärztliche Ausbildung in Leipzig und Frankfurt/Main. 1912 ließ sich R. als Augenarzt in Magdeburg, Breiter Weg 213, nieder. 1919 wurde R. als Nachfolger von → Paul Schreiber Spezialarzt und ab 1920 Oberarzt für Augenkrankheiten im Krankenhaus Magdeburg-Sudenburg. Nach der 1924 erfolgten Einrichtung einer gemeinsamen Abt. für Augen- und Ohrenkrankheiten fand im August 1930 die offizielle Gründung einer Augenklinik unter dem Direktorat von R. statt, das er bis 1950 innehatte. 1945 wurde die endgültige räumliche Trennung von der Hals-Nasen-Ohren-Klinik durch Schaffung separater Krankenzimmer vollzogen. R.s unermüdlichem persönlichen Einsatz ist mit der Gründung einer Augenklinik die Profilierung des städtischen Gesundheitswesens und die Ausbildung zahlreicher hochqualifizierter Augenärzte zu verdanken.

L: Vf., F. R. – erster Dir. der Augenklinik des Städtischen Krankenhauses Magdeburg-Sudenburg, 1982 (***B***); → Helmke Schierhorn/Thomas Klemm, Grabdenkmäler bedeutender Ärzte in Magdeburg, in: Magdeburger Bll., 1984, *80–88*; StadtA Magdeburg: Rep. 28, 342. – **B:** *Vf., Magdeburg (priv.).

Brigitta Lutze

Romershausen, Elard, Dr. theol.
geb. 16.01.1784 in Niederurf/Kassel, gest. 23.12.1857 Marburg, ev. Pfarrer, Forscher, Konstrukteur.

Der Sohn eines Pfarrers studierte seit 1803 ev. Theol. an der Univ. Marburg, wo er sich auch für die Naturwiss., die Med. und Pädagogik interessierte. 1811 trat er sein Amt als Pfarrer in Aken an, das er bis 1845 (ab 1831 als Oberpfarrer) dort ausübte. Schon bald richtete er in einem alten Stadtmauerturm Akens eine Sternwarte ein und gründete 1824 in der Stadt eine für den Kr. Calbe wichtige Gewerbeschule, in der Bauhandwerker von ihm kostenlos in die Anfangsgründe der Mathematik, Natur-, Gewerbe- und Ackerbaukunde eingeführt wurden. Er konstruierte insgesamt 33 verschiedene gewerbliche Apparate und Instrumente – u. a. einen Luftreinigungsapparat für Lazarette, elektromagnetische Heilapparate, Spiegeldiopter und Längenmesser sowie das Zahnziehinstrument „Dentaparga" – und entwickelte eine Augenessenz zur Erhaltung und Stärkung der Sehkraft. R. war Mitglied verschiedener naturwiss. und ökonomischer Gesellschaften und veröffentlichte 18 Einzelartikel und 16 Schriften. Nach seinem Ausscheiden aus dem Dienst 1845 verzog er zunächst nach Halle, später nach Marburg.

W: Luftreinigungs-Apparat zur Verhütung der Ansteckung in Lazaretten und Krankenhäusern, 1815; Theorie des Diastimeters, 1818; R.s Spiegel-Niveau: ein neues und vollkommen sicheres Instrument zum Wasserwägen, 1842; R.s Spiegeldiopter und Längenmesser, 1845; Die magneto-electrische Rotationsmaschine und der Stahlmagnet als Heilmittel, 1847; Der einfache galvano-electrische Bogen als Heil- und Schutzmittel, 1849. – **L:** Johann C. Poggendorff, Biogr.-lit. Handwörterbuch, Bd. 1, 1863; → Max Rosenthal, Dr. E. R. in: Veröffentlichungen der Ges. für Vorgesch. und Heimatkunde des Kr. Calbe, H. 6, 1932 (*B*).

Hans-Joachim Geffert

Rosenberg, Maximilian
geb. 30.10.1885 Prag, gest. 14.09.1969 Berlin, Arzt, Schriftsteller, Musik- und Theaterkritiker.

R. studierte Med. und wirkte von 1919 bis etwa 1950 als Arzt in Magdeburg. Lit. betätigte er sich als Erzähler und Lyriker. Im April 1919 gehörte R. zu den Mitbegründern des von dem jungen Dichter → Robert Seitz angeregten Zusammenschlusses von Schriftstellern, bildenden Künstlern und Kunstfreunden *Die Kugel. Vereinigung für neue Kunst und Lit.* in Magdeburg, der vor allem expressionistische Malerei und Dichtung sowie die damals neue Musik propagierte. Zwischen 1917 und 1921 publizierte er mehrfach Glossen und Betrachtungen, Gedichte und Novellen in Franz Pfemferts Wochenschrift *Die Aktion* (1911–32), einer der wichtigsten lit. und politischen Zss. des dt. Expressionismus, die nach 1917 sehr stark zum linksgerichteten politischen Kampfblatt tendierte. Nach 1945 gehörte R., der ab 1953 in Berlin lebte, zum Landesvorstand der (nach dem Ende des Ns. neu belebten) Theaterorganisation *Volksbühne*.

W: Umwelt. Gedichte, 1919 (Repr. 1973); Der Soldat. Novelle, 1919 (Repr. 1973); Der Mondwald. Novelle, 1946; Schwester Ludovica. Novelle, 1946; Die Muschel. Neue Gedichte, 1948; Das letzte Konzert. Eine Novelle um Smetana, 1948. – **L:** Kosch LL 13, Sp. *294f*.; Paul Raabe (Hg.), Index Expressionismus. Bibliogr. der Beiträge in den Zss. und Jbb. des lit. Expressionismus 1910–1925, 1972, *2172f*.; ders., Die Autoren und Bücher des lit. Expressionismus, ²1992, *395*. – **B:** *Archiv des Literaturhauses Magdeburg.

Dagmar Ende

Rosenfeld, Felix, Dr. phil.
geb. 22.04.1872 Bromberg, gest. 05.07.1917 Köln-Ehrenfeld, Archivar.

Der einer ostpreuß. Fam. mennonitischen Ursprungs entstammende R. – sein Vater war höherer Postbeamter –, absolvierte seine Schulausbildung in Hirschberg/Schlesien, Memel und Marburg, studierte anschließend in Marburg Gesch. und prom. dort 1895. Während seiner Studienzeit besuchte er auch die Kurse der neugegründeten Marburger Archivschule, an der er 1895 als erster Absolvent das Archivarsexamen ablegte. R. schlug die Laufbahn des Archivars ein und ging 1895–97 zunächst nach Naumburg, um das dortige domkapitularische Archiv zu ordnen. Seit Anfang 1898 Probandus am Marburger StA, kam R. im April 1898 als Hilfsarbeiter an das Kgl. StA nach Magdeburg, wurde im Juli 1899 an das Kgl. Geh. StA nach Berlin versetzt und wirkte 1899/1900 an der Erstellung des „Repertorium Germanicum" durch das Kgl. Preuß. Hist. Inst. im Vatikanischen Archiv in Rom mit. Im Juli 1900 kehrte er an das StA in Magdeburg zurück, an dem er bis 1908 tätig war. R. galt als hervorragender, wiss. mustergültig arbeitender Archivar, der sich neben seinen Studien zur Magdeburger Historie auch als profunder Kenner des Magdeburger Doms besondere Verdienste um die Erforschung seiner Baugesch. erwerben konnte. Im April 1908 wurde er auf eigenen Wunsch an das Marburger StA versetzt, wo er – 1912 zum Archivrat ernannt – bis zuletzt wirkte. Nach Ausbruch des I. WK war R. zunächst in der freiwilligen Krankenpflege tätig und kam 1915 als Landsturmmann zur Infanterie. Im Frühjahr 1917 an der Westfront verwundet, erlag er wenig später einem Lungenleiden in einem Kölner Hospital.

W: Über die Composition des Liber pontificalis bis zu Papst Constantin (715), Diss. Marburg 1896; Vom Magdeburger Dombau. Zum 700jährigen Jubiläum der Domgründung, in: GeschBll 44, 1909, *1–20*; Der Magdeburger Dom. Beiträge zur Gesch. und Ästhetik mittelalterlicher Architektur, Ornamentik und Skulptur, 1910 (mit → Richard

Hamann); Urkundenbuch des Hochstifts Naumburg, Teil I (967–1207), hg. von der Hist. Kommission für die Provinz Sachsen und für Anhalt, 1925. – **L:** Leesch 2, *500* (*W, L*); → Walter Möllenberg, Archivrat Dr. F. R. (†). Nachruf, in: GeschBll 51/52, 1916/17, *283–286*; StA Marburg: Rep. 150/1015 (PA), 156 e/1770 u. 1771. – **B:** Zs. des Vereins für hessische Gesch. und Landeskunde 51, 1918.

Guido Heinrich

Rosenkranz, *Johann* **Karl Friedrich,** Prof. Dr. phil.
geb. 23.04.1805 Magdeburg, gest. 14.06.1879 Königsberg, Philosoph, Ästhetiker.

Der Sohn eines Steuersekretärs erhielt seine Schulbildung in der Cantorschule, später im Pädagogium des Klosters U. L. F. in Magdeburg. 1824 nahm er in Berlin ein Studium der ev. Theol., Philologie und Phil. auf und wechselte 1826 nach Halle. Während er sich in Berlin vor allem für die Romantik begeisterte, lernte er in Halle die Phil. Hegels schätzen. Nach einem Semester in Heidelberg erfolgte 1828 in Halle die Prom. (über Literaturtheorie) und noch im selben Jahr die Habil. (über Spinoza). 1831 wurde R. zum ao. Prof. berufen, 1833 ging er als o. Prof. für Phil. nach Königsberg. Nur von einer kurzen Tätigkeit (1848–49) als Vortragender Rat im Berliner Kultusministerium unterbrochen, blieb er dort bis zu seinem Tode. R. wird der Hegelschen Rechten zugerechnet. Er entwickelte die Phil. Hegels in Auseinandersetzung mit dem Kantianismus weiter, trennte sich von der radikalen Hegel-Schule aber mit der Kritik an zentralen Lehrstücken, wie der Hegelschen Dialektik. R.' Bedeutung wird in seinen Studien zur Gesch. der Phil. gesehen. 1838–40 erstellte er mit Friedrich Wilhelm Schubert eine zwölfbändige Werkausgabe der Kantschen Schriften. Übereinstimmend mit seiner Selbsteinschätzung, blieb er vor allem als Hegel-Biograph bekannt. Zudem beeinflußte R. in vielfältiger Weise das kulturelle Leben der Ostprovinzen. Er verfaßte viel beachtete Biogr. zu Goethe und Diderot sowie mehrbändige Werke zur Literaturkritik, -theorie und -gesch. In seiner Komödie „Das Zentrum der Speculation" (1840) reflektierte er selbstironisch das Bewußtsein des Epigonen. Seine „Ästhetik des Häßlichen" (1853) lieferte über die seinerzeit innovative Analyse und Darstellung ästhetischer Negativität hinaus eine Zeitdiagnose von Staat und Gesellschaft.

W: Gesch. der Kantschen Phil., 1840; G. W. F. Hegels Leben, 1844; Wiss. der logischen Idee (2 Bde), 1858/59; Von Magdeburg nach Königsberg, 1878. – **N:** SUB Königsberg; StABibl. Berlin, Varnhagen-Slg. und Lit.-Archiv der Akad. der Wiss. Berlin. – **L:** ADB 29, *213–215*; Kosch LL 13, *306–308* (*W*); Karl Goedeke, Grundriß zur Gesch. der dt. Dichtung aus den Quellen, Bd. 14, *909–937* (*W*); Erwin Metzke, K. R. und Hegel, 1929; St. Dietzsch, Nachwort, in: K. R., Gesch. der Kantschen Phil., Neuausgabe 1987; Werner Jung, Schöner Schein der Häßlichkeit oder Häßlichkeit des schönen Scheins, 1987; Dieter Kliche, Pathologie des Schönen, in: K. R., Ästhetik des Häßlichen, Neuausgabe 1990, *401–427*.

Klaus Sachs-Hombach

Rosenthal, *Carl* **Albert**
geb. 05.05.1801 Sudenburg bei Magdeburg, gest. 25.03.1879 Magdeburg, Reg.-Baukondukteur.

Der Sohn des späteren Bürgermeisters der Neustadt, des Kaufmannes und Schiffers Carl R., besuchte eine Privatschule in Braunschweig, wechselte später an das dortige Martini-Gymn. und vollendete seine Schulbildung am Collegium Carolinum. Anschließend trat er eine Gehilfenstelle beim Regierungsbaurat Andreas Clemens in Magdeburg an, der vorübergehende Beschäftigungen als Assistent des Baukondukteurs und späteren Generalbaudeputierten → Friedrich Albert Immanuel Mellin folgten. 1820 absolvierte R. eine Ausbildung als Feldmesser in der Domäne Weferlingen. Nach Magdeburg zurückgekehrt, wurde er mit der Bauaufsicht bei der Vollendung der Artilleriekaserne sowie der erneuten Umgestaltung der Domäne Hamersleben betraut. 1821 absolvierte er seinen Militärdienst als Einjährig-Freiwilliger in einer Pionierabt. und nutzte die freie Zeit zum autodidaktischen Studium, da er aus finanziellen Gründen nicht die Bauakad. in Berlin besuchen konnte. Nach dem Militärdienst nahm er eine Gehilfenstelle in Berlin an, setzte dort seine Baustudien fort und bestand das Examen als Baukondukteur. Bei seiner Rückkehr nach Magdeburg erhielt er den Auftrag, die Restaurierung des Magdeburger Domes zu veranschlagen, und leitete ab 1826 gemeinsam mit den Baumeistern Clemens und Mellin die Restaurierungsarbeiten. Danach führte er die Aufsicht beim Bau der Neustadt und der dortigen Kirche. Ebenso lagen Planung und Bau der Zoll-Elbbrücke in seinen Händen. 1830 wurde R. zum Wegebaumeister in Egeln ernannt, setzte aber seine Arbeit in Magdeburg fort, da die hiesigen Aufgaben Priorität besaßen. Nach kurzzeitiger Einberufung zur Infanterie übernahm er 1839–48 die Leitung der vollständigen Restaurierung der Liebfrauenkirche zu Halberstadt. Bereits 1840 zum ersten Mal mit der Vertretung des Baurates Mellin beauftragt, avancierte er nach dessen Versetzung nach Berlin 1843 zum Regierungsbaurat und blieb bis 1873 in diesem Amt. Unter seiner Ägide wurden zahlreiche Gebäude und Anlagen in der Stadt errichtet.

L: Magdeburgische Ztg. vom 26.03.1879; Hans-Joachim Krause, Denkmale in Sa.-Anh., 1983; Michael Sussmann, Der Dom zu Magdeburg, 1996; LHASA: Rep. C 28.1b Nr. 417.

Christiane Mai

Rosenthal, Elisabeth
geb. 11.05.1827 Magdeburg, gest. 16.04.1891 Magdeburg, Lehrerin, Schulleiterin.

Die Tochter des Geh. Regierungs- und Baurates → Carl Albert R. erhielt Privatunterricht und besuchte erst mit knapp neun Jahren eine öffentliche Schule. Sie war eine energische und einsichtsvolle Persönlichkeit, der als Frau nur eine Möglichkeit blieb, einen Beruf mit einem weitgehenden Wirkungskreis zu wählen: Sie wurde Lehrerin und widmete ihr Leben der Erziehung der Magdeburger Jugend. 1868 gründete sie die erste private höhere Mädchenschule in Magdeburg, das „R.-Lyzeum", in dem von ihrem Vater erbauten Haus am Nicolaiplatz. Die Anstalt entwickelte sich unter ihrer Leitung zur führenden privaten Mädchenbildungsanstalt der Stadt und war neben der Luisen-Schule Pflege- und Bildungsstätte eines großen Teils der Magdeburger weiblichen Jugend. Die Schule erfreute sich immer größerer Beliebtheit und mußte bald in ein größeres Gebäude umziehen, zunächst in den Breiten Weg, später in die Falkenbergstraße.

L: Magdeburgische Ztg. vom 05.05.1927; Die Stadtführerin, hg. vom Amt für Gleichstellungsfragen der Stadt Magdeburg, o. J., *67f.*

Kristina Ziegler

Rosenthal, *Erich* Rudolf Otto (Ps.: Billy Jenkins, Erich Fischer)
geb. 26.06.1885 Magdeburg, gest. 21.01.1954 Köln, Artist.

Der unter dem Ps. „Billy Jenkins" bekannt gewordene Kunstreiter, Schütze, Lassowerfer, Greifvogeldresseur und Titelheld einer Romanreihe wurde in der Magdeburger Scharnhorststraße 4 (heute: Haeckelstraße) geb. Um seine Jugendzeit, die er vornehmlich in Berlin verbrachte, ranken sich zahlreiche Legenden von abenteuerlichen Reisen, die vermutlich ins Reich der Legende gehören und lediglich bezweckten, ihm nachträglich den Nimbus des Weltläufers zu verleihen. Sein Vater Georg R. (1865–1932) war Artist und Schausteller mit dem Künstlernamen „Süßmilch", der durch Dtl. tingelte, bevor er sich in Berlin-Tiergarten niederließ und dort ein Varieté betrieb. Er besaß in dem Berliner Vorort Konradshöhe (Habichtstraße 8) eine Villa, in der sich das Restaurant „Süßmilch" befand. Nach der Erbschaft dieser Liegenschaft in den 1930er Jahren richtete R. dort die „Billy-Jenkins-Farm" ein, wo er Greifvögel dressierte und sein artistisches Können verfeinerte. Das in den 1920er Jahren erbaute Haus existiert noch heute. R., halbjüd. Herkunft, nannte sich ab 1933 offiziell nach dem Mädchennamen seiner Mutter „Fischer" (Elfriede R., 1866–1935). Unter diesem Namen wurde er Mitglied der NSDAP, ohne eine besondere politische Tätigkeit zu entfalten. Allerdings ist er von antisemitischen Tendenzen nicht freizusprechen. Als „König der Cowboys", wie er in Presseberichten, Programmheften und auf Werbeplakaten genannt wurde, trat er in zahlreichen Varieté- und Zirkusveranstaltungen, namentlich im Berliner Wintergarten, der Scala, der Plaza, im Leipziger Krystall-Palast sowie unter anderem mit den Zirkussen *Sarrasani, Busch* und *Belli* in vielen Ländern Europas und Südamerikas auf. Ein Aufenthalt in Nordamerika gilt hingegen als unwahrscheinlich. In einem Harry-Piel-Film von 1915 übernahm er die Lassoarbeit und wirkte als Stuntman in weiteren Filmen mit. Das Waffenverbot für Deutsche ab November 1918 traf den Kunstschützen hart, so daß er seiner Arbeit mit Vögeln mehr Gewicht beimaß. Seit den 1920er Jahren galt „Billy Jenkins" als der bedeutendste Greifvogeldresseur der Welt. Der Künstler legte seine Rolle auch im Alltag nicht ab. Zeitzeugen berichten, daß er gern in der Kleidung eines Glamour-Cowboys auftrat, schwadronierte und Tricks vorführte. Als Vorbilder galten ihm der Showman und Büffeljäger Buffalo Bill alias William Frederik Cody (1846–1917) sowie Hans Stosch Sarrasani (1872–1934), Gründer des gleichnamigen Wanderzirkus. Von tragischer Bedeutung war ein Brandunglück im Jahre 1940 in Schlesien. Der Künstler wurde infolge der Explosion eines Sonderwaggons des *Zirkus Busch* derart schwer verletzt, daß er nur noch unter Schmerzen mit Hilfe eines Gehstockes und eines Stahlkorsetts laufen konnte. R. wurde auch durch die „Billy-Jenkins-Romane" bekannt, die der Buch- und Zeitschriftenhandel im deutschsprachigen Raum verkaufte. Die kommerziell äußerst erfolgreichen Trivialromane, hervorgegangen aus einer Sarrasani-Heftreihe der 1920er Jahre und verfaßt „nach Berichten des Westmannes Billy Jenkins", suggerieren dem Leser, daß der Titelheld die Abenteuer selbst erlebt habe. Beim *Werner Dietsch Verlag* in Leipzig erschienen von 1934 bis 1939 264 Hefte und 56 Bücher. Von 1949 bis 1963 gab der *Uta-Verlag* (Sinzig am Rhein, später Bad Godesberg) sowie der *Pabel-Verlag* 370 Hefte und 116 Bücher heraus. Ab September 1939 galten die Romane durch die Reichsschrifttumskammer als unerwünscht, da der Titelheld einen englischsprachigen Namen trug. R. hat die Romane nicht selbst geschrieben, sondern lediglich seinen Künstlernamen und Fotografien zur Verfügung gestellt. Die Romanserie hielt den Bekanntheitsgrad seines Namens aufrecht, als er bereits nicht mehr öffentlich auftrat. Nach Kriegsende wohnte R. zunächst in Hof, dann in Köln. Er lebte von einer artistischen Wildwest-Show, mit der er durch Dtl. tingelte, sowie ab 1949, von den Tantiemen aus den Romanverkäufen. R. starb unverheiratet und ohne Nachkommen in Köln-Nippes. Sein artistengesch. Hauptverdienst bestand darin, eine für das Publikum attraktive mythische Gestalt geschaffen zu haben, welche in die Triviallit. Eingang fand. Zirkusmilieu, Abenteuerwelt und Groschenheft-Romantik waren seine Mittel, die Tristesse des Alltags in eine Zauberwelt zu verwandeln: „Billy Jenkins", der mythische Westmann, und R., dem es um Geld und Ruhm ging, sind zwei Wirklichkeiten, deren Gegensatz ein toleranter Geist ertragen kann.

L: Vf., Billy Jenkins – Mensch und Legende. Ein Artistenleben, 2000 (*B*). – B: *Vf., Berlin (priv.).

Michael Zaremba

Rosenthal, Hermann, Dr. med.
geb. 18.01.1825 Ermsleben bei Aschersleben, gest. 15.02.1906 Rom, Arzt, Militärarzt, Oberstabsarzt, Stadtverordneter.

R., Sohn jüd. Eltern, absolvierte in Berlin an der Pépinière eine militärärztliche Ausbildung. Seine Prom. an der Berliner Friedrich-Wilhelms-Univ. trug ihm 1848 einen Fakultätspreis ein. R. wurde Stabsarzt beim 4. Pionierbataillon in Magdeburg. 1852 trat er hier als Mitglied in die *Med. Ges. zu Magdeburg* ein, die ihn später für seine Leistungen auf dem Gebiet der öffentlichen Hygiene, die er auch als gewähltes Mitglied in die Stadtverordnetenverslg. einbrachte, zum Ehrenmitglied ernannte. R. nahm aktiv an den Kriegen 1864, 1866 sowie 1870/71 teil, wurde im letzteren mit dem EK ausgezeichnet und zum Oberstabsarzt befördert. Er nahm danach seinen Abschied und widmete sich in Magdeburg ganz seiner Praxis sowie seinen privaten Studien der örtlichen Hygieneverhältnisse. R. war 1869 Mitbegründer des örtlichen *Vereins für öffentliche Gesundheitspflege* und redigierte von 1872 bis 1904 die jährlich erscheinenden *Verhandlungen und Mittlgg.* des Vereins, in denen er selber eine Reihe ausgezeichneter Studien zur umwelt- und sozialhygienischen Situation der Stadt publizierte und Verbesserungen anregte. R. war außerdem Mitglied im *Verein für Gesch. und Altertumskunde* sowie im *Verein für Jüd. Gesch. und Lit.* und wirkte im *Synagogen-Gesangverein* der jüd. Gemeinde mit. Seine 1884 entstandene Fs. gilt als verläßliche Quelle zur Magdeburger Medizingesch. des 19. Jhs.

W: Ueber den Gesundheitszustand Magdeburgs im Jahre 1880, in: Verhandlungen und Mittlgg. des Vereins für öffentliche Gesundheitspflege, H. 9, 1881; Choleralehre und Choleraschutz im Licht der heutigen wiss. Forschung, in: ebd., H. 13, 1885; (Hg.) Fs. für die Theilnehmer der 57. Verslg. Dt. Naturforscher und Aerzte in Magdeburg, 1884. – L: → Rudolf Habs, Gesch. der Med. Ges. in Magdeburg, gegründet am 29. März 1848. Eine Festgabe zu ihrem 80jährigen Bestehen, 1928, *19*; Archiv des Inst. für Pflegegesch., Qualzow.

Horst-Peter Wolff

Rosenthal, Willy Carl *Max*
geb. 21.08.1884 Aken, gest. 01.12.1938 Hamburg, Pädagoge, Heimatforscher.

R. legte 1906 in Barby die Mittelschullehrerprüfung ab und war von 1910 bis 1936 als Lehrer an der Mittelschule in Groß Salze tätig. Er war Mitglied der 1924 gegründeten *Ges. für Vorgesch. und Heimatkunde des Kr. Calbe*. Hier beschäftigte er sich intensiv mit den regionalen Sitten und Bräuchen, der Sprachforschung und insbesondere mit der Elbschiffahrt. Seine Forschungsergebnisse dokumentierte R. in zahlreichen heimat- und volkskundliche Schriften und Artikeln eines breiten Themenspektrums, die er vorwiegend in den *Heimatglocken des Kr. Calbe* und im 1937 von → Otto Thinius hg. „Heimatbuch des Kr. Calbe" veröffentlichte. 1932 beschrieb er unter der Rubrik „Berühmte Männer unserer Heimat" in den Veröffentlichungen der *Ges. für Vorgesch. und Heimatkunde des Kr. Calbe* das Leben und Wirken des Theologen und Wissenschaftlers → Elard Romershausen.

W: Unsere Flurnamen, in: Heimatglocken des Kr. Calbe 1, 1925, *6f.*; Aus dem Handwerkerleben vergangener Zeiten. Geschichtliches, Sprachliches und Volkskundliches, in: ebd. 3, 1927, *41–43, 47f., 52*; Volkskunde und Brauchtum der Schiffahrt und des Schiffers, 1937. – L: Schulkal. des Reg.-Bez. Magdeburg 15, 1924/25, *17*.

Britta Meldau

Roßdeutscher, Eberhard
geb. 28.01.1921 Weißenfels, gest. 27.05.1980 Magdeburg, Bildhauer, Plastiker, Restaurator.

Nach der Schulzeit in Magdeburg lernte R. 1937–40 Steinmetz und Steinbildhauer im Betrieb seines Vaters, des Bildhauers → Max R. Hier kam es zu ersten Begegnungen mit Magdeburger Künstlern, u. a. mit → Franz-Jan Bartels. Gleichzeitig besuchte er Abendkurse an der Schule für Graphik und Gestaltendes Gewerbe Magdeburg. 1945 wurde er als künstlerischer Nachwuchs im *Kulturbund zur demokratischen Erneuerung Dtls* bei → Bruno Beye, → Herbert Stockmann und → Hermann Bruse aufgenommen. 1946 nahm er an der Staatl. Kunstschule Bremen bei Herbert Kubica ein Studium auf, wurde 1949 Mitglied der Kammer der Kunstschaffenden Sa.-Anh.; hier kam es zu Begegnung mit Gustav Weidanz, Richard Horn, Gerhard Geyer u. a. Von 1955 bis 1963 wirkte er als Gastdoz. an der Kunstschule in Magdeburg. R., der seit 1952 freischaffend in Magdeburg arbeitete, wandte sich 1954 der Arbeit an der Kleinplastik zu und schuf vor allem Porträt- und Tierplastiken (u. a. Brunnenplastik „Flamingos", Schönebeck/Elbe, 1957). 1961 schloß er mit dem *VEB Schwermaschinenbau „Georgi Dimitroff"* Magdeburg einen Werkvertrag ab und begann die Arbeit am „Mahnmal der Magdeburger Widerstandskämpfer". Seit 1967 nahmen Denkmalgestaltungen und größere plastische Ensembles immer breiteren Raum in seinem Schaffen ein. 1975 initiierte er die nun jährlich ausgetragenen Bildhauersymposien in Ummendorf, an denen er bis 1978 teilnahm. Gesundheitlich bedingt, wandte er sich anschließend erneut der Kleinplastik (Kleinbronzen und -terrakotten) zu. R. wirkte neben seiner künstlerischen Arbeit in vielfältigen kulturpolitischen Gremien mit und wurde mehrfach geehrt.

W: Denkmale und plastische Gestaltungen: Steinschnitt am Bärbogen zum Wiederaufbau Magdeburgs, 1952; Mahnmal Langenstein-Zwieberge, Bronze 1969; plastisches Ensemble „Der Fährmann", Elbuferpromenade Magdeburg, Kalkstein 1972–74; sechs Magdeburger Originale, Fischerufer Magdeburg, Kalkstein 1976; plastisches Ensemble „Telemann und die 4 Temperamente", Bronze/Porphyr, 1981. – Restaurierungen: sechs Schlußsteinköpfe und Giebelfigur am Barockhaus Domplatz 7, Magdeburg, Sandstein 1955; Wandgestaltung mit 14 restaurierten Hauszeichen, Buttergasse am Alten Markt Magdeburg. – **N:** KHMus. Magdeburg; Kunstmus. Kloster U. L. F. Magdeburg. – **L:** Hdb SBZ/DDR, *734*; Vollmer 4, 1958, *111*; E. R., Kat. Verkaufsausstellung Plastik und Handzeichnungen, Rostock 1977; E. R. 1921–1980, Kat. Kloster U. L. F. Magdeburg 1981. – **B:** *Vf., Magdeburg (priv.).

Siegward Hofmann

Roßdeutscher, Max
geb. 09.06.1893 Weißenfels, gest. 09.04.1979 Magdeburg, Steinbildhauer, Restaurator, Plastiker.

R., Sohn eines Maurers und Bauführers, absolvierte nach dem Besuch der Volksschule in Weißenfels eine Steinmetz- und Bildhauerlehre in Halle. Ab 1911 studierte er an den Kunstschulen in Halle, Leipzig und Dresden. 1914–18 nahm er am I. WK teil und wurde verwundet. Um 1923 übersiedelte er mit seiner Fam. von Weißenfels nach Magdeburg, wo er 1926–28 die ihm übertragene Restaurierung der Westfassade des Magdeburger Domes ausführte. 1930 richtete R. Werkstatt und Atelier in der Großen Diesdorfer Straße ein, wo er fortan wirkte. In den Jahren des II. WK sicherte er seinen Broterwerb vorwiegend durch handwerkliche Tätigkeiten (Grabdenkmäler). Nach 1945 wurde er Mitglied im *VBK Dtls* und mit Beginn des Wiederaufbaues des kriegszerstörten Magdeburg widmete er sich verstärkt baugebundenen Gestaltungs- und Restaurierungsaufgaben, u. a. an der Fassade des Alten Rathauses (1951) und verschiedenen Häusern am Domplatz (z. B. kriegszerstörtes Giebelfeld am Wallraveschen Freyhaus, Domplatz Nr. 9, 1956). Eine einseitige Lähmung zwang ihn Mitte der 1960er Jahre zu ausschließlich plastischem Arbeiten.

W: Kalksteinplastik „Lebensfreude" im Vestibül des Varietés „Kristallpalast" in Magdeburg, 1950; Stalindenkmal mit Kolossalbüste, Burg bei Magdeburg, 1953/54 – Bronze-Büsten: u. a. → Heinrich Germer, 1952; → Erich Weinert, 1953; Justus von Liebig, 1953. – Gedenktafeln: Karl-Marx, 1950; Georg Philipp Telemann, 1967. – **L:** Vollmer 4, 1958, *111*; R. Werber, Ein Steinmetz unserer Zeit – M. R. in Magdeburg, in: Das Bauwerk, H. 9, 1953; Karl-Heinz Gensicke, Was du ererbt von deinen Vätern hast ... , in: Magdeburger Ztg., Juni 1963; Ein Leben für die Kunst, in: Mitteldt. Neueste Nachrichten vom 13./14.04.1968, *3*. – **B:** *Vf., Magdeburg (priv.).

Siegward Hofmann

Rost, *Hans* Günter
geb. 19.07.1904 Jever, gest. 02.02.1997 Berlin-Pankow, Obering., Hauptkonstrukteur.

Der Sohn des Magistrats-Aktuars Johann Jacob R. vervollständigte nach einem Ingenieurstudium seine Kenntnisse auf dem Gebiet des Motorenbaus durch Arbeiten in den Konstruktionsbüros der *Germania-Werft* Kiel, der *MAN* in Augsburg und der *Klöckner-Humbold-Deutz AG* in Köln-Deutz. 1938 wechselte R. zur *Maschinenfabrik Buckau R. Wolf AG* und übernahm die Leitung des Konstruktionsbüros Motorenbau. Hier vervollständigte er zunächst das traditionelle Lieferprogramm an 2-Takt-Motoren, das von der *Aschersleber Maschinenbau-AG (vorm. W. Schmidt & Sohn)* und den *Grade-Motorenwerken* Magdeburg (Stadtfeld) übernommen worden war. Während des II. WK begann R. die Entwicklung einer 4-Takt-Motorenbaureihe mit 240 mm Hub und einer Leistung von 25 PS pro Zylinder. Motoren dieser Baureihe DV124 wurden während des Krieges nur in geringen Stückzahlen abgesetzt. Nach Kriegsende und der Beseitigung der schlimmsten Kriegsschäden im Werk Magdeburg-Salbke überarbeitete R. diese Baureihe mit einem Konstruktionskollektiv von sechs Personen. Am 22.05.1948 konnte der erste 4-Zylinder-Motor dieser Baureihe 4DV224 ausgeliefert werden. Da die USA im März 1948 eine Wirtschaftsblockade über alle Länder verhängten, die sich nicht dem Marshallplan öffneten, und Frankreich und Großbritannien sich diesem Vorgehen anschlossen, wurde die Lieferung von Dieselmotoren aus England an die UdSSR für den Neuaufbau ihrer Fischereiflotte gestoppt. Die SMAD legte daraufhin den Ausbau der Fertigungskapazitäten zum Bau von Schiffsdieselmotoren für Kutter, Seiner und Logger im Betrieb *Buckau-Wolf* Magdeburg fest. Da außer der sofort verfügbaren Leistung von 80 PS auch Leistungen bis 400 PS gefordert wurden, entwickelte R. mit seiner Arbeitsgruppe zum DV224 eine 3- und 6-Zylinder-Variante sowie die 6- und 8-Zylinder-Variante eines Motors mit 360 mm Hub und einer Zylinderleistung von 50 PS. Einen vorläufigen Abschluß erreichte diese Entwicklung am 21.12.1950 mit dem Probelauf des ersten 6DV148 der größten Baureihe mit 480 mm Hub und 90 PS Zylinderleistung. Neben der Entwicklung der Motoren war R. maßgeblich am

Ausbau der Fertigungskapazitäten beteiligt. Die Motoren bewährten sich beim Einsatz vor allem in der UdSSR unter schwierigsten klimatischen Bedingungen. Sie dienten als Schiffsantriebe im weltweiten Einsatz und versorgten als Diesel-Elektro-Stationen Dörfer und Kolchosen mit Elektroenergie. Durch hohe Zuverlässigkeit und Wirtschaftlichkeit sowie niedrigen Wartungsaufwand und hohe Reparaturfreundlichkeit unter widrigen Einsatzbedingungen besaßen diese Motoren einen guten Ruf in allen Ländern des RGW. Von den Grundtypen wurden bis zur Ablösung durch leistungsstärkere Motorvarianten 1965 über 40.000 Motore geliefert. R. war neben seiner Tätigkeit im *VEB Schwermaschinenbau „Karl Liebknecht" (SKL)* Magdeburg als Vors. des Zentralen Arbeitskreises „Dieselmotoren" maßgeblich an der Profilierung des Motorenbaus der DDR beteiligt und unterstützte auf Grund seiner Erfahrungen die Nachfolgeentwicklungen im *SKL* bis zu seinem Ausscheiden 1970. R. verzog 1976 nach Berlin.

L: 100 Jahre Buckau-Wolf, Die Gesch. unseres Hauses, 1938, *172f.*; 1838–1988. Von der alten Bude zum sozialistischen Kombinat, Betriebsgesch. des Stammwerkes VEB Schwermaschinenbau „Karl Liebknecht" Magdeburg, Kombinat für Dieselmotoren und Industrieanlagen, Tl. 1, 1982, *54*, Tl. 2, 1979, *47–55*, Tl. 3, 1983, *14*.

Heinz Thüm

Rother, Wilhelm
geb. 04.08.1810 Nordhausen, gest. 28.04.1867 Groß Rosenburg, Arzt, Botaniker.

Der Vater, August R., war Haupt-Zollamts-Kontrolleur und Rendant in Nordhausen. R. besuchte bis 1825 die lateinische Schule in den Frankeschen Stiftungen in Halle und absolvierte die Apothekerlehre in Magdeburg. Als Apothekergehilfe war er von 1829 bis 1831 in Staßfurt tätig und botanisierte in dieser Zeit mit Carl Bernhard Lehmann um Staßfurt (es kann angenommen werden, daß die Ergebnisse dieser Tätigkeit in Lehmanns Arbeit von 1833 ihren Niederschlag fanden). Bis 1834 war er als Apothekergehilfe in Halberstadt, Landau, Kusel/Oberrhein und Magdeburg tätig und botanisierte von 1834 bis 1838 um Magdeburg, Barby und Zerbst. In dieser Zeit ging er in der Med.-chirurgischen Lehranstalt Magdeburg einem chirurgischen Studium nach. 1838 bestand er die Prüfung als Wundarzt erster Klasse, Operateur und Geburtshelfer. Dem überaus geschätzten R. wurde 1846 die Stelle des Kreiswundarztes im Kr. Calbe übertragen. Die Ergebnisse seiner langjährig fortgesetzten botanischen Arbeit faßte er 1865 zusammen (s. u.). Es ist bekannt, daß → Ludwig Schneider R.s Handexemplar der Flora von Barby und Zerbst besaß. Darin enthalten waren Eintragungen R.s, die Schneider an → Paul Ascherson weitergab, so daß dieser Bezug darauf nehmen konnte. Schneider als wohl bester Kenner der Magdeburger Lokalflora sah in R. neben den Apothekern Ferdinand Hartmann (vgl. → Gustav Hartmann) und Friedrich Traugott Kützing einen der ersten, der sich intensiv um die Erforschung der Flora der Umgegend von Magdeburg bemühte. Sein Herbarium befand sich gegen Ende des 19. Jh. im Besitz des König-Wilhelm-Gymn. in Berlin.

W: Ein Verz. der um Barby und Zerbst vorkommenden Gefäßpflanzen, in: Verhandlungen des botanischen Vereins der Provinz Brandenburg, Bd. 7, 1865, *31–70.* – **L:** Nachruf, in: ebd., Bd. IX, 1867, *XXX-XXXIII*; Ludwig Schneider, Beschreibung der Gefäßpflanzen des Florengebietes von Magdeburg, Bernburg und Zerbst, 1877, *18*; Paul Ascherson, Nachtrag zu Ludwig Schneiders Flora von Magdeburg, 1894.

Hans-Ulrich Kison

Rubel, Nomi (eig. Senta Nomi Grosvogel-Rubel), geb. Senta Petzon
geb. 31.01.1910 Magdeburg, gest. 11.09.1996 New York (USA), Schriftstellerin, Theaterleiterin, Schauspielregisseurin.

Das einzige Kind des jüd. Kaufmannes Julius Petzon besuchte Schulen in Magdeburg und Hannover, begann 1927 die Lehre an einer höheren Berliner Handelsschule und agierte dort im Laienspielensemble der Sozialistischen Arbeiterjugend (SAJ). Ohne Lehrabschluß volontierte R. im *Centralverein dt. Staatsbürger jüd. Glaubens (C. V.)*, arbeitete bald auch im vereinseigenen *Philo-Verlag* und schrieb für den *Vorwärts* Rezensionen, Feuilletons und Berichte, nachdem → Erich Ollenhauer für die Jugend-Beilage seiner Ztg. ihre Erzählung „Der wilde Baum" angenommen hatte. Wieder in Magdeburg, publizierte die 17jährige in jüd. Zss. und in der Magdeburger *Volksstimme*. Veranstaltungen der SAJ brachten R. mit dem Zionismus in Verbindung, ohne daß sie dafür eine tiefere Neigung entwickelte. 1928 heiratete R. den Schönebecker Textilkaufmann → Herbert Lubranschik. 1929 wurde ihr Sohn Ernst Joseph in Magdeburg geb., bald darauf zog die Fam. nach Berlin. 1932 erlebte R. die UA ihres ersten Theaterstückes „Odette. Ein Spiel für den Frieden". Die Berliner Presse lobte die knappe, doch treffende Zeichnung der Personen, die unkonventionelle Sprache und vor allem die Tendenz des Spiels – den Aufruf zur Toleranz und zur Verständigung zwischen Deutschen und Franzosen. Die nach 1933 einsetzende Judenverfolgung zwang die Fam. 1934 zur Emigration nach Palästina. Dem Exil war ihre Ehe nicht gewachsen, die im Jahr vor der Geburt des zweiten Sohnes Arye (1935) aufgelöst wurde. R. heiratete in Haifa Meir Rubel, einen aus Rumänien geflohenen Juden, gründete und leitete Tageskindergärten. Nebenher verfaßte sie Erzählungen und Schauspiele in dt. Sprache. Die Stücke „Die Töchter" (1935/36) und „Der Streik" (1938) übernahm der *Moadim-Bühnenverlag* Tel Aviv von Margot Klausner, die der Autorin Wege ebnete zum Habimah-Theater und zu Sammy Gronemann (1875–1952). Beide trafen 1938 in Tel Aviv zusammen. Auch Max Zweig, Dov Stock (Dov Sedan), Leah Goldberg und Max Brod gehörten zu ihren Förderern. Eigene Krankheit und der lebensbedrohende Zustand des jüngsten Sohnes, das Scheitern der zweiten Ehe, der Krieg nach der Unabhängigkeitserklärung und die schwierigen sozialen Verhältnisse Israels führten 1948 zur Übersiedelung in die USA zu den Eltern, die seit 1938 in New York lebten. Weder Verlage noch Theater zeigten Interesse an der namenlosen Dramatikerin, die Probleme von Emigranten behandelte, zudem Stücke für Kinder und Erwachsene schrieb und die, wie schon in Palästina, sozial benachteiligten Kindern und Jugendlichen ein Heim gab. Nach der UA des Stückes „The Fight for the Forest" in New York (1949) scheint fast ein Jahrzehnt lang kein Werk für das Theater entstanden zu sein. Ende der 1950er Jahre studierte R. in New York bei Herbert Berghof Regie, gründete *The Pegasus Players* und ging 1961 auf Dtl.-Tournee u. a. mit der Komödie „The Lost Voice", die sie → Kurt Pinthus widmete, dem Gast einer New Yorker Voraufführung (1961). In den 1960er und 1970er Jahren brachte sie fast 30 Theaterstücke auf die Bühne, z. B. „Victoria" (1963/65) und „Remember me" (1976), die R. als ihre stärksten Arbeiten sah. „Meine Geschichten schreibt das Leben selbst. Ich muss nur seinem Plan folgen, ohne den goldenen Faden zwischen meiner Vergangenheit und der Gegenwart zu verlieren", bekannte R. in den 1970er Jahren. Ihren (unveröffentlichten) autobiogr. Notizen (1977–79) gab sie den Titel „Mein Theater ist mein Wohnzimmer, mein Wohnzimmer ist mein Theater". Die meisten Produktionen waren Off Off Broadway. Ihr Thema blieb die Suche nach der jüd. Identität (Hilde Marx). R. wurde in den 1960er Jahren Mitglied der *Dramatists Guild* der USA und gehörte seit 1980 als einzige nicht im Lande lebende Autorin zum Verband deutschsprachiger Schriftsteller Israels. Wie in „The Hoot of the Owl" (1966) gestaltete R. immer wieder Erfahrungen, die sie selbst durchlitten hatte, thematisierte Vertreibung, Trennung, Verlust, Tod und Einsamkeit, aber vor allem auch die Suche nach Verständigung, Toleranz und Ausgleich. Ihre Dialoge und Szenen für das Theater erreichen Intensität und Überzeugungskraft. In den 1990er Jahren entstanden die beiden autobiogr. Romane „Schwarz-braun ist die Haselnuß" (1992) und „Jardena. Die Gesch. eines neuen Lebens in einem alten Land" (1996), mit denen sie nach fast 60 Jahren zu Begegnungen in ihre Geburtsstadt Magdeburg zurückkehrte. R. gehörte zu jenen Autorinnen, die ungeachtet des faschistischen Verbrechens am jüd. Volk die Tradition der jüd.-dt. Kultur nie verleugnen oder aufgegeben wollten.

W: s. o.; Der Zirkus des fliegenden Kamels. Ein Tel Aviver Roman, 1939; Ruth, 1943; My Brother Cain, 1965; The Eternal Circle, 1975; The Generals Daughter, 1987. – **N:** Dt. Bibl., Dt. Exilarchiv Frankfurt/Main; Literaturhaus Magdeburg. – **L:** Boris Kehrmann, Dramatiker im Exil, in: John M. Spalek u. a. (Hg.), Deutschsprachige Exillit. seit 1933, Bd. 2/2, 1989, *1169f.* und Bd. 4/3, 1994, *1562–1566*. – **B:** *Archiv des Literaturhauses Magdeburg.

Karlheinz Kärgling

Rudert, Siegfried, Prof. Dr.-Ing.
geb. 03.09.1932 Großzöbern/Vogtland, gest. 08.07.1980 Magdeburg, Maschinenbauing., Hochschullehrer.

R. absolvierte 1951 die Oberschule Oelsnitz, studierte 1952–58 an der TH Dresden Kraft- und Arbeitsmaschinen (Abschluß Dipl.-Ing.), war als Assistent und Oberassistent tätig und prom. dort 1967 über das Regelungsverhalten von Gasturbinen. Von 1965 bis 1970 arbeitete er im *VEB Schwermaschinenbau „Karl Liebknecht" Magdeburg* bis zu seiner Berufung zum o. Prof. an die TH Magdeburg für das Gebiet Regelungstechnik. Er forschte in den Bereichen Theoretische Prozeßanalyse, Modellierung und Regelung von Dieselmotoren und entwickelte neue Prinzipien der Regelung von 4-Takt-Dieselmotoren. Seine Untersuchungen hatten besonderen Einfluß auf die Simulation des Verhaltens von Dieselmotoren und die Entwicklung von hochaufgeladenen Dieselmotorenanlagen. Er lehrte Automatisierungstechnik und gab mit Hans Töpfer Lehrbücher für dieses Fachgebiet heraus, die mehrfach aufgelegt wurden.

W: Beitrag zur Vorausberechnung des Regelungsverhaltens von Einwellen-Gasturbinenanlagen mit Wärmetauscher, Diss. Dresden 1969; Einführung in die Automatisierungstechnik, 1976, ⁵1984 (mit Hans Töpfer); Arbeitsbuch der Automatisierungstechnik, 1979, ³1983 (mit Hans Töpfer). – **L:** Nachruf S. R., in: Zs. Sozialistische Hochschule der TH Magdeburg, 1980.

Günter Müller

Rudolph, *Carl* **Peter**
geb. 13.06.1806 Neustadt bei Magdeburg, gest. 11.06.1866 Neustadt bei Magdeburg, Fabrikant.

R. war der Sohn des Müllers und späteren Mühlenbaumeisters Johann Christian Heinrich R. Über die Ausbildungszeit und die ersten Berufsjahre sind keine Angaben dokumentiert. Der Familientradition folgend, führte er die berufliche Entwicklung der Fam. vom Müllereigewerbe über den Mühlen- zum Maschinenbau fort. Anzunehmen ist, daß er in der vom Vater in den 1830er Jahren betriebenen Werkstatt für Mühlenbau tätig war und nach dessen Tod das Unternehmen übernommen hatte. Im selben Jahr (1842) gründete er unter dem Namen *R. & Schulz* in Neustadt bei Magdeburg eine Maschinenfabrik für den Bau und die Reparatur von Mühlen jeglicher Art. Damit war die R.sche Fa. die älteste Neustädter Maschinenfabrik. Mit der immer größer werdenden Bedeutung der Zuckerindustrie erfolgte auch eine Anpassung der Produktpalette an die Bedürfnisse der einsetzenden Industrialisierung. Mit großem Erfolg wurde zunächst das Hauptaugenmerk auf die Entwicklung und den Bau von Zentrifugen gelegt, bis schließlich R., der Mitglied im 1857 gegründeten *VDI-Bezirksverein für Magdeburg und Umgebung* war, ab 1863 unter dem Namen *C. R. & Co. Eisengießerei und Maschinenfabrik* komplette Einrichtungen für Zucker- und Stärkefabriken sowie für Ziegeleien für das In- und Ausland in seiner Fabrik fertigte. Nach dem Tod R.s übernahm sein Sohn Louis Heinrich Carl R. (1841–1887) die Fa. und führte sie erfolgreich weiter.

L: Weisner, Die Magdeburger Maschinenindustrie, in: Fs. zur Einweihung der Neubauten der Kgl. Baugewerkschule und der Kgl. Maschinenbauschulen zu Beginn des Wintersemesters 1907, 1907, *80*; Sabine Ullrich, Industriearchitektur in Magdeburg, 1999, *53–55*; Archiv Annemarie Burchardt, Magdeburg (priv.).

Horst-Günther Heinicke

Rudolph, *Marlies* **Selma**
geb. 13.07.1913 Magdeburg, gest. 03.04.1999 Magdeburg, Krankenschwester.

R. stammte aus den Magdeburger Industriellen-Familien Budenberg und R.; ihr Vater war der Dipl.-Ing. Walter R., ihre Großmutter → Selma R. Nach dem Besuch des Magdeburger Elisabeth-Rosenthal-Lyzeums 1919–30 und der Frauenoberschule Herrmannswerder mit dem Abschluß des Abiturs 1933, erlernte sie 1935–37 den Beruf der Säuglings- und Kinderkrankenschwester. Von 1937 bis 1938 arbeitete sie auf der Säuglingsstation der Kinderklinik des Krankenhauses Magdeburg-Altstadt, 1939–40 legte sie das Staatsexamen an der Fachschule für Krankenschwestern ab. Nach Tätigkeiten als Stationsschwester in der Kinderklinik Halle 1940, dem Wehrmachts-Sanitätsdienst 1941–43 und ab 1943 als Oberschwester in Halle wurde R. 1951 Oberin an der Kinderklinik Magdeburg unter → Fritz Thoenes und → Karl Nißler. Sie war hier bis 1973 tätig. R. hatte persönlichen Anteil an der Einführung neuer Untersuchungsverfahren, ab 1954 unter Hochschul-Bedingungen an der Med. Akad. Magdeburg, am Neubau der Ambulanz 1967 und des Frühgeborenenzentrums 1972. R. prägte die Schwesternschaft über Jahrzehnte durch hohes Pflichtbewußtsein, Kompetenz und aufopferungsvolle Fürsorge. Sie wurde 1960 mit der Hufeland-Medaille geehrt.

L: Vf., Nachruf M. R., in: Univ.-Klinikum aktuell, Nr. 3, 1999, *5*; Vf., Prof. Dr. med. Fritz Thoenes, in: Ärztebl. Sa.-Anh. 10, 1999, Nr. 5, *71–77*. – **B:** *Univ.-Kinderklinik Magdeburg.

Wilhelm Thal

Rudolph, Mathilda *Selma,* **geb. Budenberg**
geb. 21.09.1853 Magdeburg, gest. 21.03.1931 Magdeburg, Stifterin.

R. war Tochter von Caroline und → Christian Friedrich Budenberg und Ehefrau des Unternehmers Carl R., Inhaber der ersten Maschinenfabrik und Eisengießerei in Magdeburg-Neustadt. Carl R. war ein Sohn des Firmengründers → Carl Peter R. Sie hatte vier Kinder und wurde bereits mit 34 Jahren Witwe. R. führte von 1907 bis 1931 den Vorsitz für das von ihrer Mutter 1883 gestiftete Altersheim für ehemalige Arbeiter und Angestellte der Fa. *Schäffer & Budenberg,* das sog. „Budenbergstift" in Buckau, heute Pflegeheim in der Budenbergstraße. Sie arbeitete außerdem sehr aktiv in karitativen Vereinen. So organisierte und leitete sie 1914–18 unter Einbeziehung vieler Magdeburgerinnen den Bahnhofsdienst des *Roten Kreuzes* für Soldaten in Magdeburg. Bis zu ihrem Tode war sie Vors. des *Vereins für weibliche Diakonie Bethanien* und Vorstandsmitglied im *Frauenverein zur Unterstützung von Armen, Kranken und Wöchnerinnen.* 1896 spendete sie dem Städtischen Mus. 14.500 Mark zum Kauf von drei wertvollen Wandteppichen (Tapisserien), die heute noch im KHMus. Magdeburg ausgestellt sind. 1900 ließ R. in der Kaiser-Wilhelm-Straße 10 eine Villa, das spätere „Haus des Handwerks", bauen. Sie stellte darin verschiedenen Vereinen Räumlichkeiten für Veranstaltungen zur Verfügung. Ihr soziales Engagement erstreckte sich auch auf Firmenmitarbeiter und Hausangestellte. Vielen jungen Menschen half sie, Ausbildung und Studium zu finanzieren. 1901 wurde R. Aufsichtsratsmitglied bei *Schäffer & Budenberg.*

L: Hans-Joachim Krenzke, Magdeburger Friedhöfe und Begräbnisstätten, 1998, *125*; Grabinschriften auf Magdeburger Friedhöfen, Frauenprojekt im Amt für Gleichstellungsfragen der Stadt Magdeburg; Familienunterlagen Annemarie Burchardt, Magdeburg (priv.). – **B:** *ebd.

Kristina Ziegler

Rüder, Ilse
geb. 17.05.1887 Magdeburg, gest. 24.08.1936 Prien am Chiemsee, Apothekerin.

R., Tochter eines praktischen Arztes, bestand Ostern 1904 die Reifeprüfung am Realgymn. in Magdeburg. Mit Privatunterricht hatte sie sich für die Oberschule vorbereitet. Nach dreijähriger Gehilfenzeit in verschiedenen Apotheken und abgelegtem Vorexamen stellte R. den Antrag, an der TH Braunschweig Pharmazie zu studieren. Obwohl seit 1899 Frauen das Pharmaziestudium gesetzlich offenstand, war es der erste Antrag einer Frau an der TH Braunschweig. Mit dem Sommersemester 1908 begann sie das Studium, das sie im Mai 1911 mit sehr gut abschloß. Anschließend absolvierte sie dort ein Studium der Nahrungsmittelchemie. Nach dem Examen erhielt sie 1913 als erste Frau an der TH Braunschweig eine Assistentenstelle in der Nahrungsmitteluntersuchungsstelle. Später konnte infolge der Intervention der SPD, der R. angehörte, im Landtag ein erster Kündigungsversuch durch den ns. Leiter des Lehrstuhls für Pharmazie verhindert werden. 1933 wurde sie jedoch endgültig entlassen.

L: Horst-Rüdiger Jarck und Günter Scheel (Hg.), Braunschweigisches Biogr. Lex., 1996, *506*.

Joachim Münch

Rühl, Konrad, Dr.-Ing. E.h.
geb. 02.09.1885 Stettin, gest. 24.08.1964 Düsseldorf, Architekt, Städtebauer.

R. studierte 1903–08 Architektur in Berlin-Charlottenburg und Karlsruhe und war anschließend 1908–19 als junger Architekt bei der Preuß. Staatshochbauverwaltung beschäftigt. In diese Zeit fiel 1912 seine Ernennung zum Regierungsbaumeister. Nach seiner Kriegsteilnahme 1915–18 übernahm er 1919 die Leitung des Stadterweiterungsamtes in Lübeck, die er bis 1921 innehatte. 1922 erfolgte der Eintritt in die Magdeburger Stadtverwaltung als Leiter des Hochbauamtes III, des Stadterweiterungsamtes. Hier begann für ihn auch durch persönliche Kontakte mit → Johannes Molzahn, Walter Gropius, Georg Muche und Johannes Itten die Entwicklung zu einem Meister seines Faches, das er von 1923–28 als Magistratsbaurat im Dezernat für Städtebau in Magdeburg ausübte. R. zählte zu den Gründungsmitgliedern der Dt. Akad. für Städtebau. 1934 erfolgte seine Pensionierung als Landesoberbaurat und Leiter der Hochbauabt. der Rheinischen Provinzialverwaltung in Düsseldorf, an die er 1928 aus politischen Gründen gewechselt war. Im Rheinland begegnete er Hans Schwippert, Fritz Thoma, Heinrich Campendonk, Heinrich Nauen und Eisolde Mataré und nahm Malstudien bei Oskar Moll. 1936–37 folgte ein Aufenthalt in Bloemfontein (Südafrika). 1937 siedelte er nach Berlin über, wo er 1938–45 als Hilfsarbeiter bei der Reichsbahndirektion tätig und 1942–45 in das Reichsministerium Speer abkommandiert war. 1945–47 war er Leiter der Gruppe Staatsbauten im Oberpräsidium Nordrhein und 1947–52 schließlich Staatssekretär im Wiederaufbauministerium des Landes Nordrhein-Westfalen. 1952–64 wirkte der Geschäftsführer und Vors. der Landesgruppe Nord-West (Rheinland-Westfalen) des Dt. Werkbundes e.V. als Mitbegründer und Mitherausgeber der Werkbund-Monatszs. *Werk und Zeit*. Zahlreiche Auszeichnungen und Ehrungen würdigten seine Architektur und seine Verdienste um den Städtebau in Dtl., so das Große Verdienstkreuz des Verdienstordens der BRD, 1950 die Verleihung des Titels Dr.-Ing. E.h. durch die TU Karlsruhe und 1952 die Cornelius-Gurlitt-Gedenkmünze aus Anlaß des 40jährigen Bestehens der Dt. Akad. für Städtebau. In Magdeburg erwarb sich R. Verdienste um die neue städtebauliche Konzeption → Bruno Tauts. In seiner Funktion wirkte er an der Seite von → Johannes Göderitz 1922–28 am Generalsiedlungsplan Magdeburg sowie an verschiedenen Bebauungsplänen und Wohnbauten mit. Gemeinsam mit → Gerhard Gauger entwarf er 1924/25 die Stadionanlage Cracauer Anger. Unter seiner Mitwirkung wurden die Pläne zur Hermann-Beims-Siedlung und zur Siedlung Südost umgesetzt. Theoretische Entsprechung fand seine Tätigkeit in der mit Gerhard Weisser erarbeiteten Veröffentlichung „Das Wohnungswesen der Stadt Magdeburg" (1927). In den Jahren 1952–64 publizierte R. über Fragen des Städtebaus und der Raumordnung in der Monatszs. des *Dt. Werkbundes*.

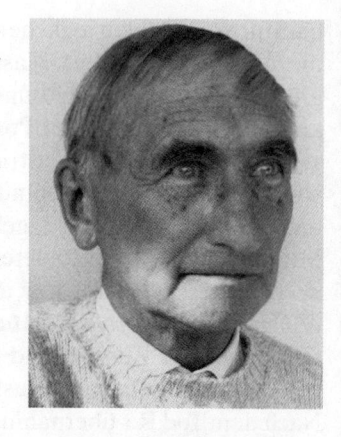

W: Blindenschule und Anstaltskirche Düren; Frauenkrankenhaus in Johannistal; Psychiatrische Kinderklinik in Bonn; Bauberatung und Hochbauten der ersten Autobahn Köln-Bonn, 1928–1933; Aufbauplanung zerstörter Ruhrstädte, 1942–1945. – Schriften: Der Wohnungsbau als städtebaulicher Faktor, in: Die Wohnung 1, H. 1, 1926, *3–8*; Erinnerungen an Bruno Taut, in: Baukunst und Werkform 12, H. 9, 1959, *485–494* und ebd. 13, H. 11, 1960, *636*. – **L:** Vollmer 6, 1962, *387*; Karin Kirsch/Helmut Menzel, Hermann-Beims-Siedlung, 1994; Martha Doehler/Iris Reuther, Magdeburg – Die Stadt des Neuen Bauwillens. Zur Siedlungsentwicklung in der Weimarer Republik, 1995; Olaf Gisbertz, Bruno Taut und Johannes Göderitz in Magdeburg. Architektur und Städtebau in der Weimarer Republik, 2000; StadtA Magdeburg: Rep. 35, Hh 16 Nr. 25. – **B:** *StadtA Magdeburg.

Hans Gottschalk

Ruppin, Arthur, Prof. Dr.
geb. 01.03.1876 Rawitsch/Posen, gest. 01.01.1943 Jerusalem, Jurist, Soziologe.

R. verbrachte ab 1886 seine Jugendjahre in Magdeburg, wo seine aus Posen stammenden Eltern einen Kleinwarenhandel betrieben. Nachdem er in Magdeburg 1896 das Abitur abgelegt hatte, studierte er in Berlin und Halle Jura und Volkswirtschaftslehre und kehrte 1903 als Rechtsreferendar bei der Staatsanwaltschaft und später am Landgericht nach Magdeburg zurück. Hier gründete er u. a. mit dem später in Berlin tätigen Rechtsanwalt Michael Meyer und → Ernst Merzbach einen „jüd. Referendar-Stammtisch", der sich im Café Dom traf. Nachdem er 1903 den Haeckel-Preis für seine Abh. „Darwinismus und Sozialwissenschaft" erhalten hatte, setzte er seine soziologischen Forschung fort. Er schrieb noch in Magdeburg an dem Buch „Die Juden der Gegenwart". Vom Herbst 1904 bis 1907 leitete R. das neugegründete Büro für jüd. Statistik und Demographie in Berlin und gab auch dessen Zs. heraus. Er wanderte 1908 nach Palästina aus. Sein Name ist vor allem mit dem Aufbau Palästinas verbunden, z. B. geht auf seine Anregung die Gründung Tel Avivs zurück, so daß er in Israel als Gründer der ersten rein jüd. Stadt im damaligen Palästina gilt. Er war auch an der Entwicklung neuer Formen des sozialen Zusammenlebens beteiligt, die ihren sichtbaren Ausdruck in der Kibbuzbewegung fand. Ab 1926 war R. Doz., später Prof. an der Hebräischen Univ. in Jerusalem. Mit seinen Schriften, die u. a. dazu dienten, antisemitische Vorurteile von einer jüd. Dominanz in einzelnen Berufszweigen demographisch sowie empirisch-soziologisch zu widerlegen, gilt R. als Begründer einer Soziologie der Juden. In seinen 1945 in Tel Aviv veröffentlichten Erinnerungen widmete er seiner Magdeburger Zeit und der Verbundenheit mit der Stadt und Umgebung breiten Raum.

W: Die Juden der Gegenwart, 1904; Soziologie der Juden (2 Bde), 1930/31; Erinnerungen, 1945; Schlomo Krolik (Hg.), A. R. – Briefe, Tagebücher, Erinnerungen, 1985. – L: Richard Lichtheim, Die Gesch. des dt. Zionismus, 1954 (*B); Joseph Walk, Kurzbiogr. zur Gesch. der Juden 1918–45, 1988, *321*; Neues Lex. des Judentums, 1992, *397*. – B: Archiv der Synagogengemeinde Magdeburg.

Thomas Kluger

Rusche, Albert *Moritz*
geb. 03.11.1888 Zeddenik, gest. 10.04.1969 Magdeburg, Kunstmaler, Pressezeichner.

R. entstammte einer seit dem 13. Jh. in der Magdeburger Börde (u. a. Diesdorf, Domersleben, Schnarsleben, Niederndodeleben) ansässigen weitverzweigten Bauernfam. Sein Vater Leopold Albert R. war Gutspächter in Zeddenik bei Burg. R. wuchs in Magdeburg auf und besuchte die dortige Kunstgewerbeschule. Daran schloß sich ein Studium an der Münchner Kunstakad. sowie an Hochschulen für bildende Kunst in Weimar und Kassel an. Zu seinen Lehrer gehörten u. a. Angelo Jank und Hans Olde. Bei Fritz Mackensen, dem Gründer der Künstlerkolonie Worpswede, war R. Meisterschüler. R.s künstlerische Tätigkeit wurde durch die Teilnahme am I. WK unterbrochen. Nach Kriegsende 1919 wirkte M. als Pressezeichner in Magdeburg, zuletzt auch bis 1950 für die Magdeburger *Volksstimme*. Daneben schuf er zahlreiche Werke im Raum Magdeburg und in Ostpreußen in unterschiedlichen Techniken, u. a. Öl, Aquarell, Holzschnitt, Radierung und Graphik. Aus gesundheitlichen Gründen war er aber bald nur noch freischaffend tätig. R. leitete mehrere Zeichenzirkel an Magdeburger Betrieben, u. a. im *VEB Fahlberg-List* und im *VEB Meßgeräte- und Armaturenwerk „Karl Marx"*, und erhielt nebenher zahlreiche Aufträge von Betrieben und Institutionen.

W: Blick auf Nidden; Stürmischer Tag auf der Kurischen Nehrung; Der Bahnhof Magdeburg vom Hochhaus gesehen; Zuckerfabrik Wanzleben; Braunkohlenwerk Nachterstedt; Bodelandschaft. – L: Kunstverein zu Magdeburg: Ausstellung von Gemälden und Bildwerken von Künstlern aus dem Gau Magdeburg-Anhalt. 15. Juli 1935, *22*; Magdeburger Volksstimme vom 07.12.1967; Peter R., Angaben zur Herkunft der Fam. R., Bd. 1, 1969, *56*.

Gerald Christopeit

Rusche, Marie Klara *Marianne*
geb. 20.08.1878 Magdeburg, gest. 19.04.1959 Magdeburg, Malerin, Graphikerin.

Die Tochter des Magdeburger Kaufmanns Carl R. studierte nach dem Schulbesuch ab 1899 an der privaten Kunstakad. von Conrad Fehr und Ludwig Dettmann in Berlin. 1901 ging sie nach München und wurde vom Porträtmaler Paul Nauen und vom Landschaftsmaler → Richard Kaiser unterrichtet, später setzte sie ihr Studium in Berlin bei Lovis Corinth und Georg Tippel fort. Sie unternahm zahlreiche Studienreisen durch Dtl. und begann 1910 ein freies Studium in Paris. Nach Magdeburg zurückgekehrt, bot sie ab 1911 privaten Unterricht in ihrer Malschule an und war 1914–19 Lehrerin für Zeichnen und Kunstgesch. an der Magdeburger Luisenschule. Es folgten Studienreisen mit einigen Schülerinnen u. a. nach Schweden und in die Schweiz. Ihre Malschule bestand etwa bis 1925, danach war sie freischaffend in Magdeburg tätig und beteiligte sich regelmäßig an Kunstausstellungen, u. a. in Berlin, Hamburg, Weimar, Karlsruhe und

Magdeburg. R. war mehrere Jahre Vors. des *Dt. Künstlerbundes Magdeburg* und gehörte dem *Künstlerverein St. Lukas* an. Sie arbeitete vorrangig in Öl- und Aquarelltechnik, schuf Landschaften, Magdeburger Stadtansichten und Porträts. Nur in wenigen Werken verließ sie mit expressiver Farbgebung ihre ansonsten naturgetreue, realistische Malweise.

W: An der Befestigungsmauer, 1909; Alte Windmühle, 1913; Dorfmädchen, 1915; Blick auf St. Sebastian, 1923; Magdeburg Alter Markt, 1940; Stromelbe und Dom, 1949; Höhenweg bei Hohenwarthe, 1959 (Ölgemälde KHMus. Magdeburg). – **N:** KHMus. Magdeburg (Teilnachlaß). – **L:** Die Malerin M. R., in: Zs. Magdeburger Hausfrau 29, 1931/32 vom 11.08.1932, Berlin-Ausgabe A, *IV*; Ausstellung von Gemälden und Bildwerken von Künstlern aus dem Gau Magdeburg-Anhalt, 1938, *23*; Kunstausstellung 1939, Magdeburg 1939, *14*; Kunstausstellung des Gaues Magdeburg-Anhalt, 1940, 1942, 1943; Sigrid Hinz, Zeichnungen und Aquarelle des 19. und 20 Jhs, Magdeburg 1966; Peter R., Angaben zur Herkunft der Fam. R., Bd. 1, 1969, *56*; Matthias Puhle (Hg.), Magdeburg in Bildern von 1492 bis ins 20. Jh., 1997, *245–247, 294f*. – **B:** *KHMus. Magdeburg: Selbstbildnis.

Sabine Liebscher

Sachse, *Hans* **Wilhelm Otto Hermann**
geb. 13.01.1887 Hof Wehneberg, gest. 13.10.1953 Colbitz, Baumeister, Architekt.

Vor dem I. WK war S. bei → Jacob Bierstedt in Colbitz als Architekt beschäftigt. Die beabsichtigte Gründung eines eigenen Unternehmens wurde 1914 durch den Einzug zum Militär vereitelt. Die Gründung des Baugeschäftes erfolgte 1920 als Gemeinschaftsunternehmen *S. und Pessel*. Nach dem Brand des gemeinschaftlichen Sägewerkes 1921 trennten sich beide, und S. führte das Geschäft allein weiter. Der Betrieb entwickelte sich mit seinen ca. 30 Beschäftigten zu einem der größten Baubetriebe in der Umgebung, der in der Weltwirtschaftskrise zwar in Schwierigkeiten geriet, sich aber bald wieder erholte. Von ihm wurden in Colbitz und den umliegenden Orten sehr viele Einfamilienhäuser, landwirtsch. und gewerbliche Gebäude errichtet. Nach dem II. WK war S. von 1945 bis 1950 als Kreishandwerksmeister maßgeblich am Wiederaufbau des Handwerks im Kr. Wolmirstedt beteiligt. Er nahm sich insbesondere der männlichen Lehrlinge an, deren Väter im Krieg gefallen waren. Nach seinem Tode ging aus dem Baubetrieb die *Beton- und Kieswerk H. S. KG* hervor, die später in das *Betonkombinat Magdeburg* überführt wurde.

L: Betriebschronik des Betonwerkes Colbitz, Ms. o. J.

Ernst Nielebock

Sachse, *Heinrich Ernst* **Friedrich Franz Alexander**
geb. 29.08.1813 Bernburg, gest. 21.07.1883 Magdeburg, Pfarrer, Redakteur.

Der Sohn des Carl Ernst S., Inspektor der Ritterakad. zu Lüneburg, erfuhr an dieser Schule eine fundierte Ausbildung, besuchte nach dem Tod des Vaters ab 1826 das Gymn. in Aschersleben und legte hier 1831 das Abitur ab. 1833–36 studierte S. in Halle ev. Theol., hörte u. a. Vorlesungen bei den Prof. Wegscheider, Gesenius und Tholuck, in dessen Hause er häufiger Gast war. Ab 1838 bewarb sich S. mehrmals um ein Pfarramt in der Kirchenprovinz Sachsen, wurde aber abgelehnt, da er bereits in Halle ab 1836 Kontakte zu verbotenen Gruppierungen unterhielt. Über das Predigerseminar im kgl. Lyzeum Merseburg sowie Predigerdienste in Aschersleben und Querfurt erwarb er weitere Zeugnisse und Referenzen. 1839–41 konnte S. als Probekandidat an der höheren Bürgerschule in Aschersleben unterrichten. 1841 erfolgte seine Ordination als Prediger in der dortigen Kirche St. Stephani. Superintendent → Johann Friedrich Moeller berief S. 1846 in der Nachfolge → Leberecht Uhlichs als Diakon der St. Katharinen-Kirche nach Magdeburg. 1848 war S. Angriffen, Mißbilligungen, Verfolgungen und Verboten wegen der Verbreitung der Ideen Uhlichs ausgesetzt, mit dem er sympathisierte und zu dessen Freier Gemeinde er 1850 übertrat. Nach Schließung und Verbot der Freien Gemeinde in Magdeburg 1854 schied S. als Prediger aus und trat 1855 als Teilhaber in das Geschäft der Gebrüder Schatz in Magdeburg ein, das er 1860 aufgab, um in Aschersleben erneut gewerblich tätig zu werden. Ende der 1860er Jahre beendete S. das bis dahin erfolglose kaufmännische Wirken und folgte einem Ruf als Redakteur an die *Berliner Volksztg.* 1872 hielt er in Magdeburg die Gedenkrede an Uhlichs Grab. Ab 1875 nahm S. die Geschäfte der Magdeburger Freien Gemeinde von Berlin aus wahr und trat 1876 in Magdeburg erneut das Amt des Predigers an. Der Kirchenreformer S. wurde an der Seite Uhlichs maßgeblicher Wegbereiter der oppositionellen freireligiösen Bewegung in Magdeburg. Er begleitete und konstituierte die Freien Gemeinden der Umgebung mit, u. a. in Buckau, Schönebeck, Calbe, Burg, Genthin, Aschersleben, Stendal und Bernburg. In seinen Ansichten wesentlich radikaler als Uhlich, regte S. mit seinen Predigten immer wieder Debatten innerhalb der Freien Gemeinden um das neue Glaubensbekenntnis bzw. seine Ausübung an. S. gehörte in der Revolution von 1848/49 mit → Friedrich Pax zum Kern des demokratisch-aktionistischen Flügels innerhalb der Magdeburger Oppositionsbewegung. 1848 verfaßte er einen offenen Brief an das Konsistorium zur Kirchenreform und zu den Auseinandersetzungen in Magdeburg, der als Angriff und gesetzwidrige, unsittliche Auflösung zurückgewiesen wurde, ihm aber öffentlich viel Zuspruch eintrug. S. war Mitglied der Magdeburger Loge „Harpokrates" und hatte von 1848 bis 1851 das Amt des Meisters vom Stuhl inne. Bei der Neuwahl für das Meisteramt 1850, die zugunsten S.s ausfiel, intervenierte die Berliner Großloge, die gegen S. Bedenken hegte und ihn aufforderte, sich von allen politischen Vereinen zurückzuziehen. S. lehnte ab und übergab das Meisteramt an den Pfarrer von St. Jakobi → Friedrich Wilhelm Hildebrandt. S. saß in den 1860er Jahren als Stadtverordneter im Parlament von Aschersleben und war zeitweilig Stadtverordnetenvorsteher. Die Entwicklungen in der Fortschrittspartei und ihr Einwirken auf die Gestaltung der Zeitungsinhalte der *Berliner Volksztg.* ließen ihn Anfang der 1870er Jahre aus Politik und Arbeitsleben Abschied nehmen. Er blieb Mitglied der Fortschrittspartei und wurde in Magdeburg zum Ehrenmitglied ernannt.

W: Einweihungsfeier des Hauses der freien christlichen Gemeinde in Magdeburg, 1851 (mit Leberecht Uhlich); Rede am Grabe von Leberecht Uhlich, 1872. – **L:** Nachruf, in: Magdeburgische Ztg., Abend-Ausgabe vom 23.07.1883; Hermann Hoppe, Gesch. der Johannis-Freimaurer-Loge Harpokrates im Orient zu Magdeburg von 1826–1901, 1901; AKPS: Rep A, Spec. P, S 320 (PA).

Heike Kriewald

Sachse, Werner
geb. 10.01.1815 Neuhaldensleben, gest. 21.03.1901 Neuhaldensleben, Jurist, Kommunalpolitiker.

S. war der Sohn des Justizkommissars Johann Christian S.

Sachtleben

aus Neuhaldensleben. Nach dem Studium der Rechtswiss. in Halle wurde er als junger Gerichtsassessor von den Stadtverordneten 1843 zum Bürgermeister von Neuhaldensleben gewählt. In der Zeit von 1843 bis 1867 stand er an der Spitze des Magistrats. Es gelang ihm, die komplizierten Aufgaben in der Revolutionszeit 1848/49 zum Wohle der Stadt und ihrer Bürger zu lösen. So konnten die Teuerung des Jahres 1847 gemildert, die Unruhen im Jahre 1848 verhindert und die Auswirkungen der Choleraepidemie des Jahres 1850 in kurzer Zeit überwunden werden. Er führte in der Landwirtschaft die Separation zu Ende, setzte sich für eine bessere Verkehrsanbindung der Stadt ein, indem er den Chausseebau förderte, und ließ eine einheitliche Straßenbeleuchtung installieren. Seine zweite Wiederwahl zum Bürgermeister wurde von der preuß. Regierung 1867 nicht bestätigt, so daß er seinen Abschied nehmen mußte. Als linker liberaler Abgeordneter des preuß. Landtages hatte er gegen die Militärvorlagen → Otto von Bismarcks gestimmt. Die Bürger vertrauten ihm dennoch und wählten ihn 1869 zum Stadtverordneten (bis 1890). Er gehörte 1871–85 dem Preuß. Abgeordnetenhaus für den Wahlkreis Wolmirstedt-Neuhaldensleben sowie dem Landtag der Provinz Sachsen an. 1880–85 war er dessen Alterspräsident. S. hatte wesentlichen Anteil an der Entwicklung der Stadt Haldensleben in der zweiten Hälfte des 19. Jhs. Die Bürger gaben ihm den Ehrennamen „Vater der Stadt".

L: Hermann Kalkhoff (Hg.), Nationalliberale Parlamentarier 1867–1917 des Reichstages und der Einzellandtage, 1917, *235*; Stadtanzeiger Haldensleben 34, 1998, *5*; ebd. 44, 1998, *3*; ebd. 8, 1999, *6*; Kr/StadtA Haldensleben: Rep. IV, I.3a, 12–14, II.1b, 35–40. – **B:** *Vf., Haldensleben (priv.).

Dieter Bollmann

Sachtleben, *Hans,* Prof. Dr. phil.
geb. 24.06.1893 Magdeburg, gest. 05.04.1967 Berlin-Köpenick, Zoologe.

Der Sohn eines Magdeburger Zahnarztes studierte 1912–17 Naturwiss. an der Univ. München. Nach der Prom. (1917) war er als wiss. Hilfsarbeiter in der Zoologischen Staatsslg. München (bis 1920) und anschließend als wiss. Assistent, später als Dienststellenleiter an der Biologischen Reichsanstalt für Land- und Forstwirtschaft Berlin-Dahlem tätig. Ab 1939 leitete S., 1943–62 als berufener Dir., das im Rahmen der *Kaiser-Wilhelm-Ges.* aufgebaute, 1952 von der Dt. Akad. der Landwirtschaftswiss. übernommene Dt. Entomologische Inst. (DEI) in Berlin. Dasselbe baute er zu einer weltweiten Zentralstelle des Auskunftsdienstes über Insekten aus. Seiner Tatkraft ist es zu verdanken, daß die kriegsbedingt nach Mecklenburg ausgelagerten unersetzlichen Slgg. und Bibliotheksbestände des DEI erhalten geblieben sind und nach 1950 nach Berlin zurückgeführt werden konnten. S. verfaßte grundlegende Arbeiten zur systematischen und angewandten Entomologie. Seine Untersuchungen an Hyperparasiten, insbesondere Schlupfwespen, bildeten einen wesentlichen Ansatz für die biologische Schädlingsbekämpfung. S. war 1934–44 Hg. der Zs. *Arbeiten über morphologische und taxonomische Entomologie*, begründete 1951 die Zs. *Beiträge zur Entomologie*, und leitete weitere Fachzss. 1946 wurde S. zum Prof. ernannt und 1957 mit dem Nationalpreis II. Kl. der DDR ausgezeichnet.

W: Biologische Bekämpfungsmaßnahmen, in: Hdb. der Pflanzenkrankheiten, Bd. 6/2, 1939, *61–63*; Die Bedeutung der taxonomischen Entomologie für den Pflanzenschutz, in: Fs. zum 80. Geb. von Otto Appel, 1947, *6–8*; Systematische und bibliographische Entomologie, in: Fs. zum 50jährigen Bestehen der Biologischen Zentralanstalt für Land- und Forstwirtschaft Berlin-Dahlem 1949, *97–112*; Biologische Schädlingsbekämpfung, 1959. – **L:** DBE 8, *490*; Hdb. SBZ/DDR, *749*; Wer ist wer, 1965; K. Mayer, H. S. 65 Jahre, in: Nachrichtenbl. des Dt. Pflanzenschutzdienstes 10, 1958, *96*; Mittlgg. aus der Biologischen Bundesanstalt für Land- und Forstwirtschaft, H. 343, 1998, *63–65* (**B**). – **B:** *Beiträge zur Entomologie, Bd. 3 (Sonderheft): Fs. zur Feier des 60. Geb. von H. S., 1953.

Hermann Grünzel

Sack, *Karl* Heinrich, Prof., Lic. theol., Dr. theol.
geb. 17.10.1789 Berlin, gest. 16.10.1875 Poppelsdorf bei Bonn, ev. Theologe, Oberkonsistorialrat.

S. war Sohn von Friedrich Samuel Gottfried S. (1738–1817), der 1769–77 reformierter Prediger in Magdeburg gewesen und dann nach mehreren Verwendungen in Berlin 1816 zum ev. Bischof berufen worden war. Von 1802 bis 1807 ging S. auf das Joachimsthalsche Gymn. in Berlin und begann danach ein Jurastudium in Göttingen. Nach eineinhalb Jahren wandte er sich der ev. Theol. zu und kehrte 1810 nach Berlin zurück, wo er unter dem Einfluß Schleiermachers zu einem neuen religiösen Leben Zugang fand. Nach Teilnahme an zwei Feldzügen in den Befreiungskriegen 1813/14 bezog er das Berliner Domkandidatenstift, wo er ein Reisestipendium nach England erhielt. Nach eineinhalb Jahren Aufenthalt in Holland und England zurückgekehrt, erwarb er 1817 in Berlin den Lizentiatengrad und eine Privatdozentur. 1818 folgte er einem Ruf an die noch junge Univ. Bonn, wo er 1821 zum Dr. theol. prom. wurde und 1823 eine o. Prof. erhielt. 1819–34 versah S. auch eine der Pfarrstellen der Bonner ev. Gemeinde, deren Gottesdienste weitgehend den reformierten Charakter beibehielten. Kollege im Pfarramt und an der Univ. wurde mit Carl Immanuel Nitzsch bald ein weiterer Vertreter einer positiven ev. Glaubenswahrheit. Das Pfarramt gab S. 1834 auf, weil es ihn in seinem akad. Amt behinderte. Dort gilt S. als der Begründer der wiss. Lehre von der Apologetik im Unterschied zur praktischen Apologie. Zu Anfang der 1840er Jahre reiste er im amtlichen Auftrag nach Schottland, um sich mit der Gesch. und Eigenart der presbyterianischen Kirche vertraut zu machen. 1846 war er gemeinsam mit seinem Kollegen Nitzsch Abgeordneter der preuß. Generalsynode, wo er sich vor allem in den Verhandlungen über die Verpflichtung der Geistlichen auf die Bekenntnisschriften für eine Lehramtsverpflichtung einsetzte. 1847 erfolgte S.s Berufung in das Konsistorium der Kirchenprovinz Sachsen nach Magdeburg – möglicherweise direkt durch seinen Schwager, den Minister der geistlichen Angelegenheiten Johann Albrecht Friedrich Eichhorn (amtierend bis 1848). Dort in der Verwaltungsarbeit tat er sich sehr schwer, blieb aber ein unermüdlicher Verfechter der positiven Union. Als solcher oblag es ihm auch, für die Franz.-Reformierten Gemeinden der Provinz Sachsen einen gangbaren Weg in die sich formierende Provinzialkirche zu bahnen. Zudem war er neben August Tholuck einer der wenigen theol. Wissenschaftler in der Provinzbehörde des Kirchenregimentes, die nicht nur in den Wirren um und nach 1848 dringend benötigt wurden. Er war in dieser Zeit zudem als Hg. des *Ev. Monatsblattes* tätig. 1860 zog er sich gleichzeitig mit Generalsuperintendent → Johann Friedrich Moeller aus seinen Magdeburger Ämtern zurück. Bis 1862 hatte er noch eine Honorarprofessur in Berlin inne, übersiedelte dann aber nach Neuwied und später nach Bonn, wo er den Gang der kirchlichen und wiss.-theol. Entwicklung weiter mit lebhafter Anteilnahme verfolgte.

W: Versuch eines Hdb. der christlichen Apologetik, 1829; Die katechetische Behandlung der Lehre von der Dreieinigkeit, 1834; Christliche Polemik, 1838; Christliche Apologetik, 1841; Die Kirche in Schottland, 1844; Ueber die Stellung der Ev.-Reformierten Gemeinden in unserer Zeit, 1848; Ueber die rechtliche Stellung der Union, 1850. – **L:** ADB 30, *153–161*; RE 17, ³1906, *323–327*; BBKL 8, Sp. *1162f.*; Heiner Faulenbach (Hg.), Das Album professorum der Ev.-Theol. Fakultät der Rheinischen Friedrich-Wilhelms-Univ. Bonn 1818–1933, 1995, *39–44* (mit Autobiogr.).

Hans Seehase

Saklinski, Roman

geb. 06.01.1919 Prag, gest. 25.03.1983 Magdeburg, Pädagoge, Sprachwissenschaftler, Hochschullehrer, Studienrat.

S. studierte von 1938 bis 1942 an der Univ. Krakow. Nach der Kriegsgefangenschaft arbeitete er bis 1947 als technischer Dolmetscher im *Krupp-Gruson-Werk* Magdeburg und 1947–49 als Doz. an der Dolmetscherschule des Landes Sa.-Anh. in Magdeburg. Anschließend war S. Leiter des Sprachunterrichts an der *Staatl. Aktienges. für Maschinenbau, Zweigniederlassung in Dtl.*, in Magdeburg. Seit 1954 arbeitete er als Lektor an der Hochschule für Schwermaschinenbau Magdeburg und leitete ab 1956 die Abt. Sprachunterricht und das Lektorat für slawische Sprachen. Von Bestehen der Hochschule an setzte S. sich sehr aktiv für die Förderung und Verbesserung des Fremdsprachenunterrichts ein. Er hatte maßgeblichen Anteil am Aufbau der Abt. Sprachunterricht. Unter seiner Anleitung wurden für die Hochschule entsprechendes Übungsmaterial ausgearbeitet und die notwendigen Prüfungstexte zusammengestellt. 1968 wurde S. zum stellvertretenden Dir. des neu gegründeten Inst. für Fremdsprachen an der TH Magdeburg und zum Leiter der Lehrgruppe Slawistik ernannt. S. besaß umfangreiche und gründliche Kenntnisse auf dem Gebiete der slawischen Sprachen. In der Zeit von 1956 bis 1968 war S. Mitglied der Zentralen Fachkommission für Russisch beim Ministerium für Hoch- und Fachschulwesen der DDR.

L: Nachruf, in: Zs. Sozialistische Hochschule (TU Magdeburg), Nr. 7/8 vom 12.04.1983 (*B*); UnivA Magdeburg. – **B:** *ebd.

Carmen Schäfer

Sander, Johann Daniel

geb. 08.02.1759 Magdeburg, gest. 27.01.1825 Berlin, Lehrer, Privatgelehrter, Buchhändler, Verleger.

S. konnte durch den Erhalt einer Freistelle von 1769 bis 1776 die Domschule in Magdeburg besuchen. Anschließend studierte er bis 1780 an der Univ. in Halle ev. Theol. und übernahm nach Studienabschluß eine Lehrerstelle an einer Realschule in Berlin, wo er bis 1785 meist in höheren Klassen lehrte. S. gab diese Position auf, um ungebundener wirken zu können. 1785 bis 1789 war S. Herausgeber und Schriftleiter der *Berliner Ztg.*, wurde später Berater, Vertreter und Teilhaber der *Vossischen Verlagsbuchhandlung* in Berlin, wodurch er die Wiss., auch durch Herausgabe eigener Beiträge, bereichern wollte. 1798 trennte er sich von der *Vossischen Verlagsbuchhandlung* und machte sich durch Kauf der *Weverschen Verlags- und Sortimentsbuchhandlung* selbständig, wobei S.s Frau Sophie 1808 den kaufmännischen Teil des Unternehmens übernahm. So konnte sich S. verstärkt seinen lit. und musischen Interessen widmen. S. pflegte vielseitige freundschaftliche Kontakte zu Literaten und Musikern. Dabei wurde der von ihm gegründete S.sche Salon von 1800 bis 1805 zu einem wichtigen gesellschaftlichen Zentrum. S., der in gleicher Weise an wiss. Forschung wie an Dichtung und Musik interessiert war, gelangte besonders als Stilist und Übersetzer zu anerkannter Wirkung. In den letzten Lebensjahren gab er durch Zusammenarbeit mit Georg Abraham Schneider, Bernhard Anselm Weber sowie → Carl Friedrich Zelter ein wertvolles dreiteiliges Sammelwerk für Chöre heraus, das dem Bedürfnis nach „Gesangsnoten ohne große Orchesterbegleitung" dienen sollte.

W: Das Leiden Jesu (Passions-Oratorium von Rolle), 1777; Bernd Maurach (Hg.), Die Briefe J. D. S.s an Carl August Böttiger 1796–1825, 1990–1993. – Opernübersetzungen: Orpheus und Euridike, 1786; Iphigenie auf Tauris, 1790; Iphigenie in Aulis, 1809; sonstige Übersetzungen: Freundschaftlicher Briefwechsel Friedrich II. mit Ulrich Friedrich von Suhm (2 Bde), 1787; Briefe und Gedichte Friedrich II. an Voltaire, in: Hinterlassene Werke Friedrichs II. Königs von Preußen, Bd. 1, 1788; Charles Jean Dominique de Lacretelle, Gesch. Frankreichs während des 18. Jhs (2 Bde), 1810. – Kompositionen: (Hg.) Die Heilige Cäcilia (geistliche Oden, Motetten, Psalmen, Chöre und Gesänge verschiedener Komponisten), 1818/19. – **L:** ADB 30, *350*; MGG 11, Sp. *1358f.*; Neuer Nekr 3, 1827; Hamberger/Meusel, Bde 7, 10, 15.

Sigrid Hansen

Sannemann, Max
geb. 15.04.1867 Seehausen/Altmark, gest. 01.02.1924 Ballenstedt, Musikpädagoge, Komponist.

S. erhielt seine Schulbildung in Calbe und in Magdeburg. Er war Schüler von → Christian Friedrich Ehrlich am Gymn. des Klosters U. L. F. in Magdeburg und später bei → Hermann Finzenhagen. Um seinen Lebensunterhalt zu bestreiten, war S. sehr früh als Musiklehrer sowie Opern- und Konzertkritiker tätig. Nach der Genesung von einer schweren Krankheit (1891) arbeitete er zwei Jahre als Lehrer am Musikinst. von Hermann Fischer. 1894 gründete er das Magdeburger Konservatorium der Tonkunst, an dem u. a. → Fritz Kauffmann und → Sigfried Karg-Elert als Lehrer tätig waren. Anfang der 1920er Jahre siedelte S. nach Ballenstedt über, wo er bis zu seinem Tod als Klavierpädagoge wirkte.

W: Klaviermusik, Kammermusik, Gesangswerke, Ballettmusiken. – **L:** Hobohm, Bd. 1, *408*; Dagmar Kähne, Untersuchungen zu biogr. Angaben von Sigfried Karg-Elert im Zusammenhang mit dem Musikleben um 1900 in Magdeburg, Ms. Magdeburg 1993.

Peter Berendt

Sass, *Johannes* Friedrich
geb. 05.05.1897 Magdeburg, gest. 1972 Hannover, Maler.

1911–14 absolvierte S. eine Lithographenlehre und war anschließend bis 1918 Tagesschüler der Kunstgewerbeschule in Magdeburg. 1918/19 als Soldat eingesetzt, übte er 1919–21 eine nebenberufliche Tätigkeit an der Kunstgewerbeschule in Magdeburg aus und war anschließend freischaffend als Kunstmaler tätig. 1922 wurde er 2. Vors. des Künstlervereins *Börde* in Magdeburg und siedelte 1925 nach Berlin über. Von hier aus schuf er 1928 Bürgermeisterbildnisse für seine Heimatstadt und 1929 Wandbilder für die Magdeburger Magdalenenkapelle. Studienreisen nach Italien, Holland, Südfrankreich folgten. 1928 wurde er Mitglied des *Dt. Künstlerbundes* und nahm 1932 an der Ausstellung moderner dt. Kunst in Oslo teil. 1933 erhielt S. den Villa-Romana-Preis des *Dt. Künstlerbundes* und war bis 1935 Stipendiat der Villa Romana in Florenz. Bis zur Schließung der modernen Abt. der Nationalgalerie Berlin im Kronprinzenpalais 1936 waren dort Leihgaben von S. ausgestellt. 1936 nahm er an der Biennale in Venedig teil und war 1939–45 wieder Soldat. Bei einem Bombenangriff im II. WK wurde 1944 seine Atelierwohnung in Berlin-Wilmersdorf zerstört, wodurch große Teile seines Werkes verlorengingen. 1950 wurde S. in Hannover ansässig und schuf für das dortige Innenministerium ein Wandbild. Seit 1956 lehrte er an der Werkkunstschule in Hannover.

L: Vollmer 4, 1958, *161f.*; Kunst für alle 51, 1935/36, *100–104*; Westermanns Monatshefte 160, 1936; Christoph Becker/Annette Lagler, Biennale Venedig. Der dt. Beitrag 1895–1995, 1995.

Jörg-Heiko Bruns

Sauerzapf, *Heinz* Hans Bernhard
geb. 14.09.1912 Eisleben, gest. 13.10.1984 Magdeburg, Garten- und Landschaftsarchitekt.

Nach dem Abitur 1929 in Weißenfels erlernte S. den Gärtnerberuf in Röblingen. 1932–33 war er in verschiedenen Gärtnereien als Gärtnergehilfe und Volontär zur Vertiefung seines Könnens tätig, studierte anschließend bis 1936 an der Höheren Gartenbaulehranstalt Bad Köstritz und legte die Prüfung als Staatl. geprüfter Gartenbautechniker ab. Von 1936 bis zu seiner Einberufung zum Wehrdienst arbeitete S. als Gartenarchitekt bei der Stadtverwaltung in Wittenberg. Nach Krieg, Gefangenschaft und Krankheit wirkte er 1948 als Hilfsarbeiter und als Buchprüfer bei der Fa. *Ferdinand Aschelm* in Halle. Beim Landesausschuß Sa.-Anh. der Kleingartenhilfe des *FDGB* arbeitete S. 1949–52 wiederum als Gartenarchitekt. Die „Richtlinien für die Berechnung von Entschädigungen beim Besitzwechsel im Kleingarten" (1950) entstanden u. a. in dieser Zeit. 1952–58 war er beim Zentralen Projektierungsbüro Sa.-Anh. mit Sitz in Halle als Gartengestalter und 1959–64 im Entwurfsbüro für Gebiets-, Stadt- und Dorfplanung Magdeburg als Gartenarchitekt angestellt. Als Fachgruppenleiter für Grünplanung arbeitete er von 1965–77 im Planungsbüro für Städtebau des Bez. Magdeburg und hatte maßgeblichen Anteil an der gartenkünstlerischen und landschaftsarchitektonischen Gestaltung der Freiflächen im Bez.

Magdeburg. Als Teil städtischer Gartenkultur entstanden unter S.s Leitung die Magdeburger Kleingartenanlage „Aufbau" (1970) und „An der Grabbestraße" (1982) sowie der Kleingartenpark Reform (1977), die Oschersleber Kleingartenanlage „Neubrandslebener Weg" und der Kleingartenpark „Stadtsee" in Stendal (1976). Außenanlagen plante und gestaltete S. in Neubaugebieten der Region, so im Wernigeröder Wohnkomplex „Burgbreite" (1968), im Oschersleber Wohngebiet „Wasserrenne" (1975) und im Wohngebiet „Am Stadtsee II-III" in Stendal (1972–76). Zudem war er an der Gestaltung der Sportanlagen Schwimmbad Oschersleben (1966), Schwimmbad Stendal (1965) und am Sportkomplex „Kohlgarten" in Wernigerode beteiligt. Hervorzuheben sind auch die Gestaltungen der Freiflächen in den Mahn- und Gedenkstätten für die Opfer des Faschismus Isenschnibber Feldscheune in Gardelegen 1965 sowie Langenstein-Zwieberge bei Halberstadt 1968.

W: Schriften: Die Vorgärten der Stadt Halle, 1958; Die Grundrichtung der künftigen Gestaltung von Kleingartenanlagen im System der Naherholung, in: Landschaftsarchitektur 1, H. 1, 1972, *17f.*; Die Mahn- und Gedenkstätte Langenstein-Zwieberge und Gardelegen, in: ebd. 4, H. 2, 1975, *42f.*; Planung eines Wohngebiets- und Kleingartenparks in Magdeburg, in: ebd. 6, H. 1, 1977, *16f.* (mit G. Schöne); Gartenbauausstellung Leipzig-Markkleeberg, Musterkleingarten. – **L:** Vf., H. S. 65 Jahre, in: Landschaftsarchitektur 6, H. 4, 1977, *122* (**B**); Vf., Landschaftsarchitekt H. S. verstorben, in: ebd. 14, H. 1, 1985, *31*; Unterlagen Hans-Jürgen S., Halle (priv.). – **B:** *ebd.

Günter Reso

Sbach, Georg
geb. 14.04.1882 Groß-Jeßtin bei Kolberg/Pommern, gest. 20.07.1961 Freiburg/Breisgau, Musikpädagoge, Organist.

Der Sohn des Lehrers Karl S. besuchte zunächst das Gymn. in Kolberg und erhielt anschließend eine Ausbildung am Lehrerseminar in Köslin. Der ersten (1902) und zweiten (1905) Lehrerprüfung folgte eine zweijährige Anstellung als Lehrer in Kolberg, wo er sich gleichzeitig bei Springer (Orgel) auf sein Musikstudium vorbereitete. Von 1907 bis 1909 studierte S. Musik an der Staatl. Akad. für Kirchen- und Schulmusik in Berlin-Charlottenburg. Im Anschluß nahm er eine Stelle als Musiklehrer und Organist (St. Petri) in Nordhausen an. Im Oktober 1918 wechselte er als Organist an die Kirche St. Katharinen nach Magdeburg und trat im Frühjahr des Folgejahres zudem die Stelle eines Musiklehrers am Städtischen König Wilhelms-Gymn. in Magdeburg an, in der er nach seiner Ernennung zum Studienrat (1925) auch zum Prüfungsausschuß für Privatmusiklehrer gehörte. Neben seiner hauptberuflichen Tätigkeit bekleidete S. auch weiterhin Organistenstellen. Der bis 1922 währenden Organistentätigkeit an der Katharinenkirche folgten die an der Johanniskirche (1923–33) und in der Stadthalle (1928–33), deren Sauer-Orgel (131 Register) er zusammen mit dem Stadtbaurat → Johannes Göderitz gestaltete. S. wurde auf Grund seiner sozialdemokratischen Gesinnung 1933 aller kirchlichen und städtischen Ämter enthoben und mit der Auflösung des Gymn. im selben Jahr frühzeitig pensioniert.

L: Hermann Schmidt, Bericht über das Schuljahr 1925/26 des Städtischen König Wilhelms-Gymn. Magdeburg, 1925, *13*; Erich H. Müller (Hg.), Dt. Musiker-Lex., 1929.

Peter Berendt

Schaaff, Johann Christian *Ludwig*
geb. 1780 Halle, gest. 30.03.1850 Schönebeck, Lehrer, ev. Pfarrer.

S. war vermutlich Schüler an den Franckeschen Stiftungen in Halle und dürfte auch die dortige Univ. besucht haben. Nach dem Studium kehrte er an die Stiftungen zurück und war als Lehrer tätig. 1800 erhielt er eine Stelle am Magdeburger Pädagogium des Klosters U. L. F. Bis 1815 blieb er in dieser Funktion und war danach bis 1849 als Prediger und Oberprediger an der Kirche St. Jacobi in Schönebeck tätig. Bereits während seiner Lehrtätigkeit in Magdeburg hatte sich das pädagogische Talent S.s gezeigt. Deshalb entließ ihn Propst → Gotthilf Sebastian Rötger nur ungern in den Dienst als Prediger. Aber auch darin wirkte er mit Erfolg für die Schulen in seinem Bez., da ihm die Schulinspektion oblag. So erarbeitete er 1827 den Lehrplan für die neu eingerichtete Knabenschule in Schönebeck. Vielfach benutzt wurde seine „Encyclopädie der classischen Alterthumskunde", die auf Anregung seines Verlegers → Wilhelm von Heinrichshofen mehrfach überarbeitet und erweitert auch nach S.s Tod neu hg. wurde.

W: Encyclopädie der classischen Alterthumskunde, ein Lehrbuch für die oberen Classen gelehrter Schulen (2 Bde), 1806–1808, ³1826; Methodik der dt. Stilübungen für Lehrer an Gymnasien, 1813; Methodik des hist. Unterrichts für Lehrer an Gymnasien, 1813; Die Kirchen-Agenden-Sachen in dem preuß. Staate, 1824. – **L:** Jb. des Pädagogiums des Klosters U. L. F. zu Magdeburg, 1813–1816, *27ff.*; Matthias Puhle/Renate Hagedorn (Hg.), Zwischen Kanzel und Katheder. Das Magdeburger Liebfrauenkloster vom 17. bis 20. Jh., 1998, Kat.-Nr. 2.32; Bibliogr. Verz. Pröpste, Rektoren und Lehrer des Pädagogiums am Kloster U. L. F. zu Magdeburg, 2000, Nr. 72 (**W**).

Uwe Förster

Schab, Günther, Dr. phil. (Ps.: Dieter Hollenbeck, ca. 1935–40)
geb. 26.06.1898 Eisleben, gest. 04.10.1983 Düsseldorf, Theater- und Musikkritiker, Redakteur, Schriftsteller.

S. besuchte das Gymn. in Halle und studierte an der dortigen Univ. von 1918 bis 1922 Lit. sowie Kunst- und Musikwiss. u. a. bei Hermann Abert und Richard Rahlwes. 1923 prom. er dort zum Dr. phil. und arbeitete 1923/24 als Musik- und Theaterkritiker bei der *Hallenschen Ztg.* und der *Allg. Ztg.* Von 1924 bis 1940 war er Feuilleton-Redakteur des *Magdeburger General-Anzeigers* sowie Korrespondent der *Zs. für Musik* und der Zs. *Die Musik*. Von 1940 an arbeitete er in Düsseldorf als Feuilleton-Redakteur der *Düsseldorfer Nachrichten*, seit 1945 als freier Schriftsteller sowie Mitarbeiter des *Westdt. Rundfunks* Köln, des *Saarländischen Rundfunks* und als Korrespondent der *Westdt. Neuen Presse*, der *Neuen Ztg.* und ab 1946 auch der renommierten Theaterzs. *Theater der Zeit*. Während seiner Magdeburger Tätigkeit berichtete er über wichtige Ereignisse aus dem lokalen Musikleben und verfaßte neben Musik- auch Theater-, Lit.- und Filmkritiken. Er berichtete auch über Musikereignisse außerhalb Magdeburgs, beispielsweise aus Bayreuth oder Dresden, und schrieb heitere Reiseberichte. In seinen Theaterkritiken bewies er Aufgeschlossenheit gegenüber zeitgenössischer Dramatik und Sinn für qualitätvolle Aufführungen, wie es z. B. in seiner Kritik vom 21.02.1933 zur Ringuraufführung (mit Leipzig und Erfurt) des Schauspiels „Silbersee" von → Georg Kaiser mit der Musik von Kurt Weill in der Inszenierung des Intendanten Hellmuth Götze zum Ausdruck kommt. 1933 bekundete er „... in mutiger und charaktervoller Weise Unabhängigkeit von den neuen politischen Machthabern ..." (Krusche, 1995), als er sich – wie auch sein Kritikerkollege Ludwig E. Reindl (*Magdeburgische Ztg.*) – gegen die Entlassung Götzes wandte.

W: Fritz Reuters Festungstid und ihre hochdt. Urgestalt, Diss. Halle 1923; (Ps.) Hedda sucht die Liebe, 1935–40 (Romanreihe); (Ps.) Großes Glück in kleiner Stadt, 1938–40 (Romanreihe); (Ps.) Die gelbe Aktentasche, 1941 (Romanreihe); Strandfoto 531, 1938; Benimm dich wieder anständig – ein Brevier für Leute, die Erfolg im Leben haben wollen, 1946; Das kleine Brief-Brevier. Ratgeber für Leute, die lebendige Briefe schreiben wollen, 1946; (Hg.) Heinrich Heine. Eine Lese seiner Werke, 1946; (Hg.) Aus meinen großen Schmerzen mach ich die kleinen Lieder. Buch der Lieder und andere Gedichte, eine Auswahl für unsere Zeit, 1946; (Hg.) Adalbert Stifter. Eine Lese seiner Werke, 1947; Aus den Papieren des Dr. Zimmermann. Der Roman einer Ehe, 1948; Kasimir Edschmidt. Ein Buch der Freunde zu seinem 60. Geb., 1950. – **L:** Kosch LL 14, Sp. *135*; Erich H. Müller (Hg.), Dt. Musiker-Lex., 1929, Sp. *1213*; → Friedemann Krusche, Theater in Magdeburg, Bd. 2, 1995, *54*; ders., Gesch. des Magdeburger Theaters während der Weimarer Republik und im Dritten Reich, Diss. Berlin 1998, *157*.

Christine Sommer

Schäfer, Alfons
geb. 23.05.1925 Langenholthausen/Westfalen, gest. 18.05.1990 Elbingerode, kath. Theologe.

1954 wurde S. in Paderborn zum kath. Priester geweiht. Er stellte sich wie viele andere Paderborner Priester und Theologen (→ Werner Hentrich) für den Dienst im Erzbischöflichen Kommissariat Magdeburg zur Verfügung. Da das Kommissariat im geteilten Nachkriegsdtl. zum Gebiet der SBZ gehörte und eine Übersiedlung offiziell nicht möglich war, kam er illegal über die Grenze. Er war Seelsorger in Hohenmölsen (1954), Dessau (1960) und Magdeburg-Buckau (1963); hier war er zugleich Studentenseelsorger für Magdeburg. Von Weihbischof → Friedrich Maria Rintelen 1965 zum Leiter des Seelsorgeamtes im Bischöflichen Amt Magdeburg ernannt, nahm er diese Aufgabe bis 1975 wahr. Durch seine Vortragstätigkeit wurde er über das Magdeburger Gebiet hinaus bekannt. Seine lit. Fähigkeiten fanden Niederschlag in Briefen, Gedichten und Prosatexten. Sein Lebensstil und seine geistige Haltung waren von Offenheit geprägt; er wollte den Menschen Gefährte auf dem „Weg zum Leben" sein. 1975 wurde er Pfarrer in Elbingerode und Leiter des Referates „Missionarische Dienste". Zudem war S. in der Akademikerseelsorge tätig.

W: Auferstehen zum Leben, 1980. – **N:** Gertrud Schäfer, Magdeburg (priv.). – **L:** ZBOM. – **B:** *ebd.

Ludwig Stegl

Schäffer, Bernhard
geb. 06.03.1823 Gohfeld/Westfalen, gest. 20.12.1877 Magdeburg, Mechaniker, Fabrikant.

S.s Vater, einer westfälischen Bauernfam. entstammend, war Besitzer einer Kolonialwarenhandlung in Gohfeld. Nach dessen frühem Tod war es S.s älterer Bruder, der sich um den heranwachsenden Knaben kümmerte. Er war es auch, der ihm eine Lehrstelle in Berlin bei dem Mechanikermeister Oertling vermittelte. Kurz nach Beginn seiner fünfjährigen Lehrzeit 1838 hatte der technisch sehr interessierte S. mit der Inbetriebnahme der ersten preuß. Eisenbahn von Berlin nach Potsdam ein für seine weitere Entwicklung prägendes Erlebnis. Dabei interessierten ihn in erster Linie die Meßinstrumente auf der Lokomotive, da auch in der Werkstatt seines Lehrmeisters feinmechanische Instrumente gebaut wurden. Ab 1843 befaßte er sich in Magdeburg, in einer Feinmechanikerwerkstatt beschäftigt, mit der Weiterentwicklung dieser Instrumente. Bei der Instandsetzung von bisher verwendeten Quecksilber-Druckmessern für Lokomotiven erkannte er schnell Mängel und Nachteile und versuchte deshalb, auf anderer Grundlage einen Druckmesser zu bauen, der den Erschütterungen des Eisenbahnbetriebes gewachsen war. Seine Bestrebungen führten zur Erfindung des Plattenfeder-Manometers, auf welches ihm Ende 1849 sein erstes preuß. Patent erteilt wurde. Im Frühjahr des nächsten Jahres schlossen S., sein Schwager → Christian Friedrich Budenberg und der Mechanikermeister Franz Primavesi einen Gesellschaftervertrag unter dem Namen *S. & Co. Mechanische Werkstatt*. Nach anfänglichen Schwierigkeiten durch die dt. Behörden und einem daraus resultierenden Umweg über England – Budenberg ließ durch seinen Bruder das Manometer dort patentieren – wurden die Produkte, die dann an englischen Lokomotiven und Maschinen nach Dtl. kamen, schließlich auch von den dt. Behörden zugelassen. 1852 schied Primavesi aus der Fa. aus, und das Unternehmen firmierte als *S. & Budenberg* neu. In Ermangelung geeigneter Maschinen wurden die benötigten Präzisionsapparaturen frühzeitig im eigenen Betrieb hergestellt. Bald fertigte die Fa. neben den Manometern das gesamte Sortiment technischer Meßgeräte und Armaturen zum Betreiben von Dampfkessel- und Maschinenanlagen. Nach dem Umzug der Fa. nach Buckau 1858 begann die fabrikmäßige Produktion der von S. entwickelten Produkte, die schon bald den int. Standard verkörperten. S., der Gründungsmitglied des 1857 instituierten *VDI-Bezirksvereins für Magdeburg und Umgebung* war, leistete mit seiner Geradlinigkeit, dem Sinn für Genauigkeit im Bereich der Bruchteile von Millimetern einen wesentlichen Beitrag zur Entwicklung der Präzisionsarbeit im dt. Maschinenbau.

L: 75 Jahre S. & Budenberg, 1925; 1850–1940 – Fs. der Fa. S. & Budenberg, 1940; (***B***); 100 Jahre Wertarbeit. Geräte- und Armaturenwerk Magdeburg vormals S. & Budenberg, 1950 (*****B***).

Horst-Günther Heinicke

Schaeffer-Heyrothsberge, Paul

geb. 09.09.1891 Dortmund, gest. 28.04.1962 Wiesbaden, Architekt, Dipl.-Ing., Regierungsbaumeister.

Der Sohn eines hohen Justizbeamten studierte seit 1911 Architektur in Danzig, in Karlsruhe bei Prof. Ostendorff und in Braunschweig bei Prof. Mühlenpfort. Bevor er in Magdeburg sein erstes Büro gründete, legte S. in Berlin das Examen als Regierungsbaumeister ab. Die Grundlagen dafür erhielt er im Hochbauamt I in Magdeburg unter Regierungsbaumeister Reichelt. 1921 begann S.s Schaffensperiode in Magdeburg, die bis 1945 dauerte und nur durch die Inflation zeitweise unterbrochen wurde. Als erste große Bauvorhaben dieser Zeit entstanden 1921 das Verwaltungsgebäude für das *Eisen- und Stahlwerk Otto Gruson & Co.* in Magdeburg, Laborgebäude des *Krupp-Gruson-Werkes* in der Freien Straße sowie Bauten für die Fa. *W. A. Drenckmann, Dampfmühle* in Magdeburg-Sudenburg. Es folgten diverse Gebäude für Banken, Versicherungsgesellschaften und die Industrie, insbesondere 1925 die Ausstellungsbauten auf der Dt. Zuckerausstellung Magdeburg und das Geschäftshaus Baresel an der Olvenstedter Chaussee (unvollendet), 1926/28 Um- und Erweiterungsbauten für die *Vereinigten Ölfabriken Gustav Hubbe – G. W. Farenholtz*, Werk Magdeburg-Sudenburg (1922/23) und Werk Friedrichstadt (1926/28) sowie 1927/28 das Verwaltungsgebäude der *Maschinenfabrik Buckau R. Wolf AG*. Damit setzte S. Maßstäbe für moderne Industriearchitektur in Magdeburg. Seine Erfahrungen beim Bau von Arbeiterwohnstätten veröffentlichte er 1932. Insgesamt entstanden in seinen Büros mit bis zu 120 Mitarbeitern Entwürfe und Unterlagen für 6.500 Wohnungen. Als Vors. der Ortsgruppe Magdeburg des *Bundes Dt. Architekten* (*BDA*) war S. Wortführer in der Auseinandersetzung um die Auftragsvergabe bei öffentlichen Bauvorhaben zwischen den im *BDA* zusammengeschlossenen Magdeburger Architekten und der Stadt Magdeburg. 1932 wirkte er zudem als zweiter Vors. des Magdeburger *Vereins für Dt. Werkkunst*. Gemeinsame Aufgaben führten zu einer freundschaftlichen Zusammenarbeit mit dem Maler Prof. Thol, mit → Fritz von Graevenitz und Prof. Mattern. S. baute 1930–1932 das erste Hochhaus Magdeburgs – das einzige in der Weimarer Republik – für den Zeitungsverlag Faber. Das 13 geschossige, 45 Meter hohe, gegenwärtig noch als Verlagshaus bestehende denkmalgeschützte Gebäude wies für diese Zeit besondere architektonische Elemente aus: eine Natursteinverkleidung mit Travertin, rasterartige Lochfassaden auf allen vier Seiten sowie einen zentralen Treppenturm, der an der Außenfassade mit einer Geschoßhöhe über das Flachdach hinausgezogen war. Ein halbrund verglaster, laternenartiger Aufsatz bildete die besondere Dachkrone des Hauses in betont sachlich-moderner Architektursprache. An der stadtseitigen Hauptschaufront des Gebäudes war ein filigraner, röhrenförmiger Fluchttreppenturm in transparenter Stahl-Glas-Konstruktion integriert, dem sich zungenartige Balkone anschlossen. Mit späteren Einfügungen am Turmfuß aus den 1950er Jahren prägte das Gebäude die Magdeburger Stadtsilhouette und stellte zusammen mit dem von → Albin Müller im Auftrag des Magistrats entworfenen Aussichtsturm im Stadtpark Rotehorn die einzige moderne Höhendominante aus der Zeit der 1920er Jahre des Magdeburger „Neuen Bauwillens" dar. Nach dem Ende des II. WK gab es für S. keine Voraussetzungen mehr für eine weitere Tätigkeit in Magdeburg. Er siedelte 1947 nach Wiesbaden über und baute hier ein neues Architekturbüro auf. 1952 gewann er den Wettbewerb für die Planung des Statistischen Bundesamtes in Wiesbaden. S. war seit 1952 Vors. der Bezirksgruppe, seit 1954 stellvertretender Vors. der Landesgruppe Wiesbaden des *BDA* und fungierte ab 1952 als berufenes Mitglied der Akad. für Städtebau, der er schon vor 1939 angehörte, sowie als Mitglied der Akad. für Bauforschung. 1956 wurde der Architekt mit dem Bundesverdienstkreuz I. Kl. ausgezeichnet.

W: s. o.; Tagungsraum für den 3. Kongreß für ev. Kirchenbau in Magdeburg, 1928; Oberlyzeum Stendal und Gemeindeschule Biederitz, 1929/30; Einfamilienwohnhaus mit Chauffeurswohnung, Herrenkrugkolonie bei Magdeburg, 1931; Innenraumgestaltungen für Verwaltungsgebäude u. a. des Burbach-Konzerns Magdeburg, 1930; Bauentwürfe für das Geschäfts- und Wohnhäuser. – **L:** Erich Feldhaus, Bauten von P. S.-H., in: Der Industriebau 19, H. 2, 1928, *17–29*; Marta Doehler/Iris Reuther, Magdeburg – Stadt des Neuen Bauwillens, 1995; Olaf Gisbertz, → Bruno Taut und → Johannes Göderitz in Magdeburg. Architektur und Städtebau in der Weimarer Republik, 2000; StadtA Magdeburg: Rep. C35 Md I+II Nr. 27. – **B:** *Vf., Magdeburg (priv.).

Hans Gottschalk

Schaeper, Ernst Adolf
geb. 21.12.1831 Wolmirsleben, gest. 06.06.1905 Sülldorf, Landwirt, Gutsbesitzer, Amtsrat.

Als Sohn eines Fabrik- und Gutsbesitzers in Wolmirsleben geb., wuchs S. mit fünf Geschwistern auf. Nach abgeschlossener beruflicher Vorbildung pachtete er 1855 mit seinem Bruder, dem Ökonomierat Ludwig S. (1829–95), ein 369 ha großes Gut in Sülldorf und gründete die Fa. *Gebrüder S.*, die landwirtsch. Güter und Fabriken (Zuckerfabriken, Zichoriendarren) betrieb. Die Gebrüder S. hatten, wie andere Unternehmer der Region (→ Matthias Rabbethge), die in einer Zusammenführung von Landwirtschafts- und Verarbeitungsbetrieben liegenden wirtsch. und finanziellen Möglichkeiten schnell erkannt und setzten diese konsequent um. Das leistungsfähige Unternehmen expandierte kontinuierlich durch umfangreiche Zukäufe: 1856 wurde die Zuckerfabrik in Bahrendorf, 1885 ein Gut in Stemmern mit 188 ha, 1888 ein Solbad in Sülldorf und 1893/94 das Rittergut Bahrendorf mit 411 ha erworben. Später kamen das Rittergut in Peseckendorf bei Oschersleben mit 384 ha (vor 1899) und das Gut in Sohlen mit 369 ha (1909) hinzu. Zudem erfolgten Pachtungen in der Gemarkung Sülldorfs (394 ha). Das Unternehmen beging 1905 sein 50jähriges Bestehen und stiftete zu diesem Anlaß 100.000 Reichsmark für die Belegschaft.

L: Fritz S. Entwurf einer Familienchronik, Ms. o. J., in: Amtliches Wanzlebener Kreisbl. Nr. 107, 1905; P. Müller, Rittergut Bahrendorf, Ms. 1976 (Börde-Mus. Ummendorf); Vf., Zur Gesch. der Namensträger „S." im Altkr. Wanzleben, Ms. 1999/2000. – **B:** Vf., Wanzleben (priv.).

Gerd Gerdes

Schaeper, *Friedrich* (*Fritz*) August
geb. 25.09.1864 Sülldorf, gest. 12.10.1924 Braunlage, Landwirt, Gutsbesitzer.

Nach einer umfassenden schulischen und beruflichen Vorbildung trat S., Sohn des Friedrich Ludwig S. in Sülldorf, als Verwalter in das vor 1899 von den Brüdern → Ernst Adolf und Ludwig S. erworbene Rittergut Peseckendorf bei Oschersleben mit 384 ha Rustikalbesitz ein, das er bei der Verteilung des Grundbesitzes der Fa. *Gebrüder S.* 1910 als Eigentum erhielt. Bereits 1905 beauftragte S. den Architekten Paul Schultze-Naumburg, ein neues Gutshaus zu errichten. So entstand das Gebäude im Stile des Neo-Barock, dem in gleicher Art 1910 das Gutshaus Bahrendorf folgte. S. entwickelte das Gut Peseckendorf zu einer vorbildlichen Einrichtung in der Feld- und Viehwirtschaft. Neben Großvieh wurden auch Ziegen gezüchtet. In Zusammenarbeit mit Amtsrat → Erich Kühne wurden zudem Zuchterfolge bei dem rheinisch-dt. Kaltblutpferd erzielt. Hengste wie „Zobel", „Turmfalke", „Glöckner", „Zenit" und „Draufgänger" trugen den Namen „von Peseckendorf". Zweimal wurde die Stute „Zierde von Peseckendorf" als beste Kaltblutstute ausgezeichnet. 1923 setzte S. seinen Neffen → Friedrich Ludwig S. auf Gut Sohlen in einem Erbschaftsvertrag als Nachfolger ein. S. war ein guter und bekannter Tierzüchter und Betriebswirt in der Magdeburger Börde mit sozialer Einstellung.

W: Entwurf einer Familienchronik Ms. o. J. in: Amtliches Wanzlebener Kreisbl. Nr. 107, 1905. – **L:** Christian Mommsen, Entwicklung der Pferdezucht und des Pferdezucht-Verbandes der Provinz Sachsen. Die bisher wichtigsten Blutlinien des Zuchtbezirks, hg. zum 25jährigen Bestehen des Pferdezucht-Verbandes der Provinz Sachsen 1899–1924, 1924; Vf., Zur Gesch. der Namensträger „S" im Altkr. Wanzleben, Ms. 1999/2000 (priv.). – **B:** *Vf., Wanzleben (priv.).

Gerd Gerdes

Schaeper, Friedrich Ludwig
geb. 29.12.1902 Sohlen, gest. 08.06.1984 Hannover-Laatzen, Landwirt, Gutsbesitzer.

Der Sohn des Sohlener Gutsbesitzers Ludwig S. (1866–1958) war nach seiner schulischen Vorbildung zunächst im landwirtsch. Betrieb seines Vaters als Ökonomie-Lehrling eingestellt. Durch den Erbschaftsvertrag seines Onkels → Fritz S., der seinerzeit als „beispielhaft für das soziale Bewußtsein eines Gutsherrn" galt, übernahm S. 1927 dessen 594 ha großes Rittergut Peseckendorf bei Oschersleben und bewirtsch. es mit großem Erfolg. Das veranlaßte die Nationalsozialisten 1939, Peseckendorf zum Musterbetrieb der *Dt. Arbeitsfront* zu ernennen. S. entzog sich den Werbungen der ns. Partei und führte mit Erfolg die Zusammenarbeit mit Amtsrat → Erich Kühne in der Pferdezucht fort. Im Rahmen der Bodenreform wurde der Betrieb nach 1945 enteignet, die Fam. verzog mit ihrem Hausrat nach Westdtl.

L: Fritz S., Entwurf einer Familienchronik, Ms. o. J.; Günther Hangen, Hengstlinien des rheinisch-dt. Kaltblutpferdes, 1939; Christian Freiherr von Stenglin, Dt. Pferdezucht. Gesch., Zucht und Leistung, 1983; Vf., Zur Gesch. der Namensträger „S" im Altkr. Wanzleben, Ms. 1999/2000 (priv.).

Gerd Gerdes

Schaeper, Jacob
geb. 13.11.1853 Etgersleben, gest. 29.11.1915 Wanzleben, Landwirt, Gutsbesitzer, Ökonomierat.

Nach gründlicher landwirtsch. und kaufmännischer Ausbildung folgte S. seinem Vater, dem Ökonomierat → Richard S., auf dem Rittergut in Wanzleben nach. Er vergrößerte den Familiengrundbesitz durch Erwerb des Egelingschen Hofes sowie durch Pacht der Güter in Klein Germersleben und Klein-Oschersleben zu 592 ha eigenem Besitz und 302 ha Pachtung. 1894 kaufte er zudem die Pflugfabrik *Fa. Friedrich Behrendt Nachfolger Ing. K. Schabon* auf. In Zusammenarbeit mit Amtsrat → Erich Kühne setzte er 1911 die Modernisierung der Zuckerfabrik Wanzleben ins Werk. Über seine erfolgreiche Arbeit als landwirtsch. Unternehmer hinaus war S. als aktiver Kommunalpolitiker, als landwirtsch. Deputierter der Provinz Sachsen und als Vorstandsmitglied mehrerer Zucker- und Malzfabriken tätig. Seit 1893 gehörte er dem Wanzlebener Magistrat an und fungierte ab 1905 als unbesoldeter Beigeordneter. S. richtete vor 1895 auch die erste Kleinkinder-Bewahranstalt in Wanzleben ein, die später von der ev. Kirche weitergeführt wurde.

L: Amtliches Wanzlebener Kreisbl. Nr. 57, 1895; Volksstimme vom 22.05.1995; Vf., Zur Gesch. der Namensträger „S" im Altkr. Wanzleben, Ms. 1993/99 (priv.).

Gerd Gerdes

Schaeper, Richard
geb. 22.02.1818 Etgersleben bei Egeln, gest. 20.10.1889 Groß-Wanzleben, innovativer Landwirt, Gutsbesitzer, Unternehmer, Ökonomierat.

S., Sohn eines Landwirts, siedelte 1828 nach Sudenburg bei Magdeburg um, wo sein Vater eine Landwirtschaft übernommen hatte. Bis zum 16. Lebensjahr besuchte S. die Handelsschule in Magdeburg und absolvierte anschließend eine landwirtsch. Lehre in Sudenburg (Landwirtschaft, Zichoriendarre). Nach seinem einjährigen Militärdienst war S. als Beamter auf den Nathusiusschen Gütern in Königsborn und ab 1840 mit großem Erfolg als Hof- und Feldverwalter auf dem Gut des Unternehmers Ferdinand Maquet in Groß Germersleben tätig. 1843 kam S. nach Etgersleben zurück, übernahm die Leitung der dort gegründeten Zuckerfabrik und baute sie nach dem Vorbild der Sudenburger Unternehmens Helle zu einer mustergültigen Einrichtung aus. 1845 pachtete er, zunächst mit einem Kompagnon, die Fabrikationsanlagen und die dazugehörigen Ländereien, führte als einer der ersten den Dampfbetrieb ein und übernahm in der Folge zahlreiche technische Neuerungen in den Produktionsprozeß. Er beteiligte sich 1847 an der Errichtung der Zuckerfabriken in Klein-Oschersleben und Wolmirsleben. Nach dem Zukauf eines Gutes in Klein Germersleben (1853) sowie eines 286 ha umfassendes Rittergutes in Wanzleben, auf das er 1858 umsiedelte, bewirtsch. S. mit eigenen und Pachtäckern ca. 3.600 Morgen Land. 1867 baute S. den sogenannten Darrhof als Wirtschaftshof aus. Gemeinsam mit Amtsrat → Philipp Kühne errichtete er 1856 die Zuckerfabrik Wanzleben, an der er zur Hälfte beteiligt war. Die Produkte der S.schen Zuckerfabriken avancierten wegen ihrer streng an ökonomischen Kriterien und Marktbedürfnissen ausgerichteten Fertigung lange Zeit zu Normalmustern für den Magdeburger Markt und eine große Anzahl von Zuckerfabriken. S. gilt vor allem als Vater der Einführung und Entwicklung der intensiven Bodenkultur in der Provinz Sachsen. Er beförderte die technische Vervollkommnung der landwirtsch. Produktionsweise, erkannte als erster die Vorteile der aus England stammenden Drillkultur für Zuckerrüben- und Getreideanbau (einheitliche Pflanztiefe) und führte diese in großem Maßstab ein. 1863 erfolgte durch die Agrarier Kühne und S. der erste Einsatz eines Dampfpfluges in Preußen. Die durchgängige Anwendung der Hackkultur zur Unkrautbekämpfung sowie die Einführung der Dünnsaat in Verbindung mit zweckmäßiger Standweite und optimaler Düngung der verschiedenen Saaten führten zu einer nicht für möglich gehaltenen Steigerung der Ausbeute. S. führte als einer der ersten englischen Rauhweizen, schwedischen und probsteier Hafer, Chevalier-Gerste und die Vilmorin-Rübe als vorteilhafte Varietäten in der Feldfrucht-Folge ein. Entscheidendes leistete er zudem durch die innovative Anwendung künstlicher Düngemittel. Der scharfblickende Geschäftsmann war u. a. Vorreiter der verstärkten Düngung von Zuckerrüben mit stickstoffhaltigen Düngemitteln wie Guano und Chilisalpeter. Mit seinem Nachbarn Kühne demonstrierte S. die innovative Anwendung der mineralischen Düngung, indem er dessen Initialen „PK" in ein Rübenfeld eindüngen ließ, um die wachstumsfördernde Wirkung des Düngers nachzuweisen. S. wurde 1864 zum preuß. Ökonomierat ernannt. Er zählte zu den innovativsten Landwirten der Magdeburger Börde.

L: Friedrich Hoffmann, Gesch. des Kgl. Domainen-Amtes und der Kr.-Stadt Groß-Wanzleben, 1863; → Maximilian Maercker, Oekonomierath R. S.-Wanzleben. Ein Lebens- und Charakterbild, 1889 (Sonderdruck aus der Magdeburgischen Ztg. Nr. 592 und 609, 1889); Amtliches Wanzlebener Kreisbl. Nr. 126, 1889; Vf., Zur Gesch. der Namensträger „S" im Altkr. Wanzleben, Ms. 1993/99 (priv.).

Gerd Gerdes

Schaper, Gustav

geb. 17.10.1845 Hohenwarsleben bei Magdeburg, gest. 22.06.1906 Magdeburg, Musikpädagoge, Komponist, Dirigent, Organist.

Nach seiner Ausbildung am Lehrerseminar in Barby war S. seit 1866 als Musikpädagoge an der Augusta-Schule in Magdeburg tätig. 1878 übernahm er, bis zur freiwilligen Amtsniederlegung 1903, die Leitung des 1838 gegründeten *Lehrergesangsvereins*, der durch eine von S. durchgeführte Reorganisation wieder zu großer Anerkennung fand. Unter der Leitung von S., der seit 1883 auch erster Dirigent (zweiter Dirigent war Georg Blumenstein) des Vereins war, gab es vielbeachtete Aufführungen (auch eigener Werke). 1897 zum Kgl. Musikdir. ernannt, wirkte er von 1900 bis 1905 als Organist der Johanniskirche. Zu seinem kompositorischen Schaffen gehören Orchesterwerke (z. B. die symphonische Dichtung „Julius Cäsar"), Klavier- und Orgelwerke, Chorwerke und Lieder.

W: Der Kaiseraar, 1890; Dtl., Dtl. über alles, 1890; Musikalische Gedenkbll., 1900; Heimat und Vaterland. Ausgewählte Lieder und Gesänge, o. J.; Morgenwanderung (Gedicht von Emanuel Geibel) op. 37, o. J. – L: → Erich Valentin, Musikgesch. Magdeburgs, in: GeschBll 68/69, 1933/34, *45*; Hobohm, Bd. 1, *386*; Bd. 2, *197, 277*; Paul Frank, Kurzgefaßtes Tonkünstlerlex., neu bearb. und ergänzt von Wilhelm Altmann, Bd. 1, [15]1983, *536*.

Peter Berendt

Schaper, Wilhelm (Willi)

geb. 07.07.1902 Neuhaldensleben, gest. 24.09.1984 Haldensleben, Arbeiter, Landrat.

S. besuchte die Volksschule und arbeitete danach als Steingutbrenner in Werken der keramischen Industrie seines Heimatortes. 1919 trat er dem Kommunistischen Jugendverband Dtls (KJVD), 1921 der KPD bei. 1928 bis 1933 war er als politischer Sekretär der Partei im Unterbez. Neuhaldensleben tätig und kandidierte bei den Wahlen zum preuß. Landtag. Nach der Machtübernahme durch die Nationalsozialisten wurde S. verhaftet und im Zuchthaus Berlin-Plötzensee sowie im KZ Sonnenburg interniert. Nach seiner Entlassung betätigte er sich im antifaschistischen Widerstand, ohne einer Gruppe anzugehören. Kurz nach dem Ende des II. WK wurde S. zum Landrat des Kreises Haldensleben berufen und 1946 gewählt. Als Regierungsrat gehörte er seit 1946 dem Kreis- und Landtag an. S. setzte seine gesamte organisatorische Kraft für den Wiederaufbau funktionstüchtiger neuer Strukturen im Kr. Haldensleben unter schwierigsten Nachkriegsbedingungen ein. So war er 1945/46 für die Durchführung der Bodenreform verantwortlich, bei der Landarme und Umsiedler 23.462 ha Land erhielten. S. war 1946 Vors. des Kreisorganisationskomitees für die Vereinigung von SPD und KPD zur SED. Er übte die Landratstätigkeit bis 1950 aus und leitete danach bis 1957 die volkseigenen vereinigten Keramischen Werke in Haldensleben. Für seine herausragenden Leistungen wurde S. 1983 mit dem VVO in Gold ausgezeichnet.

W: Vorwärts – und nicht vergessen, 1958; Gesch. der Arbeiterbewegung, in: 1000 Jahre Haldensleben 966–1966, hg. vom Rat der Stadt Haldensleben, 1966, *90–106*. – L: Lucie Sturzbecher, „Ab morgen bist Du Landrat", in: Haldensleber Rundschau vom 20.04.1965. – B: *Mus. Haldensleben.

Karl Schlimme

Scharnetzky, Hermann *Bruno*

geb. 09.11.1888 Altenplathow bei Genthin, gest. 01.12.1956 Genthin, Bauarbeiter, Politiker.

S. entstammte einer Schifferfam., erlernte nach dem Besuch der Altenplathower Volksschule den Beruf eines Maurers und war danach bis zu seiner Einberufung in den Militärdienst 1914 als Bauarbeiter in Nordrhein-Westfalen und in Sachsen tätig. S. hatte schon früh Verbindung zur Gewerkschaft und zur Sozialistischen Arbeiterpartei, der er 1907 beitrat und in deren linken Flügel er sich positionierte. Sein aktives politisches Wirken als Partei- und Gewerkschaftsführer begann S. nach der Rückkehr in den Heimatort Genthin, wo er 1918 heiratete, 1919 von der USDP in die KPD wechselte und ein Jahr später bis 1931 Vors. der KPD-Ortsgruppe Genthin war. Gleichzeitig gehörte er ab 1925 der *Roten Hilfe Dtls*, Ortsgruppe Genthin, an, fungierte 1924–30 als Vors. des *Baugewerkschaftsverbandes* Jerichow II und danach als Leiter der *Revolutionären Gewerkschaftsopposition*, deren Mitbegründer er war. Außerdem war S. ab 1923

Fraktionsmitglied im Genthiner Stadtparlament, saß seit 1929 als einziger Abgeordneter seiner Partei im Kreistag Jerichow II (Genthin) und wirkte ab 1931 im Vorstand des *Kampfbundes gegen den Faschismus* mit. In seinen Führungspositionen und als Kontaktmann zur KPD-Bezirksleitung prägte S. die Entwicklung und das politische Wirken der KPD in der Genthiner Region während der Weimarer Republik entscheidend mit. Sein politisches Engagement für die sozial Schwachen machten S. zu einem populären linksradikalen Parlamentarier und oppositionellen Gewerkschaftsfunktionär im Kr. Jerichow II. So brachte S. in Folge der Auswirkungen der Weltwirtschaftskrise (1929–33) auf dem Genthiner Kreistag am 27.06.1932 als einziger Abgeordneter einen Antrag gegen die Einführung der Notverordnungen der Reichsreg. ein und trat gegen die antiparlamentarische Rechtsentwicklung in der Region auf. S. gehörte mit Wilhelm Schulze zu jenem KPD/SPD-Flügel, der mit seiner pragmatischen Bündnispolitik einen Anteil am Zustandekommen einer zeitweilig bestehenden Einheitsfrontbewegung zwischen KPD und SPD im Sommer 1932 hatte. Als führender KPD-Funktionär war S. 1933 und 1934 von den Nationalsozialisten kurzzeitig inhaftiert und beteiligte sich nach 1945 mit der Ausübung verschiedener Funktionen bis 1950 aktiv an der antifaschistischen Umgestaltung im Kr. Jerichow II (Genthin).

L: Slg. Vf., Genthin (priv.); Familienunterlagen Rosemarie Prescher, Genthin (priv.). – **B:** *Slg. Vf., Genthin (priv.).

Klaus Börner

Schatz, Jacob *Wilhelm*, Prof. Dr. phil.
geb. 13.01.1802 Wanzleben, gest. 29.05.1867 Halberstadt, Gymnasiallehrer, Philologe, Botaniker.

S. war der Sohn des Lehrers und Küsters Johann Friedrich S. in Wanzleben, besuchte nach privater Vorbereitung 1814–20 das Domgymn. in Halberstadt, studierte in Halle Phil. und Klass. Philologie und prom. dort zum Dr. phil. mit der Diss. „De auguribus Romanorum". Seit 1824 war S. Lehrer am Kloster U. L. F Magdeburg und wurde hier von dem Lehrer Friedrich Banse und dem Apotheker Reinhard Peck in die Botanik eingeführt, der S. sich in der Folge intensiv widmete. 1834 wurde er als Oberlehrer an das Domgymn. Halberstadt berufen und hier 1845 zum Prof. ernannt. Schon 1839 gab S. seine „Flora Halberstadensis excursoria oder Uebersicht der um Halberstadt wildwachsenden sichtbar blühenden Pflanzen und Farne" heraus, worin er die Pflanzenwelt innerhalb eines Kreises „mit einem vierstündigen Radius" von Halberstadt aus vorstellte und seine floristischen Bemühungen bis in die Gegend um Oschersleben ausdehnte. 1854 erschien die wesentlich erweiterte „Flora von Halberstadt", eines der bedeutendsten floristischen Werke für das hercynische Florengebiet im 19. Jh. Hierin hat sich S. deutlicher auch mit dem Magdeburger Florengebiet befaßt und z. B. das Bodetal von Oschersleben bis Staßfurt und das Hohe Holz mit bearbeitet. In dieser Darstellung stützte sich S. – neben Gewährsleuten in Harz und Harzvorland – auch auf den oben genannten Banse aus Pechau, auf den Lehrer → Heinrich Christoph Jerxsen in Oschersleben sowie den Apotheker Roehl in Staßfurt (s. Herdam, 1993, *33f.*). Als geschickter und engagierter Lehrer erwarb sich S. große Verdienste, die ihn u. a. im Franz. und in den Naturwiss. auszeichneten. Der Philologe publizierte 1839 die bis dahin nur handschriftlich überlieferte Halberstädter Chronik aus dem 13. Jh. und gab 1851 das Gedicht „Der Kaland" des Pfaffen Konemann aus dem 13. Jh. heraus.

W: s. o.; Incerti auctoris saeculi XIII. chronicon Halberstadense, 1839; Farn des Bode- und Ilsegebietes mit besonderer Berücksichtigung der Flora Magdeburgs, 1854. – **L:** ADB 30, *615f.*; → Paul Ascherson, Nachtrag zu → Ludwig Schneiders Flora von Magdeburg zur Feier des 25jährigen Stiftungsfestes des Naturwiss. Vereins zu Magdeburg vom Aller-Verein, 1894, *68f.* u. ö.; Alfred Bartsch/Wilhelm Hartmann, W. S., Prof. Botanicus und Literat in Halberstadt – ein Schatz der Botanik, in: Der Harz. Schriftreihe des Harzmus. Wernigerode 3, 1980, *9–11*; Hagen Herdam u. a., Neue Flora von Halberstadt. Farn- und Blütenpflanzen des Nordharzes und seines Vorlandes, hg. vom Botanischen Arbeitskreis Nordharz e.V. Quedlinburg, 1993, *33f.* (***B***). – **B:** *Börde-Mus. Ummendorf.

Heinz Nowak

Schauerte, Franz, Dr. theol.
geb. 15.03.1848 Oberberndorf/Sauerland, gest. 06.09.1910 Oberberndorf, kath. Theologe, Schriftsteller.

Schaumburg

S. war der Sohn eines wohlhabenden Landwirtes. Er genoß zunächst einige Jahre Privatunterricht in Berghausen, besuchte anschließend das Gymn. in Paderborn und studierte dort ab 1869 kath. Theol. und Phil. 1874 ließ er sich in Paderborn zum kath. Priester weihen. Nachdem er fast zwei Jahrzehnte als Hausgeistlicher in Friedrichroda tätig war, trat er 1892 die Erfurter Pfarrstelle in St. Wigbert an. Mit der Arbeit „Christina, Königin von Schweden" prom. S. 1893 in Freiburg/Breisgau. Er war auch darüber hinaus schriftstellerisch tätig und befaßte sich auf verdienstvolle Weise mit hist. Studien. 1901 übernahm er das Magdeburger Propstamt an der Propsteikirche St. Sebastian. Wie sein Vorgänger → Kaspar Brieden war S. zugleich Bischöflicher Kommissar des Bischöflichen Kommissariates Magdeburg und Dechant für das Dekanat Magdeburg. In seine Amtszeit fiel 1906 die Fertigstellung des „Marienstiftes" in Magdeburg-Wilhelmstadt. Zunächst nur als Altenheim und Waisenhaus mit Haushaltsschule errichtet, kam man drei Jahre später dem gewachsenen Bedürfnis der kath. Gemeinde nach einer kath. Pflege entgegen und richtete in der ersten Etage eine Krankenstation mit rund 40 Betten ein. Während des II. WK wurde es gänzlich Lazarett. Bis heute wird das nunmehrige kath. Krankenhaus „Marienstift" von dem Pflegeorden der Grauen Schwestern (Schwestern der heiligen Elisabeth) geleitet. S. verzichtete 1909 auf seine Ämter und siedelte nach Thale über. Zu seinem Nachfolger wurde → Heinrich Knoche ernannt. Ende März 1910 übernahm S. die Pfarrei Neuhaus bei Paderborn, starb jedoch kurz darauf in seinem Heimatort.

W: Die Doppelehe eines Grafen von Gleichen, 1883; Abraham a Sancta Clara, 1886; Gustav Adolf und die Katholiken in Erfurt. Ein Beitrag zur Gesch. des dreißigjährigen Krieges, 1887; Die hl. Äbtissin Walburga, 1892; Der hl. Wigbert, 1895. – **L:** Adolf Hinrichsen, Das lit. Dtl., ²1891; Wilhelm Liese, Necrologium Paderbornense, 1934; Rudolf Joppen, Das Erzbischöfliche Kommissariat Magdeburg, in: SkBK, Bd. 19, 1978, *20f.*; Eduard Quiter, Die Propstei Magdeburg, 1959, *37* (***B***).

Daniel Lorek

Schaumburg, Gustav Wilhelm Alexis *Bruno*
geb. 25.10.1849 Genthin, gest. 10.09.1912 Schönebeck, Kommunalpolitiker.

S. war ab 1876 als Beigeordneter und zweiter Bürgermeister der Neustadt bei Magdeburg angestellt. Vom März 1882 bis zur Eingemeindung 1886 bekleidete er dort das Amt des ersten Bürgermeisters und ging dann als amtierender Bürgermeister nach Marienburg/Westpreußen. Mitte 1889 wurde er Oberhaupt der Stadt Schönebeck und bekleidete dieses Amt 23 Jahre bis zu seinem Tod. In seine Amtszeit fielen bedeutsame Projekte der Stadtentwicklung. Dazu gehörten die Modernisierung der Straßenbeleuchtung mit der Aufstellung von Glasglühlampen statt der bisher verwendeten alten Gasschnittbrenner (1899–1902), im Bereich des Bauwesens die Errichtung eines Pumpwerkes (1891), der Bau des neuen Rathauses (1892/93), der kath. St.-Marien-Kirche (1907/08), des Elektrizitätswerkes (1908), des Marktbrunnens (1908), der Elbbrücke (1910–12) sowie der Einsatz für die Errichtung des neuen Amtsgerichtsgebäudes auf Schönebecker Grund und Boden (1911 eröffnet). Neben dem bedeutenden Ausbau des Rohrnetzes für die Wasserversorgung erfolgte 1906 der Beschluß des zwangsweisen Anschlusses aller Gebäude an die Wasserleitung und ein Jahr später der Bau eines zweiten Zuleitungsrohres vom Wasserwerk zur Stadt Schönebeck. Im Bereich des Schulwesens wurde u. a. eine gehobene Knabenschule errichtet, eine höhere Töchterschule in eine zehnstufige Volksschulanstalt umgewandelt, wurden Rektorenstellen geschaffen und 1908 der Gesamtschulverband Schönebeck, Groß Salze und Frohse gegründet. Zudem förderte S. die Eingemeindung der ostelbischen Gemeinden Elbenau und Grünewalde. S. war langjähriges Mitglied des Kreistages, des Kreisausschusses und des Provinzial-Landtages. Er gehörte der Kreis- und Provinzialsynode an, war Vors. des *Gustav-Adolf-Vereins* und Ehrenmitglied verschiedener militärischer Vereine.

L: Schönebecker Ztg. 75, Nr. 229, 1929, *29*; Nachrufe in: Schönebecker Tagebl. 35, Nr. 215ff., 1912; StadtA Magdeburg: Rep. 7A 24. – **B:** *StadtA Schönebeck.

Britta Meldau

Schawinsky, Alexander (Xanti)
geb. 26.03.1904 Basel, gest. 11.09.1979 Locarno, Bühnenbildner, Gebrauchsgraphiker, Fotograf, Maler.

S., jüd. Herkunft, besuchte 1910–14 die Schule in Basel und 1915–21 das Gymn. in Zürich. 1921–23 erhielt er eine Ausbildung im Kölner Architekturbüro von Theodor Merrill und stellte erste abstrakte Kompositionen her. Dem Besuch der Kunstgewerbeschule in Berlin (1923) folgte im Frühjahr 1924 der Eintritt ins Staatl. Bauhaus Weimar, wo er Unterricht bei Wassili Kandinsky, Paul Klee und Làslò Moholy-Nagy nahm. Hier schloß er sich der von Oskar Schlemmer geleiteten Bühnenabt. an. Nach der Schließung des Weimarer Bauhauses 1925 begab sich S. mit Walter Gropius nach Dessau. Hier wandte er sich verstärkt dem Graphik-Design und der experimentellen Fotografie zu. 1927 stellte er auf der Dt. Theaterausstellung in Magdeburg aus. Nachdem Gropius 1928 das Bauhaus verlassen hatte, folgte S. 1929 einer Berufung durch → Johannes Göderitz zum Leiter der Graphikabt. des Städtischen Hochbauamtes Magdeburg und übersiedelte nach Magdeburg. Hier war er mit der Gestaltung von Ausstellungen und vielfältigen gebrauchsgraphischen Arbeiten betraut. Neben bedeutenden Fotoserien lieferte er u. a. Entwürfe für Prospekte, Programmzettel und hatte die Bildredaktion der Theaterzs. *Das Stichwort* inne. Ende des Jahres 1931 verließ S. die Stadt Richtung Berlin, da er – im öffentlichen Dienst tätig – als Jude angegriffen wurde, siedelte sich 1933 in Italien an und arbeitete für das bedeutende Mailänder Werbeunternehmens *Studio Boggeri*. 1936 emigrierte er in die USA, wo er auf Empfehlung von Josef Albers als Lehrer an das Black Mountain College nach North Carolina berufen wurde. 1939 war er mit zahlreichen Arbeiten auf der Ausstellung „Bauhaus 1919–1928" im Museum of Modern Art in New York vertreten. 1939 wurde er amerikanischer Staatsbürger, übersiedelte 1941 nach New York und war dort ab 1950 überwiegend als Maler tätig. Seit 1961 verbrachte er einen Teil des Jahres in Europa, war auf mehreren Ausstellungen in Dtl. vertreten und traf sich regelmäßig mit Göderitz in Locarno. S., der zum engsten Bauhaus-Kreis um Gropius gehörte, war ein vielseitiger Künstler, der die Bauhaus-Idee nachhaltig auch in Italien und den USA propagierte.

W: Serie von Fotografien am Magdeburger Theater, 1929; Die öffentlichen Hafenanlagen der Stadt Magdeburg, Prospekt 1931. – Ausstellungsbeteiligungen: u. a. Fotografie der Gegenwart, Magdeburg Dezember 1929; Bauten der Technik/Licht im Dienst der Werbung (Wanderausstellung), Magdeburg Januar 1930; Die Frau, Magdeburg April 1930 (Ausstellungskoje der Hochbauverwaltung); Hygiene-Ausstellung, Dresden Mai 1930 (Magdeburger Abt.); Die Wohnung für das Existenzminimum (Wanderausstellung), Magdeburg 12.-21. September 1930. – **L:** Peter Hahn, X. S. – Malerei, Bühne, Grafikdesign, Fotografie. Kat. Bauhaus-Archiv Berlin/West, 1986; Karl-Heinz Hüter, Neues Bauen in Magdeburg, in: Form + Zweck 15, H. 2, 1983, *24–39*; X. S., Magdeburg 1929–1931. Fotografien, 1993. – **B:** Vf., Magdeburg (priv.).

Siegward Hofmann

Scheffer, *Carl* **Friedrich Wilhelm**
geb. 17.06.1827 Eisleben, gest. 13.03.1885 Neustadt bei Magdeburg, ev. Pfarrer.

S. war seit 1855 zweiter Prediger zu St. Moritz und Religionslehrer an der Realschule in Halberstadt. Im Mai 1864 wurde er in Magdeburg an der Neustädter Nicolaikirche als Pfarrer eingeführt. 1871–84 war er hier als Oberprediger und Vors. des Gemeindekirchenrates tätig S. beschäftigte sich mit hist. Themen und hielt zahlreiche Vorträge in den Sitzungen des *Vereins für Gesch. und Altertumskunde des Hzts und Erzstifts Magdeburg*. Er widmete sich dabei vornehmlich der Erforschung der Neustadt bei Magdeburg. Von ihm verfaßte Schriften bilden heute wichtige hist. Quellen zur Gesch. dieses Ortes.

W: Inschriften und Legenden Halberstädter Bauten. Ein Beitrag zu der Gesch. der Stadt aus den letzten vier Jahrhunderten, 1864; Mittlgg. aus der Gesch. der Neustadt bei Magdeburg, 1866; Der alte und der neue Vogelgesang bei Magdeburg, 1873; Die drei Kirchen der Neustadt bei Magdeburg: St. Nicolai, St. Lorenz, St. Martini, 1875. – **L:** Otto Heinemann, Systematisches Inhaltsverz. zu den Jgg. 1–50 der GeschBll und der Fs. von 1891, 1917, *38f.* (*W*); AKPS: Rep. A, Spec. P, Sch 257 (PA).

Konstanze Buchholz

Schellbach, *Martin* **Helmut Karl,** Dr. theol.
geb. 21.07.1908 Michelsdorf/Kr. Landshut, gest. 15.10.1977 Magdeburg, ev. Pfarrer, Vorsteher der Pfeifferschen Stiftungen in Magdeburg.

Schon im Elternhaus lernte S. die Bedeutung christlicher Erziehung kennen. Sein Vater war als Erzieher und Diakon u. a. im Rauhen Haus in Hamburg tätig. Nach dem Besuch der Gymn. in Rostock, Hamburg und Guben studierte er ab 1928 ev. Theol. in Breslau und Halle. Der 1935 erworbene akad. Grad eines Lic. theol. wurde 1952 in den eines Dr. theol. umgewandelt. Seit 1934 war er als Prädikant und Hilfsprediger, 1936–39 als Pfarrer an St. Johannes in Halle und 1939–54 als Pfarrer an der Marktkirche in Halle tätig. Anfang 1943 als Panzergrenadier an die Ostfront eingezogen und nach einer Verwundung Ende 1944 aus dem Heeresdienst entlassen, zeichnete er 1945–50 für den Wiederaufbau des Tholuck-Konviktes in Halle verantwortlich. S. engagierte sich zudem im kirchlichen Pressewesen sowie in der Krankenhausseelsorge und im Grenzgebiet zwischen Theol. und Med. 1954–73 wirkte er als erster Pfarrer und Vorsteher der Pfeifferschen Stiftungen und des Mutterhauses Bethanien in Magdeburg. S. übernahm dieses Amt zu einer Zeit, in der das Verhältnis von Staat und Kirche in der DDR sehr gespannt war. Nach der 1953 versuchten Enteignung des Stiftungswerkes durch staatliche Stellen galt es, die Diakonissen, die verunsicherten Mitarbeiter und Heimbewohner, die Krankenhauspatienten und nicht zuletzt auch andere Einrichtungen der Inneren Mission gegen ähnliche Übergriffe zu sichern. Eine innere, bewußtseinsmäßige Stabilisierung erreichte S. durch seine eindeutige theol. Stellung, durch vollmächtige Verkündigung in Gottesdiensten, Andachten, Rüstzeiten und Bibelwochen. Die rechtliche und verwaltungsmäßige Sicherung wurde durch Neugliederung und Klärung der Strukturen des Werkes, durch saubere Trennung der Ev.-Lutherischen Diakonissen-Anstalt mit Mutterhaus und Schwesternschaft von der Gesundheitseinrichtung mit allen dazugehörigen Arbeitsgebieten herbeigeführt. Durch geschickte Verhandlungen mit den Behörden, gute Kenntnis der Rechtslage und vorausschauende wirtsch. Entscheidungen erzielte S. stetige Erfolge beim Aufbau des zu 60 Prozent zerstörten Stiftungswerks und schuf Freiräume für dessen Arbeit. So konnten in der Einrichtung bedeutende Leistungen in Rehabilitation und Pflege, in Ausbildung und Therapie erbracht werden, auf die das staatl. Gesundheitswesen angewiesen war. Eine führende Stellung nahm S. im *Kaiserswerther Verband*, dem Zusammenschluß von über 70 dt. Diakonissenhäusern, ein. Zu erwähnen ist ferner seine Einflußnahme und Leitungstätigkeit im Zusammenschluß der 23 DDR-Mutterhäuser. S. vertrat konsequent die Anliegen der gesamtdt. und ökumenischen Bewußtseinslage in Kirche und Diakonie. Seine Publikationen umfassen theol. Monographien, Aufsätze in Fachzss., Predigten sowie Arbeitsschriften für die Gemeinden.

W: Theol. und Phil. bei von Hofmann, 1935; Paulus als Beter, 1938; Justus Jonas, 1941; Kampf und Sieg der Reformation in Halle, in: Fs. zur 400-Jahrfeier der Einführung der Reformation 1541–1941; Vater unser, 1950; Arzt und Seelsorger, 1951; Tholucks Predigt, 1956; Dienst und Gesch. der Pfeifferschen Stiftungen, 1964. – **L:** AKPS: Rep. A, Spec. P, Sch 742 (*B*). – **B:** *Vf., München (priv.).

Ingrid Schellbach-Kopra

Schellheimer, Johann (Hans)
geb. 18.02.1899 Höchst, gest. 05.02.1945 Brandenburg (hingerichtet), Dreher, Widerstandskämpfer.

Der Sohn eines Holzfällers wurde als Lehrling zum Kriegsdienst einberufen. Erst 1920 kehrte er aus franz. Kriegsgefangenschaft zurück. In sozialer Not geriet er 1921 in die Fremdenlegion, der er bald entfloh. Über die Türkei kehrte er nach Berlin zurück und schlug sich hier mit Gelegenheitsarbeiten durch. Seit 1931 in Magdeburg, trat er hier 1932 der KPD bei und leistete politische Stadtteilarbeit in der Wilhelmstadt. Im Frühjahr 1933 für einige Wochen in sog. Schutzhaft genommen, wurde er im November des gleichen Jahres als Kurier der illegalen Bezirksleitung erneut verhaftet. Nach sechsmonatigem Aufenthalt im KZ Esterwegen wurde er in Kassel zu zwei Jahren Gefängnis verurteilt. Nach der Haftentlassung arbeitete er in verschiedenen Magdeburger Betrieben. Wieder in Verbindung mit → Hermann Danz stehend, gewann er Mitstreiter für den Widerstand, dabei tatkräftig unterstützt von seiner Frau Clara. Im Juli 1944 verhaftet und im November zum Tode verurteilt, wurde er im Februar 1945 im Zuchthaus Brandenburg hingerichtet. Zu DDR-Zeiten trug seine letzte Arbeitsstätte, die Fa. *Hubbe & Farenholtz*, seinen Namen: *VEB Öl- und Fettwerke „H. S."*.

L: Dt. Widerstandskämpfer, Bd. 2, 1970, *130ff*. (**B*).

Beatrix Herlemann

Schenck, Eduard von, geb. von Peucker
geb. 04.11.1823 Berlin, gest. 13.04.1897 Flechtingen, Gutsbesitzer, Sammler.

S. stammte aus der zweiten Ehe des kgl. preuß. Generals der Infanterie und Generalinspekteurs des Militärerziehungs- und Bildungswesens Eduard von Peucker mit Klara Luise von der Schulenburg. Er wurde nach dem Tod seiner Mutter 1837 mit Einwilligung seines Vaters von Karl Jacob Friedrich v. S., seinem Onkel mütterlicherseits, adoptiert. Das adelige Haus Flechtingen drohte ohne männlichen Erbfolger zu erlöschen. S. heiratete 1860 und übernahm 1864 nach dem Tod seiner Tante, der jüngsten Schwester seiner Mutter, die Verwaltung des Fideikommißgutes Flechtingen, zu dem auch alte Besitzungen in Dönstedt und Lemsell gehörten, und bewirtschaftete es bis zu seinem Tode (Landwirtschaft, Holz). 1869 nahm er mit kgl. Genehmigung den Namen und das Wappen des Geschlechts „v. S." an. Zusammen mit seiner Ehefrau ließ er das baufällige Wasserschloß in Flechtingen in neugotischem Stil umfangreich restaurieren und ausbauen. Nach Anlegen eines festen Steges anstelle der Zugbrücke ergänzte S. das Anwesen durch eine prächtige Parkanlage. Anfang der 1870er Jahre überführte er die alte v. S.sche Waffenslg. von Schloß Dönstedt nach Flechtingen, fügte ihr Stücke aus dem Besitz seines Vaters hinzu und baute sie in der Folge zu einer der bedeutendsten und umfangreichsten privaten Slgg. mittelalterlicher und neuerer Verteidigungs- und Angriffswaffen in der Region aus. Das Schloß Flechtingen beherbergte zudem eine große Anzahl von originalen Kunstgegenständen und kunstgewerblichen Objekten (alte und neuere Holzskulpturen und -schnitzwerke, Spätrenaissance- und Barockmöbel, Gemälde, Sandsteinreliefs, Glasmalereien sowie zahlreiche Metall-, Porzellan- und Keramikschaustücke), die nach einem Augenzeugenbericht unter „Abwesenheit aller doctrinären Stylisirungsversuche" (Clericus, 1884) zu einem lebendigen Ganzen zusammengestellt waren. Viele dieser Objekte stammten aus Erwerbungen seines Vaters, der sich als Liebhaber und Sammler italienischen Kunsthandwerks einen Namen gemacht hatte. S. erweiterte den Bestand um kunstgewerbliche Arbeiten von hoher Qualität, mit denen er hin und wieder auch Kunstgewerbeausstellungen in Dtl. belieferte. S. gehörte der Dt. Reichspartei an und vertrat diese 1878–81 für den Wahlkr. 1 Magdeburg-Salzwedel im Dt. Reichstag.

L: → Ludwig Clericus, Die Kunstslgg. des Schlosses Flechtingen, in: Pallas. Zs. des Kunstgewerbe-Vereins zu Magdeburg 5, 1884, *14–16, 22–26*; Adolf Parisius/Adolf Brinkmann (Bearb.), Beschreibende Darstellung der älteren Bau- und Kunstdenkmäler des Kreises Gardelegen, 1897; N. N., Burg Flechtingen, in: Bll. für HGusL 55, 1903, *113–115, 124–126*; Maria v. S., Die Schencken-Chronik, 1936.

Guido Heinrich

Schernikau, *Ronald* M.

geb. 11.07.1960 Magdeburg, gest. 20.10.1991 Berlin, Schriftsteller.

S. verlebte seine frühe Kindheit in Magdeburg. 1966 siedelte seine Mutter illegal mit ihm in die BRD über. Das Abitur legte S. 1980 in Lehrte bei Hannover ab, danach studierte er Germanistik, Psychologie und Phil. in Westberlin. Mit 15 Jahren war S. Mitglied der SDAJ geworden, mit 16 trat er der DKP bei. 1980 erfolgte der Eintritt in die Sozialistische Einheitspartei Westberlins. 1986–89 studierte er am Inst. für Lit. „Johannes R. Becher" in Leipzig. Aufsehen erregte S. schon früh mit seinem öffentlichen Engagement in der Schwulenbewegung und als Kommunist, später noch einmal mit seiner offiziellen Einbürgerung in die DDR am 01.09.1989 (!). 1989–91 arbeitete er als Dramaturg für Funk und Fernsehen beim *Henschel-Verlag* Berlin. Er erhielt mehrere Stipendien und Auszeichnungen. Als Schriftsteller hat sich S. schon 19jährig mit der damals vielbesprochenen „Kleinstadtnovelle" (1980) einen Namen gemacht, in der von einer – unter den Gegebenheiten eines kleinstädtischen Gymn. unglücklich endenden – homosexuellen Schülerliebe erzählt wird. S. bekam dafür den Niedersächs. Nachwuchspreis 1981 verliehen; mit seiner ostentativen Abtretung des Preisgeldes an Dietrich Kittners vom Bundesland zeitweilig nicht mehr finanziell gefördertes „Theater an der Bult" erreichte er die Rücknahme jener Einsparung. Neben Erzählungen schrieb S. auch Gedichte und Gedichtinterpretationen, Parabeln, Stücke, Rezensionen und Essays. Aus dem Nachlaß veröffentlicht wurden der Briefwechsel zwischen S. und Peter Hacks (der sein kritischer Gesprächspartner für Literarisches war) sowie der umfangreiche Montage-Roman „LEGENDE" (1999), an dem er seit 1983 gearbeitet hatte. Es ist ein nach dem Muster biblischer Geschichten angelegtes großes Statement zur zeitgenössischen Verfaßtheit der Ges., bestehend aus essayistischen Passagen, einer Kriminalkomödie in Stanzenform, einem großen Monolog in Blankversen und vielen Zitaten realer Personen, lit. Werke sowie von Texten aus dem öffentlichen Leben. S. war ein sehr eigenwilliger Autor, der in seinen Werken relativ unverhüllt seine persönlichen, vielfältigen Lebens- und Literaturerfahrungen und -ansichten in auch stilistisch ungewöhnlicher Form zur Diskussion stellte, was ihm eine treue „Fan-Gemeinde" sowie das Interesse und die Förderung durch bekannte Schriftstellerkollegen, z. B. Elfriede Jelinek, sicherte. S. starb an den Folgen von AIDS.

W: s. o.; Die heftige Variante des Lockerseins, 1983; Petra. Ein Märchen, 1984; Die Schönheit, 1987; Die Tage in L. Darüber, daß die DDR und die BRD sich niemals verständigen können, geschweige mittels ihrer Lit., 1989; Das Märchen von der Blume, 1990; Dann hätten wir noch eine Chance. Briefwechsel mit Peter Hacks. Texte aus dem Nachlaß, 1992. – **N:** Literaturhaus Magdeburg; Ellen S., Magdeburg (priv.). – **L:** Tomas Vollhaber, Das Nichts. Die Angst. Die Erfahrung. Untersuchungen zur zeitgenössischen schwulen Lit., 1987 (auch Diss. Hamburg); Rainer Bohn, Vorwort zu: R. M. S., Dann hätten wir noch eine Chance (s. o.); Dirck Linck, R. M. S., Zum Glück bedeuten die Wörter für jeden etwas anderes, in: ders./Jürgen Peters (Hg.), Kleine Niedersächsische Literaturgesch., Bd. 3, 1996, *227–231*. – **B:** *Michael Taubenheim, Berlin (priv.).

Dagmar Ende

Schewe, *Christian* Friedrich

geb. 12.11.1751 Gardelegen, gest. 01.01.1812 Magdeburg, Pädagoge, ev. Prediger.

Der Sohn eines ev. Pfarrers wurde bereits als Schüler des Klosters Berge bei Magdeburg, das er 1767–70 besuchte, mit den Ideen der Aufklärung konfrontiert. Nach seinem Studium der ev. Theol. in Halle 1770–72 war er bis 1785 als Lehrer und Prokurator am Pädagogium des Klosters U. L. F. in Magdeburg sowie als Kammerprediger des Braunschweigischen Herzogs Ferdinand tätig, dessen Tochter er ehelichte. Durch Vermittlung seines Schwiegervaters avancierte S. wenig später zum Konsistorialrat und erhielt eine Stelle als Prediger am Magdeburger Dom. 1790 wurde er durch Protektion des Ministers des Geistlichen Departments in Berlin, Johann Christoph Wöllner, gegen den Widerstand des Konvents des Klosters Berge zum Adjunkt des Abtes → Friedrich Gabriel Resewitz ernannt. Nach der Entbindung Resewitz' von der Direktion der Schule und des Seminars stieg S. 1796 zum Oberdir. des traditionsreichen Klosters Berge auf und übernahm die alleinige Schulaufsicht – flankiert vom Schuldir. → Johann Gottfried Gurlitt, mit dem S. in zunehmende Auseinandersetzung geriet. S. stand dem Kloster Berge – ab 1805 als Abt – bis zur per Dekret verordneten Schließung der Schule durch die franz. Besatzungsmacht im März 1810 vor. Der als Lehrer wenig profilierte, aber administrativ und praktisch befähigte S. bemühte sich um eine verbesserte Stellung der Lehrer, um eine Erhöhung der Benefiziantenstellen und die Renovierung der Gebäude. Sein Hauptverdienst für die Stadt Magdeburg bestand darin, erstmals bürgerlicher Kultur eine Struktur und ein eignes Profil verliehen zu haben. Ende 1780 wurde S. in die Loge „Ferdinand zur Glückseligkeit" aufgenommen und arrivierte bereits 1784 zum Meister vom Stuhl. Schon 1785 rief S. innerhalb der Loge einen Klub ins Leben, der mit öffentlichen Konzerten, Vorträgen zu Naturwiss. und Phil., einer öffentlichen Bibl. und Zeitungslektüre, öffentlichen Tafellogen mit Slgg. für Bedürftige, Billardspiel, Frauentreffen und geselligem Beisammensein über Standesgrenzen hinweg den Status eines frühen bürgerlichen Kulturvereins erlangte. Dies galt in der Logengesch. der Tochterlogen der National-Mutterloge „Zu den drei Weltkugeln" im 18. Jh. als Einmaligkeit. Unter S. wuchs die Magdeburger Loge mit 253 Mitgliedern im Jahre 1806 zur größten dt. Freimaurerloge im Bund der „Drei Weltkugeln". Durch S.s Initiative gelangte die Loge 1791 zu einem eigenen Domizil in der Altstadt und führte im Bemühen um eine bürgerliche Kultur in der preuß. Festung Magdeburg vor allem Lehrer, Kaufleute, Fabrikanten und Geistliche zusammen. Dennoch scheiterten im Jahre 1796 die Bemühungen S.s um Transparenz im kulturellen Leben der Loge. Der erste Versuch, ein bürgerliches Vereinslokal zu errichten, stellte sich vorerst als unumsetzbar heraus. S.s wahrte die Selbständigkeit der Magdeburger Loge und die Kontinuität der Arbeit über die schwierigen politischen Zeiten des preuß. Festungsregiments und der franz. Besatzung von 1806 bis 1814 hinweg. Umsicht, Klugheit und Disziplin ließen ihn zur ersten herausragenden Persönlichkeit im Logenleben der Magdeburger Freimaurerloge „Ferdinand zur Glückseligkeit" werden, in der er 27 Jahre als Meister vom Stuhle wirkte.

W: Gedächtnißpredigt auf Preußens Grossen Unvergeßlichen König Friedrich II., 1786; Gesezze des Pädagogiums zu Kloster Berge bei Magdeburg, 1805. – **L:** → Ämil Funk, Gesch. der Loge „Ferdinand zur Glückseligkeit" im Orient Magdeburg im ersten Jh. ihres Bestehens, 1861; Heike Kriewald, Ferdinand zur Glückseligkeit, 1992; Uwe Förster, Unterricht und Erziehung an den Magdeburger Pädagogien zwischen 1775 und 1824, Diss. Magdeburg 1998. – **B:** *Erinnerungs-Bll. zum hundertfünfzigjährigen Stiftungsfeste der Loge „Ferdinand zur Glückseligkeit" zu Magdeburg am 23. Februar 1911, o. J. [1910].

Guido Heinrich/Heike Kriewald

Schichtl, Franz August

geb. 20.04.1849 München, gest. 22.10.1925 Hannover, Zauberer, Varietédir., Schausteller, Handpuppen- und Marionettenspieler, Figurenbauer.

S. entstammte einer berühmten Schausteller- und Puppenspielerdynastie, die 1758 in München begründet und in acht Generationen auf etwa 48 Puppenspieler bzw. Schausteller angewachsen war. Die Familienmitglieder betrieben meist respektable Schaustellerunternehmen, traten auch in Weltstadtvarietés bis nach Übersee auf und wurden wegen der Entwicklung vieler Tricks und Besonderheiten bekannt. Erstmals sind Mitglieder der Fam. 1823 zur Dommesse in Magdeburg nachgewiesen. Die Fam. teilte etwa 1880 Dtl. in drei Spielgebiete auf, um gegenseitige Konkurrenz zu vermeiden. Michael August S. (1851–1911) erhielt den süddt. Raum mit Stammsitz München – der Name S. ist heute noch auf dem Oktoberfest bekannt. Johann S. (1840–1906) arbeitete im Rheinland und der Pfalz mit Sitz in Bobenheim. S. selbst war von Hannover aus vor allem in Nord- und Mitteldtl. unterwegs. Er schloß 1868 eine Zauberlehre bei Anton Gaßner ab, reiste anfangs als „Prof. François S." mit einem „Zauber-Theater" und zeigte vor allem Geister-Pantomimen. 1883–89 betrieb er ein „Automaten-Theater" und anschließend bis 1894 einen Irrgarten. Etwa ab 1890 spezialisierte er sich auf theatrum mundi und Marionettenspiel, insbesondere auf Varieté- und Verwandlungsmarionetten. Die Anregungen hierfür soll er von den Gebrüdern Holden aus England übernommen haben. Die Fassade des Theaters von S. ruhte auf sechs oder acht Säulen und war etwa 18 bzw. 24 m lang. Ab 1873 besuchte er regelmäßig die Dommesse in Magdeburg, bis er von seinem Sohn → Xaver S. abgelöst wurde, der sich 1920 in Magdeburg ansiedelte.

N: Münchner Stadtmus.; Mus. für Figurentheater Lübeck. – **L:** Xaver S., Von dem bewegten Leben der alten Puppenspielerfam. S., Sonderdruck 1962; Florian Dering u. a., Heute Hinrichtung. Jahrmarkts- und Varietéattraktionen der Schausteller-Dynastie S., 1990 (**B**); Helga Werle-Burger, Vornehmstes Familientheater. S.s Marionetten-Varieté-Theater, 1993.

Johannes Richter

Schichtl, Xaver August Jean

geb. 21.06.1888 Glauchau, gest. 10.06.1965 Neckargemünd, Dir. eines Wandervarieté- bzw. Marionettentheaters, Marionettenspieler, Figurenbauer.

S. wurde in der siebenten Generation einer berühmten Schausteller- und Marionettenspielerdynastie geb. (vgl. → Franz August S.). Bereits mit 13 Jahren lernte er im elterlichen Marionetten- und Varieté-Theater und arbeite etwa ab 1908 als Bühnenmeister. Er übernahm ein Theater seines Vaters Franz August S., gab 1913 seine ersten Marionettenvorstellungen, eröffnete 1918 ein Geschäft in Hannover und siedelte sich 1920 mit seiner Frau in Magdeburg in der Arndtstraße an. Dort befanden sich neben der Wohnung die Werkstätten und der Parkplatz für bis zu sieben Wohn- bzw. Packwagen für die Reise. S., der bis 1939 ständig auf der Dommesse in Magdeburg vertreten war, reiste teilweise mit einem 24-m-Front-Geschäft mit bis zu 600 Sitz- und Stehplätzen. Er bespielte von Magdeburg aus mit seinem Wandervarieté- und Marionettentheater die großen Messen und Jahrmärkte in Hessen, Niedersachsen, Thüringen und Sachsen. In den 1930er Jahren reduzierte er sein Unternehmen auf das Marionettentheater. Hier fühlte er sich der Familientradition verpflichtet. Die Fam. übersiedelte wegen der Bombenangriffe 1944 nach Neckargemünd und spielte etwa bis 1960 im Rhein-Neckar-Gebiet. Rückblickend sind seine Leistungen zwischen volkstümlichem und künstlerischem Puppenspiel einzustufen, wobei er auch unternehmerisch sehr erfolgreich war. Bekannt wurden die Figur seines Ansagers, aber auch die Vorführungen mit der „Zauberbrille" und der Fingerringmarionette. S. hatte schon frühzeitig erkannt, daß ein festes Puppentheater die besten Voraussetzungen bietet, anspruchsvolle Leistungen zu erbringen. Leider gelang ihm die Einrichtung eines festen Hauses in Magdeburg nicht. Vor allem dem Engagement von S. ist es zu verdanken, daß das Puppentheater erstmalig gleichberechtigt neben den anderen Theaterkünsten auf der Dt. Theaterausstellung 1927 in Magdeburg vertreten war. S. brachte sich, beginnend 1934, zunehmend in die berufliche Verbandsarbeit ein und versuchte engagiert, allerdings vergeblich, das Puppentheater mit seinen vielfältigen Formen organisatorisch weg vom ambulanten Gewerbe in die Nähe des Reichstheaters einzuordnen. Sein Lebenswerk wurde 1962 mit der Ehrenmitgliedschaft der *Union Internationale de la Marionnette* (*UNIMA*) gewürdigt.

W: Von dem bewegten Leben der alten Puppenspielerfam. S., Sonderdruck 1962. – **N:** Mus. für Figurentheater Lübeck; Münchner Stadtmus., Puppentheater Magdeburg. – **L:** Olaf Bernstengel/Vf., X. S. – Puppenspieler in Magdeburg 1920–1944, in: Magdeburger Bll. 1984, *62–67*; Vf., Das Puppentheater auf der Dt. Theaterausstellung 1927 in Magdeburg, in: ebd. 1989, *60–63*; Florian Dering u. a., Heute Hinrichtung. Jahrmarkts- und Varietéattraktionen der Schausteller-Dynastie S., 1990, *89–106*; Walter Kipsch, Bemerkungen zum Puppenspiel, 1992, *17–59*; Helga Werle-Burger, Vornehmstes Familientheater. S.s Marionetten-Varieté-Theater, 1993; Vf., Mit allerhöchster Bewilligung, 1999, *60–77*; ders., Vergleich von Spielgebieten sowie Spiel- und Reisebedingungen mitteldt. Puppenspieler, in: Beiträge zum Symposium: Über den Alltag der reisenden Puppenspieler, 2001 (i. V.). – **B:** *Puppentheaterarchiv Vf., Magdeburg.

Johannes Richter

Schiebold, Ernst, Prof. Dr. phil.
geb. 09.06.1894 Leipzig, gest. 04.06.1963 Magdeburg, Naturwissenschaftler, Techniker, Hochschullehrer.

S., ältester Sohn eines Beamten, legte 1913 in Leipzig das Abitur ab und nahm im gleichen Jahr das Studium an der Leipziger Univ. auf. Dort belegte er die Fächer Mathematik, Physik, Chemie, Geologie und Mineralogie. Seine Ausbildung schloß er 1918 mit der Prom. und 1920 mit dem Staatsexamen für das Höhere Lehramt ab. Seine Diss., die er während seiner Assistenzzeit bei dem bekannten Mineralogen Friedrich Rinne anfertigte, war richtungsweisend für viele weitere Arbeiten auf dem Gebiet der Röntgen-Strukturanalyse. Seine wiss. Leistungen, u. a. die zusammen mit Arthur Schönflies entwickelte Symbolik der 230 kristallographischen Raumgruppen und das S.-Sauter-Goniometer, fanden frühzeitig int. Anerkennung. 1922 übertrug ihm das Kaiser-Wilhelm-Inst. in Neubabelsberg Aufbau und Leitung des Röntgenlabors sowie die Leitung der Abt. Angewandte Physik, die er – auch nach Verlegung des Inst. in das Staatl. Materialprüfamt Berlin-Dahlem – bis zu seiner Berufung 1926 zum ao. Prof. für physikalisch-chemische Mineralogie, Petrographie und Feinbaulehre an die Univ. Leipzig innehatte. 1928 übernahm S., damals jüngster Prof. an der Univ., die Vorlesungen seines emeritierten früheren Lehrers Rinne. In diese Zeit fiel auch die Berufung zum Mitglied der *Kaiser-Wilhelm-Ges.* sowie zum Auswärtigen Mitglied des zugehörigen Inst. für Metallforschung Stuttgart. 1941 wurde S. zum Prof. für Röntgenphysik und technische Röntgenkunde an die TH Dresden berufen und gleichzeitig zum Leiter des dort zu errichtenden Versuchs- und Materialprüfamtes ernannt. In Verbindung mit seiner Industrietätigkeit wurde in Leipzig mit Unterstützung der Stadt und der Industrie ein Inst. für röntgenologische Roh- und Werkstofforschung eingerichtet, dessen Leitung ebenfalls S. übertragen wurde. 1943 vernichtete ein Bombenangriff sein mit viel Mühe errichtetes Lebenswerk, seine Geräte, Slgg. an Mineralien, Modelle, seine Bücher, zahlreiche Mss. sowie sein Wohnhaus. Nach Kriegsende stellte er sich sofort dem Wiederaufbau zur Verfügung. Mit den wenigen verbliebenen Geräten half S., zerstörte Kesselanlagen und Rohrleitungen der chemischen Industrie wieder instandzusetzen. Von 1946 bis 1948 arbeitete er für die SMAD und für SAG-Betriebe. Er war als Hauptreferent in der wiss.-technischen Abt. des Ministeriums für Baumaterialien der UdSSR in Leipzig tätig und beschäftigte sich hier mit Strukturuntersuchungen an Asbesten sowie der Suche nach Austauschstoffen für diese. 1949 wurde S. die Leitung der Physikalischen Abt. des Eisenforschungsinst. der DDR in Hennigsdorf übertragen. 1951 übernahm er die Leitung der Forschungsstelle „Zerstörungsfreie Werkstoffprüfung" des Dt. Amtes für Material- und Warenprüfung in Leipzig. Den Höhepunkt seines Lebens bildete für S. die Berufung zum Prof. mit Lehrstuhl und zum Dir. des Inst. für Werkstoffkunde und Werkstoffprüfung an die neu gegründete Hochschule für Schwermaschinenbau in Magdeburg im Jahre 1954. Hier baute er ein für damalige Verhältnisse in der DDR einzigartiges Inst. auf und begründete eine wiss. Schule, die sich durch eine auch nach heutigen Maßstäben moderne, physikalisch orientierte Lehre und Forschung auf dem Gebiet der Werkstoffwissenschaft und Werkstoffprüftechnik auszeichnete. Gemessen an der nur neunjährigen Dauer des Wirkens von S. an diesem Inst. wurden sieben seiner Schüler zum Prof. und fünf zu Doz. an Univ. und Hochschulen berufen. S. war einer der profiliertesten, int. anerkannten Wissenschaftler auf seinem Fachgebiet. Seine wiss. Bedeutung liegt zum einen in der erfolgreichen Weiterentwicklung röntgenographischer Untersuchungsmethoden, ihrer Anwendung auf spezielle mineralogische Probleme und damit verbunden in seinem Beitrag zur Vervollkommnung hierfür geeigneter Apparaturen, zum anderen in der Nutzung kristallographischer Forschungsmethoden für die moderne Werkstoffprüfung und ihrer Einführung in die einschlägige Industrie. Seine Leistungen wurden 1958 mit dem Nationalpreis der DDR gewürdigt. Von 1956 bis 1960 war S. Dekan der Fakultät für Technologie des Maschinenbaus, nach seiner Emeritierung 1962 berief ihn die TH Magdeburg zum Ehrensenator. Viele Jahre fungierte er als Vors. des *Klubs der Intelligenz Otto von Guericke* des *Kulturbundes der DDR* in Magdeburg. In dieser Eigenschaft trug er wesentlich zur Entwicklung des kulturellen Lebens in der Elbestadt bei. Er war Ehrenmitglied der *Kammer der Technik*, die ihm die Goldene Ehrennadel verlieh. Zum Gedenken an das Wirken von S. in den Anfangsjahren der Univ. Magdeburg wurde 1984 die „E.-S.-Gastprofessur" eingerichtet, die jährlich neu besetzt werden kann. Die *Dt. Ges. für zerstörungsfreie Werkstoffprüfung* (*DGzfP*) stiftete 1996 die „S.-Gedenkmünze", mit der jährlich herausragende Arbeiten von Nachwuchswissenschaftlern ausgezeichnet werden.

W: Ergebnisse der technischen Röntgenkunde, Bd. I: Die Röntgentechnik in der Materialprüfung, 1930 (mit John Eggert) und Bd. II: Fortschritte der technischen Röntgenforschung in Methode & Anwendung, 1931 (mit Friedrich Körber); Kristallstruktur der Silikate, in: Ergebnisse der exakten Naturwiss., Bd. 11, 1932, *353–434* und Bd. 12, *220–296*; Methoden der Kristallstrukturbestimmung mit Röntgenstrahlen, 1932; Spannungsmessung an Werkstücken, 1938; Röntgenographische Feinstrukturuntersuchungen an natürlichen und synthetischen Asbestarten, in: Chemie der Erde, Bd. 22, 1962, *587–654*. – L: Wer ist wer? 1965; Hdb SBZ/DDR, *771*; Johann C. Poggendorff, Biogr.-lit. Handwörterbuch, Bd. VI/4, 1939; Marianne Schminder, Nationalpreisträger Prof. Dr. phil. E. S. 65 Jahre, in: Wiss. Zs. der TH Magdeburg, H. 1, 1959 (*B*); Egon Becker, Prof. Dr. phil. E. S. Biogr. Skizze, in: ebd. 27, H. 3, 1983, *43–48* (*B*); Hans-Ulrich Richter, Chronik der zerstörungsfreien Materialprüfung, 1999, *412* (*B*). – B: *Audiovisuelles Medienzentrum der Univ. Magdeburg.

Heribert Stroppe

Schieck, Heinz

geb. 23.02.1923 Lehndorf/Kr. Bad Liebenwerda, gest. 12.12.1991 Magdeburg, Generalmajor.

Der Sohn eines Landarbeiters erlernte nach Abschluß der zehnten Klasse den Beruf eines Maschinenschlossers. Er leistete als Unteroffizier der Panzertruppe seinen Kriegsdienst. Nach seiner Rückkehr aus amerikanischer Gefangenschaft wurde er Mitglied der KPD/SED. 1948 trat er beim Volkspolizei-Kreisamt Bad Liebenwerda in die Kasernierte Volkspolizei (KVP) ein und leistete Dienst als Offizier der Grenztruppen der DDR. Nach Verwendungen, wie u. a. als Kommandeur der 3. und 9. Grenzbrigade, besuchte er von 1969 bis 1971 die Militärakad. in Dresden. Im Rang eines Generalmajors der NVA war er von 1972 bis 1983 als Chef des Wehrbezirkskommandos Magdeburg für die territoriale militärische Kommandostruktur verantwortlich. Seit 1974 Mitglied der Bezirksleitung Magdeburg der SED, wurde der mit hohen staatl. Auszeichnungen geehrte S. Ende November 1983 in den Ruhestand versetzt.

L: Hdb SBZ/DDR, *771*; Klaus Froh/Rüdiger Wenzke, Die Generale und Admirale der NVA, 2000, *172*.

Harald-Uwe Bossert

Schiele, Martin, Dr. h.c.

geb. 17.01.1870 Groß-Schwarzlose/Altmark, gest. 16.02.1939 Suckow/Mecklenburg, Landwirt, Politiker.

Der Sohn einer altmärkischen Bauernfam. absolvierte das Stendaler Gymn. und war nach seiner landwirtsch. Ausbildung als Gutspächter auf dem ritterlichen Adelssitz von Alvensleben in Neu-Schollene (Kr. Jerichow II) tätig. Sein politisches Engagement begann S. als 27jähriger deutschkonservativer Kreisabgeordneter und Kreisausschußmitglied im Landkr. Jerichow II (Genthin), wo er sich als Kreisdeputierter 1914 von seiner Klientel, den ostelbischen Großagrariern, in den Reichstag wählen ließ. Der Rittergutspächter saß für die Deutschkonservativen von 1914 bis 1918 im Reichstag und für die von ihm mitgegründete DNVP 1919/20 in der Weimarer Nationalverslg., sowie von 1920 bis zu seiner Mandatsniederlegung im März 1930 wiederum im Reichstag. Nach der 1924 erfolgten Einstellung eines gegen ihn laufenden Strafverfahrens wegen aktiver Teilnahme am Kapp-Putsch (1920) war S. im 1. Kabinett → Hans Luther (parteilos) 1925 Reichsinnenminister und fungierte im 4. Kabinett Wilhelm Marx (Zentrum) 1927/28 sowie im Heinrich Brüningschen 1. Präsidialkabinett (Zentrum) 1930–32 als Reichsminister für Ernährung und Landwirtschaft. Zwischenzeitlich war S. 1928/30 Geschäftsführender Präsident des Reichslandbundes. In seinen Positionen, insbesondere als Agrar-Reichsminister und Führer des argrarischen Flügels seiner Partei, erwies sich der antiparlamentarische, aber gouvernementale Agrarkonservative und Lobbyist der ostelbischen Großagrarier als pragmatischer Politiker und Repräsentant seiner Zeit, der die Weimarer Agrarpolitik seit 1927 entscheidend beeinflußte und sich vor allem mit der Ausarbeitung einer agrarpolitischen Konzeption zur Überwindung der Wirtschaftskrise 1929/33 und zur Entwicklung eines stabilen Binnenmarktes Verdienste erwarb. So gehören die von ihm ausgearbeiteten und von der Reichsreg. auf staatl. Wege in den Krisenjahren erlassenen „Notprogramme" für die dt. Landwirtschaft (Schutzzoll-, Osthilfe-, Umschuldungs-, Siedlungs-, Rationalisierungs-Maßnahmen) als Teile des Agrarprojektes, mit denen S. auf eine langfristige, grundlegende Erneuerung der dt. Landwirtschaft orientierte, zu den bedeutendsten Leistungen S.s, auch wenn das Reformwerk zu diesem Zeitpunkt nicht im vollen Umfang durchgesetzt, die erlassenen Agrarmaßnahmen nicht von allen Parteien mitgetragen und die fortschreitende Agrarkrise sowie die Radikalisierung der Landwirtschaft nicht gebremst werden konnten. Das als Kernstück geltende Osthilfeprogramm wurde erst 1936 außer Kraft gesetzt. Auf Grund wachsender Widerstände in den eigenen Reihen, insbesondere wegen seiner eigenständig geführten Agrar-Verbandspolitik (Gründung Landvolkpartei 1928 und „Grüne Front" 1929), die dem rechtsextremen NSDAP/DNVP-Parteienbündnis („Harzburger Front") entgegenwirkte, war S. seit Ende 1929 in eine zunehmende Gegnerschaft zu seinem Parteivors. Alfred Hugenberg geraten, was 1930 seinen Wechsel in die kurzlebige, berufsständische Christlich-Nationale-Bauern-Landvolkpartei und sein Ausscheiden als MdR der DNVP zur Folge hatte. Mit dem Rücktritt der Brüning-Reg. verlor S. auch seinen Posten als Agrar-Reichsminister und zog sich danach aus der aktiven Politik zurück.

W: Wie kann die Landwirtschaft wieder rentabel werden? 1929; Der Schutz der dt. Landwirtschaft, 1930. – **L:** DBE 8, *627f.*; Cuno Horkenbach (Hg.), Das Dt. Reich, 1930, *738*; Hans Kretschmar, Dt. Agrarprogramme der Nachkriegszeit, 1933; Bruno Buchta, Die Junker und die Weimarer Republik. Charakter und Bedeutung der Osthilfe in den Jahren 1928–1933, 1959; Dieter Fricke (Hg.), Die bürgerlichen Parteien in Dtl., Hdb. der Gesch. der bürgerlichen Parteien und anderer bürgerlicher Interessenorganisationen vom Vormärz bis 1945, Bd. 1, 1968, *715–753*; Bd. 2, 1970, *183–185, 521–540*; Siegmund Neumann, Die Parteien der Weimarer Republik 1918–1933, 1986; Wolfgang Benz/Hermann Graml (Hg.), Biogr. Lex. zur Weimarer Republik, 1988, *290f.*; Vf., Die Auswirkungen der Weltwirtschaftskrise, die Notverordnungspolitik der Reichsreg. und der Kampf gegen die anwachsende Gefahr des Faschismus im Kr. Jerichow II – Genthin 1929–1933, Ms. 1980. – **B:** *Slg. Vf., Genthin (priv.).

Klaus Börner

Schiele, Oskar
geb. 14.04.1889 Halberstadt, gest. 26.06.1950 Magdeburg, Schwimmsportler.

S. war aktiver Schwimmer beim *Magdeburger Schwimmclub von 1896*. Bereits 1905 gewann er in London zum ersten Mal den „Englischen Königspreis". 1906, bei den Olympischen Zwischenspielen in Athen, erschwamm er eine Silbermedaille in der 4 × 200 m Staffel. 1907, 1908 und 1909 holte er in London wiederum den „Englischen Königspreis", was ihm 1913 zum fünften Mal gelang. 1908 wurde er auch Dt. Meister in 100 m Freistil in 1:14,2 min., 1909 in 200 m Rücken mit 3:04,4 min. und 100 m Freistil in 1:11,3 min. Den im Jahre 1900 gestifteten „Dt. Kaiserpreis" (100 m, 500 m, 1000 m) vermochte er 1911 zu gewinnen. Während lange Zeit vom Beckenrand ins Wasser gestartet wurde, erfolgte 1912 die Einführung des Startsprunges. Es gelang S. 1912 in Brüssel, den Weltrekord in 100 m Rücken mit 1:18,4 min. zu erzielen. 1913 erschwamm er den Titel Dt. Meister in 1500 m Freistil in 24:05,3 min.

L: Beckmanns Sport-Lex. A-Z, Sp. *1934*; Wolfgang Pahnke/Vf., Schwimmen in Vergangenheit und Gegenwart, Bd. 1, 1979, *74, 82, 185–187, 197, 200, 205, 210*; Volker Kluge, Die Olympischen Spiele von 1896–1980 – Namen, Zahlen, Fakten, 1981, *59*; Aufzeichnungen Arbeitsgruppe Sport, Mss. 1998/99 (KHMus. Magdeburg); Slg. Wolfram Weigert, Holzkirchen (priv.). – **B:** Fritz Merk (Hg.), Dt. Sport, Bd. 1, ca. 1925, *283*.

Norbert Heise

Schierhorn, Helmke, Doz. Dr. med.
geb. 13.10.1934 Magdeburg, gest. 10.08.1986 Magdeburg, Arzt.

Nach dem Abitur 1953 an der Otto-von-Guericke-Oberschule in Magdeburg und einer Chemiefacharbeiterausbildung 1953–56 im *VEB Fahlberg-List Magdeburg* studierte S. von 1956 bis 1961 Med. an der Humboldt-Univ. in Berlin. Ab 1961 arbeitete er als Assistenzarzt am Anatomischen Inst. der Humboldt-Univ. unter Anton Waldeyer, absolvierte seine Pflichtassistententätigkeit zur Erlangung der klinischen Vollapprobation an der Chirurgischen und an der Med. Klinik der

Med. Akad. Magdeburg und übernahm im April 1966 unter dem Direktorat von Prof. Martin Meyer eine Assistentenstelle am Anatomischen Inst. der Med. Akad. Magdeburg. 1967 prom. er hier über die Spezialzellen der Amphibienhaut und wurde Facharzt für Anatomie, 1969 Lehrassistent, 1970 Oberarzt mit facultas docendi. Von 1969 bis 1978 leitete S. die Arbeitsgruppe Neuroanatomie des Anatomischen Inst., 1970–78 war er Mitglied des Wiss. Rates der Hauptforschungsrichtung Neurobiologie. Nach der Habil. 1976 erhielt er 1982 die Dozentur für Anatomie. S. verfaßte zahlreiche wiss. Beiträge, vorrangig zur funktionsbezogenen Neurohistologie und zur Medizingesch. Er wies nach, daß die Verteilung der Spines im Bereich der Spitzendendriten areale Unterschiede aufweist. Von Bedeutung sind ferner seine Arbeiten über den Strukturwandel neokortikaler Pyramidenneurone beim Menschen im höheren Lebensalter. Int. Beachtung fanden auch seine medizinhist. Beiträge über Johann Friedrich Meckel (1975), Karl Ernst von Baer, Gustav Lucae, Samuel Thomas Soemmering und Otto Deiters (1986).

W: Über die laminäre Verteilung der apikalen Dendritenspines, in: Zs. für mikroskopisch-anatomische Forschung 86, 1972, *257–272* (mit Peter von Bossanyi); Die Entwicklung der Lehre von den extragrisealen Leitungsbahnen, in: Nova Acta Leopoldina N. F. 41, Nr. 217, 1975, *97–133*; Die postnatale Entwicklung der Lamina V-Pyramidenzellen im sensomotorischen Cortex der Albinoratte, in: Gegenbaurs morphologisches Jb. 124, 1978, *1–23, 24–42, 230–255.* – **L:** Walter Kirsche, H. S. zum Gedenken, in: Zs. für mikroskopisch-anatomische Forschung 101, 1987, *353–363.* – **B:** *Universitätsklinikum Magdeburg.

Wilhelm Thal

Schiess, Ernst, Dr. Ing. E.h.
geb. 14.09.1840 Magdeburg, gest. 09.09.1915 Erkrath, Ing., Unternehmer, Geh. Kommerzienrat.

Der einer Bankiersfam. entstammende S. erwarb nach dem Besuch des Gymn. ab 1858 praktische Kenntnisse in der Maschinenfabrik Buckau und studierte anschließend in Hannover, Karlsruhe und Zürich Maschinenbau. Als Ing. war er in verschiedenen Maschinenbaufirmen in Belgien und England tätig. Anfang 1866 eröffnete er, unterstützt von Albert Poensgen in Düsseldorf, eine eigene Maschinenbaufabrik, die sich nach Anfangsschwierigkeiten zu einem führenden Unternehmen der dt. Werkzeugmaschinenindustrie entwickelte.

L: Zs. Stahl und Eisen 35, 1915, *1020*; Zs. des VDI 59, 1915, *830f.*

Manfred Beckert

Schiffer, Eugen, Dr. jur. h.c. mult.
geb. 14.02.1860 Breslau, gest. 05.09.1954 Berlin, Jurist, Politiker, Reichsminister, Wirklicher Geh. Rat.

Der Sohn eines Kaufmanns besuchte das Elisabeth-Gymn. in Breslau und studierte Rechtswiss. in Breslau, Leipzig und Tübingen. Er trat 1888 als Amtsrichter in Zabrze/Oberschlesien in den preuß. Justizdienst. Von 1899 bis 1906 war S. Landrichter, dann Landgerichtsrat in Magdeburg, wechselte 1906 als Kammergerichtsrat nach Berlin und wurde dort 1910 Oberverwaltungsgerichtsrat. Von 1903 bis 1924 vertrat der liberale Demokrat Magdeburg im preuß. Abgeordnetenhaus, seit 1912 war er im Reichstag in der Nationalliberalen Fraktion für den Wahlkr. Wolmirstedt-Neuhaldensleben tätig. S. wurde 1918 Staatssekretär im Reichsschatzamt, 1919 Reichsfinanzminister und im gleichen Jahr Reichsjustizminister und Vizekanzler. Er schloß sich 1918 der DDP an und war von 1920 bis 1924 Mitglied der Weimarer Nationalverslg. sowie des preuß. Landtages. S. hatte 1920 als Justizminister und Vizekanzler einen wesentlichen Anteil an der Zerschlagung des Kapp-Putsches. 1925 zog er sich aus der aktiven Politik zurück, arbeitete als Rechtsanwalt und -berater von Betrieben und Banken und als Mithg. der *Dt. Juristenztg.* bei zahlreichen eigenen Veröffentlichungen. Während des Ns. war er, obwohl zum ev. Glauben konvertiert, wegen seiner jüd. Herkunft sowie seiner liberalen Haltung Repressalien ausgesetzt. Er überlebte in einem Berliner jüd. Krankenhaus. S. wurde 1945 Mitbegründer und Mitglied des Parteivorstandes der LDPD in Berlin. Im hohen Alter war er 1945–48 Präsident der Dt. Justizverwaltung der SBZ. Nach 1945 erhob er seine Stimme gegen Rechtszersplitterung und die Teilung Dtls. S. erhielt die Ehrendoktorwürde der Rechtswiss. Fakultät der Univ. Halle 1928 sowie der Jur. Fakultät der Humboldt-Univ. Berlin 1950.

W: Die dt. Justiz. Grundzüge einer durchgreifenden Reform, 1928, ²1949, Repr. 1995; Sturm über Dtl., 1932; Ein Leben für den Liberalismus, 1951. – **L:** Reichshdb 2, *1629* (**B**); DBE 8, *631*; Friedrich Andreae (Hg.), Schlesische Lebensbilder, Bd. 5, 1968, *148–157* (**B**); Joachim Ramm, E. S. und die Reform der dt. Justiz, 1987 (**B**); Wolfgang Benz/Hermann Graml (Hg.), Biogr. Lex. zur Weimarer Republik, 1988, *291*.

Klaus Lilie

Schildmacher, *Hans* **Egon Wilhelm,** Prof. Dr. phil.
geb. 13.03.1907 Magdeburg, gest. 03.09.1976 Hiddensee, Zoologe, Ornithologe, Hochschullehrer.

Der Sohn des Uhrmachermeisters Otto S. besuchte die Städtische Vorbereitungsschule und das Reform-Realgymn. in Magdeburg. Sein Interesse für die heimische Tierwelt wurde beim Durchstreifen der Elbauenlandschaft geweckt und später durch verständnisvolle Lehrer, vor allem durch Paul Rabitz, in wiss. Bahnen gelenkt. Gemeinsam mit interessierten Mitschülern gründete S. 1923 die *Ornithologische Vereinigung Magdeburg.* 1924 wurde er vom Dir. des Mus.

für Natur- und Heimatkunde → August Mertens als „Mitarbeiter des Sächsischen Provinzialkomitees für Naturdenkmalpflege" verpflichtet, wobei die Überwachung der Bibervorkommen in der Magdeburger Kreuzhorst im Vordergrund stand. Nach dem Abitur 1926 studierte S. Naturwiss. und Phil. an den Univ. Halle und Berlin. Hier prom. er 1931 bei Erwin Stresemann mit einer Arbeit über die „Herbst'schen Körper", ein Sinnesorgan der Vögel. Nach Tätigkeit im Provinzialmus. Hannover, wo er einen Saal „Die Tierwelt Niedersachsens nach Lebensgemeinschaften" neu einrichtete, ging S. als Assistent von Rudolf Drost an die Vogelwarte Helgoland. Zur Vorbereitung der Habil. wechselte er Anfang 1939 an die Univ. Rostock, wurde aber schon im August 1939 zum Militärdienst einberufen und nach einer Verwundung als „Heeres-Entomologe" zur Malaria-Bekämpfung in Südosteuropa eingesetzt. 1948 übernahm S. an der Biologischen Forschungsanstalt der Univ. Greifswald in Kloster auf Hiddensee die Leitung der Vogelwarte, die durch die Kriegsereignisse ihre Räume und fast alles Inventar verloren hatte. In relativ kurzer Zeit gelang es ihm, die Vogelwarte Hiddensee zu einer modernen, auch als Vogelberingungszentrale der DDR und als Zentralstelle für Seevogelschutz int. Ansprüchen gerecht werdenden Forschungsstätte auszubauen. 1951 wurde S. mit einer Professur an der Univ. Greifswald betraut und 1957 als Dir. der Biologischen Forschungsanstalt Hiddensee eingesetzt, wo neben der Vogelwarte botanische, zoologisch-hydrobiologische und parasitologische Forschungsarbeiten sowie meeresbiologische Ausbildungskurse durchgeführt wurden. 1959 zum Prof. mit Lehrstuhl und 1969 zum o. Prof. für Zoologie an der Univ. Greifswald berufen, zeichnete sich S. durch vielseitige Lehr- und Forschungstätigkeit aus, wobei über Jahrzehnte die Physiologie des Vogelzuges, dessen photoperiodische Steuerung und ernährungsphysiologische Ursachen sowie Aktivitäten zum Vogelschutz im Vordergrund standen. Seit der Schulzeit war S. bestrebt, die Ornithologie in der Öffentlichkeit bekanntzumachen. So hielt er 1927 in der „Wilhelma" in Magdeburg-Neustadt einen Vortrag „Rätsel des Vogelzuges". Ab 1927 erschienen auch auf seine Initiative die *Mittlgg. der Ornithologischen Vereinigung Magdeburg*, ab 1936 mit dem Untertitel *Beiträge zur Avifauna der nördlichen Provinz Sachsen*, ab 1937 als *Beiträge zur Avifauna Mitteldtls*. Von Hiddensee aus förderte S. die Gründung ornithologischer Arbeitsgemeinschaften und gab den Laienforschern wertvolle methodische Anleitungen, u. a. durch die Übersetzung und Herausgabe des Buches „Wir beobachten Vögel" aus dem Dänischen (1966, ³1970). S. war Mitglied des Redaktionsbeirates der Zs. *Der Falke* und von 1951 bis zu seiner Emeritierung 1971 Vors. des Zentralen Fachausschusses „Ornithologie und Vogelschutz" im *Kulturbund der DDR*.

W: Untersuchungen über die Funktion der Herbst'schen Körperchen, in: Journal für Ornithologie 74, 1931, *374–415*; (Hg.) Beiträge zur Kenntnis dt. Vögel, 1961; Neuere Gesichtspunkte zur Physiologie des Vogelzuges, in: Beiträge zur Vogelkunde 9, 1963, *87–97*; Aus der ornithologischen Arbeit in Magdeburg zwischen den beiden Weltkriegen, in: Apus 3, 1973, *1–9* (**B**); Holle Grell (Hg.), Einführung in die Ornithologie, 1982. – **L:** Hdb. der Dt. Wiss., Bd. 2, 1949, *426*; Werner Rautenberg, H. S. 1907–1976, in: Journal für Ornithologie 118, *113*; Axel Siefke, In memoriam H. S., in: Der Falke 24, H. 9, 1977, *293* (**B**); ders., Fünfzig Jahre Vogelwarte Hiddensee, in: Berichte aus der Vogelwarte Hiddensee H. 1, 1981, *7–19*; UnivA Greifswald: PA 2755. – **B:** *Gerd Müller-Motzfeld, Magdeburg (priv.).

Hermann Grünzel

Schill, *Ferdinand* **Baptista von**
geb. 06.01.1776 Wilmsdorf bei Dresden, gest. 31.05.1809 Stralsund, preuß. Offizier, Patriot.

Der Sohn eines sächsischen Offiziers, der im siebenjährigen Krieg gegen Preußen kämpfte, besuchte in Breslau die Schule und trat 1788 den braunen Husaren bei. 1806 als Leutnant der Ansbach-Bayreuther Dragoner bei Auerstedt verwundet, kam er in die Festung Magdeburg. Auf Grund seiner patriotischen Gesinnung wollte er dort den Kommandanten → Franz Kasimir von Kleist wegen dessen Absicht zur Übergabe der Festung an die belagernden Franzosen zum Duell fordern. Um einer drohenden Gefangenschaft nach der Übergabe an die Franzosen zu entgehen, floh S. nach Kolberg und bildete dort mit Ermächtigung einer kgl. Kabinettsordre ein Husaren-Freikorps. Nach dem Tilsiter Frieden wurde er 1809 Major und Kommandeur der 2. brandenburgischen Husaren. Nachdem Österreich Frankreich den Krieg erklärt hatte, beschloß S., der Mitglied im westfälischen Geheimbund war, im April 1809 mit seinem Regiment den Anstoß zur allg. Erhebung in Dtl. gegen Napoleon zu geben. Knapp einen Monat später, am 5. Mai, kam es bei Dodendorf zum bedeutendsten Gefecht in der Börde gegen die franz. und westfälischen Truppen der Festung Magdeburg. Das Gefecht endete ohne klaren Sieger. Da der erhoffte Aufstand der Bevölkerung ausblieb, es ihm an Infanterie fehlte und er Artillerie fast überhaupt nicht besaß, war ein Vorgehen gegen Magdeburg aussichtslos. So zog er weiter durch Mecklenburg. Dort führte er ein erfolgreiches

Gefecht bei Damgarten. Am 31. Mai aber wurde sein Korps in den Straßen von Stralsund vollständig vernichtet. Er selber fiel im Kampf. Die Mannschaften seiner Truppen kamen als Kettensträflinge auf franz. Galeeren. Die noch lebenden elf Offiziere wurden durch ein Kriegsgericht zum Tode verurteilt und in Wesel erschossen. S.s Tod wurde von den Franzosen mit „Le chef de brigands est mort" bezeichnet. Sein Kopf, auf den ein Preis von 10.000 Francs gesetzt war, wurde vom Körper getrennt und, in Spiritus gelegt, an den König Jérôme von Westfalen gesandt. Der Rumpf wurde auf dem Stralsunder St.-Jürgen-Kirchhof verscharrt. Erst 1837 wurde der bis dahin im anatomischen Mus. in Leyden befindliche Schädel zusammen mit den Überresten anderer S.scher Offiziere in Braunschweig begraben. Ende des 19. Jhs wurde der als Deserteur Ausgestoßene wieder in die Armee aufgenommen und ein schlesisches Husarenregiment nach ihm benannt. In Dodendorf erinnert ein Denkmal mit der Aufschrift „Dem Gedächtnis der am 5. Mai 1809 hier gefallenen und in Gott ruhenden 21 Preußen vom S.schen Corps" an die dortige Schlacht.

L: ADB 31, *210–212*; Johannes Schladebach, Zur Gesch. des S.schen Gefechtes bei Dodendorf, in: GeschBll 61, 1926, *155–157*; Walter Stietzel, Zur Gesch. der S.schen Erhebung, in: ebd. 61, 1926, *85–94*. – **B:** *Moritz Klinkicht/Karl Siebert, Dreihundert berühmte Dt., 1912, *146*.

Hasso von Steuben

Schimmel, Albert
geb. 22.04.1892 Kade/Jerichow, gest. 26.06.1941 Wien, Lehrer.

S. besuchte bis 1912 das Lehrerseminar Genthin und wurde mit dem Ende des I. WK Lehrer in Klein Wanzleben. 1924 zum Rektor ernannt, rückte S. 1939 zum Kriegsdienst ein und verstarb 1941 in Wien. In Klein Wanzleben entwickelte S. eine fruchtbare heimatkundliche Forschungsarbeit, die ihn alsbald mit ähnlich engagierten Pädagogen zusammenführte: August Hemprich in Halberstadt, Karl Steffens in Westeregeln, → Karl Kellner in Oschersleben und Richard Schulze in Magdeburg. S. beteiligte sich in pädagogischen Zss. und in Lokalztgg. an der Diskussion um heimatkundliches Erziehungswesen, um schulische Probleme in Industriegemeinden und um Volkshochschularbeit. In seinem Dienstort hatte sich S. mit der Wahrnehmung archäologischer Funde befaßt und sich in der Gegend überhaupt als erster bemüht, den Fundstoff eines umschriebenen Gebietes möglichst vollständig zu erfassen. 1930 und 1932 konnte S. erste Bilanzen vorlegen und schuf eine Lichtbildserie (Dias, 10 × 10 cm) archäologischer Funde aus der Börde, u. a. für die Schulen des Kreises. 1938 umfaßte die Serie 228 Aufnahmen von → Gustav Hansen. 1935 wurde S. zum ehrenamtlichen Leiter der Kreisstelle für Heimatschutz bestellt. S.s Aktivitäten waren für die Landgemeinde Klein Wanzleben Anlaß, 1929 dem *Verband zur Förderung der Museumsinteressen in der Provinz Sachsen* beizutreten. Hier wurde die Gemeinde in den Vorstand gewählt und S. zum Korrespondenten in der Sache bestellt. S.s Aufsatzslg. und Dokumentationen wurden 1945 zerstreut und gingen zum großen Teil verloren. Seit 1952 hat der Vf. die Reste der Slgg. systematisch ermittelt und mit wiedergefundenem Schriftgut und Fotodokumenten in dem Nachlaß A. S. im Börde-Mus. Ummendorf vereinigt. Die Rettung wichtiger Fotodokumente aus dem Nachlaß Gustav Hansen förderte die Identifizierung von Funden und war auch in der Rekonstruktion der (verlorenen) Lichtbildserie unverzichtbar.

W: s. o.; Ein Gang durch die Vor- und Frühgesch. im Hauptwirtschaftsgebiet der Zuckerfabrik Klein Wanzleben, 1932 (Eigenverlag). – **N:** Börde-Mus. Ummendorf. – **L:** Vf., Fundberichte u.ä. Nachrichten über Aufsammlungen, Notbergungen und Ausgrabungen des Lehrers und Rektors A. S. in Klein Wanzleben vom I. WK bis 1939. Die von S. erwähnten Sammler und Slgg., Ms. 1986–1995 (Börde-Mus. Ummendorf); ders., Rekonstruktion der Lichtbildserie „Die Urgesch. des Kreises Wanzleben" von A. S., 1938, Ms. Klein Wanzleben 1986–95 (Börde-Mus. Ummendorf); ders., Bibliogr. der Schriften S.s, Ms. o. J.

Heinz Nowak

Schindowski, Egon, Dr. rer. oec. habil.
geb. 15.06.1910 Berlin, gest. 07.12.1980 Berlin, Mathematiker.

Nach dem Abitur an einem Berliner Realgymn. studierte S. von 1929 bis 1935 Reine und Angewandte Mathematik und Physik an der Univ. Berlin und schloß die Ausbildung mit dem Staatsexamen für das höhere Lehramt ab. Danach arbeitete er bis 1945 auf dem Gebiet der Angewandten Mathematik (Ballistik) – u. a. beim *Elektromechanischen Werk* in Karlshagen/Mecklenburg – und geriet anschließend bis 1948 in franz. Kriegsgefangenschaft. Von 1948 bis 1950 übte er eine Tätigkeit im *VEB ABUS Halle* aus, arbeitete anschließend bis 1962 als Statistiker im Statistischen Zentralamt in Berlin und war dann bis 1975 als Arbeitsgruppenleiter im Inst. für Angewandte Mathematik und Mechanik der Dt. Akad. der Wiss. in Berlin tätig. Er beschäftigte sich mit der Anwendung von Methoden der mathematischen Statistik auf Fragestellungen aus Biologie und Med., dann aber ausschließlich mit Problemen der statistischen Qualitätskontrolle. S. publizierte ca. 80 wiss. Arbeiten und konzipierte drei Lehrfilme (1959, 1963, 1972). Das gemeinsam mit Otto Schürz hg. Buch „Statistische Qualitätskontrolle" erlebte zwischen 1959 und 1980 sieben Auflagen, nach der 2. und 6. wurden Übersetzungen ins Russische vorgenommen. 1957 wurde S. von der Univ. Leipzig prom., 1967 habil. er sich an der TH Magdeburg. Von 1952 bis 1971 arbeitete er sehr erfolgreich als Lehrbeauftragter an der Hochschule für Schwermaschinenbau bzw. an der TH Magdeburg, ab 1964 zudem an der TU Dresden, wo er auch die facultas docendi erwarb. S. baute die Statistische Qualitätskontrolle (SQK) in der DDR auf, war Leiter der Unterkommission SQK der Akad. der

Wiss., Mithg. der Zs. *Mathematik und Wirtschaft*, Mitglied des Redaktionsausschusses der Zs. *Fertigungstechnik und Betrieb* sowie Mitglied im *Committee on Sampling Procedure* der *European Organization of Quality Control* (*EOQC*).

W: s. o.; Bibliogr. zur statistischen Qualitätskontrolle, 1958ff. (mit Otto Schürz). – **L:** Vf., E. S. (1910–1980), in: Qualitätsanalyse, 1981.

Karl Manteuffel

Schinkel, Karl Friedrich
geb. 13.03.1781 Neuruppin, gest. 09.10.1841 Berlin, Architekt, Maler.

S., Sohn eines Theologen, lernte seit 1798 bei Friedrich und David Gilly in Berlin, außerdem 1799–1800 an der dortigen neu gegründeten Bauakad. und übernahm 1800 erste Bauaufträge. 1810 erfolgte seine Aufnahme in die preuß. Ober-Bau-Deputation; er war ab 1811 o. Mitglied der Kgl. Akad. der Künste und wurde 1830 mit der Direktion der Ober-Bau-Deputation betraut. S. gilt als Hauptvertreter der klassizistischen dt. Architektur, ein universeller Künstler mit weit gespanntem Tätigkeitsfeld und Pionier der staatl. nationalen Denkmalpflege. Meisterwerke S.s wie die Neue Wache (1816–18), das Schauspielhaus (1817–21) oder das Alte Museum (1824–30) prägen bis heute das Stadtbild Berlins. In der Region Magdeburg war S. 1820–34 tätig. Er schuf 1821–24 in Zusammenarbeit mit → Johann Conrad Costenoble die Nicolai-Kirche in Neustadt bei Magdeburg, 1825–29 das Magdeburger Gesellschaftshaus mit Festsaal und 1824–27 das Schloß mit Dorfschmiede Neindorf bei Oschersleben. Der Entwurf zum Umbau einer Kirche in Prester bei Magdeburg wurde nicht realisiert. Weiterhin verfaßte S. 1826 ein Gutachten zur Instandsetzung des Magdeburger Domes und leitete die Generalsanierung bis 1834 (vgl. → Friedrich Albert Immanuel Mellin). In Sa.-Anh. entstanden weitere Werke S.s, u. a. in Bad Lauchstädt (Kursaal), Sommerschenburg (Gneisenau-Mausoleum), Halle (Francke-Denkmal), Lützen (Gustav-Adolph-Gedenkstätte), Quedlinburg (Klopstock-Denkmal), Stolberg (Schloß, Roter Saal), Wittenberg (Lutherdenkmal) und Zeitz (Goethepark, Grabmal).

W: Slg. Architektonischer Entwürfe (28 Hefte), 1819–1840. – **N:** Staatl. Museen zu Berlin Preuß. Kulturbesitz. – **L:** Thieme/Becker 30, *77–83*; August Griesbach, K. F. S., 1924; Erik Forssmann, K. F. S., Bauwerke und Baugedanken, 1981. – **B:** *S.-Mus.: Pastell Franz Krüger, 1836.

Friedhelm Ribbert

Schlaf, Johannes (Ps.: Bjarne P. Holmsen)
geb. 21.06.1862 Querfurt, gest. 01.02.1941 Querfurt, Dramatiker, Erzähler, Übersetzer.

Der Sohn eines kaufmännischen Angestellten wuchs in Querfurt auf, kam im Herbst 1874 mit seiner Fam. nach Magdeburg und besuchte hier ab Ostern 1875 das Domgymn., an dem er 1884 auch sein Abitur ablegte. Der lit. interessierte und zeichnerisch begabte S. trat 1882 dem *Bund der Lebendigen*, einem aus Schülern des Gymn. des Klosters U. L. F. bestehenden, um Hermann Conradi zentrierten Schülerverein mit radikaler sozialkritischer Tendenz bei. Durch Conradi kam S. früh mit dem franz. Naturalismus in Berührung, entwickelte aber unter dem Einfluß von Ernst Haeckels Evolutionismus bereits in Magdeburg eigene mystisch-naturphil. Vorstellungen, die in späterer Zeit nur noch eine spekulative Erweiterung erfuhren. 1884–88 absolvierte S. auf Wunsch der Fam. ein „Brotstudium" in Halle und Berlin (Altphilologie, Germanistik) und lernte dabei im Herbst 1885 in Berlin Arno Holz kennen, mit dem er im Winter 1887/88, seinen lit. Neigungen folgend, eine künstlerische Arbeitsgemeinschaft bildete. Die fruchtbare Zusammenarbeit beider dauerte mit Unterbrechungen bis 1892. Die in dieser Zeit entstandenen Dichtungen (Novellen, Zeitungsartikel, Verse) – u. a. in den Sammelbänden „Papa Hamlet" (1889) und „Neue Gleise" (1892) publiziert – fanden den Beifall Gerhart Hauptmanns und gingen als erste Beispiele des sog. „Konsequenten Naturalismus" in die Literaturgesch. ein. 1889 arbeiteten Holz und S., der sich zwischenzeitlich wieder in Magdeburg aufhielt, an dem Prosaskizze und Theaterstück verbindenden Drama „Familie Selicke", das 1890 zeitgleich an der Freien Bühne Berlin und dem Magdeburger Stadttheater uraufgeführt wurde. Mit dem Drama „Meister Oelze" (1892, erste öffentliche Aufführung 1900 in Magdeburg), das z. T. in Magdeburg entstand, beschritt S. bereits eigene Wege und entwickelte die naturalistischen Prinzipien in Richtung Impressionismus und Intimes Theater eigenständig weiter, gab jedoch die sozialkritische Tendenz seines bisherigen Schaffens zugunsten der Beschreibung biologistisch verstandener Determinanten des Menschen (Verbrechen, Schuld, Erlösung) auf. Nach einem Nervenzusammenbruch Ende 1892 hielt sich S. bis 1898 mehrfach in Nervenheilanstalten auf, erholte sich u. a. in der Nähe von Hamburg und aufgrund völliger Mittellosigkeit bei seinen Angehörigen in Magdeburg. Seine in dieser Zeit vollzogene Distanzierung vom Naturalismus führte zum Zerwürfnis und zu lit. Invektiven mit

Arno Holz. Ende 1899 übersiedelte S. erneut nach Berlin, verkehrte im Klub der „Kommenden" um Rudolf Steiner, dessen Mitglieder einer geistigen und kulturellen Erneuerung Dtls vorarbeiteten, naturreligiöse, monistische und lebensreformerische Vorstellungen mit dem theosophischen Gedankengut Steiners verbanden und auf S.s Ideen einer „religiösen Individualität" und eines mystistisch verstandenen Pantheismus einwirkten. 1904 ließ sich S., der im großstädtischen Berlin nicht zur Ruhe gelangen konnte, als freier Schriftsteller in Weimar nieder und erfuhr hier bis zum Beginn des I. WK seine künstlerisch produktivste Zeit. Neben zahlreichen Romanen und Novellenslgg. entstanden auch umfangreiche phil. Arbeiten. S. selbst verstand sich in zunehmendem Maße als Wissenschaftler und Kulturphilosoph und stilisierte sich in der Folge zum „Weltanschauungsstreiter". Sein umfangreiches natur- und kulturphil. Schrifttum war auf kosmogonische, in einem geozentrischen Weltbild gipfelnde Spekulationen zentriert. In den 1920er und 1930er Jahren beschäftigte sich S., der sich ns. Anschauungen nicht verschloß, hauptsächlich mit kosmologischen und astronomischen Problemen, wobei ein weitgehendes öffentliches Desinteresse an seinem Werk mit der Würdigung S.s als eines respektablen Privatgelehrten kontrastierte. Seit 1937 lebte er wieder in seiner Geburtsstadt Querfurt. Bleibende Verdienste erwarb sich S. mit Übersetzungen und Publikationen zum Werk Walt Whitmans, an dessen Verbreitung in Dtl. er entscheidenden Anteil hatte.

W: s. o.; Junge Leute, 1890 (mit Arno Holz); Novellen (3 Bde), 1899–1901; Das absolute Individuum und die Vollendung der Religion, 1910; Ausgewählte Werke (2 Bde), 1934–1940. – L: Killy 10, *254f.* (*B*); Ludwig Bäte, J. S., 1933; Heinz-Georg Brands, Theorie und Stil des sog. „Konsequenten Naturalismus" von Arno Holz und J. S., 1978; Dieter Kafitz, J. S. – Weltanschauliche Totalität und Wirklichkeitsblindheit. Ein Beitrag zur Neubestimmung des Naturalismus-Begriffs und zur Herleitung totalitären Denkens, 1992 (*W, L*). – B: *Archiv Literaturhaus Magdeburg.

Guido Heinrich

Schlein, Anni, geb. Pieck
geb. 06.01.1903 Danzig, gest. Oktober 1944 Auschwitz, Widerstandskämpferin.

S., Tochter eines jüd. Getreidehändlers, siedelte mit ihren Eltern in die Nähe von Magdeburg über. 1923 heiratete sie den Arzt → Otto S., 1927 wurde die Tochter Vera geb. Als Frau eines kommunistischen Arztes lernte S. das Elend vieler Proletarierfam. in der Weimarer Zeit kennen. Sie wurde Mitglied der KPD und kämpfte mit ihrem Mann, der auch jüd. Herkunft war, für die Rechte der Proletarierfrauen, u. a. in der *Liga für Mutterschutz*. S. war Kassiererin der Bezirksleitung der *Kampfgemeinschaft proletarischer Freidenker*. Vom Ns. verfolgt, emigrierte die Fam. 1936 nach Holland. Nach der Besetzung Hollands durch dt. Truppen 1940 wurde die Fam. von der Gestapo verhaftet, über Theresienstadt nach Auschwitz transportiert und dort in der Gaskammer ermordet.

L: Kurzbiogr. Magdeburger Widerstandskämpfer, hg. von einem Autorenkollektiv, o. J., *34f.* (*B*); Slg. Werner Schmidt, Magdeburg (priv.).

Gabriele Weninger

Schlein, Joseph *Otto*, Dr. med.
geb. 19.06.1895 Laurahütte/Oberschlesien, gest. Oktober 1944 KZ Auschwitz, Arzt, Widerstandskämpfer.

Als ältester Sohn des jüd. Kaufmanns Ferdinand S. legte S. 1914 am Wettiner Gymn. in Dresden das Abitur ab und studierte, unterbrochen von aktiver Teilnahme am I. WK (Auszeichnung mit dem EK II), 1914 bis 1920 Med. in Berlin. Seine Diss. über ein gynäkologisches Thema verteidigte er 1921. S. bekam anschließend eine Stelle als Volontärassistent, war u. a. bei → Carl Lennhoff an der Hautklinik des Altstädtischen Krankenhauses in Magdeburg tätig, und beendete 1923 seine Fachausbildung als Dermatologe. Im gleichen Jahr schloß er die Ehe mit → Anni S., geb. Pieck, und ließ sich mit einer eigenen Praxis in Magdeburg nieder. Um 1924 trat S. in die KPD ein, wurde Mitglied ihrer Bezirksleitung und engagierte sich als Doz. in der „Marxistischen Arbeiterschule", als Ortsvors. der *Freunde des neuen Rußland* sowie im *Verein Sozialistischer Ärzte*. 1933 bis 1936 wurde S. mehrfach kurzzeitig wegen seiner antifaschistischen Haltung und aus rassistischen Motiven verhaftet. Nach Entzug von Approbation und Doktordiplom emigrierte S. mit Frau und Tochter in die Niederlande. Die jüd. Fam. S. wurde dort nach dem Einfall der dt. Wehrmacht 1940 von der Gestapo verhaftet, über Theresienstadt in das KZ Auschwitz-Birkenau deportiert und ermordet.

L: N. N., Ein Vorbild als Arzt, Kommunist und Freund der Sowjetunion, in: Volksstimme Magdeburg vom 20.06.1985, Beilage, *2*; N. N., O. S., Ms. aus der Med. Fachschule am Bezirkskrankenhaus Magdeburg 1980 (Archiv des Inst. für Pflegegesch., Qualzow); Slg. Werner Schmidt, Magdeburg (priv.); StadtA Magdeburg: PA-Bestand Nr. 5880. – **B:** Ursula S., Luxemburg (priv.); Slg. Vf., Qualzow (priv.).

Horst-Peter Wolff

Schlesinger, Max
geb. 31.08.1884 Berlin, gest. 13.01.1954 Johannesburg (Südafrika), Kaufmann.

Als Bürger jüd. Glaubens besuchte der Sohn eines Berliner Tabakhändlers in seiner Heimatstadt das Gymn. und absolvierte anschließend eine kaufmännische Ausbildung. 1905 siedelte er nach Schönebeck über, wo er am Markt sein Konfektionskaufhaus erbauen ließ, das er mit dem Kaufhaus *WOHLWERT* in der Salzer Straße (neben Schwarzer) als Filialen des *Ury-Schocken-Konzerns* leitete. Dieser Konzern hatte neben einer reichhaltigen Auswahl als Neuerungen den unbeschränkten Warenumtausch, Rückzahlung des

Kaufpreises und niedrige, feste Preise bei hoher Qualität eingeführt. Beide Geschäfte liefen bis Anfang der 1930er Jahre vorzüglich. S. genoß großes Ansehen in der Stadt. Schon im März 1933 begannen noch vor dem „reichseinheitlichen ersten Juden-Boykott" (01.04.) die Drangsalierungen jüd. Bürger in Schönebeck. S. zog deshalb 1934 nach Berlin, um die Emigration vorzubereiten. Die Kinder Kurt und Eva gingen danach zunächst zum weiteren Schulbesuch in die Schweiz (Champery bzw. Glion). 1935 emigrierten S. und seine Frau Lucie nach Palästina und 1937 zusammen mit den beiden Kindern nach Johannesburg in Südafrika.

L: Günter Kuntze, Juden in Schönebeck, 1990, *36* u.ö. – B: *ebd.

Hans-Joachim Geffert

Schlichting, Ernst Franz *Werner*
geb. 09.10.1894 Eisleben, gest. 15.10.1964 Magdeburg, Apotheker, Oberpharmazierat.

Nach dem Studium der Pharmazie an der Univ. Halle war S. seit 1922 als Apotheker in der Hof-Apotheke in Magdeburg tätig. 1939 übernahm er als Pächter die seit 1934 am Standort Magdeburg, Breiter Weg 251a, befindliche Stern-Apotheke, die er auch nach der Verstaatlichung 1949 bis zu seinem Tode leitete. Neben seiner verantwortlichen und umfangreichen beruflichen Arbeit – die Stern-Apotheke war nach der Zerstörung Magdeburgs einzige versorgende Apotheke der Altstadt – engagierte sich S. in der Berufsausbildung, als Vors. der Prüfungskommission für Apothekenhelfer sowie bis März 1964 als Kreisapotheker der Stadt Magdeburg. Er setzte die von → Curt Senff begonnene Arbeit mit Übernahme der Tätigkeit als Kreisapotheker im Jahr 1952 fort. Die Stadt verdankt seiner Initiative den konzeptionellen wie auch organisatorischen und praktischen Neuaufbau des Apothekenwesens nach dem II. WK. Von 33 öffentlichen Apotheken waren nach Kriegsende nur 13 Apotheken, oft nur bedingt, arbeitsfähig. Am Ende des Wirkens von S. waren wieder 28 Apotheken erweitert, rekonstruiert oder als Neubau errichtet und konnten die Arzneimittelversorgung Magdeburgs erfüllen. Seine Verdienste für die Stadt, das Apothekenwesen wie auch für das gesamte Gesundheitswesen wurden mit der Ernennung zum Oberpharmazierat und mit der Hufeland-Medaille in Silber gewürdigt.

L: Nachruf in: Dt. Apothekerztg., Nr. 40, 1964, *1426*.

Joachim Münch

Schlimme, *Hermann* Ernst
geb. 14.09.1882 Bad Langensalza, gest. 10.11.1955 Berlin, Drechsler, Gewerkschafter.

Der Sohn eines Arbeiters ging in Burg zur Schule und in Magdeburg in die Dechslerlehre. 1896–1903 war er auf Wanderschaft. 1899 trat er der Gewerkschaft und 1906 der SPD bei. Von 1906 bis 1911 als ehrenamtlicher Gewerkschafts- und Parteiarbeiter maßgeblich an Streiks beteiligt, wurde er danach hauptamtlicher Bezirksleiter des *Dt. Transportarbeiterverbandes* in Halle. 1915–18 als Soldat im Krieg, trat er 1918 zur USPD über, kehrte aber mit Teilen der Partei bald wieder zur SPD zurück. Nach dem Besuch der Fachschule für Verwaltung in Berlin wurde er 1923–31 der persönliche Sekretär des Vors. des *Allg. Dt. Gewerkschaftsbundes* (*ADGB*), Theodor Leipart, danach bis 1933 Sekretär des *ADGB*-Bundesvorstandes. Als Spitzenfunktionär gehörte er der illegalen Reichsleitung der Gewerkschaften an. Seine Untergrundtätigkeit führten 1937 zur Verhaftung und einer dreijährigen Zuchthausstrafe. Anschließend arbeitete er bis 1945 als Buchhalter. Nach Kriegsende beteiligte er sich führend am Aufbau des *FDGB*.

W: Für Frieden und Einheit. Aus Reden und Schriften 1945–55, 1957. –
L: Wer war Wer in der DDR, 1996, *642f*.

Beatrix Herlemann

Schmeil, Franz *Otto,* Prof. Dr. phil.
geb. 03.02.1860 Großkugel bei Halle, gest. 03.02.1943 Heidelberg, Pädagoge, Privatgelehrter, Biologe.

Sowohl S.s Vater Eduard Heinrich S. als auch seine beiden Großväter wie auch weitere Vorfahren waren Dorfschullehrer im Saalkreis. S. besuchte in Großkugel und Gröbers die Dorfschule und wurde, nachdem sein Vater bei einem Schulausflug tödlich verunglückt war, 1870 in die Waisenanstalt der Franckeschen Stiftungen in Halle aufgenommen. Bereits als Schüler durchstreifte er seine Heimat und legte hier den Grundstock seiner umfangreichen Tier- und Pflanzenkenntnisse, bemerkte aber auch den mangelhaften Schulunterricht in den naturwiss. Fächern. Zur Ausbildung als Lehrer besuchte S. 1874–77 die Präparandenanstalt in Quedlinburg und 1877–80 das Lehrerseminar in Eisleben. In Zörbig fand er 1880 eine erste Anstellung als Lehrer und übte 1883–94 ein Lehramt an Volksschulen in Halle aus, das ihm nebenher das Studium der Naturwiss. an der Univ. ermöglichte. Im Zoologischen Inst. beschäftigte er sich vorwiegend mit Untersuchungen an Kleinkrebsen, einer wichtigen Nahrungsquelle höherer

Wassertiere. Mit den erzielten Ergebnissen wurde S. 1891 von der Univ. Leipzig prom. Nach seiner Mittelschullehrer- und Rektorenprüfung übernahm er 1894 das Rektorat der 1. Wilhelmstädter Volksschule, einer der größten Volksschulen Magdeburgs mit etwa 1.400 Schülern und mehr als 40 Lehrkräften. Hier verfaßte er 1896 seine Streitschrift zur Reform des naturwiss. Unterrichts, der vor allem die Beobachtungsgabe der Schüler schärfen und sie lehren sollte, Tatsachen zu werten, zu ordnen und Schlußfolgerungen selbst zu ziehen. Mit dieser Zielstellung erarbeitete S. ab 1898 „Lehrbücher" der Zoologie und Botanik, die er ab 1900 auch als schülergerecht gekürzte „Leitfäden" für höhere Lehranstalten sowie vereinfacht als „Grundrisse" der Tier- und Pflanzenkunde herausgab. In dieses Unterrichtswerk bezog S. auch Menschenkunde und Gesundheitslehre ein. Der klare Text wurde durch instruktive Bilder ergänzt, wobei „der S." das erste Biologielehrbuch war, das neben Tafeln und Strichzeichnungen auch Fotografien enthielt. Zur Unterstützung des Unterrichts ließ S. Wandtafeln erarbeiten, auf denen Einzelteile der dargestellten Pflanzen oder Tiere noch aus größerer Entfernung gut zu erkennen waren. 1903 veröffentlichte S. gemeinsam mit Jost Fitschen, der als Lehrer an ders. Schule sich mit floristischen Studien beschäftigt hatte, die „Flora von Dtl.", ein einfach zu handhabendes Buch zum Bestimmen der heimischen Pflanzenarten, das seit seinem Erscheinen in einer Gesamtauflage von mehr als zwei Mio. Exemplaren verbreitet worden ist. Um sich ganz der Ausgestaltung seines Unterrichtswerkes widmen zu können, schied S. 1904 aus dem aktiven Schuldienst aus und übersiedelte von Magdeburg zunächst nach Marburg, später nach Wiesbaden und schließlich nach Heidelberg, wo ihm die Bibliotheken und reichen Slgg. der Univ. zur Verfügung standen. Sein Unterrichtswerk wurde in zahlreiche Sprachen übersetzt und sogar in Blindenschrift übertragen. Das preuß. Kultusministerium verlieh ihm 1904 den Titel eines Prof., die Univ. Leipzig würdigte ihn 1941 im goldenen Doktordipl. als „Reformator des biologischen Unterrichts".

W: Beiträge zur Kenntnis der Süsswasser-Copepoden Dtls mit besonderer Berücksichtigung der Cyclopiden (Diss. Leipzig), in: Zs. für Naturwiss. 64, 1891; Dtls freilebende Süsswasser-Copepoden, in: Bibliotheca zoologica (3 Bde), 1892–1893; Über die Reformbestrebungen auf dem Gebiet des naturgesch. Unterrichts, 1896, [11]1913; Lehrbuch der Zoologie, 1898, [47]1926; Leitfaden der Zoologie, 1900; Lehrbuch der Botanik, 1903; [54]1951; Leitfaden der Botanik, 1905; S.s Biologisches Unterrichtswerk: Pflanzenkunde, [198]1986 und Tierkunde, [200]1986; Flora von Dtl. und seinen angrenzenden Gebieten, 1903, [90]1996 (mit Jost Fitschen). – **L:** DBE 8, *694f.*; KGL 4, 1931; Wer ist's 10, 1935; Hermann Gelbke, O. S., in: Dem Eisleber Seminar zur Hundertjahr- und Abschlußfeier 1926, 1926, *87–93*; August Seybold u. a. (Hg.), O. S. Leben und Werk eines Biologen, 1954, [2]1986 (*B*); Anette Schenck, O. S. Leben und Werk, 1998.

Hermann Grünzel

Schmelzer, Friedrich

geb. 12.09.1834 Wiche/Unstrut, gest. 28.09.1904 Neuhaldensleben, Kaufmann, Unternehmer.

S. verlebte seine Jugendzeit in Calbe und absolvierte dort auch eine kaufmännische Lehre. Ab 1854 war er als Buchhalter in der Siderolithfabrik *Schulze & Bauermeister* in Althaldensleben tätig und trat bereits Anfang 1858 als Teilhaber in die Siderolithfabrik *Raschke & Co.* ein. Nach dem Ausscheiden Raschkes 1861 erwarb S.s Schwiegervater August Gerike dessen Rechte an der Fabrik. 1863 nahm S. in Althaldensleben – als erster in Dtl. neben einer Fabrik bei Bremen – die Fabrikation dt. Steingutes auf. Kurz darauf stellte er die Tonwarenherstellung gänzlich ein, verkaufte die Produktionsanlagen und legte Anfang 1865 den Grundstein für eine neue Steingutfabrik, die nach dem Eintritt seines Schwagers, des Maschinentechnikers Karl Gerike, unter *S. & Gerike* firmierte. Nach 1868 wurde die schnell prosperierende Fa., die wesentlich von der Erbauung der Magdeburg-Oebisfelder Bahn profitieren konnte, mehrfach vergrößert und umgebaut und entwickelte sich zu einem vielbesuchten Musterbetrieb. S. war bestrebt, der Fa. einen hervorragende Stellung im Exportverkehr zu erringen und die Waren auch überseeisch auszuführen. Mit Hilfe der Hamburger Exportfa. *J. & M. Salomon* gelang es S., als erster dt. Produzent mit den Engländern im Steinguthandel auf dem Weltmarkt zu konkurrieren. Er forcierte den Erfolg durch die Einführung geschmackvoller Formen und durch ein spezifisch leichteres Gewicht des Produkts bei gleicher Haltbarkeit. Die Erzeugnisse der Fa. erhielten auf den Weltausstellungen in Porto Allegro (1881) und Antwerpen (1886) Gold- und Silbermedaillen. Die Fa., die 1907 mehr als 1.000 Arbeiter und Angestellte beschäftigte, prägte die wirtsch. und infrastrukturelle Entwicklung Althaldenslebens in der zweiten Hälfte des 19. Jhs entscheidend. S. unterstützte das Bestreben vieler seiner zugezogenen Arbeiter, sich dauerhaft in Althaldensleben anzusiedeln, und stellte Mittel für die Errichtung neuer Straßenzüge bereit. Von 1877 bis 1903 gehörte er der Gemeindevertretung an und wurde 1904 kurz vor seinem Tode zum Ehrenbürger von Althaldensleben ernannt. Er war lange Jahre Vorstandsmitglied des *Verbandes keramischer Gewerke in Dtl.*, Delegierter der Töpferei-Berufsgenossenschaft und Mitbegründer der *Vereinigung dt. Steingutfabriken GmbH*, deren Aufsichtsrat er angehörte. Für die ev. Gemeinde Neuhaldenslebens stiftete S. eine Friedhofskapelle, auch für soziale Zwecke gab er Spenden und errichtete Stiftungen für Bedürftige (S.sche Stiftung). Die Fa. wurde unter traditionellem Namen von seinen Söhnen Friedrich jun. und Johannes S. weitergeführt.

L: Wochenbl. für die Kreise Neuhaldensleben, Gardelegen und Wolmirstedt und den Amtsbez. Calvörde vom 05.06.1890; dass. vom 28.01.1897; dass. vom 12.09.1934; Stadt- und Landbote Neuhaldensleben vom 03.04.1908. – **B:** *Mus. Haldensleben.

Wilhelm Bork/Guido Heinrich

Schmidt, Albert
geb. 02.03.1858 Magdeburg, gest. 16.10.1904 Bielefeld (Suizid), Schriftsetzer, Journalist.

S. besuchte die Volks-, später die Bürgerschule in Magdeburg und erlernte den Beruf des Schriftsetzers. Es folgten Jahre der Wanderschaft und des Militärdienstes. Nachdem er als Redakteur bei verschiedenen Ztgg. in Leipzig und Burgstädt gearbeitet hatte, war er ab 1894 erster Redakteur der Magdeburger *Volksstimme*. Seit 1898 Stadtverordneter in Magdeburg, kandidierte S. im gleichen Jahr für den 7. Magdeburgischen Wahlkr. Calbe-Aschersleben und errang, nachdem er bereits 1890–98 MdR des 15. Sächsischen Wahlkreises gewesen war, das zweite Reichstagsmandat für den Bez. Magdeburg. 1899 wurde ihm wegen eines harmlosen Artikels in der *Volksstimme* in Magdeburg ein Prozeß wegen Majestätsbeleidigung gemacht. Beide Mandate wurden ihm aberkannt, und S. wurde zu drei Jahren Haft verurteilt. Zwar wurde S. nach seiner Haftverbüßung 1903 erneut für Calbe-Aschersleben in den Reichstag gewählt, schied aber wenig später freiwillig aus dem Leben.

L: Max Schwarz (Hg.), Biogr. Hdb. der Reichstage, 1965, *452*; Wilhelm Heinz Schröder, Sozialdemokratische Parlamentarier in den Dt. Reichs- und Landtagen 1867–1933, 1995, *724f*; Vf., Die Magdeburger Sozialdemokratie vor dem I. WK, 1995, *43* u.ö.

Ingrun Drechsler

Schmidt, Christian Andreas
geb. 21.11.1822 Egeln, gest. 16.06.1905 Magdeburg, Maurermeister, Architekt.

Der Sohn des Maurermeisters Friedrich S. erlernte ab 1837 das Maurerhandwerk im Betrieb seines Vaters in Egeln, bei seinem Bruder in Seehausen sowie in Berlin. Nach seinem Militärdienst 1842–45 arbeitete er in Roßleben und qualifizierte sich 1846 mit dem Dampfmaschinengebäude auf der Kohlenzeche „Marie-Louise" in Neindorf bei Oschersleben als Baumeister. Im selben Jahr siedelte S. nach Buckau bei Magdeburg über und eröffnete hier als erster Buckauer Baumeister ein Baugeschäft. 1852 folgte eine Ziegelei in Hermsdorf. S. errichtete in Buckau, Magdeburg und Umgebung zahlreiche Gebäude. Der Schwerpunkt seiner Tätigkeit lag bei Industriebauten für die in Buckau ansässigen Betriebe, während er bei anderen Bauten wie Schulen und Kirchen vielfach als Bauausführender und seltener als planender Architekt auftrat. S. entwarf und baute u. a. für die Buckauer Maschinenfabrik, die Maschinenfabrik von → Otto Gruson, das *Krupp-Gruson-Werk* und das Städtische Wasserwerk auf dem Wolfswerder. Zudem zeichnete er für den Rathausbau in Buckau verantwortlich. S., der sich für die wirtsch. Entwicklung Buckaus engagierte (u. a. für die Anlage neuer Straßen: Kapellenstraße, Stiftsstraße), war Mitbegründer und -inhaber der Gasanstalt *Budenberg & Co.* in Buckau. Zusammen mit dem Fabrikanten → Christian Friedrich Budenberg regte er in den 1860er Jahren auch die Anlage einer Elb- und Sülze-Uferbahn mit Anschluß an die Magdeburg-Leipziger Eisenbahn an. Dieses Projekt wurde erst später unter veränderten Bedingungen aufgegriffen. Bereits 1853 wurde er in den Gemeinderat von Buckau gewählt. Ab 1859 gehörte er zu den ersten Stadtverordneten der nunmehrigen Stadt Buckau und wirkte über 25 Jahre als Beigeordneter und Ratmann (1859–66 Beigeordneter resp. 2. Bürgermeister, 1866–85 Ratmann resp. Stadtrat). Als er 1885 aus dem Magistratskollegium ausschied, wurde ihm in Anerkennung seiner langen Amtszeit der Titel „Stadtältester" verliehen. S. gehörte dem Vorstand der *Budenberg-Stiftung*, die alten Menschen Asyl gewährte, seit ihrem Bestehen an. Mit der Abfassung der Gesch. der 1887 nach Magdeburg eingemeindeten Stadt Buckau erwarb sich S. ein bleibendes Verdienst in der Ortsgeschichtsforschung.

W: Chronik der Stadt Buckau, 1887. – **L:** Magdeburgische Ztg. vom 20.06.1905; Sabine Ullrich, Industriearchitektur in Magdeburg. Maschinenbauindustrie, 1999. – **B:** *Christa Rolff, Magdeburg (priv.).

Maren Ballerstedt/Sabine Ullrich

Schmidt, Friedrich Gustav
geb. 12.08.1844 Buckau bei Magdeburg, gest. 13.11.1901 Magdeburg, Kaufmann, Zuckerfabrikant, Kgl. Kommerzienrat.

S. war der älteste Sohn des Kaufmanns Friedrich Albert S., des Gründers der aus dem Unternehmen *S. & Roloff*, später *Gebr. S. & Henry Coqui*, hervorgegangenen Fa. *Albert & Herrmann S.* (1853) in Westerhüsen bei Magdeburg. Nach einer kaufmännischen Ausbildung wurde S. Teilhaber des Familienunternehmens und übernahm nach dem Tod des Vaters in erster Linie die Leitung der Zuckerfabrik. Neben seiner unternehmerischen Tätigkeit, bei der ihm später auch die Söhne seines Vaters aus zweiter Ehe, Robert und Paul, zu Seite standen, vertrat S. die Interessen der *Magdeburger Korporation der Kaufmannschaft* bzw. der *Magdeburger Handelskammer* als Vertreter der Zuckerindustrie. Für seine Verdienste um die dt. Zuckerindustrie, in deren Organisationen er zahlreiche Ehrenämter bekleidete, u. a. als Vorstandsmitglied der Zuckerberufsgenossenschaft sowie im Direktorium des *Vereins der Dt. Zuckerindustrie*, wurde S. 1899 zum Kgl. Kommerzienrat ernannt. S., der auch als Stadtverordneter tätig war, widmete sich in seiner Freizeit naturwiss. Studien. 1893 schenkte er dem Magdeburger Mus. für Naturkunde eine umfangreiche Moluskenslg., die gegenwärtig zu den ältesten erhalten gebliebenen Sammlungsteilen des Mus. gehört. Bemerkenswert ist, daß die Slg. Funde von allen Kontinenten vereinigt, darunter auch einige aus Dtl. Sein jüngster Bruder Paul (geb. 24.05.1856 Magdeburg, gest. 15.11.1928 Magdeburg) war ab 1902 Mitglied der *Magdeburger Handelskammer*, wo er über viele Jahre als Vors. des Schiedsgerichts fungierte. Kommunalpolitisch engagierte er sich als unbesoldeter Stadtrat (1916–19) für den Bau und die Entwicklung des Kinderheims in Bad Salze.

L: → Martin Behrend, Magdeburger Großkaufleute, 1906, *134–136* (*B*). – **B:** *LHASA.

Horst-Günther Heinicke

Schmidt, Friedrich Ludwig

geb. 05.08.1772 Hannover, gest. 13.04.1841 Hamburg, Wundarzt, Schauspieler, Theaterdir., Dramatiker.

S. erlernte den Beruf eines Wundarztes (Prüfung 1791), aber seine Liebe zum Theater führte ihn bald zur Bühne. 1792–94 war er Mitglied der Wandertruppe von Johann Carl Tilly, ab 1795 gehörte er zur Theatertruppe → Carl Döbbelins. Mit diesem kam er Ende 1794 nach Magdeburg, wo er am neugegründeten Magdeburger Stadttheater am 05.01.1795 in → Heinrich Zschokkes „Äbellino" erste große Erfolge feierte. 1796 übernahm er zusammen mit Alois Hostovsky die Regie des Theaters und leistete Beachtliches, auch als einer der Hauptdarsteller der Bühne. Insgesamt inszenierte S. für das Magdeburger Theater etwa 300 Stücke (Opern nicht eingerechnet), darunter Dramen Lessings, Schillers und Shakespeares. Sein Verdienst ist es u. a., daß sich Lessings „Nathan der Weise" nach der Magdeburger Aufführung 1801 als Bühnenwerk durchgesetzt hat. Als Regisseur versuchte S. – vom Theatermaler → Johann Adam Breysig und von Musikdir. → Friedrich August Pitterlin unterstützt –, eine Brücke zwischen hohem künstlerischem Anspruch und den kommerziellen Erfordernissen eines privatwirtschaftlichen Bühnenunternehmens zu schlagen. 1804 trat er als Regisseur zurück, als er sich durch die Berufung von → August Heinrich Fabricius zum dritten Regisseur in seinen Kompetenzen beschnitten fühlte. Nachdem er sich dann 1805 bei der Neuvergabe der Magdeburger Theaterdirektion an Fabricius und Hostovsky übergangen sah, kündigte er und wechselte als Schauspieler an das Hamburger Theater, welches er von 1815 bis 1841 als Dir. leitete. Hier erarbeitete sich S. nicht nur einen erstklassigen Ruf als Theatermann, der u. a. Heinrich von Kleists Texte vor dem Vergessen bewahrte und für die Bühne bearbeitete, sondern auch als „unbarmherzige Theaterscheere", da er für die Aufführungen rigoros Änderungen an den Originalstücken vorzunehmen pflegte. Als Dramatiker schrieb S., v. a. um den eigenen Bühnenbedarf zu befriedigen, meist tränenreiche Familienstücke, bearbeitete aber auch hist. Stoffe, oft zur Magdeburger Stadtgesch. Sein „Sturm von Magdeburg" (1799), in dem er die traumatischen Ereignisse vom Mai 1631 verarbeitete, wurde bis 1876 jedes Jahr aufgeführt und war bis 1833 mit mindestens 71 Aufführungen das erfolgreichste Stück am Magdeburger Theater.

W: Die Kette des Edelmuths, 1795; Mathilde von Heideck, 1801; Weiberpolitik, 1801; Dramaturgische Aphorismen (3 Bde), 1820–34. Hermann Ude (Hg.), Denkwürdigkeiten des Schauspielers, Schauspieldichters und Schauspieldirectors F. L. S. (2 Bde), 1875 (*W*). – **L:** ADB 31, *721–726*; Killy 10, *309f.*; Ludwig Eisenberg, Großes biogr. Lex. der dt. Bühne im 19. Jh., 1903, *893f.*; Heinz Krieg, F. L. S. der erste Regisseur des Magdeburger Stadttheaters. Zu seinem 100. Todestage am 13. April 1941, in: MonBl 83, 1941, *29f.*; → Rolf Kabel, Die Entstehung des Magdeburger Nationaltheaters und sein Werdegang bis zum Jahre 1833, Diss. Berlin 1955, *81–140*; Horst Denkler, Restauration und Revolution, 1973. – **B:** *Philipp Stein, Dt. Schauspieler, Bd. 2, 1908.

Heiko Borchardt

Schmidt (-Küster), Gustav

geb. 25.03.1902 Hohenwarsleben, gest. 07.03.1988 Hannover, Buchhändler, Verleger.

Nach der Handelsschule begann S. als Vertriebseleve in der Druckerei der Magdeburger *Volksstimme* und schloß sich der Sozialistischen Arbeiterjugend (SAJ) an, die ihn 1925 zum Vors. des SAJ-Bezirks Mittelelbe wählte. 1922 absolvierte er einen Halbjahreskurs an der Heim-Volkshochschule Tinz bei Gera und kehrte danach als Lehrling an die Buchhandlung der Magdeburger *Volksstimme* zurück. Ab 1927 modernisierte er als Leiter die angestaubte Parteibuchhandlung und richtete drei Filialen in Stendal, Burg und Aschersleben ein. Er engagierte sich stark im Kampf gegen den Ns. Im Mai 1933 gründete er zwischen zwei kürzeren Verhaftungen die *Mittelelbe-Buchhandlung* in der Magdeburger Himmelreichstraße, nachdem die Buchhandlung der *Volksstimme* beschlagnahmt und ihre Mitarbeiter entlassen worden waren. Seine Buchhandlung wurde zum Treffpunkt von Sozialdemokraten und anderen Regimegegnern in der Stadt, S. selbst hatte Überwachungen und Haussuchungen durchzustehen. Nach Kriegsende gründete er den *Börde-Verlag* und eröffnete seine ausgebombte Buchhandlung in der Olvenstedter Straße neu. Das Geschäft wurde zum ersten Treff- und Sammelpunkt der überlebenden Sozialdemokraten. S. hatte wesentlichen Anteil an der Neugründung der SPD und wurde im Herbst 1945 zum Bezirksvors. gewählt. Als Gegner der Parteienvereinigung von SPD und KPD fortan stark schikaniert, flüchtete er nach vier Monaten NKWD-Haft 1947 nach Hannover und fügte hier, um seine Spur zu verwischen, seinem Namen den Mädchennamen seiner Mutter „Küster" bei. Seine Wohnung sollte in den nächsten Jahren für viele aus dem Raum Magdeburg geflüchtete Sozialdemokraten zur ersten Anlaufstelle werden. Als Verlagsleiter der *Hannoverschen Presse* gründete er den *Fackelträger-Verlag*, den *Verlag für Lit. und Zeitgeschehen* und belebte den traditionsreichen *J. H. W. Dietz-Verlag* neu. Während seiner über zwanzigjährigen Tätigkeit erschienen in diesen drei Verlagen 630 vorwiegend der politischen Bildung verpflichtete Titel in einer Auflage von über fünf Mio. Exemplaren. Zur gesonderten Verbreitung schuf er eine Buchhandelskette, die Volksbuchhandlungen und Bücherbörsen. 23 Jahre lang stand er zudem der *Gruppe Sozialistischer Verleger, Buchhändler, Autoren und Bibliothekare* vor.

W: (Hg.) Bücher von heute sind die Taten von morgen: 1947–1971. Eine Dokumentation über die Arbeit der Gruppe Sozialistischer Verleger, Buchhändler, Autoren und Bibliothekare, 1972. – **N:** AdsD, Bonn. – **L:** Fackelträger-Verlag S.-K. 1949–1959, 1959; G. S.-K. zum 60. Geb., 1962 (*B).

Beatrix Herlemann

Schmidt, Karl
geb. 06.12.1902 Magdeburg, gest. 03.05.1945 Lübecker Bucht (ertrunken), kaufmännischer Angestellter.

Während er die Mittel- und Handelsschule seiner Geburtsstadt besuchte, trat S. der Sozialistischen Arbeiterjugend und 1924 dem *Reichsbanner Schwarz-Rot-Gold* bei. Ab 1928 wurde er aktives Mitglied der KPD und des *Roten Frontkämpfer-Bundes* und arbeitete ab 1930 in der Redaktion der *Tribüne*. Bereits im Juni 1933 vom Sondergericht in Halle zu vier Monaten Haft verurteilt, wirkte S. in den nächsten Jahren im Untergrund maßgeblich bei der Herstellung und Verbreitung illegaler Druckschriften mit. 1936 erneut verhaftet und zu zwei Jahren Zuchthaus verurteilt, sollte er nicht wieder freikommen. Nach einem Leidensweg durch die Konzentrationslager Aschendorfer Moor, Sachsenhausen und Neuengamme fand er fünf Tage vor Kriegsende mit 7.000 auf Schiffen zusammengepferchten Häftlingen den Tod in der Lübecker Bucht.

L: Kurzbiogr. Magdeburger Widerstandskämpfer, hg. von einem Autorenkollektiv, o. J., *36–38* (*B*).

Beatrix Herlemann

Schmidt, Theodor
geb. 12.09.1911 Westereiden bei Lippstadt, gest. 14.10.1990 Geseke, kath. Theologe.

S. studierte kath. Theol. in Würzburg, Münster und schließlich in Paderborn, wo er sich 1938 zum kath. Priester weihen ließ. Nach alter Paderborner Sitte wurde er als Neupriester zunächst in die Diaspora nach Köthen gesandt. Während des Krieges kam er 1943 als Pfarrvikar nach Gröningen. Mit der 1954 erfolgten Erhebung der Pfarrvikarie zur Pfarrei wurde S. dort schließlich Pfarrer. 1955 ernannte ihn Weihbischof → Friedrich Maria Rintelen zum Beauftragten für die Wahrnehmung der Interessen der Kolpingsfamilien. Dabei konnte er auf die Tätigkeit von Heinrich Gatz (geb. 04.02.1908 Hagen, gest. 07.11.1991 Langenweddingen) zurückgreifen, der als Vikar an der Magdeburger Propstei St. Sebastian in der Zeit des Ns. die Mitglieder des damals verbotenen Kolpingvereins betreute. Ab 1956 war S. Kommissariatspräses der Kolpingsfamilien im Erzbischöflichen Kommissariat Magdeburg, bis er dieses Amt 1967 an → Heinrich Behrens übergab. In Zuordnung zum Weihbischof Rintelen führte S. mit zahlreichen Gründungen den zielgerichteten Aufbau des Kolpingwerkes durch. Um ihn in seiner Arbeit als Präses zu unterstützen, wurde ihm 1959 der Kommissariatssenior Bruno Borlik (geb. 20.05.1914 Berlin, gest. 06.11.1981 Magdeburg) zur Seite gestellt. Borlik half S., den Grundstein für eine geordnete Arbeit der Kolpingsfamilien in den einzelnen Pfarreien zu legen. S. war zudem ein beliebter Beichtvater, so daß er 1964 zum Spiritual für das Priesterseminar auf der Huysburg/Halberstadt ernannt wurde. Ein Herzinfarkt zwang S. 1984 zur Pensionierung. Er siedelte in seine Heimat über, wo er bis zu seinem Tode noch als Hausseelsorger in Geseke wirkte.

L: Tag des Herrn 1988, *54*; ZBOM. – **B:** ebd.

Daniel Lorek

Schmidt, Wilhelm, Dr.-Ing. E.h.
geb. 18.02.1858 Wegeleben, gest. 16.02.1924 Bethel bei Bielefeld, Baurat, Zivil-Ing., Erfinder.

S. war Kind armer Eltern, besuchte bis 1872 die Volksschule in Wegeleben bei Halberstadt und erlernte anschließend das Schlosserhandwerk in Wegeleben und Halberstadt. 1877–80 ging er auf Wanderschaft und arbeitete als Schlosser in Dresden, Hamburg und München. In Dresden lernte er bei Schlosserarbeiten den Kunstmaler Adolf Ehrhardt kennen, der S. an die Professoren Gustav Zeuner und Ernst Lewicki an der TH Dresden vermittelte. 1878 absolvierte S. seine Militärzeit in Dresden, war im zweiten Jahr dort Bademeister und nutzte die ihm verbleibende Zeit zum Selbststudium mittels Fachbüchern aus der Bibl. der TH Dresden. S. führte in dieser Zeit erste Experimente mit Heißdampf zur Steigerung des Wirkungsgrades einer Maschine durch. Die erzielten Ergebnisse fanden sowohl bei den Professoren als auch bei den Militärs Akzeptanz. Auf Empfehlung ging S. für neun Monate zur *Sächsischen Maschinenfabrik vorm. Rich. Hartmann* in Chemnitz, trat anschließend als Maschinenschlosser in die *Maschinenfabrik M. Ehrhardt* in Wolfenbüttel (der Maschinenfabrikant war der Sohn des oben gen. Erhardt) ein und erhielt dort die Möglichkeit, eine „Heißluftmaschine" zu entwickeln. 1883 begann er eine selbständige Laufbahn als Zivil-Ing., beschäftigte sich mit einer Heißluft-Dampfmaschine und der Anwendung hochgespannter Dämpfe mittels der sog. Strahlmaschine. Die Ausführung seiner Vorstellungen erfolgten mit einer Verbundmaschine der Fa. *Hzgl. Anhaltinische Maschinenbau AG* in Bernburg. Die Rechte an dieser Ausführung wurden von der Fa. *Blohm & Voss* in Hamburg erworben und in einem Seedampfer umgesetzt. S. versuchte in der Folge, die Kondensationsverluste mittels einer hohen Dampfüberhitzung zu minimieren, führte zu diesem Zweck weitere Untersuchungen bei der *Maschinenbau AG, vorm. Beck & Henkel* in Kassel durch und siedelte 1891 dorthin um. Schwerpunkt der Untersuchungen war das konstruktive Umsetzen der von ihm erkannten Gesetzmäßigkeiten der Dampfkondensation bei der Entspannung der Heißdämpfe. Daraus entstand 1894 als weitreichende Erfindung die S.sche Heißdampf-Verbundmaschine mit Kondensator, mit der der thermische Wirkungsgrad gegenüber herkömmlichen Maschinen um ca. 30 Prozent verbessert wurde. In der nachfolgenden Zeit verschrieb S. sich der Ausführung stationärer Anlagen und erteilte auch interessierten Fa. Ausführungsrechte. 1895 trat er in die Maschinenfabrik *W. L. Schröder* in Aschersleben ein, wandelte sie in *W. S. & Co.* um und erweiterte sie 1898 zur *Aschersleber Maschinenbau AG vorm. W. S. & Co.* Nach 1899 widmete sich S. der Erteilung von Lizenzen und der Verwertung seiner Patente. Besonderen Erfolg hatte die S.sche Erfindung im Lokomotivenbau. Bereits 1898 wurden von den Fa. *Vulcan* in Stettin und *Henschel* in Kassel die ersten beiden Heißdampflokomotiven der Welt nach den Patenten von S. ausgeliefert. 1899 erhielt die von *Borsig* in Berlin erbaute Heißdampflokomotive auf der Pariser Weltausstellung eine Goldene Medaille. 1910 gründete S. in Kassel-Wilhelmshöhe die *S.sche Heißdampf-Ges. mbH*, über die weitere Einsatzgebiete der Heißdampftechnik, wie Dampfpflüge, Antriebe für Walzwerke, Schiffsantriebe u. a., erschlossen wurden. 1910 entwickelte S. in Aschersleben eine stationäre Hochdruck-Kolbendampfanlage, 1911 wurde der Dieselmotor durch S. verbessert. Für das Reichs-Marine-Amt entwickelte er eine neue, 12.000 PS starke Antriebsmaschine für U-Boote, 1928 wurde die erste Hochdruckdampflokomotive der Welt in Dienst gestellt (H 17 206). Um 1925 waren bereits 125.000 Heißdampflokomotiven S.scher Bauart im Einsatz. S. verfügte über 200 Reichs- und 1.200 Auslandspatente, erhielt zahlreiche Ehrungen, u. a. 1908 die Ehrendoktorwürde der TH Karlsruhe und 1916 die Grashof-Denkmünze des *VDI*, wurde 1913 zum Baurat und 1917 zum Ehrenbürger von Benneckenstein ernannt.

W: Die Erzeugung und Anwendung von hochüberhitztem Dampf – Heißdampf – im Schiffahrtsbetriebe nach dem System W. S., Cassel-Wilhelmshöhe, 1906; Die Anwendung von Heißdampf im Lokomotivbetriebe nach dem System von W. S., Cassel-Wilhelmshöhe, 1907; Zusammenstellung im Betriebe und Bau befindlicher Heissdampf-Lokomotiven nach den Patenten von W. S., Cassel-Wilhelmshöhe, 1907. – **L:** Conrad Matschoss, Die Entwicklung der Dampfmaschine, Bd. 2, 1908, *169–178*; Friedrich Mützinger, Dampfkraft, Berechnung und Bau von Wasserrohrkesseln und ihre Stellung in der Energieerzeugung, 1933 (**B*); Vf., W. S. – ein Leben für die Dampfmaschine, 1998 (*B*).

Herbert Hans Müller

Schmitt, Bernhard
geb. 18.02.1902 Kaiserslautern, gest. 04.05.1950 Prem bei Steingaden, Bildhauer, Steinmetz, Architekt.

S. erhielt eine Ausbildung an der Kunstakad. München und arbeitete anschließend als Bildhauer in Düsseldorf und Emmerich/Rhein. Der 1928 eingereichte, in abgewandelter Form ausgeführte Entwurf für ein Kriegerdenkmal führte ihn nach Genthin, wo er als Steinmetz und Bildhauer Arbeit fand und heiratete. 1934/35 entwarf und fertigte er für den neuerbauten Genthiner Wasserturm acht 3,20 m hohe allegorische Figuren (Bauer, Schmied, Architekt [vermutlich ein Selbstbildnis], Mutter, Reichswehr-, Reichsarbeitsdienst-, SA- und SS-Mann), von denen die vier erstgenannten das Genthiner Wahrzeichen bis heute schmücken. 1938 verließ S. Genthin, um sich in einem Großbaubetrieb am

Berliner Baugeschehen zu beteiligen. Sein Entwurf für die Fassade der *IHK Berlin* fand zwar Zustimmung, die Ausführung wurde jedoch durch den Kriegsverlauf verhindert. Kurz nach seiner zweiten Eheschließung wurde S. 1944 zur Wehrmacht eingezogen. In englischer Gefangenschaft erkrankte er schwer. Nach langem Leiden starb er in Oberbayern und wurde in Kaiserslautern beigesetzt.

W: s. o.; Kindergrabstein auf dem Genthiner Friedhof. – **B:** Kreismus. Genthin.

Antonia Beran

Schmitz, *Ernst* **Ludwig Eberhard,** Prof. Dr. phil.
geb. 23.03.1882 Dortmund, gest. 08.02.1960 Magdeburg, Chemiker, Hochschullehrer.

Das vierte Kind des Reg.-Baurates Franz S. wuchs in Köln auf, studierte Chemie in Bonn und Göttingen, prom. 1905 bei Otto Wallach über Abkömmlinge des β-Terpineols und absolvierte anschließend ein Teilstudium der Med. in Freiburg. Er arbeitete 1906–09 bei Paul Ehrlich in Frankfurt/Main über Arsenverbindungen, die später zum Salvarsan, dem Heilmittel gegen Syphilis, führten, sowie 1909–18 am Inst. für vegetative Physiologie in Frankfurt/Main. S. habil. sich 1916 und war ab 1920 ao. Prof. und 1921–45 Ordinarius für physiologische Chemie an der Friedrich-Wilhelms-Univ. in Breslau. Er publizierte ca. 100 Arbeiten, darunter bis 1932 zahlreiche zur Physiologie von Leber, Muskel, Drüsen und Zentralnervensystem. Er mußte 1945 Breslau als Flüchtling verlassen, war 1945–54 in der chemischen Industrie tätig und bearbeitete als Leiter des Pharmalabors der Fa. *Fahlberg-List* in Magdeburg Arzneimittelsynthesen, insbesondere die industrielle Synthese von Salvarsan. Die industrielle Arbeit unter den schwierigen Bedingungen der Zeit unmittelbar nach dem II. WK führte 1947 zu einer Produktion des Salvarsan-Analogons Neoarsoluin, mit dem die damals ausufernde Syphilis unter Kontrolle gebracht werden konnte. S. erhielt 1949 den Nationalpreis 2. Kl. der DDR.

W: Neue Abwandlungsprodukte aus β-Terpineol, Diss. Göttingen 1905; Mechanismus der Acrosebildung (damit Totalsynthese von Fruktose und Sorbose), 1913; Haftfestigkeit der Arsensäure am aromatischen Kern, 1914; Kurzes Lehrbuch der chemischen Physiologie, 1920, ⁴1937, Neufassung 1959; Harnfarbstoffe, 1925; Nachweis und Bestimmung der Eiweißkörper und ihrer Abbauprodukte im Blutplasma, 1927; Chemie der Fette, 1927; Harn, 1927; Chemie des zentralen und peripheren Nervensystems, 1929; Mineralstoffwechsel und Ernährung, 1932; Ein neuer Bestandteil der Nebennierenrinde, 1933; Innere Sekretion der Nebennierenrinde, 1933; Die Bedeutung der Milz für den Baustoffwechsel des Zentralnervensystems, 1941; Verhalten der Kohlehydrate im Munde, 1943; Paul Ehrlich und die Entstehung der chemotherapeutischen Wiss., 1955. – **L:** Isidor Fischer (Hg.), Biogr. Lex. der hervorragenden Ärzte der letzten fünfzig Jahre (1880–1930), Bd. 2, 1933, *518*; Johann C. Poggendorff, Biogr.-lit. Handwörterbuch, Bd. VI/4, 1940; Bd. VII/4, 1960; Joachim Kühnau, Dt. med. Wochenschrift 77, 1952, *787*. – **B:** *Vf., Berlin (priv.).

Ernst Schmitz

Schmude, Detlev
geb. 30.01.1886 Kupferberg/Schlesien, gest. n.e., Hauptmann, Gründer eines Siedlungswerkes.

S. wurde nach seiner Schulzeit in den Kadettenkorps Wahlstatt, Naumburg/Saale und Großlichterfelde erzogen und war danach aktiver Offizier der Fußartillerie. Nach dem Ende des I. WK und Internierung in Polen kam S. im Januar nach Magdeburg und wurde hier auf Veranlassung des Reichsministers für wirtsch. Demobilisierung und des Kriegsministeriums dem Generalkommando IV in Magdeburg unterstellt. S. erhielt den Auftrag, erste Siedlungs- und Arbeits-Freiwilligen-Korps aus demobilisierten Soldaten und Erwerbslosen aufzustellen. Im Mai 1919 begründete S. die *Siedlungs- und Arbeitsgemeinschaft Neu Dtl. e.V.* in Völpke, der im Januar 1920 die *Heimstättenges. Neu Dtl. m.b.H.* mit Siedlungen im Braunkohlen- und Kali-Revier um Helmstedt an die Seite gestellt wurde. Insbesondere die erste Siedlung in Völpke erlangte nach großem propagandistischen Aufwand größere Bekanntheit. Nach dem Erlaß des Reichssiedlungsgesetzes vom 01.08.1919 wirkte S. vorübergehend (in Zusammenarbeit mit Regierungsstellen) im Raum Hannover und in Schleswig-Holstein, um die Ansiedlung demobilisierter Freikorps zu organisieren. Im Januar 1921 gelangte in Berlin der Film „Mit Hacke und Spaten zum eigenen Heim" von Hauptmann S., dem „Siedler von Völpke", zur Uraufführung. Damit warb S. für seine Idee „Durch Arbeit zur Siedlung". Das zweiteilige Werk zeigte die „Muttersiedlung" in Völpke, die Tochtersiedlungen in den hannöverschen und holsteinischen Mooren, sowie die angeschlossenen Industriesiedlungen in allen Teilen Dtls, die vielfach mit Förderung großer Unternehmen ins Leben traten. Im Januar 1921 ging die *Heimstättenges. Neu Dtl. m.b.H.* als ein Bauverein in der Gruppe *Mitteldt. Heimstätte, Wohnungsfürsorgeges. m.b.H.* in Magdeburg auf und stellte ein Mitglied des

Aufsichtsrates. Bis dahin unterhielt die *Heimstättenges. Neu Dtl. m.b.H.* im Helmstedter Revier drei Baubüros (Völpke, Beendorf, Wefensleben) und ein Hauptbüro in Ummendorf. Inzwischen waren Siedlungen in mindestens 20 Dörfern des Reviers in Angriff genommen worden oder fertiggestellt. Im Braunschweigischen hatten sich überdies ca. 5.000 Siedler dem Unternehmen angeschlossen. Nachdem das Siedlungswerk seinen Höhepunkt überschritten hatte, unternahm S. 1924/25 den Versuch, in Nordpersien Auswanderer ansässig zu machen und dort Obstplantagen und Konservenfabriken einzurichten. Das Unternehmen mißlang. Nach seiner Rückkehr war S. mindestens bis 1926 im Vorstand der von heimischen Siedlern gegründeten *Ein- und Verkaufsgenossenschaft Wirtschaftshilfe* tätig. In dieser Zeit engagierte er sich für die Bildung von Konsum-Genossenschaften. Über seinen weiteren Lebensweg ist nichts bekannt. S. erwarb sich das Verdienst, in der schwierigen Nachkriegszeit sehr vielen demobilisierten Soldaten und Erwerbslosen ein neues Lebensziel erschlossen und damit die sehr kritische soziale Situation dieser Zeit entscheidend entschärft zu haben.

W: Das Gebot der Stunde. Ueber die Arbeit zur Siedlung. Aus meinen Erfahrungen unter Bergarbeitern, 1919; Durch Arbeit zur Siedlung, 1922 (*B); Ohne Heimstatt keine Heimat, in: Die Freude. Monatshefte für freie Lebensgestaltung, 1926, *289–294*. – **L:** Oskar Schabarum, Die S.'schen Siedlungen (Völpke und Umgebung), Diss. Halle 1925; Curt Julius Wolf, Von Völpke nach Teheran. Hauptmann S. über seine Erlebnisse in Persien, in: Magdeburger General-Anzeiger, März 1926 (mehrere Folgen); Alwin Gastmann, Gesch. des Dorfes Sommersdorf, 1937, *188*; Gerald R. Blomeyer/Barbara Dietze, Die andere Bauarbeit. Zur Praxis von Selbsthilfe und kooperativen Bauen, 1984.

Heinz Nowak

Schnee, *Gotthilf* Heinrich

geb. 06.08.1761 Siersleben/Mansfeld, gest. 12.01.1830 Schartau bei Burg, ev. Pfarrer, Hg., Schriftsteller.

Der Sohn eines Gutsbesitzers und Gastwirts studierte ab 1778 ev. Theol. an der Univ. Halle und ab 1780 in Leipzig. Dort war er auch schriftstellerisch auf dem Gebiete der Belletristik tätig. Nach dem Studium wirkte S. in mehreren angesehenen Häusern als Hauslehrer, wurde 1790 Prediger im Mansfelder Land und wandte sich neben der Seelsorge der Veränderung der Lebensumstände vor allem auf dem Lande zu. So arbeitete er mit Erfolg an der Verbesserung der Erwerbsfähigkeit der ländlichen Bevölkerung und an der Aufklärung der Landwirte. 1801 stiftete S. den *Lit. Verein*, der durch Slgg. und lit. Beiträge die Errichtung eines Denkmals für Martin Luther bezweckte. 1809 wurde S. zur Übernahme einer größeren Pfarrei nach Heinrichsberge versetzt, wozu auch die Kirche Schartau gehörte. Auch hier setzte er seine Arbeiten zur Hebung des landwirtsch. Kultur fort, womit er sich Anerkennung und Wertschätzung am preuß. Hof erwarb. Eine ganze Reihe von Schriften gibt Zeugnis seines umfassenden Wirkens und seiner schriftstellerischen Produktivität. Sein bedeutendstes Werk ist „Der angehende Pachter. Ein Hdb. fuer Kameralisten, Gutsbesitzer, Paechter, Bonitirer und Theilungskommissarien, worin das Werthverhaeltniss des Bodens, die verschiedenen Feld-Eintheilungen und Wirtschaftsarten ... dargestellt werden", das 1817 (^{6}1859) erschien.

W: s. o.; Neue Originalromane der Deutschen (2 Bde), 1782; Gedichte (2 Bde), 1786–1790; (Hg.) Repertorium aus dem Gebiete der Land- und Hauswirthschaft (seit 1812 Landwirthsch. Ztg. oder Repertorium alles Wissenswürdigen aus der Land- und Hauswirthsch.), 1803–1830; Lehrbuch des Ackerbaus und der Viehzucht für Landschulen und zum Selbstunterricht für angehende Landwirte, 1815; Allg. Hdb. fuer Land- und Hauswirthsch. in alphabetischer Ordnung oder naturhist.-astronomisch-technologisches Handwoerterbuch fuer Land- und Hauswirthe, 1819. – **L:** ADB 32, *89f.*; Neuer Nekr 8, 1832.

Paul Nüchterlein

Schnee, Heinrich, Dr. jur., Dr. rer. pol. h.c.

geb. 04.02.1871 Neuhaldensleben, gest. 23.06.1949 Berlin, Jurist, Kolonialbeamter.

Der Sohn des Kreisgerichtsrates Hermann S. wuchs in Neuhaldensleben und Nordhausen auf, studierte nach dem Besuch des Gymn. in Nordhausen bis 1892 Rechts- und Staatswiss. in Heidelberg, Kiel und Berlin. Nach seiner Prom. zum Dr. jur. wandte er sich dem Studium des Suaheli und der Kolonialwiss. am Orientalischen Seminar in Berlin zu und wurde 1897 als Regierungsassessor in der Kolonialabt. des Auswärtigen Amtes angestellt. Seit 1898 war er im Reichskolonialdienst als Richter und stellvertretender Gouverneur in Dt.-Neuguinea beschäftigt. 1900 wurde er Bezirksamtmann und stellvertretender Gouverneur in Samoa und kehrte 1904 nach Dtl. zurück, um zunächst als Legationsrat in der Kolonialabt. des Auswärtigen Amtes tätig zu werden. 1905 wurde er Kolonialbeirat der Botschaft in London, 1906 Vortragender Rat, 1907 Dirigent und ab 1911 Ministerialdir. sowie Leiter der politischen und Verwaltungsabt. im Reichskolonialamt Berlin. 1912–19 war S. Gouverneur der Kolonie Dt.-Ostafrika. Während seiner kolonialen Laufbahn beschäftigte er sich u. a. mit der Erforschung von Eingeborenensprachen und -gebräuchen in der Südsee. Seit 1924 vertrat S. die Dt. Volkspartei (DVP) im Reichstag. Als Präsident des *Bundes der Auslandsdeutschen* (seit 1926) und *Präsident der Dt. Kolonialgesellschaft* (1930–36) setzte sich S. vehement für eine Rückgabe der ehemaligen Kolonien an Dtl. ein.

W: Bilder aus der Südsee. Unter den kannibalischen Stämmen des Bismarck-Archipels, 1904; Dt.-Ostafrika im Weltkriege. Wie wir lebten und kämpften, 1919; (Hg.) Dt. Koloniallex. (3 Bde), 1920 (Repr. 1996); Braucht Dtl. Kolonien? Ein Vortrag, 1921; Die koloniale Schuldlüge, 1924, [12]1940 (auch engl.: German colonization past and future. The truth about the German colonies, with introduction by William H. Dawson, 1926); Die dt. Kolonien vor, in und nach dem Weltkrieg, [2]1935, Dtls koloniale Forderung, 1937; Als letzter Gouverneur in Dt.-Ostafrika. Erinnerungen, 1964. – **L:** Reichshdb 2, 1931, *1675f.* (*B*); Hans Draeger, Gouverneur S., 1931 (*B*); Alexander Cartellieri, H. S. zum 60. Geb., 1931. – **B:** *Mus. Haldensleben.

Sandra Luthe

Schneider, Fritz, Dr. phil.
geb. 23.12.1889 Nieder-Ramstedt/Hessen, gest. 31.01.1949 Einbeck, Saatzuchtdirektor.

S. studierte nach dem Besuch der Oberrealschule in Darmstadt an den Univ. Gießen, Berlin und Genf Naturwiss. Anschließend war er Assistent im Pflanzenphysiologischen Inst. der Univ. Berlin und prom. 1912. Nach kurzer Assistentenzeit bei Erwin Baur in Berlin-Dahlem wurde er 1913 Assistent bei dem Rübenzüchter → Wilhelm Raatz in Klein Wanzleben. Nach dessen Tod übernahm er 1919–45 die Leitung dieser weltbekannten Rübenzüchtung und war danach bis 1949 als Leiter bei der *Klein Wanzlebener Saatzucht AG* in Einbeck tätig. Besonders erfolgreich war S. auf den Gebieten der Resistenzzüchtung. Er führte die Verwendung des Hanfes als Isolierpflanze für die Mutterrübenisolierung ein und verbesserte hierdurch die Inzuchtmethode wesentlich. Weiter nahm er das Problem der Polyploidie in Angriff, durch Erhöhung der Anzahl der Chromosomen verstärktes Wachstum zu erreichen. S. baute zahlreiche Zuchtstationen im Ausland, vor allem in Spanien, England, Ungarn und Rumänien, auf. Eingehend und erfolgreich befaßte er sich mit dem bei Zuckerrüben besonders schwierigen Sortenprüfungswesen. Zahlreich sind seine Beiträge zum Schrifttum der Zuckerrübenlit. in züchterischen, landwirtsch. und zuckertechnischen Zss. Besonders hervorzuheben ist sein Beitrag über die Züchtung der Beta-Rübe im „Hdb. der Pflanzenzüchtung" von Theodor Roemer und Wilhelm Rudorf. Er war Mitarbeiter des *Institut International de Recherches Betteravières (I. I. R. B.)* in Brüssel.

W: Der Zuckerrübensorten-Versuch Kleinwanzleben, 1926; Über Kreuzungen mit Beta muritima L., in: Zs. Dt. Zuckerindustrie 51, 1926, *521ff.*; Zuckerrübe, in: J. von Wiesner, Die Rohstoffe des Pflanzenreichs, Bd. 2, 1928, *2105–2117*; Neue Erfahrungen über Zuckerrübensorten, Zs. Der Züchter 1, 1929, *59–66*; Identifizierung anonym gegebener morphologisch ähnlicher Sorten von Zucker und Futterrüben, in: ebd. 6, 1934, *147ff.*; Beitrag zur Methodik zur Untersuchung von Zuckerrübensorten, in: Zs. Pflanzenbau 10, 1933/34, *289–296*; Neue Gesichtspunkte für die Zuckerüberzüchtung, in: Centralbl. Zuckerindustrie 42, 1934, *355f.*; Die Wirkung ständigen Rübenbaus auf Grund 9jähriger Versuche, in: Zs. Zuckerrübenbau 21, 1939, *38–41*; Wirkung einseitiger Stickstoffdüngung bei Zuckerrüben, in: Centralbl. Zuckerindustrie 48, 1940, *885f.*; Leistung von Zuckerrübensorten unter wechselnder Bedingungen, in: Zs. des Vereins dt. Zuckerindustrie 93, 1943, *178–187.* – **L:** zu F. S., in.: Zs. Der Züchter 19, 1949, *321f.* (*B*).

Walter Wöhlert

Schneider, Gustav, Dr. jur.
geb. 23.05.1847 Sontra bei Kassel, gest. 17.05.1913 Magdeburg, Jurist, Oberbürgermeister in Magdeburg.

Zunächst Kreisrichter in Naugard/Pommern, war S. 1882–90 zweiter Bürgermeister in Halle und 1890–95 Oberbürgermeister in Erfurt. Seine Amtseinführung als Oberbürgermeister in Magdeburg und Nachfolger → Friedrich Bötticher erfolgte im Juli 1895. S. war Mitglied des preuß. Herrenhauses (erste Kammer des Landtages). Trotz seiner verhältnismäßig kurzen Amtszeit konnte er als Stadtoberhaupt einige herausragende Verdienste erwerben. Kurz nach seinem Amtsantritt wurde am 26. August die große Gartenbauausstellung anläßlich des 50jährigen Bestehens des *Magdeburger Gartenbauvereins* eröffnet. Auf dem Festungsgelände der Nordfront wurde zu diesem Zweck der Königin-Luise-Garten (heute Geschwister-Scholl-Park) angelegt. 1896 erfolgte die Einführung der neuen Polizei-Verordnung für den Gemeindebez. Magdeburg in Ergänzung der Baupolizeiverordnung von 1893, die eine Licht und Luft gewährende offene Bebauung in den Außenbezirken der Stadt vorschrieb. Im gleichen Jahr eröffneten die von dem Magdeburger Unternehmer → Hermann Gruson und seiner Fam. der Stadt geschenkten Gewächshäuser. 1898 wurde der Westfriedhof angelegt, 1903 die Königsbrücke (Nordbrücke) übergeben und 1904 die Sternschanze niedergelegt. S. trat im Juli 1906 in den Ruhestand. Als neuer Oberbürgermeister wurde → August Lentze gewählt.

L: Ingelore Buchholz/Maren Ballerstedt/Konstanze Buchholz, Magdeburger Bürgermeister, o. J., *33* (*B*); Hartwin Spenkuch, Das Preuß. Herrenhaus. Adel und Bürgertum in der Ersten Kammer des Landtages, 1854–1918, 1998, *308*; Martin Wiehle, Oberbürgermeister der Elbestadt, in: Volksstimme Magdeburg vom 19.12.1996, *14.* – **B:** *StadtA Magdeburg.

Gerald Christopeit

Schneider, *Karl* **Fritz Ludwig**
geb. 19.04.1928 Altenburg, gest. 15.09.1998 Schwerin, Theaterwissenschaftler, Intendant.

S., Sohn eines Studienrates, besuchte in seiner Heimatstadt das Gymn. Nach fast dreijähriger Internierung durch die sowjetische Besatzungsmacht im KZ Buchenwald (Rehabilitierung 1996) arbeitete er von 1948 bis 1951 in Altenburg in einer Buchdruckerei und anschließend zwei Jahre bei der Dt. Volksbühne Thüringen. 1953–61 war er am Theater Rudolstadt tätig, zunächst im Anrechtsbereich, dann als Chefdramaturg, ab 1958 als Intendant. Von 1961 bis 1965 leitete er das Theater der Stadt Plauen. In diesen Jahren begann S. auch als Regisseur zu arbeiten. 1965 ging er als Doz. für Schauspieltheorie und -praxis an die Theaterhochschule „Hans Otto" in Leipzig. 1968 wurde er zum Intendanten des Landestheaters Dessau berufen. Während dieser Zeit setzte er seine Tätigkeit an der Theaterhochschule fort. 1973 übernahm S. als Nachfolger von Hans-Diether Meves die Generalintendanz der Bühnen der Stadt Magdeburg und leitete dieses Haus bis zu seiner Abberufung 1991. Er führte seine Hochschularbeit fort und leitete in Magdeburg das Schauspielstudio der Hochschule. S., der über langjährige praktische Theatererfahrung als Intendant und Regisseur verfügte, war ein Vertreter des Ensembletheaters und des dreispartigen Stadttheaters. Er setzte auf Traditionelles und Modernes, sowohl im Schauspiel als auch im Musiktheater. Während seiner Intendanz standen die dt. und russischen Klassiker ebenso auf dem Spielplan wie zeitgenössische Autoren des In- und Auslandes. Besondere Aufmerksamkeit galt der Pflege der Volkstheatertraditionen (de Vega, Goldoni, Moliere, Horváth, Nestroy). Inszeniert wurden Stücke von Arnold Wesker („Chips with everything", DDR-EA), Peter Shaffer („Equus", DDR-EA), Dürrenmatt, Fo, O'Casey und Dale Wasserman („Einer flog übers Kuckucksnest"). Telemann, Mozart, Verdi, Puccini, Bizet („Die Perlenfischer", DDR-EA), → Richard Wagner, aber auch Udo Zimmermann, Wolfgang Hohensee oder Jan Fischer gehörten zu den Komponisten. 1988 begann mit der Premiere von „Das Rheingold" die Inszenierung von Wagners „Ring des Nibelungen" – ein ehrgeiziges Unternehmen, dem viel Lob beschert war. Vor der Premiere der „Götterdämmerung" zerstörte 1990 ein verheerendes Feuer das Theatergebäude am Universitätsplatz. S. hat auch in Magdeburg als Opern- und Schauspielregisseur gearbeitet. Zu den DDR-Erstaufführungen gehörten u. a. die zeitgenössische Oper „Copernicus" des tschechischen Komponisten Jan Fischer und Schostakowitschs „Katerina Ismailowa". Im Schauspiel sind „Gespräche mit dem Henker" von Kazimierz Moczarski (DDR-EA), „Der große Friedrich" von Adolf Nowaczyñski (DDR-EA), Heinar Kipphardts „Gespräche mit dem Henker", „Pygmalion" von Shaw, „Maria Magdalena" von Hebbel oder „Maria Stuart" von Schiller zu nennen. Seine letzte Inszenierung war „Ein Volksfeind" von Ibsen. S. setzte sich für die Zusammenarbeit mit dem Moskauer Jermolowa-Theater und dem Theater Donezk ein. In den 1980er Jahren gab es zahlreiche Begegnungen der Ensembles und den Austausch von Regisseuren und Inszenierungen. „Am Format des Theatermannes, der ein Schiller-Stück so gut lesen kann wie eine Puccini-Partitur, einen Operettenbonvivant mit demselben Sachverstand beurteilt wie eine Jahresbilanz, will … kaum einer deuten" (Krusche, 1995, *246*). „Mit großem persönlichen Engagement, fundierter Sach- und Fachkenntnis und künstlerischem Gefühl für das Machbare hat er als Theaterleiter, Lehrer und anerkannter Regisseur ganz wesentlich zur Profilierung des Theaters … beigetragen. Die künstlerischen Leistungen der Bühnen der Stadt Magdeburg haben damit nicht nur das kulturelle Leben unserer Heimatstadt bereichert, sondern fanden auch immer wieder Beachtung und Anerkennung im nationalen und int. Rahmen" (Kondolenzschreiben des Oberbürgermeisters).

L: → Friedemann Krusche, Theater in Magdeburg, Bd. 2, 1995; Archiv der Volksstimme Magdeburg; Archiv Vf., Magdeburg (priv.). – **B:** *Archiv der Städtischen Bühnen Magdeburg.

Dagmar Bremer

Schneider, *Karl* **Gottlieb Ludwig,** Dr. med.
geb. 01.12.1819 Magdeburg, gest. 25.07.1879 Magdeburg, Arzt, Sanitätsrat, Medizinalrat.

S. absolvierte das Dom-Gymn. in Magdeburg und studierte in Halle Med., wo er 1845 prom. Er war dort Schüler des Internisten Peter Krukenberg, dehnte seine Ausbildung aber auch auf Chirurgie und Geburtshilfe aus. 1847 ließ sich S. in Magdeburg als praktischer Arzt nieder und gründete gemeinsam mit den Krukenbergschülern → Felix von Niemeyer, → Theodor Sendler und → Franz Bette 1848 die *Med. Ges. zu Magdeburg*. 1849 war er einer der Armenärzte dieser Stadt, 1850 zusätzlich Arzt am Hospital St. Georgii und von 1855 bis 1879 Leiter der Inneren Abt. im Krankenhaus Magdeburg-Altstadt. Seine Leistungen wurden mit dem Titel eines Sanitätsrates gewürdigt, das *Provinzial-Medizinalkollegium* berief S. zum Medizinalrat. Er war Mitglied der lit. Vereinigung *Die Lade*, Freimaurer und Mitglied mehrerer anderer lokaler Vereinigungen. S. setzte in Magdeburg das von Felix von Niemeyer begründete hohe Ansehen der Inneren Klinik fort und sicherte über seinen Schüler → Emanuel Aufrecht dessen Fortbestand.

L: → Hermann Rosenthal (Hg.), Fs. für die Theilnehmer der 57. Verslg. Dt. Naturforscher und Aerzte, 1884, *44*; → Rudolf Habs, Gesch. der Med. Ges. in Magdeburg, gegründet am 29. März 1848. Eine Festgabe zu ihrem 80jährigen Bestehen, 1928, *12*. – **B:** Altstädtisches Krankenhaus Magdeburg.

Horst-Peter Wolff

Schneider, *Ludwig* **Karl Eduard**
geb. 26.06.1809 Sudenburg bei Magdeburg, gest. 09.02.1889 Schönebeck, Jurist, Kommunalpolitiker, Botaniker.

Der Sohn eines Zichorienfabrikbesitzers studierte nach dem Besuch des Gymn. des Klosters U. L. F. in Magdeburg Jura und Naturwiss. an den Univ. Berlin (bei Carl Sigismund Kunth) und Jena, wo er auch aktiver Burschenschaftler war. 1833 trat er als Auskultator in den jur. Vorbereitungsdienst beim OLG Magdeburg ein. 1834 wurde er wegen seiner aktiven Burschenschaftler-Tätigkeit entlassen und nahm daraufhin erneut naturwiss. Studien an der Univ. in Berlin auf. Im Sommer durchstreifte er erstmals botanisierend die Umgebung Berlins. Nachdem einem 1839 eingereichten Gnadengesuch stattgegeben worden war, arbeitete er zunächst am Landgericht in Berlin, ging aber bald als Regimentsreferendar nach Erfurt. 1844 wurde er zum Bürgermeister der aufstrebenden Industriestadt Schönebeck gewählt. Hier führte er Bürgerverslgg. ein, um die Bürger für die Fragen der Kommunalpolitik zu interessieren. Er war MdL der Provinz Sachsen und Mitglied des Vereinigten Preuß. Landtages in Berlin. 1847 gehörte er zu den 138 Abgeordneten, die schriftlich Protest wegen der „Vorenthaltung älterer Rechte" einlegten. Nach den revolutionären Märztagen zog er am 18.05.1848 als Präsidiumsmitglied und Schriftführer in die verfassungsgebende Preuß. Nationalverslg. in Berlin ein (im Kr. Calbe mit 81 von 93 Stimmen gewählt). Hier formulierte er: „Die Revolutionen haben bewiesen, daß auch das Volk ‚von Gottes Gnaden' ist", und trat damit entschieden für die Beseitigung der Standesunterschiede ein. Am 09.09.1848 veröffentlichte er den Aufruf „Das Vaterland ist in Gefahr", als die einberufene Preuß. Nationalverslg. verschoben werden sollte. Auch in den Landtag wurde S. 1849 wiedergewählt. Nach der Niederschlagung der Revolution wurde gegen ihn wegen „Aufruhrstiftung und Majestätsbeleidigung" 1849 eine gerichtliche Untersuchung eingeleitet. Das Schwurgericht mußte ihn freisprechen, aber die preuß. Reg. bereitete ihm nun immer größere Schwierigkeiten. 1856 wurde er zwar von den Stadtverordneten erneut zum Bürgermeister Schönebecks gewählt, doch die preuß. Reg. versagte ihm die Bestätigung. S. ging nun nach Sudenburg. Hier nahm er die 1849 um Schönebeck und Barby begonnenen botanischen Studien wieder auf und erweiterte sie auf das Gebiet um Magdeburg. 1858 und 1860 hielt er sich mit seinen Söhnen Walter und → Oskar S. in der Schweiz am Genfer See zum Studium der Alpenflora auf. Ab 1860 war er als Stadtverordneter in Berlin tätig und gehörte von 1861 bis 1866 als Abgeordneter der Fortschrittspartei (Kr. Wanzleben) erneut dem preuß. Abgeordnetenhaus in Berlin als entschiedener Gegner → Otto von Bismarcks an. 1870 zog S. zu seinem Sohn Walter nach Zerbst, wo er Vors. des dortigen *Naturwiss. Vereins* wurde. In Zusammenarbeit mit anderen Kennern der lokalen Floren der Region, u. a. → Paul Ascherson, mit dem er 1866 an der Gründungsveranstaltung des *Aller-Vereins* in Walbeck teilnahm, Friedrich Banse, → Wilhelm Ebeling, → Gustav Maass und Emil Torges, teilte er das Gebiet zwischen Fläming und Harzvorland in 18 Florenbezirke ein, die von ihm und seinen Fachkollegen seit 1866 zu verschiedenen Vegetationszeiten systematisch aufgesucht wurden und in denen sie über 1.200 Gefäßpflanzen-Arten erfaßten, ihre Standortansprüche untersuchten und ihre Fundorte auflisteten. Seinen Lebensabend verbrachte er von 1878 bis zu seinem Tode im Hause seines Sohnes Oskar in Schönebeck. 1874 und 1877 faßte er auf Wunsch der Magdeburger Lehrerschaft seine in langjährigen Studien erworbenen naturräumlichen Kenntnisse in einer zweibändigen „Schul-Flora" mit einer Beschreibung der Gefäßpflanzen des Florengebietes und einer Übersicht über die Boden- und Vegetationsverhältnisse zusammen. Seine Söhne Walter und Oscar brachten 1891 die von ihm noch erweiterte Neuauflage der „Schul-Flora" heraus. Sie blieb über Jahrzehnte die Grundlage floristischer Studien in der Magdeburger Region. Nach S. wurde in Schönebeck eine Schule benannt.

W: Wanderungen durch die Florengebiete Zerbst/Möckern, Burg, Burgstall, Calvörde, Wolmirstedt, Barby und Bernburg, in: Abh. des Naturwiss. Vereins Magdeburg, H. 4, 1873, *1–12*; Wanderungen im Magdeburger Florengebiete, ebd., H. 6, 1874, *1–18*; Schul-Flora Tl. 1: Grundzüge der allg. Botanik, 1874; Schul-Flora Tl. 2: Beschreibung der Gefäßpflanzen des Florengebiets von Magdeburg, Bernburg und Zerbst, mit einer Übersicht der Boden- und Vegetationsverhältnisse, 1877. – **L:** Wilhelm Ebeling, Zum Gedächtnis L. S., in: Abh. des Naturwiss. Vereins Magdeburg, 1889, *60–69*; Paul Ascherson, Nachtrag zu L. S. Flora von Magdeburg, in: Fs. zur Feier des 25jährigen Stiftungstages des Naturwiss. Vereins Magdeburg, Tl. 1, 1894, *47–216*; → Wilhelm Schulze, Dem Schönebecker Revolutionär L. S. zum Gedächtnis, in: Heimat-Echo, Monatsschrift für den Kr. Schönebeck,

1956, *53–58*; Karl Schlimme, Drei Forscherpersönlichkeiten, in: Js. des KrMus. Haldensleben 33, 1993, *26–39*; ders., Revolution in Krähwinkel, in: Js. der Museen des Ohrekreises 5, 1998, *19–38*. – **B:** *KrMus. Schönebeck.

Hans-Joachim Geffert/Hermann Grünzel

Schneider, *Oskar* **Peter Pfeil,** Dr. med.
geb. 18.09.1842 Erfurt, gest. 19.06.1925 Schönebeck, Arzt.

Der Sohn des Schönebecker Bürgermeisters → Ludwig Schneider besuchte das Domgymn. in Magdeburg und das Friedrichgymn. in Berlin. Anschließend studierte er in Zürich, Berlin, Würzburg und Greifswald, prom. 1867 in Berlin und legte 1869 sein Staatsexamen ab. Im selben Jahr kehrte er nach Schönebeck zurück und unterhielt dort als praktischer Arzt, Wundarzt und Geburtshelfer eine eigene Praxis. S. bekämpfte die Cholera-Epidemie des Jahres 1873 und half 1876 den Überschwemmungsopfern Schönebecks. Er war der Gründer und Betreuer des *Krankenpflegevereins*, der 1884 mit dem zehn Jahre zuvor fertiggestellten städtischen Krankenhaus (Stiftung des → Otto Hermann) zusammengeschlossen wurde. Diese Einrichtung leitete er bis 1902. Im Juni 1888 wurde das auf seine Initiative und Kosten erbaute „Waldhaus" in Braunlage als Rekonvaleszenzstation für Unbemittelte und Erholungsobjekt für Beschäftigte des Krankenhauses eröffnet. Damit legte S. den Grundstein für die Entwicklung Braunlages zum Kurort. Ab 1907 war er Chefarzt und Besitzer der ebenfalls ihm zu verdankenden neuen Schönebecker Krankenhausanstalt, die 1920 an die Stadt Schönebeck verkauft wurde. Der selbst an Tbc erkrankte S. veranlaßte im Juni 1913 die Gründung einer *Auskunfts- und Fürsorgestelle für Lungenkranke*. Politisch engagierte sich S. als Abgeordneter für die Fortschrittspartei sowie als Stadtverordneter. S. verfaßte zahlreiche wiss. Arbeiten und Vorträge.

W: De laryngis morbis et in ileotypho et ex eo orientibus, Diss. Berlin 1867; Zur antiseptischen Knochennaht bei geschlossenem Querbruch der Kniescheibe, in: Lagenbecks Archiv, Bd. 25, H. 2, 1880; Die Reconvalescentenpflege in ihrer Bedeutung zur Bekämpfung der Lungenschwindsucht, 1898; Die Frau als Krankenpflegerin, in: Dt. Vierteljs. für öffentliche Gesundheitspflege, 1902, *650–659*. – **L:** Gerhard John, Beitragsserie über Dr. O. P. S. in: Volksstimme, Elbe-Saale-Rundblick Schönebeck, 1991, Nr. 148, *12* **(B)**; ebd., Nr. 151, 1991, *10*; ebd., Nr. 152, 1991, *10,12*; ebd., Nr. 155, 1991, *13*; ebd., Nr. 158, 1991, *12;* StadtA Schönebeck: PA 20; Na 7. – **B:** *StadtA Schönebeck.

Britta Meldau

Schoch, Johann Gottlieb
geb. 01.02.1853 Wörlitz, gest. 08.10.1905 Magdeburg, Gartenarchitekt, Gartendir.

S. war ein Sproß der berühmten Wörlitzer Gärtnerfam. Bereits sein Großonkel Rudolf Gottlieb S., Hofgärtner und Verwalter des Wörlitzer Parks, war 1842 mit der Anlage des Vogelgesangparks in Magdeburg betraut worden. Seine Lehre absolvierte S. 1870–72 in einer Handelsgärtnerei in Wittenberg und Gotha sowie bis 1874 in der Gärtnerlehranstalt Wildpark Potsdam. Rüstzeug für die Botanik und Dendrologie erwarb er sich als Hörer wiss. Vorlesungen an der Univ. Berlin. Arbeiten und Studienaufenthalte führten ihn 1875 nach Muskau und München, 1876 nach England und Frankreich sowie 1880 nach Regensburg. Als hzgl. Gartenkonduktuer und Hofgärtner in Wörlitz und Oranienbaum empfahl S. sich für das Amt des städt. Gartendir. in Magdeburg, das er 1890 als Nachfolger von → Paul Niemeyer antrat. 1903 übergab er aus gesundheitlichen Gründen sein Amt an → Wilhelm Lincke und starb nach schwerer Krankheit zwei Jahre später in Magdeburg. Als Vors. des *Magdeburger Gartenbauvereins* (1890–96) nahm S. Pläne seiner Vorgänger wieder auf und fügte zahlreichen Grünanlagen der Stadt gartenarchitektonisch interessante Erweiterungen hinzu. Seine weit vorausschauenden Grünplanungen und Gartenanlagen prägen das Gesicht der Landeshauptstadt Magdeburg bis in unsere heutigen Zeit. 1894 begann unter seiner Regie der Bau des größten Friedhof Magdeburgs, des Westfriedhofes, dessen Einweihung durch den Superintendenten → August Trümpelmann im Oktober 1898 erfolgte. Stadtbaurat → Otto Peters legte 1893 seinen ersten Entwurf zum Westfriedhof vor, der von S. begutachtet und um die Idee erweitert wurde, den originären geologischen und örtlichen Gegebenheiten einen Friedhof in einem freien, natürlichen Gartenstil hinzuzufügen. Die Zusammenarbeit von S. und Peters war schließlich 1896 auch vor dem Magdeburger Stadtrat von Erfolg gekrönt. S. fügte seinen Planungen detaillierte Anweisungen zur Anlage von Wegen, Gebäuden, Pflanzungen usw. hinzu, die bis heute durch Rekonstruktionen und Sanierungen im denkmalgeschützten Areal des Westfriedhofes erhalten geblieben sind. Der Umbau des ehemaligen Festungsgeländes „Bastion Braunschweig" zum Königin-Luise-Garten erfolgte unter der Regie des zweiten Magdeburger Gartendir. ebenso wie die Umgestaltung von städtischen Plätzen zu Grünanlagen. S. fertigte 1897 den Generalplan zur weiteren Gestaltung der Rotehorninsel. 1900 publizierte er ein ausführliches „Verz.

der Gehölze in den öffentlichen Gärten und Parkanlagen Magdeburgs". Auf Empfehlungen S.s wurden um 1900 Anpflanzungen entlang der Schrote in der Wilhelmstadt realisiert und Schrebergärten angelegt. Auf diese Weise entstand ein innerstädtischer Grünzug vom Westen der Stadt bis in das südwestliche Diesdorf. Die Anlagen am Turm Preußen (Lukasklause) wie auch die Aufschließung des Biederitzer Busches als Stadtwald, der an das städtische Wiesengelände im Osten angrenzen sollte, wurden von S. großzügig planerisch bearbeitet. Damit legte er 1898 den Grundstein für das grüne Erholungsgebiet zwischen dem Herrenkrugpark und der Elbe- und Ehlelandschaft vor den nordöstlichen Stadttoren. Zahlreiche Veröffentlichungen wiesen seine Erfahrungen und sein Können als profunder Gestalter städtischer Parklandschaften und öffentlicher Grünanlagen unter den Bedingungen neuer Industriestädte um die Jahrhundertwende aus.

W: Schriften: Der Friedrich-Wilhelms-Garten zu Magdeburg, in: Zs. für Gartenbau und Gartenkunst 13, 1895, *209–212, 217–222, 225–228, 233–239*; Die Erfahrungen mit Straßenbäumen in Magdeburg, in: Gartenkunst 2, H. 2, 1900, *21–28*; Heimische Schutzgebiete und Landverschönerung, in: ebd. 4, H. 4, 1902, *65–71*. – **L:** Thieme/Becker 30, *212f*; → Heinz Gerling, Denkmale der Stadt Magdeburg, 1991; Gisela Hoke, Herrenkrug. Die Entwicklung eines Magdeburger Landschaftsparkes, 1991 (*B*); Heidemarie Titz, Parkanlagen der Stadt Magdeburg I, 1994 (*B*); Gert Gröning/Joachim Wolschke-Bulmahn (Hg.), Grüne Biographien, 1997, *228*; Hans-Joachim Krenzke, Magdeburger Friedhöfe und Begräbnisstätten, 1998. – **B:** *StadtA Magdeburg.

Heike Kriewald

Schoch, Wilhelm

geb. Juni 1772, gest. 20.05.1846 Calbe, Amtmann, Domänenpächter.

S. war Pächter der Schloßdomäne Calbe und als Amtmann für die Verwaltung des Amtsbez. Calbe zuständig. Er galt als hervorragender Landwirt und machte sich besonders um den Anbau von Zichorien und Zuckerrüben verdient. S. richtete eine Zichoriendarre zur Trocknung und Aufbereitung der Zichorienwurzeln ein, einem zu jener Zeit verwendeten Ersatzprodukt für Kaffee. Kurz vor seinem Tod schuf er auf dem Schloßdomänengelände im Zuge der nach der Aufhebung der Kontinentalsperre einsetzenden zweiten Gründungswelle der wiederaufstrebenden Zuckerindustrie eine Zuckerfabrik. Da nach dem Tod von S. aus unbekannten Gründen keines seiner vier Kinder die Domäne übernehmen wollte, ließen die Erben 105 Morgen Zichorienwurzeln, 50 Morgen Zuckerrüben, 30½ Morgen Kümmel, 4 Morgen Kümmelpflanzen, 4 Morgen Mohn, 14 Morgen Erbsen und 4 Morgen Zwiebeln versteigern. Die Domäne übernahm dann ab 1847 → Karl Fischer.

L: → Adolf Reccius, Chronik der Heimat, 1936, *88*.

Hanns Schwachenwalde

Schoefer, *Günther* Rudolf, Dr. med.

geb. 22.11.1919 Ruppersdorf/Schlesien, gest. 31.10.1995 Vogelsang bei Gommern, Arzt, Obermedizinalrat.

Nach dem 1939 am Gymn. in Trebnitz/Schlesien abgelegten Abitur studierte S., ein Bauernsohn, 1940–45 Med. an den Univ. Breslau und Halle, unterbrochen durch den Militärdienst und eine Tuberkulose-Erkrankung. Nach seiner Approbation und Prom. 1945 in Halle war S. Assistenzarzt in einer Allgemeinpraxis in Halle und 1946–48 am Tuberkulose-Krankenhaus Stapelburg. 1948 begann seine Tätigkeit als Oberarzt am Krankenhaus Vogelsang bei Gommern – damals eine Tuberkuloseklinik. 1951 wurde er kommissarischer, 1952 leitender Chefarzt und 1970 Chefarzt der Thoraxchirurgie, ab 1952 zugleich Ärztlicher Dir. bis zum Erreichen der Altersgrenze 1984. 1952 war S. als Facharzt für Lungenkrankheiten, 1972 als Facharzt für Chirurgie anerkannt worden. Sein besonderes Engagement galt der Tuberkulose- und Krebsbekämpfung. Es ist sein herausragendes Verdienst, daß er unter den in der DDR gegebenen Einschränkungen in Vogelsang ein hochleistungsfähiges Zentrum der Lungenheilkunde und später der Thoraxchirurgie aufbaute. S. begründete hier eine Schule für Krankenschwestern und -pfleger, die bald hohes Ansehen genoß, sowie eine der ersten Blutbanken mit eigenem Spenderstamm. Er führte modernste Techniken der bildgebenden und funktionsermittelnden Diagnostik (z. T. Eigenentwicklungen) ein. Mit seinem Namen sind dauerhaft die Kavernostomie bei fortgeschrittener Lungentuberkulose sowie die erweiterten Resektionen des fortgeschrittenen Bronchialkarzinoms verbunden. Teilresektionen der Luftröhre aus verschiedensten Indikationen führte er in Europa als einer der ersten durch. Seine Mitarbeiter – Krankenschwestern, Laboranten und Ärzte – spornte er sehr konsequent zu dauerhaft überdurchschnittlichen Leistungen an. Mit diesem Team leistete S. einen wesentlichen Beitrag dazu, daß die Lungentuberkulose als Volksseuche beseitigt werden konnte. S. war 1977–79 Vors. der Sektion Thoraxchirurgie der *Ges. für Chirurgie der DDR*, 1975–86 gehörte er dem Vorstand der Ges. an. Er veröffentlichte auf nationalen und int. Tagungen und in med. Zss. mehr als 70 wiss. und einige populäre Beiträge. Für seine Leistungen wurde S. mit den Titeln eines Medizinal- (1961) und Obermedizinalrates (1972) sowie mit der Hufelandmedaille in Silber (1966) und Gold (1984) geehrt.

W: Narkosebronchographie als Routineuntersuchung, in: Das Dt. Gesundheitswesen 11, 1956, *780–782*; Langzeitergebnisse bei lokal-chirurgischer Behandlung von Kavernen, in: Zs. für Erkrankungen der Atmungsorgane 133, 1970, *64–68*; Die parasternale Mediastinal- und Lungenbiopsie, in: ebd. 140, 1974, *99–104* (mit Jürgen Weber); Extrahiatale Zwerchfellhernien im Erwachsenenalter, in: Zentralbl. für Chirurgie 99, 1974, *146–153* (mit Jürgen Weber). – **L:** Unterlagen Dieter Nicolai, Wahlitz (priv.); Familienunterlagen Ursula S., Gommern (priv.). – **B:** *ebd.

Klaus Lehnert

Schönberg, Oskar (Ps.: Lieder-Jan)
geb. 18.03.1892 Magdeburg, gest. 02.08.1971 Magdeburg, Buchhalter, Angestellter, Lyriker, Publizist.

Nach dem Besuch der Volksschule in Magdeburg und Anderbeck-Huy schloß S. eine kaufmännische Lehre ab, trat der Wandervogelbewegung bei, wurde 1910 Mitglied der SPD und organisierte den *Bund der Sowjetfreunde*. Früh entstanden erste publizistische Versuche. 1909–23 zunächst als Buchhalter tätig, dann bis 1929 arbeitslos, war er 1929 bis 1933 Angestellter beim Arbeitsamt in Magdeburg. Im Mai 1933 aus politischen Gründen entlassen, erlebte er Verfolgung, Untersuchungshaft und Folter und im Jahre 1936 die Verurteilung zu vier Jahren Zuchthaus, verbunden mit der Abererkennung der bürgerlichen Ehrenrechte. Nach seiner Entlassung unter polizeilicher Aufsicht stehend, verfaßte er trotz Schreibverbots Flugblätter gegen die Naziherrschaft und gab die Ztg. *Der rote Flieger* heraus. Er schrieb für die antifaschistische Widerstandsgruppe, der er angehörte, kurze Verse, die in Briefkästenaktionen verteilt wurden. Seit der Rückgratverletzung während der Haftzeit trug er eine stählerne Korsage. Nach 1945 wurde er Mitglied der KPD, später der SED, gründete mit den Schriftstellern → Otto Bernhard Wendler und → Albert Brennecke den *Kulturbund* in Magdeburg mit und leitete die erste Arbeitsgemeinschaft der Schriftsteller. 1956 wurde er Mitglied des *Schriftstellerverbandes der DDR*. S., der sich in der Phase der kulturellen Aufbaus nach dem Kriege besonders um die Förderung des schriftstellerischen Nachwuchses verdient machte, wurde mit der Verdienstmedaille, mit dem VVO in Bronze und der Medaille der Kämpfer gegen den Faschismus 1933–1945 geehrt. Befreundet mit dem aus Magdeburg stammenden Dichter → Erich Weinert, verfaßte er besonders volksliedhafte Gedichte, die u. a. von dem Magdeburger Arzt Otto Sonnenfeld vertont wurden. Die Lieder wurden in Theatern aufgeführt, so auch verschiedene Kantaten zu Festspielen. Mit seinen Gedichten blieb er der Tradition der Wandervogelbewegung treu („Nun zieh' ein neues Wams dir an ..."). Er pflegte den Reim, bemühte sich um eine schlichte, lyrische Ausdrucksweise („In den Bäumen am Wege silberner Nebel spinnt") und scheute auch nicht vor dem großen pathetischen Bild zurück („Die da das Leben lieben, die tragen seine Kraft, sie sind dem Kampf verschrieben in heißer Leidenschaft"). Viele Gedichte wurden in Ztgg., Zss. und Anthologien veröffentlicht. Trotz schwerer Krankheit wollte er noch einige größere epische Arbeiten beenden, z. B. die Erzählung „Erde soll wachsen", auch einen Roman über einen Magdeburger Arbeiterjungen, der „aufwuchs in mulmenden Schächten, die Höfe sind" sowie eine autobiogr. Arbeit.

W: s. o.; Erde soll wachsen, in: Volksstimme Magdeburg 1932; Aufführungen in Theatern und Massenmedien.– **N:** Literaturhaus Magdeburg. – **L:** Saat in die Zukunft. Anthologie, 1947; Lit. im Bez. Magdeburg, hg. vom Rat des Bezirkes, o. J. [1981], *30* (***W**, ***B**).

Heinz Kruschel

Schoenian, *Hermann* **Otto Julius,** Dr. theol. h.c.
geb. 04.10.1858 Roennebeck/Kr. Ruppin, gest. 23.11.1938 Potsdam, ev. Pfarrer.

Der Sohn des Roennebecker Pastors S. studierte 1879–83 ev. Theol. in Berlin. Als Kandidat war er Inspektor des theol. Studentenkonvikts Johanneum in Berlin und kurzzeitig Hilfsprediger in Berlin, Liebenwalde und Driesen. Nach seiner Ordinierung 1885 war er als zweiter Prediger in Oranienburg tätig. 1894 wechselte er nach Magdeburg und wurde zweiter, ab 1924 erster Prediger der Dt.-Reformierten Gemeinde. Seit 1897 war S. Vorstandsmitglied des Magdeburger Zweigvereins, seit 1905 Mitglied des Hauptvorstandes des *Gustav-Adolf-Vereins* und von 1905–30 Hg. des *Gustav-Adolf-Monatsbl.* Er gehörte dem Vorstand der reformierten Kreissynode Halle-Magdeburg und der Magdeburger Stadtmission an, war Vors. des Magdeburger Pfarrervereins und gleichzeitig Zweiter Vors. des Provinzial-Pfarrer-Vereins. S. erwarb sich durch seine seelsorgerliche Tätigkeit in der Gemeinde sowie durch sein Engagement in verschiedenen Organisationen und in der Magdeburger Diakonie hohes Ansehen. Durch eine Vielzahl von Vorträgen im Dt.-Reformierten Kirchenverein und auf Synoden wurde er allseits geachtet und seine fundierte Meinung anerkannt. Gemeinsam mit → Ralph Meyer leitete er den Neubau der Dt.-Reformierten Kirche am Nordpark und 1899 den Umzug der Gemeinde in diese Kirche. 1925 wurde ihm durch die Univ.

Halle die theol. Ehrendoktorwürde verliehen. Ab 1933 lebte S. im Ruhestand in Potsdam.

W: s. o. – **L:** Ralph Meyer, Gesch. der Dt.-Reformierten Gemeinde zu Magdeburg von den Anfängen bis auf die Gegenwart, Bd. 2, 1914, *64–66* (***B***).

Henner Dubslaff

Schöttler, Friedrich *Lorenz*
geb. 18.01.1801 Göttingen, gest. 23.03.1864 Braunschweig, Bäcker, Gastwirt, Ing., Gräflich-Stolbergischer Maschinen-Inspektor, Fabrikbesitzer.

S., der das Bäckerhandwerk erlernte hatte, heiratete in den 1820er Jahren in Osterode/Harz in eine Gastwirtschaft und Tuchmacherei ein und war dort als Gastwirt tätig. Er reparierte nebenbei Textilmaschinen des Schwiegervaters. Sein technisches Geschick verschaffte ihm bald weitere Aufträge. Nach Wanderjahren in Holland, wo er sich mit Mühlenbau befaßte, übernahm S. später eine mechanische Werkstatt für Nägel, Schrauben und Federn in Oderfeld/ Bad Lauterberg. Um 1840 siedelte S. nach Magdeburg über. Als der Unternehmer → Samuel Aston seine Maschinenfabrik in Magdeburg zum Verkauf anbot, schlug S. den Grafen zu Stolberg deren Übernahme vor und wurde nach dem Erwerb mit ihrer technischen Leitung beauftragt. S., der sich in Magdeburg vor allem mit Innovationen von Anlagen zur Zuckergewinnung beschäftigte, machte 1844 in der Zuckerfabrik von Carl Helle in Sudenburg bei Magdeburg erste Versuche, die Füllmasse in einer Zentrifuge zu schleudern. 1845 erwarb S. eigenes Land in Sudenburg an der Halberstädter Chaussee und gründete dort 1846 mit seinem Sohn → Wilhelm S. eine Eisengießerei und Maschinenbauanstalt. 1850 gehörte S. zum Komitee der Provinzial-Gewerbeausstellung Magdeburg. 1852 gab er seine Teilhaberschaft an der Fa. auf und beschloß auf einer Reise durch Braunschweig, sich dort zur Ruhe zu setzen. Er erwarb ein Grundstück in der Stadt und wurde 1853 Braunschweiger Bürger. Zusammen mit dem Braunschweiger Kaufmann und Stadtrat Friedrich Seele und anderen gründete er 1852/53 die Fa. *Fr. Seele & Co.* (Maschinen- und Wagenbauanstalt, Gießerei und Schneidemühle), aus der er aber 1856 aus gesundheitlichen Gründen ausschied. S. zog sich vermutlich auf das Gut seines Sohnes in Marzhausen bei Göttingen zurück, kehrte aber kurz vor seinem Tode mit diesem nach Braunschweig zurück.

L: Wilhelm S., Die Entstehung und Entwicklung der Braunschweigischen Maschinenbau-Anstalt, 1878; Gottfried Drenckmann, Chronik der Fam. Drenckmann, Ms. o. J. (Privatbesitz); Kleine Enzyklopädie Land-Forst-Garten, 1960; Magdeburgische Ztg. vom 02.03., 05.03. und 06.03.1846; dies. vom 09.05.1850; StadtA Magdeburg: Rep. 35 S 20; StadtA Braunschweig: H VIII A Nr. 4516, D II 4 Nr. 281.

Robert Schreyer/Bernhild Vögel

Schöttler, Friedrich *Wilhelm*
geb. 08.04.1829 Osterode/Harz, gest. 20.06.1895 Braunschweig, Ing., Maschinenfabrikant, Gutsbesitzer, Kommerzienrat.

S., Sohn des Gastwirts, Ing. und gräflichen Maschinenbau-Inspektors → Lorenz S., erlernte wie sein Vater das Mühlenbauerhandwerk. Danach folgten Wanderjahre in Holland. Bereits um 1843/44 konstruierte, baute und betrieb er eine Windmühle in Magdeburg-Vogelsang. 1846 gründete S. mit seinem Vater die Eisengießerei und Maschinenbauanstalt *S. & Co.* in Sudenburg bei Magdeburg, deren Leitung er übernahm. Hier konstruierte er die erste Dampfmaschine (3 PS) für den Eigenbedarf und baute 1846 die Ausrüstung der Zuckerfabriken in Veltheim und Neu-Königsaue. 1847 erfolgten die Konstruktion und der Bau einer Balancier-Dampfmaschine für die Spiritusbrennerei in Siegersleben. S. verkaufte 1856 den Betrieb an die Fa. *Röhrig & König* und gründete ein Jahr später mit Wilhelm Adolf Drenckmann in Magdeburg die Dampf-Mahlmühle *S. & Cie.*, die ab 1870 von der Fam. Drenckmann allein weitergeführt wurde (ab 1875 unter dem Namen *Dampfmühle W. A. Drenckmann*). Als Ing. und Mühlenbesitzer gehörte S. 1857 zu den Gründungsmitgliedern des *Bezirksvereins dt. Ingenieure für Magdeburg und Umgebung*. Ab 1859 war S., der Güter in Varmissen und Marzhausen (Kurhessen) besaß und zwischenzeitlich dort lebte, Teilhaber der von seinem Vater mitbegründeten braunschweigischen Maschinenfabrik *Fr. Seele & Co.* 1864 siedelte er endgültig nach Braunschweig über, um die technische Leitung der Fa. zu übernehmen. 1870 wurde *Seele & Co.* in eine Aktienges., die noch heute existierende *Braunschweigische Maschinenbau-Anstalt (BMA)*, umgewandelt, und S. wurde einer ihrer leitenden Direktoren. Er widmete sich ab 1864 vorrangig der Weiterentwicklung und dem Bau von Diffusionsanlagen für die Zuckerindustrie, die er als einer der ersten 1866/71 in der von ihm aufgekauften Zuckerfabrik Einbeck erprobte und denen er am Markt zum Durchbruch verhalf. S. war national-liberaler Reichstagsabgeordneter, 1874–76 Abgeordneter im Landtag von Braunschweig und 1879–91 Magistratsmitglied ebd. Er hinterließ einen Stiftungsfond zur Versorgung ehemaliger Mitarbeiter der *BMA* in Höhe von 20.000 Mark.

W: Anleitung zum rationellen Anbau der Zucker-Rübe für Einbeck und Umgebung, 1867; Die Entstehung und Entwicklung der Braunschweigischen Maschinenbau-Anstalt, 1878. – **L:** Gottfried Drenckmann, Chronik der Fam. Drenckmann, Ms. o. J. (Privatbesitz); 125 Jahre Gesch. eines Hauses, 1984; Braunschweigisches Biogr. Lex., 1996, *537*; StadtA Magdeburg: Rep. 35 S 20; Slg. Technikmus. Magdeburg. – **B:** StA Wolfenbüttel.

Robert Schreyer

Scholz, Hermann
geb. 03.07.1882 Provinz Sachsen, gest. n.e., Ing., Feuerlöschdir., Vors. des Feuerwehrverbandes der Provinz Sachsen.

Nach Abschluß des Studiums betätigte sich S. zwei Jahre als Maschinening. im schlesischen Bergbau, war ab 1909 Branding. bei der Breslauer Berufsfeuerwehr und gleichzeitig Berater in allen technischen Feuerwehrfragen in Schlesien. 1925 wurde S. in Nachfolge von → Karl Krameyer Feuerlöschdir. und Feuerwehraufsichtsorgan des Ober- und Regierungspräsidenten der Provinz Sachsen, Albert von Ulrich. Ders. berief S. im März 1934 zum technischen Leiter des Führerrates im *Provinzialfeuerwehrverband* der Provinz Sachsen und bestellte ihn im Oktober 1934 zum Feuerlöschdir. für die Provinz Sachsen als Feuerwehraufsichtsperson des Regierungspräsidenten in Magdeburg. 1937 ernannte der Oberpräsident S. zum kommissarischen Provinzialführer der freiwilligen Feuerwehren der Provinz Sachsen, gleichzeitig wurde er auf eigenen Antrag als technischer Leiter des *Provinzialfeuerwehrverbandes* abberufen. S. folgte damit → Richard Krauthoff im Amt. Er hatte besondere Verdienste bei der Sicherung der planmäßigen Schulung und Ertüchtigung der Feuerwehr-Führer und des Führernachwuchses, der Verstärkung der Disziplin, der Verbesserung der Ausrüstung, der Feuerlöschgeräte und Löschwasserversorgung sowie bei der Motorisierung der Feuerwehren der Provinz Sachsen.

L: Slg. Landesfeuerwehrverband Sa.-Anh. e.V., Magdeburg (***B***); Slg. Vf., Magdeburg (priv.).

Hartmut Greulich

Schott, Konrad Ferdinand, Dr. theol. h.c.

geb. 27.06.1830 Frankfurt/Main, gest. 19.07.1906 Halle, ev. Pfarrer.

S. studierte in Bonn und Koblenz ev. Theol. Nach seiner Ordination 1854 war er bis 1867 in Mainz als Garnisonsprediger tätig. Im Anschluß daran wurde S. als Konsistorialrat an das Konsistorium der ev. Kirchenprovinz Sachsen nach Magdeburg berufen. 1872 wurde ihm die Stadtpfarrerstelle in Barby übertragen. Parallel dazu blieb er unbesoldetes Konsistorialmitglied. Während seiner Amtszeit als Barbyer Stadtpfarrer übte er u. a. die Tätigkeit des Ephorus der Barbyer Schulen aus. 1878 nahm er an der Zweiten Provinzialsynode in Merseburg teil. S. wirkte maßgeblich an der Gründung und am Aufbau sozialer Anstalten und Organisationen in Barby mit. Besonders sein Talent bei Verhandlungen mit den Behörden für die notwendigen Konzessionen und mit der Kirche um die Finanzierung der Vorhaben lieferte den wesentlichen Beitrag für deren Durchführung. Den überlieferten Auftakt seines Engagements setzte 1878 die Gründung der Barbyer Volksbibl. Im gleichen Jahr wurde der Grundstein für ein neues Schulgebäude in Barby gelegt, dessen Bau S. ermöglichte. Auf seine Initiative hin gründete 1879 der Kirchenrat in Barby die Kaiser Wilhelm-Augusta-Stiftung, durch deren Mittel jährlich drei Präparanden oder Seminaristen aus der Stadt unterstützt werden konnten. 1890 wurden ein neues Diakonat und das Seniorenheim Marienstift in Barby eingeweiht. S. setzte beide Baugenehmigungen sowie 1885 die Bewilligung der erheblichen Baukosten von 150.000 Mark für das Stift durch. In Anerkennung seiner Leistungen erhielt er mehrere Auszeichnungen. Bereits 1893 aus Anlaß seiner Dienstjubiläen zum Ober-Konsistorialrat befördert, zeichnete ihn die Stadtverwaltung von Barby für seine Verdienste 1897 mit der Ehrenbürgerschaft aus. In den 1890er Jahren verlieh ihm die Univ. Halle die theol. Ehrendoktorwürde. Mit seiner Pensionierung 1902 wurde er zum Ritter des Roten Adler-Ordens II. Kl. mit Eichenlaub ernannt.

L: → Karl Höse, Chronik der Stadt und Grafschaft Barby, 1913 (Sonderausgabe 1991), *68, 99, 103, 127, 135, 139*; LHASA: Rep. C 28 Reg. Magdeburg Kommunalregistratur Barby, Nr. 1518; AKPS: Rep. A, Spec. P, Sch 703 (PA); Kirchenarchiv Barby: Neujahr 1879. An die ev. Kirchengemeinde in Barby (NJ); NJ 1880; NJ 1881; NJ 1886; NJ 1888; NJ 1898.

Andreas Radespiel

Schotte, Simon Gottfried

geb. 06.09.1786 Magdeburg, gest. 20.05.1861 Magdeburg, Zinngießer.

Der Niedergang des Zinngießerhandwerks, der bereits im 18. Jh. begann und sich im 19. Jh. fortsetzte, erfaßte auch die Zinngießer in Magdeburg. Zu den zwei um die Mitte des 19. Jh. noch tätigen gehörte S., der die Werkstatt seines Vaters, des Zinngießers Johann Werner S., der 1766 nach Magdeburg gekommen war, bis 1861 weiterführen konnte. 1807 wurde er Bürger der Altstadt Magdeburgs. Seine Zinngießerwerkstatt befand sich im Breiten Weg 136. 1850 gehörte er wie → Carl Autsch zu den Gründungsmitgliedern der vereinigten Innung der Gelbgießer, Zinngießer, Gürtler, Nadler und Siebmacher zu Magdeburg, Sudenburg und Neustadt. Von seinen Arbeiten sind Zunftgefäße, Walzenkrüge und Teller erhalten.

W: Zunftkrug der Weißgerbergesellen, Zinn, dat. 1820; Walzenkrug, Zinn, dat. 1822; Zunftkrug der Magdeburger Nagelschmiede, Zinn, dat. 1833; Walzenkrug, Zinn, dat. 1853 (alle KHMus. Magdeburg). – **L:** Vf., Magdeburger Zinngießer (Magdeburger Museumshefte 6), 1997, *52*.

Manfred Nehrkorn

Schrader, Heinrich Christian *Wilhelm*, Dr. phil., Dr. mult. h.c.

geb. 05.08.1817 Harbke, gest. 02.11.1907 Halle, Pädagoge, Schuldir., Schulrat, Kurator, Wirklicher Geh. Oberregierungsrat.

Der Vater, Kantor in Harbke bei Helmstedt, erteilte S. den ersten Unterricht, danach besuchte er das Gymn. in Helmstedt, legte das Abitur aber in Halberstadt ab. Da sein vorzügliches Interesse den klass. Sprachen galt, bezog er 1836 die Univ. Berlin, um Klass. Philologie und Phil. zu studieren. Nach zwischenzeitlicher Hauslehrertätigkeit in Suderode/Harz setzte er seine Studien in Berlin fort, prom. 1843 und wurde 1846 als Konrektor an das Gymn. in Brandenburg berufen. Die revolutionären Ereignisse von 1848 regten S. an, politisch tätig zu werden. Als gewähltes Mitglied gehörte er bis Ostern 1849 dem rechte Zentrum des Frankfurter Reichsparlaments an. 1853 wurde S. Gymnasialdir. in Sorau und 1856 Provinzial-Schulrat in Königsberg. Dort wirkte er drei Jahrzehnte lang in hervorragender Weise als konservativer Schulmann und beteiligte sich durch die Gründung eines konservativen Provinzialvereins sowie durch seine Mitwirkung in der ostpreuß. Provinzialsynode, die ihn dreimal zu ihrem Vors. wählte, ab 1873 auch rege am kirchlich-synodalen Leben. 1883 wurde er zum Kurator der Univ. Halle-Wittenberg berufen, die auf seine Initiative hin und unter seiner Leitung in baulicher Hinsicht Erweiterungen und Verbesserungen erfuhr, u. a. durch die Errichtung des Auditorien- u. Seminargebäudes (Melanchthonianum). 1894 publizierte er eine zweibändige „Gesch. der Friedrichs-Univ. zu Halle". Für seine Verdienste wurde S. mehrfach mit Ehrendoktorwürden versehen, so 1881 durch die Theol., 1894 durch die Med. und 1902 durch die jur. Fakultät der Univ. Halle.

W: Erziehungs- und Unterrichts-Lehre 1868, ⁵1893; Verfassung der höheren Schulen 1878, ³1889; Erfahrungen und Bekenntnisse, 1900. – **L:** BioJb 13, 1910; Christian Krollmann (Hg.), Altpreuß. Biogr., Bd. 2, 1967; Heinrich Best/Wilhelm Weege, Biogr. Hdb. der Abgeordneten der Frankfurter Nationalverslg. 1848/49, 1996, *304*. – **B:** *UnivA Halle: Rep. 40 Nr. VII, 1 Nr. 939.

Hans-Eberhard Sika

Schrader, Heinz, Prof. Dr.-Ing.
geb. 04.05.1910 Braunschweig, gest. 22.03.1990 Magdeburg, Ing., Hochschullehrer.

Nach dem Abitur nahm S. ein Maschinenbaustudium an der TH in Braunschweig auf, legte im Frühjahr 1934 die Diplomprüfung ab und begann noch im gleichen Jahr eine Tätigkeit als wiss. Aspirant am Lehrstuhl für Strömungsmaschinen an der Hochschule in Braunschweig. Zugleich war er an ingenieurtechnischen Arbeiten für die Privatindustrie beteiligt. Im Frühjahr 1938 prom. S. mit einer Arbeit über Strömungsvorgänge in Kreiselpumpen und erwarb den Titel eines Dr.-Ing. Danach arbeitete S. bis 1951 in verantwortlichen Positionen in der Industrie, so u. a. in Pumpenwerken in Oschersleben und Halle. 1951 wurde er in das Ministerium für Maschinenbau der DDR berufen und dort zunächst mit Sonderaufgaben betraut. S., der als Mitarbeiter des Ministeriums schon an der Vorplanung für den Aufbau einer Spezialhochschule für Schwermaschinenbau in Magdeburg teilgenommen hatte, wurde Mitte August 1953 als ihr amtierender Leiter eingesetzt und hatte – ab 1955 als Rektor – entscheidenden Anteil am Aufbau und an der Entwicklung der Magdeburger Hochschule. 1955 begann er als Dir. des Inst. für Strömungsmaschinen mit dem Aufbau dieses Inst. und der Fachrichtung Strömungsmaschinen.

W: Messungen an Leitschaufeln von Kreiselpumpen, Diss. Braunschweig 1939. – **L:** UnivA Magdeburg: PA. – **B:** *UnivA Magdeburg.

Carmen Schäfer

Schrader, Hilde, verh. Ebel
geb. 04.01.1910 Staßfurt, gest. 26.03.1966 Magdeburg, Schwimmsportlerin.

S. gehörte in den 1920er Jahren zu den besten europäischen Schwimmerinnen. Sie begann im Damenschwimmclub *Nixe* in Staßfurt-Leopoldshall, war dann Mitglied im 1899 gegründeten *Magdeburger Damen Schwimmclub* und schwamm für den *Dt. Schwimm-Verband*. Neben vielen regionalen Siegen war sie national und int. erfolgreich. Bereits 1927 wurde sie in Hannover Dt. Meisterin über 100 m Brust in 1:35,5 min. 1928 feierte sie ihre bedeutendsten Erfolge. Sie wurde Dt. Meisterin über 400 m Brust in 6:46,8 min. und Europameisterin über 200 m Brust. Bei den IX. Olympischen Sommerspielen 1928 in Amsterdam erschwamm sie die Goldmedaille über 200 m Brust in 3:12,6 min., hatte aber im Vorlauf über diese Distanz mit 3:11,2 min. bereits Olympischen und Weltrekord aufgestellt. 1928 und 1929 gelangen ihr in Magdeburg zwei weitere Weltrekorde: über 400 m Brust in 6:46,9 min. und über 200 Yard Brust (182,88 m) in 2:57,8 min. Später war S. technische Mitarbeiterin eines Maschinenbaubetriebes.

L: Hippolyt Graf von Norman (Hg.), Dt. Sportlex., 1928, *267*; Beckmanns Sport-Lex. A-Z 1933, Sp. *1966*; Alfred Petermann (Hg.), Sportlex., 1969, *525*; Monatliche Nachrichten, hg. von der Ortsgruppe Dt. Reichs-Ausschuß, Nr. 9, 1928; ebd., Nr. 10, 1928; Wolfgang Pahnke/Vf., Schwimmen in Vergangenheit und Gegenwart, Bd. 1, 1979, *136f.*, *191*, *207*, *211f.*; Volker Kluge, Die Olympischen Spiele von 1896–1980 – Namen, Zahlen, Fakten, 1981, *116*, *121*; Vf., Streiflichter aus der Sportgesch. Magdeburgs, 1. Fortsetzung, in: Zs. des Landessportbundes Sa.-Anh., Februar 1998, *8*; Aufzeichnungen Arbeitsgruppe Sport, Mss. 1998/99 (KHMus. Magdeburg); Slg. Wolfram Weigert, Holzkirchen (priv.).

Norbert Heise

Schragmüller, Konrad

geb. 11.03.1895 Östrich/Amt Mengede bei Dortmund, gest. 01.07.1934 Berlin-Lichterfelde (ermordet), Offizier, Rittergutsbesitzer, SA-Gruppenführer, Polizeipräsident von Magdeburg.

Der Sohn des Rittmeisters a.D. und Mengeder Amtmanns Carl S. absolvierte als Kadett die kgl.-preuß. Kadettenanstalt in Berlin-Lichterfelde, begann seine militärische Karriere 1914 als Fähnrich im Jägerregiment zu Pferde Nr. 13, wurde 1915 Leutnant und wechselte nach der Teilnahme am I. WK 1916 im Rang eines Oberleutnants zur Fliegertruppe. S. kämpfte 1919/20 in verschiedenen Freikorps. In den 1920er Jahren bewirtschaftete er sein Rittergut Schönberg/Altmark. S. war maßgeblich am Aufbau der SA in der Altmark beteiligt, er leitete als Untergruppenführer der Standarte 1 Schönberg die SA-Untergruppe Magdeburg-Anhalt. 1932 wurde der zum linken Flügel der SA gehörende S. MdR in der NSDAP-Fraktion für den Wahlkr. 10 Magdeburg. Als hauptamtlicher SA-Gruppenführer der Gruppe Mitte in Magdeburg wurde S. vom Stabschef der SA und Reichsminister Ernst Röhm im Frühjahr 1933 als Sonderkommissar des Obersten SA-Führers und der SS in Anhalt und der Provinz Sachsen zur Kontrolle der Behörden eingesetzt. Nach der Beurlaubung des Magdeburger Polizeipräsidenten Ferdinand Freiherr von Nordenflycht, der nach dem „Preußenschlag" am 28.07.1932 → Horst Baerensprung abgelöst hatte, war S. seit dem 04.05.1933 kommissarischer Polizeipräsident von Magdeburg. Seine Ernennung zum Polizeipräsidenten erfolgte am 23.05.1934. S. wurde im Zuge der Röhm-Affäre am 30.06.1934 in München auf dem Wege zur Besprechung mit Röhm in Bad Wiessee verhaftet und zunächst wieder freigelassen, am 01.07.1934 aber gemeinsam mit dem SA-Oberführer beim Stab Magdeburg Max Schulze in der Kadettenanstalt Berlin-Lichterfelde exekutiert. Sein Nachfolger als Polizeipräsident von Magdeburg wurde am 23.07.1934 der ehemalige kaiserliche Seeoffizier und Polizeipräsident von Harburg-Wilhelmsburg Carl Christiansen.

L: Friedrich Wilhelm, Die Polizei im NS-Staat, 1997, *230*; Otto Gritschneder, Der Führer hat sie zum Tode verurteilt ..., 1993, *21, 115, 145*; LHASA: Rep. C 20 Ib Nr. 459 I und II.

Gerald Christopeit

Schrauth, Heinrich Adolph *Walther*, Prof. Dr. phil.

geb. 20.02.1881 Magdeburg, gest. 01.05.1939 Berlin, Chemiker.

Der Sohn eines Magdeburger Kaufmannes absolvierte das Gymn. des Klosters U. L. F. in seiner Geburtsstadt und studierte ab 1902 Chemie und Physik in München und Berlin bis zur Prom. 1906. Nach Assistenz und Habil. 1915 zum Privatdoz. für Chemie am Chemischen Inst. der Univ. Berlin ernannt, wurde er dort 1924 zum ao. Prof. und 1933 zum Honorarprof. an der TH Berlin-Charlottenburg berufen. Seit 1916 war S. mit dem Bau und der Direktion der *Tetralin-Werke* (*Dt. Hydrierwerke AG*) Berlin-Charlottenburg, Werk Rodleben bei Roßlau, beauftragt und arbeitete ab 1927 als deren Vorstandsvors. Seine wiss. Arbeiten auf dem Gebiet der chemischen Technologie und der pharmazeutischen Chemie begründeten die Verwendung Hg-organischer Wirkstoffe für Desinfektions- und Schädlingsbekämpfungsmittel. Das von ihm entwickelte Verfahren der katalytischen Hochdruck-Hydrierung zur Umwandlung von gesättigten Fettsäuren in Fettalkohole lieferte die industrielle Basis für die Herstellung von „Fettalkoholsulfonaten", die als vollkommen neuartige synthetische Waschrohstoffe insbesondere in der Waschmittelindustrie für neutrale Wasch-, Spül- und Reinigungsmittel innovative Verwendung fanden.

W: Die medikamentösen Seifen 1914; Hdb. der Seifenfabrikation 1917, [6]1927 (mit Carl Deite); zahlreiche wiss. Veröffentlichungen und Patente; Der Chemiker: der Nahrungsmittelchemiker, 1937, [6]1941. – L: Reichshdb 2, *1703f.* (*D*); Wer ist's 10, 1935; Sieghard Neufeldt, Chronologische Chemie 1800–1980, [2]1987, *166f.*; → Heinz Cassebaum, Lex. bedeutender Chemiker, 1987, *387*.

Hans Werchan

Schreiber, Andreas, Prof. Dr.

geb. 15.02.1824 Quedlinburg, gest. 30.08.1907 Magdeburg, Lehrer, Geologe.

S. entstammte einer Landwirtsfam. Nach der Reifeprüfung bezog er die Univ. Berlin, widmete sich dem Studium der Naturwiss., bestand 1847 die Staatsprüfung und erhielt die Lehrbefähigung für Chemie, Physik, Mathematik sowie beschreibende Naturwiss. Nach einem Probejahr am Pädagogium des Klosters U. L. F. in Magdeburg wurde S. an die Magdeburger Handelsschule, das nachmalige Realgymn., berufen und war dort bis zu seiner durch ein Kehlkopfleiden bedingten vorzeitigen Pensionierung im Jahre 1886 tätig. 1853 prom. S. an der Univ. Halle mit einer Arbeit über den geologischen Untergrund Magdeburgs (gedruckt 1854). Er beschäftigte sich sehr intensiv mit den geologischen Verhältnissen Magdeburgs und der Umgebung und veröffentlichte die Ergebnisse seiner Beobachtungen in einer ansehnlichen Reihe von Beiträgen in verschiedenen Zss. S. wurde Mitglied der *Dt. geologischen Ges.* und gehörte in Magdeburg zu den Gründern des *Botanischen Vereins* (1865) und des *Naturwiss. Vereins* (1869). Er war zudem Mitglied des *Vereins für Gesch. und Alterthumskunde des Hzts und Erzstifts Magdeburg* und des *Vereins für öffentliche Gesundheitspflege* in Magdeburg. Für seine geologischen Forschungen und Publikationen wurde ihm 1876 der Professorentitel verliehen. S., der bis 1897 Stadtverordneter in Magdeburg war, trug eine reichhaltige, wertvolle Slg. geologischer und paläontologischer Belegstücke zusammen, die in das Mus. für Natur- und Heimatkunde in Magdeburg gelangte, aber im II. WK verlorenging.

W: Die geognostische Beschaffenheit der Umgegend Magdeburgs. Programm der höheren Handels- und Gewerbeschule zu Magdeburg, 1854; Die Bodenverhältnisse Magdeburgs und der Strecke Magdeburg-Eilsleben-Helmstedt, Eilsleben-Schöningen. Nebst Höhen- und Schichtenprofil der Börde und der Ummendorf-Helmstedter Gegend, in: Abh. und Berichte des Naturwiss. Vereins Magdeburg, H. 2, 1870; Sedimente des Tertiärmeeres bei Magdeburg, in: ebd., H. 1, 1872; Der Untergrund der Stadt Magdeburg, in Jb. und Abh. des Naturwiss. Vereins Magdeburg, 1873, *13–32*; Die Bodenverhältnisse im Süden Magdeburgs, in: Jb. und Berichte des Naturwiss. Vereins Magdeburg, 1876; Die Bodenverhältnisse Magdeburgs mit besonderer Beziehung auf die industrielle und sanitäre Entwicklung der Stadt, in: → Hermann Rosenthal (Hg.), Fs. für die Mitglieder und Theilnehmer der 57. Verslg. Dt. Naturforscher und Ärzte, 1884, *23–104*; Beiträge zur Fauna des mitteloligozänen Grünsandes aus der Umgegend Magdeburgs. Programm des Real-Gymn. zu Magdeburg, 1884; Gletscherspuren bei Magdeburg, in: Jb. und Abh. des Naturwiss. Vereins Magdeburg, 1890, *23–136*; Die Erdschichten im Untergrunde der Hohenpforte- und Moldenstraße, in: ebd., 1896. – **L:** → Willy Wolterstorff, Naturwiss. Mus. in Magdeburg, in: Bll. für HGusL 41, 1890, *37–39*; → August Mertens, Zum Gedächtnis an Prof. Dr. A. S., in: MonBl 57, 1907, *318f.*; Bochow/Wolterstorff, Museumsbericht vom 1. April 1898 bis 1. April 1900, in: Jb. und Abh. des Naturwiss. Vereins Magdeburg, Geologische Abt., 1900, *23f., 31–33*.

Heinz Nowak

Schreiber, Ernst, Prof. Dr. med. habil.
geb. 14.08.1868 Göttingen, gest. 05.03.1929 Magdeburg, Arzt.

S. besuchte das Gymn. in seiner Vaterstadt und studierte auch ausschließlich dort Med. Sein Staatsexamen und die Prom. fielen in das Jahr 1894, das Thema der Diss. betraf den Ikterus der Neugeborenen. S. blieb als Assistent von Wilhelm Ebstein zur Ausbildung in Innerer Med. in Göttingen, habil. sich 1898 für dieses Fach und wurde Privatdoz. Er erwarb sich mit der Gründung und Redaktion des *Zentralbl. für Stoffwechsel- und Verdauungskrankheiten*, der *Jahresberichte für Innere Med.* und der „Ergebnisse der experimentellen Pathologie und Therapie" in der wiss. Publizistik früh einen Namen. Zu Beginn des Jahres 1906 wurde er Leiter der Med. Klinik im Krankenhaus Altstadt in Magdeburg, wenig später zusätzlich Chefarzt der Abt. für Haut- und Geschlechtskrankheiten. Befreundet mit Paul Ehrlich, dem Schöpfer der Chemotherapie, erprobte S. als einer der ersten in Dtl. in Magdeburg die klinische Wirksamkeit des Salvarsans bei Luesinfektionen und erwarb sich außerdem große Verdienste in der Trinkerfürsorge. 1911 wurde S. Ärztlicher Dir. des Sudenburger Krankenhauses. 1914 erhielt er den Professorentitel, dessen Verleihung schon 1905 in Göttingen bevorstand. Sein Publikationsverz. umfaßt mehr als 40 Aufsätze aus der Inneren Med. in den von ihm redaktionell betreuten Fachzss.

L: → Helmke Schierhorn/Thomas Klemm, Grabmäler bedeutender Ärzte in Magdeburg, in: Magdeburger Bll. 1984, *84*; StadtA Magdeburg: PA-Bestand Nr. 6184.

Horst-Peter Wolff

Schreiber, Paul, Dr. med.
geb. 22.03.1855 Magdeburg, gest. 29.08.1920 Magdeburg, Arzt, Geh. Sanitätsrat.

S., Sohn des Lehrers und Geologen → Andreas S., studierte Med. in Halle, wo er 1878 mit einer Diss. über Rosmarinöl prom. Er bildete sich anschließend als Assistent an der dortigen Univ.-Augenklinik unter Alfred Graefe zum Facharzt fort und ließ sich 1881 mit der Gründung einer Privatklinik in der von ihm übernommenen und als solcher weiterbetriebenen Badeanstalt am Fürstenwall Nr. 3 in Magdeburg als erster Augenarzt in der Ära der neuen, naturwiss. geprägten Heilkunde nieder. S. wurde 1884 Mitglied der *Med. Ges. zu Magdeburg* und vom Magistrat nebenamtlich als Schularzt seines Faches beschäftigt – eine Aufgabe, die ihm besondere öffentliche Anerkennung eintrug. S. erhielt als einer der ersten Fachärzte der Stadt den Titel eines Geh. Sanitätsrates verliehen.

L: → Hermann Rosenthal (Hg.), Fs. für die Theilnehmer der 57. Verslg. Dt. Naturforscher und Aerzte, 1884, *299*; Hans-Joachim Krenzke, Magdeburger Friedhöfe und Begräbnisstätten, 1998, *89*; Familienunterlagen Marianne Lembeck, Magdeburg (priv.). – **B:** ebd.; *Slg. Vf., Qualzow (priv.).

Horst-Peter Wolff

Schrod, Franz *Konrad*, Dr. phil.
geb. 26.11.1898 Mainz, gest. 13.12.1980 Kamberg/Hessen, Stadtarchivar.

Der Sohn des Volksschulrektors Adam S. absolvierte das humanistische Gymn. seiner Heimatstadt, war 1920–25 als Bankkaufmann tätig und studierte 1926–32 Gesch., Germanistik und Latein an der Univ. Frankfurt/Main. 1930 prom. er dort zum Thema „Reichsstraßen und Reichsverwaltung im Königreich Italien 754–1197". Am Inst. für Archivwiss. in Berlin erhielt S. 1933–34 die Ausbildung zum Archivar. Bis zu seiner Anstellung beim Stadtarchiv Magdeburg im November 1938 arbeitete er an Archiven in Darmstadt und Mainz. In Magdeburg wurde S. im Frühjahr 1940 die Vertretung des abwesenden Stadtarchivars → Paul Krause übertragen. Von Dezember 1941 bis September 1944 war er nach Metz, zunächst an das StA, danach an das dortige Stadtarchiv, abgeordnet. Nach seiner Rückkehr nach Magdeburg wurde S. im Kriegssachschädenamt eingesetzt und war seit November 1945 wieder im Stadtarchiv beschäftigt. Hier betrieb er intensiv die Rückführung und Wiedernutzbarmachung der während des Krieges ausgelagerten Archivbestände. 1946 ernannte ihn die Archivberatungsstelle der Provinz Sachsen zum ehrenamtlichen Archivpfleger für den Stadtkreis Magdeburg. Im März 1950 konnte das Stadtarchiv Magdeburg wieder für die Benutzung geöffnet werden. S. schied im Juni 1950 aus der Stadtverwaltung Magdeburgs aus und verzog nach Hessen.

W: Zur Frühgesch. der Mainzer Kartause, in: Mainzer Journal 1937; Verz. der Tafelgüter des römischen Königs, 1938. – **L:** Leesch 2, *550*; KGL 7, 1950; StadtA Magdeburg: Rep. 28/350 (PA). – **B:** StadtA Magdeburg.

Konstanze Buchholz

Schröder, Willi

geb. 27.07.1905 Parchim/Mecklenburg, gest. 02.04.1994 Magdeburg, Obering., Hauptkonstrukteur.

Der Sohn des Vorarbeiters Johann S. besuchte während der Maschinenbauerlehre die Gewerbeschule in Parchim und 1923–26 die Höhere Maschinenbauschule in Neustadt/Mecklenburg. Bis 1933 war er als Konstrukteur in der *Allg. Transportanlagen- und Maschinenfabrik Leipzig* tätig, danach als selbständiger Konstrukteur und Unterabteilungsleiter im *Junkers Flugzeug- und Motorenwerk* Dessau. 1946–50 hielt sich S. mit seiner Fam. als Spezialist in der Sowjetunion auf. Ab 1950 prägte er maßgeblich die Entwicklung von Walzwerksausrüstungen in der DDR als stellvertretender Zweigstellenleiter im Zentralen Konstruktionsbüro für Walzwerksausrüstungen, als Technischer Leiter des Konstruktionsbüros Schwermaschinenbau in Magdeburg und als Leiter Forschung und Entwicklung im *VEB Schwermaschinenbau „Ernst Thälmann" Magdeburg*. 1957 wurde ihm die Staatsauszeichnung Verdienter Techniker des Volkes verliehen. Mit seiner Kompetenz prägte er die Arbeit bedeutender Fachgremien auf dem Gebiet des Walzwerksbaus. Nach Eintritt in den Ruhestand 1970 war S. an der TH Magdeburg als wiss. Mitarbeiter Mitautor einschlägiger wiss. Publikationen.

W: Konstruktion und Berechnung von Walzwerksausrüstungen, Vorlesungs-Ms. 1978 (Autorenkollektiv). – **L:** Unterlagen Fam. S., Magdeburg (priv.) – **B:** *ebd.

Manfred Riegg

Schröter, Fritz, Dr. theol.

geb. 28.09.1904 Güsten/Anhalt, gest. 16.05.1973 Berlin, ev. Pfarrer.

Der Sohn des Oberlokomotivführers Hermann S. absolvierte 1911–14 die Mittelschule Güsten, danach bis 1923 das humanistische Karlsgymn. in Bernburg/Saale. 1923–26 studierte er ev. Theol. in Marburg und Halle. 1928 als Vikar in Zerbst und Dessau tätig, wurde er 1930 in Köthen ordiniert und dort Hilfsprediger. 1931–38 war S. Pfarrer in Wörbzig/Anhalt. 1932 schloß er eine Lizentiaten-Diss. an der Ev.-Theol. Fakultät der Univ. Münster/Westfalen mit der Prom. ab. 1938–45 war S. als aktives Mitglied der Bekennenden Kirche (BK) mit Rede- und Auftrittsverbot dienstenthoben. 1938/39 leitete er das Predigerseminar der BK in Darkehmen/Ostpreußen. 1940–45 leistete er Kriegsdienst und geriet in russische Kriegsgefangenschaft. Nach Kriegsende wurde er erneut Pfarrer in Wörbzig und wurde 1950 zum Pfarrer der Vereinigten Reformierten Kirchen-Gemeinde Magdeburg berufen. Hier trat er für die Einhaltung der „reinen" reformierten Lehre ein und setze sich aktiv für den Erhalt der Wallonerkirche als reformiertes Gotteshaus ein. 1955–71 war S. Senior des reformierten Kirchenkreises der Kirchenprovinz Sachsen sowie erster Domprediger in Halle und nahm gleichzeitig einen Lehrauftrag für reformierte Theol. an der Univ. Halle wahr. S. war Mitglied des Reformierten Weltbundes sowie zahlreicher Kirchenausschüsse. Man schätzte an ihm besonders den Kenner der Gesch. der Theol. der reformierten Kirche, der Theol. von Karl Barth sowie sein Engagement in der BK. Er sah es als seine Aufgabe an, die durch die Zeit des Ns. deformierte Kirche wieder auf ihre Wurzeln zurückzuführen, kämpfte um den Bestand der reformierten Gemeinden in der Kirchenprovinz und um die inhaltliche Verwirklichung der Barmer theol. Erklärung in der ev. Gesamtkirche. Aus seiner Feder stammen mehr als 60 Aufsätze über Personen und Schwerpunkte reformierter Theol. sowie zur Gesch. des Kirchenkampfes.

W: Glaube und Gesch. bei Friedrich Gogarten und → Wilhelm Herrmann, Diss. Münster/Westfalen 1933; Taufe und Kindertaufe in den lutherischen Bekenntnisschriften, in: Ernst Wolf (Hg.), Beiträge zur Ev. Theol., 1938, *19–46*; Bemerkungen über den reformierten Charakter des theol. Ansatzes Karl Barths, in: Antwort. Fs. zum 70. Geb. von Karl Barth, 1956, *148–155*; Von den Reformierten, in: Friede und Freiheit, H. 12, 1959; Calvins Bedeutung für Kirche und Theol. der Gegenwart, in: Calvin. Eine Gabe zu seinem 400. Todestag, 1963, *72–97*; (Hg.) Fs. anläßlich des 75jährigen Bestehens des Reformierten Studentenkonvikts in Halle, 1965; Die Reformierten in Magdeburg, in: Wort und Gemeinde, 1967, *113–121*. – **L:** Reinhard Turre/Michael Beintker (Hg.), Fs. zum 65. Geb. von F. S., 1969; Martin Gabriel, Der Senior F. S. zu dankbarem Gedächtnis, in: Reformierte Kirchenztg., Jg. 17, Nr. 114, 1973; Archiv Prof. Dr. Elisabeth S., Mainz. – **B:** *Archiv Vf., Magdeburg (priv.).

Henner Dubslaff

Schröter, Karl
geb. 13.06.1889 Calbe, gest. 13.07.1940 Halle, Kommunalpolitiker.

Der Sohn eines Arbeiters erlernte den Beruf eines Bergmanns. Anfang der 1920er Jahre trat er in den *Bergarbeiterverband* und die KPD ein. 1924 wurde er zum Stadtrat in Calbe gewählt und arbeitete im Braunkohlenschacht „Gewerkschaft Wolf" in Calbe am Brumbyer Weg. Nach 1933 beteiligte er sich aktiv am illegalen Widerstandskampf gegen den Ns., wurde deshalb 1938 verhaftet und 1939 wegen „Vorbereitung zum Hochverrat" zu vier Jahren Haft verurteilt, die er im Zuchthaus Halle verbringen sollte. Während des Außenkommandos im Braunkohlentagebau Ammendorf zog er sich eine Tuberkuloseerkrankung zu, an deren Folgen er im Zuchthaus verstarb. In Calbe war der 1960 aufgegebene Braunkohlenschacht nach ihm benannt.

L: Aus dem Leben von Kämpfern der Arbeiterbewegung des Kr. Schönebeck, 1970, *36*. – **B:** ebd.

Hans-Joachim Geffert

Schubert, Roland, Dr. phil.
geb. 10.09.1936 Radis bei Wittenberg, gest. 17.09.1996 Magdeburg, Philosoph, Hochschullehrer.

Nach dem Studium der Phil. in Leipzig bis 1959 war S. an der Hochschule für Schwermaschinenbau Magdeburg als wiss. Assistent tätig. Seine Hauptaufgabe bestand in der Durchführung von Seminaren und Übungen im Fach Phil. S. fungierte 1966 als Wissenschaftsorganisator der Abt. Phil. und seit September 1968 als Leiter der Lehrgruppe Phil. in der Sektion Marxismus-Leninismus der TH Magdeburg. 1968 prom. er zum Dr. phil. S. wurde für die Weiterbildung der Staatsbürgerkundelehrer des Bez. Magdeburg, für die Doktorandenbetreuung und in der marxistisch-leninistischen Abendschule der Hochschullehrer eingesetzt. In der Forschungsarbeit widmete S. sich dem Problem des gesellschaftlichen Bewußtseins, zu dem er mehrere Publikationen vorlegte. Er arbeitete in der Kommission des Politischen Beratenden Ausschusses der Warschauer Vertragsstaaten mit.

W: Über Wesen und Funktion der sozialistischen Parteilichkeit als Denk- und Verhaltensweise sozialistischer Persönlichkeiten, Diss. Magdeburg 1968; Formen der Parteilichkeit und das Verhältnis von proletarischer und sozialistischer Parteilichkeit, in: Wiss. Zs. der TH Magdeburg, 1972 (Sonderheft). – **L:** UnivA Magdeburg.

Carmen Schäfer

Schuberth, *Julius* Ferdinand Georg
geb. 14.07.1804 Magdeburg, gest. 09.06.1875 Leipzig, Musikalien- und Buchhändler, Verleger.

S. war Sohn des Oboisten und Klarinettisten Gottlob S., der ab 1804 in Magdeburg ansässig war, im hochentwickelten bürgerlichen Musikleben der Stadt als Blasvirtuose für Aufsehen sorgte und bald auch als Dirigent, Klavierspieler, Musiklehrer und Komponist zu Ansehen kam. Nach dem Schulbesuch trat der musikalisch begabte S. 1819 als Lehrling in die Magdeburger Verlagsbuchhandlung des mit seinem Vater befreundeten → Wilhelm von Heinrichshofen ein und gründete nach dem Ende seiner Lehr- und einer kurzen Gehilfenzeit 1826 mit Julius Lübbers eine Buch-, Musik- und Landkartenhandlung mit angegliedertem Verlag in Hamburg, die bis 1829 unter *Lübbers & S.* und, nach dem Eintritt des neuen Geschäftspartners Georg Wilhelm Niemeyer, bis 1839 unter *S. & Niemeyer* firmierte. S. brachte die Fa. schnell zur Blüte und eröffnete 1832 eine Filiale in Leipzig sowie 1850 eine weitere in New York. 1853 überließ er dem vier Jahre zuvor als Teilhaber eingetretenen Bruder Friedrich S. das Hamburger Geschäft, lebte danach abwechselnd in New York und Leipzig und verlagerte 1859 dauerhaft seinen Geschäftssitz nach Leipzig. Das erfolgreiche Unternehmen vertrieb um 1875 ca. 6.000 Musikalien, darunter zahlreiche Werke namhafter zeitgenössischer Komponisten. S. gründete 1840 den *Norddt. Musikverein*, war als Korrespondent mehrerer dt. und nordamerikanischer Ztgg. tätig und brachte im eigenen Verlag verschiedene Musikztgg. heraus, die nur örtliche Bedeutung erlangten (*Kleine Musikztg. Bll. für Musik und Lit.*, 1840–50; *New Yorker Musikztg.*, 1867; *S.s kleine Musikztg.*, 1871/72). Der musikalisch und lit. ambitionierte Verleger versuchte sich zudem als Komponist (Streichquartett) und publizierte musikalische Handbücher und Musikerbiographien, von denen erstere weite Verbreitung fanden. 1891 wurde die Fa. an Felix Siegel in Leipzig verkauft.

W: Musikalisches Fremdwörterbuch, zum Gebrauch für Tonkünstler und Musikfreunde, 1840, ⁴1852 (später unter verschiedenen anderen Titeln wieder aufgelegt); Karl S. in Petersburg, eine Lebensskizze, 1847; Ratgeber und Führer für Auswanderer nach den Vereinigten Staaten von Nordamerika, 1848; Der Führer durch Hamburg. Eine Anleitung für Fremde, 1848; Musikalischer Katechismus für Sänger, zum Gebrauch für Schulen und Sing-Vereine, 1865; Dr. Franz Liszt's Biogr.,

1870. – **L:** MGG 12, Sp. *186f.*; Riemann ¹¹1929; Hans Schröder, Lex. der hamburgischen Schriftsteller, Bd. 7, 1879; Hermann Abert (Hg.), Illustriertes Musiklex., 1927.

Guido Heinrich

Schütte, *Kurt* **Wilhelm,** Prof. Dr. rer. nat.
geb. 14.10.1909 Salzwedel, gest. 18.08.1998 München, Mathematiker, Meteorologe, Universitätsprofessor.

S. besuchte von 1916 bis 1920 die Vorschule und das Gymn. in Zerbst sowie von 1920 bis 1928 das König Wilhelms-Gymn. in Magdeburg. Danach studierte er bis 1935 Mathematik, Physik und Chemie an den Univ. Göttingen und Berlin. Er wurde 1933 in Göttingen prom. Von 1936 bis 1945 arbeitete S. als Meteorologe und von 1945 bis 1950 als Lehrer, legte 1948 das Assessorexamen ab und war gleichzeitig als Hilfskraft an der Univ. Göttingen tätig. 1950 wechselte er an die Univ. Marburg, wo er sich 1952 habil. und 1958 apl. Prof. wurde. Es schlossen sich Gastprofessuren am Institute for Advanced Study in Princeton (1959/60), an der ETH Zürich (1961/62) und an der Pennsylvania State University (1962/63) an. 1963 folgte er einem Ruf zunächst als o. Prof. an die Univ. Kiel und schließlich 1966 an die Univ. München, wo er 1977 emeritiert wurde. S. war seit 1973 Mitglied der Bayerischen Akad. der Wiss. Sein Arbeitsgebiet war die Mathematische Logik (51 Publikationen zur Beweistheorie und zu Widerspruchsfreiheitsbeweisen).

W: Beweistheorie 1960; Systeme moduler und intuitionistischer Logik, 1968. – **N:** Archiv der Univ. München; Archiv der Bayerischen Akad. der Wiss. – **L:** Proceedings of the ISILC-Proof Theory Symposion, dedicated to K. S. on the occasion of his 65th birthday, 1975; Siegfried Gottwald, Lex. bedeutender Mathematiker, 1990.

Karl Manteuffel

Schütte, Werner (Ps.: Mac Rauls)
geb. 11.06.1901 Magdeburg, gest. 31.10.1934 Berlin, Komponist, Dirigent.

Der Sohn des Kaufmanns Wilhelm S. studierte nach dem Besuch der Realschule in Magdeburg dort auch bei → Gottfried Grunewald und Friedrich Karolany Musik. Seine Kompositionen gehören in den Bereich der Unterhaltungsmusik (Operetten, Singspiele, Melodramen, Chansons, Lieder, moderne Tänze, Musik für Salonorchester). Sie erschienen in Magdeburger Verlagen (→ Heinrichshofen, Wolf & Ruthe), andere in San Remo (Beltramo), Berlin (Scheithauer), Dresden (Robert Fischer), Allinge (Ipsen), Leeds (Louis Banks) und Stettin (Möricke). Einige wurden auch für die Schallplatte eingespielt (Vox, Odeon, Beka, Polyphon, Isi, Dt. Grammophon Ges.). Seine Couplets gehörten zum Repertoire der Claire Waldoff (z. B. „Hätt'ste det von Ferdinand gedacht", „Da jeht mir der Hut hoch", „Dann wackelt die Wand", „Mach kein Meckmeck!"). In Magdeburg hatte sein musikalisches Lustspiel „Das Glück im Kreuzgangwinkel" (nach Roderich Benedix' „Die zärtlichen Verwandten", UA am 10.09.1932 im Zentraltheater, Wiederholung 1947 im Palasttheater Sudenburg) besonderen Erfolg. Die Couplets „Mein Magdeburg am Elbestrand" und „Im Herrenkrug zur Sommerzeit" wurden populär – insbesondere durch die Interpretation des Volksschauspielers → Gustav Trombke.

W: Operetten/Singspiele: Der Geiger von Wien (Ms.); Großstadtmädel; Das Glück im Kreuzgangwinkel; Die fremde Frau (Ms.). – **L:** Erich H. Müller (Hg.), Dt. Musiker-Lex., 1929, *1116*; Paul Frank, Kurzgefaßtes Tonkünstlerlex., neu bearb. und ergänzt von Wilhelm Altmann, ¹²1926, *486*; Das Glück im Kreuzgangwinkel. Großer Erfolg einer Lokalposse im Zentraltheater, in: Magdeburger General-Anzeiger vom 11.09.1931; Mein Magdeburg am Elbestrand. Kreuzgangwinkel-Premiere im Palasttheater Sudenburg, in: Freiheit. Mitteldt. Tagesztg. vom 07.07.1947.

Ralph-J. Reipsch

Schütz, Georg *Curt*
geb. 14.02.1884 Brachstedt bei Halle, gest. 15.07.1965 Magdeburg, Bautechniker, Architekt.

Nach dem Besuch der Bürgerschule absolvierte S. bis 1902 eine Maurerlehre. 1898–99 bzw. 1901 war er zudem im Architekturbüro *Th. Lehmann & G. Wolff* in Halle beschäftigt und besuchte die dortige Baugewerkschule. 1901 wechselte er an die Baugewerkschule Magdeburg, die er 1903 abschloß. 1903–06 gehörte S. der städtischen Hochbauverwaltung Magdeburg an, der nach seiner Militärzeit 1910 eine Anstellung im Magdeburger Hochbauamt I als Bautechniker folgte. Ab 1921 zum ständigen Angestellten vereidigt und seit 1927 als städtischer Beamter tätig, wurde S. 1936 zum Technischen Oberinspektor und 1939 zum Stadtoberbauinspektor ernannt. 1950 blickte der Architekt auf eine 40jährige Dienstzeit in der Magdeburger Bauverwaltung zurück. S. war während seiner Tätigkeit im Magdeburger Hochbauamt an zahlreichen Bauentwürfen beteiligt, z. B. beim Neubau der Baugewerk- und Maschinenbauschule, dem Bau eines Geschäfts- und Sparkassengebäudes, beim Neubau eines Schulgebäudes in der Prälatenstraße und am Erweiterungsbau der Kunstgewerbe- und Handwerkerschule. Daneben fertigte er Entwürfe zu einem Schwesternhaus für die Krankenanstalt Sudenburg, für ein Chefarztwohnhaus der Lungenheilanstalt Lostau sowie Wohngebäude für die Direktoren der technischen Lehranstalten an. Unter → Bruno Taut und → Johannes Göderitz bearbeitete S. zahlreiche Bauprojekte und war an Entwürfen u. a. für das Geschäfts- und Bürohochhaus auf dem Kaiser-Wilhelm-Platz beteiligt. Im Zusammenhang mit der MIAMA-Planung fertigte er Zeichnungen nach Tauts Vorstellungen an. Zusammen mit den Architekten → Carl Krayl und → Walter Günther war er verantwortlich für die unter Taut ausgeführten Hausbemalungen in Magdeburg. S. stellte detaillierte Überlegungen zu Kleingärten und Kleinsiedlungen und ihrer Eingliederung in das Stadtgefüge an. Von ihm stammte eine Entwurfsserie „Von der Wohnlaube zum Kleinhaus" (1921) als Wohnhausprogramm zur „Schaffung von Kleinsthauskolonien in Form von Stadtdorfanlagen zur Behebung der Wohnungsnot". S. beteiligte sich zusammen mit Taut und Günther am Architekturwettbewerb der *Chicago Tribune* und erhielt 1922 zusammen mit → Willy Zabel eine Auszeichnung beim Ideenwettbewerb um die Bebauung des städtischen Grundstücks Kaiser-Wilhelm-Platz/Ecke Listemannstraße.

L: Erich Freesdorf, Natürliches Bauen – Organisches Siedeln, in: Frühlicht, H. 1, 1921, *20f.*; Annegret Nippa, Bruno Taut, 1995; Marta Doehler/Iris Reuther, Magdeburg – Die Stadt des Neuen Bauwillens. Zur Siedlungsgesch. in der Weimarer Republik, 1995; Olaf Gisbertz, Bruno Taut und Johannes Göderitz in Magdeburg. Architektur und Städtebau in der Weimarer Republik, 2000; StadtA Magdeburg: Rep 28, PA 6238. – **B:** StadtA Magdeburg.

Hans Gottschalk

Schütz, *Julius* Engelbert Friedrich von

geb. 19.01.1853 Moyland bei Cleve/Niederrhein, gest. 08.01.1910 Essen, Ing., Dir.

S. war das dritte von sieben Kindern des Pfarrers Otto v. S. Nach einer schulischen Vorbereitung im elterlichen Haus besuchte er das Gymn. in Cleve, das er 1872 mit dem Reifezeugnis verließ, um an der Kgl. Gewerbeakad. zu Berlin Maschinenbau zu studieren. Er belegte sechs Semester an dieser Schule und nahm auch Vorlesungen an der Univ. wahr. Nach Ableistung seines Militärdienstes und einer kurzzeitigen Tätigkeit bei der Rheinischen Eisenbahn in Cleve trat er 24jährig als Ing. in die *Grusonwerk AG* Magdeburg ein, die zu diesem Zeitpunkt noch in Besitz und unter der Leitung von → Hermann Gruson war. Hier baute er eines der ersten literarischen und Patent-Bureaus eines Maschinenbaubetriebes in Dtl. auf. Gruson forderte und förderte den jungen Ing. und zog ihn auch zu Panzerschießversuchen im In- und Ausland hinzu. Die Erfassung, Systematisierung und in mehreren Publikationen erfolgte klare Darlegung dieser Versuche sowie die Ableitung technischer Zusammenhänge unter werkstofflichen und konstruktiven Aspekten wiesen S. als anerkannten Spezialisten auf diesem Gebiet aus. Genauso tiefgründig befaßte er sich mit der Ausarbeitung, Abfassung, Umsetzung sowie der Anwendung von Patenten und erkannte bereits hier Unzulänglichkeiten im dt. Patentwesen. Neben seinem fachlich fundierten Schaffen im *Grusonwerk* engagierte er sich ab 1883 als Stadtverordneter in Buckau und nach der Eingemeindung des Ortes 1886 auch in Magdeburg. S. war zudem Vors. des von ihm reaktivierten *Städtischen Vereins*. 1891 übernahm er als einer der Kundigsten auf diesem Gebiet im Auftrag der *Grusonwerk AG* Magdeburg die Vertretung für Kriegsmaterial in Berlin sowie nach Angliederung des Grusonschen Unternehmens 1893 an die *Friedr. Krupp AG* Essen deren Gesamtvertretung. Folgerichtig wirkte er in Berlin auch an der Gründung des *Dt. Vereins für den Schutz des gewerblichen Eigentums* mit. Die Erfahrungen aus seinen Magdeburger Jahren auf dem Gebiet des Patentwesens, publiziert in der *Zs. des VDI* und der *Zs. Gewerblicher Rechtsschutz und Urheberrecht* unterstrichen seine Befähigung, 1896–99 als Schatzmeister und weiter bis 1909 als Vors. dieses Vereins zu wirken, der durch sein Engagement eine führende Stellung in der Bewegung des gewerblichen Rechtsschutzes erlangte. Seit 1897 betrieb S. den Aufbau der *Int. Vereinigung für gewerblichen Rechtsschutz* und übernahm zweimal deren Vorsitz. Unter seiner Leitung wurde der 1904 tagende int. Berliner Kongreß für gewerblichen Rechtsschutz ein voller Erfolg. Besonders hervorzuheben ist S.' nachdrücklich formendes und förderndes Wirken bei der Entwicklung der Gesetzgebung zum dt. aber auch sein Einfluß auf den int. gewerblichen Rechtsschutz. Er wirkte zudem im Bismarck-Ausschuß mit und präsidierte nach 1900 den Bismarck-Kommersen in Berlin. Als Vors. der *Vereinigten Bismarck-Vereine Berlins*, deren Ehrenvors. er nach seinem Weggang aus Berlin wurde, brachte er seine uneingeschränkte Vaterlandsliebe zum Ausdruck. Als Ehrenmitglied des *Corps Borussia* gehörte er von 1898 bis 1905 dem Gesamtausschuß der Korpsstudenten an. S. hielt die Gedächtnisansprachen für seine Lehrer und Förderer: 1895 zum Ableben von Hermann Gruson in Magdeburg und 1902 zur Beisetzung von Friedrich Alfred Krupp in Essen. 1909 nach Essen zurückgekehrt, übernahm er die Gesch. Abt. der *Friedr. Krupp AG*. Ihm war es jedoch nicht vergönnt, die konzipierte Gesch. des Stahlwerkes fertigzustellen. Nach der Trauerfeier 1910 in Essen wurde er auf dem Südfriedhof in Magdeburg neben seinem ältesten Sohn beigesetzt. S. ist in die Reihe jener Männer zu stellen, die in den Gründerjahren Grundlegendes für die industrielle Entwicklung schufen.

W: Gruson's Hartguss-Panzer, 1887; Hartguß-Panzerungen und Minimalscharten-Lafetten, System Gruson, 1890; Die Panzerlafetten auf den Schießplätzen des Grusonwerks bei Magdeburg-Buckau und Tangerhütte, 1890; Der Hartguss und seine Bedeutung für die Eisenindustrie, 1890; Grusonwerk Magdeburg-Buckau, Telegramm-Schlüssel, Tl. I für Kriegsmaterial, Pulvermaschinen und Ausrüstungen, Mai 1892 (Archiv der Fried. Krupp AG Essen: S2 Gru 16/1). – **L:** BioJb 15, 1910; J. v. S. †, in: Stahl und Eisen, Sonderdruck, 1910, Nr. 4; Albert Osterieth, J. v. S., 1910; J. v. S. †, in: Tägliche Rundschau Berlin, Nr. 19 vom 09.01.1910; J. v. S., in: Kruppsche Mittlgg., Nr. 2 vom 15.01.1910; Trauerfeier für J. v. S., in: ebd., vom 07.05.1910; Fs. zum 100. Stiftungsfest des Corps Borussia zu Berlin, 1973; Gedächtnisfeier für Herrn v. S., in: Die Post, Nr. 202 vom 02.05.1910; LHASA: Rep I 28, Nr. 582; Archiv der Friedr. Krupp AG Essen: WA 4/2047; WA 131/167; K 16.9. – **B:** *Archiv der Friedr. Krupp AG Essen.

Werner Hohaus

Schütze, Johann *Stephan*
geb. 01.11.1771 Olvenstedt bei Magdeburg, gest. 19.03.1839 Weimar, Schriftsteller, Hg., Hofrat.

S., ein Bauernsohn, besuchte nach Kaufmannslehre und Handelsschule das Pädagogium des Klosters Berge bei Magdeburg (1789–94), begann spät ein Theologiestudium in Halle, später Erlangen (1794–97), arbeitete kurz als Privatlehrer und Hofmeister und ging 1804 nach Weimar. Hier wollte S. erklärtermaßen Dichter werden. Möglich machte ihm das sein reicher Onkel, der in Magdeburg ein Handelshaus führte. Von Wieland in die Weimarer Gesellschaft eingeführt, eroberte sich der verwachsene, zurückhaltende Mann mit dem scharfen Blick in Weimar schnell eine Position als wunderliches Original. Er vermied Abhängigkeiten, suchte aber Kontakt zu den Einflußreichen, vor allem zum Weimarer Hof. S. arbeitete schon früh als Autor für Ztgg. und Taschenbücher (u. a. *Cottasches Morgenblatt* und „Beckers Taschenbuch zum geselligen Vergnügen"). Er wurde der Chronist der Abendgesellschaften der Johanna Schopenhauer, war über dreißig Jahre Hg. des beliebten „Taschenbuches der Liebe und Freundschaft gewidmet" (TdLF) und gab Periodika wie *Der Wintergarten, Der Frühlingsbote* und das *Journal für Lit., Kunst, Luxus und Mode* heraus. Diese Tätigkeit, eine Erbschaft und das Ehelichen der wohlhabenden Witwe Wilhelmine Schäler garantierten ihm auch nach des Onkels Tod Wohlstand und materielle Unabhängigkeit. S. begleitete Goethe auf Badfahrten und arbeitete mit Künstlern wie E. T. A. Hoffmann, Ludwig Bechstein und Albert von Chamisso zusammen. Zu seinem Freundeskreis zählten viele, die man auch aus Goethes Umfeld kennt: Friedrich Riemer, Friedrich von Müller, Johann Eckermann u. a. S. war in Musikerkreisen auf Grund seiner ästhetischen Schriften („Theorie des Reims", 1802, „Theorie des Komischen", 1817) und der oft vertonten Gedichte (Friedrich Methfessel, → Carl Friedrich Zelter) ein beachteter Mann. Er war Gründungsmitglied der *Weimarer Kunstfreunde* und um die Erhaltung des Goetheschen Erbes bemüht – obwohl er ein interessant-zwiespältiges Verhältnis zu Goethe hatte. S. ist als beobachtender Zeitgenosse und als Träger eines sich neu formierenden Mediums, das der Taschenbücher, interessant. Ein amerikanischer Germanist entdeckte S. als Literaten: Nach Analyse der Erzählung „Die Candidaten" (1839 in: TdLF) gab er ihm das Prädikat: bester Erzähler der Goethezeit!

W: s. o.; Der Dichter und sein Vaterland, 1806, ²1839; Abentheuerliche Wanderung von Weimar nach Carlsbad, in: Taschenbuch auf das Jahr 1810; Gedanken und Einfälle über Leben und Kunst, 1810; Gedichte, 1810; Der unsichtbare Prinz, 1812–13; Heitere Stunden (3 Bde), 1821–23, ²1828; Gedichte ernsthaften und scherzhaften Inhalts, 1830; Lebensgesch. (2 Bde), 1834 (*B*). – **N:** Archiv Goethe-Mus. Düsseldorf; Archiv Verlag Klett-Cotta Stuttgart. – **L:** ADB 33, *146f.*; Neuer Nekr 17, 1841; Killy 10, *421f.*; Kosch LL 16, Sp. *504f.*; Alexander von Sternberg, Erinnerungsbll., Bd. 1, 1855, *161–164*; Oskar Ludwig Bernhard Wolff, Portraits und Genrebilder, Bd. 3, 1839, *217–233*; Karl Goedecke, Grundriß zur Gesch. der dt. Dichtung aus den Quellen, Bd. IX/2, ²1910, *317–327* (*W*); Heinrich Meyer, Die Kunst des Erzählens, 1972; Friedrich Sengle, Biedermeierzeit, Bd. 2, 1972; Zdenko Skreb, Gattungsdominanz im deutschsprachigen lit. Taschenbuch, 1986, *70–139*; Vf., J. S. S. – Bausteine zu einer Monographie, Magisterarbeit Magdeburg 1999 (*W*). – **B:** *StadtA Magdeburg.

Ellen Richter

Schuffenhauer, Heinz, Prof. Dr. paed. habil.
geb. 10.08.1928 Dresden, gest. 31.10.1993 Magdeburg, Pädagoge, Hochschullehrer, Rektor.

Der älteste Sohn eines Tischlergehilfen besuchte vier Jahre lang die Volksschule, danach acht Jahre die Oberschule, die er 1947 mit dem Abitur abschloß. Von 1947 bis 1950 war er Neulehrer in Steinigtwolmsdorf/Oberlausitz. Nach dem Besuch eines Lehrganges wurde er Doz. für Pädagogik am Inst. für Lehrerbildung (IFL) Zwickau. Weitere Stationen seiner beruflichen Entwicklung waren das Dt. Pädagogische Zentralinst. Potsdam und das IFL Berlin. Nach einer Aspirantur prom. S. 1956 an der Humboldt-Univ. Berlin mit einer Arbeit über den Pädagogen Friedrich Daniel Schleiermacher. Als Redakteur im *Verlag Volk und Wissen* (1955–58) war er maßgeblich an der Erarbeitung eines ersten Lehrbuches zur Gesch. der Pädagogik beteiligt. 1958 wechselte S. als Doz. und Lehrstuhlleiter an das Pädagogische Inst. (PI) Erfurt. Als erster Stellvertreter des Dir. war er maßgeblich an der Umgestaltung des Inst. in eine PH beteiligt. 1962 habil. S. mit einer Schrift über Fichte wiederum an der Humboldt-Univ. und wurde Mitte 1967 als Dir. an das PI Magdeburg berufen. 1969 wurde er dessen erster Rektor.

Unter seiner Leitung vollzog sich bis zum September 1972 die Umwandlung in eine PH. Am 01.02.1964 wurde S. Prof. mit Lehrauftrag, zum 01.07.1967 Prof. mit vollem Lehrauftrag und mit Wirkung vom 01.09.1969 o. Prof. für das Lehrgebiet Gesch. der Erziehung. 1976 trat S. von seiner Funktion als Rektor zurück, um sich stärker der Lehre und Forschung zu widmen. Bis zu seiner Invalidisierung 1983 fungierte er, neben seinen Aufgaben als Lehrstuhlleiter, als Dekan der Pädagogischen Fakultät des Wiss. Rates. Im Rahmen seiner staatl. und gesellschaftlichen Funktionen arbeitete S. an der Vorbereitung und Durchführung einer Weltkonferenz der Lehrer und Erzieher in Berlin mit und vertrat die Pädagogik der DDR auf *UNESCO*-Expertenkonferenzen und anderen int. Veranstaltungen. Neben seinen laufenden Forschungen zur Gesch. der Erziehung und zum Verhältnis von Kybernetik und Pädagogik beschäftigte er sich als Leiter einer Forschungsgemeinschaft mit der Rationalisierung in der Lehrerausbildung, später als Leiter einer Forschungsgemeinschaft mit der „KJS-Forschung" (Kinder- und Jugendsport-Forschung). S. zeichnete als Mithg. der „Jbb. für Gesch. der Erziehung" verantwortlich und arbeitete in der Kommission Erziehungs- und Schulgesch. sowie im Wiss. Rat für Gesch. der Erziehung bei der Akad. der Pädagogischen Wiss. mit. Auch nach 1983 führte S. seine Forschungen zur Pädagogik des 18. und 19. Jhs fort. Dafür wurde er als Mitglied eines Autorenkollektivs mit dem Nationalpreis der DDR ausgezeichnet.

W: Gesch. der Erziehung, 1958, ¹⁵1987 (Redaktionskollegium); Quellen zur Gesch. der Pädagogik, 1959 (mit H. König, G. Hohendorf, F. Hofmann und K.-H. Günther); Friedrich Wilhelm August Fröbel, 1962, ³1982; (Auswahl, Einl.) Friedrich Daniel Schleiermacher, Ausgewählte pädagogische Vorlesungen und Schriften, 1965; Pädagogisches Gedankengut bei Kant, Fichte, Schelling, Hegel, Feuerbach, 1984; Johann Gottlieb Fichte, 1985. – **L:** UnivA Magdeburg: PA. – **B:** *ebd.

Isa Schirrmeister

Schulenburg, *Edo* **Friedrich Christoph Daniel Graf von der**
geb. 27.04.1816 Angern, gest. 06.08.1904 Angern, Jurist, Landrat, Gutsbesitzer.

S. war einziger Sohn des Magdeburger Regierungspräsidenten → Friedrich Christoph Daniel Graf von der S. aus dessen zweiter Ehe mit der Tochter des Braunschweigischen Landdrosten, Auguste Luise Adolphine von Cramm. Bei seiner Taufe übernahm König Friedrich Wilhelm III. eine Patenstelle. Bis zu seinem 13. Lebensjahr wurde S. im Hause der Mutter erzogen (Gut Volkersheim im Braunschweigischen). Von 1828 bis 1830 besuchte S. das Domgymn. zu Magdeburg, ab 1830 die Ritterakad. Brandenburg bis zum Reifezeugnis. 1834–38 studierte er in Berlin und Bonn Rechtswissenschaften. Danach führten ihn Studienreisen nach Norwegen, Schweden und England. Im Juli 1838 begann S. seine Beamtenlaufbahn und wurde 1839 als Auskultator am Kammergericht in Berlin vereidigt. Ende 1840 wechselte er an das Land- und Stadtgericht Wolmirstedt, wurde aber schon Anfang 1841 auf eigenen Antrag aus dem kgl. Justizdienst entlassen, um als Fideikommiß- und Majoratsherr die Bewirtschaftung seiner Güter zu übernehmen. Durch Ankauf angrenzender Grundstücke konnte er sein Gut Angern bedeutend vergrößern. 1846 wurde er zum Kreisdeputierten im Kr. Wolmirstedt gewählt. Nach kurzer Vorbereitungszeit übernahm er im Oktober 1852 zunächst kommissarisch die Verwaltung des Landratsamtes Wolmirstedt; Anfang 1854 wurde er zum Landrat ernannt und übte dieses Amt bis Ende 1869 aus. Während dieser Zeit gehörte er als Abgeordneter der Ritterschaft dem Sächsischen Provinzial-Landtag in Merseburg an (1856–1868). 1863 vertrat er Bedenken der Kgl. Reg. zu Berlin gegen die Errichtung einer Bahnlinie von Helmstedt über Neuhaldensleben und Wolmirstedt nach Berlin und lud im Gegenzug im Oktober 1864 zu einer Verslg. aller der Personen im Kr. Wolmirstedt ein, welche die „Vorteile einer direkten Kanalverbindung mit Weser und Rhein unserer Gegend zu verschaffen wünschen". In einem Bericht der Magdeburger Reg. an den Innenminister (1870) wurde betont, daß S. „die Wahrnehmung der Rechte seiner Kreiseingesessenen mit den Pflichten eines kgl. Beamten voll zu vereinigen gewußt" habe. Nachdem S. bereits 1859 seinen Abschied als Rittmeister in der Landwehr genommen hatte, beteiligte er sich 1870/71 am franz. Feldzug als Ehrenritter des Johanniter-Ordens bzw. als Delegierter der freiwilligen Krankenpflege. Er wurde mehrfach militärisch ausgezeichnet. Seit 1871 war er der Vertreter des alten und befestigten Grundbesitzes im Hzt. Magdeburg im Preuß. Herrenhaus, von 1875 an Mitglied der Sächsischen Provinzialsynode. Er widmete sich auch späterhin der Bewirtschaftung seiner Güter.

L: BioJb 9, 1904; Johann Friedrich Danneil, Das Geschlecht von der S., Bd. 2, 1847, *657*; Georg Schmidt, Das Geschlecht von der S., Bd. 2: Stammreihe Beetzendorf, 1899, *714f.* (**B*); Gothasches Genealogisches Tb. der Gräflichen Häuser 1905, *787*; Walther Hubatsch (Hg.), Grundriß zur dt. Verwaltungsgesch., Reihe A, Bd. 6, 1975, *92*; Geh. StA Berlin: Rep. 77, Nr. 5121; LHASA: Rep. C 28 Ib Nr. 454, 605 I, 605 III, 701 I, 701 III, 702; LHASA: Rep. C 30 Landratsamt Wolmirstedt Nr. 388, 408.

Carola Lehmann

Schulenburg, Friedrich Christoph Daniel Graf von der
geb. 10.02.1769 Angern, gest. 16.05.1821 Magdeburg, Jurist, Reg.-Präsident zu Magdeburg.

Der Sohn des Alexander Friedrich Christoph Graf von der S. auf Angern erhielt seine Ausbildung an der Schule zu Kloster Berge bei Magdeburg (1785–89) und studierte anschließend Rechts- und Staatswiss. an der Univ. Halle. 1793 wurde er Landrat des II. Holzkreises des zu Preußen gehörigen Hzts Magdeburg. 1801 schied er vorübergehend aus dem Staatsdienst aus, um sich nach dem Tod seines Vaters um die Güter der Fam. zu kümmern. 1804 wieder bei der Kriegs- und Domänenkammer in Magdeburg beschäftigt, wurde er noch im gleichen Jahr Kammerdir. in Warschau. Während der Zeit des Königreichs Westfalen arbeitete S. in einer Kommission zur Regulierung der Besitzverhältnisse der Domänen mit Sitz in Magdeburg. Während der Befreiungskriege gegen Napoleon leitete er die Organisation der Landwehr der Altmark. Nach Einrichtung der preuß. Reg. zu Magdeburg im Jahre 1816 wurde S. bis zu seinem Tode deren „Chefpräsident". Dies deutet auf das unklare Verhältnis von Ober- und Reg.-Präsident am Sitze der Reg. in der Provinzialhauptstadt hin, wo es mit → Friedrich von Bülow einen Oberpräsidenten gab, der gleichfalls als Reg.-Präsident tätig war.

L: Johann Friedrich Danneil, Das Geschlecht von der S., 1847, *67f.*; Georg Schmidt, Das Geschlecht von der S., Bd. 2: Stammreihe Beetzendorf, 1899, *659–661* (*B*); Walter Hubatsch (Hg.), Grundriß der dt. Verwaltungsgesch. 1815–1945, Reihe A: Preußen, Bd. 6, Provinz Sachsen, 1975, *35*; Stefan Karnop/Lars-Henrik Rode/Vf., Der Regierungsbez. Magdeburg und seine Gesch., 1998, *64* (*B*).

Mathias Tullner

Schulenburg, *Friedrich* **Wilhelm Christoph Daniel Graf von der**

geb. 02.01.1843 Angern, gest. 24.03.1921 Angern, Jurist, Landrat, Gutsbesitzer.

Der Sohn des → Edo Friedrich Christoph Daniel Graf von der S. erhielt seine Ausbildung bis 1862 in der Klosterschule Roßleben und studierte danach Rechtswiss. an den Univ. Göttingen und Berlin. 1866 nahm er am dt. Feldzug gegen Österreich, 1870/71 auch am Feldzug gegen Frankreich teil (EK II). 1867 trat er die jur. Beamtenlaufbahn beim Kreisgericht in Berlin an, war bis 1874 als Gerichtsreferendar beim Appellationsgericht Frankfurt/Oder und bei der Kgl. Reg. zu Magdeburg tätig. Danach wurde er als Richter bei verschiedenen Kreisgerichten eingesetzt. Ende 1877 in den allg. Staatsdienst übernommen, betraute man ihn Anfang 1878 mit der Reg. des Landkreises Eckartsberga im Regierungsbez. Merseburg; im April 1879 wurde er zum Landrat dieses Kreises berufen. 1884 wirkte er als Dir. der Sozietät zur Regulierung der Unstrut von Brettleben bis Nebra. 1898–1903 nahm S. die Dienstgeschäfte eines Oberpräsidialrates und stellvertretenden Oberpräsidenten bei der Reg. in Hannover wahr und wurde im Mai 1903 als Nachfolger von → Oskar von Hasselbach zum Landrat des Kreises Wolmirstedt ernannt. Er fungierte hier zudem als Dir. der *Kreis-Feuer-Societät*, als Deichhauptmann des *Magdeburg-Rothensee-Wolmirstedter Deichverbandes*, als Vorstandsvors. der Kreissparkasse Wolmirstedt und Ausführungs-Kommissar für die Gebäudesteuerveranlagung. 1904 wurde S. zum Provinziallandtagsabgeordneten, 1907 auf Lebenszeit in das preuß. Herrenhaus gewählt. 1911–18 gehörte er dem Kreistag sowie der Landwirtschaftskammer an. Er erteilte in den Jahren 1912 bis 1915 Konzessionen für den Bau einer Grubenbahn sowie zur Ableitung von Laugenmengen in die Elbe, die bei der Verarbeitung von Rohsalz entstehen (Kaliwerk Moltkeshall bei Zielitz) und führte 1914 die Verhandlungen über die Einrichtung einer Wasserversorgung für die Stadt Magdeburg am Südrand der Colbitz-Letzlinger Heide, die 1915 in Betrieb genommen wurde. S. erhielt 1914 seine Pensionierung, wurde aber zwischen 1916 und 1918 wiederholt als stellvertretender Landrat der Landkreise Stendal und Wolmirstedt eingesetzt. Anläßlich der Hundertjahrfeier des 10. Magdeburger Husarenregiments in Stendal 1913 wurde S. zum Rittmeister befördert. Bereits 1904 waren ihm nach dem Tod seines Vaters und Schwiegervaters das Majoratsgut Angern, das er in der Folge aufwendig instandsetzen ließ, sowie die Güter Wülfingerode und Sollstedt zugefallen, die er fortan verwaltete. S. unternahm 1910 eine Fahrt nach Palästina, um als Ritter des Johanniter-Ordens an der Einweihung der Kaiserin Auguste Victoria-Stiftung auf dem Ölberg bei Jerusalem teilzunehmen. S. gehörte auch dem *Oelberg-Verein* zur Unterstützung dieser Stiftung an.

L: Georg Schmidt, Das Geschlecht von der S., Bd. 2: Stammreihe Beetzendorf, 1899, *771f.* (*B*); Walther Hubatsch (Hg.), Grundriß zur dt. Verwaltungsgesch., Reihe A, Bd. 6, 1975, *92* (*B*); Ernst von Mirbach, Die Dt. Festtage im April 1910 in Jerusalem, 1911; LHASA: Rep. C 28 Ib Nr. 605 VIII, 705/1, 705/6; LHASA: Rep. C 30 Wolmirstedt Nr. 2, 307, 317, 460, 464; Geh. StA Berlin: Rep. 77, Nr. 2518 (PA) und Nr. 5121.

Carola Lehmann

Schulenburg, Fritz

geb. 04.09.1894 Jerichow, gest. 05.08.1933 Tangermünde, Arbeiter, Widerstandskämpfer.

S. wuchs in einer Arbeiterfam. mit sechs Geschwistern auf. Er arbeitete nach dem Besuch der Volksschule als Wald- und Landarbeiter in Jerichow und Umgebung. Ende März 1920 trat S. der KPD-Ortsgruppe Jerichow bei und wurde einer ihrer Organisatoren. Im Juli 1931 beteiligte er sich an den antifaschistischen Sturmfahrten in die Altmark, um die Landbevölkerung über den Ns. aufzuklären. Ab 1933 setzte S. die Aufklärungsarbeit in der Illegalität fort. Eine Methode bestand darin, mit einem Koffer durch die Jerichower und Tangermünder Straßen zu gehen. In den Kofferboden wurden die Losungen „Gegen Faschismus" und „Nieder mit Hitler" eingeschnitzt, die Böden wurden mit Farbe getränkt, die Koffer abgesetzt, und zurück blieben die Losungen auf dem Bürgersteig. Im Juli 1933 verhaftet und von der SS in das Gefängnis Tangermünde gebracht, war S. brutalen Mißhandlungen und Folterungen ausgesetzt, an deren Folgen er starb. Er fand sein Grab auf dem Tangermünder Friedhof, den die Angehörigen erst 1945 wieder betreten durften. Hier wurde eine Gedenkstätte eingerichtet. 1984 wurde in Jerichow ein Gedenkstein enthüllt.

L: F. S. – ein aufrechter Antifaschist, Kommunist und Bürger der Stadt Jerichow. Eine Familienchronik, Ms. 1988 (Vf., Parchen). – **B:** *ebd.

Günther Schulenburg

Schulenburg, *Karl* Ludwig Graf von der

geb. 26.01.1799 Altenhausen, gest. 28.11.1880 Altenhausen, Gutsbesitzer, Versicherungsdir.

S., Sohn des August Graf von der S. auf Altenhausen, wurde zunächst mit seinen Brüdern durch Hauslehrer unterrichtet, besuchte ab 1815 das Pädagogium des Klosters U. L. F. zu Magdeburg und studierte ab Ostern 1818 Rechtswiss. in Berlin, wo er sich auch der Burschenschaft anschloß und in Beziehung zu später bedeutenden Persönlichkeiten wie → Ludwig von Gerlach, August Tholuck und Ernst Wilhelm Hengstenberg trat. Zudem besuchte er landwirtsch. Vorlesungen, unterrichtete sich über neue agronomische Methoden und vervollkommnete seine diesbezüglichen Kenntnisse durch weitere private Studien, auch nachdem er 1821 in das Elternhaus zurückgekehrt war, um den Vater bei der Bewirtschaftung der Güter zu unterstützen. Hier widmete er sich neben dem Getreideanbau insbesondere der Schafzucht. Von seinen Brüdern mit unbedingter Vollmacht ausgestattet, übernahm er nach dem Tod seines Vaters (1838) die Verwaltung des Gutes, gelangte nach der Erbregulierung gemeinsam mit seinem Bruder Bernhard von der S. in den Besitz von Altenhausen und wurde nach dessen Tod 1872 alleiniger Gutsherr. Unter seiner Leitung wurde das Schloß um mehrere Anbauten erweitert. Zudem setzte er die von seinem Vater begonnenen umfangreiche Meliorationsarbeiten zur Ertragssteigerung der Felder fort, reorganisierte des Forstwesen und betrieb mehrere Steinbrüche, die Materialien für den Straßenbau lieferten. Bereits 1824 war S. Kreisdir. der *Magdeburgischen Land-Feuer-Societät* geworden und bekleidete von 1832 bis 1874 sowie 1879/80 den Posten des Generaldir. dieser Einrichtung, um deren Neugestaltung, Entwicklung und Organisation er sich bedeutende Verdienste erwarb. S. setzte sich, gegen die Bestrebungen des Provinziallandtages, wiederholt erfolgreich für die Selbständigkeit und fortgesetzte Selbstverwaltung der Sozietät ein. Während seiner Amtszeit stieg die Gesamtversicherungssumme von Mobilien und Immobilien auf mehr als 415 Mio. Mark. Die Dienststelle der Sozietät, in der auch → Gustav Maass als Versicherungssekretär beschäftigt war, befand sich in Altenhausen. S. war zudem langjährig als Kreisdeputierter tätig, verwaltete mehrmals interimistisch das Landratsamt des Kr. Neuhaldensleben und wurde wiederholt in den Sächsischen Provinzial-Landtag gewählt. Er war Träger mehrerer Orden und erhielt 1875 in Anerkennung seiner Leistungen um das Versicherungswesen das Kreuz und den Stern des Groß-Comtùre vom Kgl. Haus-Orden von Hohenzollern.

L: → Wilhelm Appuhn, K. L., Graf von der S.-Altenhausen. Das Leben eines Edelmanns, eines Gutsherrn und eines Christen, 1882; Georg Schmidt, Das Geschlecht von der S., II. Teil: Stammreihe Beetzendorf, 1899, *649* (*B*).

Guido Heinrich

Schulenburg, *Leopold* Christian Wilhelm Johann Graf (seit 1798) von der

geb. 10.04.1769 Emden, gest. 31.10.1826 Bodendorf, Landrat, Gutsbesitzer.

Der jüngste Sohn des Alexander Jakob von der S. erhielt seine Ausbildung an der Ritterakad. Brandenburg. 1784 bis 1798 stand er in militärischen Diensten und nahm 1792–95 als Leutnant im Regiment Herzog zu Braunschweig an Feldzügen teil. Nachdem ihm 1798 bei einer erbschaftlichen Teilung das Gut Bodendorf mit Hohenwarsleben und Ivenrode zugefallen war, nahm er seinen militärischen Abschied. Im selben Jahr wurde S. bei der Huldigung Friedrich Wilhelm III. in den Grafenstand erhoben und zugleich Kreisdeputierter im II. Magdeburgischen Holzkreis. Seit 1799 war er auch als Deputierter bei der *Feuer-Societät* für die Holzkreise tätig. 1803 wurde er Landrat, 1805 Dir. der *Kreis-Feuer-Societät* des obigen Kreises. Bei der Besetzung des Kurfürstentums Hannover durch Preußen 1806 erhielt S. eine vorübergehende Anstellung bei der Organisation des Landes. Im Königreich Westfalen fungierte er als Unterpräfekt des Distrikts Stendal. Nach Wiederbesetzung des linken Elbufers wurde er 1813 Landrat des Kreises Neuhaldensleben mit Sitz in Bodendorf und verwaltete dieses Amt bis zu seinem Tode. 1815 erhielt er für seine Tätigkeit während des Befreiungskrieges das EK am weißen Bande. Der Dir. der *Magdeburgischen Land-Feuer-Societät* (ab 1821) widmete sich nebenher der Verwaltung seiner Güter.

L: Johann Friedrich Danneil, Das Geschlecht von der S., Bd. 2, 1847, *588–590*; Georg Schmidt, Das Geschlecht von der S., Bd. 2: Stammreihe Beetzendorf, 1899, *596f.* (*B*).

Carola Lehmann

Schulenburg, Paul Otto *Werner* von der

geb. 19.08.1823 Priemern, gest. 15.04.1889 Ramstedt, Politiker, Gutsbesitzer.

Der Sohn des Leopold Wilhelm S. besuchte das Pädagogium des Klosters U. L. F. in Magdeburg und arbeitete nach seinem Jura-Studium in Heidelberg und Berlin (1843–44) als Auskultator beim Stadtgericht in Berlin. 1849 trat er in den diplomatischen Dienst und wurde 1857 Legationsrat. Er ließ sich im selben Jahr zur Disposition stellen und kaufte, nachdem er 1848 das Gut Eichstedt veräußert hatte, Schloß und Gut Ramstedt bei Loitsche im Kr. Wolmirstedt, das er fortan bewirtschaftete. 1870/71 wurde S. als Reichsritter des Johanniter-Ordens zur freiwilligen Krankenpflege im Krieg einberufen und erhielt das EK II am weißen Band.

L: Georg Schmidt, Das Geschlecht von der S., II. Tl.: Stammreihe Beetzendorf, 1899, *676*.

Herbert Riebau

Schulte, Adam *Paul* Adolf

geb. 14.05.1895 Magdeburg, gest. 06.01.1974 Swakopmund (Namibia), kath. Pfarrer, Missionar.

Der aus Magdeburg stammende S. absolvierte seine Gymnasialstudien im Missionskolleg der Oblaten der Makellosen Jungfrau Maria (Congregatio Oblatorum Missionariorum Beatae Mariae Virginis Immaculatae/OMI) in St. Karl, Valkenburg (Niederlande). 1913 trat er in die Missionsges. der Oblaten ein und begann 1914 das Theologiestudium an der Hochschule der Oblaten in Hünfeld bei Fulda. 1915 wurde er als Sanitäter zum Militärdienst eingezogen und gegen Ende des Krieges zum Piloten ausgebildet. 1919 setzte er sein Studium fort und empfing 1922 in Hünfeld die Priesterweihe. S. gehörte zunächst zur Gruppe der Volksmissionare der Oblaten. Organisatorisches Talent und ein Gespür für Öffentlichkeitsarbeit ließen ihn jedoch für die auswärtigen Missionen tätig werden. 1927 gründete er die *Missions-Verkehrs-Arbeits-Gemeinschaft* (*MIVA*), um die Missionare in Übersee mit Verkehrsmitteln wie Kraftfahrzeugen, Motorbooten und Flugzeugen auszurüsten. 1929/30 organisierte S. die Motorisierung der Mission im heutigen Namibia. Am 08.05.1936 hielt er im Luftschiff „Hindenburg" eine heilige Messe, die erste ihrer Art in der Gesch. der Luftfahrt. 1936–39 war S. als Pilot und Fluglehrer in der Mission der kanadischen Arktis tätig. Bei Ausbruch des II. WK begab sich S. in die USA, wurde dort aber 1941–45 interniert. 1944 gründete er inkognito die Missionsfliegerschule „Wings of Mercy" und ein Gebetszentrum, das sich später zum größten Wallfahrtsort der USA, „Our Lady of the Snows" in Belleville/Illinois, entwickelte. Nach Kriegsende blieb S. zunächst in den USA und organisierte eine umfangreiche Hilfsaktion für Bedürftige in Dtl. 1949 kehrte er nach Dtl. zurück und gab auf Veranlassung der Dt. Bischofskonferenz der *MIVA* eine neue Zielsetzung als Hilfsorganisation für die dt. Diaspora, die er bis 1970 leitete. Die letzten Lebensjahre verbrachte er in Swakopmund (Namibia). S. ist Autor mehrerer volkstümlicher Bücher und Missionsfilme.

W: Der Fliegende Pater, 1934; Der Fliegende Pater in Afrika, 1936; Rolf wird MIVA-Pilot, 1936; Polarflug – Rettungsflug, 1938; Der Fliegende Pater bei den Eskimos, 1949; Das Wagnis des Fliegenden Paters, 1953; Rund um die Welt mit dem Fliegenden Pater, 1957; Die Geheimwaffe des Fliegenden Paters, 1964; Der Flug meines Lebens, 1964. – L: Josef Schulte/Hermann Lembeck, Der fliegende Pater P. S., 1987 (*B*); Norbert Stahl, P. S., der Fliegende Pater, in: Bruno Moser, Große Gestalten des Glaubens, 1982.

Werner Rörig

Schultheiß, Heinrich *Wilhelm*, Dr. med.

geb. 31.10.1810 Magdeburg, gest. 12.11.1876 Wolmirstedt, Arzt, Sanitätsrat, Heimatforscher.

Der Sohn eines Lohgerbermeisters absolvierte das Pädagogium des Klosters U. L. F. in Magdeburg und erwarb 1832 das Reifezeugnis. Während seines anschließenden Med.-Studiums in Halle sympathisierte er mit den freiheitlich-nationalen Bestrebungen burschenschaftlicher Vereinigungen und schloß sich ihnen an. Als 1833 Untersuchungen gegen die Burschenschaften begannen, siedelte er nach Greifswald über, wurde 1834 dennoch verhaftet und – nach einem Jahr Untersuchungshaft auf der Hausvoigtei – zu lebenslängliche Festungsstrafe verurteilt. Die später auf zehn Jahre reduzierte Strafe verbüßte er ab 1835 auf der Festung Silberberg in Schlesien, kam jedoch durch eine Amnestie König Friedrich Wilhelm IV. nach fünf Jahren frei. Um die verlorene Studienzeit aufzuholen, besuchte S. unter → August Andreae die

Med.-chirurgische Lehranstalt in Magdeburg, setzte anschließend sein Studium in Halle fort und prom. dort 1844 über „Duo tumorum nasalium casus". Ein Jahr später ließ sich S. als praktischer Arzt in Wolmirstedt nieder, wo er zunächst den Arzt Dr. Wiedemann vertrat und nach dessen Tod seine Praxis übernahm. 1848 wurde er Mitglied der *Med. Ges. zu Magdeburg.* Im Laufe seiner Tätigkeit als Landarzt trug S. eine umfangreiche vorgesch. Slg. zusammen, die als größte im damaligen Hzt. Magdeburg galt. S. rettete einen großen Teil der durch die Torfstiche in Meseberg und Samswegen zutage geförderten vorgesch. Funde vor der Vernichtung oder Verschleppung. Er sammelte bereits nach wiss. Grundsätzen, indem er die Fundplätze erfaßte und nähere Angaben zum Objekt registrierte. Vom Rheumatismus fast gelähmt, brachte S. seine letzten Lebensjahre in Wolmirstedt damit zu, seine Slg. zu sichten und zu überarbeiten. Als Ergebnis erschien 1875 seine „Kurze Übersicht und Nachricht der in der Wolmirstedter Gegend gefundenen Alterthümer". Die Veröffentlichung enthält elf große Tafeln mit der Abbildung aller Funde sowie eine umfangreiche Geländebeschreibung unter Berücksichtigung der damals vorhandenen vorgesch. und gesch. Denkmale. S. war seit seiner Gründung 1866 aktives Mitglied des *Vereins für die Gesch. und Alterthumskunde des Hzts und Erzstiftes Magdeburg.*

W: Ueber Steingeräthe und deren Herstellung, in: GeschBll 7, 1872, *224–230;* Der Burgwall bei Elbey, in: ebd. 7, 1872, *525f.* – **N:** Landesmus. Halle. – **L:** Fs. 50 Jahre Med. Ges. zu Magdeburg, 1878; → August Franz Winter, Sanitätsrat Dr. H. W. S., in: GeschBll 11, 1876, *464–466;* → Hans Dunker, S., H. W., Ms. o. J. (Mus. Wolmirstedt). – **B:** *Mus. Wolmirstedt.

Anette Pilz

Schultz, Johannes

geb. 30.03.1897 Großthiemig, gest. 07.12.1971 Berlin, Jurist, Oberkonsistorialrat.

Nach Schulbesuch und Jurastudium in Leipzig und Halle war S. nach dem ersten jur. Examen 1922, einem Gerichtsreferendariat am OLG Naumburg und dem zweiten Examen 1925 Gerichtsassessor an den Amtsgerichten Halberstadt, Aken, Quedlinburg und Magdeburg sowie ab 1927 Konsistorialassessor am Konsistorium der Provinz Sachsen in Magdeburg. 1930 wurde er zum Konsistorialrat ernannt. 1933 trat er der NSDAP bei und wurde 1934 als Generalreferent für die Verhandlungen mit den Staats-, Partei- und Polizeistellen eingesetzt. Auf Weisung des Reichskirchenministeriums übernahm S. 1937 die Befugnisse des zurückgetretenen Provinzkirchenausschusses und wurde Leiter der Finanzabt. im Konsistorium. 1938 wurde er zum Oberkonsistorialrat und 1943 zum Landeskirchenführer/Kirchenpräsident der Bremischen Ev. Kirche ernannt. Nach dem Ende des II. WK stellte die Kirchengemeinde Egeln einen Antrag an den Ev. Oberkirchenrat auf Entfernung des Oberkonsistorialrates S. aus dem Dienst. Gleichzeitig fand S. auch Fürsprecher, so den Bremer Pastor Gustav Wilcken, der ihm als Mitglied des vorläufigen Kirchenausschusses der Bremer Ev. Kirche im Januar 1946 bescheinigte, sich auch für Gemeinden der Bekennenden Kirche eingesetzt zu haben. S. wurde aufgrund der Notverordnung zur Beschränkung und Sicherung des Personalbestandes der kirchlichen Verwaltungen vom 06.11.1945 zum 01.12.1945 in den Ruhestand versetzt. Er selbst verwies dagegen in Ausführungen zu seiner Tätigkeit darauf, daß er von Bischof → Friedrich Peter zu Untersuchungen gegen den Pfarrernotbund bestimmt worden sei. Da er mit Konsistorialpräsident → Ernst Loycke darum bemüht gewesen sei, Disziplinarstrafen zu vermeiden, hätten diese Ermittlungen in der Regel mit einem Verweis geendet. Sein Hauptbetätigungsfeld seien die Küster-Schul-Verhandlungen gewesen, auch die Auseinandersetzungen bereits geschlossener Verträge. Der Wechsel in der Leitung der Finanzabt. von → Otto Fretzdorf an S. sei von ihm zunächst abgelehnt worden, er habe ihn erst akzeptiert, als er auf seine Erfüllungspflicht als Beamter hingewiesen worden sei. Der Sichtungsausschuß der Kirchenprovinz Sachsen hielt S. dagegen in Untersuchungen im April und Mai 1946 für einen Exponenten staatl. und parteipolitischer Gewalt, der im Streben nach persönlicher Geltung das kirchliche Gedeihen in seiner subjektiven Sichtweise im Blick gehabt habe. Als Tätigkeit komme daher nur eine nicht leitende und geringere Funktion in Betracht, die ihm ohne längere Bindung zu übertragen sei. Seine finanztechnischen Fähigkeiten wurden dabei ausdrücklich gewürdigt. Seit 1946 war S. zunächst als Amtsleiter des Kreiskirchenamtes Burg tätig und später mit dem Aufbau des Kirchensteueramtes Schönebeck und anderer Dienststellen auf der Kirchenkreisebene beauftragt. Seit Juni 1959 nahm er einen Dienstauftrag der Kirchenkanzlei der Ev. Kirche der Union wahr, in dem er sich mit dem Predigerseminar Wittenberg zu befassen hatte. Im Gefolge dieses Auftrages konnte er im Juli 1961 in den Westteil Berlins übersiedeln.

L: EZA Berlin: Bestand 7/P 1273 und 1274 (PA); AKPS: Rep. A, Spec. P, Sch K 9 (PA).

Hans Seehase

Schultz-Piszachich, Wolfgang, Prof. Dr. phil. et Dr. rer. nat. habil.

geb. 22.05.1919 Schwerin, gest. 15.09.1996 Magdeburg, Physiker, Mathematiker, Hochschullehrer.

Nach dem Besuch der Realgymn. in Schwerin und Ludwigslust bestand S. 1937 die Reifeprüfung und studierte

1939–42 Physik und Mathematik an den TH Hannover und Berlin-Charlottenburg, wurde dann zur Wehrmacht einberufen und arbeitete 1943–44 bei den *Heinkel-Werken* in Rostock und Wien. An der TH und der Univ. Wien setzte er 1944 sein Studium fort, wurde 1947 von der Univ. Wien mit einer potentialtheoretischen Arbeit prom. und war bis 1951 freiberuflich tätig. Von 1952 bis 1955 arbeitete S. an der TH Dresden als Assistent und Lehrbeauftragter für Theoretische Physik, von 1955 bis 1962 als Abteilungsleiter für theoretische Aerodynamik im *Flugzeugwerk Dresden*, nebenamtlich am Forschungszentrum der Luftfahrtindustrie und als Lehrbeauftragter für angewandte Aerodynamik an der TH Dresden. 1962 wechselte er als Mitarbeiter an die TH Magdeburg, habil. sich hier für Mathematik (Analysis), wurde 1963 zum Prof. berufen. 1970 erhielt er eine Professur an der Ing.-Hochschule Köthen und wurde 1984 emeritiert. S.s Arbeitsgebiete waren die Aerodynamik von Flugzeugen und Triebwerken, turbulente Diffusion und subturbulente Strömung mit verfahrenstechnischen Anwendungen (zwölf Publikationen und zahlreiche Vorträge). Er verfaßte zudem ein Lehrbuch der Tensorrechnung. S. arbeitete jeweils verschiedene Jahre im Fachausschuß Luftfahrt der *Kammer der Technik*, im Redaktionsausschuß der Zs. *Dt. Flugtechnik* und im Vorstand der *Mathematischen Ges. der DDR*. In Köthen baute er den Wiss.-Bereich „Analysis und Operationsforschung" auf und leitete ihn.

W: Tensoralgebra und -analysis, 1977, ⁴1988; Nonlinear models of flow, diffusion and turbulence, 1985. – **L:** UnivA Magdeburg: PA. – **B:** *priv.

Karl Manteuffel

Schultze, Carl

geb. 03.12.1780 Magdeburg, gest. 31.07.1850 Magdeburg, Kaufmann, Kgl. Kommerzienrat.

Der Sohn des Packhofinspektors Carl S. besuchte das Altstädtische Gymn. in Magdeburg und absolvierte anschließend eine kaufmännische Ausbildung. Als Teilhaber der Großhandlung *J. C. Weiße & Co.* sowie der Handels- und Speditionsfa. *S. & Eichel* galt sein besonderes Engagement der Förderung des Magdeburger Handels, der eine lange Tradition hat und 1425 einen ersten Höhepunkt im Zusammenschluß der *Kaufleute-Brüderschaft* fand. Nach dem Verbot der Innungen während der franz. Besatzungszeit schlossen sich die nicht in der Brüderschaft organisierten Kaufleute im *Verein der Kaufmannschaft* zusammen, in dem schließlich auch die Mitglieder der *Kaufleute-Brüderschaft* aufgingen. Mit der Auflösung des Königreichs Westfalen und durch das Inkrafttreten der preuß. Gesetze in Magdeburg wurde eine Neuordnung der Statuten für die Magdeburger Kaufleute notwendig. Im Sommer 1821 begann unter der Leitung von S. ein Komitee des *Vereins der Kaufmannschaft* in Zusammenarbeit mit dem Oberbürgermeister → August Wilhelm Francke die entsprechenden Vorlagen und Entwürfe auszuarbeiten. Nach mehrmaligen Unterbrechungen erfolgte am 09.04.1825 die kgl. Genehmigung und somit die Gründung der *Magdeburger Korporation der Kaufmannschaft*, die von den Ältesten geführt und deren Erster Vors. S. wurde. Er übte dieses Amt bis Ende 1836 und von 1844 bis 1847 aus. In der Zeit von 1837 bis Ende 1843 leitete → Jean Jacques Cuny bis zu seinem tödlichen Unfall die Korporation, ab 1848 folgte → Carl Deneke. Die Aufgaben der Ältesten bestanden in der Förderung der gemeinsamen Angelegenheiten und Interessen der Kaufmannschaft, der Verwaltung ihrer öffentlichen Anstalten und Einrichtungen, des Vermögens, der Stiftungen und der Stellung u. a. von Sachverständigen und Schiedsgerichten. Ende 1829 begann S., innerhalb der Kaufmannschaft anfangs auf großen Widerstand stoßend, sich für den Bau der Magdeburg-Leipziger Eisenbahn einzusetzen. 1835 gehörte er zu den Gründungsmitgliedern des Eisenbahn-Komitees zum Bau dieser Strecke, deren erster Abschnitt schließlich am 28.06.1839 eröffnet wurde. Außerdem war S. einer der ersten Direktoren der nach → Johann Christian Daniel Pinkernelles Plan 1822 gebildeten *Magdeburger Wasser-Assekuranz-Compagnie*.

L: → Martin Behrend, Magdeburger Großkaufleute, 1906, *8*, *16–20* (**B**); → Hans Leonhard, Denkschrift zum hundertjährigen Jubiläum der IHK Magdeburg, 1925, *9–20* (**B**). – **B:** *LHASA.

Horst-Günther Heinicke

Schultze, Karl *Leopold,* Dr. theol. h.c.

geb. 11.07.1827 Crossen/Oder, gest. 24.10.1893 Magdeburg, ev. Theologe, Generalsuperintendent, Kirchenpolitiker.

S. wuchs nach dem frühen Tod der Eltern ab 1835 im Schindlerschen Waisenhaus und im Grauen Kloster in Berlin auf. Nach dem Abitur studierte er ev. Theol. in Berlin und Halle bei August Neander und Julius Müller. Ab 1852 arbeitete er als ev. Pfarrer zunächst in Köthen, dann, ab 1861, in Barmen-Wupperfeld. 1864 wurde er als Konsistorialrat nach Posen berufen, wo er als Superintendent, ev. Pfarrer und ab 1869 als Präses der ao. Generalsynode sowie als Religionslehrer an der höheren Töchterschule und als Kreisschulinspektor tätig war. 1871 nahm S. die Berufung zum zweiten Generalsuperintendenten in Magdeburg an und versah gleichzeitig bis 1881 den Pfarrdienst im nahen Elbeu. Von 1890 bis zu seinem Ableben wirkte er, → Ludwig Möller nachfolgend, als erster Generalsuperintendent und erster Domprediger in Magdeburg. S.s Verdienste lagen in seinem kirchenpolitischen Engagement. Er galt als entschiedener, aber moderater Verfechter der preuß. Kirchunion und wurde namentlich nach Magdeburg berufen, um mit den konfessionell-lutherischen Kräften in der Provinz Sachsen einen Ausgleich zu finden. Hier ging er sehr differenziert vor und wurde bald zu einem geschätzten Gesprächspartner. Als der von → Otto von Bismarck forcierte Kulturkampf mit seinen auch aus protestantischer Sicht unpopulären Gesetzen, wie dem Kanzelparagraphen (1871), den Maigesetzen (1873) und dem Zivilstandsgesetz (1875), ein antipreuß. Klima besonders unter den Lutheranern lancierte, unterstützte S., um den Unionsgedanken zu retten und ein Auseinanderdriften der Provinz Sachsen in Unierte und Lutheraner zu verhindern, gemeinsam mit Rudolf Kögel und Adalbert Falk die Positive Union. Damit begab er sich dennoch in ungewollte Opposition zu Willibald Beyschlags preuß. Mittelpartei, aber auch zum liberalen Protestantenverein, die hinter der Positiven Union als preuß. Hofpredigerpartei nur Handlanger des preuß. Staates erblickten. Demgegenüber betonte S. immer wieder den Einheitsgedanken der Union. Weiterhin setzte sich S. für Werke der Inneren Mission ein: In Gernrode entstand das erste christliche Hospiz Norddtls, durch → Johannes Hesekiel gelang zum ersten Mal die Angliederung der Inneren Mission an das synodale Leben. Mit besonderem Engagement setzte sich S. für den Aufbau der Magdalenenarbeit (Prester bei Magdeburg, Wolmirstedt) und der Ev. Stadtmission Magdeburg (1884 gegründet) ein, die in seinem Todesjahr über neun hauptamtliche Mitarbeiter verfügte.

W: Rückblicke auf den Fall Werner, 1881; Katechetische Bausteine zum Religionsunterricht in Schule und Kirche, 1886, ¹¹1908; Kirchliche Bausteine. Zeugnisse von Licht und Recht der ev. Kirche. Aus nachgelassenen Reden und Abh., 1895, ²1908. – L: ADB 54, 242–256; Mitteldt Leb 4, 366–376 (*B); RE 24, ³1913, 201; Jahresberichte des Stadtvereins für Innere Mission, 1884 ff.; Zum Gedächtnis an D. L. S. Erinnerungen an seinen Heimgang und Reden an seinem Sarge, 1893; Wilhelm Baur, Generalsuperintendent L. S., 1908; → Gustav Hartmann, Der Stadtverein für Innere Mission Magdeburg 1884–1909, 1909.

Matthias Neugebauer

Schultze, Moritz
geb. 23.07.1860 Magdeburg, gest. 26.02.1946 Lindow/Mark, Bankier.

S. war der Sohn von Gustav S., dem Mitinhaber der Fa. *S. & Schäle Bankgeschäft* in Magdeburg. Er besuchte die höhere Gewerbeschule (Realschule) in Magdeburg und absolvierte von 1877 bis 1880 eine kaufmännische Lehre bei → Werner Fritze in dessen Fa. *Friedrich Fritze & Sohn*. Nach einer kurzen Anstellung bei → Christoph Wilhelm Otto Hubbe folgten Auslandstätigkeiten in Bordeaux und Madrid, wo er überwiegend auf dem Gebiet des Übersee-Kommissionsgeschäftes arbeitete. 1883 wechselte er nach Berlin zur *Dt. Bank*, in deren englischer Filiale er seit 1885 tätig war. 1890 wurde S. an die Spitze der von → Carl Deneke initiierten, 1856 gegründeten *Magdeburger Privatbank* berufen, als diese auf ihr Notenbankprivileg verzichtete. Unter seiner Leitung erlebte die *Magdeburger*, seit 1909 als *Mitteldt. Privatbank* firmierende Bank eine beständige Aufwärtsentwicklung. S. erwirkte zunächst Bankbeteiligungen bzw. Übernahmen kleinerer Geldinst. und eröffnete Filialen und Depositenkassen u. a. in Hamburg, Halberstadt, Stendal, Quedlinburg und Halle. In den folgenden Jahren setzten sich die Fusionen zahlreich fort. Neben mehreren alten Traditionshäusern wurden die *Nordhäuser Bank AG* (1905), der *Sangerhäuser Bankverein* (1906), die *Creditbank AG Eisenach* (1907) und als bedeutendster Zuwachs der *Dresdner Bankverein* (1909) von der *Mitteldt. Privatbank* übernommen, die somit ihren Wirkungskreis auch auf das Königreich Sachsen ausdehnen konnte. Zur Pflege des Bankgeschäfts in Thüringen und Hessen wurde mit Aktienmehrheit maßgeblich an der Gründung der *Thüringischen Landesbank* und des *Hessischen Bankvereins* mitgewirkt. Damit stellte S. der Magdeburger Wirtschaft eine der stärksten Banken im mitteldt. Wirtschaftsraum an die Seite, die ihr Aktienkapital während der Jahre zwischen 1894 und 1911 von sechs auf 60 Mio. RM erhöhte, ihren Umsatz auf das Vierzigfache steigerte (von 200 Mio. auf mehr als acht Milliarden RM), im Wertpapiergeschäft eine führende Rolle am mitteldt. Kuxenmarkt einnahm und über ein umfangreiches Filialnetz (1915 bereits 75 Niederlassungen) verfügte. Die 1920 erreichte Größe der Bank verlangte von S. eine Entscheidung zur weiteren Entwicklung. Ein Emporstreben zur Großbank schien sehr schwierig und zeitraubend, weshalb S. auf das Fusionsangebot der 1870 in Hamburg gegründeten *Commerz- und Disconto-Bank* einging. Rückwirkend zum 01.01.1919 ging die *Magdeburger Privatbank AG* in der nunmehrigen *Commerz- und Privat-Bank*

AG auf, in deren Vorstand S. gewählt wurde. 1931 wechselte S., der bei der Finanzierung der Zuckerindustrie eine maßgebende Rolle spielte, in den Aufsichtsrat dieser Berliner Großbank, in dem er bis zu seinem Tod Anfang 1946 tätig blieb. Darüber hinaus war S. Mitglied des Aufsichtsrates zahlreicher Ges., besonders von Banken und Unternehmen der Zucker-, Kali-, Chemie- und Maschinenbauindustrie.

L: Reichshdb 2, *1723* (*B*); Otto Pfahl, Die Mitteldt. Privatbank, Diss. Halle 1912; 100 Jahre Commerzbank, hg. von der Commerzbank AG, 1970, *88–94*. – B: *Hist. Archiv der Commerzbank, Frankfurt/Main.

Horst-Günther Heinicke

Schulze, Ernst August *Gustav*
geb. 17.02.1891 Burg, gest. 20.01.1932 Burg, Schlosser, Flugpionier, Flugzeugbauer.

S. erlernte den Beruf eines Schlossers. Sein Interesse am Fliegen führte ihn nach Bork-Brück bei Berlin. Dort trat er ca. Ende 1909/Anfang 1910 in die Flugmaschinen-Bauanstalt von → Hans Grade ein. Nachdem er sich umfangreiches Wissen angeeignet hatte, kehrte er im Sommer 1910 wieder nach Burg zurück. Im Herbst des gleichen Jahres stellte er seinen selbst gebauten Eindecker mit Motorantrieb vor. Der erste Flugversuch am 16.10.1910 in einem Meter Höhe endete mit einer Bruchlandung. Am 30.11.1910 erreichte S. als Bestleistung eine Höhe von sieben Metern bei einer gemessenen Fluglänge von 450 m. In den Jahren 1911–14 errichtete S. bei Madel die *Flugzeugwerke G. S., Burg*. Bei Beginn des I. WK wurde er Lehrer und Einflieger der ersten dt. Militär-Jagdmaschinen. Mit Kriegsende kehrte S. nach Burg zurück. Aufgrund des nicht mehr einzuholenden Fortschritts bei der dt. Flugindustrie nahm er von der Fliegerei Abschied. Als „kleiner Schlosser" begann er 1918 mit einer Schlosserwerkstatt, in der er Motore und Motorräder baute, ganz von vorn. Er stellte von 1920 bis 1924 Leichtmotorräder der 129-cm³-Klasse her. Das Patentamt in Berlin weiß von zahlreichen Patenten, die er auf Messen in Leipzig vorstellte. S. war neben dem Flugtechniker Grade einer der ersten motorisierten Flieger Dtls.

L: Gerhard S., Luftreisen mit S.-Eindeckern, in: Unser Elb-Havelland. Heimatheft für die Kreise Burg, Genthin, Havelberg und Loburg 2, 1957, *6f.* (*B*); Fs. zum 1050jährigen Bestehen der Stadt Burg, hg. Stadtverwaltung Burg, 1998, *65–67*. – B: *Slg. Paul Nüchterlein, Burg (priv.).

Axel Thiem

Schulze, Friedrich *Wilhelm*
geb. 25.01.1881 Altenplathow bei Genthin, gest. 19.09.1968 Genthin, Schiffbauer, Politiker.

Der gelernte Schiffbauer entstammte einer Arbeiterfam. und hatte sich als Mitglied der Sozialistischen Arbeiterjugend (SAJ) und sog. „SPD-Zeitungsjunge" schon frühzeitig zur SPD, deren Mitglied er 1901 wurde, bekannt und ihre Politik in der Genthiner Region unterstützt. Seit 1920 war S. Vors. des SPD-Ortsvereins Altenplathow und ab 1923, neben seiner Abgeordnetentätigkeit im Genthiner Stadtparlament, Vors. des SPD-Ortsvereins Genthin. Beide Funktionen übte er ohne Unterbrechung bis 1933 aus und war zugleich als Mitglied im Krankenkassenausschuß sowie im Aufsichtsrat des Konsumvereins Kr. Jerichow II politisch tätig. Unter seiner Führung entwickelte sich die SPD in Genthin zu einer politischen Kraft, die allerdings mit dem Anwachsen der ns. Bewegung unter den Bedingungen der Weltwirtschaftskrise 1929/33 zunehmend an Boden verlor und einer starken Konfrontation mit der NSDAP sowie den anderen rechts- und linksextremen Parteien ausgesetzt war. Insbesondere durch sein konsequentes Auftreten gegen die drohende ns. Diktatur hat sich S. anerkannte Verdienste erworben. So hat er entscheidenden Anteil daran, daß im Juli 1932 in Genthin eine kurzlebige Einheitsfrontbewegung zwischen SPD/KPD und anderen demokratischen Kräften zur Abwehr des Ns. zustande kam, die ihren sichtbaren Ausdruck in einer von ihm mit organisierten Demonstration fand und im damaligen Regierungsbez. Magdeburg ein Zeichen setzte. Mit dem Einheitsfrontbekenntnis hatte sich S. einer von der zentralen SPD-Führung erlassenen Anweisung widersetzt und seine konsequente Haltung als kooperativer Linkssozialist dokumentiert. 1933 verlor er seinen Posten als Mitglied der Stadtverordnetenverslg. und stand zeitweilig unter Polizeiaufsicht. Nach 1945 lebte S. zurückgezogen und beteiligte sich nicht mehr am aktiven politischen Leben, obgleich er die Vereinigung von KPD/SPD 1946 mitgetragen hatte.

L: Otto Falk, Stolz und Freude erfüllen ihn. Ein Porträt über W. S., in: Genthiner Rundschau Nr. 14 vom 07.04.1966; Slg. Vf., Genthin (priv.). – **B:** *Slg. Vf., Genthin (priv.).

Klaus Börner

Schulze, Karl

geb. um 1900 Hamburg, gest. 1935 bei Bad Saarow, Dekorateur, Boxer.

S., Sohn eines Dekorationsmalers, war der erfolgreichste Boxsportler Magdeburgs vor dem II. WK. Er boxte ab 1922 in der Gewichtsklasse Fliegengewicht vorwiegend für den Box-Verein *Punching Magdeburg*. Als erster Magdeburger konnte S. 1925 und 1926 den Dt. Meistertitel im Amateurboxen für den Boxverein erringen, nachdem er bereits 1924 Mitteldt. Meister geworden war. 1925 wurde S. auch Dritter der Europameisterschaft in Stockholm. Sein erster Trainer in Magdeburg war Willi Hasenkrug, seit der Gründung des *Punching Magdeburg* 1922 dessen sportlicher Leiter. Starke berufliche Inanspruchnahme veranlaßte S., 1928 wieder in seine Geburtsstadt zu ziehen, wo er noch einige Kämpfe für den Magdeburger Verein austrug. 1928 wechselte S. in das Profilager. Hier siegte er in seinen ersten drei Kämpfen jeweils durch k.o., was ihm den heute noch unter Magdeburgern bekannten Namen „k.o.-Schulze" eintrug. 1928 wurde er zweifacher Dt. Profimeister im Fliegen- und im Bantamgewicht. S. beendete 1932 seine berufliche Laufbahn und wurde Trainer in Berlin. Er ertrank beim Baden in der Nähe von Bad Saarow.

L: Magdeburger General-Anzeiger 1930–35; Slg. Karl-Heinz Kraft, Magdeburg (priv.). – **B:** ebd.

Bernd Gottschalck

Schulze, Walter

geb. 08.02.1917 Meseberg bei Wolmirstedt, gest. 17.06.1998 Meseberg, Lehrer, Oberstudienrat.

S., Sohn des Landwirts Christian S., wurde nach dem Abitur zum Militärdienst eingezogen. Anschließend absolvierte er in Magdeburg eine Lehrerausbildung und war von 1948 bis zu seiner Pensionierung 1982 als Lehrer und Schulleiter in Samswegen und Meseberg tätig. Seine Ernennung zum Studienrat erfolgte 1960, zum Oberstudienrat 1969. S. prägte über mehrere Jahrzehnte das geistig-kulturelle Leben in seinem Heimatort. Er war langjähriger Gemeindevertreter, 1954–98 Ortschronist, 1969–98 Leiter der Gemeindebibl., Mitbegründer des Karnevalsvereins, 1966–96 Vors. des gemischten Chores und ab 1979 der Ortsgruppe der *Volkssolidarität*. Überregional war S. als ehrenamtlicher Mitarbeiter für Bodendenkmal- und Denkmalpflege im Kr. Wolmirstedt tätig. Er sammelte und kategorisierte bedeutende frühgesch. Fundstücke und führte sie der wiss. Forschung zu. Verdienste erwarb sich S. durch seinen Einsatz für den Naturschutz (Anlage von Gehölzpflanzungen und Beobachtungen des Vogelzuges für das Inst. für Landschaftsforschung und Naturschutz).

Ehrhard Jahn

Schulze, Wilhelm

geb. 22.12.1886 Westerhüsen bei Magdeburg, gest. 11.10.1971 Schönebeck, Lehrer, Heimatforscher, Kommunalpolitiker.

Der Sohn eines Gewerbetreibenden besuchte das Lehrerseminar in Barby und trat 1910 zunächst in Schönebeck als Lehrer in den Schuldienst. Später unterrichtete er bis 1955 an der Mittelschule in Salzelmen. Bereits 1919 übernahm er ehrenamtlich die Stelle des Stadtarchivars in Groß Salze, die im Zuge der Eingemeindungen der Vororte Frohse und Bad Salzelmen im Jahre 1932 in die des Archivars der Stadt Schönebeck überging. S. übte die Funktion mehr als 50 Jahre gewissenhaft aus. 1924 zählte er zu den Mitbegründern des KrMus. in Schönebeck. Er veröffentlichte eine Vielzahl von heimatgesch. Schriften und Artikeln, auch hielt er zahlreiche heimatgesch. Vorträge. 1945 gründete er die CDU in Schönebeck mit und engagierte sich als Abgeordneter des Stadtparlaments und des Kreistages sowie als Mitglied des Kreiskirchenrates.

W: Von den älteren Grabsteinen auf dem Kirchhof zu Groß Salze, 1921; → Johann Wilhelm Tolberg, in: Mitteldt. Leb 3, *242–252*; Der Salzhandel der Pfännerschaft von Groß Salze, in: GeschBll 61, 1926, *1–39*; Die Magdeburger Gegend in der Kriegsnot vor 300 Jahren, in: ebd. 68/69, 1933/34, *100–154*; Vom Verfasser der hist. Beschreibung der Salzwerke im Hzt. Magdeburg, in: ebd. 1939/41, *131–140*; Aus der Gesch. des Kr. Calbe, in: Der Kr. Calbe. Ein Heimatbuch, 1937, *137–198*; Schönebeck und seine Nachbarorte in der Franzosenzeit, 1938; Gesch. der Schönebecker Saline, Ms. 1955; Aus der Gesch. der Stadt Schönebeck (8 Bde), Mss. 1962. – **L:** Britta Meldau, W. S. – Stadtarchivar, in: Schönebecker Rundblick 1996. – **B:** *StadtA Schönebeck.

Hans-Joachim Geffert

Schumacher, Ernst

geb. 07.10.1896 Burg, gest. 24.02.1958 Bonn, Schriftsetzer, Parteisekretär.

Als elftes Kind einer Arbeiterfam. erhielt S. seine erste politische Prägung in der Arbeiterjugend. Er absolvierte eine Schriftsetzerlehre und trat 1914 dem Buchdruckerverband und der SPD bei. Seit 1922 war er als Unterbezirkssekretär der SPD in Magdeburg tätig. Zuständig für Oschersleben-Wanzleben, setzte er sich besonders für die weltlichen Schulen ein, aktivierte das Leben in den Ortsvereinen und entwickelte den Unterbezirk zu einer mitgliederstarken und im Kampf gegen den Ns. abwehrbereiten Regionalorganisation der SPD. Im Herbst 1932 ging er als Bezirksleiter nach Düsseldorf und bereitete im Westen fünf Bezirke auf die illegale Arbeit vor. 1933 leitete er von Arnheim und Amsterdam aus das Grenzsekretariat West. Per Parlamentsbeschluß aus den Niederlanden ausgewiesen, setzte S. seine gefahrvolle Arbeit von Belgien aus fort. Dtl. bürgerte ihn 1936 aus und forderte seine Auslieferung. Bei Kriegsausbruch emigrierte S. nach Bolivien, gründete hier den Landesverband der SPD mit und gab die SPD-Wochenztg. *Rundschau von Illimani* heraus. Ende 1947 kehrte S. zurück, war zunächst Bezirkssekretär der SPD Unterfranken, leitete dann bis 1953 den Verlag *Neuer Vorwärts* in Bonn.

L: Bio Hdb Emigr 1, *674f.*; → Franz Osterroth, Biogr. Lex. des Sozialismus, 1960, *279f.* (*B*). – **B:** Slg. Vf., Hannover (priv.).

Beatrix Herlemann

Schumann, Maximilian (Max)
geb. 27.06.1827 Magdeburg, gest. 05.09.1889 Schierke/Harz, Ingenieuroffizier, Panzer- und Geschützfachmann.

S. wurde als Sohn eines Ingenieuroffiziers geb., trat 1845 in den aktiven Militärdienst einer preuß. Pioniereinheit ein und stand längere Zeit in militärischen Diensten in Mainz und Luxemburg. 1863–65 studierte S. in England das Panzerwesen und wurde 1868 in die für das Befestigungswesen in Preußen zuständige Militärbehörde versetzt. 1872 trat S. aus und betätigte sich als Beratungsing. Nach mehrjährigen Versuchen einer Zusammenarbeit mit Alfred Krupp nahm S. 1878 eine Tätigkeit im *Grusonwerk* in Magdeburg auf. Seine vor allem militärtaktische Belange berücksichtigenden Ideen über Panzerbefestigungen wurden zur Grundlage wichtiger Konstruktionen und trugen entscheidend zum Erfolg der Grusonschen Hartguß-Geschütztürme und Panzerlafetten bei.

W: Die Bedeutung drehbarer Geschützpanzer (Panzerlafetten) für eine durchgehende Reform der permanenten Befestigung, ⁷1885; Die Panzerlafetten und ihre fernere Entwicklung im Lichte der Kritik und gegenüber dem Bukarester Versuch, in: Int. Revue, H. 9, 1886. – **L:** Gustav Schröder, M. S. Leben und Leistungen. Seine Bedeutung für die Entwicklung der Panzerfrage in der Landbefestigung, 1890; Meyers Konversations-Lex., ⁵1895; Beiträge zur Gesch. der Technik und Industrie, Bd. 16, 1925, *79f.* (*B*).

Manfred Beckert

Schumann, *Wilhelm* **Emil**
geb. 01.07.1900 Burg, gest. 15.12.1962 Wiesbaden, Kunstmaler, Illustrator, Chiropraktor.

Nach dem Besuch der Volksschule wurde der graphisch talentierte S. mit 21 Jahren der damals jüngste Malermeister Dtls. Er schlug ein Stipendium der Meisterschule des Dt. Handwerks Magdeburg aus, um als selbständiger Restaurator von Wand- und Deckenmalereien sowie Gemälden – nach 1918 als Reklamemaler von Fassaden – seine Fähigkeiten als Kunstmaler und Graphiker selbständig zu vervollkommnen. Ab 1919 bei den „Ernsten Bibelforschern" (Jehovas Zeugen, 1931), deren Taufe er sich 1922 unterzog, arbeitete er bald ehrenamtlich, ab 1924 als Leiter, für das Illustrationsbüro der Wachtturm-Ges. (Zweigbüro der Watch Tower Society, Brooklyn, New York), dem Verlag der Religionsgemeinschaft (Int. Bibelforscher-Vereinigung, IBV). Die Wachtturm-Ges. gab ab 01.04.1923 in Barmen eine selbständige Ausgabe der Zs. *Das Goldene Zeitalter* oder *GZ* (englische Ausgabe *The Golden Age*, ab 1919 Brooklyn, N. Y.; dt. Ausgabe in der Schweiz, ab 01.10.1922 Bern) heraus. Nach dem 1923 erfolgten Umzug nach Magdeburg begann die IBV (Sitz in Elberfeld 1902–1907; Barmen 1908–1923; Magdeburg 1923–1950) im Juni 1923 das *Goldene Zeitalter* in einer Auflage von 35.000 Exemplaren selbst zu drucken. Ab 01.02.1926 erschien die Zs. mit eigenen Titelseiten, die S. gestaltete. Er kolorierte zudem die Lichtbilder für das berühmte „Schöpfungsdrama", mit dem Prediger wie → Erich Frost reisten. Von 1928 an unterstand S. als Leiter der Reproduktions- und chemographischen Abt., die für alle Bilder in den Zss., Büchern und Broschüren technisch zuständig war, direkt dem Hauptbüro in Brooklyn, während → Paul Balzereit als Verlagsdir. arbeitete. Die moderne Druckerei in Magdeburg, die neben Dtl. Nord- und Osteuropa mit IBV-Lit. versorgte, produzierte täglich etwa 6.000 bis 10.000 Bücher (Schließung durch die Nationalsozialisten am 28.03.1933). Die gelungenen Illustrationen des *GZ* trugen zur Beliebtheit der Zs. in Dtl. bei. Gegner maßen den Einfluß der Zeugen Jehovas an der Auflagestärke der Zs. (1930: 345.000 Exemplare, kurz vor dem ns. Verbot, 24.06.1933: 430.000 Exemplare). 1933 und 1934 war S. für die Watch Tower Society in Bern (Schweiz) tätig, wo er das unvollständig aus Dtl. importierte „Schöpfungsdrama" komplettierte und sich gleichzeitig durch Schweizer Ärzte in der Chiropraktik (Handheilverfahren durch Wirbeladjustierung) ausbilden ließ. Nach der Rückkehr folgte 1935 seine Zulassung als Chiropraktor in Magdeburg. S., der sich durch Hinwendung zum Patienten auszeichnete, entwickelte erfolgreiche chiropraktische Adjustierungsgriffe und gehörte bald zu den bekanntesten Vertretern der Chiropraktik Dtls. 1938 wurde er wegen „illegaler Betätigung" für Jehovas Zeugen zu einer Gefängnisstrafe verurteilt. Am 21.01.1944 versorgte S. unter Lebensgefahr die Verwundeten des Luftangriffs auf Magdeburg. 1943 und 1944 stellte S. zusammen mit seinem Sohn Gerhard (geb. 29.05.1929 Magdeburg) und anderen heimlich Wachtturm-Schriften her, die im Bez. Magdeburg, Berlin und in Konzentrationslagern Verbreitung fanden. Er wurde zusammen mit seinem Vertrauten Johannes Schindler (geb. 07.04.1901 Dresden, gest. 23.12.1986 Frankfurt/Main) am 17.10.1944 zum Tode verurteilt, doch beide entgingen dem Fallbeil in Brandenburg. Sohn Gerhard erhielt eine Zuchthausstrafe. 1945/46 war S.s Chiropraxis in der Otto-von-Guericke-Straße 50 in Magdeburg behelfsmäßiges Büro der Wachtturm-Ges. Das NKWD setzte S. im Frühjahr 1950 stark unter Druck. Kurz nach dem DDR-Verbot der Zeugen Jehovas am 30.08.1950 brachte sich S. in den Westteil Berlins in Sicherheit. Er setzte bis zu seinem Tod die Tätigkeit als Kunstmaler und Chiropraktor in Wiesbaden fort.

W: Titelseiten (Auswahl): Erlösung (GZ vom 01.01.1929); Weltbeglücker (GZ vom 15.01.1929), Winters Leid und Lust (GZ vom 01.02.1929); Stuckwandbilder am Königreichsaal der Zeugen Jehovas, Wiesbaden, Hellmundstraße 33. – L: Jb. der Zeugen Jehovas 1974, *96*; Detlef Garbe, Zwischen Widerstand und Martyrium. Die Zeugen Jehovas im „Dritten Reich", ⁴1999, *341f.* – B: *Geschichtsarchiv der Zeugen Jehovas, Wachtturm-Ges. Selters/Taunus.

Johannes Wrobel

Schuster, *Paul* Emil Karl
geb. 15.02.1860 Nadziejewski (Hoffnung) bei Posen, gest. 03.01.1916 Magdeburg, Architekt, Zimmerer- und Maurermeister.

Die *P. S. Bauunternehmung GmbH* ist eines der ältesten, in direkter Linie bis heute fortgeführte Familienunternehmen Magdeburgs, das 1886 aus der Übernahme des Baugeschäftes der Gebrüder Rasche in Magdeburg-Wilhelmstadt durch S. hervorging. Der Sohn eines Revierförsters erlernte das Zimmererhandwerk, legte die Meisterprüfung ab und studierte in Höxter Architektur. Danach verschlug es den jungen Architekten nach Magdeburg, wo er als Zimmerermeister in das Geschäft der Rasches eintrat. Er führte durch seine engagierte Arbeit innerhalb des Vorstandes der Zimmererinnung die Magdeburger Innungen der Maurer-, Zimmerer- und Steinbildhauermeister zu einer einheitlichen Berufsvertretung zusammen. S.s Bauunternehmen war im Stadtgebiet Magdeburgs maßgeblich an der Ausführung zahlreicher Bauten sowie an ersten Sanierungsarbeiten im Sinne des Denkmalschutzes beteiligt, u. a. 1899 bei der Rekonstruktion des ältesten erhaltenen Wohngebäudes, des Gotischen Hauses in der Poststraße 5, mit einer Giebelneugestaltung zur Kreuzgangstraße, 1902 bei der Errichtung des Wohn- und Geschäftshauses Olvenstedter Chaussee Nr. 1, das 1911 als hervorragende Architekturleistung prämiert wurde, sowie 1904–06 am Bau des Magdeburger Kaiser-Friedrich-Mus. Mehrere Auszeichnungen weisen ihn als begabten Baumeister aus, u. a. erhielt er 1904 anläßlich einer Handwerkerausstellung in Magdeburg die Goldmedaille. 1906 errangen sein Entwurf und die Bauausführung eines Jugendstilpavillons für die III. Dt. Kunstausstellung in Dresden eine Silbermedaille. 1907 verlieh der König dem Unternehmer den Titel eines Ritters des Kgl. Kronen-Ordens. S. war Mitglied des Gemeindekirchenrates der Pauluskirche. Bereits um die Jahrhundertwende hatte S. in die Westseite der Marienkirche des Magdeburger Klosters U. L. F. eine Orgelempore eingebaut, die mit der Restaurierung und dem Umbau der Kirche zur Konzerthalle (eröffnet 1977) ebenfalls durch den Familienbetrieb S. wieder abgebrochen wurde. Beide Söhne S.s wirkten im väterlichen Betrieb mit. Die folgenden Inhaber fühlten sich stets den Bautraditionen des Firmengründers verpflichtet, wobei die Denkmalpflege und Erhaltung hist. Bausubstanz sich zur Spezialität des Unternehmens entwickelte. Auch unter den Bedingungen der Verstaatlichung blieb der Betrieb 1972–90 als *VEB Denkmalpflege Magdeburg* in Familienhand und konnte an den Betriebstraditionen festhalten. Seit 1990 engagieren sich die Erben der Fa. unter dem Gründernamen in der vierten Generation als Diplombauingenieure und Fachingenieure für Denkmalpflege für die Erhaltung des baulichen Erbes in Magdeburg und darüber hinaus.

L: Unterlagen Hans P. H. S., Magdeburg (priv.). – B: *ebd.

Heike Kriewald/Hans P. H. Schuster

Schwab, Clara, geb. Glatz
geb. 28.12.1896 Osterwieck, gest. 03.07.1947 Burg, Kommunistin, Kommunalpolitikerin.

S.s Vater, Gerber und aktives Mitglied der SPD, bekam nach Teilnahme an einem Streik in Osterwieck keine Arbeit mehr und siedelte mit seiner Fam. nach Burg bei Magdeburg über. Dort besuchte die überdurchschnittlich begabte S. die Mittlere und Volks-Töchterschule in der Kapellenstraße. Nach der kaufmännischen Lehre in der Burger Zweigstelle der *Dresdner Bank* (1910/11–14) fand sie keine entsprechende Arbeitsstelle und ging in einen Privathaushalt nach Artern. Sie wurde Mitglied der KPD. Nach ihrer Heirat arbeitete sie als Heimarbeiterin der Schuhfabrik *Conrad Tack & Cie.* in Burg, wenig später fing sie in dieser Fabrik als Stepperin an. Die KPD stellte sie bei den Kommunalwahlen 1929 auf, sie wurde mit → Hermann Matern und → Willi Steiger in das Stadtparlament gewählt und übernahm ihre erste öffentliche Funktion. Im März 1933 wurde sie verhaftet und bis August 1933 im Berliner Frauengefängnis Barnimstraße von den Nationalsozialisten interniert. Im Polizeibericht wurden ihre Mitgliedschaft in der KPD, ihr Stadtverordneten- und Landtagsmandat registriert. Nach ihrer Entlassung aus dem Gefängnis arbeitete sie wieder bei der Fa. *Tack* in Burg und leistete illegale Arbeit bis zur erneuten Verhaftung nach dem 20. Juli 1944. Nach dem Ende des Ns. wurde S. wiederum Stadtverordnete. Ihre Hauptaufgabe sah sie in der Linderung der Not der Flüchtlinge, besonders der Flüchtlingskinder. Sie gründete den ersten Nachkriegskindergarten in Burg. S. wurde 1946 MdL von Sa.-Anh. und leitete bis zu ihrer schweren Erkrankung im Arbeitsamt Burg die Abt. Sozialwesen.

L: Aus dem Leben von C. S., AG Junge Historiker des Kreisheimatmus. Burg, um 1965; Ihre Namen und ihre Taten bleiben unvergessen, hg. von einem Autorenkollektiv, um 1984; Vf., Als Kommunistin auch bei Andersdenkenden anerkannt, in: Volksstimme Burg vom 05.07.1997. – **B:** Heinz Strache, Ölgemälde C. S. (Stadtverwaltung Burg); *Slg. Vf., Burg (priv.).

Paul Nüchterlein

Schwantes, *Martin* Paul Albert
geb. 20.08.1904 Drengfurth bei Rastenburg/Ostpreußen, gest. 05.02.1945 Zuchthaus Brandenburg (hingerichtet), Lehrer, Widerstandskämpfer.

S. war ältestes Kind des Uhrmachermeisters Hermann S. Die Fam. lebte seit 1906 in Gommern. Ab 1910 besuchte S. die Volksschule Gommern, belegte 1918–24 die Präparandenanstalt und das Lehrerseminar in Quedlinburg. S. war hier Mitglied der Poetengemeinschaft *Johannes*. Danach arbeitslos, hielt sich S. 1924–26 als Gelegenheitsarbeiter in den USA auf. Er übernahm 1926 eine Hilfsstelle als Volksschullehrer für gehobene Klassen in Gommern, arbeitete ab 1927 an Magdeburger Schulen, u. a. an einer weltlichen Schule. In den 1920er Jahren hielt er freundschaftliche Kontakte mit dem sozialdemokratischem Lehrer → Fritz Heicke in Gommern. 1928 trat S. der KPD bei, betätigte sich fortan politisch und wurde Mitglied der Bezirksleitung der KPD Magdeburg-Anhalt. 1931 unternahm S. mit der *Freien Lehrergewerkschaft Dtls* eine Reise in die Sowjetunion. Im gleichen Jahr machte er seine zweite Lehrerprüfung. Ab 1932 arbeitete er an der kommunistischen Ztg. *Tribüne* mit. 1933 wurde S. aus dem Schuldienst entfernt, und sein Leben in der Illegalität begann. Er arbeitete neben → Ernst Brandt und → Walter Kaßner als Bezirksinstrukteur in der Region und wurde wenig später zum Instrukteur des ZK der KPD berufen. Ab 1934 folgten Verhaftung, Gefängnislazarett, Zuchthäuser und Schutzhaft im KZ Sachsenhausen. Nach seiner Entlassung 1941 fand er Beschäftigung in der Schuhfabrik von → Otto Krieger in Gommern. Er leistete illegale Arbeit mit → Johann Schellheimer, → Hermann Danz und → Friedrich Rödel in Magdeburg und ab 1943 mit weiteren Gesinnungsgenossen im Nationalkomitee Freies Dtl., besonders mit der Anton-Saefkow-Gruppe in Berlin. S. war zuständig für die illegale Arbeit in Mitteldtl. Er wurde Mitglied der operativen Landesleitung der KPD in Sa.-Anh. und entwarf u. a. Konzepte für die Jugendarbeit und das Schulwesen nach der Niederlage des Ns. 1944 folgten die erneute Verhaftung, Todesurteil und Hinrichtung unter dem Fallbeil. In der DDR wurden pädagogische Einrichtungen, Straßen und Sportstätten nach S. benannt.

L: Wolfgang Benz/Walter H. Pehle (Hg.), Lex. des dt. Widerstandes, 1994, *394*; Peter Steinbach/Johannes Tuchel (Hg.), Lex. des Widerstandes 1933–1945, 1994, *171*; Klaus Drobisch, M. S., in: Antifaschistische Lehrer im Widerstandskampf, 1967, *95*; Günter Wingert, Nur eine klassenlose Ges. kann den Weg in die Zukunft weisen. Aus Briefen von M. S., in: Der Gemeindeverband Gommern, 1974, *6–8*; Heiko S., Lebensweg des Antifaschisten und Pädagogen M. S., Dipl.-Arbeit Magdeburg 1978; Herbert Matthias/Heiko S./Mathias Tullner, M. S. – ein Lebensweg, 1986; Heiko S., M. S. – ein Leben erfüllt vom Kampf für Frieden, Fortschritt und Demokratie, in: Magdeburger Bll. 1988, *30–36*; Günter Wingert, M. S. – ein Sohn unserer Stadt, in: Gommern Mosaik, 1997, *78f.*; Bruno Heyne, Nach dem I. WK bis Mai 1945, in: Fs. 1050 Jahre Gommern, 1998, *41f.*; M.-S.-Archiv Vf., Gommern (priv.); Familienunterlagen Siegfried S., Magdeburg (priv.). – **B:** *M.-S.-Archiv Vf., Gommern (priv.).

Elke Klitzschmüller

Schwantner, Emil
geb. 27.08.1890 Königshan/Ostböhmen, gest. 18.12.1956 Schönebeck, Bildhauer.

Der Sohn eines Bergmann und Gastwirts absolvierte nach der Volksschule in Bober (1896–1905) eine Lehre als Modelleur in Schatzlar. Anschließend besuchte er die Fachschule für Keramik in Teplitz-Schönau (1907–09) und studierte dann an der Prager Kunstakad., u. a. bei dem bedeutenden tschechische Bildhauer Václav Myslbek, dem Schöpfer des Reiterstandbildes des Heiligen Wenzel auf dem Wenzelsplatz in Prag. Seine in dieser Zeit geschaffenen Tierplastiken „Ziegenbock" und „Erblindetes Grubenpferd" erhielten jeweils den ersten Preis der Bildhauerklasse. Nach dem Examen 1912 arbeitete er in Berlin bei Franz Metzner

u. a. an dem für Teplitz-Schönau bestimmten, fünf Meter hohen Kaiser-Josef-Denkmal, an der später in Chicago stehenden acht Meter hohen Lessing-Figur sowie an Modellen für das Völkerschlachtdenkmal in Leipzig. Der einfache Künstler aus dem Volk genoß die Wertschätzung aller Kreise. Vom Sommer 1913 bis zu seiner Aussiedlung nach Ottersleben bei Magdeburg im Juni 1946 war er als selbständiger Bildhauer in Berlin, Wien und Trautenau/Ostböhmen tätig. S., der zweimal eine Professur an der Prager Kunstakad. ablehnte, arbeitete nach seinem Umzug zunächst für eine Schönebecker Fa., ehe er dort ab 1948 wiederum als selbständiger Bildhauer tätig war. Während seiner Schönebecker Zeit schuf er neben zahlreichen kleineren Arbeiten das Werk „Aufbau" (Männer schieben einen schweren Klotz) und für die Magdeburger Ulrichskirche den „Ulrichsbogen". Obwohl auch in seiner neuen Heimat unter den hier entstandenen Kunstwerken zahlreiche prämierte Bildwerke und erste Preise zu finden waren, blieb S. die breite Anerkennung versagt. Sein letztes Werk war der im Herbst 1956 entstandene „Christuskopf". Neben einigen im Riesengebirgsmus. Hohenelbe (Vrchlabi) ausgestellten Kunstwerken befinden sich heute die meisten seiner noch erhaltenen Kunstwerke im Privatbesitz.

W: s. o. – **L:** Erwin Schön, E. S. – der Bildhauer aus dem Riesengebirge, 1980 (*B*); Galerie Mesta Trutnova, E. S., 1996, *28*.

Britta Meldau

Schwartz, *Walter* Gustav Rudolf, Prof. Dr. rer. nat. habil.
geb. 18.02.1931 Stettin, gest. 20.07.1998 Magdeburg, Dipl.-Chemiker, Hochschullehrer.

Der Sohn des Ing. Rudolf S. legte das Abitur 1950 in Finsterwalde/Niederlausitz ab, studierte anschließend bis 1957 Chemie an der Univ. Greifswald und prom. dort 1962 mit einer Diss. zur Spektralphotometrie elektronenreicher Komplexe. Seine Lehrer waren Gerhard Bähr und Siegfried Herzog. Ab 1962 war S. wiss. Oberassistent an der TH Magdeburg und baute dort die Analytische Chemie auf. 1968 habil. er sich mit Untersuchungen des Einflusses von Komplexbildnern auf den Verlauf reduktometrischer Titrationen. 1969 wurde S. Hochschuldoz. für Analytische Chemie, 1979 ao. Prof. und 1992 Prof. für Physikalische Chemie. Von 1982 bis 1990 leitete S. den Wissenschaftsbereich Chemie und anschließend bis 1996 das Chemische Inst. der Univ. Magdeburg. 1993–94 fungierte er als Prorektor für Wiss., war Mitglied des Konzils und des Senats. Den Schwerpunkt seiner wiss. Arbeiten bildete die physikalisch-chemische Analytik von Verbrennungsvorgängen.

W: (Mitautor) Lehrwerk Chemie, Bd. Reaktionsverhalten und Syntheseprinzipien, 1973, ⁴1989; Untersuchungen von Verbrennungsvorgängen mittels Gaspotentiometrie mit Sauerstoff-Festelektrolyt-Sensoren, in: Brennstoff-Wärme-Kraft, Bd. 45, H. 12, 1993, *521–526*; UnivA Magdeburg: PA. – **B:** ebd.

Wolfgang Brüser

Schwartzkopff, Louis
geb. 05.06.1825 Magdeburg, gest. 07.03.1892 Berlin, Ing., Firmengründer.

S. war Sohn eines Magdeburger Holzhändlers. Nach dem Abitur und einem einjährigen Militärdienst bei den Pionieren in Magdeburg studierte er Maschinenbau am Beuthschen Gewerbeinst. in Berlin. Von 1845 bis 1847 lernte er in der Maschinenfabrik von August Borsig den praktischen Maschinenbau kennen. Anschließend arbeitete S. in Magdeburg als Maschinenmeister bei der Magdeburg-Wittenberger Eisenbahn. 1852 gründete er in Berlin eine Maschinenfabrik und Eisengießerei, die sich nach anfänglichen Schwierigkeiten zu einem der bedeutendsten dt. Hersteller von Bergwerksmaschinen, Krananlagen, Dampfhämmern, Dampframmen und von 1867 an auch von Lokomotiven entwickelte. 1870 erfolgte die Umwandlung in eine Aktienges., in der S. erst als Generaldir. und später bis zu seinem Tod als Vors. und Mitglied des Aufsichtsrates wirkte.

L: Zs. VDI 36, 1892, *417*; Zs. Stahl und Eisen 12, 1892, *299*; Conrad Matschoss, Männer der Technik, 1925, *243f.*; 75 Jahre S. (1852–1927), 1927; Brigitte Beer, L. S. Lebensbild eines „patriotischen Bürgers und werkthätigen Industriellen", 1943; D. Lawrenz, S.-Lokomotiven 1867–1945, 1986.

Manfred Beckert

Schwarz, Ernst, Dr. med. dent.
geb. 28.07.1900 Graudenz, gest. 30.08.1967 Biederitz, Zahnarzt, Sanitätsrat.

S., Sohn des Pädagogen Anton S., absolvierte bis 1918 das humanistische Gymn. zu Graudenz und studierte Zahnheilkunde, zuletzt in Leipzig, wo er 1922 die Approbation erhielt und sich als praktischer Zahnarzt niederließ. 1930 prom. S. als Externer in Tübingen unter Wolfgang Praeger. Anfang 1925 wurde er in Leipzig als Schulzahnarzt angestellt, war von Januar 1926 bis zu seiner Anstellung durch die Stadt Magdeburg im Oktober 1926 Bezirkszahnarzt in Stollberg/Erzgebirge. In Magdeburg war S. zunächst Leiter der Städtischen Schulzahnklinik, die aus Stationen in der Berufsschule am Krökentor und in der Editha-Schule, Bismarckstraße 1, mit je vier Zahnärzten und Helferinnen bestand. Zusätzlich wurde S. 1928 Leiter der zahnärztlichen Station des Krankenhauses Magdeburg-Altstadt, aus der 1931 unter seiner Leitung die Zahnklinik der Städtischen Krankenanstalten mit Sitz im Sudenburger Krankenhaus entstand. S. begründete damit die Klinische Stomatologie in Magdeburg. Außerdem initiierte er im März 1927 in Magdeburg, nach Bayern und Sachsen, die Gründung eines *Landeskomitees für Schulzahnpflege in Sa.-Anh.*, das bis 1938 bestand. S. wurde als Schriftführer des Landeskomitees in das *Dt. Zentralkomitee für Zahnpflege in den Schulen* gewählt. 1928 führte er in Zusammenarbeit mit der Univ. Halle den ersten Fortbildungslehrgang zur Ausübung schulzahnärztlicher Tätigkeit durch, dem bis 1932 weitere folgten. Die Lehrgänge fanden am Städtischen Inst. für ärztliche Fortbildung und med. Unterricht in Magdeburg statt. S., der bis zu ihrem Verbot 1933 der SPD angehörte, wurde zum 30.09.1933 aus dem städtischen Dienst entlassen. Er trat in den Reiter-Sturm 12/III der SA ein und wurde bis 1938 als Schulzahnarzt nebenamtlich weiterbeschäftigt. Die aus dem *Zentralkomitee für Zahnpflege* 1938 geschaffene *Arbeitsgemeinschaft für Jugend-Zahn- und Mundpflege* beim ns. Reichsausschuß für Volksgesundheit hatte keine weitere Verwendung für ihn. S. ließ sich 1940 in Biederitz in eigener Praxis nieder, wo er auch nach dem Ende des II. WK praktizierte. Die DDR-Reg. verlieh ihm dem Titel eines Sanitätsrates. Als Vors. des Ortskomitees des *Dt. Roten Kreuzes* war er in Biederitz einer der eifrigsten Gesundheitserzieher.

W: Gesundheitsbelehrung in der Zahnpflege. Ihr Aufbau und ihre Methodik, 1928; Über die Frequenz der Zahnfäule an Sitzenbleibern der magdeburger Grundschulen, Diss. Tübingen 1930. – **L:** → Kurt August Koelsch, Das Krankenhaus Magdeburg-Altstadt. Fs. zu seinem 150jährigen Bestehen 1967, *51*; → Elfriede Paul, E. S., in: Akad. Ztg. 10, 1974, Nr. 17; StadtA Magdeburg: Rep. C 20 I b, 1560 I u. II; Archiv des Inst. für Pflegegesch., Qualzow. – **B:** *Slg. Vf., Qualzow (priv.).

Horst-Peter Wolff

Schwarz, Hans (*Hanne*)
geb. 16.09.1912 Weißenfels, gest. 09.12.1996 Bad Honnef, Kupferschmied, Schwimmsportler.

S. hatte selbständig das Schwimmen in der Saale erlernt und wurde Mitglied im Schwimmclub *Neptun* Weißenfels. Bereits als Zwölfjähriger erkämpfte er 1924 in München den Titel eines Dt. Jugendmeisters. 1927–30 absolvierte er eine Lehre als Kupferschmied, legte 1932 in Halle seine Schwimmeisterprüfung ab und bekam eine Anstellung im Halleschen Stadtbad. 1933 ging er nach Magdeburg zum *Magdeburger Schwimmclub 1896*, war erfolgreich bei vielen nationalen und int. Schwimmwettkämpfen. Er belegte bei den Europameisterschaften 1934 in Magdeburg einen vierten Platz über 100 m Rücken und erwarb die Silbermedaille in 200 m Kraul. 1934 wurde er auch Dt. Meister über 100 m Rücken in 1:13,5 min., 1935 war er wiederum Dt. Meister über 100 m Rücken in 1:09,7 min und erkämpfte in der 4 × 200 m Freistilstaffel Europarekord. In der Heeressportschule Wünsdorf bereitete sich S. auf die XI. Olympischen Sommerspiele 1936 in Berlin vor, blieb aber ohne Medaille, obwohl er im Zwischenlauf über 100 m Rücken bester Mitteleuropäer war. 1936–45 startete S. für den *Magdeburger Schwimmverein Hellas 1904*, 1945–48 war er als Sportlehrer tätig. 1948 ging S. über die „grüne Grenze" nach Köln, arbeitete dort als Schwimmeister, dann im Hallenbad Neuwied und später als Leiter des Univ.-Hallenbades in Mainz. Ab 1951 war er sehr aktiver Altersschwimmer und startete bei zahlreichen Meisterschaften. Er errang 50 int. Titel, darunter viele Medaillen von Welt- und Europa-Meisterschaften der Altersschwimmer. Seine Erfolgsbilanz wies 136 Dt. Meistertitel auf. 1978 zur Weltmeisterschaft in Toronto holte er in der Altersklasse 65–69 Jahre die Goldmedaillen in 50 m, 100 m, 200 m Rücken und stellte inoffizielle Weltrekorde für diese Strecken auf. 1992 wurde er beispielsweise in der Altersklasse 80 Jahre Dt. Meister über 50 m und 100 m Rücken. S., der bis zu seinem 84. Lebensjahr rund 1.600 Goldmedaillen erschwommen hat, gilt als Schwimmlegende.

L: Wolfgang Pahnke/Vf., Schwimmen in Vergangenheit und Gegenwart, Bd. 1, 1979, *202*; H. S. – Schwimmen war sein Leben, in: Fs. 101 Jahre Magdeburger Schwimm-Club von 1896 e.V., hg. von der Traditionsgemeinschaft MSC 1896, 1997, *23*; Aufzeichnungen ABM-Gruppe Sport, Mss. 1998/99 (KHMus. Magdeburg).

Norbert Heise

Schwerin, Christoph *Friedrich* (*Fritz*)
geb. 02.01.1829 Rohrberg bei Beetzendorf/Kr. Salzwedel, gest. 23.05.1870 Altenhausen/Kr. Neuhaldensleben, Lehrer, Kantor, Mundartdichter, Erzähler.

S. wuchs als Sohn eines Böttchermeisters in einem Elternhaus auf, in welchem die Grundsätze der Herrnhuter Brüdergemeinde galten: Auch ein schwerer Arbeitsalltag mit eingeschränkten Einkünften ist eine gottgegebene Gnade, für die man stets dankbar sein muß. S. war ein strebsamer Schüler, der endlich 1846 die Präparandenanstalt in Magdeburg besuchen durfte, um sich auf die Landlehrerausbildung vorzubereiten. Am Lehrerseminar in Magdeburg studierte er 1847 bis 1850 und schloß seine Ausbildung mit „sehr gut" ab. In dieser Zeit kam S. zuerst mit zeitgenössischer Lit. und speziell der aufblühenden niederdt. Dichtung in Berührung und erkannte, welchen sprachlichen Reichtum er durch sein unmittelbares Aufwachsen im „plattdt.-altmärkischen" Sprachgebiet besaß. Er las unter anderen die vielgelobten Gedichte von Wilhelm Bornemann, die freilich das Niederdt. oft nur sehr dürftig für biedermeierlich-harmlose Unterhaltung nutzten. Größer war der Einfluß durch → Fritz Reuter, mit dem S. in Briefwechsel trat. Mit seiner Lehrbefähigung begann S. seine berufliche Laufbahn in Quedlinburg und unterrichtete verwahrloste Kinder in einem Heim. Durch → Philipp und → Marie Nathusius war in jener Zeit im nahen Neinstedt eine solche christliche Erziehungseinrichtung geschaffen und wurde nachgeahmt. Als sich aber eine Lehrerstelle an einer Privatschule in Klötze anbot, kehrte S. 1851 in seine altmärkische Heimat zurück. Im Jahr darauf wurde er Kantor und Lehrer in Emden und 1854 in gleicher Position in Altenhausen/Kr. Neuhaldensleben angestellt, das seit 1475 im Besitz der Grafen von der Schulenburg (→ Karl von der Schulenburg) war. In diesem Ort fand der geschätzte Pädagoge Möglichkeiten, seinen hist. und poetischen Interessen auch schriftstellerisch nachzugehen, wobei angemerkt sei, daß S. sie durchaus in erster Linie mit oft spürbarer pädagogischer Absicht niederschrieb. Er verstand dieses Bestreben als Verpflichtung für einen „Volksschriftsteller". S. begann mit „Joachim Wernemann" (1855) – als „altmärkische Dorfgesch." deklariert, in Wirklichkeit eine erzählende Volkskunde, eine fiktive Biogr. mit detailliertem Wissen um Brauchtum und Alltagswelt in einem Dorf der nordwestlichen Altmark. 1858 erschien S.s Hauptwerk „Der Altmärker", eine Auslegung niederdt. Sprichwörter im christlichen Sinne mit eigenen Gedichten. Diese Slg. wurde in 2. Auflage 1896 vollkommen in Sprache und Duktus zerstört, durch einen Hg., der stolz war, kaum eine Zeile in ursprünglicher Form gelassen zu haben. Dabei hatte Johann Friedrich Danneil 1859 in seinem „Wörterbuch der altmärkischplattdt. Mundart" gültig behauptet: „Das beste altmärkische Platt schreibt Fritz S., Kantor in Altenhausen". Als eine Art Anhang erschien noch „Vöggel-Sprak und Snack" (1859). Nach Archivalien im Schloß der Grafen von der Schulenburg entstand in Altenhausen zudem die Biogr. „Alexander v. d. Schulenburg" (1858) und „Fünf Edelleute aus vorigen Tagen" (1859), die im Gegensatz zu den niederdt. Texten heute nur noch hist. Interesse finden werden.

W: s. o.; Der Altmärker. Schatzkästlein für echte altmärkisch schlagende Herzen und in plattdt. Umgangssprache redende Zungen, 1858, ²1896 (unbrauchbar), ³1921. – **L:** Mitteldt Leb 4, *377–382* (***B***); Th. Plügge, F. S. Abriß seines Lebens, in: Der Altmärker, 1898, *321–348*; F. Wippermann, F. S., in: MonBl 82, 1940; Martin Wiehle, Altmark-Persönlichkeiten, 1999, *163*.

Hanns H. F. Schmidt

Schwiers, Adolf *Gottfried*
geb. 19.09.1904 Mönchengladbach, gest. 04.09.1982 Mönchengladbach, Dirigent, Komponist, Pianist.

S. erhielt – wie seine sieben Geschwister – eine strenge musikalische Erziehung. Als Fünfjähriger bekam er Klavierunterricht, zwei Jahre darauf stand er erstmalig auf dem Konzertpodium. Seine Lehrer am Konservatorium Mönchengladbach (1910–18) waren H. Holz und H. Schöne. 1920–23 studierte S. an der Hochschule für Musik in Köln, deren Rektor Hermann Abendroth war. Dieser förderte das Interesse des jungen Pianisten am Dirigieren. 1923 wurde S. Kapellmeister an der Operette in Rheydt. Nach einer freiberuflichen Zeit als Konzertpianist (ab 1924) und Privatunterricht (1926/27 bei C. Wolfram) war S. zunächst Solorepetitor am Kölner Opernhaus (1935–39) und dann erster Kapellmeister am Landestheater Altenburg (bis 1944). Nach Kriegsdienst und Gefangenschaft setzte er ab 1946 seine Tätigkeit in Altenburg fort. Zum 01.03.1952 wurde S. als Generalmusikdir. (GMD) und Musikalischer Oberleiter an die Bühnen der Stadt Magdeburg berufen. 16 Jahre lang bestimmte er die Musikentwicklung des Theaters. Seine Programme berücksichtigten „das klass. Musikerbe aller Zeiten und Nationen ebenso … wie das Musikschaffen der Gegenwart" (Michael, 1997). Erstmalig seit dem Kriegsende brachte er 1952 mit „Die Meistersinger von Nürnberg" wieder ein Werk → Richard Wagners auf den Spielplan. 1961 folgte „Die Walküre". Sein Interesse an Wagner hatte bereits in seiner Altenburger Zeit Ausdruck gefunden, als er gemeinsam mit Wieland Wagner den „Ring" vorbereitete. Auch der zeitgenössischen Musik maß S. in Oper und Konzert große Bedeutung bei. Zu den zeitgenössischen Opern, die er aufführte, gehörten Robert Hanells „Die Spieldose" (1958), → Hermann Henrichs „Amphytrion" (1958), Iwan I. Dsershinskis „Der stille Don" (1960), Heinz Röttgers „Der Heiratsantrag" (1961) und Gottfried von Einems „Dantons Tod" (1967). Werke von „Klassikern" wie Reger, Gerster, Hindemith, Schönberg, Kodály und Schostakowitsch waren ebenso zu finden wie jene der jüngeren Komponistengeneration: Haas, Büttner, Riethmüller, Wiese und Wohlgemuth. Auch eigene Werke sowie Werke der Magdeburger → Rudolf Hirte und → Gerhard Dorschfeldt standen auf dem Programm. In Sinfoniekonzerten führte er das Prinzip der thematischen und Komponistenzyklen ein: Beethoven (1957/58, 1967/68), Mozart (1955/56), Haydn (1959/60), Schubert (1960/61), Tschaikowski (1961/62), Dvořák (1962/63) und Richard Strauss (1963/64), Wiener Klassik (1964/65), Dt. Romantik (1965/66). Gleiches realisierte er von 1956 bis 1960 in einer Kammermusikreihe: 1956 Mozart, 1957 Beethoven, 1958 „Vom Frühbarock bis zur Spätromantik – Geigenmusik aus vier Jahrhunderten". 1957 und 1958 fanden unter seiner Leitung Magdeburger Bruckner-Tage statt. Auch der Alten Musik galt S.' Interesse. Unter seiner Ägide wurden zahlreiche Werke des in Magdeburg geb. Georg Philipp Telemann aufgeführt (2. Sinfoniekonzert 1954; „Der geduldige Sokrates", EA 1965 während der 2. Telemann-Festtage; „Der neumodische Liebhaber Damon" 1967, EA anläßlich des 200. Todestages Telemanns zu den 3. Telemann-Festtagen). S. war Mitbegründer des Telemann-Arbeitskreises und wurde dessen langjähriger Vors. Er übernahm die künstlerische Leitung der Telemann-Festtage und führte die allmonatlichen, noch heute fortbestehenden Telemann-Sonntagsmusiken ein (ab 05.11.1961). Nach seiner Pensionierung 1968 siedelte S. in seine Geburtsstadt über. Dem 16jährigen Wirken S.' als GMD verdankt das Magdeburger Musikleben wesentliche Impulse, die bis in die Gegenwart hineinwirken.

W: Osterland, Orchesterprolog, 1947; Sinfonie in D-Dur, 1952; Sinfonie in B (UA Magdeburg 1954); Mühlhausener Ratsserenade, 1960; Erfüllung, Kantate für Bariton und Orchester (UA Magdeburg 1961). – **L:** Horst Seeger, Musiklex., Bd. 2, 1966, *410*; Wolf Hobohm, Ein Orchester, das ... Vortreffliches leistet, in: Städtisches Orchester Magdeburg 1897–1987, 1987, *26f.*; ders., Das Städtische Orchester und die Magdeburger Telemann-Pflege, in: 100 Jahre Städtisches Orchester Magdeburg – Magdeburgische Philharmonie, 1997, *34–37*; Manfred Michael, Das Städtische Orchester unter GMD G. S. von 1952 bis 1968, in: ebd., *40–43* (***B***); Dagmar Bremer, 100 Jahre Städtisches Orchester – Magdeburgische Philharmonie. Musik, Kultur, Bürgersinn, in: Das Orchester 46, H. 2, 1998, *26f.*

Ralph-J. Reipsch

Schwineköper, Berent, Dr. phil.
geb. 08.11.1912 Magdeburg, gest. 08.03.1993 Freiburg/Breisgau, Archivar, Historiker, Hochschullehrer.

S., Sohn eines Apothekers, studierte Gesch., Germanistik, Kunstgesch. und Hist. Hilfswiss. in Göttingen, Wien und Freiburg/Breisgau. Nachhaltig beeinflußten ihn seine akad. Lehrer Alphons Dopsch, Heinrich von Srbik, Hermann Heimpel und vornehmlich Percy Ernst Schramm, bei dem er 1937 über das Thema „Der Handschuh im Recht, Ämterwesen, Brauchtum und Volksglauben" (1938, neu 1981) prom. Er absolvierte 1939–41 das Inst. für Archivwiss. und geschichtswiss. Fortbildung am Preuß. Geh. StA in Berlin-Dahlem und nahm anschließend seine Tätigkeit am Preuß. Geh. StA auf. 1944 wurde er zum Archivrat am StA Magdeburg ernannt. Nach Kriegsdienst und sowjetischer Kriegsgefangenschaft (Juli 1941 bis September 1945) war er von Februar 1946 bis Juni 1959 als wiss. Archivar im Landeshauptarchiv Magdeburg tätig. 1958 wurde er Honorardoz. für Urkundenlehre des Mittelalters und für Landesgesch. am Inst. für Archivwiss. in Potsdam. Nach Emigration in die Bundesrepublik Dtl. im Juni 1959 übernahm er das Stadtarchiv Freiburg/Breisgau. Die dortige Univ. erteilte ihm 1964 einen Lehrauftrag und ernannte ihn 1972 zum Honorarprof. S. war Mitglied des Konstanzer Arbeitskreises für mittelalterliche Gesch., ao. Mitglied der *Hist. Kommission der Bayerischen Akad. der Wiss.*, Mitglied der *Hist. Kommission für Sa.-Anh.* und anderer wiss. Gesellschaften. S. hinterließ ein umfangreiches wiss. Werk. Hervorzuheben aus seiner Tätigkeit am Landeshauptarchiv Magdeburg sind die Beiträge zur Gesch. des Provenienzprinzips, drei von ihm bearbeitete Bände der „Gesamtübersicht über die Bestände des Landeshauptarchivs Magdeburg" (1954, 1959, 1960) und die archivtheoretische Begründung für „Das ‚Gutsarchiv' als Archivtypus"; diese leitete er aus den rechtlich-verwaltungsmäßigen Grundlagen der Gutsarchive ab, deren Bergung ihm infolge der Bodenreformenteignungen in Sa.-Anh. ein vordringliches Anliegen war (vgl. → Charlotte Knabe). „Die Anfänge Magdeburgs" (1958) eröffneten seine Publikationen zur mittelalterlichen Stadtgesch., die er später auf ostsächsische und auf Städte des Freiburger Rechts erweiterte. Für den „Atlas des Saale- und mittleren Elbegebietes" bearbeitete er die Karten bzw. die Erläuterungen über Stifter, Klöster, Komtureien, Bistümer und Archivdiakonate vor der Reformation. Er ist Verfasser der umfangreichen gesch. Einleitung und zahlreicher Ortsgeschichten der nach 20jähriger Unterbrechung 1961 erschienenen „Kunstdenkmale des Kreises Haldensleben". Mit seinen wiss. Arbeiten blieb er der Gesch. Magdeburgs (Stadt, Erzbistum) bzw. Sa.-Anh. auch an seiner späteren Wirkungsstätte in Freiburg/Breisgau verbunden. Das Thema „Symbole und Herrschaftszeichen", das ihn seit seiner Prom. wiederholt beschäftigte, schloß die Studien „Zur Deutung der Magdeburger Reitersäule" (1964) ein. In seiner für Sa.-Anh. wohl bekanntesten landesgesch. Publikation „Die Provinz Sa./Anh." (²1987) bearbeitete er über die Hälfte der Beiträge und stellte Sa.-Anh. nach seinen hist. Kerngebieten als Geschichtslandschaft vor. Die Wiss. verdankt S. die Ergänzung und Vollendung der von seinem Archivarskollegen Gottfried Wentz in Magdeburg für das Erzbistum Magdeburg begonnenen „Germania Sacra" (2 Teile, 1972). In Verbindung mit diesem fundamentalen Werk entstanden zahlreiche Beiträge zur Gesch. des Erzstifts Magdeburg und Biographien seiner Erzbischöfe. S. war ein bedeutender Landeshistoriker und ein in praktischen und wiss.-theoretischen Fragen herausragender Archivar.

W: s. o.; Bibliogr., in: Helmut Maurer/Hans Patze (Hg.), Fs. für B. S. Zu seinem 70. Geb., 1982, *583–595*. – **N:** StadtA Freiburg/Breisgau: Sign. K 1 (Privatnachlässe) Nr. 29. – **L:** KGL, 1987, Bd. S-Z, *4316f.*; Ulrich P. Ecker/Hans Schadek, B. S. (1912–1993), in: Schau-ins-Land 112, 1993, *183–185*; Helmut Maurer, B. S., in: Sachsen und Anhalt 18, 1994, *601–605*; LHASA: Rep. C 22 I Nr. 928 (PA). – **B:** *LHASA.

Josef Hartmann

Seebach, Johann Andreas

geb. 14.01.1777 Tiefthal bei Erfurt, gest. 28.06.1823 Magdeburg, Organist, Chordirigent.

Den ersten Unterricht erhielt S. von seinem Vater, dem Dorfschullehrer Johann Christoph S. Von seinem 13. Lebensjahr an unterrichtete ihn der Bachschüler Johann Christian Kittel in Erfurt. Im Oktober 1791 wurde er für fünf Jahre dem Stadtmusikus Rose in Ronneburg in die Lehre gegeben. 1796 trat er als Hornist in das Theaterorchester zu Magdeburg ein, wo er noch Unterricht bei → Friedrich Adolph Pitterlin und → Johann Friedrich Zachariä nahm. Er wurde 1799 Organist und Musiklehrer am Pädagogium des Klosters Berge bei Magdeburg, nach dessen Auflösung als Nachfolger von Johann Friedrich Reinhardt 1813 Organist zu St. Ulrich und Levin. 1806 bewarb er sich erfolglos um das Amt des Domorganisten. S. übernahm 1809 die Leitung der Logen- und Harmoniekonzerte, gründete 1815 den nach ihm benannten Chorgesangverein und wurde 1818 Mitbegründer und erster Dirigent der *Magdeburger Liedertafel*. S. leitete daneben seit 1812 einen „Dilettanten-Verein" für Instrumentalmusik und war als Orgelrevisor sowie als geschätzter Instrumentallehrer tätig. „S. war ein gründlicher und geschickter Musiklehrer, fertiger Klavier- und Orgelspieler, und trug in früherer Zeit mit Beyfall Klavier- und Horn-Concerte vor. Er spielte, wenn auch nicht mit Virtuosenkunst, doch rein und präcis, die Violine, Bratsche und das Violoncello; er kannte die Behandlungsart aller übrigen Instrumente und besaß gründliche Kenntnisse im Orgelbau ... Viel Gutes hat er in diesen Beziehungen unter uns gewirkt, viel Freude in geselligen Kreisen durch seine Talente verbreitet, doch höher noch steht sein Verdienst als Concert-Director. Das hiesige Orchester verdankt ihm eine solche Bildung, daß es im Stande ist, die schwierigsten neueren Compositionen, ohne sonderliche Einübungen, tadellos vorzutragen ... Besonders waren die unter ihm einstudierten Chöre und Fugen von hinreisender Wirkung." (Nekr. der Allg. Musikalischen Ztg.).

W: Dreistimmige Choräle und Lieder seiner Revision, in J. F. W. Koch: Gesanglehre, 1814; Fughetten für Orgel in folgenden Slgg: Rinck-Fischer-Mendelssohn-Bartholdy-Album. Ein Gedenkbuch dankbarer Liebe und inniger Verehrung. Mit Original-Beiträgen der verschiedenartigsten Gattung von Orgelmusik von den kunstsinnigsten Organisten Dtls und des Auslandes, o. J., H. 1, *59*; ebd. H. 3, *13*; Postludien-Buch oder Slg. größtenteils leichter Nachspiele der bekanntesten und gangbarsten Dur- und Moll-Tonarten, Bd. 3, 1845, *13*; Gotthilf Wilhelm Körner, Der neue Organist op. 40, o. J., Tl. 3, *2*. – **L:** Hobohm, Bd. 1, *644–647*; Allg. Musikalische Ztg., Nr. 7, 1824, Sp. *109ff.* (Nekr.); Friedrich Häseler, Gesch. der Magdeburger Liedertafel, 1869, *3–11*; Fs. der Magdeburger Liedertafel zu ihrer fünfundsiebzigsten Jubelfeier, 1894, *81f.*; AKPS: Rep. 230, Dom-Custodiat. Acta betr. die dienstlichen Verhältnisse der Kirchenbeamten am Dom und deren Instruktionen etc. 1842–1881.

Wolf Hobohm

Seeboth, Max, Prof.

geb. 14.03.1904 Magdeburg, gest. 14.11.1967 Washington D. C. (USA), Komponist, Dirigent, Musikpädagoge.

Der Sohn eines Lehrers besuchte das König Wilhelms-Gymn. in Magdeburg und ließ sich bei Hans Weitzig in Klavier sowie bei → Georg Sbach in Harmonielehre und Komposition ausbilden. Bereits mit 17 Jahren gab er eigene Klavierabende und wirkte als Dirigent von Kirchenchor und Männergesangsverein in Magdeburg. Nach dem Examen studierte S. Musik in Breslau unter Cichy, danach in Berlin bei Hermann Abert, Johannes Spengler, Paul Hindemith und Max Friedländer Musikwiss., Kunstgesch. und Phil. S. war als Komponist, Musikkritiker und Schriftsteller tätig. Ende der 1920er Jahre kehrte S. nach Magdeburg zurück, gründete ein Kammermusik-Trio und stellte bei Musikabenden seine Kompositionen vor: „Cello-Sonate" (1933), „Sonate für eine Harfe", „Variationen für fünf dt. Volkslieder für Orchester" (1936), „Suite für sieben Blasinstrumente" (1938). Die Stadt Magdeburg verlieh ihm 1939 den Magdeburger Musikpreis für sein „Konzert für Violine und Orchester", und für sein „Kleines Vorspielbuch für Klavier" erhielt er int. Anerkennung. Nach der abermaligen Verleihung des Magdeburger Musikpreises 1940 für sein „Konzert für Klavier und Orchester" erhielt der von Wilhelm Furtwängler als Komponist geschätzte sowie von Paul Schmitz und Stadtmusikdir. → Erich Böhlke geförderte S. Kompositionsaufträge der Städte Magdeburg und Dessau, unter anderem ein „Adagio für Quartett, Horn und Klavier", „Introduktion und Ostinato für Orchester" und „Sinfonietta für Streichorchester". Bei einem Festkonzert 1942 in Magdeburg anläßlich der gemeinsamen Geburtstagsfeier von S. und dem bekannten Magdeburger Komponisten Georg Philipp Telemann (1681) kam es zur UA einer „Sonate für Bratsche und Klavier" und in Breslau zur UA der „Symphonischen Suite". Im Januar 1943 folgte seine Einberufung zur Wehrmacht. Nach seiner Entlassung aus englischer Kriegsgefangenschaft siedelte er 1946 nach Emmerke bei Hildesheim über. Dort entstanden mehrere Werke, unter anderem Klaviersonaten, Fantasien, Kantaten, geistliche Werke und Lieder auf Texte von Christian Morgenstern. Er war Dirigent des Männergesangvereins und der örtlichen Singschar. In den folgenden Jahren schrieb er die „2. Sinfonie Suite für Orchester" (1948), die „Ballade für Cello und Orchester" (1949) sowie sein „Requiem für Soli, Chor und Orchester" (1950). Nach einer kurzen Zwischenstation in Hildesheim (1949) folgte 1951 seine Übersiedlung in die USA. Dort war S. Chordir. beim *Dt. Washington-Sängerbund* und Prof. für Musik am Montgomery-College. S. nahm die amerikanische Staatsbürgerschaft an und prägte durch seinen Kompositionsstil viele amerikanische Sinfonieorchester der zweiten Hälfte des 20. Jhs. Er arbeitete als Konzert-Pianist in der *Pan-American Union* und schrieb Filmmusiken für große Sinfonieorchester.

W: s. o. – **N:** The Catholic University of America (The Benjamin T. Rome School of Music)/Washington/USA. – **L:** Tammy Elisabeth Cason, Dieser neue Mann. The Life and Works of M. S. (1904–1967), 1998; Archiv Vf., Emmerke (priv.). – **B:** *Telemann-Zentrum Magdeburg: Programmslg. → Werner Tell, Jg. 1939 (April).

Wolfgang Greven/Lothar Wedekind

Seeger, Paul Gerhardt, Dr. med., Dr. sc. nat.
geb. 06.06.1903 Calbe, gest. 26.04.1991 Berlin-Spandau, Arzt, Krebsforscher.

S. war der Sohn des Fabrikbesitzers Paul S. in Calbe. Nach der Obersekundarreife absolvierte er nach 1918 eine Kaufmannslehre, war dann Bankangestellter und Handelsvertreter. 1926 legte er in Köthen sein Abitur ab und studierte dann an der Univ. Halle Naturwiss. und Med. S. war ein Schüler Emil Abderhaldens. 1933 prom. er mit Auszeichnung auf Grund einer Preisarbeit in Zoologie über das Schicksal der Leydigschen Zellen der Urodelenhaut. Dabei löste er ein über viele Jahrzehnte offenes Problem der Zellforschung. Aus politischen Gründen verhinderte man weitere Forschungstätigkeiten. Nach zweijähriger Tätigkeit als Konservator in Halle war er 1935–36 an der Biologischen Reichsanstalt in Naumburg tätig. Von da wurde er an die Abt. für Zell- und Virusforschung des Robert-Koch-Inst. nach Berlin geholt – mit einem Auftrag zur Krebserforschung. Bis 1940 verfaßte er zwölf wiss. experimentelle Arbeiten. 1942 legte er sein med. Staatsexamen ab und wurde Ende des Jahres auf Grund der von ihm eingereichten Arbeit „Über den Kalium-Natrium-Kontrast bei normalen und Krebszellen" summa cum laude zum Dr. med. prom. Von 1943 bis 1945 absolvierte er in Berlin im Virchow-Krankenhaus und in Spandau seine Pflichtassistenzenzeit. Nach 1945 war er praktischer Arzt in Falkensee bei Berlin, wo er priv. weitere Krebsforschungen betrieb. 1956 wurde er zum Oberarzt und Leiter der Forschungsstelle für Krebsforschung an die Charité in Berlin berufen. Im Ergebnis seiner umfangreichen Forschungen veröffentlichte S. laufend seine experimentellen Arbeiten. 1974 erschien sein Standardwerk „Krebs – Problem ohne Ausweg?". Insgesamt mehr als 250 Aufsätze und Bücher über Ergebnisse seiner experimentellen Arbeiten sind erschienen. Wegen seiner hervorragenden Forschungsarbeiten wurde er 1979 und 1980 für den Nobelpreis nominiert. Seine über 50jährige Tätigkeit und seine Verdienste auf dem Gebiet der Krebsforschung und -bekämpfung werden unter Medizinern im In- und Ausland hoch geschätzt.

W: Ein Beitrag zur Frühdiagnose des Krebses, 1974; Immungeschehen und Krebs, 1980; Leitfaden für Krebsleidende, 1982; Krebsverhütung durch biologische Vorsorgemaßnahmen, 1984 (mit Joachim Sachsse). – **L:** N. N., Werdegang des Autors, in: Leitfaden für Krebsleidende, ²1983, *112f.*

Hanns Schwachenwalde

Seehafer, Eitel-Friedrich
geb. 09.06.1928 Deutsch-Krone, gest. 11.08.1988 Wolmirstedt, Lehrer, Chorleiter.

S. wuchs in einer Beamtenfam. auf. Er besuchte bis 1944 die Mittelschule in Stettin. Von April bis Dez. 1944 erhielt er eine musikalische Ausbildung am Lehrerbildungsinst. in Gartz. 1945 bis 1946 verbrachte S. in einem englischen Internierungslager. Anschließend war er als Hilfsarbeiter im *Mitteldt. Stahlwerk* in Magdeburg tätig und arbeitete dann bis 1947 in der Fa. *Siemens-Schuckert AG* in Barleben bei Magdeburg. Sein Pädagogikstudium, Fachrichtung Mathematik, absolvierte er in Magdeburg und schloß es im Dez. 1948 ab. Er war dann von 1948 bis 1984 als Lehrer für Musik, später auch für Mathematik, in Barleben tätig. Das Staatsexamen für Mathematik legte S. von 1952 bis 1954 ab. Seine Liebe zur Musik ließ ihn vielfältige Aktivitäten entwickeln. Schon 1947 gründete er in Barleben einen Kirchenchor und baute ab 1949 seinen bekannten Knabenchor auf, mit dem er als Leiter an landesweiten Ausscheiden erfolgreich teilnahm. Daneben rief er einen Lehrerchor und ein kreisweites Lehrerorchester ins Leben. Über die Kreisgrenzen hinaus bekannt wurde er auch mit seinem Klassenchor und der Inszenierung des „Schulmeisters" von Georg Philipp Telemann. S. war ab 1952 Weiterbildungsleiter im Fach Musik, von 1952 bis 1961 Fachberater für Musik sowie von 1961 bis 1982 Fachberater für Mathematik. Auch der Barleber Gemischte Chor wurde von S. im Jahr 1959 gegründet und besteht noch heute unter dem Namen *Chor Concordia*. Auf Grund seines vielfältigen musikalischen Wirkens wurde ihm 1957 die Lehrbefähigung im Fach Musik zuerkannt. Für seine pädagogische und künstlerische Tätigkeit wurde er 1961 mit dem Titel Verdienter Lehrer des Volkes sowie 1972 und 1984 jeweils mit dem Kunstpreis des Kreises Wolmirstedt ausgezeichnet. Durch seine Mitarbeit im örtlichen Rat, Kreis und Bez. bestimmte er die Kulturpolitik in der Region maßgeblich mit. Seit 1948 war S. Mitglied der CDU. Aus S.s Ehe gingen drei Kinder hervor, die sein Erbe auf pädagogischem und künstlerischem Gebiet fortführen.

L: Familienunterlagen Juliane S., Barleben (priv.). – **B:** *ebd.

Kerstin Dünnhaupt

Seelmann-Eggebert, *Emil* **Paul,** Prof. Dr. phil.
geb. 25.01.1850 Oschersleben, gest. 30.11.1915 Bonn, Bibliothekar, Philologe, Romanist.

S. wurde als Sohn des Lohgerbermeisters Gotthelf S. geb. und war der jüngere Bruder des → Wilhelm S. Nach der Volksschule in Oschersleben besuchte S. das Gymn. in Quedlinburg und studierte 1879–82 in Berlin und Bonn Lateinische und Romanische Philologie. 1884 prom. S. in Bonn. Seit 1881 war er als Bibliothekar in Bonn tätig und wechselte in gleicher Eigenschaft 1885 nach Göttingen, 1888 nach Breslau und 1891 nach Halle. Seit 1892 arbeitete S. als Bibliothekar und Oberbibliothekar an der UB in Bonn. S. führte die neuzeitliche Phonetik (Lautphysiologie) in die Klass. Philologie ein und machte sich um die Erforschung der altwallonischen Poesie und altfranz. Epik verdient. Aufsehen erregte seine Entdeckung wallonisierter Sachsen in den Ardennen, deren Urahnen Karl der Große dorthin verpflanzt hatte. S. redigierte seit 1892 die *Kritischen Jahresberichte über die Fortschritte der romanischen Philologie* und war seit 1909 im Begriff, Werke über altfranz. Epik, Roland-, Hakelberend-, Haimon- und Hubertussagen zu veröffentlichen.

W: Wesen und Grundsätze der lateinischen Accentuation, 1884; Aussprache des Lateinischen nach physiologisch-hist. Grundsätzen, 1885; Bibl. des altfranz. Rolandliedes, 1888 (Repr. 1969); Wiederauffindung der von Karl dem Grossen deportirten Sachsen, 1895; Die Wiederauffindung der von Karl dem Grossen deportirten Sachsen, in: Jb. für niederdt. Sprache 50, 1924, *45–55.* – **L:** DBJ 1; Jb. der dt. Bibl. 6, 1908, *116*; ebd. 7, 1909, *136*; Wer ist's 4, 1909; Wer ist's 6, 1912; Wilhelm Erman, Gesch. der Bonner UB (1818–1901), 1919 (Repr. 1969), *243*; Karl Bader, Lex. dt. Bibliothekare, 1925; → Karl Kellner, Harzer Landsleute seit 1150 Jahren in den franz. Ardennen, in: Der Roland. Bll. für Volkstum und Heimat 1, Nr. 17, 1932; Friedrich Kammradt, Niedersachsenblut in fremdem Volkstum, in: MonBl 82, 1940, *81f.*

Heinz Nowak

Seelmann-Eggebert, *Wilhelm* **Emil,** Prof. Dr. phil.
geb. 20.01.1849 Oschersleben, gest. 05.05.1940 Berlin, Bibliothekar, Philologe, Germanist.

S. wurde als Sohn des Lohgerbermeisters Gotthelf S. in Oschersleben geb. Der ältere Bruder des Philologen und Bibliothekars → Emil S. besuchte bis 1862 die Volksschule in Oschersleben und danach das Gymn. in Quedlinburg. Nach dem Abitur 1871 nahm S. bis 1874 das Studium der Klass. und Germanischen Philologie an der Univ. Berlin auf. 1875 prom. er an der Univ. Halle. Von 1874 an war S. als Bibliothekar an der UB Berlin und von 1901 als Oberbibliothekar an der Preuß. Staatsbibl. tätig; 1920 trat er in den Ruhestand. S. wandte sich neben seiner beruflichen Tätigkeit besonders der Erforschung der mittel- und neuniederdt. Mundarten zu. Er war zugleich bestrebt, die erzielten Ergebnisse für Forschungen auf dem Gebiet der dt. Altertumskunde und der vergleichenden Literaturgesch. nutzbar zu machen. 1877 trat S. dem *Verein für niederdt. Sprachforschung* bei und war 1909–23 dessen Vors. 1884–1924 redigierte S. das *Jb. für niederdt. Sprachforschung* und gab den „Dt. Univ.-Kal." (1873–77), die *Jahresberichte über die Erscheinungen auf dem Gebiete der germanische Philologie* (Jgg. 1879–81, 1892–1903), sowie die Jgg. 1905–20 zur Niederdt., die Jgg. 1879–81 und 1892–98 zur Niederländischen und die Jgg. 1896–98 zur Dt. Mundartenforschung heraus. S. begründete die Reihe „Drucke des Vereins für niederdt. Sprachforschung", in der er zahlreiche ältere mittelniederdt. Dichtungen herausgab und publizierte mit Ernst Brandes und Conrad Borchling 1905–06 eine siebenbändige Ausgabe der Werke → Fritz Reuters. S. veröffentlichte zudem in Buchform und in Zss. zahlreiche sprachwiss. Arbeiten (s. Erich S., 1929) und machte sich um die niederdt. Sprache und Lit. hochverdient. 1940 erhielt S. die Goethe-Medaille.

W: Gerhard von Minden, 1878; Valentin und Namelos, 1884; Mittelniederdt. Fastnachtsspiele, 1885; Niederdt. Reimbüchlein, 1885; Nordthüringen. Zur Gesch. der dt. Volksstämme Norddtls und Dänemarks im Altertum und Mittelalter, 1887; Die Totentänze des Mittelalters. Untersuchungen nebst Litt.- und Denkmälerübersicht, 1893; Niederdt. Schauspiele älterer Zeit, 1895 (mit Johannes Bolte); Die plattdt. Litt. des 19. Jhs, in: Jb. für niederdt. Sprachforschung 22, 1897; ebd. 28, 1902, ebd. 41, 1915; Niederdt. Ergebnisse der germanistischen Wiss. 1902; Reuter-Forschungen, 1910; Die ältesten Flußnamen des Harzes, in: Zs. für Ortsnamenkunde, 1935, *11f.* – **L:** Rudolf Eckart, Hdb. zur Gesch. der plattdt. Lit., 1911, *414ff.*; Conrad Borchling, Zum 70. Geb. W. S.s, in: Korrespondenzbl. für niederdt. Sprache 37, 1919, Nr. 1–7; Erich S., Verz. der Schriften W. S.s, in: Jb. für niederdt. Sprachforschung 54, 1929, *136–138*; Friedrich Kammradt, Niedersachsenblut in fremdem Volkstum, in: MonBl 82, 1940, *81f.*; ders., Von der Volksart unseres Gaues „Elbostfalen", Elbhavelland und Altmark in den Forschungen Prof. W. S.s, in: Goldener Reiter 3, 1940, H. 5, *126f.*; Conrad Borchling, W. S. und der Verein für niederdt. Sprachforschung, in: Jb. des Vereins für niederdt. Sprachforschung 65/66, 1939/1940, 1941, *1–13*; Sonderh. zum Gedenken W. S.s, o. J.; Friedrich Kammradt, W. S., der Altmeister unter den Erforschern niederdt. Mundarten, in: Zwischen Bode und Lappwald 5, H. 2, 1960, *22–24* (*B*); ders., W. S. als Reuterforscher, in: ebd., 1960, *94–96*; Andrea Habermann u. a. (Hg.), Lex. dt. wiss. Bibliothekare 1925–1980, 1985, *326.* – **B:** *Porträtslg. Dt. Staatsbibl., Berlin.

Heinz Nowak

Seifert, *Ernst* **Werner**
geb. 12.09.1922 Magdeburg, gest. 24.08.1976 Magdeburg, Graphiker.

1938 begann S. eine Lithographenlehre und nahm gleichzeitig Abendunterricht an der Schule für Graphik und gestaltendes Gewerbe in Magdeburg. Ab 1945 besuchte S. den Zeichenzirkel des *Kulturbundes* bei → Bruno Beye, → Hermann Bruse, → Wilhelm Höpfner, → Arno Meng und → Herbert Stockmann. 1946 war er erstmals in der Sonderschau für den künstlerischen Nachwuchs in der Bezirksausstellung Magdeburg vertreten und nahm 1948 ein Studium an der Fachschule für angewandte Kunst in Magdeburg bei dem Architekten Otto Leretz (Bühnenbild) auf. Seit 1952 war S. Mitglied des *VBK Dtls* und ab 1953 freischaffend in Magdeburg tätig. S. stellte mit der nur kurze Zeit existierenden Magdeburger Künstlergruppe *Dalbe* aus. 1957–65 war S. als Kunsterzieher an der Martin-Schwantes-Oberschule in Magdeburg tätig. Im Zuge des „Bitterfelder Weges", der die stärkere Verbindung von Künstlern und Werktätigen anregen wollte, hatte S. von 1960–62 einen Werkvertrag mit dem *VEB Schwermaschinenbau „Ernst Thälmann"* Magdeburg. Zur Kunstausstellung der 3. Arbeiterfestspiele in Magdeburg zeigte S. seinen Zyklus „Aus dem Leben der Jugendbrigade Erich Weinert" und ausgewählte Porträts von Brigademitgliedern. Bis zu seinem Tode schuf er einige wichtige graphische Zyklen, u. a. zum Bauernkrieg oder zum Leben und Wirken von Karl und Jenny Marx. Populär wurden seine frischen Zeichnungen, die sich an die Kunst von Max Schwimmer anlehnen, und seine Tierdarstellungen, die nach Besuchen im Zoo entstanden. Außerdem schuf er Illustrationen zu Gorkis „Die Mutter", Zolas „Germinal", Swifts „Gullivers Reisen" und Cervantes' „Don Quichote", die von Verlagen nicht angenommen wurden. Wichtig blieb für S. zeitlebens das Studium vor der Natur.

W: Triptychon Trommeln-Sterben-Aufbauen; Stadtlandschaften wie der Hasselbachplatz von Magdeburg (KHMus. Magdeburg). – **N:** z.T. KHMus. Magdeburg. – **L:** Vollmer 6, 1962, *42*; S., Faltbl., Grafikkreis Magdeburg 1968; Kataloge der Bezirkskunstausstellungen Magdeburg bis 1979; Kat. Stadtlandschaften, Magdeburg 1989.

Jörg-Heiko Bruns

Seiler, Kurt

geb. 13.08.1913 Eickendorf, gest. 06.03.1979 (Unfall), ev. Pfarrer.

Der Sohn des Dachdeckermeisters Gustav S. und dessen Ehefrau Olga ging in Eickendorf zur Volksschule. Nach dem Besuch des Realgymn. in Schönebeck studierte er ev. Theol. an der Univ. Berlin und wurde Mitglied des Domkandidaten-Stiftes in Berlin. 1939 erfolgte seine Ordination als ev. Pfarrer. Seiner Berufung als Lektor für Dt. Kirchengesch. nach Washington (USA) konnte er infolge des Kriegsbeginns nicht nachkommen. Er nahm in einer Einheit der Infanterie am Rußlandfeldzug teil. Als Kriegsgefangener mußte er in einem Kupferbergwerk in der Sowjetunion arbeiten und kehrte erst im Herbst 1949 nach Dtl. zurück. 1950 wurde er zum Pfarrer der Paulus-Gemeinde in Magdeburg-Wilhelmstadt berufen. 1953 trat er die Nachfolge für den seit 1923 in der ersten Pfarrstelle an der St.-Johannis-Gemeinde in Schönebeck-Salzelmen tätigen Pfarrer Friedrich Scholl an. Als Bestandteil seiner seelsorgerlichen Tätigkeit sah er sein Engagement zur Bewahrung christlicher Werte und seine Teilnahme an der Entwicklung der Ges. an. Er war Abgeordneter des Kreistages Schönebeck, des Bezirkstages Magdeburg und Mitglied der Arbeitsgruppe *Christliche Kreise* im Nationalrat der Nationalen Front. Seinem Engagement war es zu verdanken, daß mit staatl. Unterstützung 1959–61 die Um- bzw. Neudeckung des 1.500 m² großen Schieferdaches erfolgte, dem 1986–91 eine grundhafte Erneuerung mit Sanierung des Dachstuhles und die Eindeckung mit Tonziegeln folgte, um so der wertvollen barocken Innenausstattung Schutz zu geben. Während seiner Amtsführung wurde 1962 die in Apolda gefertigte Hartgußglocke unter großer Anteilnahme der Öffentlichkeit geweiht und auf den Glockenstuhl gebracht, um die während des Krieges für Rüstungszwecke eingeschmolzene mittelalterliche Bronzeglocke zu ersetzen. 1979 verunglückte S. auf der Fahrt von Leipzig nach Schönebeck tödlich mit dem Auto. S. wurde auf dem Schönebecker Friedhof beigesetzt.

B: *Martin S., Schönebeck (priv.).

Ernst Lindner

Seitz, Friedrich

geb. 12.06.1848 Günthersleben bei Gotha, gest. 22.05.1918 Dessau, Geiger, Violinpädagoge, Komponist.

S., Sohn eines Landwirts, besuchte die Schule seines Geburtsorts, trat 1865 als Freiwilliger in das Gothaische Infanterie-Regiment ein und machte den Feldzug 1866 mit. Danach studierte er Violine bei dem Sondershäuser, vorher Magdeburger Konzertmeister Karl Wilhelm Uhlrich (1815–1874), seinem späteren Schwiegervater, und vervollkommnete sich u. a. 1874 bei dem Dresdener Hofkonzertmeister Prof. Johann Christoph Lauterbach. Nach seiner Anstellung 1869 als erster Violinist in der fürstlichen Hofkapelle zu Sondershausen (dem heutigen Lohorchester), unterbrochen von der Teilnahme am Krieg 1870/71, wurde er bald zum Vizekonzertmeister, 1873 zum Kammermusiker ernannt. 1876 wurde S. Konzertmeister des Stadttheater- und Konzertorchesters in Magdeburg, 1884 der Hzgl. Hofkapelle in Dessau. In beiden Orten gründete S. eine eigene Musikschule. 1888 war er Konzertmeister des Bayreuther

Festspielorchesters. Kunstreisen führten ihn in viele dt. Städte, mit der Coburger Oper gastierte er in London. 1908 trat er in den Ruhestand. Vom Fürsten von Schwarzburg-Sondershausen wie auch vom Herzog von Anhalt erhielt er deren Orden für Kunst und Wiss. Seine enge Verknüpfung mit einem aufgabenreichen heimischen Musikleben und seine ausgedehnte Unterrichtstätigkeit (die er auch fortsetzte, nachdem er 1908 in den Ruhestand trat) verwehrten es dem hervorragenden Solisten und Kammermusiker, ständig über die jeweiligen lokalen Grenzen hinauszuwirken. Von seinen Kompositionen besitzen die unvermindert lebendigen Schülerkonzerte im Lernweg junger Violinschüler auch heute noch ihren Wert.

W: 8 Schülerkonzerte für Violine und Klavier; 3 Schüler-Klaviertrios; zahlreiche Charakter- und Vortragsstücke unterschiedlicher Schwierigkeitsgrade meist für Violine und Klavier, auch Orchester. – **L:** Hobohm, Bd. 1, *647–649*; Friedrich Jansa, Dt. Tonkünstler in Wort und Bild, ²1911, (*B*); Anhalter Anzeiger, Dessau, vom 25.05.1918. – Verlagskataloge und -anzeigen: Friedrich Wilhelm Beinroth, Musikgesch. der Stadt Sondershausen von ihren Anfängen bis zum Ende des 19. Jhs, 1943; Emil Gorski, Vorwort zur Ausgabe von op. 12 und 13 im Polnischen Musikverlag Krakow, 1970; Egon Rubisch, Vorwort zu Schülerkonzert D-Dur. op. 22, 1969 (= Spielt fröhlich mit, H. 8); Ulfert Thiemann, Vorwort zu Konzert D-Dur (Schülerkonzert Nr. 4), op. 15, 1970.

Wolf Hobohm

Seitz, *Robert* **Karl Wilhelm**
geb. 28.09.1891 Magdeburg, gest. 22.04.1938 Lörrach/Baden, Angestellter, Schriftsteller.

S. wuchs in Magdeburg und im Harz auf, trat nach seiner Schulzeit 1906 eine kaufmännische Lehre in Magdeburg an und arbeitete ab 1909 als Angestellter (Expedient) in der Magdeburger Zichorienkaffee- und Schokoladenfa. *Bethge & Jordan*. Der lit. Interessierte schrieb frühzeitig nebenher Gedichte. Durch seinen Aufruf zur Slg. Gleichgesinnter in der Magdeburger Lokalpresse gab er 1919 den ersten Anstoß zur Gründung der spätexpressionistischen Künstlervereinigung *Die Kugel* um → Franz Jan Bartels, → Max Dungert und → Bruno Beye, der zahlreiche weitere Literaten, Musiker und bildende Künstler beitraten. Die *Kugel*-Mitglieder veranstalteten in der Folge Ausstellungen, Matineen, lit. und musikalische Abende und luden bekannte Künstler nach Magdeburg ein, u. a. Else Lasker-Schüler, Theodor Däubler und Johannes R. Becher. 1921 trat S. mit seinem lit. Erstling, dem Gedichtbd. „Das Herz in den Augen", hervor, dessen Themenwahl der expressionistischen Lyrik verpflichtet war, sich jedoch in seinem besinnlichen, zuweilen zarten Sprachduktus deutlich von dieser abhob. 1924 wurde S. nach Berlin versetzt, arbeitete dort wieder als kaufmännischer Angestellter, widmete sich jetzt aber intensiver der Schriftstellerei und verfaßte Gedichte, die zunächst in der Presse, dann in Buchform veröffentlicht wurden: „Kashata" (1926) und „Tiere und eine Stadt" (1930). 1928 gab S. seine Stellung auf und betätigte sich als freier Schriftsteller in Berlin. Er verfaßte zahlreiche kleine Erzählungen und Geschichten, Reiseschilderungen, Feuilletons und Plaudereien (zumeist Geldarbeiten, für Ztgg. und Zss.), richtete Hörspiele, Opern und Operetten für den Rundfunk ein und schrieb Film-Exposés. Seit 1928 arbeitete S. mit namhaften Komponisten zusammen, zunächst mit Paul Hindemith, später auch mit Werner Egk und Paul Dessau, für die er bis 1931 Texte für Kinder- und Schulopern sowie Kinderkantaten und Spiele lieferte. Als Zäsur seines Schaffens ist die gemeinsam mit Heinz Zucker herausgegebene, vielbeachtete Lyrik-Anthologie „Um uns die Stadt" (1931) anzusehen, in der 93 zumeist unbekannte Autoren auf einer „Tagesreise durch die Großstadt" dem ambivalenten Verhältnis von städtischem Raum und Individuum nachspürten. S. selbst unternahm seit Anfang der 1930er Jahre ausgedehnte Reisen in ländliche Gegenden, hielt sich längere Zeit in Ostpreußen, Pommern und Danzig auf, lebte zwei Sommer lang in Fischerdörfern an der baltischen Küste und wandte sich dem Schreiben von Erzählungen und Romanen zu, in denen er in schlichter Sprache das Leben einfacher Menschen, deren Schicksale und Konflikte gestaltete. Mit dem Novellenband „Bauernland" (1932) gelang ihm ein erster beachtlicher Erfolg, dem ab 1934 eine thematisch verwandte, breit angelegte, sich in den Zeitgeschmack fügende Romanproduktion folgte. In der Problematisierung einer technisierten Zivilisation, der Auffassung einer idealisierten Natur und der Wahl der Figuren und Schicksale den lit. Vorbildern Selma Lagerlöfs und Knut Hamsuns verpflichtet, erlangte vor allem das „Börshooper Buch" (1934), für das S. 1935 einen Akad.-Preis erhielt, größere Bekanntheit und weite Verbreitung. S. starb 46jährig auf einer vom *Zsolnay-Verlag* veranlaßten Reise nach Italien, wo er seine angegriffene Gesundheit wiederherstellen und Studien für einen Roman betreiben wollte.

W: s. o.; Der Baumeister, in: → Bruno Taut (Hg.), Frühlicht, H. 2, 1921/22, *53f.*; Die Häuser im Kolk. Roman, 1935; Der Leuchtturm Thorde. Roman, 1935; Liebe, alt wie die Welt. Roman, 1936; Der Ast, auf dem die Engel sitzen. Roman, 1937; Wenn die Lampe herunterbrennt. Roman, 1938. – **N:** DLA Marbach. – **L:** KLK Nekr. 1936–1970, 1973, *628*; Otto Karsten, Der Erzähler R. S., in: Die Lit. 41, 1938; Sylvia Pielorz, R. S. Leben und Werk, Dipl.-Arbeit Magdeburg Ms. 1985; Heinz Kruschel, „Die Schwalben tragen die Sonne auf ihrem Rücken." In memoriam R. S., in: Almanach der Lit. Ges. Magdeburg, 2000, *49–56* (*B*). – **B:** *Archiv Literaturhaus Magdeburg.

Guido Heinrich

Seldte, Franz
geb. 29.06.1882 Magdeburg, gest. 01.04.1947 Fürth, Kaufmann, Fabrikant, Politiker, Reichsminister.

Der Sohn eines Fabrikanten war Schüler der Wilhelm-Raabe-Schule in Magdeburg, studierte nach der kaufmännischen Lehre Chemie an der TH Braunschweig und an der Univ. Greifswald und mußte nach dem frühen Tod des Vaters die Leitung des Familienunternehmens für chemische Produkte und Sodawasser übernehmen. Er schloß die Militärdienstzeit beim Magdeburger Regiment Nr. 66 als Reserveoffizier ab. Als Kriegsteilnehmer im I. WK 1916 schwer verwundet (Verlust des linken Armes), war er nach seiner Genesung Film- und Frontberichterstatter. Er wurde mit dem EK I und II ausgezeichnet und zum Hauptmann der Reserve befördert. Erschüttert über die Kriegsniederlage und erregt über die „Schweinerei der Revolution" gründete er mit Gleichgesinnten am 25.12.1918 in Magdeburg den *Stahlhelm. Bund der Frontsoldaten 1918*. Am 20./21.09.1919 fand hier auch die Gründung des Reichsbundes statt. S. wurde 1. Bundesführer, Sitz des *Stahlhelm* war Magdeburg, wo am 14.03.1920 der erste Reichsfrontsoldatentag durchgeführt wurde. Die Ziele des größten Wehrverbandes der Weimarer Zeit waren zunächst unklar und widersprüchlich. So gab er sich als unpolitische Interessenvertretung der heimkehrenden Frontsoldaten aus und betonte, „auf dem Boden der Republik" zu stehen. Jedoch nahm S. (der vor dem Krieg nationalliberal Eingestellte war nun Mitglied der DVP geworden) schon Anfang der 1920er Jahre als Abgeordneter des Magdeburger Stadtparlaments in den dort geführten Debatten gegen die veränderten politischen Verhältnisse Stellung. Der *Stahlhelm* driftete – gefördert durch die Dauerrivalität zwischen S. und dem 2. Bundesführer Theodor Duesterberg – immer mehr auf einen antirepublikanischen, antidemokratischen, schwarz-weiß-roten Standort ab. Die sich Anfang der 1930er Jahre zuspitzenden sozialen Probleme und politischen Gegensätze bestärkten S. in dem Glauben, jetzt sei für ihn und den *Stahlhelm* der Zeitpunkt für die Übernahme der Führung im national-konservativen und rechten Lager gekommen. In Verkennung der wirklichen politischen Machtverhältnisse hoffte er, die ns. Bewegung in eine Papen-S.-Reg. einfügen und ihr unterordnen zu können. Selbst nach der Bildung des 1. Hitler-Kabinetts, in dem er Arbeitsminister wurde, wollte er bei den anstehenden Wahlen die vom *Stahlhelm* getragene Kampffront „Schwarz-Weiß-Rot" zu einer starken politischen Kraft ausbauen. Innerhalb weniger Wochen mußte S. im Frühjahr 1933 alle Illusionen begraben. Um den *Stahlhelm* als Organisation zu retten, überführte er ihn in die SA. S. trat im April 1933 der NSDAP bei und wurde im August 1933 SA-Obergruppenführer. Neben dem unbedeutenden Ministerposten übernahm er das Reichskommissariat für den Freiwilligen Arbeitsdienst. Im März 1934 zum Führer des *Ns.-Dt. Frontkämpferbundes* ernannt, befahl ihm Hitler wenig später, die Organisation aufzulösen. Die 1935 von ihm vorgetragene Bitte, aus allen Ämtern ausscheiden zu dürfen, lehnte Hitler ab. Ohne jeglichen politischen Einfluß blieb er bis 1945 Mitglied der Reichsreg., preuß. Arbeitsminister, preuß. Staatsrat und MdR. Von den Siegermächten als Kriegsverbrecher inhaftiert, verstarb er vor der Anklage in einem amerikanischen Militärhospital.

L: Volker Rolf Berghahn, Der Stahlhelm, Bund der Frontsoldaten 1918–1935, 1966, *17* u.ö.; Wolfgang Benz/Hermann Graml (Hg.), Biogr. Lex. zur Weimarer Republik, 1988, *311*; Robert Wistrich, Wer war wer im Dritten Reich. Ein biogr. Lex., 1992, *322f.* – B: *Reichshdb 2, 1931, *1765*.

Manfred Wille

Seliger, Ernst
geb. 06.08.1904 Oberhermsdorf, gest. 25.12.1985 Berlin, Drogist, stellvertretender Verlagsdir., Vollzeitprediger der Zeugen Jehovas.

Nach dem Volksschulbesuch begann S. eine Drogistenlehre, die er 1922 abschloß. Im selben Jahr kam er in Langwaltersdorf durch den Besuch einer frühen Version des „Schöpfungsdramas" (→ Wilhelm Schumann) mit den Lehren der Bibelforscher (Jehovas Zeugen, 1931) in Berührung. Ab 1924, kurz nach seiner Taufe, beteiligte er sich hauptamtlich als Kolporteur an der Verbreitung ihrer biblischen Veröffentlichungen, die von der Wachtturm-Ges. in Magdeburg (→ Paul Balzereit) gedruckt wurden. Als die Ges. ihre Gebäude 1925 erweiterte (Bau des „Harfen-Saals"), lud sie S. zur ständigen Mitarbeit nach Magdeburg ein. Während des ns. Verbots (1933–1945) erhielt er eine sechsmonatige Gefängnisstrafe, schließlich wurde er am 20.07.1937 in das KZ Sachsenhausen verbracht, wo er die geistige Leitung und Ermunterung seiner Glaubensbrüder übernahm. Er überlebte im April 1945 den berüchtigten „Todesmarsch" der KZ-Häftlinge nach Schwerin, kehrte nach der Befreiung nach Magdeburg zurück und förderte den Wiederaufbau der Gemeinden der Zeugen Jehovas. S. war ab August 1945 Stellvertreter von → Erich Frost und leitete die Dienstabt. (Verwaltung der Religionsgemeinschaft) im „Bibelhaus Magdeburg". Nach der Heirat mit der Kontoristin Hildegard Mesch (geb. 23.08.1898 Leipzig, gest. 20.03.1991 Berlin; Bibelforscherin, 1923; Opfer des Ns.: KZ Lichtenburg, Ravensbrück) diente S. als Kreisaufseher (bzw. Diener für die Brüder, früher Pilgerbruder), indem er die Gemeinden der Zeugen Jehovas in der DDR besuchte. Das Ehepaar wurde im November 1950 verhaftet, S. im Juli 1951 zu 15 Jahren Zuchthaus (Waldheim, Brandenburg) und seine Frau zu zehn Jahren (Waldheim, Halle) verurteilt. Nach ihrer Entlassung aus der Haft (1964 bzw. 1961) setzten beide ihre religiöse Tätigkeit als hauptamtliche Vollzeitprediger, nun in West-Berlin, bis zu ihrem Tod fort. Sie verbrachten wegen ihrer religiösen Überzeugung während der Zeit des Dritten Reichs und in der DDR zusammen mehr als 40 Jahre in Gefängnissen und KZ.

W: Standhaft trotz Verfolgung durch die Geistlichkeit, die Nationalsozialisten und die Kommunisten, in: Der Wachtturm vom 15.10.1974, *615ff.* – **L:** Jb. der Zeugen Jehovas 1974, *189, 202f., 213*. – **B:** Geschichtsarchiv der Zeugen Jehovas, Wachtturm-Ges. Selters/Taunus; Dauerausstellung zur Gesch. der Zeugen Jehovas in der SBZ/DDR, Forschungs- und Gedenkstätte Normannenstraße, Berlin.

Johannes Wrobel

Sendler, Theodor, Dr. med.
geb. 04.12.1819 Parey, gest. 23.06.1896 Magdeburg, Arzt, Medizinalrat.

S., Sohn eines ev. Pfarrers, studierte in Halle Med., wo er 1846 unter Peter Krukenberg prom. und sich dann 1847 in Neustadt bei Magdeburg als praktischer Arzt niederließ. Gemeinsam mit → Franz Bette, → Felix Niemeyer und → Karl Schneider gründete S. die *Med. Ges. zu Magdeburg,* die Anhänger der naturwiss. orientierten Med. unter den niedergelassenen Ärzten ansprach. Das Stiftungsprotokoll wurde am 29.03.1848 in seiner Wohnung unterzeichnet. 1851–55 betreute S. die Patienten des Neustädter Krankenhauses in der Morgenstraße und verlegte anschließend seinen Wohnsitz in die Altstadt. 1863 bewarb er sich um die Leitung der Chirurgischen Klinik im Krankenhaus Magdeburg-Altstadt, hatte aber wegen der fehlenden Spezialausbildung keinen Erfolg. Dafür legte er 1868 als Fünfzigjähriger noch das Physikats- (Amtsarzt-) Examen ab und wurde 1877 als Medizinalrat in das *Provinzial-Medizinalkollegium* aufgenommen. S. empfing von der Rotkreuzbewegung die Anregung, auch in Magdeburg ein Inst. zur Ausbildung von Krankenpflegerinnen zu gründen. Mit einem Legat des Kaufmanns August Wilhelm Kahlenberg kam es 1881 zur Verwirklichung dieser Absicht, zunächst provisorisch im Haus „Zum Schwarzen Adler". Das bedeutete den Beginn der Ausbildung von Rotkreuzkrankenschwestern in Magdeburg, auch wenn diese Berufsbezeichnung anfangs noch nicht gebräuchlich war und die Stiftung erst 1911 an den *Vaterländischen Frauenverein,* d. h. an die Rotkreuzorganisation in Magdeburg, übergeben wurde. Im 1887 begonnenen Neubau des Krankenhauses Kahlenbergstiftung in der Großen Diesdorfer Straße übernahm S. die Leitung der Inneren Abt., sein Sohn Paul (1848–1907) die der Chirurgischen Abt. S. galt als ehrgeizige Kampfnatur und verfügte über eine unermüdliche Arbeitskraft.

L: → Rudolf Habs, Gesch. der Med. Ges. in Magdeburg, gegründet am 29. März 1848. Eine Festgabe zu ihrem 80jährigen Bestehen, 1928, *11*; Klaus Arlt, Die Entwicklung vom Handwerk zur wiss. Chirurgie. Studien über die Medizingesch. Magdeburgs, 1957, *50f.*; Filomina Czerwinsky, Die Entwicklung des Gesundheits- und Sozialwesens der Stadt Magdeburg von 1870 bis 1918, Diss. Magdeburg 1964, *45–48*; Jutta Tietz, Die Entwicklung der Kahlenberg-Stiftung zu Magdeburg. Ein Beitrag zur Gesch. der Krankenpflege, Diss. Magdeburg 1966.

Horst-Peter Wolff

Senff, Franz Georg *Curt*
geb. 19.10.1883 Kalbe/Milde, gest. 25.02.1967 Magdeburg, Apotheker, Pharmazierat.

S., Sohn eines Apothekers, besuchte das Gymn. des Klosters U. L. F. in Magdeburg. Nach Abitur, Studium der Pharmazie und Erhalt der Approbation als Apotheker übernahm er 1910 die väterliche Apotheke in Kalbe/Milde, die er 1926 verkaufte. Danach erwarb er die Sonnen-Apotheke am Breiten Weg 17 in Magdeburg, die er bis zur Zerstörung beim Luftangriff am 16.01.1945 leitete. S. war von 1946 bis 1948 erster Kreisapotheker in Magdeburg und leitete 1948–55 die Adler-Apotheke in Egeln. 1930–48 war er der letzte Vors. der 1798 gegründeten *Magdeburger Apotheker-Konferenz.* Von 1939 an war S. auch Pharmazierat beim Regierungspräsidenten in Magdeburg. Er erwarb sich besondere Verdienste bei der Arzneimittelversorgung nach Kriegsende.

L: BioApo 2, 1978, *407*; Mittlg. zu C. S., in: Dt. Apothekerztg., Nr. 42, 1963, *1415*.

Joachim Münch

Sens, Hermann Wilhelm *Walter* (Ps.: Walter Fläming, nach 1933)
geb. 07.01.1890 Magdeburg, gest. 12.12.1936 Magdeburg, Lehrer, Heimatforscher, Schriftsteller.

S. absolvierte das Genthiner Lehrerseminar, wo er 1912 die Lehrerprüfung ablegte. Danach erfolgte der Einsatz als Lehrer in Hörsingen, Paplitz bei Tucheim, Magdeburg-Buckau und in Burg, u. a. an der Diesterweg-Sammelschule. Neben seiner Tätigkeit als Lehrer befaßte sich S. intensiv mit der Landeskunde und Heimatgesch. der Kreise Jerichow I und II. Seine überaus reichen und breitgefächerten Forschungen umfaßten u. a. Aspekte der Zeit- und Kulturgesch., der Orts-, Landschafts- und Siedlungsgesch., der Gesch. des Wirtschafts- und Verkehrswesens sowie des Schul- und Bildungswesens, die er in einer Vielzahl von Aufsätzen und Einzelpublikationen niederlegte (rund 500). Sein erster heimatgesch. Beitrag über „Dorftypen unserer Heimat" erschien 1922. Zudem fanden seine profunden Kenntnisse der Heimatgesch. und sein Wissen um die Eigenheiten und Bräuche der Menschen der Region ihren Niederschlag in Schriften über den Sagenschatz des Jerichower Landes

(z. B. „Aberglaube und Volksbrauch in unserer Heimat", 1930) und in volkstümlichen Erzählungen. S. wußte die Ergebnisse seiner Forschungen mit den pädagogischen Absichten des Unterrichts zu verbinden und bei der Schuljugend die Heimatverbundenheit zu wecken. Er war einer der aktivsten Heimatforscher seiner Zeit. S. starb früh an den Folgen einer Grippe.

W: Der Fiener, 1923; Bismarckland und Flämingsand. Versuch eines Heimatgeschichts-Atlasses für die heutigen Kreise Jerichow I und II, 1926; Die Heimchensteine und 50 andere Sagen aus dem Lande Jerichow. Für die Jugend erzählt, 1929; Die Schulen der Stadt Burg, Bez. Magdeburg, zu Beginn des 19. Jhs, in: GeschBll 66/67, 1931/1932, *114–142*. – **L:** N. N., Das Werk eines Heimatforschers, in: Jerichower Land und Leute 15, Nr. 9, 1936/37 (**W**).

John Kreutzmann

Sering, Max, Prof. Dr. rer. pol., Dr. h.c. mult.
geb. 18.01.1857 Barby, gest. 12.11.1939 Berlin, Hochschullehrer, Nationalökonom, Geh. Reg.-Rat.

Der Sohn eines Seminarmusiklehrers und Musikdir. besuchte von 1867 bis 1872 das Gymn. des Klosters U. L. F. in Magdeburg und von 1872 bis 1876 das Kaiserliche Lyzeum in Straßburg. Anschließend studierte er dort und in Leipzig Rechts- und Staatswiss. 1885 übernahm er seine erste Professur in Bonn. 1889 ging er an die Landwirtsch. Hochschule in Berlin und von dort 1897 an die Univ. in Berlin. 1921 gründete er das Forschungsinst. für Agrar- und Siedlungswesen in Berlin und wurde einer der bedeutendsten Vertreter der Agrarpolitik und Agrarwirtschaft. Er war maßgeblich am Reichssiedlungsgesetz von 1919 beteiligt und veröffentlichte eine Vielzahl von Büchern und Aufsätzen, besonders über Agrargesch. und Agrarpolitik sowie über das dt. Wirtschaftsleben. 1925 trat er als Hochschullehrer in den Ruhestand, war aber weiter Leiter des ständigen Ausschusses für das Siedlungswesen in Dtl. und wandte sich entschieden gegen den Erlaß des ns. Reichserbhofgesetzes. 1933 wurde er aller öffentlichen Ämter enthoben.

W: Innere Kolonisation im östlichen Dtl., 1892; Das Sinken der Getreidepreise, 1894; Grundbesitzverteilung und Abwanderung vom Lande, 1910; Entwicklung einer Verordnung zur Beschaffung von landwirtsch. Siedlungsland, 1919; Die Umwälzung der osteuropäischen Agrarverfassung, 1921; Die Krisis der Weltwirtschaft und die auswärtige Wirtschaftspolitik, 1923; Agrarkrisen und Agrarzölle, 1925; Das Dawes-Abkommen, 1928; Die Weltkrise und die Neuordnung Europas, 1932; Die Lage der Landwirtschaft in ungünstigen Gebieten Mitteldtls, 1932; Dt. Agrarpolitik auf gesch. und landeskundlicher Grundlage, 1934; Agrarverfassung der dt. Auslandssiedlungen in Osteuropa, 1939. – **L:** Reichshdb 2, *1771f.* (***B**); Franz Neubert, Dt. Zeitgenossen-Lex., 1905, Sp. *1360*; Vereinigung der Sozial- und Wirtschaftswiss. Hochschul-Lehrer. Werdegang und Schriften der Mitglieder, 1929.

Hans-Joachim Geffert

Sichting, Erich
geb. 13.03.1896 Magdeburg, gest. 06.09.1946 Magdeburg, Arbeiter, Sportler, Parteifunktionär.

S. trat bereits 1911 in den 1893 gegründeten *Arbeiter-Turn-Bund* (*ATB*) ein und wurde bald Vorturner. Nach seiner Militärzeit im I. WK, als der *ATB* sich 1919 in *Arbeiter-Turn- und Sport-Bund* (*ATSB*) umbenannte, gab es bereits die Strömungen „linke revolutionäre Opposition" und „rechter Opportunismus" im Arbeitersport. S. wurde für Magdeburg politischer Leiter in der linken Opposition, der *Kampfgemeinschaft für rote Sporteinheit* (*KG*), die der KPD nahestand und der *Roten Sport-Internationale* (*RSI*) angehörte, während die Rechten in der *Sozialistischen Arbeiter-Sportinternationale* (*SASI*) organisiert waren. Als 1933 alle Arbeitersportorganisationen durch den Ns. verboten wurden, kämpfte S. in der Illegalität als Verbindungsmann zur Widerstandsgruppe Müller-Kühne, die in einem Kellergewölbe die illegalen Ztgg. *Tribüne* und *Gegenangriff* herstellte. 1936 wurde er von der Gestapo verhaftet, wegen Vorbereitung zum Hochverrat zu fünf Jahren Zuchthaus verurteilt und ins KZ Sachsenhausen verschleppt. Nach seiner Befreiung aus dem KZ im Mai 1945 kam er nach Magdeburg zurück, wo bis zum 01.07.1945 im westlich der Elbe gelegenen Teil der Stadt die amerikanischen Truppen und östlich die russischen Soldaten Hoheitsgewalt ausübten und gleichzeitig begannen, dt. Selbstverwaltungsorgane aufzubauen. S. als KPD-Mitglied, → Hermann Milius als SPD-Mitglied und Rudi Fritz als Parteiloser gründeten mit Einverständnis des russischen Kommandanten schon im August 1945 das Städtische Sportamt, dessen Leiter S. bis Februar 1946 war. Nach der SED-Gründung im April 1946 wurde er Sekretär beim Bezirksvorstand der SED. An einem späten Abend des 06.09.1946, mit dem Motorrad unterwegs, wurde er von einem russischen Wachposten erschossen, wahrscheinlich beim „Organisieren" von Eßkartoffeln.

L: Kurzbiogr. Magdeburger Widerstandskämpfer, hg. von einem Autorenkollektiv, o. J., *22* (**B**); Vf., Zum Neuaufbau der demokratischen Sportbewegung in Magdeburg als Teil der antifaschistisch-demokratischen Umwälzung 1945–49, in: Magdeburger Bll., 1984, *15–23*; ders., Die Anfänge der demokratischen Sportbewegung in Magdeburg nach 1945, in: Wiss. Zs. der PH Magdeburg 28, H. 1, 1991, *53–60*.

Norbert Heise

Sickel, Gustav Adolph *Friedrich*, Dr. phil.
geb. 11.04.1799 Athenstedt bei Halberstadt, gest. 30.09.1865 Groß Rosenburg/Kr. Calbe, ev. Pfarrer, Lehrer, Schulrektor.

Der Sohn des ev. Pfarrers Karl Philipp S. besuchte nach Privatunterricht im Elternhaus 1813–17 das Gymn. in Halberstadt und studierte danach Phil. und ev. Theol. in Halle. Zwischenzeitlich hatte er mit seinen Brüdern August und → Franz S. am zweiten Feldzug gegen Napoleon (1815) teilgenommen. 1820 erhielt er eine Anstellung als Leiter der Stadtschule in Schwanebeck bei Halberstadt und wurde nach seiner Prom. in Halle 1822 als Lehrer an das Schullehrerseminar in Halberstadt berufen. Ein Jahr später avancierte S. zum Dir. des Seminars, trat aber im April 1824 das Amt des Diakons zu Schwanebeck an. Von 1829 bis Anfang 1836 leitete er als Nachfolger von → Johann Christian August Heyse die Höhere Mädchenschule in Magdeburg. Hier entwickelte er in einer Reihe von Arbeiten, u. a. zur Schulbildung der Mädchen, eine auf dem positiven christlichen Glauben fußende Pädagogik, deren methodische Anwendung insbesondere Gemüt und Charakter berücksichtigte. Unter seiner Ägide entwickelte sich die Schule in Magdeburg zu einer auch überregional anerkannten Einrichtung. S. wurde 1836 zum Superintendenten und Schulinspektor in Atzendorf berufen, wo er die im Sommer monatlich abgehaltenen Schullehrerkonferenzen zur methodischen Schulung der Lehrer nutzte und einen Lesezirkel einrichtete, um die Lehrer in ständiger Bekanntschaft mit der Lit. zu halten. Ab 1849 wirkte S. in Groß Rosenburg als Pfarrer und Superintendent der Diözese Calbe.

W: Versuch einer Erziehungsseelenlehre für Eltern und Erzieher, welche nützliche, glückliche und gute Menschen bilden wollen, 1824; Gemeinnützliche Kenntnisse oder der Mensch nach seiner körperlichen und geistigen Beschaffenheit, seinen Bedürfnissen, Vergnügungen, Staats- und Religionsverhältnissen. Ein Lehrbuch für höhere Töchterschulen und zur Selbstbelehrung, 1831; Lebensbilder in Erzählungen für die reifere weibliche Jugend, 1834; Erziehungslehre für christliche Mütter, 1835, ²1850. – **L:** Johann Baptist Heindl (Hg.), Galerie berühmter Pädagogen, 1859; Friedrich Adolph Wilhelm Diesterweg, Das pädagogische Dtl. der Gegenwart, Bd. 1, 1835, *337–358* (Autobiogr.); ders., Sämtliche Werke, Bd. 2, 1957, *695* (*W*); AKPS: Rep. A, Spec. P, S 100 (PA).

Wolfgang Mayrhofer

Sickel, Heinrich Friedrich *Franz*
geb. 17.10.1794 Groß-Oschersleben, gest. 30.01.1842 Hornburg, ev. Pfarrer, Pädagoge.

Der älteste Sohn des ev. Pfarrers Karl Philipp S. verlebte seine Kindheit in Athenstedt, wurde wie sein Bruder → Friedrich S. zunächst im elterlichen Haus erzogen und besuchte ab 1808 die Domschule zu Halberstadt, die er 1812 als Primus omnium verließ. 1812–14 studierte er Philologie und ev. Theol. in Göttingen. Infolge der Kriegsereignisse war S. ab Herbst 1814 zunächst als Hauslehrer in Halberstadt tätig, nahm 1815 am zweiten Feldzug gegen Napoleon teil und avancierte 1817 zum Rektor der Stadtschule zu Schwanebeck. Durch sein glänzendes Examen vor dem Konsistorium in Magdeburg wurde → Karl Zerrenner auf ihn aufmerksam, der ihn Mitte 1819 als Lehrer an die Handlungsschule nach Magdeburg berief. Bereits im Herbst dieses Jahres wechselte S. als Lehrer an die neuerrichtete Höhere Mädchenschule unter → Johann Christian August Heyse und bewies hier wie zuvor in Schwanebeck sein hervorragendes pädagogisches Talent. Gemeinsam mit Heyse gab er 1821 ein „Theoretisch-praktisches Hdb. aller verschiedenen Dichtungsarten" heraus und publizierte in kurzer Folge neben geographischen, mathematischen und naturkundlichen Hilfs- und Übungsbüchern auch ein viel genutztes „Allg. Hdb. der Realkenntnisse für Lehrer an Land- und Bürgerschulen und zum Selbstunterricht" (3 Bde, 1821–32). 1823 wurde er als Oberprediger nach Aken versetzt und 1830 als Dir. des kgl. Schullehrerseminars nach Erfurt berufen. Er richtete im dortigen Regierungsbez. die erste Präparandenanstalt ein und versah zuletzt mehrere Jahre mit großem Erfolg das Amt des städtischen Oberschulinspektors. 1840 als Oberprediger nach Hornburg versetzt, starb er wenig später im Amt.

W: s. o.; Hdb. der Schulmeisterklugheit oder vollständige Anweisung zu einer treuen und umsichtigen Verwaltung des Schulamtes, 1833; Die Bedeutsamkeit der wechselseitigen Schul-Einrichtung für unsere ungetheilten Volksschulen, 1839. – **L:** ADB 34, *150f.*; Neuer Nekr 20, 1844; Hamberger/Meusel, Bd. 20.

Guido Heinrich

Sidow, *Max* Paul Otto, Dr. phil.
geb. 21.03.1897 Calbe, gest. 10.12.1965 Hamburg, Kaufmann, Schriftsteller, Theaterkritiker, Dramaturg.

Der in Calbe an der Saale geb. S. verbrachte hier seine frühe Kindheit und besuchte nach dem Umzug der Fam. nach Zeitz das dortige Stiftsgymn. Unterbrochen durch die Kriegsteilnahme 1916–18, studierte er Germanistik, Phil., Kunstgesch. und Pädagogik an den Univ. Münster, Leipzig und Jena. 1923 prom. er mit einer kunstgesch. Arbeit über Piero della Francesca. S. übernahm das väterliche Geschäft in Zeitz und war bis 1932 als Kaufmann tätig, außerdem als Schriftsteller und Theaterkritiker. Nach dem Ende des I. WK schloß er sich zunächst dem Expressionismus an und publizierte Gedichtbände, u. a. „Der Tageskreis" (1919), „Hermaphrodit. Symphonische Dichtung" (1920) und „Die goldenen Kammern" (1921). Später verfaßte er Novellen. Seine Bücher wurden 1933 z.T. verboten und weitere Publikationen verhindert. Nach dem Ende des II. WK lebte S. in Hamburg, wo er als Dramaturg und freier Schriftsteller wirkte. Von 1946 bis 1948 arbeitete er als Chefdramaturg der Jungen Bühne in Hamburg. S. verfaßte nach 1945 auch zahlreiche Hörspiele und war als Hg. tätig. Er war mit Theodor Däubler befreundet, mit dem er bereits 1921 mehrere Monate durch Italien gereist war. 1946 gab er aus dessen Nachlaß den Band „Griechenland" heraus.

W: s. o.; Spiel mit dem Feuer. Novellen, 1926; Haß. Novellen, 1927; Platen und die venezianische Kunst. Eine Rede, 1928; Das kleine Leben. Gedichte, 1931; Requiem. Dichtung, 1947. – **N:** DLA Marbach. – **L:** Wer ist Wer?, 1948; Wer ist wer, [12]1955; KLK, Nekr. 1973, *631f.*; Paul Raabe, Die Autoren und Bücher des lit. Expressionismus, [2]1992, *435–437*.

Gabriele Czech

Sieg, Carl
geb. 04.08.1784 Magdeburg, gest. 13.04.1845 Magdeburg, Maler, Lithograph.

Der Sohn des Buchbindermeisters Friedrich Christian S. begann zunächst selbst eine Buchbinderlehre, entwickelte aber nebenher sein Talent und seine Neigung zum Zeichnen und Malen. 1802 besuchte er die Akad. der Künste in Berlin und war danach Schüler an der Kgl. Magdeburgischen Provinzial-Kunstschule. 1808 trat er zu Studienzwecken eine Reise nach Paris an und lernte unterwegs den Maler Franz Catel kennen, mit dem er zunächst in Neuweiler/Elsaß die malerische Ausschmückung der architektonisch bemerkenswerten Villa des Generals Clark übernahm. Während seines anschließenden Aufenthalts in Paris besuchte er 1811/12 auch die Malerschule von Jacques Louis David, dem Begründer des Klassizismus in Frankreich. 1812 kehrte S. kurzzeitig nach Magdeburg zurück und hielt sich anschließend von 1813 bis 1816 in Italien, vornehmlich in Rom, auf. Dort gehörte er zu den Mitbegründern der Künstlerhilfskasse und war neben Cornelius, Overbeck, Schaller, Schadow u. a. in deren Vorstand tätig. Von einem dreijährigen Intermezzo in Berlin (1819–21) unterbrochen, lebte und arbeitete S. ab 1816 in seiner Heimatstadt, wo er hauptsächlich als Bildnismaler und Lithograph tätig war. Als sein hervorragendstes Werk gilt das Altarbild „Niederlegung des Leichnams Christi am Fuße des Kreuzes durch Joseph von Arimathia" (1818) für die Kirche St. Sebastian. Er schuf zahlreiche Porträts von Angehörigen der Magdeburger Familien Coqui, Deneke, Helle, Morgenstern und Weichsel sowie von Geistlichen und Politikern. Als Auftragswerke der Stadt Magdeburg entstanden Porträts hist. und zeitgenössischer Personen, u. a. von Pastor Reinhard Bake zur 200-Jahr-Gedenkfeier der Zerstörung Magdeburgs 1631, von → Gotthilf Sebastian Rötger und → Johann Friedrich Wilhelm Koch. Typisch für S.s Bildniskunst sind charakterisierende Architektur- und Landschaftsausschnitte im Hintergrund der dargestellten Person. Einige seiner Werke befinden sich in den Slgg. des KHMus. Magdeburg.

W: Weibliches Porträt, 1812; → Johann Caspar Coqui, 1824; Pastellzeichnung Albert Gottlieb Soder, 1834 (alle KHMus. Magdeburg). – **L:** Thieme/Becker 30, *595*; Georg Kaspar Nagler, Neues allg. Künstlerlex., Bd. 16, 1846; Friedrich Noack, Das Deutschtum in Rom seit dem Ausgang des Mittelalters, 1927; → Johannes Fischer, Die Pfälzer Kolonie zu Magdeburg, 1939, *65f.* – **B:** *KHMus. Magdeburg (Selbstbildnis).

Sabine Liebscher

Siegel, Gottfried Hermann *Feodor*
geb. 13.06.1838 Genthin, gest. 26.02.1900 Bozen/Tirol, Ing., Unternehmer.

S. war der Sohn von Johann Gottfried S., dem Besitzer einer Kunstschlosserei und eines Eisenwarenhandels. Bis zum 14. Lebensjahr besuchte er die Genthiner Privat-Familienschule und absolvierte anschließend im Handwerksbetrieb seines Vaters eine dreijährige Lehre. Nach seiner Wandergesellenzeit und dem Besuch der Kgl. Provinzial-Gewerbeschule in Halberstadt mit dem Erwerb des Abiturs studierte er Ing.-Wiss. am Technikum in Zürich. Bei einer 1868 durchgeführten Reise entdeckte er in Schönebeck ein freies Gelände mit einer Größe von zehn Morgen. Nach dem Kauf des Grundstückes begann er dort aus kleinen Anfängen eine Maschinenfabrik zu errichten. Diese, kontinuierlich erweitert, stand Ende des 19. Jh. in voller Blüte. In der Maschinenfabrik, Eisengießerei und Kesselschmiede, die bis zu 250 Arbeiter beschäftigte, wurden Lokomobilen von 3 bis 200 PS, Dampfmaschinen (darunter Bergwerksmaschinen), Pumpen und Luftkompressoren aller Systeme, Transport- und Hebevorrichtungen sowie Tiefbohreinrichtungen hergestellt. S. war Mitglied in den Vorständen der *Gewerkschaft Burbach* sowie der *Nordwestlichen Eisen- und Stahl-Berufsgenossenschaft* und hatte mehrere Ehrenämter inne. Seine Söhne Georg und Feodor erwiesen sich nach dem Tod des Vaters nicht in der Lage, den Betrieb weiterhin gewinnbringend zu leiten. Er mußte kurz vor Ausbruch des I. WK geschlossen werden. Die sog. „S.-Villa", das Wohnhaus des Fabrikanten, ist heute Hauptsitz der Schönebecker Kreissparkasse. Frieda S., die Witwe des 1900 verstorbenen Fabrikanten S., rief 1903 zur Erinnerung an ihre früh verstorbene Tochter die „Frieda-S.-Stiftung" ins Leben und bestimmte, daß die Zinsen der 10.000 Mark zur freien Verpflegung bedürftiger Kinder der „Kaiserin-Augusta-Heilanstalt" in Elmen verwendet werden sollten.

L: → Wilhelm Schulze, Aus der Gesch. der Stadt Schönebeck, Ms. 1962, *971* (StadtA Schönebeck, Bl. 524.7); Die ehemalige Maschinenfabrik, in: Neue Schönebecker Ztg., Nr. 29, 1965, *8*; Slg. Herbert Melcher, Schönebeck (priv.). – **B:** *ebd.

Britta Meldau

Siegfried, *Karl* (Carl) **Gustav Adolf,** Dr. theol. et Dr. phil.
geb. 22.01.1830 Magdeburg, gest. 09.01.1903 Jena, ev. Theologe, Hochschullehrer.

S., ältester Sohn des Baurats Karl Wilhelm S., besuchte bis 1849 das Magdeburger Domgymn. und studierte anschließend ev. Theol. und Philologie in Halle und Bonn. 1856 wurde er Lehrer am Gymn. des Klosters U. L. F. in Magdeburg, 1858 in Guben und 1860 wieder in Magdeburg, nun am Domgymn. 1859 war er in Halle zum Dr. phil. prom. worden. 1865 ging er als Gymnasialprof. und zweiter Geistlicher an die Landesschule Pforta bei Naumburg. Von dort wurde er 1875 als o. Prof. für Altes Testament an die Theol. Fakultät der Univ. Jena berufen, wobei ihm diese zugleich die Ehrendoktorwürde verlieh. Infolge schwerer Erkrankungen mußte er 1901 von seinen Verpflichtungen entbunden werden. 1885 wurde er zum Großhzgl. Sächsischen Kirchenrat, 1892 zum Geh. Kirchenrat ernannt. Als Gelehrter gehörte er zu den namhaften Vertretern der gegen Ende des 19. Jhs in eine neue Phase getretenen hist.-kritischen Forschung am Alten Testament. So verfaßte er Kommentare zu mehreren alttestamentlichen Büchern, die sich besonders durch gründliche philologische Arbeit auszeichneten. Auf diesem Gebiet hat er Bedeutendes geleistet. Zusammen mit je einem Fachkollegen verfaßte er ein vielbenutztes hebräisches Lex. zum Alten Testament und eine neuhebräische, d. h. der mittelalterlichen Sprachstufe des Hebräischen gewidmete Grammatik, letztere ein wichtiger Beitrag zur Judaistik. Sein besonderes Interesse galt darüber hinaus dem hellenistischen Judentum der nachalttestamentlichen Zeit und der Auslegung des Alten Testaments bei Juden und Christen bis in die Neuzeit. Grundlegend für die weitere Forschung waren hier vor allem seine Untersuchungen zu den Schriften des hellenistisch-jüd. Philosophen Philo von Alexandria. Neben zahlreichen Aufsätzen und Artikeln, u. a. für die ADB, hat er eine Vielzahl von Rezensionen und Literaturberichten verfaßt. Zu vermerken ist schließlich, daß er auch an der Goethe-Forschung beteiligt war.

W: Spinoza als Kritiker und Ausleger des Alten Testaments, 1867; Philo von Alexandria als Ausleger des Alten Testaments, 1875 (Repr. 1970); Lehrbuch der neuhebräischen Sprache und Litt., 1884 (mit H. L. Strack); Hebräisches Wörterbuch zum Alten Testament, 1893 (mit B. Stade). – Kommentare: Prediger und Hoheslied, 1898; Esra, Nehemia, Esther, 1901; (Hg.) Briefwechsel zwischen Goethe und V. Diez, in: Goethe-Jb. 1, 1890, *24–41*. – **L:** RE 18, ³1906, *320–323*; BBKL 10, *173–232* (**W**); Ecce der Kgl. Landesschule Pforta, 1903; Karl Heussi, Gesch. der Theol. Fakultät zu Jena, 1954, *314–316*.

Joachim Conrad

Siegmund-Schultze, Walther, Prof. Dr.
geb. 06.07.1916 Schweinitz bei Wittenberg, gest. 06.03.1993 Halle, Musikwissenschaftler.

Der Sohn eines Juristen besuchte 1921–25 die Grundschule in Schweinitz, 1925–28 das Domgymn. in Magdeburg und dann bis 1934 das Johanneum in Liegnitz (heute Legniza). Er studierte von 1935 bis 1939 an der Univ. Breslau alte Sprachen, Germanistik und Musikwiss. und prom. 1940. Nach der Rückkehr aus dem Krieg war er von 1946 bis 1948 als Lehrer und Erzieher an den Franckeschen Stiftungen in Halle, anschließend bis 1953 als Musikreferent bei der Landesregierung Sa.-Anh. tätig, daneben wirkte er nach der Habil. 1951 als Doz. für Musikwiss. an der Univ. Halle, wo er 1954 zum Prof. berufen wurde und 1956 in Nachfolge von Max Schneider die Leitung des Inst. für Musikwiss. und Musikerziehung übernahm. Von 1969 bis zu seiner Emeritierung 1986 war er Leiter des Wissenschaftsbereiches Musikwiss. der Univ. S. war 1952 Mitbegründer der Händelfestspiele in Halle, ab 1955 wiss. Sekretär der *Händelges.*, Schriftleiter des Händel-Jb. sowie ab 1957 Editionsleiter der Hallischen Händelausgabe. Von 1955 bis 1990 war S. Vors. des Bezirksverbandes Halle-Magdeburg im Verband der Komponisten und Musikwissenschaftler. Durch diese Tätigkeit hatte er eine beachtliche Einflußnahme auf das musikalische Schaffen im Bez. Magdeburg. Als anerkannte musikwiss. Autorität wurde er zum Fachberater für die Bezirksbehörden Magdeburgs in musikalischen Fragen. S. war von Anbeginn Ratgeber und Befürworter der Magdeburger Telemannfesttage, deren wiss. Konferenzen er mehrfach mit einem Grundsatzreferat eröffnet, als Konferenzleiter begleitet sowie wiss. stimuliert hat. Zudem war er Mitherausgeber der Konferenzberichte. Für sein hervorragendes Wirken bei der Erforschung von Telemanns Leben und Werk wurde er 1987 als erster mit dem Georg-Philipp-Telemann-Preis der Stadt Magdeburg geehrt.

W: Mozarts Vokal- und Instrumentalmusik in ihren motivisch-thematischen Beziehungen, Diss. 1940; Untersuchungen zum Brahms-Stil und Brahmsbild, Habil. 1951; Georg Friedrich Händel. Leben und Werk, 1954; Mozarts Melodik und Stil, 1957; Georg Friedrich Händel,

1959; Johannes Brahms, 1966; Ludwig von Beethoven, 1975; Johann Sebastian Bach, 1976; Georg Friedrich Händel, 1980; Georg Philipp Telemann (Bildbiogr.), 1980; Wolfgang Amadeus Mozart. Eine kleine Biogr., 1991; Wolfgang Amadeus Mozart. Ideal–Idol–Idee, 1994. – **L:** Horst Seeger, Personenlex. Musik, 1981; Prof. Dr. Hella Brock, Leipzig (priv.). – **B:** *UnivA Halle.

Sigrid Hansen

Sievers, Johann Friedrich Ludwig
geb. 26.01.1742 Oegle bei Hannover, gest. 28.06.1806 Magdeburg, Organist, Komponist.

S. war von 1771 bis 1776 Organist an der Andreaskirche in Braunschweig. Am 22.09.1776 erfolgte seine Bestallung zum Magdeburger Domorganisten (Amtsantritt: 15.10.1776). Zu den Gutachtern seines Probespiels gehörte Johann Heinrich Rolle, der bescheinigte, daß S. „im Spielen etwas gefälliges" habe, jedoch wenig Akkuratesse zeige. Ab 1780 veranstaltete S. im „Roten Saal" des Klosters U. L. F. Magdeburg eine eigene öffentliche Konzertreihe, in der Magdeburger Musikliebhaber und Dilettanten, gelegentlich auch auswärtige Virtuosen musizierten. Er erteilte Privatunterricht und trat als Komponist vor allem mit Kammer- und Kirchenmusik an die Öffentlichkeit. Seine Klaviersonaten op. 1 fanden in Cramers *Magazin der Musik* wegen ihrer Brillanz und Modernität Erwähnung. S.s Nachfolger am Dom wurde 1806 der vormalige Domchoral und Präfckt des Domchores Johann Karl Heinrich Banck. Eines seiner elf Kinder war der Publizist und Musikästhetiker Georg Ludwig Peter Sievers (1775–1830).

W: Lieder für Singstimme und Klavier, z. B. Oden und Lieder aus der Gesch. des Siegwart, 1779; Trois Sonates pour le Clavecin op. 1, 1782; Sinfonie für Klavier, zwei Violinen, zwei Flöten, zwei Hörner (nicht erhalten). – **L:** MGG 12, Sp. *684f.* (*W*); Carl Friedrich Cramer, Magazin der Musik 1, 1783, *479*; Ernst Ludwig Gerber, Hist.-biogr. Lex. der Tonkünstler, Tl. 2, ²1792, Sp. *512*; Wolf Hobohm, Musikgesch. der Stadt Magdeburg. Eine Zeittafel, 1992, *15*; Christoph E. Hänggi, Georg Ludwig Peter S. (1775–1830) und seine Schriften, 1993, *27ff.*, AKPS: Rep. A, Spec. G Nr. A 716; LHASA: Rep. A 12 Spec. Magdeburg Nr. 17, vol. II.

Brit Reipsch

Silberg, Theodor
geb. 20.12.1831 Westfeld, gest. 07.04.1871 Huysburg bei Halberstadt, kath. Theologe.

S. studierte zunächst in Münster, dann in Paderborn kath. Theol. und empfing dort 1856 die kath. Priesterweihe. Nachdem er zwei Jahre als Kaplan in Groß-Ammensleben tätig war, wurde er 1858 Pfarrverweser in Neustadt bei Magdeburg, wo er als Missionar die Einrichtung einer selbständigen Mission und den Bau der St. Agneskirche betrieb. Als S. erkrankte, ging er 1867 auf die Huysburg bei Halberstadt und wirkte dort bis zu seinem Tode als Kaplan. Seine Nachfolger setzten das von ihm begonnene Werk fort: Friedrich Wilhelm Sauer (geb. 19.02.1831 Paderborn, gest. 10.01.1884 Magdeburg) machte sich von 1867 bis 1884 um die weitere Ausgestaltung der Kirche und die Kommunalisierung der Privatschule verdient; Hieronymus Bernhard Tiekmann (geb. 30.09.1847 Oelde, gest. 16.05.1911 Neuenbeken) konnte in seiner von 1884 bis 1894 währenden Amtszeit die Gemeinde schließlich als Pfarrei 1890 kanonisch errichten lassen.

L: Wilhelm Liese, Necrologium Paderbornense, 1934; Rudolf Joppen, Das Erzbischöfliche Kommissariat Magdeburg, in: SkBK 12, 1971, *95f.*

Daniel Lorek

Simon, August
geb. 30.01.1862 Klostermansfeld, gest. 03.09.1926 Bad Nauheim, Bergmann, Bergwerksdir.

Nach dem Schulbesuch begann S. eine bergmännische Tätigkeit im Mansfelder Kupferschieferbergbau. Ab 1881 besuchte er die Bergschule in Eisleben. Danach ging S. in den Braunkohlenbergbau zur Gewerkschaft *Neue Hoffnung* bei Pömmelte. Auf dieser zwischen Schönebeck und Barby gelegenen Braunkohlengrube entwickelte er ein neues Verfahren zum Schachtabteufen im schwimmenden Gebirge. Beim Durchteufen der Schwimmsandschichten wurden Bohlen verwendet, die durch Nut und Feder oder Verspundung miteinander verbunden waren. Das Eintreiben ins Erdreich erfolgte durch Rammen. Dieses „S.sche Spundwandverfahren" war der Grund, den beim Schachtabteufen im Lockergebirge erfahrenen Bergmann für entsprechende Projekte ins Obere Allertal zu holen. Die Gewinnung hochwertiger Kalisalze ist weitgehend der Pionierarbeit S.s zu verdanken. Im Jahre 1897 wurde S. Bergwerksdir. der gemeinsamen Werksverwaltung der Gewerkschaften Burbach, Walbeck, Bartensleben und Buchberg mit dem Sitz in Beendorf. S. war aber nicht nur eine in Fachkreisen geschätzte Persönlichkeit, sondern betätigte sich auch auf kommunalem Gebiet. Er gehörte 1913–21 der Helmstedter Stadtverordnetenverslg. an.

L: Hans Raeck, Gesch. der Eisleber Bergschule 1798–1928, 1928, *127*; Wolfgang Gotte, Das Abteufen des Schachtes Marie, in: Knappenverein Oberes Allertal, 100 Jahre Schacht Marie – Salzbergbau im Oberen Allertal, 1997, *31*.

August Bornemann

Simon, Bruno *Ernst*
geb. 15.07.1903 Chemnitz, gest. 21.10.1998 Friedensau bei Burg, Pastor, Missionar, Bibelübersetzer.

S. fand zunächst als Landwirtschaftsschüler in Lauterbach bei Marienberg/Erzgebirge eine Anstellung, studierte dann von 1922–26 am Missionsseminar der Freikirche der Adventisten in Friedensau bei Burg, wo er mit → Siegfried Horn befreundet war, und wurde anschließend als Missionar in den Nahen Osten entsandt. Schon während des Studiums zeigte sich seine linguistische Begabung. Nach Sprachstudien in Kairo wirkte er ab 1928 in Palästina im Raum Jerusalem, Taibe, Ramallah und Bethlehem vor allem unter der arabischen, aber auch jüd. Bevölkerung. Taufeiern am Jordan gehörten zu den Höhepunkten seines Wirkens. Nach einem Heimaturlaub 1933 konnte S. wegen politischer Umstände nicht mehr in sein Missionsgebiet zurückkehren. Weitere Stationen seiner Arbeit als Pastor waren Chemnitz, Berlin, Cottbus, Wittenberg, Senftenberg und zuletzt Hanau. 1976 veröffentlichte S. unter dem Motto der „Reinerhaltung" der Heiligen Schrift eine eigenständige Übersetzung des biblischen Urtextes (²1990), die in Worttreue und Syntax der sog. Elberfelder-Übersetzung ähnlich ist. Ziel seiner Übersetzung ist ein Text, der dem ursprünglichen Wortlaut möglichst nahe zu kommen sucht. Kleinere Anmerkungen und Erklärungen sind als Lesehilfen gedacht. Die Bibelübersetzung fand in adventistischen und freikirchlichen Kreisen weite Verbreitung. S. verbrachte seinen Lebensabend in Friedensau.

W: s. o. – **N:** Bericht über Missionstätigkeit in Palästina, 1928–33, Archiv Friedensau (AAE). – **B:** *ebd.

Daniel Heinz

Simon, Otto, Dr. med.
geb. 26.03.1873 Magdeburg, gest. 02.05.1961 London, Arzt.

S., Sohn jüd. Eltern, besuchte bis zum Abitur das Dom-Gymn. in Magdeburg und studierte in Berlin, München, Marburg und Rostock Med. 1899 prom. er in Kiel mit einem kasuistischen Beitrag und bildete sich als Assistent u. a. von Carl von Hess, Marburg, und Theodor Axenfeld, Freiburg/Breisgau, als Chirurg und Augenarzt aus. Nach seiner Niederlassung in Magdeburg operierte er von 1903 bis 1916 im Marienstift, im Krankenhaus Magdeburg-Altstadt und in der Privatklinik Beaumontstraße 13 als einer der ersten modern ausgebildeten Augenärzte in dieser Stadt. 1916–18 war er als Oberstabsarzt Teilnehmer am I. WK. Diese Tatsache schützte ihn in der Zeit des Ns. zunächst vor gröbsten antisemitischen Verfolgungen, bis ihm 1938, wie allen jüd. Ärzten, Approbation und Staatsbürgerschaft aberkannt wurden. S. emigrierte am 24.02.1939 nach London und arbeitete bis 1941, weil ihm als jüd. dt. Emigrant die reguläre Niederlassung verwehrt wurde, unentgeltlich als Augenarzt am Addenbrocke's Hospital. Sein Sohn Kurt S., geb. 29.05.1910 in Magdeburg, schloß 1934 in Berlin sein Medizinstudium ab, folgte seinen Eltern später nach England, wo er ebenfalls keine Zulassung als Arzt erhielt und als Optiker in Nairobi und London arbeitete.

L: Familienarchiv Eva Bandmann, geb. S., London (***B***); Familienarchiv Marianne Lembeck, Magdeburg (priv.). – **B:** Slg. Vf., Qualzow (priv.).

Horst-Peter Wolff

Sintenis, Wilhelm Franz
geb. 25.04.1794 Dornburg/Anhalt, gest. 23.01.1859 Magdeburg, ev. Pfarrer.

S. entstammte einer über mehrere Generationen der Aufklärungstheologie verpflichteten anhaltischen Theologenfam. Er wurde von seinem Vater, dem ev. Pfarrer Johann Christian Sigismund S., selbst unterrichtet, bevor er ab 1804 die Klosterschule in Zerbst besuchte, die er 1811 verließ, um an der Univ. Wittenberg ev. Theol. zu studieren. Infolge kriegerischer Auseinandersetzungen zwischen franz. und preuß. Truppen mußte er das Studium 1813 abbrechen, wurde im März 1814 unter die Kandidaten des Predigeramtes in Köthen aufgenommen und war dort zunächst als Hauslehrer sowie von Ostern 1817 bis Herbst 1818 als Inspektor des Schullehrer-Seminars und der Armenschule tätig. Ende 1818 seinem Vater im Predigeramt in Roßlau adjungiert, avancierte S. 1821 zum Inspektor der Schulen der Stadt Roßlau. Anfang 1824 wurde er durch Gemeindewahl zum zweiten Prediger der Heilig-Geist-Kirche zu Magdeburg berufen und trat hier 1831 in die erste Predigerstelle ein. Besondere Bedeutung erlangte S. 1840 als Auslöser des sog. „Magdeburger Gebetsstreits", der in kurzer Zeit zu einer Polarisierung zwischen rationalistischen Theologen und Vertretern der neupietistischen Orthodoxie in Magdeburg mit weitreichenden Folgen führte. S. nahm im Februar 1840 an einem in sentimentalem Ton verfaßten Gedicht → Wilhelm Ribbecks Anstoß, das dieser, bezogen auf eine vom *Magdeburger Kunstverein* verbreitete Lithographie, in der *Magdeburgischen Ztg.* publiziert hatte. Das im Gedicht empfohlene Gebet zum „lieben Heiland Jesus Christ,/der aller Not Erbarmer ist", kritisierte S. in einem Zeitungsartikel als unevangelisch, da allein Gott dem Vater Anbetung zukomme, und provozierte damit eine mit scharfer Polemik geführte Reaktion Magdeburger Prediger wie auch des Magdeburger Konsistoriums unter Bischof → Bernhard Dräseke. S.' Widerstand gegen die nachfolgend ausgesprochene konsistoriale Rüge, die angedrohte Amtsenthebung und das Publikationsverbot mobilisierte nicht nur das Kirchenkollegium der Heilig-Geist-Kirche unter Leitung des Gerichtsassessor → Ämil Funk, einen großen Teil der Gemeinde und die Magdeburger Öffentlichkeit, sondern auch den Magdeburger Magistrat unter → August Wilhelm Francke, der die protestantische Lehrfreiheit bedroht sah und beim Ministerium intervenierte. Die Haltung und das Vorgehen des Konsistoriums gegen S. wurden von der rationalistischen Pfarrerschaft als Affront gewertet und gaben 1841 den Anstoß zur Bildung der innerkirchlichen Oppositionsbewegung der protestantischen Freunde („Lichtfreunde") unter der Führung → Leberecht Uhlichs. S. hielt sich dabei zunächst im Hintergrund, bemühte sich vielmehr verstärkt um die Etablierung der *Gustav-Adolph-Vereine* in der Region und griff erst 1846 nach polizeilichen Repressalien gegen Uhlich und die Lichtfreunde-Bewegung wieder mit scharfen Streit- und Parteischriften gegen den restaurativen kirchenpolitischen Kurs → Johann Friedrich Moellers in die lit. Auseinandersetzungen ein. An der Gründung einer oppositionellen Freien Gemeinde in Magdeburg beteiligte er sich jedoch nicht und stand auch den bürgerlich-demokratischen Bestrebungen nach 1848 zurückhaltend gegenüber. S. blieb mit Unterstützung eines Großteils seiner Gemeinde mehr als 30 Jahre im Amt und wurde erst 1855 infolge einer Generalkirchenvisitation pensioniert.

W: Vier Predigten in der Kirche zum Heiligen Geist in Magdeburg am 16. und 23. Februar, 1. und 8. März 1840 gehalten, 1842; Die Sache der Gustav-Adolph's-Vereine nach ihrem Ursprung und Zweck und nach ihrer Nothwendigkeit und Rühmlichkeit dargestellt, 1844; Möller und Uhlich. Beleuchtung des Möller'schen Schriftstücks Nr. 7, 1847; Dr. J. F. Möllers Wirken im Consistorium und in der Generalsuperintendentur der Provinz Sachsen, 1849. – **L:** ADB 34, *406–408*; BBKL 10, Sp. *527–529*; RGG 6, ³1962, *49*; N. N., Bemerkungen an den Herrn Bischoff Dr. Dräseke etc., in: Neuer Sophronizon 2, 1841, *149–235, 267–401*; N. N., Schriften über die S.sche Angelegenheit, in: Allg. Repertorium für theol. Lit. und kirchliche Statistik 43, 1843, *1–31*; Johann Karl Ludwig Gieseler, Lehrbuch der Kirchengesch., Bd. 5, 1855, *250ff.*; Kurt Haupt, Der Magdeburger Bilderstreit im Jahre 1840 auf Grund des Aktenmaterials dargestellt, in: MonBl 73, 1931, *313–315, 323–325*; Martin Friedrich, Die preuß. Landeskirche im Vormärz, 1994.

Guido Heinrich

Sixt von Armin, *Friedrich* Bertram

geb. 27.11.1851 Wetzlar, gest. 30.09.1936 Magdeburg, General der Infanterie.

Der Abiturient S. trat 1870 als Fahnenjunker in das Garde-Grenadier-Regiment Nr. 4 ein und wurde kurz darauf in der Schlacht bei Saint-Privat schwer verwundet. Die Auszeichnung mit dem EK II und die Vorpatentierung schon bei der Beförderung zum Leutnant ließen erkennen, daß seine Vorgesetzten von nun an sehr aufmerksam die Laufbahn des jungen Offiziers lenkten. Nach verschiedenen Adjutantenstellungen, einer Generalstabsausbildung und wechselnden Truppendienst- und Generalstabsverwendungen wurde S. 1900 Oberst und Kommandeur des Infanterie-Regiments Nr. 55 und 1901 Chef des Generalstabes des Gardekorps. Von 1903 bis 1908 war S. als Generalmajor bzw. Generalleutnant (1906) Dir. des Allg. Kriegsdepartements. Danach wieder im Truppendienst, wurde er zunächst Divisionskommandeur der 13. Division in Münster. 1911 übernahm S. vom späteren Reichspräsidenten → Paul von Hindenburg das IV. Armeekorps in Magdeburg als Kommandierender General (1913 General der Infanterie) und war somit dessen letzter Friedenskommandeur. Zu Beginn des I. WK kämpfte das IV. Armeekorps im Verband der 1. Armee im Westen. Die nun folgenden Jahre des Stellungskrieges forderten vom IV. Armeekorps höchsten Einsatz und Opfer. Bei den Kampfhandlungen bei Arras, den Lorettohöhen, bei La Bassée und schließlich an der Somme zeichnete sich S. besonders aus. Seine Verdienste wurden durch die Verleihung des Ordens Pour le Mérite 1916 anerkannt. Im Folgejahr wurde S. zum Oberbefehlshaber der in Flandern eingesetzten 4. Armee ernannt. In drei schweren Abwehrschlachten behauptete er mit der 4. Armee das Schlachtfeld gegen eine gewaltige britische Übermacht. Dieses Verdienst führte nach dem Ende der Kämpfe im Dezember 1917 zur Verleihung des sehr seltenen preuß. Hohen Orden vom Schwarzen Adler und des Eichenlaubes zum Pour le Mérite. Die Frühjahrsoffensive 1918 brachte für seine 4. Armee am 25.04.1918 nochmals die Erstürmung des Kemmel-Berges. Durch überlegene feindliche Großangriffe zog sich die 4. Armee danach in hinhaltender Gefechtsführung auf die Antwerpen-Maas-Stellung zurück. Der mit dem 11.11.1918 eintretende Waffenstillstand brachte S. die größte Aufgabe. Er übernahm die Heeresgruppe A und führte sie in die Heimat zurück. Nach Beendigung der Demobilisierung reichte S. sein Abschiedsgesuch ein, welches Anfang 1919 bewilligt wurde. Als Wohnort wählte er seine letzte Garnison Magdeburg, wo er oft als Ehrengast und Festredner regen Anteil am gesellschaftlichen Leben der Stadt nahm. S. starb 1936 und wurde mit militärischen Ehren zur letzten Ruhe geleitet. Die Kaserne am Zuckerbusch in Magdeburg wurde in den 1930er Jahren nach ihm benannt und führte diesen Namen bis 1945.

L: Regiments-Ztg. des ehemaligen Kgl. Preuß. Infanterieregiments 26, zugleich Nachrichtenbl. des 26er Offiziers-Vereins, Jg. 1931, *8f.*; ebd., Nr. 44, 1936, *1*; Hanns Möller, Gesch. der Ritter des Ordens Pour le

Mérite, 1935; Hasso von Benda, General der Infanterie F. S. v.A. – Zu seinem 50. Todestag, 1986. – **B:** *KHMus. Magdeburg: Ölgemälde von → Hugo Vogel, 1920; Vf., Magdeburg (priv.): anonyme Postkarten-Zeichnung um 1913.

Jörn Winkelvoß

Skomal, Carl, Prof.

geb. 07.01.1863 Bielitz/Österreichisches Schlesien, gest. 26.11.1915 Trier, Architekt, Kunstgewerbezeichner und -lehrer.

Nachdem S. fünf Klassen der Volksschule im Heimatort besucht hatte, ging er für vier Jahre in die Staatsrealschulen Bielitz und Wien. Danach wurde er (wie sein späterer Kollege an der Kunstgewerbe- und Handwerkerschule Magdeburg → Carl Wegner) Schüler der Kunstgewerbeschule des österreichischen Mus. für Kunst und Industrie in Wien, besuchte zunächst für drei Semester die Vorbereitungsklasse und trat dort anschließend für dreieinhalb Jahre in die Architektur-Fachschule ein. Schon während seines Studiums erledigte er kleinere Aufträge für die Kunstindustrie und schuf u. a. Modellbll. für die *Wiener Glaswarenfabrik J. & L. Lohmeyer*. Danach arbeitete er ein Jahr für den Hoflieferanten für Holzgalanterie Carl Stenzel in Wien. Für die Tonindustrie, *Ziegelfabrik und Bauprodukte Wienbergen*, fertigte er Foto-Zinkographien an, lieferte Entwürfe für die Papiermanufaktur *Theymer & Harthmuth* und entwarf Goldwaren. 1880–82 und 1884 arbeitete er zeitweise als persönlicher Mitarbeiter im Atelier des Architekten Leopold Theyer. Ab 1883 unterrichtete er vier Jahre als nebenamtlicher Lehrer an der Allg. Zeichenschule in Wien im Fach Freihandzeichnen und arbeitete im Wintersemester 1886/87 als Hilfslehrer für Freihandzeichnen an der Staatsgewerbeschule Wien für Werkmeister. S.s Ausbildungsstätte in Wien galt neben der Kunstgewerbeschule Berlin bei der 1887 erfolgten Neugründung der Kunstgewerbeschule in Magdeburg als Vorbild, weil sie wie kaum eine andere den Erfordernissen der modernen Industriegesellschaft nachkam. S. war von 1888 bis 1900 als erfolgreicher Lehrer an der Kunstgewerbe- und Handwerkerschule in Magdeburg tätig. Er unterrichtete dort u. a. die Fächer Ornamentales Fachzeichnen sowie Zeichnen nach Modellen und betreute die Bibl. der Anstalt. 1900 berief das Preuß. Ministerium für Handel und Gewerbe S. zum Gründungsdir. der Gewerblichen Fortbildungsschule Trier, der unter seiner Leitung ab 1905 auch ein Bauhandwerkerkurs angegliedert wurde. Diese Schule hatte 30–40 Lehrkräfte (darunter von 1905–08 → Heinrich Tessenow) und unterrichtete um 1912 ca. 1.000 Schüler. In der Zeit der Schulumstrukturierung besuchte S. 1911 seine frühere Wirkungsstätte in Magdeburg, um in Erfahrungsaustausch mit seinen Kollegen zu treten. S. wurde um 1910 zum Prof. ernannt.

W: Ornamentvorlagen für gewerbliche Fach- und Fortbildungsschulen, 1893/94/95 (mit → Ferdinand Moser); Trierische Stuckdecken, in: Mittlgg. des rheinischen Vereins für Denkmalpflege und Heimatschutz 3, H. 2, 1909, *118–126*. – **L:** Jahresberichte der Kunstgewerbe- und Handwerkerschule Magdeburg 1893ff.; Gottfried Kentenich, Gesch. der Stadt Trier, 1915, *960–963*; Emil Zenz, Gesch. der Stadt Trier in der ersten Hälfte des 20. Jhs, Bd. 1 (1900–14), 1967, *102–107*; Norbert Eisold, Die Kunstgewerbe- und Handwerkerschule Magdeburg 1793–1963, Kat. Magdeburg 1993, *18ff.*; Geh. StA Berlin: Abt. I, Rep. 120, E. X.; Fach 2, Nr. 18, Bd. 14; StadtA Trier: Sign. Tb 12152 (PA). – **B:** *Vf., Berlin (priv.).

Gerd Kley

Söchting, Emil

geb. 22.02.1858 Gröningen, gest. 20.10.1937 Stendal, Komponist, Klavierpädagoge.

S., Sohn des Bäckermeisters David S., studierte am Kgl. Inst. für Kirchenmusik in Berlin bei Karl August Haupt, Albert Löschhorn und wurde von Ludwig Deppe im Klavierspiel ausgebildet. 1890–1930 arbeitete S. als Komponist und Musikpädagoge in Magdeburg und unterrichtete dort nach den klavierpädagogischen Neuerungen der Deppeschen Methode. Neben seiner Tätigkeit als Musikerzieher schuf S. in dieser Zeit Werke der Kammermusik, Lieder, Musikalben, aber auch zahlreiche leichte instruktive Klavierstücke und musiktheoretische Werke für den Instrumentalunterricht von Kindern und Jugendlichen. Er zählte neben → Franz Xaver Chwatal und → Friedrich Seitz zu den erfolgreichsten Magdeburger Komponisten von Unterrichtsmusik. Obwohl S. viele seiner Arbeiten über Verleger selbst nach Ungarn, Jugoslawien, die USA und Rußland verkaufte, blieb er ein armer Mann. Ein Angebot, seine Heimat zu verlassen und nach Ungarn zu gehen, lehnte S. ab. Fast erblindet verstarb er 1937.

W: Der kleine Konzertmeister, o. J.; Reform-Klavierschule System Deppe, um 1900, ⁴1928; Schule der Gewichtstechnik, für das Klavierspiel, op. 99, 1909. – **L:** Hobohm, Bd. 1; Riemann ¹¹1929; Der Klavierlehrer, H. 23, 1903; Erich H. Müller (Hg.), Dt. Musiker-Lex., 1929; Musikerköpfe, in: Montagsbl. des Heimatbl. Mitteldtls vom 11.10.1937; Zs. Musik, 1951. – **B:** Dt. Staatsbibl. Berlin, Musik- Abt.

Gerhard Williger

Sohl, Fritz

geb. 20.12.1855 Wanzleben, gest. 08.05.1919 Magdeburg, innovativer Handwerker.

Die Vielseitigkeit S.s geht aus verschieden Berufsbezeichnungen hervor: Mechanikus, Optikus, Uhrmacher. Der Verkauf und die Reparatur von Brillen, Nähmaschinen, Mikroskopen und Stereoskopapparaten gehörten auch dazu. Da auch Blitzschutzanlagen angeboten wurden, entstand sein Beiname „Blitz-S.". 1881 bezeichnete S. seinen Betrieb als *Blitzableiter- und Telegraphen-Bauanstalt*. 1878 erteilte das kaiserliche Patentamt S. ein Patent für einen „Wagen mit endlos sich selbst legenden Schienen" (Raupenschienenfahrwerk). 1888 folgte ein Patent für einen „Spurkranzrinnenverschluß an Wegeübergängen der Eisenbahn". 1889 erhielt S. ein Patent auf eine „selbsttätige Entlastungsvorrichtung an Brückenwaagen". Eine Waschmaschine „eigener, solider Konstruktion" bot S. 1891 an. Selbst die Eichung von Maßen und Gewichten nahm er vor. S. verlegte sein Geschäft 1891 nach Magdeburg und betrieb es bis zu seinem Tode.

L: Amtliches Wanzlebener Kreisbl. Nr. 15, 1878; Nr. 48, 1888; Nr. 74, 1889; Volksstimme vom 27.07.1991 und 29.10.1991.

Gerd Gerdes

Solbach, Heinrich
geb. 13.07.1912 Dörnscheid/Kr. Olpe, gest. 20.08.1976 Magdeburg, kath. Theologe.

S. wurde 1937 in Paderborn zum kath. Priester geweiht. Er war danach Seelsorger in Paderborn, Dernburg (1939) und Sommerschenburg (1945). Unter Kommissar → Wilhelm Weskamm wurde S. 1945 Caritasdir. im Erzbischöflichen Kommissariat Magdeburg. Er förderte die sozialen und karitativen Einrichtungen der kath. Kirche, die gerade in den Nachkriegsjahren eine notwendige Aufgabe zu erfüllen hatten. 1957 ernannte ihn der Erzbischof von Paderborn, Lorenz Kardinal Jaeger, zum Geistlichen Rat und Finanzdir. im Erzbischöflichen Kommissariat Magdeburg. Die Leitung der Vermögensverwaltung hatte S. von seinem Vorgänger → Johannes Kollwitz übernommen. Damit war S. verantwortlich für die materiellen Güter und deren richtigen Einsatz in der Pastoral. In seiner Regie und mit Hilfe von Weihbischof → Friedrich Maria Rintelen erfolgte 1961 in Magdeburg der Aufbau des „Seminars für den kirchlich-caritativen Dienst", in dem Fürsorgerinnen und Fürsorger ausgebildet wurden. Deren Einsatz konnte offiziell nur im innerkirchlichen Bereich erfolgen, da den Abschlüssen aus politisch-ideologischen Gründen von DDR-staatl. Seite die Anerkennung verweigert wurde. Nach 1990 entstand daraus die „Berufsfachschule Sozialpflege St. Mathilde". Diese Nachfolginstitution ist eine einjährige Berufsfachschule mit Internat, welche praxisbezogen auf soziale und med. Berufe vorbereitet. Die Berufsschule erhielt 1996 vom Land Sachsen-Anhalt die staatl. Anerkennung. S. verstarb im August 1976 auf dem Magdeburger Hauptbahnhof bei der Rückkehr von einer Dienstreise.

L: ZBOM. – B: *ebd.

Ludwig Stegl

Sonntag, Gustav
geb. 16.11.1872 Grünewalde bei Schönebeck, gest. 12.04.1953 Rogätz, Schiffbauer, Werftbesitzer.

Der Sohn des Grünewalder Schiffswerftbesitzers Wilhelm S. absolvierte ab 1878 die Bürgerschule in Schönebeck und trat bereits 1886 in die väterliche Unternehmung ein, um dort drei Jahre lang das Schiffbauerhandwerk zu erlernen. Nach der Lehrzeit sammelte S. praktische Erfahrungen in Magdeburger, Roßlauer und Wilhelmshavener Schiffbaubetrieben, besuchte danach die Bauschule in Magdeburg, trat anschließend als Leiter in die väterliche Werft in Grünewalde ein und übernahm 1897 die Leitung der Werft von Hugo Schütze in Aken an der Elbe. Der innovative Praktiker S. entwarf und baute dort die ersten brauchbaren Lukendeck-Kähne, deren System sich gegenüber dem Schrägdeck mit längs-liegenden Deckbrettern bald durchzusetzen begann. Er erkannte zudem als einer der ersten den Vorteil eiserner Böden für die Elb- und Kanalschiffahrt und beförderte nachdrücklich die in dieser Zeit sich vollziehende Umstellung vom Holzkahn zum eisernen Schleppkahn mit größerer Tragfähigkeit. Im Mai 1905 trat S. in die Selbständigkeit ein und erwarb die 1887 gegründete Schiffswerft in Rogätz, die er bis zu seinem Tode betrieb. Er modernisierte die Anlagen und Geräte (Wagenslipanlage, Maschinenhaus, elektrischer Betrieb), erweiterte das Werftgelände 1910 durch Zukauf und entwickelte das Unternehmen zu einer der leistungsfähigsten Schiffswerften an der Elbe. In der Blütezeit des Unternehmens bis 1913 verließen insgesamt 94 neugebaute Schiffe die Werft, darunter 59 Frachtschiffe und 31 Leichter, Schuten, Elbfähren und Wohnschiffe, deren hohe Qualität dem Unternehmen zu schnellem Ansehen verhalf. Zudem führte die Belegschaft, die bis 1913 auf 150 Mitarbeiter stieg, Reparaturen an hölzernen und eisernen Schiffen durch. Während des I. WK sank die Zahl der Neubauten von Frachtschiffen erheblich, ging in der Nachkriegzeit weiter zurück (Reparationsleistungen an Frankreich) und setzte unter schwierigen wirtsch. Bedingungen erst nach 1931 mit zahlreichen Aufträgen für das Maschinenbauamt in Magdeburg-Rothensee wieder in größerem Umfang ein. In dieser Zeit konnte S. die führende Stellung seiner Werft durch große Um- und Modernisierungsbauten an Elbkähnen und Weiterentwicklung der Schiffsformen und -maße halten. Neben Neubauten, Reparaturen und Umbauten (u. a. auch Wohnschiffe und Baukähne) liefen 1936–41 die ersten Motorschiffe vom Stapel (1936 erstes Motorschiff „Jupiter" mit Linke-Hoffmann-Dieselmotor). 1942–50 wurden infolge des kriegsbedingten Mangels an Fachkräften und Material keine Neubauten mehr ausgeführt. Aufgrund seiner fachlichen Kompetenz genoß S. in den Kreisen der Werftbesitzer, Reeder und Schiffer großes Ansehen. Er war langjähriger Vors. der Meisterprüfungskommission der *Magdeburger Handwerkskammer*, Vorstandsmitglied des *Vereins der Flußschiffswerften Dtls, Abt. Elbegruppe* und fungierte als Harvariekommissar von 36 in- und ausländischen Versicherungen. Nach seinem Tod wurde die Rogätzer Werft 1954 in Volkseigentum überführt und spezialisierte sich ab 1964 als Teil des *VE Kombinats Binnenschiffahrt und Wasserstraßen* auf die Reparatur von Schubprahmen. 1991 wurde das Unternehmen geschlossen.

L: Fritz Wilke, Schiffbaumeister G. S. zum 50. Geb., in: Dt. Schiffbau-Ztg. 5, H. 8, 1922, *183f.*; Magdeburger General-Anzeiger vom 18.03.1928; Werbekat. G. S. Schiffswerft Rogätz/Elbe, 1928 (*B); Willi Zähle, Aus der Gesch. der Elbschiffahrt und ihre Bedeutung für die Gemeinde Rogätz, in: Werner Schierhorn (Hg.), Kreismus. Wolmirstedt 1927–1992, 1992, *49–57*; ders., Gesch. der Gemeinde Rogätz, Ms. 1994, *297–304*.

Guido Heinrich

Sorge, Kurt, Dr.-Ing. E.h., Dr. rer. pol. h. c.
geb. 28.07.1855 Zwickau, gest. 09.09.1928 Berlin, Dipl.-Ing., Dir.

Der aus einer Technikerfam. stammende S. besuchte die Bürgerschule in Zwickau, danach die Realschulen I. Ordnung in Chemnitz und Dresden und schloß diese 1873 mit der Reifeprüfung ab. Ein anschließendes Studium an der Bergakad. Freiberg beendete er 1877 mit dem Dipl. eines Eisenhüttening. 1877–79 war er als Chemiker und Hilfsing. auf der *Ilsederhütte* Peine, 1879–82 als Chemiker und Betriebsassistent auf der *Georg Marienhütte*, 1887–88 als technischer Beirat der Fa. *Spaeter* in Koblenz und 1888–93 als Dir. der *Rombacher Hütte* tätig. Mit diesen Referenzen trat er 1893 in die Dienste des *Friedr. Krupp Grusonwerks* Magdeburg ein, wurde 1895 Prokurist und 1899 Mitglied des Direktoriums sowie Vors. der Direktion. Er führte dieses Unternehmen weitblickend, gepaart mit seinen wirtsch. und technischen Kenntnissen und Erfahrungen sowie einer unermüdlicher Tatkraft, jedoch auch mit einer gewissen Großzügigkeit zu großem Erfolg. S. leitete ein Unternehmen, das neben dem Stammbetrieb in Essen zu den größten Schwermaschinenbaubetrieben Dtls zählte. Bereits 1902 besaß es eine Werkfläche von 29,6 ha, wovon 9,3 ha überbaut waren. Im metallurgischen Bereich waren 15 Kupolöfen, 2 Martinöfen, 1 Dolomitbrennofen, 28 Tiegelöfen, 6 Gasschmelzöfen, 4 Temperöfen, 11 Härteöfen und 13 Glühöfen untergebracht. Alle Hallen, u. a. die des Zerkleinerungsmaschinenbaus I, II und III sowie in der Panzerfräserei und -montage, waren mit durchlaufenden Transmissionswellen ausgerüstet, mit denen 1.477 Werkzeugmaschinen von insgesamt 66 Dampfmaschinen mit einer Antriebsleistung von 2.015 PS in Bewegung gesetzt wurden. Zum Transport der bis zu 100 t schweren und bis zu 1.250 mm dicken gußeisernen Panzer-, Küsten- und Binnenbefestigungen standen 15 hydraulische Bockkrane bereit. In den Fertigungs- und Montagehallen wurden u. a. Zerkleinerungs- und Erzaufbereitungsanlagen, Salz- und Ölmühlen, Weichwalzwerke zur Herstellung von Linoleum-, Celluloid- und Gummifabrikaten, Walzwerke und Preßeinrichtungen für die Metallbearbeitung, Einrichtungen zur Herstellung von Kabeln jeder Art und Krananlagen sowie Verladeeinrichtungen für Massengüter und Eisenbahnwagenkipper, aber auch Ausrüstungen für die Errichtung von Pulverfabriken produziert. Dazu wurden 162 Laufkräne, 10 Bockkrane, 3 fahrbare Dampfkrane, 14 Aufzüge und über 100 sonstige Hebeeinrichtungen eingesetzt. S. verfügte die Erweiterung des Stahlwerkes sowie den Bau und die Erweiterung der Rädergießerei und Schmiede und setzte die Zivilproduktionsumstellung unter Beibehaltung der Beschäftigtenzahlen sowie die bereits 1903 vorgenommenen Umwandlung des Werkes in die *Friedr. Krupp A. G. Grusonwerk* Magdeburg durch. Er wurde 1919 Mitglied und 1925 stellvertretender Vors. des Aufsichtsrates der *Friedr. Krupp AG* in Berlin, zudem Mitglied des Aufsichtsrates der *Leipziger Messe- und Ausstellungsges. AG* sowie Vors. des Aufsichtsrates der *Dt. Kreditversicherungs-AG*. 1902 übernahm er den Vorsitz des *Verbandes der Magdeburger Metallindustriellen* und wurde danach Vorstandsmitglied des *Gesamtverbandes Dt. Metallindustrieller*. Neben diesen Aufgaben versah S. auch zunehmend höchste Ehrenämter. Mit der Übernahme des Vorsitzes des *VDI* 1910–11 schuf er das Fundament für den Aufschwung, den dieser Verein in den späteren Jahren nahm, und besaß auch wesentlichen Anteil an der Errichtung des Ingenieurhauses. 1915 übernahm er den Vorsitz des *Vereins Dt. Maschinenbau-Anstalten* und blieb anschließend bis zu seinem Ausscheiden 1925 Ehrenmitglied. Während des I. WK koordinierte er in hervorragender Weise als Chef des technischen Stabes des Kriegsamtes die dt. Industrie. 1917–24 war er der Vors. der *Vereinigung Dt. Arbeitgeberverbände* und später Ehrenmitglied sowie 1919–25 Vors. der *Reichsverbände der Dt. Industrie* und anschließend ihr Ehrenpräsident. Nicht unerwähnt darf sein Einsatz als Mitglied des Wirtschaftsrates und 1920–28 als Mitglied des Reichstages (DVP) bleiben. Für seine Leistungen um die Entwicklung der dt. Technik und Wirtschaft wurde er von der TH Dresden 1924 zum Dr. Ing. und der Univ. Bonn 1925 zum Dr. rer. pol. ehrenprom. S. zählte zu den großen fähigen Ingenieuren und Wirtschaftsführern der Nachkriegsjahre des I. WK. Er hat hervorragende praktische und wiss. Verdienste um die Entwicklung des Eisenhüttenwesens und war der Führer der dt. Großgewerbe in der Kriegs- und Übergangswirtschaft sowie Mitbegründer der Massenfertigung.

W: Die Entwicklung der dt. Eisenindustrie in den letzten 25 Jahren, in: VDI Monatszs. 7, H. 6, 1914. – **L:** DBJ 10; Reichstags-Hdb. 1920, *33*; Georg Wenzel (Hg.), Dt. Wirtschaftsführer, 1929; Friedr. Krupp AG Magdeburg-Buckau, Als Erinnerungsschrift gewidmet, 1903; Friedr. Krupp AG Grusonwerk Magdeburg-Buckau, 1905; → Walter Hillmann, K. S. †, in: Zs. Stahl und Eisen 48, H. 39, 1928, *1391f.*; N. N., Dr. K. S. †, in: Kruppsche Mittlgg., Nr. 20 vom 21.09.1928; Ehrung der Jubilare des KGW zur 75 Jahrfeier des Krupp/Grusonwerks Magdeburg, in: Nach der Schicht, Juli 1930; Martin Lichtenberg, Entwicklungstendenzen in der Magdeburger Industrie, Diss. 1934, *42*; LHASA: SA Rep I 409; Archiv der Friedr. Krupp AG Essen: WA Xa 3, 117, *42*. – **B:** *Archiv der Friedr. Krupp AG Essen.

Werner Hohaus

Sorgenfrey, Gustav *Theodor*, Prof. Dr. phil.
geb. 19.08.1848 Leipzig, gest. 23.10.1919 Leipzig, Pädagoge, Heimatforscher.

Der Sohn des Ratsregistrators August S. wuchs nach dessen frühem Tod im Hause seines Onkels, des Verlegers Hermann Haessel, auf. Er legte in Leipzig das Abitur ab und studierte ab 1867 Klass. Philologie an der dortigen Univ. Nach seiner Prom. nahm S. im Herbst 1870 eine Lehrerstelle an einem Erziehungsinst. in Dresden an, ging aber bereits Ostern 1871 nach bestandenem Oberlehrerexamen an das Gymn. in Zwickau. 1872 wechselte er als Oberlehrer an das neugegründete Gymn. in Greiz und kam 1875 als Oberlehrer und Rektor an das Progymn. in Neuhaldensleben, dessen Leitung er bis 1886 innehatte. Bis zu seiner Pensionierung 1907 blieb er dort Lehrer und hatte hervorragenden Anteil an der Entwicklung und dem Werdegang des städtischen Gymn. Als Mitglied des *Aller-Vereins* auch heimatgesch. forschend, widmete sich S. der verdienstvollen Bearbeitung der „Haldensleber Stadtbücher" und führte sie bis zum vierten Band zur Druckreife. Er gab zudem 1885 (²1902) die vergriffene „Chronik der Stadt Neuhaldensleben" von → Peter Wilhelm Behrends neu heraus und ergänzte sie bis zum Jahre 1900. Als Begründer der *Neuhaldensleber Beamten-Vereinigung* leitete er viele Jahre hindurch diesen Verein und war dessen langjähriger Ehrenvors. Nachdem seiner Versetzung in den Ruhestand 1907 kehrte er in seine Geburtsstadt zurück.

W: Aus Neuhaldenslebens Vergangenheit, 1900; (Hg.) Hermann Haessel, ein dt. Buchhändler. Reisebriefe aus der Mitte des 19. Jhs, nebst einem Lebensabriß, 1904; Die Stadtbücher von Neuhaldensleben 1225–1463, 1923. – **L:** → Willi Koch, Bedeutende Haldensleber, in: Js. des KrMus. Haldensleben 7, 1966, *40*. – **B:** *Mus. Haldensleben.

Sandra Luthe

Spangenberg, Gerhard
geb. 10.03.1901 Bergzow, gest. 07.11.1975 Dülmen, ev. Pfarrer.

Der Pfarrerssohn studierte ev. Theol. in Greifswald und Halle und wurde 1928 zum Pfarrer ordiniert. Anschließend war er zunächst als Pfarrer in Nieleböck bei Genthin und ab 1929 in Altenweddingen tätig, wo er seit 1934 auch als Superintendent des Kirchenkreises Wanzleben amtierte. Früh trat er der NSDAP bei, wurde Mitglied der Kreisleitung und der verschiedenen Vereinigungen der Dt. Christen (DC), die sich eng an das ns. System anlehnten und eine Verbindung von Kirche und Ns. anstrebten. 1934 avancierte er zugleich zum stellvertretenden Leiter des Volksmissionarischen Amtes und zum Kulturfachberater der Kreisleitung der NSDAP. Sein Weg innerhalb der DC ist von einer Bewegung zum Extremen geprägt, was ihn auch innerhalb der Bewegung zunehmend in die Isolation führte. War seine Wahl zum Superintendenten 1934 noch von einer breiten Mehrheit im Kirchenkreis getragen, so formierte sich bald eine kirchliche Opposition, die 1936 so stark war und die Unterstützung durch den Provinzialkirchenausschuß hatte, daß S. trotz Protesten der NSDAP vom Amt des Superintendenten suspendiert wurde. Bis zum Kriegsbeginn wurde er einer der einflußreichsten Männer der nationalkirchlichen Bewegung, deren Leiter er 1937 für die Landsmannschaft Mitte (Sachsen, Thüringen, Magdeburg-Anhalt und Halle-Merseburg) wurde. Er trieb die Spaltung der Kirche voran, indem er durchsetzte, daß ein Kirchenkreis, der mit einem DC-Superintendenten besetzt war, im Konsistorium nicht einem Dezernenten unterstellt werden durfte, der zur Bekennenden Kirche gehörte. Bei Kriegsausbruch ging sein Einfluß ob seiner aggressiven Art stark zurück. S. gehörte Mitte der 1930er Jahre zeitweilig zu den einflußreichsten Kirchenmännern in der Kirchenprovinz Sachsen. Als Freund des Bischofs → Friedrich Peter beeinflußten ihn die ns. Ideen von

Reich und Vaterland und die Verführung zur Aufwertung der Bedeutung des Christentums. Als Pfarrer war er beliebt und sehr engagiert in seinen Gemeinden. Nach Einzug zur Ostfront 1941 und Kriegsgefangenschaft wurde er 1946 aus dem kirchlichen Dienst in der Kirchenprovinz Sachsen entfernt. S. war danach kurze Zeit Pfarrvertreter in Owschlag in Schleswig-Holstein. Bis zum Antritt der Pfarrstelle in Dülmen/Westfalen, wo er bis zu seinem Tod lebte, arbeitete er als Verwalter einer Obstfirma und später als Krankenhausverwalter. Die Kirchenleitungen verlangten zur Wiederaufnahme in den Dienst zunächst die Wiederholung des Ordinationsgelübdes, ein Kolloquium und die zeitweilige Tätigkeit als Hilfsprediger, was S. ablehnte. Dennoch stimmte 1955 die Kirchenleitung in Bielefeld seiner Wahl zum Pfarrer der Gemeinde in Dülmen zu, wo er nach seinem Ruhestand auch als Militärpfarrer wirkte.

W: Das Ende des Kirchenstreites. Kirchenbewegung Dt. Christen, Gaugemeinde Magdeburg-Anhalt, 1937. – **L:** Kurt Meier, Die Dt. Christen, ³1967.

Ernst-Ulrich Wachter

Spanier, Arthur, Dr. phil.
geb. 17.11.1889 Magdeburg, gest. 30.03.1944 KZ Bergen-Belsen, Bibliothekar, Altphilologe, Orientalist, Hochschullehrer.

Der Sohn des jüd. Religionslehrers → Moritz S. absolvierte das König Wilhelms-Gymn. in Magdeburg und studierte 1908–13 Altphilologie an der Univ. Berlin, u. a. bei Ulrich von Wilamowitz-Möllendorf und Eduard Norden. Zugleich besuchte er die dortige Hochschule für die Wiss. des Judentums. 1914 legte er sein Staatsexamen als Lehrer für Latein, Griechisch und Hebräisch ab und war anschließend im höheren Schuldienst beschäftigt. Nach seinem Einsatz als Frontsoldat im I. WK (1915–18) und kurzer Betätigung als Studienassessor am Gymn. in Königsberg/Neumark wurde S. Mitarbeiter am neugegründeten Forschungsinst. für die Wiss. des Judentums in Berlin. Während dieser Zeit prom. er in Freiburg/Breisgau mit einer Arbeit über den Neuplatoniker Albinus. Im Oktober 1921 trat er, seiner inneren Neigung folgend, als Volontär in den Dienst der Preuß. Staatsbibl. in Berlin und wurde, nach Ablegung des bibliothekswiss. Examens, 1923 zunächst Assistent und 1926 Bibliotheksrat. Als Referent für Judaica und Hebraica der Orientalischen Abt. der Bibl. und bedeutendster Nachfolger Moritz Steinschneiders erwarb er sich ao. Verdienste um die Vermehrung und Beschreibung der judaistischen Bestände und galt zudem als herausragender Fachmann für die Katalogisierung armenischer Hss. Der exzellente Kenner der Gesch. des talmudischen Schrifttums nahm darüber hinaus langjährig eine Dozentur an der Hochschule für die Wiss. des Judentums in Berlin wahr – eine Tätigkeit, die er auch nach seiner rassisch begründeten Beurlaubung und Versetzung in den Ruhestand Ende 1935 bis 1938 weiterführen konnte. S.s in mehreren Publikationen niedergelegte Forschungen führten, ausgehend von den Ergebnissen seiner altphilologischen Studien, zu einem neuen Verständnis althebräischer Poesie und Prosa, das den Ausgangspunkt der Deutung des rhythmischen Gehalts eines Textes beim natürlichen hebräischen Satzakzent nimmt. Im November 1938 wurde S. im KZ Sachsenhausen interniert, wo ihn der Ruf als „Instructor of Rabbinics" an das Hebrew Union College nach Cincinnati/Ohio (USA) erreichte. Weil die bereits genehmigte Ausreise an der rigiden Haltung der amerikanischen Konsularbehörde scheiterte, emigrierte S. 1939 in die Niederlande. 1942 wurde er in Amsterdam von der Gestapo verhaftet und anschließend nach Bergen-Belsen deportiert.

W: Die Toseftaperiode in der Tannaitischen Lit., 1922, ²1936; Die massoretischen Akzente. Eine Darlegung ihres Systems nebst Beiträgen zum Verständnis ihrer Entwicklung, 1927; Der hebräische Satzakzent, 1928; Das Berliner Baraita-Fragment, 1931; Zur Frage des lit. Verhältnisses zwischen Mischnah und Tosefta, 1931. – **L:** Jahresberichte der Preuß. Staatsbibl. Berlin 1925–34, 1927–35 (*W*); Salomon Wininger, Große jüd. National-Biogr., Bd. 7, 1935 (1. Nachtrag); Eugen Täubler, A. S. 1889–1944, in: Historia Judaica 7, 1945, *96*; E. G. Lowenthal (Hg.), Bewährung im Untergang. Ein Gedenkbuch, 1965, *162–164*; Biogr. Hdb. der deutschsprachigen Emigration nach 1933, Bd. 2, 1983; Werner Schochow, Die Preuß. Staatsbibl. 1918–1945. Ein gesch. Überblick, 1989, *38, 60, 91f., 130*; Staatsbibl. Berlin: I 9¹⁷³ (PA); I 76/567, Bl. 309–311, 322, 398–406.

Guido Heinrich

Spanier, Moritz, Dr. phil.
geb. 02.07.1853 Wunstorf bei Hannover, gest. 19.05.1938 Magdeburg, jüd. Religionslehrer.

S. besuchte 1867–71 die jüd. Lehrerbildungsanstalt in Hannover, betätigte sich nach einer Anstellung als Lehrer in Ottersberg bis 1878 am Landesrabbinat in Hannover, wechselte danach als Lehrer und Prediger nach Solingen und wurde 1881 an der Synagogen-Gemeinde zu Magdeburg als erster hauptamtlicher Religionslehrer angestellt, wo er über 35 Jahre wirkte. 1896 prom. S. in Bern zum Dr. phil. Neben seiner Lehrtätigkeit befaßte sich S., ähnlich wie → Meyer Steinhardt, mit allg. und religiösen Fragen des Judentums, des jüd. Religionsunterrichts und Schulwesens. Als Mitarbeiter verschiedener Jbb., Ztgg. und Zss., u. a. der *Pädagogischen Jahresschau* (1907–13) und der *Jüd.-liberalen Ztg.*, verfaßte er dazu zahlreiche Schriften und Artikel, die besondere Bedeutung für die Bemühungen um die Reformierung des jüd. Religionsunterrichtes gewannen. 1905–14 redigierte S. im Auftrag der Großloge für Dtl. U. O. B. B. (Unabhängiger Orden Bne Briss) den monatlich erscheinenden *Wegweiser für die Jugendlit.* Gemeinsam mit E. Flanter (Berlin) gab er vier Hefte des *Wegweisers für den jüd. Religionsunterricht* heraus (1898–1910). S. hatte bedeutenden Anteil an der Arbeit und Entwicklung des *Verbandes der jüd. Lehrervereine im Dt. Reiche*. Durch sein Referat auf dem 2. Verbandstag Ende 1901 in Hamburg gab er u. a. den ersten Anstoß für später entstandene Fortbildungskurse, die der religionswiss. und homiletischen Weiterbildung jüd. Lehrer dienen sollten. Zudem veröffentlichte S. im Auftrag seiner Gemeinde mehrere Arbeiten zur jüd. Zeitgesch., deren Ergebnisse er nach dem Vorbild → Moritz Güdemanns in einer „Gesch. der Juden in Magdeburg" (1923) niederlegte. Er publizierte zahlreiche Aufsätze im *Jüd. Wochenbl. für Magdeburg und Umgegend*, dessen leitender Redakteur er eine Zeit lang war. Sein aus der Ehe mit Helene Lehmann hervorgegangener Sohn → Arthur S. erwarb sich als wiss. Bibliothekar beachtliche Verdienste.

W: Begriff, Wesen und Pflege des Schönen im Lichte der Erziehung, 1886; Quellenbuch für den Unterricht in jüd. Gesch. und Lit., 1890; Moses Mendelssohn als Pädagoge, 1898; Die jüd. Ethik und Herbarts fünf ethische Ideen, 1901; Tabellarische Darstellung der Gesch. der Juden in Magdeburg, 1902; Welche Anforderungen müssen an die jüd. Lehrer und Lehrerbildungsanstalten gestellt und von beiden erfüllt werden?, in: Zur Frage der Lehrerbildung! Denkschrift. Hg. vom Verband der jüd. Lehrervereine im Dt. Reiche, 1903, *5–15.* – **L:** Dtls, Österreich-Ungarns und der Schweiz Gelehrte, Künstler und Schriftsteller in Wort und Bild, 1908 (**B**); Salomon Wininger, Große jüd. National-Biogr., Bd. 5, 1931, *581f*.

Ildikó Leubauer

Speck, *Georg* **Andreas Albert**
geb. 28.04.1904 Magdeburg, gest. nach 1966 Berlin, Maler, Graphiker.

S. absolvierte nach dem Schulbesuch von 1918 bis 1922 eine Handwerkerlehre, besuchte anschließend bis 1924 die Kunstgewerbe- und Handwerkerschule in Magdeburg und studierte danach an der Akad. für Buchgewerbe und Graphik in Leipzig u. a. bei Hans Soltmann und Paul Horst-Schultze. Ab 1927 arbeitete er in der Landwirtschaft und war 1931 bis 1932 als Reklamezeichner tätig. Als Mitglied der Kunstkammer Magdeburg nahm er 1939, 1940, 1941 und 1942 (1942 als Wehrmachtsangehöriger) an den Kunstausstellungen des Gaues Magdeburg im Kaiser-Friedrich-Mus. Magdeburg teil und stellte Aquarelle, Ölbilder und Kohlezeichnungen aus. Nach dem II. WK war er an allen wichtigen Kunstausstellungen des *VBK Dtls*, Region Magdeburg, vertreten. Auf der IV. Dt. Kunstausstellung 1958 in Dresden zeigte er das Ölgemälde „Schiffswerft in Marseille". Nach 1958 lebte er in Berlin und stellte 1959 und 1964 in Magdeburg aus. S. schuf nach 1945 neben seinen freien Arbeiten auch baugebundene Werke, u. a. ein Wandbild im Magdeburger Hauptbahnhof.

W: Sgraffito in der Wilhelm-Pieck-Allee Magdeburg. – **N:** KHMus. Magdeburg. – **L:** Vollmer 4, 1958, *326*; Kataloge der Kunstausstellungen des Gaues Magdeburg 1939–1942; Das Magdeburger Stadtbild in 6 Jh. Kat. der Ausstellung im KHMus. Magdeburg vom 29.11.1959 bis 20.03.1960, *150*. – **B:** *KHMus. Magdeburg.

Siegward Hofmann

Spiegel von und zu Peckelsheim, *Werner Friedrich* **Julius Stephan**
geb. 30.01.1802 Kassel, gest. 10.04.1877 Halberstadt, Rittergutsbesitzer, Domherr zu Halberstadt.

Der Sohn des Werner Adolf Heinrich Spiegel zum Desenberg, der auf dem Familiengut Seggerde im südlichen Teil des Landkreises Gardelegen ein zurückgezogenes Leben führte, studierte an der Univ. Marburg. Dort ließ er aus Begeisterung für die Landschaft auf einem Berg gegenüber der Stadt einen Aussichtsturm bauen, der nach ihm „Spiegelslust" genannt wurde. Nach dem Tod seines Vaters 1828 erbte er dessen zahlreiche und umfangreiche Güter Seggerde, Altena, Hasselburg und Lemsell, Güter in Westfalen und am Harz sowie die schon von seinem Großvater, dem um Halberstadt verdienstvollen Ernst Ludwig Christoph Freiherr von Spiegel zum Desenberg, erworbene Erbpräbende zu Halberstadt. Ende 1828 bezog S. die dortige Kurie, an der er viele Erneuerungsarbeiten vornehmen ließ. In Halberstadt errichtete er, dem Beispiel seiner Großvaters folgend, eine Reitbahn in der Dominikanerstraße und legte in der Kurie eine umfangreiche Gemäldeslg. an. S. unterstützte die Arbeit des von Friedrich Lucanus 1828 ins Leben gerufenen *Halberstädter Kunstvereins* und förderte als Mäzen den Ausbau der Slgg. Bereits Anfang der 1830er Jahre siedelte er auf sein Rittergut Seggerde über, wo er sich hauptsächlich der Verwaltung und Bewirtschaftung seiner umfangreichen Besitzungen widmete. Er ließ hier 1834–38 das Schloß umbauen, vergrößerte und verschönerte den Schloßpark, der sonntags auch dem Publikum offenstand, sowie den Gutshof und erweiterte den Besitz durch Ankauf verschiedener Grundstücke. 1861 erwarb er das benachbarte Amtsgut Weferlingen mit den Vorwerken Grauè und Wolfsdorf. S. ließ die Pfarrei, die Schule, den Gasthof, die Mühle und das Forsthaus zu Seggerde neu aufbauen, die Dorfstraße befestigen und unterstützte die Kirchen der Umgegend mit großzügigen Schenkungen. Seine 1892 verstorbene Ehefrau Thekla Sophie Marie Anna Freiin von Schaumburg überschrieb die geerbten Güter Seggerde, Altena, Weferlingen, Hasselburg und Lemsell ihrem Schwager, dem Kammerherrn und Landrat a.D. Eduard von Davier.

L: Dr. Raban Freiherr S.v.u.z.P., Gesch. der S. zum Desenberg und v.u.z.P., zugleich ein Beitrag zur westfälischen-hessischen Heimatgesch., 2. Bd., Ms. 1956, *559–565* (Bibl. des Gleimhauses Halberstadt).

Eberhard Pasch

Spielhagen, Friedrich
geb. 24.02.1829 Magdeburg, gest. 25.02.1911 Berlin, Schriftsteller, Hg., Übersetzer.

S. wuchs in Magdeburg und nach der Versetzung des Vaters, eines Reg.- und Baurats, ab 1835 in Stralsund auf. Er studierte 1847–1854 zunächst Jura, später Phil. und Philologie in Berlin, Bonn und Greifswald. Nach seinem 1855 endgültig gescheiterten Versuch, unter → Johann Springer in Magdeburg Schauspieler zu werden, war S. u. a. in Leipzig und Hannover als Lehrer und Redakteur tätig. Nach der Übersiedelung nach Berlin 1862 war er freiberuflicher Schriftsteller, 1878–84 Hg. der einflußreichen *Westermanns illustrierten dt. Monatshefte*, die Erstausgaben von → Theodor Fontane und Theodor Storm veröffentlichten, und Renommierautor der *Gartenlaube*. Seine Erfolge fielen in die Zeit der Kommerzialisierung der Erzählprosa durch die Familienzss. S.s Werke wurden vom Bildungsbürgertum als Entwicklungsgesch. der Zeit und der Nation gelesen; der junge Friedrich Nietzsche stellte sie neben Goethes Prosa, für Fontane war S. „neben Auerbach der angesehenste dt. Schriftsteller der Gegenwart". S. verarbeitete in seinen Romanen die Erfahrungen der 1848er Revolution („Problematische Naturen", 1861), die Niederlagen und Hoffnungen der Restaurationsphase („In Reih und Glied", 1866, ein Kryptogramm der Biogr. Ferdinand Lassalles), der Gründerzeit („Sturmflut", 1877). Daneben entstanden Dramen, lyrische und theoretische Texte, Übersetzungen sowie die Autobiogr. „Finder und Erfinder" (1890, Auswahl u.d.T. „Erinnerungen aus meinem Leben", 1911), die eine liebevolle Schilderung der Kindheit in Magdeburg enthält. Die Kritik der Wirklichkeit verbindet S. mit dem Festhalten an einem Goethe-zentrierten liberaldemokratischen Humanitätskonzept und dem Versuch, beides zu versöhnen; solche Harmonisierung wirkt häufig konstruiert und typisierend. Dennoch trug S. mit seiner Forderung nach Ausschaltung des Erzählers zur Vorbereitung naturalistischer Erzählpraxis bei und begrüßte Autoren der Moderne wie Gerhart Hauptmann.

W: s.o; Durch Nacht zum Licht, 1862; Die von Hohenstein, 1864; Hammer und Amboß, 1869; Zum Zeitvertreib, 1897; Beiträge zur Theorie und Technik des Romans, 1883; Neue Beiträge zur Theorie und Technik der Epik und Dramatik, 1898; Sämtliche Romane (29 Bde), 1895–1904. – **L:** Mitteldt Leb 2, *383–389* (**B*); Killy 11, *106f.*; Dt. Zeitgenossen-Lex., 1905; Wer ist's, ⁴1909; Victor Klemperer, Die Zeitromane S.s und ihre Wurzeln, 1913; Leo Löwenthal, F. S. – der bürgerliche Individualismus, in: ders. (Hg.), Das bürgerliche Bewußtsein in der Lit., 1981, *364–396*; Andrea Fischbacher-Bosshardt, Anfänge der modernen Erzählkunst. Untersuchungen zu F. S.s theoretischem und lit. Werk, 1988; Henrike Lamers, Held oder Welt? Zum Romanwerk F. S.s, 1991.

Gunter Schandera

Spieß, Ernst *Eduard*
geb. 01.08.1849 Darmstadt, gest. 19.10.1912 Basel, Ing., Kunstgewerbelehrer.

S. besuchte das Gymn. in Darmstadt und war 1865–67 Schüler der Basler Gewerbeschule. Danach begann er eine Handwerkslehre als Former, Gießer und Monteur in den Eisenwerken von François de Wendel in Hayange (Frankreich) und arbeitete 1869–70 als Feinmechaniker in den Werkstätten der Sternwarte Paris. S. erwarb sich am Mathematischen Inst. in Solothurn ein umfangreiches praktisches Wissen zur Vorbereitung für sein Studium an der Ingenieurabt. des Eidgenössischen Polytechnikums in Zürich, das er 1875 erfolgreich mit einem Dipl. als Bauing. abschloß. Anschließend nahm er eine Tätigkeit als Architekt und Bauing. bei der *Schweizer Nord-Ost-Bahnges.* auf und führte Aufträge für Bahnprojekte der Städte Zürich und Basel aus. 1881–83 arbeitete er zur Vervollkommnung seiner Kenntnisse in Kalifornien bei der *Northern Pacific* Eisenbahnges. und projektierte verschiedene Bahnhofsbauten (z. B. in Portland/Oregon). Eine schwere Erkrankung der Mutter zwang ihn zur Rückkehr nach Europa. 1885 nahm S. in München ein kurzzeitiges Kunst- und kunsthist. Studium auf, wandte sich aber zunehmend dem Kunstgewerbe zu und bereiste im selben Jahr Dtl. Aus dieser Zeit sind Skizzenbücher mit hist. Bauten, Architekturdetails und Grundrissen bekannt, die auch seine künstlerischen Fähigkeiten und präzise Beobachtungsgabe zeigen. Nach Weiterbildungskursen an der Berliner Handwerkerschule erhielt S. 1886 eine Anstellung als Lehrkraft für Bauhandwerker an der Zeichen- und Kunstgewerbeschule Kassel, wurde von dort aus 1887 zum Dir. der reformierten Kunstgewerbe- und Handwerkerschule in Magdeburg berufen und führte dieses Amt bis 1892. Neben seiner Funktion als Dir. erteilte er Unterricht im Fach- und Geometrischen Zeichnen. Dem als „Organisationstalent" bekannten S. gelang es, hervorragende Lehrkräfte zu verpflichten, das Lehrprogramm zu reformieren und bei sprunghaft steigenden Schülerzahlen – 1891 wurden bereits ca. 1.500 Schülerinnen und Schüler unterrichtet – die Aufrechterhaltung des Unterrichts durch Erschließung neuer Unterrichtslokale zu sichern. Die Schule gewann unter seiner Leitung schnell an Bedeutung. S. führte mehrfach Auseinandersetzungen um den Etat der Schule und um die Höhe des Schulgeldes mit dem Ministerium in Berlin und dem Reg.-Präsidenten in Magdeburg. Als der Dir. der Basler Allg. Gewerbeschule Wilhelm Bubeck bei einem Zugunglück ums Leben kam, wurde S. für diese Stelle ausgewählt und Ende 1891 zu seinen Bedingungen von der Stadt Basel zum Dir. der Allg. Gewerbeschule und des Gewerbemus. berufen. Die Geschäfte in Magdeburg wurden kommissarisch bis zur Amtseinführung von → Ferdinand Moser von dem mit S. befreundeten → Adolf Rettelbusch geführt. In Basel gehörte S. zudem der Kommission für das Hist. Mus. Basel an. Er erwarb sich auch in Basel den Ruf eines durchsetzungsfähigen und erfolgreichen Dir., der durch seine vielseitigen Begabungen und organisatorischen Fähigkeiten dieser Schule zu hohem Ansehen verhalf. S. gründete mit Rettelbusch, dem Bildhauer → Carl Wegner und Baupolizeikommissar G. Rosenberg zum Jahreswechsel 1888/89 die *Brocken-Silvester-Gemeinde*.

L: Jahresberichte der Allg. Gewerbeschule Basel für die Schuljahre 1891/92–1912/13; National-Ztg. Basel vom 20.10.1912; dies. vom 22.10.1912; Baseler Anzeiger vom 23.10.1912; Gewerbemus. Basel 1878–1978. Hundert Jahre Wandel und Fortschritt, 1978 (*B*); Inventar der neuen Schweizer Architektur, Bd. 6, 1991; Norbert Eisold, Die Kunstgewerbe- und Handwerkerschule Magdeburg 1793–1983, Kat. Magdeburg 1993, *17ff.*; UB Basel: Nachlaß der Fam. S., G 66; Geh. StA Berlin: Abt. I, HA, Rep. 120, E. X, Fach 2, Nr. 7, Bd. 4. – B: *Vf., Berlin (priv.).

Gerd Kley

Spieß, *Hans-Arthur* **Albert**
geb. 08.09.1910 Magdeburg, gest. 13.07.1979 Bahrendorf, Lehrer, Maler, Graphiker, Kupferstecher.

Kindheit und Schulzeit verbrachte S. in Stargard/Pommern und studierte dann an der Staatl. Kunsthochschule in Berlin-Schöneberg bei den Prof. Curt Lahs, Willy Jaeckel und Konrad von Kardorff, wo er 1935 das Examen für das künstlerische Lehramt ablegte. Nach der Eheschließung mit der Malerin Annelotte S., geb. Findeisen, war er 1937–45 in Berlin ansässig und nahm an ersten Kunstausstellungen teil. 1939–45 war S. Soldat und siedelte sich danach mit seiner Fam. in Druxberge bei Magdeburg an. Dort war er als Lehrer und Künstler tätig. 1948 wurde S. Mitglied des *VBK Dtls* und arbeitete hier in verantwortlichen Funktionen mit. Nach 1945 beteiligte sich S. an allen Bezirkskunstausstellungen bis 1979 und nahm mit seinen Arbeiten an der IV., V. und VI. Dt. Kunstausstellung in Dresden (1958/62/67) teil. Personalausstellungen wurden mehrfach in den Mus. Magdeburgs und Ummendorfs gezeigt. S. beherrschte als einer der wenigen Künstler in Dtl. noch die Technik des Kupferstichs, porträtierte Bertolt Brecht und schuf zu dessen Werken Aquarelle. Vor allem war es aber die Poesie des Alltags, die er in ungezählten Landschaftsdarstellungen und Szenerien auf dem Lande liebevoll und mit leiser Ironie festhielt und in druckgraphische Arbeiten umsetzte.

W: Umfangreiches druckgraphisches Œuvre und eigene Texte wie „Der Maler als Kupferstecher – ein Kommentar", Ms. 1946–1947. – N: Annelotte S., Druxberge; Bördemus. Ummendorf. – L: Vollmer 6, 1962, *425*; H.-A. S., 1910–1979, Kat. KHMus. Magdeburg 1981; Hildegard Engler, H.-A. S. – Pädagoge-Maler-Kupferstecher, in: Börde, Bode und Lappwald. Heimatschrift 1996, *74–78* (*B*). – B: *Vf., Erfurt-Molsdorf (priv.).

Jörg-Heiko Bruns

Spir, Gottfried *Simon*
geb. 21.01.1773 Metz, gest. 08.05.1837 Magdeburg, Kaufmann, Repräsentant der jüd. Gemeinde.

S. stammte aus der jüd. Buchdruckerfam. Spire-Levy und wurde unter dem Namen Geoffroy Spire geb. Er kam nach Gründung des westfälischen Königreiches 1809 vermutlich als Militärlieferant aus dem lothringischen Metz und ließ sich in Magdeburg nieder, wo er im März 1817 das Bürgerrecht erwarb. Bereits der franz. König Ludwig XVIII. würdigte seine Verdienste und verlieh ihm einen bedeutenden Orden. Schon 1817 führte S. mit Michael Gottschaud eine Holzhandlung auf der Elbinsel Werder. Seine unternehmerische Tätigkeit als Holzlieferant und später als Kaufmann im Handelshaus der Kgl. Salz-Schiffahrt brachten ihm hohe Anerkennung in Magdeburg. 1832 als Stadtverordneter gewählt, bekleidete er diese Funktion bis zu seinem Tod. Im Stadtparlament widmete sich S. mit großem Engagement der Tätigkeit der damaligen Armen-Deputation und erhielt dadurch außergewöhnliches Ansehen. So verfaßten der Oberbürgermeister → August Wilhelm Francke und der Vorsteher der Stadtverordnetenverslg. → Conrad Listemann anläßlich seines Ablebens einen Nachruf in der *Magdeburgischen Ztg.* Auch in der jüd. Gemeinde nahm der hochgebildete Kaufmann eine geachtete Stellung ein. Er gehörte dem Vorstand als stellvertretender Vors. an und setzte sich darüber hinaus als Vors. der städtischen Schulkommission für die Bildung der Jugend ein.

L: Magdeburgische Ztg. vom 11.05.1837; Archiv der Synagogen-Gemeinde zu Magdeburg (*B*).

Ildikó Leubauer

Springer, Johann

geb. 1807 Hausleuthen bei Wien, gest. 29.10.1856 Magdeburg, Schauspieler, Regisseur, Theaterdir.

Der Sohn wohlhabender Eltern besuchte das Gymn. in Krems, kam mit seiner Fam. 1823 nach Wien und setzte hier seine Studien fort. Der plötzliche Tod des Vaters und der Verlust des elterlichen Vermögens veranlaßten S., seine zwischenzeitlich angenommene Stelle als Hauslehrer aufzugeben und, einer früh erwachten Neigung zum Schauspielerberuf folgend, sich einer Wandertruppe anzuschließen. Schauspielerischer Erfolg im Fach des Jugendlichen Helden und Liebhabers verschaffte ihm ab 1833 feste Anstellungen in Graz, Pest, Lemberg und Königsberg. 1837–41 erhielt S. ein Engagement am Theater in Stettin. Nach einem kurzen Intermezzo in Köln kehrte er nach Stettin zurück und wurde dort 1841 Regisseur. Bevor er im Juli 1846 die von ihm angestrebte Direktion der Stettiner Bühne übernahm, war S. 1844/45 als Schauspieler in Frankfurt/Oder und Wien tätig. Im Dezember 1851 verließ S. aufgrund von Differenzen mit seinem Kompagnon Julius Hein die aufstrebende Bühne und übernahm ab Januar 1852 die Direktion des Magdeburger Theaters. S. gelang es in wenigen Jahren, das unter seinem Vorgänger Julius Eicke abgewirtschaftete Magdeburger Theater durch „Zielstrebigkeit und Solidität in jeder Hinsicht" (Wöhlert) zu einer der besten Provinzbühnen in Dtl. aufzubauen. Neben der wesentlichen Verbesserung der Ausstattung des Theaters und der im Sommer 1853 erfolgten Anlage einer Gasbeleuchtung (1844 in Leipzig erstmals in Dtl. eingeführt) konnte S. in der auch für das Theater schwierigen Zeit nach der gescheiterten Revolution von 1848 den in Oper und Schauspiel ausgewogenen Spielplan auf ein beachtliches Niveau führen. Seine Bemühungen um die stark vernachlässigte Oper fanden ihre Höhepunkte in der triumphalen Magdeburger EA von → Richard Wagners „Tannhäuser" (Anfang 1854) und der bahnbrechenden Neuinszenierung von → Albert Lortzings „Undine". Im Schauspiel setzte S. die Idee des Bildungstheaters konsequent mit einem um 1850 klass. Stückekanon (Shakespeare, Schiller, Goethe, Lessing) um. Zahlreiche anspruchsvolle, von einer aufgeschlossenen Kritik begleitete Neuinszenierungen waren Ausdruck der ao. Fähigkeiten S.s als Regisseur, der dabei von seinen Stettiner Erfahrungen profitieren konnte. Gegen die allg. Tendenzen der Zeit konzentrierte sich S. in der leichten Unterhaltung auf zugkräftige Nummern z.T. älterer Possen- und Lustspieldichter, deren Erfolg den Bestand des Hauses sicherten. Im Ganzen führte S.s umsichtige Personalpolitik jenseits partiellen Virtuosentums zu Ensembleleistungen auf hohem Niveau, die die Entwicklung eines substantiellen, fortwährend erweiterten Repertoires ermöglichten. Nachdem S., seit längerer Zeit kränkelnd, im Oktober 1856 an Tuberkulose verstorben war, führte seine zweite Frau Emilie, geb. Boewig, das Theater bis 1859 im Sinne ihres Mannes weiter. Sie ließ noch kurz vor Beendigung ihrer Direktion unter finanziellen Verlusten ein zweites Tivoli-Theater auf dem Großen Werder errichten, nachdem sie das alte hatte abreißen lassen. Die Nachfolge in der Direktion trat → Otto Nowack an.

L: Constantin von Wurzbach, Biogr. Lex. des Kaiserthums Österreich, Bd. 36, 1878; Wilhelm Widmann, Gesch. des Magdeburger Theaterwesens, in: MonBl 1925, *262*; Wolfgang Wöhlert, Das Magdeburger Stadttheater von 1833 bis 1869, Diss. Berlin 1957, *78–96*; → Friedemann Krusche, Theater in Magdeburg, Bd. 1, 1994.

Guido Heinrich

Standhardt, Hans

geb. 26.07.1901 Bant bei Wilhelmshaven, gest. 29.06.1944 Magdeburg, Segelflieger, Schlossermeister.

Der Sohn des kgl. Werftführers Edmund S. und der geb. Magdeburgerin Margarete Püschel kehrte nach dem frühen Tod des Vaters 1907 mit seiner Mutter nach Magdeburg zurück. Er besuchte in Magdeburg-Neustadt die Volksschule und erlernte bei der Fa. *Zacharias & Steinert* das Schlosserhandwerk. Ausgelöst durch die Erfolge dt. Flieger vor und während des I. WK, stand die Entwicklung von Flugzeugen im Mittelpunkt des öffentlichen Interesses. Infolge des Bauverbots von Motorflugzeugen in Dtl. durch die Festlegungen des Versailler Vertrages nahm insbesondere der Bau von Modell- und Segelflugzeugen einen beachtlichen Aufschwung und inspirierte auch den jungen S. zu ersten flugtechnischen Unternehmungen. Mit 16 Jahren baute er mit zwei Kameraden einen sog. Hängegleiter mit sechs Metern Spannweite, mit dem er erste Sprünge und Flüge von den Hügeln der Hängelsberge wagte. Unter seiner maßgeblichen Mitwirkung wurde Anfang der 1920er Jahre der *Verein für Segel- und Modellflugsport Magdeburg* mit Standort Großer Cracauer Anger gegründet, der sich später *Flugtechnischer Verein Magdeburg* nannte und bei mitteldt. Modellwettflügen mehrfach Preise gewann. S. übernahm als Vereinspilot und Fluglehrer Aufgaben im technischen Bereich. Er erwarb bis 1932 die

A-, B- und C-Prüfung (u. a. in der Segelflugschule des legendären Ferdinand Schulz in Rositten auf der Kurischen Nehrung), wurde als Bauprüfer des *Dt. Luftfahrtverbandes* zugelassen und baute in der Umgebung von Magdeburg, so in Haldensleben, Schönebeck und Halberstadt, Segelfluggruppen auf. Mit dem ersten im Verein gebauten Segelflugzeug vom Typ „Zögling", einem von Oberbürgermeister → Hermann Beims auf den Namen „Elbvogel" getauften Schulgleiter, konnte S. 1927 anläßlich des 8. Rhönwettbewerbes auf der Wasserkuppe einen Anerkennungspreis der *Rhön-Rositten ges.* für den Magdeburger Segelflugsport erringen. Im gleichen Jahr konstruierte er sein erstes Leistungssegelflugzeug, das 1928 auf den Namen „Otto von Guericke" getauft wurde und mit dem er 1929, vom Weinberg bei Lostau startend, erstmals per Gummiseilstart vom Weinberg die Elbe überflog – eine Leistung, die nach ihm kein weiterer Flieger unter gleichen Bedingungen wagte. Obgleich die Zeit der Weltwirtschaftskrise auch für S. mit längerer Arbeitslosigkeit verbunden war, setzte er sich vehement für die Weiterentwicklung des Segelflugsports ein. Er selbst bildete Anfang der 1930er Jahre zahlreiche Angehörige der Reichswehr, aber auch eine erste Gruppe von Mädchen im Segelfliegen aus. Nach erfolgreicher Ablegung der Schlossermeisterprüfung vor der *IHK Magdeburg* übernahm S. die Betreuung der technischen Einrichtungen im Magdeburger Druckhaus des *Faber Verlages* und beschränkte ab 1933 seine fliegerischen Aktivitäten zunehmend auf die Bauprüfung von neuen bzw. instandgesetzten Flugzeugen sowie auf seine Arbeit als Fluglehrer. S. hat als einer der Pioniere des Segelflugs in Mitteldt. insbesondere in der Region Magdeburg die Entwicklung des Segelflugsports entscheidend mitbestimmt und vorangetrieben.

L: Unterlagen Fam. S., Magdeburg (priv.) – **B:** *ebd.

Heinz Thüm

Stauf, Gerhard

geb. 28.12.1924 Burg, gest. 25.04.1996 Leipzig, Illustrator, Graphiker, Kupferstecher.

S. begann 1939 eine Lehre als Gebrauchswerber, hatte seine erste künstlerische Ausbildung auf Abendkursen in Magdeburg. 1942-50 verursachten Kriegsdienst und Gefangenschaft eine schwere Krankheit mit den Folgen einer Dauerlähmung. Ab 1951 studierte S. an der Hochschule für Graphik und Buchkunst Leipzig bei Albert Kapr, schloß das Fach Illustration mit dem Dipl. ab und nahm anschließend bis 1959 eine künstlerische Aspirantur an der gleichen Hochschule bei Heinrich Illgenfritz wahr. Seit 1959 als freischaffender Graphiker in Leipzig tätig, war S. 1961–62 Graphiker und Kupferstecher in der *Wertpapierdruckerei Leipzig*. In seiner über vierzigjährigen Berufspraxis hat er 204 Briefmarken der DDR entworfen und 17 in Stahl gestochen. Das besonders kleine Format forderte die komprimierteste Gestaltung und die Beschränkung auf das Wesentliche. Die künstlerische Qualität seiner Arbeit bestätigen zahlreiche Kupferstiche. Schon 1959 bekam er in Barcelona den 1. Preis für Kupferstich in einem int. Exlibris-Wettbewerb.

W: (bildnerisch) „Waldtiere" 27.11.1959, Michel-Kat. DDR Nr. 737–741; „Olympische Sommerspiele" 15.07.1964 Michel-Kat. DDR Nr. 1033–1038. – **N:** Zahlreiche Arbeiten in priv. und öffentlichen Slgg. des In- und Auslandes; Roland S., Burg (Kupferstiche); Slg. Vf., Burg (Briefmarken/Kupferstiche). – **L:** Petra Schweiger, Kleinarbeit und Präzision, in: Volksstimme Magdeburg vom 17.02.1984; Handzettel zur Ausstellung G. S. im Suhler Rathaus 07.03.-16.04.1995; Vf., Eine Erinnerung an G. S., in: Volksstimme Burg vom 31.08.1996; Herbert Schwarz, G. S. Ein Meister des Kupferstiches und seine Exlibris, 1997; Sigrun Tausche, Burger Kupferstecher, in: Volksstimme Burg vom 17.05.99. – **B:** *Slg. Vf., Burg (Kupferstich).

Paul Nüchterlein

Steffen, Wolfgang

geb. 28.04.1923 Neuhaldensleben, gest. 04.12.1993 Berlin, Komponist, Dirigent.

S. war der Sohn von Albert S., 1921–29 Dir. des Lehrerseminars in Neuhaldensleben, und Frieda S., Pianistin und von 1912 bis ca. 1920 Leiterin des S.s Conservatoriums für Musik in Berlin. So bekam er frühzeitig Berührung mit Musik, besonders mit der von Chopin und Liszt. 1929 übersiedelte die Fam. nach Berlin, dort besuchte S. das Gymn. Zum Grauen Kloster. Nach dem Abitur 1941 wurde S. Soldat. Ab 1945 studierte er am Klärschen Konservatorium in Hamburg bei Theodor Kaufmann, 1946 in Berlin am Städtischen Konservatorium und von 1949 bis 1953 an der Staatl. Hochschule für Musik bei Heinz Tiessen Komposition, der ihn stark beeinflußte. Zusätzlich belegte S. an der Freien Univ. theaterwiss. Seminare bei Walter Gerstenberg und Hans Knudsen sowie die Fächer Phil. und Kosmologie. 1951 bis 1959 leitete S. mehrere Chöre, für die er Vokalwerke schrieb. Bis 1959 hatte er das Amt des Bundeschorleiters der Berliner Innungschöre inne. Ab 1959 wirkte er freischaffend als Komponist. Lehraufträge, Gastprofessuren an der Hochschule der Künste in Berlin sowie ehrenamtliche Tätigkeiten, wie die des Auslandsreferenten im *Dt. Komponistenverband* und als Jurymitglied des *Dt. Akad. Austauschdienstes e.V.*, nahm er nach dem 50. Lebensjahr wahr. S., mehrfach ausgezeichnet, erhielt u. a. 1978 den großen australischen Kompositionspreis und 1981 das Verdienstkreuz am Bande des Verdienstordens der BRD. Er schrieb Orchesterwerke und Konzerte, Kammermusikwerke für verschiedene Besetzungen und Werke für Tasteninstrumente. Im Bereich der Vokalmusik schrieb er Liederzyklen mit Klavier- oder Ensemblebegleitung, Chorwerke mit Instrumentarium und Stücke für verschiedene A-cappella-Chöre. Leitbilder für ihn als Komponisten waren in den 1940er und 1950er Jahren Hindemith und Bartók. Ab Mitte der 1960er Jahre schuf S. klangfarbenbetonte Kompositionen mit vitalem, aber auch meditativem Ausdruck mittels aleatorischer Technik, in den 1970er Jahren fand er seinen Stil, der alle verfügbaren Techniken einschließt: Klang bildet das Grundmaterial der Musik. Ton und Klang sah er als identisch. Das ordnende Prinzip des Kosmos diente S. als Ideenträger für die experimentelle Organisation von Klangphänomenen.

L: MGG 16, Sp. *1749*; Susann Braun, Das Schaffen des Komponisten W. S. unter besonderer Berücksichtigung der Werke „Botschaft" und „Intrada seria", Ms. 1994; Beate Philipp, W. S., in: Hanns-Werner Heister/Walter-Wolfgang Sparrer (Hg.), Komponisten der Gegenwart. edition text + kritik, 1992, 5. Nachlieferung, *1*.

Sigrid Hansen

Steiger, Willi
geb. 18.08.1893 Burg, gest. 18.07.1957 Burg, Arbeiter, Widerstandskämpfer, Politiker.

S. erlernte 1908 nach dem Besuch der Knabenvolksschule in Burg den Beruf des Zuschneiders bei der Schuhfabrik *Conrad Tack & Cie*. Nach der Lehre trat S. in die Gewerkschaft und in die SPD ein. Als Kriegsteilnehmer an der Westfront wurde er 1918 Mitglied der USPD und in den Soldatenrat gewählt. 1920 war S. Mitbegründer der KPD in Burg und nach der Vereinigung mit der USPD Mitglied der Ortsleitung. 1926 zum Vors. der Ortsgruppe der KPD in Burg und des Unterbez. Jerichow I und II gewählt, arbeitete S. eng mit → Hermann Matern zusammen. Ab 1928 gehörte er der Stadtverordnetenverslg. in Burg an. Mit der Machtergreifung der Nationalsozialisten wurde S. 1933 als erster Kommunist in Burg verhaftet und zu eineinviertel Jahren Gefängnis verurteilt. Nach seiner Entlassung verdiente er ab 1935 seinen Unterhalt mit Botendiensten und nahm Verbindung zur Widerstandsgruppe → Friedrich Rödel und → Martin Schwantes in Magdeburg auf. Im Mai 1945 an der Befreiung und kampflosen Übergabe der Stadt Burg an die Rote Armee maßgeblich beteiligt, wurde S. am 11.05.1945 von der russischen Militäradministration als Bürgermeister in Burg eingesetzt und am 16.05.1945 bis zu seiner Erkrankung 1950 zum Landrat berufen. Von 1954 bis zu seinem Tode arbeitete S. als Kaderleiter in der Schuhfabrik *VEB Roter Stern* in Burg.

L: Und war der Weg auch schwer. Beiträge zur Gesch. der Arbeiterbewegung des Kr. Burg 1880–1945, hg. von einem Autorenkollektiv, 1963, *70–72* (*B); Ihre Namen und ihre Taten bleiben unvergessen, hg. von einem Autorenkollektiv, um 1984.

Axel Thiem

Stein, Louis
geb. 13.05.1864 Frankfurt/Main, gest. 30.12.1940 Grünau bei Berlin, Radsportler, Kaufmann, Verleger.

S. zählt zu den Pionieren des dt. Radrennsports. In dessen Anfangsjahren gegen Ende des 19. Jhs kam er auf dem Hoch-, Drei- und Niederrad zu großen Erfolgen. In seiner Heimatstadt genoß er eine beträchtliche Popularität, und alle Rennbahnen warben um den schnellen Rennfahrer. Er gewann 1888 und 1889 die Dreiradmeisterschaft von Europa. 1887 wurde er Dt. Meister im gleichen Metier und wiederholte diesen Erfolg 1888, allerdings auf dem Niederrad. Als Ende der 1880er Jahre die *Metallwerke Beisser & Fliege* (großer Laternen-Hersteller) sein Werk von Chemnitz nach Magdeburg verlegten, war S. dort fortan als kaufmännischer Leiter tätig. Dennoch blieb er noch als Aktiver dem Radsport treu. Er schloß sich dem *Magdeburger Velocipeden-Club* an und nutzte die Bahn auf dem Werder für Training und Wettkämpfe. S. entwickelte → Willy Tischbein zum Spitzensportler. 1888 wurde er über mehrere Jahre Hg. der Zentralzs. des von → Carl Hindenburg mitbegründeten *Bundes Dt. Radfahrer* (*BDR*), die in der *Faber'schen Buchdruckerei* in Magdeburg in einer großen Auflage erschien. In zwei Umfragen des *BDR* nach den zwölf bekanntesten und verdienstvollsten Mitgliedern des Clubs belegte S. 1889 einen dritten und 1893 einen zweiten Platz.

L: Fachzs. Dt. Radfahrer-Bund, Jgg. 1888ff.; Paul von Salvisberg (Hg.), Der Radfahrsport in Bild und Wort, 1897 (Reprint 1980), *78*, *227*; Radwelt-Sport-Album, 1902, *9*; Slg. Vf., Sandbeiendorf (priv.). – **B**: ebd.

Günter Grau

Steinaecker, *Bruno* **Wilhelm Johann Franz Heinrich Freiherr von**
geb. 19.03.1824 Brumby, gest. 22.11.1879 Brumby, Jurist, Landrat.

S. war Sohn des Landrates des Kreises Calbe Franz Ernst Karl Ludwig Anton Gottlieb Julius v. S. Bis zu seinem 13. Lebensjahr wurde er privat auf der Burg Brumby erzogen. 1846 erhielt er in Magdeburg am Pädagogium zum Kloster U. L. F. das Reifezeugnis. Sein Studium der Rechts- und Kameralwiss. in Halle, Heidelberg und Berlin (1846–1850) wurde mehrfach durch seine Militärzeit und seinen Einsatz als Offizier in den Unruhen in Berlin (1848/49) unterbrochen.

Steinhardt

Praktische berufliche Erfahrungen sammelte er zunächst am Kgl. Stadt- und Kreisgericht in Magdeburg. 1854 wurde er zum Reg.-Referendar ernannt. Bereits während des Jahres 1857 vertrat er seinen Vater mehrfach aus Krankheitsgründen als Landrat des Kr. Calbe. Nachdem dieser 1858 nach über 50 Dienstjahren in Pension gegangen war, erfolgte im selben Jahr im Rathaus Calbe die Wahl und Ernennung von S. zum Landrat des Kreises Calbe. S. hatte dieses Amt bis zu seinem Tode inne.

L: Gothaisches Genealogisches Taschenbuch der Freiherrlichen Häuser, 1901, *742f.*; LHASA: Rep. C 28 I b Nr. 619 I.

Petra Koch

Steinhardt, Moritz *Meyer* (*Meier*)
geb. 14.12.1864 Witzenhausen/Hessen, gest. 23.12.1940 Dresden, jüd. Religionslehrer, Redakteur.

S. besuchte nach seiner Schulausbildung die jüd. Lehrerbildungsanstalt in Hannover und wurde im Mai 1884 als Lehrer in Hausberge bei Minden angestellt. Ab 1886 wirkte S. über 40 Jahre als Religionslehrer und Kantor an der Synagogen-Gemeinde zu Magdeburg und gab jüd. Religionsunterricht u. a. am Magdeburger König Wilhelms-Gymn. Vor allem war sein Name hervorragend mit dem *Reichsverband der jüd. Lehrervereine* verbunden, dessen stellvertretender Vors. und Schriftleiter der Verbandsztg. *Bll. für Erziehung und Unterricht*, einer pädagogischen Beilage des Hamburger *Israelitischen Familienbl.*, er fast 30 Jahre war. Später leitete er die *Jüd. Schulztg.*, ein selbständiges Fachorgan des jüd. Lehrerverbandes. S. stellte sein anerkanntes, umfangreiches Wissen in den Dienst jüd. Organisationen und setzte sich für die Entwicklung und Förderung der jüd. Schule sowie die wirtsch.-soziale Hebung des Lehrerstandes ein. S. war Mitglied der Mendelssohn-Loge. Nach 1934 zog er nach Bad Ems und verbrachte danach seine letzten Lebensjahre in Dresden, wo er seelsorgerliche und gottesdienstliche Gemeindefunktionen wahrnahm sowie an der Jüd. Volksschule Unterricht erteilte.

W: Der Unterricht unserer Jugend, 1901. – **L:** Magdeburger Lehrerbuch, hg. vom Lehrerverein Magdeburg, 1899, *49*; Joseph Walk, Kurzbiographien zur Gesch. der Juden 1918–1945, 1988, *352*.

Ildikó Leubauer

Steinig, Gerhard
geb. 03.01.1913 Magdeburg, gest. 02.01.1937 Teruel (Spanien), Schlosser, Widerstandskämpfer.

Der Sohn eines Kriegsinvaliden wuchs im Magdeburger Arbeiterstadtteil Buckau auf und besuchte dort die weltliche Schule. Er schloß sich dem Kommunistischen Jugendverband (KJVD) an und wurde ein engagiertes Mitglied der *Roten Sporteinheit*. 1931 trat er der KPD bei. 1933 beteiligte er sich an der Umstellung der Parteiarbeit auf die Illegalität. Nach kurzer Haft im Frühjahr 1933 betätigte sich S. aktiv im Widerstand, verbreitete selbst hergestellte Flugblätter und leistete Kurierdienste. Nach einem gefährlichen Zwischenfall emigrierte S. auf Beschluß der Partei in die Sowjetunion. Hier studierte er an der West-Univ. der Kommunistischen Internationale. Mit den Absolventen seines Kurses meldete er sich im Herbst 1936 für den Einsatz im Spanischen Bürgerkrieg. Nach kurzer Ausbildung bei den Int. Brigaden wurde er zum Politkommissar im neu zusammengestellten Bataillon „Tschapajew" ernannt. Kurz darauf fiel er bei einem Sturmangriff.

L: Dt. Widerstandskämpfer, Bd. 2, 1970, *303ff.* (**B*).

Beatrix Herlemann

Steinmetz, Karl Friedrich von
geb. 27.12.1796 Eisenach, gest. 03.08.1877 Bad Landeck/Schlesien, Generalfeldmarschall.

Als Sohn eines ehemaligen Offiziers wurde S. mit zehn Jahren Kadett. Bereits mit 17 Jahren begann er seine militärische Laufbahn als Leutnant im 1. Ostpreuß. Infanterieregiment, Breslau. 1813/14 nahm er als Angehöriger des Yorckschen Korps an den Befreiungskriegen teil. Mehrfach verwundet kehrte er zurück und besuchte die Kriegsakad. in Berlin. Nach einer normalen militärischen Entwicklung mit Verwendungen im Generalstab und verschiedenen Kommandeursstellungen führte er im Krieg in Schleswig-Holstein (1848 versuchte der dänische König, Schleswig in den dänischen Nationalstaat einzuverleiben) die Infanteriebataillone des Königsregiments. Sein selbständiges und energisches Eingreifen entschied das Gefecht bei Schleswig. Für einen kürzeren Zeitraum vertrat er 1850 den Kommandanten von Magdeburg. 1851 zum Oberst befördert, übernahm er das Kommando über das preuß. Kadettenkorps. 1854 wurde S. Generalmajor und Kommandant von Magdeburg. Um den Standort der Garnison zu wahren, führte er häufig Auseinandersetzungen mit den Zivilbehörden der Stadt, die seinerzeit vom Oberbürgermeister → Gustav Hasselbach regiert wurde.

(S. wurde wegen seiner schroffen Art während der gesamten militärischen Laufbahn mehrfach von seinen Vorgesetzten zurechtgewiesen.) 1858 wurde S. Generalleutnant und erhielt das Kommando über die 1. Division in Königsberg, welche er fünf Jahre führte. 1866 siegte er im Krieg gegen Österreich als Kommandeur des V. Armeekorps (Gefechte bei Nachod, Skalitz und Schweineschädel) über drei österreichische Armeekorps. Im dt.-franz. Krieg 1870 führte er eine Armee und gewann die Schlacht bei Spichern. Nach dem Krieg wurde er als Generalfeldmarschall und Träger höchster militärischer Auszeichnungen in den Ruhestand versetzt.

L: ADB 36, *10–19*; Priesdorff 7, *59–69* (***B***); Moritz Klinkicht/Karl Siebert, Dreihundert berühmte Dt. Bildnisse in Holzschnitt und Lebensbeschreibungen, 1912, *189* (***B***); Johannes Kunowski, Dt. Soldatentum. 100 Lebensbilder großer dt. Soldaten, 1940, *122f*.

Harald-Uwe Bossert

Stemmle, *Robert* Ferdinand Adolf (R. A.)
geb. 10.06.1903 Magdeburg, gest. 24.02.1974 Baden-Baden, Autor, Regisseur, Produzent, Sammler.

S., erstes Kind des Lehrers Hugo S. und seiner Frau Emma, geb. Vehe, besuchte ab 1909 die Bürgerschule und von 1913 bis 1919 das Städtische Gymn. in Magdeburg. 1919–23 studierte er an der Lehrerpräparandenanstalt (Lehrerexamen) in Genthin. Danach war er als Schauspieler/Autor mit der Blachetta-Truppe in Dtl. unterwegs. Ab 1925 arbeitete Junglehrer S. an der reformpädagogisch ausgerichteten Versuchsschule in Magdeburg-Buckau unter → Richard Rötscher und machte sich als Puppenspieler/Autor einen Namen. So beteiligte er sich 1927 mit der von ihm geleiteten Handpuppenbühne des *Volksbühnen-Verbandes* (Mitarbeiter: Eva Gruber, → Kurt Riemann, Bruno Schneider, Walter Wolf) sehr erfolgreich an der Dt. Theaterausstellung in Magdeburg. Diese Erfahrungen wurden zum Auslöser für den beruflichen Beginn seiner Künstlerlaufbahn: Er ging 1928 endgültig nach Berlin und schrieb sich vorerst am theaterwiss. Seminar der Friedrich-Wilhelm-Univ. ein. 1930–34 war S. Chefdramaturg der *Tobis-Cinema* und gehörte zu den Autoren im Umkreis der Berliner Volksbühne („Kampf um Kitsch", 1931). Seit 1932 arbeitete er, auch int., vor allem für verschiedene Filmfirmen. Er war aber auch bei Verlagen, im Hörfunk (NWDR: 1947–49), im Kabarett (Katakombe: Mitbegründer 1929; Gonghaus: Leiter 1946/47) und am Theater als Autor bzw. Regisseur beschäftigt. Von 1949 bis zu seinem Tode arbeitete S. als freier Autor und Regisseur beim Film, ab 1962 zusätzlich beim Fernsehen (SFB, ZDF, SWF), ab 1965 ausschließlich. 1954 gründete er seine eigene Filmfa., die *Maxim-Film GmbH*, mit der er drei Spielfilme produzierte. S. war in erster Ehe mit der Schauspielerin Gerda Maurus (1903–68), seit 1968 mit seiner langjährige Lebensgefährtin Annelise, geb. Lippert, verheiratet. S. hinterließ ein Lebenswerk, das sowohl im Umfang als auch in der Qualität der entstandenen Drehbücher, Romane, Schauspiele, Slgg. (Moritaten, Anekdoten, Rechtsfälle) seinesgleichen sucht. Er war Mitglied des *Int. P. E. N.-Clubs* und erhielt nationale und int. Preise (Preis der Int. Filmfestspiele Venedig – „Berliner Ballade", 1949; Blue Ribbon Award – „Almost Angels", 1962; Dt. Filmpreis: Filmband in Gold – Gesamtwirken, 1973). Vielseitig und sehr arbeitseifrig bediente er als Journalist, Romancier und Drehbuchautor viele Medien. Dabei verhielt er sich politisch erstaunlich unabhängig.

W: Der Mann, der Sherlock Holmes war. Spielfilm 1937 (Drehbuch und Roman); Berliner Ballade. Spielfilm 1948 (Drehbuch mit Günter Neumann und Regie); Affaire Blum. Spielfilm 1949 (auch als Roman, Hörspiel, Fernsehspiel und Theaterstück). – **N:** Stiftung Dt. Kinemathek Berlin. – **L:** N. N., R. A. S., in: Cinegraph. Lex. zum deutschsprachigen Film, o. J. (***W***); Vf., R. A. S. Grundlegung zu einer Monographie unter besonderer Berücksichtigung seines Schaffens bis 1930, 1993 (***W***). – **B:** *Archiv Literaturhaus Magdeburg.

Ralf Pierau

Stephan, Jacob
geb. 06.12.1865 Gundershofen/Elsaß, gest. 18.07.1926 Jerichow, Druckereibesitzer, Zeitungsverleger.

Ende des 19. Jhs ließ sich S., Sohn eines Müllers, als Buchbindermeister mit Buch- und Schreibwarenladen in Jerichow nieder und gründete noch vor 1900 eine eigene Druckerei. Nach Aufkauf eines Konkurrenzunternehmens, das 1903 den *Jerichower Anzeiger* herausgebracht hatte, und Anschaffung einer Schnellpresse wurde S. alleiniger Verleger und Hg. der *Jerichower Ztg.*, die am 01.10.1903 erstmals erschien. Sie bestand aus zwei Seiten „Normalzeitung", die in Berlin gedruckt wurden, sowie den in Jerichow hergestellten Lokalnachrichten und erschien dreimal wöchentlich in einer Auflage von ca. 650 Exemplaren. Ab 1924 wurde die Ztg. vollständig in Jerichow gedruckt, nahm an Umfang zu und wurde nach Neubau des Druckereigebäudes 1925 und verbesserter Technik zu einer angesehenen Ztg. für Jerichow und Umgebung. Sie enthielt einmal wöchentlich die illustrierte Unterhaltungsbeilage *Die Bilderwoche* mit Beiträgen zur allg. Gesch., zum Kultur- und Zeitgeschehen ohne regionale Zuordnung. S. verlegte zudem heimatkundliche Schriften, u. a. die Publikationen von → Albert Eiteljörge. Nach dem Tod S.s führten seine beiden Söhne das Geschäft weiter. 1939 wurde die *Jerichower Ztg.* mit dem *Tangermünder Anzeiger* vereinigt, der bis 1944 erschien.

L: Fs. 850 Jahre Kloster- und Stadtgesch. Jerichow, hg. von der Stadtverwaltung Jerichow, 1994, *41*. – **B:** Klostermus. Jerichow.

Rolf Naumann

Stettner, Karl
geb. 05.10.1912 Weidenau-Sieg, gest. 06.06.1991 Paderborn, kath. Theologe.

S. studierte in Paderborn kath. Theol. und wurde dort 1947 zum kath. Priester geweiht. Anfang 1948 trat er seine Stelle als Vikar in Genthin an. In Aken war S. 1953 Kuratus, ab 1954 Pfarrvikar und für 1960 Pfarrverweser. Noch im gleichen Jahr trat er die Pfarrstelle in Schönebeck an. Lorenz Kardinal Jaeger übertrug ihm 1970 als Nachfolger von → Peter Hoberg das Amt des Propstes an der Propsteikirche St. Sebastian in Magdeburg und das Amt des Dechanten des Dekanates Magdeburg. Eine besondere Ehre stellte für ihn 1971 die Ernennung zum Ehrendomherrn des Paderborner Metropolitankapitels dar. Die Ämter kosteten S. viel Kraft und zehrten an seiner Gesundheit, so daß er 1981 um die Pensionierung bat. Ein Jahr darauf siedelte er nach Paderborn über.

L: Tag des Herrn, Nr. 25, 1991; ZBOM. – **B:** ZBOM.

Daniel Lorek

Steuben, *Hasso* Liborius von (Ps.: Hans-Hasso Steube)
geb. 09.08.1921 Dessau, gest. 30.05.2000 Magdeburg, Schauspieler, Regisseur.

S., entfernt verwandt mit dem berühmten General Friedrich Wilhelm v. S. (geb. 1730 Magdeburg, gest. 1794 Oneida Country, USA), entstammte einer Offiziersfam. In seiner Herkunft lag sicherlich S.s große Liebe zur Gesch. und sein Interesse an militärhist. Vorgängen begründet, woraus sich auch seine spätere Vorliebe für die Gestaltung hist. Rollen erklärt. S. wuchs in Dessau auf und besuchte dort die Schule. Entgegen den Erwartungen seiner Fam. wurde er nicht Berufsoffizier, sondern Schauspieler. Nach dem Abitur bestand er die Aufnahmeprüfung an der Hochschule für Schauspielkunst in Frankfurt/Main. Die Einberufung zum Kriegsdienst verhinderte zunächst das Studium. Während seines Kriegseinsatzes nutzte er alle sich bietenden Gelegenheiten, um sich schauspielerisch zu betätigen. So gründete er in Frankreich das erste „Fronttheater", dessen Leiter er wurde. Später bezeichnete er dies als seine „Intendantenzeit". Als S. 1943 nach einem Granatangriff seinen linken Unterarm verlor, schien sein Berufswunsch in unerreichbare Ferne gerückt zu sein. Mit unglaublicher Energie, großem Ehrgeiz und viel Selbstdisziplin meisterte er fortan alle Situationen des Lebens. Nach amerikanischer Kriegsgefangenschaft arbeitete S. zunächst in einer Kleiderfabrik in Greiz. In Weimar besuchte er die Schauspielschule und nahm privaten Schauspielunterricht. Dann wurde er Sprecher beim *Mitteldt. Rundfunk*, Sender Leipzig. Da sein Adelstitel für sein weiteres berufliches Fortkommen hinderlich war, trat er nunmehr unter dem Künstlernamen „Hans-Hasso Steube" auf. Seinem ersten Engagement am Stadttheater Greiz (1947) folgten weitere am Mecklenburgischen Landestheater Wismar und an der Volksbühne Parchim. Im August 1950 kam S. an das Magdeburger Theater. Die Historie der Stadt und das kurz vor der Wiedereröffnung stehende Zentraltheater waren für seine Entscheidung ausschlaggebend. Er wurde zunächst als Jugendlicher Held und Liebhaber verpflichtet. Durch sein großes schauspielerisches Können und seine enorme Wandlungsfähigkeit avancierte er bald zu einem Allround-Darsteller. Es gab kaum ein Schauspiel, in dem S. nicht besetzt wurde, kaum eine Rolle, die er nicht gespielt hat. In den fast 50 Jahren, die er seinem Magdeburger Theater die Treue hielt, war er in mehr als 200 Rollen zu sehen. Ob als Wilhelm Tell, Götz, Tellheim, Wilhelm von Oranien, von Ziethen oder Bismarck – immer wieder beeindruckte er durch sein Spiel das Publikum. Allein als Faust stand er 50 mal auf der Bühne. Im Zusammenspiel mit seinem langjährigen Freund und oftmaligen Bühnenpartner → Klaus Glowalla zogen beide alle Register ihres komödiantischen Könnens und begeisterten mit ihrem Spiel das Publikum. Seine markante, unnachahmliche Stimme wurde im Laufe der Jahrzehnte zu seinem Markenzeichen. In der Rolle als Tod bei den „Jedermann"-Aufführungen im Remter des Domes ließ sein Jedermann-Ruf aus den Höhen des Domes die Zuschauer ergriffen lauschen und erschauern. Lediglich sein Wunsch, einmal den Othello zu spielen, blieb unerfüllt. Im Genre der Operette und des Musicals fühlte sich S. ebenso zu Hause. Die Ernsthaftigkeit, mit der S. sein Rollenstudium betrieb, ließen ihn nie den Spaß am schöpferischen Spiel und Gestalten vergessen. Bei mehr als 20 Inszenierungen führte er Regie, so z. B. bei Schillers „Parasit" (1955, Stadttheater), Scribes „Glas Wasser" (1958, Kammerspiele) oder Molieres „Der Geizige" (1964, Großes Haus). Kinder und jugendliches Publikum an das Theater heranzuführen und für das Theater zu begeistern, war ihm von jeher ein besonderes Anliegen. So entstand eine Vielzahl spannender Inszenierungen, besonders im neu gegründeten „Theater für junge Zuschauer". Hohe Vorstellungszahlen und gute Auslastungen dokumentieren seine erfolgreiche Arbeit auch auf diesem Gebiet. Neben seiner Theaterarbeit wirkte S. in verschiedenen *DEFA*-Spielfilmen und in Fernsehproduktionen mit, in den Synchronstudios war er ein gefragter Gast. S. engagierte sich in besonderer Weise im gesellschaftlichen und öffentlichen Leben für die Stadt Magdeburg. Er war Mit-Initiator der Magdeburger Halbkugelversuche, die er als „Ratsherr" oft begleitete, Mitbegründer, Regisseur und Leiter eines mehrfach ausgezeichneten Arbeitertheaters, Leiter eines dramatischen Zirkels, sach- und fachkundiger Sprecher auf der Pferderennbahn und immer wieder ein gefragter Rezitator. Seine Arbeit wurde durch viele hohe Auszeichnungen und Ehrungen anerkennend gewürdigt. Anläßlich seines 50jährigen Bühnenjubiläums wurde S. als Nestor des Schauspiels 1998 zum Ehrenmitglied des Theaters der Landeshauptstadt Magdeburg ernannt. Er war ein glaubhafter Repräsentant „seines" Magdeburger Theaters und hat durch sein verdienstvolles Wirken ein bedeutendes Stück Magdeburger Theatergesch. mitgeschrieben.

L: Archiv des Theater der Landeshauptstadt Magdeburg. – **B:** *ebd.

Manfred Michael

Stieger, *Gustav* August Wilhelm

geb. 08.09.1870 Wolmirstedt, gest. 17.07.1945 Magdeburg, Maurermeister, Architekt.

S. erlernte nach der Schulausbildung das Maurerhandwerk und erwarb 1904 den Meisterbrief. Daran schloß sich ein mehrjähriger Arbeitsaufenthalt in den USA an, bei dem er wertvolle berufliche Erfahrungen sammeln konnte. Nach seiner Rückkehr gründete S. als Maurermeister und Architekt 1912 in Magdeburg einen eigenen Baubetrieb, zu dem auch eine später erworbene Ziegelei in Barleben gehörte. Gezielt förderte er den Einsatz moderner Baumaschinen und die Anwendung neuer Bautechnologien, u. a. im Bereich fortschrittlicher Betonbauweisen und Materialkombinationen im Hochbau. In den 1920er und 1930er Jahren war die Fa. *G. S. Baugeschäft*, die zeitweise bis zu 500 Mitarbeiter beschäftigte, an der Errichtung bedeutender Wohn-, Industrie- und Verwaltungsgebäude in der Stadt und Region Magdeburg beteiligt, zu denen u. a. die Portola Schokoladenfabrik (1922), der Deulig-Palast (1925), die Hermann-Beims-Siedlung (1926), die Stadthalle Magdeburg und Ausstellungsbauten im Rotehorn-Park (1927), das Rathaus Wilhelmstadt (1928), das Verwaltungsgebäude des Burbach-Konzerns (1929), die Wohnsiedlung Bankstraße (1930), Industrie- und Verwaltungsgebäude der *Krupp-Gruson-Werk AG* (1930), das Grundwasserwerk bei Colbitz (1932), die Apotheke Magdeburg-Cracau (1932) sowie die Viktoria-Mühle in Burg (1937) gehörten. Während des II. WK war die Fa., die ab 1940 von S. Sohn Gustav geleitet wurde, vorrangig mit Arbeiten für die Dt. Wehrmacht, mit der Errichtung von Luftschutzbunkern und der Beseitigung von Fliegerschäden betraut.

B: *Manfred S., Barleben (priv.).

Manfred Stieger

Stimming, Richard

geb. 24.01.1866 Brandenburg, gest. 08.09.1936 Großwusterwitz/Kr. Jerichow II, Arzt, Oberstabsarzt, Urgeschichtsforscher und -sammler.

S. entwickelte eine nicht geringere Sammelleidenschaft als sein Vater Gustav S., der als Kaufmann bereits seit 1860 urgesch. Altertümer der Mark Brandenburg gesammelt und seine Ergebnisse zusammen mit dem am Kgl. Mus. für Völkerkunde in Berlin tätigen Albert Voß publiziert hatte („Vorgesch. Alterthümer der Mark Brandenburg", 1887). S. besuchte das Gymn. und die Ritterakad. in Brandenburg und studierte Naturwiss. und Med. in Berlin. 1895 ließ er sich in Großwusterwitz als praktischer Arzt nieder. Er wurde 1908 Stabsarzt und 1922 Oberstabsarzt. Jahrzehntelang wirkte S. als Bahnarzt und war während des I. WK als Arzt in Merseburg und in der Pulverfabrik Kirchmöser tätig. Während seiner zahlreichen Ausfahrten als Landarzt anläßlich seiner Krankenbesuche wurde er häufig auf urgesch. Funde aufmerksam. Er untersuchte mehr als 100 vorgesch. Siedlungen und Gräberfelder und trug so im Laufe vieler Jahre eine umfangreiche Slg. vor allem aus dem Jerichower Land und dem Havelgebiet zusammen. Die Ergebnisse dieser Arbeit publizierte er in zahlreichen Aufsätzen, u. a. im *Mannus*, in der *Prähist. Zs.* und in verschiedenen Heimatbll. Darüber hinaus besaß er auch eine Tierschädel- und Vogeleierslg., die jedoch nach seinem

Tode nicht erhalten blieb. Den größten Teil seiner reichhaltigen urgesch. Slg. erwarb der Kr. Jerichow II 1928 für das Kreismus. in Genthin. Dort bildete sie zusammen mit der schon bestehenden Altertumsslg. den Grundstock des gegenwärtig auf ca. 24.000 Objekte angewachsenen Bestandes. Sie hat nicht an Bedeutung verloren, insbesondere durch die paläolithischen und mesolithischen Knochen- und Geweihgeräte aus den Haveltonlagerstätten und die beigabenreichen Urnen eisenzeitlicher und kaiserzeitlicher Friedhöfe.

W: Das Gräberfeld der Völkerwanderungszeit vom Mosesberg bei Buckow, Kr. Westhavelland, in: Prähist. Zs., Bd. 2, 1910, *406–411*; Waffen der römischen Kaiserzeit aus der Mark Brandenburg, in: Mannus 4, 1912, *309–315*; Nachtrag über Fibelformen der Bronze- und Eisenzeit in der Mark Brandenburg und der Provinz Sachsen, in: ebd. 6, 1914, *184–191*; Frührömische Funde aus der Mark Brandenburg und ihrer Umgebung, in: ebd. 7, 1915, *342–364*; Die Rentierzeit in der märkischen Havelgegend, in: ebd. 8, 1917, *233–240*; Das Harz in der vorgesch. Zeit und seine Verwendungsweise, in: ebd. 11/12, 1919/20, *165–174*; Drei gedrehte Latènezeitgefäße aus der Provinz Sachsen und Brandenburg, in: Prähist. Zs. 18, 1927, *249–255*; Die Ancyluszeit in der märkischen Havelgegend, in: Archiv für Anthropologie NF 21, 1928, *109–121*; Knochen- und Horngeräte sowie Tierreste in vorgesch. Grabgefäßen der Elbe-Havel-Gegend, in: Mannus 26, 1934, *246–261*. – **L:** Anzeiger für Ziesar und die umliegenden Ortschaften vom 24.01.1936; Otto Wilhelm von Vacano, R. S., in: Mannus 28, 1936, *557f.* (**W**,**B**); → Otto Vogeler, R. S., in: Volkstum und Heimat. Kal. für das Land Jerichow, 1937. – **B:** *Kreismus. Genthin.

Antonia Beran

Stock, Ludwig Christian
geb. 14.11.1778 Halle, gest. 26.05.1861 Wernigerode, Archivar.

S. begann 1811 seine Tätigkeit im Staatsdienst als Supernumerarius bei der Verwaltung der indirekten Steuern des Königreichs Westfalen. Auch nach Ende der Franzosenzeit verblieb er im Staatsdienst und war seit Januar 1817 Registrator im Archiv der Magdeburger Reg. Für ein noch zu gründendes Provinzialarchiv erstellte er 1822 eine perspektivische Gesamtübersicht. S. wechselte 1823 unter Ernennung zum Archivar an das neue Provinzialarchiv Magdeburg, das er zunächst zusammen mit Friedrich Matthias Gottfried Cramer und seit Juli 1824 mit → Heinrich August Erhard auf kollegialer Basis leitete. S. übernahm das Aktenarchiv. Zusammen mit den Vorüberlegungen des mit der Reorganisation des Archivwesens in der Provinz Sachsen beauftragten Schulrats → Karl Hahn schufen S. und Erhard in den folgenden Jahren die organisatorischen Grundlagen, die für das „Alte Archiv" des LHASA bis heute Bestand haben. Die Archivalien wurden nach Grundsätzen geordnet, die dem erst später vollständig formulierten und bis heute für die Archivarbeit maßgeblichen Provenienzprinzip nahe kamen. Nach dem Weggang Erhards 1831 übernahm S. zusätzlich die Urkundenabt. und führte das Archiv allein. Stand S. zunächst vor dem Problem, die zahl- und umfangreichen Bestände, die durch das Ende sowohl des Ancien Régime als auch des Königreichs Westfalen in das Archiv gelangten, zu ordnen, so hatte er auch mit der Gegenbewegung zu kämpfen: trotz seines Widerstands verlangten viele der neugegründeten preuß. Behörden, daß sog. „Vorakten" nicht abgegeben wurden bzw. bereits Archiviertes wieder herausgegeben werden mußte. 1825/26 nahmen die Archivreposituren allmählich Gestalt an; 1831 waren über 30 Aktenbestände in sieben Länderabt. aufgestellt, die nicht nach Betreffen, sondern nach Behörden strukturiert waren. Bis 1837 verzeichnete S. eigenhändig 23 Aktenbestände, darunter die zentralen Reposituren Äußere und Innere Angelegenheiten des Erzstifts Magdeburg und des Domkapitels Magdeburg. Ferner organisierte er die Benutzung des Archivs, verfaßte umfangreiche hist. Gutachten und publizierte verschiedene wiss. Abh. S.s private Verhältnisse gestalteten sich nach seiner eigenen Einschätzung schwierig. Sein zwischen 1823 und 1857 niemals erhöhtes Gehalt reichte wohl nicht aus, um die achtköpfige Fam. zu ernähren. 1856 wurde er zum Kgl. Provinzialarchivar der Provinz Sachsen ernannt. Erst 1857 wurde er im 79. Lebensjahr mit dem Titel eines Archivrates in den Ruhestand versetzt; eine erwogene Verleihung des Roten Adler-Ordens (IV. Kl.) unterblieb. S. zog kurz darauf nach Wernigerode. Der Aufbau des Magdeburger Archivs bleibt untrennbar mit S.s Arbeit verbunden. Sein Nachfolger wurde → George Adalbert von Mülverstedt.

L: Leesch 2, *595*; → Walter Friedensburg, Entstehung des StA Magdeburg, in: Hans Beschorner (Hg.), Archivstudien. Zum 70. Geb. von Woldemar Lippert, 1931; Hellmut Kretzschmar/Walter Friedensburg. Gesch. des StA Magdeburg, o. J., → Berent Schwineköper, Gesamtübersicht über die Bestände des Landeshauptarchivs Magdeburg, Bd. 1–2, 1954–1955; LHASA: Bestand C 22.

Thomas Lux

Stockmann, Herbert
geb. 15.05.1913 Schönebeck, gest. 12.11.1947 Halle-Burg Giebichenstein (Suizid), Maler, Graphiker.

Der Sohn des Arbeiters Albert S. besuchte 1919–27 die Volksschule in Schönebeck, erlernte 1927–31 das Malerhandwerk und absolvierte anschließend bis 1933 ein Studium an der Kunstgewerbe- und Handwerkerschule in Magdeburg, wo → Wilhelm Deffke, → Ernst Hoffmann, → Richard Winckel und → Franz Fiebiger zu seinen Lehrern gehörten. 1935 ging er für kurze Zeit an die Akad. nach Prag und Paris. 1936–37 kam es zu Begegnungen und Studien mit Paul Klee in Bern. Studienreisen führten S. in zwölf verschiedene Länder (u. a. Frankreich, Griechenland, Italien, Jugoslawien, Rußland, Schweiz, Tschechoslowakische Republik, Tunesien, Ungarn), einschließlich einer kurzen Ausbildung in den Mönchkunstwerkstätten am Berg Athos. 1939 präsentierte er seine Arbeiten im Rahmen einer Sonderausstellung in Tripolis. In Dtl. erhielt er durch die Nationalsozialisten Malverbot und geriet bei einem Besuch von Frau und Sohn 1939 in Magdeburg in politische Haft. Nach Kriegsdienst und schwerer Verletzung kam S. 1945 nach Magdeburg zurück, wurde Mitglied der SED und engagierte sich im *Kulturbund*. In Magdeburg fand auch die erste Sonderausstellung mit S.s Werken nach dem Krieg statt, an die sich Ausstellungsbeteiligungen in Berlin und Halle anschlossen. Zum Oktober 1946 wurde er als Lehrer und Fachklassenleiter der Zeichenvorklasse an die Kunstschule Burg Giebichenstein in Halle berufen. Sein überliefertes künstlerisches Lebenswerk besteht aus Gemälden, Zeichnungen und Radierungen von Magdeburg und anderen Städten der Region sowie Arbeiten mit politischen Inhalten, die seine anfänglich impressionistische, später expressionistische Malauffassung widerspiegeln. Wegen verschiedener vor und nach dem II. WK begangener Delikte schwer belastet, wählte er Ende 1947 den Freitod.

W: Slgg. des KHMus. Magdeburg: Quedlinburg-Am Finkenherd II, o. J.; Blick auf Magdeburg, 1943/44; Magdeburger Hinterhäuser, 1945; Magdeburg-Dom mit Trümmern, o. J.; Halle-Domportal, 1946; Trümmerstraße in Magdeburg, o. J.; Halle/Saale Marienkirche, o. J.; Markt nach Daumier, o. J.; Magdeburg-Hafenanlage, um 1946; An der Johanniskirche in Magdeburg, o. J.; Alter Markt mit Johanniskirche, o. J.; Handzeichnungen (68 Arbeiten) und Drucke (87 Bll.) im KHMus. Magdeburg. – **L:** Vollmer 4, 1958, *365*; Martin Wiehle, Magdeburger Persönlichkeiten, 1993, *125*; Matthias Puhle (Hg.), Magdeburg in Bildern von 1492 bis ins 20. Jh., 1997, *247–250, 277–279, 295f.*; StadtA Halle: PA (**B*).

Werner Hohaus

Stoecker, Adolf

geb. 11.12.1835 Halberstadt, gest. 07.02.1909 Gries bei Bozen, ev. Pfarrer, Sozialreformer.

S., Sohn eines gelernten Schmiedes und Wachtmeisters bei den Halberstädter Kürassieren, studierte in Halle und Berlin ev. Theol. und gewann frühzeitig Interesse für soziale Fragen. Nach einer fünfjährigen Tätigkeit als Hauslehrer war S. zunächst Pfarrer in Seggerde im Kr. Gardelegen, übernahm aber bereits 1866 eine Pfarrstelle in der Industriegemeinde Hamersleben in der Magdeburger Börde. Es handelte sich hierbei um eine entkirchlichte Gemeinde, die zudem unter massivem kath. Einfluß stand. Erstmals wurde S. mit den Nöten noch nicht organisierter Industriearbeiter konfrontiert. Dieser Tatbestand veranlaßte ihn, sich intensiv mit der „sozialen Frage" auseinanderzusetzen. Mit Kirchenzuchtmaßnahmen suchte er das kirchliche Leben zu erneuern. Dabei ging es vor allem um die Frage der Kindererziehung in konfessionellen Mischehen, der Sonntagsarbeit und des Tanzens auf Volksfesten, an denen auch die Schuljugend teilnahm. Nach heftigen Auseinandersetzungen (sog. Mischehenstreit etc.) verließ S. im Jahre 1871 die Pfarrstelle. 1871–74 war er als Garnisonspfarrer in Metz tätig. Der seit 1874 als Hof- und Domprediger in Berlin Amtierende versuchte, die Kluft zwischen Kirche und Arbeiterschaft durch Gründung einer Partei, der Christlich-Sozialen Arbeiterpartei, zu überwinden. Seit 1877 war er zudem der Leiter der 1874 gegründeten Berliner Stadtmission. Die Feindschaft → Otto von Bismarcks und die Haltung Wilhelm II. setzten seiner politischen, antisemitisch gefärbten Wirksamkeit ein Ende.

W: Eine entscheidende Stunde dt. Gesch., 1881; Die persönliche Verantwortung der Besitzenden und Nichtbesitzenden in der sozialen Bewegung der Gegenwart, 1881; Den Armen wird das Evangelium gepredigt, 1885; Wach auf, ev. Volk! Reden und Aufsätze zur kirchlichen Lage, 1893; Reinhold Seeberg (Hg.), A. S. Reden und Aufsätze, 1913. – **L:** RGG 4, ³1907, *387*; BBKL 10, *1507–1511*; Mitteldt Leb 4, *383–404* (**B*); Max Braun, A. S. Ein Lebensbild, 1912 (*B*); Walter Frank, Hofprediger A. S. und die christlichsoziale Bewegung, 1928; Renate Düwel, Soziale Bestrebungen im preuß. Protestantum des 19. Jhs von J. H. Wichern und A. S., 1962; Hans Engelmann, Kirche am Abgrund. A. S. und seine antijüd. Bewegung, 1984; Grit Koch, A. S. 1835–1909. Ein Leben zwischen Politik und Kirche, 1993.

Nathanael Schulz

Stolberg-Wernigerode, Anton Graf zu

geb. 23.10.1785 Wernigerode, gest. 11.02.1854 Berlin, Ober- und Reg.-Präsident in Magdeburg, Staatsminister.

S. trat 1802 in den preuß. Militärdienst ein. Nach der Niederlage Preußens von Jena und Auerstedt gegen die Armee Napoleons befand er sich an der Seite der Fam. des Königs. 1813 nahm er am Befreiungskrieg teil. S. kam ab 1822 in den Kreis der konservativen Erweckungsbewegung und in die Nähe des Kronprinzen, des späteren Königs Friedrich Wilhelm IV. Seit 1824 übte S. die Herrschaft über das durch Erbschaft an ihn gekommene Gut Kreppelhof in Schlesien aus. 1828 wurde er Landrat in Landeshut/Schlesien. Seit 1830 war er Adjutant des Prinzen Wilhelm in Köln. Von 1834 bis 1837 als Reg.-Präsident in Düsseldorf tätig, wurde er 1837 zum Oberpräsidenten der Provinz Sachsen und Reg.-Präsidenten von Magdeburg ernannt. S. war über sein Amt hinaus vielfältig mit dem Leben in der Provinz und der Stadt

Magdeburg verbunden. Die Fam. betrieb u. a. in Magdeburg die *Gräflich S.sche Maschinenfabrik* als bedeutenden Ausrüster für Zuckerfabriken und Hersteller von anderen Maschinenbauerzeugnissen. Nach der Thronbesteigung Friedrich Wilhelms IV. im Jahre 1840 wurde er als dessen Vertrauter nach Berlin berufen und übte großen Einfluß auf die Reg.-Tätigkeit aus. 1842 wurde S. zum Staatsminister ernannt. Er gehörte zum engeren Kreis der den bürgerlichen Reformen entgegengesetzten Kräfte um den König. Gleich am Beginn der Revolution von 1848 mußte S. als bekannter Vertreter der Reaktionspolitik von seinen Ämtern zurücktreten. Er war entschiedener Gegner der Revolution. Nach deren Scheitern wurde er Generaladjutant des Königs, 1851 Oberstkämmerer und Minister des Kgl. Hauses. Sein politischer Einfluß aber blieb begrenzt.

L: ADB 36, *376–380*; Priesdorff 5, *484–489* (***B***); Otto Graf zu S., A. Graf zu S., ein Freund und Ratgeber König Friedrich Wilhelms IV., 1926; Klaus Schwabe (Hg.), Die preuß. Oberpräsidenten 1815–1945, 1985, *27*.

Mathias Tullner

Stollberg, Gustav

geb. 04.03.1866 Burg, gest. 25.02.1928 Burg, Tischlermeister, Kommunalpolitiker.

S. besuchte von 1872 bis 1880 die Knaben-Bürgerschule in Burg und erlernte dort bis 1883 den Tischlerberuf. Seinen Militärdienst absolvierte er 1886–88 im Infanterieregiment Fürst Leopold von Anhalt/Dessau (1. Magdeburgisches) Nr. 26 des IV. Armeekorps, Provinz Sachsen. Seit 1888 war S. Mitglied der SPD. Ab 1897 arbeitete er als Tischlermeister in seiner Burger Werkstatt in der Schulstraße 10. S. war politisch sehr engagiert, mehrere Jahre Stadtverordneter und um 1919 bis 1928 Stadtverordnetenvorsteher. Er beeinflußte aktiv die Gründung der *Baugenossenschaft Burg e.G.m.b.H.*, um die Wohnungsnot in Burg zu lindern. Als Gründungsmitglied wurde er im April 1919 in den Aufsichtsrat der Genossenschaft gewählt. Seine Tätigkeit hierbei war durch seine ruhige, besonnene und entschlußfähige Wesensart beispielhaft. Seit 1925 MdL, trat S. im Dezember 1927 für die SPD über den Wahlkr. 10 Magdeburg in den Reichstag ein. Seine Tätigkeit als MdR war nur von kurzer Dauer, denn nach einem schweren Leiden verstarb er zwei Monate später.

L: Max Schwarz, Biogr. Hdb. der Reichstage, 1965, *770*; Nachruf G. S., in: Denkschrift zum 10jährigen Bestehen der Baugenossenschaft Burg, 1929, *4f.*

Paul Nüchterlein

Stolte, *Max* Ludwig August Hermann, Dr. theol. h.c.

geb. 26.04.1863 Potsdam, gest. 05.02.1937 Magdeburg, ev. Theologe, Generalsuperintendent.

Der Sohn des Geh. Rechnungsrates Hermann S. studierte nach dem Abitur am Potsdamer Gymn. von 1881 bis 1884 ev. Theol. in Berlin, u. a. bei Bernhard Weiß und Julius Kaftan, und bestand das erste theol. Examen 1885 mit Auszeichnung. 1885–89 besuchte er das Domkandidatenstift in Berlin, bestand nach seiner einjährigen Militärzeit 1887 das zweite theol. Examen und wurde als Hilfsprediger am Berliner Dom ordiniert. 1888–89 bekleidete er die Inspektorenstelle am Domkandidatenstift. Ab 1889 Pfarrer in Groß- und Klein-Behnitz/Westhavelland, wechselte S. 1894 nach Groß-Lichterfelde, wo er sich bis 1909 besondere Verdienste um die Gemeindeorganisation erwarb (Erbauung von zwei Kirchen und zwei Pfarrhäusern). S. wird als schlichter, gedankenreicher Prediger und Anhänger positiver Theol. mit Verständnis auch für neuere Theologien charakterisiert. Er galt zugleich als tüchtiger Verwaltungsmann mit Erfahrung in Homiletik und Katechese, die ihn in Kirche und Schule vorbildlich wirken ließ. Diese Verdienste sowie die Erfahrung aus der vorbildlichen Teilnahme an zwei Generalkirchenvisitationen trugen ihm eine Empfehlung des Vizepräsidenten des Ev. Oberkirchenrates Oberhofprediger Ernst Hermann von Dryander ein. Auf Vorschlag von Ev. Oberkirchenrat und Generalsynodalvorstand wurde S. 1910 nach dem Rücktritt von → Carl Heinrich Vieregge in die zweite Generalsuperintendentur der Kirchenprovinz Sachsen berufen. Diese war seit der Regelung vom 11. Juli 1891 durch den Regierungsbez. Magdeburg und den nördlichen Teil des Regierungsbez. Merseburg umschrieben. 1911 erhielt S. die theol. Ehrendoktorwürde der Univ. Halle-Wittenberg. Seit 1924 war S. auch Oberdomprediger in Magdeburg und trat im Februar 1933 altersbedingt und vor der Umgliederung der theol. Leitungsämter in der preuß. Landeskirche in den Ruhestand.

W: Vom Wert der christlichen Volkssitte in Haus und Gemeinde, 1918; Die Kirche als Anwalt der Seele. Ein Vortrag, gehalten am 6. Januar 1919. – L: Reichshdb 2, 1931, *1861* (****B***); Cuno Horkenbach (Hg.), Das Dt. Reich von 1918 bis heute, Jg. 1931; Wer ist's? Unsere Zeitgenossen, [10]1935; EZA Berlin: Bestand EOK – Generalsuperintendentur Provinz Sachsen, Vol. VI (1904–1910), Bestand 7/8556.

Hans Seehase

Stolz, Heinrich

geb. 24.07.1849 Zinten/Ostpreußen, gest. 19.01.1912 Potsdam, Ing., Stadtbauinspektor, Branddir., Leiter der Magdeburger Feuerwehr, Baurat.

Der Sohn eines Maurermeisters besuchte das Realgymn. in Königsberg und studierte an der Kgl. Polytechnischen Schule zu Aachen 1874–76 Ingenieurwesen sowie 1876–77 Architektur. Bei Ausbruch des dt.-franz. Krieges trat er im Juli 1870 als Freiwilliger bei einem Grenadier-Regiment ein. Der Ernennung zum Leutnant 1872 folgten die Ernennungen zum Oberleutnant (1882) und zum Hauptmann der Landwehr (1890). Nach Kriegsende widmete sich S. weiter seinen Studien im Baufach, war in Northeim tätig und wurde 1880 zum Regierungsbauführer und 1884 zum Regierungsbaumeister ernannt. S. übersiedelte 1885 nach Magdeburg, trat in die Dienste der Stadt, und bald darauf erfolgte die Ernennung zum Stadtbauinspektor. Im Juli 1885 wurde er nach mehrmonatiger Ausbildung bei der Berliner Berufsfeuerwehr zum hauptamtlichen Branddir. ernannt und im September 1885 mit der Leitung der Magdeburger Feuerwehr und der damit verbundenen Straßenreinigung betraut. S. entwickelte die S.'sche Rauchmaske, die ein besseres Arbeiten in verrauchten Räumen ermöglichte und von den Berufsfeuerwehren in fast ganz Dtl. eingesetzt wurde, sowie die Kupplung S.-Polte. Er führte die Gasspritzen ein und vermehrte die Dampfspritzen, was zu erheblichen Einsparungen an Hilfspersonal zum Bedienen der bisherigen Handdruckspritzen führte und die Effektivität der Brandbekämpfung erhöhte. Zudem vergrößerte er den Bestand an Leitern für die Magdeburger Feuerwehr. Aus Anlaß seines Ausscheidens aus dem städtischen Dienst wurde S. 1904 der Titel eines Baurats verliehen.

L: Slg. der Facharbeitsgruppe Feuerwehrhistorik des Landesfeuerwehrverbandes Sa.-Anh. e.V. (**B**); Slg. Vf., Magdeburg (priv.); StadtA Magdeburg: PA Rep. 28, Nr. 275 und Nr. 277.

Hartmut Greulich

Storch, *Karl* **Hermann Ernst**
geb. 28.02.1851 Ziesar, gest. 26.04.1923 Magdeburg, ev. Pfarrer, Redakteur, Schriftsteller.

Der einzige Sohn des Kantors und Lehrers Johann Friedrich S. wurde bis zum elften Lebensjahr vom Vater unterrichtet. Im Elternhaus kam er frühzeitig mit der Kunst, vor allem mit klass. Musik in Berührung. Bereits im 14. Lebensjahr erteilte er selbst Klavierunterricht. S. besuchte das Gymn. in Quedlinburg und legte dort 1869 das Abitur ab. 1869–70 studierte er in Halle ev. Theol. und Kirchengesang. Bereits während des Studiums arbeitete S. als Hilfslehrer an der lateinischen Grundschule in Halle. Nach Pfarrstellen u. a. in Eisleben und Calbe trat er 1888 seinen Dienst als Diakon an St. Jakobi in Magdeburg an. 1892–94 wirkte er als Oberpfarrer dieser Gemeinde, bis er als Diakon an die bedeutendste Reformationskirche Magdeburgs St. Ulrich und Levin berufen wurde. Ab 1915 wirkte S. hier als Oberpfarrer. Mit seinen Predigten und Schriften erwarb er sich Anerkennung über Magdeburgs Stadtgrenzen hinaus. S., der stets darum bemüht war, das Wort Gottes auf einfache und anschauliche Weise zu vermitteln, galt als einer der bedeutendsten Kanzelredner seiner Zeit. Er bekleidete zudem leitende Funktionen in den Magdeburger Zweigvereinen des *Ev. Bundes* und des *Gustav-Adolf-Vereines*, gab als verantwortlicher Redakteur von 1891 bis 1919 die ev. Ztg. *Aus unseres Herrgotts Kanzlei. Ev. Gemeindebl. für Magdeburg und Umgebung* heraus und verfaßte für die wöchentlich erscheinende Ztg. regelmäßig Beiträge. Im April 1922 trat er in den Ruhestand. S. war dreimal verheiratet und hatte fünf Kinder. 1894 wandte er sich der Magdeburger Loge „Ferdinand zur Glückseligkeit" zu, wirkte von 1906 bis zu seinem Tode als hammerführender Meister vom Stuhl und prägte damit das Logenleben in den ersten zwei Jahrzehnten des 20. Jhs. Seine humanistische Erziehung und die Erfahrungen, die er als Musiklehrer an den Frankeschen Stiftungen in Halle erworben hatte, gingen im Engagement für die Freimaurerei auf. Die musikalische Tätigkeit der Loge erhielt durch S. neue Impulse, auch der Logenchor gab öffentliche Konzerte. Bedeutung erlangten seine Logenreden. So hielt S. 1899 zur Trauerloge für den Magdeburger Ehrenbürger und Ehrenmeister → Otto Duvigneau die Gedächtnisrede, die im gleichen Jahr gedruckt erschien. In den bisher weitgehend unentdeckten lit. Arbeiten S.s vereint sich eine humanistische Grundhaltung mit der Lebenserfahrung des Seelsorgers und den Ansichten des Freimaurers. S. fand im Alltäglichen das Allegorische, Symbolische und Beispielhafte, kleidete es in poesievolle sprachliche Bilder und fabulierte, stets reich pointiert, in leicht moralisierender, aber nie aufdringlicher pädagogischer Art, nach einer einfachen Lebensphil. über die Schönheiten der Elbestadt, über Tugenden und Untugenden seiner Zeitgenossen, das Glück des Alltags und den Wert menschlicher Gemeinschaft.

W: Ein lit. Spaziergang durch Magdeburg, in: Bll. für HGusL 55, 1903, *97f., 106f., 115–117, 122–124, 130f., 140f.*; Sonnenstrahlen einfangen. Erbauliches und Beschauliches, 1904,²1908; Stille Wege. Allerlei Unmodernes, 1905, ³1907; Jahresabend und Jahresmorgen. Zwölf Sylvester- und Neujahrspredigten, 1905; Magdeburg – Ein Erinnerungsbuch, 1906; ... aber der Wagen rollt. Allerlei Humor und Ernst von der Lebensfahrt, 1907, ³1919; Eulen und Meerkatzen. Allerlei zum Fröhlichwerden, 1909; Münchhausens Posthorn. Etwas für Hellhörige, 1913. – **L:** AKPS: Rep. A, Spec. P, St 157 (PA). – **B:** *Erinnerungs-Bll. zum hundertfünfzigjährigen Stiftungsfeste der Loge „Ferdinand zur Glückseligkeit" zu Magdeburg am 23. Februar 1911, o. J. [1910].

Heike Kriewald

Stosch, Albrecht von
geb. 20.04.1818 Koblenz, gest. 29.02.1896 Oestrich/Rheingau, General der Infanterie, Admiral.

1835 trat S. in die preuß. Armee ein. Von 1861 bis 1866 war er Chef des Generalstabs des IV. Armeekorps in Magdeburg und im Krieg von 1866 Oberquartiermeister der 2. Armee. Bis 1870 leitete er das Militärökonomie-Departement im Kriegsministerium. Im dt.-franz. Krieg 1870/71 war er als Generalintendant für das Verpflegungswesen der dt. Armee verantwortlich. Im Herbst 1871 berief der Kaiser den Generalleutnant als Chef der neu gegründeten Admiralität und 1872 zum Staatsminister. S. übernahm die Flotte des bisherigen Dt. Bundes und schuf aus ihr die dt. Marine, die nach dem von ihm 1873 aufgestellten Flottenplan für die aktive Küstenverteidigung und den Kreuzerdienst zum Schutz der überseeischen Wirtschaftsinteressen bestimmt war. Der politisierende Marinechef geriet mehrfach mit → Otto von Bismarck in Kollision. Ferner förderte er den dt. Kriegsschiffsbau, gründete 1868 das Dt. Hydrographische Inst. in Hamburg und 1872 die Marineakad. in Kiel. 1875 General der Infanterie und Admiral, trat er 1883 zurück. Eine Kreuzerfregatte wurde 1877 nach ihm benannt.

W: Ulrich v. S. (Hg.), Denkwürdigkeiten des Generals und Admirals S., Briefe und Tagebücher, 1909. – **L:** ADB 54, *576–607*; Priesdorff 8, *307–318* (**B**); Paul Koch, S. als Chef der Admiralität, 1903; Ernst Schröder, S., der General-Admiral Kaiser Wilhelm I., 1939, Die Dt. Kriegsschiffe. Biogr. im Spiegel der Marinegesch. von 1815 bis zur Gegenwart, Bd. 1, ²1983, *28–31* (**B**).

Martin Wiehle

Sträter, Edmund, Prof. Dr. phil.
geb. 1858 Aplerbeck, gest. 19.07.1939 Magdeburg, Lehrer, Philologe.

Nach der Reifeprüfung in Gütersloh begann S. 1877 ein Studium der ev. Theol. und Germanistik in Bonn, Berlin und Tübingen. Der Prom. 1882 folgten eine Lehrerstelle an der höheren Privatschule in Orsoy, 1885 die Lehramtsprüfung und eine Tätigkeit am Realgymn. Krefeld. Bereits ein Jahr später zog S. nach Magdeburg um und arbeitete als Lehrer an der Guerickeschule. Der leidenschaftliche Verehrer des Dichters → Wilhelm Raabe war Mitinitiator der ab 1891 von → Karl Storch hg. Zs. *Aus unseres Herrgotts Kanzlei*. Raabe selbst war Pate der jüngsten Tochter S.s, der späteren Frau von → Hans Ahrbeck, der über ein Raabe-Thema 1925 prom. In Schule, *Berthold-Otto-Verein* sowie seinen vielen Gesprächskreisen gewann S. zahlreich Anhänger für Raabes Auffassungen und erreichte dessen weitgehende Aufnahme in den Unterrichtsstoff. Die pädagogische Entsprechung der liberalen Ideen Raabes fand S. im Reformkonzept Berthold Ottos, dessen „Gesamtunterricht" durch den Einfluß von S., seiner Frau, geb. v. Dönhoff, und Tochter → Klara S.-Hanewald in Magdeburg einzigartige Verbreitung fand. Gegen wilhelminischen Drill praktizierte S. bereits vor 1900 offenen, den selbsttätigen Schüler fördernden Unterricht; seine Vorliebe für Wandern, Tanz und Spiel beeinflußte u. a. seinen Schüler und Begründer der Wandervogelbewegung Hermann Hoffmann-Fölkersamb. S. richtete, vermutlich 1906, den ersten Abiturkurs für Mädchen in Magdeburg ein und wurde durch „Lesezirkel" über Raabes und Ottos Ideen zum Anreger für spätere Gründer wichtiger reformpädagogischer Schulversuche in Magdeburg. Von 1911 bis zur Pensionierung wirkte S. als Lehrer an der Luisenschule.

W: Das Studienheft als Mittel zur Vertiefung der Lektüre, 1904; Die Diss. einer ehemaligen Luisenschülerin, 1919. – **L:** Walther Gerber, Zur Entstehungsgesch. der dt. Wandervogelbewegung, 1957, *15*; Vf., Die Berthold-Otto-Schulen in Magdeburg, 1999, *55–64*. – **B:** *Vf., Magdeburg (priv.).

Reinhard Bergner

Strube, Conrad *Louis*
geb. 09.05.1838 Seggerde/Kr. Gardelegen, gest. 29.01.1899 Magdeburg, Rittergutsbesitzer, Unternehmer.

Der Sohn des Kastellans Christian S. erlernte den Schlosserberuf und gründete 1865 (laut Briefkopf 1864) die Fa. *S. & Ebe* in Buckau bei Magdeburg, die ab 1866 unter *C. L. S.* (alleiniger Inhaber), ab 1867 unter *C. L. S., Maschinen- und Dampfkessel-Armaturen-Fabrik* firmierte. Hergestellt wurden, speziell für Zuckerfabriken, sämtliche Armaturen und Garnituren für Dampferzeuger und Maschinen, besonders Kondensationsableiter, Abdampfentöler, Dampfstrahl-Anwärmer, -Pumpen und -Unterwindgebläse, Absperr- und Reduzierventile, Manometer, Desinfektionsapparate u. a. m. S. konnte sich dabei vielfach auf eigene Patente und Entwicklungen stützen. Die überwiegend in Buntmetall gefertigten Produkte wurden auch im Eisenbahn- und Schiffbau eingesetzt. 1879 ließ S. in der Porsestraße neue Fabrikationsanlagen errichten, die neben einer Eisengießerei und Formerei u. a. auch ein Verwaltungs-, ein Montage-, zwei große Fabrikgebäude, eine Metallgießerei und eine Niederlage mit Modellraum umfaßten. 1889 wurde das Unternehmen, das jetzt unter *Maschinen- und Armaturenfabrik vorm. C. L. S.* firmierte, mit Beteiligung des Fabrikanten → Rudolf Wolf in eine Aktienges. umgewandelt. S. war langjährig Stadtverordneter in Buckau und nach Eingemeindung des Ortes 1887 einer der sechs Stadtverordneten, die in den Verwaltungskörper Magdeburgs übernommen wurden. Mit seinem Namen war das *S.-Stift* verbunden, das sich in der Basedowstraße befand. Die konkurrenzfähigen Erzeugnisse des von S. gegründeten Unternehmens standen bis zum I. WK stets in einem guten Ruf, dennoch gelang es ihm nicht, dauerhaften wirtsch. Erfolg aus der Fa. zu ziehen. Während des I. WK produzierte die Maschinenfabrik auch für die militärische Rüstung. Das Unternehmen wurde später durch die *Polte Armaturen- und Maschinenfabrik* übernommen. Ein neuer Aufschwung der Fa. begann im Jahre 1934 mit der Übernahme von Bearbeitungsaufträgen für die Schieberfertigung der *Polte Armaturen- und Maschinenfabrik* und weiter im Jahr 1935 mit dem Anlaufen einer zunächst bescheidenen Fertigung für die Dt. Wehrmacht. Gleichzeitig setzte eine technische Aufbauarbeit durch Entwicklung neuer, teilweise durch Dt. Reichs-Patente geschützter Konstruktionen ein. Während des II. WK ging die Herstellung von Armaturen zugunsten der Rüstungsproduktion (Kartuschenhülsen für Panzerabwehr-Geschosse, U-Boot-Armaturen) zurück. Die Massenfertigung für die Dt. Wehrmacht ermöglichte eine Rationalisierung auch bei der Armaturenherstellung. Ab 1940 stand die AG in ausschließlicher Verfügungsgewalt des Reg.-Präsidenten der Provinz Sachsen (Treuhandschaft). Die Produktion geschweißter U-Boot-Armaturen wurde 1943 nach Quedlinburg verlegt, anschließend auch die Kartuschenfertigung und Betriebsbuchhaltung. Das dortige Werk wurde 1946 demontiert, während die Magdeburger Betriebsteile enteignet und in die *Industrie-Werke Sa.-Anh., Maschinen- und Armaturenfabrik vorm. C. L. S. Magdeburg-Buckau* überführt wurden. Das Produktionsprofil entsprach dem ursprünglichen Fertigungsprogramm, hinzu kam die Herstellung hauswirtsch. Geräte (Sparherde, Pfannen, Schöpflöffel, Behelfswaschmaschinen, Handwagen). Der Betrieb, dessen Belegschaft bis Dezember 1948 wieder auf 815 Arbeiter und Angestellte wuchs, firmierte ab 1948 unter „*SANAR" Werk S.-VEB, Magdeburg-Buckau*.

L: Fa. C. L. S. AG, Magdeburg-Buckau, Kat. Armaturen, 1911; Maschinen- und Armaturenfabrik vorm. C. L. S. AG, Liste II: Ventile, Sicherheitsventile, Hähne und Reduzierventile, 1929; Werkztg. 1935–1944; Sabine Ullrich, Industriearchitektur in Magdeburg. Maschinenbauindustrie, 1999, *62–64* u. ö.; Technikmus. Magdeburg: Archivalien.

Konrad Pusch

Strube, Elisabeth, geb. Schliephake
geb. 10.11.1882 Badersleben, gest. 24.09.1964 Schöningen, Züchterin, Geschäftsführerin.

S., Tochter eines Gutsbesitzers aus Badersleben, übernahm nach dem Tode ihres Ehemannes → Hermann S. von 1919 bis 1937 die Geschäftsführung der Fa. *Saatzucht Friedrich S.* in Schlanstedt und führte das Unternehmen auch noch mehrere Jahre während des II. WK in Vertretung ihres als Soldat eingezogenen Sohnes → Johann Friedrich S. Nach 1946 blieb sie als Mitinhaberin und Gesellschafterin mit dem Betrieb verbunden. S. gelang es mit Unterstützung durch leitende Beamte und Berater in kurzer Zeit, die negativen Auswirkungen des I. WK auf den Saatzuchtbetrieb, insbesondere auf seine Auslandsbeziehungen und Exporte zu überwinden. Die auswärtigen Prüfungen wurden neu organisiert, in der Tschechoslowakei wurde eine Zuchtstation eingerichtet. Der Betrieb wurde weiter ausgebaut und mit verbesserter technischer Ausrüstung versehen. In den 1930er Jahren vergrößerte sich die Wirtschaft der Fa. *Saatzucht Friedrich S.* auf ca. 1.000 ha und über 300 Beschäftigte. Der Betrieb züchtete und vertrieb zu dieser Zeit zwölf Hochzuchtsorten, davon drei Zuckerrüben, drei Winterweizen, ein Sommerweizen, zwei Hafer, eine Ackerbohne, eine Erbse und einen Mohn, und leistete damit einen bedeutenden Beitrag zur Ertragssteigerung der dt. Landwirtschaft.

L: Henry Dannenberg, Zur Schlanstedter Landwirtschaftsgesch. Fs. Saatzuchtjubiläum Schlanstedt 1992, *11–47*. – B: Fam. S., Söllingen (priv.).

Wolfgang Porsche

Strube, Friedrich
geb. 18.03.1847 Schlanstedt, gest. 14.12.1897 Schlanstedt, Landwirt, Pflanzenzüchter.

S. stammte aus einer alteingesessenen Schlanstedter Freihofbauer-Fam. Er bewirtschaftete den S.schen Stammhof mit ca. 100 ha landwirtsch. Nutzfläche und war Dorfschulze in Schlanstedt. Angeregt durch die Züchtungsarbeit von → Arnold Dietrich Wilhelm Rimpau und von ihm beraten, begann S. 1877 auf seinem Gut mit Züchtungsarbeiten bei Zuckerrüben, Erbsen und Getreide und begründete damit die züchterische Tradition der Fa. *Saatzucht F. S.* in Schlanstedt. Neben der damals üblichen Auslesezüchtung wandte er als einer der ersten dt. Züchter auch künstliche Kreuzungen an. Aus seiner züchterischen Pionierarbeit entstanden wertvolle Zuchtsorten: S.s Kleinwanzleber Zuckerrübe, der Winterweizen „S.s Squarehead", „S.s Kreuzung 56" und „S.s Kreuzung 210" sowie „S.s Viktoriaerbse". Sie brachten wesentliche Verbesserungen in der Ertragsleistung, aber auch Standfestigkeit und andere landwirtsch. wichtige Eigenschaften gegenüber den bisher auf den Feldern angebauten sog. Landsorten. Die damit erreichten guten ökonomischen Resultate ermöglichten 1892/94 umfangreiche Investitionen für den Ausbau und die erfolgreiche technische Weiterentwicklung des Saatzuchtbetriebes.

L: Henry Dannenberg, Zur Schlanstedter Landwirtschaftsgesch. Fs. Saatzuchtjubiläum Schlanstedt 1992, *11–47*; Albrecht Meinel, Pioniere der Getreidezüchtung in Dtl. – Wilhelm Rimpau, → Ferdinand Heine, Otto Beseler, F. S. und Kurt von Rümker, in: Vorträge für Pflanzenzüchtung 40, 1998, *69–78*. – **B**: *Fam. S., Söllingen (priv.).

Wolfgang Porsche

Strube, Gerhard, Dr. med.
geb. 22.02.1908 Klein-Engersen/Gardelegen, gest. 24.08.1965 Oebisfelde, Arzt.

S. besuchte in Gardelegen das Gymn. und legte 1926 das Abitur ab. In Rostock, Freiburg/Breisgau, Düsseldorf und München studierte er Med. Nach der Prom. 1934 wurde er in Hamburg approbiert und war dort bis 1941 als praktischer Arzt tätig. 1941–45 diente er als Lazarettarzt in Rußland. 1948 wurde S. aus der Kriegsgefangenschaft entlassen und ließ sich 1949 als Arzt in Oebisfelde nieder. Hier erwarb er sich Verdienste beim Aufbau des Gesundheitswesens. Er initiierte und arbeitete maßgeblich bei der Einrichtung eines Landambulatoriums (1952), eines Entbindungsheimes und eines med. Bades („Rheumabad", 1965) mit. Als Vertragsarzt der Grenztruppen, als Schularzt und in der Schwangeren- und Mütterberatung leistete er Beachtenswertes im Gesundheitsschutz. Dem diente auch seine Mitarbeit im *DRK*, indem er Gesundheitshelfer ausbildete. In Vorträgen behandelte S. vor allem die Thematik „Aberglaube und Okkultismus in der Med.". S. erhielt 1957 die Auszeichnung als Verdienter Arzt des Volkes. Die Stadt und ihre Bürger ehrten ihn und nannten das „Rheumabad" auch „Dr.-G.-S.-Bad".

B: *Dr. J. S., Jahrstedt (priv.).

Friedrich-Karl Sonntag

Strube, Hermann
geb. 24.10.1878 Schlanstedt, gest. 15.04.1919 Schlanstedt, Landwirt, Pflanzenzüchter.

Nach dem frühen Tod seines Vaters → Friedrich S. übernahm S. im Alter von 19 Jahren den väterlichen Betrieb, Fa. *Saatzucht Friedrich S.* in Schlanstedt, den er ao. erfolgreich weiterführte und ausbaute. Seine Tätigkeit endete jäh, als er, Soldat im I. WK, 1917 schwerkrank heimkehrte und 1919 starb. Mit den von ihm gezüchteten erfolgreichen Sorten von Zuckerrüben (drei Zuchtrichtungen), Winterweizen („General von Stocken"), Sommerweizen („Roter Schlanstedter"), Winterroggen („Schlanstedter" und „Hermannsroggen"), Erbsen („Grüne Viktoria") u. a. erzielte er gute ökonomische Resultate durch den Saatgutverkauf. Zuckerrübensaatgut wurde in beträchtlichen Mengen exportiert, u. a. auch nach Amerika. Die große Nachfrage nach Hochzuchtsaatgut erforderte den weiteren Ausbau der Saatzuchtwirtschaft. Die Ackerflächen für Züchtung und Vermehrung wurden durch Zukauf, Pachtung und Vertragsanbau stark vergrößert. Eine Prüfstation für Zuchtstämme auf leichtem Boden und eine für Prüfung auf Winterfestigkeit in Nordostdtl. sowie eine Filiale in Rußland wurden eingerichtet. Durch Neubauten von Speicher- und Verarbeitungsräumen sowie Einrichtung neuer leistungsfähiger Trocknungs-, Reinigungs- und Beizanlagen erreichte die Fa. *Saatzucht Friedrich S.* eine Spitzenposition unter den dt. Saatzuchtbetrieben. Als erster Betrieb führte er 1910 die generelle Beizung von Weizensaatgut ein.

L: Paul Hillmann, Die dt. landwirtsch. Pflanzenzucht, in: Jb. der DLG, 1910, *287–303*; Hacke, Die Entwicklung der Saatzucht am Nordharz, in: Jb. der DLG, 1912, *386–403*; Saatzuchtwirtschaft Friedrich S. Schlanstedt, Beschreibung der Wirtschaft, 1914, *99*; Henry Dannenberg, Zur Schlanstedter Landwirtschaftsgesch. Fs. Saatzuchtjubiläum Schlanstedt 1992, *11*. – **B:** Fam. S., Söllingen (priv.).

Wolfgang Porsche

Strube, Johann Friedrich
geb. 30.04.1910 Schlanstedt, gest. 24.12.1972 Schöningen, Züchter, Geschäftsführer.

S., Sohn des Züchters → Hermann S., leitete 1938–71 als Geschäftsführer und Gesellschafter die Fa. *Saatzucht Friedrich S.* Während seiner Dienstzeit als Soldat im II. WK wurde er von seiner Mutter → Elisabeth S. vertreten. Nach Rückkehr aus Kriegsgefangenschaft und der 1945 erfolgten Enteignung des S.schen Stammbesitzes in Schlanstedt nahm S. auf der gepachteten Domäne Schöningen bei Helmstedt mit dem dorthin geretteten Teil des Saatgutes die Züchtung von Zuckerrüben, Weizen und Hafer wieder auf. Saatgutvermehrung, -aufbereitung und -vertrieb wurden neu aufgebaut. 1957 wurde in Söllingen ein neuer Firmensitz mit größeren Gebäuden und modernen Anlagen für Saatgutlagerung und -aufbereitung geschaffen. S. erkannte frühzeitig Notwendigkeit und Vorteile der Kooperation mit anderen Züchterfirmen zur Sicherung einer effektiven Arbeit. Er realisierte diese sehr erfolgreich in der Zuckerrüben-Zuchtgemeinschaft S.-Dieckmann, bei der Zusammenarbeit mit holländischen und anderen ausländischen Züchtern wie auch in der *Dt. Züchtervereinigung Saaten-Union*. Unter Leitung von S. schuf die *Saatzucht Friedrich S.* weitere bedeutende Zuchtsorten: fünf Winterweizen („S.s Früh", „S.s Dickkopf II", „Farino", „Lapis", „Topfit"), drei Sommerweizen („S.s Fortschritt", „Grano", „Carpo"), vier multigerme Zuckerrüben („Saturn Z", „Quanta E", „S.poly" und „Recoltapoly") sowie zwei monogerme Zuckerrüben („Gemo", „Monopur"). Mit der Züchtung der ersten einkeimigen Zuckerrübensorte „Gemo" in der BRD erzielte S. eine Spitzenleistung und schuf damit eine entscheidende Voraussetzung für den handarbeitslosen Zuckerrübenanbau, einen sehr bedeutenden Fortschritt für die Landwirtschaft. Mit diesen Zuchterfolgen konnte S. die langjährige Tradition der Fa. *Saatzucht Friedrich S.* fortführen und die Voraussetzungen für eine stetige Weiterentwicklung des Betriebes schaffen.

L: Henry Dannenberg, Zur Schlanstedter Landwirtschaftsgesch., in: Fs. Saatzuchtjubiläum Schlanstedt 1992, *11–47*. – **B:** *Fam. S., Söllingen (priv.)

Wolfgang Porsche

Strube, *Otto*
geb. 20.05.1907 Grasleben, gest. 21.07.1964 Berlin, Landwirt.

S. entstammte einer Landwirtsfam., absolvierte nach dem Besuch der Volksschule in Weferlingen die Landwirtschafts-Oberrealschule in Helmstedt. Es folgte eine landwirtsch. Lehre in Seggerde. S. legte die Inspektoren-Prüfung bei der *DLG* auf der Domäne Hainsburg/Zeitz ab, danach war er Inspektor in Arneburg. Nach Kriegsteilnahme und Entlassung aus russischer Gefangenschaft, während der S. als Agronom auf einer Kolchose in der Ukraine arbeitete und sich mit der Bewirtschaftung von Großbetrieben unter Bedingungen der Planwirtschaft vertraut machen konnte, war S. zunächst Hauptbuchhalter, später Dir. des *Volkseigenes Gutes (VEG) Isenschnibbe* bei Gardelegen, einem staatl. Spezialbetrieb für Saatgutvermehrung. 1952 übernahm S. die Leitung der Spezialbetriebe für Saatzucht in Schwaneberg und Altenweddingen mit insgesamt 3.400 ha Ackerfläche. S. begann bereits 1953 mit dem Anbau von Futtermais und erreichte damit 1956 in Zusammenarbeit mit dem sowjetischen Wissenschaftler Alexander Sergejewitsch Schewtschenko größere Erfolge. In diesem Jahr wurde das sowjetische Quadratnestpflanzverfahren eingeführt und in der Folge das *VEG Schwaneberg/Altenweddingen* zum Konsultationspunkt für den Maisanbau in der DDR entwickelt. Namhafte Wissenschaftler aus zahlreichen Ländern überzeugten sich von den Ergebnissen der hier durchgeführten Anbauversuche. Seit 1957 arbeitete S. eng mit dem Maiszüchter → Fritz Oberdorf vom Akad.-Inst. in Bernburg zusammen, um neue, lokal angepaßte Grünmaissorten mit dem Ziel einzuführen, den Maisanbau in der DDR im großen Umfang durchzusetzen. Der sowjetische Parteichef Nikita Sergejewitsch Chruschtschow und Walter Ulbricht besuchten im Sommer 1957 das *VEG Schwaneberg/Altenweddingen*, die „Akad. des Maisanbaus", und sahen hier hervorragende Maiskulturen. Hier prägte Chruschtschow das geflügelte Wort: „Mais – das ist die Wurst am Stengel!" Im gleichen Jahr erhielt S. den Nationalpreis der DDR III. Kl. „für die beispielhafte Entwicklung des volkseigenen Gutes Schwaneberg, insbesondere für seine persönliche Initiative bei der Einführung des Maisanbaus in der DDR". 1962 wurde er zum o. Mitglied der Akad. der Landwirtschaftswiss. der DDR berufen. Um diese Zeit begann eine „Mais-Euphorie" in der DDR, durch eine gigantische Propaganda im Gang gehalten, die z. B. auch durch den demonstrativen Besuch Walter Ulbrichts bei „National-Preisträger S., dem Maiskönig im Bez. Magdeburg" neuen Auftrieb erhielt. Leistungsvergleiche mit anderen VEG (z. B. Langenapel) 1960 und mit dem *Kolchos Kalinowka* (dem Geburtsort Chruschtschows) dienten realen Zielen, während in Vorbereitung des VIII. Bauernkongresses der DDR 1962 in Magdeburg die Maispropaganda z.T. absonderliche Höhepunkte erfuhr. Um diese Zeit erkrankte S. schwer und erlag seinem Leiden im Jahre 1964. S. hat als Praktiker durch die Forcierung des Futtermaisanbaus die Grundlage für die in seiner Zeit enorm gesteigerte tierische Produktion in der DDR geschaffen.

W: Die Organisation und Leitung des VEG Saatzucht Schwaneberg, 1963. – **L:** Alexander Sergejewitsch Schewtschenko, Der Mais. Int. Erfahrungen, 1960; → Heinz Glade, Zwischen Harz und Havel. Ein Porträt des Bezirkes Magdeburg, hg. vom Rat des Bez. Magdeburg aus Anlaß der 3. Arbeiterfestspiele, Magdeburg 1961, *23*; Rudolf Lange, 40 Jahre VEG Schwaneberg, Ms. Altenweddingen 1985. – **B:** Börde-Mus. Ummendorf.

Gerd Gerdes/Heinz Nowak

Strumpf, *Paul Oskar*
geb. 23.09.1881 Groß-Ottersleben bei Magdeburg, gest. 25.07.1933 n. e., Werkzeugmacher, Arbeiterathlet, Arbeitersport-Funktionär.

Mit S.s Namen sind Konsolidierung und Aufstieg der Arbeiter-Schwerathletik zu einem gut organisierten, sozialistisch ausgerichteten, aber parteiunabhängigen und modernen nationalen Verband verbunden. Vor allem das Aufblühen des Bundes nach dem I. WK, die Einführung von Lehrkursen, Lehrbüchern und Wettkampfbestimmungen sind sein Verdienst. Seit 1895 Mitglied der *Athletik-Sport-Vereinigung Ottersleben*, gehörte S. am 25.10.1906 in Berlin zu den Gründungsmitgliedern des *Arbeiter-Athleten-Bundes Dtls (AABD)*. 1909 übernahm er Redaktion und Verlag der *AABD*-Monatsschrift *Die Athletik*. Ein Jahr später, als er auch den Vorsitz des *AABD* übernommen hatte, wurde der Sitz des Verbandes von Berlin an seinen Wohnort nach Groß-Ottersleben verlegt. 1912 richtete S. in der Bundesgeschäftsstelle eine zentrale Versandstelle für Sportartikel (Bundesgeschäft) ein. Er war 1920 Mitgründer der *Sozialistischen Arbeiter-Sport-Internationale* (*SASI*) in Luzern (gewöhnlich Luzerner Sport-Int. genannt). 1929 veranlaßte S. den Bau einer Bundessportschule in Groß-Ottersleben, wofür er sein Wohnhaus und Grundstück mit überhohen Hypotheken belastete. Schon im Frühjahr 1930, als die große Sporthalle der Schule fertiggestellt war, begannen die ersten Athletik-Lehrgänge. Als ein Werk der Solidarität unter den Arbeitern zur Zeit der Weltwirtschaftskrise war die Bundesschule als moderner Zweckbau entstanden. Im September 1930 feierlich eingeweiht, umfaßte der Bau neben der Übungshalle einen Lehrsaal, Aufenthaltszimmer, Bibl., Bühne, Ankleide- und Gerätezimmer sowie einen großen Schlafsaal. Zum Grundstück gehörte ein Sportplatz, der zwei Fußballfelder, einen Tennisplatz und zwei Spielfelder mit Laufbahn umfaßte. S. und vor allem der technische Leiter des *AABD*, Karl Haushalter (Sportlehrer an der Bundessportschule und Vors. des int. Fachausschusses für Schwerathletik der *SASI*, seit 1925 in Groß-Ottersleben), entwickelten den traditionellen „Kraftsport" zu einer vielseitigen körperbildenden, wettkampforientierten und gesundheitsfördernden Schwerathletik. Daher wurde im Verband nicht nur die Schwerathletik (Gewichtheben, Ringen, Boxen, Jiu-Jitsu), sondern auch Leichtathletik, Artistik, Gymnastik und Handball betrieben. 1926 auf dem Bundestag zu Berlin als 1. Vors. des *AABD* wiedergewählt, setzte sich S. energisch dafür ein, die Einheit des Verbandes zu erhalten und ihn deshalb von parteipolitischen Auseinandersetzungen freizuhalten. Das hatte sein scharfes Vorgehen gegen die KPD-Opposition zur Folge, wodurch der Athletenbund auch eine erhebliche Schwächung besonders in Berlin und im Rheinland erfuhr. Bis Ende 1929 mußten etwa 4.000 Arbeiterathleten den Verband verlassen. Die Ausgeschlossenen organisierten sich im *Arbeiter-Athletenbund* (Opposition). Mit der Errichtung der ns. Gewaltherrschaft in Dtl. wurde im Mai 1933 die Arbeiter-Sportbewegung verboten und zerschlagen. Im selben Monat ließ die Ortspolizeibehörde die Bundesschule durch die SA besetzen und beschlagnahmen. Zum Schutz der Bundesmitglieder hatte S. bereits vorher die gesamte Mitgliederkartei des Bundes und alle „Schriftstücke und Urkunden staatsfeindlichen Inhalts" verbrannt. Ende Juni 1933 wurde der Polizeihauptwachtmeister der Ortspolizeibehörde von Groß-Ottersleben mit der Durchführung von Ermittlungen und Vernehmungen beauftragt. Ob S. verhaftet wurde und ob er in der Haft verstorben ist, ließ sich nicht feststellen.

L: Bericht von der Kreisleiter-Konferenz des Arbeiter-Athletenbundes e.V. am 15.12.1929 in der Bundesschule zu Magdeburg-Groß-Ottersleben, 1930; Giselher Spitzer/Claus Grote, Kraft ist, was Leben schafft. Zur Gesch. des AABD, in: Hans Joachim Teichler/Gerhard Hauk (Hg.), Illustrierte Gesch. des Arbeitersports, 1987, *169–174*; LHASA: Rep. C 31 Nr. 7; StadtA Magdeburg: Rep. 36, Tit. 54, Nr. 1388.

Michael Thomas

Struß, Wilhelm Heinrich
geb. 11.05.1878 Westerstede/Großhzt. Oldenburg, gest. 29.03.1933 Genthin (Suizid), Kommunalpolitiker.

Der Sohn eines Bäckermeisters absolvierte die höhere Bürgerschule seines Geburtsortes bis zum vierzehnten Lebensjahr. 1893 begann er die Ausbildung zum Gerichtsschreiber in Oldenburg, die er 1895 abschloß. Danach folgte der Einsatz als Schreiber und Protokollant am Amtsgericht Oldenburg. Nach Ableistung des Wehrdienstes war er als Stadtsekretär und Standesbeamter in Varel tätig. 1909 wurde ihm die Zivilstaatsdienerschaft, die Verbeamtung, verliehen. S. war Mitglied der DNVP. Am 28.11.1912 übernahm S. das Amt des Bürgermeisters in der Stadt Jerichow. Er nahm am I. WK teil, wurde 1916 zum Unteroffizier befördert. Am 11.01.1919 führte Landrat Kersten von Schenck S. in das Amt des Bürgermeisters von Genthin ein. Seine Kommunalpolitik war geprägt von der Überwindung des ackerbürgerlichen Charakters der Stadt zum kleinstädtischen Charakter mit entsprechender Industrie. Große Aufmerksamkeit widmete er deshalb der Verbesserung der Infrastruktur und den sozialen Einrichtungen, einschließlich der Gründung einer Volkshochschule, um das Bildungsniveau der Bevölkerung zu verbessern. Seiner Initiative ist es zu verdanken, daß die *Henkel & Cie. G.m.b.H.* Düsseldorf 1923–26 in Genthin ihr Tochterunternehmen errichtete. 1933 wurde S. vom Regierungspräsidenten seines Amtes enthoben, da es in der Kämmerei zu Unregelmäßigkeiten gekommen war, die auf seine mangelnde Aufsicht zurückzuführen waren. S. wartete das Ergebnis der Untersuchung nicht ab und wählte den Freitod.

L: Vf., Stadt Genthin – Ein nichtalltägliches Geschichtsbuch, 1995, *89–93.* – **B:** *StadtA Genthin.

John Kreutzmann

Stuckenschmidt, Hans Heinz, Prof. Dr. phil. h.c.
geb. 01.11.1901 Straßburg/Elsaß, gest. 15.08.1988 Berlin, Musikkritiker, Musikhistoriker, Komponist.

Einer Offiziersfam. entstammend, besuchte S. Gymn. in Berlin, Ulm, Magdeburg (1913–20 Bismarckschule) und Hamburg. Er bildete sich autodidaktisch als Pianist, in Musiktheorie und Komposition (Kurse bei Carl Schuricht und Arnold Schönberg). In Magdeburg gehörte S. 1919 sowohl zu den Begründern der Künstlervereinigung *Die Kugel* um → Franz Jan Bartels und → Bruno Beye als auch mit Herbert B. Fredersdorf und → Max Dungert zur Gegengruppe *Wir aber*. 1920–41 wirkte S. als Pianist, Komponist und Musikkritiker in Bremen, Hamburg, Berlin, Wien, Paris, Prag (1934 in Dtl. Berufsverbot). Nach dem Kriegsdienst 1946 wieder in Berlin, erarbeitete S. sich eine Schlüsselposition als auch int. anerkannter Musikpublizist (1948–67 an der TU Berlin, seit 1953 o. Prof. für Musikgesch., 1974 Mitglied der Akad. der Künste Berlin/West), insbesondere als Mittler wie Förderer Neuer Musik.

W: Schönberg. Leben, Umwelt, Werk, 1974; Zum Hören geb. Ein Leben mit der Musik unserer Zeit, 1979 (*B*). – N: Archiv der Akad. der Künste – L: MGG 12, *1635f.*; Wer ist Wer, [27]1988, *1347f.*; Wolfgang Burde, Aspekte der Neuen Musik: H. H. S. – Zum 65. Geb., 1968 (*W*); Renate Hagedorn, Die Kugel – eine Künstlervereinigung der 20er Jahre, 1993, *6–17, 19, 25f.* – B: *Telemann-Zentrum Magdeburg: Zeichnung von → Bruno Beye.

Annette Uber

Stüler, Friedrich *August*
geb. 28.01.1800 Mühlhausen, gest. 18.03.1865 Berlin, Architekt, Oberbaurat.

S., aus einer alteingesessenen Thüringer Theologenfam. stammend, absolvierte das Gymn. in Mühlhausen und erhielt früh Privatunterricht im Zeichnen. Durch seinen älteren Bruder, den späteren Baurat Carl Askan S., für das Baufach interessiert, bereitete er sich bei diesem in Erfurt auf ein technisch-künstlerisches Studium vor. Ab 1818 studierte er an Bauakad., der Univ. und Kunstakad. in Berlin. Nach einer Tätigkeit als Bauleiter in Naumburg und Schulpforta 1820–23 gründete er mit Eduard Knoblauch 1824 den *Berliner Architekten-Verein*, der eine bessere Ausbildung des Berufsstandes förderte. Nach Abschluß seines Baumeisterexamens war S. unter → Karl Friedrich Schinkel 1827–29 am Berliner Hofbauamt tätig. Bereits 1829 wurde S. zum Hof-Bauinspektor ernannt und erhielt nach einem längeren Aufenthalt in Italien Aufträge für eine Reihe privater Bauten. Ab 1834 hielt er Vorlesungen an der Berliner Bauakad. Nach Schinkels Tod avancierte S., seit 1843 Mitglied der preuß. Ober-Bau-Deputation und ab 1853 für den gesamten Kirchenbau zuständig, zu einem der gefragtesten preuß. Architekten, beeinflußte durch seine individuelle Formensprache die Architektur dieser Zeit maßgeblich und prägte vor allem den Berliner Spätklassizismus mit reicherem Dekor. So schuf er u. a. 1843–57 einen Gesamtbebauungsplan für die Berliner Museumsinsel (Neues Mus. und Nationalgalerie ausgeführt) sowie ab 1860 die richtungsweisenden Werksteinbauten des Nationalmus. in Stockholm und der Ungarischen Akad. der Wissenschaften in Budapest. Neben zahlreichen Entwürfen für Rathäuser, Schulen, Kirchen und Schlösser lieferte S. auch solche für Privatpersonen, zu denen der 1835 gefertigte Entwurf der Gutsschmiede in Neindorf bei Oschersleben – der sog. „Schinkelschmiede" – gehörte, die für den Grafen von der Asseburg auf dem Gelände seines Schlosses errichtet wurde. 1843 erhielt S. den kgl. Auftrag für die Neugestaltung des kurfürstlichen Jagdschlosses in der Letzlinger Heide im Stil eines gotischen Kastells und entwarf zudem 1859–61 nach englischen Vorbildern die Schloßkirche von Letzlingen.

L: ADB 36, *742f.*; Thieme/Becker 32, *238f.*; Eva Börsch-Supan/Bernd Evers (Hg.), Reiseskizzen des Architekten F. A. S., Kat. Berlin 1995; dies./Dietrich Müller-S., F. A. S. 1800–1865, 1997 (*B*).

Gerd Gerdes/Gerd Kley

Stuhlmann, Friedrich, Dr. phil.
geb. 22.07.1875 Groß-Wanzleben, gest. 10.08.1952 Berlin, Oberstleutnant, Bibliothekar, Militärhistoriker.

S. wurde als Sohn eines Apothekers in Wanzleben geb., besuchte dort die Bürgerschule und anschließend die Gymn. in Münster/Westfalen, Quedlinburg und Blankenburg/Harz. 1896 schlug er eine militärische Laufbahn ein. Nach seinem aktiven Militärdienst, u. a. 1914–18 als Batteriechef eines Feldartillerieregiments, wurde er bis Herbst 1919 als Vorsteher des Artilleriedepots in Leipzig eingesetzt. Er besuchte die Vereinigte Artillerie- und Ingenieurschule zu Berlin (Militärtechnische Akad.) und studierte 1919–23 an der Univ. Leipzig Gesch., Geographie und neuere Sprachen. Nach der Prom. 1921 legte er 1922 das Bibliothekar-Examen ab. Es folgten Tätigkeiten 1922–23 an der Dt. Bibliothek in Leipzig, im Buchhandel und ab 1924 bis zu seiner Pensionierung 1936 an der Dt. Heeresbücherei in Berlin. S. war Mitglied der *Dt. Ges. für vaterländische Sprache und Altertümer* in Leipzig und der *Dt. Ges. für Wehrpolitik und Wehrwiss.* in Berlin. Er trat vor allem mit militärwiss. und militärhist. Arbeiten hervor und publizierte gesch., kriegsgesch. und bibliothekswiss. Abh. und Aufsätze in verschiedenen Fachzss.

W: Die Kgl. Sächsische mobile Brigade im dt.-dänischen Feldzug 1849, Diss. Leipzig 1921; Die dt. Heeresbücherei in Berlin, 1927; Dt. Wehrmacht, 1934; Wehrgesetz und Wehrmacht, 1935 (mit Helmut Stange); Die Sprache des Heeres, 1938; Artillerie und Ballistik in Stichworten, 1939 (mit Hans-Hermann Kritzinger); Die dt. Feldpost in Gesch. und Tätigkeit, 1939; Weltgesch. in Zahlen, 1948; Vergleichende Gesch., 1950; Frieden und Bündnisse, 1950; Mitarbeit am Zentralbl. für Bibliothekswesen. – **L:** Wer ist's 10, 1935; KGL 7, 1950; Alexandra Habermann u. a. (Hg.), Lex. Dt. wiss. Bibliothekare 1925–80, 1985, *344*.

Heinz Nowak

Stumpp, *Ernst* **Emil,** Prof. Dr.-Ing.
geb. 25.03.1897 Kappel am Rhein/Kr. Offenburg, gest. 24.08.1978 Magdeburg, Dipl.-Ing., Elektrotechniker, Hochschullehrer, Ehrensenator.

Der aus einer Zigarrenmacherfam. stammende S. besuchte ab 1908 das Realgymn. in Ettenheim. Mit der Prima-Reife ließ er sich als Kriegsfreiwilliger im September 1914 für den Eintritt in Heeresdienst gewinnen. Nach zwei Jahren Fronteinsatz als Artillerist und Infanterist vor Verdun, Schwerverwundung sowie vier Jahren franz. Kriegsgefangenschaft und Arbeitslager (Montceau-les-Mines) kehrte er 1920 nach Dtl. zurück. Durch das Ettenheimer Gymn. wurde ihm als Kriegsheimkehrer nachträglich die Gymnasialreife erteilt, so daß er – durch Nachholkurse vorbereitet – 1920 in Brunsbüttelkoog das Abitur erlangen konnte. Entgegen dem ursprünglichen Wunsch, Lehrer zu werden, wandte sich S. dem Studium der Starkstromtechnik an der TH Karlsruhe zu, in dem er schon bald mit seiner theoretischen und praktischen Begabung für Elektrotechnik und Mathematik bei größter Berufsdisziplin zur studentischen Elite zählte und Förderung durch den Elektrotechniker Rudolf Richter und den Mathematiker Kurt von Sanden erhielt. Noch bevor S. im November 1924 sein Studium mit der Diplomprüfung bei ausgezeichnetem Ergebnis beendete, übernahm ihn Richter in eine Assistenz, die er – schon in seiner ersten Anstellung als Prüffeldleiter in der *Magnetwerk GmbH Eisenach*, Fabrik für Elektromagnetapparate, stehend – mit der Vorlage einer Aufsehen erregenden und mit Auszeichnung bewerteten Diss. „Über die Erwärmung axial belüfteter Turbo-Generatoren" (1929) abschloß. S. nahm nicht den gängigen Weg in ein Unternehmen der Elektrotechnik, sondern siedelte seinen Berufsweg zwischen Maschinenbau und Elektrotechnik an. Als leitender Prüffeld- und Entwicklungsing. in den Dessauer Betrieben der *Berlin-Anhaltischen Meguin AG* (*BAMAG*) war er verantwortlich für die Produktion von Magnetgeräten und Prüfständen, darunter Schleuderprüfstände für Flugzeugtriebwerke. Sein Kenntnisreichtum in den Grenzgebieten des Maschinenbaus zur Elektrotechnik zwang ihn als erklärtem Kriegsgegner im Dessauer Unternehmen, das Kriegsausrüstungen produzierte, bis 1945 in hohe technische Verantwortungen. Nach 1945 trat S. in die SPD und den FDGB ein und stellte sich führend der Umprofilierung der Dessauer *BAMAG*-Werke von der Kriegsproduktion auf Erzeugnisse des zivilen Bedarfs zur Verfügung. In seiner Eigenschaft als Chefkonstrukteur war S. maßgeblich am Aufbau des *VEM Elektromotorenwerk Dessau* beteiligt. 1955 erhielt er einen Ruf an die 1953 gegründeten Hochschule für Schwermaschinenbau Magdeburg mit dem Auftrag, die elektrotechnische Hochschulausbildung für Studenten maschinenbautechnischer Disziplinen aufzubauen. Er begründete den Aufbau des damals ersten wiss. arbeitenden elektrotechnischen Inst. im Magdeburger Raum. 1956 erhielt er die Berufung zum Prof. mit Lehrauftrag für Elektrotechnik und elektromotorische Antriebe und war in der Folge als Dir. des gleichnamigen Inst., als Dekan der Fakultät für Maschinenbau sowie ab 1959 als Prorektor für wiss. Nachwuchs tätig. Alle Vorlesungen und Übungen für die elektrotechnische Grundausbildung der Maschinenbaustudenten wurden von S. entwickelt. Seine wiss. Arbeit galt der Entwicklung von magnetisch steuerbaren Kupplungen sowie der thermischen Funktionszuverlässigkeit von Elektromotoren. Für seine ao. Verdienste wurde das Mitglied mehrerer wiss. Gesellschaften u. a. 1959 mit dem VVO in Bronze und 1962 mit der Ernennung zum Ehrensenator der TH Magdeburg geehrt. Im selben Jahr trat S. in den Ruhestand.

W: s. o.; Selbständige asynchrone Generatoren, in: Elektrotechnische Zs. 46, H. 45, 1925; Anfahrbelastung und Drehzahlabfall von Elektromotoren bei Energieausgleichsvorgängen in kupplungsgesteuerten Triebwerken, in: ebd. 61, H. 41, 1940; Zehn Jahre Elektromaschinenbau in der DDR, in: Die Technik 11, H. 2, 1956; Über eine neue Methode der Aufnahme und Auswertung von Erwärmungskurven, in: Elektrie 14, 1960, *237f.*; Mechanische und thermische Übergangsvorgänge bei elektromotorischen Antrieben, 1962. – **L:** UnivA Magdeburg: PA. – **B:** *Vf., Magdeburg (priv.); UnivA Magdeburg.

Reinhold Krampitz

Suder, Wilhelm [jun.]
geb. 09.11.1847 Helmstedt, gest. 10.08.1903 Blankenburg/Harz, Unternehmer.

S. betrieb zunächst mit seinem Vater Wilhelm S. Braunkohlengruben, die dieser ab 1864 um Helmstedt mutete, übernahm später die von seinem Vater gegründeten *Consolidierten S.schen Braunkohlen-Bergwerke* und erweiterte sie durch Aufschluß der Grube „Emma". Anfang 1877 unterstütze er die vom *Landwirtsch. Verein Weferlingen* initiierte Errichtung einer Zuckerfabrik in Weferlingen, deren erster Vors. und größter Aktionär er wurde. Dank seines Engagements zeichneten weitere 77 Landwirte Aktien, so daß ein Startkapital von mehr als 455.000 Mark zur Verfügung stand. Während in der ersten Kampagne 1877/78 4.000 t Rüben verarbeitet wurden, steigerte sich die Verabeitungquote insbesondere durch die kaufmännische Initiative → Wilhelm Güttes um ein vielfaches. Die Entwicklung des Unternehmens war eng mit der infrastrukturellen und wirtsch. Entwicklung der Region verknüpft. Die ständig steigende Masse an Rübenblatt und Diffusionsschnitzeln förderte in der regionalen Landwirtschaft die Tierproduktion sowie den Ausbau der Infrastruktur (Straßenpflasterungen), belebte den Handel und zog weitere Arbeitskräfte an. Die nötige Braunkohle lieferten anfangs die S.schen Tagebaue, die mit der Eröffnung der Eisenbahnstrecke Helmstedt-Oebisfelde 1885 an die Bahn angeschlossen waren. S., der eines der größten Privatgrundstücke in Helmstedt besaß, zog sich Anfang der 1890er Jahre aus der aktiven Leitung des Unternehmens zurück und siedelte 1892 nach Blankenburg über.

L: Fs. 25 Jahre Zuckerfabrik Weferlingen, 1902 (***B***); Horst-Rüdiger Jarck/Günter Scheel (Hg.), Braunschweigisches Biogr. Lex. des 19. und 20. Jh, 1996, *602*. – **B:** Ehemalige UB Helmstedt.

Eberhard Pasch

Tack, Conrad
geb. 30.06.1844 Krefeld, gest. 04.03.1919 Berlin-Strausberg, Schuhfabrikant.

T., Sohn des Seidenwarenfabrikanten Wilhelm T. in Krefeld, betrieb zunächst einen Seidenhandel in Brühl bei Köln. 1883 kam er als junger Unternehmer nach Burg, wo er günstigste Verhältnisse vorfand, um hier eine fabrikmäßige Schuh- und Stiefelproduktion aufzubauen. Die niedrigen Löhne in der zurückgehenden Tuchfabrikation, ein Stamm von angelernten Arbeitskräften und die guten Verkehrsanbindungen bildeten die Grundlage zum Aufbau einer Schuhfabrikation größeren Stils. Als Teilhaber für das Unternehmen wurden sein Bruder Jean T. sowie Wilhelm Dedermann gewonnen. In einer Scheune des Burger Tischlers Carl Ranisch begann T., mit 20 erfahrenen Schuhmachern und fünf Maschinen 40–50 Paar Schuhe täglich herzustellen. Die in dieser Größenordnung neuartige maschinelle Serienproduktion von Schuhen ist als Gründungsjahr der dt. Schuhindustrie anzusehen. Dem Verkauf der Produkte in Burg und Umgebung folgte bald der Versand in alle Regionen des Dt. Reiches. Ab 1886 beschäftigte T. erstmals in dieser Branche einen Handelsreisenden zur Erweiterung des Absatzgebietes. Aufgrund der starken Expansion des Betriebes ließ T. ab 1888 einen eigenen, vierteiligen Fabrikkomplex errichten (Fertigstellung 1889–1906). Zu diesem Zweck ging er mit dem Berliner Ledergroßhändler Wilhelm Krojanker (vgl. → Hermann Krojanker) eine neue Kompagnie ein. Das Unternehmen firmierte ab 1888 unter *C. T. & Cie.* und wurde als offene Handelsges. geführt. Bereits 1889 fertigte der Betrieb mit 180 Beschäftigten 500 Paar Schuhe täglich. Der innovative Unternehmer T. erreichte dies durch konsequenten Einsatz modernster Spezialmaschinen mit höchster technischer Leistungsfähigkeit, dem systematischen Aufbau neuartiger Vertriebsstrukturen und der Einstellung fähiger Leitungskräfte und geschulten Personals. 1892 eröffnete T. als erster Schuhfabrikant Dtls ein firmeneigenes Schuhgeschäft in Berlin, dem schnell weitere Verkaufsfilialen in ganz Dtl. folgten. Mit dem 1893 erfolgten Eintritt von → Alfred Zweig als technischem Leiter und Teilhaber in die Fa. wurde diese umgehend reorganisiert. Probleme mit der Belegschaft behob T. 1894 durch die Gründung eines Arbeitervereins und schuf u. a. eine Unterstützungs- und Hilfskrankenkasse. T. verlegte 1895 seinen Wohnsitz nach Berlin und zog sich ein Jahr später zugunsten seines bereits seit 1893 im Betrieb leitend tätigen Sohnes Ernst T. aus dem Unternehmen zurück. Dieser war seit 1895 Gesellschafter der Fa., die zu diesem Zeitpunkt über 25 Schuhgeschäfte in Dtl. verfügte und mit 400 Mitarbeitern 2.100 Paar Schuhe täglich produzierte. Als 1905 auch Ernst T. ausschied, besaß die Fa. 90 Schuhgeschäfte, die Tagesproduktion betrug mit 1.050 Arbeitern bereits 4.000 Paar Schuhe. Die verbliebenen Gesellschafter Wilhelm Krojanker und Alfred Zweig übernahmen die Firmenbezeichnung *C. T. & Cie.*, die erst 1947 im Handelregister gelöscht wurde. Das Unternehmen, das 1912 in eine Aktienges. umgewandelt wurde, produzierte schließlich drei Mio. Paar Schuhe und Stiefel jährlich und unterhielt mehr als 130 eigene Fachgeschäfte, in denen „T. – der gute Schuh für alle" angeboten wurde. Die Burger Schuhfabrik gehörte bis 1938 zu den größten europäischen Unternehmungen der Branche, galt in ihrer Entwicklung als Musterbetrieb und war als größter Arbeitgeber für die Stadt Burg von enormer wirtsch. Bedeutung. Nach der Demontage des Werkes 1945 wurde die Schuhproduktion seit 1946 in volkseigenen Betriebsstätten umfangreich weitergeführt und fand mit der Schließung der *Burger Schuhfabrik* 1992 ihr Ende.

L: Fs. 100. Verkaufsstelle C. T. & Cie., 1907; Gerhard Mittendorf, Die Ihlestadt war einmal die Schuhmetropole, in: Volksstimme Burg vom 28.11.1994 (*B*); LHASA: Rep. I 63; Archiv Karin Hönicke, Burg (priv.). – **B:** *ebd.

Paul Nüchterlein

Tafel, Ella
geb. 05.10.1898 Menz bei Magdeburg, gest. 24.05.1982 Magdeburg, Krankenschwester.

Die Tochter eines Schneidermeisters besuchte in Menz und Magdeburg bis zur 10. Klasse die Schule. Sie arbeitete als priv. Kindergärtnerin in Berlin und Krefeld und ließ sich dann zur Kinderkrankenschwester mit Examen ausbilden. Über Jahrzehnte war T. als Schwester und Stationsschwester in der Kinderklinik des Krankenhauses Magdeburg-Altstadt tätig. Nach dem II. WK wirkte sie in langjähriger Zusammenarbeit mit Frau Dr. Margarete Thoenes (vgl. → Fritz T.) in der Säuglingsfürsorge in Magdeburg, zuletzt als Kreisfürsorgerin. Besonders verdienstvoll war ihre Arbeit bei der Seuchenbekämpfung und bei der Organisation der Säuglingsfürsorge in der Stadt Magdeburg während der Nachkriegszeit.

B: Anneliese Köpsell, Magdeburg (priv.).

Wilhelm Thal

Tauentzien, *Bogislaw* Friedrich Emanuel Graf (seit 1792) von

geb. 15.09.1760 Potsdam, gest. 20.02.1824 Berlin, General der Infanterie.

Der Sohn des Bogislaw Friedrich v.T., des Verteidigers von Breslau im siebenjährigen Krieg, trat in Berlin 1774 als Eleve in die Académie militaire ein. Die folgenden Jahre waren vorwiegend geprägt von Verwendungen als Adjutant beim Prinzen Heinrich sowie ab 1790 auf diplomatischem Gebiet im Gefolge von König Friedrich Wilhelm II. 1804 in den aktiven Truppendienst zurückgekehrt, befehligte T. 1806 in der Schlacht bei Jena die Avantgarde des Hohenloheschen Korps. Nach seiner Entlassung aus franz. Gefangenschaft Ende 1808 fand T. in verschiedenen Kommandeursstellungen Verwendung, ehe er 1813 Militärgouverneur für das Land zwischen Oder und Weichsel wurde. Mit diesem Kommando unzufrieden, bat er um eine Verwendung im Felde. Während der Befreiungskriege kommandierte er 1814 das preuß. IV. Armeekorps bei Großbeeren und Dennewitz, nahm Torgau und Wittenberg. Nach der Abdankung Napoleons und dem Abschluß der Pariser Friedensverhandlungen mußten alle noch besetzten Festungen von den franz. und westfälischen Truppen geräumt werden. Der Gouverneur von Magdeburg, der franz. General Jean Le Marois, schloß daraufhin mit T. einen Waffenstillstand ab. Vom 19. bis 23.05.1814 verließen die franz., spanischen, holländischen, italienischen und kroatischen Truppen Festung und Stadt. Am 24.05. zog dann T. mit den preuß. Truppen und zwei russischen Kosakenregimentern unter General Ilowoiski unter dem Jubel der Bevölkerung von Magdeburg durch das Krökentor in die Stadt ein und setzte damit der siebeneinhalbjährigen Fremdherrschaft ein Ende. In einem Triumphzug ohnegleichen marschierten die Truppen über den Breiten Weg zum Neuen Markt, dem heutigen Domplatz (vgl. Gorszkowsky, 1832, *116–124*). T. mußte mit dem größten Teil seiner Truppen nach fünf Tagen zur Durchführung anderer Aufgaben die Elbestadt verlassen. Für die Befreiung Magdeburgs erhielt er das Großkreuz des EK. Zur Erinnerung an die Befreiung wurde zum 50. Jahrestag der Wiederkehr im Auftrage des Magistrats eine Siegessäule, die sog. „Borussia", im Herrenkrugpark aufgestellt. Am 03.06.1814 verlieh ihm der König von Preußen den Ehrentitel „T. von Wittenberg". 1823 wurde er Chef des 20. Infanterieregiments in Wittenberg, das bis 1918 den Namen „Infanterieregiment Graf T. von Wittenberg" (3. Brandenburgisches) Nr. 20 trug. Er starb 1824 als Gouverneur von Berlin.

L: Priesdorff 3, *94–103* (**B**); C. von Gorszkowsky, Das Leben des Generals Grafen B. T. von Wittenberg, 1832 (**B**); ders., Graf B. T. von Wittenberg. General der Infanterie und Chef des 20 ten Infanterie-Regiments, 1853; Zs. Visir, H. 4, 1989. – **B:** StadtA Magdeburg.

Hasso von Steuben

Taut, *Bruno* Julius Florian

geb. 04.05.1880 Königsberg, gest. 24.12.1938 Istanbul/Türkei, Architekt, Maler, Designer, Schriftsteller.

Der Künstler unter den dt. Architekten, zweiter Sohn des Kaufmanns Julius T., absolvierte 1897 das Abitur am Gymn. in Königsberg. 1902 bestand er nach dreijähriger Maurerlehre die Prüfung als Baugewerksmeister in seiner Heimatstadt und arbeitete 1902–09 in verschiedenen Architekturbüros in Hamburg, Wiesbaden, Berlin und Stuttgart. Der Schüler des Städtebautheoretikers Theodor Goecke fand Aufnahme in einen Kreis von Architekten und Künstlern, dem u. a. Max Beckmann, Ernst Ludwig, → Paul Bonatz sowie Theodor und Oskar Fischer angehörten. 1909 gründete T. mit Franz Hoffmann ein Architekturbüro in Berlin, dem sich 1913 sein Bruder Max anschloß. Es folgten erste eigene Projekte und Studienreisen ins In- und Ausland. Seit 1912 betätigte T. sich lit., publizierte ab 1914 zu grundsätzlichen Fragen der Architektur, wurde Mitglied im *Dt. Werkbund* in Köln, hielt Verbindung zur Zs. und Galerie *Der Sturm* und erwarb sich in der dt. Gartenstadt-Bewegung einen Namen. 1917 vollendete er sein Werk „Stadtkrone", das diesem Thema im Städtebau eine neue Dimension gab. Spätere Magdeburger Arbeiten wie die Pläne für das Kaufhaus Mittag, das Projekt Hotel „Stadt Köln", das Büro-Hochhaus am Kaiser-Wilhelm-Platz, Entwürfe zur Elbuferbebauung oder Skizzen zur Feierhalle auf dem Friedhof Südost, die 1921–24 entstanden, versuchten die theoretischen Ausführungen zur „Stadtkrone" architektonisch umzusetzen. Zudem beschäftigte T. sich seit 1912 mit dem Kleinhausbau, dem er ein neues Selbstverständnis verlieh. Bereits 1913 nahm er mit den Planungen für die Gartenstadtkolonie „Reform" in Magdeburg Aufträge für den genossenschaftlichen Wohnungsbau an und stellte einen Bebauungsplan unter neuen Gesichtspunkten des Siedlungswesens auf, die fern von stringenten Vorgaben für städtebauliche Planungen lagen und den besonderen Anforderungen effektiven und preiswerten Bauens entsprachen. 1918 wurde er Mitbegründer des Arbeitsrates für Kunst und Mitglied der Berliner *Novembergruppe*. Fortdauernd engagierte er sich in einer Vielzahl von Initiativen für den modernen Wohnungsbau, agierte als Initiator der Briefe der „Gläsernen Kette" und als Vorstandsmitglied des *Dt. Werkbundes*. 1921 wurde er zum Stadtbaurat in Magdeburg berufen. Er band innovative Architekten, Städte- und Landschaftsplaner an sich, die als „Magdeburger Gruppe" bis zu Beginn der 1930er Jahre, lange nach T.s Weggang aus Magdeburg, seine Ideen, Anregungen und Pläne fortführten. Zu ihnen gehörten die Architekten → Georg Gauger, → Johannes Göderitz, → Walter Günther, →Carl Krayl, →Konrad Rühl, →Curt Schütz und → Willy Zabel. T. leitete das Hochbauamt und das Städtebauamt, das er neu einrichtete, sowie das Feldmessamt mit gelegentlich anderen Dezernaten wie der Kunstgewerbe- und Handwerkerschule. Hier entspann sich ein reges Konfliktfeld zwischen den konventionellen Kunstauffassungen der preuß. Kunstgewerbeschuldir. wie → Rudolf Bosselt und den Forderungen T.s zur „Reform an Haupt und Gliedern". Unter seiner Leitung entstanden farbenreiche Anstriche für Gebäude aller Art, zahlreiche Neubauten, vor allem aber die Eisenbetonhalle „Stadt und Land". Sein kreatives städtebauliches Engagement für Farbigkeit führte zu zahlreichen Veröffentlichungen, so im *Frühlicht*, die der Stadt in den 1920er Jahren den Namen „Stadt des neuen Bauwillens" eintrugen. Große Verdienste erwarb sich T. um den in zweijähriger Arbeit entstandenen Generalbebauungsplan (1921/22), der nach fast 60 Jahren mit der Erarbeitung des Flächennutzungsplanes der Landeshauptstadt Magdeburg seine Wiederaufnahme fand. T. tat in Magdeburg nicht nur den Schritt zum erfolgreichen Organisator eines städtischen Bauamtes, sondern nahm hier auch seine Entwicklung zum bedeutenden Städteplaner. Die bereits 1913 formulierten Thesen, Siedlungs- und Städtebau einem „genius loci" unterzuordnen, klimatische, geologische und traditionelle Gegebenheiten eines Gebietes in Städteplanung einzubinden, haben bis heute nicht an Gültigkeit verloren und fanden ihre Umsetzung in T.s Magdeburger Plänen zur Stadterweiterung. Unterstützung erhielt er vor allem durch Magdeburgs Oberbürgermeister → Hermann Beims und den Vors. der SPD-Fraktion → Wilhelm Plumbohm, der ebenso die Interessen des Vereins für Kleinwohnungswesen vertrat. 1924 kehrte T. nach Berlin zurück, wo er nach dem in Magdeburg entwickelten und erprobten Konzept im Zusammenwirken mit gleichgesinnten Kollegen bis 1932 mehr als 10.000 Wohnungen baute und als beratender Architekt agierte. 1926 wurde er Mitglied der Architektenvereinigung *der ring* und reiste nach Moskau. Ab 1927 arbeitete er mit dem Schulreformer → Fritz Karsen zusammen. 1930 erhielt er eine Honorar-Professur an der TH Berlin-Charlottenburg und wurde 1931 Mitglied der Preuß. Akad. der Künste zu Berlin und Ehrenmitglied des American Institute of Architects. 1932 siedelte T. nach Moskau über, flüchtete 1933 in die Schweiz, setzte sich schließlich über Umwege ins japanische Exil ab, wo er laufende Tagebuchaufzeichnungen begann. Seit 1936 lebte und lehrte er in Istanbul. T. war nicht nur Architekt, sondern auch Maler, Schriftsteller, Designer, Stadtbaurat und Hochschullehrer. In dieser Gesamtheit erschließt sich sein Werk. Jede dogmatische Zuordnung seiner Arbeiten war ihm fremd. Sein Schaffen lag zwischen den Utopien künstlerische Kühnheit und den städtebaulichen Möglichkeiten. In Magdeburg entstand u. a. die Schrift „Die neue Wohnung. Die Frau als Schöpferin" (1924), die darauf verwies, daß seine Vorstellungen zur „Volkswohnung" mit neuen sozialen Ideen einhergingen. T.s Konzept vom Dekorativen ergriff in Magdeburg schließlich auch andere künstlerische Bereiche wie die Fotografie mit → Xanti Schawinsky, das Tanz- und das Figurentheater, Innenausstattung, Stadtmöblierung, neue Formen des Ausstellungswesens und der Reklame. Der soziale Aspekt des „Neuen Bauens" fand adäquate Entsprechung in den Schulreformen nach Berthold Otto sowie den neuen gesundheitspolitischen Ansätzen der SPD. T. erprobte ohne den Habitus des Avantgardisten die Kombination von Natur, Phantasie und Baukunst und setzte damit Maßstäbe für die Moderne.

W: Wettbewerb zum Haus der Freundschaft, Konstantinopel, 1916; Planungen für städtische und ländliche Bergarbeitersiedlungen in Kattowitz, 1917; Entwurf der Folkwangschule für Karl Ernst Osthaus 1919–22; Entwürfe für die MIAMA in Magdeburg, 1921 (mit → Paul Mebes); Wettbewerbsentwürfe für den Neubau der Fa. Heinrichshofen am Dom zu Magdeburg, 1931; Liste der Magdeburger Bauten und Projekte, in: Gisbertz, 2000 (s.u.). – Schriften: Ueber die Magdeburger Kunstgewerbeschule. Denk-Schrift, 1922; Bauen. Der neue Wohnbau, 1927; Werkbundausstellung „Die Wohnung" in Stuttgart-Weissenhof, 1927. – **L:** Kurt Junghanns, B. T., 1880–1938, 1983; Hanns H. F. Schmidt, B. T. in Magdeburg, 1989; Manfred Speidel, B. T. Retrospektive. Natur und Fantasie 1880–1938, Kat. Magdeburg 1995; Annegret Nippa, B. T. in Magdeburg. Eine Dokumentation, 1995; Marta Doehler/Iris Reuther, Magdeburg – Die Stadt des Neuen Bauwillens, 1995; Regina Prinz, Neues Bauen in Magdeburg. Das Stadtbauamt unter B. T. und Johannes Göderitz (1921–1933), 1997; Von Magdeburg nahm ein „Frühlicht" seinen Weg, Stadtplanungsamt Magdeburg 2000; Olaf Gisbertz, B. T. und Johannes Göderitz in Magdeburg. Architektur und Städtebau in der Weimarer Republik, 2000 (*W*). – **B:** *StadtA Magdeburg.

Heike Kriewald

Tell, Werner

geb. 30.09.1901 Magdeburg, gest. 12.11.1963 Magdeburg, Organist, Pianist, Musikpädagoge, Musikschriftsteller.

Der Sohn des kaufmännischen Beamten Werner T. besuchte 1908–12 die Sudenburger Bürgerschule und 1912–21 das Magdeburger Domgymn. (Abitur 1921). Seine musikalische Ausbildung erhielt er durch Privatunterricht. 1912–19 war er Schüler von → Richard Kuhne (Klavier, seit 1914 gelegentliche Unterweisungen im Orgelspiel und in Musiktheorie), und im Anschluß daran nahm er bis 1924 Unterricht bei → Otto Volkmann (Harmonielehre und Kontrapunkt). Die kontrapunktischen Studien setzte er 1924–26 bei → Fritz Kauffmann fort. Orgelunterricht erhielt er in den Jahren 1921–23 und 1926–28 bei → Georg Sbach. Seit 1920 läßt sich T.s Mitwirkung an öffentlichen Konzerten nachweisen. Auch als Musiklehrer betätigte er sich, 1923 folgte er Sbach im Amte des Organisten an St. Katharinen in Magdeburg und legte 1929 die Organistenprüfung (A) an der Staatl. Akad. für Kirchen- und Schulmusik in Berlin-Charlottenburg ab. Nach der Diensthebung seines Lehrers Sbach übernahm T. 1934 die Nachfolge als Stadthallenorganist. In den 1930er Jahren war er Leiter der Fachschaft Ev. Kirchenmusik Magdeburg und Mitglied der Prüfungsausschusses für die Privatlehrerprüfung. 1942 erfolgte T.s Ernennung zum Kirchenmusikdir. Im Herbst dess. Jahres unternahm er gemeinsam mit dem Berliner Sänger Kurt Wichmann eine Konzertreise in die Ukraine. 1943 hatte er kurzzeitig die kommissarische Leitung der Kirchenmusikschule Halle inne. Nach der Zerstörung der Magdeburger Katharinenkirche im Januar 1945 wirkte er bis März 1951 als kommissarischer und ab April 1951 als hauptamtlicher Organist an der Ambrosiuskirche. 1957 wurde er zum Propsteikirchenmusikwart ernannt, 1959 zum Kreiskirchenmusikwart. Er brach am 12.11.1963 während einer Probe zu Bachs H-Moll-Messe zusammen und verstarb kurz darauf. T. war einer der aktivsten Magdeburger Kirchenmusiker, der durch Orgelkonzertzyklen (Bach, Reger) und Aufführungen von Oratorien das Magdeburger Musikleben wesentlich mitbestimmte. Die ersten Konzerte nach Kriegsende veranstaltete T. mit den Resten der traditionsreichen Magdeburger Chöre. Bereits im Juni begann seine Reihe der Orgelfeierstunden, die später durch die Stadt übernommen wurden. Der hervorragende Pianist musizierte gemeinsam mit dem Quartett von → Otto Kobin. T. gehört zu den Begründern der Magdeburger Telemann-Pflege. Anfang der 1930er Jahre wurde T. durch → Erich Valentin auf Telemann aufmerksam gemacht. Fortan widmete er sich dessen Werken, einige gab er im *Bärenreiter-Verlag* Kassel heraus. 1961 war er Gründungsmitglied des *Arbeitskreises Georg Philipp Telemann* im *Dt. Kulturbund*. T. wies sich in mehreren Beiträgen über J. S. Bach als Kenner, insbesondere seiner Musik für Tasteninstrumente, aus. Als Musikpädagoge war T. allg. beliebt, seine knappen musiktheoretischen Leitfäden (Harmonielehre, Kontrapunkt usw.) und seine weit verbreitete Orgelschule verraten pädagogisches Geschick. Seine Zeitgenossen berichten von T.s bescheidener und liebevoller Art im Umgang mit seinen Schülern. 1959 gründete er den *Magdeburger Kantatenchor* (seit 1966 unter Leitung von Kirchenmusikdir. Jürgen Irmscher), dessen Grundstock von Teilnehmern der von T. geleiteten C-Kurse für Kirchenmusiker gebildet wurde.

W: Schriften und Lehrwerke: Notizen zum Orgelbau, 1941; Einführung in die Harmonielehre, 1941; Einführung in das Orgelspiel, 1941; Leichte Orgelmusik für den Gottesdienst, 1941; Kleine Harmonielehre, 1942; Die Kirchentonarten und ihre Harmonik, 1949; Von der Orgel und vom Orgelspiel, 1949; Schule des gottesdienstlichen Orgelspiels, 1950; Neues Lehrbuch des Kontrapunkts, 1953; Grundriß der Harmonielehre, 1953; Improvisationslehre für die Orgel, 1954; Bachs Orgelwerke für den Hörer erläutert. Nebst einem Anhang: Die „Kunst der Fuge" und das „Musikalische Opfer" als Orgelwerke, ²1955; Kleine Gesch. der dt. ev. Kirchenmusik, Liturgik und Hymnologie, 1962; Kantor des Harmonischen Gottesdienstes. Ad honorem Georg Philipp Telemann, in: Der Neue Weg, vom 31.03./01.04.1962. – Hg.: G. Ph. Telemann, Jauchzt ihr Christen, seid vergnügt, 1933; ders., Gott will Mensch und sterblich werden, 1933; J. S. Bach, Kleine Präludien und Fugen für die Orgel, 1949; J. S. Bach, 25 Lieder aus dem Schemellischen Gesangbuch, für vierstimmigen Chor gesetzt von W. T., 1951; Kleines zweistimmiges Choralbüchlein, 1953; Dreistimmiges Choralbüchlein für gleiche Stimmen, 1954; G. Ph. Telemann, Sechs Fantasien und sechs Fugen für Klavier, 1965. – **N:** Zentrum für Telemann-Pflege und -Forschung Magdeburg. – **L:** Georg Eberhard Jahn, Abschied von W. T., in: Musik in der Kirche 34, H. 1, 1963, *45f.*; AKPS: Rep. A, Spec. G, A 17290 und A 17285. – **B:** *Zentrum für Telemann-Pflege und -Forschung Magdeburg; Vf., Magdeburg (priv.).

Ralph-J. Reipsch

Teschner, Gustav Wilhelm, Prof.
geb. 26.12.1800 Magdeburg, gest. 07.05.1883 Dresden, Gesanglehrer, Hg., Komponist.

Den ersten Musikunterricht erhielt T. beim Vater, der Organist in Kroppenstedt bei Halberstadt war, dann in Magdeburg bei → Johann Andreas Seebach, dem Gründer der Magdeburger Singakad., und → Johann Joachim Wachsmann, der von 1818 bis 1853 als Domchordirigent in Magdeburg tätig war. 1824 wurde er Schüler von → Carl Friedrich Zelter und ging 1829 nach Italien, wo er entscheidende Impulse für seine der italienischen Schule verpflichtete Gesangsmethodik u. a. bei Girolamo Crescentini (1762–1846) erhielt. Seine durch den Vater und den Unterricht in Magdeburg erworbene Kenntnis der protestantischen Kirchenmusik vertiefte er durch Bekanntschaft mit dem bedeutenden italienischen Musiksammler und Kenner alter Kirchenmusik, dem Abbate Fortunato Santini. In Dresden nahm T. Gesangsunterricht bei Johann Aloys Miksch und wirkte sodann in Berlin, wo er 1873 zum Prof. ernannt wurde. T.s Bedeutung als Gesangspädagoge zeigt sich sowohl in der Komposition von Solfeggien als auch in der Herausgabe der Vokalisen u. a. von Ambrogio Mionoja und Girolamo Crescentini. Für die protestantische Kirchenmusik im 19. Jh. ist er wichtig als Hg. der Werke von Johannes Eccard, Joachim a Burck (geb. 1546 in Burg bei Magdeburg) und Michael Prätorius.

Tessendorf

W: s. o. – L: Riemann, ¹¹1929, *1829*; ders., Gesch. der Musik seit Beethoven (1800–1900), 1901, *671*; Paul Frank, Kurzgefaßtes Tonkünstlerlex., ¹⁴1936, *626*.

Christine Sommer

Tessendorf, *Hermann* Ernst Christian
geb. 06.08.1831 Friedrichshagen/Pommern, gest. Dezember 1895 n.e., Jurist.

T. studierte in Greifswald, Tübingen und Berlin Rechtswiss. 1864 kam er als Staatsanwalt nach Burg sowie 1867 als Erster Staatsanwalt an das Stadt- und Kreisgericht nach Magdeburg. 1873 wechselte er an das Stadtgericht in Berlin, wurde 1879 Senatspräsident in Königsberg und Naumburg, 1885 Präsident des Strafsenats am Kammergericht in Berlin und 1886 Oberreichsanwalt in Leipzig. T. verfolgte rigoros und brutal die sich formierende Arbeiterbewegung in Magdeburg mit preuß. Polizei- und Justizpraktiken, z. B. anläßlich des Streiks der Magdeburger Zigarrenmacher 1871. Sein Vorgehen in Magdeburg legte den Grundstein für seine Karriere in Preußen.

L: Julius Nicolaus Weisfert, Biogr.-lit. Lex. für die Haupt- und Residenzstadt Königsberg und Ostpreußen, 1897, Repr. 1975, *230*; Bericht des Staatsanwalts beim Stadt- und Kreisgericht in Magdeburg H. T. an die Reg. Magdeburg, in: Quellenslg. zur Gesch. der dt. Sozialpolitik, Abt. 1, Bd. 4, 1997, *191–196*; Bericht des Staatsanwalts beim Stadt- und Kreisgericht in Magdeburg H. T. an den preuß. Justizminister Dr. Adolf Leonhardt, in: ebd., *302–305*.

Ingrun Drechsler

Tessenow, Heinrich, Prof. Dr. phil. h.c., Dr.-Ing. E.h.
geb. 07.04.1876 Rostock, gest. 01.11.1950 Berlin, Architekt, Autor.

Nach Mittelschulbildung, handwerklicher Lehre und anschließender berufspraktischer Ausbildung im väterlichen Zimmerei-Bauunternehmen sowie dem Besuch der Baugewerkschule studierte T. an der TH München bei Karl Hocheder, Friedrich von Thiersch und Martin Dülfer. Anschließend war er als Lehrer an verschiedenen Baugewerkschulen und 1909–11 als Assistent Dülfers an der TH Dresden tätig, lehrte an den Dt. Werkstätten Hellerau, der Trierer Gewerbeschule und der Wiener Kunstgewerbeschule. 1920 wurde er als o. Prof. an die Dresdener Kunstakad. berufen und wirkte von 1926 bis zu seiner Emeritierung 1941 als Ordinarius an der TH Berlin-Charlottenburg. T.s praktisches und theoretisches Engagement galt einer Reform des Wohnhausbaus. Der Stil seiner ernsten, streng sachlichen und auf Schmuck verzichtenden Arbeiter-Reihen- und Einfamilienhäuser gewann bedeutenden Einfluß auf die Siedlungsbauten in Dtl. vor dem I. WK. Im Zusammenhang mit Entwürfen von Einfamilien- und Reihenhäusern für die Gartenstadt Hellerau bei Dresden entstanden auch das „Haus zum Wolf" (1910) in der Siedlung Gartenstadt Hopfengarten im Süden Magdeburgs für den Kunsthistoriker Karl Ferdinand Schmidt sowie eine Ateliergebäude in Lostau bei Burg (1912). In der zweiten Hälfte der 1930er Jahre stand T. in engem Kontakt mit dem Präsidenten der *IHK Magdeburg* → Wilhelm-Adolf Farenholtz, auf dessen Veranlassung nach T.s Entwürfen in Magdeburg das Verwaltungsgebäude der Fa. *Vereinigte Ölfabriken Hubbe & Farenholtz* (1935) sowie eine Fahnenhalle (Hindenburgehrenmal) für die neu errichtete Infanterie-Kaserne in der Nähe des Herrenkruges (1936–39) ausgeführt wurden. T. förderte auch in den 1940er Jahren den Bau von Stadtrandsiedlungen und lieferte u. a. einen nicht realisierten Entwurf für eine Wohnsiedlung der *Junkerswerke* in Magdeburg (1940–41). Er hinterließ ein umfangreiches gegenständliches und lit. Werk.

W: Zimmermannsarbeiten. Entwürfe für Holzbauten, 1907; Der Wohnhausbau, 1909; Handwerk und Kleinstadt, 1919, Hausbau und dergleichen, 1920. – L: Reichshdb 2, *1892* (*B*); Thieme/Becker 32, *552f.*; Marco de Michelis, H. T. 1876–1950. Das architektonische Gesamtwerk, 1991 (*W*); Martin Ebert, H. T. Architekt zwischen Tradition und Moderne, 1998. B: *Linde Hohn, Berlin (priv.): Ölgemälde von Heinrich Graf von Luckner.

Ines Hildebrand

Thal, *Wilhelm* Heinrich David
geb. 13.08.1899 Magdeburg, gest. 02.05.1987 Magdeburg, Großhandelskaufmann.

Der Sohn des Kaufmanns Wilhelm T. besuchte die Neue Neustädter Bürger-Knaben-Schule und das Reformrealgymn. (Bismarck-Schule) in Magdeburg bis zur Obersekunda. 1914 trat er als Lehrling in die Fa. von → Gustav Hubbe, ein Großhandelshaus für Fette aller Art, ein, wurde Handlungsgehilfe und Einkaufskorrespondent. Hier entwickelte er sein Konzept zum Handel mit Fettderivaten und machte die Fa. zum Marktführer auf diesem Gebiet, indem er die neuzeitlichen Bedürfnisse der sich rasant entwickelnden Seifen- und Kosmetikindustrie sowie den Bedarf an in der Technik benötigten Ölen und Fetten rechtzeitig erkannte. Zunächst mit Alfred Leonhardt, dann allein (ab 1940) leitete er die Fa., die ab 1923 als *Hubbe Handelsges. mbH* mit Zweigniederlassungen in Hamburg und Wien int. Bedeutung erlangte. Von 1945 bis 1948 wurde T. im NKWD-Speziallager Mühlberg interniert. Danach arbeitete er als Sachbearbeiter in dem nunmehr volkseigenen Handelsbetrieb, der als Spezialniederlassung Fettderivate zunächst der *Dt. Handelszentrale Chemie*, später dem *VEB Waschmittelwerk Genthin* zugeordnet war, aber seine handelsspezifische Selbständigkeit bewahrte. Aufgrund seiner subtilen Fachkenntnisse und int.

Kontakte wurde er als Handelsleiter eingesetzt und war noch bis zu seinem 80. Lebensjahr dort teilzeitbeschäftigt.

L: → Wilhelm Eule (Bearb.), Gustav Hubbe, 1840–1940. 100 Jahre Magdeburger Kaufmannsfam., 1940, *105*. – **B:** Vf., Zerbst (priv.).

Wilhelm Thal

Thape, Ernst
geb. 29.05.1892 Klein-Aga bei Gera, gest. 25.07.1985 Hannover, Ing., Redakteur, Widerstandskämpfer, Politiker.

Der Arbeitersohn verlebte seine Kindheit und Jugend in Magdeburg, absolvierte eine Lehre als Maschinenschlosser, besuchte Abendkurse und ging als Geselle auf Wanderschaft durch Dtl. 1913 emigrierte T. als Kriegsdienstverweigerer in die Schweiz. Hier hatte er Kontakt zu sozialdemokratischen und sozialistischen Emigranten sowie zu dadaistischen Künstlern. T. belegte Vorlesungen an der Univ. sowie an der TH Zürich und am Technikum in Winterthur. Er kehrte 1921 mit Fam. nach Magdeburg zurück und arbeitete ab 1922 als Redakteur an der SPD-Ztg. *Volksstimme*. 1933 entlassen, von der Gestapo verhaftet und verhört, war er jahrelang arbeitslos, fand 1938/39 eine Anstellung als Ing. Bei Kriegsausbruch wurde T. in das KZ Buchenwald gebracht. Er widmete sich nach der Befreiung dem Aufbau der SPD-Parteiorganisation im Magdeburger Raum. Im Juni 1945 vereinbarte er mit den Kommunisten im Regierungsbez. Magdeburg Grundsätze der Zusammenarbeit. T. trat mit der Bildung des Provinzialverbandes der SPD Anfang August an dessen Spitze. Im Juli 1945 wurde er als Vizepräsident für Wirtschaft und Verkehr in die Provinzialverwaltung Sachsen berufen. Aufgrund der hohen Arbeitsbelastung, aber auch wegen des Unwillens unter den Sozialdemokraten über die unzureichende Führung der Partei, gab er den Vorsitz im Provinzvorstand der SPD ab. Der im Dezember 1946 gebildeten Provinzialreg. gehörte er als Minister für Volksbildung, Wiss. und Kultur (bekleidete das Ressort bereits seit Mai 46) an. Im Glauben an eine zukünftige antifaschistisch-sozialistische Demokratie hat er trotz innerer Zweifel sowohl die gesellschaftspolitischen Veränderungen als auch die Vereinigung von KPD und SPD mitgetragen. Als 1947/48 auf Druck Moskaus die Stalinisierung der sowjetzonalen Gesellschaft einsetzte und die SED sich zu einer „Partei neuen Typus" umzugestalten begann, war T. nicht mehr bereit, diese Entwicklung mitzutragen. Die Verhaftungen ehemaliger sozialdemokratischer Mitstreiter bewogen ihn am 28.11.1948 zur Flucht. In einem Schreiben an den Landesvorstand der SED erklärte er seinen Austritt. In der Pressestelle der Niedersächsischen Landesreg. fand er bis zum Jahre 1957 Arbeit. Als Pensionär und freier Journalist blieb er bis zu seinem Tode politisch tätig.

W: Von Rot bis Schwarz-Rot-Gold. Lebensweg eines Sozialdemokraten, 1969 (**B*). – **L:** Hdb. des Landtages Sa.-Anh., o. J., *161*; LHASA: Rep. K 3 MdB, Nr. T 117.

Manfred Wille

Theloe, Gerhard, Dr. med. vet. sc. habil.
geb. 13.02.1916 Essen, gest. 11.01.1985 Magdeburg, Tierarzt, Oberveterinärrat.

Der Sohn des Rechtsanwalts und Notars August T. wuchs in Essen auf, studierte 1937–41 Veterinärmed. an der Tierärztlichen Hochschule in Hannover, leistete als Veterinäroffizier den kriegsbedingten Wehrdienst ab und zog 1946 mit seiner Ehefrau nach Magdeburg. Hier wurden die beiden Söhne geb. Auf die Tätigkeit als Bahntierarzt folgte ab 1947 die des Stadttierarztes am Schlacht- und Viehhof Magdeburg, wo T. ab 1952 als Veterinärhygienischer Leiter eingesetzt wurde. 1958 wurde ihm der Aufbau und die Leitung des Inst. für Fleischwirtschaft der DDR mit Sitz Magdeburg übertragen, die er bis zum Eintritt in den Ruhestand 1979 als Institutsdir. wahrnahm. Die Jahre auf dem Schlacht- und Viehhof waren für ihn nach dem Wiederaufbau von der Modernisierung, der Schlachttechnologie und Qualitätsförderung unter Einbeziehung der damit verbundenen veterinärhygienischen, technischen und ökonomischen Fragen bestimmt. Der Magdeburger Betrieb entwickelte sich zum Referenzstützpunkt für die Entwicklung der Schlachthöfe der DDR. T. übertrug seine fachwiss. Kenntnisse in die Fachgruppe Schlachthygiene der *Akad. der Landwirtschaftswiss. der DDR* und förderte diese als Vors. der Bezirkssektion der *Wiss. Ges. für Veterinärmed.* Der Aufbau und die 20jährige Leitung des Inst. für Fleischwirtschaft stellten unter den gegebenen Bedingungen eine ao. organisatorische und wiss. Leistung dar, die bis zur Auflösung des Inst. mit dem Ende der DDR nationale und int. Anerkennung fand. Das Inst. nahm innovativen Einfluß auf die ökonomische, technologische und wiss. Entwicklung der Fleischindustrie des Landes vom Lebendtiertransport über die Schlachtung und Verarbeitung bis zum Handel sowie der Normative und Ausbildung von Fachkräften. Seine Kenntnisse und die Arbeitsergebnisse übertrug T. in zahlreiche Gremien, so u. a. in den *Wiss.-Technischen Rat der DDR*, in die Redaktion der Fach-Zs. *Fleisch* und als Doz. für Technologie der Fleischverarbeitung an der Humboldt-Univ. Berlin. Hier erfolgte auch seine Habil. In 44 Veröffentlichungen, vorwiegend in den Zss. *Fleisch* und den *Monatsheften für Veterinärmed.*, gab er Erkenntnissen, Problemen und Vorschlägen freien Raum. T. stand den Fachkollegen des In- und Auslands mit Rat und

Thesing

Unterstützung zur Seite. Seine integere Persönlichkeit wurde vielfach gewürdigt.

L: Slg. Vf., Magdeburg (priv.).

Peter Kupey

Thesing, *Ernst* **August Curt Oswald,** Dr. med.
geb. 13.03.1874 Gut Wieckeran bei Barthen/Ostpreußen, gest. 03.11.1954 Magdeburg, Arzt, Stadtrat.

T. wurde als ältester Sohn des Kreisrichters Robert T. zunächst zu einer Militärlaufbahn bestimmt und legte 1892 das Abitur an der Hauptkadettenanstalt Groß Lichterfelde ab. Nach freiwilligem Ausscheiden aus der Armee als Leutnant studierte er 1895–1901 Med. in Marburg und Königsberg. Es folgten Jahre als Schiffsarzt und als Assistent am Hygiene-Inst. der Univ. Marburg. Dort trat T. in die SPD ein. Nach Beendigung seiner akad. Laufbahn folgte er 1904 einer Einladung des sozialdemokratischen Redakteurs und Schriftstellers → Paul Bader und ließ sich als praktischer Arzt in der Magdeburger Jakobstraße nieder. Er machte sich besonders durch den Aufbau der Lungenfürsorge in Magdeburg verdient, in der er auch als Schularzt arbeitete. Von 1922 bis 1933 war er Stadtverordneter der SPD und wurde 1929 zum unbesoldeten Stadtrat gewählt. Des weiteren wählte man ihn in den Vorstand des Vereins der Kassenärzte sowie der Ärztekammer der Provinz Sachsen. Die ns. Machtübernahme beendete T.s gesundheitspolitisches Engagement abrupt. In den folgenden Jahren führte er seine Praxis weiter und half u. a. vielen Diskriminierten und Verfolgten, auch franz. und belgischen Zwangsarbeitern. Von 1947 bis 1954 konnte T. noch einmal für die freiberuflich tätigen Ärzte als gewählter Erster Vors. der Rechnungsprüfungsstelle im *FDGB* öffentlich wirken.

L: → Helmke Schierhorn/Thomas Klemm, Grabmäler bedeutender Ärzte in Magdeburg, in: Magdeburger Bll. 1984, *86f.*; Martin Wiehle, Magdeburger Persönlichkeiten, 1993, *146*; → Erich Jeske, Trauerrede für E. T., Ms. o. J. (Archiv des Inst. für Pflegegesch. Qualzow). – **B:** Akad.-Ztg. der Med. Akad. Magdeburg vom 09.10.1974; *Archiv und Slg. Jörg-Heiko Bruns, Erfurt-Molsdorf (priv.): Kohlezeichnung von → Bruno Beye.

Horst-Peter Wolff

Thiele, *Ernst* **Gustav,** Dr. theol. h.c.
geb. 06.04.1856 Wittenberg, gest. 19.05.1922 Magdeburg, ev. Pfarrer, Lutherforscher.

Der Sohn eines Bürstenmachermeisters lebte nach schwieriger Kindheit und dem frühen Tod der Eltern ab 1863 im Rettungshaus in Wittenberg, besuchte dort die Volks- und Bürgerschule sowie das Gymn., legte 1876 das Abitur ab und studierte danach ev. Theol. in Halle. Ab Mai 1882 zunächst Hilfsprediger am Dom zu Magdeburg, wurde er 1883 als dritter Prediger an der Nikolaikirche in Magdeburg-Neustadt sowie ab 1888 als erster Prediger der Wallonisch-Reformierten Gemeinde Magdeburg tätig. In diesem Amt, das er bis zu seinem Tode ausübte, setzte er sich aktiv für gefährdete Kinder ein und wirkte verantwortlich an entsprechenden Einrichtungen seiner Gemeinde. Ab 1894 richtete er Gemeinde-Abende ein, die durch theol., hist. und kulturelle Beiträge das Gemeindeleben wesentlich bereicherten. Neben seinem seelsorgerlichen und sozialen Engagement war T. auch wiss. tätig. Er war Mitglied und langjähriger Schriftführer des *Vereins für Gesch. und Alterthumskunde des Hzts und Erzstifts Magdeburg* und wirkte zudem ab 1888 nicht nur über Jahrzehnte an der Weimarer kritischen Gesamtausgabe der Werke Martin Luthers, insbesondere am Bd. 5 (1892), mit, sondern gab erstmals eine Fabelhandschrift Luthers aus der Bibliotheca Vaticana in Rom sowie eine kommentierte Handschrift seiner Sprichwörtersig. heraus. 1898 übereignete er mit der finanziellen Hilfe des Kaufmanns → Jacob Hennige der Stadt Magdeburg drei Bände Luther-Handschriften aus den Jahren 1528 und 1541 (gegenwärtig im KHMus. Magdeburg). In Anerkennung seiner Verdienste um die Lutherforschung verlieh ihm die Univ. Halle-Wittenberg 1917 die Ehrendoktorwürde.

W: s. o.; Luthers Fabeln nach seinen Handschriften und den Drucken neu bearbeitet, 1888, ²1911; Dem Andenken von → Otto Duvigneau, Stadtrat und Ehrenbürger der Stadt Magdeburg, 1899; Luthers Sprichwörtersig., 1900; Kurzer Abriß der Gesch. der Wallonisch-Reformierten Gemeinde und ihres Gotteshauses, 1904; Magdeburger Predigten aus den Jahren 1807–1815, in: GeschBll 48, 1913, *231–249*. – **L:** → Karl Bode, Urkundliche Nachrichten über die Wallonisch-Reformierte Kirch-Gemeinde zu Magdeburg, 1889, *123*; → Walter Möllenberg, D. E. T. (†). Nachruf, in: GeschBll 56/59, 1921/24, *171f.*; → Max Stolte, Leichenpredigt über E.T., 1922; Pfarrerbuch der Kirchenprovinz Sachsen; StadtA Magdeburg: Rep. A II, M 77, Spec. 12¹. – **B:** *→ Johannes Maresch, Die Wallonisch-Reformierte Gemeinde zu Magdeburg, 1939, *113*.

Henner Dubslaff

Thiem, Bruno
geb. 18.11.1823 Halle, gest. 20.02.1913 Magdeburg, Kommunalpolitiker.

T., der zuvor mehr als zehn Jahre Bürgermeister von Kelbra war, wurde Ende 1862 von den Stadtverordneten Buckaus bei Magdeburg zum Bürgermeister gewählt. Die Wahl galt für zwölf Jahre mit einem vorläufigen Gehalt von 600 Talern. Ab Juli 1863 führte T. die Amtsgeschäfte. Er zeichnete sich durch Tatkraft und Umsicht aus. Die Lage Buckaus verbesserte sich von diesem Zeitpunkt an von Jahr zu Jahr. Die Straßen wurden gepflastert, und neue Häuser entstanden. 1864 kaufte die Stadt für Bauzwecke Grund und Boden an der jetzt noch existierenden Brauereistraße. Das Baugewerbe erhielt einen großen Aufschwung. Fabrikanten, wie → Rudolf Wolf, → Hermann Gruson und → Bernhard Schäffer erweiterten ihre dort ansässigen Betriebe. Als T. Bürgermeister der Stadt Buckau wurde, zählte sie 6.269 Einwohner. Bei der Eingemeindung Buckaus in die Stadt Magdeburg am 01.04.1887 war die Zahl auf 17.550 Einwohner angewachsen. Nicht nur der Wirksamkeit T.s ist diese Entwicklung zu verdanken, sondern auch dem allg. wirtsch. Aufschwung, den Dtl. zu dieser Zeit nahm. Mit der Eingemeindung Buckaus endete auch T.s Amtszeit. Die letzte Sitzung der Stadtverordneten fand am 28.03.1887 statt. Nur kurze Zeit, von 1853–87, war Buckau Stadt gewesen. Die längste Zeit davon amtierte T. als Bürgermeister. Danach wird er im Adreßbuch Magdeburgs als Bürgermeister a.D. geführt.

L: → Christian Andreas Schmidt, Chronik der Stadt Buckau, 1887, *156–208* (**B**); Todesanzeige in: Magdeburgische Ztg., Nr. 96 vom 22.02.1913, *12*. – **B:** StadtA Magdeburg.

Ingelore Buchholz

Thiemann, *Friedrich* **Karl Eduard**
geb. 27.07.1868 Helmstedt, gest. 1922 n. e., Obering.

Durch die Verlagerung der Kriegsproduktion der *Friedr. Krupp Grusonwerk A. G.* in das Hauptwerk nach Essen und eine damit erforderliche wesentliche Erweiterung des Produktionsprofils durch → Kurt Sorge und → Carl Ebeling stieg der Wiederholteilcharakter bei der Herstellung dieser Erzeugnispalette an und die Vereinheitlichung und Typisierung von Bearbeitungsverfahren, Werkzeugen, Baugruppen und Bauteilen gewann an Bedeutung. T., Sohn des Bau- und Schlossermeisters Johann August Friedrich Eduard T., stellte sich dieser Aufgabe, baute 1906 das erste Normalienbüro in der *Friedr. Krupp Grusonwerk A. G.* Magdeburg auf und leitete dasselbe bis 1922. Erstmalig erfaßte er gleichartige Teile im Werk, analysierte und katalogisierte diese und entwickelte daraus das „Braune Tabellenwerk" zur Verwendung genormter Teile in den Konstruktionsabt. der *Friedr. Krupp Grusonwerk A. G.* Magdeburg. T. nahm regelmäßig als Vertreter eines der größten Schwermaschinenbauunternehmen Dtls an den Sitzungen des *Dt. Normenausschusses* teil und brachte hier seine Erfahrungen und Erkenntnisse ein. Das von ihm entwickelte Tabellenwerk mit wesentlichen Werkstandards der *Friedr. Krupp Grusonwerk A. G.* Magdeburg diente als Grundlage der Dt. Industrienormen (DIN) auf dem Gebiet des Maschinenbaus. In Magdeburg führte er seine Normungsarbeiten zielgerichtet fort, schuf für wesentliche Bearbeitungsverfahren das erste Grenzlehrsystem für Passungen und Toleranzen mit einem Kennzeichnungssystem für die Technischen Zeichnungen und erarbeitete und führte die ersten Fachnormen für Schleifmittel, Werkzeuge und Erzeugnisse der Elektrotechnik mit der Kennzeichnung „N" (Norm) in die technische Arbeit des Werkes ein. T. leistete Pionierarbeit bei der Schaffung wesentlicher Grundlagen zur Entwicklung der Dt. Industrienormen auf dem Gebiet des Maschinenbaus.

L: Thomas Wölker, Entstehung und Entwicklung des Dt. Normenausschusses 1917–1925, 1992; LHASA: SA Rep I 28, Nr. 528; Archiv der Friedr. Krupp AG Essen: WA XVI 1 33a. – **B:** *Archiv der Friedr. Krupp AG Essen.

Werner Hohaus

Thiemich, Paul Wilhelm Albert *Martin,* Prof. Dr. med. habil.
geb. 25.11.1869 Breslau, gest. 16.02.1920 Leipzig, Arzt.

Der Sohn eines Oberlehrers studierte nach dem Besuch des Maria-Magdalena-Gymn. in Breslau dort von 1889 bis 1893 Med. und prom. 1894. T. war anschließend bis 1902 Assistenzarzt bei Adalbert Czerny in Breslau, bei dem er 1900 auch habil. Ab 1902 arbeitete er als Privatdoz. in eigener Praxis, wurde 1903 Schularzt in Breslau und übernahm 1906 ebenfalls dort die Leitung der Milchküche mit täglichen Mütterberatungen. Ab 01.01.1908 war T. Leiter der Kinderabt. des Krankenhauses Magdeburg-Altstadt und als Städtischer Kinderarzt tätig. Tit.-Prof. T. setzte mit großem Elan die Bemühungen seines Vorgängers → Arthur Keller zur Senkung der Säuglingssterblichkeit fort und hielt die klinisch tätigen Ärzte an, in den Mütterberatungsstellen der Stadt wirksam zu werden. Herausragende Publikationstätigkeit folgte. Am 01.04.1913 wurde T. zum Ordinarius für Kinderheilkunde und Dir. der Univ.-Kinderklinik Leipzig berufen. Seine frühen grundlegenden Arbeiten zu Erkrankungen des Zentralnervensystems ließen ihn zum Mitbegründer der Neuropädiatrie werden.

W: Die städtische Säuglingsfürsorge in Magdeburg, in: Ergebnisse der Säuglingsfürsorge, H. 1, 1908; ebd. H. 3, 1909 (mit Paul Lindemann); Funktionelle Erkrankungen des Nervensystems, Erkrankungen der Meningen, in: Hdb. der Kinderheilkunde, Bd. 4, 1910, *288–383* und *384–426*; Entwicklung und Betrieb von Beratungsstellen für Säuglinge und Mütter, 1913 (mit Bruno Oskar Deckert). – **L:** A. Frank/Arthur Keller, Nachruf M. T., in: Monatsschrift für Kinderheilkunde 21, 1921, *1f.*; Vf., Zur Entwicklung der Kinderheilkunde in Magdeburg, in: Magdeburger Bll. 1991, *77–90*. – **B:** Univ.-Kinderklinik Magdeburg.

Wilhelm Thal

Thieß, *Günter* **Walter Otto Karl,** Prof. Dr. sc. paed.
geb. 19.03.1926 Barth, gest. 25.12.2000 Olpe, Sportwissenschaftler, Hochschullehrer.

T. besuchte die Volksschule in Barth, die Lehrerbildungsanstalt in Orlau/Oberschlesien, wurde 1943 zum Reichsarbeitsdienst, danach zur Kriegsmarine eingezogen und diente als Fähnrich auf dem Kreuzer „Scheer". 1945 zunächst Meiereilehrling, besuchte er 1946 einen Neulehrerkurs, arbeitete nach der ersten Lehrerprüfung kurzzeitig als Lehrer in Barth, bestand 1948 erfolgreich die zweite Lehrerprüfung und begann an der Pädagogischen Fakultät der Humboldt-Univ. Berlin das Lehramtsstudium in den Fächern Sport und Geographie, das er 1951 mit dem Staatsexamen abschloß. 1951–52 Lehrer in Eisenach, wurde T. 1952 in das neu gegründete *Staatl. Komitee für Körperkultur und Sport* beim Ministerrat der DDR nach Berlin berufen und mit der Intensivierung des Kinder- und Jugendsports beauftragt. Gleichzeitig begann er 1952 in einer außerplanmäßigen Aspirantur an der Dt. Hochschule für Körperkultur Leipzig (DHfK) seine weitere wiss. Qualifizierung, wurde 1954 zur planmäßigen Aspirantur an die Humboldt-Univ. Berlin delegiert und prom. 1956 bei Heinrich Deiters und Wolfgang Eichel mit dem Thema „Die Autorität des Turnlehrers der Dt. Demokratischen Schule". Von 1956 bis 1969 arbeitete T. an der Forschungsstelle der DHfK Leipzig, 1969–72 am Forschungsinst. für Körperkultur und Sport in Leipzig. 1972 folgte T. einer Berufung an die Pädagogische Hochschule Magdeburg als Hochschuldoz. für Trainingslehre sowie Theorie und Praxis der Sportarten. 1975 habil. er sich gemeinsam mit → Horst Gropler an der Akad. der Pädagogischen Wiss. in Berlin zum Dr. sc. paed. Die Palette seiner sportwiss. Leistungen ist vielgestaltig und umfangreich. Die in die Sportlit. eingegangene 1. Karl-Marx-Städter Konferenz (1963) unter der Thematik „Grundlegende Veränderung des Inhalts und der Formen des Turnunterrichts" wurde in der Diskussion neben Werner Dietrich, Paul Kunath besonders auch von T. wesentlich bestimmt. Forschungsthemen wie „Rechtzeitige Spezialisierung im Kinder- und Jugendtraining" und „Sportliche Leistung und Wachstum im Jugendalter" am Ende der 1950er/Anfang der 1960er Jahre unter seiner wiss. Leitung hatten solide neue Erkenntnisse zur Diskussion gestellt, die zur „Einheitlichen Sichtung und Auswahl von jungen Sporttalenten" (ESA) führten. Mit diesem System wurden in den DDR-Schulen jährlich sportlich begabte Schüler und Jugendliche ermittelt und ihnen bei elterlicher Zustimmung eine besondere Förderung angeboten (Trainingszentren, Kinder- und Jugendsportschulen). Im Vorbereitungsprozeß der DDR-Olympiamannschaft auf die Winterspiele 1960 in Squaw Valley und die Sommerspiele 1960 in Rom wurde T. als trainingsmethodischer Berater eingesetzt, um die neuen Erkenntnisse der Trainingswiss. zu erproben. Für solide sportwiss. Ergebnisse in der Grundlagen- und angewandten Forschung im Schul- und Leistungssport erhielt er hohe ges. und staatl. Auszeichnungen. Die Themenfelder seiner Forschungsarbeit waren schul- und leistungssportlich angelegt, konzentrierten sich jedoch auf die Strukturierung des langfristigen Trainingsprozesses. Seiner Konsequenz verdankt die Trainingswiss. die Einführung und den schrittweisen Ausbau der Strukturabschnitte Grundlagen-, Aufbau-, Anschluß- und Hochleistungs-Training. Bereits seit den 1960er Jahren trat T. für die Überwindung des überbetonten sportlichen Fertigkeitsunterrichtes ein und forderte die Ausbildung von Grundfähigkeiten für einen langfristigen Leistungsaufbau. In etwa 150 Veröffentlichungen wird sein Einsatz für die Weiterentwicklung des Kinder- und Jugendsportes deutlich reflektiert. Als Hochschullehrer referierte T. auf zahlreichen nationalen Kongressen und int. Symposien, führte über 100 Doktoranden zur Promotionsgraduierung, elf zum Habilitationsabschluß, betreute viele Staatsexamens- und Diplomarbeiten. Bis zu seiner Emeritierung 1988 war er Mitglied des Redaktionskollegiums der sportwiss. Zs. *Theorie und Praxis der Körperkultur,* vom Jahre 1989 an war er Redaktionsmitglied in der vom *Dt. Sportbund,* Bundesvorstand Leistungssport, hg. Zs. *Leistungssport.*

W: Leichtathletik. Ein Buch für Lehrer, Trainer und Übungsleiter im Kindersport, 1961, ³1966; Die Kennzeichnung der inneren Struktur der körperlichen Leistungsfähigkeit von Kindern und Jugendlichen der DDR, 1975; Training von A-Z, 1978; Grundbegriffe des Trainings, 1986 (mit Günter Schnabel); Der sportliche Wettkampf. Vorbereitung – Durchführung – Auswertung, 1997; Hdb. zur Wettkampflehre, 1999. – **L:** Peter Tschiene/Helmut Nickel, Initiator einer sportwiss. fundierten Trainings- und Wettkampfpraxis (Nachruf), in: Leistungssport 31, H. 1, 2001, *28*; Paul Kunath, Prof. em. Dr. sc. paed. G. T., in: Beiträge zur Sportgesch., H. 12, 2001, *92f.* – **B:** *Familienunterlagen Hannelore T., Schönebeck (priv.).

Norbert Heise

Thinius, *Otto* **Walter**
geb. 02.08.1892 Schönebeck, gest. 24.01.1960 Sonneberg, Pädagoge, Heimatforscher.

T. legte im Jahre 1913 seine Lehrerprüfung in Neuhaldensleben ab und war lange an der Pestalozzischule in Schönebeck, der Verbandsschule des Gesamtschulverbandes Schönebeck, Groß Salze und Frohse, als Lehrer tätig. Zeitweise betreute er auch die im März 1942 eröffnete Schönebecker Stadtbücherei. T. war Mitglied der *Ges. für Vorgesch. und Heimatkunde des Kr. Calbe* und verfaßte zahlreiche heimatkundliche Abh., besonderes zum Thema „Sitten und Bräuche", die u. a. in Heimatkalendern und in den *Heimatglocken des Kr. Calbe* veröffentlicht wurden. Besonders erwähnenswert ist die unter seiner wesentlichen Mitwirkung entstandene umfangreichen Slg. regionalgesch. Beiträge für den Kr. Calbe (s. u.), in der namhafte Heimatforscher und Schriftsteller wie → Otto Held, → Ernst Manzek, → Eilhard Erich Pauls, → Max Rosenthal, → Wilhelm Schulze, → Wolfgang Wanckel u. a. über ein breites Spektrum von Themen, wie Geographie, Naturschutz, Sprache, Sitten und Bräuche, Gesch., Wirtschaft, Politik u. a. m., berichteten. 1955 mußte T. aus gesundheitlichen Gründen seine Arbeit aufgeben und verzog nach Thüringen.

W: Lichtmeßfeier in Glinde, in: Heimatglocken des Kr. Calbe 2, 1926, *15f., 18–20*; Ringreiten. Ein alter Pfingstbrauch in unserer Heimat, in: ebd., *33–35, 43–45, 53f.*; (Hg.), Der Kr. Calbe. Ein Heimatbuch. Ein Sammelwerk der heimatlichen Arbeitsgemeinschaft des Kr. Calbe im Reg.-Bez. Magdeburg, 1937; Der Gau Magdeburg-Anhalt im Schrifttum. In Verbindung mit der Gaustelle für Jugendschrifttum, hg. von der Hauptstelle Schrifttum im Gauamt für Erzieher, 1937 (mit Paul Jennrich); (Hg.), Ausgewählte Gedichte und Briefe. Ferdinand Freiligrath, 1948. – L: Schulkal. des Reg.-Bez. Magdeburg 17, 1935/36, *27*.

Britta Meldau

Thoenes, *Fritz* **Gustav Theodor,** Prof. Dr. med. habil.
geb. 12.01.1891 Radebeul, gest. 29.06.1974 Jena, Arzt.

Der Sohn des Fabrikbesitzers Gustav T. legte in Dresden 1911 das Abitur ab und studierte Med. in Jena, Freiburg/Breisgau und München. Durch den I. WK unterbrochen, prom. er 1920 in Jena, war 1921 Assistent bei Stefan Engel in der Kinderklinik Dortmund, arbeitete 1922 im Physikalisch-Chemischen Inst. in Leipzig, 1923–27 unter Georg Bessau in der Univ.-Kinderklinik ebd. und 1927 als Oberarzt an der Univ.-Kinderklinik Köln. Hier habil. T. 1928. 1934 wurde T. zum ao. Prof. und Dir. der Kinderklinik an das Krankenhaus Magdeburg-Altstadt berufen. Er führte die Klinik durch die schwere Kriegs- und Nachkriegszeit mit totaler Zerstörung und Neubeginn nach Auslagerung in Haldensleben und Uchtspringe. 1950 übernahm er den Gebäudekomplex Magdeburg, Wiener Straße mit 424 Betten. 1952 wurde T. mit der Mitgliedschaft an der *Dt. Akad. der Naturforscher Leopoldina* zu Halle geehrt. 1953 erfolgte die Berufung auf den Lehrstuhl für Kinderheilkunde und zum Dir. der Univ.-Kinderklinik Rostock. Nach seiner Emeritierung 1959 siedelte T. nach Weimar über, wo er noch als Kinderarzt wirkte. 83 Veröffentlichungen aus allen Schwerpunktbereichen der Kinderheilkunde, herausragend sein Kapitel über Skeletterkrankungen im „Hdb. der Röntgendiagnostik", sind bekannt. Seine Ehefrau Dr. med. Margarete T. arbeitete in Magdeburg über viele Jahre als Schul- und Impfärztin mit herausragenden Leistungen in der Nachkriegszeit.

W: Kasuistischer Beitrag zur Kenntnis der Strangentartungen des Rückenmarks bei perniziöser Anämie, Diss. Jena 1920; Der Eisenstoffwechsel des wachsenden Organismus, 1934 (mit Rudolf Aschaffenburg); Die otogenen Ernährungsstörungen im Säuglingsalter, 1952 (mit Rolf Müller). – L: Bettina Huk, Prof. F. T., Dipl.-Arbeit Magdeburg 1982; Vf., Prof. F. T., in: Ärztebl. Sa.-Anh. 10, Nr. 5, 1999, *70–80*; StadtA Magdeburg: PA-Bestand Nr. 6717. – B: Univ.-Kinderklinik Magdeburg.

Wilhelm Thal

Thomas, Georg
geb. 06.10.1897 Konitz/Westpreußen, gest. 12.04.1978 Wernigerode, Lehrer, Naturschutzbeauftragter, Stationsleiter.

Vor dem I. WK besuchte T. das Lehrerseminar Preuß.-Friedland und erhielt ab 1924 eine Anstellung an der siebenstufigen Volksschule zu Altenweddingen in der Magdeburger Börde. Privat als Kleintierzüchter erfolgreich, wandte sich der Lehrer der Schulgartenarbeit zu und schuf in Altenweddingen einen regional anerkannten Musterschulgarten. Der große Garten in dem erst 1931 eingerichteten „Volkspark" hatte einen bedeutenden Schauwert und war auch der Öffentlichkeit zugänglich. In den 1920er Jahren wandte sich T. der Fotodokumentation volkskundlicher Sachverhalte zu, publizierte Bilderserien in Zss. und Ztgg., gab darin aber bald Naturerscheinungen den Vorzug. 1934 wurde T. zum Kreisnaturschutzbeauftragten des Kreises Wanzleben berufen, gewann zahlreiche ehrenamtlicher Helfer und vermochte bis 1939 in dem landwirtsch. höchstgenutzten Gebiet der Magdeburger Börde 156 Naturdenkmale und vier geschützte Landschaftsteile auszuweisen, womit die anderen Bördekreise quantitativ bei weitem übertroffen wurden. Noch 1940 arbeitete er an einem 16-mm-Film über das Leben der Großtrappe (Otis tarda), deren Schutz sich T. besonders widmete. Bis in seinen Lebensabend hinein war T. Betreuer dieser Tierart im Arbeitskreis zum Schutz vom Aussterben bedrohter Tierarten an der Akad. der Landwirtschaftswiss. der DDR. Nach Langenweddingen versetzt, begann T. systematisch mit außerschulischen Arbeitsgemeinschaften „Junger Naturforscher" zu arbeiten, schuf einen „Mitschurin-Schulgarten" und eine „Zoologische Station". 1954/55 wurde T. mit der Einrichtung einer „Station junger Naturforscher und Landmaschinentechniker" betraut, deren überregionale, politische Aufgabe die Unterstützung der Landwirtschaft wurde. Nach dem Besuch Nikita Chruschtschows 1957 im *VEG Schwaneberg/Altenweddingen* (vgl. → Otto Strube) und während der darauf folgenden Mais-Euphorie in der DDR entwickelte sich T. alsbald zu einem der engagiertesten Mais-Agitatoren. 1962 wurde T. pensioniert und verlegte seinen Wohnort nach Wernigerode, wo er noch länger ehrenamtlich im Naturschutz tätig war.

W: Zur Landschaftsgestaltung in der Magdeburger Börde, in: Heimat-Kal. für den Kr. Wanzleben 1939, *61–65*; Programm der I. Bezirks-Olympiade, 4.-5. Juni in Langenweddingen, 1955; Erziehung der Jugend zur Naturliebe, in: Naturschutz und Landschaftsgestaltung im Bez. Magdeburg 4, 1961, *152–157*. – **L:** → Alfred Bogen, Naturschutz in der Provinz Sachsen, 1939, *47*; N. N., G. T. – 80 Jahre, in: Naturschutz und naturkundliche Heimatforschung in den Bezirken Halle und Magdeburg 15, 1978, *65f*; Vf., G. T. – Biogr. Slg., Ms. Klein Wanzleben 1992ff. – **B:** *Bördemus. Ummendorf.

Heinz Nowak

Thorau, Horst
geb. 15.05.1930 Berlin, gest. 21.09.1989 Leipzig, Fotograf, Fotografiker.

T. besuchte 1936–48 Schulen in Berlin und fotografierte bereits 1948–49 am Lette-Haus in seiner Geburtsstadt. Nachdem er 1951–54 ein Fotografie-Studium an der Fachschule für Angewandte Kunst in Magdeburg absolviert hatte, übersiedelte T. in die DDR und war 1958–63 als Lehrer an der Fachschule für Angewandte Kunst Magdeburg sowie seit 1963 als Doz. an der Hochschule für Graphik und Buchkunst in Leipzig tätig, wo er 1970 ein externes Dipl. als Gebrauchsgraphiker erwarb. T. gehörte seit 1964 dem *VBK Dtls* an, nahm an dessen Kunstausstellungen mehrfach teil und zeigte Landschaften, darunter Industrie-Landschaften, und Fotografiken. 1975 entstand die Mappe „Magdeburg", eine Serie von Fotografiken.

W: Photomontage. Eine technische Anleitung, 1969. – **L:** Gebrauchsgraphik. Kat. KHMus. Magdeburg, 1977. – **N:** Akad. der Künste, Berlin; Hochschule für Graphik und Buchkunst Leipzig; Privatbesitz.

Siegward Hofmann

Thormählen, Emil, Prof.
geb. 24.05.1859 Moorhusen/Holstein, gest. 01.04.1941 Bad Kreuznach, Architekt, Kunstgewerbelehrer.

Der Sohn eines wohlhabenden Marschbauern besuchte in seinem Heimatort die Volksschule, wurde später Schüler der privaten Kaufmannsschule Thurn in Altona und absolvierte nach deren Abschluß eine Lehre bei einem Bauunternehmer. In Altona belegte er nebenbei Kurse der Abend- und Sonntagsschule, um sich auf den Besuch der Gewerbeschule in Hamburg vorzubereiten. 1877 begann T. ohne Abitur ein Architekturstudium an der TH Hannover und ging 1879 als Bauführer nach Berlin. Neben seiner praktischen Arbeit unter Bauinspektor Haesecke (Mitarbeit beim Bau der Bahnhöfe Alexanderplatz und Friedrichstraße) hörte er Vorlesungen an der Bauakad. und belegte phil. und nationalgesch. Seminare an der Univ. 1882 erteilte T. kurzzeitig an der Berliner Baugewerkschule Zeichenunterricht und trat 1883 eine Stelle als Bibliothekar und Lehrer für Kunstgesch. und Technisches Zeichnen an der Zeichenakad. zu Hanau an. Während seiner Hanauer Zeit engagierte er sich im Geschichtsverein und in der Limes-Forschung und erweiterte durch mehrere ausgedehnte Studienreisen seinen kunsthist. Horizont. Ab 1889 leitete T. im Nebenamt in Hanau eine der ersten gewerblichen Fortbildungsschulen in Dtl. 1897 trat er als Nachfolger von → Ferdinand Moser das Amt des Dir. der Kunstgewerbe- und Handwerkerschule in Magdeburg an. T. hatte wenig eigene künstlerische Ambitionen, stand jedoch auf der Höhe der Zeit hinsichtlich notwendiger Reformen der kunstgewerblichen Ausbildung. Mit seinen Vorstellungen von einem dualen Bildungssystem aus Handwerker-Fachschulen und Hochschulen für das Kunstgewerbe mit Betonung der künstlerischen Aspekte nahm T. Entwicklungen voraus, die später Allgemeingut der Reformbemühungen in Dtl. wurden. Er strebte in der Endkonsequenz die Schaffung einer Hochschule für Gestaltung an, wie sie später im Bauhaus Dessau Wirklichkeit wurde. In Magdeburg konnte er dieses Ziel durch Widerstände der Administration und akuten Raummangel nur teilweise erreichen. Dennoch gelang es T., durch die Reform der Lehrpläne und durch eine zielgerichtete Personalpolitik die Magdeburger Schule zu einer erstrangigen Lehranstalt zu erheben, die mit ihren Resultaten auch int. Beachtung fand. Das Kollegium wuchs unter seiner Regie auf 60 Lehrkräfte an. Zu den Neuen gehörten u. a. die Architekten → Albin Müller und Rudolf Rütschi, die Maler Paul Lang und → Paul Bürck, später auch → Ferdinand Nigg und → Max Köppen sowie die Keramiker → Hans und → Fritz von Heider. T. setzte eine Erhöhung des Schuletats durch, betrieb den Schulneubau in der Brandenburger Straße, der 1910 eingeweiht wurde, bemühte sich um die Einrichtung von Fachwerkstätten und förderte die enge Kooperation mit der Industrie. Die erfolgreiche Präsentation der Schule auf int. Ausstellungen war wesentlich T.s Verdienst, so u. a. auf den Weltausstellungen in Paris (1900) und St. Louis (1904) sowie auf der III. Dt. Kunstgewerbeausstellung in Dresden (1906). T. bereiste 1904 im Auftrag der preuß. Reg. die USA, um den dortigen Kunstgewerbe- und

Kunstunterricht zu studieren. 1907 gehörte er neben Friedrich Naumann, Hermann Muthesius, Peter Behrens und Fritz Schumacher zu den Begründern des *Dt. Werkbundes*. 1910 wurde T. als Dir. an die Kunstgewerbe- und Handwerkerschule der Stadt Köln berufen, die eine Neuorientierung der Schule nach dem Magdeburger Vorbild wünschte. Zur Unterstützung seiner Pläne bewegte er die befreundeten Prof. → Paul Bernardelli und Ferdinand Nigg, ihm nach Köln zu folgen. Seine konsequente Arbeit führte erwartungsgemäß auch zum Aufschwung der Kölner Schule. Der in diesem Zusammenhang geplante großzügige Schulneubau konnte allerdings durch den Ausbruch des I. WK nicht realisiert werden, wurde auch nach Kriegende nicht sofort in Angriff genommen und führte zu T.s vorzeitigem Rückzug vom Amt. 1919 trat er in den Ruhestand und zog sich 1931 mit seiner Fam. auf das Weingut seiner Frau nach Bad Kreuznach zurück. T. verbrachte sein letztes Lebensjahrzehnt als Winzer und beteiligte sich als angesehener Bürger aktiv am Leben der Stadt.

L: Wer ist's 4, 1909; Thieme/Becker 33, *86*; Jahresberichte der Kunstgewerbe- und Handwerkerschule Magdeburg 1897ff.; Jahresberichte der Kunstgewerbeschule Köln 1910/11ff.; Fritz Hellwag, Die Kunstgewerbe- und Handwerkerschule Magdeburg, in: Kunstgewerbebl. N. F. 25, 1913/14, *201–217*; Norbert Eisold, Die Kunstgewerbe- und Handwerkerschule in Magdeburg 1793–1963, Kat. Magdeburg 1993; Archiv der Johann-Theodor-T.-Stiftung, Bad Kreuznach: Else T., Private Aufzeichnungen über meinen Mann E. T., Ms., um 1941/42; Geh. StA Berlin: HA I, Rep. 120, Fach Schulen/Spec. E, Abt. X, Fach 2, No. 18, Bd. 3–12. – **B:** *KHMus. Magdeburg: Lithographie von → Richard Winckel.

Gerd Kley/Günter Paulke

Thorn, Wilhelm, Prof. Dr. med.
geb. 19.11.1857 Herborn, gest. 30.04.1913 Magdeburg, Arzt.

Nach dem Studium der Med. in Gießen und Halle sowie der dortigen Prom. 1883 war T. Assistent und später Oberarzt bei Robert von Olshausen in Halle und Berlin. 1888 ließ er sich in Magdeburg nieder, betreute ab 1891 eine Privatklinik für Frauenkrankheiten in der Schrotdorfer Straße und später in der Moltkestraße. 1906 übernahm er die mit 26 Betten neu eingerichtete gynäkologische Abt. der Städtischen Krankenanstalt Sudenburg, die unter seiner Leitung rasch wuchs. 1911 erfolgte die Ernennung zum Prof. Als erster Leiter der Städtischen Frauenklinik verband T. die wiss. Forschung mit einer umfangreichen praktischen Tätigkeit. Er organisierte eine Säuglingsfürsorge, forderte gesetzliche Bestimmungen über den künstlichen Abort und schuf eine Unterstützungskasse für invalide Ärzte und Arztwitwen. In die Lit. ist er durch den nach ihm benannten „T.'schen Handgriff" eingegangen, eine Methode der manuellen Umwandlung von Gesichts- und Stirnlagen. T. verstarb er an einer Sepsis.

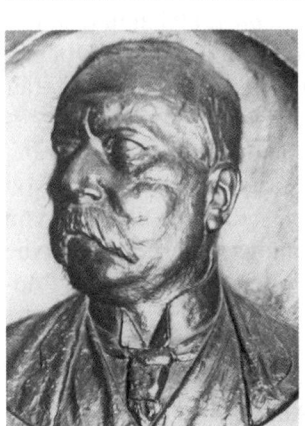

W: Zur manuellen Umwandlung der Gesichtslagen in Hinterhauptslagen, in: Zs. für Geburtshilfe und Gynäkologie, H. 13, 1886, *186–220*; Die Retrodeviationen des Uterus im Lichte der Praxis, 1909; Die Laktationsatrophie des Uterus, speziell ihre Bedeutung für die Propaganda des Stillens, 1910; Zur Inversio uteri, 1911. – **L:** Gertrud Meyer, Die Gesch. der Geburtshilfe der Stadt Magdeburg, 1957, *45–47* (***B**); Thomas Klemm, Grabstätten bedeutender Mediziner in der Stadt Magdeburg, 1979, *43*.

Eberhard Canzler

Thum, *Erich* **Heinrich,** Doz. Dr.-Ing.
geb. 26.05.1912 Göhrsdorf/Böhmen, gest. 20.03.1979 Halle, Geodät, Mathematiker, Hochschullehrer.

Nach dem in Reichenberg 1931 bestandenen Abitur studierte T. von 1931 bis 1933 Mathematik an der Dt. TH Prag und von 1933 bis 1937 Vermessungsingenieurwesen an der TH in Brünn, arbeitete bis 1939 als Vermessungsing. und wurde 1939 Dipl.-Vermessungs-Ing. der TH Berlin-Charlottenburg. Nach seinem Einsatz als Soldat im II. WK (1939–44) arbeitete T. 1944/1945 an der Physikalisch-Technischen Reichsanstalt Weida in Thüringen und 1946 am Mathematischen Inst. der Univ. Halle-Wittenberg. Von Ende 1946 bis 1960 war er Leiter des Trigonometrischen Referates des Landesvermessungsamtes bzw. des Katasteramtes in Halle. In den Jahren 1947 bis 1959 erhielt er Lehraufträge der TH Dresden (1948 bis 1950 für Geodäsie) und der Univ. Halle-Wittenberg (1947/48, 1952–59 für Darstellende Geometrie). 1960 erfolgte seine Berufung zum Doz. für Darstellende Geometrie an die Hochschule für Schwermaschinenbau bzw. TH Magdeburg. Hier wurde er 1971 zum Dr.-Ing. prom. Seine Arbeitsgebiete waren Geodäsie und mathematische Beschreibung technologischer Vorgänge (Fräsen, Drehen). Er publizierte fünf wiss. Arbeiten.

W: Geometrisches Modell eines Wälzfräsvorganges zur Erzeugung der Flankenflächen bogenverzahnter Kegelräder, Diss. Magdeburg 1971. – **N:** UnivA Magdeburg. – **L:** Hdb. der dt. Wiss., Bd. 2, 1949; KGL 7, 1950.

Karl Manteuffel

Tielecke, *Hans* **Waldemar Ernst,** Dr. rer.nat.
geb. 12.07.1909 Berlin-Tegel, gest. 20.10.1979 Magdeburg, Biologe, Studienrat.

Nach der Reifeprüfung studierte T. Naturwiss. an der Univ. Berlin, wo ihm für anatomische und tiergeographische Untersuchungen ein Arbeitsplatz in der Mollusken-Abt. des Zoologischen Mus. zur Verfügung gestellt wurde und er 1940 prom. Neben seiner wiss. Tätigkeit unterrichtete T. an

Berliner Oberschulen, u. a. in den Fächern Biologie und Geographie. Mit seinen Schülern wurde er während des II. WK aus der Hauptstadt in weniger gefährdete Gebiete des Dt. Reiches evakuiert. Als 1949 die durch den Rübenderbrüßler, eine Käferart, verursachten Schäden den Zuckerrübenanbau im Süden Sa.-Anh. in Frage stellten, wurde 1949/50 im „Gasthof Kühn" in Pörsten/Kr. Weißenfels eine Außenstelle der Biologischen Zentralanstalt für Land- und Forstwirtschaft (BZA) unter Mitwirkung des Landespflanzenschutzamtes Halle eingerichtet. Sie wurde im Sommer 1950 in das Werksgut der *Leuna-Werke* nach Blösien/Kr. Merseburg verlegt und T. mit deren Leitung betraut. 1952 arbeitete T. in der Zweigstelle Aschersleben der BZA über die Bienenverträglichkeit von Insektiziden. Von 1953 bis 1974 leitete er die Zoologische Abt. im Biologischen Inst. des *VEB Fahlberg-List* in Magdeburg. Hatte T. bereits durch seine Untersuchungen über die Epidemiologie des Rübenderbrüßlers sowie über den biologischen Nachweis von Bienenvergiftungen durch Insektizide der Pflanzenschutzpraxis neue Wege gewiesen, so entwickelte er in Magdeburg ein System verschiedener Methoden, um eine Vielzahl neu synthetisierter chemischer Verbindungen auf ihre insektiziden und akariziden Eigenschaften rationell zu testen. Besondere Verdienste erwarb sich T. bei der Entwicklung und praktischen Erprobung bienenungefährlicher, für den Einsatz in Raps und anderen blühenden Kulturen geeigneter Insektizid-Präparate und ihrer materialsparenden Applikation als Aero-Sprühmittel („Melipax"-Präparate). Dank seiner pädagogischen Fähigkeiten trug T. in Buch- und Zeitschriftenveröffentlichungen sowie in vielen Vorträgen und in einem 16-mm-Farbfilm „Im Dienste zum Schutze der Bienen" (1961/62) wesentlich dazu bei, die Ziele und die Probleme bei der Anwendung von Insektiziden nicht nur den im Pflanzenschutz und in der Schädlingsbekämpfung Tätigen, sondern darüber hinaus einer breiten Öffentlichkeit nahezubringen.

W: Anatomie, Phylogenie und Tiergeographie der Cyclophoriden, Diss. Berlin 1940, in: Archiv für Naturgesch. N. F. 9, 1940, *317–371*; Biologie, Epidemiologie und Bekämpfung des Rübenderbrüßlers (Bothynoderes punctiventris Germ.), in: Beiträge zur Entomologie 2, 1952, *257–315*; Der Einfluß der Insektizide auf die Bienenzucht, in: Wolfdietrich Eichler (Hg.), Insektizide heutzutage, 1954, *373–390*; Insekten-Anlock- und Abschreckstoffe, in: Urania 18, 1955, *300–304*; Ein Beitrag zur biologischen quantitativen Bestimmung des Gamma-Hexachlorcyclohexans, in: Nachrichtenbl. für den Dt. Pflanzenschutzdienst, N. F. 9, 1955, *110–112*; Über bienenungefährliche Insektizide, insbesondere Toxaphen, in: ebd., N. F. 9, 1955, *176–182*; Pflanzenschutzmittel, 1963, ²1967. – **L:** Archiv BZA Aschersleben. – **B:** *Vf., Magdeburg (priv.).

Hermann Grünzel

Tillmann, *Friedrich* **Wilhelm,** Dipl.-Ing.
geb. 05.11.1881 Hagen, gest. 15.09.1953 Magdeburg, Maschinenbauer, Konstrukteur.

Nach dem Maschinenbau-Studium an der TH Karlsruhe war T. als Konstrukteur für Förderanlagen und später als Obering. und Prokurist in der Fa. *E. Heckel* in Saarbrücken tätig. 1913 trat er eine leitende Stellung im Konstruktionsbüro des *Krupp-Grusonwerkes* in Magdeburg an. Als technischer Dir. wurde er 1930 in den Vorstand der Fa. berufen. Nach seinem 1945 erfolgten Ausscheiden arbeitete er zunächst freiberuflich als beratender Ing., bis er 1948 einen Ruf als Doz. an die damalige Ingenieurschule für Schwermaschinenbau in Magdeburg erhielt.

L: Zs. VDI 1953.

Manfred Beckert

Tischbein, Heinrich Ludwig Karl August *William* (*Willy*)
geb. 22.02.1871 Sarstedt, gest. 09.02.1946 Celle, Kaufmann, Radsportler, Unternehmer.

Der Kaufmannssohn durchlief nach dem Besuch der Realschule der Franckeschen Stiftungen und der Handelsschule in Halle dort 1886–88 eine kaufmännische Lehre, trat danach als Handlungsgehilfe in die Fa. *F. A. Jordan* in Magdeburg ein und erhielt hier später Prokura. Er hatte sich bereits 1886 dem *Hallischen Bicycle-Club* angeschlossen und gilt als einer der Pioniere des dt. Radsports. In Magdeburg trat er dem *Velocipeden-Club von 1869* bei und startete fortan unter dieser Doppelmitgliedschaft. Sein Metier war das sogenannte Dreirad, das beim Verdrängen des Hochrades keine geringe Rolle spielte und damals sehr beliebt war. T. siegte 1890 bereits in der Meisterschaft von Preußen, gewann 1891 bis 1893 u. a. die Meisterschaft von Dtl. und erkämpfte 1893 als Krönung seiner Laufbahn die Europameisterschaft. Er beendete seine Laufbahn als Radrennfahrer und wechselte im April 1893 beruflich in die *Continental-Caoutchouc- und Gutta-Percha-Compagnie* in Hannover. T. widmete sich alsdann der aufblühenden Autoindustrie, siegte 1900 in der Auto-Fernfahrt „Eisenach-Berlin-Eisenach" und ein Jahr später im Rennen „Mannheim-Pforzheim-Mannheim". Der letztere Wettbewerb galt gleichzeitig als Ausscheidungsrennen für den Gordon-Bennett-Pokal, dem offiziellen Vergleich der weltbesten Automarken. T. konnte dieses Rennen jedoch nicht bestreiten, da alle Mercedeswagen für das Rennen „Paris-Berlin" wegen des nationalen Werbeeffekts reserviert wurden. 1898 erhielt T. Prokura, wurde 1905 Dir., 1907 Vorstandsmitglied und 1925 Generaldir. und Vorstandsvors. des heute noch Weltruhm genießenden, ab 1929 unter *Continental Gummi-Werke A.-G.* firmierenden Unternehmens. Er verwirklichte als erster seiner Branche die Idee, Sport und Marketing zu verbinden, indem er mit Sportlern für die Produkte seiner Fa. warb. Der geschätzte Wirtschafts- und Finanzexperte war Mitglied in zahlreichen Vorständen und Aufsichtsräten, hatte zahlreiche Ehrenmitgliedschaften und -vorsitze inne und wurde mehrfach geehrt. Ende 1934 schied T. altershalber aus der Fa. aus.

L: Reichshdb 2, *1913f.* (*B*); Radfahr-Chronik, Beilage Radsport-Humor vom 01.09.1891; Sport-Album der Radwelt 4, 1905, *65f.* (*B*); Slg. Vf., Sandbeiendorf (priv.). – **B:** *Fritz Merk (Hg.), Dt. Sport, Bd. 1, ca. 1925, *264*.

Günter Grau

Tischbein, Johann Heinrich *Albrecht*

geb. 15.11.1803 Sternberg, gest. 22.03.1881 Rostock, Ing., Schiffbauer.

T. entstammte einer Künstlerfam. Er war das älteste Kind des Malers August Albrecht Christian T., der von 1804 an als akad. Zeichenlehrer an der Univ. Rostock wirkte. Nach der Schulzeit verließ T. Rostock und erlernte auf Vermittlung seines Vetters, des niederländischen Marine-Ing. Gerhard Moritz Roentgen, den Beruf eines Maschinenbauers bei John Cockerill im belgischen Seraing. In der unter der Direktion Roentgens stehenden Werft der *Nederlandsche Stoomboot Maatschappij* auf Feyenoord/Rotterdam entwickelte er sich zum erfahrenen Schiffbauing. Nach über zehnjähriger beruflicher Tätigkeit verließ er die Niederlande und begab er sich zurück nach Rostock, um nach einem kurzem Aufenthalt in seiner Vaterstadt 1837 in Magdeburg die ihm angebotene Stellung eines technischen Dirigenten in der in Gründung befindlichen *Magdeburger Elbdampfschiffahrts-Compagnie* anzutreten. Am 16.08.1837 konnte der unter seiner Leitung auf einer Behelfswerft am städtischen Packhof an der Elbe erbaute hölzerne Raddampfer „Kronprinz von Preußen" vom Stapel gelassen werden. Die dem Antrieb dienende Dampfmaschine und ebenso diejenigen zweier weiterer auf der Behelfswerft erbauten Dampfschiffe wurden aus den Niederlanden bezogen. T. hatte von Feyenoord den Schiffbaumeister Jan Vuyk als Mitarbeiter mit nach Magdeburg gebracht, der bis 1851 in der Maschinenfabrik Buckau blieb. 1839 konnte das erste vollständig in Buckau erbaute und ausgerüstete Elbdampfschiff in den Dienst gestellt werden. 1841 fusionierten die Magdeburger Schiffahrtsgesellschaft und ein Hamburger Unternehmen zur *Vereinigten Hamburg-Magdeburger Dampfschiffahrts-Compagnie*. 1846 wurde in Buckau bei Magdeburg unter T.s Leitung der erste eiserne Elbdampfer, die „Courier", gebaut. Nachdem 1849 T. seine Stellung als technischer Dirigent der *Vereinigten Hamburg-Magdeburger Dampfschiffahrts-Compagnie* aufgegeben hatte, war er noch kurze Zeit in Buckau als Ziviling. tätig, bevor er nach Rostock zurückkehrte, wo er mit Wilhelm Zeltz an der Warnow eine Werft eröffnete, auf der 1851 und 1852 die ersten in Dtl. gebauten Seeschraubendampfer vom Stapel liefen. 1872 erbaute er den ersten Doppelschraubendampfer „Rostock", der bis 1886 zwischen Rostock und Schweden verkehrte und noch 1925 unter italienischer Flagge nachweisbar war. T. leistete auf schiffbautechnischem Gebiet Bahnbrechendes und gilt als Pionier des Eisenschiffbaus.

L: 100 Jahre Buckau-Wolf. Die Gesch. unseres Hauses von 1838 bis 1938, 1938 (**B*); Harald Hückstedt, A. T. – Wegbereiter des Eisenschiffbaus in Dtl., in Sonderdruck des Dt. Schiffahrtsmus. 10/1987; Frank-Peter Busch/Rolf Pfennig, A. T. schrieb ein Stück Rostocker Schiffbaugesch., in: Norddt. Familienkunde 39, Bd. 1, 1990. – **B:** Vf., Magdeburg (priv.).

Manfred Beckert

Tischer, Heinz

geb. 05.05.1910 Magdeburg, gest. 10.07.1997 Großhansdorf bei Hamburg, Journalist, Ornithologe.

Der in bescheidenen Verhältnissen aufgewachsene Lehrersohn interessierte sich nach dem frühen Tod des Vaters (1915) schon in jungen Jahren für die Ornithologie und wurde 1926 Mitglied in der von → Hans Schildmacher gegründeten *Ornithologischen Vereinigung Magdeburg*. 1929 legte er am Magdeburger Wilhelm-Raabe Realgymn. sein Abitur ab. Anfang der 1930er Jahre zunächst arbeitslos, war er ein Jahr als Vogelwart auf der Vogelinsel Mellum tätig und betrieb ornithologische Studien am Schwarzhalstaucher in Ostpreußen. In dieser Zeit erfolgte die Niederschrift des Ms. zum ersten Buch „Meine Tage mit Goldohr", welches 1933 im *Trommler-Verlag* Magdeburg erschien. T. veröffentlichte seine heimatlichen Naturbeobachtungen zur Ornithologie von März 1931 bis Februar 1932 monatlich im *MonBl.*, der Beilage der *Magdeburgischen Ztg.* Im selben Jahr wurde er Redaktionsvolontär beim *Neuen Magdeburger Tagbl.* Nach seiner Heirat 1934 zog er nach Bremen und arbeitete dort als Redakteur einer Tageszt. 1939–45 diente T. als Soldat auf Hilfskreuzern und Blockadebrechern im Atlantik und

Indischen Ozean. Nach dem II. WK war er als Journalist bis zu seiner Pensionierung 1970 für den Hamburger *Constanze Verlag* tätig. Das wesentliche Verdienst T.s liegt in der lit. Aufarbeitung seiner ornithologischen Jugendzeit in Magdeburg. Durch seine beiden Spätwerke „Meine Freunde haben Flügel" (1994) und „Vogelsang ein Leben lang" (1996) ist es den Ornithologen der Gegenwart möglich, genauere Kenntnis über die Gründungsväter der *Ornithologischen Vereinigung Magdeburg* zu erhalten.

W: s. o.; Ornithologisch Interessantes für Magdeburg und Umgebung aus den Jahren 1822–1850, in: Mittlgg. der Ornithologischen Vereinigung Magdeburg 1, H. 6, 1927, *49–59*; ebd. 2, H. 1, 1928, *1–9*; Faunistisches und Brutbiologisches über Chlidonias n. nigra, in: ebd. 3, H. 6, 1929, *42–57*; ebd. 4, H. 1, 1930, *1–10*; H. 2, *11–15*; Bericht über Zugbeobachtungen um Magdeburg, in: ebd. 5, H. 1, 1931, *8–11* (mit Karl-Heinz Mühlmann); Knipsen kann jeder! Die Constanze Fotofibel mit Schmalfilmteil, 1958; Die Abenteuer des letzten Kapers: Eine Hilfskreuzergesch. in über 200 Fotodokumenten, 1983. – **B:** Meine Freunde haben Flügel, 1994; Vogelsang ein Leben lang, 1996.

Erwin Briesemeister

Toepffer, Richard
geb. 27.05.1840 Stettin, gest. 19.06.1919 Magdeburg, Ing., Industrieller.

T. war Sohn des Kommerzienrats Gustav Adolf T. Nach dem Besuch des Gymn. in Stettin wandte er sich der Landwirtschaft zu. 1862 besuchte T. die Weltausstellung in London. Während seines Aufenthalts in England informierte er sich über das aufkommende landwirtsch. Maschinenwesen und lernte John Fowler, den Erfinder des Dampfpfluges, kennen. T. blieb in England, trat in die Dienste der Fa. *John Fowler & Co.* und begab sich 1864 in deren Auftrag nach Ägypten, wo Max Eyth die Dampfpflügerei auf den Baumwollfeldern des Vizekönigs Ismail Pascha eingeführt hatte. Nach mehrjähriger Tätigkeit kehrte T. nach England zurück und gründete eine Lohndampfpfluggesellschaft. Im dt.-franz. Krieg von 1870/71 übernahm T. den erfolgreichen Einsatz von Fowlerschen Dampf-Straßenlokomotiven für militärische Transportzwecke. Nach Kriegsende setzte er seine bereits 1868 begonnenen Bemühungen fort, das Dampfpflügen in Dtl. einzuführen. In Magdeburg wurde eine Filiale der Fa. *John Fowler & Co.* für den Lohndampfpflug eröffnet, die T. leitete und deren Mitinhaber er später wurde. Neben den Dampfpflügen waren auch Dampfwalzen und Straßenlokomotiven im Firmenprogramm. Mitte der 1890er Jahre übernahm T. einen heruntergekommenen Heidehof in Lopau. Innerhalb weniger Jahre gestaltete er das 3.000 Morgen große Anwesen zu einem repräsentativen Landsitz um, dessen forst- und landwirtsch. Anlagen den Einsatz der zu dieser Zeit modernen Landmaschinentechnik demonstrierten. In Magdeburg erwarb T. ein 15 Morgen großes Grundstück, auf dem nach seinen Plänen ein Park mit Wohnhaus und Nebengebäuden entstand (T.-Park), der bald zu den Sehenswürdigkeiten der Stadt gehörte.

L: Kurt Klauer, Der Landwirtschafs-Minister Freiherr von Hammerstein-Lorten in Lopau, 1900; Die T.schen Heidekulturen in Lopau, 1902; Die Haide-Kultur und extra tiefe Rajolungen, wie Hopfenbau, Weinbau, Obstgärten, Baumschulen Korbweiden-Kulturen etc. mittelst Fowler's Dampfpflug. Gesammelte Werke, John Fowler & Co. Magdeburg, ca. 1903; Bartel Hanftmann, Die T.schen Heidekulturen in Lopau. Gesammelte Berichte, 1910; Hans Joachim Schmidt/Jürgen Laege, Biogr. und Bericht über T.s Aktivitäten in Magdeburg und Lopau, Ms. o. J. (Archiv Vf., Magdeburg). – **B:** *ewm Wirtschaftsseminare Magdeburg GmbH.

Manfred Beckert

Törring, Thomas
geb. 04.09.1863 Skive (Dänemark), gest. 16.07.1924 Hamburg, Obering., Konstrukteur, Konstruktionsdir.

Der Sohn eines Kaufmanns besuchte bis 1878 die Realschule in Skive und ging 1878–82 einer praktischen Arbeit in Hamburg nach. 1882–83 absolvierte er die Staatl. Gewerbeschule in Hamburg und studierte anschließend bis 1886 an der TH Darmstadt Maschinenbau. Es schlossen sich Tätigkeiten als Konstrukteur bei der *Maschinenbau A. G. vorm. Daniel Klein* in Dahlbrüch (1886–96) und als Chef eines Konstruktionsbüros bei der *Maschinenfabrik Thyssen* in Mühlheim (1896–1903) an. Nach einer einjährigen Tätigkeit im Stammbetrieb der *Friedr. Krupp A. G.* in Essen begann er 1904 das Büro für Eisen und Stahlwerke im *Friedr. Krupp Grusonwerk* Magdeburg aufzubauen. Nach der Bildung der AG Grusonwerk (1886) und seiner Übernahme von Krupp zum *Krupp-Grusonwerk* (1893) begann die allmähliche Verlagerung von Kriegsbedarfsartikeln von Magdeburg nach Essen, gleichzeitig war die Weiterbeschäftigung des Personals in Magdeburg zu sichern. So wurde neben dem bereits bestehenden Konstruktionsbüro für Gummi-, Linoleum- und Walzwerksmaschinen (Nichteisenmetalle) unter der Leitung von Knauerhase das Walzwerksbüro unter T.s Leitung gegründet. Ersteres Büro hatte bereits um 1870 ein Kupferwalzwerk für das Kupferwerk Osterode/Harz ausgeführt, das noch in Betrieb war. Grundlage dieser Entwicklungen war der zähe und oberflächenverschleißfeste Schalenhartguß für die Walzen zum Warm- und Kaltwalzen, den → Hermann Gruson entwickelte. T. begann mit fünf Mitarbeitern und schuf Kalkulationsunterlagen für Wiederholteile und Projektzeichnungen von Block-, Mittel- und Feineisenwalzwerken für spätere Angebotsverhandlungen. Bereits 1905 realisierte er den ersten Auftrag für die Stahlwerke Wakamatsu in Japan – ein 550er Universalwalzwerk mit

Hebetischen, Rollgängen, hydraulischer Richtbank mit Überhebevorrichtung, Universaleisenschere und einer Dampfmaschine der *Sächsischen Maschinenbau A. G.* aus Chemnitz. T. leitete die Abt. sehr umsichtig und ließ sukzessive Neu- und Weiterentwicklungen in die stetig zunehmende Zahl von Aufträgen einfließen, baute eine Projektierungsabt. auf und erweiterte die Angebotsarbeit im Ausland. Bereits 1910 ließ er getypte Kaltwalzwerke aufgrund der hohen Nachfrage auf Vorrat bauen. Sein Konstruktionsbereich wurde durch Angliederung von weiteren Abteilungen wesentlich erweitert. 1911 baute er die erste kontinuierliche Walzstraße sowie das größte Trioblechwalzwerk in Europa. In dieser Zeit wurden jährlich mehrere Walzstraßen oder bis zu fünf Walzwerke mit einer großen Anzahl von Walzgerüsten gebaut. Bis zu seiner Pensionierung 1921 entwickelte T. den Walzwerksbereich neben dem Zerkleinerungsbüro zum stärksten Konstruktionsbereich der *Friedr. Krupp Grusonwerk* A. G. Magdeburg, wobei ihm Oscar Tübben ein fähiger Stellvertreter war. T. gehört zu den Begründern des modernen Walzwerksbaus in Dtl.

L: Martin Lichtenberg, Entwicklungstendenzen in der Magdeburger Industrie, Diss. 1934, *42*; Oscar Tübben, Das Walzwerksbüro, seine Entstehung und Tätigkeitsbericht, Ms. 1938; 75 Jahre Grusonwerk 1855–1930, 1930, *28–41*; Manfred Beckert, Härter als Kruppstahl. 150 Jahre Magdeburger Maschinenbau, in: Volksstimme Magdeburg vom 06.10.1988; LHASA: Rep I 28, Nr. 582; Archiv der Friedr. Krupp AG Essen: WA 131/2789.

Werner Hohaus

Tolberg, *Johann* **Wilhelm,** Dr. med.
get. 24.10.1762 Iserlohn, gest. 17.09.1831 Schönebeck, Mediziner.

Der Sohn eines Schreiners studierte in Halle Med. und prom. 1791. Im Folgejahr wurde er Stadtphysikus zu Staßfurt, ließ sich aber für kurze Zeit in Calbe nieder, da er die Tochter des dortigen Stadtphysikus geehelicht hatte. In der kurzen Amtszeit in Staßfurt gelang es ihm, das Vertrauen breiter Kreise zu gewinnen. Sein Weggang nach Schönebeck zum 01.07.1794 wurde dort allgemein bedauert. Er trat die Stelle eines Knappschaftsarztes der kgl. Saline an. Dort schränkte die Auflage, nur die billigsten Heilmittel zu verwenden, die Tätigkeit des sozial denkenden T. stark ein. Auch seine 1796 vorgebrachte Anregung zum Bau eines Krankenhauses für die Saline fiel den Sparzwängen zum Opfer. T. beobachtete, daß die Salinebeschäftigten oft an Rheuma und Gicht, die Kinder an Ausschlägen und Flechten litten. Zu dieser Zeit nahmen die Seebäder ihren Aufschwung. Der Aufenthalt dort hätte die Leiden gemildert oder geheilt. Da es sich bei den Patienten oft um unbemittelte Leute handelte, mußte darauf verzichtet werden. Durch einen Zufall lernte T. im Jahre 1800 die bei Elmen geförderte Sole, den Rohstoff zur Salzherstellung, als Hausmittel kennen. Im August 1801 ließ er eine versteckte Grube anlegen und führte mit minderwertiger Sole Versuche durch. Seine ersten Patienten waren Jugendliche mit Geschwüren und Drüsenverhärtungen, die bereits nach zweiwöchigen Kuren als geheilt entlassen werden konnten. Von diesen Erfolgen beeindruckt, kamen fortan meist arme Leute, um T.s Badegrube zu nutzen oder Sole zu holen. Ende 1801 unterbreitete T. dem Staatsminister Karl August Freiherr von Struensee die Bitte, zwei bis drei Badekabinette einrichten zu dürfen. Ein ausführlicher Bericht von ihm wurde eingefordert. T. schilderte seine Erfahrungen und nannte zugleich Möglichkeiten für einen kostensparenden Bau. Er ließ einige Flaschen Sole vom Administrator → Karl Hermann, dem Leiter der *Kgl. Preuß. Chemischen Fabrik* auf dem Salinenhof, analysieren und schickte sie nach Berlin. Das Gutachten des *Ober-Medizinal-Kollegiums* fiel sehr günstig aus. Am 21.09.1802 erging ein Spezialbefehl des Königs, der den Bau eines größeren Badehauses in Aussicht stellte und die Errichtung eines kleineren Gebäudes für die Salinearbeiter sofort befahl. Dieser Befehl ist die Geburtsurkunde des ältesten Solbades Dtls. Inzwischen hatte sich während des Sommers 1802 ein reger Badebetrieb entwickelt, so daß sich T. mit größeren Plänen trug. Auf seine Anregung hin wurde 1803 der Bau eines massiven Badehauses mit vier Badekabinetten angeordnet. Das neue Bad hatte großen Zuspruch, die Erfolge waren augenfällig. T. wurde zum Badearzt ernannt. Trotz der bedeutenden Überschüsse, die das Bad erwirtschaftete, entschloß man sich erst 1811, ein neues Badehaus mit zehn Badewannen erbauen zu lassen. Auch dieses erwies sich sehr bald als zu klein, so daß sich ständig Erweiterungen nötig machten. Dem Anliegen T.s stand nicht nur die übertriebene Sparsamkeit des Schönebecker Salzamtes gegenüber, sondern auch der Kampf gegen vorgefaßte Meinungen. T. wies stets darauf hin, daß die Sole kein Allheilmittel sei, versäumte es aber gleichzeitig nicht, auf die Vorzüge des Bades Elmen hinzuweisen. Er wußte das Gradierwerk als Inhalatorium zu nutzen, da die dortige keimfreie salzhaltige Luft sich günstig auf die Atemwege auswirkte. T. entfaltete eine rege schriftstellerische Tätigkeit, um seine Erkenntnisse von der Heilkraft der Sole publik zu machen. Anderenorts wurden daraufhin ebenfalls Solbäder eröffnet, u. a. 1809 in Halle. Die Anerkennung in med. Fachkreisen ging mit der finanziellen Anerkennung durch seine Vorgesetzten einher. Ab 1806 wurde T. unter Würdigung seiner großen Verdienste der sechste Teil der Einnahmen des Bades zugebilligt und ihm der Betrag für die letzten beiden Jahre nachgezahlt. Bis dahin hatte er uneigennützig und ohne Entschädigung zum Wohle der Heilstätte gewirkt. 1827 konnte das 25jährige Bestehen des Bades gefeiert werden – ein großer Triumph für den Arzt. Schon seit 1825 war T. jedoch den großen beruflichen Anforderungen körperlich nicht mehr gewachsen. Er gab das Amt des Knappschaftsarztes auf und widmete sich ausschließlich dem Bade. Im September 1831 erlag er der Bauchwassersucht. T.s Verdienst ist es, die Kenntnis über die Heilkraft der Sole weithin bekannt gemacht zu haben. Das von ihm gegründete Solbad Elmen besteht bis auf den heutigen Tag im Schönebecker Stadtteil Bad Salzelmen.

W: Ueber die Ähnlichkeit der Salzsole mit dem Seewasser und den Nutzen der Soolbäder (2 Bde) 1803–1811; Das Solbad zu Elmen, seine Gesch. und jetzige Einrichtung, 1822; Das russische Dampfbad. Über Einrichtung, Gebrauch und Wirkung des Russischen Dampfbades bey dem Soolbade zu Elmen, 1826. – **L:** Mitteldt Leb 3, *243–252* (*B*); Hamberger/Meusel, Bde 10, 16, 21; Neuer Nekr 9, 1831; → August Andreae (Bearb.), Chronik der Ärzte des Reg.-Bez. Magdeburg, 1860, *223–225*; August Hirsch (Hg.), Biogr. Lex. der hervorragenden Ärzte aller Zeiten und Völker (vor 1880), Bd. 5, 1934. – **B:** *KrMus. Schönebeck.

Britta Meldau

Tollin, *Henri* **Guillaume** (Wilhelm) **Nathanael,** Lic. theol., Dr. med. h.c.
geb. 05.05.1833 Berlin, gest. 11.05.1902 Magdeburg, ev. Pfarrer, Physiologe, Kirchenhistoriker.

Der Sohn des Pfarres Eduard T. hugenottischer Abstammung wurde mit sechs Jahren Vollwaise und wuchs in der Berliner Lehrerfam. Weber auf, die sich zur Franz. Kolonie hielt. T. besuchte neun Jahre das College des Franz. Gymn. zu Berlin, das er als Primus omnium verließ. Er studierte 1852–57 ev. Theol. in Berlin und Bonn. Schon während des Studium erwachte sein intensives Interesse an der Gesch. der Hugenottenkirche. 1857 legte er in Berlin das Lizentiaten-Examen ab und wurde vom Konsistorium der Franz. Kirche Berlin als Predigtamtkandidat aufgenommen. 1858 bestand er die Prüfung für den höheren Schuldienst und legte 1859 die zweite theol. Prüfung ab. 1859–62 gab er Französischunterricht am Franz. Gymn. in Berlin und übernahm gleichzeitig Predigtvertretungen in Berlin und in den franz.-reformierten Gemeinden der Umgebung. Nach seiner Ordinierung war T. seit 1862 als Hilfs- und später als zweiter Prediger an der Ev.-Reformierten Gemeinde Frankfurt/Oder tätig. Nach gescheiterten Bewerbungen um eine Pfarrstelle in Berlin arbeitete er 1871–75 als reformierter Prediger in Schulzendorf/Mark Brandenburg. Von 1876 bis zu seinem Tode war T. Prediger der Franz.-Reformierten Gemeinde Magdeburg. Von Magdeburg aus entfaltete er eine beachtliche und weitreichende Tätigkeit. Er gründete 1880 in Magdeburg einen Erziehungsverein für sittlich gefährdete und verwaiste Kinder, arbeitete im Vorstand der *Magdeburger Hilfsges. für die Heidenmission,* im Revisorenamt bei der Kasse des *Gustav-Adolf-Zweigvereins,* als Synodalvertreter der Inneren Mission und der Heidenmission. Er war Mitglied des Vorstandes der reformierten Kreissynode und unterstützte den *Israelischen Witwen- und Waisenverein.* T. gehörte der wiss. *Theol. Ges.* und dem *Geschichtsverein für Stadt und Land Magdeburg* an, war Mitglied der Loge „Ferdinand zur Glückseligkeit" sowie seit 1888 korrespondierendes Mitglied der *Allg. Allianz reformierter Kirchen presbyterianischer Ordnung.* 1884 gehörte er zu den Gründern des *Reformierten Bundes,* der zum Zwecke der gemeinsamen Ausrichtung der in reformierter Herkunft und Verantwortung stehenden Gemeinden und Kirchen und zur Koordinierung der Aktivitäten in der Gemeinschaft mit anderen ev. Kirchen ins Leben gerufen wurde. Nach einem Aufruf der Magdeburger Franz.-Reformierten Gemeinde an alle Hugenottengemeinden Dtls im Jahre 1888 gründete er 1890 in Friedrichsdorf im Taunus den *Dt. Hugenotten-Verein,* dessen Ziele es sind, Glaubensüberzeugung und Gesch. der Hugenotten verständlich zu machen, bei der Familienforschung zu beraten und die Verständigung zwischen den Völkern, Rassen und Religionen im Geist gegenseitiger Achtung und Toleranz zu fördern. T. wurde erster Vors. dieses Vereins, dessen erster Sitz Magdeburg war. 1880 begründete er in der Franz.-Reformierten Gemeinde eine Sonntagsschule, die allen Kindern der Magdeburger Innenstadtgemeinden offenstand und von mehr als 100 Kindern regelmäßig besucht wurde. Neben der praktischen Arbeit widmete sich T. auch wiss. Studien. Der Hauptanteil seines umfangreichen wiss. Werkes bezieht sich auf theol. Fragen, Aspekte der Kirchengesch. und insbesondere auf die Gesch. der Hugenottengemeinden in Preußen. Durch seine Arbeiten zu den Hugenotten wurde er zum bedeutendsten Forscher des Hugenottentums. Darüber hinaus betrieb er umfangreiche Studien über den spanischen Arzt und Mystiker Michael Servet, den großen Gegner Calvins in Genf. Für den von ihm angetretenen Beweis, daß nicht William Harvey, sondern Servet der erste war, der den Blutkreislauf im menschlichen Körper beschrieb, erhielt er 1884 die akad. Auszeichnung eines Dr. med. h.c. der Univ. Bern.

W: Die hohenzollern'sche Colonisation und die wallonische Gemeinde zu Magdeburg, in: GeschBll 11, 1876, *192–208*; Die wallonische Gemeinde vor ihrer Einwanderung nach Magdeburg, in: ebd. 11, 1876, *345–423*; Charakterbild Michael Servet's, 1876; Die Entdeckung des Blutkreislaufes durch Michael Servet, 1876; Das Lehrsystem Michael Servet's, genetisch dargestellt (3 Bde), 1876–78; → August Wilhelm Franke, in: GeschBll 19, 1884, *1–46, 113–140, 225–265* und ebd. 20, 1885, *1–30*; Gesch. der franz. Colonie von Magdeburg (6 Bde), 1887–94; Der Bau der franz. Kirche in Magdeburg, in: GeschBll 24, 1889, *273–334*; Die Hugenotten in Magdeburg, in: Geschichts-Bll. des Dt. Hugenotten-Vereins 1, H. 1, 1890; Urkunden zur Gesch. hugenottischer Gemeinden in Dtl., in: ebd. 2–12, 1891–1901 (jeweils H. 10); Hugenottische Topographie von Magdeburg, in: GeschBll 28, 1893, *100–184* und ebd. 29, 1894, *1–50*; Johann Duraeus, in: ebd. 32, 1897, *227–285*; ebd. 33, 1898, *26–81*; Salomon Pericard, der Kolonisator, in: Geschichts-Bll. des Dt. Hugenotten-Vereins 11, H. 2/3, 1902, *3–38*. – **L:** BioJb 7, 1902; RE 19, ³1907; BBKL 12, Sp. *297–303* (**W**, **L**); Friedrich Heinrich Brandes, H. W. N. T., in: Geschichts-Bll. des Dt. Hugenotten-Vereins 11, H. 8/9, 1902, *3–46*; August Hirsch, Biogr. Lex. der hervorragenden Ärzte aller Zeiten und Völker (vor 1880), Bd. 5, ²1934; Walter Mogk, H. T.-Bibliogr., in: Der Dt. Hugenott 34, 1970, *71–84, 100–107*; ebd. 35, 1971, *11–14, 48f.*; Jochen Desel (Hg.), 100 Jahre Dt. Hugenotten-Verein 1890–1990, 1990 (**B**). – **B:** *H. T., Gesch. der franz. Colonie von Magdeburg, Bd. III, Abt. C1, 1894, *305*.

Henner Dubslaff

Tonne, Carl *Gustav*

geb. 07.05.1842 Magdeburg, gest. 04.04.1918 Magdeburg, Reeder, Kgl. Kommerzienrat.

T., Kind einer alten Magdeburger Schifferfam., besuchte die höhere Handels- und Gewerbeschule, absolvierte ab 1858 eine kaufmännische Lehre bei der Fa. *Coste & Lippert* in Magdeburg und stieg anschließend in das väterliche Unternehmen *Gebrüder T. Schiffahrt und Holzgeschäft* ein. Nach dem Tod des Vaters 1871 wurde er Mitinhaber des Familienunternehmens. T. widmete sich dem Schiffahrtsgeschäft, wobei die technische Seite der Schiffahrt sein besonderes Interesse weckte. T., der als Pionier des modernen Elbverkehrs und Förderer der Binnenschiffahrt in Dtl. galt, war seit Anfang der 1880er Jahre Vors. des 1870 gegründeten *Vereins zur Förderung der Elbschiffahrt*, seit 1886 Leiter der *Elbschiffahrtsberufsgenossenschaft* Magdeburg sowie des Vereins zur Förderung der Elbschiffahrt Hamburg, Mitglied in den Vorständen der Elbschiffahrtsges. Dresden und stellvertretender Vors. des *Zentralvereins für Hebung der dt. Fluß- und Kanal-Schiffahrt*. Er gab viele Anregungen zur Verbesserung des Strombettes bzw. der Fahrzeuge, wobei er eng mit dem Dir. der Elbstrombauverwaltung → Theodor Kozlowski sowie mit den Werften zusammenarbeitete. Dabei setzte er als erster den Bau von Kähnen mit eisernen Böden durch. Ende der 1870er Jahre wurde durch die Fa. eine Dampfschiffahrtsreederei gegründet, deren erster eigener Dampfer 1881 unter dem Namen des Magdeburger Ehrenbürgers „Graf Moltke" (→ Helmuth Graf von Moltke) in Betrieb genommen wurde. T. bemühte sich ständig, durch technische Neuerungen die Schiffahrt sicherer und effektiver zu machen. Auf seine Initiativen hin wurden die Verlegung des Steuers in die Schiffsmitte, die Dampfsteuerung sowie die Dampfankerwinde im Elbverkehr eingeführt. Ende der 1890er Jahre besaß T. die wirtsch. stärkste Reederei auf der Elbe. 1898 vereinigte er seine Fa. mit dem Unternehmen der *Elbe- und Saale-Schiffer* und entwickelte nach weiteren Vereinigungen mit anderen Schiffahrts-Ges. dieses gesamte Unternehmen unter seinem Namen zur größten dt. Binnenschiffahrts-Reederei mit eigener Werft sowie der einzigen großen priv. Schiffsbau-Versuchsanstalt. Seit 1875 als Mitglied der *Magdeburger Korporation der Kaufmannschaft* mit den Kaufleuten eng verbunden, übereignete er 1899 der im selben Jahr aus der Korporation hervorgegangenen *Magdeburger Handelskammer* die G.-T.-Stiftung über 10.000 M zur Unterstützung Magdeburger Binnenschiffer. T., Presbyter der Wallonisch-Reformierten Gemeinde Magdeburg, erhielt 1900 den Titel eines Kgl. Kommerzienrates.

L: Goldenes Berufsjubiläum des Mitgliedes der Handelskammer, Herrn Kommerzienrat T., in: Verhandlungen und Mittlgg., hg. im Auftrag der Handelskammer Magdeburg, Nr. 4, 1908, *82–84*. – **B:** *→ Martin Behrend, Magdeburger Großkaufleute, 1906, *142*.

Horst-Günther Heinicke

Trautmann, Rudolf

geb. 04.03.1908 Annaburg/Kr. Torgau, gest. Juli 1944 (gefallen), Stadtverwaltungsrat, Gauabteilungsleiter, stellvertretender Gauleiter.

Der Sohn eines Lehrers studierte nach dem Besuch des Gymn. in Wittenberg 1926–29 Rechts- und Staatswiss. in Halle und war danach an verschiedenen Gerichten im OLG Naumburg tätig. Vom 01.01.1934 bis 1936 war T. Stadtverwaltungsrat in Magdeburg. Er trat 1926 in die NSDAP ein und leitete von August 1933 bis November 1934 als Gauabteilungsleiter der NSDAP die Rechtsstelle im Gau Magdeburg. Ab Oktober 1934 übernahm er die Funktion des Kreisamtsleiters der NSDAP für Kommunalpolitik des Stadtkr. Magdeburg und war als Vorgänger von → Heinrich-Detlof von Kalben vom 15.11.1934 bis 1938 Gauamtsleiter der NSDAP für Kommunalpolitik im Gau Magdeburg-Anhalt. Ab 09.11.1938 stellvertretender Gauleiter im Gau Magdeburg-Anhalt, zuletzt im Range eines NSDAP-Hauptdienstleiters, wurde er 1943 auch MdR. T. fiel an der Ostfront.

L: Eckhard Hansen, Wohlfahrtspolitik im NS-Staat, 1991, *458*.

Gerald Christopeit

Trenckmann, *Robert* **Christian,** Dr. med.
geb. 13.04.1838 Wefensleben, gest. 08.07.1910 Göttingen, Arzt, Bakteriologe, Sanitätsrat.

Als Sohn eines Gutsbesitzers in Wefensleben in der Magdeburger Börde geb., ließ sich T. nach dem Studium der Med. im Nachbarort Ummendorf als praktischer Arzt nieder. Später praktizierte er bis 1908 in Eilsleben. T. befaßte sich in seiner Freizeit mit bakteriologischen Untersuchungen. Dabei gelang es ihm, eine Färbemethode zur Erkennung des Typhus-Erreger zu entwickeln, mit der die bisher schwer darzustellenden Geißeln von Spirillum undulans sichtbar gemacht werden konnten. Diese Entdeckung führte ihn mit dem Greifswalder Bakteriologen Friedrich Loeffler zusammen, der 1888 gleichzeitig mit T. eine neue Färbemethode veröffentlicht hatte. In den 1890er Jahren publizierte T. über „Kommabazillen" und über das Wachstum anaerober Bakterien. Neben seiner Tätigkeit als praktischer Arzt leistete T. als Bakteriologe Anerkennenswertes, ohne entsprechende Würdigung zu finden.

L: Central-Bl. für Bakteriologie, 1888; Friedrich Loeffler, Vorlesungen über die gesch. Entwicklung der Lehre von den Bakterien, 1887 (Repr. 1983); Medicamentum 21, 1980, *188*; Kuno Wolf, Zur Gesch. der Med. und der Medizinalpersonen im Kr. Wanzleben, Ms. Wanzleben 1981.

Gerd Gerdes

Trenkner, Wilhelm
geb. 13.01.1874 Calbe, gest. 10.02.1949 Calbe, Organist, Pianist, Chordirigent, Musiklehrer, Komponist.

Der Sohn des Dachdeckermeisters Wilhelm T. ging nach dem Schulbesuch in Calbe an das Lehrerseminar in Barby, wo er Schüler von → Rudolf Palme wurde. Im Oktober 1894 übernahm er das Amt des Hilfsorganisten und bald darauf das des ersten Organisten an der St. Stephani-Kirche in Calbe, zugleich wirkte er als Lehrer an der Knaben-Volksschule. Ab 1897 besuchte T. das Kgl. Akad. Inst. für Kirchenmusik in Berlin (Befähigung zum Organisten, Chordirigenten und Musiklehrer an höheren Lehranstalten) und studierte Gesang an der Kgl. Hochschule für Musik. In diese Zeit fielen erste eigene Kompositionen. 1899 heiratete T. die als eine gute Sängerin geltende Mathilde Möhring. Im Folgejahr wurde er Leiter des kirchlichen Gesangvereins *Stephania* in Calbe und wirkte als Lehrer an der Realschule sowie an der höheren Töchterschule. In Calbe brachte er u. a. Oratorien von Joseph Haydn und Carl Loewe zur Aufführung. T., der 1903 zum Seminarmusiklehrer in Barby berufen wurde, erhielt 1907 den Auftrag, ein Lehrerseminar in Neuhaldensleben einzurichten und die Leitung des ortsansässigen Oratorienvereins zu übernehmen. 1912 erfolgte die Berufung als Seminarmusiklehrer nach Merseburg, wo er 1921 das Amt des Domorganisten übernahm. Außerdem war er Dirigent des *Merseburger Domchores*, der *Merseburger Singakad.* und des *Bürgergesangvereins*, daneben auch Dirigent des *Hallischen Lehrergesangvereins*. Unter T.s Leitung wurden Vokalwerke von Bach, Haydn, Beethoven, Mendelssohn-Bartholdy, Brahms und Reger aufgeführt. Sein Wirken für die Hebung und Förderung des Musiklebens in der Region wurde 1925 mit der Ernennung zum Staatl. Fachberater für den Reg.-Bez. Merseburg gewürdigt. Am 10.09.1929 folgte die Ernennung zum Kirchenmusikdir. Aufgrund eines Augenleidens wurde T. zum Oktober 1938 vorzeitig in den Ruhestand versetzt, worauf er sich nach Calbe zurückzog. Als Komponist schuf T. Klavier- und Orgelwerke, Motetten, Chor- und Sololieder, die der Spätromantik verpflichtet sind. T.s zweiter Sohn, Werner Otto T. (1902–1981), war Komponist und Dirigent, dessen Tochter ist die bekannte Pianistin Evelinde T. (Schülerin von Walter Gieseking und Wilhelm Kempff).

W: Choralvorspiele, Orgel- und Klaviermusik, Motetten, Chorlieder. – musikpädagogische Veröffentlichungen: Der Solosänger, 1907; Erläuterungs- und Übungsbeispiele für den Unterricht in der Harmonielehre und im Orgelspiel, 1911; 45 leichte Vor- und Nachspiele der Meister des 16.-18. Jhs, 1937; Orgelklänge aus neuerer und neuester Zeit (2 Bde), o. J.; Studien-Album für Orgel, Leipzig, o. J. – **L:** Paul Frank, Kurzgefaßtes Tonkünstlerlex., neu bearb. und ergänzt von Wilhelm Altmann, [14]1936, *639*; ebd., Bd. 2, [15]1978, *370*; Kürschners Dt. Musiker-Kal., 1954, Sp. *1367f*.; Günter Bust, Schönebeck und Staßfurt, in: Bedeutende Musiktraditionen, Bd. 2, 1981, *56*; Joachim Steinbach, Biogr. Notizen zum Leben von W. T., Typoskript Barby 1992.

Ralph-J. Reipsch

Tresckow, *Henning* **Hermann Robert Karl von**
geb. 10.01.1901 Magdeburg, gest. 21.07.1944 Ostrow Mazowieka bei Bialystok/Ostpolen (Suizid), Generalmajor.

T. stammte aus einer alten preuß. Offiziersfam. Sein Vater war Generalmajor und Kommandeur der 7. Kavalleriebrigade in Magdeburg (als General der Kavallerie verabschiedet), sein Großvater, General Erich von Falkenhayn, preuß. Kriegsminister (1913–15) und Generalstabschef (1914–16). T., der seine Kindheit z. T. in Magdeburg verlebte, besuchte das Realgymn. in Goslar (1913–16), kämpfte als Leutnant im I. WK und diente 1919/20 in der Reichswehr. Anschließend arbeitete er in verschiedenen Berufen, bis er auf Intervention → Paul von Hindenburgs 1926 erneut in die Reichswehr aufgenommen wurde. Der Absolvent der Kriegsakad. (1934–36)

und Generalstabsoffizier näherte sich schon frühzeitig der Ideologie der Nationalsozialisten und begrüßte 1933 ihren Machtantritt. Zunehmend in Distanz zu ihnen, wurde er seit den Judenprogromen und der Fritsch/Blomberg-Krise 1938 Gegner des Regimes und schloß sich oppositionellen Offizierskreisen an. Als Oberstleutnant/Oberst diente er seit 1939 als Gehilfe des 1. Generalstabsoffiziers (Ia) und ab 1940 als Ia des Stabes der Heeresgruppe Mitte. In dieser Dienststellung und seit 1943 als Chef des Stabes der 2. Armee entwickelte er sich zum Mittelpunkt einer Gruppe von Verschwörern und schließlich zu einem der Führer der militärischen Opposition. Seit Mitte 1942 versuchte er mehrfach Anschläge gegen Hitler. Nach dem Scheitern des Attentates vom 20.07.1944 beging der Generalmajor Selbstmord.

L: Bodo von Scheurig, H. v. T. Ein Preuße gegen Hitler, 1973, überarb. Neuauflage 1987; Karl Otmar von Aretin, H. v. T. – Patriot im Opfergang, in: Für Dtl. Die Männer des 20. Juli, 1989, *287–320* (*B*); Hans Mommsen, Alternative zu Hitler. Studien zur Gesch. des dt. Widerstandes, 2000, *369–377, 403–406*. – **B:** *Verteidigungsbezirkskommando 82 Magdeburg: Zeichnung von Herbert Schinke, 1999.

Martin Wiehle

Trippe, Kaspar *Friedrich* (Ps.: Friedrich Dunanus, Irenäus Friedlieb, Leo Mark)
geb. 09.04.1834 Donogge bei Glindfeld, gest. 15.01.1899 Bigge bei Brilon, kath. Theologe.

T. studierte in Paderborn kath. Theol. und empfing dort 1857 die kath. Priesterweihe. Anschließend war er ein Jahr lang Hausgeistlicher in Böddeken, bevor er 1858 in Hamm und 1864 in Iserlohn eine Kaplanstelle antrat. Nachdem der Paderborner Bischof Konrad Martin mit seiner 1864 erschienen Schrift „Ein bischöfliches Wort an die Protestanten Dtls" die ev. Christen zur Rückkehr in die kath. Kirche eingeladen und damit scharfe Proteste ausgelöst hatte, griff T. mit zahlreichen Broschüren in den Kampf um das „Bischöfliche Wort" ein. 1866–68 führte sein Weg nach Sudenburg bei Magdeburg, wo er als Pfarrverweser das Werk des Missionspriesters Johannes Wilhelm Schröder (geb. 03.03.1834 Hillmicke, gest. 25.05.1910 Niedermarsberg) fortsetzte. Hatte sein Vorgänger durch den Kauf des Grundstückes an der Rottersdorfer Straße den Anfang gemacht, so konnte T. nun die St. Marienkirche bauen lassen. Danach war T. in Erfurt als Pfarrer an St. Nikolai und zugleich als Diözesanpräses des Kolping-Gesellenvereins für den östlichen Teil der Diözese Paderborn, dem Bischöflichen Kommissariat Magdeburg, tätig. 1886 ging er als Pfarrer nach Bigge, wurde dort 1892 Definitor und 1894 Dechant des Dekanates Brilon.

W: Mit blinden Schüssen macht man Sperlinge bange, 1852; Die neue dt. Kirche, 1864; Marienschild, 1865; Das Papsttum wie alt?, 1893. – **L:** Wilhelm Liese, Necrologium Paderbornense, 1934; Rudolf Joppen, Das Erzbischöfliche Kommissariat Magdeburg, in: SkBK 12, 1971, *122*. – **B:** Erzbistumsarchiv Paderborn.

Daniel Lorek

Trombke, Gustav (Gustl)
geb. 13.02.1900 Berlin, gest. 09.01.1978 Magdeburg, Schauspieler, Conférencier.

T. begann mit 16 Jahren seine Bühnenlaufbahn in Berlin am Neuköllner Volkstheater. Er war vielfältig einsetzbar – ob derb-komisch, heiter, ernst, Singen, Tanzen oder Slapstickkomik, er meisterte alle Rollen. 1918 wurde er für wenige Monate zum Kriegsdienst eingezogen. Danach erhielt er Engagements am Thalia-Theater, an der Berliner Volksbühne, später u. a. in Stettin, Hamburg, Köln, Dortmund, Essen und Hannover, wo er sich im Operettenfach profilierte. Durch mehrere Gastspiele kam er 1931 nach Magdeburg und verband sich hier mit der Ballettmeisterin Inge Longino (ital. Künstlername, vor Magdeburg hatte sie ein Engagement am Femina-Revue-Theater Wien). T. und Longino, die 1935 heirateten, traten neben ihrer Bühnenarbeit bei Privatfesten und Gesellschaften als Sketchduo auf. Bis Ende der 1930er Jahre hatte T. ein festes Engagement am Zentraltheater Magdeburg, dann führte er eine private Künstleragentur. Über den II. WK rettete er sich als künstlerischer Dir. der „KdF-Bühne", die sich im späteren Haus der Gewerkschaften am Magdeburger Ratswaageplatz befand. Gemeinsam mit seiner Ehefrau und Hajo Laugwitz spielte er in Lazaretten vor Wehrmachtssoldaten. Nach dem Ende des Krieges hatte er wieder eine feste Stelle bei den Städtischen Bühnen Magdeburg. Vor allem als Komiker spielte er sich in die Herzen seines Publikums – neben dem „Mustergatten" im „Meisterboxer" war seine Paraderolle der Heinrich Made in „Das Glück im Kreuzgangwinkel", einem Magdeburger Lokalstück, das in den zu Theatern umgebauten Häusern in der Braunschweiger und Schönebecker Straße (Palast-Theater) gespielt wurde und großen Zulauf erhielt. Zudem arbeitete T. für die *DEFA* und war seit Ende der 1950er Jahre nur noch als freischaffender Conférencier tätig. Neben seiner Frau war Hans Joachim Preil sein Sketchpartner. Ihre Auftritte auf den Kleinkunstbühnen der DDR waren umjubelt. 1968 trat er in den Ruhestand und starb 1978 in seiner Wahlheimat Magdeburg.

L: → Friedemann Krusche, Theater in Magdeburg, Bd. 2, 1995 (*B*). – B: *Vf., Magdeburg (priv.): Autogrammkarte Inge Longino und G. T.

Nadja Gröschner

Trotha, Lothar von
geb. 03.07.1848 Magdeburg, gest. 31.03.1920 Bonn, General der Infanterie.

Der in Magdeburg geb., aus einer alten sächsisch-anhaltinischen Adelsfam. stammende T. war seit 1856 in der preuß. Armee. T. zählte zu den dt. Generälen mit besonderen Erfahrungen in Kolonialkriegen. So schlug er als Kommandeur der Schutztruppe in Dt.-Ostafrika den Wahe-Aufstand nieder. 1900/1901 führte er die 1. Infanteriebrigade des Ostasiatischen Expeditionskorps bei der int. Intervention in China, dem sog. Boxeraufstand. 1904 schlug er als Gouverneur und Kommandeur der Schutztruppe in Dt.-Südwestafrika den Herero-Aufstand nieder. Nach der Schlacht am Waterberg trieb er den Rest des Volkes in das wasserlose Omaheke-Sandfeld, wo der größte Teil umkam. Ähnlich „befriedete" er anschließend die aufständischen Nama. Damit war er für die fast vollständige Vernichtung beider Völker mitverantwortlich. 1906 erhielt er als General der Infanterie den Abschied.

L: DBJ 2, *763*; → Heinrich Schnee (Hg.), Dt. Koloniallex., Bd. 3, 1920, *543f.*

Martin Wiehle

Truckenbrodt, Christian *Andreas* Wilhelm
geb. 30.11.1852 Gutenswegen, gest. 21.04.1910 Wolmirstedt, Landwirt, Unternehmer, Amtsrat.

Der zweite Sohn des Landwirts, Gutsbesitzers und Mitbegründers der Zuckerfabrik in Atzendorf Matthias T. (vgl. → Andreas Druckenbrodt) verlebte seine Kindheit im elterlichen Haus in Gutenswegen und absolvierte ab 1859 die Schule in Hermsdorf sowie ab 1863 die Städtische Realschule I. Ordnung (später Realgymn.) in Magdeburg unter → Rudolph Holzapfel. Im Herbst 1869 begann er eine landwirtsch. Ausbildung auf dem im Besitz → Eduard von Schencks befindlichen Rittergut Hasselburg bei Flechtingen, wechselte im September 1870 als Ökonomie-Eleve auf das von Schencksche Hauptgut in Flechtingen und trat im April 1872 eine Stelle als Inspektor auf dem Rittergut Bomsdorf bei Loburg an, die er jedoch binnen Jahresfrist wieder verließ. Später war er auf einem Gut bei Tilleda sowie als Verwalter auf Gut Wesselburen im Holsteinischen tätig, mußte aber aufgrund einer rheumatischen Erkrankung im April 1874 in sein Elternhaus nach Gutenswegen zurückkehren und arbeitete später auf dem väterlichen Gut mit. 1884 pachtete T. die Kgl. Stiftsdomäne in Wolmirstedt, den Besitz des ehemaligen Zisterzienser-Nonnenklosters, der ca. 2.200 Morgen Acker- und Weideland, Wiesen, Gärten und Holzung umfaßte. Kurz darauf trat er als Teilhaber in die von → Friedrich Loß gegründete Fa. *Friedrich Loß & Co.* in Wolmirstedt ein, übernahm die Oberleitung der landwirtschaftl. Abt. des Unternehmens und brachte sie in der Folge zu hoher Blüte. T. oblag die gesamte Bewirtschaftung des 1910 durch Zupachtungen und Ankäufe bis auf 12.500 Morgen angewachsenen landwirtsch. genutzten Grundbesitzes, wobei er von einem Oberinspektor und sechs Inspektoren unterstützt wurde. T. hatte durch sein umsichtiges und von hervorragender Sachkenntnis unterstütztes Handeln wesentlichen Anteil an der überaus positiven Entwicklung des Unternehmens, dem er nach dem Tod Loß' 1904 als Seniorchef vorstand. In Anerkennung seiner Verdienste um die landwirtsch. Entwicklung der Region wurde ihm 1893 der Charakter eines Kgl. Oberamtmannes, 1904 der eines Kgl. Amtsrates verliehen. Der *Landwirtsch. Verein für den Kr. Wolmirstedt* wählte T. bereits 1886 zum stellvertretenden Vors., der ab 1904 das Amt des Vors. versah. Zudem gehörte er dem Aufsichtsrat der *Magdeburger Molkerei AG* an. Nach seinem Tod trat sein Sohn Alfred T., der bereits zuvor in den Besitz des Stammhofes der Fam. T. in Gutenswegen gelangt und Teilhaber der Zuckerfabrik *Jenrich, Druckenbrodt & Co.* in Ackendorf geworden war, als Teilhaber in die Fa. *Friedrich Loß & Co.* in Wolmirstedt ein und führte diese mit den Söhnen der Gründer fort.

L: Ludwig Weber, Die Druckenbrodt (T.) zu Gutenswegen, o. J. [1910].

Guido Heinrich

Trümpelmann, *August* Christian Friedrich Ernst Heinrich
09.09.1837 Ilsenburg/Harz, gest. 28.03.1915 Magdeburg, ev. Pfarrer, Schriftsteller.

Der Sohn eines Modelleurs in den gräflich-stolbergischen Eisenwerken und späteren Musikmeisters in Ilsenburg besuchte dort 1843–48 die Elementarschule, bezog 1848–51 das Lyzeum in Wernigerode und absolvierte anschließend bis 1857 die Landesschule Pforta. 1857–60 studierte T. ev. Theol. und Phil. in Halle u. a. bei August Tholuck, in dessen Haus er 1859/60 wohnte und bei dem er sich gründliche Kenntnisse der Gesch. und Entwicklung der ev. Kirche aneignete. Auf Vermittlung Tholucks arbeitete T. 1860–61 als Hilfsprediger und Stadtmissionar der dt.-ev. Gemeinde in Lyon und war 1862–64 als Hauslehrer in Hamburg sowie 1864–65 als Hilfslehrer in Wernigerode tätig. Nach seiner Ordinierung bezog er 1865 das Pfarramt in Friedrichswerth im Hzt. Gotha, wechselte 1875 als Pastor und Superintendent nach Uelleben bei Gotha und trat 1881 seinen Dienst als Oberpfarrer in Torgau sowie Superintendent und Kreisschulinspektor der Diözese Torgau an. 1892 wurde er zum ersten Pfarrer der St. Johannis-Kirche in Magdeburg und als Nachfolger von → Friedrich Wilhelm Hildebrandt zum Superintendenten der Stadtephorie Magdeburg bestimmt. 1912 erfolgte seine Emeritierung. T. war auf vielfältige Weise volksbildnerisch und parochial tätig. Er verfaßte geistliche Volksschauspiele, in denen er sich Ereignissen aus der nationalen Gesch. widmete, aber auch regionalgesch. Stoffe verarbeitete („Die Zerstörung Magdeburgs", 1902). Seine dramatische Dichtung „Luther und seine Zeit" (1869), die er 1887 zum Volksschauspiel umarbeitete, erreichte mehrere Auflagen und wurde mehrfach neu inszeniert. T. setzte sich in Broschüren und Beiträgen in Zss. und Ztgg. zudem intensiv mit sozialen Zeitfragen auseinander. Seine wiederholten Stellungnahmen zu Anspruch und Gültigkeit der modernen wiss. Weltanschauung, die er mit dem christlichen Glaubensvorstellungen zu verbinden suchte, waren um 1905 häufiger Anlaß zu kritischen Invektiven (vgl. „Die moderne Weltanschauung und das apostolische Glaubensbekenntnis", 1901; „Dennoch! 3 Zeitpredigten", 1906).

W: Die Schlacht bei Möckern, 1870; Perpetua und Felicitas. Erzählende Dichtung, 1873, ²1880; (Hg.) Rothe, Gesch. der Predigt von den Anfängen bis auf Schleiermacher, 1881; Die an meinem Volksschauspiel „Luther und seine Zeit" geübte Censur, 1889; Die Predigt am Muldenstein. Drama, 1890; Was hat der Landmann von der Sozialdemokratie zu erwarten, 1891, ⁴1894; Kloster und Schule. Festspiel, 1893; Ein Herzensbund und sein Bruch. Schauspiel, 1904; Welche Bedeutung gewinnt die Wiederkehr des Halleyschen Kometen für unser religöses Leben?, 1910. – **L:** BBKL 12, Sp. *634f.*; Franz Brümmer, Dt. Dichterlex., 1877; N. N., Luther und seine Zeit. Volksschauspiel von A. T., in: Bll. für HGusL 39, 1888, *202f., 210–212*; Adolf Hinrichsen, Das lit. Dtl., ²1891; Alfred Frantz, St. Johannis. Die Hauptpfarr- und Ratskirche der Stadt Magdeburg, 1931 (*B).

Guido Heinrich

Trümpelmann, Max

geb. 04.06.1870 Friedrichswert bei Gotha, gest. 01.09.1926 Neuhaldensleben, ev. Pfarrer, Komponist, Dichter.

T. war der Sohn des Kirchenhistorikers, Dichters und späteren Superintendenten an der Magdeburger Johanniskirche → August Trümpelmann. Er wurde Schüler Otto Tauberts in Torgau und studierte am Leipziger Konservatorium u. a. bei Gustav Schreck, Hermann Daniel Paul und Johannes Gottfried Merkel. T. war Pfarrer in Engenrieden bei Mühlhausen in Thüringen und seit 1914 in Neuhaldensleben. Er gehörte dem Vorstand des *Ev. Kirchengesangvereins der Kirchenprovinz Sachsen* an und arbeitete an der *Monatsschrift für Gottesdienst und kirchliche Kunst* mit. T. komponierte mehr als 30 kirchliche Gesangswerke und Choräle, von denen einige in das Gesangbuch der Kirchenprovinz Sachsen Aufnahme fanden. Als Kirchenmusikforscher leitete er in Magdeburg Kurse für Organisten und hielt Vorträge über den protestantischen Choral. Er trat zudem als Verfasser von Bühnenstücken, Festspielen, Gedichten, Dramen hist. und geistlichen Inhalts hervor. Seiner Feder entstammt das Oratorium „Das Licht der Welt" (1924).

W: s. o. – **L:** Riemann ⁸1916, *1151*; KGL, 1928, Sp. *742*; Alfred Frantz, St. Johannis, die Hauptpfarr- und Ratskirche der Stadt Magdeburg, 1931.

Lutz Buchmann

Trüstedt, *Friedrich* Leberecht, Prof. Dr. med. habil.

geb. 01.02.1791 Berlin, gest. 19.11.1855 Halberstadt, Arzt, Reg.-Medizinalrat.

T. durchlief zunächst die militärchirurgische Ausbildung am Friedrich-Wilhelms-Inst. in Berlin, diente in den Befreiungskriegen 1812/14 als Kompaniechirurg und vervollständigte sein Medizinstudium in Berlin. 1816 prom. er mit einer Diss. über Leistenbrüche. Anschließend war er unter Johann Nepomuk Rust Oberarzt am Friedrich-Wilhelms-Inst. 1820 ließ sich T. in Magdeburg als praktischer Arzt nieder und wurde sofort als Assessor für Chirurgie in das *Provinzial-Medizinalkollegium* berufen. 1823 löste er → Wilhelm Voigtel als Dir. der Hebammenlehranstalt ab, avancierte zum Medizinalrat und wurde 1825 Reg.-Medizinalrat, er stand damit an der Spitze des Medizinalwesens im Regierungbez. Magdeburg. Nun konnte er, unterstützt von → August Andreae, die Eröffnung einer Med.-chirurgischen Lehranstalt in Magdeburg vorbereiten, die er nebenamtlich von 1827 bis 1831 als Dir. leitete. Gleichzeitig war er Chefarzt der im Krankenhaus Altstadt etablierten Inneren Klinik der Lehranstalt. 1831 wurde T. auf Anregung von Rust als Medizinalreferent in das Kultusministerium nach Berlin berufen, habil. sich als Privatdoz. und übernahm 1833 als ao. Prof. die Leitung der Univ.-Poliklinik in Berlin. 1849 zog er sich in den Ruhestand nach Halberstadt zurück. T.s Verdienste würdigte die Stadt Magdeburg 1828 mit der Verleihung der Ehrenbürgerschaft.

W: Die Begründung und Entwicklung der medicinchirurgischen Lehranstalt zu Magdeburg, 1828; Hist.-kritische Beiträge zur Reform der Medicinal-Verfassung in Preußen, 1846. – **L:** ADB 38, *691*; August

Hirsch (Hg.), Biogr. Lex. der hervorragenden Ärzte aller Zeiten und Völker (vor 1880), Bd. 5, 1887, *648f.*; August Andreae, Chronik der Aerzte des Regierungsbez. Magdeburg mit Ausschluß der Halberstädter, Quedlinburger und Wernigeroder Landestheile, 1860, *225f.*; → Walter Friedensburg, Die Med.-chirurgische Lehranstalt in Magdeburg (1827 bis 1849), in: GeschBll 53/54, 1918/1919, 5 u.ö.; Vf., Die Med.-chirurgische Lehranstalt in Magdeburg (1827–1849), in: Zs. für Gesch. der Naturwiss., Technik und Med., H. 12, 1975, 77–87. – **B:** Landesfrauenklinik, Magdeburg; *Slg. Vf., Qualzow (priv.).

Horst-Peter Wolff

Tschorn, Gerhart
geb. 25.11.1901 Ratibor/Oberschlesien, gest. 15.01.1975 Magdeburg, Obering., Werkstoffing.

T. besuchte bis 1920 das Gymn. in Ratibor und führte bis 1922 als Studienvorbereitung in Gießerei- und Maschinenbaubetrieben eine praktische Tätigkeit durch. 1922–25 absolvierte er ein Studium der Technologie des Eisenhüttenwesens an der Städtischen Gewerbe- und Handelshochschule, dem Friedrichs-Polytechnikum, in Köthen und arbeitete dort anschließend am Hüttenmännischen Inst. als wiss. Assistent. 1927–35 war T. Mitarbeiter in der Forschungsanstalt der *Junkers Flugzeug- und Motorenwerke* in Dessau und übernahm 1935–45 die Leitung der Abt. „Werkstoffprüfung und Abnahme" der *Junkers-Werke Magdeburg*. 1942 wurde T. zum Obering. ernannt, war nach dem II. WK ab 1947 Chefing. des sowjetischen Marineministeriums, Moskau, mit Sitz in Magdeburg und übernahm hier bis 1948 die Technische Leitung der *Gießerei Vater*. Besonders ideenreich und engagiert war T. als Leiter der Materialprüfanstalt der SAG bzw. im *VEB Meßgeräte- und Armaturenwerk „Karl Marx"*, Magdeburg (*MAW*) 1949–56 und der Chemisch-Physikalischen Materialprüfanstalt des *VEB Schwermaschinenbau „Ernst Thälmann"* Magdeburg 1957–66 tätig. Bei den *Junkers-Werken* führte T. das Farb-Penetrationsprüfverfahren (Öl-Kochprobe, Rot-Weiß-Prüfung) ein. Intensiv entwickelte er die Schleiffunkenprüfung als Schnellmethode zur Verwechslungsprüfung von Metallen, die er später in Magdeburg – int. beachtet – durch umfangreiche farbfotografische Dokumentationen vervollständigte. T. führte zudem weitere Schnellprüfverfahren zur Identifizierung und Analyse von Stahlschmelzen durch 2-m-Gitter-Spektrographie sowie Vakuumspektrometrie ein. Pionierarbeit leistete er auf dem Gebieten der Ultraschallprüfung zur Gefügeidentifikation (1956) und der Gamma-Defektoskopie mit radioaktiven Isotopen (ab 1956). Im *MAW* realisierte T. 1956 die erste industrielle stationäre Prüfstation zur großtechnischen Nutzung des Isotops Co 60 zur Gußteilprüfung, die deutschlandweit Vorbild weiterer Prüfanlagen wurde. Später initiierte T. die ambulante Gamma-Defektoskopie, speziell an Schweißnähten, durch Ausbau eines Omnibusses zu einer fahrenden Prüfstation für Qualitätsprüfungen auf Montage-Baustellen. Weitere Arbeitsschwerpunkte T.s waren die Verbesserung von Schmelz-, Gieß-, Schmiede- und Wärmebehandlungstechnologien, u. a. mit dem Metallurgen → Otto Brandau. T. war 1953 auf Initiative von → Ernst Schiebold als Vertreter der Magdeburger Industrie an der Gründung des Inst. für Werkstoffkunde und Werkstoffprüfung der Hochschule für Schwermaschinenbau Magdeburg beteiligt. Von 1958 bis 1968 war er berufenes Mitglied der Fakultät „Technologie des Maschinenbaus" und Lehrbeauftragter (Grauguß- und- Stahlgußstücke; Verarbeitungseigenschaften von Stahlguß) der Magdeburger Hochschule. In der Ingenieurorganisation *Kammer der Technik* (*KdT*) der DDR brachte T. seine umfangreichen Erfahrungen und Kenntnisse bei der Ausbildung von Industrie-Fachleuten für Gamma-Defektoskopie ein. Sein Wirken war auf die Entwicklung und industrielle Einführung moderner Werkstoffprüfverfahren und deren allseitige Popularisierung, besonders im Bereich der Gießerei- und Schmiedeindustrie, gerichtet.

W: Fachkunde für Werkstoffprüfer. Ein Lehrbuch für die Ausbildung von Lehrlingen (2 Bde), 1942–1953; Materialprüfung und Betriebsüberwachung in der Eisen- und Stahlgießerei, 1951; Praktische Berechnungen und Betriebskennzahlen für den Gießereimann, 1957; Schleiffunkenatlas für Stähle, 1961; Spark Atlas of Steels, 1963. – **N:** Bärbel T.-Eckardt, Loosdrecht/NL; Archiv Vf., Teltow (priv.). – **B:** *ebd.

Hans-Ulrich Richter

Tuch, Christian (Carl)
geb. 25.01.1812 n.e., nach 1883 n.e., Instrumentenbauer.

T. gründete 1845 in Magdeburg ein Klavierbau-, Verkaufs-, Reparatur- und Vermietungsunternehmen. Zunächst baute er Tafelklaviere, erweiterte dann sein Geschäft auf Verkauf, Stimmungen und Reparaturen sowie Vermietungen von besten Markeninstrumenten. Er gehörte zu den Anhängern der Freireligiösen Gemeinde → Leberecht Uhlichs, trat am 16.11.1847 aus der ev. Petri-Gemeinde aus und nannte sich seitdem Carl T. Offensichtlich verließ er aber schon vor 1860 die freireligiöse Gemeinschaft Uhlichs wieder. Seine Söhne führten das Geschäft weiter. Hermann (geb. 15.07.1851 Magdeburg, gest. um 1926) übernahm das Verkaufsgeschäft Alte Ulrichstraße 6, später Alte Ulrichstraße 61, Max (geb. 10.02.1860 Magdeburg, gest. 16.02.1939 Magdeburg) führte zunächst gemeinsam mit dem Vater das Reparatur- und Mietgeschäft, übernahm es 1908 und entwickelte es zu einem der führenden Mietgeschäfte Dtls. Sein Sohn Hermann (geb. 27.08.1899 Magdeburg, gest.

17.12.1990 Magdeburg) trat 1925 in das Geschäft ein, das bis 1951 unter dem Namen *Max & Hermann T. KG* firmierte, ab 1951 als Einzelhandels. *Hermann T.* geführt wurde und 1979 erlosch. Dieses Geschäft war zunächst am Breiten Weg 65 angesiedelt (1930), später in der Otto-von-Guericke-Straße 98/99. Nach der vollständigen Zerstörung im II. WK konnte es in der Otto-von-Guericke-Straße 41a auch unter schwierigen Nachkriegsbedingungen weitergeführt werden. Die Instrumente des T.schen Unternehmens wurden nicht nur für Konzerte verliehen, sondern auch in den Räumen des Geschäftes für in Magdeburg gastierende Pianisten zu Übungszwecken genutzt.

L: Dtls Jubiläumsfirmen, IHK-Bez. Magdeburg, Leipzig 1926, *45*; StadtA Magdeburg: Mitglieder der Freien Religionsgemeinschaft bis 1864, Dep. 6, Nr. 3; AKPS: Rep A, Spec. G 1912, 8842.

Christine Sommer

Tuch, Kurt, Prof.
geb. 27.05.1877 Leipzig, gest. 23.11.1963 Muri/Kanton Aargau (Schweiz), Maler, Graphiker, Buchillustrator, Kunstgewerbelehrer.

T. fiel bereits in der Volksschule durch sein Zeichentalent auf und belegte anschließend in der Kunstgewerbeschule seiner Vaterstadt vier Jahre Grundkurse in Zeichnen und Lithographie mit dem Schwerpunkt „Künstlerische Gestaltung". Gleichzeitig führte er bereits praktische Arbeiten als Graphiker, Drucker und Notenstecher aus. 1896–98 studierte er mit Unterstützung des Leipziger Verlegers Meissner an der Kunstakad. München „reine Malerei", zeitweilig bei Max Klinger. 1901–04 folgten Studien in Rom und Paris. In Rom war er Mitglied eines Künstlerkreises um Klinger und Otto Greiner. Hier beeindruckten ihn zunächst die Arbeiten der Impressionisten, und die Bildwelten und Formensprachen van Goghs und Cézannes. 1905 erhielt T. für sein in Frankreich gemaltes Bild „Sonntag an der Marne" als erster den von Klinger gestifteten „Villa-Romana-Preis" des *Dt. Künstlerbundes*, mit dem ein Studienaufenthalt 1905/06 in Florenz verbunden war. T. ließ sich anschließend bis 1912 freischaffend in Berlin nieder, arbeitete vorwiegend als Buchillustrator, entwarf aber auch Teppiche, Tapeten, Glasfenster und führte dekorative Arbeiten in Villen aus. Er trat der *Berliner Sezession* bei und war Mitglied des *Dt. Künstlerbundes* und des *Vereins Dt. Buchkünstler*. Neben den oben erwähnten Studien der franz. Moderne beschäftigte er sich mit der Farbenlehre Goethes, setzte sich gleichzeitig mit den Farbfreiheiten und der Formensprache der Expressionisten auseinander, die in moderater Weise bis in die 1930er Jahre auf sein Schaffen einwirkten. 1912 bewarb sich T. an der Kunstgewerbe- und Handwerkerschule Magdeburg mit Unterstützung des Dir. → Rudolf Bosselt als Nachfolger von → Ferdinand Nigg für das Fachgebiet Buchgewerbe und Textilarbeit/Textilkunst, wurde 1912 als Hilfslehrer, 1914 als beamteter Kunstgewerbelehrer eingestellt und 1921 zum Prof. ernannt. T., dem Bosselt einen „delikaten Farbgeschmack und Sinn für dekorative Wirkung" bescheinigte, wirkte durch seine künstlerische Großzügigkeit und stilistische Vielfältigkeit stark auf die gesamte künstlerische Ausrichtung der Magdeburger Schule ein. In seinem Werk finden sich neben naturnah ausgeführten ornamentalen und dekorativen auch stark stilisierte Formen und Illustrationsarbeiten. Er setzte damit eine modernere und farbenfrohere Richtung in der Graphik- und Buchkunstausbildung durch. Auch die Magdeburger Kunstszene besaß in den Jahren vor und nach dem I. WK mit T. eine engagierte Persönlichkeit. Noch vor seiner Berufung 1912 nach Magdeburg gehörte er hier zu den Gründungs- und Vorstandsmitgliedern der *Börde*, einem Verein der bildenden Künstler und Kunstfreunde. T.s Bilder dieser Zeit überzeugen durch eine „expressive Gegenständlichkeit", die sich vor allem dem expressionistischen Farbkanon verpflichtet weiß. In den Auseinandersetzungen zwischen dem Stadtbaurat → Bruno Taut und der Kunstgewerbe- und Handwerkerschule um die Vermittlung von künstlerischem und kunstgewerblichem Wissen ergriff T. Partei für Dir. Bosselt und die bisherigen reformerischen Leistungen seiner Schule. Der Streit löste den Weggang Bosselts aus, auch T. wurde 1924 in den einstweiligen Ruhestand versetzt. Er zog sich daraufhin als Privatmann in seine bereits um 1920 erworbene Villa nach Wernigerode zurück. 1930 erfolgte seine Versetzung in den endgültigen Ruhestand. In Wernigerode entstanden vor allem Landschaftsbilder von bemerkenswerter Farbigkeit, aber auch farbintensive Blumenstücke und Porträts von Wernigeröder Persönlichkeiten, die auf vielbeachteten Ausstellungen präsentiert wurden. 1930 siedelte T. nach Arlesheim bzw. später nach Dornach (Schweiz) über, war hier als Lehrer am Goetheanum, der Schule des Anthroposophenzentrums Rudolf Steiners, tätig, dessen Farbenlehre zunehmenden Einfluß auf seine Malerei gewann. Neben Landschaften entstanden hier vor allem mit großer Perfektion gemalte Porträts und Kinderbilder. Sie erreichten jedoch nicht die in seiner Frühzeit und bis in die 1930er Jahre gezeigte Originalität, die sich unter den Anregungen der expressionistischen Avantgarde herausgebildet hatte.

W: Kinderreigen mit Tieren, um 1904 (zerstört); Hafen von Amsterdam, 1917 (Slg. Heydt, Elberfeld-Wuppertal, verschollen); Illustrationen zu Heines „Rabbi von Bacherach", 1913 (Dt. Bücherei Leipzig); div. Arbeiten in den Museen Magdeburg, Bremen, Wuppertal, Halle-Moritzburg (seit der Aktion „Entartete Kunst" fast alle verschollen). –

Tuch

Schriften: Taut und die Magdeburger Kunstgewerbeschule, in: Magdeburgische Ztg. vom 27.01.1924. – **L:** Thieme/Becker 33, *470*; Jahresberichte der Kunstgewerbe- und Handwerkerschule Magdeburg 1910ff.; Eduard Schmid, K. T. – Zum Tode des Malers, in: National-Ztg. Basel vom 02.12.1963; Norbert Eisold, Die Kunstgewerbe- und Handwerkerschule Magdeburg 1793–1963, Kat. Magdeburg 1993; Gerhard Schneider, K. T. (1877–1963). Entdeckung eines Malers der realistischen Moderne. Einführungsvortrag anläßlich der Ausstellungseröffnung in Olpe am 24.11.1996, Ms. 1996; Rolf Jessewitsch/Gerhard Schneider (Hg.), Verfemt-Vergessen-Wiederentdeckt. Kunst expressiver Gegenständlichkeit aus der Slg. Gerhard Schneider, 1999; Vf., Der Maler K. T. und Wernigerode, in: Neue Wernigeröder Ztg. 12, H. 11/12, 2001; Bundesarchiv Berlin: R 4901; PA, Abt. X, Fach T, T 195. – **B:** *Sonja T., Hamburg (priv.): Selbstporträt.

Gerd Kley

Uffenheimer, Albert, Prof. Dr. med. habil.
geb. 24.05.1876 Fürth, gest. April 1941 Albany (USA), Arzt.

U. war Sohn eines jüd. Kaufmanns. Nach dem Besuch des Gymn. in Nürnberg absolvierte er ein Med.-Studium in Würzburg, München und Berlin. Er prom. 1899 in München. Um 1900 war er in der Prosektur des Urban-Krankenhauses Berlin tätig. Dort gelang U. die Reinzüchtung und Kultivierung des „Bacillus aerophilus agilis". Danach war er Assistenzarzt an der Kgl. Univ.-Kinderklinik Greifswald und 1903–05 am Haunerschen Kinderspital in München. 1906 habil. U. in München und übernahm 1908–09 die Leitung der Säuglingsberatungsstelle München-Westend. Ab 1911 war er Chefarzt der Laboratorien der Kgl. Univ.-Kinderklinik München. 1915 wurde U. hier ao. Prof. Nachdem er im I. WK als Lazarett- und Kommandanturarzt tätig war, eröffnete er in München eine Privatpraxis. 1925 erhielt er die Berufung nach Magdeburg als Dir. der Kinderklinik im Krankenhaus Magdeburg-Altstadt und als Städtischer Kinderarzt in Nachfolge von → Hans Vogt. U. erweiterte und modernisierte die Klinik (Isolierzimmer) und die Fürsorgeeinrichtungen für Kinder. Er übernahm 1926 die Kinder-Infektionsabt. vom Internisten → Max Otten. U. berief 1929 die erste klinische Oberärztin, Frau Dr. Charlotte Struve (1895–1985). Ihr wurde die Leitung der Kinderklinik übertragen, als in den Jahren 1945–48 Prof. → Fritz Thoenes noch im Krankenhaus Uchtspringe tätig war. Anschließend arbeitete Frau Dr. Struve poliklinisch in Magdeburg. U. verfaßte 30 wiss. Arbeiten und war Mithg. der *Monatsschrift für Kinderheilkunde*. Im April 1934 mußte U. wegen seiner jüd. Herkunft binnen eines Tages seine Klinik verlassen. Er ging mit Frau und Tochter (geb. 1914) vorerst nach Kattenhorn am Bodensee und Ostern 1938, nach der Aufforderung zur sofortigen Emigration, nach London. Hier betreute er schwer erziehbare Jungen. 1940 erhielt er eine Dozentur an der Univ. Albany/USA. U. starb an einem Herzinfarkt.

W: Warum kommen unsere Kinder in der Schule nicht vorwärts?, 1927 (mit Otto Stählin); Der städtische Kinderarzt in Magdeburg, Die städtische Kinderklinik, in: → Paul Konitzer (Hg.), Das Gesundheitswesen der Stadt Magdeburg, 1928, *37–47* und *110–119*. – **N:** Separate wiss. Arbeiten in Univ.-Kinderklinik Magdeburg. – **L:** Reichshdb 2, *1926* (**B**); Isidor Fischer (Hg.), Biogr. Lex. der hervorragenden Ärzte der letzten fünfzig Jahre, Bd. 2, ³1962, *1593f.*; Vf., Zur Entwicklung der Kinderheilkunde in Magdeburg, in: Magdeburger Bll. 1991, *77–90* (**B**); Vf., Prof. A. U., in: Ärztebl. Sa.-Anh.. 5, 1994, Nr. 12, *72–76*. – **B:** *Slg. Vf., Zerbst (priv.).

Wilhelm Thal

Uffrecht, Jakob
geb. 24.12.1817 Ulm, gest. 19.01.1892 Neuhaldensleben, Kunsthandwerker, Unternehmer.

U. stammte aus ärmsten Verhältnissen, begann sein Arbeitsleben als Siebenjähriger in einer Tabakfabrik und konnte nur stundenweise die Armenschule besuchen. Ab 1829 absolvierte er eine Lehre als Dreher in einer Ulmer Porzellanfabrik und nahm darüber hinaus Zeichenunterricht. Durch Fleiß und künstlerisches Talent wurde er Modelleur, mußte sich aber nach Eingehen der Fabrik seines Lehrherrn 1833 auf Wanderschaft begeben. Zum Ende des Jahres fand U. Anstellung in der Porzellanfabrik von → Johann Gottlob Nathusius in Althaldensleben. Im Oktober 1843 siedelte U. nach Buckau bei Magdeburg über und trat in die dortige Porzellanfabrik ein. Bereits im Mai 1845 gründete er mit zwei Kollegen aus der Buckauer Fabrik und zwei weiteren Gesellschaftern in Althaldensleben eine eigene kleine Tonwarenfabrik, die unter *J. U. & Co.* firmierte. Die erste Siderolithfabrik neben dem Nathusiusschen Unternehmen begann nach wirtsch. Schwierigkeiten erst ab Anfang der 1850er Jahre zu prosperieren. 1855 schied U. aus dem Unternehmen aus und gründete unter gleichem Namen in Neuhaldensleben eine neue, zu großer Ausdehnung gelangte Fabrik. Das Unternehmen stellte vorwiegend figürliche Zierkeramik aus Siderolith her, die sich bald einen int. hervorragenden Ruf verschaffte. Schon seit Ende der 1830er Jahre hatte U. besonderen Wert auf die Entwicklung eigener Modelle gelegt und war späterhin wesentlich am Zustandekommen von Musterschutzgesetzen für diese Branche beteiligt. Er zog begabte Künstler nach Neuhaldensleben, von denen sich später einige in der Stadt selbständig machten (→ Anton Möller). Seit Anfang der 1860er Jahre war auch sein Sohn → Rudolf U. als Modelleur im väterlichen Geschäft tätig, dessen Arbeiten auf Kunstgewerbeausstellungen mehrfach Preise erhielten. Die Fa. ging um 1880 nach dem Vorbild → Friedrich Schmelzers zur Herstellung von Steingut-Gebrauchsgeschirr von besonderer Härte, dem sog. „Steinzeug", über. 1884 wurde das Unternehmen um eine neuerrichtete Steingutfabrik erweitert und beschäftigte 1895 durchschnittlich 140 Arbeiter. Neben seiner beruflichen Tätigkeit wirkte U. langjährig als Stadtverordneter und Stadtverordnetenvorsteher und gründete neben einer vom Magistrat angeordneten betrieblichen Kranken- und Unterstützungskasse (1858) auch eine Betriebssparkasse für die Arbeiter seiner Fabrik. Zudem förderte er den Bau von preiswerten Betriebswohnungen. 1872 stellte er

Kapitalien zur Gründung eines örtlichen Konsumvereins zur Verfügung und gehörte zu den Förderern des Eisenbahnbaus in Neuhaldensleben. Bei seinem Eintritt in den Ruhestand 1886 konnte er seinen Söhnen Heinrich, Hermann und Jacob U. ein int. renommiertes Unternehmen übergeben. Auch nach seinem Rückzug aus dem Berufsleben modellierte und malte der kunsthandwerklich überaus interessierte U. unermüdlich weiter. Durch U. wurde die Tradition der keramischen Industrie in Neuhaldensleben begründet, die Jahrzehnte ein Haupterwerbszweig der Stadt war, noch heute besteht und zu der Bezeichnung „Haldensleben – Stadt der Keramik" führte.

L: N. N., Nachruf J. U., in: Pallas. Zs. des Kunstgewerbevereins zu Magdeburg 13, 1892, *8f.*; A. Wenkebach, Persönlichkeiten aus alter Zeit – J. U., in: Aus alter Zeit Nr. 8, 1929; Vf., Vom mittelalterlichen Töpferhandwerk zum volkseigenen Großbetrieb. Ein Überblick über die gesch. Entwicklung der keramischen Industrie in Haldensleben, in: Js. des KrMus. Haldensleben 2, 1961, *19–43*; Karl Schlimme, Das Haus im Schatten, in: Js. des KrMus. Haldensleben 29, 1989, *53–70*; Sieglinde Bandoly, „Nur selten war ich bis zum Tode betrübt …". Brief J. U.s aus dem Jahre 1891 an seinen Jugendfreund Georg Gagstätter in Ulm, in: Js. der Museen des Ohrekreises 2, 1995, *41–49*. – **B:** *Mus. Haldensleben.

Sieglinde Bandoly

Uffrecht, Ludwig Rudolf *Bernhard*

geb. 27.02.1885 Neuhaldensleben, gest. 24.01.1959 Hannover, Reformpädagoge, Schulgründer.

Nach der Reifeprüfung studierte der Sohn des sozialdem. Keramikfabrikanten Heinrich U. 1903–11 ev. Theol., Mathematik und Physik und legte das Staatsexamen in Göttingen ab. Seine erste Lehrerstelle, die er 1912 an der Freien Schulgemeinde Wickersdorf unter der Leitung von Gustav Wyneken antrat, war prägend für ihn. „Bewußte Erziehung" und Wynekens Dominanz ablehnend, trennte sich U. mit einigen Schülern von der Schulgemeinde und gründete 1919 die Freie Schul- und Werkgemeinschaft (FSWG), die ihr Domizil von 1922–33 im Jagdschloß Letzlingen hatte. Konzipiert als „erziehungsfreie Gemeinschaft", führte tätigkeitsorientierter koedukativer Unterricht in altersgemischten Gruppen zum Abitur der Oberrealschule und ggf. zum Berufsabschluß. Dabei sparte weitgehende Selbstverwaltung von Schule und Internat durch die Schüler Kosten, die großzügig zur Finanzierung von Freistellen eingesetzt wurden. Anfang 1933 erfolgte die Schließung der FSWG und die Beschlagnahme von U.s Eigentums durch die Nationalsozialisten. U. selbst erhielt Berufsverbot. 1936 folgten Studienaufenthalt und kurzzeitig Lehrertätigkeit in England, 1940–44 war U. Lehrer im Landerziehungsheim Salem. 1945–49 startete er einen erneuten Reformversuch mit der „Heimoberschule" in Haldensleben. Nach anfänglichen Erfolgen führten die Unvereinbarkeit mit den Richtlinien der neuen sozialistischen Pädagogik und zunehmende Konflikte durch die neuen politischen Verhältnisse 1949 zur fristlosen Entlassung und zur Flucht in die BRD. Der erneute Versuch einer Schulgründung in Niedersachsen mißlang, nicht zuletzt wegen zunehmender Verschlechterung von U.s Gesundheitszustand.

W: Dr. Gustav Wyneken. Eine Abwehr und Abrechnung, 1917; Die freie Schul- und Werkgemeinschaft – eine neue Schulform, 1921; Die freie Schul- und Werkgemeinschaft Letzlingen, 1924; Freie Schul- und Werkgemeinschaft. Bll. zum Gedankenaustausch 1, 1925. – **N:** Archiv der Dt. Jugendbewegung auf dem Ludwigstein bei Witzhausen. – **L:** Karl Schwarz, Bibliogr. der Dt. Landerziehungsheime, 1970, *110–112*; Vf., „Erziehungsfreie Gemeinschaft" – ein Widerspruch in sich? Auf den Spuren B. U.s in der „FSWG" Letzlingen, in: Magdeburger Forschungen, Bd. 4, 1992, *44–53*; Ulrich U., Die Freie Schul- und Werkgemeinschaft Letzlingen, in: Neue Slg., Sonderdruck o. J. [1993], *549–570*. – **B:** *Vf., Magdeburg (priv.).

Reinhard Bergner

Uffrecht, Rudolf

geb. 09.07.1840 Althaldensleben, gest. um 1900 n. e., Bildhauer, Maler, Kunsthandwerker.

Der älteste Sohn des Terrakottenfabrikanten → Jakob U. studierte aufgrund seines künstlerischen Talents ab 1855 an der Berliner Akad. der Künste bei dem mit seinem Vater befreundeten Bildhauer Bernhard Afinger, einem Schüler → Christian Daniel Rauchs. U. konnte auf Vermittlung Afingers, in dessen Haus er wohnte, noch 1857 Unterricht im Aktsaal bei Rauch nehmen. 1860, 1861 und 1862 errang U. mit hervorragenden Leistungen jeweils den ersten Preis in der Modellier- und Kompositionsklasse und wurde auf ein Zeugnis des akad. Senats hin vom Militärdienst befreit. Schon früh begann er für die väterliche Terrakottafabrik figürliche Darstellungen zu modellieren, für die er auf Kunstgewerbeausstellungen für industrielle Keramik mehrere Preise erhielt. 1865 ließ sich U. nach einer ausgedehnten Dtl.-Reise wieder in Althaldensleben nieder, um im Unternehmen seines Vaters tätig zu werden. Zahlreiche Entwürfe für industrielle Keramik entstanden in dieser Zeit. 1869 war U. als Mitarbeiter Gustav Blaesers wieder in Berlin tätig. Ab 1873 schlossen sich erneut größere Reisen zur Weltausstellung nach Wien, durch Dtl., Griechenland und Italien an. 1878 besuchte U. Paris und nahm 1881 nach einer Rundreise durch die Lombardei, Umbrien, Kalabrien, Sizilien und Neapel seinen Wohnsitz dauerhaft in Rom. Dort betrieb er ein eigenes Atelier und gehörte seit 1885 dem ehem. *Dt. Künstlerverein* an. 1891 siedelte er nach Florenz über, wo sich seine Spur verliert. U.s Werke, insbesondere seine Terrakottenskulpturen von Künstlern, Dichtern, Musikern und Politikern (u. a. → Otto von Bismarck, → Helmuth Graf von Molte) sowie allegorischen Figuren und Genregruppen, überzeugten die zeitgenössische Kritik durch Natürlichkeit der Formgebung, vollendete Ausführung und gefällige Harmonie. U. war später auch als Kopist alter Meisterwerke tätig und versuchte sich als Schriftsteller, Dichter, Übersetzer und Literarhistoriker.

L: Thieme/Becker 33, *539*; N. N., Biogr. R. U., in: Pallas. Zs. des Kunstgewerbevereins Magdeburg 7, 1886, *88f.*; Rodolfo U., scultore e pittore, Rom 1886; Friedrich Noack, Das Deutschtum in Rom, 1927.

Guido Heinrich

Uffrecht, Theodor *Heinrich*

geb. 13.04.1878 Neuhaldensleben, gest. 12.04.1954 Haldensleben, Kunstmaler, Graphiker.

U. war Enkel des Keramikfabrikanten → Jakob U., besuchte acht Jahre die Bürgerschule in Neuhaldensleben und absolvierte eine dreijährige Keramiklehre im väterlichen Betrieb. Anschließend qualifizierte er sich an den Kunstschulen in Nürnberg und Berlin zum Dekormaler. Sein Ziel war jedoch, Kunstmaler zu werden. U. besuchte in München die Malschule Fehr, schloß dort Freundschaft mit Emil Nolde. 1904–07 war er freischaffend in Nordhausen und 1908–11 als Dir. der „Kunstwart"-Druckerei von Ferdinand Avenarius in Hirschberg/Schlesien tätig. 1911 kehrte er in den väterlichen Betrieb zurück und hatte maßgeblichen Anteil an der Entwicklung kunstgewerblicher Keramik. 1912 machte er sich wieder als Kunstmaler selbständig und wirkte nach seiner Dienstzeit als Soldat im I. WK ab 1919 auch als Architekt (Arbeiterwohnhäuser) bzw. Innenarchitekt. In dieser Zeit entstanden auch erste Fotodokumentationen. U. erteilte in seiner Heimatstadt Mal- und Zeichenunterricht und war zur Zeit der Weimarer Republik Mitglied der *Kammer der Kunstschaffenden*. 1936 wurde er von den Nationalsozialisten ausgeschlossen und erhielt Berufsverbot. Die folgenden Jahre verbrachte die Fam., da U. nicht bereit war, sich von seiner jüd. Frau zu trennen, in größter materieller Not. Aus diesen Jahren stammt ein von U. begonnenes, von seiner Tochter gekonnt vollendetes, bis heute ungedrucktes Zeitdokument „Das Haus im Schatten". Nach 1945 übernahm U. kulturpolitische Aufgaben in der Stadt Haldensleben. 1946 gehörte er zu den Begründern der Ortsgruppe des *Kulturbundes zur demokratischen Erneuerung Dtls*, war Berater und leitendes Mitglied der Haldensleber *Künstler-Gilde* sowie Mitglied des Museumsbeirates. 1949 war er Mitbegründer der *Ges. zum Studium der Kultur der Sowjetunion* (später *DSF*) im Kr. Haldensleben sowie maßgeblicher Mitinitiator eines „Hauses der Freundschaft" und eines ersten Friedensmahnmales (1950). Sein künstlerisches Oeuvre umfaßt ca. 2.500 Ölgemälde, Federzeichnungen und Linolschnitte. U. hat durch seinen sicheren Blick für malerische Motive, durch sein künstlerisches Können, verbunden mit einer werkgerechten Technik, die engere Heimat sehen gelehrt. Viele Bilder tragen schon heute dokumentarischen Charakter. Seine Vielfältigkeit zeigte sich auch in Entwürfen für eine Arbeitersiedlung in der Stadt Haldensleben.

N: Mus. Haldensleben; Ostostfalen-Archiv Hundisburg (Fotos). – **L:** → Willi Koch, Zur Eröffnung der T. H. U.-Gedächtnisausstellung, Ms. 1955 (Mus. Haldensleben); Karl Schlimme, Das Haus im Schatten, in: Js. des KrMus. Haldensleben 29, 1989, *53–70.*

Sieglinde Bandoly

Uhde, Waldemar

geb. 25.01.1876 Groß Germersleben, gest. 31.03.1931 Groß Germersleben (Suizid), Kaufmann, Schriftsteller.

U. war Sohn eines Kaufmanns in Groß Germersleben und besuchte nach der Volksschule das Otto-von-Guericke-Gymn. in Magdeburg. Vor dem Abitur mußte U. wegen eines Herzleidens aufgeben und eine eineinhalbjährige Rehabilitation auf sich nehmen. Wiederhergestellt, trat er in die väterliche Handlung ein, übernahm diese schließlich selbst und betrieb das Geschäft bis zu seinem Ableben. Noch lange erfreute sich der angehende Literat der Förderung seines ehemaligen Lehrers → Edmund Sträter in Magdeburg. U. veröffentlichte 1903 ein erstes niederdt. Gedicht in der Zs. *Niedersachsen*, weitere folgten in lokalen Zeitungsbeilagen. 1907 brachte der Zeitungsverleger Gustav Krüger in Eilsleben den niederdt. Gedichtband „Himmelsnettelken" heraus, der 1930 am gleichen Ort in der sprachlichen Bearbeitung durch → Otto Held eine zweite Auflage erlebte. Diesen volkstümlichen Dichtungen voll gesundem Humor verdankte U. den Ruf, der „Dichter des Bördelandes" zu sein. 1913 erschien sein niederdt. Roman „Dat Russenjahr", in hochdt. Bearbeitung „Anno Dreizehn", in zweiter Auflage unter dem Titel „Der wollte keine Knechte" publiziert. Es folgten bald „Heer und Heimat – ein Kriegs- und Bördebuch" (1916), der hochdt. Roman „Wittenföhr" (1921) und eine Fülle von hochdt. und niederdt. Dichtungen und Erzählungen in Kalendern und Zeitungsbeilagen, die 1925 auch als Slg. erschienen. Mehrfach versuchte sich U. an dramatischen Dichtungen. Aufgeführt wurden in großartigen Freilicht-Veranstaltungen: „Die alten Götter" (1923 in Westeregeln) und „Dat Hollekind" (1928 auf dem Henneberg bei Wanzleben). Diese und andere Werke rückten U. in die Nähe der „Heimatbewegung"

der 1920er Jahre, wo man sehr wohl deren emotionale Wirkung zu nutzen wußte – auch nach dem Freitod des Dichters 1931. Einige seiner Dichtungen sind vertont worden, u. a. das „Mailied" und „Pujjenlied" vor 1924 von → Albert Schimmel in Klein Wanzleben sowie die Bördehymnen „O Bördeland" 1928 von Max Möhricke aus Groß-Ottersleben und „Ich wurzle tief in dir, o Heimaterde" 1942 von Erich Köhne in Eilsleben. In Groß Germersleben ist dem Dichter 1937 ein Grabdenkmal errichtet worden. Die von → Otto Karstädt in Berlin bearbeiteten Drucke und Manuskripte sind nach ihrer kriegsbedingten Auslagerung verschollen. Seit 1954 vom Vf. angestrengte Bemühungen um das Lebenswerk des Dichters führten zu einem erschöpfenden Werkverz., einschließlich der Nachdrucke bis 1980 und zu dem Aufbau einer Slg. im Börde-Mus. Ummendorf.

W: s. o. – **L:** KGL, Nekr. 1901–1935, 1936; Rudolf Eckart, Hdb. zur Gesch. der plattdt. Lit., 1911, *416f.*; → Albert Hansen, W. U., dem Dichter der Börde zur Erinnerung, in: Börde und Bodeland. Monatsschrift für Heimatpflege 1, Mai 1931; Vf., W. U., Groß Germersleben, eine Bibliogr., Ms. Börde-Mus. Ummendorf, 1991/96. – **N:** Börde-Mus. Ummendorf. – **B:** *ebd.

Heinz Nowak

Uhlich, *Clara* Wilhelmine, verh. Dux
geb. 15.12.1829 Pömmelte, gest. 30.08.1888 Magdeburg, Musiklehrerin, Schriftstellerin, Frauenrechtlerin.

U. war die Tochter des freireligiösen Predigers → Leberecht U. und seiner Frau Clara. Über ihr Leben ist nur wenig bekannt. U. teilte die religiösen Ansichten des Vaters. Sie war Mitglied der 1847 in Magdeburg von ihrem Vater gegründeten Freien Gemeinde, bei der sie als Organistin und Musiklehrerin arbeitete. Eine mit einem Magdeburger Schneider eingegangene Ehe wurde nach kurzer Zeit geschieden. Ende der 1850er Jahre zog sie nach Dessau, wo sie ihren Lebensunterhalt als Näherin, Gesangs- und Klavierlehrerin sowie durch schriftstellerische Arbeiten verdiente, kehrte aber 1874, einige Zeit nach dem Tod ihres Vaters, nach Magdeburg zurück. In der Amtszeit des Predigers → Heinrich Ernst Sachse wirkte sie wieder als Organistin der Freien Gemeinde Magdeburg und arbeitete nebenher als Klavierlehrerin. Besondere Bedeutung kommt U.s feministischem Engagement zu. Sie beteiligte sich aktiv am *Frauenverein*, der von der Magdeburger Freigemeinde 1850 gegründet worden war und mit ca. 500 Frauen eine bedeutende Rolle innerhalb der sich formierenden Frauenbewegung einnahm. Der *Frauenverein* war später durch U. eng mit dem 1865 von Louise Otto-Peters in Leipzig gegründeten *Allg. Dt. Frauenverein* (*ADF*) verbunden, zu dessen Organisation von Magdeburg wesentliche Impulse ausgingen. U. nahm an der ersten Frauenkonferenz 1865 in Leipzig teil, gehörte dem Gründungsausschuß des *ADF* an und war jahrelang Korrespondentin der *Neuen Bahnen*, des Organs des *ADF*.

W: Vater U. Ein Lebensbild, 1871; (Bearb., Hg.) J. J. Flamant, Hermann der Cherusker. Ein dt. Heldengedicht, 1877. – **L:** Vf., Sozialkonzepte und Frauenfrage der Freien Gemeinde zu Magdeburg unter Leberecht U., Staatsexamensarbeit Univ. Magdeburg 1999.

Ramona Myrrhe

Uhlich, Leberecht
geb. 27.02.1799 Köthen, gest. 23.03.1872 Magdeburg, ev. Pfarrer.

Schon während der Schulzeit in Köthen wurde U. durch seinen Lehrer frühzeitig so vom Kantschen Rationalismus begeistert, daß er sein Theologiestudium bewußt in Halle, der Hochburg des theol. Rationalismus in Dtl., absolvierte. Diesen Rationalismus verinnerlichte U. so tief, daß er zeitlebens Richtschnur seines Denkens und Handelns blieb. 1820–24 war U. Volksschul- und Privatlehrer in Köthen. 1824 erhielt er die erste Pfarrstelle in Diebzig/Anhalt, ehe er 1827 ins preuß. Pömmelte bei Schönebeck wechselte. Schon in dieser Zeit war seine Seelsorge nicht nur konsequent rationalistisch ausgerichtet, sondern mit viel Skepsis beobachtete er die Angriffe der staatl. unterstützten orthodoxen Pietisten gegen seine Glaubensauffassung, die im sog. „Magdeburger Bilderstreit", während dessen der rationalistisch ausgerichtete Pfarrer → Wilhelm Franz Sintenis aufgrund seiner Kritik an einem Bild mit sentimentaler Christusanbetung überdurchschnittlich hart diszipliniert wurde, einen ersten Höhepunkt fand. Dem wollte U. entgegentreten und gründete am 29.06.1841 in Gnadau bei Schönebeck mit 16 Gleichgesonnenen den Verein der Protestantischen Freunde – im Volksmund „Lichtfreunde" genannt. Durch U.s unermüdliches Ringen gewann die „Lichtfreunde"-Bewegung rasch Konturen und Masseneinfluß, denn die Lehre sprach nicht nur das sich emanzipierende Besitz- und Bildungsbürgertum, sondern aufgrund der ihr innewohnenden solidarisch-demokratischen Tendenzen sowie karitativen Verpflichtung auch die Mittel- und Unterschichten an. Mitte der 1840er Jahre hatte sich dank U.s unermüdlichem persönlichen Einsatz und seiner reichen Publikationsarbeit – vor allem in den seit 1842 von ihm herausgebrachten *Bll. für christliche Erbauung* – überall in Provinzialsachsen, aber auch darüber hinaus, Vereine der „Lichtfreunde" gebildet, und seit 1842 fanden zweimal im Jahr unter U.s Leitung sog. Hauptverslgg. in Köthen statt, um der preuß. Restriktion auszuweichen. Als sich die Bewegung Mitte der 1840er Jahre zur Opposition mit einer deutlicher werdenden politischen Tendenz entwickelte, die mit Gustav Adolph Wislicenus aus Halle an der Spitze auch noch einen radikaleren und offen demokratisch-aktionistischen Flügel bildete, sah dies U. zunächst mit einiger Sorge, fürchtete er doch nicht nur die Differenzierung und Spaltung der Bewegung, sondern vor allem die staatl. und kirchenbehördliche Gegenreaktion, die mit dem Verbot aller Lichtfreundeverslgg. am 10.08.1845 auch folgte. Besonderes Ansehen genoß U. aber inzwischen beim liberalen Bürgertum Magdeburgs, das die „Lichtfreunde"-Bewegung unter den politischen Restriktionsbedingungen des vormärzlichen Preußens als kryptopolitische Ersatzbewegung nutzen wollte und nach deren Vorbild seit August 1844 selbst eine *Bürgerverslg.* ins Leben gerufen hatte. Gegen erheblichen Widerstand des Konsistoriums setzte es schließlich durch, daß U. die vakante zweite Predigerstelle an der Katharinenkirche in Magdeburg ab 01.10.1845 erhielt. In stets überfüllten Gotteshäusern vor einem begeisterten Publikum hielt U. Predigten, in denen er zunehmend Kritik am preuß. Staats- und Kirchensystem übte. Er beteiligte sich darüber hinaus verstärkt am bürgerlichen Vereinsleben, vor allem in der *Bürgerverslg.*, im *Gewerbe- und Bildungsverein* und im *Gustav-Adolph-Verein*. Seine rationalistisch-liberale Haltung faßte er 1845 in seinen „Bekenntnissen" zusammen, die nicht nur die ev. Provinzialsynode 1845 in Magdeburg, sondern auch die preuß. Generalsynode 1846 spürbar beeinflußten. Seit Oktober 1846 hielt U. – nach Pömmelter Vorbild – wieder „Abendverslgg." in seinem Hause ab, die wegen der offenkundigen oppositionellen Tendenz schon am 20.12.1846 polizeilich verboten wurden, so daß U., getragen von der Welle der Sympathie in der Stadt, seine Zurückhaltung endgültig aufgab und nun demonstrativ durch ständige Liturgieverletzungen den Konflikt mit dem Konsistorium anheizte, der nach monatelangen Disziplinaruntersuchungen schließlich in der Amtsenthebung U.s am 13.09.1847 endete. Als der König persönlich die von den Stadtverordneten, dem Magistrat und den Kirchenältesten gemeinsam verfaßte Bitte um Revision dieser Entscheidung mit dem Verweis auf das Religionspatent vom 30.03.1847 ablehnte, trat U. mit 116 engeren Anhängern demonstrativ aus der preuß. Landeskirche aus und gründete die Freie Gemeinde Magdeburg, die Anfang 1848 mit ca. 8.000 Mitgliedern die größte und bedeutendste in ganz Dtl. war. Als der Konsistorialpräsident → Karl Friedrich Göschel und der Polizeipräsident → Ludwig von Kamptz daraufhin versuchten, die Freie Gemeinde und U. auszuschalten, spitzte sich die Anfang 1848 schon angespannte Lage in der Stadt so weit zu, daß am 15./16.03.1848 die Revolution auch in Magdeburg ausbrach. Symbolfigur des Aufstandes war U., der am 18.03.1848 das bereits im September 1847 von den liberalen Stadtverordneten beantragte, aber vom Oberbürgermeister → August Wilhelm Francke zunächst abgelehnte Ehrenbürgerrecht erhielt. Mit dem Mandat des Kr. Neuhaldensleben – U. wurde auch Ehrenbürger der Stadt Haldensleben – zog U. 1848 in die Preuß. Verfassungsgebende Verslg. ein und gehörte als Verfechter einer konstitutionellen Monarchie mit ausgeprägten Volksrechten dem linken Zentrum an. Aber sowohl in Berlin als auch in Magdeburg, wo er auch im Revolutionsjahr 1848 häufig weilte, um über den politischen Fortgang im Parlament in Berlin zu berichten, sah sich U. zunehmend in einer komplizierten „Zweifrontenstellung". Einerseits trat er konsequent für die politischen und sozialen Rechte aller, auch der unteren, Volksschichten ein, andererseits lehnte er jede Form radikalen Umsturzes und Aktionismus ab. In Magdeburg mußte U. 1848 erfahren, daß sich ein Großteil des liberalen Besitzbürgertums von ihm abwandte, während ihm die proletarischen Unterschichten weiterhin begeistert folgten, was er nach der Auflösung des Parlaments bei seiner Rückkehr nach Magdeburg besonders spürte, als er sich zur Abwehr der heraufziehenden Konterrevolution zusammen mit Weggefährten der Freien Gemeinde und der *Bürgerverslg.* dem im Dezember 1848 gegründeten *Verein zur Wahrung der Volksrechte* anschloß. Nach dem Scheitern der Revolution 1848/49 geriet der enttäuschte U. unter den politischen Druck der Reaktion und wurde mehrfach verurteilt, u. a. wegen Majestätsbeleidigung, und inhaftiert. Seine Freie Gemeinde, in die U. sein gesamtes Privatvermögen investiert hatte, wurde nach jahrelangen Prozessen 1856 als „Politischer Umsturzverein" verboten und konnte auch nach der Wiederbelebung 1859 nicht mehr die Bedeutung der Vormärzzeit erlangen. All diese Angriffe und Enttäuschungen zermürbten den gealterten und verarmten U., der sich zunehmend in seine rationalistische Religiosität zurückzog. In der Nachrevolutionszeit verfaßte er noch zahlreiche vor allem pädagogische und religiöse Schriften und engagierte sich in Magdeburger Bildungs- bzw. später Arbeiterbildungsvereinen. U. starb als ein nur noch von wenigen Magdeburgern ehrfurchtsvoll als „Vater U." betitelter Mann. Seine letzte Ruhestätte fand er in dem unter Oberbürgermeister Francke angelegten Nordfriedhof neben vielen Honoratioren der Stadt.

W: Bekenntnisse, 1845; 10 Jahre Magdeburg 1845–1855, 1855; Eine Selbstbiogr., 1868; Sein Leben von ihm selbst beschrieben, 1872. – **N:** StadtA Magdeburg. – **L:** ADB 39, *171–173*; Mitteldt Leb 2, *187–198*; Vf., L. U., in: Mathias Tullner (Hg.), Persönlichkeiten der Gesch. Sa.-Anh., 1998, *462–468* (***B***). – **B:** *StadA Magdeburg.

Jürgen Engelmann

Uhlmann, Alfred, Prof. Dr. sc. techn.
geb. 20.08.1920 Stollberg/Erzgebirge, gest. 29.01.1987 Magdeburg, Maschinenbauing., Hochschullehrer.

U., ältester von zwei Söhnen einer Bauernfam., begann 1940 an der TH Dresden das Studium des Maschinenbaues u. a. bei Enno Heidebroek und Karl Kutzbach. 1941 trat eine Studienunterbrechung wegen Einberufung zum Militärdienst ein. Sein Diplom erlangte er 1959 im Fernstudium an der TH Dresden. Nach Ausheilung einer schweren Kriegsverwundung baute U. als Doz. an der Ingenieurschule für Schwermaschinenbau Chemnitz ab 1952 die Fachrichtung Bau-, Baustoff-, Glas- und Keramikmaschinen auf. Sein Engagement in Konstruktions- und Fertigungsproblemen zog Berufungen in Beiräte und Arbeitskreise von Kombinaten nach sich. Mit der Berufung als Doz. für Baumaschinen und kommissarischer Dir. des Inst. für Baumaschinen, später Leiter des Bereiches Baumaschinen der Fakultät für Maschinenbau an der TH Magdeburg, 1961 begann seine Hochschullehrerlaufbahn. 1968 prom. U. an der TH Magdeburg über die Theorie der Freifallmischer zum Dr.-Ing. und habil. sich 1974 zum Dr. sc. techn. an der Hochschule für Bauwesen Leipzig über Probleme des Lösens und Förderns von Erdstoffen. 1969 wurde er zum o. Prof. für Maschinensysteme im Bauwesen an der TH Magdeburg berufen. Schwerpunkte seiner wiss. Untersuchungen bildeten die Maschinen- und Verfahrenstechnik für Erdstoffgewinnung, -einbau und -verdichtung, für die Verdichtung von Frischbeton und bituminösen Gemischen sowie wirtsch.-technische Untersuchungen für Vorfertigungs- und Baustellenabläufe. Daraus resultierten eine umfangreiche Vortragstätigkeit, mehr als 50 Publikationen in Fachzss., Mitautoren- und Herausgeberschaft von Standardwerken wie „Taschenbuch Maschinenbau", „Fachwissen des Ing." und die Lehrbriefreihe „Konstruktion und Einsatz von Baumaschinen" für das Fernstudium. Intensiver wiss. Austausch mit Hochschullehrern und Wissenschaftlern des Auslands, insbesondere Osteuropas, führte 1975 zur ersten Int. Fachtagung Baumaschinen an der TH Magdeburg unter seiner Leitung, die im Vier-Jahres-Rhythmus mit großem Erfolg bis 1987 fortgesetzt wurde. Eine besondere Fähigkeit von U. bestand darin, eine Einheit von Theorie und Praxis auf die Ing.-Ausbildung zu applizieren. So richtete er 1967 die erste Fachrichtung Baumaschinen an einer dt. Maschinenbaufakultät ein und schuf später auch Voraussetzungen zum Ausbau eines gleichnamigen Inst. sowie dem Aufbau einer Bauing.-Ausbildung mittels eines Technikums Baumechanisierung an der TH Magdeburg.

W: s. o.; Abnutzung, planmäßig vorbeugende Instandhaltung und Instandsetzung bei Baumaschinen, 1974. – **L:** Eberhard Vogt, Prof. Dr. sc. techn. A. U. zum 60. Geb., in: Wiss. Zs. der TH Magdeburg 24, H. 4, 1980, *1f.*; ders., Prof. Dr. sc. techn. A. U. 60 Jahre, in: Bauplanung-Bautechnik 34, H. 8, 1980, *377.* – **B:** *UnivA Magdeburg.

Eberhardt P. Vogt

Ulbrich, *Martin* **Immanuel Karl,** Dr. theol. h.c. geb. 10.11.1863 Breslau, gest. 17.05.1935 Magdeburg, ev. Pfarrer.

Das älteste Kind des ev. Pfarrers und Vorstehers des Diakonissen-Mutterhauses Bethanien in Breslau, Karl U., studierte nach dem Besuch des Johannesgymn. in Breslau ev. Theol. in Breslau, Berlin und Halle (1883–87). 1887 trat er eine Stelle als Hilfsprediger in Salzbrunn/Schlesien an, wurde Anfang 1889 ordiniert und anschließend Pfarrer in Trebnitz bei Breslau. 1893 avancierte er zum Oberpfarrer im schlesischen Rothenburg. Nachdem eine Zählung 2.400 Körperbehinderte (sog. Krüppel) in Schlesien ergeben hatte, begann hier 1899 die gezielte Pflege körperbehinderter Menschen, bei der U. eine führende Rolle einnahm. Er gründete Ende 1901 in Rotenburg das Krüppelpflegeheim „Zoar", das später zu Ehren seines Initiators in M.-U.-Haus umbenannt wurde. Im Mai 1903 wurde U. als Nachfolger → Gustav Adolf Pfeiffers zum Vorsteher der Pflege-, Heil-, Lehr- und Ausbildungsanstalten in Cracau bei Magdeburg berufen. Er erarbeitete 1904 eine Satzung für die nach ihrem Begründern benannten Pfeifferschen Anstalten, die wenig später ihre Anerkennung als milde Stiftung erhielten, und gab in der Folge regelmäßig „Nachrichten", später auch Jbb. der Anstalten heraus. U. baute die von Pfeiffer begonnene Arbeit mit körperbehinderten Menschen bedeutend aus, die zum Erlaß des Preuß. Krüppelgesetzes führte. Infolge seiner Bemühungen konnte am 26./27. Juni 1905 in Cracau die Konferenz der Dt. Krüppelpflegeanstalten unter Leitung von Theodor Hoppe, Potsdam-Babelsberg, stattfinden. Unter U.s Leitung wurden insbesondere die Heil- und Pflegeeinrichtungen der Pfeifferschen Anstalten gezielt erweitert. Im November 1905 erfolgte die Grundsteinlegung für das Kaiser Wilhelm-Auguste-Viktoria-Haus (aus Silberhochzeitsgaben des Kaiserpaars) für schwachsinnige Krüppel. Neben einer staatl. anerkannten Krankenpflegeschule regte er 1912 die Gründung einer zweijährigen Haushaltungsschule an. Mitte 1913 wurde mit dem Bau eines Handwerkerheimes begonnen, das ein Jahr später infolge der Kriegsereignisse zum Lazarett umfunktioniert und erst 1919 seiner eigentlichen Bestimmung übergeben wurde. U. initiierte im Februar 1915 in Cracau einen Kongreß für Kriegsverstümmeltenfürsorge und den Bau einer entsprechenden Pflegeeinrichtung, dem sog. Hohenzollernstift. 1924 wurde ihm durch die theol. Fakultät der Univ. Halle als Zeichen der Anerkennung seiner langjährigen Verdienste um die Körperbehindertenfürsorge, die Siechen- und Anormalenpflege und um die Entwicklung der Pfeifferschen Anstalten die theol. Ehrendoktorwürde verliehen. Bevor U. 1931 in den Ruhestand trat, konnten 1927 und 1928 mit der Einweihung des Altenpflegeheims „Bethesda", dem Luisenhaus und einem neuen Diakonissenmutterhaus weitere Einrichtungen der Nutzung übergeben werden. Er schaltete sich durch zahlreiche einschlägige Veröffentlichungen (Bücher, Artikel und Gedichte) in die Diskussion über soziale Problemlagen und ihre Bewältigung ein und nahm u. a. zu Fragen der Krankenseelsorge, zur Euthanasie, zum umstrittenen Paragraphen 218 des dt. Strafgesetzbuches und zur Jugenderziehung Stellung.

W: Die Krankenseelsorge. Beiträge aus der Arbeit für die Arbeit an Kranken-, Siechen- und Sterbebetten, 1912; Merkwürdige Menschen. Schlichte Lebensbilder, 1914; Dürfen wir minderwertiges Leben vernichten? Ein Wort an die Anhänger und Verteidiger der Euthanasie, 1923; Hauptjugendsünden der Gegenwart, 1925; Was jeder vom Krüppeltum und seiner Bekämpfung wissen muß, 1925; Der Mord der Ungeborenen, des dt. Volkes größte Sünde, 1927; Unsers Volkes größte Not und seine Rettung. Ein Weckruf zum Kampf wider das Anormalen-Elend, 1927; Die Gesch. des Diakonissenmutterhauses Pfeifferscher Anstalten 1889–1928, 1928. – **L:** Nachrichten aus den Pfeiffer'schen Anstalten zu Magdeburg-Cracau, 1903ff.; Jb. der Pfeifferschen Anstalten zu Cracau bei Magdeburg, 1911ff.; Fs. 75 Jahre Pfeiffersche Stiftungen, 1964, 17–37 (**B**); Johannes Kiefner, Theol. und Werk M. U.s, Diss. Tübingen 1983; Archiv der Pfeifferschen Stiftungen, Magdeburg; AKPS: Rep. A, Spec. P, U 8 (PA). – **B:** *Pfeiffersche Stiftungen Magdeburg-Cracau: Ölgemälde.

Ursula Pape

Ullrich, Max Robert *Heinz*
geb. 08.04.1908 Erfurt, gest. 07.03.1978 Magdeburg, Obering., Chefkonstrukteur, Erfinder.

Der Sohn des Metallarbeiters Karl Otto Paul U. erlernte 1922–26 das Schlosserhandwerk in Erfurt und absolvierte dort 1927–32 die Fachschule für Maschinenbau mit Auszeichnung. Bis zu seiner Einberufung als Soldat im II. WK war er 1933–36 bei *Bergmann Borsig* in Berlin und 1936–44 als Versuchsing. bei der Fa. *Steinmüller* in Gummersbach tätig. Nach 1945 arbeitete der auch musisch begabte U. bei der Fa. *Topf & Söhne* in Erfurt-Bischleben, ab 1948 beim *Apparate- und Feuerungsbau Weimar*, dessen Werkleiter er wurde. 1952–60 übernahm er die Leitung des Kesselbaues im *VEB Schwermaschinenbau „Karl Liebknecht" Magdeburg* (*SKL*). Ab etwa 1960 führte er die Verhandlungen zum Aufbau des Chemie-Anlagenbaues im *SKL* zur Herstellung der Grundausrüstungen der Chemieindustrie der DDR. 1965 übernahm er wieder den Apparatebau. Ab 1950 bereitete U. die Schiffskesselproduktion der für die Sowjetunion vorgesehenen 3.000-t-Frachter vor. Um die manuelle Kesselbefeuerung zu erleichtern, entwickelte und setzte er einen Räumerrost ein. Die wassergekühlte Rostfläche, hier für Steinkohle ausgelegt, wurde durch einen mechanisch bewegten verriegelbaren Räumer beschickt, der an den Leistungsregler der Gesamtanlage gekoppelt wurde und somit erstmals den Einsatz einer geregelten Kohlefeuerung ermöglichte. Der Ausbau der Kraftwerke Vockerode und Finkenherd mit 15 Blöcken zu je 32 Megawatt lief im Rahmen der Schaffung der DDR-Energiebasis von 1950 bis 1965. U. bereitete mit seinem Kollektiv die Dampferzeuger für 160-t-Dampfleistung bei 84 bar Genehmigungsdruck und 500° C Heißdampftemperatur vor, wobei erhebliche Zeiteinsparungen bei der Mauerwerkstrocknung durch U.s neue Technologien erzielt wurden. 1956 entwickelte er auf der Grundlage des Schmidt-Hartmann-Prinzips einen Zweikreis-Kleinkessel mit einem Primär- und einem Sekundärteil in verschiedenen Leistungsgrößen, der geringe Anforderungen an die Speisewasserqualität stellte. Mitte der 1950er Jahre schuf U. den Bagassekessel für den Export nach China und Ägypten, wobei er die Gegenschub-Feuerungen zur Braunkohleverbrennung so konzipierte, daß die Bagasse (ein Abprodukt der Rohrzuckerindustrie) erstmals mechanisiert der Kesselfeuerung zugeführt und automatisch geregelt wurde. Zur Verwertung des giftigen Schwefelwasserstoff-Gases entwarf U. einen H^2S-Umformer, der, aufbauend auf dem Zweikreisprinzip mit einer Überdruckfeuerung und Luftsauerstoffzufuhr, die Umsetzung zu SO^2 als Rohstoff für die Kunstfaserindustrie ermöglichte. Dabei entstand ein dampfliefernder Apparat (Betriebsdruck 80 bar) mit ca. 4 m Durchmesser, einer Höhe von etwa 8 m und einem Brennkammerdruck von 0,5 bar. Neben dem Korrosionsproblem, den großen Dimensionen der Ringsammler und der Gestaltung der Rohrbündel zu Reinigungszwecken löste er auch die Beibehaltung der hohen Stahlwandungstemperaturen unter Teillast durch die Höhenregulierung des sekundären Wasserstandes weit über die bekannten Toleranzbereiche ähnlicher Apparate hinaus.

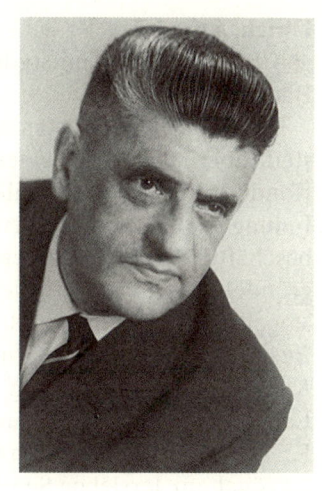

L: 1838–1988. Von der alten Bude zum sozialistischen Kombinat. Betriebsgesch. des Stammwerkes VEB Schwermaschinenbau „Karl Liebknecht" Magdeburg, Kombinat für Dieselmotoren und Industrieanlagen (4 Tle), 1979ff. – **B:** *Vf., Magdeburg (priv.).

Ernst Roth

Ulrich, Alfred
geb. 06.10.1913 Wolmirstedt, gest. 08.01.1991 Wolmirstedt, Bäcker, Ornithologe.

Der Sohn eines selbständigen Bäckermeisters in Wolmirstedt übernahm nach seiner Ausbildung zum Bäcker- und Konditormeister den Familienbetrieb und war aktiv in der Innung des Bäckerhandwerks im Kr. Wolmirstedt tätig. U. beschäftigte sich seit seiner Kindheit mit Ornithologie. Er gründete am 24.10.1951 die Fachgruppe Ornithologie und Vogelschutz in Wolmirstedt, war langjähriges Mitglied des Bezirkfachausschusses Ornithologie und Vogelschutz des *Kulturbundes* Magdeburg und betrieb ornithologische Langzeitstudien zum Bestand von Weißstorch und Kibitz im Kr. Wolmirstedt sowie zum Geschlechtsverhältnis der Wasservögel am Jersleber See. Seine zahlreichen Veröffentlichungen in Fachzss. machten seine ornithologischen Beobachtungen einer wiss. Auswertung zugänglich. In Zusammenarbeit mit Gerd-Jürgen Zörner erarbeitete er als Basismaterial für eine Landes-Avifauna die dafür wichtige Avifauna des Kr. Wolmirstedt.

W: Avifaunistische Untersuchungen im Naturschutzgebiet Colbitzer Lindenwald, in: Mittlgg. der Interessengemeinschaft Avifauna DDR 3, 1970, *27–50*; Eine Übersicht über das Vorkommen des Wachtelkönigs – Crex crex (L.) – im Gebiet des Ornithologischen Arbeitskr. Mittelelbe-Börde, in: Apus 2, 1971, *165–171*; Die Verbreitung des Kiebitzes im Kr. Wolmirstedt und der Einfluß unterschiedlicher Wasserstandsverhältnisse auf den jährlichen Brutbestand, in: Apus 3, 1973, *10–16*; Die Entwicklung des Weißstorchbestandes im Kr. Wolmirstedt, in: Wolmirstedter Beiträge 7, 1983, *3–14*; Beobachtungen zum Durchzug und Geschlechtsverhältnis von Wasservögeln am Jersleber See, in: Ornithologisches Jb. Mus. Heineanum Halberstadt 8/9, 1984, *3–16*; Die Vögel des Kr. Wolmirstedt, in: Wolmirstedter Beiträge 11, 1986, *3–63*; ebd. 13, 1988, *3–40*; ebd. 14, 1989, *3–66* (mit Gerd-Jürgen Zörner). – **L:** Gerd-Jürgen Zörner, A. U. zum Gedenken (Nachruf), in: Apus 8, 1992, *35*.

Erwin Briesemeister

Unger, Heinrich *Theodor* Friedrich (gen. Großer Karl)
geb. 1785 Oppburg bei Neustadt/Orla, gest. 20.02.1809 Magdeburg (hingerichtet), Gärtner, Vagabund, Straßenräuber.

Ab seinem 6. Lebensjahr in Berlin, lernte U. bei seinem Vater die Gärtnerei. Mit 18 Jahren verließ er Berlin, arbeitete zunächst als Gärtner, überließ sich aber zunehmend dem Müßiggang und vagabundierte als Taschen-, Kunst- und Roulettespieler durch Dtl. Später führte er eine Räuberbande in der Region um Magdeburg, die aber auch im Anhaltischen, im Harz, in der Altmark und der Börde aktiv wurde. U. war bekannt und gefürchtet. Seine Bande verübte eine große Zahl von Einbrüchen und gefährlichen Raubüberfällen. Opfer wurden mißhandelt und sogar getötet. Mehrfach wurde U. verhaftet, konnte sich aber einer Verurteilung immer wieder durch Flucht entziehen. Im September 1807 wurde er schließlich in Halle erneut arretiert, nach Magdeburg überführt und am 01.06.1808 zum Tode durch das Rad verurteilt. Nach der Abänderung der Todesart am 05.01.1809 wurde das Urteil am 20.02.1809 in Magdeburg durch das Schwert vollstreckt. U.s Schicksal inspirierte → Heinrich Ludwig Lehmann zu einem seiner Räuberromane, der 1809 unter dem Titel „Romantische Biogr. des Räuberhauptmanns und Lustgärtners T. U., genannt der große Karl" erschienen ist und in dem Lehmann ihn zwar als einen charakterlich schlechten Menschen schildert, aber v.a. der Mode entsprechend fiktive galante Abenteuer U.s erzählt.

L: Otto Heinemann, Räuberwesen im Hzte Magdeburg während der Fremdherrschaft, in: GeschBll 45, 1910, *81–88, 100–103*.

Heiko Borchardt

Unruh, Hans *Victor* von
geb. 28.03.1806 Tilsit/Ostpreußen, gest. 04.02.1886 Dessau, Techniker, Ing., Regierungs- und Baurat.

Als U. 1846 nach Magdeburg übersiedelte, um die Leitung des Eisenbahnbaus von Magdeburg nach Wittenberg zu übernehmen, galt er trotz seiner erst 40 Lebensjahre als einer der profundesten Kenner dieses Faches in Dtl. Schon sehr frühzeitig widmete sich der als Sohn eines preuß. Generals geb. U. nach Abschluß seiner Gymnasialzeit in Neiße/Ostpreußen und Königsberg diesem jungen ingenieurtechnischen Metier. U. studierte zunächst an der Berliner Bauakad. und legte bei → Karl Friedrich Schinkel 1828 das Examen ab. Er trat in den preuß. Staatsdienst ein und wurde 1839 zum Reg.- und Baurat in Gumbinnen/Ostpreußen und 1843 in Potsdam berufen, ehe er sich 1844 wieder aus dem Staatsdienst beurlauben ließ, um sich dem Eisenbahnbau zu widmen, wozu er mehrere Studienreisen u. a. mit dem „Lokomotivenkönig" August von Borsig durch Dtl., Belgien, Frankreich und England nutzte. Nach dem Ausbruch der Revolution im März 1848 wurde U. relativ überraschend in die Preuß. Verfassungsgebende Verslg. mit dem Mandat Magdeburgs gewählt, obwohl er nicht zu den bekannten Vormärzliberalen um die *Bürgerverslg.* bzw. die „Lichtfreunde", die beiden wichtigsten Kristallisationspunkte der antifeudalen Opposition in der Stadt, gehörte. U. errang in den öffentlichen Verslgg., in denen er sich nach den Märzereignissen als überzeugter Vertreter eines konstitutionellen Staatsmodells englischer Prägung präsentierte, vor allem das Vertrauen der gemäßigten Liberalen, die einen geeigneten Gegenspieler zu der sehr starken linksliberalen und demokratischen Gruppierung in der Stadt, die in → Friedrich Pax ihren Kandidaten fand, suchten. Mit deren Stimmen und den Stimmen einiger Konservativer zog U. neben Pax in das Berliner Parlament ein, wo er sich dem linken, später dem rechten Zentrum anschloß. Am 17.10.1848 wurde U. als Vizepräsident und am 28.10.1848 als Präsident der Verfassungsgebenden Verslg. gewählt und somit unmittelbar in den Staatsstreich vom Herbst 1848 verwickelt. Sein politisches Agieren war davon geprägt, neue revolutionäre Kämpfe zu verhindern. An seinen liberal-konstitutionellen Zielen hielt er aber ebenso unbeirrt fest. Symptomatisch für diese komplizierte Zweifrontenstellung war sein Aufruf zum „passiven Widerstand" nach der Abschiebung des Parlaments von Berlin nach Brandenburg. Den bewaffneten Widerstand gegen die heraufziehende Konterrevolution lehnte er ebenso ab wie die vom linken Flügel der Verslg. durchgesetzte Steuerverweigerungskampagne. Im Januar 1849 wurde U. erneut mit dem Mandat Magdeburgs in die Zweite Kammer des Preuß. Landtages gewählt. Nach ihrer Auflösung durch den König infolge deren Anerkennung der Frankfurter Reichsverfassung sprach sich U. öffentlich gegen das preuß. Dreiklassenwahlrecht aus. Seine politische Haltung in der Revolutionszeit bescherte ihm ein Nachspiel in der Reaktionszeit. So lehnte der preuß. König Friedrich Wilhelm IV. nicht nur seine von den Magdeburger Stadtverordneten vorgeschlagene Ernennung zum Oberbürgermeister mit der zynischen Anspielung auf seinen „Gegenkönig" im Revolutionsjahr ab, sondern es folgten weitere berufliche Schikanen, so daß er sogar das lukrative Angebot des Baus einer großen Eisenbahnbrücke bei Köln über den Rhein ausschlug und 1855 nach Anhalt übersiedelte, um sich dem preuß. Einfluß zu entziehen. In Dessau gründete er die *Dt. Continental-Gasges.* und baute in vielen dt. Städten von Mönchengladbach im Westen bis Lemberg im Osten, auch in Magdeburg, städtische Gasanstalten. In Magdeburg beriet U. auch den Bau des Wasserwerkes auf dem Wolfswerder. Als Mitbegründer des Dt. Nationalvereins 1859 und der Dt. Fortschrittspartei, deren erster Vors. U. 1861–63 war, kehrte er in die große Politik zurück und zog 1863, wieder mit dem Mandat Magdeburgs, in das preuß. Abgeordnetenhaus ein. Trotz anfänglicher leidenschaftlicher Auseinandersetzung mit dem Ministerpräsidenten schwenkte U. wie viele Liberale dieser Zeit auf → Otto von Bismarcks Politik ein, als dieser mit seiner „Revolution von oben" die Herstellung der dt. Einheit vollzog. Als infolge dieser Annäherung die Dt. Fortschrittspartei zerbrach, gründete U. mit Rudolf von Benningsen 1867 die Nationalliberale Partei Dtls. Erneut mit dem Mandat Magdeburgs wurde U. 1867–79 Mitglied des Norddt. bzw. Dt. Reichstages und nahm auch als dessen Abgesandter an der Kaiserproklamation in Versailles am 18.01.1871 teil. Im Parlament führte er das Abstimmungsverfahren nach dem sog. „Hammelsprung" ein, bei dem zum Zweck der Verkürzung des Verfahrens die Abgeordneten durch Betreten des Plenarsaales durch zwei dafür bestimmte Türen mit pro oder contra stimmten, was das lästige Verfahren des Namenaufrufens ersparte. Anläßlich seines 70. Geb. erhielt U. den Ehrenbürgerbrief Magdeburgs und 1880 auch den der Stadt Dessau.

W: Skizzen aus Preußens neuester Gesch., 1849; Erfahrungen aus den letzten drei Jahren. Ein Beitrag zur Kritik der politischen Mittelparteien, 1851; Heinrich von Poschinger (Hg.), Erinnerungen aus dem Leben von H. V. v.U., 1895. – **L:** ADB 39, *312–315*; Mitteldt Leb 4, *274–294* (***B***); Vf., H. V. v.U., in: Mathias Tullner (Hg.), Persönlichkeiten der Gesch. Sa.-Anh., 1998, *469–473* (***B***). – **B:** *StadtA Magdeburg.

Jürgen Engelmann

Untucht, Friedrich *Carl*

geb. 10.05.1870 Magdeburg, gest. 02.02.1939 Braunlage, Kaufmann, Fabrikant.

Der Sohn des Kaufmanns Carl U. (1835–1906) absolvierte eine kaufmännische Ausbildung und wurde Teilhaber der 1876 von seinem Vater gegründeten Fa. *Carl U. & Co.*, Spritfabrik und Spiritusbrennerei in Magdeburg. 1913 erreichte die Fa. durch ständige Erweiterungen der Produktion sowie durch den Aufkauf der *Dschenfzig' schen Melasse-Spiritusbrennerei* eine Monopolstellung in Magdeburg. Die gesamte Spirituserzeugung der Stadt lag in U.s Händen. Er verfolgte aufmerksam die Entwicklung der Branche in Dtl. und sah frühzeitig die staatl. Reglementierung der Spirituswirtschaft (Branntweinmonopolgesetz, Einführung des Staatsmonopols) voraus. Zur Erweiterung des Unternehmens erwarb er deshalb 1906 ein Nachbargrundstück, auf dem er eine Steingutfabrik errichtete. Nach dem Erwerb der Aktienmajorität der *Annaburger Steingutfabrik* 1919/20 überführte er die Magdeburger Fabrik in diese Ges., der U. als Dir. vorstand. Das Unternehmen, das durch seine hohe Qualität und einen großen Exportanteil bekannt war, galt als eines der führenden der Steingutbranche. Außerdem übernahm U. den Vorsitz im Aufsichtsrat der *Brauerei Bodenstein AG* Magdeburg (→ Theodor Franz Julius Bodenstein).

L: Reichshdb 2, *1936* (***B***); → Hans Leonhard, Dtls Jubiläumsfirmen. Industrie- und Handelskammerbez. Magdeburg, 1926, *29*.

Horst-Günther Heinicke

Unverricht, Heinrich, Prof. Dr. med. habil.
geb. 18.09.1853 Breslau, gest. 22.04.1912 Magdeburg, Arzt, Geh. Medizinalrat, Kaiserlich-russischer Staatsrat.

U. beendete sein Med.-Studium in Breslau 1877 mit der preisgekrönten Prom. „Studien über die Lungenentzündung". Seine Ausbildung zum Internisten erfolgte unter Anton Biermer, Breslau. 1883 habil. er in Berlin, wurde 1886 ao. Prof. und Dir. der Med. Poliklinik der Univ. Jena und ging 1888 als o. Prof. der speziellen Pathologie und Klinik an die Univ. Dorpat (Tartu). 1892 übernahm U. das erste Direktorat der am 15.06.1894 offiziell eröffneten Krankenanstalt Magdeburg-Sudenburg. Gleichzeitig war er ärztlicher Leiter der Inneren Abt. Seine besonderen Arbeitsgebiete waren Erkrankungen des Zentral-Nervensystems und des Atmungstraktes. Er veröffentlichte 1891 zur Myoklonie („U.sche Krankheit") sowie 1896 zur Heilung des tuberkulösen Pneumothorax („U.sche Fistel"). Von 1902 bis 1909 hatte U. den Vorsitz der *Med. Ges. zu Magdeburg* inne. Er war 1888 erstes und damals einziges Magdeburger Mitglied der *Dt. Akad. der Naturforscher Leopoldina*. U. gilt als einer der bedeutendsten Kliniker seiner Zeit. Er war um die Errichtung einer ärztlichen Ausbildungsstätte in Magdeburg bemüht. Seinem Vorschlag entsprechend wurde 1906 → Gustav Ricker als Pathologe nach Magdeburg berufen.

W: Krankheiten des Brustfells und des Mittelfells in: Wilhelm Ebstein/Julius Schwalbe (Hg.), Hdb. der praktischen Med., 1899; Die Myoclonie, 1891; Zur Behandlung des tuberkulösen Pneumothorax, in: Verhandlungen Kongreß innere Med., 1896, *497*. – **L:** Julius Pagel (Hg.), Biogr. Lex. hervorragender Ärzte des 19. Jhs, 1901, Sp. *1744f.* **(B)**; Isidor Fischer (Hg.), Biogr. Lex. der hervorragenden Ärzte der letzten fünfzig Jahre, Bd. 2, ³1962, *1600*; → Helmke Schierhorn/Thomas Klemm, Grabdenkmäler bedeutender Ärzte in Magdeburg, in: Magdeburger Bll. 1984, *80–88*; StadtA Magdeburg: Rep. 28, 342.

Wilhelm Thal

Urban, *Karl* **Christian Albert,** Prof. Dr. phil. h.c.
geb. 08.05.1837 Roßlau, gest. 24.05.1913 Magdeburg, Lehrer, Schuldir., Propst, Geh. Regierungsrat.

Der Bäckersohn besuchte die Schule in Roßlau und ab 1850 das Gymn. in Dessau, wo er 1856 die Reifeprüfung ablegte. Im Anschluß daran studierte er Klass. Philologie und Phil. in Heidelberg und Berlin. Gefördert wurde er dabei vor allem durch August Böckh, Adolf Trendelenburg und Moritz Haupt. 1859–60 war er als Hauslehrer in Nistitz /Schlesien beschäftigt und absolvierte danach ein Probejahr am Gymn. in Glogau/Schlesien. Im Anschluß daran arbeitete er von 1861 bis 1863 als wiss. Hilfslehrer am Gymn. in Hirschberg/Schlesien, 1863–1866 als Lehrer am Gymn. in Brieg und 1866–1874 als Oberlehrer am Gymn. in Görlitz. 1874 war U. für kurze Zeit Gehilfe im Kultusministerium in Berlin. Nach seiner Ernennung zum Prof. berief man ihn zum Dir. des König Wilhelms-Gymn. in Königsberg. Von 1882 bis 1911 war er Propst und Dir. des Pädagogiums am Kloster U. L. F. in Magdeburg. Die Phil. Fakultät der Univ. Kiel verlieh ihm 1889 die Ehrendoktorwürde. 1903 erhielt er den Titel eines Geh. Regierungsrates. Die Verdienste U.s um das Kloster waren groß. Dazu gehörte vor allem die 1891 erfolgte Wiedereröffnung der Klosterkirche (Marienkirche), der eine umfassende Restaurierung vorausging. Unter seiner Leitung wurde die Schule um eine Turnhalle und ein Alumnen-Krankenhaus erweitert. Zudem gab U. mit → Gustav Hertel 1898/99 die ersten chronologischen Verzz. der Pröpste, Lehrer und Abiturienten des Klosters und seiner Schule heraus. Nachdem U. 1911 in den Ruhestand getreten war, gründeten ehemalige Schüler mit Hilfe weiterer Personen die Propst-U.-Stiftung zur Unterstützung von Schülern des Pädagogiums.

W: Die Einweihung und Wiedereröffnung der Klosterkirche, in: Jb. des Pädagogiums des Kloster U. L. F. Magdeburg, 1892; Geographische Forschungen und Märchen aus griechischer Zeit, 1892. – **L:** Alfred Laeger, Gedenkschrift Dom- und Klostergymn. Magdeburg 1675–1950, 1964, *29f., 52–54* (***B**); Matthias Puhle/Renate Hagedorn (Hg.), Zwischen Kanzel und Katheder. Das Magdeburger Liebfrauenkloster vom 17. bis 20. Jh., Kat., 1998, Kat.-Nr. 3.56, 3.57, 3.60.

Uwe Förster

Usbeck, Hermann Eduard Adolf *Werner,* Dr. Ing. E.h.
geb. 18.02.1881 Jerichow, gest. 01.02.1947 Buchenwald, Ing., Reg.-Baumeister.

U., Sohn des Pfarrers Werner U. in Parchen und Bruder des → Adolf U., wuchs in Jerichow und Parchen auf. Nach dem Schulbesuch am Progymn. Genthin und Victoria-Gymn. Burg studierte er in Hannover 1899–1903 Maschinenbau, trat dann in den Eisenbahndienst in Fulda, Limburg und Magdeburg. 1907 wurde er, inzwischen Reg.-Baumeister, für den Stab ausgewählt, der die Elektrifizierung der Eisenbahnen in Angriff nehmen sollte. Hierfür war er bis 1911 bei der *AEG Berlin*, dann, unterbrochen durch den I. WK (1918 Sachverständiger bei der Waffenstillstandskommission), in Schlesien tätig. Wegen seiner Verdienste ernannte ihn die TH Breslau 1931 zum Ehrendoktor. 1935 übernahm U. in Hamburg die Erneuerung des S-Bahn-Netzes. 1939 wurde er Vizepräsident der neu gegründeten Reichsbahndirektion Danzig, 1940 Präsident der Direktion in Halle, zu deren Verwaltungsbez. u. a. auch Magdeburg gehörte. Im Herbst 1945 wurde U. vom NKWD verhaftet. Er überlebte die Haft im Speziallager Buchenwald nicht.

L: Hans Tetzlaff, Nachruf W. U., in: Elektrische Bahnen 56, H. 2, 1950, *55f.* (***B***); Vf., W. U. – ein Mann, der Eisenbahngesch. mitgeschrieben hat, in Volksstimme, Genthiner Rundblick, vom 19.02.2000, *3* (***B***); Archiv Dt. Technikmus. Berlin: DTM I, NL 115. – **B:** *Familienunterlagen Vf., Freiburg/Breisgau (priv.).

Ilse Seibold

Usbeck, Karl Max *Adolf*, Dr. med.
geb. 13.09.1879 Jerichow, gest. 27.10.1951 Genthin, Arzt, Oberstabsarzt.

U., erstes Kind des von 1885 bis 1920 in Parchen wirkenden ev. Pfarrers Werner U. und ältester Bruder → Werner U.s, studierte nach dem Besuch des Genthiner Progymn. und des Gymn. in Burg ab 1900 mit Unterbrechungen in Halle Med. Er war danach als Assistenzarzt an verschiedenen Krankenhäusern in Magdeburg und Braunschweig tätig, wo er Fachkenntnisse der gynäkologischen Geburtshilfe und Chirurgie erwarb. Nach seiner Prom. und Rekrutenzeit (1908/09) gründete er 1911 in Genthin eine eigene Arztpraxis, heiratete ein Jahr später und fungierte während des I. WK als freiwilliger Militär- und Stabsarzt an der Westfront. 1927 wurde U. an das Johanniter-Krankenhaus Genthin berufen, wo er bis zu Beginn des Jahres 1946 als Chefarzt für Chirurgie tätig war. Neben seiner Tätigkeit als exponierter Gynäkologe und Geburtenhelfer erwarb er sich u. a. auch bei der chirurgischen Behandlung der zahlreichen Unfallverletzten des großen Genthiner Eisenbahnunglücks vom 22.12.1939 sowie bei der Versorgung von Frontverletzten und zivilen Zwangsarbeitern des II. WK große persönliche Verdienste. 1941 wurde U. für seine langjährige und erfolgreiche med. Tätigkeit zum Oberstabsarzt befördert und trat noch kurz vor Ende des Krieges der NSDAP bei. Anfang Januar 1946 durch Behörden der Landesreg. als Chefarzt am Genthiner Krankenhaus suspendiert, schied U. kurz vor seinem Tode endgültig aus dem Berufsleben aus. Zahlreiche, in der Region überlieferte Anekdoten und Krankengeschichten erinnern an ihn als einen erfolgreichen und populären Genthiner Arzt seiner Zeit, der mit seinem ärztlichen Können sowie seiner volkstümlichen Art im Umgang mit den Patienten Maßstäbe setzte.

L: Vf., A. U. – ein verdienstvoller und populärer Arzt der Stadt Genthin, in: Volksstimme Genthiner Rundblick vom 31.01.2000, *4*; ebd. 01.02.2000, *5*; ebd. 04.02.2000, *3*; ebd. 09.02.2000, *4*; Familienunterlagen Ilse Seibold, Freiburg/Breisgau (priv.); Familienunterlagen Johannes U., Echte (priv.); Familienunterlagen Gottfried U., Rieder (priv.). – **B:** *Johannes U., Echte (priv.).

Klaus Börner

Valentin, Erich, Prof. Dr.
geb. 27.11.1906 Straßburg/Elsaß, gest. 16.03.1993 Bad Aibling, Musikwissenschaftler, Telemann- und Mozartforscher, Musikpädagoge.

V. war Sohn des Postbeamten Karl V. Nach Stationen in St. Ludwig und Mülhausen/Elsaß kam V. aufgrund einer Dienstversetzung des Vaters nach Magdeburg. Dort legte er sein Abitur am König Wilhelms-Gymn. ab. 1923/24 vervollkommnete er seine musikalische Ausbildung bei → Otto Volkmann, → Georg Sbach, Hermann Freiberg, Siegfried Blumann, → Werner Tell u. a. Ab 1925 studierte er in München Musikwiss. (Adolf Sandberger, Alfred Lorenz, Gustav Friedrich Schmidt), Komposition (Walther Courvoisier) und Klavier (Richard G'schrey), daneben besuchte er u. a. auch das pädagogische Seminar unter Aloys Fischer und prom. 1928 bei Sandberger. Eine unbezahlte Korrepetitorstelle in Düsseldorf trat er nicht an, obgleich er zu diesem Zeitpunkt die Kapellmeisterlaufbahn anstrebte. Im selben Jahr kehrte er nach Magdeburg zurück, wo er sich als Klavier- und Lateinlehrer, als Lehrer an der Volkshochschule, als Doz. für Musikgesch. am Staatl. Musikerzieherseminar (ab 1930), als Musikkritiker (*Magdeburgische Ztg., Mitteldt. Ztg., Monatsbl. der Volksbühne, Dt. Musikztg., Dt. Tonkünstlerztg., Preuß. Lehrerztg.*) und Schriftleiter des *MonBl.* betätigte. Mit → Robert Adolf Stemmle gestaltete V. Puppenspielaufführungen in Schulen. In dieser Zeit entstanden Beiträge über das Wirken bedeutender Musiker und Komponisten in Magdeburg (→ Richard Wagner, Carl Loewe, → Albert Lortzing, Franz Liszt, → Friedrich Ernst Fesca, Johann Heinrich Rolle) sowie über die Entstehung des Magdeburger Konzertlebens im 18. Jh., über die Elbmusikfeste des 19. Jhs und über hist. Musikstätten Magdeburgs. 1934 erschien die erste Magdeburger Musikgesch. Auf Anregung des Staatsarchivdir. → Walter Möllenberg schrieb V. für die „Mitteldt. Lebensbilder" eine Biogr. Georg Philipp Telemanns (1930). Anläßlich des 250. Geb. Telemanns veröffentlichte V. dann in Burg bei Magdeburg die erste eigenständige Telemann-Biogr., die mehrere Nachauflagen erlebte. V. erkannte in Telemann den „Wegbereiter der Klassik". Zur gleichen Zeit erschienen in verschiedenen Zss. V.s Artikel über Telemanns Magdeburger Zeit. V. hielt öffentliche Vorträge, Telemann-Werke wurden u. a. durch das Städtische Orchester aufgeführt. Es ist der Beginn der Magdeburger Telemann-Pflege und -forschung, die von Musikern wie → Otto Kobin und → Werner Tell auch nach V.s Weggang nach München (1935) weitergetragen wurde. 1932 lernte er Albert Schweitzer im Schwarzwald kennen. 1935 veröffentlichte er im Magdeburger *Heinrichshofen-Verlag* gemeinsam mit Kobin erstmals die FAE-Sonate von Robert Schumann/Johannes Brahms/Albert Dietrich. In München wirkte er zunächst als freischaffender Musikpublizist. 1939–45 war V. Lehrer am Mozarteum Salzburg, außerdem wurde er Generalsekretär der Int. Stiftung Mozarteum und Leiter des *Zentralinst. für Mozart-Forschung*. Von nun an erschienen vor allem Arbeiten zu Mozart und zur Musikpädagogik, aber auch zu Beethoven und Hans Pfitzner. Nach dem Krieg hielt sich V. in Mammendorf bei Fürstenfeldbruck auf, ab 1947 auf der Lippischen Burg Sternberg als Mitarbeiter von Peter Harlan und als Kreismusikberater. Ab 1949 wirkte er als Doz. an der Nordwestdt. Musikakad. Detmold. 1953 übernahm V. die Professur für Musikwiss. an der Münchner Hochschule für Musik (1964–72 Dir.). 1950–55 wirkte er als Hauptschriftleiter der *Zs. für Musik*, 1955–59 als Redaktionmitglied der *Neuen Zs. für Musik*, ab 1954 als Schriftleiter der *Acta Mozartiana*. V. war Mitbegründer und langjähriger Präsident der *Dt. Mozart-Ges.* (Sitz Augsburg). 1961 kam es zur Begegnung mit Hermann Hesse, der V. sehr schätzte und dessen Vortrag „Die goldene Spur. Mozart in der Dichtung H. Hesses" autorisierte (gedruckt 1967, Neuauflage 1998). 1992 wurde der Begründer der Magdeburger Telemann-Forschung mit dem Telemann-Preis der Landeshauptstadt Magdeburg geehrt.

W: Friedrich Ernst Fesca, in: Mitteldt. Leb 5, *254–266*; G. Ph. Telemann. Eine Biogr., 1931, ²1947, ³1952; Johann Heinrich Rolle. Ein Mitteldt. Musiker des 18. Jhs, in: Jb. Sachsen und Anhalt 9, 1933; Musikgesch. Magdeburgs, in: GeschBll 68/69, 1933/34, *1–51*; (Hg.) G. Ph. Telemann, Psalm 117, 1936; Wege zu Mozart, 1941; Mozart. Wesen und Wandlung, 1948; Hdb. der Instrumentenkunde, 1954, ⁸1986; Musica domestica: über Wesen und Gesch. der Hausmusik, 1959; Artikel Magdeburg, in: MGG 8, 1959, *1470–1477*; Telemann in seiner Zeit. Versuch eines geistesgesch. Porträts, 1960; Hdb. der Schulmusik, 1962, ³1985; Artikel Fam. Rolle, in: MGG 11, 1963, *653–656*; Lübbes Mozartlex., 1983, ³1994; W. A. Mozart, 1985, ²1991; L. Mozart, 1987, ²1998; Wolf Hobohm (Hg.), E. V., Schriften zu Telemann, 1991 (*W* zu Telemann); Art. Magdeburg, in: MGG 5 (Sachteil), *1569–1572*. – **N:** Bücher und Noten im Zentrum für Telemann-Pflege und -Forschung Magdeburg. – **L:** MGG 13, *1226*; New Grove 19, *493f*.; Riemann 4, 1989, *286* (auch Supplement-Bd., *107*); Alfons Ott, Musik und Humanität: E. V. Zum 65. Geb., in: Musica 25, H. 6, 1971, *610f*.; Günther Weiß (Hg.), Fs. E. V. zum 70. Geb., 1976; Hans E. V., Ein Leben für Mozart, in: ebd., *235–244* (*W*); Interview mit E. V., in: Magdeburger Volksstimme vom 14.03.1992; E. V.: Mozarts europäische Sendung. Schriften zu Mozart, zusammengestellt von Rudolf Angermüller, in: In signo Amadei: E. V., 1993 (*W*); Wolf Hobohm, Nachruf, in: Magdeburger Volksstimme, 23.03.1993; Vf., E. V. und die Magdeburger Telemann-Pflege, in: Acta Mozartiana 41, H. 4, 1994, *146–149*. – **B:** *Telemann-Zentrum Magdeburg.

Ralph-J. Reipsch

Vangerow, Wilhelm Gottlieb von (seit 1798), Dr. phil.
geb. 04.07.1745 Stettin, gest. 06.10.1816 Magdeburg, Jurist, Verwaltungsbeamter, Kunstförderer, Pädagoge, Regierungspräsident, Geh. Justizrat.

Um in den preuß. Staatsdienst zu gelangen, studierte V. an der Univ. Halle Rechtswiss. 1766 war er als Referendar beim Kammergericht in Berlin tätig, kam aber bereits 1770 als Regierungsrat an die Kriegs- und Domänenkammer nach Magdeburg. Diese Einrichtungen waren in Preußen Träger der allg. inneren Verwaltung und wurden später im Zuge der preuß. Reformen und der Neugliederung des Staates nach 1815 von den „Regierungen" auf der Basis von Regierungsbezirken abgelöst. Die nicht genau geregelten Zuständigkeiten der Kammern brachten es mit sich, daß V. im Laufe seiner Tätigkeit in Magdeburg noch andere Aufgaben erhielt und dazu gehörige Titel und Amtsbezeichnungen trug. 1781 wurde V. OLG-Präsident in Magdeburg. Seit 1791 war er Pupillenrat (Obervormundschaftsbehörde), Konsistorialrat sowie Dir. des Magdeburgischen Almosenkollegiums. V. erwarb sich in seiner Tätigkeit Verdienste nicht nur im Schulwesen, sondern auch in der Armenpflege. Auf V. geht 1787 die Gründung einer Erwerbsschule zurück, die die Grundlage der späteren Kunstgewerbe- und Handwerkerschule bildete. Er stiftete 1786 eine freiwillige Arbeitsanstalt in Magdeburg. Zur Armenpflege wie auch zum Schulwesen hat er Publikationen verfaßt (s.u.). 1797 erhielt V. an der Kriegs- und Domänenkammer in Magdeburg die Stellung und den Titel eines preuß. Regierungspräsidenten. Zu den umfangreichen Tätigkeiten V.s gehörte die Mitgliedschaft in der *Lit. Ges.* und die Redaktion der *Magdeburgischen gemeinnützigen Bll.* (1789–90). Er war eine wichtige Persönlichkeit für das lit. Leben und das Kulturleben seiner Zeit in Magdeburg.

W: Ueber die Erlernung der Landesgesetze in den Volksschulen, 1789; Gesch. und Verfassung des Armen-, Waisen- und Krankenhauses und der damit verbundenen Armenanstalten in Magdeburg, 1793; Ueber die Erwerbsschule in Magdeburg. Zum Andenken ihrer 25jährigen Stiftungsfeier am 01. November 1812. Zum Besten der Anstalt, 1812; Entwurf zur Vervollständigung der Einrichtung des Armenwesens im Allg. und in besonderer Beziehung auf die Stadt Magdeburg und deren Vorstädte, 1818. – **L:** Christoph Weidlich, Biogr. Nachrichten von jetztlebenden Rechtsgelehrten in Dtl., Bd. 2, 1781; Oppermann, Das Armen-Wesen und die milden Stiftungen in Magdeburg, 1821; Fs. des Lehrerverbandes der Provinz Sachsen, 1908; Norbert Eisold, Die Kunstgewerbe- und Handwerkerschule Magdeburg 1793–1963, Kat. Magdeburg 1993 (*B*). – **B:** *KHMus. Magdeburg.

Mathias Tullner

Varena, Adolf (eig. Kohn)
geb. 02.01.1842 Mainz, gest. 08.05.1912 Königsberg, Schauspieler, Regisseur, Theaterleiter, Hofrat.

V. entstammte einer hessischen Offiziersfam. Er begann seine künstlerische Laufbahn als Schauspieler 1861 in Erlangen, war von 1864–1877 am Hoftheater in Kassel als Heldendarsteller und Bonvivant engagiert, leitete anschließend bis 1882 das Stadttheater in Stettin und übernahm dann als Nachfolger des glücklosen Ludwig Ubrich bis 1891 die Direktion des neuen (1876 eröffneten) Stadttheaters in Magdeburg. „Schauspiel und Oper werden auch unter V. scharf getrennt, der Chor wird besser organisiert, das Ballett auf eine gewisse Höhe gebracht" (Hasse). Das Stadttheater bot zu dieser Zeit die Alternative zur prosperierenden seichten Unterhaltung der anderen Theater der Stadt. V. legte das Schwergewicht eindeutig auf die große Oper und setzte damit Akzente, die auch unter seinen Nachfolgern → Arno Cabisius und → Heinrich Vogeler wesentlich zur kontinuierlichen Aufwärtsentwicklung des Magdeburger Musiktheaters beitragen sollten. Mitte der 1880er Jahre konnten Aufführungen von Werken → Richard Wagners – z. B. die Magdeburger Erstaufführung von „Die Walküre" (1886) und „Tristan und Isolde" (1890) – ausschließlich mit eigenen Kräften bestritten werden. Großes Musiktheater begeisterte das Publikum. Im Schauspiel konnte V. derartige Erfolge nicht verzeichnen. Den dezidiert an Unterhaltungsbedürfnissen orientierten Spielplan dominierten Gesellschaftstücke und Historiendramen. Das Magdeburger Stadttheater verfügte unter V.s Leitung über leistungsstarke Ensembles und genoß – auch durch Gastspiele zahlreicher namhafter Künstler – einen guten Ruf. 1892 übernahm V. das Stadttheater in Königsberg, das er bis zu seinem Tod erfolgreich leitete. V. gehörte dem Direktionalausschuß und dem Ehrenrat des *Dt. Bühnenvereins* an und wurde zum kgl. Hofrat ernannt.

L: BioJb 18, 1913 (Totenliste); Ludwig Eisenberg, Großes biogr. Lex. der dt. Bühne im 19. Jh., 1903, *1063;* Die Dt. Bühne 4, 1912, *155f.;* Neuer Theateralmanach 1913, *167;* Wilhelm Widmann, Gesch. des Magdeburger Theaterwesens, in: MonBl, 1925, *310f.;* → Max Hasse, Fs. zum 50jährigen Jubiläum des Magdeburger Stadttheaters 1876–1926, 1926, *30ff.* (*B*); Christian Krollmann (Hg.), Altpreuß. Biogr., Bd. 2, 1967, *754;* → Friedemann Krusche, Theater in Magdeburg, Bd. 1, 1994, *169ff.*

Dagmar Bremer

Varges, *August* **Wilhelm,** Dr. med.
geb. 22.02.1793 Benneckenstein, gest. 15.05.1863 Magdeburg, Arzt, Assessor chirurgiae e.h.

V. wurde als jüngster Sohn des Berg- und Hüttenarztes Heinrich Ludewig V. geb., zwei Brüder waren Militärärzte. Er wurde zunächst Apothekerlehrling, brach die Lehre aber vorzeitig ab, assistierte seinem Vater und nahm als Freiwilliger eines preuß. Truppenteiles an den Befreiungskriegen 1813/15 teil, zuletzt als Kompaniechirurg. V. vervollständigte seine militärmed. Ausbildung am Friedrich-Wilhelms-Inst. in Berlin, diente nochmals zwei Jahre als Chirurg im 27. Infanterieregiment und erhielt 1821 die Approbation als „Wundarzt für große Städte". Er wurde in Magdeburg zunächst als Wundarzt der Gefängnisse neben → August Neide angestellt, nach seiner Eheschließung mit der Kaufmannstochter Dorothea Pommer 1823 zusätzlich als Lehrer für die praktische Ausbildung an der Magdeburger Hebammenlehranstalt. In dieser Stellung entfaltete V. sein ganzes Können und erwarb sich auch in der freien Praxis schnell einen ausgezeichneten Ruf als Geburtshelfer. 1827 wurde er für dieses Fach auch in den Lehrkörper der Med.-chirurgischen Lehranstalt berufen, dem er bis 1849 angehörte. 1832 wurde ihm die Vollapprobation als Arzt erteilt. 1840 erfolgte in Anerkennung seiner Leistungen durch das Kultusministerium die ungewöhnliche Ernennung zum „Assessor chirurgiae e.h." im *Provinzial-Medizinalkollegium*. 1846 gründete V. den *Norddt. Chirurgenverein* und war dessen Vors. auf Lebenszeit, zugleich fungierte er als Hg. der bei → Emil Baensch in Magdeburg erschienenen Zs. des Vereins. 1847 reichte V. an der Univ. Jena eine Diss. über Eklampsie ein und wurde am 15. August in absentia prom. In Magdeburg wurde V. aber, trotz der vorausgegangenen Anerkennungen, erst 1857 die Erlaubnis erteilt, den „im Ausland" erworbenen Titel zu führen. V. hat in seiner Zs. zahlreiche gut geschriebene Aufsätze aus seinem Spezialfach Geburtshilfe und Gynäkologie publiziert. Für die Med.-chirurgische Lehranstalt in Magdeburg lag zwischen 1827 und 1849 seine Bedeutung vor allem darin, als einziger im Lehrkörper den Zöglingen ein Vorbild für ihren eigenen Berufsweg zu bieten, der über die Fortbildung vom fachschulmäßig gebildeten Praktiker durchaus zur akad. Graduierung als Arzt führen konnte. Etliche Absolventen der Lehranstalt vollzogen diese Laufbahn nach.

L: → August Andreae, Chronik der Aerzte des Regierungsbez. Magdeburg mit Ausschluß der Halberstädter, Quedlinburger und Wernigeroder Landestheile, 1860, *230*; Vf., Magdeburger Medizinalchronik, Quellen und Studien zur Gesch. des Gesundheits- und Sozialwesens von 1631–1848/49, Ms. 1977, *151–154* (StadtA Magdeburg); UnivA Jena: L 51, Med. Facultät 1847/48, Bl. 1–13, Prom.-Verfahren A. W. V.; Chronik der Fam. V., Ms. o. J. (Günter V., Emden).

Horst-Peter Wolff

Vater, Albert
geb. 17.03.1859 Soldin/Neumark, gest. 07.02.1923 Magdeburg (Suizid), Nagelschmied, Parteifunktionär.

Nach mehrjähriger Wanderschaft kam V. 1885 nach Magdeburg, zunächst arbeitete er als Schmied in der Fa. *Otto Gruson*. Er engagierte sich stark im *Dt. Metallarbeiterverband* und in der sozialdemokratischen Bewegung noch während des Sozialistengesetzes. V. organisierte unter den Augen der Polizei 1898 eine verbotene Feier zum 1. Mai und gehörte 1900 zu den Gründern des Sozialdemokratischen Vereins in Magdeburg, dessen Vors. er 1904–06 war. Auch an der Gründung des Bezirksverbandes 1905/06 hatte er maßgeblichen Anteil. Da die meisten Lokalbesitzer der Sozialdemokratie ihre Säle für Verslgg. verweigerten, übernahm V. selbst eine Gaststätte. Stets auf dem linken Flügel der Partei stehend, befürwortete er in der 1905 besonders heftig geführten Debatte den politischen Massenstreik. Von 1908 bis 1910 vertrat er die SPD im Stadtparlament. Er gehörte zu den Gegnern der Kriegskreditbewilligungen und im April 1917 zu den Gründern der USPD-Ortsgruppe Magdeburg, deren Vors. er wurde. Der Arbeiter- und Soldatenrat der Stadt bestimmte ihn 1918 zum Beigeordneten des Polizeipräsidenten. Im Februar 1919 gehörte er mit den Angehörigen des Spartakusbundes Jacob Draisbach, Karl und Else Reimann und dem zum Ortsvors. bestimmten Karl Baier zu den Gründern der Ortsgruppe Magdeburg der KPD. V. wurde deren Sekretär und bald auch Bezirksleiter der Ortsgruppe. 1921 wegen der Geiselnahme des Reichsjustizministers → Otto Landsberg im April 1919 des Hochverrats angeklagt, nahm er sich in der Haft das Leben.

L: Quellenslg. zur Gesch. der Arbeiterbewegung im Bez. Magdeburg, Tl. 1 1970, *81–83* (**B**), Tl. 2 1990, *53*; Helmut Asmus, Gesch. der Stadt Magdeburg 1975, *238* u.ö.; Ingrun Drechsler, Die Magdeburger Sozialdemokratie vor dem I. WK, 1995, *122* u.ö.; Maren Ballerstedt, Er vertrat stets die linke Politik, in: Volksstimme Magdeburg vom 17.03.1989 (*B*). – **B:** StadtA Magdeburg.

Beatrix Herlemann

Veltheim, August Ferdinand Graf (seit 1798) **von,** Dr. phil. h.c.
geb. 18.09.1741 Harbke, gest. 02.10.1801 Braunschweig, Berghauptmann.

V. besuchte 1756–58 das Pädagogium des Klosters Berge bei Magdeburg. Vom Vizeberghauptmann und späteren Industrieminister Friedrichs des Großen, Friedrich Anton von Heynitz, wurde V. in das Bergwesen eingeführt. 1760 studierte er an der Univ. Helmstedt das Bergfach und wurde 1763 braunschweigischer Kammeraccessist. Seit 1767 zum Bergdrosten in Clausthal bestellt, erfuhr er 1769 die Beförderung zum Vizeberghauptmann und leitete in diesem Amt bis 1779 den gesamten Harzer Bergbau einschließlich der Hütten- und Salinenwerke. Nach dem Tode seiner ersten Gemahlin und seines ersten Sohnes legte er sein Amt nieder und erhielt bei seiner Verabschiedung den Titel eines Kgl.-Großbritannischen und Kurfürstlich-Braunschweigisch-Lüneburgischen Berghauptmanns. V. zog sich anschließend auf sein Gut in Harbke zurück und ging seinen Interessen und Neigungen nach. Zum seinem großen Bekannten- und Freundeskreis zählte Lessing ebenso wie Goethe. Neben der Bewirtschaftung seiner Güter widmete sich V. vor allem der Geognosie, Mineralogie und Altertumskunde. Ergebnisse dieser wiss. Arbeit sind Schriften wie „Grundriß der Mineralogie" (1781), „Etwas über die Bildung des Basalts, und die vormahlige Beschaffenheit der Gebirge in Dtl." (1787) und „Ueber die Hauptmängel der Eisenhütten in Dtl." (1790). Seine Vielseitigkeit bewies V. auch mit Publikationen über die Memnons-Bildsäule (1794), über das Schießpulver (1797) oder über die Barberinischen Vasen. Mit der im Jahre 1800 erschienenen „Slg. einiger Aufsätzen hist., antiquarischen, mineralogischen und ähnlichen Inhalts" (2 Bde) unterstrich V. seine reichen Erfahrungen im Bergbau, die in ganz Europa gefragt waren. Als ihm 1796 die Kaiserin Katharina II. von Rußland die Oberleitung der russischen Bergwerke anbot, lehnte er ab. Regional war V. als Landstandsmitglied tätig und beteiligte sich aktiv an der Erarbeitung des Provinzialgesetzbuches des Hzts Magdeburg. Als Schloßherr in Harbke kümmerte er sich um das Wohl und Wehe der Gemeinde und ließ anstelle des alten Hospitals im Jahre 1801 ein Armenhaus errichten. Auf Veranlassung V.s entstand 1796–98 am Büddenstedter Weg das neue Vorwerk Hornhof. Sein besonderes Augenmerk galt der Verschönerung des Lustgartens, dem Umbau des Schlosses und der Vergrößerung des Schloßparkes. Der Handel mit exotischen Gewächsen wurde zu einem einträglichen Geschäft entwickelt. Neben dt. Landschaftsgärten wurde auch das europäische Ausland, wie Dänemark, Polen und Rußland, beliefert. In Würdigung seiner botanischen Interessen und Verdienste wurde eine in Südafrika beheimatete Blumenzwiebelgattung V.ia Gled., V.ie (Lilia'ceae) nach ihm benannt. Die erfolgreiche Bewirtschaftung des Gutes durch den Schloßherrn veranlaßte im Jahre 1789 die Kammer zu Magdeburg zu dem Vorschlag, Harbke das Stadtrecht zu verleihen, was V. jedoch ablehnte, weil er sich für die Gemeinde dadurch keinen Nutzen versprach. 1798 verlieh ihm die Univ. Helmstedt den Titel eines Ehrendoktors der Phil. und Magisters der freien Künste. Im gleichen Jahr erhob ihn der König von Preußen in den Grafenstand derer v. V. auf Harbke. Obwohl zu Lebzeiten V.s auf dessen Grund und Boden kein Kohleabbau erfolgte, zählte er wegen seiner Bemühungen um die fachwiss. Ausbildung der Bergbaubedienten zu den bedeutenden Bergmännern seiner Zeit. Seinen Namen trugen deshalb Harbker Kohlefelder und Tiefbauschächte.

W: s. o.; Ueber der Herren Werner und Carsten Reformen in der Mineralogie nebst Anmerkungen über die ältere und neuere Benennung einiger Stein-Arten, 1793; Etwas über das Onyxgebirge des Ctesias und den Handel der Alten nach Ost-Indien, 1797; Von den goldgrabenden Ameisen und Greiffen der Alten. Eine Vermuthung, 1799. – **L:** Walter Serlo, Männer des Bergbaus, 1937, *148*; → Wilhelm Eule, Buch der Heimat, 1940, *129ff.*, *160ff.*; Christian Grunert, Das große Blumenzwiebelbuch, 1968; Herbert Lommatzsch, Berghauptmann A. F. v. V. Ein Blick in zeitkritische und bildungspolitische Vorstellungen eines Mitglieds des braunschweigischen Landadels zur Zeit der Aufklärung, in: Braunschweigisches Jb. 53, 1972, *339–342*; Braunschweigisches Biogr. Lex. des 19. und 20. Jhs, 1996 (***B***). – **B:** Herzog-August-Bibl. Wolfenbüttel; *Georg Schmidt, Das Geschlecht v. V., 1912 (Rötelzeichnung).

Rudolf Rohr

Veltheim, Röttger Graf (seit 1798) **von**
geb. 25.01.1781 Harbke, gest. 27.03.1848 Braunschweig (Suizid), Gutsbesitzer, Pferdekundler.

Der älteste Sohn des → August Ferdinand v. V. trat 1802 nach Beendigung seiner Studien in Helmstedt und Göttingen das Erbe und die Verwaltung des Nachlasses seines Vaters in Harbke an. Seine große Leidenschaft galt der Pferdezucht, der er sich theoretisch wie auch praktisch widmete. Zahlreiche Reisen führten ihn u. a. durch Dtl., Österreich, Dalmatien, Italien (1803), durch die Schweiz und Oberitalien (1806), Italien (1812), England und Frankreich (1818) sowie Ungarn (1825). Dazwischen zog er es vor, auf seinem Gut in Harbke ein stilles und zurückgezogenes Leben zu führen. Nach ausgiebigen Studien verfaßte er sein Buch „Bemerkungen über die Veredlung des Pferdegeschlechtes im übrigen Europa und besonders in Dtl." (1820), das Aufsehen erregte. V. trat darin gängigen Auffassungen seiner Zeit entgegen, die die dt. Pferdezucht auf die Fortpflanzung durch das engl. Vollblut begründete, während V. orientalischen Hengsten und Stuten den Vorzug gab. V.s Wirken in Harbke war mit wichtigen Veränderungen verbunden, wobei er stets versuchte, das Schöne mit dem Nützlichen zu verbinden. Bereits 1797 gewann er aus dem Saft von Ahornbäumen Zucker. Dazu ließ er unter sechs angepflanzten Arten 60 Stämme anzapfen und gewann aus 300 Litern Saft 10 Kilogramm Zucker. Neben einer eigens dafür errichteten Ahornzuckerfabrik bot V. junge Bäume aus Harbke zur Anlage von Zuckerplantagen an. Da in Dtl. Zucker aus Rüben erst zu Beginn des 19. Jhs gewonnen wurde und man deshalb auf die Einfuhr des teuren ausländischen Rohrzuckers angewiesen war, hatten diese Versuche zunächst auch eine wirtsch. Bedeutung. Neugotische Veränderungen im Harbker Park – Umgestaltung im englischen Stil (1803), Bau der Wassermühle (1803) und des Gewächshauses (1830/31) – und am Schloß (Gebäude für die Bibl., 1822) gehen auf ihn zurück. Am 19.08.1805 hatte er Goethe und im Sommer 1841 den König Friedrich Wilhelm IV. von Preußen mit dem Prinzen von Preußen zu Gast. Neben seiner Vorliebe für Pferde, Bücher und Gartenarchitektur kümmerte sich V. als Bergwerkseigner auch um die Hebung der Kohleschätze in der Region und galt als Begründer des Harbker Bergbaus. Mit der Niederbringung des ersten Schachtes am Wege nach Sommersdorf, der den Namen seines Vaters August Ferdinand erhielt, legte V. den Grundstein für einen umfassenden Ausbau der örtlichen Braunkohlenindustrie, die im Jahre 1860 bereits zwölf Schächte im Harbker Revier zählte. Verzweifelt über den Tod seiner zweiten Frau Charlotte Antonie Friederike von Bülow, erschoß er sich am gleichen Tage.

W: Abh. über die Pferdezucht Englands, noch einigen europäischen Ländern, des Orients u.s.w. in Beziehung auf Dtl., nebst einer Revision der seit der Mitte des 18. Jhs aufgestellten Systeme über die Pferdezucht, 1833; Neueste Stimmen aus England über den jetzigen Zustand der Zucht edler Pferde daselbst, 1837 (mit Conrad von Hochstetter). – **L:** ADB 39, *594f.*; Hamberger/Meusel, Bd. 21; Neuer Nekr 26, 1850; Georg Wilhelm Schrader, Biogr.-lit. Lex. der Tierärzte aller Zeiten und Länder, 1863; → Wilhelm Eule, Buch der Heimat, 1940, *135ff., 161ff.*; Braunschweigisches Biogr. Lex. des 19. und 20. Jhs, 1996. – **B:** Georg Schmidt, Das Geschlecht v.V., 1912 (Kupferstich).

Rudolf Rohr

Vettel, Franz, Prof. Dr. agr. h.c.
geb. 09.02.1894 Heppenheim, gest. 13.07.1965 Wernigerode, Landwirt, Pflanzenzüchter.

V., siebentes von zehn Kindern einer Bauernfam., absolvierte die Oberrealschule, eine landwirtsch. Volontärzeit und vier Jahre Militärdienst im I. WK. 1919–21 studierte er Landwirtschaftswiss. an der Univ. Halle und war danach als wiss. Assistent am dortigen Inst. für Acker- und Pflanzenbau und Pflanzenzüchtung unter Leitung von Prof. Theodor Roemer tätig. 1926–61 (unterbrochen nur durch Internierung im sowjetischen Gefangenenlager 1945–48) leitete er dann die renommierte Getreidezüchtung in Hadmersleben in der Magdeburger Börde – bis 1951 als Saatzuchtleiter der Fa. *Ferdinand Heine Kloster Hadmersleben* und ihres Nachfolgebetriebes, ab 1952 als Leiter der daraus entwickelten *Forschungsstelle für Getreidezüchtung Kloster Hadmersleben*. Als kath. Christ und diskussionsfreudiger aufrechter Wissenschaftler war V. kein Anhänger der in der DDR herrschenden SED-Diktatur. Nach der Errichtung der Berliner Mauer brachte er auf einer Plenartagung der Akad. der Landwirtschaftswiss. der DDR öffentlich seine Ablehnung der Maßnahmen der DDR-Reg. vom 13. August 1961 zur rigorosen Teilung Dtls zum Ausdruck. Er wurde daraufhin als Leiter der *Forschungsstelle für Getreidezüchtung* abgesetzt und Ende 1961 in den Ruhestand entlassen. In seiner langjährigen Züchtungsarbeit schuf V. zahlreiche Zuchtsorten von Winter- und Sommerweizen, Sommergerste, Hafer sowie Winterroggen und erreichte damit wesentliche Verbesserungen in der Ertragsleistung, -sicherheit und Qualität des Getreides. Zu seinen bedeutenden Sorten gehören u. a. Winterweizen „Heine VII", „Fanal", „Hadmersleber Qualitas", Sommerweizen „Peko" und „Koga", Sommergerste „Haisa", „Freya" und „Plena". V. war Nationalpreisträger der DDR, o. Mitglied und Prof. der Dt. Akad. der Landwirtschaftswiss. zu Berlin, Dr. agr. h.c. der Landwirtsch. Fakultät der Univ. Halle und Träger der Prof.-Roemer-Gedenkmedaille der *AG Getreideforschung* in Detmold.

W: Die Ursachen der Auswinterung von Winterweizen 1953/54 und welche Schlüsse wir daraus ziehen müssen, in: Dt. Landwirtschaft 5, 1954, *469–472*; Stand der Qualitätszüchtung bei Weizen, in: Sitzungsberichte DAL Berlin, Bd. 5, H. 11, 1956; Züchtungsmethodische Fragen der Neu- und Erhaltungszüchtung bei Weizen, Gerste und Hafer, in: Sitzungsberichte DAL Berlin, Bd. 6, H. 6, 1957. – **L:** Walter Hoffmann, F. V., in: Zs. für Pflanzenzüchtung 55, 1966, *95–99*; Vf., F. V. (1894–1965), ein passionierter Getreidezüchter in der Magdeburger Börde, in: Vorträge für Pflanzenzüchtung, H. 40, 1998, *107–115*. – **B:** *Familienbesitz F. V. jun. (priv.).

Wolfgang Porsche

Viegener, *Eberhard* Kaspar Josef, Prof.
geb. 30.05.1890 Soest, gest. 04.01.1967 Soest, Maler, Graphiker.

Neben seiner Tätigkeit als Anstreicher ab 1905 betätigte sich V. autodidaktisch im Malen und Zeichnen. Bis 1917 erfolgte eine Ausbildung in der Malerklasse der gewerblichen Fortbildungsschule Hagen und in der Privatschule von Karl Böttner in Zürich. 1919 hielt er sich in Magdeburg auf, wo er kurzzeitig Mitglied der spätexpressionistischen Künstlervereinigung *Die Kugel*, u. a. mit → Max Dungert, wurde. Im gleichen Jahr fand eine erste Personalausstellung in Düsseldorf statt. Seine erste Monographie erschien 1925. 1936 wurde sein Werk als „entartet" eingestuft. V. trat 1945 der *Westfälischen Sezession* bei und wirkte ebenfalls im *Kulturbund* mit. 1946–56 fungierte er als Präsident des westdt. bzw. bundesdt. *Künstlerbundes*. 1947 erhielt er den Karl-Ernst-Osthaus-Preis der Stadt Hagen. 1960 wurde ihm der Prof.-Titel verliehen. Aus der Magdeburger *Kugel*-Zeit stammt eine expressionistische Holzschnitt-Folge mit biblischer Thematik (KHMus. Magdeburg).

L: Thieme-Becker 34, *334f.*; Die Kugel – eine Künstlervereinigung der 20er Jahre, Kat. Magdeburg, 1964; Bernhard Kerber, Der Maler E. V., 1982; E. V. 1890–1967, Kat. Münster/Soest 1990; Birgit Schulte, E. V.: 1890–1967, Ausstellung Westfälisches Landesmus. für Kunst und Kulturgesch. Münster, 27.05.-19.08.1990, 1990; Vf., Die Kugel – eine Künstlervereinigung der 20er Jahre, Kat. Magdeburg 1993; Ilse Tjardes, Studien zum Leben und Werk des westfälischen Künstlers E. V. (1890–1967), 1998. – B: *Archiv Jörg-Heiko Bruns, Erfurt-Molsdorf (priv.).

enate Hagedorn

Vieregge, Carl Heinrich
geb. 06.09.1841 Bielefeld, gest. 05.01.1915 Magdeburg, ev. Theologe, Generalsuperintendent.

V. besuchte von 1848 bis 1860 die Vorschule und das Gymn. in Bielefeld und studierte im Anschluß von Ostern 1860 bis Ostern 1863 ev. Theol. in Halle und Bonn. Die theol. Examina bestand er im Oktober 1863 und im April 1866 in Münster. Seinen Pfarrdienst begann V. in der Altstädter Kirchengemeinde zu Bielefeld, in der er 1866 ordiniert wurde, danach als Pfarrverweser im Gefängnis auf der Sparrenburg. 1866–69 war er als Hilfsprediger in Halle/Westfalen und an St. Simon sowie an der Garnisonsgemeinde in Minden tätig. Im August 1869 wurde er zweiter Pfarrer in der St. Petri-Nicolai-Kirchengemeinde in Dortmund, im November 1873 erster Pfarrer der Altstädter Kirchengemeinde in Bielefeld. Zum Januar 1885 wählte ihn die ev. Kirchengemeinde Bonn zu ihrem Pfarrer, bis er 1892 zum zweiten Hof- und Domprediger sowie Konsistorialrat in Berlin ernannt wurde. 1894 trat V. das Amt des Generalsuperintendenten der Provinz Sachsen und ersten Dompredigers in Magdeburg an. Zum Mitglied des Preuß. Herrenhauses berufen, trat V. 1909 in den Ruhestand.

W: „Suchet in der Schrift". Predigten, 1872; Der Ev. Bund in Frankfurt. 1. Predigt, gehalten in der Paulskirche zu Frankfurt am 16.08.1887, 1887; Drei Festpredigten bei der 42. Hauptverslg. des Ev. Vereins der Gustav-Adolf-Stiftung Halle/S., 1888. – L: EZA Berlin: Prüfungsakte des Konsistoriums Westphalen, Bestand 7/D 1076. – B: → Martin Ulbrich, Die Gesch. des Diakonissen-Mutterhauses Pfeiffer'sche Anstalten zu Magdeburg-Cracau 1889–1928, 1928.

Hans Seehase

Vincenti, Arthur Reichsritter von, Dr. phil.
geb. 20.06.1878 Amberg, gest. 14.02.1941 Magdeburg, Stadtbibliothekar.

Der Sohn des bayrischen Oberleutnants August Ritter v. V. besuchte das Gymn. in Bamberg, wurde im ehemaligen bayerischen Kadettenkorps in München erzogen und legte hier 1898 das Abitur ab. V. studierte anschließend dt., engl. und franz. Philologie sowie Rechtswiss. in München, Bonn, Berlin und Göttingen. 1904 prom. er über „Die altenglischen Dialoge von Salomon und Saturn" und legte auch das jur. Referendarexamen ab. Längere Arbeits- und Studienaufenthalte führten ihn nach Paris, Cambridge, London und Oxford, nach Italien, Sizilien und Malta. 1908 trat er seine Bibliothekarslaufbahn als Volontär an der Göttinger UB an, ab 1910 war er hier als Assistent tätig. 1911 berief der Magistrat der Stadt Magdeburg V. zum zweiten Bibliothekar an die Magdeburger Stadtbibl., der er schließlich von 1913 bis zu seinem Tod als Dir. vorstand. Seinen Dienst begann V. in Magdeburg mit der Erschließung von ca. 8.500 Diss. und Sonderabdrucken im Bibliotheksbestand der Ärztebibl. Als Dir. erwarb er sich vor allem große Verdienste um den Erhalt und die Erweiterung des Bestandes in politisch bewegten Zeiten. V. regte die Trennung von Stadtbibl. und Stadtarchiv an, die 1913 unter Oberbürgermeister → Hermann Reimarus erfolgte. Damit wurde der bisherige erste Stadtbibliothekar → Ernst Neubauer erster hauptamtlicher Stadtarchivar. V. bekam die Leitung und Neuordnung der Bibl. übertragen. Sein Wirken richtete sich darauf, der Magdeburger Stadtbibl. die der Provinzialhauptstadt würdige Stellung zu verleihen, die Einrichtung öffentlich bekannter zu machen, alle Wissenschaftsgebiete auszubauen, insbesondere den Bestand an orts- und regionalkundlicher Lit. zu erweitern und alles hierzu Erreichbare zu sammeln. Unter V. erlangte die Magdeburgica-Slg. überregionale Bedeutung. 1914 veröffentlichte er die Schrift „Magdeburgs Heimatlit.". Alle bisher nur deponierten Buchbestände, wie die technische Bibl. des Magdeburger Bezirksvereins des *VDI*, die gesamte Ärztebibl. der *Med. Ges. zu Magdeburg* und des *Vereins für öffentliche Gesundheitspflege*, das Depositum des *Architektenvereins*, die Lehrerbibl., die Buckauer Lehrerbibl., die Slg. des Magdeburger *Geschichtsvereins* oder der Bücherbestand des *Harzklubs*, Zweigverein Magdeburg, wurden unter dem Dach der Stadtbibl. in das Eigentum der Stadt überführt und in einem Zentralkat. verzeichnet und veröffentlicht. Mit der Anlage einer Slg. von Lit., Briefen, Dokumenten und Karten zum I. WK konnten wichtige Zeitdokumente zur Magdeburger Stadtgesch. in den Bestand eingebracht werden. Trotz des Krieges hielt V. den Leihverkehr mit auswärtigen Bibl. aufrecht, konnte die Leserschaft halten und den Bestand vergrößern. Er ließ 1914/15 erstmals ein Gesamtzeitschriftenverz. erarbeiten, das 17.000 Nummern umfaßte. Ein Novum stellte die Autographenslg. Magdeburger Schriftsteller, Gelehrter und anderer Persönlichkeiten dar, die 1917/18 angelegt werden konnte. Mit Führungen des Dir. durch die Bibl., der Beteiligung an Ausstellungen im Kaiser-Friedrich-

Mus. und mit Vorträgen über die Schätze der Stadtbibl., das Buchwesen und den Aufbau der Magdeburg Bibl. trat V. erstmalig an die breite Öffentlichkeit heran. Er entwickelte Methoden moderner Öffentlichkeitsarbeit und führte diese, ergänzt um zahlreiche Veröffentlichungen, bis Ende der 1920er Jahre fort. Mehrere Sonderkataloge präsentierten die Spezifika der einzelnen Slgg. – wie etwa der Magdeburger Kat. für die hiesigen Drucke, der Stadtbibliothekskat. für die Leserschaft oder die Sammelkataloge über einzelne erfaßte Bibl. in Magdeburg. V.s Arbeit ermöglichte einen bisher unerreichten Überblick über die Slg. gedruckter Werke aller Art und ihrer Aufbewahrungsorte in der Stadt. Dazu gehörten auch Drucksachen des alltäglichen Lebens wie Lebensmittelmarken, Ansichtskarten, Notgeld, Papiergeld, Stadtpläne usw. Darüber hinaus baute V. das Netz der Volksbüchereien aus, die trotz Schließungen, Ausleiheinschränkungen und der Einführung von Leihgebühren in allen Vorstädten anzutreffen waren. Die Zeitumstände nutzend, wuchsen unter V. die öffentlichen Bibliotheken zu bedeutenden Bildungseinrichtungen für alle Schichten heran. Durch die Schenkung wertvoller privater Slgg. baute der 30 Jahre tätige Stadtbibliothekar die Bibl. auch zu einer bedeutenden Forschungsstätte aus. V. entwickelte von der Zusammenarbeit mit ansässigen Buchhändlern über die Erwerbung, Erschließung und Katalogisierung des Bestandes bis zur Ausleihe, dem Personal- und dem Haushaltsmanagement eine moderne Bibl., die in diesen Grundstrukturen bis heute arbeitet. Er förderte und unterstützte zudem den Druck stadtgesch. interessanter Arbeiten. So erschien 1932 ein Faksimile des ersten Magdeburger Adreßbuches aus dem Jahre 1817 mit einem Vorwort V.s. Der Redakteur, Musikwissenschaftler und Musikkritiker → Max Hasse erbat die Aufarbeitung seiner umfangreichen Slg. zum Magdeburger Buchdruck durch V., den dieser nach Hasses Tod übernahm und z.T. publizierte. Von V. stammte auch die erste umfassende Gesch. der Stadtbibl. Magdeburg, die 1925 als Festschrift zum 400. Jubiläum der Einrichtung erschien.

W: Gesch. der Stadtbibliotheken und Volksbüchereien, in: Erwin Stein (Hg.), Monographien dt. Städte, Bd. 2, 1912, *35–42*; Die Magdeburger Stadtbibl. vor 100 Jahren, in: MonBl 65, 1913, *137–140*; Leitsätze der Vorlesungen des Lehrgangs für Verwalter von Volksbüchereien der Provinz Sachsen in Magdeburg 1917, 1917; Volkstümliche Vorträge (Vorlesungsreihe), gedr. 1919; Die Organisation der Magdeburger Stadtbibl. und ihre Zukunftsaufgaben, in: Amtsblatt 1924, Nr. 7; Gesch. der Stadtbibl. zu Magdeburg 1525–1925. Fs. zum 400jährigen Jubiläum, 1925 (***B***). – **L:** Reichshdb 2, *1947* (***B***); KGL 4, 1931; Wer ist's 10, 1935; N. N., Nachruf, in: Jb. der dt. Bibliotheken 32, 1941, *156*. – **B:** *StadtA Magdeburg.

Heike Kriewald

Vinz, Waldemar
geb. 10.09.1906 Esch/Taunus, gest. 02.12.1986 Magdeburg, Ing., Technischer Dir.

Das jüngste von neun Kindern einer Lehrerfam. besuchte bis 1922 das Kgl. Realgymn. in Wiesbaden. Nach einem praktischen Jahr in der Schiffswerft Wiesbaden-Schierstein studierte er an der Maschinenbauschule in Kiel. Als Ing. trat er 1928 in die *Maschinenfabrik Hugo Güldner* in Aschaffenburg ein, wo er als Konstrukteur für große Gasmotoren tätig war, und wechselte 1931 zur *Motorenfabrik Deutz* Köln. Hier war er maßgeblich an der Entwicklung von Viertaktdieselmotoren für Schiffsantriebe und Elektrostationen beteiligt. Ab 1935 arbeitete er vier Jahre in der Motoren- und Elektrogeneratoren-Entwicklung bei *Lincke-Hoffmann* in Breslau und wechselte anschließend zum *Armaturen- und Meßgerätewerk Schäffer & Budenberg* Magdeburg. Hier war er bis 1949 als technischer Berater des kaufmännischen Dir. Fritz Riepe tätig. 1950 wurde er als technischer Dir. in die *SAG Schwermaschinenbau „Karl Liebknecht" Magdeburg – vorm. Buckau Wolf* berufen. Das Produktprofil dieses Betriebes war zu diesem Zeitpunkt sehr umfangreich (Dampfmaschinen, Lokomobile, Einrichtungen für Zucker- und Braunkohlenbrikettfabriken, Schreit- und Eimerkettenbagger, Dampfkessel, Filter für die Öl- und Papierindustrie, Viertaktdieselmotoren u. a.). Zudem hatte das Unternehmen zahlreiche Sonderaufträge wie z. B. die Generalüberholung von doppeltwirkenden Zweitaktdieselmotoren auszuführen. Nach einer Umprofilierung des Betriebes 1957 war V. zeitweilig kommissarischer Leiter. Die Neuentwicklung von Zweikreisdampfkesseln durch → Heinz Ullrich, die Leistungsentwicklung der Dieselmotoren durch → Hans Rost und von Dampferzeugern sowie die Entwicklung moderner Chemieanlagen machten eine Sortimentsbereinigung notwendig. Mit der Gründung der Hochschule für Schwermaschinenbau in Magdeburg 1953 wurde V. auf Grund seiner fachlichen Kompetenz für mehrere Legislaturperioden als Vertreter der Industrie in ihren Senat gewählt. 1968 schied er aus gesundheitlichen Gründen aus dem Berufsleben aus.

L: 100 Jahre Buckau-Wolf. Die Gesch. unseres Hauses von 1838 bis 1938, 1938; 1838–1988. Von der alten Bude zum sozialistischen Kombinat. Betriebsgesch. des Stammwerkes VEB Schwermaschinenbau „Karl Liebknecht" Magdeburg, Kombinat für Dieselmotoren und Industrieanlagen, Tle 1–4, 1979ff. – **B:** *Vf., Magdeburg (priv.).

Hans Vinz

Virchow, Willi, Dr. med.
geb. 09.11.1894 Potsdam, gest. 28.09.1970 Bonn, Arzt, Sanitätsrat, Oberreg.-Medizinalrat.

Der Sohn des Tierarztes Hermann V. und Neffe des Arztes Rudolf V. studierte nach dem Abitur am Viktoria-Gymn. in Potsdam ab 1912 Med. in Berlin. Den Kriegsdienst im I. WK leistete er als Sanitäter und Hilfsarzt. Er legte sein Staatsexamen 1920 ab und prom. 1921. 1921–24 war V. beamteter Arzt im Versorgungswesen und in Krankenhäusern in Münster, Düsseldorf und Köln. 1924–27 erfolgte die Ausbildung zum Facharzt für Innere Med. in Heidelberg unter Ludolf von Krehl. Ab 1928 war V. in Magdeburg tätig. Er leitete die Innere Abt. der Versorgungsärztlichen Untersuchungsstelle bis zum Einsatz im II. WK als Stabs- und Oberfeldarzt. Ab 1945 ließ er sich in freier Praxis in Irxleben nieder. Hervorzuheben ist sein selbstloser Einsatz bei der Versorgung Tbc-Kranker und in der Seuchenbekämpfung. Von 1955 bis 1964 übernahm V. in Nachfolge von → Kurt Koelsch als Leitender Arzt die Innere Abt. der Pfeifferschen Stiftungen in Magdeburg-Cracau. Er wurde von Mitarbeitern und Patienten sehr verehrt. 1961 starb seine Ehefrau Dr. med. Elli V., geb. Martin. Im Ruhestand übersiedelte V. 1964 zu seiner Tochter nach Hammelburg, dann nach Bonn-Bad Godesberg. Seine letzte Ruhestätte fand V. auf dem Friedhof der Pfeifferschen Stiftungen.

N: Briefe und Gegenstände aus dem Nachlaß seines Onkels Rudolf V. im Archiv seines Sohnes Christian V., Wiesen/Schweiz (***B***). – **L:** Friedrich Carl Badendieck, Sanitätsrat Dr. W. V., in: Akad. Bll. 73, Nr. 3, 1971.

Wilhelm Thal

Völker, Karl
geb. 17.10.1889 Halle-Giebichenstein, gest. 28.12.1962 Weimar, Maler, Graphiker, Architekt.

Der Sohn eines Stubenmalers erlernte 1904–10 in der väterlichen Werkstatt das Malerhandwerk. In Halle besuchte er die Handwerker- und Kunstgewerbeschule. 1910–12 war er als Dekorationsmaler in Leipzig tätig und studierte 1912–13 im Meisteratelier für Wandmalerei bei Richard Guhr in Dresden. Danach arbeitete er wieder als Dekorationsmaler und führte verschiedene baugebundene Aufträge aus. Seit 1918/19 datiert seine Zugehörigkeit zur *Novembergruppe* und seine Mitarbeit in der *Halleschen Künstlergruppe*. V. beteiligte sich 1919, 1921 und 1923 an den Ausstellungen der spätexpressionistischen Künstlervereinigung *Die Kugel* in Magdeburg. Nach der Farbgestaltung (innen und außen, 1920) des Halleschen Rathauses schloß sich 1921–23 eine fruchtbare Zusammenarbeit mit → Bruno Taut in Magdeburg an. Ergebnis dieses Zusammenwirkens war die farbige Gestaltung der Fassade des Magdeburger Rathauses und die Ausmalung des Magdeburger Stadttheaters. In dieser Zeit begann auch die Zusammenarbeit mit dem Architekten Otto Haesler in Celle (1928–33) auf dem Gebiet der farbigen Gestaltung von Wohnsiedlungen. 1933 – wieder selbständig in Halle tätig – richtete sich die ns. Aktion „Entartete Kunst" auch gegen ihn. Indes war es ihm gelungen, Arbeitsmöglichkeiten in der Denkmalpflege und als Architekt zu finden, u. a. malte er mehrere Kirchen in der Provinz Sachsen aus. Noch 1944 wurde er zum „Volkssturm" eingezogen und geriet 1945 in amerikanische Gefangenschaft. Seit 1945 arbeitete er wieder als selbständiger Künstler und Architekt in Halle und beteiligte sich am Wiederaufbau Halles und der Altstadt von Rathenow. Auf der ersten Sonderausstellung in der Staatl. Galerie Moritzburg in Halle (1949) zeigte er u. a. Entwürfe für Glasfenster im Magdeburger Dom.

W: Hauptwerke in der Staatl. Galerie Moritzburg Halle, der Nationalgalerie Berlin, dem Mus. für Dt. Gesch. Berlin und der Galerie Junge Kunst Frankfurt/Oder. – **L:** Vollmer 5, 1961, *45f.*; Ingrid Schulze, Zum Schaffen des Halleschen Malers und Graphikers K. V., 1961; dies., K. V., 1974; Ausstellungskat. Weggefährten – Zeitgenossen, Berlin Altes Mus. 1979; Bärbel Zausch, K. V., Kreidegrundzeichnungen, 1999. – **B:** *Staatl. Galerie Moritzburg Halle.

Siegward Hofmann

Vogel, Hugo, Prof.
geb. 15.02.1855 Magdeburg, gest. 26.09.1934 Berlin, Maler.

Der Kaufmannssohn besuchte die Realschule in Magdeburg und war 1874–80 Schüler an der Düsseldorfer Akad. bei Eduard von Gebhardt und Wilhelm Sohn. Nach einem Aufenthalt in Italien ließ er sich 1886 in Berlin nieder. 1887–92 war er Prof. an der dortigen Kunstakad., bildete sich 1893 bei Jules Lefebvre in Paris weiter und unternahm Studienreisen durch Spanien, Nordafrika, Italien, Belgien und Holland. V. schuf um die Jahrhundertwende und nach dem I. WK großformatige Fresken mit hist. Inhalten, u. a. im Berliner und im Hamburger Rathaus, sowie ein erhalten gebliebenes mehrteiliges Wandgemälde im Merseburger Ständehaus zur mittelalterlichen dt. Gesch. (1897/99, Hauptbild: Ankunft Kaiser Ottos des Großen und seiner Gemahlin vor Magdeburg). Während der Kriegsjahre war V. monatelang zwischen 1915 und 1917 an der Seite des späteren Reichspräsidenten Generalfeldmarschall → Paul von Hindenburg als Maler an der Front tätig, den er als Vorarbeit für ein Gemälde häufig porträtierte. In V.s Publikation „Als ich Hindenburg malte" (1927) sind zahlreiche Skizzen und Zeichnungen seiner Kriegseindrücke abgebildet. Neben seiner Historienmalerei und den dokumentarischen Blättern waren Genrebilder und Porträts die Schwerpunkte seines Wirkens.

W: Kaufmann Burchardt, 1897; General → Sixt von Armin, 1920 u. a. (Ölgemälde, KHMus. Magdeburg); → Otto Hubbe, 1906 (Ölgemälde, IHK Magdeburg). – Schriften: Erlebnisse und Gespräche mit Hindenburg. Erinnerungen, 1935. – **L:** DBE 10, *226;* Wer ist's 4, 1909; Reichshdb 2, 1931 (***B***); Thieme/Becker 34, *482f.*; Das geistige Dtl. am Ende des 19. Jhs, Bd. 1, 1898; Richard Graul, Die Wandgemälde des großen Saales im Hamburger Rathaus, 1909. – **B:** H. V., Als ich Hindenburg malte, 1927, *158;* *KHMus. Magdeburg.

Sabine Liebscher

Vogel, Reinhold
geb. 09.10.1893 Ummendorf, gest. 12.06.1964 Ummendorf, Angestellter, Bürgermeister.

Der Sohn eines Maurermeisters besuchte vor dem I. WK eine private Baufachschule in Holzminden, schloß diese als Techniker ab, um eine Laufbahn im Baugewerbe einzuschlagen. V. wurde während des Krieges schwer verwundet, kehrte beinamputiert heim und schloß sich alsbald der SPD an. Er wurde als Gemeindekassen-Rendant und Ortssteuereinnehmer angestellt und übernahm 1919 zusätzlich die Arbeit eines Sachbearbeiters für Siedlungswesen in Ummendorf. Im April 1920 wurde V. zum Bevollmächtigten der Rentengutssache gewählt, und war in der Folge mit der Aufsiedlung der Domäne Ummendorf und der kommunalen Entwicklung des Dorfes befaßt. In der Kommunalwahl vom Mai 1924 wurde V. zum Gemeindevorsteher gewählt. Die in den Jahren seiner Tätigkeit in Ummendorf geleistete Aufbauarbeit hat er selbst in einer Ortschronik ausführlich beschrieben und belegt. Der Antifaschist wurde 1933 seines Amtes enthoben und lebte danach als Steuerberater und Invalidenrentner in Ummendorf. Der Schwerkriegsbeschädigte wagte es im April 1945, mit zwei Begleitern weit vor dem Ortseingang Ummendorf der US-Armee zu übergeben, um Schaden von seiner Heimat abzuwenden. V. wurde alsbald zum Bürgermeister bestellt, war in dieser Zeit Delegierter der SPD zu den Kreis- und Landeskonferenzen, auf denen die Vereinigung der Arbeiterparteien beraten wurde. Im Spätsommer führte V. die Bodenreform in einem Minimalprogramm durch und trat Ende September 1945 von allen Ämtern zurück. Denunziert, wurde V. im Winter 1945 verhaftet und erst am Jahresende wieder freigelassen. In seinen letzten Lebensjahren förderte er die Entwicklung des erst 1953 wieder eröffneten Mus. in Ummendorf und wirkte in dem 1957 zusammengetretenen *Arbeitskreis Heimatforschung Börde-Holzland* mit. V. war auch kirchlich gebunden und gehörte langjährig dem Kirchenrat in Ummendorf an. Die Einrichtung der Schule in der Burg (1924), die Bereitstellung von Räumen für das neue Vereinsmus. (1924), die Einführung der ländlichen Pflicht-Fortbildungsschule für Jungen (1924) und für Mädchen (als erste im Reg.-Bez. Magdeburg 1927), der Bau einer Wasserversorgung im Dorf, Straßen- und Siedlungsbauten, Grünanlagen u. a. sind bleibende Denkmale eines unermüdlichen, uneigennützigen Menschen.

W: Ummendorf, unsere Dorfgesch. (6 Bde), Ms. 1960. – **L:** Vf., Einige Daten und Protokolle zu R. V., Ms. o. J. (Börde-Mus. Ummendorf). – **B:** Börde-Mus. Ummendorf.

Heinz Nowak

Vogeler, Johann Theodor *Heinrich*
geb. 25.08.1869 Leipzig, gest. 21.02.1937 Magdeburg, Schauspieler, Regisseur, Theaterdir., Intendant.

Der Sohn eines aus Magdeburg stammenden Großkaufmanns besuchte in Leipzig das Gymn. Schon in jungen Jahren interessierte er sich leidenschaftlich für das Theater. Er sah den „Ring", Verdi-Opern, dt. Klassik, Shakespeare und erlebte ein Gastspiel des Meininger Hoftheaters in Leipzig. Zögerlich gab der Vater dem Drängen seines Sohnes nach, Schauspieler zu werden. Sein erstes Engagement trat V. 1890 in Marburg an. Über Rostock, Hildburghausen, Augsburg, Düsseldorf, Lübeck, Baden-Baden kam er 1895 nach Königsberg, wo er u. a. an der Seite von Josef Kainz spielte. 1897 folgte er für zwei Jahre einem Angebot nach Halle. Während dieser Zeit spielte V. zahlreiche große Charakterrollen und begann, Regie zu führen. 1899 ging V. an eine der ersten Bühnen Dtls, an das vereinigte Stadttheater Hamburg und Altona. Er hatte dort berühmte Kollegen (Alexander Otto, Carl Horvath, Ida Bauer, Paul Wegener), spielte weiterhin Klassik und zeitgenössische Dramatik – wenn auch nicht mehr immer die ersten Rollen – und reifte zu einem erfahrenen Schauspieler und Theaterfachmann heran. 1908 folgte V. seinem Hamburger Verwaltungsdir. Carl Coßmann als Oberspielleiter und Schauspieler an das Magdeburger Stadttheater. Coßmanns Vorgänger → Arno Cabisius hatte die Oper gepflegt, so daß dem vernachlässigten Schauspiel größere Aufmerksamkeit zu schenken war. V. war besonders an der Regiearbeit interessiert. Er inszenierte als erste Schauspielpremiere „Julius Cäsar" und spielte selbst den Cassius. Sein Spielplan war geprägt von Inszenierungen der Klassiker, der jetzt stärker akzentuierten zeitgenössischen Dramatik und der Unterhaltungslit. 1911 übernahm V. die Direktion des Halberstädter Theaters, wurde aber 1913 nach dem Konkurs Coßmanns in gleicher Funktion wieder an das Magdeburger Stadttheater berufen, bis 1916 auch als Oberspielleiter Schauspiel. Er brachte aus Halberstadt seinen eigenen Fundus mit und kaufte zusätzlich Kostüme. V. bemühte sich um einen ausgewogenen Spielplan in Oper und Schauspiel. Zum 100. Geb. von Verdi wurde ein achtteiliger Zyklus herausgebracht, die Pflege der Werke → Richard Wagners fand ihre Fortsetzung (1913 „Meistersinger", 1915 „Ring"), Meyerbeers und Puccinis Werke erklangen. Ab 1915 stand V. mit → Walter Rabl ein bewährter Dirigent mit ausgesprochenem Stilgefühl zur Seite. Neben Shakespeare, Goethe, Schiller, Kleist und Hebbel wurden auch Stücke von Hauptmann, Wedekind, Ibsen, Björnson, Schnitzler, Hardt, Halbe und → Johannes Schlaf inszeniert, die verstärkt bestehende soziale Spannungen thematisierten. Durch Ermäßigungen wurde das Theater breiteren Volksschichten zugänglich gemacht. 1917 pachtete V. zusätzlich das Viktoria-Theater (Sommertheater), zunächst vorwiegend für Lustspielaufführungen gedacht, und konnte durch geschickte Repertoiregestaltung, Bespielung des Sommertheaters und Gastspiele Ganzjahresverträge für Teile des künstlerischen Personals abschließen. Wagners „Parsifal" und Richard Strauss' „Elektra" erlebten 1920 ihre Magdeburger Erstaufführungen. Infolge einer von → Hermann Beims initiierten Strukturreform übernahm im selben Jahr der sozialdemokratische Magistrat das Magdeburger Stadttheater in eigene Regie und gründete die Städtischen Bühnen, zu deren Verbund auch die gemieteten Wilhelm- und Viktoria-Theater gehörten. V. wurde zum Intendanten und 1924 zum städtischen Beamten auf Kündigung mit Pensionsberechtigung berufen. Seine Versuche, nach 1920 neben Bewährtem auch die gesellschaftskritische expressionistische Dramatik eines Arnolt Bronnen, Carl Sternheim oder → Georg Kaiser zu etablieren, scheiterten u. a. an der geringen Entdeckungsfreude des Magdeburger Publikums, einer zumeist konservativen Theaterkritik und V.s eigener traditionalistischer Spielauffassung. Innovationen gelangen → Walter Beck, der 1925 auf die Stelle des neugeschaffenen Generalmusikdir. berufen worden war und ansatzweise „das konventionelle Opernrepertoire zugunsten des modernen Musiktheaters" (Wallstab) abbauen konnte. 1930 zog sich V. auf eigenen Wunsch ins Privatleben zurück.

L: → Max Hasse, Fs. zum 50jährigen Jubiläum des Magdeburger Stadttheaters 1876–1926, 1926, *46–52* (***B***); Kurt Wallstab, H. V. – Ein Leben für das dt. Provinztheater, 1969 (***B***); →Friedemann Krusche, Theater in Magdeburg, Bd. 1, 1994 und Bd. 2, 1995; ders., Gesch. des Theaters in Magdeburg während der Weimarer Republik und im Dritten Reich, Diss. Berlin 1998.

Dagmar Bremer

Vogeler, Otto
geb. 03.03.1890 Cracau bei Magdeburg, gest. 10.02.1950 Tucheim, Lehrer, Heimatforscher, Museumsleiter.

Der älteste Sohn des Gärtnereimeisters und -besitzers Friedrich V. ging nach dem Schulbesuch in Magdeburg mit Abschluß der Mittleren Reife für zwei Jahre an die Genthiner Präparandenanstalt und erhielt anschließend seine Ausbildung im Lehrerseminar zu Genthin. 1912 trat er seine erste Anstellung als Lehrer in Großlübars/Kr. Jerichow I an. Während des I. WK war V. als Landsturmmann an der Westfront im Einsatz. 1926 erhielt er eine Anstellung als Grundschullehrer in Genthin. Seitdem unterstützte er den ehrenamtlich als Museumsleiter tätigen Lehrer Walter Barnstorff. Mit dem Umzug des 1886 gegründeten Genthiner Kreismus. in das Gebäude in der Mützelstraße (1927) wurde V. erster hauptamtlicher Museumsleiter, hielt jedoch noch bis 1934 Unterricht an der Grundschule ab. Der in den 1920er Jahren einer liberalen Partei angehörende V. trat in die NSDAP ein. Seiner Verdienste um Mus. und Volksbildung wegen wurde ihm nach dem II. WK wieder die Museumsleitung anvertraut. Ende 1948 fiel V. wegen seiner abweichenden Auffassung über die politische Funktion der Museen in Ungnade. Nach seiner Absetzung und Verhaftung übernahm im Januar 1949 der prom. Sprachwissenschaftler und Lehrer → Max Bathe die Leitung des Mus. V. erkrankte während der Haft schwer und starb zwei Wochen nach seiner Haftentlassung. In den 22 Jahren seiner Museumsleitertätigkeit entwickelte er das Genthiner Mus. zur zentralen kulturgesch. Sammelstelle des Kr. Jerichow II. Sein unermüdlicher Sammeleifer und seine Kontakte zu den Dorfschulen waren untrennbar mit einer systematischen Ordnung des umfangreichen Sammlungsbestandes, dessen Inventarisierung und Aufstellung im Mus. verbunden. Über die beachtliche Sammlungstätigkeit hinaus veröffentlichte V. zahlreiche heimatgesch. Aufsätze in regionalen Periodika. Da er sich insbesondere genealogischen Forschungen widmete, wurde ihm außerdem die Leitung des 1936 eingerichteten Kreissippenamtes übertragen, für das er eine vollständige Erfassung und Verfilmung der Kirchenbücher des Landkreises durchführen ließ. Als Pädagoge gelang es ihm, vor allem Schüler für die Heimatgesch. zu begeistern.

W: Zur Gesch. des Rittergutes Riesdorf, in: Kal. für die Jerichow'schen Kreise, 1914; Die Tucheimer in Südaustralien, in: Stimmen aus dem Lande Jerichow, Nr. 2, 3, 4, 1926; Münzfunde im Lande Jerichow, in: Heimatkal. für das Land Jerichow, 1928, *101f.*; Bernsteinfunde im Lande Jerichow, in: ebd., 1929, *III-IV*; Der Runenstein von Rogäsen, 1930; 50 Jahre Heimatmus. Genthin, in: Volkstum und Heimat. Kal. für das Heimatgebiet Jerichow-Zerbst, 1935, *72–76*; → Richard Stimming. Oberstabsarzt und Vorgesch.-Forscher, in: ebd., 1937, *2f.*; Hügelgräber von Havemark, in: Mitteldt. Kulturwart 76, 1937, *205f.* – **L:** Volksstimme Burg vom 10.12.1948; Unterlagen Fam. Stansch, Hamburg/Berlin (priv.). – **B:** *Kreismus. Genthin.

Antonia Beran

Vogt, Hans, Prof. Dr. med.
geb. 06.08.1874 Biedenkopf/Hessen, gest. 20.10.1963 Arolsen, Arzt.

Der Sohn eines Realschuldir. studierte nach dem Besuch des Gymn. Med. in Marburg, legte dort 1898 sein Staatsexamen ab und prom. Die Ausbildung als Internist erhielt V. in Marburg, Straßburg und Kassel. 1906 wurde ihm die Venia legendi für Innere Med. in Marburg erteilt. Ab 1906 war V. unter Adalbert Czerny in Breslau pädiatrisch tätig, erhielt hier 1909 die Venia legendi für Kinderheilkunde und wurde in Straßburg Oberarzt und 1912 ao. Prof. 1913 noch Oberarzt unter Czerny in Berlin, wurde er im gleichen Jahr von dort aus in Nachfolge von → Martin Thiemich als Leitender Oberarzt der Säuglingsabt. der Krankenanstalt Magdeburg-Altstadt und Leiter der städtischen Säuglingsfürsorge nach Magdeburg berufen. Ab 1920 war V. Dir. der Kinderklinik des Krankenhauses Altstadt. Besondere Verdienste erwarb er sich durch Arbeiten zur Pathologie der künstlichen Säuglingsernährung und über Lungenkrankheiten. V. errichtete 1919 ein Seminar zur Ausbildung von Kinderpflegerinnen, das sich zur staatl. anerkannten Säuglingspflegeschule entwickelte. Er unterstützte 1919 die Kinderärztin → Marie-Elise Kayser bei der Einrichtung und Leitung der ersten Frauenmilchsammelstelle Dtls in Magdeburg. 1924 erfolgte die Berufung auf den Lehrstuhl für Kinderheilkunde der Univ. Münster. V. war bis 1944 Dir. der dortigen Univ.-Kinderklinik.

W: Pathologie der künstlichen Säuglingsernährung, in: Friedrich Kraus/Theodor Brugsch (Hg.), Spezielle Pathologie und Therapie innerer Krankheiten, 1919–27, *525–636*; Die Ruhr, in: Hdb. der Kinderheilkunde, Bd. 2, 1931, *361–372*. – **L:** Isidor Fischer (Hg.), Biogr. Lex. der hervorragenden Ärzte der letzten fünfzig Jahre, Bd. 2, ³1962, *1624*; Ullrich Köttgen, Nachruf H. V., in: Monatsschrift für Kinderheilkunde 112, 1964, *106*; Vf., Zur Entwicklung der Kinderheilkunde in Magdeburg, in: Magdeburger Bll. 1991, *77–90*; H. V. Eigenbericht, in: Fritz Hilgenberg (Hg.), Erlebte Kinderheilkunde, 1992, *11–18*. – **B:** Univ.-Kinderklinik Magdeburg; Slg. Vf., Zerbst (priv.).

Wilhelm Thal

Voigt, Ilse
geb. 03.02.1905 Chemnitz, gest. 03.06.1990 Magdeburg, Schauspielerin, Synchronsprecherin.

Nach einer privaten Schauspielausbildung in Dresden debütierte V. bereits mit 17 Jahren am Theater Chemnitz bei Generalintendant Tauber, dem Vater des weltberühmten Tenors Richard Tauber. Nach Engagements im Komödienhaus Dresden – wo sie auch ihren Mann kennenlernte, der aus der berühmten Theaterfam. Wahlberg stammte – und Mulhouse mußte sie wie viele Schauspieler während der letzten Jahre des II. WK in der Rüstungsindustrie arbeiten. Danach unternahm sie mit Dresdner Staatsschauspielern Lazarettbetreuungstourneen. Nach einem familienbedingten Intermezzo in Pirna führten sie weitere Engagements nach Weimar, Leipzig, Quedlinburg, Erfurt und 1959 nach Magdeburg, wo sie ein profilbestimmendes Ensemblemitglied war und auch nach Erreichen des Rentenalters kontinuierlich weitergastierte. Als private Schauspiellehrerin gab sie hier vielen jungen Menschen solides Rüstzeug für den Schauspielerberuf. Neben ihrer Magdeburger Tätigkeit war sie eine vielgefragte Synchronsprecherin. Überregional bekannt wurde sie durch *DEFA*-Film und DDR-Fernsehen, besonders in der Rolle der Oma in „Der Mann, der nach der Oma kam". Die Berliner Filmpremiere von „Das Kaninchen bin ich" (in der DDR verboten) konnte sie nach der Wende trotz schwerer Krankheit noch miterleben. Bemerkenswert ist, daß das Schauspieltalent V.s sich in der weiblichen Linie der Fam. fortsetzte. Ihre Tochter Gisela Wahlberg spielte – jeweils ca. 20 Jahre zeitversetzt – die gleichen Hauptrollen in „Der Biberpelz", „Mutter Courage", „Der zerbrochene Krug" u. a. Stücken, ebenfalls am Magdeburger Theater. Enkelin Christine ist Schauspielerin und Theaterleiterin in Luxemburg, und Urenkelin Ulrike ist ebenfalls im Begriff, die Bretter zu erobern, die für V. eine arbeitsreiche und geliebte Welt bedeuteten.

L: Unterlagen Gisela Wahlberg, Magdeburg (priv.). – **B:** ebd.

Elke Schneider

Voigtel, *Carl* **Eduard,** Dr. med.
geb. 30.11.1801 Magdeburg, gest. 19.04.1868 Magdeburg, Arzt, Kreisphysikus, Sanitätsrat, Stadtverordneter.

V., Sohn des Regierungsdir. Johann Carl Traugott V. und Neffe von → Wilhelm V., prom. 1823 in Halle. Er war von 1826 bis 1864 Dir. der Provinzial-Hebammenlehranstalt in Magdeburg. 1827 bis 1849 vertrat er zusätzlich an der Med.-chirurgischen Lehranstalt die Theorie der Geburtshilfe, die von → August Varges praktisch unterrichtet wurde. Von 1838 bis 1864 amtierte V. außerdem als Kreisphysikus in Magdeburg und hat in dieser Eigenschaft auch Reg.-Medizinalrat → August Andreae vertreten. V. erhielt 1842 den Titel Sanitätsrat. Er war seit 1846 Mitglied der Stadtverordnetenverslg. in Magdeburg.

L: August Hirsch (Hg.), Biogr. Lex. der hervorragenden Ärzte aller Zeiten und Völker (vor 1880), Bd. 5, 1887, *792*; Gertrud Meyer, Die Gesch. der Geburtshilfe der Stadt Magdeburg, Diss. Magdeburg 1957 (*B*). – **B:** Slg. Vf., Qualzow (priv.).

Horst-Peter Wolff

Voigtel, Friedrich *Wilhelm* Traugott, Dr. med.
geb. 10.11.1767 Magdeburg, gest. 27.02.1844 Magdeburg, Arzt, Landphysikus, Regierungsmedizinalrat.

V., Sohn des Juristen und Regierungsbeamten Traugott Liebegott V., studierte nach dem Besuch der Magdeburger Domschule in Halle Med. und prom. 1790 mit einer geburtshilflichen Diss., die bereits Lehrbuchcharakter hatte und 1799 auch in dt. Sprache erschien. Nach dem Besuch von Fortbildungsstätten in Wien und Paris begann V. in Magdeburg als Arzt zu praktizieren und wurde 1795 zum Hebammenlehrer an der hiesigen Provinzialschule berufen, der er 1798 die erste geburtshilfliche Klinik, das „Gebärhaus", anschloß. 1797 war V. mit dem Landphysikat zusätzlich die Aufsicht über sämtliche Medizinalpersonen im Bereich des Hzts Magdeburg übertragen worden. 1803 förderte er die Einführung der Pockenschutzimpfung durch Einrichtung eines entsprechenden öffentlichen Inst. in seinem Hause. Während der franz. Besatzungszeit wurde dem preuß. Patrioten V. nur die Hebammenschule belassen. Im Herbst 1813 rief er ein Zivillazarett für verwundete franz. Kriegsgefangene ins Leben und amtierte nach der Befreiung 1814–17 als Dir. des Provinzial-Militärlazarettes in Magdeburg. 1820–22 war er Regierungsmedizinalrat, geriet aber zunehmend in Widerspruch zu politischen Restaurationsbestrebungen in der Monarchie, die ihn zum Rücktritt von diesem Amte veranlaßten. 1825 legte er auch die Leitung der Hebammenschule nieder. Vor allem die Mißachtung von ihm initiierter Reformvorschläge durch die preuß. Zentralbehörden, in Magdeburg eine staatl. Med.-chirurgische Lehranstalt zur Ausbildung der Wundärzte, Hebammen und Krankenpfleger einzurichten, war der Anlaß für diesen Schritt. V. war für seine Leistungen als Lazarettdir. 1817 mit dem EK II am weißen Band ausgezeichnet worden und spielte in Magdeburg eine führende Rolle in der 1761 gegründeten logenartigen Vereinigung *Die Lade*, die 1811 in seinem Haus ihr 50jähriges Jubiläum feierte.

W: Tabellen für Geburtshelfer und Hebammen, 1798; Bruchstücke aus der Zeichenlehre der Entbindungskunst, 1799. – **L:** Carl Liebecke, Magdeburg während der Blockade in den Jahren 1813 und 1814, 1814, *61f.*; → August Andreae, Chronik der Aerzte des Regierungsbez. Magdeburg mit Ausschluß der Halberstädter, Quedlinburger und Wernigeroder Landestheile, 1860, *233*; August Hirsch (Hg.), Biogr. Lex. der hervorragenden Ärzte aller Zeiten und Völker (vor 1880), Bd. 5, 1887, *792*; Vf., Magdeburger Medizinalchronik, Quellen und Studien zur Gesch. des Gesundheits- und Sozialwesens von 1631–1848/49, Ms. 1977, *155–158* (StadtA Magdeburg). – **B:** *KHMus. Magdeburg: Ölgemälde von Caroline Bardua; Slg. Vf., Qualzow (priv.).

Horst-Peter Wolff

Voigtel, Karl Eduard *Richard*

geb. 31.05.1829 Magdeburg, gest. 28.09.1902 Köln, Architekt, Dombaumeister, Geh. Regierungsrat.

Nach dem Besuch des Gymn. seiner Geburtsstadt Magdeburg studierte V. 1849–51 an der kgl. Bauakad. in Berlin Architektur- und Ingenieurwiss. und trat danach als Bauführer in den praktischen Dienst. 1853 war er in der Rheingegend mit Kirchenprojekten und Hochbauten beschäftigt und lernte hier den Dombaumeister Ernst Friedrich Zwirner kennen, der ihn 1855 zu seiner Unterstützung nach Köln berief. V. übernahm die Bauführung am Dom und wirkte als spezieller Stellvertreter Zwirners. Nach dessen Tod 1861 wurde V. mit der Gesamtleitung des Kölner Dombaus beauftragt, der 1880 abgeschlossen werden konnte. V. hatte insbesondere Anteil am Ausbau der beiden Türme, des Strebebogenwerks des Hochschiffs, des Inneren des Langhauses sowie des Daches mit dem Dachreiter. Während der Festlichkeiten am 15. und 16. Oktober 1880 wurde V. als Vollender des Kölner Doms, des nationalen Symbols für ein vereinigtes dt. Vaterland in der Zeit nach der Reichsgründung, gefeiert und mit dem Titel eines Geh. Regierungsrates geehrt. Nach 1880 war V. weiter in Köln tätig, befaßte sich mit der Ausschmückung und dem Ausbau des Dominneren und restaurierte zudem mittelalterliche rheinische Kirchen wie die Minoritenkirche Köln und die romanische Pfarrkirche Sinzig.

L: BioJb 7, 1902; Thieme/Becker 34, *511*; Franz Schmitz (Hg.), Der Dom zu Coeln, seine Construction und Ausstattung (3 Bde), 1868; Leonard Ennen, Der Kölner Dom von seinem Beginne bis zu seiner Vollendung, 1880; August Reichensperger, Zur neueren Gesch. des Dombaus in Köln, 1881; Johann Jacob Merlo, Kölnische Künstler in alter und neuer Zeit, 1895; Hans Wolfgang Singer, Allg. Künstler-Lex., Bd. 5, ⁴1920, *29*.

Guido Heinrich

Volbehr, Julie (Lu), geb. Scharrer

geb. 05.06.1871 Nürnberg, gest. 13.01.1945 Neustadt an der Aisch, Schriftstellerin.

Aus einer alteingesessenen Nürnberger Fam. stammend, heiratete sie nach ihrer Ausbildung in Nürnberger und Stuttgarter Internaten 1892 den Kunsthistoriker → Theodor V., der von 1892 bis 1923 als Vorsteher des *Kunstgewerbevereins* sowie als Leiter der musealen Slgg. des Vereins, später als Dir. des Kaiser-Friedrich-Mus. in Magdeburg tätig war. Dort lebte sie bis zur Pensionierung ihres Mannes. Von 1900 bis 1942 verfaßte sie 14 Romane sowie Novellen und Dramen mit sowohl hist. als auch zeitgesch. Thematik. Vieles davon ist in Franken, besonders Nürnberg angesiedelt. Einige der Werke weisen Bezüge zu Magdeburg auf und wurden, wie das Gesellschaftsstück „Schwester Fides" (1902), am Magdeburger Theater uraufgeführt.

W: Ihr Gott. Drama, 1901; Die neue Zeit (2 Tle), 1905, 1909; Das Buch von Nürnberg. Bilder vom Frühling der Renaissance, 1925; Der englische Gruß (über Veit Stoß), 1926. – **L:** Wer ist's. Unsere Zeitgenossen 10, 1935; KLK, Nekr. 1936–70, 1971 (*W*); Christoph von Imhoff (Hg.), Berühmte Nürnberger aus neun Jh., ²1989, *345*.

Martin Wiehle

Volbehr, Theodor, Prof. Dr. phil.
geb. 06.11.1862 Rendsburg, gest. 07.08.1931 München, Kunsthistoriker, Museumsdir.

Der zweite Sohn des Gymnasialprof. Johann Heinrich Christian V. studierte nach dem Besuch des Gymn. in Schleswig Kunstgesch. in Leipzig, Berlin, Paris und München, prom. 1885 über Antoine Watteau und trat nach dem Militärdienst (1886) seine Tätigkeit im Museumswesen 1888 zunächst als wiss. Bibliothekar am Germanischen Nationalmus. Nürnberg an. Als erster Kunsthistoriker in der Bibliotheksleitung setzte V. die grundlegende Neuordnung des Bestandes durch und erarbeitete den systematischen Katalog. 1892 übernahm V. das besoldete Amt eines Vorstehers der Slgg. des *Kunstgewerbevereins Magdeburg*, das mit dem des Schriftführers (vgl. → Ludwig Clericus) verbunden wurde. Ihm oblag die Aufsicht über die umfangreichen kunstgewerblichen Bestände des 1869 gegründeten Vereins, deren Ordnung, Inventarisierung und öffentliche Präsentation, um die Gründung des seit Jahrzehnten geforderten Mus. voranzubringen. Gegen eine geringe Entschädigung der Stadtkämmerei widmete sich V. gleichermaßen dem kommunalen Kunstbesitz, den er vor allem durch Stiftungen und Zuwendungen aus der Bürgerschaft sowie u. a. mit Hilfe günstiger Ankäufe → Wilhelm von Bodes bedeutend erweiterte. V. richtete im ehemaligen Dienstgebäude des Generalkommandos (Domplatz 5) das erste städtische Mus. Magdeburgs ein, das am 01.11.1893 eröffnet und ab 1895 von ihm geleitet wurde. 1897 übernahm die Stadt die Slgg. des *Kunstgewerbervereins* als Schenkung. Nach dem Tod → Otto Duvigneaus war V. von 1899 bis 1908 1. Vors. des *Kunstgewerbevereins Magdeburg*. Mit großem Engagement sicherte er um die Jahrhundertwende den ersten und bislang einzigen Museumsneubau Magdeburgs (Architekt: Friedrich Ohmann, Wien), der im Dezember 1906 eröffnet wurde. Als Gründungsdir. des Kaiser-Friedrich-Mus. für Kunst und Kunstgewerbe Magdeburg entwickelte und realisierte V. bis zu seinem Ausscheiden aus dem Amt 1923 das Konzept des „Kulturmuseums", das als Teil eines künftigen (inter)nationalen „Museumssystems" von Heimatmuseen, städtischen, Provinzial- und Landesmuseen sowie dem Nationalmus. gedacht war. Die Zukunft der Museen sah er in ihrer Funktion als „Volksbildungsstätten im weitesten Sinne". Mit diesem „Bildungsmus." schuf V. einen vollkommen neuen Museumstyp (→ Walther Greischel, 1931). Neben Karl Koetschau (Düsseldorf), Gustav Pauli (Hamburg), Georg Swarzenski (Frankfurt) und anderen gehörte V. 1917/18 zu den Gründungsvätern des *Dt. Museumsbundes*. V. heiratete 1893 → Julie V., geb. Scharrer, aus Nürnberg; ihr dedizierte er seine Schrift „Das Verlangen nach einer neuen dt. Kunst" (1901), das er als Vermächtnis der Weimarer Klassik von Goethe und Hamann, von Herder, Winckelmann und Heinse aufnahm zur Gestaltung einer künftigen „vollkommenen Harmonie des Lebens". V. war einer der hervorragenden dt. Kunsthistoriker und Ästhetiker seiner Zeit. Seine Schriften und rhetorischen Fähigkeiten bei Führungen oder Vorträgen, sein Vermögen, sich in die Bildwerke einzufühlen, weisen ihn neben Alfred Lichtwark (Hamburg) als den bedeutendsten Museumsdidaktiker im ersten Viertel des vergangenen Jhs aus.

W: Lucas van Leyden. Verz. seiner Kupferstiche, Radirungen und Holzschnitte, in: Kritische Verzz. von Werken hervorragender Kupferstecher, 4. Bd., 1888; Festspiel zum fünfundzwanzigjährigen Jubiläum des Kunstgewerbe-Vereins zu Magdeburg am 04. Mai 1894; Goethe und die bildende Kunst, 1895; Hinter dem Erdentag. Träumereien mit Bildern von Franz Strassen, o. J. [1901]; Bau und Leben der bildenden Kunst, 1905, ²1914; Führer durch die Slgg. des Kaiser Friedrich Mus. der Stadt Magdeburg, 1906 (mehrere Auflagen); Gibt es Kunstgesetze?, 1906; Die Zukunft der dt. Museen, 1909; Bildbetrachtung. Eine Einführung in alle Stufen des Schulunterrichts, 1922, ³1931; Vom Betrachten der Bauwerke. Eine Einführung für alle Schulgattungen, 1927; Vom Betrachten der Bildhauerwerke, in: → Otto Karstädt und G. Wolff (Hg.), Hdb. für den Arbeitsunterricht, 1929; Aufsätze in der wiss. Wochenbeilage der Magdeburgische Ztg.; zahlreiche Museumshefte des Kaiser Friedrich Mus. zu Magdeburg. – **L:** Wer ist's? Unsere Zeitgenossen, ⁴1909; KGL 4, 1931; N. N., Nachruf, in: Museumskunde N. F. 4, 1932, *101f.*; Walther Greischel, T. V. Nachruf, in: Kunstverein zu Magdeburg 1835–1935, 1935, *11f.*; Bernward Deneke/Rainer Kahsnitz (Hg.), Das Germanische Nationalmus. Nürnberg 1852–1977. Beiträge zu seiner Gesch., 1978, bes. *1140.* – **B:** *KHMus. Magdeburg.

Karlheinz Kärgling

Volkmann, *Otto* **Hermann**
geb. 12.10.1888 Gerresheim bei Düsseldorf, gest. 25.09.1968 Bonn, Dirigent, Komponist.

V. besuchte das Realgymn. in Essen/Ruhr und begann 1909 ein Musikstudium an der Univ. Tübingen bei Fritz Volbach im Fach Theorie. Von 1910 bis 1914 studierte er an der Univ. München und war Schüler von Walter Courvoisier im Fach Theorie und von Anna Hirzel-Lehmann im Fach Klavier. 1913/14 wurde er Dirigent des akad. Gesangsvereins *Fridericiana* in Halle und leitete von 1920 bis 1924 den *Reblingschen Gesangverein* in Magdeburg sowie Konzerte des Städtischen Sinfonie-Orchesters Magdeburg. 1924 wurde er Städtischer Musikdir. und Dir. des Städtischen Konservatoriums sowie des Musikseminars in Osnabrück. 1926/27 war er dort auch musikalischer Oberleiter des Stadttheaters. 1933 wurde er zum Städtischen Generalmusikdir. in Duisburg ernannt. V. hatte in Magdeburg mit Aufführungen des *Reblingschen Gesangsvereins* gemeinsam mit dem Städtischen Orchester große Erfolge und knüpfte damit an die

Leistungen seines Vorgängers → Fritz Kauffmann an. Auch während seiner Tätigkeit in Osnabrück gastierte er in Magdeburg und führte dort erstmalig Werke der zeitgenössischen Komponisten Rudi Stephan und Paul Hindemith auf.

W: Lieder op.1–12. – L: Wer ist's 10, 1935; Riemann [11]1929; ders., Erg. Bd., 1975, *855*; Hermann Abert (Hg.), Illustriertes Musiklex, 1927; Erich H. Müller (Hg.), Dt. Musiker-Lex., 1929, Sp. *1502*; → Erich Valentin, Musikgesch. Magdeburgs, in: GeschBll 68/69, 1933/34, *50*.

Christine Sommer

Vollbring, Franz
geb. 25.09.1889 Schönebeck, gest. 08.08.1959 Schönebeck, Arbeiter, Kommunalpolitiker.

Der Sohn eines Arbeiters wurde nach seinem Schulbesuch ebenfalls Arbeiter in Schönebeck. Schon während des I. WK trat er der USPD bei. Als sich Ende 1920 die USPD auflöste, gehörte er zu den Gründungsmitgliedern KPD in Schönebeck. 1924 wurde er in Schönebeck zum Stadtverordneten gewählt. Nach 1933 leitete er mit anderen in der Region den illegalen Widerstandskampf gegen den Ns., wo zahlreiche Widerstandszellen aufgebaut wurden. Von November 1933 bis April 1934 wurde er erstmals, 1936 erneut verhaftet und zu sechs Jahren Zuchthaus verurteilt, die er im Zuchthaus Coswig verbrachte. Von 1942 bis 1945 war er im KZ Sachsenhausen interniert und am Todesmarsch der Häftlingskolonnen 1945 in Richtung Schwerin beteiligt, den er schwerkrank überstand. Seine zermürbte Gesundheit ermöglichte ihm nach der Befreiung nicht mehr, einer regelmäßigen beruflichen Tätigkeit nachzugehen.

L: Aus dem Leben von Kämpfern der Arbeiterbewegung des Kr. Schönebeck, 1970, *43*. – B: ebd.

Hans-Joachim Geffert

Wachsmann, *Johann Joachim* **Peter**
geb. 01.02.1787 Uthmöden, gest. 25.07.1853 Barby, Lehrer, Chordirigent.

W. war der Sohn des gleichnamigen Schulmeisters, Küsters und Kantors in Uthmöden und seiner Frau Catharina Elisabeth geb. Paarmann aus Satuelle. Er besuchte von 1800 bis 1803 die Schule in Neuhaldensleben, 1803–1806 das Gymn. in Salzwedel, 1806–1810 das mit dem Magdeburger Domgymn. verbundene Lehrerseminar. An allen Schulen gehörte er dem „Singechor" an, in Magdeburg war er Präfekt des *Domchores.* Anschließend genoß er den Unterricht → Carl Friedrich Zelters in Berlin. Zelter wurden „vom Departement des Cultus und Unterrichts Eleven überwiesen, für deren Ausbildung ihm besondere Remuneration zugestanden wurde". Unter den sieben mit „vorzüglich befriedigend" bezeichneten Schülern befand sich neben Johann Gottfried Hientzsch (Breslau), August Wilhelm Bach (Berlin) und August Eduard Grell (Berlin) auch W. Nach seiner Rückkehr ließ er sich als (Privat-) „Musiklehrer" (so das Adreßbuch 1817) in Magdeburg nieder. Vor 1814 (der genaue Termin ist unbekannt) gründete er eine Singakad., mit der er öffentliche Konzerte gab. 1816 erhielt er die „Concession zur Anlegung einer Singschule". Seine Absicht war, „hierdurch nicht allein den Choral und Volksgesang zu bilden, sondern auch diejenigen, welche dazu Beruf haben, zu hoherem Chorgesange vorzubereiten". 1817 wurde W. zum Gesangslehrer am Lehrerseminar und 1818 zum Chor- und Musikdir. am Dom und Gesangslehrer am Domgymn. ernannt. Seine erste Aufgabe war die Neugründung des *Domchores* (am 01.01.1819) „zur Aufführung von Kirchenmusiken und zur Leitung und Führung des Kirchengesanges in der Domkirche" und zum Singen „in den Stadtkirchen, bei Leichenbegängnissen, bei Concerten und bei besonderen feierlichen Gelegenheiten". Nach der Neuorganisation des Domseminars zum selbständigen Lehrerseminar 1823 blieb W. als Lehrer für Vokalmusik angestellt. Das Adreßbuch führt ihn 1823 auch als Gesangslehrer an der Gesang- und Zeichen-Schule, ab 1826 als Gesangslehrer an der Höheren Töchterschule. In den 1820er Jahren hatte er weiterhin die Leitung der Konzerte der Ges. *Vereinigung* inne. Er war Mitveranstalter und -organisator der Musikfeste 1821 und 1822 in Magdeburg, beteiligte sich 1824 mit Mitgliedern seines *Domchores* am „Musikfeste zu Klopstocks Säcularfeier in Quedlinburg" und war maßgeblich bei der Vorbereitung und Durchführung des ersten Elbmusikfestes 1825 in Magdeburg tätig. Den von ihm 1838 mitbegründeten *Lehrergesangverein* leitete er bis 1848 „in selbstloser Hingabe und treuem Eifer". 1847 gehörte W. der starken Magdeburger Delegation auf der ersten Verslg. dt. Tonkünstler und Musikfreunde in Leipzig an. Aus Krankheitsgründen mußte er kurz vor seinem Tode um die Versetzung in den Ruhestand nachsuchen. W. wurde zum Domchordirigenten in Erwägung seiner „wohlbekannten und bewährten Geschicklichkeit im Gesangunterricht" und seiner „gründlichen Kenntnis alles dessen, was zur ordentlichen Leitung des gedachten Instituts erfordert wird …", ernannt. Die *Allg. Musikalische Ztg.* 1837 urteilte: „Er ist ein denkender, gebildeter Musiker, dem Magdeburg den ersten Aufschwung in der Musik verdankt." Er begründet den Ruf seines *Lehrergesangvereins* und wurde durch ihn zum Vorbild einer ganzen Magdeburger Chorleitergeneration. Auf den Aufschwung der Lehrervereine und -feste der Provinz Sachsen vor und im Jahr 1848 übte er durch den *Lehrergesangverein* einen bedeutenden Einfluß aus. Seine Gesangschüler waren u. a. die hervorragende Dilettantin Louise Kayser, Solistin der Musikfeste Magdeburg 1821 und 1822 sowie Quedlinburg 1824, und der Stimmbildner und Musikforscher → Gustav Wilhelm Teschner. W.s Kompositionen, Lehrbücher und Slgg. trugen den lokalen kirchlichen, schulischen und chorischen Bedürfnissen Rechnung. Heute noch lebt sein Kanon „Wachet auf, wachet auf, es krähte der Hahn".

W: Lieder, geistliche und weltliche Gesänge, Motetten für gemischten und Männerchor, Choralslgg., Schulliederbücher, Lehrbücher und Liedslgg. für den Gesangsunterricht, Fibeln und Schulliederbücher in der Kochschen Ziffernschrift. – **L:** Hobohm, Bd. 1, *649–656*; Programm des Kgl. Dom-Gymn. zu Magdeburg 1854, *34*; → Hugo Holstein, Gesch. des Kgl. Domgymn. zu Magdeburg. Fs. zur Feier seines 200jährigen Bestehens am 18.09.1875, *109*; Hermann Mendel/August Reißmann, Musikalisches Conversations-Lex., Bd. 10, ²1881, *151ff.*; ebd., Bd. 11, *232*; Salomon Kümmerle, Encyklopädie der ev. Kirchenmusik, Bd. 4, 1895, *16* (mit richtigen Lebensdaten im Gegensatz zu allen sonstigen Lexika); Wilhelm Leinung, Fs. zur Feier des 60jährigen Bestehens des Magdeburger Lehrer-Gesang-Vereins 1838–1898; Max Schipke, Gesch. des Akad. Inst. für Kirchenmusik in Berlin, in: Fs. zur Feier des hundertjährigen Bestehens des staatl. Akad. Inst. für Kirchenmusik in Berlin. 1822–1922, *8f.*; → Erich Valentin, C. F. Zelters Beziehungen zu Magdeburg, in: MonBl 74, 1932, *153–156*; Georg Schünemann, Carl Friedrich Zelter, der Begründer der Preuß. Musikpflege, 1932, *37, 46, 50f.*; Wolfgang Otten, Der Magdeburger Domchor. Zu seinem 120jährigen Bestehen, in: MonBl 81, 1939, *19–20, 22f.*

Wolf Hobohm

Wagener, Herrmann
geb. 08.03.1815 Segeletz bei Kyritz, gest. 22.04.1889 Berlin-Friedenau, Jurist, politischer Publizist, Parlamentarier, Wirklicher Geh. Oberregierungsrat.

W., Sohn eines Landpfarrers, besuchte das Gymn. in Salzwedel, studierte ab 1835 Rechtswiss. in Berlin und wurde 1838 Referendar am OLG Frankfurt/Oder. Hier gehörte er zum Kreis um den Vizepräsidenten → Ludwig von Gerlach. 1844–47 als Assessor bei einem Meliorationsobjekt in Westpreußen tätig, kam er mit dem konservativ gesinnten Oberfinanzrat und späteren Oberpräsidenten von Pommern Ernst Freiherr Senfft von Pilsach und dem Haus- und Domänenminister → Graf Anton zu Stolberg-Wernigerode in Verbindung. W. wurde 1847 durch Vermittlung des inzwischen in Magdeburg tätigen Appellationsgerichtspräsidenten Gerlach OLG- und Konsistorialassessor in Magdeburg und führte als solcher die Disziplinar-Untersuchung in den kirchenpolitischen Auseinandersetzungen gegen → Leberecht Uhlich. W. wurde aufgrund dieser Vorkommnisse im März 1848 vom liberalen Kultusminister Maximilian Graf Schwerin-Putzar kommissarisch an das Land- und Stadtgericht Salzwedel versetzt, aber bereits im April 1848 vom konservativen Gerlach-Kreis mit der Gründung der *Neuen Preuß. (Kreuz-) Ztg.* zur Rettung der Monarchie, an der auch → Theodor Fontane mitwirkte, betraut. W., der → Otto von Bismarck für die Mitarbeit an dieser Ztg. gewinnen konnte, entwickelte sich daraufhin zu einem der bekanntesten und umstrittensten konservativen Publizisten. Die Redaktion der *Kreuz-Ztg.* wurde in der Folgezeit zum Kern einer konservativen Bewegung, halboffiziell Kreuzzeitungspartei genannt, die jedoch noch keine einheitlich organisierte Partei war, sondern aus mehreren Vereinen bestand. Im Juli 1848 wurde auf Initiative von W. aus diesem Kreise heraus in Nauen der *Verein für König und Vaterland* gegründet. Dessen erste Verslg. fand am 14.07.1848 in Magdeburg unter Beteiligung von 500 Delegierten, u. a. der *Patriotischen Vereine*, des *Teltower Bauernvereines*, des *Brandenburger Handwerkervereines* sowie des *Preußenvereins für konstitutionelles Königstum*, statt. W. griff in der *Kreuz-Ztg.* sowohl Demokraten und Liberale als auch die Bürokratie der neoabsolutistischen Reg. unter Otto von Manteuffel und besonders den Berliner Generalpolizeidirektor Karl Ludwig von Hinkeldey an. Als er 1854 aus der Redaktion der *Kreuz-Ztg.* ausschied, erwarb er mit der Abfindung das Gut Dummerwitz bei Neustettin und wirkte fortan als Rechtsanwalt in Berlin. W. fand als Parlamentarier mit aufsehenerregenden Reden im preuß. Abgeordnetenhaus sowie seit 1867 im Norddt. und 1871 im Dt. Reichstag große Beachtung. Antisemitische Tendenzen sind bei W. unübersehbar. So beantragte er 1857 im preuß. Abgeordnetenhaus die Streichung des Artikels 12 der Verfassung, der staatsbürgerliche Rechte unabhängig vom religiösen Bekenntnis garantierte, um Juden aus öffentlichen Ämtern fernzuhalten, wie er überhaupt die Emanzipation der Juden in der Gesellschaft ablehnte. 1855–73 gab er die politische Wochenschrift *Berliner Revue* und 1859–67 das vielbeachtete „Staats- und Gesellschafts-Lex." in 23 Bänden heraus. Etliche Stichworte in dem umfangreichen Werk hat er mit großer Sachkenntnis selbst bearbeitet. 1861 beteiligte sich W. an der Gründung des konservativen *Preuß. Volksvereins*, der bis 1872 aktiv war. Nachdem Bismarck 1862 preuß. Ministerpräsident und Außenminister geworden war, wurde W. gegen den Willen König Wilhelm I. dessen Berater und „Vortragender Rat" sowie Geh. Oberregierungsrat im Staatsministerium. W. lenkte Bismarck, dem er 1870 in das „Große Hauptquartier" folgte, auf das allg. Wahlrecht und die „soziale Frage" hin und fungierte als dessen Verbindungsmann zur Konservativen Partei wie zu Ferdinand Lassalle. Bestrebungen W.s zur Gründung einer sozial-konservativen Partei 1872 schlugen fehl. W. schied 1873 wegen des Vorwurfs angeblicher finanzieller Verfehlungen als Gesellschafter beim Bau der Pommerschen Zentralbahn Conitz-Wangerin, den der liberale Abgeordnete und einflußreiche Bismarck-Widersacher Eduard Lasker gegen ihn erhob, aus dem Amt. Finanzieller Ruin und späterer Bruch mit Bismarck waren die Folge. Er verfaßte neben beachtlichen Denkschriften zur sozialen Frage 1876 das Programm der Dt. Conservativen Partei und gründete 1878 eine interkonfessionelle „Sozialkonservative Vereinigung". Von W. stammte der erste Entwurf einer Arbeiterversicherung. Politisch wollte W. zur Eindämmung des Einflusses der kath. Kirche dem „Sozialpapst" einen „Sozialkaiser" entgegenstellen („Eine Lösung der sozialen Frage vom Standpunkt der Wirklichkeit und der Praxis", 1887.) Kirchlich gehörte W. der apostolischen Gemeinde der Irvingianer an. Sein Landsmann und Zeitgenosse Fontane bezeichnete ihn als „klügsten Ruppiner", und Thomas Nipperdey nannte W. den „Vater des kleinen, aber nie verschwindenden sozialpolitischen Flügels des dt. Konservatismus".

W: Erlebtes. Meine Memoiren aus der Zeit von 1848 bis 1866 und von 1873 bis jetzt, 1884. – **L:** ADB 40, *471–476*; Klaus Hornung, Preuß. Konservatismus und Soziale Frage – H. W., in: Hans-Christof Kraus (Hg.), Konservative Politiker in Dtl. Eine Auswahl biogr. Porträts aus zwei Jahrhunderten, 1997, *157–183* (*L*).

Gerald Christopeit

Wagner, Wilhelm *Richard*
geb. 22.05.1813 Leipzig, gest. 13.02.1883 Venedig (Italien), Komponist, Dirigent.

W., dessen Stiefvater Ludwig Geyer von August 1804 bis Januar 1806 als Schauspieler am Nationaltheater in Magdeburg weilte, hatte mehrmals Berührung mit Magdeburg. Im Spätsommer 1829 besuchte er seine Schwester Clara (1829/30 Schauspielerin am Theater). Neben der Begegnung mit dem Mozartverehrer Musikdir. Johann Christoph Kienlen, „dessen Einwirkung auf mich mir unvergeßlich geblieben ist", erwähnte er später, daß er durch Vermittlung seines Schwagers, des Schauspielers Heinrich Wolfram, eine Abschrift des Es-Dur-Quartetts op. 127 von Ludwig van Beethoven erhielt. Ende Juli 1834 wurde W. in Lauchstädt Musikdir. der Theatertruppe des Dir. → Heinrich Eduard Bethmann, die sich ab 10. Oktober in Magdeburg aufhielt. W. hatte das gesamte damals übliche Opernrepertoire zu dirigieren, gelegentlich (sowohl fremd- als auch selbstveranstaltete) Orchesterkonzerte mit Solisten. Nach der Auflösung der Truppe ging Wagner nach Leipzig zurück, wurde jedoch (wie auch Bethmann) vom Magdeburger Theaterkomitee wieder engagiert. Die Saison 1835/1836 endete mit der übereilt vorbereiteten, mißglückten einzigen Aufführung (am 29.03.1836) seiner in Magdeburg komponierten Oper „Das Liebesverbot". Weiterhin komponierte W. in Magdeburg das Festspiel „Beim Antritt des neuen Jahres" (Aufführung 01.01.1835) und die Ouvertüre zum Schauspiel „Columbus" seines Freundes Guido Theodor Apel (Aufführung am 16.02.1835). Über Berlin folgte W. seiner Verlobten (seit Januar 1835) und späteren Frau, der in Magdeburg (Debüt am 01.11.1833) recht erfolgreichen Schauspielerin Minna Planer (geb. 05.09.1809 Oederan, gest. 25.01.1866 Dresden), nach Königsberg. In Magdeburg konnte der große Komponist und vielleicht bedeutendste Dirigent des Jhs W. einige für seine Laufbahn grundlegende Erfahrungen sammeln. Nach seinen eigenen Worten erlebte er die „erste Opernaufführung" seines Lebens, erwarb sich „vollkommene Sicherheit in der Orchesterdirektion" und machte sich mit anspruchsvollen bläserischen Möglichkeiten durch die „Vorzüglichkeit der preuß. Regimentsmusiker" vertraut.

W: s. o. – **L:** R. W., „Das Liebesverbot". Bericht über eine erste Opernaufführung, in: Sämtliche Schriften und Dichtungen. Volksausgabe, Bd. 1, 1912, *20–31*; R. W., Sämtliche Briefe, hg. im Auftrage des R.-W.-Fam.-Archivs Bayreuth von Gertrud Strobel und Werner Wolf, Bd. 1, 1967; Martin Gregor-Dellin (Hg.), R. W., Mein Leben, Vollständige, kommentierte Ausgabe, 1983, *101* u. ö.; Hobohm, Bd. 1, Tl. 2, *611–621*. – **B:** *StadtA Magdeburg.

Wolf Hobohm

Wahl, Friedrich
geb. 10.06.1907 Bad Salzschlirf, gest. 21.10.1973 Magdeburg, Obering., Chefing.

W. besuchte das Realgymn. in Schönebeck und studierte 1925–29 an der Staatl. Gewerbeakad. Chemnitz in der Fachrichtung Textilmaschinen. Nach dem Abschluß als Ing. absolvierte er an der Chemischen Fakultät der TH Dresden ein dreisemestriges Zusatzstudium. Danach arbeitete er als Werkstudent in verschiedenen Maschinenbau- und Gießereibetrieben der Region Magdeburg. 1936 begann er in der *Junkers Flugzeug- und Motorenwerke AG* Magdeburg als Kontrolleur und übernahm 1943 als Hauptabteilungsleiter die Kontrolleitung sowie 1944–45 die Hauptkontrolleitung des Auslagerungswerkes *Nordwerke AG* Nordhausen. Nach dem II. WK setzte er 1948 seine berufliche Tätigkeit als Betriebsleiter in der Fa. *Albert Busch K. G.*, Betrieb Harzgerode, fort und war wesentlich am Aufbau dieses Unternehmens beteiligt. 1949 kehrte er als Obering. nach Magdeburg zurück und übernahm die Kontrolleitung des SAG-Betriebes *Gerätewerke Magdeburg*, vormals *Schäffer & Budenberg*, des späteren *VEB Meßgeräte- und Armaturenwerkes „Karl Marx"* (*MAW*), in dem er bis 1972 als Chefing. der Entwicklungsabt. tätig war. Während seiner Tätigkeit bei den *Junkers-Werken* erwarb W. sich besondere Verdienste bei der Einführung vollautomatischer Kontrollen u. a. in der Fertigung von Zylinderköpfen für Flugmotoren der Flugzeuge JUMO 213 auf der vollautomatischen Fertigungsstraße, die bis 1944 durch → Walter Möbius konzipiert und in Betrieb genommen wurde. Seine Leistungen zur Qualitätssicherung waren für die damalige Zeit richtungsweisend. Als Spezialist für Fertigungsqualität sicherte er die Herstellung der Triebwerke für den Strahljäger Me 262 in der *Nordwerke AG* und mußte sich deshalb 1945–48 durch eine Tätigkeit als Waldarbeiter dem Zugriff des sowjetischen Militärs bzw. der Verwaltungsbehörden entziehen. Nach 1949 sah er seine wichtigste Aufgabe im Wiederaufbau und in der Sanierung des späteren *MAW*. Durch ein neues Ausrichten des Kontrollwesens gelang es ihm, das Absinken der Qualität des SAG-Betriebes abzufangen und die Grundlagen hoher Qualitätsansprüche zu schaffen. Seine spätere Schaffenszeit war eng mit der Entwicklung und Fertigung von Kraftwerksarmaturen für den Aufbau der Kohlekraftwerke in der DDR verknüpft. Als langjähriges Mitglied der Expertengruppe des Volkswirtschaftsrates und als Auftragsleiter für Sicherheitsventile hatte er bedeutenden Anteil an der Entwicklung und Profilierung des *MAW*. W. war seit 1941 Mitglied des Ausschusses für Industrielle Fertigung des *VDI*, seit 1951 Vors. des Fachausschusses Prüf- und Meßwesen in der *Kammer der Technik*. Seine Leistungen wurden mit mehreren staatl. Auszeichnungen gewürdigt. Er trat 1972 in den Ruhestand.

L: Günter Spur, Vom Wandel der industriellen Welt durch Werkzeugmaschinen. Eine kulturgesch. Betrachtung der Fertigungstechnik, 1991; Unterlagen Vf., Magdeburg (priv.). – **B:** *ebd.

Friedrich Wahl

Wahle, *Ernst* **Karl Bernhard Hermann,** Prof. Dr. phil. habil.
geb. 25.05.1889 Magdeburg, gest. 21.01.1981 Heidelberg, Vorgeschichtsforscher, Hochschullehrer.

Der Sohn des Gymnasiallehrers Hermann W. besuchte in Magdeburg das Gymn. Kloster U. L. F., die Oberrealschule in Delitzsch und studierte 1908–13 in Halle, Berlin und Heidelberg Vorgesch. und Geographie. Danach war er im Mus. und der Bodendenkmalpflege der Stadt Heidelberg tätig, zwischenzeitlich 1915–18 im Kriegseinsatz. 1920 wurde er Doz. an der Univ. Heidelberg, 1924 Titular-Prof., 1934 Prof. mit Inst. Seine ersten Ausgrabungen und Forschungen betrafen zunächst Mitteldtl., dann zeitweise die preuß. Ostprovinzen, später vorwiegend Südwestdtl. W. bemühte sich besonders um die prähist. Archäologie als theoretisch fundierte Geschichtswiss., vor allem unter wirtschaftsgeographischen Gesichtspunkten. Er gilt daher heute als Pionier der Öko-Archäologie. Seine Unangepaßtheit brachte ihm in der ns. Zeit Publikationsbehinderungen ein.

W: Ostdtl. in jungneolithischer Zeit, Diss. 1918; Die Besiedelung Südwestdtl. in vorrömischer Zeit nach ihren natürlichen Grundlagen, 1920 (Habil.); Dt. Vorzeit, 1932; Zur ethnischen Deutung frühgesch. Kulturprovinzen, 1941; Ur- und Frühgesch. im mitteleuropäischen Raum, 1973, ⁹1999; Und es ging mit ihm seinen Weg, 1980 (Autobiogr.). – L: Horst Kirchner (Hg.), Tradition und Auftrag prähist. Forschung. Ausgewählte Abh. als Festgabe zum 75. Geb. am 25. Mai 1964, 1964 (*W*); Christel Bernard, E. W., in: Rolf Hachmann (Hg.), Studien zum Kulturbegriff in der Vor- und Frühgeschichtsforschung, 1987, *125–133*.

Jonas Beran

Wahle, *Fritz* Alexander Johann
geb. 29.03.1887 Weimar, gest. 11.10.1941 Hannover, Buchhändler.

Der einer Gastwirtsfam. entstammende W. – sein Vater war Pächter der hist. „Armbrust" in Weimar, später des „Felsenkeller" in Ilmenau – verbrachte seine Schulzeit in Ilmenau und Keilhau und besuchte das Gymn. in Schleusingen. Die Freundschaft mit dem Schleusinger Buchhändler Max Schewe ließ ihn den Beruf des Buchhändlers ergreifen. Ab 1905 absolvierte W. eine Buchhandelslehre bei Hugo Brunner in Eisenach und erwarb anschließend als Gehilfe bei *Speyer & Peters* in Berlin praktische Kenntnisse im Universitätsbuchhandel. Nach dem Militärdienst als Einjährig-Freiwilliger in Leipzig (1910/11) trat W. im Oktober 1911 als Gehilfe in die renommierte Verlagsbuchhandlung von → Carl Klotz in Magdeburg ein, um das Geschäft kennenzulernen. Bereits zum Ende des Jahres konnte W. von Klotz das Sortiment erwerben und führte dieses ab 1912 unter dem Namen *C. E. Klotz Nachfolger F. W.* für eigene Rechnung weiter. 1914–18 nahm W. als Zugführer und nach seiner Verwundung in der Marne-Schlacht als Kompanieführer und Ordonnanz-Offizier bei der 58. Infanteriedivision am I. WK teil. Während dieser Zeit führte seine Ehefrau Else, geb. Brunner, die Buchhandlung. W.s buchhändlerische Aufmerksamkeit galt besonders dem Landkartenhandel, der Pflege jur. Lit. und dem Ausbau einer ausgewählten Leihbibl. Sein Einsatz für die „Universal-Bibl." des Leipziger *Reclam-Verlages* verschaffte ihm das alleinige Auslieferungsrecht dieser Reihe für Magdeburg. Das Geschäft, das ab 1920 unter *F. W., Buchhandlung* firmierte, stellte mit aufsehenerregenden Sonderschaufenstern auch die Werbung konsequent in den Dienst der Buchkultur. 1921 gründete W. zusammen mit dem Erfurter Buchhändler Bruno Neumann die Fa. *W. & Neumann*, die an zwölf markanten Plätzen in der Stadt in originell gestalteten, von → Bruno Taut entworfenen Kiosken neuartigen Stils Ztgg., Zss. und Bücher vertrieb. 1927 stellte diese Fa. zur Dt. Theaterausstellung in Magdeburg eine eigene Buchhandlung am Adolf-Mittag-See mit einer umfassenden Auswahl theatergesch. Werke. W. schied zum Oktober 1932 aus der Fa. aus, kaufte aber im Gegenzug Anfang 1933 den *Carl E. Klotz Verlag* von Klotz' Nachfolger Kurt Steffens zurück und gliederte ihn nach Umwandlung in eine Bücherstube unter der Fa. *Carl E. Klotz, Buchhandlung* wieder seinem Sortiment an. W. gehörte seit 1920 dem Vorstand des *Sächsisch-Thüringischen Buchhändler-Verbandes* an und war 1922–24 dessen Vors. In der Folge konnte er sich auch als Mitglied der *IHK Magdeburg* (seit 1931) und als langjähriger Vors. der *Vereinigung Magdeburger Buchhändler* nachhaltig für die Belange des Buchhandels einsetzen. Die 1841 durch → Emil Baensch gegründete Buchhandlung befindet sich gegenwärtig in der dritten Generation im Besitz der Fam. W. und ist damit die älteste der Stadt Magdeburg.

L: Georg Müller (Hg.), Der Sächsisch-Thüringische Buchhändler-Verband 1883–1933, 1933, *25–27, 89f., 94* (*B*); Werner W., 1841–1941. 100 Jahre Buchhandlung F. W. Magdeburg, 1941. – B: *Hans-Joachim W. jun., Magdeburg (priv.).

Guido Heinrich

Wahlmann, Otto *Paul*
geb. 02.10.1887 Magdeburg, gest. nach 1956 n.e., Architekt, Bauing.

Nach Besuch der Bürger- und Realschule in Magdeburg 1903–06 absolvierte W. eine Ausbildung zum Zimmermann und studierte 1904–06 in den Wintermonaten an der städtischen Kunstgewerbe- und Handwerkerschule. 1906–08 besuchte er die Staatl. Baugewerkschule in Magdeburg, an der er 1908 sein Examen als Bauing. ablegte. Er war danach in verschiedenen Baufirmen beschäftigt, leistete 1909–10 seinen Militärdienst und war danach wieder in der Baubranche tätig. Nach seinem Kriegseinsatz 1914–18 (u. a. an der Westfront), nahm er 1918 eine Tätigkeit im Baugeschäft *Dumeland* in Magdeburg auf und trat 1921 als Prokurist und technischer Geschäftsführer in den *Verein für Kleinwohnungswesen* ein. 1928 wurde er Mitglied der SPD. 1933 aus dem Amt entlassen, war W. zunächst arbeitslos und 1934–45 als

Selbständiger im Baustoffhandel tätig. 1945–53 fungierte er wiederum als technischer Dir. beim *Verein für Kleinwohnungswesen* und arbeitete 1953 bis zu seiner Pensionierung 1956 bei der Wohnungs- und Grundstücksverwaltung der Stadt Magdeburg. Im *Verein für Kleinwohnungswesen*, der 1921 als GmbH aus den sechs in Magdeburg existierenden Wohnungsbaugenossenschaften gebildet wurde und der gemeinnützigen Bautätigkeit in Magdeburg zur Blüte verhalf (im Jahr 1930 stammten 90 Prozent aller erstellten Wohnungen aus genossenschaftlicher Hand), leitete W. als technischer Geschäftsführer unter → Wilhelm Plumbohm das vereinseigene Baubüro, erstellte Zeichnungen für Bauprojekte des Vereins und erbrachte Beratungsleistungen für zahlreiche Magdeburger Baugenossenschaften (Siedlung Brückfeld, Banck'sche Siedlung, die Siedlung Cracau usw.). Dabei bearbeitete er nach den Ideen des Städtischen Hochbauamtes sämtliche Entwürfe und Baupläne und übte bis zum Bezug der Wohnungen die Bauleitung aus. Der Verein diente einerseits der Umsetzung wohnungspolitischer Ziele der sozialdemokratisch regierten Stadt unter → Hermann Beims und unterstützte andererseits Bauvorhaben der Genossenschaften durch Finanzierung von Zwischenkrediten und günstige Materialbeschaffung bei Magdeburger Betrieben. Zu diesem Zweck unterhielt der Verein bis 1930 eine eigene Ziegelei in der Neuen Neustadt, ab 1928 Beziehungen zu einer Ziegelei in Heyrothsberge bei Magdeburg und erwarb 1929 das dortige Hartsteinwerk, an dessen grundlegender Modernisierung W. wesentlich beteiligt war.

L: Willy Plumbohm, Wohnungsbau in Magdeburg, in: Die Wohnungswirtschaft 6, H. 10, 1929; ders., Der Verein für Kleinwohnungswesen, in: ebd. 7, H. 22, 1930; Marta Doehler/Iris Reuther, Magdeburg – Die Stadt des Neuen Bauwillens. Zur Siedlungsentwicklung in der Weimarer Republik, 1995; Renate Amann/Barbara von Neumann-Cosel, Soziale Bauherren und architektonische Vielfalt: Magdeburger Wohnungsbaugenossenschaften im Wandel, 1996; Olaf Gisbertz, → Bruno Taut und → Johannes Göderitz in Magdeburg. Architektur und Städtebau in der Weimarer Republik, 2000; StadtA Magdeburg: Rep. 28 PA 9059. – **B:** *StadtA Magdeburg.

Hans Gottschalk

Wahnschaffe, Carl Wilhelm *Maximilian*
geb. 10.05.1823 Elbingerode/Harz, gest. 06.10.1884 Weferlingen, Forstmann, Privatgelehrter, Entomologe.

Der Sohn des Oberamtmannes Georg Wilhelm W. kam fünfjährig mit den Eltern nach Weferlingen und erhielt dort drei Jahre Privatunterricht bei Rektor Opitz und Kantor Hoffmeister. Anschließend besuchte er ab 1831 das Gymn. in Helmstedt. In Magdeburg legte er die Abiturprüfung ab, leistete dort seine Militärdienstpflicht bei der Artillerie und wurde danach Leutnant im Reitenden Feldjäger-Korps in Berlin. In dieser Eigenschaft reiste W. im Auftrag Friedrich Wilhelm IV. nach Petersburg, Warschau, Konstantinopel und Wien. Er studierte zwei Jahre an der Forstakad. Eberswalde sowie ein Jahr Naturwiss. in Berlin und war danach im praktischen Forstdienst in der Oberförsterei Bischofswald bei Ivenrode/Kr. Neuhaldensleben tätig. Er legte das Oberförsterexamen ab, mußte aber aus gesundheitlichen Gründen den Staatsdienst aufgeben. Nach weiteren Studien in Berlin und Braunschweig lebte er in Berlin ganz der Wiss. W. war Mitglied des Berliner *Entomologischen Vereins* sowie Mitarbeiter mehrerer entomologischen Zss. mit weitreichenden Verbindungen zu zahlreichen Entomologen und gehörte zu den Mitbegründern der *Dt. Entomologischen Ges.* Von Museen in Kiel und Stettin angebotene Stellungen schlug er aus gesundheitlichen Gründen aus und zog sich 1868 ganz nach Weferlingen zurück, wo er sich privat der Schriftstellerei und seinen naturwiss. Forschungen widmete, in die er über die Weferlinger Umgebung hinaus auch Lappwald, Elm und Dorm, das Aller-Ohre-Gebiet sowie den Drömling einbezog. W. war Ehrenmitglied des *Botanischen Vereins zu Magdeburg* und bis 1871 erster Vors. des durch ihn und den Lehrer Albert Bölte 1866 in Walbeck an der Aller ins Leben gerufenen *Aller-Vereins*, nachdem er schon seit 1864 heimatkundlich Interessierte um sich versammelt hatte. Ziel des Vereins war „den schön und reich bewaldeten, von Bergen eingerahmten Talkessel der Aller zu erforschen". Die spätere Verlegung des Vereinssitzes nach Neuhaldensleben brachte auch eine Erweiterung der gestellten Aufgaben mit sich. Die Mitglieder des *Aller-Vereins* erfoschten die Heimatgesch., Geologie, Paläontologie, Meteorologie, Flora und Fauna, Ur- und Frühgesch., Architektur sowie Sprache und Brauchtum der Region. Sie trafen sich regelmäßig, veranstalteten öffentliche Vorträge, unternahmen Exkursionen und stellten Neufunde vor. W. legte eine große Käferslg. an, die später über seine Schwester Clara Faber für 15.000 RM an den *Botanischen Verein* in Magdeburg verkauft wurde und den Grundstock der Insektenslg. des Kaiser-Friedrich-Mus. bildete. Sein Käferbuch aus dem Jahre 1883 verzeichnet 1.871 Arten und fand seine Fortsetzung 1951 durch „Die Käferwelt des Magdeburger Raumes" von → Walter Borchert.

W: Verz. der im Gebiet des Aller-Vereins zwischen Helmstedt und Magdeburg aufgefundenen Käfer, 1883. – **L:** N. N., Nachruf, in: Bll. für HGusL 36, 1884, *350f.*; → Franz Bock, M. W., in: Heimatbl. für das Magdeburgische Holzland, für Börde und Heide, Nr. 1, 1939, *1f.* (***B***); Friedrich Witte, M. W., in: Roland. Kulturspiegel für den Kr. Haldensleben, H. 1, 1956; Alfred Fischer, M. W. zur 100. Wiederkehr seines Todestages, in: Js. des KrMus. Haldensleben 25, 1984, *74–76.* – **B:** *Mus. Haldensleben.

Sieglinde Bandoly

Wahnschaffe, Friederike, geb. Bennecke
geb. 10.01.1779 Athensleben/Kr. Staßfurt, gest. 17.09.1830 Alexisbad/Harz, Domänenpächterin.

W. entstammte der in der Magdeburger Börde eingesessenen Fam. (Domänenpächter, Gutsbesitzer, Unternehmer) Bennecke. 1798 heiratete sie den Kammerrat Johann Ludwig Wilhelm W. (Haus Warsleben der Fam. W.) und war mit ihrem Mann zunächst Mitpächterin der Domänen Canstein/Brilon, Sandau/Kr. Calbe und Egeln in der Magdeburger Börde. Das ständig wiederkehrende Elbehochwasser und Getreideweitertransporte auf der Elbe nach Hamburg stellten dem Ehepaar auf der Domäne Sandau eine besondere landwirtsch. und unternehmerpolitische Herausforderung. Nach dem Tod ihres Mannes 1807 führte die Mutter von drei Kindern sowie einem Pflegekind und einem Waisenkind aus dem familiären Umfeld die für eine Frau außergewöhnliche Alleinpacht der Domäne und des Amtes Egeln bis 1817 fort. Mit der Hochzeit ihrer Tochter Bertha mit Carl Gropius, als Seidenfabrikant Vorfahre des Architekten und Bauhausgründers Walter Gropius, vollzog sich eine Verlagerung des Familienschwerpunktes aus der Magdeburger Börde nach Berlin, wo sich ein kultureller Freundes- und Bekanntenkreises, u. a. von Arnim, → Schinkel, Schadow und → Rauch, bildete. Die kriegerischen Auseinandersetzungen 1806–1815 brachten auch für die Domänenbetriebe der Magdeburger Börde, Auf- und Durchmarschgebiet der hin- und herflutenden Armeen, starke Belastungen durch Einquartierungen, Fourageleistungen, Krankheiten, Plünderungen und Flüchtlingszüge. Die Gutshäuser und die Menschen bildeten für das kgl. und politische Preußen eine wesentliche Unterstützung, wenn z. B. 1806 Unterkunft und Hilfe für den Hofstaat der preuß. Königin → Luise und 1814/16 für Generalfeldmarschall Gebhard Leberecht von Blücher (u. a. Rückführung der Victoria des Brandenburger Tores von Paris nach Berlin) gegeben wurde.

L: Hans Wätjen, Gesch. der Fam. W., Ms. 1974; G. Jonas, Charlotte Luise Bennecke und ihr Kreis. Zusammenstellung eines familieninternen Briefwechsels, 1979.

Horst Wahnschaffe

Wahnschaffe, Gustav Albert Bruno *Felix*, Prof. Dr. phil.
geb. 27.01.1851 Kaltendorf bei Oebisfelde, gest. 20.01.1914 Berlin, Geologe, Hochschullehrer.

W., ältester Sohn des Kreisgerichtsrates Bruno W., bestand 1871 am Pädagogium des Klosters U. L. F. Magdeburg das Abitur und studierte an den Univ. Leipzig und Jena Naturwiss., insbesondere Geologie und Chemie. 1875 prom. er in Jena zum Dr. phil. und wurde zum Assistenten an die Geologische Landesanstalt Berlin berufen. 1886 wurde er Landesgeologe und Privatdoz. für Allg. Geologie und Bodenkunde an der Univ. Berlin, 1892 o. Prof. an der Bergakad. Berlin. Von 1903 bis zu seinem Tode leitete er die Flachlandkartierung an der mit der Bergakad. vereinigten Kgl.-Preuß. Geologischen Landesanstalt als Abteilungsdirigent. 1880 bearbeitete er selbst 28 Blätter der geologischen Spezialkarten GK 1 : 25.000 vor allem im Land Brandenburg und in der Provinz Posen. In Sa.-Anh. gehörte dazu das Blatt Havelberg (1896). Seine engsten Mitarbeiter waren → Konrad Keilhack und Gottlieb Berendt. Mit den Namen dieses Arbeitsteams ist die erstmalige Darstellung, Beschreibung und Bezeichnung der Urstromtäler und Endmoränen Nordtls und des heutigen polnischen Tieflandes 1880–1920 verbunden. W. bezeichnete 1909 in der dritten Auflage seines Buches „Die Oberflächengestaltung des norddt. Flachlandes" erstmalig das Breslau-Magdeburger-Urstromtal. Vor allem W.s in seiner „Anleitung zur wiss. Bodenuntersuchung" (1887, ²1903) veröffentlichte, geologisch begründete Ansicht, daß sämtliche Bildungen der Erdkruste als Gestein anzusehen seien, war für die folgenden Kartierungen von großer Bedeutung, die in einen geologischen und einen agronomischen Teil getrennt wurden. Diese Arbeiten sind auch heute von Bedeutung und werden fortgeführt. Durch die Ermittlung von Bodenart (Körnungsart), geologischer Entstehung (Diluvial-, Alluvial-, Löß- und Verwitterungsböden) und durch die Beurteilung der Bodenentwicklung wird eine Bodenschätzung ermöglicht, ausgedrückt durch die Kennziffer der Ertragsmeßzahl – ein bewährtes Verfahren zur einheitlichen Bewertung der Böden für die planvolle Gestaltung der Bodennutzung, die Besteuerung bzw. die Entschädigung. W., seit 1912 Vors. der *Dt. Geologischen Ges.* (*DGG*), war an der Schwelle des 20. Jhs auf dem Gebiet der bodenkundlichen Forschung eine Autorität und galt als der beste Kenner seiner Zeit des norddt./nordeuropäischen Flachlandes. Sein Hauptanliegen war eine allgemeinverständliche Darstellung der Geologie, wobei er mit steigendem Alter zunehmend die Bestrebungen des Heimatschutzes förderte und zahlreiche Vorträge in Volksbildungsvereinen hielt. Bei einem Vortrag vor dem *Havelländischen Heimatverein* im Januar 1914 brach er zusammen und starb wenige Tage später.

W: Die Quartärbildungen der Umgegend von Magdeburg mit besonderer Berücksichtigung der Börde, in: Abh. der Kgl.-Preuß.-Geologischen-Landesanstalt, Bd. 7, H. 1, 1885; Quartär am Nordrande des Harzes, in: Zs. der Dt. Geologischen Ges. 37, 1885; Glacialschrammen auf den Culmbildungen des Magdeburgischen, in: Jb. der Kgl.-Preuß. Geologischen Landesanstalt 10, 1898; Über die Entwicklung der in den Braunkohlentagebauen von Nachterstedt und Frose aufgeschlossenen Quartärablagerungen, in: Zs. der Dt. Geologischen Ges. 51, 1899; Gliederung der Glazialbildungen Norddtls und die Stellung des norddt. Randflößes, 1911; Die Endmoränen im norddt. Flachlande, 1913. – **N:** Dt. Geologischen Ges. Univ. Potsdam, Bereich Golm (Bibliotheksbestand); Geologenarchiv Univ. Freiburg/Breisgau (*B*). – **L:** Johann C. Poggendorff, Biogr.-lit. Handwörterbuch, Bd. IV/2, 1904; Gedächtnisrede von P. Krusch, in: Zs. der Dt. Geologischen Ges. 66, Monatsbericht Nr. 2, 1914, *65–80* (*B*); N. N., Nachruf, in: Jb. der Kgl.-Preuß. Geologischen Landesanstalt 52, Tl. 2, H. 3, 1914; H. Menzel, Nachruf F. W., in: Himmel und Erde 26, H. 5, 1914, *235–237* (*B*).

Jürgen Werner Hubbe

Wahnschaffe, Wilhelm Ludewig *August*
geb. 17.01.1768 Hessen/Kr. Halberstadt, gest. 24.05.1844 Hakenstedt/Kr. Neuhaldensleben, Domänenpächter, Unternehmer, Drost/Oberamtmann, Patriot.

Der dem Hause Hessen der Fam. W. entstammende Sohn des Oberamtmanns Johann Georg Engel W. in Hessen und Enkel des Drosten Georg Wilhelm W. in Üplingen lebte und wirkte auf dem braunschweigischen Klostergut Hakenstedt. Als Jugendlicher konnte er das Projekt „Trockenlegung des Großen Bruches" und die Ausweitung der Pachtungen landwirtsch. Betriebe miterleben und weiterverfolgen. Nach der Übernahme des Klostergutes Hakenstedt 1795 widmete er sich als Oberamtmann dieses Ortes der landwirtsch. Entwicklung mit moderner Fruchtwechselwirtschaft und Erhöhung der Fruchtbarkeit der Böden durch intensive Beweidung von Schafen. Als fortschrittlicher Landwirt stellte W. oftmals seine Erfahrungen staatl. Stellen zur Verfügung. Auf dem Gebiet der in Dtl. beginnenden Industrialisierung und Energiewirtschaft leistete W. Pionierarbeit. 1801 erwarb er die braunschweigisch-helmstedtische Braunkohlengrube „Tanzbleek" vom Bergwerks-Entrepreneur Johann Moritz Friedrich Koch (ehemaliger Kandidat der Theol.) und betrieb diese mit landesherrlicher Genehmigung 16 Jahre. Durch hohe Wasserzuflüsse am Rand der Elms und im Gebiet der heutigen Stadt Helmstedt gelang es zunächst mit dem damals üblichen Roß-Tretrad nicht, die Grundwasser in der Grube zu beherrschen. Erst der Einsatz einer von James Watt entwickelten Dampfmaschine als technischer Neuheit führte zur Lösung der Grundwasserprobleme. Trotz grundsätzlichem Interesse der braunschweigisch-hzgl. Reg. für den Einsatz von Braunkohle in Ziegeleien, Brauereien und Brennereien war keine Steigerung des Kohleabsatzes möglich, weshalb nach Ablauf der Gewinnungskonzession von Koch die Braunkohlengrube an den braunschweigischen Staat verkauft wurde. W. war somit Wegbereiter des noch heute bestehenden Helmstedter Braunkohlenreviers. Nach dem Frieden von Tilsit und dem Übergang der linkselbischen Herzogtümer Magdeburg und Braunschweig an das franz. Königreich Westfalen unterbreitete der franz. General Antoine-Jean-August-Henri Durosnel W. ein Kaufangebot für das Klostergut Hakenstedt, was dieser jedoch ablehnte, um eine persönliche Bereicherung zum Nachteil des Herzogs von Braunschweig-Lüneburg auszuschließen. Im Freiheitskrieg 1813/14 schloß sich W. dem preuß. Freiheits-Korps des Oberst Friedrich Karl Freiherr von Tettenborn an. Er wirkte aktiv im militärisch-politischen Widerstand in Hamburg/Mecklenburg mit und richtete sein Haus als eine Zentrale des Widerstandes der Alliierten gegen Frankreich und zur Unterstützung bei der Belagerung der Festung Magdeburg durch den preuß. General Friedrich August Ludwig von der Marwitz ein. Für seine Dienste wurde W. vom Herzog von Braunschweig-Lüneburg mit dem Titel eines Drosten und vom Preußenkönig Friedrich Wilhelm III. mit dem Roten Adlerorden ausgezeichnet.

L: → Wilhelm Eule, Der Herzog probiert einen Wispel Kohle. Kandidat Koch in Nöten, in: Zwei Jh. Bergbau im Revier der Braunschweigischen Kohlen-Bergwerke, 1937, *21f.*; 100 Jahre Braunschweigische Kohlen-Bergwerke, in: Bergbau, H. 8, 1973, *177–188*; Rolf Volkmann, Johann Moritz Friedrich Koch 1769–1856. Lebensbild eines Helmstedter Unternehmers, 1974; Hans Wätjen, Gesch. der Fam. W., Ms. 1974.

Horst Wahnschaffe

Wahrendorf, Friedrich Andreas *Günter*
geb. 04.09.1927 Erxleben/Kr. Neuhaldensleben, gest. 14.05.1990 Haldensleben, Eisenbahnangestellter, Heimatschriftsteller.

W., Sohn des Fleischermeisters Friedrich W. und dessen Ehefrau Helene, nahm nach der Schule eine Lehre bei der *Haldensleber Eisenbahn-Ges.* auf. 1944 zum Reichsarbeitsdienst eingezogen, ging er danach als Freiwilliger zur Wehrmacht. Er geriet in englische Kriegsgefangenschaft. Nach seiner Rückkehr 1947 arbeitete er wieder bei der Bahn als Fahrdienstleiter auf dem Erxlebener Bahnhof. 1959 wurde er Buchhalter in der *PGH-Bau* in Erxleben und war dort sowie im Nachfolgebetrieb *VEB Hochbau Haldensleben* bis 1988 als ökonomischer Leiter tätig. Mit Beginn des Jahres 1989 arbeitete er verkürzt, um mehr Zeit für seine schriftstellerische Tätigkeit zu haben. W. lag besonders der Erhalt der niederdt. Sprache am Herzen. Als sein bedeutendstes Werk ist der erste plattdt. Nachkriegsroman „Aantenfloot un Räubensluck" (1987) mit seinem zweiten Teil „Ok Hexen dragen Pettikos" (1997) anzusehen. Erzählt werden in einer Art Chronik Begebenheiten im täglichen Leben eines Bördedorfes in den Jahren 1947–50 und 1960. In seiner Freizeit widmete sich W. dem Theaterspiel sowie der Erforschung der Heimatgesch. In den Jss. des KrMus. Haldensleben publizierte er diverse Beiträge über das Schaffen des Wagnersängers → Albert Niemann und über die Erxlebener Dorfgesch. W.s Theaterleidenschaft fand 1957–65 ihren Höhepunkt. So inszenierte er mit dem Erxlebener Dorftheater in diesen Jahren: „Die spanische Fliege" (Arnold & Bach), „Arrikesleua" (eigenes Stück), „Taillenweite 68" (Lucke), „Wilhelm Tell" (Schiller), „Der Richter von Zalamea" (Calderon), „Die lustigen Weiber von Windsor" (Shakespeare), „Götz von Berlichingen" (Goethe), „Der Diener zweier Herren" (Goldoni) und „Lumpacivagabundus" (Nestroy). 1963 konnte der Regisseur W. seine Erfahrungen auf dem Bundeskongreß des *Kulturbundes* in Berlin darlegen. 1964 wurde ihm die Johannes-R.-Becher-Medaille in Silber verliehen. W. arbeitete jahrelang als Vors. der Ortsgruppe des *Kulturbundes* in Erxleben.

W: s. o.; Der Ehrengast, 1962; Saskia un annere Frunslühe, in: Christian Prowatke (Hg.), In'n Wind gahn, 1987; De Iehrengast, 1989; Twee Vöggels mit Namen Wendehals, 1990; Sunniger Harwest, 1991; mehrere Beiträge in: Jürgen Schierer (Hg.), Twischen Harz un Madeborch. Plattdt. aus Vergangenheit und Gegenwart, 1991, *332–353.* – **N:** Fam. W., Erxleben (priv.) – **L:** Nachruf, in: Volksstimme Haldensleben vom 16.05.1990. – **B:** *Fam. W., Erxleben (priv.)

Ulrich Wahrendorf

Wahrendorf, Herbert
geb. 29.08.1919 Magdeburg, gest. 21.02.1993 Vogelsang bei Gommern, Lehrer, Schuldirektor, Stadtverordneter, Oberstudienrat.

W., Kind einer Arbeiterfam., begann nach dem Schulabschluß eine Lehre als Kaufmann, nahm aber 1945 eine Neulehrerausbildung auf, die er mit der ersten und zweiten Lehrerprüfung abschloß. Später legte er das Staatsexamen in Gesch. ab. Bis 1949 war W. Lehrer an der Salbker Grundschule, danach Schulleiter der Geschwister-Scholl-Schule Buckau, die 1951 unter seiner Leitung zu einer der ersten Zehnklassenschulen in Magdeburg geformt wurde. 1953 baute W. als Dir. die Kinder- und Jugendsportschule Magdeburg (KJS) auf, die unter seiner Leitung 1957 und 1959 als beste KJS ausgezeichnet und mehrmals beste KJS bei den zentralen Sportfesten wurde. Als dienstältester KJS-Dir. der DDR erwarb er sich besondere Anerkennung für seine Bemühungen um gute Lernergebnisse und seine engen Kontakte zu den Eltern der Schülerinnen und Schüler. Auch sein Engagement für die kulturelle Betätigung der Schüler, z. B. im Schulchor, in enger Verbindung mit der schulischen und sportlichen Ausbildung wurde von Schülern, Eltern und Lehrern gleichermaßen gewürdigt. W. gilt als „Vater" der 1955 ins Leben gerufenen Hallensportfeste der Magdeburger Schulen, die national und int. einen ausgezeichneten Ruf hatten. Aus der KJS Magdeburg gingen in den unterschiedlichsten Bereichen in der Wirtschaft, im Sport als erfolgreiche Trainer sowie in akad. Berufen viele anerkannte Persönlichkeiten hervor, u. a. fünf Professoren in verschiedenen Wissenschaftsbereichen. Während seiner Zeit als Dir. wurden von Schülern und ehemaligen Schülern als Mitglieder des *Sportclubs Magdeburg* (*SCM*) und des *1. Fußball-Clubs Magdeburg* (*1. FCM*) bei Europa- und Weltmeisterschaften sowie Europapokalwettbewerben und Olympischen Spielen in den Sportarten Schwimmen, Rudern, Kanu, Leichtathletik, Hand- und Fußball zahlreiche Gold-, Silber- und Bronzemedaillen erworben. Mit diesen Leistungen haben die Sportler Magdeburg als Sportstadt int. bekannt gemacht. W. hielt als Dir. der KJS und in seinen unterschiedlichen Funktionen engen Kontakt zu den Absolventen seiner Schule und zu den Trainern des *SCM*, hier besonders zu den erfolgreichen Handballtrainern → Bernhard Kandula und → Klaus Miesner. Von 1961 bis 1990 war W. Abgeordneter der Magdeburger Stadtverordnetenverslg., er leitete 1961–65 die Ständige Kommission für Körperkultur und Sport und war danach bis 1990 Vors. der Ständigen Kommission für Volksbildung. Anläßlich seines 60. Geb. trug er sich in das Ehrenbuch der Stadt Magdeburg ein. Bis 1985 war W. erfolgreich als Dir. tätig. Für seine Leistungen wurde er 1958 als erster Verdienter Lehrer des Volkes in Magdeburg und mit den VVO in Bronze und Silber ausgezeichnet. 1974 erhielt er die höchste Auszeichnung des *Dt. Turn- und Sportbundes der DDR*, die Friedrich-Ludwig-Jahn-Medaille. Auch als Leistungssportler hat sich W. einen Namen gemacht. Als Feldhandballer holte er schon 1949 mit seiner Mannschaft, der *Betriebssportgemeinschaft Buckau-Wolf* (*BSG*), später *Motor Südost*, den ostdt. Meistertitel nach Magdeburg. Er spielte ab 1950 achtmal in der ostdt. bzw. DDR-Auswahl als Kapitän und 16 mal in der Auswahl des Landes Sa.-Anh. Nach einer schweren Sportverletzung mußte er seine sportliche Laufbahn beenden. 1966 wurde W. zum Vizepräsidenten des *Handballverbandes der DDR* gewählt. Er gründete 1953 die *BSG Einheit*

Pädagogik Magdeburg. Von der Gründung des *SCM* 1955 an war W. bis 1989 Vorstandsmitglied und danach Vizepräsident. 1992 gründete er den Ältestenrat des *SCM* und war bis zu seinem Tode dessen Vors.

N: Schulmus. Magdeburg. – L: N. N., Unser Porträt: H. W., in: Handball 25, 1955 (*B*); N. N., Das Profil, in: Volksstimme Magdeburg vom 12.04.1958 (*B*); Ulrich Behrens, Sportler und Pädagoge, in: Magdeburger Ztg. vom 06.11.1964 (*B*); N. N., Ein Hallensportfest feiert Jubiläum, in: Volksstimme Magdeburg vom 29.11.1965; S. Fiedler, Von Elternchor und Sportlerelan, in: Magdeburger Ztg. vom 10.05.1984 (*B*). – B: *Sportgymn. Magdeburg.

Konrad Ludwig

Waitz, Erich, Prof.

geb. 17.05.1878 Mühlhausen/Thüringen, gest. 02.03.1958 Magdeburg, Pädagoge, Schuldir., Oberstudienrat.

Der Sohn des Dir. der *Mühlhäuser Vereinsbank* legte am Gymn. seiner Heimatstadt als Primus omnium das Abiturexamen ab und studierte anschließend ev. Theol. an den Univ. in Berlin, Marburg und Halle. W. war zunächst als Vikar in Calbe tätig, später als Hauslehrer in Stuttgart. 1905 kehrte er an die Univ. Halle zurück, nahm ein Studium der Pädagogik auf und erwarb die Lehrbefähigung in den Unterrichtsfächern Deutsch, Hebräisch und Religion. Nach der Beendigung einer kurzzeitigen Tätigkeit in Aschersleben wurde W. im April 1907 als Oberlehrer an das Domgymn. nach Magdeburg berufen. 1916 erhielt er hier als einer der letzten Oberlehrer den Professorentitel. 1921 zum Oberstudienrat und offiziellen Stellvertreter des Dir. ernannt, wechselte W. 1935 als Hilfsarbeiter an das Provinzialschulkollegium in Magdeburg. Nach dem Ende des II. WK übernahm W., seit Anfang 1946 Oberstudiendir., als Nachfolger des suspendierten → Hermann Lohrisch die Leitung des Domgymn. in Magdeburg. Der hochverdiente Pädagoge, dessen methodische Vermittlung religionsgesch. Inhalte besonderes Ansehen genoß, wurde Ende August 1949 aus dem Amt gedrängt und das Domgymn. unter dem neuen Leiter in Humboldt-Oberschule umbenannt. Während seines Ruhestandes unterrichtete W. dt. Sprache an der Staatl. Ingenieurschule in Magdeburg.

L: Alfred Laeger, Gedenkschrift Dom- und Klostergymn. Magdeburg 1675–1950, 1964, *18, 51* (*B*).

Kerstin Dietzel

Waitz, Helmut

geb. 04.04.1910 Magdeburg, gest. 12.03.1993 Magdeburg, Rechtsanwalt, Synodalpräses der ev. Kirche der Union (EKU) und der Kirchenprovinz Sachsen.

W. wuchs in Magdeburg auf als Sohn des Gymnasiallehrers → Erich W., der 1945–49 Dir. des Domgymn. war. Zeit seines Lebens blieb W. seiner Heimatstadt innerlich und beruflich eng verbunden. 1928 machte er hier Abitur, studierte dann bis 1931 Jura. Als Referendar war W. am Amtsgericht Gommern und am OLG Naumburg, als Assessor in Magdeburg tätig. 1939 wurde W. zum Kriegsdienst eingezogen, zeitweise eingesetzt im Afrikakorps, später an der Ostfront (ohne Offiziersrang). Aus der sowjetischen Kriegsgefangenschaft wurde er im Oktober 1945 entlassen. 1947 erfolgte in Magdeburg die Zulassung als Rechtsanwalt. W. war bis in die Zeit seines Ruhestandes hinein in Magdeburg als Rechtsanwalt tätig, schloß sich jedoch dem *Kollegium der Rechtsanwälte* nicht an, um sich nicht von den Vorgaben der DDR-Justiz abhängig zu machen. Dies bedeutete freilich eine weitgehende berufliche Isolierung. Er vertrat in Prozessen kirchliche Körperschaften und unangepaßte DDR-Bürger. Wegen dieser beruflichen Unabhängigkeit und seiner tief verwurzelten, aus einer liberalen Tradition geformten Frömmigkeit war er in der Kirche hochgeschätzt. Ihm wurden langfristig wesentliche Funktionen übertragen: Seit 1952 war W. Mitglied der Provinzialsynode der Kirchenprovinz Sachsen, von 1964 bis 1980 deren Präses. 1970 wählte ihn die Regionalsynode Ost der Ev. Kirche der Union zum Präses (bis 1976); in der ersten Legislaturperiode des Bundes der Ev. Kirchen in der DDR war er Vizepräses der Bundessynode (1969–73). Als Synodalpräses war W. zugleich Mitglied der Magdeburger Kirchenleitung und des Rates der Kirchenleitung. Damit gehörte er zum engsten Beraterkreis von Bischof → Johannes Jänicke und später von Bischof Werner Krusche. Zugleich stellte er Rat und Arbeitskraft auch der Domgemeinde (zeitweilig als Vors. des Gemeindekirchenrates) und dem Kirchenkreis (als Präses der Kreissynode) zur Verfügung. Redlich und unbestechlich hat er sich dafür eingesetzt, daß die ev. Kirchen einen Anpassungskurs vermieden, ohne sich aber zu politischen Provokationen verführen zu lassen. In der EKU setzte er sich 1970 und 1972 auf den beiden Magdeburger Synodaltagungen für eine besonnene Bereichsgliederung ein – die Einheit mit den westlichen Gliedkirchen wahrend, aber die Handlungsfähigkeit im Bereich der DDR klar ins Auge fassend. Als Vors. des Arbeitskreises „Grundordnung" der Magdeburger Kirchenleitung hat er durch sechs Jahre hindurch die Erarbeitung einer neuen Kirchenverfassung der Kirchenprovinz Sachsen geleitet und als Präses der Synode die Verabschiedung dieser Neufassung 1980 erfolgreich abgeschlossen.

N: AKPS: Rep. N 5. – B: *Vf., Magdeburg (priv.).

Harald Schultze

Wallmann, Heinrich Christian *Carl* (gen. Rose)
geb. 10.06.1816 Helmstedt, gest. nach 1848 USA (verschollen), Anführer einer Diebes- und Räuberbande.

W., als uneheliches Kind in Helmstedt geb., besuchte die Schule und war des Lesens und Schreibens kundig. In jungen Jahren verdiente er seinen Lebensunterhalt durch den Verkauf von Fischen und Obst. Der kleine, aber gewandte und kräftige junge Mann erlernte später das Waffenhandwerk im 2. Bataillon des hzgl. Infantrieregimentes in Braunschweig. Erstmals polizeilich aktenkundig wurde er 1833 beim Versuch, Fische zu stehlen. Um 1840 entwickelte sich W., angetrieben durch soziale Not, zum Serientäter, scharte alsbald eine kopfreiche Bande von Dieben, Hehlerinnen und Hehlern um sich und operierte vorrangig auf preuß. Gebiet bis hin nach Ummendorf und Wormsdorf. Straßenräuberei war verpönt, seine Einbrüche richteten sich vorrangig gegen die Betuchten der Region. Ein fester Stützpunkt war für ihn Harbke, wobei er sich u. a. viel um Sommerschenburg, Beendorf sowie Marienborn aufhielt und man ihm Einbrüche in Pfarr- und Bürgerhäuser, bei Beamten, Kaufleuten, Gutsbesitzern, in Kirchen, Wirtshäuser, sogar in das Helmstedter Amtsgericht und die Gruft → Neidhardt von Gneisenaus nachsagte. Obwohl er eine Pistole und eine mit gehacktem Blei geladene Doppelflinte besaß, richtete er diese niemals auf Menschen und wandte auch keine Gewalt an, sondern agierte mit Geschick und List. Die Legende berichtet, er habe oftmals armen und alten Menschen, Frauen und Kindern geholfen. Im Februar 1843 wurde W., auf dessen Ergreifung 100 Taler Belohnung ausgesetzt waren, in einem Hinterhalt ergriffen und schließlich nach Braunschweig überführt. 1845 kam es dort zum Prozeß gegen W. und weitere 53 Angeklagte, bei dem 126 Straftaten verhandelt wurden. W. wurde Ende 1845 zu einer 15jährigen Zuchthausstrafe verurteilt, jedoch 1848 vom Herzog amnestiert und nach Nordamerika abgeschoben. Dort verliert sich seine Spur. Die Erinnerung an W. und seine Taten blieb jedoch bis heute, oftmals verklärt, in vielfältiger Form lebendig.

L: Mechthild Wiswe, Soziale Realität und Mythos – eine Helmstedter Einbrecherbande um 1840, in: Braunschweigisches Jb. 74, 1993; dies., Räuberhauptmann Rose – ein Helmstedter Robin Hood?, in: Kreisbuch des Landkreises Helmstedt, 1995/96, 1995; Vf., C. W., gen. Rose, der „Räuberhauptmann", in: Börde, Bode und Lappwald. Heimatschrift 1998, *43–48*; StA Wolfenbüttel: Prozeßakten. – **B:** Herzog-August-Bibl. Wolfenbüttel: Lithographie.

Karl Schlimme

Walter, Herbert
geb. 29.10.1925 Sommerfeld/Niederschlesien, gest. 16.09.1988 Burg, Schlosser, Dipl.-Ing., Generaldir.

Nach Abschluß seiner Schlosserlehre wurde W. 1943 Soldat, geriet von 1944 bis 1949 in sowjetische Gefangenschaft, half bei Aufräumungsarbeiten in zerstörten russischen Städten und bildete sich auf politischem Gebiet weiter. Sein Weg in der DDR wurde dadurch maßgeblich geprägt. In Fernstudien qualifizierte sich W. zum Berg-Ing. an der Berging.-Schule Breitenbrunn, besuchte 1975 die SED-Partei-Hochschule und machte als Externer 1979 sein Examen als Dipl.-Ing. für Tiefbohren an der Bergakad. in Freiberg. W. hatte leitende Funktionen in der Personalpolitik im Bereich Geologie sowie als Sektorenleiter Geologie im ZK der SED inne. Von 1967 bis 1984 war W. als Generaldir. der *Vereinigung Volkseigener Betriebe* (*VVB*) *Erdöl-Erdgas Gommern* tätig. Er nahm wesentlichen Einfluß auf die Entwicklung der Erdöl-Erdgas-Höffigkeitseinschätzung, die Organisation der technischen und physikalischen Arbeiten sowie den Aufschluß und Ausbau des Erdgasförderbez. Altmark mit der förderstärksten Erdgasproduktion Dtls bei einer max. Förderleistung von 13,5 Mrd. m^3 pro Jahr. Mit 8.001 m wurde 1977 eine Europarekordbohrung abgeteuft. Die Stadt Gommern nahm während seiner Amtszeit einen starken Aufschwung auf kulturell-sportlichem und sozialem Gebiet. Für seine Leistungen wurde W. mit staatl. Auszeichnungen geehrt, u. a. mit dem VVO in Bronze sowie als Verdienter Bergmann.

L: Nachruf, in: Im Tempo der Zeit. Betriebsztg. des VEB ZRAW Gommern 29 vom 18.10.1988, *2*. – **B:** *Vf., Gommern (priv.).

Bruno Heyne

Wanckel, Oskar
geb. 11.12.1843 Wildenfels/Sachsen, gest. 03.12.1917 Schönebeck, Reeder, Spediteur, Großhändler.

Der Sohn einer Dresdener Lehrerfam. erlernte den Beruf eines Kaufmanns. 1868 übernahm er die Geschäftsführung des von dem Getreidehändler Carl Fritsche in Schönebeck gegründeten Speditions- und Elbschiffahrtsgeschäftes. Bereits 1867 wurde als erste private Anschlußbahn die Errichtung einer „Zweigbahn von dem Bahnhof Schönebeck nach dem Fritzeschen Lagerplatz an der Elbe" genehmigt (*Amtsbl. der kgl. Reg. zu Magdeburg* vom 26.01.1867). 1872 wurde die Fa. zum *Speditions- und Elbschiffahrtskontor AG Schönebeck* umgewandelt. 1879 erfolgte die Gründung der W.schen Reederei mit zwei Kähnen. 1900 waren es bereits sieben Schiffe, die die Reedereiflagge – weiße Mondsichel und Stern auf blauem Grund – führten. Neuerungen gegenüber aufgeschlossen, bemühte sich die Fa. seit 1883 um Telefonanschlüsse von Schönebeck nach Magdeburg, die 1885 für zehn Schönebecker Firmen hergestellt wurden. W. gründete Niederlassungen in Magdeburg und Hamburg.

Hauptumschlaggüter waren Kali- und Steinsalz, Dünger, Getreide und Futtermittel, Schwefelkies, Phosphate und Kohlen. Zum Massengütertransport kam auch der regelmäßige Stückgutverkehr. Das Speditionsgeschäft und die damit verbundene Reederei entwickelte sich zu einer der bedeutendsten auf der Elbe, die schließlich Ende der 1920er Jahre über drei Schleppdampfer und 25 Kähne mit einer Tonnage von ca. 25.000 brt verfügte, obwohl sie auf Grund des Versailler Vertrages 1919 zwei Kähne abgeben mußte. W. wirkte viele Jahre als einflußreicher Stadtrat sowie in Gremien der Elbschiffahrts-Unternehmen. 1913 wurde der Bau eines firmeneigenen Hafens begonnen, der infolge des I. WK erst 1924 beendet werden konnte. Die Söhne Eberhard und → Wolfgang W. übernahmen nach dem Tode des Firmengründers 1917 die Geschäfte. Sein Grab befindet sich auf dem alten Friedhof in Schönebeck.

Ernst Lindner

Wanckel, Wolfgang
geb. 02.05.1879 Schönebeck, gest. 16.02.1964 Schönebeck, Reeder, Unternehmer, Heimatforscher, Museologe.

Der Sohn des Schönebecker Reeders und Händlers → Oskar W. absolvierte nach dem Besuch des Gymn. eine Ausbildung als Kaufmann. Nach dem Tod des Vaters 1917 übernahm er zusammen mit seinem jüngeren Bruder Eberhard W. die Leitung des *Speditions- und Elbschiffahrts-Kontors* und die damit verbundene Reederei. Eberhard war stellvertretender Vors. des Arbeitgeberverbandes für die Elbschiffahrt und Vors. der *Elbe-Großschiffer-Vereinigung*. Er gehörte dem General-Vorstand der Elbschiffahrts-Berufsgenossenschaft und der *Versicherungs-AG Elbe und Saale* an. Während sich Eberhard W. in erster Linie der Führung und dem Ausbau der Fa. widmete, unternahm W. neben seiner unternehmerischen Tätigkeit zahlreiche Reisen, legte Slgg. zur Volkskunde an und pflegte das Schifferbrauchtum. Er war Mitglied der Freimaurerloge „Zur festen Burg an der Saale" in Calbe. 1924 gehörte er zu den Gründern der *Ges. für Vorgesch. und Heimatkunde* des Kr. Calbe und veröffentlichte in deren Organ, den *Heimatglocken*. Als Kustos und Dir. war er Motor des von der Ges. 1924 gegründeten Heimatmus. In Zusammenarbeit mit dem Landesmus. für Vorgesch. führte er zahlreiche Grabungen durch, von denen Funde in Halle und Berlin ihren Platz fanden. Die beim Bau der *Junkerswerke* geborgenen 19 Gräber aus dem frühen sechsten Jh. haben mit ihren Reiterbestattungen, dem Grab eines Schmiedes mit seinen Werkzeugen und den Waffenbeigaben Bedeutung weit über unseren Raum hinaus. W. barg eiszeitliche Tierfunde von Mammut, Altelefant, Bison, Urhirsch und Pferd, auf die man bei der Erweiterung des Sprengstoffwerkes im Kies des Urstromtales gestoßen war. Das Exemplar eines eiszeitlichen Wasserbüffels, Vertreter einer bisher unbekannten Art, wurde ihm zu Ehren „buffelus wanckeli" benannt. Verdienste erwarb er sich um den Naturschutz, besonders bei der Erhaltung der Biber und des Jagdwesens. Einfluß nahm er auf die Gestaltung von Bräuchen und Volksfesten, besonders auf die „Glinder Lichtmeß", die er fast in jedem Jahr begleitete. Die Reederei bestand unter Leitung seines Sohnes in der Hamburger Niederlassung bis in die 1970er Jahre weiter. 1949 wurde er, wie schon einmal 1946, verhaftet und, obwohl die Anklage auf illegalen Waffenbesitz und Schußwaffengebrauch nicht aufrechtzuerhalten war, zu mehrjähriger Haft verurteilt. Sein Besitz wurde wie schon der seines Bruders 1946 enteignet und er aus der Firmenvilla vertrieben. W. hatte mit dem Vf. seit 1948 seinen Nachfolger in der Leitung des Mus. herangezogen und arbeitete mit ihm im Museumsbeirat eng zusammen. Seinen Lebensabend verbrachte W. in der zu Beginn des 19. Jhs erbauten und seiner Frau gehörenden Villa „Carlshall". Auf seinen Wunsch wurde er in Altenau/Harz beigesetzt.

B: *KrMus. Schönebeck: Gemälde.

Ernst Lindner

Wartensleben, *Gustav* Ludwig Graf von
geb. 20.04.1796 Carow/Kr. Jerichow II, gest. 29.01.1886 Carow, Rittergutsbesitzer, Generalleutnant.

W. war Sohn des Ferdinand v.W. der als Schloßhauptmann, Kammerherr und Major der Landwehr diente. Nach dem Besuch der Ritterakad. in Brandenburg/Havel 1806–09 absolvierte er das Werdersche Gymn. in Berlin. Als Freiwilliger trat er 1813 in das Gardejägerbataillon ein, mit dem von 1813 bis 1815 am Feldzug gegen Frankreich im Rahmen der Befreiungskriege teilnahm, wo er sich durch persönliche Tapferkeit auszeichnete. Als Major schied er 1834 aus dem aktiven Militärdienst aus. Im gleichen Jahr trat er als Ritter dem Johanniterorden bei. In dieser Eigenschaft widmete er sich dem Ausbau der karitativen Einrichtungen des Ordens in der preuß. Provinz Sachsen. Von 1834 an bewirtschaftete er seiner Güter bei Carow. W. war Mitglied des Provinziallandtages und verwaltete verschiedener Kreisämter, denen er vorstand. Durch die Herausgabe der biogr. Nachrichten über sein Geschlecht wurde W. auch als Schriftsteller bekannt.

W: Familiengesch. des Geschlechtes der Grafen v.W., o. J. – **L:** Priesdorff 9, *322f.* (***B***).

John Kreutzmann

Wartensleben, *Hermann* **Wilhelm Ludwig Alexander Karl Friedrich Graf von**
geb. 17.10.1826 Berlin, gest. 09.03.1921 Karow/Kr. Jerichow II, General der Kavallerie.

W. war das älteste Kind aus der Ehe des Grafen → Gustav v. W. und dessen Frau Elisabeth, geb. von Goldbeck. Die Schulausbildung erfolgte an der Ritterakad. in Brandenburg und am franz. Gymn. zu Berlin. Sein Wunsch, nach dem Abitur die Offizierslaufbahn einzuschlagen, wurde ihm vom Vater verwehrt. Dieser bestimmte, daß er erst ein Studium absolvieren sollte, um danach seinen Weg selbst bestimmen zu können. W. studierte von 1845 bis 1848 Rechtswiss. in Berlin und Heidelberg und trat anschließend der Armee bei. Dem üblichen Truppendienst als Offizier folgte von 1853 bis 1856 die Ausbildung an der Kriegsakad., auf der er für sehr gute Leistungen mit dem Ehrenpallasch ausgezeichnet wurde. Nach einem anschließenden zweijährigen Truppendienst wurde er in den Generalstab kommandiert, dem er mit kurzen Unterbrechungen fast 20 Jahre angehörte. Neben der Organisation und Durchführung von militärischen Bahntransporten und Arbeiten im topographischen Büro bestand sein Hauptverdienst als Stabsoffizier in den hervorragenden Planungen und Ausarbeitungen für die erfolgreichen Feldzüge von 1864, 1866 und 1870/71. Als Leiter der kriegsgesch. Abt. des Generalstabs war er maßgeblich an der hist. Auswertung und Aufarbeitung des Krieges von 1870/71 beteiligt. Die preuß. Akad. der Wiss. verlieh ihm dafür den „Verdunpreis". 1878 wurde er Stadtkommandant von Berlin, in dieser Eigenschaft war er auch Chef der Landgendarmerie, die für die innere Ordnung verantwortlich war. Seine militärische Laufbahn wurde 1884 mit der Ernennung zum kommandierenden General des III. Armeekorps und der Aufnahme in die Landesverteidigungskommission gekrönt. 1888 wurde er zur Disposition gestellt und in den Ruhestand versetzt. Neben seiner Tätigkeit im Johanniterorden als Ordensstatthalter und Kommendator, wo er sich sozialen Fragen widmete, war er seit 1903 Mitglied des Preuß. Herrenhauses auf Lebenszeit. Daneben widmete sich W. der Bewirtschaftung und Verwaltung seines Grundbesitzes in Carow. Nach der Revolution von 1918 richtete er mit Gleichgesinnten eine Protesterklärung an die Nationalverslg., in der er sich gegen die Veränderungen durch die Weimarer Republik aussprach.

W: Die Operationen der Südarmee, 1872; Die Operationen der 1. Armee unter General von Manteuffel, 1872; Erinnerungen aus der Kriegszeit 1866, 1897; Feldzugbriefe 1870/71, 1898. – **L:** Mitteldt Leb 2, 375–382 *(*B)*; Priesdorff 9, *314–335 (B)*; Franz Neubert (Hg.), Dt. Zeitgenossen-Lex. Biogr. Hdb. dt. Männer und Frauen der Gegenwart, 1905.

John Kreutzmann

Wartensleben, *Ludwig* **Hermann Alexander Graf von,** Dr. theol. h.c.
geb. 07.07.1831 Berlin, gest. 01.09.1926 Rogäsen/Kr. Jerichow II, Rittergutsbesitzer, Landrat, Politiker, Wirklicher Geh. Rat.

W., vierter Sohn des preuß. Kammerherrn und Generalleutnants → Gustav Graf v. W. auf Carow und Bruder des → Hermann Graf v.W., schlug, der Familientradition entsprechend, nach dem Abitur an der Ritterakad. Brandenburg eine militärische Laufbahn ein. 1849 trat W. als Fahnenjunker in das 1. Garde-Regiment zu Fuß ein, wurde mit 19 Jahren Sekondeleutnant und wechselte 1860 zum 3. Garde-Regiment nach Stettin. W. wurde 1862 zum Hauptmann befördert und nahm 1864 an der Erstürmung der Düppeler Schanzen teil. Im gleichen Jahr nahm er seinen Abschied und ließ sich mit seiner Frau Mathilde Gräfin von Blumenthal, die er 1856 geheiratet hatte, auf seinem Gut Rogäsen nieder. In den Kriegen 1866 und 1870/71 diente er wieder in der preuß. Armee und wurde zum Major befördert. Von 1872 bis 1901 hatte W. die Funktion des Landrates für den Kr. Jerichow II inne. Als solcher gehörte er 19 Jahre dem Provinzialausschuß an. Ab 1889 war er Mitglied und von 1896 bis 1916 Vors. des Landtages der Provinz Sachsen. W. war von 1901 an Mitglied des Preuß. Abgeordneten-Hauses und wurde 1913 in das Preuß. Herrenhaus berufen, wo er sich insbesondere zu religionspolitischen Fragen zu Wort meldete. Außerdem war er in zahlreichen weiteren öffentlichen Ämtern tätig, u. a. als Präses der Provinzialsynode und Mitglied der Generalsynode, Rechtsritter und Ehrenkommendator der Genossenschaft Sachsen des Johanniterordens. 1905 verlieh ihm der Kaiser den Titel Wirklicher Geh. Rat und das Prädikat Exzellenz. Zum 80. Geb. erhielt er den Roten Adler-Orden I. Kl. und die Ehrendoktorwürde der theol. Fakultät der Univ. Halle. Als Landrat lenkte W. fast 30 Jahre die Verwaltung des Landkreises und setzte sich vor allem für den Chaussee- und Kleinbahnbau, aber auch für die Kreissparkasse und die Fiener-Korporation ein. Als Rittergutsbesitzer und Kommunalbeamter widmete er sich auch der Pflege der Heimatgesch., sammelte prähist. Altertümer und unterstützte den 1885 in Genthin gegründeten *Verein der Altertumsfreunde* und das 1886 gegründete Mus. In seinem Wirken repräsentierte er den konservativen, stark religiös motivierten Flügel des preuß. Adels, der, patriarchalisch im Auftreten, seine oberste Pflicht in der Königstreue sah.

L: Elisabeth v.W., L. Graf v.W.-Rogäsen. Sein Leben 1831–1926, 1929; Genthiner Wochenbl. vom 04.09.1926; Geh. StA Berlin-Dahlem: Rep. 77, Nr. 5099. – **B**: *Kreismus. Genthin.

Antonia Beran

Weber, Bruno

geb. 05.08.1909 Hannover, gest. 23.01.1997 Haldensleben, Museumsleiter, Naturschutzbeauftragter.

W. besuchte die Schule in Eldagsen bei Hannover und erhielt in der dortigen Stadtverwaltung die Ausbildung zum Verwaltungsfachmann. 1934 wurde er in der Stadtverwaltung in Neuhaldensleben angestellt und legte die erste Verwaltungsprüfung ab. Hier setzte W. auch seine früher betriebenen Naturstudien systematisch fort, legte 1941 die Jagdprüfung ab und begann mit der Vogelberingung für die Vogelwarten Helgoland, Radolfzell und später Hiddensee. Im November 1947 zum Museumsbeauftragten des Volksbildungsamtes ernannt, begann W. mit dem Wiederaufbau des Mus. Haldensleben. Er wurde ab 1952 zunächst stellvertretender Leiter des Mus. und war, nachdem er 1959 eine Ausbildung als Museologe, Fachrichtung Naturwiss., abgeschlossen hatte, von 1960 bis 1976 dessen hauptamtlicher Leiter. Er führte die durch Auslagerungen im II. WK versprengten musealen Slgg. zusammen und machte auch das ehemalige Museumsgebäude schrittweise wieder nutzbar. Zur ständigen Erweiterung der Slgg. konnte er große Teile der Bevölkerung gewinnen. Auch als Kreisbeauftragter für Naturschutz leistete W. 1948–84 wesentliche Arbeit. W.s Spezialgebiet war neben der Ornithologie die Kleinsäugerforschung, was sich auch in der naturwiss. Slg. und Ausstellung des Mus. niederschlug. Angeregt durch seinen Freund Heinrich Dathe beschäftigte er sich ab 1954 intensiv mit der Tierwelt des Drömlings, eines ehemaligen Niederungsmoores. W. erreichte, daß der „Südliche Drömling" 1967 als Landschaftsschutzgebiet ausgewiesen, 1979 hier ein Fischotter-Schongebiet und 1981 und 1983 zwei Brachvogelschutzgebiete bestätigt wurden. Seine exakt geführten Drömlings-Tagebücher dienen heute den Mitarbeitern des Naturparks Drömling u. a. als wertvolle Unterlagen. Ca. 100 Publikationen unterschiedlichen Umfangs in Fachzss. und der Presse geben Zeugnis von seiner Arbeit. W. gehörte seit 1951 der Landeskommission für Ornithologie und Vogelschutz Sa.-Anh. an und war bis 1969 Mitglied des Bezirksfachausschuß Ornithologie Magdeburg.

W: Der Hamster und seine Verbreitung im Kr. Haldensleben, in: Js. des KrMus. Haldensleben 1, 1960, *57–62*; Vom Siebenschläfer im Kr. Haldensleben, in: ebd. 4, 1963, *74–86*; Beitrag zur Ernährung der Eulen und zur Verbreitung der Kleinsäuger in Haldensleben und Umgebung, in: ebd. 8, 1967, *79–95*; Die Wirbeltiere des NSG „Wellenberge/Rüsterberg", in: ebd. 9, 1968, *83–102*; Die geschützten Wirbeltiere des Kreises Haldensleben, in: ebd. 16, 1975, *67–84*. – **L**: Heinrich Dathe, B. W. 65 Jahre, in: Js. des KrMus. Haldensleben 15, 1974, *83–85*; Vf., B. W. 75 Jahre, in: ebd. 25, 1984, *83*; Vf., B. W. (1909–1997) und der Wiederaufbau des Haldensleber Mus., in: Js. der Museen des Ohrekreises 4, 1997, *76–81* (**B**); Haldensleber Vogelkunde-Informationen 1997, *50–53*. – **B**: Mus. Haldensleben.

Sieglinde Bandoly

Weber, Paul

geb. 30.12.1875 Halberstadt, gest. 06.11.1958 Magdeburg, Handschuhmacher, Reg.-Präsident in Magdeburg.

W. war Handschuhmacher in Halberstadt und trat früh der SPD bei. Politisch aktiv im Rahmen der Kommunalpolitik Halberstadts, wurde er nach der Novemberrevolution im Jahre 1919 zum besoldeten Stadtrat und 1920 zum Oberbürgermeister von Halberstadt bestimmt. Er gehörte auch dem nach der preuß. Verfassung von 1920 demokratisch gewählten Provinziallandtag der Provinz Sachsen als Abgeordneter an. Im Jahre 1926 wurde er zum Vors. des Provinzialausschusses gewählt. Gleichzeitig wurde W. auch 1. Vors. des Provinziallandtages der Provinz Sachsen. 1930 zum Reg.-Präsidenten in Magdeburg ernannt, wurde er bereits 1932 infolge des „Preußenschlages" des Reichskanzlers Franz von Papen seines Amtes enthoben. Als „Parteibuchbeamter" von dt.-nationalen und ns. Kräften diffamiert, war er in der Zeit des Ns. mannigfaltigen Verfolgungen und Demütigungen ausgesetzt. In der Zeit der SBZ und der DDR wurde W. als früher bekannter Sozialdemokrat und führender „rechter" sozialdemokratischer Mandatsträger und Inhaber hoher Staats- bzw. Verwaltungsämter in der Zeit der Weimarer Republik isoliert.

L: Hermann Giesau, Gesch. des Provinzialverbandes von Sachsen 1825–1925, 1926, *81*; Stefan Karnop/Lars-Henrik Rode/Vf., Der Regierungsbez. Magdeburg und seine Gesch., 1998, *108* (**B**).

Mathias Tullner

Weckerling, Otto

geb. 23.10.1910 Kehnert bei Tangerhütte, gest. 06.05.1977 Dortmund, Landarbeiter, Berufsradfahrer, Rennveranstalter.

Was „Täve" Schur für die Radsportfans nach dem II. WK war, konnte W. bereits in den 1930er Jahren für sich in Anspruch nehmen. Seine Popularität war grenzenlos. Der Anfeuerungsruf „Otto-Otto" ertönte, wo immer er auch an den Start ging. W. wuchs in bescheidenen Verhältnissen auf, ging nach der Grundschule auf einen Bauernhof nach Mahlpfuhl und wurde Landarbeiter. Der tägliche Weg zur Arbeit mit dem Fahrrad weckte bald den Wunsch in ihm, Rennfahrer zu werden. Ein Anfängerrennen in Colbitz 1927 gewann er mit vier Min. und die Heidegau-Meisterschaft in Lüderitz im gleichen Jahr mit sechs Min. Vorsprung. 1928 schloß er sich einem Tangerhütter Radsportverein an, wechselte 1931 nach Magdeburg und feierte bereits 1932 als Dt. Meister seinen größten Amateursieg bei der Meisterschaft der *Dt. Rad-Union* mit der Straßenmannschaft des *RC Brennabor Magdeburg* im Sechser-Mannschaftsfahren. 1934 wurde W. Berufsfahrer bei *Dürkopp* und blieb bis zum Ende seiner Laufbahn 1950 in diesem Rennstall. W. startete insgesamt viermal bei der Tour de France und erkämpfte 1937 und 1938 jeweils einen Etappensieg. Seinen wohl schönsten Erfolg feierte er in der Dtl.-Rundfahrt 1937, wo er von der ersten bis zur letzten Etappe sein gelbes Trikot verteidigte. In der gleichen Rundfahrt erkämpfte er noch 1938 den dritten und 1950(!) den fünften Platz. Bei allen großen nationalen Straßenrennen gelangen ihm großartige Plazierungen, so wurde er Achter im Rennen um die Straßenweltmeisterschaft 1937 in Kopenhagen. 1935–42 startete er in der Nationalmannschaft. Nach 1945, wo er als Bürgermeister in seiner Heimatgemeinde Kehnert tätig war, fuhr er vor allem Aschenbahnrennen. Zusammen mit seinem Partner Werner Richter gewann er in diesem Metier sogar die DDR-Meisterschaft 1950 für Berufsfahrer im Zweier-Mannschaftsrennen. Danach siedelte W. nach Dortmund über und hängte sein Rad an den berühmten Nagel. Er wurde sportlicher Leiter im Sechstagegeschäft. Veranstaltungen in Bremen, Münster, Frankfurt/Main und vor allem in Dortmund fanden unter seiner Regie statt. 1966 wurde er in Berlin zum Vors. des *Verbandes der Radrennbahnen* gewählt.

L: Gerd Rensmann, Vom unbekannten Sportsmann zum Rundfahrtsieger (Fortsetzungsserie), in: Zs. Radsport, ab Nr. 45, 1966; Jël Godaert/Robert Janssens/Guido Cammaert, Tour Encyclopedie, Tl. 2, 1930–1953, 1997; Slg. Vf., Sandbeiendorf (priv.). – **B**: *ebd.

Günter Grau

Wedell, *Wilhelm* **Carl Heinrich Magnus von**
geb. 20.05.1837 Piesdorf bei Frankfurt/Oder, gest. 11.07.1915 Berlin, Jurist, Reg.-Präsident zu Magdeburg.

Die Ausbildung von W. erfolgte zunächst in der Klosterschule Roßleben, die damals zur Provinz Sachsen gehörte. Danach studierte er Rechtswiss. in Heidelberg. Nach verschiedenen frühen Tätigkeiten als Referendar und Assessor war er in den Jahren 1870/71 Landrat des Kr. Wolmirstedt. Anschließend bekleidete er dieses Amt von 1871 bis 1876 im Mansfelder Seekreis (Eisleben). Als konservativer Abgeordneter zog W. 1879 in das preuß. Abgeordnetenhaus ein. 1884–90 gehörte er dem Reichstag an, dessen Präsident er 1884–86 war. Im Jahre 1881 wurde W. zum Reg.-Präsidenten der kgl. Reg. in Magdeburg ernannt. Dieses Amt hatte er bis 1888 inne. Danach wurde W. Minister des kgl. Hauses. 1912 war er Präsident des preuß. Herrenhauses.

L: Walter Hubatsch (Hg.), Grundriß der dt. Verwaltungsgesch. 1815–1945, Reihe A: Preußen, Bd. 6, Provinz Sachsen, 1975, *35*; Klaus Schwabe (Hg.), Die preuß. Oberpräsidenten 1815–1945, 1985, *293*; Stefan Karnop/Lars-Henrik Rode/Vf., Der Regierungsbez. Magdeburg und seine Gesch., 1998, *99* (**B**).

Mathias Tullner

Wegener, Hugo Paul Theodor Christian *Philipp*, Prof. Dr. phil.
geb. 20.07.1848 Neuhaldensleben, gest. 15.03.1916 Greifswald, Pädagoge, Philologe, Sprachwissenschaftler.

W., dessen Vater zunächst als Konrektor der gehobenen Knabenschule in Neuhaldensleben, später als ev. Pfarrer in Süplingen und Olvenstedt bei Magdeburg wirkte, verlebte seine Kindheit in Olvenstedt und besuchte nach Privatunterricht ab 1859 das Pädagogium des Klosters U. L. F. in Magdeburg. Ab 1867 studierte er zunächst ev. Theol. und Phil. in Marburg, ab Herbst 1868 Klass. und Germanische Philologie in Berlin u. a. bei Moritz Haupt, Adolf Kirchhoff und Karl Müllenhoff. Nach seiner 1871 erfolgten Prom. erwarb er Anfang 1872 die facultas docendi für Latein, Griechisch und Deutsch für alle Klassen und arbeitete anschließend als wiss. Hilfslehrer in Magdeburg (1872), Treptow an der Rega/Pommern (1872–74) und Zeitz (1874–76), wo er sich besonders mit den Beständen der in der Zeitzer Stifts-Bibl. befindlichen Handschriften beschäftigte. 1876 wechselte er als Lehrer an das Pädagogium des Klosters U. L. F. in Magdeburg, wo er 1884 zum Oberlehrer ernannt wurde. Zwei Jahre später bewarb er sich erfolgreich um das Direktorat des Gymn. seiner Heimatstadt Neuhaldensleben. 1898 zum Dir. des Gymn. in Greifswald berufen, leitete er dort seit 1902 auch das Pädagogische Seminar für Lehramtskandidaten und übte beide Ämter bis zu seinem Tode aus. Ausgehend von seinen Sprachstudien in der Klass. Philologie widmete sich W. insbesondere in Magdeburg und Neuhaldensleben umfangreichen Forschungen zur Volkssprache und zu niederdt. Dialekten. W. legte frühzeitig eine Vielzahl von unterschiedlichen Slgg. für das Sprachgebiet an (Wörter und Wendungen, volkstümliche Sprüche, Redewesen,

Lieder und Idiotismen, Bräuche, Sagen und Märchen), denen er das empirische Material (Sprachproben) für seine sprachtheoretischen und sprachgesch. Untersuchungen entnahm und deren Publikation einen bedeutenden Beitrag zur volkskundlichen Erforschung des „Magdeburger Landes" leistete. Seine systematischen Untersuchungen zum Verhältnis von Volks- und Schriftsprache sowie zur Dialektbegrenzung bezogen neben dem lexikalischen auch sein Interesse am grammatischen Teil (Lautlehre, Flexion, Wortbildung, Syntax, Satzgefüge) ein und verknüpften die Sprachbefunde darüber hinaus mit relevanten kulturgesch. Befunden, die der vertieften Erkenntnis des niederdt. Volkslebens dienten. Seit 1877 gehörte W. in Magdeburg dem *Verein für niederdt. Sprachforschung* und des *Vereins für Gesch. und Alterthumskunde des Hzts und Erzstifts Magdeburg*, seit 1878 als Vorstandsmitglied, an, engagierte sich jedoch maßgeblich als Fachreferent und Sekretär im neu gebildeten *Verein zur Erforschung der niederdt. Sprache und Litt. zu Magdeburg*. In seine analytische Methodik integrierte W. vor allem sprachpsychologische Überlegungen, mit denen er kontroverse, für die Sprachwiss. überaus fruchtbare Diskussionen anstieß. Auf den Verslgg. dt. Philologen und Schulmänner, die er seit 1878 besuchte, betonte W. u. a. die eminente Wichtigkeit der Dialekte als „baustein zur construction der sprachgesch." und setzte sie in ihrer Bedeutung und Wertigkeit zur Erforschung der dt. Stammesgesch. anderen Sprachen, auch den klass., gleich. Seine Anregungen zur Erarbeitung einer Reihe von Dialektgrammatiken in streng wiss. und einheitlicher systematischer Form wurde von der Sprachwiss. jedoch nicht aufgegriffen. Seit Ende der 1870er Jahre traf W. bei diesen Verslgg. wiederholt mit → Hermann Paul zusammen, dessen „junggrammatische" Richtung ihn in der Folge beeinflußte und auf die er selbst durch konstruktive Kritiken positiven Einfluß nahm. W.s Plädoyer für die Einbeziehung auch der psychischen Ursachen des Lautwandels (neben den physiologischen) in die Sprachforschung, gab Paul fruchtbare Impulse zur Umarbeitung maßgeblicher Kapitel seiner „Principien der Sprachgesch." (1882). Seine eigenen sprachwiss. Auffassungen legte W. erstmals 1885 gebündelt in den „Untersuchungen über die Grundfragen des Sprachlebens" vor, die in der Fachwelt große Resonanz fanden. Im direkten Zusammenhang mit seinen sprachwiss. Studien entwickelte W. auf der Basis der Pädagogik und Psychologie Johann Friedrich Herbarts auch selbständige Vorstellungen zum Sprachunterricht und zu den unterschiedlichen Schulformen sowie zu Ziel und Methode der Erziehung, die er durch Forschungsbeiträge immer wieder in die aktuellen Fachdiskussionen einbrachte. Neben diesen Tätigkeiten betrieb W. in Neuhaldensleben, angeregt durch den dortigen *Aller-Verein*, dessen Ehrenmitglied er lange Jahre war, als einer der ersten ur- und frühgesch. Forschungen und Grabungen. Er schuf in diesem Zusammenhang eine reichhaltige vorgesch. Slg. am Neuhaldensleber Gymn., die später mit der Slg. des *Aller-Vereins* vereint und 1910 dem neu gegründeten Mus. Neuhaldensleben angegliedert wurde. W.s Wirken und seine Bedeutung als Linguist und Pädagoge wurden erst in jüngster Zeit neu entdeckt und angemessen gewürdigt.

W: Hochzeitsbräuche des Magdeburger Landes, in: GeschBll 13, 1878, *225–255* und 14, 1879, *68–100, 184–222*; Idiotische Beiträge zum Sprachschatze des Magdeburger Landes, in: ebd. 13, 1878, *416–443* und 18, 1883, *381–399*; Volkstümlichen Lieder aus Norddtl., besonders dem Magdeburger Lande und Holstein (3 Hefte), 1879–1880; Ueber dt. Dialectforschung, in: Zs. für dt. Philologie 11, 1880, *450–480*; Festgebräuche des Magdeburger Landes aus dem Volksmunde gesammelt, in: GeschBll 15, 1880, *245–274, 374–389*; Sagen und Märchen des Magdeburger Landes aus dem Volksmunde gesammelt, in: ebd. 15, 1880, *50–75*; Zauber und Segen aus dem Magdeburger Lande. Aus dem Volksmunde gesammelt, in: ebd. 15, 1880, *76–97*; Aberglauben des Magdeburger Landes, aus dem Volksmunde gesammelt, in: ebd. 16, 1881, *227–252*; Spiele aus dem Magdeburger Lande mit Beiträgen aus anderen Gegenden Norddtls, in: ebd. 17, 1882, *410–437* und 18, 1883, *1–16, 146–184*; Bericht über den Urnenfriedhof bei Bülstringen, in: Zs für Ethnologie 27, 1895, *121–148*; Zur Vorgesch. von Neuhaldensleben und Umgegend, in: GeschBll 31, 1896, *125–147, 347–362*; Zur Kunde der Mundarten und des Volkstums im Gebiete der Ohre, in: GeschBll 32, 1897, *326–364*; Die Altertums-Slg. des Gymn., in: Fs. zur Feier des 25jährigen Jubiläums des Gymn. in Neuhaldensleben, 1897; Zur Vorgesch. von Hundisburg bei Neuhaldensleben, in: GeschBll 33, 1898, *82–103*. – **L:** Clemens Knobloch, P. W. (1848–1916) und die sprachpsychologische Diskussion um 1900, 1989; Brigitte Nerlich, Change in language. Whitney, Bréal, and W., 1990; Irmingard Hildburg Grimm-Vogel, P. W. 1848–1916. Wesen, Wirken, Wege, 1998 (*W*). – **B:** *Mus. Haldensleben.

Guido Heinrich

Wegerer, Anton

geb. 13.04.1905 Neu-Ulm/Kr. Augsburg, gest. 06.12.1985 Magdeburg, Obering., Technischer Dir.

Der Sohn eines Technischen Verwaltungssekretärs im Straßenbau besuchte 1915–20 die Oberrealschule Ravensburg/Württemberg und schloß diese 1921 mit der Prima-Reife ab. Eine Lehre als technischer Zeichner bei der Fa. *Albert Bezner, Maschinenfabrik* Ravensburg schloß sich bis 1924 an. 1924–25 folgte eine praktische Ausbildung in der Lehrwerkstatt, Härterei, Modelltischlerei und Montage der *Maschinenfabrik Weingarten* in Württemberg mit gleichzeitigem dem Besuch der Gewerbeschule. 1925–34 war W. dann in der gleichen Fa. als Betriebstechniker in der Materialprüfung, der Schmiede, der Härterei und Schweißerei sowie im Werkzeugbau tätig. Als Betriebsing. für Fabrikation, Metallgießen und Vorkalkulation besaß er 1934–36 bei der *Wilhelm Poppe AG* in Kiel-Pries Handlungsvollmacht. 1936–45 war W. als Betriebsleiter und Obering. für Werkzeug- und Modellbau sowie Druckgießerei bei der *Schäffer & Budenberg GmbH* in Magdeburg-Buckau tätig. Hier war er zuständig für die Generalüberholung und Reparatur von Werkzeugmaschinen und Ausrüstungen und arbeitete zudem als Werkzeug- und Lehrenbewirtschafter sowie Schmierstoffbeauftragter. Zwischen Februar und Oktober 1946 wurde er wegen seiner Mitgliedschaft in der NSDAP als Reparaturschlosser, Ofenmann am Siemens-Martin-Ofen und Kolonnenführer in der Werkzeugmaschinenreparatur in die *Fried. Krupp Grusonwerk A. G.* Magdeburg-Buckau strafversetzt. 1946–47 noch als stellvertretender Gruppenleiter und Ing. für die Planung eines Armaturenwerkes sowie einer Gesenk- und Pressenschmiede für Buntmetalle, die als Reparationsleistungen in die Sowjetunion gingen, beim Technischen Büro des Militärstützpunktes der UdSSR in Magdeburg tätig, wurde er bereits 1947–49 als Betriebsleiter für alle Fertigungsbereiche, metallurgischen Betriebe und Vorbereitungsbereiche des Geräte- und Armaturenwerkes *SAG Transmasch – vorm. Schäffer & Budenberg* und schließlich von 1951 bis 1961 als Technischer Dir. und Haupting. dieser Bereiche eingesetzt. 1961–64 übernahm er als Leiter und Dir. das Zentrale Entwicklungs- und Konstruktionsbüro für Armaturen und führte die Verhandlungsgruppe Armaturen im *RGW*. Daran schloß sich die Übernahme des Direktionsbereiches Rekonstruktion sowie die Aufbauleitung für die Stahlgießerei Magdeburg-Rothensee an. W. war, ausgehend von breiten fachlichen Kenntnissen und hohem organisatorischen Geschick, an den Brennpunkten insbesondere der Armaturenentwicklung und -herstellung tätig. Er hatte wesentlichen Anteil am Aufbau des *VEB Meßgeräte- und Armaturenwerkes „Karl Marx"* Magdeburg und wurde dafür mehrfach als Aktivist und Verdienter Aktivist ausgezeichnet.

L: Heinz Dobersch, Menschen am Werke. ... aus dem Alltag eines großen Betriebes, VEB Meßgeräte und Armaturenwerk „Karl Marx" Magdeburg, 1963. – **B:** *Götz W., Kleve (priv.).

Werner Hohaus

Wegner, Carl, Prof.
geb. 01.02.1860 Berlin, gest. 16.05.1915 Magdeburg, Bildhauer, Kunstgewerbelehrer.

W. besuchte 1867–74 die IV. Gemeindeschule in Berlin und trat danach eine Bildhauerlehre in Berlin an, bei der er sein Fach an praktischen dekorativen Bauarbeiten erlernte. Zudem besuchte er eine Abendklasse an der Kunstgewerbeschule in Berlin (Malerei und Zeichnen). Mit einem Stipendium belegte er ab 1878 die Tagesklassen der Kunstgewerbeschule, u. a. im Fach Modellieren bei F. Behrendt, mit dem er auch praktische Aufträge beim Bau des Berliner Kunstgewerbemus. ausführte. Aufgrund seiner ausgezeichneten Leistungen erhielt er vom preuß. Staat ein Stipendium zum Besuch der Kunstgewerbeschule des Österreichischen Mus. für Kunst und Industrie in Wien (1881–86) und absolvierte anschließend Kurse an einer Fachschule, um sich in Aktzeichnen, Anatomie sowie Stillehre zu vervollkommnen. Nebenbei führte er selbständig Bildhauerarbeiten aus. Anfang 1887 bewarb er sich von Znaim/Mähren aus um eine Anstellung an der neu zu gründenden Kunstgewerbe- und Handwerkerschule in Magdeburg, wurde zum Oktober 1887 als Lehrer für die Fächer Freihandzeichnen und Modellieren, später auch für Zeichnen nach Modellen und Anatomie angestellt. Er bekleidete sein Magdeburger Lehramt bis zu seinem frühen Tod 1915. 1906 wurde er zum Prof. ernannt. W. leitete die bildhauerische Gestaltung des Neubaus der Magdeburger Kunstgewerbe- und Handwerkerschule in der Brandenburger Straße (um 1910), insbesondere war er für den bildhauerischen Schmuck der Außenfassade und des Verbindungsbaues zur alten Schule verantwortlich. Die von W. vertretene Richtung der Bildhauerausbildung geriet unter → Rudolf Bosselt zunehmend in die Kritik, der ihm Ende 1911 mit Hans Wewerka einen Schüler → Ernst Barlachs zur Seite stellte. 1912 wurde W. durch Bosselt die Pensionierung nahegelegt. W. war mit dem Maler und Kollegen → Adolf Rettelbusch befreundet und gründete mit ihm, → Eduard Spieß und Baupolizeikommissar G. Rosenberg 1888 die *Brocken-Silvester-Gemeinde*.

L: Jahresberichte der Kunstgewerbe- und Handwerkerschule Magdeburg 1893ff.; Norbert Eisold, Die Kunstgewerbe- und Handwerkerschule Magdeburg 1793–1963, Kat. Magdeburg 1993; Geh. StA Berlin: Abt. I, Rep. 120, E. X.; Fach 2, Nr. 18, Bd. 2–14. – **B:** *Brockenpost 1913.

Gerd Kley

Wegner, Wilhelm, Prof. Dr. med. habil.
geb. 14.02.1921 Hohenmölsen, gest. 18.02.1985 Magdeburg, Sportarzt, Medizinalrat.

W. war der älteste Sohn des Landarztes Dr. Wilhelm W. Nach Volksschule und Abitur studierte er ab 1940 in Leipzig sowie, durch den Krieg unterbrochen, in Berlin Med. und schloß das Studium 1951 ab. W. wurde am St.-Georg-Krankenhaus in Leipzig zum Facharzt für Innere Med. ausgebildet und 1954 zum Dr. med. prom. 1960 folgte er seinem damaligen Chefarzt → Johannes Rechenberger an die Med. Akad. nach Magdeburg. Die folgenden Stationen waren: Oberarzt in Magdeburg, Habil. 1961 und Facharzt für Arbeitsmed. an der Med. Akad. Berlin-Lichtenberg. Seine Leistungen wurden mit der Verleihung des Titels Medizinalrat geehrt. Seine besondere Liebe galt dem Sport und der sportärztlichen Tätigkeit. W. wurde als Hochschulsportarzt nebenamtlicher Mitarbeiter des damaligen Sportmed. Dienstes. Der Einsatz der Sporttherapie bei Herz-Kreislauf- und Dialysepatienten sowie bei orthopädisch erkrankten Kindern wurde bereits Ende der 1960er Jahre entwickelt. W. arbeitete hier mit dem Sportmed. Dienst, der Dt. Hochschule für Körperkultur und Sport, der Sozialversicherung und mit Kureinrichtungen der DDR zusammen. Die Ergebnisse wurden in Fachzss. und auf Ärztekongressen veröffentlicht. 1969 wurde W. als Lehrstuhlinhaber für das Fach Sportbiologie/Sportmed. an die PH Magdeburg berufen. Auf Einladung der finnischen Reg. nahm er 1973 an einer Studienreise teil, bei der über die Ergebnisse der Sporttherapie an verschiedenen Univ. Finnlands berichtet und diskutiert wurde. Bis zu seinem Tod war W. 15 Jahre lang Vors. der Bezirksgruppe der *Ges. für Sportmed.* und Mitglied des DDR-Vorstandes dieser Ges.

L: UnivA Magdeburg; Slg. Vf., Magdeburg (priv.). – **B:** *ebd.

Heinz Eckhardt

Wehe, *Hermann* Ferdinand Albert Wilhelm
geb. 09.06.1831 Magdeburg, gest. 24.02.1899 Magdeburg, Organist, Dirigent.

W. erhielt seine erste musikalische Unterweisung in der Domschule, besuchte das Seminar in Magdeburg und leitete anschließend einen Kirchenchor in Dessau. Nach Magdeburg zurückgekehrt, wirkte er seit 1858 als Lehrer an der Luisenschule. Hier wurden ihm „großes Geschick und beste Erfahrungen im Gesangsunterricht" bescheinigt. Von 1877 bis 1882 war er Organist an der St.-Petri-Kirche, an der er religiöse Musik in Magdeburg förderte. 1882 wurde er wegen dieses erfolgreichen schulischen und kirchenmusikalischen Wirkens in Magdeburg zum Nachfolger von Karl Friedrich Wachsmuth in das Amt des Domchordirigenten berufen, das er bis 1899 innehatte. Außerdem war er von 1865 bis 1872 Leiter des 1838 gegründeten ersten dt. *Lehrergesangsvereins*, den er in den Jahren 1880 bis 1899 noch einmal übernahm. Er leitete den *Turner-Gesangverein*, aus dem später der *Magdeburger Männerchor* hervorging und eine von ihm gegründete Singakad. Seine reiche chorpraktische Erfahrung fand ihren Ausdruck in einer Anzahl von Kompositionen für den kirchlichen und schulischen Gebrauch sowie in Lehrschriften und Schulliederbüchern, die sich heute im Besitz der Dt. Staatsbibl. Berlin befinden, wie z. B. der Psalm 130 „Aus der Tiefe rufe ich, Herr" op. 21. Von W. hg., erschienen im Magdeburger *Verlag Albert Rathke* „Liturgische Responsorien und Chorgesänge des Magdeburger Domchors für den gottesdienstlichen Gebrauch in den ev. Kirchen".

W: s. o. – **L:** Hobohm, Bd. 1, *211f., 445*; AKPS: Rep. A, Spec. G, 715.

Christine Sommer

Wehl, Feodor von (seit 1884), Dr. phil.
geb. 19.02.1821 Gut Kunzendorf bei Bernstadt/Schlesien, gest. 22.01.1890 Hamburg, Redakteur, Schriftsteller, Dramaturg, Theaterkritiker, Geh. Hofrat.

Der Sohn des Gutsbesitzers Heinrich W., aufgewachsen in Bernstadt, Militsch, Ohlau und Breslau, kam Anfang der 1830er Jahre zu einem Verwandten nach Berlin, um die militärische Laufbahn einzuschlagen. Infolge eines Unfalls nahm er bereits 1836 seinen militärischen Abschied, studierte Phil. in Berlin (Prom. erst 1859 in Jena) und unternahm Reisen nach Paris, London und Italien. Die Bekanntschaft mit bedeutenden Mitgliedern des Berliner Hoftheaters und der Verkehr in den Salons u. a. der Johanna Motherby und der → Elisa von Lützow veranlaßten ihn, sich dem Theater und der Lit. zuzuwenden. Dabei näherte sich W., der ab 1843 die satirische Zs. *Die Wespen* redigierte, bald den Positionen der Vertreter des „Jungen Dtl." an. Seine Faust-Travestie „Der Teufel in Berlin" (1845), in der er ein radikales Freiheitsideal vertrat, führte zu einer sechsmonatigen Haftstrafe, die W. mit seinen Schriftstellerkollegen Friedrich Wilhelm Held und Edgar Bauer von Juni bis Dezember 1846 in der Magdeburger Zitadelle verbüßte. Hier wurde er durch den Theaterdir. → Rudolph Wirsing als „dramaturgischer Beirat" mit der Absicht gewonnen, dem Stadttheater neuen Auftrieb zu verschaffen. Nach dem Ende seiner Festungshaft wurde W. als erster freier Dramaturg und Theaterdichter in Magdeburg ans Stadttheater verpflichtet. Ganz im Sinne Heinrich Laubes sich als Anwalt des Dichters verstehend, brachte W. neben der stärkeren Akzentuierung lit. Klassiker auch eigene frühe Produktionen (UA von „Ein blondes Haar", 1846) sowie erstmals Stücke von Karl Gutzkow („Uriel Acosta") und Heinrich Laube („Die Karlsschüler", „Struensee") auf die Magdeburger Bühne. Beide Dichter waren bei Aufführungen in Magdeburg anwesend. Zudem führte W. auch die Theaterkritik kurzzeitig zu einem Höhepunkt. Durch den Redakteur Ferdinand Loempcke (vgl. → Gustav Faber) aufgefordert, publizierte er ohne Gage von Januar bis Mai 1847 zwei bis dreimal wöchentlich theaterkritische Beiträge in der *Magdeburgischen Ztg.*, in denen er Ideen des Bildungstheaters vertrat und konsequent auch das Theaterpublikum seiner Kritik unterzog. Heftiger öffentlicher Widerstand gegen seine Tätigkeit und Person führte bereits im Mai 1847 zur Auflösung des Vertrages. W. war danach als Journalist, Dramaturg, Schriftsteller und Theaterkritiker in Hamburg tätig und gründete 1860 die einflußreiche Monatsschrift *Die Dt. Schaubühne*, mit der er 1861 nach Dresden übersiedelte. Der spätere artistische Dir. und Intendant des Stuttgarter Hoftheaters (1870–84) war einer der bekanntesten Lustspieldichter seiner Zeit, dessen Stücke mit leicht eingehender Komik sehr erfolgreich waren und oft inszeniert wurden.

W: Lustspiele und Dramen (5 Bde), 1862–1869; Gesammelte dramatische Werke (6 Bde), 1882–1885; Fünfzehn Jahre Stuttgarter Hoftheater-Leitung, 1886 (*B*); Das junge Dtl., 1886; Eugen Kilian (Hg.), Dramatische Bausteine, 1891. – **L:** ADB 44, *448–455*; Killy 12, *182*; Hans Schröder, Lex. der hamburgischen Schriftsteller, Bd. 7, 1879, *589–591*; N. N., Nachruf F. W., in: Neuer Theater-Almanach 2, 1891, *102f.*; Wolfgang Wöhlert, Das Magdeburger Stadttheater von 1833 bis 1869, Diss. Berlin 1957, *59ff., 121ff.*

Guido Heinrich

Weichsel, Robert
geb. 24.03.1825 Magdeburg, gest. 07.06.1887 Magdeburg, Kaufmann, Kommerzienrat.

Der Sohn des Justiz-Kommissars Fritz W. erlernte den Beruf eines Kaufmanns in einer Materialwarenhandlung in Gotha. Es folgte ein mehrjähriger Aufenthalt in England, wo er an den großen Handelsplätzen in London und Liverpool Erfahrungen im int. Handel sammelte. Durch eine Erkrankung seines Vaters veranlaßt, kehrte W. 1855 nach Magdeburg zurück und trat für den zuvor verstorbenen Mitinhaber H. Placke als Teilhaber der Produktenhandlung *Brandt & Placke* bei. Nach dem Ausscheiden seines Partners Robert Brandt 1861 führte W. das Geschäft unter dem Namen *W. & Co.* weiter. In der Folgezeit verstand es W., das Waren- und Handelsangebot seines Unternehmens immer wieder optimal den Bedürfnissen der zunehmenden Industrialisierung und der wirtsch. Entwicklung seiner Heimat anzupassen. Er eröffnete u. a. Filialen in Hamburg, Mailand sowie London, und förderte insbesondere den Export einheimischer Produkte aus der Börde nach Übersee. Als Kaufmann widmete sich W., der Stadtverordneter war und 1876 zum Kgl. Kommerzienrat ernannt wurde, intensiv der Arbeit der *Magdeburger Korporation der Kaufmannschaft*. Ende 1867 in das Ältestenkollegium gewählt, war W. von 1874 bis Oktober 1877 Dritter Vorsteher, und im Anschluß bis zum März 1887 Zweiter Vorsteher dieses Interessenverbandes.

L: → Martin Behrend, Magdeburger Großkaufleute, 1906, *92–94, 158* (*B*). – **B:** *LHASA.

Horst-Günther Heinicke

Weidel, Karl, Prof. Dr. phil.
geb. 10.05.1875 Schrimm an der Warthe/Schlesien, gest. 14.10.1943 Magdeburg, Lehrer, Schuldir., Propst.

Der Sohn des Rechnungsrates Hermann W. besuchte zunächst das Elisabeth-Gymn. in Breslau und studierte an der dortigen Univ. von 1893 bis 1900 ev. Theol., Phil. und Germanistik. 1898 und 1899 bestand er die beiden theol. Prüfungen und erwarb Mitte 1899 auch die Lehrbefähigung für Religion, Hebräisch und Deutsch. Ende 1900 trat W. in das Kandidatenkonvikt am Magdeburger Kloster U. L. F. ein und war hier bis September 1902 tätig. Nach der wiss. Prüfung für das Lehramt an höheren Schulen arbeitete W. von 1902 bis 1918 als Oberlehrer und Prof. (seit 1914) am Pädagogium des Klosters U. L. F. Zudem oblag ihm zu Beginn die Inspektion des Alumnats. 1903 prom. er in Breslau mit einer Diss. über „Mechanismus und Teleologie in der Phil. Lotzes". Seit 1918 Studiendir. und später Oberstudiendir., leitete er bis 1926 die Magdeburger Luisen-Schule, ein Mädchenlyzeum. Während dieser Zeit baute W. nebenamtlich das städtische Volksbildungswesen auf, das die Volkshochschule, die Volksbühne sowie Hochschulwochen des *Verbandes akad. Vereine* umfaßte. In Magdeburg wurde W. in diesem Zusammenhang vielen vor allem durch seine Goethe-Vorträge bekannt, die im Rahmen des Programms der Volkshochschule stattfanden. Bis zu 2.000 Hörer nahmen an ihnen teil, weshalb man sie in die Ulrichskirche verlegte. W. unterhielt zudem enge Beziehungen zum preuß. Kultusminister Carl Heinrich Becker, der mit seiner Hilfe das Bildungswesen der Volksschullehrer in Preußen neu organisierte (vgl. „Die neue Lehrerbildung in Preußen", 1928). 1926 wurde W. zunächst mit der kommissarischen Leitung der Pädagogischen Akad. in Elbing/Schlesien betraut und dort 1927 zum Akademiedir. und Prof. für Pädagogik und Phil. ernannt. Von 1929 bis 1932 fungierte er als Dir. und Prof. für Pädagogik an der im Aufbau befindlichen Pädagogischen Akad. in Breslau und 1931/32 als Vors. des *Verbandes der Lehrer an den Preuß. Pädagogischen Akademien e.V.* Nach der Schließung der Akad. kehrte er 1932 als Dir. des Vereinigten Dom- und Klostergymn. und Nachfolger von → Wilhelm Bruns nach Magdeburg zurück. Die Leitung der durch die 1928 erfolgte Zusammenlegung des Domgymn. mit dem Pädagogium am Kloster U.L.F. geschaffenen Schule legte er 1937 nieder. Damit verband sich für ihn der Wunsch, die Bedeutung des Klosters zu stärken. Auf seine Initiative hin wurde deshalb bereits 1935 ein Referendarheim für Religionslehrer im Kloster eingerichtet. Es war der Nachfolger des Kandidatenkonvikts, das bald nach 1920 geschlossen worden war. Der als „Musterlehrer" geltende W. trat 1937 altersbedingt in den Ruhestand, kehrte jedoch mit Beginn des II. WK und des damit verbundenen Lehrermangels an das Dom- und Klostergymn. zurück. W. gehörte von 1932 bis zu seiner Auflösung 1937 dem *Rotary-Club Magdeburg* zuletzt als Vizepräsident (1936/37) an und war Mitglied der *Kant-Ges.* sowie der *Akad. gemeinnütziger Wiss. zu Erfurt.*

W: Jesus und Paulus, 1907; Jesu Persönlichkeit, 1908, ³1921; Pessimismus und Religion, 1909; Weltbild und Religion, 1916; Goethes Faust. Eine Einführung in sein Verständnis, ²1922; Das Kloster U.L.F. zu Magdeburg, 1925 (mit Hans Kunze); Dt. Weltanschauung. Ein Buch zur Selbstbestimmung, 1925; Deutschtum und Antike, 1928. – **L:** Reichshdb 2, *2002* (**B**); Alfred Laeger, Gedenkschrift Dom- und Klostergymn. Magdeburg 1675–1950, 1964, *17f., 49* (**B**); Alexander Hesse, Die Professoren und Dozenten der preuß. Pädagogischen Akademien (1926–1933) und Hochschulen für Lehrerbildung (1933–1941), 1995, *765f.*; Matthias Puhle/Renate Hagedorn (Hg.), Zwischen Kanzel und Katheder. Das Magdeburger Liebfrauenkloster vom 17. bis 20. Jh., 1998, Kat.-Nr. 3.89, 3.91, 3.93. – **B:** *StadtA Magdeburg: Nr. 18509.

Uwe Förster

Weinert, *Erich* **Bernhard Gustav**
geb. 04.08.1890 Magdeburg, gest. 20.04.1953 Berlin, Lyriker, Satiriker, Essayist.

W. war Sohn eines Ing. Geprägt wurden seine weltanschaulichen und politischen Ansichten durch den sozialdemokratisch eingestellten Vater. W. besuchte die Knabenbürgerschule und lernte in Magdeburg in der Buckauer Maschinenfabrik von → Rudolf Wolf den Beruf des Lokomobilbauers. Mit der Schulentlassung 1904 erhielt er auch die Jugendweihe. Von 1908 bis 1910 besuchte er die Maler- und Graphikerklasse der Kunstgewerbe- und Handwerkerschule in Magdeburg. Sein Studium beendete er 1912 mit dem Staatsexamen als akad. Zeichenlehrer an der Kgl. Kunstschule in Berlin. Nach kurzer freiberuflicher Tätigkeit wurde W. zum Militärdienst einberufen und nahm als Offizier am I. WK teil. Abgestoßen vom Kriegsgeschehen, begrüßte W. die revolutionären Ereignisse von 1917/1918. Gemeinsam mit anderen jungen Magdeburger Künstlern gründete W. die spätexpressionistische Künstlergemeinschaft *Die Kugel.* Anfang 1920 veröffentlichte er in der gleichnamigen Zs. erstmals einige Gedichte. Neue künstlerische Wirkungsmöglichkeiten fand er als Schauspieler und Vortragskünstler in Leipzig. Im Kabarett *Retorte* feierte er ab Mai 1921 großen Erfolg und konnte seine Kabarett-Texte unter dem Titel „Der verbogene Zeitspiegel" und „Der Gottesgnadenhecht und andere Abfälle" veröffentlichen. Ab 1923 trat W. im Berliner Künstlercafé *Küka* auf. Seine Texte gewannen an satirischer und politischer Schärfe. W. versuchte die satirische Dichtung eng mit der Volksdichtung zu verknüpfen. Seine Texte schrieb er in einfacher, eingängiger sprachlicher Form, änderte oft noch während des Vortrags und wollte auf Massenverslgg. ein breites Publikum, vor allem ein Arbeiterpublikum, erreichen. W. sprach regelmäßig im Rundfunk und veröffentlichte Gedichte, Glossen, Anekdoten und Parodien in vielen linksbürgerlichen und kommunistischen Zss.. Auf Grund der hohen Wirksamkeit seiner Vortragsabende erhielt W. in Preußen Redeverbot („Lex W."). Er war Mitbegründer des *Bundes proletarisch-revolutionärer Schriftsteller* und trat 1929 in die KPD ein. 1933–1935 folgte das Exil in der Schweiz und in Frankreich. Die Nationalsozialisten vernichteten seine unveröffentlichten Dramen und Gedichte. W. wurde steckbrieflich gesucht, trat aber trotzdem noch 1935 im Saargebiet auf antifaschistischen Verslgg. auf. Mit Frau und Tochter emigrierte W. in die Sowjetunion. Er wurde dort in die stalinschen Säuberungsaktionen hineingezogen, nahm mit anderen Schriftstellern (Friedrich Wolf, Willi Bredel) an den Verslgg. der Moskauer Parteigruppe der KPD teil, in denen über das Verschwinden und die Verurteilung von dt. Künstlern diskutiert wurde, ohne an der stalinschen Politik zu zweifeln. 1937 bis 1939 war W. Frontberichterstatter und Mitglied der Int. Brigaden in Spanien. Zurück in der Sowjetunion, arbeitete er als Übersetzer und Nachdichter. Nach dem Überfall der Dt. Wehrmacht auf die Sowjetunion war W. als Propagandist in der Roten Armee u. a. auch an der Stalingrader Front eingesetzt. Seine Gedichte wurden in großer Auflage auf Flugblättern gedruckt und hinter den dt. Linien abgeworfen. 1943 wurde W. zum Präsidenten des *Nationalkomitees „Freies Dtl."* gewählt und wandte sich in dieser Funktion aufklärerisch in Kriegsgefangenenlagern, über Presse und Rundfunk an die dt. Soldaten und ihre Angehörigen. 1946 kehrte W. nach Dtl. zurück. Trotz schwerer Krankheit arbeitete er als Vizepräsident der Zentralverwaltung für Volksbildung in der SBZ. Kurz vor seinem Tode gab W. ein Erinnerungsbuch des Malers Heinrich Vogeler heraus, mit dem er im Moskauer Exil freundschaftlich verbunden war. Als Satiriker und Lyriker konnte W. im Exil und in der Nachkriegszeit nicht an seine Erfolge in den 1920er und 1930er Jahren anknüpfen. W. trug maßgeblich zur Profilierung der politischen und satirischen Lyrik in der Weimarer Republik bei und war ein wichtiger Vertreter der proletarisch-revolutionären Literaturbewegung in dieser Zeit. Durch sein antifaschistisch-politisches Engagement, sein Bestreben, möglichst direkt mittels der Dichtung auf einfache Menschen einzuwirken, enthielt seine Lyrik sehr starke agitatorisch-propagandistische Elemente. Sein poetisches Konzept ließ sich im geteilten Dtl. nur noch bedingt umsetzen.

W: Li W. (Hg.), Gesammelte Werke (9 Bde), 1955–1960; Gesammelte Gedichte, hg. von der Akad. der Künste der DDR (7 Bde), 1970–1987; Rudolf Engel (Hg.), E. W. erzählt, 1955; Das Nationalkomitee „Freies Dtl.", 1957. – **N:** Findbuch des lit. Nachlasses, Akad. der Künste der DDR, 1959. – **L:** E. W. Dichter und Tribun, hg. von der Akad. der Künste der DDR, 1965; Werner Preuß, E. W. Sein Leben und Werk, 1970, ⁷1985; Dieter Posdzech, Das lyrische Werk E. W.s, 1973. – **B:** *Archiv des Literaturhauses Magdeburg.

Gisela Zander

Weinert, Walter, Dr. med.
geb. 06.03.1907 Magdeburg, gest. 03.07.1989 Magdeburg, Arzt, Sanitätsrat.

Nach dem Besuch des Reformrealgymn. in Magdeburg studierte W. Med. in Halle und Rostock. Das Staatsexamen legte er 1936 ab, anschließend erhielt er die Ausbildung zum Neurologen im Krankenhaus Magdeburg-Sudenburg unter Ernst Fünfgeld. Seit August 1945 war W. als einer der wenigen freipraktizierenden Ärzte in eigener Praxis in Magdeburg tätig. Sein ärztliches Wirken umfaßte das Eingehen auf den kranken Menschen in seinem Umfeld, was von seinen Patienten hochgeschätzt wurde. Ab 1956 war er Leiter der Bezirksabrechnungsstelle Ärzte und langjähriger Vors. des Honorarausschusses Ärzte im Zentralvorstand der Gewerkschaft Gesundheitswesen. W. erwarb sich besondere Anerkennung in der Ärzte-Weiterbildung.

L: Neuer Weg vom 05.03.1977; ebd. vom 05.03.1982 (***B***); Volksstimme Magdeburg vom 14.07.1989.

Wilhelm Thal

Weinhold, Herbert, Prof. Dr.-Ing.
geb. 16.12.1906 Plauen, gest. 16.05.1990 Magdeburg, Ing., Hochschullehrer.

W., Sohn des Augenarztes Max W., legte das Abitur am Staatsgymn. in Plauen ab. Er nahm 1926 an der TH Danzig das Studium im Maschinenbauingenieurwesen auf. Nach dem Vordiplom setzte er an der TH Dresden sein Studium fort und erwarb das Dipl. in der Fachrichtung Betriebswiss. 1935–45 arbeitete er als Betriebsing. bei der Fa. *Krupp* in Essen. Nach Kriegsende übte er kurzfristig eine Tätigkeit als Schlosser und Fräser bei der Fa. *Wekado* in Dresden aus, bis er 1947 als wiss. Mitarbeiter und Lehrbeauftragter am Lehrstuhl für Betriebswiss. und Normung von Kurt Koloc an der TH Dresden seine wiss. Laufbahn begann. W. war Lehrbeauftragter für die Fachgebiete „Industrielle Frauenarbeit" sowie „Rationalisierung, Normung und Typung". Mit der Gründung der Hochschule für Schwermaschinenbau Magdeburg wurde er 1954 mit der Wahrnehmung einer Professur für das Fachgebiet „Mechanische Technologie" beauftragt. Er prom. 1956 an der TH Dresden über Meßtechniken an Zahnrädern bei Georg Berndt und wurde 1957 zum Prof. mit vollem Lehrauftrag für das Fachgebiet „Fertigungstechnik und betriebliches Meßwesen" an die Hochschule für Schwermaschinenbau in Magdeburg berufen. Bis 1963 machte sich W. in seiner Funktion als Prorektor für Forschung, als Dekan der Fakultät für Technologie und als erster Dir. des Inst. für Fertigungstechnik und betriebliches Meßwesen um den Aufbau der Magdeburger Hochschule verdient. Sein erfolgreiche Tätigkeit wurde 1963 abrupt unterbrochen. Weil er für eine einheitliche Technik-Terminologie im deutschsprachigen Raum eintrat, mußte er die Hochschule verlassen. Seine wiss. Tätigkeit setzte er im *Kombinat für Getriebe und Kupplungen* in Magdeburg bis zur Emeritierung fort. Seine Vorliebe für die Normung gab er nie auf, indem er weiterhin beratend für Fachkollegen in der DDR und auch in der BRD tätig war. So gehörte er bis zu seinem Tode u. a. auch dem DIN-Ausschuß „Verzahntoleranzen" an. Seine Verdienste um die DIN-Normung wurden 1960 durch die Berufung in den *Waldemar-Hellmich-Kreis* gewürdigt. Zahlreiche Publikationen, Vorträge, Patente, Mitarbeit in mehreren Normungsgremien begründeten seinen Ruf als Wiss. und Ing. Sein unerschrockenes Auftreten und Wirken für freie Forschung und Normung ist bleibendes Vorbild.

W: Zusammenhang von Zahnweite und Zweikugelmaß mit den Verzahnungsfehlern an Stirnrädern, Diss. Dresden 1956; Stand von Normung, Bemessung und Ausführung von Pfählen und Pfahlwänden, 1979; Das neue Toleranzsystem für Stirnradverzahnungen, 1981. – **B:** *UnivA Magdeburg

Siegfried Klaeger

Weinschenk, *Hans-Erich* **Hermann Paul,** Prof. Dr. rer. nat.
geb. 11.12.1927 Rostock, gest. 04.05.1986 Magdeburg, Ing., Hochschullehrer.

W. entstammte einer Kaufmannsfam. und legte nach Unterbrechung durch den Wehrdienst während der letzten zwei Kriegsjahre 1947 in Rostock das Abitur ab. Vom Herbst 1947 bis Herbst 1949 studierte er in Rostock in der Hauptfachrichtung Physik. Danach wechselte W. zur Fakultät Elektrotechnik der TU Dresden über und legte dort 1953 sein Diplom ab. 1956 erhielt er auf Grund einer Abschlußprüfung den Titel eines Schweißfaching. und prom. 1959 an der Bergakad. Freiberg. 1953 wurde W. Mitarbeiter des *Zentralen Inst. für Schweißtechnik* (*ZIS*) in Halle, wo er bald Leiter der Arbeitsgruppe Elektrotechnik wurde. Im Auftrag des *ZIS* baute W. 1955 das Forschungsgebiet „Schweißmaschinen und Steuerungen" auf. 1962 wurde er im gleichen Inst. Leiter der Abt. Forschung. Hier unterstand ihm ein Mitarbeiterstab von 70 Fachingenieuren. W. zeichnete für die gesamte schweißtechnische Forschung innerhalb des *ZIS* und damit der DDR verantwortlich. 1956 bis zu seiner Berufung zum Prof. mit Lehrauftrag 1963 war er ständiger Lehrbeauftragter an der TH Magdeburg. Er übernahm 1963 die Leitung der Fachrichtung und des Inst. für Elektrotechnik an der TH Magdeburg. 1968–70 übernahm W. die Funktion des 1. Prorektors, 1970–76 war er Rektor der TH Magdeburg und gehörte 1971–76 der SED-Bezirksleitung Magdeburg an. W. war ein int. anerkannter Fachmann auf dem Gebiet der Lichtbogen- und Plasmatechnologie. Seine Verdienste lagen besonders im Aufbau der Fakultät für Elektrotechnik an der TH Magdeburg (die damals jüngste Fakultät), die er 1965–68 als Dekan leitete. Mit besonderer Energie widmete er sich speziell dem Aufbau des Inst. für Schwachstromtechnik. W. arbeitete mehrere Jahre (1965–69) als Vors. des Fachverbandes Maschinenbau der *Kammer der Technik* und damit in deren Präsidium mit. 1970 wurde W. Vors. des Zentralen Arbeitskreises „Elektrotechnologische Verfahren" des *Forschungsrates der DDR*. Auf Grund seiner Leistungen wurde W. 1963 als Verdienter Techniker des Volkes ausgezeichnet. Für seine erfolgreiche Tätigkeit als Rektor und für seine fachwiss. Leistungen sowie für seine Tätigkeit in der Ausbildung und Erziehung wurde W. 1971 mit dem VVO in Bronze ausgezeichnet, 1974 wurde ihm der Ehrentitel „Held der Arbeit" verliehen. Seine umfangreiche wiss. Publikationstätigkeit war auf die Darstellung eigener Forschungsergebnisse auf dem Spezialgebiet der Schweißstromquellen orientiert.

W: Der elektrische Lichtbogen und seine Anwendung am Beispiel der Schutzgasschweißung, 1955; Beitrag zur Veränderung des Abschmelzcharakters von ummantelten Elektroden durch den elektrischen Anschlußkreis, Diss. Freiberg 1959; Die Bedeutung lichtbogenphysikalischer Betrachtungen für die Weiterentwicklung der Schweißtechnik, in: ZIS-Mittlgg. 11, 1966. – **L:** Hdb SBZ/DDR, *989*; UnivA Magdeburg: PA. – **B:** *ebd.

Carmen Schäfer

Weinschenk, Johann Carl *Friedrich,* Dr. med.
geb. 05.06.1764 Magdeburg, gest. 1853 Magdeburg, Arzt, Ärztlicher Dir. des Medizinalkollegiums, Medizinalrat.

W., Enkel des ev. Pfarrers Christian Otto W. und Sohn des praktischen Arztes Hofrat Johann Christoph W., studierte in Halle, wo er schon 1785 unter Gottlieb Goldhagen prom. Nach Erhalt der Approbation 1787 ließ sich W. in Magdeburg nieder und übernahm die Praxis seines Vaters. Unter der franz. Besetzung Magdeburgs und seiner Eingliederung in das Königreich Westfalen leitete W. (an Stelle sonst üblicher Juristen) erstmals als ärztlicher Dir. 1809 bis 1814 die Medizinalbehörde für das Elb-Departement und schuf in Magdeburg eine Irrenheilanstalt sowie ein Anatomisch-chirurgisches Auditorium zur Fortbildung der Wundärzte. Er forcierte außerdem die Pockenschutzimpfung, hauptsächlich der Schulkinder. W. war mit dem Amt eines Krankenpflegers 1791–1853 Freimaurer in der Magdeburger Loge „Ferdinand zur Glückseligkeit". 1816 erhielt W. zwar nominell die Ernennung zum Preuß. Reg.-Medizinalrat, wurde aber wegen einer (für ihn mit Freispruch endenden) Kriminaluntersuchung beurlaubt und 1820 von → Wilhelm Voigtel abgelöst. 1840 schloß er seine Praxis.

L: Alphabetisches Verz. der Mitglieder der Loge Ferdinand zur Glückseligkeit im Orient zu Magdeburg, 1831; Vf., Magdeburger Medizinchronik, Quellen und Studien zur Gesch. des Gesundheits- und Sozialwesens von 1631–1848/49, Ms. 1977, *159f.* (StadtA Magdeburg); ders., Zur Frühgesch. der Morphologie in Magdeburg bis zur Mitte des 19. Jhs, in: Der Präparator 41, H. 1, 1995, *21–43.*

Horst-Peter Wolff

Weise, Clara, geb. Stock (Ps.: Clara Cron)
geb. 20.11.1823 Magdeburg, gest. 18.07.1890 Straßburg, Lehrerin, Jugendschriftstellerin.

Die Tochter des Magdeburger Provinzialarchivrates → Ludwig Christian Stock erhielt nach dem frühen Tod der Mutter (1835) eine Ausbildung als Lehrerin und verbrachte zunächst eine fünfjährige Dienstzeit bei einer Adelsfam. auf dem Lande. Nach der Verheiratung einer jüngeren Schwester gab sie ihren Beruf auf und kehrte nach Magdeburg zurück, um ihrem Vater den Haushalt zu führen. In dieser Zeit enstanden auch ihre ersten schriftstellerischen Arbeiten. Nach dem Tod ihres Vaters 1861 war sie in verschiedenen mutterlosen Magdeburger Familien als Haushälterin und Erzieherin tätig. Bei einer befreundeten Fam. lernte sie den Straßburger Kaufmann Wilhelm W. kennen, mit dem sie nach ihrer Heirat 1873 nach Straßburg übersiedelte und später Reisen durch Thüringen und Süddtl. unternahm. Nach dem Tod ihres Mannes 1882 wohnte W. längere Zeit in Oberkirch im Schwarzwald. 1887 ging sie nach Straßburg zurück. W. zählt zu den bedeutendsten Verfasserinnen von Frauen- und Mädchenlit. der zweiten Hälfte des 19. Jhs. Sie schrieb etwa 35 Romane sowie Erzählungen, Novellen und Lebensbilder, die zahlreiche Auflagen erreichten. Zentrale Figur ihrer „Herzensgeschichten mit erzieherischer Tendenz" ist fast immer ein junges Mädchen, das in seiner seelischen und charakterlichen Entwicklung vom Kind zur jungen Dame und schließlich zur Ehefrau und Mutter beschrieben wird. Die jeweilige Heldin muß schicksalhafte Schwierigkeiten überwinden, um am Ende als Ehefrau Ruhe und Erfüllung zu finden. Ihre zwischen 1860 und 1890 entstandenen Werke, die stilistisch und inhaltlich den Arbeiten Eugenie Marlitts nahestehen, markieren innerhalb der Mädchenlit. des 19. Jhs den Übergang von der moralischen Erzählung (vgl. → Marie Nathusius) zum Genre des Backfischromans.

W: Mädchenleben, 1860; Magdalenes Briefe, 1861; Licht und Schatten aus dem Leben junger Mädchen, 1871; Adelaide, 1873; Lenoras Sorgen, 1882; Die Auserwählte, 1890; Erwachen und Erblühen, 1891. – **L:** Kosch LL 2, Sp. *839f.* (*W*); Klaus Doderer (Hg.), Lex. der Kinder- und Jugendlit., Bd. 4, 1982, *131f.*; Reiner Wild (Hg.), Gesch. der dt. Kinder- und Jugendlit., 1990.

Mandy Funke

Weiß, Willi
geb. 05.11.1900 Burg, gest. 19.01.1945 Italien (ermordet), Maurer, Widerstandskämpfer.

W., Sohn einer Arbeiterfam., verheiratet und Vater von vier Kindern, wurde 1927 in Burg Mitglied der KPD und bald als Referent zum führenden Funktionär der Partei. Gleichzeitig war er Leiter und Organisator des Kampfbundes gegen den Faschismus. Er zeichnete sich besonders durch seine Reden auf Erwerbslosen- und Wahlverslgg. in Burg und in den umliegenden Orten aus. Bei der Landbevölkerung war er unter dem Beinamen „Der Rote Landrat" beliebt. W. entging der Verhaftung durch die Nationalsozialisten und leistete ab 1933 illegale Arbeit im Gebiet der Kreise Jerichow I und II bei der Sicherung der Parteistrukturen und der Mitgliederinformation. Durch Verrat am 11.08.1933 in Oebisfelde verhaftet und zu zwei Jahren Zuchthaus Brandenburg verurteilt, wurde W. 1941 in das Strafbataillon 999 der Wehrmacht gepreßt und in Italien 1945 durch die Nationalsozialisten ermordet.

L: Und war der Weg auch schwer. Beiträge zur Gesch. der Arbeiterbewegung des Kr. Burg 1880–1945, hg. von einem Autorenkollektiv, 1963, *56–58* (*B*); Ihre Namen und ihre Taten bleiben unvergessen, hg. von einem Autorenkollektiv, um 1984.

Axel Thiem

Weißler, Friedrich, Dr. jur.
geb. 28.04.1891 Königshütte/Oberschlesien, gest. 19.02.1937 KZ Sachsenhausen, Jurist.

W. war Sohn des jüd. Rechtsanwalts Adolf W. aus Halle, der sich große Verdienste um die dt. Rechtsanwaltschaft erwarb und als dt. Patriot unter dem Eindruck des Versailler Vertrages 1919 Selbstmord beging. Nach dem Schulbesuch in Halle studierte W. Jura in Halle und Bonn. Nach seinem Militärdienst als Einjährig-Freiwilliger (1913) wurde er als Referendar an das Amtsgericht nach Eilenburg versetzt und prom. 1914 in Halle. Mit Ausbruch des I. WK meldete sich W. als Freiwilliger und leistete, zuletzt als Leutnant, mehr als vier Jahre Kriegsdienst in vorderster Front. 1920 setzte er sein Referendariat in Halle fort und trat 1921 in den preuß. Justizdienst ein. Nachdem er zuletzt am OLG in Naumburg und als Vors. beim Arbeitsgericht in Halle tätig war, wurde W. am 01.12.1932 zum Landgerichtsdir. in Magdeburg ernannt, aber schon nach wenigen Monaten rechtswidrig und u. a. auch seiner jüd. Herkunft wegen aus dem Richterdienst entlassen. Er hatte in einer Strafverhandlung kurz nach der Machtergreifung des Ns. zulässigerweise gegen einen in SA-Uniform agierenden Angeklagten eine Ordnungsstrafe von drei RM verhängt. Später wurde W. deshalb von Mitgliedern der SA gewalttätig gezwungen, auf dem Balkon des Landgerichtes Magdeburg die Hakenkreuzfahne zu grüßen. Kurz darauf wurde er vom Dienst suspendiert. Nach Berlin übergesiedelt, wurde W. ab November 1934 als jur. Berater, später als Kanzlei-Chef der Bekennenden Kirche (BK), die in Opposition gegen den Ns. stand, u. a. als Mitarbeiter von Karl Barth und Martin Niemöller tätig. Als gläubiger ev. Christ war er hier 1936 auch Mitverfasser einer „Denkschrift" an Adolf Hitler, eines einzigartigen Dokuments des Protestes der BK gegen Staatsverherrlichung, Unterdrückung der Kirche, Antisemitismus und Konzentrationslager, die am 04.06.1936 in der Berliner Präsidialkanzlei übergeben wurde. Als ihr Wortlaut planwidrig in der Weltöffentlichkeit bekannt wurde (*Basler Nachrichten* vom 23.07.1936), geriet W. in den letztlich unbegründeten Verdacht, das Ausland informiert zu haben. Er wurde von der Gestapo verhaftet, im Februar 1937 ins KZ Sachsenhausen verbracht und bestialisch zu Tode gequält. Der vielseitige jur. Schriftsteller W. war u. a. Mitbegründer eines bis heute fortgeführten „Kommentars zur Grundbuchordnung" (1934, ²²1997).

L: Peter Steinbach/Johannes Tuchel (Hg.), Lex. des Widerstandes 1933–1945, 1994, *206*; Wilhelm Kosch, Biogr. Staatshdb., Bd. 2, 1963, *1178*; Joseph Walk, Kurzbiogr. zur Gesch. der Juden 1918–1945, 1988, *383*; Horst Göppinger, Juristen jüd. Abstammung im Dritten Reich, 1990, *263*; Dieter Miosge, Bericht über Leben und Sterben des Landgerichtsdir. Dr. F. W., in: Neue Jur. Wochenschrift, 1997, *2571* u.ö.; Unterlagen der Fam. W., Erlangen (*W*). – B: *ebd.

Thomas Kluger

Weitling (Weidling), *Wilhelm* Christian
geb. 05.10.1808 Magdeburg, gest. 22.01.1871 New York (USA), Schneider, Arbeiterführer, erster dt. Theoretiker des Sozialismus (Handwerkerkommunismus).

Nach der Erlernung des Damenschneiderberufs in Magdeburg wanderte W. als Handwerksbursche von 1826 bis 1837 durch mittel- und süddt. Staaten mit längeren Aufenthalten in Leipzig und Wien sowie nach Paris, wo er dem geheimen *Bund der Geächteten* beitrat. Er begründete, seit 1837 in Paris und anschließend seit 1841 in der Schweiz, die revolutionär-kommunistische, mit Elementen eines christlichen Sozialismus verbundene Programmatik des *Bundes der Gerechten*. Seine Hauptschriften „Die Menschheit, wie sie ist und wie sie sein sollte" (Paris 1838), „Garantien der Harmonie und Freiheit" (Genf 1842) und „Das Evangelium eines armen Sünders" (Genf 1843) erlebten mehrere Auflagen und Übersetzungen. In der Schweiz gründete W. die ersten von Arbeitern redigierten Zss., wie 1841 *Der Hülferuf der dt. Jugend* und 1842 *Die junge Generation*. Wegen „Gotteslästerung" in seiner Evangeliums-Schrift wurde W. zu zehnmonatiger Gefängnishaft verurteilt und anschließend aus der Schweiz ausgewiesen. Im Juli/August 1844 hielt er sich in Magdeburg auf. Bei seiner Mutter in Beyendorf traf W. mit Mitgliedern der Magdeburger Gemeinde des *Bundes der Gerechten* zusammen, die seit Anfang der 1840er Jahre unter dem Deckmantel eines Lesezirkels bestand und 1846, nach Verhaftung von Schneider Alexander Beck, Buchbinder Friedrich August Behrens, Nadler Weiße, Böttcher Graebe und Buchbinder Weiße, aufgehoben wurde. W. mußte sich gegenüber den preuß. Behörden zur Auswanderung verpflichten. Auf Fürsprache von Oberbürgermeister → August Wilhelm Francke wurde er mit Papieren und Geld zur Überfahrt nach Amerika versehen. Über Hamburg ging W. nach London, dem neuen Zentrum des Bundes, und 1846 weiter nach Brüssel. Sowohl bei der Bundes-Zentralbehörde als auch im von Karl Marx und Friedrich Engels begründeten „Kommunistischen Korrespondenzkomitee" stießen seine Vorstellungen von einem Gleichheitskommunismus und von der Vorbereitung auf eine kommunistische Revolution in Dtl. auf Kritik. W. begab sich Ende 1846 nach New York, kehrte aber nach Ausbruch der Revolution 1848 nach Dtl. zurück und agitierte für eine „rote Republik". Er wirkte in Hamburg und Köln, kurzzeitig auch in Magdeburg und nahm im August am Arbeiterkongreß und im Oktober am zweiten Demokratenkongreß in Berlin teil. Anfang 1849 schloß sich W. der „Arbeiterverbrüderung" an. Nach seiner Flucht im August gab er in New York Arbeiterztgg. heraus, u. a. 1850–55 *Die Republik der Arbeiter*. Später widmete sich W. technischen Erfindungen.

W: s. o.; Garantien der Harmonie und Freiheit, 1842 (neu hg. von Bernhard Kaufhold, 1955 und von Ahlrich Meyer, 1974). – L: ADB 41, *624f.*; Mitteldt. Leb 2, *267–290* (**B*); Lex. Biogr. zur dt. Gesch. von den Anfängen bis 1945, 1991, *535f.*; Ernst Barnikol, W. der Gefangene und seine Gerechtigkeit, 1929; Waltraud Seidel-Höppner, W. W. Der erste dt. Theoretiker und Agitator des Kommunismus, 1961; Vf., Die Anfänge der Magdeburger Arbeiterbewegung (1844–1849), in: Wiss. Zs. der TH Magdeburg, 1968, *83–87*; Wolfgang Hassel, Zum Aufenthalt W. W.s im Juli/August 1844 (in Magdeburg), in: Magdeburger Bll. 1983, *54–59*; Waltraud Seidel-Höppner/Jakob Rokitjanski, W. in der Revolution 1848/49. Unbekannte Dokumente, in: Jb. für Gesch. 32, 1985, *65–170*; Ilona Brditschke, W. W. – Leben, Werk und seine Zeit. Auswahlbibliogr., in: Beiträge zur W.-Forschung 1, Magdeburg 1986 (*W*).

Helmut Asmus

Weitzdörfer, Eduard
geb. 24.01.1874 Franzensbad/Böhmen (Österreich-Ungarn), gest. um 1947 n. e., Obering., Hauptkonstrukteur.

W. besuchte 1879–85 die Volksschule in Franzensbad, anschließend bis 1889 das Gymn. zu Eger und studierte an der Staatsbeamtenschule zu Reichenberg/Böhmen, wo er 1892 die Reifeprüfung mit Auszeichnung abschloß. 1892–98 war er in den *Eisenwerken vorm. Nagel & Kaemp AG* Hamburg/Uhlenhorst als Ing. im Hebezeugbau sowie in der Hartzerkleinerung und im Turbinenbau tätig. Als stellvertretender Vorsteher des Konstruktionsbüros für Hebevorrichtungen – sein Chef war Obering. Forstreuter – der *Frie-*

dr. Krupp Grusonwerk A. G. Magdeburg begann er im selben Jahr seine Tätigkeit und übernahm diese Abt. 1914 als Vorsteher. Der Hebezeugbau hatte bereits bei → Hermann Gruson eine lange Tradition, da neben dem Transport der bis zu 150 t schweren Hartguß-Panzertürme im Unternehmen diese auch beim Aufstellen und Warten durch den Betreiber gehoben werden mußten. So wurden bereits 1860 dampfhydraulische fahrbare Bockkrane nach Grusons Ideen konstruiert und ausgeliefert, die diese Aufgaben erfüllten. Nachdem bereits sein Vorgänger den elektromotorischen Einzelantrieb für das Hub-, Katzfahr- und Fahrwerk bei Brückenkranen erfolgreich eingeführt hatte, wurden unter W.s Leitung Hebezeuge mit neuen größeren Dimensionen gebaut. Er entwickelte und baute die zwei größten Laufkrane der Welt mit einer Tragfähigkeit von je 300 t für das Stammwerk in Essen. Es folgten Brückenkrane für Gießereien und zur Schienenverladung mit einer Spannweite von 40 m und einer Tragfähigkeit von 150 t sowie Waggonkipperanlagen. Er schuf die entwicklungstechnischen Voraussetzungen dafür, daß die *Friedr. Krupp Grusonwerk A. G.* Magdeburg als eines der ersten Unternehmen Wippdrehkrane für den energieverlustarmen Horizontaltransport von Lasten zur Schiffsbe- und -entladung bauen konnte. Kohleverladeanlagen für die Großgaserei in Magdeburg mit einer verfahrbaren Brücke großer Spannweite und einem darauf beweglichen Portaldrehkran, aber auch die ersten schwimmenden Kohleheber für gleichzeitiges Bekohlen von Seeschiffen auf beiden Bordseiten von einer Bordseite aus und Schiebebühnen mit Anhängerbühne zum Umsetzen von schienengebundenen Fahrzeugen kamen aus dem Konstruktionsbüro von W. Gleichzeitig war sein Hebezeugbau so konzipiert, daß Stetigförderer aller Art entsprechend der technologischen Anforderung der gelieferten Anlagentechnik des Grusonwerkes beigestellt wurden. Das betraf u. a. Greiferkrane, Kippbühnen, Erz-Verladebrücken, Kippaufzüge, Chargierkrane, Spille und Montagekrane. W. war ein kreativer Konstrukteur und Statiker, der auch Maßstäbe bei der Entwicklung großer Unstetigförderer setzte.

W: 75 Jahre Grusonwerk in Magdeburg, 1855–1930, 1930, *51–54*. – L: LHASA: Rep I 28, Nr. 582; Archiv der Fried. Krupp AG Essen: WA 131/3119.

Werner Hohaus

Welger, Gottfried *Emil*
geb. 03.10.1858 Seehausen, gest. 15.10.1928 Seehausen, Maschinenfabrikant.

Welger, Andreas *Carl*
geb. 04.08.1860 Seehausen, gest. 04.12.1934 Seehausen, Maschinenfabrikant.

Die Brüder W. waren Söhne des Schlossermeisters Gottfried W. (geb. 14.07.1833 Seehausen, gest. 17.05.1910 Wolfenbüttel), der um 1856 eine Schlosserei in Seehausen in der Magdeburger Börde und seit mindestens 1884 auch ein Lohndruschunternehmen mit Dampflokomobilen betrieb. Ende der 1880er Jahre handelte Gottfried W. mit Drillmaschinen und arbeitete gebrauchte Maschinen wieder auf. 1890 erwirkte er ein Patent auf einen „selbsttätigen Abschneideapparat für Ziegelsteine". Ab 1890 errichtete er mit seinen Söhnen Emil und Carl eine Maschinenfabrik in Seehausen, die 1895 an einen neuen Standort in Seehausen verlegt wurde und unter *Gebrüder W., Maschinenfabrik* firmierte. 1899 erfolgte in Wolfenbüttel die Gründung eines weiteren Werkes, das durch die jüngeren Söhne Gustav (geb. 29.01.1866 Seehausen, gest. 22.07.1931 Wolfenbüttel) und Franz W. (geb. 18.03.1872 Seehausen, gest. 1925 Wolfenbüttel) geführt wurde. Das Unternehmen in Seehausen machte sich sehr bald einen Namen mit dem Bau von Dreschmaschinen sowie mit der Konstruktion von Stroh- und Heupressen. Mit den neu aufkommenden Langstrohpressen (1896 zuerst von Klinger aus Haiger in Stuttgart ausgestellt) traten die Brüder W. auf den Ausstellungen der *DLG* hervor und erfuhren für ihre bahnbrechenden Neuerungen vielfache Anerkennungen und Auszeichnungen. An den Erfolgen war auch das Wolfenbütteler Werk beteiligt. Die Erfindung der vielbeachteten Langstrohpresse wird den Brüdern Emil und Carl W. gemeinsam zugeschrieben. Die W.schen Strohpressen verschiedener Konstruktion gehörten in den Jahren vor dem I. WK zu den Spitzenerzeugnissen der Branche. Nach dem Krieg wurde die Fa. von der Konkurrenz eingeholt, und das Werk in Seehausen mußte infolge Arbeitsmangels 1933/34 schließen.

L: Julius Albert, Bericht von der 12. Wanderausstellung der DLG zu Dresden, Hauptprüfung Stroh- und Heupressen, in: Jb. der DLG 13, 1898, *298*; F. Schotte, Bericht von der 15. Wanderausstellung der DLG zu Halle/Saale, Vorprüfung neuer Geräte, in: ebd. 16, 1901, *275, 526ff.*; A. Nachtweh, Bericht von der 16. Wanderausstellung der DLG zu Mannheim, Vorprüfung neuer Geräte, in: ebd. 17, 1902, *563*; Julius Albert/Georg Kühne, Bericht von der 17. Wanderausstellung der DLG zu Hannover, Strohpressen, in: ebd.19, 1904, *531ff.*; Über Neuerungen auf dem Gebiete des landwirtsch. Maschinenbaus, 69. Bericht: Langstrohpressen mit Kurzstrohgebläse, in: Fühlings landwirtsch. Ztg. 55, 1906, *598f.*; Bericht von der 20. Wanderausstellung der DLG zu Berlin-Schöneberg, Vorführung neuer Geräte, in: Jb. der DLG 21, 1906, *326*.

Heinz Nowak

Wellmann, *Arthur* Karl Wilhelm
geb. 07.07.1885 Magdeburg, gest. nach 1970 Berlin/West, Bildhauer, Maler, Buchillustrator.

W. besuchte das Gymn. des Klosters U. L. F. sowie das Realgymn. in Magdeburg und absolvierte eine Lehre bei der Bildhauerfa. *Glasmann & Rudolph* in Magdeburg-Sudenburg. Hier modellierte er u. a. das als „Schlackaffe" bekannte Magdeburger Original für die Magdeburger Gartenbauausstellung und Giebelfiguren in Schönebeck. W. konnte durch die Förderung des Magdeburger Reeders Carl

Stahlkopf die Kunstschule Berlin und die dortige Kunstakad. besuchen, nahm am I. WK teil und wurde schwer verwundet. 1918–21 lebte er in Königsberg, wo er neben Zeichnungen, Karikaturen und Silhouetten (Königsberger Kunstverein 1919 und Ostpreuß. Woche 1920) auch Gipsfiguren, Bildnisköpfe (u. a. Schopenhauer) und Reliefs (Rathausportal Preuß.-Eylau) schuf. W. schwankte zeitweise zwischen expressionistischem Duktus und abstrakter Darstellung. 1921 nach Berlin zurückgekehrt, geriet er in wirtsch. Not und lebte von Gelegenheitsarbeiten. Erst nach der Machtübernahme durch die Nationalsozialisten erhielt er zahlreiche Aufträge. Vom Magistrat Berlins mit der „plastischen Ausschmückung der Reichshauptstadt" betraut, schuf er hier u. a. das menschenverachtende Denkmal für den Judenhasser Theodor Fritsch (1852–1933) und dessen Zs. *Der Hammer*, die Monumentalplastik „Nibelungenwacht" sowie das Berliner SA-Denkmal. Nach 1945 lebte W. im Westteil Berlins als impressionistischer Maler und Buchillustrator, hauptsächlich von Märchen- und Sagenbüchern. Seine Skulpturen sind zumeist verschollen.

L: Autobiogr. bis 1937, in: Fritz Ihlenburg (Hg.), Volk und Kultur im Gau Magdeburg-Anhalt, 1937, *147f.*; Herbert Meinhard Mühlpfordt, Königsberger Skulpturen und ihre Meister 1255–1945, 1970, *191f.* – **B:** Bildniskopf von Hermann Dubois (Privatbesitz).

Gerald Christopeit

Wempe, *Friedrich* **Karl**
geb. 31.12.1884 Freiberg/Baden, gest. 15.06.1944 Karlsbad, Obering., Dir.

Zur Vita des Kaufmannssohnes ist wenig bekannt. Nach dem Besuch eines Gymn. studierte er Maschinenbau und war bis 1922 als Ing. in Hamburg tätig. Bis 1933/34 fungierte er in der traditionsreichen *Schmidt'schen Heißdampf-GmbH* Kassel als leitender Entwicklungsing. bei → Wilhelm Schmidt und kam dann zur *Maschinen- und Armaturenfabrik, vorm. C. Louis Strube AG* nach Magdeburg-Buckau. W. war auf dem Gebiet des Armaturenbaus ein wiss. und technisch versierter Fachmann und steuerte in Magdeburg durch die konsequente Berücksichtigung neuester technischer Anforderungen wie Drücke und erweiterte Einsatzgebiete von Armaturen die technische Entwicklung des Unternehmens, das er als alleiniger Vorstand leitete. W. tätigte zwischen 1920 und 1943 nachweislich 36 Patentanmeldungen auf dem Gebiet der Armaturentechnik.

L: LHASA: Rep. I 478/38, Maschinen- und Armaturenfabrik vorm. C. Louis Strube AG Magdeburg.

Werner Hohaus

Wendel, *Walther* **Paul August Ludwig,** Prof. Dr. med. habil.
geb. 30.09.1872 Potsdam, gest. 07.07.1941 Magdeburg, Arzt.

Der Sohn des Kaufmanns Paul W. besuchte das Friedrichs- und das Kaiserin Augusta-Gymn. in Berlin und studierte dort Med. Nach der Prom. 1894 erhielt W. eine zehnjährige Ausbildung am Univ.-Klinikum Marburg unter Ernst Küster. Nach der Habil. für Chirurgie 1900 und der ao. Professur 1905 wurde W. 1906 als Nachfolger von → Rudolf Habs nach Magdeburg berufen. Er war bis 1937 Chefarzt der Chirurgischen Klinik des Krankenhauses Magdeburg-Sudenburg. Besondere Verdienste erwarb er sich um die Entwicklung neuartiger Methoden der Brustkorbchirurgie (operativer Ersatz der Speiseröhre) und in der Therapie von Harnblasen- und Nebennierenerkrankungen. W. regte den Bau einer schattenfreien Operationslampe an. 1927 setzte er den Neubau der Chirurgischen Klinik durch, einen Klinkerbau im Stil des „Neuen Bauwillens" von → Johannes Göderitz. Von 1919 bis 1929 gehörte W. der Magdeburger Stadtverordnetenverslg. an. Er war Mitglied der *Dt. Ges. für Chirurgie*, der *Med. Ges. zu Magdeburg* und 1935–36 Präsident des *Rotary-Clubs Magdeburg*. Nach dem Ausscheiden als Dir. war W. noch bis zu seinem Tod chirurgisch tätig.

L: Reichshdb 2, *2014f.* (***B***); August Borchard/Walter von Brunn (Hg.), Dt. Chirurgenkal., 1926, *348f.*; Isidor Fischer (Hg.), Biogr. Lex. der hervorragenden Ärzte der letzten fünfzig Jahre, Bd. 2, ³1962, *1666*; Fs. 10 Jahre Med. Akad. Magdeburg 1964, *50f.* (***B***); → Helmke Schierhorn/Thomas Klemm, Grabdenkmäler bedeutender Ärzte in Magdeburg, in: Magdeburger Bll., 1984, *83*.

Wilhelm Thal

Wendler, Dietmar, Prof. Dr. med. habil.
geb. 02.10.1935 Ellefeld/Vogtland, gest. 14.08.2000 Ilsfeld/Baden-Württemberg, Arzt.

Als einziges Kind eines Sattlermeisters im Vogtland aufgewachsen, zog es W. nach dem Abitur 1953 nach Leipzig, wo er 1954–59 an der Karl-Marx-Univ. Med. studierte und hier auch sein Staatsexamen ablegte. Vom 3. Studienjahr an war er Vorpräparand in der Anatomie unter Kurt Alverdes und bearbeitete gleichzeitig das morphologisch-funktionelle Thema „Tarsus superior – Struktur und Funktion", mit dem er 1961 prom. Als Assistent der Anatomie holte er 1962 die Vollapprobation nach, 1964 erfolgte die Anerkennung als Facharzt für Anatomie, 1965 dann die Ernennung zum Oberarzt. Nach der Habil. 1970 mit dem Thema „Der embryonale Zelltod während der Normogenese und im Experiment" unter Rolf Bertolini erhielt er 1974 die facultas docendi und wurde 1979 zum o. Doz. für das Fach Anatomie berufen. 1980 erfolgte die Umberufung an die Humboldt-Univ. Berlin, wohin er Bertolini folgte. Im September 1988 wurde er zum o. Prof. an die Med. Akad. nach Magdeburg berufen und zum Dir. des Anatomischen Inst. ernannt. Als begeisterter Lehrer stand für W. immer die Lehre im Vordergrund, der er sich mit großem Engagement widmete. Seine Vorlesungen gewannen ein unbekanntes Maß an Lebendigkeit durch seine konsequent funktionelle Betrachtungsweise. Im Laufe seines 40jährigen Berufslebens hat er unzählige Male das gesamte Repertoire anatomischer Vorlesungen und Kurse abgeleistet, insbesondere die allg. und spezielle Embryologie des Menschen. Daneben war er auch ein engagierter Forscher, und das verband ihn 25 Jahre mit der Tätigkeit seiner Frau, Petra W., die ihn in dieser Zeit im Labor unterstützte. In den ersten Jahren seiner wiss. Tätigkeit galt sein Interesse zunächst makroskopisch-anatomischen Fragestellungen, dabei stets mit dem Blick auf die sich entwickelnde neue Technik Histochemie. Untersucht wurden das proximale Urnierennephron, die Urnierenkanälchen, der WOLFF- und MÜLLER-Gang beim Hühnchen. Mit gleicher Technik wurden Untersuchungen am Ductus deferens des Menschen und Zysten der Glandulae parathyroideae vorgenommen. In den folgenden Jahren fühlte sich W. vor allem zur embryologischen Forschung hingezogen. Von 1966 bis 1980 leitete er die Arbeitsgruppe Teratologie an der Leipziger Anatomie, die vorrangig Auftragsforschung für den *VEB Arzneimittelwerk Dresden (AWD)* durchführte: Getestet wurden neu synthetisierte Pharmaka auf Teratogenität während der Schwangerschaft, daneben liefen Untersuchungen mit den lathyrogenen Substanzen Aminoacetonitril und Beta-Aminopropionitril auf teratogene Wirkung beim Rattenkeimling. 1975 übergab die Arbeitsgruppe einen zweibändigen Testkatalog „Teratologische Testung pharmazeutischer Substanzen" an die pharmazeutische Industrie der DDR. Als Sekretär und Vorstandsmitglied der *Ges. für Anatomie der DDR* (1978–82) gründete W. 1978 die Arbeitsgemeinschaft „Teratologie" und organisierte sieben Symposien für diese Arbeitsgemeinschaft. Am 10. Jubiläumssymposium im Jahr 2000, auf dem eine *Dt. Ges. für Teratologie* gegründet wurde, konnte er aus Krankheitsgründen nicht mehr teilnehmen.

W: Herz und Blutgefäßsystem, in: Rolf Bertolini (Hg.), Systematische Anatomie des Menschen, 1979, ⁵1995, *145–204*; Lymphsystem, in: ebd., *205–218*; Gehirn, in: ebd., *343–378*; Teratologie, in: Heinz David (Hg.), Wörterbuch der Med., Bd. 2, ¹²1984, ¹⁴1990; Embryologie des Menschen, 1992, ²1995 (mit Paul Rother); Grundzüge der Allg. Embryologie, in: Anton Waldeyer/Anton Mayet (Hg.), Anatomie des Menschen. Für Studierende und Ärzte, ¹⁶1993, *66–105*; Zur teratoprotektiven Wirkung von Centrophenoxin (Cerutil) am trypaninduzierten Fehlbildungsmodell bei der Wistar-Ratte, in: Reinhart Korte/Jochen Fanghänel/Reinhart Gossrau (Hg.), Teratologie, 1993, *147–158* (mit Lutz Günther); Harnapparat, in: Werner Linß/Jochen Fanghänel (Hg.), Histologie, 1999, *205–218*; Immunabwehr, in: ebd., *121–134*. – **B:** *Slg. Vf., Magdeburg (priv.).

Joachim Fröhlich

Wendler, Hugo *Georg*, Dr. med. dent.
geb. 19.08.1887 Ellrich/Harz, gest. 27.09.1964 Magdeburg, Zahnarzt, Sanitätsrat.

W. war seit 1919 in der Zahnklinik der Allg. Ortskrankenkasse (AOK) in Magdeburg, vormals Regierungsstraße, als Oberzahnarzt tätig und wurde 1928 zum Chefzahnarzt der 1927 in der Lüneburger Straße neu erbauten AOK-Zahnklinik berufen. Es war sein Verdienst, daß sich diese Klinik zur modernsten Zahnklinik einer dt. Krankenkasse entwickelte. Die Klinik war technisch hervorragend ausgerüstet, u. a. mit einem großen zahntechnischen Laboratorium und Behandlungseinheiten, die mit leistungsfähigen Elektromotoren betrieben und mit hydraulisch gelagerten Behandlungsstühlen sowie automatischen Spaybecken bestückt waren. Diese Ausstattung ermöglichte auch Kieferoperationen und Bestrahlungen. Während des II. WK blieb die Klinik erhalten; nach 1945 baute W. die Einrichtung neu auf. 1948 erfolgte die Übernahme der AOK-Zahnklinik als zahnärztliche Abt. in die Allg. Poliklinik Magdeburg. W. war hier bis 1956 als leitender Zahnarzt tätig und arbeitete danach in Magdeburg als Beratungs-Zahnarzt der Sozialversicherung (SVK). Seine Arbeit war stets von hoher Wissenschaftlichkeit und Patientennähe sowie seinem Bestreben geprägt, qualitativ Hochwertiges zu leisten, das sich auch ökonomisch bewährte.

L: Malte Bastian, Gesundheit für alle. Die Gesch. der AOK Magdeburg und ihrer Region, 1995, *82–85* (**B**); Chronik der Klinik für Stomatologie Magdeburg/Nord, Ms. 1988 (AOK-Archiv).

Ingeborg Schladebach

Wendler, *Kurt* Hans Hermann Adalbert
geb. 20.06.1893 Magdeburg, gest. 13.06.1980 Bad Nauheim, Graphiker, Maler, Fotograf.

Als einziger Sohn von Robert W., einem Ing. im Eisenbahnwesen, verbrachte W. seine Kindheit in Magdeburg. Auf Wunsch des Vaters begann er 1909 eine Lehre in den Grusonschen Gewächshäusern Magdeburg und war 1912 für ein Jahr an der Kgl. Lehranstalt für Wein-, Obst- und Gartenbau in Geisenheim am Rhein tätig. Erst danach widmete er sich bis zum Kriegsbeginn 1914 als Autodidakt dem Studium der Malerei und Graphik. Zeitlebens arbeitete er als Künstler autodidaktisch, und die Eindrücke der Pflanzen- und Tierwelt seiner Lehrzeit beeinflußten alle späteren Werke. Während seines Kriegsdienstes wurde W. verwundet und lebte nach der Entlassung 1916 zunächst in Wernigerode bei den Eltern. 1917 ging W. für ein Jahr nach Berlin und lernte durch einen Onkel zahlreiche Künstler und Schauspieler kennen. Zunächst in Berlin als Schaufensterdekorateur tätig, erlangte er durch aufsehenerregende ungewöhnliche künstlerische Arbeiten verschiedener Genres Beachtung, so daß ihn der Geheimrat Philipp Rosenthal für seine Porzellanfabrik in Selb als Dekorentwerfer gewann. Für die Fa. *Korbkunst* in Hildburghausen lieferte W. ab 1918 von Wernigerode aus Entwürfe farbiger Einlagen, für die Kartonagenfabrik *Max Armbruster* in Hamburg kreierte er ab 1921 Luxuskartonagen und gestaltete u. a. die Tapetenkollektion „Bizarre Form", welche großen Zuspruch fand. Sie war ein Beispiel seiner Vorliebe für farbintensive exotische Tier- und Pflanzenmotive. Nach seiner Heirat 1922 eröffnete er in Wernigerode eine eigene „Berliner Werkstätte für zeitgemäße, angewandte Kunst, Raum-, Flächen-, Werbe- und Kleinkunst". 1927 zog er mit seiner Fam. nach Berlin. W. richtete sich ein Fotostudio ein und entwarf ab 1930 für alle namhaften Filmgesellschaften Plakate. Er zeichnete und fotografierte zahlreiche Revue-, Bühnen- und Filmstars wie Zarah Leander oder Heinz Rühmann. Durch seine antifaschistische Haltung in der Zeit des Ns. gefährdet, geriet W. 1942 vier Monate in Haft und flüchtete 1944 nach Belgien. In Eupen arbeitete er nach Kriegsende als Fotograf bei der US-Armee und eröffnete ein Fotogeschäft. 1954 mußte W. mangels Arbeitserlaubnis Belgien verlassen. Mit Malerei versuchte er ab 1956 in Bad Vilbel einen Neuanfang. Erblindet verbrachte er die letzten Lebensjahre bei seiner Tochter in Bad Nauheim.

L: Wilhelm Siemen, K. W. – und ewig lockt das Weib, 1998 (*W*,*B*). – B: *KHMus. Magdeburg.

Sabine Liebscher

Wendler, Otto Bernhard (Ps.: Peter Dross)
geb. 10.12.1895 Frankenberg/Sachsen, gest. 07.01.1958 Burg, Lehrer, Kulturpolitiker, Schriftsteller.

W., Sohn eines Kupferschmiedemeisters, wuchs in Brandenburg auf und besuchte dort die Bürgerschule. Danach war er Zögling der Präparandenanstalt und des Lehrerseminars in Genthin. Als Freiwilliger zog er 1914 in den Krieg, beendete nach seiner Rückkehr das Seminar, wurde Lehrer und unterrichtete 1921–23 in Bergzow bei Genthin. 1921 trat W. als entschiedener Kriegsgegner der SPD bei. Nach Abschluß seiner 2. Lehrerprüfung übernahm W. 1927 eine weltliche Schule in Brandenburg. Im gleichen Jahr wurde er als Mitarbeiter von Paul Oestreich Mitglied im *Bund entschiedener Schulreformer*. In diese Zeit fiel der Beginn seiner lit. Tätigkeit. In seinem ersten Roman „Soldaten Marieen" (1929) verarbeitete er seine Kriegserlebnisse. Sein zweiter Roman „Laubenkolonie Erdenglück" (1931) und seine Tätigkeit als Stadtrat der SPD in Brandenburg brachten ihm 1933 eine Maßregelung der Nationalsozialisten, der Amtsenthebung und Verbot seiner Werke folgten. Aber er schrieb weiter auch unter Ps. Seit 1933 lebte W. in Burg und stand ab 1936 unter strengster Polizeiaufsicht. Durch seine Bekanntschaft mit Schauspielern und Schauspielerinnen der *UFA* wie Hans Albers, Ilse Werner und Heinz Rühmann wirkte er auch an vielen Filmbüchern mit, so u. a. für die herausragenden Filme „Große Freiheit Nr. 7" und „Münchhausen". „Der zufällige Dichter", so nannte sich W. selbst, erlangte bereits in den 1920er Jahren schriftstellerische Erfolge, die vor allem aus seinen Kinderbüchern wie „Spuk um Mitternacht" und Puppenspielen wie „Der Stilze Rumpel", „Knüppel aus dem Schnupftabak" oder „König werden ist nicht schwer" (alle 1928) rührten. Die Moderne hielt mit W.s komödiantischem Gestaltungstalent Einzug in das traditionelle Märchen. Der Rückzug auf eher unpolitische Themen bestimmte sein Werk in den 1930er Jahren, die Jugendromane erlangten als Schneider-Abenteuer-Bücher große Bekanntheit. Der Romancier, Theaterkritiker, Dramatiker und Verfasser von Hörspielen zeigte ausgeprägte Lust am Fabulieren, lieferte insbesondere in den späten Romanen „Als die Gewitter standen" (1950) und „Von den sieben Seen" (1956) eine profilierte Darstellung von Charakteren ab und glänzte in seinen Texten durch eine ursprüngliche, unbekümmerte Sprache. Zwei Monate nach seiner Berufung in das Schulamt für den damaligen Kr. Jerichow I 1945 wurde er mit der Leitung des Kulturamtes der Bezirksreg. Magdeburg betraut und gehörte hier zu den Mitbegründern des *Kulturbundes zur demokratischen Erneuerung Dtls.* Um wieder ganz Schriftsteller zu sein, gab er diese Ämter 1947 auf, lebte freischaffend in Burg und war im gleichen Jahr Mitbegründer und bis zu seinem Tode auch der erste Vors. des *Schriftstellerverbandes Sa.-Anh.* Im von ihm mit initiierten Club „Otto von Guericke" im *Kulturbund Magdeburg* förderte W. junge Talente wie → Brigitte Reimann. Auch später schrieb W. für Kinder „Der Penta ist da" (1951), für die Bühne „Kapriolen" (1957) und mit anhaltendem Erfolg für den Film, u. a. mit Jan Peters „Die Meere rufen" (1951) oder → Robert Adolf Stemmle „Mann für Mann" (1952). Acht Romane, mehr als 15 Kinder- und Jugendbücher, ein Dutzend Puppenspiele, Märchen, Erzählungen, Novellen, Filmbücher, Bühnenstücke, Trickfilme in Versen, Veröffentlichungen in Anthologien, Zss. und Ztgg. bestimmten W.s umfangreiches, äußerst vielseitiges Werk.

W: s. o. – **L:** Günter Albrecht u. a. (Hg.), Lex. deutschsprachiger Schriftsteller, Bd. 2, 1968, *703f.* (*W*); Lit. im Bez. Magdeburg, hg. vom Rat des Bez. Magdeburg, o. J. [1981], *31f.* (*B*); Vf., Am 7. Januar starb der Schriftsteller O. B. W. in Burg, in: Volksstimme Burg vom 13.07.1995, *12* (*B*). – **B:** *KHMus. Magdeburg: Kreidezeichnung von → Bruno Beye.

Anita Skupin

Wendt, Friedrich Wilhelm *Eduard*

geb. 1807 Berlin, gest. 23.12.1890 Magdeburg, Bratschist, Dirigent, Komponist.

W. erhielt seine erste musikalische Ausbildung besonders im Violinspiel durch seinen Vater, der Musiklehrer in Berlin war. Durch frühzeitiges mehrjähriges Mitwirken im Orchesterverein der Gebrüder Bliesner lernte er Orchesterwerke von Beethoven, Mozart, Haydn u. a. kennen. Noch in der Gymnasialzeit starb sein Vater, und er war auf sich selbst angewiesen. Durch Befürwortung → Carl Friedrich Zelters konnte er das Kgl. Inst. für Kirchenmusik unter August Wilhelm Bach besuchen. Seine Violinstudien führte der Kammermusiker Dam weiter. W. wurde in die Kapell-Elevenklasse von Möser aufgenommen, spielte im Orchester des Königsstädtischen Theaters und übernahm beim Spiel in Streichquartetten die Bratschenstimme. Er erwarb sich im Bratschenspiel große Fertigkeiten, so daß er 1824, 17jährig, als Solobratschist in das Orchester des Stadttheaters in Magdeburg aufgenommen wurde. Der damalige Musikdir. Telle erteilte W. Unterricht im Kontrapunkt und Dirigieren und übertrug ihm, da er nebenbei ein guter Klavierspieler war, die Opern-Klavierproben, wodurch er als Korrepetitor eingesetzt wurde, den Musikdir. mehrfach vertreten mußte und ab 1847 das Amt des Musikdir. übernahm. Er studierte mehrere Opern ein und brachte ein kleines eigenes Werk zur Aufführung. In den Harmonie- und Logenkonzerten führte er mehrere Ouvertüren, ein Quadrupel-Streichquartett, Sonaten u. a. auf, fand aber nicht allzu großen Beifall, so daß seine Kompositionsfreude gemindert wurde. 1848 gab er das Amt des Musikdir. am Stadttheater in Magdeburg aus politischen Gründen auf, wirkte fortan als Musiklehrer und spielte Bratsche in Quartetten. 1849 war er Mitbegründer des *Tonkünstlervereins* zu Magdeburg. 1850 siedelte W. wieder nach Berlin über, war als Gesangslehrer tätig und spielte in Quartetten. Ab 1854 gab er mit Oertling u. a. Konzert-Soireen, die sich der Gunst des Publikums erfreuten. Besonders hervorzuheben sind seine Streichquartette, Sonate für Violine und piano in a-Moll (aufgeführt von F. Liszt und Joseph Joachim in Altenburg), Lieder und Gesänge sowie seine Klaviermusik.

L: ADB 41, *718f.*; Carl von Ledebur, Tonkünstler-Lex. Berlins, 1861.

Sigrid Hansen

Wenghöfer, Walter, Dr. phil.

geb. 06.10.1877 Magdeburg, gest. um den 01.10.1918 Magdeburg (Suizid), Dichter.

In W. begegnet man einem nahezu unbekannter Dichter Magdeburgs, dessen überaus schmales Werk kaum literaturgesch. Spuren hinterlassen hat. Der Sohn des Magdeburger Tischlermeisters Johann W. absolvierte das Realgymn. seiner Heimatstadt bis zur Obersekunda und wechselte im August 1896 auf das Realgymn. in Osterode/Harz, wo er 1898 das Abitur ablegte. In München und Berlin studierte er anschließend Phil. und kehrte 1901 nach Magdeburg zurück. Während seines Studiums lernte er die Dichtungen Stefan Georges kennen und erfuhr deren neue und höchst artifizielle Sprache als schicksalhafte Weisung für sein weiteres Leben, das er fortan – „zusammengezogen in Erwartung des Wortes" (Brief an Hanna Wolfskehl vom 24.11.1911) – ganz in den Dienst hoher ästhetischer und lebensphil. Ziele stellte. Bevor er sein Studium 1906/07 in Jena mit der Prom. zum Thema „Das Problem der Persönlichkeit bei Jean Paul" (1907) abschloß, widmete er sich in Magdeburg mehrere Jahre ganz der eigenen dichterischen Arbeit. 1907 siedelte er nach Halberstadt über und lebte von 1909 bis November 1917 – ohne einen bürgerlichen Beruf auszuüben und in weitgehender Zurückgezogenheit – wieder in Magdeburg. Seine Existenz bestritt er aus einem bescheidenen Vermögen und den Einkünften seiner Mutter, mit der er zusammenlebte und die er bis zu ihrem Tod Ende Mai 1916 langjährig pflegte. W. stand seit 1903 in brieflichem und später auch in persönlichem Kontakt mit George und den Mitgliedern seines Kreises in Berlin (u. a. mit Friedrich Wolters, Ludwig Thormählen, Ernst Morwitz, Berthold Vallentin), die er dort zuweilen besuchte und auch an Lesungen teilnahm. Zudem hielt er enge freundschaftliche Verbindungen nach Oberbayern und München, u. a. zu Karl und Hanna Wolfskehl. Von seinen wenigen Gedichten und Gedichtzyklen, die er als „Ergebnis des langen Alleinseins und des Strebens um Können und Form" (Brief an Stefan George vom 3. Juli 1903) immer wieder selbstkritisch prüfte und überarbeitete, wurde ein Teil in Georges *Bll. für die Kunst* publiziert. In ihnen suchte er, den in Georges Dichtungen erfahrenen, verborgenen Rhythmus des Seelen- und Weltgebildes zu erfassen und mitzuteilen, dessen gültiger dichterischer Ausdruck ihm zugleich für den Schaffenden wie für sein Werk „die sinnliche Formel seines Seins" offenbaren sollte (Brief an George, 1903). W. entwarf – wie der frühe George von der Dichtung des franz. Symbolismus (Mallarmé) beeinflußt – eine „Poetologie des Indirekten, der Andeutung und Verdeckung" (Pieger, 2001, 73), in der sich ihm wechselseitig welthaltiges Sein und seinshaltige Welt herstellen und verbürgen ließen. Durch seine bewußt überstrenge Verhaltenheit vor dem inneren dichterischen Gesetz und der Notwendigkeit, „jedes Werk in die höchste und gespannteste Form zu zwingen" (Wolters, 1930), blieb W.s dichterische Produktivität jedoch zeit seines Lebens gehemmt, weil an ein ihr notwendiges „Erschweigen" des Wesentlichen gekoppelt. Sein Ende 1917 erfolgter Umzug nach Berlin, wo er nur eingeschränkte Kontakte unterhielt, darf in der Rückschau als letzter Versuch W.s angesehen werden, trotz zunehmenden körperlich-seelischen Verfalls und künstlerischer Isolation ein dichterisches Sein zu gewinnen. Vermutlich aus Sorge vor der drohenden Einberufung zum Kriegsdienst verließ W. Ende September 1918 Berlin und suchte, nach Magdeburg zurückgekehrt, den Freitod in der Elbe. Stefan George reihte den Dichter W. mit einem der „Sprüche an die Toten" unter die im Kriege gefallenen Freunde ein.

W: Der dunkle Saal (Auswahl von Gedichten), in: Bll. für die Kunst. Auslese-Bd. 3, 1909, *136–151*; Die Tage des Endymion (Gedichtfolge), in: Bll. für die Kunst, Folge 8, 1909 und Folge 9, 1910; Ausgewählte Gedichte und Briefe, in: Castrum peregrini, Bd. 50, 2001, *41–62*. – L: Friedrich Wolters, Stefan George und die Bll. für die Kunst, 1930, *280f.*; Kurt Hildebrandt, Erinnerungen an Stefan George und seinen Kreis, 1965; Robert Boehringer, Mein Bild von Stefan George, ²1967 (*B*); H.-J. Seekamp u. a. (Hg.), Stefan George. Eine Zeittafel, 1972; Bruno Pieger, „… zusammengezogen in Erwartung des Wortes". Der Dichter W. W., in: Castrum peregrini, Bd. 50, 2001, *64–91*. – B: Stefan-George-Archiv Stuttgart.

Guido Heinrich

Weniger, Christian Friedrich
geb. 22.06.1759 Magdeburg, gest. 26.11.1831 Magdeburg, Maler.

Über das Leben W.s ist wenig bekannt. Der Sohn des Schneidermeisters Johann Peter W. heiratete 1780 die Tochter des Magdeburger Bildnismalers Johann Christoph Thiele. W. arbeitete als Maler und Zeichner in Magdeburg. → Johann Adam Breysig nennt in seinen „Skizzen, Gedanken, Entwürfe, Umrisse, Versuche, Studien, die bildenden Künste betreffend" zwei von W. 1799 und 1801 in Magdeburg ausgestellte Arbeiten und erwähnt mehrere von W. in der Stadt Magdeburg ausgemalte Säle (nicht erhalten).

L: Ilse Schliephack, Lebensdaten zur Künstlergesch. Magdeburgs in der Zeit von 1790–1840, in: GeschBll 74/75, 1939/41, *258f.*

Renate Hagedorn

Wenzel, *Walter* **Paul**
geb. 01.03.1912 Leipzig, gest. 11.06.1971 Magdeburg, Apotheker.

W., Sohn eines Architekten, besuchte ein Realgymn. in Leipzig. Nach einem zweisemestrigen Studium der Naturwiss. in Leipzig begann er eine Praktikantenzeit in der Herrenhäuser-Apotheke in Hannover, die er mit dem Vorexamen 1935 beendete. W. studierte Pharmazie an der Univ. Leipzig und erhielt nach einem Kandidatenjahr in der Sedan-Apotheke Leipzig 1939 die Approbation. Er leistete ein soziales Landhalbjahr in der Apotheke Pretzsch sowie Dienstverpflichtungen in der Rosen-Apotheke und später in der Flora-Apotheke in Magdeburg ab. Ende 1944 erfolgte seine Einberufung zur Wehrmacht. Nach Kriegsende arbeitete er in der Apotheke Barby und in verschiedenen Apotheken in Leipzig. Ende 1950 erhielt W. vom Kreisarzt der Stadt Magdeburg den Auftrag, eine Apotheke im ersten Poliklinik-Neubau in Magdeburg, der Pawlow-Poliklinik, aufzubauen, deren Leitung er nach Fertigstellung auch übernahm. Neben seiner umfangreichen beruflichen Tätigkeit widmete er sich intensiv der Ausbildung des Berufsnachwuchses. Außer Fernstudenten der Fachrichtung Pharmazie der Univ. Leipzig betraf das besonders die Ausbildung von Apothekenhelfern. Von 1955 bis zu seinem Tode war er als nebenberuflicher Lehrer für Fachrechnen, Botanik und Drogenkunde sowie als Mitglied der Prüfungskommission tätig. W. arbeitete an der gleichen Berufsschule wie Apotheker → Alexander Mohrenweiser, beide ergänzten sich über viele Jahre und wirkten so für eine gut abgestimmte, praxisnahe Ausbildung. Für seine Leistungen wurde W. mit der Pestalozzi-Medaille ausgezeichnet.

L: Familienunterlagen Andrea Dilbat, geb. W., Magdeburg (priv.). – B: *ebd.

Joachim Münch

Werler, Karl-Heinz, Prof. Dr. sc. nat., Dr.-Ing.
geb. 07.11.1932 Langenreinsdorf/Kr. Werdau, gest. 06.12.1997 Sülzhayn/Südharz, Mathematiker, Informatiker, Hochschullehrer.

W. legte 1951 an der Oberschule Crimmitschau/Sachsen die Reifeprüfung ab und studierte anschließend bis 1956 Mathematik an der Univ. Leipzig. Schon während des Studiums beschäftigte er sich mit Aufbau und Arbeitsweise digitaler Rechenautomaten und schrieb darüber seine Diplomarbeit. Er nahm eine Tätigkeit in den *Carl-Zeiss-Wer-*

ken in Jena auf, zunächst als Betriebsassistent und wiss. Mitarbeiter, von 1970 bis 1976 als Hauptabteilungsleiter. W. war einer der geistigen Väter der logischen Struktur des Zeiss-Rechners „ZRA 1" sowie von Gerätesteuerrechnern und arbeitete an Problemen der Einsatzvorbereitung und der Fertigung dieser Rechner mit. Von 1963 an beschäftigte W. sich mit der Informationsverarbeitung in der technischen Vorbereitung der Produktion, um durch eine rechnergestützte Arbeitsweise eine Rationalisierung und Automatisierung der Entwurfsarbeiten zu erreichen. Folgerichtig rückten Fragen der graphischen Informationsverarbeitung in den Vordergrund seiner wiss. Arbeit. Als Leiter der Hauptabt. Grundlagenforschung des Forschungsleitzentrums AUTEVO bei den *Zeiss-Werken* legte er zahlreiche Arbeiten zur Modellierung von Konstruktionsprozessen und zur Gestaltung von integrierten Systemen in der technischen Vorbereitung vor. W. erwarb 1968/69 in England Spezialkenntnisse auf dem Gebiet der Displaytechnik, arbeitete in der Kommission Kybernetik des Forschungsrates der DDR, nahm an den IFIP-Kongressen 1968, 1974, 1978 und anderen int. Tagungen teil, arbeitete drei Monate am Institute for Applied Systems Analysis in Laxenburg bei Wien und war 1978 Gast der Bauman-Hochschule Moskau. Die TH Magdeburg erteilte ihm ab 1969 Lehraufträge für graphische Datenverarbeitung. Von der TH Ilmenau wurde er 1970 zum Dr.-Ing. prom., an der TH Magdeburg erwarb er 1972 die facultas docendi für Informationsverarbeitung, wurde in Magdeburg 1973 zum Honorardoz., 1976 zum Hochschul-Doz. und 1977 zum o. Prof. für Informationsverarbeitung in der technischen Vorbereitung berufen und baute an der TH einen Wissenschaftsbereich auf. 1980 wurde er mit der Arbeit „Interaktive graphische Systeme in der technischen Vorbereitung" von der TH Magdeburg prom. W. publizierte 29 wiss. Arbeiten, hielt mehr als 70 Vorträge und veröffentlichte ein Lehrbuch. Infolge einer schweren Erkrankung wurde er 1985 invalidisiert und 1986 abberufen. W. beschäftigte sich weiterhin mit dem Mensch-Maschine-Dialog, wandte sich der Problematik Kunst und Computer zu, zeigte die Vielfalt der Möglichkeiten zur Erzeugung faszinierender Formen und Strukturen, veranstaltete Ausstellungen und prägte in seinen Vorträgen den Begriff „Computergrafie". Seine Ergebnisse und Erkenntnisse legte er in seinem 1991 erschienenen Bd. „Programmierte Phantasie" vor.

W: s. o.; Beitrag zur Modellierung des Prozesses der technischen Vorbereitung unter Anwendung der Datenstrukturen, Diss. Ilmenau 1970; Probleme der graphischen Datenverarbeitung, 1975 (russ. Übers. 1979). – **L:** UnivA Magdeburg: PA. – **B:** *Hannelore W., Magdeburg (priv.).

Karl Manteuffel

Werner, Johannes

geb. 27.03.1864 Werl, gest. 04.10.1914 Letmathe bei Iserlohn, kath. Theologe.

W. war der Sohn eines Ackerwirtes und erlangte 1883 sein Abitur in Warburg. Er studierte zunächst in Münster, München und dann in Paderborn kath. Theol., wo er sich 1887 zum kath. Priester weihen ließ. Seine ersten Dienststellen führten ihn als Kooperator nach Reiste und 1889 als Kaplan nach Dortmund. In Magdeburg-Buckau wurde W. 1890 Vikar, 1894 Pfarrverweser und noch im selben Jahr Pfarrer. Er setzte dort die umfangreiche Bautätigkeit seines Vorgängers fort. Hatte in Buckau der Missionspriester Theodor Franz Deilmann (geb. 05.10.1840 Byfang, gest. 25.07.1908 Olsberg) in der Zeit von 1868 bis 1890 das Pfarrhaus und die kath. Schule gebaut, so entstand unter W.s Initiative die St. Norbertkirche und das Schwesternhaus St. Elisabeth wie auch die St. Johann Baptistkirche in Salbke. Zudem war es sein Verdienst, daß schließlich 1894 die seelsorgliche Außenstelle Buckau zur Pfarrei erhoben wurde. Ab 1911 verbrachte W. seine letzten Lebensjahre als Pfarrer in Letmathe bei Iserlohn.

L: Wilhelm Liese, Necrologium Paderbornense, 1934; Rudolf Joppen, Das Erzbischöfliche Kommissariat Magdeburg, in: SkBK 12, 1971, *205–209*. – **B:** Erzbistumsarchiv Paderborn.

Daniel Lorek

Werner, Karl

geb. 10.09.1905 Groß Ammensleben, gest. 23.03.1998 Haldensleben, Arbeiter, Bildhauer, Maler.

Nach der Volksschule war W. als Landarbeiter, Steinsetzer und Zimmermann tätig. Der aktive Arbeitersportler (Ringen) trat 1923 in die KPD und den Roten Frontkämpferbund ein und lieferte in dieser Zeit schon Karikaturen für die Parteipresse. 1944 wurde W. von den Nationalsozialisten als Mitglied der Gruppe des Nationalkomitees Freies Dtl. um → Martin Schwantes gemeinsam mit dem Maler → Hermann Bruse in Magdeburg verhaftet und wegen Hochverrats angeklagt. Der Einmarsch amerikanischer Truppen kam dem Urteil und seiner Vollstreckung zuvor. W., nach Ende des Krieges Vollinvalide, qualifizierte sich als Autodidakt zu künstlerischer Tätigkeit. Er wurde Schöpfer zahlreicher bemerkenswerter Reliefs, Skulpturen, Büsten und z.T. großformatiger Gemälde und Zeichnungen. Er gestaltete die Gedenkstätten für die Opfer des Faschismus in Haldensleben und Hundisburg. Seine Arbeiten wurden in der Sowjetunion (Moskau), in China und Korea ausgestellt. Bei der Kunstausstellung in Berlin 1957 erhielt er den ersten Preis. Bemerkenswert sind auch seine Büsten von Ernst

Thälmann (1956), Jenny Marx (1969) sowie Skulpturen von Bäuerinnen und Bauern. 1965 wurde W. mit der Medaille „Kämpfer gegen den Faschismus" und 1977 mit dem VVO in Bronze ausgezeichnet.

L: Materialslg. Ostostfalen-Archiv, Hundisburg.

Karl Schlimme

Werner, *Reinhold* Sigismund Heinrich von (seit 1901)
geb. 10.05.1825 Weferlingen/Kr. Neuhaldensleben, gest. 26.02.1909 Berlin, Admiral zur See, Marineschriftsteller.

Der Sohn des Kgl. Forst- und Domänenrates Heinrich Ernst W. besuchte ab 1836 das Pädagogium des Klosters U. L. F. in Magdeburg und das Gymn. Julianum in Helmstedt. 1842 begann er seine berufliche Laufbahn als Schiffsjunge auf einem Kauffahrteischiff, trat 1849 als Auxiliaroffizier in die neu begründete dt. Marine ein und wechselte 1852 als Leutnant zur See in den Dienst der Kgl. preuß. Marine über. Als Kommandeur eines Transportschiffes nahm an der ostasiatischen Expedition (1859–62) teil, befehligte anschließend Artillerieschulschiffe und leitete 1866, zum Korvettenkapitän befördert, die Einnahme der hannoveranischen Küstenbefestigungen an Elbe, Weser und Ems. Nach Beendigung des dt.-dänischen Krieges war W. 1867–69 als Oberwerftdir. in Danzig tätig und übernahm 1872 als Kapitän zur See das Kommando über die dt. Flotte. Infolge einer von ihm verantworteten Intervention vor Malaga, um Deutsche vor den revolutionären Aufständischen zu retten, wurde er bereits 1873 abberufen und war bis zu seinem auf eigenen Wunsch erfolgten Abschied als Konteradmiral 1878 erneut als Werftdir. in Wilhelmshaven und als Chef der Marinestation der Ostsee in Kiel tätig. W. siedelte anschließend nach Wiesbaden über. 1898 wurde ihm durch Wilhelm II. der Charakter als Vizeadmiral und 1901 der erbliche Adel verliehen. W. hatte nicht nur wesentlichen Anteil an der Gründung der *Dt. Ges. zur Rettung von Schiffbrüchigen* (1864) sowie der ersten dt. Nord- und Ostseefischereigesellschaften (1866/68), sondern trat auch als Marineschriftsteller hervor und verfaßte neben zahlreichen Erzählungen auch autobiogr. Skizzen, Reiseberichte und umfangreiche Abhandlungen zur dt. Flottengeschichte (s.u.).

W: Die preuß. Expedition nach China, Japan und Siam in den Jahren 1860, 1861 und 1862. Reisebriefe, 1863, ²1873; Die Schule des Seewesens, 1866; Atlas des Seewesens, 1867; Das Buch von der norddt. (später: dt.) Flotte, 1869, ⁷1898; Erinnerungen und Bilder aus dem Seeleben, 1880, ⁷1898; Auf fernen Meeren und daheim, Erzählungen aus dem Seeleben, 1883; Aus meiner Jugendzeit und wie ich zur See kam, 1888; Bilder aus der dt. Seekriegsgesch., 1899. – **L:** BioJb 14, 1909; KLK, Nekr. 1936–1970, 1973, Sp. *783* (*W*); Franz Brümmer, Lex. der dt. Dichter und Prosaisten., Bd. 2, ⁴1895, *321f.*; Franz Neubert (Hg.), Dt. Zeitgenossen-Lex., 1905; Weferlinger Anzeiger vom 08.05.1926; Hans H. Hildebrand/Ernest Henriot (Hg.), Dtls Admirale 1849–1945, Bd. 3, 1990, *536f.* (*B*).

Eberhard Pasch

Wernicke, *Friedrich* Wilhelm
geb. 21.09.1839 Zabakuck bei Genthin, gest. 23.11.1909 Altenplathow, Lehrer, Chronist.

W., Sohn des Bauern Friedrich W., absolvierte von 1855 bis 1858 das Lehrerseminar in Gardelegen und war danach als Lehrer der dritten Klasse, ab 1865 als Lehrer, Kantor, Küster, Organist, später als Hauptlehrer an der Volksschule in Altenplathow bei Genthin tätig und schied nach 50 Dienstjahren 1908 aus dem Kirchen- und Schulamt aus. Er heiratete 1869 und hatte zwei Söhne. W. begann neben der Erforschung des alten W.schen Bauerngeschlechtes frühzeitig mit der Slg. ortsgesch. Aufzeichnungen aus seinem Heimat- und Wirkungsort Altenplathow, die er erst gegen Ende des 19. Jhs auszuwerten begann. Zu den bedeutendsten heimatgesch. Leistungen W.s zählt die 1909 erschienene Chronik von Altenplathow. Hier beschreibt W. u. a. erstmalig umfassend die Gesch. der Burg Plote und des Amtes Altenplathow sowie die wirtsch. Verhältnisse und das Bildungswesen des 18./19. Jhs am Beispiel seines Heimatdorfes. Noch heute zählt die W.sche Chronik mit zu den Standardwerken heimatgesch. Forschungen in der Genthiner Region.

W: Chronik des Dorfes Altenplathow, 1909 (*B*). – **L:** ebd., *110*; F. W., jun., Die W.s, in: Volkstum und Heimat. Kal. für das Land Jerichow, 1939, *76–83*; AKPS: Rep. A Spec. G 21518; Kirchenbuch Altenplathow, Akte Nr. 42 aus 1909.

Klaus Börner

Wernicke, Johann *Andreas*
geb. 23.01.1815 Kleinwulkow/Kr. Jerichow II, gest. 01.09.1861 Darjeeling (Indien), ev. Missionar.

Der erste Sohn des Ackermanns Johann Andreas W. in Kleinwulkow wurde 1830 von Pfarrer → Ferdinand Hachtmann konfirmiert und besuchte dessen Missionsstunden. Schon im Konfirmandenunterricht weckte Hachtmann in ihm das Interesse für eine ev. Missionstätigkeit. Nachdem W., seine Schwester und sein Freund Joachim Stölke aus Glöwen sich entschieden hatten, ihr Leben in den Dienst der Verbreitung der Lehre Jesu zu stellen, übernahm Hachtmann selbst ihre Zurüstung für den Missionsdienst im Auftrag von Johannes Evangelista Goßner. Zum Vorbereitungsdienst trafen sich die jungen Leute täglich im Großwulkower Pfarrhaus. W. u. a. wurden 1838 als einige der ersten Missionare für Ostindien von der Missionsges. Berlin II (Goßner-Mission) übernommen, die sie Anfang Juli des Jahres nach Ostindien sandte. Im englischen Hull heiratete W. die mitreisende Schwester seines Freundes. Von Liverpool aus traten sie mit dem Segelschiff „Blorange" die fünfmonatige Seereise nach Kalkutta an, zogen sofort nach Hajipur weiter, wo sie im Januar 1839 die Missionsarbeit aufnahmen. Dort schlossen sie sich dem Freimissionar William Start an, der sie 1841 nach Talwar nahe der Stadt Darjeeling beorderte. Der Missionsdienst litt unter den schwierigen Lebensbedingungen, die durch das Erlernen der Sprache, die für das eigene Auskommen notwendige Arbeit und die fremde Kultur gezeichnet waren, und hatte zudem wenig Erfolg. Start zog sich 1843 aus der Missionstätigkeit zurück und überließ die Familien mittellos ihrem Schicksal. W. mußte Talwar verlassen, siedelte in Darjeeling und begann zur Sicherung seines Lebensunterhalts mit dem Teeanbau. Die Strapazen der täglichen Schwerstarbeit im Dschungel des Hochlands, Grenzkonflikte mit Nepal und besonders der indische Aufstand 1857 komplizierten mit ihren Schrecken die schwierige Lage der Fam. und zehrten W.s Kräfte auf, der nach zehnjähriger Krankheit, erst 47jährig, starb. Die Witwe ermöglichte ihren Kindern den Schulbesuch in Darjeeling und Kalkutta und sorgte dafür, daß die Söhne den Teeanbau erlernten, um sich eine Existenz zu sichern. Sie bearbeiteten vorerst die Teegärten des Vaters, erwarben später eigene Plantagen, züchteten erfolgreich und stiegen zu den sog. Teebaronen des bekannten Darjeeling-Tees auf. W.s Witwe, als Missionarin und „Mutter W." von Christen und Nichtchristen verehrt, starb 1913 im Alter von 96 Jahren in Darjeeling. W. und seine Frau blieben bis zu ihrem Tod Goßners Anliegen treu, „allein durch christliches Leben den Heiden ein Licht zu sein".

L: Arend Vollers, Darjeeling. Land des Tees am Rande der Welt, 1981, *18–27, 65–69*; Achim Kühne-Henrichs, Die Teepflanzer aus Brandenburg, in: Querverbindungen, 1994, *1–8*; Archiv des Geschichtskreises Wulkow-Wust: Paul Gerhard, Am Abend wird es Licht sein, 1904. – **B:** *Slg. Vf., Großwulkow (priv.).

Karlheinz Stephan

Wernicke, Rudolph *Ernst* Leopold, D. theol. h.c.
geb. 19.11.1836 Berlin, gest. 14.04.1913 Brandenburg, ev. Pfarrer, Historiker.

W., Sohn eines Oberpfarrers, studierte an der Univ. Berlin. Er war zunächst 1859–62 Adjunkt an der Ritterakad. Brandenburg, 1862–68 Hilfsprediger und Diakon in Fehrbellin und von 1868 bis 1877 Divisionspfarrer in Brandenburg. 1877 wurde W. in das Amt des Oberpfarrers nach Loburg berufen, das er fast 30 Jahre verwaltete, bis er im April 1906 in den Ruhestand versetzt wurde. Während dieser Zeit erhielt er von verschiedenen preuß. Behörden Aufträge zur Erforschung und Erhaltung kirchlicher Baudenkmäler, zu deren Ergebnisse er auch veröffentlichte. Zum 25. Amtsjubiläum verlieh ihm die Theol. Fakultät der Univ. Halle in Anerkennung seiner wiss. Arbeiten die theol. Ehrendoktorwürde. Bis ins hohe Alter wirkte er unermüdlich als Mitglied des geschäftsführenden Ausschusses der Provinzialkommission für Denkmalpflege der Provinz Sachsen.

W: Hdb. der kirchlichen Kunstarchäologie des dt. Mittelalters, 1883 (mit Heinrich Otte); Beschreibende Darstellung der älteren Bau- und Kunstdenkmäler der Kreise Jerichow, 1898. – **L:** Dem Andenken D. E. W.s, in: Jb. für Denkmalpflege in der Provinz Sachsen und Anhalt, Jg. 1912, *5f.*, erschienen 1914; Zur Erinnerung an D. E. W., in: Jahresbd. Brandenburger Gesch. Nr. 11/12, 1914, *351–353*; AKPS: Rep. A, Spec. P, W 117 II.

Klaus Lehnert

Werveke, Leopold van, Dr. phil.
geb. 11.02.1853 Diekirch/Luxemburg, gest. 04.08.1933 Magdeburg, Geologe, Geh. Bergrat.

Der aus einem alten flämischen Geschlecht stammende W. war nach Studium und Prom. in Straßburg langjährig an der Geologischen Landesanstalt für Elsaß-Lothringen in Straßburg tätig. Hier beschäftigte sich W. vornehmlich mit den geologisch-hydrographischen Verhältnissen des Landes und wirkte u. a. bei der Erarbeitung geologischer Spezialkarten und am „Hdb. für den Dt. Braunkohlenbergbau" (²1915 mit G. Klein) mit. W. trat 1918 in den Ruhestand, verließ 1919 sein Arbeitsgebiet und hielt sich zeitweilig in Gengenbach/Schwarzwald auf. 1921 übersiedelte er nach Magdeburg. Hier erforschte er intensiv das Diluvium Nord- und Mitteldtls, insbesondere Magdeburgs und seiner Umgebung, und veröffentlichte zahlreiche Aufsätze zu diesem Thema. Als Ergebnis umfangreicher Beobachtungen in der Landschaft – er untersuchte die in vorgesch. Hinsicht wichtigen Hundisburger Ablagerungen – konstatierte er 1924 vier, 1928 schließlich sechs Vereisungen des Gebietes (anstelle der angenommenen drei). Er sah überdies den Löß als Sediment in Gewässern an und leugnete die äolische Bildung dieser spätpleistozänen Ablagerung. Zudem beschäftigte er sich mit der Erschließung der Bodenschätze und der Wasserversorgung des Magdeburger Gebietes. Anläßlich der Tagung der Vorgeschichtsforscher 1928 und des Dt. Geographentages 1929 in Magdeburg trat W. mit grundsätzlichen Publikationen hervor. Da er die Landschaft erst im hohen Alter kennenlernte, mußte „er als alter ungelenker Mann" teilweise darauf verzichten, aktuelle Aufschlüsse selbst aufzusuchen und sich aus eigener Anschauung eine Meinung zu bilden. Dadurch geriet er mitunter ungewollt in wiss. Auseinandersetzungen. W.s Ansichten erfuhren vor allem durch die Preuß. Geologische Landesanstalt in Berlin, aber auch von anderer Seite fundierten Widerspruch (vgl. → Fritz Wiegers, 1929). Auch die von → Felix Wahnschaffe und → Konrad Keilhack seit 1880 eingeleiteten wiss. Festlegungen und Bezeichnungen für Mittel- und Norddtl. konnte er nicht beeinflussen bzw. verändern. Anerkannt und häufig publiziert ist sein geologisches Profil des Weinbergs bei Hohenwarthe, wo während der Saaleeiszeit die Elbe nach Norden durchbrach. Indem er seine in großer Zahl publizierten geologischen Erkenntnisse mit solchen aus der Archäologie verband und auch die lokale Presse zu seinem Sprachrohr machte, wußte W. ein Jahrzehnt lang eine breite Öffentlichkeit zu erreichen. Er war Mitglied bzw. Ehrenmitglied von acht wiss. und mehreren heimatkundlichen Vereinen, so z. B. des *Naturwiss. Vereins zu Magdeburg*, des *Aller-Vereins* in Neuhaldensleben, des *Heimatvereins im alten Holzkreise* in Eilsleben, und arbeitete zudem am *Heimatbl. für das Land um obere Aller und Ohre* mit. Im modernen geologischen Schrifttum wird W. kaum noch beachtet, doch verdienen die von ihm dokumentierten und veröffentlichten zahlreichen Beobachtungen inzwischen verlorener pleistozäner Aufschlüsse noch immer Interesse.

W: Nachweis von Sandlöß der letzten Eiszeit in Fermersleben, in: MonBl 1925, *344*; Der Untergrund des Magdeburger Domes, in: ebd. 1926, *207*; Ein diluvialer Sattel bei Möser, in: ebd. 1926, *353–355*; Die Sohlener und Frohser Berge nebst dem Hummels-Berge, ihre Gestaltung und ihre Entstehung, in: ebd. 1926, Nr. 48/49; Das Diluvium in der Kölner Straße und in der Wilhelmstadt nördlich des Schrote, in: ebd. 1926, *161–163, 174f*; Gletscherablagerungen am Großen Wart-Berge bei Irxleben und an den Hängels-Bergen bei Hohendodeleben sowie westlich von Diesdorf, in: ebd. 1927, Nr. 30, 35; Das Landschaftsbild der Umgebung von Braunlage, das formenreichste des Harzes, 1927; Norddtl. war wenigstens viermal von Inlandeis bedeckt, in: Zs. der Dt. Geologischen Ges., 1927, *135–155*; Ausbildung, Entstehung und Gliederung des Diluviums der Magdeburger Gegend als Grundlage zur Einordnung vorgesch. Funde, in: → August Mertens (Hg.), Fs. zur 10. Tagung für Vorgesch., Mus. für Natur- und Heimatkunde Magdeburg, 1928, *7–147*; Das Diluvium von Magdeburg und seiner weiteren Umgebung auf Grund der neuesten Beobachtungen, in: Beiträge zur Landeskunde Mitteldtls. Fs. des 23. Dt. Geographentages in Magdeburg, 1929, *157–254*; Die Zahl der Vereisungen in Mittel- und Norddtl., in: 25. Jb. des Niedersächsischen Geologischen Vereins 1932/33, 1933, *201–228*; zahlreiche weitere Beiträge im MonBl. – **N:** Geologenarchiv Freiburg/Breisgau, Außenstelle für Ur- und Frühgesch. des Landes Sach.-Anh. Magdeburg; Bördemus. Ummendorf (Briefe). – **L:** Fritz Wiegers, Über Gliederung und Alter des Magdeburger Diluviums und die Zahl der Eiszeiten in Norddtl., in: Jb. der Preuß. Geologischen Landesanstalt für 1929, 1929, *1–124*; → Carl Engel, L. v. W. †, in: MonBl 1933, *278f*.

Jürgen Werner Hubbe/Heinz Nowak

Weskamm, Wilhelm
geb. 13.05.1891 Helsen/Waldeck, gest. 21.08.1956 Berlin, kath. Theologe, Bischof.

W., ältester Sohn eines Eisenbahnbeamten, studierte in Paderborn und München kath. Theol. und wurde 1914 in Paderborn zum kath. Priester geweiht. Nach kurzer Zeit als Kooperator und stellvertretender Leiter der kirchlichen Kriegsgefangenenhilfe in Paderborn war er dort von 1919 bis 1932 Domvikar. 1932 wurde er zum Pfarrer von Merseburg ernannt und 1943 als Nachfolger → Heinrich Winkelmanns zum Propst an St. Sebastian in Magdeburg und somit zum Erzbischöflichen Kommissar für den östlichen Teil des Erzbistums Paderborn berufen. 1944 erfolgte seine Ernennung zum Dechanten des Dekanates Magdeburg und zum nichtresidierenden Domkapitular von Paderborn. Aufgrund der Kriegsverhältnisse und für den Fall, daß der Erzbischof nicht erreichbar sei, erhielt W. im Februar 1945 vom Erzbischof Lorenz Jaeger weitgehende Vollmachten übertragen, die wegen der abzusehenden Spaltung Dtls am 10.01.1949 endgültig auf den jeweiligen Magdeburger Kommissar transferiert wurden. Im Prinzip erhoben die Vollmachten W. in die Stellung eines Generalvikars für den östlichen Teil des Erzbistums. De facto begann dadurch eine weitere Verselbständigung des Kommissariates, die 1994 mit zur Errichtung des Bistums Magdeburg führte. Bedingt durch die 1945 erfolgte Trennung vom Mutterbistum Paderborn legte W. in Zusammenarbeit mit Finanzdir. → Johannes Kollwitz und Caritasdir. → Heinrich Solbach die Grundlage einer eigenen kirchlichen Verwaltung in Magdeburg. Zu diesem Zweck holte er auch die Priester → Hugo Aufderbeck und → Heinrich Jäger nach Magdeburg. Für die nach 1945 aus den Ostgebieten Vertriebenen gründete er über 90 Seelsorgestellen; allein am 01.11.1947 errichtete W. per Dekret 63 Kuratien. Diaspora war für ihn nicht nur eine Last und Not, sondern Gnade und Chance eines bewußten Glaubens. 1949 wurde W. zum Zweiten Weihbischof von Paderborn mit Sitz in Magdeburg ernannt und am 30.11.1949 durch Erzbischof Jaeger in der St. Sebastianskirche in Magdeburg geweiht. Seit der Reformation residierte damit wieder ein kath. Bischof in Magdeburg. 1951 wurde W. zum Bischof von Berlin ernannt. Während der Amtszeit W.s waren das Amt des Erzbischöflichen Kommissars und eines Propstes an St. Sebastian zum letzten Mal in Personalunion verbunden. Nach ihm wurden beide Ämter voneinander getrennt: Kommissar und neuer Weihbischof wurde der Paderborner Generalvikar → Friedrich Maria Rintelen und neuer Propst der Pfarrer → Peter Hoberg. W. gehörte zu den Persönlichkeiten, die das Leben der kath. Kirche in der SBZ besonders geprägt haben. Schon 1947 gab er den Anstoß zu regelmäßigen Zusammenkünften der Ordinarien, aus denen später die Berliner Bischofskonferenz entstand. Im Blick auf die immer deutlicher werdende Teilung Dtls richtete er Ausbildungsstätten für die kirchlichen Dienste und Seminarien ein. Ihm ist die 1948 erfolgte Einrichtung des Magdeburger Seelsorgehelferinnenseminars (vgl. → Martin Fritz) sowie 1952 die Errichtung des Norbertuswerkes in Magdeburg und des Phil.-Theol. Studiums in Erfurt zu verdanken. Den staatl. Vertretern gegenüber trat er als geschickter Verhandlungspartner auf. Dem 75. Dt. Katholikentag 1952 in Berlin gab er mit dem Leitwort „Gott lebt" sein Gepräge.

W: Josef Pilvousek (Hg.), Kirchliches Leben im totalitären Staat, Seelsorge in der SBZ/DDR 1945–1976, 1994, *448–458*; Gerhard Lange/Ursula Pruß (Hg.), An der Nahtstelle der Systeme. Dokumente und Texte aus dem Bistum Berlin 1945–1990, 1996, *101–223*. – L: Bischof W. W. zum Gedenken, 1956 (*B*); Eduard Quiter, Die Propstei Magdeburg, 1959, *39* (*B*); Ursula Nusser, Miterbauer des Bistums, 1979, *195–207*; Rudolf Joppen, Das Erzbischöfliche Kommissariat Magdeburg, in: SkBK 21, 1978, *138–142*. – B: *ZBOM.

Daniel Lorek/Peter Zülicke

Wessel, Fritz
geb. 22.03.1891 Wriezen, gest. 21.01.1974 Braunschweig, Verwaltungsbeamter, Kommunalpolitiker.

W. verlebte die Jugend in Berlin-Charlottenburg, wo sein Vater Postbeamter war. Nach dem Besuch der Volksschule und einer höheren Lehranstalt erhielt er eine Anstellung in der Berliner Stadtverwaltung. 1911 absolvierte W. seinen einjährigen Militärdienst in einem Grenadier-Reg. und nahm ab 1914 am I. WK teil. 1917 wurde er für die Stadtverwaltung Berlin freigestellt. Zur Vervollkommnung seiner Ausbildung besuchte er die Verwaltungsakad. in Berlin und die dortige Handels-Hochschule. Die Stadtverordnetenverslg. von Wanzleben wählte W. 1920 für zwölf Jahre zum Bürgermeister. In seiner Amtszeit bewirkte W. die Errichtung einer Mittelschule, die Motorisierung der Feuerwehr und 1924 die Errichtung einer Badeanstalt. Bereits 1927/28 erfolgte der Neubau eines Finanzamtes. Die „Umgehungsstraße" als direkte Verbindung nach Magdeburg entlastete die Innenstadt Wanzlebens. Nach langwierigen Verhandlungen wurde 1929 der Amtsbez. der Domäne eingemeindet. 1931 für weitere zwölf Jahre gewählt, sorgte W. für die Errichtung von Sportstätten und für die Erweiterung der Stadt nach Osten. 1937 begann der Bau einer neuen Schule auf dem Turnplatz. Nach Ende des II. WK verließ W. die Stadt Wanzleben. W. war ein anerkannter Kommunalpolitiker, der die Entwicklung der Wanzleber Kommune über mehrere Jahrzehnte entscheidend beeinflußt hat.

L: Amtliches Wanzlebener Kreis-Bl. Nr. 65 und 66, 1920.

Gerd Gerdes

Westermeier, Franz Bogislaus, Dr. theol. h.c.
geb. 22.08.1773 Flechtorf bei Braunschweig, gest. 01.03.1831 Magdeburg, ev. Pfarrer, Generalsuperintendent.

W. war einer der herausragenden ev. Geistlichen und Kirchenpolitiker in Stadt und Region Magdeburg bzw. in der preuß. Provinz Sachsen im ersten Drittel des 19. Jhs. Er stammte aus einer lutherischen Pfarrerfam. – sowohl sein Vater, der früh verstarb, als auch sein Onkel, bei dem er in ab dem zehnten Lebensjahr in Braunschweig lebte, waren Pfarrer. In Braunschweig erhielt er auch seine Schulbildung in der Martini-Schule und im Carolinum, studierte ev. Theol. an der Univ. Helmstedt und war anschließend als Hauslehrer in Braunschweig tätig, bevor er – erst im 26. Lebensjahr stehend – 1799 zum zweiten Prediger zu St. Ulrich und Levin in Magdeburg gewählt wurde. W. erwies sich als guter Theologe und ao. wortgewaltiger Prediger und machte auf diese Weise auf sich aufmerksam. Gemeinsam mit → Gottfried Benedict Funk und Christian Conrad Duhm gab er 1805 ein revidiertes „Magdeburgisches Gesangbuch" heraus. Seine besondere Aufmerksamkeit galt den sozialen Zeitfragen. W. widmete sich intensiv der Armenpflege und publizierte dazu auch einige Schriften. Sein erfolgreiches Wirken verhalf ihm zu einem raschen Aufstieg innerhalb der Magdeburger Kirchenorganisation. 1806 erhielt er durch das protestantische Domkapitel eine Berufung als zweiter Prediger am Dom zu Magdeburg. Bemerkenswert ist, daß W. nach der Abtrennung Magdeburgs von Preußen im Frieden von Tilsit die Aufgabe übernahm, die Festpredigt zum Regierungsantritt des Königs Jérôme von Westfalen zu halten. In der Zeit des Königreichs Westfalen stieg W. weiter auf, wurde 1809 erster Domprediger in Magdeburg und ein Jahr später Superintendent der ersten Diözese Magdeburg. Einen vorläufigen Höhepunkt in seiner Berufslaufbahn bildete das Jahr 1812, als W. Mitglied des Magdeburger Konsistoriums und wenig später als ältester Konsistorialrat Generalsuperintendent des Elbdepartements wurde. Einerseits, weil W. sich in politischen Fragen trotz seiner Festpredigt für König Jérôme und anderer Aktivitäten zurückhielt und sich vorrangig religiösen und sozialen Fragen zuwandte, andererseits, weil es ihm nicht an Loyalität gegenüber der siegreichen preuß. Krone fehlte und man in seinem Wirken während der Franzosenzeit seitens der preuß. Behörden keinen Hindernisgrund sah, wurde W. bruchlos innerhalb der preuß. Staatskirche weiterhin in wichtigen Ämtern beschäftigt. Wie schon zu besonderen Anlässen während des Königreichs Westfalen hielt W. auch die Festrede aus Anlaß des Einzuges der Preußen in Magdeburg und aus Anlaß der Erbhuldigung gegenüber dem König von Preußen. Mit besonderen Aktivitäten und einer viel beachteten Predigt zur Vorbereitung der Kirche der Union in Preußen stellte sich W. ausdrücklich in den Dienst der Kirchenpolitik König Friedrich Wilhelms III. Nach der Einrichtung eines einheitlichen Konsistoriums für die neugegründete Provinz Sachsen im Jahre 1817 blieb W. hier als Konsistorialrat beschäftigt und war gleichzeitig bei der Regierung zu Magdeburg in der Abt. für die Kirchenverwaltung und das Schulwesen tätig. Aus Anlaß des 300. Jahrestages der Reformation verlieh ihm die Theol. Fakultät der Univ. Halle den Ehrendoktortitel. Eine besondere Würdigung seiner Tätigkeit und seiner ao. Verdienste in der ev. Kirchenorganisation der Provinz Sachsen war die Verleihung der Würde eines ev. Bischofs durch den König mit Wirkung vom 1. Januar 1826. Den Höhepunkt seiner kirchlichen Laufbahn stellte die im Jahre 1829 erfolgte Ernennung zum Generalsuperintendenten der Provinz Sachsen dar. Damit stand er zusammen mit dem Konsistorialpräsidenten an der Spitze der Kirchenorganisation der Provinz Sachsen. Es wurde mit dieser Erhöhung auch deutlich, daß sich W. vollkommen mit der Kirchenpolitik der preuß. Staatskirche identifizierte, denn deren Durchsetzung in der Provinz war die Hauptaufgabe im neuen Amt.

W: Oeffentliche Religionsvorträge, 1800; Predigt nach dem Regierungsantritte Sr. Majestät des Königs von Westphalen Hieronymus Napoleon, am Tage der Volkshuldigung in Magdeburg den 6. März 1808, 1808; Festpredigten und Casualreden, 1832. – **L:** Neuer Nekr 9, 1833, *197–200*; Hamberger/Meusel, Bde 10, 16, 21; Heinrich Döring, Die gelehrten Theologen Dtls im 18. und 19. Jh., Bd. 4, 1835.

Mathias Tullner

Wettstein, Heinrich
geb. 01.01.1868 Gotha, gest. 17.04.1934 Magdeburg, Musikpädagoge, Organist, Komponist.

Über die persönlichen Lebensumstände W.s ist wenig bekannt. Er besuchte das Lehrerseminar und nahm anschließend eine Lehramtstätigkeit in Thüringen und in Magdeburg (Konrektor) auf. Daneben bildete er sich bei → Theophil Forchhammer und dem Halleschen Univ.-Musikdir. Otto Reubke (Sohn von → Adolph Reubke) weiter. W. übernahm 1904 das Organistenamt an St. Gertrauden in Magdeburg-Buckau, das er bis 1932 bekleidete. Seit 1918 redigierte er die Musikbeilage der *Preuß. Lehrerztg.* Zu seinem kompositorischen Repertoire gehören Lieder, Chöre und vor allem seinerzeit sehr beachtete Orgelwerke (Choralphantasien, große Doppelfuge, Choralvorspiele).

L: Magdeburgische Ztg. vom 18.04.1934.

Peter Berendt

Wewerka, Rudolf
geb. 27.08.1889 Albrechtsdorf/Kr. Gablonz (Österreich-Ungarn), gest. 28.06.1954 Magdeburg, Bildhauer, Maler.

W. wuchs in einer künstlerisch tätigen Fam. auf – sein Vater Joseph W. war Maler und Keramiker –, mit der er 1901 nach Höhr-Grenzhausen im Westerwald auswanderte. Er arbeitete und studierte an der dortigen Fachschule für Keramik und erlebte dort die kurze Lehrtätigkeit → Ernst Barlachs. Um 1907 war W. mit seinem Bruder Hans in einem Keramikunternehmen in Bonn tätig, wechselte später an die Kunstgewerbeschule in Düsseldorf und studierte 1914 an der Staatl. Hochschule für Angewandte Kunst in Berlin Bildhauerei. Nach der Teilnahme als Soldat am I. WK war W. ab 1918 in Magdeburg ansässig und gehörte zu den Mitbegründern der spätexpressionistischen Künstlervereinigung *Die Kugel*. Freundschaft verband ihn u. a. mit → Bruno Taut, → Karl Krayl und → Bruno Beye. 1933 wurde W. mit Berufsverbot belegt, lebte danach in der Lüneburger Heide und arbeitete u. a. mit dem Gartenarchitekten → Heinrich Nachtweh zusammen. Ab 1945 in Besenstedt bei Halle lebend, schuf er Wandbilder, Plastiken und Denkmäler, die nicht an den Expressionismus seines Frühwerkes anknüpfen, sondern sich in den offiziellen Gestus des sozialistischen Realismus einfügen. In Gardelegen entstand 1950 ein Mahnmal für die Opfer des Faschismus, in Wernigerode 1953 ein Karl-Marx-Denkmal.

L: Vollmer 5, 1961, *121*; Dritte Dt. Kunstausstellung, Kat. Dresden 1953, 25; Neues Leben – Neue Kunst. Ausstellung des VBK, Bez. Magdeburg, zum 10. Jahrestag der Gründung der DDR, Magdeburg 1959; Matthias Puhle (Hg.), Die Kugel – eine Künstlervereinigung der 20er Jahre. Spätexpressionistische Kunst in Magdeburg, Kat. Magdeburg 1993, *27, 77*. – **B:** *Gerd Kley, Berlin (priv.).

Uwe Jens Gellner

Wiegers, *Fritz* **Harry Wilhelm,** Prof. Dr. phil.
geb. 09.02.1875 Lüneburg, gest. 21.07.1955 Göttingen, Geologe, Hochschullehrer.

W. studierte 1893–95 in Göttingen und danach bis 1897 in Halle Geologie. 1897–1901 war er Assistent am Geologischen Inst. der TH Karlsruhe und prom. 1899 zum Dr. phil. in Halle. Anschließend war er von 1901 bis 1939 in der Kgl.-Preuß. Geologischen Landesanstalt Berlin tätig. 1944 bis zu seiner Entlassung 1946 durch die englische Besatzungsmacht arbeitete er als Prof. für Urgesch. in Göttingen. W. führte von 1904 bis 1932 die seit 1875 von → Felix Wahnschaffe und → Konrad Keilhack begründete geologische Kartierung vor allem in Magdeburg und Umgebung fort. Er war Bearbeiter und Autor der Geologischen Spezialkarten 1 : 25.000 (Dolle, Colbitz, Wolmirstedt, Erxleben, Oschersleben) und Mitbearbeiter weiterer geologischer Spezialkarten in Börde und Altmark, darunter von Magdeburg, Biederitz und Groß-Ottersleben. Durch W.s Kartierungstätigkeit wurden wesentliche, durch die Eiszeittheorie seit 1875 diskutierte theoretischen Fragen in gültiger Form dargestellt und gelöst. Er verfaßte etwa 40 geologische und prähist. Arbeiten, vorwiegend über das Quartär von Sa.-Anh. und Thüringen, sowie grundlegende geologische Wanderbücher über Berlin (1922) und den Regierungsbez. Magdeburg (1924). In seiner umfassenden Arbeit „Diluvialprähistorie als geologische Wiss." (1920) regte er an, die Ergebnisse der archäologischen Forschung künftig bei der geologisch-agronomischen Kartierung zusätzlich mit darzustellen – ein Vorschlag, der bis 1955 diskutiert wurde. Die erste kartographische Darstellung der archäologischen Ergebnisse im Zusammenhang mit der geologisch/bodenkundlichen Aufnahme erschien im Jahr 2000 für das Gebiet Arendsee (Hg.: Landesamt für Geologie Sa.-Anh.). W., der ab 1907 verstärkt in der Region um Haldensleben tätig war, arbeitete eng mit den dortigen Mitgliedern des *Aller-Vereins*, insbesondere mit dem geologisch interessierten → Hans Wieprecht zusammen und förderte deren heimatgesch. Forschungen. Die Gründung des 1910 eröffneten Heimatmus. in Haldensleben ist wesentlich auf seine Initiative zurückzuführen.

W: Diluviale Flußschotter aus der Gegend von Neuhaldensleben, in: Jb. der Preuß.-Geologischen Landesanstalt 26, 1905, *58–88*; Diluviale Vorgesch. des Menschen, 1928; Der Schädelfund von Weimar-Ehringsdorf, 1928; Über Gliederung und Alter des Magdeburger Diluviums und die Zahl der Eiszeiten in Norddtl., in: Jb. der Preuß.-Geologischen Landesanstalt 50, 1929, *29–124*; Das Alter des Diluviums in der Gegend zwischen Oschersleben-Bode und Staßfurt, in: ebd. 52, 1932; Die geologische Altersstellung der Artefakte führenden Hundisburger Schotter in: Prähist. Zs. 28/29, 1939; Die interglazialen Schotter von Hundisburg, in: ebd. 30/31, 1940c. – N: Bibl. der Dt. Geologischen Ges. Univ. Potsdam, Bereich Golm; Geologenarchiv Univ. Freiburg/Breisgau; UB Karlsruhe. – L: Johann C. Poggendorff, Biogr.-lit. Handwörterbuch, Bd. IV/2, 1904, *1633*; KGL 1931, *3263*; KGL 1935, *532*; KGL 1950, *2266*; Christian Pescheck (Hg.), Festgabe für Herrn Prof. Dr. F. W. zu seinem 75. Geb., 1950.

Jürgen Werner Hubbe

Wienand, Lorenz
geb. 05.02.1864 Velmede/Sauerland, gest. 16.09.1942 Daseburg bei Warburg, kath. Theologe.

W. wurde 1888 in Paderborn zum kath. Priester geweiht und war anschließend Kaplan in Schwaney. 1891 kam er als Kaplan für zehn Jahre nach Groß-Ottersleben und trat die Nachfolge des Missionspriesters Wilhelm Diek (geb. 02.01.1846 Holtum bei Büderich, gest. 25.01.1926 Nieheim) an. Durch eine groß angelegte, deutschlandweite Geldslg. und den Kauf eines geeigneten Grundstückes hatte Diek in seiner von 1872 bis 1891 dort dauernden Tätigkeit den Weg für den Bau der Kirche „Maria Hilfe der Christen" geebnet. Unter W.s Initiative wurde nun 1893/94 der Kirchenbau verwirklicht. Er machte sich die Mühe, die Maurerarbeiten persönlich zu kontrollieren und jeden entdeckten Fehler sofort ausmerzen zu lassen. Des weiteren ließ W. 1898 ein Vereinshaus einrichten. Bereits 1893 war unter seiner Initiative die kath. Privatschule in eine öffentliche Schule umgewandelt worden. 1901 kam W. als Pfarrer nach Hamersleben, wo er 1907 Definitor für das Dekanat Halberstadt wurde. Ab 1920 war er bis zu seinem Tode Pfarrer von Daseburg.

L: Rudolf Joppen, Das Erzbischöfliche Kommissariat Magdeburg, in: SkBK 12, 1971, *181ff.*; Fs. St. Maria-Hilf-Kirche, Magdeburg-Ottersleben 1894–1994, 1994; Peter Häger (Hg.), Kirche an der oberen Ruhr: Die Pfarrei St. Andreas-Velmede in Gesch. und Gegenwart, 2000, *274ff.* (*B*).

Daniel Lorek

Wienholz, Roland, Prof. Dr. rer. nat.
geb. 15.02.1930 Anklam, gest. 08.07.1992 Lüdenscheid, Dipl.-Geologe.

Nach der Oberschule in Wolgast studierte W. ab 1949 Geologie in Greifswald und Jena. Er schloß das Studium 1955 ab und prom. 1964 an der Humboldt-Univ. Berlin. W. war als Erdölgeologe in der Staatl. Geologischen Kommission der DDR in Berlin tätig und begann seine Laufbahn als Objektgeologe, arbeitete ab 1957 als Hauptgeologe im *VEB Erdöl-Erdgas-Erkundungsbetrieb Ludwigslust* und wurde 1960 Chefgeologe in der *Vereinigung Volkseigener Betriebe (VVB) Erdöl-Erdgas Gommern*. Ab 1962 baute W. das Forschungsinst. für die Erkundung und Förderung von Erdöl und Erdgas in Gommern auf und war sein erster Dir., er beschäftigte über 500 Mitarbeiter. In den zehn Jahren seines Wirkens entwickelte er das Inst. zu einer leistungsstarken national und int. geachteten Einrichtung. W. wirkte erfolgreich 1967–69 bei der Einschätzung der Erdöl-Erdgas-Höffigkeit auf dem Gesamtterritorium der DDR, 1969 durch die Entdeckung der Erdgaslagerstätte in der Altmark und ab 1969 durch den Beginn des Forschungsbohrprogramms zur Untersuchung des tiefen Untergrundes im Norddt. Flachland bis zu Tiefen von 8.000 m. 1972 wurde W. als Prof. für Allg. Geologie an die Bergakad. Freiberg berufen, er war über mehrere Wahlperioden Dir. der Sektion Geowiss. W. war Mitglied in verschiedenen wiss. Gremien, u. a. im wiss. Rat der Akad. der Wiss. und Vors. im *Zentralen Arbeitskreis Erdöl-Erdgas-Geologie*.

L: Nachruf, in: Zs. Bergakad. Freiberg 2, H. 1, 1992/93, *47*.

Bruno Heyne

Wieprecht, Hans, Dr. phil.
geb. 23.04.1882 Magdeburg, gest. 13.04.1966 Wolfsburg, Pädagoge, Heimatforscher, Museumsleiter.

Der Sohn des Kaufmannes Emil W. besuchte bis 1901 das Magdeburger Realgymn. und studierte anschließend Mathematik und Naturwiss. in Halle. Nach bestandenem Staatsexamen trat er 1906 als Kandidat des höheren Lehramtes in das Neuhaldensleber Gymn. ein. Dort war W. ab 1908 als Oberlehrer und von 1931 bis 1945 als Oberstudiendir. mit den Lehrfächern Physik, Mathematik und Botanik tätig. 1909 prom. er in Halle über „Die radioaktiven Eigenschaften einiger Solquellen Nord- und Mitteldtls". W. wandte sich in Neuhaldensleben alsbald der Erforschung der Umgegend zu, trat 1909 dem *Aller-Verein* bei, war 1910 an der Gründung des Städtischen Mus. in Neuhaldensleben durch → Fritz Wiegers beteiligt und führte als erster Konservator die Slgg. des *Aller-Vereins* und des städtischen Gymn. (→ Philipp Wegener) im Mus. zusammen. Wie Wiegers beschäftigte sich W. mit der Geologie des Gebietes und entdeckte im Süplinger Steinbruch eine bis dahin unbekannte Pflanzenversteinerung aus dem Karbon, einen Schuppenbaum, der nach ihm als „Protosolanus wieprechtii HÖRICH" benannt wurde. W. war auch urgesch. forschend tätig und veröffentlichte mehrfach über eigene Grabungen, etwa im *Jb. der geologischen Landesanstalt* und der *Prähist. Zs.* 1919–36 war W. Vors. des *Aller-Vereins*, danach dessen Ehrenvors., und begründete mit anderen die heimatkundliche Beilage des *Neuhaldensleber Wochenblattes* als neues Publikationsorgan des *Aller-Vereins* sowie des *Heimatvereins im alten Holzkreis*, die ab 1921 unter dem Titel *Aus der Heimat* und 1925–41 als *Heimatblatt für das Land um obere Aller und Ohre* erschien. Durch → Gottlob Karl Engelhardt von Nathusius angeregt, schuf W. die Vogelslg. des Mus. Neuhaldensleben und beschäftigte sich während seiner gesamten Wirkungszeit intensiv mit der heimischen Flora. Früher als in anderen Kreisen hat W. bereits in den 1920er Jahren, auf ältere Leistungen des *Aller-Vereins* aufbauend, die Naturdenkmale des Kreises Neuhaldensleben erfaßt und deren behördlichen Schutz erwirkt. Von seiner Gründung an war W. ehrenamtlicher Leiter des Mus. Neuhaldensleben, dessen Entwicklung von ihm sowohl hinsichtlich seiner technischen Ausstattung als auch der Ordnung, Pflege und Präsentation der Slgg. maßgeblich bestimmt worden ist. Bei Kriegsausbruch wurde das Mus. geschlossen und konnte erst nach 1945 unter der Leitung von → Bruno Weber wieder aufgebaut werden, wobei W. sich Hilfestellungen nicht verschloß. Im Ruhestand setzte er seine botanischen Studien fort und überließ schließlich dem Mus. Haldensleben seinen Kat. der heimischen Flora und ein Herbarium.

W: Mathematische Aufgaben im Anschluß an die engere Heimat, 1912; Neue und ältere Funde Schönfelder Keramik aus dem Kr. Neuhaldensleben, in: Prähist. Zs. 13/14, 1921/22, *158–165*; Neuhaldensleber Gartenhäuser, in: Heimatkal. für das Land um Aller und Ohre, 1925, *55–59*; 60 Jahre Aller-Verein, 1926; Die Naturdenkmäler des Landes um Aller und Ohre, in: Heimatbl. für das Land um obere Aller und Ohre, Nr. 19, 1930; Heimat in Maß und Zahl, Ms. 1937 (Mus. Haldensleben); Schule zwischen zwei Zeitaltern, Ms. 1957 (ebd.); Botanische Studien im Gebiete des Bever- und Olvetales und auf dem Flechtinger Höhenzug, in: Js. des KrMus. Haldensleben 3, 1962, *70–80*. – **N:** Mus. Haldensleben. – **L:** → Willi Koch, Dr. H. W., in: Js. des KrMus. Haldensleben 7, 1966, *91–93*. – **B:** *Mus. Haldensleben.

Sieglinde Bandoly

Wiesener, Helmut
geb. 14.11.1905 Magdeburg, gest. 17.09.1997 Magdeburg, Buchdrucker, Schriftsetzer, Straßenbahnfreund.

W. war gelernter Buchdrucker, Schriftsetzer und übte diesen Beruf während seines ganzen Lebens aus. Unterbrochen wurde diese Tätigkeit nur während des II. WK. Von 1939 bis 1945 war er Soldat. Die längste Zeit arbeitete er bei der Energieversorgung Magdeburg. Dort unterstand ihm die Adrema (Adreßmaschine). W. interessierte sich bereits als Schüler für die Straßenbahn und half schon als Kind beim Rangieren der Straßenbahnlinie 3. Seine Lieblingsbahn aber war die Linie 6, die zum Herrenkrug fuhr. Er notierte alle Nummern der auf der „6" fahrenden Wagen, kannte die Kontrolleure und fast alle Fahrer der Bahn und die Dir. der *Magdeburger Verkehrsbetriebe*. Eifrig sammelte er alle Materialien, die es zum Problem Straßenbahn gab, verfolgte den Einsatz neuer Typen, beschäftigte sich mit ihren Vor- und Nachteilen. Seine Kenntnisse und Slgg. halfen ihm bei der Herausgabe zweier Bücher zum Magdeburger Straßenbahnwesen.

W: Erinnerungen eines Straßenbahnfreundes – Mein Leben mit der Magdeburger Straßenbahn 1994, ²1996. – **L:** Volksstimme Nr. 254 vom 20.09.1994, *18*; Der Trenner. Info-Bl. der Magdeburger Straßenbahnfreunde e.V. 11, 1997; Volksstimme Nr. 246 vom 09.10.1997, *16* (Nachruf).

Ingelore Buchholz

Wiesenthal, Paul, Dr. med.
geb. 05.04.1862 Magdeburg, gest. 23.10.1923 Magdeburg, Arzt, Armenarzt.

Als Sohn des Arztes Julius W., Vors. des Vorstandes der jüd. Gemeinde zu Magdeburg, gehörte auch W. zu den sozial engagierten jüd. Einwohnern Magdeburgs. Er studierte in Berlin und Halle Med. und ließ sich nach der Prom. in Magdeburg-Neustadt am Großen Markt (heute Nikolaiplatz) als praktischer Arzt nieder. Schon bald wurde er, wie schon sein Vater (gest. 1887) vor ihm, als einer der acht Armenärzte vom Magistrat gewonnen und versorgte einen Bez., der das gesamte Gebiet östlich der Lübecker Straße umfaßte. Sein

Sohn, Curt W. (geb. 27.04.1899 Magdeburg), übernahm als Arzt, der seine Ausbildung in den Krankenhäusern Magdeburgs, u. a. als Assistent von → Gustav Ricker, → Max Otten und → Carl Lennhoff, vervollständigt hatte, später wiederum die Praxis des Vaters. Curt W. emigrierte vor den antisemitischen Verfolgungen 1938 in die USA.

L: StadtA Magdeburg: PA-Bestand Nr. 7307 (Curt W.).

Horst-Peter Wolff

Wietersheim, Gustav von
geb. 11.02.1884 Breslau, gest. 25.04.1974 Wallersberg bei Bonn, General der Infanterie.

Nach Besuch der Kadettenanstalt trat W. 1902 als Fähnrich in das Heer ein und wurde 1903 Leutnant im Garde-Grenadier-Regiment 4. Nach dem I. WK war W. Hauptmann im Divisionsstab der III. Division sowie im Generalstab des XXV. Reserve-Korps tätig. Anschließend diente er als Major und Abteilungsleiter im Reichs-Kriegsministerium. In der Stellung als Chef des Stabes der III. Division durchlief er die weiteren Rangstufen und übernahm schließlich 1936 als Generalleutnant die Führung der 29. Division. Nach seiner Beförderung zum General der Infanterie wurde W. 1938 Kommandierender General des neu aufgestellten XIV. Armeekorps in Magdeburg. Mit dessen Bildung avancierte Magdeburg wieder zum Korpsstandort und folgte dem traditionsreichen Generalkommando des IV. Armeekorps, an dessen Spitze u. a. → Graf Leonhard von Blumenthal, → Paul von Hindenburg und → Friedrich Sixt von Armin gestanden hatten. Bis weit in den II. WK hinein, und zwar bis Mitte September 1942, führte W. sein XIV. Panzerkorps, auch Panzerkorps v. W. genannt, dem auch die 13. Panzerdivision (vormals 13. Infanteriedivision) aus Magdeburg unter → Paul Otto angehörte. An der Spitze seines Korps erwarb sich W. im Frühjahr 1941 das Ritterkreuz.

L: Wolf Keiling, Die Generale des Heeres, 1983, *370*.

Jörn Winkelvoß

Wiggert, Friedrich, Dr. phil.
geb. 29.12.1791 Möckern, gest. 01.12.1871 Magdeburg, Pädagoge, Schuldir., Historiker.

W., Sohn eines Kaufmanns, besuchte bis 1810 das Domgymn. in Magdeburg unter → Gottfried Benedict Funk. Er studierte anschließend in Halle und Berlin ev. Theol. 1814 trat er am Domgymn. in Magdeburg als Kollaborator ein, wurde hier 1821 zum Oberlehrer, 1835 Prof. befördert sowie ab Juli 1848 stellvertretend und ab 1849 dann endgültig als Nachfolger von → Karl Funk zum Dir. des Domgymn. berufen. Unter seiner Leitung gewann die Schule weiter an Ansehen und kam 1860, dem Jahr, in dem W. wegen zunehmender Schwerhörigkeit in den Ruhestand trat, auf eine bis dahin nicht erreichte Zahl von mehr als 500 Schülern. Angeregt durch Jakob Grimms epochemachendes Hauptwerk, die „Dt. Grammatik" (1819), widmete sich W. eingehend philologischen Studien und gab kleinere Slgg. verschiedener von ihm aufgefundener, älterer dt. Mundart-Handschriften heraus. In verdienstvoller Weise machte er die niederdt. Fabeln des Gerhard von Minden und eine niederdt. gereimte Umschreibung der Sittensprüche des Facetus bekannt. Neben seinen altdt. Sprachforschungen hegte er vorzügliches Interesse für die Sphragistik, Numismatik und Architektur des Mittelalters sowie die Erforschung der älteren Gesch. der Stadt und Region Magdeburg. W. galt als einer der gründlichsten und feinsten Kenner der Magdeburger Lokalgesch., der vielfach kleinere Arbeiten und Beiträge u. a. zu → Friedrich Wilhelm Hoffmanns „Gesch. der Stadt Magdeburg" (1845–50) lieferte, jedoch von seinen vielfältigen Kenntnissen wenig selbständig publizierte. Als einer der einflußreichsten Mitglieder des *Thüringisch-Sächsischen Althertumsvereins* erwarb er sich große Verdienste um die Förderung regionalgesch. Forschung in der Magdeburger Region. Er gründete 1866 mit Gleichgesinnten den *Verein für Gesch. und Alterthumskunde des Hzts und Erzstifts Magdeburg*, dessen erster Vors. er war, und initiierte die Herausgabe der *Geschichts-Bll. für Stadt und Land Magdeburg*. Seine bedeutenden und umfangreichen Slgg. zur Gesch. und Altertumskunde Dtls, insbesondere zum Erzstift Magdeburg, gingen nach seinem Tod z. T. in den Besitz des Vereins und der Stadt Magdeburg über.

W: Handbüchlein der lateinischen Stammwörter, 1820, [20]1888; Scherflein zur Förderung der Kenntniß älterer dt. Mundarten (2 Bde), 1832–1836; Der Dom zu Magdeburg, 1845; Nachrichten über die Funksche Stiftung beim Domgymn. zu Magdeburg aus den ersten dreißig Jahren ihres Bestehens, 1850; Über das Denkmal Kaiser Otto's auf dem Alten Markt, 1858; Über die Begräbnisse der Erzbischöfe im Dom zu Magdeburg, in: GeschBll 2, 1867, *190–220*. – **L:** ADB 42, *468f.*; Carl Janicke, F. W., in: GeschBll 6, 1871, *620–626*; → George Adalbert von Mülverstedt, W.iana, in: ebd. 7, 1872, *403–407*; → Hugo Holstein, Gesch. des Domgymn. zu Magdeburg, 1875, *117–124*; → Gustav Hertel, Bericht über die Tätigkeit des Magdeburgischen Geschichtsvereins in den ersten 25 Jahren seines Bestehens, in: Fs. zur 25jährigen Jubel-Feier des Vereins für Gesch. und Altertumskunde des Hzts und Erzstiftes Magdeburg, 1891, *3–14*. – **B**: *KHMus. Magdeburg: Ölgemälde von → Edmund Wodick.

Wolfgang Mayrhofer

Wildberg, Johann Friedrich *Wilhelm*
geb. 20.02.1764 Parchen, gest. 16.11.1835 Parey, Pädagoge.

W. erhielt den ersten Unterricht durch seinen Vater, den Kantor Johann W., und den Pfarrer Daniel Heinrich Pargold in Parchen. Ab 1776 besuchte W. Schulen in Burg und ab 1779 in Brandenburg. Seine Rekrutierung verhinderte die Aufnahme eines Studiums. Nicht geeignet als Soldat, war er zunächst 1783–93 Hauslehrer bei der Fam. Marschall von Bieberstein in Magdeburg, danach bis 1835 Kantor in Parey. Er befreite sein Lehramt von niederen Küsterdiensten, stellte einen Hilfslehrer auf eigene Kosten ein, teilte die Schülerschaft ab 04.01.1795, also bereits zwei Jahre vor der kgl. Verordnung, nach den Fähigkeiten der Kinder in eine erste und zweite Klasse. Die Einführung des Buches „Der Kinderfreund" von Friedrich Eberhard von Rochow und anderer Schulbücher sowie des Unterrichts der Realien in die Dorfschule brachten ihm den Ruf eines Neuerers ein. Er entwickelte eine eigene Unterrichtsmethodik und vermittelte diese an die Lehrer seines Schulkreises, stiftete eine Bibl. für eine pädagogische Arbeitsgemeinschaft und war Leiter einer der Schullehrergesellschaften des Burgschen Schulbez. 1810 unterbreitete er einen letztlich nicht bestätigten Vorschlag zur Ernennung von Schulinspektoren für je 12 bis 16 Dorfschulen, die nicht den niederen Gerichtsbehörden, sondern dem Superintendenten unterstehen sollten.

L: → Arthur Fredeke, Bilder aus der Gesch. Pareys, H. 5, 1936, *12f.*; LHASA: Rep. A 12, Spec. Parey 3, 4, 7.

Christiane Wagner

Wilde, Georg, Dr. phil.
geb. 09.05.1877 Meseritz/Posen, gest. 1952 London, Rabbiner, Publizist.

W. studierte seit 1897 an der Univ. in Breslau sowie am dortigen jüd.-theol. Seminar, wo er auch das Rabbinerexamen ablegte. 1901 prom. er in Erlangen zum Dr. phil. mit einer Arbeit über Giordano Bruno. Ab August 1906 wirkte W. als Nachfolger des verstorbenen → Moritz Rahmer über 30 Jahre als Rabbiner in Magdeburg. Als Feldrabbiner in der dt. Westarmee nahm er am I. WK teil und erhielt hohe Auszeichnungen. In den Kriegsjahren wurde auf seine Anregung die sog. Feldbibel herausgegeben. W. war Mitglied des *Allg. Rabbinerverbandes* und der *Vereinigung der liberalen Rabbiner Dtls*, darüber hinaus Mitarbeiter der *Zs. für Phil. und phil. Kritik*, der *Jüd.-liberalen Ztg.*, des *Wegweisers für die Jugendlit.*, des *Israelitischen Familienblattes* (Hamburg) und der Zs. *Ost und West*. W. bekleidete das Präsidentenamt der Mendelssohn-Loge und gehörte zu den Männern, die das jüd. Leben Magdeburgs im 20. Jh. wesentlich prägten. Nach dem Novemberpogrom 1938 wurde W. kurzzeitig im KZ Buchenwald interniert, konnte aber mit Hilfe des britischen Oberrabbiners Joseph H. Hertz Ende März 1939 mit seiner Ehefrau nach England emigrieren. In London wurde er Mitglied der *Association of Jewish Refugees in Great Britain* (*AJR*) und setzte sich nach dem Ende des II. WK wieder mit seiner ehemaligen Gemeinde in Verbindung, um deren Vorstand bei der Suche nach früheren Gemeindemitgliedern zu helfen.

W: Religiöse Bilder. Predigten, 1914; (Übers.) Aus den Sprüchen der Väter, 1918. – **L**: Bio Hdb Emigr 1, *819*; Joseph Walk, Kurzbiographien zur Gesch. der Juden 1918–1945, 1988, *387*; Hans-Joachim Levy, Die Gestapo klingelte um 7 Uhr morgens … , in: Volksstimme Magdeburg vom 26.10.1988; Archiv des Leo Baeck Institute, New York; Archiv der Synagogen-Gemeinde zu Magdeburg.

Ildikó Leubauer

Wildenbruch, Ernst von, Dr. phil. h.c.
geb. 03.02.1845 Beirut/Syrien, gest. 15.01.1909 Berlin, Jurist, Dramatiker, Dichter, Geh. Legationsrat.

Der Sohn des preuß. Generalkonsuls in Syrien Louis v. W. und Enkel des Prinzen → Louis Ferdinand von Preußen kam als zweijähriger Knabe mit den Eltern nach Berlin, wechselte im gleichen Jahr mit ihnen nach Athen und 1852 nach Konstantinopel, da sein Vater in diesen Staaten den Gesandtenposten bekleidete. 1857 kam W. nach Dtl., besuchte das Pädagogium in Halle, danach das franz. Gymn. in Berlin und die Kadettenanstalt. Die militärische Laufbahn sagte ihm aber keinesfalls zu, so daß er bereits 1865 als Offizier seinen Abschied nahm. W. lebte von 1865 bis 1867 in Burg. Er holte, nachdem er den böhmischen Feldzug von 1866 mitgemacht hatte, in Burg 26jährig das Abitur nach, da hier sein ehemaliger Hauslehrer aus Berlin Dir. des Gymn. war. Danach studierte W. in Berlin die Rechte. Er selbst sagte einmal, daß die Burger Zeit seine glücklichste und beste war (Gedicht über Burg). Aus dieser Zeit resultiert sein Roman „Die Waidfrau" (1865), für den er eine damals bekannte Burger Frau als Mittelpunkt wählte. W. nahm am Krieg 1870/71 teil. Nach seinem Studium in Berlin wurde er Assessor in Eberswalde, Frankfurt/Oder und Berlin, schrieb Balladen, nationalhist. und naturalistische Dramen und Erzählungen. 1877 trat er in das Auswärtige Amt ein, wo er bis 1900 als Geh. Legationsrat wirkte. Er lebte abwechselnd in Weimar und Berlin. Für seine dramatischen Dichtungen wurde W. 1884 und 1886 mit dem großen Schillerpreis und 1907 mit dem Grillparzerpreis geehrt. 1892 erhielt er die Ehrendoktorwürde der Univ. Jena.

W: Bertold Litzmann (Hg.), Gesammelte Werke (16 Bde), 1911. – **L:** BioJb 15, *286–296*; Killy 12, *328f.*; Franz Neudert (Hg.), Dt. Zeitgenossenlex., Biogr. Hdb. dt. Männer und Frauen der Gegenwart, 1905, Sp. *1574*. – **B:** Moritz Klinkicht/Karl Siebert, Dreihundert berühmte Deutsche, 1912, *297*.

Anita Skupin

Wilhelm, Gerhard, Dr. med.
geb. 04.07.1906 Blankenhain/Thüringen, gest. 27.04.1972 Magdeburg, Arzt.

Der Sohn des Registrators der Univ.-Kliniken Jena arbeitete nach dem Studium der Naturwiss. und Med. in Jena und Wien als augenärztlicher Assistenzarzt in Jena, Halle, Detmold, in Magdeburg unter → Franz Romeick und in Berlin. Seit 1938 als niedergelassener Augenarzt in Magdeburg tätig, war W. von 1950 bis 1956 Nachfolger Romeicks im Direktorat der Augenklinik des Gustav-Ricker-Krankenhauses Magdeburg-Sudenburg. W.s Verdienst ist die Schaffung der Voraussetzungen für die Aufnahme des Hochschul-Lehrbetriebes an der Augenklinik der 1954 gegründeten Med. Akad. Magdeburg.

L: Vf., Die Augenklinik des Gustav-Ricker-Krankenhauses unter dem Direktorat von Dr. G. W., 1984 (***B***).

Brigitta Lutze

Wilhelm, Otto, Prof. Dipl.-Ing.
geb. 25.02.1906 Glauchau, gest. 13.03.1975 Magdeburg, Techniker, Hochschullehrer.

W., zweitältester Sohn einer Handwerkerfam. (sein Vater betrieb eine Autosattlerei), legte 1922 in Glauchau den Realschulabschluß ab. Nach einem 17monatigen Berufspraktikum studierte er von 1923 bis 1927 an der Staatl. Akad. für Technik in Chemnitz. Als gutem Studenten wurde W. der Übergang ins dritte Semester des Maschinenbaustudiums der TH Dresden ermöglicht, den er nach einer Berufstätigkeit im Mai 1928 vollzog. 1931 schloß er das Studium in Dresden mit dem Diplom ab, wobei ihn besonders die Prof. Kutzbach und Alt für die Fachgebiete Maschinenelemente und Getriebelehre mit den Anwendungen im Kolben- und Verarbeitungsmaschinenbau prägten. So arbeitete er von 1931 bis 1935 als Konstrukteur im Verpackungsmaschinenbau in der Maschinenfabrik *Beco* in Dresden. Im Sommer 1935 wechselte er zur Fa. *Friedrich Krupp* nach Essen über, was W. die Entwicklung zum Konstrukteur für Großgetriebe ermöglichte. Nach dem Ende des II. WK baute er in der Fa. *Kratsch* in Gößnitz Fahrradhilfsmotoren und war ab 1949 in Penig im Zahnradgetriebebau tätig. Von 1953 bis 1954 wirkte er dort als Chefkonstrukteur der DDR-Getriebeindustrie. Seine Vorstellung, dem ingenieurtechnischen Nachwuchs sein Wissen und seine Erfahrungen zu vermitteln, ließ sich im Rahmen der 1953 erfolgten Gründung der Hochschule für Schwermaschinenbau in Magdeburg ab Frühjahrssemester 1954 mit der Vorlesung „Maschinenelemente" erfüllen. Zunächst als Dir. des Inst. für Maschinen- und Antriebselemente tätig, baute W. 1956 die Fachrichtung Ausrüstungen der Metallurgie auf und leitete das neue Inst. für Antriebstechnik wie auch das Inst. für Walzwerks- und Hüttenmaschinen. So fanden in Abstimmung mit der Bergakad. Freiberg und in Ausrichtung auf das Produktionsprogramm des größten Schwermaschinenbaubetriebes der DDR, des *Schwermaschinenbau-Kombinats „Ernst Thälmann"* (*SKET*) Magdeburg, die Walzwerksmaschinen an der TH Magdeburg eine Heimstatt. Die enge Verbindung zur *Vereinigung Volkseigener Betriebe Ausrüstungen der Schwerindustrie und Getriebebau* führte auch zur direkten Einbeziehung der industriellen Praxis in die Ausbildung der Studenten der Fachrichtung Antriebstechnik. Die heutige Univ. Magdeburg verdankt W. in den 1950er und 1960er Jahren eine Aufbauleistung, die nicht hoch genug gewertet werden kann. Als erster Dir. der im Jahre 1968 gegründeten Sektion Maschinenbau der Schwerindustrie, Fördertechnik und Baumaschinen, Prodekan der Fakultät für Maschinenbau, Wahlsenator und erster Vors. der Hochschulsektion der *Kammer der Technik* war er oft auch profilierter Gastgeber für int. Gäste, wobei seine Lebenshaltung – disziplinierte Arbeit und Zufriedenheit der Menschen als Grundlage eines vernünftigen Zusammenlebens – zum Ausdruck kam. Bis zu seiner 1971 erfolgten Emeritierung wurde W. für sein Wirken u. a. mit dem VVO, dem Orden Banner der Arbeit, der Verdienstmedaille der DDR und als Verdienter Techniker des Volkes geehrt, wobei ihm die Aktivistennadel des Zweijahrplanes 1949/50 immer die liebste Auszeichnung blieb, da sie seine Verbundenheit mit den Arbeitern des Peniger Getriebewerkes zum Ausdruck brachte. W. galt die Beschäftigung mit der Gesch. der Technik als „Steckenpferd", und die Gründung eines technischen Mus. in Magdeburg lag ihm sehr am Herzen.

W: (Mitarb.) Umlaufrädergetriebe, 1973. – **L:** Prof. Dipl.-Ing. O. W. Biogr. Skizze, in: Wiss. Zs. der TH Magdeburg 27, H. 3, 1983, *67–72* (***B***); UnivA Magdeburg: PA. – **B:** *ebd.

Gerd Fleischer

Wilhelmi, Carl *Heinrich* Hermann, Prof. Dr.-Ing.
geb. 27.04.1906 Berlin-Schöneberg, gest. nach 1971 n. e., Ing., Hochschullehrer.

Der Sohn eines Studienrates studierte von 1924 bis 1930 an der TH Berlin, legte 1930 die Prüfung als Dipl.-Ing. ab und prom. dort 1941 zum Dr.-Ing. Von 1938 bis 1945 war W. überwiegend in der Industrie, u. a. bei der *Dt. Telephonwerke und Kabelindustrie AG*, beschäftigt und erwarb während dieser Zeit erste Patente für die Optimierung von Meßgeräten und -vorrichtungen. 1946 bis 1952 war W. als Spezialist auf dem Gebiet der Mechanischen Schwingungstechnik in der Sowjetunion tätig und trat 1952 in den *VEB Geräte- und Reglerwerk Teltow* als Entwicklungsleiter für das gesamte Gerätegebiet ein, das Auswuchtmaschinen, Schwingungstische, Schwingungsmeßgeräte, nautisch-geophysikalische und ozeanographische sowie Verkehrskontroll-Geräte umfaßte. 1956 gründete W. den Arbeitskreis „Geräte der Mechanischen Schwingungstechnik", dessen Vors. er wurde. W. war Mitglied der *Physikalischen Ges. der DDR* und der Sektion Angewandte Mathematik und Mechanik der Akad. der Wiss. der DDR sowie langjähriger wiss. Referent des *Technischen Zentralblattes* in Berlin. 1959 wurde W. zum Prof. mit vollem Lehrauftrag für Technische Mechanik an die Hochschule für Schwermaschinenbau Magdeburg und zugleich zum Dir. des Inst. für Technische Mechanik und kommissarischen Leiter des Inst. für Regelungstechnik berufen. Mit Gründung der Sektion Technische Kybernetik und Elektrotechnik 1968 übernahm W. den Aufbau der Lehrgruppe „Gerätesysteme der Automatisierungstechnik" sowie der Forschungsgruppe „Prozeßanalyse und Systementwurf". Während seiner gesamten Tätigkeit als Hochschullehrer setzte sich W., zunächst als Institutsdir., später (bis 1965) als Dekan der Fakultät für Grundwiss., als Prodekan der Fakultät für Elektrotechnik und als Lehr- und Forschungsgruppenleiter der Sektion Technische Kybernetik und Elektrotechnik für den Aufbau der Magdeburger Hochschule ein. 1971 wurde W. emeritiert. Seine reichen Erfahrungen und seine hohe fachliche Qualifikation fanden u. a. ihren Niederschlag in zahlreichen im In- und Ausland angemeldeten Patenten und ihre Anerkennung durch die Auszeichnung als Verdienter Techniker des Volkes im Dezember 1954.

W: Das Inst. für Technische Mechanik/Das Inst. für Regelungstechnik, in: Fs. der TH Otto von Guericke Magdeburg, 1963, *158, 160*; Schwingungstechnische Geräte des VEB Geräte- und Reglerwerke Teltow als Hilfsmittel der Forschung und Technik, in: Wiss. Zs. der TH Otto von Guericke Magdeburg 7, 1963, *261ff.*; Int. Tagung Verfahren und Geräte der mechanischen Schwingungstechnik vom 27.-29. September 1965 in Magdeburg (2 Bde), 1965. – **L:** UnivA Magdeburg: PA. – **B:** *ebd.

Carmen Schäfer

Wille, Bruno, Dr. phil.
geb. 06.02.1860 Magdeburg, gest. 31.08.1928 Schloß Senftenau bei Lindau/Bodensee, Schriftsteller, Prediger, Volkspädagoge.

W.s Vater, Julius W., war Gerichtsbeamter, dann Sekretär des Grafen Burghaus, schließlich Registrator der neugegründeten *Magdeburger Feuerversicherung*; seine Mutter, Pauline von Kotze, kam aus einer dem magdeburg-halberstädtischen Lehnsadel entstammenden Offiziersfam. W. besuchte in Magdeburg das Gymn. des Klosters U. L. F. sowie nach der vorzeitigen Pensionierung des Vaters Gymn. in Tübingen (ab 1873) und Aachen (ab 1875). Er studierte 1881 bis 1885 ev. Theol., Phil., Mathematik und Physik in Bonn und Berlin. 1885 prom. er in Kiel über Thomas Hobbes. Nach kurzer Tätigkeit als Hauslehrer in der Familie des Leibarztes am rumänischen Königshof übersiedelte er 1886 nach Berlin und engagierte sich bis zum I. WK im politischen und kulturellen Leben der Stadt. Danach zog er sich zunehmend auf seine schriftstellerische Tätigkeit zurück. Die Problemlage nach dem 1. WK motivierte ihn zwar zur Reaktivierung seines volkspädagogischen Engagements, doch beschränkt auf Friedrichshagen, den über Jahrzehnte beibehaltenen Wohnort im Südosten Berlins. Mit seiner zweiten Frau Emmi Friedländer lebte er seit 1920 zurückgezogen in Süddtl. W. zählte ab 1886 zu den Leitfiguren der Kulturszene Berlins. Im Kreis des sich dort in den 1880er Jahren formierenden Naturalismus plädierte er im *Verein Durch*, dem *Genie-Konvent* und *Ethischen Club* für eine engagierte, doch nicht parteipolitisch gebundene Lit. Aus Solidarität mit der unter den Auswirkungen der Sozialistengesetze leidenden Sozialdemokratie gründete er 1890 mit dem Kreis der „Friedrichshagener", in Anlehnung an die 1889 zur Umgehung von Zensurbestimmungen und zur Durchsetzung der lit. Moderne etablierte Freie Bühne, die Freie Volksbühne. Sie machte das Proletariat mit den Dramen Ibsens, Strindbergs und Hauptmanns bekannt. W. zählte zur Kerngruppe der Schriftstellerkolonie in Friedrichshagen am Müggelsee. Dort wohnten u. a. die Brüder Heinrich und Julius Hart, Christian Morgenstern, Gustav Landauer, Erich Mühsam und August Strindberg, als Besucher kamen Frank Wedekind, Max Liebermann, Richard Dehmel, Arno Holz und, im Zeichen der Skandinavienmode der Zeit, Edvard Munch. W. war Anführer der 1890, nach Aufhebung der Sozialistengesetze, beginnenden Kontroverse der linksintellektuellen „Jungen" mit der Partei. Nach einem mehrstündigen Rededuell mit August Bebel kam es 1892 zum Bruch. Die von Friedrich Engels als „Literaten- und Studentenrevolte" verschrieene, dem Anarchismus nahestehende Opposition gründete daraufhin unter Leitung von W. die Neue freie Volksbühne. Hier engagierten sich Schriftsteller weiter im volkspädagogischen Sinne, unter ihnen Rudolf Steiner. Sie verstanden sich, maßgeblich unter dem Einfluß von W., als „Sozialaristokraten", die, durchweg aus dem Bürgertum kommend, dem Proletariat durch Bildung zum sozialen Aufstieg verhelfen wollten. Als Prediger und Vorsteher der Freireligiösen Gemeinde und Protagonist der Freidenkerbewegung beeinflußte W. die beginnende Lebensreformbewegung. 1900 gründete er mit dem Friedrichhagener Freund Wilhelm Bölsche im Geiste einer neuen Mystik den *Giordano-Bruno-Bund für ganzheitliche Weltanschauung* und wurde aktiv in der Reformsiedlung „Neue Gemeinschaft". Die Freundschaft mit dem Biologen und Darwinschüler Ernst Haeckel führte 1906 zur maßgeblich von W. mitgetragenen Monistenbewegung, in denen sich die staatsverdrossenen, freidenkerischen Kräfte der Zeit sammelten. Reformideen wie die Gartenstadt- und die Kunsterzieherbewegung unterstützte W., sah aber seine volkspädagogische Aufgabe im Bereich der Erwachsenenbildung. 1902 begründete er mit der „Freien Hochschule" eine der ersten Volkshochschulen. Später wirkte er als Doz. an der Berliner Univ. Als schwärmerisch-religiöser, charismatischer Prediger und Redner zog er die Massen an, doch mit dem I. WK war die Zeit seiner Wirkung vorüber. Auch sein schriftstellerisches Engagement blieb unbeachtet, da seine zur Trivialität neigenden Romane von bereits überholten naturspekulativen und spiritistischen Tendenzen geprägt waren. Die Aufarbeitung eigener Erfahrungen polizeistaatl. Strukturen im Kaiserreich in der Satire „Das Gefängnis zum preußischen Adler" (1914) bleibt ein lesenswerter Schlüsseltext für die alternativen Lebens- und Denkkonzepte der großstädtischen Intellektuellen vor der Jahrhundertwende.

W: Phil. der Befreiung durch das reine Mittel. Beiträge zu einer Pädagogik des Menschengeschlechts, 1894; Einsiedler und Genosse. Gedichte, 1897; Offenbarungen des Wacholderbaums. Roman (2 Bde), 1901, Die Christusmythe als monistische Weltanschauung. Essays, 1902; Die Abendburg. Roman, 1909; Aus Traum und Kampf. Mein 60jähriges Leben. Biogr., 1920. – **L:** Killy 12, *335*; Siegfried Nestriepke, Gesch. der Volksbühne Berlin, 1930; Herbert Scherer, Bürgerlich-oppositionelle Literaten und sozialdemokratische Arbeiterbewegung nach 1890, 1974; Kurt Sollmann, Lit. Intelligenz vor 1900, 1982; Monika Fick, Sinnenwelt und Weltseele, 1993; Vf./Rolf Kauffeldt, Berlin-Friedrichshagen, 1994. – **B:** Stadt-und UB Dortmund: Nachlaß Julius Hart.

Gertrude Cepl-Kaufmann

Wille, Ernst
geb. 20.04.1894 Groß-Ottersleben, gest. 27.05.1944 KZ Neuengamme, Kaufmann, Funktionär.

Nach Abschluß der mittleren Reife absolvierte W. in Magdeburg eine kaufmännische Lehre, trat 1913 der SPD bei, wurde 1914 eingezogen und kehrte erst 1920 aus franz. Kriegsgefangenschaft zurück. Die Ortsgruppe der SPD Groß-Ottersleben wählte ihn zu ihrem Vors. 1924 gehörte er zu den Gründern der Republikschutzorganisation *Reichsbanner Schwarz-Rot-Gold* und war 1924–33 der Leiter des Gaus Magdeburg-Anhalt. Er exponierte sich stark im Kampf gegen die heraufziehende ns. Gefahr. Beim Auftritt Adolf Hitlers Ende 1932 in Magdeburg soll er ein Attentat geplant haben, das jedoch mißlang. Nach mehrmaligen kurzzeitigen Verhaftungen im Frühjahr 1933 pachtete der nunmehr arbeitslose W. eine Gaststätte im Arbeiterstadtteil Buckau, die zum Treffpunkt und Unterschlupf für viele geächtete und verfolgte Sozialdemokraten wurde. Anfang September 1939 wurde er gemeinsam mit oppositionellen Sozialdemokraten und Kommunisten in das KZ Buchenwald gebracht. Hier war er nach anfänglichen Mißhandlungen mit dem Einsatz im Baubüro halbwegs geschützt. Bei seiner Entlassung im April 1943 bot ihm die SS die Weiterführung seiner Arbeit als freier Mann an, was er ablehnte. In Magdeburg fand er Arbeit bei den *Härtol-Werken*. Eine Denunziation wegen des Attentatsversuchs auf Hitler 1932 brachte ihn im Dezember 1943 erneut in Haft. Über das Gestapo-Lager Rothensee wurde er im März 1944 in das KZ Neuengamme vermutlich mit der Mordanweisung „Rückkehr unerwünscht" eingewiesen. Bald darauf erhielten die Geschwister, die ihren stets sportlichen Bruder noch gesund in Rothensee gesehen hatten, die Todesnachricht.

L: In unverbrüchlicher Treue zur Sache der Arbeiterklasse, in: Beiträge zur Gesch. der Stadt und des Bez. Magdeburg, hg. von einem Autorenkollektiv, H. 12, 1980, *119f.*; Materialslg. der E.-W.-Schule. – **B:** Kurzbiogr. Magdeburger Widerstandskämpfer, hg. von einem Autorenkollektiv, o. J., *41*; *StadtA Magdeburg.

Beatrix Herlemann

Wilmowsky, Adolf Wilhelm *Kurt* von
geb. 07.05.1850 Merseburg, gest. 06.08.1941 Jena, Jurist, Oberpräsident in Magdeburg, Landeshauptmann.

Der Sohn eines Kabinettsrates von Kaiser Wilhelm I. verlebte seine Jugend in Merseburg und Berlin. In Berlin besuchte er das Franz. Gymn. Er studierte in Lausanne, Heidelberg und Berlin Rechtswiss. 1870 wurde W. Referendar am Kammergericht in Berlin, nahm aber bereits im gleichen Jahr am Krieg gegen Frankreich teil und wurde als Unteroffizier entlassen. Danach beendete er seine jur. Ausbildung in verschiedenen Stellungen des Justizdienstes in Brandenburg und bestand 1876 das Assessor-Examen. Nach kurzem Dienst in Berlin kam W. 1877 nach Hannover an das dortige preuß. Oberpräsidium. 1884 wurde er zum Regierungsrat ernannt und in das Ministerium für Landwirtschaft, Domänen und Forsten in Berlin versetzt. Bereits ein Jahr später zum Geh. Regierungsrat und vortragenden Rat ernannt, wurde W. auch Mitglied der Ansiedlungskommission für Westpreußen und Posen. Nach verschiedenen meist vertretungshalber eingenommenen Positionen in der preuß. Regierungsbürokratie wurde W. Chef der Reichskanzlei unter Reichskanzler Fürst Chlodwig zu Hohenlohe-Schillingfürst. 1901 wurde W. zum Oberpräsidenten der Provinz Schleswig-Holstein ernannt. Nach mehrjähriger Tätigkeit erfolgte 1906 seine Versetzung in seine Heimatprovinz Sachsen, wo er ebenfalls Oberpräsident mit Sitz in Magdeburg wurde. Allerdings gestaltete sich hier seine Tätigkeit aus persönlichen Gründen, wie es hieß, nicht sonderlich ersprießlich, so daß W. um seinen Abschied aus dem preuß. Staatsdienst nachsuchte. Anfang 1908 schied er aus dem Amt aus, um kurze Zeit später zum Landeshauptmann der Provinz Sachsen gewählt zu werden. In dieser Stellung erreichte W. für die Provinz Sachsen und deren Entwicklung erhebliche Bedeutung. Er blieb bis zur Demokratisierung des Provinziallandtages auf der Grundlage der Verfassung Preußens von 1920 im Amt, das er 1921 niederlegte. Danach war er Mitglied des preuß. Staatsrates.

L: Hermann Giesau, Gesch. des Provinzialverbandes der Provinz Sachsen 1825–1925, 1926, *72* u.ö. (**B**); Erich Neuß, Gesch. des Geschlechtes v.W., 1938, *338–348* (**B**); Klaus Schwabe (Hg.), Die preuß. Oberpräsidenten 1815–1945, 1985, *313*. – **B**: Slg. Vf., Irxleben (priv.).

Mathias Tullner

Winckel, Richard
geb. 05.07.1870 Berleburg/Sauerland, gest. 10.02.1941 Magdeburg, Maler, Graphiker.

Nach dem Abschluß des Gymn. in Marburg/Lahn besuchte W. die Kunstgewerbeschule in Düsseldorf. Es folgte eine Ausbildung als Lithograph in Nürnberg, da W. die graphischen Aufgaben in der Fabrik seines Vaters übernehmen sollte. Nach der Lehre war er auch als Lithograph in Leipzig tätig, entschied sich aber für eine Ausbildung zum Maler. Er studierte deshalb in München und Berlin. Ab 1894 hielt er sich zu Studienzwecken an der Académie Julian in Paris auf. Längere Studienaufenthalte in Rom und London folgten, in den 1890er Jahren unternahm er Reisen durch Dtl., Italien und Frankreich. Zahlreiche Skizzenbücher belegen seine Reisetätigkeit (Hefte aus Berlin, 1894, aus Paris, 1894/95, und aus München, 1896, im KHMus. Magdeburg). Eine Freundschaft mit dem Verleger Reinhard Piper vermittelte ihm Aufträge für Buchtitel und Illustrationen. Bis 1905 war W. freischaffend in Berlin ansässig und wurde dann an die Kunstgewerbe- und Handwerkerschule nach Magdeburg berufen. Bis zu seiner Pensionierung 1932 war er Prof. und Leiter der Klasse für Radierung und Lithographie an dieser Schule. Schon während seiner Lehrtätigkeit wurde er als ein hervorragender Porträtgraphiker eingeschätzt, wie es nur wenige in Dtl. gab. 1929 verfaßte er über die Kunstgewerbeschule eine Denkschrift mit dem Titel „Ars Una", in der er seine Vorstellungen vom Kunstunterricht formulierte. W. war Lehrmeister später bekannter Künstler wie → Annemarie und → Katharina Heise oder → Richard Oelze. Der vielseitige Graphiker beherrschte alle Drucktechniken und hinterließ ein umfangreiches Werk von Porträts, Stadtansichten, Landschaften und Naturstudien.

W: Lithographien: Prof. → Emil Thormählen, um 1910; Prof. → Theodor Volbehr, 1920; Prof. → Albin Müller, 1930; Radierungen: Herbstmesse, 1910; Blick auf St. Johannis, um 1920 (alle KHMus. Magdeburg). – **L**: Thieme/Becker 36, *60*; Dtls, Östereich-Ungarns und der Schweiz Gelehrte, Künstler und Schriftsteller in Wort und Bild, ²1911, *663f.*; Dt. Künstlerbund erste Ausstellung, Kunstverein Magdeburg e.V. 1933; Ausstellung von Gemälden und Bildwerken von Künstlern aus dem Gau Magdeburg-Anhalt, 1938; Norbert Eisold, Die Kunstgewerbe- und Handwerkerschule Magdeburg 1793–1963, Kat. Magdeburg 1993, *25, 55, 138f., 159*; Matthias Puhle (Hg.), Magdeburg in Bildern von 1492 bis ins 20. Jh., 1997, *251, 296*. – **B**: KHMus. Magdeburg: Selbstporträt; *Archiv Günter Paulke, Magdeburg (priv.): Selbstbildnis.

Sabine Liebscher

Winkel, Gotthilf Gustav
geb. 18.08.1857 Pritzwalk, gest. 06.02.1937 Marburg, Jurist, Verwaltungsbeamter, Heraldiker, Sammler, Geh. Regierungsrat.

W., einziger Sohn eines Kanzleirates, absolvierte seine Schulausbildung in Pritzwalk, Wittstock und ab 1878 am Gymn. in Greiffenberg/Pommern, studierte von 1879 an Rechtswiss. in Würzburg, Leipzig, Halle und Berlin und trat frühzeitig der corpsstudentischen Bewegung bei, deren begeisterter Anhänger er zeit seines Lebens blieb und deren Aktivitäten ihn bis ins hohe Alter auf vielfältige Weise begleiteten. 1884 legte er sein Referendarexamen in Naumburg ab, trat in den Staatsdienst und wurde vor seinem jur. Staatsexamen 1890 in Berlin als Referendar in verschiedenen Landratsämtern eingesetzt. 1890 kam er als Assessor zunächst an das Landratsamt nach Neuhaldensleben und wechselte 1891 zur Reg. nach Magdeburg, wo er die Steuerabt. absolvierte und anschließend neben dem Baupolizeidezernat das Eisenbahn- und Deichdezernat übernahm. W. wurde 1904 als Dömanendezernent nach Kassel, 1908 in gleicher Eigenschaft nach Köslin und 1911 an die Reg. nach Königsberg versetzt, wo er bis zu seiner Pensionierung 1918 tätig war. W. siedelte anschließend als Schriftleiter der *Dt. Corpsztg.* nach Marburg über, legte dieses Amt bereits 1920 nieder und befaßte sich in der Folge in verdienstvoller Weise mit der Bearbeitung von Mitgliederlisten und Geschichten verschiedener dt. Studentencorps. Seit 1898 für die Gebirgswelt der Alpen begeistert, gründete W. in Kassel einen Wanderbund sowie in Köslin und Königsberg eine Sektion des *Dt. Alpenvereins*, deren Vorsitz er jeweils übernahm. In Magdeburg stand W. in engem Kontakt mit dem *Kunstgewerbeverein* und dessen Sekretär → Ludwig Clericus, der W. nachhaltig zu Forschungen im Bereich der Kommunalheraldik und zum Gewerbe und Kunstgewerbe in der Heraldik anregte. Ergebnisse seiner Bemühungen legte W. 1894 in einer vielbeachteten Studie über „Die Wappen und Siegel der Städte, Flecken und Dörfer der Altmark und Prignitz" vor. Nach Clericus' Tod übernahm er kurzzeitig die Schriftleitung der Vereinszs. *Pallas* und publizierte 1896, gestützt auf die umfangreichen Materialien aus Clericus' Nachlaß, den Bd. „Gewerbe und Kunstgewerbe in der Heraldik". Er hielt Vorträge im *Altmärkischen Geschichtsverein* und anderen Vereinigungen und war während seiner Magdeburger Zeit langjährig als Mitarbeiter der *Akad. Monatshefte* tätig. W. entfaltete bereits während seiner Studentenzeit eine akribische Sammlertätigkeit von allerlei Kuriosa wie Zündholzschachtel-Etiketten, Speisekarten, Geldbeuteln, Pulverhörnern, Corpsbändern und -mützen, Helmen etc. und verfügte über mehr als 30 z.T. sehr umfangreiche Slgg. verschiedener Gegenstände dieser Art. Bekanntheit erlangte er als Wiederentdecker und bedeutendster systematischer Sammler von seidenen Widmungs- und Gedenkbändern, die Ereignisse der vaterländischen Gesch. in kurzen gereimten Versen und allegorischen Darstellungen feierten und seit dem siebenjährigen Krieg zu besonderen Anlässen hergestellt wurden.

W: s. o.; Fürst Bismarck als Deichhauptmann, 1903; Lebensbild eines preuß. Verwaltungsbeamten (Selbstbiogr.), in: Max F. Erckert, Chronik des fränkischen Geschlechts Erckert, 1971, *314–318* (***B***). – **N:** Mus. Weißenfels. – **L:** KLK, 1909; KGL, 1925; Wer ist's 10, 1935; Pallas. Zs. des Kunstgewerbevereins zu Magdeburg 13, 1892, *25f.* (Chronik); Herbert Kater, Geh. Reg.-Rat G. G. W., in: Einst und jetzt. Jb. des Vereins für corpsstudentische Geschichtsforschung 28, 1983, *185–194* (***B***); Konrad Vanja, Vivat-Vivat-Vivat! Widmungs- und Gedenkbänder aus drei Jh., 1985, *30ff.*; Jürgen Arndt u. a. (Hg.), Biogr. Lex. der Heraldiker, 1992, *592*.

Guido Heinrich

Winkelmann, Heinrich, Dr. phil., Lic. theol.
geb. 07.03.1885 Bochum, gest. 04.07.1943 Genthin, kath. Theologe.

W. war der Sohn des Rektors der städtischen kath. Volksschule zu Bochum. Er studierte Naturwiss. und kath. Theol. in Münster, Straßburg und zuletzt in Rom, wo er sein Studium mit der Prom. vollendete. In Rom ließ er sich 1908 auch zum kath. Priester weihen. Während des I. WK war er in der Kriegsgefangenenseelsorge tätig. 1918 kam er als Pfarrvikar nach Bahrendorf und 1921 als Pfarrer nach Staßfurt. 1925 wurde er sowohl Pfarrer in Halle als auch Dechant des Dekanates Halle. Nach der Weihe des Magdeburger Propstes → Petrus Legge zum Bischof von Meißen ernannte Erzbischof Kaspar Klein W. 1933 zum Propst an der Propsteikirche St. Sebastian in Magdeburg und zum Erzbischöflichen Kommissar des Erzbischöflichen Kommissariates Magdeburg. Noch im gleichen Jahr erfolgte seine Ernennung zum Dechanten des Dekanates Magdeburg und ein Jahr später zum nichtresidierenden Ehrendomherrn von Paderborn. W. führte die kath. Kirche bis zu seinem Tod durch die Wirren des Ns., konnte aber nicht verhindern, daß in seiner Amtszeit alle 102 Bekenntnisschulen des Kommissariates aufgelöst wurden, darunter auch das Magdeburger kath. Lyzeum in der Prälatenstraße 35 sowie die kath. Schulen in Magdeburg-Buckau, Magdeburg-Neustadt, Magdeburg-Sudenburg, Magdeburg-Südost und Magdeburg-Südwest. Mit der schwierigen Aufgabe, die Ämter von W. weiterzuführen, wurde → Wilhelm Weskamm betraut.

L: Eduard Quiter, Die Propstei Magdeburg, 1959, *38f.* (***B***); Rudolf Joppen, Das Erzbischöfliche Kommissariat Magdeburg, in: SkBK 21, 1978, *21–37*.

Daniel Lorek

Winkelmann, Theodor
geb. 01.12.1851 Braunschweig, gest. 04.04.1903 Magdeburg, Dirigent, Kapellmeister.

W. war der Sohn des Braunschweiger Hofpianofortefabrikanten Christian W. Die frühe Begegnung mit Musik und Musikern im Elternhaus, wie dem Dirigenten und Pianisten Hans von Bülow, dem Pianisten und Komponisten Anton Grigorjewitsch Rubinstein, der 1862 das Petersburger Konservatorium gegründet hatte, sowie dem franz. Kapellmeister und Komponisten Henry Litolff, der den Braunschweiger Verlag *G. M. Meyer* übernommen hatte, prägten früh seine Neigung zur Musik und förderten seine

Begabung. Ersten Unterricht erhielt W. in Braunschweig, sodann mit 15 Jahren eine Ausbildung im Musikinst. von Carl Müller-Berghaus in Rostock und wiederum in Braunschweig beim Braunschweiger Konzertmeister Albrecht Blumenstengel und dem Braunschweiger Hofkapellmeister und Gründer der Braunschweiger Singakad. Franz Abt, der auch beim Musikfest 1856 in Magdeburg mitwirkte. Anfang der 1870er Jahre wurde W. zweiter Kapellmeister in Stralsund und ging danach als Geiger mit dem nach seinem Gründer und Leiter Benjamin Bilse benannten Orchester nach Rußland. 1882 führte die Ausgliederung eines Teiles der Kapelle zur Gründung der *Berliner Philharmoniker*. In Berlin übernahm W. anschließend eine erste Geigerstelle im Krollschen Theater. Von 1876 bis 1879 war W. Kapellmeister in Köln und, nach Engagements in Dortmund, Chemnitz und Basel, 1886 das erste Mal in Magdeburg. Nach Intermezzi in Berlin und Stettin folgte er 1891 dem Ruf des Intendanten → Arno Cabisius, mit dem er bereits in Stettin zusammengearbeitet hatte, als erster Kapellmeister der Oper nach Magdeburg. Neben → Fritz Kauffmann als Kapellmeister der Konzerte dirigierte er zwar auch Sinfonie-Konzerte, war aber vor allem herausragender Operndirigent, der sich sowohl in allen Opernstilen bestens auskannte als auch als Opernpraktiker von der Kritik gerühmt wurde. Besondere Verdienste erwarb sich W. in Magdeburg durch die Aufführung des gesamten Ringes von → Richard Wagner bereits in der Spielzeit 1893/94, die das Theater in Magdeburg überregional bekanntmachte, sowie durch einen Mozart-Zyklus in der darauffolgenden Spielzeit. Der größte Erfolg für Cabisius und W. wurden jedoch die nach Münchner Vorbild zum 25jährigen Jubiläum des Stadttheaters eingerichteten Mai-Festspiele 1901, bei denen innerhalb von zehn Tagen – vom 06. bis zum 16. Mai – ausschließlich Werke von Wagner aufgeführt wurden: wiederum der „Ring" sowie „Tristan und Isolde" und abschließend „Die Meistersinger von Nürnberg". W. starb kurz vor der Wiederholung der Mai-Festspiele 1903, die in zweijährigem Rhythmus stattfinden sollten.

L: Hobohm, Bd. 1, *279* und Bd. 2, *284*; Wilhelm Widmann, Die Gesch. des Magdeburger Theaterwesens, in: MonBl 1925, *343*, *351*; → Max Hasse, Durch die Jh. zum Magdeburger Stadttheater in: Fs. zum 50jährigen Jubiläum des Magdeburger Stadttheaters 1876–1926, 1926, *42ff.* (*B); Paul Frank, Kurzgefaßtes Tonkünstler-Lex., ¹⁴1936, *691*; → Erich Valentin, Musikgesch. Magdeburgs, in: GeschBll 68/69, 1933/34, *42f.*; → Friedemann Krusche, Theater in Magdeburg, Bd. 1, 1994, *175*.

Christine Sommer

Winstrup, Ole Johansen
geb. 1782 Winstrup/Sjælland (Dänemark), gest. 1867 Mariaslyst bei Kopenhagen (Dänemark), Mechaniker, Landmaschinenbauer.

Der Sohn eines Kleinbauern besuchte die Dorfschule, wo er sich Grundkenntnisse im Lesen, Schreiben und Rechnen aneignete. Erst als der dänische Staat die Leibeigenschaft aufhob, war es dem technisch begabten W. möglich, nach Kopenhagen zu gehen, wo er 1797–1804 eine Lehre als Zimmermann, Schmied und Mühlenbauer absolvierte. 1804–11 leistete er seinen Militärdienst und besuchte während dieser Zeit mathematische und technische Seminare an der Univ. in Kopenhagen. Dort setzte er sich mit Robert Fultons Konstruktion eines Unterseebootes auseinander und erwarb sich erste Anerkennung durch den Bau eines eigenen Modells. Zugleich erhielt er Zugang zu Kopenhagener Handwerkstätten, die von der Reg. zur Entwicklung verbesserter landwirtsch. Geräte eingerichtet worden waren. 1811 erwarb W. mit staatl. Unterstützung das Gut Mariaslyst außerhalb Kopenhagens und gründete dort die erste dänische Fabrik für landwirtsch. Geräte und Maschinen (zunächst Pflüge, Dresch- und Worfelmaschinen), der auch eine Eisengießerei angegliedert war. Um 1820 beschäftigte er 20 fachkundige Arbeiter und begann unter Nutzung der Erfindungen des Amerikaners Oliver Evans mit der Produktion technisch verbesserter Windmühlen. Sein Erfolg wurde jedoch bald durch Mißgunst, den Widerstand der Handwerkerzünfte und die wirtsch. Regression nach dem Ende der napoleonischen Kriege stark beeinträchtigt. In dieser Situation veranlaßte ihn der frische Ruhm der Maschinenfabrik des → Johann Gottlob Nathusius in Hundisburg, wo unter der Leitung des Mechanikers Neubauer versucht wurde, Dampfmaschinen zu bauen, studienhalber dorthin zu reisen. Nathusius bot dem ihm sympathischen W. die inzwischen stilliegende Maschinenfabrik zu vorteilhaften Kaufbedingungen an und W. etablierte sich hier 1823 mit einem Produktionsprogramm, das er schon früher in Dänemark entwickelt hatte und auch in seinem Stammbetrieb weiter verfolgte. In dieser Zeit baute W. die erste dänische Dampfmaschine (zwei PS) für einen Kopenhagener Bierbrauer, der er weitere folgen ließ und damit seine wirtsch. Position entscheidend stärkte. In Hundisburg machte W. durch eine Vielzahl neuer Ackerwerkzeuge und Landmaschinen eigener Produktion auf sich aufmerksam, so durch „W.s Pflug", „W.s Räderpflug", durch Nachbauten englischer und amerikanischer Pflüge, Untergrundpflüge und Säemaschinen, Getreide-Reinigungs- und Flachsbrechmaschinen sowie durch Windmühlen, Pumpmühlen, Malz- und Korndarren u. v. a. Sein „Dynamometer" war noch in der Zeit um den I. WK gebräuchlich. W. konnte sich jedoch mit seiner Produktpalette auf dem mitteldt. Markt nicht entscheidend durchsetzen, was nicht allein eine Frage der Preise war (vgl. von Nathusius, 1915, *216*). Die Vielzahl seiner

Produkte entsprach den Erwartungen der Zeit, in welcher die Mechanisierung der Landwirtschaft ihre ersten Anfänge erlebte, doch nicht zuletzt an dieser Vielfältigkeit scheiterte der erste profilierte Landmaschinenbauer der Region. Als Hans Christian Ørsted 1829 in Kopenhagen ein Polytechnikum gründete, wurde W. für die Leitung der technischen Werkstätten ausersehen. Er transferierte den modernen Werkzeugbestand von Hundisburg nach Kopenhagen und begann dort mit der Herstellung von Hydraulikpumpen und anderen innovativen technischen Geräten. Nach einem Streit mit Ørsted mußte er das Polytechnikum verlassen und lebte später als Mühlenbesitzer auf seinem Gut Mariaslyst. Unter W.s Vorschlägen für verschiedene technische Verbesserungen ist auch eine – letztlich nicht in die Praxis umgesetzte – Drucktechnik für fälschungssichere Banknoten überliefert. Eine Seite dieser Noten zierte ein Stich von Hundisburg.

W: Afbildninger af de bedste og nyeste Agerdyrkningsredskaber (8 Hefte), 1822–25; dt. Ausgabe: Abb. der neuesten und besten Ackerwerkzeuge, nebst Beschreibungen, 1824. – L: Neues Jb. der Landwirthschaft, Bd. 4, St. 2, 1826, *40*; Johann Carl Fischer, Kurzer Entwurf der landwirthsch. Maschinenlehre und Landbaukunde, 1831; Friedrich Benedict Weber, Nachrichten von Slgg. von Naturgegenständen ... sowie von Werkstätten, wo Acker- und andere landwirthsch. Geräthe, Werkzeuge, Maschinen und Instrumente im Großen, oder in Modellen und Zeichnungen, überhaupt zu haben sind, in: Schlesische landwirthsch. Ztg. 2, 1833, *1–53* (darin: W.s Werkstätte von Ackerwerkzeugen und landwirthsch. Maschinen zu Hundisburg bei Magdeburg und zu Friedrichsberg bei Kopenhagen, 1. H., *26–28*); Alwin Nachtweh, Hilfsmittel und Methoden bei der Prüfung landwirtsch. Maschinen, in: Fühlings landwirtsch. Ztg. 53, 1904, *418ff*; Elsbeth von Nathusius, Johann Gottlob Nathusius, ein Pionier dt. Industrie, ³1915; Dan Ch. Christensen, Det Moderne Projekt. Teknik & Kultur i Danmark-Norge 1750–(1814)–1850, Diss. København 1996.

Guido Heinrich/Heinz Nowak

Winter, August *Franz*
geb. 02.11.1833 Stolzenhain bei Jüterbog, gest. 22.12.1879 Altenweddingen, ev. Pfarrer, Historiker.

Der älteste Sohn des Erb- und Lehnsrichters W. in Stolzenhain besuchte das Gymn. in Wittenberg und studierte seit 1853 in Halle ev. Theol. und Philologie. 1856 bestand W. die theol. Prüfungen, absolvierte wenig später das Lehrexamen, trat im August 1856 in das Pädagogium des Klosters U. L. F. in Magdeburg ein und wurde Mitglied des dort soeben gegründeten „Candidaten-Convicts". 1857 wurde W. als zweiter wiss. Hilfslehrer angestellt und rückte kurz darauf in die erste Hilfslehrerstelle auf. 1862 wurde W. in das Diakonat nach Schönebeck versetzt, wo er als Schulinspektor u. a. hervorragenden Anteil an der Begründung der Realschule (1875) hatte. Der Konvent erteilte ihm 1875 die Stelle eines Pastors in Altenweddingen, die er bis zu seinem frühen Tode einnahm. W., der unverheiratet blieb, unternahm mehrere große Forschungsreisen durch Dtl., Italien, Frankreich, Österreich, Dänemark, Schweden und Norwegen, wo er Archive und Bibliotheken aufsuchte sowie Kunst und Baudenkmäler besichtigte. Bereits als Lehrer befaßte sich W. mit hist.-archäologischen Forschungen und beschäftigte sich eingehend mit der Gesch. des Magdeburger Landes. In Schönebeck setzte er seine Studien fort und machte sich bald durch bedeutende Publikationen einen Namen. Seinem ersten, 1865 erschienenen, hoch geachteten Werk über die Prämonstratenser folgte 1868–71 eine Untersuchung über die Zisterzienser (s.u.). Beachtung fanden die in der Zs. *Forschungen zur Dt. Gesch.* seit 1870 erschienenen Beiträge über den Codex Viennensis, Erzbischof Wichmann und Eike von Repkow (s.u.). Im Winter 1865 trat W. mit → Friedrich Wiggert, → George Adalbert von Mülverstedt, Carl Janicke, → Friedrich Wilhelm Hoffmann, Christian Ludwig Brandt und Eduard Jacobs (Wernigerode) u. a. zur Gründung des *Vereins für Gesch. und Alterthumskunde des Hzts und Erzstifts Magdeburg* zusammen, der seit 1866 eine eigene Zs., die *Geschichts-Bll. für Stadt und Land Magdeburg*, herausgab. Dazu lieferte W., der als Sekretär des Vereins fungierte, als einer der eifrigsten Mitarbeiter bis 1879 ca. 90 eigene Beiträge, die Literaturbesprechungen und Vereinsberichte von seiner Hand nicht geachtet. Sein vielseitiges Wissen, eine gründliche Kenntnis der Quellen und eine ao. Arbeitskraft machten es ihm möglich, fundierte wiss. Studien zu treiben und eine umfassende lit. Tätigkeit zu entwickeln, ohne seine Amtspflichten zu vernachlässigen. Die Kenntnis der Gesch. der Klöster und Stifte im Erzbistum Magdeburg hat W. durch eine Reihe von Abh., als auch durch Mitteilung bisher noch unbekannten Quellenmaterials gefördert und diese vorwiegend in der Zs. des Magdeburger Vereins, in der Zs. des *Harzvereins für Gesch. und Alterthumskunde* und in den *Neuen Mittlgg. aus dem Gebiete hist.-antiquarischer Forschungen* publiziert. W. entdeckte und publizierte interessantes Material zur Rechts- und Verfassungsgesch. von Städten der Magdeburger Region und war lange Zeit das einzige Mitglied des Vereins, welches sich mit Sprach- und Dialektforschungen und der Slg. von Volksliedern beschäftigte (erst später wurde eine eigene Sektion für niedersächsische Sprache gegründet). Hervorzuheben ist, daß W. an entlegener Stelle ein erstes volkskundliches Forschungsprogramm „Die Volkssitte und die Schule" veröffentlichte (s. u.) und darin in modern anmutender Weise Grundsätze und Ziele volkskundlicher Erhebungen und Forschungen behandelte. Als einer der ersten hat W. die Kenntnis der mittelalterlichen Baudenkmäler durch Publikationen über Kirchen des Magdeburger Landes gefördert und darin Pionierarbeit geleistet. Seine Aufmerksamkeit galt nicht minder archäologischen Fundstoffen, die W. in mehreren Arbeiten erörterte. Auch die 1876 erfolgte Gründung der *Hist. Kommission für die Provinz Sachsen und Anhalt* ist vor allem durch W. angeregt. Deren Statuten basieren im wesentlichen auf einem von W. im November 1876 vorgelegten Gutachten. Folgerichtig war W. der Vertreter des *Vereins für Gesch. und Alterthumskunde des Hzts und Erzstifts Magdeburg* in dieser Kommission.

W: Die Prämonstratenser des 12. Jhs und ihre Bedeutung für das nordöstliche Dtl., 1865 (Repr. 1966); Die Cistercienser des nordöstlichen Dtls bis zum Auftreten der Bettelorden (3 Bde), 1868–71; Der Codex Viennensis auf der Wernigeröder Bibl., ein Magdeburger Formelbuch des 12. Jhs, in: Forschungen zur Dt. Gesch. 10, 1870, *642–648;* Aus der Franzosenzeit. Bilder aus der Vergangenheit Schönebecks, 1871; Anbau und Wachstum der Stadt Schönebeck, 1872; Zur Gesch. des Wendenkreuzzuges im Jahre 1177, in: Forschungen zur Dt. Gesch. 12, 1872, *625–630;* Erzbischof Wichmann von Magdeburg, in: ebd. 13, 1874, *111f.;* Die Volkssitte und die Schule, in: Schulbl. für die Provinz Brandenburg 39, H. 9/10, 1874, *403–433;* Eike von Repkow und der Sachsenspiegel, Forschungen zur Dt. Gesch. 14, 1875, *305ff.;* Die Grafschaften im Schwabengau, Mittlgg. des Vereins für Anhaltische Gesch. 1a, 1877, *79f.* – **L:** → Ottomar Müller, Pastor A. F. W. in Altenweddingen, in: GeschBll 14, 1879, *488–496;* Otto Heinemann, Systematisches Inhaltsverz. zu den Jgg. 1–50 der GeschBll, 1917, *45–49* (*W*); Franz Huschenbett, Lit. Leben, in: Heimatbuch des Kreises Wanzleben, 1928, *150;* Paul Krull, Zur Geschichtsschreibung über die Stadt Schönebeck, in: Heimatglocken des Kreises Calbe 5, 1929, *71.*

Heinz Nowak

Winter, Carl *Georg* Ludwig, Dr. phil.
geb. 03.02.1856 Breslau, gest. 01.09.1912 Magdeburg, Archivar, Historiker.

Nach dem Abitur 1873 in Breslau studierte W. Philologie und Gesch. in Breslau und ab 1875 in Berlin. Hier erhielt er 1877 bei Leopold von Ranke die Stelle eines wiss. Hilfsarbeiters, die er über die Prom. 1878 in Göttingen hinaus bis zu seinem Dienstantritt im Oktober 1879 beim Geh. StA in Berlin behielt. Er begann seine Archivlaufbahn als Hilfsarbeiter mit einer Probezeit von zwei Monaten ohne Gehalt. Als Archivassistent wurde er 1881 an das StA Düsseldorf versetzt. Bereits Ende 1882 erfolgte die Versetzung als Archivsekretär an das StA Marburg und 1885 die Beförderung zum Archivar zweiter Klasse. 1892 wurde er in gleicher Eigenschaft an das StA Magdeburg versetzt und 1894 zum Archivar erster Klasse ernannt. Ab 1896 war er im StA Stettin tätig. Er erhielt Ende 1898 den Titel eines Archivrates. 1901 wurde er zum Staatsarchivar in Osnabrück und 1903 zum Archivdir. bestellt. Die Mißbilligung seiner lebhaften politischen Tätigkeit, seiner 1904 geübten Kritik an den in der Heeresverwaltung bestehenden Zuständen und an politischen Maßnahmen durch den Präsidenten des Staatsministeriums und den Oberpräsidenten in Hannover führte 1906 zur Versetzung auf die freigewordene Stelle des Archivdir. in Magdeburg. W. bekam 1910 den Titel Geh. Archivrat verliehen. Als Nachfolger von → Eduard Ausfeld übernahm er in Magdeburg zunächst die Aufgabe, bei der Errichtung des Archivneubaues mitzuwirken. Bereits vier Wochen nach Dienstantritt besichtigte er im November 1906 vor dem Baubeginn im März 1907 die neuen StA in Breslau und Danzig. Er nutzte den Umzug des Archivs in das neue Gebäude in der Augusta- bzw. Hegelstraße 1908 für eine bis heute in den Grundlagen gültige Neugliederung der Bestände und den Entwurf einer Bestandsübersicht. Außerdem sah W. eine dringende Aufgabe in der Inspektion der Stadtarchive und der anderen nichtstaatl. Archive. Sein bis heute im Benutzersaal des Archivs sichtbares Motto für das StA lautet: Labor ipse summa voluptas (Die Arbeit selbst ist der höchste Genuß). Als nationalliberal gesinnter Politiker mit einer glänzenden Rednerbegabung bekämpfte W. den Antisemitismus und kritisierte insbesondere den Kriegsminister 1904 mit dem von der Presse verbreiteten Vortrag „Die Juden im Heere". Er kandidierte für die Nationalliberale Partei 1907 für den Reichstag im Wahlkreis Eisenach als gemeinsamer Kandidat aller Liberalen, 1908 für den Landtag im Wahlkreis Mühlhausen-Langensalza-Weißensee und 1910 bei der Reichstagsersatzwahl in Frankfurt/Oder. Er verstand seine Partei als eine staatserhaltende Institution mit eindeutiger Gegnerschaft zur Sozialdemokratie. Eine Vielzahl von wiss. Arbeiten belegt sein Schaffen als Historiker. Herausragend sind seine Biographien „Hans Joachim von Ziethen" (2 Bde, 1886), „Friedrich der Große" (2 Bde, 1907) sowie seine „Gesch. des Dreißigjährigen Krieges" (1893). W. war Mitglied der *Hist. Kommission für die Provinz Sachsen und das Hzt. Anhalt* und Vors. des *Vereins für Gesch. und Alterthumskunde des Hzts und Erzstifts Magdeburg.* Für den *Dt. Vortragsverband* hielt er viele Vorträge bei Vereinen in West- und Mitteldtl.

L: Leesch 2, *672;* Adolf Hinrichsen, Das lit. Dtl., 1888, *693f.;* Wer ist's 4, 1909; Georg Liebe, G. W., in: GeschBll 47, 1912, *169f.* – **B:** *LHASA.

Norbert Wehner

Winter, *Martin* Erich
geb. 05.11.1955 Zerbst, gest. 21.02.1988 Magdeburg, Rudersportler, Dipl.-Sportlehrer, Trainer.

W. begann als Schüler in seinem Heimatort Güterglück ab 1965 seine sportliche Laufbahn, hier jedoch bei *Lok Güterglück* noch als Fußballer. Von 1971 bis 1974 besuchte er die Kinder- und Jugendsportschule Magdeburg. 1971 wurde er Mitglied des *Sportclub Magdeburg, Sektion Rudern (SCM)* und trainierte 1973–80 bei Jürgen Grobler und 1980–83 bei Wolfgang Güldenpfennig. Schon 1972 feierte er mit Bernd Parschau seinen ersten int. Erfolg als Sieger der Jugendwettkämpfe der Freundschaft auf Kuba im Doppelzweier. Er entwickelte sich zum Spitzensportler in seinem Club und nahm auf DDR-Ebene an allen wichtigen sportlichen Meisterschaften teil. W. belegte bei den Weltmeisterschaften 1975 in Nottingham den dritten Platz im Einer, wurde vierfacher Weltmeister im Doppelvierer 1977 in Amsterdam, 1978 in Karapiro/Neuseeland, 1981 in München und 1982 in Luzern sowie Vizeweltmeister im Doppelvierer 1983 in Duisburg. Die Goldmedaille im Doppelvierer während der Olympischen Spiele 1976 in Kanada wurde ohne ihn erkämpft, da er sich vor Ort einer Blinddarmoperation unterziehen mußte. Dafür errang er mit seiner Mannschaft 1980 bei den Olympischen Spielen in Moskau wiederum die Goldmedaille im Doppelvierer. In der langen Zeit seiner Wettkampf-Teilnahme saß er in einem Boot mit so bekannten Rudersportlern des *SCM* wie Wolfgang Güldenpfennig und Peter Kersten. W. absolvierte an der Außenstelle Magdeburg der Dt. Hochschule für Körperkultur und Sport Leipzig von 1976 bis 1985 ein Sportlehrer-Studium und war im *SCM* als Ruderjuniorentrainer tätig. Er hat z. B. den späteren Olympiasieger André Willms entwickelt. W. verstarb nach einem Unglücksfall.

L: Slg. des Ruderclubs im Sportclub Magdeburg (*B*).

Bernd Stumpe

Winterstein, Johann *Georg* Gottlob *Peter*

geb. 07.05.1803 Frankfurt/Main, gest. 12.07.1877 Schönebeck, Drucker, Verleger.

W. kam 1836 nach Schönebeck und eröffnete dort eine Buchdruckerei. Dem Beispiel anderer Städte folgend, bemühte er sich um eine Konzession zur Herausgabe einer eigenen Ztg. Nachdem das Kgl. Oberpräsidium und König Friedrich Wilhelm IV. 1841 seinem dritten Gesuch zur Herausgabe eines unpolitischen Wochenbl. stattgegeben hatten, erschien ab 01.04.1842 der *Mercur*, dessen Name W. Ende des Jahres in *Lokomotive Merkur* abänderte. Das sonnabendliche Wochenbl. für Schönebeck, Salze und andere an der Magdeburg-Halleschen Eisenbahn gelegene Orte war die erste Ztg. für diese Gegend. In der acht Seiten umfassenden Schrift wurden politische Themen weitgehend ausgegrenzt. Trotzdem hatte W. mehrfach Schwierigkeiten mit den Zensurbehörden, so daß der mit ihm nachsichtig umgehende Bürgermeister von Schönebeck, → Ludwig Schneider, 1845 als örtlicher Zensor abgelöst und diese Funktion vom übergeordneten Amt in Magdeburg übernommen wurde. Da es weiterhin zu Beanstandungen kam, unterzog der Landrat Franz von Steinaecker das Unternehmen W.s weiter einer scharfen Kontrolle und untersagte den Behörden, der Ztg. amtliche Veröffentlichungen beizulegen. Im November 1853 wurde W. die Konzession endgültig entzogen und das Erscheinen der *Lokomotive Merkur*, deren Auflagenhöhe sich auf 450 Exemplare belief, eingestellt. Nach dem geschäftlichen Niedergang verdiente W. seinen Lebensunterhalt mit kleinen Aufträgen in seiner noch viele Jahre existierenden Druckerei.

L: → Wilhelm Schulze, Aus der Gesch. der Stadt Schönebeck, Ms. 1962, *629–631, 663* (StadtA Schönebeck: Bl. 524.5); Schönebecker Ztg. 75, 1929, Nr. 229, *26–28*.

Britta Meldau

Wirsing, Bernhard *Rudolph*

geb. 20.10.1808 Dresden, gest. 09.10.1878 Prag, Sänger, Schauspieler, Theaterdir.

W.s Vater war Hofarchivar in Dresden und ließ dem Sohn eine vornehme und umfassende Bildung und Erziehung im Kloster Donndorf angedeihen. Nach einem in Leipzig begonnenen Jura-Studium widmete W. sich jedoch dem Theater. Er debütierte um 1832 als Bariton und trat bis 1837 am Kärntnertor-Theater in Wien auf. Nach Engagements in Breslau, Lübeck und Aachen ließ sich W. 1839 als Gesangslehrer in Magdeburg nieder, wo er 1840 eine eigene Gesangsakad. gründete. Ab 1842 bekleidete W. zunächst das Amt des Musikdir. am Stadttheater Magdeburg, dessen Direktion er zusätzlich 1845 übernahm. Unter seiner Leitung wurde am 21.04.1845 → Albert Lortzings „Undine" uraufgeführt, und die Folgezeit wurde eine „Blüteperiode der Oper" (Valentin). Auch Lortzings „Waffenschmied", Friedrich von Flotows „Allessandro Stradella", Gaetano Donizettis „Lucia di Lammermoor" (alle 1846, dirigiert von Ebell) wurden mit Erfolg aufgeführt. W. gelang es, das Orchester auf 40 Mitglieder aufzustocken und den Chor mit 30 Laiensängern zu besetzen. Durch das Engagement → Feodor Wehls als Dramaturgen und Theaterdichter konnte er in seiner Wirkungszeit auch das Schauspiel beleben. 1846 eröffnete W. mit dem „Tivoli" das erste Magdeburger Vorstadttheater, das einen starken Zulauf hatte und für das er ein Abonnement einführte. Seine Anteilnahme am politischen Geschehen in Dtl. zeigt die unter seiner Direktion erfolgte Aufführung „Ein dt. Krieger", die er am Tag der Beerdigung der Gefallenen in Berlin, am 22.03.1848, veranlaßte. Trotz schwieriger räumlicher Bedingungen in beiden Häusern hatte W. durch seine künstlerische Kompetenz, sein gewinnendes Wesen, seinen Humor und sein Organisationstalent Erfolg beim Publikum und den Mitgliedern des Theaters. Diese Fähigkeiten zeigten sich auch auf den weiteren Stationen seines Wirkens. Anfang 1849 wurde er vom Leipziger Stadtrat zum Dir. des Leipziger Stadttheaters berufen, das unter seiner Leitung eine Glanzzeit erlebte. Hier ließ er als einer der ersten Theaterdir. in Dtl. → Richard

Wagners frühe Opern „Tannhäuser" und „Lohengrin" aufführen. 1864 wechselte er als Leiter des Dt. Landestheaters nach Prag und führte dort neben dem klass. dt. Schauspiel auch Shakespeare sowie zeitgenössische dt. und franz. Autoren auf. Große Verdienste erwarb er sich auch im musikalischen Bereich des Theaters. 1876 übernahm er die künstlerische Leitung des „heruntergekommenen" Böhmischen Landestheaters in Prag, das er auch auf ein höheres Niveau zu bringen verstand. Ein Nachruf in Prag charakterisierte sein Persönlichkeiten mit Worten, die auch für seine Zeit in Magdeburg schon zutreffen mögen: „Ein künstlerisch denkender, vielerfahrener Bühnenleiter, der auf glänzende, in wechselnder Stellung errungene Erfolge zurückblicken konnte."

W: Das dt. Theater oder Darstellung der gegenwärtigen Theaterzustände nebst Andeutungen zu einer zweckmäßigen Reform und Bühnenleitung, 1862. – **L:** ADB 43, *520f.*; Hobohm, Bd. 1, *47f.*; Wilhelm Widmann, Gesch. des Magdeburger Theaterwesens, in: MonBl 1925, *246*; Anna Löhn-Siegel, Ein Sommertheater in Magdeburg, in: Fs. zum 50jährigen Jubiläum des Magdeburger Stadttheaters 1876–1926, 1926, *89*; → Erich Valentin, Musikgesch. Magdeburgs, in: GeschBll 68/69, 1933/34, *40*; Wolfgang Wöhlert, Das Magdeburger Stadttheater von 1833–1869, Diss. Berlin 1957, *56–71* u.ö.; → Friedemann Krusche, Theater in Magdeburg, Bd. 1, 1994, *126f.*, *131f.*, *135f.*

Christine Sommer

Wißel, Adam *Johannes* (Hans), Prof.
geb. 04.08.1897 Magdeburg, gest. 28.05.1948 Osterode/Ostpreußen, Goldschmied, Graveur, Ziseleur, Metallgestalter, Bildhauer.

Der einer ostpreuß. Goldschmiedefam. entstammende W. besuchte die Kunstgewerbeschule in Magdeburg unter → Rudolf Bosselt und Wilhelm Achtenhagen und diente 1914–1918 als Frontsoldat. 1919 eröffnete er in Magdeburg eine Werkstatt für Metallplastik. 1924 und 1932 hielt er sich in Rom und Carrara auf und studierte dort Methoden der Marmorbearbeitung. 1925 übernahm W. die Leitung einer Bildhauerklasse in der Kölner Werkschule. Dort begann er lebensgroße Figuren aus Metallplatten zu treiben, deren Einzelteile er durch Nieten oder Schweißen zusammenfügte, darunter 1926 das große Messingkruzifix für die neu erbaute Christkönigskirche in Mainz. Er fertigte zahlreiche Plaketten, Medaillen, Büsten, Bauplastiken und Monumentalgruppen und wurde 1928 mit der Goldenen Medaille ausgezeichnet. 1933 erfolgte seine Berufung als Lehrer für Bildhauerei an das Königsberger Staatl. Meisteratelier für bildende Künste (ehemalige Kunstakad.). Im selben Jahr nahm er an der Weltausstellung in Chicago teil und stellte in der Nationalgalerie aus. Das 1935 eingeweihte 18 Meter hohe „Denkmal der Gefallenen der SA-Gruppe Mitte", an der Nordwestecke des Magdeburger Domes aufgestellt (zerstört), brachte ihm die endgültige Anerkennung durch die ns. Machthaber. W. fertigte monumentale Skulpturen für das Krematorium Königsberg, die Elbinger Kasernen und öffentliche Plätze in Königsberg, die teilweise unvollendet in seinem Königsberger Atelier zurückblieben und verschollen sind, wie auch hist. Büsten, u. a. von Martin Luther (Lutherkirche zu München), Johann Sebastian Bach (Musikinst. der Univ. Königsberg), für die W. Messungen am Schädel Bachs in Leipzig vornahm, Nikolaus Kopernikus, Immanuel Kant (Univ. Königsberg). 1939–45 zum Kriegsdienst eingezogen, geriet W. 1945 in britische Gefangenschaft und lebte nach seiner Entlassung in Grainau.

L: Kunstverein Magdeburg, Ausstellung von Gemälden und Bildwerken von Künstlern aus dem Gau Magdeburg-Anhalt 1935, *29*; Herbert Meinhard Mühlpfordt, Königsberger Skulpturen und ihre Meister 1255–1945, 1970, *195f.*; Mortimer G. Davidson, Kunst in Dtl. 1933–1945. Eine wiss. Enzyklopädie der Kunst im Dritten Reich, Bd. 1, 1988, *515f.*

Gerald Christopeit

Witte, *Karl* Wilhelm Gottfried
geb. 12.01.1891 Klein Hehlen bei Celle, gest. 02.11.1965 Barby, Regierungsbaumeister.

W. gründete Anfang der 1920er Jahre in Barby ein kleines Bauunternehmen, die *K. W. Ing.-Bau-Unternehmung GmbH Barby*. Der Aufstieg seiner Fa. resultierte vor allem aus dem Verkauf seiner Architektenzeichnungen für den Bau von Einfamilienhäusern in Barby. Durch einen Vertrag der Stadt Barby mit den amerikanischen Investoren der *Maizena-Werke* verpflichtete sie sich, eine befestigte Straße zu dem Werk, das 1,4 km vor der Kleinstadt entstanden war, zu bauen. Barby hatte diese Verpflichtung durch Finanzprobleme über mehrere Jahre hinausschieben müssen. Auf Drängen der *Maizena-Werke* konnte sie ihre Verpflichtung jedoch nicht erneut verzögern. W.s Fa. erhielt den Zuschlag für den Straßenbau unter der Bedingung, die Befestigung der Straße so kostengünstig wie möglich zu realisieren. W. entwickelte daraufhin technische Gerätschaften, um die Straße durch eine Betondecke befestigen zu können. Damit entstand bei Barby die erste Betonstraße der Magdeburger Region. Im Anschluß an den erfolgreichen Bau erschien 1926 als Sonderdruck des Zementsyndikats seine Schrift „Der Betonstraßenbau in Barby a. E. als produktive Erwerbslosigkeit". W. bezeichnete darin die technische Neuheit als billigste Variante des befestigten Straßenbaus und als motivationsstiftender für die Arbeiterschaft als andere Arten von Notstandsarbeiten. Anschließend befestigte seine Fa. weitere Straßen in Barby und Umgebung auf diese Weise. Mitte der 1930er Jahre beteiligte sich seine Baufa. am Autobahnbau der heutigen Bundesautobahn A2 (insbesondere bei Irxleben). Im selben Zeitraum verzog W. nach Celle. Der Betrieb behielt seinen Sitz in Barby. Während des II. WK wurde sein Unternehmen zum Bau von Straßen und Flugzeuglandebahnen, insbesondere in der Ukraine, kriegsdienstverpflichtet. W. wanderte Anfang der 1950er Jahre nach Übersee aus. Sein Weg führte ihn über Südwestafrika nach Sao Paulo (Brasilien). Ca. 1955/56 kehrte er nach Barby zurück. W. reichte über ein Dutzend Patente beim Patentamt ein, von denen die Patente zur „Fugenausbildung für Betonstraßendecken" (1937) und das „Verfahren zur Herstellung von Straßendecken, insbesondere Steinbetondecken" (1952) bestätigt wurden. Den anderen Erfindungen W.s wurde aufgrund noch nicht vorhandener technischer Möglichkeiten die Bestätigung versagt.

W: s. o.

Andreas Radespiel

Wittenbecher, Curt

geb. 01.08.1901 Magdeburg, gest. 02.01.1978 Bremen, Maler, Graphiker.

W. studierte 1921–24 in München an der Privatschule für graphische Künste bei Moritz Heymann und Walter Thor, danach an der Städtischen Kunstgewerbeschule in Berlin-Charlottenburg bei Harold Bengen und in Magdeburg an der Kunstgewerbe- und Handwerkerschule bei → Ernst Hoffmann und → Richard Winckel. Zunächst tätig als Doz. für Laienzeichnen und Kunstbetrachtung an der Volkshochschule Charlottenburg, arbeitete er ab 1928 als freischaffender Maler und Graphiker in Magdeburg. W. war Mitglied und 1939/40 Leiter der *Künstlerkameradschaft Magdeburg*. Gemeinsam mit → Friedrich Einhoff, dem Zerbster Maler Paul Jünemann u. a. war er ab 1939 in den Kriegsjahren zuständig für die jährlichen Magdeburger Kunstausstellungen. Im Ausstellungskat. des Jahres 1942 ist sein Einsatz bei der Wehrmacht und die Verleihung des Kunstpreises der Stadt Magdeburg vermerkt. Nach dem Totalverlust seiner Wohnung durch Kriegseinwirkung siedelte er 1944 nach Hindelang im Allgäu und von dort 1949 nach Worpswede über. Seit 1955 lebte W. mit seiner Frau als freischaffender Maler in Bremen. Hier erhielt er zahlreiche Aufträge öffentlicher Einrichtungen und führte Zeichenkurse an der Volkshochschule sowie pädagogische Veranstaltungen in der Kunsthalle Bremen durch. Mit Aquarell- und Ölfarben widmete sich W. fast ausschließlich Naturdarstellungen und Stilleben. Anfangs verarbeitete er einfache Motive der heimatlichen Landschaft, der Pflanzenwelt und der Arbeitswelt von Landwirtschaft und Industrie in realistischer Malweise. Durch den Aufenthalt in Worpswede und die Kontakte zur dortigen Künstlerkolonie wandelte sich sein künstlerischer Ausdruck grundlegend. Die Bleistiftzeichnungen, Aquarelle und Ölbilder nach 1949 sind expressiv und kraftvoll. Seine treffend charakterisierenden Landschaftsdarstellungen resultieren aus zahlreichen Reisen u. a. nach Griechenland und Island.

W: Kähne im Hafen, 1933; Landschaft bei Krumhübek, 1941; Verwundeter, 1942 (Ölgemälde im KHMus. Magdeburg); Frühling, 1955 (Privatbesitz); Bleistiftzeichnungen und Aquarelle nach 1955 im Kupferstichkabinett Bremen. – **L:** Thieme/Becker 36, *133*; Vollmer 5, 1961, *154*; Ausstellung von Gemälden und Bildwerken von Künstlern aus dem Gau Magdeburg-Anhalt, 1938, *28*; Kunstausstellung 1939, Magdeburg 1939, *18*; Kunstausstellung des Gaues Magdeburg-Anhalt, 1940, 1942, 1943; N. N., Gemälde, Aquarelle von C. W., Hanns Dahmen, Heinz Dodenhoff, Celle 1948.

Sabine Liebscher

Wittig, Felix, Doz. Dr. rer. techn.

geb. 19.05.1910 Burkersdorf/Kr. Zittau, gest. 09.09.1986 Dresden, Mathematiker, Hochschullehrer.

W. absolvierte 1930 das Gymn. in Zittau, studierte 1930–31 an der Univ. Göttingen und anschließend bis 1935 an der TH Dresden, war dort 1933–36 und 1937–38 wiss. Hilfskraft am Physikalischen Inst., legte 1937 das Staatsexamen ab und wurde im selben Jahr von der TH Dresden prom. Es schlossen sich Tätigkeiten 1938/39 bei *Zeiss IKON* in Dresden, 1939–42 bei *Dornier* in Friedrichshafen und 1942–45 bei dem *Elektromechanischen Werk* in Karlshagen/Mecklenburg an. Nach 1945 arbeitete W. im Schuldienst, von 1948 bis 1953 als Doz. an der Ing.-Schule für Schwermaschinenbau, Elektrotechnik und Feinmechanik Dresden und von 1954 bis 1974 an der Hochschule für Schwermaschinenbau bzw. an der TH Magdeburg. W. war hier zunächst mit der Wahrnehmung einer Professur beauftragt und wurde 1969 zum Hochschul-Doz. ernannt. Bis 1960 leitete er als kommissarischer Dir. das Mathematische Inst. und war von 1961 bis 1964 in diesem Inst. Abt.-Leiter. W. arbeitete wiss. auf dem Gebiet der Mechanik und legte fünf Publikationen vor.

W: Natürliche Gleichungen verallgemeinerter Rollkurven, Diss. Dresden 1938. – **B:** *UnivA Magdeburg.

Karl Manteuffel

Wittmaack, Ernst

geb. 28.08.1878 Heiligenstedten/Schleswig-Holstein, gest. 20.09.1942 Berlin, Friseur, Parteifunktionär, Stadtrat.

1905 kam W. als Redakteur der *Volksstimme* nach Magdeburg, bei der er bis 1920 tätig war. Er engagierte sich stark in der SPD, baute den Bezirksverband mit auf, zog 1910 ins Stadtparlament ein und wurde der Vors. der sozialdemokratischen Ratsfraktion bis 1920. Er stand an der Spitze des örtlichen Arbeiter- und Soldatenrates und sorgte als Regierungskommissar für die Niederwerfung des Kapp-Putsches im Regierungsbez. Magdeburg. Von Mai 1918 bis 1933 stand

Witzenhausen

er dem SPD-Ortsverein Magdeburg vor und war gleichzeitig seit 1920 besoldeter Stadtrat des Magistrats. Außerdem war W. Vors. des Hafenverbandes für die Elbe und die östlichen Wasserstraßen und Mitglied des Reichswasserstraßenbeirates. Dem Provinziallandtag, dessen Vizepräsident er wurde, gehörte er seit 1920 an. 1919 bereits Mitglied der Verfassunggebenden Preuß. Landesverslg., gehörte er auch bis 1933 dem Preuß. Landtag an. Von den Nationalsozialisten aus allen Ämtern und Funktionen vertrieben, verließ er Ende 1933 Magdeburg und baute sich in Berlin eine neue wirtsch. Existenz als Vertreter einer Kaffeegroßhandlung auf. Während des Krieges war er Sachbearbeiter bei der Wirtschaftsgruppe Elektroindustrie. 64jährig erlag er einem Herzanfall. Sein Begräbnis wurde zu einer jener stummen Protestdemonstrationen, bei denen sich Sozialdemokraten in großer Zahl versammelten.

L: Hdb. des Preuß. Landtages 1933, *400* (*B*); → Franz Osteroth, Biogr. Lex. des Sozialismus, 1960, *336f.* (*B*). – **B:** *Jörg-Heiko Bruns, Erfurt-Molsdorf: Lithographie von → Bruno Beye.

Beatrix Herlemann

Witzenhausen, Günther

geb. 07.04.1931 Mitteldorf/Thüringen, gest. 10.01.1994 Wolmirstedt, Ing.-Ökonom, Betriebsdir.

W. besuchte 1937–41 die Volksschule in Mitteldorf und 1941–45 die Mittelschule in Nordhausen. Frühzeitig geprägt durch die regional ansässige Kaliindustrie und den ständigen Kontakt mit Bergleuten, begann er 1945 eine Lehre im Kaliwerk Bleicherode, die er 1948 als Industriekaufmann abschloß. Anschließend war er in seinem Ausbildungsbetrieb als Buchhalter und Planungsleiter tätig und wechselte Mitte 1954 als Planungsleiter in das Kaliwerk Roßleben, wo er 1958–67 als Leiter des Bereiches Investitionen eingesetzt wurde. W. erwarb während dieser Zeit umfassende Kenntnisse in der Durchführung von Großinvestitionen. Von 1959 bis 1963 absolvierte er ein Fernstudium an der Berg- und Hüttening.-Schule in Eisleben und qualifizierte sich zum Ing.-Ökonom. Infolge seiner Verdienste bei der Rekonstruktion des Kaliwerkes Roßleben wurde er 1967 als Dir. für Investitionen im Kaliwerk Zielitz eingesetzt. W. leistete hier durch sein umsichtiges und umfassendes Management einen wesentlichen Beitrag zur Errichtung des mit einem Investitionsvolumen von 950 Mio. Mark größten dt. Kaliwerkes. Nach dessen Inbetriebnahme im Juni 1973 war er als Technischer Dir. sowie als Produktions- und Betriebsdir. tätig. 1978 wechselte er in die Bauindustrie nach Magdeburg, deren Entwicklung durch seine leitenden Tätigkeiten von 1978 bis 1993 entscheidend mitgeprägte. Seine Fähigkeiten als Betriebsdir., Produktionsdir. und Kaufmännischer Geschäftsführer haben insbesondere im Industriebau erfolgreiche Spuren hinterlassen. In der Bauindustrie (*BMK Magdeburg*, *Maculan*) wurden unter seiner Regie bedeutende Objekte wie das Kernkraftwerk Stendal, die Plattenwerke Stendal und Magdeburg, Großmärkte wie der Magdeburger Elbe-Park und der Börde-Park, bedeutende Wohnungskomplexe in ganz Dtl. sowie Wohnungsbauten in Rußland realisiert. Er meisterte zudem erfolgreich die Überführung des *BMK Industriebau Magdeburg* von der Plan- in die Marktwirtschaft.

B: *Fam. W. (priv.).

Hans-Joachim Steinicke

Witzleben, Hartmann Erasmus von

geb. 09.12.1805 Weißenfels, gest. 12.10.1878 Merseburg, Jurist, Ober- und Reg.-Präsident zu Magdeburg.

W. erhielt seine Gymnasialbildung an der Klosterschule Roßleben, der er auch später verbunden blieb und die er als Oberpräsident nach Kräften förderte. In Göttingen und Halle studierte er Rechts- und Staatswiss. Am Stadtgericht in Berlin als Auskultator tätig, legte er dort das zweite jur. Staatsexamen ab. 1830 kam W. in seine Heimatprovinz, die Provinz Sachsen, zurück und war bis 1833 Referendar bei der Reg. in Merseburg. Seine weiteren Stationen im Staatsdienst waren die Reg. von Minden und nach 1835 das preuß. Finanzministerium. 1837 zum Reg.-Rat ernannt, war er danach bei der Reg. in Potsdam tätig. 1838–40 war W. Landrat des Kr. Niederbarnim. Ab 1840 in der Umgebung des Prinzen von Preußen tätig und danach im preuß. Staatsrat angestellt, wurde er im Jahre 1844 Reg.-Präsident in Liegnitz und danach in Merseburg. Hier wurde der konservative und königstreue W. mit der Revolution konfrontiert. Mit dieser politischen Haltung in Merseburg empfahl sich W. für den Aufstieg zum Oberpräsidenten. In dieses Amt an der Spitze der Provinz Sachsen und als gleichzeitiger Reg.-Präsident der Reg. zu Magdeburg wurde er 1850 berufen. Seine Amtszeit endete im Jahre 1872. W. hat in Magdeburg in vielfältiger Form für die Stabilisierung der konservativen politischen Richtung und die Förderung von deren Organisationen und nahestehenden, auch religiösen, Vereinen gewirkt.

L: Walter Hubatsch (Hg.), Grundriß der dt. Verwaltungsgesch. 1815–1945, Reihe A: Preußen, Bd. 6, Provinz Sachsen, 1975, *27*; Klaus Schwabe (Hg.), Die preuß. Oberpräsidenten 1815–1945, 1985, *293f*.; Stefan Karnop/Lars-Henrik Rode/Vf., Der Regierungsbez. Magdeburg und seine Gesch., 1998, *97* (**B**).

Mathias Tullner

Wodick, *Edmund* Louis (Ludwig) **Eduard**
geb. 21.11.1816 Markt Alvensleben bei Haldensleben, gest. 10.03.1886 Magdeburg, Maler, Graphiker.

W. war Sohn eines Dekorationsmalers. Nach einer Lehre in der lithographischen Anstalt von Julius Bruckner, der seit 1828 eine Steindruckerei in Magdeburg betrieb und 1842 zum Hoflithographen avancierte, studierte der begabte W. 1836–39 an der Düsseldorfer Malerschule bei Friedrich Wilhelm Schadow und arbeitete ein Jahr in Düsseldorf. Bis 1845 unternahm W. längere Studienreisen u. a. nach Holland, Belgien, Frankreich und Spanien. In Italien hielt sich W. in Mailand und von Ende November 1842 bis Mitte 1844 in Rom auf. Dort gehörte er zum engeren Kreis der *Ponte-Molle-Ges.*, einem Verein dt. Künstler, der zur geselligen Belustigung sog. „Cervarofeste" und „Olympische Spiele" durchführte, und fertigte Auftragswerke (italienische Stadtansichten) u. a. für die Fam. von Wedemeyer aus Hannover, die ihn 1844 zu einer mehrmonatigen Reise durch Spanien einlud. W. hielt sich 1845 in Nordafrika und Spanien auf, bevor er 1846 nach Magdeburg zurückkehrte. Hier wirkte er bis zu seinem Tode als Porträt-, Historien-, Landschafts- und Architekturmaler und führte Aufträge namhafter Persönlichkeiten aus. Viele seiner ausnahmslos realistischen Gemälde malte W. für die Magdeburger Loge „Ferdinand zur Glückseligkeit", der er seit 1849 angehörte. Besonders bekannt wurde W. als Porträtmaler durch das lebensgroße Ölbild des Prinzregenten von Preußen, des späteren Kaisers Wilhelm I. Das Bild war für die Berliner Loge bestimmt und fand als Kupferstich von Paul Habelmann weite Verbreitung. Seit 1874 gehörte W. dem *Kunstgewerbe-Verein zu Magdeburg* an, war seit 1876 in dessen Vorstand tätig und fungierte ab 1882 als zweiter Vors. des Vereins.

W: Versammlung der Ratsherren im Rathaus, 1848; Logenbruder Klusemann, 1858; Prof. Dr. Wiggert, 1861; Granada, 1861; Jagdges. vor den Toren Magdeburgs, 1877 (Ölgemälde KHMus. Magdeburg). – **L:** Thieme/Becker 36, *161*; Georg Kaspar Nagler, Neues allg. Künstlerlex., Bd. 22, 1852; → Ludwig Clericus, Nachruf E. W., in: Pallas. Zs. des Kunstgewerbevereins zu Magdeburg 7, 1886, *19*; Friedrich Noack, Das Deutschtum in Rom seit dem Ausgang des Mittelalters, 1927. – **B:** *KHMus. Magdeburg: Ölgemälde (Selbstporträt).

Sabine Liebscher

Wölfle, *Hugo* Alfred, Dipl.-Ing.
geb. 06.01.1897 Albota de Sus (Bessarabien), gest. 17.04.1980 Frankfurt/Main, Architekt, Baurat.

W. wurde als viertes Kind eines Kolonistenehepaares in Albota geb. und siedelte 1909 mit seiner Fam. nach Odessa über. Hier absolvierte er die St. Pauli-Realschule, studierte anschließend am Kiewer-Commerz-Inst. und wurde als russischer Staatsangehöriger 1916 zum Militärdienst eingezogen. Nach der Entlassung aus dem Wehrdienst war W. bis 1918 als Hauslehrer tätig, trat dann aber als Freiwilliger in die dt. Armee ein und kam in diesem Zusammenhang nach Stuttgart. W. entschloß sich zum Studium der Architektur an der TU Stuttgart und wurde dort im Dezember 1924 eingebürgert. Nach der Diplomhauptprüfung im Mai 1925 folgte eine vierjährige praktische Tätigkeit in Stuttgart, bis W. Anfang 1929 eine Stelle im Stadterweiterungsamt in Magdeburg antrat. 1933 wurde ihm die Bauberatung bei der Baupolizei übertragen. In Anerkennung seiner Leistungen wurde er 1938 zum Beamten auf Lebenszeit und zum Städtischen Baurat ernannt. Von Juni 1942 bis April 1945 war W. zur „Organisation Todt" abgeordnet, die Bauten für den ns. Staat und die Wehrmacht ausführte. Nach dem Ende des II. WK übernahm W. die Leitung des Stadtplanungsamtes in Magdeburg. Zwischenzeitlich fungierte er als Hauptabteilungsleiter der Bereiche Städtebau, Vermessungs- und Katasterwesen und Bauaufsicht, bis er 1953 aus politischen Gründen aus der DDR fliehen mußte. Bei der *Frankfurter Aufbau AG* fand er bis zu seiner Versetzung in den Ruhestand Anfang 1959 ein neues Aufgabenfeld. In Magdeburg war W. vor allem mit der Bearbeitung vorstädtischer Kleinsiedlungen und bauberatenden Tätigkeiten bei der Errichtung von Großsiedlungen durch den genossenschaftlichen Wohnungsbau befaßt. Zudem widmete er sich städtebaulichen Planungen im Zusammenhang mit Sanierungsaufgaben. 1946 gewann sein Konzept zum Wiederaufbau der Innenstadt von Magdeburg den ersten Preis, dem weitere Preise beim engeren Fassadenwettbewerb und der Gestaltung des Zentralen Platzes mit neuem Rathaus und Opernhaus (1949) sowie für einen Teil des Breiten Weges und des Friedensplatzes (1951) folgten. W. projektierte später vor

Woenig, Franz
geb. 28.02.1851 Breitenhagen/Kr. Calbe, gest. 16.02.1899 Leipzig, Lehrer, Schriftsteller.

Der Sohn eines Schiffseigners an der Elbe besuchte von 1868 bis 1871 das Lehrerseminar in Barby. Danach war er als Lehrer in Aken tätig. Ab 1874 studierte er an der Univ. in Leipzig Pädagogik und Naturwiss. Nebenbei hörte er Vorlesungen zur Kunstgesch. und Ägyptologie bei Georg Ebers. Ab 1877 unterrichtete er als Lehrer für Naturwiss. in Leipzig an einer höheren Mädchenschule, am Kindergärtnerinnen-Seminar und am Lyzeum für Damen. Auf Einladung der ungarischen Regierung führte er in den Jahren 1890–95 jeweils in den Sommermonaten botanische Studien in Ungarn durch und veröffentlichte deren Ergebnisse. Auch eine ungarische Volksliedersig. trug er zusammen und richtete sie für eine Singstimme mit Klavierbegleitung ein. W. war langjähriger Mitarbeiter für Feuilletons und Kritiken beim *Leipziger Tageblatt*. Er schrieb für die *Westöstliche Rundschau*, die *Dresdner Neuesten Nachrichten*, für ungarische Ztgg. und arbeitete an Meyers „Konversationslex." mit.

W: Heiderosen. Gedichte, 1871; Das Weltgericht bei Sedan. Epische Dichtung, 1873; Herzensträume. Gedichte, 1874; Wenn die Haseln blühn. Novelle, 1874; Julius Baumels Hochzeitsreise. Lustspiel, 1874; Diclytra. Ein Blumenmärchen für die Frauenwelt, 1876; Vöglein vom Walde, 1881; Aus der Schlacht bei Villiers-Brie. Epische Dichtung, 1885; Bei Buzancy, 1886; Die Pflanzen im alten Ägypten, 1886; Vom Wegrande. Ein neuer Liederstrauß, 1887 (***B***); Der Todesritt von Vionville, 1888; Aus großer Zeit, 1891; Ein Reiterleben, 1892; Am Nil – Bilder aus der Culturgesch. des alten Ägyptens (3 Bde), 1892-98; Die ungarische Steppenflora, 1892; Eine Pusztenfahrt – Bilder aus der ungarischen Tiefebene, 1892; In der Csarda. Ungarische Volkslieder mit Pianofortebegleitung, 1893; Hej, die Puszta – Bilder aus der ungarischen Tiefebene, 1897. – **L:** BioJb 4, 1900; Conrad Ziegler, Dichter im dt. Schulhause, 1892, *358*; Franz Brümmer, Lex. der dt. Dichter und Prosaisten, Bd. 4, ⁴1895, *384f.*; Franz Tetzner, Unsere Dichter in Wort und Bild, Bd. 5, 1895, *11*. – **B:** Das Lit. Leipzig, 1897.

Hans-Joachim Geffert

Wohlfeld, Carl *Albert*
geb. 23.09.1817 Leipzig, gest. 07.09.1878 Magdeburg, Druckereibesitzer.

Der Sohn des Druckereibesitzers → Johann Gottfried W. absolvierte seine Schulausbildung in Leipzig und ab 1826 in Magdeburg. 1831–36 erlernte er das Buchdruckerhandwerk in der Hzgl. Waisenhausdruckerei in Braunschweig. Während einer anschließenden dreijährigen Wanderschaft arbeitete er als Druckergehilfe in Weimar, Gotha, Frankfurt/Main, Karlsruhe, Mainz, Kassel und Dresden sowie in Leipzig u. a. bei der Fa. *Naumann*. 1840 trat er in das Geschäft seines Vaters in Magdeburg ein, heiratete 1848 die Enkelin des Magdeburger Hofbuchdruckers Gottlieb Ehrenfried Günther und übernahm im Oktober 1854 die Leitung des väterlichen Betriebes. In der Folgezeit stattete er die Druckerei mit neuen Druckmaschinen aus. Dazu gehörten zwei 1856 und 1858 gekaufte Eisenpressen sowie eine 1860 erworbene Schnellpresse. Nach umfangreichen Erweiterungen wurde die Druckerei 1865 von der Rotenkreuzstraße 5 zur Stephansbrücke 33 verlegt. Noch im gleichen Jahr stellte W. als erster Magdeburger Buchdrucker eine moderne Tigeldruckpresse der Fa. *Lecoq, Paris* auf und richtete eine Prägeanstalt mit zwei Balancier-Pressen ein. 1867 wurde die erste, 1872 die zweite Johannisburger Schnellpresse in Betrieb genommen. Nach dem erneuten Umzug der *Buchdruckerei A.W.* in größere Räumlichkeiten 1872 erfolgte die Umstellung der Druckerei auf Dampfbetrieb (Wolffsche Lokomobile). W., der bis zu seinem Tode 1878 als Geschäftsführer seiner Fa. tätig war, konnte den Ruf seines Unternehmens als Hersteller hochwertiger Druckerzeugnisse aller Art weiter festigen.

L: → Oskar Friese, Ein Rückblick. Anläßlich des 25jährigen Bestehens der Innung des Buchdruckergewerbes zu Magdeburg am 1. Februar 1925, 1925, *23*; Konrad W., Hundert Jahre Buchdruckerei A. W., 1934 (***B***); ders., Dem Betriebsführer der Buchdruckerei A. W., Herrn → Paul Albert W. zum sechzigsten Geb., 1944.

Werner Rummert

Wohlfeld, Johann Gottfried
geb. 07.11.1787 Ammerbach bei Jena, gest. 31.10.1855 Magdeburg, Buch- und Zeitungsdrucker.

W. erhielt eine solide handwerkliche und künstlerische Ausbildung und war nach seiner Buchdruckerlehre in verschiedenen dt. Druckereien tätig. Ab ca. 1815 arbeitete er mehrere Jahre als Buchdrucker im Verlag *Breitkopf & Härtel* in Leipzig, sammelte dort wertvolle Erfahrungen und fertigte hochwertige messingne Doppellinien, Einfassungen, Wappen und Abschläge, die an Firmen wie die *Hzgl. Waisenhausdruckerei* in Braunschweig geliefert wurden. Im Juli 1826 siedelte W. von Leipzig nach Magdeburg über und war hier bis 1833 in der Buchdruckerei von → Heinrich Theodor Emanuel Baensch, die sich vor allem mit dem Druck von Papieren für den geschäftlichen Verkehr und behördlichen

Geschäftspapieren befaßte, als Druckerfaktor tätig. W. gründete 1830 ein eigenes Geschäft und ließ sich im September 1833 als selbständiger Gewerbetreibender und Druckereibesitzer in die Magdeburger Bürgerrolle eintragen. Neben Drucksachen aller Art fertigte die *W.sche Buchdruckerei* auch Holzschnitte, Kompositabgüsse und Vignetten sowie zahlreiche andere Arbeiten in Messing, wobei der handwerklich sehr geschickte W. die Druckplatten zu hunderten von Etiketten selbst herstellte. Die Fa. avancierte neben den Unternehmen von → Eduard Haenel, Emanuel Baensch und → Friedrich Faber bald zur einer der bedeutendsten Druckereien in Magdeburg mit qualitativ hochwertigen Erzeugnissen. Ab Mitte der 1840er Jahre erschloß W. seinem Unternehmen mit dem Zeitungsdruck ein neues Geschäftsfeld und stellte u. a. das *Handwerker-Bl.* (1848–50), das von → Leberecht Uhlich begründete *Sonntagsblatt* (ab 1850) sowie das *Jerichower Kreisblatt* her. Seit 1845 war W. in Magdeburg auch als Stadtverordneter tätig. Ende 1854 ging das Geschäft auf seinen Sohn → Albert W. über.

L: Konrad W., Hundert Jahre Buchdruckerei Albert W., 1934 (***B***); ders., Dem Betriebsführer der Buchdruckerei A. W., Herrn → Paul Albert W. zum sechzigsten Geb., 1944.

Guido Heinrich

Wohlfeld, Paul

geb. 27.05.1853 Magdeburg, gest. 01.06.1923 Magdeburg, Kaufmann, Druckereibesitzer.

Der Sohn des → Albert W. absolvierte nach dem Schulbesuch eine kaufmännische Ausbildung in der Fa. *Ferdinand Roloff Nachfahre* in Magdeburg. Seit ca. 1876 war W. im Getreidehandel in Hamburg tätig, übernahm jedoch nach dem Tod seines Vaters 1878 den elterlichen Betrieb und führte diesen unter dem Namen *Buchdruckerei A. W. Magdeburg* weiter. Die Druckerei wurde 1880 durch den Einsatz einer Gally-Presse und 1882 durch Aufstellung der ersten Augsburger Zweifarbmaschine erweitert. Bei einem längeren Aufenthalt in England lernte W. die dortigen vorbildlichen Aufmachungen insbesondere der technischen Drucksachen der englischen Industrie kennen, was ihm eine innovative Beratung zahlreicher Magdeburger Firmen und die Herstellung von ansprechenden und hochwertigen Druckerzeugnissen aller Art ermöglichte. Die unter W.s Leitung schnell wachsende Fa. zog 1890 auf ein eigenes Grundstück in der Magdeburger Prälatenstraße um und verfügte zu diesem Zeitpunkt über acht Schnell- und zwei Zweifarbenpressen, eine Stereotypie, eine angegliederte Buchbinderei sowie über eine eigenständige Versorgung mit elektrischem Licht. 1895 ersetzte W. den alten Maschinenpark durch Augsburger Schnellpressen, erweiterte 1904/05 erneut die Firmengebäude und stellte 1906 die erste Miehle-Schnellpresse in Dtl. auf. 1914 verfügte die Fa. über 37 Druckmaschinen, davon 20 Schnellpressen, eine hochentwickelte Katalogsetzerei und beschäftigte ca. 350 Arbeiter und Angestellte. Unter W. vollzog sich der Aufstieg der Fa. zu einer national und int. anerkannten Qualitätsdruckerei, die höchsten Ansprüchen genügte. Dabei rückten zunehmend qualitätvolle Bilddruckwerke für die Industrie und städtische Einrichtungen wie das Kaiser-Friedrich-Mus. in den Vordergrund. W. übergab die Geschäftsführung des Unternehmens 1921/22 an seine Söhne → Paul Albert W. und Konrad W. Als Mitbegründer und langjähriger Vors. der *Magdeburger Druckerinnung* wurde er 1923 zu deren Ehrenvors. gewählt.

L: → Oskar Friese, Ein Rückblick. Anläßlich des 25jährigen Bestehens der Innung des Buchdruckergewerbes zu Magdeburg am 1. Februar 1925, 1925, *23*; Konrad W., Hundert Jahre Buchdruckerei Albert W., 1934 (***B***); ders., Dem Betriebsführer der Buchdruckerei A. W., Herrn Paul Albert W. zum sechzigsten Geb., 1944.

Guido Heinrich/Werner Rummert

Wohlfeld, Paul Albert

geb. 15.10.1884 Magdeburg, gest. gest. 08.04.1957 Hamburg, Druckereibesitzer.

Der Sohn des → Paul W. absolvierte nach dem Schulbesuch eine praktische Ausbildung in mehreren Großbetrieben Dtls und sammelte danach über mehrere Jahre berufspraktische Erfahrungen als Drucker im Ausland, zuletzt in den USA. Im August 1909 trat er als Mitarbeiter und Prokurist in das väterliche Geschäft ein und wurde Mitte 1921 Teilhaber der Fa. Ab Juli 1922 leitete er den Betrieb gemeinsam mit seinem Bruder Konrad W. (geb. 03.02.1891 Magdeburg, gest. 11.03.1975 Schiefbahn bei Krefeld), der die kaufmännische Seite des Unternehmens betreute. Durch kontinuierliche Modernisierung konnte die Fa. ihren Ruf als Qualitätsdruckerei, insbesondere im Bilderdruck, weiter ausbauen. Der „W.-Tieftondruck" wurde als eingetragener Markenname in der Geschäftswelt etabliert. 1923 führte W. den Offsetdruck ein, reorganisierte die Stereotypie (Winkler-Autostereo mit Vernickelung) und gliederte 1924 eine Ätzerei an. 1927 wurden Setzmaschinen und 1936 die erste vollautomatische Druckmaschine (Heidelberger Druck-Automat) aufgestellt. Ab 1933 führte die *Druckerei A. W.* verstärkt Aufträge für die dt. Großindustrie aus, zu denen umfangreiche farbige Kataloge und in ihrer Art vorbildliche Drucksachen u. a. für die *Adam Opel AG, Auto-Union, Mercedes Benz, Büssing, Norddt. Lloyd, Dt. Reichsbahn, Gute-Hoffnungs-Hütte, Junkers-Werke, Zeiss Jena,*

AGFA, *Kodak*, *IG Farben*, *Klöckner* und *Siemens*, für die Keramik-, Uhren-, Radio-, Motoren- und elektrotechnische Industrie u.v.a. gehörten. Auch für Magdeburger Firmen entstanden z. T. umfangreiche Fest- und Jubiläumsschriften. Zudem wurden hohe Auflagen farbiger Serienbildchen für die Zigaretten- und Putzmittelindustrie hergestellt. Herausragend waren auch die Druckarbeiten für namhafte dt. Verlage, für die bedeutende Bild-Werke entstanden, u. a. die Jahresbände „Das dt. Lichtbild", die Magdeburger Dombände (→ Walter Greischel), Bild- und Dokumentationsbände für den *Dt. Kunstverlag*, aber auch farbige Kunstblätter für den *Hoffmann-Verlag* sowie farbige Bildpostkarten für Verleger. 1936 stellte die Druckerei das Deutschlandbuch für die Olympia-Ehrengäste her. Während nach 1938 die Werbeaufträge zurückgingen, führte die Fa. Aufträge für die dt. Wehrmacht (Heer, Luftwaffe) und für Wirtschaftsämter aus. Seit 1935 besaß das Unternehmen eine von Konrad W. geleitete Zweigstelle in Düsseldorf. W. wurde 1939 ehrenamtlicher Leiter der Bezirksgruppe Mittelelbe der *Wirtschaftsgruppe Druck* und 1944 auch in die *Gauwirtschaftskammer* gewählt. Betrieb und Grundstück wurden nach 1945 enteignet. Während Konrad W. mit seiner Fam. den Krieg in Krefeld überlebte, übersiedelte W. nach versuchtem Wiederaufbau der Fa. im Frühjahr 1948 mit seiner Fam. in die Westzone, zunächst nach Bielefeld. Seit Mai 1950 lebte er in Hamburg.

L: Konrad W., Hundert Jahre Buchdruckerei → Albert W., 1934 (*B*); ders., Dem Betriebsführer der Buchdruckerei A. W., Herrn P. A. W. zum sechzigsten Geb., 1944.

Guido Heinrich

Wolf, *Rudolf* Ernst, Dr.-Ing. h.c.
geb. 26.07.1831 Magdeburg, gest. 10.11.1912 Magdeburg, Ing., Firmengründer.

W. stammte aus einer Professorenfam. Sein Vater war Lehrer für Mathematik, Gesch. und Griechisch am Domgymn. in Magdeburg. Die Schulzeit von W. begann ebenfalls an dieser humanistischen Bildungseinrichtung, aber ein Kindheitserlebnis, eine Dampferfahrt auf der Elbe, weckte in ihm Interesse für den noch jungen Maschinenbau und wurde zum Grund für einen Schulwechsel zum Realgymn. 1847 schloß er die Schulzeit mit dem Zeugnis der mittleren Reife ab. Für einen zukünftigen Maschinenbauer stand die Praxis in einer Maschinenfabrik am Beginn der beruflichen Laufbahn. Er trat als Praktikant in die Maschinenfabrik der *Vereinigten Hamburg-Magdeburger Dampfschiffahrts-Compagnie* in Buckau bei Magdeburg ein. Hier lernte W. den praktischen Maschinenbau von Grund auf kennen. Ab 1849 besuchte er für zwei Jahre die Provinzial-Gewerbeschule in Halberstadt. Anschließend begab er sich nach Berlin, um in der Maschinenfabrik *Friedrich Wöhlert* unter der persönlichen Anleitung des dort als Chefing. tätigen → Hermann Gruson seine fachliche Ausbildung zu vervollständigen. 1854 verließ W. Berlin und nahm eine Stelle als Obering. in der zwei Jahre zuvor gegründeten Maschinen- und Kesselfabrik *Gotthilf Kühn* in Stuttgart-Berg an. Das Haupterzeugnis waren Dampfmaschinen mit Leistungen von vier bis sechs PS, die als Antriebsaggregate für Werkzeugmaschinen dienten. Hier befaßte sich W. erstmals auch mit dem Bau von Lokomobilen. Diese ortsveränderlichen Dampfmaschinen waren bis dahin eine Domäne des Maschinenbaus in England, in Dtl. gab es erst wenige Firmen, die Lokomobilen herstellten. W. rechnete mit einem zunehmenden Bedarf und faßte den Entschluß, in Magdeburg eine Maschinenfabrik speziell für den Bau von Lokomobilen zu eröffnen. Anfang Februar 1862 verließ W. Stuttgart-Berg und kehrte nach Magdeburg zurück. Im zu dieser Zeit noch nicht in Magdeburg eingemeindeten Buckau erwarb er am 13.03.1862 für 2.900 Taler ein für die Anlage einer Maschinenfabrik geeignetes Grundstück. Nur fünf Tage später begann der Bau des Fabrikgebäudes, eines Wohnhauses und eines kleinen Verwaltungsbaus. Von der Fa. *G. Kühn* in Stuttgart-Berg bezog W. eine 8-PS-Lokomobile, von verschiedenen Maschinenfabriken einige Werkzeugmaschinen, u. a. eine selbsttätige Zylinder- und Schraubendrehbank, eine Kurzhobelmaschine mit Parallelschraubstock und eine kleine handbetriebene Drehbank. Bereits am 16. Juni des gleichen Jahres eröffnete das Unternehmen mit sechs Mitarbeitern den Betrieb. W. bemühte sich erfolgreich um Aufträge für seine junge Fa. Die erste von W. gebaute Lokomobile war eine Einzylindermaschine für Sattdampf mit vier PS Leistung, sie besaß eine Planrostheizung und einen ausziehbaren Röhrenkessel mit 44 Heizröhren. Die konstruktive Ausführung der ersten Lokomobile gewährleistete einen vergleichsweise niedrigen Dampfverbrauch. Diese erste Lokomobile arbeitete zweieinhalb Jahrzehnte zur vollen Zufriedenheit des Betreibers. 1887 kaufte W. die Lokomobile Nr. 1 zurück. Sie diente weitere 15 Jahre als Antriebsmaschine in der Tischlerei der Maschinenfabrik. 1904 schenkte W. die Lokomobile Nr. 1 dem Dt. Museum für Meisterwerke der Naturwiss. und Technik in München. Die Kessel für die ersten Lokomobilen bezog W. aus Köln-Deutz von der Fa. *Van der Zypern & Charlier*. 1868 richtete er in seiner Maschinenfabrik eine eigene Kesselschmiede ein. Die Lokomobile wurde von W. technisch ständig verbessert und für immer größere Leistungen ausgelegt, wobei er größten Wert auf Qualität legte. 1874 erfolgte die Fertigstellung der 500sten und 1895 der 5.000sten Lokomobile. Die weiteren Fortschritte im Bau von Lokomobilen vollzogen sich auf den von W. geschaffenen Grundlagen. Außer Lokomobilen stellte die Maschinenfabrik von W. auch komplette Einrichtungen für Zuckerfabriken und Brauereien her sowie Anlagen für Tiefbohrungen, Kreiselpumpen u. a. Er achtete persönlich darauf, daß in den Werkstätten sorgfältig und genau gearbeitete wurde. Darauf bezog sich der häufig von ihm geäußerte Satz: „Sauber, nur sauber, ganz gleich was es kostet!" W. heiratete 1873 Ottilie Litzmann, 1874 und 1875 wurden seine beiden ältesten Söhne Rudolf und Max geb., die später als Teilhaber in die Maschinenfabrik eintraten. Max W. wurde wie sein Vater Ing., allerdings ohne diesem im fachlichen Vermögen und in den unternehmerischen Fähigkeiten gleichzukommen. W. war trotz seiner starken beruflichen Inanspruchnahme aktives Mitglied in verschiedenen Vereinen und Gremien. Besonders widmete er sich den Aufgaben des *VDI*, dessen Hauptverein ihn 1888 zu seinem Vors. wählte. Im gleichen Jahr erlitt er einen Schlaganfall, dessen Folgen seine Arbeitsfähigkeit weitgehend minderten. An der weiteren Entwicklung seines Unternehmens konnte er persönlich nur eingeschränkt teilnehmen. Er erlebte noch die betrieblichen Erweiterungen in Buckau und den Aufbau des Werkes in Salbke. W. erfuhr viele Ehrungen u. a. verlieh ihm die TH Berlin-Charlottenburg die Würde eines Dr.-Ing. ehrenhalber.

L: Mitteldt Leb 1, *331–343* (*B); Conrad Matschoß, Maschinenfabrik R. W. Magdeburg-Buckau 1862–1912, 1912, *6–37*; ders., Männer der Technik, 1925, *300*.

Manfred Beckert

Wolff, Friedrich Wilhelm

geb. 1783 Hohenziatz/Jerichower Land, gest. 25.01.1862 Magdeburg, Stadtbaumeister.

W. trat nach seiner Ausbildung zum Bau-Konducteur 1805 in den Dienst der Stadt Magdeburg, avancierte später zum Stadtbaumeister und machte sich in der Folge vor allem um die Neuschaffung und Entwicklung der Magdeburger Parkanlagen verdient. Ende 1817 erhielt er vom neuen Magdeburger Oberbürgermeister → August Wilhelm Francke den Auftrag zur Vermessung des Herrenkruges, eines weitläufigen, vor den Toren der Stadt in der nördlichen Elbaue gelegenen Areals, das zuvor für den Gemüse- und Obstbau, als Acker- und Weidefläche sowie als städtisches Holzresevoir genutzt worden war. 1818–24 leitete er die Umgestaltung des Herrenkruges zu einer landwirtsch.-gärtnerisch. genutzten Parkanlage, die schnell von der Bevölkerung als Ausflugsziel angenommen wurde. Francke leitete damit eine vorausschauende kommunale Grünentwicklung ein, die mit der Schaffung des ersten städtischen Begräbnisplatzes außerhalb der Festungsmauern Magdeburgs (Nordfriedhof, heute Nordpark), dem Klosterberge-Garten und der Umwandlung der Festungsglacis in städtische Grünanlagen ihre konsequente Fortsetzung fand und das Bild der Stadt bis heute prägt. Maßgeblich daran beteiligt war der bekannte Landschaftsarchitekt → Peter Joseph Lenné, der 1824 im Auftrag Franckes die Pläne für die Anlage eines Volksparks auf dem Gebiet des von den Franzosen verwüsteten Klosters Berge sowie des Nordfriedhofs fertigte. Beide Anlagen wurden unter der Leitung W.s zwischen 1825 und 1835 realisiert. W. lieferte zudem die Entwürfe für das 1828–29 im Klosterberge-Garten errichtete Gesellschaftshaus sowie für das 1843/44 ausgeführte neue Gesellschaftshaus im Herrenkrugpark, nachdem er bereits 1829/30 Umgestaltungen des südlichen Teiles des Herrenkruges nach Anregungen Lennés durchgeführt hatte (raumbildende Neupflanzungen, Schaffung von Sichtbeziehungen zur umgebenden Landschaft und zur Stadt). 1855 feierte W. sein 50jähriges Dienstjubiläum. Anläßlich seines Eintritts in den Ruhestand 1861 wurde ihm zu Ehren im Herrenkrugpark eine Kugelsonnenuhr aufgestellt. W. gehörte zu den Persönlichkeiten der ersten Hälfte des 19. Jhs, deren praktisches Wirken das Stadtbild Magdeburgs wesentlich prägte.

L: → Heinz Gerling, Denkmale der Stadt Magdeburg, 1991; Gisela Hoke, Herrenkrug. Die Entwicklung eines Magdeburger Landschaftsparkes, 1991; Heidemarie Titz, Parkanlagen der Stadt Magdeburg, Bd. 1, 1994.

Guido Heinrich

Wolff, Gustav Adolf

geb. 28.02.1889 Magdeburg, gest. 18.03.1947 Magdeburg, Museumsassistent, Graphiker, Heimatmaler.

W., in Magdeburgs „Pottlappenviertel" (Neustädter Straße – Volksmund für ältestes und engstes Wohngebiet) geb., wurde von frühester Jugend an von diesem Milieu beeinflußt. Nach der Lehre im graphischen Gewerbe 1903–06 in der Buchdruckerei von → Paul Wohlfeld förderten die Professoren → Adolf Rettelbusch und → Richard Winckel an der Kunstgewerbeschule Magdeburg sein zeichnerisches Talent. Die Wirtschaftskrise der 1920er Jahre zwang ihn zur Arbeit als technischer Zeichner bei *Krupp-Gruson*, die Arbeitslosigkeit folgte 1932. Sein künstlerisches Schaffen blieb ihm erhalten. Er baute ein Marionettentheater, schnitzte Figuren, schrieb kleine Theaterstücke. Seine Frau fertigte die Kleidung, und beide spielten vor Schulklassen. Angeregt vom Mus. für Stadtgesch. in Hildesheim begeisterte W. 1934 finanzkräftige Heimatfreunde zur Gründung des Mus. für Stadtgesch. und heimatliche Volkskunde in Magdeburg, Brandenburger Straße. Als Museumsassistent vertiefte sich W. voll in diese Aufgabe, trug aus Innungen und Zünften der Stadt alles gesch. Wichtige zusammen und ergänzte es zum besseren Verständnis durch seine zeichnerische Gabe in Bild- und Schriftform. Sitten und Gebräuche der Stadt Magdeburg und der Börde brachte er den Bürgern durch Schriften und Illustrationen im *Magdeburger General-Anzeiger* näher. W. fertigte Blaudrucke aus der Gesch. der Stadt und stellte Zeichnungen zu einem Buch zusammen unter dem Titel „Dunnemals als Machtebourch noch anspruchslos aober jlicklich waor" (Magdeburger Mundart). Zum Druck kam es leider nicht mehr. Krieg und sein früher Tod hinderten ihn an diesem Vorhaben.

N: Vf., Magdeburg (Zeichnungen und Fotos). – **L:** Otto Franz Kutscher, Alt-Magdeburger-Brauchtum, in: Gebrauchsgraphik, H. 4, 1943, *1–12*; Magdeburger Ztg. vom 28.12.1963. – **B:** *Vf., Magdeburg (priv.): Zeichnung von Richard Winckel.

Martin Wolff

Wolff, Kuno

geb. 01.03.1902 Magdeburg, gest. 02.07.1989 Altenweddingen, Pharmazierat, Apotheker.

W. verlebte seine Kindheit in Osterweddingen, besuchte 1908–16 die Bürgerschule in Magdeburg und absolvierte eine Lehrerausbildung in Magdeburg und Eisleben, die er 1922 abschloß. Infolge geringer Berufsaussichten nahm W. anschließend eine Gärtnerlehre auf. 1926 bestand er extern das Abitur, nachdem er 1925 eine Berufung als Lehrer und Organist nach Brettleben/Kyffhäuser erhalten hatte. Zum Studium der Pharmazie an der TH Braunschweig ließ er sich beurlauben. 1932 approbiert, pachtete W. die Apotheke in Altenweddingen. Nach Ende des II. WK überstand W. vier Jahre russische Gefangenschaft und übernahm 1949 wieder die Apotheke in Altenweddingen. Hier gehörten die Versorgung des Kreiskrankenhauses Bahrendorf in Zusammenarbeit mit dessen Dir. → Walter Lämmerzahl, der Aufbau eines Katastrophenlagers sowie der Ausbau des Versorgungsbereiches zu seinen umfangreichen Aufgaben. 1961 wurde W. zum Pharmazierat ernannt. 1974 übergab er seinem Sohn Dietrich W. als staatl. Leiter die Löwen-Apotheke, in der er noch bis 1977 mitwirkte. Musikalisch begabt, leitete W. ein kleines Orchester. Die Regionalgesch. interessierte W. sehr, was in Beiträgen zur Gesch. Altenweddingens, der Apotheken und Medizinpersonen des Kreises Wanzleben, der Mühlen und Müller sowie zur Darstellung der Todesursachen von Bürgern Langenweddingens zum Ausdruck kam.

L: Zur Gesch. der Apotheke in Wanzleben, 1980; Zur Gesch. der Med. und der Medizinpersonen im Kr. Wanzleben, 1981; 1842–1981 Löwen-Apotheke Altenweddingen, 1992 (***B***).

Gerd Gerdes

Wolter, Erna

geb. 12.12.1885 Magdeburg, gest. 11.01.1973 Magdeburg, Goldschmiedin, Bildhauerin.

W.s Eltern betrieben in Magdeburg eine Gärtnerei für Orchideenzucht. Durch einen Unfall verlor W. in früher Kindheit ihr Gehör, trotzdem studierte sie 1903–06 Bildhauerei an der Magdeburger Kunstgewerbe- und Handwerkerschule u. a. beim Bildhauer → Carl Wegner, beim Metallgestalter Wilhelm Achtenhagen, sowie bei → Emil Thormählen, → Albin Müller und Salomon Rudolf Rütschi. 1906–08 war sie als Zeichnerin im Atelier für Beleuchtungskörper Hartmann in Dresden tätig. Danach wurde sie als freischaffende Künstlerin in Magdeburg ansässig. Etwa um 1910 eröffnete W. gemeinsam mit Kolleginnen ein kunstgewerbliches Atelier in Magdeburg. Anfänglich fertigte W. große Metalltreibarbeiten in Silber, Kupfer und Messing, später widmete sie sich in einem eigenen Goldschmiedeatelier der Schmuckherstellung. Die Tier- und Pflanzenwelt und die menschliche Figur setzte W., angelehnt an die Formsprache des Jugendstils, in ihren Arbeiten um. Sie war Mitglied des Magdeburger *Vereins für Dt. Werkkunst* bis zu dessen Auflösung 1933 und nahm regelmäßig an den Kunsthandwerksausstellungen der 1920er und 1930er Jahre des Grassi-Mus. in Leipzig teil. Der Mangel an Edelmetallen im Zusammenhang mit den II. WK wirkte sich negativ auf ihre Arbeit aus. Obwohl sie sich ab 1934 als Bildhauerin und Kunstgewerblerin weiter freischaffend in Magdeburg betätigte – W. zeigte z. B. auf der Magdeburger Kunstausstellung 1939 eine Weiheschale aus Tombak – geriet sie als Künstlerin in Vergessenheit.

W: handgearbeitete Silberbroschen, um 1920 (KHMus. Magdeburg); Silberbroschen „Tierkreiszeichen" (priv.). – **L:** Kunstausstellung 1939, Magdeburg 1939, *18*; Anna Beatritz Chadour, Kunstgewerbemus. der Stadt Köln, Schmuck II, 1985, *316f.*; Gabriele Putz, in: Der Fährmann

12, 1986, *61*; Norbert Eisold, Die Kunstgewerbe- und Handwerkerschule Magdeburg 1793–1963, Kat. Magdeburg 1993, *97, 162*.

Sabine Liebscher

Wolter, Ferdinand *Albert*
geb. 04.08.1813 Magdeburg, gest. 26.12.1910 Groß Salze, Jurist, Kommunalpolitiker, Stadthistoriker.

W. war Sohn eines Lehrers. Kurze Zeit nach der Geburt W.s siedelte der Vater nach Sommersdorf über. Ab 1823 besuchte W. das Magdeburger Domgymn. und studierte danach in Halle und Berlin Jura. Aus finanziellen Gründen war es ihm nicht möglich, eine höhere jur. Laufbahn einzuschlagen, deshalb wurde er 1837 Supernumerar (Beamtenanwärter) am OLG in Magdeburg, wo er 1842 zum Aktuar (Gerichtsangestellten) avancierte. Die gleiche Funktion übte er ab 1849–56 am Kreis- und Stadtgericht Magdeburg aus. 1856 wurde er zum besoldeten Stadtrat in Burg, zwei Jahre später dort zum Zweiten Bürgermeister gewählt. Diese Tätigkeit übte er 28 Jahre aus. Nach seiner Pensionierung 1884 siedelte W. nach Groß Salze über. W. war Mitglied der nationalliberalen Partei und vertrat 1870–73 und 1876–79 die Landkreise Jerichow II und I im Landtag. Er veröffentlichte mehrere Schriften zu rechtlichen Problemen. Darüber hinaus war W. heimatgesch. sehr interessiert. 1845 erschien die erste Auflage seiner „Gesch. der Stadt Magdeburg". W. verwirklichte damit seine Idee, die Gesch. seiner ihm teuren Vaterstadt „in einer des Gegenstandes würdigen, zu Gemüt und Herz redenden, aber jedes gelehrten Apparates entkleideten Sprache" darzustellen, weil er der Ansicht war, „daß vorzugsweise diese Art der Geschichtsschreibung geeignet ist, in weiteren Kreisen Sinn für die glorreiche Gesch. zu verbreiten und dadurch Bürgersinn und Vaterlandsliebe in der Bürgerschaft zu beleben und lebendig zu erhalten". Die zweite Auflage der „Gesch. der Stadt Magdeburg" erschien 1889 unter Verwendung der damals neuesten Forschungsergebnisse von → George Adalbert von Mülverstedt, Gustav Droysen, Julius Otto Opel und → Max Dittmar; die dritte, erneut umgearbeitete Auflage des Buches erschien 1901 (Repr. 1996). W. vertrat die inzwischen überholte Ansicht, daß Magdeburg keine dem Erzstift angehörende, sondern dem Reich unmittelbar unterstellte Stadt gewesen sei. W. beschäftigte sich zudem mit den Ortsgeschichten von Burg, Groß Salze und Schönebeck und publizierte dazu einige Beiträge in den *Geschichts-Bll. für Stadt und Land Magdeburg*.

W: Andeutungen über die Reform ev. Kirchengesangbücher, 1843; Mitthlgg. über das Gewerbegericht zu Magdeburg, 1851; Zur Gesch. und Verfassung der ev. Kirche in Preußen, 1869; Verhandlungen der preuß. Landesvertretung über den Gesetzentwurf betr. die Befähigung für den höheren Verwaltungsdienst, 1878; Mitthlgg. aus der Gesch. der Stadt Burg, 1881; Mitthlgg. aus der Gesch. der Stadt Groß-Salze, in: GeschBll 20, 1885, *201–216*; ebd. 21, 1886, *138–170*; ebd. 22, 1887, *1–44, 209–260*; Die staatsrechtliche Stellung Magdeburgs, 1893. – **L:** BioJb 15, 1910 (Totenliste); → Ernst Neubauer, A. W., Nachruf, in: GeschBll 46, 1911, *119f*. – **B:** *StadtA Magdeburg; A. W., Gesch. der Stadt Magdeburg, 1901.

Ingelore Buchholz

Wolterstorff, Christian Heinrich Friedrich *Wilhelm,* Dr. phil.
geb. 09.08.1828 Salzwedel, gest. 24.04.1905 Magdeburg, Bibliotheksverwalter, Stadtschulrat.

W., Sohn des Salzwedeler Predigers Gottfried W., besuchte das Gymn. seiner Heimatstadt, studierte 1846–47 ev. Theol. und Phil. in Halle und wechselte danach an eine andere Univ. W. trat später in den Staatsdienst ein und wurde, nachdem er einschlägige Erfahrungen im Verwaltungsdienst gesammelt hatte, 1860 zum Bürgermeister von Calbe gewählt. Das Amt übte er bis 1869 aus. 1872 kam er nach Magdeburg und übernahm für 27 Jahre die Leitung der Stadtbibl. Ein Jahr später trat er das Amt des Stadtschulrates an, das er bis 1899 ausfüllte. Als Stadtschulrat war W. Mitglied der von der Reg. 1867/68 installierten Ortsschulbehörde und beanspruchte die bereits von seinem Vorgänger → Ernst Grubitz ausgeübte städtische Schulinspektion. Erst ab 1889 wurde ihm der Titel eines Kreisschulrates zuerkannt, der diese Aufgabe offiziell einschloß. Dennoch vertrat er die Errungenschaften seines Vorgängers und vermehrte den Ruf Magdeburgs als Stadt mit einem fortschrittlichen, zentral geleiteten, einheitlichen städtischen Schulwesen, das als vorbildlich für andere Städte galt. Besondere Verdienste erwarb sich W. bei der Neustrukturierung der städtischen Bibl. Unmittelbar nach Amtsübernahme wurde eine eigene Magistratsbibl. errichtet, die bis heute als Verwaltungsbücherei mit öffentlichem Zugang existiert. Damit entband W. die Stadtbibl. vom Status der Behördenbücherei. Der gesamte Vermehrungsstock konnte nun zum Ankauf allg. wiss. Lit. verwendet werden. W. verwirklichte den Anspruch einer allg. Bildungsbibl. für die gebildeten Stände mit erweiterten Öffnungszeiten. 1874 erschien ein 236 Seiten starker neuer Bibliothekskat., der 1881 einen Nachtrag von 39 Seiten erhielt. W. war ab 1874 Mitglied der Magdeburger Loge „Ferdinand zur Glückseligkeit", in der er das Redneramt ausübte. Sein Sohn → Willy Wolterstorff wurde 1875 erster Konservator und wiss. Angestellter des Mus. für Naturkunde in Magdeburg.

L: → Ernst Neubauer, Gesch. der Stadtbibl. Magdeburg, in: GeschBll 45, 1910, *22–24;* → Arthur Reichsritter von Vincenti, Gesch. der Stadtbibl. Magdeburg 1525–1925, 1925, *92f.* (***B**); → Julius Laumann, Die Entwicklung der Schulverwaltung der Stadt Magdeburg von 1818–1889, in: GeschBll 74/75, 1939/41, *181f.*

Heike Kriewald

Wolterstorff, *Willy* **Georg,** Dr. phil.
geb. 16.06.1864 Calbe, gest. 21.01.1943 Magdeburg, Geologe, Herpetologe, Konservator.

W., Sohn des Bürgermeisters von Calbe und späteren Magdeburger Stadtschulrates → Wilhelm W., verlor durch eine epidemische Erkrankung 1871 das Gehör, erlernte jedoch unter Anleitung seines Vaters eine normale Stimmbildung und die Fähigkeit, gesprochene Wörter vom Mund abzulesen. Durch Privatunterricht erlangte er ein umfangreiches Wissen, besonders auf naturwiss. Gebiet. Nach einer handwerklichen Ausbildung erwarb er 1883 den Gesellenbrief als Buchbinder, studierte 1884–89 mit ministerieller Sondererlaubnis in Halle bei Karl von Fritsch Geologie und erhielt dort zudem eine Ausbildung zum Konservator. 1889 trat er als Assistent am Mineralogisch-geologischen Inst. in Erlangen bei Konrad Oebbeke ein und prom. hier später (1898) mit einer Arbeit über „Das Untercarbon von Magdeburg-Neustadt und seine Fauna". 1890 war er Privatassistent des Geologen Baron von Reinach und wurde 1891 zum ersten hauptamtlichen Konservator des 1875 gegründeten Magdeburger Mus. für Naturkunde und Vorgesch. berufen. Ab 1900 war W. hier als Kustos unter → August Mertens tätig. Auch nach seiner Pensionierung 1929 arbeitete er freiwillig stundenweise im Mus. und legte ab 1941 ein umfangreiches Archiv zu den von ihm zusammengetragenen Slgg. an. Neben seinen paläontologischen Arbeiten, in denen sich W. mit Spezialthemen wie der wiss. Bearbeitung eigener Aufsammlungen von einmaligen Aufschlüssen zum Magdeburger Kulm und Tertiär beschäftigte, galten seine wiss. Forschungen zunehmend den niederen Wirbeltieren, besonders der Familie der Salamandridae. Er untersuchte Fragen zur Systematik, Fortpflanzung und zum Verhalten dieser Tiere und etablierte durch seine intensive Beschäftigung mit diesem Gebiet das Magdeburger Mus. als ein angesehenes Zentrum der Molchforschung. Das erfolgreiche Wirken W.s und seine int. Verbindungen bereicherten insbesondere die von W. geschaffene umfangreiche Präparatenslg., deren bedeutendster Teil eine Slg. von Urodelen bildete. 1943 umfaßte die sog. „W.-Slg." rund 12.000 Gläser (davon 7.160 Urodelen) und war damit eine der weltweit größten Spezialslgg. dieser Art. Gegen Ende des II. WK wurden die zwischenzeitlich int. stark beachtete Präparatenslg. und das Archiv völlig zerstört, während seine paläontologischen Aufsammlungen sich gegenwärtig im Mus. für Naturkunde Magdeburg befinden. Als hervorragender Kenner der regionalen Fauna war W. ab 1909 auch als Schriftleiter der *Bll. für Aquarien- und Terrarienkunde* tätig und gründete 1918 den *Salamander,* eine Vereinigung von Terrarianern. W., der zu den führenden Herpetologen Dtls zählte, publizierte nahezu 300 wiss. Arbeiten zu paläontologischen und biologischen Themen, war Ehrenmitglied zahlreicher in und ausländischer Fachges. und erhielt mehrfach wiss. und kommunale Ehrungen (u. a. die Otto-von-Guericke-Plakette der Stadt Magdeburg). Auch rezente und ausgestorbene Tiere erhielten W. zu Ehren seinen Namen.

W: Über fossile Frösche, insbesondere das Genus Palaeobatrachus (2 Tle), 1886–87; Unsere Kriechthiere und Lurche, 1888; Die Reptilien und Amphibien der Nordwestdt. Berglande, 1893; Die Tritonen der Untergattung Euproctus Gené und ihr Gefangenleben, nebst einem Überblick der Urodelen der südwestlichen paläarktischen Region, 1902. – **L:** → Günther Freytag, W. W., ein Forscherleben, in: Berichte des Mus. für Naturkunde und Vorgesch. Magdeburg 8, 1948 (*B*). – **B:** *Mus. für Naturkunde und Vorgesch., Magdeburg.

Ingrid Böttcher

Wulffen, Carl von
geb. 01.12.1785 Wuticke bei Kyritz, gest. 23.04.1853 Pietzpuhl/Jerichower Land, Landwirt, Rittergutsbesitzer.

Der Sohn des Besitzers des Rittergutes Wuticke trat 1800 als Junker in das Potsdamer Regiment „König" ein, avancierte bald zum Lieutenant und nahm an den Kämpfen der preuß. Armee gegen Napoleon teil. 1806 wechselte er als Eleve auf das väterliche Gut Grabow im Kr. Jerichow I, nahe Pietzpuhl, das ebenfalls seinem Vater gehörte. Durch das Kriegsgeschehen waren die Güter heruntergekommen. W. ging bis 1810 an die von Albrecht Thaer, dem Reformer der dt. Landwirtschaft, gegründeten landwirtsch. Akad. in Möglin im Oderbruch, ließ sich dann aus dem Militär verabschieden und unternahm eine landwirtsch. Bildungsreise durch Süddtl., die Schweiz und Südfrankreich, von der er Anregungen zur Verbesserung der sandigen Böden, die für seine Heimat bis in den höchsten Norden Dtls charakteristisch waren, mitbrachte. Nach nochmaliger Teilnahme an den Kämpfen gegen Napoleon kehrte er nach 1815 auf Gut Grabow zurück, übernahm Pietzpuhl 1818 erst in Pacht und 1828 in Besitz und betrieb hier, mit Soldaten seiner Kompanie und bis an sein Ende in militärischer Ordnung, die Landwirtschaft nach wiss. Erkenntnissen und Methoden und mit neuer Systematik. Er begann, die Wirtschaftssysteme nach den wechselnden Bodenklassen einzuteilen, mit der Einführung der Gründüngung durch den Lupinenanbau in Fruchtfolge, der Befestigung der leichten Böden mit Schafschwingel als Weideflächen und durch die Mergelung der leichten Sandböden die Bodenqualität, u. a. auch für den Kartoffel- und Luzerneanbau, zu verbessern, und erreichte auf diese Weise hohe Ernteerträge. Er beschäftigte sich außerdem vorrangig mit der Statik des Landbaus, die sich in den Bedingungen zur Erhaltung des Gleichgewichts zwischen den Ernten und der notwendigen Menge der Nahrungszufuhr in den Boden und die damit verbundene künftige Fruchtbarkeit ausdrückte. Dazu hatte er, auch in Abwandlung zu Forschungsergebnissen von Thaer, Beiträge veröffentlicht, die dieser dahingehend beurteilte, daß sie dem Verfasser ein unsterbliches Verdienst um die Theorie des Ackerbaus gäben. Durch das Wirken W.s änderte sich das Landschaftsbild um Pietzpuhl in der ersten Hälfte des 19. Jhs grundlegend. Die öden Heideflächen, auf denen ungehindert Manöver stattfinden konnten, verwandelten sich in Äcker, Wiesen und Wald. W. verwirklichte seinen Plan, von der Peripherie des Besitztums aus nach dessen Zentrum, den Gutsgebäuden, einen allmählichen Übergang von Wald zu Feld, von diesen zu Garten- und Parkanlagen zu schaffen. Er fand auch Wasser, was u. a. den Anbau edler Gehölze ermöglichte. Pietzpuhl wurde seitdem ein Vorzeigegut für Besucher aus ganz Norddtl. W. war 1842–50 aktives Mitglied des *Landes-Oekonomie-Collegiums*, das die preuß. Landwirtschaft fördern sollte. → Theodor Fontane bezeichnete W. als den „vielleicht hervorragendsten und geistesvollsten unter allen Schülern Thaers". Am Bronze-Denkmal für Thaer in Berlin ist W. auf einem Sockelrelief in der Mitte der linken Männergruppe dargestellt, wie er seinem Lehrer eine Lupine überreicht.

W: Versuch einer Theorie über das Verhältnis der Aernten zu dem Vermögen und der Kraft des Bodens, über seine Bereicherung und Erschöpfung, 1815; Entwurf einer Methodik zur Berechnung der Feldsysteme, 1847. – **L:** Rudolf Stadelmann, C. v.W. Ein Cultur- und Charakterbild, 1863; Sibylle Badstübner-Gröger (Hg.), Pietzpuhl (Reihe Schlösser und Gärten in Sa.-Anh., veröffentlicht für den Freundeskreis Schlösser und Gärten der Mark in der Dt. Ges. e.V.)., 1997.

Axel Thiem

Wurthe, *Wilhelm* Christof Andreas
geb. 12.03.1866 Göddeckenrode/Kr. Halberstadt, gest. 03.11.1932 Magdeburg, Lehrer, Lehrbuchautor.

W. besuchte das Gymn. und das Lehrerseminar in Halberstadt und unterrichtete seit 1886 an der Buckauer Volks-Knaben-Schule in Magdeburg. Durch wilhelminische Lehrerbildung geprägt, praktizierte W. dennoch bereits um 1900 einen problemorientierten kindbezogenen Ansatz in seinem naturkundlich-praktischen Unterricht und publizierte erfolgreich über dessen didaktisch-methodische Grundlagen. Mit der Gründung der weltlichen Schule schloß sich W. dem Kollegium an und leitete ab 1924 als Konrektor der daraus hervorgegangenen Buckauer Versuchsschule, gleichzeitig größte Volksschule der Stadt, mit → Richard Rötscher insbesondere den konzeptionellen und praktischen Aufbau der Waldschule Süd im Fort II, einer der Landheimidee verpflichteten, reformpädagogisch orientierten Einrichtung.

W: Präparationen für den naturgeschichtlichen Unterricht, Bd. 1: Mittelschule, 1907; Bd. 2: Mittelschule 2, 1908; Bd. 3: Oberstufe, [5/6]1919 (jeweils mit Gustav Niemann); Präparationen für den Unterricht in der Naturlehre, Bd. 1: Physik, 1910, [11/12]1928 und Bd. 2: Mineralogie und Chemie, 1913, [6/7]1926.

Reinhard Bergner

Wuttke, *Gottfried* Martin Paul, Dr. phil., Lic. theol.
geb. 01.11.1899 Gudersleben/Harz, gest. 16.08.1981 Magdeburg, ev. Pfarrer, Konsistorialrat.

W. stammte aus einer Theologenfam.: W.s Vater war Pfarrer, zuletzt Domprediger in Merseburg; Großvater Adolph W. war Theologieprof. in Halle, Großvater Renner Superintendent in Wernigerode und Hofprediger beim Grafen von Stolberg. 1918 legte W. das Notabitur ab, da er sich zum Kriegsdienst gemeldet hatte. Nach dem Theologiestudium prom. er bei Ernst von Dobschütz in Halle, den Dr. phil. erwarb er mit einer pädagogischen Diss. in Erlangen. Als Hilfsprediger am Magdeburger Dom vertrat er zeitweilig den Domprediger und Reichstagsabgeordneten → Ernst Martin. 1930 wurde er Pfarrer an St. Silvestri in Wernigerode. Seit 1940 war W. bis zum Beginn des Ruhestands 1971 Domprediger in Magdeburg, mit kurzer Unterbrechung durch den Militärdienst. W. stand zeitweilig den Dt. Christen nahe; seit 1940 war er nebenamtlich Konsistorialrat (bis 1945, dann erneut ab 1955). In der Zeit der DDR lehnte er Konzessionen ab (er ging nie zur Wahl). Als Prediger und Seelsorger in Magdeburg hochgeschätzt, wirkte er insbesondere durch seine feinsinnigen Betrachtungen zu den Kunstwerken des Domes, z. B. zum Ehrenmal von → Ernst Barlach (unveröffentlichte Gedichte zu diesen Themen). Seine wiss. Arbeit galt der Reformationsgesch. Magdeburgs.

W: Melchisedech der Priesterkönig von Salem. Eine Studie zur Gesch. der Exegese, 1927; Siegfried Sack, der erste ev. Domprediger in Magdeburg (1567–1596), in: Herbergen der Christenheit. Jb. für dt. Kirchengesch. 8, 1964, *155–173*; AKPS: Rep. A, Spec. P, W 505 (PA).

Harald Schultze

Zabel, Hans *Willy* Richard

geb. 03.12.1891 Magdeburg, gest. 29.01.1955 Magdeburg, Architekt.

Nach der Bürgerschule absolvierte Z. eine Lehre bei dem Maurermeister und Bauunternehmer Carl Fröhlich in Magdeburg und besuchte in den Wintermonaten dort auch die Kunstgewerbe- und Handwerkerschule. 1908 trat er in die Magdeburger Baugewerkschule ein, legte 1910 die Reifeprüfung als Tiefbau- und Hochbautechniker ab und war anschließend mit der Planung und Bauleitung von zwei Zweifamilienhäusern in Magdeburg befaßt. Ab Januar 1911 arbeitete Z. als Bautechniker im Architekturbüro des Maurermeisters Ackermann in Neuhaldensleben. Im April 1911 bewarb er sich als Bautechniker in der Entwurfsabt. des Städtischen Hochbauamtes I Magdeburg, wo er bis 1941 angestellt blieb. Z. war an zahlreichen kommunalen Projekten beteiligt. Unter der Leitung von → Bruno Taut bzw. → Johannes Göderitz fertigte er in den 1920er und 1930er Jahren u. a. Zeichnungen für eine Reihenhaussiedlung sowie für Büro- und Geschäftshäuser an. Sein Name ist vor allem mit dem Bau der Hermann-Beims-Siedlung verbunden, deren Planung im Stadterweiterungsamt unter → Konrad Rühl erarbeitet wurde. Außerdem zeichnete er für die Bauentwürfe einer Doppelhaussiedlung in Magdeburg-Lemsdorf (Zwischenwerk IIIb/Alttemplerschanze) und für den Entwurf einer „Kochküche" auf der Magdeburger Küchenausstellung 1929 verantwortlich. Z. erzielte mit seinen Entwürfen bei mehreren Wettbewerbsteilnahmen Preise, u. a. beim Wettbewerb „Bauwelthaus" (Berlin 1924) und „Das wachsende Haus" (Berlin 1932). In den 1940er Jahren war Z. im damaligen „Reichsprotektorat Böhmen und Mähren" als Stadtarchitekt von Budweis (Ceske Budejovice) tätig. Nach 1945 kam Z. als freier Architekt nach Magdeburg zurück, entwarf u. a. Neubauernhäuser und wirkte auch als Doz. an der Ingenieurschule für Bauwesen.

W: Die Siedlung Magdeburg-Lemsdorf, in: Die Wohnungswirtschaft 4, Nr. 17/18, 1927, *141–143*. – **L:** Marta Doehler/Iris Reuther, Magdeburg – Stadt des Neuen Bauwillens. Zur Siedlungsentwicklung in der Weimarer Republik, 1995; StadtA Magdeburg: Rep. 35 Ha 48, Bl. 137, 241, 163, 256; Unterlagen K.-J. Z., Gerlingen. – **B:** *StadtA Magdeburg.

Hans Gottschalk

Zabel, Johannes

geb. 27.03.1902 Magdeburg, gest. 04.12.1977 Magdeburg, Architekt.

Z. besuchte 1908–17 die Mittelschule in Magdeburg. Neben seiner Tischlerlehre, die er 1917–21 absolvierte, belegte er den Abendkurs in der Kunstgewerbe- und Handwerkerschule. Hier erhielt er offenbar den Anstoß und die Grundlagen für das Studium der Architektur am Staatl. Bauhaus in Weimar und Dessau, das er 1923 nach zwischenzeitlicher Tätigkeit als Tischlergeselle in Aue aufnahm. 1928 schloß Z. seine Studien in der Bau-Ausbauabt. als (Bauhaus-)Geselle ab, arbeitete danach im Architekturbüro Arndt in Probstzella, im Stadtbauamt Sonneberg und bei der Reichsheimstätten-Siedlung in Obernigk, bis er im Februar 1929 in Magdeburg ansässig wurde. Nachdem er bis Ende 1929 zehn Monate im Architekturbüro von → Carl Krayl tätig war, wirkte Z. als Architekt bis zu seinem Lebensende in Magdeburg. Seit 1933 war er Mitglied der Reichskammer. 1934–37 arbeitete Z. im Büro der Fa. *Polte* bei Architekt Gert von Brocke im Industriebau. 1951–53 war er im Landesprojektierungsbüro und anschließend im Büro des Chefarchitekten, Büro für Stadtplanung, tätig und hatte als verantwortlicher Bearbeiter des Stadtbezirkes Nord wesentlichen Anteil an der Entwicklung des vorderen Industriegebietes an der Saalestraße. Daneben ist seine städtebauliche Konzeption „Karl-Liebknecht-Siedlung" für die erste Arbeiterwohnungsbaugenossenschaft in den 1950er Jahren hervorzuheben.

L: Folke Dietzsch, Die Studierenden am Bauhaus, Diss. Weimar 1991; Stiftung Bauhaus Dessau: Slg. Schriftarchiv, Nr. 1253. – **B:** StadtA Magdeburg; *Vf., Magdeburg (priv.).

Hans Gottschalk

Zacharias (Zachariä), Johann Friedrich Lebrecht

geb. 24.08.1753 Sandersleben, gest. 17.08.1807 Magdeburg, Organist, Dirigent, Musikpädagoge, Komponist.

Z. war der Sohn des Sandersleber Bürgers und Organisten Johann Andreas Daniel Z. Über seine Kindheit und seine berufliche Ausbildung ist nichts Näheres bekannt. Er trat zunächst in Magdeburg als Organist der Franz.-Reformierten Gemeinde in Erscheinung. Um 1780 wirkt er als Pianist und Violinist in Konzerten in Magdeburg mit. Nach dem Tode Johann Heinrich Rolles wurde er Anfang 1786 als dessen Nachfolger Kantor an der Altstädtischen Schule und Director Musices. Auch die von Rolle gegründeten Konzerte im Seidenkramerinnungshaus fanden unter seiner Leitung ihre Fortsetzung. Von seinen heute fast vollständig verschollenen Kompositionen wissen wir u. a. aus Anzeigen in der zeitgenössischen Magdeburger Presse. Die *Magdeburgische privilegierte Ztg.* nennt z. B. 1786 „Trauerkantate auf den Tod Friedrich II"; 1787 „Der May" (Kantate nach Karl Wilhelm Ramler); 1788 „Paßion"; 1790 „Hymnus auf Gott" 1. und 2. Tl., vollständig aufgeführt 1793 (nach → Friedrich von Koepcken); 1794 „Neue Paßion"; 1796 „Scolien, oder Gesänge bey freundschaftlichen Mahlen" (nach Koepcken); 1798 „Kirchenmusik zur Einweihung der Orgel in St. Katharinen". Ob er sein Vorhaben, ab Mai 1799 eine Singeschule in Magdeburg einzurichten, in die Tat umsetzte, ist heute nicht mehr festzustellen.

W: s. o. – **L:** Hobohm, Bd. 1; Ernst Ludwig Gerber, Neues hist.-biogr. Lex. der Tonkünstler, Bd. 4, 1814; Vf., Friedrich Wilhelm Rust (1739–1796) – Untersuchungen zu seinem Liedschaffen und seinem Beitrag zur Überlieferung der Werke Johann Sebastian Bachs, Bd. 1, Diss. Halle 1987, *183*.

Lutz Buchmann

Zander, Carl

geb. 20.10.1847 Wanzleben, gest. 05.06.1922 Merseburg, innovativer Tischlermeister.

Z. war ein erfinderischer Tischlermeister aus der Magdeburger Börde, der seine Produkte durch Patente schützen ließ. 1883 erhielt Z. das Reichspatent auf „einen vielfach ausziehbaren Coulissentisch" (RP No. 26046). Weitere Erfindungen waren: 1891 selbsttätige Riegel (RP No. 60642), 1892 ein Familientisch, ebenfalls 1892 ein Rolladenverschluß (RP No. 70951) und ein Gurtwickler. Die Produktion des Ausziehtisches wurde in Lizenz nach Helmstedt vergeben. Der selbsttätige Riegel wurde u. a. in England (No. 3761/91), Belgien (No. 93874), Canada (No. 37010), Österreich (No. 9867) und in Frankreich (No. 198.248) patentiert. Weiterhin wurden 1891 ein selbsttätiger Kantenverschluß (RP No. 60642), 1889 ein Verfahren zur Furnierung von Hölzern (RP No. 51110), 1901 eine Kreisabrichthobelmaschine (RP No.139736) und 1913 eine Fußbank (RP No. 273938) patentiert. 1894 vernichtete ein Großfeuer die Werkstatt, die erst 1887/88 als zweistöckiger Neubau errichtet worden war. Z. beschäftigte zehn Tischler, drei Drechsler, einen Bildhauer, zwei Polierer und zwei Schlosser. Die Erfolge des Handwerks, u. a. die von Z., wurden Ende des 19. Jhs nicht zur weiteren industriellen Entwicklung genutzt.

N: Burg Wanzleben. – **L:** Amtliches Wanzlebener Kreisbl. Nr. 145, 1883 und Nr. 31, 1894; Volksstimme vom 14.11.1991. – **B:** *Vf., Wanzleben (priv.).

Gerd Gerdes

Zander, Karl Oswald Richard *Willi* (*Willy*), Dr.-Ing. E.h.

geb. 27.05.1868 Berlin, gest. 15.04.1945 Hannover, Wasserbaumeister, Strombaudir.

Nach dem Abitur absolvierte Z. eine Ausbildung im Wasserbaufach in Berlin, trat anschließend in den Staatsdienst ein und erhielt nach ersten praktischen Einsätzen 1895 seine Ernennung zum Reg.-Baumeister im Wasserbaufach. 1895–1903 wirkte er beim Hafenbauamt Swinemünde sowie bei der Reg. in Stettin und wurde hier mit der Leitung mehrerer Hafenbauten betraut. 1903–06 war Z. als Hilfsarbeiter im Ministerium der öffentlichen Arbeiten in Berlin tätig. 1906–15 arbeitete er im Vorstand des Wasserbauamtes in Emden sowie 1916–18 bei der Reg. in Schleswig und erwarb sich bedeutende Verdienste beim Ausbau verschiedener Seehäfen, insbesondere des Emdener Hafens. 1904 avancierte Z. zum Wasserbauinspektor, 1912 zum Reg.- und Baurat sowie 1918 zum Oberreg.- und Baurat. 1918–22 fungierte er als Leiter der Kanalbaudirektion in Hannover. Nach seiner Ernennung zum Strombaudir. wechselte Z. nach Magdeburg und übernahm 1922 die Direktion der dort ansässigen preuß. Elbstrombauverwaltung. 1933 trat er in den Ruhestand und siedelte nach Hannover über, wo er noch bis 1937 als Honorarprof. an der TH tätig war. Z.s Magdeburger Wirken in der Zeit der Weimarer Republik war mit der Planung und Realisierung bedeutender wasserbaulicher Projekte verbunden, die im Zusammenhang mit dem Ausbau des Elbehafens in Magdeburg zum Zentralknotenpunkt des dt. Wasserstraßennetzes standen. Unter Z.s Leitung begannen 1926 der Bau des Schlußstücks des Mittellandkanals von Peine bis Burg sowie die Vorarbeiten zum Bau des sog. Südflügels des Mittellandkanals, der den Elster-Saale-Kanal und die Saale-Kanalisation umfaßte. Die preuß. Elbstrombaudirektion hatte unter Z. maßgeblichen Anteil an der Erschließung des Elbindustriegeländes Magdeburg-Rothensee und damit an der wirtsch. Stärkung Magdeburgs als Industriezentrum auf der Basis der Elbschiffahrt – zum einen durch vorbereitende Arbeiten zum Bau eines neuen Magdeburger Kanalhafens am Elbeabstiegskanal (sog. Mittellandkanalhafen) sowie durch Umbauarbeiten am bestehenden Industriehafen (Lösung der hafentechnischen Fragen), zum anderen durch die Aufschließung einer neuen Großindustrie-Siedlung in Magdeburg-Rothensee, die eine Ansiedlung von wirtsch. modernsten Großbetrieben wie der *Großgaserei Mitteldtl. AG*, der *Bergwerksges. Georg von Giesche's Erben* (Zinkhütte) und der *Mitteldt. Kraftwerk Magdeburg Aktienges.* (*Mikramag*) ermöglichte. Zudem zeichnete Z. für umfangreiche Planungen zur effektiven Niedrigwasserregulierung der Stromelbe (Überarbeitung des Reichsgesetzes von 1911) und damit verbundener Verbesserungen der Tiefenverhältnisse der an der Stromelbe gelegenen Umschlagstellen sowie für vorbeugende Maßnahmen im Hochwasser- und Eisschutz verantwortlich. 1924 wurde dem erfahrenen Wasserbauing. „in Anerkennung seiner hervorragenden Verdienste um den dt. Seebau" durch die TH Hannover der Titel eines Dr.-Ing. ehrenhalber verliehen.

W: Deichschutz bei Hochwasser- und Eisgefahr, 1927; (Vorwort) Hochwasser-Meldeordnung für die Elbe vom 1. Januar 1927, 1927; (Mitarb.) Gustav Tolkmitt (Hg.), Grundlagen der Wasserbaukunst, ⁴1946. – **L:** Mittlgg. der Elbstrombauverwaltung für die Jahre 1916 bis 1925 (VI. Ausgabe), 1926; Wer ist's 10, 1935; Heinz Reichmann, Magdeburgs Schiffahrtswesen. Hist. Entwicklung und Bedeutung für die Stadt, 1936; Mittlgg. der Elbstrombauverwaltung 1926–1935 (VII. Ausgabe), 1936; Adolf Holzapfel, Das Magdeburger Hafenwesen, 1938; Paul Trommsdorf (Hg.), Der Lehrkörper der TH Hannover 1831–1956, 1956 (**B**).

Guido Heinrich

Z'dun, *Paul* **Joseph** (Ps.: Fleur 1936; Paul Doon 1945–61) geb. 15.06.1904 Harbke, gest. 20.06.1981 Berlin-Dahlem, Artist, Kunstradfahrer.

Z., von Beruf Schmied, entdeckte im *Arbeiter-Radfahr-Verein* in Harbke bei Helmstedt früh sein Talent für das Kunstradfahren. Im Alter von 20 Jahren war er bereits Bezirksmeister im Einer-Kunstradfahren des 7. Bezirks-Gaus. Das Hobby zum Beruf machend, trat er ab 1933 in einer Künstlergruppe und ab 1936 allein als komischer Trickradfahrer auf. Bei seinen Vorstellungen in fast allen europäischen Ländern zeigte er die Hohe Schule auf dem Rade und war mit seinen geschickten Ungeschicklichkeiten im Zirkus und in namhaften Varietés und Kabaretts die große Lachnummer. Seine Zirkusauftritte: Bordeaux-Cirque-Pourtier (1939), Zirkus Karl Althoff (1949), Zirkus Barlay (1953), Zirkus Busch (1953), Zirkus Roland (1958). Seine Varieté- und Kabarettauftritte: Soltau (1936), Lüneburg (1936), Rothenburg (1936), Stargard (1936), Magdeburg (1936), Varieté-Adler Düsseldorf (1937), Antwerpen Theatre-Hippodrome (1939), Köln Kaiserhof (1939), Stadtgarten-Varieté Stuttgart (1939), Duisburg Operettentheater (1939), Brüssel (1939), Liege Teatre-Forum (1939), Lüttich (1939), Königsberg-Stadt (1942), Wilhelmshaven Gesellschaftshaus (1942), Stuttgart-Stadtgarten-Sommervarieté (1942), Essen Casanova (1947), Hansa-Theater Hamburg (1947), Allotria-Varieté Hamburg (1947), Trokadero-Varieté Bielefeld (1947), Friedrichstadt-Palast Berlin (1948), Varieté Lindenhof Zwickau (1956), Schützenhaus Gollsen (1957), Kristallpalast Magdeburg (1957), Steintor Varieté Halle (1958); Stadthalle Salzwedel (1958); Palladium London (1958) u. a. m. Bei seinen equilibristischen Auftritten verwendete er verschiedene Arten von Fahrrädern, die er bis zur höchsten Vollendung beherrschte. Ob auf dem Bicycle, einem demontierten Zweirad, einem Conti-Autoreifen als Einrad oder dem spannenhohen Rad-Baby – seine groteske Akrobatik versetzte das Publikum jedesmal in einen wahren Rausch des Lachens und der Anerkennung. Er fuhr das damals mit 7,50 m höchste Einrad der Welt und hatte wesentlichen Anteil daran, daß sich die Sportart Radfahren in Form von Kunstradfahren und Fahrrad-Touristik im Laufe des 20. Jhs in der Region rasant entwickelte.

L: Familienarchiv Axel Z., Wusterwitz (priv.); Museumsstube Harbke. – **B:** *Familienarchiv Axel Z. (priv.).

Rudolf Rolu

Zech, Carlferdinand
geb. 14.12.1928 Potsdam, gest. 16.09.1999 Halle, Musikwissenschaftler, Komponist, Chorleiter.

Als Schüler an den Franckeschen Stiftungen in Halle war Z. von 1939 bis 1943 Chorist des Stadtsingechores. Von 1943 bis 1948 besuchte er die Oberschule in Schönebeck und legte dort sein Abitur ab. Großen künstlerischen Einfluß hatte während dieser Zeit sein Lehrer → Hans Naumilkat. Bereits als Schüler übernahm Z. die Leitung des *Volkschores Schönebeck* und leitete gleichzeitig den Schulchor seiner Schule. Erste Schauspielmusiken entstanden. Von 1950 bis 1955 studierte Z. an der Hochschule für Musik in Halle bei W. Gößling (Dirigieren), Fritz Reuter (Musiktheorie und Komposition) und → Walther Siegmund-Schultze (Musikgesch.). Er erhielt einen Abschluß als Kapellmeister sowie das Staatsexamen in den Fächern Dirigieren und Musiktheorie. Nach einer Assistentenzeit am Inst. für Musikwiss. der Univ. Halle (1955/59) leitete er bis 1968 den Stadtsingechor Halle und war maßgeblich an seinem Neuaufbau beteiligt. Die von ihm initiierte Einrichtung von Chorklassen und die Angliederung des Stadtsingechores an die August-Hermann-Francke-Schule bildet die Grundlage der noch heute bestehenden Organisationsform dieses traditionsreichen alten Chores. 1951–76 leitete er den von ihm mitbegründeten *Universitätschor Johann Friedrich Reichardt* Halle. 1968 nahm Z. wieder eine Lehrtätigkeit auf dem Gebiet der Musiktheorie und Musikgesch. an der Univ. Halle auf. 1971 prom. er über die „Solokonzerte von Dmitri Schostakowitsch" und habil. sich 1982 mit: „Die kompositorischen Gestaltungsmittel unseres Jhs als Gegenstand der Musiktheorie". Z. trat als Fachbuchautor sowie als Verfasser zahlreicher Artikel in Fachzss. zu Musiktheorie und Werkanalyse hervor. Die von ihm komponierten Chor- und Instrumentalwerke sind vorwiegend für Laienkunstensembles bestimmt.

W: Allg. Musiklehre, 1984; Kontrapunktstudien, 1985; Tonsatzstudien, 1987. – Instrumentalmusik: Kleine Suite (Kammerorchester), 1957; 2 Sonatinen (Klavier), 1958; Holzbläser-Quartett, 1959; Kleine Suite, 1959; Vier kleine Stücke (Klavier), 1960; Festliche Musik (Kammerorchester), 1961; Preludio, 1963; Leuna II, 1963; Nonett (Bläser/Schlagwerk), 1966; Kleine Sinfonie (Jugendorchester), 1968; Divertimento (Streichorchester), 1970; Concertante Musik (Kammerorchester), 1971; Streichquartett 1977. – Vokalmusik: Kantate vom neuen Menschen, 1960; Festkantate, 1961; Unser Jahr beginnt im Mai, 1965; Memlebener Kantate, 1976; Chorlieder; Lieder; Bearbeitungen für gemischten Chor; Schauspielmusik. – **L:** Horst Seeger, Personenlex. Musik, 1981, *850*; Fs. 50 Jahre Universitätschor Halle, 2000.

Günther Bust/Kerstin Hansen

Zehle, Hermann Wilhelm *Ernst*
geb. 28.02.1876 Hamburg-St.Georg, gest. 14.01.1940 Berlin-Wilmersdorf, Maler, Bildhauer.

Der Sohn des Hamburger Stukkateurs und Bildhauers Otto August Emil Z. besuchte die Zeichenklasse von Paul Meyerheim und Woldemar Friedrich an der Kunstakad. in Berlin. Nach seinem Studium pflegte er freischaffend in seinem Berliner Atelier in Charlottenburg besonders die Landschafts- und Tiermalerei. Er profilierte sich nach dem Urteil des Berliner Zoodir. Ludwig Heck schnell zu einem der bedeutendsten Tiermaler seiner Zeit. Schon als Kind hielt sich Z. bei Verwandten und später auch als Maler alljährlich in Lödderitz/Kr. Calbe zu Malstudien im kgl. Jagdrevier auf, wo ihn die beiden Hohenzollernprinzen Wilhelm und Joachim sowie der Herzog von Anhalt Friedrich II. bei der Arbeit beobachteten. 1909 trat er auf der Großen Berliner Kunstausstellung erstmals an die Öffentlichkeit. Auch 1913, 1915, 1916, 1917, 1918 und 1925 war er nachweislich dort vertreten. 1930 stellte er auf der Kunstausstellung zur „Grünen Woche" in Berlin aus. Er wurde insbesondere als „Biber-Maler" bekannt. Seine Biber- und Elbauenwaldbilder entstanden zwischen 1911 und 1932. Lödderitz wurde ihm für 55 Jahre zur zweiten Heimat. 1924 erschien sein Aufruf „Rettet den Biber". Z. war seit etwa 1913 auch als Bildhauer (Kleinplastiken) und ab 1915 als Medailleur erfolgreich tätig. Die Fertigkeiten dafür erarbeitete er sich als Autodidakt. Ein Teil seiner Bilder und Biberplastiken, die von „scharfer Beobachtung und feiner Ausführung" (Zornow) zeugen, befindet sich im Schönebecker Mus., da der frühere Schönebecker Museumsdir., → Wolfgang Wanckel und der „Bibervater" → Max Behr zu seinem engeren Freundeskreis zählten. Weitere Arbeiten besitzt das Dessauer Mus. Das Berliner Bodemus. bewahrt zwei gußeiserne Medaillen und einige Briefe von Z. auf. Z.s Urne wurde 1942 auf den Försterfriedhof am Schmiedesee bei Lödderitz überführt, wo er neben dem Grab seiner Gattin inmitten des Bibergebietes die letzte Ruhestätte fand. 1995 wurde ihm ein neuer Gedenkstein errichtet.

W: Rettet den Biber, in: Der Heger, H. 18, 1924, *969–971*. – **L:** Kat. Berliner Kunstausstellung, 1909ff.; Wild und Hund 19, Nr. 2, 1913 (Abb.); Bll. für Münzfreunde, Nr. 438, 1916, *226f., 238, 247*; Ludwig Heck, Dt. Tierbildner: E. Z., in: Weber's Illustrierte Ztg. 158, 1922, *74* (6 Abb.); Fritz Luchs, E. Z., in: Der Heger, 1923, *961–965*; Dresslers Kunsthandbuch, 1930, *1129*; Frank Zornow, E. Z. – Streiflichter aus dem Leben eines Berliner Künstlers und Naturfreundes, in: Naturschutz- und Naturparke, H. 138, 1990, *19–23*. – **B:** *KrMus. Schönebeck.

Hans-Joachim Geffert

Zelter, Carl Friedrich, Prof. Dr. phil. h.c.
geb. 11.12.1758 Berlin, gest. 15.05.1832 Berlin, Komponist, Dirigent, Musikpädagoge.

Als Sohn eines Maurermeisters trat Z. zunächst in die Fußstapfen seines Vaters, legte 1783 die Meisterprüfung ab und übte das Handwerk teilweise noch bis 1812 aus. Aber schon in jungen Jahren bildete er sich gleichzeitig musikalisch aus (Violine, Orgel, Dirigieren, Komposition). 1791 wurde Z. Mitglied der späteren *Berliner Singakad.* seines Lehrers Karl Friedrich Fasch. Nach dessen Tod 1800 übernahm er als Nachfolger und Leiter diese Chorvereinigung. 1809 wurde er als Prof. an die Kgl. Kunstakad. berufen und gründete die erste *Berliner Liedertafel*. In den Folgejahren bewirkte er die Gründung von Inst. für Kirchen- und Schulmusik in Königsberg (1814), Breslau (1815) und Berlin (1822), wobei er beim Berliner Inst. selbst die Leitung übernahm. Unermüdlich war sein Wirken für eine Verbesserung der Musikpflege und -erziehung. Neben wenigen Instrumentalkompositionen und Opernszenen stehen die Männerchöre und Lieder an erster Stelle. Als Freund Goethes vertonte er viele seiner Gedichte, so u. a. „Der König von Thule" und „Es ist ein Schuß gefallen". Aktiv nahm Z. am Magdeburger Musikleben teil, wobei ihm die Stadt wesentliche Anregungen und Einflüsse auf dem Chorgebiet verdankt. Unter seiner Initiative wurde am 27.02.1819 von 19

Mitgliedern des *Seebachschen Gesangvereins* (→ Johann Andreas Seebach), darunter auch der Buchhändler → Karl Gottfried Kretschmann, eine Liedertafel nach dem Berliner Vorbild gegründet, die somit zu den ersten dt. Männergesangsvereinen gehörte. Bei der Neuorganisierung des Domchores, die durch Auflösung des Domkapitels notwendig wurde, zog man Z. zu Rate, so daß der Chor seit Neujahr 1819 unter der Leitung von → Johann Joachim Wachsmann zielgerichtet arbeiten konnte. Die damit eingeführten Dommusiken finden heute noch statt.

W: Biogr. von K. Fr. Fasch, 1801; Wilhelm Rintel (Hg.), K. F. Z, Selbstbiogr., 1861. – **L:** ADB 45, *46–52*; MGG 16, Sp. *1208–1215* (**W, B**); Riemann,[11]1929, *2076*; Hobohm, Bd. 1, Tl. 1, *219ff.*, Tl. 2, *233ff.*, *441ff.*; Friedrich Häseler, Gesch. der Magdeburger Liedertafel, 1869, *1–5*; → Erich Valentin, C. F. Z.s Beziehungen zu Magdeburg, in: MonBl 74, 1932, *153–156*.

Rainhardt Kober

Zernial, *Hugo* **Philipp,** Dr. med.
geb. 16.10.1841 Neuhaldensleben, gest. 20.02.1906 Neuhaldensleben, Arzt, Sanitätsrat, Chorleiter, Komponist.

Nach seiner Schulausbildung am Pädagogium des Klosters U. L. F. in Magdeburg studierte der Sohn des Neuhaldensleber Kreisphysikus Z. Med., prom. in Berlin mit der Arbeit „De resectione articuli pedis" (1867) zum Dr. med. und erlangte 1868 dort auch seine Approbation als Arzt. Er betrieb anschließend eine eigene Praxis in seiner Heimatstadt, für die er gleichzeitig ab 1874 als Armenarzt, ab 1875 als öffentlicher Impfarzt und ab 1883 auch als städtischer Krankenhausarzt und langjähriges Mitglied der Gesundheitskommission und Schuldeputation tätig war. Neben seiner ärztlichen Praxis galt sein Hauptinteresse der Musik. Er leitete 1872–92 den 1835 aus einem Familienmusizierkreis hervorgegangenen *Z.schen Gesangverein*, den er von seinem Vater übernahm. Der gemischte Chor, der 1903 135 aktive und passive Mitglieder zählte, war „eine geschlossene Gesellschaft zur Uebung und Unterhaltung in der Vocalmusik". Der *Z.sche Gesangverein* belebte das kulturelle Leben der Stadt durch regelmäßige Konzerte, die vielfach auch für wohltätige Zwecke durchgeführt wurden. Z., der ein feines dichterisches und musikalisches Verständnis für Volkspoesie und Musik des Volkes besaß, schuf selbst Volkslieder und Volksliederspiele sowie Quartette für Streichinstrumente und Kompositionen für Violine und Klavier. Als sein Hauptwerk ist das Oratorium nach alten Volksliedern „Der Heiland" (1897) anzusehen, das 1904 in Neuhaldensleben uraufgeführt wurde. Neben zwei stadtgesch. Arbeiten publizierte er vielgelesene Erinnerungen an seine Schulzeit in Magdeburg unter dem Titel „Der Herr Probst und seine Leute" (1903).

W: Allerlei Halbvergessenes aus Stadt und Flur Neuhaldensleben, 1900; Aus der alten Stadt. Neuhaldensleber Erinnerungsbilder aus den 30er, 40er und 50er Jahren des 19. Jhs, 1902. – **L:** Nachrufe, in: Neuhaldensleber Wochenbl. Nr. 44 und 46, 1906; N. N., Nachruf H. Z., in: Aus unseres Herrgotts Kanzlei. Ev. Gemeindebl. für Magdeburg und Umgebung, Jg. 15, 1905/06, *399f.*; N. N., H. Z., in: Aus alter Zeit, Nr. 8, 1929; → Willi Koch, Bedeutende Haldensleber, in: Js. des KrMus. Haldensleben 4, 1963; Statuten des Z.schen Gesangvereins (Mus. Haldensleben). – **B:** *Mus. Haldensleben.

Sieglinde Bandoly

Zernick, Rudolf (Rudi)
geb. 26.04.1929 Meuro/Niederlausitz, gest. 22.03.1997 Magdeburg, Chemietechnologe, Ingenieurschuldir.

Z. besuchte von 1935 bis 1943 die Volksschule seines Geburtsortes und erlernte von 1943 bis 1945 in der ehemaligen *Braunkohlen-Benzin-AG* (*BRABAG*) in Schwarzheide den Beruf eines Chemielaborwerkers (Laboranten). Unter den Bedingungen der ersten Jahre nach dem Ende des II. WK studierte er ab 1946 nacheinander an den schon alsbald geschlossenen ehemaligen Fachschulen in Altenburg/Thüringen, Zwickau (Chemotechnikerabschluß) und Dresden, bis er hier 1951 den Abschluß als Chemie-Ing. erreichte. Von 1951 bis 1952 als Betriebs-Ing. in seinem ehemaligen Lehrbetrieb, dem *VEB Synthesewerk Schwarzheide*, beschäftigt, begann er seine berufspädagogische Laufbahn 1952 als Laborleiter und Fachdoz. für analytische und physikalische Chemie an der Betriebsfachschule für Chemie in Magdeburg, die 1953 den Namen Ingenieurschule für Chemie „Justus von Liebig" erhielt. Von 1956 bis 1986 war er Dir. dieser Schule. Während dieser Zeit entstand der Schulkomplex mit neuen Schul- und Laborgebäuden und einem Technikum. Damit deckte diese Bildungseinrichtung über mehrere Dezennien einen großen Teil des steigenden Bedarfs der Chemiewirtschaft an qualifiziertem mittleren Leitungspersonal in den Fachrichtungen Chemie-Technologie, Radiochemie, Sprengstoff-Chemie, Ing.-Ökonomie und Ing.-Pädagogik, wobei im Durchschnitt bis zu 400 Studenten pro Jahr im Direktstudium und weitere Hunderte in Sonderstudienformen (Fern- und Abendstudium, kombiniertes Studium, Frauen-Sonderstudium) ausgebildet wurden. Der Aufbau einer renommierten Bildungseinrichtung in organisatorischer und pädagogischer Hinsicht, verbunden mit sozialen Einrichtungen wie Studentenwohnheim, Kinderkrippe und Mensa, bilden das Lebenswerk Z.s, der hierfür 1960 mit dem Titel Verdienter Lehrer des Volkes ausgezeichnet wurde. Während ihres Bestehens bildete die am Stadtrand von Magdeburg in unmittelbarer Nähe von Wohnsiedlungen und Industrie-Arealen gelegene Ingenieurschule für Chemie auch einen kulturellen Mittelpunkt, was in Organisationsformen wie dem studentischen Singe-Club, Studenten-Club im Stadtteil Magdeburg-Fermersleben, der Beteiligung der Studenten an den benachbarten Betriebs-Sportgemeinschaften sowie der Betreuung von Interessengemeinschaften und Chemie-Zirkeln der im Gebiet liegenden allgemeinbildenden Schulen zum Ausdruck kam.

L: Broschüre Ing.-Schule für Chemie „Justus von Liebig" Magdeburg 1951–1971, 1971. – **B:** *Fam. Z., Magdeburg (priv.).

Karl-Heinz Busch

Zerrenner, *Carl* (*Karl*) **Christoph Gottlieb,** Dr. phil. h.c., Dr. theol. h.c.
geb. 15.05.1780 Beyendorf bei Magdeburg, gest. 02.03.1851 Magdeburg, Pädagoge, ev. Theologe, Schriftsteller, Schulreformer, Schulrat, Konsistorialrat.

Z. war das dritte Kind des Generalsuperintendenten und Volksaufklärers → Heinrich Gottlieb Z. und seiner ersten Frau Katharina. Sein Vater erteilte ihm den ersten Unterricht. Im Hause Z. gingen bedeutende Erzieher und Schulmänner jener Zeit ein und aus, wie Salzmann, von Rochow und Basedow, die bei Z. bereits frühzeitig das Interesse an pädagogischen Fragen weckten. 1791, im Alter von elf Jahren, schickten ihn seine Eltern auf die Schule des Klosters Berge. Ab 1799 studierte Z. in Halle ev. Theol., hörte aber auch die Vorlesungen August Hermann Niemeyers zur Pädagogik, die ihn nachhaltig beeinflußten. Nach dem Studium ab 1802 kurze Zeit als Privatlehrer tätig, erhielt er noch im gleichen Jahr, im Alter von 22 Jahren, seine erste Stelle als Lehrer am Pädagogium des Klosters U. L. F. in Magdeburg. Hier begann sein beeindruckender beruflicher Entwicklungsweg. Während viele junge Theologen eine erhebliche Zeit benötigten, um aus dem zumeist unbefriedigenden Schulamt in das wesentlich besser dotierte und auch mit höherer gesellschaftlicher Anerkennung verbundene Pfarramt zu gelangen, wurde Z. bereits 1805 als zweiter Prediger neben → Johann Ernst Christian Blühdorn an die Heilige-Geist-Kirche in Magdeburg berufen. Als Kanzelredner und Seelsorger erwarb er sich vor allem während der franz. Besetzungszeit das Vertrauen und die Achtung seiner Gemeinde. Nachdem ab 1814 Magdeburg wieder preußisch war und insbesondere nach dem Amtsantritt von Oberbürgermeister → August Wilhelm Francke Mitte 1817 folgte eine Zeit umfassender Reformen und Neuerungen auf vielen Gebieten des städtischen Lebens. Ganz besonders lag Francke die Neuordnung des Schulwesens am Herzen. Hier fand er in Z., der 1816 neben → Johann Friedrich Wilhelm Koch und → Johann Andreas Matthias vom König zum Konsistorial- und Schulrat ernannt worden war, einen tatkräftigen Helfer. In seiner Funktion als Mitglied des Konsistoriums hatte Z. die Aufsicht über das Volksschulwesen der 1815/16 gegründeten preuß. Provinz Sachsen. Z. wurde von Francke zum Stadtschulinspektor ernannt und mit der Leitung der städtischen Schulkommission betraut, der auch → Johann Georg Christoph Neide und → Georg Friedrich Gerloff angehörten. Es wurden mehrere Vorschläge zur Reformierung des Magdeburger Schulwesens erarbeitet; letztlich folgte man dem Plan Z.s, der damit als eigentlicher Schöpfer des Magdeburger Schulwesens im 19. Jh. anzusehen ist. Er entwarf ein System von einander ergänzenden Schulen mit fest abgestimmten Lehrplänen und regelte deren innere Organisation, Ausstattung mit Lehrerstellen wie auch die Bezahlung der Lehrer nach einheitlichen Maßstäben. Auf seine Anregung hin wurden Schulen neu errichtet oder den Bedürfnissen einer fortschrittlichen Erziehung entsprechend umgebaut. Z. gewährte mit sozialem Gespür in den Volksschulen vollkommene Schulgeldfreiheit, ließ Lehrmittel unentgeltlich zur Verfügung stellen und überwachte durch das Anlegen von Verzz. aller schulpflichtiger Kinder die allg. Schulpflicht. Zur Durchsetzung effektiver

Lehrpläne berief er nicht nur zahlreiche hervorragende Lehrer an verschiedene Schulen Magdeburgs, sondern gab im Bemühen um die Ausbildung qualifizierten Lehrernachwuchses 1823 das Predigeramt auf, um die Direktion des Kgl. Lehrerseminars in Magdeburg zu übernehmen, das zu den größten und bedeutendsten der preuß. Provinz Sachsen zählte. Mit ihm suchte Z. 1825 eine Taubstummenanstalt zu verbinden, um die Seminaristen mit Methoden des Taubstummenunterrichts vertraut zu machen – ein für die damalige Zeit geradezu sensationeller Gedanke. Mitte 1828 wurde die Anstalt eingerichtet, deren Leitung Z. innehatte. Seine Neuordnung des städtischen Schulwesens fand nicht nur national, sondern auch int. Anerkennung. 1825 wurde ihm u. a. dafür die Ehrenbürgerwürde der Stadt Magdeburg verliehen. Auch Z.s pädagogische, auf den Ideen der Aufklärung fußende Schriften fanden weithin Verbreitung. Rund 30 Monographien entstammen seiner Feder, darüber hinaus eine Reihe von Aufsätzen und Lehrbüchern. Er gab pädagogische Zss. heraus, u. a. in Fortsetzung den *Neusten dt. Schulfreund* (1812–23), und publizierte zudem um 1838 erstmals eine Reihe von Wandtafeln für den Unterrichtsgebrauch nebst Anleitung für den Einsatz. Z. gilt als der Begründer der Bildtafelserien für den Anschauungsunterricht. Sie waren vornehmlich für den Gebrauch an Schulen des „wechselseitigen Unterrichts", einer von ihm 1830 in Eckernförde begutachteten modifizierten Form des Bell-Lancaster-Systems, gedacht – ein weiteres, späterhin kontrovers diskutiertes Feld, auf dem Z. sich wiss. und praktisch als Vorreiter betätigte (vgl. „Ueber das Wesen und den Werth der wechselseitigen Schuleinrichtung", 1832). Nach dem Tod → Gotthilf Sebastian Rötgers wählte der Konvent des Klosters U. L. F. Magdeburg Z. im Mai 1831 zum neuen Propst. Dieser Anerkennung seiner Leistungen folgten in kurzen Abständen weitere. 1833 wurde ihm von der Univ. Leipzig die phil., 1834 von der Univ. Halle die theol. Ehrendoktorwürde verliehen. Obgleich Z. sich als Propst und Dir. des Pädagogiums des Klosters U. L. F. und zahlreicher weiterer Ämter mit seinem pädagogischen Plänen in zunehmendem Gegensatz zum Provinzial-Schulkollegium, zur Landesreg. und Stadtverwaltung bewegte und ab 1840 in seinem Einfluß mehr und mehr zurückgedrängt wurde, zählt er zweifellos zu den bedeutendsten Pädagogen in der Gesch. Magdeburgs.

W: Kurze Nachricht über das neu organisierte Schulwesen in Magdeburg, 1820; Methodenbuch für Volksschullehrer, 1820, ⁵1839; Grundsätze der Schulerziehung, der Schulkunde und Unterrichtswiss., 1824; Der neue dt. Kinderfreund. Lesebuch für mittlere und obere Classen, 1830. – L: ADB 45, *100–103*; Vf., Intrigen und Verfassungskämpfe. Propst Z. und das Kloster nach dem Tode Rötgers, in: Matthias Puhle/Renate Hagedorn (Hg.), Kloster U. L. F. Magdeburg. Stift, Pädagogium, Mus., 1995, *167–176*; Maria Rayermann, C. C. G. Z. als Schulreformer und Lehrerbildner, 1985 (**W**); Jochen Kreinberger, C. C. G. Z. (1780–1851). Schulreformer – Lehrerbildner – Propst, in: Wolfgang Winkelmann/ders., Lehrer, Pröpste und Rektoren. Persönlichkeiten aus der Gesch. des Pädagogiums am Kloster U. L. F. (zu) Magdeburg, 2000, *70–90, 104–110* (**W, B**). – B: KHMus. Magdeburg; *StadtA Magdeburg.

Wolfgang Mayrhofer

Zerrenner, Heinrich Gottlieb
geb. 08.03.1750 Wernigerode, gest. 10.11.1811 Derenburg, ev. Theologe, Lehrer, Schriftsteller.

Z. erhielt als Sohn des Amtsverwalters der Grafen zu Stolberg-Wernigerode seinen Elementarunterricht bei verschiedenen Hofkatecheten im gräflichen Schloß, besuchte 1759–64 die Lateinische Oberschule in Wernigerode und 1764–68 das Pädagogium des Klosters Berge bei Magdeburg. 1768–71 studierte er ev. Theologie in Halle und hielt sich anschließend zu Privatstudien im elterlichen Haus in Wernigerode auf. 1772 wurde er als Lehrer an das Kloster Berge berufen, wo er auch kurz darauf zum Mitglied des Konvents avancierte. Bereits 1775 übernahm Z. seine erste Predigerstelle in Beyendorf und Sohlen bei Magdeburg und wechselte 1787 als Oberprediger und Schulinspektor nach Derenburg im Fürstentum Halberstadt. 1811 zum Generalsuperintendenten in Halberstadt ernannt, verstarb er noch vor dem Amtsantritt. Z. galt als vorbildlicher Landgeistlicher und Volksaufklärer, der in vielfältiger praktischer Weise für die Mitglieder seiner Gemeinden wirkte und als bedeutender Schriftsteller der Volksaufklärung allg. Bekanntheit erlangte. In Beyendorf wurde Z. durch genaue Beobachtung mit dem Charakter, den Anschauungen und Bedürfnissen der Landbevölkerung vertraut und betrieb dort auch intensive Naturstudien, wobei ihm eigene Erfahrungen mit der Landwirtschaft, die zur Predigerstelle gehörte, nützlich waren. Während eines längeren Krankenlagers suchte er den Gemeindemitgliedern weiter „durch die Feder zu predigen" und fand während dieser Zeit den Anstoß zu einer umfassenden schriftstellerischen und publizistischen Tätigkeit. Aus den Slgg. von Beobachtungen und Gedanken schöpfend, die er in sog. „Gedankenbüchern" angelegt hatte, veröffentlichte er ab 1779 Predigten insbesondere für die Landbevölkerung, die den Verfasser schnell bekannt machten. Z. stand in freundschaftlicher Beziehung zu bedeutenden Aufklärungspädagogen seiner Zeit, u. a. mit Friedrich Eberhard von Rochow und Christian Gotthilf Salzmann, den er auf einer Reise nach Erfurt und Schnepfenthal 1792 persönlich kennenlernte. Seit 1791 gab Z., der sich als Schulinspektor in Derenburg besonders mit der zweckmäßigen Verbesserung des Schul- und Unterrichtssystems befaßte, seine Erfahrungen und Ansichten in Verbindung mit bekannten Pädagogen und Theologen auch in einem von ihm herausgegebenen Periodikum unter dem Titel *Der dt. Schulfreund* (1801–12 *Der neue dt. Schulfreund*) weiter. Seine volksaufklärerischen Schriften – insbesondere seine methodischen Auseinandersetzungen mit Fragen und

Problemen der Aufklärung der Landbevölkerung, die zu den ersten ihrer Art im dt. Sprachraum gehörten – haben gegenwärtig im Zuge der wiss. Erforschung der Volksaufklärung des 18. und 19. Jhs erneut verstärkte Beachtung gefunden und wurden als erstrangige Quellentexte z. T. neu aufgelegt.

W: Predigten, ganz und stükweise, für die lieben Landleute (2 Bde), 1779–1781, ²1785; Natur- und Akkerpredigten, oder Natur- und Akkerbau als eine Anleitung zur Gottseligkeit, ganz für Landleute, 1783; Christliche Volksreden über die Evangelien für Landleute, 1785 (mit Christian Ludewig Hahnzog); Volksaufklärung. Uebersicht und freimüthige Darstellung ihrer Hindernisse nebst einigen Vorschlägen, denselben wirksam abzuhelfen, 1786 (Repr. 2001); H. G. Z. (Autobiogr.), in: Allg. Magazin für Prediger, Bd. 7, 4. Stück, 1792, *456–490*; zudem einige Religions-Lehrbücher, sowie Andachts- und Vorlesebücher für Lehrer und Kinder. – **L:** ADB 45, *96–99*; RGG 6, ³1962; Heinrich Döring, Die gelehrten Theologen Dtls im 18. und 19. Jh., Bd. 4, 1835. – **B:** Allg. Magazin für Prediger nach den Bedürfnissen unserer Zeit, Bd. 7, 4. Stück, 1792 (Frontispiz).

Guido Heinrich

Zimmermann, *Karl-Friedrich* (gen. K-F)
geb. 17.06.1937 Berlin, gest. 07.02.1986 Magdeburg, Schauspieler, Regisseur, Oberspielleiter.

Nach einer landwirtsch. Ausbildung als Agronom und dem anschließenden Studium an der Schauspielschule Berlin (heute Hochschule für Schauspielkunst „Ernst Busch") arbeitete Z. als Schauspieler in Erfurt, Halle und Nordhausen, wo er mit ersten Regiearbeiten hervortrat und ab 1974 Oberspielleiter wurde. Krankheitsbedingt unterbrach er seine Theatertätigkeit 1977–78 und arbeitete bei der Direktion für Theater und Orchester des Ministeriums für Kultur. Nebenbei unterrichtete er an der Schauspielschule in Berlin und deren Zweigstelle in Rostock. Aber das Theater ließ ihn nicht los, und 1978 kam er nach Magdeburg als Regisseur und zeitweise Oberspielleiter des „Theaters für Junge Zuschauer". Z. begriff Theater immer als Kommunikationsangebot für Zuschauer jeden Alters, verfügte über ein genaues Gespür für die dramatische Tragfähigkeit von Lit., wandte seine schauspielmethodischen Kenntnisse instinktsicher und phantasievoll an und erreichte damit Inszenierungsergebnisse, die für Theatermacher und Zuschauer gleichermaßen anregend und aufregend waren und mehrfach Preise im Hans-Otto-Wettbewerb der Theater errangen. Seiner regelmäßigen Gasttätigkeit am Puppentheater Magdeburg verdankt dieses Ensemble wesentliche Erkenntnisse über Freuden und Mühen bei der szenischen Umsetzung von Stoffen, die neu für das Genre Puppentheater waren, und obwohl er sich auch dort stets als Lernender begriff, wurde er zum geliebten – manchmal wegen seiner fordernden Unnachgiebigkeit im Inszenierungsprozeß auch „gehaßliebten" – Lehrmeister. Mit unangepaßt-schlitzohriger Naivität stellte er Machtstrukturen in Frage und gehörte deshalb, obwohl an der Anerkennung seiner Arbeit kein Weg vorbeiführte, nicht zu den Lieblingen jeweiliger Obrigkeiten. Sein viel zu früher Tod riß eine schwer zu schließende Lücke in die Magdeburger Theaterszene.

W: wichtige Inszenierungen: Shakespeare „Romeo und Julia"; Jewgeni Schwarz „Der Schatten" (jeweils Nordhausen); Albert Wendt „Sauwetterwind"; Peter Hacks „Kinder"; Revue „Frech wie Oskar" (jeweils Theater für Junge Zuschauer Magdeburg); Albert Wendt „Der Vogelkopp"; Gozzi/Leising „Der Rabe"; Peter Hacks „Armer Ritter" (jeweils EA Puppentheater Magdeburg); Buckauer Hofspektakel (UA).

Elke Schneider

Zimmermann, *Otto* Carl, Dr.-Ing. E. h.
geb. 22.12.1877 Frose/Anhalt, gest. 20.10.1965 Ballenstedt, Chefkonstrukteur, Obering., Dir.

T., Sohn des Maschineninspektors einer Braunkohlengrube Louis Z., besuchte bis 1891 das Gymn. in Aschersleben. Nach dem frühen Tod seines Vater 1890 mußte er auf einen weiteren Schulbesuch verzichten. Er erlernte 1891–94 das Schlosser- und Dreherhandwerk auf der Grube „Concordia" Nachterstedt und arbeitete anschließend als Dampfmaschinenmonteur bis 1899 in der *Zeitzer Eisengießerei und Maschinenbau AG* sowie bei der *Aschersleber Maschinenbau AG*. Mit dem bis dahin Ersparten studierte er 1902–03 Maschinenbau an der Kgl.-Sächsischen Maschinenbauschule in Chemnitz und begann 1903 als Konstrukteur in der *Maschinenfabrik Buckau R. Wolf AG* Magdeburg. Bereits in der Abt. Dampfmaschinen fiel er nach kurzer Zeit durch eine Neuentwicklung einer Ventilsteuerung auf, die bis dato in den Brikettpressen verwendet wurde. Der erhöhte Bedarf an Braunkohle für die Industrie zur Jahrhundertwende und die Entwicklung des Verhältnisses von Kohle zu Abraum von 1 : 2 auf 1 : 4 bei der Braunkohlenförderung zwang zum Einsatz leistungsfähiger Abraumbagger. Ausgehend von der positiven wirtsch. Lage des Unternehmens übertrug man dem jungen Z. die Entwicklung und den Bau der Eimerkettenbagger als neue Profillinie des Unternehmens. Z. erfaßte den technischen Stand und die Anforderungen und nahm bereits 1907 sein erstes Gerät für die Grube „Gewerkschaft Hürtherberg" in Betrieb. Mit diesem Gerät führte Z. bereits wesentliche Neuheiten ein wie die statisch bestimmte Dreipunktabstützung für Großgeräte zur Beibehaltung der Standsicherheit bei geringen Dienstmassen des Gerätes, einen mit der Eimerkettenleiter gekoppelten fahrbaren Ballast, Fahrwerksdrehgestelle mit Balancier zur gleichmäßigen Achslastverteilung und damit verbundener Senkung der Bodenpressung und einer Verbesserung der Kurvenfahrteignung sowie ein Portal mit Zugdoppeldurchfahrt, so daß der Leerzug während des Baggervorgangs bereits einfahren konnte. Mit viel Esprit und ingenieurtechnischem Geist ging Z. an die Lösung aller maschinen- und stahlbautechnischen Probleme dieser Großgeräte heran. Neben der Einführung von ingenieurtechnischen Berechnungsverfahren bei der Dimensionierung besonders hoch beanspruchter Bauteile konstruierte er nachfolgend eine funktionssichere Überlastrollenkupplung, führte Untersuchungen zur Verbesserung des Gleichförmigkeitsgrades der Turasantriebe durch und meisterte eine instandsetzungsgerechte Konstruktion und den Austauschbau von Hauptbaugruppen an diesen Geräten. Dafür wurde er 1918 zum Obering. und 1921 zum Konstruktionsdir. des von ihm aufgebauten Bereiches ernannt. Bereits 1925 entwickelte er Großgeräte mit Raupenfahrwerken und öffnete die Perspektive zum gleislosen Tagebaubetrieb. Neben den Tagebaugroßgeräten machte er mit der Entwicklung und dem Bau eines Becherwerkes mit einer Förderhöhe von 84 m aufmerksam. Folgerichtig konzipierte Z. 1938 den größten Eimerkettenschwenkbagger der Welt, der in der Grube „Otto Scharf" der *Riebeck'schen Montanwerke AG* Halle zum Einsatz kam. Die Schnitthöhe (Tief- 27 und Hochschnitt 28 m) betrug 55 m. Mit einem Eimerinhalt von 1,5 m^3 erbrachte dieses Gerät eine Tagesleistung von 44.000 m^3, die Leistung des Eimerkettenantriebs betrug 2 × 650 KW und die Gesamtinstallationsleistung aller Antriebe lag bei 2.000 KW. Trotz einer Dienstmasse von 1.800 t betrug die spezifische Bodenbelastung nur 1,24 bar. Nicht nur in Dtl. und Europa, sondern bis Australien fand man Buckauer Geräte Z.scher Konstruktion, selbst *Krupp-Rheinhausen* baute auf erworbenen Konstruktionsunterlagen der *Maschinenfabrik Buckau R. Wolf AG* Magdeburg seinen Eimerkettenbaggerbau auf. Nach dem II. WK war Z. als beratender Ing. für die Braunkohlenindustrie tätig, übergab 1946 die Leitung des Baggerbaus in Magdeburg-Buckau an seinen Stellvertreter → Johannes Goedecke und führte als Hauptkonstrukteur das neue Werk *ABUS Förderanlagenbau Köthen* mit aus. Bis zu seinem Ausscheiden nahm er die Umkonstruktion von älteren Geräten mit dem Ziel der Leistungssteigerung vor und begann mit 75 Jahren neue Großgeräte, insbesondere Absetzer, zu entwickeln. Z. besaß bis 1945 etwa 24 Patente und pflegte mit den Professoren Enno Heidebroek und Kurt Beyer der TH Dresden eine enge Zusammenarbeit bei der Mitarbeit an Buchprojekten sowie der Erstellung von Berechnungsverfahren für Großgeräte. Bis 1953 meldete er wiederum mehrere Patente an, wurde als Aktivist des ersten Fünfjahrplanes der DDR ausgezeichnet, erhielt 1955 die Ehrendoktorwürde der TH Dresden und wurde 1958 Ehrensenator der Hochschule für Schwermaschinenbau Magdeburg. Z. wirkte u. a. im *Dt. Braunkohlenindustrie-Verein* mit und war ein hoch geschätzter, anerkannter Fachmann, ein Pionier des Baus von fördertechnischen Großgeräten der ersten Hälfte des 20. Jhs.

W: Großgeräte: Eimerkettenbagger auf Raupenfahrwerk, schwenkbar, ERs 400, 1941; Zweiteiliger Absetzer auf Schienenfahrwerk, schwenkbar, A^{s}s, 2240, 1957 (jeweils Ferropolis, Gräfenhainichen). Schriften: Enno Heidebroek (Hg.), Fördertechnik für Massengüter, Bd. 1, 1952, *6–65*. – **L:** 100 Jahre Buckau-Wolf, Die Gesch. unseres Hauses, 1938, *161f., 165, 168, 182f., 198, 206f., 234ff*; Franz Kienast, Ehrenprom. von Ing. O. Z., Köthen, durch die Fakultät für Maschinenwesen der TH Dresden am 23.11.1955, in: Wiss. Zs. der TH Dresden 5, H. 2, 1955/56, *281ff*; N. N., Ehrenpromotion für O. Z., in: Zs. Bergbautechnik 6, H. 3, 1956, *167f*; N. N., Ruhm und Ehre unseren Aktivisten, in: Freiheit-Köthen vom 30.04.1953; N. N., Dr.-Ing. E.h. O. Z. Ehrensenator der Hochschule für Schwermaschinenbau, in: Zs. der Hochschule für Schwermaschinenbau Magdeburg, 1958; Archiv TU Dresden: Fak. für Maschinenwesen, Nr. 234. – **B:** *Archiv TU Dresden.

Werner Hohaus

Zschiesche, Karl-Heinz

geb. 14.11.1919 Dresden, gest. 03.03.1991 Magdeburg, Apotheker, Pharmazierat.

Mit dem Abitur beendete Z. 1938 seine schulische Ausbildung. Durch den danach beginnenden Militärdienst war ihm das Erlernen eines Berufes erst nach Kriegsende möglich. Nach bestandenem Vorexamen 1946 war er in verschiedenen Apotheken Sachsens und Sa.-Anh. tätig. Er absolvierte als Fernstudent das Pharmaziestudium an der Univ. Leipzig, das er 1958 mit dem Staatsexamen abschloß. Seit 1959 war Z. als elfter Leiter der seit 1849 bestehenden Apotheke Chefapotheker im Krankenhaus Magdeburg-Altstadt tätig. 1986 beendete er diese Tätigkeit nach vielen Jahren erfolgreichen Wirkens. Er entwickelte seine Apotheke zu einem Zentrum der Herstellung von Sterilarzneien, besonders von Infusionslösungen. Auf Grund seiner Kenntnisse und Erfahrungen auf diesem Gebiet wurde er zum Berater der Abt. Gesundheits- und Sozialwesen beim Rat des Bez. Magdeburg berufen und konnte ein leistungsfähiges Netz von Infusionszentren im Bez. schaffen. Er erhielt in Anerkennung seiner Leistungen den Titel Pharmazierat.

L: → Kurt Koelsch (Hg.), Das Krankenhaus Magdeburg-Altstadt. Fs. zu seinem 150jährigen Bestehen 1967, *52–54*; Familienunterlagen Irene Z., Magdeburg (priv.). – **B:** ebd.

Joachim Münch

Zschokke, Johann *Heinrich* Daniel (eig. Schokke, Ps. Johann von Magdeburg, L. Weber), Dr. phil.

geb. 22.03.1771 Magdeburg, gest. 27.06.1848 bei Aarau (Schweiz), Schriftsteller, Politiker, Publizist.

Z. wurde als Sohn eines Altmeisters der Magdeburger

Tuchmacherinnung geb., verlor seine Eltern früh und wohnte u. a. beim emeritierten Rektor des Altstädter Gymn. Magdeburg, Elias Kaspar Reichard. Ab 1790 studierte er ev. Theol., Phil. und Jura an der Univ. Frankfurt/ Oder (Prom. 1792), war nach einer Tätigkeit als Gastprediger in Magdeburg (1792), einer Privatdozentur in Frankfurt/Oder und einer ausgedehnten Europareise ab 1797 zunächst Leiter des Philanthropins in Reichenau/ Schweiz, später Regierungskommissar, Regierungsstatthalter der Schweiz und 1815–1841 Mitglied des Großen Rats des Aargaus. Er gilt als einer der liberalen Wegbereiter des schweizerischen Bundesstaats. Z. trat als Schriftsteller und Politiker, als Historiker und Volksbildner (in enger Verbindung mit Heinrich Pestalozzi) zeitlebens für die demokratische Verwirklichung aufklärerischer Ideale ein. Zu seinen Interessen gehörten außer Gesch., Theol., Phil. und Jura auch Naturwiss., Land- und Forstwirtschaft und – im Zuge seiner amtlichen Verpflichtungen – das Finanz- und Polizeiwesen. Er war einer der meistgelesenen und einflußreichsten deutschsprachigen Autoren des 19. Jhs; die von ihm hg. Zss. erlangten europaweite Verbreitung. Frühen Erfolg hatte er als Theaterschriftsteller (u. a. mit dem Räuberstück „Abaellino, der große Bandit", gedruckt 1795, nach dem gleichnamigen Roman); er arbeitete mit Heinrich von Kleist an der Idee zum „Zerbrochenen Krug" und veröffentlichte zahlreiche Erzähltexte (u. a. „Hans Dampf in allen Gassen", 1814; „Das Goldmacherdorf", 1817; „Das Abenteuer in der Neujahrsnacht", 1818; „Der Flüchtling im Jura", 1822; „Der Freihof von Aarau", 1823). Z. wurde aufgrund seiner hist. Arbeiten (u. a. eine mehrbändige Gesch. Bayerns) von der bayrischen Reg. für den Adelstitel und die Bayrische Akad. vorgeschlagen. Beides lehnte er als Republikaner ab, nutzte aber seinen Einfluß, die wiss. Anerkennung Joseph Fraunhofers, den er beim Besuch der Glashütte in Benediktbeuren schätzengelernt hatte, zu betreiben. Bemerkenswert ist die Nähe zur Stadt seiner Herkunft: Die Erzählungen „Kriegerische Abenteuer eines Friedfertigen" (1822) und „Der Feldwebel" (1823) weisen Magdeburger Motive aus, das Vorsatzblatt seiner Autobiogr. „Eine Selbstschau" (1842), in der er seine Jugend in Magdeburg ausführlich beschrieb, lautet „Der Vaterstadt Magdeburg gewidmet". 1830 verlieh ihm der Magistrat der Stadt unter Oberbürgermeister → August Wilhelm Francke die Ehrenbürgerwürde, ein Magdeburger Zschokkeverein unter → Karl Gottfried Kretschmann ist erstmals 1844 nachweisbar.

W: s.o; Gesammelte Schriften (35 Bde), 1851–1854; Hans Bodmer (Hg.), H. Z., Werke (12 Bde), 1910. – **N:** StA Aarau. – **L:** ADB 45, *449–465*; Killy 12, *523f.*; Otto Fuhlrott, J. H. D. Z., in: Magdeburger Bll. 1988, *56–63* (***B***); Werner Bänziger, „Es ist freilich schwer, sein eigenes Bild mit Treue zu malen ...". Die Autobiographien von Pestalozzi, Z. und Wessenberg, 1996; Der Briefwechsel von H. Z. Schlußbericht des DFG-Projektes (Projektleiter Robert Hinderling/Rémy Charbon), Bayreuth 1998; Martina Prescher, Vergleichende Untersuchungen zu den Autobiographien von J. H. Z., → Karl Immermann und → Johann Stephan Schütze, Staatsexamensarbeit Magdeburg 2001. – **B:** *StadtA Magdeburg.

Gunter Schandera

Zuckschwerdt, Elias Christian *Ludwig*
geb. 01.04.1791 Flechtorf bei Wolfsburg, gest. 11.11.1848 Magdeburg, Industrieller.

Z., Sohn eines ev. Pfarrers, ging beim Gewürz- und Kolonialwarenhändler Georg Ludwig Dommerich in Braunschweig in die Kaufmannslehre. Mit dessen Hilfe gründete Z. zusammen mit seinem Freund → Wilhelm Beuchel aus Wolfenbüttel 1818 die Kolonialwarenhandlung *Z. & Beuchel*. Noch im selben Jahr eröffnete er zusammen mit Dommerich eine Zichorienfabrik in Buckau. 1826 stieg Z. in die Rübenzuckerproduktion in Sudenburg ein. 1827 erfolgte die Grundsteinlegung für sein zweites Werk, die sog. „Neue Fabrik" in Magdeburg. Ende der 1820er/Anfang der 1830er Jahre schaffte Z. endgültig den wirtsch. Durchbruch und stieg in den Kreis der Honoratioren der Stadt auf. Er gründete weitere Kandis- und Zuckerfabriken in Magdeburg und Aschersleben, gehörte zu den Mitbegründern der Magdeburger Börse 1825 und der ersten *Magdeburger Privatbank* 1857. Er engagierte sich für den Eisenbahnbau nach Magdeburg und gegen die Zuckerbesteuerung in Preußen. Mit erst 36 Jahren wurde Z. in den Ältestenrat der Korporation der Magdeburger Kaufmannschaft gewählt und stieg 1836 zum dritten und 1837 zum zweiten Vors. auf. Zum Schutz der einheimischen Zuckerindustrie, die zum Initiator und Motor der industriellen Revolution in der Stadt und der Region in den 1830er/40er Jahren wurde, aber seit Anfang der 1840er Jahre durch die preuß. Reg. hart besteuert wurde, gründete Z. – nachdem seine Bemühungen auf dem siebenten Provinziallandtag 1841 erfolglos geblieben waren – mit ca. 140 Rübenzuckerfabrikanten aus ganz Dtl. den *Verein der dt. Runkelrübenzuckerfabrikanten*, die erste überregionale Unternehmer-Dachorganisation Dtls überhaupt. Z.s unermüdlichem Ringen ist es u. a. zu verdanken, daß die Zuckerindustrie im mitteldt. Raum nicht nur diese Krise überstand, sondern bis in die heutige Zeit das Wirtschaftsprofil der Region mit prägt. Als erster Vors. des *Vereins der dt. Runkelrübenzuckerfabrikanten* wurde Z. gewählt, der sich zunehmend auch anderweitig politisch engagierte, so z. B. als Mitglied der Stadtverordnetenverslg. und als stellvertretender Landtagsdeputierter der Stadt Magdeburg, aber auch in der sich formierenden Vormärzopposition um die „Bürgerverslg." – dem organisatorischen Zentrum der liberalen Bewegung in der Stadt. 1848 brachte sich Z. aktiv in die wirtschaftspolitischen Debatten im Frankfurter Nationalparlament ein, ehe er im November dess. Jahres infolge einer Choleraerkrankung in Magdeburg verstarb.

L: → Hans Leonhard (Hg.), Denkschrift zum einhundertjährigen Jubiläum der IHK Magdeburg, 1925, *65* u.ö. (***B***); Vf., Z., in: Mathias Tullner (Hg.), Persönlichkeiten der Gesch. Sa-Anh., 1998, *506–508*.

Jürgen Engelmann

Zuckschwerdt, *Hermann* Ludwig Alexander
geb. 10.01.1826 Magdeburg, gest. 30.12.1873 Magdeburg, Kaufmann, Bankier.

Der Sohn des → Ludwig Z., des Begründers der Fa. *Z. & Beuchel*, besuchte die höhere Gewerbe- und Handelsschule in Magdeburg. Ab 1842 absolvierte er zunächst im Detailgeschäft von Karl Z. in Braunschweig und ab Oktober dess. Jahres im väterlichen Unternehmen eine kaufmännische Lehre. Erste Berufserfahrungen sammelte er als Gehilfe bei *A. W. Görne & Co.* in Hamburg (1845–1847) sowie bei einem anschließendem Aufenthalt in England und Frankreich. 1848 kehrte Z. nach Dtl. zurück und trat für seinen inzwischen verstorbenen Vater in das Familienunternehmen ein, dessen Geschäftsführung er zwei Jahre später übernahm. Dem Wunsch seines Vaters entsprechend, trennte er sich 1852 von der Fam. Beuchel (diese übernahm das Kohlengeschäft und die Zuckerfabriken) und wurde nach einer Abfindung der übrigen Familienmitglieder Alleininhaber des Unternehmens. Es folgte die Aufgabe kleinerer Unternehmungen, die Beteiligung an der *Magdeburger Bergwerksges.* (Zeche „Königsgrube") sowie die Konzentration auf den Kolonialwaren- und Zuckerhandel und das damit verbundene Bankgeschäft. Seiner marktorientierten Firmenpolitik treu bleibend, gab er später auch den Kolonialwarenhandel (1857) und die Zuckerwarenfabrik (1863) auf. In dieser Konsequenz führte er das Unternehmen zu einem Weltgeschäft. Z. war nicht gewillt, nur den alten Bahnen der Fa. zu folgen. Sein größtes Verdienst liegt in der Entwicklung des Magdeburger Zucker-Exportgeschäfts. Er begann als erster mit dem Export von dt. Rohzucker nach England und führte zuerst dt. Rübenzucker in die USA ein. Z. hatte einen bedeutenden Anteil am Rohzuckerexport Österreichs nach England und Holland. Der als modern und fortschrittlich orientiert geltende Kaufmann war ständig um die Förderung des Magdeburger Handels bemüht. Als Mitglied des Ältestenkollegiums der *Magdeburger Korporation der Kaufmannschaft* (ab 1871 Dritter Vorsteher) zeigte Z. großes Engagement bei der kaufmännischen Ausbildung und Unterstützung des *Magdeburger kaufmännischen Vereins* sowie bei den Verhandlungen zum Bau des Rhein-Elbe-Kanals. 1871 wurde der auch zum Stadtverordneten gewählte Z. Mitglied des Preuß. Abgeordnetenhauses für die Nationalliberale Partei. Ende 1873 starb Z. an den Folgen einer Typhuserkrankung.

L: → Martin Behrend, Magdeburger Großkaufleute, 1906, *11*, *85f*. (***B***). – **B:** *LHASA.

Horst-Günther Heinicke

Zuckschwerdt, *Oskar* Emil Theodor Friedrich Felix
geb. 19.06.1883 Gandersheim, gest. 21.10.1965 Göttingen, ev. Theologe.

Seine Fam. übersiedelte nach dem Tod des Vaters, des Rechtsanwalts Bernhard Z., 1899 nach Braunschweig, wo Z. 1902 das Abitur ablegte. 1902–06 studierte er ev. Theol. an den Univ. Göttingen, Straßburg und Marburg. 1906 betreute er sechs Monate als Krankenpfleger in den Bodelschwinghschen Anstalten in Bethel Trinker und Geisteskranke. Nach dem zweiten theol. Examen entschied er sich 1909 für die Missionsarbeit als Seemanns- und Auswandererpastor in Liverpool. 1913 wechselte er auf die Pfarrstelle der Dt. Gemeinde in Glasgow, die er bei Kriegsausbruch fluchtartig verlassen mußte. Nach zwei Jahren als Garnisonspfarrer in Berlin-Lichterfelde wurde Z. 1916 wieder auf eine Gemeindepfarrstelle an der St. Johannis-Kirche in Groß-Salze (Schönebeck) berufen. 1917–18 war Z. als Felddivisonspfarrer im Fronteinsatz. 1922 wurde er für eine vorübergehende Tätigkeit in der Schulabt. des Ev. Preßverbandes in Berlin beurlaubt. Ende 1922 übersiedelte er als Pfarrer von St. Ulrich und Levin nach Magdeburg. Bald nach der ns. Machtergreifung trat er dem Pfarrernotbund und der Bekennenden Kirche bei. Die Angriffe der ns. Presse gegen seine Taufe eines Juden machten ihn 1935/36 zur deutschlandweiten Berühmtheit. Wegen Vergehen gegen das „Sammlungsgesetz" und „Kanzelmißbrauch" wurde er 1937 wiederholt verhaftet und verbrachte mehrere Monate in Untersuchungshaft. Im Juni 1945 wurde Z. zum Superintendenten des Kirchenkreises Magdeburg und im August überdies in die Vorläufige Geistliche Leitung der Kirchenprovinz Sachsen berufen. 1946 wurde ihm mit der neu geschaffenen Propstei Magdeburg auch die ständige Stellvertretung des Bischofs der Kirchenprovinz Sachsen unter Beibehaltung seiner Pfarrstelle an St. Ulrich übertragen. 1958 in den Ruhestand versetzt, verbrachte Z. seinen Lebensabend in Göttingen. Z. zählte als Mitglied der zwölfköpfigen intellektuellen Ges. *Vespertina* seit Ende der 1920er Jahre zu den Magdeburger Honoratioren. Er veröffentlichte zahlreiche Predigten, theol. und pädagogische Abh. Wegen seiner standhaften religiösen Überzeugung war er sowohl unter ns. wie unter kommunistischer Herrschaft schweren öffentlichen Angriffen ausgesetzt. Nach Kriegsende arbeitete er in führenden kirchlichen Ämtern, u. a. seit 1946 als Mitglied der Kirchenleitung, an der Ordnung der neu begründeten Ev. Kirche der Kirchenprovinz Sachsen mit und trug dazu bei, daß diese maßgeblich von den Traditionen der Bekennenden Kirche geprägt wurde.

W: Kirche und Konfirmandenunterricht, 1925; Das Alltagsleben des Kindes, 1926; Moderne Kinderseelenkunde und Kindergottesdienst, 1928; Du und dein Kind, 1929. – **N:** AKPS: Rep. N 8. – **L:** Martin Onnasch, Um kirchliche Macht und geistliche Vollmacht. Ein Beitrag zur Gesch. des Kirchenkampfes in der Kirchenprovinz Sachsen 1932–1945, Diss. Halle 1979, Bd. 1, *115f.*, Bd. 2, *228*; AKPS: Rep. A, Spec. P, Z 117 (PA); Rep. A, Spec. G, Nr. 8478; Rep. A, Spec. K, Nr. 5469. – **B:** AKPS: Rep. N 8, Nr. 1.

Margit Müller

Zuckschwerdt, *Wilhelm* **Ludwig Max,** Dr. rer. pol. h.c.
geb. 24.07.1852 Magdeburg, gest. 26.03.1931 Magdeburg, Kaufmann, Bankier, Kgl. Geh. Kommerzienrat.

Der einer in Magdeburg hoch angesehenen Kaufmannsfam. entstammende Z., Sohn des → Hermann Z., besuchte das Realgymn. in Magdeburg und absolvierte anschließend eine kaufmännischen Lehre in der Kolonialwarenbranche. Der frühe und unerwartete Tod des Vaters zwang den erst 21jährigen ohne große praktische Erfahrung zum Einstieg in die vom Großvater gegründete und vom Vater zum bedeutenden Unternehmen des Bank- und Zuckergeschäfts ausgebaute Fa. *Z. & Beuchel*, die vorübergehend von seiner Mutter weitergeführt und von ihm 1875 übernommen wurde. Anfangs erfolgte ein kontinuierlicher Ausbau des Zucker- und Bankgeschäfts. Mit der Zunahme der direkten Geschäftsabwicklung zwischen den Inlandraffinerien und der Kundschaft gab Z. 1897 das Inlandgeschäft auf und verlagerte das Geschäftsfeld hauptsächlich auf das Bankgeschäft. Z., der sich besondere Verdienste um die Entwicklung des Magdeburger Handels erwarb, wurde bereits im Alter von 32 Jahren in das Ältestenkollegium der *Magdeburger Korporation der Kaufmannschaft* berufen und fungierte hier von 1885 bis 1896 als Handelsrichter. Mit der Umwandlung der Korporation in eine Handelskammer im Januar 1899 wurde Z. Erster stellvertretender Vorsteher und von Ende 1904 bis Anfang 1931, als Nachfolger von → Otto Hubbe, Erster Vorsteher der Handelskammer bzw. ab 1924, den sich ändernden wirtsch. Bedingungen entsprechend, der *IHK Magdeburg*. Er verhalf durch seine Sachkenntnis und Fachkompetenz, durch sein zielsicheres und geschicktes Auftreten der Kammer bei sämtlichen Berufsvertretungen zu hohem Ansehen.

Z. engagierte sich besonders für den Bau des Mittellandkanals, dessen Führung bis zur Elbe bei Magdeburg Ende 1920 nach langen Verhandlungen beschlossen wurde. Für seine erfolgreichen Bemühungen um dieses Projekt sowie für seine Anregungen zur Erforschung der Wirtschaftsgesch. Magdeburgs wurde Z. 1922 von der phil. Fakultät der Univ. Leipzig mit der Ehrendoktorwürde ausgezeichnet. 1908 rief er eine Stiftung zur Abhaltung wiss. Vorträge ins Leben, um die Ausbildung junger Kaufleute und Techniker zu fördern. Nach dem I. WK richtete er infolge neuer steuerlicher Gesetzgebungen eine Steuerauskunftsstelle für Gewerbetreibende ein. Der 1906 zum Geh. Kommerzienrat ernannte Z. war u. a. mehrfacher Vors. und Aufsichtsratsmitglied großer Magdeburger Aktiengesellschaften, Mitglied im Bezirksausschuß Magdeburg der *Dt. Reichsbank*, des Aufsichtsrates und Vors. des Ortsausschusses Magdeburg der *Disconto-Ges.*, außerdem Mitglied des Hauptausschusses und des Ausschusses für Kredit-, Geld- und Bankwesen des *Dt. Industrie- und Handelstages*, des Landesausschusses der *Preuß. IHK*, des *Reichseisenbahnrates*, des *Landeseisenbahnrates Magdeburg der Dt. Reichsbahn*, des *Elbe-Wasserstraßenbeirates* sowie des Börsenausschusses beim Reichswirtschaftsministerium Berlin. Z. war von 1901 (Kommerzienrat) bis 1909 (Geh. Kommerzienrat) Mitglied des Preuß. Abgeordnetenhauses für den Regierungsbez. Magdeburg und von 1911 bis 1918 Mitglied des Preuß. Herrenhauses. Im selben Jahr erhielt er den Roten Adlerorden II. Kl. mit Eichenlaub. Nach der altersbedingten Niederlegung des Amtes als Vorsteher der *IHK* wurde Z. deren Ehrenpräsident.

L: Reichshdb 2, *2099f.*; → Martin Behrend, Magdeburger Großkaufleute, 1906, *9, 14, 64f., 88f.* (*B); → Hans Leonhardt, Geh. Kommerzienrat W. Z. – 25 Jahre Erster Vorsteher der IHK Magdeburg, in: Wirtschaftsztg. Zs. der IHK Magdeburg und Halberstadt 13 vom 09.12.1929, *385–388*; Georg Wenzel (Hg.), Dt. Wirtschaftsführer, 1929, Sp. *2540*. – **B:** LHASA.

Horst-Günther Heinicke

Zum Winkel, *Karl* **Oskar**
geb. 25.02.1897 Liegnitz, gest. 12.04.1945 Barby (Suizid), Lehrer, Oberstudiendir.

Z. absolvierte Anfang der 1920er Jahre in Göttingen ein

Studium mit dem Abschluß der Befähigung zum Lehramt an höheren Schulen. Er übernahm 1934 als Oberstudiendir. die Leitung der Herzog-Heinrich-Schule (Staatl. Oberschule für Jungen in Aufbauform) in Barby, die er bis zum 11.04.1945, dem Tage des Feindalarms in Barby, führte. Z. war bei seinen Kollegen und besonders bei seinen Schülern wegen seiner Toleranz geschätzt. Er stellte immer die pädagogische Arbeit vor seinen politischen Leitungsauftrag. Ende des II. WK wollte Z. als Mitglied des Verteidigungsstabes von Barby die Stadt kampflos den heranrückenden amerikanischen Truppen übergeben, was von der Führungsspitze nicht akzeptiert wurde. Daraufhin nahm er sich am 12.04.1945 das Leben. Die gemeinsame Grabstelle der Eheleute Z. auf dem Friedhof Barby wird durch ehemalige Schüler der Herzog-Heinrich-Schule in Barby gepflegt.

Rudolf Krebs

Zurek, *Marianus* (*Maryan*) Josef Stanislaus Ambrosius

geb. 24.11.1889 Magdeburg, gest. 20.09.1943 Worphausen bei Bremen, Maler, Bildhauer.

Z. studierte an der Kunstgewerbe- und Handwerkerschule Magdeburg und an der Akad. in Kassel bei Hermann Knackfuß, Hans Olde und Carl Wünnenberg. Er war danach in Magdeburg und Worpswede tätig, schuf Gefallenen-Denkmale in Wernigerode und Hasserode und ein Wandbild im Goethe-Haus in Schierke.

L: Thieme/Becker 36, *604*; Vollmer 5, 1961, *220*; Westermanns Monatshefte 164, 1938; ebd. 169/170, 1940/41; ebd. 171/172, 1942; Die Weltkunst 18, H. 1, 1944; Illustrierte Rundschau 6, H. 22, 1951.

Jörg-Heiko Bruns

Zweig, Alfred

geb. 03.09.1865 Landsberg/Schlesien, gest. 20.05.1926 Wiesbaden, Fabrikant.

Z. absolvierte von 1879 bis 1882 eine Lehre in einer Lederhandlung in Ratibor/Schlesien. Er kam über Breslau und Berlin nach Burg, wo er mit der Heirat von Anna, geb. Stern, der Schwester der Ehefrau des Mitbegründers der Schuhfabrik *Conrad Tack & Cie.* in Burg, Wilhelm Krojanker (vgl. → Hermann Krojanker), Mitarbeiter des o.g. Unternehmens wurde. Z. übernahm 1893 die technische Leitung der Fa., wurde zugleich Gesellschafter und führte konsequent eine Reorganisation der Fa. durch. Im selben Jahr wurden die „Tack-Schuhe" auf der Gewerbeausstellung in Burg mit einer Goldmedaille ausgezeichnet. 1912 erfolgte die Umwandlung der Schuhfabrik *Conrad Tack & Cie.* in eine AG mit sechs Mio. Mark Stammkapital. Z. und Wilhelm Krojanker waren die Hauptgründer und bildeten den ersten Aufsichtsrat, wobei Z. den stellvertretenden Vorsitz des Aufsichtsrates übernahm. Die wirtsch. Konsolidierung des Unternehmens, das zu den größten Arbeitgebern in Burg gehörte, bewirkte die regelmäßige Ausschüttung einer hohen Dividende, so daß Z. 1923 bereits über ein Drittel des gesamten Aktienkapitals verfügte. 1925 waren in der Fa. 1.700 Mitarbeiter beschäftigt, die bei einer Tagesleistung von 5.000 Paar Schuhen und einem Verkaufsstellennetz von 113 Geschäften einen Jahresumsatz von mehr als 23 Mio. Mark erwirtschafteten. Neben seinen unternehmerischen Tätigkeiten engagierte sich Z. besonders in der Kommunalpolitik. 1902 wurde er zum Burger Stadtverordneten gewählt und bekleidete von 1910 bis zu seinem Tod das Amt eines Stadtrates. Z., der als Handelsgerichtsrat, Kreistagsabgeordneter und Mitglied der Steuerkommission in Burg große Wertschätzung genoß, stiftete u. a. 1911 die Kapelle dem jüd. Friedhof der Stadt. 1915 spendete er 10.000 Mark für wohltätige Zwecke, von denen allein die Hälfte dem 1894 von → Conrad Tack gegründeten *Arbeiterverein* zukam, dessen Vorsitz Z. ab 1896 innehatte. Im Aufsichtsrat der AG setzte er den Beschluß für die Bereitstellung von 100.000 Mark zur Unterstützung der Familien von Kriegsteilnehmern durch. Nach langem, schweren Leiden starb Z., der stets als Förderer seines Unternehmens und der Stadt Burg galt, während eines Kuraufenthaltes in Wiesbaden.

L: LHASA: Rep. I 63; Archiv Karin Hönicke, Burg (priv.). – **B:** *ebd.

Horst-Günther Heinicke/Karin Hönicke

Zwiebler, August

geb. um 1850 n. e., gest. n. e., Zigarrenmacher, Schuhmacher.

Z., aus Buckau bei Magdeburg kommend, gehörte in den Jahren 1875–77 zu den aktivsten sozialdemokratischen Agitatoren in Magdeburg und Umgebung und war 1878 im Wahlkr. Wanzleben sozialdemokratischer Kandidat bei den Reichstagswahlen. Er nahm 1876 und 1877 als Delegierter an den Sozialistenkongressen in Gotha teil und war Mitbegründer der *Magdeburger Freien Presse*. Redakteure dieser ersten sozialistischen Ztg. der Provinz Sachsen waren Emil Barheine (geb. 1845) und Alexander Schlesinger (geb. 1853). Beide wurden in einer polizeilichen Liste von 1878 unter den wichtigsten sozialdemokratischen Agitatoren genannt. Z. verlagerte nach seinem Wegzug nach Bernburg und später nach Halle seine agitatorische Tätigkeit vornehmlich auf den anhaltischen Raum und das weitere Magdeburger Umfeld. U. a. sprach er auch in Calbe/Saale, wo der Maurer und Wanderhändler Louis Schönian zahlreiche sozialdemokratische und Volksverslgg. organisierte. Schönian war Delegierter des Gothaer Vereinigungskongresses 1875. Er wurde 1874 wegen Vergehens gegen das Vereinsgesetz bestraft und mit Verhängung des Sozialistengesetzes wegen des Verdachtes der Verbreitung sozialdemokratischer Druckschriften streng polizeilich beobachtet.

L: Quellenslg. zur Gesch. der Arbeiterbewegung im Bez. Magdeburg, Tl. 1, 1969.

Manfred Weien

Sachgebietsregister

Das Register unterstützt die Orientierung innerhalb der einzelnen Sachgebiete. Im Interesse der Übersichtlichkeit wurde auf eine weitergehende Differenzierung verzichtet.

1. Architektur, Städte- und Landschaftsbau
2. Archive, Bibliotheken, Museen, Sammlungen, regionale Historiographie
3. Bildende Kunst
4. Literatur
5. Medien, Verlage, Buchdruck und -handel
6. Medizin, Gesundheits- und Sozialwesen
7. Militär
8. Musik
9. Politik, Justiz, Verwaltung
10. Religion
    a) evangelische Kirche
    b) freikirchliche Vereinigungen
    c) jüdische Gemeinde
    d) katholische Kirche
11. Schulwesen
12. Sport
13. Technik
14. Theater, Film, Unterhaltungskunst
15. Wirtschaft (Industrie, Handel, Handwerk, Banken, Verkehr)
16. Wirtschaft (Bergbau, Land- u. Forstwirtschaft)
17. Wissenschaft, Hochschulen
18. weitere Persönlichkeiten des gesellschaftlichen Lebens

1. Architektur, Städte- und Landschaftsbau

Becker, *Eduard* Otto Franz Carl
Beer, *Max* Johann Karl
Bierstedt, *Jacob* Johann Heinrich
Bonatz, Paul
Buch, Carl-Emil *Bruno*
Caesar, Rudolf Otto
Cammradt, Herbert
Costenoble, *Johann* Eduard
Deffke, Friedrich *Wilhelm* Heinrich
Degenkolbe, Joachim Franz *Erich*
Dieskau, Johann Wilhelm *August*
Dorschfeldt, Richard
Duvigneau, *Johann* August
Duvigneau, Johann Joseph *Otto*
Eggert, Georg Peter *Hermann*
Erdwig, *Hermann* Richard Adolf
Feldmann, *Walter* Fritz
Gauger, Gerhard
Göderitz, *Johannes* Gustav Ludwig
Götsch, Julius
Graviat, *Paul* Robert Friedrich
Grisebach, *Hans* Otto Friedrich Julius
Günther, *Walter* Erich
Hartwig, Gustav
Heickel, *Friedrich* (Fritz) Wilhelm Paul
Heim, Ludwig
Heinemann, *Otto* Wilhelm
Holthey, Hans
Hrussa, *Herwig* Harry Alexander
Kaufmann, Hugo
Kneller, Karl Christian Friedrich (Fritz)
Körner, *Edmund* Hermann Georg
Koß, *Erich* Friedrich Karl
Kozlowski, Paul Jakob *Theodor*
Krayl, *Carl* Christian
Lenné, Peter Joseph
Lincke, Wilhelm
Lippsmeier, Bernhard
Mebes, Paul
Mellin, Friedrich Albert Immanuel
Mendelsohn, Erich
Meng, Arno
Meyer, Heinz-Hugo
Mierau, *Fritz* Richard
Müller, Albin
Münchmeyer, Gustav *Ernst* Otto
Nachtweh, *Heinrich* Norbert Wilhelm
Niemeyer, *Paul* Viktor
Peters, Otto
Richter, Otto
Riedel, Georg August
Riedel, Heinrich August
Rosenthal, Carl Albert
Rühl, Konrad
Sachse, Hans
Schaeffer-Heyrothsberge, Paul
Sauerzapf, *Heinz* Hans Bernhard
Schinkel, Karl Friedrich
Schmidt, *Christian* Andreas
Schmude, Detlev
Schoch, Johann Gottlieb
Schütz, Kurt
Schuster, *Paul* Emil Karl
Stieger, *Gustav* August Wilhelm
Stüler, August Friedrich
Taut, *Bruno* Julius Florian
Tessenow, Heinrich
Unruh, Hans *Victor* Georg von
Voigtel, *Richard* Karl Eduard
Wahlmann, Otto *Paul*
Wölfle, *Hugo* Alfred
Wolff, Friedrich Wilhelm
Zabel, Hans *Willy* Richard
Zabel, Johannes
Zander, Willi Karl Oswald Richard

2. Archive, Bibliotheken, Museen, Sammlungen, regionale Historiographie

Ahland, *Kurt* Willy
Alvensleben, *Udo* Gebhard Ferdinand von
Ausfeld, Heinrich *Eduard*
Bathe, Max
Becker, Adolf
Becker, Bernhard
Behrends, Peter Wilhelm
Berghauer, Johann Christian Friedrich
Bicknese, Martin
Bock, Franz
Bode, Arnold *Wilhelm* von
Bodenstab, Emil
Bösche, Max
Bogen, Alfred
Bolms, Hermann
Brüning, *Herbert* Rudolf Gustav
Buschmann, Johann Carl *Eduard*
Clericus, *Ludwig* August
Cloos, Hans
Danneil, *Friedrich* Hermann Otto
Dieskau, Georg *Otto*
Dittmar, *Max* Robert Paul
Dunker, Hans

Sachgebietsregister

Einem, Johann August *Christoph* von
Eiteljörge, August Ferdinand *Albert*
Engel, *Carl* Friedrich Wilhelm
Erhard, Heinrich August
Eule, Wilhelm
Fischer, *Johannes* Eduard
Fredeke, Oskar *Arthur*
Freytag, *Günther* Erich
Friedensburg, Karl *Walter*
Fuchs, Ludwig
Gebhardt, *Peter* Adalbert Eduard Gustav von
Gerling, Heinz
Gerloff, *Georg* Friedrich Kasper
Götze, Ludwig
Gothe, Fritz
Greischel, Friedrich Traugott *Walther*
Gringmuth-Dallmer, Hanns
Grothe, Alfred *Wilhelm* (Willi)
Grubitz, Ernst
Halbfaß, Wilhelm
Hansen, Albert
Hecht, Richard
Heinz, *Emil* Jakob
Held, Otto
Herms, Ernst
Hertel, *Gustav* Heinrich Gottfried
Hirt, Hugo
Hölzer, Hugo
Höse, Karl
Hoffmann, Friedrich Wilhelm
Holstein, Alexander Gustav Julius Hermann *Hugo* Waldemar
Hülsse, *Friedrich* Adolf
Jennrich, Friedrich Hermann *Albert*
Kahlo, Martin
Kawerau, Friedrich *Waldemar*
Kellner, Karl
Kinderling, Johann Friedrich August
Knabe, Charlotte
Knust, Walter
Koch, Willi
Krause, Paul
Kunze, Stephan
Lies, Hans
Loewe, *Heinrich* Eliakim
Maass, *Gustav* Friedrich Hermann
Mennung, Albert
Menzel, Fritz
Mertens, August
Mertens, Friedrich
Möllenberg, Walter
Müller, Adolf

Müller, Hans Wolfgang
Müller, Friedrich *Ottomar*
Mülverstedt, Johann George Adalbert von
Münchmeyer, Gustav *Ernst* Otto
Nebelsieck, *Heinrich* Albert Louis Karl Erich
Neubauer, *Ernst* Gustav-Heinrich
Nickel, Ernst
Pahncke, *Max* Willibald Heinrich
Peicke, *Christian* August
Pieper, *Wilhelm* Ludwig
Plato, Christian Karl
Porth, Gisela
Priegnitz, Wilhelm Franz *Werner*
Rath, *Friedrich* Gustav Adolf
Rathmann, Heinrich
Reccius, Adolf
Ribbeck, Wilhelm
Robolski, Heinrich
Rocke, Gotthilf (Gotthelf) Moritz
Rohlandt, Erhard
Rosenfeld, Felix
Rosenthal, Willy Karl *Max*
Schenck, Eduard von
Scheffer, *Carl* Friedrich Wilhelm
Schimmel, Albert
Schmidt, *Christian* Andreas
Schreiber, Andreas
Schrod, Franz *Konrad*
Schultheiß, Heinrich *Wilhelm*
Schulze, Wilhelm
Schwineköper, Berent
Seelmann-Eggebert, *Emil* Paul
Seelmann-Eggebert, *Wilhelm* Emil
Sens, Hermann Wilhelm *Walter*
Sorgenfrey, Gustav Theodor
Spanier, Arthur
Stimming, Richard
Stock, Ludwig Christian
Stuhlmann, Friedrich
Thinius, *Otto* Walter
Thomas, Georg
Vincenti, Arthur Reichsritter von
Vogeler, Otto
Volbehr, Theodor
Wahle, *Ernst* Karl Bernhard Hermann
Wahnschaffe, Carl Wilhelm *Maximilian*
Wanckel, Wolfgang
Weber, Bruno
Wegener, Hugo Paul Theodor Christian *Philipp*
Wernicke, *Friedrich* Wilhelm
Werveke, Leopold van

Wiegers, *Fritz* Harry Wilhelm
Wieprecht, Hans
Wiesener, Helmut
Wiggert, Friedrich
Winkel, Gotthilf Gustav
Winter, August Franz

3. Bildende Kunst

Altenkirch, Otto
Autsch, Carl
Barlach, *Ernst* Heinrich
Bartels, *Franz* Jan Adolf Heinrich
Barth, Johann *Wilhelm* Gottfried
Behne, Adolf
Behrendsen, Friedrich Wilhelm
Bergmeier, *Karl* Albert
Bernadelli, Paul
Beye, Bruno
Binder, Eberhard
Bischof, Walter
Blaeser, *Gustav* Hermann
Blankenburg, Ewald
Bösche, Max
Bosselt, Paul Gustav *Rudolf*
Brandes, *Kurt* Otto Richard
Bratfisch, August
Breysig, Johann Adam
Bruse, Hermann
Bürck, *Paul* Wilhelm
Cremer, Fritz
Deffke, Friedrich *Wilhelm* Heinrich
Dexel, Walter
Dittmar, *Gerhard* Karl Friedrich
Donndorf, Adolf von
Dungert, *Max* Wilhelm Waldemar
Echtermeier, *Carl* Friedrich
Eidenbenz, Hermann
Einhoff, *Friedrich* Gustav Heinrich
Eyraud, Carl August
Fabricius, Mathilde
Fiebiger, Franz
Fischer, Jacob Adolph
Flottwell, Georg *Eduard* von
Friedrich, *Karl* Ludwig Ferdinand
Fröhner, Dietrich
Giese, *Wilhelm* Martin Ernst Leonhard
Götz, Johannes
Graevenitz, Fritz von
Grimm, Hans
Grünewald, Wilhelm
Grzimek, Waldemar
Habs, Ernst

Winter, Carl *Georg* Ludwig
Wolter, Ferdinand *Albert*
Wolterstorff, Christian Heinrich Friedrich *Wilhelm*
Wolterstorff, *Willy* Georg
Zernial, *Hugo* Philipp

Händler, Paul
Hansen, Gustav
Hasenpflug, *Carl* Georg Adolf
Hatzold, Rudolf
Heider, Friedrich Georg *Hans* von
Heider, Friedrich (Fritz) Maximilian von
Heider, *Maximilian* (Max) David Christian von
Heider, Wilfried
Heise, Annemarie
Heise, Katharina
Helmbrecht, *Hans* Sylvester
Helmsdorf, Johann *Friedrich*
Höpfner, *Wilhelm* Friedrich Ernst
Hoffmann, Johannes Carl Robert *Ernst*
Hoffmann-Lederer, Hanns
Hundrieser, *Emil* Richard Franz
John, Franz *Alfred*
Kaiser, Richard
Kampf, Arthur
Kelle, Johannes
Klusemann, *Johann* Friedrich
Knabe, Willy
Köppen, *Maximilian* (Max) Johann
Kühle, *Heinz* Friedrich August Wilhelm
Leeke, August *Ferdinand*
Maenicke, Fritz
Marcks, Gerhard
Mehnert, Frank
Möller, Anton
Molzahn, *Johannes* Ernst Ludwig
Moser, Ferdinand
Müller, Albert *Karl*
Nigg, Ferdinand
Ochs, Peter Heinrich Ludwig
Oelze, Richard
Oldenburger, *Hans* Ludwig Gerhard Wilhelm
Paulke, Wilhelm
Pirntke, Berthold Joachim *Konrad*
Pohl, Oswald
Policek, Wolfgang
Priegnitz, Wilhelm Franz *Werner*

Sachgebietsregister

Rauch, Christian Daniel
Rettelbusch, Johann Adolf
Roderich-Huch, Daysi
Roßdeutscher, Eberhard
Roßdeutscher, Max
Rusche, Albert *Moritz*
Rusche, Marie Klara *Marianne*
Sass, *Johannes* Friedrich
Schawinsky, Alexander (Xanti)
Schmitt, Bernhard
Schotte, Simon Gottfried
Schwantner, Emil
Seehafer, Eitel-Friedrich
Seifert, *Ernst* Werner
Sieg, Carl
Skomal, Carl
Speck, *Georg* Andreas Albert
Spieß, Ernst Eduard
Spieß, *Hans-Arthur* Albert
Stauf, Gerhard
Stockmann, Herbert
Thorau, Horst
Thormählen, Emil
Tuch, Kurt
Uffrecht, Rudolf
Uffrecht, Theodor *Heinrich*
Viegener, *Eberhard* Kaspar Josef
Völker, Karl
Vogel, Hugo
Wegner, Carl
Wellmann, Arthur
Wendler, *Kurt* Hans Hermann Adalbert
Weniger, Christian Friedrich
Werner, Karl
Wewerka, Rudolf
Winckel, Richard
Wißel, Hans
Wittenbecher, Curt
Wodick, Edmund
Wolff, Gustav Adolf
Wolter, Erna
Zehle, Hermann Wilhelm *Ernst*
Zurek, *Marianus* (Maryan) Josef Stanislaus Ambrosius

4. Literatur

Ahner, Gustav Eduard
Albertini, Johann Baptist von
Aston, Louise Franziska
Baensch, Paul
Barnick, Erna
Bartels, Otto Richard
Basan, Walter
Beck, Paul *Walther*
Benühr, Hermann *Heinrich* Carl
Beradt, Martin
Beyte, *Friedrich* Heinrich Wilhelm
Bode, *Wilhelm* Friedrich
Bohner, Theodor Paul
Bonin, *Elsa* Jutta Rosalie von
Brennecke, Albert
Brennecke, Gertraud
Brentano, Clemens von
Cosmar, Alexander
Cosmar, Antonie
Daum, Friedrich August Hermann
Döring, Carl (Karl) August
Elkan, Adele
Fehse, *Willi* Richard
Follenius, *Emanuel* Friedrich Wilhelm Ernst
Fontane, Theodor (Henri Théodore)
Forstreuter, Hedwig
Gersdorff, *Wolfgang* Veit Adolph Felix Eric Freiherr von
Gillhoff, *Johannes* Heinrich Carl Christian
Glade, Heinz
Gorges, Hedwig
Griesbach, Georg *Erich*
Hagen, *Augusta* Clara Elisabeth Gräfin vom (gen. Aga)
Hanstein, Gottfried *August* Ludwig
Heitmann, Adolf
Herrmann, Paul
Hilprecht, *Alfred* Fritz
Hoche, Johann Gottfried
Horn, Wilhelm
Immermann, Carl Leberecht
Johannsen, Elsa-*Christa* Betti Luise
Kahlo, Gerhard
Kahlo, Martin
Kaiser, Friedrich Karl *Georg*
Kellner, Karl
Koepcken, Friedrich von
Köppen, Joachim *Edlef*
Kraft, Paul
LaRoche, Sophie von
Lehmann, Heinrich Ludwig
Lindau, *Heinrich* Hermann Karl
Lindau, Paul
Lippold, Eva
Löscher, *Gustav* Robert
Lohmann, *Emilie* Friederike Sophie
Lohmann, Johanne *Friederike*
Lucas, Johann Georg Friedrich
Luckau, *Wilhelm* Heinrich
Lützow, *Elisa* Davidia Margarethe
Malraux, Clara
Matthisson, Friedrich von (seit 1809)
Möwes, Heinrich
Müller, *Emil* Reinhard
Müller, *Heinrich* August
Müller, Mathilde
Munnecke, Karl *Wilhelm*
Nathusius, *Johanne* Philippine von
Nathusius, *Marie* Karoline Elisabeth Luise
Nathusius, *Philipp* Engelhard von
Neidhardt von Gneisenau, *Maria* (Marie) Anna Augusta Elisabeth Gräfin
Neuber, August Wilhelm
Niebelschütz, *Wolf* Friedrich Magnus von
Oberbreyer, Max
Pauls, Eilhard Erich
Petry, Walther
Philippson, Ludwig
Pieper, Erich
Pinthus, Kurt
Platen-Hallermund, Mathilde Luise Marie *Hedwig* Gräfin von
Plato, Christian Karl
Pröhle, Heinrich Andreas
Putlitz, *Gustav* Heinrich Gans Edler von und zu
Raabe, *Wilhelm* Karl
Rauch, Fritz
Rauch, *Wilhelm* Friedrich Andreas
Reimann, Brigitte
Reinhardt, Luise
Reuter, Gabriele
Reuter, Heinrich Ludwig Christian *Fritz*
Ribbeck, Wilhelm
Riemann, *Kurt* Fritz Ernst
Rosenberg, Maximilian
Rubel, Nomi
Schernikau, Ronald M.
Schlaf, Johannes
Schönberg, Oskar
Schütze, Johann *Stephan*
Schwerin, Christoph Friedrich (Fritz)
Seelmann-Eggebert, *Wilhelm* Emil
Seitz, *Robert* Karl Wilhelm
Sens, Hermann Wilhelm *Walter*
Sidow, *Max* Paul Otto
Spielhagen, Friedrich
Stemmle, *Robert* Ferdinand Adolf
Trümpelmann, *August* Christian Ernst Friedrich Heinrich
Trümpelmann, Max
Uhde, Waldemar
Volbehr, Julie (Lu)
Wahrendorf, Friedrich Andreas *Günter*
Wehl, Feodor von
Weinert, *Erich* Bernhard Gustav
Weise, Clara
Wendler, Otto Bernhard
Wenghöfer, Walter
Werner, *Reinhold* Sigismund Heinrich von
Wildenbruch, *Ernst* von
Wille, Bruno
Woenig, Franz
Zerrenner, Heinrich Gottlieb
Zschokke, Johannes *Heinrich* Daniel

5. Medien, Verlage, Buchdruck und -handel

Bader, Paul
Baensch, Friedrich August *Emil*
Baensch, Friedrich Robert *Emanuel*
Baensch, Heinrich Theodor *Emanuel*
Baensch, Johann *Wilhelm* Emmanuel
Baensch-Drugulin, Egbert *Johannes*
Buschhardt, Friedrich Wilhelm
Creutz, Johann Adam
Donath, Amandus Emil *Eugen* jun.
Donath, Friedrich *Emil*
Eule, Wilhelm
Eyraud, Carl August
Faber, Carl Friedrich
Faber, Friedrich *Alexander*
Faber, Friedrich Gustav *Robert*
Faber, *Friedrich* Heinrich August
Faber, *Gustav* Karl Friedrich
Fabricius, *Eugen* Friedrich
Friese, *Oskar* Carl Hugo
Giesecke, Fritz
Giesecke, Johann Christian
Gillhoff, *Johannes* Heinrich Carl Christian
Grenzau, Adolf
Grenzau, *Georg* Paul Adolph
Güdemann, Moritz

Sachgebietsregister

Haenel, *Eduard* Gustav
Heinrichshofen, Adalbert
Heinrichshofen, Adalbert Heinrich *Theodor*
Heinrichshofen, Gotthelf Theodor *Wilhelm* von
Heinrichshofen, Theodor von
Henneberg, Friedrich
Hessenland, Johann Valentin (jun.)
Holtermann, Ernst
Hopfer, August
Kampffmeyer, Paul
Karsten, Otto
Keil, Georg Christian
Klotz, *Carl* Emil
Klühs, Fritz
Kretschmann, Karl Gottfried
Kretschmann, Max
Kretschmann, Reinold
Krüger, Gustav
Lehmann, Heinrich Ludwig
Lehrmann, Ruth
Lies, Hans
Meyer, Karl
Müller, *Emil* Reinhard
Nathusius, *Philipp* Engelhard von
Nathusius-Ludom, Philipp von
Oberbreyer, Max
Osterroth, Franz
Rahmer, Moritz
Rath, *Friedrich* Gustav Adolf
Rath, *Friedrich* Karl Christian
Reinecke, *Friedrich* Karl Eduard
Schmidt, Albert
Schmidt (Schmidt-Küster), Gustav
Schuberth, *Julius* Ferdinand Georg
Schumacher, Ernst
Stephan, Jacob
Wahle, *Fritz* Alexander Johann
Wilde, Georg
Winterstein, Johann *Georg* Gottlob *Peter*
Wohlfeld, Carl Albert
Wohlfeld, Johann Gottfried
Wohlfeld, Paul
Wohlfeld, Paul Albert

Keßler, *Friedrich* Ludwig
Kirsch, Erwin
Klaus, *Günther* Ernst Eberhardt
Kleff, *Gustav* Christian Ludwig
Klipsch, *Johann* Christoph
Knorre, *Georg* Hellmuth von
Koch, Karl Friedrich
Koelsch, *Kurt* August
Konitzer, *Paul* Ignatz
Kretschmann, *Friedrich* Robert
Küstner, Friedrich *Wilhelm*
Kuntz, Carl *Ludwig (Louis)*
Lämmerzahl, Hermann Wilhelm *Walter*
Lange, *Curt* Walter
Lange, *Friedrich* Wilhelm
Lange, Johannes
Lembcke, Werner
Lembeck, Hugo
Lennhoff, Carl
Linke, Hans-Joachim
Linke, Horst
Löhr, *Wilhelm* Christian
Lohmeier, Ludwig Heinrich August
Lotsch, *Friedrich* Wilhelm Karl
Mann, Dieter
Meinhard, Fritz
Meyer, Friedrich
Mobitz, Woldemar
Mohrenweiser, Alexander
Morczek, Adolf
Nauwerck, *Albrecht* Gustav Bernhard
Nebel, *Werner* Albrecht Friedrich Karl
Neide, Friedrich *August*
Neide, Maria Christiana
Niemeyer, *Carl* Eduard
Niemeyer, Felix von
Nißler, *Karl* Ludwig
Otten, *Max* Octavio
Parnitzke, Karl *Herbert* Johann
Paul, Elfriede
Penkert, Max
Ramstedt, Conrad
Rechenberger, *Johannes* Emil Artur
Reinhold, Elisabeth
Ricker, *Gustav* Wilhelm August Josef
Roloff, Johann Christoph Heinrich
Romeick, *Franz* Karl Robert

Rosenthal, Hermann
Rother, Wilhelm
Rudolph, *Marlies* Selma
Rüder, Ilse
Schierhorn, Helmke
Schlein, Joseph *Otto*
Schlichting, Ernst Franz *Werner*
Schneider, *Karl* Gottlieb Ludwig
Schneider, *Oskar* Peter Pfeil
Schoefer, *Günther* Rudolf
Schreiber, Ernst
Schreiber, Paul
Schultheiß, Heinrich *Wilhelm*
Schwarz, Ernst
Seeger, Paul Gerhardt
Sendler, Theodor
Senff, Franz Georg *Curt*
Simon, Otto
Stimming, Richard
Strube, Gerhard
Tafel, Ella
Theloe, Gerhard
Thesing, *Ernst* August Curt Oswald
Thiemich, Paul Wilhelm Albert *Martin*
Thoenes, *Fritz* Gustav Theodor
Thorn, Wilhelm
Tolberg, *Johann* Wilhelm
Trenckmann, *Robert* Christian
Truestedt, *Friedrich* Leberecht
Uffenheimer, Albert
Unverricht, Heinrich
Usbeck, Karl Max *Adolf*
Varges, *August* Wilhelm
Virchow, Willi
Vogt, Hans
Voigtel, *Carl* Eduard
Voigtel, Friedrich *Wilhelm* Traugott
Wegner, Wilhelm
Weinert, Walter
Weinschenk, Johann Carl *Friedrich*
Wendel, *Walther* Paul August Ludwig
Wendler, Dietmar
Wendler, Hugo *Georg*
Wenzel, *Walter* Paul
Wiesenthal, Paul
Wilhelm, Gerhard
Wolff, Kuno
Zernial, *Hugo* Philipp
Zschiesche, Karl-Heinz

6. Medizin, Gesundheits- und Sozialwesen

Alvensleben, Burghardt *Alkmar* Martin Traugott von
Andreae, *August* Wilhelm
Aßmann, Richard
Aufrecht, Emanuel
Bauer, Hans Joachim
Bauereisen, Johann *Adam*
Baumgarten, *Günther* Theodor Reinhold
Becker, Johann Philipp
Bendix, Bernhard
Berger, Paul
Bernoth, *Egon* Georg Horst
Bette, Johann *Franz*
Beyer, Karl
Biebl, Max
Birk, *Walter* Adolf Christian
Blell, Eduard
Blencke, August
Bodenstab, Emil
Brennecke, *Johannes* Benjamin
Brüggemann, *August* Ferdinand
Burmeister, Heinz
Busse, Karl Franz *Gustav*
Coler, Edmund Gustav *Alwin* von
Danckwortt, *Peter* Walter Friedrich
Danckwortt, Wilhelm
Diesterweg, *Carl* Adolph
Dohlhoff, Georg *Eduard*
Dohme, Herbert
Dürre, *Alwin* Stephan Heinrich
Emmrich, *Josef* Peter
Eßbach, Hasso
Faucher, Jean *Pierre*
Fock, Karl
Fritze, August Friedrich Ferdinand
Grosz, Gyula
Gude, Hugo *Hermann*
Haase, *Johann* Christian Mathias
Habs, Rudolf
Häcker, Gottfried Renatus
Hagedorn, *Werner* August
Hahnemann, *Samuel* Friedrich Christian
Hansen, Albert
Harnack, Otto
Hartmann, Emil Friedrich *Gustav*
Hayne, Friedrich Gottlob
Heise, Dieter
Heißmeyer, Kurt
Henneberg, Georg Friedrich *Hermann*
Hermann, *Karl* Samuel Leberecht
Herms, Ernst
Höfs, Georg *Wolfgang*
Jeske, *Erich* Julius
Jüngken, Johann *Christian*
Juntke, Christel
Kayser, Marie-Elise
Kayser, Richard
Keller, Karl Richard *Arthur*
Kersten, *Ferdinand* Leopold

7. Militär

Alvensleben, Gustav von
Alvensleben, Reimar *Constantin* von

Blumenthal, Karl Konstantin Lebrecht *Leonhard* Graf von

841

Sachgebietsregister

Carnot, *Lazare* Hippolyte Marguérite
Chappuis, Friedrich Wilhelm von
Clausewitz, *Carl* Philipp Gottlieb von
Coler, Edmund Gustav *Alwin* von
Détroit, Ludwig Carl Friedrich
Faber, Walther
Fischer-Treuenfeld, Christian von
Förster, Otto Wilhelm
Fransecky, *Eduard* Friedrich Karl von
Goeben, *August* Karl Christian Friedrich von
Griesbach, Franz
Hausser, Paul
Herwarth von Bittenfeld, Karl Eberhard
Hiller von Gaertringen, *Johann* Friedrich August Freiherr
Hindenburg, *Paul* Ludwig Hans Anton von Beneckendorff und von
Jagow, *Hans* Georg Eduard Ewald von
Katte, *Friedrich* Christian Karl David von
Kleist, Franz Kasimir von
Kluck, Alexander von
Korfes, Otto
Kotze, Hans Valentin Gebhard Ludwig von
Kühle, Friedrich
Model, Walter
Moltke, *Helmuth* Karl Bernhard Graf von
Neidhardt von Gneisenau, August Wilhelm Antonius
Nielebock, Ferdinand Friedrich *Hermann*
Otto, Paul
Preußen, Friedrich Ludwig Christian Prinz von (gen. Louis Ferdinand)
Preußen, Karl Friedrich Alexander Prinz von
Schieck, Heinz
Schill, *Ferdinand* Baptista von
Sixt von Armin, *Friedrich* Bertram
Steinmetz, Karl Friedrich von
Stosch, Albrecht von
Tauentzien, *Bogislaw* Friedrich Emanuel Graf von
Tresckow, *Henning* Hermann Robert Karl von
Trotha, Lothar von
Wartensleben, *Gustav* Ludwig Graf von
Wartensleben, *Hermann* Wilhelm Ludwig Alexander Karl Friedrich Graf von
Werner, *Reinhold* Sigismund Heinrich von
Wietersheim, Gustav von
Jansen, Martin
Karg-Elert, Sigfried
Kauffmann, Fritz
Kiss, *Lajos* Karol Ludovic
Kobin, Otto
Krentzlin, Emil Heinrich *Richard*
Krug-Waldsee, Wenzel *Joseph*
Kuhne, Ernst *Richard*
Limberg, Reinhold
Lortzing, Gustav *Albert*
Luft, Heinrich Johann
Märtens, Otto Philipp
Marschner, *Heinrich* August
Mattausch, Hans *Albert*
Mühling, Heinrich *Julius*
Mühling, Heinrich Leberecht *August*
Müller, August Eberhard
Müller von der Ocker, *Fritz* Wilhelm Carl
Naumilkat, *Hans* Christoph Karl Friedrich
Nielebock, Ferdinand Friedrich *Hermann*
Niemann, *Albert* Wilhelm Carl
Nolopp, Friedrich Ernst Arnold Werner
Otto, Hans
Palme, *Rudolph* Franz Robert
Piechler, *Arthur* Oskar Fritz Hermann
Pitterlin, Friedrich Adolf
Quaritsch, *Johannes* Werner
Rabl, Walther
Radczun, Peter
Rebling, Gustav
Reubke, *Adolf* Christian
Riemer, *Otto* Moritz Martin
Ritter, August Gottfried
Röver, Ernst
Sander, Johann Daniel
Sannemann, Max
Sbach, Georg
Schab, Günther
Schaper, Gustav
Schütte, Werner
Schwiers, Adolf *Gottfried*
Seebach, Johann Andreas
Seeboth, Max
Seehafer, Eitel-Friedrich
Seitz, Friedrich
Siegmund-Schultze, Walther
Sievers, Johann Friedrich Ludwig
Söchting, Emil
Steffen, Wolfgang
Stuckenschmidt, Hans Heinz
Tell, Werner
Teschner, Gustav *Wilhelm*
Trenkner, Wilhelm
Trümpelmann, Max
Tuch, Christian (Carl)
Valentin, Erich
Volkmann, *Otto* Hermann
Wachsmann, *Johann* Joachim Peter
Wagner, Richard
Wehe, *Hermann* Ferdinand Albert Wilhelm
Wendt, Friedrich Wilhelm *Eduard*
Wettstein, Heinrich
Winkelmann, Theodor
Wirsing, Rudolf
Zacharias, Johann Friedrich Lebrecht
Zech, Carlferdinand
Zelter, Karl Friedrich
Zernial, *Hugo* Philipp

8. Musik

Barth, Richard
Beck, Walter
Böhlke, Erich
Böhlmann, Ernst
Bölsche, *Franz* Johannes Eduard
Böttcher, Karl
Brandt, Gustav *Adolph*
Bremsteller, Gerhard
Brinck, Rudolf
Bromann, Renate
Burgmüller, *Johann* August Franz
Chemin-Petit, *Hans* Helmuth
Chwatal, Franz Xaver
Damm, *Wilhelm* Rudolph
Dippner, Kurt
Dohrn, Georg
Döring, Carl (Karl) August
Dorschfeldt, Gerhard
Ehrlich, Christian Friedrich
Engelke, *Bernhard* Karl Robert
Esser, Bruno
Fesca, Friedrich Ernst
Finzenhagen, Hermann
Finzenhagen, *Ludwig* Hermann Otto
Fischer, *Albert* Friedrich Wilhelm
Fischer, Ernst
Forchhammer, Theophil
Förstemann, Martin Günther
Frankenberg, Viktor von
Germer, Heinrich
Götze, Karl
Große, *Hans* Arthur Willy
Grunewald, Gottfried
Hasse, Max
Heider, *Jürgen* Wilhelm
Heimke, *Carla* Klara Erna
Henking, Bernhard
Henrich, Hermann Bernhard Maria
Hille, Otto *Gustav*
Hirte, Rudolf
Huber, Adolf
Hürse, Carl
Irrgang, Horst

9. Politik, Justiz, Verwaltung

Albrecht, Paul
Alvensleben, Albrecht Graf von
Alvensleben, Ferdinand Gebhard Karl *Eduard* von
Alvensleben, Friedrich Joachim von
Alvensleben, Friedrich Johann Graf von
Alvensleben, Johann August Ernst Graf von
Arnim, *Carl* Friedrich Heinrich von
Arnim, Ludwig Heinrich *Wilhelm* von
Arning, Marie
Arnold, Heinrich *Otto*
Artelt, Karl
Baade, Friedrich (Fritz) Wilhelm Conrad
Bachmann, Hanns-Joachim
Bader, Paul
Baer, Otto
Baerensprung, *Horst* Wolfgang
Bäumer, Gertrud
Baudissin, *Traugott* Adalbert Ernst Graf von
Bauer, Kurt
Behrens, Margarete
Beims, Hermann
Bertram, *Heinrich* Walter
Beyer, Gerhard
Biemüller, Wilhelm
Birnbaum, Moritz
Bisky, Friedrich *Ludwig*

Sachgebietsregister

Bismarck, *Levin* Friedrich Christoph August von
Bismarck-Schönhausen, *Otto* Eduard Leopold Fürst von
Bitterlich, Hermann
Blencke, Erna
Blum, Karl
Blumenthal, Walter
Bock, *Wilhelm* Friedrich Louis
Böhme, Ernst
Bohne, Walter
Bohner, Theodor Paul
Bolek, Andreas
Bonin, *Giesbert* Gustav Boguslaw Karl von
Bonin, *Gustav* Carl Gisbert Heinrich Wilhelm Gebhard von
Böttger, Rudolf
Bötticher, *Friedrich* Heinrich Julius
Boye, Otto
Bracke, Hermann August Franz *Wilhelm*
Brandenburg, Ernst
Brandes, Alwin
Brandt, Anna Luzie *Elli*
Brandt, Ernst
Braun, Heinrich (Heinz)
Bremer, Julius
Broßmann, *Carl* (Karl) Ernst Ludwig Oskar
Brüggemann, Friedrich Adolph
Brundert, Willi
Bruschke, Werner
Bruse, Hermann
Büchler, Alexander
Bülow, *Friedrich* August Wilhelm Werner Graf von
Bülow, Ludwig Friedrich Viktor *Hans* Graf von
Choyke, Isidor
Coqui, Johann *Gustav*
Crummenerl, Siegmund
Dankworth, Friedrich *Carl* Andreas
Danz, Hermann
Daub, Philipp
David, Walter
Davier, August Rudolf *Karl* von
Delbrück, Gottlieb
Dertinger, Georg
Dietz, Gustav
Dorguth, *Friedrich* Andreas Ludwig
Drews, Bill Arnold
Duvigneau, Johann Joseph *Otto*
Eberhard, Rudolf
Ebert, Anna
Fabian, Andreas *August*
Fabricius, *Eugen* Friedrich

Ferl, Gustav
Flickschu, Carl *August*
Flottwell, *Eduard* Heinrich von
Flügel, Johann Gottfried
Francke, August Wilhelm
Froreich, Karl *Johann* Ludwig Ernst von
Funk, Karl Benedikt *Ämil*
Gebhardt, Magnus
Gerlach, Ernst *Ludwig* von
Gerloff, *Georg* Friedrich Kasper
Germer, Heinrich
Gerngroß, *Rudolf* Hermann
Gieseler, Hermann
Göschel, Karl Friedrich
Goldschmidt, Herbert
Goßler, *Conrad* Christian von
Gothe, Fritz
Grimme, *Adolf* Berthold Ludwig
Grube, Ernst
Grubitz, Ernst (geb. 1778)
Grubitz, Ernst (geb. 1809)
Grüel (Gruel), Carl Maximilian
Guradze, Heinz
Habermann, Wilhelm
Hahn, Friedrich
Hahn, *Paul* Karl Julius
Hammerschlag, Emil
Hartkopf, Richard
Hartmann, *Concordia* Marie
Hasselbach, Carl *Gustav* Friedrich
Hasselbach, Friedrich *Oskar* von
Haupt, Wilhelm
Hedicke, Franz
Heiland, *Karl* Gustav
Heine, August
Heinemann, Willy
Heinrich, Richard
Hellge, Wilhelm
Hensel, *Otto* Theodor Alfred
Hildebrandt, Andreas *Albert*
Hillenhagen, *Willi* Richard
Hirsch, Max
Höltermann, Karl
Hörsing, Friedrich *Otto*
Hosang, Johann *Jakob* Peter
Illhardt, Paul
Immermann, Hermann Adolph
Jänicke, Karl
Jagow, *Hans* Georg Eduard Ewald von
Jörgen, Ella
Jordan, Rudolf
Julius, Reinhold
Kalben, Heinrich-Detlof von
Kamptz, Albrecht *Ludwig* Florus Hans von
Karbaum, Rudolf Fritz *Willy*
Karstädt, Otto

Kaßner, Walter
Kasten, Hermann
Katte, Christian *Karl* Wilhelm
Kern, Helmuth
Klees, *Wilhelm* Karl Ernst
Klewitz, *Siegfried* Paul Martin
Klewiz, *Wilhelm* Anton von
Kobelt, Wilhelm
Koch, Johann Friedrich Wilhelm
König, Willi
Konitzer, *Paul* Ignatz
Kotze, Hans Ludolf von
Kotze, Hans Peter von
Krameyer, Karl
Krause, Maria
Krause, Rudolf
Krauthoff, Richard
Kreikemeyer, *Willy* Karl
Krenzke, Walter
Kresse, Otto
Kretschmann, Carl
Kreyssig, Lothar
Kroll, Luise
Krüger, Gustav
Kühne, Maria
Kühne, Samuel *Ludwig* (Louis)
Kuhr, Wilhelm
Kuntze, Gustav
Landsberg, Otto (geb. 1865)
Landsberg, Otto (geb. 1869)
Lankau, Rudolf Hermann *Karl*
Laué, Carl August
Lehmann, Ernst
Lehmann, Gustav
Lehmann, Otto
Lentze, August
Lenz, Joseph
Lewecke, Johann Daniel Adolph
Linke, Hans-Joachim
Linke, Oskar
Listemann, Wilhelm Ludwig Conrad
Loeper, Wilhelm *Friedrich*
Löscher, *Gustav* Robert
Loew (Löw), Friedrich
Loewe, Friedrich *Wilhelm*
Loewenthal, Siegfried
Lubranschik, Herbert
Lucas, Johann Georg Friedrich
Lübschütz, Ruth
Luther, Hans
Manteuffel, Hans *Carl* Erdmann Freiherr von
Markmann, *Fritz*-August Wilhelm
Materlik, Hubert
Matern, Hermann
Matthias, Johann Andreas
Meier, *Otto* Paul
Merzbach, Ernst
Metzig, Friedrich

Meyer, Konrad
Miesitschek von Wischkau, *Karl* Gustav Oskar
Miller, Carl
Motz, Friedrich Christian Adolph von
Müller, Friedrich Robert *Theodor*
Müller, Otto
Nathusius, *Heinrich* Engelhard von (seit 1861)
Nathusius-Ludom, Philipp von
Nethe, August *Wilhelm*
Neukranz, *Gerhard* Franz Paul
Nicolai, Adolf
Nikolai, *Helmut* Alphons Gottfried Karl Eduard Hans Ulrich Wilhelm
Noak, Gertrud
Nordmann, Richard
Ohlen, Hermann Fritz *Emil*
Ollenhauer, Erich
Osterroth, Franz
Paasche, Hermann
Parisius, *Theodor* Rudolf Ludwig
Patow, Erasmus *Robert* Artur Paul Freiherr von
Paulsen, Herbert
Pax, Friedrich Wilhelm
Petzall, Eugen
Pfannkuch, Wilhelm
Philippson, Julius
Philippson, Ludwig
Plumbohm, *Willi* Albert
Pohlmann, Alexander
Prübenau, Hermann
Pulvermann, Max
Raddatz, Karl
Ranke, *Kurt* Hermann
Reichel, Anna *Martha*
Reimarus, *Hermann* Otto
Reuter, *Ernst* Rudolf Johannes
Richter, Otto
Rimpau, August *Wilhelm*
Robolski, *Arnold* Claus August
Röber, Walter
Rödel, Friedrich
Rössing, Wilhelm
Rötscher, Richard
Ruppin, Arthur
Sachse, Werner
Schaeper, Ernst Adolf
Schaper, Wilhelm (Willi)
Scharnetzky, Hermann *Bruno*
Schaumburg, Gustav Wilhelm Alexis *Bruno*
Schellheimer, Johann
Schiele, Martin
Schiffer, Eugen
Schlein, Anni

843

Sachgebietsregister

Schlesinger, Max
Schlimme, Hermann Ernst
Schmidt, Albert
Schmidt (Schmidt-Küster), Gustav
Schmidt, Karl
Schmude, Detlev
Schnee, Heinrich
Schneider, Gustav
Schneider, *Ludwig* Karl Eduard
Scholz, Hermann
Schrader, Heinrich Christian *Wilhelm*
Schragmüller, Konrad
Schröter, Karl
Schulenburg, Edo Friedrich Christoph Daniel Graf von der
Schulenburg, Friedrich Christoph Daniel Graf von der
Schulenburg, Friedrich Wilhelm Christoph Daniel Graf von der
Schulenburg, Fritz
Schulenburg, *Karl* Ludwig Graf von der
Schulenburg, Leopold Christian Wilhelm Johann Graf von der
Schulenburg, Paul Otto *Werner* von der
Schulze, Friedrich *Wilhelm*
Schumacher, Ernst
Schwab, Clara
Schwantes, *Martin* Paul Albert
Seldte, Franz
Sering, Max
Sichting, Erich
Spir, Gottfried Simon
Steiger, Willi
Steinaecker, *Bruno* Wilhelm Johann Franz Heinrich Freiherr von
Steinig, Gerhard

Stolberg-Wernigerode, Anton Graf zu
Stollberg, Gustav
Stolz, Heinrich
Strumpf, *Paul* Oskar
Struß, *Wilhelm* Heinrich
Tessendorf, *Hermann* Ernst Christian
Thape, Ernst
Thiem, Bruno
Trautmann, Rudolf
Uhlich, *Clara* Wilhelmine
Uhlich, Leberecht
Unruh, Hans *Victor* Georg von
Vangerow, Wilhelm Gottlieb von
Vater, Albert
Vogel, Reinhold
Vollbring, Franz
Wagener, Hermann
Wartensleben, *Hermann* Wilhelm Ludwig Alexander Karl Friedrich Graf von
Wartensleben, *Ludwig* Hermann Alexander Graf von
Weber, Paul
Wedell, *Wilhelm* Carl Heinrich Magnus von
Weiß, Willi
Weßler, Friedrich
Weitling, *Wilhelm* Christian Alexander
Werner, Karl
Wessel, Fritz
Wille, Ernst
Wilmowsky, Adolf Wilhelm *Kurt* von
Wittmaack, Ernst
Witzleben, Hartmann Erasmus von
Wolter, Ferdinand *Albert*
Zschokke, Johannes *Heinrich* Daniel
Zwiebler, August

10. Religion
a) evangelische Kirche

Ahner, Gustav Eduard
Appuhn, August *Wilhelm*
Behrends, Peter Wilhelm
Berger, Wilhelm
Beyse, Ludwig August Gustav *Walter*
Blühdorn, Johann Ernst Christian
Bode, *Karl* Heinrich
Bohley, Reiner
Borghardt, Johann Carl *Ludwig* Immanuel
Brandt, Gustav *Adolph*

Brunn, *Wilhelm* Ludwig
Danneil, *Friedrich* Hermann Otto
Danneil, Heinrich
Daum, Friedrich August Hermann
Delbrück, Johann *Friedrich* Gottlieb
Döring, Carl (Karl) August
Dominik, *Friedrich* Adolf
Dräseke, Johann Heinrich *Bernhard*
Dudey, Irmgard
Dulon, Christoph Joseph *Rudolph*
Einem, Johann August *Christoph* von
Erler, Johann *Karl*
Fendt, Leonhard
Fischer, *Albert* Friedrich Wilhelm
Fleischhack, Heinz
Fretzdorf, Otto
Fuchs, Ludwig
Funk, *Gottfried* Benedict
Geinitz, Hans-Werner
Grabau, *Johannes* Andreas August
Grünbaum, Robert Karl Eduard *Kurt*
Gueinzius, Johann Heinrich Carl *Adolph*
Guischard, *Maximilian* Ludwig
Hachtmann, Ferdinand
Hammer, Detlef
Hanstein, Gottfried *August* Ludwig
Harnisch, *Wilhelm* Christian
Herrmann, Johann Georg *Wilhelm*
Hesekiel, *Johannes* Karl Friedrich
Heyne, *Franz* Julius Theodor
Hildebrandt, Friedrich Wilhelm
Hinz, Christoph
Hoche, Johann Gottfried
Hoffmann, Fritz
Hofmann, Bernhard
Holtzheuer, *Otto* Gottlob Alwin
Jacobi, Julius August *Justus*
Jänicke, Johannes
Jordan, Martin
Kinderling, Johann Friedrich August
Klusemann, Johann *Friedrich* August
Koch, *Friedrich* Adolf
Koch, Friedrich *Wilhelm*
Koch, Johann Friedrich Wilhelm
Korn, Friedrich Wilhelm *Moritz*
Kreyssig, Lothar
Kunze, Stephan
Lehnerdt, *Johannes* Ludwig Carl Daniel
Lionnet, *Albert* Ralph Benjamin
Lohmann, Karl
Loose, Friedrich
Loycke, Ernst
Maenß, Matthias
Maresch, *Johannes* Otto Ernst
Martin, *Ernst* Herbert
Mellin, George Samuel Albert
Meßow, Carl Leberecht

Meyer, Konrad
Meyer, *Ralph* Paul Heinrich Sigismund
Moeller, Johann Friedrich
Möller, *Ludwig* Carl
Möwes, Heinrich
Mücksch, Walther
Mühling, Heinrich Leberecht *August*
Müller, Ernst *Siegfried*
Müller, Georg
Müller, Gottlob Wilhelm
Müller, *Ludolf* Hermann
Nebelsieck, *Heinrich* Albert Louis Karl Erich
Neide, Johann Georg Christoph
Neumann, Eberhard
Noeldechen, *Friedrich* Wilhelm Karl Detlef
Palme, *Rudolph* Franz Robert
Pasche, *Robert* Julius
Peter, *Friedrich* Franz
Pfeiffer, Gustav Adolf
Pröhle, Heinrich Andreas
Provencal, Bernard
Resewitz, Friedrich Gabriel
Ribbeck, Conrad Gottlieb
Riemer, Moritz
Rößner, Otto
Rötger, Gotthilf Sebastian
Romershausen, Elard
Sachse, *Heinrich* Ernst Friedrich Franz Alexander
Sack, Karl Heinrich
Schaaff, Johann Christian Friedrich *Ludwig*
Schellbach, *Martin* Helmut Karl
Schewe, *Christian* Friedrich
Schnee, *Gotthilf* Heinrich
Schoenian, *Hermann* Otto Julius
Schott, Konrad Ferdinand
Schröter, Fritz
Schultz, Johannes
Schultze, Karl *Leopold*
Seiler, Kurt
Sickel, Gustav Adolf *Friedrich*
Sickel, Heinrich Friedrich *Franz*
Sintenis, Wilhelm Franz
Spangenberg, Gerhard
Stoecker, Adolf
Stolte, *Max* Ludwig August Hermann
Storch, *Karl* Hermann Ernst
Thiele, *Ernst* Gustav
Tollin, Henri Guillaume (Wilhelm) Nathanael
Trümpelmann, *August* Christian Ernst Friedrich Heinrich
Trümpelmann, Max
Uhlich, Leberecht
Ulbrich, *Martin* Immanuel Karl

Sachgebietsregister

Urban, *Karl* Christian Albert
Vieregge, Carl Heinrich
Wagener, Hermann
Waitz, Helmut
Weidel, Karl
Weißler, Friedrich
Wernicke, Rudolph *Ernst* Leopold

Westermeier, Franz Bogislaus
Winter, August Franz
Wuttke, *Gottfried* Martin Paul
Zerrenner, Heinrich Gottlieb
Zerrenner, *Karl* Christoph Gottlieb
Zuckschwerdt, *Oskar* Emil Theodor Friedrich Felix

b) freikirchliche Vereinigungen

Balzereit, *Paul* Johannes Gerhard
Eberhardt, *Walter* Heinrich
Frost, *Erich* Hugo
Horn, *Siegfried* Herbert Nathan
Kotz, Ernst

Löbsack, *Georg* Samuel
Meyer, Erich
Michael, Curt *Wilhelm*
Schumann, *Wilhelm* Emil
Seliger, Ernst
Simon, Bruno *Ernst*

c) jüdische Gemeinde

Choyke, Isidor
Güdemann, Moritz
Merzbach, Ernst
Philippson, Ludwig

Rahmer, Moritz
Spanier, Moritz
Steinhardt, Moritz *Meyer* (Meier)
Wilde, Georg

d) katholische Kirche

Aufderbeck, Hugo
Beckmann, Christoph
Behrens, Heinrich
Brieden, *Kaspar* Friedrich
Delecker, *Georg* Konrad
Ernst, *Johannes* Liborius
Fritz, Martin
Harbert, Albrecht
Harbort, Friedrich *Anton*
Hentrich, Werner
Hoberg, Peter
Hubrich, Theodor
Jäger, *Heinrich* Wilhelm
Kellner, Heinrich
Knoche, Heinrich
Kollwitz, Johannes
Kubiak, Johann
Latzke, *Johannes* Gerhard

Legge, *Petrus* Theodorus Antonius
Loeffler, *Christian* Johann Leopold
Rintelen, *Friedrich* Maria Heinrich
Schäfer, Alfons
Schauerte, Franz
Schmidt, Theodor
Schulte, Adam *Paul* Adolf
Silberg, Theodor
Solbach, Heinrich
Stettner, Karl
Trippe, Kaspar *Friedrich*
Werner, Johannes
Weskamm, Wilhelm
Wienand, Lorenz
Winkelmann, Heinrich

11. Schulwesen

Ahland, *Kurt* Willy
Ahrbeck, Hans
Arens, Eugen *Alfred* Oskar
Baensch, Paul
Bathe, Max
Baumgarten, *Johann* Christoph Friedrich
Becker, Bernhard
Behrends, Peter Wilhelm

Behrens, Margarete
Bertram, *Heinrich* Walter
Biemüller, Wilhelm
Blencke, Erna
Bock, Franz
Bogen, Alfred
Bohner, Theodor Paul
Bormann, *Albert* Karl Ernst
Bruns, Wilhelm

Dankworth, Friedrich *Carl* Andreas
Delbrück, Johann *Friedrich* Gottlieb
Dieskau, Georg *Otto*
Dittmar, *Gerhard* Karl Friedrich
Düsing, Karl Gerhard
Ebeling, Christoph *Wilhelm*
Eiteljörge, August Ferdinand *Albert*
Ewe, Karl
Faulbaum, Paul
Fredeke, Oskar *Arthur*
Funk, *Gottfried* Benedict
Funk, Karl
Gerloff, *Georg* Friedrich Kasper
Germer, Heinrich
Gillhoff, *Johannes* Heinrich Carl Christian
Göring, Friedrich August
Griesbach, Georg *Erich*
Grimme, *Adolf* Berthold Ludwig
Grubitz, Ernst (geb. 1809)
Gude, *Karl* Heinrich
Gurlitt, *Johann* Gottfried
Hahn, *Karl* Heinrich August
Halbfaß, Wilhelm
Hanewald, *Richard* Robert
Hanewald-Sträter, Klara
Harnisch, *Wilhelm* Christian
Hartung, *Johann* Heinrich
Hasenbalg, Henriette
Hedicke, Franz
Heicke, Karl *Friedrich* (*Fritz*) Otto
Heiland, *Karl* Gustav
Heitmann, Adolf
Held, Otto
Heyne, *Franz* Julius Theodor
Heyse, Johann Christian August
Hillenhagen, *Willi* Richard
Hoffmeister, Anne Johanne Emma *Ilse*
Holzapfel, Carl Albert *Rudolph*
Holzweißig, Friedrich
Höse, Karl
Hüttel, *Rudolf* Hermann
Jerxsen, Christoph *Heinrich*
Karsen, Fritz
Karstädt, Otto
Knust, Walter
Koch, Johann Friedrich Wilhelm
Koch, Willi
Köcher, Ferdinand *Edmund*
Kohlrausch, *Christian* Georg
Krüger, Fritz
Laumann, Johannes Heinrich *Julius*
Ledebur, *Hermann* Eduard
Lenz, Joseph
Leonhard, Johann Friedrich

Limberg, Reinhold
Linke, Karl
Linke, Oskar
Löscher, *Gustav* Robert
Loew (Löw), Friedrich
Loewe, Richard
Lohrisch, Hermann
Lorenz, Johann Friedrich
Lucas, Johann Georg Friedrich
Manzek, Ernst
Maßmann, Hans Ferdinand
Matthias, Johann Andreas
Mennung, Albert
Meßow, Carl Leberecht
Meyer, Konrad
Mövius, *Ruth* Clara
Moritz, Werner
Müller, Friedrich *Ottomar*
Müller, Gottlob Wilhelm
Münchmeyer, Gustav *Ernst* Otto
Neide, Johann Georg Christoph
Nolopp, Friedrich Ernst Arnold *Werner*
Nolte, *Carl* Friedrich
Nordmann, Richard
Pahncke, *Max* Willibald Heinrich
Paulsiek, *Karl* Dietrich Heinrich
Pax, Friedrich Wilhelm
Peja, Laura
Philippson, Robert
Pieper, Erich
Rauch, Fritz
Raue, Martin
Resewitz, Friedrich Gabriel
Riemann, *Kurt* Fritz Ernst
Robolski, Heinrich
Rößner, Otto
Rötger, Gotthilf Sebastian
Rötscher, Richard
Rohlandt, Erhard
Rosenthal, Elisabeth
Schaaff, Johann Christian Friedrich *Ludwig*
Schatz, Jacob *Wilhelm*
Schewe, *Christian* Friedrich
Schmeil, Franz *Otto*
Schrader, Heinrich Christian *Wilhelm*
Schulze, Walter
Schwerin, Christoph Friedrich (Fritz)
Seehafer, Eitel-Friedrich
Sens, Hermann Wilhelm *Walter*
Sickel, Gustav Adolf *Friedrich*
Sickel, Heinrich Friedrich *Franz*
Sorgenfrey, Gustav Theodor
Spanier, Moritz
Steinhardt, Moritz *Meyer* (Meier)
Sträter, Edmund

Sachgebietsregister

Uffrecht, Ludwig Rudolf *Bernhard*
Urban, *Karl* Christian Albert
Vogeler, Otto
Wahrendorf, Herbert
Waitz, Erich
Wegener, Hugo Paul Theodor Christian *Philipp*
Weidel, Karl
Wernicke, *Friedrich* Wilhelm
Wieprecht, Hans
Wiggert, Friedrich
Wildberg, Johann Friedrich *Wilhelm*
Wurthe, *Wilhelm* Christof Andreas
Zerrenner, Heinrich Gottlieb
Zerrenner, *Karl* Christoph Gottlieb
Zum Winkel, *Karl* Oskar

12. Sport

Aquila, Herbert
Bauer, Georg
Behrens, Kurt
Benecke, Emil
Berger, Gustav *Oscar*
Bieberstein, Arno
Breitensträter, Hans
Bretting, Kurt
Brewitz, Rudolf *Otto*
Brummert, Richard Karl *Gustav*
Dankworth, Friedrich *Carl* Andreas
David, Walter
Deininger, *Heinz* Herbert Alfred
Faupel, Oscar
Fehn, Hans-Georg
Friesen, Karl *Friedrich*
Frölich, Gustav
Gaede, *Horst* Gerhard
Gropler, *Horst* Friedrich-Wilhelm
Heinrich, Richard
Heinrichshofen, Theodor von
Hindenburg, Carl
Hunold, Alfred
Julius, Reinhold
Kandula, Bernhard
Koch, Karl Friedrich
Köppe, *Heinrich* Johann
Kohlrausch, *Christian* Georg
Kraft, Karl
Kretschmann, Carl
Lenz, Joseph
Lichtblau, Hans
Lüder, *Walter* Fritz
Maßmann, Hans Ferdinand
Michaelis, Otto
Miesner, *Klaus* Jürgen
Milius, Hermann
Neitzel, Werner
Nitze, Otto
Nitzschke, Kurt
Quaritsch, *Karl* (Carl) Christian Ernst
Rademacher, Erich
Riemann, Waldemar
Riemann, Walter
Ritter, Richard *Max*
Schiele, Oskar
Schrader, Hilde
Schulze, Karl
Schwarz, Hans
Stein, Louis
Steinig, Gerhard
Strumpf, *Paul* Oskar
Thieß, *Günter* Walter Otto Karl
Tischbein, Heinrich Ludwig Karl August *William* (Willy)
Wahrendorf, Herbert
Weckerling, Otto
Wegner, Wilhelm
Winter, *Martin* Erich

13. Technik

Andreae, *Abraham* (Brami) Maria
Aston, Samuel
Bendix, Hans
Bodenstein, *Paul* Peter
Boecklen, Eberhard
Bosse, Peter *Heinrich* (Henry)
Brandau, *Otto* Wilhelm Paul
Brukner, Friedbert
Bungarz, Hans
Cario, Carl
Dreger, Max
Ebeling, *Carl* Wilhelm Conrad
Fischer, Werner Karl *Albert*
Gaertner, Karl
Genest, Wilhelm Ludwig *Werner*
Gillern, Arnulf Freiherr von
Goedecke, Johannes
Grade, Hans
Gruson, Heinrich Ludwig *Otto*
Gruson, *Hermann* August Jaques
Gruson, Louis Abraham
Heilmann, *Karl* Jacob Anton
Heise, Ferdinand
Hennig, August Hermann
Hermann, Georg
Hillmann, Walter
Hoffmann, *Friedrich* Eduard
Jörn, *Johannes* Paul Ernst
Kozlowski, Paul Jakob *Theodor*
Lansky, *Kurt* Johannes
Laue, *Ernst* Albert
Lenné, Franz *Joseph* August
Lilje, *Wilhelm* Heinrich Georg
Mengering, Franz
Mertz, *Adolf* Emil
Mittag, Friedrich *Carl* Julius
Möbius, Robert *Walter*
Müller, Otto Hermann
Mundlos, Friedrich *Heinrich* August
Nebel, Rudolf
Notz, Heinrich
Peilert, Friedrich Wilhelm
Polte, Eugen
Rost, *Hans* Günter
Schäffer, Bernhard
Schiess, Ernst
Schmidt, Wilhelm
Schöttler, Friedrich *Lorenz*
Schöttler, Friedrich *Wilhelm*
Schröder, Willi
Schütz, Julius von
Schulze, Ernst August *Gustav*
Schumann, Maximilian (Max)
Schwartzkopff, Louis
Sonntag, Gustav
Standhardt, Hans
Strube, Conrad *Louis*
Thiemann, Friedrich
Tillmann, *Friedrich* Wilhelm
Tischbein, Johann Heinrich *Albrecht*
Toepffer, Richard
Törring, Thomas
Tschorn, Gerhart
Ullrich, Max Robert *Heinz*
Usbeck, Hermann Eduard Adolf *Werner*
Vinz, Waldemar
Wahl, Friedrich
Wegerer, Anton
Weitzdörfer, Eduard
Wempe, *Friedrich* Karl
Wilhelm, Otto
Wolf, *Rudolf* Ernst
Zander, *Willi* Karl Oswald Richard
Zimmermann, *Otto* Carl

14. Theater, Film, Unterhaltungskunst

Balk, Jutta
Beck, Walter
Beckers, Paul
Bethmann, Heinrich Eduard
Blumenfeld, Emanuel
Böhlke, Erich
Cabisius, Arno
Costenoble, Carl Ludwig
Dietz, *Ernst* Friedrich Karl
Döbbelin, Carl Conrad Casimir
Edeling, Gustav jun.
Erlich, Kurt
Fabricius, August Heinrich
Fredersdorf, Karen
Genast, *Eduard* Franz
Glowalla, Klaus
Götze, Wilhelm
Hengstmann, *Erich* Gustav August
Henrich, Hermann Bernhard Maria
Herricht, Rolf
Kabel, Rolf
Kobin, Otto
Körbs, Herbert
Krusche, Georg *Friedemann*
Meier, Elsbeth
Möller, Gustav (Gustl)
Niemann-Raabe, Hedwig
Nowack, Otto
Paini, Dario
Porten, *Henny* Frieda Ulrike
Rabl, Walther
Reinhardt, *Johannes* Fritz Horst
Rosenthal, *Erich* Rudolf Otto
Schichtl, Franz August
Schichtl, *Xaver* August Jean
Schmidt, Friedrich Ludwig
Schneider, *Karl* Fritz Ludwig
Schwiers, Adolf *Gottfried*
Springer, Johann
Stemmle, *Robert* Ferdinand Adolf
Steuben, *Hasso* Liborius von
Trombke, Gustav
Varena, Adolf
Vogeler, Johann Theodor *Heinrich*
Voigt, Ilse
Winkelmann, Theodor
Wirsing, Rudolf
Z'dun, *Paul* Joseph
Zimmermann, Karl-Friedrich

Sachgebietsregister

15. Wirtschaft (Industrie, Handel, Handwerk, Banken, Verkehr)

Allendorff, *Otto* Augustin Wilhelm
Allendorff, *Otto* Moritz
Andreae, Johann *Friedrich*
Arnold, Heinrich *Otto*
Aston, Samuel
Baensch, Johann Emil *Hugo*
Becker, Ewald
Becker, Marie
Becker, Wilhelm
Behrend, *Martin* Eduard Theodor
Behrendt, Christian
Behrendt, Friedrich
Behrens, Carl *Friedrich*
Beuchel, Julius *Wilhelm*
Blume, Carl Hans
Bodenstein, Theodor *Franz* Julius
Böckelmann, *Gottfried* Andreas
Bonte, Jean Simon
Brüggemann, Friedrich Adolph
Budenberg, Christian Friedrich
Burchardt, Carl *Julius*
Conitzer, Leo
Coqui, Johann Caspar
Coqui, Johann *Gustav*
Coqui, *Peter* August
Cordes, *Carl* Wilhelm Hermann
Coste, *David* Johann
Cuny, Jean Jaques
Deneke, *Carl* Friedrich
Döring, *Karl* Friedrich Wilhelm
Drenckmann, Ernst *Gottfried* Adolf
Drenckmann, Gustav Friedrich Adolf *Max*
Druckenbrodt, Johann *Andreas*
Dümling, *Johann* Gottlieb
Fahlberg, Constantin
Farenholtz, Johann Wilhelm *Botho*
Farenholtz, Wilhelm Adolf
Flemming, Adolf
Focke, *Carl* Johann Friedrich
Fölsche, Johann Christoph
Fräsdorf, *Martin* Erich Wilhelm
Fritze, Werner
Gaertner, Karl
Gerling, Heinz
Gillern, Arnulf Freiherr von
Görnemann, *Max* Paul Wilhelm
Gruson, Heinrich Ludwig *Otto*
Gruson, *Hermann* August Jaques
Günther, Gottlieb *Albert* Ferdinand
Gütte, Wilhelm
Hahn, Ferdinand
Hauswaldt, Johann *(Hans)* Christian Albert
Hauswaldt, Johann *Wilhelm*
Heine, Friedrich
Helle, Ernst Christoph (Christian)
Henkel, *Fritz* Karl
Hennige, Karl Joachim *Jacob*
Hoyer, Gustav
Hubbe, Christoph Wilhelm *Otto*
Hubbe, *Gustav* Otto Julius
Hubbe, Philipp Wilhelm *Gustav*
Hüttner, Albert
Jäger, Ernst
Karutz, Theodor
Klein, Wilhelm
Kleinherne, Wilhelm
Klusemann, Ferdinand Friedrich *August*
Knoblauch, Johann Christian Friedrich
Kozlowski, Paul Jakob *Theodor*
Kraft, Wilhelm
Krams, Richard
Kreikemeyer, *Willy* Karl
Krieger, Otto
Krisp, *Kurt* Paul Carl
Krojanker, Hermann
Leonhard, *Hans* Conrad
Licht, Franz Otto
Lichtenberg, August Martin Heinrich
Lindekugel, *Hermann* August Wilhelm
Lindekugel, Johann August Wilhelm
Lingner, Karl August
Lippert, *Bernhard* Lorenz Richard
List, *Adolph* Moritz
Löffler, Friedrich *Wilhelm*
Magnus, Hugo
Manheimer, Ernst *Moritz*
Mittag, Johann Karl *Adolf*
Möller, Anton
Morgenstern, Wilhelm August *Walter*
Mundlos, Friedrich *Heinrich* August
Nathusius, Hermann Johannes Joachim *Martin*
Nathusius, Johann *Gottlob*
Nesemann, Mathias
Neubauer, Friedrich *August*
Nicolai, Adolf
Pape, Wilhelm August
Petzall, Eugen
Philippson, Franz
Pieschel, Karl von
Pilet, Otto
Pinkernelle, Johann Christian Daniel
Placke, Johann Christoph (gen. Wilhelm)
Polte, Eugen
Priem, Wilhelm
Priem, Wilhelm August
Ramdohr, Curt
Ramdohr, Günther
Refert, *Friedrich* Andreas Christian
Reichardt, Wilhelm *Hermann* Emil
Ritter, Friedrich Christoph
Rudolph, *Carl* Peter
Schäffer, Bernhard
Schaper, Wilhelm (Willi)
Schiess, Ernst
Schmelzer, Friedrich
Schmidt, *Christian* Andreas
Schmidt, Friedrich Gustav
Schoch, Wilhelm
Schultze, Carl
Schultze, Moritz
Siegel, Gottfried Hermann *Feodor*
Sohl, Fritz
Sorge, Kurt
Spir, Gottfried Simon
Strube, Conrad *Louis*
Suder, Wilhelm jun.
Tack, Conrad
Thal, *Wilhelm* Heinrich David
Tischbein, Johann Heinrich *Albrecht*
Toepffer, Richard
Tonne, Carl *Gustav*
Truckenbrodt, Christian *Andreas* Wilhelm
Uffrecht, Jakob
Untucht, Friedrich *Carl*
Wanckel, Oskar
Wanckel, Wolfgang
Weichsel, Robert
Welger, Gottfried *Emil*/Andreas *Carl*
Winstrup, Ole Johansen
Witte, *Karl* Wilhelm Gottfried
Witzenhausen, Günther
Wolf, *Rudolf* Ernst
Zander, Carl
Zuckschwerdt, Elias Christian Ludwig
Zuckschwerdt, *Hermann* Ludwig Alexander
Zuckschwerdt, *Wilhelm* Ludwig Max
Zweig, Alfred

16. Wirtschaft (Bergbau, Land- u. Forstwirtschaft)

Achard, Francois Charles (Franz Carl)
Adam, *Helmut* Alfred
Alemann, Friedrich *Adolph* von
Althans, *Ernst* Friedrich
Alvensleben, Johann August Ernst Graf von
Alvensleben, *Udo* Gebhard Ferdinand von
Angern, Ferdinand *Ludolph* Friedrich von
Baade, Friedrich (Fritz) Wilhelm Conrad
Ballerstedt, Gottfried *Christian*
Behmer, Rudolf
Bollmann, *Wilhelm* Adolf
Davier, August Rudolf *Karl* von
Deicke, Hans-Joachim
Dietze, Friedrich Carl Nicolaus *Constantin* von
Dietze, Gustav *Adolph* von
Druckenbrodt, Johann *Andreas*
Fabian, Karl Leopold
Fischer, *Karl* Ludwig
Fürer, Franz *Adolph*
Giesecke, Adolf *Julius* Otto
Giesecke, Ernst
Haberhauffe, Elisabeth *Else* Mathilde
Hagen, Adelbert Willhelm Hilmar *Rüdiger* Graf vom
Haubner, *Paul* Hermann
Heine, Ferdinand
Hüttner, Albert
Jennrich, Friedrich Hermann *Albert*
Kauzleben, Christian Berthold Wilhelm *Carl*
Kauzleben, Ehrenfried
Köppe, Johann Friedrich *Adolf*
Korte, Gerhard
Kotze, Hans Friedrich Wilhelm von
Kühne, Erich
Kühne, Friedrich *Ludwig* (Louis)
Kühne, Philipp August
Kühne, *Philipp* Friedrich Ludwig
Lederbogen, Friedrich Wilhelm
Liebscher, Georg
Loss, Friedrich
Menzel, Fritz
Mews, Hermann
Meyer, Ludwig Conrad

Sachgebietsregister

Nathusius, *August* Engelhard von (seit 1861)
Nathusius, *Gottlob* Karl Engelhard von
Nathusius, *Heinrich* Engelhard von (seit 1861)
Nathusius, Hermann Engelhard von
Nathusius, Simon von
Nathusius, *Wilhelm* Engelhard von
Oberdorf, Fritz
Peicke, *Christian* August
Pfister, Fritz
Piatscheck, Albrecht *Konrad*
Pieper, *Wilhelm* Ludwig
Raatz, *Wilhelm* Hermann Gustav
Rabbethge, Erich
Rabbethge, *Matthias* Christian
Rabbethge, Oscar
Rauch, *Wilhelm* Friedrich Andreas
Riedel, Georg August
Riedel, Heinrich August
Rimpau, Arnold Dietrich *Wilhelm*
Rimpau, August *Wilhelm*
Rimpau, Hermann Theodor
Rogge, Johann Friedrich *Wilhelm*

Schaeper, Ernst Adolf
Schaeper, *Friedrich* (Fritz) August
Schaeper, Friedrich Ludwig
Schaeper, Jacob
Schaeper, Richard
Schenck, Eduard von
Schneider, Fritz
Schulenburg, *Karl* Ludwig Graf von der
Sering, Max
Simon, August
Spiegel von und zu Peckelsheim, *Werner Friedrich* Julius Stephan
Strube, Elisabeth
Strube, Friedrich
Strube, Hermann
Strube, Johann Friedrich
Strube, Otto
Truckenbrodt, Christian *Andreas* Wilhelm
Veltheim, Röttger Graf von
Vettel, Franz
Wahnschaffe, Friederike
Wahnschaffe, Wilhelm Ludewig August
Walter, Herbert
Wernicke, Johann *Andreas*
Werveke, Leopold van
Wienholz, Roland
Wulffen, Carl von

17. Wissenschaft, Hochschulen

Achard, François Charles (Franz Carl)
Adamik, *Karl* Johann
Ahrbeck, Hans
Ascherson, *Paul* Friedrich August
Aßmann, Richard
August, *Otto* Oskar
Bährmann, Udo
Ballauff, Theodor
Bathe, Max
Becker, Hans
Behr, Max
Bischoff, Karl
Blume, *Ernst* Friedrich Otto
Bode, Arnold *Wilhelm* von
Bodenstein, *Max* Ernst August
Bollmann, *Wilhelm* Adolf
Borbely, Georg *Samu*(el)
Borchert, Walter
Brandt, Andreas Heinrich *Carl*
Buschmann, Johann Carl *Eduard*
Carnet, Nicolas Leonhard *Sadi*
Carnot, *Lazare* Hippolyte Marguérite
Cassebaum, Heinz

Cloos, Hans
Deicke, Hans-Joachim
Delbrück, Johann Friedrich *Ferdinand*
Diedrich, *Ulrich* Heinrich Wilhelm
Dorguth, *Friedrich* Andreas Ludwig
Dornacher, Klaus
Drewitz, *Fritz* Gustav Hermann
Düsing, Karl Gerhard
Ebeling, Christoph *Wilhelm*
Eckardt, Günter
Emersleben, *Otto* Ernst Ludwig
Fahlberg, Constantin
Fehringer, Kurt
Flügel, Johann Gottfried
Förster, Friedrich
Frank, Adolf
Freyer, Günter
Friedrich, Walter
Fries, Jakob Friedrich
Garz, Franz *Karl* Friedrich
Gassner, Johann *Gustav*
Göcke, Wilhelm Georg Arnold *Hermann*

Gropler, *Horst* Friedrich-Wilhelm
Groth, *Paul* Heinrich Ritter von
Grotkass, *Rudolf* (Rudi) Edmund
Gruson, Jean Philipp
Gude, Hugo *Hermann*
Gueinzius, Johann Heinrich Carl *Adolph*
Halbfaß, Wilhelm
Hamann, Heinrich *Richard*
Hameister, *Ernst* Wilhelm Franz
Hansen, Albert
Happ, William *Wolfgang*
Hayne, Friedrich Gottlob
Heckmann, Carl Justus
Held, Paul
Hentschel, Rudolf
Herrmann, Walter
Hilprecht, *Alfred* Fritz
Hinze, *Wolfgang* Franz Leopold
Hoppe, *Fritz* Otto Gerhard
Hübner, Max
Hüttel, *Rudolf* Hermann
Irrgang, *Robert* Heinrich Gustav
Jacob, Günter
Jacoby, Felix
Jassmann, Edgar
Jerxsen, Christoph *Heinrich*
Kahlo, Gerhard
Karstädt, Otto
Kauffeldt, Alfons
Keilhack, Friedrich Ludwig Heinrich *Konrad*
Klages, Wilhelm *August* Hermann
Koch, Johann Friedrich Wilhelm
König, René
Königstedt, Dietmar
Kosack, Emil
Kunad, Günther
Kurth, Karl *Friedrich*
Landsberg, Otto (geb. 1865)
Leitzmann, Karl Theodor *Albert*
Liebmann, Arthur
Liebscher, Georg
Lies, Hans
Lingner, Karl August
Loewe, Richard
Lux, Hans-Joachim
Maercker, *Maximilian* (Max) Heinrich
Manzek, Ernst
Martini, Fritz
Mellin, George Samuel Albert
Merkel, Leopold Carl *Friedrich*
Meyer, *Friedrich* Wilhem Franz
Meynhard, Heinz
Michalski, *Günter* Hans
Mook, Wolfgang
Morgenstern, Johann *Carl* Simon

Müller, Arno
Müller, *Arno* Gustav Otto
Nathusius, *Gottlob* Karl Engelhard von
Nathusius, *Wilhelm* Engelhard von
Neese, Hans
Nehring, Carl Wilhelm *Alfred*
Nickel, Ernst
Pajer, Jiri
Paul, *Hermann* Otto Theodor
Pfeifer, Manfred
Philippson, *Martin* Emanuel
Philippson, Robert
Probst, *Reinhard* Kurt
Profft, Elmar
Raatz, *Wilhelm* Hermann Gustav
Rabbethge, *Matthias* Christian
Rabbethge, Oscar
Raue, Martin
Reinhardt, *Johannes* Fritz Horst
Rimpau, Arnold Dietrich *Wilhelm*
Rodner, *Hans* Walter
Romershausen, Elard
Rosenkranz, Johann *Karl* Friedrich
Rother, Wilhelm
Rudert, Siegfried
Ruppin, Arthur
Sachtleben, Hans
Saklinski, Roman
Schatz, Jacob *Wilhelm*
Schiebold, Ernst
Schildmacher, *Hans* Egon Wilhelm
Schindowski, Egon
Schmeil, Franz *Otto*
Schmitz, *Ernst* Ludwig Eberhard
Schneider, Fritz
Schneider, *Ludwig* Karl Eduard
Schrader, Heinz
Schrauth, Heinrich Adolph *Walther*
Schreiber, Andreas
Schubert, Roland
Schütte, *Kurt* Wilhelm
Schuffenhauer, Heinz
Schultz-Piszachich, Wolfgang
Schwartz, *Walter* Gustav Rudolf
Seelmann-Eggebert, *Emil* Paul
Seelmann-Eggebert, *Wilhelm* Emil
Siegfried, *Karl* (Carl) Gustav August
Stumpp, *Ernst* Emil
Thieß, *Günter* Walter Otto Karl
Thum, *Erich* Heinrich
Tielecke, *Hans* Waldemar Ernst
Tischer, Heinz

Uhlmann, Alfred
Ulrich, Alfred
Veltheim, August Ferdinand Graf von
Wahle, *Ernst* Karl Bernhard Hermann
Wahnschaffe, Carl Wilhelm *Maximilian*
Wahnschaffe, Gustav Albert Bruno *Felix*
Weinhold, Herbert
Weinschenk, Hans-Erich
Werler, Karl-Heinz
Werveke, Leopold van
Wiegers, *Fritz* Harry Wilhelm
Wieprecht, Hans
Wilhelm, Otto
Wilhelmi, Carl *Heinrich* Hermann
Wittig, Felix
Woenig, Franz
Zernick, Rudolf (Rudi)

18. weitere Persönlichkeiten des gesellschaftlichen Lebens

Ardenne, Elisabeth Baronin von
Badewitz, Hermann
Bethge, Otto
Bollmann, Johann *Friedrich* (*Fritze*) Andreas
Busch, Isolde
Coqui, Henriette
Danzmann, *Paul* Carl
Dümling, *Wilhelm* Albert
Gerike, Auguste *Marie*
Gruson, Helene
Günther, Albert Germanus *Bernhard*
Hagen, Wilhelm *Adelbert* Herrmann Leo Graf vom
Hartmann, *Gustav* Theodor Andreas
Hermann, *Otto* Julius Theodor
Horst, Peter
Kaeselitz, Udo
Kullmann, *Eduard* Franz Ludwig
Kunstler, Jacob Heinrich *Hermann*
Lensing, Maria Dorothea Elisabeth (Elise)
Pieschel, *Carl* August Gottfried
Pilet, Hermine
Plock, Albertine
Poetsch-Porse, Friederike *Alwine*
Preußen, *Luise* Auguste Wilhelmine Amalie, Königin von
Rudolph, Mathilda *Selma*
Unger, Heinrich *Theodor* Friedrich
Wallmann, Heinrich Christian *Carl*

Ortsregister

Im Ortsregister wurden alle selbständigen Orte aufgeführt, die innerhalb der Artikeltexte genannt wurden und für den Inhalt der Texte relevant sind. Orte, die im Laufe der Zeit eingemeindet worden sind, werden bis zu ihrer Eingemeindung als selbständige Orte geführt.

A

Aachen 94, 119, 241, 287, 339, 472, 473, 528
Aarau (Schweiz) 832
Abokobi 77
Ackendorf 145
Aderstedt 49, 347
Ahlen/Westfalen 588
Ahrenshoop 531, 532
Aken 601, 681, 688, 700
Albany (USA) 739
Albota de Sus 815
Albrechtsdorf/Kr. Gablonz 798
Alexandria (Ägypten) 580
Alexisbad 237, 769
Alickendorf 276
Allenstein/Ostpreußen 457
Alt-Kaebelich/Mecklenburg 519
Alt-Salze 167
Altenburg/Thüringen 295, 642, 671, 828
Altengrabow 359, 505
Altenhausen 443, 477, 570, 659, 670
Altenkirchen/Rügen 22
Altenplathow 80, 391, 439, 510, 547, 618, 664, 794
Altenstein 516
Altenweddingen 1, 148, 184, 248, 321, 690, 709, 724, 809, 820
Althaldensleben 31, 32, 41, 131, 132, 163, 319, 414, 474, 496, 497, 498, 499, 500, 501, 502, 503, 551, 634, 739, 740
Altona 117, 758
Alvensleben 42, 443
Amberg 398, 755
Ammensleben 158
Ammerbach 816
Ampfurth 282
Amsee/Provinz Posen 95
Amsterdam 47, 352, 539
Angern 437, 477, 657, 658
Anhalt-Pleß 247
Anklam 799
Annaberg/Sachsen 573
Annaburg/Kr. Torgau 731
Annen/Westfalen 85
Apenrade/Schleswig-Holstein 512, 580
Aplerbeck 706

Arendsee 799
Arlesheim 737
Arneburg/Elbe 320, 709
Arnsberg/Westfalen 92, 116, 258
Arolsen/Hessen 570, 760
Artern 537
Aschaffenburg 91, 274, 756
Aschersleben 49, 103, 180, 213, 243, 288, 361, 406, 408, 519, 521, 609, 637, 638, 726, 831
Ascona (Schweiz) 338
Athensleben/Kr. Staßfurt 769
Athenstedt 680
Auerbach/Vogtland 398
Auerstedt 509
Auf der Hobe bei Neuenkirchen/Osnabrücker Land 98
Augsburg 174, 265, 393, 517
Auleben/Thüringen 487
Aurich 525
Auschwitz 157, 440, 542, 632

B

Baarn (Niederlande) 403
Bad Aibling 750
Bad Bibra 54
Bad Cannstatt 61
Bad Eilsen 407
Bad Elmen bei Groß Salze 121
Bad Godesberg 28, 506
Bad Harzburg 459, 576
Bad Hersfelder 393
Bad Homburg 303, 387
Bad Honnef 670
Bad Kissingen 398
Bad Kösen 20
Bad Kösen/Schulpforta 414
Bad Kreuznach 724
Bad Landeck 698
Bad Langensalza 633
Bad Liebenwerda 513
Bad Meinberg 463
Bad Mergentheim 226
Bad Münstereifel 450
Bad Muskau/Sachsen 451
Bad Nauheim 684, 789
Bad Oeynhausen 73
Bad Pyrmont 520
Bad Reichenhall 415
Bad Saarow 665
Bad Sachsa 35

Bad Salzelmen 369, 391, 410, 461, 730
Bad Salzschlirf 766
Bad Salzuflen 266
Bad Schmiedeberg 343
Bad Schwalbach 425
Bad Soden am Taunus 63
Bad Sooden-Allendorf 573
Bad Suderode 291
Bad Sulza 16
Bad Sulzbach/Württemberg 67
Bad Wildungen 506, 518
Bad Wilsnack 506
Badeleben 268, 586
Baden (Aargau) 288
Baden bei Wien 240
Badersleben 707
Bades Elmen 729
Bahrendorf 137, 179, 276, 402, 493, 694, 807
Baiershofen/Bayern 174
Ballenstedt 92, 185, 414, 528, 612, 831
Bamberg 265
Bant 695
Barby 4, 133, 134, 146, 182, 194, 199, 247, 262, 306, 308, 383, 462, 493, 524, 529, 551, 572, 603, 643, 648, 680, 732, 764, 792, 812, 835
Barleben 172, 203, 395, 404, 424, 440, 701
Barmen 416
Barneberg 422
Barth 722
Baruth/Niederlausitz 160, 499
Basel 155, 620, 693
Batumi 66
Bautzen 409, 549
Baven/Kr. Celle 156
Bayreuth 408, 515, 584
Beaver Creek/Ohio (USA) 258
Beckendorf-Neindorf 223
Beendorf 37, 377, 640, 684
Beirut 802
Belgrad 400
Belzig/Mark 465
Benddorf 558, 568
Benneckenbeck bei Groß Ottersleben 408, 536
Benneckenstein 374, 638, 751

Bennungen/Kr. Sangerhausen 425
Berg-Genthin 596
Berge bei Magdeburg 136
Bergedorf 569
Bergen-Belsen 232, 691
Bergen/Kr. Wanzleben 563
Bergisch-Gladbach 389
Bergzow 690, 790
Berleburg 806
Berlin 1, 4, 6, 7, 10, 13, 14, 15, 17, 18, 22, 28, 31, 33, 35, 39, 41, 45, 46, 47, 50, 51, 61, 67, 69, 74, 80, 81, 83, 85, 88, 89, 92, 93, 98, 102, 103, 108, 109, 112, 113, 114, 115, 116, 122, 130, 136, 137, 140, 142, 144, 148, 168, 182, 185, 191, 192, 193, 203, 204, 205, 206, 207, 211, 213, 216, 217, 221, 228, 229, 230, 231, 232, 237, 238, 239, 241, 244, 248, 249, 252, 253, 254, 255, 257, 258, 259, 263, 268, 275, 282, 283, 289, 293, 296, 299, 303, 307, 308, 316, 322, 327, 329, 335, 337, 338, 339, 340, 341, 342, 344, 345, 346, 347, 349, 350, 354, 357, 359, 360, 361, 362, 368, 369, 379, 380, 381, 382, 384, 385, 389, 391, 393, 398, 403, 409, 410, 411, 417, 421, 422, 424, 425, 426, 428, 429, 432, 433, 434, 437, 439, 440, 441, 443, 445, 446, 447, 448, 450, 451, 452, 454, 455, 456, 457, 461, 464, 466, 470, 476, 477, 489, 490, 491, 492, 494, 498, 499, 502, 504, 507, 509, 510, 512, 513, 514, 515, 516, 522, 523, 525, 530, 531, 534, 535, 537, 539, 540, 542, 543, 546, 549, 550, 553, 554, 556, 560, 566, 575, 577, 578, 580, 581, 582, 583, 584, 589, 592, 593, 598, 599, 603, 606, 607, 610, 611, 612, 614, 622, 623, 627, 628, 630, 631, 632, 633, 639, 640, 641, 643, 650, 652, 654, 655, 656, 657, 658, 660, 661, 664, 668, 669, 672, 674, 675, 677, 678, 680, 689, 691, 692, 693, 694, 696, 699, 703, 704,

Ortsregister

709, 710, 711, 714, 715, 717, 718, 719, 722, 724, 725, 730, 732, 733, 735, 737, 739, 746, 757, 764, 765, 769, 775, 777, 779, 782, 785, 788, 789, 791, 794, 795, 796, 797, 802, 804, 806, 808, 810, 813, 818, 825, 827, 831
Berlin-Buch 304
Berlin-Charlottenburg 41, 189, 205, 230, 254, 509, 518, 528, 541, 553, 716, 718, 725
Berlin-Friedenau 764
Berlin-Friedrichshain 513
Berlin-Grunewald 39, 502
Berlin-Köpenick 610
Berlin-Lichtenberg 345, 518
Berlin-Lichterfelde 381, 650
Berlin-Luisenstadt 426
Berlin-Neukölln 425
Berlin-Nordhausen 538
Berlin-Pankow 602
Berlin-Reinickendorf 505
Berlin-Schöneberg 804
Berlin-Spandau 309, 674
Berlin-Steglitz 416
Berlin-Strausberg 714
Berlin-Tegel 725
Berlin-Wilhelmshagen 340
Berlin-Wilmersdorf 299, 314, 491, 827
Berlin-Zehlendorf 77, 424, 463, 592
Berlin/West 679, 787
Bern 379, 666, 730
Bernburg 92, 179, 223, 310, 314, 474, 523, 609, 836
Bernstadt/Schlesien 780
Berthelsdorf bei Herrnhut 4
Besenstedt 798
Bethel bei Bielefeld 28, 248, 638, 834
Beuthen/Oberschlesien 442
Beyendorf 33, 133, 786, 829, 830
Bialystock/Polen 234
Biebrich bei Wiesbaden 93
Biedenkopf 760
Biederitz 64, 282, 403, 461, 462, 520, 669
Bielefeld 17, 473, 519, 558, 635, 755
Bielitz 687
Biere 50, 115, 168, 445
Biesenrode 425
Bigge bei Brilon 733
Billroda 54
Birkholz/Altmark 60, 209
Bischhausen bei Heiligenstadt 262
Bischhausen/Kr. Göttingen 571
Bismarckhütte/Schlesien 13

Bitterfeld 125, 126, 352
Bittkau 203
Blankenburg 333, 562, 712, 713
Blankenhain 803
Blankenheim 406
Blaubeuren bei Ulm 271
Blumenberg 394, 395
Blumenthal 510
Boberg 524
Bochum 44, 55, 290, 432, 807
Bodendorf 659, 660
Böhmen 59, 345
Bomsdorf 734
Bonn 111, 127, 180, 295, 414, 460, 464, 465, 525, 530, 542, 558, 611, 665, 675, 680, 734, 756, 762
Bonn-Poppelsdorf 420
Börgitz bei Stendal 153
Bork 224
Borken 39
Borkenberge 101
Borkheide/Mark 224
Borne 82
Bornholm 403
Bornum 436
Bosten 258
Bottendorf 425
Bottmersdorf/Kr. Wanzleben 493
Bozen 682, 703
Brachstedt bei Halle 654
Brakel/Kr. Höxter 409
Bramsche 15
Brandenburg 78, 214, 222, 230, 234, 258, 266, 296, 389, 407, 413, 443, 455, 457, 593, 622, 649, 668, 701, 785, 790, 795
Brandenburg/Görden 260
Brandenstein 15
Brannenburg/Inn 228
Braunlage 217, 616, 644, 747
Braunschweig 27, 49, 53, 68, 73, 84, 91, 130, 141, 153, 155, 159, 204, 218, 310, 320, 377, 430, 444, 459, 492, 507, 533, 541, 551, 563, 569, 582, 588, 606, 647, 649, 752, 753, 797, 807
Brehna 126
Breitenhagen/Kr. Calbe 816
Bremecke 64
Bremen 132, 175, 364, 458, 634, 661, 727, 813, 836
Bremerhaven 62, 392
Breslau 46, 89, 109, 137, 221, 260, 299, 342, 350, 402, 415, 438, 451, 478, 485, 503, 547, 552, 567, 628, 639, 648, 721, 744, 748, 781, 801, 810
Brettin 80, 81, 509

Brettleben 820
Brieske 282
Brinnis 397
Bristol 488
Bromberg 181, 390, 484, 598
Brotterode/Thüringen 163
Brück/Mark Brandenburg 227
Brüheim 349
Brühl 544
Brumby 697
Brünn 393, 496
Brüssel 15, 403, 542, 543
Buchenwald 138, 211, 232, 748, 805
Buchholz/Nordheide 420
Buckau 11, 12, 16, 37, 76, 98, 99, 203, 236, 237, 289, 291, 355, 360, 461, 602, 605, 615, 635, 655, 706, 721, 727, 788, 805, 818, 823
Bückeburg 407
Buckow 512
Budapest 81
Budweis 824
Buenos Aires 338
Buer-Hassel bei Gelsenkirchen 299
Buffalo/New York 223, 224
Bukarest 317
Bunzlau/Schlesien 38
Burbach bei Saarbrücken 122
Büren (Schweiz) 410
Burg 18, 19, 63, 76, 109, 111, 154, 161, 181, 186, 190, 197, 205, 211, 229, 234, 243, 248, 292, 293, 294, 299, 314, 315, 328, 334, 365, 370, 380, 381, 386, 391, 397, 402, 408, 417, 421, 436, 438, 452, 461, 466, 478, 496, 510, 528, 542, 546, 547, 555, 560, 575, 637, 661, 664, 665, 666, 667, 679, 696, 697, 701, 704, 714, 773, 785, 790, 802, 821, 836
Burgbrohl/Eifel 447
Burgstädt 635
Burkersdorf 813
Bütow 421
Buttelstedt bei Weimar 263
Buxtehude 473

C
Calbe/Saale 14, 63, 93, 163, 179, 196, 262, 266, 277, 286, 295, 353, 415, 432, 444, 447, 459, 462, 465, 469, 513, 530, 546, 573, 592, 598, 601, 603, 635, 645, 653, 674, 681, 705, 723, 732, 772, 821, 822, 837
Calvörde 67, 68
Cambridge 28

Cannaore/Britisch-Indien 155
Canstein/Brilon 769
Carow 520, 774
Castrop-Rauxel 339
Celle 15, 377, 726
Chancellorsville 60
Charlottenburg bei Berlin 314, 556
Chemnitz 216, 221, 389, 446, 684, 744
Clausthal 464
Cleve 444
Coburg 161, 211
Cochstedt 306
Colbitz 38, 57, 172, 219, 221, 590, 609, 658, 701, 798
Coswig/Anhalt 344, 382, 436, 448
Cottbus 140, 336
Cracau bei Magdeburg 164, 166, 224, 289, 541, 576, 744, 759
Cröchern 90
Crossen/Oder 662
Cunern/Schlesien 1
Cuxhaven 524

D
Dachau 97
Dahlbrüch 728
Dahlenwarsleben 132
Dambeck 490
Danigkow (Dannigkow) 299
Danzig 92, 110, 468, 632, 794
Darjeeling 794
Darmstadt 165, 374, 484, 652, 693
Daseburg 799
Dassel/Solling 309
Delitzsch 3, 126, 314
Delmenhorst 71
Demker 437
Dennewitz 715
Derben 153
Derenburg 174, 830
Dessau 2, 140, 152, 173, 333, 378, 392, 396, 426, 430, 448, 453, 515, 524, 542, 557, 570, 620, 642, 652, 676, 700, 712, 724, 736, 742, 746, 780, 824
Detershagen 410, 462, 520
Detmold 437
Detroit (USA) 528
Detzel 496, 497
Deutsch Evern 341
Deutsch-Krone 674
Deutz bei Köln 413
Diekirch/Luxemburg 795
Diersfordt bei Wesel 476
Diesdorf 120, 284, 426
Dieskau 132, 531

851

Ortsregister

Diessen-St.Georgen 373
Dingelstedt 490
Dittersbach/Erzgebirge 484
Djakovica/Kosovo 130
Dobrzyca 20
Dodendorf 36, 354, 395, 629
Dohnan/Ungarn (jetzt Slowakei) 232
Dolle 798
Domäne Gottesgnaden/Kr. Calbe 133
Domersleben 212, 465
Donogge bei Glindfeld 733
Dornach 737
Dornburg 509, 685
Dörnscheid 688
Dorpat 479, 748
Dortmund 355, 375, 434, 615, 639, 650, 723, 776, 793
Drei Annen/ Wernigerode 469
Dreileben 564
Dremmen/Rheinland 330
Drengfurth 668
Dresden 6, 10, 25, 93, 115, 134, 140, 191, 210, 215, 216, 294, 302, 318, 326, 327, 346, 350, 375, 396, 401, 423, 424, 431, 435, 449, 452, 460, 484, 523, 527, 531, 534, 553, 570, 576, 584, 625, 638, 656, 698, 717, 718, 725, 731, 760, 781, 803, 811, 813, 820, 832
Dretzel 282
Drosedow bei Kolberg 43
Droyßig 55
Dt.-Neuguinea 640
Duisburg 15, 269, 478, 521, 762
Dülmen 690
Dummerstorf bei Rostock 466
Dummerwitz bei Neustettin 765
Dürremark 15
Dürrenberg/Sachsen 200, 431
Düsseldorf 61, 102, 119, 143, 248, 287, 324, 393, 441, 468, 505, 507, 514, 523, 546, 606, 613, 628, 703

E

Ebendorf 132
Eberswalde 34, 380, 454, 466, 512
Ebstorf/Kr. Uelzen 448, 449
Eckmannsdorf/Kr. Elsterwerda 75
Egeln 211, 635, 769
Eggeringhausen 429
Eggersdorf/Kr. Calbe 168, 410
Ehrenbreitstein 91
Eichenau/Bez. Oppeln 451
Eichenbarleben 9, 10, 316

Eickendorf 246, 501, 676
Eidinghausen 407
Eilenburg 399, 462
Eilsdorf/Huy 298
Eilsleben 212, 256, 732
Eimersleben 9
Einbeck 563, 565, 641
Eisdorf 530
Eisenach 355, 581, 698, 712
Eisfeld 474
Eisleben 1, 136, 180, 266, 362, 397, 473, 612, 613, 621, 633, 705
Elberfeld 124, 136, 295, 368, 402, 509
Elbeu 260, 663
Elbingerode 279, 478, 614, 768
Elkershausen 518
Ellefeld/Vogtland 788
Ellrich/Harz 789
Elmen 36, 435, 529
Elmen bei Schönebeck 435
Elsterwerda 20
Elze bei Hannover 114
Emden 66, 138, 411, 497, 659, 825
Emersleben 276, 588
Emmerke 673
Engenrieden bei Mühlhausen 735
Erdmannsdorf/Schlesien 509
Erfurt 4, 19, 159, 224, 252, 282, 340, 341, 418, 429, 475, 548, 573, 589, 620, 641, 643, 644, 673, 681, 745, 831
Erfurt-Mühlhausen 505
Erkrath 628
Erlangen 35
Ermschwerd-Freudenthal 497
Ermsleben bei Aschersleben 601
Erxleben 7, 8, 9, 10, 11, 515, 770, 798
Esch 756
Eschershausen/Niedersachsen 563
Espenhain 294
Essen 22, 359, 374, 434, 441, 655, 719, 728, 783, 787
Essenrode bei Braunschweig 100
Esseratsweiler/Bodensee 311
Eßlingen am Neckar 71
Etgersleben 617
Etsdorf 56
Euskirchen 482
Eutin 594
Exin/Posen 192

F

Falkensee 674

Fehrbellin 795
Felgeleben 386
Felgentreu bei Luckenwalde 450
Fermersleben 576
Feyenoord/Rotterdam 727
Fischbeck 371
Flechtingen 56, 330, 484, 545, 622, 734
Flechtorf 797, 833
Flensburg 247
Floh/Kr. Schmalkalden 199
Flöha/Sachsen 389
Florenz 740
Förderstedt 306, 417, 509
Frankenberg/Sachsen 790
Frankfurt/Main 11, 22, 61, 96, 231, 268, 269, 378, 416, 432, 531, 544, 552, 568, 597, 639, 648, 697, 811, 815
Frankfurt/Oder 207, 290, 730
Franzensbad/Böhmen 786
Fraustadt 541
Freiberg 527, 545, 549, 784
Freiberg/Baden 788
Freiberg/Sachsen 254, 527
Freiburg 157, 472, 537
Freiburg/Breisgau 133, 384, 532, 552, 569, 613, 672
Friedberg 266
Friedberg/Oberhessen 251
Friedeburg/Saale 435
Friedensau 315, 379, 428, 463, 467, 684
Friedland/Ostpreußen 69
Friedrichroda 620
Friedrichsdorf 730
Friedrichsfelde (Schloß) 556
Friedrichshagen/Pommern 718
Friedrichsruh 60
Friedrichstadt bei Magdeburg 491
Friedrichswert bei Gotha 735
Frohse bei Schönebeck 6, 151, 385, 447, 574, 723
Frose/Anhalt 831
Fünfeichen bei Neubrandenburg 158
Fürth 221, 678, 739

G

Gablonz 382
Gandersheim 507, 834
Gardelegen 111, 124, 163, 190, 339, 414, 424, 435, 460, 623, 709
Garlipp 585
Gedem/Hessen 189
Genf (Schweiz) 485
Gengenbach 795
Genthin 2, 3, 4, 5, 8, 15, 33, 58,

60, 138, 146, 155, 156, 211, 214, 222, 227, 262, 287, 332, 345, 372, 380, 391, 439, 445, 472, 509, 514, 555, 596, 618, 620, 638, 664, 682, 700, 710, 718, 749, 759, 790, 794, 807
Genthin-Altenplathow 414
Gera 13, 416, 576, 594
Gerbstedt 409
Gerchsheim/Baden 523
Gernrode 9
Gerresheim 762
Gersdorf/Kr. Hohenstein-Ernstthal 254
Gerstewitz bei Weißenfels 544
Gerwisch 420, 462
Geseke 637
Giebichenstein 508
Gießen 17, 206, 372, 444
Gifhorn 15, 494
Glaisin 214
Glasgow 834
Glatz/Schlesien 270, 320, 510
Glauchau/Sachsen 308, 624, 803
Glindenberg 392, 585
Gmunden 491
Gnadau 302, 357, 535
Göddeckenrode 823
Gohfeld 614
Göhrsdorf/Böhmen 725
Golßen bei Luckau 470
Gommern 29, 132, 137, 175, 252, 254, 333, 386, 390, 446, 482, 510, 550, 645, 668, 772, 773, 799
Göppingen 509, 510
Göricke bei Kyritz 439
Göritz/Uckermark 551
Gorkum 180
Görlitz 1, 348, 373, 378, 587, 748
Goslar/Harz 170, 171, 228
Gotenhafen 585
Gotha 4, 349, 421, 455, 735, 798
Gottesgnaden 6
Göttingen 56, 64, 173, 229, 354, 419, 420, 436, 444, 463, 487, 542, 565, 647, 651, 654, 732, 755, 798, 834
Grabow 33, 38, 822
Gräfelfing 71
Gräfenberg 53
Grasleben 124, 709
Gratzungen/Grafschaft Hohenstein 305
Graudenz 552, 669
Graz 2
Greifswald 22, 102, 157, 313, 444, 516, 537, 629, 660
Greiz 700

852

Ortsregister

Greußen/Thüringen 489
Gries 703
Grimma 419
Gronau 537, 538
Gröningen 13, 18, 56, 99, 112, 305, 308, 361, 460, 687
Groppendorf 483, 551
Groß Ammensleben 158, 793
Groß Germersleben 61, 379, 380, 741
Groß Paschleben 6
Groß Rodensleben bei Magdeburg 200
Groß Rosenburg 603, 680
Groß Salze 5, 6, 36, 82, 146, 281, 283, 291, 325, 329, 391, 447, 483, 488, 512, 529, 534, 665, 723, 821, 834
Groß Wanzleben 252
Groß Werther/Kr. Nordhausen 295
Groß Ziethen 179
Groß-Behnitz 704
Groß-Jeßtin bei Kolberg/Pommern 613
Groß-Leinungen bei Wallhausen 123
Groß-Lübars 364
Groß-Oschersleben 681
Groß-Ottersleben 168, 175, 177, 206, 251, 375, 536, 593, 709, 799, 805
Groß-Schillningken/Ostpreußen 307
Groß-Schönau/Kr. Zittau 85
Groß-Schwarzlose 626
Groß-Strehlitz 16
Groß-Wanzleben 32, 58, 432, 617, 711
Großalsleben 259
Großbeeren 715
Großbreitenbach/Thüringen 67
Großelling 547
Großhansdorf 727
Großkmehlen 498
Großkugel bei Halle 633
Großkühnau bei Dessau 430
Großlüder/Kr. Fulda 334
Großmangelsdorf 33
Großmühlingen 46, 436
Großthiemig 661
Großwulkow 247, 248, 794
Großwusterwitz 222, 701
Großzöbern/Vogtland 604
Grünau 697
Grunbach bei Stuttgart 328
Grünberg 244, 353, 378
Grünewalde 688
Guayaquil (Ekuador) 342
Gudersleben 823

Guhrau/Schlesien 65, 181
Gumbinnen 746
Gummersbach 745
Gundershofen 699
Gunsleben 347, 559
Güntersberge (Albrechtshaus) 277
Günthersleben 676
Güsen/Kr. Jerichow 555
Güsten/Anhalt 652
Güstrow/Mecklenburg 527
Gut Benneckenbeck bei Magdeburg 5
Gut Kunzendorf 780
Gut Posteholz bei Hameln 524
Gut Wieckeran bei Barthen 720
Gutenswegen 145, 570, 571, 585, 734
Gütersloh 465

H

Haar über Neuhaus/Elbe 366
Hadamar/Hessen-Nassau 583
Hadmersleben 1, 229, 276, 591, 754
Hagen 377, 726
Hagen/Westfalen 364
Hagenow/Mecklenburg 569
Hajipur 794
Hakenstedt 257, 770
Halberstadt 7, 9, 13, 14, 15, 89, 90, 140, 210, 229, 262, 263, 276, 277, 303, 305, 308, 310, 320, 331, 332, 374, 384, 396, 400, 408, 417, 419, 429, 444, 454, 456, 461, 497, 551, 553, 579, 582, 588, 599, 619, 621, 627, 681, 692, 703, 735, 758, 776, 799, 823, 830
Haldensleben 37, 56, 79, 84, 135, 138, 211, 275, 282, 317, 348, 424, 497, 551, 569, 618, 741, 743, 770, 776, 793, 800
Halle 3, 4, 16, 19, 20, 36, 51, 52, 66, 76, 87, 89, 90, 93, 97, 114, 117, 126, 127, 134, 137, 140, 157, 180, 207, 213, 221, 229, 231, 241, 244, 272, 282, 283, 298, 312, 325, 329, 333, 335, 352, 357, 366, 368, 369, 370, 371, 387, 396, 408, 409, 413, 417, 422, 425, 429, 432, 435, 436, 438, 443, 444, 447, 456, 463, 466, 467, 476, 479, 487, 488, 498, 503, 504, 505, 507, 508, 515, 516, 518, 519, 530, 531, 537, 559, 568, 577, 582, 591, 593, 595, 598, 599, 602, 609, 612, 613, 614, 619, 621, 631, 633, 641, 645, 646, 648, 649, 652, 653, 661, 683, 702, 705, 717, 720, 725, 726, 754, 757, 758, 762, 785, 795, 798, 807, 823, 826, 830, 831, 836
Halle/Westfalen 259
Hamburg 28, 32, 47, 63, 76, 105, 157, 181, 184, 187, 192, 214, 244, 253, 267, 288, 312, 332, 350, 415, 420, 438, 440, 445, 451, 481, 492, 515, 524, 549, 577, 601, 607, 636, 653, 665, 681, 706, 708, 718, 727, 728, 731, 735, 758, 780, 781, 786, 817, 834
Hamburg-St. Georg 827
Hamburg/Mecklenburg 770
Hameln 552
Hamersleben 568, 703, 799
Hamm/Westfalen 98, 416, 534
Hamma bei Nordhausen 156
Hammerstein 445
Hamminkeln/Westfalen 413
Hanau 724
Hannover 56, 119, 151, 330, 334, 343, 347, 354, 380, 407, 449, 455, 481, 525, 528, 530, 532, 557, 559, 573, 612, 624, 636, 719, 726, 740, 767, 776, 806, 825
Hannover-Laatzen 617
Hannover-Langenhagen 270
Hannoversch-Münden 53
Harbke 144, 162, 262, 347, 648, 752, 753, 773
Harburg bei Hamburg 354, 420
Harsleben 135
Hartenstein/Erzgebirge 200
Hasserode/Harz 164, 240
Hattingen/Ruhr 145
Hausleuthen 695
Hausneindorf 579, 596
Havelah/Kr. Goslar 45
Hecklingen bei Staßfurt 88
Heeren/Grafschaft 80
Heidelberg 347, 354, 587, 633, 634, 766
Heilbronn 74, 362
Heiligenstadt/Eichsfeld 434, 473, 813
Heilsbronn 35
Heinrichsberge 640
Hellefeld 19
Helmsdorf bei Eisleben 570
Helmstedt 87, 162, 163, 222, 421, 459, 541, 657, 684, 708, 712, 713, 721, 768, 770, 773
Helsen/Waldeck 796
Hennigsdorf 407, 496
Heppenheim 754
Herborn 725

Herdringen 364
Herford 115, 116
Hergisdorf bei Eisleben 347
Hermannsburg/Kr. Celle 97
Hermsdorf 635
Herzberg 274
Hessen/Kr. Halberstadt 770
Hessisch-Oldendorf 385
Hettstedt 252, 568
Heyrothsberge 22, 54, 403
Hildesheim 85, 215, 240, 262, 416, 459
Hiller-Gärtringen/Pommern 447
Hillersleben 248, 275, 498
Hirschberg/Schlesien 549, 741
Höchst 622
Hof Wehneberg 609
Hohendodeleben bei Magdeburg 282, 453
Hohenferchesar 389
Hohenhameln/Kr. Peine 122
Hohenlimburg 28
Hohenmölsen 779
Hohensalza 438
Hohensolms/Kr. Wetzlar 430
Hohenwarsleben 73, 618, 636
Hohenwarte 462
Hohenziatz 819
Holdorf 421
Holzminden 463
Horn/Lippe 211
Hornburg 282, 681
Hornhausen 68, 231, 559
Hörsingen 350
Hötensleben 450, 551
Hoya 556
Hoyerswerda 575
Hoym 39
Hundisburg 19, 41, 163, 184, 235, 497, 498, 504, 793, 795, 808
Huy-Neinstedt 400
Huysburg 406, 589, 684

I

Idstein 221
Ilmenau/Thüringen 152, 185
Ilsenburg/Harz 66, 454, 734
Ilsfeld/Baden-Württemberg 788
Immenstadt/Allgäu 253
Insel Korfu 381
Insterburg/Ostpreußen 182, 185, 346
Irxleben 585, 757
Iserlohn/Westfalen 146, 434, 729, 733
Istanbul/Türkei 715
Ivenrode 477
Izmir/Türkei 448

Ortsregister

J
Jähnsdorf bei Crossen/Oder 63
Jauer 395, 426
Jena 194, 253, 267, 311, 355, 373, 412, 420, 451, 453, 503, 509, 534, 542, 573, 683, 715, 723, 748, 793, 805
Jenkintown (USA) 590
Jerichow 23, 27, 44, 156, 157, 205, 206, 211, 298, 316, 345, 404, 406, 528, 541, 658, 699, 710, 748, 749
Jernau/Schlesien 286
Jersleben 121, 122, 297
Jerusalem 606, 607
Jessnitz 64
Jever 602
Joachimsthal 227
Johannenhof 437
Johannesburg 632
Jülich 444
Junkerhof 437
Jüterbog 268
Jutroschin/Posen 331

K
Kade 630
Kähnert 406
Kairo 46
Kaiserslautern 481, 638
Kalbe/Milde 240, 420, 431, 461, 489, 679
Kalenberge 570
Kaltendorf bei Oebisfelde 422, 488, 494, 769
Kamberg/Hessen 651
Kamen 28
Kammerforst/Thüringen 578
Kappel am Rhein/Kr. Offenburg 712
Karlsbad 788
Karlsruhe 175, 351, 561, 606, 607, 638, 712
Karow 775
Kassel 17, 36, 136, 153, 223, 462, 540, 692, 751, 807
Kassieck/Altmark 173
Kattowitz 112, 552
Kaufbeuren 406
Kauzleben bei Hötensleben 347
Kehnert 776
Kemnitz/Vogtland 161
Ketschendorf 35
Kiel 16, 22, 30, 35, 56, 86, 167, 204, 430, 512, 525, 526, 654, 706, 768, 794, 804
Kiew 559
Kihurio 379
Kirchbarkau bei Kiel 159
Kirchmöser 22, 407
Klafeld 434
Klausenburg 81
Klein Germersleben bei Magdeburg 594
Klein Hehlen 812
Klein Lübs/Kr. Jerichow 510
Klein Oschersleben 277
Klein Rodensleben 564
Klein Santersleben 223
Klein Wanzleben 95, 126, 212, 256, 257, 393, 462, 496, 523, 563, 564, 565, 592, 630, 641
Klein-Germersleben 379
Klein-Aga bei Gera 719
Klein-Behnitz 704
Klein-Engersen/Gardelegen 708
Klein-Oschersleben 379
Klein-Ottersleben 536
Klein-Radmeritz bei Löbau 294
Klein-Santersleben 145
Klein-Wanzleben 426
Kleingröningen 82
Kleinottersleben 70
Kleinwulkow 248, 794
Klepzig 5, 6
Kleve 582
Klopein am Klopeinsee/Kärnten 565
Kloster Chorin 563
Kloster St. Burchardi/Halberstadt 276
Kloster Weende 462
Klostermansfeld 684
Klötze/Altmark 189
Koblanowsfeld/Don-Region (Rußland) 428
Koblenz 21, 215, 289, 424, 706
Kock/Adamow 527
Kolberg 509, 613, 629
Kölleda 54
Köln 57, 73, 244, 279, 369, 393, 517, 531, 600, 671, 715, 723, 725, 761, 786, 812
Köln-Ehrenfeld 57, 101, 598
Köln-Lindenthal 470
Königde/Kr. Stendal 596
Königerode/Harz 291
Königgrätz 295
Königsberg/Ostpreußen 56, 322, 335, 358, 411, 452, 464, 468, 473, 492, 599, 649, 699, 715, 718, 748, 751, 807
Königsborn 500, 504
Königshan 668
Königshütte 478
Königshütte/Oberschlesien 785
Königslutter/Kr. Helmstedt 148
Konitz/Westpreußen 723
Kopenhagen 578, 808
Körbelitz 462, 550
Köslin/Pommern 224, 807
Köthen 41, 354, 406, 637, 652, 662, 736, 742
Kr. Obornik 502
Krefeld 385, 706, 714
Kreppelhof 703
Kromeriz/Mähren (Österreich-Ungarn) 529
Kronach/Oberfranken 481
Kroppenstedt 488, 549
Küllstedt/Eichsfeld 351
Kulmbach 521
Kunrau 588
Kupferberg/Schlesien 639
Küsel bei Burg 205

L
La Lobbe/Frankreich 195
La Paz 341
Lage an der Lippe 227
Landau/Isar 545
Landau/Waldeck 506
Landeck/Schlesien 100
Landeshut 703
Landsberg 321
Landsberg/Schlesien 836
Landsberg/Warthe 198, 467, 560
Langenholthausen/Westfalen 614
Langenreinsdorf/Kr. Werdau 792
Langensalza 220
Langenstein 588
Langenweddingen 402, 481, 820
Langerwisch bei Potsdam 512
Laucha 54
Lauchhammer 23, 540
Lauchhammer-West 482
Lauchstädt 765
Laurahütte/Oberschlesien 632
Lauterberg 5
Le Mans 10
Lebus 595
Lehndorf 626
Lehnin 145
Leicester (Großbritannien) 402
Leimbach bei Mansfeld/Südharz 213
Leipzig 17, 26, 40, 93, 130, 134, 138, 140, 146, 165, 182, 198, 201, 254, 269, 279, 281, 325, 337, 341, 342, 349, 387, 417, 419, 422, 431, 433, 434, 443, 446, 450, 467, 471, 472, 479, 485, 507, 511, 523, 527, 540, 545, 549, 560, 565, 573, 586, 597, 625, 634, 635, 652, 653, 669, 690, 696, 711, 718, 721, 722, 723, 724, 737, 758, 765, 780, 786, 789, 792, 811, 816, 830, 832, 835
Leipzig-Engelsdorf 405
Leitzkau 241
Lemgo 556
Lemsdorf bei Magdeburg 177, 576
Leningrad 57
Lentschen bei Posen 540
Lenzen 415
Lerbeck bei Minden 345
Letmathe bei Iserlohn 793
Lettland 134
Letzlingen 372, 711, 740
Leudesdorf/Rhein 92
Leuna-Merseburg 560
Lichtenburg 64, 232, 341
Lichtenstein/Sachsen 540
Liebenwerda 506
Liegnitz 468, 538, 835
Lima (Peru) 526
Lindau/Bodensee 14, 804
Linden bei Hannover 3
Lindenberg bei Beeskow 18
Lintorf zwischen Düsseldorf und Duisburg 472
Lippe 468
Lippstadt 427
Liverpool 558
Loburg 361, 456, 510, 734, 795
Locarno (Schweiz) 178, 620
Lödderitz/Kr. Calbe 241, 827
Löderburg bei Staßfurt 311, 360, 361
Lodz (Polen) 330, 397
Loitsche 660
London 45, 56, 426, 546, 590, 640, 685, 781, 802
Lopau 728
Lörrach 290, 677
Los Angeles 47, 92
Loslau/Oberschlesien 20
Lostau 20, 104, 462, 567, 654
Lübbenau 294
Lübeck 198, 219, 339, 417, 524, 534, 606
Lüdenscheid/Westfalen 117, 415, 799
Ludom 502
Ludwigsburg 266
Ludwigshafen 309
Ludwigslust 47, 214
Lühe bei Möckern 439
Lüneburg 99, 204, 313, 565, 798
Lutherstadt Wittenberg 436
Lutter/Kr. Neustadt 97
Luzern 408, 502

854

Ortsregister

Lyon 735

M
Madrid 436
Mahlstatt-Burbach 356
Mahnsfeld/Ostpreußen 512
Mailand 781
Mainz 94, 383, 548, 556, 651, 652, 670, 751
Mallenchen 531
Mannheim 42
Mansfeld 310, 473, 595
Marbach 548
Marburg 22, 32, 56, 230, 254, 518, 528, 598, 634, 654, 720, 758, 760, 788, 806
Maria Ratschitz 479
Mariaslyst 808
Marienborn 586
Marienburg 355, 620
Marienthal 459
Marienwerder 137
Markgrafenpieske bei Storkow 582
Markkleeberg-Zöbigker 162
Markt Alvensleben 136, 395, 815
Marzhausen (Kurhessen) 647
Meerane/Sachsen 242
Meierhof bei Stade 596
Meiningen 373, 423
Meisdorf/Harz 131
Meißen 252, 359, 409
Melbourne 310
Memleben/Thüringen 488
Menz 403, 420, 714
Meran/Tirol 432
Merseburg 8, 15, 33, 109, 302, 320, 333, 367, 382, 414, 490, 537, 577, 590, 594, 595, 658, 704, 732, 796, 805, 814, 825
Merville 91
Merzin bei Köthen 41
Meseberg 437, 551, 661, 665
Meseritz 802
Mettlach 429
Metz/Lothringen 87, 213, 361, 373, 694, 703
Meuro/Niederlausitz 828
Meyendorf 297, 496, 500
Michelsdorf 621
Mieste 248
Miesterhorst 584
Militsch/Schlesien 109
Milow 345
Minden/Westfalen 265, 382, 407, 432, 534
Miskolc 559
Mitteldorf 814
Möckern 250, 299, 357, 364, 365, 505, 801

Möllendorf 276
Molmerswende 559
Mönchengladbach 671
Moorhusen/Holstein 724
Mörs 132
Mörsdorf bei Altenburg 368
Möser 119, 282, 791
Moskau 57, 122, 454, 559, 716, 782
Moulin d'Andé 445
Moyland bei Cleve/Niederrhein 655
Mücheln 106
Mücheln/Geiseltal 406
Mückenberg 482
Mühlberg 171, 718
Mühlhausen 48, 366, 380, 711, 772
Mühlhausen/Ruhr 346
Mühlhausen/Thüringen 506, 521
Mühlheim 356, 728
Mühltroff/Vogtland 486
München 56, 100, 130, 140, 172, 231, 271, 273, 334, 338, 372, 408, 430, 452, 457, 464, 472, 478, 489, 499, 517, 526, 532, 545, 581, 610, 624, 654, 739, 762
Münchengrätz 295
Münster 359, 364, 441, 473, 518, 568, 686, 760
Münster/Westfalen 159
Muri/Kanton Aargau 737
Muskau 516

N
Nadziejewski 667
Nagy Karoly (Ungarn) 353
Nahariya 438
Nassau 170, 531
Naumburg 207, 220, 444, 483, 531, 537, 549, 598, 683, 718, 731, 772
Naundorf bei Reideburg 296
Naunhof 290
Nebra/Unstrut 17
Neckargemünd 624
Neeken/Anhalt 124
Neidenburg/Ostpreußen 214
Neindorf 231, 347, 364, 635, 711
Neinstedt/Harz 121, 496, 497, 501
Neiße/Schlesien 437
Netze/Waldeck 506
Neu-Königsaue 647
Neu-Schollene 626
Neu-Ulm 778
Neubabelsberg 362
Neudeck/Pommern 301

Neuengamme 409, 805
Neuenkirchen 360
Neuenklitsche 345
Neufahrwasser bei Danzig 492
Neufier 384
Neuhaldensleben 7, 8, 12, 42, 43, 68, 79, 84, 103, 105, 134, 163, 198, 207, 223, 226, 233, 235, 241, 243, 253, 284, 285, 313, 367, 392, 399, 432, 440, 443, 474, 497, 528, 569, 571, 580, 591, 609, 618, 634, 640, 657, 659, 660, 690, 696, 732, 735, 739, 740, 741, 800, 824, 828
Neuhaus/Schliersee 129, 527
Neundorf 232, 530
Neunkirchen 157
Neuruppin 22, 185, 631
Neusalz/Oder 530
Neuss 88
Neustadt 81, 238, 268, 289, 599, 604, 620, 621, 648, 684, 761
Neustadt an der Tafelfichte (heutiges Tschechien) 382
Neustadt bei Magdeburg 70, 74, 370, 419, 550, 604
Neustadt-Eberswalde 5
Neustadt/Orla 424
Neustettin 313
Neustrelitz 73, 340, 557
Neuwedel/Arnswald 142
Neuwegersleben 282
Neuwied am Rhein 4
New York (USA) 45, 47, 432, 445, 515, 549, 603, 621, 653, 666, 786
Nieder-Ramstedt/Hessen 641
Niederlangenau/Sudetenland 404
Niederlausitz 446
Niederlößnitz/Dresden 210
Niederndodeleben 121
Niederschelderhütte 122
Niederurf/Kassel 598
Niegripp 461, 510
Nielebock bei Genthin 514
Nienburg 396
Niesky 4
Nizza 8
Nolay/Bourgogne 106
Norden 371
Nordgermersleben 450
Nordhausen 28, 184, 262, 288, 297, 343, 408, 483, 603, 613, 741, 831
Nordsteimke 42
Northeim 346, 705
Northeim bei Hannover 486
Nürnberg 88, 197, 393, 451, 761, 762

O
Ober-Johnsdorf/Böhmen 176
Oberaudorf 271
Oberberndorf 619
Oberhausen 507, 531
Oberhermsdorf 678
Oberndorf am Neckar 341
Oberritzko 58
Obersdorf 461
Oderberg 354
Oderfeld/Bad Lauterberg 647
Oebisfelde 42, 285, 422, 487, 551, 584, 708
Oeding 538
Oegle 684
Oels bei Breslau 26, 274, 434
Oestrich/Rheingau 706
Offenbach 406
Ohlhof bei Goslar 347
Ohrsleben 284
Olchawatka (Südrußland) 428
Oldenburg 710
Olpe 722
Olpe-Rhode 304
Olpe/Sauerland 92
Olvenstedt 78, 146, 167, 223, 656
Olvenstedt bei Magdeburg 74, 146, 432
Oppburg 746
Oppeln/Oberschlesien 228, 378
Oranienbaum 644
Oranienburg 393, 646
Orleans 10
Orselina (Schweiz) 225
Oschersleben 39, 101, 144, 182, 187, 220, 223, 231, 259, 274, 282, 320, 331, 349, 351, 364, 375, 399, 400, 411, 466, 616, 617, 635, 649, 675, 711, 798
Osnabrück 762
Osterburg 168, 277, 462, 520
Osterode/Harz 647, 728, 812
Osterweddingen 131, 155, 246, 439
Osterwieck/Harz 82, 331, 361, 667
Östrich/Amt Mengede 650
Ostrow Mazowieka bei Bialystok/Ostpolen 732
Ostrowo/Posen 403
Ottersleben 536

P
Pabstorf 282, 590
Paderborn 161, 375, 409, 427, 429, 588, 620, 700, 733, 796
Pankow 398
Papitz bei Cottbus 376
Parchau 461
Parchen 414, 802

Ortsregister

Parchim 214, 652, 700
Parchim/Mecklenburg 477
Parey 481, 679, 802
Paris 12, 92, 107, 117, 137, 250, 252, 343, 369, 378, 385, 423, 426, 445, 524, 530, 542, 543, 786
Parkville/Missouri 244
Parleib/Kr. Helmstedt 491
Pasewalk 205
Pechau 403, 569, 570
Pehlitz 64
Penkun 35
Pennydarren 19
Perleberg 83, 448
Peseckendorf 616, 617
Philadelphia/USA 298
Piesdorf 777
Pietzpuhl/Jerichower Land 822
Pilsen 317
Plauen 365, 783
Plauen/Vogtland 228
Pleß 325
Plötzky 146, 306
Pojensdorf bei Kiel 34
Pömmelte 684, 742
Poppelsdorf bei Bonn 610
Pörsten/Kr. Weißenfels 726
Posen 254, 301, 438, 468, 509, 510, 534, 552, 662
Posottendorf-Leschwitz 374
Pößneck 373
Posteholz 524
Potsdam 39, 60, 99, 108, 141, 218, 221, 362, 376, 404, 414, 455, 485, 513, 514, 516, 538, 646, 656, 704, 756, 788, 826
Pottschappel bei Dresden 541
Prag 115, 117, 341, 525, 529, 611, 668, 811
Prag, 598
Prem bei Steingaden 638
Prenzlau 344
Prerow/ Darß 234
Preßburg 449
Prester 403, 576, 663
Pretzien 29
Pretzier 315
Preuß 375
Preuß. Börnecke 306
Preuß. Eylau/Ostpreußen 539
Priemern 660
Prien am Chiemsee 606
Pritzwalk 806
Prödel 241
Puchow/Mecklenburg 523

Q

Quakenbrück 407
Quedlinburg 1, 15, 24, 66, 68, 85, 111, 123, 185, 186, 214, 320, 330, 331, 444, 467, 489, 551, 572, 596, 633, 650, 671
Quellendorf 65
Quenstedt bei Eisleben 235
Querfurt 583, 595, 631
Quittelsdorf 474

R

Radebeul 723
Radevormwald 476
Radis bei Wittenberg 653
Raguhn 483
Ramsin bei Bitterfeld 217
Ramstedt 660
Randau 337
Rastenburg 239
Ratibor/Oberschlesien 446, 736
Ratzeburg 419, 594
Rätzlingen 584
Ravensbrück 153, 575
Rawitsch/Posen 606
Redekin 7, 8
Regensburg 570
Rehringhausen/Sauerland 304
Reichenau/Bodensee 320
Reichenau/Schweiz 833
Reichenbach 359
Remagen 413
Remkersleben 297, 376
Rendsburg 762
Rengsdorf 287
Retzin 561
Reutlingen 184
Rheinsberg/ Mark 32
Richzenhain 472
Riederau 373
Riesa 407
Rietzel 406
Riga 28, 47, 161, 223, 364
Rittergut Maternhof bei Königsberg 42
Rochester/New York (USA) 57, 147
Rock Island 83
Rodleben 2, 650
Roennebeck/Kr. Ruppin 646
Rogäsen 775
Rogätz 76, 481, 547, 688
Rohrberg 670
Rom 351, 570, 601, 740, 807, 815
Ronneburg 673
Rosenthal bei Hildesheim 52
Roßbach bei Naumburg 443
Roßlau 2, 650, 685, 748
Roßleben 83, 814
Roßleben/Unstrut 534
Rostock 30, 204, 216, 325, 348, 388, 389, 412, 528, 583, 662, 718, 727, 784, 831
Rothenburg 744
Rothenkirchen bei Einbeck 565
Rothensee 221
Rotterdam 426
Rotthausen bei Gelsenkirchen 328
Rudolstadt 474, 642
Rüggeberg/Schwelm 434
Ruhkrog/Kr. Flensburg 404
Ruit auf den Fildern 362
Rumburg 109
Ruppersdorf/Schlesien 645
Rüterberg 370
Ruthe/Kr. Hildesheim 151
Rybnik/Oberschlesien 403, 567

S

Saalfeld 152, 509
Saarbrücken 88, 356
Sachsenhausen 97, 232, 455, 552, 566, 763, 785
Sadenbeck bei Pritzwalk 438
Sagan 137
Salbke 70, 78, 170, 193, 252, 284, 289, 297, 385, 428, 521, 532, 576, 793
Salkau 350
Salzelmen 12, 109, 665
Salzungen 275
Salzwedel 112, 121, 299, 336, 474, 654, 765, 821
Samoa 640
Samswegen 661, 665
Samswegen bei Wolmirstedt 240
San Francisco 457
Sandau 769
Sandersleben 824
Sankt Petersburg (Rußland) 471
Saratow 580
Sarstedt 726
Satrup bei Flensburg 255
Satuelle 559
Schaffhausen 287
Schartau 461, 640
Schermcke 592
Schermen 282, 462
Schierke 666
Schierker 413
Schiers/Graubünden 186
Schilda bei Torgau 509
Schlanstedt 400, 587, 588, 707, 708
Schleibnitz 105, 284
Schleiz 584
Schlieben/Berga 250
Schlutupp 354
Schmalkalden 122
Schnarsleben 467
Schneidemühl/Provinz Posen 90, 309
Schnepfenthal 21
Schollene 7
Schönberg/Altmark 650
Schönebeck 6, 14, 35, 36, 45, 55, 62, 64, 66, 72, 81, 82, 86, 96, 122, 146, 151, 153, 168, 177, 188, 200, 211, 229, 258, 268, 281, 282, 283, 284, 286, 291, 292, 317, 324, 325, 329, 344, 356, 358, 369, 382, 383, 386, 400, 406, 410, 412, 434, 438, 440, 447, 459, 469, 474, 504, 519, 525, 528, 540, 553, 575, 592, 597, 613, 620, 632, 633, 643, 644, 661, 665, 668, 676, 682, 700, 702, 722, 723, 763, 773, 774, 787, 809, 811, 821, 826
Schönerlinde bei Berlin 62
Schongau am Lech 273
Schönhagen/Priegnitz 209
Schönhausen 60
Schöningen 707, 708
Schraplau/Mansfelder Land 276, 450
Schricke 556
Schrimm an der Warthe/Schlesien 781
Schubin 108
Schwanebeck 135, 400
Schwarzburg/Thüringen 402
Schwarzheide 828
Schwedt 65, 292
Schweinitz 683
Schweiz 287
Schwelm 475
Schwerin/Mecklenburg 50, 378, 430, 561, 642, 661
Schwiebus 226
Seehaupt/Starnberger See 137
Seehausen/Altmark 221, 493, 612
Seehausen/Börde 253, 256, 496, 787
Seesen 576
Segeletz bei Kyritz 764
Seggerde 124, 692, 703, 706
Senftenau 804
Shanghai 28
Siebenhufen/Kr. Görlitz 467
Siebenlehn/Sachsen 6
Siegersleben 647
Siemerode/Eichsfeld 40
Siersleben/Mansfeld 640
Skive 728
Smolice 45
Soest 72, 754
Sohlen 617, 830
Soldin 752

Ortsregister

Solgne bei Metz 79
Söllingen 708
Soltau 156
Sommerfeld 773
Sommerschenburg 83, 509
Sommersdorf 210, 316
Sonneberg 153, 722
Sonnenburg 232
Sontra bei Kassel 641
Sorau 138, 649
Sorau/Niederlausitz 446
Spremberg 225
St. Georgen/Schwarzwald 472
St. Helena 315
St. Petersburg 9, 441
St. Quentin 215
St. Wedel 203
Stade 215
Stapelburg 645
Staraja Russa 454
Staßfurt 13, 37, 46, 189, 198, 270, 324, 344, 364, 474, 479, 649, 729, 807
Stavenhagen 581
Steckby 41
Stegelitz 299
Steinbach/Thüringen 105
Stendal 2, 60, 74, 76, 82, 85, 147, 218, 221, 248, 274, 290, 314, 345, 431, 440, 444, 482, 520, 530, 553, 577, 637, 658, 660, 687
Sternberg 727
Stettin 71, 141, 189, 204, 264, 340, 357, 392, 515, 576, 606, 669, 695, 728, 751, 768, 825
Stockholm 45, 91, 415
Stollberg 743
Stolpe/Hinterpommern 581
Stolzenhain 809
Storkow/Mark 234
Stralsund 15, 191, 519, 534, 629
Straßburg 100, 362, 565, 710, 750, 760, 784, 785, 795
Strassburg/Uckermark 426
Strehlen 223
Strombach bei Gummersbach 379
Stuttgart 79, 139, 184, 207, 225, 244, 271, 346, 362, 384, 393, 450, 451, 544, 563, 566, 597, 815, 818
Suckow 626
Sudenburg 101, 143, 184, 201, 360, 366, 404, 599, 617, 643, 647, 648, 651, 654, 733, 833
Suderode/Harz 201
Suhl 211
Sulingen 148
Sülldorf 12, 251, 395, 399, 572, 616

Sülzhayn/Südharz 792
Swakopmund (Namibia) 660
Swinemünde 825

T

Tajschet/Sowjetunion (Lagerkomplex am Baikalsee) 232
Talwar 794
Tambow (Rußland) 170
Tangerhütte 60, 238, 391, 533, 553
Tangermünde 123, 248, 361, 371, 658
Tanndorf 400
Tarthun 536
Tel Aviv 432, 604
Teltow-Seehof 560
Teruel (Spanien) 698
Teuchern bei Weißenfels 276, 592
Thale 174, 407, 422, 517
Theresienstadt 544, 632
Thorenburg/Siebenbürgen 81
Thorn 392, 468
Tiefthal 673
Tilsit 64, 89, 746
Timmerlah 463
Torgau 27, 48, 104, 282, 294, 436, 487, 488, 715, 735
Toulouse 385
Trannkijör zu Langeland (Schloß)
Treuen/Sachsen 419
Trient/Südtirol 528
Trier 394, 687
Tripkau 370
Tripolis 703
Trollenhagen 421
Troppau 289
Tryppehna 299
Tübingen 58, 433, 516, 526
Tucheim 759
Tundersleben 39
Tutzing 489

U

Uchtspringe 104, 348
Uerdingen 356
Uhrsleben 9, 122
Üllnitz/Kr. Schönebeck 533
Ulm 363, 739
Ummendorf 31, 256, 257, 268, 758
Unseburg 344, 395, 396
Unterhaun bei Hersfeld 536
Üplingen/Kr. Haldensleben 33
Uthmöden 764

V

Vaduz (Lichtenstein) 517

Vahldorf 66
Valparaiso (Chile) 461
Varmissen 647
Velmede/Sauerland 799
Veltheim 282, 347, 647
Venedig 765
Venlo 393
Vevey/Schweiz 594
Vienau 339
Villach/Kärnten 2
Vinzelberg 11
Vogelsang 20, 645, 771
Vöhl/Hessen 287
Völpke 268, 347, 639, 640
Vorwohle 459

W

Wachenheim/Kr. Worms 281
Wahlhausen/Werra 573
Wahlitz 420, 504
Wahnheim am Rhein 444
Wahren 359
Waiblingen 381
Waibstadt/Baden 586
Walbeck bei Helmstedt 242, 768
Waldheim 95, 395, 426, 519
Waldsee bei Württemberg 392
Wallersberg 801
Wallhausen/Thüringen 418
Wallicken/Thüringen 221
Wallwitz 299
Walsrode 185
Wangen 18
Wangenheim 433
Wanne-Eickel 220
Wanzleben 26, 43, 44, 52, 61, 87, 88, 123, 133, 175, 203, 211, 251, 252, 257, 277, 321, 336, 379, 384, 394, 395, 396, 399, 433, 465, 504, 519, 574, 591, 593, 617, 619, 687, 797, 825, 836
Warburg 799
Warendorf 365
Wargitten/Ostpreußen 468
Warschau 28, 438, 658
Warsleben 347, 473
Warstade bei Hannover 506
Washington 352, 673
Watenstedt-Salzgitter 407
Waterloo 106, 299, 509
Wedel/Holstein 30
Wefensleben 256, 640, 732
Weferlingen 22, 124, 167, 173, 243, 313, 506, 569, 599, 712, 768, 794
Wegeleben 638
Wegenstedt bei Haldensleben 73
Weida 725

Weidenau-Sieg 700
Weilheim 372
Weimar 68, 139, 154, 206, 221, 235, 278, 311, 340, 373, 406, 412, 447, 486, 516, 542, 580, 581, 589, 607, 620, 632, 656, 745, 757, 767, 824
Weinbergen/Galizien 77
Weinheim 390
Weinsberg bei Heilbronn 384
Weißenburg/Bayern 505
Weißenfels 206, 211, 260, 444, 601, 602, 670, 814
Weißensee 544
Wenddorf 477
Wennigsen/Kr. Hannover 530
Wenzen 376
Werbelin bei Halle 592
Werben/Elbe 147
Werben/Spreewald 416
Werden 397
Werder/Havel 384
Werl 793
Werne 85
Wernigerode 7, 13, 35, 36, 140, 174, 192, 262, 295, 310, 364, 365, 419, 436, 478, 526, 559, 560, 702, 703, 723, 737, 754, 790, 823, 830
Westerburg 367
Westeregeln/Börde 308
Westereiden bei Lippstadt 637
Westerholt 356
Westerhüsen 576, 635, 665
Westerland/Sylt 497
Westerstede/Großhzt. Oldenburg 710
Westfeld 684
Westhausen/Eichsfeld 249
Wettin 508, 556
Wetzlar 686
Wiche/Unstrut 634
Wickersdorf 740
Wiek 102
Wien 7, 12, 55, 134, 230, 415, 452, 471, 565, 584, 630, 662, 687, 718, 786
Wiesba 666
Wiesbaden 50, 152, 206, 541, 615, 634, 836
Wiesbaden, (Preuß.) 189
Wildau 419, 468
Wildenfels 773
Wilhelmstadt 425
Wilmersdorf 425
Wilmsdorf 629
Wilsleben 581
Wilsnack bei Wittenberge 259, 411
Winnigen bei Aschersleben 581

857

Ortsregister

Winsen 35
Winstrup/Sjælland 808
Winterthur 288
Wismar 700
Wittenberg 405, 417, 434, 444, 576, 612, 715, 720
Wittenmoor 11
Witzenhausen 698
Witzleshofen/Oberfranken 593
Woffleben 531
Wolckow 15
Wolfenbüttel 343, 563, 638, 787, 833
Wolfsburg 799, 833
Wolmirsleben 489, 616
Wolmirstedt 13, 23, 74, 89, 103, 148, 163, 172, 173, 211, 226, 260, 265, 316, 331, 341, 370, 386, 387, 392, 423, 437, 490, 657, 658, 660, 661, 663, 674, 701, 734, 746, 798, 814
Wölsdorf bei Saalfeld 556
Woltersdorf 462, 587
Woltersdorf bei Berlin 124
Wongrowitz 468
Wörbzig 652
Wörlitz bei Dessau 453, 454, 644
Worphausen 836
Worpswede 524, 813
Wriezen 797
Wulferstedt 400, 596
Wunstorf 691
Württemberg 453, 778
Würzburg 63, 388, 481, 482, 499
Wurzen 315
Wust 342
Wuticke bei Kyritz 822
Wyk 350

Z

Zabakuck bei Genthin 414, 794
Zabrze 628
Zarizino bei Moskau 291
Zeddenick 299, 607
Zehdeniek 308
Zeitz 38, 128, 242, 243, 252, 549, 681, 831
Zerben 14
Zerbst 63, 96, 185, 197, 270, 444, 511, 577, 603, 652, 810
Zezenow 302
Ziegelsdorf 282
Zielitz 262, 531, 814
Ziesar 6, 177, 262, 510, 552, 705
Zinten/Ostpreußen 704
Zipkeleben 403
Zittau 373, 387, 393, 449
Zitz 282
Zollchow 345
Zörbig 633
Zorge 19
Zöschen/Kr. Merseburg 528
Zossen 426
Zschortau bei Delitzsch 592
Züllichau 456
Zürich 88, 693
Zwickau 17, 232, 434, 689

Personenregister

Fett gesetzte Seitenzahlen geben an, daß zur jeweiligen Person ein Artikel im Lexikon vorhanden ist. Einfache Seitenzahlen bezeichnen die Erwähnung einer Person in einem Artikeltext, kursive Seitenzahlen die Erwähnung in einen Artikelapparat. Mehrfachnennungen eines Namens auf einer Seite wurden nicht gesondert ausgewiesen.

A

Abderhalden, Emil   674
Abeken, Bernhard Rudolph   324
Abel, Joachim Gottwalt   365
Abendroth, Hermann   671
Abert, Hermann   159, 304, 587, 614, 673,
Abt, Franz   808
Achard, François Charles   **1**, 13, 232, 550,
Achtenhagen, Wilhelm   812, 820
Ackermann (Maurermeister)   824
Ackermann, Anton   455
Adam, *Helmut* Alfred   **1f.**
Adamik, *Karl* Johann   **2**
Adenauer, Konrad   441
Adler, Guido   565
Afinger, Bernhard   740
Aghte, Friedrich Wilhelm   486
Agricola, Georgius   546
Ahland, *Kurt* Willy   **2**, *59*, 445
Ahlers, Rosina   437
Ahlfeld, Friedrich   280
Ahlfeld, Hugo   419
Ahner, Alfred   3
Ahner, Gustav Eduard   **3**
Ahrbeck, Hans   **3f.**, 595, 706
Albers, Josef   621
Albertini, Johann Baptist von   **4**
Albers, Hans   790
Albinus   691
Albrecht, Paul   **4f.**
Alemann, Christoph Christian von   5
Alemann, Friedrich *Adolph* von   **5**
Allendorff, August   6
Allendorff, Ludwig August Wilhelm   6
Allendorff, *Otto* Augustin Wilhelm   **5f.**
Allendorff, *Otto* Moritz   5, **6**
Allendorff, Paul   6
Allendorff, Wilhelm   6
Allendorff, Willy   5f.
Alt, Hermann   803
Altenkirch, Otto   **6**
Altenstein, Karl Sigismund Franz Freiherr vom Stein zum   127
Althans, *Ernst* Friedrich   **6f.**
Altrock, Hermann   416
Altwasser, Else   412
Alvensleben, Albrecht Graf von   **7**, 11, 499
Alvensleben, Bodo von   530
Alvensleben, Burghardt *Alkmar* Martin Traugott von   **7**, 355
Alvensleben, Ferdinand Gebhard Karl *Eduard* von   **7f.**, 10, 499
Alvensleben, Friedrich Joachim von   **8**, 131
Alvensleben, Friedrich Johann Graf von   **8f.**
Alvensleben, Friedrich Wilhelm Graf von   11
Alvensleben, Gustav von   **9**, 10
Alvensleben, Johann August Ernst Graf von   **9f.**, 11
Alvensleben, Reimar *Constantin* von   9, **10**
Alvensleben, *Udo* Gebhard Ferdinand von   **10f.**
Alvensleben, Werner von   9
Alverdes, Kurt   788
Andreae, *Abraham* (*Brami*) Maria   **11f.**, 491
Andreae, *August* Wilhelm   **12**, *53*, *94*, 137, *172*, 183, *197*, *352*, *353*, 359, 387, *508*, *516*, *597*, 660, *730*, 735, *752*, *760*, *761*
Andreae, Johann Friedrich (sen.)   12
Andreae, Johann *Friedrich* (jun.)   **12**
Andreae, Volkmar   287
Angern, Ferdinand *Ludolph* Friedrich von   1, **12f.**
Anhalt, Anton Günter von   436
Anhalt, Aribert Prinz von   267
Anhalt, Friedrich Herzog von   528
Anhalt-Dessau, Luise von   453
Anhalt-Pleß, Heinrich Fürst von   247
Anhalt-Zerbst, Friedrich August von   577
Anschütz, Wilhelm   56, 430
Apel, Guido Theodor   766
Apollinaire, Guillaume   539
Appuhn, August *Wilhelm*   **13**, 477, *659*
Aquila, Herbert   **13f.**
Arend, Willy   467
Arendt, Ernst   494
Arendt, Rudolf   493f.
Ardenne, Armand Léon   14
Ardenne, *Elisabeth* Baronin von   **14**, 476
Ardenne, Manfred von   14
Ardenno, Frederigo (Ps.) → Follenius, Emanuel
Arens, Eugen *Alfred* Oskar   **14f.**, 547
Aristophanes   72
Arndt, Friedrich   280
Arnim, Achim von   91, 337, 769
Arnim, Bettine von   406, 502f.
Arnim, *Carl* Friedrich Heinrich von   **15**
Arnim, Friedrich Wilhelm August Carl   15
Arnim, Ludwig Heinrich *Wilhelm* von   **15**
Arning, Marie   **15**
Arnold, Heinrich *Otto*   **16**, 99
Arnstedt, Friedrich Wilhelm Oskar von   34
Artelt, Karl   **16f.**
Asché (Theaterdirektor)   321
Ascherson, *Paul* Friedrich August   **17**, *152*, *331*, 443, 591, 603, *619*, 643
Aßmann, Johann Christian Ferdinand   160
Aßmann, Richard   **17f.**, 165
Aster, Ernst Ludwig von   106
Aston, Georg   19
Aston, *Louise* Franziska   **18f.**, 19, 305
Aston, Samuel   18, **19**, 246, 647
Auber, Daniel François Esprit   52

Personenregister

Aue, Jochen   553
Auerbach, Berthold   693
Aufderbeck, Hugo   **19f.**, 196, 796
Aufrecht, Emanuel   **20**, 642
August, Otto *Oskar*   **20f.**
Ausfeld, Heinrich *Eduard*   **21**, *295*, 810
Autsch, Carl   **21**, 648
Avenarius, Ferdinand   741
Axenfeld, Theodor   685

B

Baade, *Friedrich* Wilhelm Conrad   **22**, 580
Bach, August Wilhelm   589, 764, 791
Bach, Hermann   278
Bach, Johann Christoph Friedrich   486
Bach, Johann Sebastian   72, 87, 89, 108, 288, 330, 365, 486, 717, 732, 812
Bachmann, Hanns-Joachim   **22**
Bachschmidt, Alois   430
Bader, Paul   **22f.**, 306, 360, 720
Badewitz, Hermann   **23**
Bähr, Gerhard   669
Bährmann, Udo   **23**
Baensch, August   24, 25
Baensch, Eduard   25
Baensch, Elise   25
Baensch, Friedrich August *Emil*   **23**, 25, 26, 309, 359, 752, 767
Baensch, Friedrich Robert *Emanuel*   23, **24**, 25
Baensch, Heinrich Theodor *Emanuel*   23, **24f.**, 25, 816f.
Baensch, Henry von   26
Baensch, Johann Emil *Hugo*   25
Baensch, Johann *Wilhelm* Emmanuel   23, **25f.**
Baensch, Paul   **26**, *440*
Baensch, Robert   24, 25
Baensch, Robert Emanuel   24
Baensch, William von   26
Baensch-Drugulin, Egbert *Johannes*   **26f.**
Baensch-Drugulin, Wilhelm   27
Baer, Hermann   27
Baer, Karl Ernst von   628
Baer, Otto   **27**, 152, 352, 376
Baerensprung, *Horst* Wolfgang Sigmund   **27f.**, 392, 650
Baesecke, Georg   59
Bästlein, Bernhard   77
Baetge, Max   404
Bäumer, Gertrud   **28**
Bahn, Max   278
Baier, Karl   252, 752
Baisch, Hermann   271
Bake, Reinhard   682
Balk, Jutta   **28f.**, 444, 474
Ballauff, Theodor   29
Ballerstedt, Gottfried *Christian*   **29f.**
Baluschek, Heinz   193
Balzereit, *Paul* Johannes Gerhard   **30**, 199, 666, 678
Banck, Johann Karl Heinrich   684
Banse, Friedrich   619, 643
Barbusse, Henri   445
Bargheer, Ernst   343
Bargiel, Woldemar   73
Barheine, Emil   836

Barheine, Julius   553
Barlach, *Ernst* Heinrich   **30f.**, 226, 450, 779, 798, 823
Barnick, Erna   **31**,
Barnstorff, Walter   759
Bartels, *Franz Jan* Adolf Heinrich   **31**, 47, 53, 88, 148, 601, 677, 711
Bartels, Otto Richard   **31f.**
Barth, Johann *Wilhelm* Gottfried   **32**
Barth, Karl   180, 294, 652, 785
Barth, Richard   **32f.**
Bartl, Felix   57f.
Bartók, Bela   697
Basan, Walter   **33**, 332
Basedow, Johann Bernhard   200, 366, 370, 569f., 595, 829
Basse, Gottfried   489
Bathe, Karl Richard (Ps.) → Bathe, Max
Bathe, Max   **33f.**, *257*, 759
Baudissin, *Traugott* Adalbert Ernst Graf von   **34**
Bauer, Bruno   18
Bauer, Clemens   133
Bauer, Edgar   18, 169, 780
Bauer, Georg   **34**
Bauer, Hans Joachim   **34f.**, 39
Bauer, Ida   758
Bauer, Kurt   **35**, 369
Bauereisen, Johann *Adam*   **35**, *91*
Baumgarten, *Günther* Theodor Reinhold   **35f.**
Baumgarten, *Johann* Christoph Friedrich   **36**
Baumgarten, Sigmund Jakob   436, 577
Baur, Erwin   641
Bausznern, Waldemar von   178
Bebel, August   85, 89, 804
Becher, Johannes R.   31, 53, 677
Bechstein, Ludwig   656
Beck, Alexander   786
Beck, Conrad   32
Beck, Paul *Walther*   **36**
Beck, Peter *Walther* August   **36f.**, 71, 289, 565, 759
Beckenkamp, Peter   92
Becker, Adolf   **37**, 306
Becker, Albert   385
Becker, Bernhard   **37f.**, 66, 367
Becker, Carl Friedrich   590
Becker, Carl Heinrich   392, 781
Becker, *Eduard* Otto Franz Carl   **38**
Becker, Ewald   **38**
Becker, Hans   **38f.**
Becker, Hugo   108
Becker, Johann Philipp   **39**
Becker, Karl   39
Becker, Marie   **39**
Becker, Wilhelm   **39f.**
Becker, Wilhelm (jun.)   40
Beckers, Paul   **40**
Beckert, Paul   477
Beckmann, Christoph   **40**, 161, 429
Beckmann, Ernst   119
Beckmann, Max   250, 715
Beer, *Max* Johann Karl   **40f.**
Beer, Michael   324
Beethoven, Ludwig van   72, 87, 105, 412, 454, 483, 486, 556, 572, 671, 732, 750, 765, 791

Personenregister

Begas, Reinhold   50, 221, 322, 570
Behmer, Hermann   41
Behmer, Johanne   580
Behmer, Rudolf   **41**, 497
Behne, Adolf   **41**, 130, *283*
Behr, Max   **41f.**, 827
Behrend, *Martin* Eduard Theodor   *16*, **42**, *53*, *102*, *113*, *115*, *118*, *129*, *184*, *197*, *268*, *289*, *318*, *319*, *481*, *512*, *548*, *574*, *662*, *731*, *781*, *834*, *835*
Behrends, Franz Eduard   42
Behrends, Peter Wilhelm   **42f.**, *79*, 163, 368, *591*, 690
Behrendsen, Friedrich Wilhelm   **43**
Behrendt, Christian   **43**, 574
Behrendt, F.   779
Behrendt, Friedrich   **43f.**, 574
Behrens, *Carl* Friedrich   **44**
Behrens, *Ernst* Friedrich   44
Behrens, Friedrich August   786
Behrens, Heinrich   **44f.**, 406, 637
Behrens, Kurt   **45**, 91, 586, 590
Behrens, Margarete   **45**, 57, 426, 520
Behrens, Peter   83, 98, 125, 310, 362, 517, 725
Behrens, Placidus   128
Beims, Hermann   **45f.**, 74, 143, 288, 355, 375, 431, 441f., 580, 583, 696, 716, 759, 768
Bellermann, Heinrich   73
Bellermann, Johann Friedrich   321
Bellini, Vincenzo   52
Bellomo, Joseph   102
Benda, Carl   437f.
Bendix, Bernhard   **46**
Bendix, Hans   **46f.**
Benecke, Emil   **47**, 92
Benedix, Roderich   654
Benett, Gordon   165
Bengen, Harold   813
Bengsch, Alfred   320
Benjamin, Hilde   392
Benjamin, Walter   539
Benn, Gottfried   539
Bennewitz, Gustav   115
Benningsen, Rudolf von   747
Benühr, Hermann *Heinrich* Carl   **47**
Benzino, Joseph   481
Ben-Gurion, David   277, 439
Beradt, Martin   **47f.**
Beran, Antonia   555
Béranger, Pierre Jean de   502
Berblinger, Walter   573
Berendt, Gottlieb   769
Berger, Gustav *Oscar*   **48f.**, 120, *281*, *367*, 374, *386*, *562*
Berger, Hans   412
Berger, Ludwig   589
Berger, Paul   **49**
Berger, Wilhelm   **49f.**
Berges, Friedrich   567
Berghauer, Johann Christian Friedrich   **50**, 349, *410*
Berghof, Herbert   604
Bergmann, Ernst von   583
Bergmeier, *Karl* Albert   **50**, 322
Bernardelli, Paul   **50f.**, 310, 517, 725

Bernays, Jacob   544
Berndt, Georg   783
Berner, Otto   242, 427
Bernhardi, Karl   432
Bernhardy, Gottfried   82
Bernoth, *Egon* Georg Horst   **51**
Bernuth, Julius von   32
Bertolini, Rolf   788f.
Bertram, *Heinrich* Walter   **51f.**
Beseler, Otto   588
Bessau, Georg   723
Bethge, Heinrich   453
Bethge, Otto   **52**
Bethmann, Heinrich Eduard   **52**, 765f.
Bette, Johann *Franz*   **53**, 516, 642, 679
Betzel, Johannes   164
Beuchel, Julius *Wilhelm*   **53**, 833
Beye, Bruno   27, 31, *33*, *37*, *46*, *47*, **53f.**, 98, 148, *152*, *191*, *198*, 218, 278, *304*, 307, *308*, *333*, *365*, *458*, *486*, *487*, *496*, *532*, 549, *593*, 601, 676, 677, 711, *720*, *791*, *798*, *814*
Beyer, Gerhard   22, **54f.**
Beyer, Johann Jacob   4
Beyer, Karl   **55**
Beyer, Kurt   291, 401, 832
Beyschlag, Willibald   663
Beyse, Ludwig August Gustav *Walter*   **55**
Beyte, *Friedrich* Heinrich Wilhelm   **56**
Bicknese, Martin   **56**
Bieberstein, Arno   **56**
Biebl, Max   **56f.**
Biemüller, Wilhelm   **57**, 585
Biermer, Anton   748
Bierstedt, Gustav   57
Bierstedt, *Jacob* Johann Heinrich   **57**, 590
Billroth, Theodor   183, 247
Bilse, Benjamin   808
Binder, Eberhard   **57f.**
Binder, Elfriede   58
Bin-Gorion, Micha Josef   48
Birk, *Walter* Adolf Christian   **58**
Birkfeld, Alfred   572
Birnbaum, Moritz   **58f.**, 445
Birnbaum, Simon   58, 445
Birt, Theodor   32
Bischof, Walter   **59**
Bischoff, Karl   **59f.**
Bisky, Friedrich *Ludwig*   **60**, 439
Bismarck, *Levin* Friedrich Christoph August von   **60**
Bismarck-Schönhausen, *Otto* Eduard Leopold Fürst von   5, 7, 8, 9, **60f.**, 65, 81, 130, 134, 208, 264, 398, 429, 502, 610, 643, 663, 703, 706, 741, 747, 765
Bitterlich, Hermann   **61**, 133
Bizet, Georges   642
Björnson, Björnsterne   759
Blachetta, Walther   585
Blaeser, *Gustav* Hermann   **61f.**, 188, 570, 740
Blankenburg, Ewald   **62**, 525
Blasius, Rudolf   459f.
Blasius, Wilhelm   459
Bleek, Friedrich   476
Blei, Franz   381

Personenregister

Blell, Carl 62
Blell, Eduard 62, 282
Blell, Ursula 62
Blencke, August **63**, 353
Blencke, Bernhard 63
Blencke, *Erna* Elisabeth **63**
Blériot, Louis 315
Blick, Gustav 63
Bliesner (Gebrüder) 791
Blücher, Gebhard Lebrecht von 534, 556, 769
Blühdorn, Johann Ernst Christian **63f.**, 829
Blum, Karl **64**
Blumann, Siegfried 750
Blume, Carl *Hans* **64**
Blume, *Ernst* Friedrich Otto **64**
Blume, Friedrich 587
Blumenfeld, Emanuel **64f.**
Blumenfeld, Jeanette 65
Blumenfeld, Moritz 64f.
Blumenstein, Georg 618
Blumenstengel, Albrecht 808
Blumenthal, Karl Konstantin Lebrecht *Leonhard* Graf von **65f.**, 801
Blumenthal, Mathilde Gräfin von 775
Blumenthal, Walter **66**
Bock, Franz **66**, 367, *497*, 769
Bock, Karl A. 573
Bock, *Wilhelm* Friedrich Louis **67**
Bode, Arnold *Wilhelm* von **67**, 229, 762
Bode, *Karl* Heinrich **68**, 149, *720*
Bode, *Wilhelm* Friedrich **68**
Bodelschwingh, *Ernst* Albert Karl Wilhelm Ludwig 456
Bodenstab, Emil **68f.**
Bodenstein, August Leberecht 70
Bodenstein, *Max* Ernst August **69**
Bodenstein, *Paul* Peter **69f.**, 151
Bodenstein, Theodor *Franz* Julius 69, **70**, 747
Böckelmann, *Gottfried* Andreas **70f.**
Böckelmann, Sophie 71
Böckh, August 103, 542, 748
Boecklen, Eberhard **71**
Böcklin, Arnold 408
Bödecker, Friedrich 33
Böhlke, Erich 37, **71f.**, 161, 673
Böhlmann, Ernst **72f.**
Böhm, Franz 133
Böhme, Ernst **73**
Bölsche, *Franz* Johannes Eduard **73**
Bölsche, Wilhelm 340, 805
Bölte, Albert 443, 768
Bösche, Max **73f.**
Böttcher, *Karl* Friedrich Wilhelm **74**
Böttger, Friedrich *Rudolf* **74f.**
Bötticher, *Friedrich* Heinrich Julius **75**, 107, 374, 516, 641
Böttner, Karl 754
Bogen, Alfred **75f.**, 95, *724*
Bohley, Reiner **76**
Bohne, Walter **76f.**
Bohner, Theodor Paul 77
Bolek, Andreas **77f.**
Bollmann, Johann *Friedrich* (*Fritze*) Andreas **78**
Bollmann, *Wilhelm* Adolf **78f.**

Bolms, Hermann **79**
Bonaparte, Jérôme 10, 100, 176, 393, 560, 630
Bonaparte, Napoleon 7, 8, 100, 106, 128, 136, 239, 285, 309, 345, 440, 482, 509, 550, 556, 559, 582, 681, 703, 715, 822
Bonatz, Paul **79f.**, 384, 715
Bonhoeffer, Dietrich 133, 180
Bonin, Carl Lothar von 330
Bonin, *Elsa* Jutta Rosalie von **80**, 509
Bonin, *Giesbert* Gustav Boguslaw Karl von **80**, 509
Bonin, *Gustav* Carl Giesbert Heinrich Wilhelm Gebhard von **80f.**, 388, 475
Bonneville, Nicolas de 96
Bonte, Jean Simon (sen.) 81
Bonte, Jean Simon (jun.) **81**
Borbély, Georg *Samu*(*el*) (von) **81f.**
Borchert, Walter **82**, 769
Borchling, Conrad 675
Borg, Arne 566
Borghardt, Johann Carl *Ludwig* Immanuel **82**
Borisch, Frank 553
Borisch, Helga 553
Borlik, Bruno 637
Bormann, *Albert* Karl Ernst **82f.**, *295*
Born, Max 184
Bornemann, Wilhelm 670f.
Borsig, August von 237, 239, 669, 746
Bosann, Friedrich Wilhelm 52
Bosse, Peter *Heinrich* (*Henry*) **83**
Bosselt, Paul Gustav *Rudolf* **83f.**, 125, 148, 272, 310, 549, 716, 737, 779, 812
Bouhler, Philipp 389
Boye, Otto **84**, 491
Boyen, Hermann von 106, 394
Bracht, Eugen 6, 338,
Bracke, Hermann August Franz *Wilhelm* **84f.**,
Brackmann, Albert 361
Bräuniger, Harald 282
Brahms, Johannes 32, 108, 342, 346, 397, 565, 732, 750
Braille, Louis 103
Bramann, Fritz Gustav von 568
Brandau, *Otto* Wilhelm Paul **85**, 736
Brandenburg, Ernst **85**
Brandes, Alwin **85f.**
Brandes, Ernst 675
Brandes, *Kurt* Otto Richard **86**, 350
Brandt, Andreas Heinrich *Carl* **86**
Brandt, Anna Luzie *Elli* **86f.**
Brandt, Christian Ludwig 809
Brandt, Ernst **87**, 153, 668
Brandt, Gustav *Adolph* **87**
Brandt, Lauritz 249
Brandt, Paul 87
Brandt, Robert 781
Bratfisch, August **87f.**, 148
Braun, Hanns 171
Braun, *Heinrich* (*Heinz*) Arnold **88**, 434
Braun, Johannes 196, 320, 328, 406, 589
Braun, Max **88**
Braun, Wernher von 119
Braune, Fritz 425
Braune, Wilhelm 532

Personenregister

Braunschweig-Lüneburg, Karl Wilhelm Ferdinand Herzog von 623
Brecht, Bertolt 307, 336, 338, 694
Bredel, Willi 782
Bredow, Heinrich 23
Breitensträter, Hans **88f.**
Breithaupt, Rudolf 178
Bremer, Julius 84f., **89**, 246f., 355, 404
Bremsteller, Gerhard **89**, 527
Bremsteller, Ulrich 527
Brendel (Architekt) 384
Brennecke, Albert **89f.**, *187*, 646
Brennecke, Bert (Ps.) → Brennecke, Albert
Brennecke, Gertraud 90
Brennecke, *Johannes* Benjamin 35, **90f.**
Brennecke, Traudel (Ps.) → Brennecke, Gertraud
Brennecke, Wolf Dieter 90
Brentano, Bettine → Arnim, Bettine von
Brentano, Clemens **91**, 406, 500
Breton, André 524
Bretting, Kurt **91**
Brewitz, Rudolf *Otto* **91f.**, *591*
Breysig, Johann Adam **92**, 116, 636, 792
Brieden, *Kaspar* Friedrich **92f.**, 429, 620
Brinck, Rudolf **93**
Brinkmann, Matthias 460
Britsch, Gustaf 225
Brockdorff, Cay-Hugo Graf von 427
Brocke, Gert von 824
Brod, Max 604
Brodsky, Adolf 319
Bromann, Renate **93**
Bronnen, Arnolt 759
Broßmann, *Carl* Ernst Ludwig Oskar **93f.**
Bruce, David 249
Bruch, Max 87, 278
Bruckner, Anton 108, 342, 671
Bruckner, Julius 815
Brüggemann, *August* Ferdinand **94**, 352, 387, 516
Brüggemann, Friedrich Adolph **94**
Brühl, Marie Gräfin von 110
Brüning, Heinrich 627
Brüning, *Herbert* Rudolf Gustav **94f.**
Brüsewitz, Oskar 255
Brukner, Friedbert **95**
Brummert, Paul 34, 96
Brummert, Richard Karl *Gustav* **95f.**
Brundert, Willi **96**
Brunn, Walter von 583
Brunn, *Wilhelm* Ludwig **96f.**
Brunner, Else 767
Brunner, Hugo 767
Bruno, Giordano 802
Bruns, Peter (Ps.) → Esser, Bruno
Bruns, Wilhelm **97**, 782
Bruschke, Werner 22, **97**, 409
Bruse, Hermann 54, **98**, 307, 601, 676, 793
Bubcck, Wilhelm 694
Buber, Martin 48
Buch, Carl-Emil *Bruno* **98**
Budenberg, Caroline 605
Budenberg, Christian Friedrich 16, **98f.**, 605, 615, 635

Büchler, Alexander **99**
Büchner, Adolf 514
Büchner, Andreas Elias 359
Büchner, Georg 90
Bühring, Maria 117
Bühring, Martha 117
Bülow, Charlotte Antonie Friedrike von 754
Bülow, Ernst Paul Heinrich Justus von 265
Bülow, *Friedrich* August Wilhelm Werner Graf von **99f.**, 658
Bülow, Hans von (Pianist) 807
Bülow, Ludwig Friedrich Viktor *Hans* Graf von 99, **100**
Bürck, *Paul* Wilhelm **100f.**, 485, 724
Bürger, Max 573
Büssing, Heinrich 300
Büttner, Paul 671
Bukh, Niels 416
Bultmann, Rudolf 294
Bumke, Otto 412
Bumm, Ernst 7, 537
Bund, Hans 178
Bungarz, Hans **101**
Burchardt, Carl *Julius* **101f.**, 184
Burchardt, Johann Christoph 101
Burck, Joachim a 717
Burger, Fritz 130
Burgmüller, *Johann* August Franz **102**
Burmeister, Heinz **102**
Busch, Isolde **102f.**
Buschhardt, Friedrich Wilhelm **103**, 226
Buschmann, Johann Carl *Eduard* **103f.**
Busoni, Ferruccio 71, 278
Busse, Karl Franz *Gustav* **104**

C

Cabisius, Arno **105**, 751, 758, 808
Caesar, Rudolf Otto **105**
Calderón de la Barca, Pedro 771
Calvin, Johannes 730
Cammradt, Hansjochen Herbert **105f.**
Campe, Johann Heinrich 201
Campendonk, Heinrich 606
Canova, Antonio 570
Cario, Carl **106**
Carnot, *Lazare* Hippolyte Marguérite **106f.**
Carnot, Nicolas Leonnard *Sadi* **107**
Caro, Nikodem 189
Cassebaum, Heinz **107**, *650*
Cassirer, Paul 30
Catalani, Angelica 280
Catel, Franz 682
Cervantes, Miguel de 47, 676
Cézanne, Paul 333, 737
Chamisso, Albert von 656
Chappuis, Friedrich-Wilhelm von **108**
Chasanowich, Joseph 433
Chemin-Petit, *Hans* Helmuth **108f.**
Chopin, Frederic 696
Choyke, Isidor **109**
Christiansen, Carl 77f., 650
Chruschtschow, Nikita Sergejewitsch 709, 724
Chun, Karl 86

863

Personenregister

Chwatal, Franz Xaver **109**, 155, 687
Chwatal, Joseph 109
Cicero, Marcus Tullius 544
Clapeyron, Émile 107
Clausewitz, *Carl* Philipp Gottlieb von **109f.**
Clausewitz, Friedrich 109
Clausewitz, Wilhelm 109
Clemens, Andreas 456, 599
Clericus, *Ludwig* August **110f.**, 622f., 762, 807, *815*
Cloos, Hans **111f.**
Cockerill, John 727
Cody, William Frederik 600
Colberg, *Christoph* Heinrich Julius 239
Coler, Edmund Gustav *Alwin* von **112**
Congreve, William 249
Conitzer, Leo **112**
Conradi, Hermann 631
Conter, Joe 380
Coqui, Jacob 113
Coqui, Johann Caspar **113**, 114, *682*
Coqui, Johann *Gustav* 129, 169, **113f.**
Coqui, Johanna Christiane *Henriette* **114**
Coqui, *Peter* August **114**
Cordes, *Carl* Wilhelm Hermann **114**
Corinth, Lovis 607
Cornelius, Peter 263
Cornelius, Peter von 682
Cosmar, Alexander **114f.**
Cosmar, Antonie **115**
Cußmann, Carl 758
Coste, *David* Johann **115**, 512
Coste, Samuel David 115
Costenoble, Carl Ludwig **115f.**, 168
Costenoble, *Johann* Conrad **116**, 631
Courvoisier, Walter 545, 750, 762
Cramer, Carl Friedrich 445
Cramer, Friedrich Matthias Gottfried 702
Cramer, Johann Andreas 200, 578
Cramm, Auguste Luise Adolphine von 657
Cranach, Lucas 289
Cremer, Fritz **116**
Crescentini, Girolamo 717
Creutz, Johann Adam **117**, 387, 570
Cron, Clara (Ps.) → Weise, Clara
Crummenerl, Siegmund **117**
Cuno, Wilhelm 441
Cuny, David 117
Cuny, Jean Jacques **117f.**, 662
Curtius, Ernst 523
Curtius, Georg 523
Curtius, Theodor 354
Czerny, Adalbert 58, 350, 721, 760

D

Däubler, Theodor 31, 53, 677, 681
Dali, Salvador 524
Dalitz, Joachim 527
Dam (Kammermusiker) 791
Damm, *Wilhelm* Rudolph **119**, 275
Danckwortt, *Peter* Walter Friedrich 119
Danckwortt, Wilhelm **119f.**

Dankworth, Friedrich *Carl* Andreas 48, **120f.**, 374, 416
Danneil, *Friedrich* Hermann Otto **121**, 178
Danneil, Heinrich **121f.**
Danneil, Johann Friedrich 121, 671
Dannenberg, Andreas 248
Danz, Hermann 98, **122**, 252, 427, 452, 566, 593, 622, 668
Danzmann, *Paul* Friedrich Hermann Karl **122**
Darwin, Charles 498
Dathe, Heinrich 776
Daub, Philipp **122f.**
d'Aulney, Léonie 115
Daum, Friedrich August *Hermann* **123**
David, Carl 249
David, Jacques Louis 682
David, Walter **123f.**
Davier, August Rudolf *Karl* von **124**
Davier, Eduard von 124, 693
Dedermann, Wilhelm 714
Deeke, Wilhelm 111
Deffke, Friedrich *Wilhelm* Heinrich **124f.**, 130, 155, 156, 458, 702
De Gaulle, Charles 445
Degenkolbe, Erich **125f.**
Dehmel, Richard 48, 804
Deicke, Hans-Joachim **126**
Deilmann, Theodor Franz 793
Deininger, *Heinz* Herbert Alfred **126**
Deiters, Heinrich 722
Deiters, Otto 628
Delbrück, Friedrich Heinrich 126, 127, 128
Delbrück, Gottlieb **126f.**, 128
Delbrück, Johann Friedrich *Ferdinand* **127f.**, 218, 349
Delbrück, Johann *Friedrich* Gottlieb 127, **128f.**, 218, 349
Delbrück, Rudolf Martin Friedrich 128
Delecker, *Georg* Konrad **129**, 161
Delitz, Christiane 316
Deneke, *Carl* Friedrich 113, 115, **129**, 662, 663
Denis, Maurice 282
Deppe, Ludwig 687
Dertinger, Georg **130**
Désormes, Clément 107
Dessau, Paul 677
Dessoir, Max 174
Détroit, Ludwig *Carl* Friedrich **130**
Dettmann, Ludwig 607
Devrient, Eduard 336
Devrient, Ludwig 168
Dexel, Carl Maria *Walther* **130f.**
d'Hervilly, Melanie 253
Dibelius, Otto 133, 390
Diderot, Dennis 106, 599
Didot, Firmin 249
Diedrich, Sepp 267
Diedrich, *Ulrich* Heinrich Wilhelm **131**
Diek, Wilhelm 799
Diels, Hermann 327
Diem, Carl 416
Dierich, Ferdinand 596
Dieskau, Georg *Otto* **131f.**
Dieskau, Johann Wilhelm *August* 131, **132**
Diesterweg, *Carl* Adolph **132**
Diesterweg, Friedrich Adolph Wilhelm 3, 132, 233, 431

Personenregister

Dietrich, Albert   750
Dietrich, Amalie   399
Dietrich, Werner   722
Dietz, *Ernst* Friedrich Karl   **132f.**
Dietz, Gustav   61, **133**
Dietze, Friedrich Carl Nicolaus *Constantin* von   **133f.**
Dietze, Gustav *Adolph* von   133, **134**
Dietze, Johann Gottfried   134
Diez, Robert   30
Dilthey, Wilhelm   253
Dippner, Kurt   **134**
Disselhorst, Rudolf   371
Dißmann, Robert   86
Ditfurth, Johann Friedrich Karl   577
Dittmar, *Gerhard* Karl Friedrich   **135**
Dittmar, *Max* Robert Paul   **135f.**, 182, *428*, 511, 821
Dobrindt, Otto   178
Dobschütz, Ernst von   823
Dochnahl, Friedrich Jacob   408
Döbbelin, *Carl* Conrad Casimir   **136**, 549, 636
Döbbelin, Carl Theophil   136
Döderlein, Albert   412
Dönitz, Karl   568
Döring, Carl August   **136**
Döring, Ernst   137
Döring, *Karl* Friedrich Wilhelm   **137**
Doesburg, Theo van   130, 478
Dohlhoff, Georg *Eduard*   **137**
Dohme, Herbert   **137**
Dohrn, Georg   **137f.**
Dominik, *Friedrich* Adolf   **138**
Dommerich, Georg Ludwig   53, 833
Dommerich, Wilhelm   53
Donath, Amandus Emil *Eugen* jun.   **138**, *139*
Donath, Friedrich *Emil*   **138f.**
Don Carlos Maria Isidoro de Borbón   215
Donizetti, Gaetano   811
Donndorf, Adolf von   **139**
Doon, Paul (Ps.) → Z'dun, *Paul* Joseph
Dopsch, Alphons   672
Dorguth, *Friedrich* Andreas Ludwig   **139f.**
Dorfmüller, Franz   37
Dornacher, Klaus   **140**
Dorsch, Ferdinand   281
Dorschfeldt, Gerhard   **140f.**, 235, 671
Dorschfeldt, Richard   140, **141**
Dortu, Max   90
Dostal, Nico   278
Douglas, Marie   243
Dove (Prof.)   456
Dräseke, Felix   452
Dräseke, Johann Heinrich *Bernhard*   **141f.**, 258, 280, 298, 475, 582, 685
Draisbach, Jacob   252, 752
Dreger, Max   **142f.**, 238
Dreibrodt, Günter   469
Drenckmann, Ernst *Gottfried* Adolf   **143**
Drenckmann, Gustav Friedrich Adolf *Max*   **143f.**
Drenckmann, Wilhelm Adolf   143, 647
Drepper, Franz   40, 161
Dresde, Friedrich Wilhelm   218
Dresel, Fritz   16, 99
Drewitz, *Fritz* Gustav Hermann   **144**
Drews, *Wilhelm* (*Bill*) Arnold   **144f.**
Dreyer, Hildegard   373
Drobe, Franz Kaspar   92
Dross, Peter (Ps.) → Wendler, Otto Bernhard
Drost, Rudolf   629
Droste-Hülshoff, Annette von   581
Droysen, Gustav   543, 821
Druckenbrodt, Alfred   506
Druckenbrodt, Johann *Andreas*   **145**, 734
Drugulin, Wilhelm Eduard   26
Dryander, Ernst Hermann von   704
Dsershinski, Iwan I.   671
Du Bois-Reymond, Emil   86
Du Bos, Jean-Baptiste   200
Dudey, Irmgard   **145**
Dülfer, Martin   718
Dümling, *Johann* Gottlieb   **146**
Dümling, *Wilhelm* Albert   **146**
Dürre, *Alwin* Stephan Heinrich   **146**
Dürre, Eduard   451
Dürrenmatt, Friedrich   373, 642
Düsing, Karl Gerhard   **146f.**
Duesterberg, Theodor   678
Duhm, Christian Conrad   201, 581, 797
Dulon, Christoph Joseph *Rudolph*   18, **147f.**
Dunanus, Friedrich (Ps.) → Trippe, Kaspar *Friedrich*
Duncker, Franz   303
Dungert, *Max* Wilhelm Waldemar   31, 47, 53, 88, **148**, 333, 677, 711, 754
Dunker, Hans   **148f.**, *661*
Duprez, Gilbert   515
Durosnel, Antoine-Jean-August-Henri   770
Dussek, Johann Ladislaus   556
Duvigneau, *Johann* August   **149**, 150, 448
Duvigneau, Johann Joseph *Otto*   **149f.**, 276, 321, 705, *720*, 762
Dvorak, Antonin   671

E

Ebbecke, Hermann   117, 388
Ebeling, *Carl* Wilhelm Conrad   **151**, 721
Ebeling, Christoph *Wilhelm*   **151f.**, 261, 643
Ebell (Musikdirektor)   811
Eberhard, Johann August   479
Eberhard, Rudolf   123, **152**, 378
Eberhardt, Georg Otto Christoph   596
Eberhardt, *Walter* Heinrich   **152**
Ebers, Georg   816
Ebert, Anna   **153**
Ebert, Friedrich   340, 403
Ebert, Johann Jacob   218
Eberwein, Carl   206
Ebner-Eschenbach, Marie von   581
Ebstein, Wilhelm   651
Eccard, Johannes   717
Echtermeier, *Carl* Friedrich   **153**
Eckardt, Günter   **153**, 291
Eckermann, Johann Peter   280, 656
Eckhart, Meister   528
Eckmann, Otto   310

Personenregister

Edeling, Gustav (sen.)   153
Edeling, Gustav (jun.)   **153f.**
Edeling, Wilhelm   153
Ederle, Gertrude   566
Eggeling, Joachim   430
Eggert, Friedrich Wilhelm   154
Eggert, Georg Peter *Hermann*   **154**, 322
Egk, Werner   677
Ehmcke, Fritz H.   86
Ehrhardt, Adolf   638
Ehrlich, Christian Friedrich   109, **154f.**, 412, 483, 529, 613
Ehrlich, Paul   639, 651
Eichel, Wolfgang   722
Eichhorn, Albert   314
Eichhorn, Johann Albrecht Friedrich   13, 611
Eichmann, Adolf   77
Eicke, Julius   695
Eidenbenz, Hermann   **155**
Einarsson, Indridi   294
Einem, Gottfried von   671
Einem, Johann August *Christoph* von   **155f.**
Einhoff, *Friedrich* Gustav Heinrich   **156**, 813
Einstein, Albert   333
Einstein, Carl   250
Eiselen, *Ernst* Wilhelm Bernhard   280, 367, 591
Eisenbarth, Johann Andreas   225
Eiserhardt, Carl   359
Eiteljörge, August Ferdinand *Albert*   **156f.**, 699
Elkan, Adele   **157**
Eluard, Paul   524
Emersleben, *Otto* Ernst Ludwig   **157**
Emig, Michael   198
Emmrich, *Josef* Peter   51, **157f.**
Emmrich, Paul   454
Emmrich, Rolf   424, 573
Enden, August   217
Engel, *Carl* Friedrich Wilhelm   **158f.**, 420, *796*
Engel, Erich   88
Engel, Rudolf   123
Engel, Stefan   723
Engelhardt, Georg   404
Engelke, *Bernhard* Karl Robert   **159**, 319, 397, *573*
Engels, Friedrich   786, 804,
Enghaus, Christine   415
Erdmann, Johann Eduard   466
Erdmannsdorff, Friedrich Wilhelm von   136
Erdwig, *Hermann* Richard Adolf   **159**, 404
Erhard, Heinrich August   **159f.**, 702
Erhardt, Heinrich   71
Erler, Johann Karl   **160f.**, 298
Erlich, Kurt   72, **161**
Erlin, Hedwig (Ps.) → Platen-Hallermund, Hedwig
Ernst, *Johannes* Liborius   40, 129, **161**
Ernst, Max   524
Ernst, Walter   430
Errera, Jacques   542
Eßbach, Hasso   **161f.**, 456
Esser, Bruno   **162**
Ettinger, Carl Wilhelm   349
Eucken, Walter   133
Eule, Wilhelm   **162f.**, *318, 319, 347, 719, 753, 754, 770*

Euler, Karl   280
Euler, Leonhard   239
Evans, Oliver   808
Ewald, Ernst   578
Ewe, Karl   **163**, *172*
Exner, Hilde   176
Exner, Nora   176
Eylert, Ruleman Friedrich   142, 280
Eyraud, Carl August   **163**
Eyth, Max   728

F

Faber, Carl Friedrich   **164**, 166, 296, 410
Faber, Christian Leberecht   164
Faber, Clara   768
Faber, Friedrich *Alexander*   17, **164f.**, *166*, 167
Faber, Friedrich Gustav *Robert*   **165f.**
Faber, *Friedrich* Heinrich August   164, **166**, 167, 560, 817
Faber, Friedrich Otto Alexander *Henning*   166
Faber, Fritz   166, 263
Faber, Gabriel Gotthilf   164
Faber, Gabriel Gotthilf II   166
Faber, *Gustav* Karl Friedrich   164, **166f.**, 781
Faber, Walther   **167**
Faber, Wilhelm *Robert*   164f., 167
Faber, Wilhelm Friedrich Christian   166
Fabian, Andreas *August*   **167f.**
Fabian, Karl Leopold   168
Fabricius, August Heinrich   **168**, 280, 636
Fabricius, *Eugen* Friedrich   23, 129, **168f.**, 431f., 535
Fabricius, Karl *Albert*   168
Fabricius, Mathilde   **169f.**, 339
Facetus   801
Fahlberg, Constantin   **170**, 354, 428, 560
Faißt, Immanuel   186
Falk, Adalbert   663
Falk, Albert   208
Falkenhayn, Erich von   732
Farenholtz, Gustav Wilhelm   170
Farenholtz, Hermann   170f.
Farenholtz, Johann Wilhelm *Botho*   **170f.**
Farenholtz, Wilhelm-Adolf   **171f.**, 226, 319, 454, 718
Fargue, Leon-Paul   539
Fasch, Johann F.   159
Fasch, Karl Friedrich   827
Faucher, Jean *Pierre*   **172**, 335
Faulbaum, Paul   *163*, **172**
Faupel, Oscar   **172f.**
Fechner, Max   455
Fehn, Hans-Georg   **173**
Fehr, Conrad   607, 741
Fehringer, Kurt   **173**
Fehse, *Willi* Richard   **173f.**
Feininger, Lyonel   171
Felde, Joachim (Ps.) → Köppen, Joachim *Edlef*
Feldmann, Walter   **174**
Felix, Willi   102
Felixmüller, Conrad   281
Fels, F.   445
Felski, Heinrich   45
Feltz, Kurt   178

Personenregister

Fendt, Leonhard **174f.**
Ferl, Gustav **175**
Fesca, Carl August 176
Fesca, Friedrich Ernst **175f.**, 486, 550, 750
Fesca, Johann Peter August 175
Fesca, Marianne 175
Feuerbach, Ludwig 139f.
Fichte, Johann Gottlieb 29, 194, 195, 656
Fiebiger, Franz 31, **176**, 702
Fiedler, Alfred 555
Field, Noel H. 385
Figueiredo, Guilherme 215
Fikowa, V. 336
Finck, Marianne Freiin von 250
Finzenhagen, Hermann **177**, 612
Finzenhagen, *Ludwig* Hermann Otto **177**
Fischart, Johann 412
Fischer, *Albert* Friedrich Wilhelm **177f.**
Fischer, Aloys 750
Fischer, Christian Wilhelm 450
Fischer, Edwin 37
Fischer, Erich (Ps.) → Rosenthal, *Erich* Rudolf Otto
Fischer, Ernst **178**
Fischer, Hermann 235, 612
Fischer, Jacob Adolph **178f.**
Fischer, Jan 642
Fischer, *Johannes* Eduard 114, 116, **179**, 682
Fischer, *Karl* Ludwig **179**, 645
Fischer, Michael Gotthard 589
Fischer, Oskar 715
Fischer, Rudolf 319, 562
Fischer, Samuel 48, 381
Fischer, Theodor 79, 457, 715
Fischer, Walter 89
Fischer, Werner Karl *Albert* **179f.**
Fischer-Treuenfeld, Christian von **180**
Fitschen, Jost 634
Fläming, Walter (Ps.) → Sens, Walter
Flanter, E. 691
Fleck, Käthe 169
Fleischer, Moritz 588
Fleischhack, Heinz **180f.**
Fleischhammer, Paul 251
Flemming, Adolf **181**
Fleur (Ps.) → Z'dun, *Paul* Joseph
Flickschu, Carl *August* **181**
Flotow, Friedrich von 811
Flottwell, Georg *Eduard* von **181f.**
Flottwell, Heinrich *Eduard* 3, 166, **182**
Flügel, Johann Gottfried **182f.**
Flüggen (Theaterdirektor) 321
Fo, Dario 642
Fock, Karl 12, **183**, 249
Focke, Carl Friedrich 183
Focke, *Carl* Johann Friedrich **183f.**, 210, 387
Focke, Johann Friedrich 183
Focke, Wilhelm 443
Fölsche, Johann Christoph **184**
Förstemann, Martin Günther **184**
Förster, Friedrich **184f.**
Förster, Otto Wilhelm **185**

Fohr, Carl Philipp 286
Follenius, *Emanuel* Friedrich Wilhelm Ernst **185**
Fontane, Theodor 14, **185f.**, 423, 476, 557, 693, 765, 823
Forchhammer, Theophil 140, 154f., **186f.**, 397, 562, 798
Forst, Johann Hubert Anton 32
Forster, Georg 412
Forster, Lätitia 290
Forstreuter, Hedwig **187**
Forstreuter, Max 786
Fouque, Friedrich de LaMotte 324
Fowler, John 728
Fraenkel, Carl 537
Fraenkel, Eugen F. 526
Fräsdorff, Carl 187
Fräsdorff, Karl-Heinz 187f.
Fräsdorff, *Martin* Erich Wilhelm **187f.**
Franck, Melchior 73
Francke, August Hermann 488
Francke, August Wilhelm 52, 61, 94, 101, 166, 183f., **188f.**, 206, 210, 220, 239, 252, 264, 280, 297, 340, 367, 370, 408, 414, 447, 453, 456, 508, 517, 535, 582, 595, 662, 685, 694, *731*, 743, 786, 819, 829, 833
Francke, Gottfried August Wilhelm 188
Frank, Adolf **189**
Frank, James 184
Frank, Reinhold 295
Frank, Victor (Ps.) → Mehnert, Frank
Franke, Max 521
Frankenberg, Victor von **189**
Fransecky, *Eduard* Friedrich Karl von **189f.**
Franz Joseph, Kaiser von Österreich-Ungarn 176
Frauenstädt, Julius 139
Fraunhofer, Joseph 833
Fredeke, Oskar *Arthur* **190**, *802*
Fredersdorf, Herbert B. 711
Fredersdorf, Karen **190f.**, 205
Freiberg, Hermann 750
Freiligrath, Ferdinand 324
Freiwald-Lange (Prof.) 93
Frenssen, Gustav 77, 314
Fresenius, Carl Remigius 69
Fretzdorf, Otto **191**, 661
Freyer, Günter **191**
Freytag, *Günther* Erich **192**, *822*
Freytag, Gustav 547
Friedensburg, Karl *Walter* 12, *94*, *137*, *160*, **192**, *197*, *493*, *702*, *736*
Friedländer, Emmi 804
Friedländer, Max 673
Friedlaender, Salomon 539
Friedlieb, Irenäus (Ps.) → Trippe, Kaspar *Friedrich*
Friedrich II., der Große 357, 499, 556, 584f., 810
Friedrich II., Herzog von Anhalt 827
Friedrich II. von Württemberg 453
Friedrich III., Dt. Kaiser 8, 134
Friedrich, *Karl* Ludwig Ferdinand **192f.**
Friedrich, Walter **193**
Friedrich Wilhelm II. 499, 715
Friedrich Wilhelm III. 1, 7, 10, 13, 15, 32, 42, 92, 128, 142, 188, 243, 251, 258, 263, 414, 475, 550, 555, 557, 582, 659, 770, 797
Friedrich Wilhelm IV. 7, 134, 142, 220, 234, 251, 264, 475, 499, 501, 547, 557, 660, 703f., 747, 753, 768, 811
Friedrich, Woldemar 827

Personenregister

Fries, Hermann 26
Fries, Jakob Friedrich **194**
Friese, Albert 194
Friese, *Oskar* Carl Hugo 25, **194f.**, *249*, *816*, *817*
Friesen, Karl *Friedrich* **195f.**, *259*, *440f.*
Fritsch, Heinrich 90
Fritsch, Karl von 822
Fritsch, Theodor 788
Fritsche, Carl 773
Fritz, Martin 20, **196**, *797*
Fritz, Rudi 680
Fritze, *August* Friedrich Ferdinand 12, **196f.**, *516*
Fritze, Ernst (Ps.) → Reinhardt, Luise
Fritze, Johann Friedrich 196
Fritze, Werner **197**, *318*, *663*
Fritzen, Heinz Joachim 585
Fröbel, Friedrich 195
Fröhlich, Carl 824
Fröhner, Dietrich **197f.**
Frölich, Carl 554
Frölich, Gustav 92, **198**
Fromme, Henriette 556
Froreich, Karl *Johann* Ludwig Ernst von **198**,
Frosch, Paul 137,
Frost, *Erich* Hugo 30, **198f.**, *666*, *678*,
Frotscher, Gotthold 177
Fuchs, Joseph 226
Fuchs, Ludwig **199f.**
Füchsel, Andreas 410
Funtgeld, Ernst 783
Fürer, Franz *Adolph* **200**
Fuetterer, Werner 275
Fulton, Robert 808
Funes, Louis de 215
Funk, *Gottfried* Benedict 127, 128, **200f.**, *257*, *453*, *479f.*, *569*, *570*, *578*, *581*, *797*, *801*
Funk, Karl **201**, *801*
Funk, Karl Benedikt *Ämil* *184*, **201f.**, *244*, *361*, *624*, *685*
Furtwängler, Wilhelm 673

G

Gabl, Alois 408
Gabriel, Manfred 553
Gaede, *Horst* Gerhard **203**
Gaertner, Eduard 263
Gaertner, Ernst August 61
Gaertner, Karl **203**
Garz, Franz *Karl* Friedrich **203f.**, *401*
Gaßner, Anton 624
Gassner, Johann *Gustav* **204**, *354*
Gatz, Heinrich 637
Gaudig, Hugo 172
Gauger, Gerhard 191, **204f.**, *218*, *606*, *716*
Gaul, August 30, *447*
Gebhardi, Ludwig Ernst 221
Gebhardt, Eduard von 339, *757*
Gebhardt, Magnus **205**
Gebhardt, *Peter* Adalbert Eduard Gustav von **205f.**, *383*, *511*
Gedike, Friedrich 127
Gehlen, Arnold 29
Gehrhard, Paul (Ps.) → Balzereit, Paul

Geinitz, Hans-Werner **206**
Gelert, Otto 443
Gellert, Christian Fürchtegott 434
Gellhorn, Alfred 148
Genast, Anton 206
Genast, *Eduard* Franz **206**
Genest, Wilhelm Ludwig *Werner* **206f.**
Gentzsch, Paul 242
Georg IV. 10
Georg V. 9, 380, 515
George, Stefan 226, 454, *791f.*
Gerhard, Karl (Ps.) → Düsing, *Karl* Gerhard
Gerhard von Minden 801
Gerike, August 634
Gerike, Auguste Marie **207**
Gerike, Karl 207, 634
Gerlach, Ernst 469
Gerlach, Ernst *Ludwig* von 7, 61, 81, **207f.**, *220*, *503*, *504*, *659*, *764f.*
Gerlach, Ludwig Friedrich *Leopold* von 7, 208
Gerlach, Otto von 208
Gerling, Heinz **208f.**, *227*, *380*, *517*, *645*, *819*
Gerloff, *Georg* Friedrich Kasper *183*, *202*, **209f.**, *233f.*, *582*, *829*
Germer, Heinrich (Klavierpädagoge) **210**
Germer, Heinrich (Lehrer, Stadtrat) 45, **210f.**, *300*, *426*, *602*
Gerngroß, *Rudolf* Hermann **211**
Gersdorff, Paul Johann Adolph Otto Freiherr von 211
Gersdorff, *Wolfgang* Veit Adolph Felix Eric Freiherr von **211**
Gerstel, Wilhelm 116, 240
Gerstenberg, Heinrich Wilhelm 200
Gerstenberg, Ulrich 198
Gerstenberg, Walter 696
Gerster, Ottmar 671
Gesenius, Wilhelm 609
Geyer, Gerhard 601,
Geyer, Ludwig 765
Gibbon, Charles 157,
Gies, Ludwig 116
Giesau, August 319,
Giese, *Wilhelm* Martin Ernst Leonhard **211f.**,
Giesecke, Adolf *Julius* Otto 71, **212**, *564*,
Giesecke, Ernst **212**, *564*, *565*,
Giesecke, Fritz **212**,
Giesecke, Johann Christian **213**, *296*,
Gieseking, Walter 732
Gieseler, Hermann **213**, *255*, *278*,
Gillern, Arnulf Freiherr von **213**, *499*,
Gillhoff, *Johannes* Heinrich Carl Christian **214**,
Gillmeister, Karl
Gilly, David 584, 631
Gilly, Friedrich 631
Glade, Heinz **214**, *217*, *709*
Glahn, Walter 317
Gleim, Johann Wilhelm Ludwig 10, 370f., 454, 569
Glinka, Michail Iwanowitsch 441
Glöckner, Gustav A. 23, 359
Glowalla, Klaus **214f.**, *700*
Gluch, Walter 59
Gluck, Gustav 40
Glutz von Blotzheim, Urs N. 370
Gneist, Friedrich 129
Gniffke, Erich 455

Personenregister

Godeffroy, Johann Cesar 399
Goebbels, Josef 267
Goeben, *August* Karl Christian Friedrich von **215f.**, 295
Goecke, Theodor 715
Göcke, Wilhelm Georg Arnold *Hermann* **216**
Goeckingk, Leopold Friedrich *Günther* von 370
Goedecke, Johannes **216f.**, 291, 832
Göderitz, Johannes 125, 205, **217f.**, *221*, 311, 313, 363, *384*, 422, 427, 431, *454*, 458, 464, *485*, 606, 613, *616*, 621, 654, 716, *768*, 788, 824
Göllrich, Josef 105, 452, 565
Goerdeler, Carl 133, 449
Göring, Friedrich August **218f.**
Göring, Hermann 171
Görlich, Günter 31
Görlitzer, Arthur 199
Görnemann, Erich 219
Görnemann, *Max* Paul Wilhelm **219**
Göschel, Karl Friedrich 13, 81, **220**, 208, 340, 475, 743
Gößling, W. 826
Goethe, Johann Wolfgang von 68, 128, 174, 206, 220, 324, 406, 412, 431, 436, 486, 500, 599, 656, 683, 693, 695, 737, 753, 759, 762, 771, 827
Götsch, Julius **220f.**, 242
Götz, Johannes **221**
Götze, Carl **221**
Götze, Hellmuth 614
Götze, Ludwig **221f.**
Götze, Wilhelm 154, **222**
Goldberg, Leah 604
Goldhagen, Gottlieb 784
Goldhagen, Johann Eustachius 201
Goldoni, Carlo 642, 771
Goldschmidt, Herbert **223**
Goldschmidt, Ludwig 457
Goldschmidt, Otto 445
Goll, Yvan 445
Goodall, Jane 466
Gorges, Hedwig **223**, 284
Gorki, Maxim 676
Goßler, Christoph 223
Goßler, *Conrad* Christian **223**
Goßler, Karl Gustav 223
Goßler, Wilhelm Christian 223
Goßner, Johannes Evangelista 248, 794f.
Gothe, Otto Paul *Fritz* **223**
Gotthilf, P. B. (Ps.) → Balzereit, Paul
Gottschalg, Alexander Wilhelm 263
Gottschaud, Michael 694
Grabau, *Johannes* Andreas August **223f.**, 475
Grabbe, Christian Dietrich 324
Grade, Hans 213, **224f.**, 356, 505, 664
Graebe (Böttcher) 786
Graebner, Paul 17
Graef, Botho 130
Graefe, Alfred 651
Graetz, Heinrich 240
Grävell, Friedrich 139
Grävell, Maximilian 139
Graevenitz, Fritz von **225**, 615
Graf, Otto *256*
Grassel, Franz 45
Graviat, *Paul* Robert Friedrich **225**

Grawitz, Paul 537
Greiling, Johann Christoph 349
Greiner, Otto 737
Greischel, Friedrich Traugott *Walther* 171, **225f.**, 450, 454, 762, 818
Grell, August Eduard 321, 764
Grenzau, Adolf **226**
Grenzau, *Georg* Paul Adolph **226f.**
Grieg, Edvard 342
Griesbach, Franz **227**
Griesbach, Georg *Erich* **227**
Grießmann, Arno 299
Grimm, Hans **227f.**
Grimm, Jakob 801
Grimm, Rudolf 551
Grimm, Wilhelm 551
Grimme, *Adolf* Berthold Ludwig **228**, 256, 392, 425
Grimmelshausen, Hans Jakob Christoffel von 90
Gringmuth-Dallmer, Hanns **228f.**, 362, *474*, 511
Grisebach, *Hans* Otto Friedrich Julius **229**, 276
Grisebach, Heinrich August Rudolf 591
Grobler, Jürgen 810
Gropius, Carl 769
Gropius, Carl Wilhelm 263
Gropius, Walter 311, 478, 606, 620, 769
Gropler, *Horst* Friedrich-Wilhelm **229f.**, 722
Grosvogel-Rubel, Senta Nomi → Rubel, Nomi
Groß, Hermann 260
Große, Hans Arthur Willy **230**
Grosz, Gyula **230f.**
Grosz, Marie 231
Grotewohl, Otto 455
Groth, *Paul* Heinrich Ritter von **231**
Grothe, Alfred *Wilhelm* **231f.**
Grotkaß, *Rudolf* Edmund *1*, *13*, *113*, **232**, *550*
Grube, Ernst **232f.**
Gruber, Eva 585, 699
Grubitz, Ernst (Jurist) **233**
Grubitz, Ernst (Stadtarchivar) **233f.**, 534, 821
Grüel, Carl Maximilian 139, **234**
Grünbaum, Robert Karl Eduard *Kurt* **234f.**, 358
Grünewald, Wilhelm **235**
Grünwald, Emil 70
Grüßner, Gustav 226
Gruner, Karl Justus von 195
Grunewald, Gottfried **235**, 466, 654
Grus (Pianist) 304
Gruson, Gustav Louis 237
Gruson, Heinrich Ludwig *Otto* **235f.**, 239, 635
Gruson, Helene **236**
Gruson, *Hermann* August Jacques 69, 71, **236–238**, 239, 265, 338, 414, 553, 641, 655, 721, 728, 787, 818
Gruson, Johann Philipp 237, **238f.**
Gruson, Louis Abraham 235, 236, **239**
Gruson, Otto (jun.) 236, 489
Grzimek, Waldemar *62*, *221*, **239f.**, *322*
G'schrey, Richard 750
Gude, Hugo *Hermann* **240**
Gude, *Karl* Heinrich **240**
Güdemann, Moritz **240f.**, 567, 692
Gueinzius, Johann Heinrich Carl *Adolph* **241**
Güldenpfennig, Wolfgang 810f.

Personenregister

Günther, Albert Germanus *Bernhard* **241**
Günther, Gottlieb *Albert* Ferdinand **241f.**
Günther, Gottlieb Ehrenfried 816
Günther, Hans 31
Günther, Nicolaus 249
Günther, *Walter* Erich **242**, 654f., 716
Guericke, Otto von 135, 215, 309, 346, 407, 559
Gütte, Wilhelm **242f.**, 712f.
Guhr, Richard 757
Guilbert, Yvette 148
Guillemin, Bernhard 539
Guimpel, Friedrich 268
Guischard, *Maximilian* Ludwig **243f.**, 466
Gundermann, Leo 328
Guradze, Heinz **244**
Gurlitt, *Johann* Gottfried 219, **244f.**, 349, 396, 436, 578, 623
Gussow, Karl 578
Gustav Adolf, König von Schweden 142
Gutermuth, Max F. 274
Gutzkow, Karl 324, 780

H

Haas, Joseph 671
Haas, Rudolf 88, 434
Haase, *Johann* Christian Mathias **246**
Habelmann, Paul 815
Habenicht, Margarethe 338
Haberhauffe, Elisabeth *Else* Mathilde **246**
Habermann, Wilhelm **246f.**, 404
Habs, Ernst 20, **247**
Habs, Hermann 247
Habs, Rudolf 53, **247**, 437, *516*, *601*, *643*, *679*, *788*
Hachtmann, Ferdinand **247f.**, 794
Hackl, Gabriel 271
Hadlaub, Geno 333
Haeckel, Ernst 146, 631, 805
Häcker, Gottfried Renatus **248**
Hähnel, Ernst 153
Händel, Georg Friedrich 72, 87
Händler, Paul **248**
Hänel, Albert 249
Hänel, Christian Jacob 249
Hänel, *Eduard* Gustav **249**, 280, 817
Haesecke (Bauinspektor) 724
Häser, Wilhelm 206
Haesler, Otto 757
Haessel, Hermann 690
Hagedorn, Friedrich von 371
Hagedorn, *Werner* August 247, **249f.**
Hagen, Adelbert Wilhelm Hilmar *Rüdiger* Graf vom **250**
Hagen, *Augusta* Clara Elisabeth Gräfin vom **250**
Hagen, Hilmar Friedrich Anton Graf vom 250
Hagen, Theodor 578
Hagen, Wilhelm *Adelbert* Herrmann Leo Graf vom 250, **251**
Hahn, Ferdinand **251**, 363
Hahn, Friedrich **251f.**
Hahn, *Karl* Heinrich August **252**, 702
Hahn, *Paul* Karl Julius **252**
Hahnemann, *Samuel* Friedrich Christian **252f.**, 435
Hake, Gustav von 188, 581
Halbe, Max 759

Halbfaß, Wilhelm 253
Halir, Karl 319
Haller, Albrecht von 454
Haller, Karl Ludwig von 207f.
Hamann, Heinrich *Richard* **253f.**, *598f.*
Hamann, Johann Georg 762
Hameister, *Ernst* Wilhelm Franz **254**
Hamel, Georg 216
Hammer, Detlef **254f.**
Hammer, Klaus 336
Hammerschlag, Emil **255**
Hampe, Ernst 331
Hamsun, Knut 677
Hanack, Rudolf 225
Hanell, Robert 671
Hanewald, Richard 228, **255f.**, 270, *392*, 407, 571
Hanewald-Sträter, Klara 255, **256**, 706
Hansen, Albert 33f., *68*, 74, **256f.**, *269*, *285*, 350, 422, *742*
Hansen, Gustav **257**, *466*, 630
Hanstein, Gottfried *August* Ludwig **257f.**, 582
Hantzsch, Arthur 485
Happ, William *Wolfgang* **258**
Harbert, Albrecht **258f.**
Harbort, Friedrich *Anton* **259**
Hardenberg, Aline Reichsgräfin von 251
Hardenberg, Eveline Reichsgräfin von 251
Hardenberg, Friedrich von 4
Hardenberg, Karl August Fürst von 100, 106, 127, 195, 251, 358
Hardt, Ernst 759
Harlan, Peter 750
Harms, Hermann 242
Harnack, Adolf von 313
Harnack, Otto **259**
Harnisch, *Wilhelm* Christian 195, **259f.**, 451
Hart, Heinrich 804
Hart, Julius 804
Hartig, Georg Ludwig 5
Hartkopf, Richard **260**
Hartmann von Aue 532
Hartmann, *Concordia* Marie **260**
Hartmann, Emil Friedrich *Gustav* 120, **260f.**, 597, 603
Hartmann, Ferdinand 261, 603
Hartmann, *Gustav* Theodor Andreas **261**, *663*
Hartmann, Johann Ferdinand 260f.
Hartmann, Nicolai 29, 37
Hartung, *Johann* Heinrich **261f.**
Hartwich, Emil Ferdinand 14
Hartwig, Gustav **262**
Harvey, William 730
Hase, Conrad Wilhelm 229
Hasenbalg, Marie *Henriette* **262f.**
Hasenkrug, Willi 665
Hasenpflug, Georg *Carl* Adolph **263**
Hasse, Max 105, *166*, **263**, *346*, *573*, *751*, *756*, *759*, *808*
Hasselbach, Carl *Gustav* Friedrich 50, 75, 186, **264f.**, 531, 698
Hasselbach, Friedrich *Oskar* von 24, **265**, 658
Hatzold, Rudolf **265f.**
Haubner, *Paul* Hermann **266**
Hauck, Albert 586
Hauff, Monika 272
Haupach, Theodor 96

Haupt, Karl August   687
Haupt, Moritz   748, 777
Haupt, Wilhelm   **266**
Hauptmann, Gerhart   105, 554, 631, 693, 759, 804
Haushalter, Karl   710
Hausmann, Kurt   329
Hausner, Conrad   71
Haussdörffer, Johann Carl Sigmund   74,
Hausser, Paul   **266f.**
Haussmann, Valentin   73
Hauswaldt, Johann *Albert*   267, 268
Hauswaldt, Johann Christian Albert (*Hans*)   171, **267**
Hauswaldt, Johann *Georg*   267f.
Hauswaldt, Johann Gottlieb   267f.
Hauswaldt, Johann *Wilhelm*   115, **267f.**
Hawthorne, Nathaniel   157
Haydn, Joseph   486, 550, 671, 732, 791
Hayne, Friedrich Gottlob   **268**
Hebbel, Friedrich   415, 642, 759
Hecht, Richard   **268f.**
Heck, Ludwig   827
Heckel, Erich   171, 226
Hecker, August Friedrich   160
Hecker, Max   412
Heckmann, Carl Justus   2, **269**
Hedemann, August Georg Friedrich Magnus von   81
Hedfeld, Albert   231
Hedicke, Franz   *256*, **270**, *392*
Hegel, Georg Wilhelm Friedrich   103, 106, 194, 220, 542, 599
Hegen, Josef   534
Hegenbarth, Emanuel   6
Heicke, Karl *Friedrich* (*Fritz*) Otto   **270**, *551*, 668
Heickel, *Friedrich* (*Fritz*) Wilhelm Paul   **270f.**
Heidebroek, Enno   744, 832
Heidegger, Martin   29
Heider, Friedrich Georg *Hans* von   101, **271**, 272, 273, 485, 724
Heider, *Friedrich* (*Fritz*) Maximilian von   101, **271f.**, 273, 485, 724
Heider, *Jürgen* Wilhelm   **272f.**
Heider, *Maximilian* (*Max*) David Christian von   271, 272, **273**
Heider, Rudolf von   271, 273
Heider, Wilfried   **273f.**
Heiland, *Karl* Gustav   **274**
Heilmann, *Karl* Jacob Anton   **274f.**, *289*, 461
Heim, Heinz   271
Heim, Ludwig   **275**, 538
Heimann, Moritz   48
Heimke, *Carla* Klara Erna   **275f.**
Heimpel, Hermann   672
Hein, Julius   695
Heine, August   **276**
Heine, Ferdinand   229, **276**, *587*, 588, *708*
Heine, Friedrich   **276f.**
Heine, Heinrich (Ölsaatenmakler)   171
Heine, Heinrich (Dichter)   324
Heinemann, Gustav   234
Heinemann, *Otto* Wilhelm   **277**
Heinemann, Willy   **277**
Heinig, Heinrich   248
Heinisch, Kurt   506
Heinrich, Herbert   567
Heinrich, Richard   **277f.**

Heinrich-Salze, Karl Luis (Ps.)   → Heise, Katharina
Heinrichshofen, Adalbert   **278f.**
Heinrichshofen, Adalbert Heinrich *Theodor*   278, **279**
Heinrichshofen, Ernst-Ludwig   279
Heinrichshofen, Friedrich   280
Heinrichshofen, Gotthelf Theodor *Wilhelm* von   114, 128, 139, 249, **279f.**, 298, 349, 447, 613, 653
Heinrichshofen, Theodor von   278, **280f.**, 386
Heinse, Wilhelm   412, 762
Heinz, *Emil* Jakob   **281**
Heinzen, Karl   169
Heise, Annemarie   **281f.**, 283, 806
Heise, Dieter   **282**
Heise, Gottlieb Heinrich *Ferdinand*   **282f.**
Heise, Katharina   62, 281, **283f.**, 286, 525, 806
Heißmeyer, Kurt   **284**
Heitmann, Adolf   **284**
Heitmann, August   567
Held, Friedrich Wilhelm   780
Held, Otto   *42*, *69*, **284f.**, *306*, *591*, 723, 741
Held, Paul   **285**
Heley, Cecil   91
Helle, Carl   647
Helle, Ernst Christoph (Christian)   **285f.**
Hellge, Wilhelm   **286**
Helmbrecht, *Hans* Sylvester   **286**
Helmsdorf, Johann *Friedrich*   **286f.**
Hemprich, August   630
Hengstenberg, Ernst Wilhelm   314, 659
Hengstmann, *Erich* Gustav August   **287**
Henkel, *Fritz* Karl   **287**
Henking, Bernhard   **287f.**
Henkler, Klaus-Dieter   272
Henneberg, Bruno   288
Henneberg, Emma   288
Henneberg, Friedrich   **288**
Henneberg, Georg Friedrich *Hermann*   **288**
Henneberg, Hermann   288
Henneberg, Richard   288
Henneberg, Wilhelm   288
Henneking, Carl   40
Hennig, August Hermann   **288f.**
Hennige, Johann Joachim   289
Hennige, Karl Joachim *Jacob*   **289**, 720
Hennige, Moritz Paul   289
Henrich, *Hermann* Bernhard Maria   **289f.**, 671
Hensel, *Otto* Theodor Alfred   **290**
Hentrich, Werner   **290**, 614
Hentschel, Erhard   236
Hentschel, Rudolf   **290f.**
Herbart, Johann Friedrich   194, 219, 778
Herbst, Wilhelm   388
Herder, Johann Gottfried   141, 762
Hermann, Georg   217, **291**
Hermann, Hans   292
Hermann, *Karl* Samuel Leberecht   *35*, **291f.**, 729
Hermann, *Otto* Julius Theodor   **292**, 644
Hermes, Andreas   130
Herms, Ernst   **292f.**
Herold, Louis Joseph Ferdinand   52
Herricht, Rolf   **293**

Personenregister

Herrmann, Helene 476f.
Herrmann, Johann Georg *Wilhelm* **293f.**, *652*
Herrmann, Max 476
Herrmann, Paul 294
Herrmann, Walter **294**
Herschel, Kurt 572
Hertel, *Gustav* Heinrich Gottfried 83, *135f.*, *160*, **295**, *265*, 309, *314*, 321, *386*, *556*, 748, *802*
Herterich, Johann Caspar 408
Hertz, Joseph H. 802
Herwarth von Bittenfeld, Karl Eberhard **295**
Herzfeld, Hans 228
Herzl, Theodor 433
Herzog, Siegfried 669
Herzogenberg, Heinrich von 397
Hesekiel, Friedrich Christoph 295
Hesekiel, *Johannes* Karl Friedrich **295f.**, *663*
Hess, Carl von 685
Hesse, Hermann 198, 750
Hessel, Franz 539
Hessen, Ernst Ludwig Großherzog von 100
Hessen, Philipp Landgraf von 473
Hessenland, Johann Valentin (sen.) 296
Hessenland, Johann Valentin (jun.) 164, 213, **296**, 410
Heymann, Carl August 73
Heymann, Hans Adolf 557
Heymann, Moritz 813
Heyne, Christian August 103
Heyne, Christian Gottlob 434
Heyne, *Franz* Julius Theodor 121, **296f.**
Heynemann, Gustav 445
Heynemann, Theodor 157
Heynisch, Werner 159
Heynitz, Friedrich Anton von 752
Heyse, Johann Christian August 262, 279, **297**, 415, 681
Heyse, Karl 297
Hientzsch, Johann Gottfried 764
Hildebrand, Rudolf 337
Hildebrandt, Andreas *Albert* **297f.**
Hildebrandt, Friedrich Wilhelm 202, 236, **298**, 609, 735
Hildebrandt, Otto 437f.
Hille, Otto *Gustav* **298f.**
Hillenhagen, *Willi* Richard 45, **299**
Hiller, Johann Adam 175, 483, 486
Hiller von Gaertringen, *Johann* Friedrich August Freiherr **299**
Hillmann, Walter **299f.**, *690*
Hilpert, Heinz 174
Hilprecht, *Alfred* Fritz **300**
Hindemith, Paul 37, 148, 671, 673, 677, 697, 763
Hindenburg, Carl **300f.**, 697
Hindenburg, *Paul* Ludwig Hans Anton von Beneckendorff und von **301f.**, 385, 395, 686, 732, 757, 801
Hinkefuß, Carl Ernst 125
Hinkeldey, Karl Ludwig von 765
Hintze, Johann Heinrich 263
Hinz, *Christoph* Paulus Otto Friedrich 76, **302**
Hinze, *Wolfgang* Franz Leopold **302f.**, 326
Hirche, Kurt 341
Hirsch, Max 89, **303**
Hirschfeld, Eugen von 345
Hirschfeld, Gustav 154

Hirt, Hugo **303f.**
Hirte, Margarete 304
Hirte, Rudolf **304**, 671
Hirzel, Rudolf 544
Hirzel-Lehmann, Anna 762
Hitler, Adolf 77, 267, 301, 334, 344, 383, 389, 391, 403, 430, 450, 472, 490, 678, 733, 785, 805
Hobbes, Thomas 804
Hoberg, Peter **304f.**, 700, 796
Hobohm, Amalie 559
Hoche, Eulalia Therese → Merx, Eulalia Therese
Hoche, Johann Gottfried 18, **305**
Hoche, Louise Franziska → Aston, Louise Franziska
Hocheder, Karl 79, 718
Hochhuth, Rolf 336
Hoechstetter, Sophie 509
Hoefer, Rudolf 359
Höfs, Georg *Wolfgang* **305**, *415*
Hoehne, Hans 342
Höltermann, Karl 28, **306**, 486, 526
Hölty, Ludwig Christoph Heinrich 467
Hölzer, Hugo 37, **306**
Höpfner, Johanna 307
Höpfner, *Wilhelm* Friedrich Ernst 54, 148, **306f.**, 476, 676
Hörsing, Friedrich *Otto* **307f.**
Höse, Karl *134*, **308**, *648*
Hofer, Carl 148
Hoffa, Albert 63
Hoffmann, E. T. A. 139, 656
Hoffmann, Franz 715
Hoffmann, Friedrich 94
Hoffmann, *Friedrich* Eduard **308f.**
Hoffmann, Friedrich Wilhelm 23, 121, *160*, *265*, 295, **309**, 321, *556*, 801, 809
Hoffmann, Fritz **309f.**
Hoffmann, Hubert 384
Hoffmann, Johannes Carl Robert *Ernst* **310f.**, 533, 702, 813
Hoffmann, Paul 430
Hoffmann-Fölkersamb, Hermann 706
Hoffmann-Lederer, Hanns **311**
Hoffmann von Fallersleben, August Heinrich 451, 496, 502
Hoffmeister, Anne Johanne Emma *Ilse* **311**
Hofmann, Bernhard 234, **312**, 490
Hofmann, Ernst 236
Hofmann, Richard 140
Hohenlohe-Schillingfürst, Chlodwig Fürst zu 806
Hohensee, Wolfgang 642
Hohndorf (Architekt) 458
Hollenbeck, Dieter (Ps.) → Schab, Günther
Hollop, Paul 256
Holmsen, Bjarne P. (Ps.) → Schlaf, Johannes
Holstein, Alexander Gustav Julius Hermann *Hugo* Waldemar *50*, *201*, *309*, **312**, *353*, *437*, *453*, *578*, *764*, *802*
Holtei, Karl von 280
Holtermann, Ernst **312f.**
Holtermann, Johannes 313
Holtermann, Martin 313
Holthey, Hans **313**
Holtzheuer, *Otto* Gottlob Alwin **313f.**
Holtzmann, Robert 473
Holz, Arno 105, 631f., 804

Personenregister

Holz, H. 671
Holzapfel, Carl Albert *Rudolph* **314**, 534, 734
Holzknecht, Guido 230
Holzweißig, *Friedrich* Wilhelm **314**
Homeyer, Paul 341
Hopfer, Ernst *August* 293, **314f.**, 334
Hopfer, Eugen 315
Hopfer, Paul 315
Hopfer, Rudolf 315
Hopfer, Theodor 315
Hopfer, Walter 315
Hoppe, *Fritz* Otto Gerhard **315**
Hoppe, Theodor 744
Horn, Albin 315
Horn, Philipp (Ps.) → Daub, Philipp
Horn, Richard 601
Horn, *Siegfried* Herbert Nathan 152, **315f.**, 467, 684
Horn, Wilhelm **316**
Horst, Peter **316**
Horst-Schultze, Paul 692
Horvath, Carl 758
Horváth, Ödon von 642
Hosang, Johann *Jakob* Peter **316**
Hosemann, Theodor 115
Hostovsky, Alois 168, 636
Hoyer, Carl 317
Hoyer, Gustav **317**, 556
Hrussa, *Herwig* Harry Alexander **317**
Hubbe, Christoph Wilhelm *Otto* 42, 268, **317f.**, 319, 663, *758*, 835
Hubbe, Friedrich 317f., 319
Hubbe, *Gustav* Otto Julius **318f.**, 718
Hubbe, Philipp Wilhelm *Gustav* 12, 171, 317, **319**
Huber, Adolf **319f.**
Huber, Hermann 478
Hubrich, Theodor **320**
Hübener, Erhard 334
Hübner, Max **320**
Hülse, Walter 19
Hülsen, *Wilhelm* Ernst Christian 312
Hülße, *Friedrich* Adolf 265, 295, 309, **320f.**, *487*, *556*
Hürse, Carl **321**
Hüttel, *Rudolf* Hermann **321**
Hüttner, Albert **321f.**
Hueck, Werner 161
Hufeland, Wilhelm 335
Hugenberg, Alfred 627
Humboldt, Alexander von 103, 139, 195, 239
Humboldt, Wilhelm von 100, 103, 127, 195, 412, 570
Hume, David 577
Hummel, Johann Erdmann 263
Hummel, Johann Nepomuk 154, 280, 589
Hummel, J. Ferdinand 565
Humperdinck, Engelbert 71, 278
Hundrieser, *Emil* Richard Franz 50, **322**
Hunold, *Alfred* Karl **322f.**
Husserl, Edmund 228
Hyan, Käthe 53

I

Ibsen, Henrik 105, 294, 581, 642, 759, 804
Iffland, August Wilhelm 116, 136, 168, 337
Illgenfritz, Heinrich 696
Illhardt, Otto 167
Illhardt, Paul **324**
Ilowoiski (General) 715
Immermann, *Carl* Leberecht 139, **324f.**, 441, 500, *561*, *833*
Immermann, Hermann Adolph **325**
Irmscher, Jürgen 717
Irrgang, *Horst* Artur Alfred **325**
Irrgang, *Robert* Heinrich Gustav **325f.**
Isler, Ernst 287
Ismail Pascha 728
Israel, Friedrich 473
Isterheil, *Heinz* Erich 293, 373
Itten, Johannes 311, 606
Itzenplitz, Erika von 250

J

Jacob, Günter **327**
Jacob, Johann Friedrich 219
Jacobi, Friedrich Heinrich 128
Jacobi, Julius August *Justus* **327**
Jacobi, Justus Ludwig 327
Jacobs, Eduard 809
Jacoby, Felix **327f.**
Jadassohn, Joseph 415
Jadassohn, Salomon 341
Jaeckel, Willy 694
Jäger, Elsbeth 246
Jäger, Ernst **328**
Jäger, *Heinrich* Wilhelm 320, **328**, 796
Jaeger, Lorenz 44, 304, 589, 688, 700, 796
Jäger, Willi 246
Jaenecke, Leopold 490
Jänicke, Johannes **329**, 772
Jänicke, Karl **329f.**
Jagow, *Hans Georg* Eduard Ewald von **330**
Jahn, Friedrich Ludwig 195, 259f., 280, 367, 451, 462, 591
Jaquette (Ps.) → Rocke, Gotthilf Moritz
Janicke, Carl 809
Jank, Angelo 607
Jannings, Emil 89, 554
Jansen, Martin **330**
Janssen, Peter 339
Jany (General) 143
Jarry, Alfred 539
Jassmann, Edgar **330**
Jelinek, Elfriede 623
Jenkins, Billy (Ps.) → Rosenthal, *Erich* Rudolf Otto
Jenner, Edward 352
Jennrich, Friedrich Hermann *Albert* **330f.**
Jenrich, Andreas 145
Jenrich, Stephan 145
Jensen, Gustav 137
Jérôme, König von Westfalen → Bonaparte, Jérôme
Jerxsen, Christoph *Heinrich* **331**, 619
Jeske, *Erich* Julius **331f.**, *720*
Jessel, Leon 278
Jessen, Peter 517
Joachim, Joseph 32, 298, 791
Jörgen, Ella **332**
Jörn, *Johannes* Ernst Paul **332**, 407

Personenregister

Johann von Magdeburg (Ps.) → Zschokke, Johann *Heinrich* Daniel
Johannsen, Elsa-*Christa* Betti Luise   180, **332f.**
Johannsen, Otto   143
John, Franz *Alfred*   148, **333**
Jordan, Hermann Adolf *Martin*   **333f.**
Jordan, Rudolf   **334**, 383, 430, 449, 533
Joule, James Prescott   107
Jünemann, Paul   813
Jünger, Ernst   525
Jüngken, Johann *Christian*   **334f.**
Jürgens, Karl   432
Julius, Reinhold   **335**
Juntke, Christel   **335**
Juon, Paul   108
Jurgons, Gert   215

K

Kaaz, Carl Ludwig   92
Kabel, Rolf   191, **336**, 374, *550, 636*
Kaeselitz, Udo   **336**
Kaftan, Julius   313f., 704
Kahanamoku, Paoa   566
Kahlenberg, August Wilhelm   679
Kahlo, Gerhard   26, **336f.**
Kahlo, Martin   336, **337**
Kainz, Josef   758
Kaiser (Prof.)   143
Kaiser, Friedrich Karl *Georg*   336, **338**, 614, 759
Kaiser, Jakob   130
Kaiser, Richard   169, **338f.**, 607
Kalben, Heinrich-Detlof von   **339**, 731
Kalk, Heinz   368
Kaltenbrunner, Ernst   77
Kamin, Marie   348
Kampf, Arthur   **339f.**
Kampffmeyer, Bernhard   340
Kampffmeyer, Paul   **340**
Kamptz, Albrecht *Ludwig* Florus Hans von   113, 169, 220, **340f.**, 743
Kandinsky, Wassili   620
Kandula, Bernhard   **341**, 469, 771
Kannenberg, August Theodor   186
Kant, Immanuel   29, 64, 128, 182, 194, 195, 456, 457, 480, 599, 742, 812
Kapr, Albert   696
Karbaum, Rudolf Fritz *Willy*   **341**
Kardorff, Konrad von   694
Karg-Elert, *Sigfrid* Theodor   235, **341f.**, 612
Karitzky, Bruno   412
Karl der Große   675
Karl II., Herzog von Braunschweig   10
Karolany, Friedrich   654
Karsen, Fritz   *45*, 228, **342**, 425, 716
Karstädt, Otto   76, **342f.**, 392, 742, *762*
Karsten, Ernst   343
Karsten, Otto   **343**
Karutz, Albert   343
Karutz, Theodor   **343f.**
Karutz, Wilhelm   343
Kasack, Hermann   372
Kaßner, Walter   153, **344**, 410, 668
Kasten, Hermann   **344f.**
Katharina II. von Rußland   753

Katte, Christian *Karl Wilhelm* von   345
Katte, *Friedrich* Christian *Karl* David von   345
Katte, Rosamunde von   457
Kauffeldt, Alfons   **345f.**
Kauffmann, Fritz   119, 140, 235, **346**, 393, 397, 492, 572, 612, 717, 763, 808
Kaufmann, Eduard   56
Kaufmann, Hugo   **346f.**
Kaufmann, Theodor   696
Kaufmann, Wilhelm von   555
Kaulbach, Wilhelm   474
Kaun, Hugo   278
Kauzleben, Christian Berthold Wilhelm *Karl*   347
Kauzleben, Ehrenfried   347
Kawerau, Friedrich *Waldemar*   164, **347f.**, *371, 578*
Kawerau, Gustav   348
Kayser, Emanuel   111
Kayser, Konrad   348
Kayser, Louise   764
Kayser, Marie-Elise   7, **348**, 760
Kayser, Richard   348
Keil, Georg Christian   127, 128, 279, **349**
Keilhack, Friedrich Ludwig Heinrich *Konrad*   **349f.**, 769, 795, 798
Kelle, Johannes   350
Keller, Karl Richard *Arthur*   58, **350f.**, 721
Keller, Maria   81
Kellogg, John H.   463
Kellner, Ernst   27
Kellner, Joseph Heinrich   351
Kellner, Karl   **351f.**, 630, *675*
Kempff, Wilhelm   732
Kern, Helmuth   **352**
Kersten, *Ferdinand* Leopold   **352**, 516
Kersten, Peter   811
Kesselring, Albert   267
Keßler, *Friedrich* Ludwig   **352f.**
Ketschau, Johannes   589
Ketteler, Wilhelm Emmanuel von   10
Kiel, Friedrich   186, 346
Kienböck, Robert   230
Kienlen, Johann Christoph   765
Kind, Karl Gottheit   168
Kinderling, Johann Friedrich August   353
Kindt, Franz Friedrich   248
Kipphardt, Heinar   642
Kirchhoff, Adolf   777
Kirchner, Werner   171
Kirsch, Erwin   **353**
Kiss, *Lajos* Karol Ludovic   **353f.**
Kittel, Bruno   230
Kittel, Johann Christian   673
Kittner, Dietrich   623
Klages, *August* Wilhelm Hermann   170, **354**, 428
Klatte, Wilhelm   289
Klaus, *Günther* Ernst Eberhardt   **355**
Klausner, Margot   604
Klee, Paul   620, 703
Kleeberg (General)   527
Klees, Wilhelm   89, 246f., **355**, 404
Klefecker (General)   143
Kleff, *Gustav* Christian Ludwig   **355f.**

Personenregister

Kleffel, Arno 289
Klein, Caspar 409, 588, 807
Klein, Felix 464
Klein, Wilhelm **356**
Kleinherne, Wilhelm **356f.**
Kleinschmidt, Otto 23
Kleist, Franz Kasimir von **357**, 550, 629
Kleist, Heinrich von 636, 759, 833
Klemens, Friedrich 129, 161
Klemm, Walter 311
Klemperer, Otto 37
Klewitz, *Siegfried* Paul Martin **357f.**
Klewiz, Johann Ehrenfried 358
Klewiz, *Wilhelm* Anton von 60, 201, 252, 357, **358f.**, 447, 456, 482
Klinge, Erich 416
Klingelhöfer, Gustav 376
Klingemann, August 168
Klinger, Friedrich Maximilian 270
Klinger, Max 737
Klipsch, *Johann* Christoph **359**, 396
Klopstock, Friedrich 127, 128, 200, 370f., 454, 479, 483, 577
Klose, Lieselotte 169
Klotz, *Carl* Emil 23, **359**, 767
Kluck, Alexander von **359f.**
Klühs, Franz **360**
Klusemann, Ferdinand Friedrich *August* **360**
Klusemann, Johann Friedrich **360f.**
Klusemann, Johann Friedrich *August* 25, 183, 210, 298, **361**
Knabe, *Charlotte* Helene Frieda 228, **361f.**, 672
Knabe, Willy **362**
Knackfuß, Hermann 836
Knapp, Johann Georg 581, 594
Knauer (Baurat) 468
Knauerhase, Wilhelm 728
Knauthe, Martin 148
Kneisel, Rudolf 155
Kneller, Karl Christian *Friedrich* 125, 218, **362f.**
Knipping, Paul 193
Knirr, Heinrich 373
Knoblauch, Eduard 711
Knoblauch, Johann Christian *Friedrich* 251, **363f.**
Knoche, Heinrich **364**, 409, 620
Knorre, *Georg* Hellmuth von **364**
Knudsen, Hans 696
Knust, Walter **364f.**
Kobell, Franz von 231
Kobelt, Wilhelm **365**
Kobin, Otto 275, **365**, 717, 750
Koch, *Friedrich* Adolf **365f.**
Koch, Friedrich Wilhelm 366
Koch, Johann Friedrich Wilhelm 334f., **366f.**, 388, 436, 682, 829
Koch, Johann Moritz Friedrich 770
Koch, Karl 538
Koch, Karl Friedrich 280, **367**, 462
Koch, Max 578
Koch, Robert 112
Koch, Willi 38, 79, **367f.**, 502, 528, 591, 690, 741, 800, 828
Koch-Hooge, Wilhelm 275
Kodály, Zoltan 671
Köcher, Ferdinand *Edmund* **368**
Kögel, Rudolf 663

Köhne, Erich 742
Köhne, Johann Christian 70
Koehne, W. 350
Köhne, Wilhelm Julius 70
Koelsch, *Kurt* August 57, *102*, *104*, *348*, **368f.**, *526*, *670*, *757*, *832*
Koenen, Bernhard 97
Koenig, Alexander Ferdinand 320, 460
König, René **369**
König, Willi **369f.**
Königstedt, Dietmar **370**
Königstedt, Franz 404
Koepcken, Friedrich von 164, **370f.**, 454, 569, 594, 825
Köppe, *Heinrich* Johann **371**
Köppe, Johann Friedrich *Adolf* **371f.**
Köppe, Johann Joachim 371
Köppen, Joachim *Edlef* **372**
Köppen, *Maximilian* Johann **372f.**
Köppen, Theodor 373
Körbs, Herbert 191, 215, **373f.**
Körner, *Edmund* Hermann Georg **374**
Körner, Eduard 431
Körner, Gotthilf Wilhelm 590
Körner, Theodor 195, 440, 582
Koert, Wilhelm 256
Koetschau, Karl 762
Kohlbach, Karl Friedrich 547
Kohlrausch, *Christian* Georg 48, 120, *281*, **374f.**, *562*
Kolbe, Georg 447
Kollwitz, Johannes **375**, 688, 796
Kollwitz, Käthe 98, 282, 283, 307
Koloc, Kurt 783
Kolping, Adolph 44
Kolrep, Hermann 77
Koltzsch, Theodor 389
Konemann 619
Koner, Max 338
Konitzer, *Paul* Ignatz **375f.**, *739*
Kopehl (Kantor) 235
Kopernikus, Nikolaus 346, 812
Koppe, Johann Gottlieb 395
Korfes, Otto 376
Korn, Friedrich Wilhelm *Moritz* **376f.**
Kornmann, Egon 225
Korte, Gerhard **377**, 428
Kosack, Emil **377f.**
Koß, *Erich* Friedrich Karl **378**
Kotz, Ernst 152, **379**, 467
Kotze, Hans Friedrich Wilhelm von **379**
Kotze, Hans Ludolph von **379**
Kotze, Hans Peter von **379f.**
Kotze, Hans Valentin Gebhard Ludwig von **380**
Kotze, Pauline von 804
Kotzebue, August von 136
Kowarzik, Joseph 83
Kozlowski, Paul Jakob *Theodor* **380**, 731
Kraatz, Helmut 51
Kraft, Karl **380f.**
Kraft, Paul **381**, 549
Kraft, Werner 381
Kraft, Wilhelm **381**
Krameyer, Karl **382**, 648

Personenregister

Krams, Richard **382**
Krause, Maria **382f.**
Krause, Paul **383**, 449, 652
Krause, Rudolf **383f.**, 449
Krauss, Werner 554
Krauthoff, Richard **384**, 648
Krayl, Carl Christian 242, 266, **384f.**, 583, 654, 716, 798, 824
Krehl, Ludolf von 757
Krehl, Stephan 140
Kreikemeyer, *Willy* Karl **385**
Krentzlin, Emil Heinrich *Richard* **385**
Krenzke, Walter **385f.**
Kresse, Otto **386**, 410
Kretschmann, Carl 281, **386**, 387
Kretschmann, *Friedrich* Robert **387**
Kretschmann, Karl Gottfried 117, 167, 386, **387f.**, 434, 828, 833
Kretschmann, Max **388**, 389
Kretschmann, Reinold **388f.**
Kretschmann, Rolf 388
Kreutzer, Elisabeth 105
Kreyssig, Hanna 390
Kreyssig, *Lothar* Ernst Paul 191, **389f.**, 490
Krieger, Hans 390
Krieger, Heinz 390
Krieger, Karl Albert 390
Krieger, Otto **390**, 668
Krisp, *Kurt* Paul Carl **390f.**
Krisp, Werner 391
Kröcher, Ehrengard von 11
Kroeger, Otto 419
Krönig, Bernhard 537
Krojanker, Gustav 391
Krojanker, Hermann **391**, 714, 836
Krojanker, Wilhelm 714, 836
Kroll, Luise 332, **391f.**
Kroner, Theodor 567
Krüger, Franz 396
Krüger, Fritz (Pädagoge) **392**, *572*
Krüger, Fritz (Fabrikdirektor) 95
Krüger, Gustav **392**, 741
Krüger, Hartmut 469
Krüger, Horst 333
Krug, Arnold 393
Krug, Dietrich 393
Krug (-Waldsee), Wenzel *Joseph* 140, **392f.**, 452, 492
Krukenberg, Peter 516, 642, 679
Krupp, Alfred 666
Krupp, Friedrich Alfred 655
Krupsi, Ferdinand 397
Krusche, Georg *Friedemann* 37, 72, 105, 161, 191, 206, 215, 374, **393**, 453, 522, 614, 642, 695, 734, 751, 759, 808, 812
Krusche, Werner 772
Kruschel, Heinz 332
Kube, Rudolf 268
Kubiak, Johann **393**
Kubica, Herbert 601
Küchenmeister, Walter 532
Küchler, Henriette 252
Kühle, Friedrich **393f.**
Kühle, *Heinz* Friedrich August Wilhelm **394**
Kühn, Julius 371

Kühne, Erich **394f.**, 616f.
Kühne, Friedrich *Ludwig* (*Louis*) **395**, 396
Kühne, Johann Philipp 395
Kühne, Maria **395**, 519
Kühne, *Philipp* August 379, 394, **395f.**, 617f.
Kühne, Philipp Friedrich Ludwig 395, **396**
Kühne, Samuel *Ludwig* **396**
Külz, Wilhelm 376
Kümmel, Hermann 63
Künstler, Franz 455
Küppers, Helmut 322
Küster, Erich 788
Küstner, Friedrich *Wilhelm* **396f.**
Küstner, Karl Theodor von 206
Kützing, Friedrich Traugott 603
Kuhne, Ernst *Richard* **397**, 716
Kuhr, Wilhelm **397f.**
Kullak, Franz 385
Kullmann, *Eduard* Franz Ludwig **398**
Kummert, Karl 567
Kunad, Günther **398f.**
Kunath, Paul 722
Kunstler, Jacob Heinrich *Hermann* 122, **399**
Kunth, Carl Sigismund 643
Kuntz, Carl *Ludwig* Rudolf **399f.**
Kuntze, Gustav **400**
Kunze, Stephan **400**
Kurth, Karl *Friedrich* 153, 203, *291*, **400f.**, 405, 529, *540*
Kutschmann, Max 84
Kutzbach, Karl 744, 803

L

Lacroix, Sylvestre François 239
Lämmerzahl, Hermann Wilhelm *Walter* **402**, 820
Läwen, Arthur 56
Lafont, Hermann 562
Lagerlöf, Selma 677
Lagrange, Joseph Louis 239
Lahs, Curt 694
Lakenmacher, Wolfgang 341
Lakomy, Reinhard 272
Lammert, Will 116
Lampe, Adolf 133
Landauer, Gustav 340, 804
Landsberg, Otto (Statistiker) **402f.**
Landsberg, Otto (Jurist) **403**, 752
Lang, Paul 101, 485, 724
Lange, *Adolf* Albert Helmar 470
Lange, *Curt* Walter **403**, 404
Lange, *Friedrich* Wilhelm **403f.**
Lange, Helene 28
Lange, Johannes 23, **404**
Lange, Richard 562
Langenbeck, Bernhard von 183
Langenbeck, Wolfgang 107
Langhammer, Johannes 536
Langhoff, Wolfgang 191
Lankau, Rudolf Hermann *Karl* **404**
Lansky, *Kurt* Johannes **404–406**
Lanz, Karl 224
Larceso, Max (Ps.) → Cosmar, Alexander

Personenregister

LaRoche, Karl von   91
LaRoche, Sophie von   **406**
Lask, Berta   31
Lasker, Eduard   765
Lasker-Schüler, Else   677
Lassalle, Ferdinand   340, 693, 765
Latzek, Heinz   381
Latzke, *Johannes* Gerhard   **406**
Laube, Heinrich   780
Laué, Carl August   **406**
Laue, *Ernst* Albert   **406f.**
Laue, Max von   193
Laugwitz, Hajo   733
Laumann, Julius   *210, 234, 252,* **407***, 822*
Lauterbach, Johann Christoph   676
Lautreamont   539
Laux, Elsa   226
Lavater, Johann Kaspar   410
Leander, Zarah   790
Lebert, Sigmund   186
Ledebur, *Hermann* Eduard   233, 314, **407f.**, 534
Lederbogen, Lukas Karl *Friedrich* Wilhelm   **408**
Lederer, Hugo   283
Lederer, Mila   311
Leeke, August *Ferdinand*   **408f.**
Lefebvre, Jules   757
Legge, *Petrus* Theodorus Antonius   364, **409**, 588, 807
Lehmann, Carl Bernhard   603
Lehmann, Ernst   22, 97, **409f.**
Lehmann, Gustav   **410**
Lehmann, Heinrich Ludwig   296, **410**, 746
Lehmann, Helene   692
Lehmann, Johann Karl   412f.
Lehmann, Kurt   407
Lehmann, Otto   **410f.**, 519
Lehnerdt, Friedrich   518
Lehnerdt, *Johannes* Ludwig Carl Daniel   **411**, 476, 520
Lehnert, Adolf   443
Lehrmann, Ruth   **411f.**
Leipart, Theodor   633
Leitzmann, Karl Hermann   412
Leitzmann, Karl Theodor *Albert*   **412**
Le Marois, Jean   715
Lembcke, Werner   158, 397, **412f.**
Lembeck, Günther   413
Lembeck, Hugo   **413**
Lemmer, Ernst   130
Lenbach, Franz von   477
Lenhartz, Hermann   526
Lenin, Wladimir Ilitsch   580
Lenné, Franz *Joseph* August   71, **413f.**
Lenné, Peter Joseph   188, **414f.**, 516, 547, 819
Lennhoff, Carl   **415**, 632, 801
Lensing, Maria Dorothea *Elisabeth* (*Elise*)   **415**
Lentze, August   **416**, 576, 641
Lenya, Lotte   338
Lenz, Joseph   **416f.**
Lenzmann, Richard   430
Leonhard, *Hans* Conrad   *1, 16, 70, 115, 118, 129, 317, 318,* **417***, 481, 512, 548, 568, 574, 662, 747, 834, 835*
Leonhard, Johann Friedrich   **417f.**

Leonhardt, Alfred   319, 718
LeQueux, William   157
Leretz, Otto   59, 676
Leskien, August   532
Leslie, John   239
Lessing, Gotthold Ephraim   577, 636, 695, 753
Lessing, Karl Friedrich   263
Leue, Friedrich   139
Lewecke, Johann Daniel Adolph   **418**
Lewicki, Ernst   638
Lexer, Erich   412
Licht, Franz *Otto*   232, **418f.**
Licht, Otto   419
Licht, Otto Karl Friedrich   419
Lichtblau, Hans   **419**
Lichtenberg, August Martin *Heinrich*   **419**
Lichtenberg, Georg Christoph   412
Lichtenberg, Johann Heinrich   419
Lichtwark, Alfred   762
Liebermann, Max   229, 250, 307, 804
Liebknecht, Wilhelm   85, 89
Liebmann, Arthur   **419**
Liebscher, Clara   321
Liebscher, Georg   **419f.**
Liebscher, Otto   321
Lies, *Johannes* (*Hans*) Otto Paul   **420**
Lieser, Theodor   19
Liezen-Mayer, Alexander von   408
Lilienthal, Otto   224
Lilje, *Wilhelm* Heinrich Georg   **420f.**
Limberg, Reinhold   **421**
Lincke, Wilhelm   347, **421f.**, 644
Lindau, *Heinrich* Hermann Karl   284, **422**
Lindau, Paul   **422f.**
Lindekugel, *Hermann* August Wilhelm   **423**, 424
Lindekugel, Johann August *Wilhelm*   **423f.**
Lindenberg, Heinrich Theodor   60, 439
Lindner, Friedrich   82, 320
Lindner, Theodor   473
Lindstaedt, Anna Sophie   555
Lingner, Karl August   **424**
Linke, Hans-Joachim   **424**
Linke, Horst   **424f.**
Linke, Johannes   178
Linke, Karl   342, **425**, 537, 595
Linke, Oskar   45, 211, 300, **425f.**, 520, 572
Lintzel, Wolfgang   573
Lion, Justus Carl   48
Lionnet, *Albert* Ralph Benjamin   **426**
Lippert, Annelise   699
Lippert, *Bernhard* Lorenz Richard   **426**, 574
Lippert, Lorenz   115, 426
Lippold, Eva   122, **426f.**
Lippsmeier, Bernhard   **427f.**, 458, 464
Lippsmeier, Hermann   427
Lissitzky, El   478
List, Adolph   170
List, *Adolph* Moritz   170, **428**
List, Friedrich   182
Listemann, Wilhelm Ludwig *Conrad*   **428**, 694
Lister, Josef   249

Personenregister

Liszt, Franz 186, 189, 221, 235, 278, 280, 304, 342, 393, 486, 572, 696, 750, 791
Litolff, Henry 807
Litzmann, Ottilie 819
Lochow-Petkus, F. von 394
Löbsack, *Georg* Samuel **428f.**
Löbsack, Heinrich 428
Loeffler, *Christian* Johann Leopold 40, 92, **429**
Loeffler, Friedrich 112, 732
Löffler, Friedrich *Wilhelm* **429**
Löffler, Georg 429
Löhr, Hans 278
Löhr, *Wilhelm* Christian 57, **430**
Loempcke, Ferdinand 167, 781
Loens, Hermann 515
Loeper, Wilhelm *Friedrich* 339, **430f.**
Loerke, Oskar 48
Löscher, *Gustav* Robert 45, 77, **431**, 521, 571, 595
Löscher, Hans (Ps.) → Löscher, Gustav Robert
Löschhorn, Albert 687
Loew, Friedrich 233, **431f.**
Loew, Hermann 432
Loewe, Carl 732, 750
Loewe, Friedrich *Wilhelm* **432**, 514
Loewe, *Heinrich* Eliakim **432f.**, 567
Loewe, Richard 433
Löwenstein, Kurt 425
Loewenthal, Siegfried 434
Lohmann, *Emilie* Friederike Sophie 434
Lohmann, Johanne *Friederika* 434
Lohmann, Karl **434f.**
Lohmar, Heinz 553
Lohmeier, Ludwig Heinrich August 435
Lohrisch, Hermann **435f.**, 772
Longino, Inge 733f.
Loofs, Friedrich 174
Loose, Friedrich 436
Lorenz, Alfred 750
Lorenz, Johann Friedrich 244, **436f.**
Lortzing, Gustav *Albert* 280, **437**, 695, 750, 811
Loschmidt, Joseph 107
Loß, Carl 437
Loß, Friedrich **437**, 734
Lossier, Christian 246
Lotsch, *Friedrich* Wilhelm Karl 402, 413, **437f.**
Lotze, Hermann 781
Loycke, Ernst **438**, 537, 661
Lubitsch, Ernst 89, 554
Lubranschik, Herbert **438f.**, 603
Lucae, Gustav 628
Lucanus, Friedrich 582, 692
Lucas, Eduard 408
Lucas, Johann Georg *Friedrich* **439**
Luckau, *Wilhelm* Heinrich **439f.**
Ludwig XVI. 106
Ludwig XVIII. 106, 694
Lübbers, Julius 653
Lübke, Hans 204
Lübschütz, Ruth **440**
Lüder, *Walter* Fritz 424, **440**
Lüer, August 187

Lütke, Peter Ludwig 32
Lütschg, Waldemar 189
Lützow, Adolph Freiherr von 195, 324, 440f.
Lützow, *Elisa* Davidia Margarethe 324, **440f.**, 780
Luft, Heinrich Johann **441**
Lukács, Georg 31
Luschan, Felix von 379
Luther, Hans **441f.**, 627
Luther, Martin 174, 243, 473, 474, 640, 720, 812
Lux, Hans-Joachim Gustav Robert **442**

M

Maass, *Gustav* Friedrich Hermann 17, **443**, 643, 659
Macke, Karl 221
Mackensen, Fritz 607
Mackenzie, Alexander 83
Maenicke, Fritz **443f.**, 549
Maenß, Matthias 444
Maercker, Georg 16
Maercker, *Maximilian* (*Max*) Heinrich 165, **444f.**, *618*
Märtens, Otto Philipp 445
Magnus, Gustav 231
Magnus, Hugo 445
Maier, Ludwig Felix 545
Malkowski, Dario 529
Mallarmé, Stéphane 539, 792
Malraux, André 445
Malraux, Clara **445f.**
Manasse, Paul 387
Manheimer, Ernst *Moritz* **446**
Mann, Dieter **446**
Mann, Frank C. 57
Mann, Heinrich 198
Mann, Klaus 174
Mann, Thomas 174, 476, 581
Mannich, Carl 560
Manteuffel, Hans *Carl* Erdmann Freiherr von **446f.**
Manteuffel, Karl Otto Freiherr von 447
Manteuffel, Otto Freiherr von 446, 765
Manteuffel-Szoege, Georg Baron von 509
Manzek, Ernst **447**, 459, 723
Mao Tse-tung 351
Maquet, Ferdinand 617
Maquet, Ludewig David 113
Marcks, Gerhard 240, **447f.**,
Marcus, Otto 84
Maresch, *Johannes* Otto Ernst *68, 149,* **448**, *720*
Marggraf, Andreas Sigismund 1
Marienfeld, Benno 283
Mark, Leo (Ps.) → Trippe, Kaspar *Friedrich*
Markmann, *Fritz*-August Wilhelm 143, 221, 357, 383, **448f.**
Marlitt, Eugenie 785
Marschner, *Heinrich* August 52, 280, **449f.**
Martin, *Ernst* Herbert **450**, 823
Martin, Konrad 40, 429, 733
Martini, *Fritz* Oskar Richard **450f.**, 480
Marwitz, Friedrich August Ludwig von der 770
Marx, Hilde 604
Marx, Jenny 676, 794
Marx, Karl 84, 283, 676, 786
Mascheroni, Lorenzo 239

Personenregister

Masius, Hermann 121
Maßmann, Hans Ferdinand 280, **451**
Mataré, Eisolde 606
Materlik, Hubert 98, 122, **451f.**,
Matern, Hermann **452**, 667, 697
Math, Franz Karo (Ps.) → Griesbach, Georg *Erich*
Mattausch, Hans *Albert* **452f.**
Mattern, Emil 615
Matthäi, August 176
Matthes, Roland 56
Matthias, Johann Andreas 451, **453**, 582, 829
Matthisson, Friedrich von 370, **453f.**
Matthisson, Mathias 453
Maurus, Gerda 699
May, Ernst 130
Mayer, Julius Robert von 107
McCloy, John J. 352
Mebes, Paul 171, 422, **454**, *716*
Meckel, Carl Anton 384
Meckel, Johann Friedrich 628
Mecklenburg, Emilie 128
Meeks, Caroll 154,
Mehemed Ali → Détroit, Ludwig *Carl* Friedrich
Mehnert, Frank 172, **454f.**
Meier, Daniel Eduard 18
Meier, Elsbeth **455**
Meier, Georg Friedrich 436, 577
Meier, Louise Franziska → Aston, Louise Franziska
Meier, *Otto* Paul **455f.**
Meinhard, Fritz **456**, 518
Meinhof, Carl 379
Melanchthon, Philipp 128
Mellin, Friedrich Albert Immanuel **456**, 457, 582, 599, 631
Mellin, George Samuel Albert 106, 195, **456f.**
Mendelsohn, Erich 454, **457f.**
Mendelssohn, Moses 103, 577
Mendelssohn-Bartholdy, Felix 87, 483, 732
Meng, Arno 125, *394*, **458**, 533, 676
Menge, Karl 35
Mengering, Franz **459**, 505
Mengering, Friedrich 459
Mennung, Albert 447, **459**
Menz von Quirnheim (Oberst) 376
Menzel, Adolph 408
Menzel, Benno 270, 407
Menzel, Fritz **459f.**
Merkel, Johannes Gottfried 735
Merkel, Leopold Carl *Friedrich* **460**
Merker, Paul 123
Merrill, Theodor 620
Mersmann, Hans 230
Mertens, August 69, 76, *152*, **460f.**, *629*, *651*, *796*, 822
Mertens, Friedrich **461**
Mertz, *Adolf* Emil **461**
Merx, Eulalia Therese 305
Merzbach, Ernst **461**, 607
Mesch, Hildegard 678
Meßow, Carl Leberecht 367, 418, **461f.**
Meßter, Oskar 554
Mestwerdt, Gustav 51
Methfessel, Friedrich 656

Metzig, Friedrich **462**
Metzner, Franz 668
Meurer, Moritz 50
Meutner, Ilse 275
Meves, Hans-Diether 642
Mevissen, Gustav von 113, 169
Mews, Hermann **462f.**
Meyer, Adolf 130
Meyer, Erich 152, **463**, 467
Meyer, Ernst 236
Meyer, Friedrich **463f.**
Meyer, *Friedrich* Wilhelm Franz **464**
Meyer, Heinz-Hugo **464**
Meyer, Karl Gustav Ernst **464f.**
Meyer, Konrad **465**, *587*
Meyer, Ludwig Conrad **465f.**
Meyer, Martin 628
Meyer, Michael 607
Meyer, *Ralph* Paul Heinrich Sigismund *50*, *97*, *148*, 244, *327*, *444*, 457, **466**, 646
Meyer, Victor 354
Meyer, Wilhelm 167
Meyer-Amden, Otto 478
Meyer-Olbersleben, Max 235
Meyerbeer, Giacomo 759
Meyerheim, Paul 827
Meynhard, Heinz **466f.**
Michael, Curt *Wilhelm* 152, **467**
Michaelis, Christian Benedikt 436
Michaelis, Johann August Tobias 260f., 597
Michaelis, Otto **467**
Michaelis, Otto (jun.) 34, 467
Michalski, *Günter* Hans **467f.**
Michaud, Claude-Ignace-François 345
Mierau, *Fritz* Richard **468**
Mierendorf, Carlo 96
Mies van der Rohe, Ludwig 454
Miesitschek von Wischkau, *Karl* Gustav Oskar 34, **468**
Miesner, *Klaus* Jürgen **469**, 771
Miksch, Johann Aloys 717
Mikulicz, Johannes von 247
Milius, Hermann **469**, 680
Miller, Carl **469f.**
Mionoja, Ambrogio 717
Mißbach, Dieter 82
Mittag, F. E. 302
Mittag, Friedrich *Carl* Julius 151, **470f.**
Mittag, Heinrich 471
Mittag, Henriette 471
Mittag, Joachim Heinrich 471
Mittag, Johann Karl *Adolf* 300, **471**
Mitzenheim, Moritz 145
Mix, Wilhelm 207
Mobitz, Woldemar **471f.**
Moczarski, Kazimierz 215, 642
Model, Walter **472**
Möbius, Robert *Walter* **472f.**, 766
Möckel, Paul Otto 287
Möhricke, Max 742
Möhring, Mathilde 732
Möllenberg, Walter 189, 228, 362, **473f.**, *511*, *586*, *599*, *720*, 750

879

Personenregister

Möller, Anton **474**, 739
Möller, Gustav (Gustl) 29, **474f.**
Moeller, Johann Friedrich 224, 298, 361, **475**, 520, 609, 611, 686
Möller, *Ludwig* Carl **475f.**, 663
Mönckeberg, Johann Georg 430
Möser (Kapellmeister) 791
Mövius, *Ruth* Clara *14*, **476f.**
Möwes, Heinrich *13*, **477**
Moholy-Nagy, Làslò 620
Mohr, Hermann 346
Mohrenweiser, Alexander **477**, 792
Mohrenweiser, Christian 322
Moliere, Jean Baptiste Poquelin 423, 642, 701
Moll, Oskar 606
Mollier, Richard 294, 460
Moltke, *Helmuth* Karl Bernhard Graf von 134, **477f.**, 731, 741
Molzahn, *Johannes* Ernst Ludwig 130, **478**, 606
Mommsen, Theodor 523
Montgomery, Bernhard Law 568
Mook, Wolfgang **478f.**
Morczek, Adolf **479**
Morgenstern, Christian 673, 804
Morgenstern, Friedrich *August* Simon 53
Morgenstern, Friedrich Simon 479
Morgenstern, Johann *Carl* Simon **479f.**
Morgenstern, Johanna Katharina 479
Morgenstern, Wilhelm August *Walter* **480f.**
Moritz, Werner **481**
Morus, Samuel Friedrich Nathanael 244
Morwitz, Ernst 791
Mosche, Louis 359
Moser, Ferdinand **481f.**, *687*, 694, 724
Moser, Hans Joachim 587
Moser, Koloman 176
Motherby, Johanna 780
Motz, *Friedrich* Christian Adolph von 100, 358, 396, **482**
Mozart, Wolfgang Amadeus 52, 105, 136, 412, 486, 550, 642, 671, 750, 791, 808
Mrusek, Hans-Joachim 20
Muche, Georg 606
Mücksch, Walther **482f.**
Mühlenpfort, Karl 615
Mühlfeld, Maria von 338
Mühling, Heinrich *Julius* **483**, 572
Mühling, Heinrich Leberecht *August* 441, **483**
Mühsam, Erich 333, 340, 804
Müllenhoff, Karl 777
Müller, Adolf **483f.**
Müller, Albert *Karl* **484**
Müller, *Albin* Camillo 101, 271, 443, **484f.**, 568, 616, 724, *806*, 820
Müller, Andreas 164
Müller, Arno **485**
Müller, *Arno* Gustav Otto **485f.**
Müller, August Eberhard 176, 483, **486**
Müller, Emil Reinhard 214, 300, **486f.**
Müller, Erich H. 177
Müller, Ernst *Siegfried* **487**
Müller, Friedrich von 656
Müller, Friedrich *Ottomar* **487**, *810*
Müller, Friedrich Robert *Theodor* **487f.**
Müller, *Georg* Friedrich **488**

Müller, Gottlob Wilhelm 274, 487, **488f.**
Müller, Hans Wolfgang **489**
Müller, *Heinrich* August **489**
Müller, Heinrich Gottwerth 422
Müller, Jans Peter 416
Müller, Joachim 82
Müller, Johannes von 412
Müller, Julius 662
Müller, *Ludolf* Hermann 312, **489f.**, 537
Müller, Ludwig 435
Müller, Mathilde **490f.**
Müller, Otto 84, **491**
Müller, Otto Hermann **491f.**
Müller, Paul 47
Müller, Pauline 181
Müller-Berghaus, Carl 808
Müller-Hartung, Karl 235, 263
Müller von der Ocker, *Fritz* Wilhelm Carl 440, **492**
Mülverstedt, Johann George Adalbert von 11, 21, 24, 251, *379*, *380*, **492f.**, 702, *801f.*, 809, 821
Münchmeyer, Gustav *Ernst* Otto **493**
Münter, Balthasar 200, 578
Münze, Johannes 84, 89, 246, 355
Munch, Edward 226, 804
Mundlos, Friedrich *Heinrich* August **493f.**
Mundlos, Heinrich 494
Mundlos, Richard 494
Munnecke, Karl *Wilhelm* **494f.**
Murray, Andrew 566
Musbach, Fritz 189
Musil, Robert 539
Mussorgski, Modest 37
Muthesius, Hermann 271, 272, 517, 725
Myslbek, Václav 668

N

Nachtweh, *Heinrich* Norbert Wilhelm **496**, 798
Nägel, *Adolph* Friedrich Philipp 294
Napoleon I. → Bonaparte, Napoleon
Nathan-Lübschütz, Ruth → Lübschütz, Ruth
Nathusius, *August* Engelhard von **496f.**, 501
Nathusius, *Gottlob* Karl Engelhard von 240, **497**, 800
Nathusius, *Heinrich* Engelhard von 41, 496, **497f.**, 503, 580
Nathusius, *Hermann* Engelhard von 41, 443, **498f.**, 502, 504
Nathusius, Hermann Johannes Joachim *Martin* 213, **499**
Nathusius, Joachim von 497
Nathusius, Johann *Gottlob* 19, 66, 132, 163, 235, 319, 414, 496, 497, 498, **499f.**, 502, 504, 550, 739, 808f.
Nathusius, *Johanne* Philippine von 496, **500f.**, 503
Nathusius, Luise 501
Nathusius, *Marie* Karoline Elisabeth Luise **501f.**, 503, 671, 785
Nathusius, Martin von 121, 411
Nathusius, Philipp von **502**
Nathusius, *Philipp* Engelhard von 285, 496, 497, 498, 501, **502f.**, 671
Nathusius, Simon von 498, **503f.**, *504*
Nathusius, *Wilhelm* Engelhard von 498, 499, 501, **504**
Natorp, Ludwig 418
Nauen, Heinrich 606
Nauen, Paul 607
Naumann, Franz (Ps.) → Genast, Eduard Franz
Naumann, Friedrich 28, 725

Naumann, Johann Friedrich   241
Naumilkat, Hans   **504f.**, 826
Nauwerck, *Albrecht* Gustav Bernhard   **505**
Nauwerck, Gustav   505
Navratil, Karel   565
Neander, Johann *August* Wilhelm   247, 411, 426, 662
Nebel, Rudolf   357, 459, **505f.**
Nebel, *Werner* Albrecht Friedrich Karl   **506**
Nebelsieck, *Heinrich* Albert Louis Karl Erich   **506f.**
Neese, Hans   **507**, 558
Negri, Pola   89
Nehring, Carl Wilhelm *Alfred*   **507f.**
Nehrkorn, Adolf   320, 459
Neide, Friedrich *August*   **508**, 516, 752
Neide, Friedrich August (jun.)   508
Neide, Johann Georg Christoph   **508**, 829
Neide, *Maria* Christiana   **508f.**
Neidhardt von Gneisenau, August   499
Neidhardt von Gneisenau, August Wilhelm Anton   83, 394, **509**, 570, 773
Neidhardt von Gneisenau, Friedrich August Graf   509
Neidhardt von Gneisenau, *Maria* (*Marie*) Anna Augusta Elisabeth Gräfin   80, **509**
Neitzel, Werner   **509f.**
Nelson, Leonard   63, 194, 542
Neper, Johann   239
Nernst, Walter   69, 560
Nesemann, Mathias   **510**
Nestorius   174
Nestroy, Johann   642, 771
Nethe, August *Wilhelm*   **510f.**
Nettling, Friedrich Wilhelm   117
Neubauer, *Ernst* Gustav-Heinrich   *210, 229, 234,* **511***, 570, 755, 821, 822*
Neubauer, Friedrich *August*   16, 318, **511f.**
Neubauer, Hans Johann Friedrich   462
Neubauer (Mechaniker)   808
Neuber, August Wilhelm   **512**
Neuenhaus, A. S.   298
Neukranz, *Gerhard* Franz Paul   **512**
Neumann, Bruno   767
Neumann, Caspar   39, 107
Neumann, Eberhard   **512f.**
Neupert, Karl E.   459
Ney, Michel   357
Nickel, Ernst   95, **513**
Nicolai, Adolf   **513f.**
Nicolai, Alexander   513
Nicolai, Friedrich   577
Niebelschütz, Ernst von   514
Niebelschütz, *Wolf* Friedrich Magnus von   31, **514**
Niekisch, Ernst   283
Niel, Herms (Ps.) → Nielebock, Hermann
Nielebock, Ferdinand Friedrich *Hermann*   **514f.**
Nielebock, Friedrich   423
Niemann, *Albert* Wilhelm Carl   38, **515**, 771
Niemann, Walter   278
Niemann-Raabe, Hedwig   515
Niemeyer, Anton   136
Niemeyer, August Hermann   106, 128, 209, 219, 516, 829
Niemeyer, *Carl* Eduard   94, **516**

Niemeyer, Felix von   53, **516**, 642, 679
Niemeyer, Georg Wilhelm   653
Niemeyer, *Paul* Viktor   414, **516f.**, 644
Niemöller, Martin   785
Nietzsche, Friedrich   76, 581, 693
Nigg, Ferdinand   51, 101, **517f.**, 724f., 737
Nikisch, *Arthur* Philipp   294
Nikolai, *Helmut* Alphons Gottfried Karl Eduard Hans Ulrich Wilhelm   **518**
Nikolajew (Prof.)   559
Nipperdey, Hans-Carl   244
Nipperdey, Thomas   765
Nißler, *Karl* Ludwig   335, 456, **518**, 605
Nitschke, Alfred   518
Nitze, Otto   **518f.**
Nitzsch, Carl Immanuel   476, 611
Nitzschke, Kurt   **519**
Noack, Erwin   538
Noak, Gertrud   410, **519**
Noeldechen, *Friedrich Wilhelm* Carl Detlef   475, **519f.**
Nösselt, Johann August   581, 594
Noether, Erich   27
Noetzel, Otto Heinrich   279
Nolde, Emil   171, 226, 741
Nolopp, Friedrich Ernst Arnold *Werner*   43, 440, **520**
Nolte, *Carl* Friedrich   163, **520f.**
Nolte, Ernst Ferdinand   248
Norden, Eduard   691
Nordenflycht, Ferdinand Freiherr von   650
Nordmann, Franz Wilhelm Richard   **521**
Noske, Gustav   16
Notz, Heinrich   **521**
Novalis (Ps.) → Hardenberg, Friedrich von
Nowack, Otto   **522**, 695
Nowaczynski, Adolf   215, 642
Nowak, Leo   196
Nürnberger, Ludwig   157f.
Nusch, Albert   515
Nyssa, Gregor von   293

O

Oberbreyer, Max   **523**
Oberdieck, Johann Georg Conrad   408
Oberdorf, Fritz   462, **523**, 709
Oberst, Maximilian   568
Oberth, Hermann   505
Obraszow, Sergej   29
O'Casey, Sean   642
Ochs, Peter Heinrich Ludwig   **523f.**
Ochs, Siegfried   89, 288
Oebbeke, Konrad   822
Oelze, Richard   **524**, 806
Oertling (Mechaniker)   614
Oertling (Musiker)   791
Oeser, Adam Friedrich   360
Oestreich, Paul   790
O'Etzel, Franz August   282, 456
Ohlen, Hermann Fritz *Emil*   **524f.**
Ohmann, Friedrich   762
Okley, Samuel   4
Olde, Hans   211, 607, 836

Personenregister

Oldenburg, Peter Friedrich Ludwig Herzog von 176
Oldenburger, *Hans* Ludwig Gerhard Wilhelm 62, *283*, 286, **525**
Ollenhauer, Erich 96, **525**, 566, 603
Olshausen, Robert von 90, 725
Opel, Julius *Otto* 309, 821
Orlik, Emil 48, 176, 443
Ørsted, Hans Christian 809
Osiander, Andreas 411
Ostendorff (Prof.) 615
Osterroth, Franz 46, *308*, *340*, *360*, *487*, **525f.**, *666*, *814*
Ostwald, Wilhelm 69
Otten, *Max* Octavio 368, **526**, 739, 801
Otto, Alexander 758
Otto, Berthold 3, 38, 45, 255, 256, 270, 392, 407, 537, 571, 706, 716
Otto, Carl 319
Otto, Emil 240
Otto, Hans **527**
Otto, Paul **527**, 801
Otto-Peters, Louise 742
Otzen, Johannes 229
Overbeck, Johann Friedrich 682

P

Paasche, Hermann **528**
Pacelli, Eugenio 409
Paganini, Niccolo 280, 365
Pahncke, *Max* Willibald Heinrich *43*, *285*, **528**, *586*
Paini, Dario **528f.**
Pajer, Jiøi 153, *290f.*, **529**, 540
Palm, Friedrich Ludwig 195
Palme, *Rudolph* Franz Robert 186, **529f.**, *590*, 732
Palmie, Rudolf 536
Palotti, Marcel (Ps.) → Fischer, Ernst
Paolini, P. 88
Pape, Wilhelm August **530**
Papen, Franz von 130, 518, 776
Pappenheim, Franziska 544
Paproth, Friedrich 248
Pargold, Daniel Heinrich 802
Parisius, *Theodor* Rudolf Ludwig 462, **530**
Parnitzke, Karl *Herbert* Johann **530f.**
Parschau, Bernd 810
Pasche, *Robert* Julius **531**
Patow, Erasmus *Robert* Artur Paul Freiherr von **531**
Patz, Gerd 104
Patzig, Alfred 119
Patzke, Johann Samuel 164, 370, 569, 581
Pauer, Walther 294
Paul, Elfriede **531f.**, *670*
Paul, Hermann Daniel 735
Paul, *Hermann* Otto Theodor 297, 412, **532f.**, *778*
Pauli, Gustav 762
Paulke, Wilhelm 58, 310, **533f.**
Pauls, Eilhard Erich 534, 723
Paulsen, Herbert **534**
Paulsiek, *Carl* Heinrich Dietrich **534f.**
Pax, Friedrich Wilhelm 129, 169, 208, **535**, 543, 609, 747
Payr, Erwin 161
Pease, Arthur Stanley 544
Peck, Reinhard 619
Peicke, *Christian* August **536**

Peicke, Rosalie Sophie 536
Peilert, Friedrich Wilhelm 151, **536**
Peja, *Laura* Emma Klara **536f.**
Pelet, Marie Henriette 560
Penkert, Max 158, **537**
Peschau, Christoff 171
Pestalozzi, Johann Heinrich 29, 128, 591, 833
Peter, *Friedrich* Franz 435, **537f.**, *661*, 690
Peters, Jan 791
Peters, Otto 427, **538f.**, 644
Petersen, Julius 451
Petersen, Peter 3
Petry, Walther **539**
Petz, Raimund 104
Petzall, Eugen **539f.**
Petzon, Senta → Rubel, Nomi
Peucker, Eduard von 622
Peust, Dieter 336
Pfaff, Johann Friedrich 106
Pfannkuch, Wilhelm **540**
Pfannkuche, Henning 539
Pfeifer, Manfred **540**
Pfeiffer, Gustav Adolf 403, **540f.**, 744
Pfemfert, Franz 372, 598
Pfister, Fritz **541f.**
Pfitzner, Hans 37, 72, 750
Philippson, Franz **542**
Philippson, Julius **542**, 544
Philippson, Ludwig 208, 240, 303, 387, 535, **542f.**, 544
Philippson, *Martin* Emanuel 542, **543f.**
Philippson, Phoebus Moritz 387, 542
Philippson, Robert 542, **544**
Philo von Alexandria 683
Piatscheck, Albrecht *Konrad* **544f.**
Piechler, *Arthur* Oskar Fritz Hermann **545**
Piechler, Ludwig 545
Pieck, Wilhelm 17, 505
Pieper, Erich **545f.**
Pieper, Reinhard 806
Pieper, *Wilhelm* Ludwig **546**
Piero della Francesca 681
Pieschel, *Carl* August Gottfried **546f.**
Pieschel, Christoph Friedrich 546
Pieschel, *Karl* Friedrich von 546, **547**
Pilet, Hermine **547**
Pilet, Karl 547
Pilet, Otto 512, **547f.**
Pinkernelle, Johann Christian Daniel **548**, 662
Pinthus, Kurt 53, 282, *283*, 381, **548f.**, 604
Pirntke, Berthold Joachim *Konrad* **549**
Pirro, André 159
Pitschmann, Siegfried 575
Pitterlin, Friedrich Adolf 175f., **549f.**, 636, 673
Placke, H. 781
Placke, Johann Christoph 1, **550**
Plamann, Ernst 195, 259
Planer, Minna 766
Platen, Emil 374
Platen-Hallermund, Julius Karl Graf von **550f.**
Platen-Hallermund, Mathilde Luise Marie *Hedwig* Gräfin von *270*, **550f.**

Personenregister

Platner, Ernst 244
Plato, Christian Karl **551**
Plawneck, Sonja 28
Plettenberg, Elise Freiin von 10
Plock, Albertine **551**
Plotho, Elisabeth Freiin von → Ardenne, Elisabeth Baronin von
Plotho, Louise Marie Freiin und Edle von 211
Plumbohm, *Willy* Albert **551f.**, 716, 768
Pölchau, Georg 590
Pöllnitz, Carl Ludwig Freiherr von 96
Poensgen, Albert 628
Poetsch, Emil 552
Poetsch-Porse, Friederike *Alwine* **552**
Poggendorff, Johann Christian 512
Pohl, Oswald **552**
Pohlmann, Alexander **552f.**
Policek, Annedore 553
Policek, Wolfgang **553**
Polte, Eugen 213, 420, 499, **553f.**
Polte, Katharina 213
Pommer, Dorothea 752
Ponten, Josef 429
Porse, Wilhelm 511, 552
Porten, Franz 554
Porten, *Henny* Frieda Ulrike **554f.**
Porten, Rosa 554
Porth, Gisela *304*, **555**
Post, Paul 143
Pott, Johann Heinrich 107
Potter, Paulus (Ps.) → Pinthus, Kurt
Praeger, Wolfgang 669
Prätorius, Michael 717
Pravida, Josef 381
Preil, Hans-Joachim 293, 734
Preller, Friedrich 139
Preußen, Albrecht Prinz von 134
Preußen, August Ferdinand Prinz von 110, 556
Preußen, Friedrich *Karl* Alexander Prinz von 134, 180, 190, 295, **555f.**
Preußen, Friedrich Ludwig Christian Prinz von (gen. Louis Ferdinand) 134, 349, 549, **556f.**, 802
Preußen, *Luise* Auguste Wilhelmine Amalie, Königin von 395, **557**, 570, 582, 769
Preysing, Konrad Graf von 409
Priegnitz, Wilhelm 557
Priegnitz, Wilhelm Franz *Werner* **557f.**
Priem, Walther 558
Priem, Wilhelm **558**
Priem, Wilhelm August **558**
Priem, Wilhelm Ehrenreich 558
Prießnitz, Vinzenz 53
Primavesi, Franz 99, 615
Probst, August 404
Probst, *Reinhard* Kurt **558f.**
Pröhle, Heinrich Andreas **559**
Pröhle, Heinrich Christoph Ferdinand 559
Profft, Elmar **559f.**
Prokofjew, Sergej 37, 365
Proust, Marcel 539
Provençal, Bernard **560**
Prübenau, Hermann **560f.**

Puccini, Giacomo 642, 759
Pückler-Muskau, Hermann Fürst von 516
Püschel, Margarete 695
Pulmann, Ernst Daniel 261
Pulvermann, Max **561**
Putlitz, *Gustav* Heinrich Gans Edler von und zu 123, **561**

Q

Quaritsch, Gertrud Marie 562
Quaritsch, *Johannes* Werner 562
Quaritsch, *Karl* Christian Ernst 281, **562**

R

Raabe, *Wilhelm* Karl 3, 117, 255, 388f., 431, 451, **563**, 706
Raatz, *Wilhelm* Hermann Gustav **563**, 641
Rabbethge, Erich **563f.**, 565
Rabbethge, Karl 563, 564, 565
Rabbethge, Matthias (jun.) 564
Rabbethge, *Matthias* Christian 71, 212, 563, **564**, 616
Rabbethge, Oskar **565**
Rabenhorst, Gottlob Ludwig 248
Rabert, Elisabeth Catharina 486
Rabert, Johann Georg 486
Rabitz, Paul 628
Rabl, Walther 37, *141*, 452, **565**, 759
Radbruch, Gustav 88
Radczun, Peter **565f.**
Raddatz, Karl **566**
Rademacher, Erich (Ete) 92, **566f.**
Rademacher, Joachim 567
Radke, Otto 359
Raffael, Günther 89
Rahlwes, Richard 614
Rahmer, Moritz 194, 240, 433, **567**, 802
Rahmlow, Bruno 56
Raloff, Karl 487
Ramdohr, Curt **567f.**
Ramdohr, Günther 567, **568**
Ramdohr, Hartwig 568
Rameau, Jean-Philippe 342
Ramin, Günther 89, 108, 184,
Ramler, Karl Wilhelm 370f., 825
Ramstedt, Ludwig Karl Adolf Andreas Wilhelm *Conrad* **568**
Ranisch, Carl 714
Ranke, *Kurt* Hermann **568f.**
Ranke, Leopold von 543, 810
Rath, *Friedrich* Gustav Adolf **569**
Rath, *Friedrich* Karl Christian 506, **569**
Rathenau, Walter 48
Rathgen, Bernhard 143
Rathke, Albert 278
Rathmann, Heinrich 117, *437*, **569f.**, 578
Rauch, Christian Daniel 61, 322, 509, **570**, 740, 769
Rauch, Friedrich *Wilhelm* Andreas 74, 257, 284, **570f.**
Rauch, Fritz 45, 172, 392, *426*, 537, **571f.**
Raue, Martin *493*, **572**
Rauls, Mac (Ps.) → Schütte, Werner
Raumer, Karl Otto von 519
Raun, Peter (Ps.) → Radczun, Peter
Rebling, Gustav 87, 529, **572f.**
Reccius, Adolf *179*, *514*, **573**, *645*

Personenregister

Rechenberger, *Johannes* Emil Artur   424, **573f.**, 780
Refert, *Friedrich* Andreas Christian   43, 44, **574**
Refert, Gottfried Wilhelm   574
Reger, Max   140, 235, 342, 671, 717, 732
Reichard, Elias Kaspar   833
Reichardt, Heinrich   574
Reichardt, Wilhelm *Hermann* Emil   **574**
Reichel, Anna *Martha*   **574f.**
Reichelt (Reg.-Baumeister)   615
Reichelt, Georg   86
Reichenbach, Heinrich G.   248
Reil, Johann Christian   197
Reimann, Brigitte   **575**, 791
Reimann, Else   252, 752
Reimann, Karl   252, 752
Reimann, Willi   575
Reimarus, *Hermann* Otto   **576**, 755
Reinach, Baron von   822
Reindl, Ludwig E.   614
Reinecke, Carl   341f.
Reinecke, *Friedrich* Karl Eduard   **576**
Reinhardt, Johann Friedrich   673
Reinhardt, *Johannes* Fritz Horst   **576f.**
Reinhardt, Karl August   298
Reinhardt, Luise   **577**
Reinhardt, Max   548
Reinhardt, Stephan   285
Reinhold, Elisabeth   **577**
Reinhold, Karl Leonhard   194
Reinhold, Peter   27
Reisch, Günter   427
Reischel, Hermann   448
Reisenauer, Alfred   341f.
Reiser, Otmar   320
Rembrandt van Rijn   254, 408
Remsen, Ira   170
Renn, Ludwig   31
Repgow, Eike von   59
Resewitz, Friedrich Gabriel   36, 200, 244, 370, 436, 569f., **577f.**, 623
Rettelbusch, Johann *Adolf*   74, 148, 310, **578f.**, 694, 779, 819
Reubke, *Adolph* Christian   **579f.**, 596, 798
Reubke, Emil   580
Reubke, Otto   798
Reuter, *Ernst* Rudolf Johannes   28, 223, 357, 375f., 449, 506, 561, **580**
Reuter, Fritz (Musikpädagoge)   325, 826
Reuter, Gabriele   **580f.**
Reuter, Heinrich Ludwig Christian *Fritz*   510, **581**, 671, 675
Reutter, Otto   529
Reznicek, Emil N. von   341
Ribbeck, Conrad Gottlieb   63, 258, 349, **581f.**
Ribbeck, Wilhelm   456, **582f.**, 685
Richert, Hans   228
Richter, Jean Paul   791
Richter, Johann Wilhelm   499, 550
Richter, Karl Friedrich Wilhelm *Otto*   **583**
Richter, Rudolf   712
Richter, Trude (Ps.) → Barnick, Erna
Richter, Werner   777
Ricker, *Gustav* Wilhelm August Josef   **583f.**, 748, 801
Riedel, Georg August   584
Riedel, Heinrich August   **584f.**

Riedel, Hermann   492
Riedel, Johann Gottlieb   584
Riedel, Klaus   505
Riemann, Hugo   159, 304
Riemann, *Kurt* Fritz Ernst   **585f.**, 699
Riemann, Waldemar   45, **586**, 590
Riemann, Walter   45, **586**, 590
Riemer, Friedrich   656
Riemer, *Moritz* Ludwig Karl   **586**
Riemer, *Otto* Moritz Martin   **586f.**
Riepe, Fritz   756
Riethmüller (Komponist)   671
Rietschel, Ernst   139, 322, 570
Rilke, Rainer Maria   476
Rimpau, Arnold Dietrich *Wilhelm*   444, **587**, 588, 707
Rimpau, August *Wilhelm*   587, **588**
Rimpau, Hermann Theodor   588
Rinck, Johann Christian Heinrich   154
Rinne, Friedrich   625
Rintelen, *Friedrich* Maria Heinrich   20, 44, 196, 290, 320, 328, **588f.**, 614, 637, 688, 796
Rischbieter, Wilhelm   452
Ritschel, Friedrich   523
Ritschl, Albrecht   293, 313
Ritter, August Gottfried   87, 186, 476, 529, 572, 580, **589f.**
Ritter, Friedrich Christoph   57, **590**
Ritter, Gerhard   133
Ritter, Johann Daniel   434
Ritter, Richard *Max*   45, 586, **590f.**
Rive, Richard Robert   441
Robespierre, Maximilian de   106
Robolski, *Arnold* Claus August   **591**
Robolski, Heinrich   163, **591**
Rochau, Lothar   255
Rochleder, Friedrich   107
Rochow, Friedrich Eberhard von   551, 802, 829, 830
Rocke, Gotthilf Moritz   **592**
Roderich-Huch, Daisy   592
Rodner, *Hans* Walter   **592f.**
Röber, Walter   **593**
Rödel, Friedrich   98, 153, **593**, 668, 697
Roeder, C. G.   278
Roehl (Apotheker)   619
Röhm, Ernst   650
Röhrig, Udo   341
Roemer, Theodor   322, 641, 754
Rönne, Friedrich Ludwig von   139
Roentgen, Gerhard Moritz   727
Röntgen, Wilhelm Conrad   193, 267
Rössing, Wilhelm   **593**
Rößner, Otto   **593f.**
Rötger, Gotthilf Sebastian   128, 210, 218f., 366, 569, **594f.**, 613, 682, 830
Roethe, Gustav   412
Rötscher, Richard   76, 537, 585, **595f.**, 699, 823
Röttger, Heinz   671
Röver, Carl Johann Heinrich   596
Röver, Friedrich Wilhelm *Ernst*   580, **596**
Röver, Johann Hinrich   596
Rogge, Johann Friedrich *Wilhelm*   **596**
Rohlandt, Erhard   *68, 352, 422*, **596f.**

Rohlfs, Christian 171
Rohlfs, Gerhard 17
Rokitansky, Carl von 516
Rolland, Romain 445
Rolle, Johann Heinrich 569, 684, 750, 824
Roloff, Johann Christoph *Heinrich* **597**
Romberg, Moritz Heinrich von 56, 526
Romeick, *Franz* Karl Robert **597**, 803
Romershausen, Elard **598**, 601
Roon, Albrecht von 65
Rose, Wilhelm 185
Rosenberg, G. (Baupolizeikommisar) 579, 694, 779
Rosenberg, Maximilian 47, 88, **598**
Rosenfeld, Felix 189, 254, **598f.**
Rosenkranz, Johann *Karl* Friedrich 139f., **599**
Rosenthal, *Carl* Albert 456, **599**
Rosenthal, Elisabeth 28, 321, **599f.**
Rosenthal, *Erich* Rudolf Otto **600f.**
Rosenthal, Georg 600
Rosenthal, Hermann 12, 20, 53, 183, 352, **601**, *643, 651*
Rosenthal, Philipp 790
Rosenthal, Willy Karl *Max* 447, *598*, **601**, 723
Roßdeutscher, Eberhard **601f.**
Roßdeutscher, Max 601, **602**
Rossini, Gioacchino 52
Rost, *Hans* Günter **602f.**, 756
Rost, Richard 172
Roth, Joseph 549
Rothe, Rudolf Ernst 216
Rother, Wilhelm **603**
Rousseau, Jean-Jacques 106
Rubach, Ferdinand 23, 25, 26
Rubel, Meir 603f.
Rubel, Nomi 439, **603f.**
Rubens, Peter Paul 408
Rubinstein, Anton Grigorjewitsch 807
Rudert, Siegfried **604**
Rudolph, Carl 605
Rudolph, *Carl* Peter **604f.**
Rudolph, Louis Heinrich Carl 605
Rudolph, *Marlies* Selma **605**
Rudolph, Mathilda *Selma* **605**
Rudolphi, Eva 329
Rudorf, Wilhelm 641
Rudorff, Ernst 346
Rücker, Günther 427
Rüder, Ilse **606**
Rüdiger, Albert 359
Rühl, Konrad 205, 217f., **605**, 716, 824
Rühmann, Heinz 790
Rümly, Peter (Ps.) → Müller, Mathilde
Ruest, Anselm 539
Rütschi, Salomon *Rudolf* 724, 820
Rütt, Walter 467
Runge, Franz 285
Rungenhagen, Carl Friedrich 437, 589
Ruppin, Arthur 461, **606f.**
Rusche, Albert *Moritz* **607**
Rusche, Marie Klara *Marianne* 339, **607f.**
Ruß, Karl 388
Rust, Johann Nepomuk 735
Rutherford, Joseph Franklin 199

S
Sachse, Hans Wilhelm Otto Hermann **609**
Sachse, Heinrich (Ps.) → Loewe, *Heinrich* Eliakim
Sachse, *Heinrich Ernst* Friedrich Franz Alexander 147, 298, 543, **609**, 742
Sachse, Werner **609f.**
Sachsen-Coburg-Gotha, Ernst von (Herzog) 80
Sachsen-Meiningen, Bernhard von 516
Sachtleben, Hans **610**
Sack, Friedrich Samuel Gottfried 610
Sack, *Karl* Heinrich 476, **610f.**
Saefkow, Anton 98, 122
Sänger, Fritz 465
Särchen, Günter 320
Saint-Exupéry, Antoine de 336
Saklinski, Roman **611**
Sallmann, Paul 496
Salomon, Horst 31
Salomon, Moses 542
Salzmann, Christian Gotthilf 829, 830
Samson-Körner, Paul 88
Sand, George 18
Sandberger, Adolf 750
Sanden, Kurt von 712
Sander, Johann Daniel **611f.**
Sander, Sophie 611
Sannemann, Max 186, 342, 562, **612**
Santini, Fortunato 717
Sarment, Jean 191
Sarrasani, Hans Stosch 600
Sass, *Johannes* Friedrich 171, **612**
Sauer, Friedrich Wilhelm 684
Sauer, Helmut 40
Sauerbruch, Ferdinand 89, 424
Sauerzapf, *Heinz* Hans Bernhard **612f.**
Saunderson, Nicholas 239
Savigny, Friedrich Carl von 207, 542
Sbach, Georg **613**, 673, 717, 750
Schaaff, Johann Christian Friedrich *Ludwig* 280, 349, **613**
Schab, Günther **613f.**
Schabon, Carl 44
Schadow, Friedrich Wilhelm 324, 815
Schadow, Johann Gottfried 570, 682, 769
Schäfer, Alfons **614**
Schäfer, Franz 489
Schaefer, Heinrich 53
Schäfer, Johann Heinrich 74
Schäfer, Louis 169
Schäfer-Witzel (Ps.) → Hirte, Rudolf
Schäffer, Bernhard 99, **614f.**, 721
Schaeffer-Heyrothsberge, Paul 171, 174, 262, 464, **615f.**
Schäler, Wilhelmine 656
Schaeper, Ernst Adolf **616**
Schaeper, *Friedrich* (*Fritz*) August 394, **616**, 617
Schaeper, Friedrich Ludwig 616, **617**
Schaeper, Jacob 379, **617**
Schaeper, Ludwig 616
Schaeper, Richard 395, **617f.**
Schaller, Ernst 578

Personenregister

Schaller (Maler) 682
Schaper, Fritz 50, 221, 247
Schaper, Gustav 235, **618**
Schaper, Wilhelm **618**
Scharnetzky, Hermann *Bruno* **618f.**
Scharnhorst, Gerhard Johann David von 106, 110, 195, 394, 556
Scharoun, Hans 384
Scharwenka, Xaver 140
Schatz, Jacob *Wilhelm* 331, **619**
Schauerte, Franz 92, 364, **619f.**
Schaumburg, Gustav Wilhelm Alexis *Bruno* 620
Schaumburg, Thekla Sophie Marie Anna Freiin von 124, 693
Schawinsky, Alexander (Xanti) **620f.**, 716
Scheele, Carl Wilhelm 107
Scheffer, *Carl* Friedrich Wilhelm **621**
Scheffler, Martin 529
Scheibe, Richard 239, 447
Scheibler, Carl 12
Scheidemann, Philipp 403
Scheidhauer, Joachim Ernst 117
Schellbach, *Martin* Helmut Karl 353, 356, **621f.**
Schellheimer, Cläre 519, **622**
Schellheimer, Johann (Hans) 98, 452, 519, 593, **622**, 668
Schelling, Friedrich Wilhelm Joseph 194
Schenck, Eduard von **622f.**, 734
Schenck, Karl Jacob Friedrich von 622
Schenck, Kersten von 710
Schering, Arnold 304, 550, 587
Schernikau, Ronald M. **623**
Schewe, *Christian* Friedrich 36, 183, 210, 244, 486, 578, **623f.**
Schewe, Max 767
Schewtschenko, Alexander Sergejewitsch 709
Schicht, Johann Gottfried 449, 483
Schichtl, Franz August **624**
Schichtl, Johann 624
Schichtl, Michael August 624
Schichtl, *Xaver* August Jean 29, **624f.**
Schiebold, Ernst 191, **625f.**, 736
Schieck, Heinz **626**
Schiele, Martin **626f.**
Schiele, Oskar **627**
Schierhorn, Helmke 353, 356, 597, **627f.**, 651, 720, 748, 788
Schiess, Ernst **628**
Schiffer, Eugen **628**
Schildmacher, *Hans* Egon Wilhelm **628f.**, 727
Schill, *Ferdinand* Baptista von 195, 305, 345, 395, 440, **629f.**
Schiller, Friedrich 72, 128, 324, 373, 636, 642, 695, 700, 759, 771
Schimmel, Albert 257, 351, **630**, 742
Schindler, Johannes 667
Schindowski, Egon **630f.**
Schinkel, Karl Friedrich 116, 128, 142, 263, 509, 570, **631**, 711, 746, 769
Schlaf, Johannes 105, **631f.**, 759
Schlegel, Johann Heinrich 200, 578
Schleiermacher, Friedrich Adam 4, 128, 247, 257, 280, 340, 610, 656
Schlein, Anni **632**
Schlein, Joseph *Otto* 231, **632**
Schlemmer, Oskar 311, 620
Schlesinger, Alexander 836
Schlesinger, Max **632f.**
Schlette, Friedrich 20

Schlichting, Ernst Franz *Werner* **633**
Schlimme, *Hermann* Ernst **633**
Schlüter, Otto 20, 64
Schmarje (Prof.) 443
Schmeil, Franz *Otto* **633f.**
Schmeling, Max 89
Schmelzer, Friedrich 207, **634f.**, 739
Schmelzer, Friedrich (jun.) 635
Schmelzer, Johannes 635
Schmid, Heinrich Kaspar 545
Schmidt, Albert **635**
Schmidt, *Christian* Andreas 99, *116*, **635**, *721*
Schmidt, Conrad 437
Schmidt, Friedrich (Kommerzienrat) 327
Schmidt, Friedrich von 229
Schmidt, Friedrich Albert 635
Schmidt, Friedrich *Gustav* **635f.**
Schmidt, Friedrich Ludwig 92, 116, 136, 168, 549, **636**
Schmidt, Gustav Friedrich 750
Schmidt (-Küster), Gustav **636f.**
Schmidt, J. C. 516
Schmidt, Julius 103
Schmidt, Karl **637**
Schmidt, Karl Ferdinand 718
Schmidt, Klamer 10
Schmidt, Paul 636
Schmidt, Richard 320
Schmidt, Robert 636
Schmidt, Theodor 44, **637**
Schmidt, Wieland 469
Schmidt, Wilhelm 39
Schmidt, Wilhelm (Heißdampf) 356, 461, 521, **638**, 788
Schmidt, Willi 85
Schmidt-Rottluff, Karl 171
Schmischke, Hermann 430
Schmitt, Bernhard **638f.**
Schmitz, *Ernst* Ludwig Eberhard **639**
Schmitz, Paul 673
Schmude, Detlev **639f.**
Schnaase, Karl 324
Schnee, *Gotthilf* Heinrich **640**
Schnee, Heinrich **640f.**, *734*
Schneider, Bruno 585, 699
Schneider, Friedrich 387, 486, 515, 572
Schneider, Fritz **641**
Schneider, Georg Abraham 612
Schneider, Gerhard 191
Schneider, Gustav **641**
Schneider, *Karl* Fritz Ludwig 215, **642**
Schneider, *Karl* Gottlieb Ludwig 20, 53, 516, **642f.**, 679
Schneider, *Ludwig* Karl Eduard 17, 151, *331*, 443, *591*, 603, *619*, **643f.**, 811
Schneider, Max 325, 683
Schneider, *Oskar* Peter Pfeil 643, **644**
Schneider, Walter 643
Schneidewindt, Matthias 145
Schniewind, Julius 329
Schnitger, Arp 184, 186, 445
Schnitzler, Arthur 105, 759
Schnorr von Carolsfeld, Julius 248
Schoch, Johann Gottlieb 414, 421f., **644f.**

Schoch, Karl 167
Schoch, Rudolf Gottlieb 644
Schoch, Wilhelm 179, **645**
Schoefer, *Günther* Rudolf **645f.**
Schön, Theodor von 182, 358
Schönberg, Arnold 71, 671, 711
Schönberg, Oskar 187, **646**
Schöne, H. 671
Schönflies, Arthur 625
Schoenian, *Hermann* Otto Julius **646f.**
Schönian, Louis 837
Schoeps, Johann Jakob 387
Schöttler, Friedrich *Lorenz* 19, **647**
Schöttler, Friedrich *Wilhelm* 143, **647**
Scholl, Friedrich 676
Scholl, Joseph Franz 61
Scholz, Hermann **647f.**
Schomburg, Karl 272
Schopenhauer, Arthur 139f., 788
Schopenhauer, Johanna 656
Schostakowitsch, Dmitri 642, 671
Schott, Konrad Ferdinand **648**
Schotte, Johann Werner 648
Schotte, Simon Gottfried 21, **648**
Schrader, Heinrich Christian *Wilhelm* 127, *223*, **648f.**
Schrader, Heinz **649**
Schrader, Hilde **649**
Schragmüller, Konrad **650**
Schramm, Percy Ernst 672
Schrauth, Heinrich Adolph *Walther* **650**
Schreck, Gustav 735
Schreiber, Andreas *151*, **650f.**
Schreiber, Ernst **651**
Schreiber, Paul 246, 413, 597, **651**
Schreiner, Carl 373
Schrod, Franz *Konrad* **651f.**
Schröder, Agnes Margarethe Hedwig 177
Schröder, Friedrich Ludwig 116
Schröder, Johannes Wilhelm 733
Schröder, Richard 434
Schröder, Rudolph 319
Schröder, Willi **652**
Schroeder-Devrient, Wilhelmine 280
Schröter, Fritz **652f.**
Schröter, Karl **653**
Schubart, Christian Friedrich Daniel 454
Schubert, Franz 671
Schubert, Friedrich Wilhelm 599
Schubert, Roland **653**
Schuberth, Friedrich 653
Schuberth, Gottlob 653
Schuberth, *Julius* Ferdinand Georg 280, **653f.**
Schuch, Ernst von 452
Schücking, Levin 548
Schürer, Emil 314
Schürz, Otto 630
Schütte, *Kurt* Wilhelm **654**
Schütte, Werner **654**
Schütz, Georg *Curt* 242, **654f.**, 716
Schütz, Heinrich 72, 87, 288
Schütz, *Julius* Engelbert Friedrich von 142, 151, *414*, **655f.**

Schütze, Hugo 688
Schütze, Johann *Stephan* **656**, *833*
Schuffenhauer, Heinz **656f.**
Schulenburg, Alexander Friedrich Christoph Graf von der 658, 671
Schulenburg, August Graf von der 659
Schulenburg, Bernhard von der 659
Schulenburg, *Edo* Friedrich Christoph Daniel Graf von der **657**, 658
Schulenburg, Friedrich Christoph Daniel Graf von 396, **657f.**
Schulenburg, *Friedrich* Wilhelm Christoph Daniel Graf von der 74, **658**
Schulenburg, Fritz **658f.**
Schulenburg, *Karl* Ludwig Graf von der 13, 443, **659**, 671
Schulenburg, Klara Luise von der 622
Schulenburg, *Leopold* Christian Wilhelm Johann Graf von der **659f.**
Schulenburg, Paul Otto *Werner* von der **660**
Schulte, Adam *Paul* Adolf **660**
Schulte, Karl Joseph 364
Schultheiß, Heinrich *Wilhelm* **660f.**
Schultz, Johannes **661**
Schultz-Piszachich, Wolfgang **661f.**
Schultze, Adolph 167f.
Schultze, Carl 117, **662**
Schultze, Gustav 663
Schultze, Karl *Leopold* 261, 296, **662f.**
Schultze, Moritz **663f.**
Schultze-Naumburg, Paul 402, 616
Schulz, Ferdinand 696
Schulz, Gustav 320
Schulz, Hermann 493
Schulz, Max Walter 31
Schulze, Ernst 411
Schulze, Ernst August *Gustav* **664**
Schulze, Friedrich 115
Schulze, Friedrich *Wilhelm* **664f.**
Schulze, Karl **665**
Schulze, Max 650
Schulze, Richard 630
Schulze, Walter **665**
Schulze, Wilhelm *146, 292, 325, 406, 447, 556, 643,* **665**, *682, 723, 811*
Schulze, Wilhelm 619
Schulze-Delitzsch, Hermann 303, 510
Schumacher, Ernst **665f.**
Schumacher, Fritz 204, 725
Schumacher, Heinrich Christian 512
Schumacher, Kurt 22, 525
Schumann, Bernhard (Ps.) → Krentzlin, Emil Heinrich *Richard*
Schumann, Gerhard 667
Schumann, Maximilian 142, 238, 413, **666**
Schumann, Robert 109, 154, 189, 280, 342, 556, 750
Schumann, *Wilhelm* Emil 30, 199, **666f.**, 678
Schur, Gustav Adolf 159, 203
Schuricht, Carl 711
Schuster, *Paul* Emil Karl **667**
Schwab, Clara **667f.**
Schwantes, *Martin* Paul Albert 3, 98, 122, 252, 270, 452, 593, **668**, 697, 793
Schwantner, Emil **668f.**
Schwartz, *Walter* Gustav Rudolf **669**
Schwartze, Hermann 387

Personenregister

Schwartzkopff, Louis **669**
Schwarz (Kaufmann) 396
Schwarz, Ernst **669f.**
Schwarz, Hans **670**
Schwarz, Hermann 25
Schweitzer, Albert 545, 750
Schwerin, Christoph *Friedrich* (*Fritz*) 284f., **670f.**
Schwerin-Putzar, Maximilian Graf von 765
Schwiers, Adolf *Gottfried* **671f.**
Schwimmer, Max 676
Schwineköper, Berent 160, 362, **672**, 702
Schwippert, Hans 606
Schwirkus, Walter 163
Schwitters, Kurt 130
Scott, Walter 441
Scribe, Eugène 115, 701
Seebach, Johann Andreas 388, 445, 483, **673**, 717, 828
Seebach, Marie 515
Seeboth, Max **673f.**
Seeger, Paul Gerhardt **674**
Seehafer, Eitel-Friedrich **674f.**
Seele, Friedrich 647
Seelmann-Eggebert, *Emil* Paul **675**
Seelmann-Eggebert, *Wilhelm* Emil 581, **675**
Seger, Hermann August 309
Seghers, Anna 31
Seifert, *Ernst* Werner **675f.**
Seiler, Kurt **676**
Seitz, Friedrich **676f.**, 687
Seitz, *Robert* Karl Wilhelm 47, 53, 88, *333*, 549, 598, **677**
Sekles, Bernhard 178
Selber, Martin 332
Seldte, Franz 450, **678**
Selfisch, Samuel 417
Seliger, Ernst 199, **678f.**
Semler, Johann Salomo 581, 594
Sendig, Max 167f.
Sendler, Paul 679
Sendler, Theodor 53, 516, 642, **679**
Senefelder, Alois 163
Senff, Franz Georg *Curt* 633, **679**
Senfft von Pilsach, Ernst Freiherr 764
Sengewald (Kaufmann) 499
Sennert, Daniel 107
Sens, Hermann Wilhelm *Walter* 418, *462*, **679f.**
Senst, Gottlieb 522
Sering, Max 133, **680**
Serow, Valentin 441
Servet, Michael 730
Severing, Carl 530
Shaffer, Peter 642
Shakespeare, William 324, 515, 636, 695, 758f., 771, 812
Shaw, George Bernhard 191, 642
Shockley, William 258
Sichting, Erich **680**
Sickel, August 681
Sickel, Gustav Adolf *Friedrich* **680f.**
Sickel, Heinrich Friedrich *Franz* 297, **681**
Sidow, *Max* Paul Otto **681f.**
Sieg, Carl 406, 582, 595, **682**
Siegel, Felix 653

Siegel, Feodor (jun.) **682**
Siegel, Georg **682**
Siegel, Gottfried Hermann *Feodor* **682f.**
Siegfried, *Karl* Gustav Adolf **683**
Siegmund-Schultze, Walther **683f.**, 826
Siemering, Rudolf 322
Sievers, Georg Ludwig Peter 684
Sievers, Johann Friedrich Ludwig **684**
Silberg, Theodor **684**
Simmerlein, Wilhelm 132
Simon, August **684**
Simon, August Heinrich 139
Simon, Bruno *Ernst* 152, 315, 467, **684f.**
Simon, Kurt **685**
Simon, Otto **685**
Simon-Bärwinkel, Rosemarie 337
Sintenis, Johann Christian Sigismund **685**
Sintenis, Wilhelm Franz 25, 142, *160*, 582, **685f.**, 742
Sixt von Armin, *Friedrich* Bertram **686f.**, *758*, 801
Skomal, Carl **482**, **687**
Smend, Friedrich 330
Smith, Adam 100, 499
Söchting, Emil **687**
Soemmering, Samuel Thomas 628
Sörensen, Emil 294
Sohl, Fritz **687f.**
Sohn, Wilhelm 757
Solbach, Heinrich 375, **688**, 796
Soltmann, Hans 692
Sommer, Anton 474
Sommer, Karl Heinz 51
Sonnenfeld, Otto 646
Sonntag, Gustav **688f.**
Sonntag, Henriette 280
Sophokles 324
Sorge, Kurt 151, 299, 414, **689f.**, 721
Sorgenfrey, Gustav *Theodor* 42, 528, **690**
Souchon, Wilhelm 16
Soult, Nicolas-Jean de Dieu de 357
Spangenberg, Gerhard **690f.**
Spanier, Arthur **691**, 692
Spanier, Moritz **691f.**
Speck, *Georg* Andreas Albert 74, **692**
Speidel, Wilhelm 186
Spengler, Johannes 673
Sens, Hermann Wilhelm *Walter*
Spiegel von und zu Peckelsheim, *Werner Friedrich* Julius Stephan 124, **692f.**
Spiegel zum Desenberg, Ernst Ludwig Christoph Freiherr von 692
Spiegel zum Desenberg, Werner Adolf Heinrich 692
Spiegelberg, Otto (Ps.) → Beck, Paul Walther
Spielhagen, Friedrich **693**
Spieß, Annelotte 694
Spieß, Ernst *Eduard* 481, 578f., **693f.**, 779
Spieß, *Hans-Arthur* Albert **694**
Spinoza, Baruch de 599
Spir, Gottfried *Simon* **694f.**
Spitta, Philipp 73
Spoerl, Heinrich 402
Spohr, Louis 175
Spranger, Eduard 37, 174
Sprengel, Kurt 132

Personenregister

Springer, Emilie 522, 695
Springer, Johann 515, 522, 693, **695**
Springfeld, Oskar 119
Srbik, Heinrich von 672
Staemmler, Wolfgang 312
Stahl, Friedrich Julius 208, 220
Stahlkopf, Carl 787
Stampfer, Friedrich 22
Standhardt, Hans **695f.**
Stange, Max 73
Start, William 794f.
Stauf, Gerhard 77, **696**
Stauffenberg, Claus Schenk Graf von 172, 454
Steffen, Albert 696
Steffen, Frieda 696
Steffen, Wolfgang **696f.**
Steffens, Karl 630
Steffens, Kurt 359, 767
Steger, Friedrich 25
Steiger, Friedrich 41
Steiger, Willi 211, 667, **697**
Stein, Heinrich Friedrich Karl Reichsfreiherr vom und zum 509, 556, 557
Stein, Jeanette → Blumenfeld, Jeanette
Stein, Louis **697**
Steinaecker, *Bruno* Wilhelm Johann Franz Heinrich Freiherr von **697f.**
Steinaecker, Franz Ernst Karl Ludwig Anton Gottlieb Julius von 697
Steinbrück, Karl 503
Steiner, Rudolf 632, 737, 805
Steinhardt, Moritz *Meyer* 691, **698**
Steinig, Gerhard **698**
Steinmann, Gustav 111
Steinmetz, Johann Adam 353
Steinmetz, Karl Friedrich von **698f.**
Steinschneider, Moritz 691
Steinthal, Heymann 532
Stemmle, *Robert* Ferdinand Adolf 174, *434*, 585, 595, **699**, 750, 791
Stenzel, Carl 687
Stephan, Christoph 61
Stephan, Jacob 157, **699f.**
Stephan, Rudi 763
Stephani, Hermann 230, 587
Stern, Leo 327
Sternheim, Carl 250, 759
Stettner, Karl 305, **700**
Steube, Hans-Hasso (Ps.) → Steuben, *Hasso* Liborius von
Steuben, Friedrich Wilhelm von 549, 700
Steuben, *Hasso* Liborius von 215, 373, **700f.**
Stieda, Wilhelm 417
Stiebritz, Johann Friedrich 436
Stieger, *Gustav* August Wilhelm 74, **701**
Stimming, Gustav 701
Stimming, Richard **701f.**, *759*
Stirner, Max 18
Stock, Dove 604
Stock, Ludwig Christian 160, **702**, 784
Stockhausen, Julius 105
Stockmann, Herbert 98, 601, 676, **702f.**
Stoeckel, Walter 35

Stoecker, Adolf **703**
Stölke, Joachim 794
Stolberg-Wernigerode, Anton Graf zu 60, 142, 476, **703f.**, 764
Stolberg-Wernigerode, Christian Ernst zu 353
Stolberg-Wernigerode, Christian Friedrich Graf zu 9
Stolberg, Friedrich Leopold Graf zu 127
Stolberg-Wernigerode, Heinrich Graf zu 19
Stollberg, Gustav **704**
Stolte, *Max* Ludwig August Hermann **704**, *720*
Stolz, Heinrich **704f.**
Stolzenburg, Wilhelm 47, 53
Storch, *Karl* Hermann Ernst 298, **705**, 706
Storck, Johann Heinrich 154
Storm, Theodor 693
Stosch, Albrecht von **706**
Sträter, Edmund 3, 172, 255, 256, 388, 563, **706**, 741
Sträter, Elisabeth 3
Straube, Karl 89, 527, 545
Strauss, Richard 37, 72, 455, 565, 671, 759
Strawinsky, Igor 37
Stresemann, Erwin 300, 629
Stresemann, Gustav 441f.
Strindberg, August 804
Strube, Carl 24
Strube, Conrad *Louis* **706f.**
Strube, Elisabeth **707**, 708
Strube, Friedrich *587*, **707f.**
Strube, Gerhard **708**
Strube, Hermann 707, **708**
Strube, Johann Friedrich 707, **708f.**
Strube, Otto **709**, 724
Struensee, Carl August von 406, 729
Struensee, Ulrich *Adam* 436
Strumpf, *Paul* Oskar **709f.**
Struß, *Wilhelm* Heinrich **710**
Struve, Charlotte 739
Struys, Alexander 578
Stuber, A. 388
Stuck, Franz von 373
Stucken, Eduard 48
Stuckenschmidt, Hans Heinz 47, 53, **710f.**
Stüler, Carl Askan 711
Stüler, Friedrich *August* **711**
Stützer, Christoph 341
Stuhlmann, Friedrich **711f.**
Stumpp, *Ernst* Emil **712**
Sturm, Christian Christoph 117
Sturz, Helferich Peter 200
Styrle, Albertine 181
Suder, Wilhelm jun. 124, **712f.**
Suder, Wilhelm sen. 712
Swarzenski, Georg 762
Swift, Jonathan 676
Sybel, Heinrich von 543
Sylvanus, Erwin 336
Szawdrowsky, Heinrich 186

T

Tack, Conrad 391, **714**, 836
Tack, Ernst 714
Tack, Jean 714

Personenregister

Tafel, Ella **714**
Tauber, Richard 760
Taubert, Carl Gottfried Wilhelm 289
Taubert, Otto 735
Tauentzien, Bogislaw Friedrich 715
Tauentzien, *Bogislaw* Friedrich Emanuel Graf von **715**
Taut, *Bruno* Julius Florian 41, 84, 205, 217, *221*, 225, 242, 279, 307, *313*, 342, 384, 422, 427, 454, 458, 478, *485*, 539, 583, 606, *616*, 654f., 677, **715f.**, 737, 757, 767, 768, 798, 824
Taut, Max 715
Teed, Cyrus Ray 459
Teichmüller, Robert 140, 184, 341
Teisserenc de Bort, Léon 18
Telemann, Georg Philipp 72, 93, 230, 642, 671f., 673, 674, 683, 750
Tell, Werner *674*, **716f.**, 750
Telle (Musikdirektor) 791
Teller, Wilhelm Abraham 257f.
Terbin, Konrad (Ps.) → Bader, Paul
Teschner, Gustav Wilhelm **717f.**, 764
Tessendorf, *Hermann* Ernst Christian **718**
Tessenow, Heinrich 171f., 687, **718**
Tettenborn, Friedrich Karl Freiherr von 770
Thälmann, Ernst 793f.
Thaer, Albrecht 395, 396, 822f.
Thal, *Wilhelm* Heinrich David 319, **718f.**
Thalheim, Rudolf 536
Thape, Ernst 22f., *255*, 425, 595, **719**
Théaulon de Lambert, Marie Emmanuel Guillaume Marguerite 155
Thedy, Max 193, 211
Theloe, Gerhard **719f.**
Theobald, Hans Hermann 261
Thesing, *Ernst* August Curt Oswald **720**
Theyer, Leopold 687
Thiele, *Ernst* Gustav 289, **720**
Thiele, Johann Christoph 792
Thiele, Johannes 129
Thielicke, Helmut 133
Thiem, Bruno **720f.**
Thiemann, *Friedrich* Karl Eduard 151, **721**
Thieme, Emil 533
Thiemich, Paul Wilhelm Albert *Martin* **721f.**, 760
Thierfelder, Albert 583f.
Thiersch, Friedrich 79, 718
Thieß, *Günter* Walter Otto Karl 229, **722**
Thinius, *Otto* Walter 447, 601, **722f.**
Thoenes, *Fritz* Gustav Theodor 335, 605, 714, **723**, 739
Thoenes, Margarete 714, 723
Thol (Prof.) 615
Tholuck, August 3, 13, 82, 220, 298, 488, 609, 611, 659, 734
Thoma, Fritz 606
Thomas, Georg **723f.**
Thomas, Kurt 89
Thor, Walter 169, 813
Thorau, Horst **724**
Thormählen, Emil 50f., 517, **724f.**, *806*, 820
Thormaehlen, Ludwig 226, 454, 791
Thorn, Wilhelm **725**
Thorschmidt, Justus Christian 334
Thorwaldsen, Berthel 570
Thum, *Erich* Heinrich **725**

Tieck, Christian Friedrich 570, 595
Tieck, Ludwig 324
Tiekmann, Hieronymus Bernhard 684
Tielecke, *Hans* Waldemar Ernst **725f.**
Tielker, Franz 92
Tiessen, Heinz 696
Tietz, Hermann 439
Tillmann, *Friedrich* Wilhelm **726**
Tilly, Johann Carl 136, 168, 636
Tilly, Johann Tserclas Graf von 357
Tippel, Georg 607
Tischbein, August Albrecht Christian 727
Tischbein, Heinrich Ludwig Karl August *William* 697, **726f.**
Tischbein, Johann Heinrich *Albrecht* 727
Tischer, Heinz **727f.**
Tischler, Friedrich 240
Tönnies, Wilhelm 412
Töpfer, Hans 604
Töpfer, Johann Gottlob 221
Toepffer, Richard **728**
Törring, Thomas 151, **728f.**
Tolberg, *Johann* Wilhelm 292, 435, *665*, **729f.**
Toller, Ernst 338
Tollin, *Henri* Guillaume (Wilhelm) Nathanael *189*, *239*, *353*, *426*, *560*, **730f.**
Tolstoi, Leo 68
Tonndorf, Woldemar 396
Tonne, Carl *Gustav* **731**
Torges, Emil 643
Toscanini, Arturo 71
Trautmann, Rudolf 339, **731**
Trefftz, Erich 401
Treibs, Wilhelm 330
Treitschke, Heinrich von 396
Trenckmann, *Robert* Christian **732**
Trendelenburg, Friedrich Adolf 476, 748
Trenkner, Evelinde 732
Trenkner, *Werner* Otto 732
Trenkner, Wilhelm **732**
Tresckow, *Henning* Hermann Robert Karl von **732f.**
Treuenfels, Abraham 567
Trilse, Christoph 336
Tripler, Caroline 132
Trippe, Kaspar *Friedrich* **733**
Trombke, Gustav 654, **733f.**
Trotha, Lothar von **734**
Truckenbrodt, Alfred 734
Truckenbrodt, Christian *Andreas* Wilhelm 437, **734**
Truckenbrodt, Matthias 145
Trümpelmann, *August* Christian Friedrich Ernst Heinrich 644, **734f.**
Trümpelmann, Max **735**
Trüstedt, *Friedrich* Leberecht 12, 94, 137, 197, 516, **735f.**
Tschaikowsky, Peter 37, 671
Tschiang Kai-schek 351
Tschorn, Gerhart 85, **736**
Tübben, Oscar 729
Tübcke, Werner 193
Tübner, Otto 574
Tümpel, Wilhelm 178
Tuch, Christian (Carl) **736f.**
Tuch, Hermann 736

Personenregister

Tuch, Hermann (jun.) 736f.
Tuch, Max 736
Tuch, Kurt 333, 524, **737f.**
Turgenjew, Iwan 140
Twain, Mark 58

U
Ubrich, Ludwig 751
Uechtritz, Friedrich von 324
Uffenheimer, Albert **739**
Uffrecht, Heinrich 740
Uffrecht, Hermann 740
Uffrecht, Jakob 474, **739f.**, 741
Uffrecht, Ludwig Rudolf *Bernhard* **740**
Uffrecht, Rudolf 739, **740f.**
Uffrecht, Theodor *Heinrich* **741**
Uhde, Waldemar 32, 284, **741f.**
Uhlich, *Clara* Wilhelmine **742**
Uhlich, Leberecht 89, 129, 142, 147, 160, 169, 208, 220, 233, 264, 298, 303, 361, 388, 535, 543, 609, 686, 735, **742f.**, 765, 817
Uhlmann, Alfred **743f.**
Uhlrich, Karl Wilhelm 676
Uhrig, Robert 232
Ulbrich, Karl 744
Ulbrich, *Martin* Immanuel Karl 541, **744f.**, 755
Ulbricht, Walter 709
Ullrich, Max Robert *Heinz* **745**, 756
Ulrich, Albert von 384, 648
Ulrich, Alfred **746**
Unger, Heinrich *Theodor* Friedrich *410*, **746**,
Unna, Paul Gerson 415
Unruh, Hans *Victor* Georg von 129, 169, 239, 264, **746f.**
Untucht, Carl 747
Untucht, Friedrich *Carl* **747**
Unverricht, Heinrich **748**
Unzelmann, Friedrike 52, 168
Urban, Heinrich 385
Urban, *Karl* Christian Albert 594, **748**
Usbeck, Hermann Eduard Adolf *Werner* **748f.**
Usbeck, Karl Max *Adolf* 748, **749**
Uslar, Julius Heinrich von 5

V
Vaihinger, Hans 457
Valentin, Erich *321, 371*, 587, *618*, 717, **750**, *763, 764, 808, 812*
Valéry, Paul Ambroise 539
Vallentin, Berthold 791
Valloton, Felix 282
Vangerow, Wilhelm Gottlieb von *179*, 360, **751**
Van Gogh, Vincent 333, 737
Varena, Adolf 105, **751**
Varges, *August* Wilhelm **751f.**, 760
Varnhagen von Ense, Karl August 107
Varnhagen von Ense, Rahel 324
Vater, Albert 252, **752**
Vauban, Sébastien LePrestre de 106
Vega, Lope de 642
Veil, Wolfgang 573
Veit, Johannes 537
Velsen, Friedrich von 530
Velten, Ulrich 214

Veltheim, August Ferdinand Graf von **752f.**
Veltheim, Otto August von 499
Veltheim, Röttger Graf von 347, **753f.**
Verdi, Giuseppe 37, 43, 87, 642, 758f.
Vester, Willi 375
Vettel, Franz **754**
Viegener, *Eberhard* Kaspar Josef 53, **754f.**
Viereck, Ludwig 430
Vieregge, Carl Heinrich 313, 704, **755**
Vierkandt, Alfred 369
Vietinghoff, August von 196
Villaume, Peter 578
Vilmorin, Pierre Louis François Levéque de 276
Vincenti, Arthur Reichsritter von *136, 210, 234, 263*, 511, **755f.**, *822*
Vinz, Waldemar **756**
Virchow, Elli 757
Virchow, Rudolf 20, 112, 584, 757
Virchow, Willi **756f.**
Völcker, Adolph Friedrich 261
Völker, Karl **757**
Vogel, Hugo *318, 687*, **757f.**
Vogel, Reinhold **758**
Vogeler, Heinrich (Maler) 783
Vogeler, Johann Theodor *Heinrich* 452, 751, **758f.**
Vogeler, Otto 33, 365, *702*, **759**
Vogler, Carl 287
Vogt, Hans 739, **760**
Voigt, Ilse 293, **760**
Voigtel, *Carl* Eduard **760**
Voigtel, Friedrich *Wilhelm* Traugott 352, 508, 597, 735, **760f.**, 784
Voigtel, Johann Carl Traugott 760
Voigtel, Karl Eduard *Richard* **761**
Voigtel, Max 139
Volbach, Fritz 762
Volbehr, Julie (Lu) **761**, 762
Volbehr, Theodor 67, 225, 761, **762**, *806*
Volger, Adolph 315
Volkmann, Alfred Wilhelm 249
Volkmann, *Otto* Hermann 716, 750, **762f.**
Volksmann, Ernst (Ps.) → Heitmann, Adolf
Vollbring, Franz **763**
Vollmar, Georg von 340
Vorgang, Paul 6
Vorländer, Karl 457
Voß, Albert 701
Vuyk, Jan 727

W
Wachowiak, Jutta 427
Wachsmann, *Johann Joachim* Peter 529, 572, 717, **764**, 828
Wachsmuth, Ernst Wilhelm 106
Wachsmuth, Karl Friedrich 780
Wackerle, Josef 443
Wadzeck, Friedrich 439
Wagener, Herrmann **764f.**
Wagener, Samuel Christoph 439
Wagner, Alexander 408
Wagner, Clara 765
Wagner, Friedrich 219
Wagner, Johanne Elisabeth Magdalene
Wagner, Kurt 59

Personenregister

Wagner, Martin 454
Wagner, Wieland 671
Wagner, Wilhelm *Richard* 52, 72, 105, 235, 263, 280, 321, 342, 408, 449f., 515, 565, 642, 671, 695, 750, 751, 758f., **765f.**, 808, 811f.
Wahl, Friedrich 473, **766**
Wahlberg, Gisela 760
Wahle, *Ernst* Karl Bernhard Hermann **766f.**
Wahle, Fritz Alexander Johann 23, 359, **767**
Wahlmann, Otto *Paul* **767f.**
Wahnschaffe, Carl Wilhelm *Maximilian* 66, 82, 443, **768f.**
Wahnschaffe, Friederike **769**
Wahnschaffe, Gustav Albert Bruno *Felix* 349, **769f.**, 795, 798
Wahnschaffe, Heinrich Friedrich
Wahnschaffe, Johann Ludwig Wilhelm 769
Wahnschaffe, Wilhelm Ludewig *August* **770**
Wahrendorf, Friedrich Andreas *Günter* **770f.**
Wahrendorf, Herbert **771f.**
Waitz, Erich **772**
Waitz, Helmut **772**
Walcker, Eberhard Friedrich 74
Walden, Herwarth 478
Waldeyer, Anton 627
Waldoff, Claire 529, 654
Wallach, Otto 639
Wallmann, Heinrich Christian *Carl* **773**
Walter, Herbert **773**
Walter, Susa 28
Walther von der Vogelweide 533
Walther, Johannes 111
Walther, Karl Ferdinand Wilhelm 224
Wanckel, Eberhard 774
Wanckel, Oskar **773f.**
Wanckel, Wolfgang 447, 556, 723, **774**, 827
Wartensleben, *Gustav* Ludwig Graf von **774**, 775
Wartensleben, *Hermann* Wilhelm Ludwig Alexander Karl Friedrich Graf von 775
Wartensleben, *Ludwig* Hermann Alexander Graf von **775f.**
Wasianski, Ehregott Andreas Christoph 457
Wasserman, Dale 642
Wassermann, J. S. 26
Watt, James 770
Watteau, Antoine 762
Weber, Bernhard Anselm 612
Weber, Bruno 367, **776**, 800
Weber, Carl Maria von 449
Weber, Christian 436
Weber, Constantin 401
Weber, Hans 31
Weber, Heinrich 464
Weber, L. (Ps.) → Zschokke, Johann *Heinrich* Daniel
Weber, Michael 218
Weber, Paul 518, **776**
Weber, Theodor 387
Weckerling, Otto 34, **776f.**
Wedell, *Wilhelm* Carl Heinrich Magnus von 34, **777**
Wedekind, Frank 374, 759, 804
Wegener, Alfred 111
Wegener, Hugo Paul Theodor Christian *Philipp* **777f.**, 800
Wegener, Paul 554, 758
Wegerer, Anton **778f.**
Wegner, Carl 579, 687, 694, **779**, 820

Wegner, Wilhelm **779f.**
Wegscheider, Julius 298, 609
Wehe, *Hermann* Ferdinand Albert Wilhelm 397, **780**
Wehl, Feodor von **780f.**, 811
Weichsel, Robert **781**
Weidanz, Gustav 601
Weidel, Karl 436, **781f.**
Weien, Peter von der 141
Weill, Kurt 37, 148, 338, 614
Weinert, *Erich* Bernhard Gustav 53, 98, 549, *602*, 646, **782f.**
Weinert, Walter **783**
Weingartner, Felix 37
Weinhold, Herbert **783f.**
Weinlig, Christian Theodor 483
Weinrich, Helmuth 470f.
Weinschenk, *Hans-Erich* Hermann Paul **784**
Weinschenk, Johann Carl *Friedrich* **784**
Weinschenk, Johann Christoph 784
Weirich, Wilhelm 435
Weise, Clara **784f.**
Weise, Wilhelm 785
Weiß, Bernhard 704
Weiß, Isidor 137
Weiß, Willi **785**
Weiße (Nadler) 786
Weiße (Buchbinder) 786
Weißensee, Friedrich 159,
Weißler, Friedrich **785f.**
Weißmüller, Johnny 566
Weitbrecht, Oda 372
Weitling, *Wilhelm* Christian 90, **786**
Weitzdörfer, Eduard 151, **786f.**
Weitzig, Hans 673
Welger, Andreas *Carl* **787**
Welger, Franz 787
Welger, Gottfried 787
Welger, Gottfried *Emil* **787**
Welger, Gustav 787
Welk, Ehm 275
Wellmann, *Arthur* Karl Wilhelm **787f.**
Wempe, *Friedrich* Karl **788**
Wendel, François de 693
Wendel, *Walther* Paul August Ludwig 430, **788**
Wendler, Dietmar **788f.**
Wendler, Hugo *Georg* 506, **789**
Wendler, *Kurt* Hans Hermann Adalbert **789f.**
Wendler, Otto Bernhard 646, **790f.**
Wendler, Petra 789
Wendling, Karl 341
Wendt, Friedrich Wilhelm *Eduard* **791**
Wenghöfer, Walter **791f.**
Weniger, Christian Friedrich **792**
Wenner, Max R. 174
Wentz, Gottfried 672
Wenzel, *Walter* Paul 477, **792**
Werler, Karl-Heinz **792f.**
Werner, Anton von 339
Werner, Ilse 790
Werner, Johannes **793**
Werner, Karl **793f.**
Werner, *Reinhold* Sigismund Heinrich von **794**

892

Personenregister

Wernicke, *Friedrich* Wilhelm   *439*, *547*, **794**
Wernicke, Johann *Andreas*   248, **794f.**
Wernicke, Rudolph *Ernst* Leopold   **795**
Werveke, Leopold van   349, **795f.**
Weskamm, Wilhelm   19f., 196, 290, 304, 328, 375, 427, 589, 688, **796f.**, 807
Wesker, Arnold   642
Wessel, Fritz   **797**
Westermeier, Franz Bogislaus   142, 201, 280, 581, **797f.**
Wettstein, Heinrich   **798**
Wewerka, Hans   779
Wewerka, Rudolf   **798**
Whitman, Walt   632
Wichern, Johann Hinrich   296, 503
Wichmann von Magdeburg   157
Wichmann, Kurt   717
Wichmann, Ludwig   570
Wieck, Clara   280
Wiedemann (Arzt)   661
Wiegandt, H.   230
Wiegers, *Fritz* Harry Wilhelm   349, 795, **798f.**, 800
Wiegert, Ingolf   469
Wiehmayer, Theodor   278
Wieland, Christoph Martin   370, 406, 451, 656
Wienand, Lorenz   375, **799**
Wienholz, Roland   **799**
Wieprecht, Hans   *66*, *79*, **799f.**
Wiese (Komponist)   671
Wiese, Karl Friedrich   289
Wiese, Leopold von   369
Wiesener, Helmut   **800**
Wiesenthal, Curt   801
Wiesenthal, Paul   **800f.**
Wietersheim, Gustav von   527, **801**
Wiggert, Friedrich   121, 582, **801f.**, 809
Wilamowitz-Moellendorff, Ulrich von   327, 691
Wilcken, Gustav   661
Wildberg, Johann Friedrich *Wilhelm*   **802**
Wilde, Georg   **802**
Wildenbruch, Blanka von   556
Wildenbruch, *Ernst* von   556, **802f.**
Wildenbruch, Ludwig von   556
Wilhelm I., Dt. Kaiser   9, 128, 134, 215, 555, 765, 805, 815
Wilhelm II., Dt. Kaiser   134, 171, 212, 558, 703, 794
Wilhelm, Gerhard   **803**
Wilhelm, Otto   38, **803**
Wilhelmi, Carl *Heinrich* Hermann   **804**
Wilhelmi, Johann Christian   261
Willdenow, Carl Ludwig   268
Wille, Bruno   340, **804f.**
Wille, Ernst   **805**
Wille, Otto   468
Willenbacher, Jörg (Ps.) → Osterroth, Franz
Willenbucher, Johann Peter   63
Willing, Johann Ludwig   483
Willms, André   811
Wilmans, Roger   160
Wilmowsky, Adolf Wilhelm *Kurt* von   **805f.**
Wilmowsky, Tilo von   442
Wilschke, Robert   40
Wiluster zu Halden, Graf   305

Winckel, Richard   176, 283, 307, 524, 702, 725, **806**, 813, 819, *820*
Winckelmann, Johann Joachim   762
Winkel, Gotthilf Gustav   *111*, **806f.**
Winkelmann, Heinrich   40, 409, 796, **807**
Winkelmann, Theodor   **807f.**
Winstrup, Ole Johansen   **808f.**
Winter, August *Franz*   121, *222*, 269, 487, *661*, **809f.**
Winter, Carl *Georg* Ludwig   192, **810**
Winter, *Martin* Erich   **810f.**
Winterfeld, Carl von   589f.
Winterstein, Johann *Georg* Gottlob *Peter*   **811**
Wirsing, Bernhard *Rudolph*   780, **811f.**
Wislicenus, Gustav Adolph   743
Wißel, Adam Johannes   **812**
Witt, Adolf   381
Witte, *Karl* Wilhelm Gottfried   **812f.**
Wittenbecher, Curt   169, **813**
Wittgenstein, Paul   37
Wittig, Felix   **813**
Wittmaack, Ernst   **813f.**
Witzenhausen, Günther   **814**
Witzleben, Hartmann Erasmus von   13, 81, 475, 520, **814f.**
Wodick, Edmund   *361*, *802*, **815**
Wöhlert, Friedrich   236, 237
Wölfflin, Heinrich   130, 254
Wölfle, *Hugo* Alfred   **815f.**
Wöllner, Johann Christoph   623
Woenig, Franz   **816**
Wohlbrück, August   450
Wohlfeld, Carl *Albert*   **816**, 817, *818*
Wohlfeld, Johann Gottfried   **816f.**
Wohlfeld, Konrad   817f.
Wohlfeld, Paul   **817**, 819
Wohlfeld, Paul Albert   *816*, **817f.**
Wohlgemuth, Gustav   671
Wolf, Ernst   133
Wolf, Friedrich   31, 782
Wolf, Friedrich August   63, 103, 127, 128, 479
Wolf, Johannes   89
Wolf, Klaus   332
Wolf, Max   819
Wolf, Rudolf (jun.)   819
Wolf, *Rudolf* Ernst   12, 236, 265, 521, 553, 706, 721, 782, **818f.**
Wolff, Albert   50, 247, 570
Wolff, Dietrich   820
Wolff, Friedrich Wilhelm   **819**
Wolff, Gustav Adolf   **819f.**
Wolff, Kuno   *52*, **820**
Wolff, Kurt   27, 381
Wolff, Walter   585, 699
Wolfram von Eschenbach   412
Wolfram, C.   671
Wolfram, Heinrich   765
Wolfskehl, Johanna   791
Wolfskehl, Karl   791
Wolter, Erna   **820f.**
Wolter, Ferdinand *Albert*   75, *298*, *418*, **821**
Wolters, Friedrich   791
Wolterstorff, Christian Heinrich Friedrich *Wilhelm*   **821f.**
Wolterstorff, *Willy* Georg   192, 460, *651*, **822**
Woolf, Virginia   445

Personenregister

Worm, Maximilian 384f.
Wossidlo, Richard 214
Wothge, Rosemarie 595
Wrede, Ferdinand 59
Wrede, William 314
Wüllner, Franz 73, 137
Wünnenberg, Carl 836
Wulffen, Carl von **822f.**
Wundt, Wilhelm 544
Wurthe, *Wilhelm* Christof Andreas **823**
Wuttke, *Gottfried* Martin Paul **823**
Wyneken, Gustav 740

Y
Yorck von Wartenburg, Johann David Ludwig 110

Z
Zabel, Hans *Willy* Richard 240, 654, 716, **824**
Zabel, Johannes **824**
Zabel, Katharina 122
Zacharias (Zachariä), Johann Friedrich Lebrecht 175, 673, **824f.**
Zander, Carl **825**
Zander, Karl Oswald Richard *Willi* **825f.**
Zarncke, Friedrich 532
Z'dun, *Paul* Joseph **826**
Zech, Carlferdinand **826f.**
Zedlitz, Karl Abraham Freiherr von 578
Zehle, Hermann Wilhelm *Ernst* **827**
Zeller, Eduard 544
Zelter, Carl Friedrich 388, 612, 656, 717, 764, 791, **827f.**
Zeltz, Wilhelm 727
Zernial, *Hugo* Philipp 474, 488, **828**
Zernick, Rudolf **828f.**
Zerrenner, *Carl* Christoph Gottlieb 36, 63, 106, 188, 209, 233, 252, 262, 297, 370, 408, 418, 488, 508, 547, 681, **829f.**
Zerrenner, Heinrich Gottlieb 829, **830f.**
Zetkin, Maxim 376
Zeuner, Gustav 638
Ziemann, Wilhelm 248
Ziemer, Johann Martin 12
Ziethen, Hans Joachim von 810
Zimmermann, Karl-Friedrich **831**
Zimmermann, *Otto* Carl 217, 291, 356, **831f.**
Zimmermann, Udo 642
Zinn, Georg August 465
Zörner, Gerd-Jürgen 746
Zola, Emile 676
Zollikofer, Georg Joachim 244
Zouhar, Gustav 38
Zschiesche, Karl-Heinz 35, **832**
Zschokke, Johannes *Heinrich* Daniel 136, 636, **832f.**
Zucker, Heinz 677
Zuckschwerdt, Elias Christian *Ludwig* 53, **833f.**
Zuckschwerdt, *Hermann* Ludwig Alexander 53, 547, **834**, 835
Zuckschwerdt, *Oskar* Emil Theodor Friedrich Felix **834f.**
Zuckschwerdt, *Wilhelm* Ludwig Max 16, 512, 574, **835**
Zügel, Heinrich von 271
Zum Winkel, *Karl* Oskar **835f.**
Zurek, *Marianus* Josef Stanislaus Ambrosius **836**
Zurek-Dippner, Gertrud 134
Zweig, Alfred 391, 714, **836**
Zweig, Max 604
Zwiebler, August **836f.**
Zwirner, Ernst Friedrich 761

Bildnachweis

Die reproduzierten Bilder sind, ihrem Alter und Zustand entsprechend, von unterschiedlicher Qualität.

Alle Bildquellen werden innerhalb der jeweiligen Artikel nachgewiesen. Sie sind mit einem Stern (*) vor der jeweiligen Angabe bezeichnet.

In den Fällen, in denen das Copyright bei Behörden, Institutionen, Privatpersonen oder Verlagen liegt, wurde die Genehmigung zum Abdruck eingeholt. Wir danken dafür ebenso wie für die freundliche Überlassung von Bildvorlagen.

Die Herausgeber sind für **Hinweise, Anregungen** und Ergänzungswünsche aller Art dankbar. Sie bitten auch um die Mitteilung etwa festgestellter Versehen, um sie bei künftigen Auflagen des Lexikons berücksichtigen zu können. Die Anschrift lautet: HS-Doz. Dr. Gunter Schandera, Otto-von-Guericke-Universität Magdeburg, PF 4120, 39016 Magdeburg. Mailadresse: Gunter.Schandera@gse-w.uni-magdeburg.de